MW01234990

Akten zur Auswärtigen Politik der Bundesrepublik Deutschland

1992

Akten zur Auswärtigen Politik der Bundesrepublik Deutschland

Herausgegeben im Auftrag des Auswärtigen Amts
vom Institut für Zeitgeschichte

Hauptherausgeber
Andreas Wirsching

Mitherausgeber
Stefan Creuzberger und Hélène Miard-Delacroix

Akten zur Auswärtigen Politik der Bundesrepublik Deutschland

1992

Band II: 1. Juli bis 31. Dezember 1992

Wissenschaftliche Leiterin
Ilse Dorothee Pautsch

Bearbeiter
Daniela Taschler, Tim Geiger
und Tim Szatkowski

DE GRUYTER
OLDENBOURG

ISBN 978-3-11-099724-8
e-ISBN (PDF) 978-3-11-098598-6
e-ISBN (EPUB) 978-3-11-098629-7
ISSN 2192-2454

Bibliografische Information der Deutschen Nationalbibliothek
Die Deutsche Nationalbibliothek verzeichnet diese Publikation in der Deutschen Nationalbibliografie; detaillierte bibliografische Daten sind im Internet über http://dnb.dnb.de abrufbar.

Library of Congress Control Number: 2022951694

Druck und Bindung: Beltz Grafische Betriebe GmbH, Bad Langensalza

www.degruyter.com

202

Vorlage des Vortragenden Legationsrats I. Klasse Gruber für Bundesminister Kinkel

241-376.00 SB **1. Juli 1992[1]**

Über D 2 A i. V.[2] Herrn Staatssekretär[3] Herrn Bundesminister[4]

Betr.: Abschließende Akte der Verhandlungen über Personalstärken konventioneller Streitkräfte in Europa (KSE I a-Abkommen);
hier: Abschluss der Verhandlungen

Anlg.: 1) Text der „Abschließenden Akte“
2) Übersicht der nationalen Personalhöchststärken[5]

Zweck der Vorlage: Zustimmung zu dem Vorgehen unter Ziffer I.2.

I.1) Am 30. Juni wurden die Verhandlungen über die konventionellen Streitkräfte in Europa mit der Annahme des Entwurfs der „Abschließenden Akte der Verhandlungen über die Personalstärken konventioneller Streitkräfte in Europa“ formell beendet. Damit konnte in nur 20-monatigen Verhandlungen seit November 1990 ein Truppenbegrenzungsabkommen ausgehandelt werden, das die konventionellen Land-, Luft- und Luftverteidigungsstreitkräfte der KSE-Vertragsstaaten durch die Festlegung nationaler Personalhöchststärken begrenzt.

2) Der Abkommensentwurf wurde der Annahme in „Silence procedure“ bis zum 3. Juli unterworfen. Es ist beabsichtigt, die „Abschließende Akte“ am 6. Juli durch die Delegationsleiter in Wien zu paraphieren. Am Rande des KSZE-Gipfeltreffens in Helsinki am 9./10. Juli[6] soll das Truppenbegrenzungsabkommen unterzeichnet werden.[7] Noch zu entscheiden bleiben in Wien und Helsinki die Ebene und Modalitäten der Unterzeichnung. Der Vorschlag der Unterzeichnung auf Ebene der Regierungschefs gewinnt an Boden. Ungewiss ist, ob die übrigen Staaten zur Unterzeichnung durch Regierungschefs und Außenminister – wie wir vorgeschlagen hatten – bereit sein werden.

1 Die Vorlage wurde von LRin I Weil konzipiert.

2 Hat MDg Roßbach am 1. Juli 1992 vorgelegen.

3 Hat StS Kastrup am 2. Juli 1992 vorgelegen.

4 Hat BM Kinkel am 4. Juli 1992 vorgelegen.
Hat VLR Brose am 6. Juli 1992 vorgelegen, der den Rücklauf über das Büro Staatssekretäre, MD Chrobog und MDg Roßbach an Referat 241 verfügte und handschriftlich vermerkte: „Verf[asser]in telef[onisch] vorab unter[richtet]“.
Hat VLR I Reiche am 6. Juli 1992 vorgelegen.
Hat MDg Roßbach am 7. Juli 1992 erneut vorgelegen.
Hat VLR I Gruber am 7. Juli 1992 erneut vorgelegen.

5 Dem Vorgang beigefügt. Für die „Abschließende Akte der Verhandlungen über Personalstärken der konventionellen Streitkräfte in Europa“ sowie für die Übersicht über die nationalen Personalhöchststärken vgl. B 43, ZA-Bd. 177820. Vgl. auch BULLETIN 1992, S. 753–758.

6 Zur KSZE-Gipfelkonferenz am 9./10. Juli 1992 vgl. Dok. 226.

7 Zur Unterzeichnung der „Abschließenden Akte“ vgl. Dok. 221.

Es wird gebeten, der Annahme des ausgehandelten Abkommensentwurfs in dem vorgesehenen Verfahren zuzustimmen.

II. Zu Inhalt und Bedeutung des Abkommens ist Folgendes festzuhalten:

1) Die „Abschließende Akte" baut auf dem Vertrag vom 19. November 1990 über konventionelle Streitkräfte in Europa (KSE-Vertrag) auf, der die fünf wichtigsten Kategorien konventioneller Waffen begrenzt, aber keine Aussage zum Personal der Streitkräfte trifft. Die Vertragsstaaten hatten sich in dem KSE-Vertrag verpflichtet, auf der Grundlage des gleichen Mandats vom Januar 1989[8] die Verhandlungen mit dem Ziel fortzusetzen, ein Übereinkommen zur Begrenzung der Personalstärken der konventionellen Streitkräfte zu treffen.

2) Diese Vereinbarung ging in erster Linie auf das deutsche Interesse zurück, die im Zusammenhang mit der deutschen Einigung begründete völkerrechtliche Verpflichtung der Bundesrepublik, die Streitkräfte des vereinten Deutschlands auf eine Personalstärke von 370 000 Mann (davon 345 000 Mann Land- und Luftstreitkräfte) zu reduzieren[9], in einen multilateralen Zusammenhang zu stellen, um einer Singularisierung Deutschlands entgegenzuwirken.

3) Die „Abschließende Akte" trägt dem deutschen Hauptinteresse Rechnung. Sie wird die Form eines politisch bindenden Dokuments, nicht eines völkerrechtlichen Vertrags haben. Die „Abschließende Akte" wird folglich nicht ratifizierungsbedürftig sein. Wir hatten uns ursprünglich für die völkervertragsrechtliche Form eingesetzt, doch wir können auch mit dem Erreichten zufrieden sein. Entscheidend ist für uns wie für die übrigen Teilnehmerstaaten die Begründung einer bindenden Vereinbarung. Der Ursprung der Bindungswirkung ist demgegenüber von sekundärer Bedeutung. Mit dieser Form werden wir die im Zusammenhang mit der KSE-Vertragsratifizierung in einer Reihe von Mitgliedstaaten aufgetauchten Probleme und das damit verbundene verzögerte Inkrafttreten vermeiden können.

4) Mit ihren Bestimmungen über nationale Personalobergrenzen, Informationsaustausch, stabilisierende Maßnahmen und Verifikation legt die „Abschließende Akte" erstmals in der Geschichte der Abrüstung und Rüstungskontrolle Mechanismen der Transparenzbildung und Berechenbarkeit in Bezug auf das Personal konventioneller Streitkräfte fest.

5) Kernstück der „Abschließenden Akte" bilden die nationalen Personalbegrenzungen. Sie gelten für das gesamte Personal der Land-, Luft- und Luftverteidigungsstreitkräfte sowie der landgestützten Marinestreitkräfte, soweit sie mit vom KSE-Vertrag erfassten konventionellen Waffen und Geräten ausgerüstet sind, der zentralen Stäbe und Einheiten. Ein Verhandlungserfolg ist, dass auch das Personal der Fern- und Transportfliegerkräfte sowie der bodengestützten Luftverteidigung, das RF lange ausschließen wollte, den Begrenzungen unterliegt. Personal der Reserve ist nur insoweit in die nationalen Obergrenzen einbezogen, als es länger als 90 Tage in Folge zum militärischen Dienst herangezogen wird.

[8] Für das Mandat für Verhandlungen über konventionelle Streitkräfte in Europa und die zugehörigen Dokumente vgl. BULLETIN 1989, S. 96–99. Vgl. auch AAPD 1989, I, Dok. 13.

[9] Am 30. August 1990 erklärte BM Genscher vor dem Plenum der KSE-Verhandlungen in Wien, dass sich die Bundesrepublik verpflichte, ihre Land- und Luftstreitkräfte auf 345 000 Mann zu reduzieren. Vgl. BULLETIN 1990, S. 1129–1131. Vgl. ferner AAPD 1990, II, Dok. 280, sowie DIE EINHEIT, Dok. 147.
Die Erklärung wurde in Artikel 3 Absatz 2 des 2+4-Vertrags vom 12. September 1990 aufgenommen. Vgl. BGBl. 1990, II, S. 1322f.

6) Die festgelegten Obergrenzen gehen auf die von den Teilnehmerstaaten für sich eingebrachten Begrenzungszahlen zurück. Die nationalen Begrenzungszahlen waren nicht Gegenstand formeller Verhandlungen.

Die vereinbarten Personalobergrenzen stellen insgesamt ein ausgewogenes Ergebnis dar (vgl. Anl. 2). Allgemeine Tendenz der nationalen Höchststärken ist eine leichte Reduzierung im Vergleich zu den im September 1991 ausgetauschten Ist-Zahlen. Den zahlenmäßig stärksten Reduzierungen unterwerfen wir uns (19 %), gefolgt von PL (18 %), BEL (15 %), ČSFR (14 %), F (10 %) und UNG (12 %). In Einzelfällen liegen die Begrenzungen über den Ist-Zahlen aus 1991 und über den für die Zukunft geplanten tatsächlichen Personalumfängen und beinhalten somit ein gewisses „Aufwuchspolster" (UK, RUM, NWG und LUX). Die USA haben im Vergleich zu der geplanten tatsächlichen Stärke ihrer Truppen in Europa einen „Puffer" von ca. 150 % eingeplant. Ihr Hauptinteresse liegt darin, ausreichende Flexibilität für die Möglichkeit, den Aufwuchs der US-Kräfte in Europa in Krisenlagen und von Einsätzen auch außerhalb des Anwendungsgebiets der „Abschließenden Akte" zu erhalten[10]. Spanien, gefolgt von Portugal, macht regionale Spannungen mit Blick auf Nordafrika geltend, um die Überschreitung der Ist-Stärken aus 1991 um 42 bzw. 53 % zu rechtfertigen. Die relativ hohen Personal-Höchststärken der UKR (450 000), WEI (100 000) und der RF (1 450 000) dürften über den – insbesondere längerfristig – geplanten tatsächlichen Personalumfängen liegen. Insoweit ist wohl auch in den von den GUS-Staaten vorgelegten Begrenzungszahlen ein nationaler Planungsspielraum enthalten.

Im Gesamtbild der Personalstärken im Vergleich der nationalen Streitkräfte liegen wir mit 345 000 Mann an der Spitze der Staaten in Mitteleuropa, gefolgt von F, I, SP, UK, US und PL. Nur RF, TUR und UKR haben höhere Obergrenzen als wir.

7) Die genannten Zahlen werden durch das vorliegende Dokument nicht ad infinitum festgelegt, sondern sie werden einem Revisionsmechanismus unterworfen, der bei entsprechender Notifizierung Änderungen nach unten und – unter engen Voraussetzungen nach abgestuftem Konsultationsverfahren – nach oben ermöglicht. Die „Abschließende Akte" ist insofern ein lebendiges Abkommen, das auf die sich wandelnde politische und tatsächliche Lage flexibel antworten kann.

8) Von großer sicherheitspolitischer Bedeutung sind neben den nationalen Personalobergrenzen die Regelungen über den Informationsaustausch und die Stabilisierenden Maßnahmen, die der Erweiterung der militärischen Transparenz des Streitkräftepersonals dienen. Der Informationsaustausch, der über die Bestimmung des zu begrenzenden Personals hinaus auch die paramilitärischen und die den Vereinten Nationen unterstellten Kräfte sowie die im vergangenen Jahr zu Übungen einberufenen Reservisten umfasst, findet in jährlichem Turnus statt. Die zu liefernden Informationen werden hinsichtlich der großen Masse des Personals vom Inkrafttreten der „Abschließenden Akte" bis zur Ebene des unabhängigen bzw. des separat dislozierten Bataillons aufgeschlüsselt. Für Verbände ohne vertraglich erfasstes Gerät werden nach Verbänden aufgeschlüsselte Zahlen bis zur Regiments-/Brigadeebene erst 40 Monate nach Inkrafttreten der „Abschließenden Akte", d.h. ab dem Zeitpunkt notifiziert, ab dem die nationalen Obergrenzen gelten.

Die vereinbarten Stabilisierenden Maßnahmen begründen Notifizierungsverpflichtungen im Falle der ständigen Erhöhung des Personalumfangs militärischer Verbände, der

10 So in der Vorlage.

Einberufung von mehr als 35000 Reservisten sowie des Wechsels der Unterstellung von Verbänden aus dem Bereich der Begrenzung in Bereiche, die nicht den Begrenzungen unterliegen.

9) Das Verifikationsregime der „Abschließenden Akte" baut im Wesentlichen auf dem Inspektionsregime des KSE-Vertrags auf und trägt dem grundlegenden Rüstungskontrollprinzip Rechnung, wonach die Einhaltung von Begrenzungen überprüfbar sein muss. Aufgrund der bei den MBFR-Verhandlungen gemachten Erfahrungen verzichtet es auf den Anspruch, die Einhaltung der Begrenzungen durch Nachzählen der Kopfstärken im Rahmen der KSE-Inspektionen verifizieren zu wollen; es beschränkt sich auf die Möglichkeit von Stichproben im Rahmen der KSE-Inspektionen.

10) Der erfolgreiche Abschluss der Verhandlungen geht auf die konstruktive Haltung aller Beteiligten zurück. Die in die Verhandlungszeit fallende Auflösung der Sowjetunion und das Entstehen neuer unabhängiger Staaten in dem ehemals sowjetischen Anwendungsbereich des KSE-Vertrags machten die Integration dieser neuen Staaten in den Verhandlungsprozess erforderlich. Neben RF waren UKR und WEI an den Verhandlungen in Wien beteiligt. Die übrigen fünf betroffenen Nachfolgestaaten der Sowjetunion (MOL, GEO, ARM, ASE, KAS) waren in Wien nicht präsent. Von ASE, GEO und KAS ist zu hören, dass sie noch Begrenzungszahlen vorlegen und voraussichtlich in Helsinki unterschreiben werden. Ungewiss ist die Beteiligung von ARM und MOL.

Die Abschlussphase der Verhandlungen wurde im Wesentlichen von Deutschland, den USA und Russland bestimmt. Das in hohem Zeitdruck und unter großem Einsatz der Verhandlungsführer ausgehandelte Dokument stellt eine Kompromisslösung zwischen diesen drei Staaten dar, der sich die übrigen Teilnehmerstaaten angeschlossen haben. Das erzielte Ergebnis steht nunmehr zur Bewährung im neuen europäischen Kräftespiel an.

Gruber

B 43, ZA-Bd. 177820

203

Vorlage des Vortragenden Legationsrats Petri für Staatssekretär Lautenschlager

424-9-410.70 **1. Juli 1992**

Über RL 424[1], Dg 42[2], D 4[3] Herrn Staatssekretär[4]

Betr.: COCOM;
hier: Sachstand

Bezug: Ihre Weisung in der Direktorenbesprechung am 30.6.1992

Anlg.: 5[5]

Zweck der Vorlage: Zur Unterrichtung

Der von Ihnen in der Direktorenbesprechung am 30.6.1992 im Zusammenhang mit DB 665 vom 27.6.1992 aus Paris (Anlage 1[6]) erbetene Sachstand über die jüngste Entwicklung im COCOM ist folgender:

1) Ausgangspunkt ist der Brief vom 21.5.1992 von US-AM Baker an BM Dr. Kinkel, in dem er in Anlehnung an den NATO-Kooperationsrat die Einrichtung eines ähnlichen Gremiums auch im COCOM vorschlug. Ziel dieses Gremiums soll sein:
- den MOEs bzw. den GUS-Staaten den Zugang zu kontrollierter Technologie zu erleichtern;
- ihnen Technische Hilfe beim Aufbau COCOM-vergleichbarer Exportkontrollsysteme zu geben;
- die Möglichkeit zur Diskussion „neuer strategischer Bedrohungen“ zu schaffen.[7]

In seiner Antwort vom 29.5.1992 bestätigte BM Dr. Kinkel, dass diese Vorstellungen weitgehend auch unseren Vorstellungen entsprechen. Besonders wichtig erscheine der Gedanke der Technischen Hilfe beim Aufbau von Exportkontrollsystemen in den bisherigen COCOM-Zielländern, weil dies eine wichtige Voraussetzung sowohl für den erleichterten

1 Hat VLR I Ackermann am 1. Juli 1992 vorgelegen.

2 Hat MDg Schönfelder am 1. Juli 1992 vorgelegen, der handschriftlich vermerkte: „Im Anschluss an das High Level Meeting am 1.6.92 habe ich bilateral mit den Franzosen über die Zukunft von COCOM gesprochen. Wir sind übereingekommen, die Möglichkeit einer französisch-deutschen Initiative zur weiteren Liberalisierung von COCOM zu prüfen und im Herbst weiter darüber zu sprechen.“

3 Hat MD Dieckmann am 2. Juli 1992 vorgelegen.

4 Hat StS Lautenschlager am 3. Juli 1992 vorgelegen, der die Wörter „französisch-deutschen Initiative“ in der Bemerkung von MDg Schönfelder hervorhob und handschriftlich vermerkte: „r[ichtig]“.
Hat in Vertretung des MD Dieckmann MDg von Kyaw am 6. Juli 1992 vorgelegen, der den Rücklauf über MDg Schönfelder an VLR I Ackermann verfügte.
Hat Ackermann, auch in Vertretung von Schönfelder, am 7. Juli 1992 erneut vorgelegen.

5 Vgl. Anm. 6, 9, 10, 12 und 13.

6 Dem Vorgang beigefügt. BR Spengler, Paris, informierte über einen ersten Meinungsaustausch zur Reform des COCOM sowie zur Ausgestaltung des COCOM-Kooperationsforums (CCF) am 25./26. Juni 1992. Vgl. B 70, ZA-Bd. 220757.

7 Für das Schreiben des amerikanischen AM Baker vom 21. Mai 1992 an BM Kinkel vgl. B 70, ZA-Bd. 220757.

Zugang zu sensitiven Technologien als auch für die Einbeziehung der östlichen Staaten in die Nichtverbreitungsbemühungen sei. BM Dr. Kinkel betonte aber auch, dass das neue Gremium unter keinen Umständen im Widerspruch zu dem Ziel der Stärkung der bestehenden Nichtverbreitungsregime stehen dürfe und dass zur Erfüllung der hohen Erwartungen, die sich an die Baker-Initiative knüpfen, eine grundlegende Vereinfachung und Liberalisierung der Entscheidungsmechanismen des COCOM unerlässlich sei.[8] (Zum Briefwechsel siehe Anlage 2.[9])

2) Auf dem COCOM High Level Meeting am 1. Juni 1992 wurde auf der Grundlage der Baker-Initiative im Grundsatz die Einrichtung eines „Informal COCOM Cooperation Forum on Export Controls“ beschlossen (vgl. Summary of Conclusions als Anlage 3[10]). Die weiteren Einzelheiten sollen von einer Arbeitsgruppe erarbeitet werden.[11]

Mit unserer Vorstellung, die Baker-Initiative als Anlass für eine tiefgreifende Reform der COCOM-Entscheidungsmechanismen im Genehmigungsverfahren (d. h. Abkehr vom Konsensverfahren – General Exceptions – zur harmonisierten nationalen Entscheidung – Administrative Exceptions) schon zum jetzigen Zeitpunkt zu nutzen, konnten wir uns zwar nicht durchsetzen. Es gelang aber immerhin, im Mandat für das Kooperationsforum Formulierungen einzubringen, die klar in die Richtung auf dieses Ziel weisen (vgl. auch Schlussbericht – DB 1392 aus Paris vom 2.6.1992 – Anlage 4[12]).

3) Die vom High Level Meeting am 1.6.1992 eingesetzte Arbeitsgruppe tagte zum ersten Mal am 25. und 26.6.1992. Für diese Sitzung hatten wir zuvor ein Memorandum eingereicht (Anlage 5[13]), in dem wir unsere Vorstellungen über die Notwendigkeit einer tiefgreifenden Reform der COCOM-Entscheidungsstrukturen im Genehmigungsverfahren noch einmal präzisierten. Unser Vorschlag, das General Exceptions-Verfahren abzuschaffen, wurde zwar von F, I, E, NL, DK und B unterstützt. USA, GB und CND sehen einen solchen Schritt erst in einem späteren Stadium, nämlich nach nachweislichen Fortschritten der Zielländer beim Aufbau eigener Exportkontrollen, für gerechtfertigt.

Obwohl die Arbeitsgruppe sich neben diesem Thema hauptsächlich erst einmal mit organisatorischen und technischen Einzelfragen befasste, bestätigte sich erneut unsere Befürchtung, dass die USA mit dem Kooperationsforum vor allem auch ihr Interesse verfolgen, ihren bisherigen dominierenden Einfluss im Exportkontrollbereich nicht nur fortzusetzen, sondern auch auf die bisherigen Zielländer des COCOM auszudehnen.

Wir werden deshalb weiterhin an unserem Vorschlag festhalten und darauf drängen, das General Exceptions-Verfahren zum frühestmöglichen Zeitpunkt abzuschaffen und durch

[8] Für das Schreiben des BM Kinkel vom 29. Mai 1992 an den amerikanischen AM Baker vgl. B 70, ZA-Bd. 220757.

[9] Dem Vorgang beigefügt. Vgl. Anm. 7 und 8.

[10] Dem Vorgang beigefügt. Für das „Summary of Conclusions“ vgl. B 70, ZA-Bd. 220757.

[11] Die erste Sitzung des COCOM-Kooperationsforums (CCF) fand am 23./24. November 1992 in Paris statt. Vgl. Dok. 394.

[12] Dem Vorgang beigefügt. MDg Schönfelder, z. Z. Paris, berichtete zum „High Level Meeting“ am Vortag: „Die Reform von COCOM ist eingeleitet. Es bleibt gleichwohl zu überlegen, auf welche Weise wir den Prozess weiter beschleunigen können, um in die angestrebte Zusammenarbeit mit CIS ein kooperationsfreundlicheres COCOM einbringen zu können.“ Vgl. B 70, ZA-Bd. 220757.

[13] Dem Vorgang beigefügt. Für das „Memorandum By The German Delegation On COCOM Cooperation Forum“ (COCOM Doc CCF (92) 1) vom 22. Juni 1992 vgl. B 70, ZA-Bd. 220757.

ein System der Harmonisierung nationaler Genehmigungsentscheidungen bzw. Konsultationsverfahren bei besonders sensitiven Gütern, wie es auch in den anderen Exportkontrollregimen praktiziert wird, zu ersetzen.

4) Zweites wichtiges Thema des High Level Meeting am 1.6.1992 war der Bereich Telekom. Auch hier konnten wir uns zwar nicht mit der Überlegung durchsetzen, dass die Baker-Initiative Anlass dafür sein sollte, von der mühsamen Diskussion über technische Kontrollparameter abzugehen und z. B. unseren ursprünglichen Vorschlag anzunehmen, alles freizugeben, was unter die Normen der International Telecommunication Union[14] fällt. Andererseits gelang es aber in zähen Verhandlungen doch, den Amerikanern und vor allem auch Briten einen sehr viel weiteren Bereich für eine nationale Entscheidung abzukämpfen, als diese noch bis zur letzten Minute zu konzedieren bereit waren. Insbesondere ist es uns gelungen, ständig wiederholte Versuche der USA abzuwehren, Konsultationsklauseln so zu gestalten, dass sie am Ende doch wieder auf ein verschleiertes Konsensverfahren (= Vetorecht) hinauslaufen.

Der am Ende erzielte Kompromiss reicht aus, unseren Forderungen gerecht zu werden, dass in die GUS-Staaten der Export moderner und kostengünstiger Telekom-Technologie in letztlich nationaler Entscheidung möglich sein muss. Gleichwohl werden wir uns auch hier zusätzlich zu unseren Bemühungen um eine allgemeine Liberalisierung der Genehmigungsverfahren auch in Zukunft für weitere Erleichterungen im Telekom-Bereich im Rahmen der fortlaufenden Listenrevision einsetzen.

5) Abgesehen von der Streichung Ungarns aus der Liste der Zielländer mit Wirkung vom 1.5.1992 haben sich in jüngerer Zeit keine weiteren Veränderungen im COCOM ergeben. Polen und die Tschechoslowakei haben noch nicht alle notwendigen Voraussetzungen für die Streichung von der Länderliste erfüllt. Es wird aber damit gerechnet, dass dies noch im Laufe dieses Jahres geschieht.

Petri

B 70, ZA-Bd. 220757

14 Korrigiert aus: „Internationalen Telegraphen Union".

204

Gespräch des Staatssekretärs Kastrup mit Staatssekretär Schönbohm, Bundesministerium der Verteidigung

201-360.11 **2. Juli 1992**[1]

StS-Gespräch im BMVg am 2.7.92

Anlg.: 1

1) Am 2.7. fand im BMVg auf Einladung von StS Schönbohm ein informelles Gespräch mit StS Kastrup statt. Weitere Teilnehmer aufseiten des BMVg: Dr. Weise, stellv. Leiter Planungsstab; Kpt. z. S. Feist (RL Fü S III 1); Oberstleutnant Kaschke, Adjutant StS; aufseiten des AA D 2[2]; RL 201[3]; VLR Dr. Ney.

Das Gespräch war vereinbart als Gedankenaustausch über anstehende Themen gemäß Absprache (vgl. Anlage).

StS *Kastrup* dankte für die Gesprächsinitiative von StS Schönbohm. Beide Staatssekretäre unterstrichen die Bedeutung derartiger Treffen und ihre Bereitschaft, dies fortzusetzen.

2) StS *Schönbohm* unterrichtete über seinen anstehenden Besuch am 13.7. in Paris. Er werde dort Gespräche führen mit Verteidigungsminister Joxe sowie Vertretern des Élysée und des Quai.[4] Das Eurokorps sowie amerikanische Kritik werde dabei sicher eine Rolle spielen. Gespräche mit Amerikanern – zuletzt Eagleburger – brächten keine Klarheit, ob die USA unsere Unterrichtungen zum Eurokorps nicht verstehen wollten oder wirklich nicht ver-

1 Der Gesprächsvermerk wurde von VLR I Bertram am 3. Juli 1992 gefertigt und über MD Chrobog an VLR Ney geleitet „mit der Bitte, Billigung durch Herrn StS einzuholen".
Hat Chrobog am 3. Juli 1992 vorgelegen.
Hat Ney am 3. Juli 1992 vorgelegen, der die Weiterleitung an StS Kastrup „m[it] d[er] B[itte] um Billigung" verfügte.
Hat Kastrup am 3. Juli 1992 vorgelegen.
Hat Ney am selben Tag erneut vorgelegen, der den Rücklauf an Bertram verfügte.
Hat Bertram erneut vorgelegen.

2 Jürgen Chrobog.

3 Hans-Bodo Bertram.

4 StS Schönbohm, BMVg, hielt sich am 13./14. Juli 1992 in Frankreich auf. Oberst i. G. Speidel, Paris, berichtete am 16. Juli 1992: „In einem über einstündigen Vier-Augen-Gespräch mit VM Joxe war die Aufstellung des Eurokorps und die Einbeziehung weiterer Nationen ein zentrales Thema. [...] Hier, wie bei den folgenden Begegnungen, machte StS Sch[önbohm] deutlich, dass es nun darauf ankomme, möglichst rasch eine Vereinbarung über die Beziehungen des Eurokorps zur Kommandostruktur der NATO zu treffen. Hierin müsse die angestrebte und angekündigte Stärkung der NATO zum Ausdruck kommen. Diese Vereinbarung würde es den interessierten WEU-Partnern erleichtern, sich am Eurokorps wirklich zu beteiligen. Die Gesprächspartner stimmten dieser Beurteilung grundsätzlich zu." Speidel berichtete weiter, Schönbohm habe außerdem Gespräche geführt mit Beratern des RPR-Vorsitzenden Chirac, dem GS des französischen Außenministeriums, Boidevaix, und Abteilungsleiter Dejammet, den Beratern von Staatspräsident Mitterrand, Quesnot und Vidal, sowie im französischen Verteidigungsministerium: „Die Bereitschaft, möglichst rasch zu einer Vereinbarung zwischen Eurokorps und NATO zu kommen, ist deutlich spürbar, auch wenn noch nicht überall (vor allem außerhalb des Verteidigungsministeriums) Vorbehalte gegen eine vermeintlich zu enge Anbindung an die NATO abgebaut sind." Vgl. DB Nr. 1808; B 14, ZA-Bd. 161177.

stünden. Auch gebe es sowohl von französischer wie amerikanischer Seite Hinweise auf unterschiedliche Informationen.

StS *Kastrup* und *D2* bestätigten den Eindruck, dass es hier unterschiedliche Interpretationen gäbe. Auch bestehe der Eindruck, dass die USA in ihrer Kritik überzögen und fast hysterisch reagierten. *StS* empfahl, eine klare Sprache sowohl gegenüber US als auch F zu führen und darauf zu achten, dass wir nicht zwischen die Stühle gerieten. StS erläuterte die Entstehungsgeschichte des Korps und die ursprünglichen Motive: Einbindung deutscher Truppen durch Integration mit französischen als „vertrauensbildende Maßnahme" nach der Vereinigung D. Anschließend sei dieser Gedanke von der Vorbereitung für Maastricht[5] eingeholt worden. F habe ihn erweitert als Nukleus für ein europäisches Korps. In der Entstehungsphase der Überlegungen seien die USA nicht darüber informiert gewesen, was wir im Verhältnis mit F wollten. Dies gelte allerdings nicht mehr für die späteren Phasen, in denen die USA über den Fortgang genau informiert worden seien.

StS *Schönbohm* wies darauf hin, dass die Schlüsselfrage für die USA der Inhalt der Vereinbarungen über das Verhältnis des Eurokorps zur NATO sein werde. StS *Kastrup* und *D2* wiesen darauf hin, dass diese Frage ganz sicher von großer Bedeutung sei. Nicht übersehen werden dürfe jedoch, dass das Eurokorps in der amerikanischen Kritik teilweise vorgeschoben werde. Im Hintergrund stehe der amerikanisch-französische Gegensatz über die Zukunft der NATO. F wolle die USA aus Europa weitgehend heraushalten und die NATO auf den Kernbereich des Artikels 5[6] beschränken. Dies zeige sich auch bei dem F-Widerstand gegen Peacekeeping-Möglichkeiten der NATO im Rahmen der KSZE. Wir seien hingegen der Überzeugung, dass die NATO für Peacekeeping im Rahmen der KSZE genutzt werden könne und solle. Über diese Zielsetzung bestehe volle Übereinstimmung zwischen AA und BMVg.

Das Eurokorps werde von US als ein weiteres Beispiel der F-Absicht gesehen und werde uns gegenüber kritisch instrumentalisiert. Es sei ein Symptom eines tieferliegenden Problems. StS *K.* empfahl, diese verschiedenen Aspekte des Problems zusammen zu sehen. Man müsse mit F sehr offen sprechen und dürfe sich nicht scheuen, klar zu sagen, wie weit wir mitgehen könnten und wo es nicht mehr gehe.

Allerdings – und darauf verwies *D2* – werden wir uns auch nicht bei US von dem Eurokorps distanzieren. Die USA müssen akzeptieren, dass wir eine europäische Struktur aufbauen, einen Prozess, dessen Akzeptanz sie früher stets erklärt haben. StS *Schönbohm* hat aus seinen Gesprächen insb. mit Eagleburger den Eindruck, dass die USA keine konzeptionelle Vorstellung hätten, wie sie sich den Aufbau einer europäischen Sicherheits- und Verteidigungsidentität vorstellen sollten. Aus dieser Unsicherheit heraus neige man dann dazu, alles zu blockieren. Ein vertieftes Gespräch in dieser Sache sei allerdings erst nach den amerikanischen Präsidentschaftswahlen[7] wieder möglich.

Auf Frage nach den wahren Absichten F, insb. ob sie wirklich die USA aus Europa herausdrängen wollten, wies *D2* darauf hin, dass französische Gesprächspartner hierzu keine ehrliche Antwort geben würden. Derartige Absichten würden schlicht geleugnet. Bezeichnend für entsprechende Absichten sei aber beispielsweise das erste Memorandum,

5 Zur Tagung des Europäischen Rats am 9./10. Dezember 1991 vgl. AAPD 1991, II, Dok. 425 und Dok. 431.

6 Für Artikel 5 des NATO-Vertrags vom 4. April 1949 vgl. BGBl. 1955, II, S. 290.

7 In den USA fanden am 3. November 1992 Präsidentschaftswahlen, Wahlen zum Repräsentantenhaus sowie Teilwahlen zum Senat und für die Gouverneursämter statt.

mit dem F seine Überlegungen zu einem Sicherheitsvertrag im Rahmen der KSZE[8] vorgelegt habe. Andererseits unterließen aber auch die USA nichts, um das gegenwärtig sehr gespannte Verhältnis zu F noch weiter zu belasten.

RL FüS III 1 und *RL 201* wiesen darauf hin, dass die französische Absicht, die NATO auf ihren Verteidigungsaspekt zu beschränken, auch für die weitere Arbeit am Eurokorps relevant sei. F interpretiere den Auftrag des Korps für die NATO gemäß Artikel 5 NATO-Vertrag sehr restriktiv, d.h. Artikel 5 nur als Fall eines Angriffs auf das Bündnis. Ausgeschlossen seien damit Möglichkeiten des Peacekeeping sowie Maßnahmen im Rahmen des Krisenmanagements. Französische Seite verweise hierfür auf die Zuständigkeit der WEU. F möchte diese Interpretation über die mit der NATO abzuschließenden Vereinbarungen für die Anbindung des Korps festschreiben. Abzusehen sei, dass hier eine neue Konfliktursache mit den USA sich auftun werde.

StS *Kastrup* stellte die Frage nach einem Zeitlimit für die Ausarbeitung dieser Vereinbarungen. Es gelte – so auch D 2 – zu überlegen, ob abhängig von dem Zustand der amerikanischen Administration im Herbst des Jahres es nicht angebracht sein könnte, die Arbeiten über diesen Zeitpunkt hinauszuschieben. *D2* würde begrüßen, wenn die amerikanische Administration über die dann mit F erarbeiteten Inhalte der Vereinbarung mit der NATO vorab informiert werden könnte, und zwar in gemeinsamem Auftreten mit F.

3) Zu TOP 3

StS *Kastrup* stellte zur Verteidigungshilfe die Frage nach dem weiteren Vorgehen, nachdem die beiden Minister Einvernehmen erzielt hätten, den Betrag zurückzufahren. Dies müsse prozentual auch für Portugal und Griechenland erfolgen.[9] Man könne sich nicht nur auf die Türkei beschränken. Offen sei noch, ob der verbliebene Betrag wie bisher verwendet werde oder eine andere Verwendung finden solle. StS *Schönbohm* wies auf die Entscheidung von BM Rühe hin, dass Rüstungsgüter, die aus militärischen Hilfsprogrammen stammen und unter das Kriegswaffenkontrollgesetz[10] fallen, erst nach Befassung der Parlamentsausschüsse im September geliefert werden könnten. StS *Kastrup* stellte klar, dass hier zu unterscheiden seien die Grundsatzfrage der Verteidigungshilfe für die Türkei 93 und 94 sowie die andere Frage, was mit den bis vor kurzem durch die Entscheidung der Parlamentsausschüsse gestoppten Hilfsprogrammen zu geschehen habe.

StS *Schönbohm* verwies auf die Ministereinigung: Beträge zurückzufahren und Ausbildungshilfe dort zu gewähren, wo wir ein gutes Angebot hätten. Dies solle im Einzelnen mit dem AA besprochen werden. Auch müsse noch geklärt werden, inwieweit die Türken an einer derartigen neuen Möglichkeit interessiert seien. Man könne sich praktische Ausbildungshilfe vorstellen. Berücksichtigt werden müsse – so *D2* –, dass die Türkei kein Entwicklungsland sei und deshalb ein derartiges Angebot qualitativ hochwertig sein müsse (z.B. Führungsakademie).

StS *Kastrup* verwies auf Schreiben von StS Sch. vom 9.6.92.[11] AA greife den Vorschlag zur Einsetzung einer ressortübergreifenden Arbeitsgruppe gerne auf. AA (Bo[tschafter]

8 Zum französischen Vorschlag eines gesamteuropäischen Sicherheitsvertrags vgl. Dok. 87.

9 Zur Verteidigungshilfe für Griechenland, Portugal und die Türkei vgl. Dok. 115 und Dok. 333.

10 Für das Ausführungsgesetz zu Artikel 26 Absatz 2 GG (Gesetz über die Kontrolle von Kriegswaffen) vom 22. November 1990 vgl. BGBl. 1990, I, S. 2507–2519. Vgl. auch AAPD 1990, II, Dok. 312.

11 In dem Schreiben an StS Kastrup wies StS Schönbohm, BMVg, darauf hin, dass die Bundesregierung die Verteidigungs- und Rüstungssonderhilfe an die Türkei „hinsichtlich Art, Umfang und Zusammensetzung“

Klaiber) werde zu einer Besprechung einladen.[12] Sicher sei jedoch, dass wir weitgehende Hilfe des BMVg benötigen, um feststellen zu können, was militärisch machbar und sinnvoll sei. Die Besprechung solle Anfang September stattfinden. StS *Schönbohm* erklärte sich einverstanden, bat aber darum, dass das BMVg hier nicht präemptiv tätig werden könne. Außerdem brauche es Vorlauf für die Prüfung, was angeboten werden könne. Das Angebot müsse für die Türkei qualitativ gut sein. Einverständnis bestand, dass die erste Gesprächsrunde sich zunächst auf Vertreter des AA und des BMVg beschränken solle, um dann festzulegen, ob und welche weiteren Ressorts in einer nächsten Runde mit eingeladen werden sollten.

StS *Kastrup* verwies auf den bevorstehenden Besuch von BM Kinkel in der Türkei.[13] Dort bestehe der Eindruck, dass nach dem Briefwechsel[14] alles wieder wie vorher laufen werde. Für die Gespräche von BM in der Türkei müsse jetzt eine Begründung gefunden werden, warum es dennoch langsamer gehe. Auch müsse – so *D 2* – BM Kinkel während seines Besuchs zu Bestätigung in der Lage sein, dass Lieferungen stattfänden und die Türkei nicht diskriminiert werde. Allseits wurde festgestellt, dass hier der Hinweis auf die Fortsetzung von Kooperationen sowie kommerzieller Lieferungen schon eine gewisse Grundlage böte.

StS *Kastrup* stellte Frage, was die Entscheidung von BM Rühe mit ihrer Terminierung auf September in der Praxis für die Türkei bedeute. Er bat BMVg um eine Aufstellung für BM Kinkel über Stand und Umfang der Lieferungen. *StS Schönbohm* sagte Aufstellung bis nächste Woche Donnerstag[15] zu. Ohne Vollständigkeit wies er darauf hin, dass beispielsweise die Lieferung von Stinger-Raketen bereits wiederaufgenommen worden sei.

D 2 sprach sich angesichts verschiedener Vorsprachen des türkischen Botschafters[16] dafür aus, dass BMVg und AA auf der gleichen Linie argumentieren sollten. StS *Kastrup* bekräftigte dies. Es müsse vermieden werden, dass der türkische Botschafter uns auseinanderdividieren könne. Die Arbeitsebene AA und BMVg sollten sich auf eine Linie für Anfragen der Türkei abstimmen. Dies solle möglichst schriftlich erfolgen und ausgetauscht werden. StS *Schönbohm* stimmte zu und empfahl, auch das Kanzleramt miteinzubeziehen.

Fortsetzung Fußnote von Seite 824

überprüfen müsse. Insbesondere im Bundestag bestehe die Neigung, diese Leistungen in andere Hilfsprogramme umzuwandeln: „Dabei sollte das Ziel verfolgt werden, dem Bündnispartner Türkei anstatt bisher überwiegend materieller militärischer Unterstützung Hilfe in anderen Bereichen – wie Ausbildung, Kultur und Wirtschaft – zu leisten." Schönbohm schlug die Bildung einer Arbeitsgruppe unter Federführung des Auswärtigen Amts vor. Vgl. B 14, ZA-Bd. 161164.

12 Auf Einladung des Auswärtigen Amts vom 17. September 1992 fand am 30. September 1992 eine Ressortbesprechung zur Umwandlung der Verteidigungshilfe für die Türkei in andere Hilfsprogramme statt. LRin Wolf vermerkte am 8. Oktober 1992, aufgrund finanzieller Engpässe seien kurzfristige Mittelneuzuweisungen nicht zu erwarten, ohne die jedoch „keine nennenswerten neuen Ansätze zur Unterstützung der Türkei realisiert werden" könnten. Mögliche Unterstützungsfelder seien Umweltschutz, Erosionsschutz sowie die Zusammenarbeit mit den mittelasiatischen Republiken. Vgl. B 29, ZA-Bd. 213064.

13 BM Kinkel besuchte die Türkei am 12./13. Juli 1992. Vgl. Dok. 223.

14 Zum Briefwechsel zwischen BM Kinkel und dem türkischen AM Çetin vgl. Dok. 153, besonders Anm. 7.

15 9. Juli 1992.

16 Onur Öymen.

Zu TOP 4

StS Sch. sprach Reisepläne von BM Rühe in die GUS an. Er äußerte Zweifel über Moskau als erste Station und fragte nach Prioritäten aus unserer Sicht. StS *Kastrup* widersprach. In Moskau liege das politische Schwergewicht: Truppenabzug aus Deutschland, Post-Helsinki, Abzug russischer Truppen aus dem Baltikum etc. Er empfahl deshalb, mit Moskau anzufangen, und dann die weitere Reihenfolge zu überlegen, wahrscheinlich als nächstes Polen, mit dem es positive militärische Beziehungen gäbe. Anschließend vielleicht Prag und Kiew. Das müsse im Einzelnen geprüft werden.

StS *Schönbohm* sprach dann das Drängen der baltischen Staaten auf Besuche und insb. auch Hilfe mit NVA-Material[17] an. Gespräch ergab Einvernehmen über Zurückhaltung gegenüber diesen Wünschen. *D2* erwähnte aus Gesprächen mit US, dass wir zwar volles Verständnis für das Drängen der Balten auf einen raschen Rückzug der russischen Truppen hätten, zumindest müsse ein Zeitplan ausgehandelt werden. Andererseits müsse den Balten jedoch klar gesagt werden, dass sie gegenüber der russischen Bevölkerung ebenfalls die KSZE-Prinzipien einhalten müssten. Sie würden bislang diesen ihren KSZE-Verpflichtungen in keinster Weise gerecht (so insb. die amerikanische Argumentation).

StS *Schönbohm* kam dann auf die Lieferung von NVA-Material zu sprechen, die von vielen Staaten erbeten werde. So dränge Ungarn sehr stark auf eine Antwort, die bereits seit langem überfällig sei.[18] StS *Kastrup* wies darauf hin, dass die Meinungsbildung hierzu im AA noch nicht abgeschlossen sei. Es gebe unterschiedliche Auffassungen im Hause. BM Kinkel habe mit dieser Frage noch nicht befasst werden können. Seine (StS K.) Empfehlung sei, hier größte Zurückhaltung zu zeigen, ohne dass damit aber etwas entschieden sei. StS *Schönbohm* stimmte zu, dass seine Haltung sehr ähnlich sei. Zwar verwiesen die Ungarn auf sehr pragmatische Gesichtspunkte, wie insb. die unverfängliche Notwendigkeit der Lieferung von Ersatzteilen. Dennoch sei er, solange die Lage in Jugoslawien nicht geklärt sei, gegen die Lieferung von NVA-Material. Ungarn habe sich mit seiner Bitte schriftlich an den Kanzler gewandt. StS *Kastrup* wies darauf hin, dass auch Chef BK (Hartmann) diese Bitte für sehr bedenklich halte. Auch müsse man sehen, dass im Falle einer Lieferung an Ungarn dann Polen und die Tschechoslowakei folgen müssten. Im Falle der Tschechoslowakei sei die weitere Entwicklung jedoch völlig unübersichtlich.[19]

StS *Schönbohm* wies darauf hin, dass BM Rühe sich in seiner Ressortverantwortung gegen TLE-anrechenbare Waffenlieferungen in Nicht-NATO-Länder ausgesprochen habe. Er wolle lieber verschrotten, als in ein Pulverfass gezogen zu werden. Der Druck von Ungarn auf eine Antwort nehme allerdings zu. Eine Entscheidung könne jedoch nur im BSR erfolgen. *D2* stimmte zu, dass eine klare Antwort über kurz oder lang notwendig sei.

17 VLR I Lambach notierte am 6. Juli 1992: „Bezüglich der Abgabe von Rüstungsmaterial der ehemaligen NVA an die baltischen Staaten hatte der Bundessicherheitsrat am 25. Mai 1992 beschlossen, KSE-vertragsbegrenztes Gerät nicht zu liefern, über die Abgabe sonstiger Kriegswaffen und sonstigen Rüstungsmaterials jedoch im Einzelfall im Umlaufverfahren zu entscheiden." An der bisherigen „restriktiven Linie gegenüber den Lieferungswünschen der baltischen Staaten (und der anderen MOE-Staaten) sollte grundsätzlich festgehalten werden. Die im Baltikum bisher in vertragslosem Zustand stationierten ehemals sowjetischen Truppen bleiben vorerst ein Spannungsfaktor. In Estland und Lettland könnten außerdem die noch ungeklärten Minderheitenfragen zu einer Erhöhung der Spannungen beitragen." Vgl. B 70, ZA-Bd. 220710.

18 Zur Frage der Lieferung von Material der ehemaligen NVA nach Ungarn vgl. Dok. 193 und Dok. 326.

19 Zur Entwicklung in der ČSFR vgl. Dok. 216.

StS *Kastrup* empfahl, dass beide Häuser versuchen sollten, die Frage an den jeweiligen Minister heranzubringen, um ein Gefühl für die Entscheidungspräferenz zu bekommen. Man solle sich dann im September nochmals zusammensetzen, um eine Linie vorzubereiten vor einer Vorlage an den BSR, die im Vorfeld abgeklärt werden sollte.

Zu TOP 5

StS *Kastrup* erläuterte, dass wir im 2+4-Vertrag klare Verpflichtungen eingegangen seien. Ihm werde gesagt, dass im BMVg teilweise die Tendenz bestünde, mit Ausnahmeüberlegung bis an den Rand des Möglichen zu gehen. Er bat um eine klare Linie der Vertragstreue. Derartige Tendenzen seien wahrscheinlich bei UK und teilweise auch USA. Versuche schüfen nur unnötige Probleme. StS *Schönbohm* stimmte uneingeschränkt zu.

Er sprach dann Kriterien für die Ausbildungshilfe an der Führungsakademie in Hamburg an. Hier gebe es teilweise Schwierigkeiten mit dem AA. Er nannte als Beispiel Indonesien. Wir lieferten zwar Schiffe, aber seien gegen die Teilnahme von Lehrgangsteilnehmern. Wünschenswert sei, dass Entscheidungen rechtzeitig vorher bekannt seien, damit etwa die Militärattachés in den jeweiligen Ländern Einladungen steuern könnten.

StS *Kastrup* bestätigte, dass diese militärischen Ausbildungsprogramme im AA zunehmend aufmerksamer und teilweise kritisch beobachtet würden. Er sei im Parlament in verschiedenen Ausschüssen (Auswärtiger Ausschuss, Haushaltsausschuss, Ausschuss für wirtschaftliche Zusammenarbeit) schon damit konfrontiert worden. Diese Programme liefen seit den 60er Jahren mit dem Ziel, vor Augen zu führen, wie eine Armee in einer Demokratie funktioniere. Dieser Ansatz sei voll zu bejahen. Jedoch sei der Einfluss dieser Lehrgangsteilnehmer zu Hause nicht immer so, wie wir ihn gewünscht hätten. In einigen dieser Länder spiele die Armee eine unrühmliche Rolle, z. B. Thailand. Hier seien dann sofort Anhaltspunkte zur Kritik gegeben. Der frühere Bundesaußenminister habe in diesen Fragen eine sehr rigide Haltung vertreten. Er stelle sich deshalb die Frage, ob diese Programme heute noch sinnvoll seien, oder ob es nicht vernünftiger sei, statt Militärhilfe Hilfe beim Aufbau demokratischer Strukturen zu leisten, z.B. Aufbau von Parteien, Wahlen.[20] StS K. empfahl intensive Abstimmung mit AA. Es könne auch nicht im Sinne des BMVg und der Bundeswehr sein, wenn durch Lehrgangsteilnehmer später Misskredit entstehe.

StS *Schönbohm* teilte Bewertung und sagte frühzeitige Abstimmung zu. StS *Kastrup* ergänzte, dass Entscheidungen dann auch den jeweiligen Gastländern in voller Wahrheit gesagt werden müssten.

Zu TOP 6[21]

StS K. verzichtet auf die von uns gewünschte Behandlung, da AA noch nicht so weit sei.[22] StS *Schönbohm* erläuterte, dass im BMVg ein weit verbreiteter starker Drang zu einer Zusammenarbeit mit Israel bestehe. Dies habe eine lange Vorgeschichte. Die Zusammen-

20 Zum Demokratisierungshilfeprogramm vgl. Dok. 278.

21 In einer Vorlage vom 1. Juni 1992 für den BSR erläuterte BM Rühe, seit 1967 gebe es zwischen der Bundesrepublik und Israel eine „enge Zusammenarbeit in der technischen Auswertung fremden Wehrmaterials“, was im Einzelfall auch einschließe, „sich gegenseitig Gerät zu Auswertezwecken leihweise zur Verfügung zu stellen“. Hiervon sei die Bundesrepublik bis 1990 „fast ausschließlich Nutznießer“ gewesen und habe erst nach Übernahme der NVA im Oktober 1990 Israel in größerem Umfang „Wünsche nach leihweiser Überlassung moderner sowjetischer Waffensysteme“ erfüllen können. Im Oktober 1991 sei eine für Israel bestimmte Lieferung im Hamburger Hafen beschlagnahmt worden. Rühe schlug vor, der BSR möge die grundsätzliche Zusammenarbeit mit Israel auf dem Gebiet der technischen Aus-

arbeit sei pragmatisch, effektiv und gut. Erforderlich sei für die Fortsetzung eine baldige Grundsatzentscheidung.[23] Staatssekretäre *Kastrup* und *Schönbohm* vereinbarten, vor der Behandlung im BSR[24] noch einmal darüber zu sprechen.

4) StS *Kastrup* sprach im AA vorliegende Hinweise an, wonach UK nach Abzug der sowjetischen Truppen beabsichtige, später aus Berlin abzuziehen als vorgesehen.[25] Dies gehe nicht. Er bat darum, dass BMVg (StS Sch.) dies auch auf entsprechender militärischer Schiene vermittele. StS *Schönbohm* stimmte uneingeschränkt zu, mit dem Hinweis, dass er hiervon heute erstmals höre.

5) Hilfsflüge Sarajevo[26]

D 2 wies auf Absprache der beiden Minister hin, wonach Hilfsflüge im Prinzip gebilligt seien. StS *Schönbohm* bestätigte dies und verwies auf eine Vorlage des BMVg, die Minister Rühe gebilligt habe: Unterhalb der militärischen Ebene sei BMVg bereit, sich an Marineüberwachung auf hoher See zu beteiligen[27] sowie bei humanitärer Hilfe mitzuwirken (Lufttransporte). BMVg bereite sich darauf vor. *D 2* wies darauf hin, dass für derartige Hilfsflüge ein gewisser Sicherheitsstandard erforderlich sei. Die Planung für die Hilfsmaßnahmen solle sehr schnell erfolgen. D sollte unter den ersten sein, die ihre entsprechende Bereitschaft erklären können. Geprüft werden müsse auch die Kostenfrage für den Transport. StS *Kastrup* regte an, dass das BMVg eine Koordinierung für die Prüfung der anstehenden Fragen sicherstelle, und bat StS Schönbohm, wegen der Kostenfrage StS Wichert anzusprechen. Das AA habe kein Geld für die Transportkosten.

D 2 sprach abschließend die Frage der Unterstützungsleistungen für Übungstätigkeit der Luftwaffe in Beja an.[28] Hier handele es sich um eine Frage des Anstandes gegenüber

Fortsetzung Fußnote von Seite 827

wertung billigen und der Lieferung des beschlagnahmten Materials zustimmen. Vgl. B 70, ZA-Bd. 220888. Vgl. auch AAPD 1991, II, Dok. 380.

22 In einem Vermerk vom 2. Juli 1992 für BM Kinkel plädierte StS Lautenschlager dafür, die Frage der wehrtechnischen Zusammenarbeit mit Israel im Umlaufverfahren zu billigen, „weil ich finde, dass wir mit einer Verschiebung der Sache auf die nächste BSR-Sitzung am 1.9. m. E. nichts gewinnen, wir vielmehr einen unerwünschten Zusammenhang mit den Problemen des Rüstungsexports in den Nahen Osten herstellen, zu dem dieses Thema nicht gehört; weil schließlich ein Widerspruch auf der politischen Ebene, also von Ihnen, gegenüber BM Bohl und BM Rühe geäußert werden müsste, was eine inhaltlich unstreitige Sache m. E. unnötig politisieren könnte". Vgl. B 70, ZA-Bd. 220888.

23 Am 8. Juli 1992 vermerkte VLR I Matussek, BM Kinkel sei „nunmehr einverstanden, dass wir heute die Einspruchsfrist verstreichen lassen". Vgl. B 70, ZA-Bd. 220888.

24 Am 9. Juli 1992 teilte BM Bohl mit, der BSR habe im Umlaufverfahren „der grundsätzlichen Zusammenarbeit mit Israel auf dem Gebiet der technischen Auswertung fremden Wehrmaterials sowie der leihweisen Überlassung des in Hamburg eingelagerten NVA-Materials an Israel zu diesem Zweck zugestimmt". Vgl. FS Nr. 745; B 70, ZA-Bd. 220888.

25 VLR I Lambach vermerkte am 12. Mai 1992, die britische Botschaft habe am 7. Mai 1992 über Überlegungen unterrichtet, die letzten Truppen im Januar 1995 aus Berlin abzuziehen. Lambach führte aus, gemäß Artikel 5 Absatz 2 des 2+4-Vertrags vom 12. September 1990 sei die Aufenthaltsdauer an die der sowjetischen Streitkräfte in Deutschland gebunden. Deren Aufenthalt ende gemäß Artikel 4 Absatz 1 des deutsch-sowjetischen Aufenthalts- und Abzugsvertrags vom 12. Oktober 1990 spätestens Ende 1994. Vgl. B 38, ZA-Bd. 184679.

26 Zur Beteiligung der Bundeswehr an einer internationalen Luftbrücke für Sarajevo vgl. Dok. 176.

27 Zum Beschluss der Bundesregierung vom 15. Juli 1992 vgl. Dok. 231, besonders Anm. 5.

28 Zur Luftwaffenbasis Beja vgl. Dok. 115, Anm. 12.

Portugal für Verpflichtungen, die sich früher angedeutet hätten. BMF widersetze sich portugiesischen Wünschen, die von BMVg und AA befürwortet würden. Er bat das BMVg, erneut im Sinne einer positiven Lösung initiativ zu werden. StS *Schönbohm* war nicht unterrichtet und sagte zu, sich der Frage anzunehmen.[29]

StS *Kastrup* und StS *Schönbohm* vereinbarten Fortsetzung des Meinungsaustausches im September im Auswärtigen Amt.[30]

[Anlage 1]

Besprechungspunkte

TOP 1 Fortsetzung der deutsch-französischen Zusammenarbeit unter Berücksichtigung der transatlantischen Prioritäten

TOP 2 Perspektiven für die europäische Sicherheits-und Verteidigungsidentität

TOP 3 Neugestaltung der militärischen Hilfsprogramme

TOP 4 Ansätze und Prioritäten für die Weiterentwicklung der Beziehungen zu MOE-/ SOE[31]-Staaten, GUS, N+N-Staaten

TOP 5 Umsetzung des 2+4-Vertrages in den neuen Bundesländern

TOP 6 Wehrtechnische Zusammenarbeit mit Israel

TOP 7 Hilfsflüge für Sarajevo

B 14, ZA-Bd. 161164

29 Am 16. Dezember 1992 vermerkte Referat 201: „Nach langwieriger und schwieriger Abstimmung mit BMVg und BMF konnten wir am 8. Dezember 1992 der portugiesischen Seite ein Angebot zur unentgeltlichen Abgabe von insgesamt 40 Alpha-Jets unterbreiten, und zwar unter der Bedingung, dass sämtliche finanzielle Forderungen Portugals in Bezug auf die Basis Beja damit erledigt seien und dass die aufgetretenen Probleme bei der Zuordnung von Vermögensgegenständen sowie bei den baulichen Maßnahmen befriedigend gelöst würden. Die portugiesische Seite stimmte diesem Angebot zu einer Paketlösung grundsätzlich zu und äußerte eine Reihe zusätzlicher Wünsche, die sich auf den zukünftigen Betrieb der Alpha-Jets durch Portugal beziehen.“ Eine weitere Verhandlungsrunde sei für den 15. Januar 1993 in Lissabon anberaumt. Vgl. B 14, ZA-Bd. 161172.

30 Ein weiteres Gespräch zwischen StS Kastrup und StS Schönbohm, BMVg, fand 16. September 1992 statt. VLR I Bertram vermerkte am 17. September 1992, erörtert worden seien der Jugoslawien-Konflikt, insbesondere die Durchsetzung des Embargos in der Adria, ferner das Eurokorps. Vgl. B 14, ZA-Bd. 161164.

31 Südosteuropa.

205

Vorlage des Vortragenden Legationsrats I. Klasse Neubert für Bundesminister Kinkel

213-321.00 GEO **2. Juli 1992**[1]

Über Dg 21[2], D 2[3], Herrn Staatssekretär[4] Herrn Bundesminister[5]

Betr.: Deutsch-georgische Beziehungen;
hier: Maßnahmen zur Stabilisierung der Regierung Schewardnadse

Bezug: Ihre Weisung vom 27.6.1992 auf DB 87 aus Tiflis vom 22.6.1992 (Anlg. 2)[6]

Anlg.: 2[7]

Zweck der Vorlage: Zur Unterrichtung

Zusammenfassung

Wir betreiben die Stabilisierung der Regierung Schewardnadse nach innen durch aktive Unterstützung seiner Bemühungen um Demokratisierung Georgiens (Beratungshilfe beim Aufbau von demokratisch-rechtsstaatlicher Polizei und legalem Militär, Beschleunigung der Lieferungen aus Nahrungsmittelkredit der EG, Entmilitarisierung der Gesellschaft) und nach außen (Beratungshilfe beim Aufenthalts- und Abzugsvertrag der russ. Streitkräfte, hochrangige Treffen mit führenden Politikern aus Deutschland, Unterstützung einer KSZE-Mission nach Südossetien[8]).

Das Verhältnis Georgiens zu Russland hat sich mit Treffen Jelzin – Schewardnadse am 24.6.1992[9] weitgehend entspannt. Die Krise in Südossetien dauert – wenn auch unter

1 Die Vorlage wurde von LR I Manig konzipiert.

2 Hat MDg von Studnitz am 2. Juli 1992 vorgelegen.

3 Hat MD Chrobog am 2. Juli 1992 vorgelegen.

4 Hat StS Kastrup am 7. Juli 1992 vorgelegen.

5 Hat BM Kinkel am 11. Juli 1992 vorgelegen.
Hat OAR Salzwedel am 13. Juli 1992 vorgelegen, der den Rücklauf an Referat 213 verfügte.

6 Dem Vorgang beigefügt. Vgl. B 41, ZA-Bd. 171739.
Für den Drahtbericht des Botschafters Dahlhoff vgl. Dok. 183.

7 Vgl. Anm. 6 und 12.

8 Zur KSZE-Mission nach Südossetien vgl. Dok. 183, Anm. 10.
Vom 25. bis 30. Juli 1992 führte eine erste „Fact-finding-Mission" unter Leitung des ehemaligen belgischen AM Eyskens Gespräche mit allen Konfliktparteien. Gesandter Buerstedde, Brüssel, übermittelte am 7. August 1992 Informationen des belgischen Außenministeriums, wonach die Delegation den Eindruck gewonnen habe, „dass das Abkommen, das Jelzin und Schewardnadse am 24.6.92 in Sotschi unterzeichnet haben, eine Beruhigung der Lage erreicht hat. Die Kampfhandlungen seien eingestellt." In einem Vier-Augen-Gespräch zwischen Eyskens und dem Vorsitzenden des georgischen Staatsrats, Schewardnadse, habe dieser die Gewährung einer Autonomie an Südossetien „kategorisch" ausgeschlossen, „nicht zuletzt im Hinblick auf die Signalwirkung, die ein solcher Schritt auf andere Minderheiten im Lande (Abchasien) oder in der Region ausüben würde". Die Gespräche Eyskens' in Moskau hätten den Eindruck der russischen Entschlossenheit vermittelt, „den Konflikt – falls nötig auch unter Einsatz militärischer Mittel – im Sinne russischer Vorstellungen zu lösen". Die Vertreter Südossetiens hätten jeden weiteren Verbleib im georgischen Staatsverband abgelehnt. Vgl. DB Nr. 362; B 28, ZA-Bd. 158694.

9 Zum Treffen des russischen Präsidenten Jelzin mit dem Vorsitzenden des georgischen Staatsrats, Schewardnadse, in Sotschi vgl. Dok. 183, Anm. 5.

vermindertem Waffengebrauch – an. Beide Entwicklungen und unsere Unterstützung sollten zu einer gewissen Stabilisierung der Regierung Schewardnadse beitragen.

Im Einzelnen

1) Hochrangige Treffen

Am 1. und 2. Juli 1992 bereist Staatsminister Schäfer im Auftrag des Bundeskanzlers zusammen mit einer großen Regierungsdelegation, der auch zahlreiche Wirtschaftsvertreter angehören, Georgien. Er trifft mit Präsident Schewardnadse zusammen.[10]

Der Herr Bundeskanzler ist bereit, Präsident Schewardnadse am Rande des KSZE-Gipfels in Helsinki zu einem bilateralen Gespräch zu treffen.[11]

2) Botschaft des Bundeskanzlers

Der Herr Bundeskanzler hat durch StM Schäfer eine Botschaft an Präsident Schewardnadse überbringen lassen (s. Anlg. 1[12]), in der er Schewardnadse ermutigt, den eingeschlagenen Weg der sozialen, wirtschaftlichen und politischen Reformen fortzusetzen. Das Eintreten Schewardnadses für eine friedliche Lösung des Konflikts um Südossetien und seine Aufrufe zur Mäßigung beider Seiten werden ausdrücklich hervorgehoben.

3) Beratungshilfe

a) Polizei

StS Kastrup hat sich in der vergangenen Woche an seinen Kollegen StS Neusel (BMI) mit der Bitte gewandt, Möglichkeiten einer Beratungshilfe für den Aufbau demokratisch-rechtsstaatlicher Polizeikräfte in Georgien zu prüfen, damit entsprechend vor- und ausgebildete Ordnungskräfte die Veranstaltungen für den Wahlkampf (Wahlen am 11.10.1992) schützen können. Eine Antwort liegt noch nicht vor.[13]

b) Militär

Der NATO-Kooperationsrat führt am 1. bis 3. Juli 1992 in Brüssel ein Seminar durch, das der Schulung zum Aufbau demokratisch legitimierter Streitkräfte in den MOE- und Nachfolgestaaten der ehem. Sowjetunion dient. Vertreter Georgiens waren ebenfalls eingeladen. Die Entsendung eines Militärattachés aus Deutschland kommt indes erst dann in Betracht, wenn die „Privatarmeen" des stv. Präsidenten Iosseliani und des Verteidigungsministers Kitowani aufgelöst und durch legale Streitkräfte ersetzt sein werden.

10 Im Gespräch zwischen StM Schäfer und dem Vorsitzenden des georgischen Staatsrats, Schewardnadse, am 2. Juli 1992 in Tiflis wurden die Lage in Georgien, die Südossetienfrage, die georgische Außenpolitik, der Abzug der russischen Streitkräfte und die bilateralen Beziehungen erörtert. Vgl. den Gesprächsvermerk; B 41, ZA-Bd. 171739.

11 In ihrem Gespräch am 10. Juli 1992 erörterten BK Kohl und der Vorsitzende des georgischen Staatsrats, Schewardnadse, die bilateralen Beziehungen, die Entwicklung in Georgien, die georgische Außenpolitik, insbesondere die Beziehungen zu Russland, sowie die Lage in der Kaukasus-Region, die Rolle des Irans sowie die Entwicklung in Russland. Vgl. den Gesprächsvermerk; BArch, B 136, Bd. 59736.

12 Dem Vorgang beigefügt. Für das Schreiben des BK Kohl vom 1. Juli 1992 vgl. B 41, ZA-Bd. 171739.

13 Referat 213 vermerkte am 14. August 1992 zur Frage der Polizeiausbildung: „Der BMI hat sich bereiterklärt, dass auch Ausbildungs- (nicht nur Ausstattungs)hilfe aus dem vorhandenen Titel gezahlt werden kann. Da eine generelle Reform der entsprechenden Richtlinien noch aussteht, soll noch im September eine Expertengruppe nach Georgien reisen, um Beratungshilfe zur Polizeiausbildung zu geben, aber auch eine Bedarfsanalyse für eine zukünftige Zusammenarbeit zu erstellen." Vgl. B 41, ZA-Bd. 171739.

c) Politikberatung

StM Schäfer wird bei seiner Begegnung mit Präsident Schewardnadse ankündigen, dass – vorbehaltlich einer Terminbestimmung – ein Beamter des Auswärtigen Amtes Beratungshilfe bei der Verhandlung eines Aufenthalts- und Abzugsvertrages (AAV) mit Russland für die noch in Georgien stationierten russischen Streitkräfte leisten wird. RL 216[14], der auch den deutsch-sowjetischen AAV[15] mit ausgehandelt hat, soll diese Aufgabe später im Jahr 1992 übernehmen. Georgien sind bereits die Texte des deutsch-sowjetischen AAV als Arbeitsgrundlage übermittelt worden.

d) KSZE-Mission

Die Bundesrepublik Deutschland unterstützt den Antrag Georgiens, eine KSZE-Mission nach Südossetien zu entsenden. Das Abflauen der Kämpfe nach einem zwischen den Präsidenten Jelzin und Schewardnadse ausgehandelten Waffenstillstand steigert die Realisierung der Mission.

4) Nahrungsmittelhilfe

Die EG hat für die Nachfolgestaaten der ehem. Sowjetunion einen Kredit in Höhe von 1,25 Mrd. ECU bereitgestellt, mit dem Nahrungs- und Medizinimporte finanziert werden können. Auf Georgien entfallen 70 Mio. ECU. Das Auswärtige Amt drängt die EG-Kommission, den Kredit zu implementieren, damit möglichst noch vor den Wahlen im Oktober Nahrungsmittel in nennenswertem Umfang in Georgien verfügbar sind.

5) Beruhigung der außen- und innenpolitischen Lage

Seit dem Bezugs-DB haben wichtige Ereignisse stattgefunden, die Auswirkungen auf die Stabilität der Regierung Schewardnadse hatten:

- Am 24. Juni 1992 versuchten Anhänger des Ex-Präsidenten Gamsachurdia einen Putsch, der durch eine gemeinsame Aktion aller Sicherheitskräfte (Truppen des Innenministeriums und „Privatarmeen“) niedergeschlagen werden konnte. Vorangegangen war eine Verständigung zwischen Schewardnadse und VM Kitowani, die das gespannte persönliche Verhältnis der beiden Politiker entkrampfte.
- Am 24. Juni 1992 trafen sich die Präsidenten Schewardnadse und Jelzin in Sotschi und am 25. Juni 1992 in Istanbul. Sie vereinbarten, zum 1. Juli 1992 normale diplomatische Beziehungen aufzunehmen, einen umfassenden Vertrag über die beiderseitigen Beziehungen abzuschließen und handelten einen Waffenstillstand für Südossetien einschließlich des weitgehenden Abzugs russischer Truppen aus diesem Gebiet aus (die russischen Depots wurden oft von den Konfliktparteien überfallen, um Waffen zu entwenden). Der Waffenstillstand trat am 29. Juni 1992 in Kraft. Wenn auch die Vertreter Nord- und Südossetiens bislang dem Abkommen nicht beigetreten sind, hat sich die militärische Lage in Südossetien entspannt.

6) Wertung

Die Unterstützungsmaßnahmen seitens Deutschlands und die Entspannung des russisch-georgischen Verhältnisses haben zu einer Stabilisierung der innen- und außenpolitischen Lage geführt. Dadurch wird die Position Schewardnadses gestärkt. Uns kommt die grund-

[14] Frank Lambach.

[15] Für den Aufenthalts- und Abzugsvertrag vom 12. Oktober 1990 zwischen der Bundesrepublik und der UdSSR und die zugehörigen Dokumente vgl. BGBl. 1991, II, S. 258–290. Vgl. ferner AAPD 1990, II, Dok. 378, und DIE EINHEIT, Dok. 168.

sätzlich freundliche Einstellung der Georgier zu Deutschland entgegen, dass unsere Maßnahmen dort auf Beachtung stoßen. Unsere praktische Unterstützung wird durch ein Kulturabkommen (Entwurf übergeben[16]) und eine für 1993 ins Auge gefasste Eröffnung eines Goethe-Instituts[17] flankiert und untermauert.

Neubert

B 41, ZA-Bd. 171739

206

Vorlage des Vortragenden Legationsrats I. Klasse Barth für Bundesminister Kinkel

412-401.01 XVIII **3. Juli 1992**

Bitte sofort vorlegen!

Über Dg 41[1], D 4[2] Herrn Staatssekretär[3] Herrn Bundesminister[4]

Betr.: Wirtschaftsgipfel in München[5];
hier: Gedanke von Präs. Bush, eine „G 8" mit RUS zu bilden

Bezug: Meldungen AFP/CNN, wiedergegeben im Nachrichtenspiegel Ausland (rot) Nr. 181 vom 3.7.1992

Zweck der Vorlage: Zur Unterrichtung

16 Für den Entwurf vom 20. Mai 1992 eines Kulturabkommens mit Georgien vgl. B 97, Bd. 1121.

17 MD Chrobog erläuterte am 13. Mai 1992, das Präsidium des Goethe-Instituts habe am 30. Januar 1992 für 1994/95 die Einrichtung von fünf neuen Instituten beschlossen. Tiflis liege dabei an letzter Stelle der Prioritätenreihenfolge: „Angesichts der neuen Lage in Georgien und der starken Tradition kultureller und politischer Ausrichtung auf Deutschland sollte das Auswärtige Amt auf das Goethe-Institut im Sinne einer Veränderung der Prioritätenreihenfolge zugunsten von Tiflis einwirken. Das heißt: Aufnahme von Tiflis in die Planung für 1994. Ein Vorziehen auf die Planung 1993 ist dagegen nicht mehr möglich." Vgl. B 41, ZA-Bd. 171739.
VLR I Bald vermerkte am 5. August 1992, zwischen dem Auswärtigen Amt und dem Goethe-Institut bestehe Einigkeit, „dass Einrichtung eines Goethe-Instituts in Tiflis für HH-Jahr 1994 angestrebt werden soll. Entsprechende Anmeldungen von Personal- und Finanzmitteln werden in die Anfang 1993 beginnenden Haushaltsverhandlungen für 1994 eingebracht werden." Vgl. B 96, ZA-Bd. 197459.

1 Hat MDg von Kyaw am 3. Juli 1992 vorgelegen.

2 Hat MD Dieckmann am 3. Juli 1992 vorgelegen.

3 Hat StS Lautenschlager am 3. Juli 1992 vorgelegen, der handschriftlich vermerkte: „M. E. muss der BK vor Beginn des Gipfels mit Präs[ident] Bush sprechen, um ihn von seinen Überlegungen b[e]z[ü]gl[ich] ‚G 8' abzubringen. Das Thema, wenn – wie abzusehen – kontrovers diskutiert (Japan!), könnte den Gipfel erheblich belasten!"

4 Hat BM Kinkel am 4. Juli 1992 vorgelegen.
Hat OAR Salzwedel an 6. Juli 1992 vorgelegen, der den Rücklauf über das Büro Staatssekretäre, MD Dieckmann und MDg von Kyaw an Referat 412 verfügte.

1) Im heutigen Nachrichtenspiegel Ausland (rot) des BPA ist auf S. 3 folgende Agenturmeldung wiedergegeben:

„Präsident Bush will auf dem Weltwirtschaftsgipfel in München über eine mögliche Aufnahme Russlands in die Gruppe der G7 sprechen. Trotz seiner Schwierigkeiten habe dieses Land aufgrund seiner Größe eine ‚enorme Wirtschaft', sagte Bush in Washington.[6] Er sei bereit, über die Bildung einer ‚G8' zu diskutieren. Das Thema werde mit Sicherheit auf der Tagesordnung stehen."

2) Erste Reaktionen von ChBK und BMF:
- Dem BK wurde für München aufgeschrieben: „keine G8".
- BK sei äußerst ungehalten, vor allem auch über die Art und Weise der Mitteilung.
- Im G7-Kreis sei eine Aufnahme von RUS nie thematisiert worden. Einem Überraschungscoup solle man mit Festigkeit begegnen.[7]
- Die Zusammenarbeit der G7 bestehe nicht nur aus dem Wirtschaftsgipfel, sondern erstrecke sich vor allem auf die Zusammenarbeit der Finanzminister, Zentralbankpräsidenten und Wirtschaftsminister. Diese aber setze vergleichbaren wirtschaftlichen Entwicklungsstand, gleichgerichtete wirtschaftspolitische Interessen und ein funktionierendes geld- und währungspolitisches Instrumentarium voraus.
- Von den fehlenden Voraussetzungen abgesehen, sei auf russischer Seite auch keine Bereitschaft zu einer alle Partner bindenden wirtschafts- und geldpolitischen Abstimmung mit „dem Westen" erkennbar. Vielmehr handele es sich um ein Geber-/Nehmer-Verhältnis.

3) Stellungnahme

Aus wirtschaftspolitischer Sicht sprechen alle Gründe gegen eine Erweiterung des G7-Kreises um ein Land vom Entwicklungsstand Russlands. Die informelle und vertrauensvolle, auf wirtschafts-, finanz- und währungspolitischer Gleichgesinntheit („likemindedness") beruhende Zusammenarbeit würde zweifellos ihren Charakter wesentlich verändern. Außerdem würde es schwierig, bei Aufnahme Russlands etwa bedeutenden Schwellenländern wie BRA, MEX oder KOR oder anderen Ländern mit wirtschaftlichem Gewicht (China, Indien!) den Zugang zu verwehren, von kleineren Industrieländern wie AUS, SPA, SCN oder SCZ ganz abgesehen.[8]

Fortsetzung Fußnote von Seite 833

Hat StS Lautenschlager am 6. Juli 1992 erneut vorgelegen.

Hat, auch in Vertretung von Dieckmann, Kyaw am 6. Juli 1992 erneut vorgelegen.

Hat VLRI Barth am 9. Juli 1992 erneut vorgelegen, der die Weiterleitung an VLR Döring und LRI Gescher „z[ur] g[efälligen] K[enntnisnahme]" sowie an Dieckmann „n[ach] R[ückkehr]" und Kyaw verfügte.

Hat Döring und Gescher vorgelegen.

Hat Dieckmann am 13. Juli 1992 erneut vorgelegen.

Hat Kyaw am 14. Juli 1992 erneut vorgelegen.

5 Zum Weltwirtschaftsgipfel vom 6. bis 8. Juli 1992 vgl. Dok. 225.

6 Für die Ausführungen des amerikanischen Präsidenten Bush auf einer Pressekonferenz am 2. Juli 1992 vgl. PUBLIC PAPERS, BUSH 1992-93, S. 1064.

7 Dieser Satz wurde von StS Lautenschlager hervorgehoben. Dazu vermerkte er handschriftlich: „r[ichtig]".

8 An dieser Stelle vermerkte StS Lautenschlager handschriftlich: „Und den anderen GUS-Staaten und EG-Mitgliedstaaten!"

Sollte die Bemerkung von Bush einer wirklichen Absicht des Präsidenten entsprechen und er damit nicht nur Goodwill bei Präsident Jelzin erzeugen wollen, so bringt er uns und andere G7-Partner in eine schwierige Lage.

Es erscheint nicht ausgeschlossen, dass Präsident Bush eine Sonderbeziehung zu RUS aufbauen will. In diesem Falle wäre es auch denkbar, dass er eine Verwässerung der Abstimmungsverfahren[9] im G7-Rahmen in Kauf nehmen würde.

Es ist davon auszugehen, dass Präsident Jelzin sich sofort auf die Seite des US-Präsidenten stellen wird, wenn dieser seinen Vorschlag in München vorbringt. Wenn wir uns dem „G8"-Gedanken vollständig verschließen würden, müssten wir also gegen zwei Fronten kämpfen und würden zudem unsere Hilfeleistungen für RUS in den Augen der dortigen Öffentlichkeit (national-konservative Kreise!) weitgehend entwerten.

Allerdings ist bisher nicht bekannt, ob Präsident Bush eine Einbeziehung von RUS in alle G7-Verfahren oder nur eine stärkere Beteiligung von RUS bei künftigen[10] Wirtschaftsgipfeln anstrebt.[11]

Als ein mittlerer Weg könnte sich anbieten, dass der Gipfel zunächst nicht mehr als einen Prüfungsauftrag erteilt, wie RUS an die G7 herangeführt werden kann.[12]

Barth

B 52, ZA-Bd. 174523

207

Gespräch des Bundeskanzlers Kohl mit dem italienischen Ministerpräsidenten Amato in München

5. Juli 1992[1]

Vermerk über Gespräch des Bundeskanzlers (BK) in seiner Suite im Hotel „Vier Jahreszeiten" in München am 5.7.1992, 16.00 – 17.00 Uhr[2]

Teilnehmer: Bundeskanzler, Bundesminister Kinkel, Ministerpräsident Amato, Außenminister Scotti, zwei Dolmetscher.

9 Die Wörter „Verwässerung der Abstimmungsverfahren" wurden von StS Lautenschlager hervorgehoben. Dazu vermerkte er handschriftlich: „Es handelt sich um eine Änderung des Charakters der ‚7er'-Gipfel, nicht um eine bloße ‚Verwässerung' von Abstimmungsverfahren."

10 Dieses Wort wurde von StS Lautenschlager hervorgehoben. Dazu vermerkte er handschriftlich: „Was lt. Presse-Meldungen z. B. Japan bereits abgelehnt hat."

11 Dieser Absatz wurde von StS Lautenschlager durch Fragezeichen hervorgehoben.

12 Zu diesem Absatz vermerkte StS Lautenschlager handschriftlich: „Nur als letzter ‚prozeduraler Ausweg'."

1 Kopie.
Der Gesprächsvermerk wurde von MD Hartmann, Bundeskanzleramt, am 13. Juli 1992 gefertigt und am 16. Juli 1992 an VLR I Matussek übermittelt. Dazu teilte Hartmann mit: „Lieber Herr Matussek, anliegend übersende ich Ihnen Vermerk über das Gespräch des Herrn Bundeskanzlers mit Ministerpräsident Amato am 5. Juli 1992, den Herr Bundesminister Kinkel seinerzeit angefertigt hatte. Bundesminister Kinkel hatte

BK: Begrüßung des Gastes.

MP *Amato*: Was sind die Schwerpunkte des Gipfels nach des Bundeskanzlers Meinung?

BK: Er wünsche sich, dass dieser Münchener Gipfel zu den ursprünglichen Intentionen zurückkehrt. Die Ursprungsidee sei in der letzten Zeit etwas verloren gegangen. Er wünsche sich, dass bei solchen Gipfelgesprächen mehr miteinander geredet werden könne. Es handele sich um einen Wirtschaftsgipfel; die Wirtschaft solle im Mittelpunkt stehen, und er wünsche nicht zu viele Texte.

- Erster zentraler Punkt: Weltwirtschaft; Situation; Hinweis auf gemeinsame Verantwortung. Leider werde GATT auf dem Gipfel nicht deblockiert werden können. Es müsse aber definitiv vereinbart werden, dass in den nächsten Wochen[3] intensiv weiter versucht werde, zu einem Ergebnis zu kommen. Man sei sehr nahe beisammen, dies wisse er auch aus seinen intensiven Bemühungen der letzten Tage. Es gäbe aber zwei Termine, die einer Lösung entgegenstünden: zum einen das Referendum in Frankreich[4] und zum anderen die Wahl in den Vereinigten Staaten[5]. Bei den Verhandlungen seien auch Fehler durch die EG gemacht worden. Jetzt allerdings seien die Amerikaner sehr hart. Man habe sich etwas zu sehr die Verhandlungslinie der Amerikaner aufdrängen lassen. Dafür entstehe jetzt der Eindruck, als ob das Scheitern bei der EG bzw. den Franzosen liege. Er, der BK, sei der Meinung, Delors hätte sich früher einschalten müssen. Die Amerikaner beharrten zu stark auf dem Dunkel-Papier.[6]
- Zweiter zentraler Punkt: Was tun wir für die GUS-/MOE-Staaten? Hinweis auf seine Kontakte mit Krawtschuk.[7] Hilfe könne nur Hilfe zur Selbsthilfe sein.

Fortsetzung Fußnote von Seite 835

mir das einzige Exemplar des Vermerks in München gegeben. Ich habe den teilweise handschriftlich korrigierten Vermerk noch einmal schreiben lassen."

Hat Matussek am 17. Juli 1992 vorgelegen, der die Weiterleitung an VLR Brose „z[ur] w[eiteren] V[eranlassung]" verfügte und handschriftlich vermerkte: „Braucht BM nicht erneut vorgelegt werden."

Hat Brose vorgelegen, der die Weiterleitung von Kopien an das Büro Staatssekretäre sowie an MD Chrobog und MD Dieckmann verfügte.

Hat VLR I Reiche am 20. Juli 1992 vorgelegen.

Hat Chrobog laut Vermerk nach Rückkehr vorgelegen.

Hat Dieckmann am 21. Juli 1992 vorgelegen, der die Weiterleitung an MDg von Kyaw verfügte.

Hat Kyaw am 22. Juli 1992 vorgelegen.

Hat VLR I Göckel am 22. Juli 1992 vorgelegen.

Hat Botschafter Heinsberg am 24. Juli 1992 vorgelegen. Vgl. das Begleitschreiben; B 63, ZA-Bd. 170511.

2 BK Kohl und der italienische MP Amato hielten sich anlässlich des vom 6. bis 8. Juli 1992 stattfindenden Weltwirtschaftsgipfels in München auf. Zum Gipfel vgl. Dok. 225.

3 Die Wörter „in den nächsten Wochen" wurden von MDg von Kyaw unterschlängelt.

4 In Frankreich fand am 20. September 1992 ein Referendum über das Vertragswerk von Maastricht statt. Vgl. Dok. 293 und Dok. 300.

5 In den USA fanden am 3. November 1992 Präsidentschaftswahlen, Wahlen zum Repräsentantenhaus sowie Teilwahlen zum Senat und für die Gouverneursämter statt.

6 Zum „Dunkel-Papier" vom 20. Dezember 1991 vgl. Dok. 6, Anm. 3.

7 Für die Gespräche zwischen BK Kohl und dem ukrainischen Präsidenten Krawtschuk am 4. Februar bzw. 3. April 1992 vgl. Dok. 32 bzw. Dok. 98.

Kohl und Krawtschuk trafen ferner am 9. Juli 1992 in Helsinki zusammen und erörterten die Ergebnisse des Weltwirtschaftsgipfels vom 6. bis 8. Juli 1992 in München, die wirtschaftliche Lage in der Ukraine,

Er, der BK, sei dagegen, den Siebener-Gipfel mit Russland auf acht aufzustocken.[8] Wie wolle man beispielsweise Indien, Brasilien antworten bei gleicher Anfrage? Zeitpunkt für Aufstockung sei zu früh, allerdings: Jelzin müsse wissen, was er bekommt.

- Dritter zentraler Punkt: Kernkraftwerke sowjetischer Bauart:
  Mehr als 20 Kernkraftwerke sowjetischer Bauart seien schließungswürdig bzw. nachbesserungswürdig. Geplant sei von uns ein multilateraler Fonds.[9] Japan und die Amerikaner seien eher nur für bilaterale Hilfe. Tschernobyl[10] wäre vielleicht anders gelaufen, wenn man früher hätte eingreifen können. Was den deutschen Beitrag anbelangt, müsse er allerdings sagen, dass wir an der Obergrenze dessen angelangt sind, was wir finanziell leisten können.
  Insbesondere Japan müsse sich stärker engagieren, denn Russland stoße auch an die Grenze Japans.

MP *Amato*: Er sei voll einverstanden. Er habe nur eine große Sorge: Die bisherigen und die geplanten Hilfen für die osteuropäischen Länder seien nicht langfristig angelegt. Notwendig seien aber robuste, langfristig wirkende Hilfen.

BK: Er sei dankbar, wenn in Russland die Dinge einigermaßen weiterliefen. Zunächst müsse es aber um eine Stabilisierung gehen; manchmal sei es auch hilfreich, einfache Dinge zuwege zu bringen. Es sei unerträglich, wenn 40 % des Erdöls in Pipelines verloren gingen. Er habe schon im letzten Jahr angeboten, dass private Konsortien diese Pipelines reparieren könnten. Die Kosten könnten aus den Summen finanziert werden, die im Augenblick im Verlust liegen werden. Aber es sei halt schwierig, notwendige Zustimmung der Republiken zu gewinnen. Die Ukraine habe in diesem Jahr nur 40 % der potenziellen Anbaufläche bebaut. Nach seiner Meinung werde es noch schlimmer. Wir müssen uns gemeinsam schon jetzt auf Hilfe einstellen. Unsere Bevölkerungen verstehen dies aber alles nicht mehr, weil man nicht zu Unrecht sage, Russland und die Ukraine usw. müssten so langsam mindestens im landwirtschaftlichen Sektor wieder auf die Beine kommen.

Außerdem wolle er darauf hinweisen, dass die bisherige Hilfe hauptsächlich von den Europäern getragen worden sei.

MP *Amato*: Beim Sturz Gorbatschows sei den Europäern gesagt worden, man habe die Lage falsch eingeschätzt. Was passiert, wenn nun beispielsweise Jelzin gestürzt werde? Er sei der Meinung, der 24 Mrd.-Kredit[11] müsse laufen.

BK: Ja, aber man müsse alles mit Vorsicht tun. Nicht umsonst gäbe es im Deutschen die Redewendung vom „Fass ohne Boden".

MP *Amato*: Wir müssen es tun, damit uns nicht gesagt wird, wir hätten evtl. zum Sturz Jelzins beigetragen.

Fortsetzung Fußnote von Seite 836

die Sicherheit der dortigen Kernkraftwerke, insbesondere die Stilllegung des Reaktors von Tschernobyl, die Beziehungen der Ukraine zu den übrigen GUS-Mitgliedstaaten sowie die in die Ukraine zurückkehrenden Einheiten der WGT. Vgl. den Gesprächsvermerk; BArch, B 136, Bd. 59736.

8 Zu amerikanischen Überlegungen zur Bildung einer „Gruppe der Acht" (G 8) vgl. Dok. 206.

9 Zur Frage eines Aktionsprogramms zur Sicherheit von Kernkraftwerken in den Nachfolgestaaten der UdSSR sowie den MOE-Staaten vgl. Dok. 142, Anm. 18.

10 Zum Unfall im sowjetischen Reaktor Tschernobyl am 26. April 1986 vgl. Dok. 32, Anm. 3.

11 Zu den G 7-Hilfen für Russland vgl. Dok. 100, Anm. 7.

BK: Ja, aber nicht alle denken so. Hinweis auf Wahlkampf USA, Hinweis auf Kurilen[12], Intention der Japaner. Er habe früher mehrfach mit Gorbatschow über die Kurilen-Frage gesprochen[13]; Gorbatschow sei auf einem guten Weg gewesen.

MP *Amato*: Kann man nicht den Japanern eine Übergangslösung à la Hongkong[14] schmackhaft machen?

BK: Er glaube es nicht, es gäbe viele Probleme an der russischen Westgrenze. Die Situation bliebe insoweit schwierig. Dasselbe gelte für das Thema Rio.[15] Er wolle darauf aufmerksam machen, dass 120 Mio. Japaner so viel Tropenholz im Jahr verbrauchen würden wie 340 Mio. Europäer. So gehe es eben nicht.

Er wolle noch ein anderes Thema anschneiden. Dies sei der erste Gipfel ohne Ost-West-Bedrohung. Der Kalte Krieg sei vorbei. Man denke an die Situation Jugoslawiens: Zur Zeit der Ost-West-Gegensätze hätte es hier noch nach Weltkrieg gerochen. Er sei allerdings relativ glücklich über die eingetretene Weltlage.

MP *Amato*: Deutschland habe bei der Wiedervereinigung Mut gezeigt. Die Wiedervereinigung sei vor allem die Leistung des Bundeskanzlers gewesen.

BK: Jetzt sei die Stunde der Europäer gekommen. Der Ost-West-Gegensatz sei ja auch in gewissem Sinne ein Instrument der Disziplinierung gewesen. Jetzt ist in diesem Sinne die Angst weg. Suharto habe ihn kürzlich darauf hingewiesen, dass sein Land blockfrei sei.[16] Er habe gefragt: Wieso blockfrei, es gibt keine Blöcke mehr?

MP *Amato*: Er wolle fragen, ob man nicht wie früher auf die regelmäßigen Gipfeltreffen zurückkommen könne? Er wisse, der BK liebe Florenz, deshalb lade er nach Florenz ein.

BK: Im Prinzip einverstanden, über den Termin müsste gesprochen werden.[17]

MP *Amato*: Schildert die Situation in Italien nach der Regierungsumbildung[18] und spricht Währungsprobleme der italienischen Regierung an. Er habe heute Morgen eine Ministerbesprechung durchgeführt und Richtlinien beschlossen, die sofort nach seiner Rückkehr in Kraft treten sollten. Geplant sei eine Art Delegierungsgesetz (so Dolmetscherübersetzung), das eine mittelfristige Planung gegen die Inflation bedeute und kurzfristig in Kraft treten solle. Die Regierung konzentriere sich voll auf die Inflationsbekämpfung. Geplant seien ein Preisstopp, ein Lohnstopp und weitere einschneidende Maßnahmen.

12 Zur Kurilenfrage vgl. Dok. 13, Anm. 43.

13 BK Kohl und der sowjetische Präsident Gorbatschow erörterten die Kurilenfrage in Gesprächen am 9. November 1990 in Bonn sowie 5. Juli 1991 in Meschigorje. Vgl. AAPD 1990, II, Dok. 372, bzw. AAPD 1991, II, Dok. 235.

14 Zum Status von Hongkong vgl. Dok. 75, Anm. 20.

15 Zur VN-Konferenz über Umwelt und Entwicklung (UNCED) vom 3. bis 14. Juni 1992 vgl. Dok. 177.

16 BK Kohl und der indonesische Präsident Suharto trafen am 11. Juni 1992 in Rio de Janeiro zusammen. Themen waren die internationale Umweltpolitik, die bilateralen Beziehungen, die Entwicklung in der Volksrepublik China, auf der koreanischen Halbinsel und den Philippinen sowie die Lage in Indonesien. Vgl. den Gesprächsvermerk; BArch, B 136, Bd. 43298.

17 In Florenz fanden am 17./18. September 1992 die deutsch-italienischen Regierungskonsultationen statt. Vgl. Dok. 296.

18 Nach den Parlamentswahlen am 5./6. April 1992 in Italien trat MP Andreotti am 24. April 1992 zurück. Die neue Regierung unter MP Amato trat am 28. Juni 1992 ihr Amt an.

Ziel: Die öffentliche Verschuldung müsse um 30 000 Mrd. Lire heruntergesetzt werden, was bedeuten würde, dass die staatliche Verschuldung unter 10 % gedrückt würde.

Wichtig für ihn, Amato, sei, dass dieses italienische Vorhaben durch Europa, insbesondere natürlich durch die Bundesrepublik Deutschland, positiv bewertet werde, und zwar dann, wenn die italienische Regierung es bekannt gebe. Italien brauche eine Beruhigung auf den Märkten. Amato übergab sodann dem Bundeskanzler ein Kommuniqué, das auch einen Zeitplan für die Maßnahmen enthält.[19]

BK: Er werde das Papier mit seinen Finanzfachleuten besprechen.

BK erteilte mir nach dem Gespräch den Auftrag, das Papier mit den zuständigen Herren, insbesondere auch mit Herrn Köhler zu besprechen, damit ihm heute Abend in der 19.30 Uhr-Besprechung ein Rat gegeben werden könne, wie er sich verhalten soll.

BK: Wir leben in einer wichtigen Zeit. Wichtige Fragen stellen sich insbesondere an die Europäer. Bis Ende des Jahrhunderts muss die Union kommen. Dabei ist nicht nur die Wirtschaft zu berücksichtigen, sondern auch Geschichte, Tradition und Kultur.

BK kam auf den Unfall seines Sohnes in Italien zu sprechen und bedankte sich in bewegten Worten bei der italienischen Seite für die Hilfe, die seiner Familie und seinem Sohn nach diesem Unfall gewährt worden sei.[20]

MP *Amato* dankt für die Worte des BK und fragt den BK abschließend, ob er nach der letzten Wahl daran geglaubt habe, dass nochmals ein Bündnis DC, PS usw. zustande kommen würde.

BK: Ja, er habe daran geglaubt, aber er habe geahnt, dass es mit anderen Personen zustande kommen werde.

B 63, ZA-Bd. 170511

19 Botschafter Seitz, Rom, teilte am 9. Juli 1992 mit, der italienische MP Amato habe sein Programm in einer Regierungserklärung vorgestellt: „Vorrangiges Ziel der Regierung ist es demzufolge, bis Ende 1993 die Einhaltung des mit der EG vereinbarten Konvergenzprogramms sicherzustellen." Es bestehe der Eindruck, „dass das wirtschafts- und finanzpolitische Grundsatzprogramm Amatos in enger Abstimmung mit der Banca d'Italia entstanden ist". Das Hauptproblem werde darin bestehen, „die Akzeptanz der geplanten Konsolidierungsmaßnahmen bei der Bevölkerung sicherzustellen". Vgl. SB Nr. 1175; B 224, ZA-Bd. 168547.

20 Peter Kohl wurde am 31. Oktober 1991 bei einem Autounfall in der Nähe von Monza schwer verletzt.

208

Gespräch des Bundeskanzlers Kohl mit dem amerikanischen Präsidenten Bush in München

6. Juli 1992[1]

Gespräch des Herrn Bundeskanzlers mit dem amerikanischen Präsidenten Bush im Rahmen eines Frühstücks im Hotel „Vier Jahreszeiten" in München am Montag, den 6. Juli 1992[2]

Teilnehmer:

Auf amerikanischer Seite: Präsident Bush, Außenminister Baker, Finanzminister Brady, Sicherheitsberater Scowcroft.

Auf deutscher Seite: Bundeskanzler Kohl, Bundesminister Kinkel, Bundesminister Waigel, MD Hartmann, MDg Neuer.

Der *Bundeskanzler* heißt Präsident Bush herzlich willkommen. Er hoffe auf gute Gespräche bei dem bevorstehenden Gipfel.

Es sei der erste G7-Gipfel, der die dramatische Entwicklung in der Welt widerspiegle. In London[3] habe noch Präsident Gorbatschow die Sowjetunion vertreten, die es inzwischen nicht mehr gebe. Wenn man in München sei, gingen die Gedanken auch zurück auf das Jahr 1938, den Vorabend des Zweiten Weltkrieges. Jetzt – 1992 – habe man gute Chancen, die Grundlagen für eine lange Periode des Friedens zu legen.

Er hoffe, dass man sich bei diesem Gipfel vor allem auf die Gespräche konzentrieren könne und die Zahl der Papiere drastisch reduziere. Im Übrigen könne man in München nicht alle Probleme der Erde lösen.

Ferner solle man dem Namen Rechnung tragen und Wirtschaftsfragen in den Mittelpunkt stellen. Die Weltwirtschaft befinde sich noch in einer Flaute, und es sei daher wichtig, darüber zu sprechen, was man tun könne, um die Weltwirtschaft wieder in Gang zu bringen.

Das zweite wichtige Thema sei die Hilfe für die GUS und die MOE. In diesem Zusammenhang spiele die Sicherheit der Kernkraftwerke eine bedeutsame Rolle. Schließlich gehe es um die Dritte Welt, nicht zuletzt vor dem Hintergrund der Konferenz von Rio[4].

Im Zusammenhang mit der Politischen Erklärung[5] solle man auch etwas Substanzielles zu Jugoslawien[6] sagen.

1 Kopie.
Der Gesprächsvermerk wurde von MD Hartmann, Bundeskanzleramt, am 13. Juli 1992 gefertigt und am selben Tag über BM Bohl an BK Kohl „mit der Bitte um Billigung" geleitet. Ferner vermerkte Hartmann: „Ich schlage vor, den Vermerk Herrn Bundesminister Kinkel sowie Herrn Bundesminister Waigel, die beide an dem Frühstück teilgenommen haben, zur persönlichen Kenntnisnahme zuzuleiten." Vgl. den Begleitvermerk; BArch, B 136, Bd. 59736. Vgl. auch KOHL, Erinnerungen 1990–1994, S. 462–465.

2 BK Kohl und der amerikanische Präsident Bush hielten sich anlässlich des vom 6. bis 8. Juli 1992 stattfindenden Weltwirtschaftsgipfels in München auf. Zum Gipfel vgl. Dok. 225.

3 Zum Weltwirtschaftsgipfel vom 15. bis 17. Juli 1991 vgl. AAPD 1991, II, Dok. 249.

4 Zur VN-Konferenz über Umwelt und Entwicklung (UNCED) vom 3. bis 14. Juni 1992 vgl. Dok. 177.

5 Für die Erklärung „Die neue Partnerschaft gestalten" vom 7. Juli 1992 vgl. BULLETIN 1992, S. 729–731.

6 Für die „Erklärung zum ehemaligen Jugoslawien" vom 7. Juli 1992 der Teilnehmer des Weltwirtschaftsgipfels vgl. BULLETIN 1992, S. 731 f.

Präsident *Bush* wirft die Frage auf, wie man das Thema GATT behandeln solle. Er glaube, man sei sich im Landwirtschaftsbereich inzwischen sehr nahe. Er habe hierüber gestern Abend mit Präsident Mitterrand gesprochen.[7] Es gebe Erwartungen seitens der Presse, und man müsse daher in dieser Frage etwas tun.

Der *Bundeskanzler* erklärt, die Lage sei schwierig. Man könne nicht einfach wie schon auf früheren Gipfeln wiederholen, dass GATT ein Erfolg werden müsse. Auch er sei der Meinung, dass man zu einem Abschluss kommen könne, wobei nicht nur der Landwirtschaftsbereich eine Rolle spiele. Er frage sich daher, ob man auf dem Gipfel nicht einen festen Termin nennen und eine Erklärung abgeben könne, wonach die Staats- und Regierungschefs erwarteten, dass bis zu diesem Termin die Sache abgeschlossen werde und dass sie alles tun würden, um dies sicherzustellen.

Präsident *Bush* erklärt, er frage sich, warum man nicht heute hinter den Kulissen über den Landwirtschaftsbereich sprechen könne.

Der *Bundeskanzler* fährt fort, er habe seinen Vorschlag, einen Termin festzulegen, vor allem mit Blick auf die Öffentlichkeit gemacht. Gleichzeitig würde eine Terminvorgabe auch großen psychologischen Druck auf jeden Beteiligten ausüben. Er würde gerne wissen, ob dieser Vorschlag vor dem Hintergrund der amerikanischen Wahlen[8] akzeptabel sei.

Präsident *Bush* erklärt: prinzipiell ja. Die amerikanische Seite habe eine gewisse Flexibilität, wenn auch nicht viel. Man könne daher mit der Europäischen Kommission hier in München einen Versuch machen. Natürlich wolle auch er nicht, dass diese Frage zum wichtigsten Tagesordnungspunkt des Gipfels werde und man dann scheitere.

Der *Bundeskanzler* erklärt, er sei für alles offen, aber skeptisch, ob man hier in München Fortschritte machen könne.

AM *Baker* erklärt, die amerikanische Seite glaube, dass es eine Chance gebe, im Landwirtschaftsbereich einen Kompromiss zu finden – nicht allerdings in den anderen Bereichen. Die Frage, ob man einen festen Termin setze, solle man prüfen.

Die GAP-Reform[9] habe Fortschritte ermöglicht, vorausgesetzt, die EG sei bereit, die GAP-Reform in Handelsvereinbarungen umzusetzen. Mitterrand habe angedeutet, dass dies einen Versuch wert sei.

Der *Bundeskanzler* wirft die Frage ein, was Mitterrand genauer gesagt habe.

AM *Baker* erwidert, Mitterrand habe die Auffassung vertreten, man solle einen Versuch machen. In der Frage der Getreideexporte habe Mitterrand ursprünglich auf 18 % bestanden, sei dann aber auf 20 % hochgegangen. Vielleicht sei aber noch Flexibilität drin.

Die amerikanische Seite sei damit einverstanden, dass die internen Einkommenshilfen nicht gefährdet würden. Im Gegenzug müsse die EG der amerikanischen Seite bei den Exportsubventionen entgegenkommen. Ferner sei die amerikanische Seite mit der Friedensklausel einverstanden. Schließlich könne die amerikanische Seite eine kosmetische Formel in der Frage des „rebalancing" anbieten, eine Frage, die im Übrigen mehr die Deutschen

[7] Für das Gespräch des amerikanischen Präsidenten Bush mit dem französischen Staatspräsidenten Mitterrand am 5. Juli 1992 in München vgl. https://bush41library.tamu.edu/archives/memcons-telcons.

[8] In den USA fanden am 3. November 1992 Präsidentschaftswahlen, Wahlen zum Repräsentantenhaus sowie Teilwahlen zum Senat und für die Gouverneursämter statt.

[9] Zur Reform der GAP vgl. Dok. 135, Anm. 5.

als die anderen interessiere. In all diesen Fragen – einschließlich des Bananenproblems[10] – könne man eine Übereinkunft erzielen.

Der *Bundeskanzler* erklärt, die Frage sei nur, wann und von wem dies gemacht werden solle.

AM *Baker* erwidert, man könne sich hier in München mit der Europäischen Kommission zusammensetzen. Dies gehe allerdings nur dann, wenn der Bundeskanzler wie auch Präsident Mitterrand mit dem grundsätzlichen Herangehen („approach") einverstanden seien.

Der *Bundeskanzler* erklärt, er werde die Angelegenheit mit Mitterrand aufnehmen.[11] Es bleibe allerdings immer noch die Frage, was man tun soll, wenn Mitterrand nicht einverstanden sei.

AM *Baker* erklärt, wenn es gelinge, hier in München Fortschritte im Landwirtschaftsbereich zu erreichen, werde das für alle ein riesiger Erfolg sein.

Der *Bundeskanzler* erklärt, man sei in dieser Frage nicht weit auseinander. Er kenne aber seine Partner. Man müsse daher ein Szenario mit allen möglichen Alternativen haben, also auch für den Fall, dass in München nicht verhandelt werde. Er wiederhole daher seinen Vorschlag, dass man einen Termin nenne. Dies müsse nicht heute entschieden werden, aber er bäte doch darum, dass man sich diesen Punkt genau überlege.

Präsident *Bush* erklärt, das Problem liege darin, dass man einen schweren Misserfolg riskiere, wenn dieser Termin nicht eingehalten werde.

Der *Bundeskanzler* erklärt, man müsse weiter über diese Frage nachdenken. Auf keinen Fall könne der Gipfel die gleiche Botschaft aussenden wie vor zwei Jahren.

Präsident *Bush* fährt fort, er habe mit Präsident Mitterrand auch ein gutes Gespräch über das Eurokorps gehabt. Leider habe man mit Frankreich in Sicherheitsfragen eine Reihe Differenzen. Mitterrand sei zwar der Meinung gewesen, die Amerikaner machten aus einer Mücke einen Elefanten. Er hoffe, dass man die Meinungsverschiedenheiten mit Frankreich überbrücken werde.

Der *Bundeskanzler* erklärt, er wolle in aller Offenheit sagen, dass er den Eindruck habe, die Sache werde in Washington aufgebauscht. Er habe eine klare Position in dieser Frage. Deutschland sei Teil der NATO und brauche keinen diesbezüglichen Nachhilfeunterricht. Wir hätten unsere Treue zur NATO sowohl in Moskau als auch bei der Nachrüstung unter Beweis gestellt. Wir wünschten eine substanzielle militärische Präsenz der USA in Europa.

Ebenso klar sei, dass wir die Europäische Union wollten. Beides sei kein Gegensatz. Im Rahmen der Europäischen Union müsse es auch eine europäische Sicherheitsidentität geben. Dies sei ohne Weiteres mit der NATO in Einklang zu bringen. Präsident Mitterrand wisse im Übrigen genau, dass mit Deutschland etwas Anderes nicht machbar sei.

10 Zur EG-Bananenmarktregelung vgl. Dok. 102, Anm. 8 und 9.
MDg Grünhage, Brüssel (EG), berichtete am 14. Juli 1992, in der EG-Ratstagung auf der Ebene der Landwirtschaftsminister am 13./14. Juli 1992 habe BM Kiechle darauf hingewiesen, „dass die von der KOM beabsichtigte Importkontingentierung von Bananen lateinamerikanischer Provenienz (sog. Dollarbananen) den erfolgreichen Abschluss der Uruguay-Runde gefährden könnte. Die für die Einführung dieses restriktivsten Einfuhrschutzinstrumentes erforderliche Ausklammerung der Bananen aus dem GATT-Paket würde auch andere Partner ermutigen, für ihre sensiblen Produkte Ausnahmen von den Abbauverpflichtungen zu fordern." Vgl. DB Nr. 2091; B 222, Bd. 187479.

11 Für das Gespräch des BK Kohl mit dem französischen Staatspräsidenten Mitterrand am 7. Juli 1992 in München vgl. Dok. 210.

Präsident *Bush* erklärt, die deutsche Interpretation sei absolut in Ordnung. Leider sei die französische Interpretation davon etwas verschieden. Er habe dies Mitterrand auch deutlich gesagt, was diesem nicht gefallen habe. Frankreich nehme auch bei den Sicherheitsfragen, die in der KSZE behandelt würden, eine unterschiedliche Position ein. Wenn von Frankreich das Signal ausgehe, dass die amerikanische Präsenz in Europa nicht länger erwünscht sei, so schaffe dies – auch vor dem Hintergrund der amerikanischen Wahlen – ernste Probleme. Perot verkünde, dass die Deutschen 50 Mrd. Dollar zahlen sollten. Dies sei natürlich eine törichte Idee.

Der *Bundeskanzler* wiederholt, mit uns gebe es in dieser Frage keine Probleme. Er sage das Gleiche in Washington wie in Paris und habe sich auch im Deutschen Bundestag immer wieder deutlich geäußert.

Das Problem sei, dass sich auch für Frankreich die Welt verändert habe. Die Bedeutung der Nuklearwaffen nehme ab. Beispielsweise stelle sich die Frage nach der Rolle der Hades[12].

Präsident *Bush* erklärt, wir benötigten weiterhin verlässliche Sicherheitsstrukturen. Niemand wisse, was in der früheren Sowjetunion noch alles passiere. Er sei gestern in Polen gewesen, wo man sich große Sorgen über das mache, was in der Nachbarschaft vorgehe.

Er habe Mitterrand ausdrücklich gefragt, ob er wünsche, dass die Amerikaner in Europa blieben. Mitterrand habe dies bejaht. Andererseits habe man immer wieder den Eindruck, dass die Botschaft laute, die USA sollten sich aus Europa zurückziehen.

Der *Bundeskanzler* erklärt, dies sei nicht nur ein Problem Mitterrands. Es gebe auch andere Leute in Europa, die die Frage stellten, ob die USA tatsächlich in Europa bleiben wollten. Die Frage werde nicht mit Blick auf Präsident Bush gestellt.

Präsident *Bush* erklärt, man wolle eben nicht, dass dies passiere. Deshalb dürfe es auch keine entsprechenden Signale aus Europa geben.

Der *Bundeskanzler* wiederholt, er wolle, dass die Amerikaner in Europa blieben, und man solle auch niemandem einen Vorwand für den Abzug liefern. Dies sei die klare Meinung hier in Europa. Auch Mitterrand wolle nicht, dass die USA sich zurückzögen, denn er wolle nicht alleine mit den Deutschen sein.

AM *Baker* erklärt, der Aufhänger für die amerikanische Präsenz in Europa („the ticket to Europe") sei die NATO. Man habe die NATO an die veränderten Bedingungen angepasst. Hierbei hätten Deutschland und die USA eng zusammengearbeitet. Leider sei Frankreich nicht bereit, die Rolle der NATO zu erweitern. Dies mache es schwieriger, zu Hause die Unterstützung für die weitere amerikanische Präsenz in Europa zu erhalten. Als Beispiel verweise er auf die schwierigen Diskussionen im Zusammenhang mit der geplanten Peacekeeping-Rolle der NATO im Rahmen der KSZE. Frankreich betreibe in dieser Frage ständig Obstruktion – wie im Übrigen immer dann, wenn es darum gehe, die Rolle der NATO zu erweitern.

Während Deutschland sage, dass die vorrangige Rolle des Eurokorps dessen Einsatz im Rahmen der NATO sei, erkläre Frankreich, dies müsse noch ausgehandelt werden, und beim Eurokorps handele es sich um eine von der NATO unabhängige militärische Kraft. Im Grunde genommen wolle Frankreich die NATO schwächen.

12 Zum französischen nuklearen Kurzstreckensystem Hades vgl. Dok. 222, Anm. 10.

Der *Bundeskanzler* erklärt, er sehe die Entwicklung in Europa anders, wobei Voraussetzung sei, dass der Vertrag von Maastricht ratifiziert werde, wovon er ausgehe. Ab Januar 1993 werde die EG in Beitrittsverhandlungen mit Österreich, Schweden, Finnland, der Schweiz und möglicherweise auch mit Norwegen eintreten. Das bedeute, dass 1995 diese Länder Mitglieder der EG sein würden.

Schweden habe bereits erklärt, dass es seine Position gegenüber der NATO ändern werde. Das gleiche gelte für Finnland. Folglich werde die Europäische Union die NATO nicht schwächen, sondern stärken. Natürlich werde es eine andere NATO sein – aber dies wollten wir ja gemeinsam.

AM *Kinkel* erklärt, ihm sei bewusst, dass Frankreich bremse, wenn es darum gehe, der NATO eine neue Funktion zuzuweisen. Dies zeige sich insbesondere in der Diskussion um die Rolle der NATO im Rahmen der KSZE. In dieser Frage seien wir klar an der Seite der Amerikaner. Andererseits solle man auch etwas Geduld haben. Er sei zuversichtlich, dass es gelingen werde, die Sache im amerikanischen Sinne zu lösen.

Präsident *Bush* erklärt, er habe in diesem Punkt gewisse Zweifel. Er habe die Angelegenheit noch gestern mit Präsident Mitterrand erörtert und dabei die amerikanische Position unmissverständlich dargelegt. Präsident Mitterrand habe erklärt, sich die Sache anzuschauen.

Der *Bundeskanzler* erklärt, in der NATO-Frage gebe es eine klare Haltung aller Europäer – bis auf Frankreich. Dies sei aber seit 30 Jahren so. Andererseits handele es sich nicht um eine Entwicklung, die ansteckend wirke.

Er habe vor ein paar Monaten vor dem Nordischen Rat in Helsinki gesprochen[13] und dort deutlich gemacht, dass es keine EG-Mitgliedschaft à la carte geben könne, wonach die einen für den Handel, die anderen für die Sicherheit zuständig seien. Sicherheit aber bedeute NATO.

Man habe auf dem jüngsten ER in Lissabon[14] mit den Iren gesprochen und ihnen klargemacht, dass sie nach der Ratifizierung des Maastrichter Vertrages auch ihre Sicherheitsposition überdenken müssten. Insgesamt veränderten sich daher die Dinge zum Positiven.

Präsident *Bush* erklärt, den USA gehe es vor allem darum, eine self-fulfilling prophecy zu vermeiden, die besage, dass sich die USA aus Europa zurückziehen würden. Genau dies tue Präsident Mitterrand, der damit dem amerikanischen Volk die falsche Botschaft vermittle.

Finanzminister *Brady* wirft ein, diese Botschaft sei Wasser auf die Mühlen von Perot.

Der *Bundeskanzler* erklärt, er verstehe dieses Problem. Er selber habe kürzlich in New York[15] die deutsche Position in dieser Frage unmissverständlich vertreten.

Präsident *Bush* erklärt, mehr könne er von Deutschland nicht verlangen.

AM *Baker* fügt hinzu, die amerikanische Seite unterstütze nachdrücklich eine europäische Verteidigungsidentität. Die entscheidende Frage sei, wie das Eurokorps mit der NATO verbunden werde. Wenn dem Eurokorps eine komplementäre Rolle zufalle, sei dies ok.

Präsident *Bush* fährt fort, sein innenpolitisches Problem bestehe darin, dass es in den Vereinigten Staaten immer mehr Leute gebe, die der Meinung seien, man könne das Geld,

13 Für die Rede von BK Kohl am 5. März 1992 vgl. BULLETIN 1992, S. 253–256.

14 Zur Tagung des Europäischen Rats am 26./27. Juni 1992 vgl. Dok. 201.

15 Vgl. die Rede von BK Kohl anlässlich der Jahresversammlung der American Newspaper Publishers Association am 5. Mai 1992; BULLETIN 1992, S. 425–428.

das die amerikanische Regierung zur Unterhaltung ihrer Streitkräfte im Ausland aufwende, besser zu Hause anlegen. Für ihn sei jedoch der entscheidende Punkt, dass die Vereinigten Staaten ein eigenes Interesse an der Truppenpräsenz in Europa hätten.

Der *Bundeskanzler* wiederholt, er sei überzeugt, dass mit der Schaffung der Politischen Union die Dinge in zwei Jahren so laufen würden, wie er dies geschildert habe.

AM *Baker* erklärt, entscheidend sei, dass man ein lebendiges und nicht in seiner Bedeutung abnehmendes Bündnis habe.

Der *Bundeskanzler* stimmt dem zu.

BArch, B 136, Bd. 59736

209

Vorlage des Ministerialdirigenten Roßbach für Bundesminister Kinkel

241-378.21 **6. Juli 1992**[1]

Über Herrn Staatssekretär[2] Herrn Bundesminister[3]

Betr.: Mandat für das KSZE-Forum für Sicherheitskooperation

Anlg.: 1[4]

Zweck der Vorlage: Zur Unterrichtung

1) Am 6.7.1992 wurden die Arbeiten des Helsinki-Folgetreffens an einem Mandat für das KSZE-Forum für Sicherheitskooperation (FSK) erfolgreich abgeschlossen. Der KSZE-Gipfel am 9./10. Juli in Helsinki[5] wird dieses Mandat offiziell verabschieden[6]; das Forum soll seine Arbeit am 22. September 1992 aufnehmen.[7]

2) Das allen KSZE-Staaten offenstehende FSK wird auf das aufbauen können, was in den bislang bestehenden Foren für Rüstungskontrolle in Europa erreicht wurde. Im Unterschied zu den bisherigen Rüstungskontrollanstrengungen werden jedoch die im Rahmen des FSK aufzunehmenden Verhandlungen die ersten sein, die in einem nicht länger durch den Ost-West-Gegensatz geprägten Umfeld begonnen werden. Dies macht eine Umorien-

1 Die Vorlage wurde von VLR I Gruber und VLR Lüdeking konzipiert.

2 Hat StS Kastrup am 8. Juli 1992 vorgelegen.

3 Hat im Ministerbüro VLR I Gerdts am 8. Juli 1992 sowie VLR Brose vorgelegen, der handschriftlich vermerkte: „Ab Fax an BM."
Hat Brose am 23. Juli 1992 erneut vorgelegen, der den Rücklauf an Referat 241 verfügte.
Hat VLR I Gruber am 24. Juli 1992 erneut vorgelegen.

4 Dem Vorgang beigefügt war der Text des Mandats für das KSZE-Forum für Sicherheitskooperation. Vgl. B 43, ZA-Bd. 177892.

5 Zur KSZE-Gipfelkonferenz vgl. Dok. 226.

6 Für das Mandat des KSZE-Forums für Sicherheitskooperation (Abschnitt V der „Beschlüsse von Helsinki") vgl. BULLETIN 1992, S. 790–793.

7 Für eine erste Bewertung der Tätigkeit des FSK vgl. Dok. 434.

tierung notwendig: Ging es bisher vor allem um die Herstellung eines ausgeglichenen Kräfteverhältnisses zwischen Warschauer Pakt und NATO und um Vertrauensbildung, so stehen jetzt der Aufbau und die Gestaltung neuer, vor allem durch Zusammenarbeit geprägter Sicherheitsbeziehungen zwischen allen KSZE-Staaten im Vordergrund. Diese neue Leitvorstellung bedingt, dass das neue FSK nicht nur „traditionelle" Rüstungskontrollaufgaben wahrnehmen wird.

3) Das Mandat, das auf der Grundlage eines im Rahmen der NATO abgestimmten und von uns wesentlich beeinflussten Textentwurfes erarbeitet wurde, definiert drei breit angelegte Aufgabenfelder für das FSK:

a) Konkrete Maßnahmen der Rüstungskontrolle

In einer ersten Phase wird das Schwergewicht bei der Harmonisierung bestehender Rüstungskontrollverpflichtungen liegen. Damit soll eine allen KSZE-Staaten gemeinsame Ausgangsbasis geschaffen werden, von der aus weitere Beschränkungen, Begrenzungen und Reduzierungen militärischer Potenziale vereinbart werden können. Wir messen der Harmonisierung auch eine große politische Bedeutung zu: Sie ist ein Mittel zur Schaffung eines „gemeinsamen Sicherheitsraumes", in dem die KSZE-Staaten über gleiche Rechte und Pflichten verfügen. Neben der Harmonisierung soll auch das Instrumentarium Stabilisierender sowie Vertrauens- und Sicherheitsbildender Maßnahmen weiterentwickelt werden.

b) Institutionalisierter, permanenter Sicherheitsdialog

Neben der Führung eines intensiven Gedankenaustausches zu einem breiten Spektrum die Sicherheit aller oder einzelner KSZE-Staaten betreffender Fragen soll der Sicherheitsdialog auch die Grundlagen für weitergehende Verhandlungen über konkrete Rüstungskontrollmaßnahmen schaffen. In seinem Rahmen wird auch die Ausarbeitung des von uns gemeinsam mit Frankreich vorgeschlagenen Verhaltenskodexes im Bereich der Sicherheit[8] sein. Ein wichtiges Aufgabenfeld dieses „Korbs" des FSK soll die Zusammenarbeit bei der Stärkung bestehender Nichtverbreitungsregime und bei der Förderung einer verantwortungsbewussten Rüstungsexportpolitik bilden.

c) Stärkung der Fähigkeiten zur Konfliktverhütung

Im Rahmen des FSK wird das Konfliktverhütungszentrum wichtige, operative Aufgaben bei der Friedenserhaltung und dem Krisenmanagement übernehmen. Die steuernde Funktion verbleibt jedoch beim KSZE-Rat bzw. beim Ausschuss Hoher Beamter.

4) Das heikelste Problem der Mandatsverhandlungen war die Frage der Festlegung des Anwendungsgebietes für sog. „harte" Rüstungskontrollmaßnahmen (Reduzierungen, Begrenzungen, Verifikation, Beschränkungen). Unter anderem wir hatten uns gegen Verfestigung der im Wesentlichen auf Europa begrenzten Anwendungsgebiete der bisherigen Rüstungskontrollforen (VKSE und VVSBM) gewandt und uns für eine Ausdehnung des Anwendungsgebietes auf russisches Territorium östlich des Urals bis zum 90. Längengrad eingesetzt, da die dort dislozierten Streitkräfte auch für die Sicherheit und Stabilität in Europa relevant sind. Aufgrund russischen Widerstands und der amerikanischen Sorge, dass mit einer Ausdehnung nach Westsibirien auch die Forderung nach Einbeziehung amerikanischen Territoriums gestellt werden könnte, ließ sich dieses Anliegen nicht durch-

8 Zum Vorschlag für einen KSZE-Verhaltenskodex vgl. Dok. 142, Anm. 9.

setzen. Dennoch ist es gelungen, im Mandatstext die Option für künftige Ausdehnungsvereinbarungen im Prinzip offenzuhalten.

Den Vorschlag, eine Perspektive der Weiterentwicklung des ins Auge gefassten Verhaltenskodexes zu einem europäischen Sicherheitsvertrag vorzusehen – auf den die französische Seite bis zuletzt beharrte und für den sie auch eine offene Konfrontation mit westlichen Bündnispartnern, insbesondere den USA, in den Mandatsverhandlungen in Kauf nahm –, konnte F nicht durchsetzen. Gleiches gilt auch für die nachhaltige Forderung Russlands nach konkreten Verhandlungen über qualitative Rüstungskontrolle.

5) Aus den Mandatsverhandlungen lassen sich für die Arbeiten des KSZE-Forums für Sicherheitskooperation wichtige Lehren ziehen:

- Für den Erfolg der künftigen Arbeiten des FSK wird entscheidend sein, inwieweit die KSZE-Mitgliedstaaten das Forum als Chance für die Verhandlung weitreichender Rüstungskontrollmaßnahmen mit dem Ziel der Schaffung neuer kooperativer Sicherheitsbeziehungen begreifen. Obgleich die bewaffneten Konflikte in der ehemaligen Sowjetunion und im ehemaligen Jugoslawien das Fortbestehen von Sicherheits- und Stabilitätsrisiken auf unserem Kontinent bewusst gemacht haben, so ist dennoch bei einigen gerade auch westlichen KSZE-Staaten die Tendenz spürbar, nach Überwindung der Ost-West-Konfrontation die Sicherheitsprobleme Europas nicht als eine Herausforderung für neue Rüstungskontroll-Anstrengungen zu betrachten.
- Die Entwicklung neuer Stabilitätskonzepte und darauf aufbauend die zielgerichtete inhaltliche Ausfüllung des durch das Mandat vorgegebenen breiten Themenspektrums werden eine vorrangig zu leistende Aufgabe sein.
- Aufgrund des Anstiegs der Zahl der Verhandlungsteilnehmer auf 52 und des Wegfalls festgefügter Bündniskonstellationen wird die Konsensbildung im FSK sich als schwierig und zeitraubend erweisen. Das westliche Bündnis hat bereits bei der Verhandlung des FSK-Mandates die konzeptionelle Führungsrolle übernommen. Es[9] muss diese auch weiterhin ausüben, sollen die Arbeiten des FSK ziel- und erfolgsorientiert geführt werden.

Roßbach

B 43, ZA-Bd. 177892

[9] Korrigiert aus: „Sie".

210

Gespräch des Bundeskanzlers Kohl mit dem französischen Staatspräsidenten Mitterrand in München

7. Juli 1992[1]

Präsident *Mitterrand* äußert sich eingangs befriedigt über den Verlauf der bisherigen Gipfel-Gespräche.[2] Man müsse allerdings aufpassen, dass sich der Gipfel nicht zu sehr auf die GATT-Problematik einlasse. Er habe Präsident Bush gestern Abend gesagt, dass die EG mit der Verabschiedung der gemeinsamen GAP-Reform[3] eine wichtige Geste gemacht habe. Eine weitere Geste sei sehr schwierig und auch nicht möglich, wenn die USA ihrerseits nicht bereit seien, Konzessionen zu machen.

Frankreich habe jetzt schon erhebliche Probleme mit seinen Landwirten. Wenn man in den nächsten zwei Wochen etwas zu GATT erkläre, werde das weitere 200 000 Leute auf die Straße treiben.

Er habe allerdings nichts dagegen, wenn die Fachleute die GATT-Problematik diskutierten. Er sei in dieser Frage nicht intransigent. Denn in der Tat würde ein Erfolg von GATT die Weltwirtschaft zum Vorteil aller stimulieren. Dies könne aber nicht auf Kosten der EG und Frankreichs geschehen.

Die USA müssten flexibler sein. Präsident Bush würde gerne ein Ergebnis sehen, denn er benötige dringend einen Anstoß für die amerikanische Wirtschaft. Dafür nehme er möglicherweise eine gewisse Unzufriedenheit bei den Farmern im Mittelwesten in Kauf.

Der sensibelste Punkt seien die Getreideexporte. Hier bestünden die Amerikaner auf einen Abbau um 24 %. Hinzu komme, dass die USA Millionen Tonnen von Substituten in der EG verkauften. Dies habe man 1969 den Amerikanern als Gegenleistung für europäische Disziplin in der Landwirtschaftspolitik zugestanden. Dies liege zwar 23 Jahre zurück, aber offenbar hätten die Amerikaner dieses Zugeständnis inzwischen vergessen und wollten zweimal bezahlt werden. Man müsse daher fordern, dass die Einfuhren von Substituten reduziert würden.

Im Übrigen dürfe man nicht außer Acht lassen, dass aufgrund einer nationalen Bestimmung die amerikanische Regierung die Möglichkeit habe, internationale Abmachungen aus nationalen Gründen aufzuheben. Ein solches Risiko könne man nicht eingehen. Es könne nicht angehen, dass nationale gesetzliche Bestimmungen internationale Abkommen einfach aufhöben. Die Amerikaner seien eben doch Protektionisten.

1 Der Gesprächsvermerk wurde von MD Hartmann, Bundeskanzleramt, am 13. Juli 1992 gefertigt und am selben Tag über BM Bohl an BK Kohl „mit der Bitte um Billigung" geleitet. Ferner vermerkte Hartmann: „Ich gehe davon aus, dass der Vermerk nicht weitergeleitet wird."
Hat Bohl am 14. Juli 1992 vorgelegen.
Hat Kohl am 15. Juli 1992 vorgelegen, der den Rücklauf an Hartmann verfügte und zu dessen Vermerk handschriftlich vermerkte: „Ja".
Hat Hartmann am 15. Juli 1992 erneut vorgelegen. Vgl. den Begleitvermerk; BArch, B 136, Bd. 34701.

2 BK Kohl und der französische Staatspräsident Mitterrand hielten sich anlässlich des vom 6. bis 8. Juli 1992 stattfindenden Weltwirtschaftsgipfels in München auf. Zum Gipfel vgl. Dok. 225.

3 Zur Reform der GAP vgl. Dok. 135, Anm. 5.

Der *Bundeskanzler* erklärt, sein Eindruck sei, dass Präsident Bush die GATT-Frage gerne vor den Wahlen[4] geregelt sähe. In der Tat stünden die USA – wie der Präsident schon gesagt habe – vor einer Güterabwägung zwischen den Interessen der amerikanischen Wirtschaft und denen der Farmer. Ein Erfolg bei GATT sei entscheidend für die Weltwirtschaft, nicht zuletzt im Blick auf die Dritte Welt.

Er halte es für wenig wahrscheinlich, dass man in München zu einem Ergebnis in dieser Frage komme. Daher habe er schon vor dem Gipfel immer wieder deutlich gemacht, dass dies kein Thema für München sei. Allerdings benötige man eine Sprachregelung, um einen psychologischen Rückschlag zu vermeiden. Man könne nicht einfach erklären, dass wir für einen Erfolg bei GATT seien. Die Frage sei, ob man sich nicht ein Zeitziel setzen und gleichzeitig erklären solle, dass die Verhandlungen intensiv geführt würden.

Präsident *Mitterrand* erklärt, dies sei ein sehr hochgestecktes Ziel. Er habe nicht das Gefühl, dass die USA bereit seien, wichtige Konzessionen zu machen, auch wenn Präsident Bush sich offensichtlich bewegen wolle.

Der *Bundeskanzler* erklärt, Präsident Bush werde heute mit Präsident Delors zusammentreffen, und man solle das Ergebnis ihres Gespräches abwarten.[5]

Präsident *Mitterrand* wiederholt, er könne sich derzeit nicht erlauben, dass noch mehr Leute in Frankreich auf die Straße gingen.

Der *Bundeskanzler* weist darauf hin, dass sein Zeitplan vorsehe, nicht jetzt eine Entscheidung herbeizuführen, sondern möglicherweise im Oktober.

Präsident *Mitterrand* erklärt, es wäre schön, wenn dies erreicht werden könne. Andererseits solle man mit präzisen Daten vorsichtig sein. Er wiederhole, wenn man auf dem Gipfel zu viel Nachdruck auf die GATT-Frage lege, laufe man Gefahr, dass die Presse hinterher schreibe, der Gipfel sei an diesem Problem gescheitert. Er erkläre aber nochmals seine Bereitschaft, den Fachleuten den Auftrag zu geben, über entsprechende Formulierungen zu reden.

Der *Bundeskanzler* erklärt, er wolle in der offiziellen Sitzung zu diesem Thema möglichst wenig sagen.

Präsident *Mitterrand* stimmt dem nachdrücklich zu.

Staatssekretär *Köhler* erklärt auf die entsprechende Frage des Bundeskanzlers, ein weiteres wichtiges Thema sei die Sicherheit der Kernkraftwerke. Die USA und Japan hätten ihre Zustimmung zu einem gemeinsamen Fonds[6] noch immer nicht gegeben.

Präsident *Mitterrand* erklärt, dies sei eine törichte Haltung. Wenn ein Kernkraftwerk hochgehe, werde dies das Drama des Jahrhunderts werden.

Der *Bundeskanzler* wirft ein, wenn die USA und Japan nicht zustimmten, sollten die Europäer die Sache eben alleine machen.

Präsident *Mitterrand* erklärt, die Japaner stellten bei Gipfeln immer wieder Milliarden-Programme in Aussicht. Es handele sich aber immer wieder um die gleichen Milliarden.

4 In den USA fanden am 3. November 1992 Präsidentschaftswahlen, Wahlen zum Repräsentantenhaus sowie Teilwahlen zum Senat und für die Gouverneursämter statt.

5 Für das Gespräch zwischen dem amerikanischen Präsidenten Bush und EG-Kommissionspräsident Delors am 7. Juli 1992 in München vgl. https://bush41library.tamu.edu/archives/memcons-telcons.

6 Zur Frage eines Aktionsprogramms zur Sicherheit von Kernkraftwerken in den Nachfolgestaaten der UdSSR sowie den MOE-Staaten vgl. Dok. 142, Anm. 18.

Er habe allerdings den Eindruck, dass Ministerpräsident Miyazawa dem westlichen Denken näherstehe als seine Vorgänger.

Der *Bundeskanzler* erklärt, in der Tat habe Miyazawa in dem gestrigen Gespräch hochinteressante Bemerkungen zur Entwicklung der japanischen Gesellschaft gemacht.

Der Bundeskanzler stellt sodann die Frage, wie Präsident Mitterrand die Entwicklung in Israel[7] beurteile.

Präsident *Mitterrand* erwidert, er glaube nicht, dass sich viel ändern werde. Dies sei seine persönliche Ansicht. Er kenne Rabin seit 25 Jahren. Dieser sei ein intelligenter Mann, verfüge aber nur über begrenzten Spielraum. Die Begrenzung ergebe sich einmal aus seiner eigenen Vorstellungswelt, allerdings auch aus der Haltung der israelischen Öffentlichkeit. Er würde sich aber freuen, wenn er sich in dieser Frage täusche. Rabin werde sicherlich angenehmer sein als Schamir, aber er sei keine „Taube". Bezeichnend sei, dass Rabin sofort erklärt habe, dass er mit der PLO nicht verhandeln werde. Auch seine Haltung in der Siedlungsfrage sei zweideutig. Insgesamt erwarte er daher nicht viel.

Der *Bundeskanzler* erklärt, er teile die Auffassung des Präsidenten. Mit Peres wären die Aussichten vielleicht anders gewesen.

Präsident *Mitterrand* stimmt zu und ergänzt, man dürfe nicht vergessen, dass Rabin ein Militär sei.

Der *Bundeskanzler* fährt fort, die Israelis seien sich offenbar nicht im Klaren darüber, dass die gemäßigten politischen Führer in Ägypten oder auch Jordanien für sie eine große Chance bedeuteten. Sie müssten eigentlich sehen, dass die Entwicklung auch in eine andere Richtung gehen könne, denn die ganze Region befinde sich im Aufbruch. Sie könnten auch nicht daraufsetzen, dass die USA weiterhin bereit seien, alles mitzumachen.

Präsident *Mitterrand* wirft ein, Außenminister Baker habe bewiesen, dass dem nicht so sei.[8]

Der *Bundeskanzler* wirft die Frage auf, wie man sich gegenüber der Formel einer G8 verhalten solle.[9]

Präsident *Mitterrand* fragt zurück, ob Präsident Bush dies formell vorschlagen werde.

Der *Bundeskanzler* erwidert, er glaube dies nicht. Er selber werde das Thema nicht aufrollen. Im Übrigen habe er die entsprechende Information der Zeitung entnommen.

Präsident *Mitterrand* erklärt, für ihn entstehe ein Problem, wenn die Sache öffentlich gemacht werde. In diesem Fall könne er nur zustimmen. Dies werde dann für den Bundeskanzler schwierig. Frankreich könne aber nicht einfach Nein sagen, wenn die USA dies offiziell forderten. Es sei daher besser, das Thema nicht offiziell zu diskutieren.

Der *Bundeskanzler* erklärt, wenn man Russland zulasse, stelle sich sofort die Frage nach der Beteiligung der Ukraine, Chinas oder Brasiliens.

Präsident *Mitterrand* erklärt, dies sei logisch – wobei er feststelle, dass es inzwischen die Japaner und die Deutschen seien, die sich auf die cartesianische Logik beriefen. Die Amerikaner bildeten sich inzwischen ein, dass Russland bereits eine Kolonie sei – ähnlich wie Alaska.

Der *Bundeskanzler* wirft ein, die USA täten sich in der Tat mit der neuen Lage schwer.

7 Zu den Parlamentswahlen am 23. Juni 1992 in Israel vgl. Dok. 201, Anm. 21. Die neue Regierung unter MP Rabin trat ihr Amt am 13. Juli 1992 an.

8 Zur Frage amerikanischer Kreditbürgschaften für Israel vgl. Dok. 80, Anm. 9.

9 Zu amerikanischen Überlegungen zur Bildung einer „Gruppe der Acht" (G8) vgl. Dok. 206.

Präsident *Mitterrand* fährt fort, die USA seien inzwischen bereit, alle früheren kommunistischen Staaten in eine Organisation aufzunehmen, die von der NATO abhänge. Dies sei eine „phantastische Entwicklung", denn damit habe die NATO praktisch alle Nuklearwaffen des früheren Gegners unter Kontrolle.

Der *Bundeskanzler* erklärt, wenn man sich auf G8 einlasse, seien die G7 kaputt.

Präsident *Mitterrand* erklärt, auch er sei nicht dafür, aber man dürfe die Sache nicht öffentlich diskutieren.

Der *Bundeskanzler* erklärt, er sei insofern in einer guten Lage, als ihm niemand diesen Vorschlag unterbreitet habe.

Präsident *Mitterrand* erklärt, für die Japaner sei das Weltproblem Nr. 1 die Frage der Kurilen.[10] Sie träten ihm gegenüber in dieser Frage ziemlich massiv auf.

Der *Bundeskanzler* erklärt, er habe MP Miyazawa erklärt, die japanische Seite gehe in dieser Frage nicht klug vor. Die Japaner hätten ihre Würde, aber die Russen auch. Er habe seinerzeit mit Gorbatschow über diese Frage gesprochen.[11] Diese lasse sich nur in einem Prozess lösen und nicht wie ein Geschäft auf dem Wochenmarkt.

Präsident *Mitterrand* erklärt, auch die Japaner müssen zur Entwicklung der Welt beitragen.

Der *Bundeskanzler* erklärt, sie könnten in der Tat einen Beitrag leisten, beispielsweise bei UNCED.

Präsident *Mitterrand* wirft ein, oder auch bei den Kernkraftwerken bzw. in der Frage der Automobilimporte.

Staatssekretär *Köhler* erläutert noch einmal kurz die amerikanische und japanische Haltung in der Frage eines Fonds für die Kernkraftwerke und fügt hinzu, es sei wichtig, dass dieser Fonds in München zustande komme.

Der *Bundeskanzler* erklärt, hierüber müsse man mit den Japanern und Amerikanern diskutieren.

Präsident *Mitterrand* wirft ein, die entsprechenden Kernkraftwerke seien halt weit weg von Japan und den USA.

Der *Bundeskanzler* erklärt, dies sei eine Täuschung, denn es gebe beispielsweise ein Kernkraftwerk in Wladiwostok. Wenn etwas in Bulgarien oder der Ukraine passiere, würden die Auswirkungen auch die USA erfassen. Im Übrigen nehme in den USA das Problembewusstsein in dieser Frage zu, wie er einem Gespräch mit dem amerikanischen Senator Gore am Rande des Gipfels in Rio[12] entnommen habe.

BArch, B 136, Bd. 34701

10 Zur Kurilenfrage vgl. Dok. 13, Anm. 43.

11 BK Kohl und der sowjetische Präsident Gorbatschow erörterten die Kurilenfrage in Gesprächen am 9. November 1990 in Bonn sowie 5. Juli 1991 in Meschigorje. Vgl. AAPD 1990, II, Dok. 372, bzw. AAPD 1991, II, Dok. 235.

12 Zur VN-Konferenz über Umwelt und Entwicklung (UNCED) vom 3. bis 14. Juni 1992 vgl. Dok. 177.

211

Vorlage des Vortragenden Legationsrats I. Klasse Neubert für Bundesminister Kinkel

213-321.00 MOL **7. Juli 1992**

Über Dg 21[1], D 2[2], Herrn Staatssekretär[3] Herrn Bundesminister[4]

Betr.: Moldau-Konflikt[5]

Anlg.: 2[6]

Zweck der Vorlage: Zur Unterrichtung

1) Russischer Botschafter suchte am 2.7.1992 D 2[7] auf, um auf Weisung aus Moskau Sorgen russischer Seite über Entwicklung in Moldau-Konflikt vorzutragen. (Rohübersetzung der russ. Botschaft ist als Anlage 1 beigefügt.[8]) Terechow schilderte die besorgniserregenden Verluste an Leib und Leben und die beträchtlichen Zerstörungen von Städten und Dörfern, die Gefahr, dass die 14. russ. Armee in den Konflikt hineingezogen wird, das Ausmaß der Flüchtlingsbewegung aus Transnistrien nach Ukraine und Russland.

Er beschuldigte (zu Recht, wie wir vom BND wissen) Rumänien, erhebliche Mengen Waffen an Moldau geliefert zu haben und politisch nicht auf Mäßigung der moldauischen Politik gedrängt zu haben. Er beschuldigte im übrigen Moldau und Rumänien, Überlegungen über eine politische Lösung, die nach Moskauer Auffassung einen Autonomiestatus für das Transnistriengebiet einschließen muss, ablehnend gegenüberzustehen und insbesondere einer Option auf Selbstbestimmung für Transnistrien für den Fall, dass Moldau sich mit Rumänien vereinigt.

Terechow bat nur in allgemeiner Form (s. a. russisches Non-paper) um „Verständnis und Unterstützung" durch die Bundesregierung.

1 Hat MDg von Studnitz am 7. Juli 1992 vorgelegen.

2 Hat in Vertretung des MD Chrobog MDg Schilling am 8. Juli 1992 vorgelegen.

3 Hat StS Kastrup am 9. Juli 1992 vorgelegen.

4 Hat BM Kinkel am 11. Juli 1992 vorgelegen.
Hat OAR Salzwedel am 13. Juli 1992 vorgelegen, der den Rücklauf an Referat 213 verfügte.
Hat VLR I Neubert am 14. Juli 1992 erneut vorgelegen.

5 VLR I Neubert erläuterte am 23. Juni 1992: „Der bislang noch nicht voll ausgebrochene Konflikt zwischen der moldauischen Regierung und der ‚Dnjestr-Republik' im überwiegend slawisch besiedelten Transnistrien (Landstrich zwischen dem Dnjestr und der ukrainischen Grenze) ist in den letzten Tagen zu einer immer intensiveren bewaffneten Auseinandersetzung eskaliert. Auf eine militärische Offensive der moldauischen Regierung gegen die russophone Stadt Bendery hat Moskau erstmals mit einer russischen Intervention gedroht. [...] Rumänien strebt längerfristig den Anschluss der Moldau einschließlich Transnistriens, nach Möglichkeit auch der 1944 verlorenen, heute zur Ukraine gehörenden Gebiete Nordbukowina und Südbessarabien an." Russland neige einer föderativen Lösung zu: „Eine Abspaltung Transnistriens kann Moskau mit Rücksicht auf Sezessionsbestrebungen im eigenen Land nur schwer unterstützen." Vgl. B 41, ZA-Bd. 184426.

6 Vgl. Anm. 8 und 11.

7 Jürgen Chrobog.

8 Dem Vorgang beigefügt. Für das am 2. Juli 1992 übergebene russische Non-paper vgl. B 41, ZA-Bd. 184432.

Abb. 10: Konfliktregionen in Moldau

Auf Frage D 2, in welcher Weise wir behilflich sein könnten, sagte Terechow, es gehe darum, dass die Vier jetzt die Vereinbarungen von Istanbul[9] umsetzen und ggfs. hierzu Unterstützung seitens der VN und der KSZE erfahren. Er unterstrich des Weiteren, dass Russland zu Verhandlungen mit Moldau über den Status und späteren Abzug der 14. Armee bereit sei.

2) Unabhängig von russischer Demarche muss die weiterhin negative Entwicklung, auch nach den Gesprächen und Vereinbarungen von Istanbul unter den vier Hauptbeteiligten, Sorge erregen: Rumänien gewährt Moldau weiterhin militärische Unterstützung (Materiallieferungen, wenn auch in kleinem Umfang), eine Feuereinstellung seitens der moldauischen Kräfte ist nicht erfolgt, wobei unklar ist, ob dies mit oder gegen Direktiven der Regierung erfolgt. Besonders besorgniserregend ist Haltung der transnistrischen/russischen Autoritäten, die bereits jetzt einer Autonomieregelung nicht mehr zustimmen wollen und volle Unabhängigkeit oder Union mit Russland oder Ukraine verlangen. Damit vergrößert sich das Risiko einer Eskalation in zwei Richtungen:

a) Weitere militärische Eskalation mit Verwicklung der russischen Streitkräfte auf dem linken und rechten Dnjestrufer mit entsprechenden militärischen, innen- und außenpolitischen Konsequenzen.

b) Eine Ausweitung der internationalen Dimension des Konflikts, da nicht nur die Grenzen zwischen Moldau und Rumänien, Moldau und Ukraine, der Status Transnistriens Streitgegenstand sein würden, sondern auch die Frage der territorialen Zugehörigkeit des Gebiets der Gagausen, der Nord-Bukowina und Bessarabiens aufgeworfen würde mit der Folge langwieriger und ernsthafter Territorialstreitigkeiten zwischen Ukraine, Russland, Rumänien und möglicherweise auch Ungarn.

Es erscheint deshalb nötig, wirksame Schritte zur Begrenzung und Beilegung des Transnistrienkonflikts zu unternehmen. Hierzu wird die Staatengemeinschaft zwar auch in internationalen Foren Erklärungen abgeben müssen, um den Streitparteien zu signalisieren, dass ihr Verhalten aufmerksamer Beobachtung unterliegt und die Staatengemeinschaft Lösungen auf dem Verhandlungsweg von ihnen erwartet, gleichwohl darf dies nicht das einzige Instrument bleiben, da große Verhandlungsforen wie VN und KSZE nicht der günstigste Rahmen für Kompromisslösungen sind und öffentliche Kritik die Kompromissbereitschaft nicht fördert, sondern eher – aus innenpolitischen Gründen – zu verstärkter Intransigenz [führt].

Wir haben daher – nach Abstimmung mit britischer Präsidentschaft[10] – ein Coreu unter den Zwölf zirkuliert, um eine Diskussion in Gang zu setzen mit dem Ziel einer gemeinsamen Zwölferhaltung (Anlage 2[11]). In der Substanz bestand in EPZ-AG Osteuropa weitgehend Einvernehmen, dass die Zwölf auf dieser Grundlage vorgehen sollten, und zwar je nach Gelegenheit gemeinsam oder einzeln, d.h.

9 Referat 213 erläuterte am 13. Juli 1992: „Am 25. Juni beschlossen die Präsidenten der Moldau, Rumäniens, Russlands und der Ukraine am Randes des Istanbuler Schwarzmeergipfels, den Konflikt zu beenden, und forderten das moldauische Parlament zur Ausarbeitung einer Lösung für das Dnjestrgebiet auf." Vgl. B 41, ZA-Bd. 184426.

10 Großbritannien hatte seit dem 1. Juli 1992 die EG-Ratspräsidentschaft inne.

11 Dem Vorgang beigefügt. Für den RE vom 3. Juli 1992 über die Demarche des russischen Botschafters Terechow bei MD Chrobog am Vortag sowie das mögliche Vorgehen der EG-Mitgliedstaaten vgl. B 41, ZA-Bd. 184432.

- gemeinsame Erklärung oder Initiative für Erklärungen in größeren Foren (KSZE),
- Demarchen der Präsidentschaft in den vier Hauptstädten. Präsidentschaft bereitet jetzt Entwurf vor.
- Nutzung der gemeinsamen Argumentationslinie in allfälligen bilateralen Kontakten, wo immer es zweckmäßig erscheint, um Überzeugungsarbeit zu leisten.

Neubert

B 41, ZA-Bd. 184432

212

Gespräch des Bundesministers Kinkel mit dem russischen Außenminister Kosyrew in München

8. Juli 1992[1]

Kosyrew (K) fragt nach der Behandlung des Themas russische Auslandsschulden[2] während des G 7-Gipfels.[3]

BM verweist auf das [zu] beschließende Maßnahmenpaket, mit dem die russische Seite zufrieden sein dürfte, macht jedoch im Hinblick auf die noch anstehende Beratung im Plenum keine Aussagen zu Einzelheiten.[4]

Kosyrew bittet um Erläuterung der Politischen Erklärung zu Jugoslawien[5], insbesondere im Hinblick auf die dort angesprochene internationale Konferenz.

BM verweist auf den Vorschlag Präsident Mitterrands, das Jugoslawien-Problem in einem breiter angelegten Rahmen zu behandeln.[6] Hier handele es sich um ein Angebot der Sieben. Einzelheiten seien bisher nicht erörtert worden. Eine derartige Konferenz könne notwendig werden, auch um Russland mit einzubeziehen.[7]

1 Der Gesprächsvermerk wurde von MD Chrobog gefertigt.
Hat BM Kinkel am 9. Juli 1992 vorgelegen.

2 Zur Frage der Altschulden der ehemaligen UdSSR vgl. Dok. 98, Anm. 4.
VLR I Runge erläuterte am 24. Juni 1992, der Pariser Club habe sich mit den GUS-Mitgliedstaaten auf einen weiteren Zahlungsaufschub bis zum 30. September 1992 geeinigt. Ferner erwarteten die Gläubiger eine baldmögliche Einigung mit dem IWF über erforderliche Reformprogramme und gingen von einer Umschuldung noch vor Ende September 1992 aus. Vgl. B 52, ZA-Bd. 173907.

3 BM Kinkel und der russische AM Kosyrew hielten sich anlässlich des vom 6. bis 8. Juli 1992 stattfindenden Weltwirtschaftsgipfels in München auf. Zum Gipfel vgl. Dok. 225.

4 Zum Zehn-Punkte-Programm für Russland vgl. die Erklärung von BK Kohl in dessen Eigenschaft als G 7-Vorsitzender vom 8. Juli 1992; BULLETIN 1992, S. 743 f.

5 Für die „Erklärung zum ehemaligen Jugoslawien" vom 7. Juli 1992 der Teilnehmer des Weltwirtschaftsgipfels vgl. BULLETIN 1992, S. 731 f.

6 Vgl. die Ausführungen des französischen Staatspräsidenten Mitterrand in der Sitzung des Weltwirtschaftsgipfels am Morgen des 7. Juli 1992 in München; https://bush41library.tamu.edu/archives/memcons-telcons.

7 Am 26./27. August 1992 fand in London die internationale Jugoslawien-Konferenz statt. Vgl. Dok. 269.

Kosyrew verweist darauf, dass die Erklärung neue Elemente enthalte, insbesondere härtere Aussagen zu Kroatien. Er sei besorgt, dass Kroatien den Weg beschreitet, den Serbien eingeschlagen habe, nämlich den der Gewalt. Russland sei beunruhigt über die Situation in der Region. Man müsse sich die Frage stellen, ob nicht auch Sanktionen gegen Kroatien beschlossen werden müssten. Es sei sein Eindruck, dass in Helsinki über die dort beschlossenen Instrumente zur Streitschlichtung[8] ein weiteres stärkeres Instrumentarium geschaffen werden müsse. Er verweist auf den Vorschlag Jelzins und Krawtschuks, ein Sonder-KSZE-Außenministertreffen vorzusehen, um sich mit der Frage der Schaffung derartiger Instrumentarien zu befassen.[9]

BM verweist auf die klare Aussage zur überwiegenden Verantwortung Serbiens. Stimmt aber darin überein, dass auch andere Streitparteien an ihre Verantwortung erinnert werden müssten. Was das zu schaffende Instrumentarium angehe, so werde es in Helsinki noch keine entscheidenden Fortschritte in der von Kosyrew aufgezeichneten Richtung geben. Ihm sei der russische Vorschlag im Detail noch nicht bekannt. Er wolle aber die deutsche Bereitschaft unterstreichen, über diese Fragen nachzudenken und an der Lösung mitzuwirken.

Kosyrew: Es gehe um eine Vervollständigung des KSZE-Instrumentariums, um eine direkte Einwirkung auf Konflikte nicht nur in Jugoslawien, sondern auch in Bereichen wie z.B. Transnistrien[10], zu ermöglichen. Die VN schafften es nicht mehr, überall angemessen zu reagieren. Die KSZE sei das richtige Forum, sich diesen Herausforderungen zu stellen. Sie habe die Verantwortung in der europäischen Region.

BM verweist auf die Umwandlung der KSZE in eine regionale Abmachung im Sinne von Kap. VIII der VN-Charta[11] und stimmt darin überein, dass das Konfliktbewältigungsinstrumentarium weiter verstärkt werden müsse. Es gebe inzwischen Querverbindungen zwischen der KSZE und der NATO, die sich gemeinsam mit anderen in Konfliktfällen zur Verfügung stellen könne. Wir seien daran interessiert, dass gerade Russland in alle Überlegungen sofort einbezogen werde. Schließlich hätten wir ein gemeinsames Interesse an der Lösung regionaler Krisen.

8 Vgl. Abschnitt III der „Beschlüsse von Helsinki" vom 10. Juli 1992; BULLETIN 1992, S. 785–788.

9 VLR Beuth erläuterte am 17. Juli 1992, anlässlich der Gipfelkonferenz der GUS-Mitgliedstaaten am 6. Juli 1992 in Moskau hätten die Präsidenten Jelzin (Russland) und Krawtschuk (Ukraine) vorgeschlagen, „dass bereits in Helsinki die Außenminister der KSZE-Teilnehmerstaaten einen Beschluss über ein außerordentliches Treffen des Rates der KSZE-AM ‚unter Beteiligung von Vertretern der NATO und der WEU' fassen sollten, das der Vervollkommnung der Mechanismen für Vorbeugung und Regelung von Konflikten gewidmet sein soll". Beuth erläuterte, der Vorschlag ziele vermutlich darauf, „der GUS einen ähnlichen Status wie EG, NATO und WEU zu geben", und führte aus: „Aus unserer Sicht könnte ein Interesse daran bestehen, bei Konflikten, die zu KSZE-friedenserhaltenden Maßnahmen führen, auf das Potenzial an Personal und Material der GUS-Staaten zurückgreifen zu können, sowohl unter dem Gesichtspunkt der Kostenrelevanz wie unter dem Aspekt einer möglicherweise geringen Akzeptanz in der westlichen Öffentlichkeit, eigene Streitkräfte in geographisch entfernte und für uns politisch nachrangige Konfliktzonen zu entsenden. [...] Allerdings darf eine solche Beauftragung durch die KSZE nicht dazu führen, dass Russland quasi durch die Hintertür wieder als Ordnungsmacht installiert wird." Ein Sondertreffen der Außenminister der KSZE-Mitgliedstaaten sei allerdings „im Augenblick weder zweckmäßig noch notwendig". Vgl. B 28, ZA-Bd. 158721.

10 Zum Transnistrien-Konflikt in Moldau vgl. Dok. 211, besonders Anm. 5.

11 Vgl. Ziffer 25 der Gipfelerklärung bzw. Abschnitt III, Ziffer 19, sowie Abschnitt IV, Ziffer 2, der „Beschlüsse von Helsinki" vom 10. Juli 1992; BULLETIN 1992, S. 780, 787 und 789.

Kosyrew stimmt dem zu und verweist darauf, dass die zurzeit ausbrechenden Konflikte ihren Ursprung in historisch begründeten Ursprüngen haben.[12] Es gehe heute nicht mehr um Auseinandersetzung zwischenstaatlicher oder ideologischer Art. Hier müsse rasch eine adäquate Antwort gefunden werden. Die KSZE könne selbstverständlich auch die Hilfe der NATO, anderer Staaten, z.B. der GUS, in Anspruch nehmen. Seit den beiden letzten GUS-Gipfeln sei die GUS bereit, sich aktiver an der Schlichtung bestehender Konflikte zu beteiligen. Gerade jetzt in Moskau sei eine enge Zusammenarbeit bei der Friedenssicherung unter den GUS-Staaten beschlossen worden.

BM geht auf weitere Themen kurz ein:

- Situation in der GUS sei ein zentrales Thema auf dem G7-Gipfel gewesen. Offenkundig sei das Interesse aller an wirtschaftlicher Entwicklung und Stabilität in diesem Raum.
- Beim heutigen G7-Treffen sei noch kein Beschluss zu erwarten, dass das G7-Treffen in Zukunft in ein G8-Treffen umgewandelt werden solle.[13] Auch die USA hätten sich hier in München etwas zurückhaltender geäußert als kürzlich in Washington. Allgemein sei aber das Interesse, Russland so eng wie möglich an die G7 heranzuführen.
- Der Kanzler bemühe sich sehr um eine Entscheidung zur Schaffung eines internationalen Fonds zur nuklearen Sicherheit in der GUS.[14]
- Was den Abzug sowjetischer Truppen aus den baltischen Staaten[15] angehe, so seien uns die wirtschaftlichen Probleme in Russland bekannt. Er wolle aber darauf hinweisen, dass die baltischen Staaten hier sehr stark drängen – zuletzt beim WEU-Treffen in Bonn[16].
- Zur Kurilen-Frage[17] verweist BM auf den Text der Politischen Erklärung[18].
- Den Fall Honecker[19] wolle er hier kurz erwähnen, und er bäte noch einmal darum, bei der Lösung, die sich abzeichne, mitzuhelfen.
- NS-Verfolgte: In dieser Frage stehe man kurz vor einer Vereinbarung.[20] Einwurf *Kosyrews*: Wir warten jetzt allerdings auf die deutsche Antwort.[21]

12 So in der Vorlage.

13 Zu amerikanischen Überlegungen zur Bildung einer „Gruppe der Acht“ (G8) vgl. Dok. 206.

14 Vgl. das Aktionsprogramm zur Sicherheit von Kernkraftwerken in den Nachfolgestaaten der UdSSR sowie den MOE-Staaten (Ziffer 42–48 der Wirtschaftserklärung vom 8. Juli 1992); BULLETIN 1992, S. 739f.

15 Zum Abzug vormals sowjetischer Truppen aus den baltischen Staaten vgl. Dok. 81, Anm. 8. Vgl. auch Dok. 172.

16 Zur WEU-Ministerratstagung am 19. Juni 1992 auf dem Petersberg vgl. Dok. 162, Anm. 32.

17 Zur Kurilenfrage vgl. Dok. 13, Anm. 43.

18 Vgl. Ziffer 9 der „Politischen Erklärung“ vom 7. Juli 1992 der Teilnehmer des Weltwirtschaftsgipfels; BULLETIN 1992, S. 730.

19 Für das Szenario zur Überstellung Erich Honeckers in die Bundesrepublik vgl. Dok. 184.

20 Zur Frage einer Entschädigung für sowjetische Opfer des Nationalsozialismus vgl. Dok. 111.

21 Mit Schreiben vom 1. August 1992 an den russischen AM Kosyrew, das gleichlautend auch an die AM Krawtschenko (Belarus) und Slenko (Ukraine) ging, legte BM Kinkel dar, der Inhalt des Schreibens der drei AM vom 14. April 1992 sei „nochmals sehr sorgfältig und ernsthaft geprüft worden. Eine höhere Dotation der Stiftung liegt jedoch außerhalb unserer Möglichkeiten.“ Die Bundesregierung halte ihre im November 1991 in Moskau präzisierten Vorschläge für angemessen: „Vor allem im Interesse der betroffenen Menschen wäre es wünschenswert, auf der Basis des von deutscher Seite unterbreiteten, allerdings

Kosyrew empfiehlt, sich in Zukunft mehr um die Lösung von Konflikten und die Behandlung von Menschenrechten in der ehemaligen UdSSR und in den baltischen Staaten zu bemühen. Russland sei willens, das Tempo des Truppenabzuges aus den baltischen Staaten zu beschleunigen. In der Tat gebe es aber erhebliche wirtschaftliche Probleme. Man sei in Russland bereit, auf ein internationales Hilfsprogramm in dieser Frage einzugehen.

Die Menschenrechtssituation erfordere verstärkte Aktivitäten im Rahmen der KSZE, insbesondere gehe es um die Wahrung der Minderheitenrechte in den baltischen Staaten. Er verwies darauf, dass viele Konflikte sich aus der Lage der russischen Minderheiten außerhalb Russlands ergäben.

Beide Minister vereinbarten als Termin für den BM-Besuch in Moskau den 7. Oktober.[22] *BM* betonte sein Interesse, diesen Besuch mit der Eröffnung des Goethe-Instituts[23] und der Öffnung der deutschen Botschaft zu verbinden. Die Politischen Direktoren sollen sich vorher in Moskau treffen, um die Einzelheiten vorzubereiten.[24]

Beide Minister beendeten das knapp einstündige Gespräch mit dem Wunsch, dieses in Helsinki am Rande der KSZE fortzusetzen.[25]

B 1, ZA-Bd. 178945

Fortsetzung Fußnote von Seite 857

auch abschließenden und nicht mehr verhandlungsfähigen Angebots die in Aussicht genommene Stiftung schnell zu errichten." Vgl. B 86, Bd. 2059.

22 BM Kinkel hielt sich am 6./7. Oktober 1992 in Russland auf. Vgl. Dok. 311, Dok. 314 und Dok. 315.

23 Zum Goethe-Institut in Moskau vgl. Dok. 13, Anm. 29.
VLR I Bald teilte der Botschaft in Moskau am 9. Juli 1992 mit, das BMF habe bestimmten Baumaßnahmen am ehemaligen Kanzleigebäude der DDR nur zugestimmt, wenn das Goethe-Institut am eigentlich nur für die Zwischennutzung vorgesehen Standort bleibe. BM Kinkel plane, das Goethe-Institut am 8. Oktober 1992 zu eröffnen. Vgl. den DE; B 96, ZA-Bd. 197652.

24 Zu den deutsch-russischen Direktorenkonsultationen am 14./15. September 1992 in Moskau vgl. Dok. 275, Anm. 13.

25 In ihrem Gespräch am 9. Juli 1992 erörterten BM Kinkel und der russische AM Kosyrew die Frage einer erweiterten Jugoslawien-Konferenz, die Ergebnisse des Weltwirtschaftsgipfels vom 6. bis 8. Juli 1992 in München sowie die Frage der Abgeltung der Vermögenswerte der WGT und die Entschädigung für Opfer des Nationalsozialismus. Vgl. den Gesprächsvermerk; B 1, ZA-Bd. 178945.

213

Vorlage des Vortragenden Legationsrats I. Klasse Hilger für Bundesminister Kinkel

500-503.01/ADRIA **8. Juli 1992**

Über Dg 50, D 5[1] Herrn Staatssekretär[2] Herrn Bundesminister[3]

Betr.: Auslandseinsatz der Bundeswehr;
hier: Beteiligung der Bundeswehr an maritimen Überwachungsmaßnahmen der WEU in der Adria

Bezug: Aufzeichnung 202-369.43 vom 7. Juli 1992[4]
Weisung an[5] StS Dr. Kastrup vom 7. Juli 1992

Zweck der Vorlage: Zur Unterrichtung

Weisungsgemäß werden nachfolgend die rechtlichen Gesichtspunkte, die bei einer möglichen Beteiligung der Bundeswehr an maritimen Überwachungsmaßnahmen der WEU im Mittelmeer zu berücksichtigen sind, kurz dargestellt:

I. Charta der Vereinten Nationen

1) Der Sicherheitsrat hat im Rahmen des Kapitels VII der Charta[6] („Maßnahmen bei Bedrohung oder Bruch des Friedens und bei Angriffshandlungen") gegen Jugoslawien ein Waffenembargo (Resolution 713[7]) und gegen die Föderative Republik Jugoslawien (Serbien und Montenegro) die Unterbrechung der Wirtschaftsbeziehungen und des Luftverkehrs verhängt (Resolution 757[8]). Beide Maßnahmen sind getroffen worden aufgrund von Artikel 41 („Friedliche Sanktionsmaßnahmen"), das sind Maßnahmen unter Ausschluss von Waffengewalt.

1 Hat, auch in Vertretung des MDg Schürmann, MD Eitel am 8. Juli 1992 vorgelegen, der handschriftlich vermerkte: „Abstimmung mit BMI und BMJ dürfte noch länger dauern."

2 Hat StS Lautenschlager am 8. Juli 1992 vorgelegen, der die Weiterleitung an StS Kastrup verfügte und handschriftlich vermerkte: „Siehe meine Anmerkung Seite 3." Vgl. Anm. 12 und 13.
Hat Kastrup am 8. Juli 1992 vorgelegen.

3 Hat im Ministerbüro VLR Wittig am 8. Juli 1992 vorgelegen, der handschriftlich vermerkte: „Per Fax an BM-Delegation."
Hat Wittig am 13. Juli 1992 erneut vorgelegen, der den Rücklauf über MD Eitel und MDg Schürmann an Referat 500 verfügte und handschriftlich vermerkte: „Hat BM vorgelegen."
Hat Eitel am 14. Juli 1992 erneut vorgelegen.
Hat Schürmann am 14. Juli 1992 vorgelegen.

4 VLR Buchholz fasste die Ergebnisse einer Arbeitsgruppe der WEU zusammen, die mögliche Beiträge zur Umsetzung der Resolutionen des VN-Sicherheitsrats zu Jugoslawien untersuchte, wie etwa eine Marine-Operation zur Embargo-Überwachung oder humanitäre Hilfe. Vgl. B 29, ZA-Bd. 213139.

5 Dieses Wort wurde von MD Eitel gestrichen. Dafür fügte er handschriftlich ein: „über".

6 Für Kapitel VII der VN-Charta vom 26. Juni 1945 vgl. BGBl. 1973, II, S. 458–465.

7 Für die Resolution Nr. 713 des VN-Sicherheitsrats vom 25. September 1991 vgl. RESOLUTIONS AND DECISIONS 1991, S. 42 f. Für den deutschen Wortlaut vgl. EUROPA-ARCHIV 1991, D 550–552.

8 Zur Resolution Nr. 757 des VN-Sicherheitsrats vom 30. Mai 1992 vgl. Dok. 159, Anm. 12.

Im Rahmen des Artikels 41 der Charta ist es Mitgliedstaaten der VN oder, wie hier offenbar vorgesehen, auch einer Gruppierung von Mitgliedstaaten, nämlich der WEU (möglicherweise als „regionale Abmachung“ nach Kap. VIII der Charta[9]), unbenommen, sich Informationen darüber zu beschaffen, ob die vom Sicherheitsrat verfügten Maßnahmen eingehalten werden und Wirkung zeigen oder nicht. Solche Beobachtungs- und Aufklärungsmaßnahmen, die nicht mit der Ausübung von Zwang einhergehen, sind gegenwärtig ohne eine ausdrückliche weitere Ermächtigung des Sicherheitsrats möglich.

Dagegen muss der Sicherheitsrat einen erneuten Beschluss fassen, wenn er zu der Auffassung gelangt, dass die in Artikel 41 vorgesehenen friedlichen Maßnahmen sich als unzulänglich erwiesen haben. Artikel 42 sieht dann militärische Sanktionsmaßnahmen vor, nämlich insbesondere den Einsatz von Luft-, See- und Landstreitkräften. Diese Maßnahmen könnten „Demonstrationen, Blockaden und sonstige Einsätze der Streitkräfte“ einschließen. Die Grenze zwischen intensiver militärischer Aufklärung zur See und aus der Luft und den in Artikel 42 genannten „Demonstrationen“ und sonstigen „Einsätzen der Streitkräfte“ könnte fließend werden. Deshalb wäre bei den hier angesprochenen Überwachungsmaßnahmen ggf. auf größte Zurückhaltung gegenüber den beobachteten Schiffen und Flugzeugen zu achten.

II. Grundgesetz

1) Eine Beteiligung deutscher Schiffe und Flugzeuge an den vorgesehenen Maßnahmen der Westeuropäischen Union wirft aber innerstaatlich schwierige Abgrenzungsfragen auf, kann innenpolitische Kontroversen hervorrufen, ließe sich im Ergebnis allenfalls gemäß Ziffer 3 vertreten:

Das gezielte Sammeln von Informationen im Zusammenwirken von See- und Luftstreitkräften ist eine militärische Tätigkeit („Aufklärung“) und fällt damit unter den Begriff des „Einsatzes“ im Sinne von Artikel 87 a Absatz 2 des Grundgesetzes[10] (etwas anderes wäre die beiläufige Gewinnung von Informationen, etwa in dem Fall, wo die Besatzung eines Kriegsschiffes auf einer Reise Zeuge eines Seenotfalles oder einer Meeresverschmutzung wird).

2 a) Wird der Einsatz gemessen an der Staatspraxis der Bundesrepublik Deutschland, so handelt es sich (anders als die Hilfsflüge nach Sarajevo[11]) nicht um eine Tätigkeit im humanitären Bereich[12], wie dies z. B. der Fall wäre, wenn die Bundesmarine ein Versorgungsschiff mit Hilfsgütern nach Split entsenden würde.

b) Es handelt sich auch nicht um die Beteiligung an Friedenstruppen der Vereinten Nationen („Blauhelme“), denn die deutschen Schiffe und Flugzeuge werden nicht im Auftrag und mit dem Kennzeichen der Vereinten Nationen, vor allem nicht auf fremdem Staatsgebiet, sondern auf der Hohen See und im Küstenmeer des teilnehmenden Italien eingesetzt.

9 Für Kapitel VIII der VN-Charta vom 26. Juni 1945 vgl. BGBl. 1973, II, S. 466–469.

10 Für Artikel 87 a Absatz 2 GG vom 23. Mai 1949 in der Fassung vom 24. Juni 1968 vgl. BGBl. 1968, I, S. 711.

11 Zur Beteiligung der Bundeswehr an einer internationalen Luftbrücke für Sarajevo vgl. Dok. 176.

12 Die Wörter „humanitären Bereich“ wurden von StS Lautenschlager hervorgehoben. Dazu vermerkte er handschriftlich: „Den Minenräumeinsatz im Golf haben wir seinerzeit als humanitäre Aktion qualifiziert u. damit auch ‚gerechtfertigt‘. Dennoch hat der jugoslawische ‚Einsatz‘ auch gewisse Parallelen mit dem Minenräum-Einsatz im Golf.“ Vgl. Anm. 2.
Zur Beteiligung der Bundeswehr an der Minenräumung im Persischen Golf vgl. AAPD 1991, I, Dok. 80.

c) Es handelt sich schließlich auch nicht um einen Kampfeinsatz im Rahmen des Kapitels VII, denn dieser würde, wie oben dargestellt, nach Artikel 42 der Charta einen neuen Beschluss des Sicherheitsrats voraussetzen.

3) Es würde sich wohl vielmehr um eine bisher noch nicht diskutierte Art des Einsatzes handeln: Die fraglichen Einheiten würden sich zwar an militärischen Maßnahmen, aber unter Ausschluss von Waffengewalt beteiligen, die im Interesse der Durchsetzung von Resolutionen des Sicherheitsrats unter Kapitel VIII der Charta (und nach seiner Unterrichtung) ergriffen werden.

Verfassungsrechtlich müsste sich die Argumentation besonders darauf stützen, dass die Ausübung von Zwang und der Einsatz von Waffen nicht geplant sind und mithin die Aktion von außen gesehen am ehesten mit einer militärischen Übung auf Hoher See verglichen[13] werden könnte.

4) Die Bundesregierung wäre aber gut beraten, sich auf das Gegenargument der Opposition einzurichten, der beabsichtigte Einsatz sei nicht ausdrücklich von Artikel 87 a des Grundgesetzes gedeckt und damit verfassungswidrig. Außerdem könnte eingewandt werden, er diene dazu, sich über die Wirksamkeit einer Maßnahme nach Kapitel VII Gewissheit zu verschaffen, um so die Entscheidung vorzubereiten, ob militärische Sanktionsmaßnahmen, wie insbesondere eine Seeblockade, geboten erscheinen. Es wird auch die Frage gestellt werden, wie sich deutsche Kriegsschiffe und Aufklärungsflugzeuge verhalten sollen, wenn der Sicherheitsrat den Schritt von Artikel 41 nach Artikel 42 der Charta vollzieht.[14] Es lässt sich voraussehen, dass die dann notwendige Beendigung des Auftrags der deutschen Kriegsschiffe und Flugzeuge (militärisch wohl „Rückzug“) politisch insbesondere von denen kritisiert werden wird, die schon heute die Ansicht vertreten, eine Beteiligung der Bundeswehr an allen Maßnahmen im Rahmen der Vereinten Nationen sei durch den Artikel 24 Absatz 2 der Verfassung[15] gedeckt.

Hilger

B 80, Bd. 1413

13 Dieses Wort wurde von StS Lautenschlager hervorgehoben. Dazu vermerkte er handschriftlich: „Diese ‚Übung‘ findet innerhalb des Vertragsgebiets der WEU (Mittelmeer) statt u. wäre insoweit zulässig. Zweifelhaft allerdings bleibt, ob man den vorgesehenen Einsatz wirklich mit einer mil[itärischen] Übung auf hoher See vergleichen kann.“ Vgl. Anm. 2.

14 An dieser Stelle vermerkte StS Lautenschlager handschriftlich: „Dies gilt insbesondere vor dem Hintergrund der Münchener Gipfel-Erklärung.“

15 Für Artikel 24 Absatz 2 GG vom 23. Mai 1949 vgl. BGBl. 1949, S. 4.

214

Runderlass des Vortragenden Legationsrats I. Klasse Holl

340-322.00 AFG **Aufgabe: 8. Juli 1992**[1]
Fernschreiben Nr. 7507 Plurez
Citissime

Betr.: Künftige Zusammenarbeit mit Afghanistan;
hier: Ressortbesprechung im AA am 7.7.1992

Bezug: DB 1999 vom 2.7.92 aus Washington[2]
DB 698 vom 6.7.92 aus Islamabad[3]
DB 557 vom 6.7.92 aus Teheran[4]
DB 1294 vom 6.7.92 aus London[5]
DB 1737 vom 6.7.92 aus Paris[6]

Enthält Weisung für Vertretungen New York und Genf, s. Ziff. 5

1 Der Runderlass wurde von LSin Kern konzipiert.
Hat laut Vermerk MD Schlagintweit im Konzept zur Mitzeichnung vorgelegen. Ferner handschriftlicher Vermerk: „Kann abgehen."
Hat Kern am 13. Juli 1992 erneut vorgelegen, die die Weiterleitung an MDg Zeller nach Rückkehr verfügte.
Hat Zeller vorgelegen.

2 Gesandter Pleuger, Washington, berichtete über ein Gespräch mit dem amerikanischen Sonderbotschafter für Afghanistan, Tomsen. Erörtert worden seien die Lage in Afghanistan, die Notwendigkeit der Drogenbekämpfung und die zukünftige Hilfe. Als Schwerpunkte für Soforthilfe sähen die USA die Minenbeseitigung sowie Wiedereingliederungshilfen für Flüchtlinge. Vgl. B 37, ZA-Bd. 166177.

3 Botschafter Vestring, Islamabad, äußerte sich zur Lieferung von 1500 t Nahrungsmittelhilfe über das Welternährungsprogramm WEP nach Afghanistan und riet von einer Verteilung durch das Deutsche Afghanistan Komitee e. V. (DAK) ab. Dieses genieße in Pakistan aufgrund von Berichten über Missstände „keinen guten Ruf". Vgl. B 37, ZA-Bd. 166177.

4 BR I Löschner, Teheran, gab folgende Einschätzung: „Die iranische Regierung wird offiziell keine Einwände dagegen erheben, dass die Bundesregierung Entwicklungshilfe und humanitäre Hilfe in AFG leistet. Allerdings wird IRN darauf achten, dass eine solche Hilfe nicht nach iranischer Auffassung missliebigen Gruppen zugutekommt, wie z. B. den Mudschahedin Hekmatyars. [...] Iran wird deutsche oder internationale Hilfe an AFG sogar gutheißen, wenn sie in sein Konzept der Hilfe für einen islamischen Staat, in sein außenpolitisches Konzept der Ruhe und Stabilität an seinen Grenzen und zu seinem Ziel eines unabhängigen und in seinem Gebietsbestand sicheren AFG passen." Vgl. B 37, ZA-Bd. 284155.

5 Botschafter Freiherr von Richthofen, London, teilte nach einem Gespräch im britischen Außenministerium mit, wegen der negativen Einschätzung der Sicherheitslage werde es in absehbarer Zeit keine direkte bilaterale Entwicklungszusammenarbeit mit afghanischen Regierungsstellen geben. Großbritannien leiste über die VN humanitäre Hilfe in Höhe von umgerechnet 21 Mio. DM. Die britische Haltung sei „derzeit eindeutig abwartend". Vgl. B 37, ZA-Bd. 284155.

6 Gesandter Junker, Paris, informierte, Frankreich leiste derzeit Nahrungsmittelhilfe sowie Unterstützungszahlungen für Nichtregierungsorganisationen, wolle aber auch mit Entwicklungsprojekten und kultureller Arbeit nach Afghanistan gehen, sobald es die Sicherheitslage erlaube. Es halte die Wiederaufnahme von Entwicklungszusammenarbeit für dringlich, „da extremistische Tendenzen zunähmen, denen der Westen nicht das Feld überlassen dürfe". Dabei gebe es viel Raum für ein multilaterales Vorgehen. Vgl. B 37, ZA-Bd. 284155.

Am 7.7. fand im AA eine Besprechung zwischen Vertretern des AA und des BMZ statt, die von D 3[7] geleitet wurde.

1) Zur politischen Lage stimmten Teilnehmer überein, dass sich das Land weiter in einer schwierigen Übergangsphase befindet, deren Dauer und Ausgang nicht vorhersehbar sind.[8] Die jüngsten Raketenangriffe (4.7.92) haben Hoffnungen auf eine baldige Befriedung erschüttert. Allerdings scheint sich die anhaltende Auseinandersetzung zwischen Hekmatyar, Dostum und Massud auf Kabul und dessen Umfeld zu konzentrieren. In den Provinzen beginnt demgegenüber eine gewisse Normalisierung einzutreten. Bisher liegen uns keine verlässlichen Informationen darüber vor, wo Hilfe am nötigsten gebraucht wird, in Kabul oder in einzelnen Provinzen. Das Informationsbild ist noch vielfach von Zufälligkeiten abhängig. Auch wissen wir nicht genau, welche Art von Hilfe im Einzelfall erforderlich sei. Es bestand Übereinstimmung, dass – sobald Sicherheitslage es zulässt – eine Kontaktreise des AA, erste zusammen mit BMZ, sowie ggfs. Evaluierungsmissionen durchgeführt werden, nicht nur nach Kabul, sondern möglichst auch in befriedete Provinzen (Kandahar, Nangahar, Paktia). Zurzeit kann an eine solche Reise noch nicht konkret gedacht werden.

D 3 wies auf politische Aspekte unserer humanitären und sonstigen Hilfe für Afghanistan hin. Solange die Zentralregierung nicht in der Lage ist, Kontrolle auch über Provinzen auszuüben, und dort Komitees herrschen, in denen unterschiedliche Gruppenkonstellationen vertreten sind, stehen wir vor der Frage, ob wir dennoch im Interesse der notleidenden Bevölkerung in eine wenn auch begrenzte Zusammenarbeit mit örtlichen „Behörden“ (Kommandanten, Schuras) oder Stammesgruppen eintreten sollen.

2) Uns liegen mehrere Anträge von in diesen Provinzen tätigen NROs vor. Wir müssen vermeiden, dass deutsche Hilfsleistungen an regionale Gruppen politisch missverstanden werden und einem Auseinanderbrechen Afghanistans Vorschub leisten. Vielmehr bleibt es unser Bemühen, die Einheit und territoriale Integrität des Landes zu unterstützen. Eine „klassische“, nur mit der Zentralregierung zu verhandelnde EZ ist derzeit nicht möglich. Gegen eine Rückkehr von Afghanen, die während der letzten Jahre (u. a. im Rahmen des Berufsförderungsprogramms der GTZ) in weiterführenden Berufen ausgebildet wurden, bestehen keine Bedenken. Im Gegenteil sollten sie möglichst rasch in ihre Heimat reisen, wo sie dringend gebraucht werden.

7 Reinhard Schlagintweit.

8 Zur Entwicklung in Afghanistan vgl. Dok. 130, besonders Anm. 4.
Botschafter Vestring, Islamabad, berichtete am 7. Juli 1992, nach einem in Peschawar vereinbarten Drei-Stufen-Plan habe der bisherige afghanische Übergangspräsident Modschaddedi sein Amt an den Tadschiken Rabbani abgegeben: „Afghanistan schwankt zwischen dem Chaos und der schwachen Hoffnung, dass sich die um die Macht kämpfenden Führer am Ende doch noch arrangieren. Die Gefahr ist groß, dass sich die zentrifugalen Kräfte durchsetzen und Afghanistan zerfällt. [...] Die politisch-militärischen Kräfte befinden sich im Patt. Von den drei stärksten Führern, Dostum, Massud und Hekmatyar, ist keiner stark genug, alleine zu herrschen, aber jeder ist in der Lage, eine Einigung der Gegenspieler zu torpedieren.“ Afghanistan leide an „zwei vorläufig nicht lösbaren Problemen, nämlich an seiner ethnischen Zersplitterung und an der Einmischung der Nachbarn Pakistan und Iran“. Pakistan fördere „wie früher vor allem den fundamentalistischen Paschtunen Hekmatyar. Hinter dieser Politik steht Saudi-Arabien. Iran fördert die ethnischen und religiösen Minderheiten und unterstützt massiv die Partei der Schiiten, Hizbi Wahdat. Weder Pakistan noch Iran haben ein Interesse an einer Aufsplitterung Afghanistans, ihre Politik aber könnte dahin führen.“ Vgl. DB Nr. 700; B 37, ZA-Bd. 166166.

3) D 3 trug vor, dass in Afghanistan aufgrund der besonderen Situation internationale Organisationen, zumal die VN-Institutionen, die über große Erfahrung als Vermittler im afghanischen Friedensprozess verfügen, am besten die internationale Hilfe koordinieren könnten. Das AA trete daher dafür ein, dass auch unsere humanitäre und andere Hilfe bis auf Weiteres so weit wie irgend möglich über VN-Organisationen gehen wird. Andere Formen der Hilfe nach Afghanistan hinein könnten dagegen weder koordiniert noch, was wichtiger ist, kontrolliert werden. Auch GB und F konzentrierten ihre Hilfe auf die VN. Ref. 301 und BMZ bestätigten, dass Großteil der Afghanistan-Hilfe schon jetzt über intl. Organisationen (IKRK, UNHCR, WEP) geleitet wird. BMZ gab zu bedenken, dass sich die VN-Institutionen nach seiner Kenntnis im Wesentlichen auf Kabul konzentrieren und in den Provinzen kaum vertreten sind. Demgegenüber hätten NROs wie Help oder Afghanistan-Nothilfe in der Provinz gute Arbeit geleistet. – (Nach Angaben von Mohammed Gailani, Sohn von Pir G., mit dem AA am 8.7.92 sprach, sind bereits VN-Institutionen wie UNOCA, UNHCR, UNICEF in Kandahar und Dschalalabad im Einsatz.)

4) Die Ressortbesprechung war als Meinungsaustausch angelegt und sollte nicht primär der Entscheidungsfindung dienen. Allen Teilnehmern war bewusst, dass die Situation in Afghanistan weiterhin durch hohe Unsicherheit gekennzeichnet ist. Dies erschwert die Entscheidungsfindung. Der Meinungsaustausch soll in einigen Wochen fortgesetzt werden.

5) Zusatz für New York UNO und Genf:

Vertretungen werden gebeten, bei VN-Stellen festzustellen, 1) inwieweit VN (UNOCA, UNDP usw.) über Kabul hinaus tatsächlich schon in einzelne Provinzen hineinwirken, 2) wie die Effektivität dieser Organisationen bei der Hilfe für Afghanistan bewertet wird, 3) welche Informationen über den Grad von Not und Bedürftigkeit in den einzelnen Provinzen bzw. in Kabul dort vorliegen, 4) auf welcher Grundlage die VN-Organisationen ihre Hilfe bemessen.[9]

Holl[10]

B 37, ZA-Bd. 166177

[9] Botschafter Jelonek, Genf (Internationale Organisationen), gab am 21. Juli 1992 einen Überblick über Präsenz und Aktivitäten von UNHCR und UNOCA in Afghanistan. Vgl. DB Nr. 1518; B 37, ZA-Bd. 166168.

[10] Paraphe vom 9. Juli 1992.

215

Drahtbericht des Botschafters Hellbeck, Peking

13132/92 VS-vertraulich **Aufgabe: 9. Juli 1992, 10.30 Uhr**[1]
Fernschreiben Nr. 909 **Ankunft: 9. Juli 1992, 05.07 Uhr**

Betr.: Frage eines BM-Besuchs in China

Bezug: DE 290 vom 6. Juli 1992 – 9/92 VS-v

1) Im Rahmen bilateraler Beziehungen wäre ein Signal angebracht, dass wir den Dialog mit China intensivieren wollen. Als Anknüpfungspunkt bietet sich der 20. Jahrestag der Aufnahme diplomatischer Beziehungen (11. Oktober)[2] an, dem – sicher aus naheliegenden Gründen – von chinesischer Seite größere Bedeutung beigemessen wird als von uns. Wir sollten diese Gelegenheit gleichwohl nutzen, weil sie uns Gelegenheit bietet, einen gewissen Rückstand im Vergleich zu anderen westlichen Partnern aufzuholen. Wir müssen überdies damit rechnen, dass andere westliche Partner im Herbst ihre Kontakte mit China intensivieren werden. Das gilt sicherlich für die USA und GB, sehr wahrscheinlich aber auch für andere kleinere Partner. Lediglich F könnte vorerst so lange im Abseits bleiben, wie das Mirage-Geschäft mit Taiwan seine Beziehungen mit Peking belastet. Ich habe schon bei anderen Gelegenheiten darauf verwiesen, dass wir uns mit weiterer Zurückhaltung in eine singuläre Position begeben, die mit der Gesamtheit unserer außenpolitischen Interessen nicht vereinbar ist. Der 20. Jahrestag der diplomatischen Beziehungen könnte somit einen Anlass bieten, der auch unter innenpolitischen Gesichtspunkten zur Begründung dieses Besuchs herangezogen werden könnte.

Nützlich wäre ein Besuch in diesem Herbst auch für unsere Wirtschaftsbeziehungen mit China. Der seit 1986 anhaltende Rückgang der deutschen Exporte scheint in diesem Jahr zum ersten Mal wieder einer leichten Aufwärtsbewegung Platz zu machen. Die deutschen Industrievertreter sind wieder etwas zuversichtlicher. Eine BDI-Delegation unter Leitung von Präsident Weiss reist im September nach China, um Möglichkeiten der Ausdehnung unserer Handelsbeziehungen zu erkunden.[3] Es wäre sicher für diesen Bereich der

1 Hat VLR I Sommer am 9. Juli 1992 vorgelegen, der die Weiterleitung an MDg Zeller „z[ur] K[enntnisnahme]“ verfügte.
Hat Zeller am 15. Juli 1992 vorgelegen.

2 Zur Aufnahme diplomatischer Beziehungen zwischen der Bundesrepublik und der Volksrepublik China vgl. AAPD 1972, III, Dok. 328.

3 Die BDI-Delegation, die nach dem Rücktritt des BDI-Vorsitzenden Weiss am 31. August 1992 von Vizepräsident Becker geleitet wurde, hielt sich vom 7. bis 10. September 1992 in der Volksrepublik China auf. Botschafter Freitag, Peking, berichtete am 11. September 1992, außer mit MP Li Peng sei sie mit Vertretern verschiedener chinesischer Ministerien und Wirtschaftsorganisationen zusammengetroffen: „Tatsache, dass MP Li Peng sich eine Stunde für Empfang der Del[egation] Zeit nahm, persönlich Reformbestrebungen im Wi[rtschafts-]Bereich erläuterte und potenzielle Rolle deutscher Wirtschaft deutlich hervorhob, geht über allgemeines Interesse an Intensivierung der Beziehungen hinaus und kann als Signal und ernsthafte Einladung zu besonderem wirtschaftlichen Engagement gewertet werden.“ Der Besuch sei daher sowohl atmosphärisch als auch substanziell ein Erfolg gewesen. Vgl. DB Nr. 1230; B 37, ZA-Bd. 161908.
Im Anschluss an die Gespräche vom 7. bis 9. September 1992 in Peking führte die Delegation am 9./10. September 1992 Gespräche in Schanghai. Oberregierungsrat Keßler, Schanghai, teilte am 14. September 1992 mit: „Eine sich seit 1989 angesichts zahlreicher Delegationsbesuche aus anderen Industrieländern in

deutschen Interessen förderlich, wenn diesen Bemühungen durch einen Ministerbesuch zusätzlicher Auftrieb verliehen werden könnte. Es wäre sogar daran zu denken, ob wir nicht auch, wie das jedenfalls die Amerikaner mit Erfolg tun, durch den Minister bestimmten Exportwünschen besonderen Nachdruck verleihen könnten. Dies war letztmalig 1987 durch MP Strauß unternommen worden.[4]

2) Die chinesische Innenpolitik bewegt sich auf eine Beschleunigung und Intensivierung des Reformprozesses zu, der über kurz oder lang auch Fragen der politischen Reform in China aufwerfen wird. Zwar ist – nach dem gegenwärtigen Stand der Erkenntnisse – noch nicht abzusehen, ob der für diese Entwicklung wichtige 14. Parteikongress, wie bisher geplant, im November stattfindet oder bereits im September abgehalten wird.[5] Noch weniger sicher ist, wie stark die Reformkräfte im neuen ZK vertreten sein werden. Es mehren sich aber die Einschätzungen, wonach der Reformprozess, der im Frühjahr durch Deng Xiaoping einen starken Impuls erhalten hatte[6] und jetzt das beherrschende Thema der veröffentlichten Meinung geworden ist, seiner Natur nach unumkehrbar ist. Das Abtreten alter Reformgegner wie auch der Aufruf des greisen Deng für schnellere Reformen haben ganz offenbar zu neuen Verunsicherungen der Linken geführt, die seit der Kulturrevolution und dem Zusammenbruch des Kommunismus in den früheren „Bruderländern" keinen festen Boden mehr unter den Füßen haben.

Ein Besuchstermin vor dem Parteikongress bedeutete zwar, dass nicht mit letzter Sicherheit dessen Ergebnis vorausgesagt werden könnte. Doch liegt uns daran, den Reformflügel zu stärken, der allein China auf einen modernen und schließlich auch menschlicheren Weg bringen kann. Dazu würde der Besuch sicherlich beitragen.

Ein retardierendes Moment könnte sich durch belastende Entwicklungen in der Menschenrechtsfrage ergeben. Wie hier gerüchtweise verlautet, soll schon in der nächsten Woche der Prozess gegen Bao Tong, den früheren Mitarbeiter Zhao Ziyangs, beginnen.[7] Wird dieses Verfahren wiederum zur Generalprävention missbraucht und würden diesem Verfahren noch weitere gegen andere Abweichler folgen, müsste im Lichte der sich dann ergebenden Lage (Pressereaktion) geprüft werden, ob sich ein Besuch in diesem Herbst vertreten lässt.[8]

[gez.] Hellbeck

B 37, ZA-Bd. 161889

Fortsetzung Fußnote von Seite 865

Schanghai abzeichnende deutsche Präsenzlücke dürfte wieder geschlossen sein. Dies auch, da bereits seit längerem angebahnte größere Projekte deutscher Großunternehmen in Schanghai (Siemens/Computertomographie, Hoechst/Pharmaprodukte, Bayer/Farbstoffeherstellung) nun zu konkreten Verhandlungen bzw. Abschlüssen fortschreiten." Vgl. SB Nr. 553; B 37, ZA-Bd. 161908.

4 Zum Besuch des bayerischen MP Strauß vom 12. bis 16. Oktober 1987 in der Volksrepublik China vgl. AAPD 1987, II, Dok. 288.

5 Der 14. Parteitag der KPCh fand vom 12. bis 18. Oktober 1992 in Peking statt. Vgl. Dok. 328.

6 Vgl. die Reise des ehemaligen Mitglieds des Politbüros des ZK der KPCh, Deng Xiaoping, vom 18. Januar bis 21. Februar 1992 in die südlichen Provinzen der Volksrepublik China; Dok. 73, Anm. 4.

7 Botschafter Hellbeck, Peking, berichtete am 21. Juli 1992, am selben Tag habe der Prozess gegen Bao Tong stattgefunden. Der ehemalige Sekretär des früheren GS des ZK der KPCh, Zhao Ziyang, sei zu sieben Jahren Gefängnis verurteilt worden wegen des „Verrats von Staatsgeheimnissen" sowie „Anstiftung zu konterrevolutionärem Aufruhr". Hellbeck führte aus: „Mit dem hohen Strafmaß ist den Konservativen ein Zugeständnis gemacht worden, bei der Verurteilung Baos stand unsichtbar auch Zhao Ziyang auf der Anklagebank". Vgl. DB Nr. 964; B 37, ZA-Bd. 161920.

8 BM Kinkel hielt sich vom 31. Oktober bis 2. November 1992 in der Volksrepublik China auf. Vgl. Dok. 347–349.

216

Gespräch des Bundeskanzlers Kohl mit dem tschechoslowakischen Präsidenten Havel in Helsinki

10. Juli 1992[1]

Gespräch des Herrn Bundeskanzlers mit dem Präsidenten der ČSFR, Václav Havel, am Rande des KSZE-Gipfels in Helsinki am 10. Juli 1992[2]

Der *Bundeskanzler* erklärt eingangs, er habe den Eindruck, dass die Dinge in der ČSFR sich dramatisch entwickelten.

Präsident *Havel* erwidert, er sei dankbar für die Gelegenheit zu diesem Gespräch. Er sehe es als seine Pflicht an, den großen Nachbarn Deutschland über die Lage in der ČSFR zu unterrichten.

Die Entwicklung habe sich aufgrund der jüngsten Wahlen[3] sehr beschleunigt und werde wahrscheinlich dazu führen, dass die ČSFR in zwei Staaten zerfalle.

In dieser Entwicklung spiegele sich vor allem das Emanzipationsbedürfnis des slowakischen Volkes wider. Es sehe so aus, als ob man sich zunächst trennen müsse, um sich später wieder zu vereinen.

Wenn dies historisch notwendig sei, sei diese Entwicklung im Grunde genommen nichts Schlechtes. Aber es gebe andere Umstände, die ihm Sorge machten. Dazu gehöre insbesondere die Tatsache, dass in der Slowakei Kräfte an die Macht gekommen seien, die aus einem anderen Teig geknetet seien als er selber.

Der *Bundeskanzler* wirft ein, dies sei in der Tat sichtbar.

1 Kopie.
Der Gesprächsvermerk wurde von MD Hartmann, Bundeskanzleramt, am 15. Juli 1992 gefertigt und am folgenden Tag über MD Ackermann, Bundeskanzleramt, an BK Kohl „mit der Bitte um Billigung" geleitet. Ferner vermerkte Hartmann: „Ich gehe davon aus, dass der Vermerk nicht weitergeleitet wird."
Hat Ackermann am 16. Juli 1992 vorgelegen.
Hat Kohl vorgelegen, der handschriftlich vermerkte „Ja" und für Hartmann notierte: „Erl[edigen]".
Hat Hartmann am 21. Juli 1992 erneut vorgelegen. Vgl. den Begleitvermerk; BArch, B 136, Bd. 59736.

2 BK Kohl und der tschechoslowakische Präsident Havel hielten sich anlässlich der am 9./10. Juli 1992 stattfindenden KSZE-Gipfelkonferenz in Finnland auf. Zur KSZE-Gipfelkonferenz vgl. Dok. 226.

3 Am 5./6. Juni 1992 fanden in der ČSFR Parlamentswahlen statt. VLR Elfenkämpfer legte am 9. Juni 1992 dar, die Demokratische Bürgerpartei ODS (Občanská demokratická strana) habe 83 der 300 Sitze in der Föderalversammlung erhalten. Ihr Vorsitzender Klaus sei mit der Regierungsbildung beauftragt worden. Die Bewegung für eine demokratische Slowakei HZDS (Hnutie za demokratické Slovensko) unter ihrem Vorsitzenden Mečiar sei mit 57 Sitzen zweitstärkste Kraft. Somit stünden sich „auf Bundesebene zwei politische Gruppierungen gegenüber, die fundamentale politische Gegensätze verkörpern", weshalb die „Regelung der nach wie vor ungelösten vordringlichen innenpolitischen Fragen (Nationalitätenkonflikt, künftige Verfassungsstruktur, Präsidentenwahl)" mit diesem Wahlergebnis nicht leichter werde. Vgl. B 42, ZA-Bd. 156421.
Am 3. Juli 1992 berichtete BR I Hiller, Prag: „Wie erwartet, ist StP Havel heute in erster und zweiter Wahlrunde an slowakischer Verweigerungshaltung gescheitert. Dritte Wahlrunde (mit neuen Kandidaten, ohne Havel) wird am 16.7.1992 stattfinden. Bis zur Wahl eines neuen Staatsoberhauptes bleibt StP Havel [...] im Amt." Komme auch in der dritten Wahlrunde keine Mehrheit zustande, könne Václav Havel theoretisch wieder kandidieren. Vgl. DB Nr. 961; B 42, ZA-Bd. 156421.

Präsident *Havel* fährt fort, programmatisch verträten diese Kräfte zwar eine Linie, die insbesondere in der Außenpolitik dem entspreche, was auch die Tschechoslowakische Republik vertrete. In der Praxis sehe es allerdings anders aus.

Seine Präsidentschaft sei vor einiger Zeit zu Ende gegangen. Insbesondere die Slowaken hätten sich seiner Wiederwahl widersetzt. Dabei habe es sich weniger um persönliche Feindschaft gehandelt als um die Absicht, ihn als Symbol der Föderation zu schwächen.

Jetzt mehrten sich die Stimmen derjenigen, die ihn drängten, für das Amt des Präsidenten der Tschechischen Republik zu kandidieren. Dieses Drängen werde auch von der Bevölkerung unterstützt. Wenn die historische Notwendigkeit dies erfordere, sei er bereit, seine Kräfte dem Staat erneut zur Verfügung zu stellen.

Es sehe so aus, dass der Prozess der Teilung der ČSFR in verfassungsmäßiger Weise vor sich gehen werde. Es drohten somit keine jugoslawischen Verhältnisse. Aber bekanntlich sei eine Scheidung immer eine schwierige Sache, die zu Komplikationen führen könne.

Abschließend wolle er dem Bundeskanzler noch die Frage stellen, wie er die Perspektiven des deutsch-tschechoslowakischen Vertragssystems bei einer Teilung sehe.

Er wolle insbesondere wissen, ob der deutsch-tschechoslowakische Vertrag[4] wie auch der Assoziationsvertrag mit der Europäischen Gemeinschaft[5] auf beide Staaten übertragen werden könne.

Der *Bundeskanzler* erklärt, er könne dem Präsidenten in dieser Lage nur den Rat eines Freundes geben. Er habe es richtig gefunden, dass Präsident Havel kandidiert habe – auch auf die Gefahr hin, dass seine Kandidatur scheitere, denn der Präsident sei ein Symbol.

Aus dem gleichen Grund solle Präsident Havel unbedingt für das Amt des Präsidenten der Tschechischen Republik kandidieren. Wenn er den Eindruck habe, dass er hierüber mit dem einen oder anderen sprechen solle, möge er ihn das wissen lassen.

Er bedauere die eingetretene Entwicklung. Er glaube aber, dass sie jetzt unvermeidbar sei. Deswegen sei es wichtig, dass sich die Trennung in zivilisierter Form vollziehe, wie der Präsident gesagt habe. Denn das werde auch die spätere Entwicklung bestimmen. Es mache einen Unterschied, ob man in bitterer Feindschaft auseinandergehe oder weil man glaube, man verstehe sich nicht mehr. Er denke in dieser Frage weiter. In 10 bis 15 Jahren werde sich durch die Mitgliedschaft in der EG manches relativieren. Der Bundeskanzler verweist in diesem Zusammenhang auf das Beispiel der Benelux-Staaten.

Er sei im Übrigen überzeugt, dass die Tschechische Republik bald auf die Beine kommen werde. Immerhin handele es sich um eines der begabtesten Völker Europas. Die Zeichen stünden auf Europa, und Prag mit seiner Geschichte und Kultur gehöre zu Europa.

Wenn die Slowaken jetzt die Föderation verlassen wollten, werde sich bald die Frage stellen, an wen sie sich wenden würden. Sollten sie sich an Wien wenden, sei er jetzt schon auf die Antwort gespannt. Der Sturm und Drang werde sich legen, und die Praxis des Lebens werde sich einstellen. Deshalb rate er dazu, jetzt gelassen zu reagieren.

Beispielsweise könne sich eines Tages die Frage stellen, dass die Tschechische Republik für den Beitritt zur EG reif sei, man jedoch in der Slowakei noch nicht so weit sei.

4 Für den deutsch-tschechoslowakischen Vertrag vom 27. Februar 1992 über gute Nachbarschaft und freundschaftliche Zusammenarbeit vgl. BGBl. 1992, II, S. 463–473. Vgl. auch Dok. 64.

5 Zum Europa-Abkommen zur Gründung einer Assoziation zwischen der EG und der ČSFR vom 16. Dezember 1991 vgl. BULLETIN DER EG 12/1991, S. 97 f.

Der Bundeskanzler versichert noch einmal, dass Präsident Havel auf seine persönliche Unterstützung zählen könne. Er werde die Frage der Verträge prüfen lassen (der Bundeskanzler gibt dem Unterzeichner[6] den entsprechenden Auftrag).

Präsident *Havel* dankt dem Bundeskanzler für seine Erläuterungen und fügt hinzu, er würde es begrüßen, wenn der Bundeskanzler das, was er gesagt habe, in geeigneter Weise auch nach außen deutlich mache.

Er wolle abschließend noch folgende Bitte äußern: Kardinal Tomášek liege im Sterben. Es wäre eine große Geste, wenn der Bundeskanzler persönlich an dessen Begräbnis teilnehmen könne.

Der *Bundeskanzler* sagt zu, dass er so weit wie möglich diesem Wunsch entsprechen werde.[7]

Präsident *Havel* weist abschließend noch einmal darauf hin, dass er mit Václav Klaus als künftigem Ministerpräsidenten der Tschechischen Republik gut zusammenarbeite. Auf die entsprechende Frage des Bundeskanzlers erklärt Präsident Havel, dass die Mehrheit im Parlament für seine Wahl zum Präsidenten der Tschechischen Republik ausreichend sei.

BArch, B 136, Bd. 59736

217

Vorlage des Ministerialdirigenten Graf von Matuschka für Bundesminister Kinkel

431-464.75 VS-NfD **10. Juli 1992**[1]

Über Herrn D 4 i. V.[2], Herrn Staatssekretär[3] Herrn Bundesminister[4]

Betr.: Trägertechnologiekontrollregime MTCR (Missile Technology Control Regime); hier: Ergebnisse des sechsten MTCR-Treffens in Oslo (29.6. – 2.7.1992)

1 Anlage[5]

Zweck der Vorlage: Zur Unterrichtung

6 Peter Hartmann.

7 BK Kohl nahm am 12. August 1992 in Prag an der Beisetzung des am 4. August 1992 verstorbenen ehemaligen Erzbischofs von Prag, Tomášek, teil. Vgl. den Artikel „Kardinal Tomasek im Veits-Dom zu Prag beigesetzt“; BERLINER ZEITUNG vom 13. August 1992, S. 7.

1 Die Vorlage wurde von VLR I Nocker und VLR Ziegler konzipiert.

2 Hat in Vertretung des MD Dieckmann MDg von Kyaw am 10. Juli 1992 vorgelegen.

3 Hat StS Lautenschlager am 10. Juli 1992 vorgelegen, der handschriftlich vermerkte: „Wertung Ziffer 4 – Seite 5.“

4 Hat BM Kinkel am 10. Juli 1992 vorgelegen.
Hat OAR Salzwedel am 13. Juli 1992 vorgelegen, der den Rücklauf an MDg Graf von Matuschka verfügte.
Hat Matuschka am 14. Juli 1992 erneut vorgelegen.

5 Vgl. Anm. 7.

Vom 29. Juni bis 2. Juli 1992 fand in Oslo das sechste Treffen der (mittlerweile 22, d.h. OECD-MS ohne TUR und ISL) am MTCR teilnehmenden Regierungen statt.

Das MTCR entstand 1987 aus einer Initiative der G7 als Instrument der Exportkontrolle zur Verhinderung der Verbreitung nuklearwaffenfähiger Raketentechnologie.[6] Vor dem Hintergrund der Erfahrungen des Irak-Krieges hatten wir im Frühjahr 1991 angeregt, das Regime durch Einbeziehung von B- und C-Gefechtsköpfen auf alle für Massenvernichtungswaffen geeignete Träger auszuweiten und die für „Reichweite und Nutzlast" geltenden, die Kontrolle auslösenden Grenzwerte („Parameter") zu senken, um auch leichtere Gefechtsköpfe der Kontrolle zu unterwerfen (Näheres im anliegenden Sachstand[7]).

Gegen anfänglichen Widerstand der USA und GBs gelang es, weitgehend objektive Kriterien für international abgestimmte Exportkontrollen für Gegenstände zu erarbeiten, die nicht nur der Verbreitung nuklearwaffenfähiger Raketentechnologie dienen, sondern bei denen die Absicht unterstellt werden muss, dass sie zum Transport von Gefechtsköpfen aus dem B- und C-Waffenbereich verwendet werden. Zwar setzten wir in der Parameterfrage in Oslo noch keine Absenkung der Nutzlast oder Reichweite im höchstsensitiven Bereich („Kategorie I": d.h. vor allem „vollständige Raketensysteme, die eine Nutzlast von mindestens 500 kg über eine Reichweite von mindestens 300 km tragen können", und entsprechende Fertigungseinrichtungen) durch – hier wollen die USA und GB weiterhin möglichst freie Hand behalten. Wohl aber erreichten wir mit Hilfe von F bei sog. Kategorie II-Items die Übernahme vollständiger Raketensysteme mit Reichweite 300 km und jeglicher Nutzlast auch weit unter 500 kg in die Kontrollliste; auch diese Systeme – ebenso wie alle bereits in der Kontrollliste unter Kategorie II aufgeführten Gegenstände – unterliegen damit dem üblichen Informationsaustausch und der Pflicht, ablehnende Bescheide mit Bindungswirkung für die anderen Partner zu notifizieren. Ferner wurde zur Eindämmung der Verbreitung aller Massenvernichtungswaffen ein erweiterter Informationsaustausch vereinbart, der das Ermessen, ob und inwieweit die Partner sich gegenseitig über sich anbahnende Geschäfte unterrichten, deutlich einschränkt.

Es bestand Einigkeit, dass die „Anwendung des neuen, auf Massenvernichtungswaffen bezogenen Standards auf Kategorie II eine bedeutsame Erweiterung der Kontrollen unter dem Regime bedeutet" (schriftl. Zusammenfassung des norw. Vorsitzes).

Im Einzelnen

1) Zielsetzung

In mehreren Verhandlungsrunden (MTCR-Plenum in Washington, Nov. 91[8]; AG-Sitzung auf Expertenebene in Rom, April 92[9]; Treffen mit den wichtigsten MTCR-Partnern USA, GB, F, NL auf Expertenebene in Eschborn im Juni 92[10]) hatte sich deutlich gezeigt, dass für

6 Zur Gründung des MTCR vgl. AAPD 1987, I, Dok. 94.

7 Dem Vorgang beigefügt. Für den Sachstand vom 9. Juli 1992 vgl. B 72, ZA-Bd. 264870.

8 Zum fünften MTCR-Treffen vom 4. bis 7. November 1991 vgl. AAPD 1991, II, Dok. 390.

9 Korrigiert aus: „März 92".
LRin I Müller-Holtkemper vermerkte am 14. April 1992 zur Sitzung der Gruppe technischer Experten vom 8. bis 10. April 1992, die Diskussion über die Parameter der erfassten Trägerraketen sei vor allem wegen der „totalen Verweigerungshaltung der USA" ergebnislos geblieben. Vgl. B 72, ZA-Bd. 164385.

10 VLR Ziegler notierte am 15. Juni 1992 zu dem Treffen im Bundesausfuhramt (BAFA) am 11. Juni 1992, in der Parameterfrage habe sich gezeigt, dass bei keiner Delegation die Bereitschaft bestanden habe, „zu diesem Zeitpunkt wesentliche Änderungen der bisher bestehenden nationalen Positionen vorzunehmen". Vgl. B 72, ZA-Bd. 164385.

einige wichtige MTCR-Partner (insbesondere USA und GB) die Grenze für die Bereitschaft zu einer Verschärfung des Regimes dort liegt, wo die durch „Bündnisverpflichtungen legitimierte" Exportpraxis hiervon betroffen wäre. Demgegenüber hatte sich neben uns weitgehend vor allem F im Interesse möglichst objektiver Kriterien bei der Anwendung der Exportkontrollen dafür eingesetzt, zusätzliche Raketensysteme mit abgesenkten Parametern (F: nur Nutzlast; D: Nutzlast und Reichweite) möglichst im Rahmen der Kategorie I höchstsensitiver Güter mit „starker Vermutung der Verweigerung" der Exportgenehmigung zu erfassen.

Weitere Aufgabe der Konferenz war die Abstimmung über Beitrittswünsche von Staaten jenseits des OECD-Kreises, insbesondere Argentiniens.

Verhandlungslinie der deutschen Delegation (AA, BMWi, BMVg, BAFA[11]; Leitung: Dg 43[12]) war es daher, in enger Abstimmung mit F einen möglichst weit in unsere Richtung weisenden Konsens zu erzielen, keinesfalls aber den Weg für spätere, aus unserer Sicht notwendige oder wünschenswerte Nachbesserungen zu verbauen.

2) Wesentliche Ergebnisse

a) Die MTCR-Richtlinien erhielten – neben der allgemeinen Anpassung des Wortlauts überall dort, wo „nuclear" durch „Massenvernichtungswaffen" zu ersetzen war – einen neuen, auf Massenvernichtungswaffen bezogenen Textteil, genannt „new WMD (= Weapons of Mass Destruction)-related standard". Die entscheidende Aussage lautet (in eigener, inoffizieller Übersetzung):

„Besondere Zurückhaltung wird auch bei der Prüfung der Weitergabe aller Gegenstände der Anlage oder aller Flugkörper – ob in der Anlage erwähnt oder nicht – geübt, wenn die Regierung auf der Grundlage aller erreichbaren und glaubwürdigen Informationen zu der Beurteilung gelangt (if the Government ‚judges'), dass die Absicht besteht, sie für den Transport (‚delivery') von Massenvernichtungswaffen zu nutzen, und es ist stark zu vermuten, dass eine derartige Weitergabe verweigert wird."

Dieser „neue Standard" greift, anders als bei der durch die Parameter nach objektiven Kriterien zu beurteilenden Kategorie I, nicht generell, sondern, da jeder Antrag für sich zu betrachten ist und ein, wenn auch enger, Ermessensspielraum besteht, von Fall zu Fall. Er bezieht sich auf „individuelle Exporte aller Gegenstände der Anlage oder aller Raketen oder unbemannten Luftfahrzeug-Systeme (ob in der Anlage erwähnt oder nicht)" (zit. nach Konsenspapier des Vorsitzenden[13]). Zur Durchsetzung dieses „Standards" wurde ein erweiterter Informationsaustausch der Regierungen, auch über deren jeweils eigene Bewertungen, vereinbart.

b) Der Richtlinien-Anhang erhielt ein neues „Item 19", für das der neue Standard gilt, nämlich:

„Komplette Raketensysteme (einschl. ballistischer Flugkörpersysteme, Weltraumträgerfahrzeuge und Höhenforschungsraketen), unbemannte Fluggerätesysteme (einschl. Marschflugkörpern, Zielortungsdrohnen und Aufklärungsdrohnen) nicht erfasst als Gegenstand 1 mit einer Reichweite von mindestens 300 km."

11 Bundesausfuhramt.

12 Mario Graf von Matuschka.

13 Für das undatierte Papier „MTCR Oslo Plenary 29 June – 2 July, 1992, Consensus Items" vgl. die Anlage zum Schrifterlass des VLR Ziegler vom 7. Juli 1992; B 72, ZA-Bd. 164386.

c) Es wurde beschlossen, dass auch Raketensysteme unterhalb einer Reichweite von 300 km ab sofort der Ablehnungsvermutung unterliegen, wenn sie als Träger für Massenvernichtungswaffen genutzt werden sollen. Da diese Systeme nicht eigens in die Technische Liste aufgenommen wurden, bleibt die Notifizierung von ablehnenden Bescheiden freiwillig.

d) Die Frage der Absenkung der Parameter der Kategorie I bleibt – worüber wir zusammen mit den Befürwortern dieser Maßnahme Konsens herbeiführten – anhängig und wird beim nächsten MTCR-Plenum (Canberra, 8.–11.3.1993) voraussichtlich wieder auf der TO stehen. In der schriftlichen Zusammenfassung stellte der Vorsitzende fest, die Einigung auf Parameter stelle einen Kompromiss dar, der nicht alle Aspekte der ursprünglichen Positionen der Partner zufriedenstelle; daher bleibe die Möglichkeit künftiger Überprüfung der Parameter offen.

Bis spätestens zum nächsten Treffen werden sich die MTCR-Partner, was wir durchsetzten, auch über die Einbeziehung wichtiger Teilsysteme der neu in die Kontrollliste aufgenommenen Raketensysteme in das Kontrollregime einigen.

3) Beitrittsfragen

Die von Argentinien im Hinblick auf einen MTCR-Beitritt unternommenen NV-politischen und exportkontrollrechtlichen Schritte wurden vom Plenum begrüßt. Unserem deutlich vorgetragenen und von AUS, B, F, SCZ und SPA unterstützten Petitum, das Plenum möge sich darüber hinaus zu einer „wohlwollenden" Prüfung mit dem Ziel eines möglichst baldigen Beitritts Argentiniens bereitfinden, widersetzten sich insbesondere USA, aber auch GB, KAN und JAN mit der Forderung, Argentinien müsse erst den Verbleib von z. Zt. nicht auffindbaren Condor II-Komponenten (teilweise Kategorie I-gelistet) aufklären und diese und andere Raketenteile nachweislich vernichten. Für die Erklärung der grundsätzlichen Bereitschaft, den Beitritt zuzulassen, sei es zu früh. In der entsprechenden Erklärung des Plenums ist daher nur von einer „constructive consideration" die Rede.

4) Wertung

Es ist in Oslo gelungen, das durch den Irakkrieg geschärfte Problembewusstsein der MTCR-Teilnehmerstaaten zur Stärkung des Regimes zu nutzen. Der Konsultationsmechanismus ist wirksamer geworden, der Informationsaustauch wurde verbreitert und vertieft. Es war einerseits wichtig, potenzielle Beitrittsinteressenten (ARG, ISR, RUM) oder solche, welche die MTCR-Regeln anwenden wollen, ohne dem Regime jetzt beizutreten (CHN, RUS, SUA), nicht durch ein übermäßiges Hochziehen der Schwelle abzuschrecken (Anliegen der USA, neben ihren deutlichen, aber unausgesprochenen kommerziellen Interessen, sprich Lieferungen an ISR und Saudi-Arabien). Andererseits aber war darauf zu achten, dass das Regime glaubwürdig bleibt, also auch den seit 1987 eingeleiteten technologischen Fortschritt bei Nuklearsprengköpfen und die Einbeziehung der leichteren B- und C-Gefechtsköpfe sichtbar zu machen (unser Anliegen). Das bis zuletzt ultimative Beharren der US-Delegation auf dem von ihr seit dem letzten Treffen in Washington entwickelten „Standard of Belief" (Auslösen des Konsultationsmechanismus mit Ablehnungsvermutung „if believed to be used for the delivery of WMD") erschwerte unser Bemühen, die Konsultationspflicht an objektivere Kriterien zu binden. Das Verhandlungsergebnis, das im engsten Kreise erarbeitet wurde und nicht auf den „Glauben" (und damit auch den Unglauben), sondern auf die sorgfältige Beurteilung aller greifbaren Informationen durch die verantwortliche Regierung abstellt, erwies sich als tragfähiger Kompromiss. Für uns bleibt bedeutsam, dass damit nicht das letzte Wort gesprochen ist.

Zusammen mit der von BM Genscher initiierten NV-Erklärung des Weltsicherheitsrats vorn 31. Januar 1992[14], mit dem IAEO-Beschluss zur Aktivierung von Sonderinspektionen vom Februar 1992, mit der Verabschiedung des neuen internationalen Exportkontrollregimes für nukleare Mehrzweckgüter im April 1992[15] und mit der Verschärfung nun auch des MTCR-Regimes konnten wir im ersten Halbjahr 1992 wichtige Verbesserungen des nuklearen NV-Systems durchsetzen.

Da D einer der ursprünglichen Regimegründer ist, der wohl zu Expertensitzungen, nicht aber zu Plenartreffen des MTCR eingeladen hat, werden wir voraussichtlich ein Folgetreffen nach Canberra, etwa im Frühjahr 1994, ausrichten müssen.[16] Wenn diese Annahme sich erhärtet, werden die notwendigen Anträge zur Mittelbereitstellung rechtzeitig gestellt werden.

Matuschka

B 72, ZA-Bd. 264870

218

Runderlass des Vortragenden Legationsrats I. Klasse Bettzuege

012-9-312.74 VS-NfD **10. Juli 1992**[1]
Fernschreiben Nr. 39 Ortez **Aufgabe: 12. Juli 1992**

Zum Besuch der Palästinenser-Vertreterin Dr. Hanan Aschrawi (29.6. – 3.7.1992)

1) Frau Dr. Hanan Aschrawi, die offizielle Sprecherin der palästinensischen Delegation bei den bilateralen Friedensverhandlungen mit Israel, traf bei ihrem auf Einladung der Bundesregierung stattfindenden ersten Besuch in Bonn mit Staatsminister Schäfer, BM Möllemann[2] und PStS Repnik[3] (in Abwesenheit von BM Spranger) zusammen. An dem von StM Schäfer gegebenen Essen nahmen der Vorsitzende des Auswärtigen Ausschusses

14 Vgl. die vom britischen PM Major im Anschluss an die Sitzung des VN-Sicherheitsrats auf der Ebene der Staats- und Regierungschefs am 31. Januar 1992 in New York abgegebene Schlusserklärung (S/23500); https://documents-dds-ny.un.org/doc/UNDOC/GEN/N92/043/34/pdf/N9204334.pdf. Für den deutschen Wortlaut vgl. EUROPA-ARCHIV 1992, D 365–368.

15 Zur Reform des nuklearen Nichtverbreitungssystems vgl. Dok. 104.

16 Die Bundesrepublik richtete das zehnte MTCR-Treffen vom 10. bis 12. Oktober 1995 in Bonn aus.

1 Der Runderlass wurde von VLR Kaul konzipiert.
Hat MDg Bartels am 10. Juli 1992 zur Mitzeichnung vorgelegen.

2 Im Gespräch zwischen BM Möllemann und der Sprecherin der palästinensischen Delegation bei den Nahost-Verhandlungen, Aschrawi, am 30. Juni 1992 wurden der Friedensprozess im Nahen Osten sowie wirtschaftliche Hilfen für die Palästinenser erörtert. Vgl. den Gesprächsvermerk; B 36, ZA-Bd. 185408.

3 PStS Repnik, BMZ, und die Sprecherin der palästinensischen Delegation bei den Nahost-Verhandlungen, Aschrawi, sprachen am 1. Juli 1992 über den Friedensprozess im Nahen Osten sowie über Möglichkeiten der entwicklungspolitischen Zusammenarbeit in den besetzten Gebieten. Vgl. den Gesprächsvermerk; B 36, ZA-Bd. 185408.

des Deutschen Bundestages, MdB Dr. Stercken, der außenpolitische Sprecher der SPD-Bundestagsfraktion, MdB Karsten Voigt, sowie weitere Abgeordnete der FDP und der PDS teil. Frau Dr. Aschrawi sprach darüber hinaus mit BM a. D. Genscher und hielt vor der Deutschen Gesellschaft für Auswärtige Politik einen Vortrag mit dem Thema „Die palästinensische Position im Nahost-Friedensprozess". Frau Dr. Aschrawi wurde bei ihren Gesprächen in Bonn von Dr. Nabil Shaath, einem der Berater Arafats, und dem Leiter Informationsstelle Palästina, Abdallah Frangi, begleitet.

Ein am 2. Juli vorgesehenes Gespräch von BM Kinkel mit Frau A. wurde von der palästinensischen Seite in letzter Minute „wegen einer leichten Erkrankung von Frau Dr. Aschrawi" abgesagt. (Wir haben Grund zu der Annahme, dass der wirkliche Grund für die Absage die von uns nicht zugestandene Begleitung durch die PLO-Vertreter Dr. Shaath und Frangi war.)

2) Im Mittelpunkt des Gesprächs von StM Schäfer mit Frau A. stand der Fortgang der Nahost-Friedensgespräche.

StM Schäfer und Frau Aschrawi stimmten darin überein, dass nach Bildung einer neuen israelischen Regierung[4] mit einem zügigen Fortgang der Verhandlungen zu rechnen sei.[5] Am Ende dieses Prozesses müsse eine dauerhafte Friedenslösung stehen. Diese sei Voraussetzung für eine Lösung der grundsätzlichen Fragen, die die ganze Region betreffen, wie wirtschaftliche Entwicklung, Sicherung der natürlichen Ressourcen und Abrüstung. Die deutsche Politik, so StM Schäfer, wolle alles in ihren Kräften Stehende dazu beitragen, um sowohl die Existenz Israels innerhalb anerkannter und garantierter Grenzen als auch das Recht der Palästinenser auf Selbstbestimmung zu sichern. Entscheidend komme es jetzt darauf an, dass auf Gewalt verzichtet werde und dass sowohl die neue israelische Regierung als auch die palästinensische Seite mutig und konsequent auf dem eingeschlagenen Weg vorangehen.

3) Im Hinblick auf die übrigen Gespräche sind vor allem folgende, von Frau Aschrawi immer wieder vorgetragenen Einschätzungen und Argumente festzuhalten:

Israel habe durch seine Haltung bei den bilateralen Verhandlungen den Friedensprozess unterminiert. Die von der israelischen Seite unterbreiteten Vorstellungen für begrenzte Autonomie seien als bloße Verfestigung des Status quo in den besetzten Gebieten nicht akzeptabel. Es bestehe aber Zuversicht, dass nach dem Wahlsieg der Arbeiterpartei in Israel die Verhandlungen über die geplante mehrjährige Interim-Selbstverwaltung schneller vorankommen könnten, als dies mit der Schamir-Regierung möglich gewesen wäre. Frau A. unterstrich die palästinensische Bereitschaft, „möglichst bald, wenn nötig Tag und Nacht" mit der Regierung von MP Rabin zu verhandeln und dabei die israelische Bereitschaft zu friedlichem Ausgleich gründlich zu testen. Wahlen in den besetzten Gebieten unter internationaler Kontrolle sollten möglichst schnell durchgeführt werden.

Frau Aschrawi unterstrich immer wieder die palästinensische Bitte, die Europäer und die deutsche Seite sollten die Palästinenser in der nächsten Zeit verstärkt in der Form „hilfreichen Drucks auf Israel", wo immer möglich, unterstützen.

4 Zu den Parlamentswahlen am 23. Juni 1992 in Israel vgl. Dok. 201, Anm. 21.
Die neue Regierung unter MP Rabin trat ihr Amt am 13. Juli 1992 an.

5 Der erste Teil der sechsten Runde der bilateralen Nahost-Verhandlungen wurde vom 24. August bis 3. September 1992 in Washington abgehalten, der zweite Teil vom 14. bis 24. September 1992. Vgl. Dok. 282, Anm. 11.

Als palästinensische Prioritäten für die nächste Zeit stellte Frau A. mehrfach folgende Punkte heraus:
- ein sofortiger und vollständiger Stopp der israelischen Siedlungsaktivitäten (nicht nur der „politischen“ Siedlungen),
- die Beachtung der IV. Genfer Konvention[6] und der Menschenrechte der palästinensischen Bevölkerung der besetzten Gebiete,
- Unterstützungsmaßnahmen zur Verbesserung der wirtschaftlichen und sozialen Lage der Palästinenser.

Zu dem zuletzt genannten palästinensischen Anliegen unterstrich PStS Repnik die Dringlichkeit eines positiven Ausgangs des Nahost-Friedensprozesses auch für die Aufnahme normaler entwicklungspolitischer Beziehungen. Ein dauerhafter Frieden sei andererseits ohne Lösung der dringendsten wirtschaftlichen, sozialen und ökologischen Probleme der Menschen in den besetzten Gebieten kaum vorstellbar. Deutschland sei bereit, im Rahmen seiner finanziellen Möglichkeiten die Technische Hilfe in den Bereichen Umweltschutz, Wasser, Gesundheit sowie Aus- und Fortbildung in den besetzten Gebieten weiter zu intensivieren.

4) Der erste Besuch auf deutsche Einladung einer (eines) führenden Palästinenservertreterin (Vertreters) mit einem substanziellen Gesprächsprogramm auf so hoher Ebene ist aus unserer Sicht positiv und erfolgreich verlaufen. Wir haben unsere Zielsetzungen im Wesentlichen erreicht:
- gegenüber den Palästinensern und den Konfliktparteien in der Region eine bedeutsame politische Geste der Sympathie und Unterstützung für die palästinensische Seite als schwächste Partei des Nahost-Friedensprozesses zu machen,
- die palästinensische Seite zu ermutigen, trotz aller Schwierigkeiten und Frustrationen am Weg des Dialogs und von Verhandlungen festzuhalten,
- der unter Druck von vielen Seiten stehenden palästinensischen Verhandlungsdelegation bei den bilateralen Verhandlungen sichtbar den Rücken zu stärken.

Auch durch die überzeugende, zugleich gemäßigte Argumentation, mit der Frau Aschrawi öffentlich für palästinensische Anliegen warb, fand ihr Aufenthalt in Bonn in den Medien breite Beachtung.

Unmittelbar vor ihrem Bonn-Aufenthalt war Frau Aschrawi am 18. Juni in Amman als Mitglied der palästinensischen Verhandlungsdelegation in einer „Demonstration der Zusammengehörigkeit“ mit der PLO-Führung unter Vorsitz von Yasser Arafat zusammengetroffen. Bei dieser Lage haben wir den Wunsch von Frau Aschrawi, bei ihren Gesprächen durch die PLO-Vertreter Dr. Shaath und Frangi begleitet zu werden, weitgehend berücksichtigt. Im Übrigen ist für unser Verhältnis zur PLO unverändert die Haltung entscheidend, welche die PLO selbst zum Nahost-Friedensprozess einnimmt.

Bettzuege[7]

B 36, ZA-Bd. 185408

6 Für das Genfer Abkommen vom 12. August 1949 zum Schutze von Zivilpersonen in Kriegszeiten (IV. Genfer Konvention) vgl. BGBl. 1954, II, S. 917–976.

7 Paraphe.

219

Drahtbericht des Botschafters Blech, Moskau

13174/92 VS-vertraulich **Aufgabe: 10. Juli 1992, 17.23 Uhr**[1]
Fernschreiben Nr. 2952 **Ankunft: 10. Juli 1992, 15.57 Uhr**

Betr.: Fall Honecker;
hier: Vorsprache von Botschafter Holger

Zur Unterrichtung

I. Botschafter Holger hat mich am Spätnachmittag des 9.7.1992 zu einem Gespräch aufgesucht. Er hatte kein besonderes Petitum, unterrichtete mich aber über die physische und psychische Verfassung des Ehepaares Honecker sowie über seine wachsenden Besorgnisse wegen der Sicherheitslage der Botschaft im Zusammenhang mit möglichen Befreiungs- bzw. Ausbruchsversuchen des Ehepaares H. Holger teilte mir mit, dass sich H. nach seinem Eindruck in vergleichsweise gutem physischen und psychischen Zustand befinde. Außer geringen altersbedingten und von einer Herzinsuffizienz herrührenden Beschwerden habe ein Arzt kürzlich nichts feststellen können, H. vielmehr bei befriedigender gesundheitlicher Verfassung gefunden. H. befinde sich z. Zt. ganz offenkundig in gehobener Stimmung („elated"). Grund dafür sei die unmittelbar bevorstehende Publikation seines Buches[2] sowie ein sehr intensiver Briefverkehr mit Anhängern, Vertrauten und Freunden. Kürzlich habe vor der Botschaft eine Minidemonstration von ca. 40 weitgehend älteren Leuten stattgefunden mit Transparenten, die dazu aufforderten, Honecker ausreisen zu lassen. Er, Holger, habe das Gefühl, dass Honecker diese Aktivitäten sehr stark motivierten, er befinde sich absolut in „fighting spirits". Der Umstand, dass er kämpfen wolle, lasse ihn, Holger, eigentlich nicht wirklich glauben, dass H. selbstmordgefährdet ist. Frau H. dagegen befinde sich im Zustand einer Depression, die, wie sie Holgers Frau bedeutet habe, damit zusammenhänge, dass sie sich hier festgesetzt fühle und ohne Aktionsradius, vor allem aber ohne ihre Kinder aufhalten müsse. Es sei ganz offenkundig, dass der lange Aufenthalt in der Sowjetunion, Russland bzw. jetzt in der chilenischen Botschaft in Moskau von Frau H. als schwere Belastung empfunden werde. Frau Holger gegenüber meinte sie, sie sei noch jung und wolle aktiv sein. Ihre Moskauer Aufenthaltserlaubnis ist abgelaufen. Sie verlässt deshalb das Botschaftsgelände nicht mehr.

In dieser Situation nehmen Holgers Befürchtungen zu, es könne zu Versuchen kommen, das Ehepaar H. zu befreien, bzw. diese selber könnten versucht sein, in konspirativem Zusammenwirken mit Freunden den Versuch zu machen, unbemerkt das Botschaftsgelände zu verlassen, um sich entweder in Russland zu verbergen oder aber ins Ausland abzusetzen. Er habe den Eindruck, dass die im Auftrage der russischen Regierung das Gelände der Botschaft offiziell bewachenden Milizionäre korruptionsanfällig seien, wenn nicht überhaupt von der Mafia unterwandert. Er habe nach eigenem Augenschein nicht den Eindruck, dass die russische Seite mit gleicher Intensität wie zu früheren Zeiten das Gelände in einer

1 Der Drahtbericht wurde von BRI Stüdemann, Moskau, konzipiert.
Hat StS Kastrup am 10. Juli 1992 vorgelegen.

2 Vgl. ERICH HONECKER, Erich Honecker zu dramatischen Ereignissen, Hamburg 1992.

Art kontrolliere, dass ein unbemerktes Entkommen des Ehepaares H. unmöglich sei. Er hat die Absicht, unter Umständen auf Vertragsbasis mit einem Privatunternehmen die Botschaft zusätzlich bewachen zu lassen, in der Erwartung, dass bei guter Bezahlung die Korruptionsanfälligkeit geringer sei. Er äußerte mir gegenüber Besorgnis, dass mangels einer Entscheidung der russischen Seite, dem vereinbarten Szenario[3] ihre Zustimmung zu geben, verbunden mit einer wachsenden Publizität über mögliche Veränderungen im Zusammenhang mit dem Aufenthalt des Ehepaares H., die bisher sporadischen und unkoordinierten Aktivitäten von Freunden und Parteigängern und Vertrauten nun orchestriert bis hin zu einer sich ausweitenden Solidaritätsbewegung gesteigert werden könnten. Er sieht darin eine Gefährdung für die Verwirklichung des vorgesehenen Szenarios, weil insbesondere die russische Seite hier unter Druck geraten könne. Die Meldungen über Äußerungen von Frau Honecker, man habe Pässe eines anderen Landes, bezeichnete Holger als Presseerfindung. Die Honeckers hätten ihm ihre Pässe gezeigt, er einen DDR-Diplomatenpass, sie den von uns ausgestellten, bis September geltenden Pass der Bundesrepublik Deutschland. Ferner erwähnte Holger zumindest ein Telefonat des nordkoreanischen Botschafters mit Honecker, der ganz auf seinen Wunsch nach Ausreise nach Nordkorea fixiert sei („er will Kim Il-sung sehen").

Schließlich verwies Holger auch auf die wachsende Beunruhigung Aylwins, mit dem er offenbar immer wieder telefoniert. Er wird seinen Gehilfen O'Ryan zur Berichterstattung bei Aylwin bei dessen Staatsbesuch nach Paris[4] schicken.

II. Ich verwies noch einmal darauf, dass sowohl in meinem letzten Gespräch mit Vizeaußenminister Kolokolow als auch in meinen früheren Kontakten zu Justizminister Fjodorow die russische Seite immer wieder deutlich gemacht habe, dass die Überwachung des chilenischen Botschaftsgeländes durch Spitzenpersonal absolut sichergestellt sei. Ich sagte ihm zu, dass ich bei dem informellen Erkundungsgespräch, um das ich bei Justizminister Fjodorow gebeten hatte, auf diese Frage noch einmal zurückkommen werde. Ich ließ dabei keinen Zweifel darüber aufkommen, dass der eigentliche Akteur in der Angelegenheit gegenwärtig Holger ist. Er hat um einen Termin bei Kolokolow nachgesucht, um von russischer Seite nun möglichst umgehend Klarheit darüber zu erhalten, ob und wann das vereinbarte Szenario ablaufen wird. Wir gingen in dem Gespräch beide davon aus, dass es vor München[5] und Helsinki[6] auf russischer Seite, insbesondere bei Präsident Jelzin selber, plausible Gründe gegeben haben mag, erst danach aktiv zu werden. Dann aber sei Eile geboten, weil wir die Dringlichkeit der Sache nicht durch unbegrenztes Zuwarten selbst infrage stellen dürfen und weil wir der wirklichen Formierung einer Pro-Honecker-Lobby zuvorkommen müssten.

Ich habe trotz meines dringend vorgebrachten Wunsches bisher bei Fjodorow keinen Termin bekommen können. Ich gehe davon aus, dass auch er mich erst sehen wird, wenn sich die russische Seite endgültig entschieden hat. Sollte dies nicht spätestens am Montag[7] der Fall sein, wäre zu überlegen, ob wir die chilenische Seite nicht bitten sollten, auf

3 Für das Szenario zur Überstellung Erich Honeckers in die Bundesrepublik vgl. Dok. 184.

4 Der chilenische Präsident Aylwin hielt sich vom 12. bis 14. Juli 1992 in Frankreich auf.

5 Zum Weltwirtschaftsgipfel vom 6. bis 8. Juli 1992 vgl. Dok. 225.

6 Zur KSZE-Gipfelkonferenz am 9./10. Juli 1992 vgl. Dok. 226.

7 13. Juli 1992.

höherer Ebene noch einmal an die russische Seite heranzutreten. Dies sollte mindestens Außenministerniveau sein.

III. Holger rief mich soeben an, um mir mitzuteilen, dass er mit Vize-AM Kolokolow gesprochen habe. Dieser werde sich sofort um die Angelegenheit der Sicherung der Botschaft kümmern. Zur Sache selbst sei er eher ausweichend gewesen. Vor einer Rückkehr des Präsidenten sei mit einer Entscheidung nicht zu rechnen. Möglicherweise komme Anfang nächster Woche Bewegung in die Sache.

[gez.] Blech

B 130, VS-Bd. 15548 (216)

220

Drahtbericht des Botschafters von Ploetz, Brüssel (NATO)

VS-NfD **Aufgabe: 10. Juli 1992, 22.10 Uhr**[1]
Fernschreiben Nr. 1101 **Ankunft: 10. Juli 1992, 22.32 Uhr**

Betr.: WEU-/NATO-Beiträge zur Maritime-Überwachung des VN-Embargos gegen Serbien und Montenegro (VN-SR-Res. 713[2] und 757[3]);
hier: außerordentliches NATO-Ministertreffen am 10.7.92 am Rande des KSZE-Gipfeltreffens in Helsinki[4]

Bezug: DB 1096 vom 9.7.1992 – AZ. II-363.06 VS-NfD[5]

Zur Unterrichtung

1) Ergebnis und Bewertung

Nachdem WEU-Ministerrat am frühen Morgen des 10.7. maritime Überwachungsmaßnahmen beschlossen hatte[6], traten auch NATO-AMs zusammen. Sie folgten der Beschluss-

1 Hat VLR I Bertram am 13. Juli 1992 vorgelegen.

2 Für die Resolution Nr. 713 des VN-Sicherheitsrats vom 25. September 1991 vgl. RESOLUTIONS AND DECISIONS 1991, S. 42 f. Für den deutschen Wortlaut vgl. EUROPA-ARCHIV 1991, D 550–552.

3 Zur Resolution Nr. 757 des VN-Sicherheitsrats vom 30. Mai 1992 vgl. Dok. 159, Anm. 12.

4 Zur KSZE-Gipfelkonferenz am 9./10. Juli 1992 vgl. Dok. 226.

5 Gesandter Bächmann, Brüssel (NATO), berichtete, der Ständige NATO-Rat habe in der Frage eines möglichen NATO-Beitrags zur maritimen Überwachung der Einhaltung der Resolutionen Nr. 713 und Nr. 757 des VN-Sicherheitsrats eine Beschlussempfehlung für die Außenminister der NATO-Mitgliedstaaten verabschiedet: „Wesentlicher Gesichtspunkt mehrerer WEU-Partner (insbesondere I-WEU-Präsidentschaft und F) war Wahrung eigenständigen und sichtbaren ‚Profils' der WEU." Vgl. B 14, ZA-Bd. 161169.

6 Der WEU-Ministerrat beschloss auf einer außerordentlichen Tagung am 10. Juli 1992 in Helsinki, die Überwachung der Einhaltung der Resolutionen Nr. 713 und 757 des VN-Sicherheitsrats „in internationalen Gewässern, im Otranto-Kanal und an anderen Punkten vor der jugoslawischen Küste, einschließlich der montenegrinischen Küste, nach Konsultationen mit UNPROFOR" durchzuführen: „Die Teilnahme der

empfehlung des Ständigen NATO-Rats vom 9.7. (vgl. Bezug). Beschluss wurde – wie schon zuvor der WEU-Beschluss – auf deutschen Antrag um einen Verfassungsvorbehalt ergänzt (Ziff. 1, 2. Satz).[7]

Beschluss ist in mehrfacher Hinsicht bemerkenswert:

a) Zum ersten Mal in der Geschichte der Allianz konnte Konsens dafür hergestellt werden, dass sie als solche konkret Maßnahmen der Vereinten Nationen zur Friedenserhaltung im europäischen Raum unterstützt. Damit wird bereits fünf Wochen nach der Ministertagung in Oslo[8] eine konkrete Schlussfolgerung aus Ziff. 13 des NATO-Kommuniqués vom 4.6.1992[9] gezogen.

b) Die Konsensbildung in der Allianz wurde erst möglich dadurch, dass zuvor eine WEU-Aktion beschlussfertig gemacht und ihre Integrität im Verhältnis zu einem Allianz-Beitrag durch intensive Konsultationen im NATO-Rat abgesichert worden war. Frankreich wollte die Beschlussfassung im Bündnis zunächst blockieren, lenkte aber schnell ein angesichts völliger Isolation. Unsere uneingeschränkte Unterstützung des auslösenden US-Vorschlags wurde von F zu Recht als Signal verstanden, dass unser stetes Bemühen um Verständnis für F keine Blankovollmacht für Blockadepolitik darstellt.

c) USA griffen mit ihrem Vorschlag auf Nutzung des NATO-Flottenverbandes Mittelmeer (STANAVFORMED) eine mehrfach wiederholte Idee von NL auf, jedoch nach einigem Zögern, weil damit auch erstmals direkte US-Militärbeteiligung im JUG-Zusammenhang verbunden ist. US-Vorgehen ist unter drei Aspekten bedeutsam:

- USA dokumentieren, militärischen Beitrag zur Wahrung oder Wiederherstellung von Frieden und Stabilität in Europa außerhalb des traditionellen Verteidigungsauftrags zu leisten. Dies ist ein mutiger Schritt angesichts der Malaisestimmung in den USA.
- USA übernahmen politische Führung erst in Reaktion auf WEU-Vorgehen und weniger aus Gründen sachlicher Notwendigkeit denn aus Sorge, dass Handeln der WEU bei gleichzeitig passivem Verharren der NATO die Unterstützung in den USA für letztere weiter erodieren würde.
- USA zogen Konsequenz aus der Tatsache, dass im neuen Sicherheitsumfeld bestimmende Mitsprache in der Beschlussfassung auch eigene sachliche Beiträge voraussetzt. Ihr Vorgehen ließ entschlossenes Bemühen deutlich werden, das Risiko so niedrig wie möglich zu halten, bei weiterer Zuspitzung der Lage mit Bodentruppen engagiert zu werden.

Fortsetzung Fußnote von Seite 878

Mitgliedstaaten erfolgt nach Maßgabe ihrer jeweiligen Verfassung. Diese WEU-Operationen sind für die Teilnahme anderer Verbündeter offen und werden in Zusammenarbeit mit der NATO koordiniert." Ferner wurde ein Beschluss über humanitäre Hilfe gefasst. Dabei sollten „Optionen für einen Transport auf dem Landweg durch humanitäre Korridore" sondiert werden. In Konsultationen mit der NATO sollte ferner geprüft werden, „ob Beiträge anderer Verbündeter erforderlich sind. Jegliche Operation, die die Einrichtung von humanitären Korridoren betrifft, müsste Teil weiterer Entscheidungen des Sicherheitsrats sein und mit den VN, insbesondere hinsichtlich der Schutzmaßnahmen, koordiniert werden." Vgl. BULLETIN 1992, S. 760.

7 Für den Beschluss vgl. NATO FINAL COMMUNIQUÉS 1991–1995, S. 81.

8 Zur NATO-Ministerratstagung am 4. Juni 1992 vgl. Dok. 170.

9 Für Ziffer 13 des Kommuniqués der NATO-Ministerratstagung in Oslo vgl. NATO FINAL COMMUNIQUÉS 1991–1995, S. 74. Für den deutschen Wortlaut vgl. BULLETIN 1992, S. 615.

d) Für die WEU ist das parallele Engagement der Allianz vor allem für den Fall eine wirksame Rückversicherung, dass sich die militärische Situation bei Beteiligung an der Umsetzung möglicher VN-Anschlussresolutionen zuspitzt.

e) Mit Blick auf das von beiderseitigem Misstrauen, besonders zwischen Frankreich und USA, geprägte Klima bei Umsetzung der in Kopenhagen[10] und Rom[11] durch die NATO und in Maastricht durch den Europäischen Rat[12] und die WEU beschlossenen kooperativen Beziehung zwischen WEU als Ausdruck europäischer Sicherheits- und Verteidigungsidentität sowie NATO als Ausdruck des transatlantischen Sicherheitsverbundes stellen Inhalt der jetzigen Beschlüsse von WEU und NATO sowie das in ihrem Vorfeld beachtete Verfahren umfassender Transparenz und Konsultation sowie parallele Vorbereitung und Fassung von Beschlüssen ein Hoffnungszeichen dar: Die Absprachen wurden dem Inhalt wie dem Geist nach erfüllt, allerdings mit erheblichem Ächzen und intensiven bilateralen Kontakten hinter den Kulissen.

f) Frankreich ordnete sich ohne innere Freude in den NATO-Konsens ein, nachdem die Integrität der WEU-Aktion ausreichend abgesichert erschien. Eine klare Prognose zur Entwicklung seines Verhältnisses zur NATO ist jedoch noch nicht möglich. Die Signale sind widersprüchlich: Einerseits will es im Zusammenhang mit den beschlossenen Maßnahmen voll im Militärausschuss mitwirken (dem es als Beobachter angehört), andererseits erwähnte Präsident Mitterrand in seiner KSZE-Rede[13] zwar zahlreiche Elemente der europäischen Sicherheitsarchitektur, nicht jedoch die Allianz. Die Bestimmung des Verhältnisses des Euro-Korps zur integrierten Kommandostruktur ist der nächste konkrete Schritt, der Aufschlüsse darüber geben kann, ob ein sich bei der jetzigen kooperativen Maritime-Überwachungsaktion abzeichnendes konstruktives Miteinander das institutionelle Wettbewerbsdenken abbauen kann.

g) Das außerordentliche NATO-Außenministertreffen gab der Allianz beim KSZE-Gipfel ein noch höheres Profil, als sie ohnehin schon hatte. Die finnische Staats- und Regierungsspitze, die noch vor wenigen Jahren ein Veto eingelegt hätte, hatte keine erkennbaren Bedenken und empfing NATO-GS Wörner offiziell. Die finnischen Medien erweckten insgesamt den Eindruck, als ob die KSZE abnehmende und die NATO deutlich zunehmende Bedeutung für die Sicherheit Europas hätten. Auch für die Staaten Mittel- und Osteuropas, die der Allianz im Nordatlantischen Kooperationsrat inzwischen partner- bis freundschaftlich verbunden sind, hatten mit den WEU- und Allianzbeschlüssen am Rande der KSZE-Konferenz keine Bedenken. Allerdings hatte Russland großen Wert darauf gelegt, neben EG, NATO und WEU auch die GUS in den KSZE-Dokumenten unter den Organisationen zu nennen, die friedenswahrende Maßnahmen der KSZE unterstützen könnten.[14]

10 Zur NATO-Ministerratstagung am 6./7. Juni 1991 vgl. AAPD 1991, I, Dok. 190.

11 Zur NATO-Gipfelkonferenz am 7./8. November 1991 vgl. AAPD 1991, II, Dok. 375 und Dok. 376.

12 Zur Tagung des Europäischen Rats am 9./10. Dezember 1991 vgl. AAPD 1991, II, Dok. 425 und Dok. 431.

13 Für die Rede des französischen Staatspräsidenten Mitterrand am 9. Juli 1992 in Helsinki vgl. LA POLITIQUE ÉTRANGÈRE 1992 (Juli/August), S. 33–35.

14 Vgl. Ziffer 20 der Gipfelerklärung bzw. Abschnitt III, Ziffer 52–56 der „Beschlüsse von Helsinki" vom 10. Juli 1992; BULLETIN 1992, S. 779 bzw. S. 788.

h) Zum Auftrag der NATO-Operation:

Maritime Überwachung in internationalen Gewässern vor der Küste des früheren Jugoslawiens soll Einhaltung des VN-Embargos, insbesondere des Waffen-Embargos, sicherstellen. Wesentliche Elemente dieser Überwachung sind Präsenz, Beobachtung, Bewertung von evtl. Verstößen und Berichterstattung an die VN. Anwendung militärischer Zwangsmittel zur Durchsetzung des Embargos sind nicht Gegenstand des Auftrags. Seine Einzelheiten müssen im Rahmen der beschlossenen politischen Parameter noch zwischen Militärexperten von WEU und NATO entwickelt und von den politischen Gremien gebilligt werden. Um zu vermeiden, dass SHAPE mit seinen enormen Kapazitäten die erst im Anfangsstadium befindlichen Strukturen der WEU von vorneherein erdrückt, legte F Wert auf Koordinierung vor Ort mit der WEU-Präsidentschaft, d.h. in Italien. Hierzu gab es keinen Widerspruch.

i) Mehrere WEU-Partner haben bereits ihren Beitrag identifiziert. Von den Nicht-WEU-Partnern erklärte sich – trotz ausdrücklicher NL-Frage – kein Minister.

j) Nachdem wir für die WEU-Aktion vier maritime Überwachungsflugzeuge in Aussicht genommen haben und an der STANAVFORMED mit einem Zerstörer (einem der größten Schiffe des Verbandes) beteiligt sind, kommt es auf zügigen Abschluss der Prüfung innerhalb der Bundesregierung und ihrer Beratungen mit den zu befassenden parlamentarischen Gremien an.[15] Ein den Wünschen sowohl unserer WEU- wie auch der Allianz-Partner und den Erwartungen im KSZE-Rahmen widersprechendes Fernbleiben des souveränen Deutschland bei erstmaliger kollektiver Unterstützung durch WEU und NATO für friedenserhaltende Maßnahmen der Vereinten Nationen würde die Glaubwürdigkeit unserer Sicherheitspolitik mit gefährlichen Fragezeichen versehen. Außerdem würden auch Zweifel an unserer Integrations- und Bündnisfähigkeit im veränderten Sicherheitsumfeld aufgeworfen. Von Deutschland wird erwartet, dass es seinen Wunsch, ein „ganz normaler Staat“ zu sein, auch durch entsprechendes Verhalten dokumentiert.

2) Einzelpunkte

a) I (als WEU-Präsidentschaft) konzentrierte einleitende Bemerkungen zum WEU-Beschluss darauf, sein Zustandekommen und das parallel laufende NATO-Beschlussverfahren als Umsetzung der Gipfelbeschlüsse beider Bündnisse zu bezeichnen, und ein derart balanciertes Vorgehen sei das einzige Mittel, um Sicherheit in einem sich dynamisch verändernden Europa zu gewährleisten. Zum WEU-Beschluss stellte I außerdem die politische Bedeutung für den Integrationsprozess heraus: Europa wolle seine Rolle spielen und anwesend sein, jedoch „unter Respektierung der vereinbarten Regeln“ mit der Allianz.

b) F schloss sich dem an: Es sei wichtig, die Beziehungen zwischen NATO und WEU zu klären. Jetzt sei durch „eine Aktion in Zusammenarbeit“ die Absicht beider Seiten in guter Weise demonstriert worden.

c) NL-Frage nach militärischen Beiträgen der Nicht-WEU-Partner, die ohne Antwort blieb, hatte konkreten Hintergrund: US hatten NL wissen lassen, man werde einen Beitrag nur leisten, „wenn man darum gebeten werde“. Dies könnte als Ausdruck der Sorge gewertet

15 Zur Erörterung in einer gemeinsamen Sitzung des Auswärtigen Ausschusses und des Verteidigungsausschusses des Bundestags am 16. Juli 1992 vgl. Dok. 231.

werden, bei einem ersten Schritt militärischer Involvierung im Jugoslawien-Zusammenhang in eine Entwicklung zu geraten, deren Grenzen nicht mehr kontrolliert werden könnten. Andererseits kann aber, dies war Gomperts (NSC) erkennbar erstaunte Reaktion, das interne Verfahren von einer Anforderung durch SACEUR ausgehen.

d) Andere Minister äußerten sich nicht. Beschluss der NATO kam also wesentlich schneller zustande als zuvor der WEU-Beschluss. GS Wörner, der wie Delors und Spitzenvertreter anderer Organisationen vom Gastgeber Finnland zum KSZE-Gipfel eingeladen war, führte den Vorsitz.

[gez.] Ploetz

Folgt Anhang:

Die Minister sind sich einig,

1) über eine NATO-Seeoperation, unter Rückgriff auf STANAVFORMED und andere Mittel, soweit angezeigt, um die Einhaltung der VN-Sicherheitsrats-Resolutionen 713 und 757 in Abstimmung und Zusammenarbeit mit einer von der WEU durchzuführenden Operation ähnlichen Charakters zu überwachen. Die Teilnahme der Mitgliedstaaten steht unter dem Vorbehalt der Regelungen ihrer nationalen Verfassungen.

2) dass praktische Einzelheiten und Modalitäten zur Durchführung der Entscheidung der Minister von militärischen Gremien der NATO, in Abstimmung mit denen der WEU, zur Beschlussfassung durch die geeigneten Gremien ausgearbeitet werden sollen.[16]

B 14, ZA-Bd. 161180

[16] Botschafter von Ploetz, Brüssel (NATO), teilte am 15. Juli 1992 ergänzend mit, der Ständige NATO-Rat habe zugestimmt, dass die NATO-Operation am 16. Juli 1992 um 8 Uhr Ortszeit beginnen solle. Das DPC habe Beschlüsse gefasst zu Einsatzleitung und -richtlinien, militärischem Auftrag, Operationsgebiet und Koordinierung mit der WEU: „GS bestätigte ausdrücklich begrenzten Auftrag der Marineoperation. Er unterstrich in diesem Zusammenhang, dass weitergehende Maßnahmen autorisierender Beschluss des VN-Sicherheitsrates neue Lage schaffen würde. Eine Beteiligung der NATO-Kräfte setze voraus, dass entsprechende neue Beschlüsse im Bündnis gefasst würden. Dies sei eine Selbstverständlichkeit." Vgl. DB Nr. 1115; B 14, ZA-Bd. 161180.

221

Drahtbericht des Botschafters Bazing, Helsinki

Fernschreiben Nr. 636 **Aufgabe: 10. Juli 1992, 13.26 Uhr**[1]
Citissime **Ankunft: 11. Juli 1992, 15.58 Uhr**

Betr.: KSZE-Gipfeltreffen in Helsinki[2];
hier: KSE I a-Abkommen[3] und Inkraftsetzung KSE-Vertrag

Delegationsbericht Nr. 362

Zur Unterrichtung

1) Am Rande des KSZE-Gipfeltreffens haben die Staats- und Regierungschefs der 29 Staaten, die Vertragsparteien des KSE-Vertrags sind, die „Abschließende Akte" zur Begrenzung der Personalstärken der konventionellen Streitkräfte in Europa unterzeichnet (KSE I a-Abkommen). Auch die fünf Staaten, die bei den Wiener Verhandlungen nicht mit eigenen Delegationen vertreten waren, haben unterzeichnet, unter ihnen auch Moldau, Aserbaidschan und Armenien, allerdings ohne eine Begrenzungszahl anzugeben. Diese durch informelle Kontakte im Vorfeld mit den betroffenen Staaten abgesprochene unorthodoxe Lösung geht von dem Verständnis aus, dass sich diese drei Staaten durch ihre Unterschrift verpflichten, eine Begrenzungszahl so rasch wie möglich nachzuliefern. Dem Vernehmen nach denkt Moldau an eine Obergrenze von 20 000; der aserbaidschanische AM[4] nannte – unter Berufung auf das Beispiel der Personalstärke der Streitkräfte Finnlands – 70 000 als die von Aserbaidschan ins Auge gefasste Obergrenze. Armenische Vertreter erklärten, in Eriwan müsse die eigene Begrenzungszahl noch geprüft werden – u. a. wohl im Licht der voraussichtlichen aserischen Obergrenze.

2) Anschließend an die Unterzeichnung des KSE I a-Abkommens fand unter französischem Vorsitz eine außerordentliche Konferenz der 29 KSE-Staaten statt. Auf ihr haben die Außenminister ein Abkommen zur vorläufigen Anwendung des KSE-Vertrags ab dem 17.7.1992 unterzeichnet.[5] Durch diese Vereinbarung wird das Problem umgangen, dass der Vertrag an und für sich wegen der noch ausstehenden Ratifikationen durch Armenien und Weißrussland noch nicht in Kraft treten könnte.

3) Mit diesen beiden Dokumenten – und mit dem Mandat für ein neues KSZE-Forum für Sicherheitskooperation, das Teil der Gipfelbeschlüsse von Helsinki ist[6], – werden die rüstungskontrollpolitischen Zielvorgaben der Charta von Paris für den KSZE-Gipfel in Helsinki erfüllt. Mit ihnen werden auch wichtige Anliegen deutscher Sicherheitspolitik erreicht. Für uns ist insbesondere bedeutsam, dass mit Unterzeichnung der „Abschließen-

1 Der Drahtbericht wurde von VLR I Gruber, z. Z. Helsinki, konzipiert.
Hat VLR I Erck vorgelegen.

2 Zur KSZE-Gipfelkonferenz am 9./10. Juli 1992 vgl. Dok. 226.

3 Zur „Abschließenden Akte der Verhandlungen über Personalstärken der konventionellen Streitkräfte in Europa" vgl. Dok. 202.

4 Tofig Gasimow.

5 Für das Abkommen zur vorläufigen Anwendung des Vertrags vom 19. November 1990 über Konventionelle Streitkräfte in Europa vgl. BULLETIN 1992, S. 759.

6 Zum Mandat für das KSZE-Forum für Sicherheitskooperation vgl. Dok. 209.

den Akte“ sich nunmehr auch die übrigen KSE-Staaten zur Begrenzung des Personalumfangs ihrer Streitkräfte verpflichtet haben und damit dem Vorbild gefolgt sind, das Deutschland durch seine Selbstbindung im Zusammenhang mit der deutschen Einigung[7] gegeben hatte.

[gez.] Bazing

B 29, ZA-Bd. 148826

222

Drahtbericht des Botschafters Sudhoff, Paris

13325/92 VS-vertraulich **Aufgabe: 11. Juli 1992, 10.46 Uhr**[1]
Fernschreiben Nr. 1823 **Ankunft: 20. Juli 1992, 13.07 Uhr**

Betr.: Mögliche Europäisierung des frz. Nuklearpotenzials?[2];
hier: jüngste Äußerungen von AM Dumas im Spiegel-Interview[3]

Bezug: 1) DB Nr. 975 vom 14.4.92 – gl. AZ.[4]
2) DB Nr. 122[5] vom 15.1.92 – gl. AZ.[6]
3) DB Nr. 81 vom 10.1.92 – gl. AZ. [7]

7 Zur Truppenreduzierungsverpflichtung der Bundesrepublik vgl. Dok. 202, Anm. 9.

1 Der Drahtbericht wurde von Gesandtem Ischinger, Paris, konzipiert.
Hat VLR I Bertram am 20. Juli 1992 vorgelegen.

2 Zu den Äußerungen des französischen Staatspräsidenten Mitterrand und anderer Politiker über eine Europäisierung der französischen Nuklearwaffen vgl. Dok. 22.

3 Für das Interview des französischen AM Dumas vgl. den Artikel „‚Gut für Europa und Frankreich‘“; DER SPIEGEL, Nr. 29 vom 12. Juli 1992, S. 133–136.

4 Botschafter Sudhoff, Paris, berichtete über ein Gespräch des Gesandten Ischinger mit einer informellen französischen sicherheitspolitischen Studiengruppe am 11. April 1992. Dort sei erklärt worden: „In F besteht der Eindruck, dass sich der Blick der Deutschen zu wenig auf die Frage nach Möglichkeit bzw. Notwendigkeit einer europäischen nuklearen Komponente richte. Die Proliferationserscheinungen im Osten zwängen doch zu intensivem Nachdenken gerade in diesem Bereich. Man fragt weiter, in welcher denkbaren Form D eines Tages ggf. eine europäische Nuklearkomponente mittragen könnte. Man verweist auf eine in D diagnostizierte Tendenz, eine de facto nuklearwaffenfreie Zone in und um D entstehen zu lassen. D wolle sich offenbar auf eine strategische Abschreckung verlassen, die die Dislozierung von N[uklear]-Waffen auf deutschem Territorium nicht mehr einschließe.“ Ischinger habe dargelegt: „Es sei nicht richtig, D mangelndes Interesse an der Frage der Aufrechterhaltung der nuklearen Abschreckung zu unterstellen. Es stelle sich aber die taktische Frage, ob es sinnvoll sei, die laufende Maastricht-Debatte mit einer öffentlichen Erörterung nuklearstrategischer Fragen zu belasten.“ Erst nach Ratifizierung des Vertragswerks von Maastricht böte sich für weiterführende Diskussionen „vielleicht eine sicherere Grundlage. Im Übrigen sollte das Gespräch über solche Fragen nicht von vornherein öffentlich geführt werden.“ Vgl. B 130, VS-Bd. 12233 (201), bzw. B 150, Aktenkopien 1992.

5 Korrigiert aus: „1222“.

6 Botschafter Sudhoff, Paris, übermittelte Hintergrundinformationen und französische Einschätzungen zu den Äußerungen von Staatspräsident Mitterrand vom 10. Januar 1992 zu einer möglichen Europäisierung des französischen Nuklearpotenzials. Vgl. B 14, ZA-Bd. 161176.

L Pol[8] hat den sicherheitspolitischen Berater des frz. Präsidenten, General Quesnot, bei aus anderem Anlass geführtem Gespräch gefragt, ob die ausweichenden Antworten von AM Dumas in dem kürzlichen Spiegel-Interview zu der Frage einer europ. nuklearen Komponente bedeuteten, dass die Äußerungen von Präsident Mitterrand vom Jan. 92 (vgl. Bezugs-DBs) relativiert würden.

Q. verneinte dies mit großer Entschiedenheit. Der Präsident habe seine damalige Äußerung sehr bewusst gemacht. Sie behalte ihre Gültigkeit. Mitterrand habe damit nicht nur in die frz. Europadebatte den Hinweis eingebracht, dass die mit dem Vertrag von Maastricht eröffneten Perspektiven von langfristig sehr großer Tragweite seien. Diese Perspektiven dürften auch vor Bereichen nicht haltmachen, die bisher als Tabuzonen gegolten hätten. Mitterrand habe außerdem – und das sei von uns wohl nicht richtig erkannt worden – Bonn gegenüber andeuten wollen, dass er den Wert der Preisgabe der DM, die D in den europ. Prozess einbringe, wohl zu schätzen wisse und im Gegenzug jedenfalls grundsätzlich und langfristig nicht ausschließen wolle, dass F seinerseits das frz. Atout des Nuklearpotenzials nach Europa einbringen könne. Hier klinge also durchaus der Gedanke DM gegen Nuklearpotenzial an.

In der Sache gehe es Mitterrand natürlich nicht um konkrete Schritte in kurzer Frist. In die gegenwärtige innerfranzösische Maastricht-Diskussion passe dieser Punkt auch nicht hinein, auch deshalb die zurückhaltende Äußerung von AM Dumas. Mittelfristig könne man sich jedoch durchaus vorstellen, in einem entsprechend vertraulichen Kreis zunächst grundsätzliche konzeptionelle Überlegungen anzustellen. Diese könnten sich auf Felder der Zusammenarbeit im zivilen Bereich (Sicherung der GUS-KKW bzw. Wiederaufbereitung früherer sowj. Nuklearsprengköpfe) erstrecken bzw. hier sogar ihren Anfang nehmen.

L Pol verwies auf erhebliches Interesse der [deutschen] Seite gerade am letztgenannten Punkt und bat, das Élysée möge die Ressorts zu dt.-frz. Zusammenarbeit in diesem Bereich ermuntern. Es sei wichtig, Bonn Zeichen tatsächlicher Kooperationsbereitschaft zukommen zu lassen. Politisch habe das frz. Vorgehen bei der nuklearen Vierer-Initiative[9] ebenso wie etwa beim Thema Hades[10] auf Bonn eher ernüchternd gewirkt. Q. wollte nicht ausschließen, dass Präsident Mitterrand nach dem Maastricht-Referendum am

Fortsetzung Fußnote von Seite 884

7 Gesandter Ischinger, Paris, übermittelte erste Zitate aus einer Rede des französischen Staatspräsidenten Mitterrand am selben Tag zur Frage einer Europäisierung des französischen Nuklearpotenzials. Vgl. B 14, ZA-Bd. 161271.

8 Leiter der Politischen Abteilung der Botschaft in Paris war Wolfgang Ischinger.

9 Zum Vorschlag des französischen Staatspräsidenten Mitterrand vom 11. September 1991 für ein Treffen der vier in Europa präsenten Nuklearmächte vgl. Dok. 7, Anm. 15.

10 Zum französischen nuklearen Kurzstreckensystem Hades vgl. Dok. 82, Anm. 32.
Am 16. Juni 1992 informierte Botschafter Sudhoff, Paris, nach Pressemeldungen über eine Einstellung des Hades-Programms sei die Botschaft im französischen Außenministerium vorstellig geworden und habe dabei „unser Erstaunen darüber zum Ausdruck gebracht, dass Bonn derartige Entscheidungen – falls sie tatsächlich getroffen worden seien – aus der Tagespresse erfahren müsse“. Bislang sei jedoch keine französische Antwort erfolgt. Weder im französischen Außenministerium noch im Generalstab habe „man sich im Stande gesehen, uns über den tatsächlichen Stand der Entscheidungsfindung des Präsidenten zu unterrichten“. Es sei erklärt worden, angesichts der präsidentiellen Prärogative im nuklearstrategischen Bereich verfügten die französischen Ministerien über keine präzisen Informationen. Vgl. DB Nr. 1540; B 14, ZA-Bd. 161176.

20.9.[11] eine Gelegenheit finden werde, um auf seine Anregung vom Jan. 92 zurückzukommen. Es würde aber durchaus begrüßt werden, wenn unsererseits zu diesem Thema ein – vertrauliches – Signal des Interesses abgegeben werden könnte.

[gez.] Sudhoff

B 130, VS-Bd. 12233 (201)

223

Gespräch des Bundesministers Kinkel mit dem türkischen Außenminister Çetin in Ankara

206-321.11 TUR **13. Juli 1992**[1]

Von BM noch nicht gebilligt

Besuch von BM Kinkel in der Türkei am 12. und 13. Juli 1992;
hier: Gespräch mit dem türkischen AM Çetin am 13. Juli

Das Gespräch, das über zweieinhalb Std. dauerte, wurde sehr offen und freundschaftlich geführt. Schwerpunkte waren die Menschenrechtsfrage im Zusammenhang mit der inneren Sicherheit der Türkei und dem Kurdenproblem, die Wiederaufnahme deutscher Waffenlieferungen an die Türkei und Rüstungskooperation sowie das Verhältnis Türkei/EG und Beitritt zur WEU. Daneben wurde eine Vielzahl bilateraler und multilateraler Themen angesprochen.

Türkische Seite war sehr deutlich bemüht, Irritationen der vergangenen Monate auszuräumen und Interesse an Normalisierung und konstruktiver weiterer Zusammenarbeit zu bekunden. Auch die sehr deutlichen Worte von BM Kinkel zur Frage der Menschenrechte in der Türkei wurden akzeptiert und mit der Versicherung von AM Çetin beantwortet, energisch an der Beseitigung der Missstände zu arbeiten.

AM Çetin dankte BM für sein rasches Bemühen um Normalisierung in den deutsch-türkischen Beziehungen. Es gelte jetzt, den Blick in die Zukunft zu richten. Er wisse, dass man in beiden Ländern Rücksicht auf die öffentliche Meinung nehmen müsse.

Im Einzelnen:

1) Menschenrechte und Kurdenproblem:

BM *Kinkel* wies AM Çetin und andere Gesprächspartner[2] in sehr deutlichen Worten auf Bedeutung der Beachtung der Menschenrechte in der Türkei für die deutsch-türkischen

[11] Zum Referendum in Frankreich über das Vertragswerk von Maastricht vgl. Dok. 293 und Dok. 300.

[1] Der Gesprächsvermerk wurde von VLR I Huber am 14. Juli 1992 gefertigt und über MD Chrobog an das Ministerbüro geleitet „mit der Bitte, die Billigung des Herrn Bundesministers herbeizuführen". Ferner vermerkte Huber: „Referat 413 hat mitgezeichnet (Ziff. 3)."
Hat Chrobog am 16. Juli 1992 vorgelegen.
Hat laut Stempelvermerk am 16. Juli 1992 im Ministerbüro vorgelegen.

[2] BM Kinkel traf am 13. Juli 1992 in Ankara mit dem türkischen MP Demirel zusammen. Themen waren die bilateralen Beziehungen, die Zusammenarbeit in den GUS-Mitgliedstaaten, die türkische Außen-

Beziehungen hin und forderte die Regierung auf, auch mit Blick auf die Vorwürfe im jüngsten AI-Jahresbericht[3], die noch bestehenden Missstände und Menschenrechtsverletzungen zu beseitigen und die begonnenen Reformen zügig zu beenden.

AM *Çetin* sagte, er habe Respekt vor der deutschen Haltung zu Menschenrechten. Es gebe aber auch in der Türkei Sensibilitäten in dieser Frage, insbesondere im Zusammenhang mit dem Terror, der viele zivile Opfer fordere und starke Emotionen in der Öffentlichkeit wecke.

Die türkische Regierung nehme die in Angriff genommenen Reformen sehr ernst, benötige aber Zeit, um sie durchzusetzen. Vier Aspekte wolle er erwähnen:

- Die Verfassungsänderung benötige Zweidrittelmehrheit im Parlament. Dazu brauche man die Opposition, mit der im Herbst d.J. zu sprechen sein werde.
- Das juristische Reformpaket müsse wegen der Zurückweisung durch Präsident Özal erneut im Parlament beraten werden. Dort könne der Präsident überstimmt werden.
- Wichtig sei eine bessere Ausbildung der Polizei, um dort das Problembewusstsein zu schaffen. Man rechne sehr mit intensiver Zusammenarbeit mit uns.
- Wichtig sei der politische Wille, die Dinge zu ändern, an der Entschlossenheit der Regierungskoalition gebe es keinen Zweifel. Viel habe man bereinigt: Alle Parteien seien wieder zugelassen, Gewerkschaftsarbeit unter normalen Bedingungen möglich (nicht mehr auf der TO der ILO).

Erste Priorität sei die Bekämpfung des Terrorismus (PKK und Dev-Sol[4]), der neben inneren Problemen auch die Integrität des türkischen Staates infrage stelle und dadurch zum Regionalproblem, vor allem im Verhältnis zum Irak, werde. Zur Kurdenfrage wolle er klarstellen, dass sie für die Türkei kein Minderheitenproblem sei, wie das von der negativen Propaganda vieler Medien im Ausland dargestellt werde. Die Kurden lebten über die ganze Türkei verstreut. Zurzeit habe die Wanderbewegung aus dem Südosten vor allem in andere Gebiete der Türkei (nur wenige gingen ins Ausland) als Ergebnis des Terrors und sozialer Probleme noch erheblich zugenommen. Gegen Kurden gebe es keine Diskriminierung. Sie seien türkeiweit in Regierung, Verwaltung und Wirtschaft bis in die höchsten Stellen aufgerückt (z.B. Bürgermeister von Ankara[5], Istanbul[6] und Izmir[7]).

BM *Kinkel* dankte für die ausführliche Erläuterung. Er wolle sich nicht in die inneren Angelegenheiten der Türkei einmischen, aber begrüße die offene Aussprache zu Menschenrechtsfragen. Er sehe die Bemühungen und die bereits erzielten Fortschritte dieser Regierung, aber auch die noch bestehenden Schwierigkeiten, die es zu beseitigen gelte, um vor

Fortsetzung Fußnote von Seite 886

politik, die Kurdenfrage, die Beziehungen der Türkei zu EG bzw. WEU sowie die Menschenrechtslage in der Türkei. Vgl. den Gesprächsvermerk; B 26, ZA-Bd. 183927.
Ferner fand am selben Tag ein Gespräch Kinkels mit dem türkischen Präsidenten Özal statt. Botschafter Oesterhelt, Ankara, berichtete am 14. Juli 1992, erörtert worden seien neben den bilateralen Beziehungen die Rolle der Türkei in der Region, die Entwicklung im ehemaligen Jugoslawien, die wirtschaftliche Lage in den GUS-Mitgliedstaaten sowie die Beziehungen EG-Türkei. Vgl. DB Nr. 829; B 41, ZA-Bd. 158737.

3 Vgl. Amnesty International, Jahresbericht 1992, Frankfurt am Main 1992, S. 483–489.

4 Devrimci Sol (Revolutionäre Linke).

5 Murat Karayalçın.

6 Nurettin Sözen.

7 Yüksel Çakmur.

den Augen der Weltöffentlichkeit zu bestehen. Zwei Punkte spielten in der Diskussion der deutschen Öffentlichkeit eine besondere Rolle.

Einmal der Jahresbericht von AI über die Menschenrechtsprobleme in der Türkei. Er sei von der Organisation gebeten worden, die türkische Regierung um Beseitigung der im Bericht kritisierten Missstände zu bitten, und habe das auch getan. Die Menschenrechte seien für ihn auch persönlich ein außerordentlich wichtiges Problem. Das Problem Türkei sei ihm im Gespräch mit dem Vorsitzenden der Menschenrechtsvereine, Helvacı,[8] noch einmal sehr bewusst geworden. Die türkischen Schwierigkeiten mit der Kurdenfrage sehe er und habe auch Verständnis für den Zwang zur Bekämpfung des PKK-Terrorismus. Unsere Forderung sei allerdings, dass das mit rechtsstaatlichen Mitteln geschehen müsse. Er bäte auch, Informationen deutscher Journalisten nachzugehen, wonach im Südosten wieder deutsche Waffen zum Einsatz gekommen seien.

Eine zweite Frage sei die Lage der christlichen Kirchen in der Türkei, auf die eine Sendung im deutschen Fernsehen aufmerksam gemacht habe, wonach vor allem in Istanbul die freie Betätigung der katholischen und evangelischen Kirchen behindert werde. Er bitte persönlich – und auch BK Kohl habe ihn gebeten, das zu tun –, den christlichen Kirchen freie Betätigung und Freizügigkeit zu ermöglichen. BK Kohl werde das Problem bei seinem kommenden Besuch[9] selbst ansprechen.

AM *Çetin* zeigte sich über diese Beschwerden verwundert, versprach aber, ihnen nachzugehen. *BM* versprach, über deutsche Botschaft in Ankara dazu weiteres Material vorzulegen.[10]

2) Deutsche Waffenlieferungen an die Türkei und militärische Zusammenarbeit:

AM *Çetin* äußerte Befriedigung über Vereinbarung zur Wiederaufnahme der Waffenlieferungen[11], d. h. da weiterzumachen, wo man Ende März unterbrochen habe[12]. Auch BK Kohl habe in Rio erklärt, die Sache sei geregelt. Trotzdem wolle er noch einmal unterstreichen, wie wichtig diese Frage für Türkei auch unter strategischen Aspekten sei. Früher eher Randgebiet der NATO, sei Türkei heute Zentrum schwieriger Regionen und ein Sicherheitsfaktor, der in europäische Sicherheitsinteressen übergreife.

BM *Kinkel* antwortete, man solle einen Neuanfang machen, er befürworte voll die Unterstützung der NATO-Rolle der Türkei. Bundesregierung erwarte aber, dass im Briefwechsel

8 BM Kinkel traf am 13. Juli 1992 in Ankara mit dem Vorsitzenden des türkischen Menschenrechtsvereins, Helvacı, zusammen. VLR I Huber vermerkte am 14. Juli 1992, das Gespräch habe „ein deprimierendes Bild“ vermittelt, „aber auch den Eindruck, dass sich verstärkt innertürkischer Widerstand gegen Menschenrechtsverletzungen formiert. Im Südosten der Türkei ist die Lage besonders kompliziert, da hier die Brutalität der PKK-Terrorkommandos gegen Sicherheitskräfte und Polizisten zu Gegenaktionen herausfordert, bei denen menschenrechtliche Fragen leider wenig Beachtung finden.“ Vgl. B 26, ZA-Bd. 183927.

9 BK Kohl hielt sich vom 19. bis 21. Mai 1993 in der Türkei auf. Vgl. AAPD 1993.

10 VLR von Mettenheim vermerkte am 21. Dezember 1992, die Lage deutscher christlicher Gemeinden in der Türkei sei sowohl von StS Kastrup bei seinem Besuch am 27./28. Mai 1992 als auch von BM Kinkel gegenüber der türkischen Regierung angesprochen worden: „Das türkische Außenministerium hat mitgeteilt, eine daraufhin einberufene Ressortbesprechung habe ergeben, dass kein von einer deutschen christlichen Kirche eingereichter Antrag nicht bearbeitet oder abschlägig beschieden worden sei. Auch lägen keine Beschwerden vor. Die türkische Seite betrachtet die Angelegenheit als erledigt.“ Vgl. B 26, ZA-Bd. 181308.

11 Vgl. den Briefwechsel zwischen BM Kinkel und dem türkischen AM Çetin; Dok. 153, besonders Anm. 7.

12 Zum Lieferstopp von Rüstungsgütern in die Türkei vgl. Dok. 92, besonders Anm. 9.

gegebenes Versprechen, deutsche Waffen nur in Zusammenhang mit NATO-Auftrag zu verwenden, respektiert werde. AM Çetin sagte dies zu.

Zur Frage der Waffenlieferungen sei zu sagen, dass der Bereich kommerzielle Zusammenarbeit wieder voll normalisiert sei. Was die NATO-Verteidigungshilfe angehe, sei die Notwendigkeit der Kürzung der Tranchenhilfe erläutert worden.[13] Er habe Verständnis für die türkischen Sorgen wegen der Auswirkungen auf die türkische Streitkräfteplanung. Darüber solle man sich im Fachkreis unterhalten. Mit einer restriktiven Politik unsererseits gegenüber der Türkei habe das aber überhaupt nicht zu tun.

Zur Frage deutscher Materialhilfe sagte BM Kinkel, Bundesregierung werde sich an die Zusage von BK Kohl halten. 850 Mio. DM (aus Gesamtversprechen von 1,5 Mrd.[14]) seien abgewickelt, der Rest z.Zt. offen. Unsere Lage sei wie folgt: Der Lieferstopp von März d.J. sei vom Parlament bestätigt worden, daher bestehe jetzt Verpflichtung, bei Lieferungen von Gütern, die dem KWKG[15] unterliegen, erneut Bundestagsausschüsse (Haushaltsausschuss) zu konsultieren. Das werde so bald wie möglich geschehen, er werde sich selbst dafür einsetzen, dass das schnell geschehe.[16] Er habe auch Verständnis für türkischen Ärger, da Lieferungen an NATO-Partner normalerweise nicht unter das KWKG fielen, könne aber zurzeit nichts daran ändern.

AM *Çetin* sagte, diese Frage sei für Türkei auch wichtig im Zusammenhang mit dem bevorstehenden Abschluss des Geschäfts zur Lieferung deutscher Fregatten.[17] Der Vertrag solle in Kürze unterschrieben werden. Die Blockade der deutschen Materiallieferungen bringe Regierung allerdings in türkischer Öffentlichkeit in große Schwierigkeiten, da sie als Diskriminierung verstanden werde. Daher sei es wichtig, dieses Problem schnell zu

13 VLR I Huber vermerkte am 16. Juli 1992, vor dem Gespräch zwischen BM Kinkel und dem türkischen AM Çetin sei die Verteidigungshilfe zwischen MD Chrobog, dem türkischen Botschafter Öymen sowie Mitarbeitern des türkischen Außen- bzw. Verteidigungsministeriums erörtert worden: „Die türkische Seite wies eindringlich auf die Folgen der vorgesehenen Kürzungen unserer Tranchenhilfe für die bereits gebilligte Streitkräfte- und Verteidigungsplanung hin, betonte aber auch, dass für die deutsche Industrie viel auf dem Spiel stehe, da eine ganze Anzahl von deutsch-türkischen Gemeinschaftsprojekten Gefahr liefe, nicht mehr realisiert zu werden. [...] Man müsse deutsche Entscheidung letztlich akzeptieren, aber es sei schwer, für Ausfälle Ersatz zu finden." Vgl. B 29, ZA-Bd. 213069.

14 Vortragender Legationsrat I. Klasse Erck vermerkte am 25. Oktober 1990, BK Kohl habe dem türkischen Präsidenten Özal am 28. September 1990 aufgrund der Golfkrise eine umfassende Materialhilfe als Sonderhilfe zugesagt. Der Gesamtwert aller Lieferungen betrage nach Angaben des BMVg mindestens 1,5 Mrd. DM. Vgl. B 14, ZA-Bd. 151191.

15 Für das Ausführungsgesetz zu Artikel 26 Absatz 2 GG (Gesetz über die Kontrolle von Kriegswaffen) vom 22. November 1990 vgl. BGBl. 1990, I, S. 2507–2519. Vgl. auch AAPD 1990, II, Dok. 312.

16 Referat 202 notierte am 13. Oktober 1992: „BM Rühe informierte den Verteidigungsausschuss am 23. September 1992 über eine Wiederaufnahme der Materialhilfe des BMVg in Form von ‚Einzelpaketen'. Zunächst werden 46 Phantom-Flugzeuge geliefert. Vor weiteren Materialhilfelieferungen wird der Verteidigungsausschuss wieder unterrichtet." Vgl. B 29, ZA-Bd. 213064.

17 VLR I Ackermann vermerkte am 29. Juli 1992, es liege eine Voranfrage der Firma Blohm + Voss vor, die zusammen mit ihrem Konsortialpartner Thyssen Rheinstahl zwei Mehrzweckfregatten des Typs MEKO 200 an die Türkei liefern wolle. Eine Fregatte solle in Hamburg, die andere in der Türkei gebaut werden. Der Auftrag habe einen Wert von ca. 900 Mio. DM. Ackermann schlug vor, die Voranfrage positiv zu beantworten, „da keine besonderen politischen Gründe ersichtlich sind, die eine Beschränkung gebieten", und bei einer Verweigerung eine „ernsthafte Belastung" der bilateralen Beziehungen zur Türkei zu erwarten sei. Über die von den Firmen gewünschte finanzielle Absicherung und Unterstützung des Projekts durch die Bundesregierung solle erst später entschieden werden. Vgl. B 70, ZA-Bd. 220590.

lösen. BM *Kinkel* erklärte, der Vertrag über die Fregatten sollte möglichst termingerecht unterschrieben werden, da es sonst auch bei uns Rückwirkungen auf die Parlamentsausschüsse in der Frage Wiederaufnahme Materialhilfe haben könne. *Çetin* versicherte daraufhin, er werde sich persönlich dafür einsetzen, dass es zum Geschäft mit Deutschland komme.[18]

Çetin erklärte, die Türkei werde sich strikt an die Abmachungen halten, Waffen nur in NATO-Zusammenhang einzusetzen. Er wundere sich über Pressegerüchte, dass deutsche Waffen angeblich wieder im Osten benutzt werden sollten. Was seine Regierung zugesagt habe, werde auch eingehalten. Die Ereignisse im Osten seien allerdings, wie er schon gesagt habe, auch als Angriff auf die türkische staatliche Integrität zu sehen und daher nicht nur als innere Angelegenheit. Der PKK-Terrorismus sei eine Gefahr für die Integrität der Staaten der Region und stelle auch das Verhältnis zum Irak vor schwierige Probleme. Türkei habe irakischen Kurden großzügig Hilfe gewährt und erst kürzlich wieder unter großen Schwierigkeiten Mandat für die Stationierung ausländischer Streitkräfte zur Sicherung der Kurdengebiete verlängert. Man werde allerdings nicht Forderungen der irakischen Kurden auf Gründung eines eigenen Staates tolerieren können.

3) Verhältnis EG – Türkei:

AM Çetin erklärte, die volle Mitgliedschaft in der EG bleibe Ziel der türkischen Politik.[19] Türkei bedürfe als Faktor der Stabilisierung in einer unruhigen Region der Unterstützung durch die EG. Nur die Gewissheit, dass der Beitritt Ziel der Zusammenarbeit mit der EG sei, schaffe auch das notwendige Vertrauensklima für die wirtschaftliche Entwicklung des Landes und fördere den Zufluss von Investitionen. Gewissheit über die Möglichkeit des Beitritts fördere Hinwendung der Bevölkerung zu Europa und die Akzeptanz für eine solche Entscheidung. Man wisse, dass der Beitritt nicht kurzfristig erzwungen werden könne. Man denke nicht daran, die gegenwärtigen Probleme in die EG zu exportieren, sondern sie vor dem Beitritt auf ein Minimum abzubauen. Ohne konkrete Beitrittsaussicht werde es allerdings schwer, mit Problemen fertigzuwerden. Der Ausbau der Assoziierung, insbesondere die Umsetzung der Kommissionsvorschläge (Matutes-Paket[20]), seien wichtige Schritte auf diesem Wege. Aber auch die Ausweitung der Zusammenarbeit in anderen wesentlichen Bereichen sei notwendig. Es dürfe nicht der Eindruck entstehen, dass die Türkei in der EG nun nicht mehr gebraucht werde.

BM *Kinkel* antwortete, wir seien uns bewusst, dass die Türkei EG-Vollmitgliedschaft anstrebe, und würden sie in diesem Ziel und auf dem Wege dahin unterstützen, allerdings

18 Am 20. August 1992 notierte VLR I Erck, das BMF sei „angesichts der prekären Wirtschaftslage der Türkei“ nicht bereit, „einer Indeckungnahme zu Kreditbedingungen“ zuzustimmen: „Die für Juli geplante Vertragsunterzeichnung über die beiden Fregatten ist inzwischen auf türkischen Wunsch auf unbestimmte Zeit verschoben worden. Offenbar will die türkische Regierung ihre Entscheidung bis nach der Befassung der Bundestagsausschüsse mit der weiteren Verteidigungshilfe und Materialhilfe vertagen.“ Vgl. B 70, ZA-Bd. 220590.

19 Die Türkei stellte am 14. April 1987 einen Antrag auf EG-Beitritt. Vgl. AAPD 1987, I, Dok. 93 und Dok. 136, sowie AAPD 1987, II, Dok. 218, und AAPD 1988, I, Dok. 74.

20 Referat 413 erläuterte am 16. Juli 1992, in einer Mitteilung von Anfang Juni 1990 („Matutes-Paket“) habe die EG-Kommission den Ausbau der 1963 begründeten Assoziation mit der Türkei in vier Bereichen vorgeschlagen: Vollendung der Zollunion bis Ende 1995; umfassende Zusammenarbeit und Technische Hilfe in der Wirtschafts- und Währungspolitik, Industrie, Landwirtschaft etc.; baldige Unterzeichnung und Inkraftsetzung des Vierten Finanzprotokolls; Anhebung des politischen Dialogs von der Direktorenebene auf die Ministerebene. Vgl. B 222, ZA-Bd. 175853.

ohne das Versprechen, den Beitritt schon übermorgen zu ermöglichen. Der Eindruck, Türkei sei im Kreis der Zwölf nicht mehr erwünscht und sie werde in Nebenrolle abgedrängt, sei falsch. Das Ergebnis des Europäischen Rats in Lissabon[21] sei ein positives Signal. Vor dem vollen Beitritt seien allerdings erhebliche Probleme zu beseitigen, wirtschaftliche, soziale u. a.; auch Menschenrechtsverletzungen seien ein Sperrriegel vor dem Beitritt. Aus deutscher Sicht sei auch das Problem der Freizügigkeit besonders schwierig. Zunächst gelte es, die Assoziierung als geeignetes Instrument auszubauen, um die Voraussetzungen zum vollen Beitritt zu schaffen. Die Bundesregierung werde sich dafür im Kreise der Partner einsetzen.

4) Zur Frage der WEU-Assoziierung[22] erklärte *Çetin*, es entstehe der Eindruck, dass man Türkei auch im Verteidigungsbereich in Nebenrolle abdrängen wolle. Es gebe im Parlament wichtige Stimmen, die empfehlen, darüber überhaupt nicht zu verhandeln. Unter Umständen werde eine Erklärung hilfreich sein, dass man die Assoziierung nur als Übergang zur Vollmitgliedschaft (wie bei EG!) sehe. BM *Kinkel* verwies auf die Petersberg-Erklärung[23] und empfahl dringend, die Verhandlungen am 16. Juli in Rom[24] positiv anzugehen. Die vorgesehene Assoziierung komme in der Praxis der Vollmitgliedschaft sehr nahe und biete Türkei alle Möglichkeiten zur Mitarbeit.

5) AM *Çetin* kam immer wieder auf regionale Verantwortung der Türkei nach dem Zusammenbruch der kommunistischen Sowjetunion zu sprechen. Das Land habe Modellcharakter für die zentralasiatischen Republiken der ehemaligen Sowjetunion, wo die Einzigartigkeit des türkischen Modells als laizistisch-islamisch-demokratischer Staat anerkannt werde. Türkei akzeptiere die daraus resultierende Verantwortung, brauche aber den europäischen Rückhalt und sehe auch großes Interesse Europas, diese Rolle zu stärken.

BM *Kinkel* sagte Türkei unsere Unterstützung zu. Er werde auch mit Wirtschaftsminister Möllemann über praktischen Vorschlag zur Zusammenarbeit sprechen.

Von BM Kinkel nach der Rolle des Iran in der Region und der Entwicklung im Iran gefragt, meinte *Çetin*, dass versucht werde, islamisch-fundamentalistische Ideologie nach Zentralasien zu exportieren, allerdings ohne große Chancen gegen türkisches Modell. Rafsandschani sei gestärkt aus Wahlen hervorgegangen.[25] Sein Machtzuwachs gegenüber Radikalen wirke sich mäßigend im Innern und nach außen aus. Im Allgemeinen habe man keine Probleme mit Iran, gute Wirtschaftsbeziehungen und den Eindruck, dass PKK zwar auch vom iranischen Gebiet aus operiere, allerdings ohne Unterstützung durch ira-

21 Zur Tagung des Europäischen Rats am 26./27. Juni 1992 vgl. Dok. 201.

22 Zu den Beziehungen zwischen der Türkei und der WEU vgl. Dok. 61, Anm. 13.

23 Zur WEU-Ministerratstagung am 19. Juni 1992 vgl. Dok. 162, Anm. 32.

24 Botschafter Seitz, Rom, berichtete am 17. Juli 1992: „Am 16. Juli 1992 wurden in Rom in feierlicher Form die Gespräche zwischen der WEU und den sechs Staaten aufgenommen, die in der WEU-Erklärung von Maastricht eingeladen wurden, Vollmitglieder, assoziierte Mitglieder oder Beobachter zu werden. Alle Kandidaten brachten ihre grundsätzliche Zustimmung zu den in Teil 3 der Petersberg-Erklärung definierten Konditionen zum Ausdruck." Die Türkei habe ihre Enttäuschung geäußert, „dass angeblich früher in Aussicht gestellte Vollmitgliedschaft nicht möglich sei". Die neue europäische Sicherheitsarchitektur sei „unvollkommen ohne Einbeziehung TURs, die europäische Ziele und Wertvorstellungen teile. [...] Assoziierte Mitgliedschaft verstehe TUR als Übergangslösung zur vollen Mitgliedschaft." Vgl. DB Nr. 681; B 29, ZA-Bd. 213093.

25 Zu den Parlamentswahlen am 10. April bzw. 8. Mai 1992 im Iran vgl. Dok. 148, Anm. 8.

nische Regierung. BM *Kinkel* erwähnte das Verdienst Irans bei der jüngsten Befreiung deutscher Geiseln.[26] Das Land sei politisch und wirtschaftlich für Deutschland interessant. Er habe allerdings auch harte Kritik an der Verletzung der Menschenrechte dort geübt, nachdem er sich auch persönlich von den Zuständen in einem Gefängnis habe überzeugen können.[27]

Zu der Entwicklung im Irak meinte AM *Çetin*, Saddams Stellung sei gegenüber dem vergangenen Jahr gefestigt. An die vielen Gerüchte über Attentatsversuche glaube er nicht so recht. Das wäre sehr schwierig. Er wisse, dass USA und GB nach wie vor jede Zusammenarbeit mit Saddam ablehnten, eine Haltung, die für die benachbarte Türkei sehr schwierig nachzuvollziehen sei. Saddam sei nach wie vor maßlos in seinen Handlungen. Die Wirtschaftslage des Landes, vor allem den ländlichen Regionen, sei schlecht. In Bagdad erreiche man mit Schmuggel eine bessere Lage. Für Türkei sei Irak nach wie vor ein wichtiger Nachbar. Die türkische Unterstützung der Kurden im Nordirak werde – wie er schon erwähnt habe – ihre Grenze bei Unabhängigkeitsbestrebungen finden.

BM *Kinkel* und AM *Çetin* stimmten überein, dass eine Absetzung Saddams „aus dem Inneren“ wahrscheinlicher sei als durch sichtbare Einwirkungen von außen.

Zur Lage in Jugoslawien äußerte sich *Çetin* ausgesprochen besorgt. Nicht nur Sarajevo sei bedroht, sondern auch andere Städte würden von Serben mit zum Teil massiver Panzerunterstützung blockiert. Die Serben fühlten sich offensichtlich wie im Zweiten Weltkrieg. Ihre Haltung sei eine Herausforderung an Helsinki, sie müssten gestoppt werden, bevor die Katastrophe auf Kosovo übergreifen könne. Er bot an, mit Bundesregierung laufend zu konsultieren.

Zur Lage in Berg-Karabach erklärte Çetin, Türkei unterstütze nachdrücklich friedliche Lösung. Beide Streitparteien seien Mitglieder der KSZE und sollten keine territorialen Ansprüche stellen. Die Minsker Gespräche[28] müssten zu einem Ende der Kampfhandlungen führen. Türkei habe immer mäßigenden Einfluss (auch gegen eigene öffentliche Meinung) geltend gemacht und habe den dringenden Wunsch, auch gute Beziehungen zu Armenien zu unterhalten. BM *Kinkel* äußerte sich anerkennend zu türkischem Verhalten.

Auf die Bitte BM Kinkels, dass Türkei auf Erfolg der VN-Bemühungen um Lösung des Zypernproblems[29] drängen solle, sagte AM *Çetin*, türkische Regierung habe von Anfang an

[26] Zur Freilassung der beiden deutschen Geiseln Strübig und Kemptner am 17. Juni 1992 im Libanon vgl. Dok. 181.

[27] Zum Besuch von BM Kinkel vom 28. bis 30. Januar 1992 im Iran vgl. Dok. 148, Anm. 10, Dok. 167, Anm. 8, sowie Dok. 227, Anm. 19 und 22.

[28] Zur geplanten Konferenz über Nagorny Karabach im Rahmen der KSZE in Minsk vgl. Dok. 105, Anm. 14. Seit 1. Juni 1992 fanden in Rom Gespräche der sogenannten „Minsk-Gruppe“ statt, die die Konferenz vorbereiten sollte. Referat 212 vermerkte am 13. Juli 1992: „Die Entsendung einer großen KSZE-Beobachtermission, die Züge einer friedenserhaltenden Maßnahme tragen wird, ist im Prinzip beschlossen. Es fehlen die Voraussetzungen seitens der Konfliktparteien, nämlich ein umfassender Waffenstillstand.“ Über eine Voraus-Monitormission, die schrittweise in die Hauptmission übergehen soll, werde in Rom verhandelt. Die ursprünglich für Ende Juli 1992 geplante Minsker Konferenz sei jedoch bislang nicht zustande gekommen. Vgl. B 41, ZA-Bd. 171726.

[29] Zu den Vermittlungsbemühungen der VN im Zypernkonflikt vgl. Dok. 10, Anm. 8.
Vom 18. bis 23. Juni 1992 fanden in New York fünf getrennte Gesprächsrunden zwischen VN-GS Boutros-Ghali, dem zyprischen Präsidenten Vassiliou und dem Sprecher der türkischen Volksgruppe auf Zypern, Denktasch, statt („proximity talks“). Botschafter Vergau, New York (VN), berichtete am 24. Juni 1992: „Der VN-GS ist weiterhin bemüht, den Druck auf die Verhandlungsparteien des Zypernkonflikts zu er-

VN-Bemühungen unterstützt und sei bereit, realistische und gerechte Lösung zu akzeptieren. Sowohl griechische wie türkische Zyprioten hätten bei Aufrechterhaltung des Status quo nur Nachteile. Allerdings werde eine „künstliche" Lösung nur neue Probleme schaffen. Man wirke auf Denktasch ein, eine gute Lösung zu akzeptieren, allerdings müsste auch griechische Seite einsehen, dass man nicht nur über Territorialprobleme sprechen könne, sondern zuvörderst über wichtige staats- und verfassungsrechtliche Fragen.

BM *Kinkel* und AM *Çetin* vereinbarten jährliche bilaterale Konsultationen auf Ministerebene und Intensivierung der Konsultationen auf Abteilungsleiterebene.

B 26, ZA-Bd. 183927

224

Vorlage des Ministerialdirektors Elbe für Bundesminister Kinkel

13. Juli 1992[1]

Über Herrn Staatssekretär[2] Herrn Bundesminister[3]

Zweck der Vorlage: Zur Unterrichtung

Betr.: Entwicklungsperspektiven des Königsberger Gebiets (Nord-Ostpreußen) als Bestandteil einer regionalen Friedensordnung des Ostseeraumes

I. Zusammenfassung

Status und Rolle des Königsberger Gebietes stellen ein ungelöstes Problem dar. Streitigkeiten um den Status des Königsberger Gebietes könnten die Entwicklung einer stabilen Ordnung der Region ernsthaft belasten. Das Destabilisierungspotenzial Königsbergs strahlt nicht nur auf die baltischen Staaten aus, sondern auch auf das Verhältnis Russland – Polen und den gesamten Ostseeraum. Bleibt Königsberg ein russischer Stützpunkt zur Projektion militärischer Macht in den Ostseeraum, werden sich die übrigen Ostseeanrainer,

Fortsetzung Fußnote von Seite 892

höhen. Bei seinen Gesprächen mit den Volksgruppen-Führern hat er die Drohung wiederholt, er werde bei einem erneuten Scheitern dieser Verhandlungsrunde seinen Vermittlungsauftrag an den SR zurückgeben und das Truppenkontingent der VN-Blauhelme noch stärker reduzieren." Vgl. DB Nr. 1576; B 26, ZA-Bd. 183976.

1 Die Vorlage wurde von VLR Adam konzipiert.

2 Hat StS Kastrup am 15. Juli 1992 vorgelegen.

3 Hat BM Kinkel am 18. Juli 1992 vorgelegen, der um Rücksprache bat.
Hat OAR Rehlen am 20. Juli 1992 vorgelegen, der den Rücklauf an das Büro Staatssekretäre verfügte „für Rückspr[ache] StS bei BM".
Hat StS Kastrup am 29. Oktober 1992 erneut vorgelegen, der handschriftlich vermerkte: „Erl[edigt]. Z[u] d[en] A[kten]."
Hat VLR Ney vorgelegen, der den Rücklauf über VLR Adam an die Registratur des Planungsstabs verfügte.
Hat Adam erneut vorgelegen.

vor allem Balten und Polen, weiterhin bedroht fühlen. Als „unsinkbarer Flugzeugträger" hätte Königsberg kaum Zukunftschancen. Bleibt es ökonomisch isoliert und vom gesamteuropäischen Kommunikationsnetz abgeschnitten, wird die Anbindung des Baltikums an Westeuropa empfindlich gestört. Deshalb ist ein Wandel im Status des Königsberger Gebietes und seine umfassende Einbeziehung in regionale Kooperationsstrukturen erforderlich.

Andererseits besteht die Chance, das Königsberger Gebiet zum Nukleus für einen neuen Typ regionaler Kooperation zu machen, die Wirtschafts- und Sicherheitsaspekte miteinander verschmilzt. Der Baltische Kooperationsrat könnte hierfür wegweisend sein. Dafür kommt es darauf an, die bisherige russische Politik der Abgrenzung und Militarisierung Königsbergs behutsam aufzuweichen und die Bereitschaft für eine stärkere regionale Einbindung Königsbergs zu fördern. Der Küstenbereich zwischen Pillau und Wyborg muss wieder Anschluss an gesamteuropäische Entwicklungen finden, gerade auch im Interesse der baltischen Region.

Deutschland hat zusammen mit den übrigen Ostseeanrainern objektiv das größte Interesse an einer stabilen Entwicklung des östlichen Ostseeraums. Gleichwohl erlegt uns die Geschichte hier besondere Zurückhaltung auf. Nach abschließender Klärung der deutschen Außengrenzen im 2+4-Vertrag und in Nachbarschaftsverträgen mit Polen[4] und der ČSFR[5] böte Königsberg den griffigsten Ansatzpunkt, um Deutschland weiterhin revisionistische, expansive Ambitionen zu unterstellen. Jede unilaterale Initiative unsererseits würde auf tiefes Misstrauen bei westlichen und östlichen Nachbarn stoßen. Auch bilaterale Initiativen könnten gefährlich werden, wenn sie von Dritten als gegen sich gerichtet aufgefasst werden könnten (Rapallo-Syndrom, Vorschlag Skubiszewskis für eine deutsch-polnische Initiative zu Königsberg im Dezember 1991).

Wir sollten deshalb nicht gänzlich auf Initiativen verzichten, sie aber sorgfältig in einen westlichen Maßnahmen-Verbund einbetten und mit allen östlichen Partnern abstimmen. Wir sollten alles unterlassen, was nach Volkstumspolitik aussehen könnte. Nicht Renationalisierung oder Germanisierung, sondern die Einbindung Königsbergs in eine regionale und gesamteuropäische Kooperationsarchitektur sollte unsere Leitlinie sein.

Dies gilt insbesondere für immer wieder auftauchende Pläne, Russlanddeutsche statt an der Wolga im Königsberger Raum anzusiedeln. Hier stehen die Ziele des Auswärtigen Amtes in Widerspruch zu der Politik des Innenministeriums, im Königsberger Gebiet exklusive Förderprogramme für deutschstämmige Bürger anzubieten.

Eine stärkere Einbeziehung des Königsberger Gebietes in die europäische Kooperation wird nicht gegen, sondern nur mit Russland zu haben sein. Wenn Polen und eventuell auch Litauen eines Tages Vollmitglieder der EG werden, bildet Königsberg eine russische Enklave in der EG. Vorstellbar wäre dann eine Einbeziehung Königsbergs in den EG-Binnenmarkt. Damit gewönne Russland einen Sonderstatus gegenüber der EG; es würde eng mit der EG über Teilmitgliedschaft verzahnt, bliebe aber von Vollmitgliedschaft aus-

4 Für den Vertrag vom 14. November 1990 zwischen der Bundesrepublik und Polen über die Bestätigung der zwischen ihnen bestehenden Grenze vgl. BGBl. 1991, II, S. 1329f. Vgl. auch AAPD 1990, II, Dok. 384, sowie DIE EINHEIT, Dok. 169.
Für den Vertrag vom 17. Juni 1991 über gute Nachbarschaft und freundschaftliche Zusammenarbeit vgl. BGBl. 1991, II, S. 1315–1327.

5 Für den deutsch-tschechoslowakischen Vertrag vom 27. Februar 1992 über gute Nachbarschaft und freundschaftliche Zusammenarbeit vgl. BGBl. 1992, II, S. 463–473. Vgl. auch Dok. 64.

geschlossen. Königsberg könnte dann nach dem Modell der südchinesischen Wirtschaftssonderzonen zu einem Scharnier zwischen EG und östlichem Wirtschaftsraum Europas werden.

II. Ausführung

1) Mit der Loslösung der drei baltischen Republiken aus dem Staatsverband der früheren SU verfügt Russland nur noch über zwei eigene Tore zum Westen: St. Petersburg und Königsberg. Die Bedeutung dieser beiden Städte steigt, wenn die Benutzung der baltischen Häfen und der im Baltikum errichteten strategischen Sicherheitsanlagen für Russland nicht mehr gesichert ist.

Andererseits können sich Baltikum und Königsberger Gebiet nur entfalten, wenn sie volkswirtschaftlich und verkehrsmäßig voll in die Ostseeregion eingebunden sind. Dies wird nur gelingen, wenn diese Gebiete von den übrigen Ostseeanrainern nicht als Herd potenzieller Bedrohungen betrachtet werden. Um Sicherheit und Stabilität im Ostseeraum dauerhaft zu verankern, bedarf es eines mit allen Beteiligten abgestimmten regionalen Sicherheits- und Entwicklungskonzepts. Von vorrangiger Bedeutung ist dabei, dass zwischen baltischen Republiken, Polen, Weißrussland und Russland eine Verständigung über die jeweiligen Sicherheitsinteressen gelingt.

Seitdem Litauens Unabhängigkeit international anerkannt ist, bildet das Königsberger Gebiet eine russische Exklave. Seit der formellen Unabhängigkeit auch Weißrusslands beläuft sich die Entfernung zum „Mutterland" der Russischen Föderation auf etwa 300 km. Alternative Zugänge zum Königsberger Gebiet bestehen für Russland nur auf dem Luftweg, auf dem Seeweg über St. Petersburg oder auf dem Landweg über Weißrussland/Ukraine – Polen.

Russland ist jetzt darauf angewiesen, den freien Zugang auf dem Landweg zu dieser Exklave im Wege entsprechender „Korridor-Arrangements" mit den dazwischenliegenden Staaten zu regeln.

Ein solches Arrangement besteht seit Sommer 1991 mit Litauen, mit Weißrussland besteht noch keine formelle Transitregelung.

Zu dauerhaften Garantien für einen landgebundenen Militärtransit dürften Litauen, Polen und Ukraine (und später wohl auch Weißrussland) nur dann bereit sein, wenn Russland diese Länder an der Sicherheits- und Militärplanung für das Königsberger Gebiet beteiligt. Gegenwärtig wird das Militärpotenzial Königsbergs erhöht, weil Teile der aus Mittel- und Osteuropa abziehenden Truppen mitsamt ihrem Gerät dort untergebracht werden.

Die mittelbaren und unmittelbaren Nachbarn Russlands haben derzeit keine Invasion zu befürchten, wohl aber eine fortbestehende Interventionsoption. Diese Option ist nicht nur gegeben, solange russisches Militär direkt in diesen Ländern stationiert ist. Eine starke grenznahe Dislozierung von zum Überraschungsangriff geeigneten Truppen (Luftlandetruppen) genügt hierfür angesichts der militärischen Hilflosigkeit der baltischen Republiken.

Dabei kommt dem Königsberger Gebiet eine besondere strategische Bedeutung zu: Hier stationierte Streitkräfte können nicht nur das gesamte Baltikum, sondern auch Polen und mittelbar Schweden und Dänemark bedrohen. Im Zuge der Neuformulierung einer russischen Verteidigungsdoktrin und einer entsprechenden Stationierungsplanung muss rechtzeitig darauf hingewirkt werden, dass hier nicht massive Ungleichgewichte entstehen, die ein erneutes Bedrohungspotenzial darstellen und damit zu politischen Konfrontationen führen könnten. Hier könnte das Regime des KSE-Vertrages rasch durch regionale Sonderbestimmungen ergänzt werden („Regionaler Sondertisch“ als Bestandteil des weiteren KSZE-Prozesses).

Solange die Abzugsverhandlungen zwischen baltischen Republiken und Russland blockiert bleiben[6], ist ein sinnvoller Dialog über die strategische Zukunft des Königsberger Gebietes kaum möglich. Deshalb liegt es in unserem Interesse, dass die festgefahrenen Abzugsverhandlungen wieder in Schwung kommen. Das Gleiche gilt für umfassende Verträge über Grenzen und Minderheiten. Solange hier Ansprüche offenbleiben, bleibt die Interventionsgefahr bestehen. Entscheidend wird sein, innerhalb Russlands diejenigen Kräfte zu stärken, die wirklich eine Unabhängigkeit des Baltikums akzeptieren.

Eine destabilisierende Entwicklung im Baltikum würde ausstrahlen auf die gesamte skandinavische und mittel- und osteuropäische Region. Deshalb liegt eine Stabilisierung der baltischen Region im Interesse aller Ostseeanrainer und grundsätzlich aller KSZE-Mitglieder. Der niemals explizit abschließend geregelte völkerrechtliche Status Königsbergs ließe sich gegen Russland politisch instrumentalisieren. In mancher Weise könnten die künftig absehbaren Probleme des Königsberger Gebietes den früheren Status-Problemen West-Berlins ähneln (Zugang, Ausübung von Hoheitsrechten, Bindungen an Russische Föderation). Ein solcher ständiger Reibungspunkt könnte erhebliche Spannungen verursachen.

2) Angesichts der tiefgreifenden Umgestaltungen in Mittel- und Osteuropa werden sich auch Status und Bedeutung des Königsberger Gebietes verändern. Bis zur Jahrhundertwende dürfte Polen einem EG-Beitritt sehr nahe sein. Die drei baltischen Republiken dürften dann eng mit der EG assoziiert sein. Unter Umständen sind sie selbst dann schon auf dem Weg zu einer Vollmitgliedschaft. In jedem Falle ist es wahrscheinlich, dass sie voll in den europäischen Binnenmarkt integriert sein werden. Das Königsberger Gebiet würde dann zu einer russischen Enklave innerhalb eines europäischen Binnenmarktes.

Dabei ist klar, dass eine Anbindung des Baltikums an die Industriezentren Mittel- und Westeuropas nicht um das Königsberger Gebiet herumgeführt werden kann: Dies gilt für eine zu planende Ostseeküstenautobahn von Lübeck bis St. Petersburg ebenso wie für die Neubelebung der alten Nord-Süd-Eisenbahnverbindung Berlin/Warschau-Königsberg-Riga-Tallinn sowie für die Wiederherstellung der alten Straßenverbindungen. Ein nachhaltiger wirtschaftspolitischer Aufschwung in den baltischen Republiken mit entsprechenden Auslandsinvestitionen ist schwer vorstellbar, wenn das Königsberger Gebiet geschlossen, übermilitarisiert und damit eine Quelle fortdauernder Interventionsdrohung bleibt.

Dies bedeutet: Für den gesamten östlichen Ostseeraum muss ein umfassendes Kooperationskonzept entwickelt werden, das sowohl Sicherheits- wie auch Wirtschaftsaspekte umfasst. Königsberg sollte nicht singularisiert werden, sondern als integraler Teil in eine enger werdende regionale Kooperationsstruktur hineinwachsen. U.U. könnte der Baltische Kooperationsrat eine Keimzelle für solche Strukturen werden und damit Modellcharakter entwickeln.

3) Aus russischer Sicht stellt das Königsberger Gebiet die letzte sichtbare Trophäe des Sieges im Zweiten Weltkrieg dar, nachdem alle anderen Gewinne zerronnen sind. Dies

6 Zum Abzug vormals sowjetischer Truppen aus den baltischen Staaten vgl. Dok. 81, Anm. 8. Vgl. auch Dok. 172.

begründet eine ganz besondere politische Empfindlichkeit, die es zu berücksichtigen gilt.

Sowohl in Polen wie in Litauen bestehen politische Gruppierungen, die einen Anschluss des Königsberger Gebietes an das eigene Staatswesen bzw. eine einvernehmliche Aufteilung zwischen beiden anstreben.

Bei Polen und Litauern sitzt die Angst tief, Deutschland und Russland könnten sich auf ihre Kosten über Königsberg bilateral verständigen. Sie wollen die russische Präsenz dort reduziert sehen. Aber sie wollen keinesfalls die militärische Dominanz Russlands durch einen wirtschaftlichen Primat Deutschlands ersetzt sehen. Dabei ist die Interessenlage Litauens mit der Polens im Einzelnen keineswegs kongruent. Die sich abzeichnenden Veränderungen im Status des Königsberger Gebiets müssen deshalb rechtzeitig vorbereitet und politisch abgesichert sein.

4) Unter den verschiedenen Zukunftsvarianten, die unter Wissenschaftlern für Königsberg vorgeschlagen worden sind, ist nur eine realistisch:

- Beibehaltung der politischen Einordnung des Gebietes in den russischen Staatsverband, gleichzeitig jedoch Ausbau eines wirtschaftlichen und sicherheitspolitischen Sonderstatus, der sich in manchem an das Modell südchinesischer Wirtschaftszonen anlehnen könnte.

Daneben gibt es weitere Vorschläge, die aber allesamt unrealistisch sind:

(1) Internationalisierung des Gebietes mit entsprechenden Garantien der fünf ständigen Mitglieder des Sicherheitsrates (v. a. in USA und GB favorisiert),

(2) Europäisierung (d. h. Schaffung eines politischen Sonderstatus des Gebietes) mit direkten Garantien von GB, F, D, POL und RUS (von Westeuropäern ins Gespräch gebracht),

(3) Aufteilung bzw. Angliederung an die Nachbarn Polen und/oder Litauen (v. a. von einzelnen Gruppen in beiden Ländern vorgeschlagen),

(4) Bildung eines vierten gänzlich unabhängigen baltischen Staates (von skandinavischer Seite lanciert, teilweise innerhalb Königsbergs unterstützt).

Die Umgestaltung Königsbergs wird nicht gegen, sondern nur mit Russland zu haben sein.

5) Wenn Königsberg in die allgemeine Entwicklung seiner umgebenden Region eingebunden werden soll, erfordert dies offene Grenzen und freien Kapital- und Dienstleistungsverkehr. Königsberg könnte zu einer Schnittstelle zwischen West- und Mitteleuropa und Russland werden. Das Königsberger Gebiet ist überschaubar. Schon geringe Mittel können hier Demonstrations- und Lerneffekte auslösen, die dann auf Russland ausstrahlen. Die Defizite bei Infrastruktur und Rechtskultur ließen sich in einem überschaubaren Gebiet leichter und schneller überwinden, als wenn dies für das ganze Territorium des ausgedehntesten Staates der Welt versucht würde. Sichtbare Erfolge in einer Sonderzone wären auf russischer Seite ein unwiderlegbares Argument für die Beibehaltung des eingeschlagenen Reformkurses. Der zaghafte Ansatz, eine Sonderwirtschaftszone in Königsberg zu schaffen, sollte entschlossen vorangetrieben werden.

Ähnlich wie die Sonderwirtschaftszonen in Südchina zu Motoren nicht nur einer ungeahnten Wachstumsdynamik geworden sind, sondern auch die reale Umsetzung von Wirtschaftsreformen vorantreiben, könnte das Königsberger Gebiet zu einem Motor der wirtschaftlichen Transformation Russlands werden.

Es wäre relativ leicht, im Königsberger Gebiet mit Reformmodellen zu experimentieren. Die Isolation der Exklave vom restlichen Gebiet Russlands ließe es zu, mit radikalen Reformansätzen zu experimentieren. Ein missglücktes Experiment könnte rechtzeitig abgebrochen werden[7], bevor es nicht mehr kontrollierbare Wirkungen entfaltet. Eine Sonderzone böte die Chance, versuchsweise mit wirtschaftspolitischen Instrumentarien zu operieren, die im Gastland nicht geläufig sind und mit flächendeckender Wirkung nicht ohne hohes Risiko politischen Widerstands und sozialer Spannungen eingesetzt werden könnten. Der Mangel an lokal verwurzelten Traditionen dürfte es leichter machen, z. B. Eigentumsverhältnisse und Handelsstrukturen neu zu ordnen, weil ohnehin das meiste auf diesen Sektoren nach 1950 quasi aus der Retorte entstanden ist.

Königsberg könnte im Laufe der Zeit voll in den EG-Binnenmarkt einbezogen werden, so wie die DDR seinerzeit unbeschränkten Zugang zum Markt der EG besaß[8] und damit zu einem Scharnier zwischen EG und dem russisch dominierten Wirtschaftsraum des RGW wurde. Über die Teilmitgliedschaft des Königsberger Gebietes im Binnenmarkt erhielte Russland einen assoziierten Sonderstatus gegenüber der EG, der ihm wiederholt zugesagt worden ist.

6) Das Königsberger Gebiet bietet allerdings nach dem 2+4-Vertrag und den Grenzverträgen mit Polen und der ČSFR den griffigsten Anknüpfungspunkt, um uns revisionistische Ambitionen zu unterstellen. Das schränkt unseren Spielraum ein. Unsere Versicherungen, dass wir keinerlei territoriale Ambitionen über die Grenzen von Bundesrepublik und DDR hinaus haben, stoßen immer wieder auf Skepsis. Alles, was danach aussieht, deutsche Präsenz im Königsberger Gebiet zu stärken, wird Misstrauen erregen, sofern es nicht vorab sorgfältig mit allen potenziell Betroffenen abgestimmt ist.

Auch wenn wir keine nationalen Ziele in Königsberg verfolgen, kann uns die künftige sicherheitspolitische und wirtschaftliche Entwicklung der gesamten Region des östlichen Baltikums nicht gleichgültig sein. Wir sollten uns bei unseren Aktivitäten nicht von (nostalgischen) historischen Verpflichtungen, sondern von unserem gegenwärtigen (nüchternrationalen) Interesse an der Ausweitung friedlicher Kooperationsstrukturen auf regionaler und subregionaler Ebene leiten lassen und dies deutlich machen.

Königsberg kann für uns kein Tabu sein. Wir sollten in Bezug auf Königsberg nicht auf Initiativen verzichten. Wir sollten sie aber nicht im Alleingang unternehmen.

Pläne, Deutsche aus Kasachstan im Königsberger Gebiet anzusiedeln, stoßen bei allen Seiten auf größte Vorbehalte. Eine massive Ansiedlung von Deutschen dort würde über kurz oder lang unter dem Stichwort „Selbstbestimmung“ Spekulationen über eine Rückgliederung in den deutschen Wirtschafts- und Staatsverband auslösen. Eine solche Umsiedlungsaktion widerspräche jeder historischen Logik, da die deutsche Bevölkerung in Russland Bindungen an die Wolga, aber eben nicht an Königsberg hat. Eine „Germanisierung“ des Königsberger Gebietes würde kontraproduzent wirken. Wir sollten betonen, dass die

7 Korrigiert aus: „ abgebrochen werden, abzubrechen,“.

8 Durch das Protokoll vom 25. März 1957 über den Innerdeutschen Handel und die damit zusammenhängenden Fragen genoss der innerdeutsche Handel in der EWG einen besonderen Status. In Ziffer 1 des Protokolls, das gemäß Artikel 239 des EWG-Vertrags vom 25. März 1957 „Bestandteil dieses Vertrags“ war, wurde festgelegt, dass der Handel zwischen der Bundesrepublik und der DDR „Bestandteil des innerdeutschen Handels ist“. Daher erfordere die Anwendung des EWG-Vertrags „in Deutschland keinerlei Änderung des bestehenden Systems dieses Handels“. Vgl. BGBl. 1957, II, S. 900 und S. 984.

Zukunft Königsbergs in zukünftige Friedens-, Sicherheits- und Kooperationsordnung für ganz Europa fest eingebunden sein sollte.

Wir sollten insbesondere alles unterlassen, was auch nur von ferne so aussehen könnte wie eine gezielte Volkstumspolitik. Was wir an technischen und kulturellen Hilfsprojekten anbieten, sollte grundsätzlich integrierend wirken und Angehörigen aller Nationalitäten offenstehen. Eine Privilegierung deutscher Gruppen in dieser Region würde bei den Adressaten Erwartungen wecken, die wir nicht erfüllen können, bei unseren Partnern hingegen einen Argwohn hervorrufen, den wir nur schwer wieder beschwichtigen könnten. Ein solcher Ansatz würde überdies die ohnehin gespannten Beziehungen zwischen den ethnischen Gruppen innerhalb Russlands nur noch weiter verschärfen. Deutschland sollte gerade in diesem Gebiet deutsche Kulturpolitik und nicht Kulturpolitik für Deutsche betreiben. Königsberg hat einen deutschen Bevölkerungsanteil von nicht mehr als 1 bis 1,5 %.

Dies erfordert ein klares außenpolitisches Konzept zu Königsberg. Es besteht die Gefahr, dass hier die Kontrolle über unsere außenpolitischen Maßnahmen dem Auswärtigen Amt zu entgleiten und zunehmend an das Innenministerium bzw. private Bürgerinitiativen zu fallen droht. Das Innenministerium verfolgt mehrere Förderprojekte, die exklusiv Russlanddeutschen im Königsberger Gebiet zugutekommen. Damit laufen wir Gefahr, dass wir uns doch dem Verdacht aussetzen, Volkstumspolitik zu betreiben und eben jene Germanisierung zu fördern, die wir gerade vermeiden sollten. Zum größten Teil sind deutsche Privatinitiativen gegenüber Königsberg zu begrüßen. Sie werden jedoch unweigerlich im Ausland der Bundesregierung zugerechnet. Hier besteht Bedarf an ständiger und wirksamer Koordinierung und Kontrolle.

Frank Elbe

B 9, ZA-Bd. 178534

225

Runderlass des Vortragenden Legationsrats Seebode

012-9-312.74 VS-NfD **Aufgabe: 13. Juli 1992**[1]
Fernschreiben Nr. 42 Ortez

Betr.: Wirtschaftsgipfel in München, 6. bis 8.7.1992

1) Die Staats- und Regierungschefs der sieben wichtigsten Industrieländer (G 7) und der Präsident der EG-Kommission[2] trafen sich vom 6. bis 8.7.1992 in der Münchener Residenz zum 18. Wirtschaftsgipfel.[3] An dem Treffen nahmen auch die Außen- und die Finanzminister teil, von deutscher[4] und japanischer[5] Seite auch die Wirtschaftsminister, für die EG-

1 Das von VLR I Barth konzipierte Fernschreiben wurde in drei Teilen übermittelt. Vgl. Anm. 25 und 41.

2 Jacques Delors.

3 Für die amerikanischen Gesprächsprotokolle vgl. https://bush41library.tamu.edu/archives/memcons-telcons.

4 Jürgen W. Möllemann.

5 Kōzō Watanabe.

Kommission außerdem die Vizepräsidenten Andriessen und Christophersen. Der Geschäftsführende Direktor des IWF, Camdessus, wohnte auf der Rückreise von seinen Verhandlungen in Moskau einer Sitzung der Finanzminister als Gast bei. Unmittelbar nach dem Gipfel trafen die Staats- und Regierungschefs mit Präsident Jelzin zu einem knapp dreistündigen Gespräch zusammen.[6]

2) Das Schwergewicht des Gipfels lag wie stets bei den wirtschaftlichen Themen, welche die Persönlichen Beauftragten (Sherpas) der Staats- bzw. Regierungschefs in fünf Tagungen unter dem Vorsitz des deutschen Sherpas, StS Dr. Köhler (BMF) – unterstützt von den beiden „Sous-Sherpas", D 4[7] und MD Dr. Schomerus (BMWi) –, intensiv vorbereitet hatten.

Zu den Wirtschaftsthemen verabschiedeten die Staats- und Regierungschefs eine Erklärung unter dem Leitmotto „Zusammenarbeit für Wachstum und eine sichere Welt".[8] Die vorangegangenen intensiven Gespräche waren, wie der BK in der PK[9] unterstrich, geprägt von einer besonders freundschaftlichen Atmosphäre. Im Vordergrund standen dabei vor allem die Entwicklung der Weltwirtschaft einschließlich der Uruguay-Runde des GATT, die Unterstützung des Reformprozesses in den Neuen Unabhängigen Staaten (NUS) der früheren SU sowie die Lage in Mittel- und Osteuropa und in den Entwicklungsländern (einschließlich des Problems der Verschuldung), außerdem ein Aktionsprogramm zur Verbesserung der Sicherheit der Kernkraftwerke sowjetischer Bauart. Daneben gab die Würdigung der UNCED-Ergebnisse von Rio[10] Gelegenheit, die dort erzielten Vereinbarungen zu bestätigen und insbesondere aktionsorientierte Signale in den Bereichen Ratifizierung, Implementierung, Finanzierung und Institutionen zu setzen.

3) Zum Thema Weltwirtschaft, bei dem dank der eingehenden Diskussionen im Rahmen der Vorbereitung keine wesentlichen Meinungsverschiedenheiten sichtbar wurden, richtet der Gipfel eine deutliche Wachstumsbotschaft an die Weltöffentlichkeit. Angesichts der bestehenden Unsicherheit über Stärke und Tragfähigkeit des bevorstehenden Aufschwungs war es wichtig, die Vertrauensgrundlage für ein dauerhaftes Wachstum zu verbessern, um insbesondere die Investitionstätigkeit zu stärken. Über die Dringlichkeit der Schaffung von Arbeitsplätzen bestand ebenfalls Einigkeit. Trotz z. T. unterschiedlicher Ausgangslage in den einzelnen Gipfelländern konnten sich alle Teilnehmer auf gemeinsame wirtschaftspolitische Leitlinien verständigen. Wir legten dabei, anders als die überwiegend an kurzfristigen Zielen orientierten USA, besonderen Wert auf eine stärker auf stabilitätsorientiertes, inflationsfreies Wachstum gerichtete Politik. Wir konnten uns mit unserer Auffassung durchsetzen, dass eine expansivere Geldpolitik die Eindämmung der Inflationsgefahr voraussetzt, und konnten damit auch Kritik an den hohen deutschen Zinsen auffangen. BK nutzte die Gelegenheit, die Gipfelpartner eingehend über die Aufbauleistung in den NBL zu unterrichten.

Eine besondere Rolle spielte das Einzelthema Uruguay-Runde[11], auch wenn von vornherein feststand, dass der Gipfel kein Verhandlungsort sein konnte. Dabei bestätigte sich,

6 Für das amerikanische Protokoll über das Gespräch am Nachmittag des 8. Juli 1992 vgl. https://bush41library.tamu.edu/archives/memcons-telcons.

7 Heinrich-Dietrich Dieckmann.

8 Für die Erklärung vom 8. Juli 1992 vgl. BULLETIN 1992, S. 735–740.

9 Für die Ausführungen von BK Kohl am 8. Juli 1992 in München vgl. BULLETIN 1992, S. 740–742.

10 Zur VN-Konferenz über Umwelt und Entwicklung (UNCED) vom 3. bis 14. Juni 1992 vgl. Dok. 177.

11 Zu den GATT-Verhandlungen vgl. Dok. 185.

dass die Positionen sich materiell angenähert haben. Präs. Bush trug die Feststellung im Gipfelkommuniqué mit, dass die von der EG verabschiedete GAP-Reform[12] die Lösung noch ausstehender Fragen erleichtern dürfte. Trotz der innenpolitischen Terminlage (Maastricht-Referendum in Frankreich[13], Präsidentschaftswahlkampf in USA[14]) bringen die Gipfelteilnehmer die Erwartung zum Ausdruck, dass ein Übereinkommen noch vor Jahresende erreicht werden kann.

4) Hinsichtlich der Entwicklungsländer bekannte sich der Gipfel angesichts der nur gemeinsam zu bewältigenden globalen Herausforderungen (Interdependenz) zu Dialog und Partnerschaft mit gemeinsamer Verantwortung auf der Basis eines wachsenden Konsenses über fundamentale politische und wirtschaftliche Prinzipien. Der Eigenverantwortung der EL (good governance) steht die besondere Verantwortung der IL für die gesamte Weltwirtschaft gegenüber.

Gipfel nahm die sehr unterschiedlichen Entwicklungen in einzelnen Regionen zur Kenntnis. Die Gipfelteilnehmer werden sich nach Kräften bemühen, Quantität und Qualität ihrer ODA in Übereinstimmung mit den von ihnen übernommenen Verpflichtungen zu erhöhen und sie verstärkt den ärmsten Ländern zukommen lassen. Wohlhabendere EL sind aufgerufen, zur Hilfe beizutragen. Von operativer Bedeutung sind die Aufforderung zu einer substanziellen Wiederauffüllung der IDA-Mittel noch vor Ende 1992[15] und die Aufforderung an den IWF, auch weiterhin Finanzmittel zu Vorzugsbedingungen für die ärmsten Länder zur Verfügung zu stellen.

Der Kommuniqué-Text zur Schuldenstrategie gegenüber den EL lässt die sich abzeichnende Bewegung nicht voll erkennen. Dies gilt vor allem für die Ermutigung des Pariser Clubs, im Einzelfall die besondere Lage einiger hochverschuldeter Länder mittleren Einkommens zu berücksichtigen (Text des Londoner Gipfels[16] noch: „zu prüfen"). Dies bedeutet grundsätzliche Verständigung darüber, für (zunächst) einige wenige Länder Afrikas die-

12 Zur Reform der GAP vgl. Dok. 135, Anm. 5.

13 Zum Referendum am 20. September 1992 in Frankreich über das Vertragswerk von Maastricht vgl. Dok. 293 und Dok. 300.

14 In den USA fanden am 3. November 1992 Präsidentschaftswahlen, Wahlen zum Repräsentantenhaus sowie Teilwahlen zum Senat und für die Gouverneursämter statt.

15 Zur X. Wiederauffüllung der Mittel für die International Development Association (IDA) vgl. Dok. 177, Anm. 14.
VLR Jacobs vermerkte am 21. Dezember 1992, die Verhandlungen seien am 15. Dezember 1992 in Bern abgeschlossen worden: „Die 34 Geberländer einigten sich für den Zeitraum 1.7.1993–30.6.1996 auf ein Auffüllungsvolumen von 13 Mrd. SZR." Die Bundesrepublik sei mit 11 % (ca. 3,222 Mrd. DM) der drittgrößte Beitragszahler hinter den USA (20,86 %) und Japan (20 %): „Der von der Umweltkonferenz von Rio empfohlene Umweltzuschlag (earth increment) kam mangels ausreichender Beteiligung nicht zustande. Zusammen mit der Mittelauffüllung beschlossen die Geberländer einen umfangreichen Katalog von Empfehlungen zur entwicklungspolitischen Ausgestaltung der Mittelvergabe, zur regionalen Verteilung der Mittel und zu den Zugangsanforderungen an die Empfängerländer im Hinblick auf Wirtschaftspolitik, Armuts- und Umweltpolitik sowie gute Regierungsführung." Wie schon bei IDA IX sollten 45 bis 50 % der Mittel an die Länder in Subsahara-Afrika vergeben werden. Der Anteil Asiens solle von bisher 40 % auf 30 bis 35 % sinken, was hauptsächlich zulasten der Volksrepublik China gehe. Dadurch sollten Mittel für neu zugangsberechtigte Staaten wie die neuen zentralasiatischen Republiken freigemacht werden. Vgl. B 58, ZA-Bd. 188493.

16 Vgl. Ziffer 43 der Wirtschaftserklärung vom 17. Juli 1991 des Weltwirtschaftsgipfels vom 15. bis 17. Juli 1991. Zum Weltwirtschaftsgipfel vgl. AAPD 1991, II, Dok. 249.

ser Kategorie weitergehende Schuldenerleichterungen mit Optionenmenü, einschließlich langfristiger Umschuldung mit vielen Freijahren, ins Auge zu fassen.

Von Bedeutung ist auch der Ansatz für einen Dialog zwischen der G 7 und der G 15, einer Gruppierung von 15 wichtigen EL mit nahezu 2 Mrd. Menschen[17], wie er sich im Vorfeld des Gipfels abzeichnete. Nach Schreiben des Präsidenten des Senegal (G 15-Vorsitz) an die Gipfelteilnehmer[18] hatte der AM des Senegal dem deutschen Sherpa Anfang Juni ein G 15-Dokument über die „Neue Weltordnung"[19] erläutert[20], in dem die Konvergenz der Grundansichten über die fundamentalen politischen und wirtschaftlichen Prinzipien bekräftigt wird. BK wies in der PK ausdrücklich auf diesen Dialog hin. Der G 15-Vorsitz wird von uns auch über die Gipfelergebnisse unterrichtet werden.[21]

5) Der Gipfel richtete ein starkes Signal der Ermutigung an die Länder Mittel- und Osteuropas, einschließlich der baltischen Staaten, ihre Anstrengungen zu wirtschaftlichen und sozialen Reformen mit Unterstützung der Gipfelländer energisch fortzusetzen. Er forderte die G 24 auf, ihre Koordinierungstätigkeit unter Anpassung an die differenzierten Erfordernisse in den einzelnen MOE-Staaten fortzusetzen. Im Falle Polens unterstützte der Gipfel eine Umwidmung von Mitteln des Złoty-Stabilisierungsfonds[22] – nach Einigung auf ein IWF-Programm – zugunsten marktwirtschaftlicher Reformen. Eine wichtige Rolle maß er dem Ausbau der Wirtschafts- und Handelsbeziehungen der MOE-Länder auch untereinander und der Herstellung attraktiver Investitionsbedingungen für ausländisches Kapital bei.

6) Den Neuen Unabhängigen Staaten (NUS) der früheren SU reichte der Gipfel die Hand zu umfassender Zusammenarbeit im Rahmen der Hilfe zur Selbsthilfe. Das Maß der Zusammenarbeit wird sich jedoch nach den erreichten Reformfortschritten und dem auf internationaler Ebene gezeigten Verantwortungsbewusstsein richten. Die Gipfelteilnehmer ermutigten die NUS zu einer soliden Wirtschaftspolitik durch Begrenzung der Haushaltsdefizite und der Inflation, zu Privatisierung und Aufbau eines leistungsfähigen privaten Unternehmenssektors, zur Landreform, Förderung von Investition und Wettbewerb und zu angemessener sozialer Absicherung der Bevölkerung. Sie betonten die Notwendigkeit rascher Fortschritte vor allem in der Landwirtschaft und im Energiesektor, insbesondere

17 Zur „Gruppe der 15" vgl. Dok. 145, Anm. 8.

18 Für das Schreiben des senegalesischen Präsidenten Diouf vom 14. Mai 1992 an BK Kohl in dessen Eigenschaft als G 7-Vorsitzender vgl. B 52, ZA-Bd. 174530.
Vgl. auch das Schreiben von Diouf vom 26. Mai 1992 an die Staats- und Regierungschefs der G7-Staaten; B 52, ZA-Bd. 174530.

19 Für das Papier „Draft For Position Paper Of The Group Of Fifteen On The New World Order" vgl. B 52, ZA-Bd. 174530.

20 StS Köhler, BMF, führte am 4. Juni 1992 ein Gespräch mit dem senegalesischen AM Kâ. Botschafter Reichenbaum vermerkte am 5. Juni 1992, Kâ habe „die wachsende Konvergenz der Auffassungen in Nord und Süd und die Bereitschaft zu umfassender Partnerschaft" betont. Köhler habe erklärt: „Realismus, Nachdenklichkeit und Kooperationswillen des G 15-Dokuments stützten unsere Auffassung, dass der Dialog wichtig und im Interesse von Nord wie Süd sei. [...] In der Sache gebe es immer noch unterschiedliche Positionen. Realismus hinsichtlich unserer Möglichkeiten sei geboten." Vgl. B 52, ZA-Bd. 174530.

21 StS Köhler, BMF, unterrichtete den senegalesischen Botschafter Touré am 16. Juli 1992 über die Ergebnisse des Weltwirtschaftsgipfels vom 6. bis 8. Juli 1992 in München. Vgl. den DE vom selben Tag an die Botschaft in Dakar; B 52, ZA-Bd. 174530.

22 Zum Stabilisierungsfonds für Polen vgl. Dok. 197, Anm. 19.

im Hinblick auf die Verbesserung der Versorgungssituation und der Devisenlage. Die Teilnehmer des Gipfels unterstreichen die Bedeutung der Technischen Hilfe und der Marktöffnung. Sie erklärten sich insbesondere bereit, die NUS weiterhin bei der Nutzung ihres wissenschaftlichen und technologischen Potenzials für den Aufbau ihrer Volkswirtschaften zu unterstützen. Sie begrüßen die Mitgliedschaft der NUS in den internationalen Finanzinstitutionen. Eine Mittelauszahlung müsse aber an Reformfortschritte geknüpft bleiben. Nach der grundsätzlichen Einigung zwischen Russland und dem IWF über eine Mehrstufenstrategie (Besuch von IWF-Exekutivdirektor Camdessus in Moskau am 5.7.[23]) kann eine erste Kredittranche in den nächsten Wochen ausgezahlt werden. Ein umfassendes Reformprogramm werde den Weg für die volle Nutzung des im April angekündigten Unterstützungspakets von 24 Mrd. Dollar[24] ebnen. Für die NUS sollen Länder-Konsultativgruppen gebildet werden, um eine enge Zusammenarbeit zwischen dem jeweiligen Staat, internationalen Institutionen und den Partnerländern zu fördern.

Weitere Einzelheiten zu Russland siehe unter Ziffer 8.

[25]7) Die Staats- und Regierungschefs vereinbarten ein Aktionsprogramm zur Sicherheit der KKW sowjetischer Bauart.[26] Es soll Sofortmaßnahmen zur Erhöhung der Betriebssicherheit, kurzfristige technische Verbesserungen der KKW sowie die Stärkung der staatlichen Kontrolle umfassen. Es soll aber außerdem die Grundlage auch für längerfristige Verbesserungen der Sicherheit (Ersetzung unsicherer KKW durch Entwicklung von Energiealternativen, bei neueren KKW ggf. Nachrüstung) schaffen. Alle Gipfelteilnehmer erklärten ihre Bereitschaft zur Verstärkung ihrer bilateralen Hilfe unter dem Koordinierungsmandat der G 24. Sie traten zusätzlich, „soweit angebracht", für einen „multilateralen Mechanismus" (Fonds) ein, zu dem die Völkergemeinschaft beitragen soll.

8) Nach Abschluss des Wirtschaftsgipfels trafen die Staats- und Regierungschefs der G 7 und der Präsident der EG-Kommission mit dem russischen Präsidenten zusammen. Jelzin berichtete dabei u. a. über den Stand der russischen Wirtschaftsreformen und bekräftigte seine Entschlossenheit, den Reformkurs trotz Hemmnissen und Widerständen fortzusetzen. Die Gipfelländer unterstrichen ihre Bereitschaft, die russischen Eigenanstrengungen auf Basis des folgenden „Zehn-Punkte-Programms" der „Hilfe zur Selbsthilfe" umfassend zu unterstützen[27]:

23 Botschafter Blech, Moskau, berichtete am 5. Juli 1992, IWF-Exekutivdirektor Camdessus habe die Botschafter der G 7-Staaten über seine Gespräche mit der russischen Regierung informiert. Demnach habe er mit MP Gajdar eine Drei-Phasen-Strategie vereinbart, wonach „1) zunächst bis August ein Set von wirtschaftspolitischen Maßnahmen verabredet werde, womit die Auszahlung der ersten Tranche des Beistandskredits eröffnet werde [...]. In den darauffolgenden zwei Monaten sollten insbesondere die zwischen den Staaten der Rubelzone entstandenen monetären Probleme bereinigt werden, sodass nach Evaluierung der ersten Phase durch IWF 2) im Oktober 1992 ein vollgültiges Standby-Agreement abgeschlossen werden könne, das umzusetzen sei, sobald eine relative Stabilität des Rubels hergestellt sei. 3) In der dritten Phase, für die C[amdessus] keinen zeitlichen Rahmen nannte, könne dann der Stabilisierungsfonds errichtet werden." Vgl. DB Nr. 2844; B 52, ZA-Bd. 173828.

24 Zu den G 7-Hilfen für Russland vgl. Dok. 100, Anm. 7.

25 Beginn des mit RE Nr. 43 übermittelten zweiten Teils des Fernschreibens. Vgl. Anm. 1.

26 Für das Aktionsprogramm zur Sicherheit von Kernkraftwerken in den Nachfolgestaaten der UdSSR sowie den MOE-Staaten vgl. Ziffer 42–48 der Wirtschaftserklärung vom 8. Juli 1992; BULLETIN 1992, S. 739 f.

27 Vgl. die Erklärung von BK Kohl in dessen Eigenschaft als G 7-Vorsitzender vom 8. Juli 1992; BULLETIN 1992, S. 743 f.

- Zusammenarbeit Russlands mit dem IWF.
- Die Vereinbarung über die erste IWF-Kredittranche [ist] wichtiger Schritt und Basis für die volle Ausschöpfung des 24 Mrd.-Dollar-Hilfspakets.
- Baldige Gespräche über eine erweiterte Atempause bei den Auslandsschulden.
- Die Gipfelländer werden alles daransetzen, die zugesagten Exportkredite verfügbar zu machen.
- Die Gipfelländer werden weiterhin umfassende und praxisnahe Technische Hilfe für den marktwirtschaftlichen Aufbauprozess leisten.
- Die G 7 unterstützt private Investitionen, speziell im Öl- und Gassektor. Hierzu müssen von russischer Seite umgehend die notwendigen Rahmenbedingungen geschaffen werden.
- Die G 7 wird Russland weitere Erleichterungen für seine Exporte einräumen.
- Sie ruft Unternehmen und Banken, Wirtschaft und Wirtschaftsverbände dazu auf, Unternehmenspartnerschaften einzugehen bzw. zu vermitteln.
- Bereitschaft der G 7 zu umfassender Zusammenarbeit in den Bereichen Raumfahrt, Rüstungskonversion, Kernkraftsicherheit, Energie und Umweltschutz.
- Auf G 7-Initiative hin wird ein internationales Aktionsprogramm gestartet, um stufenweise die Sicherheit der Kernkraftwerke sowjetischen Bautyps zu verbessern. Dies schließt die Mobilisierung finanzieller Hilfen ein.
- Einrichtung einer Konsultativgruppe, in der die russische Regierung, die G 7, andere interessierte Länder und internationale Institutionen zusammenkommen, Probleme identifizieren und konkrete Maßnahmen koordinieren und auf den Weg bringen.

9) Die Außenminister verabschiedeten zwei Erklärungen: die Politische Erklärung[28] und eine Erklärung zum ehemaligen Jugoslawien[29]. BM trug darüber hinaus im Namen des BK die Erklärung des Vorsitzenden („Chairman's Statement")[30] vor.

Die Politische Erklärung beschränkt sich auf die drei Themen
- mittel- und osteuropäische Länder und die neuen Staaten der früheren Sowjetunion,
- Massenvernichtungswaffen und
- Vereinte Nationen.

Andere wichtige außenpolitische Themen oder Regionen, mit denen sich die Außenminister und Staats- und Regierungschefs befassten, wurden in das Chairman's Statement aufgenommen.

10) Die Politische Erklärung trägt den Titel „Die neue Partnerschaft gestalten" („Shaping the New Partnership"). Darin kommt das neue partnerschaftliche Verhältnis der G 7 zu den Demokratien Mittel- und Osteuropas, den neuen Staaten der früheren Sowjetunion und im weiteren Sinne auch den Entwicklungsländern zum Ausdruck. „Partnerschaft" impliziert Gleichstellung und wechselseitiges Geben und Nehmen. „Gestalten" steht für „auf dem Begonnenen aufbauen und ihm eine dauerhafte Struktur geben".

Der erste Teil der Erklärung zeigt die Widersprüchlichkeit der derzeitigen außenpolitischen Lage auf: Einerseits ist der Weg frei für eine neue Partnerschaft gemeinsamer Verantwortung. Andererseits bringt der wiederauflebende Nationalismus neue Gefahren und

28 Für die Erklärung „Die neue Partnerschaft gestalten" vom 7. Juli 1992 vgl. BULLETIN 1992, S. 729–731.
29 Für die Erklärung vom 7. Juli 1992 vgl. BULLETIN 1992, S. 731 f.
30 Für die „Erklärung des Vorsitzes" vom 7. Juli 1992 vgl. BULLETIN 1992, S. 732–734.

Konflikte mit sich. Die gegenwärtigen Instabilitäten und Konflikte unterstreichen die Notwendigkeit internationaler Zusammenarbeit.

In diesem Zusammenhang kommt der KSZE besondere Bedeutung zu. Die G7 fordern die Teilnehmer des Gipfels in Helsinki[31] auf, die Fähigkeit der KSZE zu stärken, Konflikte zu verhüten, Krisen zu bewältigen und Streitigkeiten friedlich beizulegen.

Im zweiten Kapitel sprechen die G7 die Gefahr der Verbreitung von Kernwaffen und anderen Massenvernichtungswaffen an, die nach dem Zerfall der Sowjetunion neue Aktualität gewonnen hat. Sie hoffen auf den baldigen Beitritt Weißrusslands, der Ukraine und Kasachstans sowie der anderen nicht-russischen Staaten der früheren Sowjetunion als Nichtkernwaffenstaaten zum Nichtverbreitungsvertrag. Sie werden ihre Bemühungen um die Verhinderung der Weitergabe von Know-how über Massenvernichtungswaffen fortsetzen. Sie unterstützen wirksame Kontrollen für den Export sensitiver Güter aus den neuen Staaten der früheren Sowjetunion. Auch in den Ländern der G7 sollen Exportkontrollen für Waffen und andere sensitive Güter verbessert und der Waffenexport insgesamt eingeschränkt werden.

Der Nichtverbreitungsvertrag muss auf der 1995 stattfindenden Überprüfungskonferenz[32] auf unbegrenzte Zeit verlängert werden. Gleichzeitig muss der Prozess der nuklearen Rüstungskontrolle und -reduzierung fortgesetzt werden.

Das dritte Kapitel der Erklärung befasst sich mit den Vereinten Nationen. Die G7 begrüßen den Bericht des VN-Generalsekretärs zur Rolle der VN bei der vorbeugenden Diplomatie, Friedensstiftung und Friedenserhaltung.[33] Sie unterstützen auch die vom VN-Generalsekretär bereits eingeleiteten Maßnahmen zur Reform der VN.[34]

11) In ihrer Erklärung zum ehemaligen Jugoslawien bringen die G7 ihre tiefe Besorgnis über die anhaltende jugoslawische Krise zum Ausdruck. Nach ihrer Ansicht tragen die

31 Zur KSZE-Gipfelkonferenz am 9./10. Juli 1992 vgl. Dok. 226.

32 Die fünfte Überprüfungskonferenz zum Nichtverbreitungsvertrag vom 1. Juli 1968 fand vom 17. April bis 12. Mai 1995 in New York statt.

33 Für den am 17. Juni 1992 veröffentlichten Bericht „An Agenda for Peace. Preventive diplomacy, peacemaking and peace-keeping" von VN-GS Boutros-Ghali (A/47/277) vgl. https://www.un.org/ga/search/view_doc.asp?symbol=A/47/277. Für den deutschen Wortlaut vgl. EUROPA-ARCHIV 1992, D 657–673 (Auszug).
VLR I Schmidt legte am 23. Juni 1992 dar, die Empfehlungen Boutros-Ghalis gingen „weit über das hinaus, was ständige Mitglieder des Sicherheitsrates bisher zu akzeptieren bereit sind. Soweit diese Empfehlungen auf kurze Sicht nicht zu verwirklichen sind, werden sie jedenfalls die Diskussion anregen. [...] Der Bericht kommt für uns zur rechten Zeit. Er kann als sachliche Grundlage für die Diskussion über unsere Beteiligung an friedenserhaltenden Maßnahmen und an Maßnahmen direkten Zwanges dienen." Vgl. B 30, ZA-Bd. 158176.

34 Referat 230 erläuterte am 26. August 1992, VN-GS Boutros-Ghali habe bereits kurz nach seinem Amtsantritt „durchgreifende Entscheidungen getroffen. Die Zahl der stellvertretenden Generalsekretäre (USG) wurde von 30 auf 16 vermindert, die Zahl der Hauptabteilungen im Sekretariat auf sieben reduziert." Bei dem Versuch, Tagesordnung und Zahl der Resolutionen der Generalversammlung zu reduzieren, seien bislang aber nur geringe Verbesserungen erreicht worden. Im Wirtschafts- und Sozialbereich seien „durch den Wildwuchs von immer neuen Gremien und Koordinierungsmängel zwischen den über 150 Unter- und Sonderorganisationen Effizienzdefizite entstanden. Es gibt eine Fülle von Reformvorschlägen, der umfassendste wurde von Nordischen Staaten eingebracht." Auf der VN-Konferenz über Umwelt und Entwicklung (UNCED) vom 3. bis 14. Juni 1992 sei Boutros-Ghali beauftragt worden, „die Koordinierung dieses Sektors innerhalb des VN-Systems zu verbessern". Auch für den ECOSOC seien einige strukturelle Verbesserungen eingeleitet worden. Vgl. B 30, ZA-Bd. 167346.

serbische Führung und die von ihr kontrollierten jugoslawischen Streitkräfte die Hauptverantwortung für die Entstehung dieser Lage.

Sie unterstützen die EG-Konferenz über Jugoslawien unter dem Vorsitz von Lord Carrington als ein Schlüsselforum für eine Verhandlungslösung der offenen politischen Fragen, begrüßen die Konsultationen zwischen dieser Konferenz, der EG, den Vereinten Nationen und den anderen von der Jugoslawien-Krise betroffenen Parteien, die zur Einberufung einer umfassenderen internationalen Konferenz über ungelöste Fragen, einschließlich Fragen im Zusammenhang mit Minderheiten, führen könnten.[35]

Die G7 unterstützen die von UNPROFOR zur Sicherung des Flughafens getroffenen Maßnahmen und danken allen an der Luftbrücke nach Sarajevo[36] und an der Versorgung der Bevölkerung Beteiligten. Sollten diese humanitären Bemühungen an der mangelnden Bereitschaft der Betroffenen zur uneingeschränkten Zusammenarbeit mit den Vereinten Nationen scheitern, muss der Sicherheitsrat nach Auffassung der G7 andere Maßnahmen zur Durchsetzung seiner humanitären Ziele in Erwägung ziehen, wobei militärische Mittel nicht ausgeschlossen werden.

Die Luftbrücke nach Sarajevo kann nur der Anfang umfassenderer humanitärer Bemühungen sein. Sicherer Zugang auf dem Landweg nach Sarajevo wie auch zu anderen Teilen Bosnien-Herzegowinas, die sich in Not befinden, muss gewährleistet werden.

12) Im Chairman's Statement nimmt der Vorsitzende zu folgenden von den Staats- und Regierungschefs und den Außenministern erörterten Themen Stellung:

- Die G7 bedauern die anhaltenden Kämpfe in Nagorny Karabach[37] und in der Republik Moldau[38]. Sie begrüßen die weitgehende Einhaltung der Waffenruhe in Südossetien.[39] Die G7 rufen alle Konfliktparteien dazu auf, Feindseligkeiten sofort einzustellen und sich um eine friedliche Lösung der Konflikte auf der Grundlage der Prinzipien der KSZE zu bemühen.
- Die G7 setzen sich dafür ein, dass in den Verhandlungen der baltischen Staaten mit Russland bald eine Vereinbarung über den Abzug der ehemals sowjetischen Truppen erzielt wird.[40] Dabei muss die Gleichbehandlung aller Minderheiten in den baltischen Staaten ein wesentliches Element von Frieden und Stabilität in der Region sein.[41]
- Die G7 bekräftigen ihre uneingeschränkte Unterstützung für den Friedensprozess im Nahen Osten.

35 Am 26./27. August 1992 fand in London die internationale Jugoslawien-Konferenz statt. Vgl. Dok. 269.

36 Zur internationalen Luftbrücke nach Sarajevo vgl. Dok. 176.

37 Zum Konflikt um Nagorny Karabach vgl. Dok. 149, Anm. 12.

38 Zum Transnistrien-Konflikt in Moldau vgl. Dok. 211, besonders Anm. 5.
BR Baas, Moskau, berichtete am 24. Juli 1992, am 21. Juli 1992 hätten die Präsidenten Jelzin (Russland) und Snegur (Moldau) ein Abkommen „über die friedliche Regelung des bewaffneten Konflikts in der Trans-Dnjestr-Region der Republik Moldau“ geschlossen. Kernpunkte seien „die Schaffung von dreiseitigen Friedenstruppen und der etappenweise Abzug der 14. Armee aus Transnistrien“. Inwieweit das Abkommen zur Befriedung des Konflikts beitragen werde, bleibe abzuwarten: „Am Dnjestr kommt es weiter zu Zwischenfällen mit Toten und Verletzten.“ Vgl. DB Nr. 3191; B41, ZA-Bd. 184450.

39 Zum Konflikt in Südossetien vgl. Dok. 205, besonders Anm. 8.

40 Zum Abzug vormals sowjetischer Truppen aus den baltischen Staaten vgl. Dok. 81, Anm. 8. Vgl. auch Dok. 172.

41 Beginn des mit RE Nr. 44 übermittelten dritten Teils des Fernschreibens. Vgl. Anm. 1.

- Die G7 verurteilen die Weigerung Iraks, die Resolutionen des VN-Sicherheitsrats uneingeschränkt zu erfüllen. Sie verlangen die Beseitigung aller Massenvernichtungswaffen und Freilassung aller Gefangenen und warnen Irak vor repressiven Maßnahmen gegen die dort lebenden Völker.
- Die G7 begrüßen die Fortschritte im Dialog zwischen Nord- und Südkorea, sind aber besorgt wegen des vermuteten nordkoreanischen Nuklearwaffenprogramms.
- Die Wirtschaftsreformen und die Öffnungspolitik der VR China sind ermutigende Fortschritte. Die G7 erwarten jedoch weitere politische Reformen und eine wesentliche Verbesserung der Menschenrechtssituation. Sie begrüßen Chinas Beitritt zum Nichtverbreitungsvertrag.[42]
- Im Mittelmeerraum sind Dialog und gegenseitiges Verständnis erforderlich, um dem Trend zu ideologischer und politischer Konfrontation entgegenzuwirken. Die G7 unterstützen die Bemühungen des VN-Generalsekretärs, den Zypernkonflikt zu lösen.[43]
- In Afrika gewinnen Respektierung der Menschenrechte, politischer Pluralismus und marktwirtschaftliche Wirtschaftsordnung an Boden. Die G7 unterstützen diese Reformen. Die G7 fordern alle Parteien in Südafrika auf, die Verhandlungen[44] wiederaufzunehmen und verstärkt gegen Gewaltanwendung vorzugehen. Die von Krieg, Hunger und Elend betroffenen Menschen am Horn von Afrika verdienen besondere Unterstützung.
- Die G7 begrüßen Fortschritte bei der Festigung von Demokratie und Marktwirtschaft in Lateinamerika. Sie setzen sich dafür ein, dass Haiti[45] und Peru[46] zur verfassungsmäßigen Ordnung zurückfinden. Sie begrüßen die Unterzeichnung des Friedensabkommens für El Salvador[47] ebenso wie die von Argentinien[48] und Brasilien[49] unternommenen Schritte zur Offenlegung ihrer zivilen Nuklearprogramme.

42 Die Volksrepublik China trat dem Nichtverbreitungsvertrag vom 1. Juli 1968 mit Wirkung vom 9. März 1992 bei.

43 Zu den Vermittlungsbemühungen der VN im Zypernkonflikt vgl. Dok. 223, Anm. 29.
Botschafter Vergau, New York (VN), übermittelte am 23. Juli 1992 britische Informationen zum Stand der am 15. Juli 1992 wiederaufgenommenen Gespräche: „Während die amerikanische Delegation der Meinung ist, Denktasch sei dieses Mal soweit, nach angemessenem Vorspiel einzulenken, ist VN-GS völlig anderer Auffassung. In den Gesprächen mit ihm habe Denktasch eine Vielzahl bislang nicht herangezogener Argumente vorgetragen, die alle im Endeffekt auf die Beibehaltung des Status quo hinausliefen." Vgl. DB Nr. 1873; B 30, ZA-Bd. 167259.

44 Zum Abbruch des Friedensprozesses in Südafrika vgl. Dok. 230, besonders Anm. 6.

45 Nach einem Militärputsch am 30. September 1991 musste Präsident Aristide das Land verlassen. Eine Militärjunta unter Führung von General Cédras übernahm die Macht.

46 Zum Staatsstreich in Peru am 5. April 1992 vgl. Dok. 110.

47 Am 16. Januar 1992 wurde in Mexiko-Stadt ein Friedensabkommen zwischen der Regierung von El Salvador und der „Frente Farabundo Martí para la Liberación Nacional" (FMLN) geschlossen. Vgl. https://peacemaker.un.org/elsalvador-chapultepec92.

48 Referat 431 vermerkte am 11. August 1992: „Mit ihrer gemeinsamen Erklärung von Foz do Iguaçu haben die Staatspräsidenten Brasiliens und Argentiniens am 28. November 1990 begonnen, ihre Nuklearpolitik vermehrter internationaler Kontrolle zu unterwerfen. Ein erster Schritt war der Vertrag von Guadalajara am 18.7.1991, der noch 1991 von BRA und ARG ratifiziert wurde." Er begründe ein gemeinsames System der Spaltmaterialkontrolle durch eine dafür zuständige Agentur. Zwischen dieser Agentur, der IAEO sowie Argentinien und Brasilien sei am 13. Dezember 1991 ein vierseitiges Sicherungsabkommen geschlossen worden: „Es vereinbart Sicherungsmaßnahmen für alle Nuklearmaterialien in allen Nuklearanlagen und gewährt der IAEO uneingeschränkten Zugriff auf alle Materialien und Betriebsdaten." Am

- Die G7 wollen ihre Anstrengungen für eine breite internationale Zusammenarbeit beim Kampf gegen die Drogen fortsetzen. Sie sehen dabei eine bedeutende Rolle für das Drogenprogramm der Vereinten Nationen.
- Die G7 verurteilen den Terrorismus in allen seinen Formen und bekräftigen ihre Entschlossenheit, bei seiner Bekämpfung zusammenzuarbeiten. Sie begrüßen die kürzliche Freilassung von zwei Geiseln im Libanon[50] und fordern die Freilassung aller möglicherweise noch festgehaltenen Geiseln. Die G7 rufen alle Staaten auf, die gegen Libyen verhängten Sanktionen[51] strikt anzuwenden.

13) Bewertung

Der Münchner Wirtschaftsgipfel war die erste Gipfelbegegnung der G7 seit der deutschen Vereinigung auf deutschem Boden. Wie der BK in der abschließenden PK erklärte, gab er uns Gelegenheit zu zeigen, dass das vereinigte Deutschland in der Lage ist, seiner gewachsenen internationalen Verantwortung gerecht zu werden. Diese Tatsache fand Ausdruck sowohl in der Problemstellung und dem Ergebnis als auch in Form und Ablauf der Konferenz.

Uns war es von Beginn der Vorbereitungsarbeiten [an] auf ein Ergebnis angekommen, das die dringendsten Probleme – trotz des informellen Charakters der Gipfelberatungen – einer Lösung näher führt. Der Konsens zu dauerhaftem inflationsfreien Wachstum und der Schaffung von Arbeitsplätzen setzt wichtige Akzente für die weitere Koordinierung der Wirtschafts- und Finanzpolitik unter den Industrieländern. Die intensive Diskussion der GATT-Probleme dürfte sich positiv auf die Bereitschaft der Hauptkontrahenten auswirken, die Uruguay-Runde tatsächlich bis zum Jahresende zum Abschluss zu bringen. Das vor allem auf uns zurückgehende Zehn-Punkte-Programm „Hilfe zur Selbsthilfe" stellt das erste Angebot der Gipfelländer für eine umfassende Unterstützung der Reformen in Russland dar. Mit diesem Angebot und der Bekräftigung Präs. Jelzins, den eingeschlagenen Reformkurs unbeirrt fortzusetzen, wurde das Zusammentreffen mit Jelzin zu einem ersten Meilenstein auf dem Wege dauerhafter partnerschaftlicher Zusammenarbeit. Darüber wurden die Probleme der übrigen Republiken nicht vergessen. Ein besonderes Anliegen war es uns ferner, den Reformländern Mittel- und Osteuropas eine klare Botschaft anhaltender Solidarität und Zusammenarbeit zu übermitteln. Auch dieses ist gelungen. Das verabschiedete Aktionsprogramm zur Sicherheit der Kernkraftwerke in MOE und NUS geht auf eine deutsch-französische Initiative[52] zurück. Angesichts der amerikanischen und japanischen

Fortsetzung Fußnote von Seite 907

27. April 1992 habe der argentinische Präsident Menem zudem ein „Kontrollregime für Exporte sensitiver Technologien und Kriegsmaterialien" verkündet. Vgl. B72, ZA-Bd. 164323.

49 Am 25. Juni 1992 vermerkte Referat 431, Brasilien setze die Umorientierung der Nuklearpolitik auch gegen die Interessen des Militärs durch. Am 19. April 1992 sei ein Gesetzentwurf eingebracht worden, „der jegliche Nutzung der Kerntechnologie für militärische Anwendungen ausschließt". Vgl. B72, ZA-Bd. 164324.

50 Zur Freilassung der beiden deutschen Geiseln Strübig und Kemptner am 17. Juni 1992 vgl. Dok. 181.

51 Zu den VN-Sanktionen gegen Libyen vgl. Dok. 95.

52 Bei den deutsch-französischen Konsultationen am 29./30. Mai 1991 in Lille wurde eine gemeinsame Erklärung von BM Töpfer und seinem französischen Amtskollegen Lalonde zur Sicherheit von Nuklearreaktoren in den MOE-Staaten verabschiedet. Diese sah eine bilaterale Arbeitsgruppe vor, die eine gemeinsame Initiative für eine internationale Hilfsaktion erarbeiten sollte. Vgl. RE Nr. 33 des VLR Trautwein vom 7. Juni 1991; B24, ZA-Bd. 174765. Zu den deutsch-französischen Konsultationen vgl. AAPD 1991, I, Dok. 180. Vgl. auch Dok. 142, Anm. 18.

Präferenz für bilaterale Unterstützungsmaßnahmen war es aber nicht möglich, für den multilateralen Fonds ein beziffertes Ziel zu nennen. Immerhin ist auch insoweit ein Anfang gemacht. Auf eine enge deutsch-französische Abstimmung in Vorbereitung des Gipfels gehen auch die Aussagen zu den EL zurück, insbesondere zur Schuldenfrage. Es war unerlässlich, den EL zu vermitteln, dass ihre Probleme über die gegenwärtig den Entwicklungen in NUS und MOE gezeigte[53] Aufmerksamkeit nicht vergessen sind, dass die weltpolitischen Veränderungen vielmehr auch im Verhältnis zu ihnen zusätzliche Chancen für Dialog und Zusammenarbeit eröffnen.

Die Behandlung der außenpolitischen Themen des MWG[54] oblag wie immer den Außenministern. Hauptthema der Politischen Erklärung ist die Partnerschaft gemeinsamer Verantwortung mit den Ländern Mittel- und Osteuropas und den neuen Staaten der früheren Sowjetunion, aber auch mit den Entwicklungsländern. Dabei wurde herausgestellt, dass in diese Partnerschaft auch Japan als östlicher Nachbar der früheren Sowjetunion einbezogen ist. Der gleichberechtigte Charakter der neuen Partnerschaft wird dadurch unterstrichen, dass an die neuen Partner nicht Forderungen gerichtet werden, sondern das Gewicht auf die Hilfe bei den von den neuen Partnern selbst gesteckten Zielen politischer und wirtschaftlicher Freiheit gelegt wird. Über dieses zentrale Thema des MWG hinaus erwies sich das Zusammentreffen der G7-Außenminister erneut als ein Forum, um auch zu transnationalen Fragen neue Aussagen zu machen und Akzente zu setzen. So bekannten sich die G7 erstmals zu der Zielsetzung einer unbegrenzten Verlängerung des Nichtverbreitungsvertrages, nachdem in vergangenen Jahren eine weniger verbindliche Aussage getroffen worden war. Auch in der Frage der Nördlichen Territorien Japans[55] geht die diesjährige Erklärung über die Aussage des Vorjahres[56] hinaus. Die japanisch-russische Annäherung in dieser Frage ermöglicht es den G7 nun, sich für eine Normalisierung des russisch-japanischen Verhältnisses auf der Grundlage des russischen Bekenntnisses zu Recht und Gerechtigkeit einzusetzen.

Besondere Beachtung fand die Erklärung der G7 zu Jugoslawien, insbesondere die Hervorhebung der serbischen Hauptverantwortung für den Konflikt und die Bekräftigung des VN-Sicherheitsratsbeschlusses, die humanitären Ziele notfalls auch mit militärischen Mitteln durchzusetzen. Wichtig ist auch, dass humanitäre Aufgaben nicht nur in Sarajevo, sondern überall da, wo Not herrscht, durchgesetzt werden müssen. Einen weiteren Akzent setzte die Erklärung dadurch, dass sie ihre Unterstützung der EG-Konferenz unter Lord Carrington als Schlüsselforum mit der Eröffnung der Option einer umfassenden Konferenz verband. Das Chairman's Statement hat mehr Gewicht als in den Vorjahren, da aufgrund der thematischen Konzentration der Politischen Erklärung eine Reihe wichtiger außenpolitischer Themen in das Chairman's Statement aufgenommen wurde. Auch im Chairman's Statement werden die globale Verantwortung der G7 (Ferner Osten, Afrika, Lateinamerika)

53 Korrigiert aus: „gezielte".

54 Münchener Wirtschaftsgipfel.

55 Zur Kurilenfrage vgl. Dok. 13, Anm. 43.

56 In Ziffer 5 des „Chairman's Statement", das der britische AM Hurd am 16. Juli 1991 in London vortrug, hieß es: „We hope that the new spirit of international cooperation will be as fully reflected in Asia as in Europe. The full normalization of Japan/Soviet relations, including resolution of the Northern Territories issue, would greatly contribute to this." Vgl. http://www.g8.utoronto.ca/summit/1991london/chairman.html.

wie auch ihre kontinuierliche Behandlung transnationaler Themen (Drogen, Terrorismus) deutlich.

Die Organisatoren des Gipfels – vor allem das Auswärtige Amt – erbrachten mit der Bewältigung des Ansturms von rd. 4000 Teilnehmern, davon die Hälfte Journalisten, eine beachtliche Leistung. München war eine gute Wahl. Der festliche und in sich geschlossene Rahmen der Münchener Residenz inmitten einer gastlichen und lebendigen Stadt wirkte sich atmosphärisch günstig auf den Erfolg der Konferenz aus. Die Bevölkerung nahm an dem Ereignis lebhaften Anteil, obwohl sie an den Konferenztagen erhebliche Beschränkungen ihrer Bewegungsfreiheit im unmittelbaren Umfeld des Gipfels hinnehmen musste und die erwarteten Gegendemonstrationen nicht ausblieben. Die polizeiliche Reaktion darauf wurde allerdings zum Gegenstand innenpolitischer Diskussion.[57] Insgesamt war der Münchener Wirtschaftsgipfel 1992 in Ergebnis und Ablauf ein Erfolg, wie er nach der ungewissen Entwicklung bei den entscheidenden Sachfragen im Vorfeld nicht ohne Weiteres erwartet werden konnte.

Seebode[58]

B 52, ZA-Bd. 174523

226

Drahtbericht des Botschafters Höynck, Helsinki (KSZE-Delegation)

Fernschreiben Nr. 644 **Aufgabe: 13. Juli 1992, 15.51 Uhr**[1]
Citissime **Ankunft: 15. Juli 1992, 15.31 Uhr**

Betr.: 4. KSZE-Folgetreffen in Helsinki (24.3. bis 8.7.1992) und KSZE-Gipfeltreffen (9./10.7.92);
hier: Abschlussbericht

Delegationsbericht Nr. 367

Zur Unterrichtung

I. Im Zentrum des Helsinki-Folgetreffens (HFT) standen zwei untrennbar miteinander verbundene Problemkreise:

- Die Ordnungsfrage: Wie erlangt Europa neue Stabilität? „Herausforderung des Wandels“!
- Die Machtfrage: Welchen Platz erhalten die europäischen Mächte (einschließlich Russlands) und die USA/Kanada in einer neuen europäischen Ordnung)?

57 Bei der Eröffnung des Weltwirtschaftsgipfels kam es am 6. Juli 1992 in München zu einer Demonstration, in deren Folge ca. 480 Personen verhaftet wurden, die zuvor von der Polizei in der Nähe des Rathauses eingekesselt worden waren. Vgl. den Artikel „Polizei kesselt Demonstranten ein“; SÜDDEUTSCHE ZEITUNG vom 7. Juli 1992, S. 1.

58 Paraphe.

1 Das Fernschreiben wurde in zwei Teilen übermittelt. Vgl. Anm. 7.
Hat VLR I von Neubronner am 16. Juli 1992 vorgelegen.

Beide Fragen stellten sich in Helsinki nicht nur konzeptionell im Hinblick auf die Konferenzmaterie, sondern gleichzeitig konkret im Hinblick auf die Regionalkonflikte. Fragen, mit denen sich der Ausschuss Hoher Beamter nahezu fortlaufend parallel zur Konferenz zu befassen hatte: Krieg in Bosnien-Herzegowina; verschärfte Krisen in Serbien (Kosovo, Wojwodina); Dnjestr-Konflikt[2]; Georgien (Südossetien[3]).

Angesichts dieser zweifachen Herausforderung des HFT kam ČSFR-Botschafter Janouch (Gründungsmitglied der Prager Helsinki-Gruppen) zu dem auch aus meiner Sicht zutreffenden Gesamturteil: Wir haben eine Menge erreicht; aber angesichts der Herausforderungen ist es nicht genug.

II. In mehrfacher Hinsicht bestätigt das Helsinki-Dokument[4] „die zentrale Rolle" der KSZE für die Gestaltung des Wandels (Ziff. 19 Satz 1 der Gipfelerklärung):

1.1) Nach Wegfall der Konfrontation, in der Osteuropa zur Geschlossenheit gezwungen wurde und der Westen darauf nur mit Geschlossenheit reagieren konnte, wirken nunmehr auf den gesamten transatlantisch europäisch-eurasischen Raum starke zentrifugale Kräfte ein. Die KSZE ist herausgefordert, jetzt einen Rahmen zu bieten für den zur Stabilität notwendigen Zusammenhalt der Staaten von Vancouver bis Wladiwostok auf der Grundlage gemeinsamer Interessen und gemeinsamer Wertvorstellungen. Dieser Zusammenhalt bedarf der Manifestation durch eine organisatorische Struktur mit einem Mindestmaß von Handlungsfähigkeit, das jetzt durch Teil I bis III der Entscheidungen (Institutionen und Strukturen; Hoher Kommissar für Minderheiten; Konfliktverhütung und Krisenbewältigung) geschaffen wurde.

1.2) Nur in einem durch alle Teilnehmerstaaten mitbestimmten KSZE-Rahmen können die anderen europäischen und transatlantischen Institutionen mit starken politischen, wirtschaftlichen und militärischen Möglichkeiten als „sich gegenseitig stärkende Institutionen" (Ziff. 24 Satz 2 Gipfelerklärung) immer enger zusammenarbeiten, um sich den vor uns liegenden Herausforderungen zu stellen und ein festes Fundament für Frieden und Wohlstand zu schaffen (Ziff. 10 Satz 2 Gipfelerklärung).

Durch die Bereitschaft der (in Ziff. 10 der Gipfelerklärung) im Einzelnen aufgeführten Institutionen und Organisationen (EG, NATO, WEU, Europarat, G 7, G 24, OECD, ECE, EBRD und GUS) zur Zusammenarbeit untereinander und mit der KSZE ordnen sie sich in den KSZE-Rahmen ein und gewinnen dadurch für alle KSZE-Teilnehmerstaaten Legitimität in der sich bildenden neuen europäischen Ordnung. Dazu gehört als wesentlicher Teilaspekt die Zusammenarbeit bei der Durchführung friedenserhaltender Maßnahmen zwischen der KSZE und der EG, der NATO, der WEU sowie, davon deutlich abgesetzt, der GUS (Ziff. 20 Abs. 2 der Gipfelerklärung sowie Teil III Ziff. 52 der Entscheidungen).

1.3) Auch angesichts seines „umfassenden Sicherheitskonzeptes" (Ziffer 21 Gipfelerklärung) bleibt eine Einbindung der gewaltigen Militärpotenziale eine Hauptaufgabe bei der Suche nach neuer Stabilität. Das Mandat für das KSZE-Forum für Sicherheitskooperation[5] ordnet

2 Zum Transnistrien-Konflikt in Moldau vgl. Dok. 225, Anm. 38.

3 Zum Konflikt in Südossetien vgl. Dok. 205, besonders Anm. 8.

4 Für das „Helsinki-Dokument 1992" („Herausforderung des Wandels"), das aus einer 47 Punkte umfassenden Gipfelerklärung sowie aus den zwölf Abschnitten umfassenden „Beschlüssen von Helsinki" bestand, vgl. BULLETIN 1992, S. 777–804.

5 Zum Mandat für das KSZE-Forum für Sicherheitskooperation vgl. Dok. 209.

erstmalig die militärischen Aspekte umfassend und mit operativen und konzeptionellen Aspekten in den KSZE-Rahmen ein.

1.4) Angesichts der Strukturfragen der KSZE über das gesamte Spektrum ihrer Aufgaben trat der normative Bereich, in der Helsinki-Schlussakte grundgelegt und seitdem systematisch – mit wichtigen neuen Elementen seit der Charta von Paris – fortentwickelt, deutlich in den Hintergrund. Das gleiche gilt für den Bereich der wirtschaftlichen Zusammenarbeit. Beachtliche Aussagen enthält der relativ kurze Text zu Umweltfragen.

III. 1) Die Verbindlichkeit und innere Stärke des KSZE-Rahmens beruht letztlich auf dem Konsensprinzip. Deswegen war für das HFT entscheidend, dass trotz aller Probleme in Einzelfragen auch bei 52 Teilnehmerstaaten der sich in den Ergebnissen niederschlagende Konsens möglich war. Dazu mag beigetragen haben, dass die Mehrzahl der neuen Teilnehmerstaaten sich (noch) mitziehen ließ, ohne die eigenen Interessen deutlich zu formulieren. Der Druck auf einzelne Teilnehmerstaaten, zur Wahrung ausschließlich nationaler Sonderinteressen den Konsens nicht zu verweigern, ist erheblich. Dies zeigte sich im Hinblick auf Russland insbesondere angesichts der Behandlung der JUG-Frage, zu der Russland letztlich bereit war, Kompromisslösungen zuzustimmen, die im Widerspruch zu den nationalen Interessen an der Aufrechterhaltung enger russisch-serbischer Beziehungen stehen. Auf der anderen Seite bietet der Nagorny-Karabach-Konflikt ein Gegenbeispiel: Insbesondere Armenien, aber auch Aserbaidschan, hielten und halten auch starkem Druck auf Konsensentscheidungen stand, wobei sie allerdings nicht isoliert waren, sondern in USA, F (mit Bezug auf Armenien) und in der TUR (mit Bezug auf Aserbaidschan) starke, sie unterstützende Fürsprecher hatten.

2) Die Bereitschaft, KSZE-Verpflichtungen einzuhalten, kann auf Dauer nicht nur auf dem Konsenscharakter der zugrundeliegenden Verpflichtungen beruhen. Stärker als bisher muss in Zukunft der Anspruch auf Mitwirkung und Zusammenarbeit in der KSZE bedingt sein durch die Bereitschaft zur Einhaltung der KSZE-Verpflichtungen, wie dies in Ziff. 6 Satz 3 der Gipfelerklärung ausdrücklich festgelegt ist. Auch den Anspruch auf „Unterstützung und Solidarität" (Ziff. 9 Satz 2 Gipfelerklärung) kann nur geltend machen, wer die KSZE-Verpflichtungen einhält. Der Ausschluss des früheren JUG von der Teilnahme an KSZE-Veranstaltungen einschließlich des Gipfeltreffens[6] hat hier ein notwendiges Exempel statuiert, das erst durch die Einführung des Konsens-minus-eins-Grundsatzes möglich wurde.

IV. 1) Nach Wegfall der Konfrontation stellt sich für nahezu alle Teilnehmerstaaten die Frage ihres Platzes in der sich bildenden neuen europäischen Ordnung.

EG/EPZ haben die große Chance nicht genutzt, das Vakuum zu füllen, das sich nach Wegfall des Gruppensystems West/Ost/Neutrale und Nichtgebundene bot. Unzulängliche Vorbereitung innerhalb der EPZ, eine in der ersten Jahreshälfte völlig überforderte portugiesische Präsidentschaft und in vielen Einzelfragen spürbar mangelnder Wille der Zwölf

6 Botschafter Höynck, Helsinki (KSZE-Delegation), teilte am 8. Juli 1992 mit: „Am Morgen des 8.7., vor Beginn der letzten Plenarsitzung des KSZE-Folgetreffens, entschied der Ausschuss Hoher Beamter (AHB), dass ‚JUG' beim KSZE-Gipfel in Helsinki und allen nachfolgenden KSZE-Treffen bis zum 14. Oktober 92 nicht anwesend sein wird. Das Namensschild ‚Jugoslawien' bleibt vorläufig stehen. Diese Entscheidung wird vom AHB bis spätestens 13. Oktober im Lichte der Erfüllung der Prinzipien und Verpflichtungen der KSZE durch ‚JUG' überprüft." Vgl. DB Nr. 627; B 21, ZA-Bd. 161024.

zur Gemeinsamkeit haben dazu geführt, dass EG/EPZ das Profil der Ergebnisse weniger als möglich und nötig geprägt haben.

[7]Auseinandersetzungen und Meinungsverschiedenheiten innerhalb der westlichen Staaten haben über weite Strecken das Konferenzgeschehen geprägt. Insbesondere die Auseinandersetzungen zwischen USA und F in Kernfragen der Konferenzmaterie (Verhältnis KSZE zur NATO bei friedenserhaltenden Maßnahmen; Vertragsperspektive für einen Verhaltenskodex[8] im Rahmen des Mandats des Forums für Sicherheitskooperation) unterstrichen, in welchem Maße auch unter den westlichen Staaten zentrifugale Kräfte wirksam sind.

Die Auseinandersetzungen zwischen USA und F im Hinblick auf eine NATO-Beteiligung an friedenserhaltenden Maßnahmen der KSZE überdeckten die auch bei anderen Teilnehmerstaaten bestehende Sorge, durch das unvergleichliche Potenzial der NATO an den Rand gedrückt zu werden und die Mitbestimmungs- und Mitwirkungsmöglichkeit bei friedenserhaltenden Maßnahmen der KSZE zu verlieren. Insbesondere IRL und SCZ bestanden auf mehrfacher Absicherung der Führungsfunktion der KSZE auch in solchen Fällen, in denen die NATO ihre Unterstützung anbietet.

Schließlich verfocht die russische Delegation mit großem Nachdruck die Erwähnung der GUS, aber auch MOE-Staaten wie POL bei der Erwähnung anderer „europäischer und transatlantischer Institutionen und Organisationen sowohl im Hinblick auf die Zusammenarbeit im Allgemeinen als auch insbesondere die Zusammenarbeit im Rahmen von friedenserhaltenden Maßnahmen". Die anderen Teilnehmerstaaten der GUS haben dies hingenommen, ließen im bilateralen Kontakt aber ihre Sorge erkennen, dass dies letztlich nur auf eine russische Machtprojektion hinauslaufe.

2) Die Rolle der USA war in vielen Fragen beherrschend, bisweilen in schwer erträglicher Weise herrisch. Im Hinblick auf die Haltung der USA wird besonders deutlich die Vermischung von Ordnungs- und Machtfragen erkennbar. Der vehemente Einsatz der USA für das Wirtschaftsforum der KSZE wurde mit dem Anspruch vorgetragen, dieses Forum sei als Ordnungsfaktor erforderlich; eher verständlich wird das amerikanische Insistieren jedoch unter dem Gesichtspunkt, dass die USA eine zusätzliche Mitsprachemöglichkeit für die wirtschaftliche Entwicklung in Europa gewinnen wollten. Außer Russland hat bei dem gesamten Konferenzgeschehen keiner der Nachfolgestaaten eine Rolle gespielt. Ein großer Teil der zentralasiatischen Staaten ließ sich erst im letzten Konferenzdrittel und dann nur sporadisch vertreten.

Die mitteleuropäischen Staaten gewannen durch den Visegrád-Verbund beachtliches Profil, zumal POL, ČSFR und UNG durch sehr aktive Delegationen vertreten waren.

3) Von unseren EPZ-Partnern hat F am deutlichsten eigenes Profil gesucht. Der Erfolg muss aus F-Sicht sowohl unter strategischen, aber auch unter taktischen Gesichtspunkten zu denken geben: Keines der besonderen französischen Konferenzziele wurde erreicht. In den beiden Projekten, die wir mitgetragen haben (Verhaltenskodex und Badinter-Projekt[9]), wurden wenigstens weiterführende Kompromisse erreicht. GB hat vor allem die wenigen Tage britischer EPZ-Präsidentschaft genutzt, um vorzuführen, dass auch bei schwieriger interner Lage der Zwölf hohes Profil und Meinungsführung möglich sind.

7 Beginn des mit DB Nr. 652 übermittelten zweiten Teils des Fernschreibens. Vgl. Anm. 1.

8 Zum Vorschlag für einen KSZE-Verhaltenskodex vgl. Dok. 142, Anm. 9.

9 Zur deutsch-französischen Initiative für eine Gesamteuropäische Schiedsinstanz vgl. Dok. 105, Anm. 27.

Sehr aktiv war NL sowohl im Hinblick auf Hochkommissar für Minderheiten[10] als auch in der Auseinandersetzung mit F über KSZE – NATO.

Auch die Rolle der deutschen Delegation hat sich verändert. Die behagliche Einbettung in gemeinsame westliche Interessen ist so nicht mehr möglich. Wir sind da, wo unsere Interessen klare Positionen erforderten, z. B. Verhältnis KSZE – NATO bei friedenserhaltenden Maßnahmen; KSZE als regionale Abmachung im Sinne von Kapitel VIII der VN-Charta[11], deutlich und erfolgreich aufgetreten. Wir haben uns im Übrigen in vielen Fällen bemüht, vermittelnd zu wirken, sowohl unter unseren westlichen Partnern als auch bei Fragen, die im Gesamtkontext der Teilnehmerstaaten streitig waren. Das über eng definierte nationale Interessen weit hinausgehende deutsche Engagement für die KSZE auf dem Wege von einer Konferenz zu einer Organisation ist deutlich geworden.

V. 1) Mit dem neuen Instrumentarium zur Konfliktverhütung und Krisenbewältigung hat die KSZE eine Chance, in diesem für die weitere Entwicklung Europas zentralen Bereich eine Rolle zu spielen. Angesichts der trotz aller Veränderungen nach wie vor schwach entwickelten organisatorischen Struktur der KSZE, insbesondere der Abneigung zahlreicher Teilnehmerstaaten, Aufgaben und Entscheidungen an KSZE-Organe zu delegieren, sowie angesichts eines letztlich noch nicht in seiner Tragfähigkeit geprüften KSZE-Fundaments bleibt abzuwarten, ob die KSZE diesen Herausforderungen gerecht werden kann.

[2)] Die Belastung des KSZE-Vorsitzes als zentrales Steuerungsorgan der KSZE mit operativer Verantwortlichkeit ist auf Dauer nicht tragbar. Insoweit weist der von PM Major gemachte Vorschlag eines Generalsekretärs in die richtige Richtung.

Auch der Hochkommissar für Minderheitenrechte ist eine Chance, deren Verwirklichung noch nicht abzusehen ist. Es wird jetzt darauf ankommen, für die erste Besetzung den richtigen Mann oder die richtige Frau zu finden.

Noch nicht ganz absehbar ist die Bedeutung der von Präsident Jelzin und Krawtschuk kurz vor dem Gipfeltreffen ergriffenen Initiative im Hinblick auf weitere Erörterungen der Strukturen für friedenserhaltende Maßnahmen im Rahmen der KSZE.[12] Aus der Sicht Jelzins dürfte es hier wohl in erster Linie um eine Rolle für die GUS-Streitkräfte gehen. Bei richtiger Handhabung ergibt sich die Chance einer gewissen Einbindung der GUS-Streitkräfte, die sorgfältig geprüft werden sollte. Ein Sondertreffen der KSZE-Minister ist jedoch aus hiesiger Sicht weder zweckmäßig noch notwendig. Möglich wäre, diese Initiative im AHB zunächst weiter vorzubereiten und sie dann zu einem oder dem zentralen Thema des nächsten KSZE-Rates in Stockholm[13] zu machen.

VI. Das Gipfeltreffen selbst wurde geprägt durch die teilweise erstmaligen Auftritte der Staats- und Regierungschefs der neuen Teilnehmerstaaten, durch eine Vielzahl bilateraler Begegnungen, durch die Tagung des WEU-Rates[14] und die Tagung des NATO-Rates[15]. Die Nichtteilnahme des früheren Jugoslawien erschien fast selbstverständlich.

10 Zum niederländischen Vorschlag vom 30. Januar 1992 vgl. Dok. 48, Anm. 19.

11 Für Kapitel VIII der VN-Charta vom 26. Juni 1945 vgl. BGBl. 1973, II, S. 466–469.

12 Zum Vorschlag der Präsidenten Jelzin (Russland) und Krawtschuk (Ukraine) vom 6. Juli 1992 vgl. Dok. 212, Anm. 9.

13 Die dritte Sitzung des KSZE-Außenministerrats fand am 14./15. Dezember 1992 statt. Vgl. Dok. 418 und Dok. 423.

14 Zur außerordentlichen WEU-Ministerratstagung am 10. Juli 1992 in Helsinki vgl. Dok. 220, Anm. 6.

15 Zur außerordentlichen NATO-Ministerratstagung am 10. Juli 1992 in Helsinki vgl. Dok. 220.

Die Interventionen von 51 Staats- und Regierungschefs hatten ganz überwiegend eher bestätigenden als konzeptionell zukunftsweisenden Inhalt.

Trotzdem sollte an den Gipfeltreffen festgehalten werden. Für die Staats- und Regierungschefs der großen Länder ist es zweifellos eine erhebliche zusätzliche Belastung. Für die mittleren und kleineren KSZE-Teilnehmerstaaten ist es jedoch der notwendige, sichtbare Ausdruck der Tatsache, dass sie am KSZE-Prozess gleichberechtigt beteiligt sind und über das Schicksal der Völkergemeinschaft von Vancouver bis Wladiwostok mitbestimmen dürfen.

(In welcher Weise der Nachfolgestaat der SFRJ an die Ergebnisse des Helsinki-Gipfels gebunden ist, bedarf noch der Prüfung. „Jugoslawien" war bei der abschließenden Plenarsitzung des HFT am 8.7.92, bei der dem Gipfel die Annahme der Ergebnisse empfohlen wurde, noch anwesend.)

VII. Die deutsche KSZE-Delegation wird mit dem 14.7.1992 aufgelöst. Wir danken dem Auswärtigen Amt, den Ressorts, zahlreichen Botschaften und Vertretungen für die gute Zusammenarbeit und die für die Delegation sehr wichtige fortlaufende Unterrichtung.

[gez.] Höynck

B 21, ZA-Bd. 161024

227

Gespräche des Bundesministers Kinkel mit dem iranischen Außenminister Velayati

14./15. Juli 1992[1]

Besuch des iranischen Außenministers Dr. Ali Akbar Velayati vom 14.–16. Juli 1992;
hier: Gespräche mit BM am 14.7.1992 (311) und am 15.7.1992 (Dg 31[2])

BM gratuliert Dr. Velayati zu seiner Wiederernennung als Außenminister und spricht ihm persönlich und der iranischen Regierung Dank für das iranische Engagement bei der Befreiung der deutschen Geiseln Strübig und Kemptner[3] aus. BM dankt AM besonders auch dafür, dass er eigens eine gefahrvolle Reise in den Libanon unternommen habe, um die Geiselfrage zu lösen.[4] Die iranische Hilfe stelle einen starken Impuls für eine weitere Vertiefung der bilateralen Beziehungen dar.

1 Kopie.
Der Gesprächsvermerk wurde von VLR I von Dassel am 28. Juli 1992 gefertigt. Ferner Vermerk: „Von BM noch nicht gebilligt."
Hat VLR Brose am 29. Juli 1992 vorgelegen.

2 Herwig Bartels.

3 Zur Freilassung der beiden deutschen Geiseln Strübig und Kemptner am 17. Juni 1992 im Libanon vgl. Dok. 181.

4 Zum Besuch des iranischen AM Velayati Anfang Juni 1992 im Libanon vgl. Dok. 167.

AM gratuliert seinerseits BM zur Amtsübernahme und spricht ebenfalls Hoffnung auf weiteren Ausbau der traditionell guten Beziehungen zwischen beiden Ländern aus. Auch Iran freue sich über die Befreiung der deutschen Geiseln, die der iranischen Regierung besonders am Herzen gelegen habe.

BM spricht sein Bedauern aus über den Überfall auf die iranische Botschaft in Bonn.[5] Wir würden uns bemühen, den Schaden wiedergutzumachen, und Maßnahmen ergreifen, um eine Wiederholung derartiger Vorfälle zu verhindern. Er habe wohl vermerkt, dass iranische Regierung alles getan habe, um im Zusammenhang mit dem Vorfall eine Trübung des bilateralen Verhältnisses zu vermeiden. Täter seien bekanntlich keine Deutschen, sondern irregeleitete Iraner gewesen. Dennoch oblag uns die Schutzpflicht.

Zur Reihenfolge der Besprechungsthemen einigten sich die beiden Minister darauf, zunächst bilaterale und anschließend regionale und internationale Fragen zu erörtern.

AM trägt zunächst eine Liste von in Aussicht genommenen bilateralen Begegnungen vor:

- Reise des Koordinators für MR-Fragen, MDg Schilling, nach Iran 12. – 16.7.92[6];
- Besuch von StS Kastrup in Iran zu politischen Konsultationen auf StS-Ebene[7];
- Reise Leiter Politische Abteilung West des iranischen Außenministeriums, Asefi, nach Deutschland[8];
- Reise D 3[9] nach Iran;
- Gegenbesuch des Auswärtigen Ausschusses des iranischen Parlaments in Deutschland;
- erste gemeinsame Sitzung der beiden bilateralen Parlamentariergruppen in Deutschland oder Iran;
- Reise des Vizepräsidenten des Deutschen Bundestages, Hans Klein, nach Iran;
- Sitzung der bilateralen Arbeitsgruppe Technologietransfer 28./29.7.92 in Bonn[10];
- Reise von BM Töpfer nach Iran 1. – 5.10.1992[11];

5 Zu den Ausschreitungen gegen iranische Vertretungen am 5. April 1992 vgl. Dok. 103.

6 MDg Schilling führte am 17. Juli 1992 zu seinem Besuch im Iran aus: „Die in weiten Passagen schwierigen Gespräche wurden in großer Offenheit und trotz oft unterschiedlicher Auffassungen in freundschaftlicher Atmosphäre geführt. Die iranische Seite selbst sah sich genötigt, ihre eigenen Positionen zu verteidigen, weitere Bemühungen um Verbesserungen der Menschenrechtslage sowie die Fortsetzung der internationalen Zusammenarbeit in Aussicht zu stellen. Wir können uns hierauf berufen, wenn auch künftig die Einhaltung der Menschenrechte im Iran angemahnt werden muss. Aus meiner Sicht sprechen die Besuchsergebnisse dafür, den kritischen Dialog mit dem Iran zu Menschenrechtsfragen fortzusetzen." Vgl. B 45, ZA-Bd. 175388.

7 StS Kastrup besuchte den Iran am 23./24. Juni 1993.

8 Der Abteilungsleiter im iranischen Außenministerium, Asefi, hielt sich vom 16. bis 18. Dezember 1992 in der Bundesrepublik auf.

9 Reinhard Schlagintweit.

10 Das BMWi vermerkte am 30. Juli 1992 zur Sitzung der deutsch-iranischen Arbeitsgruppe „Kooperation", die iranische Seite habe ausgeführt, Ziel sei es, „eine ‚strategische Übereinkunft' zu erreichen, um die technologische Zusammenarbeit zu intensivieren", und zwar auf den Gebieten Maschinenbau, Telekommunikation, Metallurgie und Hüttentechnik, Bergbau, Energie sowie Umweltschutz. Vgl. B 36, ZA-Bd. 170185.

11 BM Töpfer besuchte den Iran vom 2. bis 5. Oktober 1992. BR Ranner, Teheran, teilte am 12. Oktober 1992 mit: „Großes iranisches Interesse an konkreter Zusammenarbeit trat bei allen Gesprächen deutlich hervor. Fülle iranischer Umweltprobleme und vergleichsweise mit Europa offenbar geringere Priorität des Umweltbereiches für iranische Politik sind jedoch weiterhin bestehende Faktoren." Vgl. DB Nr. 867; B 36, ZA-Bd. 170183.

- Besuch des iranischen Landwirtschaftsministers nach Deutschland 5. – 10.10.92[12];
- Sitzung der Gemeinsamen Wirtschaftskommission Anfang 1993 in Deutschland;
- Sitzung der deutsch-iranischen Kulturkommission im November 1992 in Teheran;
- MR-Seminar bei Orient-Institut in Hamburg[13];
- Deutsche Kulturwoche in Teheran Anfang 1993;
- Besuch des Intendanten des ZDF[14] in Iran;
- Besuch des iranischen Justizministers in Deutschland im November 1992[15].

AM spricht Hoffnung auf baldigen Besuch des Bundeskanzlers in Iran aus und lädt BM für das kommende Jahr zu einem offiziellen Besuch in Iran ein. *BM* nimmt die Einladung an und merkt an, dass der Umfang der in Aussicht genommenen bilateralen Begegnungen die Breite der bilateralen Beziehungen zwischen beiden Ländern unterstreiche.

AM merkt kritisch an, dass es eine Reihe von Fragen im bilateralen Bereich gebe, die Zweifel an der Verlässlichkeit der deutschen Seite aufkommen ließen bzw. den Eindruck erweckten, man drehe sich im Kreise, statt sich um rasche Problemlösung zu bemühen.

Größtes Problem sei das Ungleichgewicht in der deutsch-iranischen Handelsbilanz. In einem kürzlichen Telefongespräch hätten Bundeskanzler Kohl und Staatspräsident Rafsandschani vereinbart, dieses Ungleichgewicht zu reduzieren. Die deutschen Ausfuhren nach Iran beliefen sich auf das Fünffache der deutschen Einfuhren aus Iran. Die deutschen Erdöleinfuhren aus Iran gingen immer weiter zurück. Sogar das Erdölland Großbritannien kaufe doppelt so viel Erdöl wie Deutschland in Iran.

BM und *D 4*[16] weisen auf Dispositionsfreiheit deutscher Erdölwirtschaft und auf privatwirtschaftliche Preis-/Kostenüberlegungen (u. a. hohe Transportkosten und zusätzliche Raffinierungskosten wegen schwerer Erdölqualitäten) hin. Deutschland sei im Übrigen größter Abnehmer Irans für Nichterdölprodukte.

AM weist auf umfangreiche iranische Lager von Erdgas hin. (Botschafter Freitag erwähnt in diesem Zusammenhang eine kürzliche Fact-finding-Mission von Ruhrgas.) Iran sehe auch Expansionsmöglichkeiten bezüglich der Ausfuhr von

12 Zum Besuch des iranischen Landwirtschaftsministers Kalantari vermerkte das BML am 15. Oktober 1992, erörtert worden seien die Arbeitsfelder Agrartechnik, Agro-Industrie, Agrarforschung und -ausbildung sowie Agrarhandel. Vgl. B 36, ZA-Bd. 170184.

13 Das Seminar „Die Menschenrechte zwischen Universalitätsanspruch und kultureller Bedingtheit" fand vom 22. bis 24. September 1992 statt. VLR I Truhart vermerkte am 29. September 1992, es sei zu einer „offenen Aussprache über sensible Fragestellungen" gekommen: „Auffällig war die Tendenz in nahezu allen iranischen Beiträgen, Gemeinsamkeiten oder wenigstens die Nähe islamischer Vorstellungen zur Respektierung von Würde und Rechten des Menschen sowie der Gedanken von Demokratie und Volkssouveränität zu westlichen Positionen herauszuarbeiten." Lautstarke Demonstrationen iranischer Oppositioneller vor dem Tagungszentrum hätten jedoch zu Irritationen geführt. Einem Demonstranten sei es gelungen, in das Auditorium vorzudringen und dort Stinkbomben zu werfen. Dies habe iranische Demarchen in Bonn und Teheran ausgelöst. Die iranischen Seminarteilnehmer hätten die Veranstaltung dennoch „ausdrücklich als erfolgreich und ergiebig" gewürdigt. Vgl. B 36, ZA-Bd. 170190.

14 Dieter Stolte.

15 VLR I Dassel vermerkte am 27. Oktober 1992, der angekündigte Besuch des iranischen Justizministers Schuschtari finde nicht statt. Es reise eine iranische Justizdelegation auf Staatssekretärsebene an. Ein für den 3. November 1992 vorgesehenes Gespräch mit BM Kinkel solle daher nicht stattfinden. Vgl. B 36, ZA-Bd. 170184.

16 Heinrich-Dietrich Dieckmann.

- landwirtschaftlichen Produkten (Blumen, Obst),
- chemischen Produkten und
- Bodenschätzen.

AM äußert sich kritisch zum Angebotsverhalten deutscher Unternehmen (ABB und Siemens) am Beispiel der Ausschreibung für den U-Bahnbau in Teheran. Die genannten Firmen hätten Angebote für U-Bahnwagen abgegeben, die teilweise preislich das Mehrfache von Konkurrenzangeboten (China, Südkorea, Argentinien, Brasilien, Österreich, Russland) betragen hätten. Diese Preise seien dann in späteren Verhandlungen um nahezu 50 % reduziert worden. Dies hinterlasse schlechten Eindruck über Geschäftsgebaren dieser Unternehmen.

BM weist auf freien Wettbewerb hin, sagt jedoch zu, gegenüber den Vorständen der genannten Unternehmen die Angelegenheit zur Sprache zu bringen.

AM bedauert Einführung eines Plafonds von 1 Mrd. DM bis Ende dieses Jahres für Hermesbürgschaften bei mittelfristigen Krediten.[17] Dies behindere den Handel erheblich. In dem Fall Al Mahdi-Aluminiumwerk sei ein Projekt im Umfang von 1 1/2 Mrd. DM, das bereits angelaufen sei, durch die neue Regelung gefährdet.[18]

D 4 weist daraufhin, dass Deutschland gegenüber Iran sehr großzügige Hermesdeckungspolitik betreibe. Seit Juli 91 seien Kredite über insgesamt 12 Mrd. DM in Deckung genommen worden. Iran liege weltweit an der Spitze bei den Hermesgarantien. Kurzfristige Kredite fielen ohnehin nicht unter den neuen Plafonds. Außerdem habe man Ausnahmeregelungen aufgrund von Einzelfallprüfungen zusätzlich vorgesehen.

BM sagt zu, auch die Hermesproblematik mit seinen zuständigen Kabinettskollegen zu erörtern.

AM erwähnt, dass im Gegensatz zu Deutschland Japan „soft loans" mit 2,5 % Verzinsung und einer Laufzeit von 25 Jahren gewähre (Staudammprojekt Karun/Chuzestan) und damit Iran Wiederaufbauhilfe leiste.

Kritisch merkt AM darüber hinaus Schwierigkeiten bei der Kreditgewährung für ein von Siemens geplantes Kraftwerk auf der Insel Qashan an. In diesem Fall verlange Siemens eine Garantie der iranischen Zentralbank, nachdem man zunächst mit einer Garantie des Bergbauministeriums einverstanden gewesen sei.

BM sagt erneut zu, die Firmen auf die angesprochenen Probleme aufmerksam zu machen. Deutschland habe sehr hohes Lohn- und Lohnnebenkostenniveau. Das Investitions-

17 Referent Wothe teilte der Botschaft in Teheran am 12. Mai 1992 mit, der Interministerielle Ausfuhrgarantieausschuss (IMA) habe am 23. April 1992 beschlossen, „bei der Indeckungnahme von Geschäften mit iranischen Bestellern, die deutlich über der Orientierungsgröße von 50 Mio. DM (pro Einzelgeschäft) liegen, eine Garantie der Bank Markazi oder des iranischen Wirtschafts- und Finanzministeriums zu verlangen." Vgl. DE Nr. 204; B 55, ZA-Bd. 170133.
Am 4. Juni 1992 informierte Wothe, der IMA habe 2. Juni 1992 „für den Rest des Jahres einen Jahresplafonds 1992 für Kreditgeschäfte mit Iran in Höhe von DM 1 Mrd. beschlossen". Vgl. DE Nr. 239; B 55, ZA-Bd. 170133.

18 VLR I Runge erläuterte am 15. Juli 1992: „Bundesregierung steht der Indeckungnahme der Großprojekte Kraftwerk Karun III, Aluminiumhütte Al Mahdi und Zinkanlage grundsätzlich positiv gegenüber. Mit der Verbürgung der drei Geschäfte in Höhe von insgesamt DM 1,2 Mrd. würden wir allerdings an die Grenze der in diesem Jahr für Iran bestehenden Deckungsmöglichkeiten stoßen." Während diese drei Projekte „akut, aber noch nicht endgültig entschieden" seien, lägen bereits Anträge für weitere Projekte in Höhe von rund 2 Mrd. DM vor, darunter für das Vorhaben „Metro Teheran". Vgl. B 55, ZA-Bd. 170133.

und Marktverhalten der deutschen Unternehmen folge den Grundsätzen einer freien Wirtschaft. Wir hätten großes Interesse daran, unsere Wirtschaftsbeziehungen mit Iran auszubauen. Wir könnten jedoch in unserem marktwirtschaftlichen System die Unternehmen nicht dirigieren.

BM geht auf MR-Fragen ein, erinnert an seine Gespräche zu diesem Thema im Frühjahr in Teheran[19] und dankt für die Aufnahme von Dg 23[20] und Ermöglichung zahlreicher guter Gespräche. Wir begrüßten auch Verbesserungen der iranischen MR-Lage. Auch die Reise des iranischen Justizministers nach Deutschland sei u. a. der Erwähnung der[21] MR-Fragen gewidmet. Er würde sich freuen, bei dieser Gelegenheit mit seinem ehemaligen Kollegen zusammenzutreffen.

AM: Sein Land beachte die Menschenrechte. Die Menschenrechtsfrage werde aber durch das Ausland instrumentalisiert. Wenn BM der Ansicht sei, dass eine Erörterung der Menschenrechte im Iran innenpolitisch notwendig sei, sei er dazu bereit.

BM weist auf sein persönliches Engagement für eine Verbesserung der MR-Bedingungen hin. Es gehöre zu unseren Grundsätzen, Religion und Rechtssystem eines anderen Landes zu achten, aber jedes Land müsse sich mit seinem System an Grundvoraussetzungen bezüglich der Menschenrechte messen lassen. Die hohe Zahl von Hinrichtungen löse in Deutschland Protest aus.

BM bittet AM, im Fall Szimkus[22] bald zu einer befriedigenden Lösung zu kommen. *AM* sagt dies grundsätzlich zu, Szimkus habe bereits Hafterleichterungen erhalten. AM sei sehr interessiert, dass dieser Fall nicht zu einer Belastung der Beziehungen führt.

19 BM Kinkel hielt sich vom 28. bis 30. Januar 1992 im Iran auf. Vgl. bereits Dok. 148, Anm. 10, und Dok. 167, Anm. 8.
Botschafter Freitag, Teheran, berichtete am 3. Februar 1992, Kinkel habe zum Thema Menschenrechte in allen Gesprächen „sehr deutlich" gemacht, „dass sich für einige Verhältnisse und Vorkommnisse im Iran kein Verständnis in Europa findet. Er riet dringend, dass Iran sich in der MR-Frage weiter öffne und mit Europa und der internationalen Gemeinschaft zusammenarbeite mit dem Ziel, Abhilfe zu schaffen." Die iranischen Gesprächspartner hätten die Auffassung vertreten, „dass die MR eine zentrale Stellung im Islam einnähmen. [...] Die ständigen Behauptungen von MR-Verletzungen in Iran träfen nicht zu." Die iranische Seite habe sich dem Vorschlag engerer Zusammenarbeit gegenüber allerdings aufgeschlossen gezeigt. Vgl. DB Nr. 106; B 36, ZA-Bd. 170183.

20 Wolf-Dietrich Schilling.

21 Korrigiert aus: „von den".

22 Referat 511 erläuterte am 23. Januar 1992, der deutsche Staatsangehörige Helmut Szimkus sei seit Januar 1989 im Iran unter dem Vorwurf der Spionage für den Irak inhaftiert und im Januar 1992 zum Tode verurteilt worden. Erst ein Jahr nach der Verhaftung habe die Botschaft in Teheran Kenntnis erhalten, bekomme seitdem jedoch nur eingeschränkt die Möglichkeit zu Konsularbesuchen. Eigenen Angaben zufolge sei Szimkus gefoltert worden. Vgl. B 36, ZA-Bd. 170191.
Während seines Besuchs vom 28. bis 30. Januar 1992 im Iran traf BM Kinkel am 29. Januar 1992 im Evin-Gefängnis in Teheran mit Szimkus zusammen. Mit Schreiben vom 10. Februar 1992 an BM Genscher übermittelte Kinkel einen Vermerk über das Gespräch. Dazu teilte Kinkel mit, er habe noch am selben Tag gegenüber der iranischen Regierung erklärt, „dass eine Exekution von S[zimkus] von der Bundesregierung als schwerste Belastung des bilateralen Verhältnisses angesehen würde, dass ich bäte, sofort in Untersuchungen über Folterungen usw. einzutreten und alles zu tun, um Gleiches oder Ähnliches bei Herrn S. und anderen zu verhindern. Ich habe keine offizielle Zusage erhalten, dass eine Exekution nicht stattfinde, wohl aber haben der Justizminister und der Botschafter mir gegenüber bedeutet, wir sollten uns keine Sorgen machen; was immer das bedeutet." Vgl. das Schreiben sowie den Vermerk des MDg Stein, BMJ, vom 31. Januar 1992; B 36, ZA-Bd. 170191.

BM unterrichtet AM über Ergebnisse des Weltwirtschaftsgipfels[23] und KSZE-Gipfels[24] sowie die deutsche Einschätzung der Entwicklung in Russland und in Jugoslawien.

AM nimmt auf Bitten von BM zur Lage in Irak Stellung: Zukunft Iraks werde immer unübersichtlicher. Lage werde noch komplizierter nach den Wahlen in den Kurdengebieten[25] durch zunehmende Sezessionstendenzen. Eine Desintegration Iraks hätte erhebliche Auswirkungen auf die Entwicklung in der Türkei. Dort lebten 15 Mio. Kurden und 20 Mio. Alawiten, auf die die Entwicklung übergreifen könnte. Die Türken seien im eigenen Land in der Minderheit. Einige westliche Länder, die die Unabhängigkeit der irakischen Kurden unterstützten, spielten mit dem Feuer. Deutlich wurden dahinter die eigenen iranischen Befürchtungen in der Kurdenfrage. Die irakische Opposition sei bis auf Kurden und Schiiten wenig wirksam. Unverständlich sei, warum v. a. die USA und GB die beiden großen Gruppen vernachlässigten und sich auf die kleineren zersplitterten Oppositionsgruppen konzentrierten, aber auf der anderen Seite nichts gegen Saddam Hussein unternähmen.

BM fragt, ob die irakische Opposition überhaupt eine Chance gegen Saddam Hussein habe. AM bejaht dies. Die Opposition, insbesondere die großen Gruppen, würde jedoch vom Westen nicht ausreichend unterstützt. *BM* räumt ein, dass die westlichen Länder gegenseitig gegen Saddam Hussein keine überzeugende Strategie haben.[26] *D 3* ergänzt, es sei bisher unser Ziel gewesen, eine erneute Fluchtbewegung der Kurden zu verhindern. Nach unserer Überzeugung dürfe die staatliche Integrität Iraks nicht angetastet werden. Es ginge aber darum, die Autonomie der Kurden innerhalb Iraks, wie bereits 1970 geplant, herzustellen. Wir hätten deshalb keine formellen Kontakte mit den Kurden in angrenzenden Gebieten aufgenommen.

AM äußert die Meinung, dass jede Veränderung des Status der Kurden im Irak regional zu folgenschweren Konsequenzen führen würde.

Bei ihrem Zusammentreffen während eines Mittagessens nahm *BM* die von AM angeschnittenen Wirtschaftsfragen wieder auf. Er referierte die inzwischen eingeholte Stellungnahme zu unseren Erdölbezügen, schlug dann jedoch vor, dass Botschafter Mussawian diejenigen Wirtschaftsprobleme auflistet, die einer Reaktion von deutscher Seite bedürfen.

AM war mit diesem Vorschlag einverstanden. Darüber hinaus schlug er vor, eingehend auf eine angebliche Anregung des Bundeskanzlers, einen besonderen institutionalisierten Mechanismus zu schaffen, um die bilateralen Beziehungen intensiver fördern zu können.

BM sprach sich gegen zu viele Kommissionen aus. Deren Arbeit führe nur zur Unübersichtlichkeit. Er betonte nachdrücklich seinen Willen, dass die deutsch-iranischen Beziehungen vorankämen. Dafür bedürfe es praktischer Maßnahmen. Sein konkreter Vorschlag laute: Beide Seiten sollten die Punkte auflisten, die der Verbesserung der Beziehungen

23 Zum Weltwirtschaftsgipfel vom 6. bis 8. Juli 1992 vgl. Dok. 225.

24 Zur KSZE-Gipfelkonferenz am 9./10. Juli 1992 in Helsinki vgl. Dok. 226.

25 Botschafter Eickhoff, Ankara, teilte am 26. Mai 1992 mit: „Die Wahlen im Nordirak (19. Mai 1992) haben im Parlament jeder der beiden großen, nach Stammessolidarität ausgerichteten Parteien K[urdische]D[emokratische]P[artei] (Barzani) und P[atriotische]U[nion]K[urdistans] (Talabani) 50 von 105 Abgeordneten (5 für Syrianis freigehalten) gebracht. [...] Bei den Präsidentenwahlen hat Barzani etwa 48 Prozent und Talabani etwa 44 Prozent bekommen. Eine Stichwahl ist erforderlich." Vgl. DB Nr. 654; B 36, ZA-Bd. 170172.

26 So in der Vorlage.

dienen könnten, um sie der anderen Seite über den jeweiligen Botschafter zukommen zu lassen. Dann sei zu bestimmen, wer sich welcher Fragen annehme.

AM stimmte auch diesem Vorschlag zu. Er schloss das Gespräch ab mit dem Appell, das vereinigte Deutschland möge seine gewachsene Verantwortung erkennen und auch wahrnehmen und sich nicht mehr erpressen lassen.

BM stimmte zu, dass unser historisches Erbe nicht dazu führen dürfe, in Demut zu verharren. Gerade die Beziehungen zu Polen und zu Israel zeigten, wie schwierig es sei, die richtige Balance, das Mittelmaß zu finden.

Hiermit Herrn Bundesminister mit der Bitte um Genehmigung vorgelegt.

Die Frage der Freilassung des israelischen Piloten Arad[27] wurde vom Persönlichen Referenten des BM[28] eingehend mit Botschafter Mussawian erörtert.

B 1, ZA-Bd. 178945

228

Vorlage des Vortragenden Legationsrats I. Klasse Brümmer für Bundesminister Kinkel

214-321.00 POL **15. Juli 1992[1]**

Über Herrn Dg 21[2], Herrn D 2[3], Herrn Staatssekretär[4] Herrn Bundesminister[5]

Betr.: Lage in Polen und deutsch-polnisches Verhältnis

Zweck der Vorlage: Zur Unterrichtung im Hinblick auf Ihren bevorstehenden Besuch in Polen[6]

27 VLR Kaul informierte am 9. Juli 1992, die israelische Botschaft habe darum gebeten, BM Kinkel möge sich gegenüber dem iranischen AM Velayati für den israelischen Flugnavigator Ron Arad einsetzen, der im Oktober 1986 im Libanon in Gefangenschaft geraten und offenbar 1989 an iranische Revolutionswächter übergeben worden sei. Israel halte daher den Iran für Arads Schicksal verantwortlich, habe jedoch trotz intensiver vertraulicher Gespräche keine weiteren Informationen erlangen können. Viele Beobachter, darunter der Sonderbeauftragte des VN-GS, Picco, gingen davon aus, dass Arad tot sei. Vgl. B 36, ZA-Bd. 196639.

28 Michael Gerdts.

1 Die Vorlage wurde von VLR Elfenkämper konzipiert.

2 Hat in Vertretung des MDg von Studnitz VLR I Libal am 16. Juli 1992 vorgelegen.

3 Hat MD Chrobog am 16. Juli 1992 vorgelegen.

4 Hat StS Kastrup am 19. Juli 1992 vorgelegen.

5 Hat BM Kinkel am 24. Juli 1992 vorgelegen, der handschriftlich vermerkte: „Gute Aufz[eichnung]. Nach Polen mitgeben!"
Hat OAR Rehlen am 27. Juli 1992 vorgelegen, der den Rücklauf über das Büro Staatssekretäre an Referat 214 verfügte und handschriftlich vermerkte: „S[iehe] Weisung BM."
Hat VLR I Reiche am 7. August 1992 vorgelegen.

6 BM Kinkel hielt sich am 29./30. Juli 1992 in Polen auf. Vgl. Dok. 242.

I. Kurzfassung

Mit der Bildung der Regierung Suchocka[7] verbindet sich die Hoffnung auf eine Phase relativer Stabilität und Handlungsfähigkeit für das nach anfänglich forcierter Reform inzwischen deutlich hinter Ungarn und die ČSFR zurückgefallene Polen. Die neue Regierung dürfte sich deutlich auf eine intensivere Zusammenarbeit mit dem Westen, darunter auch D, orientieren, dabei aber auch Erwartungen an den Westen wieder deutlicher artikulieren.

Das deutsch-polnische Verhältnis befindet sich in einer Phase breit angelegten Ausbaus und fortschreitender Normalisierung, leidet allerdings fortgesetzt am starken Gefälle in der wirtschaftlichen und sozialen Entwicklung zwischen D und PL sowie alten und neuen Negativ-Wahrnehmungen der Bevölkerung auf beiden Seiten.

Die Lage der deutschen Minderheit in PL bleibt auf absehbare Zeit ein wichtiger Einflussfaktor für das bilaterale Verhältnis.

Außenpolitisch ist PL zunehmend klarer nach Westen ausgerichtet, Führungskonflikte wie mit großen westlichen Partnern und Nachbarn dürften von Polen nicht ausgehen.

Die Zielvorgabe der Schaffung eines deutsch-polnischen Verhältnisses nach dem deutsch-französischen Vorbild erfordert breit angelegte Bemühungen um eine Verankerung der Beziehungen in der Öffentlichkeit, um die Störanfälligkeit des Verhältnisses zu mildern. Dies gilt umso mehr, als im Zuge der weiteren Annäherung PLs an die EG noch größere Interessenkonflikte bevorstehen und unser Spielraum für eine umfangreiche direkte materielle Unterstützung PLs enger werden dürfte.

II. Im Einzelnen

1) Mit der Bildung der Regierung Suchocka verbindet sich für Polen nach einer seit fast einem Jahr andauernden innenpolitischen Stagnation die Hoffnung auf die Wiedergewinnung einer gewissen innenpolitischen Stabilität und damit der Fortsetzung der ins Stocken geratenen Reformen von Wirtschaft und Gesellschaft. Für den aus der Solidarität hervorgegangenen Teil der neuen politischen Klasse Polens bedeutet der Start der neuen Regierung eine zweite Chance, nachdem die langandauernden internen Auseinandersetzungen in der Bewegung selbst und später im parlamentarischen Bereich seit längerem zu ihrem dramatischen Ansehensverfall in der Öffentlichkeit und zu politischer Apathie weiter Bevölkerungskreise (Wahlbeteiligung an der Parlamentswahl vom Oktober 1991[8] unter 50 %) geführt hatten.

Im regionalen Vergleich ist das zunächst besonders reformmutige, dann sehr schnell politisch wie ökonomisch instabile Polen bedeutend hinter die beiden Visegrád-Partner

7 Nach dem Rücktritt des polnischen MP Pawlak am 8. Juli 1992 wurde am 10. Juli 1992 die Juristin Hanna Suchocka von der Demokratischen Union zu seiner Nachfolgerin gewählt. Botschafter Bertele, Warschau, führte am 14. Juli 1992 aus, während insgesamt „verschiedene Anzeichen auf eine relative Stabilität der neuen Regierung hindeuten, bleibt die Frage offen, wie erfolgreich sie bei der Durchführung der wirtschaftlich-sozialen Anpassungsmaßnahmen sein wird, die gerade im Hinblick auf die beginnende Integration Polens mit der EG notwendig werden". Vgl. DB Nr. 1076; B 42, ZA-Bd. 176785.

8 Die Wahlen zum polnischen Parlament fanden am 27. Oktober 1991 statt. Im Parlament waren künftig 16 Parteien und Wahlbündnisse vertreten. Der für die Zentrumsallianz (Porozumienie Centrum), die mit 8,7 % der Stimmen viertstärkste Partei geworden war, angetretene Jan Olszewski bildete am 23. Dezember 1991 eine von fünf Parteien getragene Regierung.

ČSFR und Ungarn zurückgefallen. Dies spiegelt sich z. B. auch in einer anhaltend geringen Investitionsbereitschaft westlicher Investoren in PL wider.

Die Zwischenbilanz der maßgeblich von den Regierungen Mazowiecki und Bielecki unter der Federführung von Finanzminister Balcerowicz vorangetriebenen und seither stagnierenden Reform bietet ein gemischtes Bild: einerseits starkes Wachstum des privaten Sektors, erfolgreiche Inflationsbekämpfung und Erfolge im Außenhandel, andererseits hohe soziale Kosten, hohe Arbeitslosigkeit, das praktisch ungelöste Problem der Privatisierung der staatlichen Großbetriebe und strukturelle Haushaltsdefizite.

Die Stimmung in der Bevölkerung scheint dessen ungeachtet insgesamt besser, als es angesichts der spürbaren Konsequenzen der Reform für den Einzelnen (Kaufkraftverlust, Arbeitslosigkeit) zu erwarten wäre. Grund dafür mag sein, dass in Polen seit jeher Mechanismen der Parallelwirtschaft gut funktionieren und die offizielle Statistik nicht das volle Bild wiedergibt. Die neueste makroökonomische Entwicklung lässt aber auch gewisse Anzeichen für eine Erholung der Wirtschaft erkennen: kein weiterer Rückgang der Industrieproduktion, Überschuss im Außenhandel und entgegen manchen Erwartungen kein neuer inflationärer Schub.

Die weiterhin ungelösten Probleme wirtschaftlicher Restrukturierung und daneben insbesondere das Problem eines besonders ineffizienten und unzureichend motivierten und in Teilen auch korrupten Staatsapparats erfordern jedoch weiterhin energisches Regierungshandeln, für das sich die neue Regierung vor denselben Zielkonflikt gestellt sieht wie ihre Vorgänger: Erfüllung der international gestellten Auflagen hinsichtlich der Staatsverschuldung und Einlösung der Möglichkeit einer 50-prozentigen Entschuldung im Außenverhältnis durch den Pariser Club in Verbindung mit einem entsprechenden Arrangement mit den nach wie vor zögernden privaten Bankgläubigern im Rahmen des Londoner Clubs einerseits und Milderung der sozialen Kosten der Reform andererseits.

Personelle Zusammensetzung der neuen Regierung und der sie tragenden (wenn auch knappen) parlamentarischen Mehrheit lässt ein zügiges Handeln, dabei eine deutlichere Orientierung auf eine Zusammenarbeit mit dem Westen und darunter mit D als dem wichtigsten westlichen Partner erwarten als bei der wenig handlungsfähigen Regierung Olszewski, die in den sechs Monaten ihres Bestehens mit Rücksicht auf die sie tragenden neonationalistischen Kräfte Zurückhaltung im Verhältnis zu D erkennen ließ.

Es ist allerdings nicht auszuschließen, dass von der neuen Regierung auch wieder ein stärkerer Erwartungsdruck auf die westlichen Partner, darunter auf uns, ausgeht.

2) Das bilaterale deutsch-polnische Verhältnis hat sich in den drei Jahren seit der Bildung der ersten demokratischen Regierung in PL und insbesondere seit der deutschen Vereinigung grundlegend verbessert und befindet sich in einem Prozess fortschreitender Normalisierung. Die Arbeitsbeziehungen auf Regierungsebene werden kontinuierlich ausgeweitet und erfassen eine Vielzahl von Ressorts. Die deutsch-polnische Regionalkommission fördert – unter Vorsitz AA und Einbeziehung der Länder und Woiwodschaften – die regionale Zusammenarbeit vor allem in der Grenzregion in allen Sachbereichen, mit den Schwerpunkten Wirtschaftsförderung und Lage an den Grenzübergängen. Große Bereiche der in der Folge der deutschen Vereinigung neu zu regelnden oder anzupassenden Vertragsmaterie sind bearbeitet oder stehen vor einer vertraglichen (Neu-)Regelung. Hinsichtlich der Qualität der Zusammenarbeit bietet sich ein gemischtes Bild: einerseits z. B. durchaus zukunftsweisendes Zusammengehen in der Frage der seerechtlichen Ausgestal-

tung der Verhältnisse in der Stettiner Bucht[9], andererseits schleppender Fortgang der mit den Neuregelungen an der Grenze (Abfertigung, Verträge über neue Grenzübergänge) zusammenhängenden Fragen[10], schließlich harte polnische Verhandlungsführung in Fragen des aus der deutschen Vereinigung herrührenden sog. Transferrubelsaldos im Außenhandel.[11]

3) Die Zielvorgaben für die langfristige Ausgestaltung unseres Verhältnisses zu diesem nach Frankreich wichtigsten unmittelbaren geographischen Nachbarn liegen durch die Perspektive einer künftigen Mitgliedschaft Polens in der Europäischen Gemeinschaft einerseits, durch die Programmatik unserer bilateralen Vertragspolitik mit Polen andererseits (Überwindung der Vergangenheit, gute Nachbarschaft, regionale Zusammenarbeit, Hilfe bei der Annäherung Polens an die EG), grundsätzlich fest. Hinsichtlich der angestrebten Qualität der bilateralen Beziehungen hat der Bundeskanzler wiederholt auf das in 35 Jahren erreichte deutsch-französische Verhältnis als Modellfall für die deutsch-polnischen Beziehungen hingewiesen.

4) Auf dem Wege zu diesem Ziel sind auf absehbare Zeit eine Reihe von Störfaktoren in Rechnung zu stellen, die weniger in der Sphäre der Regierungszusammenarbeit als in ungünstigen Rahmenbedingungen und im Verhältnis der beiden Völker zueinander liegen. Sie

9 Vom 4. bis 8. Mai 1992 fand in Warschau eine erste Verhandlungsrunde über ein Abkommen über die Durchfahrt von Schiffen durch die inneren Gewässer im Bereich der Insel Usedom statt. MD Hinz, BMV, z. Z. Warschau, teilte am 12. Mai 1992 mit, Ausgangspunkt seien die totale Sperrung der Schifffahrt seit Oktober 1991 und das Fehlen völkerrechtlicher Ansprüche der Bundesrepublik gewesen. Nunmehr sei in dem vereinbarten Entwurf die wechselseitige Einräumung von Zugangsrechten erreicht worden: „Im Verlauf Verhandlungen wurde erkennbar, dass die Kräfte der Verständigung und des Ausgleichs sich gegenüber alten Denkmustern durchzusetzen beginnen, allerdings noch stark auf vielfältige, eventuell divergierende politische Strömungen Rücksicht nehmen müssen." Vgl. DB Nr. 724; B 80, Bd. 1446.
Das Abkommen wurde am 17. Februar 1993 unterzeichnet. Vgl. BGBl. 1993, II, S. 1207–1209.

10 GK von Berg, z. Z. Bonn, legte am 3. Juli 1992 dar, Verzögerungen bei der Einrichtung von Grenzübergängen seien „vor allem auf das Verhalten der polnischen Seite zurückzuführen. Sie hat sich offenbar nicht bzw. ohne greifbaren Erfolg um die Finanzierung des Ausbaus von Grenzübergängen eingesetzt. Hinsichtlich der Verwendung der PHARE-Mittel, die […] auch für den Ausbau der Grenzübergänge an der Westgrenze Polens eingesetzt werden sollten, hat sich die polnische Regierung für eine Verwendung dieser Mittel zum Ausbau von polnisch-litauischen bzw. polnisch-ukrainischen Grenzübergängen entschieden." Die polnische Regierung habe sich bislang vergeblich bei der Weltbank um die Finanzierung von Grenzübergängen an der Westgrenze bemüht. Vgl. B 82, ZA-Bd. 253581.

11 Die Bundesrepublik und Polen nahmen am 8./9. April 1992 Verhandlungen über die Regulierung des aufgelaufenen Transferrubelsaldos auf. Botschafter Bertele, Warschau, berichtete am 8. Juli 1992, die zweite Verhandlungsrunde am 6./7. Juli 1992 habe keine Fortschritte erbracht: „Die eindringlichen Bemühungen der deutschen Delegation, die polnische Seite dazu zu bewegen, an der Erarbeitung eines konstruktiven Verhandlungsergebnisses mitzuwirken, blieben erfolglos. Die polnische Seite beharrte darauf, dass der von ihr in der Substanz anerkannte Saldo zugunsten Deutschlands in Höhe von ca. 850 Mio. Transferrubel durch von Deutschland verursachte ‚Schädigungen' der Wirtschaft Polens im Zuge der deutschen Währungsunion und des Vereinigungsprozesses mehr als ausgeglichen sei. […] Die ursprüngliche Absicht, die Positionen beider Seiten in einem gemeinsamen Gesprächsprotokoll festzuhalten, ließ sich nicht erreichen, weil das polnische Papier an mehreren Stellen in einer sowohl im Stil wie in der Sache völlig unannehmbaren Weise Vorwürfe bzw. Unterstellungen an die Adresse Deutschlands enthielt, Polen aktiv und bewusst im Zuge des Vereinigungsprozesses hohe finanzielle und wirtschaftliche Schäden zugefügt zu haben." Vgl. DB Nr. 1053; B 52, ZA-Bd. 173940.

machen das deutsch-polnische Verhältnis zu einem auf Dauer besonders pflegebedürftigen Teil unserer Außenbeziehungen. Zu nennen sind insbesondere

- das starke ökonomische und politische Entwicklungsgefälle zwischen den beiden Ländern. Dies gilt zum einen für den materiellen Lebensstandard im engeren Sinne, als dessen Folge in jüngster Zeit eine Reihe von Störungen im deutsch-polnischen Verhältnis verstärkt aufgetreten sind, die sich auf das Bild der Nachbarvölker voneinander auswirken (extreme Formen des Einkaufstourismus in beiden Richtungen, Schmuggel, Schwarzarbeit, organisierte Kriminalität auf polnischer Seite, Brutalität gegen polnische Besucher auf deutscher Seite);
- in Polen eine diffuse Furcht vor wirtschaftlicher Dominanz Deutschlands in breiten Kreisen der Bevölkerung, aber auch der politischen Klasse;
- in D das Bild Polens als eines schlechten Schuldners, bei dem deutscherseits geleistete erhebliche finanzielle Hilfen nichts ausrichten.

Die o. g. Erscheinungen und gegenseitigen Wahrnehmungen verhindern eine rasche Verbesserung des Meinungsbildes der beiden Völker voneinander: D als Land und die Deutschen als Volk stehen in Polen traditionell im unteren Bereich der Meinungsskala, auch wenn sich die Umfragewerte in den letzten 20 Jahren leicht verbessert haben. Das Gleiche gilt für das Bild Polens in D, bei dem traditionelle deutsche Stereotype über den polnischen Nachbarn mit den o. g. Einflusselementen ineinanderfließen.

5) Das gegenüber Polen vorherrschende Meinungsbild in D dürfte angesichts einer voraussichtlich weiter anhaltenden relativen politischen Instabilität in Polen in Zukunft weitere finanzielle deutsche Hilfen in größerem Umfang für das Nachbarland weiter erschweren. Hier dürfte der Bundesregierung paradoxerweise der Umstand zu Hilfe kommen, dass die deutlich gewordenen Schwierigkeiten der wirtschaftlichen und sozialen Bewältigung der Vereinigung Deutschlands, denen sich die Bundesregierung gegenübersieht, in Polen besonders aufmerksam registriert werden und polnischerseits den Blick nicht nur für die finanziellen Möglichkeiten, sondern auch für die Grenzen des deutschen Nachbarn geschärft haben dürften.

Insgesamt stellen die kurz angesprochenen Probleme die Regierungen beider Länder auf absehbare Zeit vor Aufgaben der positiven Beeinflussung der öffentlichen Meinung, erforderlichenfalls ihrer Beschwichtigung einerseits, andererseits der Förderung der Begegnung zwischen Deutschen und Polen auf breiter Basis. Ziel muss eine breitere Verankerung der seit der Wende in Polen begonnenen engeren Zusammenarbeit zwischen den beiden Ländern in der Öffentlichkeit beider Länder sein, wie sie mit Frankreich bereits erreicht worden ist. Dies gilt umso mehr, als mit Polen in absehbarer Zeit im Zuge der weiteren EG-Annäherung erhebliche Interessenkonflikte auszutragen sein werden (verbesserter Marktzugang für Polen in die EG, Freizügigkeit in beiden Richtungen), deren absehbare Auswirkungen auf die öffentliche Meinung abgefangen werden müssen.

6) In den Kontext störanfälliger Einzelfragen gehört auch die weitere Entwicklung der Lage der deutschen Minderheit in Polen, insbesondere in Oberschlesien, wo 90% der Deutschen wohnen. Für eine abschließende Prognose über ihre weitere Entwicklung ist es noch zu früh. Einerseits haben die Deutschen in Polen eine respektable politische Vertretung im Sejm erlangt und damit ihre Stellung konsolidiert. Andererseits sind das Entstehen neonationalistischer, offen deutschfeindlicher Gruppierungen in Polen und anhaltende große Strukturprobleme, insbesondere in Oberschlesien, in Rechnung zu stellen.

Es bleibt abzuwarten, ob sich mit der neuen Regierung, die von einer ausgewiesenen Minderheitenrechtlerin geführt wird, die Chancen für die Verabschiedung eines speziellen Minderheitengesetzes verbessern, das die deutsche Minderheit wünscht.

Für die Bundesregierung wird es darauf ankommen, die deutsche Minderheit weiterhin im Sinne ihrer Integration in den polnischen Staat zu beeinflussen, die keineswegs als vollzogen gelten kann. Andererseits müssen wir auch gegenüber der polnischen Seite klarmachen, dass wir bei viel Verständnis für die Anlaufschwierigkeiten, die sich aus der für das polnische Umfeld völlig neuen Situation der faktischen und rechtlichen Anerkennung einer deutschen Minderheit ergeben haben, langfristig auf der Verwirklichung eines Minderheitenstandards bestehen müssen, wie er in anderen Teilen Europas längst selbstverständlich ist.

Es ist zu hoffen, dass im Zusammenhang mit der sich in PL sichtbar vollziehenden Entwicklung eines Rechtsstaats und eines funktionierenden Pressewesens viele der sich im Kontext der deutschen Minderheit stellenden Fragen regeln werden, ohne dass es einer Einflussnahme durch die Bundesregierung bedarf.

7) Den angeschnittenen Problemen für die Gestaltung eines gutnachbarlichen Verhältnisses zu Polen steht als erleichterndes Element gegenüber, dass sich Polen außenpolitisch rasch zu einem Partner mit vielfach gleichgerichteten Interessen entwickelt hat, auch wenn wir aus wohlerwogenen Gründen bisher gezögert haben, den von AM Skubiszewski geprägten Begriff einer Interessengemeinschaft zum Leitmotiv unserer Beziehungen zu Polen zu machen.

Die polnische öffentliche Meinung und politische Führung haben das unter dem Eindruck der schnellen Vereinigung Deutschlands entstandene Trauma, einem im machtpolitisch-militärischen Sinne unberechenbaren großen Nachbarn gegenüberzustehen, weitgehend hinter sich gelassen, auch wenn die Sorge vor wirtschaftlicher Dominanz (s. o.) bleibt.

Mit dem Zerfall der SU ist auch die weitere polnische Sorge, zwischen D und der SU eingeklemmt und zum Opfer der Kollusion dieser beiden europäischen Mächte zu werden, in den Hintergrund gerückt. PL hat sein Verhältnis zu seinen neuen östlichen Nachbarn überraschend schnell geregelt und hierbei insbesondere auch die in den Interessengegensätzen zwischen den großen Nachfolgestaaten der SU liegenden Chancen für die Minderung des Drucks an seinen östlichen Grenzen ins Kalkül zu ziehen gewusst. Dabei hat es gleichwohl Äquidistanzüberlegungen zwischen Ost und West schnell überwunden und befindet sich gegenwärtig auf einem Kurs klarer Westorientierung, nicht nur in wirtschaftlicher, sondern auch in sicherheitspolitischer Hinsicht. Daneben versucht es gleichzeitig, seine Position als eine Brücke des Westens nach Osten politisch, aber längerfristig auch wirtschaftlich zur Geltung zu bringen.

Probleme, die sich aus (echten oder imaginären) Führungsansprüchen außenpolitischer Art ergeben, wie sie im Verhältnis zu Frankreich an der Tagesordnung sind, sind von Polen nicht zu gewärtigen, wohl aber die Erwartung, stets als voll gleichberechtigter Partner behandelt zu werden. In diesem Zusammenhang kommt der Einbeziehung Polens in das spezielle Verhältnis zu Frankreich im Rahmen der von BM Genscher ins Leben gerufenen Dreier-Kooperation D – F – PL seit dem Weimarer Treffen der drei AM vom August 1991[12] besondere Bedeutung zu. Diese sichtbare Gleichbehandlung wird in Polen

[12] Die AM Dumas (Frankreich), Genscher (Bundesrepublik) und Skubiszewski (Polen) trafen am 28. August 1991 in Weimar zu einem Gespräch zusammen. Vgl. die Gemeinsame Erklärung vom 29. August 1991; BULLETIN 1991, S. 734 f.

hochgeschätzt und sollte fortgesetzt werden. PL sucht darüber hinaus die ihm aus dem deutsch-französischen Verhältnis bekannt gewordenen institutionellen Regelungen auch im Rahmen des Möglichen für den Ausbau des deutsch-polnischen Verhältnisses zu nutzen (Jugendwerk, besonders enge Kulturbeziehungen). Wir sollten derartigen polnischen Aspirationen, sofern sie nicht ohnehin unseren eigenen sachlichen Anliegen entsprechen, im Rahmen des Möglichen entgegenkommen.

III. Insgesamt sind die Entwicklungsperspektiven im deutsch-polnischen Verhältnis nicht schlecht. Die für die grundsätzliche Kursbestimmung dieses Verhältnisses nötigen Grundsatzentscheidungen sind vollzogen, es gibt zu ihnen keine erkennbare Alternative. Die Realisierung der darin enthaltenen Vorgaben erfordert vor allem ständige Pflege, Geduld, die Bereitschaft zum Ausgleich auch bei absehbaren und möglicherweise schwierigen Interessenkonflikten. Eine so verstandene partnerschaftliche Politik mit Polen wird umso wichtiger, als unsere Möglichkeiten, Polen in großem Umfang materiell unter die Arme zu greifen, wegen der finanziellen und innenpolitischen Entwicklung in D selbst tendenziell weiter abnehmen dürften.

Referat 420 hat mitgezeichnet.

Brümmer

B 42, ZA-Bd. 171224

229

Gespräch des Bundeskanzlers Kohl mit der norwegischen Ministerpräsidentin Brundtland in Oslo

16. Juli 1992[1]

Besuch des Bundeskanzlers in Norwegen[2];
hier: Delegationsgespräch im erweiterten Kreis am 16.7.92

Im Anschluss an ein eineinhalbstündiges Gespräch des Bundeskanzlers mit der Ministerpräsidentin, an dem im Übrigen nur die Dolmetscherin beteiligt war, fand das Delegationsgespräch im erweiterten Kreis statt. Hierzu erschien auf norwegischer Seite auch Außenminister Stoltenberg.

Die *Ministerpräsidentin* stellte einleitend kurz den Inhalt des vorangegangenen Gesprächs dar. Es sei um die Lage in Norwegen und insbesondere um die Probleme gegangen, die sich voraussichtlich bei eventuellen Beitrittsverhandlungen mit der Europäischen Gemein-

1 Kopie.
Der Gesprächsvermerk wurde von VLR I von Arnim am 17. Juli 1992 gefertigt.
Hat MDg von Kyaw am 20. Juli 1992 vorgelegen, der die Weiterleitung an VLR I Kaufmann-Bühler verfügte.
Hat Kaufmann-Bühler am 20. Juli 1992 vorgelegen.

2 BK Kohl hielt sich am 16./17. Juli 1992 in Norwegen auf.

schaft stellen und in Norwegen die relativ größte innenpolitische Bedeutung haben würden. Dies seien

- die Probleme der kleinen Bauern in Nordnorwegen,
- die Fischerei, dies sei vielleicht sogar das wichtigste aller Probleme,
- die Öl- und Erdgasfragen.

Es sei zu hören, dass die EG-Kommission in Brüssel eine neue Richtlinie vorbereite, die sich mit der Konzessionsvergabe befasse.[3] Dies könne sich nach Lage der Dinge nur auf Norwegen beziehen. Dies schaffe für die Opposition im Parlament, geführt von Frau Lahnstein von der Zentrumspartei, eine wunderbare Gelegenheit, die Beitrittspolitik anzugreifen. Man müsse von vorneherein wissen, dass die Probleme der Fischerei und des Öls beide ausreichen könnten, um zu einem negativen Ausgang des schließlich notwendig werdenden Referendums über den Beitritt zu führen.

Norwegen habe eine gemeinsame Grenze zu Russland. Es habe deshalb besondere Möglichkeiten, sich um eine Stabilisierung in Nordosteuropa zu bemühen, insbesondere durch Entwicklung einer regionalen Kooperation zwischen Norwegen, Schweden, Finnland und Russland. Dies gelte auch für den Ostseeraum, an dem, wie sie wisse, der Bundeskanzler sehr interessiert sei.

Noch nicht erörtert worden seien die Themen der

- Sicherheitspolitik,
- der KSZE und
- der NATO/WEU.

Norwegen habe im Rahmen der NATO seit langem eine sehr enge Kooperation mit D. Es sei auch von D bei der Entwicklung seines Verhältnisses zur WEU[4] unterstützt worden. Das Ergebnis sei jedoch insofern paradox, als nunmehr Dänemark von der WEU relativ weiter entfernt sein werde[5] als Norwegen, obwohl Dänemark der EG angehöre.

[3] VLR I von Arnim vermerkte am 23. Juli 1992, die EG-Kommission habe dem EG-Ministerrat den Vorschlag für eine Richtlinie vorgelegt, durch die „gemeinsame Regeln für die Erteilung und Ausübung von Genehmigungen zur Prospektion, Exploration und Förderung von Kohlenwasserstoffen eingeführt werden sollen. Dazu sollen die Lizenzen in offenen Verfahren unter Sicherstellung von Transparenz und Nichtdiskriminierung vergeben werden." Hintergrund sei die britische Praxis, die auf eine Bevorzugung der britischen Wirtschaft ausgerichtet sei. Aber auch im Falle Norwegens begünstige die bisherige Praxis das norwegische Staatsunternehmen Statoil. Arnim führte aus: „Aus der Sicht von Ref. 411 ist die Vergemeinschaftung der Verfügungsmöglichkeit über nationale Ressourcen, die durch die Richtlinie in gewissem Umfang eintreten wird, das eigentlich im Verhältnis zu Norwegen schwierige Problem." Angesichts der Bedeutung von Erdöl und Erdgas für Norwegen könne „die Prognose von Ministerpräsidentin Brundtland kaum bestritten werden, dass der norwegische Beitritt an der Erdöl- und Erdgasrichtlinie scheitern könnte". Vgl. B 221, ZA-Bd. 177677.

[4] Referat 202 vermerkte am 1. Juli 1992, Norwegen habe mit Schreiben von AM Stoltenberg vom 10. Januar 1992 an BM Genscher in dessen Eigenschaft als amtierender WEU-Ratspräsident sein Interesse an einer Assoziierung an die WEU mitgeteilt: „Der WEU-Rat hat in seiner ‚Petersberg-Erklärung' vom 19.6.1992 den neuen Status eines assoziierten Mitglieds definiert und die Aufnahme von Verhandlungen mit Kandidaten genehmigt. Grundsätzlich sollen die Assoziierten an den Aktivitäten der WEU voll teilnehmen können, wobei die Möglichkeit gegeben bleibt, diese unter bestimmten Bedingungen auf Vollmitglieder zu beschränken. Wie von Norwegen selbst gewünscht, werden die Assoziierten kein Stimmrecht haben und sind nicht verpflichtet, an WEU-Aktivitäten teilzunehmen oder Beschlüsse umzusetzen." Vgl. B 29, ZA-Bd. 213091.

[5] Referat 202 legte am 17. August 1992 dar, Dänemark habe die Möglichkeit, „Vollmitglied oder Beobachter der WEU zu werden, sofern es Mitglied der EU wird. Durch den negativen Ausgang des dänischen

Sie habe am Tag zuvor zusammen mit dem Außenminister entschieden, dass Norwegen öffentlich seine Bereitschaft signalisieren wolle, in Zukunft auch ein norwegisches Schiff für eine Beteiligung an dem Adria-Einsatz von WEU/NATO[6] zur Verfügung zu stellen. Wenn dort ein Schiff abgelöst werde, dann werde Norwegen nicht Nein sagen, wenn es aufgefordert werde.

Der *BK* erwiderte, er wolle auch für die Mitarbeiter der Ministerpräsidentin seine Sicht der Lage beschreiben. Wir befänden uns derzeit in einem besonders dramatischen Moment der Geschichte. Wie dramatisch er sei, werde von vielen Leuten nicht verstanden. Sie hätten 40 Jahre in einer bequemen Lage gelebt. Da sei die Mauer gewesen, die NATO und der Warschauer Pakt. Alle hätten gesagt, dies müsse weg, aber nie geglaubt, dies werde irgendwann sein. Die Deutschen hätten gesagt, sie wollten die Einheit, aber nicht an sie für morgen geglaubt, sondern für ihre Enkel. Die Europäer hätten zur deutschen Einheit Ja gesagt, da alle ihre Prinzipien dafürsprächen, sich aber dieses Ergebnis nicht so schnell gewünscht. Deshalb schimpfe er auch nicht auf Margaret Thatcher. Was sie gesagt habe, hätten die meisten gedacht. Jetzt gebe es wieder Petersburg, Russland, die baltischen Staaten und die deutsche Einheit. Alle alten Bilder stimmten nicht mehr. Er habe auf dem Rio-Gipfel[7] ein Gespräch mit Präsident Suharto[8] geführt, der ihm mit Stolz berichtet habe, er sei zum Vorsitzenden der Blockfreien gewählt worden. Er habe gefragt, blockfrei wovon? Der österreichische Bundeskanzler Vranitzky spreche immer wieder von der österreichischen Neutralität. Es sei zu fragen, neutral gegenüber wem?[9] Und in Deutschland gäbe es Leute, die sich in Brandenburg mit Blick nach Königsberg und Preußen aufstellten. Dies zeige alles, wie falsch die Bilder alle noch seien.

Er sei zutiefst davon überzeugt, dass die Chance, die sich gegenwärtig den Europäern biete, nicht so schnell wiederkomme. Adenauer habe bei einem Treffen europäischer Regierungschefs 1954 eine Woche vor der Abstimmung in der französischen Kammer über die EVG[10] gesagt, dass, wenn dieses Projekt scheitere, man mindestens 25 Jahre werde warten müssen, um einen erneuten Versuch unternehmen zu können.[11] Keiner von den Anwesenden werde dies noch erleben. Adenauer habe recht gehabt, alle Teilnehmer jenes Gesprächs

Fortsetzung Fußnote von Seite 928

Referendums zur Europäischen Union vom 2. Juni 1992 befindet sich Dänemark in einer ungeklärten Situation gegenüber der WEU. [...] Es wäre wenig sinnvoll, jetzt auf eine Klärung des dänischen Verhältnisses zur WEU zu drängen. Dieses ist eine Konsequenz des Verhältnisses Dänemarks zur Europäischen Union, dessen Entwicklung abgewartet werden muss." Vgl. B 29, ZA-Bd. 213090.

6 Zu den Überwachungsmaßnahmen von NATO und WEU in der Adria vgl. Dok. 220.

7 Zur VN-Konferenz über Umwelt und Entwicklung (UNCED) vom 3. bis 14. Juni 1992 vgl. Dok. 177.

8 Zum Gespräch des BK Kohl mit dem indonesischen Präsidenten Suharto am 11. Juni 1992 vgl. Dok. 207, Anm. 16.

9 Der Passus „Vranitzky spreche ... gegenüber wem?" wurde von VLR I Kaufmann-Bühler hervorgehoben. Dazu Fragezeichen.

10 Die französische Nationalversammlung beschloss am 30. August 1954 nach zweitägiger Debatte die Absetzung des am 27. Mai 1952 unterzeichneten EVG-Vertrags von der Tagesordnung, was der Ablehnung der Ratifizierung gleichkam und das Scheitern der EVG bedeutete. Vgl. JOURNAL OFFICIEL, ASSEMBLÉE NATIONALE 1954, S. 4379–4474. Vgl. auch DzD II/4, S. 56–63.

11 Vgl. die Äußerungen von BK Adenauer auf der Außenministerkonferenz der sechs Unterzeichnerstaaten des EVG-Vertrags vom 19. bis 22. August 1954 in Brüssel; DDF 1954, ANNEXES, PROBLÈMES EUROPÉENS, S. 49–52, besonders S. 51. Zur Konferenz vgl. AAPD 1954, II, Dok. 272 und Dok. 279.

seien inzwischen tot; bis Maastricht[12] habe es fast 40 Jahre gedauert. Wenn Maastricht scheitere, dann werde es nicht 25 Jahre, sondern sehr viel länger dauern. Der Unterschied zwischen der Lage von 1954 und 1990 sei, dass damals der Ost-West-Gegensatz die Europäer zusammengedrückt habe. Dieser Effekt sei weggefallen, an allen Ecken kämen alte Nationalismen wieder hoch. Wenn man nicht zur Politischen Union komme – er wisse, dass das Wort Union in Norwegen nicht beliebt sei, man könne auch sagen Politische Gemeinschaft –, wenn man dazu nicht komme, dann werde die EG nicht halten. Da täusche sich Mrs. Thatcher. Eine Wirtschaftsunion werde ohne politischen Rahmen nicht halten. Winston Churchill habe 1946 von den Vereinigten Staaten von Europa als Ziel gesprochen.[13] Dies heute wieder zu tun, wäre irreführend und nicht nützlich, da der Vergleich mit den USA nicht stimme. Die USA seien ein Bundesstaat, die EG eine politische Gemeinschaft. Sie könne kein Bundesstaat sein, wir blieben Deutsche, die Norweger Norweger.

Man brauche aber ein festes europäisches Dach, unter dem die nationalen Identitäten und Charaktere erhalten blieben, keinen europäischen Zentralstaat. Dies sei mit dem Begriff der Subsidiarität gemeint. Wir nennten das Föderalismus, das sei das Gegenteil von Zentralismus. Da gebe es allerdings auch in Deutschland eine gewisse Heuchelei. Alle Ministerpräsidenten der Bundesländer seien Föderalisten, jedoch Zentralisten gegenüber den Gemeinden. Das beste Beispiel dafür sei Bayern[14].

Europa müsse entsprechend dem Subsidiaritätsprinzip gebaut werden, deshalb würden die Regionen darin eine große Rolle spielen. Die grenzüberschreitende regionale Zusammenarbeit habe eine große Zukunft. Viele hätten dies noch nicht verstanden. Norwegen habe vor allen Dingen das Meer als Grenze, bei uns mitten auf dem europäischen Kontinent mit überwiegend Landgrenzen spiele dies eine riesige Rolle.

Es werde gefragt, wie es nun weitergehen solle. Bis Dezember/Januar würden elf Länder Maastricht ratifizieren. Es sei zurzeit nicht zu sagen, was DK mache.[15] Wir wollten, dass DK in der Gemeinschaft bleibt. Wir wollten dies erleichtern, wo es gehe, aber es gebe Grenzen. Es werde keine neuen Verhandlungen geben, kein neues Maastricht, keine Sonderbedingungen für DK, die für neue Mitglieder unerträglich werden könnten. Es werde in DK erhebliche innenpolitische Probleme geben. Die Debatte dort fange erst an. Dabei werde sich zeigen, dass DK den größten Vorteil an der EG habe, pro Kopf gerechnet, und nicht etwa Portugal oder Griechenland, insbesondere, wenn man an die Bauern denke. Dabei habe er den deutschen Bauern in den GATT-Verhandlungen sehr viel zumuten müssen.

Er bitte, nicht falsch verstanden zu werden. Ökonomisch habe D die größten Vorteile in der EG. 55 % seiner Ausfuhren gingen in die Gemeinschaft. Wenn die EFTA hinzukomme, seien es sogar 61 %. Im Unterschied zu seinem Vorgänger[16] halte er die Behauptung für Unsinn, Deutschland sei der Zahlmeister Europas, denn man müsse den gesamten Nutzen in Betracht ziehen.

12 Zum Vertragswerk von Maastricht vgl. Dok. 3, Anm. 8.

13 Für die Rede des Vorsitzenden der britischen Konservativen und Unionistischen Partei, Churchill, am 19. September 1946 in Zürich vgl. THE COLLECTED WORKS OF SIR WINSTON CHURCHILL. Centenary Limited Edition, Bd. XXVIII: Post-War Speeches, Bd. 1, Teil 1: The Sinews of Peace, [London] 1975, S. 165f.

14 Dieses Wort wurde von VLR I Kaufmann-Bühler hervorgehoben. Dazu Ausrufezeichen.

15 Vgl. das Referendum am 2. Juni 1992 in Dänemark; Dok. 166, Anm. 2.

16 Helmut Schmidt.

Man werde auf dem Europäischen Rat in Edinburgh[17] über das Mandat für die Erweiterungsverhandlungen sprechen. Wenn Norwegen dann seine Entscheidung getroffen habe, werde das Mandat heißen, dass die Verhandlungen unmittelbar Anfang 1993 und individuell mit Schweden, Österreich, Finnland, der Schweiz und Norwegen begonnen würden.[18] Es sei sein Ziel, wie wohl das Ziel der Mehrheit der Mitgliedstaaten, den Beitritt 1995 zu vollziehen.

Wir würden Norwegen in den Verhandlungen unterstützen. Man kenne die Probleme Norwegens schon aus den 70er Jahren.[19] Man dürfe die Fehler von damals nicht wiederholen.

Es sei die Entscheidung Norwegens, ob es Mitglied werden wolle. Er wolle aber seine Meinung dazu sagen, da er gefragt werde. Dies sei keine Einmischung. Die gegenwärtige Gemeinschaft sei ein Torso. Er habe sich aus dem gleichen Grund 1984 gegen alle Widerstände für die Aufnahme Spaniens und Portugals eingesetzt. Die europäische Statik sei aber auch ohne den Norden nicht in Ordnung. Einige in Dänemark sagten, sie verträten Nordeuropa. Diese Meinung könne er nicht teilen.

Man müsse darüber hinaus klarmachen, dass es eine zweite, erweiterte Runde geben werde. Niemand könne genau sagen wann, vielleicht in zehn Jahren. Sie werde Polen, die Tschechoslowakei und die baltischen Staaten erfassen.[20] Dann müsse gesagt werden, was diejenigen wollen, die darüber noch hinausgehen wollten. Sie wollten eine Freihandelszone, aber keine politische Einigung. Dies sei zwar geographisch nicht das ganze Europa, jedoch müsse man darüber hinaus nicht an Mitgliedschaft, sondern Assoziationen denken, z. B. mit Russland oder der Ukraine, aber auch der Türkei.

Von dort komme massiver Druck auf Vollmitgliedschaft. Wir seien dagegen. Obwohl dies für uns schwer sei z. B. angesichts der großen Zahl an Gastarbeitern in Deutschland. Die Türkei sei ein Land der Zukunft. Sie könne aber nicht Mitglied werden. Sie gehöre in eine andere Dimension. Die Gemeinschaft werde solche Verträge auch mit anderen Ländern am Südrand des Mittelmeers schließen. Das Verhältnis zu diesen Assoziationspartnern sei aber nicht das gleiche wie zu denen, die Vollmitglied werden könnten.[21]

Die Gemeinschaft müsse die Kompetenzen bekommen, die sie brauche, nicht mehr, aber auch nicht weniger. Nationale und regionale Kompetenzen würden bleiben.

Dieses Europa müsse eine eigene Sicherheitsidentität haben. Da gebe es zurzeit ein seltsames Spiel, obwohl die Diskussion seit de Gaulle bekannt sei. Wir spielten da aber nicht mit. Für uns sei es existenziell, uns sowohl die transatlantische wie die europäische Bindung gleichwertig zu erhalten. Es gehe nicht um entweder/oder, sondern um sowohl/als auch. Wir brauchten die WEU als europäische Identität. Die amerikanischen Freunde müssten zur Kenntnis nehmen, dass die Welt sich verändert habe. Es sei einfacher gewesen mit zwei Weltmächten. Wir wollten Partnerschaft, wir wollten mitbestim-

17 Zur Tagung des Europäischen Rats am 11./12. Dezember 1992 vgl. Dok. 421.

18 Die EG nahm am 1. Februar 1993 Beitrittsverhandlungen mit Finnland, Österreich und Schweden auf. Die Beitrittsverhandlungen mit Norwegen begannen am 5. April 1993. Vgl. AAPD 1993.

19 Norwegen unterzeichnete am 22. Januar 1972 den Vertrag über einen EG-Beitritt mit Wirkung vom 1. Januar 1973. Am 25./26. September 1972 sprachen sich bei einer Volksabstimmung 54 % der Abstimmenden gegen und 46 % für einen Beitritt aus. Vgl. AAPD 1972, II, Dok. 295.

20 Dieser Satz wurde von VLR I Kaufmann-Bühler durch Fragezeichen hervorgehoben.

21 Dieser Absatz wurde von MDg von Kyaw hervorgehoben. Dazu Ausrufezeichen.

men. Er habe keine anti-amerikanischen Komplexe, wir verdankten ihnen unsere Freiheit. Er sei völlig unfähig zu anti-amerikanischen Gefühlen. In acht Jahren schreibe man aber das Jahr 2000, dann werde es in der Welt drei ökonomische Schwerpunkte geben, die USA und Kanada, evtl. zusammen mit Mexiko, zweitens Japan, Korea im Fernen Osten und schließlich Europa. Davon seien wir ein Teil, dementsprechend müssten wir unsere Rolle übernehmen. Dies sei eine europäische Rolle, da man gegen niemand gerichtet sei.

Aus deutscher Sicht brauchten alle Europa, aber die Deutschen mehr als andere. Er wolle sagen, worüber Deutschlands Nachbarn nachdächten, aber nicht redeten. Europa brauche ein festes Dach, auch wegen Deutschland mit seinen 80 Millionen Einwohnern, mit seiner stärksten Wirtschaft und seinen tüchtigen, aber nicht unbedingt beliebtesten Menschen und seiner ganz ungünstigen geopolitischen Lage. Wir lägen in der Mitte und beeinflussten von daher alles. Die Schrecken der Vergangenheit seien noch bewusst, auch in Norwegen. Es gebe Ängste, echte und erfundene, aber auch Neid. Wenn man die Lage so dahintreiben lasse, wenn man kein Dach baue, dann fange alles wieder an, das Spiel der Koalitionen, bei dem dieser mit jenem zusammengehe. Mrs. Thatcher habe es in ihrer Rede im House of Lords gesagt.[22] In Europa müsse aber in Zukunft nicht das Prinzip der Quantität, sondern das der Qualität bestimmen. Dann könne man auch streiten, bleibe dabei aber in zivilisierten Formen.

Er wolle es ganz hart sagen. Es sei für Deutschland besser, u.U. in der EG überstimmt zu werden, als wieder in Bündnisse gedrückt zu werden. Man müsse aus der Geschichte lernen.

Viele seien nun beunruhigt, weil ihr gewohnt friedliches Leben mit z.B. 30 Tagen Urlaub im Jahr gestört werde, in dem es vorwiegend darum gegangen sei, ob der Urlaub in Afrika oder in Nepal verbracht werden solle. So sei die D-Mark bei uns gewissermaßen eine heilige Kuh. Auch wenn er sich ironisch ausdrücke, so wolle er nur betonen, dass die eigentlichen Probleme beim Bau Europas lägen, nicht bei der Entwicklung der neuen Bundesländer, denn dabei gehe es um die gemeinsame Zukunft.

Die *Ministerpräsidentin* erwiderte, diese allgemeine Beschreibung der Notwendigkeiten der europäischen Politik sei sehr parallel zur norwegischen. Deshalb habe man so viele gemeinsame Auffassungen mit D. Deshalb sei es wichtig, den Norwegern zu erklären, dass es jetzt möglich sei, Teil Europas zu werden, eben jetzt. Norwegen habe immer enge Beziehungen politischer, wirtschaftlicher und kultureller Art mit England und Deutschland gehabt. Wenn man die Gesamtdimension der Probleme berücksichtige, dann könnten die mehr trivialen Probleme nicht wirklich schaden. Wenn die politische Führung im Kabinett aber nicht ausreiche, dann könne viel im bürokratischen Kampf verloren gehen. Dies habe man in den EWR-Verhandlungen[23] gesehen. Da sei die Tagesordnung der Außenminister oft zu voll gewesen, mit dem Ergebnis, dass zu viele wichtige Probleme den Ressorts und den Bürokraten überlassen geblieben seien. Sie würden immer weiterkämpfen, wenn man die Probleme nicht politisch aufgreife und entscheide. Man müsse also das politische Verständnis für Integration entwickeln, um die Sachprobleme zu lösen. Man sehe, dass in den EG-Fragen die Ministerien zu sehr für sich selbst arbeiteten. Sie als Ministerpräsidentin und der Bundeskanzler müssten die Dinge zusammenhalten. Das Brüsseler

22 Für die Rede der ehemaligen britischen PM Thatcher am 2. Juli 1992 vgl. HANSARD, Lords, 1992, Bd. 538, Spalte 897–903.

23 Zur Unterzeichnung des EWR-Vertrags am 2. Mai 1992 in Porto vgl. Dok. 126.

System habe zu zuviel Machtverteilung geführt mit dem Ergebnis, dass die Ministerien zu stark würden. So seien die Außenminister von Deutschland und Spanien in der Vergangenheit z. B. nicht bereit gewesen, sich die Fischereiproblematik anzuschauen, bevor sie in Norwegen politisch übermächtig geworden sei. Dies müsse in der Zukunft unbedingt vermieden werden.

Der *BK* antwortete, er sei dennoch optimistisch. Wenn Maastricht zustande komme, dann werde auch besseres Personal nach Brüssel gehen[24]. Der Posten eines Kommissars werde dann z. B. nicht weniger bedeutsam als der eines Kabinettsmitglieds sein. Auch die Personalpolitik der Ministerien werde sich verändern.

Er wolle aber auch darauf hinweisen, dass sich bereits jetzt in den Räten eine unglaubliche Kooperation entwickelt habe. Dies gelte insbesondere für den Außenministerrat, der ja sozusagen unmittelbar nach dem lieben Gott komme, aber auch z. B. für die Umweltminister. Er beobachte z. B. zunehmend, dass der deutsche Umweltminister[25], wenn er im Bundeskabinett nicht weiterkomme, sich zunächst mit den Länderministern und jetzt mehr und mehr mit seinen europäischen Kollegen zusammentue, die dann ganz zufällig den im Kabinett abgelehnten Antrag stellten. Auch im Europäischen Rat kenne man sich inzwischen doch sehr gut. Es sei auch phänomenal, wie sehr man sich im Straßburger Parlament aufeinander zubewege. Man kenne eben die gegenseitigen Interessen und könne sich dementsprechend zusammenschließen. So seien die Probleme der Bergbauern im Allgäu denen der Bauern in Norwegen wohl sehr viel ähnlicher als denen der Landwirte in Mittelengland, was sich alleine schon aus der Betriebsgröße und der Bodenqualität ergebe.

Die *Ministerpräsidentin* wies darauf hin, dass man in der folgenden Pressekonferenz[26] mit Fragen nach den voraussichtlichen Zinsentscheidungen der Bundesbank[27] rechnen müsse.

Der *Bundeskanzler* erwiderte, er wisse nicht, wie die Bundesbank entscheiden werde. Es gebe eine Diskussion über eine Zinserhöhung. Er sei strikt dagegen. Das Problem werde aber übertrieben, auch von den USA. Sie sagten, sie machten eine Niedrigzinspolitik. Die mittel- und langfristigen Zinsen lägen aber kaum niedriger als bei uns.

Die *Ministerpräsidentin* wies abschließend darauf hin, dass die Journalisten sicherlich auch nach der deutschen Haltung zur norwegischen Entscheidung fragen würden, in begrenztem Umfang wieder mit dem Walfang zu beginnen.

Der *BK* erwiderte, er habe die norwegische Haltung so verstanden, dass auch sie für die Erhaltung des Gleichgewichts im Naturhaushalt eintrete. Wenn es da bei einer besonderen Walart Probleme gebe, dann müsse man nach Kompromissen suchen.

24 Die Wörter „besseres Personal nach Brüssel gehen" wurden von VLR I Kaufmann-Bühler hervorgehoben. Dazu Fragezeichen.

25 Klaus Töpfer.

26 Für die gemeinsame Pressekonferenz des BK Kohl und der norwegischen MP Brundtland am 16. Juli 1992 in Oslo vgl. das unkorrigierte Manuskript; B 221, ZA-Bd. 177677.

27 VLR Döring notierte am 20. Juli 1992, der Zentralbankrat der Bundesbank habe am 16. Juli 1992 mit Wirkung vom Folgetag eine Erhöhung des Diskontsatzes von 8 % auf 8,75 % bei einem unveränderten Lombardsatz von 9,75 % beschlossen. Zwar seien geldpolitische Maßnahmen erwartet worden, die „relativ starke Erhöhung des Diskontsatzes hat jedoch im In- und Ausland überrascht. Sie wird als deutliches Signal der Bundesbank bewertet, strikt an ihrem binnenwirtschaftlichen Stabilitätsauftrag festzuhalten." Der Beschluss sei „international heftig und überwiegend kritisch kommentiert worden. Angesichts andersgearteter konjunkturpolitischer Ausgangs- und Interessenlage ist besonders in Frankreich und den USA Kritik geübt worden." Vgl. B 52, ZA-Bd. 173718.

Die *Ministerpräsidentin* warf ein, EG-Vizepräsident Marín habe angekündigt, dass die Beschlüsse der Internationalen Walfangkommission als EG-Recht auch für Norwegen verbindlich werden würden, wenn es der Gemeinschaft beitrete.

Der *BK* erwiderte, man dürfe nicht jede Äußerung eines Kommissars auf die Goldwaage legen.

B 221, ZA-Bd. 177677

230

Vorlage des Vortragenden Legationsrats I. Klasse Daerr für Bundesminister Kinkel

320-320.10 SUA **17. Juli 1992**

Aktualisierte Fassung der Vorlage vom 10.7.1992[1]

Über Dg 32[2], D 3[3], Herrn Staatssekretär[4] Herrn Bundesminister[5]

Betr.: Beitrag zur Überwindung der Krise des südafrikanischen Reformprozesses

Bezug: BM-Vorlage vom 25.6.1992 – 320-320.10 SUA[6]

Anlg.: 1 (Bezugsvorlage)[7]

Zweck der Vorlage: Kenntnisnahme und Billigung der operativen Vorschläge unter I.

1 Für die Vorlage des VLR I Daerr vom 10. Juli 1992, die auf Weisung des StS Kastrup überarbeitet werden sollte, vgl. B 34, ZA-Bd. 155792.

2 Hat MDg Sulimma am 17. Juli 1992 vorgelegen.

3 Hat MD Schlagintweit am 17. Juli 1992 vorgelegen.

4 Hat StS Kastrup am 17. Juli 1992 vorgelegen.

5 Hat BM Kinkel am 20. Juli 1992 vorgelegen.
Hat OAR Rehlen am 27. Juli 1992 vorgelegen, der den Rücklauf über das Büro Staatssekretäre, MD Schlagintweit und MDg Sulimma an Referat 320 verfügte.
Hat VLR I Reiche am 27. Juli 1992 vorgelegen.
Hat in Vertretung von Schlagintweit MDg Henze am 27. Juli 1992 vorgelegen.
Hat in Vertretung von Sulimma VLRin I Gräfin Strachwitz am 28. Juli 1992 vorgelegen.
Hat VLR I Daerr am 28. Juli 1992 erneut vorgelegen.

6 VLR I Daerr erläuterte die Lage in Südafrika nach Abbruch des Friedensprozesses durch den ANC am 23. Juni 1992 infolge eines Massakers in der Township Boipatong am 17. Juni 1992. In der Erklärung habe der ANC betont, „dass er weiterhin einer Verhandlungslösung verpflichtet bleibt. Er kombiniert in dieser Erklärung die politischen Grundsatzforderungen nach einem demokratischen Verfassungsgebungsverfahren und einer Übergangsregierung mit der Forderung nach einer Reihe von Maßnahmen gegen politisch motivierte Gewalt (Verhinderung künftiger und Ahndung vergangener Gewalttaten). Zur Vorbedingung für die Wiederaufnahme der Verhandlungen wird aber nur Letzteres gemacht." Vgl. B 34, ZA-Bd. 155790.

7 Dem Vorgang beigefügt. Vgl. Anm. 6.

I. Zusammenfassung der Vorschläge

1) EG-Angebot der Entsendung von Beobachtern als konkreter Beitrag zur Eindämmung der politisch motivierten Gewalt in Südafrika und damit zur Überwindung des Stillstands der CODESA-Verhandlungen[8].

2) Beantwortung des Schreibens AM Bothas an Sie vom 26.6.1992[9] im Lichte der für den 20. Juli vorgesehenen Telefonate des Bundeskanzlers mit Nelson Mandela und mit Präsident de Klerk.[10]

II. Lageentwicklung in Südafrika

1) Trotz erster Zeichen des Einlenkens auf beiden Seiten und Einschaltung des VN-Sicherheitsrates kann aus dem Stillstand des Verhandlungsprozesses in Südafrika noch immer eine gefährliche Krise werden. Zwar wissen die Hauptakteure Regierung und ANC-Führung, dass es zur Wiederaufnahme der Verhandlungen keine vernünftige Alternative gibt, aber das Risiko einer Entgleisung des Prozesses ist angesichts von Polemik und Schuldzuweisungen auf beiden Seiten sowie des Massenaktionsprogramms des ANC zurzeit hoch. Die internationale Gemeinschaft muss das ihr Mögliche zur Entschärfung der Situation beitragen, wobei es wichtig ist, dass keiner der Kontrahenten das Gesicht und damit den Rückhalt seines Lagers verliert.

2) Auch wenn die Gewalteskalation (Boipatong-Massaker) nicht der einzige Grund für die Suspendierung der Verhandlungen durch den ANC war, so ist die Eindämmung der Gewalt – aus der Sache selbst und im Lichte des ANC-Memorandums – doch der Hauptschlüssel zum Wiedereinstieg in den CODESA-Prozess. De Klerk hat als Reaktion auf das ANC-Memorandum und vor der VN-Sicherheitsratssitzung vom 15./16.7.1992[11] sowohl bezüglich der Verhandlungssubstanz als auch bezüglich der Gewalteindämmung Angebote gemacht. Während konkrete Vermittlungsvorschläge der internationalen Gemeinschaft in Sachen Verfassung und Interimsregierung schwer vorstellbar sind, gibt es in der Gewaltfrage durchaus Ansatzpunkte für mehr als rhetorisches Engagement. Damit würde wiederum die Glaubwürdigkeit der internationalen Aufrufe zu Mäßigung, Weiterverhandeln und Kompromissbereitschaft erhöht.

3) Für uns bedeutet dies, dass wir im Dialog mit den CODESA-Parteien weiter unseren Einfluss in Richtung Wiederaufnahme der Verhandlungen und baldigen Abschluss geltend machen, uns aber gleichzeitig auch um einen konkreten Beitrag zur Gewalteindämmung bemühen.

8 Zu den Gesprächen im Rahmen der Convention for a Democratic South Africa (CODESA II) vgl. Dok. 105, Anm. 46.

9 In dem Schreiben legte der südafrikanische AM Botha die Haltung seiner Regierung zum Abbruch des Friedensprozesses durch den ANC am 23. Juni 1992 dar. Vgl. B 34, ZA-Bd. 155796.

10 An dieser Stelle vermerkte VLR I Daerr handschriftlich: „Anruf Kanzleramt: BK wird nicht telefonieren, sondern zwei Briefe schreiben."
BK Kohl wandte sich am 20. Juli 1992 brieflich an den südafrikanischen Präsidenten de Klerk bzw. an den ANC-Vorsitzenden Mandela. In den Schreiben äußerte er Besorgnis über den Stillstand des Friedensprozesses in Südafrika und rief zu einer Eindämmung der politischen Gewalt auf. Ferner begrüßte er die Ernennung eines Sonderbeauftragten des VN-Generalsekretärs. Für die Schreiben vgl. B 34, ZA-Bd. 155796.

11 Für die Sitzungen des VN-Sicherheitsrats am 15. und 16. Juli 1992 in New York über die Entwicklung in Südafrika vgl. https://undocs.org/en/S/PV.3095 bzw. https://undocs.org/en/S/PV.3096.

III. Appelle zur Fortsetzung des CODESA-Prozesses

1) Nach Ihrer Presseerklärung vom 23.6.1992[12], der Südafrika-Erklärung des Lissabonner EG-Gipfels[13], der Behandlung des Themas durch den Weltwirtschaftsgipfel[14], der Einbestellung des südafrikanischen Botschafters in Bonn am 9.7.[15] und der deutschen Erklärung in der VN-Sicherheitsratssitzung am 16.7.1992[16] ist die nächste Gelegenheit zu einem Appell an die Hauptkontrahenten der CODESA das von Nelson Mandela erbetene Telefongespräch mit dem Bundeskanzler, dem ein Gespräch mit Präsident de Klerk folgen soll. Beide sind nun für den 20. Juli geplant.

2) Wie für das Mandela-Telefonat bereits geschehen, wird AA auch für das mit de Klerk Gesprächselemente übermitteln. Dabei sollten die Konzessionen de Klerks in Sachen Verhandlungslinie und Gewalteindämmung lobend erwähnt werden. Gleichzeitig sollte aber auch deutlich gemacht werden, dass wir viele der ANC-Forderungen in der Gewaltfrage, die übrigens auch von der von de Klerk eingesetzten Goldstone-Kommission[17] und dem World Council of Churches geltend gemacht werden, für berechtigt halten. De Klerk sollte aufgefordert werden, die angekündigten Maßnahmen nunmehr zu implementieren und weitere zu prüfen.

IV. EG-Beobachter als konkreter Beitrag zur Gewalteindämmung

1) Die ANC-Forderung nach internationaler Untersuchung des Boipatong-Massakers hat die südafrikanische Regierung durch Hinzuziehung ausländischer Experten zumindest teilweise erfüllt.

Am 15./16.7. hat sich der VN-Sicherheitsrat mit Südafrika befasst und den VN-Generalsekretär[18] aufgefordert, einen Sonderbeauftragten nach Südafrika zu entsenden.[19] Damit sind auch die VN in der Gewaltfrage engagiert, und die Regierung hat dies in Abweichung von ihrer bisherigen Linie akzeptiert. Der Sonderbeauftragte – gedacht ist an Cyrus Vance – wird mit allen Parteien Maßnahmen der Gewalteindämmung diskutieren und so die Rolle eines internationalen Ombudsmanns abdecken.

Neue internationale „fact finding missions“, die Südafrika binnen kurzer Zeit nach Produktion eines weiteren Berichts wieder verlassen, versprechen keinen großen Nutzen.

2) Zusätzlich von Nutzen sein könnte dagegen die Entsendung ausländischer Beobachter für einen längeren Zeitraum, die durch ihre Präsenz Druck auf die Sicherheitsorgane aus-

12 Für die Erklärung von BM Kinkel vgl. die Pressemitteilung Nr. 195/92; B 7, ZA-Bd. 178990.

13 Vgl. Ziffer 16 der „Schlussfolgerungen des Vorsitzes der Tagung des Europäischen Rats am 26./27. Juni 1992; BULLETIN 1992, S. 679. Zur Tagung vgl. Dok. 201.

14 Vgl. Ziffer 8 der „Erklärung des Vorsitzes“ vom 7. Juli 1992; BULLETIN 1992, S. 733 f. Zum Weltwirtschaftsgipfel vom 6. bis 8. Juli 1992 in München vgl. Dok. 225.

15 In dem Gespräch zwischen MDg Sulimma und dem südafrikanischen Botschafter van Niekerk wurde der weitere Fortgang des Friedensprozesses in Südafrika erörtert. Sulimma appellierte an die südafrikanische Regierung, „mehr zu tun, um die Gewalt unter Kontrolle zu bringen“. Van Niekerk forderte „die Europäer und uns nachdrücklich auf, sich stärker zu engagieren“. Vgl. B 34, ZA-Bd. 155796.

16 Für die Ausführungen von Botschafter Graf zu Rantzau, New York (VN), vgl. https://undocs.org/en/S/PV.3096, S. 100–103.

17 Zur Goldstone-Kommission vgl. Dok. 125, Anm. 22.

18 Boutros Boutros-Ghali.

19 Vgl. die Resolution Nr. 765 des VN-Sicherheitsrats vom 16. Juli 1992; RESOLUTIONS AND DECISIONS 1992, S. 104 f.

üben, allen Parteien als Ansprechpartner zur Verfügung stehen und deren Zeugnis nach innen wie nach außen Glaubwürdigkeit beanspruchen kann. Sie könnten dadurch die Position Mandelas, aber auch die de Klerks stärken.

Australien und Kanada haben sich zugunsten einer internationalen Beobachtermission ausgesprochen, ohne dabei konkrete Aussagen über die entsendenden Länder oder Institutionen und den organisatorischen Rahmen gemacht zu haben. Das Commonwealth-Sekretariat arbeitet an einem eigenen Vorschlag.

Als Träger der Beobachtergruppe – bisherige Aussagen zur Größenordnung reichen von 12 bis 150 Mann – kämen außer den VN und dem Commonwealth noch die EG und die OAE infrage. Die südafrikanische Regierung hat inzwischen eine internationale Beobachterrolle grundsätzlich akzeptiert, dürfte aber eine Präferenz für das Commonwealth oder die EG haben.

3) Wir hatten die Entsendung von EG-Beobachtern als Idee bereits in die deutsch-britischen Afrika-Konsultationen am 25.6.1992 eingebracht und sind dort auf positive Resonanz gestoßen. Zusammen mit UK haben wir den Gedanken in der EPZ-AG Afrika in Brüssel am 1.7.1992 zur Diskussion gestellt, wo die ersten Reaktionen überwiegend zögerlich waren. Auch im PK am 14./15.7. gab es noch Bedenken gegen zu viel Engagement in der Gewaltfrage (IT) bzw. Überbetonung dieses Problems im Rahmen des Verhandlungsprozesses (F, DK, E), aber schließlich fand der Vorschlag der Präsidentschaft allgemeine Unterstützung. UK wurde um weitere Konkretisierung gebeten. Die Akzeptanz auf südafrikanischer Seite wird die AM-Troika bei ihrem Besuch sondieren.[20]

4) Nach britischen Vorstellungen sollten etwa 25 bis 30 EG-Beobachter den Regionalausschüssen des Friedensabkommens vom September 1991[21] zugeordnet werden. Damit würden sie in einem von allen relevanten politischen Gruppierungen akzeptierten Rahmen tätig, wären zwar nicht flächendeckend, aber doch im Prinzip landesweit präsent und würden neben der oben skizzierten Beobachterrolle auch zur Implementierung des Friedensabkommens beitragen. Diese Argumente sprechen dafür, die Realisierungschancen des von der Präsidentschaft entwickelten EG-Beobachterkonzepts auszuloten.

Beim britischen Auftritt im Sicherheitsrat rangierte die EG als Träger einer Beobachterfunktion allerdings hinter Commonwealth und OAE, sodass fraglich ist, mit welcher Intensität die Präsidentschaft um ein EG-Engagement bemüht sein wird.

5) Im Allgemeinen Rat am 20. Juli, wo zu diesem Thema eine Orientierungsdebatte der Minister beim Mittagessen vorgesehen ist, sollten wir für die baldige Entsendung europäischer Beobachter nach Südafrika eintreten.[22] Wir sollten dabei an die britischen Vorschläge anknüpfen, aber auch für andere Konstruktionen offenbleiben. Der VN-Generalsekretär

20 Zum Besuch der EG-Troika am 2./3. September 1992 in Südafrika vgl. Dok. 267, Anm. 16.

21 Referat 320 erläuterte am 15. Juni 1992: „Zur Eindämmung der Gewalt haben sich 24 Parteien und Organisationen – darunter die südafrikanische Regierung, ANC und Inkatha – am 14.9.1991 auf den Abschluss eines Friedensabkommens (‚National Peace Accord') geeinigt, das bisher jedoch nahezu wirkungslos geblieben ist." Vgl. B 34, ZA-Bd. 155790.

22 Botschafter Trumpf, Brüssel (EG), berichtete am 21. Juli 1992, die Außenminister der EG-Mitgliedstaaten hätten während eines Mittagessens am Vortag die Entsendung der EG-Troika auf Ministerebene beschlossen: „Genaues Datum für die Mission soll noch festgelegt werden. Als mögliches Element einer Gem[einschafts-]Politik gegenüber Südafrika wurde auch die Entsendung einer Beobachtermission genannt." Vgl. DB Nr. 2179; B 210, ZA-Bd. 162279.

hat angeblich, so Berichterstattung der Botschaft London, UK um Koordinierung der Aktivitäten von VN, EG und Commonwealth gebeten.

Die AM-Troika wird Südafrika voraussichtlich erst Anfang September besuchen. Damit die EG mit ihrem Beobachter-Engagement nicht zu spät kommt, sollte das Projekt bis dahin so weit wie möglich konkretisiert sein.

Entgegensteuern sollten wir der in EPZ-AG und PK erkennbaren britischen Tendenz, das EG-Engagement von einem Ersuchen aller Parteien des Nationalen Friedensabkommens abhängig zu machen. EG-Beobachter müssten von allen akzeptiert werden, aber wenn wir von ihrem Nutzen überzeugt sind, sollten wir sie von uns aus anbieten.

Daerr

B 34, ZA-Bd. 155790

231

Vermerk des Vortragenden Legationsrats I. Klasse Bertram

201-360.90 SO JUG **20. Juli 1992**

Betr.: Beteiligung der Bundeswehr an Überwachungsmaßnahmen von WEU und NATO an der Adria[1];
hier: Gemeinsame Sitzung des Auswärtigen und des Verteidigungsausschusses am 16. Juli 1992

Anlg.: 3[2]

Am 16. Juli 1992 erörterten Auswärtiger und Verteidigungsausschuss des Deutschen Bundestages in gemeinsamer Sitzung eingehend o. a. Angelegenheit auf der Grundlage einleitender Erklärungen der Bundesminister Kinkel und Rühe. Am Ende der Sitzung wurde der von der SPD eingereichte Antrag (Anlage 1[3]) abgelehnt, der Antrag der CDU/CSU-Fraktion (Anlage 2[4]), mit dem die Entscheidung der Bundesregierung vom 15. Juli 1992[5] gebilligt und ausdrücklich für grundgesetzkonform erklärt wird, mit den Stimmen der Regierungsparteien angenommen.

1 Zu den Überwachungsmaßnahmen von NATO und WEU in der Adria vgl. Dok. 220.

2 Vgl. Anm. 3, 4 und 6.

3 Dem Vorgang beigefügt. Für den Antrag der SPD vgl. B 14, ZA-Bd. 161180.

4 Dem Vorgang beigefügt. Für den Antrag der Fraktionen von CDU/CSU und FDP vgl. B 14, ZA-Bd. 161180.

5 Das Kabinett beschloss am 15. Juli 1992, dass „1) die Bundesrepublik Deutschland sich mit eigenen Beiträgen an der Durchführung der Beschlüsse von WEU und NATO vom 10. Juli 1992 auf der Grundlage der VN-Resolutionen Nr. 713 und 757 zu Überwachungsmaßnahmen im Mittelmeer beteiligen wird und 2) die Bundesmarine hierfür drei Seeraumüberwachungsflugzeuge der Marinefliegerkräfte sowie die derzeit am Ständigen Einsatzverband Mittelmeer der NATO teilnehmende Schiffseinheit, den Zerstörer Bayern, der am 30./31. Juli durch die Fregatte Niedersachen abgelöst werden soll, bereitstellen wird." Vgl. den Sprechzettel für BM Kinkel vom 15. Juli 1992; B 14, ZA-Bd. 161180.

1) BM trug einleitend zur Entscheidung der Bundesregierung auf der Grundlage des revidierten Kabinettsprechzettels (Anlage 3[6]) zum Sachverhalt, zur rechtlichen und zur politischen Bewertung vor.

BM Rühe wies in ergänzenden Ausführungen zunächst darauf hin, dass es bei Durchführung der Operationen von WEU und NATO keinerlei Sonderregelung für deutsche Schiffe gebe. Sie bewegten sich, wie die Schiffe der übrigen Verbündeten, mindestens 15 Seemeilen von der ehemals jugoslawischen Küste entfernt. Die Operationsbedingungen würden erlauben, sich Handelsschiffen bis auf 450 m zu nähern; Flugzeuge dürften nicht näher [als] 150 m an die beobachteten Schiffe heran. Deutscher NATO-Beitrag sei der Zerstörer „Bayern", der normal bewaffnet sei. Der WEU stellt die Bundesmarine drei Seeraumüberwachungsflugzeuge vom Typ Breguet Atlantic (unbewaffnet) zur Verfügung. Ein Flugzeug sei bereits nach Italien unterwegs, die beiden übrigen würden am nächsten Tag folgen. Die Schiffe hätten das übliche Recht zur Selbstverteidigung; das potenzielle Risiko einer Verwicklung in Auseinandersetzungen sei durch den gemeinsamen Einsatz mit NATO bzw. WEU beherrschbar. Auf der „Bayern" täten 96 Wehrpflichtige Dienst; auf der „Niedersachsen", die Ende Juli die „Bayern" ersetzen werde, seien es 41 Wehrpflichtige. Für den Einsatz von Wehrpflichtigen sei kein Problem zu erwarten. Der Schiffskommandant habe im Übrigen die Möglichkeit, flexibel zu reagieren. Er, BM Rühe, warne jedenfalls dringend vor einer Zweiteilung der Armee in Zeit- und Berufssoldaten auf der einen und Wehrpflichtige auf der anderen Seite.

Wie schon für die Tätigkeit der Sanitätssoldaten im Kambodscha[7] sei für die soziale Absicherung alles getan worden. Sollte es Schwierigkeiten geben, z. B. im Hinblick auf die Kriegsklausel der Versicherungen, so werde der BMVg eintreten.

2) MdB Klose (SPD) führte für die Opposition in die Debatte ein. Man sei sich sicherlich mit der Regierung darin einig, dass die Lage in Jugoslawien entsetzlich sei. Die Frage sei, wie man helfen könne. Hier gehe es um humanitäre Hilfe und um die Behandlung der Flüchtlinge. Für die Beteiligung der Bundeswehr an der Luftbrücke nach Sarajevo[8] habe man mit der Zustimmung nicht gezögert, aber die jetzige Aktion im Mittelmeer sei nicht geeignet zu helfen. Die Lieferungen unter Umgehung des VN-Embargos[9] erfolgten auf dem Landwege, u. a. aus Griechenland. Bei der Aktion von WEU und NATO stehe nicht die Hilfe im Vordergrund, sondern die Erfüllung neu definierter Bündnispflichten. Es seien noch lange nicht alle politischen Möglichkeiten ausgeschöpft. Er habe auch Zweifel, ob die Bündnispartner sich bei der Bewertung der Lage einig seien. Er teile die Auffassung, dass man in Jugoslawien einen Völkermord beobachte; die Bundesregierung solle eine entsprechende formelle Feststellung durch die Vereinten Nationen erwirken.

Zu der Überwachungsoperation in der Adria selbst trug MdB Klose vor, es handele sich nicht etwa um eine militärische Übung, sondern um Maßnahmen auf der Grundlage von Beschlüssen der WEU und der NATO. Es gehe zweifelsfrei um militärische Maßnah-

6 Dem Vorgang beigefügt. Für den Sprechzettel für BM Kinkel vgl. B 14, ZA-Bd. 161180.

7 Zum Verlauf des Friedensprozesses in Kambodscha und zur Beteiligung der Bundesrepublik an UNTAC vgl. Dok. 305.

8 Zur internationalen Luftbrücke nach Sarajevo vgl. Dok. 176.

9 Vgl. die Resolution Nr. 713 des VN-Sicherheitsrats vom 25. September 1991; RESOLUTIONS AND DECISIONS 1991, S. 42 f. Für den deutschen Wortlaut vgl. EUROPA-ARCHIV 1991, D 550–552.
Vgl. auch die Resolution Nr. 757 des VN-Sicherheitsrats vom 30. Mai 1992; Dok. 159, Anm. 12.

men, auch wenn bislang keine Gewaltanwendung vorgesehen sei. Auf jeden Fall bewege sich die Aktion jenseits des Verteidigungsauftrags im WEU- bzw. NATO-Vertrag. Es sei zwar keine „out of area“-Aktivität, aber wohl eine Aktivität „out of treaty“. Mit dem Beschluss zur Teilnahme der Bundesmarine weiche die jetzige Bundesregierung von der ständigen Verfassungsinterpretation aller bisherigen Bundesregierungen ab. Zur politischen Bewertung sei Folgendes zu sagen:

Eine nachfolgende Option (zwangsweise Durchsetzung des Embargos) sei keineswegs ausgeschlossen. Schließlich gebe es bereits einen Untersuchungsauftrag an die Ad-hoc-Gruppe der WEU. Es seien offenbar weitere Maßnahmen geplant, und die Bundesregierung werde da wohl auch folgen.

Man stehe vor einer völlig neuen Weichenstellung in der Außen- und Sicherheitspolitik, die nicht am Parlament vorbei erfolgen dürfe. Die SPD sehe darin eine Methode der Bundesregierung. Die Entscheidung über die Entsendung der Sanitätssoldaten nach Kambodscha sei unmittelbar vor der Osterpause des Bundestages erfolgt. Die Entscheidung, um die es heute gehe, falle zu Beginn der Sommerpause. Es sei für die SPD nicht akzeptabel, dass diese Operation noch vor ihrer Erörterung in der heutigen Ausschusssitzung begonnen habe. Darin stecke ein Verstoß gegen die Grundregeln der parlamentarischen Demokratie. SPD fordere, Debatte und Entscheidung ins Parlament zurückzuverlegen. Man werde sich überlegen, für die kommende Woche eine Sondersitzung des Bundestages zu beantragen.[10]

3) MdB Lamers (CDU) entgegnete im Namen der CDU/CSU-Fraktion auf MdB Klose. Die Lage in Jugoslawien sei in der Tat entsetzlich, darüber bestehe kein Streit. Er müsse allerdings hinzufügen, dass die heutige Ausschusssitzung wesentlich das Ergebnis interner Auseinandersetzungen in der SPD sei; viele Äußerungen zeigten, dass innerhalb der Partei die bisherige Position nicht mehr für richtig gehalten werde.

Er gehe davon aus, dass die SPD Klage beim Bundesverfassungsgericht in Karlsruhe einreichen werde.[11] Dies wäre logisch und werde helfen, den internen Klärungsprozess in der SPD voranzutreiben. Für seine Fraktion stelle er fest, dass die Position unverändert sei:

- Eine Verfassungsänderung werde für wünschenswert gehalten.
- Verfassungsrechtlich habe man keine Bedenken, erst recht nicht bei einer Aktion dieser Art (WEU und NATO).

Der Hinweis von MdB Klose auf die Verfassungsinterpretation aller Bundesregierungen sei nicht korrekt. Anfang der 60er Jahre habe niemand von verfassungsrechtlichen Bedenken in solchen Fallgestaltungen gesprochen. Artikel 87 a GG[12] in der heute zitierten Form habe bis 1968 gar nicht bestanden. In den Materialien zum Artikel 87 a GG finde sich kein Hinweis. Seine Fraktion habe also, wie die Bundesregierung, keine verfassungsrechtlichen Bedenken gegen die beschlossene Maßnahme.

Zur politischen Bewertung: Die SPD schlage in ihrem Antrag vor, das VN-Embargo zu verstärken, die Tatsache des Völkermordes festzustellen und zusätzliche humanitäre Hilfe

10 Der Bundestag trat am 22. Juli 1992 auf Antrag der SPD zu einer Sondersitzung zur Entwicklung im ehemaligen Jugoslawien zusammen. Vgl. BT STENOGRAPHISCHE BERICHTE, 12. WP, 101. Sitzung, S. 8608–8655.

11 Die SPD-Fraktion leitete am 7. August 1992 ein Organstreitverfahren gegen die Bundesregierung vor dem Bundesverfassungsgericht ein (2 BvE 3/92). Für die Antragsschrift vgl. Klaus DAU, Gotthard WÖHRMANN (Hg.), Der Auslandseinsatz deutscher Streitkräfte: Eine Dokumentation des AWACS-, des Somalia- und des Adria-Verfahrens vor dem Bundesverfassungsgericht, Heidelberg 1996, S. 377–404.

12 Für Artikel 87 a GG vom 23. Mai 1949 in der Fassung vom 24. Juni 1968 vgl. BGBl. 1968, I, S. 711.

zu leisten. Die Wirklichkeit zeige allerdings, dass alle politischen Lösungsversuche wirkungslos seien. Sie reichten einfach nicht bei diesem Ausmaß von Wut und Hass im ehemaligen Jugoslawien. Der Einsatz militärischer Mittel in dieser Region sei nicht nur politisch bedenklich, sondern habe auch kaum Aussicht auf Erfolg. Er sei für WEU und NATO gar kein Diskussionspunkt. Im Übrigen sei auch völlig klar, dass deutsche Soldaten aus historischen Gründen auf dem Gebiet des früheren Jugoslawiens nicht eingesetzt werden dürften. Dennoch müsse man sich die Frage stellen, ob Deutschland sich ganz heraushalten könne. Es könne nicht. Die Entscheidung der Bundesregierung sei selbstverständlich; sie sei überfällig. Die Maßnahme stelle einen sehr bescheidenen, vorsichtig dosierten Beitrag dar.

Die Verfassung sei nicht eigentlich das Problem. Nur der politische Streit über den Beschluss der Bundesregierung sei wirklich legitim. Man unterstütze die Bundesregierung. In Zukunft solle allerdings die Regierung die parlamentarischen Gremien vor anstehenden Entscheidungen informieren. Allerdings wolle er ausdrücklich BM Kinkel für intensive Unterrichtung der Parlamentarier im Vorfeld der Kabinettsentscheidung danken.

4) MdB Irmer (FDP) brachte die Unterstützung der FDP-Fraktion für die Bundesregierung zum Ausdruck, verschwieg allerdings nicht die gegenteilige Auffassung einiger FDP-Abgeordneter.

Das Stichwort „out of area“ sei ein falscher Begriff, er betreffe nur den WEU-/NATO-Vertrag.

Die von [der] Bundesregierung beschlossene Aktion sei richtig und verfassungsrechtlich zulässig. Artikel 87a GG sei erst mit der Notstandsgesetzgebung in das Grundgesetz aufgenommen worden. Die Bestimmung diene also der Begrenzung der Kompetenzen der Bundeswehr für innere Einsätze im Notstandsfall. Es gebe keinen Zusammenhang mit einem Einsatz der Streitkräfte außerhalb des NATO-Gebietes. Eine Verfassungsänderung sei dafür nicht erforderlich.

MdB Irmer nahm anschließend BM Kinkel ausdrücklich und ausführlich gegen den Vorwurf in Schutz, am Parlament vorbei gehandelt zu haben.

Von einer verfassungsrechtlichen Grauzone könne nur insoweit gesprochen werden, als die SPD sich einer verfassungsrechtlichen Klarstellung verweigere. Eine Beschränkung auf Blauhelmmissionen sei nicht akzeptabel. Damit könne nicht argumentiert werden, Deutschland seiner internationalen Verantwortung zu entziehen. Der Einsatz von Streitkräften sei kein Ersatz für Politik, könne aber als Ultima Ratio durchaus erforderlich sein.

In der Zukunft sollte der Einsatz der Bundeswehr außerhalb des Bündnisgebietes an die Zustimmung des Bundestages gebunden werden. Diejenigen, die stets eine Beschränkung der Funktion der Streitkräfte auf die Landesverteidigung forderten, nähmen für sich stets ein moralisches Argument in Anspruch. Er frage, ob die Nothilfe moralisch weniger wert sei als Notwehr. Es könne nicht verwerflich sein, dem Aggressor in den Arm zu fallen. Im Übrigen könne man aus der totalitären Geschichte Deutschlands nicht herleiten, dass wir uns grundsätzlich zurückzuhalten und nur mit dem Scheckbuch Diplomatie zu gestalten hätten. Ganz im Gegenteil, Deutschland müsse sich deshalb besonders einsetzen für die Durchsetzung der Menschenrechte im internationalen Rahmen. Dabei müsse selbstverständlich der Einsatz von Streitkräften stets durch ein VN-Mandat oder ein KSZE-Mandat als regionale Abmachung im Sinne der VN-Charta[13] gedeckt sein. WEU und NATO würden nicht aus eigener Machtvollkommenheit handeln.

13 Vgl. Kapitel VIII der VN-Charta vom 26. Juni 1945; BGBl. 1973, II, S. 466–469.

Die Debatte um den Einsatz von Wehrpflichtigen betrachte er als „Nebenkriegsschauplatz". Es gebe keinen Grund, Wehrpflichtige anders als Berufssoldaten zu behandeln. Es sei nicht anders als im Verteidigungsfall, da alle gemeinsam eingesetzt würden.

5) In der anschließenden Aussprache auf der Grundlage von Rückmeldungen ging es wesentlich immer wieder um die verfassungsrechtliche Argumentation im Hinblick auf Artikel 87 a und Artikel 24 GG[14]. Die Abgeordneten der SPD (insbesondere die MdB Gansel, Verheugen, Kolbow), aber auch einige Mitglieder der FDP-Fraktion (MdB Hirsch und Koppelin) vertraten die einschränkende Auslegung des Artikels 87 a GG, wonach ein Einsatz der Streitkräfte außer zur Verteidigung nur in den im Grundgesetz ausdrücklich erwähnten Fällen zulässig sei. Bei der Aktion in der Adria gehe es weder um den Verteidigungsfall noch um einen darüber hinaus ausdrücklich zugelassenen Fall. Auch Artikel 24 könne nicht weiterhelfen, da die Beschlüsse von WEU und NATO vom 10. Juli 1992 vom jeweiligen Vertrag dieser beiden Organisationen nicht gedeckt würden („out-of-treaty").

Auch wiesen einige Sprecher der SPD darauf hin, dass WEU und NATO sich keineswegs auf ein VN-Mandat berufen könnten. In den VN-SR-Resolutionen 713 und 757 würden ausschließlich Einzelstaaten angesprochen, nicht internationale Organisationen.

Demgegenüber wiesen die Abgeordneten der Regierungsparteien die einschränkende Auslegung von Artikel 87 a GG zurück. Der Wortlaut, die Stellung dieser Bestimmung in der Verfassung sowie die Verhandlungsgeschichte (Zusammenhang mit Notstandsgesetzgebung) ließen eindeutig erkennen, dass sich diese Vorschrift ausschließlich mit den Kompetenzen der Bundeswehr im Inneren des Landes befasse. Aus dieser Bestimmung lasse sich keine Beschränkung für den Einsatz der Streitkräfte im Ausland herleiten. Aus diesem Grunde sei auch die von der SPD vorgeschlagene Verfassungsänderung mit ihrer ausdrücklichen Beschränkung auf sogenannte Blauhelmmissionen völlig inakzeptabel, weil sie (so insbesondere MdB Schäuble) nicht etwa eine Klarstellung der Verfassungslage bringe, sondern im Gegenteil eine Einschränkung der geltenden verfassungsrechtlichen Lage. Darüber hinaus wiesen die Vertreter der Koalitionsfraktionen darauf hin, dass es sich bei der Teilnahme der Bundesmarine an den Aktionen von WEU und NATO in der Adria nicht um einen „Einsatz" im Sinne des Artikel 87 a GG handle. Mit diesem Begriff sei die hoheitliche Funktion der Streitkräfte als Waffenträger angesprochen. Es gehe aber nicht um eine Durchsetzung des Embargos mit Zwangsmitteln, sondern ausschließlich um Maßnahmen der Beobachtung und Berichterstattung auf Hoher See. Die beschlossene Maßnahme liege eindeutig unterhalb der Schwelle von Blauhelmeinsätzen, die angeblich für die SPD die Schmerzgrenze darstelle.

Mehrere Sprecher der Koalitionsfraktionen empfahlen der SPD ausdrücklich, den verfassungsrechtlichen Streit durch eine Klage beim Bundesverfassungsgericht klären zu lassen.

Zur völkerrechtlichen Lage wiesen einzelne Sprecher darauf hin, dass NATO und WEU in Ausführung eines VN-Beschlusses handelten. Es stehe den VN-Mitgliedstaaten [zu], Erkenntnisse über die Einhaltung der Embargobeschlüsse gegen das ehemalige Jugoslawien einzeln oder gemeinschaftlich mit anderen Staaten zu sammeln.

6) Im Rahmen des Austausches politischer Gesichtspunkte stellten mehrere Sprecher der SPD die Opportunität des Einsatzes von Wehrpflichtigen für derartige Operationen infrage. Der Auftrag von Wehrpflichtigen beziehe sich auf die Landesverteidigung. MdB Verheugen

14 Für Artikel 24 GG vom 23. Mai 1949 vgl. BGBl. 1949, S. 4.

berief sich auf Theodor Heuss und Thomas Dehler: Demokratische Legitimation der Wehrpflicht sei die Landesverteidigung. Wenn der Wehrpflichtige seinen Dienst antrete, müsse er nur die Mission der Verteidigung des Landes bzw. von Bündnispartnern gegen militärische Angriffe einkalkulieren, nicht aber darüber hinausgehende Einsätze.

Darüber hinaus stellten mehrere Sprecher der SPD die Frage nach der Tauglichkeit der Beschlüsse von WEU und NATO für den angeblich angestrebten Zweck, nämlich den Menschen in Jugoslawien zu helfen. Das Embargo werde weniger auf dem Seewege als vielmehr auf dem Landwege, vor allem über Rumänien und den Bündnispartner (!) Griechenland unterlaufen. Im Übrigen könne die Bewegung von Schiffen in der Adria auch sehr gut mit anderen Mitteln festgestellt werden, nämlich (so ausdrücklich MdB Verheugen und Opel) mit der Beobachtung durch Satelliten oder durch nachrichtendienstliche Mittel.

Gefragt sei nicht der Einsatz von Streitkräften, sondern das ernsthafte Bemühen um politische Lösungen. MdB Kolbow forderte eine große Jugoslawien-Konferenz. MdB Däubler-Gmelin erklärte, die Menschen würden erwarten, dass wir den Flüchtlingen helfen. In dieser Beziehung lasse das Handeln der Bundesregierung viel zu wünschen übrig. Im ehemaligen Jugoslawien seien etwa so viele Menschen auf der Flucht wie Palästinaflüchtlinge im Nahen Osten. Die Menschen würden nicht verstehen, wieso die EG diesen Krieg nicht habe verhindern können.

MdB Gansel reduzierte die beschlossenen Aktionen auf ihre europapolitische Bedeutung. Hier werde ein Streit zwischen WEU und NATO ausgetragen, der entscheidend von den Antagonisten Frankreich und USA vorangetrieben werde. Mehrere Sprecher warfen der Bundesregierung vor, mit ihrem forschen Handeln bei unseren Bündnispartnern überzogene Erwartungen über die politische Handlungsfähigkeit zu wecken. Die Debatte zeige im Übrigen, dass die Sprecher der Koalitionsfraktionen bereits etwas begründet hätten, was die Bundesregierung nach eigenem Bekunden noch gar nicht geplant habe (nämlich einen möglichen Kampfeinsatz der Bundeswehr im Ausland).

Die Bundesregierung verlasse mit ihrer Entscheidung vom 15. Juli den sicherheitspolitischen Grundkonsens mit der Opposition und leite eine grundlegend neue Außen- und Sicherheitspolitik ein (so etwa MdB Scheer). Das Grundgesetz werde als eine Last betrachtet, und mit der Taktik der scheibchenweisen Gewöhnung der Bevölkerung an die neue Politik sei die Bundesregierung dabei, die Partner eher zu animieren und zu ermuntern, als zur Zurückhaltung zu mahnen. Nach MdB Duve (SPD) begegne man international dem Völkerchaos mit einem Chaos der internationalen Instrumente. Die NATO sei als Feuerwehr nicht geeignet. Internationale Instrumente der Friedenssicherung dürften nicht von nationalen Interessen bestimmt werden, wie dies heute noch der Fall sei. Bei kollektiven Maßnahmen sei größte Behutsamkeit angebracht. MdB Wieczorek-Zeul (SPD) hält die gegenwärtige Phase für eine Zwischenstufe. Angepeilt sei ein weltweiter Einsatz deutscher Soldaten. Dies gehe auch aus der Petersberger Erklärung der WEU[15] hervor. Die Bevölkerung soll jetzt schon einmal daran gewöhnt werden.

Die Abgeordneten der Koalitionsfraktionen hielten demgegenüber die Kabinettsentscheidung vom Vortage für völlig angemessen. Die Bundesregierung trage mit dieser Entscheidung den radikal veränderten Gegebenheiten der internationalen Politik Rechnung. Das vereinte Deutschland müsse größere Verantwortung tragen, insbesondere (so etwa

15 Zur WEU-Ministerratstagung am 19. Juni 1992 vgl. Dok. 162, Anm. 32.

MdB Köhler, CDU) als Mitgliedstaat der Vereinten Nationen. MdB Lamers wies die Klagen der SPD über neue Rolle von NATO und WEU zurück. Die SPD habe doch eben dieses immer gefordert. NATO und WEU seien die einzigen funktionierenden Organisationen, die geeignete Instrumente an der Hand hätten. Zur Debatte stehe nicht nur die Bündnisfähigkeit (so MdB Lamers), sondern auch die Europafähigkeit der Bundesrepublik Deutschland. Innerhalb der sich herausbildenden Politischen Union könne nicht ein Staat eine grundsätzlich andere sicherheitspolitische Position beziehen als alle anderen Partner. Es stehe der Bundesrepublik Deutschland wohl gut an, beim Einsatz militärischer Mittel stets zur äußersten Zurückhaltung zu mahnen. Sie dürfe sich dabei aber nicht grundsätzlich von vornherein abseits stellen.

Im Übrigen sei in der deutschen Bevölkerung ein breiter Konsens dafür festzustellen, dass in Jugoslawien endlich gehandelt werden müsse. Die Maßnahmen von WEU und NATO seien schließlich ein bescheidener Beitrag.

7) BM ging in seiner Antwort auf die Fragen der Abgeordneten ausführlich darauf ein, ob die beschlossenen Maßnahmen sinnvoll seien und den Menschen helfen würden. Man dürfe diese Maßnahmen nicht isoliert betrachten, sondern im Gesamtkontext. Die Völkergemeinschaft habe es trotz aller Bemühungen leider nicht geschafft, den Krieg zu beenden. Er sei nur schwer in den Griff zu bekommen. Es ergebe sich folgende Situation:

Nach Beseitigung des Ost-West-Konfliktes sei die Eisdecke des Kommunismus über den verschiedenen Konfliktursachen zusammengeschmolzen, und nun würden alle Konflikte wieder aufflammen. Jugoslawien sei nur ein solcher Konflikt, es gebe auch Nagorny Karabach und Moldawien.

Die Konflikte hätten sich schneller entwickelt, als die Politik neue Instrumente zu ihrer Bewältigung schaffen könne. Dies habe sich auf den Debatten sowohl beim KSZE-Gipfel[16] als auch innerhalb von WEU und NATO gezeigt. Die Auseinandersetzung in Jugoslawien werde nicht mehr die Gefahr eines Weltkrieges beinhalten. Auch Russland sei außerordentlich stark daran interessiert, den Konflikt gemeinsam mit den anderen KSZE-Staaten einzudämmen. Die Fülle dessen, was international in dieser Richtung versucht werde, sei ungeheuerlich. Es gebe ständig mindestens eine Konferenz zu allen diesen Themen. Er weise hin auf die Bemühungen von EG, VN, WEU, NATO, KSZE und G7. Es laufe die Konferenz unter Vorsitz von Lord Carrington.

Die Welt scheue sich, militärisch innerhalb Jugoslawiens einzugreifen. Er, BM, wolle in diesem Zusammenhang noch einmal ausdrücklich klarstellen, dass aus den bekannten historischen Gründen ein Einsatz der Bundeswehr mit Landstreitkräften in Jugoslawien unter gar keinen Umständen in Betracht komme.

An Frau MdB Däubler-Gmelin gewandt, bemerkte BM, in Bezug auf die humanitäre Hilfe für Jugoslawien habe sich die Bundesrepublik Deutschland nichts vorzuwerfen. Deutschland sei mit politischen und humanitären Initiativen geradezu vor der Front marschiert. Er legte die deutschen humanitären Hilfeleistungen im Einzelnen dar und wies darauf hin, dass Deutschland hierbei absolut an der Spitze stehe. Man könne sicherlich immer noch mehr tun, aber [es] bestehe kein Anlass für unberechtigte Vorwürfe. Er müsse feststellen, dass natürlich die Überwachungsmaßnahmen von WEU und NATO allein den Menschen in Bosnien nicht helfen würden. Sie trügen aber dazu bei, dass die Luft für die

16 Zur KSZE-Gipfelkonferenz am 9./10. Juli 1992 in Helsinki vgl. Dok. 226.

serbische Führung und für die serbische Armee dünner werde. Auch sei nicht die Einwirkung auf die innenpolitischen Strömungen in Serbien zu unterschätzen.

Zum Vorwurf „out of treaty“ wies BM auf Artikel VIII des WEU-Vertrages[17] und auf die Artikel 2 und 4 des NATO-Vertrages[18] mit den dort vorgesehenen Konsultationen hin. Im Übrigen stehe in beiden Verträgen nichts, was die am 10. Juli[19] beschlossenen Maßnahmen in irgendeiner Weise ausschließen könnte.

In Bezug auf Griechenland und Rumänien seien in der Tat Vorwürfe geäußert worden, dass von dort aus Waren an Jugoslawien unter Umgehung des Embargos geliefert würden. Er selbst habe diesen Verdacht während des KSZE-Gipfels in Helsinki aufgegriffen, was den rumänischen Außenminister[20] veranlasst habe, feierlich zu erklären, dass Rumänien nichts zur Umgehung des Embargos tue und bereit sei, dies von internationalen Beobachtern im Lande überprüfen zu lassen.

BM führte noch einmal zur verfassungsrechtlichen Würdigung des Kabinettsbeschlusses aus:

Artikel 87 a GG spreche von der Verteidigung, also von der Abwehr eines militärischen Angriffs. Die Teilnahme an den Operationen von WEU und NATO diene nicht zur Verteidigung. Aber Artikel 87 a spreche von „Einsatz“. Dabei handle es sich um eine Verwendung der Streitkräfte als Waffenträger in Kriegshandlungen. Beobachtungsmaßnahmen stellten keinen „Einsatz“ dar; insoweit enthalte Artikel 87 a keine Beschränkung. Wenn Artikel 87 a die Verwendung von Streitkräften auf Verteidigungszwecke beschränke, müsse man konsequenterweise auch humanitäre Einsätze als verboten betrachten. Im Übrigen sei auf den Querverweis über Artikel 24 GG zu den kollektiven Sicherheitssystemen WEU und NATO hinzuweisen. Letztlich sei auch das Friedensgebot der Präambel des GG[21] heranzuziehen. Was das Gewaltmonopol der Vereinten Nationen anbetreffe, so sei festzustellen, dass der VN-SR sich der Sache angenommen habe.

BM Rühe verwahrte sich noch einmal gegen den Vorwurf, das Parlament umgangen zu haben.

Zur Tauglichkeit der beschlossenen Maßnahmen sei festzustellen, dass es sich um einen bescheidenen Beitrag mit politischer Wirkung handele. Die Frage nach der Tauglichkeit sei eigentlich auch nur legitim für jemanden, der härtere Mittel als die der beschlossenen Art fordere. Zum Argument der Neuorientierung der Außenpolitik sei darauf hinzuweisen, dass die Welt sich verändere. Die KSZE habe die NATO gefragt, ob sie bereit sei, an KSZE-Blauhelmmissionen teilzunehmen. Aufgabe der Politik sei es, sich um die Schaffung eines internationalen Konsenses zur Bewältigung neuer Aufgaben zu bemühen, nicht am Status quo zu verharren. Die Bundesregierung müsse international handeln. Der Zerstörer „Bayern“ sei dem Ständigen Einsatzverband Mittelmeer der NATO zugeteilt. Er, BM Rühe, frage MdB Klose, ob der den Befehl geben würde, das deutsche Schiff aus diesem Verband abzuziehen.

Auf Bitte von BM Rühe stellte Generalinspekteur Naumann einige Überlegungen zur Einschätzung des Risikos für die beteiligten Bundeswehrsoldaten vor. Es gebe einige Schiffe

17 Für Artikel VIII des WEU-Vertrags vom 23. Oktober 1954 vgl. BGBl. 1955, II, S. 286 f.

18 Für Artikel 2 und Artikel 4 des NATO-Vertrags vom 4. April 1949 vgl. BGBl. 1955, II, S. 289 f.

19 Korrigiert aus: „10. Juni“.

20 Adrian Năstase.

21 Für die Präambel des Grundgesetzes vom 23. Mai 1949 vgl. BGBl. 1949, S. 1.

der ehemals jugoslawischen Marine einschließlich einiger U-Boote. Die Küstenartillerie reiche allerdings nicht über die Entfernung des Küstenmeeres hinaus, sodass die auf Hoher See operierenden Schiffe davon nicht getroffen werden könnten. Der Einsatz von Minen durch die ehemals jugoslawischen Streitkräfte sei wenig wahrscheinlich, da davon auch solche Handelsschiffe getroffen würden, die Waren in ehemals jugoslawische Häfen bringen wollten. Darüber hinaus sei auf die guten technischen Abwehrmöglichkeiten der NATO- und WEU-Schiffe hinzuweisen. Zusammenfassend lasse sich feststellen, dass ein militärisches Risiko nicht völlig ausgeschlossen werden könne, aber insgesamt wenig wahrscheinlich sei. BM Rühe wies, wie schon zuvor der Vorsitzende des Auswärtigen Ausschusses[22], auf eine Nachricht hin, wonach der Wehrbeauftragte des Bundestages[23] mit einigen Soldaten auf dem Zerstörer „Bayern" gesprochen habe. Er habe dabei den Eindruck gewonnen, dass es insbesondere auch mit den Wehrpflichtigen keine Probleme an Bord gebe.

BK Kinkel ging im Übrigen auf eine Frage MdB Gansels ein, ob die Bundesregierung bereit sei, im Rahmen der Hilfsflüge mit BW-Maschinen nach Sarajevo auf dem Rückweg kriegsverwundete Kinder aus Sarajevo mitzunehmen. Er, MdB Gansel, habe gehört, dass die UNO dies nicht zulasse. BM Kinkel teilte mit, dass BK Kohl und er selbst schon vorher von anderen Stellen auf diesen Sachverhalt angesprochen worden seien. BK und BM hätten spontan zugesagt, selbstverständlich verwundete Kinder mit den Maschinen aus Sarajevo ausfliegen zu wollen. In der Tat habe dann allerdings der VN-Kommandant des Flughafens Sarajevo diesem Projekt nicht zugestimmt. Aufgrund der Stellung der Vereinten Nationen in Sarajevo habe die Bundesregierung sich darüber nicht hinwegsetzen können. Er sage allerdings ausdrücklich zu, hierüber noch einmal mit den Vereinten Nationen zu sprechen mit dem Ziel, die Kinder doch ausfliegen zu können.

Bertram[24]

B 14, ZA-Bd. 161180

232

Runderlass des Vortragenden Legationsrats I. Klasse Libal

215-350 JUG VS-NfD **Aufgabe: 21. Juli 1992[1]**
Fernschreiben Nr. 89 Plurez
Citissime

Betr.: Krise im ehemaligen Jugoslawien;
hier: Allgemeiner Rat vom 20.7.1992 in Brüssel

Zur dortigen Unterrichtung

22 Hans Stercken.

23 Alfred Biehle.

24 Paraphe vom 23. Juli 1992.

1 Hat Referat 200 laut handschriftlichem Vermerk des VLRI Libal vor Abgang zur Mitzeichnung vorgelegen.

1) Allgemeiner Rat befasste sich ausführlich mit der Entwicklung im ehemaligen Jugoslawien. Zu Beginn der Sitzung berichtete AM Hurd über seine jüngste Reise in die Krisenregion.[2] Er zeigte sich beeindruckt von der dramatischen Flüchtlingslage in Kroatien. Aus seinem Gespräch mit Präsident Tudjman berichtete er von einer kroatischen Bereitschaft zur Entmilitarisierung der Halbinsel Prevlaka, die die Einfahrt zum einzigen Serbien und Montenegro noch verbleibenden Kriegshafen kontrolliert. Dies könnte Bedeutung für eine Beruhigung der Lage um Dubrovnik haben. Aus Serbien berichtete Hurd, dass niemand dort glaube, dass der neue Ministerpräsident Panić wirklich die Hebel der Macht kontrolliere. AM Hurd forderte die Serben energisch dazu auf, die Serben in Bosnien-Herzegowina wirksam zu beeinflussen und dem Kosovo eine Autonomie entsprechend den Vorstellungen von Lord Carrington einzuräumen.

2) Die Außenminister verabschiedeten eine zuvor von den Politischen Direktoren ausgearbeitete Erklärung (wird parallel übermittelt).[3] Obwohl ihr nicht sehr energischer Duktus uns nicht voll befriedigt, enthält sie dennoch einige politisch bedeutsame Punkte, auf deren Grundlage wir weiter aufbauen können. Besonders gemischt ist die Bilanz in der Flüchtlingsfrage (Abs. 4). Wir sind zufrieden mit der Bereitstellung erheblicher zusätzlicher Finanzmittel, und zwar nicht nur für Nahrungsmittel, sondern – auf unsere Anregung hin – auch für die Bezahlung von Unterkünften. Damit soll den Menschen in erster Linie dort geholfen werden, wo sie, möglichst nahe an ihren ursprünglichen Wohnorten, vorübergehend untergebracht werden. Es ist uns jedoch trotz mehrerer sehr energischer Interventionen des BM nicht gelungen, unsere Partner zur Aufnahme von Flüchtlingen über den Kreis der bisherigen Aufnahmeländer Österreich, Italien und Deutschland hinaus im Rahmen einer Kontingentvereinbarung zu verpflichten. Das Maximum, was erreicht werden konnte, ist der ausdrückliche Hinweis auf dieses Problem sowie die Ankündigung, dass die Zwölf ihre Verantwortlichkeit wahrnehmen wollen und dass sie ihre Innen- und Justizminister bitten werden, sich der Sache dringend anzunehmen. Immerhin bietet dies einen Ansatzpunkt, um den Druck auf unsere Partner aufrechtzuerhalten.

3) Der politisch bedeutsamste Teil der Erklärung befasst sich mit den Konsequenzen, die aus dem jüngsten Gutachten der Schiedskommission der EG-Konferenz[4] (der sog. Badinter-Kommission) zu ziehen sind. Hier haben wir uns mit unserer Auffassung durchsetzen können: Die Zwölf werden sich nunmehr aktiv dafür einsetzen, dass den Delegationen der

2 Der britische AM Hurd hielt sich am 16. Juli 1992 in Kroatien und Slowenien, am 17. Juli in Bosnien-Herzegowina, am 18. Juli in Serbien und am 18./19. Juli in Mazedonien auf sowie am 19. Juli 1992 in Albanien.

3 Für die Erklärung der Außenminister der EG-Mitgliedstaaten zu Jugoslawien vom 20. Juli 1992 vgl. BULLETIN DER EG 7-8/1992, S. 112f.

4 Am 4. Juli 1992 veröffentlichte die Schlichtungskommission der EG für Jugoslawien weitere Gutachten. In ihrem Gutachten Nr. 8 stellte sie fest, „that the process of dissolution of the SFRY referred to in Opinion No. 1 of 29 November 1991 is now complete and that the SFRY no longer exists". Im Gutachten Nr. 9 wurde erklärt, the SFRYs membership of international organizations must be terminated according to their statutes and that none of the successor states may thereupon claim for itself alone the membership rights previously enjoyed by the former SFRY. Im Gutachten Nr. 10 wurde ausgeführt, die am 27. April 1992 ausgerufene Bundesrepublik Jugoslawien (Serbien/Montenegro) sei a new state which cannot be considered the sole successor to the SFRY. Eine Anerkennung durch die EG-Mitgliedstaaten sei möglich, wenn sie die von der EG am 16. Dezember 1991 formulierten Kriterien erfülle. Vgl. ILM, Vol. 31 (1992), S. 1523, S. 1525 und S. 1526.

neuen „Bundesrepublik Jugoslawien“ in den Vereinten Nationen und in anderen internationalen Organisationen das Recht entzogen wird, den bisherigen Sitz des ehemaligen Jugoslawien in diesen Organisationen einzunehmen. Dies ist ein wichtiger Schritt auf dem Wege zur weiteren politischen Isolierung Serbiens parallel zu den von den Vereinten Nationen verhängten Sanktionen[5], den auch die USA mit Entschiedenheit verfolgen.

4) Für die Zukunft ist auch ein weiterer Punkt nicht ohne Bedeutung: Die Erklärung beschränkt sich nicht nur auf eine Verurteilung der serbischen Angriffe auf die Zivilbevölkerung. Auf griechische Initiative kündigen die Zwölf auch an, dass sie die Möglichkeit einer Entsendung von Kommissionen zur Untersuchung solcher Angriffe verfolgen werden. Damit eröffnet sich eine Chance, den verschiedenen Hinweisen auf Kriegsverbrechen nachzugehen, auch im Hinblick auf eine mögliche spätere Verfolgung der Verantwortlichen.

5) Auf französische Bitte hin ist auch die Möglichkeit einer Ausweitung der EG-Konferenz über Jugoslawien in die Erklärung aufgenommen worden. Es bestand jedoch Einigkeit, dass Lord Carrington weiterhin das Vertrauen der Zwölf genießt und dass die bisherige Arbeit der Konferenz nicht infrage gestellt werden darf.[6]

Libal[7]

B 42, ZA-Bd. 183642

233

Runderlass des Vortragenden Legationsrats Koenig

012-9-312.74 VS-NfD **Aufgabe: 21. Juli 1992**[1]
Fernschreiben Nr. 46 Ortez

Betr.: Einführung einer nationalen Anti-Boykott-Regelung[2];
hier: Sprachregelung

Enthält Weisung

5 Vgl. die Resolution Nr. 713 des VN-Sicherheitsrats vom 25. September 1991; RESOLUTIONS AND DECISIONS 1991, S. 42 f. Für den deutschen Wortlaut vgl. EUROPA-ARCHIV 1991, D 550–552.
Vgl. auch die Resolution Nr. 757 des VN-Sicherheitsrats vom 30. Mai 1992; Dok. 159, Anm. 12.

6 Am 26./27. August 1992 fand in London die internationale Jugoslawien-Konferenz statt. Vgl. Dok. 269.

7 Paraphe.

1 Der Runderlass wurde von VLR I van Edig konzipiert und mit Begleitvermerk vom 21. Juli 1992 über MDg von Kyaw und MD Dieckmann an Referat 012-9 geleitet. Dazu vermerkte van Edig: „Als Anlage wird ein Ortez zur Einführung einer nationalen Anti-Boykott-Regelung, das gleichzeitig auch eine Sprachregelung enthält, mit der Bitte um möglichst baldige Übermittlung an die Auslandsvertretungen übersandt. Wegen der notwendigen detaillierten Argumentation ist die Länge des Ortez unvermeidlich. BMWi ist mit dem Text einverstanden. BM Möllemann hatte zusätzlich gewünscht, dass der Kabinettsbeschluss in den Staaten der Arabischen Liga aktiv bei den Gastregierungen angesprochen wird. Ref. 310 hat im Entwurf mitgezeichnet.“
Hat Kyaw und Dieckmann am 21. Juli 1992 vorgelegen. Vgl. B 5, ZA-Bd. 161325.

2 Zu den Bemühungen um Maßnahmen gegen den Israel-Boykott arabischer Staaten vgl. AAPD 1991, I, Dok. 152 und Dok. 207.

1) Das Bundeskabinett hat am 21.7.1992 die 24. Verordnung zur Änderung der Außenwirtschaftsverordnung beschlossen, mit der ein Verbot von Boykott-Erklärungen im Außenwirtschaftsverkehr erlassen wird.[3]

Die Vertretungen in den Mitgliedstaaten der Arabischen Liga und nach dortigem Ermessen auch die anderen Vertretungen werden gebeten, die Gastregierungen auf der Grundlage der nachfolgenden Sprachregelung zu unterrichten und – soweit sich die Gastregierungen am Boykott beteiligen – unseren Wunsch zum Ausdruck zu bringen, dass sich die bilateralen Wirtschaftsbeziehungen weiterhin im Interesse beider Seiten positiv entwickeln.

Wir haben allerdings kein Interesse daran, dass eine politische Grundsatzdiskussion in Gang gesetzt wird, da auch die arabische Seite in der Handhabung des Boykotts einen gewissen Pragmatismus gezeigt hat, der durch eine Grundsatzdiskussion gefährdet werden könnte.

2) Der neue § 4 a der Außenwirtschaftsverordnung wird wie folgt lauten:

„Die Abgabe einer Erklärung im Außenwirtschaftsverkehr, durch die sich ein Gebietsansässiger an einem Boykott gegen einen anderen Staat beteiligt (Boykott-Erklärung), ist verboten."

Nach ihrem Art. 2 ist die Verordnung auf Erklärungen zur Abwicklung von Verträgen, die vor ihrem Inkrafttreten geschlossen worden sind, nicht anzuwenden.

Die Verordnung soll am ersten Tag des auf die Verkündung folgenden vierten Kalendermonats in Kraft treten.

Zuwiderhandlungen können als Ordnungswidrigkeit mit einer Geldbuße bis zu einer Million DM geahndet werden.

Unter den Begriff „Staat" im Sinne der Regelung fallen auch Staatsangehörige dieses Staates und Unternehmen, die dort ihren Sitz haben.

Dem Tatbestand liegen „Erklärungen" zugrunde. Eine Erweiterung auch auf „Handlungen" erschien aus rechtspolitischen Gründen nicht opportun und hätte keine große praktische Bedeutung gehabt.

Eine Meldepflicht, wie sie das niederländische Recht kennt, ist nicht erforderlich, da das Verbot über eine reine Meldepflicht hinausgeht.

3) Die neue Anti-Boykott-Regelung gilt generell. Sie betrifft nicht nur den arabischen Boykott Israels. Nicht betroffen sind Erklärungen im Rahmen eines Embargos, an dem sich Deutschland beteiligt.

4) Die deutsche Verordnung folgt dem Beispiel anderer Länder, die die Befolgung eines Boykotts oder diskriminierendes Verhalten im Wirtschaftsverkehr zum Teil in der Außenwirtschafts- und Steuergesetzgebung (USA), zum Teil im Strafrecht (Frankreich, Belgien, Luxemburg) verboten haben.

5) Nicht zuletzt im Hinblick auf den EG-Binnenmarkt 1993 und die Wirksamkeit des Vorgehens gegen einen Boykott hält die Bundesregierung es weiterhin für wichtig, dass die EG-MS eine einheitliche Haltung gegenüber Boykott-Maßnahmen einnehmen. Sie hat deshalb entsprechende Initiativen in die EG eingebracht und würde es begrüßen, wenn die deutsche Regelung einen weiteren Anstoß für einen Konsens innerhalb der EG geben könnte. Der Europäische Rat vom 26./27.6.1992 hat an die Mitglieder der Arabischen Liga appelliert, den Handelsboykott gegen Israel, der mit dem Geist des Friedensprozesses un-

3 Für die Verordnung vgl. BUNDESANZEIGER 1992, S. 6141.

vereinbar ist, aufzuheben. Gleichzeitig erwartet der ER eine Einstellung der völkerrechtswidrigen Errichtung und Erweiterung von israelischen Siedlungen in den besetzten Gebieten einschließlich Ost-Jerusalems.[4]

6) Bei der Unterrichtung der Gastregierung könnte auf folgender Linie argumentiert werden:

a) Wirtschafts- und handelspolitische Gründe für eine Anti-Boykott-Regelung:
- Als exportabhängiges Land ist Deutschland auf das reibungslose Funktionieren der Außenwirtschaftsbeziehungen angewiesen.
- Ziel der Anti-Boykott-Regelung ist es, die Freiheit des Außenwirtschaftsverkehrs zu sichern. Boykott-Maßnahmen führen zu Beschränkungen im Waren-, Dienstleistungs-, Kapital-, Zahlungs- und sonstigem Wirtschaftsverkehr und zu einer Umlenkung des Handelsverkehrs aus politischen Gründen. Wettbewerbsverzerrungen sind eine weitere Folge des Boykotts.
- Boykottmaßnahmen widersprechen unserem grundsätzlichen Eintreten für freien, multilateralen Handel, den wir auch als Ergebnis der Uruguay-Runde[5] wünschen.
- Der Rat der EG hat im Zusammenhang mit den Verhandlungen über ein EG-Freihandelsabkommen mit den Staaten des Golfkooperationsrates[6] festgestellt, dass der Boykott im Prinzip mit der Errichtung einer Freihandelszone unvereinbar sei (allerdings keine formelle Verknüpfung mit den Verhandlungen).

b) Stellungnahme zu möglichen politischen Argumenten:
- Die Staaten der Arabischen Liga werden die deutsche Regelung als gegen den arabischen Boykott Israels gerichtet ansehen und im Hinblick auf die laufenden Nahost-Friedensverhandlungen den Zeitpunkt der Einführung kritisieren, insbesondere nachdem von arabischer Seite die Einstellung des Boykotts mit einer Einstellung der israelischen Siedlungspolitik in Verbindung gebracht wurde. Im Hinblick auf die harte israelische Haltung im Nahost-Friedensprozess sei eine solche Maßnahme jetzt nicht opportun. Die arabische Seite wird weiter darauf verweisen, dass Deutschland fast 40 Jahre lang keine Maßnahmen gegen den Boykott ergriffen hat und jetzt in einer wichtigen Phase des Nahost-Friedensprozesses mit seiner Anti-Boykott-Regelung vorangeht.
- In diesem Zusammenhang ist zunächst darauf hinzuweisen, dass die neue Anti-Boykott-Regelung generell gilt. Sie betrifft nicht nur den arabischen Boykott Israels. Auch Erklärungen im Rahmen des US-Boykotts gegen Kuba fallen z. B. unter die Regelung.
- Durch den Golfkrieg und den Nahost-Friedensprozess wurde eine neue Situation geschaffen, in der 40 Jahre alte Verhaltensmuster keine Gültigkeit mehr haben können. Einerseits können wir nicht mit Rücksicht auf den ohnehin langwierigen Nahost-Friedensprozess, dessen Ende nicht absehbar ist, mit einer Anti-Boykott-Regelung weiter zuwarten, andererseits wäre es mit unserem Einsatz bei der Unterstützung regionaler Wirtschaftsbeziehungen im multilateralen Friedensprozess nicht in Einklang zu bringen, wenn wir jetzt noch überlebte Handelshemmnisse wie den arabischen Israel-Boykott hinnähmen.

[4] Vgl. die Anlage III zu den Schlussfolgerungen des Vorsitzes im Anschluss an die Tagung des Europäischen Rats am 26./27. Juni 1992 in Lissabon; BULLETIN DER EG 6/1992, S. 23 f. Zur Tagung vgl. Dok. 201.

[5] Zu den GATT-Verhandlungen vgl. Dok. 185.

[6] Zu den Verhandlungen zwischen der EG und dem GCC vgl. Dok. 69, Anm. 3.

- Die arabische Seite selbst hat die Einstellung des Boykotts als mögliche vertrauensbildende Maßnahme bezeichnet, allerdings in enger Verbindung mit der Einstellung der israelischen Siedlungspolitik in den besetzten Gebieten, für die die Bildung einer neuen israelischen Regierung nach den Wahlen[7] neue Aussichten eröffnet.
- In diesem Zusammenhang ist hervorzuheben, dass sich die Bundesregierung mit ihren EG-Partnern wiederholt gegen die israelische Siedlungspolitik ausgesprochen hat. (s. Stellungnahme des ER von Lissabon). Der Auswärtige Ausschuss des Deutschen Bundestages hat in einer Beschlussempfehlung vom 22.1.1992 in gleichem Sinne votiert. (Ziff.4: „Der Deutsche Bundestag fordert die Bundesregierung auf, im Rahmen der Europäischen Politischen Zusammenarbeit und begleitend in direktem Kontakt mit der israelischen Regierung auf eine Einstellung der israelischen Siedlungsaktivitäten hinzuwirken".[8])
- Im Übrigen ist von unserer Seite darauf hinzuweisen, dass der arabische Israel-Boykott in der Praxis nur noch beschränkte Wirksamkeit und Bedeutung hat. Eine Reihe von MS der Arabischen Liga beteiligt sich nicht mehr. Offizielle Ausnahmen betreffen den Verkehr mit Ölgesellschaften, internationalen Banken und Fluggesellschaften. Umgehungen werden häufig gestattet oder stillschweigend geduldet, wenn sie im „Staatsinteresse" liegen. Unter diesen Umständen kann auch von Deutschland nicht mehr erwartet werden, dass es die erzwungene Beteiligung seiner Bürger und Unternehmen an dem Boykott duldet.
- Deutschland handelt nicht isoliert. Andere Industriestaaten (so z. B. USA, Frankreich, Benelux) verbieten seit langem die Befolgung eines Boykotts oder diskriminierendes Verhalten im Wirtschaftsverkehr. Wir verstehen unsere Maßnahmen als ersten Schritt zu einer international konzertierten Aktion, wie wir sie bereits in der EG angeregt haben.
- Letztlich bedeutet Boykott auch einen Eingriff in die Souveränität des Landes, dessen Staatsangehörige durch Behörden eines fremden Staates zur Abgabe von Boykott-Erklärungen gezwungen werden.

c) Durchführungsmodalitäten und weitere Entwicklung der Wirtschaftsbeziehungen:
- Die Bundesregierung war bei der Einführung der Anti-Boykott-Regelung bemüht, allen Beteiligten die Umstellung zu erleichtern. In diesem Zusammenhang kann darauf hingewiesen werden, dass Altverträge von der Regelung ausgenommen sind und dass eine ausreichend bemessene Anpassungsfrist eingeräumt wird.
- Es ist unser Wunsch, dass sich die bilateralen Wirtschaftsbeziehungen weiterhin im Interesse aller Beteiligten positiv entwickeln.

7) Bo[tschaft] London und StV EG-Brüssel werden gebeten, bei Kontakten mit der britischen Präsidentschaft und der EG-Kommission unser Interesse an einer weiteren Behandlung des Themas mit dem Ziel einer gemeinsamen EG-Haltung zu Anti-Boykott-Regelungen zu verdeutlichen.

8) Es ist beabsichtigt, neben dem Sprechzettel für den Regierungssprecher die nachstehend unter 9) wiedergegebene Information von AA und BMWi u. a. für die betroffenen Wirtschaftskreise bereitzuhalten.

7 Zu den Parlamentswahlen am 23. Juni 1992 in Israel vgl. Dok. 201, Anm. 21.
Die neue Regierung unter MP Rabin trat ihr Amt am 13. Juli 1992 an.

8 Für die am 22. Januar 1992 im Auswärtigen Ausschuss beratene und verabschiedete Beschlussempfehlung vom 30. März 1992 vgl. BT DRUCKSACHEN, Nr. 12/2425 vom 2. April 1992, S. 2.

9) „Mit der 24. Verordnung zur Änderung der Außenwirtschaftsverordnung wird ein Verbot von Boykott-Erklärungen im Außenwirtschaftsverkehr erlassen. In fremden Wirtschaftsgebieten verhängte Boykott-Maßnahmen gegen andere Staaten können den nach § 1 des Außenwirtschaftsgesetzes[9] grundsätzlich freien Außenwirtschaftsverkehr erheblich beeinträchtigen und zu einer aus politischen Gründen erfolgenden Umlenkung von Handelsbeziehungen führen. Dies widerspricht unserer Wirtschaftsordnung und kann zu erheblichen Störungen der auswärtigen Beziehungen der Bundesrepublik Deutschland mit den Staaten führen, die vom Boykott betroffen sind. Diese erhebliche Störung der auswärtigen Beziehungen kann nur durch ein an die Unternehmen gerichtetes Verbot, sich an Boykott-Maßnahmen zu beteiligen, vermieden werden. Mit der jetzt beschlossenen Regelung folgt die BR Deutschland dem Beispiel der USA, Frankreichs, Belgiens und Luxemburgs, deren Rechtsordnungen seit langem die Befolgung eines Boykotts oder diskriminierendes Verhalten im Wirtschaftsverkehr verbieten. Als exportabhängiges Land ist Deutschland auf das reibungslose Funktionieren der Außenwirtschaftsbeziehungen angewiesen. Behinderungen durch einen Boykott sind umso weniger zeitgemäß, als sie dem Ziel eines Ausbaus des freien und multilateralen Welthandels widersprechen, das in der laufenden Runde der multilateralen Verhandlungen im GATT angestrebt wird. Das Verbot gilt generell und richtet sich nicht gegen einen bestimmten Boykott. Die BR Deutschland schützt mit einem Verbot die Interessen ihrer Staatsbürger und wahrt damit gleichzeitig ihre eigene Souveränität. Die Anti-Boykott-Regelung bedeutet somit nicht, dass die BR Deutschland in Auseinandersetzungen zwischen dritten Staaten Partei ergreift.

Die Regelung ist so gefasst, dass der Übergang auf den Rechtszustand so weit wie möglich erleichtert wird. Um den zum Zeitpunkt des Inkrafttretens des Verbots in Abwicklung befindlichen Exportgeschäften Rechnung zu tragen, ist vorgesehen, dass die Verordnung auf Altverträge nicht anwendbar ist. Für das Inkrafttreten wird eine gut dreimonatige Frist nach Verkündigung festgesetzt. Die Bundesregierung hofft zuversichtlich, dass die von ihr beschlossene Regelung einen Anstoß zur Aufhebung noch bestehender Boykott-Maßnahmen gibt, die im Interesse einer positiven Entwicklung der internationalen Wirtschaftsbeziehungen liegen würde."

Koenig

B 5, ZA-Bd. 161325

[9] Für § 1 des AWG vom 28. April 1961 vgl. BGBl. 1961, I, S. 482.

234

Runderlass des Vortragenden Legationsrats Koenig

012-9-312.74 VS-NfD **21. Juli 1992**[1]
Fernschreiben Nr. 47 Ortez **Aufgabe: 22. Juli 1992**

Betr.: Beschluss des Bundeskabinetts am Dienstag, 21.7.92, über Zustimmungsgesetz zum Vertrag über die Europäische Union

Das Bundeskabinett hat am 21.7. dem Entwurf eines Gesetzes zum Vertrag über die Europäische Union zugestimmt.[2] Zugleich hat es seine Zustimmung zu dem Entwurf des BMI für ein verfassungsänderndes Gesetz betr. Art. 28 GG (Kommunalwahlrecht), Art. 88 GG (Europäische Zentralbank) und Art. 23 GG (Europaartikel) erteilt.[3]

I. Mit dem Beschluss gibt Bundeskabinett formell den Startschuss zum Beginn des Ratifikationsverfahrens für den am 7.2. in Maastricht unterzeichneten Vertrag. Der Vertrag über die Europäische Union ist die wichtigste Fortentwicklung der europäischen Integration seit Unterzeichnung der Römischen Verträge 1957[4].

Eintritt in Ratifikationsverfahren ist wichtige Weichenstellung nicht nur für Gesetzgebungsprozess, sondern auch ein Signal an die Bürger für Fortgang europäischen Einigungsprozesses.

Die Kabinettsentscheidung entspricht dem Beschluss der EG-Außenminister in Oslo am 4.6.[5], bekräftigt durch Staats- und Regierungschefs auf dem Europäischen Rat Lissabon am 26./27.6.[6], den Ratifikationsprozess in D wie auch in den anderen MS – auch nach dem negativen Referendum in DK – zügig fortzusetzen. (Hinweis: Eindeutiges Votum der irischen Wähler am 18.6.: 69 % Ja.[7] Luxemburgisches Parlament hat am 2.7. mit 51:6 Stimmen als erstes Weg für Ratifikation freigemacht, auch belgische Abgeordnetenkammer hat zugestimmt (146:33 Stimmen), griechisches Parlament am 21.7.; Fortschritte auch in F durch Beschlussfassung über Verfassungsänderungen am 23.6. im Kongress (Nationalversammlung und Senat) zu Kommunalwahlrecht, WWU und Visapolitik sowie Ansetzung eines Referendums auf 20.9.[8])

Bundestag und Ausschüsse haben sich bereits mehrfach mit Vertrag von Maastricht befasst. Gesetzgebende Körperschaften können dies nunmehr im Einzelnen aufgrund

1 Der Runderlass wurde von VLR Cuntz konzipiert.

2 Für den Entwurf eines Gesetzes zum Vertrag vom 7. Februar 1992 über die Europäische Union sowie für die zugehörige Denkschrift der Bundesregierung vgl. BR DRUCKSACHEN, Nr. 500/92 vom 14. August 1992, S. 5 bzw. S. 81–115.

3 Für den Entwurf eines Gesetzes zur Änderung des Grundgesetzes vgl. BR DRUCKSACHEN, Nr. 501/92 vom 14. August 1992, S. 1–3.

4 Für die Römischen Verträge vom 25. März 1957 vgl. BGBl. 1957, II, S. 756–1223.

5 Zum außerordentlichen Treffen der Außenminister der EG-Mitgliedstaaten anlässlich des gescheiterten dänischen Referendums vom 2. Juni 1992 vgl. Dok. 166.

6 Zur Tagung des Europäischen Rats am 26./27. Juni 1992 vgl. Dok. 201.

7 Zum irischen Referendum über das Vertragswerk von Maastricht vgl. Dok. 201, Anm. 3.

8 Zum Referendum am 20. September 1992 in Frankreich über das Vertragswerk von Maastricht vgl. Dok. 293 und Dok. 300.

der Denkschrift tun, mit der die Bundesregierung die notwendigen Erläuterungen bereitstellt.

Bundesregierung begrüßt es, wenn sich gesetzgebende Körperschaften – entsprechend Bedeutung des Vertrags – Zeit zu eingehender Prüfung nehmen. Durch Erklärung der Vorlage als „eilbedürftig" ist Möglichkeit eröffnet, dass BR und BT sich frühzeitig mit Vorlage befassen und erste Lesung im September/Oktober durchführen (BR am 25.9. und BT evtl. erste Oktoberwoche). Nach Ausschussberatungen und zweiter/dritter Lesung im BT[9] ist Abschluss der Ratifikation nach zweitem Durchgang im BR vor Jahresende möglich. Entsprechendes Zeitziel besteht für die ebenfalls heute vom Kabinett auf den Weg gebrachte Grundgesetzänderung.

Positiv, dass breiter Konsens unter demokratischen Parteien einschließlich SPD und mit Ländern besteht.

Kritische Stimmung in der Öffentlichkeit muss ernstgenommen werden, darf jedoch nicht zu Nachlassen deutscher Bemühungen um europäische Integration führen. Aufgabe aller Politiker, dem Bürger konkrete Vorteile europäischer Einigung nahezubringen.

II. Wesentliche Inhalte des Vertrags, durch den die Europäische Union begründet, wenn auch noch nicht vollendet wird, sind:

Stufenweiser Prozess zur WWU mit stabiler Währung und unabhängiger Zentralbank in Endphase der WWU;

Ausbau der demokratischen Rechte des EP (Mitentscheidung bei der Rechtssatzung in einer Reihe von Bereichen, in denen letztes Wort künftig nicht mehr beim Rat liegt; bei Einsetzung der Kommission ist ab 95 Zustimmung des EP erforderlich, zugleich Anpassung Amtsperiode KOM an Wahlperiode EP).

Gemeinsame Außen- und Sicherheitspolitik (GASP):

Neues Instrument „Gemeinsame Aktion" mit höherem Maß an Verbindlichkeit. Neu ist auch Verteidigungsperspektive der GASP mit WEU zunächst als Verteidigungskomponente (Petersberg-Treffen 19.6.[10]) und Verlegung der WEU von London nach Brüssel. Jugoslawien-Konflikt zeigt Dringlichkeit gemeinsamer europäischer Außen- und Sicherheitspolitik.

Innen- und Justizpolitik:

Bis Ende 92 „Europäische Gemeinsame Aktion" auf einem Teilgebiet der Asylpolitik. Bis Ende 93 Prüfung der Überführung der Asylfragen in Gemeinschaftszuständigkeit; Errichtung von EUROPOL zur Bekämpfung von Terrorismus, organisiertem internationalen Verbrechen und Drogenhandel.

Rechte der Bürger:

Bindung der Gemeinschaftsorgane an die Grund- und Menschenrechte; Unionsbürgerschaft mit vertraglich verankertem Aufenthaltsrecht, Wahlrecht am Wohnsitz zum EP und bei Kommunalwahlen; Bürgerbeauftragter des EP (Ombudsmann), Petitionsrecht.

Föderaler, bürgernaher Aufbau der EU:

Von uns in Vertrag gebrachtes Subsidiaritätsprinzip muss gemäß Auftrag ER Lissabon konkret zur Anwendung kommen; Erledigung von Aufgaben weitestgehend auf Ebene

9 Zur Zustimmung des Bundestags zum Vertragswerk von Maastricht am 2. Dezember 1992 vgl. Dok. 400.

10 Zur WEU-Ministerratstagung vgl. Dok. 162, Anm. 32.

unterer Verantwortungsträger vorzusehen; Regionalausschuss soll von Anfang an beratend mitwirken können.

- Bis Ende 92 sind vom ER Edinburgh[11] noch folgende Fragen zu regeln:
- Sitz der EZB; ER Lissabon war Lösung schon relativ nahe, Gesamtregelung aller offenen Sitzfragen wurde aber doch zurückgestellt.
- Zusammensetzung EP, d. h. Festlegung der Gesamtzahl[12] auch unter Berücksichtigung künftiger EG-Erweiterung, und Erhöhung der Zahl der deutschen Abgeordneten um 18 für die NBL.

III. Entscheidend wird sein, dass die Gemeinschaft und insbesondere auch das EP die Fortschritte im Vertrag und die darin angelegten Entwicklungschancen im Interesse der Europäischen Union wie auch im Sinne der Akzeptanz durch die Bevölkerungen in den Mitgliedstaaten optimal nutzen.

Revisionskonferenz 96[13] bietet noch vor dritter Stufe WWU weitere Möglichkeiten zur Fortentwicklung, insbesondere für Rechte des EP, verteidigungspolitische Perspektive, Inneres und Justiz.

Vertiefung und Erweiterung der EG müssen Hand in Hand gehen. Nach Ratifizierung und Abschluss Delors II können Anfang nächsten Jahres Beitrittsverhandlungen mit Österreich, Schweden und auch Schweiz sowie ggf. Norwegen auf Grundlage Maastricht beginnen.[14] EFTA-Länder, traditionell eng mit D verbunden, werden Bereicherung für die Europäische Union sein.

IV. Eintritt in die dritte Stufe der WWU

Vor Entscheidung über Eintritt in die dritte Stufe WWU werden BT und BR Gelegenheit haben, sich mit diesem wichtigen Thema erneut zu befassen. Dies wurde auch in der Denkschrift zum Vertrag festgehalten. Grundlage wird dabei die vertragliche Verpflichtung zum unwiderruflichen Eintritt in die dritte Stufe der WWU bei denjenigen Mitgliedstaaten sein, die die erforderlichen strikten Konvergenz- und Stabilitätsbedingungen erfüllen. Der Eintritt in die Endstufe der WWU und der damit verbundene Übergang zu einheitlicher europäischer Währung ist einer der Hauptgegenstände der öffentlichen Diskussion in der Bundesrepublik Deutschland. Sie ist Ausdruck der Sorge in der Bevölkerung um die Stabilität des Geldes. Deshalb misst die Bundesregierung der Einhaltung der Konvergenzkriterien[15] und der Befassung von Bundestag und Bundesrat besondere Aufmerksamkeit zu. Dabei legt sie großen Wert darauf, dass damit kein Vorbehalt gegenüber dem Eintritt in die Endstufe der WWU entsteht, der die Unumkehrbarkeit des Prozesses infrage stellen würde und unserem eigenen Interesse an konsequenten Konvergenz- und stabilitätspolitischen Maßnahmen der anderen MS zuwiderliefe.

11 Zur Tagung des Europäischen Rats am 11./12. Dezember 1992 vgl. Dok. 421.

12 Zur Frage der Erhöhung der Zahl der Mitglieder des Europäischen Parlaments vgl. Dok. 162, Anm. 36.

13 Zur Überprüfungskonferenz für das Vertragswerk von Maastricht vgl. Dok. 86, Anm. 21.

14 Die EG nahm am 1. Februar 1993 Beitrittsverhandlungen mit Finnland, Österreich und Schweden auf. Die Beitrittsverhandlungen mit Norwegen begannen am 5. April 1993. Vgl. AAPD 1993.

15 Zu den Konvergenzkriterien vgl. das Protokoll über die Konvergenzkriterien nach Artikel 109j des Vertrags über die Europäische Union vom 7. Februar 1992; BGBl. 1992, II, S. 1309f. Vgl. auch AAPD 1991, II, Dok. 425.

V. Zu verfassungsänderndem Gesetz

Die Bundesregierung ist bereit, im Rahmen eines eigenen Europa-Artikels im Grundgesetz das Staatsziel Europäische Union zu verankern und die Beteiligungsrechte der Länder zu erweitern und in Verfassungsrang anzuheben. Handlungsfähigkeit von D und Funktionsfähigkeit der EG müssen – auch im Hinblick auf Sprecherrolle im Rat (Art. 146 EG-V neu[16]) – gewahrt bleiben. Die Bundesregierung hat den von der Gemeinsamen Verfassungskommission von Bundestag und Bundesrat[17] ausgearbeiteten Text zunächst tel quel übernommen, um den Gesetzgebungsprozess einzuleiten. Sie ist sich aber der Problematik des darin vorgesehenen Länderbeteiligungsverfahrens bewusst. Im Lauf des Gesetzgebungsverfahrens ist mit Änderungswünschen zu rechnen[18], insbesondere betr.

- Verhältnis Bundesregierung/Bundesrat; maßgebliche Bestimmung der deutschen Haltung durch Länder hinsichtlich der Anknüpfung an die Gesetzgebungszuständigkeiten wie auch an die Verwaltungszuständigkeiten der Länder.
- Beteiligung des Bundestags in Angelegenheit der Europäischen Union, die in vorliegendem Gesetzentwurf zwar dem Grundsatz nach enthalten, jedoch nicht ausformuliert ist.

VI. Die Botschaften in den EG-MS und EG-Vertretung Brüssel erhalten die Texte der vom Kabinett verabschiedeten Gesetzentwürfe mit Begründung gesondert. Für die übrigen Vertretungen stehen die Texte auf Anfrage zur Verfügung.

Koenig

B 5, ZA-Bd. 161325

235

Drahtbericht des Botschafters Blech, Moskau, an Staatssekretär Kastrup

13388/92 VS-vertraulich **Aufgabe: 22. Juli 1992, 21.20 Uhr**[1]
Fernschreiben Nr. 3147 **Ankunft: 22. Juli 1992, 19.50 Uhr**
Citissime nachts

Für StS Dr. Kastrup persönlich (ausschließlich in einem Exemplar)

Betr.: Fall Honecker;
hier: Übergabe unseres Ersuchens auf Überstellung Honeckers an Fokin (22.7. – 18.15 Uhr, Moskauer Zeit)

Bezug: DE Nr. 1098 vom 25.6.92 – 014-StS-436/92 VS-v[2]

16 Für die Neufassung von Artikel 146 des EWG-Vertrags vgl. BGBl. 1992, II, S. 1273.

17 Zur Gemeinsamen Verfassungskommission vgl. Dok. 107, Anm. 10.

18 Korrigiert aus: „zu rechnen werden“.

1 Der Drahtbericht wurde von LR I Freytag von Loringhoven, Moskau, konzipiert.
Hat StS Kastrup vorgelegen.

2 StS Kastrup informierte Botschafter Blech, Moskau, über die mit dem chilenischen Sonderbotschafter Holger erzielte Einigung über ein Szenario zur Überstellung von Erich Honecker in die Bundesrepublik.

1) Am 22.7. (18.15 Uhr – Moskauer Zeit) habe ich nach Absprache mit Holger Fokin im RAM aufgesucht und ihm das Ersuchen der Bundesregierung auf Überstellung Honeckers[3] in Form einer Verbalnote übergeben. Dabei trug ich die in Bezugs-DE aufgeführte Sprachregelung mündlich vor. Wir gingen davon aus, dass russische Seite nunmehr Überstellungsersuchen innerhalb der verabredeten Frist prüfen und darüber befinden werde. Anschließend erwarteten wir eine schriftliche Mitteilung über die Entscheidung der russischen Regierung.

2) Fokin nahm unsere Note ausdrücklich an. Ohne im Einzelnen zu ihr Stellung zu nehmen, zur Darlegung unserer völkerrechtlichen Position, sagte er: „Ich nehme diese als Konstatierung der deutschen Position an." Er stellte bereits für morgen eine russische Antwort auf unsere Note in Aussicht und ließ keinen Zweifel daran, dass diese positiv ausfallen werde. Es gebe keinen Grund, den Ukas vom vergangenen Dezember[4] zu revidieren, auf den sich die Antwort beziehen werde. Unmittelbar im Anschluss an die Übergabe der Note an uns werde er der chilenischen Botschaft eine Verbalnote übermitteln, zusammen mit einer Kopie unseres Ersuchens und der russischen Antwortnote auf sie.

Dann sei chilenische Seite am Zuge. Fokin unterstrich, dass die Gewährung der 48-Stunden-Frist für eine Stellungnahme Honeckers aus russischer Sicht kontraproduzent sei. Doch Holger habe hierauf bestanden. Holger und Fokin seien sich darüber einig geworden, dass die chilenische Seite im Falle einer unvorhergesehenen Entwicklung infolge dieses zeitlichen Spielraums die volle Verantwortung hierfür trage. Hinsichtlich der praktischen Modalitäten der Entfernung Honeckers aus der chilenischen Botschaft habe es heute ein Treffen Holgers mit Vertretern des russischen Innenministeriums gegeben, in dem beide Seiten volle Übereinstimmung erzielt hätten.

Falls Honecker auf eine Stellungnahme verzichte, erwarte Fokin ein rasches Signal Holgers, in dem dieser mitteile, zu welchem genauen Zeitpunkt Honecker Persona non grata für die Chilenen sei. Fokin äußerte, alle technischen Vorbereitungen für die Überstellung Honeckers seien getroffen. Es könne also jederzeit losgehen.

Fortsetzung Fußnote von Seite 956

Bei Übergabe des Ersuchens an die russische Regierung solle erklärt werden, dass „a) Chile der Bundesregierung die Zusicherung gegeben hat, dass Erich Honecker die Botschaft in Moskau gegebenenfalls auch gegen seinen Willen verlassen wird. Chile wird der russischen Regierung die gleiche Zusicherung geben; und b) es für die Regierung von Chile von Bedeutung ist, dass die russischen Behörden die Entscheidung über das Rücküberstellungsersuchen der Bundesrepublik Deutschland schriftlich notifizieren." Vgl. B 130, VS-Bd. 15548 (216), bzw. B 150, Aktenkopien 1992.

3 Das Überstellungsersuchen der Bundesregierung an die russische Regierung lautete: „Die Regierung der Bundesrepublik Deutschland ersucht die russische Regierung unter Bezugnahme auf die zahlreichen Gespräche und wiederholten Zusicherungen der russischen Seite, ihr zu bestätigen, dass Herr Honecker nach Deutschland zurücküberstellt wird, damit er sich vor der deutschen Justiz verantworten kann. Gegen Herrn Honecker ist Anfang Juni 1992 von der Staatsanwaltschaft bei dem Kammergericht Berlin Anklage wegen gemeinschaftlichen Totschlages in 49 Fällen und versuchten gemeinschaftlichen Totschlages in 25 Fällen erhoben worden. Nach Auffassung der deutschen Regierung verstößt die widerrechtliche Verbringung von Herrn Honecker nach Moskau gegen den ‚Vertrag über die Bedingungen des befristeten Aufenthalts und die Modalitäten des planmäßigen Abzugs der sowjetischen Truppen aus dem Gebiet der Bundesrepublik Deutschland' und gegen allgemeines Völkerrecht, weil sie dazu diente, eine wegen Anstiftung zur mehrfachen vorsätzlichen Tötung durch Haftbefehl gesuchte Person der Strafverfolgung zu entziehen. Nur durch eine Rücküberstellung kann die erfolgte Verletzung des Völkerrechts wiedergutgemacht werden." Vgl. den DE des StS Kastrup vom 26. Juni 1992 an Botschafter Blech, Moskau; B 130, VS-Bd. 15548 (216), bzw. B 150, Aktenkopien 1992.

4 Zur Ausreiseaufforderung der russischen Regierung vom 10. Dezember 1991 vgl. Dok. 29, Anm. 2.

Auf meine Frage, was geschehe, wenn Honecker eine Stellungnahme abgebe, erwiderte Fokin: Honecker habe sieben Monate gehabt, um sich zu äußern. Hiermit wollte er offensichtlich deutlich machen, dass russische Seite in jedem Fall, d. h., wie auch immer sich Honecker äußere, zu einem positiven Bescheid unseres Ersuchens, also der Ablehnung von Honeckers Einwendungen, gelangen werde.

Die Entscheidung der russischen Regierung werde Holger „fast gleichzeitig" mit der Antwort an die deutsche Seite schriftlich mitgeteilt werden.

Russische Seite sei zu praktischen Schritten für die Entfernung Honeckers aus der chilenischen Botschaft nur dann bereit, wenn chilenische Seite ihr nicht nur ihren zeitweiligen Verzicht auf Exterritorialität schriftlich bestätige, sondern auch klar darlege, weshalb Santiago zu diesem Schritt bereit sei. Dies sei für die RF sehr wichtig.

Honecker solle nach der Fahrt zum Flughafen Wnukowo II mit einer zivilen Sondermaschine nach Berlin geflogen werden. Vertreter des russischen Justiz-, Innen- und (allerdings ohne offiziellen Status) Außenministeriums sowie ein Arzt sollen ihn begleiten. Militärs sind also nicht mit von der Partie. Als Zielflughafen stelle sich Fokin einen von uns zu benennenden, deutschen zivilen Berliner Flughafen vor.

Er wolle nicht, dass in dem nun folgenden Notenwechsel das Flugziel schriftlich benannt werde. Allerdings sei es üblich, dass der Zielort eines zivilen Flugzeugs im Ausland vorab dem Gastland notifiziert werde. Um dies zu umgehen, bat er um unsere Hilfe: Vielleicht könnten wir rechtzeitig die technischen Daten (Kennwort des Flugzeugs, Radiosignale, etc.) nach Berlin übermitteln, um hierdurch die Überfluggenehmigung anzufordern. Ich sagte dies zu. Hier werde man sicher eine Lösung finden. Fokin will uns wahrscheinlich schon morgen die relevanten technischen Details zukommen lassen.

Ergänzend bemerkte Fokin, er vermute, dass Margot Honecker freiwillig mitreisen werde. Ich erklärte, von uns aus gäbe es gegen eine Mitreise von Frau Honecker keine Bedenken. Gegen sie liege nichts vor. (Ich meine, dass man sich darauf vorbereiten sollte. Man kann natürlich nach der wohl unvermeidlichen Trennung auf ein Taxi verweisen, muss dann aber eine eher unangenehme Publizität in Kauf nehmen, die auch in zustimmender Häme bestehen kann.) Wir werden mit der für die Russen ja innenpolitisch keineswegs unproblematischen Durchsetzung unseres Anspruchs auf Rechtsstaatlichkeit hier umso mehr positiven Eindruck machen, je weniger sich die Perzeption von Schikanen und Triumphalismus ins Bild mischen.

Fokin schloss mit der Bemerkung, das RAM werde nach der Mitteilung, dass das Flugzeug in Berlin gelandet sei, in einem Pressebriefing eine kurze Mitteilung veröffentlichen, nach der Honecker die chilenische Botschaft verlassen habe und „überstellt" (woswraschtschon) worden sei.

3) Ich wies in meiner Replik auf möglichen Publicity-Effekt hin, falls Honecker auf einem zivilen Flughafen in Berlin lande. Dies sei u. U. nicht ohne Delikatesse für das deutsch-russische Verhältnis. Fokin zeigte sich von diesem Argument ganz offensichtlich beeindruckt und wolle die Frage der Wahl des Flughafens[5] mit den zuständigen russischen Stellen noch einmal aufgreifen.[6]

[gez.] Blech

B 130, VS-Bd. 15548 (216)

5 Korrigiert aus: „die Wahl des Flughafens Frage".

236

Gespräch des Bundesministers Kinkel mit dem Vertreter der Kosovo-Albaner, Rugova

215-320.15 Kosovo VS-NfD **23. Juli 1992[1]**

Gespräch BM mit dem führenden albanischen Politiker des Kosovo, Dr. Ibrahim Rugova, am 23.7.1992 um 14.00 Uhr

Rugova wurde von dem sog. „Ministerpräsidenten" des Kosovo, Dr. Bukoshi, und von dem Führer der Liberalen Partei des Kosovo, Bakalli, begleitet. Wie abgesprochen, wurde das Treffen nicht der Presse bekannt gegeben.

Nach einigen einleitenden Worten des Dankes bat *Dr. Rugova* Dr. Bukoshi, die Lage im Kosovo aus albanischer Sicht zu schildern. *Bukoshi* bezeichnete die Lage der Albaner als außerordentlich schlecht. Das Leben sei unerträglich geworden. Es gebe massenhafte Menschenrechtsverletzungen. Das Kosovo sei praktisch umzingelt. Während die Albaner selbst wehrlos seien, gebe es auf serbischer Seite fünf bewaffnete Gruppierungen: Die jugoslawische Armee, die serbische Miliz (sehr konzentriert), paramilitärische Verbände der Serben sowie bewaffnete serbische und montenegrinische Zivilisten, die völlig aufgehetzt seien. Jeden Augenblick sei eine Explosion möglich. Täglich komme es zu Misshandlungen und zu Durchsuchungen, zur nächtlichen Umzingelung von Dörfern und zu Plünderungen.

Das ganze Leben sei außerordentlich reduziert. Keine Institution funktioniere mehr. In allen Unternehmen gebe es Zwangsmaßnahmen. Die Wirtschaft sei ruiniert. Mehr als 100 000 Albanern sei gekündigt worden. Die Albaner seien vom wirtschaftlichen, sozialen und politischen Leben völlig ausgeschlossen. Sie lebten von der Hilfe der Gastarbeiter. Seit Neuestem werde jedoch das Geld von der serbischen Polizei zurückbehalten, die keinen Lohn bekomme, sondern ermutigt werde, auf diese Weise selbst finanziell zurechtzukommen. Die Serben ließen auch keine humanitären Lieferungen mehr durch.

Fortsetzung Fußnote von Seite 958

6 Am 23. Juli 1992 teilte Botschafter Blech, Moskau, mit, der Abteilungsleiter im russischen Außenministerium, Fokin, habe ihm um 12 Uhr Ortszeit die Antwortnote der russischen Regierung übergeben. Vgl. DB Nr. 3157; B 130, VS-Bd. 15548 (216), bzw. B 150, Aktenkopien 1992.
Am 28. Juli 1992 berichtete Gesandter Heyken, Moskau, Fokin habe zum Ablauf soeben erklärt, die „Operation" werde am 29. Juli um 17 Uhr Moskauer Zeit beginnen: „Um 17.30 h werde die Fahrt von der chilenischen Botschaft zum Flugplatz Wnukowo beginnen. Auf dem Flugplatz werde für das Ehepaar Honecker eine kurze Pause eingelegt. Dann werde in der Zeit zwischen 18.30 h und 19.00 h das Flugzeug nach Berlin starten." Vgl. DB Nr. 3236; B 130, VS-Bd. 15548 (216), bzw. B 150, Aktenkopien 1992.
Erich Honecker landete am 29. Juli 1992 gegen 20 Uhr mit einer russischen Sondermaschine auf dem Flughafen Berlin-Tegel und wurde in die Untersuchungshaftanstalt nach Berlin-Moabit gebracht. Margot Honecker blieb zunächst in Moskau. Vgl. den Artikel „Erich Honecker zurück in Deutschland"; BERLINER ZEITUNG vom 30. Juli 1992, S. 1.

1 Der Gesprächsvermerk wurde von VLR I Libal am 30. Juli 1992 gefertigt und mit der Bitte, „Zustimmung des BM herbeizuführen", an das Ministerbüro geleitet.
Hat VLR Brose am 31. Juli 1992 vorgelegen, der den Rücklauf an Referat 215 verfügte und handschriftlich vermerkte: „Kann mit V[ermerk]: ‚Von BM noch nicht gebilligt' verteilt werden."

Die Menschen fühlten sich bedroht. Schon seien über 200 000 Albaner geflohen, vor allem junge Leute. Vermutlich würden die Serben im Falle einer militärischen Niederlage in Bosnien-Herzegowina ihre Wut an den Albanern auslassen. Man bitte darum, das Kosovo-Problem ins Zentrum der internationalen Aufmerksamkeit zu rücken. Man brauche dringend Beobachter und einen stärkeren Druck auf Serbien.

Hinsichtlich der Zukunftsvorstellungen der Albaner bestätigten *Rugova* und *Bukoshi* kurz zuvor gegenüber Lord Carrington in London geäußerte Bereitschaft, im Rahmen der Jugoslawien-Konferenz mit den Serben zu verhandeln. Zugleich bekräftigten sie aber auch die bekannte Forderung nach einem eigenen Staat für das Kosovo. Eine Vereinigung mit Albanien werde nicht angestrebt. Man sei bereit, den Serben im Kosovo weitgehende Rechte einzuräumen. Man wolle jedoch nicht mehr unter serbischer Herrschaft leben. Das Kosovo sei sehr reich, vor allem an Bodenschätzen wie Gold, Silber und Kohle.

BM erläuterte unsere Haltung in der Kosovo-Frage: Die Serben müssten veranlasst werden, die Albaner wieder in den Genuss sämtlicher Menschen- und Bürgerrechte kommen zu lassen. Wir unterstützten die Bemühungen der EG-Konferenz über Jugoslawien, eine Lösung auf der Grundlage von Kap. II des sogenannten Carrington-Entwurfs[2] zu finden. Das dort festgeschriebene Konzept einer Regionalautonomie würde faktisch zu einer Wiederherstellung der Autonomie des Kosovo[3] führen, wie sie bis Ende der 80er Jahre bestand. Ein unabhängiges Kosovo sei jedoch nicht möglich, da dies eine Grenzänderung implizieren würde.

B 42, ZA-Bd. 183583

2 Für das Dokument „Treaty Provisions for the Convention“ vom 4. November 1991 („Carrington-Plan“) vgl. B 42, ZA-Bd. 175713.

3 Zur Frage der Autonomie des Kosovo vgl. AAPD 1989, I, Dok. 79.

237

Vorlage des Vortragenden Legationsrats I. Klasse von Butler für Bundesminister Kinkel

242-370.45 **23. Juli 1992**

Über D 2 A[1], Herrn Staatssekretär[2] Herrn Bundesminister[3]

Betr.: Schlussphase Genfer CW-Verhandlungen;
hier: flankierende Unterstützung des Konventionsentwurfs[4] durch Reisen D 2 A[5] nach Asien und Nahost Juni/Juli 1992

Bezug: 1) StS-Vorlagen 242-370.45 vom 24.4.1992[6] und 12.6.1992[7]
2) Ministervorlage mit Ministerbrief 242-370.45 vom 16.6.1992[8]
3) DE über Gespräch D 2 A/ägypt. AM vom 20.7.[9]

Anlg.: 3 (Anlagen 1 und 2 nur bei Original)[10]

Zweck der Vorlage: Zur Unterrichtung

I. 1) Bei den Verhandlungen über ein globales Chemiewaffen-Verbot in der Genfer Abrüstungskonferenz (CD) haben am 20.7. die entscheidenden letzten drei Wochen begonnen.

1 Hat Botschafter Holik am 23. Juli 1992 vorgelegen.

2 Hat StS Kastrup am 24. Juli 1992 vorgelegen.

3 Hat BM Kinkel am 25. Juli 1992 vorgelegen.
Hat OAR Rehlen am 27. Juli 1992 vorgelegen, der den Rücklauf über das Büro Staatssekretäre und Botschafter Holik an Referat 242 verfügte.
Hat VLR I Reiche am 27. Juli 1992 vorgelegen.
Hat Holik am 28. Juli 1992 erneut vorgelegen.
Hat VLR I von Butler am 28. Juli 1992 erneut vorgelegen.

4 Für das am 22. Juni 1992 vorgelegte Papier „Draft Convention on the Prohibition of the Development, Production, Stockpiling and Use of Chemical Weapons and on their Destruction" (CD/CW/WP.400/Rev. 1) vgl. https://documents-dds-ny.un.org/doc/UNDOC/GEN/G92/619/73/pdf/G9261973.pdf.

5 Josef Holik.

6 VLR I von Butler skizzierte den weiteren Fahrplan für den Abschluss der Genfer CW-Verhandlungen und schlug vor, Botschafter Holik solle in verschiedene Schlüsselstaaten reisen, um dort den bis dahin vorgelegten Entwurf einer CW-Verbotskonvention zu erläutern und um Zustimmung zu werben. Vgl. B 43, ZA-Bd. 166093.

7 VLR I von Butler bat StS Kastrup um Zustimmung zu einer Reise von Botschafter Holik nach Ägypten, in den Iran und nach Israel, um dort für Zustimmung zur CW-Verbotskonvention zu werben. Vgl. B 43, ZA-Bd. 166092.

8 Botschafter Holik informierte BM Kinkel über den Stand der Genfer CW-Verhandlungen und schlug ihm vor, einen Brief an die Außenminister der an den Verhandlungen teilnehmenden Staaten zu richten. Vgl. B 43, ZA-Bd. 166093.
Für das Schreiben von Kinkel vgl. RE Nr. 6717 von Holik vom 22. Juni 1992; B 43, ZA-Bd. 166092.

9 Botschafter Holik teilte mit, der ägyptische AM Moussa habe in dem Gespräch in Brüssel erklärt, dass Ägypten „grundsätzliche Ziele der CWC billige [...] und CWC grundsätzlich auch beitreten wolle, wenn hierdurch strategisches Gleichgewicht der Region nicht zu Ungunsten Ägyptens zementiert werde". Vgl. DE Nr. 7958 an die Botschaft in Kairo; B 43, ZA-Bd. 166093.

10 Dem Vorgang teilweise beigefügt. Vgl. Anm. 6–9.

Deutscher Vorsitz strebt Konsens über den CW-Konventionsentwurf bis 7.8.1992 an. Text soll Anfang September an VN-GV zur Billigung überwiesen und Ende des Jahres auf einer Außenministerkonferenz in Paris von möglichst vielen VN-Mitgliedstaaten gezeichnet werden.

Abschluss einer CW-Konvention nach mehr als neunjährigen Verhandlungen wäre ein großer, uns von allen Beteiligten zuerkannter Erfolg deutscher Außenpolitik.

2) Verhandlungserfolg ist noch nicht garantiert. Unserer CD-Delegation war es nach monatelangem intensivem Arbeitseinsatz gelungen, am 22.6.[11] einen „Chairman's draft" als Kompromisstext in Genf vorzulegen, der inzwischen von allen westlichen Partnern unter Zurückstellung von Bedenken akzeptiert wird. Annahme durch östliche Staaten ist wahrscheinlich. Bei einer Reihe von Drittweltstaaten, insbesondere Iran, Pakistan und China, bestehen teilweise noch schwerwiegende inhaltliche Probleme mit einzelnen Substanzpunkten des Entwurfs, wenn nicht sogar generelle politische Vorbehalte.

3) Um Zustimmung schwierigster Verhandlungspartner zu gewinnen, hat D 2 A zwischen 25.6. und 16.7., begleitet von RL 242[12] bzw. stv. RL 242[13], nach Ankündigung durch BM-Brief vom 22.6. zwei Reisen nach Asien/Nahost unternommen. Bei den hochrangigen Gesprächen in acht Hauptstädten (Washington, Tokio, Peking, Islamabad, Teheran, Neu Delhi, Tel Aviv, Kairo) wurden Substanzfragen des CW-Konventionsentwurfs besprochen, vor allem aber politische Argumente angeführt.

II. Ergebnisse der Reise lassen sich wie folgt zusammenfassen:

1) Faire und erfolgreiche Arbeit deutschen Verhandlungsvorsitzes in Genf wurde ausnahmslos gewürdigt.

In teilweise mehrstündigen Gesprächen mit Ministern, Staatssekretären und Abteilungsleitern konnte zur Klärung inhaltlicher Fragen des CWC-Textes beigetragen und politisches Gewicht der CWC verdeutlicht werden. Darüber hinaus wurde das Problembewusstsein in Hauptstädten erhöht, was angesichts teilweise sehr eigenständigen Verhaltens der Genfer Delegationsleiter wichtig war. In vielen Fällen hinterließen die Gespräche ein positiveres Bild, als dies Äußerungen der Vertreter dieser Staaten in Genf vermittelten. Obwohl besuchte Drittweltländer – Israel ausgenommen – zusammen mit sieben anderen Staaten in Genf eine Auflistung von 20 Kritikpunkten am „Chairman's draft" vorgelegt hatten, konnten als vitale Substanzanliegen nur jeweils ein oder zwei Konventionsbestimmungen identifiziert werden. In einigen Hauptstädten (Tokio, Neu Delhi, Kairo) könnten die Gespräche bereits den Ausschlag für positives Votum in Genf gegeben haben.

2) Gesprächseindrücke in einzelnen Hauptstädten:

- Washington: Trotz schwerwiegender Bedenken in Pentagon und ACDA zu einigen wichtigen Verifikationsfragen waren Gespräche mit StS Bartholomew und General Scowcroft (Weißes Haus) ermutigend. Inzwischen hat USA dem Entwurf als erster zugestimmt.
- Tokio: Grundsätzliche Zustimmung im Gespräch mit StS im AM[14]. Sorge der Arbeitsebene, dass Konvention Japan einseitig die Verantwortung für umfangreiche in China

11 Korrigiert aus: „22.7."

12 Peter von Butler.

13 Klaus-Peter Gottwald.

14 Hisashi Owada.

zurückgelassene CW-Bestände aufbürdet, wurde zurückgestellt; doch Hoffnung auf Anpassungen in Absprachen mit China.

- Peking: Im Gespräch mit Vize-AM[15], AL[16] und Minister beim Staatsrat[17] grundsätzliche Bereitschaft zum Konventionsbeitritt 1992. Jedoch offensichtlich Schwierigkeiten mit inneren Behörden (Verteidigung, Industrie) wegen breiter Erfassung Tausender von Industrieanlagen, Schutz für sensitive Einrichtungen vor Verdachtskontrollen.
- Islamabad: Große Aufgeschlossenheit für Konvention in Gesprächen mit Generalsekretär im AM und zuständigem Abteilungsleiter; vitales Anliegen jedoch Schutz sensitiver Nukleareinrichtungen vor Verdachtskontrollen.
- Teheran: Im Gespräch mit Vize-AM[18] und zuständigem Generaldirektor[19] Zweifel an Dringlichkeit Konventionsabschluss 1992. Sichtlich Schwierigkeiten mit internen Stellen (Militär, Industrie) wegen Schutz vor zu weitgehender Verdachtskontrolle und Beeinträchtigung chemischer Industrie.
- Neu Delhi: Staatssekretär[20] und zuständiger Abteilungsleiter[21] vermittelten klaren Eindruck politischen Interesses an Konventionszeichnung 1992. Sorgen vor allem im Bereich fortgeltender Exportkontrollbestimmungen.
- Tel Aviv: Grundsätzliche Bereitschaft, der Konvention beizutreten (Israel ist kein Verhandlungsteilnehmer, aber für Haltung der Araber wichtig). Im Gespräch mit Staatssekretär[22] und Abteilungsleiter im AM[23] war Hauptanliegen, dass alle Länder der Region beitreten und Konventionsverpflichtungen strikt einhalten. Im Verteidigungsministerium bestand Sorge um Schutz sensitiver Anlagen.
- Kairo: AM Moussa sowie Präsidentenberater[24] und zuständiger AL[25] versicherten ägypt. Interesse an Konventionsabschluss 1992. Voraussetzung sei israelischer Beitritt und Perspektive des NVV-Beitritts Israels. Moussa sagte aber zu, Konsens in Genf nicht zu blockieren. Artikulierung der Vorbehalte u. U. später.

III. Weiteres Vorgehen:

In den nächsten Wochen wird es entscheidend auf die Verhandlungsführung durch Botschafter von Wagner in Genf ankommen. Zur Unterstützung der Bemühungen in Genf sollten

- alle Gespräche und Konsultationen mit Drittwelt-CD-Mitgliedern genutzt werden, um für Konventionstext zu werben;
- andere Partner unseren Einsatz unterstützen und ergänzen. US, NL, F, GB haben dies bereits zugesagt und Schritte unternommen. Australien ist besonders aktiv engagiert;

15 Jiang Enzhu.

16 Qin Huasun.

17 Qi Huaiyuan.

18 Manutschehr Mottaki.

19 Mohammed-Mehdi Akhounzadeh Basti.

20 Krishnan Srinivasan.

21 Chandrashekhar Das Gupta.

22 Joseph Hadas.

23 Yehiel Yativ.

24 Osama el-Baz.

25 Reha Shehata.

– Gespräche von Industrie zu Industrie angeboten werden, um Verständnislücken bei Industrieverifikation zu füllen; Verband Chemischer Industrie ist dazu bereit.

Butler

B 43, ZA-Bd. 166093

238

Gespräch des Bundesministers Kinkel mit dem Vorstandsvorsitzenden der DASA, Schrempp, und Vorstandsmitglied Dersch

24. Juli 1992[1]

Von BM noch nicht genehmigt

BM begrüßte Gelegenheit zu offenem Gedankenaustausch und äußerte sich zu einigen anstehenden Anliegen der DASA.

Die Herren *Schrempp* und *Dersch* bedankten sich für die Gesprächsgelegenheit. Auch ihnen komme es auf einen offenen Austausch an. Vor allem gehe es um die von der Bundesregierung beim Export von Waffen und Dual-use-Gütern verfolgte Politik. Sie wollten daher den BM auch nicht mit Einzelfällen belästigen. Positiv hoben sie eingangs den Abschluss ihrer Verhandlungen mit Fokker[2] hervor, mit denen sich der Umsatz des Unternehmens von gegenwärtig 16 Mrd. auf ca. 19 Mrd. DM und die Zahl der Mitarbeiter von 80 000 auf ca. 92 000 erhöhe.

Im Bereich der Exportkontrollpolitik vermissten Schrempp und Dersch Folgerichtigkeit. So seien Exporte von Tornado-Flugzeugen nach Südkorea genehmigt worden, nicht hingegen der Export von Hubschraubern. Auch führten die stringenten deutschen Regeln zu Problemen bei Kooperationsvorhaben im europäischen und im NATO-Bereich. Hier bestehe die ernste Gefahr, dass deutsche Firmen die Kooperationsfähigkeit verlören, auf die sie in Zukunft vermehrt angewiesen seien. Dabei wiesen sie auf die sehr viel liberalere Exportpolitik von Frankreich und Großbritannien hin. In diesen Bereich gehörten auch Dienst-, Garantie- und Wartungsleistungen, ohne deren Zusage Exporte komplizierter Systeme nicht möglich seien. Schließlich bedürfe der Dual-use-Bereich dringend internatio-

1 Kopie.
Der Gesprächsvermerk wurde von MD Dieckmann gefertigt und an BM Kinkel „m[it] d[er] B[itte] um Genehmigung“ geleitet.

2 Am 25. Juli 1992 wurde berichtet, zwischen der Deutschen Aerospace AG (DASA), der niederländischen Fokker NV und dem niederländischen Wirtschaftsministerium sei eine Einigung über die Übernahme von 51 % der Fokker-Anteile durch die DASA erzielt worden. Umstritten sei aber noch, wie lange der niederländische Staat an der neuen Holding beteiligt bleiben könne. Am 27. Juli 1992 hieß es ergänzend, die niederländische Regierung habe nunmehr der erzielten Grundsatzvereinbarung zugestimmt. Der endgültige Vertrag müsse noch ausgehandelt werden. Auch der Kaufpreis stehe noch nicht fest. Vgl. die Artikel „Dasa: Etwa eine Milliarde für Fokker“ sowie „Den Haag gibt grünes Licht für die Flugzeugehe“; SÜDDEUTSCHE ZEITUNG vom 25./26. Juli 1992, S. 39, bzw. 27. Juli 1992, S. 18.

naler Harmonisierung. Zur Gesamtproblematik würden sie ein Gespräch auf Beamtenebene begrüßen.

BM *Kinkel* zeigte Verständnis für den Wunsch nach mehr Transparenz und die Notwendigkeit auch einer gewissen Berechenbarkeit der Entscheidungsprozesse. Die Begründungen müssten in der Tat nachvollziehbar sein. Auch sei verständlich, dass man eine Beschleunigung der Entscheidungsprozesse wünsche. Die Industrie müsse sich andererseits aber auch bewusst sein, dass die Prozesse häufig komplex und schwierig seien. Die Industrie müsse davon ausgehen, dass auch er ablehnende Entscheidungen treffen werde. Jeder Einzelfall bedürfe sorgfältiger Abwägung. Zu einmal getroffenen Entscheidungen werde er stehen. Zum Gedanken eines Gesprächs auf Beamtenebene, ggfs. auch unter Beteiligung anderer Ressorts, äußerte sich BM positiv. Schrempp und Dersch wollen sich dazu mit D 4[3] in Verbindung setzen.

D 4 erläuterte Politik gegenüber Kooperationsvorhaben auf Basis der politischen Grundsätze vom April 1982[4]. Er räumte ein, dass im Bereich der Kooperation durch die Genehmigungspflicht für Dienstleistungen im Ausland (§ 45 b AWV[5]) sich neue Probleme ergeben hätten. Aus der Genehmigung einer bestimmten Waffengattung (z. B. Tornado) könne nicht automatisch auf die Genehmigung weniger komplexer Waffensysteme (z. B. Hubschrauber) geschlossen werden. Die Bundesregierung sei im Übrigen international (G 7, EG) um Harmonisierung bei Dual-use-Exporten bemüht. Dabei zeigten sich erste Erfolge.

Schrempp und *Dersch* unterrichteten den Bundesminister von ihren Bemühungen, auf Basis der Vorarbeiten eine Alternative zum Jäger 90[6] zu entwickeln. Diese werde sich im Rahmen der Vorgaben aus den Regierungsfraktionen halten. Man werde den Stückpreis unter 100 Mio. DM drücken können durch gewisse qualitative Abstriche. Sie baten um Gelegenheit, den Bundesminister zu gegebener Zeit über das Ergebnis unterrichten zu dürfen. BM *Kinkel* sagte dieses zu.

B 1, ZA-Bd. 178913

3 Heinrich-Dietrich Dieckmann.

4 Für die „Politischen Grundsätzen der Bundesregierung für den Export von Kriegswaffen und sonstigen Rüstungsgütern" vom 28. April 1982 vgl. BULLETIN 1982, S. 309–311. Vgl. auch AAPD 1982, I, Dok. 126.

5 Für §45 b der AWV in der Fassung der Bekanntmachung vom 22. November 1993 vgl. BGBl. 1993, I, S. 1957.

6 Zum europäischen Kampfflugzeug („Jäger 90") vgl. Dok. 162, Anm. 41.
Am 1. Juli 1992 wurde in der Presse berichtet, nach Beratungen von CDU/CSU und FPD seien die Regierungspartner zu der Auffassung gekommen, den „Jäger 90" nicht zu bauen. BM Rühe habe erklärt, angesichts eines „Systempreises" von 200 Mio. DM sei das Projekt nicht zu finanzieren und passe politisch nicht mehr in die Zeit. Rühe sei aufgefordert worden, mit den Vertragspartnern Großbritannien, Italien und Spanien sowie möglicherweise auch Frankreich über eine billigere Alternative („Jäger light") zu sprechen. Vgl. den Artikel „Nein der Koalition zum Jäger 90"; SÜDDEUTSCHE ZEITUNG vom 1. Juli 1992, S. 1.
Bei einem Treffen zwischen Rühe und seinen Amtskollegen Andò (Italien), García (Spanien) und Rifkind (Großbritannien) am 4. August 1992 in Madrid wurde beschlossen, das Programm „abzubremsen" und bis zum 30. Oktober 1992 „die taktisch-militärischen Anforderungen an ein neues Jagdflugzeug für die Zeit nach der Jahrtausendwende" neu zu bewerten. Für den November 1992 sei ein weiteres Treffen geplant, „um die Entscheidung über ein neues europäisches Jagdflugzeug-Programm" zu treffen. Ferner wurde berichtet, lediglich Großbritannien plädiere noch für eine Beibehaltung des Programms in einer reduzierten Form. Vgl. den Artikel „Rühe: Der ‚Jäger 90' ist tot"; SÜDDEUTSCHE ZEITUNG vom 5. August 1992, S. 6.

239

Runderlass des Ministerialdirektors Chrobog

230-381.42/1 **24. Juli 1992**[1]
Fernschreiben Nr. 8118 Plurez **Aufgabe: 27. Juli 1992**

Betr.: Mögliche Erweiterung des VN-Sicherheitsrats (SR)

Wir haben Hinweise darauf, dass andere Staaten – etwa Japan – konkrete Schritte mit dem Ziel einer Erweiterung des Sicherheitsrats in Aussicht nehmen. Zugleich scheint bei einigen, vor allem selbst interessierten Ländern der unzutreffende Eindruck entstanden zu sein, unsere Haltung, keine Initiative zur Erlangung eines ständigen Sitzes im SR zu ergreifen, sei Ausdruck unseres Desinteresses an einer Mitgliedschaft im SR.

Angesichts dieser Entwicklung kann es geboten sein, unsere Haltung zu erläutern. Die Empfänger dieses DE werden gebeten, dies auf Anfrage unter Verwendung der nachstehenden Sprachregelung zu tun. Wir behalten uns vor, die Erläuterung auch in anderen Ländern vorzunehmen.

Wir werden die bevorstehenden bilateralen VN-Konsultationen auf Ebene der VN-Direktoren (Dg 23[2]) mit F (30.7.[3]), GB (9.9.)[4], USA (September)[5], RUS (September) nutzen, um unsere Haltung ausführlich darzulegen.

1 Der Runderlass wurde von MDg Schilling und VLR Freiherr von Stackelberg konzipiert.
Hat StS Kastrup am 27. Juli 1992 vorgelegen.

2 Wolf-Dietrich Schilling.

3 Korrigiert aus: „30.8."
VLR Freiherr von Stackelberg teilte am 3. August 1992 mit, MDg Schilling habe am 30. Juli 1992 gegenüber dem zuständigen Unterabteilungsleiter im französischen Außenministerium, Lafon, die Haltung der Bundesregierung erläutert und klargestellt: „Für uns sei eine SR-Erweiterung, die nicht auch D einschließe, nicht akzeptabel. F wie den anderen P[ermanent]5 komme in dieser Frage eine Schlüsselrolle zu. [...] Wir vertrauten darauf, dass F, wenn einmal die Frage einer SR-Erweiterung zur konkreten Entscheidung anstehen sollte, nur dann einer Erweiterung zustimmen werde, wenn sie auch D umfasse." Lafon habe entgegnet, „dass entsprechend den vorliegenden Weisungen (die Frage ist Chefsache der höchsten Ebene) F keine Charta-Änderung in Aussicht nehme". Vgl. RE Nr. 8359; B 30, ZA-Bd. 167349.

4 VLR Freiherr von Stackelberg informierte am 10. September 1992, bei den VN-politischen Konsultationen am Vortag in London habe MDg Schilling die Haltung der Bundesregierung zu einem ständigen Sitz im VN-Sicherheitsrat erläutert: „Die Reaktion der britischen Seite machte deutlich, dass diese Frage auch in GB Chefsache der höchsten Ebene ist. Sie beschränkte sich deshalb formell auf eine Kenntnisnahme der Darlegungen von Dg 23. Sie ließ jedoch zugleich erkennen, dass sie unsere Argumentation und Haltung für angemessen und für die britische Regierung für akzeptabel hielt. VN-Direktor Bone fügte hinzu, dass nach britischer Auffassung die neugewonnene Autorität und Handlungsfähigkeit des VN-SR nicht durch in der Sache wenig förderliche Reformdebatte gefährdet werden dürfe." Vgl. RE Nr. 9963/9964; B 30, ZA-Bd. 167279.

5 MDg Schilling, z. Z. New York, berichtete am 25. September 1992, er habe die Frage einer Reform des VN-Sicherheitsrats mit dem Abteilungsleiter im amerikanischen Außenministerium, Bolton, erörtert. Dieser habe erklärt: „USA befürworteten zwar Aufnahme von Deutschland und Japan in den SR. Keine Erweiterung des SR solle ohne diese beiden Staaten stattfinden. Allerdings werde eine Erweiterung im Zuge einer SR-Reform nicht auf diese beiden beschränkt bleiben können. Indien, Brasilien und Nigeria und möglicherweise andere würden in den SR drängen. Es könnte dadurch zu einer Erweiterung kommen,

Folgt Sprachregelung:

1) Wir begrüßen es, dass der Sicherheitsrat nach der Beendigung des Ost-West-Konfliktes so handlungs- und entscheidungsfähig geworden ist wie nie zuvor in der Geschichte der VN. Diese Handlungsfähigkeit muss erhalten bleiben.

2) Wir sind bereit, in den VN größere Verantwortung zu übernehmen. Wir haben bisher keine Initiative zu einer Charta-Änderung mit dem Ziel eines ständigen Sitzes im Sicherheitsrat ergriffen. Wir haben auch jetzt nicht die Absicht, dies zu tun. Solange wir nicht Mitglied des Sicherheitsrats sind, nehmen wir an seiner Arbeit aktiv teil, sowohl direkt durch Teilnahme an Sicherheitsratssitzungen im Rahmen der geltenden Verfahrensregeln als auch über unsere Partner im Sicherheitsrat. Wir erwarten von unseren Partnern, insbesondere den EG-Mitgliedern, dass sie auch auf den Gebieten eng mit uns zusammenarbeiten, die Gegenstand der Beratungen im Sicherheitsrat sind.

3) Wir beteiligen uns auch in wachsendem Maße an Maßnahmen zur Durchführung und Unterstützung von Resolutionen des Sicherheitsrats. So haben wir für UNTAC (Kambodscha) ein medizinisches Kontingent von etwa 150 Mann sowie 75 Polizei-Monitoren zur Verfügung gestellt.[6] An der gemeinsamen Aktion von WEU und NATO zur Überwachung des Embargos gegen Serbien und Montenegro[7] beteiligen wir uns mit einem Zerstörer und drei Aufklärungsflugzeugen.[8]

4) Es gibt Hinweise darauf, dass andere Staaten – etwa Japan – konkrete Schritte mit dem Ziel einer Erweiterung des Sicherheitsrats in Aussicht nehmen. Eine Erweiterung wäre nur im Wege einer Charta-Änderung möglich und müsste deshalb von einer Mehrheit von Zweidritteln der VN-Mitglieder beschlossen sowie von Zweidritteln der Mitglieder, einschließlich aller ständigen Mitglieder des SR, ratifiziert werden.

Wir behalten uns eine Beteiligung an solcher, von anderer Seite eingeleiteter Initiative zur Erweiterung des SR vor.

Unsere Haltung, nicht selbst eine solche Initiative zu ergreifen, darf jedoch nicht als Desinteresse an einem ständigen Sitz im SR missverstanden werden. Sie beruht vor allem auf der Erwägung, dass Vorschläge zur Erweiterung des SR weitere, dem VN-System abträgliche Forderungen nach sich ziehen könnten (Pandora-Büchsen-Effekt). Sie berücksichtigt zugleich die Tatsache, dass wir auch als Nichtmitglied insbesondere über unsere EG-Partner F und GB auf Entscheidungen des SR einwirken können (s. Ziff. 2).

Wenn die Diskussion über eine Charta-Änderung jedoch in ein konkretes Stadium tritt und wenn sich abzeichnet, dass vergleichbare Staaten – wie Japan – einen ständigen Sitz im Sicherheitsrat erhalten sollen, muss auch Deutschland einbezogen werden. Wir rechnen hierfür dann mit der Unterstützung unserer Partner.

Chrobog[9]

B 30, ZA-Bd. 167349

Fortsetzung Fußnote von Seite 966

die über das für die Effizienz erträgliche Maß hinausgehen würde. Das Problem werde durch die Positionen von UK und F nicht erleichtert." Vgl. DB Nr. 2472; B 30, ZA-Bd. 248885.

6 Zum Verlauf des Friedensprozesses in Kambodscha und zur Beteiligung der Bundesrepublik an UNTAC vgl. Dok. 305.

7 Zu den Überwachungsmaßnahmen von NATO und WEU in der Adria vgl. Dok. 220.

8 Zum Beschluss der Bundesregierung vom 15. Juli 1992 vgl. Dok. 231, besonders Anm. 5.

9 Paraphe.

240

Vorlage des Vortragenden Legationsrats I. Klasse Ahrens für Bundesminister Kinkel

215-350.00/2 VS-NfD **27. Juli 1992**[1]

Über Dg 21 i. V.[2], D 2 i. V.[3], Herrn Staatssekretär[4] Herrn Bundesminister[5]

Betr.: Friedensbemühungen im ehemaligen Jugoslawien

Zweck der Vorlage: Zur Unterrichtung

Seit einem Jahr bin ich als Vermittler der Europäischen Gemeinschaft in dem ehemaligen Jugoslawien tätig. Ich reise viel in dem Land und treffe sowohl mit den Hauptprotagonisten wie mit sonstigen Akteuren und Opfern zusammen. Diese Erfahrung veranlasst mich zu folgender, wenig ermutigender persönlicher Einschätzung:

1) Schon im Sommer 1991 wurde klar, dass es in Jugoslawien noch viel schlimmer kommen musste, bevor es besser werden konnte. Die entscheidenden Politiker in dem Land waren erkennbar der historischen Herausforderung in dem säkularen Konflikt nicht gewachsen und agierten nach Art von Zauberlehrlingen. Leider ist dies heute weitgehend noch immer der Fall. Auch unter den neuen Gestalten in der Belgrader Führung und Opposition wird das serbische Volk seinen Messias nicht finden. In Kroatien werden die Wahlen vom 2. August 1992 möglicherweise den schon jetzt zu einflussreichen Ultra-Nationalisten weiteren Auftrieb geben, auch wenn sich der ohnehin etwas zweideutige Präsident Tudjman hält.[6] Präsident lzetbegović von Bosnien-Herzegowina setzt seine letzte Hoffnung auf eine auswärtige Militärintervention, während die Warlords aller drei Parteien in seinem Lande Amok laufen. Von den immer mehr abdriftenden Slowenen einmal abgesehen, ist kühle Vernunft am ehesten noch in dem von der EG so arg gebeutelten Mazedonien zu finden.

2) 1991/92 hat sich, von der Weltöffentlichkeit viel zu spät und eigentlich bis heute noch immer nicht wirklich beachtet, die ethnische Landkarte in dem jugoslawischen Raum dramatisch verändert. Bei der Volkszählung 1991 hatten sich 576 000 Bürger Kroatiens als Serben bekannt, das waren 12 % der Bevölkerung. Heute sind nach serbischen Quellen

1 Hat VLR I Libal zur Mitzeichnung vorgelegen.

2 Hat in Vertretung des MDg von Studnitz VLR I Lambach am 27. Juli 1992 vorgelegen.

3 Hat in Vertretung des MD Chrobog MDg Schilling am 27. Juli 1992 vorgelegen.

4 Hat StS Kastrup am 27. Juli 1992 vorgelegen.

5 Hat BM Kinkel am 28. Juli 1992 vorgelegen.
Hat OAR Rehlen am 28. Juli 1992 vorgelegen, der den Rücklauf über das Büro Staatssekretäre, MD Chrobog und MDg von Studnitz an Referat 215 verfügte.
Hat VLR I Libal am 28. Juli 1992 erneut vorgelegen, der handschriftlich vermerkte: „Bo[tschafter] Ahrens teleph[onisch] verständigt."

6 Botschafter Weisel, Zagreb, teilte am 4. August 1992 mit, bei den Wahlen am 2. August 1992 in Kroatien sei Präsident Tudjman mit knapp 56 % der Stimmen wiedergewählt worden. Die regierende HDZ (Hrvatska demokratska zajednica/Kroatische Demokratische Union) habe die absolute Mehrheit der Parlamentssitze errungen und werde weiterhin allein regieren können. Vgl. DB Nr. 490; B 42, ZA-Bd. 175598.

nur noch 5% der Bürger Kroatiens Serben. Dies ergäbe eine starke Abwanderung oder Vertreibung von Serben – natürlich nur aus den nicht von den Serben eroberten Gebieten, die ihrerseits heute so gut wie ohne Kroaten sind. In Bosnien-Herzegowina sollen mittlerweile 2 Mio. Menschen, zumeist Moslems, auf der Flucht, genauer gesagt, vertrieben worden sein. Da es 1991 in der gesamten Republik nur 1,9 Mio. Moslems (von 4,35 Mio. Einwohnern) gegeben hatte, bedeutet dies, dass die ethnische Landkarte auch dort heute völlig verändert ist. Über die Vertreibung der Kroaten, Ungarn und Slowaken aus der serbischen Wojwodina und der Moslems aus dem serbisch-montenegrinischen Sandžak liegen kaum Zahlen, dafür aber teilweise erschütternde Berichte vor.

Manche „Realpolitiker" meinen, diese Völkerwanderung werde die jugoslawischen Probleme in der Tat lösen, vielleicht sogar einvernehmlich. Das mag auf lange Sicht sogar richtig sein. Abgesehen jedoch von der Frage, Einvernehmen zwischen wem denn herzustellen wäre, kann und will die westliche Politik die Vertreibungen nicht hinnehmen. Sie darf dann aber auch nicht die enormen politischen, wirtschaftlichen, technischen und vor allem psychologischen Probleme der Rückführung nach den hemmungslosen Kämpfen ignorieren.

3) Die vielgescholtene EG-Jugoslawien-Konferenz kann nicht einiger und stärker sein als die zwölf Regierungen, die hinter ihr stehen. Lord Carrington hätte persönlich zeitweilig mehr Einsatz zeigen und einen Rosstäuscher wie Milošević mit weniger diplomatischer Vorsicht behandeln sollen, konnte aber die von ihm erwartete Gesamtlösung des Konflikts gar nicht erbringen. Er selbst führt dies jedoch noch heute auf die nach seiner Auffassung verfrühte Anerkennung von Slowenien und Kroatien[7] zurück. Diese Anerkennung habe ihn jeder Druckmöglichkeiten beraubt. Dies ist insofern eine bemerkenswerte Fehleinschätzung, als es um die Jahreswende 1991/92 nicht des Druckes auf Kroatien und Slowenien, sondern des Druckes auf Serbien bedurft hätte. Serbien blockierte jeden Verhandlungsfortschritt und hätte, wäre Lord Carrington gefolgt worden, de facto ein Veto-Recht erworben.

Die jetzt für August vorgesehene Sitzung einer erweiterten Konferenz[8] kann hilfreich sein, wenn sie zu verstärkter Einflussnahme der Amerikaner führt. Sie wäre aber schädlich, wenn sie die Konfliktlösung stärker den Vereinten Nationen übertragen würde. Diese haben bisher in Kroatien und auch in Bosnien eine eher enttäuschende Vorstellung geboten. Ursache ist weniger ein Versagen der Militärs als vielmehr eine schwer verständliche serbophile Tendenz der politischen Akteure wie Vance, Goulding oder Thornberry. Die serbischen Hauptverantwortlichen schöpfen in diesem Zusammenhang erkennbar neue Hoffnung auf Zeitgewinn und auf größere Nachsicht im Kreis der fünf ständigen Sicherheitsratsmitglieder. Sie haben in der vorigen Woche in Brüssel bereits die Legitimität von Arbeitsgruppensitzungen der Carrington-Konferenz unter Hinweis auf „Präsident Mitterrands Vorschlag" einer anderen Konferenz in Zweifel gezogen.

4) Den gesamtjugoslawischen Raum betreffende Verhandlungen führt die Konferenz nur noch bei dem Thema Staaten-Sukzession. Diese Verhandlungen sind mühsam, führen aber möglicherweise doch noch zu mindestens teilweisem Einvernehmen bei den Scheidungsfolgen. Der ganz unerlässliche Aufbau neuer Kooperationsstrukturen – ob unter den fünf

[7] Zur Frage der Anerkennung von Kroatien und Slowenien vgl. Dok. 11, Anm. 4.

[8] Am 26./27. August 1992 fand in London die internationale Jugoslawien-Konferenz statt. Vgl. Dok. 269.

Nachfolgestaaten oder parallel auf die heute wenig bereite EG hin – wird sich wohl erst in Angriff nehmen lassen, wenn die Catch-as-catch-can-Phase des Konflikts vorüber ist und Sachzwänge sichtbar werden, wenn die teilweise kaum lebensfähigen Kleinstaaten ihre wirtschaftliche und politische Impotenz bemerken, wenn die Bevölkerung feststellt, wie klein ihr Land geworden ist. Das kann lange dauern, macht sich in Einzelfällen aber schon heute verhandlungsfördernd bemerkbar.

5) Im Übrigen ist die Konferenz heute weitgehend fragmentiert. Sie befasst sich, abgesehen von der Sukzession, mit drei Haupt- und drei Nebenschauplätzen, die ihre Kräfte voll beanspruchen.

5.1) In dem bosnischen Konflikt, in dem neben Cutileiro nunmehr auch Lord Carrington selbst aktiver geworden ist, wird derzeit versucht, für eine Republik zustande zu bringen, was jedermann für Gesamt-Jugoslawien als unmöglich ansah: weiteres gedeihliches Zusammenleben von Serben, Kroaten und Moslems. Dies wird, wenn überhaupt, wohl nur noch der äußeren Form nach gelingen. Serben und Kroaten können sich auf ihren Nationalstaat abstützen, die Moslems sind dagegen in ihrer Existenz bedroht. In den serbischen „Kantonen" werden sie, wenn man sie denn zurückkehren lässt, eine unterdrückte Minderheit wie im Sandžak bilden. In den übrigen Gebieten werden sie bestenfalls Juniorpartner der Kroaten sein.

5.2) Im Kosovo stößt der feste Wille der ganz überwiegend albanischen Bevölkerung, nie wieder unter serbischer Herrschaft zu leben, auf einen serbischen Nationalismus, der gerade an dieses Gebiet seine Geschichtsmythen knüpft. Die Kosovo-Verhandlungen sind völlig festgefahren, nachdem Milošević wie der neue jugoslawische Präsident Ćosić sich jede ausländische Einmischung verbeten haben. Albaner-Führer Rugova hatte nach langen und schwierigen Gesprächen mit der EG das bedeutende Zugeständnis gemacht, mit den Serben ohne Vorbedingung verhandeln zu wollen, hatte aber auf Teilnahme [an] der Jugoslawien-Konferenz bestanden.

5.3) Auch in den von den Serben eroberten Gebieten in Kroatien – Stichwort „Krajina" – stehen sich kroatischer Nationalismus und serbischer Separatismus unversöhnlich gegenüber. Immerhin habe ich in der vergangenen Woche mit Kroaten und lokalen Serbenführern eine Einigung auf proximity talks ohne Vorbedingung und so bald möglich herbeiführen können, denen Gespräche um denselben Tisch folgen sollen. Es ist vorgesehen, diese Gespräche durch den Konferenz-Vizevorsitzenden de Beaucé unter Beteiligung der VN am 19.8.1992 in Zagreb und in Knin eröffnen zu lassen. Ein gewisses Zeichen der Hoffnung liegt darin, dass die Serben sich von mir das kroatische Autonomiegesetz haben geben lassen. Sie stehen unter erkennbarem wirtschaftlichem Druck, der umso größer sein wird, je weniger es den Serben in dem benachbarten Bosnien gelingt, einen sicheren Korridor nach dem hunderte Kilometer von Serbien entfernten Gebiet zu schaffen.

5.4) Für die „Nebenschauplätze" Wojwodina und den Sandžak gilt, was über den Kosovo gesagt worden ist. Wegen der serbischen Weigerung internationaler Beteiligung wird es allenfalls proximity talks geben. Die Aussichten auf Erfolg sind gering, obwohl insbesondere die Ungarn in der Wojwodina keine Abspaltung von Serbien fordern. Ich habe den Eindruck, dass die gegenwärtige serbische Führung den Vertreibungsdruck nicht mindern will.

5.5) Ein Lichtblick ist dagegen der dritte Nebenschauplatz. Bisher vier Verhandlungsrunden zwischen der mazedonischen Regierung und ihrer albanischen Minderheit, die in dieser

Woche mit einer fünften Runde fortgesetzt werden, erwecken Hoffnung, dass die gefährliche Konfrontation so weit abgebaut werden kann, dass eine zufriedenstellende Endregelung möglich wird. Vorsicht ist auch hier am Platze. In Südtirol hat die Lösung von dem Gruber-De-Gasperi-Abkommen[9] bis zu der jüngsten Erledigungerklärung durch Rom und Wien[10] 46 Jahre gebraucht.

6) Ausblick: Eine einvernehmliche Lösung zwischen den Serben einerseits und allen anderen andererseits (die Montenegriner sind praktisch Serben) zeichnet sich nicht ab. Eine von außen aufgezwungene militärische Lösung ist kaum möglich. Es bleiben daher nur einschneidende und sich steigernde Sanktionen bei gleichzeitigem geduldigem Weiterverhandeln und schließlichem Oktroi einer Friedenslösung. Bisher wird mangels internationaler Einigkeit nicht klar genug gesagt, was von Belgrad erwartet wird, damit es die Sanktionen[11] loswird, und was alle anderen zu unterlassen haben, um nicht ihrerseits mit Sanktionen belegt zu werden. Die Sanktionen müssen erzwingen

- volle Beachtung der bestehenden Waffenstillstandsvereinbarungen in Kroatien und Bosnien-Herzegowina. Die Warlords sind kontrollierbar.
- Gegenseitige Anerkennung der Nachfolgestaaten einschließlich ihrer Grenzen und Bona-fide-Sukzessionsverhandlungen.
- Einführung von Autonomieregelungen nach Kapitel II der Treaty Provisions der Jugoslawien-Konferenz[12] für die Krajina, den Kosovo, die Muslime im Sandžak, die Ungarn und Slowaken in der Wojwodina und die Albaner in Mazedonien sowie Minderheitenschutz in allen sechs Republiken mit den in Kapitel II vorgesehenen internationalen Beobachtern und einer Individual-Rechtsbeschwerde an ein Gericht mit nicht „jugoslawischer" Mehrheit.
- Rückkehr der Flüchtlinge.

Davon abgesehen, muss unbedingt stabilisiert werden, was sich stabilisieren lässt: Slowenien durch Zusammenarbeit mit der EG und Mazedonien durch Anerkennung und Hilfe.

Ahrens

B 42, ZA-Bd. 175713

9 Am 5. September 1946 schlossen der österreichische AM Gruber und der italienische AM de Gasperi ein Abkommen, das als Anlage IV Bestandteil des Friedensvertrags mit Italien vom 10. Februar 1947 wurde und den deutschsprachigen Einwohnern der Provinz Bozen und der benachbarten zweisprachigen Ortschaften der Provinz Trient einen Autonomiestatus einräumen sollte. Vgl. UNTS, Bd. 49, S. 184 f.

10 VLR I Huber vermerkte am 16. Juni 1992: „Am 11.6.1992 fand ein seit langem im Herzen Europas schwelender Minderheitenkonflikt um das Schicksal der deutschsprachigen Südtiroler, der das österreichisch-italienische Verhältnis ständig belastete, ein friedliches Ende. An diesem Tag erkannte Österreich in einer offiziellen Note gegenüber der italienischen Regierung an, dass Italien die 1969 auf Vermittlung der Vereinten Nationen ausgehandelten Autonomiebestimmungen für Südtirol nun erfüllt habe. Die formelle Streitbeilegungserklärung soll noch in der kommenden Woche der UNO in New York übergeben werden, die bereits 1960 durch Österreich mit dem Südtirol-Problem befasst wurde." Vgl. B 26, ZA-Bd. 173558.

11 Zu den Sanktionen gegen die Bundesrepublik Jugoslawien (Serbien/Montenegro) vgl. Dok. 159, Anm. 12, und Dok. 162, Anm. 7.

12 Für das Dokument „Treaty Provisions for the Convention" vom 4. November 1991 („Carrington-Plan") vgl. B 42, ZA-Bd. 175713.

241

Drahtbericht des Botschafters von Ploetz, Brüssel (NATO)

Fernschreiben Nr. 1155 **Aufgabe: 27. Juli 1992, 17.34 Uhr**[1]
Ankunft: 27. Juli 1992, 18.22 Uhr

Betr.: Russische Vorstellungen im NATO-Rahmen zur europäischen Sicherheitsarchitektur nach den Gipfeln von München[2] und Helsinki[3]

Bezug: 1) DB Nr. 1078 vom 3.7.92 – I-340.15 KR/2[4]
2) DB Nr. 1053 vom 1.7.92 – I-340.15 KR/0[5]

Zur Unterrichtung

I. Zusammenfassung

Aus mehreren Gesprächen mit hiesigem russischem Botschafter Afanassjewskij (A.) halte ich zusammenfassend den Eindruck fest, dass Russland aus kurz- wie aus längerfristigen Überlegungen auf den ihm gebührenden Platz in der entstehenden neuen Ordnung in Europa Wert legt, den A. als „Mitgliedschaft im Club mit gleichen Rechten und Risiken" charakterisierte. Im Mittelpunkt der kurzfristigen Überlegungen zur „neuen Qualität der Beziehungen in Europa" stehen Sicherung und Konsolidierung der Reform in Russland. Auf längere Sicht geht es um „Anerkennung wahrer Partnerschaft" im Sinne einer echten Zweibahnstraße.

II. Im Einzelnen und ergänzend

1) Allgemeines

a) A. betonte russische Sorgen, dass im KSZE- und besonders im NAKR-Zusammenhang zwar die Entwicklungen in der GUS ausführlich erörtert werden, Russland aber bei echten sicherheitspolitischen Konsultationen, die auch westliche Partner direkt berühren und in praktische Maßnahmen – etwa Friedenswahrung – einmünden, nicht oder nicht angemessen beteiligt wird.

1 Der Drahtbericht wurde von Botschafter von Ploetz und BR Scharinger, beide Brüssel (NATO), konzipiert.
Hat VLR Ulrich am 28. Juli 1992 vorgelegen, der die Weiterleitung an LR I Weil und VLR Schumacher verfügte.
Hat Weil vorgelegen.
Hat Schumacher am 28. Juli 1992 vorgelegen.

2 Zum Weltwirtschaftsgipfel vom 6. bis 8. Juli 1992 vgl. Dok. 225.

3 Zur KSZE-Gipfelkonferenz am 9./10. Juli 1992 vgl. Dok. 226.

4 Botschafter von Ploetz, Brüssel (NATO), berichtete über eine Sitzung des Ständigen NATO-Rats mit Vertretern der Partner im NAKR. Erörtert worden seien das Treffen der Präsidenten Bush (USA) und Jelzin (Russland) am 16./17. Juni 1992 in Washington, der Abzug vormals sowjetischer Truppen aus den baltischen Staaten, die Übernahme friedenserhaltender Maßnahmen durch die KSZE, Fragen der Rüstungskontrolle, verschiedene Regionalkonflikte sowie die Entwicklung in der ČSFR. Vgl. DB Nr. 1078/1079; B 14, ZA-Bd. 161244.

5 Botschafter von Ploetz, Brüssel (NATO), informierte, der russische Botschafter Afanassjewskij habe gegenüber NATO-Mitarbeitern den Wunsch nach „Verdichtung des Kooperationsprozesses" vorgebracht und u. a. die Einrichtung eines NAKR-Sekretariats vorgeschlagen. Vgl. B 14, ZA-Bd. 161244.

Bei insgesamt positiver Bewertung der Fortschritte beim NAKR in Oslo[6], dem G7-Treffen in München und beim KSZE-Gipfel in Helsinki klang in A.s Ausführungen ein hohes Maß an Frustration und Zweifel daran mit, ob der Westen es mit Russland ehrlich meint. Hier blieb A. einer auch im sowjetischen Regime gern praktizierten Methode treu, Gesprächspartner in die Defensive zu bringen: Moskau anerkenne durchaus die großen Leistungen Deutschlands, müsse aber mit Bedauern registrieren, dass nur die USA eine gewisse „Sponsorenrolle" für Russland übernommen hätten, die sich naturgemäß institutionell nur in Bezug auf die Allianz, nicht jedoch die EG auswirken könne.

Die Gespräche mit A. fanden unter vier Augen, bei einem der regelmäßigen deutsch-russischen Mittagessen (unter Teilnahme von Beamten und Soldaten auf beiden Seiten) und in größerem Kreise, u. a. bei einem Abendessen mit Professor Stürmer, statt. A. sprach mit gewohnter Autorität und Präzision, berief sich jedoch nie auf Weisungen oder bestimmte Moskauer Stellen. Eine Bewertung seiner Aussagen muss dies berücksichtigen.

b) Wie ein roter Faden zog sich durch die Argumentation, NAKR-Mitgliedschaft sei im Vergleich zur NATO-Mitgliedschaft „zweitrangig". Russland bleibe nur der „Notsitz", es werde aus Europa ausgegrenzt und von der gleichberechtigten Teilnahme an der weiteren europäischen Entwicklung abgeschnitten.

Es sei Geburtsfehler des NAKR, keine eigene Struktur zu besitzen, seine Finalität sei unklar.

A. forderte daher, den NAKR zum „Sicherheitskorb" der KSZE zu entwickeln („wenn diese es selbst nicht schafft"), d. h. für umfassende Konsultationen über Fragen der Sicherheit, der Rüstungskontrolle und Abrüstung sowie von Lösungsmöglichkeiten für die zahlreichen lokalen Krisen (in der GUS) zu nutzen. Er begründete die Forderung nach einem solchen Instrument des permanenten Dialogs und der Transparenz in Europa nicht nur aus dem Interesse an Stabilität in Europa, sondern stellte – etwas dramatisierend – auch Zusammenhang zur weiteren innenpolitischen Entwicklung in RUS her: Der Gefahr eines konservativen Rückschlages in RUS könne auch dadurch vorgebeugt werden, dass der NAKR einen „offenen Kanal und Zugang für Russland nach Europa" darstelle.

c) Zunehmend deutlich wird russische Ungeduld mit der Entwicklung des NAKR: Für den geringen Preis einer Öffnung nach Osten (ohne sicherheitspolitische Verpflichtungen) könne der Westen in ihm Sicherheitspetita (bisher: KSE-Implementierung, Verhinderung der Proliferation von Nuklearwaffen) durchsetzen, Dritte – etwa die baltischen Staaten – nutzen ihn als multilaterale Bühne, um RUS auf die Anklagebank zu setzen. Die „Gegenleistung" bliebe jedoch aus. RUS möchte, dies wurde sehr deutlich, NAKR im Rahmen eines „do ut des" auch für Realisierung eigener sicherheitspolitischer Interessen heranziehen, wobei GUS-interne Aspekte kurzfristig Vorrang haben.

Unverkennbar und langfristig angelegt ist das Bemühen um gleichberechtigten Status mit den USA: Dies wurde greifbar deutlich, als USA dem russischen Botschafter die Federführung für die NAKR-Unterrichtung über das jüngste Gipfeltreffen[7] überließ, obwohl es in Washington stattgefunden hatte. Aus derselben Motivlage verlangte A. eigene NAKR-Strukturen und nimmt billigend in Kauf, dass hieraus eine Schwächung der 16er-Strukturen der NATO folgen könnte.

6 Zur NAKR-Ministertagung am 5. Juni 1992 vgl. Dok. 170.

7 Zum Treffen der Präsidenten Bush (USA) und Jelzin (Russland) am 16./17. Juni 1992 vgl. Dok. 186.

2) Verhältnis NAKR – NATO

A. bewertete bisherige NAKR-Aktivitäten als insgesamt nützlich (z. B. Einigung im KSE-Bereich), ließ jedoch auch deutlich Enttäuschung über Form und Substanz der Zusammenarbeit erkennen und begründete diese Frustration mit einer angeblich anders verstandenen Raison d'être und Finalität des NAKR selbst. Bei Fortsetzung der bisherigen NAKR-Arbeit im Seminarformat drohe „Leerlauf". Nötig seien konkretere Kontakte, sonst gerate NAKR in eine Krise. Wie so oft blieb A. auch diesmal konkrete Antworten schuldig, in welchen Bereichen eine Intensivierung/Konkretisierung der Zusammenarbeit angestrebt wird. A. beklagte vielmehr Einseitigkeit des bisherigen Dialogs: RUS habe Gefühl, dass es noch als Risiko, nicht jedoch als echter Partner betrachtet werde. A. tat sich schwer einzusehen, dass die 16 ihre unterschiedlichen Positionen und den mühsamen Prozess der Entscheidungsfindung nicht im NAKR-Rahmen ausbreiten und damit RUS Gelegenheit zur Einflussnahme geben wollen.

3) Verhältnis NAKR – KSZE

Als mögliches Thema, zu dem NAKR künftig konkrete Beratungen führen könnte, nannte A. Unterstützung der KSZE bei friedenserhaltenden Maßnahmen in Krisensituationen. Arbeit im NAKR-Rahmen werde nützlich sein für allianzinterne Erörterungen. A. äußerte sich auch hier enttäuscht über bisherige Praxis: Wunsch der Kooperationspartner, wenigstens durch Unterrichtung über gegenwärtigen Beratungsstand in der Allianz zu friedenserhaltenden KSZE-Massnahmen beteiligt zu werden, sei mit Hinweis auf noch nicht abgeschlossene Überlegungen abgelehnt worden. A. verband diese Ausführungen mit der Warnung, wenn NATO „geschlossener Club" bleibe, könne sie keine Rolle in der KSZE spielen. Schaffung anderer regionaler Institutionen könne die Konsequenz sein. A. warb in diesem Zusammenhang erneut für russischen Vorschlag, GUS-Streitkräfte für friedenswahrende Operationen unter KSZE-Mandat einzusetzen[8] (und so für friedenserhaltende GUS-Operationen etwa in Moldau oder Georgien zu legitimieren).

Ich habe für Verständnis geworben, dass NATO bei Betreten von sicherheitspolitischem Neuland zunächst intern nachdenken müsse, was eine Allianzrolle angehe. Das Thema selbst sei aber Gegenstand vielfältiger Beratungen von VN über KSZE bis hin zu verschiedenen bi- und multilateralen Foren. Hier spiele Russland eine aktive und gleichberechtigte Rolle.

4) Verhältnis RUS – WEU

A. ließ bei diesem Thema Skepsis verlauten, die mit dem Ausschluss vom Petersberg-Kreis[9] zu tun haben könnte. Ich habe Rationale erläutert, was A. mit zwei Anmerkungen kommentierte: Russland wolle und könne nicht Mitglied der EG werden. Insofern Verständnis. Man habe jedoch WEU-GS van Eekelen nach Moskau eingeladen. Was könne RUS von WEU erwarten: einen weiteren „geschlossenen Club", nur noch beschränkter als die NATO? Insofern erneut Widerspruch in der russischen Position.

III. Bewertung

An den Äußerungen A.s fiel auf, dass sie auf Teilaspekte der europäischen Sicherheitsarchitektur, besonders NATO und NAKR, beschränkt waren. Die beachtlichen Positions-

8 Vgl. den Vorschlag der Präsidenten Jelzin (Russland) und Krawtschuk (Ukraine) vom 6. Juli 1992; Dok. 212, Anm. 9.

9 Zur WEU-Ministerratstagung am 19. Juni 1992 vgl. Dok. 162, Anm. 32.

gewinne Jelzins beim G7-Gipfel in München und die zukunftsweisenden Beschlüsse von Helsinki berücksichtigte er erst auf Gegenvorstellungen unsererseits.

Die russische Sorge vor einer Ritualisierung der NAKR-Aktivitäten ist jedoch nicht ganz unbegründet: So wird den Partnern jeweils ein Kommuniquéentwurf des 16er-Kreises vorgelegt. Ergänzungs- und Änderungsvorschläge werden nur berücksichtigt, wenn sie im 16er-Rahmen Konsens finden. Interne Beratungen der 16, besonders warum Änderungsvorschläge keinen Konsens fanden, werden nicht erläutert.

Das macht den Mangel an Symmetrie aus, auf den es den Russen gerade in der jetzigen Phase des Übergangs sowohl im Verhältnis zu den USA wie auch – bezogen auf Friedenswahrung im KSZE-Rahmen – zwischen NATO und GUS ankommt. Den Russen geht es um mehr, als nur auf einem weiteren internationalen Treffen gesehen zu werden. Die bisherige Reserve einiger europäischer NATO-Partner (darunter auch Frankreich, aber auch mehrere andere) erschwert es außerdem, den NAKR zu instrumentalisieren für das Bemühen der Moskauer Reformkräfte, den russischen Verteidigungsapparat politisch-ziviler Kontrolle zu unterstellen. Eine solche Instrumentalisierung setzt voraus, dass im NAKR-Rahmen sicherheitsrelevante Fragen unter voller Einbeziehung der NAKR-Partner behandelt und nicht einzelne Bereiche ausgeblendet werden.

Wir registrieren, dass USA diese Diagnose im Wesentlichen teilen, während F und GB aus unterschiedlichen Gründen sehr viel zugeknöpfter sind.

[gez.] Ploetz

B 14, ZA-Bd. 161234

242

Gespräch des Bundesministers Kinkel mit der polnischen Ministerpräsidentin Suchocka in Warschau

214-322.00 POL **29. Juli 1992**[1]

BM Kinkel (BM) in Warschau, 29.7.1992[2];
hier: Gespräch mit Ministerpräsidentin Suchocka (MP)

Teilnehmer auf deutscher Seite: BM Kinkel, Bo[tschafter] Bertele, Bo. Höynck, VLRI Schumacher (013), VLRI Brümmer (214), VLRI Gerdts (010), Frau Domke (Dolm[etscherin]).

MP würdigt die Tatsache, dass BM der erste offizielle Gast der neuen Regierung[3] sei. Es sei ein gutes Zeichen und wichtig für die deutsch-polnischen Beziehungen. Bevor sie auf Einzelfragen dieser Beziehungen eingehe, wolle sie etwas zur wirtschaftlichen Lage Polens sagen. Entgegen manchen Pressestimmen sei Polen stabil. Auch die derzeitigen

1 Kopie.
Der Gesprächsvermerk wurde von VLRI Brümmer am 4. August 1992 gefertigt.

2 BM Kinkel hielt sich am 29./30. Juli 1992 in Polen auf.

3 Zur Regierungsbildung in Polen vgl. Dok. 228, Anm. 7.

Streiks würden den Staat nicht destabilisieren. Streiks seien normal für einen demokratischen Staat.

Die Regierungskoalition bestehe aus sehr unterschiedlichen Parteien. Mancher frage sich vielleicht, ob die Beteiligung der Rechts-Nationalen sich nicht negativ auf die polnischen Außenbeziehungen auswirken werde. Dies sei nicht der Fall; durch ihre Beteiligung sei die Christlich Nationale Partei in die gemeinsame Verantwortung eingebunden.

Sie wolle das polnische Interesse an der Integration in der EG unterstreichen und hoffe sehr auf entsprechende Unterstützung aus Deutschland.

Die polnisch-deutschen Beziehungen seien gut entwickelt und stellten ein wichtiges Element der polnischen Außenbeziehungen dar.

Polen verfolge ein ehrgeiziges Regierungsprogramm, das hoffentlich auch Anreiz für deutsche Investitionen in Polen sein werde.

BM dankt für freundliche Aufnahme und entrichtet Grüße des Bundeskanzlers. In Deutschland verfolge man mit großer Aufmerksamkeit den Weg Polens und seiner neuen Regierung. Wir wollten dabei helfen, wo immer wir dazu in der Lage seien.

Auch er selbst sei neu im Amt und in den ersten zwei Monaten von einem Terminkarussell überwältigt worden. Umso wichtiger sei es für ihn gewesen, sein AM Skubiszewski gegebenes Versprechen eines Besuches in Polen noch vor der Sommerpause[4] einzulösen. Unsere Beziehungen seien aus schwierigem Fahrwasser in ruhigere Gewässer übergegangen. Dies sei Anlass zur Freude. Polen habe ihn immer besonders interessiert, und er wolle einen persönlichen Beitrag zur weiteren Verbesserung der Beziehungen leisten. Wie gut diese Beziehungen bereits seien, zeige, dass die beiden Außenminister heute keine besonders große bilaterale Tagesordnung abzuhandeln gehabt hätten[5] (Hinweis auf die drei gezeichneten Verträge[6]).

Die MPin habe Europa angesprochen: Wir unterstützten Polen auf dem Weg in die volle Mitgliedschaft und bei der jetzt zunächst anstehenden Vertiefung der Assoziierung. Auf diesem Weg hätten Rechtsangleichung und wirtschaftliche Entwicklung erste Priorität.

4 In ihrem Gespräch am 10. Juli 1992 in Helsinki einigten sich BM Kinkel und der polnische AM Skubiszewski „auf einen Termin Ende Juli“ für einen Besuch von Kinkel in Polen. Vgl. B 42, ZA-Bd. 171225.

5 Im Gespräch zwischen BM Kinkel und dem polnischen AM Skubiszewski am 29. Juli 1992 in Warschau wurden Konsulatsfälle und die bilaterale Zusammenarbeit der Innen- und Verteidigungsministerien erörtert, ferner der polnische Wunsch nach Lieferung von NVA-Material, die Beziehungen EG – Polen, die Ratifizierung des Vertragswerks von Maastricht in verschiedenen Staaten, die Lage der deutschen Minderheit in Polen sowie der Polen in der Bundesrepublik sowie Fragen der Staatsangehörigkeit. Vgl. den Gesprächsvermerk; B 1, ZA-Bd. 178945.

6 Am 29. Juli 1992 unterzeichneten BM Kinkel und der polnische AM Skubiszewski einen Vertrag über die Zusammenarbeit und die gegenseitige Unterstützung der Zollverwaltungen. Vgl. BGBl. 1994, II, S. 94–99.
Vgl. auch das Abkommen vom 29. Juli 1992 über den Autobahnzusammenschluss und den Bau von Grenzabfertigungsanlagen für den neuen Grenzübergang im Raum Görlitz und Zgorzelec nebst Protokoll; BGBl. 1994, II, S. 68–73.
Vgl. außerdem das Abkommen vom 29. Juli 1992 über Erleichterung der Grenzabfertigung; BGBl. 1994, II, S. 266–273.
Am 29. Juli 1992 wurde ferner durch Notenwechsel eine Vereinbarung über die Satzung des Komitees für die Verleihung des Deutsch-Polnischen Preises geschlossen. Vgl. das Schreiben von Kinkel an Skubiszewski; BGBl. 1992, II, S. 743.

MP dankt für die wichtige und klare Aussage. Sie sei völlig einverstanden mit dem Status eines assoziierten Landes. Als solches habe Polen allerdings keinen Zugang zu den Finanzmitteln der EG. Im Hinblick auf die wichtige regionale Grenzzusammenarbeit frage sie sich, ob es nicht (doch) Wege gebe, Polen am EG-Regionalfonds zu beteiligen. Polen habe Grenzprobleme auch nach Osten und müsse auf eine gewisse Symmetrie achten. Die Verträge, die Polen mit Weißrussland[7], der Ukraine[8] und anderen abgeschlossen habe, seien bedeutend für ganz Europa.

Zur Frage der Rechte für die deutsche Minderheit in Polen wolle sie einen persönlichen Akzent setzen: Sie habe sich beruflich – auch in internationalen Gremien – mit Minderheitenproblemen befasst und kenne alle internationalen Standards auf diesem Gebiet. So habe sie persönlich zum Zustandekommen und zur endgültigen Gestalt der Europäischen Konvention für Minderheitenrechte beigetragen. Zwar sei diese Konvention noch nicht verabschiedet, doch dies werde hoffentlich bald geschehen. In Kürze werde die Charta für die Rechte regionaler Sprachen unterzeichnet.[9]

Die deutsche Minderheit habe ihre Vertretung im Parlament, und obwohl sie nicht der Koalition angehöre, unterstütze sie die Regierung. Sie unterstütze auch die polnische Außenpolitik. In diesem insgesamt positiven Bild gebe es allerdings auch eine bittere Pille (Hinweis auf die auch schon von AM Skubiszewski angesprochenen angeblichen Steuerverfehlungen von Vertretern der deutschen Minderheit, die Zuwendungen aus Deutschland erhielten).

BM repliziert zu dem zuletzt genannten Punkt wie gegenüber AM Skubiszewski (keine Anhaltspunkte für Stichhaltigkeit der polnischen Sorgen; Bitte, ggf. Ross und Reiter zu nennen).

Für das bisher (für die deutsche Minderheit) Geleistete wolle er sich bedanken. Die Einbindung der Minderheit in Polen müsse weitergehen. Er bitte die Ministerpräsidentin, auch persönlich zu helfen, dass in D mit Recht gesagt werden könne, in Polen gingen die Dinge weiter aufwärts.

Zur Frage des Zugangs zu EG-Mitteln: Der Regionalfonds komme in der Tat nicht infrage, aber es gebe andere Möglichkeiten. Wir würden uns dafür einsetzen, dass Polen, wo immer möglich, geholfen werde (auch im eigenen Interesse).

MP: „Wir können unsere Zusammenarbeit offensichtlich sehr optimistisch einschätzen." Eine weitere wichtige Frage: Welche Entwicklung sei bei den deutschen Investitionen (in Polen) zu erwarten?

BM: Er sei zu wenig Wirtschaftsfachmann, um die Frage erschöpfend beantworten zu können. Die Botschafter[10] sollten prüfen und aufschreiben, woran es bei den Investitionen noch hake. Geld sei scheu und brauche lange zur Entwicklung von Vertrauen. Die deutsche

7 Polen und Belarus schlossen am 23. Juni 1992 ein Abkommen über gute Nachbarschaft und freundschaftliche Zusammenarbeit. Vgl. https://treaties.un.org/doc/Publication/UNTS/No%20Volume/54547/Part/I-54547-08000002804ae653.pdf.

8 Polen und die Ukraine unterzeichneten am 18. Mai 1992 einen Vertrag über gute Nachbarschaft, freundschaftliche Beziehungen und Zusammenarbeit. Vgl. https://treaties.un.org/doc/Publication/UNTS/No%20Volume/56629/Part/I-56629-080000028048b98c.pdf.

9 Für die Europäische Charta der Regional- oder Minderheitensprachen vom 5. November 1992 vgl. BGBl. 1998, II, S. 1315–1333.

10 Franz Bertele (Bundesrepublik) und Janusz Reiter (Polen).

Wirtschaft könne auch nicht nach Polen geprügelt werden. Voraussetzung sei die Schaffung vertrauensvoller Verhältnisse in Polen. Immerhin habe die Financial Times kürzlich bei der Beurteilung von Investitions- und Gewinnchancen in den MOE-Ländern Polen an die erste Stelle gesetzt. Er wolle auch gern BM Möllemann einmal ansprechen. Auch in der Türkei, die er gerade besucht habe[11], gebe es eine bemerkenswerte Entwicklung: starke Zunahme französischer und Abnahme deutscher Investitionen.

Bo. *Bertele* nennt vor allem drei Gründe für noch zögernde deutsche Investitionsneigung in Polen:

Unsicherheiten über

- Besteuerung,
- Grundstückserwerb,
- Entwicklung der Wirtschaftslage.

MP: Andererseits seien deutsche Kreditgarantien (zu) teuer.

Abschließend: Sie habe schon einen Brief an Bundeskanzler Kohl mit einer Einladung nach Polen vorbereitet.

Zwischen ihr und BM Kinkel gebe es gewisse Ähnlichkeiten auf dem Weg in die Ämter, die sie beide jetzt innehätten. Zudem seien sie beide Vertreter einer neuen Generation und deshalb auch zu ganz neuen Wegen („ohne Vorurteile, ganz frei“) in der Lage.

BM: Dreierlei zum Schluss:

1) Er bedanke sich herzlich für dieses offene und freundschaftliche Gespräch und wünsche ihr und ihrer Regierung alles Gute.

2) Er sei es seinem Botschafter schuldig, die dringende Bitte um ein Grundstücksangebot für Kanzlei und Residenz zu unterstreichen: Die räumlichen Verhältnisse unserer Vertretung seien Stand und Bedeutung unserer Beziehungen nicht angemessen.

3) Er werde mit dem Bundeskanzler Kontakt aufnehmen und die erwähnte Einladung ankündigen.[12] Der Bundeskanzler werde sie sicher mit Freude annehmen, wenn dies auch kaum kurzfristig – etwa noch in diesem Jahr – möglich sein dürfte. Vielleicht sei es deshalb sinnvoll, ein relativ kurzfristig realisierbares Arbeitstreffen in Bonn vorweg anzustreben.[13] Er werde sich für eine solche Lösung einsetzen.

B 1, ZA-Bd. 178945

[11] BM Kinkel besuchte die Türkei am 12./13. Juli 1992. Vgl. Dok. 223.

[12] Vgl. das Schreiben des BM Kinkel vom 8. August 1992; Dok. 258, Anm. 17.

[13] Die polnische MPin Suchocka hielt sich am 5./6. November 1992 in der Bundesrepublik auf. Für ihr Gespräch mit BK Kohl am 5. November 1992 vgl. Dok. 356.

243

Vorlage des Vortragenden Legationsrats I. Klasse Brümmer für Staatssekretär Kastrup

214-320.10 TSE **30. Juli 1992**[1]

Über Dg 21[2] D 2[3] Herrn Staatssekretär[4]

Betr.: Lage und Entwicklung in der ČSFR nach dem Rücktritt StP Havels am 20.7.1992

Zweck der Vorlage: Zur Unterrichtung und zur Billigung des Vorschlags unter Ziffer II.

I. 1) Der Rücktritt StP Havels steht in zeitlichem und ursächlichem Zusammenhang mit den Regierungsprogrammen der tschechischen und slowakischen Regierungen sowie der Souveränitätserklärung des slowakischen Nationalrats vom 17.7.1992.

2) In der Tschechischen Republik (ČR) wird das Wirtschaftsreformprogramm von MP Klaus verstärkt weitergeführt. Außenpolitisch sollen tschechische Interessen vertreten werden. Das lässt u. a. auf eine harte Haltung gegenüber sudetendeutschen Vermögensansprüchen schließen.

Nach der Trennung von der Slowakischen Republik (SR), die so schnell und so gründlich wie möglich durchgeführt werden soll, wird die ČR versuchen, so schnell wie möglich den EG-Beitritt zu erreichen. Auch zu diesem Zweck ist die ČR bereit, Nachfolgerin der ČSFR unter Übernahme ihrer Verpflichtungen zu werden. Die Zusammenarbeit in der Visegrád-Gruppe schätzt Klaus nicht sehr hoch ein.

3) In der SR wird deutlich, dass MP Mečiar gegenüber MP Klaus zu hoch gepokert hat. Slowakische Ernüchterung und Irritierung über die tschechische „Alles oder Nichts-Haltung" äußern sich in zum Teil unseriösen Vermutungen über Geheimpläne der ČR oder der ungarischen Minderheit. In der an sich inkonsequenten Haltung Mečiars ist als ein roter Faden die aggressive Haltung gegenüber dieser Minderheit zu spüren. Mit der Souveränitätserklärung der Slowakei durch den Nationalrat vom 17. Juli wollte Mečiar ein politisches Zeichen setzen. Damit seien keine rechtlichen Konsequenzen verbunden, sie sei lediglich Ausdruck des Willens der Slowakei zur Eigenständigkeit.

4) Die Rücktrittserklärung StP Havels unmittelbar darauf ist als Beitrag zur Verkürzung der Trennungsagonie zu verstehen. Aus Anlass der Souveränitätserklärung gibt er als das letzte Symbol der tschechoslowakischen Föderation zu verstehen, dass er nicht mehr an ihre Aufrechterhaltung glaubt und an ihrem Ende nicht teilhaben will. Mit diesem Be-

1 Die Vorlage wurde von LR I Busch konzipiert.

2 Hat in Vertretung des MDg von Studnitz VLR I Brümmer am 31. Juli 1992 erneut vorgelegen.

3 Hat in Vertretung des MD Chrobog MDg Schilling am 31. Juli 1992 vorgelegen.

4 Hat StS Kastrup am 31. Juli 1992 vorgelegen, der handschriftlich vermerkte: „Wie soll der Gedanke einer Sondierungsmission weiterverfolgt werden? Was soll ihr Auftrag sein?"
Hat VLR Ney am 31. Juli 1992 vorgelegen, der den Rücklauf an MD Chrobog verfügte.
Hat in Vertretung von Chrobog MDg Schilling erneut vorgelegen, der die Weiterleitung an „Dg 21 i. V." verfügte.
Hat in Vertretung des MDg von Studnitz VLR I Libal vorgelegen.

freiungsakt eröffnet sich Havel auch bessere Möglichkeiten, sich auf das noch in einer zukünftigen Verfassung zu verankernde Amt des tschechischen Präsidenten vorzubereiten. Aufgrund unterschiedlicher Vorstellungen über die Ausgestaltung dieses Amts wird es wohl noch Auseinandersetzungen zwischen Havel und Klaus geben, der ihm rein repräsentative Aufgaben zuordnen will.

5) In ihren Gesprächen vom 22. Juli vereinbarten Klaus und Mečiar entscheidende Schritte auf dem Weg zur Trennung der beiden Republiken. Ihre Parteien (ODS[5]/HZDS[6]) werden dem Föderalparlament ein Gesetz über die Auflösung der Föderation und die Aufteilung des Staatsvermögens vorlegen. In den Nationalräten sollen Verfassungen verabschiedet werden, wonach Vertragsverhandlungen zwischen den Republiken aufgenommen werden. Dies soll vor dem 30. September geschehen. Neben dieser von beiden favorisierten Lösung sind offensichtlich auch andere Lösungen im Gespräch, wie zum Beispiel der von Havel immer wieder geforderte Volksentscheid. Das Gesprächsergebnis lässt den Schluss zu, dass Klaus sich gegenüber Mečiar durchgesetzt hat, vor allem, was die Zeitvorgabe anbelangt. Auch hat er durchgesetzt, dass der Haushalt 1992 der letzte Bundeshaushalt ist. Die von Mečiar angestrebte Aufteilung der staatlichen Medien wurde im Klausschen Sinn umgewandelt. Rundfunk, Fernsehen und Nachrichtenagentur sollen privatisiert werden. Ungeklärt ist weiterhin die Frage einer gemeinsamen Währung. Einig waren sich beide in ihrem Willen zu einer friedlichen Trennung. Eine enge Zusammenarbeit wird in den Bereichen Wirtschaft (Zollunion, Freihandelszone), Außen- und Verteidigungspolitik angestrebt.

II. 1) Die in der tschechoslowakischen Bevölkerung immer noch weitverbreitete Stimmung für den Erhalt des Bundesstaates hat mit Havel ihre bekannteste Stimme verloren.

Klaus und Mečiar betreiben die Trennung der Republiken weitgehend im Klausschen Sinn („so schnell und so gründlich wie möglich").

Wir können wohl trotz aller Rhetorik von einer friedlichen Trennung ausgehen.

Wichtig wird sein, Klaus deutlich zu machen, dass die ČR nach der Trennung keine größeren Aussichten auf einen EG-Beitritt hat, als die ČSFR sie besaß, sowie dass wir anstreben, dass die EG zur ČR und zur SR gleichwertige Beziehungen nach dem Muster der Assoziationsabkommen mit Polen und Ungarn[7] entwickelt. Es wäre sinnvoll, wenn die Visegrád-Zusammenarbeit fortgesetzt würde und als EG-Partner erhalten bliebe.

Gegenüber der SR müssen wir unser Interesse an einer Einbindung der Slowakei in den westeuropäischen Raum zum Ausdruck bringen.

Es ist zu erwarten, dass die Auflösung der Föderation die SR wirtschaftlich wesentlich härter treffen wird als die ČR. Damit erhöht sich in der SR die Gefahr der bereits zu beobachtenden Tendenzen, die marktwirtschaftlichen Reformen durch dirigistische Maßnahmen zu verwässern. Wir müssen daher unser Interesse an der Fortsetzung des Reformkurses und am Ausbau der Wirtschaftsbeziehungen zur Slowakei zum Ausdruck bringen. Wir sollten daher das von slowakischer Seite verschiedentlich vorgebrachte Interesse an der Entsendung einer Sondierungsmission, an der auch deutsche Wirtschaftsvertreter und Vertreter der verfassten Wirtschaft teilnehmen sollten, positiv aufgreifen.

5 Občanská demokratická strana (Demokratische Bürgerpartei).

6 Hnutie za demokratické Slovensko (Bewegung für eine demokratische Slowakei).

7 Die EG schloss am 16. Dezember 1991 Europa-Abkommen zur Gründung einer Assoziation mit Polen bzw. Ungarn. Vgl. BGBl. 1993, II, S. 1317–1471 bzw. S. 1473–1714. Vgl. auch AAPD 1991, II, Dok. 407.

Es muss der slowakischen Regierung angesichts der Versuchung, die ungarische Minderheit zum Sündenbock für zu erwartende Schwierigkeiten aufzubauen, immer wieder deutlich gesagt werden, dass der Weg nach Europa nur über die Einhaltung der KSZE-Standards für Minderheiten führen kann.

2) Im Hinblick auf die Schnelligkeit der Teilung der ČSFR muss damit gerechnet werden, dass das GK Pressburg bald in eine Botschaft umgewandelt werden muss. Schon jetzt sind die räumlichen und personellen Voraussetzungen der politischen Bedeutung und dem Arbeitsanfall der Vertretung nicht mehr angemessen.

Referate 411 und 420 haben mitgewirkt.

Brümmer

B 42, ZA-Bd. 156421

244

Drahtbericht des Botschafters Ruhfus, Washington

13591/92 VS-vertraulich **Aufgabe: 30. Juli 1992, 11.28 Uhr**[1]
Fernschreiben Nr. 2218 **Ankunft: 30. Juli 1992, 20.39 Uhr**
Citissime

Betr.: Künftiges Holocaust-Museum in Washington[2];
hier: deutscher Beitrag

Bezug: 1) DB Nr. 2071 vom 10.7.92 – Pol 320.15/8[3]
2) DB Nr. 2197 vom 27.7.92 – AZ.[4], Tgb.-Nr. 63/92[5]

Zur Unterrichtung

1) Der US Holocaust Memorial Council hat es abgelehnt, in das in Washington entstehende Holocaust-Museum auch Ausstellungselemente mitaufzunehmen, die die Verände-

1 Der Drahtbericht wurde von BRI Calebow, Washington, konzipiert.
Hat VLRI Wagner am 31. Juli 1992 vorgelegen.

2 Zur Errichtung des United States Holocaust Memorial Museum in Washington vgl. zuletzt AAPD 1991, I, Dok. 60.

3 Botschafter Ruhfus, Washington, informierte, „dass die als Diskussionsgrundlage über einen zusätzlichen Ausstellungsteil über die Bundesrepublik Deutschland gedachte Fotosammlung dem Council durch den Ansprechpartner unseres Vertrauensmannes inzwischen vorgelegt worden ist". Über eine eventuelle Verwendung werde innerhalb des US Holocaust Memorial Council noch entschieden. Vgl. B 32, ZA-Bd. 179514.

4 Auslassung in der Vorlage.

5 Botschafter Ruhfus, Washington, legte dar, die Bundesregierung werde sich weiterhin „mit Nachdruck bemühen müssen, die großen jüdischen Organisationen davon zu überzeugen, dass die Erfüllung unserer Anliegen langfristig auch in ihrem eigenen Interesse liegt. Hierfür wäre es aus hiesiger Sicht von allererster Bedeutung, wenn wir die israelische Regierung dafür gewinnen, dass sie den dichten Stand der deutsch-israelischen Beziehungen und das hohe Niveau der deutschen Leistungen für Israel nicht nur in D, sondern auch für die übrige Welt einschließlich der USA unüberhörbar zum Ausdruck bringt." Vgl. B 130, VS-Bd. 13046 (221), bzw. B 150, Aktenkopien 1992.

rungen in Deutschland nach 1945 – dabei insbesondere auch die Entwicklung unseres Verhältnisses zu Israel – widerspiegeln. Der Gesprächspartner des Armonk Institute im Council, Lowenberg, hat Trosten darüber unterrichtet, dass die von uns angestrebte Ergänzung nicht möglich sei. Sie passe nicht in den Kontext der künftigen Ausstellungen und entspreche auch nicht dem dem Council erteilten Auftrag, den Holocaust in dem zeitlichen Rahmen von 1933 – 1945 darzustellen. Auf das Bemerken Trostens, dass das Museum in einem Ausblick auch die Gründung des Staates Israel behandeln werde, habe Lowenberg bemerkt, dass das eine andere Sache sei. Lowenberg kündigte an, die diesem im Rahmen des vertraulichen Gesprächskontaktes übergebene Fotosammlung zurückzugeben.

2) Die Entscheidung des Council ist für uns sehr enttäuschend. Sie zeigt, dass die im Council vertretenen „Wahrer des Erbes des Holocaust" die Tür in Richtung auf eine Versöhnung mit Deutschland nach wie vor nicht um einen Spalt zu öffnen bereit sind. Dahinter steht die hier bei Gesprächen immer wieder deutlich gewordene Vorstellung, dass der Hinweis auf Veränderungen in Deutschland nach 1945 im Blick auf die durch den Holocaust geschlagenen Wunden auch als „heilend" empfunden werden und damit die vom Wachhalten der Erinnerung an den Holocaust von vielen auch angestrebte politische Wirkung beeinträchtigen.[6]

3) Trosten hat die bereits im Bezugsbericht 2) zum Ausdruck gebrachte Auffassung, dass ein deutlicher Hinweis von geeigneter Stelle in Israel an die Spitze des Council dessen Haltung im Sinne unseres Anliegens durchaus noch verändern könnte. Sein Vorschlag, dass wir darüber das Gespräch mit der israelischen Seite suchen sollten, erscheint jetzt umso mehr prüfenswert. Trosten geht davon aus, dass der Council sich nicht taub stellen würde, wenn er von israelischer Seite hören würde, dass das künftige Museum in der bisher geplanten Art für die Deutschen zu einem so großen Problem werden könnte, dass davon nicht nur das deutsch-jüdische, sondern auch das deutsch-israelische Verhältnis berührt und auf Dauer u. U. sogar beeinträchtigt werden könnte. Dieses mit der israelischen Seite in dem Sinne aufzunehmen, dass wir eine derartige Beeinträchtigung nicht wünschten, diese für uns vielmehr Grund zur Besorgnis wäre, sollte jetzt ernsthaft in Erwägung gezogen werden.[7]

4) Unabhängig davon wird die Botschaft sich bemühen, mit der Spitze des Council trotz der Urlaubszeit noch einmal ein Gespräch zu führen.

5) Ich rege an, auch diesen Bericht – wie Bezugsbericht 2) – dem StS[8] sowie dem Koordinator[9] vorzulegen.

[gez.] Ruhfus

B 130, VS-Bd. 13046 (221)

6 Unvollständiger Satz in der Vorlage.

7 Für eine Stellungnahme der Botschaft in Tel Aviv zu diesem Vorschlag vgl. Dok. 249.

8 Dieter Kastrup.

9 Werner Weidenfeld.

245

Vorlage des Ministerialdirektors Elbe für Bundesminister Kinkel

31. Juli 1992[1]

Über Herrn Staatssekretär[2] Herrn Bundesminister[3]

Zweck der Vorlage: Zur Unterrichtung[4]

Betr.: Überlegungen zur Zukunft des Auswärtigen Dienstes[5]

Anlage: 1[6]

Jede Überlegung zur Zukunft des Auswärtigen Dienstes (AD) muss zunächst bei den Aufgaben ansetzen, die auf ihn zukommen werden. Mit dem Wandel seiner Aufgaben und neuen Vorgaben aus seinem politischen und gesellschaftlichen Umfeld verändert sich der AD auch als Beruf.[7]

I. Konsequenzen der Globalisierung: Aufgabenzuwachs und neue Schwerpunkte

Der Herwarth-Bericht zur Reform des AD[8] hat bereits 1971 gefordert, dass Arbeitsbedingungen und innere Struktur des AD den qualitativen und quantitativen Veränderungen außenpolitischer Tätigkeit ebenso wie dem Wandel diplomatischer Methoden entsprechen müssten. Dies gilt heute mehr denn je.

In der zusammenwachsenden Welt multiplizieren sich die außenpolitischen Bezüge staatlichen Handelns. Der eigenständige Bewegungsspielraum nationaler Politik verengt sich zusehends. Wirtschaftliche Arbeitsteilung und technischer Fortschritt, aber auch die

1 Die Vorlage wurde von VLR Graf konzipiert.

2 Hat StS Kastrup am 4. August 1992 vorgelegen.
Hat StS Lautenschlager am 13. August 1992 vorgelegen, der handschriftlich für BM Kinkel vermerkte: „Im Prinzip sicher eine gute Idee. Ich finde nur, dass vor Einsetzung der auf Seite 12 vorgeschlagenen Arb[eits-]Gruppe ein Gespräch bei Ihnen stattfinden müsste, um die ‚Vorgaben' für diese Arb.gruppe zu erörtern bzw. festzulegen. (Teilnehmer: StSe, D 1, LPl, Pers[onal-]Rat." Vgl. Anm. 10.

3 Hat BM Kinkel am 18. August 1992 vorgelegen, der handschriftlich vermerkte: „1) Gute Vorlage; 2) Zunächst: Bespr[echung]".
Hat OAR Salzwedel am 21. August 1992 vorgelegen, der den Rücklauf über das Büro Staatssekretäre an den Planungsstab verfügte.
Hat StS Lautenschlager am 21. August 1992 erneut vorgelegen.

4 An dieser Stelle wurde von StS Lautenschlager handschriftlich eingefügt: „u. offenbar auch Entscheidung über die Einsetzung einer Arbeitsgruppe."

5 An dieser Stelle wurde von StS Lautenschlager handschriftlich eingefügt: „u. der Vorschlag zur Gründung einer Arbeitsgruppe".

6 Dem Vorgang beigefügt. Für das Schreiben des VLR Horsten in seiner Eigenschaft als Personalratsvorsitzender des Auswärtigen Amts vom 27. Januar 1992 an MD Elbe vgl. B 9, ZA-Bd. 178534.

7 An dieser Stelle Fußnote in der Vorlage: „Der Vorsitzende des Personalrats des Auswärtigen Amts hat mit beigefügtem Schreiben vom 27.1.1992 den Planungsstab gebeten, Überlegungen zur Zukunft des Auswärtigen Dienstes anzustellen. BM Genscher hatte diese Bitte unterstützt."

8 Im Herbst 1968 berief BM Brandt eine Kommission für die Reform des Auswärtigen Dienstes ein unter Leitung des Botschafters Herwarth von Bittenfeld. Die Kommission legte im Frühjahr 1971 ihren Bericht vor. Vgl. BERICHT DER KOMMISSION FÜR DIE REFORM DES AUSWÄRTIGEN DIENSTES, vorgelegt dem Herrn Bundesminister des Auswärtigen, Bonn, März 1971.

Zunahme grenzüberschreitender Risiken erzeugen ein komplexes Netz internationaler Interdependenzen und führen damit zu breiteren und neuen Aktivitätsfeldern der Außenpolitik. Außenpolitik wird immer mehr zu „Weltinnenpolitik". Das Tempo politischer, wirtschaftlicher, gesellschaftlicher und technischer Entwicklungen, die auf die auswärtigen Beziehungen durchschlagen, hat gerade in den letzten Jahren beträchtlich zugenommen:

- Globalisierung der Märkte: Die fortschreitende Arbeitsteilung führt zu einem Ausbau der Wirtschaftsbeziehungen zwischen den Staaten. Ihre gegenseitigen Berührungspunkte vermehren sich.
- Entstehen einer „Weltkultur": Die modernen Medien öffnen die nationalen Kulturen gegenüber Einflüssen von außen. Soziale und kulturelle Verhaltensweisen nähern sich einander an. Dies führt in der Tendenz auch zu einem internationalen Grundkonsens über Demokratie und Menschenrechte, der zunehmende außenpolitische Implikationen hat.
- Die Entstehung transnationaler Strukturen: Staatliche Souveränität wird zunehmend auf transnationale Institutionen übertragen; die Sicherheit in Europa wird künftig durch ein hochkomplexes System internationaler Strukturen organisiert werden.
- Neue Überlebensfragen: Der Sicherheitsbegriff wird neu und umfassender definiert. Neben die – bisher im Vordergrund stehende – militärische Sicherheit treten neue Elemente: Umwelt, wirtschaftliche und soziale Stabilität, Migration, internationale Kriminalität u.a. In Afrika und Südasien wird AIDS immer stärker zur Überlebensfrage.
- Dritte industrielle Revolution: Der industrielle Wandel der Gegenwart führt zu einer Neuverteilung der Gewichte in der Welt, so wie dies schon bei früheren industriellen Revolutionen der Fall war. Wissenschaft und Technologie sind heute keine freien Güter mehr, sondern strategische Rohstoffe, die über die Wettbewerbsfähigkeit der Volkswirtschaften entscheiden. Sie sind auch außenpolitische Faktoren.

Diese Entwicklungen erfordern von der Außenpolitik nicht nur eine höhere Reaktionsgeschwindigkeit, sondern verstärken auch die Notwendigkeit frühzeitiger Analyse und neuer Lösungsansätze.

Mit Inhalten und Prioritäten wandeln sich aber auch die Form und Rahmenbedingungen der Außenpolitik. Der klassische Bilateralismus wird immer stärker von einer Multilateralisierung der auswärtigen Beziehungen und der überstaatlichen Integration von Interessen (EG) überlagert. Globale Präsenz der Medien und eigene Anschauung durch Reiseverkehr erhöhen Interesse und kritisches Bewusstsein der Öffentlichkeit gegenüber dem Ausland und setzen die Außenpolitik damit einem verstärkten Hinterfragungsdruck aus. Außenpolitik wird zunehmend auch zum Thema der innenpolitischen Diskussion.

Für den AD bedeuten Zuwachs und Strukturwandel der Aufgaben im auswärtigen Bereich nicht nur ein internes Organisationsproblem. Sie berühren auch sein Verhältnis zu anderen außenpolitisch relevanten Entscheidungsträgern. Die Kompetenzkonkurrenz im auswärtigen Bereich verschärft sich; gleichzeitig relativiert die zunehmende Pluralisierung unserer Gesellschaftsordnung den Vertretungsanspruch des AD für die Gesamtheit der auswärtigen Beziehungen.

- Die Bundesländer sind de facto bereits außenpolitische Kompetenzträger. Für den EG-Bereich streben sie eine Formalisierung ihrer Beteiligung an Willensbildung und Beschlussfassung an (Art. 24 GG[9]);

9 Für Artikel 24 GG vom 23. Mai 1949 vgl. BGBl. 1949, S. 4.

- Eine Reihe von Bundesressorts beansprucht – weniger in der Theorie als durch ihr praktisches Verhalten – außenpolitische Mitwirkung.

Der AD kann die auswärtigen Angelegenheiten angesichts dieser Trends weniger denn je für sich monopolisieren. Er wird immer mehr zu einem Generalunternehmen, das die Interessen und Aktivitäten der verschiedenen Akteure koordiniert und in einer einheitlichen außenpolitischen Linie zusammenfasst.

- So hat z.B. die internationale Umweltpolitik Aspekte der Entwicklungspolitik (BMZ), Verschuldungsproblematik (BMF), Wirtschaftsbeziehungen (BMWi), Technologie (BMFT), Ökologie (BMU) und Außenpolitik (AA).

II. Wandel im Verhältnis von Zentrale und Auslandsvertretungen

Der AD unterscheidet sich nicht nur durch seine spezifischen Aufgaben von anderen Bereichen der öffentlichen Verwaltung, sondern auch durch seine interne Gliederung in Zentrale und Auslandsvertretungen (AV). Strukturwandel der auswärtigen Beziehungen und Fortschritt der Informationstechnik haben tiefgreifende Auswirkungen auf die Funktionsverteilung zwischen Zentrale und AV:

- Die thematische Spezialisierung der auswärtigen Beziehungen ist nur noch in der Zentrale vollständig erfassbar.
  - Beispiele: Abrüstung, Technologie.
- Die Multilateralisierung der auswärtigen Beziehungen („Konferenzdiplomatie") entzieht den AV bisherige (bilaterale) Betätigungsfelder.
- Der Ausbau internationaler Verkehrsverbindungen reduziert den zeitlichen und finanziellen Aufwand von Sondermissionen; verbesserte Telekommunikationsmöglichkeiten bewirken eine Zunahme der Direktkontakte zwischen den außenpolitischen Zentralen. Als Ergebnis vergrößern sich deren unmittelbare Einwirkungsmöglichkeiten. Innerhalb der Zentrale verlagern sie sich aus gleichen Gründen stärker an die Amtsspitze.

Die Gesamtheit dieser Entwicklungen stärkt die von den AV abgekoppelte Sachkompetenz der Zentrale und lockert ihre Abhängigkeit von der Zuarbeit der AV. Sie verschiebt damit die Gewichte zugunsten der Zentrale.

Dem sich andeutenden Rückgang konkreter politisch-operativer Tätigkeiten der AV steht ein Zuwachs ihrer allgemeinen Dienstleistungs-, Repräsentations- und Vermittlungsaufgaben gegenüber:

- Zunehmende internationale Bezüge in Wirtschafts- und Rechtsfragen machen die AV immer stärker zur Anlaufstelle für die Beratung sowohl von eigenen Staatsbürgern als auch von Angehörigen des Gastlandes.
- Mit dem Anstieg des internationalen Tourismus und der zunehmenden Zahl im Ausland ansässiger Staatsbürger verstärkt sich auch der konsularische Dienstleistungsbedarf. Die Zunahme zwischenstaatlicher Wanderungsbewegungen führt zu steigender Inanspruchnahme der AV (Asylproblematik, Sichtvermerke).
- In der zusammenwachsenden Welt wird das politische Gewicht eines Landes nicht nur durch seine wirtschaftliche und militärische Stärke, sondern auch durch gesellschaftliche und kulturelle Standards – auch die der innenpolitischen Konfliktlösung – bestimmt, die im Gastland zu vermitteln sind. Die dadurch erforderlich werdende Verstärkung der werbenden Öffentlichkeitsarbeit der AV muss breit angelegt sein und über die bloße Beeinflussung politischer und bürokratischer Eliten hinausgehen.

Aus der Pluralisierung der Außenpolitik ergeben sich stärkere Koordinierungsfunktionen nicht nur für die Zentrale, sondern auch vor Ort. Ein großer Teil von Entscheidungsträgern mit internationalen Aktivitäten (Bundesländer, Wirtschaftsverbände, Mittlerorganisationen der Kultur- und Entwicklungspolitik, NROs) unterhält bzw. strebt eine institutionalisierte Präsenz im Ausland an, deren Vielfalt durch die AV integriert und dem Gastland gegenüber so widerspruchsfrei wie möglich vertreten werden muss.

Das Fortschreiten der europäischen Integration wird für die AV in Europa einen Funktionswandel bedeuten. Traditionelle diplomatische Aufgaben werden dort verstärkt europäischen Mittleraufgaben weichen. Wo Europa besonders schnell zusammenwächst (wie z.B. im Wirtschaftsbereich), wird die Geschäftsgrundlage der entsprechenden Arbeitseinheiten neu zu überdenken sein.

Die Herausbildung einer gemeinsamen politischen Identität Europas wird früher oder später die teilweise oder vollständige Zusammenfassung der AV der EG-Mitgliedsländer in solchen (kleineren) Drittländern ermöglichen, denen gegenüber Eigeninteressen relativ gering ausgeprägt sind. Kostenerwägungen werden in die gleiche Richtung wirken.

Das Netz der AV muss flexibel auf neue Prioritäten unserer Außenpolitik reagieren. Gleiches gilt für Zahl und Arbeitsbereiche der an ihnen eingesetzten Mitarbeiter.

III. Auswirkungen auf Hierarchie und Bürokratie

1) Abbau von Hierarchie durch Spezialisierung und Informationstechnik

Die von der Außenpolitik künftig geforderte höhere Reaktionsgeschwindigkeit bleibt nicht ohne Auswirkung auf die Hierarchie im AD. Hierarchie vermindert durch eingebaute Kontrollinstanzen zwar das Risiko einer falschen Entscheidung, führt aber andererseits zu Zeitverlusten.

Die Spezialisierung der außenpolitischen Themen stärkt notwendigerweise die Entscheidungskompetenz des einzelnen Mitarbeiters, der immer mehr Exklusivwissen akkumuliert. Sie schafft wechselseitige Abhängigkeiten, die tendenziell einen kooperativen Arbeitsstil fördern und hierarchische Elemente zurückdrängen.

Die informationstechnische Vernetzung zwischen den Arbeitseinheiten innerhalb der Zentrale sowie zwischen der Zentrale und den AV erhöht die Möglichkeiten zeitgleicher Kommunikation, wodurch noch bestehende hierarchische Strukturen im Informationstransfer durchlöchert werden.

Zusammengenommen werden diese Entwicklungen die Eigenverantwortung des einzelnen Mitarbeiters vergrößern und damit seine Motivation und Leistungsfähigkeit stärken.

2) Flexibilität der Strukturen in der Zentrale

Starre Organisationsstrukturen sind immer auch Reflex einer als stabil und damit als vorhersehbar eingeschätzten Außenwelt. Hiervon kann in Zukunft weniger denn je ausgegangen werden. Bereits in den letzten Jahren war – im Unterschied zu anderen Ressorts – eine Zunahme von Ad-hoc-Aufgaben festzustellen, für deren Bewältigung vorübergehend neue Arbeitseinheiten zu schaffen waren („Task Forces“, Krisenstäbe). Die Referats-/Unterabteilungs-/Abteilungsstruktur in der Zentrale kann nur dann neue Impulse ohne Reibungsverluste aufnehmen und verarbeiten, wenn von der bestehenden Möglichkeit einer an aktuellen „Brennpunkten“ orientierten zeitweiligen elastischen Personalumschichtung häufiger Gebrauch gemacht wird. Gerade dies setzt die Schaffung der seit Jahren geforderten Personalreserve voraus. In diesen Zusammenhang gehört auch der weitere Ausbau der Möglichkeiten, zur Bewältigung von Sonderaufgaben befristet auf Fachleute von außen (z.B. Justiz, Militär, Wirtschaft) zurückzugreifen.

Insgesamt wäre für die Zentrale – analog zu den Inspektionen der AV – das bereits bestehende Verfahren des Monitoring weiter zu verstärken, das die Optimierung des Personaleinsatzes in Bezug auf die außenpolitischen Prioritäten kontrolliert.

3) Rationalisierung der Verfahren

Auch der AD unterliegt – wie die öffentliche Verwaltung insgesamt – angesichts knapper Ressourcen einem chronischen Rationalisierungsdruck. Abbau von Bürokratie, Transparenz und Vereinfachung von Verfahren (z. B. weitere Pauschalisierung im Bereich AD-spezifischer Kosten wie Reise- und Versetzungskosten) senken die „Selbstverwaltungskosten" des AD und setzen sachliche Mittel und Personal für eine „produktivere" Verwendung frei. Dabei sind allerdings haushaltsrechtliche Vorgaben zu beachten (bzw. wäre die Frage zu stellen, inwieweit diese auf moderne Erfordernisse ausgerichtet werden können). Bisher sind weitere Pauschalierungen vom BMF blockiert worden.

Beispiel:

Das bestehende Regelwerk für die finanziellen Ansprüche der Bediensteten (Besoldung, Auslandstrennungsgeld, Schulbeihilfen, Umzugskosten usw.) könnte in einer einzigen, übersichtlichen Broschüre zusammengefasst werden, die eine grundlegende Unterrichtung über alle wesentlichen Fragen ermöglicht.

IV. Ein neues Berufsbild für den Auswärtigen Dienst

Der AD wird durch die künftigen Aufgaben der Außenpolitik sachlich neuartig gefordert werden. Seine Leistungsfähigkeit wird deshalb in Zukunft noch stärker als bisher von der Qualifikation und Motivation seiner Bediensteten abhängen.

Dies hat wichtige Konsequenzen für den Personalbereich:

- Die sich vertiefende thematische Spezialisierung wird die Herausbildung von Spezialisten auf Kosten des bisher vorherrschenden Prinzips des allseitig verwendbaren Generalisten fördern. Die Notwendigkeit, den Beamten vor seiner Spezialisierung möglichst breit an die Aufgaben des AD heranzuführen, bleibt dabei erhalten.
- Die sachlichen Anforderungsprofile der Tätigkeiten in Zentrale und AV werden durch den Strukturwandel der Außenpolitik in Zukunft stärker divergieren als bisher.
- Führungsqualitäten und die Fähigkeit zur Zusammenarbeit im Team werden zunehmend wichtiger; rein intellektuelle Fähigkeiten verlieren an Verwertbarkeit.
- Neue Tätigkeitsbereiche entstehen, wie z. B. der Einsatz bei Beobachter-, Berichterstatter- und Inspektionsmissionen (EG, KSZE, VN, Menschenrechts- und Wahlbeobachtung). Im Hinblick auf die mit diesen Aufgaben verbundenen besonderen Gefährdungspotenziale und auf die vom bisherigen Berufsbild abweichenden Tätigkeitsmerkmale ist die Frage zu beantworten, ob die Ausdehnung dieser Tätigkeiten auf den AD überhaupt wünschenswert sein sollte. Falls dies bejaht wird, sind ggfs. spezifische Vorbereitungs- und Ausbildungsmaßnahmen erforderlich.

Gleichzeitig muss die Attraktivität des von alternierenden In- und Auslandsverwendungen geprägten AD auf dem Arbeitsmarkt gegen eine steigende Zahl finanziell oft interessanterer Berufsalternativen behauptet werden, die neben beruflichen Realisierungschancen für den Ehepartner auch den Vorteil größerer Vorhersehbarkeit haben.

Je höher die Anforderungen an den AD werden und je stärker der gesellschaftliche Wandel die Erwartung des Bediensteten an den AD prägt, umso größer werden seine berechtigten Ansprüche an die Beweglichkeit der Personalpolitik, aber auch an Führungsstil und Betriebskultur:

- Höhere Spezialisierung der Anforderungen erfordert vermehrte Investitionen in Aus- und Fortbildung und deren verstärkte Verlagerung nach außen. Der hierdurch zunehmende zeitweilige Ausfall „produktiver" Bediensteter kann nur durch entsprechende Personalreserven ausgeglichen werden.
- Die Schaffung von Einsatzmöglichkeiten von Bediensteten in anderen Behörden und Organisationen (auch internationale) hat nicht nur Qualifizierungs- und Fortbildungseffekte; sie kann auch die Koordinierungskompetenz des AD gegenüber diesen Stellen stärken und die Bandbreite der vom Mitarbeiter auch in der Perspektive des Ehepartners angestrebten Einsatzmöglichkeiten erweitern. Ein Personalausgleich kann hierbei durch befristete Übernahme von Vertretern dieser Stellen in den AD erfolgen, die die Kohärenz der auswärtigen Interessen zusätzlich stärkt.
- Intensivere Sprachausbildung und gründlichere Vorbereitung auf eine neue Verwendung vermindern die chronischen subjektiven Anlaufprobleme und objektiven Sickerverluste bei Versetzungen. Auch hierfür ist eine größere Personalreserve erforderlich.
- Verminderung der Probleme bei Rückversetzungen in die Zentrale durch Ausbau der entsprechenden Hilfestellungen (Wohnungsfürsorge, Arbeitsmöglichkeiten für Ehepartner usw.).
- Eine größere Verstetigung der Laufbahnplanung über den bisherigen Versetzungsrhythmus hinaus gibt eine klarere Perspektive für die eigene (und familiäre) Lebensplanung und macht damit den AD attraktiver.
- Verstärkung der kooperativen Mitarbeiterführung durch alle Laufbahnen hindurch ist ein entscheidendes Element der Motivation. Der Führungsstil von Vorgesetzten sollte noch stärker als bisher ein wesentliches Beförderungs- und Versetzungskriterium sein.

  Beispiele für Defizite:
  - Die bestehende Aufgabenverteilung unter den verschiedenen Laufbahnen führt zu einer im Vergleich mit anderen Ressorts deutlichen Unterforderung des Gehobenen Dienstes. Dies wirkt sich ungünstig auf dessen Motivation und den Teamgeist im AD insgesamt aus.
  - Im Verhältnis der verschiedenen Laufbahnen untereinander bestehen im außerdienstlichen Bereich an ausländischen Dienstorten gelegentliche Überreste hierarchischen Denkens, die angesichts unserer gesamtgesellschaftlichen Entwicklung überholt sind (Beispiel: Hierarchie im Verhältnis der jeweiligen Ehepartner).
- Modernisierung des äußeren Erscheinungsbildes der Arbeitsumwelt.
  - Das äußere Bild zahlreicher Vertretungen im Ausland (von „Paradepferden" abgesehen) sowie vieler Arbeitseinheiten im Auswärtigen Amt entspricht weder dem Selbstverständnis des Auswärtigen Dienstes noch den Erwartungen der Öffentlichkeit (auch im Gastland), häufig nicht einmal dem eines mittleren Industrieunternehmens (oder eines GTZ-Büros im Ausland).
- Der AD hat im Vergleich zu anderen Ressorts eine erhöhte Fürsorgepflicht gegenüber seinen Bediensteten, die sich aus den Besonderheiten der Auslandsverwendung ergibt. Diese Fürsorgepflicht wird in Zukunft noch weiter zunehmen müssen (steigende Belastungen der Bediensteten durch Unruhen, Bürgerkrieg, Umweltprobleme, mangelnde Versorgung usw. an vielen, insbesondere neuen Dienstorten, besondere Risiken bei Sondereinsätzen wie Beobachtermissionen).

– Der Auswärtige Dienst hat sich traditionell immer auch als Verantwortungselite verstanden. Aus diesem Bewusstsein ist ein hohes Maß an Loyalität und Einsatzbereitschaft erwachsen, wie es in anderen Ministerien nicht immer angetroffen wird. Der im Auswärtigen Dienst vorhandene umfassende Konsens über die grundlegenden Ziele unserer Außenpolitik ist ein Garant für Kontinuität auch bei politischem Wechsel. Dieses Selbstverständnis des AD, zu dem auch ganz wesentlich seine Professionalität (politische Ernennungen als Ausnahme) gehört, sollte bewahrt werden. Es wird sich in Zukunft allerdings weniger denn je von alleine tragen, sondern auch von seiner Anerkennung durch die Gesellschaft und den äußeren Bedingungen, in denen der AD tätig ist, abhängen.

V. Schlussfolgerung

Der AD wird nur mit einer ausreichenden Personalreserve in der Lage sein, den Wandel und die Zunahme seiner Aufgaben zu bewältigen und dabei gleichzeitig auch als Beruf attraktiv zu bleiben. Gegenüber der Öffentlichkeit sollte dieser Zusammenhang nach wie vor weiter aktiv vertreten werden, auch mit dem Hinweis darauf, dass unsere außenpolitische Verantwortung beträchtlich zugenommen hat und der AD das Instrument der Wahrnehmung dieser Verantwortung ist.

[10]Politischer, wirtschaftlicher, technologischer und gesellschaftlicher Wandel werden den Auswärtigen Dienst vor eine Fülle von Herausforderungen stellen, auf die er bereits jetzt Antworten suchen muss.

Der Planungsstab regt deshalb die Gründung einer Arbeitsgruppe aus Abteilung 1, Personalrat und weiteren Arbeitseinheiten[11] des Hauses an, deren Ziel es sein sollte, einen internen Grundkonsens über die Zukunft des AD zu erarbeiten und evtl. ein Kolloquium zu dieser Frage vorzubereiten.

Ein solches Kolloquium[12] mit Fachleuten aus Unternehmensberatung und Wissenschaft[13] böte zudem Gelegenheit, gegenüber der Öffentlichkeit wirksam darzustellen, dass der AD auch organisatorisch in die Zukunft blickt.

Frank Elbe

B 9, ZA-Bd. 178534

10 Beginn der Seite 12 der Vorlage. Vgl. Anm. 2.

11 Dieses Wort wurde von StS Lautenschlager hervorgehoben. Dazu vermerkte er handschriftlich: „Besser: bestimmte, besonders ausgewiesene Personen.“

12 An dieser Stelle vermerkte StS Lautenschlager handschriftlich: „Über die konkrete Zusammensetzung müsste später entschieden werden.“

13 Dieses Wort wurde von StS Lautenschlager hervorgehoben. Dazu Fragezeichen.

246

Vorlage des Vortragenden Legationsrats I. Klasse Ackermann für Bundesminister Kinkel

424-411.10/08 FRA **4. August 1992**[1]

Über Dg 42 i. V.[2], D 4[3] Herrn Staatssekretär[4] Herrn Bundesminister[5]

Betr.: Ausfuhr von Dieselmotoren für den Kampfpanzer Leclerc

Bezug: Schreiben der Deutschen Aerospace AG vom 27. Juli 1992

Anlg.: 2[6]

Zweck der Vorlage: Zustimmung zu IV. und Zeichnung des anliegenden Briefentwurfs

I. 1) Die Deutsche Aerospace AG hat Ihnen mit Schreiben vom 27. Juli 1992 (Anlage 1[7]) „Informationen zum Projekt ‚Motorisierung des Kampfpanzers Leclerc'" übermittelt und gebeten, diese bei der (im BSR) anstehenden Entscheidung zu berücksichtigen.

2) Bei dem Projekt „Motorisierung des Kampfpanzers Leclerc" handelt es sich um die Zulieferung deutscher Triebwerksblöcke durch die MTU Friedrichshafen an das französische Rüstungsunternehmen GIAT zum Einbau in den Kampfpanzer Leclerc (nicht-regierungsamtliche Kooperation).

Die Deutsche Aerospace stellt die Vorgeschichte des Projekts dar und betont, dass Genehmigungsprobleme ursprünglich nicht erwartet wurden, da davon ausgegangen wurde, dass der Einbau in die französischen Panzer einen neuen Warenursprung begründen würde, sodass spätere Ausfuhren des Panzers als französische Exporte gelten würden. Zudem hatte sich GIAT verpflichtet, den Kampfpanzer nicht nach Iran, Irak, Libyen, Myanmar, Südafrika und Syrien zu exportieren.

MTU beabsichtigt nun, Ende 1992/Anfang 1993 fünf Triebwerksblöcke zur Erprobung an die GIAT zu liefern, die ihrerseits plant, zwei der Kampfpanzer vorübergehend in die Vereinigten Arabischen Emirate zu Demonstrationszwecken zu verbringen.

3) Eine Entscheidung der Bundesregierung über diese geplante vorübergehende Ausfuhr steht an, und die Deutsche Aerospace bittet darum, Folgendes zu berücksichtigen:

- Das Projekt eröffne die Chance für die Realisierung eines gemeinsamen europäischen Triebwerksblocks und für eine Standardisierung des Antriebs künftiger gepanzerter Fahrzeuge. Diesen Aspekt werte das BMVg sehr positiv.

1 Die Vorlage wurde von LRinI Dettmann konzipiert.

2 Hat in Vertretung des MDg Schönfelder VLRI Ackermann am 5. August 1992 erneut vorgelegen.

3 Hat MD Dieckmann am 6. August 1992 vorgelegen.

4 Hat StS Lautenschlager am 11. August 1992 vorgelegen.

5 Hat BM Kinkel am 13. August 1992 vorgelegen.

6 Vgl. Anm. 7 und 16.

7 Dem Vorgang beigefügt. Für das Schreiben des Vorstandsmitglieds der DASA, Dersch, an BM Kinkel vgl. B 70, ZA-Bd. 341021.

- Eine Ablehnung des Vorhabens (von der Deutschen Aerospace als „long arm policy" charakterisiert) würde die deutsche Kooperationsfähigkeit mit NATO-Staaten und insbesondere mit Frankreich im Bereich der Rüstungszusammenarbeit langfristig auf das Schwerste schädigen.

II. Der Hintergrund des Falls stellt sich wie folgt dar:

1) Der Bundessicherheitsrat hat in seiner Sitzung am 28. Januar 1992 entschieden, der Lieferung von Motoren und Getrieben für den Kampfpanzer Leclerc zuzustimmen, soweit sichergestellt ist, dass die damit ausgerüsteten Panzer im Bereich der NATO bzw. der NATO gleichgestellten Länder verbleiben.

In Übereinstimmung mit diesem Beschluss hat das Auswärtige Amt zu einem Antrag der Firma MTU auf Ausfuhrgenehmigung für Panzermotoren nebst Zubehör und Ersatzteilen nach Frankreich (Endverbleibsland) für Prototypen des Kampfpanzers Leclerc, deren vorübergehende Ausfuhr nach Schweden, Kanada, Saudi-Arabien, Katar und die Vereinigten Arabischen Emirate geplant ist, wie folgt Stellung genommen:

- Keine außenpolitischen Bedenken gegen die Ausfuhr nach Frankreich, dabei Ausschluss einer Präzedenzwirkung für spätere Ausfuhren mit Endverbleib in Drittländern.
- Keine außenpolitischen Bedenken gegen die vorübergehende Ausfuhr nach Schweden und Kanada.
- Erfordernis einer vorherigen Zustimmung der Bundesregierung (also BSR) bei vorübergehender Ausfuhr nach Saudi-Arabien, Katar und die Vereinigten Arabischen Emirate.

2) Das BMWi teilte daraufhin mit, dass aus seiner Sicht eine Befassung des BSR bei der geplanten vorübergehenden Ausfuhr in die genannten Nicht-NATO-Staaten entbehrlich sei. Da das Auswärtige Amt diese Auffassung nicht teilt, wird das federführende BMWi den Bundessicherheitsrat in seiner kommenden Sitzung (vorgesehen für den 1. September 1992) mit der vorübergehenden Ausfuhr der Kampfpanzer Leclerc in den Vereinigten Arabischen Emiraten befassen.[8]

III. 1) Bei der geplanten Zulieferung handelt es sich um sonstige Rüstungsgüter i.S. der Liste A, Teil I der Ausfuhrliste (Anlage AL zur Außenwirtschaftsverordnung[9]).

Das Unternehmen hat damit einen Anspruch auf Erteilung der Genehmigung (§ 3 AWG[10]). Diese kann gemäß § 7 Abs. 1 AWG verweigert werden, um

- die Sicherheit der Bundesrepublik Deutschland zu gewährleisten,
- eine Störung des friedlichen Zusammenlebens der Völker zu verhüten, oder
- zu verhüten, dass die auswärtigen Beziehungen der Bundesrepublik Deutschland erheblich gestört werden.[11]

8 VLR I Ackermann vermerkte am 25. September 1992 zur Vorführung von Kampfpanzern des Typs „Leclerc" in den Vereinigten Arabischen Emiraten als Prototypen für einen möglichen Verkauf, der BSR habe den Fall in seiner Sitzung am 1. September 1992 wegen des Einspruchs von BM Kinkel nicht entschieden. Laut offiziellem Sitzungsprotokoll habe BK Kohl entschieden, das Vorhaben im Umlaufverfahren weiter zu behandeln. Das BMWi beharre auf seiner Position, dass ein Export möglich sei. Vgl. B 70, ZA-Bd. 341021.

9 Für Teil I Abschnitt A (Liste für Waffen, Munition und Rüstungsmaterial) in der Fassung der Siebenundsiebzigsten Verordnung zur Änderung der Ausfuhrliste – Anlage AL zur Außenwirtschaftsverordnung – vom 24. Oktober 1991 vgl. BUNDESANZEIGER, Beilagen, Nr. 222 a vom 30. November 1991, S. 4–16.

10 Für § 3 des AWG vom 28. April 1961 vgl. BGBl. 1961, I, S. 482 f.

11 Für § 7 Absatz 1 des AWG vom 28. April 1961 vgl. BGBl. 1961, I, S. 484.

Die „Politischen Grundsätze der Bundesregierung für den Export von Kriegswaffen und sonstigen Rüstungsgütern" vom 28. April 1982 führen in Ziffer 7 aus, dass Zulieferungen zu privaten Kooperationen in NATO-Ländern grundsätzlich nicht zu beschränken sind.[12] Dies gilt aber nur vorbehaltlich des Prinzips der Einzelfallprüfung, die zu dem Ergebnis führen kann, dass außenpolitische Bedenken einem Exportvorhaben entgegenstehen.

2) Im vorliegenden Fall sollte das Auswärtige Amt Bedenken gegen die Erteilung der von MTU beantragten Ausfuhrgenehmigung aus folgenden Gründen erheben:

- Zwar handelt es sich nicht um Direktlieferungen in die Vereinigten Arabischen Emirate, auch ist nur [an] eine vorübergehende Ausfuhr der französischen Kampfpanzer gedacht. Dies ändert jedoch nichts an der Tatsache, dass hier wesentliche Bestandteile von Kampfpanzern in die Nahost-Region verbracht werden. Der BSR hat in seiner Sitzung vom 24. Januar 1990 festgestellt, dass wesentliche Komponenten eines Panzers ausfuhrrechtlich nicht anders zu behandeln sind als die Panzer selbst. Damit wird sichergestellt, dass die Bestimmungen des Kriegswaffenkontrollgesetzes[13] nicht durch Genehmigungen im AWG-Bereich unterlaufen werden. Die infrage stehenden Motoren sind wesentliche Bestandteile i. S. der BSR-Entscheidung. Die Ausfuhr von Kampfpanzern in den Nahen Osten entspricht nicht dem vom BSR in seiner Sitzung vom 28. Januar 1992 gefassten Beschluss.
- Die von den Staatssekretären derzeit auf Weisung BK erarbeiteten Genehmigungsrichtlinien für Rüstungsexporte in die Nah- und Mittelost-Region stufen Kampfpanzer ebenfalls als nicht genehmigungsfähig ein.
- Die oben zitierte Ziffer 7 der rüstungsexportpolitischen Grundsätze der Bundesregierung dient bündnispolitischen Zwecken. Sie ist nicht für Zulieferungen gedacht, die lediglich Ausfuhren in ein Drittland ermöglichen sollen.
- Die von der Deutschen Aerospace beschworene Kooperationsfähigkeit der deutschen Industrie darf nicht zur Aufgabe der wohlerwogenen Grundsätze der deutschen Rüstungsexportpolitik führen.
- Das daneben von der Deutschen Aerospace vorgebrachte Argument der hohen Bedeutung des Leclerc-Projekts für die europäische Rüstungsindustrie entkräftet die Bedenken des Auswärtigen Amts nicht. Der Aufbau einer Rüstungsindustrie, die nicht ohne Exporte in sensitive Länder der „Dritten Welt" bestehen kann, ist im Übrigen nicht im deutschen Interesse.[14]

IV. Es wird daher um Zustimmung gebeten, dass das Auswärtige Amt seine Bedenken gegen die Erteilung einer Ausfuhrgenehmigung für MTU-Panzermotoren nach Frankreich für den Prototyp des Leclerc-Kampfpanzers, der in den Vereinigten Arabischen Emiraten vorgeführt werden soll, erhebt, über die im BSR zu entscheiden sein wird.

12 Für Ziffer 7 der „Politischen Grundsätze der Bundesregierung für den Export von Kriegswaffen und sonstigen Rüstungsgütern" vom 28. April 1982 vgl. BULLETIN 1982, S. 310. Vgl. auch AAPD 1982, I, Dok. 126.

13 Für das Ausführungsgesetz zu Artikel 26 Absatz 2 GG (Gesetz über die Kontrolle von Kriegswaffen) in der Fassung vom 11. November 1990 vgl. BGBl. 1990, I, S. 2507–2519. Vgl. auch AAPD 1990, II, Dok. 312.

14 Dieser Satz wurde von StS Lautenschlager hervorgehoben. Dazu vermerkte er handschriftlich: „r[ichtig]".

Es wird ferner vorgeschlagen, den in Anlage 2 beigefügten Briefentwurf[15] – der sich einer Aussage zur Sache enthält – an die Deutsche Aerospace AG zu zeichnen.[16]

Referat 203 und D 3[17] haben mitgezeichnet.

Ackermann

B 70, ZA-Bd. 341021

247

Vorlage des Vortragenden Legationsrats I. Klasse Hilger für Bundesminister Kinkel

500-500.34/10 **5. August 1992**[1]

Über Dg 50[2], D 5[3], Herrn Staatssekretär[4] Herrn Bundesminister[5]

Betr.: Internationales Strafgericht;
hier: Bericht der Völkerrechtskommission zum Draft Code of Crimes against the Peace and Security of Mankind vom 17. Juli 1992, hier eingegangen am 28. Juli 1992[6]

Bezug: Vorlage von Referat 500 vom 27.7.1992[7]

Zweck der Vorlage: Zur Unterrichtung und mit der Bitte um Billigung des Vorschlags in Ziff. IV. 2 und 3

15 An dieser Stelle vermerkte StS Lautenschlager handschriftlich: „mit handschriftl[ichen] Änderungen".

16 Dem Vorgang beigefügt. BM Kinkel teilte dem Vorstandsmitglied der DASA, Dersch, am 13. August 1992 zum Exportgenehmigungsantrag mit: „Der eingeleitete Prozess der Meinungsbildung innerhalb der Bundesregierung ist noch nicht abgeschlossen. Ich möchte der abschließenden Entscheidung auch nicht vorgreifen, darf Ihnen aber versichern, dass Sie unverzüglich unterrichtet werden, sobald der Prozess der Meinungsbildung abgeschlossen ist." Vgl. B 70, ZA-Bd. 341021.

17 Reinhard Schlagintweit.

1 Die Vorlage wurde von LR Fitschen konzipiert.

2 Hat MDg Schürmann am 6. August 1992 vorgelegen.

3 Hat MD Eitel am 6. August 1992 vorgelegen.

4 Hat StS Kastrup am 6. August 1992 vorgelegen.

5 Hat BM Kinkel am 7. August 1992 vorgelegen, der handschriftlich vermerkte: „Ja."
Hat OAR Salzwedel am 10. August 1992 vorgelegen, der den Rücklauf über das Büro Staatssekretäre an Referat 500 verfügte.
Hat StS Lautenschlager am 11. August 1992 vorgelegen.
Hat VLR I Hilger am 11. August 1992 erneut vorgelegen, der handschriftlich für LR Fitschen vermerkte: „Bitte verteilen."
Hat Fitschen am 12. August 1992 erneut vorgelegen, der handschriftlich vermerkte: „Erl[edigt]."

6 Für den am 24. Juli 1992 veröffentlichten Bericht (A/CN.4/L.475/Rev. 1) vgl. https://documents-dds-ny.un.org/doc/UNDOC/LTD/G92/624/46/img/G9262446.pdf.

7 VLR Schariorth behandelte die in der Entschließung des Bundestags vom 22. Juli 1992 aufgeworfene Frage, „in welcher Form die zuständigen Organe der VN damit befasst werden können, gemäß der Charta diejenigen Maßnahmen zu ergreifen, die sie für die Verhütung und Bekämpfung von Völkermordhandlungen für geeignet erachten". Hintergrund seien die Gewalthandlungen der serbischen Seite gegen die Bevölkerung in Bosnien-Herzegowina. Schariorth resümierte: „Am ehesten wäre zu denken an

I. Einführung

Die gegenwärtigen Ereignisse im Jugoslawien-Konflikt lassen – wie schon im Fall Saddam Hussein – die Frage eines strafgerichtlichen Verfahrens zur Verfolgung bestimmter internationaler Verbrechen erneut aktuell werden. Eine internationale strafrechtliche Verfolgung der Täter von Verbrechen, wie sie etwa nach der Völkermord-Konvention von 1948[8] vorgesehen und in der Entschließung des Bundestages vom 22.7.[9] sowie in dem Beschluss des SPD-Präsidiums vom 4. August 1992[10] gefordert wird, ist bislang deshalb unmöglich, weil ein internationales Strafgericht nicht existiert. Die Forderung nach einem Internationalen Strafgerichtshof wird daher von uns schon seit Jahren erhoben. Die Völkerrechtskommission der Vereinten Nationen (ILC) untersucht seit einiger Zeit die damit verbundenen Rechtsfragen. Eine Arbeitsgruppe der ILC, die diese während ihrer 44.[11] Tagung vom 4. Mai bis 24. Juli 1992 zu diesem Zweck eingesetzt hat, hat nunmehr in einem Bericht, der am 28. Juli 1992 hier eingegangen ist, unterschiedliche Optionen auf ihre Realisierungsmöglichkeiten hin geprüft und erstmals die konkreten Voraussetzungen benannt, unter denen sie eine entsprechende Vereinbarung für möglich hält.

II. Die Problematik internationaler Strafgerichtsbarkeit in der Arbeit der ILC

1) Die Forderung nach Schaffung eines Internationalen Strafgerichtshofs zielt darauf ab, einen überstaatlichen Mechanismus zur Ergreifung und Aburteilung der Verantwortlichen für bestimmte völkerrechtliche Delikte zu etablieren. In der Sache geht es darum, schwerste völkerrechtliche Delikte, die bislang nur dem Staat als solchem zuzurechnen waren, auch als persönliches Unrecht der dafür Verantwortlichen zu ahnden und diese selbst zur – völkerrechtlichen – Verantwortung zu ziehen. Entsprechende Forderungen werden seit den früheren 50er Jahren diskutiert. In der Praxis sind die Kriegsverbrecherprozesse nach dem Zweiten Weltkrieg – trotz der danach erfolgten Ausarbeitung von „Principles of International Law Recognized in the Charter of the Nürnberg Tribunal and in the Judgement of the Tribunal“[12] – jedoch Einzelfälle geblieben.

Fortsetzung Fußnote von Seite 993

die Intensivierung der bisher ergebnislos von BM Genscher unternommenen Bemühungen zur Errichtung eines Internationalen Strafgerichtshofes. [...] Denkbar wäre daneben ein Vorschlag zur Beschlussfassung der Generalversammlung, wodurch den VN erlaubt würde, Informationen zu sammeln, die später Grundlage für ein Strafverfahren gegen Tatverdächtige sein könnten“. Vgl. B 80, Bd. 1451.

8 Für die Konvention vom 9. Dezember 1948 über die Verhütung und Bestrafung des Völkermordes vgl. BGBl. 1954, II, S. 730–739.

9 Am 22. Juli 1992 brachten die Fraktionen von CDU/CSU und FDP einen Entschließungsantrag ein zur „Lage und Entwicklung im ehemaligen Jugoslawien und Entscheidung der Bundesregierung über die Beteiligung der Bundeswehr an Überwachungsmaßnahmen von WEU und NATO zur Unterstützung der VN-Resolutionen 713 und 757“. Vgl. BT DRUCKSACHEN, Nr. 12/3073.
Der Antrag wurde am selben Tag angenommen. Vgl. BT STENOGRAPHISCHE BERICHTE, 12. WP, 101. Sitzung, S. 8655.

10 Im Beschluss hieß es, die serbische Seite praktiziere im Kriegsgebiet eine Politik der „ethnischen Säuberungen“: „Diese Gewalthandlungen erfüllen den Tatbestand des versuchten Völkermords nach der UNO-Konvention vom 9. Dezember 1948. Wir fordern daher die Bundesregierung auf, gegenüber dem UNO-Generalsekretär und dem Sicherheitsrat entsprechend tätig zu werden, damit Schritte zur Strafverfolgung gem[äß] der Völkermord-Konvention eingeleitet werden.“ Vgl. B 80, Bd. 1451.

11 Durchgehend korrigiert aus: „43.“

12 Für die „Principles of International Law Recognized in the Charter and the Judgement of the Nürnberg Tribunal“ vom 29. Juli 1950 vgl. YEARBOOK OF THE INTERNATIONAL LAW COMMISSION 1950, II, S. 191–195.

2) Die Völkerrechtskommission der Vereinten Nationen arbeitet seit 1982 an dem „Draft Code of Crimes against the Peace and Security of Mankind“, der sowohl die materiellen Straftatbestände von Verbrechen gegen die Menschheit als auch einen Mechanismus zur Durchsetzung dieser Strafnormen enthalten soll. Die Erarbeitung materieller Straftatbestände ist inzwischen in erster Lesung abgeschlossen und liegt den Staaten zur Stellungnahme bis zum 1.1.1993 vor.

Vorarbeiten für die Schaffung eines internationalen Strafmechanismus wurden 1989 auf Anregung der Generalversammlung wiederaufgenommen. Nachdem der Sonderberichterstatter der ILC in mehreren Berichten konzeptionelle Vorfragen untersucht hatte, beauftragte die Generalversammlung die ILC in Resolution 46/54 vom 9.12.1991[13], die Frage einer internationalen Strafgerichtsbarkeit weiter zu untersuchen und die Generalversammlung zu unterrichten.

3) Die ILC hat in diesem Auftrag noch kein konkretes Mandat für die Ausarbeitung der Rechtsgrundlagen eines Strafmechanismus gesehen. Sie hat auf ihrer 44. Tagung 1992 eine Arbeitsgruppe eingesetzt, die nochmals die grundsätzliche Problematik diskutiert hat. Mitglieder der Arbeitsgruppe (AG) waren u.a. die ILC-Mitglieder Crawford (Australien), Pellet (Frankreich), Rosenstock (USA), Wereschetin (Russland), Arangio-Ruiz (Italien), Mikulka (ČSFR) und Prof. Tomuschat. Die Arbeitsgruppe kommt in ihrem Bericht zu dem Ergebnis, dass – unter bestimmten, in dem Bericht aufgeführten Bedingungen – die Schaffung eines internationalen Strafgerichts rechtlich möglich ist. Bevor die ILC die Arbeit daran aufnehmen könne, bedürfe es jedoch eines klaren politischen Auftrags hierzu durch die Generalversammlung.

III. Die Empfehlungen der ILC im Einzelnen

1) Die AG hat verschiedene Modelle möglicher Mechanismen diskutiert, wobei mehrere Mitglieder zunächst starke Zweifel daran äußerten, ob ein internationaler Strafmechanismus überhaupt rechtlich realisierbar sei. Denkbare und von der AG untersuchte Varianten reichen von der bloßen Beobachtung der weiter den nationalen Gerichten überlassenen Strafverfahren bis hin zu einem zwingenden Gerichtshof mit ausschließlicher Kompetenz zur Verfolgung bestimmter Straftaten.

2) Ausgehend von der Beobachtung, dass der Hauptmangel des gegenwärtigen Systems darin liege, dass es gerade bei Verbrechen, hinter denen in der einen oder anderen Weise der Staat selbst steht, meist gar nicht erst zu einem Strafverfahren vor nationalen Gerichten kommt, wurde die erste Variante als nicht ausreichend verworfen. Auch die am oberen Ende der Möglichkeiten angesiedelte zweite Variante wurde angesichts der großen Bedenken vieler Staaten von vornherein als nicht realisierbar eingeschätzt.

3) Für möglich hält die Arbeitsgruppe – zumindest in der Anfangsphase – nur einen Mechanismus, der nicht über die folgenden Strukturelemente hinausgeht:

a) Die Schaffung eines Gerichtes kann nur durch einen völkerrechtlichen Vertrag erfolgen, dem die Staaten, die seine Gerichtsbarkeit anerkennen wollen, beitreten müssen.

13 Korrigiert aus: „27.1.1992“.
Für die Resolution Nr. 46/54 der VN-Generalversammlung vom 9. Dezember 1991 vgl. RESOLUTIONS AND DECISIONS, GENERAL ASSEMBLY, 46th session, S. 286 f.

b) Das Gericht sollte nicht unter Verdrängung evtl. Gerichtsbarkeit nationaler Gerichte ausschließlich, sondern nur zusätzlich zuständig sein.

c) Die Zuständigkeit des Gerichts sollte sich auf Verbrechen internationalen Charakters beschränken, die in geltenden völkerrechtlichen Verträgen niedergelegt sind (das schließt z.B. die Völkermord-Konvention und die Genfer Konventionen über das Kriegsrecht[14] ein); sie sollte die Tatbestände des geplanten „Kodex der Verbrechen gegen die Menschheit" umfassen, aber nicht auf diese beschränkt sein.

d) Die Zuständigkeit des Gerichts sollte sich auf die Verfolgung einzelner Privatpersonen beschränken – also keine Verfolgung von Staaten oder Regierungen als solchen.

e) Das Gericht sollte vorerst nicht als stehende Einrichtung errichtet werden, sondern als etablierter Mechanismus, der bei Bedarf ad hoc aktiviert werden kann.

f) Das Verfahren muss alle rechtsstaatlichen Verfahrensgarantien zum Schutze der Angeklagten (Unabhängigkeit des Gerichts, Beweiserhebung, Recht auf Gehör/kein Verfahren in Abwesenheit des Angeklagten etc.).[15]

4) Die weiteren technischen Einzelheiten, denen die AG längere Diskussionen gewidmet hat, können hier vorerst außer Betracht bleiben. Eine Struktur des Gerichts entlang dieser Leitgedanken hält die AG für rechtlich möglich. Darüber hinausgehende Forderungen hält sie auf internationaler Ebene nicht für realisierbar.

IV. Wertung und Schlussfolgerungen

1) Die klaren Aussagen der Arbeitsgruppe zu den Bedingungen, unter denen die Erarbeitung eines völkerrechtlichen Instruments über die Errichtung eines internationalen Strafgerichts rechtlich möglich erscheine, sind ein deutlicher Fortschritt in der seit Jahren äußerst zäh verlaufenden Diskussion. Angesichts der großen Skepsis auch aufseiten der USA ist es wichtig, dass die Feststellungen von dem amerikanischen ILC-Mitglied mitgetragen werden. Angesichts dieser Situation sowie im Hinblick auf das große Ansehen und die alle Staaten einbeziehende Arbeitsweise der ILC hält es Referat 500 für ausgeschlossen, dass irgendein anderes Verfahren – außerhalb der ILC oder über das von der Arbeitsgruppe Empfohlene hinausgehend – die geringste Chance auf Realisierung hätte.

2) Unsere seit vielen Jahren vorgetragene abstrakte Forderung nach Schaffung eines Strafgerichtshofs sollte daher jetzt die Vorschläge der ILC aufgreifen. Damit würde auch der Entschließung des Bundestages vom 22.7.1992 entsprochen. Um das Projekt aus der Vorprüfungsphase zu führen, ist es entscheidend, die Generalversammlung zur Erteilung des von der ILC verlangten konkreten Auftrags zur Ausarbeitung eines Statuts zu bewegen.

Hierfür wäre es wichtig, eine geschlossene Haltung der Zwölf herbeizuführen. Zu beachten ist jedoch, dass grundsätzliche Bedenken auch noch im Kreis der westlichen Partner bestehen. Deren Unterstützung wäre am ehesten dann zu erreichen, wenn wir nicht ver-

14 Für die Genfer Abkommen vom 12. August 1949 zur Verbesserung des Loses der Verwundeten und Kranken der Streitkräfte im Felde, zur Verbesserung des Loses der Verwundeten, Kranken und Schiffbrüchigen der Streitkräfte zur See, über die Behandlung der Kriegsgefangenen sowie zum Schutze von Zivilpersonen in Kriegszeiten vgl. BGBl. 1954, II, S. 783–986.
Für die am 8. Juni 1977 verabschiedeten Zusatzprotokolle einschließlich der dazu abgegebenen Erklärungen und Vorbehalte vgl. BGBl. 1990, II, S. 1551–1649. Vgl. ferner AAPD 1990, II, Dok. 377.

15 Unvollständiger Satz in der Vorlage.

suchen, die Zwölf bereits jetzt politisch auf unser Endziel der Errichtung eines Strafgerichtshofs festzulegen, sondern zunächst allein darauf hinwirken, dass die ILC einen entsprechenden Arbeitsauftrag bekommt. Die Arbeitsphase der ILC wird wegen der komplexen rechtlichen Probleme realistischerweise mit mehreren Jahren zu veranschlagen sein.

3) Sollte es gelingen, dass die Präsidentschaft[16] bereits in der Generalversammlung im Namen der Zwölf ein Votum für die Beauftragung der ILC abgeben kann, könnten Sie dies in Ihrer Rede vor der Generalversammlung[17] unterstützen. Eine solche direkte Unterstützung für die Arbeit der ILC würde auch die Position von Prof. Tomuschat stärken, der in diesem Jahr den Vorsitz der Kommission innehat. In jedem Falle würde unsere Stellungnahme im Rechtsausschuss der Generalversammlung zum Jahresbericht der ILC unser Anliegen aufgreifen.

Dg 23[18] und Referat 511 haben mitgezeichnet.[19]

Hilger

B 80, Bd. 1396

248

Vorlage der Vortragenden Legationsrätin I. Klasse Gräfin Strachwitz für Bundesminister Kinkel

322-320.10 SOM **6. August 1992**[1]

Über Herrn D 3[2], Herrn Staatssekretär[3] Herrn Bundesminister[4]

Betr.: Hilfe der Bundesregierung für Somalia;
hier: politische Lagebewertung

Bezug: Ihre Weisung auf Vorlage vom 3. August 1992 – 301-350.90 SOM[5]

16 Vom 1. Juli bis 31. Dezember 1992 hatte Großbritannien die EG-Ratspräsidentschaft inne.

17 Für die Rede des BM Kinkel am 23. September 1992 vor der VN-Generalversammlung in New York vgl. BULLETIN 1992, S. 949–953.

18 Wolf-Dietrich Schilling.

19 Abschnitt IV wurde von BM Kinkel hervorgehoben. Dazu Häkchen.

1 Die Vorlage wurde von VLR Bolewski konzipiert.

2 Hat MD Schlagintweit am 7. August 1992 vorgelegen.

3 Hat StS Lautenschlager am 10. August 1992 vorgelegen.

4 Hat BM Kinkel am 11. August 1991 vorgelegen.
Hat OAR Salzwedel am 13. August 1992 vorgelegen, der die Weiterleitung über das Büro Staatssekretäre und MD Schlagintweit an MDg Sulimma verfügte.
Hat in Vertretung von Sulimma VLRin I Gräfin Strachwitz erneut vorgelegen, die die Weiterleitung an VLR Bolewski verfügte und handschriftlich vermerkte: „B[itte] zu V[or]g[ang].“

5 Auf der Vorlage des VLR Freiherr von Stenglin zum Stand der humanitären Hilfe der Bundesrepublik für Somalia vermerkte BM Kinkel am folgenden Tag handschriftlich: „1) Erb[itte] neuen Bericht unserer Botschaft (besetzt?) mit polit[ischer] Lagebewertung. 2) Was könnte man denn zusätzlich tun? Das ist ein schreckliches Elend. Man kann die Menschen doch nicht einfach so sterben lassen.“ Vgl. B 34, ZA-Bd. 153656.

Anlg.: 1[6]

Zweck der Vorlage: Zur Unterrichtung und mit der Bitte um Billigung der vorgeschlagenen Haltung.[7]

1) Nach dem Sturz des Diktators Siad Barre im Januar 1991 droht Somalia trotz ethnischer, religiöser und sprachlicher Homogenität seiner Bevölkerung in Bürgerkrieg, Anarchie und Chaos zu versinken. Das Land am Horn von Afrika ist der Selbstauflösung und einer unvorstellbaren Verwüstung anheimgefallen. Unsere Botschaft in Mogadischu musste (wie die Botschaften aller anderen Staaten) wegen der unmittelbaren Gefahr für Leib und Leben der Botschaftsangehörigen geschlossen werden (für ergänzende Informationen siehe Sachstand als Anlage[8]).

In Somalia gibt es keine effektive Regierung mehr. Eine Vielzahl politischer Gruppierungen, Familienclans und Banden beherrscht das Land. Ihre gewaltsamen Machtkämpfe tragen sie mit großer Grausamkeit aus. Angesichts der erheblichen, überwiegend aus früheren sowjetischen und amerikanischen Lieferungen stammenden Waffenbestände in Somalia und in der Region zeigt das am 23.1.1992 verhängte VN-Waffenembargo[9] keine Wirkung.

Opfer der allgegenwärtigen Gewalt ist die somalische Bevölkerung. Nach Angaben der Vereinten Nationen sind 1,5 Mio. Menschen unmittelbar vom Hungertod bedroht, weitere 3,5 Mio. Menschen befinden sich in akuter Notlage.

Alle Bemühungen der internationalen Gebergemeinschaft, die Not durch großzügige Lieferungen von Nahrungsmitteln und anderen Hilfsgütern zu lindern, scheiterten immer wieder an der Gewalt, von der auch Hilfstransporte nicht verschont werden. Wiederholt mussten die internationalen Hilfsorganisationen ihre Aktivitäten einstellen, weil die Helfer vor Ort in Lebensgefahr gerieten. Mehrere Mitarbeiter von Hilfsorganisationen wurden getötet.

Nur wenn es bald gelingt, wenigstens die Versorgungswege für die Hilfsgüter zu sichern, wird es möglich sein, die Bevölkerung Somalias vor dem Hungertod zu retten. Nachdem zahlreiche bilaterale und regionale Vermittlungsbemühungen gescheitert sind, richten sich jetzt alle Hoffnungen auf den Erfolg der Friedensmission der Vereinten Nationen.

Der VN-Sicherheitsrat hat in mehreren Resolutionen eine VN-Friedensmission für Somalia (UNOSOM) beschlossen.[10] Dazu gehören Bemühungen um Waffenstillstand (inklusive

6 Vgl. Anm. 8.

7 An dieser Stelle vermerkte StS Lautenschlager handschriftlich: „Ziffer 2 Seite 3." Vgl. Anm. 12.

8 Dem Vorgang beigefügt. Für den Sachstand des Referats 322 vom 6. August 1992 zur Lage in Somalia vgl. B 34, ZA-Bd. 153656.

9 Vgl. die Resolution Nr. 733 des VN-Sicherheitsrats; RESOLUTIONS AND DECISIONS 1992, S. 55 f.

10 Referat 322 vermerkte am 6. August 1992, der VN-Sicherheitsrat habe mit Resolution Nr. 751 vom 24. April 1992 die Einrichtung einer VN-Friedensmission für Somalia beschlossen: „Entsendung einer 50 Mann starken unbewaffneten Waffenstillstandsbeobachtergruppe nach Mogadischu (inzwischen eingetroffen). Grundsätzliche Einigung über baldmöglichen Einsatz von einem 500 Mann starken bewaffneten Militärbataillon zur Sicherung von Hilfsmaßnahmen." Mit Resolution Nr. 767 des Sicherheitsrats vom 27. Juli 1992 sei beschlossen worden: „Einteilung Somalias in vier Operationszonen zur Erfüllung der UNOSOM-Aufgaben (humanitäre Hilfe, Waffenstillstandsüberwachung, Entwaffnung, Friedensstiftung); Aufruf an alle somalischen Konfliktparteien, bei der Stationierung von VN-Sicherheitspersonal zu kooperieren [...]; Entsendung eines technischen Teams zur Prüfung der Durchführbarkeit der VN-Hilfsaktionen; Einrichtung einer Luftbrücke zur Versorgung der Bevölkerung." Vgl. B 34, ZA-Bd. 153656.
Für die Resolutionen Nr. 751 und 767 vgl. RESOLUTIONS AND DECISIONS 1992, S. 57 f. und S. 59 f. Für den deutschen Wortlaut von Resolution Nr. 767 vgl. EUROPA-ARCHIV 1993, D 182–184.

Entsendung von fünfzig unbewaffneten VN-Beobachtern) und humanitäre Hilfe. Auch diese Initiativen wurden bisher durch die „Warlords" behindert bzw. unmöglich gemacht.

Die vom Sicherheitsrat im April 1992 prinzipiell beschlossene Entsendung von 500 bewaffneten VN-Militärs zur Sicherung von Hilfsmaßnahmen stieß zunächst auf eine zögerliche Haltung der USA. Erst das persönliche Engagement des VN-GS Boutros-Ghali für Somalia und der von ihm erhobene Vorwurf des Eurozentrismus des Sicherheitsrats (angebliches Überengagement im früheren Jugoslawien als „Krieg der Reichen") haben die Bereitschaft der amerikanischen Regierung zum Einlenken in der Frage eines Engagements der Vereinten Nationen zum Schutz der humanitären Lieferungen in Somalia gefördert.

Die Wirksamkeit umfassender Hilfsmaßnahmen in Somalia hängt wegen der katastrophalen Sicherheitslage und der allgemeinen Plünderungsgefahr von der Realisierung des VN-SR-Grundsatzbeschlusses vom 24. April 1992 über die Entsendung von VN-Sicherheitspersonal ab, das den Transport und die Verteilung der Hilfsgüter schützen soll. Zu den prioritären Aufgaben dieser VN-Mission soll auch die Durchführung eines landesweiten Nahrungs- und Entwaffnungsplans („Arms for Food") gehören.

Angesichts der bisherigen Nichteinhaltung des Waffenstillstands durch die Konfliktparteien ist mit ihrer Kooperation bei den VN-Hilfsaktionen nicht zu rechnen. Daher müsste ein von Sicherheitskräften geschütztes humanitäres Engagement der VN auch ohne bzw. gegen den Willen der Konfliktparteien erfolgen. Wir sollten ein solches Engagement der VN in Somalia politisch und im Rahmen des Möglichen finanziell unterstützen und zu den VN- und IKRK-Hilfsprogrammen für Somalia beitragen. Die Aktivitäten deutscher Hilfsorganisationen in Somalia sollten wir nach Kräften fördern.

In die Bemühungen der Vereinten Nationen für Somalia sollten verstärkt die wohlhabenden arabischen Länder eingebunden werden. Sie tragen auch nach Auffassung des VN-Generalsekretärs als Regionalstaaten besondere Verantwortung für das Schicksal Somalias, das Mitglied der Arabischen Liga und der Organisation für die Islamische Konferenz ist.

2) Referat 301 bereitet eine Vorlage zu den Möglichkeiten eines verstärkten finanziellen deutschen Engagements für Hilfsaktionen in Somalia vor.[11] Zu diesem Zweck hat das Auswärtige Amt für den 13. August 1992 eine Besprechung mit den zuständigen Ressorts und den in Somalia engagierten deutschen Nicht-Regierungsorganisationen sowie dem IKRK einberufen.[12]

Dg 31[13] sowie die Referate 301 und 230 haben mitgezeichnet.[14]

Strachwitz

B 34, ZA-Bd. 153656

11 Referat 301 vermerkte am 11. August 1992: „Dem Auswärtigen Amt stehen bis Ende 1992 weltweit nur noch 8 Mio. DM für humanitäre Hilfe zur Verfügung. Umfangreiche deutsche Hilfsmaßnahmen in Somalia sind nur bei Bewilligung zusätzlicher Mittel möglich." Vgl. B 34, ZA-Bd. 153656.

12 Die Wörter „verstärkten finanziellen deutschen Engagements" und „13. August" wurden von StS Lautenschlager hervorgehoben. Dazu vermerkte er handschriftlich: „In heutiger Dir[ektoren]b[e]spr[echung] besprochen. Je nach Ausgang der Bspr. soll Ihnen ggf. ein Brief an BM Waigel zur Erlangung zusätzl[icher] Mittel vorgeschlagen werden." Vgl. Anm. 7.

13 Herwig Bartels.

14 Referat 301 vermerkte am 4. September 1992: „Auf Antrag von BM Kinkel in der Kabinettsitzung vom 12.8.1992 ist vom BMF am 26.8.1992 eine Erhöhung der humanitären Hilfe für Somalia um 20 Mio. DM zugesagt worden. Zwei Transall-Flugzeuge der Bundeswehr sind am 21.8.1992 nach Mombasa entsandt

249

Drahtbericht des Botschafters von der Gablentz, Tel Aviv

VS-NfD **Aufgabe: 6. August 1992, 15.11 Uhr**[1]
Fernschreiben Nr. 823 **Ankunft: 6. August 1992, 15.05 Uhr**

Betr.: Deutsch-jüdisches Verhältnis zu den USA;
hier: Frage der Einbeziehung der israelischen Seite[2]

Bezug: DB 554 vom 13.6.1991[3] und DB 195 vom 18.2.1992[4] – Pol 320.15/23 VS-NfD Plurez 8203 vom 29.7.92 – 204-320.15 USA[5] und 8421 vom 4.8.92 – 204-320.15 USA 126/92 VS-v[6]

Auf Weisung

Trotz des erfreulichen Klimawechsels im deutsch-israelischen Verhältnis seit den Wahlen vom 23. Juni 1992[7], der sich auch in einer deutlichen Entspannung bei den schwierigen

Fortsetzung Fußnote von Seite 999
worden, um von dort aus Hilfsgüter nach Somalia zu fliegen. Die Kosten für einen zwölfwöchigen Einsatz der Maschinen betragen 7,2 Mio. DM." Vgl. B 34, ZA-Bd. 153656.

1 Hat VLR I Wagner am 6. August 1992 vorgelegen, der die Weiterleitung u. a. an VLR Freiherr von Kittlitz „n[ach] R[ückkehr]" verfügte.
Hat Kittlitz am 18. August 1992 vorgelegen, der handschriftlich vermerkte: „Ein vorzüglicher und überzeugender Bericht. Fazit: Wir sollten nicht versuchen, die Kreise des Holocaust-Museums in Washington zu stören."

2 Zum Vorschlag des Botschafters Ruhfus, Washington, vgl. Dok. 244.

3 Botschafter von der Gablentz, Tel Aviv, teilte mit, er müsse „zu größter Vorsicht raten gegenüber jedem Versuch, israelische Regierung in Bemühungen um Verbesserungen des deutsch-jüdischen Verhältnisses in den USA einzuschalten. Jeder Eindruck eines konzertierten Vorgehens Deutscher mit Organisationen jüdischer Diaspora in den USA sollte vermieden werden, da er die Gefahr birgt, dass amerikanische Diaspora und Deutschland dann systematisch von den Israelis auseinanderdividiert werden." Vgl. AV Neues Amt, Bd. 25998.

4 Botschafter von der Gablentz, Tel Aviv, berichtete: „In der gegenwärtigen komplizierten psychologischen Lage im deutsch-israelischen Verhältnis sowie im Verhältnis der Israelis zur amerikanischen Diaspora rege ich an, die Frage einer behutsamen Normalisierung des deutsch-israelischen Sonderverhältnisses mit dem Armonk Institute zu besprechen, es aber nicht zu ermutigen, in diesem Sinne gegenüber den Israelis tätig zu werden." Vgl. AV Neues Amt, Bd. 25998.

5 Botschafter Ruhfus, z. Z. Bonn, teilte mit, er habe am 21. Juli 1992 ein Gespräch mit Vertretern des Armonk Institute geführt. Als Fazit hielt er fest, die Bundesregierung werde sich weiterhin mit Nachdruck bemühen müssen, die großen jüdischen Organisationen in den USA davon zu überzeugen, „dass die Erfüllung unserer Anliegen langfristig auch in ihrem eigenen Interesse liegt. Hierfür wäre es aus hiesiger Sicht von allererster Bedeutung, wenn wir die israelische Regierung dafür gewinnen, dass sie den dichten Stand der deutsch-israelischen Beziehungen und das hohe Niveau der deutschen Leistungen für Israel nicht nur in D, sondern auch für die übrige Welt, einschließlich der USA, unüberhörbar zum Ausdruck bringt." Vgl. AV Neues Amt, Bd. 25998.

6 VLR I Wagner bat die Botschaft in Tel Aviv um Stellungnahme zur Frage der Einbeziehung der israelischen Seite bei der Darstellung der deutsch-israelischen Beziehungen im künftigen Holocaust-Museum bzw. zur Frage, ob „entsprechendes israelisches Einwirken" auf den United States Holocaust Memorial Council in Washington nahezulegen sei. Vgl. B 130, VS-Bd. 13046 (221), bzw. B 150, Aktenkopien 1992.

7 Zu den Parlamentswahlen am 23. Juni 1992 in Israel vgl. Dok. 201, Anm. 21.
Die neue Regierung unter MP Rabin trat ihr Amt am 13. Juli 1992 an.

vergangenheitsbezogenen Themen niederschlägt, muss ich aus hiesiger Sicht davon abraten, die Israelis in unsere Bemühungen um ein besseres Deutschlandbild bei den amerikanischen Juden oder gar zur Beeinflussung des „Holocaust Memorial Council" einzubeziehen. Zur Begründung verweise ich auf folgende Probleme:

1) Ich teile einen großen Teil der Überlegungen der Botschaft Washington und des Armonk Instituts. Auch in Israel haben wir inzwischen eine Dichte der Zusammenarbeit und auch einen Grad des gegenseitigen Vertrauens erreicht, der – jedenfalls mit einem Teil der betroffenen Israelis und Institutionen – einen Dialog über „die Zukunft der Vergangenheit" möglich macht. Der Dialog wird von uns mit großer Offenheit und ohne falsche Scheu geführt, wenn auch natürlich mit Rücksicht auf die persönlichen Gefühle der Betroffenen. Mit den meisten Gesprächspartnern besteht volle Übereinkunft, dass der Holocaust nicht das Ende der Geschichte ist und das Verhältnis zur Vergangenheit in einer Weise definiert werden muss, die weder die künftige Entwicklung Deutschlands noch Israels noch das Verhältnis zwischen Israelis und Deutschen stagnieren lässt. Aber dahinter steht ein ungemein komplexes Bündel von kollektiven und individuellen Erfahrungen, von israelischem Nationalgefühl und jüdischer Identitätswahrung, von politischem Kalkül und tiefen Emotionen, die auch das Denken und Fühlen der Enkel-Generation noch bestimmen. Bemühungen einer israelischen Regierung um Verbesserung des Deutschlandbildes der amerikanischen Juden, die natürlich nicht verborgen bleiben würden, würden hierzulande diejenigen Kräfte neu beleben, die an einer Mythologisierung des Holocaust zur Identitätsstiftung Israels interessiert sind. Gerade die Kräfte wollen[8] aber die jetzige Regierung und die sie tragenden politischen Kräfte in der Knesset vorsichtig zurückdrängen.

2) Jede Bemühung, die israelische Regierung für ein besseres Deutschlandbild der amerikanischen Juden zu gewinnen, ist aus hiesiger Sicht auch wegen des spannungsreichen Verhältnisses zwischen Israel und den amerikanischen Juden kontraproduzent. In den letzten Jahren zeichnet sich deutlich ein neues Verhältnis zwischen zwei eigenständigen und legitimen jüdischen Lebenswelten ab und nicht mehr das Verhältnis von Stammland und Diaspora. Daraus ergeben sich tiefe Spannungen, die auf beiden Seiten in weiten Kreisen auch das Bedürfnis nach Stärkung der Gemeinsamkeit, die eine Mythologisierung des Holocaust bieten kann, steigen lässt. Jede deutsche Bemühung, die als Einmischung in dieses spannungsreiche Verhältnis interpretiert werden kann (und mit Sicherheit von weiten Kreisen interpretiert wird), kann nur zur stärkeren Betonung von identitätsstiftenden Feindbildern führen.

3) Nach den hiesigen Erfahrungen würde ich auch mit allen Versuchen vorsichtig sein, das Gedenken an den Holocaust mit der Darstellung der neuen deutschen Demokratie zu verbinden. Der Holocaust spielt – auch wenn das von liberalen Juden mit guten Gründen immer wieder scharf kritisiert wird – seit Jahrzehnten eine zentrale Rolle für die in der modernen Welt immer schwieriger werdende Wahrung der Identität des Judentums.[9] Israelis und Juden in aller Welt wollen daher – wie sie glauben um ihres Überlebens Willen – allein und ohne fremde Einflüsse entscheiden, wie das Gedenken an den Holocaust gestaltet wird. Diese Haltung zeigt sich in der Entscheidung des „Holocaust Memorial Council"

8 Korrigiert aus: „will".

9 Der Passus „Nach den … des Judentums" wurde von VLR Freiherr von Kittlitz hervorgehoben. Dazu Ausrufezeichen.

ebenso wie in der Haltung der Juden gegenüber Auschwitz-Gedenkstätten. Bemühungen, Holocaust-Gedenkstätten mit positiven Lehren zu verbinden, die wir erfolgreich daraus gezogen haben, stoßen daher an Grenzen. Sie können als Relativierung der Einzigartigkeit des Holocaust missverstanden werden und rühren damit an das in der modernen Gesellschaft immer gravierender werdende Dilemma: Wahrung jüdische Identität oder Assimilierung.

4) Nach meinen hiesigen Erfahrungen sollten wir uns davor hüten, die gemeinsamen Vorstellungen mit aufgeklärten westlichen jüdischen Kreisen in Amerika auf die sehr viel kompliziertere Gesamtproblematik des Verhältnisses Deutscher und Juden, des Holocaust und der Realitäten des modernen Lebens zu übertragen. Wir haben, wie die Erfahrung zeigt, hervorragende Chancen, durch Tatsachen (Stabilität deutscher Demokratie, konstruktive Rolle Deutschlands bei der politischen und wirtschaftlichen Neuordnung Europas, verständnisvolle und hilfsbereite Partnerschaft mit Israel) zu überzeugen. In der gegenwärtigen israelischen Regierung werden wir voraussichtlich einen besonders aufgeschlossenen Partner finden. Gleichzeitig sollten wir in allen unseren Bemühungen fortfahren, um unser selbst und der Zukunft Willen[10] ein ehrliches Verhältnis zu dem düsteren Kapitel der deutschen Vergangenheit zu suchen und zu erhalten (in Erziehung und Forschung, in der Pflege des jüdischen Erbes in unserer Kultur, in der Politik der besonderen Verantwortlichkeit gegenüber Israel). Wir sollten es aber vermeiden, uns in die schwierigen und oft traumatischen Prozesse einzumischen, in denen die Juden in aller Welt sich bemühen, mit ihrer eigenen besonderen Vergangenheit fertigzuwerden und sie mit den – meist mit ihren Traditionen im Widerspruch stehenden – Realitäten der modernen Welt zu versöhnen. Wir können diese Bemühungen letzten Endes nur mit viel Verständnis und Einfühlungsvermögen begleiten. Ein gutes Beispiel hierfür ist das in den letzten Jahren wesentlich verbesserte Verhältnis zur nationalen jüdischen Gedenkstätte Yad Vashem.

[gez.] Gablentz

B 32, ZA-Bd. 179508

10 Der Passus „um unser ... Zukunft Willen“ wurde von VLR Freiherr von Kittlitz hervorgehoben. Dazu Ausrufezeichen.

250

Vorlage des Vortragenden Legationsrats I. Klasse Lambach und des Botschafters Heinsberg für Staatssekretär Lautenschlager

216-554.01 VS-NfD **14. August 1992**
421-401.01 VS-NfD

Über Dg 21 i. V.[1], Dg 42[2], D 2 i. V.[3], D 4[4] Herrn Staatssekretär[5]

Betr.: Absicht des Herrn Bundeskanzlers, mit BM und BM Waigel nach der Sommerpause über die von Präsident Jelzin aufgeworfene Frage der Behandlung sowjetischer Vermögenswerte an von der WGT genutzten Liegenschaften zu sprechen.

Bezug: Weisung BM vom 4.8.92 auf Schreiben des Bundeskanzleramts vom 31.7.92 (Anlage)

Anlg.: 2[6]

Zweck der Vorlage: Zur Unterrichtung und mit der Bitte um Zustimmung

I. 1) ChBK hat mit Schreiben vom 31.7.1992 (Anlg. 1[7]) mitgeteilt, dass der Bundeskanzler in der Frage der Behandlung sowjetischer Vermögenswerte an den von der WGT genutzten Liegenschaften unmittelbar nach der Sommerpause ein Gespräch mit BM Kinkel und BM Waigel führen möchte.

Präsident Jelzin hatte mit Schreiben an den Bundeskanzler vom 13.5.1992[8] für die Immobilien der Westgruppe der Streitkräfte eine Pauschalzahlung in Höhe von 6 – 8 Mrd. DM vorgeschlagen. ChBK hatte mit Ressortschreiben vom 15.7.1992 mitgeteilt, der Bundeskanzler habe entschieden, den Brief von Präsident Jelzin nicht mehr vor der Sommerpause zu beantworten, und AA, BMF und BMWi aufgefordert, bis Ende August 1992 „Überlegungen

1 Hat in Vertretung des MDg von Studnitz VLR I Lambach am 14. August 1992 erneut vorgelegen.

2 Hat MDg Schönfelder am 17. August 1992 vorgelegen.

3 Hat in Vertretung des MD Chrobog MDg von Studnitz am 17. August 1992 vorgelegen.

4 Hat MD Dieckmann am 17. August 1992 vorgelegen.

5 Hat StS Lautenschlager am 19. August 1992 vorgelegen, der handschriftlich für MD Dieckmann und MDg von Studnitz vermerkte: „Wie b[e]spr[ochen] – bitte zunächst auf Dg-Ebene versuchen, ein gemeinsames Papier mit BMF + ChBK zu formulieren (Beteiligung BMU? BMWi?). Dabei kann diese Aufz[eichnung] mit als Grundlage dienen. Ob u. inwieweit die Transferrubelproblematik mitbehandelt werden sollte, sollte im Ressortgespräch geklärt werden. Abt[ei]l[un]g 5 müsste sich zum letzten Absatz des ChBK-Schreibens vom 15.7. äußern.“ Vgl. Anm. 9.
Hat Studnitz am 19. August 1992 erneut vorgelegen, der den Rücklauf an Referat 216 verfügte.
Hat VLR Achenbach am 28. August 1992 vorgelegen, der die Weiterleitung an VLR I Lambach „n[ach R[ückkehr]“ verfügte und handschriftlich vermerkte: „Meinungsbildung im BMF noch im Fluss. Bislang keine Ressortbespr[echung] anberaumt.“
Hat Lambach am 7. September 1992 erneut vorgelegen.

6 Vgl. Anm. 7 und 9.

7 Dem Vorgang beigefügt. Für das Schreiben des MD Hartmann, Bundeskanzleramt, an StS Kastrup vgl. B 38, ZA-Bd. 184715.
BM Kinkel notierte am 4. August 1992: „Bitte vorbereiten.“ Vgl. B 38, ZA-Bd. 184715.

8 Für das Schreiben des russischen Präsidenten Jelzin an BK Kohl vgl. B 38, ZA-Bd. 184715.

für eine ‚Pauschalregelung' (einschl. Alternativen) zu entwickeln, in die auch andere offene Finanzfragen im Verhältnis zu Russland einbezogen werden sollten (z.B. Transferrubelsaldo). Diese Überlegungen sollten Grundlage für eine politische Entscheidung sein" (Anl. 2[9]).

2) BM hat Weisung erteilt, das Gespräch beim Bundeskanzler vorzubereiten. Nach unseren bisherigen Informationen ist der Meinungsbildungsprozess auf Arbeitsebene im BMF noch im Fluss und wird bei StS Köhler zusammenlaufen. Es wird angeregt, dass Sie in der Angelegenheit mit StS Köhler mit dem Ziel Kontakt aufnehmen, die Vorstellungen des BMF vor dem Gespräch beim Bundeskanzler näher in Erfahrung zu bringen. Der gegenwärtige Stand unserer Überlegungen wird im Folgenden dargelegt:

II.

- Über den Vorschlag von Präsident Jelzin, die Vermögenswerte an der WGT überlassenen Liegenschaften pauschal mit einem Betrag von 6 – 8 Mrd. DM abzugelten, sollte nur im Gesamtzusammenhang bestehender Forderungen entschieden werden.
- Eine Pauschallösung mit einem Netto-Transfer an die russische Seite auf der Basis dieser Vermögenswerte erscheint weder machbar noch zweckmäßig. Erstrebenswert ist eine Null-Lösung.
- Wenn der BMF zusätzliche Leistungen erbringen will (Einzelheiten sind AA bisher nicht bekannt), kann dies sicher dazu beitragen, die russische Regierung bei der Schaffung von Wohnraum für die WGT noch stärker als durch unsere diesbezüglichen bisherigen Leistungen zu entlasten. Als Gegenleistung sollte dann eine Beschleunigung des Abzugs der GUS-Truppen verlangt werden.
- Verhandlungen mit dieser Zielsetzung müssen das zeitliche Element berücksichtigen.

III. 1) Jelzin verlangt 6 – 8 Mrd. DM für die Vermögenswerte an den von der Westgruppe genutzten Liegenschaften. Er fordert eine Pauschallösung mit dem Hinweis, dass die Unterbringung der abzuziehenden Truppen „an Schärfe gewinnt". Jelzin weist darauf hin, dass „wir bei der Ausarbeitung der Programme der Unterbringung und Einrichtung der aus Deutschland abziehenden Truppen auf wesentliche Deviseneinnahmen aus der Veräußerung der Immobilien der Westgruppe der Streitkräfte gezählt haben". Der genannten Summe liegt eine russische Wertschätzung in Höhe von 10,5 Mrd. DM zugrunde, von der dann 2,5 bis 4,5 Mrd. DM als Kompensation für deutsche Forderungen aus Umweltschäden auf den Liegenschaften abgezogen werden.

Im BMF schätzt man die Vermögenswerte auf etwa 10 % des Betrags der russischen Schätzung. Die deutschen Gegenforderungen aus Umweltschäden auf diesen Liegenschaften belaufen sich nach Schätzungen des BMF auf einen Betrag zwischen 25 und 60 Mrd. DM.

Die Verwertung der mit sowjetischen Mitteln errichteten Gebäude und Anlagen (Vermögenswerte) stagniert, weil die russische Seite nicht bereit ist, der in Art. 7 des Überleitungsabkommens vom 9.10.1990 (ÜLA)[10] vereinbarten Verwertung zu Marktbedingungen

9 Dem Vorgang beigefügt. Für das Schreiben des MR Stark, Bundeskanzleramt, an MDg Gerlach, BMWi, MDg Pieske, BMF, und MDg Schönfelder vgl. B 38, ZA-Bd. 184715.
Der letzte Absatz lautete: „Das Auswärtige Amt wird gebeten, vor dem Hintergrund der russischen Forderung im Zusammenhang mit der Verwertung der WGT-Liegenschaften die völkerrechtliche Frage der Rechtsnachfolge der ehemaligen Sowjetunion zu prüfen." Vgl. Anm. 5.

10 Für das Abkommen vom 9. Oktober 1990 zwischen der Bundesrepublik und der UdSSR über einige überleitende Maßnahmen (Überleitungsabkommen) vgl. BGBl. 1990, II, S. 1655–1659. Vgl. ferner AAPD 1990, II, Dok. 334, und DIE EINHEIT, Dok. 156.

zuzustimmen. Russland hält stattdessen an Wertvorstellungen fest, die den Verkehrswert unberücksichtigt lassen. Ebenso erkennt die russische Seite bisher spezifische Schadensersatzforderungen der deutschen Seite nicht an.

Ein Kompromissangebot der deutschen Seite, die Verwertung der Vermögenswerte dadurch in Gang zu setzen, dass zunächst für ein Jahr 50% der Verwertungserlöse der russischen Seite zur freien Verfügung überlassen und die restlichen 50% zur Aufrechnung mit Gegenforderungen zurückbehalten werden, ist russischerseits in der Hoffnung auf eine Pauschallösung bisher nicht akzeptiert worden.

2) Die Transferrubelguthaben der Bundesrepublik Deutschland gegenüber der ehemaligen Sowjetunion, die insbesondere aus der Fortführung des Transferrubelverrechnungsverkehrs im zweiten Halbjahr 1990 entstanden sind, belaufen sich nach neuesten Berechnungen des BMF auf rd. 6,5 Mrd. Transferrubel oder umgerechnet (mit dem internen Umrechnungskoeffizienten 1 Transferrubel = 2,34 DM) rd. 15,3 Mrd. DM (frühere Berechnung: 7,5 Mrd. TR = 17,56 Mrd. DM).

Art. 6 ÜLA sieht vor, dass nach Feststellung des Saldos bis zum 30. Juni 1991 ein Verfahren für dessen Umbewertung in DM oder eine andere konvertible Währung vereinbart wird und anschließend Verhandlungen über eine Schuldenregelung dahingehend beginnen, dass daraus in den kommenden fünf Jahren der sowjetischen Seite keine übermäßigen zusätzlichen finanziellen und wirtschaftlichen Belastungen entstehen, sowie darüber, wie diese Schuld nach Ablauf dieser Frist getilgt wird. Solche Verhandlungen wurden Mitte 1991 geführt. Die Höhe des Saldos in Transferrubeln wurde von der damaligen sowjetischen Seite anerkannt, nicht jedoch dessen Bewertung in DM. Ebenso kam keine Schuldenregelung zustande.

3) Gemäß Art. 1 (3) ÜLA hat die deutsche Seite zur Deckung der Aufwendungen in DM, die die sowjetische Seite im Zusammenhang mit dem Unterhalt ihrer Truppen selbst trägt, einen zinslosen Finanzkredit i. H. v. 3 Mrd. DM geleistet. Die Tilgung der in zwei Tranchen geleisteten Beträge soll nach Ablauf von fünf Jahren seit Inanspruchnahme erfolgen.

Auf der Ebene der WGT wird schon jetzt geltend gemacht, dass die von deutscher Seite eingeräumten Beiträge für den Aufenthalt und Abzug der Truppen wegen der allgemeinen Anhebung des Preisniveaus zu knapp bemessen wurden. Die deutsche Seite hat entsprechende Forderungen zurückgewiesen. Es kann nicht ausgeschlossen werden, dass die russische Seite deshalb und wegen ihrer allgemeinen Finanzlage bei der Tilgung des 3 Mrd.-DM-Kredits Schwierigkeiten machen wird.

4) Was die jeweiligen Forderungen aus dem ÜLA anbelangt, ist die Gesamtlage also so, dass die Bilanzierung dieser Forderungen mit Abstand zugunsten Deutschlands ausfällt. Derzeit muss bei realistischer Einschätzung davon ausgegangen werden, dass unsere Forderungen zumindest aus dem Transferrubelguthaben (Art. 6 ÜLA) und aus Schäden an den Liegenschaften (Art. 7 ÜLA) schwerlich erfüllt werden und schon allein die Frage ist, ob wir mit der russischen Seite Einvernehmen über den Umfang dieser Forderungen und ihre Bewertung in DM erzielen können.

IV. 1) Der Abzug der GUS-Truppen verläuft planmäßig. Bis Ende Juli 1992 waren 50% des Personals und des Materials abgezogen. Die weitere Planung sieht bisher vor, dass in der zweiten Jahreshälfte 1992 weitere 10%, 1993 weitere 30% und 1994 die verbleibenden 10% der Truppen und des Materials abgezogen werden. Es hat Andeutungen aus der WGT gegeben, dass diese ihren Abzug 1993 verringern könnte, sodass sich 1994 der Restabzug erhöhen würde.

Unvorhersehbarkeiten können nicht ausgeschlossen werden; jedoch sollten wir immer davon ausgehen, dass sich die russische Seite an die geschlossenen Verträge, die sie nach dem Untergang der Sowjetunion weiterführt, halten will. Das Problem der Aufrechterhaltung der inneren Stabilität der WGT spricht dafür, dass die Leitung der WGT an einem zügigen Abzug interessiert ist. Das Problem der Wohnungsraumbeschaffung für die heimkehrenden Offiziere und Unteroffiziere läuft dem entgegen. Mit der Zusage der Finanzierung von etwa 36 000 Wohnungen und vier Hausbaukombinaten (7,8 Mrd. DM) hat die deutsche Seite einen entscheidenden Beitrag geleistet.

2) Unser Interesse an einem beschleunigten Abzug der GUS-Truppen liegt auf der Hand. 2+4-Vertrag (parallele deutsche Reduzierungsverpflichtung) und Aufenthalts- und Abzugsvertrag stehen einer Beschleunigung des Abzugs, zumindest einer Verlegung von Ende 1994 auf Anfang 1994, nicht entgegen. Die bisherige russische Abzugsplanung kommt dem entgegen. Die russische Seite spart außerdem Geld, wenn sie früher abzieht, weil die gewährten Beiträge so oder so zu zahlen sind.

3) Die Gesamtplanung für den Abzug im Jahre 1993 wird im Herbst 1992 zwischen der russischen und der deutschen Seite abgestimmt. Änderungen der Abzugsplanung sind danach erfahrungsgemäß schwierig.

V. 1) Falls BMF sich in der Lage sähe, weitere finanzielle Zusagen an die russische Seite zu machen, sollten diese

- nicht in den Zusammenhang mit den Vermögenswerten an Liegenschaften gebracht werden, da unsere Gegenforderungen sehr viel höher sind;
- auch deshalb nicht in diesen Zusammenhang gestellt werden, weil sonst völkerrechtliche Ansprüche anderer GUS-Staaten geltend gemacht werden könnten.

Demgegenüber sollte für die Aufrechnung von Vermögenswerten und Schäden an Liegenschaften eine Null-Lösung angestrebt werden.

2) Die Verwertungsverfahren nach Art. 7 ÜLA sind langwierig und kompliziert. Der Verzicht auf jeweilige Forderungen aus Verwertung der Vermögenswerte und Umweltschäden läge auch im außenpolitischen Interesse. Die Beziehungen würden entlastet. Ansatzmöglichkeiten für den verlängerten Aufenthalt von mit Abwicklungsgeschäften befassten Personenkreisen und damit zusammenhängende Schwierigkeiten (auch sicherheitspolitischer Art) würden entfallen. Möglicherweise hätte eine solche Regelung auch positive Auswirkungen auf die Verhandlungen der baltischen Staaten mit Russland[11]. Demgegenüber würde eine rein politisch zu rechtfertigende Pauschalierung mit Positivsaldo zugunsten Russlands einen Präzedenzfall setzen. Das Verhältnis zu den Alliierten, die ebenfalls über Vermögenswerte mit der Bundesregierung verhandeln[12], würde durch eine Null-Lösung nicht belastet. Deren baldige Herbeiführung könnte vermeiden, dass Russland auf den Alliierten gezahlte Summen hinweist.

3) Wegen der Ungewissheit, ob die Forderungen aus Art. 6 ÜLA (Transferrubel) von der anderen Seite jemals honoriert werden, stellt sich die Frage, inwieweit ein Verzicht auf

[11] Zum Abzug vormals sowjetischer Truppen aus den baltischen Staaten vgl. Dok. 81, Anm. 8. Vgl. auch Dok. 172.

[12] Vgl. die Verhandlungen zur Überprüfung des Zusatzabkommens zum NATO-Truppenstatut; Dok. 276.

diese deutschen Forderungen nicht geeignet wäre, eine Null-Lösung für die Forderungen aus Art. 7 ÜLA (Vermögenswerte) zu erreichen und so die russischen Nachforderungen abzuwehren oder doch auf ein Minimum zu reduzieren. Bei einem Verzicht auf die Transferrubelforderungen ist allerdings zu beachten, dass hierdurch ein Präzedenzfall im Verhältnis zu anderen Staaten geschaffen würde. Allerdings haben wir mit anderen Staaten keine dem Art. 6 ÜLA entsprechende Regelung getroffen. Zur Frage der Transferrubelproblematik insgesamt legt Ref. 422 gesonderte Aufzeichnung vor.[13]

4) Nach hiesiger Einschätzung wird sich Präsident Jelzin auf eine Null-Lösung für die Forderungen aus Art. 7 ÜLA auch bei Verrechnung mit Forderungen aus Art. 6 ÜLA innenpolitisch schwer einlassen können. Das Verteidigungsministerium verlangt zusätzliche Mittel für den Wohnungsbau, die es in den Vermögenswerten an den Liegenschaften sieht. Hinzu kommt, dass es bei einer solchen Lösung kein „frisches Geld" gibt.

Inwieweit der BMF in dieser Perspektive weitere Zusagen, sei es im Zusammenhang mit der Tilgung des 3 Mrd.-DM-Kredits aus Art. 1 (3) ÜLA, sei es durch Einräumung eines zusätzlichen Wohnungsbaukredits, vorsieht, ist hier derzeit nicht bekannt. Überlegungen in dieser Richtung werden im BMF vereinzelt angestellt. Außenpolitische Bedenken gegen weitere Zusagen bestünden nicht.

VI. Bei der insgesamt gleitenden innenpolitischen Entwicklung in Russland wäre es insgesamt außenpolitisch wünschenswert, wenn alle finanziellen Fragen, die sich aus dem ÜLA ergeben, abschließend und, im Falle einer vom BMF beabsichtigten weiteren deutschen Leistung, verbunden mit einer verbindlichen Festlegung des WGT-Abzugs bis Anfang 1994 in den kommenden Monaten geregelt würden.

Die Referate 213 und 422 und 500 haben mitgewirkt und mitgezeichnet.

Die Aufzeichnung hat Botschafter Duisberg vorgelegen.

Lambach Heinsberg

B 38, ZA-Bd. 184715

13 VLR I Runge vermerkte am 13. August 1992: „Die Bundesrepublik Deutschland hat Guthaben in Höhe von rd. 11,8 Mrd. Transferrubeln (TR); diese sind aus Handels- und Zahlungsvereinbarungen der DDR sowie dem lt. Einigungsvertrag bis Ende 1990 fortgeführten Waren- und Dienstleistungsverkehr der neuen Bundesländer mit den ehemaligen RGW-Ländern entstanden." Die Guthaben entsprächen rund 27,6 Mrd. DM: „Das TR-Guthaben hat allenfalls Buch- und Verhandlungswert, sein realer Wert ist – angesichts der geringen Aussichten auf Bedienung dieser Forderungen – marginal. Demnach kann es sich nur darum handeln, unsere Rechtspositionen zu wahren und zu Verhandlungslösungen zu kommen. [...] Wir sollten in keinem Falle drängen. Solange die Verhandlungen mit den Großschuldnern, vorrangig Russland bzw. SU-Nachfolgestaaten, nicht vorankommen, sollten sonstige bilaterale Verhandlungen nicht forciert werden." Vgl. B 52, ZA-Bd. 173941.

251

Drahtbericht des Gesandten Heinichen, Paris

VS-NfD
Fernschreiben Nr. 2018
Citissime

Aufgabe: 14. August 1992, 17.57 Uhr[1]
Ankunft: 14. August 1992, 17.38 Uhr

Betr.: Diskussion über einen militärischen Einsatz in Jugoslawien;
hier: Französische Kritik an Verbündeten, vor allem D

Bezug: DB Nr. 1965 vom 5.8.92 – Pol 321.00 JUG[2]

1) Gesprächspartner im Quai verfolgen mit zunehmender Verstimmung die in Deutschland geführte Diskussion über den Einsatz militärischer Gewalt in Bosnien-Herzegowina. Im Quai hat man zwar Verständnis dafür, dass sich D aus verfassungsrechtlichen und historischen Gründen an militärischen Aktionen nicht mit Personal beteiligen kann. Deutlich verärgert wird uns jedoch vorgehalten, mit welcher Selbstverständlichkeit Politiker und Medien in D erwarten und sogar fordern, dass andere Staaten sich in diesem Konflikt militärisch engagieren. Ein Gesprächspartner im Quai merkte sarkastisch an, „D sei dezidiert für einen Kampfeinsatz – bis zum letzten französischen Soldaten". AM Dumas, der in einem kürzlichen Radio-Interview unterstrichen habe, dass es für ein militärisches Vorgehen „nicht allzu viele Freiwillige" gebe, habe mit seinen kritischen Äußerungen durchaus auch die als anmaßend empfundenen „militärischen" Ratschläge aus Bonn im Blick gehabt. Auch die von General Maurice Schmitt (einer der Kommandeure im Golfkrieg) in einem Zeitungsartikel geäußerte Erwartung, dass sich an einem evtl. Interventionskontingent möglichst viele Nationen beteiligten und „keine sich hinter der Verfassung verbarrikadiere", möge man nicht auf die leichte Schulter nehmen, zumal General Schmitt uns Deutschen ansonsten wohlgesonnen sei.

Gesprächspartner räumte ein, dass von offizieller Bonner Regierungsseite versucht werde, die in D geführte Diskussion in die richtige Richtung zu lenken. Mit besonderer Genugtuung habe man die Äußerung des BK registriert, es sei auf Dauer nicht möglich, dass D sagt: Andere gehen – dort, wo in irgendeinem Teil der Erde etwas Schreckliches sich ereignet, – aktiv in die Gestaltung der Friedenssicherung, und D zahlt in barer DM.

2) Hiesige Gesprächspartner machen auch aus ihrer Verärgerung gegenüber dem zögerlichen Verhalten der US-Regierung, das im deutlichen Gegensatz zu manchen säbelrasselnden Reden stünde, keinen Hehl. Bedauert wird ebenfalls, dass GB – anders als F – nicht bereit scheint, ein stärkeres, auch personelles Engagement einzugehen. Allerdings hat man hier nicht den Eindruck, dass sich britische öffentliche Meinung und Politiker auf Kosten anderer Staaten für einen Kampfeinsatz in Bosnien-Herzegowina stark machen.

1 Der Drahtbericht wurde von BR I Göbel, Paris, konzipiert.
Hat VLR I Libal am 17. August 1992 vorgelegen.

2 Gesandter Ischinger, Paris, berichtete, die französische Jugoslawien-Politik setze auf den „Dialog mit allen in Frage kommenden Parteien". Dies sei für Frankreich „nicht nur politisch ratsam", sondern es sei „angesichts der Verantwortung für die frz. Soldaten vor Ort auch notwendig, jeden denkbaren Gesprächskanal zu nutzen". Vor diesem Hintergrund werde die „Aufrechterhaltung des Gesprächsfadens nicht nur mit den Serben, sondern auch mit der Regierung Panić, vielleicht leichter verständlich". Vgl. B 42, ZA-Bd. 175651.

Frz. Kritik richtet sich wohl in erster Linie gegen die einen Militärschlag befürwortenden dt. Stimmen, von denen sich Paris unter Druck gesetzt fühlt. Verstimmung hierüber ist nicht zuletzt deshalb so groß, weil auch in der innerfranzösischen Diskussion der Ruf nach einer rein militärischen Intervention trotz der ablehnenden Stellungnahme des Präsidenten[3] nicht verstummt.

[gez.] Heinichen

B 42, ZA-Bd. 175651

252

Schriftbericht des Botschaftsrats Schaller, Pjöngjang (Schutzmachtvertretung für deutsche Interessen)

Schriftbericht Nr. 253 **17. August 1992**[1]

Betr.: Deutsch-nordkoreanische Beziehungen;
Außenpolitik der DVRK;
hier: Gespräche mit dem Leiter der Westeuropa-Abteilung des Außenministeriums, Herrn Kim Hung-rim, am 7./8. August 1992

Bezug: ohne

2 Doppel

Zur Unterrichtung

Für den 7./8.8.1992 lud mich Herr Kim in ein Gästehaus des Außenministeriums ein. Das Haus liegt an einem Stausee etwa 90 km südöstlich von Pjöngjang. Die Tatsache der Einladung, die keine Standardveranstaltung darstellt, zeigt, dass die nordkoreanische Seite weiterhin auf den Dialog mit uns Wert legt.

Herr Kim stellte die Begegnung unter das Motto, dass man in informeller Umgebung offen reden wolle. Aus dem Gespräch halte ich Folgendes fest:

1) Bilaterales Verhältnis

Kim führte aus, NK habe mittlerweile eingesehen und akzeptiert, dass es mit der Aufnahme diplomatischer Beziehungen noch dauern werde.[2] Man habe Verständnis für die

3 François Mitterrand.

1 Hat LR I Wolff am 21. August 1992 vorgelegen, der die Weiterleitung an MDg Zeller, VLR I Sommer „n[ach] R[ückkehr]", VLR Zimmermann und AR Ebel „n[ach] E[rmessen]" verfügte.
Hat Zeller vorgelegen, der handschriftlich vermerkte: „Ein sehr gutes Gespräch – sehr guter Bericht. Dies bitte H. Schaller sagen." Für Sommer vermerkte er: „Bitte S[eite] 2 richtigstellen." Vgl. Anm. 5 und 6.
Hat Zimmermann vorgelegen.
Hat Ebel am 26. August 1992 vorgelegen.
Hat Sommer am 30. August 1992 vorgelegen.

2 Zur Frage der Aufnahme diplomatischer Beziehungen zwischen der Bundesrepublik und Nordkorea vgl. Dok. 127, Anm. 17.

deutsche Situation (z. B. Rücksicht auf Südkorea – Stichwort Schnellbahn[3] –, EG und USA) und werde nicht mehr auf Aufnahme drängen.[4]

Ich erwiderte, ich freute mich, das zu hören, und empfahl, sich auf das unterhalb dieser Ebene Mögliche zu konzentrieren. Dies sei immer schon unsere Linie gewesen. Meines Erachtens habe NK bisher die Chancen nicht genutzt. Man habe einiges angekündigt, aber nichts durchgeführt.

Ein Beispiel sei das Informationsbüro in Brüssel[5], wo wir unsere Unterstützung zugesagt hatten. Bisher sei außer Gesprächen in Bonn und Pjöngjang nichts weiter geschehen.[6]

Auch die Eröffnung eines Büros des staatlichen Reisebüros Ryohaengsa in Berlin sei nicht vorangekommen, trotz vieler Gespräche und auch konkreter Hilfestellung der Vertretung durch Beschaffung von Informationen. Dies nahm Herr Kim zur Kenntnis.

Ich fuhr fort, besonders im wirtschaftlichen Bereich nutze NK nicht das Potenzial. Dies liege hauptsächlich an dem Schuldenproblem, wo NK keine ernsthaften Lösungsvorschläge mache bzw. mit Einzelfirmen getroffene Vereinbarungen über Schuldentilgung nicht erfülle. Die deutsche Wirtschaft habe kein Vertrauen in NK. Kim: Man sei sich im Klaren, dass man die Schulden zurückzahlen müsse. Das sei keine Frage und anerkannt. Nur ginge dies zurzeit nicht. NK habe leere Taschen. Wo nichts sei, könne man auch nichts bezahlen. Deshalb wolle NK das Problem auch in der Form von Kooperation lösen: Man wolle gemeinsam mit ausländischen Partnern produzieren, um dann mit den Produkten die Schulden zurückzuzahlen. Als Beispiel nannte er eine im Frühjahr mit Finnland abgeschlossene Vereinbarung im Textilbereich (Anm.: diese soll, soweit bekannt, nicht funktionieren) und Verhandlungen mit Norwegen über den Bau von Schiffen in NK (Anm.: hier sind noch keine Abschlüsse bekannt). NK wolle in Zukunft auf dieser Linie das Problem angehen.

Ich meinte, niemand erwarte, dass NK seine Schulden auf einen Schlag zurückzahle. Wichtig sei nur, dass man den ernsthaften Willen der Gegenseite verspüre, das Problem zu lösen. Dieser Wille sei aber nicht erkennbar. Deutsche Firmen seien z.B. auch bereit, Barter zu betreiben. Aber selbst da funktioniere es nicht richtig. Die deutsche Industrie sei immer bereit, bei realistischen Projekten mitzumachen. NK müsse aber entsprechende Vorschläge machen. Ich könnte im Übrigen NK schlecht abnehmen, dass überhaupt kein Geld da sei. M.E. sei dies stark eine Frage der Konzentration der Mittel. Wenn wir NK so wichtig seien, wie es von seiner Regierung immer wieder betont werde, sollte man sich in der Schuldenfrage auf uns konzentrieren. Die deutsche Industrie würde ein konstruktives Vorgehen Nordkoreas in diesem Bereich honorieren. Dass z. B. das OAV[7]-Büro bisher

3 Zum südkoreanischen Schnellbahnprojekt vgl. Dok. 127, Anm. 7.

4 Der Passus „werde ... drängen" wurde von MDg Zeller hervorgehoben. Dazu Ausrufezeichen.

5 Die Wörter „Informationsbüro in Brüssel" wurden von LR I Wolff hervorgehoben. Dazu Fragezeichen und handschriftlicher Vermerk: „So nicht." Vgl. Anm. 1.

6 Zu diesem Absatz vermerkte MDg Zeller handschriftlich: „Wir haben dies mehrfach in den EG angesprochen."
VLR Zimmermann teilte BR Schaller, Pjöngjang (Schutzmachtvertretung für deutsche Interessen), am 25. August 1992 mit: „Wir haben dieses Thema mehrfach im Rahmen der EPZ mit den übrigen Europäern angesprochen. Im Unterschied zu dem von Pjöngjang gewünschten, bei der EG zu akkreditierenden Büro [...] haben wir in der Eröffnung einer Art Informations- und Reisebüro nie ein größeres Problem gesehen. Unsere europäischen Partner sahen dies allerdings anders als wir." Vgl. das Schreiben; B 37, ZA-Bd. 162031. Vgl. Anm. 1.

7 Ostasiatischer Verein.

noch nicht eröffnet sei, liege allein an den schlechten Erfahrungen und dem mangelnden Vertrauen der dt. Wirtschaft.

Ich würde mich in diesem Zusammenhang auch fragen, was die Handels- und Wirtschaftsräte der Interessenvertretung in Berlin eigentlich machten. Mein Eindruck aus Kontakten mit deutschen Firmen sei, dass die Interessenvertretung bei allen Problemfällen im Verhältnis deutscher und nordkoreanischer Firmen wenig Engagement zeige. Herr Kim erwiderte, die Genannten seien hauptsächlich für den Einkauf von Gütern zuständig. Der verstorbene Leiter der IV[8] habe sich ihm zu sehr auf die politischen Fragen konzentriert und den Wirtschaftsbereich weniger betont.

NK suche jetzt einen Repräsentanten, der sich stärker um mögliche Kooperationsprojekte mit Deutschland bemühen solle. (Anm.: Es blieb unklar, was sich NK-Seite unter einem derartigen Repräsentanten vorstellt.)

Ein neuer Leiter der IV sei noch nicht bestimmt, erklärte Kim auf entsprechende Frage.[9]

Herr Kim wiederholte die nordkoreanische Einladung an Dg 34. Herr Zeller sei jederzeit willkommen, natürlich als Gast des Außenministeriums.

Nordkorea sei nicht erfreut gewesen über die Erklärung des Bundeskanzlers während des G 7-Treffens.[10] Er frage sich, was nach bilateralen Inspektionen und der Raketenforderung an weiteren Forderungen komme. Deutschlands Haltung habe sich geändert. Die bilateralen Inspektionen seien eine innerkoreanische Angelegenheit. Ich erwiderte, es handle sich nicht um eine Erklärung des BK, sondern um die gemeinsame aller Teilnehmer, also z. B. auch Japans und der USA. Die Erklärung sei letztlich eine Aufforderung an beide Staaten, auf dem Weg der Entspannung voranzugehen. NK habe es in der Hand, die Weltöffentlichkeit davon zu überzeugen, dass die Befürchtungen nicht zutreffen.

Auf meine Frage, wie es sich denn mit Raketenlieferungen verhalte, antwortete Kim unklar, indem er auf die Klassifizierung nach der 600 km-Reichweite hinwies.

Auf den bevorstehenden BK-Besuch in Südkorea[11] anspielend, meinte Kim, er fände es nicht gut, wenn der BK dort einseitig Partei ergreifen würde. Ob ich etwas über eine geplante Erklärung des BK, etwa im Sinne der G 7-Erklärung, wüsste? Ich erwiderte, ich sei über die Einzelheiten der Besuchsplanung nicht informiert, könnte mir aber vorstellen, dass der BK bei passender Gelegenheit etwas zur Lage auf der koreanischen Halbinsel sagen wird.

8 Shin Tae-in.

9 BR Schaller, Pjöngjang (Schutzmachtvertretung für deutsche Interessen), berichtete am 5. November 1992, der stellvertretende Abteilungsleiter im nordkoreanischen Außenministerium, Kim Ha-won, sei als kommissarischer Leiter der Interessenvertretung ernannt worden. Die Ernennung eines neuen Leiters werde sich „noch hinziehen". Vgl. DB Nr. 191; B 37, ZA-Bd. 162031.

10 In der „Erklärung des Vorsitzes" des Weltwirtschaftsgipfels vom 6. bis 8. Juli 1992 in München hieß es: „Wir sind besorgt über das vermutete Kernwaffenprogramm Nordkoreas. Das IAEO-Sicherungsabkommen muss uneingeschränkt durchgeführt und ein wirksames bilaterales Inspektionsregime in die Praxis umgesetzt werden." Vgl. BULLETIN 1992, S. 733. Zum Gipfel vgl. Dok. 225.

11 Für den Oktober 1992 war eine Reise von BK Kohl nach Indien (8./9. Oktober), Singapur (9. bis 11. Oktober), Indonesien (11. bis 13. Oktober), Südkorea (13./14. Oktober) sowie Japan (14.–17. Oktober) vorgesehen. Diese wurde jedoch mit Blick auf die Sondertagung des Europäischen Rats am 16. Oktober 1992 in Birmingham kurzfristig verschoben. Der Besuch in Südkorea fand schließlich vom 1. bis 3. März 1993 statt. Vgl. AAPD 1993.

Kim: Seine Regierung unterstütze die deutsche Bewerbung für die Verlagerung von UN-Organisationen nach Bonn (Nord-Süd-Zentrum[12]). Koreas Unterstützung sei zwar nicht entscheidend, aber man halte eine Verlagerung für wichtig. Deutschland sei die Führungsmacht Europas, und NK wünsche sich eine stärkere Rolle Deutschlands. Die Konzentration der VN in den USA widerspiegele nicht mehr die aktuelle Weltlage. (Anm.: Ich sehe diese Aussage als offizielle Unterstützungszusage.)

Weiterer Verlauf des Gesprächs zeigte, dass NK-AM uns immer stärker weltpolitisch in die Rolle eines Gegengewichts, wenn nicht sogar Gegenspielers der USA hineinwachsen sieht, als Einzelstaat wie auch über unsere Rolle innerhalb der EG. In diesem Sinne interpretiert NK z.B. auch die Rolle der deutsch-französischen Brigade. Dies ist ein Punkt, der uns für NK, unabhängig von der Enttäuschung über die bisher noch nicht hergestellten diplomatischen Beziehungen, weiterhin attraktiv macht.

Ich folgte bei meinen Entgegnungen der Linie, dass ich die herausragende Bedeutung unserer Partnerschaft mit den USA betonte. Nordkorea sei schlecht beraten, wenn es glaube, vermutete oder eventuell vorhandene Differenzen Deutschlands mit den USA ausnutzen zu können.

Ich sprach dann, bezugnehmend auf den Besuch von Vizepremier Kim Dal-hyon in Südkorea[13], die Möglichkeit der Entsendung einer Delegation der deutsch-südkoreanischen Handelskammer nach Pjöngjang an, was NK Anfang d.J. abgelehnt hatte. Hierzu folgt gesonderter Drahtbericht.[14]

2) Verhältnis zu Westeuropa/EG

Kim: Er denke oft darüber nach, wie NK das Verhältnis zu Westeuropa/EG verbessern könne. Welchen Rat ich dazu geben könne?

Ich erwiderte, unmittelbar ginge es um die bekannten Forderungen, wie sie z.B. auch in der EPZ-Erklärung genannt seien.[15]

Es gebe aber ein tieferes Problem. Man habe nicht den Eindruck, dass NK wirklich an echter Zusammenarbeit interessiert sei. Das fange schon bei der Informationspolitik an. Niemand wisse verlässlich, was im Lande vorgehe. Die Informationen, die wir von unseren Gesprächspartnern in Pjöngjang erhielten, seien nichts weiter als Paraphrasierungen der ohnehin dürftigen Meldungen des Nachrichtenbulletins oder der Parteizeitung. Warum könne AM nicht nach bestimmten Ereignissen (Beispiel: Besuch des Vize-Premiers Kim Dal-hyon in SK) ein Briefing geben, das diesen Namen wirklich verdient? In Tokio und Seoul sei dies, etwa im Verhältnis der dortigen AM zu den EG-Botschaften, der Standard. Wenn NK dies tue, sei das eine nicht zu unterschätzende „vertrauensbildende Maßnahme“. Eine vernünftige Informationspolitik müsse auch im Interesse der DVRK liegen, schon um

12 Zur Frage der Einrichtung eines Nord-Süd-Zentrums vgl. Dok. 129, Anm. 12.

13 Der stellvertretende nordkoreanische MP Kim Dal-hyon hielt sich vom 19. bis 25. Juli 1992 in Südkorea auf.

14 BR Schaller, Pjöngjang (Schutzmachtvertretung für deutsche Interessen), berichtete am 17. August 1992 über sein Gespräch mit dem Abteilungsleiter im nordkoreanischen Außenministerium, Kim Hung-rim, am 8. August 1992: „Gesprächspartner wandte sich Thema nur zögerlich zu.“ Kim habe dann bemerkt, dass ein solcher Besuch unter gewissen Voraussetzungen möglich sein könnte. Dafür sollte die Delegation „nicht als Delegation der IHK Seoul, sondern allgemein als ‚deutsche‘ Wirtschaftsdelegation bezeichnet werden“ und unter der Leitung eines Deutschen stehen. Vgl. DB Nr. 108; B 37, ZA-Bd. 162034.

15 Für die Erklärung der EG-Mitgliedstaaten vom 29. Juni 1992 vgl. BULLETIN DER EG 6/1992, S. 116.

zu vermeiden, dass wir uns einseitig auf der Grundlage von Informationen anderer Seite ein Urteil bildeten.

Hinzu komme, dass das politisch-gesellschaftliche System der DVRK in ganz Westeuropa nicht besonders populär sei. Wir könnten und wollten NK nicht zwingen, sein Gesellschaftssystem aufzugeben. Westeuropa könne aber nach den Erfahrungen mit sozialistischen Regimen keine Sympathien mehr für eine derartige Wirtschafts- und Gesellschaftskonzeption aufbringen (speziell wir Deutschen nicht), und es sei auch kein Geheimnis, dass man im Falle Nordkoreas tiefgreifende Reformen für erforderlich halte.

Für einen Normaleuropäer sei zudem die ideologisierte Weltsicht und Sprache, wie ich sie täglich in den hiesigen Medien fände und die ein wichtiges Indiz sei, kaum erträglich. Wir könnten mit diesen Phrasen nicht viel anfangen. Sie würden den Dialog nicht fördern.

Kim bedankte sich für den Rat. Insbesondere über den Informationsaspekt wolle er nachdenken.

Kim, der im Mai verschiedene westeuropäische Länder (GB, Benelux, I) besucht hatte, beklagte sich über die englische Haltung gegenüber NK. Bei seinen Gesprächen im Foreign Office habe England neben [der] Nuklear- und Raketenfrage auch Terrorismus und Menschenrechte ins Gespräch gebracht. Eigentlich hätte er, Kim, das Gespräch abbrechen können, denn was wolle man dann noch erwarten? Allerdings müsse man berücksichtigen, dass es die erste offizielle Begegnung gewesen sei. Das Verhältnis mit England sei schwierig. England sei auch Initiator der EPZ-Erklärung zu Nordkorea.[16]

Auf unsere Haltung zur Aufnahme diplomatischer Beziehungen innerhalb der EG anspielend, meinte Kim, Deutschland wolle wie im Geleitzug dem langsamsten Schiff (Anm.: offensichtlich England) folgen (Anm.: ein alter NK-Vorwurf).

3) Nord-Süd-Verhältnis

Anm.: Hier ging es mir um den Besuch von Vizepremier Kim Dal-hyon in Südkorea. Kim übernahm das Briefing, das ich beim eigentlich zuständigen Außenwirtschaftsministerium beantragt hatte.

Gesprächspartner stellte vier Aspekte heraus:

- Besuch sei auf südkoreanische Einladung erfolgt.
- Innerkoreanische Wirtschaftsbeziehungen seien keine Hilfe des Südens an den Norden. Sie erfolgten zum beiderseitigen Vorteil und unter Ausnutzung komplementärer Ressourcen.
- Südkorea ziehe nicht wirklich mit. Auf SK-Seite gebe es eine Diskrepanz zwischen Worten und Taten. Dies zeige sich darin, dass SK die Nuklearfrage als Vorbedingung aufstelle, was nichts mit dem Handel zu tun habe.
- NK sei, das müsse betont werden, an wirtschaftlicher Kooperation interessiert. Man könne aber auch ohne Südkorea überleben.

4) IAEO-Inspektionen

Die zweite Inspektion sei erfolgreich verlaufen.[17] Sie habe gezeigt, dass DVRK Nuklearenergie nur zu friedlichen Zwecken nutze. Die IAEO sei zufrieden. NK werde alles zeigen,

16 Dieser Satz wurde von MDg Zeller hervorgehoben. Dazu vermerkte er handschriftlich: „r[ichtig]".

17 BR Schaller, Pjöngjang (Schutzmachtvertretung für deutsche Interessen), berichtete am 27. Juli 1992 über ein Gespräch mit dem Abteilungsleiter im nordkoreanischen Außenministerium, Kim Hung-rim, am

was IAEO sehen wolle. Zu D: Es sei auffällig, dass D vorher nur die IAEO-Inspektion gefordert habe. Jetzt verlange man auch bilaterale Inspektionen. Welche Forderung komme danach?

Ich meinte, Forderung nach bilateralen Inspektionen sei logisch, da sich NK dazu verpflichtet habe. Wir hätten den Eindruck, dass diese Sache nicht vorankomme.

Kim verwies auf die Arbeit der bilateralen Nuklearkommission. Das Problem, das man mit SK in diesem Zusammenhang habe, bestehe darin, dass SK sich für die US-Atomwaffen für unzuständig erkläre. Dies stimme ja auch, da die Gegenseite nicht über diese Waffen verfügen könne. Deshalb habe NK vorgeschlagen, dass beide korean. Staaten mit den USA gemeinsam über dieses Problem sprechen.

5) Verhältnis zu den USA

Kim: Er könne nicht alles sagen, aber im Verhältnis zu den USA sei mehr im Gange, als man meine (Anm.: Anspielung auf Carter-Besuch?[18]). Es gebe viele Kontakte und Besucher. Ich erwiderte, meines Wissens habe bisher kein amerikanischer Besucher in NK im Auftrage der US-Regierung gesprochen (was Kim bestätigte).

6) Verhältnis zu Japan

Kim: Verhandlungsprozess mit Japan sei schwierig und langwierig. Man erwarte keine schnelle Lösung. Kernprobleme seien Frage der Entschuldigung für koloniale Vergangenheit und Entschädigung.

Schaller

B 37, ZA-Bd. 162031

Fortsetzung Fußnote von Seite 1013

23. Juli 1992. Kim habe dargelegt, der zweiten IAEO-Inspektion würden drei weitere folgen: „Ich äußerte die Hoffnung, von NK-Seite etwas über die Ergebnisse der Inspektion zu hören. Das Team sei bereits vor drei Tagen abgereist, und außer Ankunfts- und Abflugdatum sei nichts von NK gesagt worden. Kim erwiderte, wir würden bald etwas hören." Vgl. DB Nr. 90; B 37, ZA-Bd. 162031.

18 BR Schaller, Pjöngjang (Schutzmachtvertretung für deutsche Interessen), berichtete am 29. Juli 1992, er habe am 24. Juli 1992 mit Vertretern des Carter Center of Emory University, Atlanta, gesprochen. Sie hätten mitgeteilt, der ehemalige amerikanische Präsident Carter sei von der nordkoreanischen Regierung zu einem Besuch eingeladen worden. Ob und wann die Reise stattfinde, sei noch nicht entschieden. Vgl. DB Nr. 94; B 37, ZA-Bd. 162033.
Carter besuchte Nordkorea vom 15. bis 18. Juni 1994.

253

Gespräch des Bundesministers Kinkel mit dem italienischen Außenminister Colombo in Stuttgart

206-321.11 ITA **18. August 1992[1]**

Über Herrn Dg 20[2] an Ref. 010 m.d.B., die Billigung des Herrn Bundesministers herbeizuführen

Treffen von BM Kinkel mit dem italienischen Außenminister Colombo am 18.8.92[3]; hier: Ergebnis

Schwerpunktthemen des Gesprächs beim ersten Treffen von BM Kinkel mit AM Colombo waren die Jugoslawien-Krise, der Vertrag über die Europäische Union und Fragen der Erweiterung der EG.

Die Minister waren sich einig, dass die bevorstehende Londoner Konferenz über Jugoslawien[4] Erfolg haben muss. Hauptziel müsse eine gemeinsame bindende Verpflichtung zum Frieden aller Nachfolgestaaten Jugoslawiens sein. Die Bereitschaft zu militärischem Einschreiten zur Lösung des bewaffneten Konflikts habe in letzter Zeit ständig abgenommen. Umso verpflichtender sei jetzt verstärktes Engagement zu friedlichen Lösungen.

Die Minister waren sich einig, dass auf der Londoner Konferenz der Ausschluss von Rest-Jugoslawien aus den internationalen Organisationen und Gremien beschlossen werden sollte.

1) Jugoslawien

BM *Kinkel* nannte außer der Verpflichtung zum Frieden und dem Ausschluss Rest-Jugoslawiens aus internationalen Organisationen fünf weitere Themen für die Londoner Konferenz:

- Einhaltung und Überwachung des Embargos[5],
- humanitäre Hilfe unter Beachtung der relevanten VN-Beschlüsse,
- Kontrolle schwerer Waffen,
- das Flüchtlingsproblem,
- Zugang zu den Internierungslagern[6].

BM Kinkel fügte erläuternd hinzu, der Vorwurf, die Bemühungen um eine Lösung der Jugoslawien-Krise hätten bisher nichts erbracht, sei in dieser Form nicht berechtigt. Trotz

1 Der Gesprächsvermerk wurde von VLR I Huber am 19. August 1992 gefertigt, der handschriftlich vermerkte: „Von BM noch nicht gebilligt."

2 Hat in Vertretung des MDg Hofstetter MDg von Studnitz am 19. August 1992 vorgelegen.

3 BM Kinkel und der italienische AM Colombo kamen am 18. August 1992 in Stuttgart auch zu einem Vier-Augen-Gespräch zusammen. Themen waren die Verlängerung der Amtszeit von NATO-GS Wörner, der Sitz der Europäischen Zentralbank, das Delors-Paket II sowie die Rolle Italiens als Partner der Bundesrepublik. Vgl. den Vermerk des VLR Wittig vom 20. August 1992; B 1, ZA-Bd. 178945.

4 Zur internationalen Jugoslawien-Konferenz am 26./27. August 1992 vgl. Dok. 269.

5 Vgl. die Resolution Nr. 713 des VN-Sicherheitsrats vom 25. September 1991; RESOLUTIONS AND DECISIONS 1991, S. 42 f. Für den deutschen Wortlaut vgl. EUROPA-ARCHIV 1991, D 550–552.
Vgl. auch die Resolution Nr. 757 des VN-Sicherheitsrats vom 30. Mai 1992; Dok. 159, Anm. 12.

6 Vgl. die KSZE-Berichterstattermission; Dok. 274, Anm. 15.

intensiver Bemühungen aller sei leider ein durchschlagender Erfolg ausgeblieben. Deshalb müsse die Londoner Konferenz ein Erfolg werden. Die Embargofrage, d.h. die Überwachung des Embargos, sei ein schwieriges, aber drängendes Thema. Deutschland sei bereit, in den Grenzen seiner verfassungsrechtlichen Möglichkeiten (keine Bundeswehr) hier logistische Hilfe zu leisten. Dasselbe gelte für die Sicherung der Abwicklung humanitärer Hilfe. Das Thema „Kontrolle schwerer Waffen“ sei ein wichtiger Punkt (KSZE-WEU-NATO), mit dem sich die Konferenz in London beschäftigen müsse, ebenso die Flüchtlingsfrage. Die Bundesregierung sei sehr enttäuscht über die Haltung mancher anderer Staaten, werde aber das Thema auch in London weiterverfolgen und darauf drängen, dass über Kontingente die Hauptlast gerecht verteilt werden müsse.

Zusätzlich zu den für die Konferenz von London genannten Themen werde die Bundesregierung im Zusammenhang mit den Ereignissen in Jugoslawien die Themen „Völkermord“ und „Internationaler Strafgerichtshof“[7] aufgreifen, die in allen ihren Konsequenzen behandelt werden müssten. In der Frage „Internierungslager“ habe die Sitzung der MRK in Genf[8] schon gewisse Fortschritte gebracht (Beauftragter, Register).

BM Kinkel stimmte mit AM Colombo auch darin überein, dass es keine Anerkennung gewaltsam veränderter Grenzen durch die Völkergemeinschaft geben darf – keine Kantonalisierung.

Auf der Londoner Konferenz müsse auch starker Druck auf Russland ausgeübt werden, seine schützende Hand von Serbien zurückzuziehen. Zwar sei keine der Konfliktparteien ganz schuldlos, aber Serbien sei wohl doch der Hauptschuldige, dass bisher keine friedliche Lösung erreicht werden konnte, und das nicht zuletzt deshalb, weil es sich von Russland gedeckt fühle (russische Haltung bei der KSZE!). In Russland gebe es gegensätzliche Auffassungen zu dieser Haltung, und man müsse die richtige Partei unterstützen, ggf. auch das Mittel westlicher Hilfe an Russland in geeigneter Weise einsetzen. Die russische Regierung müsste in dieser Frage bei der Londoner Konferenz gezwungen werden, Farbe zu bekennen.

AM *Colombo* war sich mit BM Kinkel in der Beurteilung der Lage in Jugoslawien und im Hinblick auf die Londoner Konferenz weitgehend einig. Die unglaublichen Ereignisse in Jugoslawien zwängen jetzt zum entschlossenen Handeln. Zusätzlich zum Schwerpunktthema „Friedensplan“ sähe er zwei Themen als vordringlich an, nämlich

- die Sicherung der Abwicklung humanitärer Hilfe und
- die Kontrolle schwerer Waffen.

Er sähe vor allem beim zweiten Thema schwerwiegende Probleme, halte aber eine Umsetzung unter dem Schirm der VN-Beschlüsse durchaus für möglich. Die italienische Regierung sei als WEU-Präsidentschaft bereit, alle erforderlichen Beschlüsse zu fassen und ge-

7 Zur Frage der Einrichtung eines Internationalen Strafgerichtshofs vgl. Dok. 247.

8 VLR I Gerz notierte am 18. August 1992: „Am 13. u. 14.8.1992 haben sich in Genf die 53 Mitgliedstaaten der MRK in einer Sondersitzung mit der Menschenrechtssituation im ehemaligen Jugoslawien befasst. Die MRK-Sondersitzung war die erste ihrer Art in der 46-jährigen Geschichte der MRK. [...] Im Ergebnis wurde eine Resolution im Konsens verabschiedet, die u.a.: alle MR-Verletzungen im ehemaligen Jugoslawien und insbesondere in Bosnien-Herzegowina nachdrücklich verurteilt und ihre sofortige Einstellung fordert; mit besonderem Nachdruck die Beendigung der sog. ethnischen Säuberung fordert; die Ernennung eines Sonderberichterstatters (SBE) verlangt, der u.a. vor Ort im ehemaligen Jugoslawien recherchieren und anschließend berichten soll [...]; vor allem dem SBE das Mandat zur Sammlung von Informationen über MR-Verletzungen einschl[ießlich] Kriegsverbrechen erteilt (‚Register‘), die später bei einer Strafverfolgung die Beweisführung erleichtern sollen.“ Vgl. B 30, ZA-Bd. 175406.

meinsame Aktionen mitzutragen, und erwarte von den Partnern – unter Berücksichtigung ihrer nationalen Rechtslage – das Gleiche. Er rege WEU-Ministerrat möglichst noch vor London an. BM *Kinkel* akzeptierte Notwendigkeit enger WEU-Koordinierung, wies aber auf Terminschwierigkeiten hin und schlug vor, wenn erforderlich, WEU-Tagung am Rande der Londoner Konferenz nach Bedarf einzuberufen.[9] *Colombo* meinte, es sei wichtig, sich zu den von BM Kinkel genannten Themen im WEU- und NATO-Kreis rechtzeitig abzustimmen, sowohl was die Beurteilung der Sachlage als auch die Umsetzung operativer Vorschläge angehe. Von einem militärischen Eingreifen halte er aus vielerlei Gründen nichts.

2) Europa

Die Minister waren sich einig, dass das Ziel die Ratifizierung der Verträge von Maastricht und darauf aufbauend die konsequente Weiterentwicklung der Europäischen Union sein muss. Sie äußerten die Hoffnung, dass in Dänemark doch noch rechtzeitig eine Zustimmung zu erreichen sein werde.[10] AM *Colombo* sieht in Italien keine Schwierigkeiten für die Ratifizierung durch das Parlament. BM *Kinkel* sagte, die Ratifizierung in Deutschland sei trotz kritischer werdender Diskussion in der Bevölkerung nicht in Gefahr.

Bei der Diskussion in der Frage um die Erweiterung der Gemeinschaft meinte AM *Colombo*, dies sei die Schlüsselfrage für die Zukunft der Gemeinschaft überhaupt. Die Konsequenzen der Aufnahme immer neuer Mitglieder, auch über den EFTA-Rahmen hinaus, seien politisch überhaupt noch nicht durchdacht. Fragen wie, ob dann ein politisches Europa – wenn auch nur auf der Basis von Maastricht – überhaupt noch machbar sei, wie entscheidungsfähige Strukturen geschaffen werden könnten u. a. m., müssten zufriedenstellend geklärt werden. Seine Skepsis, ob ein politisches Europa auf föderaler Grundlage über den Rahmen der ursprünglichen Sechs hinaus überhaupt realisierbar sein wird, war unüberhörbar.

BM *Kinkel* antwortete, eine gesunde Skepsis sei in der Tat angebracht, aber andererseits sei der Drang der Bewerber nach Europa doch erfreulich und spreche für die Qualität der Gemeinschaft. Allerdings sei Vorsicht am Platze bei dem, was ab jetzt zu geschehen habe. Was die EFTA angehe, dürfe man nicht den Eindruck erwecken, dass retardierende Elemente der Unsicherheit über die eigene Existenz der Gemeinschaft entsprängen. Das Momentum der europäischen Einigungsbewegung müsse erhalten bleiben.

3) Die Gespräche fanden in freundschaftlicher und sehr offener Atmosphäre statt. Beide Minister waren sich einig, dass die Intensität der bilateralen Konsultationen zu allen wichtigen bilateralen und multilateralen Fragen im Interesse beider Staaten beibehalten werden sollte.

B 26, ZA-Bd. 173589

9 Zur außerordentlichen WEU-Ministerratstagung am 28. August 1992 in London vgl. Dok. 267, Anm. 10.

10 Vgl. das Referendum am 2. Juni 1992 in Dänemark; Dok. 166, Anm. 2.

254

Vorlage des Vortragenden Legationsrats I. Klasse Bertram für Bundesminister Kinkel

201-360.90/SO JUG **19. August 1992**

Über Dg 20[1], D 2[2], Herrn Staatssekretär[3] Herrn Bundesminister[4]

Betr.: Bündnisoptionen zum weiteren Vorgehen im Jugoslawien-Konflikt

Zweck der Vorlage: Zur Unterrichtung

1) Seit 16. Juli 1992 läuft – soweit es im NATO-Rahmen erfolgt – die maritime Überwachung des VN-Embargos gegen Serbien und Montenegro (VN-Res. 713[5] und 757[6]) durch die STANAVFORMED. An der Überwachung beteiligt sich D durch Beschluss der Bundesregierung vom 15.7.92 mit einer Schiffseinheit.[7]

Vor dem Hintergrund der sich verschärfenden Situation im ehemaligen JUG sowie der laufenden Diskussionen im Rahmen der VN und des Briefs des VN-Generalsekretärs an den Vorsitzenden des Ministerrats der KSZE vom 31. Juli 1992, mit dem er die KSZE als regionale Abmachung der VN um Prüfung bittet, ob und in welchem Umfang die KSZE unter Einschluss anderer europäischer Organisationen mehr Verantwortung bei der Durchführung friedenserhaltender Maßnahmen im Konflikt im ehemaligen Jugoslawien übernehmen kann, wobei er im konkreten Fall die Überwachung schwerer Waffen ansprach[8], hat der NATO-Rat am 10. August 1992 den Militärausschuss (MC) mit der Prüfung folgender Handlungsoptionen beauftragt:

- Durchsetzung des VN-Embargos gegen Serbien und Montenegro gemäß VN-SR-Res. 713 und 757;
- Beitrag zur Überwachung der schweren Waffensysteme in Bosnien-Herzegowina gemäß dem Ersuchen des VN-GS an die KSZE und europäische Organisationen;
- Unterstützungsmaßnahmen für humanitäre Hilfeleistungen, insb. Landkorridor für humanitäre Hilfe.

1 Hat in Vertretung des MDg Hofstetter MDg von Studnitz am 19. August 1992 vorgelegen.

2 Hat in Vertretung des MD Chrobog MDg Schilling am 19. August 1992 vorgelegen.

3 Hat StS Lautenschlager am 20. August 1992 vorgelegen, der handschriftlich vermerkte: „M.E. eine fundierte und nachdenkliche Aufzeichnung!“

4 Hat BM Kinkel am 21. August 1992 vorgelegen.
Das Ministerbüro veranlasste den Rücklauf über das Büro Staatssekretäre, MD Chrobog und MDg Hofstetter an Referat 201.
Hat StS Lautenschlager am 21. August 1992 erneut vorgelegen.
Hat Chrobog vorgelegen.
Hat VLR Schumacher vorgelegen.

5 Für die Resolution Nr. 713 des VN-Sicherheitsrats vom 25. September 1991 vgl. RESOLUTIONS AND DECISIONS 1991, S. 42 f. Für den deutschen Wortlaut vgl. EUROPA-ARCHIV 1991, D 550–552.

6 Zur Resolution Nr. 757 des VN-Sicherheitsrats vom 30. Mai 1992 vgl. Dok. 159, Anm. 12.

7 Zum Beschluss der Bundesregierung vgl. Dok. 231, besonders Anm. 5.

8 Für das Schreiben des VN-GS Boutros-Ghali an den tschechoslowakischen AM Moravčík in dessen Eigenschaft als KSZE-Ratsvorsitzender vgl. B 28, ZA-Bd. 158672.

Das MC hat den Prüfungsauftrag an SACEUR weitergeleitet und das Prüfungsergebnis nach Diskussion im MC (13.8.92) am 14.8.92 dem NATO-Rat als „Chairman's Note" zur Beratung vorgestellt.

Der NATO-Rat traf in seiner Sitzung am 14.8. keine Beschlüsse oder Vorentscheidungen, sondern verwies den Bericht des Vorsitzenden des Militärausschusses an das MC mit folgendem Auftrag zurück:

- weitere Prüfung der drei o.a. Optionen; Schwerpunkt: militärischer Schutz humanitärer Hilfeleistungen;
- Erweiterung der Prüfung auf das gesamte Spektrum der VN-SR-Res. 770[9];
- insb. Ermittlung von Handlungsmöglichkeiten im „niedrigen Spektrum" (bisher enthält der Bericht nur Einsatzformen mit sehr großem Kräfteeinsatz);
- Auflagen:
  a) Vorlage des Berichts am 24.8.92 zeitgleich mit Prüfungsergebnis der WEU-Planungsgruppe,
  b) Vorlage des Berichts als MC-Dokument.

Die weitere Befassung des Rates ist noch nicht terminiert.[10] Das am 24.8. vorliegende MC-Dokument wird voraussichtlich zunächst in den Politischen Ausschüssen (SPC, PC) beraten werden.

2) Die bisherigen Beratungen zeigen deutlich, dass ein militärischer Einsatz im ehemaligen Jugoslawien, auch zur Unterstützung humanitärer Hilfeleistung, im Bündnis weiter skeptisch bewertet wird. Konsens besteht darüber, dass der politische Gesamtzusammenhang gewahrt werden muss: Politische Verantwortung und Handlungsinitiative sollten unverändert bei den VN (ggf. bei KSZE) liegen.

Die europäische Sicherheitsarchitektur steht vor ihrer ersten Bewährungsprobe. Die Organisationen mit sicherheitspolitischer Relevanz bemühen sich um einen wirksamen Zugang zur Hilfeleistung und Problemlösung.

Der Brief des GS der VN zeigt deutlich, dass die VN von der KSZE als einer regionalen Abmachung im Sinne des Kapitels VIII der VN-Charta[11] eine erhebliche Entlastung der VN, insb. bei der Regelung der Konflikte im ehemaligen Jugoslawien, erhoffen. Die KSZE in ihrer neuen Verantwortung „nach Helsinki[12]" soll in die Pflicht genommen werden.

Es wurde vonseiten der VN ein hoher Erwartungsdruck erzeugt, eine positive Antwort der KSZE auf die gestellten Fragen zu erhalten. Deutlich wurde das u.a. durch den Hinweis, dass Europa die Region der Erde mit dem dichtesten Netz kooperativer Sicherheitsstrukturen und funktionsfähiger Organisationen mit sicherheitspolitischer Relevanz sei.

9 Mit Resolution Nr. 770 vom 13. August 1992 forderte der VN-Sicherheitsrat sämtliche Staaten auf, auf nationaler Ebene oder über regionale Organisationen oder Abmachungen alle erforderlichen Maßnahmen zu ergreifen, um die Auslieferung humanitärer Hilfsgüter in Sarajevo und allen anderen Teilen Bosnien-Herzegowinas zu erleichtern. Zudem verlangte er, dass dem IKRK und anderen humanitären Organisationen sofort ungehinderter und dauernder Zugang zu allen Lagern, Gefängnissen und Internierungszentren gewährt werde. Vgl. RESOLUTIONS AND DECISIONS 1992, S. 24f. Für den deutschen Wortlaut vgl. EUROPA-ARCHIV 1992, D 581f.

10 Dieser Satz wurde von StS Lautenschlager hervorgehoben. Dazu vermerkte er handschriftlich: „Hängt auch mit der Londoner Konferenz zusammen."

11 Für Kapitel VIII der VN-Charta vom 26. Juni 1945 vgl. BGBl. 1973, II, S. 466–469.

12 Vom 24. März bis 8. Juli 1992 fand in Helsinki die vierte KSZE-Folgekonferenz statt, an die sich am 9./10. Juli 1992 eine Gipfelkonferenz anschloss. Vgl. Dok. 226.

Will die KSZE die ihr in Helsinki neu eingeräumte Stellung wahren, wäre sie im Handlungszwang, die „Minimalerwartung" des GS der VN zu erfüllen: Koordination der Beiträge europäischer Länder zu den friedenserhaltenden Maßnahmen unter Leitung der VN.

Mit der Einberufung einer Sondersitzung des AHB zu Jugoslawien am 13./14.8. hat die KSZE gezeigt, dass sie bei der Behandlung der Jugoslawien-Krise auch weiterhin einen relevanten Beitrag leisten möchte. Sie hat gegenüber dem VN-GS ihre Bereitschaft gezeigt, dass sie bei der Krisenbewältigung einen Beitrag leisten will und bereit ist, bei der Kontrolle schwerer Waffen die von der UNO erhoffte Rolle zu spielen.[13]

Eingesetzt wurde eine besondere Ad-hoc-Gruppe, die die notwendigen Konsultationen mit den relevanten Organisationen, insb. mit WEU und NATO, führen soll. Zu erwarten ist, dass die KSZE sich demnächst an ihre Mitgliedstaaten sowie insb. an die NATO und die WEU wenden wird, um deren Unterstützungs- und Leistungsbereitschaft zu ermitteln.

3) Für das Bündnis (und die WEU) wird sich nach entsprechendem Ersuchen die Frage stellen, ob es sich als Organisation auf dem Territorium des ehemaligen Jugoslawien bei friedenserhaltenden Maßnahmen engagieren will oder es bei der bisherigen Embargo-Überwachung außerhalb des Territoriums belässt, obwohl es über weitergehende Möglichkeiten verfügt.[14]

Bei Zusage zu Übernahme und Durchführung friedenserhaltender Maßnahmen wäre die NATO im besonderen Maße gefordert, weil ihre Strukturen weiter entwickelt sind als die der WEU.

Bei einer unkonditionierten Zusage der Allianz bestünde die Gefahr der tiefen Verstrickung des Bündnisses in eine kriegerische Auseinandersetzung, die sowohl die Kennzeichen eines Bürgerkrieges unterschiedlicher Volksgruppen als auch eines einseitigen Eroberungsfeldzuges seitens Serbiens trägt.

Die Allianz würde dann aufgrund ihrer militärischen Kompetenz unter besonderem Erfolgszwang stehen. Es ist jedoch völlig offen, ob die Durchführung friedenserhaltender Maßnahmen durch die NATO wirkungsvoller sein könnte als die VN. Es besteht die Gefahr der weiteren Eskalation zu einer „Erzwingung des Erfolges". Das trifft v. a. dann zu, wenn weiter wie bisher keine weitreichende politische Zielsetzung für die bisher ergriffenen und künftigen Maßnahmen definiert wird, sondern politische Gremien mit Entscheidungen zur Durchführung von Einzelmaßnahmen befasst sind. Eine Konfliktbeendigung ist dadurch nicht zu erwarten.

Darüber hinaus würde sich die Allianz bzw. jede im Kriegsgebiet auftretende Organisation rasch den Anforderungen einer Ordnungsmacht auch in der politischen Dimension

13 Botschafter z. b. V. Klaiber, z. Z. Prag, berichtete am 15. August 1992 über die AHB-Sitzung: „Kurz vor dem Abschluss der Textarbeiten, in deren Verlauf sie weitgehend geschwiegen hatte, sorgte die russische Delegation für einen Eklat. Unter Berufung auf eine Weisung von höchster Stelle in Moskau stellte sie das politische Dokument und den Beschluss über die Menschenrechtslage als unausgewogen unter pauschalen Vorbehalt. […] Unter dem Eindruck der totalen Isolierung begnügte sich die russ[ische] Delegation schließlich mit verhältnismäßig geringfügigen kosmetischen Textänderungen, durch die die Kritik am serbischen Verhalten etwas abgeschwächt, aber in der Substanz nicht angetastet wurde." Die Frage, „ob die KSZE künftig bei friedenserhaltenden Aktivitäten einen eigenen Beitrag leisten kann, muss offenbleiben. Hierfür müssten die operativen Möglichkeiten auch tatsächlich weiter verbessert werden". Vgl. DB 1148; B 28, ZA-Bd. 158672.

14 Zu diesem Absatz vermerkte StS Lautenschlager handschriftlich: „Mittelfristig kann sich hier (rechtlich gesehen) die Frage des ‚out of treaty' stellen."

gegenübersehen. Ob die NATO in ihrer jetzigen Struktur dafür geeignet ist, erscheint zweifelhaft.

Wir sollten weiterhin bestrebt sein, gemeinsam mit unseren Partnern nur solche NATO-Maßnahmen vorzusehen, die für alle Beteiligten den Zwang zu politischen Lösungen erhöhen und gleichzeitig eine Tendenz zu immer stärkerem militärischen Engagement vermeiden. Es dürfte schwierig sein, schon unter den gegenwärtigen Umständen den kritischen Punkt zu definieren, ab dem militärisches Engagement politische Lösungen behindert bzw. unmöglich macht. Alle Staaten in Europa und insbesondere die NATO als Sicherheitsorganisation haben ein gemeinsames Interesse, dass dieser Punkt nicht erreicht wird.

Referate 202 und 212 haben mitgezeichnet.

Bertram

B 14, ZA-Bd. 161181

255

Gespräch des Bundesministers Kinkel mit dem französischen Außenminister Dumas in Hechingen

20. August 1992[1]

Gespräch BM/AM Dumas am 20. August 1992, 12.00 – 13.30 in Hechingen[2]

Teilnehmer: BM; AM Dumas; Gesandter Chassard, frz. Botschaft; H. Tribolet, Pressereferent, frz. Botschaft; RL 013[3]; RL 010[4]; Frau Siebourg, Dolmetscherin.

Im Rahmen eines breiteren Meinungsaustausches über Jugoslawien fragte *BM* Dumas, was er mit seinen Äußerungen vor der Presse gemeint habe, man müsse in London[5] vorrangig über Grenzänderungen sprechen.

Dumas präzisierte, es müsse noch einmal festgehalten werden, dass Grenzänderungen durch Gewalt nicht anerkannt werden könnten. Möglich seien Grenzänderungen, jedoch als Ergebnis von Verhandlungen.

BM bekräftigte, dass gewaltsamer Gebietserwerb von der Völkergemeinschaft niemals akzeptiert werden dürfe.

Insgesamt, so BM, könne man von London keine Wunder erwarten. Die Londoner Konferenz solle vor allem eine Bündelung aller Anstrengungen ergeben, die in den verschiedensten Foren bisher unternommen worden seien, um das Problem einer Lösung zuzuführen. In London könnten alle Beteiligten auch gemeinsam nachdenken, was noch zusätzlich geschehen könne.

1 Der Gesprächsvermerk wurde von VLR I Matussek am 21. August 1992 gefertigt.
Hat BM Kinkel am 21. August 1992 vorgelegen.
Hat Matussek am 24. August 1992 erneut vorgelegen.

2 Der französische AM Dumas hielt sich am 19./20. August 1992 in der Bundesrepublik auf.

3 Hanns Heinrich Schumacher.

4 Thomas Matussek.

5 Zur internationalen Jugoslawien-Konferenz am 26./27. August 1992 vgl. Dok. 269.

Dumas teilte diese Einschätzung. Er habe vor der Presse gesagt, er verbinde Hoffnungen mit der Londoner Konferenz, es sei jedoch illusorisch, Ergebnisse schon in den nächsten Tagen zu erwarten. An zusätzlichen Maßnahmen seien noch möglich eine striktere Durchsetzung des Embargos[6] zu Lande und auf der Donau. Insbesondere könne man eine Art Inventar aufstellen, was die Europäer noch zusätzlich unternehmen könnten, um das Embargo wirksam durchzusetzen.

Beide Minister unterstützten die italienische Initiative zu einem WEU-AM-Treffen in London.[7]

Nach den Worten von *BM* müsse London die Handlungsfähigkeit der Europäer unter Beweis stellen. Dies sei vor allem vor dem Hintergrund der öffentlichen Diskussion in den EG-Mitgliedstaaten über Maastricht[8] wichtig.

Dumas wünschte sich für London eine feierliche Erklärung zur Frage der Lager. Hier müsse man den serbischen Vorschlag aufgreifen, die Lager zu schließen, und die Gemeinschaft müsse bereit sein, die Flüchtlinge aufzunehmen.

BM unterstützt dies nachdrücklich. Auch D sei bereit, zusätzliche Flüchtlinge aufzunehmen. Dies sei auch deswegen wichtig, da wir Deutschen aus verfassungsrechtlichen Gründen uns militärisch an keiner Aktion beteiligen könnten. Auf Hinweis von *Dumas*, dass das Grundgesetz uns doch die Möglichkeit lasse, im Rahmen der UNO zu handeln, erläutert *BM*, dass bei militärischen Aktionen, selbst bei Blauhelm-Einsätzen, ein Handeln der Bundeswehr von der derzeitigen Verfassungslage nicht gedeckt ist.

Beide Minister stimmten darin überein, dass es keine wirklichen Probleme im bilateralen Verhältnis gebe. *Dumas* wies darauf hin, dass nach dem turnusmäßigen Wechsel der deutsch-französischen Botschafterkonferenzen nunmehr F an der Reihe sei.[9] Das Treffen in Blois habe wegen des Ministerwechsels nicht stattfinden können. Er erneuert die Einladung nach Blois (Partnerstadt Weimars, Bürgermeister Jack Lang). Ein Datum muss noch festgesetzt werden.[10]

Das nächste Dreier-Treffen der AM von D, F und POL solle in Polen stattfinden.[11]

BM berichtete von seinem jüngsten Polen-Besuch[12], dass AM Skubiszewski hieran sehr interessiert sei. Er erteilte Weisung, die polnische Regierung auf diplomatischen Kanälen zu einer baldigen Einladung zu ermutigen.

Auf Bitte von BM erläuterte *RL 010* den Stand der Vorbereitungen zur Feier des Jubiläums des Élysée-Vertrages[13].

6 Vgl. die Resolution Nr. 713 des VN-Sicherheitsrats vom 25. September 1991; RESOLUTIONS AND DECISIONS 1991, S. 42 f. Für den deutschen Wortlaut vgl. EUROPA-ARCHIV 1991, D 550–552.
Vgl. auch die Resolution Nr. 757 des VN-Sicherheitsrats vom 30. Mai 1992; Dok. 159, Anm. 12.

7 Zur außerordentlichen WEU-Ministerratstagung am 28. August 1992 in London vgl. Dok. 267, Anm. 10.

8 Zum Vertragswerk von Maastricht vgl. Dok. 3, Anm. 8.

9 Die erste deutsch-französische Botschafterkonferenz fand am 16./17. Mai 1991 in Weimar statt. Vgl. AAPD 1991, I, Dok. 165–167.

10 Die nächste deutsch-französische Botschafterkonferenz wurde am 19./20. September 1994 in Paris abgehalten.

11 Die Gespräche der AM Juppé (Frankreich), Kinkel (Bundesrepublik) und Olechowski (Polen) fanden am 11./12. November 1993 in Warschau statt.

12 BM Kinkel besuchte Polen am 29./30. Juli 1992. Vgl. Dok. 242.

13 Für den deutsch-französischen Vertrag vom 22. Januar 1963 vgl. BGBl. 1963, II, S. 706–710. Vgl. auch AAPD 1963, I, Dok. 44.

Dumas zeigte sich über die Anfang September in Paris stattfindenden Beamtengespräche nicht informiert. Er wird Kontakt mit dem Élysée aufnehmen.

BM wies auf Treffen BK/Präsident Mitterrand in Borkum hin.[14] BK habe ihm gesagt, dass man im Wesentlichen über europäische Fragen reden würde.

Es folgte ein kurzer Meinungsaustausch über die Lage in Somalia.[15]

Dumas bezeichnete hier eine europäische Gemeinschaftsaktion zur Lösung des gesamten Problems als notwendig. Es sei eine schreckliche Perspektive, dass eineinhalb Millionen Menschen vom Hungertod bedroht seien. *BM* stimmt dem ausdrücklich zu. Beide Minister vereinbarten, gemeinsam eine Initiative der Europäer vorzuschlagen.

Zurückkommend zur Londoner Konferenz, nannte *BM* als weiteres wichtiges Konferenzziel, Russland stärker an seine Verantwortung zu erinnern. Er habe den Eindruck, dass die russische Regierung nach wie vor ihre schützende Hand über Serbien halte. *Dumas* wies demgegenüber darauf hin, dass Russland die Resolution 770[16] mittrage und dass es weniger eine Frage des guten Willens der russischen Regierung als vielmehr der chaotischen Zustände innerhalb der russischen Administration sei. In London müsse aber weiter auf Russland eingewirkt werden.

BM wiederholte, was er schon Kosyrew bei den letzten Treffen gesagt habe, dass nämlich nach dem Wegfall des Ost-West-Gegensatzes Russland stärker in die Völkergemeinschaft eingebunden und hier auch seiner gewachsenen Verantwortung gerecht werden müsse. Nach *Dumas* werde sich Russland, wenn es vor die Wahl zwischen seiner Freundschaft zu den Serben und einer stärkeren Anbindung an den Westen gestellt würde, eindeutig zugunsten der letzteren Alternative entscheiden.

Beide Minister stimmten in der Bewertung überein, dass Kosyrew das Problem verstehe, aber seine Stellung in Moskau nicht einfach sei. Vielleicht werde er nicht mehr lange AM sein.

Auf Frage von BM nach der Stimmung in Frankreich vor dem Maastricht-Referendum[17] sagte *Dumas*:

Noch hätten die Maastricht-Befürworter die Mehrheit, aber die negativen Stimmen nähmen zu. Dies sei auf eine intensive Kampagne der Nein-Sager zurückzuführen. Die Befürworter hätten sich noch nicht alle aktiv geäußert (Ausnahmen z. B. Giscard und Barre). Chirac habe sich offiziell noch nicht festgelegt, werde jedoch wohl positiv votieren. Giscard dränge ja dazu. Anfang September werde das Lager der Befürworter wieder leicht anwachsen. Er erwartet eine knappe Mehrheit (50 – 55 % der Ja-Stimmen).

BM sprach das Problem der Hausmüll-Exporte an.[18] Die Außenminister hätten hier keine eigenen Instrumentarien.

14 BK Kohl und der französische Staatspräsident Mitterrand trafen am 26. August 1992 zusammen. In der Presse wurde berichtet: „Im Mittelpunkt der Gespräche standen dem Vernehmen nach der Balkan-Konflikt und eine schärfere Kontrolle des Handelsembargos gegen Serbien. Ein weiteres Thema war das bevorstehende Referendum in Frankreich zu den Verträgen von Maastricht." Vgl. den Artikel „Kohl und Mitterrand treffen sich auf Borkum"; FRANKFURTER ALLGEMEINE ZEITUNG vom 27. August 1992, S. 1.

15 Zur Lage in Somalia vgl. Dok. 248.

16 Zur Resolution Nr. 770 des VN-Sicherheitsrats vom 13. August 1992 vgl. Dok. 254, Anm. 9.

17 Zum Referendum am 20. September 1992 in Frankreich vgl. Dok. 293 und Dok. 300.

18 Referat 203 legte am 19. August 1992 dar: „In der vergangenen Woche wurden mehrere deutsche LKWs in Frankreich bei dem Versuch gestellt, fälschlich als Hausmüll deklarierten Sondermüll auf französische Hausmülldeponien zu verbringen. Die Affäre hat in der französischen und deutschen Presse weite

Dumas bezeichnete es als vordringlich, europäische Lösungen zu finden. Nach den Worten von *BM* ist es eine groteske Vorstellung, dass, nachdem die Müllexporte in die Dritte Welt gestoppt seien, man nunmehr den Müll vor der Haustür des europäischen Nachbarn ablade.

BM unterrichtete Dumas über den Jugoslawien-Brief von AM Hurd.[19] Beide Minister waren sich einig, dass das Umschwenken der britischen Haltung zu Militäreinsätzen und zur Ankündigung, dass nunmehr 1800 Mann zur Verfügung gestellt würden, auf den Druck der öffentlichen Meinung und nicht zuletzt auch auf Politiker wie Margaret Thatcher zurückzuführen sei. *BM* meinte außerdem, dass das französische Beispiel seinen Eindruck auf GB wohl nicht verfehlt habe. BM äußerte sich unzufrieden, dass D angesichts seiner Verfassungslage hier im Augenblick noch nicht mehr tun könne.

Dumas wies darauf hin, dass auch die öffentliche Meinung in den Partnerländern hierfür zunehmend weniger Verständnis zeige.

BM sieht in dieser Frage ein Umdenken in der SPD. Er berichtete über sein Telefonat mit BMin Leutheusser-Schnarrenberger. Er habe mit ihr Formulierungen zu einer Verfassungsänderung, die Blauhelm-Einsätze und militärische Einsätze unter dem Dach der VN nach einer erneuten Befassung des Bundestages zuließen, verabredet. Auf Frage, welcher seiner EG-Kollegen ihn denn besonders dränge, habe er immer geantwortet, dass er zwar nicht bedrängt würde, aber ständig die hohe Erwartungshaltung der Partner spüre.

B 1, ZA-Bd. 178945

256

Vorlage des Vortragenden Legationsrats I. Klasse Bertram für Bundesminister Kinkel

201-360.20 **21. August 1992**[1]

Über Dg 20[2], D 2[3], Herrn Staatssekretär[4] Herrn Bundesminister[5]

Betr.: Zur Diskussion um eine „neue Sicherheitspolitik“ aus bündnispolitischer Sicht

Zweck der Vorlage: Zur Unterrichtung

Fortsetzung Fußnote von Seite 1023

Beachtung gefunden. Die illegalen Exporte sind sowohl von Umweltministerin Royal wie auch von BM Töpfer scharf verurteilt worden.“ Vgl. B 24, ZA-Bd. 265998.

19 Mit Schreiben vom 19. August 1992 an BM Kinkel informierte der britische AM Hurd über den Stand der Vorbereitungen und die Themen sowie das Begleitprogramm der internationalen Jugoslawien-Konferenz am 26./27. August 1992 in London. Vgl. B 42, ZA-Bd. 175655.

1 Die Vorlage wurde von VLR Weil konzipiert.

2 Hat in Vertretung des MDg Hofstetter MDg von Studnitz am 21. August 1992 vorgelegen.

3 Hat MD Chrobog am 24. August 1992 vorgelegen.

4 Hat StS Lautenschlager am 25. August 1992 vorgelegen.

Von der Opposition und Teilen der Medien wurde im Zusammenhang mit der Beteiligung deutscher Streitkräfte an den Aktionen der WEU und der NATO in der Adria[6] der Bundesregierung vorgehalten, „scheibchenweise eine fundamentale Veränderung der deutschen Außen- und Sicherheitspolitik vorzunehmen“ (Hans-Ulrich Klose in der Sondersitzung des Deutschen Bundestags am 22.7.1992[7]) und die Streitkräfte der NATO „als weltweit operierende Ordnungsmacht“ einzusetzen (MdB Däubler-Gmelin gegenüber der Presse am 11.8.1992[8]). Als neu kritisiert wird eine interventionistische Sicherheitspolitik (MdB Erler, SPD, am 24.6.1992 im Verteidigungsausschuss: „Interventionshysterie“[9]). Als Beweise für Absicht und Wandel genannt werden Planungen für

- Out-of-area-Einsätze,
- Schaffung von Krisenreaktionskräften und
- Peacekeeping-Einsätze der Bundeswehr.

Zu fragen ist jedoch, ob diese Vorwürfe zutreffen, d. h., ob die festgestellten „Verstöße“ Zeichen einer fundamental neuen Sicherheitspolitik sind oder ob sie nicht nur ein neues Instrumentarium zur Umsetzung des bisherigen Sicherheitskonzepts bedeuten.

Seit ihrem Beitritt zum Nordatlantischen Bündnis[10] verfolgt die Bundesrepublik Deutschland eine Sicherheitspolitik, die dem Friedensgebot des Grundgesetzes[11] und dem Völkerrecht der Charta der VN[12] mit dem umfassenden Gewaltverbot und dem Recht auf Selbstverteidigung verpflichtet ist. Sie verfolgt ihre Außen- und Sicherheitspolitik in Westeuropa, im transatlantischen Kontext, im gesamteuropäischen Prozess und im weltweiten Rahmen. Charakterisiert und festgelegt sind damit die Aktionsfelder unserer Sicherheitspolitik. Kritiker dieser Politik müssen diesen Bezugsrahmen miteinbeziehen.

Mit der engen Einbettung Ds in das Atlantische Bündnis und seine Strukturen hat D im hohen Maße bewusst darauf verzichtet, eine vom Bündnis abweichende nationale Sicherheitspolitik zu definieren. Dasselbe gilt für konzeptionelle Anpassungen nationaler Positio-

Fortsetzung Fußnote von Seite 1024

5 Hat BM Kinkel am 27. August 1992 vorgelegen.
Hat OAR Salzwedel am 31. August 1992 vorgelegen, der den Rücklauf über das Büro Staatssekretäre, MD Chrobog und MDg Hofstetter an Referat 201 verfügte.
Hat VLR I Reiche am 31. August 1992 vorgelegen.
Hat Chrobog am 1. September 1992 erneut vorgelegen.
Hat in Vertretung Hofstetters MDg von Studnitz am 1. September 1992 erneut vorgelegen.
Hat VLR Ulrich am 2. September 1992 vorgelegen.

6 Zu den Überwachungsmaßnahmen von NATO und WEU in der Adria vgl. Dok. 220.

7 Vgl. BT Stenographische Berichte, 12. WP, 101. Sitzung, S. 8618.

8 In der Presse wurde berichtet, die SPD habe am 11. August 1992 den Text ihrer Organklage gegen die Bundesregierung veröffentlicht. Diese richte sich u. a. gegen die Beteiligung von Marineeinheiten an der Überwachung des VN-Embargos in der Adria. Die stellvertretende SPD-Vorsitzende Däubler-Gmelin habe den Adria-Einsatz der NATO als Teil des Bestrebens gewertet, „die Streitkräfte des NATO-Bündnisses ‚als weltweit operierende Ordnungsmacht‘ einzusetzen“. Vgl. den Artikel „Organklage der SPD veröffentlicht“; Frankfurter Allgemeine Zeitung vom 12. August 1992, S. 2.

9 Zur Sitzung des Verteidigungsausschusses vgl. Dok. 188.

10 Der NATO-Vertrag vom 4. April 1949 in der Fassung vom 17. Oktober 1951 trat für die Bundesrepublik am 6. Mai 1955 in Kraft. Vgl. BGBl. 1955, II, S. 630.

11 Für das Grundgesetz vom 23. Mai 1949 vgl. BGBl. 1949, S. 1–19.

12 Für die VN-Charta vom 26. Juni 1945 vgl. BGBl. 1973, II, S. 432–503.

nen, die sich aus der vertragsnotwendigen Umsetzung von Verpflichtungen und Entscheidungen im Rahmen des Aufbaus einer europäischen Sicherheits- und Verteidigungsidentität ergeben, da D auch diesen Zielen völkerrechtlich verpflichtet ist.

1) Plant, probt und bereitet sich die Bundeswehr vor auf Out-of-area-Einsätze?

In der Zeit der Konfrontation der Blöcke war die Hauptaufgabe der Bundeswehr evident: Im Rahmen der „forward defence“ hatte sie primär den Verteidigungsauftrag an der innerdeutschen Grenze zu erfüllen. Die Bundeswehr agierte – wie das gesamte Bündnis – blockbezogen. Aufgrund der militärpolitischen Gegebenheiten des Kalten Kriegs war die blockbezogene Erfüllung des Bündnisauftrags für die Bundeswehr identisch mit der Erfüllung des ihr vom Grundgesetz zugewiesenen Auftrags zur Landesverteidigung. (In einer ähnlichen Position befanden sich nur Norwegen und die Türkei.)

Der deutschen Öffentlichkeit war zwar der Charakter der Bundeswehr als Bündnisarmee bewusst, ja die Einbindung der Bundeswehr in die multilateralen Strukturen der Allianz und die damit auch gewollte politische Mitbestimmung über ihren Einsatz galten (auch in Deutschland) als wünschenswerte Vorkehr gegen „deutsche Sonderwege“. Dass sich jedoch der Bündnisauftrag der Bundeswehr nicht mit dem koinzidenten Auftrag zur Landesverteidigung erschöpfte, sondern seit dem Beitritt der Bundesrepublik Deutschland zur NATO vertragsgemäß die Verteidigung des gesamten Bündnisgebiets mit umfasste, ist im Laufe von über vierzig Jahren Fixierung auf die Blockkonfrontation und damit auf einen nur auf deutschen Boden begrenzten Einsatz der Bundeswehr im politischen Bewusstsein in den Hintergrund getreten.

Mit dem Wegfall der Blockbezogenheit als „raison d'être“ des Bündnisses steht die deutsche Öffentlichkeit vor der durch Gewöhnung eingetretenen, auch psychologisch wirksamen Barriere, den verbliebenen und aktualisierten Bündnisauftrag der Bundeswehr angemessen zu würdigen. Eine solche Würdigung muss Art. 5 des NATO-Vertrags[13] in den Mittelpunkt stellen.

Diese Bestimmung verpflichtet weiterhin alle Mitgliedstaaten zum Schutz des gesamten Bündnisgebiets. Es ist ein Gebot der Solidarität gerade für Deutschland, das als exponierter Mitgliedstaat über einen langen Zeitraum den kollektiven Schutz des Bündnisses erfahren hat, in einer gewandelten Bedrohungslage den heute exponierteren Flankenstaaten der Allianz zur Seite zu stehen.

Wir waren in den vergangenen Jahrzehnten darauf angewiesen, dass sich unsere Partner zur Begründung ihrer Präsenz in Deutschland zu dem NATO-immanenten „Prinzip der erweiterten Landesverteidigung“ bekannten. Es ist daher bündnispolitisch schlüssig und nicht Ausdruck eines weiter ausgreifenden neuen sicherheitspolitischen Ansatzes der Bundesregierung, wenn BM Rühe (zuletzt in der Sondersitzung des Bundestags am 22.7.1992) diesen Begriff auf die heutigen Aufgaben der Bundeswehr überträgt: „Die erweiterte Landesverteidigung ist die Bündnisverteidigung.“[14] Es geht dabei ausdrücklich nicht um „Out-of-area“-Einsätze der Bundeswehr, sondern um ihre Verwendung „in area, but out of Germany“.

2) Verfolgt die Bundeswehr mit dem Aufbau von Krisenreaktionskräften interventionistisch und weltweit orientierte Absichten?

13 Für Artikel 5 des NATO-Vertrags vom 4. April 1949 vgl. BGBl. 1955, II, S. 290.

14 Vgl. BT Stenographische Berichte, 12. WP, 101. Sitzung, S. 8640.

Das auf dem Gipfeltreffen von Rom im November 1991 verabschiedete „Neue Strategische Konzept“[15] konstatiert multiple Risiken und macht sich einen erweiterten Sicherheitsbegriff zu eigen, der die Konsequenzen aus der Beseitigung der massiven Bedrohung mit kurzen Vorwarnzeiten in der Zentralregion zieht. Eine prägnante Umsetzung der neuen Strategie erfolgte auf der militärpolitischen Ebene mit der von den Verteidigungsministern des Bündnisses im Dezember 1991 gebilligten neuen Streitkräftestruktur (MC 317[16]), die für die nahe Zukunft die Dreiteilung der Streitkräfte in

- Krisenreaktionskräfte,
- Hauptverteidigungskräfte und
- Verstärkungskräfte

vorsieht.

Im Streitkräftedispositiv der Allianz kommt dabei den bis 1995 verfügbaren präsenten, mobilen, flexiblen und multinationalen Krisenreaktionskräften die prominenteste Rolle zu, um das Bündnisgebiet „mit weniger Kräften ... schützen zu können und die konzeptionelle und strukturelle Krisenreaktionsfähigkeit zu optimieren“ (so die Rahmenrichtlinie des BMVg für die weitere Ausgestaltung der Krisenreaktionskräfte).

Auch die Bundeswehr wird auf absehbare Zeit den Schwerpunkt auf die Entwicklung und Gestaltung der Krisenreaktionskräfte legen. Der Vorwurf, die Bundeswehr schaffe sich damit ein Interventionsinstrument für „Out-of-area“-Einsätze, geht ins Leere. Die einschlägigen Planungen der Bundeswehr sind vielmehr auf das Engste verknüpft mit den Vorbereitungen der Allianz für die Aufstellung dieser multinationalen Verbände zur bündnisweiten Krisenreaktion.

Die Krisenreaktionskräfte in der verbindlichen Bündnisplanung sind nicht Ausdruck einer neuen Strategie, um geänderte sicherheitspolitische Ziele zu verfolgen. Hier handelt es sich um eine notwendige Anpassung der Mittel, um das gleich gebliebene Ziel zu erreichen.

Mit dem Zusammenbruch des früheren sowjetischen Imperiums entfiel der Bedrohungsschwerpunkt in der Zentralregion in Europa. Neue Risiken sind nicht länger eindeutig zu lokalisieren, wobei jedoch wie in der Vergangenheit die Flankenpartner des Bündnisses stärker exponiert sind. Der Grundsatz des Bündnisses, gleiche Sicherheit für alle, muss dem Umstand Rechnung tragen, dass das Bündnis über weniger Streitkräfte und Finanzen verfügt, mit diesen aber den Schutz des Bündnisgebietes in der gleichen Effizienz wie früher gewährleisten soll. Unausweichlich ist deshalb, dass die geschrumpften Kräfte durch höhere Flexibilität und Mobilität in der Lage sein müssen, den gesamten Bündnisbereich verteidigen zu können. Krisenreaktionskräfte sind damit keine Interventionskräfte. Die Unterstellung, sie sollten über die Bündnisgrenzen hinaus eingesetzt werden, geht an den Tatsachen vorbei. Derartige Absichten haben bei der Neuformulierung der Strategie nie eine Rolle gespielt. Sie widersprechen dem eindeutigen Bündniskonsens für Begründung und Einsatz der Krisenreaktionskräfte.

[15] Für das bei der NATO-Gipfelkonferenz am 7./8. November 1991 verabschiedete Strategiekonzept vgl. https://www.nato.int/cps/en/natohq/official_texts_23847.htm?selectedLocale=en. Für den deutschen Wortlaut vgl. BULLETIN 1991, S. 1039–1048. Zur Gipfelkonferenz vgl. AAPD 1991, II, Dok. 375 und Dok. 376.

[16] Das Dokument „NATO Force Structures for the Mid-1990s and Beyond“ (MC 317) vom 15. November 1991 wurde bei der Ministersitzung des DPC am 12./13. Dezember 1991 in Brüssel verabschiedet. Für das Dokument vgl. B 130, VS-Bd. 15104 (201). Zur Sitzung vgl. AAPD 1991, II, Dok. 428.

3) Sprengen „Peacekeeping-Einsätze“ den Rahmen unserer bisherigen Sicherheitspolitik?

Friedensmissionen der Bundeswehr bedeuten konzeptionell in der Tat eine Neuorientierung. Fraglich ist, ob es sich hier ebenfalls auch nur um eine Änderung der Mittel bei der Verfolgung eines gleich gebliebenen sicherheitspolitischen Zieles handelt (eine andere, hier nicht zu untersuchende Frage ist, ob und welche verfassungsrechtlichen Schranken es für uns bei Peacekeeping-Möglichkeiten gibt).

Eine der Grundentscheidungen der Sicherheitspolitik der Bundesrepublik Deutschland ist der Verzicht auf eigenständige nationale Lösungswege. Dies ist das Rationale für unsere Bündniszugehörigkeit im atlantischen und europäischen Rahmen und gilt auch für unsere aktive Mitgliedschaft in den Vereinten Nationen. Durch Unterstützung ihrer friedensgestaltenden Möglichkeiten entsprechen wir dem Auftrag unseres Grundgesetzes, Frieden zu schaffen.

Historische Gründe, die Teilung Deutschlands und die weltweite Blockkonfrontation haben bisher verhindert, dass wir diesem – von uns seit jeher mitgetragenen – Ziel im Rahmen der VN mit deutschen Beiträgen zu Peacekeeping-Operationen dienen konnten. Nun aktualisieren sich unsere Verpflichtungen, die sich aus unserer Zugehörigkeit zum System der Völkergemeinschaft ergeben und von uns durch unseren Beitritt zu den VN[17] akzeptiert wurden. Dies hat zur Folge, dass unser Peacekeeping-Instrumentarium aktiviert werden sollte.

Dies zu tun, ist auch von Bedeutung unter bündnispolitischen Gesichtspunkten.

Bei allem Verständnis, auf das wir bei den Verbündeten für unsere Verfassungslage rechnen dürfen, sind doch Zweifel angebracht, wie lange sich Deutschland noch auf die „Kultur der Zurückhaltung“ (BM Rühe im Bundestag am 22.7.1992[18]) zurückziehen kann, ohne dass unsere Glaubwürdigkeit in der Allianz leidet.

Wenn das Bündnis im Konsens seiner Mitglieder unter dem Mandat der KSZE oder der VN neue sicherheitspolitische Aufgaben wahrnimmt, würde Deutschland, verhielte es sich abstinent, einen „Sonderweg“ betreten, der unsere Mitgestaltung der Bündnispolitik erschweren würde. Es fragt sich, ob unsere verfassungspolitischen und historischen Argumente die gleiche Autorität besitzen wie etwa das Ersuchen des GS der VN[19] an die NATO, sich an Peacekeeping-Maßnahmen zu beteiligen. Das Letztere beruht auf dem erweiterten Handlungsspielraum und der vergrößerten Legitimität der VN nach dem Kalten Krieg und reflektiert die neuen Möglichkeiten der VN, ihre satzungsmäßigen Aufgaben wahrzunehmen – Aufgaben, die sich nun auch für uns aus unserer VN-Mitgliedschaft aktualisieren.

Mit der von uns im Bereich des „Peacekeeping“ in Anspruch genommenen „Kultur der Zurückhaltung“ schaffen wir im Übrigen eine Berufungsgrundlage, die uns in anderen Bündnisfragen entgegengehalten werden kann. Der historische Erfolg der Allianz beruht zu einem guten Teil auf der Einsicht ihrer Mitglieder, dass der Anspruch auf gleiche Sicherheit für alle auch die uneingeschränkte Mitwirkung an ihrer Gewährleistung erfordert. Dieses Grundverständnis ist eine tragende Säule der gemeinsamen Bündnispolitik.

4) Festzuhalten bleibt:

a) Der Kern der Sicherheitspolitik der Allianz, die kollektive Selbstverteidigung gem. Art. 5 des NATO-Vertrags, gilt unverändert. Dass der NATO-konforme Einsatz der Bundeswehr

17 Die Bundesrepublik trat den VN am 18. September 1973 bei. Vgl. AAPD 1973, III, Dok. 310.

18 Vgl. BT Stenographische Berichte, 12. WP, 101. Sitzung, S. 8640.

19 Boutros Boutros-Ghali.

in anderen Bündnisstaaten faktisch möglich geworden ist, ist keine Folge einer fundamental neuen deutschen Sicherheitspolitik, sondern der solidarische Reflex auf die militärische Entspannung in der Zentralregion.

b) Die Mitwirkung Deutschlands an den Aufgaben der gewandelten Allianz ist Ausdruck unseres Bündniswillens und unserer Bündnisfähigkeit. Sie ist die Voraussetzung für die Fortsetzung der gemeinsamen Sicherheitspolitik der NATO.

c) Generell gilt, dass die Bundesregierung den bisherigen sicherheitspolitischen Zielen mit dem Friedensgebot als oberster Maxime verpflichtet bleibt, ohne den Rahmen (NATO, KSZE, VN) und das Ziel (die vom Grundgesetz vorgegebene Aufgabe, eine Friedensordnung in Europa zu schaffen und zur Stabilität weltweit beizutragen) zu ändern. Geändert hat sich das internationale und auch nationale sicherheitspolitische Umfeld, dem die Bundesrepublik Deutschland durch Beteiligung am neuen Instrumentarium Rechnung trägt. Insofern ist sie aufgerufen, ihre sicherheitspolitischen Aktionsfelder im Zusammenwirken mit ihren Bündnispartnern den neuen internationalen Herausforderungen anzupassen.

Bertram

B 14, ZA-Bd. 161169

257

Vorlage des Vortragenden Legationsrats I. Klasse Neubert für Bundesminister Kinkel

213-320.10 RUS **21. August 1992**

Über Dg 21[1], D 2[2], Herrn Staatssekretär[3] Herrn Bundesminister[4]

Betr.: Bleibt Russland auf Kurs?[5]

Zweck der Vorlage: Zur Unterrichtung

1) Die innenpolitische Entwicklung der letzten drei Monate in Russland hat sowohl in den Medien wie bei befreundeten Regierungen die Frage aufkommen lassen, ob der Westen einen politischen Kurswechsel Moskaus ernsthaft in Betracht ziehen muss.

1 Hat MDg von Studnitz am 21. August 1992 vorgelegen.

2 Hat MD Chrobog am 24. August 1992 vorgelegen.

3 Hat StS Lautenschlager am 24. August 1992 vorgelegen.

4 Hat BM Kinkel am 27. August 1992 vorgelegen, der handschriftlich vermerkte: „Gute Vorlage!“
Hat OAR Salzwedel am 31. August 1992 vorgelegen, der den Rücklauf über das Büro Staatssekretäre, MD Chrobog und MDg von Studnitz an Referat 213 verfügte.
Hat VLR I Reiche am 31. August 1992 vorgelegen.
Hat Chrobog am 1. September 1992 erneut vorgelegen.
Hat in Vertretung von Studnitz VLR I Lambach am 1. September 1992 vorgelegen.

5 Für Auszüge aus der Vorlage vgl. den Artikel „‚Jelzins Sturz ist unwahrscheinlich‘. Analyse Bonner Diplomaten zur Entwicklung Rußlands“; SÜDDEUTSCHE ZEITUNG vom 7. September 1992.

a) Die Fakten:

- Die wirtschaftliche Produktion sinkt weiter, die Inflation steigt, die Kritik an der Wirtschaftspolitik von MP Gajdar ist intensiv und anhaltend.
- Als eine Folge davon hat Präsident Jelzin zwei neue stellv. Ministerpräsidenten ernannt, die zwar als Befürworter einer vorsichtigen Wirtschaftsreform, aber auch als Exponenten der Schwer- und Rüstungsindustrie gelten.[6]
- Seit Monaten ist Außenminister Kosyrew Ziel intensiver Kritik aus verschiedenen Richtungen; ihm wird eine allgemein konzeptionslose und zu pro-westliche Außenpolitik vorgeworfen, aber insbesondere ein mangelndes Eintreten für den Schutz der Rechte der Russen in den anderen Staaten der GUS. Letzter Punkt ein Dauerthema von Vizepräsident Ruzkoj.
- Mit der Gründung der sog. „Bürgerunion“ durch den Chef der Demokratischen Partei, Trawkin, Vizepräsident Ruzkoj selbst und den einflussreichen Vorsitzenden des sog. Unternehmerverbandes (Zusammenschluss der traditionellen Schwer- und Rüstungsindustrie), Arkadij Wolskij, ist die bisher erste und einzige ernstzunehmende politische Gruppierung, die über ein Mindestmaß an Mitgliedern, organisatorischen Strukturen und politischem Zusammenhalt verfügt, entstanden, die wirksam Opposition gegen Jelzins Kurs betreiben könnte, auch wenn nicht erwiesen ist, dass dieser Zusammenschluss dauert und handlungsfähig ist.

b) Die Reaktionen:

- London fragt sich in einer Analyse von Ende Juli, ob der Westen in absehbarer Zeit (sechs bis zwölf Monate) mit einem einschneidenden innenpolitischen Kurswechsel in Moskau rechnen muss, der dann auch außenpolitische Konsequenzen für das Verhältnis des Westens zu Russland haben könnte, bis hin zu der Fragestellung, ob wir – erneut – mit einer „feindseligen“ Großmacht im Osten rechnen müssen.
  London hat verschiedene Partner um Kommentare gebeten. Die Studie kommt zu dem Schluss, dass eine Kurskorrektur zu einer vorsichtigeren, „konservativen“ Wirtschaftspolitik sehr wahrscheinlich ist, dass ein Übergang zu einer aggressiven, feindseligen Außenpolitik dem Westen gegenüber sehr unwahrscheinlich [ist], dass wir aber wohl mit einer härteren Vertretung russischer Interessen in der internationalen Politik rechnen müssten, was z. B. Auswirkungen auf die Zusammenarbeit mit Russland in den VN bezüglich der verschiedenen Krisenherde auf der Welt haben könnte.
- Wie wir aus Washington hören, sehen die Amerikaner die Lage sehr viel gelassener. Sie erkennen an, dass Russland vor enormen wirtschaftlichen und sozialen Problemen steht, sie sehen auch, dass gewisse Kurskorrekturen angebracht worden sind, halten diese jedoch angesichts dieser Probleme für durchaus vernünftig und rechnen nicht mit einer wesentlichen Veränderung der russischen Außenpolitik in einem für den Westen ungünstigen Sinne. Sie behalten sich allerdings eine weitere Meinungsbildung vor, da sie ihre eigenen Analysen noch nicht abgeschlossen haben.

[6] Zur Regierungsumbildung in Russland vgl. Dok. 175, Anm. 7.
Botschafter Blech, Moskau, berichtete am 9. Juni 1992, in der russischen Regierung sei erneut eine Reihe von Schlüsselpositionen neu besetzt worden. Für die Verschiebung der Gewichte stünden beispielhaft „die Ernennung des Leningrader Vertreters des militärisch-industriellen Komplexes, Chischa, zum Vizeminister[präsidenten] sowie die Auswechslung des Vertrauten Gajdars, Lopuchin, gegen Tschernomyrdin, einen Vertreter des alten sowjetischen Energie-Establishments“. Vgl. DB Nr. 2470/2471; B 41, ZA-Bd. 221582.

- Künftige Entwicklung in Russland besorgt auch die Niederländer, die Thema in Kürze auf Botschafterkonferenz erörtern werden, ganz offenkundig über britische Haltung informiert sind und bei uns vorsprachen.

2) Elemente der Lagebewertung

Wir sehen, wie unsere britischen Partner, die buchstäblich enormen Risiken, welche die wirtschaftliche und soziale Lage in Russland für die innenpolitische und naturgemäß auch außenpolitische Entwicklung in sich birgt. Wir sehen jedoch demgegenüber auch einige positive Elemente und – vor allem – bisher keine gravierenden Tatsachen, die eine Sorge vor einem einschneidenden Kurswechsel belegen.

a) Risikoelemente

- Die Industrieproduktion sinkt weiter, nach offiziellen russischen Angaben ca. –15 %, Entwicklung in Landwirtschaft nicht wesentlich besser, inoffizielle Angaben sprechen von –30 % in beiden Wirtschaftsbereichen.
- Die Inflation bleibt hoch, die Staatsausgaben in Form von Subventionen, Gehältern etc. laufen weiter, die Steuereinnahmen bleiben zurück. Das Defizit des Staatshaushaltes war in diesem Jahr im ersten Halbjahr aber geringer als im vergangenen, etwas über 5 % statt gute 20 %. Die Arbeitslosigkeit steigt, sie wird noch weiter steigen, wenn die Regierung mit ihrer Politik des knappen Geldes weiter ernst macht. Auch wenn sie der Großindustrie Konzessionen macht in Form weiterer Subsidien, wird ansteigende Arbeitslosigkeit nicht vermieden werden können.
- Die lange Durststrecke, bis die Reform den Niedergang der Wirtschaft aufhalten und einen Aufschwung einleiten kann, zehrt sichtlich an der Popularität der Reformpolitiker. Umfragen wollen einen geringen, aber spürbaren Popularitätsverlust von Präsident Jelzin erkennen, verbunden mit einem Popularitätszuwachs des populistisch-nationalistisch argumentierenden Vizepräsidenten Ruzkoj.
- Die ethnischen Konflikte, in die Russen in den anderen GUS-Staaten einbezogen werden, bilden einen gefährlichen Ansatzpunkt für nationalistische Kräfte, die – sei es von rechts oder links – die Reformpolitik Jelzins auch aus anderen Motiven ablehnen.
- Es trifft zu, dass Jelzin keine festgefügte parlamentarische Basis hat, das Parlament der Regierung zunehmend kritisch gegenübersteht und die Verbindung von Trawkin, Ruzkoj und Wolskij in der „Bürgerunion" einen potenziell mächtigen und insoweit auch gefährlichen Gegner für Jelzin darstellt. Es trifft zu, dass die Kritik an PM Gajdar und an AM Kosyrew in letzter Zeit stärker geworden ist und auch eine Reihe prominenter Reformpolitiker in diesen kritischen Chor eingestimmt hat, wie etwa Rumjantsew und Ambartsumow.

b) Diesen unbestreitbaren Risikofaktoren stehen jedoch auch positive Entwicklungen und Entscheidungen gegenüber:

- Die russische Regierung hat mit dem IWF ein Länderprogramm vereinbart, ist in die IFIen aufgenommen worden, und – das Wichtigste – der IWF hat, obwohl Russland nicht alle Zuteilungskriterien erfüllt hatte, Anfang August der Freigabe der ersten Tranche von einer Milliarde Dollar eines IWF-Kredits zugestimmt. Damit können die Reformpolitiker nicht nur einen beträchtlichen politischen und konzeptionellen Durchbruch verbuchen, sondern auch Geld für den Import von dringend benötigten Gütern, d. h. einen spürbaren materiellen Erfolg.

- Der russischen Führung ist es gelungen, im Parlament eine eindrucksvolle und saubere Mehrheit für die Ratifikation des KSE-Vertrages[7] zusammenzubringen, was selbst prominente russische Politiker noch zwei Tage vor der Abstimmung bezweifelten. Mit der KSE-Vertrags-Ratifikation, dem Protokoll über die Inkraftsetzung des START-Vertrages[8] und den weitergehenden Abmachungen Bush–Jelzin über die Fortsetzung der nuklearen Abrüstung[9] hat die Regierung sich auch in diesem sensitiven Bereich der Politik eindrucksvoll durchgesetzt.
- Jelzin hat den Dauerkonflikt mit der Ukraine auf ein Niveau heruntergeschraubt, der die noch offenen Fragen handhabbar macht. Der von Ruzkoj hochstilisierte Konflikt um die Krim ist mit großem Geschick seitens der Ukrainer und einer vernünftigen Haltung seitens der Russen bereinigt worden.[10] Das heikle Problem der Schwarzmeerflotte ist durch eine provisorische Regelung abgekühlt und durch die dreijährige Frist zur Ausarbeitung einer endgültigen Lösung ebenfalls politisch handhabbar gemacht worden.[11]

7 BRI Stüdemann, Moskau, berichtete am 8. Juli 1992: „Der KSE-Vertrag einschließlich des Übereinkommens über Prinzipien und Verfahren für seine Inkraftsetzung wurde heute (8.7.) vom russischen Obersten Sowjet mit 169 Ja-Stimmen bei zehn Enthaltungen und nur vier Gegenstimmen ratifiziert. Das gute Ergebnis hat selbst im RAM überrascht. Einen großen Anteil daran hatte sicherlich das positive Votum, mit dem das Präsidium des OS und damit die Stimme von Parlamentspräsident Chasbulatow ins Gewicht fiel". Vgl. DB Nr. 2904; B 43, ZA-Bd. 177847.

8 Botschafter von Ploetz, Brüssel (NATO), berichtete am 29. Mai 1992: „StV USA unterrichtete NATO-Rat am 29.5. über das am 23.5. in Lissabon zwischen den USA, RF, WEI, UKR und KAS unterzeichnete Protokoll zum START-Vertrag […]. Durch [das] Protokoll würden alle vier Nachfolgestaaten der SU zu START-Vertragsparteien und übernähmen daraus resultierende Rechte und Pflichten. In Begleitbriefen verpflichteten sich UKR, KAS und WEI, dem NPT als Nicht-Nuklearstaaten so bald wie möglich beizutreten und alle strategischen Nuklearwaffen auf ihrem Territorium innerhalb der siebenjährigen Reduzierungsperiode des Vertrags zu vernichten bzw. zu transferieren. Dadurch sei nun auch der Weg offen zur Ratifizierung des Vertrags durch die USA". Vgl. DB Nr. 877; B 43, ZA-Bd. 228436.
Für das Protokoll und die zugehörigen Dokumente vgl. https://2009-2017.state.gov/documents/organization/27389.pdf.

9 Zu den Abrüstungsvereinbarungen der Präsidenten Bush (USA) und Jelzin (Russland) vom 16./17. Juni 1992 vgl. Dok. 186.

10 Das BMVg teilte am 1. Juli 1992 mit: „Das Parlament der Ukraine hat der Krim einen weitgehenden Autonomiestatus gewährt. Damit bleibt die Halbinsel Bestandteil der Ukraine und untersteht deren Gesetzen. Der Anschluss an ein anderes Land bedarf der Zustimmung beider Parlamente in Kiew und Simferopol. […] Die Ukraine hat die brisante Territorialfrage in ihrem Sinn zunächst gelöst und damit Russland ihre unmissverständliche Haltung verdeutlicht. Mit dem Beschluss dürften die Interessen der 27-prozentigen ukrainischen Krim-Bevölkerung weitgehend gewahrt sein. […] Es ist nicht zu erwarten, dass damit die Krim-Problematik endgültig und für alle Seiten verbindlich geregelt ist. Nationalistische Kreise in Russland werden die Rechte der russischen Bürger auf der Basis des russischen Parlamentsbeschlusses einklagen, nach dem die Zugehörigkeit der Krim zur Ukraine grundsätzlich als unrechtmäßig angesehen wird." Vgl. FS Nr. 1317; B 41, ZA-Bd. 184025.

11 Zur Frage der Aufteilung der Schwarzmeerflotte vgl. Dok. 195.
Gesandter Heyken, Moskau, berichtete am 4. August 1992: „Der russisch-ukrainische Gipfel in Muchalatka (Vorort von Jalta) am 3. August ist mit einem unerwarteten, aber doch bemerkenswerten Kompromiss zu Ende gegangen: Krawtschuk und Jelzin einigten sich nach den bislang hier vorliegenden Meldungen darauf, die Schwarzmeerflotte dem Oberkommando der Vereinigten Streitkräfte der GUS zu entziehen und für eine Übergangsperiode von drei Jahren einem gemeinsamen russisch-ukrainischen Kommando zu unterstellen. Es sollen zwei Flottenoberkommandierende von den beiden Präsidenten ernannt werden und auch nur von diesen abgesetzt werden können. Über die Aufteilung der Flotte soll

- Mit der Übernahme des größten Teils der Streitkräfte (Ausnahme: die zahlenmäßig geringen strategischen Nuklearkräfte i.e.S.) in jeweils nationale Verantwortung der neuen Staaten ist die zivile politische Kontrolle über das Militär wiederhergestellt worden, gleichzeitig haben die Truppen einen politisch Verantwortlichen für ihre sozialen Sorgen und berechtigten Forderungen. Gleichzeitig wird die Militärreform mit hohem Druck weiterbetrieben, weniger aus Idealismus als unter dem Druck der veränderten politischen, geographischen und finanziellen Gegebenheiten, wobei die Sachzwänge einen zuverlässigeren Wegweiser darstellen als „neue Konzeptionen", die auch verworfen werden könnten.
- Mit der Dämpfung der bürgerkriegsähnlichen Entwicklungen in Transnistrien[12] und Südossetien[13] hat die russische Führung Verantwortungsbewusstsein, politische Fantasie und Durchsetzungsfähigkeit bewiesen. Ruzkoj war zwar bei den Fotos der einschlägigen Treffen immer im Vordergrund, aber in der Sache hat sich nicht seine nationalistisch-aggressive Linie durchgesetzt, sondern die Lösungen für Moldau und Georgien entsprechen der Linie Kosyrews. Kosyrews Unauffälligkeit sollte nicht mit mangelndem Durchsetzungsvermögen verwechselt werden, sein öffentlicher Gegenangriff auf Ruzkoj und die russische, wenn nicht „Kriegs-", so doch „Konfliktpartei" belegt dies.
- Die Ankündigung Jelzins, bei dem Japanbesuch[14] eine Demilitarisierung der Kurilen[15] bis 1995 in Aussicht zu stellen, wäre – wenn dies verwirklicht wird – ein weiterer Erfolg der Linie Kosyrews.
- Desgleichen hat es Kosyrew geschafft, die praktisch seit den Souveränitätserklärungen der baltischen Staaten 1990[16] von Russland nur zum Schein geführten Verhandlungen über die Neuregelung des Verhältnisses, insbesondere über den Abzug der russischen Truppen[17], vom Nullpunkt wegzubewegen und einen vernünftigen Abzugs-Abschlusstermin, Ende 1994, in der öffentlichen Diskussion festzuklopfen. Die Balten sagen es nicht öffentlich, aber sie sind mit dieser Entwicklung nicht unzufrieden. Desgleichen haben die Balten auch erkannt, in der Frage der rechtlichen Behandlung der russischen Bevölkerungsminderheiten ihre nationalistische Linie, die zum Teil an die Rhetorik von 1920/1930 erinnerte, fallenzulassen und sich an KSZE-Standards zu orientieren, wie es Russland – nicht zu Unrecht – fordert. Erste Schritte der Balten in diese Richtung sind auch ein Erfolg für Kosyrew, und den Ruzkojs in Russland wird ein wenig Wind aus den Segeln genommen.
- Wie wir von den westlichen Botschaften in Moskau und aus St. Petersburg hören, trifft es nicht zu, dass sich die Versorgungssituation verschlechtert habe, im Gegenteil. In den Geschäften der Städte scheint sie sich in den letzten Monaten sogar verbessert zu haben, auch wenn der Preisanstieg anhält.

Fortsetzung Fußnote von Seite 1032

erst nach Ablauf der Übergangsperiode von drei Jahren entschieden werden." Vgl. DB Nr. 3329; B 41, ZA-Bd. 221886.

12 Zum Transnistrien-Konflikt in Moldau vgl. Dok. 225, Anm. 38.

13 Zum Konflikt in Südossetien vgl. Dok. 205, besonders Anm. 8.

14 Zum geplanten Besuch des russischen Präsidenten Jelzin in Japan vgl. Dok. 302, Anm. 10.

15 Zur Kurilenfrage vgl. Dok. 13, Anm. 43.

16 Zu den Unabhängigkeitsbestrebungen der baltischen Staaten vgl. AAPD 1990, I, Dok. 68 und Dok. 134, besonders Anm. 9.

17 Zum Abzug vormals sowjetischer Truppen aus den baltischen Staaten vgl. Dok. 81, Anm. 8. Vgl. auch Dok. 172.

- Nach jüngsten Informationen scheint die Getreideernte d.J. besser zu werden (ca. 180 Mio. t) im Gegensatz zu der katastrophalen Missernte des vergangenen Jahres (155 Mio. t), auch wenn dies weit entfernt von den Rekordernten früherer Jahre ist, die bei 210 Mio. t maximal lagen. Damit ist freilich die Frage nicht gelöst, ob „das Land" liefert, wenn „die Stadt" keine Waren in umgekehrter Richtung zu bieten hat. Auch das Verteilungsproblem ist nicht gelöst, nur: Eine durchaus mögliche weitere Belastung der Lage durch eine zweite Missernte ist offenbar nicht zu befürchten.

3) Präsident Jelzin hat am 19.8. aus Anlass des missglückten Staatsstreichs von 1991[18] eine nüchterne Rede[19] ohne Schnörkel, ohne Ideologie, weder alte noch neue, gehalten, in der er an die Zähigkeit und Beharrlichkeit seiner Landsleute appelliert, sie für ihre Geduld und ihr Stehvermögen lobt, die Schwierigkeiten der Gegenwart ohne Umschweife anerkennt, aber auch daran erinnert, dass die Entwicklung wesentlich besser verlaufen ist, als man vor einem Jahr hätte befürchten müssen, und dass insbesondere die Zeiten vorbei sind, wo die russische Nation sich an das Gängelband von Ideologen oder Rattenfängern nehmen lässt oder gar sich verleiten lässt, den Weg der Gewalt zu beschreiten. Damit dürfte er die Tonlage seiner Russen gut getroffen haben, er hat gleichzeitig aufs Neue sehr deutlich gemacht, dass er die Reformen fortsetzen wird, und ein weitreichendes Privatisierungskonzept für die russische Industrie (nach einem ähnlichen Konzept wie in der ČSFR) angekündigt (sachliche Bewertung bleibt Abt. 4 vorbehalten). Damit dürfte zwar die Großindustrie nicht tatsächlich privatisiert werden, da diese Riesenkombinate von einer Größe und in einem Zustand sind, wo kein „Käufer" in Sicht ist, wohl aber dürfte die Fortsetzung der Reformpolitik hin zur Anwendung marktwirtschaftlicher Prinzipien auch für diese Industrie (Umwandlung in Aktiengesellschaften) führen, bei De-facto-Verbleib des Eigentums in „öffentlicher Hand". (Aber dies ist auch in westlichen Staaten lange Zeit nach 1945 der Fall gewesen: Montan-Industrie in Frankreich und England, die IRI[20] in Italien, diverse Großunternehmen in Deutschland.)

Aus der Gegenüberstellung der negativen und positiven Elemente in Ziffer 2 a) und b) wird deutlich, dass es insbesondere die russische Führung selbst ist, die in den letzten Monaten positive Akzente setzen konnte. Dieses ist ein entscheidender Unterschied zu der Niedergangsperiode der SU im letzten Jahre Gorbatschows, wo die Berufung in die Regierung von ausgesprochenen Dunkelmännern wie Pawlow, Pugo und Krjutschkow zeigte, dass Gorbatschow in entscheidenden Personalfragen nachgab. Jelzin hat lediglich kleinere Korrekturen angebracht (bisher). Unter Gorbatschow konnte die „Konfliktpartei" ungestraft ihr Experiment mit einer Politik der harten Hand im Baltikum Anfang 1991[21]

18 Vom 19. bis 21. August 1991 kam es in der UdSSR zum Putschversuch durch ein „Staatskomitee für den Ausnahmezustand". Vgl. AAPD 1991, II, Dok. 266–269, Dok. 271, Dok. 272, Dok. 274–276 und Dok. 284.

19 Gesandter Heyken, Moskau, berichtete am 21. August 1992: „Jelzin beschwor in seiner TV-Rede noch einmal das Gemeinschaftsgefühl jener drei Augusttage und rief dazu auf, die Erinnerung daran – auch an die Opfer – wachzuhalten." Der russische Präsident habe betont, „dass die Reformen erfolgreich sein werden, das Land mit vereinten Kräften geheilt werden könne und eine Zukunft habe". Heyken resümierte, der Grundtenor erscheine „zu positiv". Das politische System sei noch „weit von einer Stabilisierung entfernt", und die politische Führung sehe sich „einem großen Defizit an Vertrauen breiter Bevölkerungsteile gegenüber". Vgl. DB Nr. 3598; B 41, ZA-Bd. 221581.

20 Istituto per la Ricostruzione Industriale.

21 Zu den Ereignissen in Lettland und Litauen im Januar 1991 vgl. AAPD 1991, I, Dok. 8, Dok. 19 und Dok. 26.

ausprobieren. Jelzin hat in der Frage der Krim, der Schwarzmeerflotte, Transnistriens und Ossetiens aktiv Hand angelegt, dass genau dies nicht mehr möglich war.

Er hat damit auch gezeigt, dass er in der Sache die Linie Kosyrews für richtig hält und sie unterstützt, auch wenn richtig bleibt, dass Kosyrew keine große eigene Hausmacht hat und als Technokrat von Jelzin solange geschätzt wird, solange seine Argumente überzeugen und seine Politik Erfolge produziert.

Schließlich zeigte sich im Wirtschaftsbereich, dass auch der IWF offenbar sieht, dass eine monetaristische Politik nicht ohne jegliche Rücksichtnahme auf die sozialen Konsequenzen durchgesetzt werden kann, und [er] hat die erste Kredittranche vernünftigerweise freigegeben, um die Einbindung Russlands in die Sachkenntnis und die Anbindung an die Ressourcen der IFI sicherzustellen, womit langfristig dem Erfolg der Reformen in Russland mehr gedient sein dürfte, als wenn der IWF auf der punktgenauen Erfüllung bestimmter Konditionen bestanden hätte. Die Lage in Russland ist sicher kein Anlass, um den Russen zu signalisieren, dass die IWF-Therapie nun nach Belieben verwässert werden kann. Im Gegenteil: Russland muss weiter zu einer möglichst wirkungsvollen Finanz- und Haushaltsdisziplin angehalten werden, aber wir sollten nicht gleich eine Rückkehr zur Breschnew-Ära an die Wand malen, wenn Jelzin Korrekturen anbringt, die er nach Lage der Dinge für die Stabilität des Landes und die Fortführbarkeit der Reformen für unerlässlich hält.

4) Für die Zukunft müssen wir in Rechnung stellen, dass die Risiken der Entwicklung in Russland groß bleiben:

- Die Entwicklung von Wirtschaft und Staatsfinanzen wird wahrscheinlich einige Jahre brauchen, bis erste Zeichen spürbarer Besserung, auch für die russische Bevölkerung, messbar werden. Die Versorgungsprobleme und die soziale Lage insgesamt werden ebenfalls über mehrere Jahre große sachliche und innenpolitische Schwierigkeiten bereiten.
- Die Ausarbeitung einer neuen Verfassung und ihre Umsetzung in die Wirklichkeit, die Herausbildung von Parteien, die nicht nur dem Namen nach demokratisch sind, der öffentliche Diskurs über die Zukunft Russlands werden Zeit brauchen, bis sowohl eine programmatische Klärung erfolgt, als auch eine neue Generation von Politikern in die Parlamente gewählt wird und die Qualität gesetzgeberischer Arbeit sich so verbessert, dass der Reformprozess beschleunigt werden kann.
- Das Verhältnis der ethnischen Gruppen bleibt ein Risikofaktor.

Dennoch können wir uns bei einer vorsichtig positiven Prognose der Entwicklung auf eine Reihe von Grundlagen stützen:

- Der Grundkonsens der Reformer von 1985, dass wirtschaftliche Reform mit politischer Reform Hand in Hand gehen muss, anders als in China, ist heute in Russland wiederhergestellt (im Gegensatz zum August 1991).
- Die Abneigung der Russen gegen Gewalt und Blutvergießen nach den Erfahrungen von 1917 und denen der 20er und 30er Jahre ist ein starker Faktor, der nicht zu unterschätzen ist. Er hat in der Entwicklung seit 1985 eine nicht zu leugnende Rolle gespielt.
- Die wirtschaftliche Lage Russlands erlaubt keine Extravaganzen, die Rückkehr zu einer aggressiven Großmachtpolitik im Stile der Breschnew-Ära ist finanziell nicht möglich, dies wissen nicht nur die Politiker, sondern auch die neue Generation junger Militärführer, denen allen der Afghanistankrieg eine gemeinsame Erfahrungsgrundlage ist.
- Im politischen Spektrum sind derzeit keine ernstzunehmenden Rivalen für Jelzin selbst sichtbar, es gibt keine der Gorbatschow-Zeit vergleichbare Koalition von ausgewiesenen

Dunkelmännern in seiner Umgebung, Wolskij ist viel zu intelligent, um zu glauben, dass man die Probleme des Landes politisch mit Gewalt und Repression und wirtschaftlich mit den Methoden von gestern lösen kann, gleiches gilt für Trawkin. Der einzige personelle Risikofaktor ist Vizepräsident Ruzkoj mit seiner Vorliebe für national-chauvinistische und aggressive Parolen, seine Einflussmöglichkeiten liegen jedoch allenfalls in der Suche nach Verbündeten. Er selbst hat keinen Machtapparat; Jelzin hat dafür gesorgt. Und: Trawkin und Wolskij sind nicht Gefolgsleute Ruzkojs, eher umgekehrt, er ist auf deren Machtbasis angewiesen.

Insgesamt: Nach den bisher bekannten Fakten und den bisher von Jelzin getroffenen Grundsatzentscheidungen in einer Reihe wichtiger Fragen gibt es keine Anzeichen, dass er einen radikalen Kurswechsel beabsichtigt.

Nach der Kräfteordnung in Russland ist auch unwahrscheinlich, dass Gruppen, die nicht zu Jelzins Team gehören, ihn entweder aus dem Amt entfernen könnten, oder ihn zur Gallionsfigur degradieren. Insofern erscheint es höchst unwahrscheinlich, dass ein einschneidender Kurswechsel Russlands bis hin zur „feindseligen" Macht im Osten bevorsteht.

Worauf wir uns wahrscheinlich einstellen müssen, werden Kurskorrekturen bei der Wirtschaftsreform sein, die aber ohnehin nicht auf die Sekunde genau „nach Fahrplan" ablaufen dürfte, und akzentuiertere Stellungnahmen Russlands im internationalen Geschehen mit Rücksicht auf eine innenpolitische Landschaft, die um höherer Zwecke willen, nämlich der politischen und wirtschaftlichen Reformen, der innenpolitischen Stimmung hier und da Konzessionen machen wird.

Das bisherige Verhalten Jelzins zeigt allerdings, dass diese nach seinem Willen jedenfalls nicht zu weit die Substanz angreifen dürfen. So hat Russland in der Frage der Sanktionsresolutionen gegen Serbien[22] gezögert, aber letztlich doch den Weg freigemacht. In diesem Bereich liegen noch am ehesten Ungewissheiten, aber im Fall Serbien ist ja Russland nicht das einzige Land mit besonderen Problemen.

Die Japanreise wird uns weitere Indizien liefern. Die bevorstehende Debatte über die Verfassungsreform und die Auseinandersetzung mit dem konservativen Volksdeputiertenkongress[23] sind die nächsten Wegmarken, wo wir Jelzin sehr genau beobachten werden.

Neubert

B 41, ZA-Bd. 221581

22 Vgl. die Resolution Nr. 713 des VN-Sicherheitsrats vom 25. September 1991; RESOLUTIONS AND DECISIONS 1991, S. 42 f. Für den deutschen Wortlaut vgl. EUROPA-ARCHIV 1991, D 550–552.
Vgl. auch die Resolution Nr. 757 des VN-Sicherheitsrats vom 30. Mai 1992; Dok. 159, Anm. 12.

23 Der Kongress der Volksdeputierten war für die Zeit vom 1. bis 9. Dezember 1992 in Moskau geplant. Vgl. Dok. 419.

258

Vermerk des Bundesministers Kinkel

24. August 1992[1]

1) Vermerk

Gespräch mit dem Herrn Bundeskanzler am Montag, dem 24. August 1992, 13.00 Uhr bis 15.15 Uhr

Teilnehmer: Bundeskanzler, BM Bohl, BM Rühe, MD Hartmann, Kinkel.

a) Donnerstag, 8.10.1992, 9.30 Uhr Kabinett.

b) Luftverkehrsabkommen USA

BK sprach von sich aus das Problem an; erörtert wurde die aus der Sicht der Lufthansa dringend notwendige Kündigung; ich habe über meine Gespräche mit AM Baker[2] und den letzten Schriftwechsel[3] berichtet; BK hat entschieden, dass die Angelegenheit in der nächsten Kabinettssitzung unter „Verschiedenes" angesprochen werden soll.

Federführung: BMV[4]; bitte für unser Haus entsprechende Vorlage für das Kabinett fertigen.[5]

c) Deutsch-Französischer Koordinator

BK bat mich, darüber nachzudenken, ob BM a.D. Stoltenberg nicht der richtige Mann sei; er wies darauf hin, dass diese Funktion der CDU/CSU zustehe, insbesondere nachdem Frau Schmalz-Jacobsen Ausländerbeauftragte geworden sei und Herr Baum Menschenrechtsbeauftragter sei.

Ich erklärte, dass ich die Angelegenheit innerhalb der F.D.P. besprechen wolle.

d) Ungarn/Waffenlieferungen aus früherem NVA-Material

Der BK erklärte, dass ihn MP Antall auf Material der früheren NVA angesprochen habe.[6]

Er, BK, habe erklärt, dass dies zurzeit nicht laufen könne. Dies insbesondere im Hinblick auf die Situation im früheren Jugoslawien.

1 Kopie.
Hat BM Kinkel am 6. September 1992 erneut vorgelegen, der handschriftlich für VLRI Matussek vermerkte: „Z[u] d[en] A[kten] in Sonderakte im Büro."

2 Für das Gespräch des BM Kinkel mit dem amerikanischen AM Baker am 30. Juni 1992 in Washington bzw. zum deutsch-amerikanischen Luftverkehrsabkommen vgl. Dok. 197, besonders Anm. 13.

3 Zum Schreiben des amerikanischen AM Baker vom 23. Juni 1992 an BM Kinkel bzw. zu dessen Antwortschreiben vom 23. Juli 1992 vgl. Dok. 197, Anm. 14.

4 Korrigiert aus: „BMF".

5 In einer Vorlage vom 26. August 1992 für StM Schäfer für die Kabinettssitzung am folgenden Tag legte MD Dieckmann zum deutsch-amerikanischen Luftverkehrsabkommen vom 7. Juli 1955 dar: „In der Sache sollten wir für das Kündigungsdrängen der LH und den Wunsch des BMV nach möglichst baldiger Kündigung des Abkommens Verständnis zeigen und uns einer Kündigung nicht widersetzen, allerdings darauf bestehen, dass vor Übermittlung einer Kündigungsnote der Bundesminister des Auswärtigen seinem amerikanischen Kollegen die Kündigung brieflich ankündigt." Vgl. B 57, ZA-Bd. 176507.
Am 7. September 1992 teilte BM Kinkel dem Vorsitzenden des Gesamtbetriebsrats der Lufthansa, Hagge, mit, dass eine Kündigung des Abkommens weiter geprüft werde. Vgl. B 57, ZA-Bd. 176507.

6 Zur Frage der Lieferung von NVA-Material an Ungarn vgl. Dok. 193.

BK bat jedoch, in den außenpolitischen Beziehungen Ungarn, dem wir in besonderer Weise verpflichtet seien, freundlich zu behandeln.

Es könne auch mal die Zeit kommen, in der man über Waffenlieferungen nachdenken könne. Dies sei aber noch nicht soweit.

e) Schiffseinsatz Adria[7]

BM Rühe schilderte die Situation und die Notwendigkeit, einen Schiffstausch auf deutscher Seite vorzunehmen.

Mit dem BK wurde vereinbart, dass Herr Rühe und ich die Obleute und zuständigen Damen und Herren in den Fraktionen unterrichten.

Aus dem AA bitte ich um Vorbereitung von Briefen an die zuständigen Damen und Herren des Auswärtigen Ausschusses, der Fraktion der F.D.P., usw.

f) Innere Wiedervereinigung/DDR

Es wurde erörtert, dass der BK sich dieses Themas mit Nachdruck annehmen sollte und wolle.

g) Auschwitz-Komitee/Dahlhaus/Westphal

BK ist damit einverstanden, dass an die Stelle von Herrn Dahlhaus Herr Westphal tritt.[8]

h) Grundgesetzänderung Out-of-Area-Einsatz/UNO

Ausführliche Erörterung des Themas. Hinweis von mir, dass seitens der F.D.P. nicht beabsichtigt sei, durch die heutige Formulierung Schwierigkeiten in die Koalition zu tragen.

Erörterung vor allem des Fragenkreises, ob WEU „regionale Abmachung“ im Sinne der UN-Charta[9] ist; Erörterung des Gewaltenmonopolbegriffs.

BK wies BM Bohl an, mit Herrn Lamers zu sprechen.

i) BM Waigel/Vorbereitung Russland-Reise

Ich erklärte, dass ich am 6./7.10. nach Russland reisen würde[10], u.a. zwecks Einweihung Botschaft und Goethe-Institut; auf dieser Reise würde ich auch den Besuch des BK vom November[11] vorbereiten.

Insofern könne ich nicht ganz verstehen, wieso Herr Waigel mit der Vorbereitung der Kanzler-Reise beauftragt sei.

BK erklärte, so sei das nicht zu verstehen; selbstverständlich würde ich seine Reise vorbereiten; es stünden aber eine Fülle von Finanzfragen an, und deshalb möge ich mich mit Herrn Waigel abstimmen, der auch nach Moskau fahren solle.[12]

7 Zu den Überwachungsmaßnahmen von NATO und WEU in der Adria vgl. Dok. 220.

8 MDg Schirmer vermerkte am 10. Juli 1992: „Die polnische Seite bittet uns seit längerem, ein deutsches Mitglied im Internationalen Museumsrat des ehemaligen KZ Auschwitz-Birkenau zu benennen. [...] Ich schlage vor, dem Museumsrat Herrn Horst Dahlhaus (Direktor der Bundeszentrale für Politische Bildung) zu benennen. [...] Der Rat besteht aus 24 Vertretern u.a. aus Polen, USA, GB, F, Belgien, Israel, Österreich und Kanada.“ Vgl. B 95, ZA-Bd. 201288.
MD Wittmann notierte am 26. August 1992: „Sie hatten am 17.8.1992 entschieden, dass der polnischen Regierung als deutsches Mitglied [...] Bundesminister a.D. Heinz Westphal vorzuschlagen ist. ChBK wurde hiervon unterrichtet und hat sein Einverständnis mitgeteilt.“ Vgl. B 95, ZA-Bd. 201288.

9 Vgl. Kapitel VIII der VN-Charta vom 26. Juni 1945; BGBl. 1973, II, S. 466–469.

10 Zum Besuch des BM Kinkel in Russland vgl. Dok. 311, Dok. 314 und Dok. 315.

11 BK Kohl besuchte Russland am 15./16. Dezember 1992. Vgl. Dok. 419 und Dok. 420.

12 Der für die Zeit vom 10. bis 12. November 1992 geplante Besuch des BM Waigel in Russland wurde abgesagt. Vgl. den Vermerk des VLR I Göckel vom 5. November 1992; B 38, ZA-Bd. 184715.

BM Rühe erklärte, er werde auch gedrängt. BK erwiderte, BM Rühe möge mit seiner Reise noch eine Zeitlang warten.

j) Gespräch mit AM Colombo[13]

Ich erläuterte dem BK, dass der neue italienische AM Colombo mir von sich aus erklärt habe, Italien unterstütze die Bundesrepublik in dem Wunsch nach dem Sitz der Europäischen Bank; man erwarte als Gegenleistung eine Unterstützung Italiens für die Umweltagentur.

Außerdem sei Italien mit der Verlängerung von NATO-GS Wörner einverstanden.[14]

k) Polen

Ich berichtete über meine Polen-Reise[15] und wies darauf hin, dass aus meiner Sicht dringend notwendig sei, dass der BK die neue Ministerpräsidentin[16] empfange, um die neue Regierung zu unterstützen. Ich verwies dabei auf meinen Brief.[17]

BK war informiert und sagte zu, möglichst schnell einem Besuch zuzustimmen.[18]

l) ČSFR

BK erklärte, die Teilung sei wohl beschlossen. Die Tschechen wollten in besonderer Weise ein gutes Verhältnis zukünftig mit uns. Es solle darüber nachgedacht werden, wie die Verträge im Hinblick auf die neu eintretende Situation umgeschichtet werden könnten.

Insoweit bitte ich um Vorlage.

m) Slowakei

BK erklärte, Slowakei werde wohl der schwächere (vor allem wirtschaftlich) Teil werden. Deshalb müsse versucht werden, gerade die Slowakei stärker an uns ran zu ziehen.

n) Situation Moskau – Situation in der Regierung

BK erklärte, er halte Jelzin für nicht ungefährdet. Ihn würde es nicht wundern, wenn demnächst Ruzkoj Regierungschef sei.

Aus der Sicht Jelzins seien im Augenblick zwei Punkte interessant:

aa) Landwirtschaftspolitik:

Hier könnten wir helfen.

bb) Ansiedlung der Deutschen:

Bleibe ein problematisches Thema.

13 Für das Gespräch des BM Kinkel mit dem italienischen AM Colombo am 18. August 1992 in Stuttgart vgl. Dok. 253.

14 Zur Verlängerung der Amtszeit des seit 1988 amtierenden NATO-GS Wörner vgl. Dok. 152, Anm. 10.

15 BM Kinkel besuchte Polen am 29./30. Juli 1992. Vgl. Dok. 242.

16 Hanna Suchocka.

17 BM Kinkel teilte BK Kohl am 8. August 1992 mit: „Bei meinem Polen-Besuch am 29./30. Juli 1992 hatte ich Gelegenheit, die neue polnische Ministerpräsidentin, Frau Hanna Suchocka, kennenzulernen. Sie ist Juristin, ausgewiesene Expertin für Minderheitenrechte, spricht fließend Deutsch (Studium u. a. in Heidelberg) und vertritt überzeugend und dynamisch einen klar nach Westen ausgerichteten Reformkurs. […] Da unsere finanziellen Möglichkeiten erschöpft sind […], kommt politischen Zeichen und Gesten umso größere Bedeutung zu. Ich habe deshalb die Ankündigung von Frau Ministerpräsidentin Suchocka, Sie, Herr Bundeskanzler, zu einem baldigen Besuch nach Polen einladen zu wollen, begrüßt. Da ein solcher Besuch aber kaum vor 1993 in Frage kommen dürfte, hielte ich es für sinnvoll und nützlich, wenn Frau Suchocka vorher, d. h. möglichst bald nach der Sommerpause, Gelegenheit zu einem kurzen informellen Besuch in Bonn gegeben werden könnte." Vgl. B 1, ZA-Bd. 366026.

18 Für das Gespräch des BK Kohl mit der polnischen MP Suchocka am 5. November 1992 vgl. Dok. 356.

o) Berlin/Olympiade 2000

Ich erklärte, dass ich der Meinung sei, dass es nicht angehe, Berlin in der Olympia-Bewerbung für 2000 alleinzulassen und zu erklären, dass kein Geld aus dem Bundeshaushalt fließe. Meines Erachtens sei [es] schon aus Gründen der notwendigen Schaffung einer Verkehrsinfrastruktur in Berlin notwendig, die Olympiade 2000 nach Berlin zu bringen.

BK erwähnte, ich hätte mich ja massiv für Berlin eingesetzt; er ließ durchblicken, dass er persönlich auch für eine Unterstützung Berlins sei.

p) Grundstück/Neubau AA Berlin

Ich erklärte dem BK, dass ich letzte Woche mir die Grundstückssituation in Berlin angesehen und Gespräche mit dem Regierenden Bürgermeister und dem Bausenator Hassemer geführt hätte.

Frau Schwaetzer und Herr Diepgen hätten mir erklärt, dass für das AA das frühere Reichsbankgebäude infrage komme mit eventuellen Neu- und Anbauten.

Ich erklärte, dies würde ich kategorisch ablehnen.

Ich hätte in meinen Berliner Gesprächen vielmehr zum Ausdruck gebracht, dass das AA, das in Bonn besonders mies untergebracht sei, nicht in das frühere Reichsbankgebäude einziehen wolle, das nach Vorstellungen von Frau Schwaetzer und der Berliner Verwaltung die richtige Unterkunft wäre.

Ich sei der Meinung, dass das dem Bund gehörende Gelände der Ministergärten schon wegen der früheren Wilhelmstraße die richtige Unterkunft sei.

Der BK erklärte, er sei anderer Meinung. Ihm sei nicht bekannt (und er unterstütze das auch nicht!), dass das AA zukünftig in das frühere Reichsbankgebäude einziehen solle.

Er sei der Meinung, dass das AA zusammen mit dem Bundespräsidialamt und dem Bundesministerium des Innern in Berlin-Mitte in einem absoluten Neubau untergebracht werden solle.

Dazu solle u.a. das frühere AA der DDR abgerissen werden.

Die Ministergärten könnten nur mit Flachbungalows bebaut werden; außerdem denke er dort an eine Begegnungshalle für größere Anlässe.

Ich erwiderte, dass man die Ministergärten auch für das AA mit Flachdachgebäuden umgebungsgerecht bebauen könne. So hätte ich es auch mit Herrn Diepgen und Herrn Hassemer besprochen. Im Übrigen sei ein Auftrag an das Wohnungsbauministerium und an die Berlin-Bau-Verwaltung ergangen, dies zu prüfen.

Der BK erklärte erneut, dagegen sei er. Er wolle einen absoluten Neubau des AA, aber in Berlin-Mitte in der Nähe des Kronprinzenpalais.

Im Übrigen wolle er dies in den nächsten Tagen alles nochmals mit dem Regierenden Bürgermeister besprechen. Berlin wisse nicht richtig, was es wolle.

q) Jugoslawien

aa) BK erklärte, dass für ihn der humanitäre Teil der Gesamtfrage von außerordentlicher Bedeutung sei. Er sehe den Winter nahen, und die Fernsehnachrichten würden mit Sicherheit über die Not im früheren Jugoslawien berichten. Deshalb müsse das Hauptaugenmerk auf diesen Fragenkreis gelegt werden, zumal wir auch dabei die größten Möglichkeiten hätten.

Nach seiner Meinung sei es nicht damit getan, nur Finanzen zur Verfügung zu stellen, sondern es müsse auch geregelt werden, wer was wann wo und wie mache.

Insoweit bitte er um weitere Vorbereitungen.

Ich wies darauf hin, dass wir – was die humanitären Leistungen anbelange – uns wahrhaftig mit unseren Leistungen sehen lassen könnten. Hier seien wir absolut an der Spitze, und dies werde auch überall so gesehen.

Der BK beharrte darauf, dass wir hier in noch stärkere konkrete Planung der Unterbringungsmöglichkeiten einsteigen möchten.

Ich bitte insoweit um Vorbereitung eines Schreibens von mir an den BK, in dem unsere humanitären Leistungen dargestellt werden.[19]

bb) Sodann erläuterte ich unsere Vorüberlegungen zur Londoner Konferenz.[20]

- Sicherung des UN-Embargos[21] (Kontrolle der Schifffahrt auf der Donau, Landtransporte). BK erklärte sich bereit, alle notwendigen logistischen und auch personellen Unterstützungsmaßnahmen (Zöllner, Privatpersonen usw.) zu unterstützen.
- Kontrolle schwerer Waffen; ich wies auf die praktischen Schwierigkeiten hin.
- Militärische Absicherung humanitärer Hilfsleistungen. Breite Diskussion. Warnende Hinweise von BM Rühe, wie in der letzten Kabinettssitzung.
  Feststellung, dass die Bereitschaft zu militärischem Einsatz für humanitäre Hilfsleistung relativ gering ist.
  WEU- und NATO-Diskussion darüber, ob man Einzeltransporte absichern könne und solle.
- Internierungslager/Menschenrechte:
  Einverständnis beim BK, dass wir massiv die Auflösung aller Lager fordern und unsere Bereitschaft zur zusätzlichen Aufnahme von Lagerinsassen kundtun.
- Völkermord/Internationaler Gerichtshof[22]:
  Alle Unterstützung des BK für Haltung des AA.
- Flüchtlingspolitik:
  Völlige Unterstützung des BK für unsere Haltung.
- Ausschluss Jugoslawiens aus internationalen Organisationen:
  Volle Unterstützung unserer Haltung.
  Einbindung Russland:
  BK wird auf meinen Vorschlag Brief an Präsident Jelzin senden.

2) Herrn Staatssekretär Dr. Lautenschlager persönlich zur Kenntnisnahme zuzuleiten mit der Bitte um weitere Veranlassung, soweit erforderlich.

3) Wiedervorlage sofort bei mir.

Kinkel

B 1, ZA-Bd. 178913

19 BM Kinkel teilte BK Kohl am 16. September 1992 mit: „Die direkte Hilfe der Bundesregierung beläuft sich z. Zt. auf insgesamt 112,8 Mio. DM. Hinzu kommt der deutsche Anteil an der umfangreichen EG-Hilfe, der mit 88,9 Mio. DM zu beziffern ist. Infolgedessen hat die gesamte deutsche Hilfe inzwischen die 200 Mio.-DM-Marke überschritten. Deutschland steht nach der EG-Kommission an der Spitze aller Geber." Vgl. B 1, ZA-Bd. 366026.

20 Zur internationalen Jugoslawien-Konferenz am 26./27. August 1992 vgl. Dok. 269.

21 Vgl. die Resolution Nr. 713 des VN-Sicherheitsrats vom 25. September 1991; RESOLUTIONS AND DECISIONS 1991, S. 42 f. Für den deutschen Wortlaut vgl. EUROPA-ARCHIV 1991, D 550–552.
Vgl. auch die Resolution Nr. 757 des VN-Sicherheitsrats vom 30. Mai 1992; Dok. 159, Anm. 12.

22 Zur Frage der Einrichtung eines Internationalen Strafgerichtshofs vgl. Dok. 247.

259

Vorlage des Botschafters z. b. V. Höynck für Bundesminister Kinkel

VS-NfD **24. August 1992**

Über Herrn Staatssekretär[1] Herrn Bundesminister[2]

Betr.: Reise des tschechoslowakischen Außenministers Moravčík[3] in das frühere Jugoslawien (19. bis 21.8.1992);
hier: Zusammenfassung; meine Eindrücke und Schlussfolgerungen

Zur Unterrichtung

I. 1) Zusammen mit dem Leiter der Unterabteilung Osteuropa im schwedischen Außenministerium habe ich den tschechoslowakischen Außenminister bei seiner Reise nach Belgrad, Skopje, Laibach, Zagreb, Sarajevo begleitet. Die Delegation führte Gespräche mit den wichtigsten direkt oder indirekt am Konflikt Beteiligten, außerdem mit UNPROFOR-Befehlshaber (General Nambiar), MRK-Sonderberichterstatter Mazowiecki und der EG-Monitormission.

Die Reise war durch die tschechoslowakischen Botschaften vor Ort gut vorbereitet; die Zusammenarbeit innerhalb der Delegation war sehr gut.

2) Die Ziele der Reise formulierte der tschechoslowakische Außenminister wie folgt:
- Zustimmung (Belgrad) bzw. erneute Unterstützung für drei konkrete KSZE-Initiativen (vom Ausschuss der Hohen Beamten (AHB) am 14.8.1992 beschlossen[4]):
  - Langzeitmissionen Kosovo, Wojwodina, Sandžak;
  - Berichterstattermission Menschenrechte, insbesondere Internierungslager (detention camps);
  - Beobachtermission Mazedonien;
- Unterrichtung über Haltung der Gesprächspartner zur Londoner Konferenz[5].

3) Die konkreten Ergebnisse der Reise:
- Die Berichterstattermission Menschenrechte/Internierungslager (Leitung durch britischen Diplomaten Thomson[6]) wurde von allen Gesprächspartnern begrüßt (Serben Bosnien-Herzegowinas: im Prinzip); von den betroffenen Regierungen wurde Unterstützung zugesagt.

1 Hat StS Lautenschlager am 24. August 1992 vorgelegen, der handschriftlich vermerkte: „Eilt. Vorlage vor Gespräch beim BK."
Zum Gespräch bei BK Kohl am selben Tag vgl. Dok. 258.

2 Hat BM Kinkel am 27. August 1992 vorgelegen.
Hat VLR I Matussek am 28. August 1992 vorgelegen, der den Rücklauf über das Büro Staatssekretäre an Botschafter z. b. V. Höynck verfügte.
Hat VLR I Reiche am 31. August 1992 vorgelegen.
Hat Höynck am 31. August 1992 erneut vorgelegen.

3 Der tschechoslowakische AM Moravčík war amtierender KSZE-Ratsvorsitzender.

4 Zur AHB-Sitzung am 13./14. August 1992 vgl. Dok. 254, Anm. 13.

5 Zur internationalen Jugoslawien-Konferenz am 26./27. August 1992 vgl. Dok. 269.

6 Zur KSZE-Berichterstattermission vgl. Dok. 274, Anm. 15.

- Präsident Gligorov (Skopje) stimmte der Entsendung (nach Verhandlungen über ein Memorandum of Understanding) von Beobachtern nach Mazedonien zu – entsprechend den EG-Beobachtern für Ungarn, Bulgarien, Albanien.
- Milošević (uneingeschränkt), Ćosić und Panić (beide zögernd und mit Vorbehalten) akzeptierten „im Prinzip" die Langzeitmissionen; über Einzelheiten soll unverzüglich vorläufiger Leiter dieser Mission (schwedischer Botschafter in Den Haag[7]) Gespräche mit Außenministerium in Belgrad aufnehmen.

II. 1) Meine wichtigsten Reiseeindrücke waren:
- Die Lage in Sarajevo (Freitag 21.8.92) ist schlimmer, als Fernsehbilder wiedergeben können. Häuser weitgehend unbewohnbar; nichts funktioniert mehr; eine Stadt im Belagerungszustand. (Ohne erhebliche Verstärkung der Hilfsmaßnahmen (wobei der Status quo der Hilfe nicht gesichert ist) und Einstellung des Artilleriebeschusses ist die Stadt m. E. über den Winter nicht zu halten.)
- UNPROFOR und UNHCR arbeiten am Flughafen in Sarajevo gut und effektiv als „VN-Aktion" zusammen; (Flüge der Delegation von und nach Sarajevo mit jeweils einer der beiden Transall der Luftwaffe, die in VN-Aktion „integriert" erscheint; Soldaten der Luftwaffe machten ausgezeichneten Eindruck: effektiv, aufgeschlossen und freundlich).
- Die innere Lage in Serbien/FRJ[8] scheint in Bewegung zu geraten; Panić, zwar eine sehr schillernde Persönlichkeit, aber möglicherweise ein Katalysator; sein Verhältnis mit Milošević ist getrübt.
- Zur Londoner Konferenz besteht (auch außerhalb Belgrads) ein breites, nur in wenigen Punkten übereinstimmendes, überwiegend skeptisches Meinungsspektrum.

2) Angesichts der überaus komplexen Jugoslawien-Problematik kann ich Schlussfolgerungen nur mit dem nachdrücklichen Vorbehalt ziehen, dass diese im Wesentlichen auf den punktuellen Eindrücken der kurzen Reise beruhen und weiterer Prüfung bedürfen.

Zusammenfassend: Es gibt keine Möglichkeit, diesen Krieg kurzfristig zu beenden. Aber: Vieles kann und muss unverzüglich solidarisch getan werden: zur Linderung der Not; als Hinführung zu einer schrittweisen Lösung; zur Verhinderung einer Ausweitung.

Hierzu im Einzelnen:

2.1) Es gibt weder einfache noch schnelle Lösungen. Die Verantwortlichen in Belgrad, aber auch in Sarajevo und Zagreb, sind noch nicht „reif" für eine dauerhafte Gesamtlösung.

2.2) Es kann und muss jedoch mehr geschehen in den drei Bereichen, die durch VN-, EG- und KSZE-Beschlüsse vorgezeichnet sind:
- Schritte in Richtung auf eine Lösung durch u. a.:
  - Einwirkung insbesondere auf Serben (politische Isolierung; Durchsetzung der Sanktionen[9]), aber auch auf Kroaten und Moslems;
  - Überwachung (Monitoring) der schweren Waffen.

7 Jan af Sillén.

8 Föderative Republik Jugoslawien.

9 Vgl. die Resolution Nr. 713 des VN-Sicherheitsrats vom 25. September 1991; Resolutions and Decisions 1991, S. 42 f. Für den deutschen Wortlaut vgl. Europa-Archiv 1991, D 550–552.
Vgl. auch die Resolution Nr. 757 des VN-Sicherheitsrats vom 30. Mai 1992; Dok. 159, Anm. 12.

- Linderung der Not durch u. a.:
  - Hilfe für das belagerte Sarajevo und andere Notstandsgebiete durch Ausweitung der „VN-Aktionen“ (Fortsetzung UNHCR-Hilfe für Sarajevo und Aufnahme geschützter Konvois);
  - Inspektion aller Arten von „Lagern“ und Auflösung der Lager, die verbürgten Menschenrechten widersprechen;
  - Flüchtlingshilfe (das Konzept der „safe havens“ (Sicherheitszonen) bedarf der Konkretisierung, um keine „Palästinenser“-Lager zu schaffen (so der kroatische Plan)).
- Vorbeugung gegen drohende Ausweitung des Konflikts durch u. a.:
  - KSZE-Langzeitmissionen nach Kosovo, Wojwodina, Sandžak;
  - Mazedonien-Problem.

3) Die Aktionen der Völkergemeinschaft durch die verschiedenen internationalen Gremien bedürfen dringend (noch) besserer Koordinierung. Auch darüber muss in London gesprochen werden.

Beispiel: Vier Missionen zur Aufhellung der Situation in den Internierungslagern (IKRK, MRK (Mazowiecki), KSZE (aufgrund AHB-Beschluss), KSZE (aufgrund „Moskauer Menschenrechtsmechanismus“[10])) bedürfen dringend der Koordination und Arbeitsteilung. So auch die dezidierte Meinung von Mazowiecki bei Gespräch mit Delegation in Zagreb.

4) Bedenkenswert erscheint mir, was Izetbegović der Delegation im Regierungsgebäude Bosnien-Herzegowinas (gezeichnet durch frische Artillerie-Einschläge und Fenster ohne Scheiben) als wirklichen „Notruf“ sagte: Die internationale Gemeinschaft muss endlich handeln! Wir brauchen keine neuen Beschlüsse, wenn nur die bereits getroffenen Beschlüsse durchgeführt würden! Izetbegovićs auf Nachfrage ausdrücklich bestätigtes Hauptanliegen: Kontrolle der schweren Waffen.

Höynck

B 28, ZA-Bd. 158644

10 Zur KSZE-Konferenz über die Menschliche Dimension vom 10. September bis 4. Oktober 1991 vgl. AAPD 1991, II, Dok. 333.

260

Vorlage des Vortragenden Legationsrats I. Klasse Bertram für Bundesminister Kinkel

201-363.26 **24. August 1992**[1]

Über Dg 20[2], D 2[3], Herrn Staatssekretär[4] Herrn Bundesminister[5]

Betr.: US-Pläne für globales Raketenabwehrsystem (Global Protection System = GPS)

Bezug: BM-Vorlage vom 14. April 1992[6]

Zweck der Vorlage: Zur Unterrichtung und Billigung der unter Ziffer 6 vorgeschlagenen Linie

1) GPS ist seit dem amerikanisch-russischen Gipfel Mitte Juni 1992 in Washington[7] die Sammelbezeichnung für die US-Überlegungen zum Aufbau eines auf internationaler Zusammenarbeit beruhenden weltweit wirkenden Frühwarn- und Abwehrsystems gegen ballistische Raketen, das die USA für sich mit dem GPALS-Konzept (Global Protection Against Limited Strikes) verwirklichen wollen. Mit dieser neuen Bezeichnung verbinden die USA insbesondere eine Verlegung des Schwerpunktes der Debatte auf operative Bemühungen um die Errichtung eines internationalen Früherkennungs- und Frühwarnzentrums als erste Phase eines globalen Schutzsystems.

GPALS wurde Anfang 1991 aus der Strategischen Verteidigungsinitiative (SDI) entwickelt.[8] Die Bundesregierung ist unter drei Gesichtspunkten aufgerufen, bis zum Herbst d.J. eine Position über die weitere Marschroute in Bezug auf die zunehmende Verbreitung ballistischer Raketen und evtl. Bemühungen zum Aufbau einer Abwehrkapazität zu entwickeln:

1 Die Vorlage wurde von VLR Ulrich konzipiert.

2 Hat in Vertretung des MDg Hofstetter MDg von Studnitz am 24. August 1992 vorgelegen.

3 Hat MD Chrobog am 25. August 1992 vorgelegen.

4 Hat StS Kastrup am 31. August 1992 vorgelegen.

5 Hat BM Kinkel am 1. September 1992 vorgelegen.
Hat OAR Salzwedel am 2. September 1992 vorgelegen, der den Rücklauf über das Büro Staatssekretäre, MD Chrobog und MDg Hofstetter an Referat 201 verfügte und handschriftlich vermerkte: „S[iehe] Bem[erkung] BM (letzte Seite).“ Vgl. Anm. 15.
Hat StS Kastrup am 2. September 1992 erneut vorgelegen.
Hat in Vertretung von Chrobog und Hofstetter MDg von Studnitz am 3. September 1992 erneut vorgelegen.
Hat VLR Ulrich am 3. September 1992 erneut vorgelegen, der die Weiterleitung an VLRI Bertram „n[ach] R[ückkehr]“ und VLR Schumacher verfügte.
Hat Schumacher am 3. September 1992 vorgelegen.
Hat Bertram erneut vorgelegen.

6 Für die Vorlage des VLRI Bertram für BM Genscher, mit der die amerikanischen Pläne für ein globales Raketenabwehrsystem (GPALS) skizziert und bewertet wurden, vgl. B 14, ZA-Bd. 161268.

7 Zum Besuch des russischen Präsidenten Jelzin vom 15. bis 18. Juni 1992 in den USA vgl. Dok. 186.

8 Zu den amerikanischen Plänen für ein globales Raketenabwehrsystem (GPALS) vgl. AAPD 1991, I, Dok. 125.

- Ab September 1992 werden die USA – nach Abschluss der bisherigen Phase der Unterrichtung der Bündnispartner – sowohl bilateral als auch innerhalb der NATO darauf drängen, substanzielle Konsultationen über ihre Vorstellungen zum Aufbau eines globalen Schutzsystems einzuleiten, wobei operativ für sie zunächst die Zusammenarbeit zum Aufbau eines Frühwarnzentrums im Vordergrund stehen dürfte.
- Der Deutsche Bundestag erwartet von der Bundesregierung eine politisch-konzeptionelle Reaktion auf die GPALS-Pläne der USA. Der Unterausschuss für Abrüstung und Rüstungskontrolle hat angekündigt, dieses Thema bereits für September erneut auf die Tagesordnung zu setzen.
- Innerhalb der Bundeswehr läuft die Planung für die Entwicklung neuer Luftverteidigungskonzepte (mit der Definition technisch-operativer Anforderungen). Eine (begrenzte) Fähigkeit zur Abwehr ballistischer Raketen müsste ggf. frühzeitig berücksichtigt werden.

2) In den vergangenen achtzehn Monaten haben die USA den Bündnispartnern (und anderen befreundeten Ländern wie Japan, Australien, Südkorea, Israel) das von ihnen aus der ursprünglichen SDI fortentwickelte GPALS-Konzept vorgestellt.

Im Unterschied zur SDI zielt GPALS nicht darauf ab, das US-Territorium gegen strategische Angriffe unverwundbar zu machen. GPALS soll vielmehr die Abwehr von begrenzten Angriffen mit (strategischen und anderen) Raketen ermöglichen. Das System soll folgende Aufgaben erfüllen:
- Schutz des US-Territoriums (gegen strategische Raketen);
- Schutz von US-Streitkräften im Ausland (forward-based);
- Schutz von Bündnispartnern (v. a. „strategische" Partner).

GPALS soll dabei über folgende Elemente verfügen:
- sechs landgestützte, fest installierte Raketenabwehrsysteme in den USA;
- bodengestützte, mobile Abfangsysteme für Einsatz außerhalb der USA;
- weltraumgestützte Einheiten von Abfangsystemen (Brilliant Pebbles) zum Schutz gegen taktische Raketen größerer Reichweite und gegen strategische Raketen;
- Radar- und Sensorsysteme im Weltraum (Brilliant Eyes) zur Frühwarnung vor Angriffen und zur Führung und Steuerung von (boden- wie weltraumgestützten) Abwehrflugkörpern.

Der US-Kongress hat 1991 die US-Administration per Gesetz aufgefordert, bis spätestens 1996 in den USA ein landgestütztes System von Abwehrflugkörpern samt der zugehörigen Radaranlage zu errichten und die Forschungsarbeiten für ein umfassenderes Abwehrsystem unter Einschluss mehrerer landgestützter Abwehrsysteme in den USA und raumgestützter Sensoren voranzutreiben. Dies alles müsse in Übereinstimmung mit der geltenden Fassung des ABM-Vertrages von 1972[9] geschehen.

Bei Forschung und Entwicklung einzelner GPALS-Komponenten sind in den letzten Monaten immer wieder technische Probleme bekannt geworden. Inzwischen räumt auch der Leiter des SDI-Projektes[10] ein, dass man möglicherweise Schwierigkeiten haben werde,

[9] Für den amerikanisch-sowjetischen Vertrag vom 26. Mai 1972 über die Begrenzung der Raketenabwehrsysteme (ABM-Vertrag) vgl. UNTS, Bd. 944, S. 14–22. Für den deutschen Wortlaut vgl. EUROPA-ARCHIV 1972, D 392–395.

Vgl. ferner das Protokoll vom 3. Juli 1974 zum ABM-Vertrag; DEPARTMENT OF STATE BULLETIN, Bd. 71 (1974), S. 216 f. Für den deutschen Wortlaut vgl. EUROPA-ARCHIV 1974, D 363 f.

[10] Henry F. Cooper.

den vom Kongress gesetzten Termin zur Errichtung einer ersten Raketenabwehranlage bis 1996 einzuhalten. Der demokratische Senator Nunn wirft der SDI-Organisation vor, sich zu sehr auf die Entwicklung raumgestützter Elemente von GPALS zu konzentrieren und damit den Aufbau des vorgesehenen bodengestützten Abwehrsystems zu vernachlässigen.

3) Mit GPS verfolgt die US-Administration keinen grundsätzlich neuen Ansatz. Sie hat jedoch erkennbar den Schwerpunkt ihrer Bemühungen verschoben in Richtung auf eine weltweit wirkende Kooperation mit besonderem Interesse auf dem „Nahziel" der Errichtung eines int. Frühwarnzentrums (in zwei bis drei Jahren).

Bereits im Laufe dieses Frühjahrs präsentierten die USA ihr GPALS-Konzept zunehmend als US-Beitrag zu einem nicht nur geographisch, sondern auch politisch global ausgerichteten System zur Eindämmung des aus der Verbreitung ballistischer Raketen erwachsenden neuartigen Risikos. Es geht, so betonen die USA, um eine parallele Strategie zur Verhinderung weiterer Proliferation und der politischen Risikovorsorge einerseits sowie des Aufbaus militärischer Abwehrkapazitäten andererseits. Die Bündnispartner könnten sich ggf. an einzelnen, voneinander abtrennbaren Komponenten von GPALS beteiligen (z.B. ihre Teilnahme auf mobile, bodengestützte Abwehrsysteme beschränken) oder eigene Entwicklungen verwirklichen und (soweit kompatibel) in das Gesamtsystem einbringen.

Die USA seien entschlossen, nach und nach (gemäß technologischem Fortschritt und Stand einvernehmlicher Anpassung des ABM-Vertrages) ihr GPALS-Konzept umzusetzen, auch wenn sich keiner der Verbündeten daran beteilige.

4) Dieser Ansatz der Kooperation wurde erstmals auf dem amerikanisch-russischen Gipfel in Washington am 17. Juni 1992 mit dem Begriff „Global Protection System" bezeichnet. Auf diesem Gipfel stellten die Präsidenten Bush und Jelzin in einer gesonderten Erklärung[11] fest, die Rolle einer Verteidigung gegen begrenzte Raketenangriffe untersuchen zu wollen. Beide Länder sollten mit Verbündeten und anderen interessierten Staaten zusammenarbeiten, um solch ein Abwehrsystem als Teil einer Gesamtstrategie zur Nichtverbreitung ballistischer Raketen und Massenvernichtungswaffen zu entwickeln. Eine hochrangige Arbeitsgruppe solle sich vorrangig folgenden Fragen widmen:
- Errichtung eines Frühwarnzentrums,
- Zusammenarbeit bei Entwicklung eines Raketenabwehrsystems,
- Rechtsfragen einschließlich der Anpassung bestehender Verträge.

Diese Gespräche wurden Mitte Juli 1992 in Moskau aufgenommen. Die anschließende US-Unterrichtung im Bündnis bestätigte das russische Interesse an einem globalen Raketenabwehrsystem.[12] Möglicherweise betont Russland noch stärker als die USA den weltweiten Ansatz. Übereinstimmung scheint zu bestehen, dass das Schutzsystem durch Verknüpfung sachlicher Beiträge gebildet werden sollte.

11 Für die Erklärung der Präsidenten Bush (USA) und Jelzin (Russland) vom 17. Juni 1992 über ein globales Schutzsystem (Global Protection System) vgl. DEPARTMENT OF STATE DISPATCH 1992, S. 493f.

12 Die Ständige Vertretung bei der NATO in Brüssel berichtete am 15. Juli 1992, die USA hätten den NATO-Rat am Vortag über die amerikanisch-russischen Gespräche am 13./14. Juli 1992 in Moskau informiert. Die amerikanischen Gesprächspartner hätten das „hohe Interesse" der russischen Seite an einer Zusammenarbeit beim Aufbau eines globalen Schutzsystems betont: „Russische Gesprächspartner seien stark an einer Multilateralisierung, vor allem einer Einbeziehung der anderen GUS-Staaten, interessiert. Die russische Seite teile die amerikanische Einschätzung künftiger Risiken, die sich z. B. aus dem unbeabsichtigten Abschuss ballistischer Raketen" ergeben könnten. Vgl. DB Nr. 1118; B 14, ZA-Bd. 161268.

Deshalb hat auch Russland besonderes Interesse am gemeinsamen Betrieb eines Frühwarnzentrums sowie an einer Zusammenarbeit in Bezug auf die Abwehr taktischer Raketen geäußert (da Russland in dieser Beziehung besondere Risiken sehe). Auf die amerikanischen Vorstellungen für eine Anpassung des ABM-Vertrages hätten die russischen Gesprächspartner allerdings mit Zurückhaltung reagiert. In der jetzigen Phase sei eine Zusammenarbeit in Bezug auf GPS ohne Änderung des Vertrages möglich. Was eine spätere Umsetzung von GPS anbetreffe, so werde man die Notwendigkeit vertraglicher Änderungen prüfen. Die USA sehen einen Anpassungsbedarf unter folgenden Aspekten:
- Anzahl der landgestützten Abwehrsysteme (gegen strategische Raketen),
- Testen neuartiger Abfangsysteme,
- neue Radaranlagen und Sensoren (auch im Weltraum).

5) Die Haltung westlicher Verbündeter zu den US-Vorstellungen ist bislang eher verhalten.

Frankreich hat sich uns gegenüber kritisch bis ablehnend geäußert. Phänomen der Verbreitung ballistischer Raketen müsse politisch angegangen werden, nicht militärisch-technisch. Die Substanz des ABM-Vertrages müsse erhalten bleiben, da er für strategische Stabilität sorge und einer unerwünschten Militarisierung des Weltraums einen Riegel vorschiebe. Diese Äußerungen kontrastieren allerdings teilweise mit Gesprächen im militärischen Bereich, aus denen eine differenziertere und in Teilaspekten sogar positive Betrachtungsweise deutlich wird.

Auch Großbritannien hat bislang große Zurückhaltung gegenüber GPS/GPALS erkennen lassen, wobei allerdings nach Pressemeldungen auch in der englischen Position eine differenzierende Betrachtungsweise an Boden zu gewinnen scheint. Beide Staaten befürchten (für GB wird dies im Verteidigungsweißbuch 1992 deutlich ausgesprochen), dass mit Errichtung eines umfassenden Raketenabwehrsystems die im Umfang vergleichsweise bescheidenen strategischen Arsenale von GB und F erheblich an Bedeutung verlieren.

6) Position der Bundesrepublik Deutschland

Die BReg wird – neben der vertieften Erörterung nachstehender Fragenkomplexe – eine Position v. a. zu zwei Fragen entwickeln müssen:
- eventuelle Beteiligung an einem internationalen Frühwarnzentrum sowie
- eventuelle (ggf. auf Teilbereiche beschränkte) Beteiligung an einem Waffensystem zur Raketenabwehr.

6.1) Die US-Überlegungen zum Aufbau eines globalen Schutzsystems werfen aus unserer Sicht Fragen zu mehreren Gesichtspunkten auf:
- Risikoanalyse: Mit der zunehmenden Verbreitung ballistischer Raketen in einer Vielzahl von Staaten, gerade auch in politisch instabilen Regionen, wächst generell das Risiko eines Angriffs mit ballistischen Raketen. Allerdings liegt die Bundesrepublik Deutschland derzeit noch nicht in der Reichweite der hier angesprochenen Flugkörper. Die NATO-MS an der Südflanke des Bündnisses sehen sich möglicherweise in einer anderen Lage. Wir werden insoweit den wichtigen Gesichtspunkt der Unteilbarkeit der Sicherheit im gesamten Bündnisgebiet in Rechnung zu stellen haben.
  Zu bedenken wäre auch die vom Aufbau eines Abwehrsystems zum Schutz des „Nordens" gegenüber dem „Süden" möglicherweise ausgehende polarisierende Wirkung zwischen IL und EL.
- Tragweite des kooperativen Ansatzes der USA bedarf der Klärung. Dies gilt auch im Hinblick auf die evtl. Bereitschaft der USA zu arbeitsteiliger Entwicklung und zu um-

fassendem Technologietransfer. Klärungsbedürftig ist auch die bislang in Einzelheiten nicht erkennbare Idee von Jelzin nach einem globalen VN-Sicherheitssystem. Dieser Grundansatz würde kontrastieren mit dem US-Ansatz, der die Kooperation eher über die Verknüpfung weitestgehend unter nationaler Kontrolle verbleibender Beiträge realisieren will.

- Eine „Militarisierung des Weltraums“ ist allerdings auch mit ABM-Vertrag in der geltenden Fassung nicht aufzuhalten. Militärisch genutzte Aufklärungssatelliten kreisen seit vielen Jahren in großer Zahl im Weltraum. Die Verifikation wichtiger Abrüstungsvereinbarungen ist ohne sie nicht vorstellbar. Auch im Bereich der Proliferation ballistischer Raketen und Massenvernichtungswaffen sind Satelliten zur Aufklärung unentbehrlich.
  Die politischen Bemühungen zur Stärkung der Nichtverbreitung könnten einen Rückschlag erleiden, wenn aus der Realisierung des eher militärisch-technischen Ansatzes von GPS auf ein nachlassendes Interesse oder gar mangelndes Vertrauen der beteiligten Länder in die politischen Instrumente (Verlängerung NVV[13], Missile Technology Control Regime (MTCR[14]) und anderer Vereinbarungen zur Beschränkung des Waffen- und Technologietransfers, Stärkung VN-SR) geschlossen würde. Insbesondere Schwellenländer mit beschränkten Möglichkeiten könnten aber gerade auch durch ein wirksames Abwehrsystem das Interesse am Erwerb oder Aufbau von ballistischen Angriffssystemen verlieren. Im Ergebnis würden dadurch unsere Bemühungen zur Stärkung der Nichtverbreitung unterstützt werden.
- Unter rüstungskontrollpolitischen Gesichtspunkten wirft GPS bisher ungelöste Fragen in mehrerer Hinsicht auf:
  - Generell ist zu bedenken, dass Bedrohungsperzeptionen, wie sie bei GPS zugrunde gelegt werden, geeignet sind, unsere Handlungsspielräume bei der Abrüstungs- und Rüstungskontrollpolitik einzuschränken. Dies gilt insbesondere für die Nichtverbreitung von Massenvernichtungswaffen und Trägertechnologie. Die politischen Bemühungen zur Stärkung der Nichtverbreitung könnten einen Rückschlag erleiden, wenn aus der Realisierung des eher militär-technischen Ansatzes von GPS auf ein nachlassendes Interesse an Verlängerung des NV-Vertrages, Missile Technology Control Regime (MTCR) und anderen Vereinbarungen zur Beschränkung des Waffen- und Technologietransfers geschlossen würde. Der GPS zugrunde zu legende breite kooperative Ansatz sollte daher unsere abrüstungs- und rüstungskontrollpolitischen Belange deutlich berücksichtigen.
  - Weitere Bedenken gelten dem Schicksal des ABM-Vertrages. Obwohl zwischen den beiden damaligen Supermächten abgeschlossen, ist er nach überwiegender Ansicht nicht nur für die Vertragsparteien bzw. deren Rechtsnachfolger, sondern für alle Staaten von Bedeutung. Er bildet über seine ursprüngliche Funktion hinaus (Beitrag zur strategischen Stabilität zwischen den beiden Supermächten) eine Barriere gegen weiteres Wettrüsten bei Offensivsystemen. Insbesondere hat der ABM-Vertrag in der Vergangenheit wesentlich dazu beigetragen, die militärische Nutzung des Weltraums einzuschränken. Zwar werden im Weltraum heute zahlreiche Aufklärungssatel-

13 Vgl. Artikel X Absatz 2 des Nichtverbreitungsvertrags vom 1. Juli 1968; BGBl. 1974, II, S. 792.

14 Vgl. das MTCR-Treffen vom 29. Juni bis 2. Juli 1992 in Oslo; Dok. 217.

liten zu militärischen Zwecken eingesetzt, doch erfüllen diese bezogen auf Verifikation von Abrüstungsvereinbarungen zum Teil auch eine stabilisierende und vielfach auch vertrauensbildende Funktion. Eine Realisierung des GPS-Konzepts würde darüber weit hinausführen, wenn Waffen in Gestalt von raumgestützten Abfangsystemen (Brilliant Pebbles) im Weltraum stationiert würden. Wir sollten darauf hinwirken, dass bei der vorgesehenen Anpassung des ABM-Vertrags die rüstungskontrollpolitische Substanz erhalten bleibt.

6.2) Im Unterausschuss Abrüstung und Rüstungskontrolle des Deutschen Bundestages wurde Mitte Juni 1992 grundsätzliche Kritik an den US-Überlegungen zum Aufbau eines globalen Abwehrsystems vorgetragen. Nicht nur Vertreter der Opposition, sondern auch Abgeordnete der Koalitionsfraktionen stellten die Notwendigkeit eines globalen Abwehrsystems für Deutschland und Europa pauschal infrage.

Derzeitige Überlegungen im BMVg (die noch der Zustimmung der Leitungsebene bedürfen) laufen im Ergebnis auf eine Minimalbeteiligung an GPS hinaus. Für Deutschland und Europa wird keine Notwendigkeit gesehen, sich in irgendeiner Form an weltraumgestützten Waffensystemen zu beteiligen. Nützlich sei vor allem die Teilnahme an den Bemühungen zur Einrichtung eines (kooperativ angelegten) internationalen Frühwarnzentrums. Darüber hinaus wird daran gedacht, im Rahmen des derzeit bereits vorgesehenen Ausbaus traditioneller Luftverteidigungskonzepte eine begrenzte Abwehrkapazität gegen taktische Raketen über die NATO-Luftverteidigung in die Kooperation einzubringen. In Betracht kommen hier technologische Aufwertung von Patriot („Kampfwertsteigerung") sowie Auslegung des (noch in der Definitionsphase befindlichen) neuen „Taktischen Luftverteidigungssystems" (TLVS) auf eine Abwehrkapazität sowohl gegen Flugzeuge und Cruise Missiles als auch gegen taktische Raketen.

6.3) Für den weiteren Kurs der Bundesregierung zur Behandlung des Themas GPS in den nächsten Monaten wird folgendes (noch mit BMVg abzustimmendes) Vorgehen vorgeschlagen:

- In den anstehenden Konsultationen mit den USA, die vor allem im Bündnisrahmen geführt werden sollten, werden die unter Ziff. 6.1) [dargestellten] Gesichtspunkte vertieft erörtert.
- Auch mit den europäischen Bündnispartnern, insb. F und GB, werden die mit GPS zusammenhängenden politischen und militärischen Fragen eng konsultiert.
- In diesen Gesprächen mit USA und anderen Bündnispartnern bringen wir zum Ausdruck, dass wir
  - der Erhaltung der rüstungskontrollpolitischen Substanz des ABM-Vertrages große Bedeutung beimessen;
  - einer Mitarbeit/Beteiligung an weltraumgestützten Abfangsystemen negativ gegenüberstehen;
  - die Möglichkeit einer Beteiligung an einem Frühwarnzentrum mit Entwicklung der dazugehörigen Aufklärungstechnologie auch unter dem Aspekt der Proliferationsverhinderung aufgeschlossen prüfen wollen;
  - bezüglich einer begrenzten, bodengestützten Abwehrkapazität daran denken, durch technologischen Ausbau unserer Luftverteidigungssysteme einen Beitrag zu GPS im Wege internationaler Zusammenarbeit zu leisten.

Aus dem BMVg hören wir, dass dort überlegt wird, die deutsche Position zum weiteren Vorgehen in den bilateralen und multilateralen Konsultationen sowie im nationalen Bereich (Parlament) im BSR zu behandeln.[15]

Die Referate 240 und 430 haben mitgezeichnet.

Bertram

B 14, ZA-Bd. 161268

261

Drahtbericht des Botschafters Hellbeck, Peking

Fernschreiben Nr. 1130 **Aufgabe: 25. August 1992, 10.21 Uhr[1]**
Ankunft: 25. August 1992, 05.57 Uhr

Betr.: China im Sommer 1992;
hier: Resümee nach fünfeinhalb Jahren in Peking

1) Blickt man auf eine Periode von über fünf Jahren in China zurück, so treten die Konstanten und Charakteristika dieses Landes deutlicher hervor als bei kurzfristigen Analysen. Wer nur die negativen Ereignisse im Auge hat, lässt sich den Blick verstellen auf eine erstaunliche Evolution, die sich seit 1978 in diesem Lande vollzogen hat. Zwar mit 100 Jahren Verspätung im Vergleich zu Japan, aber doch mit großer Ausdauer und beachtlicher Dynamik, haben sich die Chinesen daran gemacht, das Tor zu einer moderneren Zukunft zu öffnen. Die Konzentration auf den wirtschaftlichen Fortschritt ist dabei einem Volk immer wichtiger geblieben, das Jahrtausende nie etwas von persönlicher oder politischer Freiheit gelernt hatte. Der wirtschaftliche Fortschritt fällt auch jetzt, bei einem Vergleich von 1978 mit 1992, besonders ins Auge.

Dies hat auch beachtliche soziale Veränderungen mit sich gebracht, die nur dem auffallen, der länger im Lande lebt. Retardierende Momente, die wie der 4. Juni 1989[2] im wirtschaftlichen Bereich ohnehin nur eine untergeordnete Rolle gespielt haben, haben die gesellschaftlichen Veränderungen eher noch beschleunigt. Die Mentalität der heutigen Bevölkerung lässt dies erkennen: Konsumdenken und Wohlstandsmaximierung treten auf der einen Seite immer stärker hervor, die Loslösung vom kommunistischen Dogma und das Wissen um die Endlichkeit der sozialistischen Systeme haben andererseits zu einem

15 An dieser Stelle vermerkte MD Chrobog handschriftlich: „Diese Angelegenheit sollte im Hinblick auf die US-Wahlen möglichst dilatorisch behandelt werden."
Dazu vermerkte BM Kinkel handschriftlich: „r[ichtig]". Vgl. Anm. 5.

1 Das Fernschreiben wurde in zwei Teilen übermittelt. Vgl. Anm. 4.
Hat VLR Zimmermann am 26. August 1992 vorgelegen, der die Weiterleitung an VLR I Sommer „n[ach] R[ückkehr]" verfügte.
Hat Sommer am 30. August 1992 vorgelegen.

2 Zur Niederschlagung der Demokratiebewegung in der Volksrepublik China vgl. Dok. 66, Anm. 5.

Bewusstsein geführt, in dem sich der Fortschrittsglaube und die Hoffnung auf mehr Wohlstand mit traditionellen Elementen wie Dynamik, Pragmatismus und Korruption, aber auch mit Zynismus mischen. Immer deutlicher wird auch, dass die Hoffnung auf Veränderung von der historischen Erfahrung lebt, dass die Evolution sich zuerst in den Köpfen zu vollziehen hat und sich in der gesellschaftlichen Wirklichkeit nur langsam umsetzt. Das ist der Boden, auf dem ein seinem Ende zugehendes kommunistisches Regime den Weg in die Zukunft bahnen will.

2) Welchen Weg China gehen wird, in ein Chaos wie in der früheren Sowjetunion oder in eine neue, vor allem marktwirtschaftlich und vielleicht letztlich auch demokratisch orientierte Zukunft, ist durch den seit 1978 erreichten Reformacquis schon heute sehr weitgehend determiniert. Die seitdem eingetretene Umgestaltung des Landes, Hochbauten und Industrie, der Aufschwung der Landwirtschaft, das kaum noch Lücken lassende Konsumgüterangebot, die beginnende Veränderung der sozialwirtschaftlichen Infrastruktur von der Sozialversicherung über die Mietreform bis zum Arbeitsrecht und der Betriebsverfassung haben ein Fundament geschaffen, das eine beachtliche Widerstandsfähigkeit gegen konjunkturelle und politische Einbrüche aufweisen dürfte. Wenn heute unter dem Schlagwort „sozialistische Marktwirtschaft" 70 v.H. der Wirtschaft nach marktwirtschaftlichen Regeln ablaufen, dann bildet sich damit das Fundament heraus, auf dem auch eine Demokratie aufgebaut werden kann. Freunde haben uns gesagt, dass die gegenwärtige Führung seit 1990 den zwangsläufigen Übergang auch Chinas zu einer modernen Gesellschaftsform nicht mehr ausschließt.

In China wird derzeit erprobt, ob der schrittweise Übergang von einer staatlichen Planwirtschaft zur Marktwirtschaft als Alternative zur Schocktherapie möglich ist. Diese hatte Milton Friedman 1988 empfohlen, doch glauben die Chinesen keine andere Wahl als den Gradualismus zu haben. Die Erfahrungen der Sowjetunion und Polens schrecken, und das deutsche Beispiel ist auf China nicht anwendbar, weil niemand da ist, der die Arbeitslosen bezahlen könnte. Allerdings müssen die schwierigsten Reformprojekte, die Betriebs- und Preisreform, erst noch angegangen werden. Zu lange ist bereits darüber geredet worden, und es kann sein, dass der günstigste Zeitraum dafür schon verstrichen ist. Angesichts steigender Defizite der Staatsunternehmen und damit der Subventionen, aber auch im Hinblick auf eine so oder so drohende Arbeitslosigkeit spielt der Zeitfaktor eine immer größere Rolle. Vor diesem Hintergrund ist die Forderung Deng Xiaopings nach beschleunigtem Wirtschaftswachstum und schnelleren Reformen zu sehen – was andererseits nicht nur ausländische Beobachter an fatale Perioden der neueren chinesischen Geschichte erinnert. Zwar wird seit anderthalb Jahren die Wirtschaftsreform wieder umfassend betrieben, auch sind wichtige Fortschritte bereits erzielt. Doch gibt es auch starke gegenläufige Tendenzen. Die Fesseln des überkommenen Sozialsystems, das alle sozialen Privilegien an den Betrieb bindet und den Arbeitsplatzwechsel verhindert, hemmen die entschlossene Umsetzung der Reformmaßnahmen. Aber auch die Arbeiter drohen aus Angst vor einer Beeinträchtigung des Besitzstandes zu Reformgegnern zu werden. Auf der anderen Seite kann ein[3] konjunktureller Rückschlag, hervorgerufen durch eine unzureichende makroökonomische Steuerung, sehr bald wieder zu Inflation und Stagnation führen und damit die weitere Reform mindestens aufhalten. Wenn Kreditausweitung und Geldmengenaufblä-

3 Korrigiert aus: „kann bald ein".

hung in Dimensionen, die uns Angst und Schrecken einflößen, wenn das Anwachsen der staatlichen Subventionen und eine dramatische Erhöhung unverkaufbarer Lagerbestände noch weiter anhalten, dann kann die gerade wieder angelaufene Reform durch Finanzierungsprobleme aufgehalten werden und schließlich in den Strudel der Auseinandersetzungen um die politische Nachfolge geraten.

Aber es sind nicht nur konjunkturelle Probleme, die der weiteren Wirtschaftsreform im Wege stehen. Auch die zu lösenden strukturellen Probleme weisen ungeheure Ausmaße auf. Allein das Ernährungsproblem entzieht sich angesichts des immer noch zu hohen Bevölkerungswachstums einer dauerhaften Lösung. China ist immer noch Nettoimporteur von Getreide und wird in einigen Jahren Mühe haben, seine Bevölkerung zu ernähren. Noch bedrohlicher ist im Grunde der Erziehungsrückstand – es fehlt an Lehrern, Professoren, Facharbeitern und Ingenieuren, und weil nicht genug Geld da ist, hinkt der Erziehungssektor hinter der allgemeinen Entwicklung her. Ähnliches gilt für das Verhältnis zwischen Stadt und Land. In den Städten wachsen die Einkommen viermal so schnell wie auf dem Land, und dies mag eines Tages zu größeren Reibungen führen. Dass die Küstenregionen sich schneller entwickeln als die Inlandsprovinzen, weiß jeder China-Reisende, und auch diesem Phänomen steht der Staat im Grunde ratlos gegenüber. Schließlich leidet auch die staatliche Organisation an traditionellen Mängeln. Da in China seit alters her mehr durch Verhandlungen als durch Gesetze regiert wird, was insbesondere im Verhältnis der Zentrale zu den Provinzen auch heute noch gilt, wird es immer schwerer, das Land nach einheitlichen Grundsätzen zu regieren.

[4]3) Die gegenwärtige Führung glaubt, dass sie erst wirtschaftliche Stabilität schaffen muss, bevor an politische Reformen gedacht werden kann. Mit dieser Begründung vertagt sie politische Reformen in eine fernere Zukunft, weil niemand zu sagen vermag, wann jene wirtschaftliche Stabilität erreicht ist, die den Übergang zur nächsten Periode ermöglicht. Sie kann dies umso leichter tun, als der Wunsch nach politischer Reform immer wieder gedämpft wird durch eine für uns erstaunliche Bereitschaft der Menschen zur Anpassung an die gegebenen Verhältnisse, die auf der jahrtausendealten Erfahrung eines großen Volkes beruht, dass sich in diesem Riesenreich Veränderungen nur ganz allmählich vollziehen können. Heute hoffen wohl die meisten auf einen ruhigen Übergang in die Post-Deng-Periode der Entideologisierung, und sie fühlen sich darin gerechtfertigt, weil sie wissen, dass der Reformprozess jetzt unumkehrbar geworden ist. Immerhin haben sich in diesem Jahr erste Regungen eines erwachenden Pluralismus gezeigt. Die Diskussionen über die Reformanstöße von Deng Xiaoping lassen erkennen, dass es mit dem monolithischen System vorbei ist, auch wenn sie sicher noch keinen Beweis für eine in China eingekehrte Meinungsfreiheit darstellen. Eine Periode, in der eine begrenzte Diskussion zwischen den Fraktionen möglich wird, deutet sich aber an.

Die vonseiten des Westens monierten Defizite im Bereich von Menschenrechten, Grundrechten, Demokratie und Rechtssystem sind weiter gewaltig. Hier werden Reformen noch gar nicht anvisiert. Die seit über zwölf Jahren eingeleitete Öffnung des Landes konfrontiert jetzt aber das traditionelle China der „gelben Kultur" (des Gelben Flusses) mit den moralischen und politischen Herausforderungen der erfolgreichen und überlegenen „blauen Kultur" des den Pazifik beherrschenden Amerikas und damit der westlichen Welt.

4 Beginn des mit DB Nr. 1131 übermittelten zweiten Teils des Fernschreibens. Vgl. Anm. 1.

Das Land hat Jahrtausende nach dem Law-and-Order-Konzept des Konfuzius gelebt. Während das Christentum mit seinen Begriffen von Gnade, Mitleid und Nächstenliebe ihm genauso unbekannt geblieben ist wie das Corpus Juris, wuchs das Volk in dem Bewusstsein auf, dass die Wahrung des sozialen Friedens ein höheres Gut ist als die Durchsetzung individueller Gerechtigkeit. Es verwundert deshalb aus dieser Perspektive nicht, dass die christliche Mission in China scheitern musste. Die erneute große Auseinandersetzung mit der westlichen Vorstellungswelt über die Frage, wie die menschliche Gesellschaft zu organisieren ist, kann nach Lage der Dinge selbst dann nicht zu schnellen Veränderungen führen, wenn die jüngere Generation sich in naher Zukunft – was zu erwarten ist – nachdrücklicher für moderne westliche Gesellschaftsvorstellungen einsetzen wird. Die Tatsache, dass es in diesem Land, das im Gegensatz zu Russland nie einen Alexander Herzen hervorgebracht hat und das – mit Ausnahme von zwei Jahrzehnten am Anfang dieses Jahrhunderts – nie eine Diskussion über alternative politische Theorien gekannt hat, verweist es, wie der Mai 1989 zeigte, auf eine noch primitive Stufe der politischen Evolution. Wenn sich der Westen auf die universale Geltung von VN-Dokumenten beruft, kontern die Chinesen mit dem Argument, auch in Europa (und besonders in Deutschland) habe die Herausbildung demokratischer Gesellschaften Jahrhunderte beansprucht.

Vor dem Hintergrund aller dieser Fragen lässt sich nur schwer voraussagen, wie stabil die Zukunft sein kann. Schon kleine Anlässe, wie kürzlich der Run auf die begehrten Aktien in der Sonderwirtschaftszone Shenzhen, können zu Zusammenstößen führen.[5] Der 4. Juni 1989 ist bei der jungen Generation nicht vergessen, und Konfliktpotenzial wird es sowohl im sozialen wie wirtschaftlichen Bereich in der Zukunft genug geben. Nur die Zukunft kann erweisen, ob das traditionelle Beharrungsvermögen und die Anpassungsbereitschaft stärker bleiben als der Wunsch nach Veränderung. Doch sind die bis heute geschaffenen Strukturen sicherlich sehr viel haltbarer als in anderen vergleichbaren Ländern. Das erleichtert China den Übergang in die moderne Zeit.

4) Wie angesichts der geschilderten Belastungen die Einheit des Landes weiterbestehen kann, ist eine schwer zu beantwortende Frage. Die zentrifugalen Tendenzen, denkt man nur an die Küstenprovinzen, sind in der Tat stark. Es ist zu erwarten, dass von den Küsten her ein größeres Maß wirtschaftlicher und vielleicht auch politischer Autonomie gefordert werden wird. Andererseits geht – anders als in der früheren Sowjetunion – von den Minderheiten (nur 8 v.H. im Gegensatz zu knapp 30 v.H. in der SU) kein sprengender Druck auf die Reichseinheit aus – sie bewohnen die unfruchtbare westliche Reichshälfte. Das Bewusstsein der nationalen Identität der Han-Chinesen ist überdies außerordentlich stark entwickelt, und der Prozess der zunehmenden wirtschaftlichen Differenzierung und Verflechtung stärkt gleichfalls den Zusammenhalt des Landes. Gelegentlich auftauchende

5 In der Presse wurde berichtet: „Rioting in the southern city of Shenzhen by people eager to buy new stock offerings appeared to have ended today, but the clashes on Monday presented a challenge to officials who are trying to push for more rapid economic change in China. The police were reported to have fired tear gas and shots into the air to disperse crowds of rioters Monday night, in the worst civil unrest reported in China since the Tiananmen Square protests in Beijing in 1989." Vgl. den Artikel „Rioting Over Stock Issues Poses Challenge for Chinese"; THE NEW YORK TIMES vom 12. August 1992, S. D 14.

Spekulationen, dass China in das Zeitalter der sogenannten Warlords zurückfallen könnte, sind daher wohl nicht begründet. Doch ist nicht auszuschließen, dass die Armee oder Teile davon eines Tages aktiv in die Politik eingreifen – ohne allerdings die anstehenden Probleme zu lösen, ohne auch sich dem Bazillus der inneren Erosion des Landes entziehen zu können.

Nach allem kann niemand erwarten, dass diesem Land eine geradlinige Entwicklung zu einem modernen Staat beschieden sein kann. Doch geht das Land weiter auf dieses Ziel zu, weil ökonomische und soziale Zwänge dahin drängen und weil die Bindungen an das Ausland nie so eng waren wie heute. Aber es wird auf diesem Weg weitere Rückschläge geben.

Für uns bedeutet das, dass wir trotz allem die sich bietenden Chancen in und mit diesem Riesenreich wahrnehmen sollen, ja müssen. Gewiss sollten wir uns nicht, wie Ende der siebziger und dann wieder Mitte der achtziger Jahre, zu Euphorie hinreißen lassen. Doch dürfen wir nicht die Gelegenheiten verpassen. China wird ein Großstaat sein, der regional, im Pazifik, gegenüber Japan und vor allem auch Amerika, eine immer gewichtigere Rolle spielt und global im Sicherheitsrat mitbestimmt. Auch wenn die wirtschaftliche Potenz dieses Landes nicht mit fantastischen Zuwachsraten, von denen neuerdings wieder die Rede ist, weiterwachsen wird, so bleibt China nicht nur ein Absatzmarkt für unseren Export, sondern vor allem ein zunehmend interessanter Partner für gemeinsame Investitionen.

Niemand aber darf glauben, dass es in China über Nacht zu dauerhaften neuen Strukturen kommen kann. Wir müssen uns vielmehr darauf einstellen, dass sich – ungeachtet temporärer Einbrüche – alles nur langsam vollzieht. Die Entwicklung wird umso nachhaltiger verlaufen, wenn wir sie unterstützen. Wir tun auch im eigenen Interesse gut daran, dieses Land mit Geduld, aber auch mit Zielstrebigkeit zu begleiten. In jedem Fall aber wird das größte Land der Welt in jeder Gestalt, die es annimmt, für uns eine Herausforderung darstellen, der wir uns nicht entziehen können.

[gez.] Hellbeck

B 37, ZA-Bd. 161887

262

Drahtbericht des Botschafters Huber, Prag

VS-NfD **Aufgabe: 25. August 1992, 15.14 Uhr**[1]
Fernschreiben Nr. 1183 **Ankunft: 25. August 1992, 16.21 Uhr**
Citissime

Betr.: Bilaterale Beziehungen;
hier: Strafrechtliche Verfolgungen von Vertreibungsverbrechen an Deutschen aufgrund von Ersuchen zur Übernahme der Strafverfolgung durch die tsl. Justiz

Bezug: Plurez Nr. 8513 vom 6.8.92 – Az. 511[2]-544.10/2[3]

Übersicht

Ungeachtet sehr schwieriger Abwägungsfragen ist die Empfehlung der Botschaft unter außen- und nachbarschaftspolitischen Gesichtspunkten eindeutig: Sie rät, von einzelnen Ausnahmen vielleicht abgesehen, davon ab, in gegenwärtigem Zeitpunkt die Justiz des Gastlandes in einer generalisierten Praxis um Übernahme der Verfolgung von Vertreibungsverbrechen zu ersuchen. Das letztlich ausschlaggebende Argument für diese Bewertung liegt darin, dass die Zukunft der Nachbarschaftsbeziehungen stärker in die außenpolitische Waagschale fallen sollte als eine von außen angestoßene Aufarbeitung der schwierigen deutsch-tschechischen Vergangenheit mit strafrechtlichen Mitteln.

Im Einzelnen

1) Grundsätzlich ist davon auszugehen, dass Vertreibungsverbrechen – jedenfalls theoretisch – in der demokratisch erneuerten ČSFR (analog wahrscheinlich auch in ihren Nachfolgestaaten) als strafwürdiges Unrecht angesehen und durch die Justiz verfolgt werden können. In diesem Zusammenhang darf allerdings nicht übersehen werden, dass die Straftatbestände „Mord“ und „Totschlag“ in der Tschechoslowakei nach 20 Jahren verjähren. Lediglich „Kriegsverbrechen“ bzw. „Verbrechen gegen die Menschlichkeit“ unterliegen keiner Verjährungsfrist.

2) Bei der juristisch schwierigen Abgrenzung dieser Tatbestandsbereiche kann nicht ausgeschlossen werden, dass Übernahmeersuchen überwiegend oder sogar generell von den

1 Das von BRI Hiller, Prag, konzipierte Fernschreiben war an Referat 214 gerichtet.
Hat StS Lautenschlager vorgelegen, der die Angabe „214“ mit Fragezeichen hervorhob und handschriftlich vermerkte: „D[irektoren]B[esprechung].“
Hat MDg Hillgenberg am 26. August 1992 vorgelegen, der handschriftlich für Referat 511 vermerkte: „StS L[autenschlager] hat Abt[eilung] 2 darauf hingewiesen, dass Botschaft bei Beantwortung Weisung anfragendem Referat antworten sollte. Was geschieht nun auf Grund dieser St[ellung]N[ahme]?“
Hat OAR Schregle am 4. September 1992 vorgelegen, der handschriftlich vermerkte: „Durch R[ücksprache] erl[edigt].“

2 Die Angabe „Az. 511“ wurde von StS Lautenschlager hervorgehoben.

3 MDg Hillgenberg teilte den Botschaften in Prag und Warschau mit: „Zur Vorbereitung BM-Vorlage werden Vertretungen bis spätestens 31.8.1992 um ausführliche politische Wertung der Frage gebeten, welche Auswirkungen deutsche Ersuchen um Übernahme der Strafverfolgung auf die bilateralen Beziehungen hätten.“ Die Botschaft in Prag wurde zudem gebeten, „über etwaige Strafverfahren wegen Vertreibungsverbrechen ergänzend zu berichten“. Vgl. B 83, Bd. 2061.

hiesigen Justizbehörden mit Hinweis auf eingetretene Verjährung abgewendet oder eingeleitete Verfahren eingestellt werden. Der Generalstaatsanwalt der ČSFR hat in einem Schreiben an die Botschaft – es handelte sich um eine frühere, einschlägige Einzelanfrage, bei der die Ermittlungen wegen Verjährung eingestellt wurden – Folgendes ausgeführt: „... mit Bedauern muss ich feststellen, dass die Bemühungen zur Überprüfung von ähnlichen Vorgängen grundsätzlich nur zur historischen Feststellung ohne größere Hoffnung auf Einleitung der Strafverfolgung der Täter führen ...“.[4]

3) Bei dieser Sachlage muss man sich wohl darauf einstellen, dass der mit eventuellen Ersuchen verfolgte Zweck nicht erreicht würde, während andererseits aufgrund der großen und mit Sicherheit ambivalenten Publizität, die Übernahmeersuche in Medien und politischer Öffentlichkeit hätten, nachbarschaftspolitisch negative Auswirkungen – anti-deutsche Stimmungsmache, Aufrechnungen gegen NS-Verbrechen etc. – voll zum Tragen kämen. Gegenreaktionen in Deutschland mit vergleichbar negativen außenpolitischen Folgen wären ebenfalls vorhersehbar.

4) Gleichwohl bleibt hinsichtlich der hier in Rede stehenden Grundproblematik zunächst festzustellen: Mit der (wahrscheinlich) zu erwartenden großen Zahl von Übernahmeersuchen würde moralisch berechtigten Individualansprüchen von Betroffenen (Opfern bzw. Angehörigen) entsprochen. Die an ihnen begangenen Vertreibungsverbrechen könnten im Rahmen von Strafverfahren als kriminelles Unrecht qualifiziert und durch die ordentlichen Gerichte strafrechtlich gesühnt werden. Neben dem Sühnegedanken wären Strafverfahren bei Vertreibungsverbrechen grundsätzlich auch geeignet, ein schwieriges Kapitel der dt.-tsl. Geschichte öffentlich aufzuarbeiten. Damit könnte ein positiver und wünschenswerter Beitrag für die Nachbarschaftsbeziehungen geleistet werden, die – ohne Bekenntnis zur geschichtlichen Wahrheit auf beiden Seiten – unterschwellig belastet bleiben müssen. Man müsste soweit gehen und sagen, dass man mit der Herbeiführung von „Vertreibungsprozessen“ der Tschechoslowakei einen wichtigen Dienst leistet, weil damit die längst überfällige Diskussion dieser Fragen in Gang gesetzt würde.

5) Dieser rechtsethisch-historisch richtige Ansatz geht aber leider heute noch an den politischen und gesellschaftlichen Realitäten in der Tschechoslowakei vorbei. Breite Bevölkerungsschichten sind auf eine strafrechtliche Aufarbeitung der Vergangenheit – insbesondere, wenn sie durch Übernahmeersuchen deutscher Justizbehörden initiiert würde – nach Wissensstand, vor allem aber emotional und psychologisch nicht vorbereitet. Diesen Tatbestand – auch bona fide – nicht in Rechnung zu stellen, bedeutet, radikalen Gruppierungen auf beiden Seiten des politischen Spektrums ungewollt, aber wirksam in die Hände zu arbeiten. Sie würden sich sofort dieses Themas bemächtigen und es für ihre Zwecke instrumentalisieren, was leicht dazu führen könnte, dass die gemäßigten und auf Ausgleich bedachten Kräfte entweder auf entsprechende Kampagnen aufspringen oder spürbare politische Sympathieverluste hinnehmen müssten.

6) Zum Hintergrund:

– Vertreibungsverbrechen an Deutschen sind nach 1945 in der ČSFR systematisch verdrängt und von der kommunistischen Propaganda entweder grob wahrheitswidrig bestritten oder als periphere Randerscheinungen im Vergleich zu NS-Verbrechen bagatellisiert bzw. als verständliche Gegenreaktionen hierauf entschuldigt oder sogar gerecht-

[4] Für das Schreiben vom 11. Juli 1992 vgl. B 83, Bd. 2061.

fertigt worden. Natürlich haben viele Angehörige der Zeitzeugen-Generation gewusst, dass die kommunistischen Geschichtsdarstellungen falsch waren. Denn Vertreibung und Vertreibungsverbrechen haben 1945/46 in der Tschechoslowakei nicht hinter verschlossenen Türen, sondern in voller Öffentlichkeit stattgefunden. Viele Angehörige dieser Generation sind den kommunistischen Geschichtsklitterungen mit ihrem einseitigen Feindbild und dem „bequemen" Verdrängen eigener Schuld nur zu bereitwillig gefolgt. Nur wenige Intellektuelle, vor allem aus den Reihen der Bürgerrechtsbewegung, haben sich in ihrer Untergrundliteratur hiermit kritisch auseinandergesetzt. Die große Mehrheit der jüngeren Tschechoslowaken sind in den vergangenen Jahrzehnten Opfer der kommunistischen Geschichtsfälschungen geworden: Sie haben weder „Fragen gehört noch Fragen gestellt".

- Erst nach 1989 bestand in der demokratisch erneuerten ČSFR die Möglichkeit, sich mit den dunklen Kapiteln der eigenen Geschichte öffentlich und unvoreingenommen auseinanderzusetzen. Viele der ehemaligen Dissidenten – Präsident Havel ist nur ein Beispiel – haben sie von Anfang an entschlossen genutzt. Damit wurde zwar ein Nachdenkprozess angestoßen, aber keine breite Aufarbeitungsdiskussion in Gang gesetzt. Die Nachwirkungen der kommunistischen Gehirnwäsche und Rechtfertigungspropaganda waren und sind noch nicht aus der Welt. Sie sind präsent und überall spürbar. Zu befürchten wäre, dass eine von deutschen Übernahmeersuchen ausgelöste Medienkampagne den von Havel und anderen öffentlich angemahnten Aufarbeitungsprozess erschweren und vielleicht sogar für längere Zeit wieder verschütten könnte.

7) Bei der anstehenden Entscheidung hinsichtlich Übernahmeersuchen zum gegenwärtigen Zeitpunkt sollte sich die Meinungsbildung nicht eindimensional nur an der eigentlichen Sachproblematik orientieren, sondern auch den allgemeinen Bewusstseinszustand der tschechoslowakischen Gesellschaft mitberücksichtigen. Weite Teile der Bevölkerung sind nach 40 Jahren Diktatur, nach den fundamentalen Veränderungen der politischen Wende von 1989 und angesichts des Trennungstraumas verunsichert, desorientiert und auch desillusioniert. In einer Situation, in der sich ungelöste politische, wirtschaftliche und nationale Probleme für den Einzelnen wie für die Gesellschaft auftürmen, sind erfahrungsgemäß „ablenkende Ventile" immer willkommen. Vertreibung und Vertreibungsverbrechen sind in der heutigen Tschechoslowakei immer noch höchst sensible und emotionell aufgeladene Bereiche. Sie eignen sich daher aus der Sicht interessierter Kreise hervorragend für ablenkende Ventilfunktionen. Daran, dass sie ohne Rücksicht auf nachbarschaftspolitischen Schaden genutzt würden, besteht wenig Zweifel.

8) Wir sind hinsichtlich der hier zu bewertenden Fragen nicht nur auf hypothetische Überlegungen angewiesen, sondern können durchaus auf einschlägige Erfahrungen zurückgreifen. Die Verhandlungen über den Nachbarschaftsvertrag[5] waren von Anfang an von hysterischen anti-deutschen Stimmungen in Medien und Öffentlichkeit begleitet. Polemik und Irrationalität standen dabei zumindest zeitweise eindeutig im Vordergrund. Das Gleiche gilt für die „Germanisierungs-Kampagne", mit der deutsche Investitionen, auf die die ČSFR dringend angewiesen ist, zum Teil sogar von führenden Politikern kritisiert wurden. Im Nachhinein verwundert es eigentlich, dass der Begriff „Vertreibung" in der Präambel des

5 Für den deutsch-tschechoslowakischen Vertrag vom 27. Februar 1992 über gute Nachbarschaft und freundschaftliche Zusammenarbeit vgl. BGBl. 1992, II, S. 463–473. Vgl. auch Dok. 64, Dok. 116 und Dok. 271.

Nachbarschaftsvertrages[6] von tschechoslowakischer Seite akzeptiert und – wenn auch mit nicht überzeugenden Mehrheiten – von der Föderalversammlung ratifiziert wurde. Der von der Regierung vorgelegte „Motiv-Bericht" unterstreicht allerdings, dass auch viele derjenigen, die letztlich wohl aus pragmatischen Gründen für den Vertrag gestimmt haben, die Vertreibungsproblematik und damit die ganze für die Tschechoslowakei schmerzliche, geschichtliche Wahrheit nicht zur Kenntnis nehmen wollen.

Schlussbemerkung

Die Botschaft ist sich selbstverständlich bewusst, dass der Umgang mit der Vertreibungsproblematik viele Facetten hat und haben muss, die nicht nur das Gastland, sondern im gleichen Maße auch deutsche Interessen berühren. Die eingangs getroffene Wertung bezieht sich – entsprechend den Vorgaben des Bezugserlasses – ausdrücklich auf die „außen- und nachbarschaftspolitischen" Gesichtspunkte dieser schwierigen Fragestellung.

[gez.] Huber

B 83, Bd. 2061

263

Gespräch des Bundesministers Kinkel mit dem Präsidenten von Bosnien-Herzegowina, Izetbegović, und Außenminister Silajdžić in London

215-321.11 BOS **27. August 1992**[1]

Beziehungen zu Bosnien-Herzegowina;
hier: Gespräch BM Kinkel mit Präsident Izetbegović und AM Silajdžić am Rande der Londoner Konferenz[2] am 27.8.1992, 14.00 Uhr[3]

Vermerk

Präsident *Izetbegović* sprach zunächst seinen Dank für die Haltung Deutschlands aus. Er bat sodann um Unterstützung bei seinen Versuchen, das Konferenzdokument über Bosnien-Herzegowina durch Hinweis auf die dort stattfindende Aggression und durch namentliche Erwähnung der VN-SR-Resolutionen 752[4] und 757[5] abzuändern. (Anmerkung: Die bosni-

6 Korrigiert aus: „NV-Vertrages".

1 Der Gesprächsvermerk wurde von VLRI Libal am 29. August 1992 gefertigt und an das Ministerbüro mit der Bitte geleitet, „Genehmigung durch BM herbeizuführen".
Hat VLR Brose am 31. August 1992 vorgelegen, der den Rücklauf an Referat 215 verfügte und handschriftlich vermerkte: „Kann mit V[ermerk] ‚von BM noch nicht gebilligt' verteilt werden."

2 Zur internationalen Jugoslawien-Konferenz am 26./27. August 1992 vgl. Dok. 269.

3 BM Kinkel hielt sich anlässlich der internationalen Jugoslawien-Konferenz in London vom 25. bis 28. August 1992 in Großbritannien auf. Vgl. auch Dok. 264 und Dok. 266.

4 Für die Resolution Nr. 752 des VN-Sicherheitsrats vom 15. Mai 1992 vgl. RESOLUTIONS AND DECISIONS 1992, S. 12f.

5 Zur Resolution Nr. 757 des VN-Sicherheitsrats vom 30. Mai 1992 vgl. Dok. 159, Anm. 12.

schen Vorbehalte wurden kurze Zeit später, nach der Aufnahme bestimmter Zusagen der Serbenführer in das Konferenzdokument, zurückgezogen.) Iz. erläuterte sodann die Politik der Kroaten in Bosnien-Herzegowina. Hier gebe es zwei Strömungen: Ein Teil der Kroaten unterstütze die offizielle Politik der bosnischen Regierung. Daneben gebe es eine extremere Strömung, die für die Schaffung eines kroatischen Staates in Bosnien-Herzegowina eintrete. Sie werde, allerdings nicht öffentlich, von Tudjman unterstützt. Man bitte die deutsche Seite, den Kroaten nahezulegen, dies nicht mehr zu tun. *BM* äußerte hierzu, man werde Kroatien nicht unterstützen, wenn es unakzeptable Dinge tue. *Izetbegović* ergänzte, es sei die Haltung der Kroaten in der Frage der Kantonalisierung gewesen, die zu Problemen geführt habe, da in den Verhandlungen ein Verhältnis von zwei zu eins (Serben und Kroaten gegen die Regierung in Sarajevo) entstanden sei. Die Kroaten beabsichtigten, durch die Kantonalisierung ein unabhängiges kroatisches Gebilde zu schaffen, das sich später lösen könne. Es bestünde die Gefahr einer Absprache zwischen Tudjman und Milošević zur Teilung von Bosnien-Herzegowina. Die Mehrheit der kroatischen Bevölkerung in Bosnien-Herzegowina denke jedoch anders. Vor allem die katholische Kirche lehne eine Politik der Teilung ab, desgleichen die städtischen Elemente. Die extreme Strömung werde in erster Linie von der Landbevölkerung in der westlichen Herzegowina unterstützt. Die bosnische Regierung ziele darauf, eine örtliche Selbstverwaltung mit sieben bis zehn Regionen zu schaffen.

RL 215[6] verwies auf ständige Warnungen unsererseits an die kroatische Seite, sich auf Teilungspläne einzulassen, und erläuterte unsere Vorstellungen von einer echten Kantonalisierung durch Schaffung einer Vielzahl lokaler Einheiten, ohne Infragestellung des staatlichen Zusammenhalts und ohne die Ermutigung von Bevölkerungstransfers.

Auf Frage BM nach der Haltung Russlands antwortete *Izetbegović*, die Russen seien über die Lage nicht gut unterrichtet und gäben das weiter, was man in Belgrad sage, z.B. die These von den drei konstituierenden Völkern. Mit AM Kosyrew gebe es keine Probleme, aber er stehe unter dem Druck der ultranationalistischen Opposition im russischen Parlament. Man solle darauf hinarbeiten, dass die Russen sich mit dem deutschen Konzept für eine politische Lösung einverstanden erklärten. Am besten solle man überhaupt den Begriff „Kantonalisierung“ fallenlassen.

Zur Flüchtlingsproblematik sagte Iz., möglichst wenige Flüchtlinge sollten Bosnien-Herzegowina verlassen. Man sollte eine Vereinbarung treffen, dass sie nach einem Jahr zurückgehen müssten. *BM* verwies auf die Asylproblematik. Es sei sein Ziel, einen Sonderstatus für Kriegsflüchtlinge zu schaffen. Diese würden ein Bleiberecht für ein halbes Jahr erhalten und müssten dann zurückkehren. AM *Silajdžić* ergänzte, es sei wichtig, dass die Flüchtlinge nur als zeitweilige Flüchtlinge behandelt würden und dann zurückkehrten. Man beabsichtige, mit ausländischer Hilfe Häuser zu errichten, und habe hierzu schon eine Zusage der USA. *BM* verwies auf den Kabinettsbeschluss über die zusätzliche Bereitstellung von 50 Mio. DM zur Errichtung von Unterkünften. AM *Silajdžić* meinte, dies müsse internationalisiert werden. *BM* stellte fest, es bestehe ein gemeinsames Interesse, die Menschen in Bosnien-Herzegowina zu halten. Allerdings könne die deutsche Seite Züge mit Frauen, Kindern und alten Menschen nicht zurückschicken.

Izetbegović sprach noch einmal den Wunsch nach Einwirkung auf die kroatische Seite

6 Michael Libal.

an. *BM* sagte zu, dies tun zu wollen. Auf eine Frage von BM zur Beurteilung von MP Panić antwortete *Izetbegović*, es handele sich um eine „pittoreske“ Persönlichkeit, die keine Macht habe und mit der zu sprechen nutzlos sei.

B 42, ZA-Bd. 183113

264

Gespräch des Bundesministers Kinkel mit dem russischen Außenminister Kosyrew in London

27. August 1992[1]

Gespräch BM mit russischem AM Kosyrew in London am 27.8.92 am Rande der Jugoslawien-Konferenz[2]

BM dankte rus. AM für rus. Unterstützung bei Londoner Konferenz, die mehr noch unter psychologischen als praktischen Gesichtspunkten von außerordentlicher Bedeutung sei. Sie mache sichtbar, dass Russland europäischen Interessen Rechnung trage.

BM bat um K.s Unterstützung bei Überwindung der Widerstände in Moskau gegen Annahme der CW-Konvention.[3] Deutsche Seite habe durch Botschafter von Wagner in Genf sich besonders engagiert und letztlich den lang erwarteten Durchbruch erzielt. Das Ergebnis dürfe jetzt durch rus. Zögern nicht infrage gestellt werden.

Kosyrew erwiderte, Problem liege nicht beim militärisch-industriellen Komplex, sondern sei finanzieller Art. Rus. Seite sei jetzt erst deutlich geworden, dass CW-Überwachung und -Vernichtung sehr viel Geld koste. Angesichts allgemeiner finanzieller Zwangslage in Russland sei man ratlos, wie dies zu bewältigen sei. Die zusätzlichen Verifikationen, die Expertenbesuche, verursachten Kosten in Höhe von derzeit geschätzten 450 Mio. Rubel. Die habe niemand. Deshalb müsse man nachdenken, wie dabei auch eventuell bilateral geholfen werden könne. Rus. Seite habe keineswegs die Absicht, an der Konvention etwas zu ändern.

BM äußerte Zufriedenheit, dass es jedenfalls keine militärisch begründeten Einwände gebe.

BM dankte rus. Regierung und AM Kosyrew persönlich ganz ausdrücklich für deren Haltung in Sachen Honecker.[4] Dessen Überstellung sei für die Bundesregierung wie auch für ihn selbst außerordentlich bedeutsam. Rus. Seite habe durch ihre Behandlung der Sache eindrucksvoll ihr Vertrauen in rechtsstaatliche Verfahren unter Beweis gestellt. BM bitte

1 Der Gesprächsvermerk wurde von MDg von Studnitz am 28. August 1992 gefertigt und „mit der Bitte um Genehmigung“ an BM Kinkel geleitet.
Hat Kinkel am 28. August 1992 vorgelegen.

2 BM Kinkel hielt sich anlässlich der internationalen Jugoslawien-Konferenz in London vom 25. bis 28. August 1992 in Großbritannien auf. Vgl. auch Dok. 263 und Dok. 266.
Zur Konferenz am 26./27. August 1992 vgl. Dok. 269.

3 Zum Abschluss der Genfer CW-Verhandlungen vgl. Dok. 277.

4 Zum Fall Honecker vgl. Dok. 235.

K., Justizminister Fjodorow ebenfalls ausdrücklichen Dank zu übermitteln. Durch rus. Verhalten sei der deutschen Öffentlichkeit deutlich gemacht worden, dass sich Russland wie ein Rechtsstaat verhalte. Von mancher Seite sei bezweifelt worden, dass Russland Deutschland hier helfen werde. Umso wichtiger sei es deshalb, dass dies doch geschehen sei.

Er sage in aller Offenheit, dass Honecker für uns jetzt ein größeres Problem sein werde als für Russland. Wir wollten uns nicht an Honecker rächen, aus rechtsstaatlichen Gründen sei allein entscheidend, dass ein unabhängiger Richter sage, ob Honecker verantwortlich sei oder nicht. Stelle der Richter fest, dass Honecker nicht verhandlungsfähig sei, so werde das auch akzeptiert werden. Er persönlich halte Honecker für eine tragische Figur, der als Antifaschist begonnen habe und in einem Unrechtsstaat geendet habe.

Kosyrew entgegnete, er sei an dem persönlichen Schicksal Honeckers nicht interessiert. Er wisse, dass mit ihm rechtsstaatlich verfahren werde. Die deutsche Verfassungsordnung sei für Russland eine ausreichende Garantie.

BM sprach das Problem der Kantonalisierung in Bosnien-Herzegowina an. Nach deutscher Auffassung dürfe das nicht zu einer Dreiteilung des Landes führen, sondern müsse im schweizerischen Sinne als eine Einteilung in zahlreiche Kantone verstanden werden. Hierfür bitte er Russland um Unterstützung.

Kosyrew sagte, er habe das ausführlich mit Panić, Milošević und Izetbegović diskutiert. Er teile BMs Auffassung ohne Einschränkung.

BM sprach sodann Russlands Haltung zu Serbien an. Wir verstünden die traditionellen Beziehungen und beobachten rus. Verhalten sehr genau. In der Koalition, in der Bundesregierung und auch im Bundestag spiele es eine große Rolle, wie Russland sich in der Jugoslawien-Krise verhalte. Auch in der langen Besprechung beim Bundeskanzler am 24.8. sei dies ein maßgeblicher Punkt gewesen.[5] Russland trage hier eine Verantwortung, die größer sei als die anderer Staaten. BM bat K., sich weiter auf dem richtigen Wege zu bewegen. *Kosyrew* bemerkte, dieses koste ihn einiges in den innenpolitischen Auseinandersetzungen zuhause.

BM versicherte K., man werde ihm helfen, soweit wir das könnten. Wir hätten auch überlegt, ob der Bundeskanzler noch einmal an Jelzin schreiben sollte, davon aber abgesehen, als Wandel rus. Haltung sichtbar geworden sei.

Kosyrew betonte, Russland betreibe keine anti- oder pro-serbische Politik. Es gehe allein darum, was in Serbiens bestem Interesse liege. Das seien die Herstellung demokratischer Verhältnisse und Friede mit den Nachbarn. Das Stützen der militanten Kräfte in Serbien sei anti-serbisch.

BM äußerte Zweifel an Panićs Ernsthaftigkeit.

K. antwortete, es gebe niemand besseren als Panić. Man höre seine Worte, habe aber Zweifel, ob er entsprechend handeln könne. Auch er habe den Eindruck, Panić werde von Milošević als Puppe benutzt. Zugleich habe er aber auch den Eindruck, dass Panić versuche, internationale Unterstützung für seinen Kampf mit Milošević zu gewinnen. In dieser Situation müsse die Londoner Konferenz zwei klare Signale geben:

- Wenn sich Milošević durchsetze, bedeute das verschärfte Sanktionen.
- Serben müssten eine offene Tür sehen: Beschritten sie einen positiven Weg, so bringe dieses auch Vorteile.

BM äußerte Einverständnis zur Bewertung der Rolle von Milošević, bezeichnete es zugleich als tragisch, dass die Welt von Panić nicht überzeugt sei. Es wäre zu wünschen,

5 Zum Gespräch bei BK Kohl vgl. Dok. 258.

jemand anderen, überzeugenderen an der Spitze Serbiens zu sehen. Panić habe Gespräch mit dem Bundeskanzler erbeten.[6] Er habe dem Bundeskanzler jedoch abgeraten, weil Panićs Pressekonferenz im Anschluss daran vorherzusehen sei, die den Bundeskanzler unglaubwürdig mache.

Kosyrew bemerkte, aus gleichem Grunde habe er Jelzin ebenfalls abgeraten, Panić zu sehen. Diese Situation führe Russland dazu, die Serbien-Frage nicht als personelle Alternative anzusehen, sondern als eine Alternative zwischen einem richtigen und falschen Weg. Panić sei kein Engel und Milošević kein Teufel. M. sei intelligent, und man könne mit ihm argumentieren. Er verstehe die Sachen, was man von manchen der Generäle in Belgrad nicht behaupten könne. Deshalb unterstütze Russland diejenigen, die den rechten Weg gingen. Wer den falschen Weg gehe, müsse mit weiteren Sanktionen rechnen.

BM hob sehr nachdrücklich hervor, die Serben müssten wissen, keine Wiederaufbauhilfe für die von ihnen selbst ruinierte Wirtschaft zu erhalten. Besonders der Bundeskanzler habe dies sehr stark ausgesprochen. Vielleicht stimme diese Warnung die Verantwortlichen in Belgrad nachdenklich. Die Serben hätten sich auch von einem anderen Argument beeindruckt gezeigt, das er jüngst vermehrt in die internationale Diskussion eingeführt habe, dass nämlich ihr Verhalten als Völkermord angeprangert werden müsse und alle Anstrengungen unternommen werden müssten, um einen Internationalen Strafgerichtshof zu schaffen[7]. Die Sorge, möglicherweise persönlich zur Verantwortung gezogen zu werden, zeige augenscheinlich Wirkung. Dieser Druck müsse erhalten werden. Er verkenne nicht die Schwierigkeiten, die einer Verwirklichung dieses Gedankens entgegenstünden, aber die psychologische Wirkung sei bereits eingetreten.

Kosyrew bemerkte, aus diesem Grunde habe er diesen Vorschlag des BM in der Konferenz unterstützt.

Zur Entschärfung der militärischen Lage habe er Milošević auch gedrängt, internationale Beobachter in den militärischen Einheiten zu gestatten. Dadurch werde die Militärmaschine gelähmt. Darauf komme es an.

BM bezeichnete dies als guten Gedanken, den er unterstützen werde.

Kosyrew sprach seinerseits die Entschädigungsfrage für NS-Opfer an. Er mahnte die Antwort auf entsprechendes Schreiben der rus., weißrus. und ukrain. AM an.[8] Nach rus. Auffassung müsse die Entschädigungssumme in einem vertretbaren Verhältnis zu der Entschädigung stehen, die sehr viel kleinere Staaten wie Polen[9] und Frankreich[10] mit einer

6 Für das Gespräch des BK Kohl mit dem jugoslawischen MP Panić am 26. November 1992 vgl. Dok. 387.

7 Zur Frage der Einrichtung eines Internationalen Strafgerichtshofs vgl. Dok. 247.

8 Zum Schreiben der AM Kosyrew (Russland), Krawtschenko (Belarus) und Slenko (Ukraine) vom 14. April 1992 an BM Genscher vgl. Dok. 111.
Zum Antwortschreiben von BM Kinkel vom 1. August 1992 vgl. Dok. 212, Anm. 21.

9 Am 7./8. Juli 1972 einigten sich die Bundesrepublik und Polen in Genf auf eine Vereinbarung über die Entschädigung für Opfer pseudomedizinischer Versuche in der Zeit des Nationalsozialismus. Darin verpflichtete sich die Bundesrepublik zur Zahlung von 100 Mio. DM als Entschädigungsleistung und 3 Mio. DM als Verwaltungskosten an das polnische Gesundheitsministerium. Die Unterzeichnung erfolgte am 16. November 1972. Für die Vereinbarung vgl. B 86, Bd. 1337. Vgl. ferner BULLETIN 1972, S. 1920.
Zu den weiteren Entschädigungszahlungen an polnische Opfer des Nationalsozialismus vgl. Dok. 4, Anm. 12.

10 Vgl. den Vertrag vom 15. Juli 1960 zwischen der Bundesrepublik und Frankreich über Leistungen zu-

sehr viel geringeren Bevölkerung als in Russland, Weißrussland und Ukraine erhalten hätten. Lege man die 650 Mio. DM für Polen zugrunde, so müssten die drei slawischen Staaten etwa fünfmal so viel erhalten.

Dg 21[11] erläuterte, dass das Angebot des Bundeskanzlers in Höhe von 1 Mrd. DM von den Kaukasus-Gesprächen im Sommer 1990[12] in dem Gesamtzusammenhang der damals in Aussicht gestellten finanziellen Leistungen an die Sowjetunion gesehen werden müsse. Wir stünden zu dem, was damals in Aussicht gestellt worden sei. Nach den auch in der Folgezeit erbrachten erheblichen Leistungen an Russland seien wir nun finanziell an unsere Grenzen gestoßen. Daher könnten wir über das ursprüngliche Angebot nicht hinausgehen.

K. entgegnete, rus. Seite sehe dieses anders. Für sie sei dies eine sehr emotionale Frage, die sehr leicht zu Missverständnissen führen könne. Die Leiden der Menschen in der ehemaligen Sowjetunion dürften nicht als weniger wert angesehen werden als diejenigen etwa der Menschen in Frankreich. Er bitte zu überlegen, ob nicht eventuell erhöhte Leistungen zeitlich gestreckt werden könnten.

BM erwiderte, er werde diese Gedanken dem Bundeskanzler vortragen. Sein eigener für den 7. und 8. Okt. vorgesehener Besuch[13] und derjenige von BM Waigel etwa drei Wochen später[14] dienten der Vorbereitung des für Ende des Jahres vorgesehenen Besuchs des Bundeskanzlers[15]. Diese bevorstehenden Gespräche sollten zur abschließenden Regelung der schwierigen Frage genutzt werden.

Dg 21 wies noch einmal auf den Gesamtzusammenhang der deutschen Finanzleistungen hin. Die rus. Seite dürfe sich nicht von dem Eindruck leiten lassen, ihre Opfer würden gering bewertet. Deutschlands Haltung gegenüber den rus. Menschen sei in den letzten drei Jahren nachdrücklich durch die große Hilfsbereitschaft zur Linderung der Not in Russland dokumentiert worden. Der Gesamtumfang aller Leistungen von etwa 75 Mrd. DM spreche für sich selbst. Hieraus könne nicht der Eindruck entstehen, wir achteten die Leiden der Nazi-Opfer gering. Die angebotene 1 Mrd. DM solle dazu dienen, den Menschen, die persönlich und gesundheitlich besondere Opfer erbracht hätten und darunter heute noch litten, zu helfen.

BM äußerte abschließend Verständnis für K.s Ausführungen.

Er bemerkte zusammenfassend, die bilateralen Beziehungen zu Russland seien von außerordentlicher Wichtigkeit. Er persönlich sei sehr daran interessiert, diese weiter zu vertiefen.

B 1, ZA-Bd. 178945

Fortsetzung Fußnote von Seite 1063

gunsten französischer Staatsangehöriger, die von nationalsozialistischen Verfolgungsmaßnahmen betroffen worden sind; BGBl. 1961, II, S. 1030–1033.

Mit Abkommen vom 31. März 1981 zwischen der Bundesrepublik und Frankreich wurde geregelt, dass die Stiftung „Deutsch-Französische Verständigung" von der Bundesrepublik einen Beitrag von 250 Millionen DM erhalten sollte, um Härtefälle aus dem Kreis der zur Wehrmacht zwangsrekrutierten Elsässer und Lothringer zu lindern. Vgl. BGBl. 1984, II, S. 609. Vgl. ferner AAPD 1981, I, Dok. 31 und Dok. 74.

11 Ernst-Jörg von Studnitz.

12 BK Kohl und die BM Genscher und Waigel hielten sich vom 14. bis 16. Juli 1990 in Moskau und Archys (Bezirk Stawropol) auf. Vgl. AAPD 1990, II, Dok. 217–219 und Dok. 221.

13 BM Kinkel hielt sich am 6./7. Oktober 1992 in Russland auf. Vgl. Dok. 311, Dok. 314 und Dok. 315.

14 Der für die Zeit vom 10. bis 12. November 1992 geplante Besuch des BM Waigel in Russland wurde abgesagt. Vgl. den Vermerk des VLR I Göckel vom 5. November 1992; B 38, ZA-Bd. 184715.

15 BK Kohl besuchte Russland am 15./16. Dezember 1992. Vgl. Dok. 419 und Dok. 420.

265

Drahtbericht des Gesandten Heyken, Moskau, an Bundesminister Kinkel

14103/92 geheim **Aufgabe: 27. August 1992, 19.16 Uhr**[1]
Fernschreiben Nr. 3687 **Ankunft: 27. August 1992, 18.11 Uhr**
Citissime

Für Herrn Bundesminister persönlich (ausschließlich in einem Exemplar)

Betr.: Gespräch StM Schmidbauer mit Präsident Jelzin am 26.8.1992[2]

1) Am 26.8.1992 wurde Staatsminister Schmidbauer von Präsident Jelzin zu einem Gespräch empfangen, das 45 Minuten dauerte. Teilnehmer waren außer zwei Dolmetschern auf russischer Seite der Minister für Sicherheit, W.P. Barannikow, und der Direktor des Auslandsaufklärungsdienstes, J.M. Primakow, auf deutscher Seite begleitete ich[3].

Präsident Jelzin war von Anfang an sehr freundlich. Er wirkte entspannt und gesundheitlich in guter Form. Er hörte aufmerksam zu und machte seine Ausführungen sachlich und präsent.

Auf Bitte von StM Schmidbauer berichte ich über das Gespräch ausschließlich an den Herrn Bundesminister:

2) StM übermittelte einleitend die Grüße des Bundeskanzlers und teilte mit, dass der Bundeskanzler am Besuchsplan für dieses Jahr festhalte, nach seiner Vorstellung sollte der Besuch im November stattfinden.[4] Der Präsident erkundigte sich in gelockerter Stimmung danach, ob der Bundeskanzler am selben Ort wie im Vorjahr Urlaub mache, und erinnerte mit Wärme an den Telefonanruf des Bundeskanzlers aus diesem Urlaubsort während der Putschtage 1991.[5]

StM nahm Bezug auf die zwischen dem BK und dem Präsidenten gewechselten Briefe, sprach von den hervorragenden Beziehungen zwischen beiden Staaten sowie den Staatschefs persönlich und betonte, angesichts dessen müsse eine neue Grundlage in den Beziehungen zwischen den Diensten hergestellt werden. Man solle durch offizielle Vertreter in den Hauptstädten vertreten sein und einen Dialog führen. Die Probleme der Vergangenheit solle man möglichst ohne Öffentlichkeit lösen. Mit Blick auf die Gespräche, die während seines Besuchs zwischen ihm, den Präsidenten Porzner und Werthebach und MD Dolzer einerseits, Primakow, Barannikow sowie dem GRU[6]-Chef Ladygin andererseits geführt

1 Hat VLR Wittig am 28. August 1992 vorgelegen, der handschriftlich vermerkte: „Ex[emplar] 1 an 014 m[it] d[er] B[itte], D 2 u. ChBK zu unterrichten."

2 StM Schmidbauer hielt sich vom 24. bis 27. August 1992 in Russland auf. Vgl. auch Dok. 270.

3 Eberhard Heyken.

4 BK Kohl besuchte Russland am 15./16. Dezember 1992. Vgl. Dok. 419 und Dok. 420.

5 Vom 19. bis 21. August 1991 kam es in der UdSSR zum Putschversuch durch ein „Staatskomitee für den Ausnahmezustand". Vgl. AAPD 1991, II, Dok. 266–269, Dok. 271, Dok. 272, Dok. 274–276 und Dok. 284.
BK Kohl und der russische Präsident Jelzin führten am 21. August 1991 ein Telefongespräch. Vgl. die Regierungserklärung Kohls vom 4. September 1991; BT Stenographische Berichte, 12. WP, 37. Sitzung, S. 3015.

6 Glawnoje Raswedywatelnoje Uprawlenije (Hauptverwaltung für Aufklärung).

wurden, unterstrich StM die Offenheit der Unterredungen und die Ernsthaftigkeit, mit welcher die russische Seite die deutschen Sorgen aufgenommen, die deutsche Seite ihrerseits aber auch russische Anliegen zur Kenntnis genommen habe.

3) Sodann trug StM folgende Gravamina vor:

3.1) Die große Zahl der Vertreter der russischen Dienste in Deutschland müsse reduziert werden. Es müsse ein vernünftiges Maß gefunden werden. Dies sei auch der Wunsch des Bundeskanzlers.

3.2) Der GRU entfalte eine ziemlich hohe Aktivität. Die russische Seite müsse darauf achten, dass im Rahmen des Abzugs der Truppen der Westtruppe alles in Ordnung gebracht werde.

3.3) Der Bundeskanzler sehe mit Sorge, dass sich in der Westtruppe Waffenhandel, Schmuggel mit Zigaretten, Treibstoff usw. ausbreiteten. Zwar seien deutsche Bürger beteiligt. Aber wir hofften, dass diese Probleme in Ordnung gebracht würden.

3.4) Im Fall Scherdew[7] setze sich der Bundeskanzler persönlich ein. Er bemühe sich darum, dass Scherdew bald nach Beendigung des Prozesses nach Russland zurückkehren könne, die Frage solle möglichst ohne Beteiligung der Öffentlichkeit gelöst werden. StM betonte, dass, wenn sich freundschaftliche Beziehungen zwischen beiden Ländern anbahnten, diese Entwicklung nicht durch kontraproduzente Zwischenfälle gestört werden dürfe.

3.5) Der Bundeskanzler habe ihn gebeten, den Moskaubesuch von BM Waigel[8] noch vor seiner eigenen Reise anzukündigen.

3.6) Der letzte, besonders wichtige Punkt stehe im Zusammenhang mit der Wiedervereinigung und dem Erbe, welches die Arbeit des früheren MfS beinhalte. In der Bundesregierung säßen noch viele unerkannte Agenten des MfS. Wir wüssten, dass in großen Mengen Material des MfS nach Moskau gebracht worden sei. Im Namen des Bundeskanzlers bitte er den Präsidenten, dabei mitzuwirken, dass dieses Problem gelöst werde. Uns sei bekannt, dass es sich um eine sensible Angelegenheit handele und nicht alles machbar sei. Wir wollten nichts Unmögliches erbitten, nichts was die russischen Interessen tatsächlich berühre. Aber sicherlich lasse sich in diesem oder jenem Fall eine Lösung finden. Hierfür werde die persönliche Unterstützung des Präsidenten benötigt.

4) Der Präsident dankte für die konzentrierte Information. Er freue sich über die Übereinstimmung in vielen Fragen. Die Beziehungen zwischen beiden Staaten, beiden Staatschefs und den Völkern in beiden Ländern hätten sich in der Tat heute, nach Ende des Kalten

7 In der Presse wurde berichtet: „Das Berliner Kammergericht hat den russischen Oberst Scherdew am Donnerstag wegen geheimdienstlicher Agententätigkeit und Bestechung zu drei Jahren Gefängnis verurteilt. Der Erste Strafsenat sah es als erwiesen an, dass Scherdew von 1980 bis zu seiner Festnahme 1991 bei einem konspirativen Treffen im Harz für den Militärischen Geheimdienst (GRU) der früheren Sowjetunion gegen die Bundesrepublik und ihre Partner in der Nato gearbeitet habe. Zuletzt sei Scherdew Chef des GRU-Stützpunktes in Magdeburg gewesen, von wo aus er ein Agentennetz leitete. Seine Agenten sollen laut dem Urteil ‚flächendeckend' Militärobjekte, Truppenbewegungen, Raketenstützpunkte ausspähen. [...] Als Bestechung wertete das Gericht die Geldzuwendungen im Auftrag von Scherdew an einen Polizeioberkommissar aus dem Raum Wernigerode für die Lieferung von Material aus dessen Dienststelle." Vgl. den Artikel „Agent in Berlin zu drei Jahren Haft verurteilt"; FRANKFURTER ALLGEMEINE ZEITUNG vom 4. September 1992, S. 4.

8 Der für die Zeit vom 10. bis 12. November 1992 geplante Besuch des BM Waigel in Russland wurde abgesagt. Vgl. den Vermerk des VLR I Göckel vom 5. November 1992; B 38, ZA-Bd. 184715.

Krieges, grundsätzlich geändert. Sie würden und sollten aufgebaut werden auf der Grundlage des Vertrauens, eines Abbaus der Konfrontation und einer Verringerung der Präsenz dessen, worüber der StM gesprochen habe. Das sage er, obwohl wir sicher noch nicht den Stand erreicht hätten, wo wir die Auslandsaufklärung völlig abschaffen könnten. Zu den einzelnen Fragen wolle er Folgendes sagen:

4.1) Russland schlage einen völlig neuen Weg ein, indem es Vereinbarungen zwischen dem Sicherheitsministerium und den Diensten anderer Länder abschließe. Dasselbe geschehe mit den übrigen Staaten innerhalb der GUS.

Er begrüße es, dass der Bundeskanzler den Staatsminister als „Profi" und engen Mitarbeiter nach Moskau geschickt habe, um direkte Kontakte herzustellen. Die russische Regierung benutze diesen Weg ebenfalls, indem Primakow und Barannikow zu ausländischen Staatschefs zu Konsultationen reisten.

Er sei einverstanden, wenn die russischen Dienste mit den deutschen Diensten Vereinbarungen über die Regeln des Verhaltens abschließen würden.

Bezüglich der Reduzierung der Mitarbeiterzahl wolle er jetzt folgende Entscheidung treffen: Jetzt werde die Zahl um 30 Prozent gesenkt werden; die russische Seite sei bereit, gegen Jahresende die Zahl auf 50 Prozent herunterzuführen. Im laufenden Jahr könne also halbiert werden. Das Jahr 1993 werde eine Fortsetzung des Prozesses zeigen.

4.2) Die Westtruppe werde abgezogen, deshalb sollte es keine GRU-Vertreter geben. Er werde diese Linie gegenüber dem Verteidigungsministerium durchsetzen. Man werde das Potenzial des GRU auch durch finanzielle Kürzungen reduzieren, gegenwärtig um 30 Prozent.

4.3) Er sei für das persönliche Engagement des Bundeskanzlers im Fall Scherdew dankbar. Er verstehe, dass der Bundeskanzler während des Prozesses keinen direkten Einfluss nehmen könne. Aber er hoffe, dass Scherdew danach freigesetzt werde, dies wäre ein Schritt für die neue Ebene der Beziehungen.

4.4) Er bitte um Gegenseitigkeit in dem Sinne, dass, wenn die russischen Dienste in Deutschland ihre Präsenz verkleinerten, die Bundesregierung ihrerseits eine Reduzierung ihrer Dienste in Russland vornehme. Er verstehe die Sorgen der Dienste, dass in Russland Veränderungen eintreten könnten, dass es eine Rückkehr zur Vergangenheit gebe. Aber, so wörtlich, „das ist völlig ausgeschlossen". Dies könne er als freigewählter Präsident mit Sicherheit sagen. In der letzten Zeit seien viele Vermutungen wegen eines zweiten Putschversuches angestellt worden, aber in Wirklichkeit sei wenig geschehen, es habe während des Jahrestages keine gegen die Regierung gerichtete Kundgebung gegeben, nur drei Prozent der Bevölkerung unterstützten die Kommunisten. Auch mit verfassungsmäßigen Mitteln sei der Präsident nicht abzuschaffen, jedenfalls bis zu den Neuwahlen für das Präsidentenamt 1996 nicht.

4.5) Der letzte Punkt des StM beinhalte zwei Unterfragen:

Der StM verstehe als Fachmann sicherlich, wie heikel die Frage mit dem MfS sei: Die russische Seite könne nicht alle Archive für uns öffnen.

Er habe nicht ganz begriffen, warum im Fall Honecker[9] auf deutscher Seite die Rolle der Dienste und seine eigene nicht genügend eingeschätzt worden sei. Die russische Seite

9 Zum Fall Honecker vgl. Dok. 235.

habe ihre Zusagen eingehalten, dies trotz harter Kritik, selbst vom früheren Präsidenten[10], der von einer unmoralischen Haltung gesprochen habe. Aber diese Bemerkung mache er nebenbei. Er müsse sie dem Bundeskanzler (er nannte den Vornamen) nicht weitergeben.

Der StM replizierte mit der Feststellung: Er wisse ganz genau, dass der Bundeskanzler stets voller Zuversicht gewesen sei, dass die Absprache eingehalten werden würde. Er sei über die Lösung des Falles sehr zufrieden gewesen.

Darauf der Präsident: Sehr gut.

Der Präsident machte sodann Ausführungen, die erkennen ließen, dass er glaubte, der StM fordere die Enttarnung von russischen Agenten. Primakow klärte ihn auf, worauf der Präsident bemerkte: Im Prozess der Zusammenarbeit könnten nach und nach Namen offengelegt werden. Im Austausch für Scherdew würde die deutsche Seite „einige Dutzend“ bekommen.

StM betonte, er wolle nur erreichen, dass die deutsche Seite das Problem mit beiden russischen Diensten vertrauensvoll lösen könne. Beide Dienste wiesen darauf hin, dass der Präsident die Entscheidung zu treffen habe.

Jelzin erwiderte scherzhaft, dass bei ihm Ordnung herrsche, und fuhr fort: Dies sei ein guter Weg, man werde auf der Grundlage der Gegenseitigkeit vorgehen. So könne die deutsche Seite der russischen bei der Aufarbeitung der Archive der DDR Informationen geben.

4.6) Der Präsident kam schließlich, ausdrücklich außerhalb des Protokolls, auf folgende, von ihm als sehr vertraulich bezeichnete Sache zu sprechen: Die russische Seite verfüge über Informationen darüber, dass die deutschen Dienste über die baltischen Staaten ihre Aktivitäten gegenüber Russland intensivierten. Hier werde ein sehr empfindlicher Punkt berührt. Er wolle darauf hinweisen, dass dies zu Gegenmaßnahmen führen könne. Er wolle nicht, dass die Deutschen und die Russen einen Krieg der Aufklärer im Baltikum führten. (Er verwandte das Bild von den Scharfschützen und machte entsprechende Gesten.)

Der StM antwortete, er werde den Bundeskanzler informieren, spätestens bei dessen Besuch werde der Präsident eine ehrliche Antwort erhalten. Er wolle aber betonen, dass unter seiner Leitung keine aggressiven ND-Aktivitäten gegen Russland durchgeführt würden, auch nicht aus dem Baltikum heraus. Wir hätten unsere Lektion gelernt.

5) Der Präsident äußerte abschließend seine große Zufriedenheit über das Gespräch. Er bat darum, „meinem Freund Helmut“ den Dank dafür zu übermitteln, dass er ihn, den StM, geschickt habe, und dass die Gespräche gut gewesen seien.

Was den offiziellen Besuch des Bundeskanzlers anbelange, so sei er mit dem Zeitpunkt im November einverstanden. Das Datum solle über die diplomatischen Kanäle festgelegt werden. Er dankte noch einmal für die Gastfreundschaft in München[11] und bat um einen Gruß an den Kanzler.

[gez.] Heyken

B 130, VS-Bd. 14154 (010)

10 Michail Sergejewitsch Gorbatschow.

11 Der russische Präsident Jelzin traf am 8. Juli 1992 in München am Rande des Weltwirtschaftsgipfels mit den Staats- und Regierungschefs der G7-Staaten sowie EG-Kommissionspräsident Delors zusammen. Vgl. Dok. 225.

266

Gespräch des Bundesministers Kinkel mit dem Ko-Vorsitzenden der Jugoslawien-Konferenz, Lord Owen, in London

28. August 1992[1]

Gespräch Bundesminister Kinkel am Rande der Londoner Jugoslawien-Konferenz[2] am 28.8.1992 mit Lord David Owen, dem Nachfolger von Lord Carrington in der Jugoslawien-Konferenz[3]

BM sagte Owen Unterstützung für dessen schwierige Aufgabe zu und übermittelte auch Grüße und gute Wünsche von BM a.D. Genscher. *Owen* dankte und erwiderte diese Grüße. Es sei eine große Hilfe, dass er mit Vance zusammenarbeiten könne, den er aus der Namibia-Zusammenarbeit kenne. Als erstes wolle er am 31.8./1.9.1992 nach Paris fahren, was BM als besonders wichtig bezeichnete. Danach würde er gerne bald nach Bonn kommen. *Beide* verständigten sich, entweder am 1.9.1992 nachmittags oder am 2.9.1992 nach einem geeigneten Termin zu suchen.[4]

Owen unterstrich, wie wichtig es ihm sei, über deutsche Vorstellungen genau unterrichtet zu sein. Deutschland spiele eine wesentliche Rolle in den Jugoslawien-Fragen. Er begrüße die feste deutsche Haltung, die in der Rede des BM in der Londoner Konferenz[5] zum Ausdruck gekommen sei, ausdrücklich. Das ermögliche es ihm, etwas flexibler aufzutreten. Er fragte BM weiter um Rat, welche Hauptstädte er vor Annahme seiner Tätigkeit noch sehen sollte.

BM hielt vor allem Gespräche mit den Niederländern, die eine ähnlich feste Haltung wie Deutschland und jetzt auch Großbritannien einnehmen, für sehr wichtig. Im Übrigen plane er, am 3.9. in Athen zu sein, da Griechenland als erstes der Nachbarländer im Lenkungsausschuss der Londoner Konferenz vertreten sein werde.

1 Der Gesprächsvermerk wurde von MDg von Studnitz am 31. August 1992 gefertigt.
Hat BM Kinkel am 2. September 1992 vorgelegen.
Hat OAR Salzwedel am 3. September 1992 vorgelegen, der den Rücklauf an Studnitz verfügte.
Hat in Vertretung von Studnitz VLR I Lambach am 3. September 1992 vorgelegen, der die Weiterleitung an Referat 215 „m[it] d[er] B[itte] um Verteilung" verfügte.
Hat VLR Steiner vorgelegen, der handschriftlich vermerkte: „Erl[edigt]."

2 Zur internationalen Jugoslawien-Konferenz am 26./27. August 1992 vgl. Dok. 269.

3 BM Kinkel hielt sich anlässlich der internationalen Jugoslawien-Konferenz in London vom 25. bis 28. August 1992 in Großbritannien auf. Vgl. auch Dok. 263.

4 BM Kinkel und der Ko-Vorsitzende der Jugoslawien-Konferenz, Lord Owen, trafen am 1. September 1992 zusammen: „Owen wies zu Beginn des Gesprächs im Zusammenhang mit der Überwachung schwerer Waffen im UNPROFOR-Rahmen auf das Finanzierungsproblem hin. VN-GS wolle zunächst Finanzierung sichergestellt sehen. Er, Owen, hoffe, dass D hier finanziell helfen werde". Kinkel antwortete, dass die Bundesrepublik „im Rahmen eines angemessenen Proporzes" zu finanzieller Hilfe bereit sei. Kinkel führte weiter aus, „er frage sich, ob bislang genug getan worden sei, die Opposition in Serbien als echte Führungsalternative zu stärken. [...] Owen meinte, entscheidend sei der geschlossene und entschiedene Druck der EG vor allem im wirtschaftlichen Bereich." Vgl. den Gesprächsvermerk; B 42, ZA-Bd. 183679.

5 Zur Rede des BM Kinkel vom 26. August 1992 vgl. Dok. 269, Anm. 3.

BM wies in diesem Zusammenhang auch auf die besonderen griechischen Schwierigkeiten mit Mazedonien und der Türkei hin. Die wachsende Rolle der Türkei in Zentralasien, aber auch auf dem Balkan, bereite Griechenland Schwierigkeiten. Es habe Sorge wegen der von der Türkei angestrebten Vorreiterrolle für die islamischen Länder. Andererseits sei nicht zu verkennen, dass sich die Türken teilweise berechtigte Sorgen um das Schicksal der Moslems in Europa machten. BM unterstrich die wichtige Rolle der Verstärkung des Embargos[6], wobei Griechenland, Rumänien und Ungarn als unmittelbare Nachbarn Serbiens eine herausgehobene Rolle spielten. In bilateralen Gesprächen mit dem griechischen[7] und dem rumänischen Außenminister[8] habe er deren Verantwortung sehr deutlich gemacht. Selbst wenn es immer wieder praktische Probleme bei der konsequenten Durchsetzung des Embargos geben werde, dürfe man die enorme psychologische Bedeutung nicht unterschätzen. Die Fernsehberichterstattung über Durchbrechung des Embargos habe sehr negativ gewirkt.

BM betonte des Weiteren die wesentliche Rolle, die Russland in der Serbien-Problematik spiele. Der russische Einfluss sei sehr groß, wie sich auch auf der Londoner Konferenz wieder gezeigt habe. Er habe lange mit AM Kosyrew gesprochen[9], der sehr aufgeschlossen sei, aber innenpolitisch nicht unbeträchtliche Probleme habe. Er brauche und verdiene Unterstützung. Deshalb halte er es für wichtig, wenn Owen auch bald mit Kosyrew spreche.

Owen stimmte zu. Er werde sich bemühen, mit Vance zusammen bald einen Besuch in Moskau durchzuführen.

BM unterstrich nochmals, eine wie große Rolle die Jugoslawien-Frage in Deutschland spiele und wie stark er persönlich, aber auch der Bundeskanzler, in dieser Angelegenheit engagiert seien. Schon lange sei die deutsche Politik zu dem Schluss gekommen, dass die Serben nur eine harte Sprache verstünden, und die Londoner Konferenz habe ihn erneut in diesem Eindruck bestärkt.

Owen stimmte dem zu, bemerkte aber zugleich, dieses müssten andere sagen, er als künftiger Konferenzvorsitzender müsse sich zurückhalten.

BM äußerte sich kritisch zu Carringtons anfänglicher Umarmungspolitik, die von einer eher weichen britischen Linie unterstützt worden sei. Jetzt aber nähmen PM Major und AM Hurd eine deutlichere, unserer Linie entsprechende Haltung ein. Was die Beteiligung an militärischen Aufgaben angehe, bleibe das Problem mit dem Grundgesetz. Dort gebe es zwar jetzt Zeichen für eine Änderung auch bei der SPD. Diese Beschränkungen deutscher Handlungsmöglichkeit seien ärgerlich. Man brauche noch einige Zeit, um zur Verfassungs-

6 Vgl. die Resolution Nr. 713 des VN-Sicherheitsrats vom 25. September 1991; RESOLUTIONS AND DECISIONS 1991, S. 42 f. Für den deutschen Wortlaut vgl. EUROPA-ARCHIV 1991, D 550–552.
Vgl. auch die Resolution Nr. 757 des VN-Sicherheitsrats vom 30. Mai 1992; Dok. 159, Anm. 12.

7 Michalis Papakonstantinou.

8 Im Gespräch mit dem rumänischen AM Năstase am 26. August 1992 erkundigte sich BM Kinkel nach dem „Wahrheitsgehalt der Berichte über rumänische Verletzungen des Jugoslawien-Embargos". Năstase legte dar: „Das Problem sei, dass die Donau eine internationale Wasserstraße sei. Er würde es daher begrüßen, wenn der UNO-Sicherheitsrat, der ja die Embargo-Resolution verabschiedet habe, eine interpretative Erklärung abgeben würde. Auch die Bundesrepublik Deutschland solle Beobachter schicken." Vgl. den Gesprächsvermerk; B 1, ZA-Bd. 178945.

9 Für das Gespräch des BM Kinkel mit dem russischen AM Kosyrew am 27. August 1992 in London vgl. Dok. 264.

änderung zu kommen. Letztlich werde sie aber im Jugoslawien-Konflikt nicht helfen, da die historischen Hemmnisse fortbestünden. Diese müsse Deutschland beachten.

Owen äußerte die Hoffnung, dass die Verfassungsänderung gelinge. Er selbst habe die Wiedervereinigung stark unterstützt und habe volles Vertrauen zu der Demokratie in Deutschland. Er halte es für erforderlich, dass die politische Erfahrung Deutschlands und sein wirtschaftliches Gewicht international voll genutzt werden können. Deshalb müsse Deutschland auch in den Sicherheitsrat der Vereinten Nationen. Er selbst sei bereit, wenn dies als nützlich angesehen werde, in diesem Sinne auch einmal mit der SPD zu sprechen.

Das Gespräch wurde beendet mit dem beiderseitigen Wunsch, einen schnellen Termin für ein Gespräch in Bonn zu suchen.

B 42, ZA-Bd. 183678

267

Gespräch des Bundesministers Kinkel mit dem dänischen Außenminister Ellemann-Jensen

205-321.11 **28. August 1992**[1]

Von BM noch nicht gebilligt.

Der Bundesminister (BM) traf am 28.8. in Bonn mit seinem dän. Kollegen, Uffe Ellemann-Jensen (AM), zusammen.

Weitere Teilnehmer auf dän. Seite: Botschafter Tygesen; Gesandter Vissing; Leiter dän. MB, Arne Petersen.

Auf deutscher Seite: StS Lautenschlager; D 4[2]; Leiter MB[3]; RL 205[4]; LR I Pfeifer (013).

Aus dem in sehr offener und freundschaftlicher Atmosphäre geführten 1 1/2 Std.-Gespräch sind folgende Schwerpunkte festzuhalten:

1) Vertrag über Europäische Union

BM leitete Gespräch mit Pressemeldungen über jüngste besorgniserregende Meinungsumfragen in Frankreich zum Ausgang des Maastricht-Referendums am 20.9.[5] ein und plädierte, zumindest gedanklich, schon heute auch ein negatives Ergebnis ins Kalkül zu ziehen. *StS* ergänzte, dass man sich dazu verschiedene Optionen vorstellen könne, warnte jedoch davor, dies schriftlich zu tun. Die Minister waren sich einig, dass in diesem Falle ein sofortiges Treffen der Außenminister der Zwölf geboten wäre, die sich um diese Zeit

1 Kopie.
Der Gesprächsvermerk wurde von VLR I Graf Leutrum am 31. August 1992 gefertigt und über StS Lautenschlager an das Ministerbüro geleitet mit der Bitte, „Billigung des Herrn BM herbeizuführen".
Hat Lautenschlager am 31. August 1992 vorgelegen.

2 Heinrich-Dietrich Dieckmann.

3 Thomas Matussek.

4 Norwin Graf Leutrum von Ertingen.

5 Zum Referendum in Frankreich vgl. Dok. 293 und Dok. 300.

ohnehin in der Mehrzahl in New York aufhalten werden. Ein sofortiges Zusammentreffen der Regierungschefs der Gemeinschaft hielt dän. *AM* für verfrüht, wohingegen er dies für die um diese Zeit in Washington tagenden Finanzminister der Zwölf[6] wegen möglicher Auswirkungen auf die Finanzmärkte für notwendig erachtete.

Auf Frage des BM nach Überlegungen der dän. Regierung im Hinblick auf das Referendum vom 2. Juni[7] führte der AM aus:

Seine Regierung gehe in ihrer Planung bisher von einem positiven Ausgang des französischen Referendums aus und beabsichtige, Anfang Oktober ein Weißbuch mit einer analytischen Darstellung herauszugeben als Grundlage für innerdänische Diskussion, insbesondere unter den politischen Parteien. Wie er es der britischen Präsidentschaft schon erläutert habe, interpretiere man das dän. Referendum in EG-Partnerstaaten nicht richtig, wenn man glaube, mit einigen Anpassungen und Erläuterungen zum Vertrag von Maastricht ein neues dänisches Votum zu erhalten. Ein zweites Referendum wäre in DK nur auf einer neuen Grundlage vorstellbar und in diesem Jahr ohnehin nicht möglich. Nach der Abstimmung im Folketing pro Maastricht und in der dän. Bevölkerung kontra Maastricht habe man es in seinem Land mit einem Glaubwürdigkeitskonflikt zwischen Gewählten und Wählern zu tun, was die Lage besonders kompliziert mache.

BM erläuterte die deutsche Haltung zum dän. Referendum, die ein Neuverhandeln von Maastricht ausschließe, auch im Hinblick auf das innerdeutsche Ratifikationsverfahren und das Bund-Länder-Verhältnis. Die Tür für DK bleibe allerdings offen. Auf Rückfrage des *StS*, ob sich kommende EG-Präsidentschaft DKs[8] auf Situation hilfreich auswirken könne, meinte *AM*, dass seine Regierung zwischen den Aufgaben des Vorsitzes und ihren nationalen Interessen wohl zu unterscheiden wisse. Bevor dän. Regierung ihre Haltung zu Maastricht festlege, wolle man gerne mit dem deutschen Bundeskanzler und Außenminister zusammenkommen. *BM* erwiderte, er nehme dieses Angebot mit Freude an.

2) Verhältnis DK – WEU[9]

AM erläuterte, dass Frage, in welcher Form DK künftig an der WEU teilnehme, in der Opposition und auch bei konservativer Partei umstritten sei und noch diskutiert werde. Er plädiere für Beobachterstatus, weiter gehen könne man gegenwärtig nicht, sondern sollte weitere Schritte bis zur nächsten Regierungskonferenz aufschieben.

BM erklärte unser Interesse an voller Mitgliedschaft DKs in der WEU; wir verstünden allerdings dän. Haltung, die mit jener zur Europäischen Union zusammenhänge.

3) Lage im ehemaligen Jugoslawien

BM erläuterte die vom WEU-Ministerrat am selben Tag in London beschlossenen Maßnahmen[10], wobei auch die innerdeutsche Parteiendiskussion und Verfassungslage

6 In Washington fand vom 22. bis 24. September 1992 die Jahrestagung von IWF und Weltbank statt.

7 Zum Referendum in Dänemark vgl. Dok. 166, Anm. 2.

8 Dänemark hatte die EG-Ratspräsidentschaft vom 1. Januar bis 30. Juni 1993 inne.

9 Zu einer Mitgliedschaft Dänemarks in der WEU vgl. Dok. 229, Anm. 5.

10 Am 28. August 1992 fand in London eine außerordentliche WEU-Ministerratstagung statt. Im Kommuniqué hieß es: „Ministers approved the planning carried out by WEU experts covering the protection of humanitarian convoys by military escorts. They welcomed the willingness of the UN Secretary-General to recommend to the Security Council that UNPROFOR operations in Bosnia-Herzegovina be enhanced to provide such escorts [...]. They underlined the collective will of the member States of WEU to contribute to such operations by military, logistic, financial and other means". Außerdem brachten die Außen- und

beleuchtet wurden. *AM* erwähnte dän. Beitrag, der im Rahmen der VN und NATO geleistet werde (tausend dän. Blauhelme im Einsatz und Bereitschaft, weitere Spezialeinheiten in das ehem. Jugoslawien zu schicken). DK sei besorgt wegen möglicher Duplizierung der Maßnahmen von NATO und WEU und plädiere nicht zuletzt im Hinblick auf die Wichtigkeit der transatlantischen Beziehungen für eine möglichst enge Koordinierung.

BM versicherte seinem Gast, dass die Bundesregierung wie auch der italienische Vorsitz[11] bestrebt seien, zwischen NATO und WEU eine möglichst enge Abstimmung in diesen Fragen zu erreichen. Er nutzte Gelegenheit, AM ausdrücklich für seine Unterstützung auf der Londoner Konferenz für den deutschen Vorschlag zur Einsetzung eines Internationalen Strafgerichtshofs zu danken.[12] Auf Frage des BM, was dän. Regierung von einem Ausschluss Serbiens – das i.Ü. nur auf Härte reagiere – aus internationalen Organisationen halte, stimmte *AM* der deutschen Einschätzung zu. Die Frage nach einer Herunterstufung der diplomatischen Beziehungen der Zwölf zu Belgrad habe DK auf pragmatische Weise geregelt. Diplomatische Beziehungen seien nicht abgebrochen, sondern hätten zwischen DK und Belgrad aufgehört zu bestehen; man habe dort nicht einmal einen Chargé d'affaires.

Ein echtes Problem verspreche die Mazedonien-Frage zu werden.

BM gab zu bedenken, dass das Schicksal der aktuellen griechischen Regierung von dieser Frage abhänge und man insofern unter gewissem Druck der griechischen Seite stehe. *AM* bemerkte, dass auch AM Hurd bei seinem bevorstehenden Besuch in Athen feststellen werde, dass man mit der Lissaboner Formel[13] nicht mehr weiterkomme. Man könne ggfs. eine Anerkennung Mazedoniens unter einem anderen Namen erwägen.

4) Somalia-Hilfe[14]

BM berichtete, dass er in London vom belgischen Kollegen[15] um weitere Unterstützungsmaßnahmen für Somalia gebeten wurde. Belgien wäre bereit, weitere Blauhelme in Somalia einzusetzen, um die Verteilung der humanitären Hilfsgüter sicherzustellen. Appell an die europäischen Partner, dafür weitere finanzielle Mittel in Höhe von 15 Mio. US-Dollar bereitzustellen. Bundesregierung sei bereit, dazu Beitrag zu leisten. Dän. *AM* berichtete, seine Regierung habe Unterstützung i.H. von 1 Mio. US-Dollar zugesagt, die nordischen Staaten übernähmen 4 – 5 Mio. US-Dollar. Er beabsichtigte, auf Rückreise der Troika in der nächsten Woche von SA mit seinen Kollegen in Mogadischu einen Stopp einzulegen, um sich vor Ort ein Bild von der aktuellen Lage zu machen.[16]

Fortsetzung Fußnote von Seite 1072

Verteidigungsminister ihren Willen zum Ausdruck, sich an Maßnahmen zur Kontrolle schwerer Waffen unter der Gesamtverantwortung der VN zu beteiligen sowie an allen Maßnahmen zur Durchführung der Embargobeschlüsse. Vgl. B 29, ZA-Bd. 213138. Für den deutschen Wortlaut des Kommuniqués vgl. BULLETIN 1992, S. 873 f.

11 Italien hatte die WEU-Präsidentschaft vom 1. Juli 1992 bis 30. Juni 1993 inne.

12 Zur Frage der Einrichtung eines Internationalen Strafgerichtshofs vgl. Dok. 247.
Zur internationalen Jugoslawien-Konferenz am 26./27. August 1992 vgl. Dok. 269.

13 Zum Beschluss des Europäischen Rats am 26./27. Juni 1992 in Lissabon, Mazedonien nur unter der Voraussetzung eines anderen Namens anzuerkennen, vgl. Dok. 201.

14 Zur Lage in Somalia und zur humanitären Hilfe vgl. Dok. 248.

15 Willy Claes.

16 In einem Vermerk des Referats 320 vom 8. September 1992 wurde dargelegt: „Am 2./3.9.1992 besuchte die Außenminister-Troika Südafrika. Ergebnis war, dass die südafrikanischen Parteien die Entsendung [...] einer EG-Mission von 15 Beobachtern (in Zusammenarbeit mit den VN-Beobachtern), von fünf internatio-

5) Aufnahme von GUS in die DAC-Liste

Auf dän. Rückfrage nach Aufnahme von GUS-Staaten in die DAC-Liste erläuterte *StS*, dass Bundesregierung Aufnahme der fünf zentralasiatischen GUS-Republiken unterstütze. Dem Aufnahmeantrag Rumäniens stünden wir allerdings zurückhaltender gegenüber.

6) Baltikum

Dän. *AM* schnitt Lage im Baltikum an und fragte, was von uns in der Truppenabzugsfrage getan werden könne, nachdem dän. Vorschlag, Programme zur Förderung des Wohnungsbaus für aus dem Baltikum abziehende Truppen einzurichten, keine Unterstützung gefunden hätte. *BM* erläuterte, dass uns das Problem bekannt sei, wir die russ. Seite auch zu Verhandlungen mit den baltischen Regierungen gedrängt hätten, was Jelzin zugesagt habe. Nachdem Deutschland für das Wohnungsbauprogramm[17] für die aus den NBL abziehenden russ. Truppen bereits 7,8 Mrd. bezahle, seien unsere Möglichkeiten in dieser Beziehung erschöpft.

7) Reform der VN

BM schilderte, dass in Deutschland die Diskussion über eine Reform der VN zunehme. Wir seien wie bisher an einer Stärkung der VN interessiert, ein ständiger Sitz im Sicherheitsrat sei für uns nicht prioritär. Überlegungen der Japaner, die demnächst als nichtständiges Mitglied in den Sicherheitsrat kämen und dort bleiben wollten, könnten von uns nicht übersehen werden. Wir seien der drittgrößte Beitragszahler und wollten als vereinigtes Land, in voller Kenntnis unserer Vergangenheit und mit der nötigen Bescheidenheit, aktiv an den Überlegungen zur Reform der VN und des Sicherheitsrates teilnehmen. Dän. *AM* stimmte zu, dass Stärkung der VN nötig sei und auch Reform des Sicherheitsrates, der in seiner gegenwärtigen Zusammensetzung der aktuellen Weltlage nicht mehr in ausreichendem Maße Rechnung trage.

8) Wegen Zeitablaufs konnten die folgenden Themen nur noch kursorisch behandelt werden:

- DK unterstützt den EP-Vorschlag, der eine Erhöhung der deutschen Mandate vorsieht.[18]
- DK unterstützt Bundesregierung in der Sitzfrage für EZB[19], wenn wir dän. Regierung bei entsprechendem Anliegen für Sitz einer EG-Institution in DK unterstützen.
- *StS* erläuterte deutsches Interesse an FAO-GD-Posten und stellte deutschen Kandidaten vor.[20]
- Bei Frage einer künftigen Regelung des EG-Bananenmarktes wird DK auch weiterhin eine liberale Einfuhrregelung und die Bananen-Erzeugerländer unterstützen.[21]
- Ratifizierung des EG-Assoziierungsabkommens mit ČSFR[22] ist ein Problem geworden

Fortsetzung Fußnote von Seite 1073

nalen Experten für Unterausschüsse der Goldstone-Kommission sowie Hilfe bei der Polizeiausbildung akzeptiert haben." Vgl. B 31, ZA-Bd. 178328. Vgl. ferner BULLETIN DER EG 9/1992, S. 64 f.

Am 4. September 1992 hielten sich die AM Ellemann-Jensen (Dänemark), Hurd (Großbritannien) und Pinheiro (Portugal) in Somalia auf. Vgl. BULLETIN DER EG 9/1992, S. 68.

17 Zum Stand des Wohnungsbauprogramms vgl. Dok. 280.

18 Zur Frage der Erhöhung der Zahl der Mitglieder des Europäischen Parlaments vgl. Dok. 162, Anm. 36.

19 Zur Kandidatur von Frankfurt am Main als Sitz der Europäischen Zentralbank vgl. Dok. 52.

20 Zur Wahl des FAO-GD vgl. Dok. 301, Anm. 19.

21 Zur geplanten EG-Bananenmarktregelung vgl. Dok. 208, Anm. 11.

22 Die EG schloss am 16. Dezember 1991 ein Europa-Abkommen zur Gründung einer Assoziation mit der ČSFR. Vgl. BULLETIN DER EG 12/1991, S. 97 f.

angesichts bevorstehender Teilung des Landes. Mehrheit der EG-Partner will weitermachen wie auch wir, GB und das EP haben unterbrochen.

BM bedankte sich abschließend für das konstruktive Gespräch und sprach Hoffnung aus, dass sich die guten persönlichen Beziehungen zwischen BM Genscher und dem dän. Gast auch mit ihm fortsetzen werden. Er beabsichtige nach wie vor, zum Fußball-Länderspiel Anfang September nach Kopenhagen zu kommen.[23]

B 1, ZA-Bd. 178945

268

Schreiben des Bundesministers Kinkel an Bundesministerin Merkel

108-103.40/4 **28. August 1992**[1]

Sehr geehrte Frau Kollegin, liebe Frau Merkel!

Vielen Dank für Ihr Schreiben vom 30. Juli 1992[2], in dem Sie mich bitten, mich dafür einzusetzen, dass Frauen in Zukunft in angemessenem Umfang bei der Besetzung von Gremien im Einflussbereich des Bundes berücksichtigt werden.

Das Thema einer verstärkten Repräsentanz von Frauen in Gremien im Einflussbereich des Bundes wurde im Auswärtigen Amt nie kontrovers behandelt. Der gegenwärtig erarbeitete Entwurf eines entsprechenden Bundesgremiengesetzes[3], dessen Ziel es ist, den Frauenanteil in diesem Bereich zu erhöhen, wurde deshalb auch von Anfang an vom Auswärtigen Amt unterstützt.

23 Am 9. September 1992 fand in Kopenhagen ein Freundschaftsspiel zwischen Dänemark und Deutschland statt, das 1:2 endete. BM Kinkel hielt sich an diesem Tag in Dänemark auf.

1 Kopie.

2 BMin Merkel teilte BM Kinkel mit: „Ende 1990 wurde der Bericht der Bundesregierung über die Frauenrepräsentanz in Gremien, Ämtern und Funktionen, auf deren Besetzung die Bundesregierung Einfluss hat, vorgelegt. Seit Erstellung des Berichtes haben sich hinsichtlich der Besetzung dieser Gremien in 67 Fällen, betreffend 162 Einzelmitglieder, Änderungen ergeben. Unter diesen 162 neuberufenen Mitgliedern befinden sich 150 Männer und lediglich zwölf Frauen, der Frauenanteil an den Berufungen liegt damit bei 7,4 %. Zusätzlich wurden seit Januar 1991 fünf neue Gremien gebildet. Der Frauenanteil in diesen fünf Gremien beträgt 13,3 % (insg[esamt] 30 Mitglieder, davon vier Frauen)." Hinsichtlich der geringen Repräsentanz von Frauen hätten sich „keine wesentlichen Änderungen" ergeben: „Ich wende mich deshalb auf diesem Wege mit der Bitte an Sie, sich dafür einzusetzen, dass in Zukunft Frauen in angemessenem Umfang bei der Besetzung von Gremien berücksichtigt werden. [...] Ich habe mich mit gleicher Post an alle Kolleginnen und Kollegen mit der Bitte gewandt, auf eine Besserung der Situation hinzuwirken." Vgl. B 107, ZA-Bd. 208575.

3 Das Gesetz über die Berufung und Entsendung von Frauen und Männern in Gremien im Einflussbereich des Bundes (Bundesgremienbesetzungsgesetz) wurde mit Artikel 11 des Gesetzes vom 24. Juni 1994 zur Durchsetzung der Gleichberechtigung von Frauen und Männern (Zweites Gleichberechtigungsgesetz) verkündet. Vgl. BGBl. 1994, I, S. 1413 f.

Selbstverständlich ist mir – gerade als ehemaliger Bundesminister der Justiz – auch daran gelegen, dass das Bundesgremiengesetz nach seinem Inkrafttreten im Auswärtigen Amt voll umgesetzt wird. Auch die mit Frauenförderung befassten Mitarbeiterinnen und Mitarbeiter des Auswärtigen Amtes widmen dem Gesetzesentwurf unter diesem Aspekt ihre volle Aufmerksamkeit. Darüber hinaus will auch die neue Frauenbeauftragte des Auswärtigen Amtes[4], die ihren Dienst am 17.8. d.J. angetreten hat, auf eine angemessene Repräsentanz von Frauen in Gremien ihr besonderes Augenmerk richten.

Mit Genugtuung kann ich feststellen, dass das Auswärtige Amt und das BMFJ sich bereits in der Vergangenheit gemeinsam bemüht haben, den Frauenanteil in Gremien im Einflussbereich des Bundes zu erhöhen. So haben sich beide 1991, als die Nachbesetzung einer Vertreterin/Vertreter der Jugendverbände sowie einer freien Persönlichkeit im Deutsch-Amerikanischen Rat für den Jugendaustausch anstand, dafür eingesetzt, dass jeweils eine Frau vorgeschlagen werden sollte. Diese Bemühungen waren erfolgreich: Das AA konnte für die Jugendverbände und als freie Persönlichkeit jeweils eine Frau als Mitglied des Deutsch-Amerikanischen Jugendrats ernennen. Inzwischen wird – wie Sie wissen – deutscherseits auch der Vorsitz im Rat durch eine Frau eingenommen, nämlich durch die Parlamentarische Staatssekretärin in Ihrem Hause, Frau Cornelia Yzer.

Die Amtszeit der jetzigen Mitglieder endet im November 1993. Das Auswärtige Amt wird sich dann erneut dafür einsetzen, dass bei den dann anstehenden Neuernennungen die Frauen in angemessenem Umfang berücksichtigt werden. Es hofft, dass die gemeinsamen Bemühungen von AA und BMFJ, die bei der Zusammensetzung des jetzigen Rats nicht ohne Erfolg waren, 1993 dazu führen, den Frauenanteil weiter zu erhöhen.

Im Bereich der Petersberg GmbH, für die das Auswärtige Amt federführend zuständig ist, ist zwar der Frauenanteil noch nicht so hoch, wie dies vom Bundesgremiengesetz angestrebt wird. Allerdings haben bei der Petersberg GmbH auch noch andere Institutionen ein Berufungsrecht. Insofern kann das Auswärtige Amt nicht allein über die personelle Besetzung dort entscheiden. Ich bin aber sicher, dass die volle Umsetzung des Bundesgremiengesetzes auch hier zukünftig zu einer Verbesserung des Frauenanteils führen wird.

Was schließlich das „Haus der Kulturen der Welt" GmbH betrifft, hat sich der Vertreter des Auswärtigen Amts im Aufsichtsrat der GmbH mit Erfolg für die einzige weibliche Auswahlkandidatin eingesetzt.

Um in Zukunft Frauen in angemessenem Umfang bei der Besetzung von Gremien zu berücksichtigen, kann es durchaus zweckmäßig sein – hierin stimme ich Ihnen zu –, wenn das BMFJ frühzeitig beteiligt wird, wie dies bei der Besetzung des Deutsch-Amerikanischen Jugendrats mit Erfolg geschehen ist.

Mit freundlichen Grüßen
Klaus Kinkel

B 1, ZA-Bd. 366026

4 Doretta Maria Loschelder.

269

Drahtbericht des Vortragenden Legationsrats I. Klasse Libal, z.Z. London

Fernschreiben Nr. 1672 **Aufgabe: 28. August 1992, 11.39 Uhr**[1]
Citissime nachts **Ankunft: 28. August 1992, 13.40 Uhr**

Betr.: Londoner Konferenz[2];
hier: Abschlussbericht

Bezug: DB Nr. 1665 vom 27.8.92[3]

I. Zusammenfassung und Bewertung

1) Zweitägige Konferenz endete gestern Abend nach Verabschiedung Arbeitsprogramm für Fortsetzung der Konferenz, Papier zu Bosnien-Herzegowina und Papier zu konkreten Beschlüssen. Erklärung zu Serbien/Montenegro wurde vorgelegt und ohne Aussprache oder Widerspruch zur Kenntnis genommen. (Texte liegen bereits per Fax vor.[4])

Konferenz hat damit im Konsens Gesamtpaket geschnürt, das schrittweise Maßnahmen zur Befriedung B-Hs mit der Fortsetzung der Suche nach einer umfassenden politischen Lösung im Rahmen der erweiterten Konferenz und einem Aktionsprogramm vorwiegend im humanitären Bereich, aber auch im Hinblick auf ein strafferes Sanktionenregime verknüpft. Statt erneutem – zu oft gescheitertem – Versuch zu sofortigem Waffenstillstand hat Konferenz schrittweisen und umfassenden Ansatz gewählt.

Die Schritte:

- Als Voraussetzung für eine sofortige Wiederaufnahme der Verhandlungen über B-H haben bosnische Serben zugestimmt, ihre schweren Waffen zu konzentrieren und internationaler Kontrolle zu unterstellen und grundsätzliche Bereitschaft zum Rückzug aus einem erheblichen Teil des von ihnen kontrollierten Territoriums erklärt.
- Konferenz bleibt Dauereinrichtung und kann jederzeit wieder einberufen werden. Sie richtet sofort Lenkungsausschuss unter Ägide der EG und VN, Arbeitsgruppen und Se-

1 Das von LRinI Sparwasser-Speller, London, und VLRI Libal, z.Z. London, konzipierte Fernschreiben wurde in drei Teilen übermittelt. Vgl. Anm. 7 und 10.
Hat VLR Steiner am 28. August 1992 vorgelegen.

2 Die internationale Jugoslawien-Konferenz fand am 26./27. August 1992 statt.

3 VLRI Libal, z.Z. London, berichtete über den ersten Konferenztag am 26. August 1992: „Zu Beginn der Nachmittagssitzung gab BM Kinkel vielbeachtete und nachdrücklich an serbische Adresse gerichtete Erklärung ab. Serbische Führer müssten nun entscheiden zwischen Selbstisolierung und Verarmung oder Rückweg in Staatengemeinschaft. Von Belgrad aus in Gang gesetzter Krieg für ein ethnisch möglichst reines Großserbien sei Hauptursache von Terror und Vertreibung. Bei dessen Fortsetzung könne Serbien für den Wiederaufbau keine Hilfe erwarten. BM forderte dauerhaften Waffenstillstand unter internationaler Kontrolle schwerer Waffen, Verhandlungen über politische Lösung auf Basis des Abkommensentwurfs vom 4. November 1991, bessere Kontrolle der VN-Sanktionen, Auflösung der Internierungslager und Bestrafung von Verantwortlichen an Menschenrechtsverletzungen." Vgl. B42, ZA-Bd. 183678.

4 Für die am 28. August 1992 übermittelten Texte „Statement of Principles", „Specific Decisions by the London Conference", „Work Programme", „Statement on Bosnia", „Agreement with Doctor Karadzic: 27 August", „Paper on Serbia and Montenegro" vgl. B42, ZA-Bd. 183678. Vgl. auch EUROPA-ARCHIV 1992, D 584–590.

kretariat zur Weiterverfolgung der Friedensbemühungen ein, die so lange arbeiten, bis dauerhafte Lösung erreicht ist.

- Humanitäre Hilfe wird ausgebaut und stärker gesichert, Internierungslager werden aufgelöst, Unterstützung für Rückkehr der Flüchtlinge in ihre Heimat wird gewährt.
- Mit Ausnahme Serbiens und Montenegros beschlossen Teilnehmer, Sanktionsimplementierung zu verbessern. Papier über Serbien enthält Drohung, ggf. Sanktionen weiter zu verschärfen.

2) Deutsche Positionen sind in Konferenzbeschlüssen weitgehend reflektiert. Dies gilt v. a. für unsere Anliegen im humanitären Bereich und im Hinblick auf eine verbesserte Einhaltung der Sanktionen. Auch die von uns gewünschte Drohung, jegliche Hilfe beim Wiederaufbau der serbischen Wirtschaft zu verweigern, hat Aufnahme in das Dokument über die Entscheidungen gefunden. Unsere Forderung nach Einrichtung eines Internationalen Strafgerichtshofs[5] wurde weitgehend unterstützt und gilt als Bestandteil der Konferenzbeschlüsse. Wir sind durch Botschafter Ahrens als Vorsitzender der Arbeitsgruppe zu nationalen Gemeinschaften und Minderheiten im Lenkungsausschuss vertreten.

3) Bewertung

Dank straffer und effizienter Konferenzleitung können Briten das Ergebnis als Erfolg verbuchen, auch wenn tatsächlicher Einfluss auf die Geschehnisse vor Ort noch nicht abzuschätzen ist. Konferenz war von vorneherein als Konferenz mit Serbien angelegt und konnte sich daher nicht zu einem Tribunal über Serbien entwickeln. Dennoch ist Ausmaß der Isolierung Serbiens überaus deutlich geworden. Daran konnte auch die Friedensrhetorik von MP Panić nichts ändern. Der Druck auf Serbien hat zugenommen: Es wird in Zukunft bei der Verwirklichung der in London eingegangenen Verpflichtungen ständig von den Konferenzorganen überwacht werden und wird es insofern schwieriger als bisher haben, sich diesen Verpflichtungen zu entziehen. Zugleich werden die Sanktionen verdichtet und damit in ihrer Wirkung verschärft werden. Der Erfolg der Konferenz als Daueretrichtung wird im Wesentlichen von der Zusammenarbeit zwischen VN und EG und damit auch von gewissen personellen Konstellationen (VN-GS[6], Vance) abhängen, was sich bereits in diesen Tagen gezeigt hat. Immerhin besteht die Chance, dass nunmehr alle internationalen Bemühungen um Jugoslawien in einem festen Handlungsstrang zusammengefasst werden.

[7]II. Im Einzelnen

1) Verlauf zweiter Konferenztag

Nach Abgabe aller Delegationserklärungen am Vortag war zweiter Tag von kurzen Plenumsdebatten zur Verabschiedung der Konferenzdokumente und langen Phasen informeller Konsultationen gekennzeichnet.

Problempunkte waren besonders:

(1) Arbeitsprogramm der Konferenz: Albanien widersetzte sich zunächst der Einordnung einer gesonderten, immerhin namentlich aufgeführten Arbeitsgruppe Kosovo in die Gruppe „Ethnische und nationale Gemeinschaften und Minderheiten“. Dies führte zu einer bemer-

5 Zur Frage der Einrichtung eines Internationalen Strafgerichtshofs vgl. Dok. 247.

6 Boutros Boutros-Ghali.

7 Beginn des mit DB Nr. 1673 übermittelten zweiten Teils des Fernschreibens. Vgl. Anm. 1.

kenswerten, offenen Kontroverse zwischen Panić und Milošević: Während ersterer seine Bereitschaft erklärte, die Frage bilateral mit Albanien zu lösen, beharrte Milošević in einer unerwarteten Wortmeldung darauf, die Kosovo-Frage sei eine rein interne Angelegenheit Serbiens, und forderte, die namentliche Erwähnung überhaupt zu streichen. Dies wiederum bewog Panić zu der Bitte an den Vorsitzenden, ihm künftig als Leiter der jugoslawischen Delegation allein das Wort zu erteilen, womit er sich allerdings nicht durchsetzen konnte.

Ebenso scheiterte ein Versuch von Panić, die Schiedskommission[8] in ihrer gegenwärtigen Funktion und Besetzung infrage zu stellen.

I blockierte zunächst Konsensus über die Zusammensetzung des Lenkungsausschusses, konnte aber durch Aufnahme darin als Nachbarstaat zufriedengestellt werden.

(2) Dokument zu Bosnien wurde zunächst durch die bosnische Delegation selbst blockiert, die eine klare Nennung des Aggressors forderte und deutlich ihr Zögern zu erkennen gab, ohne Garantien für eine Verbesserung der Lage vor Ort in Verhandlungen einzutreten. Dies führte zu längeren Konsultationen mit den bosnischen Konfliktparteien, als deren Ergebnis eine von Karadžić und Koljević unterschriebene Erklärung dem Dokument beigefügt wurde. Darin verpflichten sich die Serben zu Folgendem:

- Notifizierung binnen 96 Stunden der Positionen aller schweren Waffen um Sarajevo, Bihać, Goražde und Jajce, in denen diese Waffen binnen sieben Tagen konzentriert werden sollen;
- fortgesetzte Überwachung der konzentrierten Waffen durch ständige VN-Beobachter;
- entsprechendes Vorgehen der bosnischen Regierung wird erwartet, ist aber keine Vorbedingung;
- sofortige Verpflichtung, das Feuer nicht von sich aus mit diesen schweren Waffen zu eröffnen;
- Ankündigung, bei den Verhandlungen einem Rückzug aus einem erheblichen Teil des jetzt von Serben kontrollierten Territoriums zuzustimmen.

(3) Dokument zu Serbien/Montenegro war Gegenstand langwieriger Konsultationen. Es war in Verhandlungen auf Beamtenebene gegenüber der ursprünglichen EG-Version bereits abgeschwächt worden. Dennoch wurde es vom VN-GS als Ko-Vorsitzenden abgelehnt, weil Serbien angeblich gedroht hatte, im Falle der Annahme die weitere Konferenzarbeit zu boykottieren. Auf der anderen Seite bestanden v.a. bei NL und uns erhebliche Bedenken gegen einen Verzicht auf dieses Dokument. Schließlich wurde folgende Lösung gefunden: Das Dokument wurde verteilt. PM Major wies in seinem Schlusswort ausdrücklich darauf hin als „reflecting views expressed in this conference“, zitierte wörtlich den letzten Absatz mit der Androhung verschärfter Sanktionen und fügte hinzu, die Entscheidung liege nunmehr bei Serbien. Noch bevor irgendjemand die Möglichkeit zu einer Stellungnahme hatte, schloss er, etwas abrupt, die Arbeiten der Konferenz. Damit wurde der Text als Konferenzdokument eingeführt, sein genauer Status jedoch bewusst im Unklaren gelassen. Faktisch handelt es sich um eine Art „Konsens-minus-eins“-Entscheidung.

2) Die Konferenzdokumente im Einzelnen:

(1) Der bereits am ersten Tag verabschiedete Prinzipienkatalog stellt in seinem ersten Teil eine Fortschreibung bereits früher formulierter Grundsätze dar (Unverletzlichkeit der Gren-

8 Zur Schlichtungskommission der EG für Jugoslawien vgl. Dok. 10, Anm. 4.

zen, Ablehnung gewaltsamer Faits accomplis, Menschen- und Minderheitenrechte). Er enthält darüber hinaus auch einige operativer gehaltene Abschnitte, u.a.:

- Verpflichtung zur Befolgung aller VN-SR-Resolutionen (d.h. auch der Sanktionen[9]);
- Notwendigkeit humanitärer Hilfe;
- Verpflichtung zur Zusammenarbeit bei Maßnahmen zur Überwachung, Friedenserhaltung und Waffenkontrolle;
- internationale Garantien für alle Vereinbarungen im Rahmen der Konferenz.

(2) Das Arbeitsprogramm der Konferenz legt Folgendes fest:

- Permanenz der Konferenz bis zu einer abschließenden Lösung.
- Lenkungsausschuss unter Beteiligung der Ko-Vorsitzenden (dies werden David Owen und Cyrus Vance sein), der EG-Troika, der KSZE-Troika, der ständigen SR-Mitglieder, der OIC, zweier Vertreter der Nachbarstaaten und Lord Carringtons.
- Unterstützung der Ko-Vorsitzenden durch die Vorsitzenden der Arbeitsgruppen. Dieses Gremium wird ständig in Genf tätig sein. Wir gehen davon aus, dass die Vorsitzenden der Arbeitsgruppen auch an den Sitzungen des Lenkungsausschusses teilnehmen.
- Sechs (statt wie bisher drei) Arbeitsgruppen: Bosnien-Herzegowina, humanitäre Fragen, ethnische und nationale Gemeinschaften und Minderheiten, Nachfolgefragen, Wirtschaftsfragen, vertrauens- und sicherheitsbildende und Verifikations-Maßnahmen. Bei der Erläuterung des Papiers erwähnte der VN-GS ausdrücklich Botschafter Ahrens als Vorsitzenden der dritten AG.
- Weitere Unterstützung der Konferenz durch die Schiedskommission.
- Schaffung eines kleinen Sekretariats im Büro der VN in Genf.
- Übernahme der Kosten durch die Konferenzteilnehmer entsprechend einer durch den Lenkungsausschuss zu entscheidenden Aufteilung.

(3) Die Erklärung über Bosnien legt die Grundsätze für die Einstellung der Feindseligkeiten und die politischen Verhandlungen fest. Zu den wichtigsten operativen Punkten gehören:

- die Konzentrierung schwerer Waffen unter internationaler Kontrolle;
- die Demilitarisierung der größeren Städte unter internationaler Überwachung;
- die Schaffung von Zentren für Flüchtlinge und für Hilfsleistungen;
- die Ausweitung humanitärer Hilfe auf ganz B-H;
- die mögliche Schaffung einer internationalen Friedenstruppe der VN;
- die Ankündigung eines internationalen Wiederaufbauprogramms im Falle einer politischen Lösung.

Der Kern des politischen Teils ist der Aufruf zu sofortigen und bedingungslosen Verhandlungen über die künftige Verfassungsordnung, der politisch im engsten Zusammenhang mit der Erklärung der Serben-Führer gesehen werden muss. Siehe hierzu Punkt 1.(2). Es fällt auf, dass weder von einer „Kantonalisierung“ noch von den „drei konstituierenden Nationen“ die Rede ist, was zweifellos den von uns unterstützten Vorbehalten der Moslems gegen eine faktische Dreiteilung des Landes entgegenkommt.

[10](4) Das Dokument „Spezifische Entscheidungen“ der Londoner Konferenz ist das für uns wichtigste Ergebnis, denn es enthält eine Liste operativer Maßnahmen, auf die sich

9 Vgl. die Resolution Nr. 713 des VN-Sicherheitsrats vom 25. September 1991; RESOLUTIONS AND DECISIONS 1991, S. 42 f. Für den deutschen Wortlaut vgl. EUROPA-ARCHIV 1991, D 550–552.
Vgl. auch die Resolution Nr. 757 des VN-Sicherheitsrats vom 30. Mai 1992; Dok. 159, Anm. 12.

10 Beginn des mit DB Nr. 1674 übermittelten dritten Teils des Fernschreibens. Vgl. Anm. 1.

alle Teilnehmer der Konferenz verpflichtet haben. Hierin sind auch die Ergebnisse von Beratungen einzelner Kontaktgruppen zu den verschiedenen Sachbereichen eingeflossen. Die Kernpunkte des Dokuments lassen sich wie folgt zusammenfassen:

a) Einstellung der Feindseligkeiten: Dieser Abschnitt muss im Zusammenhang mit der Erklärung über B-H gelesen werden. Er sieht u.a. vor:
- baldiges Ende der Belagerung von Städten in B-H;
- Meldung der Positionen von schweren Waffen innerhalb von 96 Stunden als erster Schritt zu ihrer Herausnahme aus dem Konflikt;
- internationale Überwachung dieser Waffen;
- Verbot militärischer Flüge über B-H;
- VN-GS soll dem VN-SR rasche Entsendung von VN-Beobachtern an die Grenzen zwischen B-H und Serbien bzw. Montenegro empfehlen.

b) Humanitäre Fragen:
- etappenweiser Ausbau der Hilfsmissionen und Hilfskonvois in allen Gegenden von B-H, wo Hilfe notwendig ist;
- bedingungslose Freilassung aller zivilen Gefangenen, sofortiger Zugang für internationale Beobachter in Gefangenenlager und deren umgehende Schließung;
- schrittweise Repatriierung der Flüchtlinge und Versorgung entsprechend der von den VN festgestellten Bedürfnisse;
- Prüfung der Option von Sicherheitszonen.

c) Verletzungen des humanitären Völkerrechts:
- Schaffung eines Registers (wie besonders von uns gewünscht);
- rechtliche Verfolgung aller hierfür Verantwortlichen. Als in der Diskussion die breite Unterstützung unseres Vorschlags eines Internationalen Strafgerichtshofes deutlich wurde, stellte PM Major fest, dass dieser Vorschlag als Teil der Entscheidungen zu betrachten sei und operativ in entsprechenden internationalen Gremien (VN-GV) behandelt werden solle.

d) Sanktionen:
- bessere Kontrolle der Sanktionsimplementierung, auch auf Donau;
- Hilfe bei der Sanktionskontrolle in Nachbarländern des ehemaligen Jug., u.a. durch Entsendung von Experten;
- Koordinierung dieser Hilfe durch EG und KSZE.

(5) Papier zu Serbien und Montenegro

Dieses Dokument legt Serbien und Montenegro auf die in den anderen Dokumenten eingegangenen Verpflichtungen fest und ergänzt und präzisiert diese, u.a. durch folgende Forderungen:
- Beendigung der Einmischung über die Grenzen mit B-H und Kroatien hinweg;
- Bemühen darum, die bosnischen Serben von Eroberung und Vertreibung abzuhalten;
- Einwirkung auf bosnische Serben zugunsten Schließung ihrer Lager und Einhaltung des humanitären Völkerrechts;
- Wiederherstellung der bürgerlichen und Verfassungs-Rechte der Bewohner des Kosovo und der Wojwodina und Sicherstellung der Bürgerrechte der Einwohner des Sandžak;
- Garantie der Rechte der ethnischen und nationalen Gemeinschaften und Minderheiten in

Übereinstimmung auch mit dem Abkommensentwurf der EG-Konferenz über Jugoslawien[11];
- Einsatz zugunsten der Implementierung des Vance-Planes[12] und zugunsten einer Annahme des Sonderstatus durch die Serben in der Krajina.

Der Schlussabsatz verweist auf die von Panić in seinem Brief an den Vorsitzenden des VN-SR eingegangenen Verpflichtungen und droht bei Nichteinhaltung mit der Anwendung scharfer Sanktionen, die zur völligen internationalen Isolierung Serbiens und Montenegros führen würden.

[gez.] Libal

B 42, ZA-Bd. 183678

270

Drahtbericht des Gesandten Heyken, Moskau, an Staatssekretär Kastrup

14152/92 VS-vertraulich **Aufgabe: 31. August 1992, 16.42 Uhr**[1]
Fernschreiben Nr. 3721 **Ankunft: 31. August 1992, 15.43 Uhr**

Für StS Dr. Kastrup persönlich (ausschließlich in einem Exemplar)

Betr.: Moskau-Reise von StM Schmidbauer, 24.–27.8.1992

1) StM Schmidbauer besuchte vom 24.–27.8.1992 Moskau, er war begleitet u. a. von BND-Präsident Porzner, BfV-Präsident Dr. Werthebach, Professor Dr. Dolzer (Abteilungsleiter BK-Amt), Herrn Foertsch (Abteilungsleiter BND), Dr. Kretschmann (BND).

Die Delegation führte Gespräche mit:
- Direktor des Auslandsaufklärungsdienstes, Primakow;
- Minister für Sicherheit, Barannikow;
- Leiter des Militärischen Nachrichtendienstes (GRU[2]), General Ladygin.

Am 26.8. empfing Präsident Jelzin StM Schmidbauer zu einem 45-minütigen Gespräch (hierzu wurde gesondert berichtet[3]).

11 Für das Dokument „Treaty Provisions for the Convention“ vom 4. November 1991 („Carrington-Plan“) vgl. B 42, ZA-Bd. 175713.

12 Zum Plan des Sonderbeauftragten des VN-GS für Jugoslawien, Vance, vgl. Dok. 2, Anm. 6.

1 Das Fernschreiben wurde in zwei Teilen übermittelt. Vgl. Anm. 5.
Hat VLR I Reiche am 31. August 1991 vorgelegen, der handschriftlich vermerkte: „1) DB hat StS Kastrup vorgelegen. 2) Herrn Staatssekretär Lautenschlager vorzulegen. 3) Abl[ichtung] Herrn MD Dr. Hartmann, ChBK.“ Ferner verfügte er die Weiterleitung von Kopien an MD Chrobog und VLR I Matussek.
Hat BM Kinkel am 3. September 1991 vorgelegen.

2 Glawnoje Raswedywatelnoje Uprawlenije (Hauptverwaltung für Aufklärung).

3 Vgl. Dok. 265.

Außerdem fanden mehrere Einzelgespräche statt, sei es in Untergruppen, sei es unter vier Augen. Primakow gab in Anwesenheit von Barannikow ein Abendessen. Die Delegation war in einem Gästehaus untergebracht und wurde von den Gastgebern, als solcher fungierten Primakow und sein Stab, aufmerksam betreut.

Beide Seiten waren sich über die Bedeutung dieser ersten großen, offiziellen Begegnung zwischen den deutschen und russischen Nachrichtendiensten im Klaren. Die Gesprächsatmosphäre war sachlich, in vieler Hinsicht offen; die russischen Gesprächspartner bemühten sich sehr, die Botschaft zu vermitteln, dass Inhalt, Methode und Form ihrer Dienste sich gewandelt haben. Besonders Primakow und Barannikow waren Gesprächspartner, die als Persönlichkeiten überzeugten. Die deutsche Seite hat eine verbindliche, aber in der Sache feste Sprache geführt und in den Einzelgesprächen mit zahlreichen Fakten aufgewartet. Auf diese Weise stellten sich gegenseitiger Respekt und persönliche Anerkennung ein, sodass die Bereitschaft beider Seiten zur Fortsetzung des Dialogs, zur Zusammenarbeit auf verschiedenen Gebieten, aber auch zur Aufarbeitung von Problemen aus Vergangenheit und Gegenwart auf einen ermutigenden Anfang gegründet sind. Allerdings wird die deutsche Seite das Eigenleben der Apparate der russischen Dienste in Rechnung zu stellen haben, d. h., dass die Erfüllung gemachter Zusagen wahrscheinlich mit Beharrlichkeit eingefordert werden muss.

Während des Aufenthaltes der Delegation in Moskau blieben für die Botschaft relativ wenig organisatorische Aufgaben. Das Pressereferat war von StM Schmidbauer ermächtigt worden, die Reise als solche zu bestätigen, insgesamt war das Öffentlichkeitsprofil des Besuchs gering, auch auf russischer Seite.

Ich habe die Delegation zu den oben genannten vier Gesprächen begleitet und am 26.8. zum Abschluss der Reise für beide Seiten ein Mittagessen gegeben, das sehr gut besucht war.

2) Gespräch mit Primakow

Nach kurzem Überblick über die politische Lage betonte Primakow die neue Rolle der Nachrichtendienste. Zwar habe es immer und werde es auch in Zukunft die Nachrichtendienste geben, sie stellten eine Funktion staatlicher Tätigkeit dar. Aber Akzente, Methoden und Aufgaben wandelten sich. Früher seien die russischen Nachrichtendienste Ausfluss der Konfrontation gewesen, früher hätten sie sich in die Innenpolitik eingemischt, zum Beispiel durch Diskreditierung, aber dies gehöre der Vergangenheit an. Heute könne man im Verhältnis zum Ausland von Feldern gleicher Interessen sprechen: Nonproliferation von A-Waffen, Antiterrorismus, Beobachtung potenzieller Krisenherde und neuer Waffentechnologie. In der Wirtschaftsaufklärung hätten sich ebenfalls neue Akzente herausgebildet: Mafia, organisierte Kriminalität, Gesetzesumgehung durch illegale Firmengründungen usw. Primakow wies darauf hin, dass die gegenseitigen Interessen vielleicht nicht voll übereinstimmten. Man habe indessen eine Zusammenarbeit mit den amerikanischen Kollegen (Mr. Gates) etabliert, man sei sich einig, dass die technische Aufklärung allein nicht ausreiche und dass der menschliche Faktor nach wie vor bedeutsam sei.

2.1) Primakow sprach den Wunsch nach Intensivierung der gegenseitigen Beziehungen aus, man sei interessiert an einem Informationsaustausch auf Expertenebene. Man könne die Nachrichtendienste zur Umsetzung internationaler Abkommen einsetzen. Die Kontakte der russischen Dienste zu vielen ausländischen Diensten entwickelten sich erfolgreich, es gebe auch Vertreter, die vor Ort tätig seien. Er bezeichnete eine solche Verbindung als guten Kanal für die operativen Fragen und als zuverlässige Stütze für die politischen Kontakte.

2.2) StM Schmidbauer stimmte zu, machte aber klar, es gehe nicht nur um Worte, sondern auch um Taten. Er sehe verschiedene Stufen. Über einige Themen könne man sich schnell einigen, z. B. über den Kampf gegen den Terrorismus, Drogensucht, organisierte Kriminalität, Informationsaustausch über Krisenherde, z. B. Naher Osten und Mittlerer Osten, Dritte Welt. Hier sei ein breites Feld gegeben, in welchem unsere Fachleute im Dialog stünden. Dieser Prozess könne auf absehbare Zeit gut funktionieren. Aber man müsse auch feststellen, dass für schwierige Fragen Verständnis auf beiden Seiten erforderlich sei. Wir müssten Altlasten aufarbeiten.

Wenn wir uns über die Entsendung von Repräsentanten der Nachrichtendienste einigten, bräuchten wir hierfür eine neue Basis. Wir beobachteten noch Reste der alten Methoden in großem Umfang. Wir seien bemüht, diese Probleme in der Stille aufzuarbeiten, aber sie würden ein wichtiges Gesprächsthema sein. Bisher arbeiteten bei uns zu viele illegale Vertreter der russischen Dienste.

Ein zweites Problem hänge mit der Lage in Deutschland nach der Wiedervereinigung zusammen. Es handele sich um die Tätigkeit des ehemaligen MfS in den alten Bundesländern, hieraus seien in Deutschland viele zwischenmenschliche Probleme entstanden. Wir brauchten die Gewissheit, dass diese Arbeit nicht fortgesetzt werde, es dürfe keine Abwerbung geben.

Große Sorge machten uns die vielen Tätigkeiten eines russischen Nachrichtendienstes, einige Vertreter dieses Nachrichtendienstes seien verhaftet worden. Wir wollten die Fälle nicht hochspielen, wir könnten darüber sprechen. Die deutsche Seite sei zu konkreten Vereinbarungen bereit, da wir einen solchen Ansatz zur Aktivierung der bilateralen Beziehungen für wichtig hielten.

2.3) Primakow erwiderte, was die Abwerbung von Leuten des früheren MfS anbelange: Die Zentrale habe dies eindeutig verboten. Eine Abwerbung sei zu gefährlich, da alle früheren Stasi-Mitarbeiter sich gewissermaßen unter der Glocke bewegten. Viele Stasi-Mitarbeiter aus der mittleren Ebene verfügten noch über Kontakte zu den deutschen Nachrichtendiensten, dies wisse die russische Seite.

Mit dem einen sehr aktiven russischen Sicherheitsdienst sei sicher der GRU gemeint. StM Schmidbauer werde am folgenden Tag mit General Ladygin sprechen können, gestern sei der Erlass unterzeichnet worden, mit dem dieser zum Vorsitzenden ernannt worden sei. Primakow wies darauf hin, dass das Auslandspersonal der Sicherheitsdienste um 50 Prozent gekürzt würde. Roschkow, Stellvertreter Primakows, erklärte, man könne ernsthafte Überprüfungen vornehmen, man sei zur Erörterung konkreter Tatsachen bereit.

StM Schmidbauer sagte, man müsse auch über die Archive des früheren MfS sprechen, von denen ein großer Teil nach Moskau gebracht worden sei. Wir wären dankbar, wenn wir mit russischer Hilfe einige konkrete Fälle aufklären könnten. Primakow sagte Prüfung zu. Im Bereich der Terrorismusaufklärung könne die deutsche Seite sämtliche Unterlagen erhalten.

Primakow ergänzte, der Abbau von Personal hinge auch mit den veränderten Aufgaben der russischen Nachrichtendienste zusammen. Er betonte: Die russische Seite wolle im Rahmen des Möglichen das Maximum an Zusammenarbeit erreichen.

2.4) Über die Einrichtung von Legalresidenturen einigten sich beide Seiten rasch. Auf Frage Roschkows, was die deutsche Seite unter Legalresidenturen verstünde, wurde geantwortet: ein offizieller Vertreter, der in der Botschaft eingesetzt und bei der russischen Seite akkreditiert werde. Dr. Kretschmann (er war Mitglied der Delegation) und ein weiterer Mitarbeiter seien hierfür vorgesehen. Roschkow vertrat die Auffassung, dies sei nicht so sehr eine Legalresidentur, sondern eine „Vertretung". Primakow warf ein, die russische Seite entsende üblicherweise einen Leiter und einen Gehilfen, man könne also mit zwei Leuten anfangen. Die deutsche Seite könnte aber auch zwanzig benennen.

Präsident Werthebach stellte die Frage, ob alle Dienste abgedeckt seien. Primakow gab zur Antwort, dass üblicherweise die Auslandsverbindungen über seinen Dienst gingen, deshalb könnte er die Verbindungen herstellen. Roschkow präzisierte: Da Deutschland wegen der vielen Russen einen Sonderfall darstelle, sollte man Barannikow einschalten.

StM Schmidbauer erklärte, dies könne nur bis 1994 gelten.[4] Er nehme zur Kenntnis, dass alle Kontakte über die Organisation Primakows liefen. Primakow schränkte ein: üblicherweise. Wenn Barannikow eigene Vertreter schicken wolle, habe er nichts dagegen.

3) Gespräch mit Barannikow

3.1) Barannikow erläuterte, dass im Januar eine Umstrukturierung des KGB durchgeführt worden sei. Es gäbe keine Telefonüberwachung mehr, es würde keine Aufklärung mehr vorgenommen (gemeint wohl: im Inland). Die Grenztruppen gehörten nicht mehr in die Zuständigkeit seines Dienstes. In der letzten Zeit seien die ersten Gesetze innerhalb der 74-jährigen Geschichte der Nachrichtendienste erlassen worden, z.B. ein Sicherheitsgesetz, ein Gesetz über die operative Tätigkeit der Nachrichtendienste und ein Gesetz über die Bundesorgane der Sicherheitsdienste. Sein Ministerium habe zwei Hauptaufgaben: Schutz der Staatssicherheit Russlands und Schutz der russischen Bürger. Barannikow wies darauf hin, dass mit allen anderen GUS-Staaten bilaterale Abkommen geschlossen worden seien, und betonte die Notwendigkeit der internationalen Zusammenarbeit, also mit dem weiteren Ausland, u.a. wegen der Migrationsprozesse.

[5]3.2) StM Schmidbauer unterstrich den Wunsch nach guter Zusammenarbeit, Präsident Werthebach habe im März mit Minister Barannikow bereits Gespräche geführt, sodass der erste Kontakt schon gegeben sei. Beide Seiten wollten offizielle Vertreter austauschen (Dr. Kretschmann wurde vorgestellt), beide Seiten sollten sich auf allen Gebieten unterstützen: Rauschgift, Terrorismus, organisierte Kriminalität, Proliferationsfragen etc. Die deutschen Gesetze ließen vertragliche Vereinbarungen für die Zusammenarbeit zu. Die deutschen Dienste hätten ein „partnerschaftliches Verhältnis" mit vielen Ländern und wollten es auch mit der russischen Seite aufbauen.

Allerdings sei nach wie vor eine außerordentlich hohe ND-Tätigkeit der russischen Dienste aus der Zeit des Kalten Krieges zu verzeichnen. In Deutschland betätige sich eine unverhältnismäßig hohe Zahl von russischen ND-Leuten, ca. zehnmal so viel wie von anderen Ländern. Die Vorkommnisse der letzten Monate hätten uns gezeigt, dass die Entwicklung so nicht weitergehen könne. Es seien einige Gerichtsverfahren in Gang gesetzt worden, es gäbe aktuelle Festnahmen. Die deutsche Öffentlichkeit reagiere sehr empfindlich auf all diese Beweise dafür, dass von russischer Seite noch eine starke ND-Tätigkeit ausgehe. Vor allem aus der Westgruppe heraus würde eine intensive ND-Tätigkeit beobach-

4 Artikel 4 des Aufenthalts- und Abzugsvertrags vom 12. Oktober 1990 zwischen der Bundesrepublik und der UdSSR sah den etappenweisen Abzug der sowjetischen Truppen aus Deutschland spätestens bis Ende 1994 vor. Vgl. BGBl. 1991, II, S. 261.

5 Beginn des mit DB Nr. 3722 übermittelten zweiten Teils des Fernschreibens. Vgl. Anm. 1.

tet; sie sei bei Weitem zu umfangreich und nicht mehr notwendig. Ferner müsse er auf die Altlasten des MfS hinweisen, auf die Leute, die teilweise übernommen worden seien. Zusammenarbeit könnte nur in Formen wirklicher Partnerschaft praktiziert werden.

3.3) Barannikow wies in seiner Erwiderung darauf hin, dass in Deutschland eine kleine Gruppe unter Leitung von General Oleinikow arbeite, die eine begrenzte Aufgabe im Zusammenhang mit dem Abzug wahrnehme. Barannikow bat zu überlegen, ob diese Aufgabe durch Kooperation erleichtert werden könne. Er sei bereit, eine ähnliche Gruppe hier aufzunehmen: einen Offizier oder eine kleine Gruppe, Derartiges würde mit verschiedenen Ländern praktiziert.

Barannikow regte die Gründung einer Arbeitsgruppe an zur Erörterung bestimmter Fragen und zur Ausarbeitung eines Dokuments. Er betonte, dass die russischen Nachrichtendienste die Kompetenz zum Abschluss von solchen Dokumenten besäßen.

Was die russische ND-Tätigkeit in Deutschland anbelange, könne er zum Zahlenverhältnis nichts sagen. Eine der Hauptrichtungen bestehe darin, dass nicht gegen die Bevölkerung des anderen Landes gearbeitet werden dürfe.

Die Westgruppe beunruhige ihn ebenfalls außerordentlich. Er verfüge über konkrete Vorgänge von ND-Tätigkeit gegen die russischen Offiziere sowie von kriminellen Vorgängen. Beide Seiten müssten ohne großen Lärm zu einem gegenseitigen Einverständnis gelangen. Aus Russland seien zwölf Leute nach Deutschland entsandt worden zur Verhinderung von Straftaten, und die Staatsanwaltschaft stelle Ermittlungen an bezüglich Schwarzhandel und ähnlichen Delikten. Barannikow bat um deutsche Mitwirkung. Vor einigen Tagen habe die russische Seite einen Oberst festgenommen, der wohl angeworben worden sei.

Zum MfS wolle er sagen, dass es praktisch keine Unterlagen im Sicherheitsministerium gebe. Im engsten Kreise sollten aber noch einige Punkte angesprochen werden.

3.4) StM Sch. erwiderte, dass die Gespräche mit dem Oberkommando der Westgruppe sehr positiv verlaufen seien und der Dialog sich problemlos anlasse, aber dies reiche wohl nicht aus. Es träten zahlreiche Verstöße auf, z.B. Waffenschmuggel, Handel mit Treibstoff, Zigaretten usw. Natürlich registriere man auch einige Standortprobleme, insgesamt gestalte sich aber das Zusammenleben erträglich, viel besser, als ursprünglich erwartet worden sei. Uns störe die Agentenführung aus der Westgruppe heraus, und zwar, dass sie nicht nur nicht nachgelassen habe, sondern eine hohe Aktivität entwickele. Die deutsche Bevölkerung habe hierfür kein Verständnis. Wir hätten nichts gegen ein angemessenes Schutzbedürfnis, aber vieles sei von vorgestern. Barannikow stimmte zu.

Schmidbauer fuhr fort: Sie reden von Anwerbungen, bitte nennen Sie Namen. Die deutsche Seite arbeite nicht mehr so, das sei klar. Sie arbeite heute nach anderen Prinzipien.

Er wiederholte: Die Altlasten stellten ein innenpolitisches Problem dar. Viele alte Mitarbeiter des MfS hätten noch keinen Anschluss gefunden, aber wir würden diese Probleme allein lösen. Der zweite Aspekt jedoch sei die HVA[6], die zielgerichtet[7] gegen die BR Deutschland gearbeitet habe. Er rede nicht von den Agenten, sondern von den noch bestehenden Zentralen, und bitte uns, die Akten zur Verfügung zu stellen, damit diese Agentenringe aufgedeckt werden könnten. Es sei ein Faktum, dass diese Zentralen arbeiteten.

6 Hauptverwaltung Aufklärung.

7 Korrigiert aus: „jedoch sei der HVA, der zielgerichtet".

Barannikow erklärte dazu: Wenn jetzt über Zusammenarbeit gesprochen werde, dann könne man vielleicht auch diese Fragen behandeln. Aber er wolle doch gerne wissen, warum die Amerikaner gegen die Westgruppe aktiv geworden seien. Die russische Seite verfüge auch über gewisse Altlasten; die jetzigen Dienste müssten den Brei auslöffeln, den der frühere KGB eingebrockt habe. In diesem Zusammenhang wies Barannikow auf den Fall Honecker[8] hin und hob hervor, dass sein Ministerium alles getan habe zur Erfüllung der Absprache.

3.5) Präsident Porzner führte aus, er sei genauso wie StM Schmidbauer lange Jahre Abgeordneter gewesen und habe deshalb ein besonderes Ohr für die Fragen der Öffentlichkeit. Die Zukunft könne nur gestaltet werden, wenn beide Völker eine gute Zusammenarbeit praktizierten, was enge politische und wirtschaftliche Kooperation bedeute. Es sei richtig, dass das MfS-Thema in den deutschen Behörden keine Frage der deutsch-russischen Beziehungen sei. Aber die Agenten des früheren MfS seien erpressbar. Im Übrigen bitte er, sich klarzumachen, dass die deutsche Öffentlichkeit frage, warum Deutschland so viele wirtschaftliche Leistungen an Russland erbringe, während gleichzeitig der russische Staat uns Informationen vorenthalte.

Barannikow replizierte, man müsse darüber sprechen. Die Fragen der deutschen Bevölkerung seien verständlich, unsere gegenwärtigen Gespräche stellten einen guten Anfang dar.

Barannikow wies noch auf die zwei Millionen Deutschen im Lande hin. Man wolle eine Stabilisierung der Migration. Vielleicht könne Deutschland alle Sowjetdeutschen aufnehmen, aber er trete für ein Ende der Ausreise ein und weise auf ein entsprechendes Programm hin. Er habe Jelzin an die Wolga, nach Saratow[9] usw. begleitet; diese Frage beunruhige ihn.

3.6) Abschließend erklärte Barannikow, es habe sich um ein historisches Treffen gehandelt, die Begegnung habe im historischen Rahmen stattgefunden: Dies sei das Arbeitszimmer von Dserschinski und von Andropow gewesen. (Im Hintergrund stand noch die Büste von Dserschinski, was einige in der Delegation mit sehr gemischten Gefühlen registrierten. Es war das erste Mal, dass wir die Lubjanka betreten haben.)

4) Gespräch mit Ladygin

StM Schmidbauer betonte, uns irritiere beim GRU, dass er aus der WGT eine viel zu starke Tätigkeit entwickele. Ladygin führte hingegen aus, dass es Aufklärung in der Vergangenheit gegeben habe, das werde auch in der Zukunft so sein, Aufklärung sei ein zusätzlicher Garant für die Sicherheit. Mit Entschiedenheit wolle er sagen, dass bei der Westgruppe keine Aufklärungstruppenteile existieren, die zur Verfügung der Hauptabteilung (GRU) stünden.

StM Schmidbauer vertrat die Auffassung, natürlich müsse es zur Gewährung von Sicherheit Aufklärung geben, aber hier gehe es um die Methode der Aufklärung und um die Frage, ob man nicht besser zusammenarbeite. Partner und Freunde würden anders aufgeklärt als Gegner.

Präsident Werthebach ging detailliert auf den Fall Oberst Scherdew[10] und andere Fakten ein. Er betonte, dass die Aktivität aus Karlshorst heraus nach der Wiedervereinigung fast

8 Zum Fall Honecker vgl. Dok. 235.

9 Vgl. die Äußerungen des russischen Präsidenten Jelzin vom 8. Januar 1992; Dok. 20, Anm. 6.

10 Korrigiert aus: „Schertjew".
Zum Fall Scherdew vgl. Dok. 265, Anm. 7.

unverändert fortgesetzt worden sei. Er bitte darum, die Zahl der Agenten nachdrücklich zu verringern. Ladygin wiederholte, es gebe keine Truppe, die der Hauptabteilung unterstellt sei.

General Markow vom Generalstab setzte sich im Einzelnen mit den Vorhaltungen Dr. Werthebachs auseinander und behauptete, dass die Aktivitäten schon erheblich reduziert worden seien. Werthebach erwiderte, zwar sei die Spionage reduziert, aber noch nicht eingestellt. Eine solche aggressive Tätigkeit sei politisch nicht mehr erlaubt.

StM Sch. beendete das Gespräch mit der Bemerkung, dass, wenn eine Zusammenarbeit mit den zivilen Diensten möglich sei, sie auch mit den militärischen Diensten ermöglicht werden müsse. Ladygin verwies auf die Kontakte zwischen dem BK und Jelzin.

[gez.] Heyken

B 130, VS-Bd. 14154 (010)

271

Vorlage des Vortragenden Legationsrats I. Klasse Brümmer für Bundesminister Kinkel

214-321.05 TSE **1. September 1992**[1]

Über Herrn Dg 21 i. V.[2], Herrn D 2[3], Herrn Staatssekretär[4] Herrn Bundesminister[5]

Betr.: Deutsch-tschechoslowakischer Nachbarschaftsvertrag[6]

Bezug: Weisung von StS Kastrup vom 31.8.1992

Anlg.: 1) Aufzeichnung des Referats 503 zum aktuellen Stand der Überlegungen bezüglich einer Stiftung für ČSFR-NS-Opfer[7]
2) DB 1145 der Botschaft Prag vom 14.8.1992 –Az. Pol 312.01 VS-NfD[8]
3) DB 1188 der Botschaft Prag vom 26.8.1992 –Az. Pol 312.01 VS-NfD[9]

Zweck der Vorlage: Zustimmung zum Vorschlag unter Ziffer 6

1 Die Vorlage wurde von LRI Busch konzipiert.

2 Hat in Vertretung des MDg von Studnitz VLRI Lambach am 1. September 1992 vorgelegen.

3 Hat MD Chrobog am 1. September 1992 vorgelegen.

4 Hat StS Kastrup am 1. September 1992 vorgelegen.

5 Hat BM Kinkel am 2. September 1992 vorgelegen.
Hat OAR Salzwedel am 3. September 1992 vorgelegen, der den Rücklauf über das Büro Staatssekretäre, MD Chrobog und „Dg 21 i. V." an Referat 214 verfügte.
Hat VLR Ney am 3. September 1992 vorgelegen, der die Weiterleitung an StS Kastrup verfügte und handschriftlich vermerkte: „(Rücklauf) Termin vereinbaren?"
Hat Kastrup laut Vermerk erneut vorgelegen.
Hat Chrobog am 7. September 1992 erneut vorgelegen.
Hat in Vertretung des MDg von Studnitz VLRI Neubert vorgelegen.

6 Für den deutsch-tschechoslowakischen Vertrag vom 27. Februar 1992 über gute Nachbarschaft und freundschaftliche Zusammenarbeit vgl. BGBl. 1992, II, S. 463–473. Vgl. auch Dok. 64.

1) Laut Artikel 35 des Nachbarschaftsvertrags tritt der Vertrag mit dem Tag des Austauschs der Ratifikationsurkunden in Kraft. Dazu liegen deutscherseits alle Voraussetzungen vor. Staatspräsident Havel hatte die tschechoslowakische Ratifikationsurkunde nicht mehr gezeichnet. Dies obliegt nunmehr MP Stráský. Über die Botschaft Prag und die ČSFR-Botschaft hier in Bonn hatten wir der TSE-Seite einen baldigen Austausch der Ratifikationsurkunden vorgeschlagen.

2) Aus den Bezugsberichten der Botschaft Prag ergibt sich, dass das ČSFR-AM neuerdings ein Junktim zwischen der Zeichnung der Ratifikationsurkunden durch MP Stráský und Fortschritten bei der von TSE-Seite angestrebten Entschädigungsregelung für NS-Opfer (in Form einer Stiftungslösung nach deutsch-polnischem Vorbild[10]) herstellt. Die jetzt vonseiten des TSE-AM erhobene Forderung findet in den bislang mit der TSE-Seite geführten Gesprächen keine Grundlage. Die föderale (Caretaker-)Regierung dürfte damit auch ihre in den Koalitionsvereinbarungen zwischen den MPs Klaus und Mečiar festgelegten Kompetenzen überschreiten.

3) Botschafter Gruša hatte den ČSFR-Wunsch nach einer Regelung Anfang August telefonisch gegenüber StS Kastrup angesprochen. Er ist auch bei MDg Kaestner im Bundeskanzleramt vorstellig geworden. Dabei berief er sich auf angebliche Zusagen des Bundeskanzlers gegenüber StP Havel u. a., dass eine Stiftung für NS-Opfer geschaffen werden könne. Laut Bundeskanzleramt hat der Bundeskanzler derartige Zusagen nicht gegeben, auch nicht bei dem letzten Treffen mit StP Havel am Rande der KSZE-Konferenz in Helsinki[11]. Dies hat MDg Kaestner (ChBK) gegenüber StS Kastrup bestätigt.

Eine Stiftung nach dem Polen-Muster hat der Bundeskanzler gegenüber dem damaligen MP Čalfa am 27.2.1992[12] ausdrücklich abgelehnt.[13]

Fortsetzung Fußnote von Seite 1088

7 Dem Vorgang beigefügt. Referat 503 erläuterte am 7. August 1992, bei einer möglichen Stiftungslösung seien Zahlungen von ca. 70 Mio. DM zu erwarten. Eine solche Vereinbarung würde vermutlich in Ungarn, Rumänien, den baltischen Staaten sowie in westeuropäischen Staaten Forderungen nach einer ähnlichen Regelung auslösen. In Gesprächen mit der tschechoslowakischen Seite solle vielmehr erklärt werden, „dass eine zukunftsgerichtete Lösung der Frage gesucht werden sollte". Vgl. B 42, ZA-Bd. 156433.

8 Dem Vorgang beigefügt. BR I Hiller, Prag, berichtete, im tschechoslowakischen Außenministerium sei ihm unter Verweis auf entsprechenden Druck seitens der Interessenverbände von Opfern des Nationalsozialismus „ausdrücklich bestätigt" worden, dass die tschechoslowakische Regierung „den Austausch der Ratifikationsurkunden als letzten Schritt zur Finalisierung des Nachbarschaftsvertrages nur vornehmen wolle, wenn sie zuvor entsprechende verbindliche Zusicherungen [...] von deutscher Seite erhalte, dass die Stiftungsangelegenheit [substanziiert] (Art und Höhe) und in übersehbarem Zeitrahmen (möglichst schnell) geregelt würde". Vgl. B 42, ZA-Bd. 156433.

9 Dem Vorgang beigefügt. Botschafter Huber, Prag, teilte mit, BR I Hiller sei erneut ins tschechoslowakische Außenministerium gebeten worden, ohne dass sich neue Erkenntnisse ergeben hätten. Dies zeige, dass die Nervosität auf tschechoslowakischer Seite steige und das Außenministerium sich „sehr wohl bewusst ist, politisch auf schmalem Grat zu wandeln. [...] Unklar blieb bei Gespräch letztlich wieder, wer eigentlich hinter dieser höchst ungewöhnlichen ‚Initiative' steckt und welche Ziele im Ergebnis damit verfolgt werden." Vgl. B 42, ZA-Bd. 156433.

10 Zur „Stiftung Deutsch-Polnische Aussöhnung" vgl. Dok. 4, Anm. 12.

11 Für das Gespräch am 10. Juli 1992 vgl. Dok. 216.

12 Für das Gespräch in Prag vgl. B 42, ZA-Bd. 156434.
Zum Besuch von BK Kohl und BM Genscher am 27./28. Februar 1992 in der ČSFR vgl. Dok. 64.

(Zur Erinnerung: Mit Polen ist am 16.10.1991 in einem Notenwechsel die Leistung eines einmaligen Beitrags in Höhe von 500 Mio. DM auf der Grundlage humanitärer Überlegungen vereinbart worden. Die ersten beiden Raten dieser Summe (250 Mio. im Dezember 1991 und 150 Mio. im Juni 1992) sind an die zu diesem Zweck gegründete „Stiftung Deutsch-Polnische Aussöhnung" überwiesen worden. Die grundsätzliche Einigung über diese Lösung wurde zwischen dem Bundeskanzler und dem damaligen MP Bielecki bei dessen Besuch in Bonn[14] aus Anlass der Unterzeichnung des Nachbarschaftsvertrages[15] (17.6.1991) erzielt. Die Vornahme des Notenwechsels am 16.10.1991 stand in engem zeitlichen Zusammenhang mit der abschließenden Lesung des Nachbarschaftsvertrages im polnischen Senat und den polnischen Parlamentswahlen vom 27.10.1991[16], in deren Vorfeld die Organisationen der NS-Opfer den Druck in der polnischen Öffentlichkeit erheblich erhöht hatten.)

4) Der von der ČSFR-Regierung angegebene innenpolitische Druck scheint auch nach Aussagen der Botschaft Prag ein vorgeschobener Grund zu sein. Das Thema der Entschädigung der NS-Opfer ist in der ČSFR erheblich weniger virulent als in Polen. Der Verband der ehemaligen Zwangsarbeiter in der TSE hat angeregt, über eine Wiedergutmachung nach der Ratifizierung des Vertrags nachzudenken.

5) Im Nachbarschaftsvertrag wird die Frage der Entschädigung für NS-Opfer nicht berührt. Der Vertrag weist in die Zukunft. Die Bereinigung eines Problems der Vergangenheit nachträglich zur Voraussetzung seiner Gültigkeit zu erklären, widerspricht dem Geist des Vertrages.

6) Es wird vorgeschlagen, dass StS Kastrup den Botschafter der ČSFR einbestellt und ihm unsere Linie wie folgt darlegt:

- Zur Frage der Entschädigung der NS-Opfer sind wir gesprächsbereit[17]. Die ČSFR ist nach der Ablehnung unserer Vorschläge von alternativen Projekten (Autobahn, Pipeline) und der Anregung des BK, es sollten Maßnahmen zugunsten Jugendlicher geprüft werden, mit konkreten Vorschlägen am Zug.
- Die Herstellung eines Junktims zwischen dem Austausch der Ratifikationsurkunden des Nachbarschaftsvertrags und der Entschädigung der NS-Opfer ist nicht akzeptabel. Sie verstößt gegen den Briefwechsel vom 27.2.1992, der Bestandteil des Vertrages ist, in dem beide Seiten erklärten, dass der Vertrag sich nicht mit Vermögensfragen befasst. Hierin könnte ein Verstoß gegen Artikel 18 des Wiener Übereinkommens über das Recht der Verträge[18] gesehen werden. Danach ist die ČSFR verpflichtet, sich nach der Unterzeichnung des Vertrags aller Handlungen zu enthalten, die seinem Ziel und Zweck zuwiderlaufen.

Fortsetzung Fußnote von Seite 1089

13 Dieser Satz wurde von StS Kastrup hervorgehoben. Dazu vermerkte er handschriftlich: „Das ist immer meine Auffassung gewesen."

14 Zum Besuch des polnischen MP Bielecki am 16./17. Juni 1991 in der Bundesrepublik vgl. AAPD 1991, I, Dok. 202.

15 Für den deutsch-polnischen Vertrag vom 17. Juni 1991 über gute Nachbarschaft und freundschaftliche Zusammenarbeit vgl. BGBl. 1991, II, S. 1315–1327.

16 Zu den Wahlen zum polnischen Parlament vgl. Dok. 228, Anm. 8.

17 Die Wörter „sind wir gesprächsbereit" wurden von StS Kastrup gestrichen. Dafür fügte er handschriftlich ein: „ist der ČSFR unsere Haltung seit langem bekannt."

18 Für Artikel 18 des Wiener Übereinkommens vom 23. Mai 1969 über das Recht der Verträge vgl. BGBl. 1985, II, S. 933f.

- Es entstünde sonst die Gefahr, dass auch auf deutscher Seite Nachbesserungen, vor allem im Bereich der Vermögensansprüche der Sudetendeutschen, verlangt werden könnten.[19]
- Wenn der Nachbarschaftsvertrag vor der Auflösung der ČSFR in Kraft tritt, wachsen die sich aus ihm ergebenden Rechte und Pflichten den Nachfolgestaaten zu. Sollte es nicht zum Austausch der Ratifikationsurkunden kommen, müsste das Ratifikationsverfahren in den Nachfolgestaaten der ČSFR und möglicherweise auch in Deutschland nachgeholt bzw. wiederholt werden. Es ist nicht auszuschließen, dass das gesamte Vertragswerk dabei infrage gestellt werden könnte oder in Teilen neu verhandelt werden müsste. In beiderseitigem Interesse sollte eine solche Entwicklung unbedingt vermieden werden.
- Wir erwarten daher, dass die Föderalregierung der ČSFR die Voraussetzungen schafft, um den von allen beteiligten Volksvertretungen gebilligten Vertrag kurzfristig in Kraft treten zu lassen.[20]

Referat 501 hat mitgewirkt.

Brümmer

B 42, ZA-Bd. 156433

272

Vorlage des Vortragenden Legationsrats I. Klasse Barth für Bundesminister Kinkel

412-401.00 **1. September 1992**[1]

Über Dg 41, D 4 i. V.[2], Herrn Staatssekretär[3] Herrn Bundesminister[4]

Betr.: Einfluss der Dollarkursentwicklung auf das Europäische Währungssystem (EWS)

Bezug: Mündliche Weisung von Herrn Staatssekretär

Anlg.: 1

Zweck der Vorlage: Zur Unterrichtung

19 Dieser Satz wurde von StS Kastrup gestrichen.

20 Im Gespräch mit StS Kastrup am 7. September 1992 erklärte der tschechoslowakische Botschafter Gruša: „Man wolle eine Neu- oder Nachverhandlung des Vertrages unbedingt vermeiden, wie sie von gewissen nationalistischen Kreisen betrieben werde. [...] Der Vertrag müsse so schnell wie möglich in Kraft treten." Dem stimmte Kastrup zu und führte aus, „dass die genannten Kreise in Prag gegen ihre eigenen Interessen handelten". Vgl. den Gesprächsvermerk; B 42, ZA-Bd. 156433.
Der deutsch-tschechoslowakische Vertrag vom 27. Februar 1992 über gute Nachbarschaft und freundschaftliche Zusammenarbeit trat mit dem Austausch der Ratifikationsurkunden am 14. September 1992 in Kraft. Vgl. die Bekanntmachung vom 30. September 1992; BGBl. 1992, II, S. 1099.

1 Die Vorlage wurde von LR I Ganter konzipiert.

2 Hat, auch in Vertretung des MD Dieckmann, MDg von Kyaw am 1. September 1992 vorgelegen, der handschriftlich vermerkte: „Die – unvermeidlich lange – Aufzeichnung gibt einen guten Einblick in die dem EWS im Falle eines Scheiterns von Maastricht nach dem 20. September drohenden Verwerfungen!"

3 Hat StS Lautenschlager am 2. September 1992 vorgelegen, der handschriftlich für BM Kinkel zur Bemerkung von MDg von Kyaw vermerkte: „Hierauf hat auch der dänische Außenminister in dem Gespräch mit Ihnen hingewiesen!"

Hiermit wird eine Ausarbeitung des Referats über die Zusammenhänge zwischen der jüngsten Dollarkursentwicklung und den aktuellen Spannungen im EWS vorgelegt.

Barth

[Anlage]

Zinssätze, Wechselkurse und das Europäische Währungssystem
– Erläuterungen zu den aktuellen Vorgängen –

I. (Kurzfassung)

In den letzten Tagen hat der Dollar gegenüber der DM einen absoluten Tiefststand von unter 1,40 DM erreicht. Auch das britische Pfund und die italienische Lira leiden an anhaltender Schwäche. Die Gründe für die Talfahrt können sowohl realwirtschaftlich als auch – die andere Seite der Medaille – monetär erklärt werden.

Starke Verschiebungen des Wechselkurses einer bedeutenden Drittwährung zu einer einzelnen wichtigen Währung im EWS erzeugen zwangsläufig Spannungen innerhalb dieses Systems, weil die relative Stärke dieser Währung, z.B. der DM, auch gegenüber den EWS-Partnerwährungen zu Kursverschiebungen führt. Im Extremfall reicht dann das im EWS-Verbund vereinbarte Wechselkursband nicht mehr aus: Die schwächsten Währungen geraten an ihren „unteren Interventionspunkt". Sie müssen dann gestützt werden, wenn die Partnerregierungen es nicht vorziehen bzw. auf die Dauer dazu gezwungen werden, in einem „Realignment" die Kursrelationen im EWS neu zu ordnen oder mit geldpolitischen Mitteln (Leitzinssätze) gegenzusteuern.

II. Die realwirtschaftliche Seite

1) Die Wirtschaftslage in den USA

Der Übergang von der Rezession zu einem nachhaltigen Aufschwung ist noch nicht gelungen. Im zweiten Vierteljahr 1992 betrug das jährliche Wirtschaftswachstum lediglich 1,5 %. Das Handelsbilanzdefizit hat sich weiter erhöht. In den ersten fünf Monaten dieses Jahres belief es sich auf 29 Mrd. Dollar, davon 7 Mrd. Dollar allein im Mai. Ein Handelsbilanzdefizit, also ein Überschuss an Einfuhren, muss in der Regel in ausländischer Währung bezahlt werden. Die Überschussnachfrage nach ausländischer Währung lässt deren Wert steigen und den der eigenen Währung (Dollar) fallen. Dies gilt auf die Dauer auch in dem Ausnahmefall der USA, die zumindest einen Teil ihrer Importe auch mit eigener Währung bezahlen können.

2) Die Wirtschaftslage in GB

Auch in GB haben sich die Aussichten auf eine konjunkturelle Erholung nicht verbessert. Auftragseingänge und Produktion sind auch im zweiten Quartal zurückgegangen. Damit erstreckt sich die Rezession jetzt über acht Quartale. Das Defizit in der Handelsbilanz belief sich im ersten Halbjahr 1992 auf 6,2 Mrd. Pfund. Während die Importe spürbar an-

Fortsetzung Fußnote von Seite 1091

4 Hat BM Kinkel am 3. September 1992 vorgelegen.
Hat OAR Salzwedel am 3. September 1992 vorgelegen, der den Rücklauf über das Büro Staatssekretäre, „D 4 i. V." und MDg von Kyaw an Referat 412 verfügte.
Hat VLR I Reiche am 4. September 1992 vorgelegen.
Hat, auch in Vertretung des MD Dieckmann, Kyaw am 4. September 1992 erneut vorgelegen.
Hat VLR I Barth erneut vorgelegen.

stiegen, blieben die Exporte relativ niedrig. Beim gegebenen Pfund-Kurs ist also die britische Wirtschaft auf dem Weltmarkt nicht ausreichend wettbewerbsfähig.

3) Die Wirtschaftslage in Italien

Der leichte Erholungsprozess des ersten Quartals 1992 ist wieder ins Stocken geraten. Mit einer deutlichen Belebung der wirtschaftlichen Aktivität wird erst 1993 gerechnet. Das Defizit in der Handelsbilanz erreichte in den ersten fünf Monaten 1992 12,6 Bio. Lire. Das Staatsdefizit ist 1991 auf den Rekordwert von 152 Bio. Lire (200 Mrd. DM) gestiegen.

4) Die Wirtschaftslage in Deutschland

Nach dem kräftigen Anstieg im ersten Jahresviertel hat sich die gesamtwirtschaftliche Wertschöpfung im zweiten Quartal dieses Jahres deutlich abgeschwächt. Das reale BIP unterschritt das Ergebnis des Vorquartals um 1 %. Die reale Warenausfuhr ist im zweiten Quartal 1992 saisonbereinigt deutlich zurückgegangen. Damit ist der seit Mitte des Vorjahres andauernde Exportaufschwung ebenso abrupt beendet worden, wie er begonnen hatte. Der Preisindex für die Lebenshaltung lag im August um 3,5 % über dem des entsprechenden Vorjahresmonats.

III. Die monetäre Seite

In den USA ist die Zentralbank schon seit dem Herbst 1990 bemüht, die binnenwirtschaftliche Nachfrage durch fortgesetzte Zinssenkungen anzuregen. Die Geldmarktzinsen sind innerhalb von zwei Jahren um fünf Prozentpunkte zurückgegangen. Mit nunmehr 3 % liegt der Diskontsatz auf dem niedrigsten Stand seit 1963. Die Geldmenge (in enger Abgrenzung) expandiert schon seit dem Frühjahr 1991 kräftig.

In der geldpolitischen Ausrichtung bestehen ausgeprägte Unterschiede zwischen den Industrieländern. Die Deutsche Bundesbank betreibt wegen interner Gefährdungen der Preisniveaustabilität eine restriktive Geldpolitik (Diskontsatz seit 17.7.92 8,75 %[5]; 1. Hj. 88 noch 2,5 %!). Andere westeuropäische Zentralbanken sehen sich deshalb gezwungen, auch ihrerseits an höheren als binnenwirtschaftlich angezeigten Zinssätzen festzuhalten, um eine Kapitalabwanderung nach Deutschland zu verhindern. Gegenwärtig ist ferner zu berücksichtigen, dass die Kapitalanleger von einer dauerhaften Divergenz zwischen der vergleichsweise expansiven amerikanischen Geldpolitik und dem energischen Restriktionskurs der Bundesbank ausgehen. Eine Senkung der Leitzinsen in Deutschland, die anderen westeuropäischen Zentralbanken einen Spielraum für eine spürbare Lockerung der Geldpolitik gäbe, wird in der Tat wohl erst erfolgen, wenn die Bundesbank die Inflationsgefahren deutlich geringer einschätzt als gegenwärtig.

Als Folge dieser Situation liegen die Zinsen für deutsche dreimonatige Verbindlichkeiten am Euro-Markt um gut sechs Prozentpunkte über den Renditen vergleichbarer US-Papiere. Die Nachfrage internationaler Kapitalanleger nach DM (zur Anlage in auf DM lautende Wertpapiere) führt zu einem Steigen des Preises, also des Wechselkurses, der DM gegenüber anderen Währungen.

IV. Seit es keine festen Wechselkurse mehr gibt, hat die Bedeutung von sogenannten Referenzraten zugenommen, deren wichtigste die von Dollar und DM ist. Die DM/Dollar-Rate hat sich in der Vergangenheit als überaus reagibel erwiesen. Die Bundesbank hat diese Fluktuationen stets aufmerksam beobachtet und versucht, die größten Kursausschläge

5 Zur Erhöhung des Diskontsatzes vgl. Dok. 229, Anm. 27.

zu mildern. Begründet wird diese Wechselkurspolitik mit den weitreichenden Folgen, die sich sonst für die Entwicklung in unserer offenen Volkswirtschaft ergeben können:

- Massive Abwertungen der DM führen zu einem beträchtlichen Inflationsimpuls über importierte Güter, die in der aufgewerteten Partnerwährung fakturiert und damit teurer werden (Verschlechterung der Terms of Trade).
- Massive Aufwertungen der DM beeinträchtigen die deutsche Wettbewerbsposition auf den Weltmärkten, weil deutsche Güter bei gleichbleibendem Inlandspreis in der dann schwächeren ausländischen Währung teurer werden.

Besonders gefährlich sind beide Kursvariationen selbst bei nur beschränkter zeitlicher Dauer wegen der Rigidität einmal ausgelöster Anpassungsprozesse. Ein bereits eroberter Exportmarkt kann nicht kurzfristig aufgegeben werden; fällt aber die Entscheidung zum (zwangsweisen) Rückzug, ist er später meist nur sehr schwer wiederzugewinnen.

V. Spannungen innerhalb des EWS können u. a. dadurch ausgelöst werden, dass Zuflüsse von kurzfristigem Kapital (in Dollar), das eine Anlage in europäischen Währungen sucht, oder umgekehrt Abflüsse von Dollar-Anlagen die verschiedenen europäischen Währungen nicht in gleichem Maße betreffen. Im Allgemeinen wird hierbei die DM bevorzugt, und sei es nur deswegen, weil es in New York einen aktiven Markt für diese Währung gibt. Investoren, die aus dem Dollar gehen, um in Europa zu investieren, beschränken sich häufig auf die Anlage in einer europäischen Währung. Davon hat die vergleichsweise wertstabile DM etwa gegenüber Franc und Lira profitiert. Die DM ist daher schon zu „normalen“ Zeiten potenziell eine „Aufwertungswährung“.

Die relative Stärke der deutschen Währung erhöht nun zusätzlich den Abwertungsdruck auf die übrigen EWS-Währungen. Vor allem die Lira rutschte bis nahe an den unteren Interventionspunkt ihres Zielkorridors im EWS ab. Auch dem Pfund, dem Franc, der Peseta und dem Escudo machte die von der Dollarschwäche ausgelöste Kursfestigung der DM zu schaffen. Eine Fortdauer der Dollarschwäche kann den Druck auf die europäischen Währungen verstärken und der Spekulation um Zinserhöhungen in unseren EWS-Partnerländern oder ein Realignment (Neufestsetzung der Leitkurse im EWS) weiteren Auftrieb geben.

VI. Der Wechselkurs- und Interventionsmechanismus des EWS verpflichtet die teilnehmenden Notenbanken, die vereinbarten bilateralen Leitkurse innerhalb der geltenden Schwankungsmargen zu verteidigen.

Mit solchen Interventionen müssen die Zentralbanken immer dann in das Marktgeschehen eingreifen, wenn ihre Währungen gegenüber einer Partnerwährung den oberen bzw. unteren Interventionspunkt erreichen. Diese „obligatorischen“ Interventionen werden grundsätzlich in Teilnehmerwährungen vorgenommen. Dabei kauft die Zentralbank der starken Währung an ihrem Markt die ihr angebotene schwache Währung, während die Notenbank der Währung, die am unteren Interventionspunkt notiert, die nachgefragte starke Währung an ihrem heimischen Devisenmarkt verkauft. Der Anstoß zu obligatorischen Interventionen geht dabei also nicht von den Notenbanken, sondern vom Markt aus. Dagegen ergreifen z. B. europäische Zentralbanken die Initiative zur Stützung einer Drittwährung wie des Dollars von sich aus oder aufgrund von Absprachen, z. B. im Kreis der G7.

Erfahrungsgemäß kommen Interventionen als Mittel der Wechselkursstabilisierung nur jeweils als erste, kurzfristige Maßnahme in Betracht, mit der Notenbanken reagieren, wenn ihre Währungen unter Kursdruck stehen oder zu geraten drohen. (In der vergangenen Woche haben die europäischen Zentralbanken daher offenbar nur an einzelnen Tagen und mit begrenzten Mitteln zugunsten des Dollar interveniert.) Abgesehen davon, dass solche Interventionen auf die Dauer außerordentlich teuer werden, lassen sich dauerhafte und zuverlässige Wirkungen in aller Regel nur erzielen, wenn der Wille zur Verteidigung eines bestimmten Leitkurses auch auf andere Weise nachdrücklich zur Geltung gebracht wird. Dabei steht die Geldpolitik im Vordergrund. Diese bedient sich zur Grobsteuerung insbesondere des Instruments der Leitzinsänderung (Lombardsatz, Diskontsatz).

Der Geldpolitik kommt bei der Wechselkurssteuerung auch deshalb zentrale Bedeutung zu, weil Interventionen in der Regel beträchtliche Liquiditätswirkungen haben. Diese betreffen normalerweise nicht nur die Geldversorgung in demjenigen Land, dessen Wechselkurs unter Druck steht, sondern wirken gleichzeitig auch auf die monetäre Situation des Landes zurück, dessen Währung zur Kursstützung verwendet wird. Die Kursstützung des Dollar durch die Bundesbank beispielsweise bewirkt nämlich eine monetäre Expansion in Deutschland, die eine Gefahr für das hiesige Preisniveau darstellt. Durch die Veränderung der Geldmenge hat es aber jede Notenbank in der Hand, den nominellen Kurs der eigenen Währung zu beeinflussen. Wächst beispielsweise die Geldmenge in den USA schneller als in Deutschland, dann muss unter sonst unveränderten Bedingungen der Dollar gegenüber der DM an Wert verlieren. Vor diesem Hintergrund wird klar, dass Interventionspolitik immer nur Symptomtherapie sein kann. Daraus ergibt sich: Interventionspolitik ist kein Ersatz für Stabilitätspolitik.

VII. Abgesehen von der kurzfristig gegebenen Möglichkeit von Interventionen auf den Devisenmärkten, spitzt sich also bei anhaltendem Dollar-Zustrom die Alternative im EWS sehr rasch auf zwei Optionen zu:

- Realignment im EWS, d. h. Verschiebung der Leitkurse und der Korridore, innerhalb derer sich die einzelnen Wechselkursrelationen im Währungsmechanismus je nach Marktlage frei bewegen dürfen, nach oben oder unten in dem Umfang, dass auf absehbare Zeit nicht mehr damit gerechnet werden muss, dass neue Interventionen erforderlich werden. (Eine Auf- oder Abwertung im klassischen Sinne findet im EWS nicht statt, denn hier gibt es ja keine festen Kursrelationen wie im alten Bretton-Woods-System; vielmehr schafft ein Realignment durch Verschieben der „Kurskorridore“ lediglich die Möglichkeit zu einer neuen Kursbildung entsprechend den Marktkräften.)
- Erhöhung der Liquidität durch Zinssenkung im Land mit der starken Währung (hier: Deutschland), Einengung der Liquidität durch Zinsanhebung in den Ländern mit den schwachen Währungen (z. B. Italien, GB, Frankreich).

Nun fand das letzte Realignment im EWS vor nicht weniger als fünf Jahren (am 12.1.1987) statt.[6] Für die Väter der Europäischen Wirtschafts- und Währungsunion (EWWU) war diese Stabilität im EWS der Beweis für den erreichten Grad wirtschaftlicher Konvergenz in der EG und ein wichtiger Baustein des Fundaments, auf dem das Vertragswerk von Maastricht errichtet werden konnte. Würde diese Stabilität kurz vor Abschluss des Rati-

6 Am 12. Januar 1987 wurde eine Anpassung der Währungsparitäten innerhalb des EWS vorgenommen. Dabei wurde die DM u. a. um jeweils 3% gegenüber dem französischen Franc, der italienischen Lira sowie der dänischen Krone aufgewertet. Vgl. MONATSBERICHTE DER DEUTSCHEN BUNDESBANK JANUAR 1987; https://www.bundesbank.de/resource/blob/691132/bef3e65d02418327c095bef8ee74d5c4/mL/1987-01-monatsbericht-data.pdf, S. 15 f. Vgl. ferner BULLETIN DER EG 1/1987, S. 20 f.

fikationsprozesses durch ein Wechselkursrevirement im EWS sinnfällig infrage gestellt, so müsste dies vor allem in Frankreich so kurz vor dem Referendum (20.9.)[7], aber nicht zuletzt auch bei uns, die Gegner der EWWU auf den Plan rufen.

Der EG-Währungsausschuss (Zentralbankpräsidenten und Finanz-Staatssekretäre) hat deshalb am 28.8. ein Realignment zu diesem Zeitpunkt eindeutig ausgeschlossen.[8]

Scheidet aber das Währungsinstrument aus politischen Gründen aus, so bleibt nur die Option, den Spannungen im europäischen Währungsgefüge mit der Zinspolitik zu begegnen. In der Tat ist zu befürchten, dass in einigen Ländern konjunkturbelastende Zinserhöhungen zur Stützung der heimischen Währung unumgänglich werden könnten. Eine Verschlechterung des Zinsumfeldes wäre aber vor allem in Frankreich politisch kaum weniger schädlich als eine „Abwertung" im Rahmen des EWS. Sie könnte das ohnehin größer werdende Lager der Ablehnungsfront gegen Maastricht gerade über die kritische Schwelle hinaus verstärken. Ein „Nein" der Franzosen zu Maastricht wäre sehr wahrscheinlich mit einer weiteren Stärkung der DM verbunden, da diese dann als Anker- und Fluchtwährung weiter starker Nachfrage in Europa unterläge.

Bei uns scheitert eine Senkung der Leitzinssätze vorerst weiter am Widerstand der Bundesbank, für die das Stabilitätsziel höchste Priorität hat. Europapolitisch wäre indessen ein geldpolitisches Signal an die USA und unsere EG-Partner wahrscheinlich ein nicht zu teuer bezahlter Befreiungsschlag, und gesamtpolitisch wäre ein solcher Sprung über den eigenen Schatten vermutlich das geringste aller denkbaren Übel.

VIII. Ausblick

Nach der Errichtung der EWWU mit einer einheitlichen Währung werden Wechselkursänderungen innerhalb der EWWU weder erforderlich noch möglich sein. Dollarkursänderungen zum ECU werden dann keine geld- oder währungspolitischen Spannungen wie im EWS mehr auslösen können. Spannungen und Diskrepanzen zwischen den Mitgliedstaaten können sich nur noch im realwirtschaftlichen Bereich ergeben und müssen dort gelöst werden, z. B. durch Ressourcentransfer in Regionen mit geringerem Wachstum. Im Außenverhältnis wird das Gleichgewicht über den frei floatenden Wechselkurs des ECU hergestellt.

Solange aber noch unterschiedliche Währungen in der Gemeinschaft bestehen, bleibt das europäische Währungsgefüge auch anfällig für Erschütterungen von innen und außen. Eine nicht ungefährliche Belastungs- und Bewährungsprobe würde z. B. bei einem negativen Ausgang des Maastricht-Referendums in Frankreich auf das EWS zukommen. Die schwindende Aussicht auf eine starke gemeinsame Währung könnte in denjenigen Mitgliedstaaten des Systems, deren Währung gegenüber der DM verhältnismäßig schwach ist, eine starke Nachfrage nach der DM als „safe haven" auslösen. Die Kursdifferenzen im EWS würden dann rasch so stark werden, dass ein fundamentales Realignment auch nicht mehr mit den Mitteln der Zinspolitik abgewendet werden könnte. Möglicherweise würde ein einziges Realignment gar nicht ausreichen, um die Währungsbeziehungen zwischen den Mitgliedern des Systems unter der neuen, von der Unsicherheit der Anleger gekennzeichneten Lage wieder in Ordnung zu bringen. Das Ergebnis wäre voraussichtlich eine säkulare Überbewertung der DM ähnlich der des Dollars in den vergangenen Jahrzehnten, mit schmerzhaften Folgen für die Wettbewerbsfähigkeit der deutschen Exportwirtschaft.

7 Zum Referendum in Frankreich über das Vertragswerk von Maastricht vgl. Dok. 293 und Dok. 300.

8 Am 13. September 1992 fand eine Wechselkursanpassung im EWS statt. Vgl. Dok. 283.

Was das Schicksal des EWS bei einem Scheitern des französischen Referendums angeht, so sind manche Beobachter der Meinung, dass die zu erwartenden Spannungen im europäischen Währungsgefüge so stark sein werden, dass sie das EWS letztlich sprengen könnten. Europa würde dann, wie die übrige Welt auch, zu freien Wechselkursen zurückkehren. Selbst wenn man diesen Pessimismus nicht teilt, wird man jedenfalls davon ausgehen müssen, dass die Situation des EWS vor 1987 mit mehr oder weniger regelmäßigen Kursanpassungen das bestmögliche Resultat sein dürfte, das bei einem Scheitern des Referendums für die nächsten Jahre in Europa auf dem Währungsgebiet noch erreichbar sein wird.

B 52, ZA-Bd. 173699

273

Vorlage der Vortragenden Legationsrätin I. Klasse Gräfin Strachwitz für Bundesminister Kinkel

322-320.20 Allg. **3. September 1992**

Über Herrn Dg 32[1], Herrn D 3[2], Herrn Staatssekretär[3] Herrn Bundesminister[4]

Betr.: Deutsche Afrika-Politik;
hier: Verstärktes Engagement Deutschlands bei der Lösung innerafrikanischer Konflikte

Anlg.: 1[5]

Zweck der Vorlage: Unterrichtung und Bitte um Zustimmung zu Ziffer 2 Absatz 3

1) Deutschland hat als Folge der Wiedervereinigung auch in Afrika erheblich an politischem Gewicht gewonnen. Man erwartet, dass wir jetzt – wie in Europa – auch in Afrika eine stärkere Rolle übernehmen.

Dabei geht es weniger um unsere entwicklungspolitsche Zusammenarbeit mit den Staaten Schwarzafrikas. Hier hat Deutschland schon immer eine hervorragende Rolle gespielt,

1 Hat MDg Sulimma am 4. September 1992 vorgelegen.

2 Hat MD Schlagintweit am 4. September 1992 vorgelegen.

3 Hat StS Kastrup am 8. September 1992 vorgelegen, der handschriftlich vermerkte: „Wir sollten für nächstes Jahr eine Botschafterkonferenz Afrika ins Auge fassen, um konzeptionelle Vorstellungen im Sinne dieser Aufzeichnung zu entwickeln."

4 Hat BM Kinkel vorgelegen, der zur Bemerkung von StS Kastrup handschriftlich vermerkte: „Ja."
Hat OAR Salzwedel am 9. September 1992 vorgelegen, der den Rücklauf über das Büro Staatssekretäre, MD Schlagintweit und MDg Sulimma an Referat 322 verfügte.
Hat VLR I Reiche am 9. September 1992 vorgelegen.
Hat Schlagintweit erneut vorgelegen.
Hat Sulimma am 10. September 1992 erneut vorgelegen.
Hat VLRin I Gräfin Strachwitz am 10. September 1992 erneut vorgelegen.

5 Dem Vorgang nicht beigefügt.

und die afrikanischen Regierungen verstehen sehr wohl, dass die Kosten der deutschen Vereinigung und unser Engagement in Osteuropa derzeit eine Erhöhung unserer ohnehin vergleichsweise hohen Entwicklungsleistungen nicht zulassen. Dies schließt nicht aus, dass in Zukunft auch in diesem Bereich noch mehr von uns erhofft wird. Unsere Hinweise auf eine mögliche „Friedensdividende" sind nicht vergessen.

Jetzt erwarten die Afrikaner von uns ein stärkeres politisches Engagement auf dem afrikanischen Kontinent als bisher. Richteten sich Bitten auf Mitwirkung an Versöhnungsprozessen bei inneren oder äußeren afrikanischen Konflikten durch Übernahme von Beobachter- oder Vermittlungsaufgaben bisher ganz überwiegend an die einstigen Kolonialmächte oder an die USA und vor ihrem Zusammenbruch auch an die UdSSR, so werden derartige Bitten jetzt zunehmend auch an uns herangetragen. In Afrika gilt Deutschland, das anders als Großbritannien, Frankreich oder Belgien nur eine marginale koloniale Rolle auf dem afrikanischen Kontinent gespielt hat, als besonders verlässlicher, durch koloniale Vergangenheit nicht geprägter oder belasteter westlicher Partner. Afrikanische Regierungen und Oppositionen halten uns deswegen für eine Neutralität voraussetzende Beobachterrolle für besonders geeignet. Auch ist man überzeugt, dass Deutschland einen entscheidenden Einfluss auf die Haltung der übrigen Europäer hat.

2) Im inneräthiopischen Bemühen um friedliche Lösungen der bestehenden tiefgreifenden ethnischen Konflikte[6] sind wir im August dieses Jahres vom Präsidenten der äthiopischen Übergangsregierung[7] und von der Führung der bewaffneten Opposition gebeten worden, gemeinsam mit den USA, Großbritannien, Kanada und Schweden eine sog. Kontaktgruppe der westlichen Botschafter zu bilden. Diese Botschaftergruppe hat die Aufgabe übernommen, zwischen der Übergangsregierung und der Opposition Kontakte zu etablieren und beide Seiten zu beraten. Wir haben diese Einladung angenommen und unseren Botschafter in Addis Abeba[8] beauftragt, in dieser Kontaktgruppe nach Kräften mitzuwirken.

Die Regierung Ruandas und die bewaffnete ruandische Opposition haben sich bei ihren kürzlichen Gesprächen über friedliche Lösungen des Bürgerkriegs in Ruanda[9] darauf

6 Referat 322 vermerkte am 19. August 1992, nach dem Ende des äthiopischen Bürgerkriegs im Mai 1991 habe zum einen der Prozess einer Abspaltung der Nordprovinz Eritrea von Äthiopien begonnen. Zum anderen bestehe ein Konflikt zwischen der Ethiopian People's Revolutionary Democratic Front (EPRDF) und der Oromo Liberation Front (OLF), der den von Präsident Meles Zenawi eingeleiteten Demokratisierungsprozess erschwere. Es gebe gewaltsame ethnische Auseinandersetzungen im Osten, Süden und Westen sowie Bandenüberfälle auf internationale Hilfsgüter. Ein für April 1993 anberaumtes Referendum in Eritrea werde aller Wahrscheinlichkeit nach ein klares Votum für die Unabhängigkeit ergeben. Vgl. B 34, ZA-Bd. 153584.

7 Meles Zenawi.

8 Horst Winkelmann.

9 VLRin I Gräfin Strachwitz vermerkte am 24. August 1992, der ruandische Präsident Habyarimana führe einen für Afrika beispielhaften Demokratisierungsprozess durch: „Ruanda ist es gelungen, die Grundlagen für eine endgültige politische Lösung des im Oktober 1990 ausgebrochenen bewaffneten Konflikts zwischen Regierung und den Rebellen der ‚Front Patriotique Rwandais' (FPR) zu schaffen. Nach einem Waffenstillstandsabkommen im Juli 1992 wurde am 18. August 1992 ein Abkommen zur Beendigung der ersten Phase der politischen Verhandlungen mit dem Ziel eines Friedensvertrages zwischen den beiden Parteien abgeschlossen. Dieses Abkommen enthält die Verpflichtung, in Ruanda ein demokratisches politisches System nach westlichem Vorbild aufzubauen, die Menschenrechte zu achten sowie für die Repatriierung der ruandischen Flüchtlinge Sorge zu tragen." Vgl. B 34, ZA-Bd. 153642.

geeinigt, neben Frankreich, Belgien und den USA auch Deutschland einzuladen, als Beobachter an den bevorstehenden langwierigen Verhandlungen zum Friedensprozess in diesem Land teilzunehmen.

Neben der Übernahme der Beobachterfunktion im Ruanda-Konflikt wird von uns auch erwartet, dass wir uns an den Sachleistungen für eine gemischte militärische Waffenstillstands-Beobachtermission beteiligen, die unter Leitung der Organisation für Afrikanische Einheit (OAE) eingerichtet wird. Wir werden für einen Betrag von DM 300 000,-- 16 gebrauchte Jeeps „Iltis“ aus Bundeswehrbeständen zur Verfügung stellen.

Ich bitte um Zustimmung, dass wir die von uns erbetene Rolle eines politischen Beobachters am ruandischen Friedensprozess übernehmen.[10]

3) In anderen Fällen, wie bei den Verhandlungen über eine Friedensregelung in Mosambik[11], haben wir auf eine vorsichtige Anfrage des Erzbischofs von Beira[12], ob wir bereit wären, eine Vermittlerrolle zu übernehmen, zurückhaltend reagiert. Da Italien hier bereits eine aktive Rolle spielte, sahen wir für uns keinen eigenständigen zusätzlichen Beitrag.

Auf eine ähnliche Sondierung des Premierministers von Niger[13] im Tuareg-Konflikt[14] sind wir nicht eingegangen, weil Frankreich und Algerien diese Rolle bereits übernommen haben. Im Übrigen war die gegen Frankreich gerichtete Tendenz des Vorschlags unübersehbar.

4) Eine deutsche Teilnahme an friedensfördernden Vermittlungsaufgaben entspricht nicht nur unserer Selbstverpflichtung zur Übernahme von mehr Verantwortung. Sie ist auch eine willkommene Möglichkeit, gemeinsam mit unseren westlichen Partnern in Afrika politisch zu handeln. Eine aktive Mitwirkung Deutschlands an Friedensbemühungen in Afrika ist eine außenpolitische Aufgabe, der wir uns stellen sollten. Dies gibt uns Gelegenheit, deutlich zu machen, dass wir nicht nur der hochgeschätzte Partner bei Entwicklungsaufgaben oder im humanitären Bereich sein wollen, sondern bereit sind, auch politische Aufgaben verstärkt zu übernehmen. Im Übrigen erfordert dies keineswegs stets eine Verstärkung unserer personellen Ausstattung an den Auslandsvertretungen oder in der Zentrale.

10 Dieser Satz sowie die Wörter „Rolle eines politischen Beobachters“ wurden von StS Kastrup hervorgehoben.
VLRin I Gräfin Strachwitz vermerkte am 13. November 1992 ergänzend, bislang beschränke sich die Rolle der Bundesrepublik beim Friedensprozess in Ruanda auf die „rein politischen Aspekte der Verhandlungen. Großes Gewicht haben jedoch auch die Beratungen über militärische Fachfragen (Truppenentflechtung, Einrichtung von Korridoren, Ausdünnung von punktuellen Truppenkonzentrationen entlang der Frontlinie etc.).“ Strachwitz schlug vor, nunmehr auch einen Experten aus dem Bereich des BMVg zur Teilnahme an militärischen Beratungen zu entsenden. Vgl. B 34, ZA-Bd. 153644.

11 Zum Friedensprozess in Mosambik vgl. Dok. 322.

12 Jaime Pedro Gonçalves.

13 Amadou Cheiffou.

14 Im Politischen Halbjahresbericht Niger mit Stand vom 1. Juli 1992, der mit SB Nr. 335 der Botschaft Niamey vom 29. Juni 1992 übermittelt wurde, hieß es zu den Aufständen der Tuareg: „Politisch geht es um mehr Selbstbestimmung und mehr Zugang zu Lebenschancen [...]. Sozial geht es um die gerechtere Allokation von Ressourcen, also um die Verbesserung der Lebensbedingungen von nomadischen Völkern [...]. Gesellschaftlich geht es um das Modernitätsproblem, wie Gruppen mit autochthoner Lebensweise und entsprechenden traditionellem Sozialgefüge Platz finden in einer sich entwickelnden Gesellschaft.“ Vgl. B 34, ZA-Bd. 159338.

Unsere afrikanischen Partner erwarten von dem vereinigten Deutschland ein entschiedeneres politisches Engagement auch in Afrika. Dies gilt für eine Intensivierung unseres politischen Dialogs ebenso wie für unsere Mitwirkung an Friedensprozessen. Eine baldige Reise des Bundesministers nach Afrika und eine dadurch deutlich werdende Unterstützung unserer diplomatischen Bemühungen um die schwarzafrikanischen Länder wären von großem Wert.[15]

Strachwitz

B 34, ZA-Bd. 157204

274

Vorlage des Vortragenden Legationsrats Steiner für Bundesminister Kinkel

215-350.00/3 **7. September 1992**

Über Herrn D 2[1], Herrn Staatssekretär[2] Herrn Bundesminister[3]

Betr.: „Internationale Konferenz über das ehem. Jugoslawien“[4]; hier: Operative Leitlinie, Umsetzung der Londoner Ergebnisse

Anlg.: Konferenzdokumente von London[5]

Zweck der Vorlage: Zur Unterrichtung und Billigung

1) Zusammenfassung

Die Londoner Konferenz erbrachte zwei Aufgabenkategorien: einmal die längerfristige Aufgabe der Ausarbeitung der letztlichen Lösungen für die verschiedenen Gebiete des ehem. JUG. Hier müssen die Arbeiten durch die Konferenz mit Ausdauer und Beharrlichkeit in

15 BM Kinkel hielt sich vom 17. bis 21. Mai 1993 in der Elfenbeinküste und Ghana auf und leitete vom 18. bis 20. Mai 1993 eine Botschafterkonferenz in Accra. Zur Botschafterkonferenz vgl. AAPD 1993.

1 Hat MD Chrobog am 7. September 1992 vorgelegen.

2 Hat StS Kastrup am 7. September 1992 vorgelegen.

3 Hat BM Kinkel am 8. September 1992 vorgelegen, der handschriftlich vermerkte: „Gute Vorlage! So verfolgen!“
Hat VLR Brose am 8. September 1992 vorgelegen, der den Rücklauf über das Büro Staatssekretäre, MD Chrobog und „Dg 21 i. V.“ an Referat 215 verfügte.
Hat VLR I Reiche am 8. September 1992 vorgelegen.
Hat in Vertretung von Chrobog MDg Klaiber am 9. September 1992 vorgelegen.
Hat Chrobog am 10. September 1992 erneut vorgelegen.
Hat in Vertretung des MDg von Studnitz VLR I Neubert vorgelegen.
Hat VLR Steiner am 11. September 1992 erneut vorgelegen.

4 Zur internationalen Jugoslawien-Konferenz am 26./27. August 1992 vgl. Dok. 269.

5 Dem Vorgang nicht beigefügt.
Für die bei der internationalen Jugoslawien-Konferenz verabschiedeten Dokumente vgl. EUROPA-ARCHIV 1992, D 584–590.

Ruhe durchgeführt werden können. Zum anderen die unmittelbar operativen Maßnahmen zur Verstärkung des Drucks auf die Serben und der humanitären Versorgung der Notleidenden. Diese Maßnahmen, bei denen es auf rasches Vorgehen ankommt, sollten nach Möglichkeit nicht von der etwas schwerfälligen Konferenz selbst, sondern in „Auftragsverwaltung" für diese jeweils von der Organisation durchgeführt werden, die hierfür am besten geeignet ist (Subsidiaritätsprinzip).

Hinsichtlich der einzelnen operativen Punkte ergab die heutige Hausbesprechung unter der Leitung von D 2, dass neben der Frage unserer personellen bzw. logistischen Beteiligung an den verschiedenen Aufgaben vor allem eine Reihe von erheblichen finanziellen Mehraufwendungen auf uns zukommen wird, die wir ohne den Preis eines beträchtlichen politischen Schadens nicht werden vermeiden können. Sie sollten im Kabinett, in Ihren bevorstehenden Gesprächen mit den Parteien und in der Haushaltsdebatte im Bundestag[6] offensiv darauf hinweisen, dass wir bereits in den nächsten Monaten und voraussichtlich für längere Zeit erhebliche Mittel benötigen werden.

2) Im Einzelnen

Die Londoner Konferenz vom 26./27.8.1992 hat ein sehr heterogenes Bündel von Positionsfestlegungen, Forderungen und Beschlüssen erbracht, das sich grob in folgende zwei Kategorien aufteilen lässt, die auf unterschiedlichen Handlungsebenen und Zeitschienen zu realisieren sind:

- einmal die Prinzipien, Verhandlungsaufträge etc., bei denen es um die Ausgestaltung der letztlichen Lösungen in allen ihren Aspekten für die verschiedenen Gebiete des ehem. JUG geht. Realistischerweise wird man sich hier bis zu einer tatsächlichen endgültigen Friedensregelung auf einen größeren Zeitraum einzustellen haben. Daher war auch das gemeinsame Verständnis im Lenkungsausschuss am 3.9.1992 in Genf, dass die Konferenzarbeit solide und langfristig angelegt werden müsse.
- Zum anderen operative Maßnahmen, die, wie etwa die Sanktionssicherung, dazu dienen, den Druck auf die serbische Seite zu verstärken oder, wie etwa die Konvoi-Sicherung, den notleidenden Menschen zu helfen. Bei diesen Maßnahmen kommt es auf möglichst rasches Handeln an, das gerade auch wir hier immer wieder einfordern.

Die Zähigkeit und Ausdauer erfordernde Arbeit im Bereich der erstgenannten „langfristigen Kategorie" sollte von den entsprechenden Arbeitsgruppen der Konferenz in Ruhe durchgeführt werden können. Hier ist zwar eine ständige wachsame Begleitung in der EPZ nötig, damit der Acquis Carringtons erhalten bleibt und die Lösungsmodelle nicht auf eine „schiefe Bahn" geraten. Allerdings könnten hier lfd. kurzfristige Interventionen den Prozess nur stören und die Autorität der Konferenz untergraben.

Hinsichtlich der zweiten, „kurzfristigen Kategorie" ist dagegen zu sehen, dass sich trotz der großen Einsatzbereitschaft von Lord Owen bereits auf der konstituierenden Sitzung des Lenkungsausschusses am 3.9.1992 unser Eindruck bestätigte, dass der Konferenz aufgrund ihrer Teilnehmerzahl und Struktur als nunmehr kooperatives EG-VN-Unternehmen ein gewisses Trägheitsmoment inhärent ist.

Dies legt nahe, operative Maßnahmen, die rasch umgesetzt werden müssen, unter dem Dach der Konferenz und unter deren Koordinierung („Clearing-house"-Funktion), wo dies

6 Die Haushaltsdebatte des Bundestags begann am 8. September 1992. BM Kinkel sprach am 9. September 1992. Vgl. BT Stenographische Berichte, 12. WP, 103. Sitzung, S. 8762–8766.

möglich ist, gleichsam im Wege der Auftragsverwaltung jeweils von der Organisation durchführen zu lassen, die hierfür am besten in der Lage ist. Hier sollte also ein Subsidiaritätsprinzip zur Anwendung kommen, zumal wenn es sich um Maßnahmen handelt, die klar gegen eine Partei (Serbien) gerichtet sind und sich daher kaum für den eher konsensorientierten Beschlussfassungsmodus einer Konferenz eignen, deren Teilnehmer von China bis zu den Niederlanden reichen.

Auf der Basis dieser generellen Leitlinien ergaben sich in der heutigen Hausbesprechung unter Leitung von D 2 bei den wichtigsten operativen Punkten folgende Konsequenzen:

3) Operative Punkte

(1) Sanktionssicherung

Diesen zentralen Aufgabenkomplex sollte die EG im Wege der „Auftragsverwaltung" für die Konferenz übernehmen.

Dabei geht es einmal um ein EG-Lizenzsystem für Warenexporte in die jug. Nachbarstaaten von Serbien/Montenegro (also KRO, MAK, B+H). Hier wurde am 3.9.1992 in Brüssel Einigung über eine entsprechende Verordnung erzielt (Ausfuhr nur bei Vorliegen von Importlizenz und anschließender Ankunftsbestätigung).

Zum andern muss der Transit durch Serbien/Montenegro stärker kontrolliert werden. Auch hierzu wurde in Brüssel am 3.9.1992 Einigung über einen ersten Schritt erzielt (Beschränkung des Warenverkehrs gem. Carnet-TIR[7]-Regime = u. a. Verplombung).

Schließlich soll aufgrund der Berichte der EG-Expertenmissionen in sämtlichen Nachbarstaaten Serbien/Montenegros eine Verstärkung der Sanktionskontrolle durchgeführt werden. Wir sind zur personellen Mitarbeit bei (EG-) Zoll-Monitormissionen in den nichtjugoslawischen Nachbarstaaten Serbien/Montenegros bereit (BMF aufgeschlossen). Dabei empfiehlt sich, diese Zoll-Monitormissionen (an denen wir uns ggf. insbes. mit Zöllnern beteiligen würden) nicht mit den bereits existierenden EG-Monitormissionen zu verquicken, die ein anders geartetes Mandat haben (zur unabdingbaren Verstärkung der personellen dt. Beteiligung auch in diesem Bereich folgt ges. Vorlage).

Operativ: a) Wir müssen zunächst gemeinsam mit BMF, ferner BMI, den evtl. dt. personellen Beitrag (meistens Zöllner, Größenordnung: 50–100 Mann) weiter konkretisieren.

b) Dies wird auch Geld kosten, wobei wir es vorzögen, wenn BMF durch direkte Entsendung auch die Personalkosten tragen würde.

c) Wir verwenden uns im EG-Rahmen dafür, dass zunächst als erster Schritt rasch Missionen zu den „Schwachstellen" Donau/Rumänien und Mazedonien entsandt werden.

d) Sanktionsumgehungen im Transit über Serbien/Montenegro sollten weiter erschwert werden, wofür wir uns ebenfalls im EG-Rahmen einsetzen. Nötigenfalls müssen darüber hinaus die Sanktionen[8] mit neuer SR-Resolution verschärft werden.

(2) Überwachung schwerer Waffen

NATO und WEU haben ihre bisherigen Planungen den VN (und der KSZE) übermittelt. Uns schwebt vor, dass die Überwachung schwerer Waffen durch NATO-Verbündete unter

7 Transports Internationaux Routiers.

8 Vgl. die Resolution Nr. 713 des VN-Sicherheitsrats vom 25. September 1991; RESOLUTIONS AND DECISIONS 1991, S. 42 f. Für den deutschen Wortlaut vgl. EUROPA-ARCHIV 1991, D 550–552.
Vgl. auch die Resolution Nr. 757 des VN-Sicherheitsrats vom 30. Mai 1992; Dok. 159, Anm. 12.

politischer Verantwortung und militärischer Führung der VN durchgeführt werden könnte, wenn diese hierfür mangels ausreichender eigener logistischer Kapazitäten und Expertise einen Bedarf sehen (Arbeitsteilung mit WEU, die die Sicherung humanitärer Hilfskonvois unter VN übernehmen könnte, unten Ziff. 4).

Allerdings besteht hierüber noch kein Konsens in NATO und WEU, zudem ergaben unsere jüngsten Gespräche, dass einige Partner, insbes. auch GB, einer weiteren Involvierung der NATO skeptisch gegenüberstehen und die Behandlung dieser Frage in New York konzentriert sehen wollen, zumal UNPROFOR vor Ort mit der Frage der Notifizierung schwerer Waffen bereits befasst ist.

Operativ: a) Wir sollten so rasch wie möglich unseren evtl. logistischen Beitrag konkretisieren, um zu vermeiden, dass wir – wie im Falle des Golfkriegs – erst unter Druck geraten und dann letztlich mehr leisten müssen. Hier ist zunächst das BMVg gefordert. Unser konkretes logistisches Beitragsangebot wollen wir dann umgehend auch nach außen sichtbar machen.

b) Dennoch werden wir nicht umhinkönnen, auch einen beträchtlichen finanziellen Beitrag zu leisten. Der VN-GS[9] hat deutlich gemacht, dass von den VN (über normalen Beitragsschlüssel) kein Geld zu erwarten ist. Unsere Partner, dies zeichnet sich bereits ab, werden von uns als Ausgleich für unsere personelle Nichtbeteiligung einen höheren finanziellen Anteil einfordern. Sie sollten bei Ihren Gesprächen mit den Parteien, im Bundestag und im Kabinett deutlich machen, dass hier unvermeidlich erhebliche (vorerst aber noch nicht quantifizierbare) Ausgaben auf uns zukommen werden (dies gilt auch für weitere unten genannte Punkte, siehe dort).

(3) Absicherung humanitärer Hilfskonvois

NATO und WEU haben ihre bisherigen Planungen den VN (und der KSZE) übermittelt. Im Wege der Arbeitsteilung könnte die WEU bei der militärischen Eskortierung der humanitären Hilfslieferungen die VN (UNPROFOR) auf deren Wunsch unterstützen, wobei auch hier die politische Verantwortung und militärische Führung bei den VN liegen sollte. Gegen ein derartiges WEU-Engagement gibt es jedoch Widerstand insbes. der USA; GB würde auch hier eine – möglichst ausschließliche – Behandlung in New York vorziehen.

Operativ: a) Wie bei den schweren Waffen sollten wir hier so weit wie möglich unseren evtl. logistischen Beitrag konkretisieren. BMVg hat hierzu inzwischen (noch nicht gebilligte) Vorlage über umfängliche Unterstützungsmaßnahmen erarbeitet. Wir sollten möglichst rasch unser konkretes Unterstützungsangebot sichtbar machen können.

b) Auch hier wird aber darüber hinaus eine erhebliche finanzielle Belastung auf uns zukommen, die Sie gegenüber den Parteien und im Bundestag offensiv ansprechen sollten.

(4) Verbot militärischer Flüge über Bosnien-Herzegowina (B + H)

Bei diesem neuen operativen Punkt wird an ein schrittweises Vorgehen – zunächst Beobachtung der Implementierung, dann ggf. Anprangern des Bruchs der Londoner Vereinbarung, schließlich Sperrung des Luftraums – gedacht. Noch ist nicht klar, in welchem Rahmen diese Maßnahme durchgeführt werden soll. Owen hatte Ihnen gegenüber am 1.9.1992[10] hierzu gesagt, dass evtl. die NATO die Fakten liefern könnte (AWACS?).

9 Boutros Boutros-Ghali.

10 Zum Gespräch zwischen BM Kinkel und dem Ko-Vorsitzenden der Jugoslawien-Konferenz, Lord Owen, vgl. Dok. 266, Anm. 4.

Operativ ist von uns zunächst nichts zu veranlassen, allerdings könnten auch hier von unserer Seite logistische Unterstützung und ein finanzieller Beitrag erforderlich werden.

(5) Menschenrechte/„Register"/Internationaler Strafgerichtshof

Hier kommt es vor allem auf eine Unterstützung des MRK-Sonderberichterstatters Mazowiecki und seiner Empfehlungen vom 28.8.1992[11] an, vor allem Koordinierung der vielfältigen menschenrechtlichen Aktivitäten (dies sollte nach unserer Auffassung durch den Lenkungsausschuss der erweiterten Konferenz geschehen) sowie Schaffung einer Kommission zur Auswertung von konkreten Einzelfällen, in denen Strafverfahren eingeleitet werden sollten. Wir werden auch national Informationen über Menschenrechtsverletzungen sammeln und wollen Mazowiecki die Befragung von Flüchtlingen in Deutschland vorschlagen.

Unsere Forderung nach einem Internationalen Strafgerichtshof[12] fand in der Form Aufnahme in Ziffer 8 des Londoner Hauptdokuments „spezifische Entscheidungen", dass die Ko-Vorsitzenden eine Untersuchung über die Schaffung eines Strafgerichtshofs voranbringen sollen. Wir streben darüber hinaus eine Resolution der kommenden VN-Generalversammlung an, mit der die VN-Völkerrechtskommission beauftragt wird, das Statut eines Internationalen Strafgerichtshofs auszuarbeiten.[13]

Operativ: a) Wir haben BMI, BND und unsere Botschaften um Mitteilungen über Menschenrechtsverletzungen sowie BMI um die Ermöglichung der Befragung durch Mazowiecki gebeten und werden hier weiter auf konkrete Ergebnisse drängen.

b) Wir werden im Kreis der Zwölf vorschlagen, die Mazowiecki-Empfehlung einer Kommission zur Auswertung von Einzelfällen – die also faktisch das „Register" führen würde – zu unterstützen.

c) Was die Ihnen von Owen unterbreitete Idee einer „schwarzen Liste" angeht, so sollten wir wegen der offenbar besonders von der britischen Präsidentschaft[14] befürchteten rechtsstaatlichen Problematik und der Duplizität zu dem Vorschlag Mazowieckis zunächst eine Abstimmung mit diesem und evtl. Konkretisierung seitens der Konferenz abwarten.

d) Hinsichtlich des Int. Strafgerichtshofs werden wir uns im Kreis der Zwölf dafür einsetzen, dass die EG-Missionen in New York jetzt als erstes einen Resolutionsentwurf erarbeiten.

(6) Internierungslager

Mazowiecki hatte in seinem Bericht keinen Zweifel an den grauenhaften Zuständen in den Internierungslagern gelassen. In Abstimmung mit ihm und dem IKRK untersucht gegenwärtig unter Leitung von Sir John Thomson eine KSZE-Berichterstatter-Mission die Lager und wird hierüber voraussichtlich Ende dieser Woche berichten.[15]

11 Vgl. den Bericht des Sonderberichterstatters der VN-Menschenrechtskommission, Mazowiecki, (E/CN.4/1992/S-1/9); https://digitallibrary.un.org/record/149074.

12 Zur Frage der Einrichtung eines Internationalen Strafgerichtshofs vgl. Dok. 247.

13 Zur Erteilung des Mandats zur Ausarbeitung eines Statuts des Internationalen Strafgerichtshofs vgl. Dok. 382.

14 Großbritannien hatte vom 1. Juli bis 31. Dezember 1992 die EG-Ratspräsidentschaft inne.

15 Für den „Report of CSCE mission to inspect places of detention in Bosnia-Hercegovina 29 August–4 September 1992" vgl. B 28, ZA-Bd. 158660.

Vgl. auch die zusammenfassenden Ausführungen des amerikanischen Delegationsmitglieds Blackwell

Operativ: Auf der Basis des Berichts der Thomson-Mission sollten wir mit unseren Partnern weitere Schritte – vor allem zur Realisierung unserer Hauptforderung, der sofortigen Schließung der Lager – besprechen.

(7) KSZE-Aktivitäten

Die KSZE sollte sich in Zukunft im Wege der Auftragsverwaltung für die Konferenz operativ auf den Bereich der präventiven Diplomatie konzentrieren. Hierfür dienen insbes. die geplanten vier Langzeit-Missionen in das Kosovo, den Sandžak und die Wojwodina unter schwedischer Leitung (Aufgabe: Schutz der Minderheiten und Nationalitäten, Verhinderung ethnischer Säuberungen) sowie nach Mazedonien (Leitung US-Botschafter Frowick, Aufgabe: Verhinderung eines Übergreifens des Konflikts).

Operativ: a) Da wir uns an den Missionen personell beteiligen wollen, bemühen wir uns gegenwärtig um die Gewinnung geeigneter orts- und sprachkundiger Personen (außerhalb AA) und haben bereits eine Kandidatenliste.

b) Diese neuen Aktivitäten der KSZE werden zu einer erheblichen Ausweitung ihres bisherigen finanziellen Rahmens führen. Wir werden also auch hier mit wesentlich höheren Beiträgen als bisher rechnen müssen.

(8) Finanzielle Hilfe vor Ort/Flüchtlinge

Angesichts des nahenden Winters und der sich verschärfenden Lage vor Ort ist schon jetzt absehbar, dass die humanitäre Hilfe weiter verstärkt werden muss. Die operative Durchführung sollte wie bisher beim UNHCR, der „lead agency" vor Ort und am besten hierfür geeigneten Organisation, konzentriert werden, zumal der UNHCR ohnehin einen neuerlichen Hilfsaufruf in Höhe von mehr als 400 Mio. $ plant.

Operativ: a) Für die bilaterale und multilaterale humanitäre Hilfe werden wir über die bereits geleisteten 200 Mio. DM hinaus voraussichtlich weitere Gelder zur Verfügung stellen müssen. Allerdings sollten wir auch verstärkt die Solidarität insbesondere unserer EG-Partner sowie der anderen Konferenzteilnehmer einfordern.

b) Wir werden weitere Flüchtlinge aufnehmen müssen. Aber auch hier sollten wir unsere Partner nicht aus der europäischen Pflicht entlassen (Kontingentvereinbarungen).

(9) Mitgliedschaft „Jugoslawiens" in internat. Organisationen

In London wurde das Thema zwar nicht vertieft, gleichwohl bleibt es wichtig, dass zunächst in den VN festgestellt wird, dass die Mitgliedschaft „Jugoslawiens" erloschen ist.

Operativ: Wir werden uns weiterhin um eine geschlossene Haltung der Zwölf bemühen, wonach der VN-Sicherheitsrat so rasch wie möglich eine Empfehlung an die Generalversammlung abgibt, die im Ergebnis zum Erlöschen der Mitgliedschaft führt, und die USA in dieser Linie unterstützen.

(10) Sekretariat der Konferenz

Für die Konferenz ist ein zunächst kleines Sekretariat in Genf unter VN-Leitung ge-

Fortsetzung Fußnote von Seite 1104

bei der Präsentation des Berichts vor dem AHB am 15. September 1992 in Prag; DEPARTMENT OF STATE DISPATCH 1992, S. 717 f.

Referat 203-9 erläuterte am 10. September 1992: „Mission hat 22 Internierungslager beider Seiten in Bosnien besucht und unterstreicht angesichts dortiger Umstände dringenden Handlungsbedarf. Bericht gibt detaillierten Überblick und kann dazu beitragen, von Gerüchten beider Seiten zu realistischem Lagebild und Schwerpunktsetzung überzugehen." Vgl. B 28, ZA-Bd. 158660.

schaffen worden. Dieses Sekretariat wird naturgemäß eine informatorische Schlüsselstellung einnehmen und wohl noch ausgebaut werden. Wir haben ein offensichtliches Interesse daran, in dem Sekretariat personell vertreten zu sein, zumal wir ab 1.1.93 nicht mehr Mitglied der KSZE-Troika und damit – abgesehen von dem in die Konferenzhierarchie eingebetteten Botschafter Ahrens – auch nicht mehr Mitglied des Lenkungsausschusses sein werden.

Operativ: Trotz unserer angespannten Personallage sollten wir uns darum bemühen, einen AA-Angehörigen in dem Sekretariat unterzubringen.

(11) Im AA selbst wird die Gesamt-„Koordination multilateraler Friedensbemühungen" weiterhin durch Ref. 215-9 erfolgen, wobei die einzelnen operativen Punkte von den jeweils fachlich zuständigen Referaten in enger Abstimmung mit diesem betreut werden sollten.

(12) Wie sich oben im Einzelnen ergibt, stellen die beträchtlichen finanziellen Belastungen, die im Zusammenhang mit den Friedensbemühungen im ehem. JUG unvermeidlich und voraussichtlich auf längere Zeit auf die Bundesregierung zukommen werden, eines der drängendsten Probleme dar. Dies gilt besonders für die EG-Zoll-Monitormissionen, die Überwachung schwerer Waffen, die Absicherung humanitärer Hilfskonvois, die Ausdehnung der KSZE-Aktivitäten und die humanitäre Hilfe vor Ort. Sie sollten daher das Kabinett, das Parlament in der Haushaltsdebatte und die Parteien in Ihren bevorstehenden Gesprächen bereits in dieser Woche vorwarnen.

Steiner

B 42, ZA-Bd. 183679

275

Vorlage des Vortragenden Legationsrats I. Klasse Neubert für Bundesminister Kinkel

213-321.20 RUS **9. September 1992**[1]

Über Dg 21[2], D 2[3], Herrn Staatssekretär[4] Herrn Bundesminister[5]

Betr.: Ihr Moskau-Besuch am 8. und 9. Oktober 1992[6];
hier: Konzeption

Bezug: Ihre Weisung vom 4.9.1992 (Anlage 1)[7]

Anlg.: 2 (nur beim Original)[8]

Zweck der Vorlage: Zur Unterrichtung und Billigung der Besuchsziele

1) Grundlage

Grundlage der deutsch-russischen Beziehungen ist die beim Besuch des russischen Präsidenten Jelzin am 21.11.1991[9] unterzeichnete Gemeinsame Erklärung (vgl. Anlage 2[10]), die die gesamte Breite der politischen, wirtschaftlichen, wissenschaftlichen und kulturellen Beziehungen zwischen Russland und Deutschland erfasst. Die Gemeinsame Erklärung gibt als Ziel für die Entwicklung der bilateralen Beziehungen vor: „Freundschaft, gute Nachbarschaft und Zusammenarbeit".

Auch wenn völkerrechtlich die Russische Föderation die frühere Sowjetunion seit deren Auflösung am 21.12.1991 fortsetzt, stellen die deutsch-russischen Beziehungen keine unveränderte Fortführung der früheren deutsch-sowjetischen Beziehungen dar.

1 Die Vorlage wurde von VLR Mülmenstädt konzipiert.

2 Hat MDg von Studnitz am 10. September 1992 vorgelegen.

3 Hat MD Chrobog am 10. September 1992 vorgelegen.

4 Hat StS Kastrup am 10. September 1992 vorgelegen.

5 Hat BM Kinkel am 14. September 1992 vorgelegen.
Hat OAR Salzwedel am 15. September 1992 vorgelegen, der den Rücklauf über das Büro Staatssekretäre, MD Chrobog und MDg von Studnitz an Referat 213 verfügte.
Hat StS Kastrup am 15. September 1992 erneut vorgelegen.
Hat Chrobog am 16. September 1992 erneut vorgelegen.
Hat Studnitz am 17. September 1992 erneut vorgelegen.
Hat VLR Mülmenstädt erneut vorgelegen.

6 BM Kinkel hielt sich am 6./7. Oktober 1992 in Russland auf. Vgl. Dok. 311, Dok. 314 und Dok. 315.

7 Dem Vorgang beigefügt. In einem Gespräch mit Botschafter Blech, z. Z. Bonn, am 4. September 1992 erklärte BM Kinkel, er wünsche „möglichst bald (nächste Woche), dass Philosophie des Besuchs aufgeschrieben wird". Ferner erteilte er Weisung, „die einzelnen Problemfelder des Besuchs bereits jetzt aufzulisten und aufzuarbeiten". Vgl. den Gesprächsvermerk; B 41, ZA-Bd. 221692.

8 Vgl. Anm. 7 und 10.

9 Der russische Präsident Jelzin hielt sich vom 21. bis 23. November 1991 in der Bundesrepublik auf. Vgl. AAPD 1991, II, Dok. 392, Dok. 393 und Dok. 398.

10 Dem Vorgang nicht beigefügt.
Für die Gemeinsame Erklärung des BK Kohl und des russischen Präsidenten Jelzin vom 21. November 1991 vgl. BULLETIN 1991, S. 1081–1083.

- Zum einen hat die Russische Föderation trotz Status einer Nuklearmacht die Stellung einer Weltmacht mit globaler Machtprojektion verloren. Sie ist vom Antagonisten zum Mitspieler des Westens und Juniorpartner der USA geworden:
  Eine Studie des nichtstaatlichen Rates für Außen- und Verteidigungspolitik, dem namhafte Politiker angehören, wie der Präsident des Industriellenverbandes, Wolskij, der Vorsitzende des außenpolitischen Ausschusses des Obersten Sowjet, Ambartsumow, der Erste Stv. Verteidigungsminister Kokoschin und der Erste Stv. Generalstabschef Kolesnikow, kommt sogar zu der Schlussfolgerung, dass die Russische Föderation eine Mittelmacht geworden sei, die, abgesehen von ihrer Nuklearmacht, in Europa an die Seite Frankreichs, Englands oder Italiens zu stellen sei.[11] Diesem Positionsverlust steht das gewachsene Gewicht des vereinten Deutschlands gegenüber.
- Zum anderen hört man im russischen Moskau nicht gerne, wenn auf die früheren Beziehungen zur SU Bezug genommen wird. So unstrittig die Fortgeltung der Mehrzahl der Verträge und Abkommen juristisch ist, so ungern haben es – politisch und psychologisch – die neuen Verantwortlichen, wenn sie mit der Vokabel „sowjetisch" konfrontiert werden.
- Im Gegensatz zu dem deutsch-sowjetischen Verhältnis sind die Beziehungen zu Russland frei von säkularen Antagonismen. Andererseits fehlen auch die großen Themen der früheren Zeit, wie Entmilitarisierung des Ost-West-Gegensatzes durch kooperative Rüstungskontrollpolitik. Normalität ist somit charakteristisch für die gegenwärtigen bilateralen Beziehungen. Auch wenn ihr Alltag manchmal grau ist, so ist es gleichwohl positiv zu werten, dass dieser Zustand erreicht werden konnte.
- Schließlich ist zu berücksichtigen, dass die Einheit Deutschlands noch im Einvernehmen mit der SU und mit dem Beifall Jelzins vollzogen wurde, dass aber Russland mit der neugewonnenen Souveränität des größeren Deutschlands politisch ins Reine kommen und gleichzeitig den Machtverfall von der alten, großen SU zum neuen, kleinen Russland innerlich verkraften muss.

2) Umfeld und Rahmen

Trotz der Normalität der Beziehungen ist Ihr Besuch mit einigen Besonderheiten verbunden:

- Es ist der erste Besuch eines deutschen Außenministers in Russland seit dem Untergang der Sowjetunion.
- Zum ersten Mal werden die im Protokoll vom 21.11.1991 vorgesehenen deutsch-russischen AM-Konsultationen durchgeführt.
- Die Eröffnung der Botschaft und des Goethe-Instituts[12] wird ein öffentlichkeitswirksames Ereignis sein.

[11] Gesandter Heyken, Moskau, berichtete am 1. September 1992, das am 19. August 1992 in der Tageszeitung „Nesawissimaja Gaseta" erschienene Thesenpapier sei „der erste systematische Versuch, ein umfassendes Konzept und klare Definitionen" zur russischen Außenpolitik zu entwickeln. U. a. werde empfohlen: „Unbedingt notwendig Neuaktivierung der bislang vernachlässigten Ausrichtung russischer Politik auf Deutschland. Aus dem russischen Anteil an der deutschen Vereinigung sei kein Profit mehr zu schlagen. Von besonderen Beziehungen könne schon nicht mehr die Rede sein. Aber Deutschland als wirtschaftlicher Führer in Europa sowie als Staat, der am meisten an stabiler russischer Entwicklung interessiert sei, deswegen besonders wichtiger Partner. Von russisch-deutscher Zusammenwirkung hänge entscheidend die Möglichkeit Russlands zur Regulierung seiner Beziehungen zu den europäischen Staaten der früheren SU ab." Vgl. DB Nr. 3727/3728; B 41, ZA-Bd. 221844.

[12] Zum Goethe-Institut in Moskau vgl. Dok. 212, Anm. 23.

Ihr Besuch ist der erste eines amerikanischen oder westeuropäischen Außenministers seit dem April (ein Zeichen für den gesunkenen Stellenwert der Russischen Föderation im Vergleich zur Sowjetunion).

Im Zeichen der Öffnung nach außen und der Reformen nach innen gehen viele Bereiche aus den bilateralen Beziehungen, insbesondere auf wirtschaftlichem und sicherheitspolitischem Gebiet, in Formen der multilateralen Zusammenarbeit über (Internationaler Währungsfonds, KSZE).

Schließlich findet die Ausgestaltung unserer Beziehungen zu Russland zu einer Zeit statt, da Russland dabei ist, sein Verhältnis zu den GUS-Staaten zu ordnen. Dieses neue Umfeld der bilateralen Beziehungen bedeutet für uns:

- Bereitschaft, unsere Beziehungen in einem Maße zu entwickeln, das dem politischen Gewicht Russlands angemessen ist;
- aber keine Einräumung eines formell privilegierten Status, da die Ukraine und die größeren zentralasiatischen Staaten darin eine Unterstützung russischer Dominanz-Bestrebungen sehen würden.

3) Gegenwärtiger Stand der bilateralen Beziehungen

Im bilateralen Bereich gibt es z.Zt. zwar keine tiefgreifenden Kontroversen, aber eine Reihe irritierender Fragen, wie die Vermögenswerte der WGT, Russlanddeutsche, Ausgleichsregelung für NS-Unrecht, Rückführung verschollener Kulturgüter, weiterhin starke nachrichtendienstliche Aktivitäten und die Aufteilung des RGW-Vermögens, die sich in ihrem Zusammenwirken zu einer Belastung des bilateralen Verhältnisses auswachsen könnten. Hierüber wird Ihnen weisungsgemäß eine gesonderte Aufzeichnung nach Abschluss der Direktorenkonsultationen (14. und 15.9.92 in Moskau[13]) vorgelegt.

Das Tagesgeschäft ist hiervon weitgehend unberührt, wie nicht zuletzt die mittlerweile 23 völkerrechtlichen Abkommen zeigen, die wir mit Russland abgeschlossen haben bzw. über die gegenwärtig verhandelt wird.

Der insgesamt nicht befriedigende Stand der bilateralen Beziehungen kontrastiert stark zu einer von Jelzin und Kosyrew geführten europäischen und globalen Außenpolitik, die in positiver Weise unsere Interessen berücksichtigt: KSE-Vertrag, START-Abkommen, Haltung zu Jugoslawien, Einigung mit Litauen über den Abzug russischer Truppen bis zum August 1993[14], Konfliktbegrenzung in GUS.

Aus diesen positiven Aktivitäten ist eine wichtige Schlussfolgerung zu ziehen. Die russische Führung hat ihre Außenpolitik (Serbien, Baltikum, VN-Sanktionen) gegen nicht unerhebliche innerrussische Widerstände vollzogen, nachdem diese Fragen in multilateralen Foren wie KSZE und NAKR thematisiert wurden. Die Vereinbarung mit Litauen ist das jüngste Beispiel hierfür. Erst als diese Thematik während des Helsinki-Folgetref-

13 Im bilateralen Teil der deutsch-russischen Direktorenkonsultationen wurden folgende Themen erörtert: Russlanddeutsche, die Rehabilitierung von Kriegsgefangenen, die Entschädigung für Opfer des Nationalsozialismus, die Immobilien der WGT, die Transferrubelfrage, das RGW-Vermögen sowie die Russisch-Orthodoxe Kirche. Vgl. den Gesprächsvermerk; B 41, ZA-Bd. 221692.

14 Gesandter Heyken, Moskau, berichtete am 11. September 1992: „Die Verteidigungsminister Russlands und Litauens unterzeichneten am 8.9. drei Dokumente. Das erste beinhaltet einen Zeitplan für den Abzug der russischen Truppen aus Litauen bis zum 31.8.1993. Die beiden anderen sind Protokolle betreffend die organisatorischen Probleme des Abzugs sowie über den Status der Truppen bis zu ihrem Abzug." Vgl. DB Nr. 3885; B 41, ZA-Bd. 221883.

fens[15] in der KSZE erörtert wurde, zeigte sich Bewegung auf russischer Seite, nachdem sie – nicht zuletzt unter dem Druck innenpolitischer Kritiker – lange Zeit sich intransigent verhalten hat. Diese europäische Geschlossenheit dürfte auch weiterhin als Flankenschutz für Jelzin und Kosyrew notwendig sein, um in der russischen Innenpolitik strittige Themen, wie beispielsweise noch die Rückgabe der Kurileninseln[16], durchsetzen zu können.

Gegenwärtig wird der Ausbau der bilateralen Beziehungen durch folgende Faktoren gehemmt:

- Die Russische Föderation ist auf der Suche nach ihrer Identität.
- Die Russische Föderation ist erst dabei, eine außenpolitische Konzeption zu entwickeln.
- Das russische Außenministerium ist nur an der Spitze der Pyramide neu besetzt, die breite Basis (Arbeitsebene) noch sehr den alten Vorstellungen verhaftet.
- Schaffung neuer Rahmen für neuartige Handelsbeziehungen und ausländische Investitionen.

Im speziellen Falle Deutschlands kommt hinzu, dass der Apparat im russischen Außenministerium wie auch der Vertreter Russlands in Bonn[17] dem alten Denken besonders stark verhaftet sind und bis heute nicht überwunden haben, dass aus einem Objekt, dem man gelegentlich Daumenschrauben anlegen konnte, ein Subjekt geworden ist, mit dem nicht nach Belieben umgesprungen werden kann.

Diese alten Kräfte, die vor allem im bilateralen Bereich hervortreten, scheinen die Auffassung zu vertreten, dass man von den Deutschen ohne Gegenleistung fast alles verlangen kann, weil wir uns wegen der Wiedervereinigung zu allem verpflichtet fühlen müssten. Vor diesem Hintergrund sind auch die mit großer Hartnäckigkeit vorgebrachten finanziellen Forderungen im Zusammenhang mit Entschädigung für NS-Opfer und die Verwertung der WGT-Liegenschaften zu sehen.

Im Übrigen gilt: Völliges Unverständnis von Marktwirtschaft, Finanz- und Haushaltswesen in einer westlichen Demokratie, Trennung von Staat und privater Wirtschaft, schließlich das Wesen (echten) Geldes führen fast zwangsläufig zu völlig realitätsfernen Vorstellungen über das Leistungsvermögen westlicher öffentlicher Haushalte.

Diese Stimmungslage steht im Widerspruch zu den erklärten Absichten Jelzins und Kosyrews, die Russische Föderation in den Kreis der großen demokratischen Industrienationen zu integrieren. Ihnen ist bewusst, dass sie hierbei vor allem auf deutsche Partnerschaft angewiesen sind. Bei seiner Pressekonferenz nach Abschluss des Münchener Wirtschaftsgipfels[18] hat Jelzin dies auch deutlich artikuliert:

„Ich möchte außerdem hervorheben, dass Deutschland wohl eher als alle anderen Länder der G 7 begreift, wie schwer es für Russland [ist] und welche Schwierigkeiten dieser Reformweg derzeit für die Russen bedeutet. ... Warum begreift Deutschland dies besser als andere Länder? Deutschland hat bis heute mit den neuen Ländern, die sich früher DDR nannten, zu tun."

15 Zur vierten KSZE-Folgekonferenz vom 24. März bis 8. Juli 1992 sowie zur Gipfelkonferenz am 9./10. Juli 1992 vgl. Dok. 226.

16 Zur Kurilenfrage vgl. Dok. 13, Anm. 43.

17 Wladislaw Petrowitsch Terechow.

18 Zum Weltwirtschaftsgipfel vom 6. bis 8. Juli 1992 vgl. Dok. 225.

4) Besuchsziele

In der jetzigen Phase geht es in allgemeiner Hinsicht um Folgendes:

- Für das deutsche Engagement zugunsten gleichberechtigter Partnerschaft mit Russland muss in Moskau das Widerlager gefunden werden, damit hieraus die notwendige Brücke entstehen kann.
- Behutsame Förderung der Einsicht in die wohlverstandenen Eigeninteressen Russlands an einer echten Partnerschaft mit uns. Russland ist gegenwärtig schwach und – widerwillig – hilfsbedürftig. Es ist aber nicht so schwach, dass es nicht gelegentliche Erinnerungen verkraften könnte, wo die Gewichte liegen und wo auch für uns die Grenze finanzieller Belastbarkeit erreicht ist.

Folgende konkrete Ergebnisse sollten angestrebt werden:

- Unveränderte Bereitschaft, beim Aufbau von Demokratie und Marktwirtschaft unseren Beitrag zu leisten, insbesondere im Rahmen multilateraler Anstrengungen.
- Regelung der o.g. brisanten Themen, damit der für Dezember 1992 geplante Besuch des BK[19] nicht belastet wird.
- Gemeinsame Hervorhebung, dass Russland und Deutschland wichtige Partner beim Bau des neuen Europas sind, und Bereitschaft zur aktiven Zusammenarbeit in den Institutionen der europäischen Architektur.
- Einbindung der Russischen Föderation in Bemühungen um eine Lösung für den Jugoslawien-Konflikt (und Ordnen internationaler Fragen).

Dadurch würden wir unsere Unterstützung des Jelzin/Kosyrew-Kurses der Integration Russlands in die Staatengemeinschaft unterstützen. Dies wäre ein wichtiger Beitrag gegen stärker werdende nationalistische Stimmen, die einen Sonderweg für Russland als euroasiatische Macht mit einem eigenem Interessen- und Wertekodex propagieren.

Neubert

B 41, ZA-Bd. 221692

19 BK Kohl hielt sich am 15./16. Dezember 1992 in Russland auf. Vgl. Dok. 419 und Dok. 420.

276

Vorlage des Vortragenden Legationsrats I. Klasse Lincke für Bundesminister Kinkel

503-554.80 **9. September 1992**[1]

Über Dg 50[2], Herrn Staatssekretär[3] Herrn Bundesminister[4]

Betr.: Verhandlungen zur Überprüfung des Zusatzabkommens zum NATO-Truppenstatut[5]

Bezug: Ministervorlage vom 29.7.92[6]

Anlg.: 8 (sechs Briefentwürfe[7]; Papier über den Verhandlungsstand, Anlg. 7[8]; Entwurf der deutschen Delegation über Brief zur Gegenseitigkeit, Anlg. 8[9])

Zweck der Vorlage: Unterrichtung; Billigung der Vorschläge unter B. III. sowie der beigefügten Briefentwürfe an die Außenminister von B, F, GB, KAN, NL und USA

A. Überblick (Kurzfassung)

Sachstand

Nach einjährigen Verhandlungen auf Beamtenebene ist über einen Großteil der vielschichtigen Materie Einigung erzielt. Es bleiben einige wenige eingegrenzte Schwerpunkte, in denen die Positionen der Bundesrepublik Deutschland und einiger Entsendestaaten, insbesondere der USA, aber auch von GB und NL, keinen Raum für Kompromisse mehr bieten. Die fachlich zuständigen Bundesressorts in der deutschen Delegation sind durch die Weisungen auf Leitungsebene gebunden, ebenso z. T. die beteiligten Bundesländer. Auch aufseiten der Entsendestaaten, besonders der USA, bestehen feste Weisungen, die keine

1 Die Vorlage wurde von LR Zimmer konzipiert.

2 Hat MDg Schürmann am 10. September 1992 vorgelegen.

3 Hat StS Lautenschlager am 10. September 1992 vorgelegen, der handschriftlich vermerkte: „Das vorgeschlagene Verfahren war Gegenstand mehrfacher Gespräche bei mir. Die Briefe an die sechs Außenminister sollten geschrieben werden, obwohl die Erfolgsaussichten begrenzt sind. Weitere Schritte innerhalb der Bu[ndes]reg[ierung] bzw. der Koalition, gegenüber den Ländern u. parlamentarischen Gremien nach Eingang der Stellungnahmen der Alliierten. Am Ende stehen wir vor der Frage, ein Abkommen mit großen Fortschritten, aber gewissen Mängeln abzuschließen oder weiter mit dem Status quo leben zu wollen oder gar mit der pol[itischen] Frage der Kündigung des NATO-Truppenstatuts konfrontiert zu sein."

4 Hat BM Kinkel am 11. September 1992 vorgelegen.
Hat VLR I Lincke am 14. September 1992 erneut vorgelegen, der handschriftlich für LS Klinger vermerkte: „Weiteres Procedere wie bespr[ochen]".

5 Zu den Überprüfungsverhandlungen zum NATO-Truppenstatut und dessen Zusatzabkommen vgl. Dok. 197, Anm. 15.

6 Für die Vorlage des VLR I Lincke und des VLR Scharioth vgl. B 86, Bd. 2119.

7 Dem Vorgang beigefügt. Für die Entwürfe von Schreiben des BM Kinkel an die AM van den Broek (Niederlande), Claes (Belgien), Dumas (Frankreich), Hurd (Großbritannien), die kanadische AMin McDougall sowie den amtierenden amerikanischen AM Eagleburger, die am 11. September 1992 übermittelt wurden, vgl. B 86, Bd. 2120.

8 Dem Vorgang nicht beigefügt.

9 Dem Vorgang nicht beigefügt.

Bewegung mehr zulassen und die durch politische Entscheidungen zurückgenommen oder gelockert werden müssen. Die strittigen Punkte sind:

- völlige Einführung der Mitbestimmung des Bundespersonalvertretungsgesetzes[10] für die deutschen Zivilbediensteten (über 26 Mitbestimmungstatbestände wurde Einigung erzielt, bei sechs sträuben sich insbesondere die USA),
- feste Zusagen, einen hohen Beschäftigungsstand für deutsche Zivilbedienstete aufrechtzuerhalten,
- Verpflichtung der Entsendestaaten, die Kosten der von ihrer Truppe verursachten Umweltschäden zu tragen (hier möchten insbesondere die USA den Vorbehalt der Verfügbarkeit von Haushaltsmitteln einfügen),
- Beachtung grundlegender deutscher Sicherheitsvorschriften bei der Ausrüstung von Fahrzeugen der Streitkräfte (Problem für USA und Kanada, nicht für die Europäer wegen vereinheitlichter EG-Vorschriften),
- Gegenseitigkeit für den Status deutscher Soldaten in den Partnerländern grundsätzlich zugestanden, bisher aber nicht für deutsche Truppe als Institution (abgelehnt von USA, KAN, NL).

Schwierigkeiten bestehen auch noch bei den vorgesehenen bilateralen Verwaltungsabkommen über Truppenübungsplätze und Schießplätze (insbesondere Problem Schießlärm), über die das BMVg mit den Entsendestaaten verhandelt. Wir wollen diese Verwaltungsabkommen auch formell im Zusatzabkommen verankern.

Alle offenen Fragen berühren innenpolitisch sensible Themen.

Weiteres Vorgehen:

- Schreiben des BM an die Außenminister der Entsendestaaten (Briefentwürfe Anlagen 1 – 6), um Weisungen an ihre Delegationen zu einem Entgegenkommen zu erreichen,
- danach, soweit erforderlich, Gespräche mit einzelnen Außenministern,
- Vorlage des Ergebnisses zur Billigung im Bundeskabinett oder Koalitionsgespräch, um festzustellen, ob wir selbst Raum für Entgegenkommen haben oder nicht,
- Unterrichtung der Vorsitzenden der Bundestagsausschüsse für Auswärtiges[11], Verteidigung[12], Recht[13] (falls sie dies wünschen, Heranziehung der Fraktionen),
- Unterrichtung des Vorsitzenden der Ministerpräsidentenkonferenz, Ministerpräsident Eichel, und, falls gewünscht, anderer betroffener und interessierter Länderregierungschefs, sobald Überblick über das Verhandlungsergebnis gegeben ist.

B. Gesamtdarstellung

I. Sachstand

1) Am 26. August 1992 fand die vorerst letzte Arbeitsgruppensitzung mit den Entsendestaaten statt. Ein großer Teil der vielschichtigen Materie ist abgehandelt. Das Ergebnis ist in Anlage 7 enthalten. Die wichtigsten Fortschritte aus unserer Sicht sind:

- Zustimmungsbedürftigkeit aller Land- und Luftübungen der Entsendestaaten;
- grundsätzliche Geltung des deutschen Rechts auch auf den Liegenschaften, die den Streitkräften der Entsendestaaten zur ausschließlichen Benutzung überlassen sind;

10 Für das Bundespersonalvertretungsgesetz vom 15. März 1974 vgl. BGBl. 1974, I, S. 693–717.

11 Hans Stercken.

12 Fritz Wittmann.

13 Horst Eylmann.

- Lösung für die Todesstrafenproblematik;
- Aufnahme einer eigenständigen Kündigungsklausel für das Zusatzabkommen (bisher nur über die politisch weitreichende Kündigung des NATO-Truppenstatuts).

2) Ein wichtiger Bereich wird mit den Entsendestaaten noch auf Arbeitsebene besprochen: Das BMVg verhandelt mit ihnen über bilaterale Verwaltungsabkommen, die Einzelheiten des Betriebs auf Truppenübungsplätzen und Standortschießplätzen regeln sollen. Dabei geht es u. a. um eine Reduzierung des Schießlärms – ein Thema, das die deutsche Öffentlichkeit, besonders in den betroffenen Regionen, stark bewegt. Wir wünschen, dass diese Verwaltungsabkommen im Zusatzabkommen verankert werden. Die Entsendestaaten legen darauf keinen Wert und sind erst bereit, über eine solche Bestimmung zu sprechen, wenn die Verwaltungsabkommen ausgehandelt sind.

3) Bei einigen inzwischen stark eingegrenzten, aber wesentlichen Fragen ist gegenwärtig eine Einigung auf Beamtenebene nicht zu erreichen,
- da auf deutscher Seite die fachlich zuständigen Bundesressorts aufgrund von Weisungen ihrer Leitungsebene keinen Raum für weitere Zugeständnisse haben und die deutschen Positionen für unverzichtbar erklären (ebenso z. T. die Vertreter von Bayern, Baden-Württemberg, Niedersachsen und Rheinland-Pfalz, die in der deutschen Delegation die Interessen der Bundesländer wahrnehmen),
- weil die Delegationen der Entsendestaaten, insbesondere der USA, sich aufgrund ihrer Weisungslage nicht bewegen können und ihre Positionen für unverzichtbar erklären, z. T. unter Hinweis auf erhebliche Kosten, die ihnen durch eine Neuregelung entstehen würden.

Im Einzelnen handelt es sich um folgende Fragen:

a) Arbeitsrecht

aa) Die Entsendestaaten leisteten unserer Forderung auf volle Einführung des deutschen Mitbestimmungsrechts für die deutschen Zivilbediensteten anstelle des bisher geltenden bloßen Mitwirkungsverfahrens lange Widerstand. Inzwischen haben sie insgesamt 26 Tatbestände akzeptiert (zwei davon galten schon bisher). Wir haben unsererseits einer generellen Einschränkung bei Gefährdung besonders schutzwürdiger militärischer Interessen, mit einem Bestätigungsverfahren in Zweifelsfällen, zugestimmt. Sechs Tatbestände der Mitbestimmung bleiben umstritten: Einstellung von Arbeitnehmern, Umstufung, Erstellung eines Sozialplans, Bestellung von Vertrauens- und Betriebsärzten, ebenso Maßnahmen zur Hebung der Arbeitsleistung und Einführung grundlegender neuer Arbeitsmethoden. Nachdem die Befürchtungen der Entsendestaaten wegen der militärischen Sicherheit ausgeräumt wurden, machen sie jetzt vor allem finanzielle Einwände geltend, mit besonderer Entschiedenheit die USA. F hat seine Bedenken aufgegeben.

Das BMA ist unter Berufung auf Weisungen seiner Leitungsebene zu keinen weiteren Zugeständnissen in der Lage.

bb) Wir haben ferner Zusagen der Entsendestaaten gefordert, dass sie einen hohen Beschäftigungsstand deutscher Zivilbediensteter aufrechterhalten. Auch hier stoßen wir bei den Verhandlungspartnern auf starke Bedenken: Die USA stellen auf finanzielle Auswirkungen ab, die Europäer bringen den Einwand, dass Staatsangehörige anderer EG-Staaten gegenüber Deutschen nach EG-Recht nicht diskriminiert werden dürfen.

Wegen der unterschiedlichen Rechtslage und der großen Zahl der deutschen Zivilbediensteten ist diese Frage vor allem für USA, in geringerem Maße für GB von Bedeutung.

Die Haltung des BMA ist hier ebenfalls festgelegt. Es wird darin besonders durch Rheinland-Pfalz bestärkt, das engen Kontakt zur ÖTV unterhält.

b) Umweltrecht

Hier geht es noch um die Kosten aus der Erfassung und Beseitigung von Umweltschäden, die eine fremde Truppe verursacht hat. Die Entsendestaaten möchten die bereits bestehende Verpflichtung zur Zahlung dieser Kosten relativieren und von der Verfügbarkeit finanzieller Mittel abhängig machen. Die härteste Position nehmen die USA ein. Die übrigen Entsendestaaten haben sich zurückgehalten.

Wir können diesen Vorschlag nicht akzeptieren. Das BMU befürchtet, dass dadurch die Beseitigung der Schäden unterbleibt oder verzögert wird; das BMF möchte verhindern, dass zusätzliche finanzielle Lasten für die deutsche Seite entstehen.

c) Verkehr

Bei dem umfangreichen Komplex besteht noch eine Divergenz hinsichtlich der Ausrüstung von Kraftfahrzeugen, Binnenschiffen und Luftfahrzeugen der Streitkräfte der Entsendestaaten. Die USA und Kanada wollen sich hier nicht auf die von uns geforderte „Beachtung grundlegender deutscher Sicherheitsvorschriften“ einlassen, sondern nur von „Berücksichtigung“ sprechen. Der Grund sind ihre andersartigen technischen Standards und die hohen Kosten, die angeblich durch die Umrüstung solcher Fahrzeuge entstehen würden. Die europäischen Entsendestaaten haben wegen der Vereinheitlichung der Standards in der EG diese Probleme nicht. Sie könnten unserem Vorschlag, der für uns eine Mindestvoraussetzung ist, zustimmen.

d) Gegenseitigkeit

Wir haben im Zusammenhang mit dem Vertrag einen Brief über die Herstellung der Gegenseitigkeit für deutsche Soldaten in den Partnerländern vorgeschlagen (Anlage 8). Darin ist auch ein Satz enthalten, dass die Institution deutsche Truppe und ziviles Gefolge nicht schlechtergestellt werden darf als ihre einzelnen Mitglieder. Dieser Satz entspricht einem Petitum des BMVg und wird von diesem aufgrund praktischer Erfahrungen als unerlässlich angesehen.

Diesen letzten Punkt lehnen die USA und Kanada ab (gerade sie sind wegen des Umfangs der dort befindlichen und übenden deutschen Einheiten besonders wichtig), ferner NL.

II. Innenpolitische Auswirkungen

Die unter I. 2) und 3) aufgeführten Fragen können innenpolitisch erhebliche Bedeutung erlangen. Die Themen Schießlärm, Arbeitsplätze und Mitbestimmung werden von der Opposition, den Gewerkschaften, aber auch Politikern der CDU immer wieder aufgegriffen, teilweise im Hinblick auf die besondere Situation in ihren Wahlkreisen.

Wie schon die Große Anfrage der SPD im Bundestag („Gleichberechtigte Partnerschaft im Bündnis“) vom 9.3.1989[14] zeigte, finden im Parlament alle Aspekte der deutschen Souveränität Aufmerksamkeit (relevant für die Beachtung des deutschen Rechts bei der Ausrüstung von Fahrzeugen der Streitkräfte sowie für die Gegenseitigkeit). Starkes Interesse

14 Korrigiert aus: „18.3.1989“.
Für die Große Anfrage „Gleichberechtigte Partnerschaft im Bündnis“ der SPD-Fraktion vgl. BT DRUCKSACHEN, Nr. 11/4158 vom 9. März 1989.

dürfte in der Öffentlichkeit auch der Beseitigung von Umweltschäden gelten, insbesondere, wenn zusätzlich die Frage zu diskutieren ist, wer hierfür die Kosten trägt.

III. Weiteres Vorgehen

1) Es wird vorgeschlagen, dass Sie die beigefügten Briefentwürfe an die Außenminister der Entsendestaaten (Anlagen 1 – 6) zeichnen, damit die Minister – soweit nötig – ihren Delegationen in den letzten noch offenen Fragen Weisungen für ein Entgegenkommen geben. Entscheidend wird die Reaktion der USA sein. Gegenüber F haben wir nur das Petitum, uns weiterhin so wirksam zu unterstützen wie bisher. Die Schreiben sind auf die Haltung des jeweiligen Vertragspartners abgestellt. Sie sollten gleichzeitig abgehen, um zu unterstreichen, dass keiner übergangen wird. (Höflichkeitsübersetzungen werden nach Zeichnung erstellt und beigefügt.)

2) Die Briefe werden uns die Möglichkeit geben, bei Fragen in Parlament und Öffentlichkeit darauf zu verweisen, dass die noch offenen Punkte auf Ministerebene aufgegriffen sind.

3) Aus den Reaktionen der Außenminister der Entsendestaaten dürfte ersichtlich werden, ob eine Wiederaufnahme der Verhandlungen auf Beamtenebene zu einem abschließenden Ergebnis führen kann oder ob vorher noch ein Gespräch auf Ministerebene stattfinden muss, etwa mit den USA, möglicherweise auch mit GB und NL. (B, F und KAN dürften uns kaum noch Steine in den Weg legen.)

4) Wenn auf Außenministerebene ein abschließendes Ergebnis gefunden werden kann, sollten die Länder entsprechend der Lindauer Absprache[15] unterrichtet werden; das abschließende Ergebnis wäre dann dem Bundeskabinett zur Billigung vorzulegen.

Wenn jedoch ein abschließendes Ergebnis auf Außenministerebene nicht zu erreichen ist, sollte die Problematik zum Thema eines Koalitionsgesprächs gemacht werden, um dabei festzustellen, ob wir selbst Raum für Entgegenkommen haben oder nicht, insbesondere auf den delikaten Gebieten des Arbeitsrechts.

5) Ferner wird vorgeschlagen, dass das Auswärtige Amt die Vorsitzenden der Ausschüsse für Auswärtiges, Verteidigung und Recht des Bundestags unterrichtet, sobald wir einen vollständigen Überblick über das Verhandlungsergebnis haben. Auf diese Weise soll Diskussionen vorgebeugt werden, die unsere Verhandlungsposition erschweren könnten.

6) Unterrichtung der Länder auf politischer Ebene: Sie hatten dem Vorsitzenden der Ministerpräsidentenkonferenz, Ministerpräsident Eichel, mit Antwortschreiben vom 4.8.1992 auf seinen Wunsch „ein Gespräch auf politischer Ebene“ zugesagt, „sobald wir einen vollständigen Überblick über das Verhandlungsergebnis haben“[16]. Hierfür bleibt vor allem abzuwarten, wieweit uns die USA in den Fragen Mitbestimmung und Erhaltung der Arbeitsplätze der deutschen Zivilbediensteten entgegenkommen, da dieser Punkt für die Länder besonders sensibel ist. Dann könnten Sie im unmittelbaren zeitlichen Zusammenhang mit

[15] Die Verständigung vom 14. November 1957 zwischen der Bundesregierung und den Staatskanzleien der Länder über das Vertragsschließungsrecht des Bundes („Lindauer Abkommen“ bzw. „Lindauer Absprache“) regelte die Zuständigkeiten des Bundes beim Abschluss völkerrechtlicher Verträge, in denen die Gesetzgebungskompetenzen der Länder berührt sein könnten. Vgl. BT DRUCKSACHEN, Nr. 7/5924 vom 9. Dezember 1976, S. 236.

[16] Für das Schreiben vgl. B 86, Bd. 2119.

der Kabinettsverhandlung Ministerpräsident Eichel ein Gespräch anbieten. Ob andere Regierungschefs der alten Bundesländer (die vom Truppenstatut betroffen sind) hinzukommen sollten, sollte ihm als Vorsitzendem der MP-Konferenz überlassen bleiben.

Referat 011 hat mitgezeichnet.

Lincke

B 86, Bd. 2120

277

Runderlass des Vortragenden Legationsrats Koenig

012-9-312.74 **Aufgabe: 9. September 1992**[1]
Fernschreiben Nr. 55 Ortez

Betr.: Abschluss der Genfer Chemiewaffen-Verhandlungen am 3.9.1992 und weiteres Vorgehen

Text ist in zwei Teile geteilt

Auf Weisungsankündigung in Ziffer 2 wird hingewiesen

Chemiewaffen-Verbotskonvention ausgehandelt[2] – Zeichnungskonferenz in Reichweite; Abschluss der Genfer Chemiewaffen-Verhandlungen am 3.9.92

1) Nach über neunjähriger Verhandlungsdauer einigten sich die 39 Mitgliedstaaten der Genfer Abrüstungskonferenz am 3. September 1992 auf die Übermittlung eines Konventionstextes zum Chemiewaffen-Verbot an die diesjährige VN-Generalversammlung. Damit endet ein ausgesprochen langwieriger Verhandlungsprozess mit einem von vielen nicht mehr für möglich gehaltenen Ergebnis: dem ausgewogenen Kompromisstext einer Chemiewaffen-Verbotskonvention, die nicht nur die vollständige Beseitigung aller bestehenden Arsenale, sondern auch die zukünftige Nichtproduktion von chemischen Waffen unter internationaler Kontrolle sicherstellen soll. Es handelt sich um das erste weltweite Rüstungskontrollabkommen, durch das eine gesamte Waffenkategorie zuverlässig verifizierbar verboten werden soll. Die Vereinbarung des Konventionsentwurfes ist ein großer Erfolg unserer Politik. Sie konnte unter dem diesjährigen Vorsitz des deutschen Delegationsleiters Botschafter von Wagner in extrem schwierigen Verhandlungen erreicht werden. Dieses Ergebnis wäre ohne umfangreiche flankierende Maßnahmen nicht möglich gewesen. D 2 A hat auf Reisen in wichtige Schlüsselstaaten für Unterstützung der Konvention gewor-

1 Das von VLR I von Butler konzipierte Fernschreiben wurde in zwei Teilen übermittelt. Vgl. Anm. 8. Ferner Vermerk: „D 2 A hat vor Abgang telefonisch mitgezeichnet."

2 Für das Übereinkommen vom 13. Januar 1993 über das Verbot der Entwicklung, Herstellung, Lagerung und des Einsatzes chemischer Waffen und über die Vernichtung solcher Waffen und die zugehörigen Dokumente vgl. BGBl. 1994, II, S. 807–969.
Das Chemiewaffen-Übereinkommen trat für die Bundesrepublik und zahlreiche weitere Staaten am 29. April 1997 in Kraft. Vgl. BGBl. 1996, II, S. 2618 f.

ben.[3] Unsere Vertretungen in den Mitgliedstaaten der Genfer Abrüstungskonferenz haben durch vielfältige Demarchen und hilfreiche Berichterstattung wesentlich zum Erfolg beigetragen. Enge Abstimmung und Unterstützung westlicher Partner war Voraussetzung für das Gelingen.

2) Weiteres Verfahren in den Vereinten Nationen

In der VN-Generalversammlung muss jetzt durch eine unterstützende Resolution die breite Mehrheit der Mitgliedstaaten für Zustimmung und Zeichnung der Konvention gewonnen werden.

Diese Resolution wollen wir zusammen mit den traditionellen Einbringern der jährlichen Chemiewaffen-Resolution Kanada und Polen als „original co-sponsors" einbringen.[4] Damit übernehmen wir unmittelbar im Anschluss an unsere Vorsitzrolle im Genfer CW-Verhandlungsausschuss wichtige Mitverantwortung für Zustimmung in den Vereinten Nationen.

Ein entsprechender Resolutionstext wird gegenwärtig in Genf abgestimmt. Er soll zum frühestmöglichen Zeitpunkt nach Eröffnung der diesjährigen VN-GV (ca. 18.9.) eingebracht werden. Es wird daher in den nächsten Wochen darauf ankommen, möglichst viele Miteinbringer aus dem Kreise der VN-Mitgliedstaaten aller Regionen zu werben. Hierzu ergeht an ausgewählte Vertretungen in Kürze noch besonderer Erlass, zu dem dieses Ortez als Material hinzugezogen werden sollte.

3) Zeichnungskonferenz und Vorbereitungskommission

Nach der Verabschiedung VN-Resolution und Designierung des VN-Generalsekretärs als Depositar der Konvention ist eine Zeichnungskonferenz geplant, für die Frankreich die Gastgeberrolle übernommen hat. Die Konferenz wird voraussichtlich im Januar 1993 in Paris stattfinden.[5] Nach Hinterlegung von 50 Zeichnungsurkunden wird eine Vorbereitungskommission („preparatory commission") eingesetzt, die die organisatorische Umsetzung der Konvention in die künftige Chemiewaffen-Verbotsorganisation vorbereiten und technische Details zu den Konventionsbestimmungen ausarbeiten wird. Diese Vorbereitungskommission, an der sich alle Zeichnerstaaten beteiligen können, wird ihre Arbeit am künftigen Sitz der „Organisation für das Verbot chemischer Waffen" in Den Haag 30 Tage nach Erreichen von 50 Zeichnungen aufnehmen.

4) Inkrafttreten der Konvention

Die Konvention tritt 180 Tage nach Hinterlegung der 65. Ratifikationsurkunde, frühestens aber zwei Jahre nach Auflegung zur Zeichnung in Kraft. Gelingt es, die erforderliche Anzahl von Ratifikationen frühzeitig herbeizuführen, so könnte die Konvention und mit ihr die Organisation zum Verbot chemischer Waffen (OPCW) ihre Arbeit im Frühjahr 1995 aufnehmen.

[3] Zu den Ergebnissen der Reisen von Botschafter Holik vgl. Dok. 237.

[4] Am 7. Oktober 1992 brachte die Bundesrepublik mit zahlreichen weiteren Staaten den Entwurf einer Resolution ein (A/C.1/47/L.1), der am 29. Oktober 1992 in einer revidierten Form erneut eingebracht wurde (A/C.1/47/L.1/Rev.1). Der am 10. November 1992 vorgelegte dritte Entwurf (A/C.1/47/L.1/Rev.2) wurde von der VN-Generalversammlung am 30. November 1992 mit Resolution Nr. 47/39 angenommen. Vgl. Resolutions and Decisions, General Assembly, 47th session, S. 54f.

[5] Die Zeichnungskonferenz fand vom 13. bis 15. Januar 1993 statt. Vgl. AAPD 1993.

5) Nachstehend erfolgt ein Überblick über die wichtigsten Bestimmungen der Konvention, die 24 Artikel und drei umfangreiche Annexe auf insgesamt 190 Seiten umfasst.

Artikel I und II:

Jeder Vertragsstaat verpflichtet sich, unter keinen Umständen jemals chemische Waffen zu entwickeln, herzustellen, auf andere Weise zu erwerben, zu lagern oder zurückzubehalten, weiterzugeben oder einzusetzen und alle unter seiner Hoheitsgewalt befindlichen chemischen Waffen zu vernichten (CW-Definition umfasst auch Munitionsvorrichtungen und Ausrüstungen, die eigens für CW-Einsatz entworfen wurden).

Artikel IV und V:

Regeln die Vernichtung von CW und CW-Produktionsstätten im Detail. Vernichtungsfrist zehn Jahre ab Inkrafttreten der Konvention. Aufgrund der besonderen Probleme Russlands, die großen sowjetischen CW-Bestände (ca. 40 000 t; USA zum Vergleich: 25 000 t) zu vernichten, ist eine Verlängerung um bis zu fünf Jahre auf Antrag möglich.

Artikel VI – Industrieverifikation:

Ein umfassendes und abgestuftes Regime von Meldepflichten und Inspektionen gliedert toxische Chemikalien in drei Listen nach ihren Verwendungsmöglichkeiten als chemische Waffen oder deren Vorprodukte. Im Rahmen der Überprüfung der an die internationale CW-Organisation zu meldenden Daten sind Inspektionen im größten Teil der chemischen Industrie möglich. Die umfassende Unterwerfung eines wichtigen Industriezweiges unter Bestimmungen eines Rüstungskontrollabkommens stellt eine völlig neue Stufe der Vertrauensbildung dar, die weit über den unmittelbaren Zweck des Abkommens hinaus von Bedeutung sein kann.

Die Verifikationsbestimmungen für die chemische Industrie erforderten eine sorgfältige Abwägung zwischen Überprüfungsbedarf, erforderlichem Aufwand und zumutbarer Beeinträchtigung der zivilen chemischen Industrie. Bei der Erarbeitung der entsprechenden Bestimmungen gab es eine enge Zusammenarbeit mit den Verbänden der chemischen Industrie, die sich uneingeschränkt[6] positiv zu den Zielen der Konvention geäußert hat und in konstruktiver Weise an ihrer Erarbeitung mitwirkte.

Artikel IX – Verdachtskontrollen:

Jeder Mitgliedstaat ist berechtigt, bei Zweifeln an der Vertragstreue eines anderen Staates eine Verdachtskontrolle durch das Inspektorat der internationalen CW-Organisation vornehmen zu lassen. Diese Maßnahme wird als „Rückgrat“ und schärfste Verifikationsmaßnahme der Konvention erachtet. Bei der Formulierung der entsprechenden Bestimmungen gelang es erst nach langwierigen Verhandlungen, einen Kompromiss zwischen den gegensätzlichen Zielen der Abschreckung vor Konventionsverstoß und vollständiger Aufklärung und der Gefahr des Missbrauchs und der Ausspähung nationaler sensitiver Anlagen zu erreichen.

Artikel XI – Wirtschaftliche und technologische Entwicklung:

Ziel ist die Förderung der internationalen Handels- und technologischen Austauschbeziehungen und der Zusammenarbeit im chemischen Bereich. Hier galt es, einen Konflikt zu lösen, der zwischen Exportkontrollmaßnahmen der Industriestaaten und den Erwartungen der Dritten Welt bestand. Mitgliedschaft in der Konvention soll auch Chemie-

6 Korrigiert aus: „ungeschränkt“.

handel und wirtschaftliche Entwicklung fördern. Als Lösung wurde fortschreitende Überprüfung – und ggf. Abbau – bestehender Exportkontrollmaßnahmen abhängig von Vertrauensbildung und Wirksamkeit der Konvention vorgesehen. Von besonderer Bedeutung hierbei war eine begleitende Absichtserklärung der sogenannten „Australischen Gruppe“[7] (lockerer Verbindung von Industriestaaten zur Koordinierung von chemischen Exportkontrollmaßnahmen).

Artikel X – Hilfeleistung und Schutz gegen chemische Waffen:

Die vereinbarten Bestimmungen sollen den Mitgliedstaaten Schutz im hypothetischen Falle von CW-Angriffen bieten. U. a. ist die Schaffung eines freiwilligen Fonds für entsprechende Maßnahmen und Hilfe durch die CW-Organisation auf Antrag vorgesehen.

[8]Artikel XII – Sanktionen:

Verstößt ein Staat gegen die Konventionsbestimmungen, kann eine Reihe von Sanktionen ergriffen werden. Beeinträchtigt solches Verhalten internationalen Frieden und Sicherheit, können entsprechende Fälle dem Sicherheitsrat der Vereinten Nationen für mögliche dortige Maßnahme übermittelt werden.

Artikel VII – nationale Implementierung:

Eine nationale Behörde (durch AA wahrgenommen) fungiert als „national focal point“ gegenüber der internationalen Organisation. Dort werden die nationalen Aufgaben (Meldepflichten, nationale Begleitung bei Verifikationen etc.) koordiniert. Die Übernahme der umfangreichen Aufgaben aus der Konvention, insbesondere im Rahmen der Industrieverifikation, wird in Abstimmung mit den betroffenen Ressorts (insbesondere BMWi) durchgeführt.

Artikel VIII – die Organisation:

Zur Umsetzung der Konvention wird die „Organisation zum Verbot chemischer Waffen“ in Den Haag errichtet. Ihre Organe sind die Staatenkonferenz aller Mitgliedstaaten, der Exekutivrat mit 41 Mitgliedern aus allen Regionen, die teilweise auf Rotationsbasis und teilweise nach der Bedeutung ihrer chemischen Industrie bestimmt werden (es ist davon auszugehen, dass Deutschland zu den Staaten mit quasiständigem Sitz im Exekutivrat gehören wird). Die Durchführung der Aufgaben der Konvention wird einem technischen Sekretariat übertragen, das unter der Leitung eines Generaldirektors steht. Diesem untersteht u. a. das Internationale Inspektorat, das für die Durchführung der Verifikationsbestimmungen verantwortlich ist.

Koenig[9]

B 5, ZA-Bd. 161325

[7] Seit 1984 bemühten sich die Teilnehmerstaaten der „Australischen Gruppe“ bei informellen Treffen um Exportkontrollen für Substanzen, die zur Herstellung von Chemiewaffen geeignet sind. Vgl. AAPD 1987, I, Dok. 45, und AAPD 1987, II, Dok. 272.

[8] Beginn des mit RE Nr. 56 übermittelten zweiten Teils des Fernschreibens. Vgl. Anm. 1.

[9] Paraphe.

278

Vorlage des Vortragenden Legationsrats Wokalek für Bundesminister Kinkel

300-440.70/0 **10. September 1992**

Über D 3 i. V.[1], Herrn Staatssekretär[2] Herrn Bundesminister[3]

Betr.: Demokratisierungshilfeprogramm des Auswärtigen Amtes, Haushaltstitel 0502 686-23

Bezug: Anforderung, übermittelt durch Referat 011 vom 8.9.92

Anlg.: 2[4]

Zweck der Vorlage: Zur Unterrichtung

1) Das Auswärtige Amt hat 1992 zum ersten Mal Mittel für Demokratisierungshilfe (DH) aufgelegt. Ziel der DH ist es, Demokratisierungsprozesse in Ländern der Dritten Welt zu fördern. Die hierfür benötigten Mittel werden aus dem Titel der Ausstattungshilfe entnommen.

Der Haushalts- und der Auswärtige Ausschuss des Bundestages haben das Programm der DH nachdrücklich begrüßt und der Verwendung von Mitteln der Ausstattungshilfe hierfür ausdrücklich zugestimmt. Hintergrund ist das Bemühen, die Ausstattungshilfe für ausländische Streitkräfte zu reduzieren und hierdurch freiwerdende Mittel entsprechend für die DH zu verwenden. Dieses Vorgehen hat die Unterstützung aller Fraktionen erhalten.

DH wird in der Regel im Einverständnis mit der im Amt befindlichen Regierung gewährt. Sie soll Demokratisierungsprozesse erleichtern, sie kann sie nicht ermöglichen. Mit der DH unterstützen wir Eigenanstrengungen der betroffenen Länder. Die DH darf sich nicht in innenpolitische Auseinandersetzungen einmischen, eine Parteinahme muss vermieden werden. Bei der Unterstützung von Wahlen und Abstimmungen sollte erkennbar sein, dass sie den Wählern echte Alternativen und eine freie Wahl ermöglichen, bei der nicht zu befürchten ist, dass die Ergebnisse manipuliert werden (vergleiche auch anliegenden Runderlass vom 31. Januar 1992[5]).

1 Hat in Vertretung des MD Schlagintweit MDg Sulimma am 10. September 1992 vorgelegen.

2 Hat StS Kastrup am 11. September 1992 vorgelegen.

3 Hat BM Kinkel am 17. September 1992 vorgelegen, der handschriftlich vermerkte: „Erb[itte] Brief-E[ntwurf] an Fr. MdB Walz/FDP. Sie hatte mich darauf angesprochen."
Hat OAR Salzwedel am 18. September 1992 vorgelegen, der den Rücklauf über das Büro Staatssekretäre und MD Schlagintweit an Referat 300 verfügte und handschriftlich vermerkte: „B[it]t[e] Briefentwurf f. BM an Fr. MdB Walz/FDP, die BM darauf angesprochen hatte."
Hat VLR I Reiche am 21. September 1992 vorgelegen.
Hat in Vertretung von Schlagintweit MDg Zeller am 22. September 1992 vorgelegen.

4 Vgl. Anm. 5 und 7.

5 Dem Vorgang beigefügt. MD Schlagintweit informierte über die Einführung der Demokratisierungshilfe und legte deren Ziele, Inhalte, Durchführung, Fragen der Abstimmung sowie die vorgesehenen Verfahren dar. Vgl. B 46, ZA-Bd. 218878.

2) Anlass für die Einrichtung des DH-Fonds ist die Ausweitung der Demokratisierungsbewegung in der Dritten Welt, insbesondere in Afrika, gewesen. Eine Reihe afrikanischer Staaten, die sich eine pluralistisch demokratische Verfassung geben und freie Wahlen abhalten wollen, sind an uns mit der Bitte herangetreten, ihnen bei der technischen Durchführung von Wahlen zu helfen. Infrage kommt dabei die Aufstellung von Wählerverzeichnis, der Druck von Wahlausweisen und -zetteln, die Einrichtung von Wahllokalen, Anschaffung von Wahlurnen und Transportmitteln für die Verteilung des Materials, Hilfe bei der Schulung von Wahlleitern und Wahlbeobachtern.

In Betracht kommen auch Kurzmaßnahmen der Schulung und Beratung bei der Vorbereitung von Wahlen und bei entsprechenden Verfassungsfragen und Verbesserung der Arbeit der Parlamente, insbesondere durch Tagungen und Kurzlehrgänge in Partnerländern oder in Deutschland.

Andere Maßnahmen können bei entsprechendem Bedarf aus Mitteln der Demokratisierungshilfe finanziert werden, wenn sie in das Grundmuster der DH, in erster Linie die „technische Vorbereitung und Durchführung von Wahlen“, passen.

3) Die DH wird in der Regel über unsere Botschaften abgewickelt. Diese sollen die Umsetzung unserer Hilfe in der Hand behalten, sie bedienen sich gegebenenfalls einer Durchführungsorganisation. Dies können eine nationale Wahlkommission oder sonstige seriöse nationale und internationale Institutionen sein. Im Einzelfall wird auch auf die Hilfe der deutschen politischen Stiftungen zurückgegriffen. Die Durchführung der Seminare, Beratungen und anderer Aus- und Fortbildungsvorhaben sollen vor allem durch die politischen Stiftungen, die Deutsche Stiftung für Entwicklungsländer[6] und verwandte Institutionen durchgeführt werden. Die politische Verantwortung verbleibt beim Auswärtigen Amt.

4) Die deutsche DH soll im Einklang mit gleichartigen Maßnahmen anderer Geberländer gewährt werden und mit ihnen abgestimmt werden. Dies ist in erster Linie Aufgabe unserer Botschaften. DH geben vor allem die USA (1992 207,5 Mio. US-$), GB (1991 50 Mio. £) und Schweden (1991 198 Mio. DM) sowie hauptsächlich auch Kanada, Norwegen, Dänemark, Finnland und die Niederlande.

5) Die Vereinten Nationen und insbesondere deren Menschenrechtszentrum in Genf sind daran interessiert, mit bilateralen Gebern bei der DH zusammenzuarbeiten, insbesondere von ihnen freiwillige Beiträge zu erhalten. Eine solche Zusammenarbeit wird von unserer Seite begrüßt, soweit damit konkrete Beiträge zu einzelnen demokratischen Prozessen geleistet werden können. Unsere DH sollte jedoch in erster Linie eine bilaterale Hilfe sein.

6) Das BMZ hat schon bisher in Zusammenarbeit mit politischen Stiftungen und der Deutschen Stiftung für Entwicklungsländer Aus- und Fortbildungsveranstaltungen zur Förderung des demokratischen Gedankens durchgeführt. Deshalb unterrichten sich das AA und das BMZ über geplante Maßnahmen der Demokratisierungshilfe. Längerfristige Maßnahmen der DH, insbesondere im Hinblick auf eine Verbesserung des demokratischen Umfelds, werden auch weiterhin grundsätzlich durch das BMZ durchgeführt. Bei kurzfristigen Maßnahmen stimmen sich beide Häuser zur Vermeidung von Überschneidungen und Doppelfinanzierungen ab.

[7)] Unsere Demokratisierungshilfe kommt gut an und wird stark nachgefragt. Von den in 1992 verfügbaren 5 320 000 DM (1993 7 980 000,30 DM, 1994 5 320 000 DM) sind bis zum

[6] Deutsche Stiftung für internationale Entwicklung.

9.9.1992 3 304 608,62 DM abgeflossen. Zugesagt sind bisher DM 2 115 000. Damit sind die für 1992 vorgesehenen Mittel bereits um DM 99 000,- überzogen. Durch Umwidmung von nicht benötigten Mitteln der Ausstattungshilfe ist jedoch noch ein Spielraum vorhanden.

8) Getrennt von der DH des Auswärtigen Amtes unterstützt der Deutsche Bundestag – jedoch in Abstimmung mit dem AA – Maßnahmen zur Hilfe für Parlamente in neuen oder wiederhergestellten Demokratien im Rahmen einer Parlamentshilfe. Hierfür steht dem Bundestag aus dem AA-Titel der Ausstattungshilfe ein Betrag in Höhe von DM 500 000,- zur Verfügung. Bisher sind Anträge von Nicaragua, Sambia, Estland und Litauen in Bearbeitung.

Hinsichtlich der Durchführung der Parlamentshilfe ist festzuhalten, dass ein an den Deutschen Bundestag gerichteter Antrag eines ausländischen Parlaments dem Auswärtigen Amt zur Stellungnahme übermittelt wird. Die jeweilige Auslandsvertretung wird zu dem jeweiligen Projekt gehört und die Maßnahmen zwischen dem Haushaltsreferat des Bundestages und des Auswärtigen Amtes abgestimmt und gemeinsam beschlossen. Die Umsetzung erfolgt über die jeweilige Botschaft vor Ort, es sei denn, dass anlässlich einer geplanten Parlamentarierreise eine Übergabe durch die Mitglieder des Bundestags selbst möglich ist.

9) Nach den bisherigen Erfahrungen mit der Demokratisierungshilfe ist abzusehen, dass die Anforderungen an uns steigen werden. Mit einem Betrag von ca. 5 Mio. pro Jahr ist unsere DH im Vergleich zu den anderen Gebern eher bescheiden, auch wenn man in Betracht zieht, dass langfristig Demokratisierungsmaßnahmen, insbesondere die Unterstützung beim Aufbau eines demokratischen Umfelds, bereits seit langem schon durch die politischen Stiftungen und das BMZ durchgeführt werden. Eine Mittelerhöhung wird in Zukunft notwendig sein.

Zurzeit ist durch Umwidmung von Mitteln der Ausstattungshilfe für ausländische Streitkräfte (aufgrund der instabilen innenpolitischen Lage und des Auftretens von Menschenrechtsverletzungen ist die Ausstattungshilfe für Dschibuti und Burundi in Höhe von insgesamt 9 Mio. DM für den Zeitraum 92 – 94 mit Zustimmung der zuständigen Bundestagsausschüsse eingestellt worden) noch ein gewisser Spielraum vorhanden.

Die Demokratisierungshilfe hat sich als ein wesentlicher Bestandteil unserer neuen Politik, die Herstellung demokratischer und rechtsstaatlicher Ordnung in den Ländern der Dritten Welt zu unterstützen, bewährt.

Als Anlage ist eine Übersicht über die bisher durchgeführten DH-Maßnahmen beigefügt.[7]

Wokalek

B 46, ZA-Bd. 218878

7 Dem Vorgang beigefügt. Für den Überblick über bisher durchgeführte Maßnahmen der Demokratisierungshilfe sowie zugesagte Maßnahmen und Mittelreservierungen vgl. B 46, ZA-Bd. 218878.

279

Vorlage des Ministerialdirektors Schlagintweit für Bundesminister Kinkel

322-321.32 SOM **11. September 1992**

Über Herrn Staatssekretär[1] Herrn Bundesminister[2]

Betr.: Reise von Staatsminister Schäfer nach Somalia[3]

1) Im Hinblick auf Ihr informelles Zusammentreffen mit Ihren EG-Außenminister-Kollegen[4] lege ich Ihnen vorab eine Zusammenfassung der Erkenntnisse und Ergebnisse der Reise von Staatsminister Schäfer nach Somalia vor. Diese Zusammenfassung hat StM Schäfer nicht vorgelegen. Der Inhalt wurde mit ihm besprochen. Eine mehr ins Einzelne gehende Vorlage des Ref. 301 mit Vorschlägen folgt.[5]

2) Die Reise von StM Schäfer hat ein differenzierteres Bild der Verhältnisse und Erkenntnisse gebracht, die auch operativ von Bedeutung sind:

- Eine politische Lösung ist nicht in Sicht. Die Staatengemeinschaft wird sich noch auf lange Zeit um Somalia kümmern müssen. Dabei darf sie aber andere Krisen- und Notstandsgebiete wie den Süden Sudans[6] und Äthiopien[7] nicht vernachlässigen.

1 Hat StS Kastrup am 11. September 1992 vorgelegen.

2 Hat BM Kinkel am 11. September 1992 vorgelegen.
Hat OAR Salzwedel am 14. September 1992 vorgelegen, der den Rücklauf über das Büro Staatssekretäre an MD Schlagintweit verfügte.
Hat im Büro Staatssekretäre am 14. September 1992 vorgelegen.
Hat Schlagintweit am 15. September 1992 erneut vorgelegen, der die Weiterleitung an MDg Sulimma verfügte.
Hat Sulimma am 15. September 1992 vorgelegen, der die Weiterleitung an Referat 322 verfügte.
Hat VLRin I Gräfin Strachwitz am 16. September 1992 vorgelegen.

3 StM Schäfer hielt sich am 8./9. September 1992 in Somalia auf.

4 Die Außenminister der EG-Mitgliedstaaten trafen am 12./13. September 1992 zu einem informellen Treffen im Rahmen der EPZ in Brocket Hall zusammen. Für die am 13. September 1992 veröffentlichte Erklärung zu Somalia vgl. BULLETIN DER EG 9/1992, S. 78.

5 VLR I Holderbaum gab am 26. September 1992 einen Überblick über die Gespräche von StM Schäfer am 8./9. September 1992 in Somalia, die dortige Lage, die entwicklungspolitischen Maßnahmen sowie die Durchführung und Koordinierung der Hilfe durch die Bundesrepublik und unterbreitete Vorschläge für das weitere Vorgehen im politischen Bereich, bei Entwicklungszusammenarbeit und humanitärer Hilfe sowie für die Zusammenarbeit mit der Bundeswehr. Vgl. B 45, ZA-Bd. 192026.

6 VLR I von Hoessle legte am 14. August 1992 zur Lage im Sudan dar: „Seit 1983 herrscht im Sudan (erneut) Bürgerkrieg zwischen dem islamischen, arabisierten Norden unter der Regierung in Khartoum und dem sich Schwarzafrika zugehörig fühlenden Süden des Landes. Bei diesem Bürgerkrieg überlagern sich ethnische und religiöse Komponenten, wobei der Religionsaspekt […] zunehmend an Bedeutung gewinnt." Obwohl der Krieg auch nach Aussage des sudanesischen Staatspräsidenten al-Baschir militärisch nicht zu gewinnen sei, lehne die Regierung einen Waffenstillstand ab und habe den Krieg gegen die Sudanesische Volksbefreiungsbewegung SPLM [Sudan People's Liberation Movement] und ihren militärischen Flügel SPLA [Sudan People's Liberation Army] zum Dschihad erklärt. Der Krieg, „verbunden mit klimatisch bedingten Missernten und einer im höchsten Grade inkompetenten Wirtschaftspolitik", habe den Sudan nahezu ruiniert. Von den Konfliktparteien werde Hunger als Waffe eingesetzt; Hilfsorganisationen würden häufig behindert. Die Menschenrechtslage könne nur als erschreckend bezeichnet

- Die Ernährungslage in Somalia hat sich durch die massive internationale Hilfsaktion entspannt. Die deutsche Hilfe hat, wie allgemein anerkannt wird, wesentlich hierzu beigetragen; die deutsche Luftbrücke[8] kann in einigen Monaten auslaufen.
- Internationale Hilfe muss auf längere Zeit weiterlaufen. Sie sollte sich möglichst rasch umstellen auf die Wiederherstellung der Lebensbasis der Bevölkerung: Wasserversorgung, Land- und Viehwirtschaft, basis-medizinische Versorgung, Sicherheit, Entfernung der Minen. Das BMZ sollte hierzu beitragen.
- Die VN müssen die Zusammenarbeit der internationalen Organisationen und der bilateralen Geber besser koordinieren.

3) Die Reise diente auch dazu, den VN (in der Person des Sonderbeauftragten Sahnoun), den verschiedenen UN-Organisationen sowie Kenia als wichtigem Aufnahmeland somalischer Flüchtlinge Charakter und Umfang unseres Engagements deutlich zu machen. Zusammen mit den EG und den USA sind wir bei Weitem größter Helfer.

Herr Sahnoun betonte, unsere Hilfe habe die Lage sehr verbessert. Unsere Spenden und die deutsche und die amerikanische Luftbrücke hätten einen wesentlichen Beitrag erbracht.

Der Augenschein bestätigte, dass die Not in Hoddur, dem Ort, der unserer Luftbrücke (und einem Teil der amerikanischen) als Landeplatz zugewiesen wurde, nicht so groß ist, wie es die Medien vermuten lassen. Es gibt viele Tausende von Hilfsempfängern, die mager, aber nicht am Verhungern sind. Die Not in dieser Region (wie auch in anderen Gebieten) ist weniger dem Bürgerkrieg als der großen Dürre und dem Fehlen staatlicher Ordnung und Fürsorge zuzuschreiben. Immerhin nehmen diese Menschen eine lange Wanderung unter großen Entbehrungen in Kauf, um an der Hilfe teilzuhaben. Der Zustand der Bewohner von Hoddur schien befriedigend.

Erheblich schlechter ist die Lage in anderen Zentren wie Baidoa und Bardera, wo mehr Flüchtlinge zusammengekommen sind und noch zuströmen. Hier soll nicht nur der Hunger größer sein, sondern auch die Zahl der Verletzten. Besser scheint die Lage im Norden zu sein sowie in den Flüchtlingslagern in Kenia, die inzwischen von den internationalen Organisationen und über die USA-Luftbrücke gut versorgt werden.

Sahnoun meint, dass unsere Luftbrücke „in a couple of months" beendet werden könne. Gegenwärtig werde sie noch benötigt, um die Zeit bis zur nächsten Ernte und der Anlieferung auf dem See- und Landweg zu überbrücken; die jetzt eintreffenden bewaffneten VN-Soldaten[9] sollen Zentren, Lagerplätze und Häfen so sichern, dass auf den Lufttransport verzichtet werden kann.

Dies würde auch die Kosten senken. In Mogadischu sollen etwa drei Viertel, in Orten wie Hoddur die Hälfte der Hilfslieferungen an örtliche Sicherheitsdienste, Gouverneure etc. abgeliefert werden müssen. Dazu kommen Verluste wegen Raubes.

4) Die Bitte Sahnouns und anderer UNO-Vertreter geht dahin, den Schwerpunkt der Hilfe möglichst bald von rein humanitärer auf Entwicklungshilfe im weitesten Sinne des Wortes zu verlegen.

Fortsetzung Fußnote von Seite 1124

werden. Seit August 1991 würde zunehmend die Forderung nach einem unabhängigen Südsudan erhoben. Vgl. B 36, ZA-Bd. 196345.

7 Zur Entwicklung in Äthiopien vgl. Dok. 273, Anm. 6.

8 Zu den Hilfsflügen der Bundeswehr vgl. Dok. 248, Anm. 14.

9 Zur Einrichtung von UNOSOM vgl. Dok. 248, besonders Anm. 10.

Humanitäre Hungerbekämpfung dürfe nicht zu dauernder Abhängigkeit führen. Sie müsse abgelöst werden von Maßnahmen, die es der Bevölkerung erlauben, in ihre Heimat zurückzukehren und ihrer Arbeit nachzugehen. Ein großer Teil der ländlichen Bevölkerung sei gezwungen, seine[10] Vorräte an Saatgut aufzuessen. Das Gleiche gelte für die Herden; sie würden viele Jahre brauchen, um wieder zu regenerieren. Hilfe in Form von Saatgut, beim Aufbau eines Veterinärwesens, eines Basis-Gesundheitsdienstes und einer örtlichen Polizei sowie bei der Beseitigung von Minen seien eine wesentliche Voraussetzung für die Rückkehr von Flüchtlingen und damit für die Wiederherstellung politischer Stabilität. Während einer Übergangszeit, die „zwei bis drei Ernten“ dauern könnte, wird es auch für nötig gehalten, Angestellte und Lehrer zu bezahlen.

Die VN-Organisationen appellieren insbesondere an uns, da wir vor Ausbruch des Bürgerkrieges auf vielen Gebieten, besonders auch bei Landwirtschaft und Sicherheit, breite Hilfe geleistet hätten.[11] Es ist allerdings fraglich, ob das BMZ zu eigenen Programmen bereit ist, bevor wieder Sicherheit und eine geordnete Verwaltung hergestellt sind. Solange dies nicht der Fall ist, können wir versuchen, uns auf andere Weise an den Rehabilitationsprogrammen der VN zu beteiligen, etwa durch finanzielle Leistungen und Experten bei UNDP, UNICEF oder deutschen Nichtregierungsorganisationen. TZ-Mittel für Somalia sind im BMZ noch vorhanden.

5) Die politische Lage schilderte Sahnoun in düsteren Farben. Zwar halte eine Art Waffenstillstand zwischen den Hauptgegnern Aidid und Ali Mahdi. Es zeige sich aber kein Zeichen dafür, dass sie bereit seien, sich politisch zu einigen. Für die Einberufung einer breiten Friedenskonferenz sei es zu früh, denn an einer solchen würde ein Drittel bis die Hälfte aller bewaffneten Gruppen nicht teilnehmen.

In der Zwischenzeit herrsche ein rücksichtsloser Kampf aller gegen alle, unabhängig von Clan- oder Familienzugehörigkeit. Dies gelte zunehmend auch für den Norden des Landes, der bis vor wenigen Monaten noch relativ ruhig war und wo auch die Not nicht so groß ist wie im Süden.

Die Bemühungen des VN-Beauftragten konzentrieren sich daher darauf, beschränkte Gebiete zu beruhigen, zu sichern und dort einen wirtschaftlichen Aufbau zu ermöglichen.

Der Vorwurf, StM Schäfer habe sich nicht um einen Beitrag zur politischen Lösung der Somalia-Frage bemüht, geht daher ins Leere. Es wurde bewusst davon abgesehen, sich um Kontakte zu den Streitkräften zu bemühen, da von vornherein klar war, dass angesichts der ergebnislosen Bemühungen des UN-GS[12] sowie der Gespräche, die die EG-Troika[13] und der italienische Außenminister[14] erst vor wenigen Tagen geführt haben, ein deutscher Versuch sinnlos gewesen wäre. Die Aussage Sahnouns hat dies bestätigt. Selbstver-

10 Korrigiert aus: „ihre“.

11 Zur Entwicklung der Beziehungen zwischen der Bundesrepublik und Somalia vgl. AAPD 1978, I, Dok. 1, Dok. 192 und Dok. 194, AAPD 1979, I, Dok. 77, AAPD 1980, I, Dok. 18, sowie AAPD 1982, I, Dok. 94.

12 Boutros Boutros-Ghali.

13 Am 4. September 1992 hielten sich die AM Ellemann-Jensen (Dänemark), Hurd (Großbritannien) und Pinheiro (Portugal) in Somalia auf. Vgl. BULLETIN DER EG 9/1992, S. 68.

14 Der italienische AM Colombo besuchte Somalia am 7./8. September 1992.

Abb. 11: StM Schäfer mit dem Sonderbeauftragten des VN-GS für Somalia, Sahnoun

ständlich werden wir alle Bemühungen, vor allem der VN, Italiens und Ägyptens voll unterstützen.

6) StM Schäfer und seine Begleitung wurden schon in Nairobi auf Koordinationsdefizite innerhalb der VN-Familie und bei der Zusammenarbeit mit den anderen Gebern angesprochen. Dieses Thema haben wir daher sowohl gegenüber Sahnoun wie gegenüber den in Nairobi ansässigen Vertretern der großen VN-Organisationen deutlich ins Gespräch gebracht. Wir betonten, eine befriedigende Koordination sei eine wichtige Voraussetzung für den Erfolg der Programme und damit auch unserer eigenen Hilfsbereitschaft.

Sahnoun gab die Verbesserungsbedürftigkeit zu; er wolle dieses Thema mit dem am nächsten Tag eintreffenden Katastrophen-Koordinator der VN, Jan Eliasson, erörtern. Sie sollten es bei Ihrem Gespräch mit dem VN-GS[15] aufnehmen.

StM Schäfer betonte insbesondere die Notwendigkeit, ein Flugsicherungssystem über Somalia einzurichten, damit gerade während der jetzt beginnenden Regenzeit Zwischenfälle unter den Hilfsflugzeugen vermieden würden. Sahnoun und seine Mitarbeiter sagten zu, sich hierum beschleunigt zu kümmern.

15 Im Gespräch mit VN-GS Boutros-Ghali am 22. September 1992 in New York unterstrich BM Kinkel „unser großes Interesse an effizienter Koordinierung der Maßnahmen im Rahmen der humanitären Hilfe. GS wies darauf hin, dass es sich in diesem Bereich um eine neue Erfahrung handele, und erläuterte kurz die in jüngster Zeit durchgeführten Maßnahmen." Vgl. den mit DB Nr. 4 des MDg Schilling, z. Z. New York, am selben Tag übermittelten Gesprächsvermerk; B 1, ZA-Bd. 178945.

7) Die Vertreter der in Nairobi ansässigen VN- und humanitären Organisationen baten, über Somalia nicht die Lage in Äthiopien und im Süden des Sudans zu vergessen, wo Bürgerkrieg und Dürre mindestens ebenso große Not hervorgerufen hätten, um die sich aber Medien und Geber kaum kümmerten.

Schlagintweit

B 34, ZA-Bd. 153664

280

Vorlage des Vortragenden Legationsrats I. Klasse Göckel für Bundesminister Kinkel

421-340.25/20 SB 3B **11. September 1992**[1]

Über Dg 42[2], D 4 i. V.[3], Herrn Staatssekretär[4] Herrn Bundesminister[5]

Betr.: Abzug der Westgruppe der russischen Truppen aus den neuen Bundesländern und Berlin;
hier: Wohnungsbauprogramm

Zweck der Vorlage: Zur Unterrichtung

1) Mit dem Abkommen zwischen der Bundesrepublik Deutschland und der UdSSR vom 9. Oktober 1990 über einige überleitende Maßnahmen[6] (finanzielle Begleitung und Unterstützung des Truppenabzuges) hat sich Deutschland u. a. verpflichtet, bei der Durchführung eines Zivilwohnungsbauprogramms über 4 Mio. qm Wohnfläche für die aus dem Gebiet der ehemaligen DDR zurückkehrenden sowjetischen Soldaten zu helfen, und hierfür Mittel in Höhe von 7,8 Mrd. DM zugesagt.

Mit diesem Betrag sollen im europäischen Teil der ehemaligen UdSSR vorrangig 2 Mio. qm Wohnfläche oder rund 36 000 Wohnungen und vier Wohnungsbaukombinate mit einer Jahreskapazität von je 100 000 qm finanziert werden. Darüber hinaus werden Fabrikationseinrichtungen für den Ausbau von Wohnungen finanziert.

Federführendes Ministerium auf deutscher Seite ist das BMWi.

2) Programmabwicklung

Die Kreditanstalt für Wiederaufbau (KfW) steuert und überwacht als Treuhänder des Bundes die Durchführung des Wohnungsbauprogramms.

1 Die Vorlage wurde von VLR Mertens konzipiert.

2 Hat MDg Schönfelder am 11. September 1992 vorgelegen.

3 Hat in Vertretung des MD Dieckmann MDg Graf von Matuschka am 14. September 1992 vorgelegen.

4 Hat StS Lautenschlager am 14. September 1992 vorgelegen.

5 Hat BM Kinkel am 15. September 1992 vorgelegen.
Hat OAR Salzwedel am 16. September 1992 vorgelegen, der den Rücklauf an Referat 421 verfügte.

6 Für das Abkommen vom 9. Oktober 1990 zwischen der Bundesrepublik und der UdSSR über einige überleitende Maßnahmen (Überleitungsabkommen) vgl. BGBl. 1990, II, S. 1655–1659. Vgl. ferner AAPD 1990, II, Dok. 334.

Bei der Projektplanung wirkt ein deutsch-russisches Planungsbüro mit.

Ein deutsches Consulting-Konsortium (unter Federführung der Dorsch Consult) erstellt die gesamten Ausschreibungsunterlagen, wickelt die Ausschreibungen selbst ab, erarbeitet die Vergabevorschläge und führt die Bauüberwachung und Bauabnahme durch.

Der Bau der Wohnungen wird international ausgeschrieben. Mit der damaligen sowjetischen Seite wurde jedoch vereinbart, dass die Bauarbeiten im Rahmen des Programms überwiegend von deutschen Unternehmen durchgeführt werden. Dabei muss eine Beteiligung von Firmen aus den neuen Bundesländern – als Konsortialpartner, Unterauftragnehmer oder Lieferant – in einem Umfang von mindestens 20 % des Auftragswertes je Standort vorgesehen werden. Um dieses Ziel zu erreichen, erfahren deutsche Unternehmen bei den Ausschreibungen in gewissem Umfang eine präferentielle Behandlung. Etwa 50 % des bisher vergebenen Bauvolumens sind an deutsche Unternehmen gegangen, davon der überwiegende Teil an Unternehmen aus den neuen Bundesländern. Daneben haben sich bislang türkische und finnische Unternehmen durchsetzen können.

3) Stand der Programmumsetzung

Ursprünglich war die Aufteilung der Standorte und Wohneinheiten wie folgt vorgesehen: Russland sollte acht Standorte (28 % der Wohneinheiten), die Ukraine 17 Standorte (52 %) und Weißrussland acht Standorte (20 %) erhalten.

Davon sind bisher für Russland vier Standorte, für die Ukraine zwei Standorte und für Weißrussland sieben Standorte vergeben worden. Damit sind insgesamt 13 532 Wohneinheiten bzw. 38 % der geplanten 36 000 Wohneinheiten in 13 Standorten vergeben.

An diesen 13 Standorten sind die Bauarbeiten in Gange bzw. bereits abgeschlossen. Etwa 3500 Wohnungen sind jetzt bezugsfertig, bis zum Jahresende werden es etwa 10 000 Wohnungen sein.

Die Ausschreibung für vier weitere Standorte in Russland mit zusammen 5050 Wohneinheiten soll in den nächsten Tagen erfolgen.

Bislang hat es noch keine wesentlichen Abweichungen von dem ursprünglich aufgestellten Zeitplan für die Abwicklung gegeben. Das Ziel, die Wohnungen bis Ende 1994 fertigzustellen, ist aus jetziger Sicht noch nicht unmittelbar gefährdet.

3.1) Probleme bei der Programmumsetzung

Nachdem das Wohnungsbauprogramm in der Anfangsphase trotz der tiefgreifenden Umwälzungen in der ehemaligen UdSSR überraschend zügig umgesetzt werden konnte, hat es in den letzten Monaten Verzögerungen gegeben. Bereits erstellte Planungen mussten häufig überarbeitet oder sogar zurückgenommen werden. Hiervon waren insbesondere ukrainische Standorte betroffen. Der Hintergrund dieser Entwicklung ist folgender: Nach den ursprünglichen Planungen sollten 17 der insgesamt 33 Wohnungsbaustandorte auf dem Territorium der Ukraine errichtet werden. Zwei dieser Standorte sind bereits fertiggestellt (Kriwoi-Rog) bzw. im Bau (Starakonstantinov). Nach dem Auseinanderbrechen der Sowjetunion beansprucht die Russische Föderation nunmehr sämtliche zukünftig noch zu errichtenden Wohnungsbaustandorte für ihr Territorium, da die aus Deutschland noch abzuziehenden Angehörigen der Westgruppe nach russischer Darstellung ausschließlich auf russisches Territorium abgezogen würden. Dies wird jedoch von der Ukraine bestritten, die auf der Ausführung der ursprünglich vorgesehenen 17 Standorte beharrt. Faktisch wird der Truppenabzug jetzt jedoch ausschließlich in die Russische Föderation, unter deren alleiniger Jurisdiktion die WGT steht, durchgeführt. Die Ukraine hat

7 % der aktiven Offiziere übernommen und erhielte bei zwei Standorten ca. 8 % der Wohnungen.

Die Bundesregierung drängt die Russische Föderation und die Ukraine, sich über ihre Ansprüche aus dem Programm möglichst umgehend zu einigen. Eine solche Einigung ist jedoch bislang nicht erfolgt. Um durch diese Situation keine wesentlichen Verzögerungen bei der Abwicklung des Programms eintreten zu lassen, werden gegenwärtig primär die zwischen den Republiken unstreitigen Projekte und die bereits begonnenen Vorhaben fortgeführt.

Zusätzlich wurde mit der russischen Seite vereinbart (ohne Grundsatzentscheidung), jeweils schrittweise neue Baustandorte in der RF in Angriff zu nehmen, auch über die ursprünglich für die RF vorgesehenen acht Standorte hinaus. Letztlich werden die Wohnungen entsprechend dem Sinn des Überleitungsabkommens dort gebaut werden müssen, wohin die aktiven Offiziere abziehen, d. h. nach Russland. Nach herrschender Auffassung sind Russland und die übrigen Nachfolgestaaten gemeinsam Schuldner der Abzugsverpflichtung sowie auch Gesamtgläubiger für unsere Leistungen aus dem Überleitungsvertrag. Daraus folgt, dass Deutschland an einen Gläubiger (die RF) mit befreiender Wirkung leisten kann. Eine eventuelle Kompensation für die Ukraine stellt dann ein internes Problem zwischen der RF und der Ukraine dar.

Sollte die russische Seite ihre Vorstellungen gegenüber der Ukraine voll durchsetzen können oder wir bei Nichtzustandekommen einer Einigung im oben beschriebenen Sinne prozedieren, würde sich die endgültige Standortverteilung wie folgt darstellen:

Russland 24 Standorte (76 % der Wohneinheiten), Ukraine zwei Standorte (8 %) und Weißrussland mit sieben Standorten (16 %). Weißrussland erhebt keine weiteren Ansprüche auf Bauleistungen aus dem Programm.

Angesichts der schwierigen Umstände in der ehemaligen UdSSR ist das bislang bei der Programmumsetzung erreichte Ergebnis als zufriedenstellend zu bewerten. Selbst im Vergleich mit Großprojekten in Deutschland ist das Ergebnis vorzeigbar.

Dass das Programm soweit vorangebracht werden konnte, ist nicht zuletzt auf das umsichtige Handeln der KfW und des deutschen Consulting-Konsortiums zurückzuführen. Die ständige enge politische Begleitung des Programms durch das AA erwies sich als notwendig und sollte angesichts der weiter bestehenden Probleme beibehalten werden.[7]

Göckel

B 63, ZA-Bd. 163561

7 BR I Boomgaarden, Moskau, berichtete am 29. Dezember 1992, nach Auskunft des russischen Außenministeriums hätten sich Russland und die Ukraine in einem Übereinkommen vom 22. Dezember 1992 wie folgt geeinigt: „Für die Durchführung des Programmes auf dem Territorium der Ukraine sollen insgesamt 755 Mio. DM zur Verfügung gestellt werden. Der darin enthaltene Anteil für den reinen Wohnungsbau entspreche 7,4 Prozent des Gesamtvolumens (7,8 Mrd. DM). Dies korrespondiere mit dem Anteil der in die Ukraine abgezogenen Truppen am Gesamtkontingent." Vgl. DB Nr. 5771; B 63, ZA-Bd. 163562.

281

Vorlage des Vortragenden Legationsrats Petri für Staatssekretär Lautenschlager

424-9-464.75 ISR **11. September 1992[1]**

Über Dg 42[2], D 4 i. V.[3] Herrn Staatssekretär[4]

Betr.: Trägertechnologie-Kontrollregime MTCR;
hier: Ausfuhrantrag der Fa. Dornier betreffend die Lieferung eines Untersystems zu dem israelischen Kommunikationssatelliten AMOS[5]

Bezug: Vorlage vom 24.7.1992 – 424-9-464.75 ISR[6]

Anlg.: 2 (Bezugsvorlage[7] sowie amerikanisches Non-paper vom 8.9.1992[8])

Zweck der Vorlage: Zur Unterrichtung

1) Nach Befassung der Amtsleitung (Anlage 1) hatte die Bundesregierung das nach MTCR-Richtlinien für die Ausfuhr eines Kategorie-I-Gegenstandes erforderliche Konsultationsverfahren im Kreise der MTCR-Partner eingeleitet. Gegen diese geplante Ausfuhr erhoben Bedenken bzw. baten um „reconsideration“:
- Großbritannien
- Irland
- Japan
- Kanada,

Einspruch legten ein:
- USA.

1 Die Vorlage wurde von LRin I Zimmermann von Siefart konzipiert.

2 Hat MDg Schönfelder am 11. September 1992 vorgelegen.

3 Hat in Vertretung des MD Dieckmann MDg von Kyaw am 11. September 1992 vorgelegen.

4 Hat StS Lautschlager am 14. September 1992 vorgelegen, der handschriftlich vermerkte: „Ich unterstreiche Ziffer 6c! Wir können hier nur im Einvernehmen mit unseren Partnern handeln. Ich hoffe, dass dieses innerhalb der gesetzten Fristen erreicht werden kann.“
Hat LRin I Zimmermann von Siefart am 15. September 1992 erneut vorgelegen, die die Weiterleitung an VLR Petri „z[ur] g[efälligen] K[enntnisnahme]“ verfügte und handschriftlich vermerkte: „Laut Auskunft v. Dr. Hachmeier (BMWi) beabsichtigt Fa. Dornier, bis 16.9. konkreten Vorschlag zu unterbreiten.“
Hat Petri am 15. September 1992 erneut vorgelegen.

5 Affordable Modular Optimized Satellite.

6 VLR I Ackermann informierte über einen Antrag der Firma Dornier auf Ausfuhrgenehmigung für Systeme für den israelischen Kommunikationssatelliten AMOS im Wert von 96 Mio. DM und plädierte dafür, „dem BMWi mitzuteilen, dass das AA keine außenpolitischen Bedenken gegen die Erteilung der Ausfuhrgenehmigung erhebt“. Die infrage stehende Ausfuhr stehe im Zusammenhang mit ESA-Vorhaben: „Eine Ablehnung des Ausfuhrantrags würde den Ausschluss der deutschen Industrie von einem durch die ESA geförderten Projekt bedeuten.“ Vgl. B 70, ZA-Bd. 220601.

7 Dem Vorgang beigefügt. Vgl. Anm. 6.

8 Korrigiert aus: „11.9.1992“.
Dem Vorgang beigefügt. Für das am 8. September 1992 übergebene amerikanische Non-paper vgl. B 70, ZA-Bd. 220601.

2) Die Bedenken unserer Partner richten sich nicht gegen das Projekt an sich, sondern nur auf die damit verbundene Verbringung des Apogäumsmotors nach Israel, das als „country of proliferation concern“ eingestuft ist. Ihre Hauptargumente zielen dabei auf:

- eine mögliche Schwächung des MTCR-Regimes und die Gefahr einer Präzedenzwirkung. Bei Gegenständen der Kategorie I haben MTCR-Partner eine strong presumption of denial im Falle von Ausfuhren in Nicht-MTCR-Länder vereinbart. Eine Durchbrechung dieses Grundsatzes im Falle eines so sensiblen Gegenstandes (Apogäumsmotor) habe über die konkrete Ausfuhr hinaus eine negative Präzedenzwirkung;
- den israelischen Empfänger, Israel Aircraft Industries, der auch Bezieher von Rüstungsgütern in großem Umfang ist. Die Endverwendungserklärung ist unseren Partnern nicht Absicherung genug. (Japan verweist darauf, dass es schon Gegenstände der Kategorie II – weniger sensible Gegenstände – nicht an Israel Aircraft Industries liefern würde);
- einen mit einer Ausfuhr nach Israel verbundenen etwaigen Technologietransfer. MTCR-Partner, v. a. USA und GB, sehen auch bei einer nur vorübergehenden Verbringung des Motors nach Israel diese Gefahr.

3) Unsere ursprüngliche nationale Entscheidung für die Genehmigung dieser Ausfuhr (vorbehaltlich des Ergebnisses der MTCR-Konsultationen) gründete sich auf die Tatsache, dass der infrage stehende Motor fest in einem Satelliten eingebaut wird, der mit Ariane IV gestartet werden soll, und dass seine technischen Kenndaten nur 0,2 % über der MTCR-Kontrollschwelle liegen. Eine andere als die angegebene Verwendung ist daher praktisch auszuschließen. Da es sich um einen reinen Kommunikationssatelliten handelt, scheint auch eine Besorgnis, die sich auf den israelischen Empfänger richtet, in diesem Falle unangebracht.

4) Die MTCR-Partner, die Bedenken geäußert hatten, wurden in bilateralen Demarchen über unsere Beweggründe unterrichtet. Auf eine volle zweite Konsultationsrunde im MTCR-Kreis musste aus Zeitgründen verzichtet werden, da Israeli Aircraft Industries (bereits nach mehrmaligem Terminaufschub) eine Frist bis 10.9. gesetzt hatte[9]. Diese ist jetzt, nach einer Demarche der Botschaft Tel Aviv, bis zum 30.9. verlängert worden, um zum einen den Druck von der Fa. Dornier zu nehmen und ggf. zu einer Kompromisslösung zu gelangen.

5) Eine solche scheint sich dahingehend abzuzeichnen, dass der Motor außerhalb Israels (beispielsweise in Frankreich oder am Startplatz in Guayana) eingebaut wird. Die Amerikaner haben hierzu bereits ihr Einverständnis zu erkennen gegeben (Anlage 2).

Die Fa. Dornier wurde über den derzeitigen Stand der Angelegenheit unterrichtet und prüft die technische Durchführbarkeit eines Einbaus des Motors außerhalb Israels. Ihr wurde – nach Abstimmung mit BMWi – auch deutlich gemacht, dass sie anderenfalls nicht mit einer Ausfuhrgenehmigung rechnen könne.

Ferner wird das BMWi angesichts der eingetretenen Reaktionen der MTCR-Partner vom BAFA nunmehr auch die Kategorie-II-Gegenstände, die in dem Satelliten-Subsystem enthalten sind, noch einmal genauer im Hinblick auf die Gefahr eines unerwünschten Trägertechnologietransfers überprüfen lassen.

6) Es besteht Einvernehmen mit dem BMWi, dass eine Ausfuhrgenehmigung nur erteilt wird[10], wenn

9 Die Wörter „10.9. gesetzt hatte“ wurden von StS Lautenschlager hervorgehoben. Dazu Ausrufezeichen.

10 Die Wörter „Ausfuhrgenehmigung nur erteilt wird“ wurden von StS Lautenschlager hervorgehoben.

a) der Motor außerhalb Israels eingebaut wird,

b) auch bei den Kategorie-II-Gegenständen ein unerwünschter Technologietransfer ausgeschlossen werden kann,

c) die MTCR-Partner, die Bedenken/Einspruch erhoben haben, ihr Einverständnis zu dem skizzierten Verfahren geben.[11]

Zunächst ist abzuwarten, welche konkreten Vorschläge der Antragsteller nunmehr für die Abwicklung des Geschäfts in diesem Sinne macht.[12]

Referat 431 hat mitgezeichnet.

Petri

B 70, ZA-Bd. 220601

282

Gespräch des Bundeskanzlers Kohl mit dem israelischen Ministerpräsidenten Rabin

21-30 132 I 9-Is 3/1/92 VS-vertraulich **14. September 1992**[1]

Der *Bundeskanzler* heißt PM Rabin herzlich willkommen.[2] Er freue sich über die Gelegenheit zu einem intensiven Gespräch. Wir lebten in einer komplizierten Zeit. Wenn man aber das Richtige mache, könne es eine gute Zeit werden.

Das gelte nicht nur für Europa, sondern auch für andere Regionen. Er habe die Hoffnung, dass dieses Jahrhundert, das so viel Leid gesehen habe, am Ende etwas Gutes hervorbringe. Er, der Bundeskanzler, habe die Wahl von MP Rabin[3] mit großer Hoffnung gesehen. Was in Israel geschehe, berühre uns unmittelbar. Wenn man nicht aufpasse, kämen alle bösen Geister wieder. Es sei leider nicht so, dass die Völker automatisch klüger würden. Er biete MP Rabin eine direkte, offene und gute Zusammenarbeit an.

MP *Rabin* bedankt sich für den Empfang und fügt hinzu, er sei sehr daran interessiert gewesen, mit dem Bundeskanzler zusammenzutreffen. Er sei nach seinem Amtsantritt zu-

11 Dieser Absatz wurde von StS Lautenschlager hervorgehoben. Dazu vermerkte er handschriftlich: „r[ichtig]". Vgl. Anm. 4.

12 VLR Petri teilte dem BMWi am 28. September 1992 mit, das Auswärtige Amt erhebe keine Bedenken gegen die Ausfuhr eines Untersystems zum israelischen Kommunikationssatelliten AMOS, „sofern der Motor nicht außerhalb von MTCR-Ländern gebracht wird, sondern, wie vorgesehen, in Frankreich in den Satelliten eingebaut und von dort zum Standort der Ariane-Trägerrakete nach Kourou (Frz. Guayana) befördert wird. Die Genehmigung ist mit der Auflage zu versehen, dass der israelische Zugang zur MTCR-relevanten Technologie während des Einbaus, der Testphase und des Abschusses des Satelliten so gering wie möglich gehalten wird." Vgl. B 70, ZA-Bd. 220601.

1 Der Gesprächsvermerk wurde von MD Hartmann, Bundeskanzleramt, gefertigt.

2 Der israelische MP Rabin hielt sich vom 14. bis 16. September 1992 in der Bundesrepublik auf.

3 Zu den Parlamentswahlen am 23. Juni 1992 in Israel vgl. Dok. 201, Anm. 21. Die neue Regierung unter MP Rabin trat ihr Amt am 13. Juli 1992 an.

nächst in die USA gefahren[4], da ihm sehr daran lag, alles zu tun, um die Beziehungen zu verbessern und Vertrauen wiederherzustellen. Israel habe besonders gute Beziehungen zu den USA, und zwar sowohl im militärischen als auch im wirtschaftlichen Bereich.

Ihm sei vor allem daran gelegen gewesen, in der Frage der Kreditbürgschaften[5] zu einer Übereinkunft zu kommen. Dabei sei es für Israel sehr wichtig, dass die entsprechende Gesetzgebung mit keinerlei politischen Bedingungen verknüpft sei. Er habe die Hoffnung, dass ab Oktober die erste Rate in Höhe von 2 Mrd. US-Dollar gezahlt werde.

Er habe in Washington noch andere für Israel wichtige Themen erörtert, darunter insbesondere die Weiterentwicklung des Nahost-Friedensprozesses. Man habe nicht in allen Punkten Einvernehmen erzielt, aber sei sich einig gewesen, dass dieser Prozess weitergehen müsse. Dies sei möglich, weil er die israelische Politik geändert habe.

Seine Regierung habe den Friedensverhandlungen neuen Inhalt gegeben. Obschon dies innenpolitische Probleme schaffe, habe er sich gegenüber Syrien zur Anwendung der Resolutionen 242[6] und 338[7] bereit erklärt. Das bedeute, dass man jetzt ernsthafte Gespräche über die territorialen Fragen führe. Diese israelische Wendung habe Syrien überrascht, das jetzt seinerseits gezwungen sei, sich der Realität zu stellen.

Die Frage des *Bundeskanzlers*, ob er Assad persönlich kenne, verneint MP *Rabin* und ergänzt, Assad habe immer eine Führungsrolle in der arabischen Welt angestrebt und den Traum eines Großsyrien verfolgt, wozu nicht nur die Kontrolle über den Libanon und Jordanien gehöre, sondern auch der entscheidende Einfluss auf die Palästinenser. Andererseits habe sich Assad in der arabischen Welt dadurch isoliert, dass er den Iran während des Krieges mit dem Irak[8] unterstützt habe. Seither seien Assad und Saddam Hussein Erzfeinde.

Die eigentliche Wende für Assad sei mit dem Zusammenbruch der früheren Sowjetunion und dem Ende des Kalten Krieges gekommen. Nach dem Wegfall der wirtschaftlichen und militärischen Hilfe durch die Sowjetunion habe Assad politisch „nackt“ dagestanden. Da er ein außerordentlich durchtriebener Politiker sei, habe er sich zu einem Wechsel entschlossen und insbesondere versucht, das Verhältnis zu den USA zu verbessern. Allerdings wisse er nicht, inwieweit Assad bereit sei, auch die Beziehungen zu Israel zu nor-

4 Der israelische MP Rabin hielt sich vom 10. bis 13. August 1992 in den USA auf.

5 Zur Frage amerikanischer Kreditbürgschaften für Israel vgl. Dok. 80, Anm. 9.
Im Anschluss an ihre Gespräche am 10./11. August 1992 in Kennebunkport (Maine) gaben der amerikanische Präsident Bush und der israelische MP Rabin ihre Einigung über die Grundprinzipien der Gewährung von bis zu 10 Mrd. US-Dollar amerikanischer Kreditgarantien an Israel bekannt, die mit jährlich bis zu 2 Mrd. US-Dollar über einen Zeitraum von fünf Jahren gegeben werden sollten. Gesandter von Nordenskjöld, Washington, legte am 12. August 1992 dar, allerdings seien „wesentliche Einzelheiten der Kreditgarantie und ihrer politischen Bedingungen offenbar ungeklärt“ geblieben. Vgl. DB Nr. 2325/2326; B 36, ZA-Bd. 185344.

6 Für die Resolution Nr. 242 des VN-Sicherheitsrats vom 22. November 1967 vgl. UNITED NATIONS RESOLUTIONS, Serie II, Bd. VI, S. 42 f. Für den deutschen Wortlaut vgl. EUROPA-ARCHIV 1969, D 578 f.

7 Für die Resolution Nr. 338 des VN-Sicherheitsrats vom 22. Oktober 1973 vgl. UNITED NATIONS RESOLUTIONS, Serie II, Bd. IX, S. 44. Für den deutschen Wortlaut vgl. EUROPA-ARCHIV 1974, D 313.

8 Seit 22. September 1980 befanden sich der Irak und der Iran im Kriegszustand. Vgl. AAPD 1980, II, Dok. 286. Nachdem beide Kriegsparteien die Resolution Nr. 598 des VN-Sicherheitsrats vom 20. Juli 1987 anerkannt hatten, die zu einem sofortigen Waffenstillstand, dem Rückzug der Truppen hinter die anerkannten Grenzen und zum Austausch der Kriegsgefangenen aufforderte, wurden die Kampfhandlungen offiziell am 20. August 1988 eingestellt.

Abb. 12: BK Kohl und der israelische MP Rabin

malisieren. Der Entschluss Assads zur Teilnahme an der Nahost-Konferenz gehe in erster Linie auf das syrische Interesse an besseren Beziehungen zu den USA und Europa zurück.

Auf die Frage des Bundeskanzlers nach einem möglichen Arrangement zwischen Syrien und dem Irak erklärt MP Rabin, ein stillschweigendes Einvernehmen sei zwar denkbar, aber er glaube nicht an eine dauerhafte Verständigung, da die Feindschaft zwischen Syrien und dem Irak fortbestehe.

Der *Bundeskanzler* erklärt, auch wenn das Referendum in Frankreich[9] – dessen Durchführung ein großer Fehler sei – scheitere, werde die politische Integration in der EG weiter vorankommen. Er selber werde dann einen neuen Vorstoß machen, denn diese Frage sei für Deutschland existenziell. Wenn aber die politische Integration vorankomme, stelle sich auch die Frage nach den Beziehungen zu Israel. So liege eine Assoziierung (mit der EG) praktisch in der Luft, die auch im Interesse Israels sei. Wenn man dies anstrebe, müsse man sich allerdings gleichzeitig überlegen, was man mit den arabischen Ländern mache.

MP *Rabin* kommt auf die Rolle Assads zurück und erklärt, wenn Assad einmal ein Abkommen unterzeichne, halte er sich auch daran, zumindest so lange, als er wisse, dass eine Verletzung ihn teuer zu stehen komme.

MP Rabin verweist als Beispiel auf das Entflechtungsabkommen über den Golan[10], das seinerzeit von einem ägyptischen General im Auftrag Syriens unterzeichnet worden sei.

9 Zum Referendum am 20. September 1992 in Frankreich über das Vertragswerk von Maastricht vgl. Dok. 293 und Dok. 300.

10 Am 31. Mai 1974 unterzeichneten Israel und Syrien in Genf eine Vereinbarung über Truppenentflechtung. Für die Vereinbarung und das zugehörige Protokoll vgl. https://www.gov.il/en/Departments/General/

Dieses inzwischen 18 Jahre alte Abkommen werde von Syrien strikt eingehalten. Richtig sei allerdings, dass Syrien gleichzeitig den Libanon als Hintertür für bestimmte Aktivitäten benutze. Auch Kissinger habe ihm bestätigt, dass Assad vertragstreu sei.

Heute beginne die zweite Verhandlungsrunde in Washington.[11] Dort werde man feststellen, bis zu welchem Grad Syrien bereit sei, wie Ägypten mit Israel[12] einen Friedensvertrag abzuschließen. Natürlich bedeute dies nicht, dass sich hieraus „Liebe" entwickele, sondern es gehe um die Herstellung normaler Beziehungen.

Des Weiteren gehe es darum festzustellen, wieweit man einen solchen Vertrag – unabhängig von den Beziehungen zu den anderen Nachbarn – auf eine eigene Grundlage stellen könne. Deshalb sei er sich im Klaren darüber, dass Israel für den Frieden auch einen Preis bei den territorialen Fragen zu stellen habe. Schwieriger sei das Problem mit den Palästinensern.

Auf die entsprechende Frage des Bundeskanzlers erwidert MP Rabin, mit Jordanien könne man erst dann einen Friedensvertrag abschließen, wenn das Palästinenserproblem gelöst sei. Natürlich sei Israel daran interessiert, dass die Haschemiten an der Macht blieben, aber man könne mit Jordanien nicht in Verhandlungen eintreten, bevor sich nicht zumindest eine Lösung für das Palästinenserproblem abzeichne.

Dabei zeige sich, dass die Palästinenserführer, die in den besetzten Gebieten lebten, sich pragmatischer verhielten als Arafat und seine Leute. Arafat habe von den tatsächlichen Problemen vor Ort, um deren Lösung es gehe, keine Ahnung.

In der ersten Phase gehe es um eine Übergangsregelung für eine Interimsregierung. In der Übergangszeit, für die man fünf Jahre veranschlage, könne man dann weiter über die endgültige Lösung verhandeln. Damit bewege man sich auf der Grundlage des Camp-David-Abkommens.

Auf die Frage des *Bundeskanzlers*, wie Arafat sich dazu stelle, erwidert MP *Rabin*, Israel orientiere sich an der Haltung der Palästinenser in den besetzten Gebieten. Diese seien der Partner, mit dem man verhandele und die das Abkommen auch umsetzen müssten. Mit

Fortsetzung Fußnote von Seite 1135

israel-syria-separation-of-forces-agreement-1974. Für den deutschen Wortlaut vgl. EUROPA-ARCHIV 1974, D 329 f.

11 Der erste Teil der sechsten Runde der bilateralen Nahost-Verhandlungen wurde vom 24. August bis 3. September 1992 in Washington abgehalten, der zweite Teil vom 14. bis 24. September 1992. Botschafter Stabreit, Washington, teilte am 25. September 1992 mit, eine gemeinsame israelisch-syrische Erklärung sei zwar nicht zustande gekommen, trotz weiter bestehender sachlicher Differenzen lägen die grundsätzlichen Positionen beider Seiten jedoch nicht zu weit auseinander: „Die wichtigste Frage, nämlich das ‚Was', ist immerhin unumstritten: Frieden gegen Land. [...] Das gegenwärtige Ringen im Verhandlungsraum dreht sich um das ‚Wie', ‚Wann' und ‚Wieviel'. Diese Fragen zu lösen, wird schwierig sein, aber keinesfalls unmöglich." Vgl. DB Nr. 2810/2811; B 36, ZA-Bd. 196082.

12 Der israelische MP Begin, der amerikanische Präsident Carter und der ägyptische Präsident Sadat trafen vom 5. bis 17. September 1978 in Camp David, dem Landsitz des amerikanischen Präsidenten, zusammen, um eine Friedensregelung auszuarbeiten. Für die am 17. September 1978 in Washington unterzeichneten Rahmenwerke für den Frieden im Nahen Osten und für den Abschluss eines Friedensvertrags zwischen Ägypten und Israel vgl. DEPARTMENT OF STATE BULLETIN, Bd. 78 (1978), Heft 2019, S. 7–11. Für den deutschen Wortlaut vgl. EUROPA-ARCHIV 1979, D 47–54. Vgl. ferner AAPD 1978, II, Dok. 271, Dok. 278, Dok. 281 und Dok. 282.

Der darauf basierende ägyptisch-israelische Friedensvertrag wurde am 26. März 1979 in Washington unterzeichnet. Vgl. UNTS, Bd. 1136, S. 100–235. Für den deutschen Wortlaut vgl. EUROPA-ARCHIV 1979, D 235–252. Vgl. ferner AAPD 1979, I, Dok. 86 und Dok. 98, sowie FRUS 1977–1980, IX.

wem diese Palästinenser ihrerseits sprächen, sei ihre Sache. Wenn sie sich mit Arafat rückkoppeln wollten, sollten sie es tun. Er glaube nicht, dass Arafat wirklich zum Fortgang des Friedensprozesses beitragen wolle. Vielmehr schaffe er ständig Hindernisse, u. a., weil er befürchte, dass die örtlichen Palästinenserführer stärker werden.

Der *Bundeskanzler* wirft ein, es gebe neben Arafat natürlich noch radikalere Kräfte.

MP *Rabin* bejaht dies und fügt hinzu, es sei bezeichnend, dass in den letzten Jahren 54 Araber bei internen Auseinandersetzungen umgebracht worden seien, während nur sechs Araber in Auseinandersetzungen mit den israelischen Streitkräften ihr Leben gelassen hätten. Diese Morde innerhalb der arabischen Gruppen schafften natürlich eine Atmosphäre der Angst und des Terrors.

Er habe den Palästinenserführern angeboten, dass sie 1993 einen Rat wählen sollten, der die besetzten Gebiete verwalte. Es handele sich nicht um ein gesetzgebendes Organ, sondern um ein Exekutivorgan, das die Aufgabe habe, die inneren Angelegenheiten zu verwalten, wozu u. a. auch eine eigene Polizei gehören werde. Die Sicherheitsangelegenheiten insgesamt blieben, ebenso wie außenpolitische Zuständigkeiten, weiterhin bei der israelischen Regierung.

Der *Bundeskanzler* stellt die Frage, ob Israel davon ausgehe, dass sich Leute für diese Aufgabe fänden.

MP *Rabin* erwidert, dies hänge von den Palästinensern selbst ab; was Israel angehe, sei er bereit, bereits Anfang Dezember zu einer grundsätzlichen Übereinkunft über Wahlen zu kommen und im Februar eine Übereinkunft über die Kompetenzen des Exekutivorgans abzuschließen.

Auf die Frage des Bundeskanzlers nach der Haltung von König Hussein von Jordanien erklärt MP Rabin, es gehe um unterschiedliche Verhandlungsstränge. Zum einen würden über das jordanische Problem Verhandlungen geführt, wobei man einer Delegation bestehend aus neun Jordaniern und zwei Palästinensern gegenübersitze. Zum anderen spreche man über das Palästinenserproblem mit einer Delegation, die sich aus neun Palästinensern und zwei Jordaniern zusammensetze.

Man verhandele natürlich auch mit dem Libanon. Diese Verhandlungen stellten einerseits ein weniger großes Problem dar, da Israel mit dem Libanon eine international anerkannte Grenze habe und niemand daran denke, diese auch nur um einen Millimeter zu verschieben. Hauptproblem sei aber die Sicherheit im Libanon, wo es keine Regierung gebe, die wirklich in der Lage sei, das Land zu kontrollieren und Terrorgruppen von Angriffen auf Israel abzuhalten. Praktisch sei der Libanon heute ein syrisches Protektorat, und infolgedessen komme es auch hier wieder darauf an, zunächst mit Syrien Fortschritte zu erzielen.

Der *Bundeskanzler* stellt die Frage, ob nicht die Gefahr bestehe, dass Syrien zweigleisig fahre und sozusagen auf zwei Schachbrettern spiele, indem es beispielsweise ein Abkommen über den Golan abschließe, aber gleichzeitig im Libanon weiterhin Schwierigkeiten mache.

MP *Rabin* erwidert, diese Fragen würden in der Tat mit zwei unterschiedlichen Delegationen verhandelt, aber die Syrer wollten auch nicht als diejenigen erscheinen, die in Sachen Libanon das Sagen hätten. Israel akzeptiere die Rolle Syriens im Libanon als ein Faktum. Andererseits sehe er aber deutlich eine Änderung in der Haltung Syriens; er sei daher überzeugt, dass man eine Chance habe. Man werde in zwei Jahren sehen, wie die Dinge sich wirklich entwickelten. Man brauche jetzt eine Atmosphäre, die alle Seiten ermutige. Natürlich schafften ihm gerade die Gespräche mit Syrien über den Golan zu Hause Probleme, und dies nicht nur bei den Rechtsextremen und den Siedlern, sondern auch in seiner eigenen Partei.

Der *Bundeskanzler* stellt die Frage nach der Rolle von Präsident Mubarak.

MP *Rabin* erwidert, er sei auch mit Mubarak bereits zusammengetroffen[13], den er schon vorher gekannt habe. Mubarak sei kein Intellektueller, sondern stehe mit beiden Beinen auf dem Boden. Allerdings sei Mubarak auch frustriert, weil ihm die anderen Araber nicht die Rolle spielen ließen, die er gerne spielen würde.

Der *Bundeskanzler* wirft ein, Ägypten sei geographisch und politisch ein wichtiger Faktor.

MP *Rabin* bejaht dies und fügt hinzu: Mubarak habe ihm gesagt, er habe Assad seinerzeit darauf hingewiesen, dass ihm der Friede mit Israel letztlich Wirtschaftshilfe in Höhe von 50 Mrd. $ eingebracht habe. Ohne diesen Frieden wäre er nicht in der Lage gewesen, sein Land mit dem rasanten Bevölkerungswachstum zu stabilisieren. Assad habe daraufhin Mubarak erklärt, dass die Bevölkerung in Syrien hierfür noch nicht reif sei, was Mubarak seinerseits mit der Bemerkung quittiert habe, wenn Assad wolle, wären die Syrer auch bereit.

Im Mittleren Osten habe man es mit einem merkwürdigen Widerspruch zu tun. Auf der einen Seite sehe jeder, dass sich die internationale Szene grundlegend wandele, was auch den Willen, es zum Krieg kommen zu lassen, dämpfe. Andererseits habe man es mit einem beschleunigten Wettrüsten zu tun. Syrien beziehe beispielsweise weiterhin Waffen aus Russland und auch der Slowakei. Mit Hilfe Nordkoreas sei Syrien derzeit dabei, eine Produktion von Scud-Raketen aufzubauen. Der Irak sei kurz davor gewesen, nukleare Waffen bauen zu können. Auch nach der Inspektion durch die Vereinten Nationen gebe es nach wie vor genug irakische Spezialisten, die in der Lage seien, in fünf bis sechs Jahren eine nukleare Fähigkeit zu entwickeln, wenn die irakische Regierung die entsprechenden Mittel bereitstelle.

Dann gebe es noch den Iran, der auf nuklearem Gebiet mit China eng zusammenarbeite. Die Iraner hätten gerade ein großes Waffengeschäft mit Russland über 3 – 5 Mrd. US-$ abgeschlossen, wobei es vor allem um den Kauf von Flugzeugen gehe. Die USA wiederum lieferten Waffen an Israel, aber hätten jetzt auch ein großes Waffengeschäft mit Saudi-Arabien abgeschlossen, was für Israel ein Problem darstelle.

Der *Bundeskanzler* stellt die Frage, wie stabil Saudi-Arabien nach Einschätzung des Ministerpräsidenten sei.

MP *Rabin* erwidert, die Saudis seien nie an einem anderen Krieg gegen Israel beteiligt gewesen. Was die Stabilität dort angehe, könne er dies nicht beurteilen, aber das Haus Saud werde wahrscheinlich nicht für immer bleiben.

Der *Bundeskanzler* wirft ein, Präsident Mubarak habe in diesem Punkt ein noch skeptischeres Urteil.

MP *Rabin* erklärt, Mubarak sei ein stolzer Ägypter, den es wurme, dass er von saudiarabischen Zahlungen abhänge. Dies schaffe keine große Zuneigung.

Aus seiner Sicht habe Israel in den nächsten zwei bis fünf Jahren ein „Window of Opportunity“. In diesem Zeitraum habe er drei Ziele:

13 Der israelische MP Rabin hielt sich am 21. Juli 1992 in Ägypten auf.

- den Friedensprozess voranzubringen;
- mehr als eine halbe Million Juden aus der früheren Sowjetunion einzugliedern, was kurzfristig wegen der damit verbundenen wirtschaftlichen Schwierigkeit eine erhebliche Bürde darstelle, aber langfristig sehr wichtig für Israel sei;
- die israelische Wirtschaft zu stärken und das Bildungsniveau zu heben, wobei man sehen müsse, dass die israelische Gesellschaft in sich nicht wirklich integriert sei, sondern nach wie vor eine zerbrechliche Struktur habe.

Wenn man in zwei bis fünf Jahren diese Ziele nicht erreiche, seien Zweifel angebracht, ob man überhaupt noch dahin komme, denn man wisse nicht, wieviel Macht beispielsweise der islamische Fundamentalismus noch entfalte.

Der *Bundeskanzler* erklärt, aus seiner Sicht komme dem Iran bei der weiteren Entwicklung eine Schlüsselposition zu. Dies werde beispielsweise deutlich an dem iranischen Versuch, auf die Entwicklung in den islamischen Republiken der früheren Sowjetunion Einfluss [zu] nehmen. Ebenso dürfe man die Rolle der Türkei nicht aus den Augen verlieren.

Er habe den Eindruck, dass seine Kollegen in Europa die Lage in Bosnien-Herzegowina noch nicht in ihrem vollen Ernst erkennen wollten. Die Serben machten eine Politik wie 1914. Er schließe nicht aus, dass sie unter der Hand ein Arrangement mit Kroatien treffen und beide ihrerseits ein Fait accompli schaffen wollen, in der Annahme, die Sache sei damit gelaufen. Tatsächlich könne aber in Bosnien-Herzegowina der Islam eine Schlüsselrolle spielen. Er glaube nicht, dass die islamische Welt bereit sei, ein solches Fait accompli durch Serben und möglicherweise Kroaten zu akzeptieren.

Er erwähne diese Entwicklung, weil das Konzept, das MP Rabin entwickelt habe, aus seiner Sicht nur gelingen könne, wenn nicht an einem anderen Punkt eine Krise entstehe. Er denke aber auch an die Entwicklung in der Türkei. MP Demirel stelle sich zwar entschieden gegen den Fundamentalismus. Bei Präsident Özal sei er sich nicht sicher, was dieser noch tun werde. Beispielsweise sehe er mit Unbehagen, dass sich in der Türkei Freiwillige für den Kampf in Bosnien-Herzegowina anmeldeten.

MP *Rabin* erklärt, er sei der Meinung, dass die islamischen Länder gegenüber Bosnien-Herzegowina nur Lippenbekenntnisse ablegten. Aber Israel sei sich durchaus des Problems bewusst. Man sei deshalb auch in den islamischen Republiken der früheren Sowjetunion sehr aktiv, beispielsweise in Kasachstan.

Die Türkei sei in der Tat sehr beunruhigt über die Versuche des Iran, in die fünf islamischen Republiken der früheren Sowjetunion stärker vorzudringen. Die Türkei sehe darin eine Bedrohung und sei daher sogar bereit, mit Israel Projekte zu koordinieren. So gebe es beispielsweise gemeinsame Landwirtschaftsprojekte in Kasachstan.

Der *Bundeskanzler* erklärt, dies sei für ihn außerordentlich interessant, zumal die islamischen Republiken der früheren Sowjetunion auch sehr an einer Zusammenarbeit mit Deutschland interessiert seien. Er sei bereit, hier etwas zu tun.

Der Bundeskanzler stellt die Frage, ob nach Einschätzung von MP Rabin Rafsandschani seine Politik ändern werde.

MP *Rabin* erwidert, man habe nach dem Tod Khomeinis[14] große Hoffnung auf Rafsandschani gesetzt, aber bisher noch keine greifbaren Ergebnisse gesehen. Er habe sowohl Bush als auch Baker die Frage gestellt, ob die USA bereit seien, die Beziehungen zum Iran

14 Ayatollah Khomeini verstarb am 3. Juni 1989. Vgl. AAPD 1989, I, Dok. 167.

zu verbessern. Baker habe erwidert, die USA seien hierzu bereit, wenn der Iran mit den Terroraktionen aufhöre. Dies habe er – Baker – AM Velayati durch die Blume zu verstehen gegeben. Daraufhin habe dieser abgewunken.

Der *Bundeskanzler* erklärt, Deutschland habe uralte Beziehungen zum Iran, nicht zuletzt auf kulturellem Gebiet. Wir hätten 1982 unser Wirtschaftsengagement im Iran stark reduziert. Nunmehr beobachte er mit einem gewissen Interesse, dass Rafsandschani sich in Richtung Deutschland in Bewegung setze. Er telefoniere häufiger mit Rafsandschani und sage ihm dabei auch sehr offen, dass der Iran aus seiner Isolierung heraus und beispielsweise die Beziehungen zu den USA verbessern müsse. Rafsandschani behaupte dann immer, dass die USA dies nicht wollten. In seinen Gesprächen mit Bush und Baker wiederum höre er, dass die Sache genau umgekehrt sei. Er frage sich trotzdem, ob man nicht hier noch einmal einen Versuch unternehmen solle.

Der Iran sei nun einmal eine Realität und eine der stärksten regionalen Mächte. Die Frage des Bundeskanzlers, ob Israel zum Iran diplomatische Beziehungen unterhalte, verneint MP *Rabin* und erklärt, allerdings hätten die Iraner während des Golfkrieges versucht, von Israel Waffen zu erhalten; jetzt wiederum unterstützten sie die Hisbollah im Libanon, die gegen Israel arbeite. Im Übrigen wolle er in diesem Zusammenhang seine Dankbarkeit dafür bekunden, dass die Bundesregierung in der Frage des israelischen Piloten[15] so hilfreich gewesen sei.

MP Rabin wiederholt, man habe jetzt ein „Window of Opportunity". Er habe die israelische Position grundlegend verändert. Er habe des Weiteren die Beziehungen zu den USA verbessert und die Kreditbürgschaften durchgesetzt, die man vor allem brauche, um die Infrastruktur zu verbessern und die Industrialisierung Israels voranzubringen.

Er wolle noch ein Wort zur Sicherheitslage hinzufügen. Im Nahen Osten sei die militärische Stärke die einzige Garantie dafür, dass man wirklich Frieden erreichen werde. Assad verhandele nur, wenn er wisse, dass er Israel militärisch nicht überwältigen könne. Israel erhalte jedes Jahr von den USA 3 Mrd. $, davon 1,2 Mrd. $ Wirtschaftshilfe und 1,8 Mrd. $ Militärhilfe. Ferner hätten die USA rd. 500 Mio. $ für ein taktisches Raketensystem bereitgestellt. Für Israel sei es lebenswichtig, sich weiterhin gegen Scud-Raketen zu schützen. 9 bis 10 % des israelischen BSP werde für Verteidigung ausgegeben.

Auch die Europäer sollten Israel zu helfen.[16] Allerdings spielten die Europäer in den Nahost-Verhandlungen keine große Rolle. Man versuche im Übrigen, zusätzlich zu den bilateralen Verhandlungen auch über regionale Kooperation zu sprechen, zumindest gelte es, jetzt den Boden hierfür zu bereiten.

Ein wichtiger Punkt für Israel sei die Integration der Neuankömmlinge aus der früheren Sowjetunion. Er habe erhebliche finanzielle Probleme dadurch, dass er die Fehler der früheren Regierung ausbügeln müsse. Die Regierung Schamir habe Unsummen für Siedlungen in den besetzten Gebieten bereitgestellt. Diese Mittel habe er drastisch reduziert, auch zum Teil unsinnige Bauprogramme in Israel selbst habe er gestoppt.

Die Einwanderer aus der früheren Sowjetunion müssten größtenteils umgeschult werden. Unter ihnen befänden sich alleine 12 000 Ärzte und 35 000 Ingenieure, darunter 4000 Bergbauingenieure, die Israel nicht brauchen könne.

15 Zum Fall Ron Arad vgl. Dok. 227, Anm. 27.

16 So in der Vorlage.

Der Vorstandsvorsitzende von Daimler-Benz, Reuter, sei vor wenigen Tagen bei ihm gewesen und habe die Möglichkeiten einer engeren Zusammenarbeit erörtert. Für Israel sei es wichtig, auch mit Deutschland nach Wegen und Möglichkeiten zu suchen, bei der Integration der Neueinwanderer behilflich zu sein.

In diesem Zusammenhange wolle er dem Bundeskanzler noch einmal ausführlich für die großzügige deutsche Hilfe im Golfkrieg danken. MP Rabin erwähnt ausdrücklich die U-Boote und die Patriot-Raketen.[17] Er wisse, dass diese Hilfe vor allem auf das persönliche Engagement des Bundeskanzlers zurückgehe; dies sei im Übrigen auch der israelischen Öffentlichkeit bewusst.

Er wolle ausdrücklich sagen, dass Israel von Deutschland keine Kreditgarantien wolle.[18] Möglicherweise könne man aber über Mittel sprechen, die der Wiedereingliederung der Neuankömmlinge dienten. Es gebe bereits einen deutsch-israelischen Fonds für Wissenschaftler, der sehr gut funktioniere. Es gehe nicht um Milliardenbeträge.

Der *Bundeskanzler* erklärt, er wolle diese Frage bei dem Gespräch heute Abend vertiefen und im Übrigen noch einmal seine grundsätzliche Position deutlich machen. Für ihn sei selbstverständlich, dass wir gute und vertrauensvolle Beziehungen zwischen Deutschland in Israel brauchten.

Das Experiment von MP Rabin müsse gelingen. Dies sei entscheidend für den Frieden in der gesamten Region. Er hoffe also, dass es in den nächsten vier Jahren keine Wahlen gebe.

Der Bundeskanzler wiederholt, er wolle, dass das Experiment von MP Rabin gelinge, weil dies auch über den Tag hinaus wichtig sei. Wenn Israel aus dem derzeitigen Tal heraus sei, werde es eines der wichtigsten Länder sein, denn es werde dann über mehr Innovationskraft verfügen als andere. Dies sei die große Chance. Es liege daher nahe, dass auch die Deutschen dies erkennten. Aus diesem Grunde habe er Edzard Reuter sehr ermutigt, die Reise nach Israel zu machen.

Das Gespräch wird beim Abendessen fortgesetzt.

Der *Bundeskanzler* erklärt, er sei sehr befriedigt über die gute Zusammenarbeit zwischen den Diensten. Er wolle dem Ministerpräsidenten versichern, dass wir an einer Fortsetzung dieser Zusammenarbeit großes Interesse hätten. Er sähe mit Sorge, dass die früheren sowjetischen Dienste bei uns weiterarbeiteten. Dies sei vor allem im Hinblick auf die Öffentlichkeit unangenehm.

MP *Rabin* stimmt dem Bundeskanzler ausdrücklich zu, dass die enge Zusammenarbeit in diesem Bereich fortgeführt werden soll.

MP Rabin fährt fort, man werde mit dem Friedensprozess im Nahen Osten nur vorankommen, wenn es gelinge, die wirtschaftlichen und sozialen Bedingungen in Israel zu verbessern. Die Menschen seien bereit zum Frieden und auch bereit, Opfer für den Frieden zu bringen, wenn sie sähen, dass der Frieden ihnen auch einen entsprechenden Lebensstandard bringe. Umgekehrt gelte, dass wachsende wirtschaftliche und soziale Probleme den Prozess unterminieren könnten.

Er freue sich, dass Präsident Bush dies verstanden habe. Israel benötige aber auch das Verständnis Europas. Deutschland habe eine Schlüsselrolle in Europa inne, und er hoffe

17 Zu den Unterstützungsleistungen der Bundesrepublik für Israel während des Golfkriegs vgl. AAPD 1991, I, Dok. 35.

18 Zu den deutsch-israelischen Finanzbeziehungen vgl. Dok. 108.

daher, dass Europa und Deutschland bereit seien, die Probleme Israels zu verstehen und zu helfen.

Vor allem müsse Israel Maßnahmen gegen die steigende Arbeitslosigkeit ergreifen. Er sei sich bewusst, dass Deutschland vor einem ähnlichen Problem, vor allem im Osten, stehe. Zurzeit seien mehr als 30 % der Einwanderer aus der früheren Sowjetunion arbeitslos. Hinzu käme die hohe Arbeitslosigkeit unter der arabischen Bevölkerung.

Deutsche Unterstützung sei daher insbesondere bei der Integration der Einwanderer aus der früheren Sowjetunion wichtig. Hierbei gehe es vor allem um umfassende Umschulungsprogramme.

Des Weiteren müsse Israel seine technologischen Fähigkeiten weiter verbessern. Es gebe bereits einen gemeinsamen Fonds für Wissenschaft und Technologie, in den Deutschland bisher 50 Mio. US-$ und Israel 20 Mio. US-$ eingezahlt hätten. Möglicherweise könne man diesen Fonds verdoppeln.

Ferner habe Israel großes Interesse an industrieller Kooperation, auch unter Einbeziehung deutscher Firmen. Als besonders interessante Großprojekte nennt MP Rabin die Autobahn nach Jerusalem und die Modernisierung der Eisenbahnen. Im letzteren Bereich gebe es bereits starkes französisches Interesse. Er habe über dieses Projekt auch mit dem Vorstandsvorsitzenden von Daimler-Benz, Reuter, gesprochen, der sich sehr interessiert gezeigt habe. Mitterrand habe im Prinzip französische Unterstützung zugesagt.

Eine weitere Möglichkeit der Hilfe sei die Absicherung von gemeinsamen Kooperationsprojekten in den islamischen Republiken der bisherigen Sowjetunion durch Hermes-Garantien.

Er verstehe, dass Deutschland zurückhaltend sei bei Rüstungsexporten. Es komme aber immer wieder zu unnötigen Verzögerungen bei der Erteilung von Exportlizenzen. MP Rabin nennt als Beispiel die Ersatzteillieferung für den Spürpanzer „Fuchs“ sowie die Probleme, die sich bei der Entwicklung eines Stör- und Täuschsenders (Cerberus)[19] für den deutschen Tornado stellten. Er habe beides auch gegenüber AM Kinkel angesprochen.[20]

19 VLR I Ackermann erläuterte am 4. August 1992, das BMVg wünsche im BSR die Zustimmung „zu dem vorübergehenden Export eines Hochfrequenz-Simulators einschließlich des Transfers der für Testaufbau und Testdurchführung erforderlichen Kenntnisse durch die Firma MBB“. Der Simulator werde für das Programm „Tornado Self Protection Jammer“ (TSPJ) benötigt: „Im Rahmen dieses Programmes (‚Cerberus‘), für das der BMVg mit Israel ein Regierungsabkommen geschlossen hat, ist die Lieferung von Baugruppen für einen Störsender für das Kampfflugzeug Tornado aus Israel nach Deutschland vorgesehen.“ Mit dem Simulator solle die Wirksamkeit der in Israel entwickelten Baugruppen nachgewiesen werden. Bei Versagen der Ausfuhrgenehmigung müsse Israel auf Kosten des BMVg einen entsprechenden Simulator in den USA mieten: „Es besteht kein Grund, der Ausfuhr des Hochfrequenzsimulators zu widersprechen. Die Zustimmung des BSR sollte jedoch erst nach der grundsätzlichen Erörterung der wehrtechnischen Zusammenarbeit mit Israel im BSR erfolgen, um eine Präzedenzwirkung zu vermeiden.“ Vgl. B 70, ZA-Bd. 220557.

20 Im Gespräch mit BM Kinkel am 14. September 1992 kritisierte der israelische MP Rabin, dass Israel auf der „Länderliste H“ zur Außenwirtschaftsverordnung stehe: „Zwar schätze Israel die Verschärfung der deutschen Rüstungsexportkontrollen. Die Frage sei jedoch, gegen wen sich dies richte; man finde es merkwürdig, dass Israel nunmehr das ‚Opfer‘ derjenigen arabischen Staaten und ihrer Helfershelfer unter den deutschen Firmen werde, welche durch ihre Vergehen diese Verschärfung verursacht hätten.“ Kinkel entgegnete: „Zur Frage der H-Liste wolle er ganz offen sagen, dass er keine Lösungsmöglichkeit sehe; allerdings gehe es nicht um die Verhinderung, sondern um die Genehmigung von Exporten. Persönlich wolle er sich dafür einsetzen, dass bei den Genehmigungen die israelischen Interessen berücksichtigt würden.“ Vgl. den Gesprächsvermerk; B 1, ZA-Bd. 178945.

Er sei sich bewusst, dass Deutschland gegenüber Israel während des Golfkrieges sehr großzügig gewesen sei. Er habe auch nichts gegen einen Schuldenerlass gegenüber Ägypten.[21] Auch wolle Israel keine Verteidigungshilfe von Deutschland haben. Obwohl ihm das immer wieder angeraten werde, wolle er auch nicht die Frage der Wiedergutmachung aufwerfen.

Der *Bundeskanzler* erklärt, er habe dem Ministerpräsidenten bereits bei dem ersten Gespräch seine prinzipielle Position erläutert.

Er sei überzeugt, dass Israel ebenso wie Deutschland seine Schwierigkeiten meistern werde, wobei er wisse, was es heiße, 500 000 Flüchtlinge zu integrieren. Deshalb wolle er dem Ministerpräsidenten im Rahmen unserer Möglichkeiten helfen.

Das Problem sei allerdings, dass wir finanziell an der Obergrenze angelangt seien. Wir trügen die Hauptbürde für die Entwicklung in Mittel-, Ost- und Südosteuropa. Er bedauere sagen zu müssen, dass unsere EG-Partner uns in dieser Frage weitgehend alleinließen. Zusätzlich gebe es Ärger mit den USA, die jetzt bei der Frage der Umschuldung gegenüber Russland[22] rücksichtslos ihre Interessen durchzusetzen versuchten.

Er werde über die vom Ministerpräsidenten gemachten Vorschläge rasch innerhalb der Bundesregierung sprechen[23] und hoffe im Übrigen auf einen regelmäßigen Kontakt mit MP Rabin.

Der Bundeskanzler stellt die Frage, was Umschulung im Einzelnen bedeute.

MP *Rabin* erwidert, Israel müsse Ärzte, Lehrer etc. auf neue Berufe hin orientieren und stelle hierfür jedes Jahr 100 Mio. US-$ bereit. Auf die entsprechende Gegenfrage des Bundeskanzlers erklärt MP Rabin, er wünsche hierfür von Deutschland finanzielle Unterstützung.

Der *Bundeskanzler* erklärt, die Vorschläge zu einer verbreiterten Zusammenarbeit von Wissenschaft und Technologie halte er für eine gute Idee. Er sei auch zu einer Verdoppelung bereit, wolle die Frage aber noch im Detail mit den zuständigen Ministerien besprechen.

MP *Rabin* erklärt, man habe gerade mit Frankreich einen entsprechenden Fonds über 250 Mio. US-$ vereinbart.

Der *Bundeskanzler* fährt fort, was die industrielle Kooperation angehe, werde er möglicherweise mit Herrn Reuter und anderen Leuten aus der Industrie sprechen, um zu sehen, was man hier tun könne. Dazu gehöre auch das Eisenbahnprojekt.

Auch die Frage von Hermes-Garantien für eine evtl. Kooperation in den Nachfolgerepubliken der früheren Sowjetunion werde er prüfen.

Botschafter *Navon* wirft die Frage auf, ob man für einen gemeinsamen Fonds nicht den Nettorückfluss aus der Entwicklungshilfe nutzen könne.

MP *Rabin* wirft an dieser Stelle ein, Israel sei bereit zurückzuzahlen, was Deutschland an Krediten zur Verfügung gestellt habe.

Der *Bundeskanzler* erklärt, das Hauptproblem in dieser Frage sei der Präzedenzfall.

Botschafter *Navon* wirft noch einmal die Frage nach den Ersatzteillieferungen für „Fuchs" auf. Dabei gehe es vor allem darum, dass die Lieferungen schnell erfolgen müssten.

Der *Bundeskanzler* erklärt, wir wollten grundsätzlich nicht der Waffenexporteur Nr. 1 sein. Er verfolge daher prinzipiell eine mittlere Linie. Aber auch hierbei treffe er immer auf Schwierigkeiten mit der Opposition.

21 Zum Schuldenerlass der Bundesrepublik für Ägypten vgl. Dok. 169, Anm. 15.

22 Zur Frage der Altschulden der ehemaligen UdSSR vgl. Dok. 321.

23 Zur Umsetzung der Ergebnisse des Besuchs des israelischen MP Rabin vom 14. bis 16. September 1992 vgl. Dok. 337.

Botschafter *Navon* wirft die Frage eines dritten U-Bootes auf und weist darauf hin, dass am 1. Juli 1993 die Option für ein drittes U-Boot auslaufe.

Der *Bundeskanzler* erklärt, man werde im April 1993 auf die Frage zurückkommen.

Der Bundeskanzler sagt erneut Prüfung der israelischen Vorschläge zu und fügt hinzu, er werde möglicherweise auch einen Beauftragten nach Israel schicken, um die Anträge weiter zu besprechen.

Der Bundeskanzler wirft sodann die Frage des Antiboykottgesetzes[24] auf und erklärt, leider habe man hier innerhalb der Bundesregierung übersehen, dass durch den jetzt vorgesehenen Termin erhebliche Regressforderungen auf die Bundesregierung zukommen könnten.[25] Er schlage vor, dass die Frage im Detail zwischen dem Auswärtigen Amt und dem Botschafter besprochen werde.[26] Er wolle nur noch einmal klarstellen, dass es nicht um eine prinzipielle Änderung gehe. Das Ganze sei für ihn eine sehr ärgerliche Sache.

MP *Rabin* erklärt, für ihn wäre es ein großes politisches Problem, wenn eine solche Änderung mit seinem Besuch in Bonn in Zusammenhang gebracht werde. Er bitte daher darum, eine Entscheidung über den Termin von seinem Besuch zeitlich abzukoppeln. Natürlich sei er darüber hinaus über die Sache als solche sehr unglücklich. Edzard Reuter habe ihm gesagt, die neue Regelung bedeute für die deutsche Industrie kein Problem.

Der *Bundeskanzler* sagt zu, dass die Angelegenheit zeitlich unabhängig von dem Besuch von MP Rabin geregelt werde.[27]

MP *Rabin* stellt die Frage, wie es in Europa weitergehe.

24 Zur Einführung einer nationalen Anti-Boykott-Regelung vgl. Dok. 233.

25 MDg von Kyaw legte am 4. September 1992 dar, das BMWi habe mit „Rücksicht auf die Interessenlage der deutschen Exportwirtschaft" vorgeschlagen, „die Frist bis zum Inkrafttreten der Anti-Boykott-Verordnung, die nach jetziger Rechtslage am 1.11.1992 wirksam werden soll, um sechs Monate zu verlängern". Gegenüber Israel könne ein solcher Schritt damit begründet werden, „dass die ursprünglich vorgesehene Frist bis zum Inkrafttreten der VO zu kurz bemessen sei, um den Unternehmen eine wirtschaftlich vertretbare und zumutbare Umstellung auf die neue Rechtslage zu erlauben. [...] Das Auswärtige Amt sollte gegenüber dem BMWi aber ganz deutlich machen, dass eine weitere Fristverlängerung außenpolitisch nicht mehr hingenommen werden kann." Vgl. B 222, ZA-Bd. 175834.

26 Am 17. September 1992 fand ein Gespräch zwischen StS Kastrup und dem israelischen Botschafter Navon statt, in dem Kastrup die Gründe erläuterte, weshalb die am 21. Juli 1992 beschlossene Anti-Boykott-Verordnung erst zum 30. April 1993 in Kraft treten solle. Die Bundesregierung wolle die Änderung der Verordnung „geräuschlos und zeitlich deutlich abgesetzt von dem Besuch vornehmen". Navon zeigte sich enttäuscht und schlug „Sondergenehmigungen" für betroffene Firmen vor. Kastrup machte „unmissverständlich deutlich, dass die Entscheidung über die Fristverlängerung mit Rücksicht auf die besonders betroffenen Branchen (insbesondere Maschinen- und Anlagenbau) in der Sache praktisch gefallen sei. [...] Israel solle doch auch bedenken, dass sich die Bundesregierung gegen erheblichen innenpolitischen Widerstand in dieser Frage durchgesetzt habe. Nach vierzig Jahren Praxis in der Frage sollte eine Fristverlängerung von sechs Monaten nicht dramatisiert werden." Vgl. B 222, ZA-Bd. 175834.

27 Referat 413 vermerkte am 20. Oktober 1992, mit Kabinettsbeschluss vom 7. Oktober 1992 sei das Inkrafttreten der Anti-Boykott-Verordnung auf den 1. Mai 1993 festgesetzt worden. Vgl. B 222, ZA-Bd. 175834.

Der *Bundeskanzler* erwidert, wenn das französische Referendum positiv ausgehe, werde man weiter vorankommen. Bei einem negativen Ausgang werde er von sich aus eine Initiative ergreifen.

MP *Rabin* erklärt, viele Leute fragten sich, wie es denn tatsächlich möglich sein werde, eine europäische Außenpolitik zu betreiben, wenn man betrachte, wie Europa sich im Fall Jugoslawien verhalten habe.

Der *Bundeskanzler* erwidert, dies sei genau der Beweis für seine These, dass wir eine Politische Union brauchten.

MP *Rabin* teilt mit, dass der französische Präsident Mitterrand Ende November Israel einen Besuch abstatte.[28]

Unter Hinweis auf sein bevorstehendes Gespräch mit Verteidigungsminister Rühe erklärt MP Rabin, wenn die deutschen Streitkräfte zu viele Lastwagen hätten, wäre Israel sehr interessiert.

MP Rabin erklärt abschließend, er wolle den Bundeskanzler offiziell zu einem Besuch in Israel einladen. Den Zeitpunkt könne er selbst bestimmen.

Der *Bundeskanzler* erklärt, er nehme diese Einladung sehr gerne an.[29]

BArch, B 136, Bd. 59736

283

Vorlage des Vortragenden Legationsrats I. Klasse Barth für Bundesminister Kinkel

412-401.00/10 **14. September 1992**[1]

Über Dg 41, D 4[2], Herrn Staatssekretär[3] Herrn Bundesminister[4]

Betr.: Wechselkursanpassung im EWS und Senkung der Leitzinsen durch die Deutsche Bundesbank

Zweck der Vorlage: Zur Unterrichtung

Die EG-Finanzminister und -Notenbankgouverneure haben gestern Abend (13.9.) gemäß dem im EWS vereinbarten Verfahren auf Antrag Italiens und Deutschlands ein Realignment mit sofortiger Wirkung beschlossen. Die italienische Lira wurde im Ergebnis um 7 % abgewertet („technisch" wurde sie gegenüber dem bisherigen Leitkurs um 3,5 % abgewertet, während alle anderen teilnehmenden Währungen um 3,5 % aufgewertet wurden).

28 Der französische Staatspräsident Mitterrand besuchte Israel vom 25. bis 27. November 1992.

29 BK Kohl hielt sich vom 5. bis 8. Juni 1995 in Israel auf.

1 Die Vorlage wurde von VLR Döring konzipiert.

2 Hat, auch in Vertretung des MD Dieckmann, MDg von Kyaw am 14. September 1992 vorgelegen.

3 Hat StS Lautenschlager am 14. September 1992 vorgelegen.

4 Hat BM Kinkel am 14. September 1992 vorgelegen.
Hat OAR Salzwedel am 15. September 1992 vorgelegen, der den Rücklauf an Referat 412 verfügte.
Hat VLR I Barth am 16. September 1992 erneut vorgelegen.

Diese seit Januar 1987[5] erste Wechselkursanpassung im EWS wurde trotz aller Dementis (z.B. noch beim informellen Finanzministertreffen vor einer Woche in Bath[6]) erforderlich, da sich die Spannungen im System in den vergangenen Tagen derart verstärkt hatten, dass sich auch mit umfangreichen Interventionen gegen die Marktkräfte nichts mehr ausrichten ließ. Noch am Freitag[7] hatten Bundesbank und italienische Zentralbank vergeblich versucht, der Flucht aus der Lira durch deren Ankauf in Höhe von mehreren Milliarden DM entgegenzutreten.

Die Bundesbank hat das Realignment mitermöglicht durch ihre Zusage, heute die deutschen Leitzinsen zu senken. Der Zentralbankrat fasste dementsprechend heute Morgen folgende Beschlüsse: Der Lombard wird um 0,25 Prozentpunkte auf 9,5 % und der Diskont um 0,5 Prozentpunkte auf 8,25 % gesenkt. Außerdem wird der Wertpapierpensionssatz im Rahmen eines Mengentenders auf 9,2 % festgesetzt. Bisher hatte dieser Satz bei 9,7 % nahe am Lombardsatz gelegen. Die Bundesbank hat damit ihre Diskonterhöhung vom 16.7. (von 8 % auf 8,75 %)[8] weitgehend revidiert und den als Steuerungsinstrument für den Geldmarkt wichtigen Lombardsatz, der seit Dezember 1991 bei 9,75 % lag, leicht zurückgenommen. Zusätzlich machte sie mit der Senkung des Wertpapierpensionssatzes im Rahmen ihrer Offenmarktpolitik deutlich, dass sie den Geldmarktzins wieder deutlich unter den Lombardsatz zurückführen will.

BM Waigel hat sich befriedigt über die Wechselkursanpassung geäußert (Funktionsfähigkeit des Systems, Überwindung von Spannungen) und sie als Voraussetzung für die von der Bundesbank zu beschließende Leitzinssenkung gewertet. Beides zusammen sei ein wichtiges positives Signal für die Konjunktur in Deutschland, Europa und der Welt. Die Bundesbank hat ihre heutige Entscheidung nur knapp als Reaktion auf ein durch das Realignment verändertes Umfeld bezeichnet.

Wertung: Aus europa- und währungspolitischer Sicht sind die gestrigen und heutigen Beschlüsse außerordentlich zu begrüßen. Sie haben zu einem günstigen Zeitpunkt (französisches Referendum[9]) Spannungen beseitigt oder zumindest gemildert, die das EWS und damit die europapolitische Diskussion zunehmend belastet haben. PM Bérégovoy hat noch mit Schreiben vom 10.9.1992 an BK Kohl auf die dramatische währungspolitische Situation und ihre gefährlichen Folgen für die wirtschaftliche Entwicklung in Europa aufmerksam gemacht. Er warb bei voller Respektierung der Unabhängigkeit der Bundesbank um eine

5 Zur Anpassung der Wechselkurse am 12. Januar 1987 vgl. Dok. 272, Anm. 6.

6 Im Anschluss an ein informelles Treffen der Finanzminister und Notenbankpräsidenten der EG-Mitgliedstaaten am 5. September 1992 erklärte der britische FM Lamont in seiner Eigenschaft als amtierender EG-Ratspräsident in einer Pressekonferenz, es sei eine entsprechende Entscheidung vom 28. August 1992 bekräftigt worden, keine Wechselkursanpassung im EWS vorzunehmen. Auf eine Frage des Journalisten Boris Johnson (Daily Telegraph), „to reaffirm the declaration of 7 days ago not to realign, did any delegation, and I am thinking particularly of the German Minister, speak in favour of a realignment in any sense at all“, führte Lamont aus: „No, we are not in favour of altering exchange rate parities and indeed I think it is a very important part of the whole process of monetary cooperation that we should see greater stability within the EMS, all governments in recent years have expressed themselves in favour of stability within the EMS and the governments today confirmed that.“ Vgl. die Anlage zu SB Nr. 2993 des Bundesbankoberrats Bengs, London, vom 8. September 1992; B 223, Bd. 171983.

7 11. September 1992.

8 Zur Erhöhung des Diskontsatzes vgl. Dok. 229, Anm. 27.

9 Zum Referendum am 20. September 1992 in Frankreich über das Vertragswerk von Maastricht vgl. Dok. 293 und Dok. 300.

koordinierte Zinssenkungsaktion. In Italien wurden – allerdings zu Unrecht – einseitig die hohen deutschen Leitzinsen für den Vertrauensverlust der Lira verantwortlich gemacht. Der jetzige, beträchtliche Abwertungsschritt dürfte der italienischen Regierung, deren Reformprogramm[10] auf Hindernisse stößt, politisch nur in Verbindung mit der Bundesbankzusage möglich gewesen sein. Dementsprechend stellt das Kommuniqué des Währungsausschusses[11] den Zusammenhang zwischen italienischen Reformzusagen und deutscher Zinssenkung heraus.

Bedenklich an der Entscheidung könnte im Hinblick auf die WWU einmal sein, dass nun doch ein Realignment unumgänglich wurde, nachdem die fünfjährige Ruhe auch als Beweis für die verbesserte Konvergenz der europäischen Volkswirtschaften und damit deren Reife für die WWU herangezogen wurde. Allerdings ist eine weitere Wechselkursanpassung bis zum Eintritt in die dritte Stufe nie ausgeschlossen worden. Dies gilt insbesondere für Mitgliedstaaten wie Italien, die noch weit von der erforderlichen Konvergenz entfernt sind. Auch wenn Italien die Entscheidung politisch schwergefallen sein mag, ist sie sachlich voll gerechtfertigt und beweist auch, wie ernst die Verpflichtung zur wirtschaftlichen Konvergenz im Hinblick auf die WWU genommen wird.[12]

Bemerkenswert ist andererseits die Rolle der Bundesbank. Sie hat in dieser Situation übergeordnete politische Gesichtspunkte nicht nur zur Kenntnis nehmen, sondern auch berücksichtigen müssen. Während sie ihre Zinsentscheidung im Juli noch (fast) ausschließlich im Rahmen ihres binnenwirtschaftlichen Stabilitätsauftrags getroffen hat, musste sie nun auch dem europa- und währungspolitischen Umfeld Rechnung tragen. Dies als „Kniefall" zu bezeichnen, dürfte zu weit gehen und in niemandes Interesse liegen. Ihre knappe Stellungnahme spricht allerdings nicht dafür, dass sie die Entscheidung aus Überzeugung getroffen hat. Eine wesentliche Beeinträchtigung ihrer Reputation als unabhängige Hüterin der Geldwertstabilität und damit als Modell für die Europäische Zentralbank dürfte angesichts des allgemeinen Rufs nach Zinserleichterungen kaum zu befürchten sein. Vielmehr zeigt der Vorgang die gewachsene Interdependenz der europäischen Volkswirtschaften, der sich auch die Bundesbank nicht auf Dauer unter ständigem Hinweis auf ihre Rolle als Hüterin der deutschen Geldwertstabilität entziehen kann. Insofern hat das EWS in einer kritischen Situation erneut seine Funktionsfähigkeit bewiesen.

Die EWS-Wechselkursanpassung sollte ausreichen, die erforderliche Stabilität im System auf mittlere Sicht vorerst wiederherzustellen, vorausgesetzt, dass das französische Referendum zugunsten von Maastricht ausgeht.

Dass andere Währungen durch das Realignment, die, wie das britische Pfund, zuletzt ebenfalls Schwächeneigung zeigten, formal unberührt blieben, ist i.S. einer „Schadensbegrenzung" positiv zu werten. Das britische Pfund dürfte sich angesichts der Entschlossenheit der britischen Regierung, vor allem aber der jüngsten Wirtschaftsdaten (z.B. niedrige Inflationsrate), wieder stabilisieren.[13]

Barth

B 52, ZA-Bd. 173718

10 Zum Reformprogramm der italienischen Regierung vgl. Dok. 207, Anm. 19.

11 Für das Kommuniqué vom 13. September 1992 vgl. BULLETIN DER EG 9/1992, S. 12.

12 Die italienische Lira schied am 17. September 1992 aus dem EWS aus. Vgl. den Artikel „Schwerste EG-Geldkrise seit 1979"; BERLINER ZEITUNG vom 18. September 1992, S. 1.

13 Zur Suspendierung der Mitgliedschaft des britischen Pfunds im EWS am 16. September 1992 vgl. Dok. 290.

284

Vorlage des Vortragender Legationsrats Mülmenstädt für Bundesminister Kinkel

213-321.39 KAS **14. September 1992**[1]

Über Dg 21[2], D 2[3], Herrn Staatssekretär[4] Herrn Bundesminister[5]

Betr.: Deutsche in Kasachstan und Kirgistan;
hier: Ergebnisse der Reise von PStS Dr. Waffenschmidt nach Kasachstan und Kirgistan, 3.–8.9.92

Zweck der Vorlage: Zur Unterrichtung

1) PStS Dr. Waffenschmidt besuchte auf Bitten des AA mit einer umfangreichen Delegation aus Vertretern der Ressorts, der deutschen Wirtschaft und einiger Hilfsorganisationen Kasachstan und Kirgistan, um sich über die Lage der Deutschen in beiden Ländern (KAS: mindestens 1 Mio., KIR: mindestens 75 000) ein genaues Bild zu machen. In beiden Staaten wurden Gespräche mit den Präsidenten und mit Vertretern der Deutschen geführt sowie konstituierende Sitzungen der jeweiligen Regierungskommissionen zur deutschen Minderheit abgehalten.

Der Erfolg der Reise von PStS Waffenschmidt besteht vor allem darin, dass in Kasachstan erstmals auf das eigentliche – psychologische – Problem der Deutschen und auf ihren Stellenwert für die bilateralen Beziehungen hingewiesen wurde. Das Echo in Kasachstan und Kirgistan auf diese Botschaft fiel völlig unterschiedlich aus.

2) Sowohl der kasachische Präsident Nasarbajew als auch der kirgisische Präsident Akajew haben zugesagt, mit der Bundesregierung ein Gleichberechtigungsabkommen für die Deutschen zu schließen, um damit ihre rechtliche und kulturelle Stellung im Lande zu festigen. Den Deutschen sollen darüber hinaus mehr Möglichkeiten für den Deutschunterricht, deutsche Schulen, deutsche Fernseh- und Radiosendungen eingeräumt sowie Existenzgründungen erleichtert werden.

Bei seinem Besuch in Bonn vom 21.9. bis 23.9.1992 will Präsident Nasarbajew mit Bundeskanzler Helmut Kohl in einer Erklärung dieses Gleichberechtigungsabkommen ankündigen.[6]

1 Die Vorlage wurde von LR I Foth konzipiert.

2 Hat MDg von Studnitz am 15. September 1992 vorgelegen.

3 Hat in Vertretung des MD Chrobog MDg Schilling am 15. September 1992 vorgelegen.

4 Hat StS Kastrup am 15. September 1992 vorgelegen.

5 Hat BM Kinkel am 17. September 1992 vorgelegen.
Hat OAR Salzwedel am 18. September 1992 vorgelegen, der den Rücklauf über das Büro Staatssekretäre, MD Chrobog und MDg von Studnitz an Referat 213 verfügte.
Hat VLR I Reiche am 21. September 1992 vorgelegen.
Hat, auch in Vertretung von Chrobog, Studnitz am 21. September 1992 erneut vorgelegen.

6 Vgl. die Erklärung von BK Kohl am 22. September 1992 anlässlich der Unterzeichnung der deutsch-kasachischen Gemeinsamen Erklärung; BULLETIN 1992, S. 942.
Zum Besuch des kasachischen Präsidenten Nasarbajew vom 21. bis 23. September 1992 vgl. Dok. 297.

Präsident Nasarbajew hat außerdem zugesagt, vor dem für Oktober 1992 geplanten Kongress der Kasachstan-Deutschen in Alma Ata seine Politik zu den Deutschen in Kasachstan zu erläutern. (Dieser wird nach hiesiger Einschätzung wohl nicht stattfinden, da die Deutschen Kasachstans bisher nicht in der Lage waren, sich selbst zu organisieren und der Kongress schon einmal verlegt wurde.)[7] Kasachstan hat, anders als andere Republiken der ehemaligen UdSSR (Russland, Ukraine, Kirgistan), bislang für seine deutschen Mitbürger fast nichts getan. Nasarbajew koppelt Maßnahmen für die Deutschen überdies an wirtschaftlich-finanzielle Zugeständnisse der BReg (gleicher Anteil an dem 5 Mrd.-Hermes-Plafond für die ehemalige UdSSR[8] wie Russland und die Ukraine, günstige Kredite, Technische Hilfe, Expertenunterstützung bei Privatisierung).[9]

Präsident Akajew, der aktiv und glaubwürdig für eine Politik der Verständigung und des Ausgleiches zwischen den Nationalitäten eintritt, zeigte sich im Gespräch mit PStS Waffenschmidt sehr viel konzilianter und sagte Folgendes zu:

- Sicherung der deutschen Umgangs- und Amtssprache in kompakten Siedlungsgebieten.
- Eine deutsche Abteilung an der neuen Management-Hochschule Bischkek.
- Ausbau der beiden deutschen Kulturbezirke mit schulischen und kulturellen Einrichtungen.
- Erhebung der Kulturbezirke zu nationalen Rayons mit territorialer Selbstverwaltung, wenn Deutschland in größerem Umfang Präsenz in Kirgistan zeigt, sodass im Vielvölkerstaat einseitige Maßnahmen zugunsten der Deutschen durchsetzbar sind (Akajew: Dann wird er den „Mut" zu diesem Schritt haben).

3) In vielen Treffen mit Deutschen beider Länder bestätigte sich die Einschätzung des AA, dass offenbar der weitaus größte Teil jegliches Vertrauen in eine Zukunft in Gemeinschaft mit der jeweiligen Titularnation, von deren Nationalismus man sich verdrängt fühlt, und auf den Willen der Führung, dem entgegenzuwirken, verloren hat und daher nach Deutschland ausreisen möchte. Andere Ansiedlungsgebiete innerhalb der ehemaligen UdSSR

7 Der Kongress der deutschen Minderheit in Kasachstan fand am 29./30. Oktober 1992 statt. BR Weishaupt, Alma Ata, berichtete am 2. November 1992, der kasachische MP Tereschtschenko habe eine Grußbotschaft von Präsident Nasarbajew vorgelesen, der sich in der Türkei aufgehalten habe. Außerdem sei ein „Unionsrat der Deutschen" gebildet worden. Ferner sei Kritik geäußert worden am nach Ansicht der Teilnehmer „etwas zu populistischen Stil" des Beauftragten der Bundesregierung für Aussiedlerfragen, PStS Waffenschmidt, BMI. Vgl. SB Nr. 141; B 41, ZA-Bd. 171756.

8 Zum Kabinettsbeschluss vom 22. Januar 1992 zur Deckung für Ausfuhrgeschäfte mit GUS-Mitgliedstaaten vgl. Dok. 24.

9 MDg von Studnitz teilte der Botschaft in Alma Ata am 15. September 1992 mit: „Im Nachgang zu der Absprache PStS Waffenschmidt – Präs[ident] Nasarbajew über ein zu schließendes bilaterales Abkommen zu den Deutschen hat kas[achische] Vorabdelegation hier ein Memorandum übergeben [...] als Entwurf für den o. g. Vertrag. Junktim zwischen kas. Maßnahmen zugunsten der Deutschen und deutscher finanzieller Leistung wurde wiederholt (im Memorandum ist von DM 1 Mrd. die Rede)." Studnitz wies die Botschaft an, gegenüber der kasachischen Seite zu erklären, dass die Bundesregierung „jegliche Verknüpfung der Frage der Deutschen mit der Höhe von Transferleistungen an Kasachstan" zurückweise. Ferner führte er aus: „Hier besteht darüber hinaus der Eindruck, dass sich Kasachstan bei der Vergabe von Hermes-Deckungen im Verhältnis zu Russland und der Ukraine diskriminiert fühlt. Hierfür besteht kein Grund, da es keine fixe Länder-Zuteilung innerhalb des 5 Mrd.-Plafonds gibt. Kasachstan nutzt bereits das Instrumentarium in Höhe von DM 270 Mio. Gegenwärtig stattfindende Gespräche zielen darauf ab, die Hermes-Deckungen an Kasachstan auf über DM 400 Mio. anzuheben." Vgl. DE Nr. 196; B 41, ZA-Bd. 171756.

werden mit der gleichen Begründung zurückgewiesen („und selbst, wenn Jelzin es ernst meinen sollte mit der Wolga-Republik[10], wer weiß, was nach ihm kommt"). Die Deutschen brachten ihrerseits folgende Anliegen vor:

- deutsche kulturelle und wirtschaftliche Hilfe in ihren heutigen Siedlungsschwerpunkten,
- aus prinzipiellen Erwägungen Einsatz der BReg für die Wolga-Republik als Symbol der Wiedergutmachung für die Russlanddeutschen, auch wenn ihr Territorium kleiner ausfalle als früher und man selbst nicht hinziehe,
- Offenhalten der Ausreisemöglichkeiten nach Deutschland.

4) PStS Waffenschmidt erwartet von den deutschen Botschaften Alma Ata und Bischkek die Einrichtung einer ständigen „Kultur- und Wirtschaftskonferenz" bzw. einer „Entwicklungskonferenz" zur Förderung der Zusammenarbeit zwischen kasachischen bzw. kirgisischen und deutschen Organisationen im Interesse der Deutschen. Darüber hinaus wird er Sie bei Gelegenheit auf den Einsatz von speziellen Minderheitenreferenten in den Botschaften Alma Ata und Bischkek ansprechen (nach dem Modell Moskau).[11]

Die BReg wird neben einem Konzept für allgemeine Hilfen (was von ChBK vom BMI angefordert worden ist) auch eines zur Informationspolitik gegenüber den Deutschen entwickeln müssen, die in keiner Weise über unsere Politik und Hilfen bzw. über das, was sie in Deutschland wirklich erwartet, im Bilde sind. PStS Waffenschmidt reduziert die Ausreisewünsche der Deutschen auf Informationsmangel. Er will nicht sehen, dass die Deutschen letztlich trotz aller (angesichts leerer Kassen notwendigerweise begrenzten) Bemühungen der BReg überwiegend ausreisen werden. Eine Umfrage unter den Deutschen, die diese Einschätzung des AA bestätigen würde, lehnte PStS Waffenschmidt auf der Reise explizit ab: Das Ergebnis würde die Ausreisetendenz nur weiter verstärken. (AA hat sich in einer von ChBK angeforderten Analyse zur Lage der Deutschen im August[12] für eine solche Umfrage ausgesprochen.)

Es wird darauf ankommen, bei dem bevorstehenden Besuch von Präsident Nasarbajew bei einem unter den gegenwärtigen Umständen maximalen Engagement der BReg für die Deutschen und für Kasachstan im Allgemeinen auf den Eigenanteil Kasachstans an einer Politik der Ausreiseverhinderung zu bestehen und jegliches Junktim mit anderen Bereichen zurückzuweisen.

Mülmenstädt

B 41, ZA-Bd. 171756

10 Zur Frage der Errichtung einer „Wolga-Republik" vgl. Dok. 117.

11 Vgl. den Bericht des Beauftragten der Bundesregierung für Aussiedlerfragen, PStS Waffenschmidt, BMI, vom 9. September 1992 über seinen Besuch vom 3. bis 8. September 1992 in Kasachstan und Kirgisistan, der einem Schreiben vom selben Tag an BM Kinkel beigefügt war; B 63, ZA-Bd. 170560.

12 Für den Vermerk von Referat 213 vom 11. August 1992 zur Lage der Deutschen in der ehemaligen UdSSR vgl. B 41, ZA-Bd. 158741.

285

Vermerk des Vortragenden Legationsrats von Mettenheim

223 (206)-321.10 SPA **15. September 1992**[1]

Von BM noch nicht gebilligt!

Betr.: Deutsch-spanische Konsultationen auf Sylt am 13./14.9.1992;
hier: Ergebnisvermerk, politische Fragen

Deutsche Gesprächspartner hoben die herausragende Rolle Spaniens bei der europäischen Einigung hervor. Bundeskanzler verband dies mit einem Dank an Spanien, das die deutsche Einigung „wie kein anderes Land der EG" unterstützt habe. Diskussionen waren durch die Abwesenheit bilateraler Probleme gekennzeichnet.

MP González stimmte zu, dass Ziel der bilateralen Konsultationen eine Verstärkung der Zusammenarbeit mit dem Zweck, die europäische Einigung voranzutreiben, sein müsse.

BM Kinkel führte am Nachmittag des 13.9.1992 mit AM Solana ein Vier-Augen-Gespräch. Gleichzeitig konferierte StMin Seiler-Albring mit ihrem spanischen Amtskollegen Westendorp (hierzu gesonderter Vermerk von Referat 416[2]).

Aus dem Bericht des BM an das Plenum der deutsch-spanischen Konsultationssitzung am 14.9.1992 wird festgehalten:

1) BM Kinkel berichtete vor allem über Ergebnisse des informellen AM-Treffens in Brocket Hall[3]:

Jugoslawien:

Der Owen-Bericht[4] sei Anlass zu bescheidener Hoffnung; immerhin sei ein Teil der schweren Waffen unter Kontrolle. Jetzt ginge es darum, die Londoner Beschlüsse[5] schnell

1 VLR von Mettenheim verfügte die Weiterleitung an das Ministerbüro „m[it] d[er] B[itte], Billigung des BM herbeizuführen".
Ferner verfügte er die Weiterleitung an VLR I Huber und LR I König „z[ur] K[enntnisnahme]".
Hat Huber und König am 29. September 1992 vorgelegen.

2 VLR I Jess vermerkte am 15. September 1992, in dem Gespräch zwischen StMin Seiler-Albring und dem StS im spanischen Außenministerium, Westendorp, seien folgende Themen erörtert worden: die Ratifikation des Vertragswerks von Maastricht, das französische Referendum am 20. September 1992, die EG-Erweiterung, das „Delors-Paket II", die Vollendung des Europäischen Binnenmarkts, das EG-Bananenregime, die GATT-Verhandlungen, der Sitz der Europäischen Zentralbank, die Erhöhung der Zahl der Abgeordneten des Europäischen Parlaments sowie Fragen der Subsidiarität. Vgl. B 26, ZA-Bd. 173496.

3 Zum informellen Treffen der Außenminister der EG-Mitgliedstaaten im Rahmen der EPZ am 12./13. September 1992 vgl. BULLETIN DER EG 9/1992, S. 78.

4 Botschafter Jelonek, Genf (Internationale Organisationen), informierte am 15. September 1992, die beiden Ko-Vorsitzenden der Jugoslawien-Konferenz, Lord Owen und Vance, hätten die Botschafter der EG-Mitgliedstaaten am selben Tag über ihre Gespräche in Zagreb, Sarajevo und Belgrad vom 9. bis 11. September 1992 informiert: „Zur Kontrolle schwerer Waffen äußerte sich Lord Owen optimistisch. Er rechnet zwar nicht damit, dass bereits an diesem Freitag alle drei Konfliktparteien definitiv diese Waffen den VN unterstellen würden, dass es aber doch innerhalb kürzester Frist (ca. 14 Tage) dazu kommen werde, und zwar schrittweise, damit die Beteiligten ihr Gesicht gegenüber ihren eigenen Leuten wahren könnten." Auf die Frage nach einer Prozedur zur Kontrolle habe Owen erklärt: „Eine Durchsetzung der Kontrolle gegen den Willen der Parteien könne man nur als Alptraum bezeichnen. Diese Frage müsse vielmehr in

und vollständig durchzusetzen. Besonders Maßnahmen der humanitären Hilfe müssten jetzt schnell umgesetzt werden. Ein effizientes Überflugverbot müsse im Rahmen der VN verwirklicht werden. BM wies darauf hin, dass das Embargo in der Adria[6] immerhin teilweise erfolgreich sei. Der kommerzielle Schiffsverkehr habe sich um 2/3 verringert.

Der absolute Ausschluss von Ex-Jugoslawien aus den VN habe im Zwölferrahmen keinen Konsens gefunden. Kompromiss liefe auf zeitweise Nichtteilnahme hinaus. Zwölf hätten die „leicht veränderte Rolle von Panić" gewürdigt. Er habe, zusammen mit anderen, aber noch erhebliche Zweifel.

Insgesamt seien in der Jugoslawien-Politik der Gemeinschaft noch keine durchschlagenden Erfolge, aber eine Verbesserung der Koordinierung erreicht worden.

(BMVg Rühe berichtete aus seinem Gespräch mit dem spanischen Amtskollegen, man sei sich darüber einig gewesen, dass ein militärischer Einsatz in Jugoslawien hohe Risiken berge, und zu dem Schluss gekommen, dass eine militärische Lösung nicht möglich sei. Verteidigungsminister beider Länder hielten es daher für angebracht, politischen und wirtschaftlichen Druck zur Durchsetzung der gemeinsam festgelegten allgemeinen Grundsätze unserer Jugoslawien-Politik zu verstärken.

Verteidigungsminister Vargas ergänzte hierzu, fremde Soldaten im ehemaligen Jugoslawien seien letztlich nichts anderes als Geiseln. Die öffentliche Meinung, die sich jetzt für eine Entsendung stark machte, würde, nachdem es erste Opfer gegeben habe, umschlagen.)

Somalia:

Stärkere Koordinierung der Bemühungen vor Ort, direkt durch Vertreter der EG-Kommission selbst, werde angestrebt. In diesem Zusammenhang würde insbesondere die belgische Initiative (Entsendung von 500 Mann) begrüßt. Diskussion sei sehr hilfreich gewesen.

Beziehungen EG – Türkei:

Auf der Grundlage der Beschlüsse von ER Lissabon[7] hätten alle Zwölf die regionale Rolle von TUR und ihre Brückenfunktion zu Europa und der islamischen Staatenwelt gewürdigt. Gewisse Widerstände Griechenlands gegen volle Durchsetzung der Lissabon-Beschlüsse könnten eingeebnet werden.

Migration:

17 Mio. Menschen seien weltweit von dem Problem betroffen. Für uns sei Aussiedlerproblematik zentral. Allgemeine Erkenntnis, dass nicht nationale Lösungen, sondern europäische, wenn nicht weltweite Ansätze gefordert sind. Die Belastung, die D mit der Aufnahme von Bürgerkriegsflüchtlingen aus JUG auf sich genommen hat, sei anerkannt worden, ebenfalls die Tatsache, dass dies Stabilitätsprobleme nicht nur für D, sondern auch für Europa insgesamt mit sich bringe.

Darüber hinaus seien in Brocket Hall Fragen der europäischen Einigung, die Zukunft in GUS, der Trennungsprozess in der ČSFR sowie auf Grundlage eines spanischen Berichts Situation in Maghreb (Marokko/Algerien) und die Lage in Lateinamerika erörtert worden.

Fortsetzung Fußnote von Seite 1151

der Substanz und in der Definition politisch angegangen werden. Auf politischem Weg müsse erreicht werden, dass die Artillerie-Angriffe auf Sarajevo vor dem Winter eingestellt würden." Vgl. DB 1848/1849; B 42, Bd. 183680.

5 Zur internationalen Jugoslawien-Konferenz am 26./27. August 1992 vgl. Dok. 269.

6 Zu den Überwachungsmaßnahmen von NATO und WEU in der Adria vgl. Dok. 220.

7 Zur Tagung des Europäischen Rats am 26./27. Juni 1992 vgl. Dok. 201.

2) BM Kinkel legte mit der Bitte um spanische Unterstützung zu gegebener Zeit unsere Haltung zur Erweiterung des Sicherheitsrats der VN dar. Wir wollten von uns aus nicht initiativ werden, meldeten jedoch, wenn Diskussion über Charta-Änderung in ein konkretes Stadium tritt, unsere Ansprüche „vorsichtig und zurückhaltend, aber deutlich und klar“ an. Ein „Sitz der Europäer“ sei ebenfalls ein denkbares Modell.

3) Spanien kündigte Entsendung militärischen Beobachters zum Eurokorps an. Deutsche Seite begrüßte diese Entscheidung.

4) AM Solana hob in seiner Erwiderung den hohen Grad an Übereinstimmung zwischen deutschen und spanischen Auffassungen bei allen erörterten Fragen hervor.

Mettenheim

B 26, ZA-Bd. 173496

286

Vorlage des Ministerialdirektors Elbe für Bundesminister Kinkel

16. September 1992[1]

Über Herrn Staatsekretär[2] Herrn Bundesminister[3]

Betr.: Universalität der Menschenrechte

I. Der Grundsatz der Universalität der Menschenrechte wird inzwischen weltweit auch von der Dritten Welt akzeptiert. Ihre Achtung und Verwirklichung sind integraler Bestandteil der internationalen Zusammenarbeit geworden. Die Dritte Welt wendet sich aber gegen eine, wie sie es sieht, Instrumentalisierung der Menschenrechtsfrage und macht Fortschritte von einer Verbesserung ihrer Wirtschaftslage abhängig. Wir müssen an unserer Menschenrechtspolitik der differenzierten Reaktionen und Maßnahmen festhalten und dabei problematische Staaten ausdrücklich in die Menschenrechtsdiskussion einbeziehen.

II. Als die Mitgliedstaaten der Vereinten Nationen erstmals darangingen, die in der Charta enthaltenen Bestimmungen zum internationalen Menschenrechtsschutz mit Leben zu füllen, überschrieben sie das Ergebnis anspruchsvoll „Universal Declaration of Human Rights“[4], auch wenn bei der Abstimmung in der Generalversammlung sich dann Saudi-Arabien, Südafrika und sechs sozialistische Staaten der Stimme enthielten.

1 Die Vorlage wurde von VLR Berg konzipiert.

2 Hat StS Kastrup am 2. Oktober 1992 vorgelegen, der handschriftlich vermerkte: „Die Grundaussage trifft allenfalls verbal zu. Die Praxis sieht leider oft anders aus.“

3 Hat BM Kinkel am 10. Oktober 1992 vorgelegen, der handschriftlich vermerkte: „1) Gute Ausarbeitung. 2) Abl[ichtung] zu uns[eren] Akten. 3) Abl. Erath, Kindermann.“
Hat OAR Salzwedel am 12. Oktober 1992 vorgelegen, der den Rücklauf über das Büro Staatssekretäre an den Planungsstab verfügte.

4 Für die „Allgemeine Erklärung der Menschenrechte“ vom 10. Dezember 1948, die mit Resolution Nr. 217 (III) A der VN-Generalversammlung angenommen wurde, vgl. UNITED NATIONS RESOLUTIONS, Serie I, Bd. II, S. 135–141. Für den deutschen Wortlaut vgl. MENSCHENRECHTE, S. 54–59.

Inzwischen ist die Allgemeine Erklärung zum wohl meistzitierten Menschenrechtsdokument geworden und das Bekenntnis zu den Menschenrechten, wie u. a. die Charta von Paris und das Abschlussdokument des letzten Blockfreien-Gipfels[5] belegen, weltweit. Dennoch kommt gerade von der Dritten Welt Widerstand, wenn es um die praktische Umsetzung und Kontrolle der Einhaltung der Menschenrechte geht.[6]

Hier gibt es zunächst eine psychologische Komponente. Während bislang die Menschenrechtsdiskussion fast ganz im Zeichen des Ost-West-Konflikts stand, sind sich jetzt die alten Kontrahenten bei der Anwendung und Auslegung der verschiedenen Menschenrechtsinstrumente weitgehend einig und zu einer offenen Kooperation übergegangen. Dies wird von der Dritten Welt als Bevormundung und als Bedrohung empfunden, der sie vor allem das Verbot der Einmischung in innere Angelegenheiten entgegenhält.

Hinzu kommt, dass sich die Dritte Welt zunehmend auf ihre eigenen Ursprünge und Werte besinnt und unter Hinweis auf die angeblich rein westlich geprägten Menschenrechtsinstrumente das Prinzip der Universalität infrage stellt. So heißt es z. B. im Abschlusskommuniqué des Außenministertreffens der ASEAN-Staaten vom Juli dieses Jahres, dass Menschenrechte, auch wenn sie universellen Charakter haben, von unterschiedlichen kulturellen, historischen und sozio-ökonomischen Bedingungen im jeweiligen Land geprägt sind und dass ihre Ausformung und Anwendung allein in die Zuständigkeit und Verantwortlichkeit des jeweiligen Landes fallen.[7]

III. In der Menschenrechtsdiskussion muss zwischen zwei Fragen unterschieden werden: Gehen wir alle vom gleichen Menschenrechtsverständnis aus? Und: Wie arbeiten wir bei der Implementierung der Menschenrechte zusammen, welche Möglichkeiten, welche Grenzen gibt es?

1) Ein Blick auf die verschiedenen Kulturen zeigt, dass wir heute trotz unterschiedlicher Prägungen von einem einheitlichen Menschenrechtsbild ausgehen können[8], das uns in die Lage versetzen sollte, auf einer gemeinsamen Basis die internationale Zusammenarbeit zu verstärken. Ein erster, allerdings nur begrenzt tauglicher Hinweis mag sein, dass die beiden wichtigsten Menschenrechtsabkommen, der Internationale Pakt über bürgerliche und politische Rechte und der Internationale Pakt über wirtschaftliche, soziale und kulturelle Rechte[9], von Staaten aus allen Teilen der Welt ratifiziert worden sind. Es kann sich also

[5] Die Gipfelkonferenz der Bewegung blockfreier Staaten fand vom 1. bis 6. September 1992 in Jakarta statt. Für die dort verabschiedeten Dokumente vgl. das Schreiben des indonesischen VN-Botschafters Wisnumurti vom 18. November 1992 an VN-GS Boutros-Ghali (A/47/675 bzw. S/24816); https://documents-dds-ny.un.org/doc/UNDOC/GEN/N92/729/01/img/N9272901.pdf.

[6] Dieser Satz wurde von StS Kastrup hervorgehoben. Dazu vermerkte er handschriftlich: „Eben!"

[7] Vgl. Ziffer 18 des Kommuniqués der Konferenz der Außenminister der ASEAN-Mitgliedstaaten am 21./22. Juli 1992 in Manila; B 37, ZA-Bd. 164180.

[8] Der Passus „von einem ... ausgehen können" wurde von StS Kastrup hervorgehoben. Dazu vermerkte er handschriftlich: „Das kann man in dieser Allgemeinheit kaum sagen."

[9] Für die Internationalen Pakte über bürgerliche und politische Rechte sowie über wirtschaftliche, soziale und kulturelle Rechte vom 19. Dezember 1966 vgl. BGBl. 1973, II, S. 1534–1555 bzw. S. 1570–1582.
Für das am 19. Dezember 1966 von der VN-Generalversammlung verabschiedete und am 23. März 1976 in Kraft getretene Fakultativprotokoll zum Internationalen Pakt über bürgerliche und politische Rechte vgl. BGBl. 1992, II, S. 1247–1250.
Für das Zweite Fakultativprotokoll vom 15. Dezember 1989 zum Internationalen Pakt über bürgerliche und politische Rechte zur Abschaffung der Todesstrafe vgl. BGBl. 1992, II, S. 391–394. Vgl. auch AAPD 1989, II, Dok. 413.

nicht um rein westlich geprägte Dokumente handeln. Abgeschwächt wird das Argument allerdings durch die Tatsache, dass bislang nur rund die Hälfte der Staaten sich gebunden hat.

Was die Regionen im Einzelnen betrifft, so ergibt sich folgendes Bild:

a) Lateinamerika teilt umfassend das sogenannte westliche Konzept der Menschenrechte. Es hat sich 1969 zusammen mit den beiden nordamerikanischen Staaten eine Amerikanische Menschenrechtskonvention[10] gegeben, deren Einhaltung durch eine Kommission und einen Gerichtshof überwacht wird. Die lateinamerikanischen Staaten waren auch schon an der Ausarbeitung der Allgemeinen Erklärung von 1948 beteiligt und konnten damit ihre Position unmittelbar einbringen. Eine regionale Abweichung von den universalen Menschenrechtsstandards wird weder beansprucht noch zur Rechtfertigung von Menschenrechtsverstößen herangezogen.

b) Auch der afrikanische Kontinent steht der westlichen Menschenrechtsidee keineswegs so distanziert gegenüber, wie man auf den ersten Blick glauben könnte. Dabei muss man sich noch nicht mal auf die verschiedenen nationalen Verfassungen berufen, die im Gefolge der Entkolonialisierung etwa auf die französische Menschenrechtsdeklaration[11] oder die Allgemeine Erklärung von 1948 Bezug nehmen. Verschiedene Untersuchungen zeigen, dass eine Reihe unserem Menschenrechtsverständnis zugrundeliegender Vorstellungen sich selbst im vorkolonialen Afrika wiederfindet, etwa der Grundsatz der Gleichberechtigung oder Schutz vor Machtmissbrauch.

Obwohl 1948 bei der Verabschiedung der Allgemeinen Erklärung nur vier afrikanische Staaten dabei waren – Äthiopien, Liberia, Ägypten und Südafrika –, hat sie durch die Erwähnung in der Charta der OAE[12] für alle Staaten Afrikas Gültigkeit bekommen. 1981 wurde auf dem OAE-Gipfel in Nairobi die Afrikanische Charta über Rechte der Menschen und Völker verabschiedet[13], die neben einer besonderen Hervorhebung der Rechte der Völker oder Gruppenrechte auch ausführlich auf die individuellen Menschenrechte eingeht, die unmittelbar den Grundrechten und Freiheiten in den nationalen Verfassungen und internationalen Menschenrechtsinstrumenten entsprechen.

Wiederholt ist auf die jüngsten Demokratisierungstendenzen in einer Reihe afrikanischer Staaten hingewiesen worden. Ein anschauliches Beispiel ist die vielbeachtete Rede des Präsidenten von Sambia vor dem OAE-Gipfel im Juni dieses Jahres, in der er sich engagiert für Demokratie – keine Domäne des Westens, sondern Grundbedürfnis der Menschheit – und Menschenrechte einsetzte und sogar ein kollektives Interventionsrecht befürwortete.[14]

10 Für die Amerikanische Menschenrechtskonvention vom 22. November 1969 vgl. UNTS, Bd. 1144, S. 124–212. Für den deutschen Wortlaut vgl. MENSCHENRECHTE, S. 500–523.

11 Für die Erklärung der Menschen- und Bürgerrechte vom 26. August 1789 vgl. DÉCLARATIONS, S. 11–13. Für den deutschen Wortlaut vgl. REVOLUTION, S. 37–39.

12 Für die OAE-Charta vom 25. Mai 1963 vgl. UNTS, Bd. 479, S. 41–89. Für den deutschen Wortlaut vgl. EUROPA-ARCHIV 1963, D 314–320.

13 Für die Afrikanische Charta der Menschenrechte und Rechte der Völker vom 27. Juni 1981 (Banjul-Charta) vgl. UNTS, Bd. 1520, S. 218–292. Für den deutschen Wortlaut vgl. MENSCHENRECHTE, S. 532–545.

14 Für die Rede des sambischen Präsidenten Chiluba am 30. Juni 1992 in Dakar während der OAE-Gipfelkonferenz vom 29. Juni bis 1. Juli 1992 vgl. B 34, ZA-Bd. 157222.

c) So wie es in Asien insgesamt an einer übergreifenden regionalen Struktur fehlt, so besteht auch in der Frage der Menschenrechte ein uneinheitliches Bild.

Jede Betrachtung der Menschenrechtssituation in Indien muss sich an der dem Gleichheitssatz fundamental widersprechenden Kastenordnung stören, die nach wie vor zentraler Baustein der Gesellschaftsordnung ist. Dennoch wäre es unzulässig, hierin einen Widerspruch oder Relativierung zu den verfassungsrechtlich garantierten Grundrechten zu sehen, die schon frühzeitig von den Kolonialherren eingefordert wurden und zu denen sich Indien auch durch den Beitritt zu den beiden Pakten bekannt hat.

Im Falle Chinas ist es sicher hilfreich, sich zunächst den Unterschied zwischen den spezifischen kulturellen Traditionen und der sozialistischen Staatsverfassung bewusst zu machen, auch wenn beide durchaus Berührungspunkte besitzen. Nach den in China tief verwurzelten Normen des Konfuzianismus ist das Individuum – im Streben nach Konformität und Harmonie – verpflichtet, sich sozial, aber auch politisch der Gesellschaft und der Staatsordnung zu unterwerfen. Die Schriftzeichen für Menschenrechte und Freiheit entstanden bezeichnenderweise erst im 19. Jahrhundert. Auch für Sun Yatsen, den Vater der chinesischen Republik, ging es nicht um die Freiheit des Individuums, sondern um die Stellung der chinesischen Nation. Die relativ wenigen Freiheitsrechte, die sich heute in der chinesischen Verfassung finden, stehen unter dem – sozialistischen – Vorbehalt, dass die Rechte des Einzelnen nicht mit dem Interesse des Staates und der Gesellschaft kollidieren dürfen.

Es mag zutreffen, dass aufgrund konfuzianischer Tradition und nicht zu bestreitender Leistungen des Sozialismus für eine soziale Grundversorgung die umfassende Verwirklichung der Menschenrechte in den Augen der chinesischen Bevölkerung keine politische Priorität besitzt. Aber nicht erst seit Tiananmen[15] ist deutlich der Drang nach mehr Freiheit und Menschenrechten zu erkennen, der im Zuge der weiteren – wirtschaftlichen – Öffnung zunehmen wird.

d) Grundsätzlich erscheint es unmöglich, im Islam Konzepte eines westlich geprägten Menschenrechtsverständnisses zu finden. Sei es das Verhältnis zu anderen Religionen oder die absolute Unterordnung unter den göttlichen Willen, all dies ist mit unseren Vorstellungen nur schwer vereinbar. Zwar hat es Versuche gegeben, den Menschenrechten einen angestammten Platz im islamischen Staatsdenken einzuräumen – bis hin zu einer „Universellen Islamischen Menschenrechtserklärung"[16]. Dabei kann es aber höchstens um Rechte, die allein den Muslimen zuerkannt werden, oder um sehr restriktive Toleranzregeln gegenüber Nicht-Muslimen gehen. Dennoch mögen diese Überlegungen Ansatzpunkte für eine Diskussion mit islamischen Staaten über Menschenrechte bilden.

Die Praxis zeigt aber, dass auch von islamischen Gesellschaften ein Bekenntnis zu internationalen Menschenrechten möglich ist, zumal von Staaten, denen säkulare Konzepte zugrunde liegen. Der Islam-Experte Professor Steinbach weist z. B. darauf hin, dass auch in islamischen intellektuellen Kreisen das Denken von dem Drang nach mehr Demokratie

15 Zur Niederschlagung der Demokratiebewegung in der Volksrepublik China am 3./4. Juni 1989 vgl. Dok. 66, Anm. 5.

16 Vgl. die Allgemeine Erklärung der Menschenrechte im Islam vom 19. September 1981; in: MENSCHENRECHTE, S. 546–562.
Vgl. ferner die Kairoer Erklärung über Menschenrechte im Islam vom 5. August 1990; in: HUMAN RIGHTS, II, S. 478–484. Für den deutschen Wortlaut vgl. MENSCHENRECHTE, S. 562–567.

und Menschenrechten bestimmt wird. Und selbst der Iran, der Prototyp für islamischen Fundamentalismus, hat sich in bilateralen Kontakten mit uns an einem Menschenrechtsdialog interessiert gezeigt.[17]

Staaten aus dem islamischen Raum haben sich bereits in der Vergangenheit aktiv an der Menschenrechtsdiskussion beteiligt, insbesondere mit Zielrichtung Israel. Die jüngsten Erfahrungen im Falle des ehemaligen Jugoslawiens können dazu beitragen, ihnen die Notwendigkeit eines internationalen Menschenrechtsschutzes noch stärker vor Augen zu halten.

e) Auch wenn in den einzelnen Regionen unterschiedliche Schwerpunkte in der Menschenrechtsfrage gesetzt werden, reichen diese letztlich nicht aus, eine Universalität der Menschenrechtsidee ernsthaft infrage zu stellen.

So hat sich auch der Blockfreien-Gipfel in seinem Abschlussdokument – mit einer spürbaren Differenz zu dem ASEAN-Papier – ohne Einschränkungen zu den „universell gültigen Menschenrechten und Grundfreiheiten, die als gemeinsamer Standard für die Achtung vor der Würde und Integrität des Menschen dienen", bekannt. Die Ausführungen zu den Menschenrechten in dem Dokument waren im Übrigen so ausführlich wie niemals zuvor. Bemerkenswert ist auch, dass die Blockfreien nicht die Zulässigkeit einer internationalen Erörterung von Menschenrechtsfragen leugnen, vielmehr unterstreichen, dass die Charta der Vereinten Nationen die Achtung und Förderung der Menschenrechte „in den Zusammenhang der internationalen Zusammenarbeit" gestellt hat.

2) Das Dokument macht aber auch deutlich, wo die wesentlichen Unterschiede zu den Staaten des Nordens zu finden sind: Die Dritte Welt ist nicht bereit, sich von diesen in irgendeiner Form bevormunden zu lassen. Das Menschenrechtsverständnis mag das gleiche sein, die Frage der Implementierung muss aber nach ihrer Ansicht auf die unterschiedlichen „historischen, politischen, wirtschaftlichen, sozialen, religiösen und kulturellen Realitäten" Rücksicht nehmen. Kein Land oder keine Gruppe sollte sich zum Richter über andere aufspielen, heißt es. Und Menschenrechte dürften nicht als Instrumente des politischen Drucks missbraucht werden.

Solche Äußerungen sind Zeichen einer Empfindlichkeit, die mit dem Ende des Ost-West-Konflikts zugenommen hat. Die Dritte Welt ist nicht bereit, ständig und allein an den Pranger gestellt zu werden, wenn es um die Einhaltung der Menschenrechte geht. Die koloniale Vergangenheit ist noch nicht lange genug vorbei und im Übrigen am besten geeignet, die historische Relativität der Menschenrechtsidee zu demonstrieren.

Hauptargument der Dritten Welt ist das in der Charta der Vereinten Nationen verankerte Verbot der Einmischung in innere Angelegenheiten. Da hiervon auch der Bereich des Umweltschutzes und der Abrüstungs- und Rüstungskontrollbemühungen betroffen ist, messen die Entwicklungsländer diesem Verbot grundsätzliche Bedeutung bei.

Was die besonderen Rahmenbedingungen betrifft, so spielt die Frage der wirtschaftlichen Entwicklung die wichtigste Rolle. Die Dritte Welt sieht die Erreichung eines ausreichenden Entwicklungsniveaus als Voraussetzung für die umfassende Umsetzung von Menschenrechten und Demokratie. Sie kann dabei auf Staaten wie Südkorea oder Singapur verweisen, die mit relativ autoritären und undemokratischen Systemen den wirtschaftlichen Sprung nach vorne geschafft haben.

17 Vgl. zuletzt die Gespräche des BM Kinkel mit dem iranischen AM Velayati am 14./15. Juli 1992; Dok. 227.

Diese Auffassung fließt auch ein in das von der Dritten Welt erneut in den Vordergrund gestellte Recht auf Entwicklung, dem sie für die bevorstehende Menschenrechtsweltkonferenz[18] besondere Bedeutung beimessen. Zwar ist der Begriff „Recht auf Entwicklung" noch weitgehend ungeklärt. (Jeder Staat hat das Recht, sich eigenständig zu entwickeln; Entwicklungsländer haben das Recht, Hilfe zu ihrer Entwicklung zu fordern.) Wir können aber, da er von den Entwicklungsländern als integrales Menschenrecht bezeichnet wird, um eine[19] Auseinandersetzung nicht herumkommen.

IV. Nach der von uns konsequent vertretenen Politik haben die Menschenrechte universelle Gültigkeit. Menschenrechtsverletzungen können unserer Auffassung nach weder in besonderen kulturellen Traditionen noch im ideologischen Überbau eine Rechtfertigung finden. Ausgangspunkt ist das im Grundgesetz niedergelegte Bekenntnis „zu unverletzlichen und unveräußerlichen Menschenrechten als Grundlage jeder menschlichen Gemeinschaft, des Friedens und der Gerechtigkeit in der Welt".[20]

Dabei geht es zunächst um den Menschen, dessen Würde für uns naturrechtlichen Schutz genießt. Es werden aber auch die destabilisierenden und friedensgefährdenden Wirkungen gesehen, die von den Staaten und Regimen ausgehen, in denen Menschen unterdrückt und Grundrechte missachtet werden. Dieser Zusammenhang ist durch den Nationalsozialismus besonders deutlich geworden und kommt auch gelegentlich in der Beratung menschenrechtlicher Themen im Sicherheitsrat zum Ausdruck.

Für uns stellt die Verletzung von Menschenrechten keine innere Angelegenheit eines Staates dar, sie betrifft die Staatengemeinschaft als Ganzes. Von daher kann auch kein Staat sich der Diskussion über die Zustände in seinem Land verweigern. Wir halten die internationale Zusammenarbeit in Menschenrechtsfragen mit ihren zahlreichen Möglichkeiten, die von Dialog und Beratung bis zu Verurteilung und Sanktionen reichen, als einen notwendigen Garanten für die Einhaltung in den jeweiligen Staaten.

Wir haben die besten Erfahrungen mit einer regionalen Zusammenarbeit gemacht. Der Europarat bietet ein umfassendes System, das sowohl dem Einzelnen als auch der Gemeinschaft der Vertragsstaaten Kontrollrechte einräumt. Die Charta von Paris sollte in Sachen Demokratie, Menschenrechte und Rechtsstaat Vorbildcharakter auch für andere Regionen haben.

Auch wenn das grundgesetzliche Bekenntnis zu den Menschenrechten ohne jede Einschränkung erfolgt, kann das nicht bedeuten, dass wir in unserer Menschenrechtspolitik nicht den Realitäten Rechnung tragen. Uns ist bewusst, dass die verschiedenen Menschenrechtsinstrumente Ergebnis langwieriger Verhandlungen sind und Kompromisscharakter haben. Sie enthalten selbst immer wieder ausdrückliche oder stillschweigende Vorbehalte und Einschränkungen, wie „öffentlicher Notstand" oder „das allgemeine Wohl in einer demokratischen Gesellschaft". Der Internationale Pakt über wirtschaftliche, soziale und kulturelle Rechte ist ohnehin mehr als Programm denn als strikt einzuhaltender Menschenrechtskatalog zu verstehen.

So kann man etwa von China kaum fordern, dass es seinen Bürgern völlige Bewegungsfreiheit oder freie Wahl des Wohnsitzes gewährt, da sonst das gesamte Bevölkerungsgefüge

18 Die Weltkonferenz über Menschenrechte fand vom 14. bis 25. Juni 1993 in Wien statt. Vgl. AAPD 1993.

19 Korrigiert aus: „an einer".

20 Vgl. Artikel 1 Absatz 2 GG vom 23. Mai 1949; BGBl. 1949, S. 1.

auseinanderbrechen würde. Entsprechend können nach dem Menschenrechtspakt diese Freiheiten eingeschränkt werden, wenn dies gesetzlich vorgesehen und zum Schutz u. a. der öffentlichen Ordnung notwendig ist. Auch würde es wenig Sinn machen, von Staaten der Dritten Welt jetzt die Schaffung gerechter und günstiger Arbeitsbedingungen zu verlangen, wenn sie nach dem Sozialpakt verpflichtet sind, „unter Ausschöpfung all ihrer Möglichkeiten" Maßnahmen zu treffen, „um nach und nach mit allen geeigneten Mitteln die volle Verwirklichung dieses Rechts" zu erreichen.

Wir müssen aber dort eine Grenze ziehen, wo zulässige Vorbehalte und Einschränkungen missbraucht werden. Wir können und dürfen nicht schweigen, wenn in massiver und grober Weise Menschenrechte verletzt und mit dem Hinweis auf kulturelle Traditionen oder andere Sonderverhältnisse gerechtfertigt werden. Dies gilt in besonderem Maße für die Inanspruchnahme des Entwicklungsstandes. Überspitzt kann man sagen: „Wer hungert, muss nicht auch noch gefoltert werden!"

Das Eingehen auf vorgebliche Sonderverhältnisse, die eine unterschiedliche Verwirklichung der Menschenrechte rechtfertigen, birgt auch eine große Gefahr in sich: Wenn wir Menschenrechtsverletzungen in einem Fall tolerieren, wird dies uns von dem nächsten, den wir kritisieren, – zu Recht – entgegengehalten. Diese Politik des doppelten Standards muss vermieden werden. Allerdings haben wir die Möglichkeit, unsere Kritik zu differenzieren.

V. Was berechtigt uns nun zur Kritik, wenn Menschenrechte in anderen Teilen der Welt verletzt werden?

Die Gründe sind zum Teil bereits benannt. Unser Menschenrechtsverständnis, das von der Gleichheit aller Menschen, unabhängig von Geschlecht, Rasse, Religion, Herkunft usw., ausgeht, verpflichtet uns, weltweit für diese Ziele einzutreten. Die destabilisierenden und friedensgefährdenden Wirkungen, die von Menschenrechtsverletzungen ausgehen, betreffen uns unmittelbar. Flüchtlingsströme, die durch undemokratische Zustände ausgelöst werden, sind ein eindringliches Beispiel.

Aus unserer Geschichte leiten wir zu Recht eine besondere moralische Verpflichtung ab. Dabei brauchen wir keine Glaubwürdigkeitsdiskussion zu fürchten, da wir uns zu unserer Schuld, die wir im Nationalsozialismus auf uns geladen haben, immer bekannt haben. Und wir sind dabei, die unter dem DDR-Regime begangenen Untaten aufzudecken und zu bestrafen.

Wir haben im Gegensatz zu Frankreich und England den Vorteil, von der Dritten Welt nicht mit kolonialen Vorzeichen gesehen zu werden. Und uns werden nicht wie den beiden Supermächten hegemoniale Tendenzen unterstellt. Wir werden in der Dritten Welt, aber auch in Europa, als vermittelnder Partner gesehen, der den Ausgleich sucht. Dies gibt uns eine gute Ausgangsposition, auch in Menschenrechtskonflikten gehört zu werden. Hierauf sollten wir unsere internationale Menschenrechtspolitik aufbauen.

Es gibt auch einen rechtlichen Ansatz für unsere Kritik: Verletzt nach unserer Auffassung ein Staat in grober Weise Bestimmungen der von ihm ratifizierten Internationalen Pakte oder sonstiger Spezialabkommen, so können wir diesem Staat diesen Vertragsbruch vorhalten. Hier kann das Argument der Einmischung in innere Angelegenheiten nicht greifen. Problematischer ist es, wo keine vertragliche Bindung des die Menschenrechte verletzenden Staates vorliegt. Es ist jedoch heute anerkannt, dass wesentliche Teile der Allgemeinen Erklärung der Menschenrechte von 1948, die lediglich als nichtbindende Resolution verabschiedet wurde, Gewohnheitsrecht geworden sind. Die wiederholte und unwidersprochene Bezugnahme auf die Erklärung in zahlreichen Dokumenten und Verträgen, verbunden mit der in der Charta enthaltenen generellen Verpflichtung zur Einhaltung der Menschenrechte, sprechen für eine Bindungswirkung, die auf Praxis und Überzeugung der Staatenwelt beruht. Dies gilt in jedem Fall für Völkermord, Sklaverei und Sklavenhandel, die willkürliche Tötung oder das Verschwindenlassen von einzelnen Personen, die Folter oder andere unmenschliche und herabwürdigende Behandlung und Bestrafung, für[21] willkürlichen Freiheitsentzug, systematische rassistische Diskriminierung oder [wo es] um beständige Anhäufung gravierender Verletzungen international anerkannter Menschenrechte geht. Hierauf sollte sich unsere Kritik aber nicht beschränken.

Neben der Berechtigung stellt sich die Frage des Ausmaßes der Kritik. Wie weit können wir, wie weit dürfen wir gehen? Die Erörterung menschenrechtlicher Angelegenheiten als unterste Stufe kann heute nicht mehr mit dem Argument der Einmischung zurückgewiesen werden. Die Erfahrungen mit der Behandlung schwerer Menschenrechtsverletzungen in multilateralen Organen wie der Menschenrechtskommission haben gezeigt, dass dort ein öffentlicher Druck hergestellt werden kann, der die Staaten zumindest zu einer Überprüfung ihrer Politik veranlassen kann und in einigen Fällen konkrete Veränderungen hervorgebracht hat. Auch die Entsendung von Beobachtermissionen, denen die betroffenen Staaten allerdings zustimmen müssen, kann eine Grundlage schaffen, die zu einem hilfreichen Dialog führt.

Berechtigt uns die Kritik an Menschenrechtsverletzungen aber auch, die Entwicklungshilfe einzustellen? Oder müssen wir den Vorwurf der Erpressung fürchten, wie er von der Dritten Welt gebraucht wird? Kriterium muss sein, dass sich an den jeweiligen Zuständen etwas ändert. Wenn wir mit der Drohung, keine Hilfe zu leisten, etwas erreichen, sollten wir dieses Mittel nicht fürchten. Wenn der Erfolg allerdings fraglich erscheint, spricht immer noch einiges dafür – zumindest mit reduzierten und gezielten Mitteln –, durch Zusammenarbeit und Dialog auf eine Veränderung hinzuwirken.

Insgesamt sollten wir – wie auch in der Vergangenheit – neben unserer Kritik auf die Zusammenarbeit setzen. Wir können nicht nur in zwischenstaatlichen Konflikten, sondern auch im Bereich des Menschenrechtsschutzes präventiv tätig sein. Dazu gehört u. a. das auch von uns in den Vordergrund gestellte Programm der beim Menschenrechtszentrum geführten „Beratenden Dienste“ für Länder der Dritten Welt offenbar eine rege Nachfrage, die im Gegensatz zu der ansonsten vorgebrachten Kritik an Bevormundung oder Konditionalisierung steht.[22]

Es ist auch zu überlegen, stärker als bisher die regionalen Menschenrechtssysteme zu fördern oder neue vorzuschlagen. Ein Teil der Skepsis der Dritten Welt dürfte entfallen, wenn sie den Menschenrechtsschutz in regionaler Eigenverantwortung umsetzen und kontrollieren würde. Dies darf aber nicht dazu führen, dass andere Gremien, wie etwa die VN, für unzuständig erklärt werden. Voraussetzung wäre auch, dass es sich um effektive und umfassende Instrumente handelt.

Frank Elbe

B 9, ZA-Bd. 178534

21 Korrigiert aus: „um“.

22 So in der Vorlage.

287

Vorlage des Vortragenden Legationsrats I. Klasse Lincke für Bundesminister Kinkel

503-553.32/1 ISR VS-NfD **16. September 1992**[1]

Über Dg 50, D 5[2], Herrn Staatssekretär[3] Herrn Bundesminister[4]

Betr.: Vorläufiger Abschluss der Verhandlungen des BMF mit der Jewish Claims Conference gemäß Art. 2 der Vereinbarung vom 18.9.1990 zum Einigungsvertrag zwischen der Bundesrepublik Deutschland und der Deutschen Demokratischen Republik[5]

Zweck der Vorlage: Zur Unterrichtung

1) Die Bundesrepublik Deutschland hat sich in Art. 2 der Vereinbarung zum Einigungsvertrag vom 18. September 1990 verpflichtet,

„Vereinbarungen über eine zusätzliche Fondslösung zu treffen, um Härteleistungen an die Verfolgten vorzusehen, die nach den gesetzlichen Vorschriften der Bundesrepublik Deutschland bisher keine oder nur geringfügige Entschädigungen erhalten haben." (Zum Kreis der potenziell Begünstigten gehören bei Vorliegen schwerer Verfolgungskriterien und nur teilweisen Entschädigungen oder Einmal-Beihilfen alle bisher bereits Wiedergutmachungsberechtigten.)

Bei den vom BMF 1991 aufgenommenen Verhandlungen mit der Jewish Claims Conference, die angesichts der Bedeutung der Angelegenheit in der Schlussphase auf höchster[6] Ebene geführt wurden (Leitung auf deutscher Seite: Parlamentarischer Staatssekretär Dr. Carstens), konnte in der letzten, soeben abgeschlossenen Runde Einigkeit über die wichtigsten Punkte erzielt werden. Der BMF wird die in den Verhandlungen erreichte Übereinkunft über die Eckdaten nunmehr in Vertragsform kleiden. Dieser Text soll dann zunächst auf Arbeitsebene endgültig abgestimmt werden.

2) Unsere Leistungen sehen Hilfe an die NS-Opfer in verschiedenen Formen vor, wobei über die bisher als Eckdaten vereinbarten Zahlen zwischen BMF und Claims Conference absolutes Stillschweigen vereinbart wurde. Die Claims Conference wird diese Zahlen auch

1 Die Vorlage wurde von VLR Goetz konzipiert.

2 Hat, auch in Vertretung des MD Eitel, MDg Schürmann am 16. September 1992 vorgelegen.

3 Hat StS Lautenschlager am 16. September 1992 vorgelegen, der handschriftlich vermerkte: „Unter Verschluss."

4 Hat BM Kinkel am 17. September 1992 vorgelegen.
Hat VLR Wittig am 17. September 1992 vorgelegen, der den Rücklauf an Referat 503 verfügte.
Hat VLR I Lincke am 18. September 1992 erneut vorgelegen, der die Weiterleitung an VLR Goetz „z[ur] g[efälligen] K[enntnisnahme]" verfügte.
Hat Goetz am 18. September 1992 erneut vorgelegen.

5 Für Artikel 2 der Vereinbarung vom 18. September 1990 zwischen der Bundesrepublik und der DDR zur Durchführung und Auslegung des am 31. August 1990 in Berlin unterzeichneten Vertrages zwischen der Bundesrepublik und der DDR über die Herstellung der Einheit Deutschlands (Einigungsvertrag) vgl. BGBl. 1990, II, S. 1239.

6 Dieses Wort wurde von StS Lautenschlager gestrichen. Dafür fügte er handschriftlich ein: „hoher".

nach dem noch ausstehenden endgültigen Abschluss der Verhandlungen nicht bekannt geben. Die Zahlen wurden uns vom BMF vertraulich mitgeteilt.

a) Im Einzelnen sind folgende Leistungen vorgesehen:
- Einmalbeihilfen in Höhe von insgesamt 200 Mio. DM
- Überbrückungsbeihilfen für die Geschädigten, die ab 1995 laufende Beihilfen erhalten werden, kalkuliert bei 31 000 Berechtigten mit einem Durchschnittssatz von 7 500 DM jährlich 217 Mio. DM
- laufende Beihilfen in Höhe von 500 DM monatlich ab 1995 für 25 000 Berechtigte bis 1999 525 Mio. DM
- Förderung von Alten- und Pflegeheimen 33 Mio. DM

Insgesamt 975 Mio. DM.

b) Wir sind bei diesen Verhandlungen (gerade in Anbetracht unserer haushaltsmäßigen Schwierigkeiten) der Claims Conference ein erhebliches Stück entgegengekommen. Die Verhandlungen waren mit einem Angebot unsererseits in Höhe von 300 Mio. DM und Forderungen der Claims Conference in Höhe von 3,6 Mrd. DM eröffnet worden. Ein insgesamt 970 Mio. DM umfassendes Angebot war von uns zwar bereits im April abgegeben, von der Claims Conference aber zurückgewiesen worden. Die neuen Eckdaten mit insgesamt 975 Mio. DM lassen erst bei genauerer Prüfung erkennen, dass weitere wesentliche Zugeständnisse gemacht wurden:
- Die ursprünglich bis auf das Jahr 2000 angelegte Laufzeit und Berechnung wurde um ein Jahr verkürzt, wodurch die von uns zu erbringenden Zahlungsströme erheblich an Dynamik gewonnen haben.
- Über die ursprünglich bereits zugestandene Revisionsklausel im Jahre 1998 hinaus (betreffend die Fortsetzung der Leistungen nach dem Jahr 1999/2000) wurde eine weitere Revisionsklausel vorgesehen, wonach die Zahl der ab 1995 für laufende Beihilfen Berechtigten (bisher geschätzt 25 000) im Jahre 1994 erneut ermittelt und neu festgesetzt werden kann. Auch diese Klausel birgt das Potenzial erheblicher zusätzlicher Verpflichtungen in sich.[7]

Lincke

B 86, Bd. 2026

7 VLR I Bettzuege teilte den Auslandsvertretungen am 10. November 1992 mit, die Verhandlungen zwischen dem BMF und der Jewish Claims Conference seien im Oktober 1992 abgeschlossen worden: „Die Leistungen für diesen Fonds sind für schwerstverfolgte jüdische Opfer, vornehmlich mit langer Inhaftierung im KZ oder Ghetto-Haft, vorgesehen. Weitere Auskünfte über die Leistungsvoraussetzungen im Einzelnen, das einzuhaltende Verfahren usw. sind direkt bei den Stellen der Claims Conference zu erfragen. Nur zur internen Unterrichtung: Der in Pressemeldungen vom Wochenende teilweise enthaltene Hinweis, dass sich die Regelung im Wesentlichen auf Nazi-Opfer aus den Ländern des ehemaligen Ostblocks beziehe, ist falsch. Die Vereinbarungen des BMF mit der Jewish Claims Conference für jüdische Verfolgte jüdischen Glaubens (wie sie bereits bei der Errichtung des Härtefonds von 1980 getroffen wurden) knüpfen stets an die im deutschen Wiedergutmachungsrecht enthaltenen Wohnsitzvoraussetzungen an, d. h. der Verfolgte muss ins westliche Ausland übergewechselt sein. Die Vertretungen sollten in ihren Auskünften auf diesen Punkt jedoch in keinem Fall näher eingehen, sondern für Details der Regelungen an die Claims Conference weiterverweisen." Vgl. RE Nr. 69; B 5, ZA-Bd. 161325.

288

Drahtbericht des Botschafters Sudhoff, Paris

VS-NfD **Aufgabe: 16. September 1992, 10.10 Uhr**
Fernschreiben Nr. 2265 **Ankunft: 17. September 1992, 11.43 Uhr**
Citissime

Betr.: Konsultationen zwischen Bundeskanzleramt und Élysée am 16.9.1992

1) MD Dr. Hartmann, ChBK, hielt sich, begleitet von VLR I Bitterlich, am 16.9. zu dreieinhalbstündigen Konsultationen über bilaterale und aktuelle internationale Fragen im Élysée auf.

2) Trotz mehrfach geäußerter Bitte der Botschaft bestand ChBK darauf, die Gespräche ohne Teilnahme der Botschaft zu führen. Zur Begründung wurde auf eine angebliche Absprache zwischen ChBK und AA über die Nicht-Beteiligung des AA verwiesen.

Der Vorgang ist für mich nicht akzeptabel. Er wirft grundsätzliche Fragen nach der Rolle des AA und der Botschaft Paris auf, zumal an den Konsultationen, wie ich im Nachhinein erfahre, auf frz. Seite auch der Quai d'Orsay, und zwar Generalsekretär Boidevaix persönlich, beteiligt war. Es würde mich auch interessieren, ob das AA seiner eigenen Ausschaltung in einer so entscheidenden Periode der europäischen Politik zugestimmt hat.[1]

Ich bitte um Befassung des Staatssekretärs[2].

[gez.] Sudhoff

B 24, ZA-Bd. 265982

1 VLR Geier vermerkte am 16. September 1992, Gesandter Ischinger, Paris, habe ihn telefonisch über den Vorfall informiert und ebenfalls auf eine angebliche Absprache zwischen Bundeskanzleramt und Auswärtigem Amt hingewiesen. Geier vermerkte: „Ich habe Herrn Ischinger gesagt, dass mir eine derartige Absprache nicht bekannt sei, ich sie aber auch für unwahrscheinlich halte. MD Dr. Hartmann und VLR I Bitterlich haben Gesandtem Ischinger zugesagt, ihn heute Abend über den Inhalt ihrer Gespräche im Élysée zu informieren." Auf diesem Vermerk notierte MD Chrobog handschriftlich auf entsprechende Frage von VLR I Nestroy, dass ihm eine solche Absprache nicht bekannt sei. Vgl. B 24, ZA-Bd. 265982.
Am 2. Oktober 1992 übermittelte MD Hartmann, Bundeskanzleramt, StS Kastrup, einen Vermerk von VLR I Bitterlich, Bundeskanzleramt, vom 29. September 1992 über die Gespräche. Dazu teilte Hartmann mit: „Leider sind wir erst in den letzten Tagen dazu gekommen, die Niederschrift über das Gespräch im Élysée vom 16. September 1992 zur Lage und Entwicklung im früheren Jugoslawien zu fertigen. Entsprechend meiner Zusage gegenüber Bundesminister Kinkel wie gegenüber Ihnen übersende ich Ihnen anliegend diese Niederschrift zur persönlichen Kenntnisnahme." Vgl. B 42, ZA-Bd. 175651.

2 Dieter Kastrup.

289

Vorlage des Vortragenden Legationsrats Schumacher für Bundesminister Kinkel

201-360.90/SO JUG **17. September 1992**[1]

Über Dg 20[2], D 2[3], Herrn Staatssekretär[4] Herrn Bundesminister[5]

Betr.: Eventueller Beschluss der NATO zu verschärften Maßnahmen der Durchsetzung des VN-Embargos in der Adria[6];
hier: Deutsche Haltung

Bezug: Vorlagen 201 vom 13. und 17.7.1992[7], Az.: 201-360.90/SO JUG

Zweck der Vorlage: Mit der Bitte um Billigung zu Punkt 8

1) Im Kreis unserer westlichen Partner setzt sich die Erkenntnis durch, dass allenfalls eine festere Haltung der internationalen Gemeinschaft gegenüber den Konfliktparteien dazu beitragen kann, die politischen und militärischen Voraussetzungen für eine Lösung zu schaffen. Dies gilt vor allem für eine schärfere Durchsetzung der Sanktionsmaßnahmen der VN.

Angesichts der zunehmenden Meldungen über ein Unterlaufen des Embargos durch Waffenlieferungen an einzelne Konfliktparteien schlägt GB vor, die ergriffenen Maßnahmen zur Durchsetzung des VN-Embargos in der Adria zu verschärfen. Nach Auffassung GB bestehen drei Stufen:

(1) Beobachtung und Überwachung (Monitoring and Surveillance);

(2) Anhalten und Durchsuchen (Stop and Search), ohne Gewaltanwendung;

(3) Gewaltanwendung (Use of Force).

1 Kopie.

2 Hat MDg Klaiber am 17. September 1992 vorgelegen.

3 Hat MD Chrobog am 17. September 1992 vorgelegen.

4 Hat VLR Ney am 17. September 1992 vorgelegen, der die Weiterleitung an das Ministerbüro verfügte und handschriftlich vermerkte: „Auf Weisung StS K[astrup] vorab als Sachverhalt für Herrn BM; Vorlage ist von StS K. noch nicht gebilligt."

5 Hat BM Kinkel am 17. September 1992 vorgelegen, der handschriftlich vermerkte: „1) Habe Ang[elegenheit] mit BK + BM Rühe besprochen. 2) Wir können + dürfen Entscheidung pro nicht aufhalten. 3) Trotzdem: Ich will über jede Einzelheit und über jeden Schritt, inbes[ondere] jede Zustimmung auf Arb[eits]-Ebene, vorher unterrichtet werden u. behalte mir alle Entscheidungen vor."
Hat OAR Salzwedel am 18. September 1992 vorgelegen, der den Rücklauf über das Büro Staatssekretäre, MD Chrobog und MDg Klaiber an Referat 201 verfügte und handschriftlich vermerkte: „s[iehe] Weisungen BM."
Hat VLR I Reiche am 21. September 1992 vorgelegen.
Hat in Vertretung von Chrobog MDg von Studnitz am 21. September 1992 vorgelegen.
Hat Klaiber am 22. September 1992 erneut vorgelegen.
Hat VLR Schumacher erneut vorgelegen.

6 Zu den Überwachungsmaßnahmen von NATO und WEU in der Adria vgl. Dok. 220.

7 VLR I Bertram legte einen Entwurf für Gliederung und Struktur der Rede von BM Kinkel in der Sondersitzung des Bundestags am 22. Juli 1992 zum Jugoslawien-Konflikt vor. Vgl. B 14, ZA-Bd. 161180.

Nach dem Recht der VN-Charta besteht allerdings zwischen den Stufen 2 und 3 kein Unterschied. Beide müssen als militärische Sanktionsmaßnahmen nach Art. 42[8] angesehen werden.

2) Hierbei wird an die seit Juli d. J. durchgeführten Überwachungsmaßnahmen im Mittelmeer gedacht, an denen wir im Rahmen der NATO (Ständiger Einsatzverband Mittelmeer) mit einer Fregatte und im Rahmen der WEU mit drei Seeaufklärungsflugzeugen beteiligt sind.[9] NATO- und WEU-Einheiten haben sich bisher auf die Überwachung des Schiffsverkehrs nach JUG beschränkt, ohne Anwendung irgendwelcher Zwangsmaßnahmen. In Aussicht genommen wird jetzt – so der Vorschlag von GB als EG-Präsidentschaft –, dass die JUG anfahrenden Schiffe angehalten und erforderlichenfalls durchsucht werden sollen („Stop and Search“).

3) In einem Gespräch mit D 2 am 16.9.1992[10] wies GB-Botschafter Mallaby darauf hin, dass für eine Verschärfung der Maßnahmen von „Beobachtung und Überwachung“ auf „Anhalten und Durchsuchen“ eine neue Resolution des Sicherheitsrates erforderlich sei. Allerdings stelle dieses verschärfte Vorgehen nach britischer Auffassung keine Gewaltanwendung dar. Mallaby äußerte deshalb die Hoffnung und Überzeugung, dass wir an dieser Aktion teilnehmen könnten.

GB beabsichtigt, in Kürze eine entsprechende Sicherheitsratsresolution zu erwirken und dann weitere Foren (EPZ, NATO, WEU) zu befassen.

4) Im Falle einer Verschärfung der vom Bündnis in der Adria durchgeführten Embargomaßnahmen – aufgrund eines neuen Beschlusses des Sicherheitsrats – ergeben sich damit für uns folgende theoretische Handlungsoptionen:

a) Zustimmung zu einem Beschluss in der NATO (und in der WEU) über verschärfte Maßnahmen (Anhalten und Durchsuchen) und deutsche Beteiligung hieran.

b) Zustimmung wie vorher, jedoch deutsche Beteiligung nur im bisherigen Umfang, d. h. ausschließlich Überwachung, kein Anhalten und Durchsuchen.

c) Zustimmung zum Beschluss und Einstellung jeder weiteren deutschen Beteiligung an Embargomaßnahmen.

d) Ablehnung des NATO-Beschlusses.

5) Eine Änderung des Mandats für die Verbände in der Adria von bloßen Überwachungsmaßnahmen („monitoring“) auf Kontroll- und Zwangsmaßnahmen („stop and search“) ist völkerrechtlich erst nach einem neuen Beschluss des Sicherheitsrats möglich; die Beteiligung deutscher Schiffe und Flugzeuge begegnet unabhängig davon jedoch verfassungsrechtlichen Bedenken.

a) Der Sicherheitsrat der Vereinten Nationen hat auf der Grundlage von Art. 41 der VN-Charta[11] gegen Jugoslawien ein Waffenembargo (SR-Resolution 713[12]) und gegen die

8 Für Artikel 42 der VN-Charta vom 26. Juni 1945 vgl. BGBl. 1973, II, S. 461.

9 Vgl. den Beschluss der Bundesregierung vom 15. Juli 1992; Dok. 231, besonders Anm. 5.

10 Für das Gespräch zwischen MD Chrobog und dem britischen Botschafter Mallaby vgl. den Gesprächsvermerk; B 14, ZA-Bd. 161181.

11 Für Artikel 41 der VN-Charta vom 26. Juni 1945 vgl. BGBl. 1973, II, S. 459.

12 Für die Resolution Nr. 713 des VN-Sicherheitsrats vom 25. September 1991 vgl. RESOLUTIONS AND DECISIONS 1991, S. 42 f. Für den deutschen Wortlaut vgl. EUROPA-ARCHIV 1991, D 550–552.

„Föderative Republik Jugoslawien“ (Serbien und Montenegro) die Unterbrechung der Wirtschaftsbeziehungen und des Luftverkehrs verhängt (SR-Resolution 757[13]). In SR-Resolution 757 wird außerdem dazu aufgerufen, den Vereinten Nationen Erkenntnisse zur Einhaltung bzw. Nichteinhaltung des Embargos zu übermitteln. Damit sind die derzeitigen Überwachungsmaßnahmen gedeckt. Einen weitergehenden Beschluss des Sicherheitsrates, der auch militärische Sanktionsmaßnahmen, d. h. die Anwendung von Zwang oder Waffengewalt, vorsähe, gibt es allerdings bisher nicht. Der Einsatz von Luft- oder Seestreitkräften zur Kontrolle, d. h. zum Stoppen und Durchsuchen von Schiffen, wäre aber eine Ausübung von Zwang und damit eine militärische Sanktionsmaßnahme i. S. des Art. 42 der VN-Charta. Hierzu wäre ein neuer Beschluss des Sicherheitsrats notwendig, der auch zu militärischen Sanktionsmaßnahmen ermächtigt. Auch GB vertritt die Auffassung, dass eine weitere Sicherheitsratsresolution erforderlich ist.

b) Unabhängig von einer Ermächtigung des Sicherheitsrates bestehen aber gegen die Beteiligung deutscher Schiffe und Flugzeuge an derartigen Kontroll- und Zwangsmaßnahmen (die nicht der kollektiven oder individuellen Verteidigung dienen würden) erhebliche verfassungsrechtliche Bedenken. Die deutsche Teilnahme an Überwachungsmaßnahmen haben wir verfassungsrechtlich darauf gestützt, dass weder die Ausübung von Zwang noch die Anwendung von Waffengewalt geplant waren und deswegen kein „Einsatz“ i. S. des Art. 87 a GG[14] vorliegt.

Sobald Schiffe gestoppt und durchsucht werden sollen, wird notwendigerweise Zwang ausgeübt, sodass die Schwelle des „Einsatzes“ i. S. des Art. 87 a GG überschritten wird (Inanspruchnahme von Zwangs- und Eingriffsbefugnissen).

6) Sie haben am 16. Juli 1992 im Auswärtigen Ausschuss erklärt[15]:

„Sowohl die WEU als auch die NATO beschränken sich ausdrücklich auf die Überwachung der Embargobeschlüsse der Vereinten Nationen. Die Marineverbände werden Erkenntnisse über den Schiffsverkehr von und nach dem ehemaligen Jugoslawien sammeln und sie gegebenenfalls an den VN-Sicherheitsrat weiterleiten. Weitergehende Maßnahmen, insbesondere zur Durchsetzung des VN-Embargos, sind ausgeschlossen. Sie bedürfen einer neuen Entscheidung des Sicherheitsrates und auch gegebenenfalls einer erneuten Beratung und Beschlussfassung in WEU und NATO.“

Eine deutsche Beteiligung an Kontroll- und Zwangsmaßnahmen dürfte die SPD mit Sicherheit dazu veranlassen, unverzüglich eine einstweilige Anordnung in dem derzeit anhängigen Organstreitverfahren vor dem Bundesverfassungsgericht[16] zu beantragen. Darüber hinaus würden sich die Aussichten der Bundesregierung, in dem Verfahren zu obsiegen, deutlich verringern. Auch eine Verhärtung der Position der SPD in der Frage einer Grundgesetzänderung wäre nicht auszuschließen.

[13] Zur Resolution Nr. 757 des VN-Sicherheitsrats vom 30. Mai 1992 vgl. Dok. 159, Anm. 12.

[14] Für Artikel 87 a GG vom 23. Mai 1949 in der Fassung vom 24. Juni 1968 vgl. BGBl. 1968, I, S. 711.

[15] Zur gemeinsamen Sitzung des Auswärtigen Ausschusses und des Verteidigungsausschusses am 16. Juli 1992 vgl. Dok. 231.

[16] Die SPD-Fraktion leitete am 7. August 1992 ein Organstreitverfahren gegen die Bundesregierung vor dem Bundesverfassungsgericht ein (2 BvE 3/92). Für die Antragsschrift vgl. Klaus DAU, Gotthard WÖHRMANN (Hg.), Der Auslandseinsatz deutscher Streitkräfte: Eine Dokumentation des AWACS-, des Somalia- und des Adria-Verfahrens vor dem Bundesverfassungsgericht, Heidelberg 1996, S. 377–404.

7) Im Rahmen der Diskussion um die Organklage vor dem Bundesverfassungsgericht wird von Teilen der Opposition die Auffassung vertreten, dass die Bundesregierung aufgrund der Verfassungslage auch einen Beschluss der NATO bzw. WEU zur Durchsetzung einer diesbezüglichen neuen Sicherheitsratsresolution nicht mittragen könne, weil dies nicht durch die respektiven Verträge[17] gedeckt sei. Es sprechen jedoch hiesigen Erachtens schwerwiegende außenpolitische Gründe dafür, sich einem Konsens aller übrigen Bündnispartner nicht zu verschließen. Schließlich würden wir bündnispolitisch völlig unglaubwürdig, wenn wir die Umsetzung dieser Entscheidung, die von den VN getroffen worden ist – und die wir politisch immer gewollt haben –, in NATO und WEU blockierten. Es ist daher aus außenpolitischen Erwägungen notwendig, die Beschlüsse von NATO und WEU zur Umsetzung einer neuen VN-Resolution zur Sanktionsverschärfung mitzutragen, gleichzeitig aber mitzuteilen, dass wir ihn aus verfassungsrechtlichen Gründen nicht mitdurchzusetzen in der Lage sind und uns deshalb aus dem Sanktionsverbund NATO/WEU in der Adria zurückziehen müssen. Eine weitere Präsenz mit unseren Kräften (eine Fregatte (NATO), drei Seeaufklärungsflugzeuge (WEU)) auf der bisherigen Grundlage, d.h. ausschließlich zur Überwachung, würde unter Umständen zwar der Verfassungslage entsprechen, würde uns jedoch als mittelbare Beteiligung an einer verfassungsrechtlich nicht gedeckten Operation ausgelegt werden können.

8) Fazit

Wir sollten daher die Beschlüsse in NATO und WEU politisch mittragen, verbunden mit einem Rückzug aus den in der Adria eingesetzten NATO- bzw. WEU-Verbänden. Diese Haltung würde innenpolitisch unsere Verfassungstreue dokumentieren, der Opposition aber gleichzeitig vor Augen führen, wie dringlich die Änderung des Grundgesetzes ist.

Es ist nicht auszuschließen, dass künftig im Falle einer weiteren Verschärfung der Situation im ehem. JUG die VN auch die Sanktionsmaßnahmen zur Durchsetzung des Embargos auf die Stufe 3 (Gewaltanwendung/Use of Force) anheben. Eine deutsche Beteiligung an Stufe 2 (Anhalten und Durchsuchen) würde uns neben sofortigem innenpolitischem Ärger voraussichtlich den Zwang, dann bei der nächsten Stufe auszusteigen, nicht ersparen. Auch insofern erscheint es ratsam – auch unter dem Gesichtspunkt der Verfassungslage – schon ab Stufe 2 keine weitere deutsche Beteiligung vorzusehen.[18]

Ref. 500 hat mitgewirkt und mitgezeichnet.

Schumacher

B 14, ZA-Bd. 161181

17 Für den NATO-Vertrag vom 4. April 1949 vgl. BGBl. 1955, II, S. 289–292.
Für den WEU-Vertrag vom 23. Oktober 1954 vgl. BGBl. 1955, II, S. 283–288.

18 Referat 201 legte am 27. Oktober 1992 dar: „Trotz wiederholter Ankündigungen hat GB bislang keine überzeugenden Beweise für gravierende Verletzungen des Embargos von der Seeseite her vorgelegt. Die Forderung nach einer Steigerung der Überwachungsmaßnahmen durch ‚Stop and Search' wird daher nicht mehr so nachdrücklich vorgetragen wie noch vor einigen Wochen." Vgl. B 14, ZA-Bd. 161181.
Zur weiteren Entwicklung vgl. Dok. 372.

290

Drahtbericht des Botschafters Freiherr von Richthofen, London

Fernschreiben Nr. 1804 **Aufgabe: 17. September 1992, 17.22 Uhr**[1]
Citissime **Ankunft: 17. September 1992, 20.14 Uhr**

Betr.: Krise des britischen Pfundes;
hier: Lageanalyse nach Suspendierung der Mitgliedschaft des Pfundes im EWS[2]

Bezug: DB vom 15.9.1992 – Wi 424.02[3]; Telefonat Botschafter – StS Dr. Kastrup v. 17.9.92

Zur Unterrichtung

1) Am 16.9.1992 ist die bisherige Wirtschafts-, Fiskal- und Geldpolitik der Regierung Major durch den massiven Druck der internationalen Finanzmärkte auf das Pfund zusammengebrochen. Noch am Wochenende zuvor hatte die britische Regierung ihre Politik verteidigt, den im EWS festgesetzten Leitkurs des Pfundes von 2,95 DM nicht durch Abwertung zu verändern. In der Sitzung des europäischen Währungsausschusses vom 13.9.1992[4] hatte sie, obwohl das Pfund nur knapp über dem unteren Interventionspunkt lag, eine Abwertung als eigenen Beitrag zum Abbau der Disparitäten im EWS abgelehnt und stattdessen die Senkung der deutschen Eckzinsen verlangt.

Bei dem nach der EWS-Suspendierung jetzt frei schwankenden Wechselkurs ist ein erheblicher Rückgang des Außenwerts des Pfundes gegenüber dem EWS-Leitkurs um zurzeit zehn Prozent zu verzeichnen. Obwohl damit die Wirkung einer Abwertung eingetreten ist, hat die britische Regierung auch in der jetzigen Krise eine förmliche Abwertung des Pfundes im Europäischen Währungssystem nicht eingestanden und damit eine formelle Kehrtwendung von ihrem währungspolitischen Credo vermieden. Doch wird die Regierung spätestens bei einem Wiedereintritt in das EWS einer Senkung des Leitkurses und damit einer förmlichen Abwertung zustimmen müssen.

2) Nach den dramatischen Ereignissen des gestrigen Tages gilt das Hauptaugenmerk der weiteren Entwicklung im EWS sowie den politischen Konsequenzen für das Scheitern der wirtschafts- und wechselkurspolitischen Strategie für die Regierung Major. Die gestern entbrannte innenpolitische Debatte über die Ursachen der Krise hat sich – nicht über-

1 Der Drahtbericht wurde von Bundesbankoberrat Bengs und BRI Westphal, beide London, konzipiert. Hat VLR Döring am 18. September 1992 vorgelegen.

2 Nach schweren Kursverlusten des Pfunds beschloss die britische Regierung am Abend des 16. September 1992 die Aussetzung der Mitgliedschaft im EWS und verzichtete auf eine bereits vorgesehene Erhöhung der Leitzinsen von zwölf auf 15 Prozent. Vgl. den Artikel „Britische Regierung setzt Mitgliedschaft im EWS aus“; SÜDDEUTSCHE ZEITUNG vom 17. September 1992, S. 21.

3 Bundesbankoberrat Bengs, London, berichtete über die Reaktionen in Großbritannien auf die Senkung der Leitzinsen durch die Bundesbank am Vortag: „Insgesamt besteht der zunehmende Eindruck, dass die zunächst als persönlicher Sieg von Schatzkanzler Lamont dargestellten Entwicklungen am Wochenende (Zinssenkung der Bundesbank, keine Abwertung des Pfundes) zunehmend von einer nüchternen Bewertung abgelöst werden. Es wächst vielmehr wieder die Nervosität an den Märkten.“ Es werde bezweifelt, „ob das Pfund mögliche größere Turbulenzen im EWS überstehen wird“. Vgl. DB Nr. 1781; B 224, ZA-Bd. 187240.

4 Zur Sitzung des europäischen Währungsausschusses vgl. Dok. 283.

raschend – auf exogene Faktoren konzentriert, von denen zwei im Vordergrund stehen: die Verunsicherung der internationalen Finanzmärkte durch das französische Referendum[5] und die Informationspolitik der Bundesbank und der Bundesregierung, durch die das Standing des Pfundes auf den Märkten unterminiert worden sei. Downing Street hat in einer spektakulären Aktion gegenüber der Presse ausgeführt, dass Auslöser für die akute Pfundkrise die Äußerungen aus der Deutschen Bundesbank seien.[6] Gesprächsteilnehmer in der City, aber auch Teile der Medien und der Bevölkerung, durchschauen dieses Manöver jedoch als Versuch, die Schuld für den völligen Zusammenbruch von der Regierung abzulenken. Nach Ansicht maßgeblicher City-Analysten seien die Ursachen für die schwere Krise primär in Fehlern und Fehleinschätzungen der britischen Regierung zu suchen. So habe die britische Regierung eine Reihe schwerwiegender taktischer Fehler begangen. Die Zinsen seien nicht frühzeitig zur Stützung des Pfundes angehoben worden, die Regierung habe damit selbst die Regeln des Wechselkursmechanismus missachtet, die bei Erreichen des Abweichungsindikators von minus 75 Prozent einen Handlungsbedarf induzieren.

Erst Montag dieser Woche[7] wurde ein erneuter Fehler darin begangen, dass eine Zinssenkung in Aussicht gestellt worden ist, obwohl das Pfund bereits seit dem 4. Juni 1992 nahezu permanent die schwächste Währung im EWS war und bereits im Januar 1992 eine akute Schwächephase erlebt hatte. Das Pfund gilt in der Analyse von Marktbeobachtern bereits seit langem als bis zu 15 Prozent überbewertet. Die aus politischen oder Prestige-Überlegungen verhinderte Anwendung der Vertragsregelung des EWS (Abwertung) ist als weiterer wichtiger Faktor für die derzeitigen Turbulenzen mitverantwortlich zu machen. Auch Altbundeskanzler Schmidt wies in seiner Rede am 16.9. vor britischen Geschäftsleuten in London darauf hin, dass eine Kernursache für die derzeitige Krise in der mangelnden Bereitschaft der EWS-Mitgliedsländer zu suchen sei, die vertraglich vorgesehene Möglichkeit von Wechselkursanpassungen zu nutzen.

Die britischen Wirtschaftsprobleme sind zu einem ganz erheblichen Teil hausgemachten Faktoren zuzuschreiben, die durch ungünstige exogene Faktoren verstärkt wurden. Der im Lawson-Boom aufgebaute Schuldenberg, den auch PM Major in seiner Rede am vergangenen Freitag[8] eingestanden hatte, ist ebenso wie der überhöhte Beitrittskurs zum EWS und das strukturelle Außenwirtschaftsdefizit (wachsendes Leistungsbilanzdefizit trotz der längsten Rezession nach dem Zweiten Weltkrieg) sowie die wachsenden Haushaltsdefizite für die fundamentalen Wirtschaftsprobleme Großbritanniens verantwortlich.

5 Zum Referendum am 20. September 1992 in Frankreich über das Vertragswerk von Maastricht vgl. Dok. 293 und Dok. 300.

6 In der Presse wurde berichtet: „Der Generalsekretär der britischen Konservativen, Norman Fowler, beklagte das ‚lose Gerede deutscher Bankiers', das die Briten zum EWS-Austritt gezwungen hätte. Ein Sprecher der britischen Regierung warf Bundesbank-Präsident Schlesinger vor, er habe sich für eine Abwertung des britischen Pfunds ausgesprochen und diese mit seiner Hochzinspolitik erreicht." Vgl. den Artikel „Schwerste EG-Geldkrise seit 1979"; BERLINER ZEITUNG vom 18. September 1992, S. 1.

7 14. September 1992.

8 11. September 1992.
Bundesbankoberrat Bengs, London, berichtete am 11. September 1992 über eine Rede des britischen PM Major vor dem schottischen Unternehmerverband am Vortag in Glasgow. Vgl. DB Nr. 1761; B 224, Bd. 187240.
Für die Rede Majors am 10. September 1992 vgl. https://johnmajorarchive.org.uk/1992/09/10/mr-majors-speech-to-the-scottish-cbi-10-september-1992/.

Obwohl die deutsche Wirtschafts- und Währungspolitik das Vorbild für PM Major bei seinem Dienstantritt im Herbst 1990 war, hat er es unterlassen, seine auf Europa ausgerichtete Währungspolitik durch eine entsprechende Wirtschaftspolitik im Innern zu untermauern. Im Kern hat er seinen Mitteleinsatz auf die EWS-Mitgliedschaft des Pfundes und auf eine Rückführung der Leitzinsen von 15 auf zehn Prozent beschränkt. Damit allein konnte kein Weg aus der Rezession herausgefunden werden, zumal der hohe Leitkurs des Pfundes im EWS von 2,95 DM die in der Rezession befindliche britische Wirtschaft seit dem Beitritt zum EWS[9] zusätzlich belastet. Auch in seiner Haushaltspolitik hat PM Major Umstrukturierungen in Richtung auf investive Ausgaben bisher vermieden.

3) Nach der Rücknahme der Zinserhöhungen des gestrigen Tages und dem Kursrückgang des Pfundes auf unter 2,65 DM werden die weiteren Aussichten für die britische Wirtschaft unterschiedlich bewertet: So könnte einerseits die Gefahr bestehen, dass die britische Wirtschaftspolitik wieder zu den alten schlechten Gewohnheiten zurückkehre und eine primär (wahl-)politisch orientierte Wirtschaftspolitik betrieben würde, die auf den stop-and-go-cycle der früheren Jahre hinauslaufen würde, mit höheren Inflationsraten, notwendigen monetären Bremsmanövern und weiteren Pfundkrisen. Als positiv sei jedoch zu sehen, dass mit dem Ausscheiden aus dem Wechselkursmechanismus nun größerer wirtschaftspolitischer Spielraum bestünde.

Ein Problem wird allerdings sein, an welchem Orientierungsanker sich die britische Wirtschaftspolitik künftig ausrichten wird, nachdem der Wechselkursmechanismus des EWS als Anker suspendiert ist.

4) Offen muss zurzeit die Frage nach der politischen Zukunft von Schatzkanzler Lamont und PM Major bleiben. Die Labour-Opposition hat sich noch nicht auf eine Strategie für die für den 24.9.92 anberaumte Sondersitzung des Parlaments[10] festgelegt. Es zeichnet sich aber ab, dass die Opposition direkt auf PM Major als den eigentlichen Architekten des gescheiterten Wechselkursexperiments zielt. Die Presse sieht den Rücktritt von Lamont als sicher voraus. Bei den Wettbüros stehen die Wetten für die Nachfolge im Amt des Schatzkanzlers am höchsten für Heseltine, Innenminister Clarke, Finanzstaatssekretär Portillo, den Vorsitzenden des Auswärtigen Ausschusses, David Howell, und AM Douglas Hurd. Entscheidungen werden voraussichtlich aber erst nach dem französischen Referendum getroffen werden. Geht von dem Ergebnis eine neue Belastung des EWS durch Kursverfall der Währungen weiterer Mitglieder (F, SP) aus, würde die Pfundkrise ihren Ausnahmecharakter verlieren und der Eindruck des Versagens der britischen Wirtschaftspolitik würde relativiert. Auch zum Verhalten der Regierung bei der Ratifizierung des Maastricht-Vertrages durch das Parlament sind Prognosen im Vorfeld des französischen Referendums verfrüht. Man kann unter dem Eindruck der Suspendierung der britischen EWS-Mitgliedschaft wie der frühere Schatzkanzler Lord Healey argumentieren, dass es nicht vorstellbar sei, dass Währungen schwacher Volkswirtschaften wie GB, I, P und GR jemals in der Lage sein werden, in einer Währungsunion zusammen mit der DM zu sein. GB sei schon wirtschaftlich kein Kandidat für die WWU.

9 Die britische Regierung gab am 5. Oktober 1990 bekannt, dass das Pfund Sterling mit Wirkung vom 8. Oktober 1990 am Wechselkursmechanismus des EWS teilnehmen werde. Vgl. BULLETIN DER EG 10/1990, S. 24.

10 Für die Debatte des britischen Unterhauses vgl. HANSARD, Commons, 1992, Bd. 212, Spalte 2–108.

Sollte die Suspendierung der EWS-Mitgliedschaft des Pfundes mehrere Monate dauern, wäre eine aktive Ratifizierungspolitik der Regierung Major auch bei einem französischen Ja wenig wahrscheinlich.

5) Durch die Überzeugung bei der britischen Regierung, dass Bundesregierung und Bundesbank gegenüber dem Pfund unsolidarisch gehandelt und dadurch maßgeblich zu dem willkürlichen Kurseinbruch auf den Finanzmärkten beigetragen haben, ist das deutsch-britische Verhältnis ohne Zweifel belastet.

Da die Vorwürfe an die deutsche Adresse sachlich nicht stimmen, sollten wir ihnen durch eigene Argumentation gegenüber der Regierung, wie sie oben zusammengestellt ist, entgegentreten. Unter europäischen Partnern sollte es nicht üblich werden, für hausgemachte Schwierigkeiten zur eigenen Entlastung öffentlich die Regierung des Nachbarn verantwortlich zu machen.

Wir sollten aber auch aus dem Vorfall die Lehre ziehen, dass die Ankerrolle der DM im EWS uns besondere, zusätzliche Verpflichtungen auferlegt. Nationale Maßnahmen in der deutschen Fiskal- und Währungspolitik wirken sich in unvergleichlich größerem Ausmaß auf die übrigen Volkswirtschaften aus als Maßnahmen unserer Partner auf unsere Wirtschaft. Der Hinweis, dass eine disinflationäre Politik in Deutschland auch den nationalen Interessen unserer Partner dient, ist nicht ausreichend. Wir müssen jeweils konkret unser eigenes Opfer und unseren eigenen Beitrag zur europäischen Volkswirtschaft plausibel machen können. Ein solches glaubwürdiges Opfer ist z. B. auch eine weitere deutsche Zinssenkung, nachdem die Hochzinspolitik für deflationäre Tendenzen in ganz Westeuropa verantwortlich gemacht wird.

Der Solidarcharakter in der europäischen Wirtschafts- und Währungspolitik könnte auch durch einen Erfolg der Uruguay-Runde von GATT noch vor Jahresende betont werden. Auch bei diesem Thema stehen wir – neben F – unter dem Vorwurf, dass wir unserem Eigeninteresse Vorrang vor dem europäischen „Gemeinwohl“ einräumen.

[gez.] Richthofen

B 224, ZA-Bd. 187240

291

Vorlage des Vortragenden Legationsrats I. Klasse Dassel für Staatssekretär Kastrup

18. September 1992[1]

Über Dg 31 i. V.[2], D 3[3] Herrn Staatssekretär[4]

Betr.: Attentat gegen iranische Oppositionelle in Berlin-Wilmersdorf am 17.9.1992
Bezug: ohne

Zweck der Vorlage: Zur Billigung des Vorschlages unter Ziffer II

I. Nach telefonischer Auskunft des Polizeipräsidenten von Berlin (Abteilung Staatsschutz) hat sich Folgendes ereignet:

Im Hinterzimmer des Restaurants „Mykonos“ in Berlin-Wilmersdorf seien acht Personen mit dem Wirt versammelt gewesen. Sie hätten der Iranischen Demokratischen Partei Kurdistans, der Republikanischen Partei Irans sowie den Volksmudschahedin angehört. Anmerkung: Auch die beiden erstgenannten Gruppierungen dürften wie die Volksmudschahedin iranische Oppositionelle sein.

Drei Männer hätten das Restaurant betreten, einer habe an der Tür Wache gehalten, die zwei anderen seien in das Hinterzimmer gestürzt und hätten mit einer Maschinenpistole und einer Faustfeuerwaffe das Feuer eröffnet. Überlebende Zeugen hätten übereinstimmend ausgesagt, dass die Täter die Opfer auf Farsi mit „Hurensöhne“ beschimpft hätten. Drei Personen seien sofort tot gewesen, einer sei später im Krankenhaus gestorben, ein weiterer ringe mit dem Tode. Vier Personen hätten unverletzt überlebt.

Bei den Opfern handele es sich um Sadik Scherefkendi, Generalsekretär der Iranischen Demokratischen Partei Kurdistans (Scherefkendi ist nach einer AFP-Meldung Nachfolger von Abdul Rahman Ghassemlou, der im Juli 1989 in Wien einem Attentat zum Opfer gefallen ist), seinen Vertreter Abduli (AFP: Fatah Abuli) sowie Herrn Ardalan, den Repräsentanten der Partei in Deutschland. Die Identität der weiteren Opfer ist zur Stunde noch nicht geklärt.

II. Es ist davon auszugehen, dass iranische Oppositionelle Teheran für die Tat verantwortlich zu machen suchen. Unter diesem Gesichtspunkt sind Racheakte gegen iranische Einrichtungen in der Bundesrepublik Deutschland denkbar. Vorsorgliche zusätzliche Schutzmaßnahmen für iranische Auslandsvertretungen und sonstige Einrichtungen scheinen uns daher zu diesem Zeitpunkt notwendig zu sein. Für eine weitere Beurteilung des Falles und eventuelle Konsequenzen liegen zurzeit noch keine ausreichenden Informationen vor. Es wird jedoch vorgeschlagen, dass der Sprecher des AA[5] die nachstehende Erklärung abgibt:

1 Die Vorlage wurde von VLR Blaas konzipiert.

2 Hat in Vertretung des MDg Bartels VLR I Dassel am 18. September 1992 erneut vorgelegen.

3 Hat MD Schlagintweit am 18. September 1992 vorgelegen.

4 Hat StS Kastrup am 18. September 1992 vorgelegen, der handschriftlich vermerkte: „RL 311 wie besprochen: keine Erklärung, Hinweis an BMI.“

5 Hanns Heinrich Schumacher.

Die Bundesregierung hat mit tiefer Bestürzung von dem Mordanschlag gegen iranische Kurden in Berlin Kenntnis genommen. Sie verurteilt mit Nachdruck diese feige Bluttat. Sie spricht den Angehörigen der Opfer ihr tiefes Mitgefühl aus.

Die Strafverfolgungsbehörden haben die notwendigen Ermittlungs- und Fahndungsmaßnahmen eingeleitet.

Dassel

B 36, ZA-Bd. 170192

292

Drahtbericht des Botschafters Weisel, Zagreb

Fernschreiben Nr. 629 **Aufgabe: 18. September 1992, 16.30 Uhr**[1]
Citissime **Ankunft: 18. September 1992, 17.35 Uhr**

Betr.: Gespräch mit Präsident Tudjman

Bezug: DE Nr. 149 vom 17.9.[2]

1) Ich habe heute Präsident Tudjman die mündliche Botschaft des BM weisungsgemäß übermittelt. T. erwiderte stellenweise sehr emotional.

1 Hat VLR Steiner am 20. September 1992 vorgelegen.

2 VLR Steiner teilte der Botschaft in dem am 16. September konzipierten und am 17. September 1992 übermittelten DE mit: „Nach Londoner Konferenz verbreitet sich Eindruck – wie auch von Botschaft berichtet –, dass Tudjman der Auffassung ist, eine Lösung in seinem Sinne einseitig vorantreiben zu können. Zwei Felder geben Anlass zur Besorgnis: einerseits das Verhältnis zu bosnischen Moslems, dessen Verschlechterung erneut auf Teilungsabsichten hinweist; andererseits Aussagen, nach denen das Mandat von UNPROFOR nicht verlängert werden kann bzw. die Aufgabe der VN-Truppe notfalls in die eigenen Hände genommen werden soll." Die Botschaft wurde gebeten, dem kroatischen Präsidenten Tudjman folgende Botschaft von BM Kinkel „umgehend" zu übermitteln: Kinkel sei besorgt über die Verschlechterung des Verhältnisses zwischen Kroaten und Muslimen in Bosnien-Herzegowina. Dies erschwere eine Lösung der Krise, „die aus unserer Sicht weiterhin nur in einem multinationalen Staat in den bisherigen Republikgrenzen bestehen kann. BM ersucht Präs[ident] Tudjman, Einfluss auf Kroaten in B.-H. im Sinne dieser Lösung geltend zu machen. BM ist sich sicher, weiter von bisherigem Einverständnis mit Präs. Tudjman ausgehen zu können, dass territoriale Integrität der ehem[aligen] jug[oslawischen] Republiken erhalten bleiben muss. Dies schon deshalb, weil jede Infragestellung der bosnischen Grenzen auch unweigerlich Forderungen gegenüber KRO massiv verstärken würde." Kinkel sei besorgt über kroatische Äußerungen, einer Verlängerung des Mandats von UNPROFOR im März 1993 nicht zustimmen zu wollen: „Damit würde KRO den Serben einen Vorwand liefern, sich der Verpflichtung zur Entwaffnung und Verringerung der Polizeikräfte/Milizen zu entziehen; zusätzlich wird KRO internationalen Druck auf sich ziehen, der davon ablenkt, wer die vollständige Mandatserfüllung behindert hat. BM rät deshalb eindringlich und als Freund Kroatiens, weiterhin offene Kooperationsbereitschaft gegenüber den Bemühungen der Staatengemeinschaft um Lösung der Krise, von denen UNPROFOR ein essenzieller Anteil ist, zu zeigen. Auch bisher sei Kroatien mit einer Befolgung dieser Linie gut beraten gewesen." Vgl. B 42, ZA-Bd. 175612.

B+H

T. sagte, KRO habe B+H völkerrechtlich anerkannt. Gerade habe es einen Botschafter in Sarajevo ernannt. Wie könne bei dieser eindeutigen Politik jemand glauben, KRO oder die Kroaten stellten die territoriale Integrität B+Hs infrage? Was die Grenzen Kroatiens betreffe, so sei Kroatien mit seinen Grenzen international anerkannt. Er, T., lasse es nicht zu, dass überhaupt in irgendeinem Zusammenhang über die kroatische territoriale Integrität gesprochen werde.

KRO habe geopolitisch ein vitales Interesse an B+H. Es sei nicht für die Zerschlagung des Nachbarlandes. B+H sei eine Art Puffer für Kroatien. Zwischen B+H und KRO bestehe eine enge wirtschaftliche Verflechtung. Wenn die Kroaten in B+H nicht gekämpft hätten, dann gehörte heute ganz B+H zur „Bundesrepublik Jugoslawien". Die Regierung in Sarajevo habe den Kroaten in B+H dafür keinen einzigen Dinar, keine einzige Tasse Tee gegeben. Er, T., habe die Kroaten in B+H mit Mühe davon abgebracht, den Anschluss der kroatischen Siedlungsgebiete an Kroatien zu fordern.

Was die aktuelle Situation angehe, so sei es so, dass die Muslime die Fortsetzung des Krieges wünschten. Sie wollten zuerst mit den Serben abrechnen, dann mit den Kroaten und anschließend einen islamischen Staat errichten. Sie hofften, dieses Ziel mit Hilfe ihrer islamischen Glaubensbrüder in aller Welt zu erreichen. Gestern Abend habe er ein Treffen mit kroatischen Notabeln aus B+H gehabt. Sie hätten gesagt, dass die Kroaten das Schlimmste von den Muslimen befürchteten. Kroaten der Selbstverteidigungsorganisation hätten kroatische Dörfer befreit. Anschließend seien muslimische Flüchtlinge in diese Dörfer gekommen, sodass heute eine Mehrheit von Muslimen dort bestehe. Diese Überfremdung sei nicht wegen der Notsituation der Muslime geschehen, sondern in Verfolgung des politischen Ziels der Muslime. 1300 Mudschahedin aus islamischen Ländern kämpften in B+H. Es gebe Freiwillige und Spenden vom Iran bis zum Sudan. Ziel sei die Ansiedlung von 1,5 Mio. Türken bosnischer Abstammung, die nach dem Ersten und nach dem Zweiten Weltkrieg in die Türkei gegangen seien. Außerdem sollten die Muslime aus dem Sandžak aufgenommen werden. Es solle ein islamischer Staat mit 4 Mio. muslimischer Einwohner geschaffen werden.

Die Regierung in Sarajevo versuche, Kroatien international zu diffamieren. Deshalb habe sie z. B. auch die rechtsextremen HOS[3]-Truppen in B+H gefördert.

Ich sagte, meines Wissens sehe niemand sonst eine Gefahr der Schaffung eines islamischen Staates in B+H. Die Muslime in B+H seien doch zum größten Teil deislamisiert, und was die von T. befürchteten gewaltigen Einwandererströme betreffe, so könne eine solche Einwanderung doch nicht ohne Zustimmung der beiden anderen Völker in B+H, der Kroaten und der Serben, geschehen. Wenn tatsächlich die Kroaten in B+H aus Angst vor einem islamischen Staat handelten, wie sie handeln, warum werde dies dann nicht artikuliert? Es gebe doch viele Gelegenheiten, dies zu tun, auch gegenüber internationalen Gesprächspartnern.

T. antwortete, das sei doch ganz einfach: Wenn die Kroaten ihre Angst äußerten, würden sie sofort von aller Welt als anti-islamisch diffamiert.

Ich sagte weiter, wenn B+H auch nach kroatischer Ansicht nicht zerschlagen werden solle, dann müssten doch auch die Kroaten in B+H alle Anstrengungen machen, um zu einer Verständigung mit den Muslimen über die dauerhafte Gestaltung des gemeinsamen

3 Hrvatske obrambene snage (Kroatische Verteidigungskräfte).

Staates zu kommen. Das Kantonskonzept vom 18. März[4] sei inzwischen ja fortentwickelt worden. Wie stünden die Kroaten in B + H dazu, dass es nicht nur drei, sondern eine größere Anzahl von Kantonen geben solle?

T. antwortete, Axiom jeder Regelung in B + H sei die Anerkennung der Existenz dreier konstitutiver Völker. Entscheidend sei, dass die Souveränität der Kroaten – T. gebrauchte tatsächlich diesen Ausdruck – gewahrt bleibe. Ihre kulturellen und wirtschaftlichen Rechte müssten auch in den Orten und Gebieten gewährleistet sein, in denen sie nicht die Mehrheit hätten.

Das Frustrierende bei den Muslimen als Verhandlungspartnern sei, dass sie nicht Wort hielten. Izetbegović habe doch gerade wieder ein schönes Beispiel davon gegeben, als er Vance und Owen zusagte, nach Genf zu gehen. Kurz nachdem diese Sarajevo verlassen hätten, habe er mitteilen lassen, dass B + H nicht teilnehmen werde. Dann habe er eine neue Wendung gemacht und die Teilnahme doch bestätigt.[5]

Ich sagte, an der Einigung der drei Volksgruppen in B + H führe kein Weg vorbei, und deshalb seien die Kroaten gut beraten, sich mit den Muslimen zu verständigen, auch wenn dies noch so schwerfalle.

UNPROFOR

T. gab zu, dass gerade in der letzten Zeit UNPROFOR Fortschritte gemacht habe. UNPROFOR habe sich dazu aber erst unter dem Druck der kroatischen Bevölkerung und Regierung aufgerafft. Hauptaufgaben seien noch zu lösen, nämlich die Öffnung der Verkehrswege und die Rückkehr der Flüchtlinge und natürlich auch die von mir genannte Schaffung der personellen Polizeistruktur entsprechend der ursprünglichen ethnischen Zusammensetzung.

Ich sagte, dass von der Beendigung des UNPROFOR-Mandats am besten gar nicht gesprochen werde.[6] Diese Zurückhaltung werde sich auszahlen, da den militanten Serben ein Vorwand fehle, sich der Entwaffnung durch UNPROFOR zu widersetzen. Auch der Dialog mit den Krajina-Serben, der nötig sei, werde erleichtert.

T. bemerkte, nur zehn Prozent der serbischen Bevölkerung in der Krajina stünden hinter den Extremisten. Er wiederholte nicht, dass das UNPROFOR-Mandat im März auslaufen müsse.

2) Während T. bei früheren Gesprächen immer vom Auseinanderfallen B + Hs gesprochen hat – beim letzten Gespräch Anfang September[7] allerdings nicht mehr –, hat er diesmal

4 Zur Prinzipienerklärung vom 18. März 1992 vgl. Dok. 94, Anm. 15.

5 Botschafter Jelonek, Genf (Internationale Organisationen), informierte am 15. September 1992, die beiden Ko-Vorsitzenden der Jugoslawien-Konferenz, Lord Owen und Vance, hätten die Botschafter der EG-Mitgliedstaaten am selben Tag über ihre Gespräche in Zagreb, Sarajevo und Belgrad vom 9. bis 11. September 1992 informiert: „Lord Owen teilte mit, dass Präsident Izetbegović seine in Sarajevo gegebene Zusage, am 18.9.1992 in Genf an der Fortsetzung der Jugoslawienkonferenz teilzunehmen, zurückgenommen habe. Er und Vance hätten daraufhin in einem äußerst massiven Brief die bosnische Seite aufgefordert, hochrangig an den Verhandlungen teilzunehmen. [...] Als Ergebnis dieses Briefes sei jetzt die Teilnahme von AM Silajdžić zugesagt." Vgl. DB Nr. 1848/1849; B 42, Bd. 183680.

6 Botschafter Weisel, Zagreb, informierte am 2. September 1992, der kroatische Präsident Tudjman habe auf einer Pressekonferenz am Vortag erklärt: „Kroatien werde einer Verlängerung des UNPROFOR-Mandats nach Ablauf der einjährigen Mandatsfrist im März kommenden Jahres nicht zustimmen." Vgl. DB Nr. 572; B 42, ZA-Bd. 175617.

7 Botschafter Weisel, Zagreb, berichtete am 3. September 1992 über ein Gespräch mit dem kroatischen

die Existenz B + Hs nicht nur klar anerkannt, sondern auch im Interesse KROs liegend dargestellt. Er hat aber auch noch nie so deutlich sein abgrundtiefes Misstrauen gegenüber den Muslimen geäußert und noch nie so eindringlich von der Gefahr eines islamischen Staates gesprochen.

T. bäumt sich dagegen auf, von seiner Vorstellung Abschied zu nehmen, B + H werde ehestens auseinanderfallen, und dann werde der zu schaffende eine kroatische Kanton an Kroatien kommen. Es fällt ihm schwer, eine andere Vorstellung, also etwa ein vielkantoniges B + H, zu akzeptieren. Da er Kräfte und Gegenkräfte meist richtig einschätzt, sieht er, dass die stärkeren Kräfte gegen seinen Plan stehen. Besonders erregt ihn, dass die katholische Kirche und wohl erhebliche Teile der Kroaten in B + H zu diesen Gegenkräften zählen. T. kann sich deshalb zu diesem Thema gegenwärtig wohl nur emotional äußern.

Was UNPROFOR betrifft, so ist T. jetzt wohl zur Zurückhaltung bereit, nachdem bei der Verwirklichung des Vance-Plans[8] in letzter Zeit Fortschritte gemacht worden sind. Er wird sich sagen, dass er sein Ziel erreicht hat, mit der Ankündigung der Beendigung des UNPROFOR-Mandats in Kroatien UNPROFOR „Beine gemacht" zu haben.

[gez.] Weisel

B 42, ZA-Bd. 175606

Fortsetzung Fußnote von Seite 1175

Präsidenten am selben Tag: „T[udjman] sagte, UNPROFOR habe noch sieben Monate Zeit, um die nach dem Vance-Plan gestellten Aufgaben zu erfüllen. Dann müsse UNPROFOR das Land verlassen. [...] Ich fragte, was denn geschehe, wenn UNPROFOR bis Ende März die serbischen Freischärler in den UNPAs nicht entwaffnet habe und trotzdem abziehe. Dann könne es doch zur Wiederaufnahme des Krieges kommen. T. antwortete, dies sei richtig. Der Krieg werde dann aber kurz sein." Bezüglich Bosnien-Herzegowinas sei Tudjman „offenbar bereit, sich weiterhin flexibel zu verhalten und eigene Positionen aufzugeben, wenn dies im Interesse der kroatischen Stellung in der Staatengemeinschaft erforderlich erscheint. T. äußerte sich hinsichtlich B + Hs viel zurückhaltender als bei früheren Gesprächen, wo er nie versäumte, seiner Meinung Ausdruck zu geben, B + H werde keinen Bestand haben." Vgl. DB Nr. 575; B 42, ZA-Bd. 175606.

8 Zum Plan des Sonderbeauftragten des VN-GS für Jugoslawien, Vance, vgl. Dok. 2, Anm. 6.

293

Drahtbericht des Botschafters Sudhoff, Paris

VS-NfD **Aufgabe: 18. September 1992, 18.30 Uhr**[1]
Fernschreiben Nr. 2286 **Ankunft: 18. September 1992, 17.52 Uhr**
Citissime nachts

Betr.: Frankreich vor dem Referendum über den Vertrag zur Europäischen Union (Maastricht)[2]

Bezug: DB Nr. 2211 vom 11. September 1992 – gl[eiches] Az.[3]

I. 1) F sieht dem Ausgang des Referendums am 20.9. mit Spannung und Ungewissheit entgegen. Aus vertraulichen Unterrichtungen wissen wir, dass Umfrageergebnisse aus dieser Woche (die nicht mehr veröffentlicht werden dürfen), allerdings vor den Währungsturbulenzen[4], zwischen 50 und 55 Prozent für das Ja zu Maastricht ergeben haben. Angesichts der statistischen Fehlerquote von drei Prozent bleibt die Aussagekraft solcher Prognosen unsicher.

Unsere frz. Gesprächspartner rechnen weiterhin mit einem knappen Ausgang, aber meist zugunsten des Ja. Viele Franzosen würden sich tatsächlich erst am Sonntag endgültig festlegen. Immerhin zeigt sich heute generell eine leicht optimistischere Einschätzung der Lage als Anfang September.

Die Botschaft will sich trotz aller Imponderabilien nicht vor einer abschließenden Prognose drücken: Wir erwarten ein Ja.

II. Im Einzelnen

1) Die Wahlkampagne für das Referendum ging am 18.9. zu Ende. Noch bis in die letzten Tage wurden alle Kräfte und alle Argumente pro und kontra eingesetzt. Dennoch hat kein Lager einen offensichtlichen Punktevorsprung erringen können, auch wenn sich insgesamt wieder eine etwas stärkere Zuversicht zugunsten des Ja abzeichnet.

Genauso spekulativ wie die Prognosen zum Ergebnis sind die Meinungen zu den möglichen (innen)politischen Konsequenzen. Einigkeit besteht lediglich insoweit, als bei einem Nein mit erheblichen innenpolitischen Verwerfungen zu rechnen wäre, die u.U. auch vor der Person des Präsidenten nicht haltmachen.

2) Bei allen Risiken, die der Präsident mit dem Referendum eingegangen ist, ist ein Ergebnis unbestreitbar: Die Kampagne hat zu einer bislang beispiellosen europapolitischen Mobilisierung des frz. Wählers geführt. Dies wird sich auch in einer hohen Wahlbeteiligung niederschlagen. Sie hat das Bild der Gemeinschaft aus der Indifferenz und Schemen-

1 Der Drahtbericht wurde von Gesandtem Ischinger und BR Bauer, beide Paris, konzipiert.
Hat VLR Cuntz vorgelegen.

2 Zum Referendum am 20. September 1992 in Frankreich über das Vertragswerk von Maastricht vgl. auch Dok. 300.

3 Botschafter Sudhoff, Paris, berichtete über jüngste Meinungsumfragen zum Referendum am 20. September 1992 in Frankreich und stellte fest: „Wir müssen von einem Kopf-an-Kopf-Rennen ausgehen." Vgl. B 210, ZA-Bd. 162210.

4 Zur Krise im EWS vgl. Dok. 283 und Dok. 290.

haftigkeit herausgeführt, die sie für viele Franzosen bislang hatte. Ein Berater von Mitterrand sprach uns gegenüber von der notwendigen „Katharsis" Frankreichs. Kommt es zu einem Ja, kann Frankreich auf eine vom Volk legitimierte Europapolitik pochen, die die Partner Frankreichs noch stärker als bisher zu beachten haben werden.

Diese Gemeinschaftspolitik, auch dieses hat der Wahlkampf gezeigt, ist eine der nationalen Identität verpflichtete Politik, die „echten" Souveränitätsverzichten Widerstand entgegensetzen wird. Weitergehende Integrationskonzepte, wie wir sie definieren und für die Gemeinschaft verfolgen, werden mehr denn je auf den Widerstand Frankreichs treffen.

3) Gleichzeitig hat sich gezeigt, wie stark sich in Frankreich Tradition und Zukunft noch immer reiben. Der Schatten de Gaulles war sichtbar. Diesem Zwiespalt haben sich letztlich auch die Befürworter von Maastricht unterworfen, wenn sie einerseits feststellten, dass es zu Maastricht keine Alternative gäbe, der Vertrag andererseits jedoch (vom Währungsbereich abgesehen) keine Einbußen in der nationalen Entscheidungsfreiheit bringe.

4) Der Eindruck, dass das Referendum F in zwei Lager gespalten habe, trifft deshalb nur dem ersten Anschein nach zu. Die Debatten haben keinen unversöhnlichen ideologischen Gegensatz, wie z.B. in der Algerienfrage, hinterlassen. Beide, Befürworter und Gegner, haben letztlich um das Wohl Frankreichs gestritten. Die Europa-Konzeptionen beider Lager sind so offengeblieben, dass innerfranzösische Kompromisse nach dem Referendum überall möglich scheinen.

5) PM Bérégovoy hat zu Recht festgestellt, dass die Kampagne zu sehr mit der Angst gearbeitet habe. In der Tat haben über weite Strecken die „peur d'Allemagne", die Angst vor der Öffnung der Grenzen, vor dem Verlust der währungspolitischen Autonomie usw. eine größere Rolle in den Debatten gespielt als die neuen Möglichkeiten Frankreichs in einer dynamischen Europäischen Gemeinschaft. In der frz. Bevölkerung ist so der (negative) Eindruck entstanden, für ein Ja unter Druck gesetzt zu werden. Glücklicherweise haben einsichtige Politiker wie Giscard, aber auch Mitterrand selbst, die hierin liegende Gefahr erkannt. Ob ihre offensiv vorgetragenen Gegenargumente wirklich verfangen haben, wird sich zeigen.

6)[5] Die Eruptionen im Europ. Währungssystem kommen zum denkbar schlechtesten[6] Zeitpunkt. Politiker wie Giscard, Fabius, Balladur oder Barrot haben zwar gerade mit dem Hinweis auf die Verwerfungen im EWS nochmals die Notwendigkeit der Währungsunion begründet. Séguin seinerseits hat die 3 Mio. Arbeitslosen und die budgetären Probleme Frankreichs im Auge gehabt, als er sagte, dass die Währungskrise zeige, wie anachronistisch Maastricht sei, indem es die Wirtschaft der Währung unterwerfe.

III. Die Botschaft erwartet ein Ja. In diese Richtung weisen auch alle letzten – nicht veröffentlichten – Meinungsumfragen ebenso wie Einschätzungen unserer Gesprächspartner.

Zu unserem – vorsichtigen – Optimismus tragen die folgenden Punkte bei:

1) Erstens die relativ hohe Anzahl der Franzosen (66 Prozent), die ein Ja erwarten. Da die Nein-Stimmen demgegenüber bei den Umfragen bei bzw. unter 50 Prozent liegen, indiziert diese Differenz ein Potenzial zugunsten des Ja bei den noch Unentschiedenen.

5 Korrigiert aus: „5)".

6 Korrigiert aus: „schlechteren".

2) Zweitens das überzeugende Auftreten von Politikern der Opposition. Vor allem Giscard d'Estaing hat in seinen letzten Wahlveranstaltungen in eindringlicher Weise die Folgen eines Nein beleuchtet und hierbei insbesondere vier Punkte herausgestellt:

- Ein Nein wäre das Ende von Maastricht und des Ratifikationsprozesses in GB und D. Neuverhandlungen wird es nicht geben.
- Ein Nein bedeutete auch die Absage an eine einheitliche europ. Währung.
- D würde F und Europa den Rücken kehren, eine Argumentation, die mir weniger gefällt.
- Ein Nein unterstütze die Bemühungen derjenigen Länder, die für eine europ. Freihandelszone plädieren.

3) Drittens die hohe Zustimmung der frz. Jugend zu Maastricht, wie sie sich in den Umfragen niederschlägt und wie es auch unserer eigenen Beobachtung entspricht.

Die größten Sorgen macht die unkalkulierbare „frz. Volksseele", die immer wieder versucht ist, wie sich auch in früheren Referenden gezeigt hat, es „denen" in Paris zu zeigen.

Wenn das Ja siegt, wird es ein Sieg des Verstandes über das Herz sein. Mir wäre zwar lieber, beide – Verstand und Herz – würden für Europa sprechen und schlagen, aber ein Ja ist ein Ja. Darauf können wir dann aufbauen.

[gez.] Sudhoff

B 210, ZA-Bd. 162210

294

Drahtbericht des Gesandten Rosengarten, Genf (Internationale Organisationen)

Fernschreiben Nr. 1911 **Aufgabe: 20. September 1992, 10.00 Uhr**[1]
Citissime **Ankunft: 20. September 1992, 10.53 Uhr**

Betr.: Serbische Vorstellungen für eine Friedensregelung in BuH („neues Camp David"[2]); hier: Gespräch mit dem bosnischen Serbenführer Karadžić am 19.9.

Bezug: Telefongespräch Ges[andter]/Dg 21[3] vom 18.9.

Zur Unterrichtung und Weisung zu Ziff. 8

I. Zusammenfassung

In einem einstündigen Gespräch erläuterten Karadžić und sein „Außenminister" Buha ihre Vorstellungen für ein Ende des Krieges in BuH. Der einzige Schlüssel dafür sei die Lösung aller Territorialfragen zwischen den Serben und Kroaten im gesamten Gebiet des früheren Jugoslawiens. Für BuH selbst komme nur eine Aufteilung in serbische und kroa-

1 Der Drahtbericht wurde von BRI Daum, Genf (Internationale Organisationen), konzipiert. Hat VLR Brandenburg am 21. September 1992 vorgelegen.

2 Zum Camp-David-Prozess vgl. Dok. 282, Anm. 12.

3 Ernst-Jörg von Studnitz.

tische Gebiete in Betracht, mit einem vollständig von Kroaten und Serben umgebenen kleinen muslimischen Territorium. Nur dadurch lasse sich die Gefahr eines islamischen Gottesstaates von Europa abwenden.

Der territoriale Ausgleich zwischen Serben und Kroaten müsse aber auch die umstrittenen Gebiete in Kroatien umfassen. Bevölkerungsaustausch (z.B. Knin!) und Arrondierung der Grenzen lägen auch im kroatischen Interesse. Sollte Kroatien nach Abzug von UNPROFOR in der Krajina eine militärische Lösung suchen, würden alle Serben eingreifen müssen.

Der große kroatisch-serbische Ausgleich könne nur in einer Art neuem „Camp David" gefunden werden, bei dem Kohl, Mitterrand, Major allein oder mit Bush starken Druck auf die beiden beteiligten Völker und ihre Repräsentanten ausüben müssten. Alle offenen territorialen Fragen könnten durch einige Wochen Geheimverhandlungen gelöst und dann in einer eigentlichen „Camp David Sitzung" feierlich geregelt werden. Die Muslims kommen in Karadžićs Vorstellung nicht vor. Es fiel auch auf, dass er Krieg als eine Art nationales Naturereignis sieht und Fragen nach Schuld, Verantwortung oder Vorsorge sich nicht einmal selber stellt.

II. Im Einzelnen

1) Der Genfer Vertreter der bosnischen Serben hatte mich kurzfristig für heute (19.9.92) zu einem Gespräch mit der bosnisch-serbischen Delegation bei den Genfer Friedensgesprächen gebeten. In dem teilweise auf Deutsch und teilweise auf Englisch geführten einstündigen Gespräch erläuterten Karadžić und seine Mitarbeiter („Außenminister" Buha, ehemals Philosophie-Professor an Universität Sarajevo, und Anglistik-Dozent Koljević) ihre Vorstellungen zur Lösung des Konflikts nicht nur in BuH, sondern für das gesamte ehemalige Jugoslawien. Ich verhielt mich rezeptiv und trug lediglich am Ende einige kurze Sachpunkte zu unserer Haltung vor. Außer mit uns hatte Karadžić anschließend noch Termine mit dem britischen[4], französischen[5] und russischen Botschafter[6] vereinbart.

2) Karadžić (Dr.) wirkte in dem Gespräch keineswegs eifernd und, abgesehen davon, dass ihm die Brüchigkeit seiner Argumente im heutigen Europa offenbar überhaupt nicht zu Bewusstsein kam, rational. Er erwähnte, dass Vuk Karadžić, einer der Begründer der serbischen Volksfindung (Freund Jacob Grimms, mit ihm 1849 Mitbegründer der serbischen Akademie, und auf Grimms Anregung 1853 Sammler der „serbischen Märchen", mit Goethe zusammengetroffen) sein direkter Vorfahre sei. Auch vom äußeren Zuschnitt her als Intellektuelle wirkten Prof. Koljević (Shakespeare-Forscher) und der „AM" Prof. Buha. Buha stellte sich mit den Worten vor, die deutsche Tradition, und hier besonders der deutsche Idealismus, sei auch seine eigene erste Tradition. Serbien und Deutschland hätten in der Geschichte vielfältige Beziehungen und Berührungspunkte gehabt, besonders kulturell und zivilisatorisch seien die Verbindungen stets eng gewesen (Hinweis auf Vuk Karadžić). Es sollte im Interesse Deutschlands liegen, nicht nur mit SLO und KRO gute Beziehungen zu haben, sondern die alten kulturellen Bindungen mit den Serben wieder zu beleben, und darauf dann auch erneut wirtschaftliche Beziehungen aufzubauen. Die Serben wüssten, dass D ein großes Interesse an geordneten Verhältnissen auf dem Balkan habe.

4 Martin R. Morland.

5 Bernard Miyet.

6 Jewgenij Nikolajewitsch Makejew.

3) Den Hauptteil des Gesprächs bestritt Karadžić.

Der Krieg mit SLO sei vergleichsweise harmlos gewesen, weil es keine territorialen Ansprüche gegeben habe. Der Krieg in KRO sei sehr grausam geführt worden, doch in BuH sei er besonders schrecklich. In BuH herrsche nicht bloß Krieg, sondern Chaos. Keine Gruppe könne der anderen trauen, der Krieg sei ein Krieg der Religionen.

Er hoffe, dieser Krieg könne bald beendet werden. Dies sei den Konfliktparteien aus eigener Kraft nicht möglich. Auch das VN-Format der Genfer Jugoslawien-Konferenz reiche dazu nicht aus (u. a., weil keinerlei Druck auf die Muslims ausgeübt werde). Eine Dauerlösung sei nur durch eine Art „Camp David" möglich, bei dem einflussreiche Vermittler (er nannte Kohl, Mitterrand, Major und Bush) mit den Konfliktparteien eine umfassende Lösung (über BuH hinaus) suchten. Ohne eine solche Lösung würde der Krieg noch 30 Jahre dauern, käme es dagegen zu einer Lösung, könne er in 30 Tagen beendet sein.

4) Der einzige Schlüssel zum Frieden sei die Lösung der territorialen Fragen. Er, Karadžić, (und, so deutete er an, auch Belgrad) erkenne das Prinzip an, dass Grenzen nicht mit Gewalt verändert werden dürften.

Umgekehrt bedeute dies aber auch, dass Grenzen durch Vereinbarung beider Seiten geändert werden könnten. Eine Lösung der territorialen Fragen mit Beteiligung und unter dem Druck der wichtigsten europäischen Führer (evtl. einschließlich Präs. Bushs, der, wenn ihm der Friede in Jugoslawien gelinge, einen wichtigen Trumpf für seine Wiederwahl[7] gewinne) würde den Krieg innerhalb eines Monates beenden. Deutschland sei wegen seines Einflusses auf SLO und KRO und wegen der Nähe zur Region unerlässlicher Partner für eine derartige Friedenskonferenz.

5) Voraussetzung dafür sei, dass Europa die Realität der gegenwärtigen Situation erkenne. BuH existiere nicht mehr. Stattdessen gebe es jetzt serbische und kroatische Gebiete sowie einige Territorien, wo Muslims lebten. Serben und Kroaten würden einen Einheitsstaat BuH nie akzeptieren. In ihm würden in einigen Jahren über 50 Prozent Muslims (die voraussichtlich auch Muslims aus Serbien und Montenegro einladen würden, sich in BuH anzusiedeln) leben und dort mitten in Europa eine islamische Theokratie begründen. Buha und Karadžić präzisierten dies dahingehend, dass man (und hier insbesondere D) den Serben und Kroaten helfen müsse, ihre gegenseitigen Gebietsansprüche durch Austausch und Arrondierung zu lösen. Dann könne auch ein kleines muslimisches Rest-Territorium in Zentralbosnien ohne Gefahr für Europa akzeptiert werden, weil es von serbischen und kroatischen Gebieten umgeben sei. So sei sichergestellt, dass sich hier kein gefährlicher islamischer Extremismus entwickeln könne.

Der Gebietsaustausch zwischen Serben und Kroaten könne aber nicht auf BuH beschränkt bleiben. An dem neuen Camp David müssten Boban und er, Tudjman und Milošević sowie (für die Serben in KRO) Hadzić eingeladen werden. So können auch die Probleme der serbischen Gebiete in KRO gelöst werden. Karadžić deutete an, dass Serbien beispielsweise mit einer Aussiedelung der Knin-Serben einverstanden sein könne. Nur durch einen weiträumigen Gebietsaustausch zwischen Serben und Kroaten sei es möglich, einzelnen Gruppen der beiden Völker verständlich zu machen, dass sie ihr traditionelles Siedlungsgebiet räumen müssten, dass aber ihr Volk an anderer Stelle gewinnen werde.

7 In den USA fanden am 3. November 1992 Präsidentschaftswahlen, Wahlen zum Repräsentantenhaus sowie Teilwahlen zum Senat und für die Gouverneursämter statt.

Auch für Kroatien (die Serben verstünden sich durchaus mit den Kroaten, zu Tudjman sei der Gesprächsfaden nie abgerissen) sei diese Lösung von Vorteil, Kroatien werde ein kompaktes und abgerundetes Territorium gewinnen.

6) Sollte eine solche Lösung nicht verwirklicht werden, drohe eine Ausweitung des Krieges. Es sei klar, dass Tudjman nach Abzug der UNPROFOR eine militärische Lösung für die Krajina suchen wolle. Dies würde unweigerlich zur Folge haben, dass 700 000 serbische Kämpfer die Krajina-Serben unterstützen würden. Kein serbischer Führer werde sie zurückhalten können. Wenn es jedoch zu einer serbisch-kroatischen Einigung komme, könne er (Karadžić) beispielsweise auch Belgrad empfehlen, den Albanern im Kosovo entgegenzukommen. So wie die Anerkennung von BuH zu blutigem Krieg geführt habe, könne er durch formelle Rücknahme der Anerkennung („de-recognition") und die Aufteilung auf Kroatien und Serbien wieder beendet werden. Überhaupt habe die vorschnelle Anerkennung von SLO, KRO und BuH jeweils zum Krieg geführt. Er warne deshalb davor, Mazedonien anzuerkennen, da es dann dort zu einem weiteren Krieg mit Eingreifen Albaniens kommen werde.

7) Während im Hauptteil der Ausführungen Karadžićs die Muslims gar nicht vorkamen, nahmen Buha, Koljević und mit gelegentlichen Einwürfen auch Karadžić sodann doch noch dazu Stellung. Die Muslims würden mehr und mehr durch Freiwillige aus islamischen Ländern unterstützt. 25 000 seien bereit, in Kürze zu kommen. Izetbegović wolle ganz BuH beherrschen (was Kroaten und Serben nie akzeptieren könnten) und hier mitten in Europa einen islamischen Staat einrichten. Es sei klar, dass Europa und Deutschland, in dem sich bereits auch islamische Minderheiten bildeten, dies nicht wünschen könnten.

8) Auf kroatischer Seite habe es auch einige Söldner gegeben. Die bosnischen Serben hätten einige Franzosen und Deutsche sowie einen Amerikaner gefangengenommen. Auf meine Nachfrage präzisierte Karadžić, dass er noch zwei Deutsche in Gewahrsam habe, einer sei derzeit zur Behandlung in einem Krankenhaus, gegen den anderen laufe ein Gerichtsverfahren. Der deutsche Konsul in Belgrad habe Buha wegen der beiden Fälle bereits aufgesucht. Er, Buha, habe ihn dabei aufgefordert, sich schriftlich an ihn zu wenden.

Buha bat um Auskunft, ob es in D Strafvorschriften gegen Söldner gebe (um Weisung hierzu wird, auch für Belgrad, gebeten, damit die Frage bei einem evtl. nächsten Zusammentreffen mit den bosnischen Serben beantwortet werden kann). Abschließend äußerten die Gesprächspartner ihren Dank für humanitäre Hilfe von NROs aus Deutschland, z.B. Arzneimittel. Trotz der logistischen Schwierigkeiten zeige sich hier, dass die beiden Völker sich nicht als Feinde betrachteten.

Schließlich trug Karadžić vor, dass er gerne, „wenn nötig und möglich", nach Bonn reisen würde, um mit BM oder dem BK zusammenzutreffen. Auch hierzu wird um kurzfristige orientierende Weisung gebeten.

9) In meiner Antwort betonte ich, dass das deutsche Volk keinerlei negative Gefühle gegenüber dem serbischen Volk hege, dass wir die langen kulturellen Traditionen und wirtschaftlichen Bindungen kennten und schätzten. Wir sprächen mit allen Konfliktparteien in BuH und rieten allen zu Mäßigung und Vernunft. Nur so könne der schreckliche Krieg in BuH beendet werden. Ich wies (im Hinblick auf den Vorschlag, die Anerkennung zurückzunehmen) darauf hin, dass alle Zwölf BuH anerkannt hätten.[8] Entsprechend einer Bitte

[8] Die Anerkennung Bosnien-Herzegowinas durch die EG-Mitgliedstaaten erfolgte am 6. April 1992.

meines britischen Kollegen trug ich unter Hinweis auf die entsprechende britische Demarche vom 18.9. vor, die bosnischen Serben sollten die Praxis des Shadowing in den Luftkorridoren (Kampfflugzeuge fliegen im Radarschatten von Hilfsflugzeugen) und die Luftbombardierungen einstellen.

In Vertretung
[gez.] Rosengarten

B 28, ZA-Bd. 158644

295

Schreiben des Bundeskanzlers Kohl an den russischen Präsidenten Jelzin

21. September 1992[1]

Herr Präsident!

Ich habe mich sehr gefreut, von Ihnen in unserem Telefongespräch am 16. September 1992 zu hören, dass die in Ihrem Lande eingeleiteten Reformen Fortschritte machen und Sie fest entschlossen sind, diesen Kurs fortzusetzen. In dieser Absicht möchte ich Sie bestärken. Bei allen Schwierigkeiten, die im Zusammenhang mit der gesellschaftlichen und wirtschaftlichen Umgestaltung Ihres Landes auftreten, gibt es auch aus unserer Sicht grundsätzlich keine Alternative zu dem eingeschlagenen Weg.

Danken möchte ich Ihnen für die anerkennenden Worte über die deutsche humanitäre und finanzielle Hilfe zur Unterstützung der Reformen in Ihrem Lande. Diese Hilfe ist Ausdruck unserer traditionell guten Beziehungen auf vielen Feldern, nicht zuletzt im wirtschaftlichen Bereich. Gerade hier bestehen lange Bindungen zwischen Unternehmen auf beiden Seiten. Wir sollten bestrebt sein, diese Beziehungen zum gegenseitigen Nutzen unserer Völker zu intensivieren und auszubauen.

In unserem Telefongespräch habe ich meine große Sorge über den derzeitigen Stand unserer bilateralen wirtschaftlichen und finanziellen Beziehungen zum Ausdruck gebracht. Ich glaube feststellen zu können, dass die hier bestehenden Probleme sich in den letzten Wochen und Monaten vergrößert haben.

So verlaufen die Gespräche zwischen unseren Regierungen über die Handelsbeziehungen ostdeutscher Firmen mit russischen Partnern äußerst schleppend. In den seit langem andauernden Verhandlungen über Besicherungsfragen ist man in der Sache nicht vorangekommen, weil russische Regierungsvertreter nach bereits getroffenen Entscheidungen immer wieder neue Überlegungen ins Spiel brachten.

1 Kopie.
Das Schreiben wurde von VLR I Reiche mit Begleitvermerk vom 23. September 1992 an die Botschaft in Moskau übermittelt „mit der Bitte um Weiterleitung an den russischen Präsidenten". Ferner vermerkte Reiche: „Wie das Bundeskanzleramt mitteilt, ist der Text dieses Schreibens ausnahmsweise – wegen Eilbedürftigkeit – vorab als Fernkopie auf der direkten Leitung zwischen Bundeskanzleramt und dem Amt des russischen Präsidenten übermittelt worden. Kopien des Originalschreibens sowie der Höflichkeitsübersetzung für die dortigen Akten liegen bei." Vgl. B 38, ZA-Bd. 184715.

Wie ich Ihnen in unserem Telefonat schon sagte, ist für mich die Entwicklung unserer wirtschaftlichen und finanziellen Zusammenarbeit sehr wichtig. Ich halte daran fest, dass Russland und Deutschland größten Nutzen davon hätten, wenn diese Zusammenarbeit auf Vertrauen aufgebaut, breit angelegt und auf Dauer ausgerichtet ist.

Sehr geehrter Herr Präsident: Ich teile Ihnen dies auch deshalb mit, weil es für meine Regierung innenpolitisch immer schwieriger wird, verständlich zu machen, dass Deutschland im Vergleich zu anderen großen westlichen Ländern bei der humanitären und finanziellen Hilfe für Russland mit weitem Abstand an erster Stelle liegt, aber die wirtschaftliche Zusammenarbeit stagniert oder sogar rückläufig ist. Ich möchte nicht verhehlen, dass sich in der deutschen Wirtschaft mit Blick auf Russland eine gewisse Enttäuschung breitmacht. Dies ist nicht zuletzt Folge der Zahlungsrückstände gegenüber vielen traditionellen Russland-Lieferanten im mittelständischen Bereich. Viele Unternehmen sind aber auch verunsichert über die Möglichkeiten eines Engagements in Russland. Sie stellen fest, dass Firmen aus anderen Ländern bei konkreten Projekten der Vorzug gegeben wird. Beispielsweise sind deutsche Unternehmen bisher bei Energie- und Rohstoffprojekten kaum beteiligt worden.

Ich wäre Ihnen deshalb sehr dankbar, wenn Sie sich persönlich für die Intensivierung der wirtschaftlichen Beziehungen zwischen unseren beiden Ländern einsetzen würden. Insbesondere sind die Möglichkeiten der Zusammenarbeit zwischen ostdeutschen und russischen Unternehmen noch längst nicht ausgeschöpft. Die Modernisierung und Neustrukturierung von Unternehmen, die in Ostdeutschland und Russland gleichermaßen dringlich ist, bietet vielfältige Chancen direkter Unternehmenszusammenarbeit. Ich habe Bundesminister Möllemann gebeten, dieses Thema bereits anlässlich des Deutsch-Russischen Kooperationsrates in der nächsten Woche in Moskau mit Vorrang anzusprechen.[2]

Wenn es uns auf beiden Seiten sinnvoll erscheint, könnte jeder von uns eine erfahrene Persönlichkeit aus der Wirtschaft bestimmen, die sich dieser Frage entschlossen annimmt.

In unserem Telefongespräch haben Sie vor allem das Problem der sowjetischen Altschulden[3] angesprochen. Ich verstehe, dass diese Frage für Sie von großer Bedeutung ist.

In München haben wir vereinbart, Ihrem Land eine erweiterte Atempause bei den Auslandsschulden zu gewähren.[4] Dazu stehe ich.

Ich bitte aber auch das Folgende zu bedenken: Mein Land hat für den Reformprozess mit Abstand die größte finanzielle Unterstützung aller G7-Länder geleistet, allein bei den öffentlich garantierten Krediten seit 1989 über 40 Mrd. DM. Damit entfallen auf Deutschland etwa 40 Prozent aller im Pariser Club zur Diskussion stehenden Forderungen.

2 Am Rande der Tagung des deutsch-russischen Kooperationsrats am 29./30. September 1992 in Moskau fand ein Gespräch zwischen BM Möllemann und dem stellvertretenden russischen MP Tschernomyrdin statt. Botschafter Blech, Moskau, berichtete am 2. Oktober 1992, Möllemann habe sich erkundigt „nach der russischen Haltung zu einer devisenfreien Gestaltung eines Teils des Handelsverkehrs z.B. mit den neuen Bundesländern. Gibt es ein Interesse z.B. an Verrechnungsabkommen Öl/Gas gegen Produkte aus den neuen Bundesländern?" Tschernomyrdin habe erklärt: „Er sei dafür, für die Übergangszeit bei traditionellen Ausrüstungslieferungen auch einem valutafreien Austausch zuzustimmen. [...] BM Möllemann begrüßte das Interesse an Erhaltung von Lieferungen aus Ostdeutschland und wies auf die Sonderkonditionen von Hermes für die neuen Bundesländer hin." Vgl. DB Nr. 4178; B 52, ZA-Bd. 173701.

3 Zur Frage der Altschulden der ehemaligen UdSSR vgl. Dok. 321.

4 Vgl. die Erklärung von BK Kohl in dessen Eigenschaft als G7-Vorsitzender vom 8. Juli 1992; BULLETIN 1992, S. 743f. Zum Weltwirtschaftsgipfel vom 6. bis 8. Juli 1992 vgl. Dok. 225.

Eine Verschiebung des Stichtages für Schuldenerleichterungen auf Ende 1991 würde bedeuten, dass allein in den nächsten beiden Jahren Forderungen von über 8 Mrd. DM zulasten des deutschen Steuerzahlers aus dem Bundeshaushalt entschädigt werden müssen. Die anderen G 7-Länder wären hiervon deutlich weniger, zum Teil gar nicht betroffen. Dies ist für meine Regierung nicht annehmbar.

Sorge bereitet mir im Übrigen, dass bei der aktuellen Bedienung der öffentlichen Schulden eine Bevorzugung bestimmter Gläubigerländer beobachtet werden kann.

Ich darf Ihnen versichern, dass meine Regierung zu einer pragmatischen Lösung bereit ist, die der gegenwärtig begrenzten Zahlungskapazität Russlands Rechnung trägt. Diese Lösung muss aber auch für Deutschland politisch und finanziell tragbar sein. Ich begrüße sehr, dass der stellvertretende Ministerpräsident A.N. Schochin und Minister P.O. Awen über diese Fragen in Washington ein erstes Gespräch mit Staatssekretär Dr. Köhler geführt haben.[5]

Ich möchte ein weiteres Problem ansprechen. Es handelt sich um den Ausgleich des Transferrubelsaldos, der im Handel zwischen der ehemaligen DDR und der damaligen Sowjetunion und bei dessen Fortsetzung bis Ende 1990 aufgelaufen ist. Aus diesem Saldo erwachsen dem deutschen Staat jährliche Zinskosten von etwa 1,5 Mrd. DM. In den bisherigen Verhandlungen wurde in dieser Frage keine Annäherung erzielt. Ihrerseits haben Sie in Ihrem Schreiben vom 13. Mai 1992[6] die Frage der Verwertung der Liegenschaften in Ostdeutschland angesprochen.[7] Ich halte es für zweckmäßig, über diese offenen Fragen im deutsch-russischen Verhältnis im Gesamtzusammenhang zu sprechen und nach Lösungen zu suchen. Ich schlage vor, dass Staatssekretär Dr. Köhler nach Moskau kommt, um über die angesprochenen Fragen zu sprechen.[8]

Ich freue mich auf das verabredete ausführliche Telefonat in der zweiten Wochenhälfte.

Mit freundlichen Grüßen
Ihr Helmut Kohl

B 38, ZA-Bd. 184715

5 Referat 421 notierte am 2. Oktober 1992, nach Auskunft des BMF sei das Gespräch zwischen StS Köhler, BMF, und dem stellvertretenden russischen MP Schochin sowie Außenwirtschaftsminister Awen „sehr kurz gewesen (max. eine halbe Stunde). StS Köhler habe das Gespräch genutzt, um eine politische Message zur Verschuldung und den Gesprächen im Pariser Club anzubringen. Er habe auf die Haltung der USA und GB hingewiesen, die nicht unserer Auffassung entspreche als größter Gläubiger gegenüber der Russischen Föderation." Vgl. B 63, ZA-Bd. 171160.

6 Für das Schreiben des russischen Präsidenten Jelzin an BK Kohl vgl. B 38, ZA-Bd. 184715.

7 Zu den bisherigen Gesprächen über das Transferrubelguthaben sowie zur Frage der Liegenschaften der WGT vgl. Dok. 250.

8 Zum Besuch von StS Köhler, BMF, am 16. Oktober 1992 in Russland vgl. Dok. 329.

296

Vermerk des Vortragenden Legationsrats I. Klasse Jess

416-410.20 ITA **21. September 1992**[1]

Betr.: Gespräch BM Kinkel/AM Colombo im Rahmen der deutsch-italienischen Regierungskonsultationen am 17./18.9.1992 in Florenz[2];
hier: Europa- und wirtschaftspolitische Themen

I. Zusammenfassung

Die Konsultationen fanden vor dem Hintergrund des bevorstehenden Maastricht-Referendums in Frankreich[3] und vorangegangener währungspolitischer Turbulenzen[4] statt, deren Auswirkungen insbesondere die italienische Regierung in ernsthafte Bedrängnis geraten ließen. Das Gespräch konzentrierte sich infolgedessen auf die hiermit im Zusammenhang stehende Thematik und war von Bemühungen geprägt, gemeinsame Ansätze zur Bewältigung der bestehenden Probleme zu finden.

Im Hinblick auf das französische Referendum über den Maastrichter Vertrag und als Fazit ihrer Gespräche bekräftigten beide Minister ihren Willen, dass der europäische Einigungsprozess, der im Vertrag von Maastricht seinen Niederschlag gefunden hat, unter Wahrung des bisher Erreichten mit Entschlossenheit weiterverfolgt werden müsse. Mit großem Nachdruck setzten sie sich dafür ein, dass die Fortführung des europäischen Aufbauwerks die in Europa gewachsene kulturelle Vielfalt bewahren müsse und dies in Zukunft verstärkt deutlich zu machen sei.

II. Im Einzelnen

1) AM Colombo referierte ausführlich über die währungs- und wirtschaftspolitischen Schwierigkeiten, denen sich ITA gegenübersehe und die sich neben anderen Faktoren aus der Zinspolitik der Bundesbank ergeben hätten. Er verglich die eingetretene Lage mit einem Trümmerfeld, bei dem es nun darauf ankomme, die Trümmer zu beseitigen. Nachdrücklich artikulierte er die Forderung nach einer stärkeren politischen Einflussnahme in Währungsangelegenheiten und stellte in logischer Konsequenz die Frage nach dem Gremium, das dazu berufen wäre. Er betonte allerdings auch, dass es wesentlich auf die eigenen Anstren-

1 VLR I Jess leitete den Vermerk über MDg von Kyaw an das Ministerbüro „mit der Bitte, die Billigung von Herrn BM herbeizuführen“.
Hat Kyaw am 21. September 1992 vorgelegen.
Hat VLR Brose am 22. September 1992 vorgelegen, der den Rücklauf an Referat 416 verfügte und handschriftlich vermerkte: „Kann mit Vermerk ‚Von BM noch nicht gebilligt‘ verteilt werden.“
Hat OAR Küster vorgelegen, der die Weiterleitung an Jess „n[ach] R[ückkehr]“ verfügte.
Hat Jess am 24. September 1992 erneut vorgelegen.

2 VLR I Huber fasste am 21. September 1992 zusammen, bei den deutsch-italienischen Regierungskonsultationen am 17./18. September 1992 in Florenz seien neben bilateralen Fragen der Jugoslawien-Konflikt, die Zusammenarbeit im Verteidigungsbereich sowie die Wissenschaftszusammenarbeit erörtert worden. Vgl. B 223, ZA-Bd. 171868.

3 Zum Referendum am 20. September 1992 in Frankreich über das Vertragswerk von Maastricht vgl. Dok. 293 und Dok. 300.

4 Zur Krise im EWS vgl. Dok. 283 und Dok. 290.

gungen der italienischen Regierung ankomme sowie auf deren politischen Willen, die eingeleiteten Maßnahmen zur Haushaltssanierung und die strukturellen Reformen[5] umzusetzen. Er verband damit einen Appell zur kollegialen Behandlung der Probleme und bezeichnete in diesem Zusammenhang die Senkung des Diskontsatzes der Bundesbank um 0,5 % als hilfreich.

BM Kinkel würdigte die Anstrengungen der italienischen Regierung als einen wichtigen Beitrag zur Wiederherstellung der notwendigen Stabilität im EWS und verwies auf die eigenen Bemühungen, durch eine restriktive Haushaltspolitik auch unsererseits Voraussetzungen für weitere Zinssenkungen zu schaffen. Er wies darauf hin, dass die Belastungen im eigenen Land es allerdings nur im begrenzten Umfang zuließen, zusätzliche Lasten zu übernehmen.

2) In der Diskussion um die möglichen Auswirkungen des franz. Referendums brachten beide Minister den gemeinsamen Willen zum Ausdruck, dass der „Zug nach Europa" jetzt nicht gestoppt werden dürfe, sondern der Integrationsprozess beharrlich fortgesetzt werden müsse. Gerade die Turbulenzen der letzten Tage seien Beleg für die Notwendigkeit der Schaffung einer Wirtschafts- und Währungsunion, wie sie im Maastrichter Vertrag vorgesehen sei. Sie waren sich einig über die Bedeutung einer Stärkung der bilateralen Beziehungen als einem wichtigen Element für den weiteren Aufbau Europas.

3) Die italienische Seite sagte Bemühung um Beschleunigung des Ratifizierungsprozesses beim deutsch-italienischen Doppelbesteuerungsabkommen[6] zu.

4) Beide Delegationen erörterten Möglichkeiten eines Ausbaus der wirtschaftlichen und technologischen Zusammenarbeit in den Bereichen industrielle Kooperation, Investitionen in den NBL und Beteiligung an den zur Privatisierung anstehenden italienischen Staatsunternehmen.

Jess

B 223, ZA-Bd. 171868

5 Zum Reformprogramm der italienischen Regierung vgl. Dok. 207, Anm. 19.

6 Für das Abkommen vom 18. Oktober 1989 zwischen der Bundesrepublik und Italien zur Vermeidung der Doppelbesteuerung auf dem Gebiet der Steuern vom Einkommen und vom Vermögen und zur Verhinderung der Steuerverkürzung und das zugehörige Protokoll vgl. BGBl. 1990, II, S. 743–765.
Nach dem Austausch der Ratifikationsurkunden am 27. November 1992 trat das Abkommen am 27. Dezember 1992 in Kraft. Vgl. die Bekanntmachung vom 3. Dezember 1992; BGBl. 1993, II, S. 59.

297

Gespräch des Bundeskanzlers Kohl mit dem kasachischen Präsidenten Nasarbajew

22. September 1992[1]

Der *Bundeskanzler* heißt Präsident Nasarbajew herzlich willkommen.[2] Er habe gestern Abend mit dem früheren Präsidenten Gorbatschow ausführlich gesprochen.[3] G. spreche nicht über alle gleich freundlich, aber den Präsidenten habe er mit sehr freundlichen Worten bedacht.

G. habe die große Sorge, dass die Entwicklung schließlich dazu führe, dass es überhaupt „kein Dach" mehr gebe.

Präsident *Nasarbajew* erklärt, er habe mit Blick auf das nächste GUS-Treffen fünf Vorschläge gemacht und auch den Entwurf entsprechender Abkommen vorbereitet.

Der erste Vorschlag betreffe die Einrichtung eines zwischenstaatlichen Bankvereins, dem alle beitreten könnten, die wollten, auch diejenigen, die bereits eine eigene Währung hätten. Der Bankverein werde u. a. gemeinsam den Umfang der Geldemission abstimmen und für die monetäre Disziplin verantwortlich sein. Sogar Litauen und Estland hätten Interesse. Allerdings versuche die Ukraine, eine eigene Währung einzuführen, sei damit allerdings bisher nicht weitergekommen. Auch Kasachstan sei in der Lage, eine eigene Währung zu schaffen, die konvertibel sein würde. Er wolle aber eine enge Zusammenarbeit. Im Prinzip wolle man das gleiche wie die EG, die auch eine gemeinsame Währung anstrebe, was er unterstütze.

Der *Bundeskanzler* erklärt, er habe volles Verständnis für das Souveränitätsstreben der Nachfolgerepubliken. Die Souveränität könne aber auch im Rahmen eines Staatenbundes gewahrt bleiben.

Der Bundeskanzler erkundigt sich dann nach der Reaktion der anderen, insbesondere von Präsident Jelzin, auf diese Überlegungen.

Präsident *Nasarbajew* erwidert, er sei noch am vergangenen Sonnabend[4] mit Präsident Jelzin zusammengetroffen. Man sei sich einig gewesen, dass es für den Kern eines solchen Währungsverbundes ausreichend sei, wenn Kasachstan, Russland, Weißrussland und Usbekistan zusammenarbeiteten. Möglicherweise seien aber auch Litauen und Estland interessiert.

1 Der Gesprächsvermerk wurde von MD Hartmann, Bundeskanzleramt, am 24. September 1992 gefertigt und am 28. September 1992 über BM Bohl an BK Kohl „mit der Bitte um Billigung" geleitet. Dazu vermerkte Hartmann: „Ich gehe davon aus, dass der Vermerk nicht weitergeleitet wird, jedoch bitte ich um Zustimmung, die Staatssekretäre Dr. Kastrup (AA) und Dr. Köhler (BMF) über die relevanten Passagen mündlich zu unterrichten."
Hat Bohl am 28. September 1992 vorgelegen.
Hat Kohl vorgelegen, der handschriftlich vermerkte: „I[n] O[rdnung]". Vgl. den Begleitvermerk; BArch, B 136, Bd. 42632.

2 Der kasachische Präsident Nasarbajew hielt sich vom 21. bis 23. September 1992 in der Bundesrepublik auf.

3 Der ehemalige sowjetische Präsident Gorbatschow hielt sich vom 16. bis 22. September 1992 in der Bundesrepublik auf.

4 19. September 1992.

Auf die Frage des Bundeskanzlers nach der Haltung der Ukraine erklärt Präsident Nasarbajew, die Ukraine solle machen, was sie wolle. Sie würden sehen, wohin sie kämen, wenn man den Bankverein gegründet habe.

Der *Bundeskanzler* erklärt, er wünsche Präsident Nasarbajew bei der Umsetzung seiner Ideen viel Erfolg. Was sich jetzt entwickele, sei von größter weltpolitischer Bedeutung. Unser deutsches Interesse sei nicht die Destabilisierung der früheren Sowjetunion. Dies wäre eine idiotische Politik, die nur die Gefahren erhöhe und am Ende mehr Geld koste als eine Politik des Aufbaus. Deswegen hoffe er, dass den Plänen von Präsident Nasarbajew Erfolg beschieden sei. Allerdings setzten die Pläne auch eine vergleichbare Wirtschaftspolitik der Beteiligten voraus.

Präsident *Nasarbajew* stimmt zu und erklärt, dies sei in der Tat eine entscheidende Frage. Deshalb betreibe er auch die Bildung eines Koordinierungsorgans, das entsprechende Kontrollbefugnisse habe. Dabei gehe es nicht nur um eine gemeinsame Außenhandelspolitik, sondern auch um eine Koordinierung der Außen- und Militärpolitik.

Der *Bundeskanzler* wirft ein, dies bedeute mithin die Schaffung eines Staatenbundes.

Präsident *Nasarbajew* fährt fort, wie man das Gebilde auch immer nenne, niemand beabsichtige, die Souveränität der Mitgliedstaaten einzuschränken.

Ein dritter Vorschlag betreffe die Einsetzung eines Wirtschaftsgerichts, das Sanktionen gegen die Verletzung der gemeinsamen Regeln verhänge.

Ein vierter Vorschlag ziele auf die Einrichtung einer zwischenparlamentarischen Versammlung, wobei es auch darum gehe, die Gesetzgebung zu vereinheitlichen.

Insgesamt sei er davon überzeugt, dass eine Zusammenarbeit in dem oben skizzierten Rahmen die Lage in der GUS stabilisieren werde. Er hoffe, dass er sich mit seinen Vorschlägen durchsetzen könne. Bisher sei nur Krawtschuk dagegen. Allerdings werde auch Krawtschuk bald feststellen, dass eine Wirtschaft ohne Zusammenarbeit nicht funktionieren könne.

Der *Bundeskanzler* wirft ein, es sei möglicherweise nur eine Frage der Zeit, dass sich auch die Ukraine anschließe.

Präsident *Nasarbajew* erwidert, hiervon sei er auch überzeugt. Das Wichtigste für ihn sei, dass Russland sich richtig verhalte.

Auf die entsprechende Frage des Bundeskanzlers erklärt Präsident Nasarbajew, die innere Lage Russlands sei äußerst schwierig. Jelzin habe die extreme Rechte und die extreme Linke gegen sich. Er sei dennoch nachdrücklich der Meinung, dass man Jelzin ungeachtet der Fehler, die er mache, unterstützen solle.

Der *Bundeskanzler* wirft ein, dies täten wir, denn wir bräuchten Stabilität in Russland.

Präsident *Nasarbajew* fährt fort, man dürfe in der Tat nicht zulassen, dass Chauvinisten in Russland an die Macht kämen, was zwangsläufig zu weiterem Zerfall und möglicherweise zu Krieg führen würde.

Obwohl er mit Jelzin befreundet sei, gebe es auch für ihn immer wieder Anlass zur Kritik an Jelzin. Er bäte allerdings den Bundeskanzler, in der Frage der Schulden Russlands[5] auf eine Verschiebung hinzuwirken.

Auf die entsprechende Frage des Bundeskanzlers ergänzt Präsident Nasarbajew, es handele sich um das derzeitig im Pariser Club anhängige Schuldenproblem.

5 Zur Frage der Altschulden der ehemaligen UdSSR vgl. Dok. 321.

Der *Bundeskanzler* erklärt, wir wollten nicht schlechter behandelt werden als die anderen Gläubiger der früheren Sowjetunion, denn schließlich hätten wir mehr als andere geholfen. Dies habe er auch Präsident Jelzin deutlich gemacht.[6] Er könne nicht akzeptieren, dass bei der Schuldenbedienung beispielsweise die USA besser behandelt würden als wir, obschon sie nicht viel getan hätten. Präsident *Nasarbajew* stimmt dem zu.

Der *Bundeskanzler* fährt fort, die Frage habe für ihn auch eine innenpolitische Dimension. Wir müssten nicht nur viel Geld in die neuen Bundesländer stecken, sondern hätten gleichzeitig auch mehr als andere für die Ex-Sowjetunion getan. Auch bei der humanitären Hilfe für Jugoslawien stünden wir an der Spitze. Viele im Westen täten so, als ginge sie dieses Problem nichts an. In Deutschland werde daher die Frage gestellt, warum nur immer wir zahlten. Ihm gehe es darum, dass wir fair behandelt würden.

Präsident *Nasarbajew* erwidert, er stimme dem Bundeskanzler voll und ganz zu. Er habe hierüber auch mit dem Vorsitzenden der Deutschen Bank[7] gesprochen.

Kasachstan habe Schulden in Höhe von 3 Mrd. US-Dollar auf sich genommen. Jetzt versuche Russland, ihn zu überreden, diese Schulden an Russland abzutreten. Dazu sei er nicht bereit, vielmehr wolle Kasachstan als souveräner Staat seine Schulden bezahlen. Er habe daher auch dem Vorsitzenden der Deutschen Bank erklärt, man wolle beides, Passiva und Aktiva, übernehmen.

Der *Bundeskanzler* erklärt, ein zentrales Problem sei für uns die Lage der Deutschen in Kasachstan. Er wolle gute Beziehungen mit Kasachstan und sich nicht nur auf Russland in der Nachfolge der Sowjetunion festlegen.

Präsident *Nasarbajew* wirft ein, dies zu hören, sei für ihn sehr angenehm.

Der *Bundeskanzler* fährt fort, wir hätten in dieser Frage auch ein Eigeninteresse. Kasachstan sei ein wichtiges Land in einer wichtigen Region. Natürlich habe Kasachstan Schwierigkeiten. Diese würden aber nicht auf Dauer bleiben. Seine Prognose laute, dass Kasachstan nicht unter den Letzten sein werde, wenn man die Entwicklung der GUS-Staaten in den nächsten Jahren ins Auge fasse.

Eine wichtige Frage sei, wie man die wirtschaftliche Zusammenarbeit verstärken könne. Kasachstan verfüge über bedeutende Rohstoffvorkommen.

Man werde heute einen Vertrag über die Zusammenarbeit auf dem Gebiet der Wirtschaft sowie ein Investitionsabkommen unterzeichnen.[8] Ferner gebe es bald in Kasachstan ein Delegationsbüro der deutschen Wirtschaft.

Bei alledem dürfe man nicht vergessen, dass die europäische Integration weiter vorankomme. Demnächst gebe es einen Markt mit 380 Millionen Menschen, und Deutschland werde darin eine gewisse Bedeutung zukommen. Viele Länder versuchten, ihre Kontakte zur EG über Deutschland zu intensivieren. Dies könne auch für Kasachstan interessant sein.

Präsident *Nasarbajew* stimmt dem nachdrücklich zu.

6 Vgl. das Schreiben des BK Kohl vom 21. September 1992 an den russischen Präsidenten Jelzin; Dok. 295.

7 Hilmar Kopper.

8 Für den deutsch-kasachischen Vertrag vom 22. September 1992 über die Förderung und den gegenseitigen Schutz von Kapitalanlagen und die zugehörigen Dokumente vgl. BGBl. 1994, II, S. 3731–3740.
Für den deutsch-kasachischen Vertrag vom 22. September 1992 über die Entwicklung einer umfassenden Zusammenarbeit auf dem Gebiet der Wirtschaft, Industrie, Wissenschaft und Technik vgl. BGBl. 1995, II, S. 276–282.

Der *Bundeskanzler* fährt fort, wir hätten großes Interesse, dass der Reformprozess in Kasachstan erfolgreich sei. Hierfür seien u. a. Ausbildungs- und Fortbildungsprogramme wichtig. Wir seien auf diesem Gebiet – ebenso wie in anderen Bereichen der Wirtschaft – zu guter Zusammenarbeit bereit.

Er wiederhole aber, dass auch die psychologischen Bedingungen stimmen müssten, und damit sei man wieder bei den 900 000 Deutschstämmigen in Kasachstan.

Präsident *Nasarbajew* erklärt, hierüber habe er mit dem Bundeskanzler schon in Helsinki gesprochen.[9] Seitdem seien auch BM Möllemann und PStS Waffenschmidt[10] bei ihm gewesen und hätten diese Frage erörtert.

Er selber habe vor seiner Reise nach Deutschland mit Vertretern der deutschstämmigen Bevölkerung in Kasachstan gesprochen. Seiner Meinung nach hänge die verstärkte Auswanderung in erster Linie damit zusammen, dass die kasachischen Gesetze dies erlaubten.

Natürlich gebe es auch Unsicherheit, ja Angst wegen der allgemeinen Entwicklung in der GUS – nicht zuletzt würden die Deutschstämmigen von dem verständlichen Wunsch nach einem besseren Leben angetrieben.

Andererseits müsse man auch sagen, dass viele dieser Deutschstämmigen schon in der dritten Generation in Kasachstan lebten und dort ihre historische Heimat hätten. Auch seien sie in einer anderen psychologischen Verfassung als die Deutschen hier; gerade auch auf letzteren Punkt weise er immer wieder hin. Niemand könne behaupten, dass die Deutschen in Kasachstan in ihren Rechten beschränkt seien.

Aus seiner Sicht sei es wichtig, durch Einrichtung einer regelmäßigen Luftverbindung mit Deutschland die Möglichkeit zu reisen zu verbessern. Ferner sei es wichtig, deutsche Schulen weiter auszubauen. Möglicherweise könne man auch eine deutsch-kasachische Universität gründen. Hilfreich könnten auch mehr Fernsehprogramme in deutscher Sprache sein. Auch könne man die Voraussetzung für ein deutschsprachiges Fernsehprogramm in Kasachstan per Satellit schaffen. Möglich wäre schließlich die Einrichtung eines Kulturzentrums der Deutschen in Kasachstan – ein wichtiger Schritt, der es ihnen erlaube, ihre Identität zu bewahren.

All dies seien Fragen, die man im Rahmen der gemeinsamen Kommission lösen könne. Hauptziel müsse sein, die Reformpolitik seiner Regierung zu unterstützen. Damit werde auch der Lebensstandard für alle angehoben, obschon er betonen wolle, dass die Deutschstämmigen bereits jetzt besser lebten als die übrige Bevölkerung.

Der *Bundeskanzler* erklärt, er wolle noch einmal seine prinzipielle Position darlegen: Unser Interesse sei nicht, alle Deutschen in der Welt nach Deutschland zu holen. Wir wollten vielmehr, dass die Deutschen dort glücklich würden, wo sie teilweise bereits seit Generationen ansässig seien.

Natürlich müsse man verstehen, dass viele vor der Entwicklung Angst hätten, wenn man beispielsweise an das Vordringen des Islam denke. Es liege im gemeinsamen Interesse, alles zu tun, damit die Deutschstämmigen in Kasachstan bleiben könnten.

9 BK Kohl und der kasachische Präsident Nasarbajew trafen am 10. Juli 1992 am Rande der KSZE-Gipfelkonferenz zusammen und erörterten neben den bilateralen Beziehungen die wirtschaftliche Lage in Kasachstan, die Situation der Deutschstämmigen sowie die politische und wirtschaftliche Entwicklung in Russland. Vgl. den Gesprächsvermerk; B 41, ZA-Bd. 171760.

10 Zum Besuch des Beauftragten der Bundesregierung für Aussiedlerfragen, PStS Waffenschmidt, BMI, vom 3. bis 8. September 1992 in Kasachstan und Kirgisistan vgl. Dok. 284.

Präsident *Nasarbajew* stimmt dem nachdrücklich zu.

Der *Bundeskanzler* fährt fort, wichtig sei allerdings auch, dass die Deutschstämmigen die Sicherheit hätten, nicht verfolgt zu werden, um ihre Kultur, ihre Sprache, ihre Schulen etc. bewahren zu können. Ferner könnten sie zugleich eine Brücke nach Deutschland bilden.

Der Verbleib der Deutschen in Kasachstan sei nicht zuletzt wichtig im Hinblick auf die Investitionen deutscher Firmen. Auch der Vorschlag des Präsidenten, eine regelmäßige Flugverbindung einzurichten, sei zu begrüßen. Dies könne psychologisch sehr wichtig sein.

Präsident *Nasarbajew* erklärt, man habe jetzt die gemeinsame Regierungskommission gebildet, die sich vor allem mit der Frage der Ansiedlung mittlerer und kleinerer Betriebe befassen solle. In diesem Zusammenhang könne man möglicherweise Betriebseinrichtungen aus der früheren DDR nach Kasachstan bringen.

Man habe ihn vor Antritt der Reise gefragt, ob er in Deutschland um Kredite nachsuchen werde. Er wolle klarstellen, dass dies nicht seine Absicht sei. Ihm gehe es in erster Linie darum, den Bundeskanzler zu informieren. Er frage sich allerdings, warum beispielsweise Weißrussland einen Kredit in Höhe von 1 Mrd. DM erhalte, nicht aber Kasachstan.

Der *Bundeskanzler* erwidert, dies sei aus seiner Sicht nicht der Fall. Kasachstan werde nicht schlechter behandelt als andere.

Präsident *Nasarbajew* schlägt sodann vor, die Gemeinsame Erklärung[11] um einen Zusatz zu ergänzen, wonach sich die Bundesregierung zur Finanzierung bestimmter Hilfsprojekte bereit erkläre. Hierbei denke er vor allem an Projekte, die den Deutschstämmigen in Kasachstan zugutekämen.

Der *Bundeskanzler* erklärt, er halte es nicht für möglich, die Gemeinsame Erklärung jetzt noch zu ergänzen, wobei man sich in der Sache einig sei. Er schlage vor, dass Präsident Nasarbajew ihm in einem Schreiben noch einmal die einzelnen Punkte aufliste, von denen er wünsche, dass sie in der deutsch-kasachischen Kommission behandelt werden. Er werde dann auf dieses Schreiben umgehend antworten.

Er wolle zugleich deutlich machen, dass wir zu materieller Unterstützung bereit seien.

Präsident *Nasarbajew* erklärt sich hiermit einverstanden.

Der Bundeskanzler stellt anheim, diese Übereinkunft auch bekanntzugeben.[12]

Präsident *Nasarbajew* erklärt, der Bundeskanzler habe die strategische Lage Kasachstans in Zentralasien angesprochen. Er wolle daher offen die Frage einer Zusammenarbeit im militärischen Bereich ansprechen.

Auf die entsprechende Frage des Bundeskanzlers stellt Präsident Nasarbajew klar, dass er vor allem an Hilfe bei der Ausbildung von Offizieren denke.

Der *Bundeskanzler* erwidert, das sei eine ungewöhnliche Bitte, aber er wolle nicht von vornherein abschlägig reagieren. Der Präsident müsse jedoch verstehen, dass die Deutschen auf diesem Gebiet besonders vorsichtig sein müssten.

Präsident *Nasarbajew* erklärt, er verstehe dies.

Der *Bundeskanzler* fährt fort, er werde möglicherweise einen Mitarbeiter zu ihm schicken, mit dem er die Angelegenheit näher besprechen könne.

11 Für die Gemeinsame Erklärung vom 22. September 1992 von BK Kohl und dem kasachischen Präsidenten Nasarbajew über die Grundlagen der Beziehungen zwischen der Bundesrepublik und Kasachstan vgl. BULLETIN 1992, S. 975 f.

12 Vgl. die Erklärung des Beauftragten der Bundesregierung für Aussiedlerfragen, PStS Waffenschmidt, BMI, vom 22. September 1992; BULLETIN 1992, S. 944.

Präsident *Nasarbajew* erwähnt, man müsse verstehen, dass der Islam, der aus dem Süden vordringe, letztlich nur von Kasachstan aufgehalten werden könne.

Der *Bundeskanzler* erwidert, er verstehe die Lage.

Das Gespräch wird beim Mittagessen fortgesetzt.

Der *Bundeskanzler* fasst eingangs das Ergebnis des bisherigen Gesprächs zusammen.

StS *von Würzen* weist auf die entsprechende Frage des Bundeskanzlers darauf hin, dass der deutsch-kasachische Kooperationsrat voraussichtlich Ende des Jahres erneut zusammentreffen werde.[13]

Der *Bundeskanzler* wiederholt, unser Bestreben sei es, die Beziehungen zu allen Nachbarstaaten der früheren Sowjetunion, und nicht ausschließlich zu Russland, auszubauen. Wir wollten einen direkten Draht nach Alma Ata, und nicht über Moskau.

Der Bundeskanzler weist darauf hin, dass er mit dem Präsidenten insbesondere darüber gesprochen habe, wie man den Deutschen in Kasachstan helfen könne, damit sie in ihrer Heimat blieben. Er habe deshalb mit dem Präsidenten vereinbart, dass dieser ihm hierzu einen Brief schreibe, den er bald beantworten werde und in dem er sich zu Fragen der Unterstützung entsprechender Projekte äußern werde.

Der Bundeskanzler fasst sodann die Überlegungen von Präsident Nasarbajew zur wirtschaftlichen Zusammenarbeit im Rahmen der GUS zusammen und bittet Präsident Nasarbajew um eine Einschätzung der Lage in der Nachbarschaft.

Präsident *Nasarbajew* erwidert, Kasachstan gehöre zur islamischen Kultur. Allerdings sei die religiöse Lage in seinem Land völlig verschieden von der in anderen zentralasiatischen Republiken.

Der Iran unterstütze mit viel Geld Parteien in Tadschikistan. Dabei müsse man sich im Klaren darüber sein, dass ein islamisiertes Tadschikistan territoriale Forderungen an seine Nachbarstaaten, bspw. Usbekistan, stellen werde. Dies wäre mit Sicherheit ein Faktor der Destabilisierung.

Turkmenistan habe eine 800 km lange Grenze mit dem Iran und überdies visafreien Reiseverkehr. Kasachstan habe andererseits eine offene Grenze zu Turkmenistan, die auch von Iranern unkontrolliert überschritten werden könne.

Nach Tadschikistan schickten die Iraner nicht nur Lebensmittel, sondern auch Waffen.

Auf die entsprechende Frage des Bundeskanzlers stellte Präsident Nasarbajew klar, dass es vor allem der Iran sei, der um starken Einfluss bemüht sei. Die Türkei sei zwar in dem armenisch-aserbaidschanischen Konflikt involviert, aber Demirel habe ihm ausdrücklich versichert, dass die Türkei sich nicht in die inneren Angelegenheiten der zentralasiatischen Republiken einmischen wolle. Kasachstan wolle sich weder an den Panislamismus noch an den Pantürkismus anlehnen. Dies sage er auch den Iranern sehr offen.

Auf die entsprechende Frage des Bundeskanzlers erklärt Präsident Nasarbajew, die Japaner hätten ihre wirtschaftlichen Aktivitäten verstärkt, nachdem sie von seiner Absicht gehört hatten, nach Deutschland zu reisen.

13 Nach einer ersten Tagung des deutsch-kasachischen Kooperationsrats fand eine zweite Sitzung am 5. November 1992 in Alma Ata statt mit Tagungen von Arbeitsgruppen zu Rohstoffen und Energieträgern, Maschinen- und Fahrzeugbau, Infrastruktur und Telekommunikation, wirtschaftlicher Beratung sowie zu den wirtschaftlichen Belangen der deutschstämmigen Minderheit. Vgl. die gemeinsame Erklärung; B 63, ZA-Bd. 171166.

PStS *Waffenschmidt* greift noch einmal die Lage der Deutschen in Kasachstan auf und berichtet, dass er bei seinem jüngsten Besuch sowohl einen katholischen als auch einen lutheranischen Gottesdienst besucht habe. Er würde es sehr begrüßen, wenn der Präsident sich dafür einsetze, dass für die Deutschstämmigen die Voraussetzungen für eine freie Religionsausübung geschaffen würden. Hier gebe es Ängste.

Präsident *Nasarbajew* erwidert, dies sei bereits der Fall.

Der *Bundeskanzler* stellt die Frage, ob die Japaner bereit seien, in Infrastrukturmaßnahmen zu investieren.

Präsident *Nasarbajew* bejaht dies und weist darauf hin, dass er zu einem Arbeitsbesuch nach Japan eingeladen sei.

Der *Bundeskanzler* stellt die Frage nach Beziehungen zur VR China.

Präsident *Nasarbajew* erklärt, die Beziehungen zwischen Kasachstan und China seien positiv. Er selber sei in China gewesen. Sein Außenminister[14] bereite den Abschluss eines Vertrages über Freundschaft und Zusammenarbeit mit China vor.

Der *Bundeskanzler* erkundigt sich nach der Einschätzung der Lage in China.

Präsident *Nasarbajew* erklärt, sein Land habe hier ein besonderes Interesse wegen der in China lebenden eine Million Kasaken. Im Augenblick bereite sich die KP auf den Parteitag vor.[15]

Der *Bundeskanzler* wirft ein, es gebe Stimmen, wonach dieser Parteitag verschoben werden solle.

Präsident *Nasarbajew* erklärt, er wisse nur, dass er noch in diesem Jahr stattfinden solle. Im Übrigen sei Deng Xiaoping im Kampf zwischen Konservativen und Reformern stark engagiert. Er glaube allerdings nicht, dass es ernsthafte Veränderungen geben werde. Trotz der wirtschaftlichen Entwicklung gebe es immer noch einen großen Teil der politischen Führung, der an den Ideen des Sozialismus festhalte.

Der *Bundeskanzler* stellt die Frage, ob Präsident Nasarbajew glaube, dass der frühere Ministerpräsident[16] zurückkomme.

Präsident *Nasarbajew* erwidert, er sei dafür, dass Li Peng bleibe; sonst gebe es weitere Schwierigkeiten seitens der Konservativen. Diese seien über die Vorgänge in der ehemaligen Sowjetunion äußerst verunsichert. Man müsse auch sehen, dass bei 1,2 Mrd. Menschen ein demokratisches Chaos unberechenbar sei. Man habe ihm von chinesischer Seite gesagt, die Welt solle dankbar sein, dass man ein Viertel der Menschheit kleide, beköstige und ruhig halte.

Der *Bundeskanzler* erklärt, diese Formel sei ihm zu simpel. Andere dächten hierüber nuancierter, beispielsweise der frühere Ministerpräsident. Er sehe die Hauptgefahr darin, dass es Kräfte gebe, die die Zentrale sprengten. Dieses Phänomen habe man in der chinesischen Geschichte immer wieder beobachten können. Es sei ungewöhnlich, dass ein so großes Land als Zentralstaat erhalten bleiben könne. Schon jetzt könne man beobachten, dass es an den Rändern große Probleme gebe.

Präsident *Nasarbajew* erklärt, er sei gestern und heute mit Vertretern der deutschen Wirtschaft zusammengetroffen. Er habe bei dieser Gelegenheit darauf hingewiesen, dass Kasachstan über beachtliche Rohstoffvorkommen verfüge. Er nenne insbesondere Erdöl,

14 Töleutai Ysqaquly Süleimenow.

15 Der 14. Parteitag der KPCh fand vom 12. bis 18. Oktober 1992 in Peking statt. Vgl. Dok. 328.

16 Zhao Ziyang.

Gas, Kohle und NE-Metalle[17]. Wenn man sich bei der Erschließung dieser Rohstoffe zusammentue, könne das für beide Seiten äußerst nützlich sein. Im Übrigen werde man damit auch der deutschen Bevölkerung in Kasachstan helfen.

Der *Bundeskanzler* stimmt zu und erklärt, eine Schlüsselfrage bleibe die Lage der Deutschen in Kasachstan. Wenn man jetzt das tue, was er mit dem Präsidenten besprochen habe, werde dies sich auch auf die Lage der Deutschen günstig auswirken.

Auf entsprechende Fragen erläutert Präsident *Nasarbajew*, dass bei der Ausbeutung von Erdöl vor allem amerikanische Firmen und bei Gas vor allem britische Firmen zum Zuge kämen.

Der *Bundeskanzler* stellt die Frage, welche deutschen Firmen sich in Kasachstan engagierten. Präsident *Nasarbajew* nennt die Firmen Siemens, Mercedes-Benz, Krupp, Mannesmann etc.

StS *von Würzen* weist darauf hin, dass deutsche Firmen vor allem bei der Ausbeutung von NE-Metallen beteiligt seien.

Präsident *Nasarbajew* erklärt, die Abkommen, die man heute unterzeichne, böten große Möglichkeiten.

Der *Bundeskanzler* erklärt, es komme jetzt darauf an, dass dies nicht auf dem Papier bleibe. Vielmehr müsse man die Abkommen mit Leben erfüllen.

Er wolle noch einmal wiederholen, dass Deutschland ein elementares Interesse daran habe, dass es in der früheren Sowjetunion nicht zu einer Destabilisierung komme. Kasachstan spiele in seiner Region eine wichtige Rolle. Dies beschränke sich nicht auf die Wirtschaft, sondern betreffe auch die Gesamtstrategie.

BArch, B 136, Bd. 42632

298

Gespräch des Ministerialdirektors Schlagintweit mit dem afghanischen Außenminister Gailani in New York

22. September 1992[1]

I. D 3 führte am Rande der VN-Generalversammlung am 22.9.1992 ein Gespräch mit dem afghanischen Außenminister Sayed Suleiman Gailani. Der AM ist ein Neffe von Pir Ahmed Gailani. Er wurde begleitet und in seinen Ausführungen unterstützt vom englischsprechenden Vize-AM Hamid Karzai sowie von Mohammad Sadiq Saljooqe, der sich als designierter afghanischer Botschafter in Kairo vorstellte.

Die afghanische Delegation trug als Hauptanliegen wie erwartet die Bitte um Wiederaufnahme von Entwicklungshilfe vor. *D 3* erläuterte, dass die deutsche Regierung damit

17 Nichteisen-Metalle.

1 Der von LR I Schäfer gefertigte Gesprächsvermerk wurde von Botschafter Graf zu Rantzau, beide New York (VN), mit DB Nr. 2434 vom 23. September 1992 an das Auswärtige Amt übermittelt.
Hat VLR Freiherr von Stackelberg am 24. September 1992 vorgelegen.

Schwierigkeiten habe, solange noch keine Sicherheit herrsche und nicht eine ausreichend legitimierte Regierung in Kabul bestehe. Die deutsche Regierung wolle nicht durch Vergabe von Wirtschaftshilfen an einzelne Gruppen Partei in den innerafghanischen Machtkämpfen ergreifen und Unabhängigkeitstendenzen von Provinzen fördern. Die Äußerungen der afghanischen Delegation konnten die Zweifel hinsichtlich der Beschränktheit ihrer politischen Basis nicht wirklich ausräumen.

[II.] Im Einzelnen

1) *D3* drückte einleitend die Hoffnung aus, dass die Sicherheitslage in Kabul es bald erlauben werde, zunächst eine Mission nach Kabul zu entsenden und später die deutsche Botschaft zu eröffnen. Er fragte, wie sich Gailani den Fortgang des nationalen Versöhnungsprozesses nach dem 26. Oktober, dem Ende des vorläufigen Mandats von Präsident Rabbani[2], vorstelle.

Gailani wies auf die zwischen den Peschawar-Parteien getroffene Abmachung hin, wonach nach dem Ende der Amtszeit Rabbanis eine „Loja Dschirga“ zusammentreten und eine Übergangsregierung für zwei Jahre einsetzen solle. Diese Regierung solle eine Verfassung ausarbeiten, nach der zum Ablauf der zwei Jahre Wahlen für eine legitime Regierung abgehalten werden sollen. *D3* fragte, ob die bis zum 26. Oktober noch verbleibende kurze Zeit zur Vorbereitung und Einberufung einer Loja Dschirga ausreiche. *Karzai* antwortete, dass der Führungsrat des Widerstands wohl erneut eine Interimsregierung beauftragen werde, falls es nicht schon am 27./28.10. zu einer Loja Dschirga kommen sollte. Karzai gab zu, selbst Zweifel an der Durchführbarkeit einer Loja Dschirga zum 28.10. zu haben. Doch könne der Führungsrat nicht unbegrenzt amtieren. Karzai betonte, dass eine Loja Dschirga unumgänglich sei, da nur sie das notwendige Minimum an Legitimität verleihen könne.[3]

2) *Karzai* trug dann als eigentliches Anliegen der afghanischen Seite die Bitte um Wiederaufbau- und Wirtschaftshilfe durch die deutsche Regierung vor. Gailani und er bedankten sich ausdrücklich für die auch während der Kriegsjahre fortgesetzte humanitäre Hilfe aus Deutschland. Karzai sagte, er sei sich bewusst, dass die Wiederaufnahme von Entwicklungshilfe von der Wiederherstellung eines gewissen Maßes an Stabilität in Afghanistan abhänge. Doch bedürfe andererseits der Kampf der derzeitigen afghanischen Regierung um Stabilität auch der Unterstützung von außen.

D3 antwortete, dass Deutschland bereit sei, Afghanistan so bald wie möglich mit Entwicklungshilfe zur Seite zu stehen. Wir wüssten um die dringende Notwendigkeit, die Rückkehr der Flüchtlinge durch Saatgut und Infrastrukturmaßnahmen zu unterstützen. Im Gegensatz zur humanitären Hilfe könne die deutsche Regierung Entwicklungshilfe jedoch nur mit einer afghanischen Regierung vereinbaren und abwickeln. Sie benötige dazu folgende Grundlagen:

2 Zur Entwicklung in Afghanistan vgl. Dok. 214, besonders Anm. 8.

3 Am 10. November 1992 teilte BR I Schröder, Islamabad, mit, am 31. Oktober 1992 sei die Amtszeit des afghanischen Übergangspräsidenten Rabbani um 45 Tage verlängert worden. Die Modalitäten zur Auswahl von Delegierten für eine Stammesversammlung (Loja Dschirga) seien weiter offen: „Afghanistan driftet gegenwärtig in eine unübersichtliche Zukunft, in der selbst das Peschawar-Abkommen, so fadenscheinig es sowieso schon war, kaum noch Orientierung bietet.“ Vgl. DB Nr. 1169; B37, ZA-Bd. 166166.

- ausreichende Sicherheit in Kabul,
- eine Verwaltungsstruktur in Afghanistan, die in gewissem Ausmaß das gesamte Land umspanne und auf dem Volkswillen beruhe,
- deutsche Entwicklungshilfe müsse die Einheit, nicht die Zersplitterung Afghanistans fördern.

Deshalb stünden wir separaten EH-Absprachen mit einzelnen Provinzen ablehnend gegenüber. Solche Einzelabsprachen würden ein negatives Signal in Bezug auf den Erhalt der Einheit Afghanistans geben. Wir hätten es in den Jahren unserer entschiedenen Unterstützung des afghanischen Widerstandes bewusst vermieden, für eine der Widerstandsgruppen einseitig Partei zu ergreifen. Jetzt gelte dies umso mehr. Dagegen könne humanitäre Hilfe auch an einzelne befriedete Gebiete geliefert werden. Dies geschehe laufend.

Karzai und *Saljooqe* sagten, sie stimmten, ebenso wie der Minister, unseren Prämissen voll zu. Sie betonten aber, dass Afghanistan immer noch das Opfer ausländischer Intervention sei. Einzelne radikale Gruppen, insbesondere Hekmatyar, würden nach wie vor von ideologisch motivierten Gruppen in Pakistan, Iran und Saudi-Arabien unterstützt. Sie kämpften gegen die Gemäßigten, die wie Gailani für den Aufbau eines nicht-fundamentalistischen und geeinigten Afghanistan arbeiteten. Hekmatyar sei es auch, der die ethnischen Trennlinien verschärfe, denn er spiele sich dank seiner militärischen Macht als Vertreter der Paschtunen gegen die anderen afghanischen Stämme auf und grabe dadurch den Bemühungen der gemäßigten Paschtunen das Wasser ab. Es gelte, mit gezielter Wiederaufbauhilfe die gemäßigten, auf Einheit ausgerichteten Kräfte zu unterstützen. Es müsse diesen gemäßigten Kräften auch materiell die Möglichkeit gegeben werden, ein Gegengewicht zu Hekmatyar und schiitischen Extremisten zu bilden. Dieser Argumentation hätten Vertreter der türkischen und französischen Regierung, die der AM besucht habe, großes Verständnis entgegengebracht. Sie hätten ihre Bereitschaft zur Leistung von Entwicklungshilfe an die derzeitige Regierung Afghanistans bekundet, allerdings unter der Voraussetzung, dass auch die britische und deutsche Regierung dafür gewonnen werden können.

D 3 appellierte noch einmal an die Gesprächspartner, dass die Afghanen selbst die Voraussetzungen für die Wiederaufnahme von Entwicklungshilfe schaffen müssten, indem sie für die Errichtung einer möglichst alle Kräfte umspannenden und breit legitimierten Regierung sorgten. Seine Frage nach dem Verhältnis zu einzelnen Kommandanten, etwa dem kürzlich von D 3 empfangenen Kommandanten von Dschallalabad[4], wurde von K. und S. mit großer Zurückhaltung beantwortet. Dieser Kommandant sei, so *Saljooqe*, „kein schlechter Mann“, doch neige er zum Fundamentalismus. *D 3* betonte, dass die Probleme Afghanistans nicht nur durch Einmischung von außen entstünden, sondern auch durch mangelnde Einigungsbereitschaft unter den Afghanen selbst.

3) D 3 teilte mit, dass eine Reise nach Kabul geplant sei, sobald die Sicherheitslage dies wieder zulasse. Die afghanische Delegation kündigte an, nach dem 30. September in Bonn

4 MD Schlagintweit führte am 18. September 1992 ein Gespräch mit dem Gouverneur der afghanischen Provinz Nangahar, deren Hauptstadt Dschalalabad war, Haji Abdul Qadir. Themen waren die Entwicklung in Afghanistan, insbesondere die Bemühungen um Abhaltung einer Stammesversammlung (Loja Dschirga), sowie die bilateralen Beziehungen, v. a. die entwicklungspolitische Zusammenarbeit. Vgl. den Gesprächsvermerk; B 37, ZA-Bd. 166171.

Gespräche führen zu wollen.[5] Sie könne dabei konkrete Projektvorschläge machen. D3 ermutigte dazu, die Gelegenheit zu Gesprächen im BMZ zu nutzen, wo man besten Willens sei, aber auch die erwähnten Schwierigkeiten sehe.

B 30, ZA-Bd. 180335

299

Vorlage des Vortragenden Legationsrats I. Klasse von Arnim für Bundesminister Kinkel

411-423.00 MOE **22. September 1992**

Über Dg 41, D 4 i. V.[1], Herrn Staatssekretär[2] Herrn Bundesminister[3]

Betr.: Beziehungen EG – MOE;
hier: Protektionistische Tendenzen bei den Ressorts

Zweck der Vorlage: Zur Unterrichtung

Grundgedanke unserer Politik zur Stabilisierung der Reformprozesse in den MOE ist die Öffnung der Märkte der EG für diese Staaten. Sie sollen auf diese Weise durch Handel die für ihren Aufbau erforderlichen Devisen verdienen, auch weil die westlichen Staatshaushalte nicht entfernt in der Lage sind, die notwendigen Mittel in Form von Krediten oder Zuschüssen aufzubringen.

Diese Politik, zu der sich verbal alle MS der EG bekennen, hatte ihren ersten bedeutenden Erfolg mit den Assoziationsabkommen mit Polen, der ČSFR und Ungarn[4]. Er konnte aber erst gesichert werden, nachdem sich F mit seiner Ablehnung von KOM-Vorschlägen

[5] Am 29. September 1992 fand ein Gespräch zwischen MD Schlagintweit und dem stellvertretenden afghanischen AM Shams teil. Themen waren die Entwicklung in Afghanistan, ein mögliches Übergreifen der Kämpfe auf Tadschikistan, die Rolle der VN im Afghanistan-Konflikt und die bilateralen Beziehungen. Vgl. den Gesprächsvermerk; B 37, ZA-Bd. 166177.
Am 30. September 1992 führte Schlagintweit ein Gespräch mit dem Mitglied der „National Islamic Front of Afghanistan", Ishaq Gailani. Erörtert wurden die Entwicklung in Afghanistan, eine mögliche Rolle des früheren Königs Mohammed Zahir Schah und der VN sowie Unterstützung durch die Bundesrepublik. Vgl. den Gesprächsvermerk; B 37, ZA-Bd. 166177.

[1] Hat, auch in Vertretung des MD Dieckmann, MDg von Kyaw am 22. September 1992 vorgelegen.

[2] Hat StS Lautenschlager am 22. September 1992 vorgelegen.

[3] Hat BM Kinkel am 26. September 1992 vorgelegen.
Hat OAR Salzwedel am 28. September 1992 vorgelegen, der den Rücklauf über das Büro Staatssekretäre, MD Dieckmann und MDg von Kyaw an Referat 411 verfügte.
Hat VLR I von Arnim am 29. September 1992 erneut vorgelegen.

[4] Die EG schloss am 16. Dezember 1991 Europa-Abkommen zur Gründung einer Assoziation mit Polen bzw. Ungarn. Vgl. BGBl. 1993, II, S. 1317–1471 bzw. S. 1473–1714. Vgl. auch AAPD 1991, II, Dok. 407. Ebenso wurde ein entsprechendes Abkommen mit der ČSFR geschlossen. Vgl. BULLETIN DER EG 12/1991, S. 97 f.

zur teilweisen Marktöffnung auch im Agrarbereich zunächst international isoliert hatte, zur Verteidigung der Glaubwürdigkeit seiner Osteuropa-Politik dann aber einer derartigen Marktöffnung doch noch zustimmte.

Das AA steht derzeit in einem schwierigen Kampf mit dem BML und dem BMWi, in dem es um die Fortsetzung dieser Marktöffnungspolitik geht und in dem nunmehr die deutsche Glaubwürdigkeit in Brüssel auf dem Spiel steht. Operativer Anlass dazu sind die laufenden Verhandlungen der EG über die Assoziationsabkommen mit Rumänien[5] und Bulgarien[6], in denen das BML eine ganze Reihe von Produkten (Rumänien: Sauerkirschen, Pflaumen, Erdbeeren, Apfelsaft, Schweinefleisch, Weizen; Bulgarien: Sauerkirschen, Kirschkonserven, Kartoffeln/Frühkartoffeln, Apfel/Mostäpfel, Pflaumen, Essiggurken/Cornichons) von der Liberalisierung ausnehmen will, die Polen, Ungarn und der ČSFR zugestanden wurde und die die EG-KOM erneut vorgeschlagen hat.

Daneben laufen in Brüssel die Vorbereitungen für das EG-AM-Treffen mit den Visegrád-Staaten am 5.10.[7], für das der Vorsitz die Diskussion weiterer, über die Assoziationsabkommen hinausgehender Liberalisierungsmaßnahmen vorschlägt, um entsprechend dem Papier der EG-KOM zur Erweiterung[8] durch eine strukturierte Gestaltung des Assoziationsprozesses die Beitrittsperspektive der MOE-Staaten zu untermauern. Dabei zeigt sich ein zunehmender Widerstand sowohl des BMWi – wegen Stahl- und Textilexporten der MOE – als auch des BML, insbesondere wegen Sauerkirschen. Dabei taktieren beide Ressorts so, dass sie nicht nur weitere Liberalisierungen durch Beseitigung weiterer mengenmäßiger Beschränkungen für „sensible“ Produkte verweigern, sondern (z.B. bei Stahl) zunehmend sogar von der EG-KOM verlangen, Schutzmaßnahmen gegen nach den Assoziationsabkommen grundsätzlich bereits heute zulässige Exporte mit der Begründung der „Marktstörung“ zu verhängen[9].

5 Zu den Beziehungen zwischen der EG und Rumänien vgl. Dok. 140, Anm. 7.
LR I Klöckner legte am 29. September 1992 dar, am 14./15. September 1992 habe in Brüssel die vierte Verhandlungsrunde stattgefunden: „Während die Verhandlungen über den Vertragstext selbst so gut wie abgeschlossen sind, gibt es zur Zeit keinen Fortschritt bei den sog. ‚Listen‘, d.h. der Marktöffnung für bestimmte Produkte, insbesondere solche aus dem Agrarbereich.“ Da Rumänien aufgrund der Uneinigkeit der EG-Mitgliedstaaten in dieser Frage kein Angebot gemacht werden könne, sei die für den 1./2. Oktober 1992 anberaumte fünfte Verhandlungsrunde zunächst abgesagt worden. Dennoch sei mit einem Abschluss bis Ende des Jahres zu rechnen. Vgl. B 221, ZA-Bd. 166662.

6 Zu den Beziehungen zwischen der EG und Bulgarien vgl. Dok. 140, Anm. 6.
VLR Schmidt legte am 15. Oktober 1992 dar, die Verhandlungen schritten zügig voran; ihr Abschluss bis Jahresende sei geplant. Allerdings gebe es im Agrarbereich „noch das EG-interne Problem, sich auf eine Verhandlungsposition zu einigen“. Vgl. B 221, ZA-Bd. 166628.

7 Botschafter Trumpf, Brüssel (EG), berichtete am 7. Oktober 1992 zur EG-Ministerratstagung am 5./6. Oktober 1992 in Brüssel: „AM verabschiedeten beim M[ittag]e[ssen] mit den Visegrád-Ländern gemeinsame Erklärung über den Ausbau der Zusammenarbeit, die im Wesentlichen bereits in den Europa-Abkommen vereinbarte Elemente wiedergibt. Die von den Visegrád-Staaten gewünschte stärkere Betonung der Beitrittsperspektive als gemeinsames Ziel und nicht wie in den Europa-Abkommen einseitige Absichtserklärung der Visegrád-Staaten wurde nicht aufgenommen. In einem politischen Meinungsaustausch behandelten die AM ausführlich die Entwicklung in Jugoslawien, in der GUS und den KSZE-Prozess.“ Vgl. DB Nr. 2647/2648; B 210, ZA-Bd. 162279.

8 Für den Bericht der EG-Kommission „Die Erweiterung Europas: eine neue Herausforderung“, der für die Tagung des Europäischen Rats am 26./27. Juni 1992 in Lissabon vorgelegt wurde, vgl. BULLETIN DER EG, Beilage 3/92, S. 9–20.

9 Korrigiert aus: „‚Marktstörung‘ verlangen“.

Grundsätzlich ist den Ressorts nicht zu bestreiten, dass die Marktöffnung für die MOE zu Veränderungen der Konkurrenzbelastungen gerade auch auf den deutschen Märkten führt, durch die deutsche Anbieter, auch aus den NBL, unter Druck geraten. Die deutschen Verbände wehren sich gegen diesen neuen Konkurrenzdruck aus den MOE mit großer Hartnäckigkeit gegenüber den verantwortlichen Ressorts. Das AA muss aber, auch um uns als führende Wirtschaftsnation nicht international der gleich scharfen Kritik auszusetzen, der im vorigen Jahr F ausgesetzt war, gegenüber den Ressorts auf die Erhaltung der Glaubwürdigkeit unserer Marktöffnungspolitik achten. Dabei ist zu berücksichtigen, dass die Zustimmung des BML in den Verhandlungen mit Polen, Ungarn und der ČSFR nur auf Ministerebene erreichbar war.

Zunächst ist jedoch, für den Fall weiterer Hartnäckigkeit von BML und BMWi, vorgesehen, die erforderliche Klärung auf Ebene der Europa-Staatssekretäre zu erreichen.[10]

von Arnim

B 221, ZA-Bd. 160625

300

Drahtbericht des Ministerialdirektors Dieckmann, z. Z. BM-Delegation

Fernschreiben Nr. 2 **Aufgabe: 22. September 1992, 07.32 Uhr**[1]
Citissime **Ankunft: 22. September 1992, 08.07 Uhr**

Betr.: Außerordentlicher Rat der EG (Allg. Angelegenheiten) in New York, 21.9.1992[2]

Zur Unterrichtung

Einziger TOP des kurzfristig einberufenen Rats war die Lage nach dem Referendum in Frankreich.[3] Die Minister beschlossen eine Erklärung des Rats (Text per Fax[4]), in der dieser

10 LR I Klöckner notierte am 9. Oktober 1992, auf Intervention des Auswärtigen Amts und des BMWi habe das BML seine protektionistischen Forderungen im Agrarbereich zurückgestellt: „Die Präsidentschaft hat schließlich einen Kompromissvorschlag für den Agrar- wie Textilbereich vorgelegt, der vom All[gemeinen] Rat am 5.10.92 einstimmig gebilligt wurde. Mit dem Ratsergebnis bestehen jetzt gute Aussichten auf baldigen erfolgreichen Abschluss der Verhandlungen." Vgl. B 221, ZA-Bd. 160625.

1 Der Drahtbericht wurde von VLR I von Jagow, z. Z. BM-Delegation, konzipiert.
Hat VLR Ring am 22. September 1992 vorgelegen, der die Weiterleitung an VLR I Jess „n[ach] R[ückkehr]" verfügte.
Hat Jess am 23. September 1992 vorgelegen.

2 BM Kinkel hielt sich anlässlich der VN-Generalversammlung vom 19. bis 25. September 1992 in den USA auf.

3 Zum Referendum am 20. September 1992 in Frankreich über das Vertragswerk von Maastricht vgl. auch Dok. 293.
Botschafter Sudhoff, Paris, berichtete am 21. September 1992, laut dem um Mitternacht veröffentlichten vorläufigen Ergebnis der Auszählungen des französischen Innenministeriums hätten 50,68 % der Abstimmenden mit Ja gestimmt und 49,32 % mit Nein bei einer Wahlbeteiligung von ca. 70 %. Sudhoff führte aus:

- das Ergebnis des Referendums begrüßt,
- dem Ziel eines baldigen Abschlusses des Ratifizierungsverfahrens in allen MS – ohne Neuverhandlung des Vertrags und im Einklang mit dessen Terminvorgabe (Art. R[5]) – Nachdruck verleiht,
- die Erklärung der Finanzminister von Washington 20.9. mit Erwartung einer Beruhigung der Finanzmärkte infolge des Referendums und Bekenntnis zum EWS begrüßt,
- die öffentliche europapolitische Debatte der letzten Monate begrüßt und Entschlossenheit ausdrückt, den Besorgnissen, die darin zum Ausdruck kamen, Rechnung zu tragen,
- der Entscheidung des Vorsitzes zustimmt, bald einen Europäischen Rat einzuberufen (Vorsitz plant 16.10.[6]),
- die Entschlossenheit des Vorsitzes zu Fortschritten in dringenden Fragen auf der Agenda der EG begrüßt wie Vollendung des Binnenmarkts[7] und Delors II-Paket[8].

Es bedurfte eines nachdrücklichen Einsatzes von BM und anderer Partner, um Vorsitz in der Zusammenfassung zu einer festen Sprache und annehmbaren Gewichtung zu bewegen. GB-Delegation suchte insbesondere Festlegung auf Termine für Ratifizierung mit Blick auf innenpolitische Schwierigkeiten zu vermeiden.

Alle Partner beglückwünschten AM Dumas persönlich zum Ergebnis des Referendums.

Im Einzelnen

1) AM Hurd verwies einleitend auf in der Debatte in den Mitgliedstaaten deutlich gewordenes verbreitetes Unbehagen der Bevölkerung an vielen Entwicklungen und die sich daraus ergebende Notwendigkeit, diese den Menschen besser zu erklären. Das sei auch von BK Kohl in seiner Reaktion auf das französische Referendum zum Ausdruck gebracht worden.[9]

Fortsetzung Fußnote von Seite 1200

„Das Ergebnis ist kein strahlender Sieg. Nur einer von drei Franzosen hat dem Vertrag zugestimmt. Die frz. Europapolitik wird sich wandeln. F wird weiteren Kompetenzübertragungen an die Gemeinschaft zulasten der Mitgliedstaaten kritischer als bisher gegenüberstehen. [...] Von Europa und von den dt.-frz. Beziehungen ist Schaden abgewendet, den ein Nein mit Sicherheit zur Folge gehabt hätte." Der französische Staatspräsident Mitterrand, „der ein erhebliches Risiko eingegangen ist, ist mit einem blauen Auge davongekommen". Vgl. DB Nr. 2290; B 210, ZA-Bd. 162210.

4 Für FK Nr. 2 des VLR I von Jagow, z. Z. New York, vom 21. September 1992 vgl. B 223, ZA-Bd. 171970. Für die Erklärung der Außenminister der EG-Mitgliedstaaten vgl. BULLETIN DER EG 9/1992, S. 10 f.

5 Laut Artikel R Ziffer 2 des Vertrags vom 7. Februar 1992 über die Europäische Union sollte dieser am 1. Januar 1993 in Kraft treten, „sofern alle Ratifikationsurkunden hinterlegt worden sind, oder andernfalls am ersten Tag des auf die Hinterlegung der letzten Ratifikationsurkunde folgenden Monats". Vgl. BGBl. 1992, II, S. 1295.

6 Zur Sondertagung des Europäischen Rats in Birmingham vgl. Dok. 334.

7 VLR I Jess vermerkte am 16. September 1992: „Dreieinhalb Monate vor dem Zieldatum 31.12.1992 fehlt – quantitativ gesehen – nur noch wenig zur Vollendung des Europäischen Binnenmarktes: Über 90 % der Binnenmarktvorhaben sind vom Rat beschlossen gegenüber 75 % ein Jahr zuvor. Aber auch in qualitativer Hinsicht ist die Bilanz insgesamt befriedigend, da die meisten wichtigen, für das Funktionieren des Binnenmarktes unabdingbaren Vorhaben verabschiedet sind. [...] Nach dem gegenwärtigen Stand besteht eine große Wahrscheinlichkeit dafür, dass drei der vier Freiheiten des Binnenmarktes – der freie Verkehr von Waren, Dienstleistungen und Kapital – fristgerecht bis Jahresende erreicht werden, der freie Verkehr von Personen zunächst aber durch weiterbestehende Kontrollen an den Binnengrenzen behindert wird." Vgl. B 223, ZA-Bd. 172003.

8 Zum „Delors-Paket II" vgl. Dok. 313.

9 Vgl. die Erklärung von BK Kohl; BULLETIN 1992, S. 929 f.

Kompliziert worden seien die Dinge durch die Währungsturbulenzen in der vergangenen Woche.[10] Auch daraus ergebe sich Notwendigkeit einer Sondersitzung des Europäischen Rats. Hurd verwies auf die auf der TO der Gemeinschaft stehenden sonstigen Fragen wie Binnenmarkt, Delors II, deren sach- und zeitgerechte Lösung dem verbreiteten Unbehagen entgegenwirken würde.

AM Dumas hob hervor, dass die durch Referendum entstandene Grundsatzdebatte das allgemeine Europa-Bewusstsein gestärkt habe. Beachtenswert sei die regionale Verteilung der Stimmen einerseits und die vertikale Verteilung in der Gesellschaft andererseits. Es sei deutlich, dass die Jugend und die dynamischen Teile der Wählerschaft mit großer Mehrheit zugestimmt, die sozial Schwächeren – er nannte die Arbeiter und Bauern – aber eher dagegen gestimmt haben. Dieser Aspekt sei bei der weiteren Europa-Politik zu berücksichtigen. AM Dumas drängte auf klare Schlussfolgerungen des Rates, den Ratifizierungsprozess wie vorgesehen so schnell wie möglich und innerhalb des vorgesehenen Zeitrahmens zum Abschluss zu bringen.

Portugiesischer AM Pinheiro hob hervor, die Europa-Debatte habe gezeigt, dass es nicht um die Grundsatzfragen der Europa-Politik, sondern um ihre Modalitäten gehe. Pinheiro sprach von Notwendigkeit größerer Transparenz, einer stärkeren Beteiligung der Parlamente, einer verständlicheren Sprache und der sozialen Dimension. Von der Ratstagung müsse eine positive Botschaft ausgehen.

Auch luxemburgischer AM Poos betonte Notwendigkeit, Ratifizierungsprozess voranzutreiben. Der Rat müsse auf der Linie der Ergebnisse von Oslo[11] und Lissabon[12] eine zukunftsorientierte Botschaft geben. Eine Neuverhandlung verbiete sich schon aus Rücksicht auf die MS, die bereits, wie L[13], ratifiziert haben. Die demokratische Komponente der Gemeinschaft müsse gestärkt werden. Der vorgesehene ER bedürfe guter Vorbereitung.

NL-AM van den Broek warnte davor, mit einem neuen Impuls für den Ratifizierungsprozess bis zum ER zu warten. Die Ergebnisse von Oslo sollten bekräftigt werden. Der Vertrag müsse so, wie er ausgehandelt sei, erhalten werden. Eine positive Botschaft von der Ratstagung sei auch geboten, um zur Beruhigung der Finanzmärkte beizutragen.

Irischer Europa-Minister Kitt verwies auf positiven Ausgang des Referendums in Irland.[14] In Irland sei Weg für Ratifizierung bis zum Jahresende frei. Auch er betonte, dass es im Hinblick auf abgeschlossenes Referendum nicht zu Neuverhandlungen kommen dürfe.

AM Colombo (IT) unterstrich die außerordentliche politische Bedeutung des Referendums angesichts der traditionellen Stellung Frankreichs in Europa. Von der heutigen Ratstagung müsse Zuversicht ausgehen[15]. Die für den Ratifizierungsprozess gesetzten Fristen müssten beachtet werden. Auch von dem vorgesehenen Europäischen Rat dürfe kein Schatten auf die weitere Entwicklung fallen. Jede Verzögerung des Ratifizierungsprozesses sei gefährlich.

10 Zur Krise im EWS vgl. Dok. 283 und Dok. 290.

11 Zur außerordentlichen EG-Ministerratstagung am 4. Juni 1992 vgl. Dok. 166.

12 Zur Tagung des Europäischen Rats am 26./27. Juni 1992 vgl. Dok. 201.

13 Das luxemburgische Parlament stimmte am 2. Juli 1992 mit 51 zu sechs Stimmen dem Vertragswerk von Maastricht zu.

14 Zum irischen Referendum vom 18. Juni 1992 über das Vertragswerk von Maastricht vgl. Dok. 201, Anm. 3.

15 Korrigiert aus: „aussehen".

Spanischer AM Solana begrüßte besonders, dass die Jugend sich so eindeutig für Maastricht ausgesprochen habe. Alle Anstrengungen müssten unternommen werden, um die Ratifizierungsprozesse bis zum Jahresende abzuschließen. Auf keinen Fall dürfe es zu Neuverhandlungen kommen.

BM Kinkel drückte die Hoffnung aus, dass das positive französische Votum auch den Dänen helfe. Das Ergebnis vom Sonntag sei ein positives Zeichen für die Fortentwicklung der europäischen Integration. Das rasche Zusammentreten der Außen- und Finanzminister sei zu begrüßen, ebenso wie der vorgesehene Europäische Rat, der allerdings guter Vorbereitung bedürfe. Der Ratifizierungsprozess müsse im vorgesehenen Zeitplan abgeschlossen werden. Neben der Vertiefung müsse es auch bei den vorgesehenen Prozeduren für die Erweiterungsverhandlungen bleiben. Angesichts der in den letzten Wochen zum Ausdruck gekommenen Besorgnisse sei nachzudenken darüber, was bei der Entwicklung der Union ohne Vertragsänderung verbessert werden könne. Die Europa-Debatte müsse sorgfältig verarbeitet werden. Es gelte insbesondere, den Besorgnissen der Bürger Rechnung zu tragen, Europa könne sich zu einem Zentralstaat entwickeln und nationale Identitäten und die Rolle der Regionen könnten ausgehöhlt werden. Den Menschen müsse verdeutlicht werden, dass sie auch künftig ihrer eigenen Geschichte und Kultur treu bleiben können: „Einheit in Vielfalt".

Im Übrigen verwahrte sich BM Kinkel „in aller Freundschaft" gegen Vorwürfe, die in der letzten Woche gegen D und die Bundesbank erhoben worden seien. In der Diskussion über Währungsfragen müsse man nach den wirklichen Ursachen forschen und dürfe die Schuld nicht zuerst auf andere abladen wollen. BM mahnte, die Zwölf dürfen sich jetzt nicht auseinanderdividieren lassen. Die Ereignisse hätten im Übrigen gezeigt, wie wichtig das Ziel der WWU unverändert sei. Gäbe es sie schon, wäre es zu den Ereignissen der vergangenen Woche nicht gekommen. Im Übrigen erweise sich auch – mit Blick auf das ehemalige Jugoslawien – die Bedeutung der Politischen Union. Aus allen diesen Gründen müsse von dem heutigen Treffen eine kräftige und positive Botschaft ausgehen.

Griechischer AM[16] erklärte, die Gemeinschaft müsse jetzt entschlossen voranschreiten. Er unterstrich die Bedeutung der sozialen Komponente der Gemeinschaftspolitik.

Belgischer AM Claes setzte sich für Verstärkung der öffentlichen Diskussion über Europa-Fragen ein. Es gelte, die Befürchtungen wegen Zentralisierung und Überbürokratisierung zu entkräften. Entscheidend sei, dass der Wille zu demokratischen Entscheidungsabläufen deutlich werde. Der Ratifizierungsprozess müsse fortgesetzt werden. B tue alles, um DK zu helfen. Es dürfe aber im Ergebnis nicht zu einem Europa „à la carte" kommen. Zum ER komme es auf gute Vorbereitung an. Die Hoffnungen dürften nicht enttäuscht werden. AM Claes unterstützte nachdrücklich BM Kinkel in der Zurückweisung der währungspolitischen Vorwürfe gegen D. Die Entwicklung zeige, wie wichtig es sei, eine Zwölfer-Einrichtung als Währungsinstitution zu schaffen. Jetzt komme es auf die Bekräftigung des Vertrauens und der europapolitischen Entschlossenheit an. Dieses sei das beste Signal, das jetzt an die Finanzmärkte gegeben werden könne.

DK-AM Ellemann-Jensen bekräftigte die in Oslo und Lissabon eingenommene Haltung. Die dänische Regierung arbeite bekanntlich an Vorschlägen, wie das dänische (und europäische) Problem gelöst werden könne.[17] Inzwischen werde man die Ratifizierungs-

16 Michalis Papakonstantinou.

17 Zu den dänischen Vorschlägen vgl. Dok. 352.

debatten in den anderen MS aufmerksam beobachten, das gelte insbesondere auch für D und GB. Man müsse auf die öffentlichen Diskussionen reagieren. Die Lage habe sich seit Lissabon gewandelt. Es bedürfe größerer Offenheit und vermehrter Demokratisierung. Der Europäische Rat müsse gut vorbereitet werden.

Britische Delegation (Garel-Jones) stellte Knappheit des Ergebnisses des Referendums heraus. Dieses müsse für alle eine Warnung sein. Man dürfe sich vom Volk nicht zu weit entfernen. GB sei dem Vertrag von Maastricht verpflichtet als einer guten Basis für die Zukunft. Der Ratifizierungsprozess in GB sei aber nicht einfach und durch die Währungsturbulenzen weiter kompliziert worden.[18] Die jüngsten Entwicklungen bedürften allerhöchster Aufmerksamkeit, daraus sei die Idee eines Sondertreffens des ER geboren worden. ER müsse sich auch dem Problem der Geldmärkte zuwenden und hier richtungsweisend wirken.

KOM-Präs. Delors betonte, dass man die Besorgnisse der Öffentlichkeit in Rechnung stellen müsse. Ein Europäischer Rat könne helfen. Es gehe darum, den Abstand zwischen Regierungen und Regierten zu verringern, der in der Europa-Debatte sichtbar geworden sei. Dem europäischen Bürger müsse bewusst werden, dass er Bürgerrechte der Union erwerben und dennoch zugleich Däne, Deutscher oder Engländer bleiben könne. Das Subsidiaritätsprinzip bedürfe der Verdeutlichung. Über die Rolle der nationalen Parlamente müsse weiter nachgedacht werden. Große Besorgnis errege die Entwicklung auf den Finanzmärkten.

2)[19] Erhebliche Debatten löste Zusammenfassung der Aussprache durch die Präsidentschaft aus. Die Bedeutung der Ratifizierung des Maastricht-Vertrages kam in der Gesamtgewichtung des Textes nicht gebührend zum Ausdruck. Dieses löste Widerspruch und Kritik von NL, Portugal und v.a. des BM aus, unterstützt von weiteren Partnern. Nach intensiver Textarbeit der Minister, auf die insbesondere BM drängte, wurde schließlich Einvernehmen über den eingangs zitierten Text erzielt. BM bestand auch darauf, diesen nicht, wie vorgeschlagen, als Schlussfolgerung der Präsidentschaft, sondern als Erklärung des Rats der Öffentlichkeit zu präsentieren.

[gez.] Dieckmann

B 223, ZA-Bd. 171970

18 Botschafter Freiherr von Richthofen, London, berichtete am 21. September 1992, die britische Reaktion auf das Referendum am Vortag in Frankreich sei gekennzeichnet „von großer Skepsis und Zuwarten“: „PM Major begrüßte Ergebnis des Referendums, wies allerdings gleich auf die jetzt zu vollendenden wichtigen Aufgaben wie dänische Maßnahmen zur Überwindung des dortigen Ratifikationsproblems, Lösung der Probleme bei EWS und der aus britischer Sicht vorhandenen ‚shortcomings‘ des EWS sowie Rücksicht auf die öffentliche Auseinandersetzung zu Maastricht in allen MS hin.“ Das knappe Ergebnis, so Richthofen, habe der britischen Regierung „nicht geholfen, die Gegner des Vertrages in eigenen Reihen und bei Opposition zum Schweigen zu bringen. [...] Ratifizierung in GB wird dadurch erheblich schwieriger, wenn nicht sogar unmöglich.“ Die britische Regierung könne eine Wiederaufnahme der Ratifizierungsdebatte im Unterhaus zurzeit nicht riskieren: „AM Hurd machte heute im Interview nochmals klar, dass das House of Commons nicht wieder in die Ausschussberatungen eintreten werde, solange man nicht über die dänischen Absichten Bescheid wisse, wobei für ihn rechtliche Anpassungen von DK an den Vertrag nicht ausreichend wären. Die Besorgnisse (anxieties) der britischen Bevölkerung müssten berücksichtigt werden. [...] AM Hurd wiederholte erneut Absage an Referendum, da UK parlamentarische Tradition habe.“ Vgl. DB Nr. 1823; B 210, ZA-Bd. 162212.

19 Korrigiert aus: „3)“.

301

Gespräch des Bundesministers Kinkel mit dem ägyptischen Außenminister Moussa in New York

VS-NfD **23. September 1992**[1]

Der BM führte heute ein einstündiges Gespräch mit dem ägyptischen AM.[2]

Der *BM* erklärte, wegen vordringlicher innenpolitischer Gründe sei es ihm leider nicht möglich, anlässlich der Feiern in El Alamein[3] nach Ägypten zu kommen.[4] Er werde möglichst rasch einen neuen Terminvorschlag machen und wolle wirklich bald Ägypten besuchen.[5]

Er bat den AM um seine Einschätzung des Friedensprozesses.[6]

Der *AM* erwiderte, der Prozess hätte sich einer Lösung noch nicht wirklich genähert, aber er sei jetzt auf einem besseren Weg. Rabin habe mehr die Atmosphäre als die Substanz verbessert. Ägypten versuche, auf Syrien Einfluss zu nehmen, aber auch auf Israel einzuwirken. Aber auch Rabin müsse sich bewegen.

Es gehe in Wirklichkeit um zwei Fragen, einmal den eigentlichen Frieden, sodann um eine neue Ordnung im Mittleren Osten. Für Letztere seien Anstrengungen auf dem Gebiet der Abrüstung unerlässlich. Israel habe sich noch nicht bewegt. Das nukleare Arsenal Israels sei bisher noch nicht angesprochen worden.

Die CD-Konvention[7] sei an und für sich in Ordnung. Sie müsse aber gesehen werden im Zusammenhang mit dem israelischen Nuklearpotenzial. Ägypten wolle eine von Massenvernichtungswaffen freie Zone. Es betrachte Israel nicht als seinen Gegner, aber es könne nicht dulden, dass unmittelbar an seinen Grenzen so gefährliche Waffen gehortet würden.

Außerdem müsse in den Friedensverhandlungen auch über Jerusalem gesprochen werden. Geschehe dies nicht, so hieße das, dass Israel Jerusalem annektiere. Daher müsse

1 Der Gesprächsvermerk wurde von MD Schlagintweit, z. Z. BM-Delegation, gefertigt und mit DB Nr. 5 vom 23. September 1992 an das Auswärtige Amt übermittelt.
Hat VLR Wittig am 23. September 1992 vorgelegen.

2 BM Kinkel hielt sich anlässlich der VN-Generalversammlung vom 19. bis 25. September 1992 in den USA auf.

3 VLR Kaul erläuterte am 24. August 1992, an den Gedenkfeiern zur Erinnerung an die Schlacht von El Alamein vom 23. Oktober bis 4. November 1942 nähmen in diesem Jahr neben dem britischen PM Major weitere hochrangige Vertreter der damals beteiligten Staaten teil. Kaul schlug BM Kinkel vor, mit BK Kohl und BM Rühe über eine Teilnahme zu sprechen. Vgl. B 36, ZA-Bd. 196839.
Auf einem Begleitvermerk von VLR Wittig vom 8. September 1992 notierte BM Kinkel am 9. September 1992 handschriftlich: „1) Mit BK besprochen. BM Rühe oder ich sollen hinfahren. BM R[ühe] kann nicht (Parteitag). 2) Prüfen, ob ich könnte. Sonst müssen wir einen anderen Min[ister] suchen." Vgl. B 36, ZA-Bd. 196839.

4 Die internationalen Gedenkfeierlichkeiten zum 50. Jahrestag der Schlacht von El Alamein fanden am 25. Oktober 1992 statt. Botschafter Fiedler, Kairo, berichtete am 30. Oktober 1992, die Bundesregierung sei durch BM Riesenhuber und PStS Wilz, BMVg, vertreten worden. Vgl. DB Nr. 1373/1374; B 36, ZA-Bd. 196839.

5 BM Kinkel hielt sich am 5./6. Mai 1993 in Ägypten auf. Vgl. AAPD 1993.

6 Zu den bilateralen Nahost-Verhandlungen vgl. Dok. 282, Anm. 11.

7 Zum Abschluss der Genfer CW-Verhandlungen vgl. Dok. 277.

Jerusalem auch schon im Rahmen einer Übergangsregelung für die besetzten Gebiete erörtert werden.

Der *BM* erkannte die wichtige und verantwortungsbewusste Rolle Ägyptens im Friedensprozess an und bat den AM, in diesem Sinne weiterzumachen. Aus verschiedenen Gesprächen schließe er, dass der Friedensprozess langsam vorankomme, die Lage nicht mehr hoffnungslos sei. Wie beurteile der AM die Haltung Assads?

Der *AM* erwiderte, Assad meine es jetzt ernst. Er wolle in Verhandlungen eintreten. Das gehe auch aus dem Papier hervor, das Syrien Israel übergeben habe.[8]

Allerdings hätte Israel nur vom Rückzug bzw. der Pacht von Teilen des Golans gesprochen, nicht jedoch von einer Änderung der Siedlungspolitik wie in den besetzten Gebieten. Israel habe also noch nicht genug geliefert, um wirklich Frieden verlangen zu können.

Auf Frage von D3[9] sagte der AM, er sei sicher, dass Syrien zu territorialen Kompromissen auf dem Golan nicht bereit sei, die Grenzen Syriens lägen fest und ließen sich nicht verändern. Allenfalls könne man über eine Entmilitarisierung des Golan sprechen.

Der AM erkundigte sich, ob auch Deutschland Israel Kreditgarantien oder andere Hilfsgelder zugesichert hätte.[10] Der *BM* antwortete, solche Zusicherungen seien nicht gegeben worden.

Auf Bitte des BM erläuterte *D2A*[11] nochmals unsere Haltung in der Frage der CD-Konvention. Auch wir wollten, dass Israel keinerlei Massenvernichtungswaffen behalte, aber Ägypten dürfe auch nicht die CD-Konvention als Geisel hierfür nehmen und eine Alles-oder-nichts-Politik betreiben. Es sei wichtig, mit der Unterzeichnung, möglicherweise auch der Miteinbringerschaft der CD-Konvention, einen ersten Schritt zu tun. Wir würden uns dafür einsetzen, dass weitere folgen.

Der *AM* erwiderte, die CD-Konvention sei unser „gemeinsames Werk". Aber die Zukunft des Mittleren Ostens hinge davon ab, dass alle Staaten der Region frei von Massenvernichtungswaffen seien. Würde Ägypten die Konvention unterzeichnen, so hätte es eine große Anzahl von Verpflichtungen auf sich genommen. Israel fast keine. Israel habe bereits abgelehnt, über sein Nuklearpotenzial zu sprechen oder es auch nur auf die TO der multilateralen Arbeitsgruppe Abrüstung[12] zu setzen. Daher hätten alle Araber sich darauf

8 Botschafter Stabreit, Washington, teilte am 3. September 1992 mit, die syrische Delegation bei den bilateralen Gesprächen mit Israel habe am Vortag ein Papier vorgelegt, über dessen Inhalt nach israelischer Aussage jedoch Stillschweigen vereinbart worden sei. Vgl. DB Nr. 2555; B36, ZA-Bd. 196082.
Botschafter Schlingensiepen, Damaskus, berichtete am 29. September 1992, während des Besuchs von StM Schäfer von 26. bis 28. September 1992 in Syrien habe MDg Bartels den Pressesprecher des syrischen Präsidenten Assad nach dem Inhalt gefragt: „Syrien, so die Antwort Kouriehs, habe in diesem Papier seine auf den Resolutionen 242 und 338 beruhende Position erläutert: vollständige Rückgabe besetzten Gebietes gegen eine Friedensregelung, die beiden Seiten sichere Grenzen garantiere. Syrien sei also bereit, die Grenzen Israels anzuerkennen, und darin liege die Bedeutung dieses Papiers. Über darüber hinausgehende Aspekte des Friedens nehme das Non-paper keine Stellung, da dieses verfrüht sei. Erst wenn 242 und 338 implementiert seien, könnten Details der Friedensregelung ausgehandelt werden." Vgl. DB Nr. 1345/1346; B36, ZA-Bd. 196471.

9 Reinhard Schlagintweit.

10 Zu den deutsch-israelischen Finanzbeziehungen vgl. Dok. 108.

11 Josef Holik.

12 Vom 15. bis 17. September 1992 fand in Moskau die zweite Sitzung der AG Rüstungskontrolle und Regionale Sicherheit der multilateralen Nahost-Verhandlungen statt. Botschafter Blech, Moskau, berichtete am 21. September 1992: „Insbesondere im Vergleich zur im Januar abgehaltenen multilateralen Nahost-

geeinigt, die CD-Konventionen so lange nicht zu zeichnen, bis Israel in der Frage der Atomwaffen entgegengekommen sei.

Der *BM* zeigt Verständnis, sagte aber, es sei psychologisch wichtig, einen ersten Schritt zu tun. Auch Israel habe sich bewegt.

Der *AM* bat dann um eine Erläuterung der Lage in Europa nach den Währungsproblemen[13] und dem Maastricht-Referendum[14]. *BM* erläuterte unsere Sicht.

Er sprach dann das Thema Sicherheitsrat an.[15] Wir wollten die Erweiterung des Sicherheitsrats nicht betreiben. Würden aber Länder der Dritten Welt und Japan aufgenommen, so würden auch wir unseren Anspruch geltend machen.

Der *AM* sagte, er verstehe das. Ägypten könne uns auch in der Frage der Menschenrechtskommission[16], im ACABQ[17] und in der Frage des Nord-Süd-Zentrums[18] unterstützen. Bei der FAO[19] hätten die afrikanischen Staaten beschlossen, gemeinsam Senegal zu unterstützen.

B 1, ZA-Bd. 178945

Fortsetzung Fußnote von Seite 1206

Konferenz fiel die betont gute Atmosphäre in der AG auf. [...] Die Parteien aus der Region bekundeten ihre Bereitschaft zu weiterer Kooperation. Insofern dürfte das Treffen auch trotz des Fehlens Syriens an dem Seminar als Erfolg zu werten sein." Vgl. DB Nr. 4011; B 36, ZA-Bd. 196094.

13 Zur Krise im EWS vgl. Dok. 283 und Dok. 290.

14 In Frankreich fand am 20. September 1992 ein Referendum über das Vertragswerk von Maastricht statt. Vgl. Dok. 293 und Dok. 300.

15 Zu einer möglichen Erweiterung des VN-Sicherheitsrats vgl. Dok. 239.

16 Referat 231 erläuterte am 17. September 1992, die Bundesrepublik, die der VN-Menschenrechtskommission, einer Unterorganisation des ECOSOC, seit 1979 angehöre, kandidiere bei der Organisationssitzung des ECOSOC am 29./30. April 1993 erneut für eine Mitgliedschaft für den Zeitraum Januar 1994 bis Dezember 1996. Es sei allerdings damit zu rechnen, dass es mehr europäische Kandidaten als die vier vorhandenen Plätze geben werde. BM Kinkel solle daher bei seinen Gesprächen am Rande der VN-Generalversammlung um Unterstützung für die Wiederwahl werben. Vgl. B 45, ZA-Bd. 168124.
Die Bundesrepublik wurde am 29. April 1993 erneut in die VN-Menschenrechtskommission gewählt. Vgl. die Rubrik „Kleine Meldungen"; FRANKFURTER ALLGEMEINE ZEITUNG vom 2. Mai 1993, S. 2.

17 Botschafter Vergau, New York (VN), berichtete am 8. September 1992 zur Besetzung des Advisory Committee on Administrative and Budgetary Questions: „Im ACABQ sind wir bis zum 31.12.1992 durch RD Dr. Wolfgang Münch (Finanzreferent der StV) vertreten. ACABQ hat die Aufgabe, die Haushalte der Vereinten Nationen und der VN-Sonderorganisationen zu prüfen, dem Fünften Ausschuss (Haushalts- und Finanzausschuss) der VN und der Generalversammlung zu berichten und beide in Haushalts-, Finanz- und Verwaltungsfragen zu beraten. Wir sind – als viertgrößter Beitragszahler der VN – sehr daran interessiert, diesem angesehensten und einflussreichsten Gremium im Verwaltungs- und Finanzbereich der VN weiterhin anzugehören. Allerdings ist unsere Wettbewerbssituation äußerst schwierig, da für zwei freiwerdende Plätze (Deutschland, Finnland) neben uns auch Belgien, Kanada und Frankreich fachlich hervorragende und im VN-Bereich angesehene und anerkannte Fachleute als Kandidaten angemeldet haben. Zudem streben wir eine Wiederwahl an, die wegen des hier bevorzugten Rotationsprinzips immer problematisch ist." Vgl. DB Nr. 2262; B 30, ZA-Bd. 167252.
Botschafter Graf zu Rantzau, New York (VN), teilte am 3. November 1992 mit, RD Münch sei hinter dem französischen Kandidaten auf den zweiten Platz gekommen und somit für drei Jahre, beginnend ab dem 1. Januar 1993, in das ACABQ gewählt worden. Vgl. DB Nr. 3179; B 30, ZA-Bd. 167252.

18 Zur Frage der Einrichtung eines Nord-Süd-Zentrums vgl. Dok. 129, Anm. 12.

19 Botschafter Vergau, New York (VN), erläuterte am 8. September 1992: „Mit Dr. Christian Bonte-Friedheim bewirbt sich erstmals ein Deutscher in ein Spitzenamt einer Organisation der VN. Deutschland ist seit

302

Gespräch der Außenminister der G 7 in New York

23. September 1992[1]

Von BM noch nicht gebilligt

Abendessen der G 7-Außenminister am 23.9.1992 in New York[2]

Teilnehmer: BM (Gastgeber), AM Frankreichs[3], Italiens[4], Japans[5], Kanadas[6], der USA[7], EG-Kommission[8]; jeweils begleitet von ihren Politischen Direktoren; der britische Pol. Direktor Appleyard in Vertretung von AM Hurd.

1) Erstes Gesprächsthema war Russland. *BM* führte einleitend aus, dass die Frage, ob der Demokratisierungs- und Öffnungsprozess in Russland anhalte, wesentlich von der wirtschaftlichen Entwicklung abhänge. Deutschland habe umfangreiche Hilfe geleistet, stehe aber wie andere Geberländer vor dem Problem, dass organisatorische Mängel in Russland eine effektive Nutzung der Hilfe verhinderten. Gleichwohl sei Fortsetzung der Hilfe durch die Industrieländer notwendig, wenngleich wir uns der Gefahr bewusst sein müssten, dass sich Russland als Fass ohne Boden erweisen könne. Noch immer sei das Land nicht in der Lage, seine reichen Ressourcen zu nutzen.

Japan äußerte sich auf Bitte BM zu den japan.-russ. Beziehungen. Zentrale Frage sei nach wie vor die Rückgabe der nördlichen Territorien.[9] Japan habe 40 Jahre lang die Position vertreten, dass diese vier Inseln ein integraler Teil Japans seien und zurückgegeben werden müssten. Die in den letzten beiden Jahren deutlich gewordene größere russische Flexibilität,

Fortsetzung Fußnote von Seite 1207

1950 Mitglied der FAO und drittgrößter Beitragszahler nach den USA und Japan." Bonte-Friedheim, „ein ausgewiesener Agrarfachmann und Experte der wirtschaftlichen Zusammenarbeit im Agrarbereich", sei bereits seit über 20 Jahren in verschiedenen Funktionen für die FAO tätig: „Hauptkonkurrent dürfte Botschafter Jacques Diouf, Senegal, sein, der bereits durch die OAU für den Posten des Generaldirektors indossiert worden ist. Daneben gibt es noch Bewerber bzw. Interessenten aus Argentinien, Peru, Irland und den Niederlanden." Vgl. DB Nr. 2262; B 30, ZA-Bd. 167252.

Die Mitgliederkonferenz der FAO wählte am 8. November 1993 in Rom den senegalesischen VN-Botschafter Diouf zum FAO-GD. Vgl. den Artikel „Jacques Diouf neuer FAO-Generaldirektor"; FRANKFURTER ALLGEMEINE ZEITUNG vom 10. November 1993, S. 3.

1 Kopie.
Der Gesprächsvermerk wurde von VLR I Wagner, z. Z. New York, gefertigt und über MD Chrobog an das Ministerbüro geleitet mit der Bitte, „Billigung des BM herbeizuführen".

2 BM Kinkel hielt sich anlässlich der VN-Generalversammlung vom 19. bis 25. September 1992 in den USA auf.

3 Roland Dumas.

4 Emilio Colombo.

5 Michio Watanabe.

6 Barbara McDougall.

7 Amtierender amerikanischer AM war Lawrence S. Eagleburger.

8 Frans Andriessen.

9 Zur Kurilenfrage vgl. Dok. 13, Anm. 43.

insbesondere die Aussage, Außenpolitik auf der Grundlage von „Gesetz und Recht" (law and justice) zu betreiben, habe auch Japan zu flexiblerem Vorgehen veranlasst. Japan habe Russland mitgeteilt, dass unter der Voraussetzung der Anerkennung des Prinzips japanischer Souveränität der Inseln Zeitpunkt und Bedingungen der Rückgabe verhandelbar seien und dass auch über die Zukunft der russischen Bewohner verhandelt werden könne. Leider habe sich Jelzin aus innenpolitischen Gründen nicht in der Lage gesehen, seinen vorgesehenen Japan-Besuch durchzuführen.[10] Japan sehe dies aber nicht als Anlass für Kurswechsel, sondern verfolge weiter eine Politik der Kooperation mit Russland: In diesen Tagen habe es Russland einen Bankkredit über 100 Mio. Dollar sowie einen Exportkredit über 700 Mio. Dollar gewährt. Das heutige Gespräch mit Kosyrew habe den Willen beider Seiten bestätigt, die kooperative Politik fortzuführen. Verhandlungen über die nördlichen Territorien gingen auf Arbeitsebene weiter.

Kanada wies darauf hin, dass die für Russland genannten wirtschaftlichen Schwierigkeiten auch für die anderen Neuen Unabhängigen Staaten gelten. Hilfe durch die Industrieländer sei nach wie vor unerlässlich, um die weitere Demokratisierung zu unterstützen.

EG führte zur wirtschaftlichen Zusammenarbeit mit Russland Folgendes aus:

- Die Konferenz von Tokio[11] werde ihre Bedeutung vor allen Dingen in der Koordinierung der Hilfe und in einer Diskussion der effizientesten Formen von Hilfeleistung haben. Für zusätzliche Finanzhilfe gebe es keine Hinweise.
- Überlegungen über weitere finanzielle Hilfe stünden vor dem Problem, dass Russland seinen Schuldendienst[12] nicht adäquat leiste.
- Konkret gehe es für die EG darum, wie sie sich gegenüber den aus Russland kommenden Bitten um weitere Hilfe verhalten solle. Kredite seien als Instrument wegen der immer deutlicher werdenden russischen Unfähigkeit zu einem geordneten Schuldendienst zunehmend fragwürdig.

Japan stimmte zu: Nach Deutschland und Frankreich sei JAP mit 6,1 Mrd. Dollar der größte Gläubiger Russlands. Es sei schwierig, dieses Kreditvolumen weiter auszudehnen.

US äußerte sich zu wirtschaftlichen Fragen und zur politischen Lage in Russland:

10 Gesandter Heyken, Moskau, berichtete am 10. September 1992, der russische Präsident Jelzin habe am Vorabend und damit vier Tage vor dem geplanten Reiseantritt seinen Besuch in Japan abgesagt. Jelzin habe sich „durch wachsenden innenpolitischen Druck, abhängig von wechselnden politischen Mehrheiten (heißer Herbst!), und steigende japanische Intransigenz in der Territorialfrage" in die Enge gedrängt gesehen: „Jelzin war zu Konzessionen in der Lage, nicht aber zur Anerkennung der japanischen Souveränität über alle vier Inseln. Dies hätten z. B. auch liberale Deputierte nicht akzeptiert. Japan seinerseits hat den Besuch auf die Lösung der Kurilenfrage eingeengt." Vgl. DB Nr. 3871; B 32, ZA-Bd. 179576.

11 Am 29./30. Oktober 1992 fand in Tokio die dritte Koordinierungskonferenz für Hilfe an die GUS-Mitgliedstaaten sowie an Georgien statt. MDg Schönfelder, z. Z. Tokio, berichtete am 31. Oktober 1992, es sei Einigung erzielt worden, „dass in Zukunft die Koordinierung in Länder-Konsultativgruppen unter Vorsitz der Weltbank erfolgen wird". Aus Sicht der Bundesregierung sei das Konferenzergebnis positiv zu werten. Es sei deutlich geworden, dass „internationaler Konsens über die Notwendigkeit einer umfassenden Unterstützung der Reform hin zu Demokratie und Marktwirtschaft besteht". Außerdem habe sich zunehmend die Erkenntnis durchgesetzt, „dass es sich dabei primär nicht um eine humanitäre Aufgabe handelt, dass vielmehr langfristige Unterstützung nötig ist. [...] Unserem Hauptziel, ein gerechteres ‚Burden sharing' zu erreichen, sind wir vor allem durch das starke Engagement von EG, IWF und Weltbank, aber auch durch größere Leistungen von Ländern wie Türkei, USA, Japan etwas näher gekommen." Vgl. DB Nr. 2334; B 63, ZA-Bd. 163539.

12 Zur Frage der Altschulden der ehemaligen UdSSR vgl. Dok. 321.

- Was den Schuldendienst angehe, habe Russland die Weizenlieferungen bisher bezahlt, da ein US-Gesetz weitere Lieferungen bei Nichtzahlung automatisch aussetze. Nun sei aber Russland offenbar nicht einmal mehr in der Lage, für den amerikanischen Weizen zu bezahlen.
- Erfreulich sei, dass das amerikanische Auslandshilfegesetz, das auch den IMF-Beitrag von 12 Mrd. Dollar umfasse, soeben die Kongressausschüsse passiert habe und damit auch Weichen für eine Billigung durch den Kongress insgesamt gestellt seien.
- Die Meldungen über einen baldigen Rücktritt Gajdars verdichteten sich. Er selbst habe dies gegenüber amerikanischen Gesprächspartnern bestätigt. Aus amerikanischer Sicht sei es bedenklich, da Gajdar als positiver Faktor angesehen werde. Insgesamt wachse die innerrussische Opposition gegen Reformpolitik und die kooperative Außenpolitik Kosyrews.
- Sehr kritisch sei die Lage in Georgien, dessen Weizenvorräte innerhalb der nächsten Wochen aufgebraucht würden. Die USA seien dabei, ihre Lieferungen zu beschleunigen, und würden entsprechendes Handeln der anderen G 7-Länder begrüßen.
- Das Wiedererstarken der alten Bürokratie zeige sich auch darin, dass sie Jelzin im Rüstungskontrollbereich nicht die Wahrheit sage. US seien insbesondere wegen einer Verschleierungstaktik im Bereich der biologischen Kampfmittel[13] besorgt.
- Die Tokio-Konferenz sei daher von großer Bedeutung. Ein mageres Ergebnis würde mehr Schaden als Nutzen anrichten.

GB schloss sich der amerikanischen Analyse an. Die wachsende Opposition gegen Jelzin gefährde nicht nur die Position Gajdars, sondern auch diejenige Kosyrews. Es bestehe die Gefahr, dass die derzeitige günstige, international und kooperativ ausgerichtete Phase der russischen Außenpolitik von einem Trend zur Renationalisierung und zum zaristischen Denken abgelöst werde. Im Rüstungskontrollbereich bestehe Aufklärungsbedarf nicht nur im Bereich der biologischen Waffen, sondern auch bei den chemischen Waffen. Was die russisch-japanischen Beziehungen angehe, verfolge Japan eine verantwortungsbewusste Linie. Die Stellungnahme der G 7 zu den nördlichen Territorien in ihrer Politischen Erklärung von München[14] habe sich als richtig erwiesen.

BM fasste Diskussion wie folgt zusammen:

- Russland sei für die G 7 allein schon wegen seiner Größe ein Partner von besonderer Bedeutung. Die Einladungen zur Gipfelteilnahme an Gorbatschow[15] und Jelzin[16] seien richtig gewesen.

13 Botschafter von Ploetz, Brüssel (NATO), berichtete am 2. September 1992, Großbritannien und die USA hätten den Ständigen NATO-Rat am selben Tag über ihre Bemühungen unterrichtet, die UdSSR bzw. Russland zur Einstellung des dortigen B-Waffen-Programms zu bewegen: „US und GB hätten seit längerem Erkenntnisse über das BW-Abkommen von 1972 verletzendes geheimes BW-Programm der SU." Dies sei gegenüber der UdSSR bzw. Russland angesprochen worden, wobei detaillierte Beweise vorgelegt worden seien: „Im Gegensatz zu SU-Regierung habe Jelzin nach Amtsantritt Existenz des bis dahin geheimen BW-Programms zugegeben, Einstellung zugesichert und entsprechendes Dekret erlassen. Es sei jedoch unklar, ob das Programm wirklich eingestellt worden sei." Vgl. DB Nr. 1297; B 130, VS-Bd. 15531 (213), bzw. B 150, Aktenkopien 1992.

14 Vgl. Ziffer 9 der „Politischen Erklärung" vom 7. Juli 1992 der Teilnehmer des Weltwirtschaftsgipfels; BULLETIN 1992, S. 730.

15 Im Anschluss an den Weltwirtschaftsgipfel vom 15. bis 17. Juli 1991 in London traf sich der sowjetische Präsident Gorbatschow, der sich vom 17. bis 19. Juli 1991 in Großbritannien aufhielt, mit den Staats- und Regierungschefs der G 7-Staaten. Zum Weltwirtschaftsgipfel vgl. AAPD 1991, II, Dok. 249.

- Der Demokratisierungsprozess in Russland sei nicht ungefährdet. Jelzin und seine wichtigsten Mitarbeiter seien nicht fest im Sattel.
- Die Konferenz von Tokio sei daher von großer Bedeutung. Wir stünden vor dem Dilemma, dass der Erfolg dieser Konferenz an der Zusage neuer Finanzhilfe gemessen werde, Russland sich aber andererseits immer mehr als Fass ohne Boden erweise.

2) Das Thema „Vereinte Nationen" wurde ebenfalls ausführlich diskutiert, insbes. hinsichtlich der VN-Aktivität im früheren Jugoslawien.

Kanada bekräftigte zunächst seine Unterstützung für die Errichtung eines Internationalen Strafgerichtshofs.[17] Um die Bemühungen der Vereinten Nationen zu unterstützen, werde Kanada zu einem baldigen internationalen Expertentreffen einladen. Teilnahme von Vertretern der G 7-Länder sei sehr wünschenswert. Kanada setze sich auch dafür ein, dass Experten im humanitären Völkerrecht den Peacekeeping-Truppen in Jugoslawien angegliedert würden.

BM dankte Kanada für seine Unterstützung unserer Initiative zu einem Internationalen Strafgerichtshof und begrüßte Einladung zu Expertentreffen in Kanada.

Auf Bitte BMs äußerte sich *Kanada* zur Frage der Finanzierung von Peacekeeping-Aktivitäten. Dies sei eine Angelegenheit von enormer Bedeutung. Kanada sei besorgt, dass der VN-Generalsekretär an der À-la-carte-Finanzierung der Peacekeeping-Operationen in Jugoslawien Gefallen finde und dieser Form der Finanzierung durch die beteiligten Länder Modellcharakter geben könne. Kanada halte dies für eine bedenkliche Entwicklung, da die Bereitschaft zur Teilnahme an Peacekeeping-Operationen erheblich abnehmen könne, wenn die beteiligten Länder nicht nur Truppen stellen, sondern auch die Finanzierung leisten müssten.

US stimmte zu und meinten, dass der bisherige Finanzierungsschlüssel für Peacekeeping-Operationen mit einem 30 %igen amerikanischen Anteil für die USA künftig nicht mehr akzeptabel sei. Aus amerikanischer Sicht sei ein grundsätzlich neuer Ansatz der VN zu ihren Peacekeeping-Aufgaben angebracht. Präsident Bush habe hierzu in seiner VN-Rede[18] Vorschläge gemacht.

GB wies darauf hin, dass es von dem Modell der Finanzierung von Peacekeeping-Operationen durch die beteiligten Länder doppelt betroffen sei (Zypern und Jugoslawien); als Prinzip sei dies für Großbritannien nicht akzeptabel. Was die Peacekeeping-Kapazitäten der VN angehe, so sei Großbritannien nicht in der Lage, Einheiten auf Dauer hierfür zur Verfügung zu stellen, es unterstütze aber den Gedanken, die nationalen Streitkräfte in größerem Umfange auf Peacekeeping-Operationen auszurichten.

Kanada wies zum Abschluss dieses Themas darauf hin, dass die abstinente Haltung des IKRK in Jugoslawien hinsichtlich der Aufdeckung von Menschenrechtsverstößen

Fortsetzung Fußnote von Seite 1210

Für das Gespräch mit Gorbatschow vgl. das amerikanische Gesprächsprotokoll; https://bush41library.tamu.edu/archives/memcons-telcons. Für die russischen Gesprächsvermerke vgl. GORBATSCHOW, Sobranie, Bd. 27, S. 13–92.

16 Zum Weltwirtschaftsgipfel vom 6. bis 8. Juli 1992, zu dem der russische Präsident Jelzin am 8. Juli 1992 hinzugezogen wurde, vgl. Dok. 225.

17 Zur Frage der Einrichtung eines Internationalen Strafgerichtshofs vgl. Dok. 247.

18 Für die Rede des amerikanischen Präsidenten Bush vor der VN-Generalversammlung am 21. September 1992 in New York vgl. PUBLIC PAPERS, BUSH 1992-93, S. 1598–1603. Für den deutschen Wortlaut vgl. EUROPA-ARCHIV 1992, D 591–597.

inakzeptabel sei. Es sei wichtig, auf das IKRK einzuwirken, damit es künftig seinen Beitrag zur Aufklärung dieser Verbrechen leiste.

3) *BM* griff abschließend das Thema der Strukturierung der G7-Gipfeltreffen auf und bat Japan, über seine Vorstellung für den Gipfel in Tokio 1993[19] zu berichten.

Japan stellte fest, dass über Möglichkeiten, den Gipfel etwas bescheidener zu gestalten, nachgedacht werde. An der existierenden Struktur des Gipfels (Begleitung der Staats- und Regierungschefs durch ihre Außen- und Finanzminister) wolle Japan jedoch festhalten. *BM* begrüßte dies und stellte einvernehmliche Zustimmung aller G7-Außenminister hierzu fest.

B 32, ZA-Bd. 179576

303

Gespräch des Bundesministers Kinkel mit dem israelischen Außenminister Peres in New York

310-321.11 ISR VS-NfD **24. September 1992**[1]

Von BM noch nicht gebilligt.

Der BM führte am 24.9. am Rande der VN-Vollversammlung[2] ein einstündiges Gespräch mit dem Außenminister Israels.

1.1) Eingangs unterrichtete der *AM* den BM über den Stand der Friedensgespräche.[3] Syrien warte noch mit einer Entscheidung bis nach den amerikanischen Wahlen[4]. Es wolle den „ägyptischen Preis", ohne den „ägyptischen Charme" und die ägyptischen Leistungen zu erbringen. Israel glaube nicht, dass Syrien wirklich zum Frieden bereit sei.

Mit den Palästinensern sei das Hauptproblem die mangelnde Führungskraft. Die Führung sei geteilt zwischen Tunis und den besetzten Gebieten. Israel habe einseitig den Siedlungsbau eingestellt. Es schlage eine Autonomieregelung vor, die folgende Elemente enthalte:

(1) Autonomie – nicht Unabhängigkeit,

(2) daher bewusst keine volle Klarheit über den Charakter,

(3) Beschränkung der Autonomie auf fünf Jahre. In der Zwischenzeit müsse in dieser bewussten Unklarheit die Zukunft geschmiedet werden.

1.2) Während es bei den bilateralen Verhandlungen um die „Lösung der Vergangenheit" gehe, müsse in den multilateralen Verhandlungen „Zukunft gebaut" werden. Europa solle

19 Vom 7. bis 9. Juli 1993 fand in Tokio der Weltwirtschaftsgipfel statt. Vgl. AAPD 1993.

1 Der Gesprächsvermerk wurde von MD Schlagintweit am 28. September 1992 gefertigt.

2 BM Kinkel hielt sich vom 19. bis 25. September 1992 in den USA auf.

3 Zu den bilateralen Nahost-Verhandlungen vgl. Dok. 282, Anm. 11.

4 In den USA fanden am 3. November 1992 Präsidentschaftswahlen, Wahlen zum Repräsentantenhaus sowie Teilwahlen zum Senat und für die Gouverneursämter statt.

hier eine aktive Rolle spielen. Europa sei aber zu wenig organisiert, und die Verhandlungen ähnelten mehr Seminaren als Lösungsfragen.

Aus diesem Grunde schlage Israel vor,

- die Verhandlungen entsprechend den KSZE-Verhandlungen zu organisieren,
- das Steuerungskomitee aus den Außenministern zu bilden,
- möglichst bald greifbare Projekte zu erörtern. Dazu gehöre eine Mittelost-Entwicklungsbank; hierzu seien Mitterrand und Major bereit. Er hoffe, dass auch die Deutschen helfen würden. Ein weiteres Projekt sei die Entwicklung eines Transportsystems für den Mittleren Osten. Hierüber sei mit Herrn Reuter von Daimler-Benz und der französischen Firma Alsthom gesprochen worden. Schließlich gäbe es Pläne für ein Wasserentsalzungprojekt.

Israel wolle in wirtschaftlichen Fragen dem europäischen Beispiel folgen. In einigen Jahren hätte man es mit einer Wirtschaftsregion von 500 Millionen Menschen zu tun.

1.3) Dazu müsse eine ideologische Komponente kommen. Wie beim Helsinki-Prozess müssten die Menschenrechte eine wichtige Rolle spielen. Die Führer des Mittleren Ostens müssten wissen, dass Generäle, Könige und Geld keine Lösungen bringen würden. Neben marktwirtschaftlichen Ordnungen müsse es pluralistische Systeme und Menschenrechte geben. Man wolle die Geschäftswelt ermutigen, die Friedensverhandlungen zu begleiten. UNESCO solle Verbindungen zwischen den großen Religionen herstellen.

Die Stabilität der Region könne nicht durch Waffen geschützt werden, sondern nur durch wirtschaftliche Stabilität. Die Lieferung weiterer Waffen, solange Menschen hungerten, sei eine Form der Korruption.

1.4) Der *BM* antwortete, wir beobachteten den Verhandlungsprozess mit großer Aufmerksamkeit, seien aber nur im beschränkten Maße in der Lage zu helfen. Er begrüße es, dass Israel eine visionäre Konzeption entwickle, die die Chancen und Möglichkeiten der Region selbst einbeziehe. Die Bundesregierung werde dies unterstützen, aber nur im Rahmen der Möglichkeiten, über die sie verfüge.

D habe gegenüber Israel besondere Verpflichtungen. Er sehe die besondere Verantwortung Deutschlands. Aber unsere Lage sei durch die Vereinigung und durch die Umbrüche in Mittel- und Osteuropa sowohl finanziell als auch sonst sehr angespannt. Wir seien aber zu sehr auf unsere Probleme fokussiert. Wir müssen weltoffen bleiben, insbesondere auch für die Nahost-Region.

1.5) Der BM fragte nach der Haltung Assads zur Golan-Frage. Der *AM* sagte, Israel wolle einen politischen Rahmen, nicht nur einen territorialen Handel. Es denke an ein Vorgehen in Phasen. Diese Phasen müssten auch im Hinblick auf die öffentliche Meinung sorgfältig geplant werden. Israel habe 242[5] anerkannt. Das bedeute Rückzug, aber nicht Rückzug von allen Gebieten. Israel biete konkrete Ware, werde dafür aber ungreifbare Ware bekommen. Daher müsse Syrien erst einmal genau sagen, was es unter Frieden verstehe.

Jordanien wolle keine Konzessionen machen, sondern diese den Palästinensern überlassen. Aber es habe auch Angst, dass die Verhandlungen über Jordanien hinweggehen könnten.

2.1) Zum bilateralen Verhältnis sagte der AM, Israel wolle eine Korrektur der Beziehungen zum Gemeinsamen Markt. Es brauche einen Platz im europäischen Entwicklungsraum. Es

5 Für die Resolution Nr. 242 des VN-Sicherheitsrats vom 22. November 1967 vgl. UNITED NATIONS RESOLUTIONS, Serie II, Bd. VI, S. 42 f. Für den deutschen Wortlaut vgl. EUROPA-ARCHIV 1969, D 578 f.

glaube, dass es ein Recht auf einen gerechten Platz habe, denn es zahle einen hohen Preis für die Sicherheit. Konkret wünsche es eine Erweiterung („deviation") des Abkommens von 1975[6] und eine Mitgliedschaft im Europäischen Währungsraum.

Der *BM* sagte, darüber habe man in Brocket Hall unter positiven Vorzeichen gesprochen[7], und verwies auf die Reise Rhein nach Israel.[8]

2.2) Der *AM*: Rabin und Kohl[9] hätten über die Erweiterung des Forschungsfonds gesprochen.

BM: Wir werden diesen Punkt prüfen.[10]

2.3) *AM*: Ein weiterer Punkt sei Hilfe bei der Ausbildung von Einwanderern. Wann sei mit einer Antwort zu rechnen? *BM*: Er werde darauf dringen, dass auf diese Frage bald eine Antwort erfolge.

2.4) *AM* sprach die Frage der H-Liste an.[11] *BM*: Es werde schwierig sein, hier den israelischen Wünschen zu entsprechen. Er werde sich aber dafür einsetzen, dass durch die Liste H keine Verzögerungen für Lieferungen an Israel einträten.

2.5) *AM*: Ein weiteres Problem seien Garantien für Investitionen. *BM*: Auch dies würde im Lichte der Gespräche zwischen MP und BK im positiven Geiste geprüft. Der MP habe nicht um eine größere Summe gebeten. Wir wollten, dass Israel verstünde, dass wir uns auch hier gegenüber Israel positiv verhielten.

6 Die EWG und Israel unterzeichneten am 11. Mai 1975 ein Kooperationsabkommen, das die schrittweise Einführung einer Freihandelszone im gewerblichen Bereich sowie abgestufte Zollpräferenzen im Agrarbereich vorsah. Vgl. AMTSBLATT DER EUROPÄISCHEN GEMEINSCHAFTEN, Nr. L 136 vom 28. Mai 1975, S. 1–190.
Referat 413 erläuterte am 8. September 1992, die EG sei der wichtigste Handelspartner Israels. Seit 1975 seien zudem vier Finanzprotokolle geschlossen worden. Das Protokoll für 1991 bis 1996 umfasse 82 Mio. ECU EIB-Darlehen: „Zur Minderung der Lasten Israels aus der Golfkrise hat die EG Israel eine Sonderhilfe in Form einer Zahlungsbilanzhilfe gewährt. Der Kredit in Höhe von 160 Mio. ECU ist verbunden mit einer Zinsbonifikation in Höhe von 27,5 Mio. ECU. Darüber hinaus wird Israel auch aus den Mitteln für die Unterstützung von Strukturanpassungsprogrammen (300 Mio. ECU) und aus den Mitteln der Gemeinschaft für Maßnahmen von regionaler Bedeutung (230 Mio. ECU Haushaltsmitteln, bis zu 1800 Mio. ECU EIB-Darlehen) profitieren können." Vgl. B 222, ZA-Bd. 175830.

7 Referat 413 vermerkte am 17. September 1992 zum informellen Treffen der Außenminister der EG-Mitgliedstaaten im Rahmen der EPZ am 12./13. September 1992: „In Brocket Hall bestand Übereinstimmung aller Partner, dass angesichts der positiven Schritte Israels im Nahost-Friedensprozess eine Intensivierung der Beziehungen Israels mit der EG auf der Grundlage der bestehenden Kooperationsverhältnisse wohlwollend ins Auge gefasst werden sollte. [...] In Brocket Hall waren sich die Partner auch darin einig, dass eine Einbeziehung Israels in den EWR nicht infrage kommen kann." Vgl. B 222, ZA-Bd. 175830.

8 Botschafter von der Gablentz, Tel Aviv, berichtete am 18. September 1992: „Mittelmeer- und Nahost-Direktor Eberhard Rhein unterrichtete am 17.9. hiesige EG-Botschafter über seinen ersten bilateralen Israel-Besuch in acht Jahren. Er unterstrich nachdrücklich den tiefgreifenden Wandel israelischer Haltung gegenüber der EG unter der neuen Regierung Rabin und setzte sich dafür ein, dass die EG alle Möglichkeiten für eine positive politische und sachliche Antwort auf die neue Offenheit der israelischen Regierung prüft." Vgl. DB Nr. 993; B 36, ZA-Bd. 185350.

9 Für das Gespräch zwischen BK Kohl und dem israelischen MP Rabin am 14. September 1992 vgl. Dok. 282.

10 Zur Umsetzung der Ergebnisse des Besuchs des israelischen MP Rabin vom 14. bis 16. September 1992 vgl. Dok. 337.

11 Zu Rüstungsexporten nach Israel vgl. Dok. 282, Anm. 20.

2.6) Der BM sprach die deutsche Anti-Boykottregelung[12] an und schilderte seine und des Bundeskanzlers Gespräche mit dem Ministerpräsidenten zu dieser Frage. Nachdem man so lange mit dem Boykott gelebt habe, könne es nicht auf ein paar Monate ankommen.

AM: Wir können Ihre Position nicht akzeptieren, aber man hoffe auf einen Erfolg.

2.7) Der AM kam dann auf das Problem WEOG[13] zu sprechen. Israel habe keinen Platz in den VN. Es habe große Risiken für die Stabilität der Region zu tragen. Daran sei auch Europa interessiert.

D habe für den Golfkrieg 10 Mrd. $ bezahlt. Wenn dieses Geld in die Wirtschaft gesteuert worden wäre, gäbe es eine bessere Lage. Der *BM* antwortete, unsere damaligen Leistungen müssten auch im Zusammenhang mit der amerikanischen Haltung in der Vereinigungsfrage gesehen werden.

3) Der BM sprach dann die fremdenfeindlichen Ausschreitungen in D an.[14] Er wolle offen sagen, dass er sich dafür schäme. Er verstehe israelische Sorgen. Er sei aber als AM tief überzeugt, dass diese Ausschreitungen nicht ideologisch bedingt seien, sondern eine Auswirkung der Vereinigungsproblematik darstellen. D habe die Probleme noch nicht voll im Griff. Der *AM* erwiderte, man könne D dafür nicht anklagen. Man beurteile D danach, welche Maßnahmen die Regierung ergreife, um solche Vorkommnisse zu stoppen.

4) Der *BM* fügte dann noch einige Worte über seine persönlichen und familiären Beziehungen zu Israel hinzu. Der *AM* dankte und lud ihn zu einem baldigen Besuch Israels ein.[15] Man wisse in Israel, dass er ebenso wie BM a. D. Genscher warme Gefühle für Israel hege und seine Einstellung auch durch Taten erwiesen habe. Dafür sei man in Israel dankbar.

B 36, ZA-Bd. 185343

12 Zur Anti-Boykott-Regelung vgl. Dok. 282, Anm. 25–27.

13 VLR I Altenburg erläuterte am 18. September 1992 zum israelischen Wunsch nach Aufnahme in die westliche Regionalgruppe WEOG bei den VN: „Wir haben gegenwärtig noch keine endgültige Haltung festgelegt, da eine so wichtige Frage mit den übrigen WEOG-Mitgliedstaaten und insbesondere mit den europäischen Partnern abgestimmt werden muss." Zwar sei der Wunsch insbesondere vor dem Hintergrund verständlich, „dass die eigentlich ‚zuständige' asiatische Regionalgruppe Israel die Mitgliedschaft und Zusammenarbeit von jeher verweigert". Allerdings könne eine Aufnahme dazu führen, „dass vor allem die arabischen Nachbarstaaten Israels die WEOG nicht mehr als unabhängigen ‚ehrlichen Makler' betrachten". Zudem hätten verschiedene osteuropäische Staaten den Wunsch nach Beitritt geäußert, was die Repräsentanz Westeuropas in den VN beeinträchtigen würde, weshalb es schwierig würde, „den Ost-Europäern zu erklären, dass sie der WEOG nicht angehören sollen, wenn wir Israel aufnehmen". Vgl. B 36, ZA-Bd. 185345.

14 Zu fremdenfeindlichen Gewalttaten in der Bundesrepublik vgl. AAPD 1991, I, Dok. 170, und AAPD 1991, II, Dok. 344.
Zwischen dem 22. und 25. August 1992 wurde die Zentrale Aufnahmestelle für Asylbewerber in Rostock-Lichtenhagen von hunderten Personen angegriffen, die von mehr als 1000 Schaulustigen angefeuert wurden. Die schweren Krawalle und gewaltsamen Auseinandersetzungen mit der Polizei hielten auch nach einer Umquartierung von ca. 200 Asylbewerbern an. Zudem wurde am Abend des 24. August 1992 ein Wohnhochhaus in Brand gesetzt, in dem sich zu diesem Zeitpunkt etwa 150 vietnamesische Staatsbürger aufhielten. Erst nach zwei Stunden räumte die Polizei die Feuerwehrzufahrt; das brennende Gebäude wurde erst in den frühen Morgenstunden des 25. August 1992 evakuiert. Vgl. den Artikel „Der Verlauf der Ereignisse in Rostock"; BERLINER ZEITUNG vom 26. August 1992, S. 3.

15 BM Kinkel hielt sich vom 17. bis 19. November 1992 in Israel auf. Vgl. Dok. 364 und Dok. 378.

304

Vermerk des Ministerialdirektors Chrobog, z.Z. New York

24. September 1992

Von BM noch nicht gebilligt

Betr.: Gespräch mit dem bosnischen Präsidenten Izetbegović in New York am 22. September[1]

Izetbegović (I.) beklagte sich über die Nicht-Implementierung wesentlicher Entscheidungen der Londoner Konferenz.[2] Einige dort gefasste Beschlüsse seien schlicht aufgegeben worden, z.B. die Einrichtung einer No-fly-zone. Die jugoslawische Luftwaffe sei außerordentlich aktiv. Die Bombardements bosnischer Städte aus der Luft hielten an. Es sei wichtig, endlich eine Entscheidung über ein allgemeines Flugverbot zu treffen. Er richtete die Bitte an uns, in dieser Frage Druck zu machen.

Was die Zusammenfassung schwerer Waffen angehe, so sei dies nur sporadisch und mit vielen Ausnahmen erfolgt. Bisher sei auch dieser Beschluss nicht deutlich und ausreichend umgesetzt worden.

I. unterstützte unseren Vorschlag, ein Internationales Strafgericht zur Ahndung von Kriegsverbrechen einzuführen[3], und sagte zu, auch bei anderen für dieses Thema zu werben.

BM verwies auf die Notwendigkeit einer Sicherheitsrats-Resolution, um das Flugverbot über Bosnien durchzusetzen. Ein derartiges Verbot setze allerdings auch den Willen derjenigen voraus, die zur Implementierung eines derartigen Verbotes aus der Luft oder zu Lande in der Lage seien. Er verwies auf unser Verfassungsproblem und darauf, dass wir in dieser Frage weniger stark drängen könnten als andere, da wir nicht zu einer Beteiligung in der Lage seien.

In einem anschließenden Vier-Augen-Gespräch bat I. den Minister, gemeinsam mit ihm Tudjman zu treffen. Die Kroaten seien immer dabei, eine unabhängige Miliz in Bosnien zu schaffen, die sich zunehmend verselbstständige. Dem müsse dringend ein Riegel vorgeschoben werden. Hier brauche er unsere Unterstützung. Er wäre dankbar, wenn in einem gemeinsamen Gespräch mit Tudjman diese Frage aufgenommen werden könnte, und versprach, in dieser Sache wieder auf uns zuzukommen.

Gespräch mit Präsident Izetbegović und Präsident Tudjman in New York am 23. September

Wie von Izetbegović erbeten, kam es zu einem gemeinsamen Gespräch, das von Präs. Izetbegović mit der Bitte an den Minister eröffnet wurde, zwischen ihm und Tudjman zu vermitteln. Es gehe dabei um folgende Frage: Nach der ständigen Konfrontation mit den Tschetniks, die man in Zusammenarbeit zwischen Kroaten und Moslems in Bosnien durchzustehen versuche, gebe es nunmehr gewisse Probleme mit den bosnischen Kroaten. Versorgungskonvois, die Medikamente, Nahrungsmittel und Waffen transportierten, würden von lokalen kroatischen bewaffneten Kräften blockiert, zurückgehalten und meistens kon-

[1] BM Kinkel hielt sich anlässlich der VN-Generalversammlung vom 19. bis 25. September 1992 in den USA auf.

[2] Zur internationalen Jugoslawien-Konferenz am 26./27. August 1992 vgl. Dok. 269.

[3] Zur Frage der Einrichtung eines Internationalen Strafgerichtshofs vgl. Dok. 247.

fisziert. Diese Ereignisse spielten sich insbesondere an der Grenze zwischen Westbosnien und Kroatien ab. Insbesondere Boban, der unter dem Einfluss Zagrebs stehe, führe diese Blockaden durch. Die Situation in Bosnien werde dadurch immer kritischer. Deutschland als bester Freund beider Seiten möge bitte alles tun, um in diesem Streit zu vermitteln. Am 21. Juli habe man ein Freundschafts- und Kooperationsabkommen zwischen Bosnien und Kroatien geschlossen, aber auch die Unterschrift unter dieses Dokument habe die Lage nicht verbessert.

Auf Bitten des BM nahm Präs. Tudjman das Wort. Er ging jedoch auf die konkreten Vorwürfe nicht ein, sondern machte einen langen Exkurs über die Geschichte des Konfliktes in Jugoslawien seit dem Beginn. Nach seiner Auffassung sei es zu dem Konflikt in Bosnien nur durch die Verweigerungshaltung Izetbegovićs gekommen, dennoch habe man von kroatischer Seite aus die Moslems in Bosnien unterstützt. In der Praxis habe man von Zagreb aus keinen Einfluss auf die Kroaten in Bosnien. Diese ständen zum Teil im Widerspruch zur Regierung in Sarajevo. In dem Vertrag vom 21. Juli sei von bosnischer Seite aus eine engere Anbindung an Kroatien verweigert worden. Izetbegović habe versucht, die kroatischen Verbände der Regierung in Sarajevo unterzuordnen, was von den meist freiwilligen Kroaten nicht akzeptiert worden sei. Er sei auch nicht bereit, einer Aufteilung Bosniens in drei Kantone zuzustimmen. Kroatien und die Kroaten in Bosnien wollten eine friedliche Lösung und nicht einen permanenten Krieg im Gegensatz zu Izetbegović.

Als diese Ausführungen immer länger wurden und immer weniger auf das eigentliche Thema eingingen, unterbrach BM den Redefluss Tudjmans und machte darauf aufmerksam, dass Deutschland sich mit umfangreicher Hilfe und politischer Unterstützung für Kroatien eingesetzt habe. Er warnte davor, Schritte zu unternehmen, die auf eine Teilung Bosniens hinausliefen. Wir hätten uns immer für die Integrität Bosniens eingesetzt und würden dieses auch in Zukunft tun.

Izetbegović nahm diesen Gedanken auf und erklärte seine volle Bereitschaft zur Zusammenarbeit zwischen Moslems und Kroaten. Das Einzige, was er nicht akzeptieren könne, sei der Versuch der Kroaten in Bosnien, einen Staat im Staate zu begründen. Es ginge inzwischen soweit, dass die Kroaten Zollstellen etabliert hätten, Straßen sperrten und sich von dem moslemischen Teil Bosniens abkapselten. Alle Probleme könnten gelöst werden. Die Kroaten sollten gleiche Rechte erhalten. Er sei auch bereit, in der Regierung einen gleichen Anteil an Ämtern zur Verfügung zu stellen, obwohl die Moslems 50 %, die Kroaten nur 17 % der Bevölkerung stellten. Nicht könne er allerdings den Versuch akzeptieren, einen Staat im Staate zu begründen.

Aus Zeitgründen musste das Gespräch unterbrochen werden. Immerhin führte die sehr klare Sprache von BM dazu, dass sich beide Seiten bereit erklärten, das Gespräch zwischen ihnen unmittelbar fortzusetzen.

Chrobog

B 1, ZA-Bd. 178945

305

Vorlage des Vortragenden Legationsrats I. Klasse Staks für Staatssekretär Kastrup

342-322.00 KAB **24. September 1992**[1]

Über Dg 34[2], D 3[3] Herrn Staatssekretär[4]

Betr.: Stand des Friedensprozesses in Kambodscha[5];
hier: Dienstreise vom 2.–6.9.92 (EZ-Konsultationen)

Zweck der Vorlage: Zur Unterrichtung

Kurzfassung

Bei einer Dienstreise nach Kambodscha zu EZ-Konsultationen ergab sich die Gelegenheit zu zahlreichen Gesprächen und einer Reise ins Landesinnere. Die dabei gewonnenen Eindrücke bestätigen das Bild einer insgesamt positiven Zwischenbilanz der – in der VN-Geschichte umfangreichsten – friedenserhaltenden Mission UNTAC (United Nations Transitional Authority in Cambodia). Besonders erfolgreich verläuft – entgegen allen Befürchtungen – die Rückführung der kambodschanischen Flüchtlinge aus Thailand. Überraschend auch, dass UNTACs Tätigkeit schon jetzt fühlbar – besonders außerhalb der Hauptstadt – dazu beiträgt, dass sich die Kambodschaner sicherer fühlen und Verletzungen von Menschenrechten zurückgehen. Die Vorbereitung der – für April/Mai 1993 geplanten – Wahlen[6] geht zügig voran.

Das gute Leistungsbild von UNTAC wird getrübt durch geringe Fortschritte bei der Minenräumung und Probleme bei der Entwaffnung und Demobilisierung der Bürgerkriegsarmeen aufgrund der Verweigerungshaltung der Roten Khmer. Es gibt jedoch Anzeichen, dass deren militärische und politische Position schwächer ist als vielfach angenommen. Nicht zuletzt aufgrund des Drucks von Thailand und China lassen sie jetzt wieder Kompromissbereitschaft erkennen. Problem ist die alte Führungsriege unter Pol Pot und die bisher nicht erfolgte Umwandlung von einer militärischen in eine politische Organisation. UNTAC scheint entschlossen, den Friedensprozess beharrlich – notfalls auch ohne Entwaffnung der Roten Khmer – vorantreiben zu wollen.

Wir sind mit unserer Vertretung in Phnom Penh, dem medizinischen Team der Bundeswehr und den BGS-Beamten deutlich sichtbar präsent. Der eingeleitete Prozess bietet die einzige Chance, Kambodscha zu befrieden. Wir werden ihn weiterhin unterstützen.

1 Die Vorlage wurde von VLR Knieß konzipiert.

2 Hat MDg Zeller am 24. September 1992 vorgelegen.

3 Hat in Vertretung des MD Schlagintweit MDg Sulimma am 24. September 1992 vorgelegen.

4 Hat StS Kastrup am 25. September 1992 vorgelegen.
Hat VLR Ney am 25. September 1992 vorgelegen, der den Rücklauf an VLR I Staks verfügte.
Hat Staks am 28. September 1992 erneut vorgelegen.

5 Zu den am 23. Oktober 1991 in Paris unterzeichneten Übereinkommen zur Regelung des Kambodscha-Konflikts vgl. Dok. 68.

6 Vom 23. bis 28. Mai 1993 fanden in Kambodscha Wahlen für eine Verfassunggebende Versammlung statt.

Langfassung

I. Ergebnis der EZ-Konsultationen vom 2.–6.9.92, an denen ich für das AA teilnahm:

Bei der Kambodscha-Wiederaufbaukonferenz im Juni 1992[7] hatte die Bundesregierung EZ-Mittel in Höhe von DM 21,7 Mio für 1992 angekündigt. Es werden jetzt sektorbezogene Warenhilfe (Landwirtschaft, Gesundheit), die Einrichtung von Studienfonds und eines Fonds für Selbsthilfeprojekte in Zusammenarbeit mit NGOs geplant. Konkrete Zusagen sollen zum Jahresende an den Obersten Nationalrat von Kambodscha (SNC[8]), zu dem wir seit Februar d. J. offizielle Beziehungen unterhalten[9], erfolgen. Außerhalb der Konsultationen ergab sich Gelegenheit zu Gesprächen mit dem stellvertretenden UNTAC-Chef Sadri, Vertretern der Konfliktparteien einschließlich der Roten Khmer, NGOs, dem IKRK sowie den Leitern der BGS- und Bundeswehrteams.

II. Zwischenbilanz nach sechs Monaten UNTAC

1) Phnom Penh ist – zumindest äußerlich – auf gutem Weg zu südostasiatischer Normalität hinsichtlich Verkehr, Lärm und Geschäftigkeit. Fahrräder sind weitgehend durch Mopeds und Autos ersetzt, Staus und Verkehrsunfälle sind Alltagsphänomene geworden. Der Bausektor boomt, und das Dienstleistungsgewerbe blüht im weitesten Sinne: wilder Osten in Kambodscha. Diese Entwicklung wird beschleunigt von der Anwesenheit und der Kaufkraft von rd. 20 000 Angehörigen der VN-Übergangsverwaltung UNTAC im ganzen Land.

2) UNTACs Auftrag kommt in vielem einer „Mission impossible“ gleich. Zur Zerstrittenheit der kambodschanischen Konfliktparteien kommt das interne Managementproblem des Einsatzes von rd. 20 000 Angehörigen der verschiedensten Nationalitäten. Der Aufgabenbereich ist deutlich umfangreicher als bei den Befriedungsaktionen in Namibia, Nicaragua etc. Neben der üblichen Entwaffnung der Bürgerkriegsarmeen und der Durchführung von freien Wahlen geht es um die Rückführung von Flüchtlingen, Minenräumung, Sicherung von Menschenrechten und weitgehende Eingriffe in eine bestehende Zivilverwaltung. Vom Gelingen der Kambodscha-Operation hängt daher die Glaubwürdigkeit der VN bei zukünftigen friedenserhaltenden Missionen ab.

UNTAC hat nach einem knappen halben Jahr die Realität in Kambodscha verändert. Dies gilt für die Hauptstadt, wo die VN-Angehörigen und ihre weißen Toyota-Geländewagen omnipräsent sind; dies gilt in noch stärkerem Maße für die Provinz – mit Ausnahme

7 Korrigiert aus: „Mai 1992“.
Vom 20. bis 22. Juni 1992 fand in Tokio die „Konferenz über Rehabilitation und Wiederaufbau von Kambodscha“ statt. MDg Preuss, BMZ, z. Z. Tokio, teilte am 23. Juni 1992 mit, neben einer Erklärung zum kambodschanischen Friedensprozess sei eine Erklärung zum Wiederaufbau verabschiedet worden: „Sie enthält die auf der Konferenz gemachten Neuzusagen bzw. Inaussicht-Stellung von rd. 880 [Mio.] US-Dollar, davon 625 Mio. US-Dollar als bilaterale Hilfe, der Rest von multilateralen Institutionen wie Weltbank, ADB, EG sowie UN-Organisationen. Damit liegt der Betrag deutlich über der vom VN-GS geforderten Neuzusage von 595 Mio. US-Dollar. Größte Geber sind Japan mit 150 bis 200 Mio. US-Dollar sowie die USA, die für 1992/93 135 Mio. US-Dollar in Aussicht stellten. Die deutsche Delegation sagte einen Betrag von rd. 22 Mio. DM zu. Zur künftigen Mobilisierung und Koordinierung der internationalen Hilfe wurde ein ‚Internationales Komitee für den Wiederaufbau von Kambodscha‘ (ICORC) unter Vorsitz Japans geschaffen.“ Vgl. DB Nr. 1385; B 37, ZA-Bd. 164226.

8 Supreme National Council.

9 Die Bundesrepublik und Kambodscha nahmen mit der Akkreditierung eines Ständigen Vertreters am 14. Februar 1992 offizielle Beziehungen auf. Vgl. BULLETIN 1992, S. 316.

der von den RK[10] kontrollierten Gebiete. UNTAC schafft vor allem Transparenz und kontrolliert das bisher willkürliche Treiben von Provinzfürsten und lokalen Militärkommandanten. Gefangene ohne Anklage wurden entlassen, geheime Gefängnisse aufgespürt und aufgelöst, die Menschen fühlen sich zunehmend sicherer. Großes Lob erhält die Zivilpolizeikomponente von UNTAC, an der auch 75 BGS-Beamte beteiligt sind. Polizei und ziviles UNTAC-Personal in den Schlüsselbereichen (Finanzen, Inneres, Information, Verteidigung und Äußeres) tragen bereits jetzt deutlich spürbar zum gewünschten „neutralen politischen Klima" für die Wahlen im Mai 1993 bei und bescheren den Kambodschanern eine erste Ahnung von politischen Freiheiten und Rechtsstaatlichkeit. Bereits am 1.10.92 soll die Wahlkomponente von UNTAC mit der Wählerregistrierung beginnen. Am Wahltermin April/Mai 1993 wird noch festgehalten. Probleme gibt es weiterhin mit den politischen Freiheiten. Die Phnom Penher Regierung behindert die Errichtung von Parteibüros auf Provinzebene und versucht, ihre Stellung als Einheitspartei zu halten.

3) Entgegen allen Erwartungen verspricht die Rückführung der Flüchtlinge eine Erfolgsgeschichte zu werden. Bis Anfang September 1992 waren bereits 100 000 Kambodschaner aus den Flüchtlingslagern in Thailand vom UNHCR repatriiert worden. Da die bisherige Zahl von 380 000 aufgrund von Doppelmeldungen um etwa 20 % zu hoch lag, dürfte die komplette Rückführung bis zum Februar 1993, vielleicht schon zur Jahreswende gelingen. Der UNHCR in Phnom Penh rechnet mit einer Zunahme der Zahl der spontanen Rückkehrer. Zum günstigen Verlauf trägt bei, dass die Regenzeit später und weniger intensiv als sonst eingesetzt hat. Da die große Mehrheit der Flüchtlinge zunächst zu Verwandten in Kambodscha zieht, besteht geringer Bedarf an neuem – von Minen geräumtem – Siedlungsland. Bisher gab es nur ein Minenopfer.

4) Generell liegt allerdings die Zahl der Minenopfer weiterhin erschreckend hoch – bei 300 im Monat. Die Minenräumung ist – dies gibt auch die UNTAC-Spitze zu – eine der Schwachstellen des VN-Programms. Bisher wurden nur wenige Hundert Kambodschaner in Minenräumung ausgebildet.

5) Geringer Erfolg ist bisher auch der militärischen Komponente von UNTAC beschieden, die die im Friedensplan vorgesehene Kantonierung, Entwaffnung und Demobilisierung von 70 % der Streitkräfte der Bürgerkriegsparteien (sogenannte Phase 2) nicht abschließen kann, weil die RK ihre Mitarbeit verweigern. Knapp 16 000 UNO-Soldaten verharren überwiegend in ihren Standorten, ohne ihren Auftrag voll erfüllen zu können. Verständlich sind daher die Rufe nach militärischem Vorgehen gegen die RK, das die UNTAC-Spitze jedoch als mit den Pariser Verträgen nicht vereinbar zurückweist.

III. Die Positionen der Konfliktparteien

1) UNTACs Präsenz macht auch die relativ schwache Position der Roten Khmer (RK) deutlich. Diese kontrollieren nur dünnbesiedelte Gebietsabschnitte mit ca. 2 % der kambodschanischen Bevölkerung (knapp 200 000). Ihre militärische Stärke wird durch anhaltende Desertionen und – gegenüber UNTAC – erklärte Kriegsmüdigkeit zahlreicher Einheiten reduziert. Die Zahl der politischen Anhänger im ganzen Land dürfte gering sein. Im Gespräch mit RK-Vertretern wird die Sorge um das Überleben ihrer Organisation deutlich. Der Widerstand gegen die Entwaffnung wird damit begründet, dass die Phase des Rückzugs ausländischer (sprich vietnamesischer) Streitkräfte noch nicht hinreichend verifiziert sei.

10 Rote Khmer.

Allerdings, so ein RK-Vertreter im Gespräch, stelle man nunmehr nur noch eine Vorbedingung für die Teilnahme der RK an den Wahlen: die Einrichtung von paritätisch besetzten Beratungsgremien (consultative committees), die der Stärkung des SNC dienen und die Transparenz der Aktivitäten der Hun-Sen-Regierung herstellen sollen.

Nach Auffassung vieler Beobachter in Phnom Penh mehren sich die Zeichen für zunehmende Kompromissbereitschaft seitens der RK: Sie halten verbal am Friedensplan fest, sie haben ihre Forderung zur Auflösung der Hun-Sen-Regierung fallengelassen, es finden kaum noch Kämpfe statt, UNTAC-Angehörige und -Einrichtungen werden nicht angegriffen. Grund für ein solches Einlenken könnte die drohende außenpolitische Isolierung sein: Selbst die alten Verbündeten Thailand und China haben sich jetzt mit Japan zusammengetan, um nachhaltigen Druck auszuüben. Außerdem sollen die Edelsteinvorkommen in Pailin, deren Ausbeutung eine erhebliche Einkommensquelle für die RK darstellt, nahezu erschöpft sein. Ähnliches gilt für den Export von Edelhölzern nach Thailand, der durch zunehmende UNTAC-Kontrollen erschwert wird. Nach dem Sieg der pro-demokratischen Parteien bei den September-Wahlen in Thailand[11] dürfte der Rückhalt der RK dort weiter abnehmen.

Die RK sind eine militärische Organisation, die immer noch von der Führungsriege der 70er Jahre zentralistisch und im Stil eines Geheimbunds beherrscht wird. Überlegungen über ihr zukünftiges Verhalten müssen daher Spekulation bleiben. Sie militärisch ausschalten zu wollen, wäre riskant und würde den Rahmen der Pariser Verträge sprengen. Die Drohung mit militärischen Sanktionen dürfte die RK daher kaum beeindrucken. Andererseits kann UNTAC vor ihrer Obstruktionspolitik nicht kapitulieren. UNTACs Strategie ist daher – nach meinem Eindruck – die Fortsetzung des Prozesses ohne große Rücksichtnahme auf die RK, ohne aber auch die Tür zuzuschlagen. Zwar ist es unwahrscheinlich, dass sich die RK jetzt entwaffnen lassen, aber wenn sie sich ruhig verhalten – was sie derzeit tun – oder gar selektiven Zugang zu ihren Gebieten ermöglichen, kann der Prozess weitergehen. Immerhin haben sie erklärt, die Wahl Sihanouks zum Staatspräsidenten unterstützen zu wollen. Es bleibt die Hoffnung, dass die Dynamik des Friedensprozesses in 85 % des kambodschanischen Territoriums und der einsetzende Wiederaufbau den RK ihre letzte vermeintliche Legitimität entziehen und sie als „rebels without a cause" erscheinen lassen, deren einzige Überlebenschance die Umwandlung in eine politische Organisation und Teilhabe am politischen Prozess ist.

2) UNTAC hatte sich in einer ersten Phase seiner Präsenz in Kambodscha stark auf die vorhandenen administrativen Strukturen der Hun-Sen-Regierung abgestützt und sich den Vorwurf der Parteilichkeit zugezogen. UNTAC steht jedoch jetzt auf eigenen Füßen und ist mit der zunehmenden Kontrolle der Aktivitäten der Regierung in einen gewissen Gegensatz zu dieser geraten.

11 VLR I Staks vermerkte am 16. September 1992: „Bei den Parlamentswahlen vom 13.9.92, den zweiten Wahlen in Thailand in diesem Jahr, haben die pro-demokratischen Parteien, die bisher die Opposition bildeten, gesiegt. Bei den letzten Parlamentswahlen im März 1992 hatten die pro-militärischen Parteien noch eine knappe Mehrheit im Abgeordnetenhaus errungen. Stärkste Partei sind jetzt die Demokraten (79 von insgesamt 360 Sitzen) unter ihrem Vorsitzenden Chuan Leekpai, der seinen Anspruch auf das Amt des Ministerpräsidenten geltend gemacht hat." Nach der blutigen Niederschlagung der Demonstrationen für mehr Demokratie im Mai bedeute das Wahlergebnis einen „qualitativen Sprung" im Demokratisierungsprozess. Zu erwarten seien eine Fortsetzung der Liberalisierung und Entmilitarisierung der Wirtschaft, eine führende thailändische Rolle in der ASEAN sowie Kontinuität in der Außenpolitik, insbesondere durch weiteren Druck auf die Roten Khmer in Kambodscha. Vgl. B 37, ZA-Bd. 164269.

Die Hun-Sen-Regierung hatte zunächst von der Anwesenheit von UNTAC profitiert und politische Aufwertung erfahren. Allerdings sind auch ihre Schwachstellen zutage getreten: Korruption und mangelnde Kompetenz, besonders in der Wirtschaftspolitik. Die Regierung hat kaum eigene Staatseinnahmen (bis 1990 wurde sie von der Sowjetunion und den RGW-Staaten alimentiert). Die staatlichen Unternehmen sind inzwischen weitgehend privatisiert und die Erlöse in die Schatullen von Ministern und Beamten geflossen. Es fehlt an Geld zur Bezahlung von Gehältern für Beamte und Soldaten. Letztere beschaffen sich daher ihren Lebensunterhalt durch Überfälle. Die Inflation galoppiert. Die Popularität der Hun-Sen-Regierung in der Bevölkerung ist auf einem Tiefpunkt, auch weil vielfach vermutet wird, dass der Wandel der Regierungspartei vom demokratischen Zentralismus zu Demokratie und Marktwirtschaft nur oberflächlich vollzogen wurde.

3) Die anderen Konfliktparteien, die Sihanoukisten und die KPNLF[12] von Son Sann, spielen militärisch keine Rolle mehr und kontrollieren nur kleine Gebiete. Die KPNLF verfügt kaum über Anhängerschaft im Lande. Die Sihanoukisten hingegen rechnen sich wegen der Berufung auf Sihanouk, der weiterhin sehr populär ist, gute Wahlchancen aus.

4) Zentrales Thema in der innenpolitischen Diskussion ist das Verhältnis zu Vietnam. In der Bevölkerung herrscht eine weitverbreitete antivietnamesische Stimmung. Dazu trägt nicht nur die vietnamesische Besatzungszeit von 1979–1989 bei, sondern auch die historische Erfahrung, dass das Khmer-Reich, das zu seiner Blütezeit im 13. Jahrhundert große Teile Südostasiens beherrschte, im Zuge seines Niedergangs große Gebiete an Vietnam (und auch Thailand) abtreten musste. Zurzeit ist die Erfahrung der starken Präsenz von Vietnamesen in Kambodscha vorherrschend; Schätzungen gehen bis zu einer Million (bei einer Einwohnerzahl von 8 Mio.). Eine Rolle spielen auch die von Vietnam in den 80er Jahren zu seinen Gunsten vorgenommenen Grenzveränderungen. Das Vietnam-Thema wird von allen drei Widerstandsfraktionen im Vorgriff auf den Wahlkampf besetzt.

IV. Deutschland ist in Kambodscha mittlerweile deutlich sichtbar präsent. Unsere Vertretung ist bekannt und hat ein hohes Profil. Sie nimmt an den Sitzungen des SNC und der P5[13] expanded teil. UNTAC und viele Kambodschaner betrachten uns als unparteiisch und ohne Eigeninteressen. UNTAC hat uns mit dieser Begründung angeboten, mit einem EZ-Projekt zur Stärkung des SNC-Sekretariats beizutragen. Dies sollte zügig umgesetzt werden.

Das von dem medizinischen Team der Bundeswehr in Phnom Penh betriebene UNTAC-Krankenhaus ist weithin bekannt und sichtbares Zeichen deutscher Präsenz. In medizinischer Hinsicht genießt es einen ausgezeichneten Ruf. Die Kontroverse mit UNTAC vom Juli des Jahres wegen der Behandlung von kambodschanischen Staatsangehörigen[14] scheint

12 Khmer People's National Liberation Front.

13 Permanent 5 (Frankreich, Großbritannien, UdSSR, USA, Volksrepublik China).

14 Botschafter Graf zu Rantzau, New York (VN), berichtete am 23. Juli 1992, im VN-Sekretariat bestehe Unmut über Berichte, „nach denen sich die Sanitätstruppen nicht im Wesentlichen auf die Versorgung von UNTAC-Angehörigen beschränken, sondern vielmehr in erheblichem Umfang Einheimische versorgten. Hier werden sowohl praktische wie politische Gesichtspunkte geltend gemacht. Einmal könnte eine Bettenbelegung durch Einheimische dazu führen, dass verletzte UNTAC-Angehörige in Phnom Penh nicht in angemessener Weise betreut werden können. Zum anderen wirft die Betreuung von Einheimischen erhebliche politische Probleme auf. Insbesondere wird befürchtet, dass die Roten Khmer Vorwände finden könnten, die Aufnahmepraktiken des Feldlazaretts für ihre Zwecke zu nutzen und UNTAC parteiisches Verhalten vorzuwerfen." Vgl. DB Nr. 1867; B37, ZA-Bd. 164224.

inzwischen beigelegt zu sein.[15] Kambodschaner werden weiterhin stationär behandelt, wobei es sich hauptsächlich um Opfer von Verkehrsunfällen handelt, deren Unfallgegner im Übrigen meist UNTAC-Angehörige sind.

Während das Bundeswehrteam ausschließlich in der Hauptstadt eingesetzt ist, tun die 75 BGS-Beamten unter schwierigen Umständen im ganzen Land Dienst. Probleme sind die hygienischen Umstände auf entlegenen Posten und die hohe Zahl von Malaria-Erkrankungen.

Wir haben uns mit der Entsendung des medizinischen Teams der Bundeswehr und der BGS-Beamten für eine kräftige Beteiligung an der UNTAC-Mission entschieden. Wir werden als Pflichtbeitrag (8,93 %) mehrere 100 Mio. DM zu der knapp 2 Mrd. US-$ teuren Aktion beisteuern und außerdem EZ-Wiederaufbauhilfe leisten. An der Wiederherstellung politischer Stabilität in einer der am schnellsten wachsenden Wirtschaftsregionen, mit der wir in besonderer Weise (ASEAN) verbunden sind, muss uns gelegen sein.

Es liegt daher in unserem Interesse, dass der Friedensprozess in Kambodscha einen möglichst günstigen Verlauf nimmt. Der eingeschlagene Weg bietet weiterhin die einzige Chance, Kambodscha zum Frieden zu führen. Dies bedeutet die Fortsetzung unserer Unterstützung für UNTAC und Prinz Sihanouk als SNC-Vorsitzenden. Wir werden uns wie bisher aktiv an den diplomatischen Bemühungen, insbesondere den Beratungen der Zehner-Gruppe in New York[16] und der P 5 expanded, beteiligen. Unserem Engagement wird mit dem für Oktober d. J. vorgesehenen Beitritt zu den Pariser Verträgen (Kabinettsvorlage folgt[17]) erneut Nachdruck verliehen.

Referat 230 hat mitgezeichnet.

Staks

B 37, ZA-Bd. 164221

15 MDg Schilling teilte der Ständigen Vertretung bei den VN in New York am 17. September 1992 mit: „Bundesregierung beabsichtigt, im Feldlazarett, das vom BW-Sanitätskontingent betrieben wird, über die vorhandenen 60 Betten hinaus 20 weitere Betten für Behandlung von schwerverletzten Zivilisten (z. B. Minenverletzungen) auf nationale Kosten bereitzustellen.“ Damit werde gewährleistet, dass die Behandlung von schwerverletzten Zivilisten nur im Rahmen freier Kapazitäten erfolge und der eigentliche Auftrag nicht beeinträchtigt werde. Vgl. den DE; B 37, ZA-Bd. 164224.

16 Am 7./8. Oktober 1992 fanden in New York Kambodscha-Konsultationen zwischen den fünf ständigen Mitgliedern den VN-Sicherheitsrats sowie Australien, der Bundesrepublik, Indonesien, Japan und Thailand statt. Botschafter Vergau, New York (VN), berichtete am 9. Oktober 1992, im Zentrum habe das weitere Vorgehen gegenüber den Roten Khmer gestanden: „Die asiatischen Delegationen mahnten ein geduldiges und gelassenes Vorgehen an mit dem zweifellos korrekten Hinweis, die von den Roten Khmer kontrollierten Gebiete würden zu Unruheherden in Kambodscha, wenn sie nicht in den Friedensprozess eingebunden werden könnten. [...] Die westlichen Delegationen lehnten politischen Druck nicht ab und waren bereit, Friedensoperation notfalls ohne die R[oten]K[hmer] fortzuführen. Entscheidung hierzu sollte unmittelbar nach den letzten Verhandlungsversuchen mit zeitlicher Frist bis ca. Mitte November getroffen werden.“ Vgl. DB Nr. 2739; B 30, ZA-Bd. 158189.

17 Für die von MD Schlagintweit am 13. November 1992 vorgelegte Kabinettvorlage, die BM Kinkel am 16. November 1992 zeichnete, vgl. B 37, ZA-Bd. 175202.
Vgl. das Gesetz vom 28. April 1994 über den Beitritt der Bundesrepublik zu den Übereinkommen vom 23. Oktober 1991 über Kambodscha; BGBl. 1994, II, S. 542.
Das Vertragswerk trat für die Bundesrepublik am 1. Juli 1994 in Kraft. Vgl. die Bekanntmachung vom 20. Juli 1994; BGBl. 1994, II, S. 1317.

306

Drahtbericht des Ministerialdirigenten Bartels, z. Z. Djidda

Fernschreiben Nr. 124 **Aufgabe: 28. September 1992, 18.55 Uhr**
Citissime **Ankunft: 28. September 1992, 18.49 Uhr**

Betr.: Besuch StM Schäfer in Syrien (26.9. – 28.9.1992);
hier: Gespräch mit Staatspräsident Assad

1) Präsident Assad empfing StM Schäfer und ihn begleitende Delegation kurz vor Weiterflug nach Saudi-Arabien[1] zu knapp zweistündigem Gespräch, aus dem ich Folgendes festhalte: Präsident Assad (A.) erkundigte sich zunächst nach den vorigen Gesprächen StM Schäfers (S.)[2], über die er noch nicht unterrichtet sei, die aber eingehend erörtert würden, da die Maxime gelte: Die Beziehungen zu Deutschland sind gute Beziehungen.

A. kam dann auf den Friedensprozess[3] zu sprechen, das ausschließliche Thema des gesamten Gesprächs. Syrien sei ernsthaft in den Friedensprozess eingetreten. Israel bediene sich lediglich eines neuen Vokabulars, ohne dem neue Taten folgen zu lassen. Der bisher einzige Unterschied zwischen Likud und Labour bestehe im Ton. Dennoch hoffe Syrien weiterhin auf neue israelische Positionen. Neben der israelischen Haltung sei größtes Hindernis für erfolgreichen Friedensprozess die unverhältnismäßig große Hilfe, die Israel von außen erhalte. Offenbar glaube der Westen, dass die arabischen Länder zum Frieden durch Druck zu zwingen seien, Israel hingegen durch Erfüllung seiner Wünsche veranlasst werde. Allein von den USA erhalte jeder Israeli an Hilfe das Vierfache des Durchschnittsverdienstes eines Angehörigen der Dritten Welt. Hilfe komme jedoch nicht nur aus den USA, sondern auch aus Europa und insbesondere aus Deutschland, worum sich MP Rabin kürzlich bemüht habe.[4]

1 StM Schäfer hielt sich vom 28. September bis 1. Oktober 1992 in Saudi-Arabien auf. Botschafter Bente, Riad, berichtete am 2. Oktober 1992 zusammenfassend, Schäfer sei mit Kronprinz Abdullah ibn Abdul Aziz, dem amtierenden AM Mansouri, Wirtschafts- und Finanzminister Aba al-Khail und Ölminister Nazer zusammengetroffen: „Die Gespräche haben keine grundsätzlich neuen Erkenntnisse gebracht. Bemerkenswert ist allerdings die zunehmende Furcht vor einer expansiven Politik Irans, die mehr und mehr in den Vordergrund tritt, während die Sorge vor Irak sich eher vermindert." Ferner seien der Friedensprozess im Nahen Osten, fremdenfeindliche Gewalttaten in der Bundesrepublik, Hilfe für Flüchtlinge aus Bosnien-Herzegowina und wirtschaftliche Fragen erörtert worden. Vgl. DB Nr. 510; B 36, ZA-Bd. 170212.

2 Während seines Besuchs vom 26. bis 28. September 1992 in Syrien traf StM Schäfer mit dem StM für auswärtige Angelegenheiten, Qaddour, Vizepräsident Khaddam sowie Planungsminister Subay'i zusammen. Botschafter Schlingensiepen, Damaskus, berichtete am 29. September 1992, erörtert worden seien der Friedensprozess im Nahen Osten, die Entwicklung im Libanon, die Beziehungen Syriens zum Irak und zum Iran, Anti-Boykott-Regelungen sowie die bilateralen Wirtschaftsbeziehungen. Er bilanzierte: „Der Besuch war ein voller Erfolg, nicht zuletzt wegen der intimen NO-Kenntnisse des Besuchers, die es ihm ermöglichten, Antworten auf heikle Darlegungen zwar deutlich zu geben, aber in einer der arabischen Psyche angepassten Weise." Vgl. DB Nr. 1345/1346; B 36, ZA-Bd. 196471.

3 Zu den bilateralen Nahost-Verhandlungen vgl. Dok. 282, Anm. 11.

4 Der israelische MP Rabin hielt sich vom 14. bis 16. September 1992 in der Bundesrepublik auf. Vgl. Dok. 282.

S. stellte klar, dass Rabin die Frage von Kreditgarantien in Bonn nicht angesprochen habe, und erläuterte unsere Haltung, dass für derartige israelische Wünsche die legale Basis und auch die Mittel fehlten.

A. schloss das Thema ab mit der Bemerkung: Wer an einem erfolgreichen Abschluss des Friedensprozesses interessiert sei, dürfe nicht einseitig unterstützen. Syrien werde auf dem Weg zum Frieden fortfahren, bis Israel klarmache, dass es nicht weitergehe. Israel habe immer behauptet, die Araber wollten keinen Frieden und auch keine Verhandlungen, jetzt beweise Syrien das Gegenteil. Doch auch die syrische Friedensabsicht werde von der israelischen Propaganda entstellt. Während Eagleburger das kürzlich übergebene Non-paper mit den syrischen Prinzipien für eine Friedenslösung[5] als historisch bezeichnete, habe die israelische Reaktion darin bestanden, dass es keine positive Bewertung zulasse. Dabei sei in diesem Papier der syrische Wunsch nach einem Friedensvertrag (peace agreement) explizit festgehalten.

Die Israelis, so A., wollten jetzt wissen, worin die syrischen Vorstellungen eines Friedens beständen, und hätten die ihrigen präsentiert: volle Normalisierungen der Beziehungen. Dies, so A., sei jedoch nicht die Basis des Friedens, diese sei vielmehr die Rückgabe des Landes, das Israel besetzt halte. Alles Weitere folge, wenn die Zeit dafür reif sei.

S. sprach A. auf seine kürzliche Rede an, die wegen seiner Forderung „Mut zum Frieden“[6] international sehr aufmerksam registriert worden sei. Die deutsche Erfahrung zeige, dass „Land“ nicht alles sei, sodass auch für Syrien Sicherheitsgarantien für den Golan wichtiger sein könnten als vollständige Rückgabe. A. bestätigte, dass Sicherheitsgarantien bedeutsam seien, aber gleichgewichtet sein müssten. Die im Westen weidlich verkannten geographischen und topographischen Aspekte der Golan-Frage dürften nicht im Vordergrund stehen, Syrien fühle sich vielmehr von den Höhen Galiläas aus bedroht. Im Übrigen wisse jeder Artillerist, dass sich von der Ebene besser zielen lasse als von der Höhe. Schließlich seien die israelischen Sicherheitsargumente insofern unglaubwürdig, als die Siedlungen auf dem Golan bis auf einen Kilometer an syrisches Gebiet herangeschoben worden seien. Und zuletzt: Die Breite des Golan von 18 bis 20 km sei selbst für Artillerie kein Hindernis mehr.

S. plädierte für vertrauensvolle Maßnahmen wie im KSZE-Prozess. Deshalb unterstützten wir im Rahmen unserer Möglichkeiten die multilaterale Phase des Friedensprozesses. A. bekräftigte die syrische Haltung, solange an den multilateralen Verhandlungen nicht teilzunehmen, wie Israel einen Teil des Landes besetzt halte. Nach einem kurzen Hinweis auf die guten deutsch-syrischen Beziehungen, die nur gelegentlich getrübt würden (Anspielung auf den Panzertransport[7]), sprach A. die falschen, gegen Deutschland wegen Waffenlieferungen nach Irak gerichteten Anschuldigungen an. S. erläuterte unsere restriktive Waffenexportpolitik, über die sich auch Israel nachhaltig beschwere.

A. endete mit einem historischen Exkurs, dem er das Motto voranstellte: Die deutsche Politik solle den Nahen Osten nicht unter deutsch-israelischen, sondern unter deutsch-

5 Zu dem am 2. September 1992 bei den bilateralen Nahost-Verhandlungen in Washington übergebenen syrischen Papier vgl. Dok. 301, Anm. 8.

6 In der Presse wurde berichtet: „Mr. Assad has already taken a hopeful, if hesitant, step by telling Syrians, that he seeks ‚the peace of the brave‘ with Israel. He used that phrase this week at a meeting with a delegation of Druse elders who now live under Israeli rule in the northern Golan.“ Vgl. den Artikel „The Syrian Peace Shock“; THE NEW YORK TIMES vom 12. September 1992, S. 20.

7 Zum Fall „Godewind“ vgl. Dok. 53, Anm. 10.

arabischen Aspekten sehen. Durch seine Rolle im Ersten Weltkrieg trage Deutschland Mitverantwortung für die gegenwärtige verfahrene Lage im NO. Nach letzten Untersuchungen sei die Judenverfolgung in Deutschland nicht so abgelaufen, wie von Israel behauptet. Doch wie dem auch sei, Deutschland dürfe seine Probleme aus der Vergangenheit nicht zulasten anderer lösen. Er pflichtete S. bei, dass die neue Generation in Deutschland die politische Lage im NO nicht mit Schuldgefühlen, sondern mit einem gewandelten Bewusstsein zur Kenntnis nehme, in dem die Belange Israels wie der Palästinenser ausgewogen berücksichtigt würden.

A. schloss das Gespräch, indem er beste Grüße an BM Kinkel, über dessen Besuch in Damaskus er sich freuen würde[8], und an BM a. D. Genscher richtete, mit dem ihn eine besonders gute und langjährige Beziehung verbinde, die er mit dem Nachfolger gerne fortsetzen würde.

2) Bewertung

Präsident A. empfing die Delegation im kolossalen, mit großem Aufwand errichteten „Volkspalast" auf der Kuppe einer der strategischen Anhöhen um Damaskus. Der Blick aus den großen Fenstern ging über ganz Damaskus und seine immer stärker verstädterte Oase. Deutlicher ließ sich Unmittelbarkeit der Macht nicht sichtbar machen. Zugleich erweckte A. den Eindruck der Distanz zur politischen Wirklichkeit in seinem Lande. In seiner Herausgehobenheit erinnerte er an den legendären „alten Mann in den Bergen", den mittelalterlichen Assassinen-Führer, der zurückgezogen in die nordsyrische Berglandschaft und unbeeindruckt vom Treiben in der Ebene seine Entscheidungen traf.

A., mir aus eigener Tätigkeit in Damaskus (1973 – 1977) nicht unvertraut, wirkte vergeistigt bis hin zur physischen Transparenz: Er war locker, lachte und scherzte mit seinen Mitarbeitern, die ihn nicht Präsident, sondern, wie beim jordanischen König üblich, „Sidi" (Sire) ansprachen. Sie zollten ihm Respekt, Verehrung, Devotion.

Die intellektuelle und charismatische Ausstrahlung Assads ist in den gar 20 und mehr Jahren, die er an der Macht ist, eher noch beeindruckender geworden. Er war nie impulsiv, sondern immer der sorgsam abwägende, kühl berechnende Politiker, der brillanteste im Nahen Osten. Wie alle seine politischen Schritte – und er allein entscheidet – wird er auch die syrische Haltung im Friedensprozess festlegen: nach sehr reiflicher Überlegung, die Figuren im machtpolitischen Spiel sorgsam setzend.

A. ließ das Gespräch durch seinen Presseberater und Vertrauten seit 20 Jahren, Elias, übersetzen. Ob in die Welt dieser sichtbar gealterten Männer aber auch genug von jenen Gegebenheiten dringt, die heute zu den entscheidenden politischen Faktoren gehören, nämlich die physische und psychische Verfassung von Gesellschaften und Nationen, erschien mir zweifelhaft. So wirkte A. wie einer der letzten Vertreter jenes Typus von Politikern, die in europäischer Kabinettspolitik brillierten, die aber mit der Bewältigung der Probleme des ausgehenden 20. Jahrhunderts große Schwierigkeiten hätten.

[gez.] Bartels

B 36, ZA-Bd. 196471

8 BM Kinkel hielt sich am 4./5. Mai 1993 in Syrien auf. Vgl. AAPD 1993.

307

Gespräch des Bundesministers Kinkel mit dem britischen Außenminister Hurd

30. September 1992[1]

Gespräch BM mit AM Hurd am 30. September 1992, 14.00 Uhr

Das Gespräch fand unter vier Augen statt und dauerte ca. eine Stunde. Es wurde unterbrochen von zwei Telefonaten.

Hauptthema des Gesprächs waren die deutsch-britischen Beziehungen in der gegenwärtigen Lage[2] und das Vorantreiben der Ratifikation des Maastrichter Vertrages.

BM begrüßte den britischen Außenminister und bedankte sich, dass dieser Zeit gefunden habe zu einem Besuch. Die zur Verfügung stehende Zeit sei knapp, deshalb schlage er vor, dass man sich auf die wesentlichen Punkte konzentriere. Ein kurzes Pressegespräch sei im Anschluss vorgesehen.[3]

BM fasste eingangs die deutsche Position nach dem französischen Referendum[4] zusammen. Entscheidend sei, an Maastricht festzuhalten, das gelte für die inhaltliche Seite wie auch für den Zeitplan. Auch am EWS wolle man festhalten. Man sei sich der Schwierigkeiten, die Großbritannien in diesem Zusammenhang habe, durchaus bewusst.[5] BM betonte,

1 Der Gesprächsvermerk wurde von Dolmetscherin Notbohm-Ruh gefertigt.
Hat BM Kinkel am 30. September 1992 vorgelegen.

2 Am Morgen des 30. September 1992 teilte Botschafter Freiherr von Richthofen, London, mit: „Aufgrund der Vorwürfe aus Kreisen der britischen Regierung gegen die Bundesbank hat das Ansehen der Bundesbank in GB gelitten. Die eingehende Zurückweisung dieser Vorwürfe durch Bundesbank-Präsident Dr. Schlesinger, die ich am 28.9. dem StS im FCO, Sir David Gillmore, mit der Bitte um Unterrichtung der zuständigen Stellen übergeben habe, hat bislang nicht dazu geführt, dass die unzutreffenden Behauptungen und [un]gerechtfertigten Vorwürfe von Regierungsseite zurückgenommen oder richtiggestellt worden wären." Die Botschaft werde im Einvernehmen mit der Bundesbank die Fakten einem ausgesuchten Wirtschafts-Journalisten erläutern, „um zu verhindern, dass sich ein derart falsches Bild von der Bundesbank hier dauerhaft in das britische Bewusstsein einprägt". Mit Blick auf die „Schürung antideutscher Gefühle durch die hiesige Regenbogen-Presse" legte Richthofen dar: „Die britische Regierung und namentlich das FCO haben bisher sichtbar nichts unternommen, um die deutsch-britischen Beziehungen vor Schaden zu bewahren. Hierum sollte AM Hurd gebeten werden." Vgl. DB Nr. 1897; B 31, Bd. 178054.

3 Zu den Äußerungen des BK Kinkel und des britischen AM Hurd gegenüber der Presse am 30. September 1992 vgl. den Artikel „Major gains assurance on EC treaty"; THE GUARDIAN vom 1. Oktober 1992, S. 22.

4 Zum Referendum am 20. September 1992 in Frankreich über das Vertragswerk von Maastricht vgl. Dok. 293 und Dok. 300.

5 Zur Suspendierung der Mitgliedschaft des britischen Pfunds im EWS am 16. September 1992 vgl. Dok. 290. Zur Frage einer Ratifizierung des Vertragswerks von Maastricht in Großbritannien vgl. Dok. 300, Anm. 18. Botschafter Freiherr von Richthofen, London, berichtete am 29. September 1992, in der Unterhausfraktion der Konservativen Partei mache „der harte Kern der Maastricht-Gegner 40 bis 70 Abgeordnete aus. Wie viele davon letztendlich PM Major die Gefolgschaft versagen würden, lässt sich nicht eindeutig bestimmen. [...] Schwierigkeiten von PM Major sind größer als bisher angenommen. Er wird politisch wahrscheinlich nur überleben können, wenn er zu einem späteren Zeitpunkt ratifiziert und den Maastricht-Vertrag mit einer interpretativen Erklärung zur Subsidiarität verbindet. Nur so wird er den starken

dass er Verständnis für die britische Position habe; entscheidend sei aber, dass man sich nicht auseinanderdividieren lasse. Deutschland und Großbritannien müssten gemeinsam versuchen, diese Schwierigkeiten zu bewältigen und eine Antwort auf die durchaus berechtigten Ängste und Befürchtungen der Menschen in Europa zu finden. Für Deutschland heiße dies aber, eine Lösung müsse unterhalb einer Vertragsänderung gefunden werden.

Der BK habe um 11.00 Uhr mit dem britischen Premierminister ein einstündiges Telefonat geführt, und auch er selber habe gestern Abend bis lange nach Mitternacht mit dem BK über dieses Thema gesprochen. BM berichtete kurz über das Telefonat des BK mit John Major. Diskutiert worden sei der Entwurf einer gemeinsamen Erklärung, deren Hauptelemente BM Douglas Hurd kurz darlegte. BM unterstrich, dass seiner Meinung nach nun eine Begegnung zwischen dem BK und dem britischen Premierminister – noch vor dem EG-Sondergipfel in Birmingham[6] – dringend geboten sei. Der BK habe dies auch dem britischen Premierminister vorgeschlagen, doch sei bis zum Schluss nicht klar zu erkennen gewesen, ob der britische Premierminister zu einem Besuch bereit sei. Der BK könne jedenfalls zu diesem Zeitpunkt nicht nach London reisen. Deshalb bat BM den britischen Außenminister, seinen Einfluss auf John Major geltend zu machen und ihn von der Dringlichkeit einer solchen Begegnung zu überzeugen.

AM *Hurd* stimmte BM in seiner Einschätzung der Dringlichkeit eines Besuches zu und versprach, auf John Major dahingehend einzuwirken.

BM bedankte sich. Er erwähnte in diesem Zusammenhang, dass der BK sehr verärgert gewesen sei über die eigenmächtige Entscheidung der britischen Seite, auch die Finanzminister zum EG-Sondertreffen nach Birmingham einzuladen, ohne die übrigen Mitgliedstaaten vorher zu konsultieren. Er betonte, dass die deutsche Seite befürchte, dass Birmingham zu einem katastrophalen Finanz- und EWS-Gipfel werden könne. In der gegenwärtigen Situation könne man zwar nicht verfahren nach dem Motto „business as usual“, aber an die Entscheidungen, die die EG in New York getroffen habe, wolle man sich dennoch halten. Das heiße, man erkenne an, dass Großbritannien Probleme habe, aber der Zug fahre weiter. Den berechtigten Ängsten der Menschen in Europa müsse man Rechnung tragen. Deshalb sei er sehr froh, dass AM Hurd nach Bonn gekommen sei.

BM hob in diesem Zusammenhang noch einmal hervor, wie wichtig es für ihn sei, dass die persönlichen Beziehungen zwischen seinem britischen Kollegen und ihm selbst von diesen Ereignissen nicht beeinträchtigt würden. Nach außen müsse man unbedingt sagen, dass es keinen Bruch in den deutsch-britischen Beziehungen gegeben habe. Wichtig sei nun zunächst, die Wogen zu glätten. Deshalb wiederholte BM, dass eine Begegnung zwischen BK und PM Major vor Birmingham dringend sei.

Das Gespräch wurde unterbrochen, da der britische AM[7] ein Telefongespräch des britischen Finanzministers Lamont entgegennahm.

AM *Hurd* berichtete BM über das Telefongespräch mit Lamont, das ihn sehr beunruhigte. Lamont habe ihm mitgeteilt, dass der deutsche Botschafter in London gestern mit

Fortsetzung Fußnote von Seite 1227

Widerstand der Maastricht-Gegner brechen und die von ihm geeinte Partei zusammenhalten können. Das Risiko, sich dann aber von einigen Hardlinern aus der eigenen Fraktion zu trennen, scheint er eingehen zu wollen.“ Vgl. DB Nr. 1893; B 210, ZA-Bd. 162212.

6 Zur Sondertagung des Europäischen Rats am 16. Oktober 1992 vgl. Dok. 334.

7 Korrigiert aus: „PM“.

dem Staatssekretär im Außenministerium[8], Gillmore, ein Gespräch geführt habe, in dessen Verlauf er ihm einen vertraulichen Brief des Präsidenten der Deutschen Bundesbank, Schlesinger, übergab.[9] Dieser Brief bezog sich auf ein Interview von Schlesinger mit dem Handelsblatt. Nun habe ihm Lamont mitgeteilt, dass der deutsche Botschafter diesen Brief heute an die Presse weitergegeben habe. Dies beunruhige nicht nur den Finanzminister, sondern auch ihn selbst, und man befürchte, dass dies zu einer Zuspitzung der Diskussion über das deutsch-britische Verhältnis führen könne. Er bat BM, der Sache nachzugehen.

BM stellte fest, dass ihm dieses Papier bereits übergeben worden war – gestern Abend von Schlesinger selbst –, er habe jedoch noch keine Zeit gehabt, den Brief zu lesen. BM nahm sofort telefonische Verbindung zu Botschafter von Richthofen auf und bat ihn, zu erklären, was in dieser Angelegenheit wirklich geschehen sei. Herr von Richthofen hatte in der Tat Staatssekretär Gillmore gestern einen Brief überreicht, dabei aber darauf hingewiesen, dass der Brief Zahlen enthalte, die vertraulich seien. Der Staatssekretär habe daraufhin entgegnet, man werde den ganzen Brief als vertraulich behandeln. Der deutsche Botschafter stimmte dem zu. Auf dringenden Wunsch der Deutschen Bundesbank habe Herr von Richthofen jedoch heute zwar nicht den Brief, aber eine abgespeckte Version (ohne die vertraulichen Zahlen) des Briefes an einen Pressevertreter, nämlich Peter Norman von der Financial Times, übergeben.[10] BM sagte, dass er von dem deutschen Botschafter noch einen Bericht zu dieser Angelegenheit erhalten werde. Sollte er feststellen, dass darin Dinge enthalten seien, die nicht mit dem übereinstimmten, was Herr von Richthofen ihm am Telefon erzählt habe, so werde er unverzüglich Verbindung zu AM Hurd aufnehmen.

BM bat AM Hurd um Verständnis dafür, dass Schlesinger sehr verletzt worden sei durch das, was in den britischen Zeitungen über die Deutsche Bundesbank geschrieben worden sei. Dazu seien dann noch die Bemerkungen des britischen Schatzkanzlers gekommen.[11]

8 Korrigiert aus: „Finanzministerium".

9 Botschafter Freiherr von Richthofen, London, berichtete am 28. September 1992, er habe auf Bitte von Bundesbankpräsident Schlesinger „die mir aus Frankfurt übermittelten Klarstellungen am 28.9. Staatssekretär Sir David Gillmore im FCO übergeben und erläutert. [...] StS Gillmore hat zugesagt, die Klarstellungen von Dr. Schlesinger unter Wahrung der gebotenen Vertraulichkeit (klassifiziertes Schriftstück) an die zuständigen Regierungsstellen, darunter insbesondere das Finanzministerium, weiterzuleiten. In einer ersten Erwiderung wies Sir David darauf hin, dass die britische Regierung eine unterschiedliche Perzeption der Rolle der Bundesbank in den währungspolitischen Ereignissen der letzten Wochen habe. Die verschiedenen Äußerungen aus der Bundesbank hätten die Devisenmärkte zu den Reaktionen gegen das Pfund ermutigt. Auch habe sich in der Regierung der Eindruck verfestigt, dass die Bundesbank bei der Stützung des Franc engagierter und variantenreicher vorgegangen sei als für das Sterling eine Woche zuvor." Vgl. DB Nr. 1877; B 52, ZA-Bd. 173736.

10 Mit Schreiben vom 29. September 1992 an Botschafter Freiherr von Richthofen, London, übermittelte Bundesbankpräsident Schlesinger „die erbetene neue Fassung der Stellungnahme zu Vorwürfen aus Kreisen der britischen Regierung, welche ich Ihnen am 25. September übersandt habe. Die neue Fassung kann von Ihnen und Ihren Mitarbeitern in Gesprächen mit der britischen Presse verwendet werden." Vgl. B 52, ZA-Bd. 173736.

11 Botschafter Freiherr von Richthofen, London, berichtete am 25. September 1992, in der Debatte des britischen Unterhauses am Vortag habe der britische FM Lamont „in polemischen und ehrverletzenden Worten Bundesbankpräsident Schlesinger die Hauptschuld für die schwere Pfundkrise" gegeben und ihn für die Krise im EWS verantwortlich gemacht: „Anders als PM Major hat Schatzkanzler Lamont seine politische Überlebensstrategie auf eine gehässige Verleumdung des Präsidenten der Bundesbank,

Der deutsche Botschafter sei vom Bundesbankpräsidenten geradezu gedrängt worden, seine Gegendarstellung in Großbritannien öffentlich zu machen. Schlesinger habe die gegen ihn gerichteten Angriffe nicht unbeantwortet lassen wollen. Die in Großbritannien zunächst bekannt gewordene Fassung des Schlesinger-Interviews mit dem Handelsblatt sei eine nicht freigegebene Fassung gewesen. In ihr fehlten wichtige Teile des Original-Interviews. Das habe zu einem verzerrten Eindruck dessen geführt, was der Bundesbankpräsident tatsächlich gesagt habe.

AM *Hurd* hob noch einmal hervor, wie gefährlich es zu diesem Zeitpunkt sei, die Stimmung noch weiter aufzuheizen.

BM bestätigte, dass man alles unternehmen müsse, um die Dinge wieder auf das Normalmaß zurückzuführen.[12]

BM und AM *Hurd* einigten sich darauf, in dem nachfolgenden Pressegespräch nicht zu erwähnen, dass man sich ausschließlich mit dem Thema Europa und den deutsch-britischen Beziehungen befasst habe. Aus psychologischen Gründen sei es ratsam, dies nur als einen Tagesordnungspunkt zu nennen. Beide einigten sich darauf, der Presse zu sagen, dass man außerdem über das Thema Jugoslawien und die GATT-Runde gesprochen habe.

Das Gespräch endete um 15.05 Uhr.

B 1, ZA-Bd. 178945

Fortsetzung Fußnote von Seite 1229

Dr. Schlesinger, aufgebaut, ‚dessen Presseäußerungen, die nie glaubwürdig dementiert worden seien, den letzten, unwiderstehlichen Angriff der Devisenmärkte ausgelöst hätten'. Seine Angriffe gegen die Bundesbank in einer Sitzung des Plenums des Unterhauses belasten das britisch-deutsche Verhältnis. [...] Lamont sieht seine Überlebenschance offensichtlich am ehesten im Lager der Euroskeptiker gesichert." Vgl. DB Nr. 1871/1872; B 224, ZA-Bd. 187240.

12 Am 2. Oktober 1992 teilte Botschafter Freiherr von Richthofen, London, mit: „Nach Gesprächen am 30.9. mit BK Kohl, Präsident Mitterrand und Min[ister]präs[ident] Schlüter ist PM Major gestern innenpolitisch wieder in die Offensive gegangen. Nach mehrstündiger Kabinettsitzung am 1.10.1992 hat die Regierung ihren eindeutigen Willen bekundet, Maastricht-Ratifizierung voranzutreiben, möglichst noch vor Weihnachten Ausschussverfahren im Unterhaus wiederaufzunehmen, ohne auf Klärung der Ratifizierungsfrage durch Dänemark zu warten." Damit stelle der britische PM Major seine europapolitisch gespaltene Partei vor die Alternative „back me or sack me". Letztlich führe er „den Tories damit Abgrund vor Augen, in den eine Desavouierung der europapolitischen Regierungslinie sie stürzen könne. Er baut darauf, dass sich Konservative nicht wie Lemminge verhalten werden." Eine offene Wunde bleibe allerdings das EWS. Major und AM Hurd „wissen, dass die neue Entschiedenheit zur Ratifizierung von Maastricht wenig überzeugend wirkt", wenn die Abstinenz vom EWS „zum festen Bestandteil einer neuen ‚britischen' Wirtschafts- und Währungspolitik erklärt würde". Vgl. DB Nr. 1928; B 210, ZA-Bd. 162212.

308

Runderlass des Referats 221

221-321.15/1 **Aufgabe: 30. September 1992**[1]
Fernschreiben Nr. 757 Plurez

Betr.: Behandlung des Holocaust-Themas in den USA;
hier: Ressortbesprechung unter Leitung StS Dr. Kastrup am 22.9.1992 im Auswärtigen Amt

Nachfolgend wird von StS gebilligter Vermerk über o. g. Ressortbesprechung übermittelt.

Folgt Anlage

Vermerk

1) Hintergrund der Besprechung ist die zunehmende Beschäftigung mit dem Holocaust in den USA:
- Im April 1993 wird das Holocaust Memorial Museum (HMM) in Washington eröffnet.[2] Unsere Bemühungen, das Museumskonzept durch eine Darstellung der deutschen Nachkriegsgeschichte zu ergänzen, sind erfolglos geblieben.[3]
- In einigen Städten ist die Einrichtung von Holocaust-Gedenkstätten geplant; immer mehr Bundesstaaten machen Holocaust-Unterricht zum Pflichtfach in den Schulen.
- Die beiden „Maus"-Cartoons von Art Spiegelman[4], in denen das Leben einer jüdischen Familie in Polen während des Nationalsozialismus dargestellt wird, standen monatelang auf der Bestsellerliste der New York Times.

Vor diesem Hintergrund diente die Besprechung der Frage, wie wir uns gegenüber den Auswirkungen verhalten, die diese intensive Auseinandersetzung mit dem Holocaust in der gesamten US-Gesellschaft zeitigen wird. Ziel war ein erster Gedankenaustausch, nicht das Entwickeln fertiger Konzepte.

2) Folgende Punkte können als Ergebnis der Besprechung festgehalten werden:

a) Die Arbeiten am Konzept des HMM sind beendet. Wir haben uns bemüht, unsere Position einzubringen, sind aber gescheitert. Weitere Versuche, auf die Gestaltung der Gedenkstätte Einfluss zu nehmen, sollten nicht unternommen werden. Es ist auch nicht sinnvoll, die Frage mit der israelischen Regierung aufzunehmen.[5] Es wurde grundsätzlich zu erwägen gegeben, ob wir nicht jeglichen Versuch, unser Anliegen in die jüdischen Gedenkstätten einzubringen, unterlassen sollten. Es bestand jedenfalls Einvernehmen, dass wir in Zukunft eine Beteiligung nur dann in Betracht ziehen sollten, wenn wir dazu eingeladen werden.

1 Der Runderlass wurde von LRin I Sräga-König konzipiert.
Hat VLR I Wagner am 30. September 1992 vorgelegen.

2 Zur Frage einer Teilnahme der Bundesregierung an der Eröffnung vgl. Dok. 363.

3 Zu einer möglichen Beteiligung an der Ausstellungsgestaltung vgl. Dok. 244.

4 Vgl. Art SPIEGELMAN: Maus: A survivor's tale: My father bleeds history, New York 1986, sowie DERS.: Maus II : A survivor's tale : And here my troubles began, New York 1991.

5 Zur Frage einer Einschaltung der israelischen Regierung vgl. Dok. 249.

b) Das Thema Holocaust Memorial Center Detroit[6] (finanzielle Förderung durch die Bundesregierung für einen Anbau, in dem unser Anliegen berücksichtigt wird) wurde zunächst zurückgestellt. Es handelt sich hierbei um einen Sonderfall, da der Anstoß von den Betreibern des Museums ausgegangen ist.

c) Der Entwicklung, die durch das HMM ausgelöst wird, sollten wir jedoch nicht tatenlos zusehen. Unsere PÖA und kulturpolitische Programmarbeit muss das Ziel verfolgen, diese verengte Darstellung der deutschen Geschichte zu ergänzen durch ein breites Angebot zur Beschäftigung mit der deutschen Nachkriegsgeschichte. Solange allerdings unsere innenpolitische Realität den Eindruck vermittelt, dass wir nicht in der Lage sind, Ausländer gegen Angriffe rechtsradikaler Jugendlicher zu schützen[7], wird es uns nicht leichtfallen, die Darstellung des Holocaust in den USA durch Hinweise auf die Realitäten in Nachkriegsdeutschland positiv zu ergänzen.

d) Unsere PÖA-Aktivitäten dürfen nicht als Gegenreaktion auf das HMM erscheinen. Der Eindruck muss vermieden werden, wir wollten den Holocaust relativieren.

e) Der Schwerpunkt muss auf einer langfristig angelegten Informationsarbeit liegen, die insbesondere auf Jugendliche ausgerichtet sein sollte. Positiv gewürdigt wurden dabei die bereits bestehenden Ansätze wie die Erarbeitung von ergänzenden Unterrichtsmaterialien zum Holocaust-Unterricht und die Einladungen an Holocaust-Lehrer nach Deutschland. Diese Instrumente sollen weiter eingesetzt und ausgebaut werden. Wichtig ist jedoch auch, andere vorhandene Instrumente unserer Öffentlichkeitsarbeit zu überprüfen, damit sie unserem Anliegen besser gerecht werden (Arbeit der Mittlerorganisationen und andere Programme, die die Bundesregierung in den USA fördert, wie GAPP[8], American Institute for Contemporary German Studies, Polit. Stiftungen).

f) Es sollten auch Überlegungen darüber angestellt werden, wie wir die meinungsbildenden Eliten informieren können (engere Zusammenarbeit mit jüdischen Organisationen, z.B. American Jewish Committee, finanzielle Zuschüsse für seriöse US-Fernsehprogramme, Pressegespräche).

3) Zum weiteren Vorgehen wurde beschlossen:
- Ref. 221 und 012 (im Zusammenwirken mit BPA) entwickeln auf Grundlage der Besprechungsergebnisse einen Vorschlag, der auch an Politiker (ggf. für Diskussion im Auswärtigen Ausschuss) herangetragen werden kann.
- Konsularkonferenz in Washington Ende Oktober soll das Thema aufnehmen.
- Ein nächstes Treffen wird nach der Konsularkonferenz stattfinden.

B 32, ZA-Bd. 179508

6 VLR I Wagner vermerkte am 10. September 1992: „Die Organisatoren des Holocaust Memorial Center in Detroit hatten in Aussicht gestellt, unser Anliegen einer Ergänzung der Ausstellung um eine Darstellung der deutschen Nachkriegsgeschichte in einem als Institute of the Righteous geplanten Anbau zum Museum zu berücksichtigen. Dazu wurde ein Antrag auf finanzielle Unterstützung durch die Bundesregierung gestellt. Das AA hat für die Haushaltsverhandlungen 1993 einen einmaligen Zuschuss von 4 Mio. DM beantragt. In den Verhandlungen mit dem BMF wurde der Antrag zugunsten anderer Projekte (Auschwitz) zurückgezogen." Es stelle sich die Frage, ob versucht werden solle, in den Haushaltsverhandlungen 1994 erneut einen Zuwendungsbetrag für das Museum einzubringen. Vgl. B 32, ZA-Bd. 179508.

7 Zu fremdenfeindlichen Gewalttaten in der Bundesrepublik vgl. Dok. 303, Anm. 14.

8 German American Partnership Program.

309

Gespräch des Bundeskanzlers Kohl mit dem argentinischen Präsidenten Menem

1. Oktober 1992[1]

Der *Bundeskanzler* heißt Präsident Menem herzlich willkommen.[2] Er freue sich über den politischen Erfolg des Präsidenten. In der Nachbarschaft Argentiniens sei die Sache allerdings eher dramatisch.

Präsident *Menem* bejaht dies und fügt hinzu, Brasilien sei ein Land mit einem großen Potenzial, politisch stünden die Dinge nicht gut. Man müsse allerdings zugeben, dass die derzeitige Entwicklung sich im konstitutionellen Rahmen vollziehe.[3] Früher hätte dies zu einem Staatsstreich geführt.

Für ihn sei es eine große Freude, in Deutschland zu sein. Er sei jetzt schon zum dritten Male hier.[4] Er wolle die Gelegenheit benutzen, um dem Bundeskanzler auch im Namen des argentinischen Volkes herzlich zu seinen erfolgreichen zehn Amtsjahren zu gratulieren.

Der *Bundeskanzler* bedankt sich und erklärt, wir durchlebten eine dramatische Zeit der Veränderungen. In den letzten Jahren sei in Europa und in Deutschland mehr passiert als sonst in einem ganzen Jahrhundert. Zudem habe es den Anschein, dass in der europäischen Politik am Ende dieses Jahrhunderts endlich die Vernunft Oberhand gewinne.

Präsident *Menem* stimmt dem zu und erklärt, auch in Lateinamerika änderten sich die Dinge schnell. Dort bereite man sich – ähnlich wie in Europa – auf einen Prozess der Integration vor, und zwar nicht nur zwischen den Regierungen, sondern auch zwischen den Völkern.

Die Lage in Argentinien sei heute stabil. Er glaube auch nicht, dass die Schaffung des „Mercosur“[5] von den Ereignissen in Brasilien beeinträchtigt werde, denn hinter dieser Entwicklung stünden die Völker der beteiligten Länder.

1 Kopie.
Der Gesprächsvermerk wurde von MD Hartmann, Bundeskanzleramt, am 8. Oktober 1992 gefertigt und über BM Bohl an BK Kohl geleitet. Dazu vermerkte er: „Ich gehe davon aus, dass der Vermerk nicht weitergeleitet wird.“
Hat Bohl am 9. Oktober 1992 vorgelegen.
Hat Kohl vorgelegen, der den Rücklauf an Hartmann verfügte und handschriftlich vermerkte: „Ja.“ Ferner notierte er: „I[n] O[rdnung].“
Hat Hartmann am 13. Oktober 1992 erneut vorgelegen. Vgl. den Begleitvermerk; BArch, B 136, Bd. 59736.

2 Der argentinische Präsident Menem hielt sich vom 30. September bis 3. Oktober 1992 in der Bundesrepublik auf.

3 Botschafter Wallau, Brasilia, berichtete am 2. Oktober 1992, der brasilianische Präsident Collor de Mello habe am selben Tag das vom Präsidenten des Senats und vom Präsidenten des Obersten Gerichtshofs unterzeichnete Dokument entgegengenommen, „das ihn wegen des gegen ihn im Senat eingeleiteten Verfahrens wegen Amtsvergehens des Amtes enthebt“. Vizepräsident Franco habe als amtierender Präsident die Staatsgeschäfte übernommen. Vgl. DB Nr. 760; B 33, ZA-Bd. 159120.

4 Referat 330 notierte am 4. April 1991: „BK traf mit Menem, seinerzeit noch Präsidentschaftskandidat, kurz am 7.11.1988 im Anschluss an dessen Gespräch mit Chef BK zusammen.“ Vgl. B 33, ZA-Bd. 159067.
Als Präsident besuchte Menem die Bundesrepublik vom 8. bis 12. April 1991.

5 Am 26. März 1991 beschlossen Argentinien, Brasilien, Paraguay und Uruguay mit dem Vertrag von Asunción die Schaffung eines gemeinsamen Marktes (Mercado Común del Sur, Mercosur). Für den Vertrag einschließlich der zugehörigen Dokumente vgl. UNTS, Bd. 2140, S. 257–359.

Der *Bundeskanzler* erklärt, wir unterstützten nachdrücklich die Bemühungen um eine stärkere wirtschaftliche Integration im Rahmen des Mercosur. Er sei überzeugt, dass diese Entwicklung in naher Zukunft Früchte tragen werde.

Er wolle kurz ein paar Bemerkungen zur Entwicklung in Europa machen. Er habe gerade dem französischen Präsidenten Mitterrand am Telefon gesagt, dass der europäische Zug weiterfahren werde und niemand ihn aufhalten könne. Wir wollten aber weder Großbritannien noch Dänemark aus der Gemeinschaft hinausdrängen. Auch der Zeitplan sei nicht das eigentliche Problem, vorausgesetzt, es gehe um Monate und nicht um Jahre. Die Welt gehe nicht unter, wenn der Maastrichter Vertrag später als vorgesehen in Kraft trete.[6] Der Binnenmarkt könne allerdings nur dann funktionieren, wenn die Wirtschaftsunion durch eine Politische Union ergänzt werde.

Ab Januar 1993 werde die EG in Beitrittsverhandlungen mit Österreich, Schweden und Finnland und je nach der dortigen Entscheidung auch mit Norwegen und der Schweiz eintreten.[7] Der Beitritt könne dann möglicherweise 1995 erfolgen.

Diese Entwicklung sei auch für Lateinamerika und Argentinien wichtig, und er empfehle nachdrücklich, die Beziehungen zur EG zu intensivieren und auch auf eine engere Beziehung zwischen der EG und dem Mercosur hinzuarbeiten.

Präsident *Menem* stimmt lebhaft zu und erklärt, er habe heute in einem Gespräch mit Vertretern des DIHT Argentinien als Eingangstor für den Mercosur empfohlen, und in der Tat sei es sehr wichtig, die Beziehungen zwischen EG und Mercosur zu entwickeln. Dies könne unbeschadet der weiteren Entwicklung der bilateralen Beziehungen, beispielsweise zwischen Deutschland und Argentinien, geschehen. Die Beziehungen von Region zu Region seien zukunftsträchtig.

Der *Bundeskanzler* stimmt zu und erklärt, er habe immer diese Auffassung vertreten. Vor zehn Jahren sei eine solche Entwicklung noch nicht möglich gewesen, zum einem wegen der Lage in Argentinien, zum anderen, weil eine Reihe Mitgliedstaaten der EG besondere koloniale Beziehungen, beispielsweise nach Afrika, gepflegt hätte. Inzwischen habe sich durch den Beitritt Portugals und Spaniens[8] das Bild geändert. Hinzu komme die gewaltige positive Veränderung in Lateinamerika.

Präsident *Menem* erklärt, bei der Entwicklung des Mercosur orientiere man sich stark an den bisherigen europäischen Erfahrungen. Lateinamerika habe gegenüber Europa den großen Vorteil, dass es keine kriegerische Vergangenheit habe und es außerdem keine wesentlichen sprachlichen und religiösen Verschiedenheiten gebe.

Lateinamerika habe auch nicht das Problem massiver Einwanderungen, dem sich Europa derzeit gegenübersehe. Man habe zwar offene Grenzen, aber sei von den Unruheherden in Mittel- und Osteuropa weit entfernt.

Natürlich habe man nach wie vor mit Schwierigkeiten zu kämpfen. So fühle sich Argentinien durch die Agrarpolitik der USA und der EG und die damit verbundenen Subventionen beschwert. Der Wunsch Argentiniens sei, dass man seitens der EG jetzt die Wirtschaftspolitik der Liberalisierung und Deregulierung honoriere. Er hoffe vor allem, dass die noch bestehenden Schwierigkeiten im GATT ausgeräumt würden.

6 Zum Inkrafttreten des Vertrags vom 7. Februar 1992 über die Europäische Union vgl. Dok. 300, Anm. 5.

7 Die EG nahm am 1. Februar 1993 Beitrittsverhandlungen mit Finnland, Österreich und Schweden auf. Die Beitrittsverhandlungen mit Norwegen begannen am 5. April 1993. Vgl. AAPD 1993.

8 Der EG-Beitritt Portugals und Spaniens erfolgte am 1. Januar 1986.

Der *Bundeskanzler* erklärt, er habe über diese Frage sowohl mit Präsident Bush als auch mit Präsident Delors gesprochen.[9] Nach seinem Eindruck wolle Präsident Bush noch vor den Wahlen[10] einen Durchbruch schaffen. Weitere Gespräche sollten schon in Kürze stattfinden. Er dränge gegenüber Brüssel auf einen Kompromiss, allerdings müssten sich auch die Amerikaner bewegen. Seines Erachtens sei es ein Fehler gewesen, die GATT-Verhandlungen nicht schon früher abzuschließen.

Präsident *Menem* stellt die Frage, wann mit einem Abschluss zu rechnen sei.

Der *Bundeskanzler* erwidert, wenn beide Seiten tatsächlich wollten, könne man sich noch im Oktober in den Grundsatzfragen einigen. Die dann noch zu klärenden technischen Fragen könne man allerdings nicht so rasch lösen. Jetzt brauche man einen politischen Durchbruch. Zu einem Ergebnis bei GATT gebe es keine Alternative. Alle brauchten einen Durchbruch im GATT – die Industrieländer wie die Länder der Dritten Welt. Es hätte schon in München[11] zu einem Abschluss kommen können. Dies sei aber wegen des Referendums in Frankreich[12] nicht möglich gewesen.

Die Reform der Agrarpolitik in der Gemeinschaft[13] habe auch für Deutschland erhebliche Probleme mit sich gebracht. Wir würden aber noch größere Probleme haben, wenn die Weltwirtschaft nicht wieder anspringe.

Präsident *Menem* erklärt, auch er habe mit Bush, Mitterrand und Delors über GATT gesprochen.[14] Argentinien habe wichtige Vorleistungen erbracht. Er wolle nur an das Nichtverbreitungsabkommen über C-Waffen[15] und an die Vereinbarung mit der IAEO[16] erinnern. Jetzt erwarte man von den Industriestaaten eine konstruktive Antwort bei GATT.

Der *Bundeskanzler* erklärt, der Präsident könne davon ausgehen, dass er alles versuchen werde, um bei GATT zu einem Ergebnis zu kommen. Er werde Präsident Menem über den aktuellen Stand der GATT-Verhandlungen unterrichten, wenn die Dinge nach vorne kämen.

Präsident *Menem* erklärt, er würde es sehr begrüßen, wenn der Bundeskanzler ihn in diesem Schreiben auch wissen ließe, was Argentinien und der Mercosur tun könnten, um die Dinge voranzubringen.

Der *Bundeskanzler* erklärt, man müsse jetzt weit in die Zukunft schauen. Dies gelte auch für Deutschland, wo wir schwierige Probleme zu bewältigen hätten. Dabei seien die

9 Vgl. das Telefongespräch des BK Kohl mit EG-Kommissionspräsident Delors am 22. Juni 1992; Dok. 185. Vgl. ferner das Gespräch Kohls mit dem amerikanischen Präsidenten Bush am 6. Juli 1992 in München; Dok. 208.

10 In den USA fanden am 3. November 1992 Präsidentschaftswahlen, Wahlen zum Repräsentantenhaus sowie Teilwahlen zum Senat und für die Gouverneursämter statt.

11 Zum Weltwirtschaftsgipfel vom 6. bis 8. Juli 1992 vgl. Dok. 225.

12 Zum Referendum am 20. September 1992 in Frankreich vgl. Dok. 293 und Dok. 300.

13 Zur Reform der GAP vgl. Dok. 135, Anm. 5.

14 Vom 13. bis 19. November 1991 hielt sich der argentinische Präsident Menem in den USA auf. Für sein Gespräch mit Präsident Bush am 14. November 1991 in Washington vgl. https://bush41library.tamu.edu/archives/memcons-telcons.
Vom 14. bis 16. Februar 1992 besuchte Menem Belgien und die EG-Kommission. Vom 17. bis 19. Februar 1992 hielt er sich in Frankreich auf.

15 Zur Aushandlung einer CW-Verbotskonvention, an der auch Argentinien beteiligt war, vgl. Dok. 277.

16 Zum vierseitigen Sicherungsabkommen vom 13. Dezember 1991 vgl. Dok. 225, Anm. 48.

Probleme in Ostdeutschland nicht in erster Linie ökonomischer, sondern vor allem psychologischer Natur.

Präsident *Menem* erklärt, auch in Argentinien sei es so, dass die Veränderungen nicht auf jedermanns Beifall träfen. Aber er sei überzeugt, dass sich die Argentinier den Veränderungen anpassten.

Der *Bundeskanzler* fragt nach der Stellung des argentinischen Militärs.

Präsident *Menem* erwidert, es gebe in diesem Bereich keine Probleme mehr. Die Streitkräfte seien voll in den demokratischen Prozess integriert. Sie hätten auch akzeptiert, dass er die Zahl der Generäle und Offiziere drastisch reduziert habe. Auch habe er die den Militärs unterstehenden Unternehmungen privatisiert. Es sei ein großer Erfolg für ihn, dass die Militärs hierbei mitgemacht hätten.

Argentinien habe Truppen in den Golf entsandt. Derzeit stünden 1000 Offiziere und Soldaten – alles Freiwillige – in Kroatien.

Der *Bundeskanzler* erkundigt sich nach dem Schicksal der früheren Juntamitglieder Videla und Massera.

Präsident *Menem* erwidert, beide seien jetzt im Zivilleben. Er habe beide wie auch andere Offiziere begnadigt und aus den Streitkräften entlassen. Damit habe man eine innere Befriedigung in Argentinien erreicht.

Der *Bundeskanzler* erklärt, dies sei eine große Leistung. Eines unserer Probleme in Ostdeutschland betreffe die früheren Stasi-Angehörigen und sonstige Spitzenfunktionäre der SED. Hier müsse man zum inneren Frieden finden. Aber dies brauche Zeit.

Der Bundeskanzler spricht abschließend die Frage einer engeren Zusammenarbeit der Peronistischen Partei mit der Christdemokratischen Internationalen an. Er habe hierüber kürzlich mit Eduardo Frei gesprochen und wolle Präsident Menem ausdrücklich sagen, dass er eine solche Zusammenarbeit unterstütze, falls der Präsident dies wünsche.

Präsident *Menem* erklärt, die Idee hierzu stamme von ihm persönlich. Er habe bereits enge Kontakte zu christdemokratischen Führungspersönlichkeiten in Lateinamerika hergestellt. Er habe über die Frage auch mit Frei und Aylwin gesprochen und werde heute Nachmittag dieses Thema auch in der Konrad-Adenauer-Stiftung behandeln. Er und seine Partei seien an einer solchen Zusammenarbeit sehr interessiert.

Der *Bundeskanzler* wiederholt seine Bereitschaft, dies nach Kräften zu unterstützen.

BArch, B 136, Bd. 59736

310

Vermerk des Ministerialdirektors Chrobog und des Vortragenden Legationsrats I. Klasse Wagner

221-321.15-223/92 VS-vertraulich **1. Oktober 1992**[1]

Betr.: Treffen der Politischen Direktoren[2] im kleinen Kreis am 25.9.1992 in New York

Vermerk

Hauptthemen des Treffens der vier Politischen Direktoren am 25.9.1992 in New York waren
- das frühere Jugoslawien,
- das Verhältnis NATO/WEU,
- Russland und die anderen Neuen Unabhängigen Staaten.

Daneben wurden folgende Themen behandelt:
- das CW-Verbotsabkommen,
- Türkei,
- Fragen der Vereinten Nationen,
- KSZE-Fragen,
- Irak.

Chrobog

1) Früheres Jugoslawien

a) US führte zu Bosnien-Herzegowina Folgendes aus:
- Humanitäre Hilfe muss angesichts des nahenden Winters intensiviert werden. Die Gefahr einer großen Anzahl von Todesfällen aufgrund des Winters sei hoch: CIA-Schätzungen reichten von 13 000 Toten (bei mildem Wetter und guter Versorgungslage) bis 200 000 Toten.
- Die humanitäre Hilfe müsse durch militärische Begleitung gesichert werden; US-Beitrag sei in erster Linie im Bereich Logistik vorgesehen.
- US wollten die Rolle von UNPROFOR erweitern; dabei müsse auch die Überwachung der schweren Waffen ins Auge gefasst werden.
- Internationales Engagement in Kosovo sei erforderlich; zwei amerikanische Diplomaten seien im Rahmen der Bøgh-Mission[3] tätig.

1 Hat VLR I Wagner am 7. Oktober 1992 erneut vorgelegen, der die Weiterleitung an VLR I Bertram verfügte und um Wiedervorlage bat.
Hat Bertram vorgelegen.
Hat Wagner am 13. Oktober 1992 erneut vorgelegen, der die Weiterleitung an Botschafter z. b. V. Höynck verfügte.
Hat Höynck am 13. Oktober 1992 vorgelegen.

2 Leonard Appleyard (Großbritannien), Jürgen Chrobog (Bundesrepublik), Alain Dejammet (Frankreich) und Thomas M. T. Niles (USA).

3 VLR Beuth vermerkte am 24. September 1992, die KSZE-Langzeitmission für den Kosovo, den Sandžak und die Wojwodina habe in diesen „serbischen Minderheitengebieten" die Aufgabe, „den Dialog zwischen Behörden und Vertretern der Bevölkerungsgruppen zu fördern, Informationen über Menschenrechtsverletzungen zu sammeln, zur Lösung von Problemen beizutragen und über KSZE-Standards zu informieren. Die Mission soll zunächst von Belgrad aus operieren und in der Endstufe rd. 15 Personen umfassen.

GB legte folgende zeitliche Prioritätenfolge dar:

- Wichtig sei zunächst die Konsolidierung der UNPROFOR-Struktur. Das französische Kommando funktioniere aus britischer Sicht gut – auch die internationale Zusammenarbeit vor Ort sei gut. Was die Wiederaufnahme der Versorgungsflüge[4] angehe, liege für GB die Entscheidung bei der britischen Air Force.
- Zweite Priorität sei Regelung der Lage auf der Halbinsel Prevlaka. Möglicherweise sei diesbezüglich eine kleinere Sicherheitsratsresolution erforderlich.
- Großbritannien befürwortet weiter die Einrichtung einer „no-fly zone". Dies könne auf der Grundlage von Kapitel VI der VN-Charta[5] geschehen. VN-Monitoren sollten auf den Flugplätzen in Bosnien, aber auch Serbien und möglicherweise Kroatien stationiert werden.

Auf US-Frage, welche Maßnahmen gegen Verstöße gegen ein beschlossenes Flugverbot unternommen werden könnten, meinte GB, dieses „enforcement" könne als zweite Phase derzeit noch offengelassen werden.

- Auch zur Aufgabe der Überwachung schwerer Waffen äußerte sich GB grundsätzlich positiv (und widersprach damit dem Einwurf von US, GB hätte Bedenken gegen diesen Schritt). GB sprach sich dafür aus, auf der Grundlage eines zu erstellenden Morillon-Berichts vorzugehen und die militärischen Implikationen sorgsam abzuwägen. Grundsätzlich sei GB für diese Maßnahme, sie solle aber überlegt angegangen werden.

US fügte zur Frage der „no-fly zone" ergänzend hinzu, dass die USA Flugbewegungen über Bosnien-Herzegowina bereits mit AWACS überwachen. Man erwäge auch noch den Einsatz von U 2. GB befürwortete dies.

D sprach sich nachdrücklich für die Einrichtung einer „no-fly zone" aus, und zwar aus drei Gründen:

- um ein Ende der Luftangriffe auf Bosnien-Herzegowina zu erreichen,
- um der Gefahr für humanitäre Transporte zu begegnen,
- Nachschubtransporte für Serben zu unterbinden.

Anschließend berichtete D über das Dreiergespräch BM – Izetbegović – Tudjman.[6] Die Initiative sei von Izetbegović ausgegangen, der BM um Vermittlung gegenüber Kroatien gebeten habe. Bosnien stehe vor dem Problem, dass Nachschublieferungen, die auf dem Weg über Kroatien nach Bosnien gingen, von Boban konfisziert würden.

Tudjman sei in dem Dreiergespräch bedauerlicherweise auf diese konkreten Vorwürfe nicht eingegangen und habe Izetbegović beschuldigt, in erster Linie an einer Fortführung des Kriegs interessiert zu sein. Zu begrüßen sei, dass im Anschluss an das Treffen Tudjman

Fortsetzung Fußnote von Seite 1237

Ihre Leitung liegt bei Botschafter Bøgh (Norwegen). […] Die Mission wird in diesen Tagen ihre Tätigkeit aufnehmen. Genaue Modalitäten müssen mit den Belgrader Behörden noch vereinbart werden." Vgl. B 28, ZA-Bd. 158657.

Für den Zwischenbericht der Mission vom 6. Dezember 1992 vgl. B 42, ZA-Bd. 183563.

4 Am 3. September 1992 wurde ein italienisches Flugzeug, das an der humanitären Luftbrücke nach Sarajewo teilnahm, bei Jasenik in Bosnien-Herzegowina abgeschossen. Dabei starben die vier Besatzungsmitglieder. Die Versorgungsflüge wurden daraufhin zunächst unterbrochen. Vgl. den Artikel „U.N. Relief Plane Reported Downed on Bosnia Mission"; THE NEW YORK TIMES vom 4. September 1992, S. A 1.

5 Für Kapitel VI der VN-Charta vom 26. Juni 1945 vgl. BGBl. 1973, II, S. 455–459.

6 Zum Gespräch des BM Kinkel mit dem bosnischen Präsidenten Izetbegović und dem kroatischen Präsidenten Tudjman am 23. September 1992 in New York vgl. Dok. 304.

und Izetbegović ein entsprechendes Abkommen unterzeichnet hätten. US berichtete von ähnlichem Verhalten Tudjmans gegenüber Eagleburger: Anstatt dringende Fragen konkret anzugehen, habe sich Tudjman länger über den islamischen Fundamentalismus in Bosnien verbreitet. Eagleburger habe ihn nachdrücklich zu einer konstruktiven Haltung gegenüber Bosnien aufgefordert.

Diskutiert wurde auch die Frage, wie Bosnien in Hinblick auf seine Unterlegenheit gegenüber den Serben im Bereich der schweren Waffen geholfen werden könne. Dabei bestand Einvernehmen, dass an dem Verbot von Waffenlieferungen an Bosnien[7] wegen der damit verbundenen Eskalationsgefahr festgehalten werden müsse. Der serbischen Übermacht müsse vielmehr durch die Kontrolle der schweren Waffen begegnet werden. Hier sei, so US, massiver Einsatz von Monitoren erforderlich: je mehr, desto besser. US betonte auch die Notwendigkeit, die Ölzufuhr nach Serbien zu unterbinden. Grundsätzlich meinte US, dass eine direkte militärische Intervention aus amerikanischer Sicht nicht infrage komme. Daher müssten die oben genannten indirekten Einwirkungsmöglichkeiten genutzt werden.

GB wies auch auf den Machtkampf in Serbien zwischen Milošević und Panić, der nun auch von Ćosić und von der Führung Montenegros unterstützt werde, hin. F wies darauf hin, dass der Westen die Position Panićs dadurch stärken könne, dass die Sanktionen[8] gelockert würden. Zur „no-fly zone" erklärte F, dass Panić Bereitschaft zur Stationierung von Monitoren auf serbischen Flughäfen erklärt habe. Außenminister Djukić habe sich auch zur Entsendung von Monitoren nach Banja Luka positiv geäußert. US wies darauf hin, dass zwar die Zustimmung von Panić für die Stationierung von Beobachtern auf serbischen Flughäfen vorliege, die JNA und Milošević sich jedoch hierzu nicht geäußert hätten. F schlug vor, diese Kräfte zur Stellungnahme zu zwingen und auf der Grundlage einer gesonderten VN-Resolution über die „no-fly zone" tätig zu werden. Großbritannien sprach sich dagegen für eine umfassende Kapitel VI-Resolution (chapter VI package) aus.

F bezeichnete eine konstitutionelle Regelung für Bosnien-Herzegowina als Schlüsselfrage. Izetbegović habe sich von seinem strikten Festhalten an einer zentralistischen Regierung in Sarajevo wegbewegt; es sei aber noch nicht klar, ob er bereit sei, den Serben die erforderliche weitgehende Autonomie zuzugestehen.

D erklärte, dass das Konzept einer Aufteilung des Landes in drei Kantone unheilvoll sei, da es

- dem Gedanken der „ethnischen Säuberung" Vorschub leiste,
- den Appetit Serbiens und Kroatiens auf die Kantone ihrer Landsleute fördere.

Besser sei es, Bosnien-Herzegowina in größere Zahl von Kantonen aufzuteilen.

GB wies darauf hin, dass nach Auffassung von Lord Owen die Demilitarisierung von Sarajevo Voraussetzung für eine Flexibilität von Izetbegović hinsichtlich neuer Verfassungsregelungen sei. US meinte, Izetbegović trete dem Gedanken einer Dezentralisierung auf einer Basis näher, die neben ethnischen Gesichtspunkten auch andere, beispielsweise wirtschaftlicher und geographischer Art, berücksichtige.

US meinte, dass die Serben in Bosnien militärisch derzeit eher in der Defensive seien. Die Wirkungen der Wirtschaftsblockade gegen Serbien seien insbesondere in Nordbosnien und in der Krajina deutlich, wo der Nachschub aus Serbien spärlicher werde. Dies könne

7 Vgl. die Resolution Nr. 713 des VN-Sicherheitsrats vom 25. September 1991; RESOLUTIONS AND DECISIONS 1991, S. 42 f. Für den deutschen Wortlaut vgl. EUROPA-ARCHIV 1991, D 550–552.

8 Vgl. die Resolution Nr. 757 des VN-Sicherheitsrats vom 30. Mai 1992; Dok. 159, Anm. 12.

die Voraussetzungen für eine friedliche Lösung verbessern. US betonte im Übrigen, dass man auch weiterhin auf Kroatien achten müsse. Zu befürchten sei, dass Tudjman das Auslaufen des derzeitigen UNPROFOR-Mandats im März 1993 zum Anlass nehmen könne, gegen die Krajina Krieg zu führen. Eagleburger habe daher gegenüber Tudjman deutlich gemacht, dass im März 1993 keinesfalls das Ende des Einsatzes von UNPROFOR gekommen sei.

Auf Frage nach deutschem Beitrag zur humanitären Hilfsaktion erklärte D, dass wir zu logistischer Hilfe bereit seien und u.a. eine Erhöhung der Zahl unserer Hilfsflüge nach Sarajevo erwägen. Auf Frage GB, ob Deutschland auch Marineangehörige für Monitortätigkeiten in Adria-Häfen bereitstellen könne, verwies D auf Grundgesetzlage, die dies vorerst nicht erlaube. Derzeit komme für uns lediglich die Entsendung von Zollbeamten im Rahmen der Embargoüberwachung in Betracht.

D unterstrich die Notwendigkeit, für den Winter vorzusorgen, und legte dar, dass Deutschland den Bau von Unterkünften für 20000 Obdachlose nahe der bosnischen Grenze (in Bosnien oder Kroatien) plane. Er wiederholte unseren Aufruf, für die Aufnahme von Flüchtlingen Quoten bereitzustellen und sich an der Schaffung winterfester Quartiere zu beteiligen.

US schloss mit Hinweis auf soeben aufgedeckte Massaker in Nordbosnien, für die serbische Nationalisten (Arkan, Šešelj) verantwortlich zeichneten. US hätten Mazowiecki darüber informiert, der dieser Sache nachgehen wolle.[9]

b) Die Politischen Direktoren stimmten darüber überein, dass die Lage in Mazedonien zu großer Sorge Anlass gebe. D erklärte unter allgemeiner Zustimmung, dass wir uns für die Einbeziehung Mazedoniens in EG-Hilfe – trotz rechtlicher Probleme – einsetzen sollten. Er berichtete über Eröffnung eines deutschen Generalkonsulats in Skopje.[10] F erklärte, es habe ebenfalls die Absicht, ein Generalkonsulat zu eröffnen. GB meinte, dass die Eröffnung eines britischen Generalkonsulats aus finanziellen Gründen nicht infrage komme; US erklärte, in Mazedonien bestehe seit längerem US-Informationsbüro; inzwischen gäbe es dort auch eine amerikanische Beobachtermission. Die Eröffnung eines amerikanischen Generalkonsulats sei derzeit nicht geplant; die USA setzten sich aber gegenüber Bulgarien ein, die Ölversorgung Mazedoniens zu ermöglichen.

2a) Das Thema NATO/WEU führte US mit dem Hinweis auf die Gefahr der Marginalisierung der NATO ein. Eine solche Tendenz würde etwa dadurch gefördert, dass man es der NATO nicht erlaube, bei Konflikten wie demjenigen in Bosnien-Herzegowina unter eigenem Namen tätig zu werden. In den USA hätten manche den Eindruck, dass die Europäer den Aufgabenbereich der NATO auf einen einzigen unwahrscheinlichen Fall beschränken möchten, nämlich die Bedrohung durch einen massiven Angriff aus dem Osten. Aus amerikanischer Sicht sei bei der Benennung des Hauptquartiers in Bosnien eine Gelegenheit versäumt worden, die NATO, die ja tatsächlich Personal und Infrastruktur zur Verfügung gestellt habe, namentlich herauszustellen.

D wies dagegen darauf hin, dass die Haltung der Amerikaner selbst zum Einsatz der NATO im Bosnien-Konflikt ambivalent gewesen sei. Was NORTHAG angehe, habe

9 Vgl. den Bericht des Sonderberichterstatters der VN-Menschenrechtskommission, Mazowiecki, vor dem Auswärtigen Ausschuss des Bundestags am 5. November 1992; Dok. 358.

10 Zur Eröffnung des Generalkonsulats der Bundesrepublik in Skopje vgl. Dok. 317, Anm. 12.

Deutschland ein Problem, da der deutsche Anteil an dem NORTHAG-Personal 25–30 % ausmache, diese Leute jedoch aufgrund unserer verfassungsrechtlichen Beschränkungen nicht nach Bosnien hätten entsandt werden können. Falls NORTHAG als NATO-Dienststelle tätig geworden wäre, hätte sich Deutschland zurückziehen müssen. Dies wäre eine sicherlich schlechtere Lösung gewesen als die jetzt getroffene, nämlich NORTHAG auf nationaler Basis zu nutzen.

D wies bei dieser Gelegenheit auch auf die Problematik eines über die Monitormission hinausgehenden deutschen Marineeinsatzes in der Adria hin.[11] Falls das Mandat der Überwachungsflotte in der Adria ausgedehnt werden sollte, würde dies Deutschland eine weitere Teilnahme unmöglich machen.

US gab zu, dass es eine ambivalente Haltung der USA zum NATO-Einsatz in Jugoslawien gegeben habe. Insbesondere zu Beginn der Krise habe man großen Wert darauf gelegt, die Angelegenheit im UN-Rahmen zu behandeln. (Vermerk RL 221[12]: In einem Gespräch zwei Tage später sagte mir der Niles direkt unterstellte Unterabteilungsleiter im State Department, Caldwell, dass Niles unseren Hinweis auf die zweideutige Rolle der USA wohl verstanden habe. Das State Department sehe auch, dass nach wie vor eine Diskrepanz zwischen dem jetzigen Einsatz der USA für eine NATO-Rolle in Bosnien-Herzegowina und der amerikanischen Weigerung, Bodentruppen zu stellen, bestehe.)

F hob hervor, dass es sich nicht um ein technisches Problem, sondern um eine Frage der öffentlichen Perzeption handele. Es sei im Hinblick auf die öffentliche Meinung, insbesondere auch wegen des Referendums in Frankreich[13], erforderlich gewesen, der WEU eine deutlichere Rolle zu geben, um auf diese Weise die Handlungsfähigkeit der europäischen Institutionen zu unterstreichen. Für Frankreich sei es wichtig gewesen, die WEU-Rolle auch im UNO-Rahmen herauszustellen. In der Sache habe sich die gefundende Lösung als praktikabel erwiesen. GB betonte, dass es sich ebenso wie die USA für eine möglichst weitgehende Rolle der NATO in Bosnien-Herzegowina-Konflikt einsetze. In dem vorliegenden Fall habe es aber Bedenken von zwei Seiten gegeben:

- Britische Sicherheitsstellen hätten davon abgeraten, einen Konvoi unter NATO-Flagge fahren zu lassen.
- Auch Generalsekretär Boutros-Ghali habe erkennen lassen, dass die VN mit einer NATO-Flagge ein Problem hätten.

US schloss mit dem Vorschlag, zunächst bis zum Dezember auf der derzeit gegebenen Linie zu arbeiten. Gleichzeitig müssten aber Leitlinien für das Verhältnis von NATO und WEU ausgearbeitet werden. Die USA hofften, dass das derzeit vom Internationalen Stab vorbereitete Papier hierfür eine gute Grundlage sei.

b) US wies auf das bevorstehende bilaterale Treffen hoher Militärs in Stuttgart (US/F/D) zum Eurokorps hin.[14] Aus amerikanischer Sicht sei es wichtig, dass die zwischen SACEUR

11 Zu den Überwachungsmaßnahmen von NATO und WEU in der Adria vgl. Dok. 220.
Zu einer möglichen Erweiterung des Mandats vgl. Dok. 289.

12 Gerd Wagner.

13 Zum Referendum am 20. September 1992 in Frankreich vgl. Dok. 293 und Dok. 300.

14 Vorgesehen war ein Gespräch zwischen dem SACEUR, Shalikashvili, dem Generalinspekteur der Bundeswehr, Naumann, und dem französischen Generalstabschef Lanxade. VLR Wenzel notierte am 16. Oktober 1992: „F lehnte eine Beschleunigung der Gesprächsaufnahme mit SACEUR ab". Vgl. B 14, ZA-Bd. 161203.

und dem Eurokorps zu vereinbarenden Regelungen die Rolle des deutschen Korpsanteils in der NATO in keiner Weise berühren sollten. D versicherte, dass es im Verhältnis des deutschen Anteils zur NATO keine Änderung geben werde.

c) US wies zum Abschluss dieses Themas auf die Bedeutung des NATO-Kooperationsrates hin. Der Kooperationsrat eröffne die Möglichkeit, in enger Verbindung mit den früheren kommunistischen Staaten die Militärs dieser Staaten näher an den Westen heranzuführen. Auf diese Weise sei es auch möglich, Druck auf Aufnahme in die NATO vorzubeugen. Die USA würden in Kürze in der NATO neue Ideen zum Ausbau des Kooperationsratskonzepts vorlegen.

3 a) Die Diskussion zu Russland leitete US mit Ausführungen zu den russisch-japanischen Beziehungen ein:

AM Watanabe habe bei seinem Besuch in Moskau Anfang September[15] die Lage für Jelzin nicht leichter gemacht, indem er keine wirkliche Brücke gebaut habe. Andererseits habe sich die russische Seite in der Vorbereitungsphase des Jelzin-Besuchs unfähig gezeigt, selbst irgendwelche vernünftigen Kompromissvorschläge zu entwickeln. F warnte die G 7 davor, sich in der Kurilen-Frage[16] zu sehr vor den japanischen Karren spannen zu lassen. Mit einem solchen Entgegenkommen gegenüber Japan büße der Westen viel Kapital in Russland ein. US bestätigte, dass die Kurilen-Frage bei den Russen über nationalistische Kreise hinaus hohen Symbolwert habe. GB verwies darauf, dass sich Japan bei dem soeben abgehaltenen G 7-Treffen in New York[17] eher konziliant gezeigt habe. Er habe den Eindruck, dass Japan jetzt eher bereit sei, von Maximalpositionen abzugehen und damit einen offenen Zwist mit Russland zu vermeiden.

b) US nannte drei weitere Fragen von Bedeutung im Zusammenhang mit Russland:

- Erforderlich sei Weiterführung der humanitären Hilfe. Die USA hätten entschieden, Russland weitere 900 Millionen Dollar in Form von Krediten sowie 225 Millionen Dollar in Form eines nicht rückzahlbaren Zuschusses zu gewähren. Im Ganzen rechne man jedoch damit, dass die Lebensmittelversorgung in diesem Winter besser werde, Probleme würde es aber weiterhin in großen Städten (Moskau, Sankt Petersburg, Swerdlowsk) geben.
- Es sei wichtig, dass eine Vereinbarung über die Restrukturierung des russischen Schuldenwesens erreicht werde, damit Russland wieder in die Lage komme, seine Einfuhren in vernünftigem Umfang fortzusetzen.[18] Die USA seien sich unserer Schwierigkeiten mit einem frühen „cut-off date“ durchaus bewusst; es stelle sich hier jedoch die Frage, ob die Diskussion hierüber nicht akademisch würde. Im Grunde müsste in erster Linie geprüft werden, wieviel Russland überhaupt zahlen könne.
- Zum Verhältnis Russlands zu den anderen neuen Republiken meinte US, es sei eine gewisse Besinnung der asiatischen Republiken auf die Vorteile der Zusammenarbeit mit Russland festzustellen. Darüber hinaus seien die asiatischen Länder wegen der Einwirkung aus islamischen Nachbarstaaten besorgt (insbesondere Afghanistan: Import von Waffen, Drogen, Fundamentalismus). GB warf die Frage auf, welchen Zusammenhalt

[15] Der japanische AM Watanabe besuchte Russland vom 30. August bis 2. September 1992.

[16] Zur Kurilenfrage bzw. zur Absage des Besuchs des russischen Präsidenten Jelzin in Japan vgl. Dok. 13, Anm. 43, und Dok. 302, Anm. 10.

[17] Für das Gespräch der Außenminister der G 7-Staaten am 23. September 1992 vgl. Dok. 302.

[18] Zur Frage der Altschulden der ehemaligen UdSSR vgl. Dok. 321.

das GUS-Militär noch habe und in welchem Maße es Jelzin gehorche. US sagte zu, dieser Frage bei amerikanischen nachrichtendienstlichen Stellen nachzugehen und die anderen drei zu unterrichten.

US wies weiter auf das Problem hin, dass russische Truppen beim Rückzug aus anderen Republiken ihre Waffen dort ließen. Das habe im Konflikt Armenien/Aserbaidschan fatale Folgen der Aufrüstung beider Länder gehabt. Die USA wirkten nun auf die Russen ein, überall dort, wo sie abzögen, auch ihre Waffen mitzunehmen.

c) Nagorny Karabach: Lage wurde einvernehmlich pessimistisch beurteilt. US wies darauf hin, dass eine konfrontative Linie sowohl von einem großen Teil der Regierung von Aserbaidschan als auch von den Armeniern in Nagorny Karabach verfolgt werde. Die Lage werde dadurch nicht erleichtert, dass es neben dem Friedensprozess von Minsk/Rom[19] eine Reihe anderer unkoordinierter Initiativen gebe. Es sei wichtig, den Minsk-Prozess jetzt zu stärken, damit es nicht zu einer Entwicklung wie in Jugoslawien komme.

4) F griff das Thema der chemischen Waffen in Russland auf und wies darauf hin, dass Russland erhebliche technische Probleme hinsichtlich der Beseitigung seiner CW-Vorräte geltend mache. Dies betreffe sowohl die Beseitigung der chemischen Waffen selbst, wo Russland zudem mit örtlichem Widerstand rechnen müsse. Es betreffe aber auch die CW-Produktionsanlagen. Kosyrew habe Frankreich gefragt, ob nicht auch die Beseitigung der CW-relevanten Teile der Anlagen reichen würde.

D erklärte, dies stimme mit der Aussage Kosyrews uns gegenüber überein, wonach Russland sich dem Vertrag nicht entziehen wolle, aber finanzielle Unterstützung wünscht.[20]

F wies auf arabische Widerstände gegen CW-Verbotsabkommen hin. Der ägyptische Außenminister[21] habe deutlich gemacht, dass die Mitgliedstaaten der Arabischen Liga nicht zur Zeichnung des Abkommens bereit seien, falls es kein israelisches Zugeständnis im Nuklearbereich gäbe (Festlegung Israels auf NPT-Bestimmungen bzw. israelische Unterstützung des Mubarak-Plans[22]).

GB wies auf britische Initiative hin, Befürchtungen wie diejenigen der arabischen Staaten durch eine positive Sicherheitsgarantie zu zerstreuen.

5) Türkei

GB wies auf wichtige Rolle der Türkei in dem armenisch-aserbaidschanischen Konflikt hin, wo eine immer stärkere Unterstützung Aserbaidschans durch die Türkei festzustellen sei. Es sei bedauerlich, dass die EG durch ihre Selbstblockade in dem Verhältnis zur Türkei ihre Chancen auf Einwirkung auf die Türkei hinsichtlich Nagorny Karabach verringert habe. US ergänzte, dass Türkei einer Verlängerung von „Provide Comfort“[23] skeptisch gegenüberstehe. Die Türkei argwöhne, dass die USA eine Aufteilung des Irak, mit den entsprechenden Konsequenzen für die kurdischen Gebiete der Türkei, anstrebten. Proble-

19 Zur geplanten Konferenz über Nagorny Karabach im Rahmen der KSZE in Minsk vgl. Dok. 223, Anm. 28.

20 Vgl. das Gespräch des BM Kinkel mit dem russischen AM Kosyrew am 27. August 1992 in London; Dok. 264.

21 Amr Moussa.

22 Der ägyptische Präsident Mubarak schlug am 18. April 1990 die Einrichtung einer nuklearwaffenfreien Zone im Mittleren Osten vor.

23 Zur Entscheidung des amerikanischen Präsidenten Bush, zur Versorgung der irakischen Flüchtlinge militärisch geschützte Lager im Nordirak einzurichten („Operation Provide Comfort“), vgl. AAPD 1991, I, Dok. 131.

matisch sei auch, dass sich die Menschenrechtsbilanz der Türkei wieder verdüstere. GB fasste zusammen, dass all dies die seit langem überfällige Neubestimmung unserer Politik gegenüber der Türkei noch dringlicher mache. In diesem Zusammenhang sei auch Zypern zu erwähnen, wo Denktasch von türkischer Unterstützung für seine harte Linie ausgehe. AM Hurd werde die Zypernfrage noch vor Beginn der nächsten Verhandlungsrunde (26.10.) mit AM Çetin aufnehmen und versuchen, auf diesem Weg eine flexiblere Haltung Denktaschs zu erreichen.[24] US wies darauf hin, dass VN-GS Boutros-Ghali Teil des Problems sei. Er sei zu ungeduldig und im Falle des Ausbleibens von Fortschritten zu einem baldigen Verhandlungsabbruch bereit. Für diesen Fall wolle er eine Sicherheitsratsresolution zur Rückkehr von Famagusta herbeiführen. Damit sei aus amerikanischer Sicht aber nichts gewonnen. Eagleburger habe sich gegenüber Boutros-Ghali für ein Verhandeln ohne zeitliche Begrenzung ausgesprochen. Denktasch müsse immer wieder klargemacht werden, dass er ohne einen echten Kompromiss in der Territorialfrage eine Teilhabe an der Macht in Zypern nicht erreichen könne.

6) Kurz behandelt wurde die Intensivierung der Peacekeeping-Tätigkeit der Vereinten Nationen. GB führte aus, dass sein Land den VN keine Einheiten von vornherein zuweisen werde, sondern vielmehr beabsichtige, den UN eine Art Katalog von für den Peacekeeping-Einsatz geeigneten britischen Einheiten zu unterbreiten. Letzte Entscheidung über den Einsatz müsse aber bei GB liegen. D sprach US auf Präsident Bushs Vorschläge zu einem größeren US-Engagement im Peacekeeping-Bereich[25] an und bemerkte, dass natürlich auch die Frage der Finanzierung interessiere. US erklärte, dass die USA sich mit dem derzeitigen Schlüssel von 30 % nicht länger abfinden können. Als eine mögliche Alternativlösung denke man z. B. darüber nach, bei Peacekeeping-Einsätzen im Rahmen der KSZE den KSZE-Schlüssel anzuwenden. Aus Sicht des State Departments sei es im Übrigen angebracht, Friedenstruppen aus dem Haushalt des Verteidigungsministeriums zu finanzieren. D wies auf die haushaltstechnischen Schwierigkeiten hin, die ein Abstellen der VN-Friedenstruppen auf freiwillige Beiträge (im Gegensatz zu Pflichtbeiträgen) bei uns verursache. GB wies darauf hin, dass eine Übernahme der Peacekeeping-Beiträge der Neuen Unabhängigen Staaten durch die Industrieländer eine Art von Burden sharing sei.

7) KSZE

US berichtete über den amerikanischen Ansatz im Bereich der friedlichen Schlichtung von Streitigkeiten. Man wolle nicht mit einem bloßem Nein zu den Badinter-Vorschlägen[26] dastehen, sondern befürworte eine umfassende Diskussion aller Möglichkeiten der KSZE, streitschlichtend tätig zu sein. Den KSZE-Mitgliedern solle es überlassen bleiben, für welche dieser Möglichkeiten sie optierten. Auf US-Frage, ob Badinter dieses Vorgehen akzeptieren würde, meinte F, Badinter habe hierfür wohl Verständnis.

24 Zu den Vermittlungsbemühungen der VN im Zypernkonflikt vgl. Dok. 225, Anm. 43.
Botschafter Vergau, New York (VN), berichtete am 29. Oktober 1992: „Gestern Nachmittag (28.10.) fand das erste gemeinsame Gespräch der beiden Volksgruppenführer, Denktasch und Vassiliou, mit dem VN-GS statt. Ein Teilnehmer aufseiten des VN-Sekretariats beschreib es als ein ‚long, confused, mildly positive meeting'." Vgl. DB Nr. 3081; B 26, ZA-Bd. 183976.

25 Für die Rede des amerikanischen Präsidenten Bush vor der VN-Generalversammlung am 21. September 1992 in New York vgl. PUBLIC PAPERS, BUSH 1992-93, S. 1598–1603. Für den deutschen Wortlaut vgl. EUROPA-ARCHIV 1992, D 591–597.

26 Zur deutsch-französischen Initiative für eine Gesamteuropäische Schiedsinstanz vgl. Dok. 105, Anm. 27.

GB warf Frage der Effizienz der KSZE auf, die bisher nur im Konsens[27] aller Mitglieder oder aber in Gestalt des Vorsitzenden agieren könne. Aus britischer Sicht sei es angebracht, einen Generalsekretär mit einem kleinen Mitarbeiterstab einzusetzen. D unterstützte diesen Vorschlag und meinte, zusätzlich solle auch noch die Troika-Formel weiterentwickelt werden. Auch F und US schlossen sich dem britischen Vorschlag an – US mit der Bemerkung, dass Generalsekretär dem AHB unterstehen müsse, was von britischer Seite bejaht wurde. Es bestand Einvernehmen, dass dieser Vorschlag in Stockholm am 14.12. diskutiert werden solle.[28] GB erklärte sich bereit, ein Papier hierzu zu zirkulieren.

8) Nächste Treffen

Es wurde vereinbart, dass das nächste Treffen der Politischen Direktoren am 16.11. in London stattfinden soll.[29] Zustimmung fand ein britisches Angebot, beim NATO-Ministertreffen[30] zu einem Vierertreffen auf Ministerebene (Frühstück) einzuladen[31].

Wagner

B 130, VS-Bd. 13046 (221)

311

Gespräch des Bundesministers Kinkel mit dem russischen Außenminister Kosyrew in Moskau

213-321.11 RUS **6. Oktober 1992**[1]

Besuch BM in Moskau am 6. und 7. Oktober 1992;
hier: Delegationsgespräch mit AM Kosyrew (ca. 15.30 – 17.00 h)

Von russischer Seite neben AM Kosyrew: VAM Tschurkin; Leiter Europa-Dept., Gluchow; Leiter Zweite Europ. Abt., Fokin; Kurnikow; Grinin; Dolm[etscher] Grigorjew; Leiterin Presse-Abt., Sidorowa.

27 Korrigiert aus: „GB-Konsens".

28 Zur dritten Sitzung des KSZE-Außenministerrats am 14./15. Dezember 1992 vgl. Dok. 418 und Dok. 423.

29 Zum Vierertreffen der Politischen Direktoren vgl. Dok. 381.

30 Zur NATO-Ministerratstagung am 17. Dezember 1992 in Brüssel vgl. Dok. 431.

31 Für das Gespräch der AM Dumas (Frankreich), Eagleburger (USA), Hurd (Großbritannien) und Kinkel (Bundesrepublik) am 17. Dezember 1992 in Brüssel vgl. Dok. 426.

1 Kopie.
Der Gesprächsvermerk wurde von VLR I Neubert am 8. Oktober 1992 gefertigt, der die Weiterleitung an das Ministerbüro verfügte mit der Bitte, „Zustimmung BM einzuholen".
Hat VLR Brose am 13. Oktober 1992 vorgelegen, der die Weiterleitung an BM Kinkel mit der Bitte um Billigung verfügte.
Hat Kinkel am 13. Oktober 1992 vorgelegen.
Hat Brose am 14. Oktober 1992 erneut vorgelegen, der den Rücklauf an Referat 213 verfügte und handschriftlich vermerkte: „Bitte verteilen."
Hat VLR Mülmenstädt vorgelegen.

Von deutscher Seite neben BM: Botschafter[2]; D 2[3]; D 6[4]; Dg 42[5]; RL 601[6]; Leiter 010[7]; RL 013[8]; BR I Stüdemann; RL 213[9].

AM begrüßte BM, Hinweis auf große Bedeutung ersten offiziellen AM-Besuchs in Russland. Besuch BM, einschl. morgigen Gesprächs mit Jelzin[10], werde Beziehungen wichtigen Impuls geben, auch im Hinblick auf bevorstehenden Kanzler-Besuch[11]. Gast solle Tagesordnung bestimmen (Exkurs *BM* zu seinem ersten Moskau-Besuch mit BM Genscher bei AM Gromyko[12]).

BM dankte für Teilnahme AM an Einweihung der neuen Botschaftskanzlei[13] und die freundschaftlichen Worte, die er dabei gefunden habe. Dies betrachte er als symbolhaften Akt für unsere Beziehungen. Vorschlag, TO in vier Blöcke zu unterteilen, Bilaterales, multilaterale und internationale Fragen, Lage in Russland und der GUS, Wirtschafts- und Finanzfragen. *AM* stimmte zu und erteilte *BM* das Wort.

Frage der Russlanddeutschen müsse vor hochexplosiver Lage in Deutschland gesehen werden. Die hohe Anzahl an Ausländern, der Zustrom an Asylbewerbern und Aussiedlern führe zu einer hohen Gesamtbelastung der deutschen Gesellschaft. Diese Gemengelage könnte sich zu einer Gefährdung der inneren Stabilität ausweiten, die Frage der Russlanddeutschen werde unglücklicherweise in diese Gemengelage hineingezogen. Frage werde auch Thema bei Besuch BK sein.

Uns gehe es konkret um

a) eine möglichst baldige Inkraftsetzung des Protokolls über die Wolga-Deutschen[14], wenn eine Ratifikation im Parlament erforderlich sei, solle sie möglichst bald erfolgen;

2 Klaus Blech.

3 Jürgen Chrobog.

4 Lothar Wittmann.

5 Wilhelm Schönfelder.

6 Klaus Bald.

7 Thomas Matussek.

8 Hanns Heinrich Schumacher.

9 Klaus Neubert.

10 Für das Gespräch des BM Kinkel mit dem russischen Präsidenten Jelzin am 7. Oktober 1992 in Moskau vgl. Dok. 314.

11 BK Kohl besuchte Russland am 15./16. Dezember 1992. Vgl. Dok. 419 und Dok. 420.

12 Für das Gespräch des BM Genscher mit dem sowjetischen AM Gromyko am 29. Oktober 1974 in Moskau, an dem auch MDg Kinkel teilnahm, vgl. AAPD 1974, II, Dok. 312.

13 OAR Schmaus vermerkte am 15. Oktober 1992, bilaterale Verhandlungen über Grundstücks- und Bebaubarkeitsfragen seien 1969 aufgenommen worden. Am 12. Juli 1974 sei zwischen der UdSSR und der Bundesrepublik ein Abkommen über die gegenseitige Grundstücksüberlassung für Botschaftsneubauten in Bonn und Moskau unterzeichnet worden. Zu den neuen Gebäuden in Moskau notierte Schmaus: „Die Grundsteinlegung erfolgte durch den Bundesminister des Auswärtigen, Hans-Dietrich Genscher, am 21.5.1984. [...] Im Jahre 1986 waren die Bauarbeiten des sowjetischen Generalunternehmers bereits so verspätet, dass mit einer Fertigstellung der Arbeiten zum 16.3.1989 nicht mehr zu rechnen war." Das Fertigstellungsdatum sei dann auf den 21. Oktober 1991 und schließlich auf Mai 1992 verlegt worden. Nach über achtjähriger Bauzeit seien die Gebäude Mitte 1992 übergeben worden. Vgl. B 112, ZA-Bd. 307735.

14 Zum deutsch-russischen Protokoll über die stufenweise Wiederherstellung der Wolga-Republik, das am 10. Juli 1992 in Moskau unterzeichnet wurde, vgl. Dok. 117.

b) wir beabsichtigten, 1993 eine größere Anzahl von deutschen Lehrern an Schulen für Russlanddeutsche zu entsenden, wir hielten es für zweckmäßig, hierüber eine Vereinbarung abzuschließen als Rechtsgrundlage für deren Tätigkeit.

AM erwiderte, russ. Regierung befasse sich mit diesen Fragen, auch mit Status ehem. sowjetischer Staatsbürger in Deutschland (wohl gemeint: altbekannte Problematik der Entlassung aus der sowjet./russ. Staatsbürgerschaft), und fuhr dann fort

zu a): Bezüglich des Protokolls habe er nicht nur Prüfung durch die Juristen der Regierung, sondern auch durch die Rechtsberater des Parlaments veranlasst, um die Rechtsnatur des Protokolls eindeutig zu klären, damit Protokoll auf solider rechtlicher Grundlage stehe.

zu b): Zur Frage der Deutschlehrer sehe er keine grundlegenden (politischen) Probleme. Hier ginge es wohl doch eher um technische Fragen. Auf Zusatzfrage *BM*, ob russ. Seite bereit sei, über ein Abkommen nachzudenken, stimmte *Kosyrew* ausdrücklich zu.

BM kam auf Grundsatzfrage zurück und erläuterte, dass d.J. 220 000 Flüchtlinge aus Jugoslawien und rd. 400 000 Asylbewerber nach Deutschland kämen, so müsste eine zusätzliche Umsiedlung von über 2 Mio. Russlanddeutschen zu einer sozialen Explosion führen.

AM stimmte zu, dass beste Lösung wäre, wenn Deutsche in Russland blieben. Es ginge um die Wiederherstellung der Gerechtigkeit und um die Herstellung normaler Lebensumstände für sie, man könne ihnen allerdings die Ausreise nicht verbieten, sondern allenfalls versuchen zu überzeugen. Leider gebe es aber in Russland viele Probleme, juristische, territoriale, wirtschaftliche, aber auch psychologische, und zwar auf beiden Seiten. Insbesondere spiele die Ungeduld bei den Russlanddeutschen eine große Rolle, es läge im Interesse beider Regierungen, hier keine Irritationen entstehen zu lassen. (*BM* verwies auf sein morgiges Gespräch mit Russlanddeutschen.[15])

AM schlug vor zu versuchen, bis BK-Besuch Abkommen über Deutschlehrer fertigzustellen.

BM trug unser Petitum hinsichtlich Rehabilitierung nach dem Kriege zu Unrecht verurteilter Deutscher[16] auf Grundlage der Unterlagen vor und verwies darauf, dass es uns konkret um die Ausweitung des Geltungsbereiches des existierenden russischen Gesetzes gem. Gesetzentwurf ginge, der z. Zt. im Obersten Sowjet diskutiert werde. Er könne aus seiner Erfahrung als früherer BMJ nur auf den großen Druck aus dem Bundestag verweisen. Er habe seinerzeit bereits mit dem sowjet. Justizminister Jakowlew darüber gesprochen (Botschafter Terechow bestätigte seinerseits Eingang eines Briefes von MdB Dregger

15 Für das Gespräch des BM Kinkel mit Vertretern der Russlanddeutschen am 7. Oktober 1992 in Moskau vgl. Dok. 315.

16 LS Kraus-Massé vermerkte am 8. September 1992: „Ursprüngliche Grundlage der Rehabilitierungen war eine sowjetische Zusage von 1990, die Fälle der durch S[owjetische]M[ilitär]T[ribunale] und NKWD verurteilten Deutschen entgegenzunehmen und so rasch wie möglich zu bearbeiten. [...] Das Bemühen um Übergang zur Rechtsstaatlichkeit führte zum Erlass des russischen Gesetzes Nr. 1428 vom 18.10.91. Rehabilitierungen sind danach nur für Verurteilungen und Repressionen vorgesehen, die auf dem Territorium der Russischen Föderation ergingen, es findet jedoch keine Anwendung auf Verurteilungen sowjetischer Militärtribunale bzw. Verfolgungsmaßnahmen des NKWD auf dem Gebiet der ehemaligen SBZ, die Grundlage von annähernd 90 % der beim AA eingegangenen Anträge sind. [...] Damit das ansonsten zu begrüßende Gesetz Nr. 1428 auch auf den Hauptteil der deutschen Antragsteller angewandt werden kann, muss der territoriale Geltungsbereich des Gesetzes ausgeweitet werden.“ Vgl. B 83, Bd. 2063.

aus jüngster Zeit[17]). Unser konkretes Petitum sei Beschleunigung des Gesetzesänderungsverfahrens.

AM zeigte sich zunächst uninformiert über Stand der Angelegenheit und versprach Antwort bis zum Abend. *BM* präzisierte, dass nach bisherigem russ. Rehabilitationsgesetz in SBZ Verurteilte nicht in Rehabilitationsverfahren einbezogen werden könnten, [weil] Deutschland andererseits völkerrechtlich daran gehindert sei, die damals Verurteilten zu rehabilitieren, könne nur Russland hier Abhilfe schaffen. Dieses werde zwar bereits getan, allerdings ohne Rechtsgrundlage, und im Übrigen dauerten die Verfahren angesichts der großen Anzahl der Anträge sehr lange. Er bat um Großzügigkeit von russischer Seite. Dies könne große Rolle für unsere Öffentlichkeit spielen. Nachdem AM delegationsintern unterrichtet wurde, sagte er zu, sich für Beschleunigung im Parlament einzusetzen.

AM stimmte Vorschlag BM zu, Thema Entschädigung für NS-Opfer abends im kleinen Kreis zu erörtern.

BM verwies dann auf Mitreise des Präsidenten des DRK[18] und erläuterte AM, wir hätten im Hinblick auf Verurteilte aus der Nachkriegszeit vier konkrete Bitten in folgenden Bereichen:

a) In sowjet./russ. „Zentralarchiv" seien Daten über 1,2 Mio. Wehrmachtsangehörige vorhanden. Zusammenarbeit dieses Archivs mit DRK verliefe sehr gut, es gebe jedoch noch ein weiteres Archiv in St. Petersburg und die offene Frage von Informationen über die Grablegestellen verstorbener deutscher Soldaten. Hier bäte er um Unterstützung durch AM, damit DRK Zugang zu Archiv Petersburg und den entsprechenden Informationen erhält.

b) Im sog. „Archiv der Oktoberrevolution" lagerten Unterlagen über ca. 800 000 Zivilverschollene aus der Zeit nach 1945. Russ. Seite habe DRK Zugang zum Archiv zugesagt, Realisierung stocke jedoch.

c) Schließlich gebe es noch die Kategorie der sog. „NKWD-Opfer". Hier wüssten wir nicht, ob hierüber Unterlagen in russ. Archiven vorhanden seien. Er bäte um Hilfe, um diese Frage zu klären.

d) Schließlich ginge es um Personen, die in Haftanstalten in der früheren SBZ ums Leben gekommen seien. Hierüber seien Unterlagen wahrscheinlich in Russland vorhanden. Allein im Fall Bautzen ging es um 15 – 17 000 Opfer. Zurzeit fänden Grabungen statt. Er erwarte jetzt keine konkrete Antwort, hoffe aber auf eine Hilfszusage zur Klärung auch dieser Fälle. Frage sei politisch bedeutsam für deutsche Öffentlichkeit.

Auf Frage des *AM*, wie russ. Hilfe konkret aussehen könne, sagte *BM*: Es ginge im Wesentlichen darum, dass vom russ. Außenministerium, von russischer Regierung, den russ. Behörden, z. B. Innenministerium, die Bitte übermittelt werde, Nachforschungen des DRK zu unterstützen und ihm Zugang zu den Archiven zu gestatten.

AM antwortete, hier gebe es keinerlei Meinungsverschiedenheiten im Grundsatz, er hielte es jedoch für nützlich, über Mechanismen nachzudenken, wie man Zusammenarbeit praktisch und wirksam umsetzen könne. Z. B. bestünde auch russischerseits das Problem,

17 Mit Schreiben vom 23. September 1992 an den russischen Präsidenten Jelzin bat der ehemalige Vorsitzende der CDU/CSU-Bundestagsfraktion, Dregger, darum, die gegen deutsche Kriegsgefangene nach dem Zweiten Weltkrieg von sowjetischen Militärtribunalen verhängte Urteile mit einem „einzigen pauschalen Erlass" zu widerrufen. Vgl. B 83, Bd. 2063.

18 Botho Prinz zu Sayn-Wittgenstein-Hohenstein.

dass über das Schicksal zahlreicher russ. KZ-Häftlinge nichts bekannt sei und Verwandte nach Auskünften ersuchten. Warum könne man nicht eine bilaterale Kommission für diese humanitären Probleme insgesamt einsetzen, um gegenseitige Hilfe zu beschleunigen und wirksamer zu machen?

BM ging darauf ein und sagte, D habe nichts zu verbergen. Russische Seite könne alle verfügbaren Daten bekommen. Seinem Verständnis [nach] ginge es nunmehr darum, den Vorschlag des DRK auf Regierungsebene zu offizialisieren unter dem Gesichtspunkt der Reziprozität.

AM stimmte zu; es ginge um gemeinsame Arbeit über humanitäre Probleme beider Seiten. Dies könnte doch eine Initiative im Vorfeld des BK-Besuchs sein.

BM sprach dann Kulturabkommen an, seit März läge russ. Seite der Entwurf zum Abkommen vor[19]; seit Juni zum Status. Ziel sollte sein, neues Kulturabkommen bei BK-Besuch im Dezember zu unterzeichnen. Für uns sei Statusregelung für den gesamten Kulturaustausch von großer Bedeutung, Unterzeichnung Kulturabkommen wäre psychologisch wichtig für Erfolg des BK-Besuchs.[20]

AM antwortete, russ. Seite versuche, den drei Problemen a) Steuern, b) Zölle, c) Status gerecht zu werden. Für Steuern und Zölle sei eine Entscheidung des Parlaments erforderlich. Russ. Regierung versuche, diese bis BK-Besuch zu erwirken. Bezüglich der Statusfrage wolle man Entscheidung auf der Regierungsschiene beschleunigen.

BM erläuterte dann, dass DAAD gewichtige Rolle bei der Kooperation im Bereich Wissenschaft und Hochschulen spiele.[21] Für Beginn seiner Arbeit sei auch hier Klärung des Status dringend notwendig; schließlich betonte BM noch einmal Notwendigkeit endgültiger Unterbringung des Goethe-Instituts.[22] Russ. Seite wurde hierbei auf ihr bereits zur Verfügung stehende großzügige Räumlichkeiten in Berlin verwiesen, als *AM* die bekannten Schwierigkeiten mit der Moskauer Stadtverwaltung geltend machte (die kein Gebäude anbietet).

[19] Zum Entwurf für ein deutsch-russisches Kulturabkommen vgl. Dok. 13, Anm. 28.

[20] VLR I Heide vermerkte am 9. November 1992: „In zwanzigstündigen Verhandlungen, die auf russische Initiative am 5. und 6. November 1992 teilweise in zwei Arbeitsgruppen in Bonn stattfanden [...], wurde Einigung über Form, Aufbau und Inhalt des Abkommens einschließlich der zu regelnden Statusfragen erzielt. Wenn das Ergebnis von Moskauer Regierungsstellen nicht wieder infrage gestellt wird, ist die Hoffnung auf eine Unterzeichnung während des Kanzlerbesuchs im Dezember 1992 nicht ganz unrealistisch. [...] Der jetzt vereinbarte Abkommenstext geht weit über die früher mit Ostblock-Staaten abgeschlossenen Kulturabkommen hinaus. [...] So wurden, wo immer es sinnvoll erschien, die Kulturbeziehungen ‚entstaatlicht' und eine vertragliche Grundlage für unmittelbare Zusammenarbeit zwischen den Beteiligten geschaffen." Vgl. B 41, ZA-Bd. 222310.

[21] Zur geplanten Einrichtung eines Büros des DAAD in Moskau vgl. Dok. 13, Anm. 30.
Referat 616 notierte am 9. September 1992: „Nach zum Teil schwierigen und langwierigen Verhandlungen ist es nunmehr gelungen, auf Arbeitsebene Einvernehmen über die Vereinbarungstexte zum DAAD-Büro in Moskau zu erzielen. Die Botschaft Moskau hat mit Verbalnote vom 27.8.1992 die deutsche Eingangsnote zum Verbalnotenwechsel der russischen Seite übergeben, die russische Antwortnote steht noch aus. [...] Gegenüber der russischen Seite sollte man darauf hinweisen, dass ohne die baldige Eröffnung der DAAD-Außenstelle in Moskau die reibungslose Abwicklung des umfangreichen deutsch-russischen Wissenschaftsaustauschs (1991: ca. 2000 vom DAAD geförderte Wissenschaftler) nicht mehr gewährleistet ist." Vgl. B 97, Bd. 1170.

[22] Zum Goethe-Institut in Moskau vgl. Dok. 212, Anm. 23.

BM leitete dann über zu Komplex bilateraler wirtschaftlich-finanzieller Fragen.

- Bezüglich Verwertung WGT-Immobilien läge Jelzin-Brief vor[23], wir hätten Vorschlag einer Pauschallösung zur Kenntnis genommen, hielten dem allerdings die Umweltaltlasten entgegen. Er habe mit BM Waigel noch vor Abreise hierüber gesprochen. Problem sei, dass Marktwert der WGT-Immobilien weit geringer sei als die russ. Schätzungen, während andererseits die Kosten für die Beseitigung der Umweltaltlasten so hoch seien, dass er unsere Schätzungen gar nicht nennen wolle.
- StS Köhler/BMF werde auch Transferrubelfrage ansprechen[24]; es sei klar, dass diese für Russland unangenehm sei. Sie müsse jedoch erörtert werden. BK habe dies in seinem Brief vom 21.9. an Jelzin erläutert[25], hier bestehe ein Zusammenhang.
  BM und AM könnten die notwendige finanzielle Vorklärung vor einer politischen Entscheidung selbst nicht leisten, andererseits könnten die Außenminister die Finanzminister mit diesem Problem nicht völlig alleinlassen. Auf jeden Fall sei solide Vorarbeit erforderlich.
- Zu dem wirtschafts-/finanzpolitischen Komplex gehöre auch der russische Wunsch bezüglich des Stichtags der Umschuldung der Altschulden.[26] Er müsse darauf hinweisen, dass die Frage der Verlegung des Stichtages vom 1.1.91 auf den 31.12.1991 zu einer Mehrbelastung für den Bundeshaushalt [von] rd. 20 Mrd. für die nächsten zehn Jahre führen müsste. Dies sei nicht tragbar. Wir hätten in München bei G7-Treffen Atempause für Russland zugesagt[27], wollten uns auch daran halten. StS Köhler werde konkrete Überlegungen erläutern. Problem sei deshalb so gravierend, weil die Umschuldung, von der im Kreis der G7 und im Pariser Club die Rede sei, uns mit rd. 40 Mrd. DM Hilfsleistungen träfe. Dies seien rd. 40% aller Forderungen im Pariser Club, während USA und Japan aus tatsächlichen Gründen von der Frage des Stichtags der Umschuldung kaum oder gar nicht betroffen wären.

AM antwortete:

a) Verschuldungsproblem Russlands sei in der Tat ungelöst, man sei dankbar für deutsche Hilfe. Auch Jelzin habe kürzlich herausgestellt, dass Deutschland den größten Anteil geleistet habe. Jetzt müsste zusammen realistische Basis für eine Lösung gesucht werden.

b) Bezüglich WGT-Immobilien bäte er, Gedanken einer Pauschallösung noch einmal zu überdenken, um dieses Kapitel abzuschließen, eine Fokussierung auf die Umweltschäden würde bei russ. Bevölkerung nicht richtig verstanden und könnte ungewollte Emotionen und Erinnerungen hervorrufen bis hin zur Industrieumsiedlung im Zweiten Weltkrieg. Deshalb sollten jetzt keine neuen Aspekte in die Diskussion gebracht werden.

BM stellte klar, dass wir nicht gegen eine Pauschallösung bezüglich der WGT-Immobilien seien, aber noch kein Einvernehmen für den Abschlussrahmen einer solchen Lösung vorliege. Dieser müsse in den Gesprächen mit StS Köhler erörtert werden.

23 Zum Schreiben des russischen Präsidenten Jelzin vom 13. Mai 1992 an BK Kohl vgl. Dok. 250.

24 StS Köhler, BMF, hielt sich am 16. Oktober 1992 in Russland auf. Vgl. Dok. 329.

25 Für das Schreiben des BK Kohl an den russischen Präsidenten Jelzin vgl. Dok. 295.

26 Zur Frage der Altschulden der ehemaligen UdSSR vgl. Dok. 321.

27 Der russische Präsident Jelzin traf am 8. Juli 1992 in München am Rande des Weltwirtschaftsgipfels mit den Staats- und Regierungschefs der G7-Staaten sowie EG-Kommissionspräsident Delors zusammen. Vgl. Dok. 225.

AM/BM besprachen dann weitere Kontakte im Vorfeld BK-Besuch einschließlich telef. Kontaktaufnahme in Ergänzung der persönlichen Gespräche (Exkurs zu Fax). Die Minister verabredeten, Gespräch beim Abendessen und am nächsten Tag fortzusetzen.

B 41, ZA-Bd. 221692

312

Deutsch-französische Regierungsbesprechung

6. Oktober 1992[1]

Konsultationen Dg 21[2] – Europadirektor des Quai, Blot, am 6.10.92 in Bonn;
hier: Grundfragen der Jugoslawien-Krise aus dt. und frz. Sicht

Europadirektor Blot traf am 6.10.92 mit Dg 21 zu Konsultationen über Grundsatzfragen der Jugoslawien-Krise in Bonn zusammen.

Auf frz. Seite nahmen an den Gesprächen teil: Christian Rouyer (für Jugoslawien zuständiger RL), Denis Gauer (Deutschlandreferent) und Michel Duclos (frz. Botschaft Bonn).

Deutsche Teilnehmer: VLR I Libal (RL Südosteuropa) und BR I Göbel.

Zu Beginn der Konsultationen erklärte *Blot*, in der Behandlung der Jugoslawien-Krise seien F und D unterschiedliche Wege gegangen. Das ansonsten sehr bewährte dt.-frz. Tandem habe bei der Bewältigung der Jugoslawien-Krise nicht funktioniert. Es sei wünschenswert, dass D und F künftig gemeinsame Positionen bezögen. Bei dem jüngsten Treffen Kohl – Mitterrand[3] kurz nach dem frz. Referendum zu Maastricht[4] habe auch die Frage eine Rolle gespielt, ob nicht beide Länder in der Perspektive des Gipfeltreffens am 3./4.12.92[5] eine gemeinsame Vorgehensweise vereinbaren könnten. Dies solle bei dem Gipfel auch öffentlich gemacht werden.

Nach frz. Auffassung sind für den deutsch-französischen Gipfel zwei Papiere vorzubereiten:

- Beschreibung der gemeinsamen Position beider Länder in der Jugoslawien-Krise (Erklärung des Gipfels),
- Aktionsplan der möglichen gemeinsamen Positionen und Initiativen.

1 Kopie.
Der Gesprächsvermerk wurde von BR I Göbel, Paris, am 9. Oktober 1992 gefertigt und über Gesandten Ischinger und Gesandten Heinichen an Botschafter Sudhoff, alle Paris, geleitet. Dazu vermerkte er handschriftlich: „1) Bitte [Kopie] an AA, Ref. 215 (VLR I Libal). 2) W[ieder]v[orlage].“

2 Ernst-Jörg von Studnitz.

3 Botschafter Sudhoff, Paris, berichtete am 22. September 1992: „BK Kohl hielt sich am 22.9. zu einem Kurzbesuch in Paris auf. An dem knapp zweistündigen Gespräch mit Präsident Mitterrand nahmen drei Mitarbeiter des Bundeskanzleramts teil. Eine Presseerklärung über das Treffen wurde nicht abgegeben.“ Vgl. DB Nr. 2329; B 24, ZA-Bd. 265995.

4 Zum Referendum am 20. September 1992 in Frankreich vgl. Dok. 293 und Dok. 300.

5 Zu den deutsch-französischen Konsultationen in Bonn vgl. Dok. 399 und Dok. 401.

Blot betonte, bis zum nächsten dt.-frz. Gipfel habe man noch knapp zwei Monate Zeit, um in intensiven Kontakten eine gemeinsame Position zu erarbeiten. Er bedauere es, dass man die enge Abstimmung mit uns nicht schon früher gesucht habe. Missverständnisse auf beiden Seiten hätten dann vielleicht vermieden werden können.

Dg 21 bemerkte, man habe es auf dt. Seite auch als schmerzlich empfunden, dass beide Länder in der Jugoslawien-Krise oftmals in verschiedene Richtungen gedacht und agiert hätten.

Blot meinte, um zu einer gemeinsamen Position zu kommen, sei es zunächst notwendig, über Grundfragen der Jugoslawien-Krise aus der Sicht beider Länder zu sprechen. Zunächst wolle er über unterschiedliche Auffassungen zu folgenden Grundfragen reden:
- Selbstbestimmungsrecht,
- Grenzen.

Nach frz. Eindruck habe sich die dt. Politik den Grundsatz der Selbstbestimmung der Völker uneingeschränkt zu eigen gemacht. Wie bei der dt. Vereinigung habe der Grundsatz der Selbstbestimmung auch im Jugoslawien-Konflikt für D wohl die entscheidende Rolle gespielt. Nach frz. Auffassung hat dies auch dazu geführt, dass D Slowenien und Kroatien sehr früh anerkannte. In der Frage der Grenzen hat D nach frz. Einschätzung keine Probleme damit gehabt, die administrativen Grenzen quasi wie internationale Grenzen festzuschreiben.

Aus frz. Sicht habe D den Konflikt in Jugoslawien von Anbeginn wie folgt gesehen: Es gibt einen Angreifer (Serben) und Angegriffene. D habe den Jugoslawien-Konflikt wie einen klassischen Konflikt behandelt.

Nach Ansicht von Blot gibt es in der Frage der Sanktionen[6] ebenfalls einen grundlegenden Meinungsunterschied zwischen F und D. Für D handele es sich bei den Sanktionen nach frz. Auffassung um ein Mittel zur Bestrafung.

In der Behandlung der Flüchtlingsfrage habe nach frz. Auffassung D zunächst Solidarität beweisen wollen und habe erst über die Ursachen dieses Problems nachgedacht, als abzusehen war, dass D einen weiteren Zustrom von Flüchtlingen nach D nur schwer verkraften könnte.

Blot bemerkte, im Unterschied zur dt. Position werde von F das Selbstbestimmungsrecht nur so weit akzeptiert, als seine Ausübung keine Gefährdung der Stabilität in der Region mit sich bringe. F hätte sich auch gewünscht, dass die Umwandlung von administrativen in intern. Grenzen erst das Ergebnis eines Verhandlungsprozesses markiert hätte. In der Flüchtlingsfrage habe F stets den Standpunkt vertreten, dass man versuchen solle, potenzielle Flüchtlinge zum Bleiben zu bewegen bzw. Flüchtlinge nicht zu weit von ihrem Ursprungsort zum Verbleib zu bringen.

Dg 21 entgegnete, D habe frz. Definition des Selbstbestimmungsrechts manchmal als eng und sogar ängstlich empfunden. Dabei beachte er durchaus, dass jedes Land seine eigene Geschichte habe und dementsprechend über unterschiedliche Vorstellungen verfüge. Er wolle jedoch darauf hinweisen, dass auch nach dt. Auffassung ein absolutes Recht auf staatliche Eigenständigkeit den grenzübergreifenden nationalen Kollektiven nicht zugebilligt werden könne. Dt. Regierung habe nicht Absicht verfolgt, dt. Vorstellungen zum

6 Vgl. die Resolution Nr. 713 des VN-Sicherheitsrats vom 25. September 1991; RESOLUTIONS AND DECISIONS 1991, S. 42 f. Für den deutschen Wortlaut vgl. EUROPA-ARCHIV 1991, D 550–552.
Vgl. auch die Resolution Nr. 757 des VN-Sicherheitsrats vom 30. Mai 1992; Dok. 159, Anm. 12.

Selbstbestimmungsrecht zu „europäisieren“. D sei gegen seinen Willen in den Jugoslawien-Konflikt hineingezogen worden und habe – oftmals – auf großen Druck der Öffentlichkeit gehandelt. In der dt. Regierung habe man an der staatlichen Integrität Jugoslawiens zunächst festhalten wollen. Erst im Sommer 91 habe man diese Haltung revidiert.

Zur Frage der Grenzen meinte Dg21, die dt. Haltung sei nicht eine prinzipielle Position, sondern beruhe auf der praktischen Erwägung, dass die in Jugoslawien bestehende völkische Gemengelage nicht unter dem Gesichtspunkt „vernünftiger“ Grenzen zu regeln sei. In der Transformation der administrativen zu intern. Grenzen habe man in D die Möglichkeit gesehen, das zu verhindern, was heute in Bosnien-Herzegowina passiere. Zu denken sei dabei insbesondere an die „ethnischen Säuberungen“.

Bis Sommer 91 habe die dt. Regierung – aus Überzeugung – eine Politik des Erhalts der staatlichen Einheit Jugoslawiens geführt. Danach habe man die Politik geändert, da sich damals abzeichnete, dass die Zentralgewalt in Belgrad versuchen würde, den Desintegrationsprozess mit Gewalt aufzuhalten. Die Belgrader Regierung habe damals anders gehandelt als die Moskauer Regierung gegenüber den baltischen Staaten. Auf keinen Fall habe die Politik der Bundesregierung den Prozess der Desintegration beschleunigt. Man habe nur nachvollzogen, was bereits passierte.

Zur Frage der Grenzen habe die dt. Regierung einen entschiedenen Standpunkt und das größte Interesse daran, dass Grenzfragen in Europa nicht aufgeworfen würden. Wenn Grenzen in Europa infrage gestellt würden, sei vorauszusehen, dass es auch eine Diskussion über die Oder-Neiße-Grenze in D geben würde.

Zu dem Kosovo-Problem meinte Dg21, man sei dafür, dass die Albaner in Kosovo einen Autonomiestatus erhalten und nicht die Unabhängigkeit anstrebten. Es sei allerdings zu befürchten, dass wegen der Inflexibilität der Serben (Versagung eines Autonomiestatus) auch der Kosovo versuchen wird, sich freizukämpfen.

Zur Frage der Sanktionen konstatierte Dg21 weitgehende Übereinstimmungen der frz. und dt. Position. Es sei nicht richtig, wenn man in Paris die dt. Sanktionspolitik als eine Bestrafungspolitik betrachte. Von dt. Seite sehe man in den Sanktionen vor allem ein Druckmittel. Wenn den Serben die Ausweglosigkeit ihres Vorgehens vor Augen geführt werde, könne man vielleicht mit einem Einlenken rechnen.

Zur grundlegenden Einschätzung des Konflikts meinte Dg21, der Krieg in Jugoslawien sei ein lokaler, kein europ. Konflikt. Für D stünden in diesem Konflikt keine wirklichen eigenen Interessen auf dem Spiel. Wir hätten allerdings das Interesse an Stabilität in der Region, und, selbstverständlich, auch Mitgefühl für die notleidende Bevölkerung. Ein weiterer Aspekt sei die Herausforderung, die dieser Konflikt für das werdende Europa darstelle. Es gäbe bereits Regeln, z.B. im Rahmen der KSZE, die, falls alle Beteiligten zustimmten, auch zu einer Anwendung dieses Regelwerks führen könnten. Alle bisher bestehenden Lösungsmöglichkeiten seien allerdings überlagert durch das großserbische Machtstreben. Unsere Priorität sei, den Konflikt frühestmöglich zu beenden und eine Lösungsmöglichkeit zu finden, die für alle Beteiligten akzeptabel sei. D habe keine nationalen Prioritäten in diesem Konflikt. Dg21 fügte hinzu, auch wir hätten Vorbehalte gegenüber Tudjman.

Zur Flüchtlingsfrage meinte Dg21, auch wir seien dafür, dass dieses Problem zunächst „sur place“ geregelt werde. Wir seien allerdings der Auffassung, dass dieses Vorgehen angesichts der bestehenden Verhältnisse scheitern müsse. Letztlich sei man in D ratlos, wie man mit diesem Problem umgehen solle. Man glaube allerdings nicht, dass man um die Aufnahme von weiteren Flüchtlingen umhinkommen werde. Die frz. Auffassung, potenzielle Flüchtlinge müssten in Bosnien bleiben, reiche nach dt. Auffassung nicht aus.

Zum Abschluss der Erörterungen über Grundsatzfragen schlug Europadirektor *Blot* eine gemeinsame dt.-frz. Aktion vor, der drei Prinzipien zugrunde liegen sollten:

1) Verurteilung der „ethnischen Säuberungen“,

2) Prinzip der Rückkehr der Flüchtlinge,

3) Bemühungen, dass die vor Ort befindliche Bevölkerung dort bleibt, wo sie ist.

Um diesen Prinzipien zu entsprechen, müssten drei Dinge getan werden:

- Neu- bzw. Wiederansiedelung der Bevölkerung (Bau von Unterkünften),
- Sicherstellung der Ernährung und anderer lebensnotwendiger Bedürfnisse,
- Schutz der Bevölkerung durch militärische Truppen.

Blot führte dazu weiter aus, dass geplant sei, ein frz. Bataillon im Nordwesten von Bosnien zu stationieren, um den gewünschten Schutz zu gewährleisten. Blot fragte ganz konkret, ob die dt. Regierung bereit sei, ein solches Konzept mitzutragen.

Dg 21 meinte dazu auf persönlicher Basis, der frz. Ansatz erscheine ihm logisch. Es gehe darum, bei dieser Aktion eine territoriale Gewalt, die es nicht gebe, zu ersetzen. Unser Problem sei allerdings, dass wir mit militärischen Mitteln hier nicht unterstützend tätig werden könnten.

Blot antwortete, ihm sei die dt. Problemlage durchaus bewusst. Vielleicht sei es aber möglich, dass sich eine dt. Hilfe im Rahmen humanitärer Maßnahmen ermöglichen ließe, und fragte, ob Deutsche im Rahmen einer VN-Aktion an einem solchen Programm teilnehmen könnten.

Blot bemerkte weiter, wenn man sich auf dt.-frz. Ebene auf ein solches Projekt einigen könnte, sei es wünschenswert, auch andere EG-Partner daran zu beteiligen.

Dg 21 meinte, dt. Seite werde dieses Projekt prüfen und sei bereit, bald nach Paris zu kommen, um hierüber detailliert zu sprechen.

Beide Seiten einigten sich auf eine Fortsetzung der Gespräche am 14.10.92 in Paris.

Blot fragte, ob es jetzt schon möglich sei, die Jugoslawien-Konferenz mit dem vorgeschlagenen Projekt zu befassen. *Dg 21* erwiderte darauf, man müsse das Projekt zunächst prüfen und vermeiden, dass dieses Projekt als ein Störfaktor der Konferenz angesehen werde.

Blot führte aus, dass bei dem kürzlichen Gespräch des ChBK mit dem Élysée[7] auch davon die Rede war, dass sich die Direktoren der Rechtsabteilungen der Außenämter sowie die Planungsstäbe beider Ministerien mit den Problemen des Jugoslawien-Konflikts befassen. Er, Blot, sei beauftragt worden, diese Arbeiten zu koordinieren. Es müsse überlegt werden, ob nicht eine gemischte Arbeitsgruppe, bestehend aus Mitgliedern der Planungsstäbe beider Ministerien, sich mit dem Thema „Zukunft des Balkans“ auseinandersetzen könne. Hierüber solle auch am 14.10. gesprochen werden.

Blot schlug vor, für das Treffen am 14.10. außerdem folgende Gesprächspunkte vorzusehen:

- Beziehungen zwischen Kroatien und Serbien,
- Bosnien-Herzegowina,

7 Zu den Konsultationen zwischen dem Bundeskanzleramt und dem französischen Präsidialamt am 16. September 1992 in Paris vgl. Dok. 288.

- interne Probleme in Serbien (Kosovo etc.),
- Flüchtlingsfrage.

Dg 21 fügte diesen Themen Folgendes hinzu: die Rolle der Moslems im Jugoslawien-Konflikt.[8]

B 42, ZA-Bd. 175651

313

Drahtbericht des Botschafters Trumpf, Brüssel (EG)

Fernschreiben Nr. 2628 **Aufgabe: 6. Oktober 1992, 18.35 Uhr**[1]
Citissime **Ankunft: 6. Oktober 1992, 18.57 Uhr**

Betr.: 1605. Tagung des Rates (Allgemeiner Rat) am 5.10.1992;
hier: Delors II-Paket

Zur Unterrichtung

1) Vors. – AM Hurd – betonte eingangs, dass mit der Diskussion im AM-Rat die Analysephase der Verhandlungen – mit Ausnahme des Kohäsionsfonds, des Garantiemechanismus für Anleihen an Drittstaaten und des interinstitutionellen Abkommens[2], wo noch Prüfungsbedarf bestehe – abgeschlossen sei. Für die nun beginnende Verhandlungsphase werde Vors. nach dem Sonder-ER am 16.10.1992[3] ein Papier als Grundlage für die zukünftigen Verhandlungen vorlegen, das Gegenstand der Beratungen des AM-Rates am 9.11. 1992[4] sein wird. Ziel des Vorsitzes sei es, die Verhandlungen beim ER in Edinburgh[5] abzuschließen.

8 MDg von Studnitz vermerkte am 22. Oktober 1992: „Bei den Jugoslawien-Konsultationen mit Blot in Paris am 14. Oktober wurde ausführlich die Frage einer möglichen Regelung des Bosnien-Problems erörtert. Dabei wurde auch die beiderseits erklärte Bereitschaft der Leiter der Planungsstäbe angesprochen, dass auch sie sich an dem Versuch beteiligen wollten, eine gemeinsame deutsch-französische Position zur Jugoslawien-Frage zu formulieren. In dem Gespräch mit Blot stellte es sich als wichtig heraus, als Rahmen oder Einleitungsteil konkreter Vorschläge zur Lösung des Jugoslawien-Problems eine Analyse der langfristigen Situation auf dem Balkan hinsichtlich des dort bestehenden Verhältnisses der Staaten zueinander zu erstellen." Vgl. B 42, ZA-Bd. 175651.

1 Der Drahtbericht wurde von RD Bettin, Brüssel (EG), konzipiert.
Hat VLR Döring am 7. Oktober 1992 vorgelegen.

2 Für die Institutionelle Vereinbarung über die Haushaltsdisziplin und die Verbesserung des Haushaltsverfahrens vom 29. Juni 1988 zwischen dem Europäischen Parlament, dem Europäischen Rat und der EG-Kommission vgl. AMTSBLATT DER EUROPÄISCHEN GEMEINSCHAFTEN, Nr. L 185 vom 15. Juli 1988, S. 33–37. Vgl. auch AAPD 1988, II, Dok. 232.

3 Zur Sondertagung des Europäischen Rats in Birmingham vgl. Dok. 334.

4 Zur EG-Ministerratstagung am 9. November 1992 in Brüssel vgl. Dok. 367, Anm. 39.

5 Zur Tagung des Europäischen Rats am 11./12. Dezember 1992 vgl. Dok. 421.

StM Garel-Jones (UK) informierte die Minister über Kontakte des Vors. auf politischer Ebene mit dem EP, die nützlich gewesen seien. Vors. beabsichtige, das EP über den weiteren Verhandlungsstand zu informieren.

Als Beratungsunterlage für den AM-Rat dienten die bereits für den ECOFIN-Rat am 28.9.1992[6] erstellten Dokumente (8653/92 RAU 56, 8654/92 RAU 57) und die Schlussfolgerungen des Vorsitzes aus der Diskussion im ECOFIN-Rat (Dok. 8927/92 RAU 64).

2) Entgegen der ursprünglichen Absicht der Präs. fand die Diskussion im AM-Rat nicht in Form einer Tischumfrage statt; alle Del. – mit Ausnahme von D[7] – nahmen die Gelegenheit wahr, ihre bereits weitgehend bekannten Positionen zum Gesamtpaket Delors II zu wiederholen bzw. zu präzisieren. Die Diskussion im AM-Rat brachte gegenüber der Diskussion im ECOFIN-Rat kaum neue Elemente; einzelne Del. verwiesen in ihren Beiträgen explizit auf die bereits im ECOFIN-Rat vertretenen Positionen. Auf die wesentlichen Diskussionspunkte wird im Folgenden kurz eingegangen:

- Die vier Kohäsionsländer forderten erneut mit Nachdruck die Annahme des KOM-Vorschlags, wobei sie insbesondere auf die Zusagen im Rahmen der Maastricht-Verhandlungen[8] hinwiesen; betont wurde insbesondere die Bedeutung der Kohäsionsausgaben (Strukturfonds, Kohäsionsfonds), wobei P sich im Hinblick auf die makroökonomische Konditionalität beim Kohäsionsfonds für eine stärkere Präzisierung aussprach. E sprach sich gegen die Anwendung des Grundsatzes der Additionalität beim Kohäsionsfonds aus, da sonst Verstoß gegen Charakter des Fonds.
- Die Mehrheit der MS bestätigte ihre Auffassung, dass die von KOM vorgeschlagene Aufstockung des Eigenmittelplafonds bis 1997 zu hoch bzw. zu ehrgeizig sei; der bestehende Eigenmittelplafonds müsse für mindestens zwei bis drei Jahre beibehalten werden. B betonte, dass man ab 1997 im Hinblick auf die Eigenmittel verschiedene Möglichkeiten prüfen müsse (u. a. Streckung des Finanzplanungszeitraums um insgesamt sieben Jahre; Einführung einer Gemeinschaftssteuer). F betonte, dass die auch im Hinblick auf die nationale Haushaltsentwicklung notwendige Verringerung der Ausgabensteigerung bis 1997 ausgewogen erfolgen müsse (Ausnahme Agrarausgaben, da ER in Lissabon[9] bereits Kürzungen beschlossen habe).
- Außenminister Colombo (I) sprach sich erneut gegen eine Verlagerung der Einnahmestruktur in Richtung BSP-Quelle aus (Renationalisierung); er forderte Garantien für die Aufrechterhaltung der Strukturfondsmittel für den Mezzogiorno.
- F (Europaministerin Guigou) betonte, man müsse die öffentliche Meinung in den MS stärker bei den Verhandlungen berücksichtigen, ebenso wie die nationale Haushaltslage der MS; EG-Mittel müssten effizienter eingesetzt und das Eigenmittelsystem gerechter ausgestaltet werden. F stimme dem von KOM vorgeschlagenen Betrag für den Kohäsionsfonds zu, allerdings könnten die Mittel für die Strukturpolitik nicht alle fünf Jahre verdoppelt werden. Wichtig sei auch die Verbesserung der Wettbewerbsfähigkeit der europäischen Industrie durch verstärkte Forschungsanstrengungen (so auch DK).

6 Die EG-Ratstagung auf der Ebene der Wirtschafts- und Finanzminister am 28. September 1992 fand in Brüssel statt. Für die Schlussfolgerungen vgl. BULLETIN DER EG 9/1992, S. 13.

7 Die Wörter „mit Ausnahme von D" wurden von VLR Döring hervorgehoben. Dazu Ausrufezeichen.

8 Zum Vertragswerk von Maastricht vgl. Dok. 3, Anm. 8.

9 Zur Tagung des Europäischen Rats am 26./27. Juni 1992 vgl. Dok. 201.

- Für die Einführung einer fünften Quelle (Gemeinschaftssteuer) sprachen sich GR, I und B aus. Einvernehmen besteht, wie beim ER in Lissabon bereits zum Ausdruck gekommen war, die Mittel für den Bereich der Außenpolitik erheblich aufzustocken. Priorität habe insbesondere Osteuropa (F, NL), aber auch der Mittelmeerraum (F).
- UK betonte erneut, dass man auch im Bereich der Agrarausgaben weitere Einsparungen finden müsse, um andere Prioritäten (Kohäsionsausgaben) zu finanzieren; die Agrarleitlinie müsse abgesenkt werden.
- Mehrere MS (F, B, P) betonten, dass der UK-Ausgleich[10] auf seine Existenz hin überprüft werden müsse; er könne nicht unverändert fortgeführt werden. Dem widersprach UK ausdrücklich mit den bereits bekannten Argumenten.

3) KOM-Präs. Delors hob – wie bereits im ECOFIN-Rat – erneut hervor, dass der Rat dem EP im Zusammenhang mit der Umsetzung des Delors II-Pakets in zwei Punkten „erhebliche Macht" zugestanden habe; das EP sei bei der Verabschiedung des interinstitutionellen Abkommens und der Kohäsionsfondsverordnung bzw. der Reform der Strukturfondsverordnungen zu beteiligen. Zur verfügbaren Marge innerhalb des bestehenden Eigenmittelplafonds von 1,2 Prozent des BSP bis 1997 betonte er, dass diese nach den Berechnungen der KOM unter Berücksichtigung des verringerten Wirtschaftswachstums 10,7 Mrd. ECU betrage (davon 8,2 Mrd. ECU aufgrund des Wirtschaftswachstums, 1,3 Mrd. ECU Auslaufen von in 1992 enthaltenen Ausgaben, 1,2 Mrd. ECU Spielraum zwischen Eigenmittelplafonds und EG-Haushalt in 1992 ohne Unterschreitung der Agrarleitlinie). Dem stünden zusätzliche Ausgabenbedürfnisse in Höhe von 16,7 Mrd. ECU (Zahlungsermächtigungen) in 1997 gegenüber (ursprünglicher KOM-Vorschlag 20 Mrd. ECU abzüglich 1,5 Mrd. ECU für die Nicht-Aufstockung der Agrarleitlinie und 1,8 Mrd. ECU für unvorhergesehene Ausgaben in Höhe von 0,03 Prozent des BSP); zwei Drittel dieser Zusatzausgaben entfielen auf den Bereich der Strukturpolitik bzw. Kohäsionsfonds. Er betonte, dass nicht generell eine erneute Verdopplung der Strukturfonds für die nächsten fünf Jahre vorgesehen sei; lediglich für die vier Kohäsionsländer unter Einschluss des Kohäsionsfonds würde sich für 1997 eine reale Verdopplung der Mittel ergeben. Wie bereits im ECOFIN-Rat verwies er im Zusammenhang mit der vorgesehenen Mittelaufstockung für den Bereich der Strukturpolitiken auf die „Gefahr zunehmender Arbeitslosigkeit" im Gefolge der Anforderungen der Wirtschafts- und Währungsunion; dieser Tendenz müsse entgegengewirkt werden. Solange es eine fünfte Quelle (Gemeinschaftssteuer) wegen fehlender Harmonisierung der Bemessungsgrundlagen nicht geben könne, müssten Korrekturen am regressiven Eigenmittelsystem vorgenommen werden; diese könnten ggfs. über einen Zeitraum von zwei bis fünf Jahren zeitlich gestaffelt werden.

4) Vors. (AM Hurd) bezeichnete die Diskussion als nützlich, zog allerdings keine inhaltlichen Schlussfolgerungen. Er stellte Einvernehmen fest im Hinblick auf die Erfüllung der beim ER in Lissabon eingegangenen Verpflichtungen und auch im Hinblick auf das Ziel, die Delors II-Verhandlungen beim ER in Edinburgh abzuschließen. Auf der Grundlage der von Präs. in Kürze vorzulegenden Verhandlungsgrundlagen würden die Arbeiten auf AStV-Ebene fortgesetzt (erste Diskussion auf Ratsebene beim AM-Rat am 9.11.1992).

[gez.] Trumpf

B 224, ZA-Bd. 187271

10 Zum britischen EG-Beitragsrabatt vgl. Dok. 201, Anm. 17.

314

Gespräch des Bundesministers Kinkel mit dem russischen Präsidenten Jelzin in Moskau

7. Oktober 1992[1]

Das Gespräch Bundesaußenminister (BM)/Präsident Jelzin (J.) fand am 7. Oktober, 17.30 Uhr, im Kreml statt[2]; es dauerte 45 Minuten. Auf russischer Seite war Außenminister Kosyrew (K.), auf deutscher Seite Botschafter Blech anwesend. Deutscher Dolmetscher war Herr Scheel, russischer Dolmetscher Herr Smirnow.

Jelzin gratulierte BM zu seinem Amt und würdigte die guten engen Beziehungen zum Vorgänger Genscher. Dieser sei ein weiser und talentvoller Mann, der es verstanden habe, überall in der Welt Deutschlands Interessen wirkungsvoll zu vertreten. Auf dieser Grundlage sei jetzt weiterzuarbeiten.

J. betonte nachdrücklich das jetzige vertrauensvolle Verhältnis zum Bundeskanzler. Er erwähnte die wiederholten direkten Kontakte durch Telefongespräche und Briefe. Dies sei ebenfalls eine gute Basis für die Arbeit der Außenminister beider Seiten. Die Beziehungen zwischen den Regierungen müssten nicht erst neu aufgebaut werden.

Er, J., wisse, dass Deutschland die russischen Reformen unterstütze. Sie seien unumkehrbar (Bezug auf seine Programmrede vom vorigen Tag[3]).

J. erwähnte dann nochmals die direkten Kontakte mit dem Bundeskanzler, aufgrund derer er konkrete Weisungen im Hinblick auf den Besuch des Bundeskanzlers[4] gegeben habe. Ein weiteres Telefongespräch sei für die folgende Woche vereinbart. Damit hätten die Vorbereitungen des Besuchs des Bundeskanzlers begonnen, um die sich auf russischer Seite jetzt vor allem das MID[5], aber auch andere zu kümmern hätten.

Als Präsident sei er sehr interessiert an einem Erfolg, d.h. an einem effektiven Verlauf mit greifbaren Ergebnissen. Der Besuch solle nicht nur formal dem seinen in Deutschland[6] entsprechen.

1 Der Gesprächsvermerk wurde von Botschafter Blech mit DB Nr. 4388 vom 13. Oktober 1992 an das Auswärtige Amt übermittelt. Dazu vermerkte er: „Ich rege an, in vergleichbaren Fällen von Begegnungen im kleinsten Kreis aus Gründen der Ökonomie das zu Unrecht allzu sehr aus der Mode gekommene Institut der Dolmetscheraufzeichnung zu nutzen, d.h. von vornherein vorzusehen."
Hat VLR I Gerdts am 13. Oktober 1992 vorgelegen, der die Weiterleitung an BM Kinkel mit der Bitte um Billigung verfügte.

2 BM Kinkel hielt sich am 6./7. Oktober 1992 in Russland auf. Vgl. auch Dok. 311 und Dok. 315.

3 Botschafter Blech, Moskau, berichtete am 7. Oktober 1992: „In seiner ersten Ansprache vor dem OS der RF nach der Sommerpause hat sich Präsident Jelzin für eine Fortsetzung des Reformkurses, gleichzeitig aber – Ausdruck des gewachsenen Einflusses der Bürgerunion – für ein ständiges Zusammenwirken der politischen Kräfte Russlands (Präsident, OS, Regierung, föderative und regionale Machtorgane) ausgesprochen. [...] Im Einzelnen hob der Präsident vor allem die Notwendigkeit umfassender Privatisierungs- und Dezentralisierungsmaßnahmen sowie einer Bodenreform hervor." Vgl. DB Nr. 4272; B 41, ZA-Bd. 221581.

4 BK Kohl besuchte Russland am 15./16. Dezember 1992. Vgl. Dok. 419 und Dok. 420.

5 Ministerstwo inostrannych del Rossijskoi Federazii (Ministerium für ausländische Angelegenheiten der Russischen Föderation).

6 Der russische Präsident Jelzin besuchte die Bundesrepublik vom 21. bis 23. November 1991. Vgl. AAPD 1991, II, Dok. 392, Dok. 393 und Dok. 398.

BM dankte für die Gesprächsmöglichkeit mit J., die er nicht als eine bloße Selbstverständlichkeit betrachte. Er übermittelte die Grüße des Bundeskanzlers und von Herrn Genscher. Über die direkten Kontakte zwischen Bundeskanzler und J. sei er unterrichtet. Er sei auch bemüht, das gute persönliche Verhältnis zwischen dem russischen Außenminister und Herrn Genscher weiterzuführen, und es sei ihm eine Freude, dass sich sehr schnell eine persönliche Beziehung entwickelt habe. *Jelzin* meinte scherzhaft, K[osyrew] habe zwar gewisse Mängel, sei aber sonst ein guter Mensch. Einwurf *Kosyrew*: Das sei die höchste Einschätzung, die der Präsident überhaupt zu vergeben habe.

Jelzin entwickelte den Gedanken, möglichst alle anstehenden operativen Fragen noch vor dem Besuch des Bundeskanzlers zu lösen. Es gebe aber vielleicht drei bis vier Fragen prinzipieller Art, die zwar schon im Vorfeld des Besuchs behandelt werden könnten, die aber ihrer eigentlichen Lösung erst während des Besuchs zugeführt werden sollten. J. nannte beispielhaft die Frage einer Pauschale für die Liegenschaften[7] und die Ausgleichszahlungen für russische Kriegsverfolgungsopfer[8]. Auch andere seien denkbar; man müsse sich darüber verständigen, welche Problemlösungen dem Besuch selbst vorbehalten sein sollten. Selbstverständlich werde auch das Problem der Russlanddeutschen eine Rolle spielen. Seine, J.s, Zusagen an den Bundeskanzler gälten unverändert. Dieses Problem beschäftige ihn viel. Ein autonomer Rayon nach dem anderen werde entstehen. So bereite man langsam (sic) eine ganze Region vor, aus der dann später einmal die Republik der Deutschen entstehen werde. Die Grundsatzentscheidung in diesem Sinne sei klar; sie praktisch umzusetzen, erfordere aber Zeit. Der Bundeskanzler könne hier voll auf ihn vertrauen, wie er dies auch im Falle Honecker[9] habe tun können, einer für ihn, J., sehr schwierigen Angelegenheit.

Letzteres aufgreifend, dankte *BM* für J.s Haltung. Nach einer Darlegung seines eigenen Engagements im Falle Honecker stellte er fest, dass Honecker ein besonders faires Verfahren bekomme, wenn er überhaupt vor Gericht gestellt werden könne.[10]

Jelzin bemerkte hierzu, dies sei nun einmal ein Fall, der nach dem Gesetz zu lösen sei. So sei es auch nach russischem Gesetz geschehen. Gorbatschow habe in der Angelegenheit an moralische Werte appellieren (gemeint wohl: humanitäre Gesichtspunkte ins Spiel bringen) wollen. Warum habe er aber Honecker überhaupt in die Sowjetunion bzw. Russland hineingelassen?

BM ergänzte, die Entscheidung in Sachen Honecker habe J. und der russischen Regierung in Deutschland ungeheures Ansehen eingebracht. Die Menschen bei uns hätten die Risiken für J. durchaus gesehen. Die Reaktion sei gewesen: „alle Achtung". Diese Entscheidung – so *Jelzin* dazu – habe ihm in der Tat viel Kritik eingebracht, letztlich habe aber die Mehrheit der Bevölkerung sie unterstützt.

Zum bevorstehenden Besuch des Bundeskanzlers betonte *BM*, das deutsche Interesse an einem Erfolg sei nicht geringer als das russische. Vielleicht sei sogar an einen „Schluss-

7 Zur Frage der Liegenschaften der WGT vgl. Dok. 250.

8 Zur Frage einer Entschädigung für sowjetische Opfer des Nationalsozialismus vgl. Dok. 264, besonders Anm. 8.

9 Zum Fall Honecker vgl. Dok. 235.

10 Der Prozess gegen Erich Honecker vor dem Landgericht Berlin begann am 12. November 1992. Am 12. Januar 1993 wurde das Verfahren aufgrund seines Gesundheitszustands eingestellt und der Haftbefehl aufgehoben.

strich" zu denken? In der Tat sollte man daher versuchen, so viele Punkte wie möglich vorher aufzuarbeiten. Allerdings müsse er auf die finanziellen Probleme hinweisen, denen sich die Bundesrepublik Deutschland nach der Wiedervereinigung gegenübersehe (Einwurf J.: „Das verstehen wir."). Es würden sich aber gewiss Lösungen finden lassen; es sei uns wichtig genug, dass der russische Reformprozess vorangehe.

Jelzin stellte fest, die russische Seite halte sich strikt an das Abkommen über den Truppenabzug. Vielleicht werde man den Zeitraum sogar etwas kürzen.[11] Bezüglich der Liegenschaften denke er an eine Pauschale von 6 bis 8 Milliarden DM. Diesen Komplex solle man jetzt abhaken.

BM verwies auf den bevorstehenden Besuch von StS Köhler, BMF.[12]

Jelzin fragte dann nach der Aussicht der deutschen Ratifizierung des Vertrags von Maastricht.

BM erwiderte, daran gebe es keinen Zweifel. Probleme gebe es in Großbritannien und Dänemark[13]. Major sei in Brighton[14] in einer schwierigen Lage gewesen, angesichts einer Mehrheit von 68 Prozent in der Bevölkerung, die gegen Maastricht eingestellt sei. Im Weiteren erläuterte BM die deutsche Linie in der gegenwärtigen Situation: keine Änderung des Vertrages, Auffangen aller Unzufriedenheiten in einer dem Vertrag beigefügten Erklärung, was vielleicht auch Dänemark zu einer positiven Entscheidung in einem zweiten Referendum verhelfen könnte.

Jelzin kam nochmals auf Großbritannien zu sprechen, wo die Stimmung doch wohl nur schwer umzudrehen sei. *BM* bestätigte dies. Zu allem komme noch die Schwäche des Pfundes, die Währungsunruhe insgesamt hinzu.[15]

BM dankte für das, was J. zum Problem der Russlanddeutschen gesagt habe. Für den Bundeskanzler sei dies eines der zentralen Probleme. BM erläuterte sodann die Lage in Deutschland (ca. 6 Millionen Ausländer, dabei Asylanten, Kriegsflüchtlinge, eben auch Aussiedler; Gemengelage der sich daraus ergebenden politischen, sozialen und psychologischen Fragen; Wanderungsbewegung).

Jelzin bemerkte dazu, Russland wolle nicht „zulassen", dass Deutschland in dieser Lage noch mit 2,1 Mio. Aussiedlern belastet würde, allenfalls „mit 0,1 Mio.". Russland verfolge gegenüber den Russlanddeutschen eine Politik der Gleichberechtigung. Gewiss habe man es jetzt mit gewissen Schwierigkeiten bei den administrativen Lösungen vor Ort zu tun.

11 Artikel 4 des deutsch-sowjetischen Aufenthalts- und Abzugsvertrags vom 12. Oktober 1990 sah den etappenweisen Abzug der sowjetischen Truppen aus Deutschland spätestens bis Ende 1994 vor. Vgl. BGBl. 1991, II, S. 261.

12 StS Köhler, BMF, hielt sich am 16. Oktober 1992 in Russland auf. Vgl. Dok. 329.

13 Vgl. das Referendum am 2. Juni 1992 in Dänemark; Dok. 166, Anm. 2.

14 Korrigiert aus: „Birmingham".
In Brighton fand vom 6. bis 9. Oktober 1992 der Parteitag der Konservativen Partei statt. In der Presse wurde berichtet: „Der Protest der Basis beleuchtet schlaglichtartig, wie angeschlagen der Premierminister ist, der noch am Vorabend trotzig verkündet hatte, er werde ‚keinen Inch vom Weg nach Maastricht abweichen'. Selbst einfache Delegierte scheuten nicht davor zurück, den Premier zurechtzuweisen. Es sei eine ‚Beleidigung', wenn John Major die Bedenken gegen Maastricht als ‚Schaumschlägerei und Gebrabbel' abqualifiziere." Vgl. den Artikel „John Major mit dem Rücken zur Wand"; DIE ZEIT vom 9. Oktober 1992, S. 2.

15 Zur Krise im EWS vgl. Dok. 283 und Dok. 290.

In der Entwicklung zur Wolga-Republik werde es einige Stufen geben. Alles spiele sich allerdings auch vor dem Hintergrund der allgemeinen wirtschaftlichen Schwierigkeiten ab. Deutscherseits solle man sich aber keine Sorgen machen: Die russische Regierung unterstütze die deutsche Minderheit und tue das Ihre, damit es zu keiner Massenauswanderung komme. Russischerseits verstehe man, dass dies eine Katastrophe für Deutschland wäre.

Auf die Lage innerhalb Deutschlands zurückkommend, wies *BM* auf die hohen Zukunftserwartungen in den neuen Bundesländern hin. Dort herrsche Unzufriedenheit; man vergleiche die eigene Entwicklung nicht mit derjenigen in Osteuropa, sondern mit dem westdeutschen Standard, zu dem natürlich nach wie vor ein großer, nicht von heute auf morgen zu schließender Abstand bestehe. In diese Unzufriedenheit treffe auch noch das Ausländer-, insbesondere das Asylantenproblem hinein.

Jelzin bezog sich auf seine Rede im Parlament tags zuvor. Die wirtschaftliche Lage sei nach wie vor schwierig, aber den schwierigsten Punkt habe man überwunden. Die Menschen in Russland, die über 75 Jahre dessen gänzlich entwöhnt gewesen seien, begännen jetzt zu begreifen, was Eigentum eigentlich ist. J. verwies auf die kürzlichen Privatisierungsschritte und seinen soeben unterschriebenen Erlass über die Möglichkeit des Erwerbs von Grund und Boden durch Vouchers. Die Steigerung der Löhne und Gehälter sei höher als die Steigerung der Preise. Dies sei der Trend seit vier Monaten. Wer über eine drohende Explosion in Russland rede, habe unrecht. Es werde auch keinen neuen Putsch geben.

Abschließend ließ J. erkennen, dass er über die ganz persönliche Erörterung eines bestimmten Punktes zwischen BM und Kosyrew informiert und mit der Fortsetzung des Gesprächs einverstanden ist. *BM* wertete dies als bedeutende Bemerkung.

Bei der Verabschiedung unterstrich BM, dass Deutschland helfen werde, wo es das könne.

Jelzin bat, seinem guten Freund, dem Bundeskanzler, Grüße zu übermitteln. Alle Russen warteten auf seinen Besuch, der erfolgreich und angenehm verlaufen solle.

B 1, ZA-Bd. 178945

315

Gespräch des Bundesministers Kinkel mit Vertretern der Russlanddeutschen in Moskau

503-553.32 RUS **7. Oktober 1992**[1]

Ergebnisvermerk zum Gespräch des Herrn Bundesministers mit Vertretern der Organisationen der Russlanddeutschen im Konsulatsgebäude der Botschaft Moskau am 7.10.1992[2]

1) Teilnehmer vonseiten der Russlanddeutschen:
- Herr Gerhard Wolter: Zwischenstaatlicher Rat für die Rehabilitierung der Deutschen der ehemaligen UdSSR;
- Jakob Maurer: Vereinigung Wiedergeburt;
- Hugo Wormsbecher: Vorsitzender des staatsübergreifenden Verbandes der Russlanddeutschen;
- Herr Martens: Internationaler Verband der deutschen Kultur.

2) Auf Wunsch BM kurze Darstellung der wichtigsten aktuellen Fragen aus der Sicht der Organisationen:
- Ziel der ethnischen Selbsterhaltung der Deutschen muss durch Erreichen einer gewissen Staatlichkeit und Pflege kultureller Eigenständigkeit gewährleistet werden.
- Ausreise allein keine Lösung. Russlanddeutsche sind Kinder von zwei Völkern.
- Das Protokoll vom 10.7.1992[3] muss in Kraft gesetzt werden. Auf der Sitzung der Regierungskommission am 19.10. sollten möglichst konkrete Entscheidungen herbeigeführt werden.[4]
- Konkrete Förderungsmaßnahmen zur Unterstützung im Kulturbereich und bei Kleinunternehmern nötig.

1 Der Gesprächsvermerk wurde von VLR Goetz am 9. Oktober 1992 gefertigt und über MD Wittmann an das Ministerbüro geleitet mit der Bitte, „die Billigung von Herrn Bundesminister einzuholen".
Hat Wittmann am 12. Oktober 1992 vorgelegen.
Hat BM Kinkel am 13. Oktober 1992 vorgelegen.
Hat VLR Brose am 14. Oktober 1992 vorgelegen, der den Rücklauf an Referat 503 verfügte und handschriftlich vermerkte: „B[itte] verteilen."
Hat Goetz am 20. Oktober 1992 erneut vorgelegen, der die Weiterleitung an MDg Schürmann „z[ur] K[enntnisnahme]" verfügte.
Hat Schürmann am 20. Oktober 1992 vorgelegen.

2 BM Kinkel hielt sich am 6./7. Oktober 1992 in Russland auf. Vgl. auch Dok. 311 und Dok. 314.

3 Zum deutsch-russischen Protokoll über die stufenweise Wiederherstellung der Wolga-Republik vgl. Dok. 117.

4 Nach der Sitzung der deutsch-russischen Regierungskommission für die Russlanddeutschen erklärte der Beauftragte der Bundesregierung für Aussiedlerfragen, PStS Waffenschmidt, BMI, am folgenden Tag, noch 1992 würden „in den Siedlungsschwerpunkten in der Wolga-Region, in Halbstadt und in Assowo über 1400 Wohncontainer für die Erstaufnahme von zusiedelnden Russlanddeutschen zur Verfügung stehen. Gleichzeitig sorgt ein Wohnungsbauprogramm mit über 750 Wohnhäusern und 30 bäuerlichen Familienbetrieben dafür, dass russlanddeutsche Familien in diesen Gebieten eine dauerhafte Bleibe finden können. Dieses Programm, welches auch die Einrichtung und Ausstattung von Bauhöfen, von Kindergärten, Gemeindezentren und Ambulanzen umfasst, hat ein Fördervolumen von über 80 Mio. DM." Vgl. die Mitteilung des BMI vom 20. Oktober 1992; B 41, ZA-Bd. 158741.

Abb. 13: BM Kinkel mit einer Gruppe Russlanddeutscher

- Zweifel der Russlanddeutschen an einer Lösung im Lande und Ausreisewilligkeit nehmen allerdings zu.
- Sorge über verschiedene Stimmen in Deutschland und Wunsch nach Gewissheit, dass die Türe für die Einreise der Russlanddeutschen offenbleibe.

3) *BM* stellt Prinz Sayn-Wittgenstein vor und unterrichtet Vertreter der Organisationen, dass er gestern bereits mit AM Kosyrew über ihre Sorgen und Nöte gesprochen habe und deutlich gemacht habe, dass deutsch-russische Beziehungen auch an dieser Frage gemessen würden und Lage der Russlanddeutschen auch für Kanzler-Besuch[5] zentraler Punkt sein würde. Die Russlanddeutschen sollten wissen, dass die Bundesregierung ihre Sorgen und Nöte sehe. Es bestünden aber keine unbegrenzten Einwirkungsmöglichkeiten auf RUS. Das Protokoll vom 10.7.1992 (auch wenn noch nicht in Kraft – AM Kosyrew habe aber zugesagt, hier alles in seiner Möglichkeit Stehende zu tun) stelle doch schon bedeutenden Schritt dar.

Position der Bundesregierung sei es, ein Verbleiben der Russlanddeutschen unter guten Bedingungen zu ermöglichen. Die Tür bleibe aber auch für später offen. Die Einreise der Russlanddeutschen sei ein völliges Aliud zur Asylfrage, die in Deutschland eine schwierige Situation geschaffen habe. Wir seien bereit, engen Kontakt mit den Russlanddeutschen zu unterhalten und alles in unseren Möglichkeiten Stehende zu tun. Unzufriedenheit sei verständlich, weil sich real, insbesondere vor Ort, nicht genug getan habe. Es seien aber auch Geduld und Realismus nötig. Es gebe keine Alternative zu den bisherigen Bemühungen.

5 BK Kohl besuchte Russland am 15./16. Dezember 1992. Vgl. Dok. 419 und Dok. 420.

4) Auf konkrete Frage des BM: „Haben Sie das Gefühl, dass die Russlanddeutschen in der Mehrzahl hierbleiben wollen oder nicht?“, führen *Vertreter der Organisationen* aus:
- Dies hänge davon ab, was im wirtschaftlichen und kulturellen Bereich geboten werden könne. Die Leute müssten die Wahl haben zu bleiben oder nicht. Nach gegenwärtigen Verhältnissen haben sie diese Wahl nicht.
- Die Russlanddeutschen umfassen nach letzter Volkszählung gegenwärtig ca. 2 Millionen, angesichts großer Zahl von Mischehen sind aber insgesamt 5 Millionen Menschen betroffen. Davon wollen ca. 1,5 – 1,8 Millionen ausreisen. Die Mehrheit wird bleiben, wenn schnelle und reale Maßnahmen erfolgen. Sonst gebe es zur Jahrtausendwende die Gruppe der Russlanddeutschen nicht mehr. Schon heute verstehe die Mehrzahl der 40-jährigen (die zweite Generation der in der SU umgesiedelten Deutschen) nur noch Deutsch und spreche es nicht mehr. In der dritten Generation sei ohne Hilfe bald alles vergessen.
- Verschiedene Umfragen in letzter Zeit hätten ergeben, dass 60 – 70 % der Russlanddeutschen ausreisen wollen, in Kasachstan sogar 85 %. Bei schnellen Hilfsmaßnahmen im wirtschaftlichen und kulturellen Bereich würde dieser Prozentsatz auf ca. 50 % fallen.

Auf konkrete Frage des *BM*: „Tun wir genug, machen wir etwas falsch?“, erwiderte Herr *Wormsbecher* vom Verband der Russlanddeutschen (ohne Widerspruch der Vertreter der anderen Organisationen):

„Bundesregierung tut viel für unsere Ziele (Staatlichkeit und Volkserhaltung), konzentriert ihre Bemühungen aber leider zu sehr auf die Wolga-Republik. Dieses Programmziel sei nicht falsch, aber in zwei bis drei Jahren nicht zu erreichen. Selbst wenn sich RUS als Staat mehr bemühen würde, seien Widerstände in dieser Zeit im Gebiet der Wolga-Republik nicht zu überwinden.“

An konkreten Wünschen wird vorgetragen:
- Verstärkung der Zusammenarbeit, um den immer schneller werdenden Veränderungen und Entwicklungen begegnen zu können.
- Über bisherige Kontakte zu deutschen Ministerien hinaus stärkere Beteiligung des Auswärtigen Amts, besonders auch des Bundestages an der Zusammenarbeit.
- Einrichtung einer permanenten Arbeitsgruppe mit den verschiedenen zu beteiligenden Gruppen und Institutionen statt des nur halbjährlichen Treffens der Regierungskommission.

5) Herr *D 6*[6] gibt den Hinweis, dass der Wunsch nach Verstärkung der Förderung im Sprach- und Kulturbereich notiert sei. Ab 1993 sei es möglich, die Hilfe in diesen Bereichen zu verstärken, Deutschlehrer[7] zu entsenden und mehr Bücher zur Verfügung zu stellen, eventuell sogar Förderung im Musikbereich (Liederbücher[8]).

6) *BM* stellt (die Aussprache zusammenfassend) fest:
- Er werde mit AM Kosyrew sprechen und seinen Eindruck mitteilen, dass mehr getan werden müsse.
- Die Mehrheit der Organisationen habe das Gefühl, dass die Konzentration auf die Wolga-Republik nicht der Königsweg sei.

6 Lothar Wittmann.

7 Dieses Wort wurde von MD Wittmann handschriftlich eingefügt. Dafür wurde gestrichen: „mehr Lehrer“.

8 Dieses Wort wurde von MD Wittmann handschriftlich eingefügt.

- Bei verbesserten Lebensverhältnissen würden mehr Russlanddeutsche hierbleiben. Hierzu müssten auch die Kontakte verstärkt werden.
- (an Herrn D 6 gewandt): Im Bereich der kulturellen Betreuung müsse mehr geschehen, insbesondere im Bereich der Maßnahmen vor Ort.
- Wir alle brauchten Geduld und eine realistische Sicht der Dinge und dürften uns keine unberechtigten Hoffnungen machen.
- Die Russlanddeutschen seien in Deutschland willkommen. Wir hätten unsere eigenen Probleme, aber darunter dürften die Russlanddeutschen nicht leiden. Selbst wenn sie alle nach Deutschland kommen wollten, müssten wir als 80-Millionen-Volk in der Lage sein, dies zu verkraften.

B 86, Bd. 2059

316

Vorlage des Vortragenden Legationsrats I. Klasse Boden für Staatssekretär Kastrup

240-371.81 **7. Oktober 1992**[1]

Über Herrn D 2 A[2] Herrn Staatssekretär[3]

Betr.: START-Vertrag[4];
hier: Stand nach Ratifizierung durch US-Senat am 1.10.1992

Zweck der Vorlage: Zur Unterrichtung

1) US-Ratifizierung des START-Vertrages

Mit einer 93:6-Mehrheit hat der US-Senat am 1.10.1992 dem START-Vertrag zugestimmt. Die Ausfertigung der Ratifikationsurkunde mit Unterschrift des Präsidenten[5] und der Austausch der Urkunden unter den Vertragspartnern sind nächste Schritte zur Inkraftsetzung des Vertrages, mit der in der ersten Hälfte 1993 zu rechnen ist.

Der START-Vertrag war zwischen den beiden großen Nuklearmächten vor Auseinanderfall der Sowjetunion in über neunjährigen Verhandlungen zustande gekommen und am 31.7.1991[6] unterzeichnet worden. In ihm verpflichten sich beide Vertragspartner zu einer Reduzierung ihrer strategischen Arsenale (insgesamt ca. 22 000 nukleare Gefechtsköpfe) um rund ein Drittel, wobei vor allem die sowjetischerseits zu vollziehende Eliminierung

1 Die Vorlage wurde von VLR Drautz konzipiert.

2 Hat Botschafter Holik am 7. Oktober 1992 vorgelegen.

3 Hat StS Kastrup am 7. Oktober 1992 vorgelegen.
Hat VLR Ney am 7. Oktober 1992 vorgelegen, der den Rücklauf an VLR I Boden verfügte.
Hat Boden am 8. Oktober 1992 erneut vorgelegen.

4 Für den START-Vertrag vom 31. Juli 1991 vgl. DEPARTMENT OF STATE DISPATCH, Supplement Nr. 5 vom Oktober 1991. Vgl. auch AAPD 1991, II, Dok. 256.

5 George H. W. Bush.

6 Korrigiert aus: „31.7.1992“.

der besonders destabilisierenden Erstschlagsysteme („schwere" SS-18 ICBMs) ins Gewicht fällt. Inzwischen hat sich die nukleare Abrüstung über den Stand von START hinaus rasant weiterentwickelt: Am 17.6.1992 vereinbarten die Präsidenten Bush und Jelzin in Washington weitere Reduzierungen[7], nach denen die strategischen Nuklearwaffen bis spätestens zum Jahr 2003 auf ein Niveau von 3000 – 3500 Gefechtsköpfen je Seite verringert werden sollen.

Der START-Vertrag behält dennoch eine herausragende Bedeutung, weil er

- die Voraussetzung ist für die am 17.6.92 vereinbarten weitergehenden Abrüstungsmaßnahmen. Diese bauen zum Teil (z.B. bei den Verifikationsbestimmungen) ausdrücklich auf ihm auf;
- die Grundlage bildet für eine volle abrüstungspolitische Einbindung Russlands und der drei anderen GUS-Republiken, die Nuklearwaffen auf ihrem Territorium haben (UKR, WEI, KAS): Durch Unterzeichnung eines Zusatzprotokolls am 23.5.1992 in Lissabon hatten sich die vier Nachfolger des sowjetischen Vertragspartners nicht nur zur Ratifizierung und fristgemäßer Vertragsumsetzung, sondern, im Falle UKR, WEI, KAS, auch zur Unterzeichnung des Nichtverbreitungsvertrages als Nichtkernwaffenstaaten verpflichtet.[8] Dies bedeutet zugleich, dass im Rahmen der siebenjährigen Reduzierungsfrist nach Inkrafttreten des Vertrages die strategischen Nuklearwaffen aus den drei Nachfolgestaaten nach Russland abgezogen werden, damit dort die vertraglich vorgesehenen Reduzierungen vorgenommen werden können.

2) Ratifizierungsverfahren der übrigen Partner

Nachdem der US-Senat den START-Vertrag am 1.10.1992 ratifiziert hat, richtet sich nun die Aufmerksamkeit auf das weitere Verfahren in Russland sowie den drei anderen betroffenen GUS-Republiken. Bislang hat nur Kasachstan den Vertrag ratifiziert. In Weißrussland soll das parlamentarische Verfahren in Kürze beginnen; Probleme sind dort nicht zu erkennen. Russland hat zu verstehen gegeben, dass es erst ratifizieren wird, wenn das Verfahren in Kiew abgeschlossen ist. Die Ukraine rückt damit in den Mittelpunkt des Interesses. Dort ist das Ratifikationsverfahren Ende September eingeleitet worden, wird sich jedoch möglicherweise bis Ende des Jahres hinziehen.[9]

Der stv. ukrainische AM Tarasjuk hat uns bei einem Besuch in Bonn am 14.9. erläutert, dass es in der Rada ernstzunehmende Widerstände gegen das START-Paket gebe, und um Argumentationshilfe durch Abgeordnete des Bundestages gebeten.[10] Der von uns darauf

7 Zu den amerikanisch-russischen Abkommen, die beim Besuch des russischen Präsidenten Jelzin vom 15. bis 18. Juni 1992 in den USA abgeschlossen wurden, vgl. Dok. 186.

8 Zum Zusatzprotokoll zum START-Vertrag vgl. Dok. 257, Anm. 8.

9 Das BMVg teilte am 18. Dezember 1992 mit, das Parlament von Belarus habe den START-Vertrag am 16. Dezember 1992 ratifiziert. Als einziger Vertragsstaat habe die Ukraine ihn noch nicht ratifiziert. Vgl. FS Nr. 8799; B 43, ZA-Bd. 228436.

10 Im Gespräch mit StS Kastrup am 15. September 1992 erläuterte der stellvertretende ukrainische AM Tarasjuk die Bedenken des Parlaments gegen einen Beitritt zum START-Vertrag und Nichtverbreitungsvertrag: „Man fordere Sicherheitsgarantien für den Fall einer nuklearwaffenfreien Ukraine, da man sich in diesem Fall mehr als zuvor äußerem Druck ausgesetzt fühle. Man verlange angemessene Beteiligung an Gewinnen, die Russland aus dem Handel mit aus Nuklearwaffen (NW) extrahiertem Spaltmaterial erziele [...]. Es entstünden beträchtliche Umweltschäden aus der Beseitigung von NW in [der] Ukraine, besonders im Hinblick auf den Flüssigbrennstoff aus den insgesamt 130 SS-19-Raketen." Vgl. den Gesprächsvermerk; B 43, ZA-Bd. 228352.

hin angesprochene UA Abrüstung und Rüstungskontrolle hat die Absicht, zu diesem Zweck eine kleine Delegation von Bundestagsabgeordneten Anfang November nach Kiew zu entsenden.[11] US und andere Bündnispartner wirken in ähnlichem Sinne auf UKR ein.

3) Umsetzung von START

Mit START dürfte die Reihe der Verträge nuklearer Abrüstung, die in völkerrechtlicher, ratifizierungsbedürftiger Form und nach dem aus der Epoche der Ost-West-Konfrontation stammenden Muster ausgehandelt worden sind, dem Abschluss nahe sein. Voraussehbar wird sich das Interesse daher künftig verlagern auf die Ausführung vorliegender oder einseitig eingegangener Abrüstungsverpflichtungen. Allein Russland wird einschließlich START aus solchen Verpflichtungen in den kommenden zehn Jahren nukleare Gefechtsköpfe in einer Größenordnung von 25–30000 Stück zu beseitigen haben, wozu es nach eigenem Eingeständnis weder technisch noch finanziell imstande ist. Damit stellt sich die Eliminierung ehemals sowjetischer Nuklearwaffen als eine qualitativ neue Aufgabe unserer Abrüstungspolitik, die vordringlich in unserem Sicherheitsinteresse liegt. Wir haben auch in diesem Zusammenhang die Aufnahme eines neuen Titels „Abrüstungshilfe" im EPl05 im Haushalt 1993 beantragt.

Boden

B 43, ZA-Bd. 228436

317

Vorlage des Vortragenden Legationsrats I. Klasse Libal für Bundesminister Kinkel

215-321.00 MAK **8. Oktober 1992**[1]

Über Herrn Dg 21[2], Herrn D 2[3], Herrn Staatssekretär[4] Herrn Bundesminister[5]

Betr.: Unsere Möglichkeiten zur Unterstützung Makedoniens (für Ihr Gespräch mit dem Herrn Bundeskanzler am 9.10.1992)

Bezug: Anforderung Ministerbüro am 8.10.1992

Anlg.: 4[6]

Zweck der Vorlage: Zur Unterrichtung und Billigung

11 Eine Delegation des Unterausschusses des Bundestags für Abrüstung und Rüstungskontrolle hielt sich am 3./4. November 1992 in der Ukraine auf. Vgl. den Reisebericht vom 11. Dezember 1992; B 41, ZA-Bd. 184000.

1 Die Vorlage wurde von VLRin Völkel konzipiert.

2 Hat MDg von Studnitz am 8. Oktober 1992 vorgelegen.

3 Hat MD Chrobog am 8. Oktober 1992 vorgelegen.

4 Hat StS Kastrup am 9. Oktober 1992 vorgelegen.

5 Hat BM Kinkel am 9. Oktober 1992 vorgelegen.
Hat Kinkel am 10. Oktober 1992 erneut vorgelegen, der handschriftlich für die Staatssekretäre Kastrup und Lautenschlager vermerkte: „Habe Ang[elegenheit] 9.10. mit dem Bundeskanzler besprochen. – Mit

Sie können gegenüber BK folgende Überlegungen darlegen:

Selbst auf die Gefahr hin, Probleme mit GRI zu bekommen, ist es notwendig, alles zu tun, um Makedonien (MAK) politisch und wirtschaftlich zu helfen. Nur so kann ein Abgleiten ins Chaos vermieden werden.

1) Anerkennung

Wünschenswert wäre eine möglichst rasche Anerkennung. Durch den Beschluss des ER in Lissabon vom 26.6.1992 (Anlage 4[7]) ist dieser Schritt ausgeschlossen, bis eine zurzeit nicht absehbare Einigung zwischen GRI und MAK in der Namensfrage erfolgt ist.

2) Bilaterale Möglichkeiten (siehe auch Vorlage vom 30.9.1992, Anlage 1[8])

Wir wollen einstweilen alle Möglichkeiten ausschöpfen, um unterhalb der Anerkennungsebene pragmatisch mit Makedonien zusammenzuarbeiten.

In Betracht kommt:

- Baldiges Gespräch von Ihnen mit mak. AM[9]. Mak. AM hat entsprechenden Wunsch geäußert.[10]
- Zustimmung zur Errichtung eines mak. GK in Bonn.
  (Der mak. Wunsch ist angesichts der ausstehenden Anerkennung nicht völlig unproblematisch, aber politisch vernünftig. Hierzu folgt gesonderte Vorlage.[11])
  Ein deutscher Generalkonsul amtiert in Skopje seit August.[12]

Fortsetzung Fußnote von Seite 1267

allen Punkten einverstanden. Bitte so verfahren. Nach amerik[anischer] Präs[identschafts]-Wahl neue Initiative zur Anerkennung."

Hat OAR Salzwedel am 12. Oktober 1992 vorgelegen, der die Weiterleitung an das Büro Staatssekretäre zur Vorlage bei Kastrup und Lautenschlager verfügte. Ferner vermerkte er handschriftlich: „H. Brose hat mit RL 215 telef[oniert]."

Hat Lautenschlager am 12. Oktober 1992 vorgelegen.

Hat Kastrup am 12. Oktober 1992 erneut vorgelegen.

Hat MD Chrobog am 12. Oktober 1992 erneut vorgelegen, der den Rücklauf an Referat 215 verfügte und handschriftlich vermerkte: „Wie besprochen."

Hat VLRin Völkel am 14. Oktober 1992 erneut vorgelegen, die die Weiterleitung an VLR Steiner und LR I Däuble „z[ur] g[efälligen] K[enntnisnahme]" verfügte und handschriftlich vermerkte: „S. 3 der beigefügten Vorlage."

Hat Steiner vorgelegen.

6 Vgl. Anm. 7, 8, 14 und 15.

7 Dem Vorgang nicht beigefügt.
Zum Beschluss des Europäischen Rats am 26./27. Juni 1992, Mazedonien nur unter der Voraussetzung eines anderen Namens anzuerkennen, vgl. Dok. 201.

8 Dem Vorgang beigefügt. VLR I Libal äußerte sich zu den politischen und wirtschaftlichen Implikationen der bisher nicht erfolgten Anerkennung Mazedoniens, zeigte „Perspektiven für die Entwicklung in der Anerkennungsfrage" auf sowie „Optionen für unsere Politik vor der Anerkennung". Vgl. B 42, ZA-Bd. 175591.

9 Für das Gespräch des BM Kinkel mit dem makedonischen AM Maleski am 6. November 1992 vgl. Dok. 360.

10 Dieser Absatz wurde von BM Kinkel hervorgehoben. Dazu vermerkte er handschriftlich: „Wann/wo/wie?" Ferner Häkchen.
Alle folgenden Absätze in den Ziffern 2) und 3) wurden von BM Kinkel ebenfalls mit Häkchen versehen.

11 VLR I Libal vermerkte am 14. Oktober 1992, zu dieser Frage habe am 9. Oktober 1992 eine Hausbesprechung bei StS Kastrup stattgefunden. Sie habe Folgendes ergeben: „1) Aus Gründen der Reziprozität ist die Zustimmung zur Eröffnung eines makedonischen GK in Bonn angezeigt. 2) Konsularische Beziehun-

- Einbeziehung MAKs in alle Programme der Zusammenarbeit und des Austauschs ähnlich wie etwa Bulgarien und Albanien.
- Gewährung Technischer Hilfe im Rahmen des Gesamtkonzepts der Bundesregierung für Beratung von MOE-Staaten.
  Abteilung 4 hat gegenüber den Wirtschaftsressorts eine entsprechende Initiative ergriffen, die positiv aufgenommen wurde.

3) Unterstützung im Rahmen der EG
- Wir haben uns bei letztem Allgemeinem Rat am 5.10. – unterstützt von der Mehrheit der Partner – mit Nachdruck dafür eingesetzt, dass die faktische Wirtschaftsblockade durch GRI gegenüber MAK rasch beendet wird, und verfolgen diese Bemühungen intensiv weiter.[13] MAK-Präsident Gligorov hatte in dieser Frage BK um Unterstützung gebeten (s. beigefügter Brief, Anlage 2[14]). (In Arbeitsgruppe am 7.10. hat sich gezeigt, dass die Schwierigkeit, einen Kompromiss zwischen GRI und MAK in der Namensfrage (Zollpapiere) zu erreichen, fortbesteht. Siehe beigefügten Sachstand, Anlage 3[15].)

Fortsetzung Fußnote von Seite 1268

gen bedeuten keine völkerrechtliche Anerkennung. 3) Wir müssen die Lissaboner Erklärung des ER vom 26.6.92 zu Makedonien berücksichtigen [...] und eine De-facto-Anerkennung vermeiden." Vgl. B 42, ZA-Bd. 175593.

12 Das Generalkonsulat der Bundesrepublik in Skopje wurde am 8. April 1992 eröffnet. Vgl. BULLETIN 1992, S. 1112.
VLR I Freiherr von Maltzahn notierte am 31. August 1992, das Generalkonsulat sei am 10. August 1992 eröffnet worden. Vgl. B 42, ZA-Bd. 175593.
VLRin Völkel vermerkte am 9. September 1992: „In Absprache mit Referat 500 sollte als Eröffnungstermin der Zeitpunkt der Übergabe der Bestallungsurkunde durch GK Dr. Steppan am 8.4.1992 veröffentlicht werden. Im Hinblick auf die Anerkennungsproblematik ist es von Bedeutung, dass die Eröffnung des GK Skopje während des Auflösungsprozesses des ehem[aligen] Jugoslawien stattfand, aber bevor die Badinter-Kommission die Auflösung festgestellt hat." Vgl. B 42, ZA-Bd. 175593.

13 Die EG-Ministerratstagung fand am 5./6. Oktober 1992 in Brüssel statt. VLR I von Jagow teilte am 6. Oktober 1992 mit: „BM plädierte für Unterstützung Mazedoniens, das sich sonst einer weiteren Destabilisierung ausgesetzt sehen würde. Insbesondere im Handelsverkehr müssten Beschränkungen aufgehoben werden. Darüber hinaus müsse kurzfristige Hilfe für Mazedonien beschlossen werden." Vgl. den RE; B 220, ZA-Bd. 158912. Vgl. ferner BULLETIN DER EG 10/1992, S. 108 f.

14 Dem Vorgang nicht beigefügt.
Mit Schreiben vom 30. September 1992 an BK Kohl legte der mazedonische Präsident Gligorov dar: „Leider ist die Lage in der Republik, was das Öl angeht, noch immer die Gleiche, da es im Hafen von Saloniki blockiert wird. Die Republik Griechenland lässt keinerlei Zeichen des guten Willens oder ihrer Bereitschaft erkennen, die Auslieferung des Öls zuzulassen, und somit wird gegen die Republik Mazedonien von einem Mitgliedstaat der Europäischen Gemeinschaft ein verkapptes Embargo verhängt. [...] Kann die Europäische Gemeinschaft dem wirklich tatenlos zusehen?" Vgl. die deutsche Übersetzung; B 221, ZA-Bd. 166616.

15 Dem Vorgang nicht beigefügt.
Referat 413 vermerkte am 8. Oktober 1992: „Die EG-Kommission hat am 18.9. eine VO erlassen, mit der die technischen Einzelheiten der Durchführung des doppelten Lizenzsystems im Warenverkehr mit Kroatien, Bosnien-Herzegowina und Makedonien geregelt werden. [...] Nach Art. 4 Abs. 2 der VO in Verbindung mit Art. 1 der Lizenzverordnung (in Kraft seit dem 15.9.92) müssten Stempel der zuständigen Behörden in Makedonien auf der Einfuhrlizenz die Bezeichnung ‚ehemalige jugoslawische Republik Mazedonien' tragen; andernfalls müsste nach Art. 4 Abs. 3 der VO die Ausfuhrlizenz verweigert werden [...]. Konsequent angewandt, bedeutet diese Regelung ein Handelsembargo gegenüber MAK, falls Skopje die griechische Sprachregelung nicht für seine Stempel übernimmt." In der Sitzung der Gruppe

– Auf unser Drängen bei Allgemeinem Rat am 5.10. wurde Kommission aufgefordert, bis PK am 13./14.10. Vorschläge für kurzfristige Hilfen an MAK vorzulegen.[16]

Vorlage ist mit Ref. 413 und 420 abgestimmt.

Libal

B 42, ZA-Bd. 175591

318

Schreiben des Bundeskanzlers Kohl an den südafrikanischen Präsidenten de Klerk

9. Oktober 1992[1]

Sehr geehrter Herr Staatspräsident,

von Ihrer Begegnung mit dem ANC-Präsidenten Nelson Mandela am 26. September 1992, die den Weg zu einer Wiederaufnahme der Gespräche über eine Interimsregierung und

Fortsetzung Fußnote von Seite 1269

der Botschaftsräte am 7. Oktober 1992 sei der EG-Kommission eine Frist bis zum 12. Oktober 1992 eingeräumt worden, um eine Einigung zwischen den Beteiligten herbeizuführen. Vgl. B 221, ZA-Bd. 166616.

16 VLR I von Jagow, z. Z. London, berichtete am 14. Oktober 1992 über die Sitzung des Politischen Komitees im Rahmen der EPZ am 13./14. Oktober 1992, MD Chrobog habe das Thema Mazedonien angesprochen: „Er erinnerte an die Ratsentscheidung vom 5.10. und mahnte Unterrichtung durch Kommission über die Umsetzung dieser Beschlüsse an. Die Frage bedürfe angesichts sich rapide verschlechternder Wirtschaftslage in MAK einer schnellen und aktiven Behandlung. [...] KOM teilte die Beurteilung der Dringlichkeit des mak. Problems. Allerdings müsse auch das entsprechende Haushaltsproblem gelöst werden (10 Mio. ECU aus PHARE-Programm, über die, wie KOM-Vertreter am Rande zu erkennen gab, offensichtlich schon anderweitig verfügt worden sei)." Vgl. DB Nr. 1993; B 42, ZA-Bd. 183645.

1 Kopie.
Das Schreiben wurde von VLR Weigel, Bundeskanzleramt, am 13. Oktober 1992 an VLR I Schmidt zusammen mit Schreiben des BK Kohl an den ANC-Vorsitzenden Mandela und den Vorsitzenden der Inkatha Freedom Party, Buthelezi, „zur Unterrichtung des Auswärtigen Amtes" übermittelt. Dazu vermerkte er, die drei Schreiben sollten von BM Spranger bei seinem Besuch vom 19. bis 23. Oktober 1992 in Südafrika übergeben werden: „Die Originale der Schreiben wurden dem BMZ zugeleitet."
Hat Schmidt am 14. Oktober 1992 vorgelegen, der die Weiterleitung an StS Lautenschlager verfügte.
Hat Lautenschlager am 14. Oktober 1992 vorgelegen, der die Weiterleitung an das Ministerbüro verfügte und handschriftlich vermerkte: „Bitte den BM auf diesen Vorgang hinweisen."
Hat BM Kinkel am 14. Oktober 1992 vorgelegen, der handschriftlich vermerkte: „Wussten wir von diesen Briefen? Waren wir an der Vorbereitung beteiligt?"
Hat OAR Salzwedel am 15. Oktober 1992 vorgelegen, der den Rücklauf an das Büro Staatssekretäre „zur Vorlage bei StS L[autenschlager]" verfügte.
Hat Schmidt am 15. Oktober 1992 erneut vorgelegen, der die Weiterleitung an Lautenschlager verfügte und handschriftlich vermerkte: „M[eines] W[issens] war Abt. 3 an der Vorbereitung beteiligt."
Hat Lautenschlager am 15. Oktober 1992 erneut vorgelegen, der handschriftlich für MD Schlagintweit vermerkte: „Z[ur] Beantwortung der Fragen des BM."

eine Verfassungsgebende Versammlung[2] wieder freigemacht hat, habe ich mit Befriedigung Kenntnis genommen.[3]

Die vereinbarten Maßnahmen zur Eindämmung der Gewalt und zur Freilassung der politischen Gefangenen sind ein wesentlicher Schritt zur Schaffung eines politischen Klimas, das die Wiederaufnahme der Zusammenarbeit aller Südafrikaner und den politischen Kompromiss ermöglicht. Ich hoffe, dass nunmehr alle maßgeblichen politischen Kräfte bereit sind, bei der Umsetzung der Vereinbarungen zusammenzuwirken. Nur so ist zu verhindern, dass die Kräfte, die den Verhandlungsweg ablehnen, immer wieder die Gespräche stören können.

Wie Sie wissen, bereiten zurzeit die Europäische Gemeinschaft und ihre Mitgliedstaaten die Entsendung von Beobachtern vor.[4] Damit soll ein Beitrag zur Eindämmung der Gewalt und zur Unterstützung der Arbeit der Goldstone-Kommission[5] geleistet werden. Dies ist ein erneutes Zeichen unseres Engagements, Südafrika bei seinem schwierigen Reformprozess nach Kräften zu unterstützen.

Ich bin zuversichtlich, dass nunmehr der Stillstand im Verhandlungsprozess überwunden werden kann. Die bisher immer wieder aufgetretenen Verzögerungen haben nach meinem Eindruck die Lösung der schwierigen politischen Fragen, aber auch der großen ökonomischen und sozialen Herausforderungen, vor denen Ihr Land steht, erschwert. Eine von allen Seiten getragene Einigung in den ungelösten Verfassungsfragen ist daher dringlich. Ich möchte Sie ermutigen, den bisher von Ihnen so erfolgreich beschrittenen Weg trotz der immer wieder auftauchenden und bisweilen unüberwindbar erscheinenden Hindernisse fortzusetzen. Den gleichen Appell zur weiteren Zusammenarbeit richte ich auch an den ANC-Präsidenten Nelson Mandela.[6]

Fortsetzung Fußnote von Seite 1270

Hat Lautenschlager am 15. Oktober 1992 nochmals vorgelegen, der handschriftlich auf einem Begleitvermerk für Schlagintweit vermerkte: „Mein Hinweis an 010 zur Unterrichtung war nur informatorisch gedacht, weil ich den Vorgang für doch ganz bemerkenswert halte. Ich wollte damit keine Reaktion des BM ‚provozieren' und wusste auch nichts von unserer Beteiligung an den Briefen (rein außenpol[itischer] Inhalt). Sorry – aber Sie müssten den BM nun wohl kurz informieren."

Hat Schlagintweit am 15. Oktober 1992 vorgelegen, der die Weiterleitung an MDg Sulimma verfügte.

Hat Sulimma am 16. Oktober 1992 vorgelegen, der die Weiterleitung an das Ministerbüro verfügte und handschriftlich vermerkte: „Die vom Bundeskanzler gewünschten Schreiben weichen nur sehr unwesentlich von unserem Vorschlag ab. Erbitte Unterrichtung von BM." Vgl. das Begleitschreiben von Weigel; B 34, ZA-Bd. 155796.

2 Zum Abbruch des Friedensprozesses in Südafrika vgl. Dok. 230, besonders Anm. 6.

3 Referat 320 notierte am 9. November 1992, bei dem Treffen habe die südafrikanische Regierung zentrale Forderungen des ANC zur Eindämmung der Gewalt erfüllt: „Freilassung von noch inhaftierten politischen Gefangenen, Einzäunung der Arbeiterwohnheime, Verbot des öffentlichen Tragens von Waffen". Am 20. November 1992 „sollen Vorgespräche zwischen ANC und Regierung wieder beginnen". Gegen die bilateralen Absprachen wende sich jedoch „vehement Inkatha-Führer Buthelezi, der sich von den Verhandlungen ausgegrenzt fühlt". Vgl. B 34, ZA-Bd. 155796.

4 Zur Entsendung von Beobachtern nach Südafrika vgl. Dok. 267, Anm. 16.
Referat 320 vermerkte am 9. November 1992: „In der Zwischenzeit sind 50 VN-Beobachter, 15 EG-Beobachter und sechs EG-Experten für die Goldstone-Kommission in Südafrika aktiv." Vgl. B 34, ZA-Bd. 155796.

5 Zur Goldstone-Kommission vgl. Dok. 125, Anm. 22.

6 Für das Schreiben des BK Kohl vom 9. Oktober 1992 an den ANC-Vorsitzenden Mandela vgl. B 34, ZA-Bd. 155796.

Vordringlich erscheint mir auch, dass die übrigen relevanten politischen Kräfte wieder in die Gespräche eingebunden werden. Ich denke hierbei insbesondere auch an den Vorsitzenden der Inkatha Freedom Party, Dr. Mangosuthu Buthelezi, an den ich heute gleichfalls schreibe und den ich zur Mitarbeit ermutige.[7]

Der Besuch des Bundesministers für Wirtschaftliche Zusammenarbeit[8] unterstreicht die Bereitschaft meiner Regierung, Südafrika auf dem Weg zu einer demokratischen, auf Rechtsstaatlichkeit und sozialer Marktwirtschaft beruhenden Gesellschaft zu unterstützen.

Ich wünsche Ihnen weiterhin viel Erfolg bei der Bewältigung Ihrer schwierigen Aufgaben.

Mit freundlichen Grüßen

[Kohl]

B 34, ZA-Bd. 155796

319

Vorlage des Vortragenden Legationsrats I. Klasse Daerr für Bundesminister Kinkel

320-320.10 Allg. **9. Oktober 1992**[1]

Über Dg 32[2], D 3[3], Herrn Staatssekretär[4] Herrn Bundesminister[5]

Betr.: Unsere Politik gegenüber den afrikanischen Staaten

Zweck der Vorlage: Kenntnisnahme dieser konzeptionellen Überlegungen und der Vorschläge zum weiteren Vorgehen

7 Für das Schreiben des BK Kohl vom 9. Oktober 1992 an den Vorsitzenden der Inkatha Freedom Party, Buthelezi, vgl. B 34, ZA-Bd. 155796.

8 BM Spranger besuchte Südafrika vom 19. bis 23. Oktober 1992.

1 Die Vorlage wurde von VLR Garbe konzipiert.

2 Hat MDg Sulimma am 9. Oktober 1992 vorgelegen.

3 Hat MD Schlagintweit am 12. Oktober 1992 vorgelegen.

4 Hat StS Kastrup am 15. Oktober 1992 vorgelegen.

5 Hat BM Kinkel am 22. Oktober 1992 vorgelegen, der handschriftlich vermerkte: „Guter 1. Ansatz. Muss ausgebaut werden."
Hat OAR Salzwedel am 26. Oktober 1992 vorgelegen, der den Rücklauf über das Büro Staatssekretäre, MD Schlagintweit und MDg Sulimma an Referat 320 verfügte und handschriftlich vermerkte: „Vgl. Vermerk/Weisung BM."
Hat im Büro Staatssekretäre vorgelegen.
Hat Sulimma am 27. Oktober 1992 erneut vorgelegen, der die Weiterleitung an Schlagintweit „n[ach] R[ückkehr]" verfügte.
Hat Schlagintweit erneut vorgelegen.
Hat VLR Garbe am 28. Oktober und 2. November 1992 erneut vorgelegen.

I. Kurzfassung

Sie haben mit Ihrer Rede am Afrika-Tag[6] einen wichtigen Akzent gesetzt. Die Entscheidung, 1993 eine Afrika-Botschafterkonferenz einzuberufen[7], unterstreicht die Bereitschaft zu einer aktiven Afrikapolitik.

1977 hatte der Planungsstab festgestellt, dass „die Bundesrepublik Deutschland entsprechend ihrer Bedeutung in der Welt – und damit auch in Afrika – mehr Verantwortung übernehmen muss".[8] Dies gilt noch mehr für das wiedervereinigte Deutschland und für seine Beziehungen zu Afrika.[9]

Die wirtschaftliche und politische Lage des afrikanischen Kontinents ist seitdem schwieriger geworden, manche Beobachter meinen hoffnungslos. Dies darf jedoch nicht dazu führen, dass Afrika bei uns nur noch als Sozialfall verwaltet wird.

Neben Dauerkrisen und ausgesprochenen Katastrophen wie Somalia, Sudan und Liberia gibt es auch positive Entwicklungen (Namibia, Südafrika, Angola, Äthiopien und Mosambik) und generell mehr Bereitschaft zu innenpolitischen Reformen, was gegen Resignation spricht. Schnelle politische und wirtschaftliche Erfolge sind für Afrika allerdings nicht zu erwarten.

Wir haben in die Beziehungen zu den afrikanischen Staaten einiges investiert und Interesse am weiteren Ausbau. Die weltpolitische Rolle der VN und damit auch das Gewicht dieser größten Staatengruppe in der Weltorganisation wird weiter zunehmen. Der Aufgabe, in Afrika einen größeren deutschen Beitrag zu leisten – zu Krisenmanagement und Konfliktlösung, zu Demokratisierung und Organisationshilfe, zu Kriegsfolgenbeseitigung und regionaler Kooperation –, sollten wir uns nicht entziehen. Dass chaotische Zustände auf unserem Nachbarkontinent – ganz abgesehen von historischen Verpflichtungen und humanitärer Verantwortung – uns nicht unberührt lassen würden, steht wohl außer Zweifel.

In Vorbereitung der Botschafterkonferenz sollten konkrete Politikempfehlungen für ausgewählte Bereiche unserer Afrikapolitik ausgearbeitet werden. Dabei können wir an die Ergebnisse der letzten Botschafterkonferenz von 1987[10] anknüpfen.

II. Langfassung

1) Ihre Rede zum Afrika-Tag vom 26.5.1992 fand bei den afrikanischen Botschaftern und in Afrika große Beachtung. Der Generalsekretär der OAE[11] ließ Ihnen mitteilen, dass er sie mit Zustimmung gelesen habe. Der an Afrika interessierte Teil der deutschen Öffentlichkeit erhofft von Ihnen eine Aktivierung unserer Afrikapolitik. Auch der südafrikanische Außenminister Botha ließ wissen, dass er Ihrer Rede voll zustimmt. Sie treffen auf hohe Erwartungen.

6 Für die Rede des BM Kinkel am 26. Mai 1992 in Bonn beim Empfang der afrikanischen Botschafter anlässlich des Afrika-Tages vgl. die Mitteilung für die Presse Nr. 1086/92 vom selben Tag; B 7, ZA-Bd. 179088.

7 Die Afrika-Botschafterkonferenz fand vom 18. bis 20. Mai 1993 in Accra statt. Vgl. AAPD 1993.

8 Für die Studie des Planungsstabs vom Oktober 1977 zur deutschen Afrikapolitik, die MD Kinkel am 9. November 1977 u. a. an StS Hermes und StS van Well übermittelte, vgl. B 9, ZA-Bd. 178428.

9 Dieser Satz wurde von BM Kinkel hervorgehoben. Dazu Häkchen.

10 Vom 28. bis 31. Oktober 1987 fand in Dakar eine Konferenz der Botschafter der Bundesrepublik in den Staaten südlich der Sahara statt. Vgl. RE Nr. 72 des VLR I Pleuger vom 9. November 1987; B 130, VS-Bd. 11718 (200), bzw. B 150, Aktenkopien 1987.

11 Salim Ahmed Salim.

Sie hatten bereits 1977 geschrieben, dass „Afrika in der deutschen Außenpolitik keine herausragende Rolle spielt. Nur in der Entwicklungshilfe ist Afrika Schwerpunktkontinent". Auch wenn die Bundesregierung ihre Beziehungen zu den afrikanischen Staaten kontinuierlich ausgebaut und vor allem gegenüber Namibia und Südafrika einen besonders aktiven Beitrag zur Konfliktlösung geleistet hat und weiterhin leistet, trifft dies unverändert zu.

2) Im Vergleich zu Lateinamerika und Asien, wo zahlreiche Staaten wirtschaftliche Erfolge erzielt und kaum noch den Charakter von Entwicklungsländern haben, bietet Subsahara-Afrika ein deprimierendes Bild. Die meisten Staaten gehören zu der Gruppe der am wenigsten entwickelten Länder. Fehlende Entwicklungserfolge, Not und Hungerkatastrophen, Krankheiten wie AIDS, Kriege und Korruption bewirken auch eine ungünstige Presse. Die Schlagworte Afro-Pessimismus und Marginalisierung des Kontinents prägen zahlreiche Artikel.

Die politische und wirtschaftliche Lage Subsahara-Afrikas ist schwierig. Sein Anteil an Weltwirtschaft und Welthandel ist zurückgegangen und liegt heute unter 1%. Die Wirtschaftskraft Subsahara-Afrikas entspricht der Belgiens. Der in den 70er Jahren im Lichte der Ölpreiskrisen noch eindrucksvolle Reichtum des Kontinents an Rohstoffen ist ein nur sehr begrenzt nutzbarer Vorteil. Seit Jahrzehnten hält der Trend an, dass sich die realen Rohstoffpreise in Relation zu den Preisen der meisten Industriegüter verschlechtern. Die Volkswirtschaften der meisten afrikanischen Staaten wachsen, wenn überhaupt, relativ langsam und durchlaufen schwierige Anpassungsprozesse.

Die unbefriedigende wirtschaftliche Entwicklung fast aller afrikanischen Staaten hat auch die umfangreiche Hilfe der westlichen Staaten nicht merklich korrigiert. Für manchen dominieren sogar die negativen Auswirkungen der EZ (mangelnde Eigenverantwortung, Gewöhnung an Subventionen, Bereicherung der Eliten, Zerstörung traditioneller Wirtschaftsstrukturen). Von den Zugeständnissen im Handelsbereich profitieren in erster Linie die weiter entwickelten asiatischen und lateinamerikanischen Staaten.

Ist Afrika deswegen nur noch ein Sozialfall, ein Kontinent für permanente humanitäre Hilfe, wie manche Beobachter meinen? Dann könnten wir in der Tat Afrika den Hilfsorganisationen überlassen. Damit würden wir gleichzeitig den afrikanischen Staaten eine Rolle in der Weltpolitik absprechen, und Afrika wäre wieder ein weißer Fleck auf der Landkarte, dieses Mal allerdings aus politischen Gründen. Dies wäre nicht nur eine neue Form eurozentrischer Arroganz, sondern auch kurzsichtig und gefährlich. Von den gewachsenen Freundschaften zu Afrika ganz abgesehen, hat dieser Kontinent im Positiven (z.B. Stimmenmacht in den VN) wie im Negativen (z.B. Umweltzerstörung, Flüchtlinge) weiterhin ein beachtliches politisches Potenzial.

3) Unsere Politik sollte sich nicht von der jetzigen Welle des Afro-Pessimismus anstecken lassen.[12] Diese geht auch darauf zurück, dass man bei der Unabhängigkeit der afrikanischen Staaten die Schwierigkeiten des Kontinents bei Entwicklung staatlicher und wirtschaftlicher Strukturen unterschätzte und unrealistische Hoffnungen hatte. Afrika kann nicht mit anderen Kontinenten verglichen werden. Afrika hatte auch vor 30 Jahren einen anderen Entwicklungsstand als Asien und Lateinamerika und ungünstigere Voraussetzungen für eine rasche ökonomische Entwicklung. Afrika konnte seinen frühen historischen Entwicklungsvorsprung in der Menschheitsgeschichte nicht aufrechterhalten. Die zivili-

12 Dieser Satz wurde von BM Kinkel hervorgehoben. Dazu Häkchen.

satorische Entwicklung verlief in Afrika aus vielen Gründen anders als in Asien und Lateinamerika. Die globalisierte Diskussion über „Entwicklungsländer" und „Dritte Welt" hat dies verdeckt.

4) Die positiven Entwicklungen in Afrika sollten wir trotz anhaltender wirtschaftlicher Schwierigkeiten nicht übersehen. Zwar beklagen einige afrikanische Staatsmänner, dass ihre Staaten nach dem Ende des Ost-West-Gegensatzes an politischer Bedeutung verloren und noch mehr von ihrer ohnehin bescheidenen Macht eingebüßt haben. Wahrscheinlich ist dies richtig. Das Ende des Kalten Krieges hat aber anderseits die Bereitschaft zur Lösung von Konflikten und zu politischen und ökonomischen Reformen, die sich schon seit den 80er Jahren abzeichneten, weiter gefördert:

- Das Ende des Ost-West-Konflikts hat in Angola und Äthiopien den Weg zu einer friedlichen Lösung geöffnet. Dies gilt ebenfalls, wenn auch weniger ausgeprägt, für Mosambik.
- Auch die Hinwendung Südafrikas zur Reformpolitik wurde durch den nachlassenden Ost-West-Konflikt erleichtert. Seine Bereitschaft, an der Unabhängigkeit Namibias konstruktiv mitzuwirken und die regierungsseitige Unterstützung der RENAMO[13] in Mosambik einzustellen, wurde durch das Ende der Sowjetunion gefördert.
- Marktwirtschaftliches Denken gewinnt an Boden und damit die Aussicht auf eine gesündere wirtschaftliche Entwicklung.[14] Sozialistische Wirtschaftsexperimente wurden nach der Auflösung der Sowjetunion bereitwilliger zurückgenommen. Die Reduzierung des häufig in Relation zur Wirtschaftskraft völlig überbesetzten[15] staatlichen Sektors, die vom IWF und Weltbank seit Anfang der 80er Jahre immer wieder gefordert wurde, macht langsam Fortschritte.
- Bei anhaltender Kritik am Weltwirtschaftssystem (vor allem Terms of trade, Handelsbarrieren) und der immer noch bestehenden Tendenz, in ihm und in der kolonialen Ausbeutung die Hauptursachen für ihre wirtschaftlichen Schwierigkeiten zu sehen, sind die afrikanischen Staaten zunehmend zur Analyse ihrer eigenen Entwicklungshemmnisse, Schwächen und Versäumnisse bereit.[16]
- Viele afrikanische Staaten haben sich zu politischen Reformen („Demokratisierung") entschlossen. Der Respekt der fundamentalen Menschenrechte ist ein von fast allen Staaten anerkanntes Gebot, auch wenn es bei seiner Verwirklichung Defizite gibt. Unser Engagement für Menschenrechte wird in allen afrikanischen Staaten akzeptiert.
- Die westlichen Staaten haben heute weniger Bedenken, gegenüber afrikanischen Diktatoren (z.B. Mobutu, Banda) oder in Fällen besonders offenkundiger Korruption ihre Entwicklungshilfe zu reduzieren und ggf. völlig einzustellen.

Wenn allerdings mit dem Ende des Ost-West-Konflikts auch der Respekt der westlichen Industriestaaten vor der Eigenständigkeit der meist schwachen afrikanischen Staaten abnähme, wäre dies die falsche Reaktion. Die Diskussion um Demokratisierung in Afrika hat in einigen Fällen Formen massiver Einwirkung angenommen. Alle westlichen Staaten sollten zwischen einem freimütigen Gedankenaustauch unter Respekt afrikanischer Eigenständigkeit und neuen Formen patriarchalischer Bevormundung unterscheiden.

13 Resistência Nacional Moçambicana.

14 Dieser Satz wurde von BM Kinkel durch Fragezeichen hervorgehoben.

15 Korrigiert aus: „übersetzten".

16 Dieser Satz wurde von BM Kinkel durch Fragezeichen hervorgehoben.

5) Fazit für die Gestaltung unserer Afrikapolitik ist: Die politischen und wirtschaftlichen Schwierigkeiten des Kontinents sind groß. Ob und wann sie bewältigt werden können, ist unklar. Es gibt positive Ansätze zur Überwindung dieser aktuellen Probleme, die eine Resignation verbieten. Schnelle politische und wirtschaftliche Erfolge sind aber nicht zu erwarten.

Es gilt heute mehr denn je, dass „die Bundesrepublik Deutschland entsprechend ihrer Bedeutung in der Welt – und damit auch in Afrika – mehr Verantwortung übernehmen muss“ (so der Planungsstab 1977).

- Wir müssen prinzipiell bereit sein, auf Wunsch afrikanischer Staaten und in enger Abstimmung mit unseren westlichen Partnern, auch bei der Konfliktlösung in Afrika einen Beitrag zu übernehmen. Ansätze dafür gibt es zurzeit in Äthiopien und Ruanda. Rahmen (VN, EPZ oder bilateral) und Intensität des Engagements lassen sich nur in der jeweiligen Situation bestimmen.[17]
  Eine Beilegung von Konflikten hat auch erhebliche wirtschaftliche Auswirkungen. Die größten wirtschaftlichen Probleme, Flüchtlingselend und Hungersnöte sind in Afrika fast immer auch die Folgen von Kriegen, so in Äthiopien, Somalia, Sudan, Mosambik, Liberia, Angola. Ohne diese Kriege sähe auch die Wirtschaftsstatistik deutlich besser aus.
- Wir müssen bereit sein, uns auch in Afrika an „Peacekeeping“-Maßnahmen der VN zu beteiligen. Mit UNTAG (Namibia)[18] und den Wahlbeobachtern in Angola (UNAVEM II)[19] haben wir erste Erfahrungen bei VN-Engagements in Afrika gesammelt. Mit der Entsendung europäischer Beobachter zur Eindämmung der Gewalt nach Südafrika[20], die in Abstimmung mit den VN erfolgt, wird eine europäische Komponente dieses Engagements sichtbar.[21]
- Auch das wiedervereinigte Deutschland braucht gute und freundschaftliche Beziehungen zu möglichst vielen Staaten der Welt. Dies gilt auch für die 50 Staaten Subsahara-Afrikas. Wir müssen den in 30 Jahren politischer Beziehungen und WZ aufgebauten Goodwill auch in Zukunft pflegen. Wir müssen daher das Netz unserer Auslandsvertretungen in Afrika trotz der angespannten Finanz- und Personallage erhalten.[22]
- Das Gewicht der VN und ihrer Organisationen wird nach Ende des „Kalten Krieges“ und bei zunehmender wirtschaftlicher, ökologischer und kommunikativer Verflechtung

17 Dieser Absatz wurde von BM Kinkel durch Häkchen hervorgehoben.

18 Mit Resolution Nr. 632 stimmte der VN-Sicherheitsrat am 16. Februar 1989 der Bildung einer United Nations Transition Assistance Group (UNTAG) zu. Sie hatte die Aufgabe, die Durchführung freier Wahlen in Namibia und die Ausarbeitung einer Verfassung zu überwachen. Vgl. Resolutions and Decisions 1989, S. 3. Vgl. ferner AAPD 1990, I, Dok. 91.

19 Nach dem Abzug ausländischer Truppen aus Angola und dem am 1. Mai 1991 paraphierten Friedensvertrag zwischen der angolanischen Regierung und der UNITA, der am 31. Mai 1991 unterzeichnet wurde, einigte sich der VN-Sicherheitsrat am 30. Mai 1991, zu dessen Überwachung erneut eine Beobachtereinheit zu entsenden (United Nations Angola Verification Mission II, UNAVEM II). Vgl. die Resolution Nr. 696; Resolutions and Decisions 1991, S. 37.

20 Zur Entsendung von Beobachtern nach Südafrika vgl. Dok. 318, Anm. 4.

21 Dieser Absatz wurde von BM Kinkel durch Häkchen hervorgehoben.

22 Dieser Satz wurde von BM Kinkel durch Fragezeichen hervorgehoben.
StS Kastrup vermerkte zu diesem Satz handschriftlich: „Wir brauchen nicht überall mit einer vollen Botschaft präsent zu sein.“

der Welt weiterwachsen. Damit wächst auch für uns die politische Bedeutung der politisch und wirtschaftlich meist schwachen afrikanischen Staaten in den VN.

- Akute Probleme wie Umweltzerstörung, Drogenhandel und weltweite Bevölkerungsbewegungen können wir nur in Zusammenarbeit mit den afrikanischen Staaten lösen. Diese globalen Herausforderungen eignen sich allerdings nur sehr beschränkt zur positiven Motivation der Bevölkerung in Sachen Afrikapolitik.
- Auch wenn das wirtschaftliche Gewicht Subsahara-Afrikas gering ist – sein Anteil an unserem Außenhandel liegt lediglich bei ca. 1,5% –, dürfen wir als vom Welthandel abhängiger Staat den Handel mit Afrika nicht vernachlässigen. Nigeria und Südafrika z. B. haben ein erhebliches wirtschaftliches Potenzial. Der Handel mit anderen Staaten wie Kenia, Côte d'Ivoire, Kamerun, Simbabwe ist ausbaufähig. Wenn die Konfliktbewältigung in Afrika Fortschritte macht, können Länder wie Angola und Mosambik wieder interessante Lieferanten und Absatzmärkte werden.[23]
- Bei der wirtschaftlichen Zusammenarbeit sollte der Aufbau wirksamer administrativer und wirtschaftlicher Strukturen im klassischen öffentlichen Bereich im Vordergrund stehen.[24] Diese Hilfe beim „institution building" stünde auch in Übereinstimmung mit unseren eigenen ordnungspolitischen Grundüberzeugungen. Die isolierte Projekthilfe mit ihren zu häufig wechselnden thematischen Schwerpunkten hatte bisher bescheidene Ergebnisse. Zudem kann sie auch verzerrende Auswirkungen auf die Wirtschaftsabläufe haben (Problem dirigistischer Eingriffe).
- Schließlich, und dies dürfte das Schwierigste sein, sollten wir bei der Lösung der politischen und wirtschaftlichen Probleme des Kontinents mitdiskutieren. Die entwicklungspolitische Diskussion wird in erster Linie von wenigen internationalen Organisationen, z. B. von IWF und Weltbank, geführt und beeinflusst stark die westlichen Industriestaaten. Die afrikanischen Staaten orientieren sich vielfach an Sprache und Analyse von UNCTAD und VN. Die westlichen Regierungen sollten sich an dieser Diskussion verstärkt beteiligen.

6) Bei der Aktivierung ihrer Afrikapolitik kann die Bundesregierung auf Sympathie und Unterstützung seitens eines zwar kleinen, aber engagierten Teils der deutschen politischen Öffentlichkeit rechnen (z. B. relativ großer Kreis von an Afrika interessierten Abgeordneten, politische Stiftungen, Afrika-Verein, Kirchen, Hilfsorganisationen). Aber auch größere Teile der Öffentlichkeit dürften bei entsprechender Aufklärungsarbeit einsehen, dass eine aktivere Politik in Afrika in unserem Interesse liegt.

7) Angesichts der Vielfalt der Probleme des Kontinents wäre es illusorisch, ein afrikapolitisches Gesamtkonzept anzustreben. Ähnlich wie der Planungsstab 1977 wird Abteilung 3 – auf der Grundlage der vorstehenden Überlegungen und in Vorbereitung der Botschafterkonferenz 1993 – zweierlei verbinden:

- eine Übersicht über die Rahmenbedingungen und die Hauptansatzpunkte einer deutschen Afrikapolitik heute,
- konkrete Politikempfehlungen zu ausgewählten Bereichen (erste Auswahl siehe Anlage).[25]

23 Dieser Absatz wurde von BM Kinkel durch Häkchen hervorgehoben.

24 Dieser Satz wurde von StS Kastrup hervorgehoben. Dazu vermerkte er handschriftlich: „Demokratisierungshilfe ist wichtiger als Ausstattungshilfe."

25 Der Passus „eine Übersicht ... siehe Anlage)" wurde von BM Kinkel hervorgehoben. Dazu Häkchen.

Die in der Anlage graphisch hervorgehobenen Bereiche werden nach dem jetzigen Stand die Schwerpunkte der Botschafterkonferenz bilden.

Die Referate 321 und 322 haben mitgezeichnet.

Daerr

Anlage

- Menschenrechte und Demokratisierung unter Berücksichtigung afrikanischer Traditionen.
- Beiträge zur Konfliktregelung in Afrika.
- Politische Akzentsetzung in der Entwicklungspolitik.
- Unterstützung der Zusammenarbeit afrikanischer Staaten in der OAE und in regionalen Zusammenschlüssen.
- Ausstattungs- und Demokratisierungshilfe. Ausbau des Instrumentariums.
- Europäische Afrikapolitik – ein Pilotprojekt für europäische Außenpolitik.
- Kulturpolitische Zusammenarbeit mit Afrika.
- Schwerpunktbildung oder flächendeckender Ausbau bilateraler Zusammenarbeit mit den afrikanischen Staaten?
- Horn von Afrika.
- Südafrika – Engagement und Interessen in der Übergangsphase und in einem Post-Apartheid Südafrika.
- Ein Beitrag zur Lösung der „vergessenen" Bürgerkriege in Liberia und im Sudan?
- Neue Schwerpunkte der Zusammenarbeit mit Angola und Mosambik nach jahrzehntelangen Kriegen.
- Nigeria – einzige regionale Vormacht in Afrika?
- Öffentliche Präsentation unserer Afrikapolitik (PÖA, Besuche, Besucher, Reden).

B 34, ZA-Bd. 157204

320

Gespräch des Bundeskanzlers Kohl mit dem italienischen Ministerpräsidenten Amato in Ludwigshafen

10. Oktober 1992[1]

Teilnehmer

Auf italienischer Seite: Ministerpräsident Amato, Finanzminister Barucci.

Auf deutscher Seite: der Herr Bundeskanzler, StS Köhler, MD Dr. Hartmann.

1 Der Gesprächsvermerk wurde von MD Hartmann, Bundeskanzleramt, am 12. Oktober 1992 gefertigt und am 14. Oktober 1992 über BM Bohl an BK Kohl „mit der Bitte um Billigung" geleitet. Ferner vermerkte er: „Der Vermerk ist mit Staatssekretär Köhler abgestimmt."
Hat Kohl vorgelegen, der handschriftlich für Hartmann vermerkte: „Erl[edigen]." Vgl. den Begleitvermerk; BArch, B 136, Bd. 42308.

MP *Amato* erklärt, er wolle mit dem Bundeskanzler zwei Probleme vertraulich erörtern:
- den Wiedereintritt Italiens in das EWS[2],
- die Vorbereitung des Sondergipfels in Birmingham[3].

Zur Frage des Wiedereintritts Italiens in das EWS stellt MP Amato fest, dass nach seiner Überzeugung die Lira die schwierigste Phase überwunden habe und daher in relativ kürzerer Zeit eine Rückkehr ins EWS-System möglich sein müsse. Dies sei auch von politischer Bedeutung, denn Italien wolle mit den anderen Partnern in Europa zusammenbleiben.

Die Rückkehr der Lira ins EWS begründe auch die Bitte seiner Regierung um einen EG-Kredit. Dabei sei er sich der Notwendigkeit bewusst, dass Italien die entsprechenden Voraussetzungen schaffen müsse.

MP Amato erläutert sodann im Einzelnen die anstehenden Reform- und Sparmaßnahmen seiner Regierung und deren Umsetzung im Parlament.[4] Er weist darauf hin, dass das Haushaltsfinanzierungsgesetz nicht so umfangreich sei wie im letzten Jahr, sondern dass 9/10 der geplanten Maßnahmen unter das Verordnungsgesetz („legge decreta") fielen. Letzteres umfasse ein Volumen von 93 000 Mrd. Lire, während das Haushaltsfinanzierungsgesetz nur 10 000 Mrd. Lire umfasse.

Wenn es gelinge, beides zu verabschieden, sei die Regierung praktisch am Ziel. Das Verordnungsgesetz und die dazugehörenden Maßnahmen könnten Anfang November verabschiedet werden, das Haushaltsfinanzierungsgesetz einen Monat später. Nach diesem Zeitplan sei es also möglich, für November den Wiedereintritt der Lira ins EWS ins Auge zu fassen.

Auf Frage des Bundeskanzlers erklärt MP Amato, dass noch heute Abend über das Verordnungsgesetz abgestimmt werde und er mit einer Mehrheit rechne. Kommende Woche werde es um Einzelmaßnahmen wie den Lohnstopp im öffentlichen Dienst [gehen].[5]

Auf weitere Frage des Bundeskanzlers erklärt MP Amato, inzwischen kehre Kapital nach Italien zurück. Auch gebe es bei Staatspapieren starke Nachfrage.

Wenn dieses Klima anhalte, sei es vorstellbar, Anfang November auf einen Wiedereintritt ins EWS zuzusteuern, ohne dass man sich hier und jetzt auf ein Datum festlegen müsse.

Der Wiedereintritt der Lira ins EWS setze eine realistische Parität voraus. Damit werde [es] auch möglich, die Zinsen zu senken, was angesichts der öffentlichen Schulden außerordentlich wichtig sei. Er schlage vor, dass sich die zuständigen Mitarbeiter zu gegebener Zeit mit der Frage der Parität beschäftigten.

Der *Bundeskanzler* erklärt, er verstehe die politische Richtung, die der Ministerpräsident einschlagen wolle. Wenn die von ihm genannten Daten anstünden, könne man über die Problematik noch einmal reden.

2 Die italienische Lira schied am 17. September 1992 aus dem EWS aus.

3 Zur Sondertagung des Europäischen Rats am 16. Oktober 1992 vgl. Dok. 334.

4 Zum Reformprogramm der italienischen Regierung vgl. Dok. 207, Anm. 19.

5 Bundesbankdirektorin Sailer-Schuster, Rom, berichtete am 16. Oktober 1992, MP Amato habe zwar am 10. Oktober 1992 „die Vertrauensabstimmung im Parlament über die von ihm beantragten gesetzlichen Eingriffsermächtigungen in den Bereichen Rentenversicherung und Gesundheitswesen, öffentlicher Dienst und Gemeindefinanzen knapp gewonnen. Da die entsprechenden Gesetzentwürfe jedoch geringfügig modifiziert wurden, muss der Senat erneut darüber abstimmen, womit nicht vor dem 22.10. zu rechnen ist." Vgl. DB Nr. 978; B 26, ZA-Bd. 173570.

Aus seiner Sicht seien zwei Dinge wichtig:
- Die angekündigten Maßnahmen müssten auch innenpolitisch durchgesetzt werden. Dabei sei er sich bewusst, dass es sich um eine Schocktherapie handele, die aber die einzige Möglichkeit in der jetzigen Lage darstelle.
- Die Frage des Wiedereintritts in das EWS müsse in die Landschaft passen. Das heiße, die Märkte müssten sich beruhigt haben. Er sei überrascht, dass der Ministerpräsident gesagt habe, sie hätten sich bereits beruhigt.

MP *Amato* wirft ein, er meine, dass die Märkte dabei seien, sich zu beruhigen.

FM *Barucci* weist darauf hin, dass die Lira um 5–6% gegenüber der DM gewonnen habe und dass das Auslandskapital zurückkehre. Dies habe bereits zu einem Rückgang der Zinsen geführt.

Der *Bundeskanzler* erklärt, man müsse auch bedenken, was geschehe, wenn sich die Unruhe im EWS gegen andere Währungen wende. Beispielsweise wisse man nicht, wie es mit dem britischen Pfund weitergehe und wie sich dies auf die spanische Peseta oder auf den französischen Franc auswirke.

MP *Amato* erklärt, er gehe von der Prämisse aus, dass das britische Pfund nicht so schnell wieder in das EWS zurückkehre.[6] Auch sehe er nach wie vor Probleme beim irischen Pfund, der Peseta, dem Escudo und auch dem französischen Franc.

Auf die entsprechende Frage des Bundeskanzlers ergänzt MP Amato, Bérégovoy habe ihm gesagt, man müsse wieder zu einer stabilisierten Parität DM/Dollar kommen. Er habe hierauf erwidert, wenn dies das Problem sei, werde es nur von unseren Nachfolgern gelöst werden können. Er vermute, dass Frankreich den Wunsch habe, dass Italien erst später dem EWS wieder beitrete.

Im Übrigen gehe er davon aus, dass es bei einem Wiedereintritt der Lira in das EWS zu einem allgemeinen Realignment komme, was wieder Auswirkungen auf die Zinsen haben werde – auch in Deutschland.

FM *Barucci* fügt hinzu, F sei sehr besorgt darüber, dass die Lira derzeit unterbewertet sei und folglich italienische Exporte nach Frankreich begünstigt und französische Exporte nach Italien benachteiligt würden. Bei der derzeitigen Parität bestehe die Gefahr, dass sich die italienische Wirtschaft in ein „Piratenschiff" verwandele, das die Wirtschaften anderer europäischer Länder in Bedrängnis bringe. Eine glaubwürdige Parität der Lira sei daher für ganz Europa wichtig.

MP *Amato* erklärt, das Nyborg-Abkommen[7] sehe intramarginale automatische Interventionen vor. Das bedeute, dass eine Währung, die eine realistische Parität habe, von den

6 Zur Suspendierung der Mitgliedschaft des britischen Pfunds im EWS am 16. September 1992 vgl. Dok. 290.

7 In der Presse wurde berichtet, die Finanzminister der EG-Mitgliedstaaten hätten am 12./13. September 1987 in Nyborg eine bessere Zusammenarbeit im EWS vereinbart: „Sie sind darin den Beschlüssen der Notenbank-Präsidenten gefolgt, die sich bereits in der vergangenen Woche in Basel auf bestimmte Regeln zu einer erweiterten Kooperation innerhalb der Bandbreiten des EWS verständigt hatten. [...] Eine Verpflichtung zur automatischen Intervention zwischen den Bandbreiten, der sogenannten ‚intramarginalen Intervention', ist am Widerstand der Deutschen Bundesbank gescheitert. [...] Künftig sollen die Kursstützungen kurzfristig mit Notenbank-Krediten refinanziert werden. Zu der Vereinbarung von Nyborg gehören ferner ein intensiveres Überwachungssystem, die Erweiterung der Rückzahlungsmöglichkeiten von Krediten in der europäischen Währungseinheit Ecu von bisher 50 Prozent auf künftig 100 Prozent sowie ein besserer Kreditmechanismus unter den Notenbanken." Vgl. den Artikel

anderen auch verteidigt werden müsse. Dies schließe wiederum ein, dass die Wirtschafts- und Finanzminister das Recht haben müssten, die wirtschaftliche Lage der einzelnen Mitgliedstaaten laufend zu überprüfen.

Der *Bundeskanzler* erklärt, dies entspreche auch unserer Philosophie.

Es sei ärgerlich gewesen, dass Major seinerzeit mit einer überbewerteten Pfund-Parität ins EWS gegangen sei. Dies sei der Preis an Frau Thatcher gewesen, die den Eintritt ins EWS nicht gewollt habe.

Was die jetzige britische Lage angehe, so werde PM Major vor der Alternative „Maastrichter Vertrag" oder „Wiedereintritt des Pfundes ins EWS" der innenpolitischen Durchsetzung des Maastrichter Vertrages den Vorzug geben und beim Pfund hart bleiben. Wenn alles gut gehe, werde PM Major den Maastrichter Vertrag bis Januar/Februar 1993 durchziehen.

MP *Amato* erklärt, man solle versuchen, zu einem informellen Verfahren zu kommen:

a) Zunächst solle man die Entwicklung in Italien in Ruhe weiterverfolgen. Wenn die Dinge anders verliefen, als dies seiner Voraussage entspreche, gelte der Zeitplan nicht.

b) Man solle schon bald beginnen, über die mögliche Parität der Lira nachzudenken. Man brauche eine realistische Lösung, dürfe aber auch nicht zu aggressiv gegenüber den Nachbarländern sein. Bspw. sei ein Kurs von 900 Lira = 1 DM nicht akzeptabel. Auch wolle Italien keine zusätzliche Inflation importieren.

c) Gleichzeitig müsse man Kontakte zu anderen EWS-Mitgliedern halten, um herauszufinden, welche Position sie in dieser Frage einnähmen. Dabei sei die deutsche Haltung besonders wichtig.

Damit sei sichergestellt, dass man wisse, woran man sei, wenn der Währungsausschuss einberufen werde.

StS *Köhler* erklärt, wie der Bundeskanzler bereits gesagt habe, unterstützten wir im Prinzip die Rückkehr der Lira ins EWS. Dabei sei für uns auch wichtig, dass das EWS-System erhalten bleibe, weil es sich um eine wichtige Vorstufe der Wirtschafts- und Währungsunion handele.

Deshalb müsse man das Verfahren und den Zeitablauf so gestalten, dass es nicht erneut zu einer Erschütterung des Systems komme.

Was die Parität betreffe, so müsse man hierüber im Währungsausschuss sorgfältig diskutieren. Es dürfe daher keine politische Festlegung vorab geben.

Natürlich sei eine vorhergehende diskrete bilaterale Diskussion nützlich.

Er wolle nur noch einmal festhalten, dass ein zu früher Eintritt ins EWS und eine falsche Parität einen gewaltigen Rückschlag verursachen könnten.

FM *Barucci* erklärt, auch die italienische Regierung teile diese Sorge. Sie habe zwar einen Kredit bei der EG beantragt, wolle diesen aber nur unter der Voraussetzung in Anspruch nehmen, dass die Reformmaßnahmen im Parlament gebilligt würden.

StS *Köhler* erklärt, je früher die Lira ins EWS zurückkehre, desto höher sei im Prinzip das Risiko, dass die Märkte glaubten, der Zeitpunkt des Wiedereintritts sei zu früh gewählt

Fortsetzung Fußnote von Seite 1280

„Von der Währung keine Gefahr für die Stabilität"; Frankfurter Allgemeine Zeitung vom 14. September 1987, S. 13.

worden. Im Übrigen frage er sich, ob man den Wiedereintritt mit einer Erweiterung der Bandbreiten verknüpfen könne.

FM *Barucci* erwidert, es gebe in der Tat die Gefahr eines zu schnellen Vorgehens. Andererseits gehe von einer Lira, die „schwimme", Gefahr für die europäische Wirtschaft aus. Man müsse daher den richtigen Zeitpunkt finden, um die Risiken zu minimieren. Das heiße aber auch, man dürfe nicht zu lange warten.

MP *Amato* erklärt, eine große Bandbreite reduziere zwar die Risiken, aber politisch habe er hiermit Probleme, weil es ihn an ein Europa der zwei Geschwindigkeiten erinnere. Wenn möglich, ziehe er daher eine engere Schwankungsbreite vor.

StS *Köhler* stellt fest, man sei sich einig, dass ein Wiedereintritt der Lira mit einer umfassenderen Bereinigung der Wechselkursstruktur verknüpft werden sollte. Er habe aber die Bitte, dass man dies nicht wieder mit einem Junktim in der Zinsfrage verbinde.

MP *Amato* erklärt nachdrücklich, dies sei nicht beabsichtigt.

StS *Köhler* fügt hinzu, natürlich hoffe man, dass die Zinsen bei einem Realignment zurückgingen.

FM *Barucci* fasst zusammen:

1) Man werde für voraussichtlich drei bis vier Wochen die weitere Entwicklung beobachten.

2) Während dieses Zeitraums werde man zusammen eine Art Monitoring der politisch-sozialen Lage in Italien durchführen.

3) Im gleichen Zeitraum würden die beiden Zentralbanken ein Monitoring der Märkte vornehmen, insbesondere im Blick auf Zinsen und Staatspapiere.

4) In ein paar Wochen solle man sich wieder treffen. Wenn die Entwicklung sich dann als positiv herausstelle, könne man folgende Punkte diskutieren:

a) Wer soll in das Realignment einbezogen werden?

b) Welches soll die Parität der Lira sein?

c) Die Frage der Bandbreite.

BArch, B 136, Bd. 42308

321

Vorlage des Vortragenden Legationsrats I. Klasse Runge für Staatssekretär Lautenschlager

422-413.07 RUS **12. Oktober 1992**[1]

Über Dg 42[2], D 4[3] Herrn Staatssekretär[4]

Betr.: Verschuldung der Russischen Föderation;
hier: Altschulden der UdSSR

Bezug: Vorlage vom 24. Juni 1992 (Anlage 1[5])
Statistik: UdSSR-Altschulden (Anlage 2[6])

Anlg.: 2[7]

Zweck der Vorlage: Zur Unterrichtung über den Stand der Diskussion

I. Vorbemerkung: Dem russischen Präsidenten Jelzin wurde beim Münchener Gipfel im Juli dieses Jahres eine „erweiterte Atempause" bei den UdSSR-Altschulden zugesagt.[8] Über deren Ausgestaltung besteht noch keine Einigkeit. Weder bei den Vorgesprächen der Gläubigerländer im Pariser Club (jüngster Termin: 14. September 1992) noch beim Treffen der G7-Deputies (18. September) konnte eine gemeinsame Verhandlungsgrundlage für das weitere Vorgehen in der Frage der UdSSR-Altschulden gefunden werden.

Hauptstreitpunkt sind die russischen, von den USA unterstützten Wünsche nach einer Verschiebung des „cut-off date" und der Aufgabe der gesamtschuldnerischen Haftung aller SU-Nachfolgestaaten. Unstreitig ist unter den Gläubigern die Notwendigkeit einer längerfristigen Umschuldung; über den Weg bzw. den Umfang ist noch heftig zu streiten. Ungeachtet der zu findenden Lösung, die letztendlich eine Umschuldung sein wird, muss mit zusätzlichen Belastungen des Bundeshaushalts in Milliardenhöhe gerechnet werden.

II. 1) Ausgelöst wurden die Meinungsverschiedenheiten unter den Gläubigerländern durch neue Vorschläge Russlands, die auf eine Veränderung der Grundlagen der bisherigen Behandlung der UdSSR-Altschulden hinauslaufen:

1 Die Vorlage wurde von VLR Hacker konzipiert.

2 Hat MDg Schönfelder am 12. Oktober 1992 vorgelegen.

3 Hat MD Dieckmann am 13. Oktober 1992 vorgelegen, der handschriftlich vermerkte: „Für morgiges Gespräch mit dem Bundeskanzler und StS Köhler erhält BM eine Punktation zu diesem Thema."

4 Hat StS Lautenschlager am 13. Oktober 1992 vorgelegen.
Hat VLR I Runge am 15. Oktober 1992 erneut vorgelegen, der die Weiterleitung an VLR Hacker „n[ach] R[ückkehr]" verfügte.
Hat Hacker am 16. Oktober 1992 erneut vorgelegen.

5 Dem Vorgang nicht beigefügt.
Zum Vermerk des VLR I Runge vgl. Dok. 212, Anm. 2.

6 Dem Vorgang beigefügt. Für die Übersicht „UdSSR – Altschulden" vgl. B 52, ZA-Bd. 173908.

7 Vgl. Anm. 5 und 6.

8 Der russische Präsident Jelzin traf am 8. Juli 1992 in München am Rande des Weltwirtschaftsgipfels mit den Staats- und Regierungschefs der G7-Staaten sowie EG-Kommissionspräsident Delors zusammen. Vgl. Dok. 225.

- Verschiebung des „cut-off date" (Stichtag, bis zu dem Kreditverträge abgeschlossen sein müssen, deren Zahlungsfälligkeiten in die jeweilige Umschuldung einbezogen werden) vom 1. Januar 1991 auf den 8. Dezember 1991, der als „letzter Tag des Bestehens der UdSSR" bezeichnet wird;
- Abkehr von der gesamtschuldnerischen Haftung für die UdSSR-Altschulden – wie sie das Memorandum of Understanding (MoU) vom 28. Oktober 1991[9] vorsieht – und Anerkennung Russlands als einzigen Rechtsnachfolger der UdSSR in Bezug auf Schulden- und Vermögenswerte.

Russland verweist in diesem Zusammenhang auf seine eingeschränkte Schuldendienstkapazität, die eine pünktliche Bedienung einer traditionellen Umschuldung unmöglich mache. Unverkennbar ist aber auch das politische Interesse, als einziger Rechtsnachfolger der UdSSR anerkannt zu werden.

2) Die USA haben die russischen Vorschläge unterstützt. GB tendiert auch in diese Richtung. Wir stehen zu der Zusage einer „erweiterten Atempause", haben uns aber strikt gegen eine Veränderung der bisherigen Grundlagen ausgesprochen. Dabei fanden wir die Unterstützung von Italien und auch von Frankreich, das aber als Vorsitzender des Pariser Clubs vorsichtiger ist. Prinzipielle Bedenken gegen die russischen Vorschläge, aber kein direktes Nein, wurden von Kanada und Japan vorgebracht.

Insgesamt besteht der Eindruck, dass die russischen Vorschläge mit den USA abgesprochen worden sind. Durch großzügige Initiativen in der Schuldenfrage könnten die USA ihre internationale Führungsrolle unterstreichen, ohne die finanzielle Hauptlast tragen zu müssen. Der US-Anteil an den gesamten Außenständen des Pariser Clubs gegenüber UdSSR/Russland (ungefähr US-$ 35 Mrd., ohne künftige Zinsen) liegt bei höchstens 10 %; dagegen halten wir etwa 50 %.

III. 1) Der russische Minister Awen hat erklärt, dass 1993 für den Schuldendienst nur US-$ 2,5 Mrd. – 3,0 Mrd. verfügbar sein würden. Die gesamten Schuldendienstverpflichtungen betrügen 1993 rund US-$ 19,6 Mrd. (russischer Anteil: US-$ 12,0 Mrd.); davon sollen durch Umschuldung rund US-$ 10,7 Mrd. (russischer Anteil: US-$ 6,5 Mrd.) abgedeckt werden. Selbst dann verbliebe nach russischen Berechnungen zur Deckung der Zahlungsbilanzlücke noch ein zusätzlicher Finanzbedarf von US-$ 23,5 Mrd. (bei Begrenzung auf russischen Schuldenanteil rund 20,1 Mrd. US-$). Diese Zahlen erscheinen dem BMF nicht nachvollziehbar.

Zahlungsbilanzschätzungen des IWF für 1993 liegen noch nicht vor. Erste Schätzungen werden frühestens in diesem Monat erwartet. Der tatsächliche Umfang der Finanzierungslücke ist abhängig vom Anpassungsfortschritt 1992 und von der Qualität des Programms 1993. BMF und mit ihm BMWi sehen hier wegen der ungeklärten Datenlage noch keine Basis für eine Umschuldung.

2) Bei der gesamtschuldnerischen Haftung für die UdSSR-Altschulden handelt es sich um eine gemeinsame Erklärung der MoU-Unterzeichnerstaaten gegenüber allen Auslandsgläubigern. Bisher hat aber außer Russland keine Republik irgendwelche Beiträge zum Auslandsschuldendienst geleistet. Russland strebt nun in bilateralen Verträgen mit einzelnen Republiken die Übernahme des jeweiligen Anteils an den UdSSR-Schulden und

[9] Zum Memorandum of Understanding vgl. Dok. 17.

-Vermögenswerten und damit die alleinige Haftung an. Derartige Verträge liegen bisher mit Weißrussland und Turkmenistan vor; mit Armenien, Georgien und Moldawien sollen entsprechende Vereinbarungen bevorstehen. Die Ukraine hat ihre Absicht bekundet, neben der Russischen Föderation Anteile anderer NUS an den Aktiva und Passiva der ehemaligen UdSSR vertraglich zu übernehmen. Schon jetzt haftet Russland jedoch bereits, wie auch jeder andere Unterzeichner des MoU, als Gesamtschuldner für 100 % der UdSSR-Altschulden. Die alleinige oder die mit der Ukraine zweigeteilte Haftung bedeutet eher eine Reduzierung der gesamten Haftungsunterlage. Solange die Zustimmung der übrigen Republiken hierzu nicht vorliegt, würde eine ungeregelte Situation bestehen, wenn wir jetzt auf den russischen bzw. ukrainischen Vorschlag eingingen.

Das Jelzin-Schreiben an den Bundeskanzler vom 3. September dieses Jahres[10] zeigt, dass Russland das Angebot der alleinigen Haftungsübernahme als Hebel für eine generelle Neuverhandlung mit den Gläubigern einschließlich einer Neufestsetzung des „cut-off date“ benutzen will.

3) Eine Verschiebung des „cut-off date“ läuft unseren Interessen zuwider. Dieses Datum für die UdSSR-Altschulden wurde beim Zahlungsaufschub vom 4. Januar 1992 auf den 1. Januar 1991 festgelegt. Die USA und GB hatten sich damals für ein späteres Datum (1. September 1991) eingesetzt. Nach Angaben des Sekretariats des Pariser Clubs sind die G 7-Länder wie folgt aus Verträgen nach „cut-off date“ exponiert (nur Kapital, ohne künftige Zinsen): Deutschland US-$ 9,7 Mrd. (ohne 5 Mrd. DM-Plafond[11]), USA US-$ 3,3 Mrd., Italien US-$ 1,3 Mrd., Kanada US-$ 1,0 Mrd., Frankreich US-$ 0,7 Mrd., Japan und Großbritannien haben keine hiervon evtl. betroffenen Außenstände.

4) Die von Russland gewünschte Verschiebung des Stichtages würde eine dauerhafte Erweiterung derjenigen Forderungen bedeuten, die für eine Umschuldung jetzt oder später infrage kommen. Das daraus resultierende Haushaltsrisiko (gesamtes Obligo) beläuft sich insgesamt auf über DM 20 Mrd.; davon entfallen bereits DM 11,5 Mrd. auf die Jahre 1992 – 1995 (vgl. Anlage 2).

Im Interesse einer realistischen, das heißt bedienbaren Umschuldung scheint BMF in Absprache mit BMWi bereit zu sein, einen Teil dieser Fälligkeiten einer Sonderregelung zu unterwerfen (z. B. kurzzeitiger Zahlungsaufschub); Ähnliches wurde bereits für die Rückstände aus kurzfristigen Forderungen angeboten, die im Regelfall nicht umgeschuldet werden. Voraussetzung hierfür sollte sein, dass die Schuldendienstkapazität Russlands vom IWF genau geprüft wird.

Auch die o. g. Sonderregelung von Forderungen bei grundsätzlicher Beibehaltung des „cut-off date“ stellt uns vor erhebliche Haushaltsprobleme. Die entsprechenden Fälligkeiten belaufen sich nach BMF-Angaben auf rund DM 3,5 Mrd. in 1993 und rund DM 4,6 Mrd. in 1994. Demgegenüber liegt die Risikovorsorge für GUS-Schäden im Bundeshaushalt 1993 bei DM 3,3 Mrd. Daraus müssen aber auch alle sonstigen GUS-Schäden abgedeckt werden. Es könnten sich deshalb Mehrausgaben in Höhe von mehreren Mrd. DM ergeben.

IV. Die derzeitige Situation bei den UdSSR-Altschulden ist durch Interessenunterschiede der Beteiligten gekennzeichnet, die so nicht auf einen gemeinsamen Nenner zu bringen sind:

10 Für das Schreiben des russischen Präsidenten Jelzin vgl. B 52, ZA-Bd. 173908.

11 Zum Kabinettsbeschluss vom 22. Januar 1992 zur Deckung für Ausfuhrgeschäfte mit GUS-Mitgliedstaaten vgl. Dok. 24.

- Die Zahlungssituation der Schuldner ist ungeregelt; bis Ende September sind seit Anfang des Jahres bereits ungeregelte, d.h. nicht in den Zahlungsaufschub einbezogene Überfälligkeiten aus verbürgten Forderungen in Höhe von DM 1 Mrd. bei uns aufgelaufen; hierzu kommen noch Fälligkeiten in gleicher Höhe, die im Rahmen des Zahlungsaufschubs vom 4. Januar 1992 als geregelt gelten und deren Gesamtsumme am 1. Januar 1993 vollständig zu zahlen ist.
- Die russische Seite strebt (ebenso wie die Ukraine und in stillem Einverständnis mit den übrigen NUS) mit Unterstützung der USA eine erheblich erweiterte Umschuldung an.
- Im Kreis der Gläubiger herrscht offener Dissens, vor allem mit den USA, in dieser Frage; man ist sich lediglich grundsätzlich über die Notwendigkeit einer längerfristigen Umschuldung einig.
- Der Bundeskanzler hat in seinem Brief an Präsident Jelzin vom 21. September[12] auf unsere großen finanziellen Leistungen zur Stützung des Reformprozesses hingewiesen und eine Verschiebung des „cut-off date“ für uns als unannehmbar bezeichnet; allerdings seien wir in der Schuldenfrage bereit zu einer pragmatischen Lösung, die der gegenwärtig begrenzten Zahlungsfähigkeit Russlands Rechnung trägt. Diese Lösung könnte zweckmäßigerweise im Gesamtzusammenhang mit anderen deutsch-russischen Finanzfragen gefunden werden. BM Kinkel hat bei seinen Gesprächen in Moskau entsprechend argumentiert.[13] Mit BK-Brief vom 6. Oktober wurde ein Besuch StS Köhlers (BMF) für weitere Gespräche in der kommenden Woche vorgeschlagen.[14]
- StS Köhler hatte der russischen Regierung bereits Ende Juni dieses Jahres eine längerfristige Umschuldung in Aussicht gestellt. Der aktuelle Vorschlag des BMF sieht eine Sonderregelung in Form eines kurzzeitigen Zahlungsaufschubs für einen Teil der hohen Zahlungsverpflichtungen der NUS für die kritischen Jahre 1993/94 vor; dieses Vorgehen hätte keine Auswirkungen auf spätere Anschlussumschuldungen; (eine Hilfsargumentation des BMWi läuft darauf hinaus, dass eine vorzeitige Umschuldung nicht rückgängig zu machen sei, wenn – wider Erwarten – etwa 1995 die Devisenlage Russlands bzw. der NUS sich entspannt haben sollte). Für eine „erweiterte Atempause“ in der Form eines neuen Zahlungsaufschubs (deferral) im Pariser Club, der sich voraussichtlich auf einer Sitzung am 28./29. Oktober mit dem Thema befasst[15], gibt es aber noch keine detaillierten Vorgaben. Ein erweiterter Zahlungsaufschub würde auf jeden Fall auch Nach-„cut-off date“-Fälligkeiten umfassen.

12 Für das Schreiben des BK Kohl vgl. Dok. 295.

13 Vgl. das Gespräch des BM Kinkel mit dem russischen AM Kosyrew am 6. Oktober 1992 in Moskau; Dok. 311.

14 Für das Schreiben des BK Kohl vom 6. Oktober 1992 an den russischen Präsidenten Jelzin vgl. B 52, ZA-Bd. 173908.
StS Köhler, BMF, hielt sich am 16. Oktober 1992 in Russland auf. Vgl. Dok. 329.

15 VLR Hacker vermerkte am 30. Oktober 1992, in der Sitzung habe kein Fortschritt erzielt werden können: „Es wurde lediglich eine gemeinsame Presseerklärung erstellt; in dieser wurde festgestellt, dass die Schuldnerstaaten dabei seien, einen neuen rechtlichen Rahmen für den Schuldendienst zu diskutieren; auf dessen Grundlage sollen dann bis Ende November des Jahres Umschuldungsverhandlungen stattfinden, die Fälligkeiten bis Ende 1993 umfassen sollen. Der Zahlungsaufschub vom 4. Januar d.J. wurde per Brief des Vorsitzenden des Pariser Clubs nochmals bis zum Jahresende verlängert.“ Vgl. B 52, ZA-Bd. 173908.

Auch neutrale Beobachter dieser Entwicklungen können kein mittelfristig verlässliches Szenario erstellen. Es ist jedoch nicht von der Hand zu weisen, dass ein weiterer, evtl. erweiterter Zahlungsaufschub zu ähnlich unbefriedigenden Ergebnissen hinsichtlich des Zahlungsverhaltens der Schuldner führen könnte wie die bereits laufende Vereinbarung. Ob daraus geringere Haushaltsbelastungen entstehen werden als aus einer Umschuldung, kann bezweifelt werden.

V. Es ist nicht sicher, ob unser Festhalten am MoU und am „cut-off date" 1. Januar 1991 im Gläubigerkreis auf Dauer mitgetragen wird; lediglich Italien und evtl. auch Frankreich stehen im G7-Kreis noch mit uns für ein striktes „Nein" zu den russischen Vorschlägen. Mit einer Umschuldung der in den bisherigen Zahlungsaufschub des Pariser Clubs einbezogenen Fälligkeiten von insgesamt US-$ 3,2 Mrd. ist Russland bzw. den NUS angesichts der erheblich größeren Zahlungsbilanzprobleme nicht hinreichend geholfen. Ein Beharren auf unseren Gläubigerinteressen ohne Rücksicht auf die langfristige bilaterale Entwicklung könnte auch negative Auswirkungen auf unsere Beziehungen mit den NUS, vor allem Russland, zeitigen.

Die „erweiterte" Umschuldungsoption wurde schon am Rande der Sitzung des Pariser Clubs im Juni dieses Jahres diskutiert; danach sollte die Umschuldung nicht konzessionär sein, etwa über zehn Jahre laufen, von denen drei tilgungsfrei gehalten werden müssten.

Im Hinblick auf die erheblichen Auswirkungen einer solchen Umschuldung auf den Bundeshaushalt wird eine entsprechende Entscheidung der Bundesregierung in erster Linie vom BMF verantwortet werden müssen. Wir sollten uns einer solchen Lösung, die auch unseren langfristigen Interessen Rechnung trägt, nicht verschließen, aber BMF nicht dazu drängen.

Die nächsten Gespräche über die Altschuldenfrage mit der russischen Regierung wird StS Köhler (BMF) voraussichtlich am 16./17. Oktober dieses Jahres in Moskau führen. BM Waigel beabsichtigt, im November nach Russland zu reisen.[16] Bis zum BK-Besuch im Dezember[17] soll ein Gesamtpaket für die noch offenen Finanzfragen geschnürt sein.

RL 421[18] hat im Konzept mitgezeichnet.

Runge

B 52, ZA-Bd. 173908

16 Der für die Zeit vom 10. bis 12. November 1992 geplante Besuch des BM Waigel in Russland wurde abgesagt. Vgl. den Vermerk des VLR I Göckel vom 5. November 1992; B 38, ZA-Bd. 184715.

17 BK Kohl besuchte Russland am 15./16. Dezember 1992. Vgl. Dok. 419 und Dok. 420.

18 Helmut Göckel.

322

Gespräch des Bundesministers Kinkel mit dem mosambikanischen Außenminister Mocumbi

320-321.11 MOS **13. Oktober 1992[1]**

AM *Mocumbi* äußert Anerkennung für die Unterstützung Deutschlands im mosambikanischen Friedensprozess und erinnert an den Besuch von BK Kohl in Maputo 1987.[2] Er übermittelt den Dank Präsident Chissanos und seine Bitte um weitere Hilfe.

BM erwähnt seine Begegnung als Leiter Planungsstab mit dem damaligen AM Chissano.[3] Er unterstreicht die historische Bedeutung der Vereinbarungen von Rom vom 4. Oktober 1992[4], hofft, dass der Friedensprozess nun irreversibel ist, und bittet um eine Darstellung der nächsten Schritte.

AM übergibt zunächst einen Brief Präsident Chissanos an den Bundeskanzler.[5] Das Friedensabkommen von Rom sei später gekommen als erhofft, aber es sei wichtig gewesen, neben den Beobachtern auch die Nachbarländer in den Prozess einzubeziehen. Das Selbstvertrauen beider Verhandlungspartner und das Vertrauen in die Zukunft seien gewachsen. Für das Programm „Demokratisierung und Entwicklung" brauche man auf jeden Fall Unterstützung von außen.

Die Annahme des Friedensabkommens durch das z.Zt. tagende mosambikanische Parlament bestimme den Tag E, den Beginn des Waffenstillstands und des Friedensfahrplans, aber dies solle möglichst mit dem Eintreffen des Vertreters des VN-GS als Vorsitzenden der Überwachungs- und Kontrollkommission[6] (CSC[7]) zusammenfallen.

1 Der Gesprächsvermerk wurde von VLR I Daerr gefertigt und über MDg Sulimma und MD Schlagintweit an das Ministerbüro geleitet mit der Bitte „um Einholung der Genehmigung durch BM".
Hat VLR I Gerdts am 16. Oktober 1992 vorgelegen, der den Rücklauf an Referat 320 verfügte und auf einem Begleitvermerk handschriftlich vermerkte: „Kann mit Vermerk ‚von BM noch nicht gebilligt' verteilt werden. Bitte Verteiler angeben." Vgl. B 34, ZA-Bd. 155763.

2 BK Kohl besuchte Mosambik am 17./18. November 1987. Vgl. AAPD 1987, II, Dok. 321 und Dok. 324.

3 MD Kinkel führte am 1. November 1977 in Maputo ein Gespräch mit dem mosambikanischen AM Chissano. Vgl. den DB Nr. 299 Kinkels, z. Z. Maputo, vom selben Tag; B 30, ZA-Bd. 167285.

4 Referat 320 vermerkte am 9. Oktober 1992: „Am 4.10.1992 haben Präsident Chissano und RENAMO-Führer Dhlakama in Rom das Friedensabkommen unterzeichnet, das den seit 1975 andauernden Bürgerkrieg beenden soll. Die Friedensverhandlungen, die seit 1990 unter italienischer Vermittlung (Regierung und katholische Kirche) stattfanden, sind damit erfolgreich abgeschlossen worden. Der Bürgerkrieg hat eine Million Menschenleben gekostet und 1,5 Millionen Menschen außer Landes getrieben. Mosambik ist heute [...] das ärmste Land Afrikas. Die Not wird vergrößert durch eine Jahrhundertdürre. [...] Das Friedensabkommen weist den VN die entscheidende Rolle bei der Implementierung des Abkommens (vor allem bei der Überwachung des Waffenstillstands und der Wahlen) zu." Vgl. B 34, ZA-Bd. 155763.

5 Für das Schreiben des mosambikanischen Präsidenten Chissano vom 9. Oktober 1992 an BK Kohl, mit dem er für die bisherige Unterstützung bei der Entwicklung Mosambiks dankte und eine Unterrichtung über die Lage nach dem Friedensabkommen vom 4. Oktober 1992 ankündigte, vgl. B 34, ZA-Bd. 155762.

6 Aldo Ajello.

7 Comissão de Supervisão e Controlo.

Mitglieder der CSC sollten nach Vorstellung der mosambikanischen Regierung neben Regierung und RENAMO[8] sowie VN und OAE der Vermittler Italien und die Beobachter UK, F, US und PORT sein. Unter der CSC werde es Ausschüsse geben für:

- Waffenstillstandsfragen (UN-Vorsitz, Beteiligung aller Entsendestaaten milit. Beobachter),
- Demobilisierung und Reintegration,
- Aufbau der neuen Streitkräfte (u. a. Teilnahme von UK, F, PORT).

Bald nach dem Waffenstillstand sollten die Vorbereitungen für die ein Jahr nach Tag E vorgesehenen Wahlen beginnen. Hierbei sowie bei der Wahlbeobachtung zähle man besonders auf deutsche Unterstützung.

Seit dem 4. Oktober sei es ruhig in Mosambik, aber die Versorgung der demobilisierten Soldaten sei entscheidend für einen weiteren friedlichen Verlauf.

BM wünscht dem Friedensprozess, der über Mosambik hinaus wichtig für die gesamte Region sei, allen Erfolg. Im Rahmen der begrenzten Möglichkeiten werde Deutschland gerne dazu beitragen: durch Fortführung der bilateralen Hilfe und Teilnahme an der geplanten Geberkonferenz[9], durch Beteiligung am Aufbauprogramm der EG, durch Unterstützung des UNHCR bei der Bewältigung des Flüchtlingsproblems, durch Wahlhilfe und durch Beteiligung an der VN-Mission.

AM sieht jetzt verbesserte Rahmenbedingungen für die bilaterale Zusammenarbeit und nennt Wiedereingliederung von Flüchtlingen und ehemaligen Soldaten sowie Nahrungsmittelhilfe als vordringliche Aufgaben. Er habe mit UNHCR über ein Notprogramm gesprochen, das eine Grundausstattung für Neubeginn in der Landwirtschaft (Saatgut, Gerät) mit Nahrungsmittelhilfe bis zur ersten Ernte verbinde.

An Deutschland richte er eine spezielle, zugegebenermaßen schwierige Bitte: Nach Rückkehr der Soldaten in die Kasernen hänge die öffentliche Ordnung von einer gut funktionierenden Polizei ab. Hier erhoffe Mosambik Ausbildungshilfe.

Erwünscht sei darüber hinaus auch eine Beteiligung Deutschlands am Reintegrationsausschuss.

BM signalisiert grundsätzliches Interesse an diesem Ausschuss, aber AM solle diesen Punkt auch im primär zuständigen BMZ bei PStS Repnik ansprechen.[10]

In Sachen Nahrungsmittel-Sonderhilfe wegen der Dürre habe Deutschland sich bilateral und im EG-Rahmen bereits stark engagiert. Sehr wichtig sei, dass ab sofort die Behinderung

8 Resistência Nacional Moçambicana.

9 Die internationale Geberkonferenz für Mosambik fand am 15./16. Dezember 1992 in Rom statt. VLR I Daerr, z. Z. Rom, berichtete am 17. Dezember 1992: „Konkrete Zusagen wurden in Höhe von ca. 250 Mio. US-Dollar gemacht (größte Geber: EG-Kommission und Italien). Es bestand Übereinstimmung, dass die VN bei der Implementierung des Abkommens die zentrale Rolle spielen und – über die eigentliche VN-Mission (UNOMOZ) hinaus – die Koordinierung der freiwilligen Gebergelder in Trust Funds übernehmen. [...] Wir bekräftigten unsere Verantwortung als Mitglied der zentralen Kommission, die die Implementierung des Friedensabkommens überwacht, für den Friedensprozess und stellten bilaterale Hilfe über unseren Beitrag zu UNOMOZ hinaus in den Bereichen Wahlprozess, Polizeiberatung und Reintegration der Flüchtlinge und demobilisierten Soldaten in Aussicht." Vgl. DB Nr. 1153; B 34, ZA-Bd. 155767.

10 Im Gespräch des mosambikanischen AM Mocumbi mit PStS Repnik, BMZ, am 13. Oktober 1992 wurden die Friedensverhandlungen in Mosambik, die Reintegration von Vertriebenen und Flüchtlingen, die Organisation von Wahlen, eine Förderung von Radio Mosambik, Polizeihilfe, die Ausbildung von Sozialarbeitern, ein Investitionsschutzabkommen und die Regionalintegration im südlichen Afrika thematisiert. Vgl. den Gesprächsvermerk; B 34, ZA-Bd. 155763.

der Verteilung durch die Bürgerkriegsparteien aufhöre. Das Thema Polizeihilfe sei ja schon länger im Gespräch, und wir seien grundsätzlich dazu bereit. Zunächst solle erst einmal Anfang '93 eine deutsche Expertendelegation die Möglichkeiten sondieren, aber auch ein Besuch mosambikanischer Fachleute in der Bundesrepublik komme infrage.

AM dankt für diese Bereitschaft. Gegenüber MdB Stercken habe er die Notwendigkeit eines Ausbaus des mosambikanischen Rundfunks als Grundlage der Demokratisierung angesprochen. Ein weiterer wichtiger Bereich der Hilfestellung sei das Minenräumen.

BM weist nach Rücksprache mit D 3[11] und Dg 32[12] auf die noch andauernde interne Diskussion dieses Problems hin, spricht sich aber für ein deutsches Engagement aus.

Auf Frage BM nach weiteren Anliegen erwähnt *AM* das mosambikanische Interesse an einem Investitionsschutzabkommen und das Problem der Infrastruktur-Rehabilitierung. Könne nicht z.B. Deutschland zusammen mit Südafrika die Wiederherstellung der Straßenverbindung Maputo – Südafrika in die Hand nehmen?

BM schneidet die Frage der Entschädigung von in Mosambik enteigneten Deutschen an. *AM* deutet Bereitschaft zu Prüfung und Entschädigung von Fall zu Fall an. Wegen des Präjudizaspektes[13] hinsichtlich des portugiesischen Kolonialbesitzes kämen nur maßgeschneiderte Einzellösungen infrage.

BM fragt unter Hinweis auf die DDR-Präsenz in Mosambik nach dem Interesse an einem Kulturabkommen. *AM* unterstreicht großes Interesse auf mosambikanischer Seite. Es gebe eine stattliche Zahl deutschsprechender Mosambikaner mit DDR-Hintergrund. *BM* zeigt Bereitschaft, den kulturellen Austausch zu verstärken.

Auf Frage BM gibt *AM* kurze Einschätzung der Lage in Südafrika und Angola. Kernproblem des an sich ermutigenden Reformprozesses in Südafrika sei die Gewalt. Auch Mosambik versuche, für die Verhandlungslösung zu werben, insbesondere gegenüber ANC, IFP[14] und PAC[15]. Auf längere Sicht werde man Institutionen für Konfliktlösung und Krisenmanagement für die ganze Region des südlichen Afrikas brauchen. Mit dem Verlauf der Wahlen in Angola[16] sei Mosambik zufrieden, aber man sei auch besorgt wegen der Gefahr eines erneuten Gewaltausbruchs, obwohl Bevölkerung und internationale Gemeinschaft einmütig dagegen seien. Die Entwicklung in Angola habe Präzedenzcharakter für Mosambik.

Auf Bitte AM skizziert *BM* die europolitischen Entwicklungen und ihre Bedeutung für das Verhältnis zu Afrika.

Zum Abschluss des Gesprächs lädt *AM* BM zu einem Besuch in Mosambik ein. *BM* dankt für die Einladung.

B 34, ZA-Bd. 155763

11 Reinhard Schlagintweit.

12 Hans-Günter Sulimma.

13 Korrigiert aus: „Präjustizaspektes".

14 Inkatha Freedom Party.

15 Pan Africanist Congress.

16 In Angola fanden am 29./30. September 1992 Parlaments- und Präsidentschaftswahlen statt. Die offiziellen Ergebnisse wurden am 17. Oktober 1992 bekanntgegeben. Danach verfehlte der bisherige Amtsinhaber dos Santos mit knapp 50 % der Stimmen die absolute Mehrheit. Der Vorsitzende der UNITA, Savimbi, kam auf gut 40 %. Ein eigentlich vorgesehener zweiter Wahlgang fand nicht statt.

323

Vermerk des Staatssekretärs Lautenschlager

13. Oktober 1992[1]

Betr.: Zweistündiges Abendessen auf Einladung von AM Dumas mit AM Solana und AM Kinkel am 12.10.1992 in Paris

Gespräch diente der Abstimmung der Positionen vor dem Europ. Rat in Birmingham am 16.10.[2]

1) Maastricht[3] und damit verbundene Fragen, einschließlich des dänischen Problems

Es bestand Einigkeit, an den Beschlüssen von Oslo[4], Lissabon[5] und New York[6] festzuhalten, d.h. keine Neuverhandlungen, keine Ratifikationsbedürftigkeit etwaiger ergänzender Erklärungen, Bestätigung des Zeitplans. Dies müsse auch in Birmingham zum Ausdruck kommen.

Bezüglich Dänemark sahen französischer und auch spanischer AM die Probleme als schwierig an. Vor Sommer nächsten Jahres werde es wohl keine Entscheidung geben, der Zeitplan für Maastricht[7] sei gefährdet. Der Druck auf Dänemark müsse aber aufrechterhalten bleiben. Ob und wie es am Ende dann zu befriedigenden Lösungen kommen werde, sei noch nicht abzusehen. Man bleibe besorgt.

Demgegenüber sei nach Auffassung des franz. und span. AM die Situation in GB nach dem Parteitag der Konservativen[8] sehr viel positiver einzuschätzen. Im Grunde sei die „Sache in GB gelaufen".

AM Kinkel äußerte sich in Bezug auf die weitere Entwicklung in GB skeptischer; nach seiner Beurteilung seien hier noch wichtige Fragen offen. Hingegen sah er die Entwicklung in Dänemark positiver; das schwierigste Problem sei hier wohl der Bereich der gemeinsamen Verteidigung; er gehe aber davon aus, dass auch hierfür am Ende befriedigende Lösungen gefunden werden könnten.

Übereinstimmung bestand, dass das dänische Memorandum[9] nur eine Auflistung von abstrakten Lösungen enthalte, aber noch keinen Weg für eine Lösung weise. Es sei Sache der Dänen, den anderen Gemeinschaftspartnern zu sagen, welchen Weg DK gehen wolle.

1 Hat BM Kinkel am 13. Oktober 1992 vorgelegen.

2 Zur Sondertagung des Europäischen Rats vgl. Dok. 334.

3 Zum Vertragswerk von Maastricht vgl. Dok. 3, Anm. 8.

4 Zur außerordentlichen EG-Ministerratstagung am 4. Juni 1992 vgl. Dok. 166.

5 Zur Tagung des Europäischen Rats am 26./27. Juni 1992 vgl. Dok. 201.

6 Zur außerordentlichen EG-Ministerratstagung am 21. September 1992 vgl. Dok. 300.

7 Zum Inkrafttreten des Vertrags vom 7. Februar 1992 über die Europäische Union vgl. Dok. 300, Anm. 5.

8 Zum Parteitag der Konservativen Partei vom 6. bis 9. Oktober 1992 in Brighton vgl. Dok. 314, Anm. 14.

9 Botschafter Gründel, Kopenhagen, berichtete am 10. Oktober 1992: „Vom dänischen Außenminister ausgearbeitetes ‚Weißbuch über Dänemark und den Maastricht-Vertrag' wurde gestern, 9.10.1992, veröffentlicht [...]. Weißbuch ist für den innerdänischen Gebrauch verfasst und enthält im Wesentlichen rechtliche Analyse des Vertrags von Maastricht und seiner Verknüpfung mit den Römischen Verträgen, Beschreibung der Ratifizierungsverfahren in den anderen Mitgliedstaaten und formale Lösungsansätze aufgrund negativer Volksabstimmung in Dänemark – letztere jedoch ohne bestimmte Präferenzen oder

Bezüglich der Vorbereitungen von Birmingham bestand Übereinstimmung, dass ein Weg gesucht werden müsse, rechtzeitig in die Formulierung der Schlussdokumente eingeschaltet zu werden. Dies könne man nicht alleine der britischen Präsidentschaft überlassen, zumal vor dem Hintergrund der Erfahrungen in New York. Nachdem BM Kinkel zunächst die Einsetzung einer Arbeitsgemeinschaft noch vor dem Gipfel vorgeschlagen hatte, einigte man sich darauf, den britischen AM[10] zu bitten, die Abschlussdokumente schon zum Abendessen am Vorabend des ER vorzulegen und zum Gegenstand einer ersten Erörterung zu machen. Man ging dabei davon aus, dass die Erklärung Aussagen jedenfalls zur Subsidiarität, Transparenz, Identität, demokratischer Kontrolle in öffentlichkeitswirksamer Art enthalten müsse und darüber hinaus die Schlussfolgerungen auch die Beschlüsse von Oslo, Lissabon und New York bekräftigen sollten.

2) Wirtschaftliche und monetäre Fragen

AM Kinkel umriss unsere Position. Am Ende bestand Einverständnis, dass in den Schlussfolgerungen zu dieser Thematik nicht über die Aussagen des ECOFIN-Rats[11] hinausgegangen werden sollte. Span. AM fügte hinzu, dass ihm an einigen wenigen Sätzen zu den gemeinsamen Bemühungen um Inflationsbekämpfung und wirtschaftlicher Konvergenz gelegen sei. Dem wurde nicht widersprochen. Ausdrücklich bestand Einvernehmen, dass nicht über das EWS, nicht über Zinspolitik und nicht über etwaige italienische Wünsche auf mittelfristigen Beistand gesprochen werden solle.

3) Jugoslawien

Auf Vorschlag von AM Kinkel bestätigten alle drei Minister, dass sie trotz anderer Töne aus Moskau in jüngster Zeit an den Sanktionen gegen Serbien und Montenegro[12] festhalten wollten.

AM Dumas meinte, dass man auch über andere Fragen sprechen müsse, z.B. die Kontrolle von Landepisten, von Kontrolltürmen auf den Flughäfen und Ähnliches. Man müsse sich auch evtl. über zusätzliche Maßnahmen Gedanken machen, die im Zweifel eine weitere Resolution des VN-Sicherheitsrats voraussetzen. Im Übrigen ginge es natürlich auch um humanitäre Hilfe. Der Bundeskanzler habe das Thema zu Recht auf die Tagesordnung setzen lassen. Habe er konkrete Vorstellungen?

Ich habe darauf hingewiesen, dass in Bezug auf zusätzliche humanitäre Hilfe wichtig sei, auch die Finanzierungsfragen rechtzeitig zu klären. Hier habe die Kommission eine besondere Verantwortung. Ich ginge davon aus, dass die Kommission (zulasten des Gemeinschaftshaushalts) konkrete Vorschläge machen werde.

4) GATT

Franz. AM beschrieb mit dramatischen Worten die explosive innenpolitische Lage in Frankreich. Z.Zt. sei es für die französische Regierung ausgeschlossen, irgendwelche zusätz-

Fortsetzung Fußnote von Seite 1291

Vorschläge und ohne zu materiellen Inhalten Stellung zu nehmen." Vgl. DB Nr. 410 sowie das „White Paper on Denmark and the Maastricht Treaty"; B 87, ZA-Bd. 505315.

10 Douglas Hurd.

11 Am 28. September 1992 fand in Brüssel eine EG-Ratstagung auf der Ebene der Wirtschafts- und Finanzminister statt. Für die Schlussfolgerungen vgl. BULLETIN DER EG 9/1992, S. 13.

12 Vgl. die Resolution Nr. 713 des VN-Sicherheitsrats vom 25. September 1991; RESOLUTIONS AND DECISIONS 1991, S. 42f. Für den deutschen Wortlaut vgl. EUROPA-ARCHIV 1991, D 550–552.
Vgl. auch die Resolution Nr. 757 des VN-Sicherheitsrats vom 30. Mai 1992; Dok. 159, Anm. 12.

lichen Leistungen zulasten der französischen Landwirtschaft zu erbringen. 80% der französischen Bauern hätten bei dem Referendum[13] gegen den Vertrag von Maastricht gestimmt. Die französische Regierung stehe mit dem Rücken zur Wand. Sie brauche Zeit und wolle keineswegs die GATT-Verhandlungen scheitern lassen; nur sei es ihr jetzt nicht möglich, weitere Konzessionen zu machen. Im Übrigen sei auch nicht ganz einzusehen, warum man der jetzigen US-Regierung, die im Zweifel nicht mehr im Amt bleiben werde, entgegenkommen solle. Er appelliere an die Partner, hier Frankreich nicht im Stich zu lassen und in dieser schwierigen Lage Solidarität zu zeigen.

Spanischer AM meinte, dass bei dieser Lage die Erörterung der GATT-Problematik in Birmingham wenig Sinn mache.

AM Kinkel wies auf unsere Interessenlage hin. Im Lichte der Reaktionen des Publikums auf seine Rede vor wenigen Stunden bei der IHK in Köln betonte er das deutsche Interesse am baldigen erfolgreichen Abschluss der GATT-Verhandlungen. Angesichts der von AM Dumas geschilderten Lage schloss er sich der Meinung des spanischen AM an. In der Tat würde eine vertiefte Diskussion dieses Themas in Birmingham bei der gegebenen Lage wohl nicht weiterführen können. Überdies sollte der Gipfel von kontroversen Themen möglichst freigehalten werden, damit ein glaubwürdiges Signal für Europa zustande komme und der Weg bis nach Edinburgh[14] geebnet werde.

Die drei AM bekräftigten, dass man in wesentlichen Fragen aufeinander Rücksicht nehmen müsse und niemand überfordert werden dürfe. Sie bestätigten, auch in Birmingham gemeinsam für einen Erfolg arbeiten zu wollen und sich weiterhin mit aller Kraft für die Verwirklichung des Maastrichter Vertrags im vorgesehenen zeitlichen Rahmen einsetzen zu wollen.

Die drei AM bezeichneten das Treffen übereinstimmend als nützlich und waren sich einig, vor der Presse lediglich das Treffen als eines der vielen Vorbereitungsgespräche für Birmingham zu bestätigen.

Lautenschlager

B 1, ZA-Bd. 178945

13 Zum Referendum am 20. September 1992 in Frankreich vgl. Dok. 293 und Dok. 300.

14 Zur Tagung des Europäischen Rats am 11./12. Dezember 1992 vgl. Dok. 421.

324

Vorlage des Ministerialdirektors Elbe für Bundesminister Kinkel

13. Oktober 1992[1]

Über Herrn Staatssekretär[2] Herrn Bundesminister[3]

Betr.: Überlegungen zum Migrationsproblem und zur derzeitigen Asylrechtsdiskussion

Zweck der Vorlage: Zur Unterrichtung

1) Die Dimension

Das internationale Migrationsproblem hat sich in den letzten Jahrzehnten dramatisch verschärft. 1951 – im Gründungsjahr des VN-Flüchtlingskommissariats – waren 1,5 Mio. Menschen als Flüchtlinge registriert. Nach Angaben des UNHCR gibt es heute weltweit bereits zwischen 16 und 17 Mio. Flüchtlinge. Diese Zahl erfasst allerdings nur die Flüchtlinge gemäß der Genfer Flüchtlingskonvention[4].

Nicht einbezogen ist die kaum übersehbare Zahl von politischen „Binnenflüchtlingen“, die (noch) innerhalb der eigenen Landesgrenzen bleiben. Die meisten Schätzungen gehen von einer Größenordnung zwischen 15 und 20 Mio. Menschen aus, fast ausschließlich in der Dritten Welt, insbesondere in Afrika.

Die Zahl der Hunger-, Elends- und Umweltflüchtlinge dürfte bereits heute bei 500 Mio. Personen liegen; das IKRK[5] schätzt, dass sie bis zum Ende des Jahrzehnts auf 1 Mrd. ansteigen wird.

Das Migrationsproblem hat angesichts dieser Dimensionen bereits jetzt eine Qualität angenommen, die das vorhandene Instrumentarium sowohl der internationalen Politik als auch der Innenpolitik zunehmend überfordert.

Der Migrationsdruck wird sich in den kommenden Jahren weiter verstärken, weil sich die Bedingungen, die ihn erzeugen bzw. begünstigen, immer stärker reproduzieren werden:

- das wachsende Wohlstandsgefälle zwischen reichen und armen Ländern;
- der demographische Druck in der unterentwickelten Dritten Welt;
- die neue Virulenz innen- und außenpolitischer Instabilitäten nach dem Ende des Kalten Krieges;

[1] Die Vorlage wurde von VLR Graf konzipiert.

[2] Hat StS Lautenschlager am 14. Oktober 1992 vorgelegen.
Hat StS Kastrup am 15. Oktober 1992 vorgelegen.

[3] Hat BM Kinkel am 19. Oktober 1992 vorgelegen, der handschriftlich vermerkte: „1) Gute, durchdachte Vorlage. 2) Abl[ichtung] zu meinen Akten.“
Hat OAR Salzwedel am 21. Oktober 1992 vorgelegen, der den Rücklauf über das Büro Staatssekretäre an den Planungsstab verfügte.
Hat VLR I Schmidt am 21. Oktober 1992 vorgelegen.
Hat VLR Graf am 22. Oktober 1992 erneut vorgelegen.

[4] Für das Abkommen vom 28. Juli 1951 über die Rechtsstellung der Flüchtlinge (Genfer Flüchtlingskonvention) und das Protokoll vom 31. Januar 1967 über die Rechtsstellung der Flüchtlinge vgl. BGBl. 1953, II, S. 560–589, bzw. BGBl. 1969, II, S. 1294–1298.

[5] Korrigiert aus: „IRK“.

- das Entstehen einer globalen Informationsgesellschaft, die die armen Länder immer stärker mit dem Wohlstand der Industrieländer konfrontiert;
- der Ausbau der internationalen und interkontinentalen Verkehrsnetze, der die technischen Möglichkeiten der Migration erhöht;
- die Herausbildung fester Strukturen illegaler Migrationshilfe (Schlepper-Banden).

Unabhängig von der Art der Migrationsmotive hat in der Regel bisher nur eine „Elite" mit relativ hoher Eigeninitiative die Auswanderung vollzogen. Die immer stärkere Reproduktion migrationsfördernder Rahmenbedingungen verändert – neben der rein quantitativen Dimension – auch schon den soziokulturellen Standard der Fluchtwanderung; auf ihre bisher schon geringe Akzeptanz in den Zielländern wird sich dies weiter negativ auswirken.

2) Die Richtung der Migrationsströme

Die Migrationsströme lassen sich grob in Süd-Nord- und in Ost-West-Richtung unterscheiden; hinzu kommt eine in der Dritten Welt verbleibende Massenmigration.

Innerhalb des Süd-Nord-Stroms konzentrieren sich die Wanderungsbewegungen aus den Maghreb-Staaten (die auch das Sprungbrett schwarzafrikanischer Migranten nach Europa sind), Nahmittelost und dem indischen Subkontinent vorwiegend auf Europa (die Zahl der illegalen Einwanderer aus Afrika erreichte in Italien bereits 1,5 bis 2 Mio., in Spanien mindestens 1 Mio.). Ungefähr 35 % der in Westeuropa registrierten 1,5 Mio. Konventionsflüchtlinge stammen aus Entwicklungsländern. Einwanderer aus Ostasien und Lateinamerika suchen vorwiegend auf dem nordamerikanischen Kontinent Zuflucht.

Die EG-Kommission veranschlagt bis zum Jahr 2000 das Migrationspotenzial in den südlichen Mittelmeerländern auf 100 Mio. Menschen. Nach einer Umfrage der Internationalen Arbeitsorganisation wären bereits jetzt allein 2,3 Mio. junge Türken bereit, in die EG auszuwandern.

Der islamische Bogen – die Länder Nordafrikas, des Vorderen Orients bis nach Asien hinein – könnte für Europa zu dem werden, was Mexiko für die USA ist.

In der Dritten Welt waren Anfang der 90er Jahre ca. 25 bis 30 Mio. Flüchtlinge unterwegs. 80 % der vom UNHCR registrierten und betreuten Flüchtlinge befinden sich in der Dritten Welt, über 7 Mio. in Asien und 5 Mio. in Afrika.[6] Dies bedeutet: Die Dritte Welt trägt immer noch die Hauptlast der Flucht- und Migrationsbewegung. 1988 waren 13 von 20 afrikanischen Ländern, die nach UN-Angaben akut von Hungersnöten betroffen waren, gleichzeitig Aufnahmeländer für eine beträchtliche Zahl von Flüchtlingen.

Im Rahmen des Migrationsstromes von Ost nach West haben 1989 und 1990 jährlich ca. 1,2 Mio. Menschen die Länder des ehemaligen Ostblocks verlassen. In den 90er Jahren werden ca. 500 000 Menschen pro Jahr ihre Heimatländer in Ost-West-Richtung zu verlassen versuchen. Zwischen 1950 und 1990/91 waren es insgesamt nur 11 Mio.[7]

Nach einer 1991 durchgeführten Umfrage will jeder sechste Erwachsene in der GUS emigrieren. Derzeit befinden sich rund 1,5 Mio. osteuropäische Zigeuner auf der Wanderung.

Trotzdem darf auch in der gegenwärtigen Migrationsdiskussion, die bei uns vor allem in der Perspektive eines durch die Ost-West-Wanderung ausgelösten Asylproblems geführt wird, nicht außer Acht gelassen werden, dass der islamische Bogen – und hinter ihm

6 An dieser Stelle Fußnote in der Vorlage: „Zahlen nach World Refugee Survey 1991."

7 An dieser Stelle Fußnote in der Vorlage: „Zahlen nach Aufzeichnung des BND vom 6.4.1992: ‚Krisenindikatoren der internationalen Politik der 90er Jahre'."

Afrika – längerfristig die größere und gleichzeitig eine andersartige Herausforderung für Westeuropa darstellen wird.

Wir müssen davon ausgehen, dass diese Migration aus dem Süden künftig immer weniger an Deutschland vorübergehen wird:

- Die historischen Bindungen an die ehemaligen westeuropäischen Kolonialstaaten relativieren sich, auch wenn Sprachkompetenzen weiterhin wichtig sein werden.
- Die Herstellung der Freizügigkeit im Binnenmarkt und der Wegfall der Grenzkontrollen werden die Zuwanderung über andere europäische Länder erleichtern.
- Der höhere Lebensstandard in Deutschland wird Zuwanderer auch weiterhin anziehen.

3) Demographisch-ökonomische Entwicklung der Dritten Welt

Das starke Anwachsen der Weltbevölkerung erschwert die Verbesserung der Rahmenbedingungen für ein Verbleiben im Heimatland. Im Zeitraum von 1950 bis 1990 hat sich die Weltbevölkerung von 2,5 auf 5,3 Mrd. Menschen verdoppelt. Bis zum Jahre 2030 ist mit einer weiteren Verdoppelung der Weltbevölkerung zu rechnen, wobei in den Industriestaaten die Bevölkerung praktisch stagniert, während sie sich in der Dritten Welt mehr als verdoppelt. In Afrika wird sie sich verdreifachen.

Diese Zunahme ist im Wesentlichen auf die Erhöhung der Lebenserwartung in der Dritten Welt zurückzuführen (plus zwölf Jahre im Zeitraum von 1965 bis 1987).

Fast zwangsläufig führt die demographische Entwicklung zu einer Verschlechterung der ökonomisch-sozialen Bedingungen, die ihrerseits wiederum die politische Instabilität in der unterentwickelten Welt erhöhen, wodurch zusätzliches Migrationspotenzial geschaffen wird.

Steigende Umweltbelastungen und ökologischer Raubbau reduzieren die Lebensgrundlagen in den Entwicklungsländern zusätzlich. Bodenerosion und Verkarstung sowie das Vordringen arider Zonen verdrängen zunehmend mehr Menschen aus ländlichen Regionen.

Die Folge ist eine chaotische Verstädterung der Dritten Welt, mit der eine zunehmende Proletarisierung der städtischen Bevölkerung einhergeht, die dann über die Medien in den ersten Sichtkontakt mit der Überflussgesellschaft des Westens tritt. Aus der Fehlperzeption der ländlichen Bevölkerung vom besseren Leben in der Stadt entwickelt sich so die illusionäre Vorstellung der proletarisierten Stadtbewohner von den Segnungen der reichen Industriegesellschaften.

Die FAO schätzt, dass gegenwärtig über 1,1 Mrd. Menschen in kritischen Regionen leben, deren Landwirtschaft allenfalls die Hälfte ihrer Bevölkerung ernähren kann. Es handelt sich dabei meist um klimatisch schwierige Hochland- oder Hochgebirgsgebiete sowie trockene oder halbtrockene Regionen wie den brasilianischen Nordosten, die Sahel-Zone, den Trockengürtel zwischen Namibia und Mosambik, den Jemen und den indischen Dekkan.

4) Das Motiv zur Migration und ihr grundsätzliches politisches Problem

Wanderungsbewegungen entstehen, wenn als elementar empfundene Bedürfnisse von Menschen – seien sie politisch-rechtlicher oder wirtschaftlicher Art – in einem bestimmten geographischen Raum nicht mehr gedeckt werden. Dieses Anspruchsminimum ist keine feste Größe, sondern orientiert sich an der Außenwelt. Da es eine emotional-kulturelle Bindung des Menschen an sein Herkunftsgebiet gibt, die sich erst bei einem bestimmten Defizit elementarer Bedürfnisbefriedigung auflöst, ergibt sich die Migrationsentscheidung – sofern sie ohne äußeren Zwang erfolgt – keineswegs automatisch.

Die Entscheidung zur Migration ist deshalb nur als Ausnahme individualistisch. Massenhaft getroffen, hat sie einen objektivierbaren Kern, der eng mit der Funktionalität des sozialen und politischen Verbandes zusammenhängt, die in strukturellen Krisen (Dritte Welt) und Situationen des Umbruchs (Osteuropa, ehemalige Sowjetunion) tendenziell zusammenbrechen kann.

Weniger die Furcht vor staatlicher Repression, sondern die frustrierte Erwartung an die Funktionsfähigkeit des Staates in einem breiteren Sinne erzeugt den gegenwärtigen Migrationsdruck, der sich unter den Bedingungen der modernen Staatenwelt nicht mehr ohne Konflikte nach außen entfalten kann. Im Gegensatz zu den historischen Epochen großer Wanderungsbewegungen prallt das „dynamische" Prinzip der Migration heutzutage voll auf das „statische" Prinzip des modernen Nationalstaates:

„Im Prinzip verhalten sich (die heutigen Migranten) nicht anders als die Europäer im vorigen Jahrhundert, die, wo immer es ging, die fruchtbarsten Landstriche in Beschlag nahmen.

Anders als damals ist jedoch heute der Globus von einem lückenlosen Spinnennetz nationaler Grenzen überzogen. Die Kontinente sind von Menschen dicht gefüllt und die jungfräulichen Böden verteilt. Die Erdoberfläche ist bis zum letzten Quadratmeter parzelliert und mit Eigentumstiteln behaftet. Dabei kommt erschwerend hinzu, dass sich fast die gesamte Menschheit – nach europäischem Vorbild – in nationalstaatlichen Gehäusen eingerichtet und diese mit hohen Mauern umgeben hat. Nicht länger gibt es nur Briten und Deutsche, Franzosen und Spanier, das heißt europäische Nationalitäten, sondern auch Uruguayer und Peruaner, Jemeniten und Somalier und viele andere.

Zwar sind diese nationalstaatlichen Gehäuse notwendiges Strukturprinzip entwickelter Industriegesellschaften, denn sie gewährleisten die rechtlichen, wirtschaftlichen und sozialen Ordnungen, ohne die solche Gesellschaften nicht lebensfähig sind. Doch zugleich führt ihre Existenz dazu, dass völlig natürliche Wanderungsbewegungen heute fortwährend registriert, kontrolliert, kanalisiert und nicht selten auch mehr oder minder gewaltsam abgebrochen werden." (Meinhard Miegel, Die Rolle Deutschlands und Europas in den Migrationen des 20. Jahrhunderts, MERKUR 2/91[8])

5) Einwanderung/Auswanderung in Deutschland

Das ganze 19. Jahrhundert hindurch war Deutschland ein ausgesprochenes Auswandererland. 1874 lag der Ausländeranteil bei 0,5 %; 1900 betrug er rund 1,5 %.

Zu- und Abwanderungen hielten sich in Deutschland in den ersten 60 Jahren dieses Jahrhunderts die Waage. Während dieser Zeit waren nur rund 1 % der Wohnbevölkerung Ausländer, drei Viertel aus den unmittelbaren Nachbarländern. Außereuropäische Ausländer gab es in dieser Zeit kaum.

Erst Anfang der sechziger Jahre begannen die Zuwanderungen die Abwanderungen zu übersteigen. Der Anteil der Ausländer erhöhte sich auf rund 7 %. Zugleich stieg auch der Anteil außereuropäischer Ausländer.

Zwischen 1974 und 1986 stagnierte der Ausländeranteil erneut, doch nahm der Anteil außereuropäischer Ausländer weiter zu. Erst 1987 stiegen die Zuwandererzahlen wieder an. Von 1987 bis 1990 kamen etwa zwei Millionen Menschen nach Deutschland, da-

8 Vgl. Meinhard MIEGEL, Die Rolle Deutschlands und Europas in den Migrationen des 20. Jahrhunderts, in: MERKUR. Deutsche Zeitschrift für europäisches Denken, 45. Jg. (1991), Heft 503, S. 111–119.

von etwa die Hälfte als Aussiedler. Die andere Hälfte waren Ausländer, 50 % davon Asylbewerber.

Mitte 1991 lebten in Deutschland schätzungsweise 5,2 Mio. Ausländer, etwa 5 Mio. im westlichen und 0,2 Mio. im östlichen Teil. Dies entsprach einem Ausländeranteil von 6,5 % in ganz Deutschland: 8 % in West- und knapp 1 % in Ostdeutschland. Hinzu kamen etwa 1,1 Mio. Aussiedler, die sich fast ausnahmslos in Westdeutschland niedergelassen haben. Werden sie berücksichtigt, erhöht sich der „Fremdenanteil" auf rund 8 % in Deutschland insgesamt und knapp 10 % in Westdeutschland.

Ausländer- bzw. „Fremdenanteile" dieser Größenordnung entsprechen europäischen Durchschnittswerten. Da manche Länder wie Großbritannien oder Frankreich in der Vergangenheit eine relativ großzügige Einbürgerungspolitik betrieben haben, ist ihr Ausländeranteil in Wirklichkeit höher als sein statistischer Ausweis. So hat Frankreich 1989 rund 100 000 Personen eingebürgert, die Bundesrepublik Deutschland insgesamt 68 000, davon lediglich 17 700 Ermessenseinbürgerungen.

6) Zahlen zum Asylproblem

Asylbewerber in der Bundesrepublik Deutschland nach Herkunftsgebieten

	Osteuropa	Asien	Afrika	Insgesamt
1985	18 000	44 000	8000	74 000
1986	25 000	57 000	9000	100 000
1987	37 000	16 000	4000	57 000
1988	71 000	23 000	7000	103 000
1989	74 000	33 000	12 000	121 000
1990	102 000	61 000	24 000	193 000
1991	167 000	51 000	36 000	256 000
1992			(geschätzt)	450 000

Insgesamt dürften sich am Jahresende 1991 etwa 1,2 Mio. Personen als Asylbewerber oder anerkannte Asylanten in der Bundesrepublik Deutschland aufgehalten haben.

In westeuropäischen Ländern stellten 1991 über 540 000 Menschen Antrag auf Asyl, davon in der Bundesrepublik 256 000, in Großbritannien 58 000, in Frankreich 47 000 und in der Schweiz 42 000. Gemessen an der Bevölkerungszahl hat die Schweiz 1991 die meisten Asylbewerber aufgenommen (6,2 pro 1000 Einwohner, im Vergleich dazu Österreich 3,6, Bundesrepublik Deutschland 3,3 und Schweden 3,1).

In der Bundesrepublik Deutschland liegt die Anerkennungsrate von Asylanträgen derzeit bei etwas über 4 %[9]. Die westeuropäischen Länder geben jährlich ca. 7 Mrd. US-$ für Asylbewerber aus; die Bundesrepublik wendet pro Jahr etwa 5 Mrd. DM auf.

Aus diesen Zahlen ergeben sich folgende Schlussfolgerungen:

- Die Bundesrepublik Deutschland nimmt von allen westeuropäischen Ländern die meisten Asylbewerber auf, vor allem aus Osteuropa; dies ist schon aus geographischen Gründen naheliegend.
- Wenn man die Asylbewerberzahl pro Einwohner als Indiz der „Belastung" eines Landes durch das Asylproblem nimmt, ist die Bundesrepublik Deutschland im internationalen Vergleich nicht am stärksten belastet. Gegenüber Ländern wie Italien und Spanien mit illegaler Einwanderung in einer Größenordnung, die dem Asylantenzustrom in die Bundesrepublik nahekommt, relativiert sich diese Belastung noch weiter.

9 Diese Prozentangabe wurde von BM Kinkel hervorgehoben. Dazu Fragezeichen.

7) Die Tauglichkeit unserer bisherigen Politik und neue Politikansätze

„Wenn wir in diesem Zusammenhang (der Einwanderung) von Legalität sprechen, haben wir meistens die Mikroebene im Auge. Wir meinen praktisch den blinden Passagier, den illegalen Einwanderer, den wir vom legalen unterscheiden. Wir müssen uns aber daran gewöhnen, in der Makrodimension zu denken. Da kann man nicht so einfach zwischen legal und illegal unterscheiden. Wir gehen von einer Situation aus, in der es um die Einwanderung einzelner Personen geht. Wir sind nicht vorbereitet auf eine Masseneinwanderung oder gar eine Invasion." (Piero Bassetti, Industrieller und Ex-Abgeordneter der DC, Gründungsmitglied der Trilateral Commission)

Die Begriffswelt unseres Asyl- und Flüchtlingsrechts spiegelt die historischen Erfahrungen der ersten Hälfte dieses Jahrhunderts wider. Sie hat sich in der Situation einer zweimaligen Polarisierung Europas durch die faschistischen und kommunistischen Totalitarismen entwickelt.

Mit dem Ende des Kalten Krieges ist auch diese Begriffswelt infrage gestellt. Der Begriff „politische Verfolgung" – Kernstück unseres Asylrechts, aber auch der Genfer Flüchtlingskonvention – greift schon angesichts politischer und ethnischer Fragmentierung von Gesellschaften, die oft anarchistische Züge annimmt, ins Leere, da er sich implizit auf staatliche Repression bezieht. Er versagt erst recht vor der neuen Dimension des Migrationsproblems, die sich aus funktionalen Defiziten in den Herkunftsländern und der Sogwirkung des demonstrativen Wohlstands der Industrieländer entwickelt hat.

Die Bundesrepublik hat ein Zuwanderungsproblem, das über das untaugliche Instrument des Asylrechts zu regulieren versucht wird und die Zuwanderer in die Fiktion politischer Verfolgung zwingt, weil nur dies den legalen Eintritt in unser Staatsgebiet ermöglicht. Italien hat kein Asylantenproblem, dafür ein Problem der illegalen Einwanderung. Hieraus kann der Schluss gezogen werden, dass Änderungen des Asylrechts am Phänomen der Zuwanderung nur wenig ändern werden.

Die gegenwärtige Asylrechtsdebatte in der Bundesrepublik Deutschland bewegt sich im vordergründigen Legalitätsdenken der Mikroebene, das an der Praxis schon längst gescheitert ist (Lafontaine); in der Realität der Makrodimension geht es dagegen inzwischen bereits um hochkomplexe internationale Zusammenhänge auf wirtschaftlichem und politischem Gebiet.

Mit der Flüchtlingskonzeption der Bundesregierung vom 25.9.1990[10] ist ein erster Versuch unternommen worden, die Fluchtproblematik in ihren größeren Zusammenhängen anzugehen. Sie geht aber von der irrealen Vorstellung aus, dass die Fluchtursachen mit den Instrumenten der Entwicklungs- und Reintegrationspolitik wirksam bekämpft werden können, und tabuisiert die Frage, ob die Bundesrepublik wie viele andere Industrieländer inzwischen de facto nicht bereits ein Einwanderungsland geworden ist.

Ausgangspunkt aller Überlegungen zu einer künftigen Migrationspolitik muss sein, das außenpolitisch Machbare mit dem innenpolitisch Zumutbaren zu verbinden. Hierzu gehört die Erkenntnis, dass

10 Am 25. September 1990 billigte das Kabinett den Bericht der interministeriellen Arbeitsgruppe unter Beteiligung der Länder für ein Rahmenkonzept zum Umgang mit globalen Wanderungsbewegungen. Vgl. FLÜCHTLINGSKONZEPTION DER BUNDESREPUBLIK DEUTSCHLAND. Ansätze für eine ressortübergreifende Politik. Herausgeber: Der Bundesminister des Innern, [Bonn 1990]; B 30, ZA-Bd. 148362. Vgl. ferner BULLETIN 1990, S. 1207 f. Vgl. außerdem AAPD 1990, II, Dok. 309.

- die Überwindung der strukturellen Ursachen der Süd-Nord-Migration, falls überhaupt, nur bei einem Mitteleinsatz (Entwicklungshilfe, Auslandsinvestitionen, Handelsliberalisierung, Schuldenerlass), möglich ist, der in den Industrieländern politisch nicht vermittelt werden kann;
- die Ost-West-Migration im Wesentlichen eine Funktion des Erfolgs westlicher Stabilisierungspolitik in Osteuropa und der GUS darstellt;
- eine Politik der beliebig offenen Grenzen die Aufnahmeländer überfordert;
- es für die Aufnahmeländer aber unmöglich sein wird, sich dem Einwanderungsdruck stärker als bisher zu entziehen.

Hieraus ergeben sich die folgenden Politikempfehlungen:

- Eine präventive Außenpolitik kann erfolgversprechend nur dort ansetzen, wo Migrationen politische Ursachen haben bzw. durch diese verstärkt werden. Minderheitenschutz und die Einhaltung der Menschenrechte sind dabei von herausragender Bedeutung. Der Aufbau von Frühwarnsystemen in den Vereinten Nationen und der KSZE erscheint hierfür unerlässlich.
- Regierungen, die Migrationen auslösen, internationalisieren damit bewusst nationale Probleme und belasten andere Staaten. Sie können sich deshalb auch nicht mehr auf die Staatensouveränität berufen und begründen ein Interventionsrecht[11] der Staatengemeinschaft. Die verbindliche völkerrechtliche Absicherung dieses Zusammenhangs würde die Hemmschwelle für die politische Auslösung von Migration erhöhen.
- Insgesamt muss dem Migrationsthema in den internationalen Gremien (VN, KSZE, OECD, EG) eine stärkere Aufmerksamkeit zukommen; das Mandat des UNHCR sollte verbreitert werden und auch präventive Aufgaben einschließen. Dies würde auch eine wesentlich bessere Ausstattung des UNHCR mit Finanzmitteln notwendig machen.
- Von der Entwicklungspolitik kann eine nachhaltige Einwirkung auf Migrationsursachen kaum erwartet werden. Sie sollte sich dennoch noch stärker als bisher auf deren Bekämpfung konzentrieren und dabei auch regionale Schwerpunkte auf die Länder mit dem stärksten Migrationsdruck nach Europa setzen.
- Im Auswärtigen Amt wäre zu überlegen, ob angesichts der Bedeutung des Problems gerade für die Bundesrepublik Deutschland nicht eine Arbeitseinheit für Migrationsfragen geschaffen wird, die die bisherigen vereinzelten Zuständigkeiten der Abteilungen 2, 3, 4 und 5 zusammenfasst.[12]
- Eine künftige Migrationspolitik hat auch eine wesentliche innenpolitische Dimension. Die Bundesrepublik Deutschland muss sich – wie auch die Europäische Gemeinschaft insgesamt – darauf einstellen, dass sie de facto auf Zuwanderer angewiesen ist, um vitale Funktionen ihrer Gesellschaft aufrechterhalten zu können. Je langfristiger diese Zuwanderung organisiert wird, umso besser lässt sie sich steuern und umso größer sind auch die Chancen ihrer Integration oder Assimilierung. Wir brauchen hierzu eine aktive Einwanderungspolitik – auch im EG-Rahmen – und eine großzügigere Einbürgerungspraxis. Die deutsche Bevölkerung muss durch die Politik systematisch an diesen Gedanken herangeführt werden.

11 Die Wörter „begründen" und „Interventionsrecht" wurden von StS Lautenschlager hervorgehoben. Dazu Fragezeichen.

12 Dieser Absatz wurde von BM Kinkel hervorgehoben. Dazu Fragezeichen.
Ferner Fragezeichen des StS Lautenschlager.

Eine radikale Abschottung nach außen würde nicht nur unserer politischen Maxime einer weltweiten Solidargemeinschaft widersprechen, sondern auch unsere Legitimation erodieren, migrationsauslösende Politik anderer Staaten zu kritisieren und zu sanktionieren. Sie hätte im Übrigen auch praktisch wenig Erfolg, wie das Beispiel der illegalen Einwanderung über die mexikanisch-amerikanische Grenze zeigt.

8) Zur politischen Problematik einer Änderung von Art. 16 GG[13]

Mit der angestrebten Änderung des Art. 16 GG wird sowohl ein innenpolitisches als auch ein außenpolitisches Risiko eingegangen, das es abzuwägen gilt.

Innenpolitisch sind rechtliche Verhältnismäßigkeit und praktische Wirksamkeit einer Grundgesetzänderung fragwürdig:

- Es bestehen Defizite in der praktischen Umsetzung der Asylverfahrensgesetze, insbesondere auch in der Funktionsfähigkeit des Bundesamtes für die Anerkennung politischer Flüchtlinge in Zirndorf.
- Selbst bei völliger Aufhebung des Art. 16 müsste ein Bleiberecht nach der Genfer Flüchtlingskonvention vermutlich in einem rechtsstaatlichen Verfahren geprüft werden.
- Verkürzungen des bisher praktizierten Rechtsweges sind auch ohne Grundgesetzänderung möglich (so vor kurzem der Präsident des Bundesverfassungsgerichts[14]).
- Eine Änderung des Asylrechts löst das Zuwanderungsproblem in seiner Substanz nicht, wenn sie nicht durch eine Verstärkung der migrationsrelevanten Politik insgesamt begleitet wird. Auch deren Erfolgschancen sind zweifelhaft.

Das innenpolitische Risiko einer Verfassungsänderung ergibt sich daraus, dass sie eine rechtspolitische Ultima Ratio ist, die auch entsprechend hohe Erfolgserwartungen hinsichtlich ihrer praktischen Auswirkungen erzeugt. An der nachhaltigen Effektivität einer Verfassungsänderung bestehen begründete Zweifel. Die Politik könnte deswegen mit einer Änderung von Art. 16 GG in ein doppeltes Dilemma geraten, das darin besteht,

- den Wesensgehalt unserer Verfassung überflüssigerweise angegriffen zu haben;
- die Erwartungen der Gesellschaft an ihre Problemlösungskompetenz nicht erfüllt zu haben.

Außenpolitisch müssen wir uns darüber im Klaren sein, dass Art. 16 GG eine rechtsphilosophische Verknüpfung unserer Verfassung mit der Außenwelt ist, die diese – gerade weil mit ihr auch die historische Erfahrung der Verfolgung von Menschen in Deutschland reflektiert wird – sehr sensitiv wahrnimmt. Der Vorsitzende des Zentralrates der Juden in Deutschland[15] hat den Art. 16 vor kurzem als Zierde unserer Verfassung bezeichnet. Das Ausland misst uns nicht zuletzt an unserer Fähigkeit, auch inmitten innenpolitischer Turbulenzen ohne Relativierungen an einem symbolträchtigen Teil unserer Verfassung festzuhalten.

Falls es zu einer Änderung des Art. 16 kommt, läge es angesichts dieser Zusammenhänge nahe, sie außenpolitisch durch eine substanzielle Maßnahme – z.B. durch eine kräftige Erhöhung unserer Beiträge an den UNHCR – zu kompensieren zu versuchen.

Frank Elbe

B 9, ZA-Bd. 178534

13 Für Artikel 16 GG vom 23. Mai 1949 vgl. BGBl. 1949, S. 3.

14 Roman Herzog.

15 Ignatz Bubis.

325

Gespräch des Bundesministers Kinkel mit dem slowakischen Ministerpräsidenten Mečiar

214-321.00 TSE **14. Oktober 1992**[1]

Gespräch des Ministerpräsidenten der Slowakischen Republik, Dr. Vladimir Mečiar (MP), mit Bundesminister Dr. Kinkel (BM) am 14.10.1992, 18.30 – 19.30 Uhr

Anwesend: Julius Toth, Finanzminister; Anna Nagyová, Kabinettschefin; Ingrid Zelenayová, Dolmetscherin; D 2[2]; Dg 42[3]; RL 214[4]; VLR Brose; H. Bruss, Dolmetscher.

BM: (Begrüßung; Erwartung freundschaftlicher Beziehungen zwischen Deutschland und der Slowakei.)

Er bedauere den Entschluss zur Trennung[5], doch sei dies eine Entscheidung der Tschechen und Slowaken, an der etwas auszusetzen wir nicht legitimiert seien. Wichtig sei, dass die Trennung als demokratischer Prozess, ruhig und friedlich ablaufe. Wir würden sofort diplomatische Beziehungen aufnehmen und alles tun, um das bisherige gute Verhältnis zur ČSFR auf die zwei neuen Länder auszudehnen.

MP: Er schätze die bisherige Rolle Deutschlands gegenüber der ČSFR. Man werde eine Zollunion eingehen und Freizügigkeit für Menschen und Kapital sicherstellen. Beide Staaten würden in alle vertraglichen Verpflichtungen (der ČSFR) eintreten. Europa werde einen Partner mehr haben, aber an der Qualität der bisherigen Zusammenarbeit und Perspektiven werde sich nichts ändern. Noch diese Woche erwarte er eine abschließende Einigung über die Aufteilung der Quoten. Das Gesamtvolumen werde sich nicht ändern. Er bitte um Unterstützung des Assoziationswunsches gegenüber der EG. In diesem Annäherungsprozess messe man den Beziehungen zu Deutschland hohe Bedeutung bei. Die Slowakei habe immer dann prosperiert, wenn sie gute Beziehungen mit Deutschland gehabt habe. Man

1 Der Gesprächsvermerk wurde von VLR I Brümmer am 20. Oktober 1992 gefertigt und über MD Chrobog an das Ministerbüro geleitet mit der Bitte um „Billigung durch Herrn BM".
Hat Chrobog am 20. Oktober 1992 vorgelegen.
Hat BM Kinkel am 21. Oktober 1992 vorgelegen.
Hat VLR Brose am 22. Oktober 1992 vorgelegen, der den Rücklauf an Referat 214 „zur Verteilung" verfügte.
Hat Brümmer am 22. Oktober 1992 erneut vorgelegen.

2 Jürgen Chrobog.

3 Wilhelm Schönfelder.

4 Christoph Brümmer.

5 Zur Entwicklung in der ČSFR vgl. Dok. 216.
BR I Hiller, Prag, berichtete am 2. Oktober 1992: „1) Ablehnung des ‚Auflösungsgesetzes' in allen drei Teilen des Parlaments, die mit hauchdünnen Mehrheiten (Drei-Fünftel-Quorum) erfolgte, droht den – ohnehin schon ins Schlingern geratenen – ‚Trennungsfahrplan' nun völlig in Unordnung zu bringen und ČSFR vor ihrem staatlichen Ende auch noch eine handfeste Staats- und Verfassungskrise zu bescheren: Während Föderalversammlung sich nicht auf verfassungskonformes Trennungsprozedere einigen kann oder will, schreitet der staatliche Auflösungsprozess der ČSFR de facto in allen Bereichen und auf allen Ebenen zügig voran. 2) Parlamentarische Obstruktion wird also nicht etwa das Fortbestehen der Tschechoslowakei bewirken. Der ‚point of no return' ist längst überschritten." Vgl. DB Nr. 1361/1362; AV, Neues Amt, Bd. 20626.

bewundere das wirtschaftspolitische System Deutschlands und fühle sich Deutschland in sozialer und kultureller Hinsicht sehr nahe. Daraus schöpfe man Hoffnung.

BM: Er wolle wiederholen: Es sei selbstverständlich, dass wir ein großes Interesse daran hätten, unsere mit der ČSFR gepflegten guten Beziehungen gleichermaßen auf die Tschechische und die Slowakische Republik zu übertragen. Man habe auch nicht die Rolle der ČSFR im Vorfeld der Wiedervereinigung vergessen.

Er bedauere die Trennungsentscheidung, weil die ČSFR insgesamt nach dem Umbruch in MOE auf dem Weg der Annäherung an Europa gut voranzukommen schien. Er habe jetzt die Sorge nachteiliger Folgen für die wirtschaftliche Entwicklung beider Länder, wobei der SR[6] wohl der schwierigere Teil zufalle. Der Trennungsprozess bringe tendenziell zusätzliche Unruhe in die Region. Wir mischten uns nicht ein, fragten aber, wie es bilateral, multilateral und mit der EG-Assoziation weitergehen werde. Einfach werde es nicht sein. Wir bemühten uns zu helfen, wo wir helfen könnten.

Dg 42 erklärt den Fortgang im Zusammenhang mit dem Assoziierungsvertrag[7] aus Sicht der EG.

MP: Er werde am 28.10.1992 – gemeinsam mit Vertretern der tschechischen und der föderalen Regierung – PM Major aufsuchen und ihm ein Memorandum überreichen, in dem sich Tschechen und Slowaken gegenüber der EG verpflichteten. Er verstehe, dass es nicht im Interesse Europas sein könne, Mitglieder aufzunehmen, die in sich zerstritten seien. Ob Tschechen oder Slowaken die bessere Ausgangslage hätten, sei durchaus offen. Man wolle in der Slowakei seine Außenwirtschaftsbeziehungen strikt auf der Basis gegenseitiger Vorteilhaftigkeit gestalten. Er habe gerade BM Möllemann gebeten, die Bedingungen – insbesondere im Bereich der Investitionen und Banken – festzulegen. BM Möllemann habe seine (Mečiars) Blankovollmacht.

Die „Visegrád-Vier"-Zusammenarbeit sei der Versuch, aus vier kranken einen gesunden Mann zu machen. Alle vier seien dabei in besonderem Maße auf gute Beziehungen zu Deutschland angewiesen.

BM: Er reise morgen nach Ungarn[8] und wolle deshalb das Thema Gabčíkovo[9] ansprechen. Er wolle sich nicht einmischen, frage sich aber, warum die Slowakei in ihrer jetzigen Lage das Risiko eingehe, Ärger zu produzieren. In einer so schwierigen Übergangsphase brauche man alles andere als Ärger. Man brauche vor allem Freunde. Sein Rat: „Gehen Sie jetzt nicht mit dem Kopf durch die Wand!"

6 Slowakische Republik.

7 Die EG schloss am 16. Dezember 1991 ein Europa-Abkommen zur Gründung einer Assoziation mit der ČSFR. Vgl. BULLETIN DER EG 12/1991, S. 97 f.

8 Zum Besuch von BM Kinkel in Ungarn vgl. Dok. 326.

9 Zu den Auseinandersetzungen über den Bau eines Kraftwerks in Gabčíkovo vgl. Dok. 41, Anm. 13. Botschafter Hofstetter, Prag, berichtete am 26. Oktober 1992: „Entwicklungen hinsichtlich Gabčíkovo sind, sowohl was Schlichtungsbemühungen als auch was tatsächliche Entwicklungen auf Baustelle angeht, nicht ganz übersichtlich. Fest steht, dass Slowaken am Samstag (24.10.1992) mit Bauarbeiten zur Restaufschüttung des Staudamms begonnen haben, die in wenigen Tagen abgeschlossen werden und dann zur (temporären) Donauumleitung führen können." In einer Erklärung des Außenministeriums der Slowakischen Republik werde darauf hingewiesen, „dass es keinen Grund gebe, Beginn der Bauarbeiten politisch zu dramatisieren". Der Baubeginn sei notwendig, „weil sonst bei einem plötzlichen Anstieg des Donau-Wasserspiegels die Schifffahrt auf dem Fluss für längere Zeit suspendiert werden müsse". Vgl. DB Nr. 1452; B 42, ZA-Bd. 156533.

D 2 berichtet vom Beschluss des PK, in Prag, Budapest und Preßburg zu demarchieren.

MP: Das Bauwerk in Gabčíkovo sei tschechoslowakisches Eigentum. Er habe keine Entscheidungskompetenz. Ungarn habe derzeit keinen legitimierten Verhandlungspartner. Er persönlich sei für die Beauftragung einer internationalen Kommission offen.

Dg 42 fragt nach der Fortgeltung des Abkommens über Investitionsschutz und Investitionsförderung.[10]

MP sagt Übernahme des Vertrags zu.

BM spricht Themen „Pressefreiheit" und „Minderheitenschutz" an und erinnert („nur als Anregung") an die einschlägigen KSZE-Dokumente und -Standards.

MP: Von allen im Ausland lebenden Ungarn genössen die Ungarn in der Slowakei die größten Freiheiten und Rechte. In Ungarn selbst werde ganz offen die Frage von Grenzänderungen diskutiert, man spreche von „ethnischen Grenzen". Nicht nur ein Herr Csurka mache in diesem Zusammenhang von sich reden.[11]

BM wirft ein, er werde in Ungarn genauso zu diesen Themen sprechen wie hier gegenüber MP Mečiar.

Er habe noch eine Bitte in ganz anderem Zusammenhang: Wir hätten Unterbringungsprobleme in Pressburg. Schon aus optischen Gründen dürfe unsere zukünftige Botschaft in Pressburg nicht allzu sehr gegenüber Prag abfallen. Er bitte um Unterstützung vonseiten des MP.

MP sagt Unterstützung zu und geht noch einmal auf den Staudammstreit mit Ungarn ein. Er bitte BM, in Ungarn zur Beruhigung der Situation beizutragen. Man sei mit jedem Schiedsgericht einverstanden. Es handele sich in Wirklichkeit um ein politisch hochgespieltes technisches Problem.

BM: Wir wollten unsere Beziehungen nicht mit dieser Frage verknüpfen. Er rate jedoch dringend und mit allem Ernst davon ab, vollendete Tatsachen zu schaffen. Wir seien nicht Partei und könnten zur Rechtslage nicht Stellung nehmen. Er komme jedoch viel herum und werde überall auf die Frage angesprochen. Die ungarische Lobby sei außerordentlich aktiv und effektiv. Ein einseitiger Schritt von slowakischer Seite werde die ohnehin schwierige Ausgangslage für den jungen Staat drastisch erschweren (Sympathieverlust).

MP erläutert nochmals Vorgeschichte. Ungarn habe sich bereits einem Schlichtungsversuch entzogen, man werde gleichwohl erneut zur Schlichtung aufrufen.

BM fragt nach slowakischer Rüstungsindustrie.

MP erläutert, zwei Drittel der tschechoslowakischen Rüstungsindustrie seien in der Slowakei angesiedelt und umfassten hier 80 000 Arbeitsplätze. Einige zehntausend Arbeitsplätze zusätzlich entfielen auf die Zulieferindustrie. Das Produktionsvolumen sei heute auf 9 % des ursprünglichen Umfangs gesunken. Man wolle privatisieren, aber niemand zeige Interesse. Exporte seien weitgehend eingestellt. Russen und Polen hätten die Auslandsmärkte übernommen. Die Konversion sei zwar Programm, gestalte sich aber schwierig. An weiteren Industrien verfüge man über Maschinenbau, Hüttenindustrie und Waggonbau. Man brauche eine Verbesserung des Managements. Der Handel mit dem Osten sei immer eine Stärke der Slowakei gewesen, doch die Märkte dort seien zusammengebrochen.

10 Für den Vertrag vom 2. Oktober 1990 zwischen der Bundesrepublik und der ČSFR über die Förderung und den gegenseitigen Schutz von Kapitalanlagen einschließlich der zugehörigen Dokumente vgl. BGBl. 1992, II, S. 295–303.

11 Zu den Äußerungen des ungarischen Schriftstellers Csurka vgl. Dok. 326, Anm. 15.

BM berichtet – auf entsprechende Frage – über seine kürzliche Moskau-Reise.[12]

MP fragt nach Möglichkeiten der Kooperation bei der Russlandhilfe.

BM: In Kroatien baue ein deutsch-türkisches Konsortium 20000 Wohnungen in Leichtbauweise.

Der bevorstehende Sondergipfel in Birmingham[13] werde 1 Mrd. US-$ an humanitärer Hilfe für Kroatien und Bosnien bereitstellen.

Dg 42 erklärt das GUS-Paket der EG.

MP fragt nach der Möglichkeit der Aufnahme slowakischer Arbeitskräfte in Deutschland.

BM schildert die deutsche Arbeitsmarktlage.

Er verstehe, dass die Slowakei in schwieriges Wasser gerate. Es sei unser Wunsch, dass es gutgehe. Er bleibe dabei, die Trennung sei bedauerlich, doch könne die Slowakei davon ausgehen, dass sie in Deutschland einen fairen Partner besitze. Er wolle nur nochmals seinen Rat wiederholen: Man möge nicht jene verprellen, auf deren Hilfe und Freundschaft man angewiesen sei.

MP: Man werde alles daransetzen, die demokratische Entwicklung aufrechtzuerhalten und zu fördern. Man wolle ein verlässlicher Partner sein.

B 42, ZA-Bd. 156436

326

Drahtbericht des Botschafters Arnot, Budapest

Fernschreiben Nr. 938 **Aufgabe: 15. Oktober 1992, 19.32 Uhr**
Citissime **Ankunft: 15. Oktober 1992, 20.51 Uhr**

Betr.: Besuch BM Kinkel in Ungarn (15. Oktober 1992)

I. BM Kinkel wurde am 15.10. zu einem ausgedehnten Meinungsaustausch von MP Antall empfangen. Er traf mit AM Jeszenszky zusammen, der ihm auch ein Mittagessen gab, und stattete Staatspräsident Göncz einen Höflichkeitsbesuch ab. BM führte ein konzentriertes Gespräch mit einer Reihe von Vertretern der dt. Minderheit. Er hatte außerdem ein kurzes Treffen mit dem Fraktionsvorsitzenden von FIDESZ[1], Orbán.

Auf einer gemeinsamen Pressekonferenz stellten sich BM Kinkel und AM Jeszenszky Fragen ung. und internationaler Korrespondenten.

Ungewöhnlich konzentrierter und ausführlicher Meinungsaustausch mit ung. Führung fand in besonders herzlicher und informeller Atmosphäre statt und reflektierte sowohl außerordentlich enge Zusammenarbeit als auch freundschaftlichen Stand beiderseitigen Verhältnisses.

12 BM Kinkel hielt sich am 6./7. Oktober 1992 in Russland auf. Vgl. Dok. 311, Dok. 314 und Dok. 315.

13 Zur Sondertagung des Europäischen Rats am 16. Oktober 1992 vgl. Dok. 334.

1 Fiatal Demokraták Szövetsége (Bund junger Demokraten).

II. Aus den Gesprächen halte ich im Einzelnen Folgendes fest:

1) MP Antall:

BM Kinkel übermittelte sehr herzliche Grüße des Bundeskanzlers sowie Grüße von Herrn Genscher. Zur ung. Bitte um Lieferung von Material der ehem. NVA[2] teilte er im Auftrage des Bundeskanzlers Folgendes mit:

Bundessicherheitsrat habe mehrfach, zuletzt erst vor kurzem, Frage eingehend erörtert. Es sei beschlossen worden, in die MOE-Staaten kein KSE-begrenztes Gerät zu liefern, auch keine schweren Waffen, und alle MOE-Staaten gleich zu behandeln. Ungarn solle aber Ersatzteile, Instandsetzungsgeräte[3] sowie Ausrüstung erhalten, damit es das existierende Material weiter verwendbar halten könne.[4] Unsere Haltung beruhe auf dem Gefühl, dass in der Region Unsicherheiten bestünden, die es gerade Deutschland angeraten sein ließen, keine Waffen zu liefern. Der Bundeskanzler sei von seinem Gespräch mit dem MP in Prag[5] beeindruckt gewesen. Bei unserer Position gegenüber Ungarn gäbe es zwei Öffnungsklauseln: Sollte sich nach einer Erörterung des Bedarfs der ung. Streitkräfte in Bonn ergeben, dass das eine oder das andere noch nötig sei, dann müsse man darüber reden. Die zweite Öffnungsklausel sei, dass es sich um keine Entscheidung auf Dauer handele.

MP, der zunächst bemerkt hatte, er habe am Vortage mit Minister Rühe telefoniert, kommentierte die beiden Öffnungsklauseln folgendermaßen: Die ung. Bitte sei bereits vorgetragen worden, als die DDR aufgehört habe zu bestehen. Beide Regierungen hätten über die Angelegenheit schon vor Ausweitung der jugoslawischen Krise gesprochen. Ungarn habe besonders übelgenommen, dass es als Krisengebiet eingestuft worden sei. Er persönlich sei davon überzeugt, dass gerade Deutschland besonders genau wahrnehmen müsse, wie sich die Frage der Krisenzone in Europa tatsächlich stelle (aus der fernen Sicht Kanadas sähe manches in der Region verwischt aus). Man könne nicht die ganze Region in einen Topf werfen. Es sei ein großer Fehler, wenn ein recht stabiles Land als Krisengebiet eingestuft werde. Der MP wiederholte dann ausführlich die Argumentation, die er zuletzt gegenüber MdB Schäuble verwandt hatte und über die ich im Wortlaut berichtet hatte.[6]

2 Zur Frage der Lieferung von NVA-Material an Ungarn vgl. Dok. 193.

3 Korrigiert aus: „Instandsetzungsätze".

4 Die BSR-Sitzung fand am 1. September 1992 statt.

5 BK Kohl nahm am 12. August 1992 in Prag an der Beisetzung des am 4. August 1992 verstorbenen ehemaligen Erzbischofs von Prag, Tomášek, teil und traf bei dieser Gelegenheit mit dem ungarischen MP Antall zusammen. Vgl. den Artikel „Kardinal Tomasek im Veits-Dom zu Prag beigesetzt"; BERLINER ZEITUNG vom 13. August 1992, S. 7.

6 Botschafter Arnot, Budapest, berichtete am 18. September 1992 über das Gespräch des ungarischen MP Antall mit dem CDU/CSU-Fraktionsvorsitzenden Schäuble am 16. September 1992: „MP Antall sagte, Ungarn habe gegenüber seinen Nachbarn einschließlich der Frage der ungarischen Minderheiten große Zurückhaltung gezeigt. In die natürlichen Prozesse in der Sowjetunion, in Jugoslawien und in der ČSFR habe es nicht eingegriffen. [...] Alles dies zeige, dass Ungarn eine verantwortliche Außen- und Sicherheitspolitik führe: ‚Deshalb verletzt es uns, wenn Ungarn als Krisenzone bezeichnet wird oder wir in Zusammenhang gebracht werden mit dem, was in der Umgebung geschieht'." Schäuble habe erwidert, „die allermeisten in Deutschland hätten eine Vorstellung davon, dass Ungarn eine behutsame und verantwortungsbewusste Politik betreibe. Es sei bedrückend, dass der Ministerpräsident sein Land als eine Insel der Stabilität beschreiben müsse. Er habe sehr genau den Darlegungen des Ministerpräsidenten zugehört, was die Wünsche Ungarns an die Bundesregierung betreffe. [...] Er verstehe, dass sich Ungarn verletzt fühle, und möchte sich auch dafür entschuldigen, glaube aber nicht, dass irgendjemand Ungarn habe verletzen wollen." Vgl. DB Nr. 850; B 70, ZA-Bd. 220733.

Er wies insbesondere darauf hin, dass die Sowjetunion die ung. Streitkräfte seit 1956[7] bewusst darnieder gehalten habe. Er schilderte dann ausführlich die Überlegenheit der rumänischen, restjugoslawischen und tschechoslowakischen Streitkräfte über das ung. Potenzial. Er legte mit Nachdruck dar, dass Ungarn keinesfalls eine Angriffsarmee aufbauen wolle, sondern lediglich darauf aus sei, sich vor Abenteuern anderer zu schützen. Lokale Kriege könnten durchaus von nationalkommunistischer Seite, auch von zwei Seiten gleichzeitig, angezettelt werden. Deutscherseits sei oft zu hören, Ungarn sei viel für die deutsche Einheit zu verdanken. Ungarn sei darauf sehr stolz. Es gehe aber nicht um Nostalgien, und schon gar nicht um eine nationale deutsch-ung. militärische Zusammenarbeit. In diesem Bereich komme nur eine europäische Zusammenarbeit in Betracht. Er bitte, Ungarn nicht als Krisengebiet zu betrachten. Ungarn brauche in erster Linie Sanitätsmaterial. Wenn sich etwas anbahnen sollte (gegen Ungarn), bitte er, das in diesem Zusammenhang zu sehen. MP erklärte schließlich, er akzeptiere die von BM Kinkel übermittelte Botschaft. In Zukunft solle man sehen, wie man weiterkomme.

BM antwortete, er habe für die ung. Position Verständnis. Die politische Situation bei uns sei indessen, auch im Hinblick auf die Vergangenheit, so, dass wir zu keiner anderen Entscheidung hätten kommen können. Er schließe nicht aus, dass es in Zukunft zu einem Umdenken kommen könne. Zum noch offenen Problem des Transferrubelsaldos[8] bemerkte BM Kinkel, bei uns gäbe es eine gewisse Flexibilität in Richtung auf einen günstigeren Kurs. Er gratulierte sodann MP Antall zu einer erfolgreichen zweieinhalbjährigen Regierungstätigkeit und drückte seine Achtung aus vor dem Ausbau rechtsstaatlicher Institutionen, der Marktwirtschaft und der Demokratie. MP Antall nahm diese Glückwünsche sichtlich mit tiefer Genugtuung auf. Zur Ratifizierung des Assoziierungsabkommens Ungarns mit der EG[9] bemerkte BM, dazu werde es bei uns aus reinen Zeitgründen erst im nächsten Jahr kommen. Er ging dann auf das deutsch-russische Verhältnis über. Er wies auf die große Bedeutung hin, die Russland angesichts seiner Größe und seines territorialen Umfangs für uns habe, und bedauerte, dass es wegen dieser Bedeutung nicht immer möglich sei, sich den anderen Ländern in MOE so zuzuwenden, wie wir das an sich tun müssten. Die weitere Entwicklung Russlands werde wesentlich von der wirtschaftlichen Situation abhängen. Ob die Armee putschen wolle, könne man nicht wissen. Jedenfalls sei ein stärkeres Anziehen der Strukturen zum Autokratischen hin festzustellen. In Moskau sei spürbar, dass Russland mit Deutschland in eine neue Phase eintreten wolle. Zum Gipfel in Birmingham[10] legte BM dar, es solle eine Deklaration verabschiedet werden, die Dänemark und Großbritannien helfe, über die Hürden der Ratifizierung zu kommen, und die gleichzeitig die Unzufriedenheit der Bevölkerung in den übrigen Mitgliedstaaten auffange. Weiteres Thema des Gipfels werde Uruguay-Runde[11] sein (Probleme im Bereich der Landwirtschaft und im Dienstleistungsbereich). Drittes großes Thema sei Jugoslawien. EG werde Hilfsprogramm von einer Milliarde Dollar für den bevorstehenden Winter auflegen. Aus

7 Nach dem Austritt Ungarns aus dem Warschauer Pakt intervenierten am 4. November 1956 sowjetische Truppen.

8 Zur Transferrubelproblematik vgl. Dok. 41, Anm. 17.

9 Die EG schloss am 16. Dezember 1991 ein Europa-Abkommen zur Gründung einer Assoziation mit Ungarn. Vgl. BGBl. 1993, II, S. 1473–1714. Vgl. auch AAPD 1991, II, Dok. 407.

10 Zur Sondertagung des Europäischen Rats am 16. Oktober 1992 vgl. Dok. 334.

11 Zu den GATT-Verhandlungen vgl. Dok. 339.

dem Gespräch mit MP Mečiar am Vorabend[12] berichtete BM, er habe geraten, in dieser turbulenten Situation, in der die Slowakei auf das Wohlwollen ihrer[13] Nachbarn und auch der Europäischen Gemeinschaft angewiesen sei, keine vollendeten Tatsachen zu schaffen. Bei Europäern gäbe es keine Bereitschaft, sich in weitere Krisen hineinziehen zu lassen. Slowakei werde nur Unterstützung finden, wenn sie keine neuen Schwierigkeiten mache. Sie solle die Dinge gelassen betrachten und eine einvernehmliche Lösung anstreben. Die Zwölf würden im Übrigen bei der Slowakei demarchieren.

In seiner Antwort plädierte MP Antall dafür, die westlichen Länder sollten sich in außenpolitischen Fragen abstimmen, damit nicht globale Fehler begangen würden und man sich nur auf ein Land und eine Region konzentriere. Die Probleme der übrigen Welt ließen sich nicht einfrieren. Russland, die Ukraine, der Balkan, der Nahe Osten, die Dritte Welt, alle diese Probleme müssten gleichzeitig angegangen werden. Deutschland habe Fingerspitzengefühl bewiesen, indem es sich allen diesen Fragen gleichzeitig widme. Er verstehe, dass für Deutschland Russland die wichtigste Frage sei. Andererseits sei auch der Balkan ein sehr gefährliches Gebiet, nicht nur Jugoslawien. Der Türkei komme eine wichtige Rolle zu, da sie auf den Fundamentalismus in den asiatischen Republiken der GUS einwirken könne. Ein kritischer Punkt könne Ostpreußen und Königsberg werden. MP bat dann um rasche Ratifizierung des Assoziierungsabkommens und um maximale Unterstützung für alle Möglichkeiten, die dieser Vertrag bietet. Außerdem sollte die politische Zusammenarbeit schon jetzt so gestaltet werden, dass die Visegráder Drei auch außenpolitisch als assoziierte Mitglieder akzeptiert seien. Das würde den Ländern politisches Prestige im Rahmen der Sicherheit geben. Zum Konflikt mit der Slowakei dankte MP für die deutsche Unterstützung. Er bat, sich dafür einzusetzen, dass der Andriessen-Plan[14] verwirklicht würde. Auf die Innenpolitik übergehend, versicherte MP, dass das kommende Minderheitengesetz alle notwendigen Rechte garantieren werde. Er trat für eine positive Diskriminierung von Minderheiten ein und zeigte sich zuversichtlich, dass die Ungarndeutschen ihre Identität bewahren werden. Zum Csurka-Artikel[15] (der seit

12 Für das Gespräch des BM Kinkel mit dem slowakischen MP Mečiar sowie zu den Auseinandersetzungen zwischen der Slowakei und Ungarn über den Bau eines Kraftwerks in Gabčíkovo vgl. Dok. 325, besonders Anm. 9.

13 Korrigiert aus: „seiner“.

14 In einem Bericht des BMU vom 28. Oktober 1992 für den Ausschuss für Umwelt, Naturschutz und Reaktorsicherheit des Bundestags wurde zum Bau eines Kraftwerks in Gabčíkovo ausgeführt: „Die Kommission erklärte im April 1992 ihre Bereitschaft, einem dreiseitigen Expertenausschuss vorzusitzen. Auf ungarischen Wunsch bestand die EG-Kommission darauf, dass während der laufenden Arbeiten der Expertenkommission beide Seiten auf Maßnahmen verzichten müssten, die möglichen Ergebnissen des Ausschusses vorgreifen würden. Die ungarische Seite formte dies zu einem Junktim dahingehend aus, dass Ungarn zur Mitarbeit nur bereit sei, wenn die Tschechoslowakei einen sofortigen Baustopp verfüge.“ Vgl. B 88, ZA-Bd. 194636.

15 Referat 214 notierte am 3. November 1992: „In der Partei des MP Antall sorgte seit September einmal mehr das rechtsextrem-populistische ‚enfant terrible‘ des MDF, der Schriftsteller István Csurka, für Unruhe, diesmal jedoch mit bisher für ihn ungewöhnlicher Resonanz in der Öffentlichkeit. Ein von ihm mit großem Propagandaaufwand herausgebrachtes demagogisches Manifest stellt einen Generalangriff auf das politische System des demokratischen Ungarn und den am Westen orientierten Kurs der Regierung dar. Csurka führt eine von NS-Jargon durchsetzte Sprache und verbreitet antisemitische und chauvinistische Parolen. Für die Regierung und vor allem Antall als MDF-Vorsitzenden ist die rechtsextreme Fronde Csurkas ein schweres Problem, denn Csurka ist Präsidiumsmitglied des MDF.“ Vgl. B 42, ZA-Bd. 176897.

August die innenpolitische Diskussion beherrscht) sagte er unter Hinweis auf seine Erklärung im Parlament, solange die Dinge auf der Ebene des intellektuellen Diskurses stattfänden und andererseits auf der Straße nichts geschähe, seien die Dinge nicht so tragisch. BM Kinkel dankte für Äußerung MPs zur Minderheitenfrage. Er wiederholte, dass Deutschland Ungarn bei der Annäherung an die EG selbstverständlich helfen werde, soweit das irgend möglich sei. Er betonte die Funktion der Türkei als Brücke sowohl in den asiatischen Raum hinein als auch zur islamischen Welt.

2) AM Jeszenszky

AM betonte Bedeutung des Carrington-Planes.[16] Wenn es gelinge, Zusammenleben einzelner Volksgruppen zu sichern, könne die gesamte Krise gelöst werden. Bezüglich Bosniens hielt er es für erforderlich, Nachschub aus Serbien rigoros abzuschneiden. Zur Ukraine beklagte er, dass Kommunisten im nationalen Gewande an der Macht seien und Land über kein Wirtschaftsprogramm verfüge. Er äußerte sich skeptisch über den Führer der Ruch[17] und fand, dass es anti-russische Tendenzen sowie Intoleranz gegenüber Minderheiten gäbe. Gleichzeitig sagte er, Ungarn wolle gute staatliche Beziehungen zur Ukraine nicht aufs Spiel setzen. Was die Slowakei betreffe, so strebe Ungarn die „korrekteste" Zusammenarbeit an. Für die ung. Minderheit wünsche man Garantien dafür, dass sie erhalten bleibe, Demokratie vor Ort üben könne und eine Kulturautonomie zugestanden erhalte. Zum ehemaligen Jugoslawien sagte BM, wir träten dafür ein, dass jetzt, wo das Embargo[18] greife, es nicht wieder abgebaut werde. Offensichtlich verstünden die Serben keine andere Sprache und seien nicht bereit, sich in die internationale Gemeinschaft einzuordnen.

3) Präsident Göncz

Der Präsident bezeichnete die deutsch-ung. Beziehungen als wolkenlos. Zu Jugoslawien erklärte er, man dürfe kein Fait accompli zulassen. Die Fragen der Minderheiten dürften nicht in den Hintergrund gedrängt werden. Präsident Klestil habe ihm gerade über ein Gespräch mit Präsident Mitterrand berichtet[19], das von Minderheitenfragen dominiert gewesen sei. Ungarn wünsche, dass die Slowakei ihren Platz unter den Reformstaaten einnehme und westliche Hilfe erhalte, die sie lebensfähig mache. Aus der Umleitung der Donau dürfe man keine nationale Frage und auch keine Prestigefrage machen. Ein Kompromiss sei nötig. Beide Regierungen hätten es aber sehr schwer. Insbesondere der ung. Regierung seien die Hände durch einen Parlamentsbeschluss gebunden.

BM stimmte zu, dass in Jugoslawien keine Anerkennung von durch Gewalt erzielten Grenzveränderungen oder durch Gewalt hergestellten Fakten in Betracht komme. Dies sei die klare Politik der Bundesregierung sowie der Zwölf. Was Minderheiten betreffe, finde Ungarn Deutschland auf seiner Seite. Er richtete die herzliche Bitte an den Präsidenten, seine Aufmerksamkeit dem ung. Minderheitengesetz zuzuwenden. Der Präsident erklärte,

16 Für das Dokument „Treaty Provisions for the Convention" vom 4. November 1991 („Carrington-Plan") vgl. B 42, ZA-Bd. 175713.

17 Wjatscheslaw Maksymowytsch Tschornowil.

18 Vgl. die Resolution Nr. 713 des VN-Sicherheitsrats vom 25. September 1991; RESOLUTIONS AND DECISIONS 1991, S. 42 f. Für den deutschen Wortlaut vgl. EUROPA-ARCHIV 1991, D 550–552.
Vgl. auch die Resolution Nr. 757 des VN-Sicherheitsrats vom 30. Mai 1992; Dok. 159, Anm. 12.

19 Der österreichische Bundespräsident Klestil besuchte Frankreich vom 12. bis 14. Oktober 1992 und traf bei dieser Gelegenheit mit Staatspräsident Mitterrand zusammen.

er verstehe sich als Beschützer aller Minderheiten. Alle Rechte, die Ungarn für seine Minderheiten im Ausland fordere, müssten auch den Minderheiten im eigenen Lande gewährt werden. BM war auch der Auffassung, dass Kosovo und Mazedonien die nächsten potenziellen Brandherde seien. Nach Jugoslawien könne Deutschland keine Soldaten entsenden. Wir müssten aber in der Zukunft in der Lage sein, uns an friedenserhaltenden und an friedensschaffenden Aktionen der Vereinten Nationen, die das Gewaltmonopol haben müssten, zu beteiligen. Deutschland bedauere, dass es zu einer Trennung in der ČSFR komme.[20] Wir würden beide Staaten anerkennen und ihnen den Weg nach Europa ebnen. Mečiar habe er geraten, keine vollendeten Tatsachen zu schaffen und eine internationale Lösung abzuwarten. Er werde sich in diesem Sinne in Birmingham äußern.

[gez.] Arnot

B 42, ZA-Bd. 176897

327

Vorlage des Ministerialdirigenten Schilling und des Ministerialdirektors Eitel für Bundesminister Kinkel

201-360.90/SO JUG VS-NfD **16. Oktober 1992**[1]
500-503.03 VS-NfD

Über Herrn Staatssekretär[2] Herrn Bundesminister

Betr.: VN-SR Resolution 781[3] (Flugverbot für militärische Flüge über Bosnien-Herzegowina);
hier: Deutsche Position zu einer möglichen Beteiligung der NATO mit AWACS-Flugzeugen im Luftraum Österreich/Ungarn

Bezug: Vorlage 201 vom 14. Okt. 1992 – 201-360.90/SO JUG VS-NfD[4]

Zweck der Vorlage: Bitte um Zustimmung zu Punkt 10

1) Das Kabinett wird sich am 21. Okt. 1992 mit den möglichen Optionen für eine deutsche Position zu einem Einsatz von AWACS-Flugzeugen der NATO im Luftraum Österreichs

20 Zur Auflösung der ČSFR vgl. Dok. 325, Anm. 5.

1 Die Vorlage wurde von VLR Schumacher und VLR Schariοth konzipiert.

2 Hat StS Kastrup laut Stempelvermerk vorgelegen.
Hat VLR Ney am 22. Oktober 1992 vorgelegen, der den Rücklauf an VLR I Bertram verfügte.
Hat Bertram vorgelegen.
Hat VLR Schumacher erneut vorgelegen.

3 Für die Resolution Nr. 781 des VN-Sicherheitsrats vom 9. Oktober 1992 vgl. RESOLUTIONS AND DECISIONS 1992, S. 27. Für den deutschen Wortlaut vgl. EUROPA-ARCHIV 1993, D 147 f.

4 VLR Schumacher befasste sich mit der Frage, ob und unter welchen Bedingungen sich die Bundesrepublik an einem NATO-Einsatz mit AWACS-Flugzeugen, auch außerhalb des NATO-Territoriums, zur Sicherung des Flugverbots über Bosnien-Herzegowina beteiligen könnte. Vgl. B 14, ZA-Bd. 161179.

und Ungarns befassen. US hat diesen Vorschlag am 13. Okt. offiziell zwecks Umsetzung der VN-SR-Resolution 781 für die Überwachung des Flugverbots über Bosnien-Herzegowina in einer Sitzung des NATO-Rats eingeführt und sofortige Beschlussfassung verlangt. Auf Wunsch Botschafters von Ploetz wurde in der Sitzung allerdings nur über den Überwachungseinsatz der NATO-Flugzeuge von NATO-Territorium und offener See aus positiv entschieden.

Über die Frage,

- ob die AWACS-Flugzeuge im Luftraum Österreich/Ungarns operieren dürfen, und
- ob der NATO-GS[5] Kontakt mit Österreich und Ungarn aufnehmen soll, um deren Genehmigung für die Benutzung ihres Luftraums zu erhalten,

war auf deutschen Wunsch Verschweigefrist bis 15. Okt. 12.00 Uhr vereinbart worden. Wir haben am 15. Okt. in Absprache mit BMVg um Verschiebung dieser Frist bis zum 22. Okt. gebeten. Dieser Bitte haben die Partner entsprochen.

2) Unserem Wunsch lagen folgende Überlegungen zugrunde:

- Es handelt sich um eine Frage von eminent sicherheitspolitischer Bedeutung für die NATO insgesamt (erstmals militärischer Einsatz dieser Maschinen außerhalb des eigentlichen NATO-Vertragszwecks) und für Deutschland insbesondere (verfassungspolitische und -rechtliche Implikationen).
- Aus deutscher Sicht bestand weder die Möglichkeit noch die Notwendigkeit für eine Entscheidung in so kurzer Frist.
- Eine deutsche Entscheidung setzt eine Befassung der Bundesregierung und – nach Vorstellung des BMVg – ggf. des Bundestages voraus.
- Die militärisch-operative Notwendigkeit für die Einbeziehung des Luftraums Österreichs/Ungarns ist noch nicht zwingend herausgearbeitet und bedarf vor der Entscheidung einer vertieften Debatte. Dabei gilt es insbesondere festzustellen, welches Informationsaufkommen aus einer Kombination von Erkenntnissen aus Flugrouten über NATO-Territorium und offener See in Verbindung mit Beobachtern auf Flugplätzen vor Ort zu gewinnen ist, und welches militärisch-operative Erfordernis für ein erweitertes Informationsaufkommen durch Flüge über Österreich und Ungarn tatsächlich besteht.
- Sollte sich eine Nutzung des österreichisch-ungarischen Luftraums als unumgänglich erweisen, müssen zunächst Alternativen geprüft werden, z. B. die Kombination von NATO-AWACS über der Adria in Verbindung mit nationalen Frühwarnsystemen über Österreich/Ungarn, wenn deren Luftraum zur Verfügung stehen sollte.

Die Verschiebung der Verschweigefrist macht nun eine Entscheidung bis zum 22. Oktober erforderlich. Es ist damit zu rechnen, dass das Drängen unserer Verbündeten (insbesondere US) auf einen Einsatz von AWACS-Flugzeugen der NATO in Österreich und Ungarn für die Überwachung des Flugverbots der Vereinten Nationen über Bosnien-Herzegowina anhalten wird. Wir waren in der Sitzung am 14. Oktober die einzigen, die zu einer sofortigen Zustimmung nicht bereit waren.

3) Vor diesem Hintergrund beabsichtigt BMVg Folgendes:

- Erstens Herbeiführung einer Kabinettsentscheidung mit dem Ziel, einer Entsendung von NATO-AWACS-Flugzeugen in den Luftraum Österreichs und Ungarns zuzustimmen und – da eine Herausnahme deutscher Besatzungsmitglieder aus militärpolitischen

5 Manfred Wörner.

und organisationstechnischen Gründen ausscheide – deren Verbleib ebenfalls zu genehmigen.

- Befassung und Entscheidung des Parlaments mit demselben Ziel.

4) Es ergeben sich für uns folgende Optionen:

a) Zustimmung zum Vorgehen des BMVg,

d.h. zu einem Beschluss des Bündnisses über die Zurverfügungstellung der AWACS-Flotte der NATO einschließlich deutschen Personalanteils auch für Flüge über Österreich/Ungarn.

b) Ablehnung des BMVg-Vorschlags,

d.h. die AWACS-Flugzeuge der NATO dürfen nur – wie bereits seit dem 14. Okt. – über NATO-Territorium und offener See eingesetzt werden (Flüge über Österreich/Ungarn müssten erforderlichenfalls durch nationale AWACS von US, GB und/oder F erfolgen).

c) Politische Zustimmung zu einem Einsatz über Österreich/Ungarn, jedoch Herausnahme des deutschen personellen Anteils (der dann durch andere aufgefüllt werden müsste).

d) Ablehnung des Bündnisbeschlusses insgesamt und damit Verhinderung einer NATO-Rolle im ehem. JUG.

5) Wir haben uns im Vorfeld der Beratungen in den VN für das Zustandekommen der Resolution 781 eingesetzt. Bei den entsprechenden Sondierungen in den VN haben wir klar zum Ausdruck gebracht, dass eine nationale deutsche personelle Beteiligung im Krisengebiet jedoch aus verfassungsrechtlichen und -politischen Gründen nicht in Erwägung gezogen werden könne.

Ein Einsatz der NATO-Flugzeuge im Luftraum Österreichs und Ungarns war zu diesem Zeitpunkt noch keine Option.

6) Bislang war das BMVg der Auffassung, dass die Nutzung deutscher Basen und die Beteiligung deutscher Besatzungsmitglieder so lange unproblematisch ist, wie die Flugrouten über NATO-Territorium bzw. der offenen See liegen. Völkerrechtlich ist es zulässig, von der Hohen See oder dem eigenen Territorium aus den Luftraum eines anderen Staates zu überwachen.

AA und BMVg waren hinsichtlich der militärischen Beteiligung von Bundeswehrpersonal außerhalb des NATO-Vertragsgebiets[6] auf Wahrung des parteienübergreifenden sicherheitspolitischen Konsenses bedacht und um Berücksichtigung der verfassungspolitischen Situation bemüht. Das jetzt vom BMVg angestrebte Vorgehen lässt kaum Aussicht auf Wahrung dieses Konsenses. Es verfolgt das Ziel, den Handlungsspielraum der Bundesregierung zu erweitern und gleichzeitig die Opposition im Bundestag vor die Alternative zu stellen, entweder

- einer die VN unterstützenden und den Konflikt in B.-H. möglicherweise eindämmenden Maßnahme zuzustimmen,

oder aber

- die politische Verantwortung für die Herausnahme deutschen militärischen Personals aus einem NATO-Verband zu tragen und damit einen Beitrag zur Handlungsunfähigkeit gegenüber den VN-Bemühungen zu leisten.

6 Das Bündnisgebiet war in Artikel 6 des NATO-Vertrags vom 4. April 1949 festgelegt. Vgl. BGBl. 1955, II, S. 290.

7) Völkerrechtlich ergeben sich durch eine Ausweitung des Operationsgebiets auf Österreich und Ungarn keine Probleme, solange Zustimmung dieser beiden Staaten vorliegt.

8) Verfassungsrechtlich entstünde aber durch eine derartige Ausweitung des Operationsgebietes eine neue Lage. Dies ist insbesondere im Zusammenhang mit dem in Karlsruhe anhängigen Organstreitverfahren[7] von Bedeutung. Bei der Überwachungsaktion durch Schiffe in der Adria[8] haben wir argumentiert, dass die NATO (und die WEU) nicht selber tätig werden, sondern lediglich nationale Maßnahmen ihrer Mitglieder gebündelt haben. Auf dieses wichtige Argument könnten wir uns im vorliegenden Fall nicht berufen, da die NATO selbst tätig würde:

Die AWACS-Maschinen sind zwar in Luxemburg registriert, sind aber, anders als die Fregatten in der Adria, nicht Teil einer nationalen Streitmacht, sondern Bündnisflugzeuge mit gemischtnationaler Besatzung, darunter auch Deutsche. Die Flugzeuge tragen auch das NATO-Emblem.

Nach der bisher zu diesem Punkt vertretenen Ansicht wäre eine solche Aktivität des Bündnisses eine Tätigkeit „out of treaty“: Es liegt weder ein Angriff gegen, noch eine Bedrohung für die Sicherheit Deutschlands oder eines seiner Bündnispartner vor, noch wäre eine Ausweitung des Operationsraums auf Österreich und Ungarn eine routinemäßige Aufklärungsmaßnahme zur Abwendung möglicher zukünftiger Bedrohungen des Bündnisses.

Im Falle des neutralen Österreich kann mit Sicherheit davon ausgegangen werden, dass die Zustimmung zur Nutzung österreichischen Territoriums nicht im Zusammenhang mit Verteidigungsaufgaben der NATO, sondern ausschließlich in Erfüllung der einschlägigen VN-Sicherheitsratsresolutionen erfolgt. Ziffer 5 der SR-Resolution 781 fordert nämlich alle Staaten auf, UNPROFOR bei seiner Überwachungstätigkeit entweder national oder durch regionale Abmachungen oder regionale Einrichtungen zu unterstützen. Die österreichische Genehmigung zu Aufklärungsflügen über österreichischem Territorium würde der NATO also nicht zur Erfüllung ihres Verteidigungsauftrags, sondern ausschließlich zur Erfüllung von Pflichten erteilt werden, die die Mitgliedstaaten gegenüber den VN haben.

9) Eine deutsche Beteiligung an einer derartigen NATO-Aktion im österreichischen Luftraum könnte die SPD dazu veranlassen, eine einstweilige Anordnung in dem derzeit anhängigen Organstreitverfahren vor dem Bundesverfassungsgericht zu beantragen. Darüber hinaus würde die Bundesregierung ein wesentliches Argument zur Rechtfertigung der Adria-Aktion (es handele sich lediglich um die Bündelung nationaler Maßnahmen, nicht um eine Tätigkeit der NATO selbst) aus der Hand geben. Auch eine Verhärtung der Position der SPD in der Frage einer Grundgesetzänderung wäre nicht auszuschließen.

10) Im Bündnis sind die für uns unproblematischeren Optionen bisher von den US und anderen noch nicht gründlich genug geprüft worden, insbesondere, ob
- für die Flugüberwachung wichtige Informationen nicht auch durch Beobachter auf Flugplätzen vor Ort zu gewinnen sind;
- Partner (US, F, GB) bereit sind, eigene nationale Frühwarnsysteme über Österreich/Ungarn einzusetzen.

[7] Die SPD-Fraktion leitete am 7. August 1992 ein Organstreitverfahren gegen die Bundesregierung vor dem Bundesverfassungsgericht ein (2 BvE 3/92). Für die Antragsschrift vgl. Klaus DAU, Gotthard WÖHRMANN (Hg.), Der Auslandseinsatz deutscher Streitkräfte: Eine Dokumentation des AWACS-, des Somalia- und des Adria-Verfahrens vor dem Bundesverfassungsgericht, Heidelberg 1996, S. 377–404.

[8] Zu den Überwachungsmaßnahmen von NATO und WEU in der Adria vgl. Dok. 220.

Falls die erste Möglichkeit aus sachlichen Erwägungen ausscheidet und die zweite aus politischen Gründen nicht verwirklicht werden kann, sollte im Unterschied zu der von BM Rühe vertretenen Auffassung eher daran gedacht werden, eine Einigung der Allianz über eine Ausdehnung des Operationsgebietes auf Österreich und Ungarn politisch mitzutragen, gleichzeitig aber den deutschen personellen Anteil daran zurückzuziehen. (Amerikanische Gesprächspartner halten die Ersetzung des deutschen personellen Anteils im Gegensatz zum BMVg offenbar für möglich.)

Damit wären negative Auswirkungen auf das Organstreitverfahren nicht zu befürchten.

Dieser Text wurde am 16. Okt. nachmittags zur Abstimmung an BMJ und BMI gefaxt. Eine Reaktion ist erst Anfang der Woche zu erwarten.[9]

i. V. Schilling [gez.] Eitel (tel. gebilligt)

B 14, ZA-Bd. 161179

328

Drahtbericht des Botschafters Freitag, Peking

Fernschreiben Nr. 1427 **Aufgabe: 16. Oktober 1992, 12.32 Uhr**[1]
Citissime **Ankunft: 16. Oktober 1992, 06.03 Uhr**

Betr.: 14. Parteikongress der KP Chinas;
hier: Politische Bewertung

Bezug: 1) DBs Nr. 1409 u. 1410 v. 14.10.92 – Pol 320.10 CHN[2]
2) Telefonat D 3[3]/Botschafter

Auf Weisung

9 MD Hartmann, Bundeskanzleramt, vermerkte am 21. Oktober 1992: „In einem Gespräch im Anschluss an die heutige Kabinettssitzung, an dem unter Vorsitz von Bundeskanzler Kohl BM Kinkel, BM Rühe, BM Möllemann, BM Seiters und BMin Leutheusser-Schnarrenberger teilnahmen, wurde Einvernehmen über folgendes Vorgehen erzielt: 1) Der NATO wird grünes Licht für Gespräche mit Österreich und Ungarn gegeben. 2) Im Benehmen mit SACEUR wird sichergestellt, dass die AWACS-Maschinen so eingesetzt werden, dass Flüge über Ungarn und Österreich ohne deutsche Besatzungsmitglieder stattfinden. 3) BM Kinkel und BM Rühe werden mit der SPD über die Möglichkeiten einer gesetzlichen Regelung sprechen. Die Gespräche sollen erst stattfinden, wenn die Zustimmung Österreichs und Ungarns zu den AWACS-Flügen vorliegt." Vgl. B 14, ZA-Bd. 161179. Vgl. ferner Dok. 344.

1 Der Drahtbericht wurde von BR I Rupprecht, Peking, konzipiert.
Hat VLR I Sommer am 16. Oktober 1992 vorgelegen.

2 Botschafter Freitag, Peking, berichtete: „KP-Generalsekretär Jiang Zemin hat mit dem Bericht des ZK am 12.10.92 den 14. Parteikongress der KP Chinas eröffnet. Schwerpunkte sind die Bestätigung der jetzt als ‚sozialistische Marktwirtschaft' bezeichneten reformfreundlichen, pragmatischen Wirtschaftspolitik Deng Xiaopings als Parteilinie, die ‚100 Jahre' nicht angetastet werden soll, andererseits eine Bekräftigung des Festhaltens an der marxistischen Ideologie und die Ablehnung politischer Reformen in Richtung auf ein ‚westlich-parlamentarisches' Modell." Vgl. AV, Neues Amt, Bd. 33422.

3 Reinhard Schlagintweit.

Auch wenn die Personalentscheidungen des am 18.10. zu Ende gehenden 14. Parteikongresses noch nicht bekannt sind, so lassen sich doch aus Gesprächen mit hochrangigen chinesischen Partnern sowie aus der Berichterstattung der hiesigen Medien die wichtigsten politischen Ergebnisse des 14. Parteitages der KPCh schon jetzt erkennen:

1) Das herausragende Ereignis ist die „Apotheose“ des „elder statesman“ Deng Xiaoping, dessen Reformpolitik sanktioniert und dessen pragmatische Linie, hier als Dengs „Theorie des Aufbaus des Sozialismus mit chinesischen Charakteristika“ und „Wunderwaffe“ gefeiert, auf die gleiche Stufe gehoben wird wie die revolutionäre Ideologie des Staatsgründers Mao Zedong. In Zukunft werden die „Deng-Xiaoping-Ideen“ gleichberechtigt neben den „Mao-Zedong-Ideen“ im Kanon chinesischer Glaubenssätze stehen und damit Reformbestrebungen aller Art als Berufungsgrundlage dienen können. Damit hat Deng erreicht, dass sein politisches Vermächtnis über sein Abtreten hinaus vom höchsten Parteigremium festgeschrieben ist und damit für die – möglicherweise turbulente – Nach-Deng-Phase einen Faktor der Stabilisierung bildet.

2) Die historische Bedeutung des 14. Parteikongresses wird insbesondere daran deutlich, dass die KPCh als bisher wohl einzige regierende marxistisch-leninistische Partei sich zur Marktwirtschaft bekennt und diese in ihrem Programm festschreibt. Die Partei hat klar erkannt, dass ihr politisches Überleben vom wirtschaftlichen Fortschritt, den sie dem Bürger messbar vorweisen muss, abhängen wird. Deshalb treten die ideologischen Aussagen hinter den wirtschaftspolitischen zurück. Die Aufforderung zur Wachsamkeit gegen „linke“ und „rechte“ Tendenzen sowie gegen die „bürgerliche Liberalisierung“ wirken eher rituell, damit entspricht die Partei der in der Bevölkerung vorherrschenden Stimmungslage: Nicht Ideologie ist gefragt, sondern Stabilität und an der Verbesserung des Lebensstandards messbarer wirtschaftlicher Fortschritt.

3) Die in westlichen Augen eher befremdlich klingende Absage an die parlamentarische Demokratie westlichen Zuschnittes als Zukunftsmodell ist vor dem Hintergrund der alle ostasiatischen und besonders chinesischen Gesellschaften prägenden konfuzianischen Ideenwelt zu sehen. Sie betont die Harmonie zwischen oben (Regierung) und unten (Volk), den Vorrang des Gemeinwohls vor dem individuellen Wohl, die Einordnung des Einzelnen in die Gruppe und die Unterordnung der Individualbedürfnisse unter die Gruppenbedürfnisse. Deshalb steht auch für den politisch bewussten Chinesen nicht so sehr die Verwirklichung individueller Freiheitsrechte nach westlichen Vorbildern im Vordergrund seiner Wunschvorstellungen, sondern eher das Bedürfnis nach Stabilität, nach (vor allem wirtschaftlichem) Wohlergehen seiner Gruppe (Familie, Clan, Staat) und nach Verbesserung seines individuellen Lebensstandards. Insofern dürfte die Absage an das westliche Demokratiemodell hier weniger kritisch aufgenommen werden, als dies bei uns der Fall wäre. Allerdings ist der Partei durchaus bewusst, dass es auch im engeren politischen Bereich Defizite gibt. Deshalb strebt sie z. B. eine Verbesserung der Rechtssicherheit und des Rechtsschutzes für den Einzelnen an.

4) Bei aller Reformfreudigkeit im wirtschaftlichen Bereich wird jedoch das Machtmonopol der Partei insgesamt nicht infrage gestellt. Hierbei stellt sich die Frage, wie lange dieses Machtmonopol noch unangefochten aufrechterhalten werden kann angesichts einer stürmisch nach Liberalisierung strebenden Wirtschaft, vor allem in den Küstenprovinzen des Landes. Es ist durchaus vorstellbar, dass das von der Partei nachdrücklich geltend gemachte Machtmonopol zumindest in den Regionen des Landes, die wirtschaftlich am wei-

testen fortgeschritten sind, immer stärker infrage gestellt werden wird, um das wirtschaftliche Wachstum nicht zu behindern. Insgesamt bleibt das Risiko, dass ein Auseinanderdriften von sich rasch entwickelnder Wirtschaft einerseits und sich eher schleppend vollziehender politischer Reformen andererseits immer wieder zu politischen Verwerfungen führen wird. Es wird die große und schwierige Aufgabe der auf Deng nachfolgenden Politikergeneration sein, wirtschaftliche und politische Entwicklung so auszubalancieren, dass sich auf der einen Seite der Lebensstandard einer schnell wachsenden Milliardenbevölkerung kontinuierlich und ohne zu große regionale Unterschiede höher entwickelt, auf der anderen Seite Einheit und Stabilität des Landes gewahrt bleiben. Es kann nur in unserem eigenen Interesse liegen, dass sie diese schwierige Aufgabe zu meistern imstande sein wird.

[gez.] Freitag

B 37, ZA-Bd. 161887

329

Drahtbericht des Botschafters Blech, Moskau, an Staatssekretär Kastrup

15061/92 VS-vertraulich **Aufgabe: 16. Oktober 1992, 18.14 Uhr**[1]
Fernschreiben Nr. 4495 **Ankunft: 16. Oktober 1992, 17.36 Uhr**
Citissime nachts

Nur für StS Kastrup und Ministerbüro.

Betr.: Heutiges Gespräch Staatssekretär Köhler/Präsident Jelzin

Bezug: Telefonat StS Kastrup/Botschafter vom 16.10.92

1) Zu dem vorgesehenen Vier-Augen-Gespräch von 20 Minuten kam es nicht, das Delegationsgespräch begann sofort. Dessen Gang konnte [ich] erst im weiteren Verlauf verfolgen.

Als ich dazustieß, beendete StS Köhler seine Ausführungen darüber, dass sich Deutschland im Vergleich zu den Amerikanern bei der Bedienung von Krediten benachteiligt fühle.[2] J. stellte dies unverzüglich in Abrede, räumte aber die Richtigkeit der Feststellung bezüglich 600 Mio. US-Dollar Weizenkredite ein.

1 Hat im Ministerbüro vorgelegen. Dazu handschriftlicher Vermerk: „StS K[astrup] hat Chef Prot[okoll] Weisung erteilt, Vertreter Jelzins so hochrangig wie möglich unterzubringen bei Veranstaltung in Berlin. Chef BK (z.Hd. Hartmann o.V.i.A.) hat [Kopie] erhalten auf Weisung StS K."
Hat BM Kinkel am 17. Oktober 1992 vorgelegen.
Hat VLR I Gerdts am 17. Oktober 1992 vorgelegen, der handschriftlich vermerkte: „BM erbittet weiteren Bericht."
Hat VLR Brose am 19. Oktober 1992 vorgelegen, der die Weiterleitung an MD Chrobog „z[ur] K[enntnisnahme]" und mit der Bitte verfügte, „Bo[tschafter] Blech – wie von BM erbeten – um ergänzenden, detaillierten Bericht c[i]t[issime]n[achts] (ggfs. Dolmetscheraufzeichnung!) zur Vorbereitung Gespräch BM mit BK zu bitten."
Hat Chrobog am 19. Oktober 1992 vorgelegen.

2 Zur Frage der Altschulden der ehemaligen UdSSR vgl. Dok. 321.

StS Köhler unterstrich, wir machten keine Politik gegen unsere westlichen Freunde, wollten aber auch nicht, dass Deutschland schlechter als diese behandelt werde. Bei uns wundere man sich übrigens auch, dass kein russisches Interesse an Landmaschinen aus der Produktion der neuen Bundesländer bestehe, obwohl solche Maschinen in Russland doch sehr gebraucht würden.

J. erwiderte sehr emotional, er wundere sich, dass sich Deutschland in den Konflikt mit Gorbatschow, einer inneren Angelegenheit Russlands, einmische.[3] Die Amerikaner hätten dazu im Gegensatz zu uns kein Wort verloren. So, wie es eben geschehen sei, spreche man nicht mit einem Präsidenten.

StS Köhler wies darauf hin, als persönlicher Beauftragter des Bundeskanzlers habe er keine andere Aufgabe als die, dem Präsidenten die Besorgnisse des Bundeskanzlers vorzutragen.

Einwurf J.: Aber so würde der BK mit ihm nicht reden.

StS Köhler wiederum: Er habe nichts gesagt, was J. hätte verletzen sollen, er wolle hier nur unterstreichen, wie sehr der BK wünsche, die Beziehungen zu Jelzin und Russland kurz-, mittel- und langfristig auf eine feste Grundlage zu stellen. Ihm gehe es hier um die Feststellung gemeinsamer Interessen.

J. brach daraufhin ab, mit der Bemerkung, er danke für das Gespräch, das jetzt gerade 35 Minuten gedauert habe. Die vier Punkte, die StS Köhler genannt habe, seien allesamt kein Thema für einen Präsidenten. Hier seien ein stv. Ministerpräsident (Schochin) und ein zuständiger Minister (Awen). Zu diesen gewandt: Er wünsche, dass diese vier Themen innerhalb einer Woche erledigt seien; wem dies nicht gelinge, werde seines Amtes enthoben. Nochmals zu StS K.: Er sei nicht einverstanden mit dessen Äußerung, dass Russland Deutschland nicht ernst nehme. (Jelzin bezog sich damit auf eine Äußerung StS Ks., die vor meinem Hinzutreten zu dem Gespräch gefallen war.)

Bei der Verabschiedung wandte sich J. nochmals an seine Gehilfen und präzisierte in scharfem Ton seine Weisung: Erledigung der Schuldenfrage vor Ende des Monats, Erledigung der anderen drei Themen innerhalb einer Woche.[4]

3 Botschafter Blech, Moskau, berichtete am 12. Oktober 1992, das Verhältnis zwischen dem ehemaligen sowjetischen Präsidenten Gorbatschow und dem russischen Präsidenten Jelzin sei „seit der Jahreswende 1987/88 zerrüttet". Gorbatschows Kritik an seiner Politik habe Jelzin „auch schon im Vorfeld der vorläufigen räumlichen Schließung des Gorbatschow-Fonds" zum Anlass genommen, „die materielle Basis Gorbatschows sukzessiv zu beschneiden (Dienstwagen, Dienstwohnung)". Daneben spiele der KPdSU-Prozess eine Rolle. In diesem Zusammenhang habe das russische Verfassungsgericht ein Ausreiseverbot gegen Gorbatschow verhängt: „Es wäre unzulässig, der Mehrheit des Verfassungsgerichts, die sich für die Beugemaßnahme entschied, zu unterstellen, sie fühle sich rechtsstaatlichen Grundsätzen nicht verpflichtet und lasse sich ohne weiteres politisch instrumentalisieren. Genau letzteres hat Gorbatschow mit seiner Weigerung, vor dem Gericht zu erscheinen, […] getan und so die Richter aufs Blut gereizt." Vgl. DB Nr. 4370; B 41, ZA-Bd. 221581.

4 Botschafter Blech, Moskau, berichtete am 19. Oktober 1992, StS Köhler, BMF, sei nach seinem Gespräch mit dem russischen Präsidenten Jelzin mit dem stellvertretenden MP Schochin und Außenwirtschaftsminister Awen zusammengetroffen: „Auch Schochin und Awen war klar, dass die z. T. jahrelang ergebnislos verhandelten Fragen jetzt nicht innerhalb Wochenfrist gelöst werden können. Sie streben aber baldige ‚Signale' dafür an, dass sich Problemlösungen mit Blick auf den Bundeskanzler-Besuch abzeichnen." Es sei beschlossen worden, umgehend Arbeitsgruppen zu den Themen Transferrubelfragen, WGT-Liegenschaften und deutsch-russischer Handel zu bilden. In einem weiteren Gespräch mit Köhler zur Schuldenfrage habe Awen vor zu hohen finanziellen Belastungen Russlands gewarnt: „Russische Föderation müsse vorrangig Getreidekredite bedienen (‚absolute Priorität')". Köhler habe deutlich gemacht, „dass wir nicht bereit sind, altes cut-off date zu verlassen, aber weiterhin zu unserem Bekenntnis stehen, mit Russischer

2) Ich beschränke mich im Augenblick auf die Wiedergabe des Sachverhalts (übrigens im Einverständnis mit StS Köhler), dessen Bedeutung im Politischen liegt. Statt einer weitergehenden Bewertung weise ich nur auf die offenkundig extreme Empfindlichkeit Jelzins in Sachen Gorbatschow (sicher insbesondere hinsichtlich dessen Einladung nach Berlin[5]) hin. Angesichts dieser Empfindlichkeit sollte alles getan werden, damit am morgigen Tage die offiziellen Vertreter Russlands so wahrgenommen werden, dass ihre Anwesenheit nicht von derjenigen Gorbatschows ohne weiteres in den Schatten gestellt wird. – Gorbatschow hat heute am frühen Nachmittag Moskau in Richtung Berlin mit LH unter stärkster Aufmerksamkeit der Medien auf dem Flugplatz verlassen.

3) Weitere Verteilung wird dortigem Ermessen überlassen.

[gez.] Blech

B 130, VS-Bd. 14154 (010)

330

Drahtbericht des Botschafters Graf zu Rantzau, New York (VN)

Fernschreiben Nr. 2843 **Aufgabe: 16. Oktober 1992, 19.03 Uhr**[1]
Ankunft: 17. Oktober 1992, 00.09 Uhr

Betr.: Erweiterung des VN-Sicherheitsrats;
hier: Überlegungen zur sogen. „Effizienz“ des SR

Bezug: DB Nr. 2519 aus Paris vom 14.10.92 – Pol 321.42[2]

Zur Unterrichtung

1) Das von unserer Botschaft Paris berichtete französische Argument, bei einer Erweiterung des VN-Sicherheitsrats um zusätzliche ständige und nichtständige Mitglieder würde dieser „totalement ingérable“, gibt Anlass zu folgenden Bemerkungen:

Fortsetzung Fußnote von Seite 1317

Föderation zusammenzuarbeiten und dabei ihre begrenzte Zahlungsfähigkeit zu berücksichtigen“. Vgl. DB Nr. 4514; B 52, ZA-Bd. 173908.

5 Am 17. Oktober 1992 fand im Berliner Reichstagsgebäude ein Staatsakt für den am 8. Oktober 1992 verstorbenen ehemaligen BK Brandt statt, an dem der frühere sowjetische Präsident Gorbatschow teilnahm.

1 Der Drahtbericht wurde von BRI Leonberger, New York (VN), konzipiert.
Hat VLR Beuth vorgelegen.

2 Gesandter Ischinger, Paris, teilte mit: „1) Botschaft hatte aus Anlass des Besuches des indischen MP Rao in Paris Ende September u. a. berichtet, dass F dem indischen Petitum, die Zahl der ständigen Mitglieder des VN-SR zu erhöhen, entgegengehalten habe, dass in einem solchen Falle D, Japan und ggf. anderen Staaten ein ständiger Sitz eingeräumt und zusätzlich die Zahl der nichtständigen Mitglieder im Verhältnis eins zu zwei erhöht werden müsse. Hierdurch würde der Sicherheitsrat ‚totalement ingérable‘. Deshalb sei Paris gegen jede Ausweitung. [...] 2) Darstellung der Botschaft ist präzise Wiedergabe des von franz. Vertretern (hier: dem stv. Asiendirektor des Quai d’Orsay) in einem 12er-Briefing am 7.10. Gesagten.“ Vgl. B 30, ZA-Bd. 248885.

Das am häufigsten gegen eine Erweiterung des SR angeführte Argument ist, dass mit ihr die seit dem Fortfall des Ost-West-Konflikts gegebene „Effizienz" des SR wieder verlorengehen werde („totalement ingérable"). Diejenigen, die dieses Argument gutgläubig vorbringen, gehen von der irrigen Annahme aus, dass der SR gegenwärtig „effizient" arbeitet. Dieses ist jedoch nicht der Fall. Wohl aber ist richtig, dass die Vereinigten Staaten dort, wo starke amerikanische nationale Interessen vorlagen, sich unter Ausübung (auch bilateralen) Drucks auf andere SR-MS in „effizienter" Weise des Instruments Sicherheitsrat bedient haben. Dieses hat dazu geführt, dass der SR bei der großen Mehrheit der VN-Mitglieder jegliche Glaubwürdigkeit verloren hat.

Die wichtigsten Resolutionen der Golfkrise sind ohne die resolute Entschlossenheit der USA, eine VN-Legitimierung der Anwendung von Gewalt zu erwirken, nicht denkbar. Wie der Gang der Ereignisse zeigte, besaßen die USA auch genügend Druckpotenzial, den Golfkrieg zu einem großen Teil von ihren Hauptverbündeten Deutschland und Japan (und anderen) finanzieren zu lassen.[3]

Die Aktivitäten des Kreises der fünf ständigen SR-Mitglieder zur Auflösung langjähriger Regionalkonflikte (Kambodscha, Westsahara, Afghanistan, Angola, Zentralamerika) beruhten auf parallelen Interessen und dem Bewusstsein der damaligen Supermächte, dass sie die Instabilität selbst geschaffen hatten. Die Finanzierung erfolgt wieder über eine Lastenverteilung mit Japan und D (den nach den USA größten Beitragszahlern).

Im Falle Jugoslawiens ist die Orientierungslosigkeit und mangelnde Durchsetzungskraft des SR durch eine bremsende und zögerliche Politik der USA bedingt. Es war nicht einmal möglich, eine tragfähige Koalition zwischen den Europäern und den USA herzustellen. Eines der Motive war und bleibt die Furcht Washingtons, in einen europäischen Krieg verwickelt zu werden. Ferner werden die finanziellen Aspekte vor dem Hintergrund des Präsidentschaftswahlkampfs[4] gewichtiger. Die amerikanische Blockierung eines erweiterten VN-Engagements lockerte sich erst, als angesichts der serbischen sog. „Konzentrationslager" der öffentliche Druck in den USA kurzfristig stark zunahm und bei UNPROFOR II[5] eine Kostenüberwälzung auf die hauptbeteiligten WEU-Staaten gelang.

2) Die Handlungsfähigkeit des SR hängt nicht von seiner jetzigen Zusammensetzung und Mitgliederzahl ab, sondern beruht auf dem politischen Willen der USA, dem Zusammenhalt der drei westlichen SR-Mitglieder und der finanziellen Lastenverteilung mit Deutschland und Japan.

Russland ist nach dem Zerfall der Sowjetunion nur noch ein Mitspieler, der seine nationalen Interessen einer engen bilateralen Zusammenarbeit mit den USA unterordnet. China hat sich bei allen zentralen Entscheidungen in der Golfkrise, Verurteilung von Libyen

3 Dieser Satz wurde von VLR Beuth durch Ausrufezeichen hervorgehoben.
Zu den finanziellen Leistungen der Bundesrepublik im Zusammenhang mit dem Golfkonflikt vgl. AAPD 1991, I, Dok. 68.

4 In den USA fanden am 3. November 1992 Präsidentschaftswahlen, Wahlen zum Repräsentantenhaus sowie Teilwahlen zum Senat und für die Gouverneursämter statt.

5 Zu einer ersten Erweiterung des Mandats von UNPROFOR vgl. Dok. 176.
VLR I Altenburg vermerkte am 6. November 1992: „Mit SR-Res. 776 vom 14.9.1992 wurde das Mandat von UNPROFOR erweitert mit dem Ziel, den Schutz von humanitären Hilfslieferungen in Bosnien-Herzegowina zu übernehmen sowie, auf Bitte des IKRK, den Schutz von Transporten entlassener Gefangener aus den Lagern (UNPROFOR II). Die Einrichtung formeller Sicherheitszonen ist jedoch nicht vorgesehen." Vgl. B 30, ZA-Bd. 158155. Vgl. ferner RESOLUTIONS AND DECISIONS 1992, S. 33.

und Sanktionsbeschlüssen gegen das ehemalige Jugoslawien der Stimme enthalten. Es hat noch nie VN-Blauhelme gestellt und leistet einen Finanzbeitrag von 0,79 Prozent des VN-Budgets. Was sowohl die politisch-formative Kraft als auch die Bereitstellung von Mitteln anbetrifft, bleibt China auch für die überschaubare Zukunft ohne bedeutenden Einfluss im SR. Die BF[6] besitzen keine Sperrminorität, sind auch im Übrigen mangels konstruktiver positiver Zielsetzungen nicht handlungsfähig.

3) Einer Absprache zwischen den Vertretern der fünf Ständigen in New York hinsichtlich der Reformdebatte bedarf es sicher nicht. Da besteht stillschweigende Übereinkunft zur Wahrung des Besitzstandes. Es gibt auch keine Anhaltspunkte, dass dies bei F und GB der Fall ist. Zu beobachten ist, dass die hiesigen Gesprächspartner offenbar flexibler denken als ihre Gegenüber in den Hauptstädten. Der franz. StV[7] sagte mir kürzlich bei einem vertraulichen Gespräch, er halte eine Reform des SR über eine Erweiterung für unausweichlich. Der Anspruch der BF auf mehr Gewicht könne auf Dauer nicht abgewiesen werden. Wegen der explosionsartig wachsenden finanziellen Belastungen der VN, vor allem im FEM[8]-Bereich, müssten auch die beiden größten Wirtschaftsmächte Deutschland und Japan einbezogen werden.

[gez.] Rantzau

B 28, ZA-Bd. 158681

331

Gespräch des Bundesministers Kinkel mit dem britischen Außenminister Hurd

19. Oktober 1992[1]

Gespräch BM mit AM Hurd am 19.10.1992, 13.30 – 14.45 Uhr[2]

Weitere Teilnehmer: Richard Gozney, Leiter Büro Hurd; LMB[3]; Frau Siebourg als Dolmetscherin.

1) Britische Innenpolitik

Hurd berichtete von heutiger Kabinettssitzung und schwieriger Entscheidung der Regierung, 30 000 Bergleute zu entlassen.

6 Blockfreien.

7 Jean-Bernard Mérimée.

8 Friedenserhaltende Maßnahmen.

1 Der Gesprächsvermerk wurde von VLR I Matussek gefertigt. Dazu vermerkte er: „Im Entwurf (von BM noch nicht gebilligt) je gesondert StS K[astrup], StS L[autenschlager] sofort auf den Tisch.“
Hat BM Kinkel am 20. Oktober 1992 vorgelegen.

2 Der britische AM Hurd begleitete Königin Elizabeth II. bei ihrem Besuch vom 19. bis 23. Oktober 1992 in der Bundesrepublik.

3 Leiter des Ministerbüros war Thomas Matussek.

2) Birmingham[4]

Nach Auffassung von *BM* war Birmingham zwar nicht unbedingt ein Medienerfolg im Hinblick auf Maastricht[5]. Jedoch seien sich die Regierungschefs wieder nähergekommen und hätten sich aussprechen können. Die deutsch-britischen Beziehungen hätte man auch gegenüber der Öffentlichkeit wieder in das rechte Licht rücken können. Hinweis auf Foto PM Major/BK in den wichtigsten Zeitungen. AM *Hurd* hält die deutsch-britischen Beziehungen auf allen Ebenen wieder für gut. Insbesondere die Morgensitzung in Birmingham sei gut gelaufen, da die Teilnehmer nicht aufgrund vorbereiteter Unterlagen miteinander gesprochen hätten. Die britische Presse verhalte sich in Bezug auf Birmingham und Maastricht sehr zynisch, jedoch könne man das nicht ändern. Sein Fazit: Man habe zwar kurzfristig keinen Durchbruch erzielt, jedoch eine gute Klärung der Gedanken.

BM sprach sodann das GATT-Problem an. Sein Eindruck sei es, dass man vielleicht doch noch zu einem Durchbruch komme. AM *Hurd* erwiderte, man sei zwar freundlich zu Frankreich gewesen, er bezweifele aber, dass Frankreich sich in den nächsten Tagen bewegen könne. Was sei die Einschätzung des BK?

BM berichtete von seinem Treffen mit AM Dumas in Paris[6] und über das Treffen BK/PM Bérégovoy in Bonn[7]. Dumas sei zwar hart gewesen, Bérégovoy jedoch völlig unflexibel. Mitterrand sei noch relativ am offensten. Sein Gefühl sei es, wenn die USA in der 24/22/18 %-Frage noch etwas nachgeben könnten, könnte auch Mitterrand bereit sein, den Sprung zu wagen. PM Bérégovoy habe BK klar gesagt, wenn F sich bewege, würden die Bauern die Rathäuser in Frankreich stürmen. Im Vertrauen habe man uns außerdem wissen lassen, wenn wir GATT hochgespielt hätten, wäre Mitterrand nicht nach Birmingham gekommen.

AM *Hurd* meinte, aus Sicht der USA seien die nächsten Tage entscheidend. *BM* warf ein, dass die Lage nach den US-Wahlen[8] sicher nicht besser werde.

AM *Hurd* berichtete aus seinem Gespräch mit EGK-Präsident Delors vor zehn Tagen. Dieser sei sehr skeptisch gewesen. Er wolle sich aus dieser Frage heraushalten. Er habe ihn darauf hinweisen müssen, dass er dies als Kommissionspräsident nicht könne.

BM teilte den Eindruck, dass Delors skeptisch sei. Er habe BK gesagt, man dürfe Mitterrand nicht in allem nachgeben. Nach den US-Wahlen würde die Lage nicht besser. Frankreich werde auch im nächsten Jahr Probleme mit seinen Bauern haben. Daher sollte man jetzt noch einmal einen Versuch zur Lösung unternehmen.

4 Zur Sondertagung des Europäischen Rats am 16. Oktober 1992 vgl. Dok. 334.

5 Zum Vertragswerk von Maastricht vgl. Dok. 3, Anm. 8.

6 Zum Gespräch des BM Kinkel mit dem französischen AM Dumas und dem spanischen AM Solana am 12. Oktober 1992 vgl. Dok. 323.

7 BK Kohl und der französische MP Bérégovoy führten am 12. Oktober 1992 ein Gespräch. VLR Geier vermerkte am 13. Oktober 1992, VLR I Bitterlich, Bundeskanzleramt, habe dazu Folgendes mitgeteilt: „GATT: Frz. Meldung über deutsche Unterstützung von französischem Standpunkt [sei] nicht korrekt. Aber D wolle F auch nicht in dieser Frage in die Ecke drängen.“ Vgl. B 24, ZA-Bd. 265995. Vgl. ferner BULLETIN 1992, S. 1039.

8 In den USA fanden am 3. November 1992 Präsidentschaftswahlen, Wahlen zum Repräsentantenhaus sowie Teilwahlen zum Senat und für die Gouverneursämter statt.

3) Jugoslawien/Mazedonien

Beide Minister waren der Meinung, dass die Diskussion zu Jugoslawien gut gelaufen sei. Zu Mazedonien fragte *Hurd*, wie man wohl auf Griechenland einwirken könne. Die Tagesordnung von Edinburgh[9] sei auch ohne Mazedonien schon sehr voll.

BM erwiderte, man müsse nach den US-Wahlen eine Lösung finden. Dies sehe auch der Bundeskanzler so. Wir würden der Eröffnung eines mazedonischen Generalkonsulats hier in Bonn zustimmen und auch andere Maßnahmen vorsehen. Vor deren Implementierung würden wir allerdings die Partner unterrichten. Auch Griechenland würden wir darauf hinweisen, was wir beabsichtigten, damit man sich dort überlegen könne, ob und wie man sich bewegt. Die beiden Formeln „Mazedonien/Skopje" oder „Frühere Republik von Mazedonien" hielten wir beide für akzeptabel. AM *Hurd* meinte, auch Gligorov sei mit beidem einverstanden. Für Griechenland käme jedoch keine derartige Formel infrage. Wir müssten aber dann die Griechen vor die Wahl stellen.

BM kündigte an, seine Beamten noch einmal zu beauftragen, Phantasie zu entwickeln. Vielleicht falle uns noch eine dritte Möglichkeit ein. Dann müsse man allerdings die Griechen vor eine klare Wahl stellen.

Auf Frage von BM, ob die griechische Regierung im Falle einer Bewegung in der Mazedonien-Frage zurücktreten müsse, bekannte AM *Hurd*, dass er dies nicht beurteilen könne. PM Mitsotakis werde in jedem Falle eine Telefonaktion starten. Er war beruhigt, dass BK die Einschätzung von BM teile. Den Hinweis von AM Hurd auf die besonderen Beziehungen von BM Genscher zu Griechenland nahm *BM* auf: Er habe dieses Problem gestern mit Herrn Genscher besprochen. Dieser sehe das Problem genauso wie er. Nach den US-Wahlen müsse es eine Lösung geben. Bis dahin würden PM Mitsotakis und sein Außenminister[10] natürlich engsten Kontakt mit allen beteiligten Europäern suchen.

4) Adria-Einsatz

AM *Hurd* kündigte an, dass er uns morgen ein Papier mit den jüngsten Erkenntnissen über Embargoverstöße in der Adria übergeben werde.[11] Ihm sei bewusst, dass die Bundesregierung bei der nächsten Stufe („stop and search") entscheiden müsse, ob die deutschen Einheiten den gemeinsamen Verband verließen.

BM erläuterte sodann die interne Situation bei uns. Er ging insbesondere auf die Organklage vor dem Bundesverfassungsgericht[12] ein und die Pläne für eine Grundgesetzänderung zur Ermöglichung von Blauhelm- und auch friedenschaffenden Einsätzen der Bundeswehr. Hierfür brauche er die Opposition. Unsere Argumentation in Karlsruhe sei bislang gewesen,

9 Zur Tagung des Europäischen Rats am 11./12. Dezember 1992 vgl. Dok. 421.

10 Michalis Papakonstantinou.

11 Für das undatierte, am 20. Oktober 1992 übergebene britische Papier „Sanctions Monitoring in the Adriatic" vgl. B 1, ZA-Bd. 178951.
VLR I Bertram vermerkte am 23. Oktober 1992: „Insgesamt wird aus dem Text und den Anlagen kein eindeutiger Nachweis einer zunehmenden Embargoverletzung erkennbar. Die Embargoverstöße werden nur vermutet. Insofern ist der britische Wunsch nach einer SR-Resolution zu ‚Stop and Search' durch die Fakten eher schwach abgestützt." Vgl. B 1, ZA-Bd. 178951.

12 Die SPD-Fraktion leitete am 7. August 1992 ein Organstreitverfahren gegen die Bundesregierung vor dem Bundesverfassungsgericht ein (2 BvE 3/92). Für die Antragsschrift vgl. Klaus Dau, Gotthard Wöhrmann (Hg.), Der Auslandseinsatz deutscher Streitkräfte: Eine Dokumentation des AWACS-, des Somalia- und des Adria-Verfahrens vor dem Bundesverfassungsgericht, Heidelberg 1996, S. 377–404.

der Adria-Einsatz lediglich zur Kontrolle sei kein „Einsatz“ im Sinne des Art. 87a GG[13]. Wenn nunmehr die zwölf EG-Staaten eine UNO-Sicherheits[rats]resolution durchsetzen wollten, die darüber hinausgehe, gäbe es für uns nur die Möglichkeit des Abzugs unseres Schiffs. Der Bundeskanzler hielte dies nicht für nötig. Aber er werde sich innerhalb der Bundesregierung mit seiner Auffassung durchsetzen, weil sonst die SPD eine einstweilige Verfügung in Karlsruhe erwirken würde. Wenn wir dann abdrehten, wäre dies eine mit Gesichtsverlust verbundene politische Niederlage. Er bleibe jedoch dabei: Wenn es Beweise für zunehmende Embargobrüche in der Adria gäbe, würden wir uns dem Zustandekommen eines entsprechenden Sicherheitsratsbeschlusses nicht widersetzen. Er werde dann vor den Bundestag treten und die Lage objektiv darstellen. Er werde argumentieren, dass sich gezeigt habe, dass die reine Beobachtung nicht ausreiche. Wir dürften Maßnahmen zur Durchsetzung des Embargos nicht verhindern und müssten daher abdrehen. Auf Frage nach einem Zeitplan für die geplante Grundgesetzänderung erläuterte BM die Schwierigkeiten in der SPD. Petersberger Beschlüsse zu Asyl und Bundeswehreinsätzen.[14] AM *Hurd* sicherte zu, dass man uns nicht unter Druck setzen werde. *BM* berichtete sodann, dass er auch ausführlich mit AM van den Broek gesprochen habe[15], der unsere Situation verstehe. Es habe eine gute Aussprache über Irritationspunkte in der Vergangenheit gegeben. Er habe ihm gesagt, dass auch wir auf NL Rücksicht nehmen würden, wo dies aus dortiger Sicht für notwendig gehalten wird. Eagleburger habe er gebeten, uns CIA-Unterlagen zur Verfügung zu stellen über mögliche Embargobrüche in der Adria. Aufgrund dieser Unterlagen würden wir entscheiden.

Auf Frage von AM *Hurd*, ob die Bundeswehr sich mit Logistik oder als „Backup“ an einer solchen Aktion beteiligen könne, antwortete *BM* mit Ja. Dies sei jedoch für uns politisch demütigend.

BM erläuterte sodann die innenpolitischen Schwierigkeiten, die wir mit dem geplanten Einsatz von AWACS-Flugzeugen über Österreich und Ungarn haben würden[16], und unterstrich damit die Notwendigkeit einer Grundgesetzänderung.

5) Asyl/Flüchtlinge

BM erläuterte AM Hurd unsere Verfassungslage und ihre praktischen Auswirkungen auf das Asylantenproblem.

13 Für Artikel 87a GG vom 23. Mai 1949 in der Fassung vom 24. Juni 1968 vgl. BGBl. 1968, I, S. 711.

14 Auf einer Klausurtagung am 21./22. August 1992 im Gästehaus Petersberg erarbeitete die SPD unter Leitung ihres Vorsitzenden Engholm ein Sofortprogramm, das in Projektgruppen und Parteigremien weiter diskutiert werden sollte. Vgl. PRESSESERVICE DER SPD, hrsg. von Karlheinz Blessing, Bonn, 25. August 1992, Nr. 578/92.
In der Presse wurde berichtet: „In der Asylfrage solle das individuelle Grundrecht im Prinzip erhalten bleiben. Das individuelle Recht auf Asyl solle jedoch künftig für solche Ausländer nicht gelten, die keine oder mutwillig falsche Angaben zu ihrer Person machten oder die aus Staaten kämen, in denen nach verbindlicher Feststellung des UNO-Flüchtlingskommissars politische Verfolgung nicht stattfinde. [...] In der UNO-Frage bekräftigte Engholm die Bereitschaft seiner Partei, mittels einer Grundgesetzänderung der Bundeswehr die Teilnahme an friedenserhaltenden Blauhelm-Einsätzen der UNO zu ermöglichen. Dazu gehöre auch die Sicherung von humanitären Maßnahmen.“ Vgl. den Artikel „SPD signalisiert Bereitschaft zu Kompromissen“; SÜDDEUTSCHE ZEITUNG vom 24. August 1992, S. 1.

15 BM Kinkel und der niederländische AM van den Broek trafen am 11. Juni 1992 in Den Haag zusammen. Vgl. Dok. 173.

16 Zur Frage der Beteiligung der Bundesrepublik am Einsatz von AWACS-Flugzeugen zur Überwachung des Flugverbots über Bosnien-Herzegowina vgl. Dok. 327 und Dok. 344.

AM *Hurd* kam auf sein Versprechen in Brocket Hall[17] zurück, uns in der Frage der Flüchtlingsströme zu helfen. Er hätte mit seinem britischen Innenministerkollegen[18] über unsere Idee einer gemeinsamen Sitzung der Außen- und Innenminister der Zwölf gesprochen. Der sei nicht enthusiastisch gewesen. Man könne überlegen, ob man in Edinburgh eine Erklärung zur Flüchtlingsfrage verabschiede, die auch die Elemente Einwanderung, Hilfe zum Bleiben, Handel, etc. beinhalte.

BM erwiderte, dass er ein Treffen der Außen- und Innenminister der zwölf EG-Staaten mit den wichtigsten Durchgangsländern Polen, ČSFR, Schweiz und Österreich für besser halten würde. Dies müsse jedoch gut vorbereitet sein. Hierfür könne man eine Arbeitsgruppe aus den 16 Ländern zusammenrufen. Als Resultat müsse herauskommen ein größeres Verständnis für die gegenseitigen Probleme, eine Annäherung an die Prozeduren der Genfer Konvention[19] und der Menschenrechtskonvention[20], die Anerkennung des Asylverfahrens im jeweils anderen Land (z.B. wenn in Frankreich ein Asylverfahren durchlaufen wurde, kann kein Antrag in Deutschland gestellt werden), die Einigung auf dasselbe Procedere in allen 16 Ländern, also gleicher Standard. Dies sei sicher nicht auf einer Konferenz erreichbar. Man könne jedoch ein Signal nach außen geben. Zur Vorbereitung rege er an, ein Expertentreffen (je ein Beamter aus Innen- und Außenministerium) der beiden Hauptbetroffenen GB (Präsidentschaft) und D (Hauptaufnahmeland) einzuberufen. AM *Hurd* stimmte diesem Gedanken sofort zu.

B 1, ZA-Bd. 178945

332

Schreiben des Bundesministers Kinkel an den Fernsehmoderator Jauch

19. Oktober 1992[1]

Lieber Herr Jauch!

Ich hatte Ihnen ja zugesagt, nochmals auf die Stern-TV-Sendung vom vergangenen Mittwoch[2] zurückzukommen. Das will ich hiermit tun.

Noch immer bin ich erschüttert von den Bildern aus dem Kinderkrankenhaus in Bagdad. Ich bin deshalb allem sehr genau nachgegangen.

17 In Brocket Hall fand am 12./13. September 1992 ein informelles Treffen der Außenminister der EG-Mitgliedstaaten im Rahmen der EPZ statt. Vgl. Dok. 303, Anm. 7.

18 Kenneth Clarke.

19 Für das Abkommen vom 28. Juli 1951 über die Rechtsstellung der Flüchtlinge (Genfer Flüchtlingskonvention) und das Protokoll vom 31. Januar 1967 über die Rechtsstellung der Flüchtlinge vgl. BGBl. 1953, II, S. 560–589, bzw. BGBl. 1969, II, S. 1294–1298.

20 Für die Konvention vom 4. November 1950 zum Schutze der Menschenrechte und Grundfreiheiten sowie das Zusatzprotokoll vom 20. März 1952 vgl. BGBl. 1952, II, S. 686–700, bzw. BGBl. 1956, II, S. 1880–1883.

1 Kopie.

2 14. Oktober 1992.

Wer ist schuld an der Lage dieser Kinder? Dieser zentralen Frage ist Ihr Filmbeitrag ausgewichen. Der Name Saddam Hussein ist, wie ich bereits während des Interviews sagte, nicht einmal gefallen. Bei der Frage der Schuld und der Verantwortlichkeit kommt man aber an seiner Person nicht vorbei. Sein Taktieren und Finassieren sind der Grund dafür, dass Frauen und Kinder im Irak, soweit sie nicht der Führungselite angehören, leiden müssen.

Die Begründung hierfür: Die Versorgung irakischer Krankenhäuser mit Medikamenten und anderen notwendigen Gütern war und ist von dem gegen den Irak verhängten Wirtschaftsembargo der VN nicht betroffen, auch wenn dies fälschlicherweise immer wieder behauptet wird. Eine Vielzahl nationaler und internationaler Hilfsorganisationen hat von dieser Möglichkeit problemlos Gebrauch gemacht. Die Bundesregierung hat die meisten dieser Hilfsprogramme massiv unterstützt und gefördert und tut dies weiter. Wir sind also für die Unterversorgung der irakischen Zivilbevölkerung nun wirklich nicht mitverantwortlich.

In allen irakischen Krankenhäusern herrscht erheblicher Mangel an den meisten medizinischen Verbrauchsgütern. Eine Ausnahme bilden die der staatlichen Elite (Partei, Regierung, Armee) vorbehaltenen medizinischen Einrichtungen. Abgesehen davon, dass der irakischen Führung die Mangellage aus propagandistischen Gründen offensichtlich nicht ungelegen kommt, wissen wir darüber hinaus von Hilfsorganisationen, dass bestimmte Versuche zur Verbesserung der Versorgungslage an Krankenhäusern von staatlichen irakischen Stellen be- oder verhindert wurden.

Es steht dem Irak frei, selbst überall auf der Welt die Medikamente einzukaufen, die er zur Versorgung der Bevölkerung benötigt. Dies geschieht auch in einem gewissen Umfang. Derartige Lieferungen müssen allerdings bezahlt werden, und hier beginnt das eigentliche Problem, auch wegen der eingefrorenen Guthaben des Irak. Als integraler Teil des Wirtschaftsembargos wurden jegliche Transferleistungen von oder an irakische Stellen und Einzelpersonen untersagt. Aufgrund dieses Teils des Embargo-Beschlusses vom 6. August 1990 (SR-Res. 661[3]) wurden alle irakischen Guthaben bei deutschen Geschäftsbanken eingefroren. Von der nach § 52 Außenwirtschaftsverordnung[4] (AWV) möglichen Ausnahmegenehmigung hat die Deutsche Bundesbank in Abstimmung mit der Bundesregierung bisher keinen Gebrauch gemacht. Bei dieser restriktiven Praxis folgt die Bundesregierung einem entsprechenden Beschluss der EG-Außenminister.

Der Irak ist ein reiches Land mit gewaltigen Erdölvorkommen. Mit der Verhängung des Embargos ist der Export dieses Produkts praktisch zum Erliegen gekommen. Der Sicherheitsrat hat der irakischen Regierung daher im August 1991 angeboten, den Export von Erdöl unter der Kontrolle der VN in begrenztem Umfang wiederaufzunehmen, um die vor und während des Golfkriegs verursachten Schäden zu ersetzen und auch um Medikamente und andere Erzeugnisse des humanitären Bedarfs wieder selbst einkaufen zu können. Es war vorgesehen, die Erlöse in gleichen Teilen unter anderem auch zur Finanzierung der vorerwähnten Zwecke zu verwenden. Auf dieses Angebot ist die irakische Regierung bis

3 Für die Resolution Nr. 661 des VN-Sicherheitsrats vom 6. August 1990 vgl. RESOLUTIONS AND DECISIONS 1990, S. 19f. Für den deutschen Wortlaut vgl. EUROPA-ARCHIV 1991, D 43. Vgl. ferner AAPD 1990, II, Dok. 240.

4 In der 1992 gültigen Fassung der AWV vom 18. Dezember 1986 war § 52 aufgehoben. Vgl. BGBl. 1986, I, S. 2694.

auf den heutigen Tag nicht eingegangen. Vor diesem Hintergrund hat sich die Völkergemeinschaft dafür eingesetzt, dass durch Freigabe irakischer Guthaben in Bagdad nicht der Eindruck erweckt werden darf, als könne der Irak sich seiner Pflichten aus der Waffenstillstandsresolution[5] entziehen. Der Irak selbst trägt also die Verantwortung dafür, wenn ihm Mittel zum Import[6] von Medikamenten nicht im ausreichenden Maß zur Verfügung stehen. Die irakische Regierung ist es, die die eigene Bevölkerung zur Geisel einer verbrecherischen Expansionspolitik gemacht hat und sie auch anderthalb Jahre nach der militärischen Niederlage im Golfkrieg nicht aus der Geiselhaft entlassen will.

Gleichwohl habe ich überlegt, ob wir nicht angesichts der schrecklichen Bilder einfach im konkreten Fall mit Mitteln aus unserer humanitären Hilfe helfen sollten. Wir haben im Auswärtigen Amt lange darüber gesprochen, und ich bin nach Abwägung aller Umstände schweren Herzens zu dem Ergebnis gekommen, dass wir nicht aus der Völkergemeinschaft ausscheren sollten, weil dies sicher auch von der irakischen Führung zu propagandistischen Zwecken verwandt und damit letztendlich insgesamt die Situation eher verschlechtern würde. Ich bitte für diese Haltung um Verständnis.

Es ist sehr schade, dass man so etwas nicht mal ausführlich im Fernsehen darstellen kann.

Mit freundlichen Grüßen
Ihr Kinkel

B 1, ZA-Bd. 366027

333

Vermerk des Vortragenden Legationsrats I. Klasse Erck

202-363.60 **20. Oktober 1992[1]**

Betr.: NATO-Verteidigungshilfe[2];
hier: Unterrichtung der Botschafter der Empfängerländer über die Kürzung der Mittel

1) Nachdem der Auswärtige Ausschuss am 7. Oktober und der Haushaltsausschuss am 15. Oktober 1992 den Abschluss neuer Tranchenabkommen mit den Empfängerländern von NATO-Verteidigungshilfe gebilligt hatte, unterrichtete D 2[3] heute die Botschafter

5 Für die Resolution Nr. 687 des VN-Sicherheitsrats vom 3. April 1991 vgl. RESOLUTIONS AND DECISIONS 1991, S. 11–15. Für den deutschen Wortlaut vgl. EUROPA-ARCHIV 1991, D 227–233.

6 Korrigiert aus: „Export".

1 VLR I Erck notierte, MD Chrobog habe den Vermerk am 20. Oktober 1992 gebilligt.
Hat LRin Wolf am 21. Oktober 1992 vorgelegen.

2 Zur NATO-Verteidigungshilfe für Griechenland, Portugal und die Türkei vgl. Dok. 115.

3 Jürgen Chrobog.

der Türkei[4], Griechenlands[5] und Portugals[6] über die Kürzung der Mittel (Türkei 68,2 Mio. DM, Griechenland 33,3 Mio. DM und Portugal 18,2 Mio. DM für die Haushaltsjahre 1992–94). Er wies auch darauf hin, dass mit Beginn des Haushaltsjahres 1995 keine Mittel für die Verteidigungshilfe mehr zur Verfügung stünden. Die Gründe für die Kürzung der Hilfe (Haushaltslage, veränderte politische Verhältnisse) wurden den Botschaftern ausführlich erläutert. D 2 unterrichtete sie auch über den bevorstehenden Abschluss der neuen Tranchenabkommen, die vom BMVg mit den Empfängerländern ausgehandelt würden. Die Experten beider Seiten würden deshalb jetzt unmittelbar in Verbindung treten. Es sei uns sehr daran gelegen, die Verhandlungen so bald wie möglich abzuschließen, um noch einen möglichst hohen Mittelabfluss im laufenden Haushaltsjahr zu erreichen.

2) Die Botschafter nahmen die Erklärungen von D 2 zur Kenntnis und zeigten in Anbetracht der Haushaltslage der Bundesregierung Verständnis für die Kürzung der Verteidigungshilfe. Der türkische und griechische Botschafter stellten noch die Frage, ob die genannten Summen auch die Altverpflichtungen beinhalteten. D 2 wies darauf hin, dass es sich hierbei nur um die Neuverpflichtungen handele. Die Altverpflichtungen seien bereits gesondert berücksichtigt worden. Auf eine entsprechende weitere Frage des türkischen Botschafters wies D 2 darauf hin, dass gegenwärtig innerhalb der Bundesregierung geprüft werde, ob die Türkei nach dem für 1995 vorgesehenen Auslaufen der Verteidigungshilfe eine Kompensation auf anderen nichtmilitärischen Gebieten erhalten könne. Diese Überlegungen seien jedoch noch nicht abgeschlossen. D 2 hob gegenüber dem türkischen Botschafter besonders hervor, dass die Türkei in keiner Weise diskriminiert werde. Die Kürzung der Verteidigungshilfe erfolge nach einem auch in der Vergangenheit angewandten Schlüssel in gleicher Weise für die Empfängerländer Griechenland und Portugal. Der türkische Botschafter äußerte sich hierüber befriedigt. Er wies abschließend noch darauf hin, dass er die Möglichkeiten für einen baldigen Vertragsabschluss über den Bau von MEKO-Fregatten zwischen der deutschen Industrie und der türkischen Seite positiv beurteile.[7] Allerdings seien noch einige Einzelheiten der Finanzierung zu klären.

Der türkische und der griechische Botschafter stellten noch Fragen nach den Modalitäten für die Materialhilfe. D 2 wies darauf hin, dass die Materialhilfe, für die das BMVg federführend sei, nach der Befassung der zuständigen Bundestagsausschüsse ebenfalls wieder anlaufen könne bzw. schon angelaufen sei. Hier habe es vor allem noch eine offene Frage wegen der Finanzierung der Transportkosten gegeben. Inzwischen sei geklärt, dass die Transportkosten für die Materialhilfe aus Mitteln der Verteidigungshilfe bezahlt werden könnten. Wegen der weiteren Einzelheiten verwies D 2 auf die Zuständigkeit des BMVg.

Erck

B 29, ZA-Bd. 213064

4 Onur Öymen.

5 Ioannis Bourloyannis-Tsangaridis.

6 António d'Oliveira Pinto da França.

7 Zur Frage der Lieferung von MEKO-Fregatten an die Türkei vgl. Dok. 223, Anm. 17.
Referat 223 vermerkte am 9. November 1992, ein Vertrag über die Lieferung zweier Fregatten mit einem Auftragswertanteil von 700 Millionen DM für die deutsche Seite „wurde vom deutschen Schiffsbaukonsortium (Thyssen Rheinstahl Technik GmbH/Blohm und Voss AG) und der türkischen Marine zwar paraphiert, die Unterschrift ist jedoch von der Freigabe der deutschen Militärhilfe durch den Verteidigungsausschuss des Deutschen Bundestages abhängig gemacht worden. Der erste Unterschriftstermin am 23. Juli 1992 ist daher von türkischer Seite kurzfristig abgesagt worden." Vgl. B 29, ZA-Bd. 213069.

334

Runderlass des Vortragenden Legationsrats Koenig

012-9-312.74 VS-NfD **Aufgabe: 20. Oktober 1992**[1]
Fernschreiben Nr. 63 Ortez

Betr.: ER am 16.10.92 in Birmingham

1) Kurzfristig angesetzte Sondertagung des ER in Birmingham am 16.10.92 erbrachte Übereinstimmung über Fortsetzung der Ratifikation des Vertrags über die Europäische Union im vorgesehenen Zeitrahmen.[2] Wesentliches Ziel des ER war auch, auf die Besorgnisse in der Bevölkerung einzugehen. In diesem Zusammenhang einigte sich der ER darauf, die Gemeinschaftstätigkeit – auf der Grundlage des Vertrags – stärker an den Prinzipien der Bürgernähe, der Subsidiarität, der Transparenz und der Demokratie auszurichten. Weitere Themen waren die wirtschaftliche und monetäre Lage, die Uruguay-Runde[3], die humanitäre Hilfe im ehemaligen Jugoslawien und in Somalia. Diese Themen finden ihren Niederschlag in den Schlussfolgerungen des ER. Zur Bürgernähe der Gemeinschaftstätigkeit verabschiedete ER die „Erklärung von Birmingham". Wegen des Textes der Schlussfolgerungen und der Erklärung wird auf die übliche Veröffentlichung im Bulletin verwiesen.[4] Angesprochen wurden auch verschiedene der in Edinburgh[5] anstehenden Themen, u. a. das Delors II-Paket[6], die Erweiterung, die zusätzlichen 18 deutschen Abgeordneten im EP[7], ohne Niederschlag in den Schlussfolgerungen zu finden.

2) Hauptzweck der Tagung war es, den Regierungen mit innenpolitischen Schwierigkeiten bei der Ratifizierung, d. h. GB und DK, den Rücken zu stärken. Hierzu hat der ER beigetragen. Es ist gelungen, Einigkeit zu demonstrieren, wenngleich die Resonanz in der Öffentlichkeit, jedenfalls in GB, von einer am Vortag angekündigten Zechenstilllegung größeren Ausmaßes überschattet wurde. Entscheidungen standen in Birmingham nicht an. Sie bleiben dem ER Edinburgh vorbehalten, dessen Vorbereitung Birmingham diente.

Birmingham war entgegen einer im Vorfeld verbreiteten Charakterisierung kein Krisengipfel. Themen wie das Zinsgefälle EG/USA, die Funktionsweise des EWS nach den Turbulenzen im September des Jahres[8] oder die Regelung des dänischen Problems waren nicht Gegenstand der Tagung bzw. nicht Gegenstand vertiefter Beratung. Im Einzelnen ist hervorzuheben:

1 Der Runderlass wurde von VLR I Kaufmann-Bühler konzipiert.
Hat VLR Rode am 20. Oktober 1992 vorgelegen.

2 Zum Inkrafttreten des Vertrags vom 7. Februar 1992 über die Europäische Union vgl. Dok. 300, Anm. 5.

3 Zu den GATT-Verhandlungen vgl. Dok. 339.

4 Für die Schlussfolgerungen der Sondertagung des Europäischen Rats, die „Erklärung von Birmingham" sowie die Erklärungen zum ehemaligen Jugoslawien und zu Somalia vgl. BULLETIN 1992, S. 1057–1059.

5 Zur Tagung des Europäischen Rats am 11./12. Dezember 1992 vgl. Dok. 421.

6 Zum „Delors-Paket II" vgl. Dok. 313.

7 Zur Frage der Erhöhung der Zahl der Mitglieder des Europäischen Parlaments vgl. Dok. 162, Anm. 36.

8 Zur Krise im EWS vgl. Dok. 283 und Dok. 290.

3) Zum Vertrag von Maastricht

Der ER bekräftigte die Entschlossenheit, den Ratifikationsprozess in allen zwölf MS fristgerecht und ohne Neuverhandlungen fortzusetzen. Er blieb damit auf der Linie der Aussagen des ER Lissabon vom Juni d.J.[9] und des Allgemeinen Rates vom 21.9.1992 in New York unmittelbar nach dem französischen Referendum[10]. Er erteilte allen Spekulationen über ein Europa der zwei Geschwindigkeiten eine klare Absage.

Der ER nahm Kenntnis von dem am 9.10. in Kopenhagen vorgelegten Weißbuch[11], verzichtete aber auf weitere Aussagen hierzu, um der Meinungsbildung unter den dänischen Parteien nicht vorzugreifen. Er fasste ins Auge, auf dem ER Edinburgh den Rahmen für eine Lösung – auf der Grundlage entsprechender Vorarbeiten der Außenminister – zu vereinbaren.

Der Europäische Rat nahm die Kritik in der Öffentlichkeit und die Besorgnisse in der Bevölkerung auf, die in einer Reihe von Mitgliedstaaten offenbar geworden sind. Dies war das zentrale Thema von Birmingham. Die Antwort ist die Entschlossenheit, den Vertrag von Maastricht in die Tat umzusetzen unter Verdeutlichung der Elemente, die der Vertrag im Hinblick auf die Wahrung der nationalen Identität der MS, mehr Demokratie und Bürgernähe enthält und die in der Erklärung von Birmingham hervorgehoben werden, die den Titel trägt „Eine bürgernahe Gemeinschaft".

Die Erklärung beginnt mit einem politischen Grundsatzbekenntnis der Gemeinschaft als Hort der Stabilität und des Wohlstands und dem Bekenntnis zur Notwendigkeit der Ratifizierung des Vertrags, um weitere Fortschritte bei der Schaffung der Europäischen Union erzielen zu können. Elemente der Erklärung von Birmingham sind:

- Die Verdeutlichung der Vorteile der Gemeinschaft und des Vertrags von Maastricht.
- Das Bestreben nach mehr Transparenz, z.B. durch die Öffnung von Ratstagungen, wenn auch in sehr begrenztem Umfang, oder stärkere Vorabkonsultationen der Kommission vor der Vorlage von Vorschlägen, z.B. durch Grünbücher.
- Die Betonung der Rolle des EP, worauf wir besonderen Wert gelegt hatten, aber auch die Hervorhebung der Rolle der nationalen Parlamente, ihrer Zusammenarbeit mit dem EP, einschließlich der Konferenz der Parlamente (Assisen), sowie der Rolle des im Vertrag von Maastricht neu geschaffenen Regionalausschusses
- Das Subsidiaritätsprinzip, das als „Grundsatz der Bürgernähe" bezeichnet wird und über dessen Anwendung in der Praxis Rat und Kommission Leitlinien, wie schon in Lissabon beschlossen worden war, zum Verfahren und den anzuwendenden Kriterien entwickeln sollen.

  Das Subsidiaritätsprinzip, zu dem auch die Bundesregierung ein Memorandum vorgelegt hatte (das die Botschaften im Blauen Dienst erhalten[12]), erweist sich immer mehr als Kernstück der Debatte über eine bürgernahe Gemeinschaft. Es soll u.a. dazu dienen, zentralistischen Tendenzen entgegenzuwirken. Die Festlegung der Leitlinien, über die noch unterschiedliche Auffassungen unter den Mitgliedstaaten bestehen, soll im Ein-

9 Zur Tagung des Europäischen Rats am 26./27. Juni 1992 vgl. Dok. 201.

10 Zum Referendum am 20. September 1992 in Frankreich vgl. Dok. 293.
Zur außerordentlichen EG-Ministerratstagung vgl. Dok. 300.

11 Zum dänischen Weißbuch vgl. Dok. 323, Anm. 9.

12 Für das am 21. September 1992 in Brüssel vorgelegte „Memorandum der Regierung der Bundesrepublik Deutschland zum Subsidiaritätsprinzip" vgl. B 5, ZA-Bd. 170474.

vernehmen mit dem EP vorgenommen werden. Das Gleichgewicht der Organe und die Kompetenzzuweisungen des Vertrags sollen aber nicht beeinträchtigt werden; ebenso wenig soll hiermit ein Eingriff in die innerstaatliche verfassungsmäßige Ordnung (wichtig z.B. für Spanien) verbunden sein.

4) Zur wirtschaftlichen und monetären Zusammenarbeit

Der ER äußerte seine Sorge über das geringe Wachstum und steigende Arbeitslosigkeit, bekannte sich unverändert zur Politik der Inflationsbekämpfung, der Haushaltsdisziplin und der Marktwirtschaft als Voraussetzung für Wirtschaftsaufschwung, die Schaffung neuer Arbeitsplätze und Konvergenz, letztere insbesondere im Hinblick auf die Erfüllung der Kriterien des Maastrichter Vertrags zur Schaffung der WWU. Angesichts der kürzlichen Turbulenzen im EWS bekräftigte der ER sein Festhalten am EWS als Schlüsselfaktor für die wirtschaftliche Stabilität und den Wohlstand in Europa, und wie schon der ECOFIN-Rat am 28.9.92[13] sieht der ER die Notwendigkeit von „Überlegungen und Analysen" zur weiteren Entwicklung des EWS. Er beauftragte mit diesen Arbeiten die Wirtschafts- und Finanzminister unter Beteiligung des Währungsausschusses, der Kommission und der Notenbankpräsidenten. Für uns ist wichtig die Tatsache, dass die Regeln des EWS, die wir für ausreichend halten, nicht infrage gestellt werden.

5) Uruguay-Runde

Die vor allem im Agrarbereich im Verhältnis EG/USA schwierigen Verhandlungen der Uruguay-Runde waren kurz vor dem ER in Bewegung geraten. Der ER hat Fortschritte anerkannt und die Kommission bestärkt, ihre Verhandlungen mit dem Ziel möglichst baldiger Einigung fortzusetzen. Gelegenheit hierzu bieten u.a. die vierseitigen Handelsgespräche EG/USA/CDN/Japan in Toronto in dieser Woche. Der Bundeskanzler hob hervor, dass man wesentlich weiter sei als zur Zeit des Wirtschaftsgipfels in München[14]. Es gilt jetzt, die Zeit bis zu den Wahlen in den USA[15] noch zu nutzen, zumal die 1993 möglicherweise bestehenden innenpolitischen Konstellationen in den USA, aber auch in Europa, unter Umständen kaum mehr Flexibilität gestatten werden.

Wichtig war, dass auf dem ER kein Partner unzumutbar unter Druck gesetzt wurde. Dies konnte vermieden werden. Auch der französische Staatspräsident[16] anerkannte ausdrücklich die erzielten Fortschritte, auch wenn sie noch nicht als ausreichend angesehen wurden.

6) Erklärung zum ehemaligen Jugoslawien

In einer Erklärung zum ehem. Jugoslawien gab der ER auf Initiative des Bundeskanzlers den politischen Anstoß zu einer weiteren Intensivierung der humanitären Hilfe. Wie BK hervorhob, kommt es angesichts des bevorstehenden Winters insbesondere darauf an, alle Energien für die Schaffung winterfester Unterkünfte für die Flüchtlinge sowie für ihre Versorgung mit Nahrungsmitteln, ärztlicher Hilfe und anderem Bedarf einzusetzen. Zur praktischen Durchführung verwies BK auf die Erfahrungswerte aus der Winterhilfe für Moskau und St. Petersburg im letzten Jahr.

13 Zur EG-Ratstagung auf der Ebene der Wirtschafts- und Finanzminister in Brüssel vgl. die Schlussfolgerungen; BULLETIN DER EG 9/1992, S. 13.

14 Zum Weltwirtschaftsgipfel vom 6. bis 8. Juli 1992 vgl. Dok. 225.

15 In den USA fanden am 3. November 1992 Präsidentschaftswahlen, Wahlen zum Repräsentantenhaus sowie Teilwahlen zum Senat und für die Gouverneursämter statt.

16 François Mitterrand.

In der Erklärung wird die Ankündigung von Mitteln der EG und der MS mit einem Appell an die internationale Gemeinschaft verbunden, ihrerseits dazu beizutragen. BM erläuterte hierzu, dass sich die Erwartungen insofern insbesondere auch auf die Hilfe durch islamische Staaten richten. Im Übrigen setzte der ER Akzent auf Maßnahmen zur Förderung der praktischen Durchführung der Hilfsmaßnahmen und ihre Überwachung in enger Zusammenarbeit mit UNHCR.

Der zweite Teil der Erklärung enthält Aussagen des ER zu den aktuellen politischen Fragen: erneute Verurteilung der eigentlichen Urheber des Problems. Unterstützung von Owen und Vance in Bemühung um Beendigung der Kampfhandlung und um politische Lösung. Drängen auf baldige Entsendung weiterer VN-Truppen (UNPROFOR II[17]). ER bekräftigt Aufrechterhaltung von Sanktionen und Waffenembargo.[18] Appell zur Mäßigung und konstruktiver Verhandlung im Kosovo. Zu Makedonien unterstreicht ER das Prinzip, dass dieser wirtschaftlich besonders schwer betroffene Teil des ehem. Jugoslawiens nicht unbeabsichtigt Opfer der VN-Sanktionen werden dürfe. ER stellte klar, dass bei Nichtbeachtung des Verbots militärischer Flüge (VN-SR-Res. 781[19]) weitere Maßnahmen geprüft werden müssen.

7) Somalia

Auf irische Initiative richtete ER erneuten Appell an Parteien in Somalia, Kämpfe einzustellen und schnelle humanitäre Hilfen zu ermöglichen. Unterstützung der VN-Bemühungen durch Botschafter Sahnoun und der Genfer Konferenz vom Oktober[20]. Hinweis auf laufende Hilfen der EG und MS, zu denen deutsche Transportflüge wesentlichen Beitrag leisten. Drängen auf schnelle und landesweite Stationierung von VN-Truppen, wo immer sie benötigt werden.[21] Auftrag an Präsidentschaft, den VN-GS[22] wegen Beschleunigung der Stationierungen zu konsultieren. Unterstützung für einen belgischen Beitrag zu den VN-Streitkräften.

Im Auftrag
Koenig

B 5, ZA-Bd. 161325

17 Zur Erweiterung des Mandats von UNPROFOR vgl. Dok. 330, Anm. 5.

18 Vgl. die Resolution Nr. 713 des VN-Sicherheitsrats vom 25. September 1991; RESOLUTIONS AND DECISIONS 1991, S. 42 f. Für den deutschen Wortlaut vgl. EUROPA-ARCHIV 1991, D 550–552.
Vgl. auch die Resolution Nr. 757 des VN-Sicherheitsrats vom 30. Mai 1992; Dok. 159, Anm. 12.

19 Zur Resolution Nr. 781 des VN-Sicherheitsrats vom 9. Oktober 1992 vgl. Dok. 327.

20 Eine internationale Konferenz über humanitäre Hilfe für Somalia wurde am 12./13. Oktober 1992 abgehalten.

21 Zur VN-Friedensmission für Somalia vgl. Dok. 248, Anm. 10.

22 Boutros Boutros-Ghali.

335

Gespräch des Bundesministers Kinkel mit dem amerikanischen Verteidigungsminister Cheney

22. Oktober 1992[1]

Von BM gebilligt.

Am 22.10. führte BM ein ca. 30-min. Gespräch mit Verteidigungsminister Cheney (Ch.) im Auswärtigen Amt.

Ch. wurde begleitet von Assistant Secretary of Defense Bruce Weinrod, Botschafter Kimmitt und dem Gesandten der US-Botschaft, Bandler.

Teilnehmer auf deutscher Seite: D 5[2], Dg 20[3], RL 201[4], RL 013[5], LMB[6], VLR Brose (010).

BM eröffnet das Gespräch mit Hinweis darauf, dass eine neue Sicherheitsrats-Resolution zur Verschärfung der Überwachungsmaßnahmen in der Adria durch „Stop and Search“ möglich erscheine. Dies würde Deutschland in große innenpolitische Schwierigkeiten bringen, da es sich an einer derartigen Maßnahme nicht beteiligen könnte. Das deutsche Schiff müsste zurückgezogen werden. BM stellte die bereits an AM Eagleburger gerichtete Frage, ob US gesicherte Erkenntnisse über Embargoverletzungen aus diesem Raume durch Schiffe habe.

Cheney bestätigte, dass es für „Stop and Search“ eines neuen Sicherheitsratsbeschlusses bedürfe, der aber gegenwärtig von US nicht angestrebt werde. Die meisten Embargo-Verstöße erfolgten auf dem Landweg und über die Donau.

BM griff Frage nochmals auf und erläuterte ihre Bedeutung vor dem Hintergrund der anhängigen Organklage der SPD.[7] Der Ausgang der Verfassungsklage werde mitentscheiden über die von uns gewünschte Verfassungsänderung. GB behaupte, es lägen nachrichtendienstliche Erkenntnisse über Embargoverstöße durch Schiffe in der Adria vor. Besonders europäische Partner, insb. UK, F, DK, NL, drängten auf eine Verschärfung der Überwachungsmaßnahmen. Sie würden auf unsere besondere Situation nur dann Rücksicht nehmen, wenn es keinen Nachweis für derartige Verstöße gebe. Er bitte deshalb die amerikanische Seite, uns relevante Informationen zu liefern.

Cheney sagte Prüfung und baldige Antwort zu.

1 Kopie.
Der Gesprächsvermerk wurde von VLR I Bertram am 27. Oktober 1992 gefertigt und an das Ministerbüro geleitet.
Hat VLR Brose am 27. Oktober 1992 vorgelegen.

2 Antonius Eitel.

3 Klaus-Peter Klaiber.

4 Hans-Bodo Bertram.

5 Hanns Heinrich Schumacher.

6 Leiter des Ministerbüros war Thomas Matussek.

7 Die SPD-Fraktion leitete am 7. August 1992 ein Organstreitverfahren gegen die Bundesregierung vor dem Bundesverfassungsgericht ein (2 BvE 3/92). Für die Antragsschrift vgl. Klaus DAU, Gotthard WÖHRMANN (Hg.), Der Auslandseinsatz deutscher Streitkräfte: Eine Dokumentation des AWACS-, des Somalia- und des Adria-Verfahrens vor dem Bundesverfassungsgericht, Heidelberg 1996, S. 377–404.

BM sprach dann die von der NATO beabsichtigte Ausweitung der Luftüberwachung mit AWACS-Flugzeugen über Ungarn und Österreich nach Jugoslawien hinein an.[8] Falls es dazu komme, müsste nach unserer derzeitigen Rechtslage der deutsche Anteil des AWACS-Personals, ca. ein Drittel, abgezogen werden.

Cheney verwies auf Gespräche zu diesem Thema u.a. mit SACEUR[9] und äußerte die Erwartung, dass diese Überwachungen mit NATO-Mitteln gelöst werden könnten, ohne Deutschland in Schwierigkeiten zu bringen.

BM ging dann über zu offenen Fragen aus den Revisionsverhandlungen über das Zusatzabkommen zum NATO-Truppenstatut. Seine Schreiben an die Außenminister der Entsendestaaten[10] seien noch nicht alle beantwortet worden, jedoch habe US-Außenminister Eagleburger gerade geantwortet[11]. Er könne eine positive Tendenz der Verhandlungen feststellen, auch wenn noch nicht alle Schwierigkeiten gelöst seien.

D 5 erläuterte dann auf Bitte von BM den Verhandlungsstand mit US. Er begrüßte das Entgegenkommen von Eagleburger zu den beiden Punkten: Gegenseitigkeit für den Status deutscher Soldaten in den USA sowie Verwaltungsabkommen über Truppenübungsplätze. Es verblieben allerdings drei Bereiche (Mitbestimmung und Arbeitsplatzsicherung; Sicherheitsvorschriften; Beseitigung von Umweltschäden), für die auch nach dem Schreiben von Außenminister Eagleburger eine Lösung noch ausstehe. Man habe durchaus Verständnis für die amerikanische Position. Jedoch handele es sich um Fälle, in denen Ausnahmen von deutschem Recht notwendig würden. Er verwies auf das große Interesse, das diese Fragen in der deutschen Öffentlichkeit sowie insb. im Parlament und auch bei den Bundesländern fänden, sodass unser Handlungsspielraum sehr gering sei. Er wies abschließend auf den Vorschlag von AM Eagleburger hin, dass Fragen von Botschafter Kimmitt und BM besprochen werden sollten.

BM schlug Verteidigungsminister Cheney vor, dass StS Lautenschlager und Botschafter Kimmitt versuchen sollten, für die noch offenen Fragen eine Lösung zu finden.[12] Falls eine

8 Zur Frage der Beteiligung der Bundesrepublik am Einsatz von AWACS-Flugzeugen zur Überwachung des Flugverbots über Bosnien-Herzegowina vgl. Dok. 327 und Dok. 344.

9 John M. D. Shalikashvili.

10 Zu den Überprüfungsverhandlungen zum NATO-Truppenstatut und dessen Zusatzabkommen bzw. zu den Schreiben des BM Kinkel vom 11. September 1992 vgl. Dok. 276, besonders Anm. 7.

11 Zum Schreiben des amtierenden amerikanischen AM Eagleburger vom 21. Oktober 1992 an BM Kinkel legte VLR Goetz am 22. Oktober 1992 dar, es zeige Kompromissbereitschaft in zwei wichtigen Punkten: „Ausdehnung der Gegenseitigkeit für den Status deutscher Soldaten in den USA auch auf den Status der Truppe selbst; formelle Verankerung der Verwaltungsabkommen über Truppenübungsplätze im neugefassten Zusatzabkommen. Zu restlichen offenen vier Punkten (arbeitsrechtliche Mitbestimmung, Beschäftigungsgarantie, Fahrzeugsicherheitsvorschriften, Beseitigung von Umweltschäden) weiterhin keine Bereitschaft zu Zugeständnissen auf US-Seite." Vgl. B 86, Bd. 2120.

12 StS Lautenschlager und der amerikanische Botschafter Kimmitt führten am 10. November 1991 ein Gespräch. VLR I Lincke vermerkte am 12. November 1992: „a) Im Bereich der Umwelthaftung haben die USA ihren Vorbehalt, die entsprechenden Kosten nur ‚so vollständig und zügig' zu tragen, wie es die Verfügbarkeit von Haushaltsmitteln erlaubt, teilweise zurückgezogen […]. b) Ferner konnte durch eine neue Formulierung erreicht werden, dass die USA die Beachtung der grundlegenden deutschen Sicherheitsvorschriften bei der Ausrüstung von Fahrzeugen, die sie bisher infrage stellten, nunmehr akzeptieren. […] c) Keine Möglichkeit zu einem Entgegenkommen sah Bo[tschafter] Kimmitt jedoch gegenüber unserer Forderung, die Geltung des deutschen Mitbestimmungsrechts auch auf die fünf umstritten gebliebenen

Einigung auf dieser Ebene nicht zu erreichen sei, müsse dann weitergesehen werden. Verteidigungsminister Cheney stimmte dem zu.

Cheney stellte zum Stand der Revisionsverhandlungen insgesamt große Fortschritte fest. US-Seite werde versuchen, deutsche Souveränitätsgesichtspunkte zu erfüllen. Er verwies jedoch sehr nachdrücklich auch auf eigene amerikanische Schwierigkeiten, sowohl unter Wahlkampfgesichtspunkten[13] als auch im Parlament. Es dürften für die US-Seite keine neuen Kosten entstehen sowie auch nicht der Eindruck, dass für deutsche Arbeitslose besser vorgesorgt werde als für amerikanische. Als vertraulichen Hinweis äußerte er die Empfehlung, die Verhandlungen über die Revision des Zusatzabkommens zum NATO-Truppenstatut zu beschleunigen, um noch mit der gegenwärtigen Administration zu einem Abschluss zu kommen. Andernfalls riskiere man, dass alle Fragen wieder neu aufgerollt werden würden, was auch nicht im deutschen Interesse liegen könne. *BM* stimmte dem zu und äußerte die Erwartung, dass die noch offenen Fragen bis zum 20.1.93 gelöst sein würden.

BM stellte anschließend fest, er habe seinerzeit in den USA die Tendenz festgestellt, im ehemaligen Jugoslawien nicht mit amerikanischen Bodentruppen einzugreifen. Er bat um Erläuterung, ob diese Haltung auch heute noch gelte.

Cheney bestätigte das und verwies darauf, dass der amerikanische Schwerpunkt auf logistischer Unterstützung liege. Neu sei vielleicht die Bereitschaft, den Transport von Hilfsgütern auf einem neuen Landweg von Belgrad nach Sarajevo zu bejahen, da der Weg von Split aus zu schlecht sei.

BM fragte dann nach der amerikanischen Haltung für eine evtl. Verschärfung des Sicherheitsratsbeschlusses zum Verbot für militärische Flüge über Bosnien-Herzegowina. Für den Fall von Verletzungen dieses Verbotes bestehe dann auf amerikanischer Seite die Bereitschaft, eine Verschärfung zu erreichen?

Cheney stellte fest, dass das Verbot bislang ganz überwiegend eingehalten werde. Er bestätigte, dass die Amerikaner durchaus in der Lage seien, evtl. Verstöße zu unterbinden. Dies stelle jedoch Fragen für die Sicherheit der an den humanitären Maßnahmen beteiligten Bodentruppen der Alliierten. Ihre Sicherheit könne gefährdet werden, sodass große Zurückhaltung geboten sei und neue Überlegungen nur nach gründlichen Konsultationen erfolgen könnten. Er bestätigte allerdings auf Nachfrage von BM, dass USA im Falle der Notwendigkeit zu einer derartigen Verschärfung des Sicherheitsratsbeschlusses bereit sein könnten.

BM stellte anschließend zum Thema Eurokorps eine Beruhigung in der Diskussion fest, die er sehr begrüße.

Auch *Cheney* bestätigte dies und äußerte unter Hinweis auf seine Gespräche mit Verteidigungsminister Rühe sowie SACEUR die Erwartung, dass ein zufriedenstellendes Ergebnis für die Regelung der Beziehung des Eurokorps zur NATO gefunden werden könne.

Fortsetzung Fußnote von Seite 1333

Tatbestände (von insgesamt 32) auszudehnen. Er verwies einerseits darauf, dass die US-Streitkräfte in keinem Land der Welt so umfangreiche Mitbestimmungsrechte gewährten wie in D, andererseits auf die Gefahr, dass aus Kostengründen eine weitere Ausdehnung unweigerlich zu einer noch rigoroseren Verringerung des Personalbestandes an deutschen Zivilbediensteten führen würde." Vgl. B 86, Bd. 2120.

13 In den USA fanden am 3. November 1992 Präsidentschaftswahlen, Wahlen zum Repräsentantenhaus sowie Teilwahlen zum Senat und für die Gouverneursämter statt.

Während des Gesprächs dankte *BM* mit persönlichen Worten der amerikanischen Regierung, der man für die deutsche Vereinigung außerordentlich viel verdanke. Dies gehe sowohl an die Adresse des Präsidenten[14], des Außenministers[15] als auch an Verteidigungsminister Cheney.

B 1, ZA-Bd. 178945

336

Gespräch des Bundesministers Kinkel mit dem tschechischen Minister für internationale Beziehungen, Zieleniec

214-321.11 **22. Oktober 1992**[1]

(Minister Zieleniec, auf Einladung von NRW in Deutschland, wurde von Botschafter Gruša und zwei Mitarbeitern begleitet. Teilnehmer auf deutscher Seite: Dg 21[2], Dg 41[3], RL 214[4], VLR Brose.)

Min. *Zieleniec* erläutert eingangs den Stand des Trennungsprozesses der ČSFR.[5] Tschechische Seite versuche, die Trennung pragmatisch und ohne Erschütterungen zu bewältigen. Die Entwicklung/Trennung werde in der Tschechischen Republik bedauert, man habe aber keine Mittel, sich dieser Entwicklung auf demokratische Weise entgegenzustellen.

14 George H. W. Bush.

15 James A. Baker.

1 Kopie.
Der Gesprächsvermerk wurde von VLR I Brümmer am 22. Oktober 1992 gefertigt, der am 23. Oktober 1992 die Weiterleitung über MDg von Studnitz an das Ministerbüro mit der Bitte verfügte, „die Billigung des Herrn Bundesministers einzuholen".
Hat Studnitz am 23. Oktober 1992 vorgelegen.
Hat VLR Brose am 23. Oktober 1992 vorgelegen, der die Weiterleitung an BM Kinkel mit der Bitte um Billigung verfügte.
Hat Kinkel am 24. Oktober 1992 vorgelegen.
Hat VLR Brose am 26. Oktober 1992 erneut vorgelegen, der den Rücklauf an Brümmer verfügte.
Hat Brümmer am 27. Oktober 1992 erneut vorgelegen.

2 Ernst-Jörg von Studnitz.

3 Dietrich von Kyaw.

4 Christoph Brümmer.

5 Zur Auflösung der ČSFR vgl. Dok. 325, Anm. 5.
BR I Hiller, Prag, berichtete am 27. Oktober 1992: „Auf gestrigem (26.10.) Treffen in Javorina einigten sich tschechische und slowakische Regierung auf 15 von 22 vorbereiteten Abkommensentwürfe (u. a. Zollunion), die die zwischenstaatlichen Beziehungen beider Republiken nach dem 1.1.93 regeln." Die Entwürfe regelten u. a. „Visafreiheit, gemeinsame Grenze, Umweltschutz, Rechtshilfe, Ausbildung, Sozialfürsorge, Gesundheitspflege, Beschäftigung. Bürger der einen Republik darf sich in anderer Republik frei aufhalten, wirtschaftlich tätig sein und Eigentum erwerben. Teilnahme an Wahlen und Wehrdienst sind ihm nicht erlaubt." Vgl. DB Nr. 1461; AV, Neues Amt, Bd. 20626.

Was beide Republiken im Ökonomischen und Menschlichen verbinde, wolle man so weit wie irgend möglich aufrechterhalten. Staatsrechtlich werde das tschechisch-slowakische Verhältnis jetzt sozusagen auf die internationale Ebene projiziert. Ein Paket von Verträgen sei unterschriftsreif, so zur Zollunion, zur Freizügigkeit der Menschen und zur sozialen Absicherung. Unterschiedliche Auffassungen gebe es noch zur Staatsbürgerschaft:

Die slowakische Seite plädiere für ein Mischmodell mit einer übergeordneten Unionsstaatsbürgerschaft, während die tschechische Seite für eine saubere Lösung auch in diesem Bereich eintrete. Man wisse, dass der Teufel im Detail stecke, und sei sich einig, dass ein ruhiger und kontrollierter Teilungsprozess im Interesse aller Beteiligten liege.

Er wolle der Bundesregierung insbesondere für ihre Haltung zum deutsch-tschechoslowakischen Vertrag[6] danken. Die Unzuträglichkeiten im Vorfeld des Austausches der Ratifikationsurkunden gingen auf das Konto der psychologisch schwierigen Lage in Prag. Er bitte insofern um Verständnis.

BM dankt für die Gelegenheit, mit dem Minister zusammenzutreffen. Er habe bereits mehrfach mit dem tschechoslowakischen Außenminister gesprochen[7] und letzte Woche mit MP Mečiar[8]. Er wolle auch ihm, Min. Z., dasselbe sagen: Er sei traurig über die Teilung, verstehe und akzeptiere aber, was zu ihrer Begründung vorgetragen werde. Wir mischten uns nicht ein. Der Prozess verlaufe im Übrigen demokratisch und friedlich. Wir hätten gute Beziehungen zur ČSFR unterhalten und würden selbstverständlich alles daransetzen, diese Beziehungen auf beide Nachfolgestaaten zu übertragen. Dies reiche von der Aufnahme diplomatischer Beziehungen bis zur Hilfestellung im Zuge der Annäherung an die EG. Die Tür für die Tschechische und die Slowakische Republik bleibe genauso offen, wie sie es für die ČSFR gewesen sei. Gerade wir Deutschen hätten der ČSFR einiges zu verdanken (Schlussphase im Vorfeld der Wiedervereinigung). Er wünsche auch der Tschechischen Republik Glück für ihren Weg, wobei die wirtschaftlichen Probleme für die Tschechen vielleicht etwas geringer ausfallen dürften als für die Slowaken. Schwierig werde es aber auch in Prag. Man habe dies jedoch so gewollt und müsse nun auch damit fertigwerden.

Das Interesse für die Vorgänge in der ČSFR gehe weit über Deutschland hinaus. Solange der Prozess friedlich verlaufe, sei die Trennung für Europa kein Problem, es sei denn, es würden jetzt (künstlich) Probleme geschaffen.

(BM liest Pressemeldung über Beschluss der Föderalregierung in Prag vor, wonach das Gabčíkovo-Stauwerk zum 3.11. geflutet werden soll.[9])

Der Staudamm gehe uns im Grunde nichts an. Dennoch sei alle Welt hochsensibilisiert. Er habe mit MP Mečiar letzte Woche gesprochen und sei in Ungarn gewesen[10]. Er habe sich anschließend in Birmingham[11] persönlich des Themas angenommen – nicht, um sich einzumischen, sondern weil man dafür sorgen müsse, dass kein neuer Brandherd in der

6 Zur Ratifizierung des deutsch-tschechoslowakischen Vertrags vom 27. Februar 1992 über gute Nachbarschaft und freundschaftliche Zusammenarbeit vgl. Dok. 271.

7 BM Kinkel traf zuletzt am 23. September 1992 in New York mit dem tschechoslowakischen AM Moravčík zusammen. Hauptthema war die bevorstehende Auflösung der ČSFR. Vgl. den Gesprächsvermerk; B 1, ZA-Bd. 178945.

8 Für das Gespräch des BM Kinkel mit dem slowakischen MP Mečiar am 14. Oktober 1992 vgl. Dok. 325.

9 Zu den Auseinandersetzungen über den Bau eines Kraftwerks in Gabčíkovo vgl. Dok. 325, Anm. 9.

10 BM Kinkel hielt sich am 15. Oktober 1992 in Ungarn auf. Vgl. Dok. 326.

11 Zur Sondertagung des Europäischen Rats am 16. Oktober 1992 vgl. Dok. 334.

Region entstehe. Diesmal, das könne er für sich in Anspruch nehmen, habe man nun wirklich vorher die nötigen Worte gesagt. Wenn es nun trotzdem zum Konflikt komme, werde sich Europa[12] zurückhalten. Dafür werde er persönlich eintreten. Die Tschechen und Slowaken seien drauf und dran, ihren Eintritt in die Völkergemeinschaft unter völlig falschen Vorzeichen zu beginnen.

Min. *Zieleniec* dankt für die klaren Worte. Die Tschechische Republik sei nur mittelbar betroffen. Die noch amtierende föderale Regierung sei paritätisch zusammengesetzt und habe den Auftrag, sich selbst aufzulösen. Die Tschechische Republik habe ein Interesse daran, diesen sehr komplizierten Verhandlungsprozess möglichst zu beschleunigen.

BM fragt nach Zusammenhang mit oben zitiertem Beschluss der Föderalregierung.

Min. *Zieleniec*: Die Tschechen hätten innerhalb der Föderalregierung nur (noch) einen begrenzten Einfluss. Die Gefahr des inneren Chaos sei zurzeit größer als das Chaos nach außen.

BM fragt, ob man sich von der Slowakei erpresst fühle.

Min. *Zieleniec* stimmt zu. Die Slowakei habe es eilig, das für sie ungemütliche Thema noch unter dem Dach der Föderalregierung abzuhaken. Nur sei es leider so, dass diese Föderalregierung schon keine vollständige territoriale Macht mehr ausübe.

BM: Er habe Angst, dass über die Kanalgeschichte nationalistische und Minderheitenprobleme hochkochen könnten. Dies treffe einen empfindlichen Nerv, nicht nur bei ihm, sondern in ganz Europa. Man habe solche Konflikte satt. Zur Frage, wer recht habe, könnten und wollten wir nichts sagen. Und am Streit, wenn sie denn Streit wollten, könnten wir sie nicht hindern. Man werde dann aber hinterher nicht helfen können.

Min. *Zieleniec*: Einverstanden. Bis zum 1.1. seien allerdings die (tschechischen) Hände gebunden.

BM: Wenn die Tschechen es in der noch geltenden Föderation zuließen, dass dieser Streit sich zuspitze, dann machten sie sich mitschuldig. Er und viele andere hätten rechtzeitig gewarnt. Man wolle nun aber nicht nur über den Staudamm reden.

Min. *Zieleniec* geht auf die deutsch-tschechischen Beziehungen ein, die für die Tschechische Republik absolute Priorität hätten.

BM wirft ein: „Für uns auch."

Min. *Zieleniec*: Als kleiner Staat, dessen ganze Geschichte sich an der deutschen Grenze abgespielt habe, habe man zu Deutschland ein anderes Verhältnis als umgekehrt Deutschland zur Tschechischen Republik. Man hoffe auch auf deutsche Hilfe bei den ersten Schritten nach Europa. Der Nachbarschaftsvertrag sei wichtig und werde sehr ernst genommen. Die Ausfüllung habe schon begonnen.

BM wirft ein, dass wir den Vertrag nicht verändern wollten.

Min. *Zieleniec*: Dafür sei man dankbar. (Anmerkung zum Verständnis: Die Slowakei war und ist evtl. versucht, uns einen verbesserten Vertrag anzubieten, um damit der Tschechischen Republik den Rang abzulaufen.) Man wolle die Zusammenarbeit in allen Lebensbereichen intensivieren. Es gelte dabei zunächst, ein gewisses noch vorhandenes Trauma zu überwinden. Wichtig werde auch die Zusammenarbeit mit den Bundesländern sein. Die Tschechische Republik habe bereits drei Vereinbarungen mit Ländern abgeschlossen, eine vierte sei in Vorbereitung. Man sei an konkreten Dingen interessiert, z.B. der in Zusammenarbeit mit Bayern geplanten Pipeline nach Ingolstadt, die die Abhängigkeit von

12 An dieser Stelle wurde von VLR Brose handschriftlich eingefügt: „mit Hilfe".

Russland mindern solle. Man habe eine Reihe praktischer gemeinsamer Aufgaben und Probleme, z.B. die Umweltsanierung im Erzgebirge und die Autobahn Nürnberg–Prag. Dies seien Schritte in Richtung auf ein integriertes Europa, die zugleich die Möglichkeit böten, alte Probleme zu überwinden. Man müsse nach vorn schauen. Man wolle in die europäische Familie aufgenommen werden – wirtschaftspolitisch, sicherheitspolitisch und überhaupt –, weil man dieselben Werte vertrete.

BM: Deutschland habe – gerade mit Blick auf die Vergangenheit – ein außerordentlich großes Interesse daran, dass die deutsch-tschechischen und die deutsch-slowakischen Beziehungen in Zukunft in Ordnung gebracht und in Ordnung gehalten würden. Er wolle seinerseits alles dazu beitragen, damit der Vertrag mit Leben erfüllt werde. Die Botschaften in beiden Hauptstädten würden bleiben. Er hoffe, dies gelte auch für die Person von Botschafter Gruša.

Min. *Zieleniec* spricht den Assoziierungsvertrag an.[13]

BM: Die Europäer seien entschlossen, den ausgearbeiteten Vertrag im Wesentlichen auf beide Nachfolgestaaten zu übertragen.

Dg 41: Zunächst stehe die Verlängerung des Interimsabkommens an, damit Tschechische und Slowakische Republik die Handelsvorteile weiter genießen könnten. Es werde dann um die Aushandlung je eines neuen Abkommens gehen. Ob deren Inhalt gleich, ähnlich oder unterschiedlich ausfallen werde, hänge von der Frage ab, inwieweit die Zollunion verwirklicht werden könne. Mit der Zollunion seien die Dinge einfach, ohne sie schwierig. Die Zollunion sei aus europäischer Sicht deshalb sehr wichtig.

Min. *Zieleniec* hofft und wünscht, dass die in schwieriger Übergangsphase unvermeidlichen Schwächen (der Tschechischen Republik) nicht von den europäischen Institutionen ausgenutzt würden.

BM sieht diese Gefahr nicht. Es komme ihm darauf an, dem Minister den Eindruck mitzugeben, dass uns an guten, engen Beziehungen sehr viel liege. Er meine dies durchaus auch persönlich.

B 42, ZA-Bd. 156436

[13] Die EG schloss am 16. Dezember 1991 ein Europa-Abkommen zur Gründung einer Assoziation mit der ČSFR. Vgl. BULLETIN DER EG 12/1991, S. 97 f.

337

Ressortbesprechung im Bundeskanzleramt

VS-NfD **22. Oktober 1992[1]**

Ressortbesprechung im Bundeskanzleramt am 22. Oktober zur Prüfung der Umsetzung der Ergebnisse des Besuchs von PM Rabin am 14. September 1992[2]

I. Am 22. Oktober fand im Bundeskanzleramt eine von MD Hartmann geleitete Ressortbesprechung zur Prüfung der Umsetzung der Ergebnisse des Besuchs von Premierminister Rabin in Bonn am 14. September statt. MD *Hartmann* wies eingangs auf Klärungsbedarf hin, da die israelischen Wünsche während des Gesprächs des Bundeskanzlers mit PM Rabin sehr undeutlich vorgetragen und zudem in einem späteren Brief des PM an den Bundeskanzler[3] Nachbesserungen und neue Vorschläge aufgetaucht seien, die der deutschen Niederschrift über das Besuchsergebnis nicht entsprächen. Bevor der Bundeskanzler den Brief des israelischen Ministerpräsidenten beantworten könne, müssten diese Unklarheiten zunächst ausgeräumt sein. Eventuell müssten auch mit der israelischen Seite weitere Klärungen vorgenommen werden.

Zum weiteren Verfahren erklärte MD Hartmann, dass er an dieser Stelle nur vorhabe, in die Gesamtproblematik einzuführen, um den Wunsch des Bundeskanzlers nach einem angemessenen Eingehen gegenüber den israelischen Wünschen zu verdeutlichen. Weitere Ressortgespräche würden unter Federführung des Auswärtigen Amtes geführt werden.

MD Hartmann wies darauf hin, dass bei dem Besuch die ursprünglichen, sehr weitgehenden israelischen Wünsche nach umfassenden Kreditgarantien und nach Einsatz von FZ-Rückflüssen in einem Schekel-Fonds nicht angesprochen wurden und damit hoffentlich vom Tisch seien.

II. Zu den in der Einladung zur Ressortbesprechung aufgeführten israelischen Wünschen im Einzelnen:

1 Kopie.
Der Gesprächsvermerk wurde von VLR I Hauswedell, Bundeskanzleramt, am 23. Oktober 1992 gefertigt und von MD Hartmann, Bundeskanzleramt, am 28. Oktober 1992 an MD Schlagintweit sowie an das BMZ, das BMFT, das BMF, das BMWi und das BMA übermittelt. Dazu vermerkte er: „1) Anliegend übersende ich absprachegemäß den Ergebnisvermerk über eine erste, in die Problematik einführende Ressortbesprechung im Bundeskanzleramt am 22. Oktober sowie weitere Unterlagen einschließlich des Briefes von PM Rabin vom 24. September an den Bundeskanzler. Dabei möchte ich noch einmal ausdrücklich darauf hinweisen, dass die israelischen Auffassungen über das Besuchsergebnis nicht den unseren entsprechen und – wie in der Ressortbesprechung dargestellt – entsprechender Klärung bedürfen. 2) Für BMA: Es wird um Verständnis gebeten, dass Sie zu dieser Besprechung nicht eingeladen wurden. Erst während der Besprechung hatte sich herausgestellt, dass in der Frage einer möglichen deutschen Hilfe bei der Umschulung jüdischer Rückwanderer aus Russland und den GUS-Staaten Ihre Beteiligung geboten ist. Das Auswärtige Amt, welches die weiteren Ressortbesprechungen in diesem Zusammenhang federführend übernehmen wird, wird die Erweiterung des Teilnehmerkreises berücksichtigen."
Hat MDg Bartels am 29. Oktober 1992 vorgelegen, der handschriftlich vermerkte: „Eingang 29.10., 16:30."
Vgl. das Begleitschreiben; B 36, ZA-Bd. 185346.

2 Für das Gespräch des BK Kohl mit dem israelischen MP Rabin vgl. Dok. 282.

3 Für das Schreiben des israelischen MP Rabin vom 24. September 1992 an BK Kohl vgl. B 36, ZA-Bd. 185346.

1) Hermes-Deckung für deutsch-israelische Joint Ventures in Osteuropa und in den GUS-Staaten

MD Hartmann informierte, dass MP Rabin in seinem Brief davon gesprochen habe, dass deutsche und israelische Unternehmer in Osteuropa und in den Staaten der GUS davon profitieren würden, wenn ihre Joint Ventures in den Genuss der Hermes-Deckung kommen könnten. Der BK habe hier lediglich eine Prüfung zugesagt.

In der Aussprache wurde bemängelt, dass bei dem israelischen Anliegen erstens nicht genau ersichtlich sei, ob es sich um Hermes-Abdeckung für Ausfuhren oder um Kapitalanlagegarantien für deutsch-israelische Joint Ventures handelt. Es lägen auch keine Erkenntnisse über die Existenz solcher deutsch-israelischer Joint Ventures in Osteuropa oder in den Staaten der GUS vor.

Unabhängig davon bekräftigte das *BMWi*, dass der Hermes-Plafonds für die GUS-Staaten in Höhe von 5 Mrd. DM[4] erschöpft und eine Ausnahmeregelung nur für Firmen aus den neuen Bundesländern möglich sei. Außerdem bestehe die Beschränkung, dass Hermes-Garantien nur dann übernommen werden könnten, wenn der ausländische Zulieferer-Anteil nicht mehr als 10 % betrage. Generell wurde darauf verwiesen, dass Hermes ein Instrument nationaler Exportförderung und eine Absicherung der Exporte anderer Staaten grundsätzlich nicht möglich sei.

2) Deutsch-israelische industrielle Kooperation und Einrichtung eines Fonds zur Förderung von deutschen Investitionen in Israel

MD *Hartmann* erläuterte, dass es sich um zwei verschiedene neue israelische Vorschläge handele, die in dieser Form erst in dem Brief von PM Rabin an den Bundeskanzler präzisiert worden seien. Es empfehle sich aber, sie zusammen zu behandeln.

Bezüglich der deutsch-israelischen industriellen Kooperation habe MP Rabin in seinem Brief gegenüber dem Bundeskanzler angeregt, dass es von Nutzen sein könne, wenn sich beide Regierungen auf die „Einrichtung eines Fonds für die industrielle Zusammenarbeit" einigen könnten. Bei dem Gespräch am 14. September sei allerdings nur über den Nutzen einer derartigen Zusammenarbeit, nicht über die Einrichtung eines Fonds gesprochen worden. Auch die Einrichtung eines Fonds zur Förderung von deutschen Investitionen in Israel sei ein neuer israelischer Vorschlag.

Unter den vertretenen Ressorts bestand Übereinstimmung, dass aus ordnungspolitischen Gründen eine staatliche Subventionierung der industriellen Kooperation prinzipiell kaum infrage komme. Ferner sei das Interesse der deutschen Industrie an einer verstärkten industriellen Kooperation mit Israel wegen der geringen Aufnahmekapazität des israelischen Marktes wenig ausgeprägt. Eine BDI-Delegation sei mit geringen Erwartungen aus Israel zurückgekehrt. Die industrielle Kooperation sei im Übrigen eher die Aufgabe der Unternehmen; sollte sich eine gewinnversprechende Kooperation abzeichnen, so würden die Unternehmen auch keinerlei (Eigen-)Finanzierungsschwierigkeiten haben.

BMFT wies darauf hin, dass nach wie vor die israelischen Vorschläge für die Einrichtung einer deutsch-israelischen Stiftung für industrielle Forschung und Entwicklung (GIIRDF[5]) im Raum stünden, die vor dem Besuch von PM Rabin erneut von Israel vorgebracht worden seien. Hierbei orientiere sich Israel am Modell der seit zwölf Jahren zwischen Israel

4 Zum Kabinettsbeschluss vom 22. Januar 1992 zur Deckung für Ausfuhrgeschäfte mit GUS-Mitgliedstaaten vgl. Dok. 24.

5 German-Israel Industrial Research and Development Foundation.

und den USA bestehenden „Binational Industrial Research and Development Foundation" (BIRD). Diese Stiftung solle als selbstständiges Rechtssubjekt mit Sitz in Israel organisiert sein und zu gleichen Teilen von beiden Seiten finanziert werden (Kapital bei BIRD 110 Mio. US-Dollar). Aufgabe solle die Förderung von produkt- und marktorientierter Forschung und Entwicklung sein. Die Forschungs- und Entwicklungskosten der einzelnen Projekte sollten je zur Hälfte von den beteiligten Unternehmen und der Stiftung aufgebracht werden. Dieser Vorschlag sei von uns im Vorfeld des Besuches aus ordnungspolitischen Gründen abgelehnt worden.

MDg *Schönfelder*, AA, wies darauf hin, dass bei der Suche nach einem Instrumentarium für Zwecke der Investitionsförderung auch geprüft werden könne, inwieweit der Investitionsförderungsvertrag mit Israel, der 1976[6] unterzeichnet wurde, aber nie in Kraft getreten sei, genutzt werden könne. Die israelische Seite habe kürzlich Interesse an Neuverhandlungen für einen solchen Vertrag zu erkennen gegeben.

MDg *Bartels*, AA, wies darauf hin, dass die israelische Absicht, durch eine enge industrielle Kooperation mit Deutschland den Anschluss an Europa zu suchen, in einem gewissen Widerspruch zu den europäischen Vorstellungen für den Nahost-Friedensprozess stünde. Unsere Zielsetzung sei, dass Israel sich zur Absicherung des endgültigen Friedens mit seinen Nachbarn wirtschaftlich enger liiere. Eine spezifische deutsche Förderung, die die Anbindung Israels an Europa und Deutschland betone, könne dieser Zielsetzung möglicherweise zuwiderlaufen.

MD *Hartmann* fasste die Debatte dahingehend zusammen, dass beide Aspekte dringend der Klärung bedürften. Dabei solle auch mit der Industrie gesprochen werden. Beispielsweise habe der Bundeskanzler gegenüber PM Rabin zugesagt, dass er die Frage einer verstärkten industriellen Kooperation mit E. Reuter von DB[7] besprechen wolle. Dieser sei kürzlich in Israel gewesen und werde möglicherweise eigene Vorstellungen entwickeln.

3) Hilfe bei der Umschulung von jüdischen Rückwanderern aus Russland und den GUS-Staaten sowie Verdoppelung der Mittel für deutsch-israelische Stiftung

MD Hartmann erläuterte eingangs, dass es auch bei diesen beiden Themenbereichen eine Verbindung gebe, die mit gewissen Unklarheiten belastet sei.

Der israelische MP habe während seines Besuchs die Schwierigkeiten, die Israel mit der Umschulung von qualifizierten Rückwanderern aus den GUS-Staaten habe, geschildert. Der Bundeskanzler habe dafür Verständnis ausgedrückt. Im unmittelbaren Anschluss habe die israelische Seite – Botschafter Navon – eine Verdoppelung der Mittel der deutsch-israelischen Stiftung vorgeschlagen, wobei aber offengeblieben sei, um welche Stiftung es sich eigentlich handele. Der Bundeskanzler habe jedoch prinzipiell die Verdoppelung der Mittel zugesagt, wobei nach dem Gesprächszusammenhang und den Intentionen die eindeutige Absicht des Bundeskanzlers bestanden habe, diese Mittel – die in keinster Weise beziffert wurden – für die Zwecke der Umschulung der Rückwanderer einzusetzen.

Die israelische Seite – Botschafter Navon – gehe jetzt offenbar davon aus, dass der Bundeskanzler eine Verdoppelung der Mittel für die deutsch-israelische Stiftung zugesagt

6 Korrigiert aus: „1977".
Die Bundesrepublik und Israel schlossen am 24. Juni 1976 einen Vertrag über die Förderung und den gegenseitigen Schutz von Kapitalanlagen. Für den Vertrag einschließlich der zugehörigen Dokumente vgl. BGBl. 1978, II, S. 210–219.

7 Daimler-Benz.

und außerdem eine Prüfungszusage gegeben habe, inwieweit die deutsche Seite bei der Umschulung behilflich sein könne.

Eine derartige Interpretation („sowohl als auch") sei jedoch schwer akzeptabel. Für uns stelle sich die Frage, entweder ein zusätzliches Instrument für die Umschulung einzurichten oder aber die Aufstockung des Fonds der Stiftung um einen gewissen Betrag anzubieten. Ggf. müsse man Israel vor die Alternative stellen, sich entweder für das eine oder das andere zu entscheiden.

Das *BMFT* erläuterte, dass die beträchtliche Ausstattung der deutsch-israelischen Stiftung seinerzeit nur widerstrebend vom BMFT akzeptiert worden sei. An eine Änderung der Zweckbestimmung dieser Mittel – etwa für eine Umschulung – oder an eine Aufstockung der Mittel aus den Mitteln des BMFT sei nicht zu denken.

Das *BMF* gab zu bedenken, dass angesichts der angespannten Haushaltslage eine Ausgabenvermehrung ohne entsprechenden Deckungsvorschlag nicht möglich sei. Es sei auch befremdlich, dass die israelische Seite ein ziemlich willkürlich geschnürtes Bündel von Vorschlägen vorgebracht habe, die in sich nicht überzeugend seien und die nur einen gemeinsamen Nenner hätten, größere deutsche Finanzleistungen zu erreichen. Ob Israel überhaupt etwas zum Volumen und zu den Zeiträumen der erbetenen Hilfe zur Umschulung gesagt habe?

MD *Hartmann* verneinte dies und führte aus, dass man bei einer von der israelischen Seite gewünschten Verdoppelung der Mittel für die deutsch-israelische Stiftung von theoretisch etwa 100 Mio. DM ausgehen könne.

Angesichts der Schwierigkeiten, Israel im WTZ-Bereich entgegenzukommen, und auch angesichts der Hindernisse, die darin bestehen, dass WTZ-Mittel nicht unmittelbar für die Umschulung eingesetzt werden können, ergab sich ein gewisser Konsens dahingehend, dass eine deutsche Hilfe für die Umschulung außenpolitisch am attraktivsten und innenpolitisch am leichtesten zu vertreten sei. Auf Frage von MD Hartmann sah MDg *Bartels* auch keine Probleme darin, dass die arabischen Staaten möglicherweise Kritik gegen die spezifische deutsche Hilfe für die Umschulung von Rückwanderern erheben könnten.

Es wurde festgestellt, dass trotz alledem noch ein erheblicher Klärungsbedarf bestehe. Insbesondere müsse geklärt werden, ob es sich bei der Hilfe für die Umschulung um einen einmaligen Fixbetrag oder um eine Stiftung handeln solle. Im Kreis der Teilnehmer bestand eine deutliche Präferenz für einen einmaligen Fixbetrag.

MD *Hartmann* machte deutlich, dass es darum gehe, vor allem herauszufinden, wie wir den Israelis bei der Umschulung bzw. bei der Aufstockung der Mittel für die Stiftung entgegenkommen, da offenbar keine Möglichkeiten bestünden, ihnen in den anderen Bereichen (industrielle Kooperation, Hermes-Deckung, Förderung der deutschen Investitionen in Israel) zu helfen. Die Zusage des Bundeskanzlers, bei der Umschulung behilflich zu sein und dazu die Mittel zu verdoppeln, stünde im Raum.

MDg *Bartels* brachte an dieser Stelle den Inhalt des gerade aus Tel Aviv eingegangenen Drahtberichts Nr. 1103 vom 22.10.92[8] zur Kenntnis, in dem die Botschaft darüber berichtet, dass die israelische Seite für die deutsch-israelischen Finanzgespräche einen Koordinie-

8 Botschafter von der Gablentz, Tel Aviv, berichtete: „Israelische Regierung hat ehem[aligen] ersten israelischen Botschafter in Deutschland und gegenwärtigen Vorsitzenden der Israelisch-Deutschen Gesellschaft, Asher Ben-Natan, beauftragt, die israelische Haltung für die deutsch-israelischen Finanzgespräche zu koordinieren und die Verhandlungen zu führen." Vgl. B 36, ZA-Bd. 185346. Vgl. ferner Dok. 427.

rungs- und Verhandlungsführer ernannt habe. Die in diesem Bericht implizit enthaltene israelische Erwartung, dass die deutsch-israelischen Finanzgespräche ihre Fortsetzung erfahren sollen und dass der Besuch von PM Rabin – der bei uns zu dem Rückschluss geführt hatte, dass diese Finanzgespräche nun endgültig vom Tisch seien – nur ein Abtasten gewesen sei, während die eigentlichen israelischen Forderungen erst formuliert würden, wurde in der Runde kritisch aufgenommen.

MD *Hartmann* machte deutlich, dass derartige israelische Erwartungen eine neue Lagebeurteilung erfordern könnten, zumal sie den Goodwill der deutschen Seite erheblich strapazierten.

Zum weiteren Vorgehen sei es vielleicht nützlich, wenn die deutsche Seite noch im Vorfeld des Besuches von BM Kinkel in Israel vom 17.–19. November[9] ihre Haltung präzisiere, auch um ein weiteres Aufschaukeln der israelischen Forderungen, die bei dem Besuch vorgebracht werden könnten, zu verhindern.

Man solle daher weiter darüber nachdenken, ob es sachdienlich oder klug sei, bald ein Angebot in der Frage der Umschulung zu machen und den Israelis gleichzeitig deutlich zu sagen, dass wir eine zukunftsgerichtete Zusammenarbeit betreiben wollten, aber die alten Angelegenheiten (Finanzgespräche) vom Tisch seien.

B 36, ZA-Bd. 185346

338

Drahtbericht des Botschafters Kunzmann, Tunis

Fernschreiben Nr. 291 **Aufgabe: 22. Oktober 1992, 10.00 Uhr[1]**
Ankunft: 22. Oktober 1992, 11.52 Uhr

Betr.: PLO;
hier: Gespräch PStS BMZ, M. Geiger, mit J. Arafat am 20.10.1992

Bezug: DB Nr. 290 vom 20.10.1992 – Pol 322.00 PLO[2]

Zur Unterrichtung

9 Zum Besuch des BM Kinkel in Israel vgl. Dok. 364 und Dok. 378.

1 Der Drahtbericht wurde von BR Herz, Tunis, konzipiert.
Hat VLR I von Hoessle am 22. Oktober 1992 vorgelegen, der die Weiterleitung u. a. an VLR Linden „z[ur] K[enntnisnahme]“ verfügte.
Hat Linden vorgelegen.

2 Botschafter Kunzmann, Tunis, berichtete über ein Gespräch mit dem Mitglied des Exekutivkomitees der PLO, Abu Mazen, am 16. Oktober 1992. Er resümierte, bei den Friedensverhandlungen zeige sich, „dass die PLO mehr denn je mit dem Rücken zur Wand steht. Mit der Bereitschaft zu ‚vertrauensbildenden Maßnahmen jeglicher Art‘ und der ausdrücklichen Anerkennung des ‚legitimen‘ israelischen Sicherheitsbedürfnisses geht die PLO an die Grenze ihres Selbstverständnisses. Wenn es nicht gelingt, für die Palästinenser in den IBG spürbare Verbesserungen ihrer Lage durchzusetzen, wächst die Gefahr, dass die gemäßigte Führung der PLO endgültig ins Abseits gedrängt wird, weil sie von den Massen in den besetzten Gebieten als nicht mehr zeitgemäß empfunden wird.“ Vgl. B 36, ZA-Bd. 185409.

Am 20.10.1992 traf Frau PStS BMZ M. Geiger bei einem Abendessen auf Einladung des PLO-„Botschafters" in Tunesien mit dem PLO-Vorsitzenden Jassir Arafat zusammen. Vorausgegangen war ein etwa einstündiges Gespräch mit dem PLO-„Wirtschaftsminister" Abu Ala. Frau Geiger wurde u. a. vom zuständigen BMZ-UAL, MDg Fuchs, begleitet.

Arafat machte einen pessimistischen und resignierten Eindruck. Er schilderte die Lage der PLO und der Palästinenser ohne Polemik in düsteren, aber realistischen Farben. Er zeichnete das Bild eines Palästinas, das von seinen arabischen Brüdern im Stich gelassen werde (bevorstehendes Arrangement Syriens mit Israel), im wirtschaftlichen und sozialen Chaos versinke und schon bald unter den Einfluss islamischer Fundamentalisten und Extremisten geraten könne. Einziger Garant gegen fundamentalistische Strömungen sei die PLO, deren gemäßigten Kurs Europa und dessen Führungsmacht Deutschland im eigenen Interesse durch entschlossene Hilfe unterstützen müssen. Wenn diese Hilfe nicht bald komme, werde die Region im Chaos versinken. Er bat Frau Geiger ausdrücklich, diese Botschaft dem Bundeskanzler zu übermitteln. Den von Frau Geiger wiederholt vorgetragenen Hinweis auf unsere besonderen Verpflichtungen gegenüber Israel akzeptierte Arafat, verwies aber darauf, dass Deutschland moralische Verpflichtungen nicht nur gegenüber Israel habe, sondern auch gegenüber den Palästinensern, da die Nöte des palästinensischen Volkes durch die Existenz des Staates Israel verursacht seien. Ohne die Ereignisse im „Dritten Reich" wäre die Entstehung Israels nicht durchsetzbar gewesen.

Im Einzelnen

1) Im dem Abendessen vorausgehenden Gespräch mit Abu Ala Schilderung der verheerenden Lage in den besetzten Gebieten („noch nie so schlecht wie heute"), die von Arafat später wiederholt wurde. Zum Nahost-Verhandlungsprozess brachten Abu Alas Äußerungen keine über das Gespräch mit Abu Mazen (s. Bezugs-DB) hinausgehenden Erkenntnisse.

2) Wirtschaftslage

Die Lage in den IBG habe sich dramatisch verschlechtert durch die fehlenden Einkünfte der 350 000 aus Kuwait ausgewiesenen Palästinenser, den Wegfall der Unterstützungszahlungen der Golfstaaten, das Verschwinden des früher wichtigsten Partners, der DDR (die mehr Hilfe geleistet habe als die UdSSR), und schließlich auch der UdSSR. Für diese schlechte Lage werde die PLO verantwortlich gemacht, sodass die Bevölkerung ihr Heil immer mehr bei den Extremisten suche. Arafat appellierte an D, die bilaterale Zusammenarbeit auszubauen. Abu Ala bat konkret um Beteiligung an den laufenden Kosten im Bildungs- und Gesundheitswesen. Zu diesen Bitten verhielt sich Frau Geiger rezeptiv.

3) Fundamentalismus

Hamas und andere Radikale gewönnen immer mehr an Boden. Unterstützt würden die Fundamentalisten von den Golfstaaten (als Rache für die PLO-Haltung im Golfkrieg sowie aus der irrigen Annahme, sich hierdurch die Extremisten im eigenen Lande vom Halse halten zu können), Syrien (Damaskus als Gastgeber von zehn extremistischen Anti-PLO-Gruppierungen), dem Iran und den USA, die die islamischen Fundamentalisten in der arabischen Welt generell unterstützten[3] und hierbei sogar mit dem Iran zusammenarbeiteten.

4) Nahost-Friedensprozess

Enttäuschung über Rabin, in den man große Erwartungen gesetzt habe, der aber im Kern genauso intransigent sei wie Schamir (dies illustrierte er als aktuelles Beispiel mit dem

[3] Der Passus „USA ... unterstützten" wurde von VLR Linden hervorgehoben. Dazu Fragezeichen.

Foto einer von den israelischen Behörden vor zwei Monaten zerstörten Orthodoxen Kirche auf dem Jerusalemer Ölberg). Für die siebte Verhandlungsrunde erwarte er eine separate Einigung Syriens mit Israel zulasten der Palästinenser (Arafat bezog sich dabei auf die AM-Beratungen in Amman am 17./18.10.1992).[4] Der Golan habe seine strategische Bedeutung verloren. Israel könne ihn ohne Nachteile aufgeben. Hierbei könnte Syrien Teile des Golan preisgeben, die palästinensisches Territorium gewesen seien. Auf meine Nachfrage, ob eine vorgezogene Einigung mit Syrien nicht zur Beschleunigung der anderen Verhandlungen führen und es Israel nach Lösung des Golan-Problems damit erlauben könne, eine großzügigere Haltung einzunehmen, erwiderte er, dass die von den USA garantierte „militärische Überlegenheit" Israels in der Region auch nicht zu mehr Flexibilität geführt habe. Ziel eines israelisch-syrischen Arrangements sei nicht eine umfassende Friedensregelung für die Region (die der ägyptisch-israelische Separatfrieden[5] auch nicht bewirkt habe), sondern die Konsolidierung der jeweiligen Einflusszonen im Libanon und damit dessen De-facto-Teilung.

5) USA – eventuelle Regierung Clinton[6]

Ein Wahlsieg von Clinton werde zu einem Stillstand der Verhandlungen für mindestens sechs Monate führen. Zu Erwartungen oder Befürchtungen hinsichtlich des Inhalts der Nahost-Politik einer Regierung Clinton äußerte sich Arafat nicht.

Stellungnahme

Arafat wirkte sehr pessimistisch, vermied dabei aber bewusst polemische Ausfälle gegen D und Europa. Gleichwohl war die von ihm entwickelte Argumentationskette im Wesentlichen schlüssig (sieht man vom Kollusionsvorwurf USA/Iran ab):

Die PLO verliert bei ihrer Bevölkerung immer mehr an Boden, weil die gemäßigte Linie der PLO-Führung weder politische Erfolge noch den Menschen eine Verbesserung der Lage bringt. Außenpolitisch zeichnet sich ab, dass die PLO von einem wichtigen arabischen Bruderland, Syrien, wegen nationaler Partikularinteressen im Stich gelassen wird.

Verliert die PLO-Führung den Rückhalt bei der Bevölkerung vollends, ist das Feld frei für Hamas und andere radikale Gruppierungen. Damit wäre die derzeitige Chance einer umfassenden Friedensregelung vertan und zugleich ein weiteres Mosaiksteinchen ins Bild

4 BR Meyer, Amman, berichtete am 21. Oktober 1992: „Das Koordinierungstreffen der AM von SYR, JOR, ÄGY und der PLO sowie des libanesischen Chefunterhändlers, Botschafter Jaafar Muawi, in Amman am 17. und 18.10.92 fand erwartungsgemäß einen harmonischen Abschluss, der trotz fortbestehender Gegensätze nach außen erneut durch eine alle Interessenten befriedigende Erklärung dokumentiert wurde. [...] Die Treffen führen zu keinen sichtbaren Ergebnissen, die auf eine Annäherung unterschiedlicher Standpunkte aller Beteiligten hinauslaufen." Vgl. DB Nr. 717; B 36, ZA-Bd. 196082.
Über den ersten Teil der siebten Runde der bilateralen Nahost-Verhandlungen vom 21. bis 28. Oktober 1992 informierte BR Blomeyer-Bartenstein, Tel Aviv, am 5. November 1992, aus israelischer Sicht seien Fortschritte, insbesondere mit Syrien, erzielt worden. Ein Durchbruch sei aber nicht erfolgt: „Erst wenn Klarheit über syr[isches] Verständnis des Begriffs ‚voller Frieden' herrsche, sei Israel bereit, seine Vorstellung hinsichtlich eines territorialen Kompromisses näher zu konkretisieren. Die völlige Aufgabe des Golan durch Israel wird derzeit ausgeschlossen." Vgl. DB Nr. 1162; B 36, ZA-Bd. 196083.

5 Für den Friedensvertrag vom 26. März 1979 zwischen Ägypten und Israel einschließlich der zugehörigen Dokumente vgl. UNTS, Bd. 1136, S. 100–235. Für den deutschen Wortlaut vgl. EUROPA-ARCHIV 1979, D 235–252. Vgl. ferner AAPD 1979, I, Dok. 86 und Dok. 98.

6 In den USA fanden am 3. November 1992 Präsidentschaftswahlen, Wahlen zum Repräsentantenhaus sowie Teilwahlen zum Senat und für die Gouverneursämter statt.

eines fundamentalistischen Bogens eingefügt, der vom Iran über Palästina weiter nach Oberägypten und den Sudan bis nach Algerien reicht. Die einzige konkrete Möglichkeit, dieser Entwicklung in den IBG entgegenzuwirken, ist rasche Hilfe für deren Bevölkerung.

[gez.] Kunzmann

B 36, ZA-Bd. 185409

339

Drahtbericht des Ministerialrats Witt, Genf (GATT-Delegation)

VS-NfD **Aufgabe: 22. Oktober 1992, 20.36 Uhr**[1]
Fernschreiben Nr. 31 **Ankunft: 22. Oktober 1992, 20.14 Uhr**
Citissime

Bericht Nr. UR 163/92

Betr.: GATT Uruguay-Runde (UR);
hier: Genfer Reaktionen auf Unterbrechung der EG-US-Verhandlungen

Zur Unterrichtung

I. Zusammenfassung

Genfer Vertreter des US-Trade Representative[2] (USTR) weisen in ihren Erläuterungen zum Abbruch der Brüsseler Agrar-Verhandlungen am 21./22.10.1992 die Schuld voll der Gemeinschaft und insbesondere EGK-Präsident Delors zu, der sich die französischen Interessen zu eigen gemacht und frühere Zugeständnisse der beiden federführenden Kommissare[3] wieder zurückgenommen habe.

Hiesige EGK-Vertretung stellt demgegenüber heraus, dass nur die technischen Verhandlungen auf Wunsch der USA unterbrochen worden seien und dass die Gemeinschaft stets zur Fortsetzung des politischen Dialogs zur Verfügung stehe.

Die Reaktionen außenstehender Delegationen sind derzeit allgemein von Unsicherheit und der Sorge über das Schicksal der UR gekennzeichnet.

GATT-GD Dunkel hat die Bedeutung des raschen Abschlusses der Uruguay-Runde für die Weltwirtschaft herausgestellt und die Verantwortung der beiden großen Handelsblöcke für das Funktionieren eines glaubwürdigen multilateralen Handelssystems betont.

II. Im Einzelnen

1) Von USTR in Genf wird der Verhandlungsstand zwischen USA (O'Mara) und EGK (Legras) wie folgt dargestellt: Zum Komplex „Ölsaaten" habe EGK weniger als bisher an-

1 Hat VLR Zenner am 23. Oktober 1992 vorgelegen.

2 Carla Anderson Hills.

3 VLR I von Arnim teilte BM Kinkel, z. Z. Manila, am 28. Oktober 1992 mit: „Uns ist bekannt, dass Präsident Delors, offenbar im Gegensatz zu den Kommissaren Andriessen und MacSharry, einen Abschluss auf Basis des vorliegenden US-Angebots nach wie vor ablehnt, weil er angeblich die EG-Bauern über die GAP-Reform hinaus belasten würde. Uns ist aber ebenso bekannt, dass MacSharry und die Dienste der Kommission Delors schriftliche Ausarbeitungen vorgelegt haben, aus denen sich ergibt, dass eine solche zusätzliche Belastung nicht eintrete." Vgl. DE Nr. 265; B 221, ZA-Bd. 166600.

geboten und weigere sich insbesondere, den USA das Recht auf unilaterale Maßnahmen für den Fall zuzugestehen, dass die EG sich nicht an die Abmachungen halte.

Zu den drei Problembereichen der UR:

- Marktzugang
  EGK habe umfassende Tarifierung nicht einmal mit Ausnahme von Bananen zusagen wollen.
- Interne Stützung
  EGK habe gefordert, Ausgleichszahlungen im Rahmen der GAP-Reform[4] auch dann umfassend vor GATT-Streitbeilegungsverfahren, Antidumping- oder Countervailing-duty-Verfahren zu schützen, wenn sie in Zukunft erhöht oder anderweitig verändert werden sollten.
- Exportwettbewerb
  EGK habe auf die amerikanischen Angebote (zwei Optionen) direkt überhaupt nicht reagiert, sondern sie nur indirekt dadurch zurückgewiesen, dass sie ihrerseits als Mengenrückführung 18 Proz. „flat“ oder 18 bis 21 Proz. mit Swing und einer Einfuhrhöchstgrenze für Futtermittel oberhalb der jetzigen Einfuhren angeboten habe. Als weitere Möglichkeit sei von ihr genannt worden: 21 Proz. mit Swing und Einfuhrhöchstgrenze für Futtermittel auf der Höhe der jetzigen Einfuhren. Alle drei Möglichkeiten seien von EGK mit der Forderung nach Auslaufen einer früher von Agrarkommissar Andriessen gegebenen Zusage verbunden worden, Ausfuhren in bestimmte ostasiatische Märkte nicht zu subventionieren.

Auf diese Verhandlungsposition der EGK habe der US-Verhandler O'Mara nur mit dem Hinweis reagieren können, dass diese Rückschritte gegenüber früheren Positionen keine hinreichende Gesprächsbasis mehr böten. Deshalb habe er die Verhandlungen am 21.10. 1992 abgebrochen. In einem auf Wunsch von Kom. MacSharry am 22.10.1992 zustande gekommenen Gespräch habe MacSharry O'Mara erläutert, dass die von Legras vertretene Haltung auf Weisung von EGK-Präsident Delors zustande gekommen sei.

Diese Verhandlungslage wird USTR (ständiger Praxis entsprechend) der Cairns-Gruppe der 14 agrarexportierenden Länder in Genf vermitteln.

In einem Telefongespräch erläuterte mir Yerxa seine politische Einschätzung der Lage: EGK-Präsident Delors habe sich für die französische Position entschieden und deshalb die EG-Verhandlungspositionen verhärtet bzw. sogar zurückgenommen. Für das EG-Verhalten gebe es keinerlei Rechtfertigung außer der Annahme, dass die Gemeinschaft kein Abkommen mehr mit den USA anstrebe. Die USA hätten ihre Verhandlungsziele in den vergangenen eineinhalb Jahren immer wieder zurückgesteckt. Deshalb seien politische Äußerungen wie die, die Amerikaner hätten überhaupt keine Konzessionen gemacht, „simply outrageous“. Der Rubikon sei überschritten. Nun müsse die Gemeinschaft eben die Erfahrung machen, dass sie die Unterstützung der gesamten Welthandelsgemeinschaft verliere. „There remains only one thing to do: to pin failure on the Community.“

2) Hiesige EGK-Vertretung vertritt folgende Haltung: Die technischen Verhandlungen sind auf Wunsch der USA suspendiert worden. Die Gemeinschaft stehe aber natürlich stets zur Verfügung, um den politischen Dialog mit den USA fortzuführen.

4 Zur Reform der GAP vgl. Dok. 135, Anm. 5.

3) GATT-GD Dunkel betonte in einer kurzen Presseerklärung, dass er die EG-US-Verhandlungen genau verfolgt habe und dass er davon ausgehe, dass die EG und die USA den multilateralen Verhandlungsmechanismus in Genf in den nächsten Tagen auch dazu nutzen würden, ihre Verhandlungspartner über den Fortgang der Verhandlungen zu unterrichten. Dann könne man eine Bewertung der Gesamtsituation vornehmen, die die Basis sein würde für eine gemeinschaftliche Entscheidung über die Fortführung des multilateralen Verhandlungsprozesses.

Dunkel zeigte sich überzeugt, dass sowohl die USA als auch die EG sich der besonderen Bedeutung eines raschen und erfolgreichen Abschlusses der UR für die flaue weltwirtschaftliche Lage bewusst seien. Die beiden Wirtschaftsmächte trügen entscheidende Verantwortung für ein gut funktionierendes und glaubhaftes multilaterales Handelssystem auf der Grundlage des GATT (vollständiger Text wird mit Telefax Nr. 1070 übermittelt).

4) In Gesprächen mit außenstehenden Verhandlungsdelegationen (z.B. JAN, NEU, SCZ) wurde vor allem die Sorge deutlich, dass ein Zusammenbruch der EG-US-Verhandlungen den noch vor kurzem mit großem publizistischen Aufwand angekündigten Abschluss der UR bis Jahresende infrage stellen werde und möglicherweise sogar die Verhandlungen insgesamt gefährden könnte. Der NEU-Bo[tschafter] Bisley hielt es für dringend erforderlich, dass große MS der EG „wieder Vernunft in die Verhandlungen“ brächten.

[gez.] Witt

B 221, ZA-Bd. 166600

340

Drahtbericht des Botschafters z.b.V. Höynck, z.Z. Genf

Fernschreiben Nr. 2182 **Aufgabe: 24. Oktober 1992, 11.53 Uhr**[1]
Citissime **Ankunft: 24. Oktober 1992, 12.01 Uhr**

Betr.: KSZE-Expertentreffen über friedliche Streitbeilegung vom 12.–23.10.1992 in Genf[2]

Bezug: Laufende Berichterstattung

Delegationsbericht Nr. 4, Schlussbericht

Zur Unterrichtung

I. 1) Im Abschlussplenum wurde der Entwurf einer Entscheidung über friedliche Streitbeilegung für den KSZE-Ministerrat Mitte Dezember in Stockholm im Konsens angenommen.[3]

1 Der Drahtbericht wurde von LS Hector, z. Z. Genf, konzipiert.
Hat VLR I Haak am 26. Oktober 1992 vorgelegen.

2 Für das Schlussprotokoll des KSZE-Expertentreffens über friedliche Streitbeilegung vom 12. bis 23. Oktober 1992 in Genf einschließlich der Anlagen 1 („Modification to Section V of the Valletta Provisions for a CSCE Procedure for Peaceful Settlement of Disputes“), 2 („Convention on Conciliation and Arbitration within the CSCE“), 3 („Provisions for a CSCE Conciliation Commission“) und 4 („Provisions for Directed Conciliation“) vgl. B 28, ZA-Bd. 173638.

3 Für den Beschluss der dritten Sitzung des KSZE-Außenministerrats am 14./15. Dezember 1992 über friedliche Beilegung von Streitigkeiten bzw. das Übereinkommen über Vergleichs- und Schiedsverfahren

Es handelt sich um ein Paket aus drei neuen Instrumenten für die friedliche Streitbeilegung im KSZE-Raum:

- der auf eine deutsch-französische Initiative zurückgehende Schlichtungs- und Schiedsgerichtshof innerhalb der KSZE[4],
- die auf eine britische Initiative zurückgehende Schlichtungskommission der KSZE und
- die „Schlichtung auf Anordnung" („directed conciliation"), die dem Ministerrat bzw. dem AHB die Möglichkeit eröffnet, zwei Streitparteien anzuweisen, ein Schlichtungsverfahren einzuleiten (US-Vorschlag).

Ferner wurde der Valletta-Mechanismus[5] verbessert.

2) Wertung

Dieses Verhandlungsergebnis ist, sobald es durch den KSZE-Rat in Stockholm angenommen wird, ein bedeutender neuer Ansatz der friedlichen Streitbeilegung im KSZE-Raum. Das obligatorische Element, das in Valletta nur in sehr zaghafter Form eingeführt worden war, ist entscheidend gestärkt worden.

Besonders wichtig ist, dass der obligatorische Charakter des Schlichtungsverfahrens nach der Konvention nicht durch Vorbehalte verwässert werden kann.

Der Verzicht auf die Verankerung einer Gutachtenkompetenz in der Konvention war eine unvermeidliche Konzession angesichts des entschiedenen Widerstandes von US, GB und weiteren Staaten.

Insgesamt stellt das verabschiedete Dokument trotz schwer zu überbrückender Meinungsverschiedenheiten in der Schlussphase ein Gemeinschaftswerk der vier Haupteinbringer der verschiedenen Vorschläge (D, F, US, GB) dar. Unsere Zusammenarbeit mit F war sehr dicht und entscheidend für den Erfolg. Durch gemeinsame Anstrengung konnte ein Paket erzielt werden, das die KSZE-Instrumente zur Konfliktverhütung und um Krisenmanagement erweitert.[6]

II. Im Einzelnen

1) Schlichtungs- und Schiedsgerichtshof innerhalb der KSZE (D/F-Initiative) (Anlage 2 zum Schlussdokument)

Durch eine ratifizierungsbedürftige Konvention wird ein Gerichtshof mit zwei Verfahrensarten (Schlichtung und Schiedsgerichtsbarkeit) geschaffen. Die Schlichter bzw. Schiedsrichter werden im jeweiligen Einzelfall aus Listen ausgewählt, zu denen jeder Vertragsstaat geeignete Persönlichkeiten benennt. Die wichtigsten Elemente der beiden Verfahrensarten sind:

Schlichtungsverfahren:

- einseitige Verfahrenseinleitung für jede Streitigkeit, ohne dass eine Unterwerfungserklärung erforderlich ist und ohne dass Vorbehalte in sachlicher oder zeitlicher Hinsicht zulässig sind;

Fortsetzung Fußnote von Seite 1348

innerhalb der KSZE (Anhang 2 des Beschlusses) vgl. BULLETIN 1993, S. 5–14. Zur Sitzung vgl. Dok. 418 und Dok. 423.

4 Zur deutsch-französischen Initiative für eine Gesamteuropäische Schiedsinstanz vgl. Dok. 105, Anm. 27.

5 Zu dem auf dem KSZE-Expertentreffen über friedliche Streitbeilegung vom 15. Januar bis 8. Februar 1991 in Valletta erarbeiteten Mechanismus vgl. AAPD 1991, I, Dok. 54.

6 So in der Vorlage.

- Bericht der Schlichtungskommission auch bei Säumnis einer Partei, was das obligatorische Element verstärkt;
- ausdrückliche Erwähnung der KSZE-Verpflichtungen als mögliche Entscheidungsgrundlage.

Schiedsverfahren:
- Anrufung durch Vereinbarung oder bei beidseitiger Unterwerfungserklärung; die dabei zulässigen Vorbehalte in sachlicher Hinsicht sind abschließend aufgezählt;
- Entscheidung mit bindender Wirkung für die Streitparteien. Die im Entwurf vorgesehene Gutachtenkompetenz konnte wegen des grundsätzlichen Widerstandes von US und GB, unterstützt von TUR und einigen nordischen Staaten, nicht in der Konvention verankert werden. Hauptargument war, dass das Instrument des engeren Kreises der Konventionsstaaten nicht Rechtsfragen mit bindender Wirkung für die Gesamtheit der KSZE-Teilnehmerstaaten entscheiden könne. Allerdings wurde für den Brief des Vorsitzenden, mit dem das Ergebnis des Treffens an den AHB-Vorsitzenden übermittelt wird (s. Anlage), die weitere Erörterung dieser Frage im AHB ausdrücklich offengehalten.

Die Frage des Sitzes wurde einer Entscheidung durch den AHB überlassen. (Kandidaten sind – soweit absehbar – Genf und Venedig.)

Finanzfragen werden in einem Finanzprotokoll geregelt, das vom AHB beschlossen wird. Hierzu müssten D und F baldmöglichst einen Entwurf erarbeiten.

2) KSZE-Schlichtungskommission (GB-Vorschlag, Anlage 3 zum Schlussdokument)

Unterschied zu den Schlichtungskommissionen nach der Konvention: einerseits umfassenderer Teilnehmerkreis (alle KSZE-Teilnehmerstaaten) und sofortige Verfügbarkeit nach Verabschiedung der Stockholmer Erklärung, ohne dass ein Ratifikationsverfahren erforderlich ist, aber andererseits wesentlich eingeschränkterer Anwendungsbereich: Eine Anrufung ist nur durch Vereinbarung oder bei beiderseitiger Unterwerfungserklärung möglich.

3) Schlichtung auf Anordnung (US-Vorschlag, Anlage 4 zum Schlussdokument)

Der Ministerrat bzw. der AHB kann die Streitparteien im Konsens-minus-zwei-Verfahren anweisen, ein Schlichtungsverfahren vor der KSZE-Schlichtungskommission (vgl. oben Ziff. 2) oder – soweit sie Vertragsparteien sind – auch nach der Konvention (vgl. oben Ziff. 1) einzuleiten. Die Parteien können allerdings eine Vereinbarung schließen, Streitigkeiten nur im Verhandlungsweg zu lösen. Außerdem sind Ausnahmeklauseln für territoriale Streitigkeiten und Verteidigungsfragen vorgesehen.

4) Verbesserung des Valletta-Mechanismus (CH/US-Initiative, Anlage 1 zum Schlussdokument)

Artikel V des Valletta-Dokuments[7] wird neugefasst. Hierdurch wird die Frist für die Benennung der Schlichter von drei auf zwei Monate verkürzt, und es findet nur eine Runde der Schlichterbenennung statt.

5) Das positive Ergebnis der Konferenz ist nicht zuletzt dem außergewöhnlichen Einsatz des schwedischen Arbeitsgruppenvorsitzenden Corell zu verdanken, ohne dessen effi-

7 Für den Bericht des KSZE-Expertentreffens über friedliche Streitbeilegung vom 15. Januar bis 8. Februar 1991 in Valletta vgl. https://www.osce.org/secretariat/30115.

ziente Leitung ein derart umfassendes Dokument nicht in so kurzer Zeit hätte erstellt werden können.

[gez.] Höynck

Folgt Anlage

„There was also considerable discussion of a proposal submitted by the co-sponsors of the Draft Convention on Conciliation and Arbitration. This proposal provided for an article in the text of the convention which would specify the manner in which the convention could be used to provide advice to the Council or the CSO[8].

Although no agreement could be reached on this proposal at the Geneva meeting, it was decided to recommend that this matter should be the subject of further consultations within the CSO in preparing the Stockholm CSCE Council meeting."

B 28, ZA-Bd. 173638

341

Vorlage des Ministerialdirektors Chrobog für Bundesminister Kinkel

213-321.10 RUS **28. Oktober 1992[1]**

Über Herrn Staatssekretär[2] Herrn Bundesminister[3]

Betr.: 50. Jahrestag der Schlacht um Stalingrad (2.2.1993)

Zweck der Vorlage: Gespräch mit BK

1) Sachverhalt

- Die deutschen Truppen, die Stalingrad erobert hatten, wurden am 22.11.1942 durch den Gegenangriff der sowjetischen Armeen in der Stadt eingeschlossen („Kessel") und kapitulierten am 2. Februar nach den wohl erbittertsten Kämpfen dieses Krieges.
- Der Sieg bei Stalingrad ist für die SU und Russland stets der entscheidende Brennpunkt ihrer Selbstbehauptung in diesem Krieg gewesen, denn er war Ergebnis ihrer ureigenen

8 Committee of Senior Officials.

1 Die Vorlage wurde von VLR I Neubert konzipiert.

2 Hat StS Kastrup am 29. Oktober 1992 vorgelegen.

3 Hat BM Kinkel am 6. November 1992 vorgelegen.
Hat Kinkel am 12. November 1992 erneut vorgelegen, der handschriftlich für StS Kastrup vermerkte: „Habe gestern Ang[elegenheit] mit dem Herrn BK besprochen. Er war nicht begeistert. – Herr Hartmann will nochmals ‚nachstoßen'. Werde bei nächster Gelegenheit Ang. mit BK nochmals aufnehmen. – Dies muss im Zusammenhang mit BK-Reise 15.12. gesehen werden. Evtl. findet sie nicht statt. Bitte zu allem mit Herrn Hartmann Kontakt aufnehmen."
Hat OAR Salzwedel am 12. November 1992 vorgelegen, der den Rücklauf an das Büro Staatssekretäre bzw. Kastrup verfügte.
Hat VLR Ney am 12. November 1992 vorgelegen, der handschriftlich vermerkte: „Liegt als Fax StS K[astrup] vor."

Anstrengung, nicht des gemeinsamen „alliierten“ Vorgehens wie das Kriegsende am 8.5.45.

- Der 50. Jahrestag wird in Russland begangen werden in einer Zeit, die angesichts der politischen Veränderungen in Europa – Zerfall der SU, Einheit Deutschlands, Ende von WP und RGW – und den innenpolitischen, wirtschaftlichen und sozialen Schwierigkeiten einerseits wenig Anlass zu Siegesstimmung gibt, andererseits die Versuchung stärkt, die Gegenwart durch die Erinnerung an einen großen Tag der Vergangenheit zu verdrängen.
- Der Charakter des vom nationalsozialistischen Deutschland gegen die SU geführten Krieges, sowohl von der ideologischen Absicht her wie von dem tatsächlichen Verlauf, hat besonders tiefe Wunden geschlagen. Die politische Lage in Europa hat – bis heute – keine unserem Verhältnis zu den anderen Nachbarn und ehemaligen Kriegsgegnern vergleichbaren langfristigen Bemühungen um Ausgleich und Versöhnung mit der SU und Russland zugelassen.
- Die Stadt Wolgograd hat BK Kohl zur Teilnahme an den Gedenkfeierlichkeiten zum 50. Jahrestag eingeladen; der Wunsch nach hochrangiger deutscher Präsenz ist gegenüber PStS Waffenschmidt bei dessen jüngstem Besuch in Wolgograd[4] erneuert worden. Dieser zeigte Interesse, selbst als Leiter einer deutschen Delegation zu kommen.
- Es gibt seit mehreren Jahren eine immer engere und erfolgreichere Zusammenarbeit von VdK und sowj./russ. Veteranenverband. Ein Kriegsgräberabkommen, das erstmals eine bessere Pflege deutscher Kriegsgräber in Russland ermöglichen soll, ist weitgehend fertig und kann möglicherweise bis zum BK-Besuch in Moskau[5] fertiggestellt werden.[6] Auch hier zeigt sich eine neue, gewachsene Bereitschaft Russlands zur Zusammenarbeit auf diesem für beide Seiten psychologisch ebenso schwierigen wie wichtigen Gebiet.

2) Votum

- Nach den politischen Veränderungen in Europa – vor allem in Russland selbst – sind endlich die Voraussetzungen für eine politische Geste der Versöhnung da, die in beide Nationen hineinwirkt. Dies gilt besonders für Russland, das bis vor kurzem von der allgemeinen Entwicklung der Beziehungen aller Weltkriegsgegner untereinander ausgeschlossen war.
- Der kommende 50. Jahrestag ist die letzte „große“ Gelegenheit, eine solche überfällige Geste sinnvoll zu vollziehen: Noch lebt die Generation der direkten Kriegsteilnehmer, denen für eine Versöhnungsgeste die entscheidende Rolle zukommt. Zum 60. Jahrestag (2003) käme eine Geste für die meisten zu spät. Sie käme auch für unsere politischen Beziehungen zu Russland zu spät: Der Neubeginn muss jetzt geprägt werden. Wenn wir fünf oder zehn Jahre verlieren, wird eine politische Geste sinnlos, übrig bliebe eine bittere, nie offen und gemeinsam verarbeitete Vergangenheit.
- Die nötige politische Wirkung ist nur zu erreichen, wenn der Bundeskanzler und der russische Präsident persönlich zusammen ein Signal setzen. Die Präsenz von staatlichen oder nichtstaatlichen Delegationen kann dies nicht ersetzen, die Öffentlichkeit beider

4 Der Beauftragte der Bundesregierung für Aussiedlerfragen, PStS Waffenschmidt, BMI, hielt sich vom 19. bis 23. Oktober 1992 in Moskau, Omsk und Wolgograd auf.

5 BK Kohl besuchte Russland am 15./16. Dezember 1992. Vgl. Dok. 419 und Dok. 420.

6 Für das Regierungsabkommen vom 16. Dezember 1992 zwischen der Bundesrepublik und Russland über Kriegsgräberfürsorge vgl. BGBl. 1994, II, S. 599–604.

Länder müsste aus der Nicht-Teilnahme der politischen Führungspersönlichkeiten zwangsläufig negative Rückschlüsse ziehen: Dies gilt für beide Seiten!

- Mögliche Bedenken des Bundeskanzlers wegen der Bitburg-Erfahrung[7] können zum Teil mit dem Hinweis auf die Geste von Verdun[8] ausgeräumt werden. Ein problematischer Anknüpfungspunkt wie in Bitburg (Gräber von Angehörigen der Waffen-SS) fehlt aber in Wolgograd, da es dort überhaupt keine markierten deutschen Gräber gibt.
- Der Bundeskanzler müsste ggf. mit Hinweis auf die Einmaligkeit der Chance und die Notwendigkeit, im deutsch-russischen Verhältnis auch emotional einen Wandel zu bewirken, gewonnen werden.

3) Vorschlag

- Sie sprechen den Herrn Bundeskanzler auf Stalingrad an und bitten ihn, sich mit Präsident Jelzin über eine politische Geste aus Anlass des 2.2.1993 zu verständigen.
- Der BK könnte Präs. Jelzin in einem persönlichen Schreiben sein Anliegen erläutern, eine persönliche Übereinstimmung könnte während des BK-Besuchs in Moskau (15.–16.12.92) hergestellt werden, einschließlich Austausches beiderseitiger Vorstellungen, „wie“ ein gemeinsames Auftreten in Wolgograd zu gestalten wäre.
- Damit wäre die Teilnahme BK Kohls auch auf die richtige Ebene einer Absprache mit Präs. Jelzin gehoben, anstelle der gut gemeinten, aber politisch nicht ausreichenden Einladung durch die Stadt Wolgograd.
- Zur Gestaltung einige Anmerkungen:
  - BK könnte entweder am 2.2.1993 mit Präs. Jelzin an Feierlichkeiten in Wolgograd teilnehmen, eine rein „russische Siegesfeier“ ist nicht notwendigerweise zu erwarten, im Übrigen müssen die Einzelheiten ohnehin abgesprochen werden.
  - Oder beide könnten sich in kurzem Abstand (wenige Tage danach) zu einer gesonderten Gedenkveranstaltung für kurze Zeit (einige Stunden) in Wolgograd treffen.
  - Dem Anlass gemäß wäre eine zwar öffentlichkeitswirksame (Medien), aber vor Ort ernste und in sich kehrende Geste zu erwägen, d. h. gemeinsame Kranzniederlegung durch BK und Präsident, begleitet durch einige wenige Soldaten (Kranzträger) und Überlebende der Schlacht. Eine so optisch „zurückgenommene“ Gestaltung würde dem Sinn der Sache umso mehr gerecht durch den Kontrast zu der politischen Bedeutung der Veranstaltung als solcher und knappen, aber richtungsweisenden Aussagen beider Seiten.
- Eine zu enge Verknüpfung mit den Sachfragen des BK-Besuches in Moskau oder zeitliche Nähe zu ihm sollte vermieden werden, um keine Verquickung materieller und immaterieller Aspekte der deutsch-russischen Beziehungen ungewollt zu fördern.[9]

Chrobog

B 63, ZA-Bd. 170622

7 BK Kohl und der amerikanische Präsident Reagan besuchten am 5. Mai 1985 den Soldatenfriedhof in Bitburg. Vgl. AAPD 1985, I, Dok. 123.

8 BK Kohl und der französische Staatspräsident Mitterrand gedachten am 22. September 1984 auf dem Schlachtfeld von Verdun der Toten beider Weltkriege. Vgl. AAPD 1984, II, Dok. 242.

9 BK Kohl nahm an den Feierlichkeiten in Russland nicht teil. Kohl und der russische Präsident Jelzin tauschten aber Botschaften aus, die am 2. Februar 1993 veröffentlicht wurden. Vgl. BULLETIN 1993, S. 93. Vgl. ferner AAPD 1993.

342

Vorlage des Ministerialdirigenten Schirmer für Bundesminister Kinkel

603-633 **28. Oktober 1992**[1]

Über Herrn Staatssekretär[2] Herrn Bundesminister

Betr.: Besuch von Salman Rushdie in Deutschland;
hier: Gespräch im Auswärtigen Amt am 27.10.1992

Zweck der Vorlage: Zur Unterrichtung

1) Am 27. Oktober 1992 habe ich als amtierender Leiter der Kulturabteilung gemäß Entscheidung des Herrn Ministers Salman Rushdie zu einem Gespräch im Auswärtigen Amt empfangen. Rushdie war begleitet von zwei Vertreterinnen des International Centre against Censorship „Art. XIX" (der Allgemeinen Deklaration der Menschenrechte[3]), die seine Rundreise durch mehrere europäische Staaten organisierten.

Das etwa eineinviertelstündige Gespräch verlief in angenehmer Atmosphäre. Rushdie nahm die Gelegenheit wahr, seine Situation seit 1989[4] und seine Vorstellungen von dem künftigen Verhalten der westlichen Staatenwelt zu seinem Fall und gegenüber der iranischen Regierung darzustellen.

Rushdie machte keine kritischen Bemerkungen an die Adresse der Bundesregierung. Er nahm vielmehr meine Hinweise auf die eindeutige Verurteilung des „Verdikts" gegen ihn (Fatwa) im Jahre 1989 (bilateral wie auch im Rahmen der EG) zustimmend, aber ohne Kommentierung auf.

2) Über die iranische Regierung äußerte Rushdie sich eindeutig verurteilend. Er akzeptiere keine Unterscheidung zwischen religiöser und staatlicher Position ihm gegenüber. Er habe eindeutige Beweise dafür, dass die iranische Regierung die Fatwa mittrage und Aktionen gegen ihn betreibe. Unterlagen legte er insoweit nicht vor. Er bezog sich lediglich auf Informationen aus Geheimdienstquellen wie auf, wie er sagte, die eindeutige Tätigkeit von Mitgliedern der iranischen Botschaft in London, die inzwischen ausgewiesen seien.

3) Ich wies ihn auf die Bemühungen der iranischen Regierung um Wiederherstellung und Verbesserung ihres internationalen Ansehens hin. Dies werde im Rahmen unserer Kontakte zu der iranischen Regierung auch immer wieder genutzt, Menschenrechtsfragen anzusprechen. Deutschland habe auch in seinem Falle keinen unmittelbaren Einfluss auf die Haltung der iranischen Regierung. Unverkennbar seien die Iraner jedoch an unserer

1 Kopie.
Hat MD Chrobog am 28. Oktober 1992 vorgelegen.
Hat MDg Schilling am 29. Oktober 1992 vorgelegen.
Hat VLR I Gerz am 29. Oktober 1992 vorgelegen.

2 Hans Werner Lautenschlager.

3 Für Artikel XIX der „Allgemeinen Erklärung der Menschenrechte" vom 10. Dezember 1948 vgl. UNITED NATIONS RESOLUTIONS, Serie I, Bd. II, S. 138 f.

4 Ayatollah Khomeini rief am 14. Februar 1989 in einer Fatwa alle Muslime auf, den Schriftsteller Salman Rushdie wegen seines als Blasphemie betrachteten Werks „Satanische Verse" zu töten. Vgl. AAPD 1989, I, Dok. 43, Dok. 48 und Dok. 49.

Meinung interessiert und hörten ihr aufmerksam zu. Rushdie stimmte dem ausdrücklich zu. Allerdings gab er zu bedenken, dass die iranische Regierung solche internationalen Gespräche nutze, um Kosmetik zu betreiben.

4) Hinsichtlich seiner Erwartungen an die westliche Staatenwelt trug Rushdie sehr prononciert den Wunsch vor, dass von Deutschland und anderen maßgebenden Regierungen im Westen wieder konkrete Schritte gegenüber dem Iran unternommen würden mit dem Ziel, ihn außer Verfolgung zu setzen. Nach der Regelung der letzten Geiselfälle im Libanon[5] sei man im Westen freier. Der Zeitpunkt für neues Handeln sei daher gekommen. Dessen sei sich auch der Iran bewusst. Nach seiner Einschätzung böte dies Möglichkeiten, eine Aufhebung des Todesurteils unter Wahrung des Gesichts der Iraner zu erreichen. Der politische Wille hierzu müsse nur bestehen.

Nach Darstellung Rushdies sei man im britischen Außenministerium solcher Auffassung. Der Fall Rushdie sei für die Briten das Kernproblem der bilateralen Beziehungen zum Iran.

Handeln müssten Länder wie Deutschland, Frankreich und Großbritannien. Kleinere Länder wie die jüngst besuchten skandinavischen seien dazu allein nicht in der Lage. Eine kollektive Aktion werde im Übrigen keinen einzelnen Staat exponieren.

5) Unter Hinweis auf seine Gespräche mit der SPD (Engholm) betonte Rushdie, es sei nicht seine Absicht, Unterschiede zwischen deutscher Regierung und Opposition hervorzurufen. Ich versicherte ihm, dass es solche Unterschiede gegenüber seinem Fall in Deutschland nicht gebe.

6) Unter Bezugnahme auf die iranische Beteiligung an der Frankfurter Buchmesse, von der iranische Verlage 1990 und 1991 ausgeschlossen waren, meinte Rushdie, deren Teilnahme sei dann akzeptabel, wenn auch er ohne Gefahr dort auftreten könne.

7) Interessant war der Hinweis Rushdies, die Deutsche Lufthansa – immerhin im Besitz der Bundesregierung – habe es abgelehnt, ihn zu befördern. Die Begründung mit Sicherheitsinteressen könne er nicht akzeptieren; maßgebend seien ganz gewiss die geschäftlichen Interessen der Lufthansa im Iran. Sieben andere staatliche Fluglinien hätten sich da ganz anders verhalten. Ich habe hierzu nicht Stellung genommen. (Nach Darstellung der LH Dg 31[6] gegenüber hat [es] auch British Airways abgelehnt, Rushdie zu befördern.)

gez. Schirmer

B 45, ZA-Bd. 175388

5 Zur Freilassung der beiden deutschen Geiseln Strübig und Kemptner am 17. Juni 1992 vgl. Dok. 181.

6 Herwig Bartels.

343

Vorlage des Vortragenden Legationsrats I. Klasse Bertram für Bundesminister Kinkel

201-363.21 NPG VS-NfD **28. Oktober 1992**[1]

Über Dg 20[2], D 2[3], Herrn Staatssekretär[4] Herrn Bundesminister[5]

Betr.: Tagung der Nuklearen Planungsgruppe der NATO am 20./21. Oktober 1992 in Gleneagles[6];
hier: Ergebnisse

Bezug: BM-Vorlage vom 29.9.1992 (VS-geheim)[7]

Zweck der Vorlage: Zur Unterrichtung

Die 52. Sitzung der NPG im schottischen Gleneagles stand ganz im Zeichen der politisch und militärisch erneuerten Allianz.

1) Breiten Raum widmeten die Verteidigungsminister den sog. DPC-Themen, d.h. den aktuellen nicht-nuklearen Angelegenheiten. Alle Minister bekräftigten die Bereitschaft der NATO zur Übernahme neuer Aufgaben im Rahmen friedenserhaltender Maßnahmen. Sie mahnten den baldigen Abschluss (möglichst bis DPC-Tagung im Dezember[8]) der Arbeiten zur Umsetzung des einschlägigen Mandats der AM-Tagung von Oslo[9] an. Im Zusammenhang mit den Entwicklungen im früheren Jugoslawien wurde Notwendigkeit hervorgehoben, den militärischen Stellen der NATO zur Vorlage erbetener Handlungsoptionen klare

1 Die Vorlage wurde von VLR Ulrich konzipiert.

2 Hat MDg Klaiber am 29. Oktober 1992 vorgelegen.

3 Hat MD Chrobog am 29. Oktober 1992 vorgelegen.

4 Hat StS Kastrup am 29. Oktober 1992 vorgelegen.
Hat VLR Ney am 29. Oktober 1992 vorgelegen, der den Rücklauf an VLR I Bertram verfügte.
Hat VLR Ulrich am 30. Oktober 1992 erneut vorgelegen, der die Weiterleitung an Bertram verfügte.
Hat Bertram am 11. November 1992 erneut vorgelegen.

5 Die Wörter „Herrn Bundesminister“ wurden von StS Kastrup gestrichen.

6 Für das Kommuniqué der NPG-Ministersitzung vgl. NATO Final Communiqués 1991–1995, S. 82 f. Für den deutschen Wortlaut vgl. Bulletin 1992, S. 1078 f.

7 VLR I Bertram vermerkte, der Entwurf eines Richtlinienpapiers der NATO zu nuklearer Planung und Konsultation liege vor: „Uns ging es v.a. darum, eine deutliche Verbesserung im Sinne einer weiteren Lösung des mil[itärischen] Denkens von Kategorien des Kalten Krieges zu erreichen, insb. im Hinblick auf die Begrenzung mil. Freiraums bei der Planung und auf die grundsätzliche Beschränkung denkbarer Einsatzziele auf das Territorium des Angreifers. Dieses Anliegen konnte in allen wesentlichen Punkten durchgesetzt werden. [...] Das vorgelegte Papier wird somit dem neuen sicherheitspolitischen Umfeld in Europa und der neuen Allianzstrategie mit der erheblich verminderten Abstützung auf Nuklearwaffen gerecht. Es wird im Falle seiner Billigung durch die NPG den bereits verankerten Grundsatz der rein politischen Qualität der Nuklearwaffen (keine Kriegsführungswaffe) in der Implementierung der Strategie stärken. Es wird daher Zustimmung empfohlen.“ Vgl. B 130, VS-Bd. 12221 (201), bzw. B 150, Aktenkopien 1992.

8 Zur Ministersitzung des DPC der NATO am 10./11. Dezember 1992 in Brüssel vgl. Dok. 415.

9 Zur NATO-Ministerratstagung am 4. Juni 1992 vgl. Dok. 170.

politische Vorgaben für Zweck und Umfang eines möglichen Engagements des Bündnisses an die Hand zu geben. Im Übrigen sei sinnvolle Arbeitsteilung, insbesondere zwischen NATO und WEU, erforderlich. Überwachungsmission in der Adria[10] könne hierfür nicht als ideales Beispiel gelten.

Ausführliche Debatte der Minister zu diesen Fragen brachte zum Ausdruck, dass in dem neuen sicherheitspolitischen Umfeld in Europa die „klassischen" Themen der Verteidigung des Bündnisgebietes allmählich in den Hintergrund treten gegenüber der Einstellung der Allianz auf die neuartigen Herausforderungen.

2) Im nuklearen Teil der Sitzung wurde v.a. das Dokument über die neuen nuklearen Planungsgrundsätze der Allianz verabschiedet (Political Principles for Nuclear Planning and Consultation). Die bislang geltenden GPGs (General Political Guidelines[11]) wurden formell aufgehoben. Damit wurde auch in der Nuklearpolitik der Allianz das Kapitel des Kalten Krieges endgültig abgeschlossen.

Die Verabschiedung des neuen Papiers wurde – erwartungsgemäß – der Presse bekannt (zumal der Kommuniqué-Text auf US-Drängen einen indirekten Hinweis darauf enthielt). Dies führte auf den Pressekonferenzen (von BM Rühe und von NATO-GS Wörner) zu zahlreichen Fragen und schlug sich in der Berichterstattung nieder, aber keineswegs mit generell kritischer Bewertung. (Vielmehr standen nicht-nukleare Themen wie Peacekeeping, Jugoslawien und Jäger 90[12] im Vordergrund.)

Allerdings steht auf Antrag der SPD ein Bericht über die NPG-Tagung von Gleneagles auf der Tagesordnung des BT-Verteidigungsausschusses am 29.10.1992.

3) Für die Zukunft haben die NATO-VM beschlossen, sich ab 1994 nur noch zweimal jährlich zu kombinierten DPC/NPG-Sitzungen zu treffen, da aufgrund der neuen Lage in Europa nukleare Themen relativ an Bedeutung verlieren und daher kein Anlass mehr für gesonderte NPG-Treffen gesehen wird (deutsche Einladung zu NPG in Travemünde im Oktober 1993 ist davon nicht betroffen).[13]

Bertram

B 14, ZA-Bd. 161267

10 Zu den Überwachungsmaßnahmen von NATO und WEU in der Adria vgl. Dok. 220.

11 Die auf der NPG-Ministersitzung am 21./22. Oktober 1986 in Gleneagles verabschiedeten General Political Guidelines (GPG) der NATO regelten das Vorgehen beim Nuklearwaffeneinsatz innerhalb einer Bandbreite vom Erstschlag bis zum nuklearen Vergeltungsschlag im Rahmen der Strategie der „flexible response". Vgl. AAPD 1986, I, Dok. 178, und AAPD 1986, II, Dok. 229, Dok. 246 und Dok. 302.

12 Zum europäischen Kampfflugzeug („Jäger 90") vgl. Dok. 238, Anm. 6.

13 Die gemeinsamen Ministersitzungen von DPC und NPG fanden am 25./26. Mai und 8./9. Dezember 1993 in Brüssel statt. Zu den Dezember-Sitzungen vgl. AAPD 1993.

344

Vermerk des Vortragenden Legationsrats Ulrich

201-360.90 JUG-AWACS **29. Oktober 1992**[1]

Betr.: Einsatz von NATO-AWACS-Flugzeugen zur Überwachung des VN-Flugverbots über Bosnien-Herzegowina;
hier: Unterrichtung des Auswärtigen Ausschusses am 29.10.1992

1) Am 29.10.1992 unterrichtete Staatssekretär Dr. Kastrup aufgrund kurzfristiger Verabredung den Auswärtigen Ausschuss (anhand des als Anlage beigefügten und dem Ausschuss-Vorsitzenden noch am selben Tage übermittelten Sprechzettels[2]) über die Beschlüsse der NATO zum Einsatz von AWACS-Flugzeugen zur Überwachung des VN-Flugverbots über Bosnien-Herzegowina. Staatssekretär Dr. K. erläuterte insb. die Notwendigkeit des erweiterten AWACS-Einsatzes unter Nutzung des Luftraums von Österreich und Ungarn (mit deren Zustimmung) sowie die Entscheidung der Bundesregierung, dass bei den Flügen über Österreich und Ungarn deutsche Besatzungsmitglieder nicht zum Einsatz kämen.[3]

2) MdB Voigt (SPD) behielt sich für die SPD gründliche Prüfung in rechtlicher und politischer Hinsicht vor. Sachverhalt berühre äußerst sensitive Fragen, was in dieser Sonderunterrichtung ja auch zum Ausdruck komme.

Er nehme mit Interesse die offenbar von der Bundesregierung getroffene Unterscheidung zur Kenntnis, wonach deutsche Soldaten an den Überwachungsaufgaben in und im Luftraum über der Adria beteiligt seien[4], nicht aber an der Durchführung von Überwachungsaufgaben im Luftraum von Österreich und Ungarn. All dies werde besonders im Hinblick auf das in Karlsruhe anhängige Verfahren[5] zu prüfen sein.

MdB Voigt stellte später fest, er entnehme den Ausführungen von StS Dr. K., der NATO-Vertrag[6] enthalte einerseits Verpflichtungen der Bündnismitglieder und andererseits

1 VLR Ulrich verfügte die Weiterleitung an MDg Klaiber sowie u. a. an das Büro Staatssekretäre.
Hat Klaiber am 29. Oktober 1992 vorgelegen.
Hat VLR Ney am 29. Oktober der 1992 vorgelegen, der die Weiterleitung an StS Kastrup mit der Bitte um Billigung verfügte.
Hat Kastrup am 29. Oktober 1992 vorgelegen.
Hat Ney am 29. Oktober 1992 erneut vorgelegen, der den Rücklauf an VLR I Bertram verfügte.
Hat Ulrich erneut vorgelegen, der die Weiterleitung an Bertram „n[ach] R[ückkehr]" verfügte.
Hat Bertram am 1. November 1992 vorgelegen.

2 Dem Vorgang beigefügt. Für den Sprechzettel, den StS Kastrup am 29. Oktober 1992 an den Vorsitzenden des Auswärtigen Ausschusses, Stercken, übermittelte, vgl. B 14, ZA-Bd. 161179.

3 Zur Frage der Beteiligung der Bundesrepublik am Einsatz von AWACS-Flugzeugen zur Überwachung des Flugverbots über Bosnien-Herzegowina vgl. Dok. 327.

4 Zu den Überwachungsmaßnahmen von NATO und WEU in der Adria vgl. Dok. 220.

5 Die SPD-Fraktion leitete am 7. August 1992 ein Organstreitverfahren gegen die Bundesregierung vor dem Bundesverfassungsgericht ein (2 BvE 3/92). Für die Antragsschrift vgl. Klaus DAU, Gotthard WÖHRMANN (Hg.), Der Auslandseinsatz deutscher Streitkräfte: Eine Dokumentation des AWACS-, des Somalia- und des Adria-Verfahrens vor dem Bundesverfassungsgericht, Heidelberg 1996, S. 377–404.

6 Für den NATO-Vertrag vom 4. April 1949 vgl. BGBl. 1955, II, S. 289–292.

Möglichkeiten, über diese Verpflichtungen hinaus zu handeln, wenn Konsens unter allen NATO-MS bestehe. In jedem Falle müsse gelten, dass bei Nutzung der Möglichkeiten für die Bundesregierung die geltende Rechtslage bei uns maßgeblich sei. Wenn im Einzelfall die damit geltenden rechtlichen Beschränkungen politisch nicht zu vermitteln seien (so einige Sprecher der CDU/CSU), könne das nur Anlass sein, die Rechtslage ggf. zu ändern. Dies dürfe jedoch nicht dazu führen, sich im politischen Handeln über die geltende Rechtslage hinwegzusetzen.

3) MdB Lamers und MdB Schmidt (beide CDU) behielten sich ebenfalls weitere rechtliche Bewertung vor. Sie brachten jedoch bereits auf vorläufiger Grundlage ihr Unverständnis gegenüber der politischen Entscheidung der Bundesregierung zum Ausdruck, für die im Luftraum von Österreich und Ungarn eingesetzten Flugzeuge keine deutschen Besatzungsmitglieder zur Verfügung zu stellen. Die Unterscheidung, wonach die Adria „in treaty", Österreich und Ungarn aber „out of treaty" lägen, sei politisch niemandem mehr zu vermitteln. Dafür könne man insb. im Bündnis kein Verständnis finden. MdB Lamers stellte später fest, der Begriff „out of treaty" habe im Übrigen mit dem Begriff „out of area" nichts zu tun.

4) MdB Feldmann (FDP) stellte Frage, ob Einsatz von AWACS-Flugzeugen nicht durch Pressemeldung über Vereinbarung der Bürgerkriegsparteien zur VN-Überwachung in Bosnien stationierter Militärflugzeuge überholt sei. (Hierzu wies Staatssekretär Dr. K. darauf hin, dass nach vorliegender dpa-Meldung Kampfflugzeuge der bosnischen Serben unter VN-Kontrolle auf dem Flughafen Banja Luka blieben und nicht nach Jugoslawien verlegt werden sollten. Dies könne jedoch eine wirksame Luftraumüberwachung durch geeignete Radarmittel keinesfalls ersetzen.)

5) MdB Modrow (PDS) behielt sich ebenfalls weitere rechtliche Prüfung vor. Die politische Bewertung sei jedoch eindeutig. Bundesregierung und Bundeswehr hätten mit den getroffenen Entscheidungen wiederum den Bereich ihrer Verantwortung überschritten. Deutsche Soldaten sollten nicht nur im Luftraum von Österreich und Ungarn, sondern auch bei den Überwachungsmaßnahmen in bzw. über der Adria nicht zum Einsatz kommen.

6) StS Dr. K. bestätigte in Erwiderung auf verschiedene Fragen der Abgeordneten, dass es sich bei dieser Angelegenheit in der Tat um sensitives Thema handele, auch im Hinblick auf das Verfahren in Karlsruhe. AWACS-Einsatz über der Adria sei ganz eindeutig durch den NATO-Vertrag abgedeckt; es handele sich um Bündnisgebiet. Die AWACS-Flugzeuge würden über der Hohen See in gleicher Weise eingesetzt wie routinemäßig seit vielen Jahren.

Österreich und Ungarn seien hingegen nicht Teil des Bündnisgebietes. Daher sei der AWACS-Einsatz dort nicht ausdrücklich durch den NATO-Vertrag vorgesehen; dieser Vertrag stehe dem Einsatz allerdings auch nicht entgegen. Er hindere die NATO-MS nicht, durch freie Vereinbarung den Einsatz von NATO-Mitteln auch über das definierte Vertragsgebiet hinaus zu beschließen, natürlich nur mit Zustimmung der betroffenen Länder, die in diesem Fall vorliege.

Auf das von MdBs Lamers und Schmidt geäußerte Unverständnis über die Nicht-Beteiligung deutscher Besatzungsmitglieder an AWACS-Einsätzen über Österreich und Ungarn stellte StS Dr. K. fest, Bundesregierung habe vor der Frage gestanden, ob sie ungeachtet der in Karlsruhe anhängigen Klage der Beteiligung deutscher Besatzungsmitglieder zustimmen solle. Nach Abwägung aller Gesichtspunkte sei entschieden worden, diesen Schritt nicht zu tun.

Die Formeln „out of area" sowie „out of treaty" seien nicht immer geeignet, die Problematik zutreffend zu beschreiben. Der Begriff „out of area" sei nach dem NATO-Vertrag nur relevant, wenn es darum gehe, die Auslösung der Bündnisverpflichtung zum Beistand zu beschreiben. Nach Eintritt des Bündnisfalles lege der NATO-Vertrag keine geographischen Beschränkungen auf, solange es um die Verteidigung des Bündnisgebietes gehe. Der Begriff „out of treaty" sei von den Klägern des anhängigen Verfahrens in Karlsruhe eingeführt worden; er, StS Dr. K., wolle in diesem Zusammenhang der rechtlichen Bewertung des Bundesverfassungsgerichts nicht vorgreifen.

7) Auf Frage von MdB Duve (SPD) nach Bemühungen der Bundesregierung um die Freilassung bosnischer Häftlinge aus den von serbischer Seite eingerichteten Konzentrationslagern berichtete StS Dr. K. über sein kürzliches Gespräch mit der VN-Hochkommissarin für Flüchtlinge, Frau Ogata. Die Aufnahme der Flüchtlinge aus jenen Lagern habe auf der Tagesordnung ganz oben gestanden. Die Bundesregierung sei bereit, solche Flüchtlinge aufzunehmen. Frau Ogata habe als Sofortmaßnahme von der Aufnahme von ca. 500 – 700 Flüchtlingen gesprochen; nach einer Mitteilung des UNHCR aus Genf vom Vortage gehe es um ca. 400 Flüchtlinge. Das Auswärtige Amt sei in dieser Frage im ständigen Kontakt mit BMI (und über diesen mit Länderregierungen) sowie BMF. Er, StS Dr. K., sei zuversichtlich, dass Bundesregierung positive Entscheidung treffen werde.[7]

Ulrich

B 14, ZA-Bd. 161179

[7] MDg Schilling vermerkte am 19. November 1992, ein UNHCR-Vertreter habe sich erneut nach dem Stand der Angelegenheit erkundigt: „Ich habe berichtet, dass noch nicht alle Bundesländer ihre Zustimmung erteilt hätten, dass wir aber hofften, spätestens Anfang nächster Woche uns zur Aufnahme von 362 Personen formell bereit erklären zu können; für die Aufnahme der restlichen 638 Personen (insgesamt sollten 1000 aufgenommen werden) benötigten wir voraussichtlich noch etwas mehr Zeit." Vgl. B 42, ZA-Bd. 175781.

345

Vorlage des Vortragenden Legationsrats I. Klasse Neubert für Bundesminister Kinkel

213-2-320.10 UKR **30. Oktober 1992**[1]

Über Dg 21[2], D 2[3], Herrn Staatssekretär[4] Herrn Bundesminister[5]

Betr.: Wohin geht die Ukraine?

Bezug: Ihre Entscheidung auf Vorlage vom 9.9.1992 – 213-2-321.32 UKR –, noch 1992 Kiew zu besuchen[6]

Anlg.: Landkarte[7]

Zweck der Vorlage: Zur Unterrichtung

I. Außenpolitische Lage

1) Mit der Ukraine ist vor unserer Tür eine neue europäische Regionalmacht entstanden: größer als Frankreich, bevölkerungsreicher als England, mit einer größeren Armee als Deutschland und 176 nuklearen Langstreckenraketen auf ihrem Boden. Der Vergleich mit dem benachbarten russischen Koloss lässt manche im Westen übersehen, dass die Ukraine ungeachtet ihrer heutigen wirtschaftlichen Misere das Zeug und den Ehrgeiz hat, im zusammenwachsenden Gesamteuropa von morgen (Russland und die Türkei mitgerechnet) unter den sieben einflussreichsten Staaten zu sein.

Dass die Ukraine international bislang nicht deutlicher wahrgenommen wird, verdankt sie paradoxerweise mit ihrer ausgeprägten Kooperationsbereitschaft gegenüber dem Westen, die sie zu einem vergleichsweise unkomplizierten Gesprächspartner macht. Namentlich im Bereich Sicherheit und Rüstungskontrolle hat sie durch frühen Verzicht auf ihre taktischen Atomwaffen, Ratifizierung des KSE-Vertrags[8] und Beitritt zum START-Abkommen[9] von Anfang an Zweifel an der Verantwortlichkeit ihrer Außenpolitik vermieden und unter den Nachfolgestaaten der Sowjetunion den richtigen Trend gesetzt. Eine Minderheit im Kiewer Parlament stellt diese konstruktive Politik heute infrage, weil sie sie westlicherseits

1 Die Vorlage wurde von VLR Welberts konzipiert.

2 Hat MDg von Studnitz am 30. Oktober 1992 vorgelegen.

3 Hat MD Chrobog am 3. November 1992 vorgelegen.

4 Hat StS Kastrup am 3. November 1992 vorgelegen.

5 Hat BM Kinkel am 8. November 1992 vorgelegen.
Hat VLR Wittig am 9. November 1992 vorgelegen, der den Rücklauf an Referat 213 verfügte.
Hat VLR Welberts am 10. November 1992 erneut vorgelegen.

6 Mit Vorlage vom 9. September 1992 für BM Kinkel empfahl VLR I Neubert, eine Besuchseinladung des ukrainischen AM Slenko anzunehmen und die Reise am Jahresende durchzuführen. Vgl. B 41, ZA-Bd. 184065.

7 Dem Vorgang beigefügt. Für die Landkarte vgl. B 41, ZA-Bd. 184025.

8 Die ukrainische Botschaft teilte dem Auswärtigen Amt am 1. Juli 1992 mit, dass das ukrainische Parlament am selben Tag den KSE-Vertrag vom 19. November 1990 ratifiziert habe. Vgl. die Note; B 43, ZA-Bd. 177847.

9 Vgl. das Zusatzprotokoll vom 23. Mai 1992 zum START-Vertrag; Dok. 257, Anm. 8.

nicht genügend honoriert sieht. Eine Wende in der Kiewer Außenpolitik steht jedoch nicht bevor: In der am 27.10. neu gebildeten Regierung sind AM Slenko und VM Morosow erneut vertreten.

2) In ihrer Politik gegenüber dem Westen setzt die Ukraine in erster Linie auf uns. Zur traditionellen Deutschfreundlichkeit der Ukrainer, die unter den Kriegsereignissen erstaunlich wenig gelitten hat, gesellt sich die (unglücklicherweise auch gegenüber anderen ausländischen Besuchern unbefangen geäußerte) Ansicht, Deutschland komme in Europa, in das sich die Ukraine einfügen will, eine Führungsrolle zu. Dem gegenüber steht Enttäuschung über unser so perzipiertes vorrangiges Interesse an Moskau. Unsere Anerkennung der Rechtsidentität Russlands mit der Sowjetunion, die Vergabe von Bauprojekten für Offizierswohnungen hauptsächlich nach Russland u. a. werden als Zeichen von Russozentrie unserer Ostpolitik gewertet.

3) Die Rivalität mit Moskau ist neben der Hinwendung zum Westen die andere Konstante ukrainischer Außenpolitik. Die Interessen der beiden Länder sind auch auf lange Sicht gegensätzlich: Russland ist bestrebt, seinen abbröckelnden Machtbereich zu konsolidieren und insbesondere die nach Europa strebende Ukraine bei sich zu halten. Diese wiederum versucht vor dem Hintergrund ihrer historischen Erfahrung, jeden Ansatz russischer Hegemonie zu vermeiden. Sie ist damit das bremsende Element in der Ende 1991 von ihr mitgegründeten Gemeinschaft Unabhängiger Staaten. Die Liste der bisherigen, teils gelösten (Abzug der taktischen Atomwaffen, Krim[10]), teils noch ungelösten (Vernichtung strategischer Atomwaffen, Schwarzmeerflotte[11]) ukrainisch-russischen Streitpunkte dürfte keineswegs abgeschlossen sein.

II. Die Wirtschaftsentwicklung

1) Einer grundlegenden außenpolitischen Neuorientierung hinderlich ist der hohe Grad wirtschaftlicher Verflechtung der Ukraine mit Russland. Während Russland insbesondere Nahrungsmittel und Konsumgüter aus der Ukraine bezieht, ist diese von russischen Rohstofflieferungen abhängig. Mit dem Öl-, Gas- und Holzimport aus Russland steht oder fällt die Schwerindustrie im Osten des Landes, das Herzstück der ukrainischen Volkswirtschaft.

Die Wirtschaft der Ukraine steht wie die aller anderen einstigen Sowjetrepubliken vor überdimensionalen Strukturproblemen, zusätzlich verschärft jedoch durch den überdurchschnittlichen Anteil an Rüstungsindustrie. Vierzig Prozent der ehemals sowjetischen Rüstungsunternehmen stehen auf ukrainischem Boden; sechzig Prozent der ukrainischen Industriebetriebe sollen ganz oder teils für Rüstungszwecke produzieren. Nur vereinzelt ist Konversion hin zur Produktion ziviler Konsumgüter (Busse statt Panzer) gelungen. Angesichts eines deprimierenden Mangels an anderen weltmarkttauglichen Industrieprodukten ist die Versuchung groß, Rüstungsgüter zu exportieren (bisherige Großkunden: Iran, Indien).

2) Die Politik der durch kommunistisches Denken geprägten Regierungschefs Massol und Fokin, Wirtschaftsreformen zurückzustellen und vorrangig die Stabilisierung der niedergehenden Wirtschaft zu betreiben, muss als gescheitert angesehen werden. Die Kiewer Wirtschaftspolitik ist hinter dem reformerischen Ansatz der Moskauer Regierung Gajdar

10 Zur Regelung des Krim-Konflikts vgl. Dok. 257, Anm. 10.

11 Zur Vereinbarung vom 3. August 1992 über die Schwarzmeerflotte vgl. Dok. 257, Anm. 11.

weit zurückgeblieben. Ein Konzept ist nicht erkennbar; von den vielen, inhaltlich zudem oft zweifelhaften Reformgesetzen, die das mehrheitlich aus Altkommunisten bestehende ukrainische Parlament verabschiedet, wird offenbar kaum etwas durchgeführt. Gleichzeitig beschleunigt sich der wirtschaftliche Verfall: Im ersten Halbjahr 1992 sank die Industrieproduktion um 15, die Gesamtproduktion um 20 %; die Inflation schätzen ukrainische Verantwortliche auf 30 % monatlich, die innere Verschuldung auf 50 %, das Haushaltsdefizit auf über 10 % (Russland: unter 5 %) des Bruttosozialprodukts. Preiserhöhungen um das Zehn- bis Fünfzigfache seit 1990 haben zwar das Warenangebot verbessert, bei Lohnsteigerungen um das Zwei- bis Dreifache im selben Zeitraum jedoch den Lebensstandard vieler abgesenkt. Fehlende soziale Absicherung, ein marodes Gesundheitssystem und eine ihren neuen Aufgaben nicht gewachsene Verwaltung sind neben Tschernobyl[12] weitere Gründe für zunehmende Unzufriedenheit in der Bevölkerung. Auch reformwillige Regierungspolitiker fürchten die sozialen Folgen einer konsequenten Sanierung, der ukrainischen Schätzungen zufolge, betriebswirtschaftlich gedacht, noch in diesem Jahr 400 000, 1993 abermals 500 000 Arbeitsplätze zum Opfer fallen müssten. Da vor allem der industrialisierte, stark russisch besiedelte Osten betroffen ist, könnte eine weitere Verschärfung der Krise auch den heute unstrittigen Zusammenhalt der Ukraine gefährden.

III. Innenpolitische Entwicklung

1) Dies ist der Hintergrund, vor dem die im altkommunistischen Sinne konservative Regierung Fokin am 30.9. zurücktreten musste. Als ehemaliger Chef der ukrainischen Wirtschaftsplanungsbehörde hatte Fokin zu sehr und zu erfolglos darauf gesetzt, den abgeschafften Moskauer durch Kiewer Zentralismus zu ersetzen. Er zog dadurch die Kritik auch der Leiter der staatlichen Betriebe auf sich, die Geschmack an den neugewonnenen Ansätzen unternehmerischer Freiheit gefunden hatten. Dass der am 12.10. gewählte neue Premierminister Leonid Kutschma, Direktor des angeblich größten Raketen- und Raumfahrttechnikwerkes der untergegangenen Sowjetunion in Dnjepropetrowsk, aus ihren Reihen stammt, gibt Anlass zu Skepsis und zu Hoffnung. Einerseits ist Kutschma, der sich politisch noch keinen Namen gemacht hat, als Vertreter des Staatssektors kein geborener Privatisierer; andererseits dürfte er mehr als seine Vorgänger zur Dezentralisierung ökonomischer Entscheidungen zugunsten der Unternehmensebene neigen. Erste Äußerungen deuten darauf hin, dass er ähnlich Wolskij in Russland die Koexistenz eines staatlichen und eines privaten Wirtschaftssektors befürwortet, wobei er freilich die überkommenen Privilegien der Staatsunternehmen insbesondere bei der Zulieferung verteidigen wird.

Ob es der bisherigen Opposition, die bislang keine überzeugende wirtschaftspolitische Alternative aufweisen konnte, gelingt, neue Akzente in der Wirtschaftspolitik zu setzen, bleibt abzuwarten. Dass sie nun u. a. mit zwei stellv. Ministerpräsidenten am neuen Kabinett beteiligt ist, spricht wieder einmal für das taktische Geschick Präsident Krawtschuks. Die Ernennung des angesehenen Lemberger Physikprofessors Juchnowskyj, einem der „Väter" der oppositionellen „Ruch", zum ersten Stellvertreter vollendet für alle sichtbar deren Spaltung. Ebenso deutlich übernimmt die Opposition in Gestalt des stellv. Ministerpräsidenten und Wirtschaftsministers Pinsenik (ebenfalls Lemberg), dessen Zuständigkeit auch die Wirtschaftsreform umschließt, Mitverantwortung für die verfahrene Wirtschaftspolitik, die bei künftigen Wahlen (vermutlich im nächsten Jahr) im Mittelpunkt stehen wird.

12 Zum Unfall im sowjetischen Reaktor Tschernobyl am 26. April 1986 vgl. Dok. 32, Anm. 3.

2) In jedem Fall spricht die personelle Einbeziehung der ehemals habsburgischen, erst ab 1944 sowjetischen und militant antikommunistisch eingestellten Westukraine (Galizien und Wolhynien), deren Bewohner (das Baltikum ausgenommen) in einer für die Ex-Sowjetunion vielleicht einzigartigen Weise Bürgersinn und politisches Engagement zeigen, für den Demokratisierungsprozess im Lande. Angesichts der totalitären Vergangenheit war die politische Kultur der Ukraine schon bisher erfreulich stark von Toleranz und sachlicher Auseinandersetzung geprägt. Durch die Vermeidung politischer, ethnischer oder religiöser Unduldsamkeit gelang es, einen auf der ukrainischen Unabhängigkeit basierenden Grundkonsens quer durch alle Bevölkerungsgruppen zu erzielen. Insbesondere hat sich die Befürchtung mancher Beobachter nicht bewahrheitet, die nationale Identitätsfindung der Ukrainer könnte zulasten der 21 % Russen oder anderer Minderheiten im Lande gehen.

Der entstehende nationale Konsens hat freilich nicht nur positive Folgen gehabt. Namentlich das Pressebild, das sich in Opposition zu Moskau und einer vermeintlich moskauhörigen Kiewer Regierung ab 1990 diversifizierte, ist seit dem Unabhängigkeitsreferendum und der Wahl des Ex-Kommunisten Krawtschuk am 1.12.1991 zum Präsidenten eher wieder einheitlicher geworden. Aus der Art und Weise, wie Krawtschuk die Zentralisierung der Staatsverwaltung betreibt (Einsetzung von Statthaltern in den Gebietshauptstädten) und seine Stellung durch die Einführung einer Präsidialverfassung nach französischem Vorbild (Entwurf wird z. Z. diskutiert) zu festigen sucht, wird in letzter Zeit häufig die Befürchtung abgeleitet, die Ukraine gleite in ein autoritäres Staatssystem ab.

Krawtschuks Stellung als Präsident ist z. Z. in der Tat unangefochten, er selbst zweifellos der professionellste ukrainische Politiker. Gerade die jüngste Regierungsumbildung macht jedoch die Grenzen seines Einflusses deutlich: Krawtschuk hat gegen den Widerstand aus dem Parlament nicht seinen Wunschkandidaten Symonenko, einen vergleichsweise konservativen Parteiapparatschik aus Odessa, durchsetzen können, den er erst vor kurzem auf den Stuhl des glücklosen reformorientierten Stellv. MP Lanowyj gesetzt hatte. Die erfolgreiche Kandidatur Kutschmas wurde aus dem Parlament heraus getragen; Krawtschuk, der sich stets um Konsens bemüht, fügte sich. Es scheint, dass ihm in der Person des Parlamentsvorsitzenden Pljuschtsch, einem Weggefährten aus kommunistischer Zeit, allmählich ein Konkurrent erwächst. Die Meinungsumfrage eines staatlichen Instituts, der zufolge der am 1.12.1992 unterlegene Lemberger Präsidentschaftskandidat und Oppositionsführer Tschornowil derzeit populärer ist als der Präsident, fügt sich in ein Gesamtbild verhältnismäßiger demokratischer Normalität.

IV. Schlussfolgerungen

Ihr für Ende des Jahres geplanter Besuch in Kiew[13] fällt in eine Zeit, wo dort über eine Neuorientierung der Wirtschaftspolitik und die verfassungsrechtliche Gestaltung des politischen Lebens nachgedacht wird. Er bietet Gelegenheit, gegenüber der erneuerten Führung und in der verunsicherten Öffentlichkeit für einen angesichts der sich häufenden Probleme überfälligen Reformkurs zu werben. Unser Wort hat hier ein gewisses Gewicht, weil die Ukrainer uns als vorrangigen westlichen Partner sehen und aus der Kooperation mit uns heraus Impulse für die eigene Entwicklung erhoffen.

Die Aufmerksamkeit, die wir natürlicherweise Russland widmen, darf uns den Blick auf die Ukraine nicht verstellen. Deren vergleichsweise ausgeprägte politische Stabilität

13 BM Kinkel hielt sich am 15./16. Februar 1993 in der Ukraine auf. Vgl. AAPD 1993.

in einem krisengeschüttelten Umfeld kann ohne wirtschaftliche Absicherung auf Dauer keinen Bestand haben. Auch die internationale Kooperationsbereitschaft der Ukraine vor allem im Gebiet der Rüstungskontrolle wird nur andauern, wenn der Westen den neuen Staat seinem wirklichen Gewicht entsprechend ernst nimmt. Im günstigen Fall können wir in der Ukraine einen neuen, zuverlässigen, uns gegenüber grundsätzlich positiv eingestellten Partner finden.

V. Referate 240 und 421 haben mitgezeichnet.

Neubert

B 41, ZA-Bd. 184025

346

Drahtbericht des Botschafters Scholz, Manila

VS-NfD
Fernschreiben Nr. 6
Citissime nachts

Aufgabe: 30. Oktober 1992, 20.48 Uhr
Ankunft: 30. Oktober 1992, 14.35 Uhr

Betr.: BM-Besuch Manila[1];
hier: Bilateraler Besuchsteil

Mit der Bitte um weitere Veranlassung betr. „ergangene Einladungen“

I. Am 29.10. sprach BM Kinkel im Rahmen seines offiziellen bilateralen Besuchsteils eine Stunde mit AM Romulo und 45 Minuten mit Präsident Ramos. Offenheit und freundschaftliche Atmosphäre reflektierten den guten, problemlosen Stand der deutsch-phil. Beziehungen, die beide Partner des BM betont würdigten (AM Romulo: „they are good as never before“). BM dankte, sagte weitere gute Zusammenarbeit zu, verwies in diesem Zusammenhang auf die durch Wiedervereinigung zusätzlichen Verpflichtungen Deutschlands, auch gegenüber unseren östlichen Nachbarstaaten. Die philippinischen Partner zeigten dafür freundschaftliches Verständnis und stellten keine [für] uns nicht erfüllbaren Erwartungen an künftige Zusammenarbeit. Im wirtschaftlichen Bereich (unter dem philippinischen Motto der Regierung Ramos: more trade than aid – foreign policy is greatly economic cooperation) baten sie um Unterstützung, deutsche kleinere und mittlere Unternehmen zu Investitionen in den Philippinen und im ASEAN-Raum zu bewegen. BM stimmte AM Romulo zu und sagte, dass Initiativen im Wi-Bereich auch Aufgabe der AM seien. BM verwies auf seine Gespräche mit den ASEAN-Botschaftern sowie mit Vertretern der deutschen Wirtschaft (DIHT, BDI ...) vor seiner Reise. BM erklärte, dass deutsche Wirtschaft traditionell Fokus auf Außenhandel, Exporte und zu wenig auf Auslandsinvestitionen lege, die im

1 BM Kinkel hielt sich vom 26. Oktober bis 2. November 1992 in Pakistan, auf den Philippinen und in der Volksrepublik China auf. Am 28./29. Oktober 1992 nahm er an der Konferenz der Außenminister der EG- und der ASEAN-Mitgliedstaaten in Manila teil. Vgl. Dok. 351.
Zu seinem Besuch in Pakistan vgl. Dok. 359.
Zu seinem Besuch in der Volksrepublik China vgl. Dok. 347–349.

Partnerland die künftigen Bezugspotenziale für weitere Absatzlieferungen vorbereitend mehren und stärken sollten.

II. Unter dem Hintergrund der sehr guten bilateralen Beziehungen und des Einvernehmens über deren weitere Vertiefung im Rahmen der Möglichkeiten hat Präsident Ramos Herrn Bundespräsidenten von Weizsäcker zu einem Staatsbesuch in den Philippinen, auch Herrn Bundeskanzler Kohl zu einem Besuch eingeladen. Präsident Ramos verwies hierbei auf den Staatsbesuch von Frau Aquino 1989 in Bonn und Berlin[2] und auf fruchtbare Kontakte zwischen CDU [und] dem früheren philippinischen AM Manglapus, mit Hilfe dessen Christdemokratischer Partei Präsident Ramos den Wahlkampf[3] gewann. Präsident Ramos wies auch auf die Programme der KAS hin, philippinische Offiziere durch Studienreisen mit deutschen demokratischen Verhältnissen der Bundeswehr vertraut zu machen.

BM dankte für die zwei o.g. Einladungen und sagte Übermittlung zu. Seinerseits hat BM den philippinischen AM Romulo zu einem bilateralen AM-Besuch nach Deutschland eingeladen. BM hat auch signalisiert, dass er die EG-ASEAN-AM zu ihrem nächsten, 11., in zwei Jahren [an]visierten Treffen, angesichts unserer dann bevorstehenden „Präsidentschaft", in zweiter Jahreshälfte 1994 nach Deutschland einladen wolle.[4]

III. Weitere Gesprächsthemen standen im Lichte der weltweit rapiden Veränderungen, auch in der Region SOA[5]. Zu „China" sagte AM Romulo sinngemäß: Die beim ASEAN-AM und PMC im Juli in Manila von den ASEAN-Staaten unterzeichnete Erklärung über die friedliche Regelung regionaler Probleme im Spratlygebiet[6] (sie soll bei VN registriert werden), der Vietnam beipflichtete, schließlich habe auch Peking kurz vor Mitternacht, aber nicht ohne gewisse Mentalreserven gebilligt.[7] Derzeit dominiere der Eindruck, dass sich China ASEAN gegenüber freundlich zu zeigen bemühe, aber Vietnam darin nicht nur nicht einbeziehe, sondern eher provoziere. Dieser Umstand besorge ASEAN, nicht zuletzt besonders die Philippinen, jetzt, wo die US-Militärpräsenz von den Philippinen abgezogen sei[8] und sowohl China wie auch Japan ihre künftigen regionalen Interessen deutlicher denn bisher zeigten. „Wir fragen uns nach dem künftigen Kräftegleichgewicht in der Region.

2 Die philippinische Präsidentin Aquino besuchte die Bundesrepublik vom 9. bis 11. Juli 1989. Vgl. AAPD 1989, II, Dok. 213.

3 Am 11. Mai 1992 fanden Präsidentschaftswahlen auf den Philippinen statt. Am 30. Juni 1992 wurde der bisherige Verteidigungsminister Ramos, der 23,5 % der abgegebenen Stimmen erzielt hatte, als neuer Präsident vereidigt.

4 Die Konferenz der Außenminister der EG- und der ASEAN-Mitgliedstaaten fand am 23./24. September 1994 in Karlsruhe statt.

5 Südostasien.

6 Die Konferenz der Außenminister der ASEAN-Mitgliedstaaten fand am 21./22. Juli 1992 statt. Vom 24. bis 26. Juli 1992 kamen die ASEAN-Außenminister mit Vertretern Australiens, der EG, Japans, Kanadas, Neuseelands, Südkoreas und der USA zu einer Post Ministerial Conference zusammen. Für die Erklärung vom 22. Juli 1992 über das Südchinesische Meer vgl. https://cil.nus.edu.sg/databasecil/1992-asean-declaration-on-the-south-china-sea/.

7 So in der Vorlage.

8 BR Cappell, Manila, berichtete am 21. Oktober 1991, die philippinische Regierung habe der amerikanischen Botschaft am 18. Oktober 1991 offiziell den Wunsch nach Verhandlungen über den Abzug der Streitkräfte von den Philippinen notifiziert und eine dreijährige Abzugsfrist vorgeschlagen, nachdem am 16. September 1991 der philippinische Senat einen zur Ratifizierung vorgelegten Vertrag über eine weitere zehnjährige amerikanische Truppenpräsenz habe scheitern lassen. Vgl. DB Nr. 705; B 37, ZA-Bd. 164257.

We start to feel the absence of the US. The visible armament of China, purchases from former SU, concerns us. A balance (Anmerkung: of security) in the region is needed." So wörtlich der philippinische AM.

BM und philippinischer AM stimmten überein: Wegfall des Ost-West-Konflikts habe in China Kräfte freigesetzt. Von „außen" habe China nichts mehr zu besorgen. Der StS des philippinischen AM ergänzte: Nach kürzlicher philippinischer Analyse bewege sich, was China derzeit an Aufrüstung tue, noch im Rahmen defensiven „Nachholbedarfs". Auch treffe der angebliche Kauf eines russischen Flugzeugträgers nicht zu. (Hierüber gehen Meinungen anderer Gesprächspartner auseinander.)

AM Romulo sagte, auch Japan sei von chinesischer Regionalpolitik betroffen. Einerseits brauche und sähe Japan die großen chinesischen Marktchancen. Andererseits bleibe das beiderseitige politische Verhältnis, nicht zuletzt [wegen] der auch bei jüngstem Tenno-Besuch in Peking[9] nicht bewältigten Erblasten der Vergangenheit, von einer weiterbestehenden „hostile attitude" (so wörtlich) bestimmt.

Zur Bewertung des kürzlichen chinesischen Parteitages[10], die BM besonders interessierte: Sowohl AM Romulo wie Präsident Ramos, aber auch andere philippinische Gesprächspartner von BM waren verhalten hoffnungsvoll. Deng Xiaoping[11], jetzt 88, sei es zwar gelungen, seine auf wirtschaftlichen Reformkurs eingestellten jüngeren Kräfte – zwischen 55 und 65 Jahren – in die Führungsgremien einzubringen und erzkonservative „Greise" auszuwechseln. Auch kämen die neuen Kräfte ganz überwiegend aus der schon immer „progressiven" Schanghai-Umgebung. Die künftige innere Entwicklung werde davon abhängen: ob sich nach dem Tode von Deng seine Mannen halten und ob sich die sichtbaren „südlichen marktwirtschaftstendenziellen Entwicklungen" auch nach Norden erweitern lassen können. Einem solchen wünschenswerten Prozess könnte die Ein- und Anbindung Hongkongs an die chinesischen Südprovinzen ab 1997[12] im Sinne gesamtchinesischer Entwicklung förderlich sein.

Auf Frage erklärte BM, weshalb die Bemühungen um Erfolg der Uruguay-Runde[13] nicht erfolgreicher – als bekannt – verlaufen seien. Über die nachteiligen Folgen ihres Scheiterns waren sich beide Minister einig.

Ähnlich war der Tenor im Gespräch zwischen BM und AM Romulo im Blick auf das EG-ASEAN-AM-Treffen am 30.10. Beide Partner waren sich einig über Notwendigkeit und Zeitpunkt, jetzt die Gleise für die künftige Zusammenarbeit von EG und ASEAN in allen Bereichen zu legen, weil sonst Chancen verpasst werden und andere die Felder besetzen könnten. Die dieserhalb bekannte Problematik[14] wurde im bilateralen Gespräch angedeutet, aber nicht vertieft, um dem multilateralen Treffen nicht vorzugreifen. Was hingegen AM Romulo dabei sagte, war gebotener Anlass für BM, im Vorraum des Treffens der EG-

9 Der japanische Kaiser Akihito besuchte die Volksrepublik China vom 23. bis 28. Oktober 1992.

10 Zum 14. Parteitag der KPCh vom 12. bis 18. Oktober 1992 in Peking vgl. Dok. 328.

11 Korrigiert aus: „Dens S.p.".

12 Zum Status von Hongkong vgl. Dok. 75, Anm. 20.

13 Zu den GATT-Verhandlungen vgl. Dok. 339.

14 VLR Knieß vermerkte am 18. August 1992: „Die für den 20.7.92 vorgesehene Verabschiedung des Verhandlungsmandats durch den Ministerrat für ein neues Kooperationsabkommen EG – ASEAN ist am Vorbehalt Portugals, das unter Hinweis auf fortdauernde Menschenrechtsverletzungen in Ost-Timor seine Zustimmung verweigerte, zunächst gescheitert. [...] Nach jetzigem Stand erscheint die Auflösung

ASEAN-AM intensive erneute Vermittlungsbemühungen zu unternehmen. Hierzu separate Berichterstattung der Delegation.

Das BM-Gespräch beendete AM Romulo so: „Ich bin wie die meisten der studierten Filipinos in USA erzogen. Ich war drei Jahre in Brüssel Botschafter. Ich gehöre zu denen der technokratischen Mannschaft im Kabinett des Präsidenten, die ihren Blick nicht nur nach USA und Japan richten, sondern vor allem auch nach Europa und dort nach Deutschland."

Das Gespräch mit dem Präsidenten Ramos beendete BM mit ausdrücklicher Würdigung und Dank dafür, dass Ramos in das Haus unseres Botschafters kam, um sich in das Kondolenzbuch für Willy Brandt einzutragen.[15]

BM traf am 29.10. in meinem Hause, zusammen mit ihn begleitenden MdBs und deutschen Wirtschaftsvertretern, auch mit Vertretern der philippinischen Legislative, der NGOs und Basisgruppen, mit philippinischen und deutschen Wirtschaftsvertretern in den Philippinen, der GTZ, des DED, der politischen Stiftungen zu einem Erfahrungs-/Informationsaustausch zusammen. Dieser Dialog ergänzte oder bestätigte die offiziellen Gespräche des BMs, dass unsere Zusammenarbeit in ihren Ansätzen und Perspektiven bedarfsentsprechenden Erwartungen und Möglichkeiten gerecht wird. Am 29.10. abends unterrichtete BM deutsche Medienvertreter in obigem Sinne. Am 30.10. waren diese zu Hintergrundgespräch in meinem Haus.

[gez.] Scholz

B 37, ZA-Bd. 164182

347

Gespräch des Bundesministers Kinkel mit dem chinesischen Außenminister Qian Qichen in Peking

31. Oktober 1992[1]

Besuch BM Kinkel in China vom 31.10. bis 2.11.1992[2];
hier: Gespräch mit AM Qian Qichen am 31.10.1992

Fortsetzung Fußnote von Seite 1367

des portugiesischen Vetos und damit eine Unterzeichnung des Kooperationsabkommens beim kommenden EG-ASEAN-Treffen in Manila als wenig wahrscheinlich." Vgl. B 37, ZA-Bd. 164178.

15 Der ehemalige BK Brandt starb am 8. Oktober 1992.

1 Der von BR I Rupprecht, Peking, gefertigte Gesprächsvermerk wurde von Botschafter Freitag, Peking, mit DB Nr. 1531/1532 vom 3. November 1992 an das Auswärtige Amt übermittelt. Dazu teilte Freitag mit: „Bitte bei Dienstbeginn sofort vorlegen. Verteilung in Abstimmung mit MB und Dg 34."
Hat BM Kinkel am 15. November 1992 vorgelegen, der auf einem Begleitvermerk für VLR I Matussek „n[ach] R[ückkehr]" handschriftlich vermerkte: „Welche Verteilung ist üblich? und in welcher Form? Anlagen sind o.k." Vgl. B 1, ZA-Bd. 178945.

2 Vor seinem Aufenthalt in der Volksrepublik China besuchte BM Kinkel ab 26. Oktober 1992 Pakistan und die Philippinen. Vgl. Dok. 346 und Dok. 359.
Zu seinem Besuch in der Volksrepublik China vgl. auch Dok. 348 und Dok. 349.

I. BM führte unmittelbar nach Ankunft in Peking am 31.10.1992 ein zweieinhalbstündiges Gespräch (davon 30 Min. Vier-Augen-Gespräch) mit chin. AM Qian Qichen, das in sehr offener und herzlicher Atmosphäre verlief. Beide Minister stimmten überein, dass es an der Zeit sei, die bilateralen Beziehungen zu intensivieren. AM *Qian* drückte seine Hoffnung aus, dass die Beziehungen durch den Besuch des BM auf ein neues Niveau gehoben würden. Neben einer breiten Erörterung der bilateralen Beziehungen sprach *BM* auf chin. Wunsch Entwicklung in Europa nach dem EG-Gipfel von Birmingham[3], die Entwicklung in RUS, den GUS-Staaten sowie kurz die Entwicklung in den MOE-Staaten an. AM *Qian* berichtete seinerseits über die Beziehungen Chinas zu Korea. Beide Minister vereinbarten jährliche Konsultationen auf Minister- bzw. Vize-Ministerebene.

II. Im Einzelnen

[1)] *BM* betonte einleitend, dass Peking die wichtigste Station auf seiner Asienreise sei. Neben den politischen Fragen interessierten ihn besonders Wirtschaftsfragen. Seit Aufnahme der Beziehungen[4] habe es gute politische Beziehungen gegeben, allerdings sei seit 1989[5] ein Rückschlag zu verzeichnen gewesen. Die Rückführung zu normalen Beziehungen sei Hauptzweck seines Besuchs. China sei für Deutschland als volkreichstes Land der Erde außerordentlich wichtiger Partner, seine Rolle in den VN als ständiges Mitglied des Sicherheitsrats sei angesichts der gewaltigen neuen Aufgaben, die auf die VN zukämen, von entscheidender Bedeutung. Nach der Auflösung der SU sei China von außen nicht mehr bedroht und könne dadurch andere Kräfte freisetzen. Für uns sei es ein wichtiger Faktor der Weltpolitik und, so hoffe er, auch ein Partner. Weil China so wichtig sei, könnten wir es uns nicht leisten, im politischen Bereich ungeklärte Fragen zwischen beiden Ländern zu haben. Wir sollten[6] den Blick in die Zukunft richten.

AM *Qian* stimmte dieser Einschätzung der bilateralen Beziehungen zu. Seit Aufnahme der diplomatischen Beziehungen vor 20 Jahren habe es auf allen Gebieten rasche und gute Fortschritte gegeben, allerdings auch Rückschläge. Er freue sich, dass durch den Besuch die bilateralen Beziehungen auf ein neues Niveau gehoben würden. China habe stets die deutsche Wiedervereinigung unterstützt. Es betrachte Deutschland als wichtiges Land. Wünschenswert sei, dass Deutschland noch eine größere Rolle in den internationalen Gremien spiele. Die Zusammenarbeit zwischen beiden Ländern sei ein wichtiger Faktor für die Stabilität. Deutschland sei Chinas größter Handelspartner in Europa. Bei dem vorhandenen Potenzial Chinas gebe es große Entwicklungsmöglichkeiten. China habe die Bundestagsentschließung vom Juni d.J.[7] zur Kenntnis genommen. Er hoffe, dass Deutsch-

3 Zur Sondertagung des Europäischen Rats am 16. Oktober 1992 vgl. Dok. 334.

4 Die Bundesrepublik und die Volksrepublik China nahmen am 11. Oktober 1972 diplomatische Beziehungen auf. Vgl. AAPD 1972, III, Dok. 328.

5 Zur Niederschlagung der Demokratiebewegung in der Volksrepublik China am 3./4. Juni 1989 vgl. Dok. 66, Anm. 5.

6 An dieser Stelle wurde von BM Kinkel gestrichen: „nicht zurückschauen, sondern".

7 Am 3. Juni 1992 legte der Auswärtige Ausschuss des Bundestags eine Beschlussempfehlung vor, die auf einem Entschließungsantrag der Fraktionen von CDU/CSU und FDP vom 5. Dezember 1991 (Drucksache Nr. 12/1756) beruhte. Danach sollte der Bundestag angesichts von Reformbestrebungen in der Volksrepublik China seine mit früheren Beschlüssen geforderten Einschränkungen der deutsch-chinesischen Zusammenarbeit zunächst bis zum 31. Dezember 1992 aussetzen. Vgl. BT DRUCKSACHEN, Nr. 12/2857 vom 19. Juni 1992.

land die Restriktionen nunmehr völlig aufhebe. Dies könne die Konkurrenzfähigkeit der deutschen Industrie auf dem chin. Markt verbessern. Außerdem erachte er verstärkte Konsultationen zwischen den Außenministern für wichtig und schlage deshalb vor, mindestens einmal im Jahr auf Außenminister- oder Vizeaußenminister-Ebene zusammenzutreffen.

BM gratulierte zunächst zum Verlauf des Parteitags[8] und zum persönlichen Aufstieg des Ministers in das Politbüro. Er stimmte jährlichen Konsultationen zu. Er habe sich für die Aussetzung[9] des Bundestagsbeschlusses vom 30.10.1990[10] sehr engagiert. Er wolle hierzu vorsichtig sagen, dass nach dem Verlauf des Parteitages der Bundestagsbeschluss möglicherweise völlig aufgehoben werde. Er hoffe dies und werde sich dafür einsetzen. Er habe mit Freude gehört, dass die Finanzierung des Containerschiffgeschäfts gelungen sei.[11] In diesem Zusammenhang wolle er gerne Taiwan ansprechen. Wir hätten uns bei der Aufnahme diplomatischer Beziehungen zu der Ein-China-Politik bekannt. Dabei bleibe es, und daran ändere sich nichts. Allerdings hätten wir, da wir in einer freien Marktwirtschaft lebten, intensive Wirtschaftsbeziehungen zu Taiwan. Dagegen habe China ja auch nichts. BM sprach in diesem Zusammenhang die laufenden Verhandlungen über Aufnahme des Flugverkehrs zwischen Deutschland und Taiwan an. Wir wollten das nicht gegen den Willen Chinas, sondern mit ihm zusammen regeln.

AM *Qian* betonte, er wisse die deutsche Haltung bezüglich des einen China seit Aufnahme der diplomatischen Beziehungen zu schätzen. China habe nichts gegen Wirtschaftsbeziehungen zu Taiwan, aber man müsse wissen, dass die Behörden in Taiwan solche Beziehungen ausnutzten, um politische Ziele zu erreichen. Wenn es hier Probleme geben sollte, werde China diese offen ansprechen.

BM stimmte dem zu, er sei immer für Offenheit.

AM *Qian* brachte die Hoffnung zum Ausdruck, dass die seit Mai zwischen beiden Außenministerien geführten Konsultationen wegen der Flugverbindung zwischen Deutschland und Taiwan eine für beide Seiten akzeptable Lösung finden werden. Er dankte für die Bemühungen, dass das Containerschiffgeschäft zustande kam.

Fortsetzung Fußnote von Seite 1369

Die Beschlussempfehlung wurde am 24. Juni 1992 angenommen. Vgl. BT STENOGRAPHISCHE BERICHTE, 12. WP, 99. Sitzung am 25. Juni 1992, S. 8381 f.

8 Zum 14. Parteitag der KPCh vom 12. bis 18. Oktober 1992 in Peking vgl. Dok. 328.

9 Dieses Wort wurde von BM Kinkel handschriftlich eingefügt. Dafür wurde gestrichen: „Aufhebung".

10 Im Antrag der Fraktionen von CDU/CSU und FDP vom 23. Oktober 1990 wurde ausgeführt, der Bundestag solle die Bundesregierung auffordern, „Hermes-Bürgschaften für das kurzfristige Geschäft zu gewähren und von Fall zu Fall Bürgschaften für das Kreditgeschäft bei Projekten zu geben, die den Menschen in China nützen". Vgl. BT DRUCKSACHEN, Nr. 11/8187.
Der Antrag wurde vom Bundestag am 30. Oktober 1990 angenommen. Vgl. BT STENOGRAPHISCHE BERICHTE, 11. WP, 233. Sitzung, S. 18536.

11 VLR Jacobs vermerkte am 21. August 1992, geplant sei die Lieferung von vier Containerschiffen. Die EG-Kommission habe den entwicklungspolitischen Charakter des Projekts jedoch verneint, sodass das BMWi Mittel in Höhe von 200 Mio. DM aus dem achten Werfthilfeprogramm zur Zinssubventionierung nicht bewilligen dürfe: „Da durch diese unerwartete Entwicklung der Auftrag an die deutschen Werften wieder gefährdet war, wurde gleichzeitig nach alternativen Finanzierungsmöglichkeiten gesucht. Die KfW schickte vom 14.8. bis 17.8.92 eine Delegation in Begleitung von Vertretern der Werften nach Peking." Es sei ein neuer Vertrag unterzeichnet worden, der geringere Preise für die Schiffe vorsehe. Die Werften seien bereit, die Verluste angesichts der Marktlage zu tragen. Vgl. B 224, ZA-Bd. 168530.

Er sprach von sich aus zwei konkrete Probleme an:

a) Chinesische Schiffbaugesellschaft habe seit zwei Jahren einen Lizenzvertrag mit Siemens für den Bau von Schiffsmotoren unterzeichnet. Es fehle noch die Exportlizenz der deutschen Regierung.

b) Die Erteilung von Visen für Mitarbeiter chin. Handelsfirmen und Büros dauere fünf bis sechs Monate.

BM erwiderte, das Problem zu a) sei ihm nicht bekannt, er werde sich darum kümmern. Zu b): Normales Geschäftsvisum dauere fünf bis sechs Tage, oft werde Wunsch nach längerfristiger Einreise geäußert, dabei sei die Bundesregierung von den Entscheidungen der Bundesländer abhängig. Er wolle das nach seiner Rückkehr aufnehmen. Deutsche Seite habe jedoch kein Interesse, Leute am Abschluss von Geschäften zu hindern.

BM ging dann auf bilaterale Wirtschaftsbeziehungen näher ein: Wir unterstützten Reform- und Öffnungspolitik. Er bitte, immer noch restriktive Einfuhrbestimmungen zu lockern bzw. aufzuheben. Diese Bitte habe ihm auch ein mitreisender Vertreter der deutschen Industrie vorgetragen. Außerdem habe ihn dieser Wirtschaftsvertreter davon unterrichtet, dass hier oft Fabrikanlagen auf die grüne Wiese gestellt würden. Nach Meinung dieses Fachmannes sei es besser, vorhandene Anlagen zu modernisieren. Er könne das nicht beurteilen, sondern wolle es einfach so weitergeben. Zur Entwicklung des bilateralen Warenverkehrs bemerkte BM, die chinesischen Einfuhren aus Deutschland seien schwächer geworden, dagegen hätten sich seit 1987 die deutschen Importe aus China verdreifacht. Allein im Textilhandel seien über 4,5 Mrd. DM an chin. Ausfuhren zu verzeichnen. Er bat deshalb, die restriktive Einfuhrpolitik zu lockern, Importe aus Deutschland stärker zu berücksichtigen und das Einfuhrmonopol ganz aufzuheben.

AM *Qian* erwiderte, China werde zu allen drei Punkten eine positive Haltung einnehmen. Es werde seine Importe aus Deutschland steigern. Er wies allerdings auf den in den Anfangsjahren des bilateralen Handels bestehenden Überschuss zugunsten Deutschlands hin. Außerdem gebe es unterschiedliche statistische Berechnungsmethoden. Eine chin. Einkaufsdelegation habe in diesem Jahr für 500 Mio. US Dollar Waren in Deutschland eingekauft.

BM begrüßte dies und wies in diesem Zusammenhang auf die Tatsache hin, dass Deutschland Mithersteller des Airbus ist. Er wolle ihm dies besonders ans Herz legen. BM sprach sodann die GATT-Verhandlungen an und betonte, beide Länder seien gemeinsam an einem Ergebnis interessiert. D habe auf ein Ergebnis der Uruguay-Runde gehofft, dies sei dann wegen der Probleme im Gefolge von Maastricht[12] nicht möglich gewesen. Nunmehr müsse man die US-Wahlen[13] abwarten. D habe ein Interesse daran, dass China seinen Sitz im GATT wieder einnehme[14], aber auch an einer Mitgliedschaft Taiwans. BM appellierte an chin. Seite, die Voraussetzungen für die Einnahme eines Sitzes zu schaffen.

12 Zum Vertragswerk von Maastricht vgl. Dok. 3, Anm. 8.

13 In den USA fanden am 3. November 1992 Präsidentschaftswahlen, Wahlen zum Repräsentantenhaus sowie Teilwahlen zum Senat und für die Gouverneursämter statt.

14 Referat 411 vermerkte am 6. Februar 1992: „Die Prüfung des Status der VR China im GATT tritt seit dem Sommer 1989 auf der Stelle. Neben den Ereignissen auf dem Tienanmen-Platz im Sommer 1989 führte das Stocken des wirtschaftlichen Reformprozesses in der VR China zu einer eher abwartenden Haltung aller Beteiligten. [...] Der Status der VR China im GATT ist umstritten. Während die Mehrheit der GATT-Vertragsparteien den am 5. Mai 1950 durch die nach Taiwan geflohene Kuomintang-Regierung

AM *Qian* erwiderte, dass China enttäuscht sei, dass bei der Uruguay-Runde kein Ergebnis erzielt wurde. Dies habe Auswirkungen auf den Welthandel. Nachdem die Arbeitsgruppe über die Wiederaufnahme Chinas ihre Arbeit aufgenommen habe, hoffe China auf unsere Unterstützung. China hoffe, dass Taiwan als separates Zollgebiet Chinas aufgenommen werde. (*BM* hierauf: Dies sei für uns kein Problem, worauf ihm AM *Qian* für die Unterstützung dankte.) Was die Marktöffnung angehe, so werde China nach Wiederaufnahme in GATT konkrete Maßnahmen einleiten, die dem Welthandel zugutekommen werden. Er wies auf die chinesisch-amerikanischen Marktzugangsgespräche hin, deren Ergebnisse auch für die EG-Länder Geltung hätten. Die Weltbank werde bald über Kredite der IDA an China befinden. China hoffe hierbei auf Deutschlands Unterstützung.

BM sagte ihm hierfür Unterstützung zu. BM sprach sodann Fragen des Umweltschutzes an. Wir sähen mit Freude Bemühungen chin. Seite, bei denen Deutschland sich noch stärker beteiligen könne. Zu den Kulturbeziehungen bedauerte BM, dass die Zahlen der jeweils im anderen Land studierenden Studenten so unausgeglichen seien. Dies liege allerdings hauptsächlich an deutscher Seite. Was Unterbringungsfrage des Goethe-Instituts angehe, so schienen ihm die Probleme lösbar. Zur Frage der Erweiterung des Weltsicherheitsrats könne er nur wiederholen, was er hierzu in New York gesagt habe.[15] Falls dritte Länder hier ihre Ansprüche auf einen Sitz anmeldeten, werde Deutschland an dieser Diskussion teilnehmen.

AM *Qian* entgegnete, China würde es begrüßen, wenn mehr deutsche Studenten an chin. Universitäten studierten. Zum Goethe-Institut bemerkte er, gemäß der Vereinbarung von 1988[16] sei seine Hauptfunktion die Vermittlung deutscher Sprache. Wenn der Zeitpunkt reif sei, könne man seinen Arbeitsbereich erweitern. Was die Unterbringungsfrage angehe, empfehle er Kontaktaufnahme mit der staatl. Erziehungskommission. Zur Erweiterung des VN-Sicherheitsrats sei China die vorsichtige Haltung unter den fünf ständigen Mitgliedern bekannt. China sei nicht das passivste Land in dieser Beziehung.

BM erwiderte, er verstehe dies, hoffe jedoch, dass China seine gewachsene Verantwortung auch hier wahrnehme.

2) Internationale Fragen

BM bot zunächst drei Themen zur Diskussion an:

a) Situation in Europa nach Maastricht,

b) Entwicklung in Russland, den GUS-Staaten und den MOE-Staaten,

Fortsetzung Fußnote von Seite 1371

erklärten Austritt Chinas aus dem GATT für rechtsgültig ansieht, erkennt die VR China diese Entscheidung nicht an. In den ‚terms of reference' für die AG China bleibt diese Frage offen, indirekt ist sichergestellt, dass das normale Beitrittsverfahren (Prüfung des Außenhandelsregimes, Zollkonzessionen) angewandt wird. VR China hat einen ‚de facto' Beobachterstatus im GATT". Vgl. B 221, ZA-Bd. 166709.

15 Im Gespräch mit dem chinesischen AM Qian Qichen 22. September 1992 sprach BM Kinkel die Frage einer Mitgliedschaft im VN-Sicherheitsrat an „und bat um Verständnis und Unterstützung, wenn wir uns – nach entsprechenden Anmeldungen anderer Staaten – an einer Diskussion um die Erweiterung beteiligen und einen ständigen Sitz anstreben würden". Qian legte dar, eine Erweiterung könnte „lange dauern, denn es wäre kompliziert, die Charta zu ändern, und viele Staaten wollten ständige Mitglieder werden. Es könne auch Probleme aufwerfen, wenn zu viele ständige Mitglieder aus Europa kämen." Vgl. den Gesprächsvermerk; B 1, ZA-Bd. 178945.

16 Für die Regierungsvereinbarung vom 25. März 1988 zwischen der Bundesrepublik und der Volksrepublik China über die Errichtung einer Zweigstelle des Goethe-Instituts vgl. BGBl. 1988, II, S. 602–604.

c) Bericht über das Treffen ASEAN – EG[17].

Er wolle aber gerne auch über den Besuch des japanischen Kaisers[18] und die Entwicklung der Beziehungen Chinas zu Südkorea etwas von AM Qian hören.

AM *Qian* bat um Unterrichtung über Europa nach Maastricht und über Russland und GUS.

BM berichtete über die Lage der Gemeinschaft nach dem dänischen und dem französischen Referendum[19] sowie über den Verlauf des Europäischen Rats in Birmingham. Sodann gab er seine Einschätzung über den Stand der Ratifizierungsdebatte in GB. In Deutschland werde der Vertrag bis Jahresende durch den Bundestag ratifiziert werden.[20] Er habe die Hoffnung, dass bis Mitte 1993 Maastricht ratifiziert sei, allerdings seien noch Turbulenzen möglich.

Zu Russland: Er glaube, dass der Machtkampf zwischen den Konservativen (in Parlament und Armee) und dem Jelzin-Team (das auf Reformkurs [sei], auch vertreten durch AM Kosyrew) noch nicht entschieden sei. Vieles hänge von der wirtschaftlichen Entwicklung ab. Jelzin brauche Unterstützung. Bekanntlich besuche Bundeskanzler demnächst Moskau[21], und Jelzin komme nach China[22]. Er glaube eher, dass keine Veränderung stattfinden werde, die Jelzin stürzen könnte, aber möglicherweise diejenigen Leute, die für die Wirtschaft verantwortlich sind (Gajdar). Die Armee werde seiner Meinung nach nicht eingreifen. Jelzin könnte allerdings gezwungen sein, die Zügel im Rahmen seiner Reformpolitik anzuziehen. Die wirtschaftliche Lage sei sehr schlecht. Deutschland habe bisher über 50 Prozent der gesamten Welthilfe an Russland geleistet. D habe nachbarschaftliches Interesse an rechtstaatlicher und marktwirtschaftlicher Entwicklung in Russland und in der GUS.

In den GUS-Staaten sei die Situation in etwa vergleichbar. Allerdings seien diese in der politischen Dimension nicht so wichtig wie RUS mit seinen gigantischen Proportionen.

Zur ČSFR: Trennung sei nicht aufhaltbar, aber verlaufe Gott sei Dank wohl friedlich.[23]

Ungarn, Polen und zum Teil auch Bulgarien durchliefen eine erfreulichere Entwicklung als RUS, aber die Proportionen seien völlig anders. Insgesamt seien sie wirtschaftlich etwas gefestigter.

Zu Jugoslawien falle ihm nur das Wort „traurig[24]“ ein.

Hierauf erwiderte AM *Qian*, China hoffe, dass die Ratifizierung des Maastricht-Vertrags gelinge. Die Schilderung des BM zu RUS sei sehr hilfreich für seinen Besuch dort im nächsten Monat.[25] Chin. Lage-Analyse decke sich weitgehend mit der unseren. Jelzin müsse die Zügel anziehen, um den Winter zu überleben.

17 Zur Konferenz der Außenminister der EG- und der ASEAN-Mitgliedstaaten am 29./30. Oktober 1992 in Manila vgl. Dok. 351.

18 Der japanische Kaiser Akihito besuchte die Volksrepublik China vom 23. bis 28. Oktober 1992.

19 Zum Referendum am 2. Juni 1992 in Dänemark vgl. Dok. 166, Anm. 2.
Zum Referendum am 20. September 1992 in Frankreich vgl. Dok. 293 und Dok. 300.

20 Zur Ratifizierung des Vertragswerks von Maastricht am 2. Dezember 1992 im Bundestag vgl. Dok. 400.

21 BK Kohl besuchte Russland am 15./16. Dezember 1992. Vgl. Dok. 419 und Dok. 420.

22 Der russische Präsident Jelzin besuchte die Volksrepublik China vom 17. bis 19. Dezember 1992.

23 Zur Auflösung der ČSFR vgl. Dok. 336, Anm. 5.

24 Dieses Wort wurde von BM Kinkel handschriftlich eingefügt. Dafür wurde gestrichen: „furchtbar“.

25 Der chinesische AM Qian Qichen hielt sich vom 24. bis 26. November 1992 in Russland auf.

AM Qian ging dann zu den Themen Südkorea und Besuch des japanischen Kaisers über. Zu Korea: Präsident Roh sei der letzte Präsident der „alten Periode". Er wollte durch Aufnahme der diplomatischen Beziehungen zu China seine „Ostpolitik" abschließen.[26] China habe lange Beziehungen zur koreanischen Halbinsel. Japan habe schon vor 100 Jahren Aggressionskriege gegen Korea geführt. Schon damals habe China zu Korea gute Beziehungen unterhalten. Während der japanischen Besetzung Koreas habe es eine koreanische Exilregierung in Schanghai gegeben. Nach dem Koreakrieg sei die Halbinsel dann in zwei Hälften aufgespalten worden. Da es jetzt die zwei Militärblöcke nicht mehr gebe, sollten beide Koreas nach Möglichkeit selbst über ihre Wiedervereinigung bestimmen. Der Prozess werde langwierig sein. China wünsche, dass beide Länder friedlich und stabil ihre Zukunft gestalteten. Japan und USA hätten schon separate Kontakte mit Nordkorea hier in Peking aufgenommen, ohne dass die chin. Regierung hierbei eine Rolle gespielt habe. China hoffe auf Frieden und Stabilität in der Region. Es sei der Meinung, dass der Besuch Rohs und die Aufnahme diplomatischer Beziehungen dieser Entwicklung dienlich seien.

Zum Besuch des japanischen Kaisers: Dies sei ein großes Ereignis in den bilateralen Beziehungen. Erster China-Besuch eines japanischen Kaisers in der ganzen Geschichte. Ein chin. Kaiser habe Japan nie besucht. Besuch habe mehr symbolischen Charakter gehabt, da der japanische Kaiser nicht über konkrete Fragen, auch nicht im bilateralen Verhältnis, sprechen könne. Der Besuch habe ein Zeichen gesetzt für die Entwicklung der Freundschaft in den bilateralen Beziehungen und für Stabilität und Frieden für die gesamte Region. Der Kaiser habe „Reue" (?) gezeigt gegenüber japanischer Geschichte in China. Er, Qian, gehe davon aus, dass ein neues Kapitel in den Beziehungen zwischen beiden Ländern aufgeschlagen worden sei.

BM betonte, dass beide Ereignisse in Europa große Beachtung gefunden hätten. Beide seien sehr wichtig, er wolle AM Qian hierzu gratulieren.

Nach Austausch freundlicher Worte über die jeweiligen Botschafter[27] zogen sich die beiden Außenminister zum Vier-Augen-Gespräch zurück, in dem BM Menschenrechtsfragen ansprach.

B 1, ZA-Bd. 178945

26 Die diplomatischen Beziehungen zwischen der Volksrepublik China und Südkorea wurden beim Besuch des südkoreanischen AM Lee Sang-ock vom 23. bis 25. August 1992 in der Volksrepublik China aufgenommen. Der südkoreanische Präsident Roh Tae-woo besuchte die Volksrepublik China vom 27. bis 30. September 1992.

27 Armin Freitag (Bundesrepublik) und Mei Zhaorong (Volksrepublik China).

348

Gespräch des Bundesministers Kinkel mit der Ehefrau des chinesischen Dissidenten Wang Juntao, Hou Xiaotian, in Peking

010-780/92 VS-vertraulich **1. November 1992**[1]

Vom BM noch nicht gebilligt

Begegnung BM mit der Ehefrau des inhaftierten chinesischen Dissidenten Wang Juntao, Hou Xiaotian, in Peking am 1. November 1992[2]

Am Gespräch nahmen außer BM Botschafter Freitag, MD Schlagintweit, VLRI Gerdts (010), VLR Müller (013), BR Stanzel (Botschaft Peking) teil.

Nach der Begrüßung überreicht Frau *Hou* dem BM ein soeben in Hongkong erschienenes Buch über das Schicksal ihres Mannes[3]. *BM* bittet später Sprachendienst der Botschaft, Inhaltsangabe zu erstellen.

BM stellt nach Begrüßung fest, dass Frau Hou brieflich um seine Unterstützung und über Kontaktperson in der Botschaft um Treffen gebeten hat[4]; diese Bitte sollte nicht öffentlich bekannt werden. Unter dieser Voraussetzung finde daher das Gespräch statt.

BM berichtete, er habe sich in Vier-Augen-Gespräch mit chinesischem AM für die inhaftierten Dissidenten allgemein eingesetzt. Dabei habe er den Namen ihres Mannes genannt. Er habe AM nicht gesagt, wer ihn darum gebeten habe. Er habe dem AM ferner mitgeteilt, die Bitte eines Angehörigen eines Inhaftierten um ein Gespräch habe ihn erreicht. Dies wolle er dem AM fairerweise sagen.

Der AM habe darauf erwidert, BM brauche ihn nicht zu bitten, ein solches Gespräch zu führen. Würde er aber offiziell gefragt, wäre er dagegen.

All dies – so stellte BM fest – sei Frau Hou bereits über Kontaktperson der Botschaft mitgeteilt worden, damit sie ihr Risiko, womit das Treffen behaftet ist, einschätzen könne. Das heißt, sollte sie inhaftiert werden – was BM nicht annehme –, könne BM nicht direkt, sondern nur indirekt zu helfen versuchen. In Kenntnis dieses Risikos sei Frau Hou jetzt gekommen. Frau *Hou* bestätigte dies.

1 Der Gesprächsvermerk wurde vom Ministerbüro am 25. November 1992 gefertigt.

2 Vor seinem Aufenthalt vom 31. Oktober bis 2. November 1992 in der Volksrepublik China besuchte BM Kinkel ab 26. Oktober 1992 Pakistan und die Philippinen. Vgl. Dok. 346 und Dok. 359.
Am 28./29. Oktober 1992 nahm er an der Konferenz der Außenminister der EG- und der ASEAN-Mitgliedstaaten in Manila teil. Vgl. Dok. 351.
Zum Besuch in der Volksrepublik China vgl. auch Dok. 347 und Dok. 349.

3 Vgl. WANG JUNTAO, Qi ren, qi yan, qi „zui“, Hongkong 1992.

4 Botschafter Freitag, Peking, übermittelte am 26. Oktober 1992 ein Schreiben von Hou Xiaotian an BM Kinkel. Dazu teilte er mit, die Ehefrau des Dissidenten Wang Juntao habe um Weiterleitung des Schreibens gebeten. Freitag empfahl, Kinkel solle den Fall im Gespräch mit dem chinesischen AM Qian Qichen ansprechen. Zum Gesprächswunsch von Hou urteilte er: „Da ein solches Treffen unter den hiesigen Bedingungen nicht ohne Wissen der chinesischen Regierung zustande kommen könnte, halte ich es besonders aus zwei Gründen für nicht angeraten, diesem Wunsch von Frau Hou zu entsprechen: Einmal können wir die Folgen für sie selbst und ihren inhaftierten Mann nicht im Einzelnen abschätzen. Zum Zweiten ist anzunehmen, dass die chinesische Regierung ein solches Treffen als eine Brüskierung empfinden würde, die einen erfolgreichen Verlauf des Besuches des Herrn BM infrage stellen könnte.“ Vgl. DB Nr. 1484; B 37, ZA-Bd. 161922.

Ferner führte *BM* aus, er sei stark an den deutsch-chinesischen Beziehungen interessiert und setze sich für deren Verbesserung ein. Er setze sich aber auch – für die chinesische Seite unangenehm – für MR ein. Hintergrund hierfür sei seine Tätigkeit im BMJ und als Justizminister, außerdem persönliches Engagement. Er sehe die Tragik des Mannes von Frau Hou. Er sehe, dass Frau Hou Vertrauen zu ihm habe. Ob er aber helfen könne, wisse er nicht.

Frau *Hou* erwiderte, es sei ihr nicht wichtig, ob BM direkt helfen könne. Dass er sie empfange, bewege sie und mache sie dankbar. Das Gespräch allein bedeute für sie schon Unterstützung. Die Behandlung der MR-Frage in China finde internationale Aufmerksamkeit. Es würden unterschiedliche Möglichkeiten diskutiert, wie China gegenüber am besten zu verfahren sei. Einige wollten Sanktionen verhängen, andere mit China zusammenarbeiten. Es sei schwer zu entscheiden, was am besten sei. Durch Sanktionsmaßnahmen verliere China das Gesicht. Dies müsse vermieden werden. Deshalb bitte sie auch, dieses Gespräch als private Angelegenheit zu behandeln. Sie wolle BM nicht für ihren Mann „missbrauchen". Sie wolle auch nicht über politische Auffassungen diskutieren. Sie wolle über den Gesundheitszustand ihres Mannes sprechen.

Auf Bitte BM schilderte Frau Hou den Fall Wang Juntao: Ihr Mann sei am 12.2.1991 als „schwarzer Mitkämpfer" der Demokratiebewegung wegen „Aufruhrs" zu 13 Jahren Haft verurteilt worden. Die Untersuchungshaft werde angerechnet.

- Zusammen mit Chen Ziming (41 Jahre) – mit dem zusammen er das „Forschungsinstitut für Fragen der Demokratie" an der Universität Peking gegründet habe – habe Wang Juntao (34 Jahre) von allen an der Demokratiebewegung Beteiligten 1989 die höchste Strafe erhalten.
- Sie habe die Verteidiger für Chen Ziming und ihren Mann ausgewählt und den Verteidiger ihres Mannes selbst bezahlt. Sie habe am Prozess teilnehmen dürfen.
- Ihr Mann sei weder bei der Verhaftung noch in der Untersuchungshaft oder später gefoltert und nicht geschlagen worden. Er sitze in Einzelhaft. Seine „geistige Verfassung" habe so stark gelitten, dass er „nicht mehr er selbst" sei. Der „starke Druck" auf ihn habe bereits kurz nach der Inhaftierung begonnen, als seine Schuld in allen Zeitungen verkündet worden sei.
- 1989 sei ihr Mann als stv. Chefredakteur der Zeitung „Economic Weekly" tätig gewesen. Er habe sich beruflich in Yanan aufgehalten, als die Demonstrationen in Peking begannen, und sei erst zwei Wochen später, am 22.4., nach Peking gekommen. Er habe sich nicht auf dem Platz des Himmlischen Friedens aufgehalten, sondern das weitere Vorgehen mit seinen Hochschullehrerkollegen diskutiert. Nach dem 4. Juni[5] sei er aus Furcht vor den militärischen Maßnahmen gegen alle Verdächtigungen nach Changsha geflüchtet und dort am 20.10.1989 verhaftet worden.
- Zur Vorgeschichte der Rolle ihres Mannes schilderte Frau Hou Folgendes: Bereits 1976 habe ihr Mann an der ersten Demokratiebewegung in China teilgenommen und habe neun Monate im Gefängnis verbracht. 1979/80 sei er an der „Mauer der Demokratie" beteiligt gewesen und habe anschließend als stv. Chefredakteur der Zeitschrift „Frühling in Peking" gearbeitet, die mit zur Rehabilitierung Deng Xiaopings beigetragen habe. Später habe er mit Chen Ziming das erwähnte Institut gegründet. Durch alle diese

5 Zur Niederschlagung der Demokratiebewegung in der Volksrepublik China am 3./4. Juni 1989 vgl. Dok. 66, Anm. 5.

Aktivitäten sei er für die Regierung zu jemandem geworden, der nicht für die Demokratie, sondern gegen die Regierung zu arbeiten schien. Er sei deswegen konstant von der Sicherheit überwacht worden.

- Auf Frage des *BM*, ob sie meine, dass ihr Mann nach chinesischem Gesetz zu Recht verurteilt worden sei, bzw. ob sie den Grundtatbestand anerkenne, antwortete Frau *Hou*: Keine der gegen ihren Mann vorgebrachten Anschuldigungen habe Hand und Fuß!
  Er sei wegen seiner zehnjährigen politischen Tätigkeit verurteilt worden; es sei der Führung ein Dorn im Auge gewesen, welches Macht- und Einflusspotenzial Wang Juntao und Chen Ziming aufgebaut hätten. Dieses Potenzial hätte sich schon durch die großen Geldsummen (ca. „100 000 Yuan“) ergeben, die durch den Verkauf der Zeitschrift „Frühling in Peking“ und die politische Arbeit zusammengekommen seien.

Auf Frage BM nach Petitum Frau Hous antwortete sie: Am 11.1.1991 habe man ihr nicht gestattet, ihren Mann zu besuchen und ihr stattdessen einen Brief gegeben, in dem Wang Juntao ihr mitgeteilt habe, er sei an Hepatitis B erkrankt. Erst ein halbes Jahr später habe man die Krankheit diagnostiziert. Bei der Untersuchung zu Beginn der Verlegung nach Peking sei ihr Mann noch gesund gewesen. Inzwischen sei die Krankheit chronisch geworden. In dem Gefängniskrankenhaus, in dem ihr Mann untergebracht sei, lagen zu 70 % geistig Kranke. Daher gebe es nur schlecht ausgebildete Ärzte und Pfleger. Vor allem sei es sehr schwierig, Blutuntersuchungen durchzuführen, die bei dieser Krankheit besonders wichtig seien. Man wisse nicht, welche Medizin ihr Mann brauche, und in der Landgegend, wo das Gefängnis sich befinde, gebe es ohnehin keine Medizin zu kaufen. Seit kurzem habe ihr Mann nun noch eine Herzerkrankung: Wenn er etwa 200 m gehe (nicht laufe), steige sein Puls auf über 100.

BM fragte nach, ob es denn erfolgversprechend sei, wenn er die Begnadigung Wang Juntaos fordere. Er halte dies nach nur drei Jahren Haft, offen gesagt, für schwierig.

Frau *Hou* antwortete, ihr vorrangiges Anliegen sei nicht die endgültige, sondern eine zeitweilige Haftentlassung, um ihrem Mann eine Verbesserung seiner geistigen Verfassung zu ermöglichen. Auf Nachfrage des BM sagte sie, nach chinesischem Recht sei eine derartige befristete Haftverschonung möglich. Sie habe sie schon oft beantragt. Man antworte ihr aber immer, ihr Mann erkenne seine Schuld nicht an. Ihrer Meinung nach hätten aber Gesundheit und Verbrechen nichts miteinander zu tun.

BM erwiderte:

1) Er wolle ihr helfen, soweit er könne.

2) In Bezug auf eine Begnadigung könne er nicht mehr tun, als er bereits getan habe; er werde die Frage der Begnadigung aber bei jeder Gelegenheit ansprechen.

3) Was die ärztliche Behandlung angehe, werde er sich überlegen, wie er dies der chinesischen Seite nahebringen könne.

4) Falls der Mann bestimmte Medikamente benötige, die in China nicht erhältlich oder zu teuer sind, würden diese von der deutschen Seite zur Verfügung gestellt werden. Sie möge ihm mitteilen, welche Medikamente ihr Mann brauche.

Frau *Hou* erwähnte, ein wesentlicher Faktor für die Gesundheit ihres Mannes sei eine angenehme Umgebung.

BM und Frau *Hou* vereinbarten, dass sie öffentlich nichts verlauten lassen würden.

BM erwähnte, dass er während eines Pressegesprächs bereits auf den Fall ihres Mannes und ihr beabsichtigtes Treffen mit AM Baker gefragt worden sei.[6] Er bat Frau Hou um eine Schilderung, wie sie versucht habe, Baker zu sprechen, und wie sie daran gehindert worden sei.

Frau *Hou* berichtete, sie sei für den 16.11.91 mit Baker verabredet gewesen.[7] Am 15.11. sei sie aber von zu Hause abgeholt (wahrscheinlich Min. für Sicherheit) und in ein Hotel etwas außerhalb Pekings gebracht worden. Man habe ihr nicht gesagt weshalb. Sie habe zu Essen und zu Trinken bekommen, und sie sei bis zur Abreise Bakers festgehalten worden. Auf Frage sagte Frau Hou, das Treffen mit Baker sei über die US-Botschaft vereinbart worden. Sie habe außerdem versucht, mit MR-Delegation aus Kanada und Australien in Kontakt zu kommen. Die Mutter Chen Zimings habe den Fall ihres Mannes auch bei einem Gespräch mit dem Politischen Direktor der Delegation von AM van den Broek in Peking[8] angesprochen.

Sie selbst habe den Fall ihres Mannes bei einer Delegation angesprochen, die unter Leitung von Jimmy Carter gestanden habe.[9] Sie bestätigte, dass sie den Fall ihres Mannes auf Außenministerebene bis dahin aber nur an BM und – wie geschildert – an AM Baker versucht habe heranzutragen. Sie erwähnte, dass die Namen ihres Mannes und der von Chen Ziming auf vielen MR-Listen stünden.

BM fragte, ob ihrer Meinung nach die chinesische Regierung versucht hätte, auch das Treffen mit ihm zu verhindern, wenn sie davon gewusst hätte, oder ob es eine Haltungsänderung gebe.

Frau *Hou* erwidert, bei dem geplanten Treffen mit Baker hätte auch eine Journalistin teilnehmen sollen, und ihrer Meinung nach habe die Regierung befürchtet, dass zu viel über die MR-Lage in China in den US-Medien berichtet worden wäre, wenn das Treffen stattgefunden hätte. Es sei sehr schwer abzuschätzen, wie sie sich beim jetzigen Treffen verhalten hätte, wenn sie davon gewusst hätte. Sie hielte es aber für wahrscheinlich, dass sie wieder am Treffen gehindert worden wäre. Dass das Treffen stattfinde, habe nichts mit einer Lockerung des Systems zu tun.

Auf Frage sagte sie, sie glaube schon, dass sie überwacht werde, und erwähnte dabei, es gäbe ein Überwachungssystem durch Frauen in ihrem Wohnviertel, die mit den Behörden kooperierten (Nachbarschaftsüberwachung). Außerdem frage jeden Tag jemand nach, „wie es ihr gehe“ (Min. für Sicherheit). Zu ihrer persönlichen, wirtschaftlichen Situation sagte sie, sie habe eine „symbolische Arbeit“ im Betrieb eines Bekannten, empfange zwar ein Gehalt, brauche aber tatsächlich nicht zu arbeiten. Der Kontakt mit Freunden sei ihr erlaubt, aber keine politische Arbeit.

BM sagte zum Abschluss des Gesprächs, sie dürfe in seine Bemühungen keine übermäßigen Hoffnungen setzen, er werde aber versuchen, ihr zu helfen:

- Er werde eine medizinische Einschätzung der Krankheit ihres Mannes vornehmen lassen. Wenn es Medikamente gäbe, würden sie ihr von deutscher Seite über Kontaktperson zur Verfügung gestellt werden.[10]

6 So in der Vorlage.

7 Der amerikanische AM Baker hielt sich vom 15. bis 17. November 1991 in der Volksrepublik China auf.

8 Der niederländische AM van den Broek hielt sich am 26. Oktober 1992 in der Volksrepublik China auf. Politischer Direktor im niederländischen Außenministerium war Peter van Walsum.

9 Der ehemalige amerikanische Präsident Carter besuchte die Volksrepublik China vom 13. bis 16. April 1991.

10 MD Schlagintweit unterrichtete Botschafter Freitag, Peking, am 4. November 1992: „BM hat den Fall mit seinem Arzt erörtert. Dieser hält eine regelmäßige Behandlung mit dem Medikament Interferon für

– Falls sie Schwierigkeiten bekommen sollte, solle sie Kontaktperson informieren. Er glaube, dass in ihrem Falle durch stilles Wirken besser und wirkungsvoller geholfen werden könnte als durch öffentliche Bekundungen, durch die die chinesische Seite das Gesicht verlieren würde.

Beide, er und sie, sollten also wirklich nichts an die Öffentlichkeit bringen. Falls er öffentlich unter Erklärungsdruck kommen sollte, würde er lediglich sagen: „In Einzelfällen ist durch stilles Handeln mehr zu erreichen als durch laute Töne."

Er müsse ihr aber klar sagen, dass die chinesische Seite natürlich durch Rückschluss auf sie als Initiatorin kommen müsse, wenn er sich für ihren Mann verwenden werde. Sie müsse dies und eventuelle Folgen daraus in Kauf nehmen.

Frau *Hou* bejahte dies ausdrücklich. BM könne der chinesischen Seite zur Not auch sagen, dass er sich mit ihr getroffen habe; es sei ihr aber lieber, wenn dies nicht erfolgen würde. Abschließend sagte *BM*, er könnte ihr selbstverständlich nicht politisch, sondern nur menschlich helfen. Wenn sie nicht zum Gesichtsverlust der chinesischen Seite beitrage, nehme er an, dass ihr nichts geschehen werde.[11]

B 130, VS-Bd. 14150 (010)

Fortsetzung Fußnote von Seite 1378

erforderlich. Interferon muss dreimal wöchentlich gespritzt werden." Schlagintweit bat zu prüfen, ob eine entsprechende Behandlung durchgeführt werde und ob das Medikament oder „andere stärkende Mittel – Herzmittel o. ä. – erforderlich seien". Vgl. DE Nr. 511; B 37, ZA-Bd. 161922.

Am 20. November 1992 teilte BR Stanzel, Peking, mit: „Interferon ist in China nicht frei erhältlich. Patient wird gegen Hepatitis B nicht durch Krankenhaus, sondern mit von Ehefrau beschaffter traditioneller chinesischer Medizin behandelt. Ehefrau zufolge wären Ärzte aber in der Lage und bereit, Spritzen zu verabreichen, sofern Medizin zur Verfügung stünde." Vgl. B 37, ZA-Bd. 161922.

11 MD Schlagintweit legte BM Kinkel am 9. November 1992 „den Entwurf eines vertraulichen Schreibens an den chinesischen AM Qian Qichen vor" und empfahl: „Es sollte Botschafter Freitag überlassen bleiben, in welcher Form er den Brief Außenminister Qian Qichen übergibt." In dem Schreiben hieß es: „Bei unseren Gesprächen habe ich bewusst bestimmte Themen mit großer Diskretion behandelt. Ich habe auch davon abgesehen, diese Themen vor der internationalen Presse auszubreiten und habe deshalb vor allem in meinem Land Kritik geerntet. Ich möchte heute noch einmal auf eine Frage zurückkommen, über die wir ohne unsere Mitarbeiter in Peking gesprochen hatten. Es handelt sich um den Häftling Wang Juntao." Dessen Gesundheitszustand sei besorgniserregend. Ziel seines „rein humanitär[en]" Anliegens sei es, so Kinkel, Wang Gelegenheit zu geben, „seine schwere Krankheit auszukurieren, und zwar möglichst außerhalb einer Haftanstalt im Kreise seiner Familie, z. B. in der Form einer Haftverschonung". Vgl. B 37, ZA-Bd. 161922.

Am 24. Dezember 1992 übermittelte der chinesische Botschafter Mei Zhaorong das Antwortschreiben Qians auf Kinkels am 4. Dezember 1992 in Peking übergebenes Schreiben. Darin hieß es: „Was den Zustand der in Ihrem Brief erwähnten Personen anbetrifft, die im Zusammenhang mit der politischen Unruhe im Jahre 1989 inhaftiert wurden, so habe ich dies bereits an die Justizorgane zur Prüfung weitergeleitet. Wie mir mitgeteilt wurde, sind die meisten Personen, die sich an der Unruhe im Jahre 1989 beteiligt und gegen die Gesetze verstoßen haben, nicht zur gesetzlichen Verantwortung gezogen worden, nur eine ganz kleine Anzahl der kriminellen Straftäter wurde dem Gesetz entsprechend zur Freiheitsstrafe verurteilt, nicht wenige von ihnen wurden bzw. werden vorfristig freigelassen." Vgl. B 37, ZA-Bd. 161922.

349

Gespräche des Bundesministers Kinkel mit dem chinesischen Stellvertretenden Ministerpräsidenten Zhou Jiahua, Ministerpräsident Li Peng und dem Generalsekretär des ZK der KPCh, Jiang Zemin, in Peking

2. November 1992[1]

Besuch BM Kinkel in China vom 31.10. bis 2.11.92[2];
hier: Gespräche mit Stv. MP Staatsrat Zhou Jiahua, MP Li Peng, KP-GS Jiang Zemin am 2.11.92

I. BM setzte am 2.11. politische Gespräche mit Stv. MP Staatsrat Zhou Jiahua (Chef der staatlichen Planungskommission), MP Li Peng und KP-Generalsekretär Jiang Zemin fort. Im Mittelpunkt des Gesprächs mit Staatsrat Zhou standen Perspektiven der bilateralen Wirtschaftsbeziehungen vor dem Hintergrund normalisierter Beziehungen und beschleunigten Reformtempos in China; im Gespräch mit MP Li Peng daneben auch Analyse der Weltlage nach Auflösung der SU; im Gespräch mit Generalsekretär Jiang vor allem allg. Aspekte der Menschenrechte.

II. Im Einzelnen

1) Gespräch mit Stv. MP Staatsrat Zhou Jiahua

BM sagte einleitend, 20. Jahrestag der Aufnahme diplomatischer Beziehungen[3] und gerade zu Ende gegangener Parteikongress[4] seien guter Zeitpunkt für seinen Besuch. 20 Jahre Beziehungen hätten bemerkenswerte Entwicklungen gebracht, trotz gewisser Trübungen. Er hoffe, dass nach dem Besuch wieder von normalen Beziehungen gesprochen werden könne. D sähe in China einen seiner wichtigsten Partner: Mitglied im Sicherheitsrat; große Bevölkerung (ein Fünftel der Menschheit), China sei wichtiger Wirtschaftspartner, D sei Chinas wichtigster Wirtschaftspartner im europäischen Raum. Er hoffe, dass dies so bleibe.

1 Der von LR I Büntjen und BR I Rupprecht, beide Peking, gefertigte Gesprächsvermerk wurde von Botschafter Freitag, Peking, mit DB Nr. 1533/1534/1535 vom 4. November 1992 an das Auswärtige Amt übermittelt. Dazu teilte Freitag mit: „Bitte bei Dienstbeginn sofort vorlegen. Verteilung in Abstimmung mit MB und Dg 34."
Hat VLR Zimmermann am 4. November 1992 vorgelegen, der handschriftlich vermerkte: „RL n[ach] R[ückkehr]."
Hat BM Kinkel am 15. November 1992 vorgelegen, der auf einem Begleitvermerk für VLR I Matussek „n[ach] R[ückkehr]" handschriftlich vermerkte: „Welche Verteilung ist üblich? und in welcher Form? Anlagen sind o.k." Vgl. B 1, ZA-Bd. 178945.

2 Vor seinem Aufenthalt vom 31. Oktober bis 2. November 1992 in der Volksrepublik China besuchte BM Kinkel ab 26. Oktober 1992 Pakistan und die Philippinen. Vgl. Dok. 346 und Dok. 359.
Am 28./29. Oktober 1992 nahm er an der Konferenz der Außenminister der EG- und der ASEAN-Mitgliedstaaten in Manila teil. Vgl. Dok. 351.
Zum Besuch in der Volksrepublik China vgl. auch Dok. 347 und Dok. 348.

3 Die Bundesrepublik und die Volksrepublik China nahmen am 11. Oktober 1972 diplomatische Beziehungen auf. Vgl. AAPD 1972, III, Dok. 328.

4 Zum 14. Parteitag der KPCh vom 12. bis 18. Oktober 1992 in Peking vgl. Dok. 328.

Vize-MP *Zhou* betonte, er hoffe auf Fortsetzung und Verbesserung der Beziehungen. In den letzten Jahren habe es gewisse Schwierigkeiten gegeben, aber es gebe nun große Fortschritte im wirtschaftlichen Bereich. Bilaterale Beziehungen sollten noch schneller entwickelt werden, ebenso politische und wirtschaftliche: „Taten sprechen mehr als Worte." Entwicklung der Wirtschaft beruhe auf zwei Hauptfaktoren: politischer und sozialer Stabilität. Beispiel der ehemaligen SU, aber auch einiger Staaten in Lateinamerika zeige, dass es ohne diese Stabilität keine wirtschaftliche Entwicklung gebe. 14. Parteikongress habe diese Analyse bekräftigt. Daraus ergäbe sich folgende Bewertung der Ereignisse von 1989[5]: Hätte man nicht entschiedene Maßnahmen ergriffen, hätte es Chaos, ja sogar Bürgerkrieg geben können. Wenn es in China Chaos gäbe, wären nicht nur 300 000 oder 500 000, sondern sogar Millionen von Flüchtlingen möglich. Er habe Freunden in Hongkong gesagt, wenn 500 000 Flüchtlinge nach Hongkong kämen, wäre es mit dem Wohlstand vorbei. Nach drei Jahren könne man deshalb sagen, die Maßnahmen von 1989 seien richtig gewesen. Sie ermöglichten wirtschaftliche Entwicklung durch politische und soziale Stabilität. Beziehungen hätten sich jetzt auch mit anderen Ländern normalisiert, z.B. Japan. Auch hier habe es schwierige Zeiten gegeben, jetzt aber sei der japanische Kaiser in China gewesen[6] und habe Bedauern wegen des China zugefügten Leids ausgedrückt. Mit D gebe es keine solche historischen Probleme, deshalb müssten Beziehungen mit D sich noch schneller entwickeln können. Jetzt gebe es noch einige Sanktionen westlicher Länder gegen China. Diese sollten völlig aufgehoben werden.

BM erwiderte, er nehme das Stabilitätsargument zur Kenntnis.[7] Die Welt außerhalb Chinas habe diese Ereignisse anders beurteilt. Bundestag habe seine Beschlüsse nicht zuletzt durch seinen Einsatz ausgesetzt[8], es gebe nach dem positiven Ausgang des Parteikongresses gute Chancen, sie ganz aufzuheben. D habe sehr großes Interesse an Ausweitung wirtschaftlicher Beziehungen mit China. D, als nicht gerade kleines Industrieland, wolle mit dem schnell wachsenden gigantischen Markt mehr Geschäfte tätigen. Seit 1989 gebe es einen Rückgang im Handelsaustausch. In den ersten neun Monaten 1992 hätten die Exporte nach China allerdings um 71 Prozent zugenommen, Vertreter der Wirtschaft hätten dennoch auf einige Probleme im Handel mit China hingewiesen:

- restriktive Lizenzpolitik,
- Importrestriktionen für bestimmte Warengruppen,
- hohe Importzölle,
- restriktive Devisentransfer-Bestimmungen.

Außerdem würden wir gerne Airbusse verkaufen. Er hoffe, dass das Containerschiffgeschäft sich verwirklichen lasse.[9] Er hoffe weiter, dass die Wirtschaftsbeziehungen gut liefen, weil

5 Zur Niederschlagung der Demokratiebewegung in der Volksrepublik China am 3./4. Juni 1989 vgl. Dok. 66, Anm. 5.

6 Der japanische Kaiser Akihito besuchte die Volksrepublik China vom 23. bis 28. Oktober 1992.

7 Dieser Satz ging auf Streichungen und Änderungen zurück. Davor lautete er: „BM erwiderte, er wolle nicht noch einmal auf 1989 eingehen, nehme aber das Stabilitätsargument zur Kenntnis."

8 Zu den Beschlüssen des Bundestags vgl. Dok. 347, Anm. 7 und 10.
Am 10. Dezember 1992 beschloss der Bundestag mit der Koalitionsmehrheit von CDU/CSU- und FDP-Fraktion in namentlicher Abstimmung mit 323 Ja- gegen 197 Nein-Stimmen bei 23 Enthaltungen die Normalisierung der Wirtschaftsbeziehungen zur Volksrepublik China. Vgl. BT Stenographische Berichte, 12. WP, 128. Sitzung, S. 11129f. und S. 11134.

9 Zur Lieferung von vier Containerschiffen an die Volksrepublik China vgl. Dok. 347, Anm. 11.

sich dies auf die Gesamtbeziehungen günstig auswirken würde. Wir hätten den 14. Parteikongress beobachtet und begrüßten jegliche Liberalisierungsbestrebungen.

Zhou begrüßte Einsatz des BM zur Aussetzung und drückte Hoffnung auf baldige Aufhebung der Sanktionen aus. Er unterstrich, Situation habe sich im Vergleich zu seinem Besuch vor einem Jahr in D sehr verändert, als er Bundeswirtschaftsminister[10] und Außenminister Genscher getroffen habe.[11] Deutsche Wirtschaft habe damals Hoffnung geäußert, dass deutsche Regierung Restriktionen bei Wirtschaftsbeziehungen mit China aussetze, denn sie habe großes Interesse an Zusammenarbeit mit China. Wenn Bundestag seine Beschlüsse im nächsten Jahr ganz aufheben werde, wäre eine noch rasantere Entwicklung möglich. Nach 14. Parteitag werde es Modifizierung des Achten Fünfjahresplans geben. Ursprünglich habe man sechs Prozent Wirtschaftswachstum geplant, jetzt gehe man von acht bis neun Prozent aus. China sehe D in vorderster Reihe der Weltwirtschaftsmächte. Es sei interessiert an seinem starken Kapital, an seiner Technologie und seinen modernen Managementmethoden. China habe günstige Arbeitskräfte und einen riesigen Markt anzubieten. Die möglichen Felder der Zusammenarbeit zwischen beiden Ländern seien sehr weit. Erfolgreiches Beispiel sei VW, aber auch Daimler-Benz, KHD[12], Siemens usw. Zum Thema Airbus: Viele chin. Unternehmen seien interessiert, Airbusse zu kaufen. In der Planung sei Kauf von sechs Airbussen vorgesehen. Gründe für Verzögerung lägen nicht bei Deutschland oder China, sondern bei Frankreich. (*BM* hierauf: Wir müssen unsere guten Kontakte zu franz. Regierung nutzen.)

Zhou unterstrich noch einmal, Chinas Tür sei weit offen. Deng Xiaoping habe gesagt, 100 Jahre sollte dies unverändert so bleiben. Geschäftsleute seien herzlich in China willkommen. Allerdings gebe es Restriktionen von unserer Seite, z. B. bei der Ausfuhr von Hochtechnologie.

(*BM* hierzu: Durch Wegfall des Ost-West-Gegensatzes gebe es keine Bedrohungssituation mehr, daher sei Überprüfung dieser Restriktionen denkbar. Er habe Vision, dass China sich noch stärker in die Völkergemeinschaft einbringe und größere zusätzliche Verantwortung übernehme, z. B. in VN und Sicherheitsrat.)

Abschließend sagte *Zhou*, er habe keine großen Meinungsverschiedenheiten festgestellt. Im Gegenteil gebe es gemeinsamen Wunsch zum Ausbau der Wirtschaftsbeziehungen. Er regte an, eine Liste mit Vorschlägen der deutschen Wirtschaft zu konkreten Projekten der wirtschaftlichen Zusammenarbeit durch den Botschafter[13] an das Außenministerium oder Fachministerien überreichen zu lassen. *BM* sagte zu, diese Anregung aufzunehmen.

2) Gespräch mit MP Li Peng

BM stellte eingangs fest, die Bundesrepublik sei an allseitigen guten Beziehungen mit China interessiert. In letzten zwei Jahren habe es Probleme[14] gegeben. Wir wollten Blick nun nach vorne richten. BM unterstrich Interesse an Ausbau der deutsch-chinesischen Beziehungen und seine Rolle bei der Aussetzung und möglichen Aufhebung der BT-Beschlüsse.

10 Jürgen Möllemann.

11 Zum Besuch des chinesischen Stellvertretenden MP Zhou Jiahua vom 28. Oktober bis 2. November 1991 vgl. AAPD 1991, II, Dok. 368.

12 Klöckner-Humboldt-Deutz.

13 Armin Freitag.

14 An dieser Stelle wurde von BM Kinkel gestrichen: „wegen eines Einzelereignisses“.

Li Peng schätzte seinerseits Beziehungen als gut ein. Es gebe viele gemeinsame Projekte, Deutschland sei größter europäischer Handelspartner Chinas. Man solle diese Zusammenarbeit fortsetzen. Er stimme zu, dass man den Blick nach vorne richten solle. China sei in einer Phase der Entwicklung, es gebe ein Potenzial. 14. Parteitag habe Übergang zur sozialistischen Marktwirtschaft beschlossen. Dies würde zu noch schnellerer Wirtschaftsentwicklung führen. Seine in Davos gemachte Ankündigung, dass China bis 1995 für 300 Mrd. Dollar Importe tätigen wolle[15], werde sicher noch übertroffen. Er erwähnte gute Beispiele der Zusammenarbeit: VW in Schanghai, Audi, Siemens, Daimler-Benz, DEMAG, SIEMAG, AEG u. a. deutsche Unternehmen seien aktiv auf chinesischem Markt. Er wolle sich eine unhöfliche Bemerkung gestatten: Deutsche Wirtschaftsleute kennen Situation in China besser als deutsche Politiker. Sie seien viel realistischer und erkennen ihre Interessen klar. Sie hätten auch in China investiert, als die Situation schwierig gewesen sei. Damit hätten sie mehr Weitblick gezeigt als die Politiker.

BM erwiderte, deutsche Außenpolitik habe Bedeutung und Dimensionen Chinas, das ein Fünftel der Menschheit umfasse und große politische Bedeutung über Region hinaus habe, nie unterschätzt. Uns läge vor allem daran, dass China in[16] der sich seit zwei Jahren verändernden Welt noch stärker seine Verantwortung wahrnehme, vor allem in VN und VN-Sicherheitsrat.

Li Peng würdigte Stellung Deutschlands (mit 80 Mio. Einwohnern stärkste Wirtschaft in Europa, die deutsche Nation sei fleißig und intelligent). Chinesische Betriebe würden gern mit Deutschland zusammenarbeiten, weil man deren Effizienz schätze. Es gebe allerdings auch Leute, die Angst vor Deutschland hätten. China fürchte D jedenfalls nicht.

BM dankte für stetige Unterstützung in der Frage der Wiedervereinigung. Dies sei für uns wichtigste Frage der letzten Jahrzehnte gewesen. D halte fest an der Ein-China-Politik bzgl. Taiwan. Er hoffe, dass sein Besuch auch zu einer Normalisierung führe.[17] Menschenrechtsfragen würden in Deutschland sehr wichtig genommen.[18] Dafür bitte er um Verständnis. Darüber habe er schon mit AM Qian das Notwendige gesprochen. Auch in Deutschland gebe es große Probleme: Ausländer-Hass, tätliche Angriffe, sogar Angriff auf chinesischen Professor[19], für den er sich entschuldige und für den er sich schäme. Indem

15 Im Zuge einer Westeuropa-Reise vom 27. Januar bis 6. Februar 1992 nahm der chinesische MP Li Peng am 30. Januar 1992 am Weltwirtschaftsforum in Davos teil. Für seine Rede vgl. den Artikel „Die chinesische Volkswirtschaft im jetzigen Jahrzehnt"; BEIJING RUNDSCHAU 7/1992, S. 12–16.

16 Korrigiert aus: „dass China sich in".

17 Dieser Satz ging auf Streichungen des VLR Zimmermann zurück. Vorher lautete er: „Er hoffe, dass sein Besuch auch zu einer völligen Normalisierung der politischen Beziehungen führe."

18 Dieser Satz ging auf Streichungen und handschriftliche Änderungen des BM Kinkel zurück. Davor lautete er: „Menschenrechte seien in Deutschland sehr wichtig."

19 Zu fremdenfeindlichen Gewalttaten in der Bundesrepublik vgl. Dok. 303, Anm. 14, und Dok. 386. Im Gespräch mit MDg Zeller sprach der chinesische Botschafter Mei Zhaorong am 3. August 1992 „den Fall des in Brandenburg überfallenen chinesischen Wissenschaftlers Wu Ersheng" an und „betonte, dass es sich hier um einen für die Volksrepublik China äußerst wichtigen Experten handele. Insofern sei der Fall gravierender als Übergriffe gegen chinesische Studenten, die auch immer wieder vorkämen. Wu habe in Verhandlungen mit einer brandenburgischen Firma gestanden. Das geplante Projekt solle in Neuenhagen zwei- bis dreihundert Arbeitsplätze schaffen. Er wies darauf hin, dass es sich bei den Tätern um Wiederholungstäter handele, und verlangte strengste Bestrafung." Vgl. den Gesprächsvermerk; B 37, ZA-Bd. 161920.

er darauf hinweise, nehme er sich auch das Recht, auf Menschenrechtsfragen im Gastland hinzuweisen.[20] Deutsche Bevölkerung nehme Probleme im Zusammenhang mit den Asylbewerbern und Aussiedlern nicht mehr hin. Wirtschaft in der ehemaligen DDR sei völlig zerrüttet gewesen, deren Reparatur sei eine gigantische Aufgabe.

Li Peng stimmte zu, dass nicht nur wirtschaftliche Beziehungen entwickelt werden müssten, sondern auch politische. Jedes Land habe seine eigene konkrete Situation. Deshalb solle jedes Land selbst seine Angelegenheiten regeln, keine andere Regierung solle sich darin einmischen. Für China bedeute dies konkret, Bevölkerungswachstum müsse beschränkt werden, und der Staat müsse Existenzminimum zur Verfügung stellen und Nahrungsmittelversorgung garantieren. China habe nur sieben Prozent des landwirtschaftlichen nutzbaren Landes der Erde, damit ernähre es fast ein Viertel der Menschheit. Lebensstandard decke gerade Grundbedürfnisse (Nahrung, Kleidung). Wegen der Größe des Landes und unausgewogener Entwicklung sei es unerlässlich, dass es ein friedliches internationales Umfeld und politische Stabilität im Inneren gebe. Entwicklung in Afrika, Lateinamerika habe gezeigt, dass kein Land sich ohne politische Stabilität wirtschaftlich entwickeln könne. In Südostasien hätten sich viele Länder wirtschaftlich entwickelt, bei denen politische Stabilität gewährleistet sei. Japan habe zwar ein demokratisches System westlicher Prägung, aber Regierungspartei sei seit über 30 Jahren an der Macht.

Zur internationalen Lage führte Li Peng aus: Fall der Berliner Mauer und Zerfall der SU seien größte Ereignisse der 90er Jahre gewesen und hätten den Ost-West-Gegensatz aufgelöst. Zu dieser Entwicklung gebe es zwei Ansichten: Die eine sage, dass diese Entwicklung zu Frieden in der Welt führte, die zweite, dass es noch mehr Probleme geben werde. China vertrete die zweite Meinung. Praxis habe bewiesen, dass China recht habe. Drei Hauptprobleme hätte es im Zuge der Auflösung der Sowjetunion gegeben. Es gebe große Probleme bei der Sanierung der Wirtschaft und der Privatisierung. Diese sei sehr teuer. Jelzin habe bzgl. westlicher Wirtschaftshilfe gesagt, hier gebe es nur Donner, aber keinen Regen. Li Peng traue Deutschland zu, dass es Wirtschaft im Ostteil sanieren könne, aber der Zeitraum werde länger dauern als ursprünglich angenommen. Zweites Problem sei Ausbruch von Regionalkonflikten, z.B. Jugoslawien, GUS, während des Ost-West-Konfliktes habe es lange Friedensphase gegeben. Nun nähmen ethnische Konflikte zu, die sich auch auf Westeuropa ausdehnen könnten, z.B. auch auf Länder wie Spanien. Drittes Problem sei eine mögliche Flüchtlingswelle. Zu Vorfällen in Deutschland sagte er, ausländerfeindliche Ausschreitungen hätten politische und soziale Gründe, deutsche Regierung verfolge eine sehr umsichtige Politik. China sei gegen Ausländerfeindlichkeit, mache aber deutscher Regierung keine Vorwürfe, denn dies wäre Einmischung in innere Angelegenheiten. Jeder solle wie in einer Familie seine eigenen Probleme selbst lösen. China sei nicht gegen Diskussionen über Menschenrechte, aber es habe eigene Kriterien und sei dagegen, dass andere Länder ihm ihre Ideen völlig aufzwingen wollten. Diejenigen, die selbst keinen guten Standard aufzuweisen hätten, machten meist den größten Lärm, z.B. Amerika, das selbst Rassenprobleme hätte, wie Unruhen in Los Angeles[21] bewiesen hätten. Dabei übergab er Weißbuch zu MR-Frage.[22]

20 Dieser Satz wurde von BM Kinkel handschriftlich eingefügt.

21 Zu den Unruhen vom 30. April bis 5. Mai 1992 in Los Angeles vgl. Dok. 152, Anm. 19.

22 Gesandter Wiesner, Peking, berichtete am 13. August 1992: „Die chin. Regierung veröffentlichte am 12.8. erstmals ein Weißbuch zum Strafvollzug und der Resozialisierung von Straftätern mit dem etwas miss-

BM betonte völlige Übereinstimmung in der Analyse der Weltsituation nach dem Wegfall der Ost-West-Konfrontation. Aussagen Li Pengs zeigten, dass China Europa genau beobachte und über die Situation sehr genau informiert sei. Es gebe gewaltige Probleme, Beispiel Jugoslawien. Die gesamte Völkergemeinschaft schaffe es nicht, mitten in Europa Töten und ethnische Verfolgung zu beenden. Die Lage nach Ende der SU bringe gewaltige Probleme in dortigen Ländern und beim Aufbau marktwirtschaftlicher und rechtsstaatlicher Strukturen. Haupterwartung dieser Länder auf Hilfe sei an Bundesrepublik gerichtet. Bundesrepublik trage 57 Prozent der gesamten Welt-Russlandhilfe. Jelzin habe keinen Grund, nur von „Donner ohne Regen" zu sprechen. Andererseits sei Deutschland durch die gewaltigen Anstrengungen nach der Wiedervereinigung belastet. Wir pumpten über 100 Mrd. DM pro Jahr in die Ex-DDR. Er bedauere, dass unsere Konzentration auf Wiedervereinigung und Osteuropa wenig Kraft für die Beschäftigung speziell mit Asien und anderen Gebieten übriglasse. Er danke MP Li Peng für Bereitschaft zum Dialog in Menschenrechtsfragen. Wir wollten uns nicht in innerchinesische[23] Angelegenheiten einmischen. Er danke für Mitwirkung bei Chemiewaffen-Konvention[24] und für Beitritt zum Nichtverbreitungsvertrag[25]. Wir seien uns einig, dass wir hier Zurückhaltung üben müssen, sowohl Deutschland als auch China, z.B. bei Raketenverkäufen an Dritte Welt. China habe sich in schwierigen Situationen in den VN und im Sicherheitsrat sehr hilfreich verhalten.

Li Peng entgegnete, China werde 100-prozentig den Nichtverbreitungsvertrag einhalten. Vertrag mit Iran über Bau eines Kernkraftwerkes betreffe nur friedliche Nutzung und unterliege voll Kontrolle der IAEO. China sei nicht so dumm, Atomwaffen an ein Land zu verkaufen, das von Fundamentalisten regiert wird. Flugzeuge seien im Übrigen genauso gefährlich wie Raketen. USA verkauften F-16 an Taiwan[26], verletzten damit Abkommen mit China. Dennoch wolle sich China weiter an MTCR-Parameter[27] halten. China

Fortsetzung Fußnote von Seite 1384

verständlichen Titel ‚Criminal Reform in China'. Damit sollen die Fortschritte des chinesischen Strafvollzuges gegenüber der Zeit vor 1949 aufgezeigt und bewiesen werden, dass auch gegenüber Straftätern die Menschenrechte beachtet werden. Herausgegeben wurde das Weißbuch nicht vom eigentlich zuständigen Justizministerium, sondern vom Informationsbüro des Staatsrates, dessen Aufgabe es ist, Chinas Image im Ausland zu verbessern." Vgl. DB Nr. 1082; B 37, ZA-Bd. 161920.

Am 24. August 1992 übermittelte Wiesner eine ausführlichere Analyse und kam zum Ergebnis, im Weißbuch werde „ein Idealzustand propagandistisch beschrieben, der so offensichtlich im Widerspruch zu den Realitäten steht, dass es bei seinem ausländischen Leser allenfalls das Gegenteil des erwünschten Zieles erreichen kann. Es zeigt erneut die Unfähigkeit der chinesischen Regierung, die Anliegen und Besorgnisse westlicher Beobachter zur Menschenrechtslage zu verstehen und darauf adäquat zu reagieren." Vgl. SB Nr. 1219; B 37, ZA-Bd. 161920.

23 Dieses Wort wurde von BM Kinkel handschriftlich eingefügt. Dafür wurde gestrichen: „chinesische".

24 Zum Abschluss der Genfer CW-Verhandlungen vgl. Dok. 277.

25 Zum chinesischen Beitritt zum Nichtverbreitungsvertrag vom 1. Juli 1968 vgl. Dok. 73, Anm. 17.

26 In der Presse wurde berichtet: „Der amerikanische Präsident George Bush hat die Lieferung von 150 Kampfflugzeugen des Typs General Dynamics F-16 an die taiwanesische Regierung genehmigt. [...] Je mehr China Waffen in den GUS-Staaten einkauft und dort in jüngster Zeit sogar komplette Produktionsanlagen für Hochleistungskampfflugzeuge zu ordern scheint, desto näher läge es – aus asiatischer Gleichgewichtssicht –, wenn Amerika nun auch Taiwan belieferte – wie jetzt von Bush zugesagt." Vgl. den Artikel „Nun darf Taiwan doch amerikanische Flugzeuge kaufen"; FRANKFURTER ALLGEMEINE ZEITUNG vom 12. September 1992, S. 12.

27 Zur Weiterentwicklung des MTCR vgl. Dok. 217.

sei kein hegemonistisches Land. Gerüchte, dass China Flugzeugträger kaufen wolle, seien falsch. Diese brauche China nicht. Ukrainischer Präsident Krawtschuk habe Kaufabsichten Chinas bei seinem Besuch gerade dementiert.[28] Mit Besuch des BM sei Normalisierung der Beziehungen mit Deutschland vollzogen. Sie sollte öffentlich bestätigt werden. Er hoffe, dass BK Kohl den Mut aufbringen werde, China zu besuchen. Er sei herzlich willkommen.[29]

BM erwiderte hierauf, er, Li Peng, könne davon ausgehen, dass Normalisierung durch seinen Besuch eingetreten sei.

3) Gespräch mit KP-Generalsekretär Jiang Zemin

Jiang Zemin berichtete zunächst ausführlich über frühere Besuche in und Kontakte zu Deutschland. Er ging dann von sich aus vor allem auf Thematik der Menschenrechte und deren unterschiedliche Auslegung im Westen und in China ein. Westliches Verständnis von Menschenrechten und Demokratie sollte nicht exportiert werden. China exportiere auch nicht den von ihm gewählten Sozialismus. Alle Staaten sollten Prinzipien der Gleichberechtigung und der friedlichen Koexistenz achten, dann gäbe es keine Konflikte mehr.

BM dankte für Einführung dieses Themas durch GS. Wir seien gegen Einmischung in innere Angelegenheiten. Friedliche Koexistenz müsse verbunden sein mit Verständnis für Eigenheiten, auch Regierungsform anderer Länder. Jedes Land habe eigene Geschichte, Kultur und Erfahrung. Wer Menschenrechte bei anderen einfordere, müsse auch eine moralisch-ethische Berechtigung haben. Andererseits müsse man definieren, was man unter MR verstehe, ebenso unter Demokratie. Für beide gebe es unterschiedliche Auslegungen, aber es gebe bei beiden einen Kernbereich, den jedes Land anerkennen und an dem es sich messen lassen müsse. Kernbereiche von Demokratie und Menschenrechten könnten definiert werden, z. B.[30] durch Würde des Menschen, Gleichberechtigung, Verbot des Tötens, der Folter usw. Unbedingter Respekt vor diesem Kernbereich sollte zentrales Postulat der Politik sein. Es gehe dabei nicht darum, anderen fremde Werte aufzupfropfen oder zu „missionieren". Wir Deutschen müssten uns überdies die Frage stellen, ob wir angesichts schwerster MR-Verletzungen in D vor 1945 die moralisch-ethische Berechtigung haben, über MR zu sprechen. Wir leiteten diese Berechtigung aus unserer demokratischen Praxis seit 1945 ab. Wir täten[31] dies nicht im Gefühl der Überlegenheit und versuchten nicht, unser eigenes System zu exportieren. Wir wollten nur den Dialog. Wir haben Verständnis, dass auch Schutz vor Hunger und Not grundsätzlich zu Menschenrechten gehöre, Europäer dürften dies nicht aus den Augen verlieren.

Zu Tibet unterstrich BM grundsätzliche Anerkennung der Zugehörigkeit Tibets zum chin. Staatsverband[32] und richtete gleichzeitig Bitte an China, über mehr Autonomie in Tibet zu sprechen. Auch wir seien bereit, über Ausschreitungen deutscher Rechtsradikaler bei uns zu sprechen, ohne dass wir uns gegenseitig in unsere Angelegenheiten einmischen. Wir seien uns bewusst, dass Deutschlands Probleme relativ klein im Vergleich zu gewaltigen Problemen des 1,1 Mrd.-Volkes Chinas sind.

28 Der ukrainische Präsident Krawtschuk besuchte die Volksrepublik China vom 29. bis 31. Oktober 1992.

29 BK Kohl besuchte die Volksrepublik China vom 15. bis 20. November 1993. Vgl. AAPD 1993.

30 Die Wörter „z. B." wurden von BM Kinkel handschriftlich eingefügt.

31 Korrigiert aus: „hätten".

32 Zur Haltung der Bundesregierung zur Tibet-Frage vgl. AAPD 1987, II, Dok. 208.

Jiang erwähnte in seiner Antwort, die er wegen der Nennung von lebenden Personen als vertraulich zu behandeln bat, einen Briefwechsel mit ehem. US-Präsidenten Carter und Ex-Bürgermeisterin von San Francisco, Feinstein, deren Texte BM nachgereicht würden.[33] Darin habe er zu Thema Tibet gesagt: Carter habe ihn im April 1991 in China getroffen.[34] Carter habe von Gespräch mit Dalai Lama[35] berichtet, der behauptet habe, 6 Mio. Han-Chinesen seien in Tibet eingefallen. Diese Behauptung sei nicht wahr. Es gebe in ganz Tibet nur eine Bevölkerung von etwa 2,1 Mio. Menschen, davon seien etwa 2,08 Mio. Tibeter und nur 70 bis 80 000 Han-Chinesen. Etwa 96 Prozent der Bevölkerung seien tibetisch. Selbst wenn man tibetische Gebiete in anderen Provinzen Sichuan, Ginghai, Gansu hinzufüge, gebe es insgesamt 3,8 Mio. Tibeter gleich 86 Prozent der Bevölkerung. Dalai Lama habe Carter eine Karte von Tibet gezeigt, in der sogar die Hauptstadt der Provinz Sichuan, Chengdu, enthalten war. Dalai Lama bezeichne Tibet als unabhängiges Land und nicht als Teil Chinas. Dies sei aber nicht richtig. Chinesischer Staat gewähre jährlich große Subventionen an Tibet. China habe auch nichts aus Tibet geraubt.

Abschließend stellte er fest, BM und er hätten soeben einen sehr guten, offenen Dialog geführt, worin ihm BM beipflichtete, obwohl sie in manchen Fragen verschiedener Meinung geblieben seien.

B 1, ZA-Bd. 178945

33 Die Botschaft in Peking übermittelt am 16. November 1992 „den angekündigten, Tibet betreffenden Auszug des Briefes GS KPCh Jiang Zemins an den ehemaligen US-Präsidenten Jimmy Carter". Vgl. SB Nr. 1706; B 37, ZA-Bd. 161892.

34 Der ehemalige amerikanische Präsident Carter hielt sich vom 13. bis 16. April 1991 in der Volksrepublik China auf.

35 Der ehemalige Präsident Carter führte am 20. September 1987 in Atlanta ein Gespräch mit dem Dalai Lama.

350

Vorlage des Vortragenden Legationsrats Preisinger für Bundesminister Kinkel

431-466.32/2 SB 1 **2. November 1992**[1]

Über Herrn Dg 43[2], Herrn D 4[3], Herrn Staatssekretär[4] Herrn Bundesminister[5]

Betr.: Sicherheit der Kernkraftwerke sowjetischer Bauart in den Nachfolgestaaten der ehemaligen SU (NUS) sowie in Mittel- und Osteuropa (MOE), insbesondere der Reaktoren des Tschernobyl-Typs

Bezug: Weisung von StS L[autenschlager] auf BM-Notiz vom 25.10.92

Anlg.: 2[6]

Zweck der Vorlage: Zur Unterrichtung und mit der Bitte um Billigung des unter Ziff. 4 vorgeschlagenen weiteren Vorgehens[7]

I. Kurzfassung

1) Seit der Reaktorkatastrophe in Tschernobyl am 26.4.1986[8] sind sechseinhalb Jahre vergangen. Trotzdem blieb dieses Kernkraftwerk teilweise (Blöcke 1 und 3) weiterhin am Netz.

1 Die Vorlage wurde von VLR Ziegler und LR I Auer konzipiert.

2 Hat MDg Graf von Matuschka am 2. November 1992 vorgelegen.

3 Hat MD Dieckmann am 3. November 1992 vorgelegen.

4 Hat StS Lautenschlager am 3. November 1992 vorgelegen, der handschriftlich vermerkte: „Mitz[eichnung Referat] 112 im Hinblick auf Vorschlag Ziffer 4.1."
Hat VLR I Beyer am 4. November 1992 vorgelegen, der für Lautenschlager handschriftlich vermerkte: „Das geplante Abendessen des BM mit dem H[aus]H[alts]A[usschuss] für den 12.11. findet nicht statt. Als Termin ist jetzt Jan./Febr. 1993 vorgesehen. Im Übrigen ist es nicht üblich, bei dieser Gelegenheit Probleme anderer Einzelpläne anzusprechen."
Hat Lautenschlager am 4. November 1992 erneut vorgelegen, der in Beyers Vermerk die Wörter „nicht üblich" hervorhob. Dazu vermerkte er: „r[ichtig]". Ferner notierte er handschriftlich: „Ich teile die Auffassung des Ref. 112."

5 Hat BM Kinkel am 11. November 1992 vorgelegen.
Hat OAR Salzwedel am 16. November 1992 vorgelegen, der den Rücklauf über das Büro Staatssekretäre, MD Dieckmann und MDg Graf von Matuschka an Referat 431 verfügte.
Hat VLR Ziegler am 17. November 1992 erneut vorgelegen, der die Weiterleitung an Dieckmann, Matuschka und VLR I Nocker verfügte. Dazu vermerkte er handschriftlich: „Nach Rücksprache mit 010 (Wittig) w[e]g[en fehlendem Rücklauf]".
Hat Dieckmann am 19. November 1992 erneut vorgelegen.
Hat Matuschka am 22. November 1992 erneut vorgelegen.
Hat Ziegler am 25. November 1992 erneut vorgelegen, der die Weiterleitung an VLR Preisinger und Nocker „z[ur] g[efälligen] K[enntnisnahme]" verfügte.
Hat Nocker am 25. November 1992 erneut vorgelegen.

6 Vgl. Anm. 23 und 30.

7 An dieser Stelle wurde von StS Lautenschlager handschriftlich eingefügt: „(Langfassung) – Ziffer 3 der Kurzfassung – mit meinen Anmerkungen."

8 Zum Unfall im sowjetischen Reaktor Tschernobyl vgl. Dok. 32, Anm. 3.

Erst im Frühjahr 1991 veranlasste ein Störfall in Sosnowy Bor[9] bei St. Petersburg die ukrainische Regierung, auch diese Reaktorblöcke in Tschernobyl wegen technischer Mängel (unsichere Ventile) abzuschalten. Da nunmehr die Sicherheitslage wesentlich verbessert sein soll, ist Block 3 wieder in Betrieb genommen worden (16.10.92). Block 1 soll noch in diesem Monat folgen. Die Botschaft Kiew bezweifelt, ob die für 1993 geplante Stilllegung der Gesamtanlage erfolgen wird.

2) Eine Zwischenbilanz nationaler und internationaler Bemühungen um Eindämmung der Risiken, insbesondere bei dem sicherheitsmäßig besonders bedenklichen „Tschernobyl-Typ"-Reaktor (RBMK[10]), zeigt Ziele und Grenzen solcher Aktionen. Neben den zu erwartenden enormen Kosten der Stilllegung (bei RBMK nach westlicher Einschätzung grundsätzlich unvermeidbar) oder der Nachrüstung (für andere Reaktortypen sowjetischer Bauart) geht es hierbei auch um ein „burden-sharing" der Verantwortung: Keine westliche Regierung kann und will bei der Entscheidung, ob und wie lange ein RBMK-Reaktor noch am Netz bleiben kann oder aus Gründen der Energieversorgung der jeweiligen Region bleiben muss, diese Verantwortung mit dem russischen, ukrainischen oder litauischen Betreiber allein tragen. Die Bemühungen im G 7- und G 24-Rahmen – in einem internationalen Aktionsprogramm bilaterale Maßnahmen zu koordinieren, multilaterale Hilfe zu organisieren und einen multilateralen Fonds bei der Europäischen Bank für Wiederaufbau und Entwicklung (EBWE) einzurichten[11] –, sind in diesem Zusammenhang zu sehen.

3) In der Bundesregierung liegt die Zuständigkeit für Reaktorsicherheit und Strahlenschutz beim BMU, Abteilung RS, und, in ihrem Auftrag, der Gesellschaft für Reaktorsicherheit (GRS). Diese Stellen haben mit Unterstützung durch AA Abt. 4 und unsere Auslandsvertretungen zahlreiche internationale sowohl bi- wie multilaterale Aktivitäten zur Problemlösung unternommen. BM Töpfer hat sich hierfür persönlich stark engagiert. Insgesamt hat die Bundesregierung im internationalen Rahmen insbesondere in der Vorbereitung und im Follow-up des Münchner Wirtschaftsgipfels[12] eine Führungsrolle übernommen.

[13]Das AA sollte wie bisher den BMU bei dessen internationalen Aktivitäten unterstützen, vor allem bei

- der Erarbeitung einer Internationalen Konvention über Reaktorsicherheit, die im Rahmen der IAEO beraten wird,
- der Implementierung der Beschlüsse des Münchener Wirtschaftsgipfels,
- den Bemühungen um effektiveren und schnelleren Einsatz von EG-Mitteln der technischen Hilfe für Aufgaben der Reaktorsicherheit.

9 Durchgehend korrigiert aus: „Sosnovibor".
In der Presse wurde zum Störfall am 24. März 1992 im russischen Kernkraftwerk Sosnowy Bor berichtet: „Nach amtlichen russischen Angaben entwichen nach einem Leck im Kühlsystem radioaktive Gase in die Atmosphäre. [...] Die russischen Behörden stuften den Vorfall unter drei auf der siebenstufigen Störfall-Skala der Internationalen Atomenergie-Organisation (IAEO) in Wien ein." Vgl. den Artikel „Ernster Störfall in russischem Kernkraftwerk bei St. Petersburg"; FRANKFURTER ALLGEMEINE ZEITUNG vom 25. März 1992, S. 1.

10 Reaktor Bolschoi Moschtschnosti Kanalny (Hochleistungs-Reaktor mit Kanälen).

11 Vgl. das Aktionsprogramm zur Sicherheit von Kernkraftwerken in den Nachfolgestaaten der UdSSR sowie den MOE-Staaten (Ziffer 42–48 der Wirtschaftserklärung vom 8. Juli 1992); BULLETIN 1992, S. 739 f.

12 Zum Weltwirtschaftsgipfel vom 6. bis 8. Juli 1992 vgl. Dok. 225.

13 An dieser Stelle wurde von StS Lautenschlager handschriftlich eingefügt: „Vorschlag für weiteres Vorgehen:".

Darüber hinaus sollten wir den BMU bei seinen Bemühungen gegenüber dem BMF unterstützen, einen angemessenen deutschen Beitrag beim multilateralen Fonds des Aktionsprogramms einzubringen. Hierfür bietet sich Ihr Gespräch[14] mit dem Haushaltsausschuss am 12. Nov. 1992 an.[15]

Ferner sollten wir im Vorfeld des Bundeskanzler-Besuchs in Moskau[16] prüfen, inwieweit das Abkommen mit RUS über gegenseitige Hilfeleistungen bei Katastrophen[17] (in Vorbereitung beim BMI) genutzt werden könnte, um ein Konzept für einen internationalen Notfalleinsatz bei Reaktorunfällen zu erarbeiten.

II. Im Einzelnen

1) Ausgangslage

1.1) Von den 59 KKW, die in den MOE-/NUS-Staaten betrieben werden, gehören 15 zu dem RBMK-Typ. Diese werden außer am Standort Tschernobyl (zwei Reaktoren) noch an drei Standorten in Russland (insgesamt elf Reaktoren) sowie in Litauen (zwei Reaktoren) betrieben. Daneben gibt es drei verschiedene Baureihen des Typs „WWER“[18]: zehn Reaktoren der Baureihe 440-230 (RUS: vier, BUL: vier, TSE: zwei), 14 Reaktoren der Baureihe 440-213 (RUS: zwei, UKR: zwei, TSE: sechs, UNG: vier) und 18 Reaktoren der Baureihe 1000 (RUS: sechs, UKR: zehn, BUL: zwei).

Besonders gravierende Sicherheitsmängel weisen laut BMU die RBMK-Reaktoren (Tschernobyl), aber auch die Reaktoren der WWER-Baureihe „230“ (Greifswald, Kosloduj[19]) auf. Ihre möglichst baldige Abschaltung ist wiederholt – von der Bundesregierung ebenso wie in dem vom Münchener Wirtschaftsgipfel beschlossenen Aktionsprogramm zur Sicherheit der Kernkraftwerke in den betroffenen Staaten – gefordert worden. Sie gelten als grundsätzlich nicht nachrüstfähig; allenfalls wären zur Gewährleistung einer sicheren Energieversorgung punktuelle Verbesserungsmaßnahmen für eine kurze Übergangszeit vertretbar. Für ein Engagement der Industrie sind diese Reaktoren daher uninteressant.

Die Reaktoren der (neueren) Baureihen WWER „213“ und „1000“ weisen geringere Sicherheitsdefizite auf. Sie gelten als nachrüstfähig, werden jedoch auch hierdurch westliche Sicherheitsstandards nicht erreichen. Das Interesse der Industrie, hier tätig zu werden, zeigt sich z. B. an den konkurrierenden Angeboten der Firmen Siemens, Framatome und Westinghouse für Verbesserungsmaßnahmen am tschechoslowakischen KKW Temelín. (Der Zuschlag ging an Westinghouse.)

Die gravierenden Störfälle der letzten Jahre sind bei RBMK-Reaktoren aufgetreten: Tschernobyl 1986 und 1991, Sosnowy Bor bei St. Petersburg März 1992, Ignalina in Litauen Oktober 1992[20].

14 Dieses Wort wurde von StS Lautenschlager hervorgehoben. Dazu vermerkte er handschriftlich: „Das ist unüblich u. problematisch.“

15 An dieser Stelle ergänzte StS Lautenschlager handschriftlich: „(findet nicht statt)“. Vgl. Anm. 4.

16 BK Kohl hielt sich am 15./16. Dezember 1992 in Russland auf. Vgl. Dok. 419 und Dok. 420.

17 Für das Abkommen vom 16. Dezember 1992 zwischen der Bundesrepublik und Russland über die gegenseitige Hilfeleistung bei Katastrophen oder schweren Unglücksfällen vgl. BGBl. 1994, II, S. 3543–3547.

18 Wasser-Wasser-Energiereaktor.

19 Zum Kernkraftwerk in Kosloduj vgl. Dok. 11, Anm. 12.

20 In Block 2 des litauischen Kernkraftwerks Ignalina waren zwei Lecks im Kühlsystem aufgetreten. Vgl. die Meldung „Litauisches Kraftwerk soll ab Donnerstag wieder arbeiten“; FRANKFURTER ALLGEMEINE ZEITUNG vom 20. Oktober 1992, S. 6.

1.2) Den Sicherheitsbedenken bezüglich der KKW sowjetischer Bauart, insbesondere nicht nachrüstbaren RBMK-Reaktoren, steht die teilweise sehr hohe energiewirtschaftliche Abhängigkeit der NUS-Staaten von der Kernenergie für die Elektrizitätserzeugung gegenüber. Diese beträgt bei LIT 50 %, UKR 27 % und bei RUS 11 %. Auch im Falle der mangelhafte WWER-Reaktoren betreibenden MOE-Staaten besteht diese bei BUL zu 35 % und bei der ČSFR zu 20 %.

1.3) Nach dem Ausfall von Block 4 des KKW Tschernobyl durch die Katastrophe im Jahr 1986 und von Block 2 im Oktober 1991 durch einen Großbrand im Maschinenhaus blieben die Blöcke 1 und 3 fast durchgehend am Netz. Erst im März 1992 wurden sie abgeschaltet, weil technische Probleme wie beim KKW Sosnowy Bor nicht auszuschließen waren. Trotz der früheren negativen Entscheidung der Regierung haben die zuständigen Behörden der Ukraine nach Auswechselung der mangelhaften Ventile nunmehr Anfang Oktober 1992 die Wiederinbetriebnahme genehmigt. Offen bleibt der Beschluss des ukrainischen Parlaments, die beiden Blöcke bis Ende 1993 endgültig vom Netz zu nehmen. (Im Gegensatz dazu will RUS seine RBMK-Reaktoren noch bis zum Ende ihrer auf 30 Jahre veranschlagten Lebensdauer in Betrieb lassen.)

Nach Bekanntwerden der ukrainischen Pläne zur Wiederinbetriebnahme von Tschernobyl planten der BMU und das AA eine gemeinsame Demarchenaktion mit F, GB und B in Kiew, um dieses zur endgültigen Abschaltung der Tschernobyl-Reaktoren zu bewegen. Da F und GB abwinkten – sie halten die Erfolgsaussichten einer solchen Aktion für gering und die Gefahr der Erweckung von (finanziellen) Erwartungen für groß –, hat der BMU nur noch auf bilateralem Weg auf die Verantwortlichen der UKR einzuwirken versucht.

2) Bemühungen der Bundesregierung (bi- und multilateral) zur Verbesserung der Sicherheit der Kernkraftwerke in den betroffenen Staaten

Erst in den letzten eineinhalb bis zwei Jahren, nämlich mit dem Zerfall der SU und der damit verbundenen Öffnung der Staaten Mittel- und Osteuropas sowie der NUS nach Westen, ergab sich für den Westen die Möglichkeit, Sicherheitsstudien für die Kernkraftwerke sowjetischer Bauart durchzuführen, zunächst allerdings nur für die WWER-Baureihe (KKW Greifswald: BMU/GRS; KKW Kosloduj: IAEO). Bereits zuvor bestehende Besorgnisse bestätigten sich dabei in alarmierender Weise. Für Reaktoren des Tschernobyl-Typs wurden Gutachten durch die IAEO erst in einem späten Stadium zugelassen, da RBMK-Reaktoren ursprünglich in das sowjetische Militärprogramm zur Erzeugung von waffenfähigem Plutonium eingebunden waren. Diesbezügliche IAEO-Studien sind jetzt in der Anlaufphase.

Die Bundesregierung hat, sobald Gelegenheit dazu bestand, ihre bilateralen Anstrengungen intensiviert und gleichzeitig Initiativen zur Thematisierung der Reaktorsicherheit in den NUS- und MOE-Staaten im multilateralen Rahmen ergriffen.

2.1) Bilaterale Unterstützungsmaßnahmen

a) Maßnahmen der Bundesregierung

Wegen fehlender Hilfsanforderung durch die SU kam es unmittelbar nach der Katastrophe von Tschernobyl lediglich zu kommerziellen Materiallieferungen, die auf sowjetische Bestellung zurückgingen (z.B. ferngesteuerte Räumgeräte). Später traten humanitäre Hilfsleistungen in den Vordergrund, die z.T. aus dem AA-Haushalt finanziert wurden (Ferienaufenthalte für Tschernobyl-Kinder[21], Lieferung von Medikamenten und Hilfsgütern in

21 Zum Aufenthalt von „Tschernobyl-Kindern“ in der Bundesrepublik vgl. AAPD 1991, I, Dok. 170.

die betroffenen Gebiete, Ausrüstung von Rehabilitationszentren in Weißrussland, Ausbildung von Personal für diese Zentren[22]). Ferner hat der BMU auf Vermittlung des AA 1991 sechs Messfahrzeuge mit Fachleuten für Ganzkörpermessungen an über 100 000 Personen RUS zur Verfügung gestellt (BMU-Mittel i. H. von 7,1 Mio. DM). Derzeit liegt der Schwerpunkt der Leistungen der Bundesregierung beim BMU-Sofortprogramm zur Verbesserung der Nuklearen Sicherheit in den NUS- und MOE-Staaten; der Bundeshaushalt sieht hierfür 1992 26 Mio. DM und 1993 42 Mio. DM vor. RUS und UKR sollen hierdurch bei der Einrichtung unabhängiger Aufsichts- und Kontrollbehörden und bei der Ausbildung von Behörden- und Betreiberpersonal unterstützt werden.

In Moskau ist für die Koordination dieser Zusammenarbeit eine Außenstelle der Gesellschaft für Reaktorsicherheit (GRS) gegründet worden. Ein ähnliches Büro der GRS wird demnächst auch in Kiew entstehen.

b) Eine Übersicht über den Umfang bisher bekannter bilateraler Hilfsmaßnahmen anderer westlicher Partnerländer ist in Anlage 2 wiedergegeben.[23] Sie illustriert das relativ hohe deutsche Engagement.

2.2) Multilaterale Maßnahmen unter Beteiligung der Bundesregierung

a) Im Zentrum der einschlägigen multilateralen Aktivitäten der Bundesregierung stehen die Bemühungen um die von der internationalen Solidargemeinschaft getragene schnelle Umsetzung der Beschlüsse des Münchener Wirtschaftsgipfels zur Kernenergiesicherheit: Das dort beschlossene multilaterale „Aktionsprogramm zur Verbesserung der Sicherheit von Kernkraftwerken in den neuen unabhängigen Staaten der früheren SU sowie in MOE“ geht auf deutsche Initiative zurück (Vorbereitung ab Dezember 1991 im Sherpa-Kreis).

Das Aktionsprogramm mit einem Gesamtvolumen von $ 700 Mio. soll in einem Zeitraum von zwei bis fünf Jahren folgende Sofortmaßnahmen ermöglichen:
- Erhöhung der Betriebssicherheit,
- kurzfristige technische Verbesserung der Kernkraftwerke,
- Stärkung der staatlichen Kontrolle.

Darüber hinaus haben sich die G 7 verpflichtet, längerfristige Verbesserungen der KKW-Sicherheit zu prüfen, insbesondere die Entwicklung von Energiealternativen und eine effizientere Energienutzung, sowie die Nachrüstung von Kernkraftwerken neuerer Bauart.

Die Implementierung der Gipfelbeschlüsse hat bereits zu einem verbesserten G 24-Koordinierungsmechanismus unter Einbezug der Empfängerländer geführt: Schon früher war die EGK mit Unterstützung der IAEO für die Koordinierung der Technischen Hilfe der G 24 (Federführung AA) in den MOE-Staaten, nicht jedoch in den NUS für Fragen der nuklearen Sicherheit verantwortlich. In Umsetzung des Münchener Wirtschaftsgipfels ist diese Koordinierungsfunktion der EGK im Bereich der nuklearen Sicherheit auf die Nachfolgestaaten der ehemaligen Sowjetunion ausgeweitet worden.

Derzeit konzentrieren sich die Verhandlungen der für die Umsetzung der Münchener Beschlüsse zuständigen G 7-Arbeitsgruppe (Vorsitz: bis Ende ’92 bei BMU AL RS[24], danach

22 Zur Tschernobyl-Hilfe der Bundesregierung vgl. AAPD 1990, II, Dok. 247.

23 Dem Vorgang beigefügt. Für die Tabelle „Zusammenstellung der Hilfe an die Länder in MOE und der GUS bezüglich Nuklearer Sicherheit“ vgl. B 72, ZA-Bd. 164310.

24 Leiter der Abteilung RS „Sicherheit kerntechnischer Einrichtungen, Strahlenschutz, nukleare Ver- und Entsorgung“ des BMU war MD Hohlefelder.

JAN) auf die Gründung eines das Aktionsprogramm tragenden multilateralen Fonds (Zielhöhe: ca. 400 Mio. US-$) bei der Europäischen Bank für Wiederaufbau und Entwicklung (EBWE). Über diesen Fonds sollen diejenigen Verbesserungsmaßnahmen abgewickelt werden, die bilateral nicht verfolgt werden. Als problematisch erweisen sich hierbei:

- bei uns die anhaltende Weigerung des BMF, Mittel für den Fonds in den BMU-Haushalt '93 einzustellen (BMF: Mittelbewilligung erst bei Vorliegen konkreter Einzelprojekte versus BMU: ohne Mittelankündigung sind wir in unserer Vorreiterrolle unglaubwürdig),
- in USA, JAN die allenfalls zögerliche Bereitschaft, aktiv an der Umsetzung der Gipfelbeschlüsse mitzuarbeiten (Gründe sind u.a. begrenzte Betroffenheit von Auswirkungen eines neuen „Tschernobyl", Vorzug für bilaterale, wirtschaftlich interessante Maßnahmen; JAN: auch ungelöste Kurilenfrage[25]).

Als Voraussetzung anhaltender multilateraler Bemühungen hat JAN inzwischen jedoch signalisiert, die Arbeitsgruppe ab Januar 1993 weiterführen zu wollen.

Auf die wichtige Rolle der Weltbank im Rahmen des „Aktionsprogramms" (Erarbeitung von Energiestudien als Grundlage für Entscheidungen über Langfristbedarf und Nachrüstungen von KKWen) ist deren Präsident Preston bei seinem kürzlichen Besuch in Bonn (6.10.1992 Gespräch mit StS L.[26]) von uns angesprochen worden. Preston hat hierbei bestätigt, sich dieser Aufgabe anzunehmen.

Dem Bundeskanzler wird der BMU noch rechtzeitig vor dem Europäischen Rat in Edinburgh[27] Briefe an dessen Mitglieder vorschlagen, in dem um aktive Teilnahme am Aktionsprogramm (d.h. de facto Umsetzung der Beschlüsse des Münchener Wirtschaftsgipfels durch alle zwölf EG-MS) geworben wird.

b) Der auf Initiative von D und F geschaffene Nuklearsicherheitsteil der EG-Hilfsprogramme PHARE[28] und TACIS[29] stellt eine weitere – wesentliche – Unterstützung der betroffenen Staaten in MOE und den NUS dar (Umfang PHARE 1990 bis '92 ca. 45 Mio. ECU, hiervon '92 ca. 23,5 Mio. ECU) und TACIS 1991 bis '93 ca. 50 Mio. ECU jährlich).

25 Zur Kurilenfrage vgl. Dok. 13, Anm. 43.

26 In Vertretung des BM Kinkel führte StS Lautenschlager am 6. Oktober 1992 ein Gespräch mit dem Präsidenten der Weltbank, Preston, in dessen Zentrum Hilfen für die GUS-Staaten und die X. IDA-Auffüllung standen. Vgl. den Gesprächsvermerk; B 58, ZA-Bd. 182258.

27 Zur Tagung des Europäischen Rats am 11./12. Dezember 1992 vgl. Dok. 421.

28 An dieser Stelle Fußnote in der Vorlage: „PHARE = Poland Hungary Assistance for Reconstruction of the Economy".
Zum PHARE-Programm, das auf weitere mittel- und osteuropäische Staaten ausgedehnt wurde, vgl. AAPD 1990, II, Dok. 207.

29 An dieser Stelle Fußnote in der Vorlage: „TACIS = Technical Assistance to the Commonwealth of Independent States".
Referat 411 vermerkte am 4. Mai 1992, der EG-Ministerrat habe am 15. Dezember 1990 Technische Hilfe für die UdSSR „in Höhe von 400 Mio. ECU (für 1991)" beschlossen. Eine Vereinbarung für fünf prioritäre Programme „in den Bereichen Ausbildung, Finanzdienstleistungen, Energiewirtschaft, Verkehr und Nahrungsmittelverteilung" sei am 11./12. Dezember 1991 mit der sowjetischen Seite unterzeichnet worden: „Nach Bildung der GUS haben die elf GUS-Republiken und Georgien in einem am 11. Februar 1992 mit der EG-KOM unterzeichneten ‚Protocole d'accord' ihre künftige Zusammenarbeit im Rahmen des technischen Hilfsprogramms festgelegt." Der genaue Programmablauf, prioritäre Bereiche und Sektorprogramme seien im April 1992 zwischen der EG-Kommission und diesen Staaten individuell vereinbart worden: „Von den für 1992 insgesamt gebilligten 450 Mio. ECU sind u.a. 73 Mio. ECU für republiküber-

Die Bundesregierung hat im Rahmen eines PHARE-Sonderprojekts zur Verbesserung der Sicherheit des KKW Kosloduj im Herbst ’91 kostenlos Ersatzteile (des stillgelegten KKW Greifswald) im Wert von 20 Mio. DM geliefert.

c) Die IAEO erstellt im Rahmen eines Sonderprojekts Sicherheitsanalysen für die Kernkraftwerke sowjetischer Bauart (zunächst nur „Kosloduj-Typ“, Untersuchungen zum „Tschernobyl-Typ“ sind in Vorbereitung).

3) Katastrophenschutz, -hilfe

Bei der IAEO wird für den Fall einer Reaktorkatastrophe ein Handbuch (ENATOM = Emergency Notification and Assistance Technical Operations Manual) geführt, in dem u.a. die Hilfsleistungen aufgeführt sind, die die IAEO-MS erforderlichenfalls bereitstellen können. Das Handbuch wird kontinuierlich aktualisiert. Zu den von uns im Falle eines Reaktorunfalls zur Verfügung stehenden Hilfsleistungen (u.a. Krankenhäuser und technisches Hilfsgerät) siehe Anlage 1[30].

AA (BhH)[31] ist mit dem BMI über den Plan im Gespräch, mit RUS ein Abkommen über gegenseitige Hilfeleistung bei Katastrophen und schweren Unglücksfällen nach dem Muster entsprechender Abkommen mit unseren westlichen Nachbarstaaten abzuschließen und dieses durch BK Kohl bei seiner Moskau-Reise unterzeichnen zu lassen. Ein solches Abkommen würde voraussichtlich eine deutsche und letztlich internationale Hilfsaktion im Falle eines Super-GAU[32] ermöglichen, was 1986 in Tschernobyl noch am sowjetischen Widerstand gescheitert ist.

4) Vorschläge zum weiteren Vorgehen

4.1) Das AA sollte den BMU bei dessen Verhandlungen mit dem BMF über die Bewilligung eines signifikanten deutschen Beitrags zum multilateralen Fonds zur Umsetzung des „Aktionsprogramms“ des MWG nachhaltig unterstützen. Als nächste Gelegenheit hierfür bietet sich Ihr Gespräch[33] mit einer Delegation des Haushaltsausschusses am 12. November an.[34]

4.2) Wir werden die vom BMU initiierte Ausarbeitung einer „Nuklearen Sicherheitskonvention“ im Rahmen der IAEO weiterhin tatkräftig unterstützen. Die NUS-Staaten sollten zur baldmöglichen Übernahme westlicher Sicherheitsstandards angehalten werden.

4.3) Falls das Zögern der japanischen und/oder der amerikanischen Seite bei der Umsetzung des „Aktionsprogramms“ (einschl. finanzieller Beteiligung) anhält, sollten wir in gezielten Demarchen für eine aufgeschlossene Haltung in den Hauptstädten vorstellig werden.

Fortsetzung Fußnote von Seite 1393

greifende Programme (davon 120 Mio. ECU an Russland) sowie 30 Mio. ECU für Maßnahmen gegen die Abwanderung von Nuklearwissenschaftlern (davon 20 Mio. ECU für das Internationale Wissenschafts- und Technologiezentrum) bereitgestellt worden.“ Vgl. B 224, ZA-Bd. 168492.

30 Dem Vorgang beigefügt. Für den Vermerk „Chronologie der westlichen Maßnahmen im Zusammenhang mit der Tschernobyl-Katastrophe“ vgl. B 72, ZA-Bd. 164310.

31 Beauftragter für humanitäre Hilfe.
An dieser Stelle wurde von StS Lautenschlager handschriftlich eingefügt: „Botschafter Eiff“.

32 Größter Anzunehmender Unfall.

33 Dieses Wort wurde von StS Lautenschlager hervorgehoben. Dazu vermerkte er handschriftlich: „Findet nicht statt.“

34 Zu diesem Satz vermerkte StS Lautenschlager handschriftlich: „Siehe Anmerkung Seite 1.“ Vgl. Anm. 4.

4.4) Wir sollten auf eine möglichst umgehende Implementierung der die Kernenergiesicherheit betreffenden Projekte von PHARE und TACIS drängen.

4.5) Wir sollten mit unseren Partnern bei den Regierungen der Betreiberländer von RBMK-Reaktoren (RUS, UKR, LIT) deutlich machen, dass der unbegrenzte Betrieb dieser Reaktoren nicht ohne Rückwirkungen auf die gesamten zwischenstaatlichen Beziehungen und unsere Unterstützung der dortigen Reformprozesse bleiben kann.

Referat 301 hat mitgezeichnet.

Preisinger

B 72, ZA-Bd. 164310

351

Drahtbericht des Vortragenden Legationsrats I. Klasse Staks, z.Z. Manila

VS-NfD **Aufgabe: 2. November 1992, 12.00 Uhr**[1]
Fernschreiben Nr. 683 **Ankunft: 3. November 1992, 00.54 Uhr**
Citissime

Betr.: 10. EG-ASEAN-AM Konferenz am 29./30.10.1992 in Manila[2]

DB ist in zwei Teile aufgeteilt – Anlage als Fernkopie

I. Zusammenfassung

1) 10. EG-ASEAN-AM-Konferenz ist unter Leitung britischer Präsidentschaft (zunächst StM Goodlad, ab 30.10. mittags AM Hurd) und PHI-AM Romulo organisatorisch und inhaltlich erfolgreich verlaufen. Am Ende der Tagung wurde 47-Punkte-Erklärung per Akklamation verabschiedet (folgt per Fax[3]). BM lud EG- und ASEAN-Außenminister zu Teilnahme an 11. EG-ASEAN-AM-Konferenz im zweiten Halbjahr 1994[4] (deutsche Präsidentschaft[5]) nach D ein.

1 Das Fernschreiben wurde in zwei Teilen übermittelt. Vgl. Anm. 21.
Hat VLR Knieß am 3. November 1992 vorgelegen.

2 BM Kinkel hielt sich vom 26. Oktober bis 2. November 1992 in Pakistan, auf den Philippinen und in der Volksrepublik China auf. Am 29./30. Oktober 1992 nahm er an der Konferenz der Außenminister der EG- und der ASEAN-Mitgliedstaaten in Manila teil.
Zu den Gesprächen mit der philippinischen Regierung vgl. Dok. 346.
Zum Besuch in Pakistan vgl. Dok. 359.
Zum Aufenthalt in der Volksrepublik China vgl. Dok. 347–349.

3 Der Rat der EG übermittelte mit Schreiben vom 4. November 1992 die „ASEAN – EC Joint Declaration“ der Konferenz der Außenminister der EG- und der ASEAN-Mitgliedstaaten am 29./30. Oktober 1992 in Manila. Vgl. B 37, ZA-Bd. 164182. Vgl. auch https://asean.org/joint-declaration-the-tenth-asean-ec-ministerial-meeting-manila-29-30-october-1992/.

4 Die Konferenz der Außenminister der EG- und der ASEAN-Mitgliedstaaten fand am 23./24. September 1994 in Karlsruhe statt.

5 Die Bundesrepublik hatte vom 1. Juli bis 31. Dezember 1994 die EU-Ratspräsidentschaft inne.

2) TO befasste sich mit Stand und Perspektiven der EG-ASEAN-Kooperation und Entwicklung in Europa wie in ASEAN-Region. Im Rahmen der Diskussion über globale und regionale politische, Sicherheits- und Wirtschaftsfragen standen Themen wie Menschenrechte, Uruguay-Runde/GATT, Follow-up to Rio Summit[6], Kambodscha, Lage in Jugoslawien und in MOE im Vordergrund.

3) Weigerung Portugals, Zustimmung zu Abschlusserklärung zu erteilen, wenn nicht ausdrücklich Ost-Timor-Problem[7] angesprochen werde, konnte dank der Bemühungen der EG-Partner, vor allem aber entsprechenden Einwirkens Bundesministers und AM Hurds auf AM Pinheiro, beiseite geräumt werden.

4) Konferenz machte deutlich, dass selbstbewusst auftretende ASEAN-Außenminister Dialog und Zusammenarbeit mit EG zu vertiefen bzw. auszubauen bereit sind, dies allerdings nur auf gleichberechtigter und partnerschaftlicher Ebene. Unter diesen Voraussetzungen wurde die Diskussion über Menschenrechte und fundamentale politische Rechte ausdrücklich begrüßt und für notwendig erachtet.

II. 1) Eigentlicher Konferenz vorgeschaltetes Senior Officials Meeting (27.–29.10.) befasste sich im Wesentlichen mit Erstellen von Entwürfen für gemeinsame Abschlusserklärung. Politische wie wirtschaftliche Arbeitsgruppen einigten sich relativ schnell auf von EG und ASEAN akzeptierte Texte bis auf Passagen, die Ost-Timor-Problem und Konditionalität wirtschaftlicher/entwicklungspolitischer Zusammenarbeit und Respektierung der Menschenrechte betrafen. Ohne ausdrückliche Aufnahme letzterer beider Punkte in die gemeinsame Erklärung wollte portugiesische Delegation Entwurf nicht zustimmen. ASEAN hätte Zustimmung bei Aufnahme verweigert. Britische Präsidentschaft war besonders dankbar für unsere Hinweise auf „Düsseldorfer Modell“, das bei EG-ASEAN-AM-Treffen dort 1988[8] dank persönlicher Einschaltung Bundesministers Genscher gewünschten Erfolg gezeitigt hatte.

2) Reden (folgen per Kurier) von AM Romulo, StM[9] Goodlad (verlas Text des noch abwesenden AM Hurd), Kommissar Matutes und schließlich von Staatspräsident Ramos bei feierlicher Eröffnung der AM-Konferenz unterstrichen politische wie wirtschaftliche Bedeutung des weltweit einzigen institutionalisierten Dialog-Kooperationsforums EG–ASEAN.

3) Wenn sich Gedankenaustausch zwischen EG- und ASEAN-Außenministern in Plenarsitzung am 30.10. zum überwiegenden Teil auf Verlesen von Statements zu jeweiligen Tagesordnungspunkten beschränkte, so wurden spontane Beiträge wie insbesondere von BM (Menschenrechte), INO-AM Alatas (EG-ASEAN-Kooperation, Menschenrechte) und AM Hurd mit besonderem Interesse aufgenommen.

III. Aus Verlauf und Inhalt der Sitzung am 30.10. sind insbesondere folgende Beiträge festzuhalten:

1) INO-AM Alatas betonte Notwendigkeit, dass EG-ASEAN-Zusammenarbeit deutlicher und besser Lage jeweiliger Region darstellen und berücksichtigen müsse. Man müsse sich

6 Zur VN-Konferenz über Umwelt und Entwicklung (UNCED) vom 3. bis 14. Juni 1992 vgl. Dok. 177.

7 Zur Ost-Timor-Frage vgl. Dok. 66, Anm. 16.

8 Zur Konferenz der Außenminister der EG- und der ASEAN-Mitgliedstaaten am 2./3. Mai 1988 vgl. AAPD 1988, I, Dok. 143.

9 Korrigiert aus: „StS“.

noch besser kennenlernen, mehr aufeinander zugehen, um so Beziehungen zwischen beiden Regionen auf höherem substanziellerem Niveau pflegen zu können. Dies bedinge ein neues Kooperationsabkommen[10] („reflecting greater maturity of both regions"). Dialog und Zusammenarbeit beider Regionen müssten sich neuen Strategien widmen „for next courses of action". Um dabei im wirtschaftlichen Bereich zu größerer Effizienz zu gelangen, müssten mehr themenspezifische Sub-Committees geschaffen werden. THAI-AM Prasong Soonsiri wünschte sich in diesem Zusammenhang noch umfassendere Informationen über Entwicklungen in EG. PHI-AM Romulo erklärte Bereitschaft zu Zusammenarbeit mit EG bei Durchführung von Projekten im Rahmen wirtschaftlichen Aufbaus in MOE. Im Übrigen – so Romulo – sei ASEAN weiterhin sehr daran interessiert, an Erfahrungen der EG beim Aufbau regionaler Strukturen zu partizipieren. Schließlich verwies Romulo auf dynamische Entwicklung im asiatisch-pazifischen Raum, auf wachsende wirtschaftliche wie politische Bedeutung von APEC[11], deren Kern ASEAN sei.

2) Bei Behandlung des Themas „Rio Summit" unterstrich AM Romulo große Bedeutung des Umweltschutzes für alle ASEAN-Staaten. EG-Unterstützung für ASEAN-Umweltprojekte sei äußerst willkommen. Malaysischer AM Badawi zeigte sich enttäuscht über geringen finanziellen Beitrag der Industrieländer, um Umweltschutz in Entwicklungsländern zu fördern. Auch SIN-AM Wong wies auf Problem hin, Beschlüsse von Rio mangels entsprechender Fonds nicht in die Tat umzusetzen zu können.

3) Mit großem Engagement wurden Thema Welt-MR-Konferenz 1993[12] und Frage der Menschenrechte überhaupt behandelt. LUX-AM Poos betonte Universalität der Menschenrechte, deren strikte Achtung einzufordern nicht als Einmischung in innere Angelegenheiten eines Landes angesehen werden könne. Menschenrechte und wirtschaftliche Zusammenarbeit bedingten einander. In diesem Sinne auch AM Hurd, der Entwicklung der Menschheit als wesentliches Ziel wirtschaftlicher Zusammenarbeit herausstellte. Keiner wolle seine Werte einem anderen aufdrängen. Es komme vielmehr darauf an, wie man gemeinsam akzeptierten Werten zu mehr Geltung verhelfen könne.

BM – unter Hinweis auf frühere Funktionen als StS und Minister des BMJ – wies auf tragische deutsche Geschichte hin, die bis 1945 von einem Unrechtsstaat geprägt und die nach dem Zweiten Weltkrieg in einem Teil unseres Landes einen neuen Unrechtsstaat zu verzeichnen gehabt hätte. Gerade als BM des Auswärtigen werde er sich auch in Zukunft dem Thema Menschenrechte mit Nachdruck widmen. Menschenrechte seien Grundwerte für Menschlichkeit. Ohne Menschenrechtsgarantien sei gesellschaftlicher und wirtschaftlicher Modernisierungsprozess problematisch. Im Übrigen werbe er nachdrücklich für einen gleichberechtigten Menschenrechtsdialog, mit- und nicht gegeneinander.

Unter Bezugnahme auf jüngsten Blockfreien-Gipfel in Jakarta[13] widmete sich INO-AM

10 Für das Kooperationsabkommen vom 7. März 1980 zwischen der EWG und den ASEAN-Mitgliedstaaten vgl. AMTSBLATT DER EUROPÄISCHEN GEMEINSCHAFTEN, Nr. L 144 vom 10. Juni 1980, S. 2–8. Vgl. ferner AAPD 1980, I, Dok. 84.
Zur Neuverhandlung des Abkommens vgl. AAPD 1991, I, Dok. 191, sowie Dok. 346, Anm. 14.

11 Asia-Pacific Economic Cooperation.

12 Die Weltkonferenz über Menschenrechte fand vom 14. bis 25. Juni 1993 in Wien statt. Vgl. AAPD 1993.

13 Zur Gipfelkonferenz der Bewegung blockfreier Staaten vom 1. bis 6. September 1992 vgl. Dok. 286, Anm. 5.

Alatas in zum Teil emotionaler, aber auch um Verständnis bittender Weise der Frage der Menschenrechte. ASEAN und EG seien sich darin einig, dass man MR-Dialog führen müsse, und zwar auf Grundlage „we do share common values". Als VN-Mitglieder achte man selbstverständlich den Universalitätscharakter der MR. Man wisse, dass der Mensch im Mittelpunkt des Lebens, des Staates und Entwicklung sei. Das brauche man ihnen (ASEAN) nicht zu sagen. Natürlich sei beides, wirtschaftliche Entwicklung und MR, wichtig. Diese aber zu konditionalisieren, sei falsch und kontraproduzent. Tue man dies, bekomme man in keinem Fall beides. Wirtschaftliche Zusammenarbeit und Entwicklung könne und müsse man aber mit menschlichen Werten anreichern.

AM Hurd ging kurz auf Alatas' Ausführungen ein und bestätigte, Dialog bedeute auch zuhören, man wolle nicht dogmatisch sein, und keiner sei Hüter des Grals der Menschenrechte. In jedem Falle sollten alle ihr Bestes tun, um Welt-MR-Konferenz 1993 zum Erfolg werden zu lassen.

4) Jugoslawien: AM Hurd berichtete über jüngste Entwicklungen in Bosnien-Herzegowina und über Londoner Konferenz[14]. Malaysischer AM Badawi trug insbesondere Sorgen moslemischer Gruppen innerhalb der ASEAN-Länder vor. Situation in Bosnien-Herzegowina verschlimmere sich, Bemühungen um Stabilisierung der Lage seien offensichtlich paralysiert, Ergebnisse von Friedensverhandlungen seien nicht zu sehen. Müsse man in dieser Lage nicht doch an militärische Einsätze denken? INO-AM Alatas fragte nach der Rolle Kroatiens, das offensichtlich auch in Aktionen gegen Moslems verstrickt sei und wohl auch Anspruch auf Teile Bosniens-Herzegowinas erhebe. Im Übrigen frage er, ob es eindeutig bewiesen sei, dass italienisches Flugzeug nicht von und über Kroatien abgeschossen worden sei[15] (hierauf wurde von EG-Seite nicht eingegangen).

MOE/Russland/GUS: Unter Hinweis auf jüngste Reise nach und Gespräche in Moskau[16] trug BM zu diesem TOP vor. Er erläuterte innere Lage und Schwierigkeiten der Russischen Föderation, die Entwicklung der GUS, Probleme des Wandels in MOE und umriss künftige Entwicklung dort.

5) Zum TOP Kambodscha meinte INO-AM Alatas, man befinde sich bei Implementierung der Phase II gegenwärtig in schwierigem Stadium.[17] Manche Gründe der Roten Khmer, sich dieser Implementierung gegenüber bisher zu verweigern, seien – so Alatas – relevant und legitim. So sei möglicherweise z.B. die Verifikation des vietnamesischen Truppenabzugs doch nicht so umfassend erfolgt wie behauptet. Er – Alatas – befürworte nach wie vor eine strikte Implementierung der Pariser Verträge[18] „in its totality". THAI-AM bedauerte, dass thailändisch-japanische Bemühungen um Schaffung von ACB[19] und CCs[20] am Widerstand Hun Sens gescheitert seien. Frz. Vize-AM Kiejman betonte, AM Alatas habe zu diesem TOP

14 Zur internationalen Jugoslawien-Konferenz am 26./27. August 1992 vgl. Dok. 269.

15 Zum Abschuss eines italienischen Flugzeugs am 3. September 1992 vgl. Dok. 310, Anm. 4.

16 BM Kinkel hielt sich am 6./7. Oktober 1992 in Russland auf. Vgl. Dok. 311, Dok. 314 und Dok. 315.

17 Zur Entwicklung des Friedensprozesses in Kambodscha vgl. Dok. 305.

18 Zu den am 23. Oktober 1991 unterzeichneten Übereinkommen zur Regelung des Kambodscha-Konflikts vgl. Dok. 68.

19 Korrigiert aus: „ABE".
Administrative Consultative Body.

20 Consultative Committee.

das Wesentliche gesagt, erging sich dann aber mehr als 30 Minuten lang in Wiederholungen. Festzuhalten sind Kiejmans Bemerkungen, dass die Roten Khmer nicht von weiterem Friedensprozess ausgeschlossen werden dürfen, keine Partei den von der internationalen Gemeinschaft beschlossenen Friedensprozess mit einem Veto belegen könne und man eine Wahl von Prinz Sihanouk zum Präsidenten vor allgemeinen Wahlen aus Gründen des „rebalancing of power" in Kambodscha befürwortet.

[21]IV. Wirtschaft und Handel

1) AM-Konferenz konnte erfreulicherweise kräftigen Zuwachs des beiderseitigen Handels (Steigerungsrate 25 v.H., größer als zwischen den meisten anderen Regionen der Welt) und gesteigertes Interesse sowie größere Notwendigkeit an einer engeren wirtschaftlichen Zusammenarbeit zwischen EG und ASEAN feststellen. Als Defizit wurde festgestellt, dass Investitionen aus Europa mit wirtschaftlicher Dynamik der Region nicht Schritt halten. Hier bestehe großer Nachholbedarf. Man hoffe, dass von dieser Konferenz wichtiges Signal in Richtung Europa ausgehe. Wir machten deutlich, dass auch wir an mehr Investitionen aus ASEAN-Staaten bei uns interessiert seien. Festgestellt wurde, dass im gesamtwirtschaftlichen Bereich eigentliche wirtschaftliche Zusammenarbeit gegenüber der Entwicklungskooperation zunehmend an Bedeutung gewinne. Schwerpunkte der künftigen Kooperation in diesem Bereich werden sein:

- Industrielle Kooperation (z.B. Ausbildung von Managern, Förderung von Kontakten zwischen Industrien, Vermittlung von Informationen).
- Investitionsförderung (Hinweis auf neugeschaffene Möglichkeit von Bei-Darlehen auf Fall-zu-Fall-Basis, Teilnahme an EG-Investment-Partners-Programm, Notwendigkeit der Schaffung angemessener Rahmenbedingungen für z.B. Schutz geistigen Eigentums, und Investitionsschutz; erwünscht auch ASEAN-Investitionen in EG, insbesondere in den neuen Bundesländern. Besonders aufmerksam zur Kenntnis genommen wurde, dass bei ASEAN Bereitschaft besteht, beim Aufbau in MOE mitzuarbeiten.)
- Wissenschaftlich-technologische Zusammenarbeit (Bereiche Bio-Technologie, alternative Energien, Meeres- und Umweltverschmutzung, Nahrungsmitteltechnologie, Teilnahme am EG-Programm „Lebenswissenschaften und Technologie" – Tropenmedizin, tropische Landwirtschaft, damit verbundene Umweltprojekte für nachhaltige Entwicklung).
- Kooperation in der Handelspolitik (u.a. verstärkte Nutzung der Treffen der Handelsexperten zur Lösung von Problemen, Informationsfluss durch Handelsinformationszentren, verstärkte Informationen über EG-Binnenmarkt ab 1993).

2) Von ASEAN wie von europäischer Seite wurde vitale Bedeutung baldigen erfolgreichen Abschlusses der Uruguay-Runde[22] auch für Beziehungen zwischen Europa und Südostasien und Asien insgesamt unterstrichen. Dies wurde von BM nachdrücklich unterstrichen.

3) Beide Seiten waren sich einig, dass privatem Sektor hervorragende, primäre Bedeutung bei Intensivierung von Handel und Investitionen zukomme. Stärkung der Kontakte zwischen Wirtschaftsvertretern untereinander und Öffnung geeigneter Kommunikationskanäle zwi-

21 Beginn des mit DB Nr. 684 übermittelten zweiten Teils des Fernschreibens. Vgl. Anm. 1.

22 Zu den GATT-Verhandlungen vgl. Dok. 339.

schen Regierungen und Wirtschaftsvertretern könnten geeignete Ansatzpunkte sein. Hier war man sich klar darüber, dass auf beiden Seiten Wirtschaftsverbände stärker ins Spiel und in direkten Kontakt gebracht werden müssten. BM sagte zu, sich nach seiner Rückkehr mit deutschen Wirtschaftsverbänden in dieser Hinsicht in Verbindung zu setzen. Deutschen wie auch europäischen Außenhandelskammern komme in diesem Zusammenhang eine wichtige Rolle zu.

4) EG und ASEAN bestätigten, dass weiterer wichtiger Punkt künftiger Zusammenarbeit Verstärkung der Drogenbekämpfung in allen ihren Erscheinungsformen sei und dem Schutz der Umwelt mit besonderem Gewicht auf Erhaltung und nachhaltiger Bewirtschaftung des Tropenwaldes im Sinne der Beschlüsse der Umweltkonferenz von Rio und der Arbeit der Internationalen Tropenholzorganisation (Konferenz brachte guten Ansatz für gemeinsame Strategien im Nachgang zu Rio-Konferenz) besonderes Augenmerk gewidmet werden müsse.

5) Entwicklung in beiden Regionen, insbesondere Binnenmarkt ab 93 und Schaffung der ASEAN-Freihandelszone (AFTA)[23], lassen es angemessen erscheinen, Kooperationsabkommen von 1980 fortzuschreiben, um für weitere Zusammenarbeit einen neuen bindenden Rahmen zu schaffen. Deutsche Delegation hat sich dafür eingesetzt, dass Partner diese Aufgabe so bald wie möglich angehen.

6) Selbstverständlich sind auf beiden Seiten Wünsche offengeblieben, die weiterer Behandlung bedürfen (z.B. von ASEAN-Seite nach mehr europäischen Investitionen, nach Verbesserung des Zugangs aufgrund des Systems der allgemeinen Präferenzen; vonseiten der EG: Beseitigung von administrativen und nichttarifären Handelshemmnissen, Sicherung des geistigen Eigentums). Dennoch waren beide Seiten überzeugt, dass im Geiste vertrauensvoller Partnerschaft Lösungen gefunden werden können.

V. Wertung

10. EG-ASEAN-AM Konferenz war wichtiger Meilenstein im Rahmen des Dialogs und der Zusammenarbeit zwischen beiden Regionen. Insbesondere politischer und Werte-Dialog hatte mehr Substanz, war lebhafter und offener als bei früheren Tagungen. Manila hat den EG-ASEAN-Beziehungen einen guten, neuen Anstoß gegeben. Wir haben nicht nur miteinander offen und anständig geredet, sondern auch wichtige, zukunftsweisende, konkrete Beschlüsse gefasst darüber, wie eine weitere Partnerschaft zwischen EG und ASEAN aussehen soll. Die meisten der genannten Punkte wurden in ziemlich klarer Sprache angesprochen und finden sich so auch in der 47-Punkte-Erklärung wieder, mit der sich beide Seiten viel Mühe gegeben haben. Die Menschenrechtsfragen wurden von beiden Seiten offen angesprochen, wobei ASEAN-Außenminister klarstellen, dass sie sich von keinem vorschreiben lassen wollten, wie Menschenrechte zu achten bzw. zu implementieren seien. Dies wisse man selbst am besten. Dennoch räumten ASEAN-Außenminister ein, dass man durchaus über Schwierigkeiten bei Implementierung von Menschenrechten in dem einen oder anderen Land sprechen könne, dies aber nur dann, wenn nicht der eine mit dem Finger auf den anderen zeige. Das Interesse der ASEAN-Staaten an den Entwicklungen in Europa überhaupt und der Lage in Jugoslawien und MOE/GUS war ausgeprägt, die Sorge über die Entwicklungen in Teilen dieser Region war deutlich, die Bereitschaft

23 Zur „ASEAN Free Trade Area" (AFTA) vgl. Dok. 66, Anm. 7.

zur gemeinsamen Aktion zur Verbesserung der Lage dort seitens ASEAN wurde mehrfach unterstrichen.

Die eindrucksvollen Worte des philippinischen Staatspräsidenten Ramos bei der feierlichen Eröffnung der Konferenz am 30.10. verdeutlichten die Dynamik der demokratischen Entwicklung in der ASEAN-Region und stellten klar, dass es zu der Notwendigkeit der Legitimation von Regierungen durch demokratischen Konsens keine Alternative gibt. In Übereinstimmung damit betonten alle Beteiligten der Konferenz ihre gemeinsame Bindung an Menschenrechte und Grundfreiheiten, Demokratie, soziale Gerechtigkeit und Entwicklung sowie ihren Willen zur Zusammenarbeit in diesen Bereichen. Der Dialog in all diesen Fragen war substanziell und offen, seine Fortsetzung wurde von EG und ASEAN als notwendig erachtet. Die Bereitschaft, die VN-MR-Konferenz in Wien zu einem Erfolg werden zu lassen, wurde von allen Seiten uneingeschränkt bestätigt.

Die Frage eines neuen EG-ASEAN-Kooperationsabkommens wurde nur am Rande gestreift, wenn auch die ASEAN-Außenminister klarstellten, dass sie davon ausgehen, dass möglichst bald der EG-Kommission das Mandat zu Verhandlungen mit ASEAN über dessen Entwurf erteilt wird.

Insgesamt können wir mit Verlauf und Inhalt der Konferenz zufrieden sein. Unsere Gedanken und Vorschläge konnten erfolgreich in Abschlusserklärung und Diskussion der Konferenz eingeführt werden. Nicht endgültig vom Tisch ist die Ost-Timor-Frage, mit der wir uns innerhalb der EG noch weiterhin befassen müssen. Wir müssen allerdings alles tun, um darauf hinzuwirken, [dass] dieses Thema nicht mehr Gegenstand der Diskussionen 1994 auf dem 11. EG-ASEAN-AM-Treffen ist. Hier bedarf es sicher weiteren Einwirkens auf Portugal.

[gez.] Staks

B 37, ZA-Bd. 164182

352

Gespräch des Bundesministers Kinkel mit dem dänischen Außenminister Ellemann-Jensen

410-350.00/1-1 SB DAN **4. November 1992**[1]

Betr.: Vertrag über die Europäische Union;
hier: Dänische Sonderwünsche[2]

Bezug: Gespräch BM/AM Ellemann-Jensen in Bonn am 4.11.92[3]

Weitere Teilnehmer: StS L[autenschlager], Dg 41[4], RL 410[5], L 010,[6] VLR I Siebourg, stv. RL 200[7], L 013[8], VLR Wittig/010, LR I Pfeifer (013);
StS Ørstrøm Møller, MDg Ortmann, RL Hansen, Bo[tschafter] Tygesen, BR Zilmer, Pers[önlicher] Ref[erent] Mikkelsen.

AM erläuterte Positionspapier „Dänemark in Europa“[9], nannte die Sonderwünsche in den vier Bereichen und hob hervor, dass die Ziele in den einleitenden Bestimmungen des Vertrags insoweit auch nicht für DK gelten dürften. Zu den Bereichen im Einzelnen:

1 Der Gesprächsvermerk wurde von VLR I Kaufmann-Bühler am 5. November 1992 gefertigt und über MDg von Kyaw und StS Lautenschlager an das Ministerbüro geleitet „m[it] d[er] B[itte], Billigung BM herbeizuführen“.
Hat Kyaw am 5. November 1992 vorgelegen.
Hat Lautenschlager am 6. November 1992 vorgelegen.
Hat VLR I Matussek am 9. November 1992 vorgelegen, der handschriftlich vermerkte: „Kann mit übl[ichem] Vorbehalt verteilt werden.“ Ferner verfügte er den Rücklauf über das Büro Staatssekretäre, MD Dieckmann und Kyaw an Referat 410.

2 Zum Referendum am 2. Juni 1992 in Dänemark vgl. Dok. 166, Anm. 2.

3 Nach Gesprächen am Vortag in Großbritannien besuchte der dänische AM Ellemann-Jensen am 4. November 1992 die Bundesrepublik, bevor er am selben Tag nach Frankreich weiterreiste.

4 Dietrich von Kyaw.

5 Werner Kaufmann-Bühler.

6 Thomas Matussek.

7 Hans-Werner Bußmann.

8 Hanns Heinrich Schumacher.

9 VLR I Kaufmann-Bühler vermerkte am 30. November 1992, die dänische Regierung habe am 27. Oktober 1992 das Papier „Nationaler Kompromiss über die dänische Teilnahme an einer weiteren EG-Zusammenarbeit – Dänemark in Europa“ vorgelegt: „Teil A ist vorwiegend innenpolitischer Natur, Teil B enthält die dänischen Sonderwünsche (‚Dänischer Initiativvorschlag für eine Lösung der Frage zum Vertrag von Maastricht‘), Teil C betrifft die nordische Zusammenarbeit und die EG-Erweiterung“. Kaufmann-Bühler zufolge könnten „die Vorschläge betreffend Subsidiarität, Bürgernähe, Transparenz und Demokratie“ problemlos „in einer gemeinsamen Erklärung der zwölf MS niedergelegt werden, evtl. auch in einer breiter angelegten interinstitutionellen Vereinbarung Rat/EP/EGK“. Problematischer seien „die Forderungen nach einer DK-spezifischen Regelung in den vier bekannten Fragebereichen Verteidigung, Unionsbürgerschaft, innen- und justizpolitische Zusammenarbeit und WWU. Damit sind Kernbereiche des Vertrags von Maastricht betroffen. Es kann nicht Ergebnis der Bemühungen sein, dass DK im Wesentlichen nur den bestehenden Vertrag fortsetzt (Binnenmarkt, EWS) und für die weiterführenden Bereiche ein opting out nach dem Vorbild der Regelung im Sozialbereich (GB) erhält, die übrigen MS jedoch nach dem Vertrag von Maastricht verfahren. Nicht akzeptabel ist insbesondere die Forderung rechtlicher Ver-

- DK sei bereit, Beobachter der WEU zu werden; er habe dies GS van Eekelen gesagt. DK könne aber in der Grauzone zwischen Sicherheitspolitik und Verteidigung dann nicht teilnehmen, wenn dies zu gemeinsamer Verteidigung führe.
- In der WWU habe DK ein Protokoll[10], er sehe hier kein Problem. Dritte Phase sei in die Zukunft gerückt.
- Unionsbürgerschaft[11]: DK könne Konzept nicht akzeptieren, wohl aber die im Vertrag vorgesehenen Rechte. DK sei gegen Verstärkung dieser Rechte und Begründung neuer Rechte. Problem sei für DK sehr gravierend.
- Innen- und Justizpolitik: Fortschritte nur intergouvernemental, aber keine Blockierung der Partner beabsichtigt.
- Form: „Legally binding agreement“ werde angestrebt, aber offen, ob Deklaration, Protokoll o. a. Instrument.
- Dauer: Nicht für alle Zeiten; nächste intergouvernementale Konferenz könne Änderung bringen.

BM: Er sei schärfster Befürworter, wenn es darum gehe, DK zu helfen, aber nicht um den Preis der Vertragsänderung. Wir seien bereit mitzumachen, was DK brauche, solange es unterhalb der Schwelle der Vertragsänderung bleibe. Nicht alle Wünsche könnten ohne Vertragsänderung, jedenfalls nach unserer Einschätzung (StS L.), akkommodiert werden. Insoweit sei Antwort ein klares Nein. Für DK werde es umso schwieriger sein, Vertragsänderungen durchzusetzen, wenn auch GB ratifiziere.[12] Wenn GB Ratifizierung nicht schaffe, entstehe evtl. neue Lage.

StS L.: Er frage sich, was in den vier Punkten machbar sei. DK negiere die Evolution der Gemeinschaft. Im Grunde wolle DK eine EG plus x, aber nicht die eigentliche Entwicklung, die DK nicht auf ewig, so doch für die überschaubare Zukunft ausschließe. In der Verteidigung werde die Perspektive nicht akzeptiert, in der Unionsbürgerschaft gerade der Status quo, in der WWU könne man das opting out bestätigen. Aber die Nichtannahme der Evolution sei mit dem Vertrag unvereinbar.

AM: DK habe sich auf Bereiche beschränkt, wo der Vertrag vage geblieben sei. Der Schaden sei schon durch GB beim Sozialprotokoll entstanden.[13] DK wolle auf keinen Fall

Fortsetzung Fußnote von Seite 1402

bindlichkeit für die von DK gewünschten Ausnahmen, weil dies vertragsändernden Charakter hätte und eine erneute Ratifizierung bedingen dürfte.“ Vgl. B 221, ZA-Bd. 162214.

10 Für das zum Vertrag vom 7. Februar 1992 über die Europäische Union gehörende Protokoll betreffend Dänemark“ bzw. das „Protokoll über einige Bestimmungen betreffend Dänemark“ vgl. BGBl. 1992, II, S. 1311 und S. 1313.

11 Zur Unionsbürgerschaft vgl. Artikel 8 des Vertrags vom 7. Februar 1992 zur Gründung der Europäischen Gemeinschaft; BGBl. 1992, II, S. 1256.

12 Zur Frage einer Ratifizierung des Vertragswerks von Maastricht in Großbritannien vgl. Dok. 307, Anm. 5 und 12.
Botschafter Freiherr von Richthofen, London, berichtete am 5. November 1992 über die Debatte des britischen Unterhauses am Vortag: „Mit hauchdünner Mehrheit von drei Stimmen hat brit. Regierung soeben Mandat erhalten, Maastricht-Ratifizierung im House of Commons wiederaufzunehmen. Abstimmung in sog. ‚paving debate‘ hatte sich zu explosivem Votum über brit. Europapolitik und Vertrauen in PM Major und seine Regierung entwickelt. Ca. 35 – 40 Tory-Abgeordnete haben, trotz Fraktionszwanges, gegen eigene Regierung gestimmt. Stimmen der Liberal Democrats haben Regierung gerettet.“ Vgl. DB Nr. 2165; B 210, ZA-Bd. 162212.

13 Für das zum Vertrag vom 7. Februar 1992 über die Europäische Union gehörende „Protokoll über die Sozialpolitik“ vgl. BGBl. 1992, II, S. 1313–1315.

die NATO unterminieren. Verteidigung sei eine Frage der Zeit. In 96 könne eine andere Lage bestehen.

StS L.: Alle Partner müssten in die Revisionskonferenz 96[14] mit dem Willen gehen, weitere Fortschritte zu erzielen (in good faith). Frage, ob DK Positionen wenigstens teilweise verändern[15] könne, wird von *AM* klar verneint. Er könne nicht mit leeren Händen zurückkommen. Er brauche Konzessionen für zweites Referendum (im Mai 93[16]). BM Waigel habe unrecht, als er sagte, 50 000 Dänen könnten den Gang Europas nicht ändern. Der Schlüssel für Maastricht liege in der Annahme der däni[17].

BM: Er wolle Lösung. Wenn es aber keinen Konsens über dänische Wünsche gebe, müsse neuer Vertrag zu elft geschlossen werden. Auf Frage (ob DK-Lösung Probleme für Ratifikation in D schaffe): Parteien beobachteten genau, ob wir dritten Staaten Sonderrechte einräumten.

StS L. verweist auf Rückwirkungen auf Beitrittskandidaten; Ausnahmen für DK würden sofort von Schweden, Finnland und anderen in gleicher Weise beansprucht.

Über Gespräch mit Hurd am 3.11. in London berichtete *AM*, Präsidentschaft[18] strebe eventuell Sonder-MT am 8.12. an, um Lösung für DK für ER Edinburgh[19] vorzubereiten.[20] Er habe Hurd dahin verstanden, dass die vier Punkte ohne Vertragsänderung geregelt werden könnten. Hurd habe jedoch auch gesagt, dass Probleme entstehen können, sei es mit dem einen, sei es mit dem anderen Partner.

Am Ende wurde Problem der Dauer und Rechtsverbindlichkeit nochmals aufgenommen. AM erklärte, Dauerhaftigkeit sei kein Problem, *StS* stellte Frage nach Begrenzung bis 96 und appellierte, sich mit „Verbindlichkeit“ (wie bei KSZE) zu begnügen anstelle von „rechtlicher Verbindlichkeit“. *AM* meinte, er brauche „some kind of guarantee“.

Nach Wiederholung der entgegengesetzten Positionen zur Frage einer Lösung zu elft versicherten beide Minister, Bemühungen fortzusetzen. *BM* bekräftigte, alles zu tun, damit Maastricht zu zwölft verwirklicht werden kann, und versprach, nach außen kein falsches Signal zu geben. Beide Minister vereinbarten Vertraulichkeit und von Presseunterrichtung abzusehen.

Ref. 200 wurde beteiligt.

B 210, ZA-Bd. 162214

Fortsetzung Fußnote von Seite 1403

Vgl. ferner die vom Europäischen Rat – mit Ausnahme Großbritanniens – am 8./9. Dezember 1989 in Straßburg verabschiedete „Gemeinschaftscharta der sozialen Grundrechte der Arbeitnehmer“ vom 9. Dezember 1989; SOZIALES EUROPA, hrsg. von der Generaldirektion Beschäftigung, Arbeitsbeziehungen und soziale Angelegenheiten der Kommission der Europäischen Gemeinschaften, Nr. 1/90, S. 52–56. Vgl. auch AAPD 1989, II, Dok. 405 und Dok. 410.

14 Zur Überprüfungskonferenz für das Vertragswerk von Maastricht vgl. Dok. 86, Anm. 21.

15 Die Wörter „wenigstens teilweise verändern“ wurden von StS Lautenschlager handschriftlich eingefügt. Dafür wurde gestrichen: „zurücknehmen“.

16 Ein zweites Referendum in Dänemark über das Vertragswerk von Maastricht fand am 18. Mai 1993 statt.

17 Unvollständiger Satz in der Vorlage.

18 Großbritannien hatte vom 1. Juli bis 31. Dezember 1992 die EG-Ratspräsidentschaft inne.

19 Zur Tagung des Europäischen Rats am 11./12. Dezember 1992 vgl. Dok. 421.

20 Zum Konklave der Außenminister der EG-Mitgliedstaaten am 8. Dezember 1992 in Brüssel vgl. Dok. 407.

353

Vermerk des Ministerialdirektors Dieckmann

VS-NfD **4. November 1992**[1]

Unter Verschluss

Betr.: Gespräche mit Vize-Premier Schochin am 4.11.92 im BMF zu Finanzfragen im deutsch-russischen Verhältnis

Insgesamt mehr als sechsstündige Gespräche (Delegationsleitung deutscherseits StS Köhler, ab Mittag BM Waigel) brachten in der Sache kaum Fortschritte, wenn auch beide Seiten Wünschbarkeit eines „Schlussstriches" zu den Finanzfragen anl. des Kanzlerbesuches[2] zum Ausdruck brachten. Vor diesem Hintergrund ließ BM Waigel offen, ob er – wie vorgesehen – in der kommenden Woche nach Moskau reisen werde. Hinzu kommt, dass Russen Termin mit Präs. Jelzin nicht bestätigen wollten.

Im Einzelnen

1) Umschuldung[3]

Deutsche Seite bestätigte Bereitschaft, entspr. Zusage von München[4] (G7) an einer Regelung mitzuwirken, die der russischen Zahlungsfähigkeit im kommenden Jahr Rechnung trägt. Sie machte aber nochmals deutlich, dass eine Verschiebung des „cut-off-date" für uns nicht in Betracht kommen könne. Auch machte sie deutlich, dass eine Bevorzugung bestimmter Gläubigerländer für uns nicht hinnehmbar sei. Bei gutem Willen könne es noch im November oder spätestens bis zum Jahresende zu einer Schuldenregelung kommen.

Schochin bestätigte, dass Mitgliedstaaten der GUS an einer neuen Vereinbarung untereinander zur Schuldenbedienung arbeiteten. Hauptproblem liege bei der Ukraine. Russland werde im nächsten Jahr kaum mehr als 2,5 Mrd. US-$ an Schuldendienst leisten können. Zur Gleichbehandlung verwies er darauf, dass die USA und Kanada bei der Lieferung von Getreide, auf die Russland angewiesen sei, auf prompte Bedienung der Kredite bestünden. Im Übrigen bat er darum, die Schuldenregelung im Pariser Club nicht von einem vorherigen Stand-by-agreement mit dem IWF abhängig zu machen. Letzteres sei angesichts der Inflationsrate und des Defizits im russischen Haushalt nicht bis zum Jahresende zu erwarten. Deutsche Seite sagte zu diesem Punkt Bereitschaft zum Entgegenkommen zu.

2) Energieprojekte

Deutsche Seite unterstrich Wünschbarkeit einer raschen Vereinbarung konkreter Projekte, mit denen die Russen Devisen erwirtschaften und die Kreditwürdigkeit verbessern könnten. Damit würden uns weitere Bürgschaftsmöglichkeiten im Rahmen von Hermes

1 Hat BM Kinkel am 4. November 1992 vorgelegen.
Hat VLR Wittig am 5. November 1992 vorgelegen, der den Rücklauf an MD Dieckmann verfügte.
Hat Dieckmann am 5. November 1992 erneut vorgelegen, der die Weiterleitung an VLRI Göckel „z[um] V[organ]g" verfügte.

2 BK Kohl hielt sich am 15./16. Dezember 1992 in Russland auf. Vgl. Dok. 419 und Dok. 420.

3 Zur Frage der Altschulden der ehemaligen UdSSR vgl. Dok. 321.

4 Zum Weltwirtschaftsgipfel vom 6. bis 8. Juli 1992 vgl. Dok. 225.

erleichtert. BMWi verwies hierzu auf zwei konkrete Projekte (Deminex in Wolgograd sowie Rehabilitierung des Produktions- und Transportwesens von Öl und Gas durch Preussag/Ruhrgas). Russische Seite verwies auf Realisierung durch russische Unternehmen sowie internationale Konkurrenz, womit der Einwirkung der Regierung Grenzen gesetzt seien. Viele Entscheidungen würden zudem jetzt von den Regionen getroffen. Russische Seite stimmte aber zu, dass eine deutsch-russische Taskforce bis zum 20. November versuchen solle, die Projekte entscheidungsreif zu machen. Ferner soll im Rahmen einer Taskforce der Versuch gemacht werden, Möglichkeiten zur Aufrechterhaltung traditioneller Wirtschaftsbeziehungen, insbesondere von Firmen in den NBL, zu Russland zu entwickeln.

3) Transferrubelsaldo[5]

Russische Seite widersetzte sich vehement dem Versuch, deutsches Guthaben (6,5 Mrd. Rubel) festzustellen. Russen zogen die Berechnungen in Zweifel. Es bliebe unberücksichtigt, dass die frühere SU die ehemalige DDR mit billigen Energie- und Rohstofflieferungen jahrzehntelang subventioniert habe. Auch seien der russischen Wirtschaft erhebliche Schäden aus der Vereinigung entstanden. Man könne sich über dieses Problem 20 Jahre lang streiten. (Russen wollen offensichtlich hierzu isolierte Null-Lösung.)

4) Liegenschaften

Hierzu widersprachen Russen deutscher Argumentation, dass sie für die Gebäude überhöhte Werte ansetzten, in jedem Falle aber die deutschen Gegenansprüche derartige Werte weit überstiegen. Russische Vertreter argumentierten in diesem Zusammenhang fast emotional mit den politischen und sozialen Problemen, die sich aus dem Abzug der Truppen ergäben. Im Baltikum käme es bereits zu Meutereien.

Deutsche Seite (StS Köhler) erklärte, dass wir uns dieser Probleme voll bewusst seien, andererseits aber von den Russen Realismus erwarteten.

5) Pauschallösung

Pauschallösung wurde letztlich nur andiskutiert, da deutsche Seite eine derartige Lösung noch nicht anbieten konnte. Russen beharrten auf Forderungen von Präsident Jelzin gegenüber BK Kohl (Brief vom 13.5.92): Pauschalzahlung zu Liegenschaften in Höhe von sechs bis acht Mrd. DM. Letztlich gehe es um eine politische Entscheidung. BM Waigel und StS Köhler bezeichneten selbst die Hälfte dieses Betrages als völlig unrealistisch. (BM Waigel erwähnte gegen Ende eher beiläufig einen Betrag von einer Mrd. DM.)

6) Fortsetzung der Gespräche

Fragen von BM Waigel zu den für ihn vorgesehenen Gesprächsterminen in der kommenden Woche (Jelzin) wich Schochin aus. Präs. Jelzin sei stark in Anspruch genommen (Auslandsreise[6]), am 12. November aber zu einem Gespräch bereit, wenn die Probleme in der Zwischenzeit einer Lösung nähergebracht seien.

BM Waigel erklärte daraufhin, dass ein Besuch auf der Grundlage der heutigen Gespräche unter einem unglücklichen Vorzeichen stehen werde und er im Übrigen ein Gespräch mit Jelzin für unerlässlich halte. Er bäte darum, ihn bis zum Wochenende[7] über die Arrange-

5 Zu den bisherigen Gesprächen über das Transferrubelguthaben sowie zur Frage der Liegenschaften der WGT und dem diesbezüglichen Schreiben des russischen Präsidenten Jelzin vom 13. Mai 1992 an BK Kohl vgl. Dok. 250.

6 Der russische Präsident Jelzin besuchte am 9./10. November 1992 Großbritannien.

7 5./6. November 1992.

ments zu unterrichten. Er müsse sich Entscheidung über den Besuch vorbehalten.[8] Es wurde über Möglichkeit einer weiteren Gesprächsrunde am Wochenende zwischen StS Köhler und Stv. MP Schochin gesprochen.

Im anschließenden kurzen Gespräch innerhalb der deutschen Delegation mit StS Köhler waren sich die Beteiligten darin einig, dass eine Fortsetzung der Gespräche ohne zusätzliche Elemente, d. h. Anreicherung im Sinne eines für uns vorstellbaren Paketes (z. B. Aufstockung Wohnungsbauprogramm?), wenig Sinn mache. Im Übrigen war man sich einig, dass die Russen in einer Demandeur-Position seien und wir uns nicht selber unter Druck setzen dürften.

StS Köhler wird die Frage seiner Reise mit dem Bundeskanzleramt aufgreifen, worauf ich gedrängt habe.[9]

Dieckmann

B 63, ZA-Bd. 170622

354

Vorlage des Vortragenden Legationsrats I. Klasse Ackermann für Bundesminister Kinkel

424-411.10 MOE **4. November 1992[1]**

Über Dg 42[2], D 4[3], Herrn Staatssekretär[4] Herrn Bundesminister[5]

Betr.: Ausfuhr von Rüstungsmaterial (u. a. westlicher Herkunft) an Staaten Mittel- und Osteuropas;
hier: Verschiedene Anträge bzw. Voranfragen auf Ausfuhr von Rüstungsmaterial nach Ungarn, Polen, ČSFR/Genehmigungspraxis

Bezug: 1) Schreiben BMWi (MDg Dr. Jahnke) vom 14.10.1992 – VB 10 an AA (Dg 42) – Anlage 2[6]
2) Vorlage Ref. 216 vom 26.8.1992, Az.: 216-360.90/3 VS-NfD (Grundlinien für die Lieferung von Rüstungsgütern aus Beständen der ehemaligen NVA an MOE-Staaten) – Anlage 3[7]

Anlg.: 3[8]

8 Der für die Zeit vom 10. bis 12. November 1992 geplante Besuch des BM Waigel in Russland wurde abgesagt. Vgl. den Vermerk des VLR I Göckel vom 5. November 1992; B 38, ZA-Bd. 184715.

9 StS Köhler, BMF, führte am 26. November 1992 weitere Gespräche in Moskau. Vgl. Dok. 370, Anm. 16.

1 Die Vorlage wurde von LR Riedel konzipiert.

2 Hat MDg Schönfelder am 4. November 1992 vorgelegen.

3 Hat MD Dieckmann am 5. November 1992 vorgelegen.

4 Hat StS Lautenschlager am 10. November 1992 vorgelegen, der handschriftlich vermerkte: „Die Kriterien für eine Entscheidung erscheinen mir vernünftig."

Zweck der Vorlage: Zur Unterrichtung und mit der Bitte um Zustimmung zu Ziff. IV.[9]
(Bei Ausfuhranträgen für Lieferungen nach Mittel- und Osteuropa:
- keine Genehmigung für Kriegswaffen oder kriegswaffennahe Rüstungsgüter;
- keine Genehmigung für andere Rüstungsgüter, deren Lieferung eine Modernisierung oder Bestandserhöhung des vorhandenen Rüstungsmaterials bedeuten würde.)

I. 1) Referat 424 liegen verschiedene Anträge von deutschen Firmen vor auf Ausfuhr von Rüstungsgütern (Waren der Liste A[10] – keine Kriegswaffen) in MOE-Staaten. Dabei handelt es sich sowohl um Waren westlicher Herkunft als auch um privat aufgekauftes ehemaliges NVA-Material (im Einzelnen siehe Anlage 1).

(Es handelt sich vorliegend also nicht um direkte Lieferungen von NVA-Material durch die Bundesregierung, für die Ref. 216 federführend ist.)

Die Entscheidung dieser Anträge bedarf der vorherigen Festlegung unserer grundsätzlichen Haltung gegenüber kommerziellen Exporten von Rüstungsgütern in MOE-Staaten.

2) Bisher wurde das Problem der Rüstungsgüterausfuhr in die MOE-Staaten vorwiegend unter dem Aspekt der Überlassung von Material der ehemaligen NVA gesehen. Für diese Exporte wurde auf der letzten Sitzung des Bundessicherheitsrats Folgendes festgelegt:
- Grundsätzlich keine Lieferung von KSE-begrenztem Gerät und schweren Waffen in die MOE-Staaten während der Dauer des Jugoslawien-Konflikts;
- für Ungarn: Lieferung von anderem Rüstungsmaterial (insbesondere Ersatzteile etc.) nur, wenn dies zur Aufrechterhaltung der Einsatzfähigkeit des vorhandenen Waffenarsenals, nicht aber zu seiner Kampfwertsteigerung oder Modernisierung erforderlich ist.[11]

Diese Grundsätze haben Sie auf Bitte des Bundeskanzlers der ungarischen Regierung erläutert.[12]

3) Bisher wurde vonseiten des Auswärtigen Amts folgenden Genehmigungen für kommerzielle Ausfuhren zugestimmt:
- Lieferung von 365 Maschinenpistolen an das polnische Innenministerium und von 252 Maschinenpistolen an das tschechoslowakische Innenministerium im Rahmen der Zusammenarbeit mit dem BMI;

Fortsetzung Fußnote von Seite 1407

5 Hat BM Kinkel am 11. November 1992 vorgelegen.
Hat OAR Salzwedel am 12. November 1992 vorgelegen, der den Rücklauf über das Büro Staatssekretäre, MD Dieckmann und MDg Schönfelder an Referat 424 verfügte.
Hat VLR Ney am 12. November 1992 vorgelegen.
Hat Dieckmann und Schönfelder am 13. November 1992 erneut vorgelegen.
Hat LR Riedel erneut vorgelegen.

6 Dem Vorgang beigefügt. Für das Schreiben vgl. B 70, ZA-Bd. 221047.

7 Dem Vorgang beigefügt. Für die Vorlage des VLR Achenbach vgl. B 70, ZA-Bd. 221047.

8 Vgl. Anm. 6 und 7.

9 Korrigiert aus: „V.“.

10 Für Teil I Abschnitt A (Liste für Waffen, Munition und Rüstungsmaterial) in der Fassung der 77. Verordnung zur Änderung der Ausfuhrliste – Anlage AL zur Außenwirtschaftsverordnung – vom 24. Oktober 1991 vgl. BUNDESANZEIGER, Beilagen, Nr. 222a vom 30. November 1991, S. 4–16.

11 Zur Frage der Lieferung von Material der ehemaligen NVA nach Ungarn vgl. Dok. 193.

12 BM Kinkel hielt sich am 15. Oktober 1992 in Ungarn auf. Vgl. Dok. 326.

– Ausfuhr von insgesamt 305 gebrauchten Militärlastwagen aus Beständen der NVA und des Warschauer Paktes durch private Firmen nach Russland für zivile Zwecke.

II.[13] Das BMWi hat in einem grundsätzlichen Schreiben, das von StS von Würzen gebilligt wurde, wie folgt Stellung genommen (s. Anlage 2):

Aus Sicht des BMWi seien weder außen- noch sicherheitspolitische Gründe erkennbar, die die Ausfuhren von Rüstungsgütern nach Osteuropa rechtfertigen könnten. Zusätzlich verbiete die Lage in Jugoslawien grundsätzlich die Lieferung von Rüstungsgütern, auch nach Ungarn. Ein ähnliches Hindernis bilde die Situation in anderen östlichen Empfängerländern bzw. untereinander. Diese generelle Einschätzung gelte sowohl für NVA-Material als auch für Rüstungsgüter westlicher Herkunft.

Eine Ausnahme könnte derzeit lediglich für Lieferungen gemacht werden, bei denen es sich um östliches Eigentum (z. B. Rückgabe aus den neuen Bundesländern) oder um Material für humanitäre Zwecke, auch für Katastrophenfälle (z. B. Impfstoffe, Sanitätswagen, Bergungsfahrzeuge) handelt.

III. 1) Das Auswärtige Amt sollte im Grundsatz der sehr restriktiven Linie des BMWi folgen. Hierfür sprechen gewichtige Gründe.

- Solange der Krieg im ehemaligen Jugoslawien andauert, besteht die Gefahr des unkontrollierbaren Waffentransfers in Kriegsgebiete des Balkans.
- Bei den ehemaligen Staaten des Warschauer Paktes ist ein hoher, wenn auch veralteter Waffenbestand vorhanden.
- In einigen MOE-Staaten ist eine eigene Rüstungsindustrie vorhanden (z. B. Polen, Slowakei). Konversion wird bisher kaum betrieben. Aufgrund wirtschaftlicher Zwänge ist zurzeit eher eine Expansion der Rüstungsproduktion in verschiedenen Ländern zu beobachten.

2) Auf der anderen Seite sind einige Staaten (Ungarn, baltische Staaten), die über keine ausgesprochene Waffenindustrie verfügen, auf ausländische Hilfe angewiesen. Wir sollten dies bei unserer Entscheidung berücksichtigen und uns daher – auf der Linie des BSR für Lieferungen von NVA-Material – im Einzelfall berechtigten Wünschen nach Ersatzteillieferungen für bereits vorhandenes Gerät zur Aufrechterhaltung der Verteidigungsbereitschaft (z. B. im Falle Ungarns) nicht verschließen.

IV. Es wird daher vorgeschlagen, über die vorliegenden Ausfuhranträge bis auf Weiteres unter Anwendung folgender Kriterien zu entscheiden:

- Lieferungen von Kriegswaffen und kriegswaffennaher Rüstungsgüter an MOE-Staaten werden nicht genehmigt;
- Rüstungsgüter, deren Lieferung eine Modernisierung oder Bestandserhöhung des vorhandenen Rüstungsmaterials bedeuten würde, werden nicht genehmigt;
- Lieferungen von Ersatzteilen und Reparatursätzen für vorhandenes (auch schweres) Gerät können nach Einzelfallprüfung genehmigt werden, wenn dadurch in den Empfängerstaaten keine Bestands- oder Kampfkrafterhöhung und keine Modernisierung eintritt (nur Bestandssicherung) und eine Endverbleibserklärung des Empfangsstaates vorgelegt wird.[14]

[13] Korrigiert aus: „III.“. Die nachfolgende Nummerierung wurde durchgehend korrigiert.

[14] MDg Schönfelder unterrichtete das BMWi mit Schreiben vom 16. November 1992, das Auswärtige Amt werde „über Ausfuhranträge von Rüstungsgütern nach Osteuropa bis auf Weiteres“ auf oben skizzierter Grundlage entscheiden. Vgl. B 70, ZA-Bd. 221047.

Die auf dieser Grundlage zu fällenden Einzelentscheidungen sind in der Anlage 1 jeweils angemerkt.

D 2[15] hat mitgezeichnet.

Ackermann

Anlage 1

Dem Auswärtigen Amt zur Entscheidung vorliegende Anträge auf Ausfuhrgenehmigung:

I. Ungarn

1) Voranfrage der Fa. Atlas Elektronik, Bremen, nach den Genehmigungsaussichten der Ausfuhr von Feuerleitanlagen „MOLF" zur Modernisierung von T-55 Kampfpanzern.

Genehmigungspflicht nach AWG. Feuerleitanlagen steuern und optimieren das Feuer der Kanone und anderer Waffen des Panzers. Die Voranfrage bezieht sich auf zwei Prototypen (Wert ca. 5 Mio. DM), die in Ungarn erprobt werden sollen. Im Auftragsfall ist nach Firmenangaben mit einem Liefervolumen von 300 Stück zu rechnen (Wert: 180 Mio. DM). BMVg hat Bedenken erhoben.

Entscheidungsvorschlag: keine Genehmigung[16] (Kampfkrafterhöhung).

2) Antrag der Fa. Flugzeugwerft Dresden auf Ausfuhr von Ersatzteilen für das Kampfflugzeug MiG-21.

Genehmigungspflicht nach AWG. Die Ersatzteile sind für den Einbau in das Kampfflugzeug MiG-21 vorgesehen und werden für die Instandsetzung dieses Flugzeuges benötigt. Wert: 60 000 DM. BMWi votiert positiv.

Entscheidungsvorschlag: Genehmigung, wenn Endverbleibserklärung der ungarischen Regierung.[17]

3) Voranfrage der Fa. Jung Jungenthal, Kirchen, nach den Genehmigungsaussichten einer Ausfuhr von 200 Einheiten Modifizierungskomponenten zum Kampfpanzer T-55 (Wert ca. 160 Mio. DM) an die Armee.

Nach Firmenangaben soll ein von der ungarischen Armee zur Verfügung gestelltes Prototypfahrzeug im Firmenwerk modifiziert werden (Ausfuhr KWKG-genehmigungspflichtig). Bei den Komponenten – Lastschaltgetriebe, Luftfilteranlage und Kühlanlage – handelt es sich dagegen um nach dem AWG ausfuhrgenehmigungspflichtige Elemente.

Entscheidungsvorschlag: keine Genehmigung[18] (Kampfkrafterhöhung).

4) Voranfrage der Fa. Neubrandenburger Maschinenbau GmbH, Neubrandenburg, über die Genehmigungsaussichten für die Lieferung von Ersatzmaterial für Rad- und Kettenfahrzeuge der ehemaligen NVA. Empfänger ist das Heer.

Die Firma versucht Instandsetzungsmaterial für Rad- und Kettenfahrzeuge der ehemaligen NVA, das sich noch in ihrem Besitz befindet, zu verwerten. Das Material ist ausfuhrgenehmigungspflichtig nach dem AWG. Der Wert beträgt ca. 800 000 DM.

BMWi votiert positiv.

15 Jürgen Chrobog.

16 Die Wörter „keine Genehmigung" wurden von StS Lautenschlager hervorgehoben.

17 Dieser Absatz wurde von StS Lautenschlager durch Häkchen hervorgehoben.

18 Die Wörter „keine Genehmigung" wurden von StS Lautenschlager hervorgehoben.

Entscheidungsvorschlag: Genehmigung, wenn Endverbleibserklärung der ungarischen Armee.[19]

5) Antrag der Fa. Helmut Hofmann, Mellrichstadt, auf Ausfuhr von 440 Stück Pistolen und Revolver (9 mm und mehr). Käufer ist die Harmónia and Materiál Kft., Debrecen. Auftragswert 99 000 DM. Ausfuhrgenehmigungspflichtig nach dem AWG. BAFA[20] befürwortet den Antrag.

Entscheidungsvorschlag: Genehmigung (kein Rüstungsgut im engeren Sinne).[21]

6) Voranfrage der Fa. GLS Gesellschaft für logistischen Service, München, über die Genehmigungsaussichten einer Ausfuhr von Baugruppen zur Modernisierung von Fliegerabwehrgeschützen des Typs S-60 57 mm.

Ausfuhrgenehmigungspflichtig nach AWG.

Die Firma beabsichtigt, vier Sätze der in ihrem Auftrag von den Firmen KUKA Wehrtechnik und Deutsche Aerospace AG, Geschäftsbereich Mess- und Antriebstechnik, entwickelten und gefertigten Baugruppen anzubieten. Bei den Baugruppen handelt es sich um drehbare Plattformen zur Aufnahme der elektrischen Richtantriebe und ergänzende Bauteile sowie Stromversorgungssysteme. Die Baugruppen ersetzen die veralteten mechanischen Hand-Richtantriebe durch moderne elektrische Antriebe, die mit einer elektronischen Feuerleitanlage gekoppelt werden können.

Auftragswert: 4,62 Mio. DM.

Entscheidungsvorschlag: keine Genehmigung[22] (Kampfkrafterhöhung).

II. Polen

1) Antrag der Fa. Peenewerft, Wolgast, auf Ausfuhr von vier Stück Übungstransportcontainern, die für die polnischen Seestreitkräfte bestimmt sind. Die Transportcontainer dienen, trotz ihrer Bezeichnung, lt. BAFA zum Abschuss von Lenkwaffen und sollen zu Übungszwecken eingesetzt werden. Ausfuhrgenehmigungspflichtig nach AWG. Auftragswert 518 000 DM.

Entscheidungsvorschlag: keine Genehmigung[23] (keine Ersatzteile; Bestandserhöhung).

2) Die Fa. Maritime Technik Greifswald beantragt nach § 45 b Abs. 1 AWV[24], Dienstleistungen – Inbetriebnahme der Spezialanlage Wympel und der Geschütze AK-176 und AK-63M – zu genehmigen.

Die Dienstleistungen sollen auf Patrouillenbooten der polnischen Marine (aus DDR-Produktion) erbracht werden. Die Anlage Wympel dient der Waffenleitung der Schiffs-Flakartillerie gegen Luft- und Seeziele. Die Geschütze dienen der Bekämpfung von Luft-, See- und Landzielen.

Auftragswert ca. 900 000 DM. Entscheidungsvorschlag: keine Genehmigung[25] (Kampfkrafterhöhung).

19 Dieser Absatz wurde von StS Lautenschlager durch Häkchen hervorgehoben.

20 Bundesausfuhramt.

21 Dieser Absatz wurde von StS Lautenschlager durch Häkchen hervorgehoben.

22 Die Wörter „keine Genehmigung" wurden von StS Lautenschlager hervorgehoben.

23 Die Wörter „keine Genehmigung" wurden von StS Lautenschlager hervorgehoben.

24 Für § 45 b der AWV in der Fassung der Bekanntmachung vom 22. November 1993 vgl. BGBl. 1993, I, S. 1957.

25 Die Wörter „keine Genehmigung" wurden von StS Lautenschlager hervorgehoben.

3) Antrag der Fa. Industriepark Pinnow GmbH, Pinnow, auf Ausfuhr von Ersatzteilen für militärische Funkmessgeräte. Es handelt sich um Ersatzteile für einen Höhenfinder, d.h. eine störgeschützte bewegliche Funkmessstation. Die Höhenfinder russischer Konstruktion dienen zur Bestimmung der Höhe von Luftzielen nach Zielzuweisung. Die Ersatzteile stammen aus dem Bestand für die Instandsetzung der ehemaligen NVA-Technik russischer Konstruktion. Da diese Technik in Polen noch im Einsatz ist, sollen die in der Bundeswehr nicht mehr benötigten Ersatzteile dorthin verkauft werden. Endverwender ist die polnische Armee.

Ausfuhrgenehmigungspflichtig nach AWG.

BAFA befürwortet COCOM-Vorlage.

Auftragswert: 13 180 DM.

Entscheidungsvorschlag: Genehmigung nach COCOM-Zustimmung.[26]

4) Antrag der Fa. Industriepark Pinnow, Pinnow, auf Ausfuhr von Dokumentationen für Funkmessgeräte.

Es handelt sich um technische bzw. technologische Unterlagen zur Wartung und Instandsetzung des Höhenfinders (vgl. o.g. Antrag 3.). Der Höhenfinder gehörte zur Ausrüstung der NVA und wird heute noch von der polnischen Armee genutzt. Die Unterlagen ermöglichen nur die Wartung und Instandsetzung. Ausfuhrgenehmigungspflichtig nach AWG.

Wert: 4528 DM.

BAFA befürwortet COCOM-Vorlage.

Entscheidungsvorschlag: Genehmigung nach COCOM-Zustimmung.[27]

III. Tschechoslowakei

1) Antrag der Fa. Flugzeugwerft Dresden auf Ausfuhr von fünf Flugzeugfanganlagen. Empfänger ist die Fa. Letecké Opravovne. Die Flugzeugfanganlagen sollen an den tschechischen Vertragspartner als „Ersatzteilspender“ geliefert werden.

Ausfuhrgenehmigungspflichtig nach AWG. Auftragswert 10 000 DM.

Entscheidungsvorschlag: Genehmigung.[28]

2) Antrag der Fa. Avia Plane Trade GmbH, Berlin, auf Ausfuhr von Baugruppen/Einzelteilen für das Feuerleitsystem des Panzers T-72. Ausfuhrgenehmigungspflichtig nach AWG. Wert ca. 100 000 DM. BAW hat Bedenken erhoben.

Entscheidungsvorschlag: keine Genehmigung[29] (Kampfkrafterhöhung).

3) Antrag der Fa. Carl Walther GmbH, Ulm, auf Ausfuhr von 50 Pistolen Kal. 7,65 mm und 9 mm. Empfänger ist die Fa. JON, Jaroslav Ondra, Prag. Die Waffen sind für die Selbstverteidigung tschechoslowakischer Bürger bestimmt.

Auftragswert ca. 56 000 DM.

Ausfuhrgenehmigungspflichtig nach AWG. COCOM-pflichtig.

BMWi befürwortet Antrag.

Entscheidungsvorschlag: Genehmigung nach COCOM-Zustimmung.[30]

B 70, ZA-Bd. 221047

26 Dieser Absatz wurde von StS Lautenschlager durch Häkchen hervorgehoben.

27 Dieser Absatz wurde von StS Lautenschlager durch Häkchen hervorgehoben.

28 Dieser Absatz wurde von StS Lautenschlager durch Häkchen hervorgehoben.

29 Die Wörter „keine Genehmigung“ wurden von StS Lautenschlager hervorgehoben.

30 Dieser Absatz wurde von StS Lautenschlager durch Häkchen hervorgehoben.

355

Drahtbericht des Botschafters Stabreit, Washington

Fernschreiben Nr. 3181 **Aufgabe: 4. November 1992, 00.37 Uhr**[1]
Citissime nachts **Ankunft: 4. November 1992, 06.51 Uhr**

Betr.: US-Innenpolitik;
hier: Wahlsieg des demokratischen Kandidaten Bill Clinton[2]

A. Kurzfassung

1) In den ersten US-Präsidentschaftswahlen der „Post Cold War"-Ära haben sich die amerikanischen Wähler für einen Machtwechsel entschieden: Nach zwölf Jahren republikanischer Herrschaft (1980 bis 1988: Ronald Reagan; 1988 bis 1992: George Bush) wird zum ersten Mal seit 1976 (Wahlsieg Jimmy Carters) wieder ein demokratischer Präsident in das Weiße Haus einziehen. Der klare Sieg Clintons (nach gegen Mitternacht vorliegenden vorläufigen Zahlen etwa 44 Prozent der Wählerstimmen gegenüber 39 Prozent für Bush und etwa 17 Prozent für Perot) kommt einem durchschlagenden Erfolg der Demokratischen Partei beim amerikanischen Wähler gleich und ist zugleich eine herbe Niederlage für die Republikanische Partei. Nach den um Mitternacht vorliegenden vorläufigen Berechnungen hatte Clinton 362 Stimmen im Wahlmänner-Gremium gewonnen (270 sind für die Wahl zum Präsidenten erforderlich). Auf Bush entfielen lediglich 80. Dieser Vorsprung Clintons ist auch bei der endgültigen Auszählung der Stimmen nicht mehr aufzuholen, gegen 23.15 Uhr hat Bush im Fernsehen seine Niederlage zugegeben und Clinton zum Wahlsieg gratuliert.[3]

Die Republikaner werden lange Zeit brauchen, um wieder Tritt zu fassen. Der neue Präsident und seine engeren Mitarbeiter sind überzeugte Internationalisten und wohl auch Anhänger des Freihandels. Gleichwohl wird der Hauptakzent der neuen Administration (Amtsantritt 20. Januar 1993) auf der Innenpolitik liegen. Dies ist angesichts des innenpolitischen Problemstaus und der andauernden wirtschaftlichen Stagnation logisch und unvermeidbar.

2) Es liegt im Interesse Amerikas, aber zugleich auch im Interesse der gesamten Weltwirtschaft und insbesondere auch Europas, dass die neue Administration versucht, zunächst „das eigene Haus in Ordnung zu bringen". Angesichts der Größe und des Gewichts der Volkswirtschaft Amerikas und seiner globalen außenpolitischen Verantwortlichkeiten kann sich auch die übrige Staatengemeinschaft ein durch Wirtschafts- und Finanzprobleme, Mängel in der Infrastruktur und soziale Krisen geschwächtes Amerika auf Dauer nicht leisten. Die Wahl des Demokraten Clinton bietet eine Chance, dass wenigstens einige der

1 Das von BR Nitzschke, Washington, konzipierte Fernschreiben wurde in zwei Teilen übermittelt. Vgl. Anm. 7.
Ferner Vermerk für den Bereitschaftsdienst: „Bitte unmittelbar Ministerbüro unterrichten."

2 In den USA fanden am 3. November 1992 Präsidentschaftswahlen, Wahlen zum Repräsentantenhaus sowie Teilwahlen zum Senat und für die Gouverneursämter statt.

3 Für die Ansprache des amerikanischen Präsidenten Bush am 3. November 1992 in Houston vgl. PUBLIC PAPERS, BUSH 1992-93, S. 2152f.

Probleme des Landes ernsthaft angegangen werden, zumal mit dem Wechsel im Weißen Haus und der gleichzeitigen Bestätigung der demokratischen Mehrheit im Kongress[4] die durchgreifende Reformen verhindernde Konstellation des „divided government" (republikanischer Präsident/demokratische Mehrheiten im Kongress) zunächst beendet ist.

3) Angesichts der enormen Probleme werden die USA unter der neuen Administration gewaltige Anstrengungen unternehmen müssen, um diese Chance auch tatsächlich zu nutzen. Sie verdienen dabei – auch aus unserem eigenen Interesse heraus – Sympathie und Unterstützung. Scheitert dieser Versuch, ein Stück soziale Marktwirtschaft einzuführen, neues Wirtschaftswachstum zu erreichen und die eigene internationale Wettbewerbsfähigkeit auch langfristig zu sichern, können in der Zukunft ernsthafte Rückfälle Amerikas in Isolationismus und Protektionismus nicht ausgeschlossen werden. Die deutliche Niederlage der Republikanischen Partei und der Teilerfolg Perots bei den Wahlen müssen hier als ernsthaftes Warnsignal gesehen werden.

B. Langfassung

I. Ergebnis der Wahlen, Ursachen des Machtwechsels, Ausblick auf die neue Administration (Wertung: s. II)

1) Der klare Sieg Clintons (nach gegen Mitternacht vorliegenden vorläufigen Zahlen etwa 44 Prozent der Wählerstimmen gegenüber 39 Prozent für Bush und etwa 17 Prozent für Perot) kommt einem durchschlagenden Erfolg der Demokratischen Partei beim amerikanischen Wähler gleich und ist zugleich eine herbe Niederlage für die Republikanische Partei. Nach den um Mitternacht vorliegenden vorläufigen Berechnungen hatte Clinton 362 Stimmen im Wahlmänner-Gremium gewonnen (270 sind für die Wahl zum Präsidenten erforderlich), auf Bush entfielen lediglich 80. Dieser Vorsprung Clintons ist auch bei der endgültigen Auszählung der Stimmen nicht mehr aufzuholen, gegen 23.15 Uhr hat Bush im Fernsehen seine Niederlage zugegeben und Clinton zum Wahlsieg gratuliert.

Dieses Ergebnis bedeutet eine einschneidende Neuorientierung der amerikanischen Wählerschaft: Insbesondere kritische Wechselwähler (u.a. die sogen. „Reagan-Democrats", die in den achtziger Jahren von den Demokraten zu den Republikanern wechselten) vor allem aus den Wählerhochburgen der städtischen Vororte, aber auch die Jungwähler und zunehmend Frauen haben offensichtlich der Republikanischen Partei in diesem Wahljahr 1992 den Rücken gekehrt und für die „Wende" optiert. Die Partei Bushs steht damit vor einem Scherbenhaufen. Sie wird lange Zeit brauchen, um nach dieser Niederlage wieder Tritt zu fassen. In jedem Fall ist zunächst mit einer Phase heftiger Flügelkämpfe zwischen ihrem religiösen-konservativen und ihrem gemäßigten Flügel zu rechnen.

Ross Perot hat mit etwa 17 Prozent landesweit einen bemerkenswerten Achtungserfolg erzielt. Wäre er nicht im Juli aus dem Rennen ausgeschieden[5] und erst Anfang Oktober

[4] Nach dem 3. November 1992 besaßen die Demokraten 58 Sitze im Senat, die Republikaner 32. Im Repräsentantenhaus stellten die Demokraten 259 Abgeordnete, die Republikaner 175. Vgl. EUROPA-ARCHIV 1992, Z 288.

[5] Botschafter Ruhfus, Washington, berichtete am 16. Juli 1992: „Der am letzten Tag des Demokratischen Parteitags in New York (16.7.1992) von Ross Perot bekanntgegebene Verzicht auf die Präsidentschaftskandidatur hat die innenpolitische Dynamik in diesem außergewöhnlichen und spannungsreichen Wahljahr '92 von Grund auf verändert." Vgl. DB Nr. 2123; B 32, ZA-Bd. 179507.

wieder eingetreten[6], sähe das gesamte Wahlergebnis womöglich wesentlich anders aus. Perot hat immerhin einen weitaus höheren Anteil an Wählerstimmen erhalten als jeder andere unabhängige Kandidat in diesem Jahrhundert. Wie er mit diesem „Mandat" umgehen [wird] und ob dieser Wählerzuspruch für den Protestkandidaten den Beginn einer relevanten Bürgerbewegung neben den beiden etablierten Parteien signalisiert, bleibt abzuwarten.

2) Als Hauptursachen für den Machtwechsel lassen sich unterscheiden:

a) Seit eineinhalb Jahren andauernde wirtschaftliche Stagnation mit Folge relativ hoher Arbeitslosigkeit (etwa 7,6 Prozent) und sinkendem Lebensstandard, insbesondere auch für die Mittelklassen.

b) Krisen im Finanzsektor (Sparbanken- und Bankensystem) mit enormem Mitteleinsatz aus dem Staatshaushalt und Krisen im Sozialbereich (Explosion der Gesundheitskosten, fehlende Krankenversicherung für 35 Mio. Amerikaner, Innenstädte als rassisch-soziale Krisenherde, Mängel des Erziehungssystems).

c) Ende der Bedrohungsperzeption von außen infolge des Endes der Ost-West-Konfrontation.

d) Gewachsene Verdrossenheit der Bürger mit dem politischen System (Lähmung der Gesetzgebung durch „divided government" zwischen republikanischer Administration und demokratischem Kongress. Mangelnde ideelle und politische Führung im Weißen Haus. Perzeption einer sich mit Privilegien selbst versorgenden politischen Klasse in Washington. Fehlentwicklungen im Wahlsystem, insbes. exzessiver Einfluss von Spendengebern, und Praxis „negativer", d. h. unsachlich-persönlicher Wahlkampfführung).

e) Zunehmendes Bewusstsein unter kritischen Bürgern, dass nach zwölf Jahren „Reaganomics" das Land in wichtigen Industriebereichen hinter die Hauptkonkurrenten Japan und Deutschland zurückzufallen droht und damit Gefahr läuft, seine bisherige wirtschaftliche Vormachtstellung in der Welt zu verlieren.

3) Die neue Administration wird vor gewaltigen Aufgaben stehen:

a) Vordringliche Aufgabe wird es sein, den Bürgern wieder Zukunftsvertrauen zu vermitteln (in den vergangenen zwei Jahren haben in Umfragen konstant fast 80 Prozent der Bevölkerung die Auffassung vertreten, das Land befinde sich auf falschem Kurs. Das Konsumentenvertrauen hat nach den einschlägigen Untersuchungen in diesem Wahljahr 92 einen historischen Tiefpunkt erreicht).

b) Nur auf der Grundlage neuen Vertrauens wird die neue Administration mit Aussicht auf Erfolg darangehen können, durch aktive Konjunkturpolitik der Wirtschaft wieder Auftrieb zu geben.

6 Botschafter Stabreit, Washington, teilte am 2. Oktober 1992 mit, die am Vortag verkündete Kandidatur des texanischen Milliardärs Perot für den amerikanischen Präsidentschaftswahlkampf wirke eventuell insofern positiv, „als Perot mit seinem Wahlkampfschwerpunkt auf Wirtschaftspolitik, Defizitverringerung und Lösung der innenpolitischen Probleme die in der letzten Phase des Wahlkampfs zwischen Bush und Clinton angelaufene ‚sleaze campaign' (Schmutzkampagne), in der es um die charakterliche Zuverlässigkeit der Kandidaten ging, in den Hintergrund drängen und Wahlkampf wieder stärker auf die wirklichen Problem des Landes konzentrieren wird". Vgl. DB Nr. 2874; B 32, ZA-Bd. 179507.

c) Kernstück einer solchen Konjunkturpolitik werden nach den Plänen Clintons öffentliche Investitionen (im Wert von 200 Mrd. Dollar über vier Jahre) und die Förderung privater Investitionen durch Steueranreize sein.

d) Sein Hauptproblem wird die Finanzierung dieser und anderer Vorhaben (insbes. Einführung eines nationalen Gesundheitssystems) sein: Der Einsparung bei den Staatsausgaben sind enge Grenzen gesetzt (Verteidigungshaushalt bereits jetzt stark in Anspruch genommen, Einsparungen bei Gesundheitsfürsorge und Sozialleistungen politisch kaum machbar). Eine generelle Einkommensteuerhöhung kann aus politischen Gründen so gut wie nicht in Betracht kommen (Steuererleichterungen für die Mittelklassen war ein Kernstück in Clintons Wahlkampfstrategie). Überdies müsste es gleichzeitig gelingen, das Haushaltsdefizit abzubauen oder zumindest sein weiteres Anwachsen zu verhindern. Die neue Administration wird daher in schwieriger Gratwanderung eine wirtschaftlich vernünftige und politisch machbare Balance zwischen Konjunktursteuerung einerseits und einer für die Finanzmärkte glaubhaften Verpflichtung zum mittelfristigen Abbau des Haushaltsdefizits andererseits finden müssen.

II. Wertung

1) Es liegt im Interesse Amerikas, dass es der neuen Administration gelingt, die angestauten innenpolitischen Probleme Lösungen näherzubringen und damit auch die Voraussetzungen für langfristiges wirtschaftliches Wachstum zu verbessern. Ein wirtschaftlich gestärktes Amerika mit einem verbesserten Sozial- und Erziehungssystem liegt zugleich auch im langfristigen Interesse der gesamten Weltwirtschaft und insbesondere auch Europas und des exportabhängigen Deutschlands.

2) Mit einem Erfolg der überfälligen Reformen im sozialen System, der beabsichtigten aktiveren Rolle des Staates in der Wirtschaft (auch als Mittler zwischen Gewerkschaften und Arbeitgebern) würden die USA ein Stück in Richtung „soziale Marktwirtschaft“ gehen und damit auch etwas „europäischer“. Wir sollten darin eine auch aus unserer Sicht positive Entwicklung sehen.

3) In der Konzentration auf die inneren Probleme werden die USA unter der neuen Administration ihr globales Engagement – [7]soweit es für sie mit Kosten verbunden ist – weiter zurückzunehmen versuchen. Angesichts des Endes der Machtrivalität mit der SU und des innenpolitischen Problemstaus ist dies sowohl logisch als auch unvermeidbar. Damit wird der bisherige politische Druck auf Japan und Europa (insbes. Deutschland), sich bei der Verfolgung gemeinsamer Interessen noch stärker an den finanziellen Lasten zu beteiligen, andauern.

4) Die Perzeption nachlassender eigener Wettbewerbsfähigkeit in wichtigen Industriebereichen und gleichzeitiger angeblich „unfairer“ Außenhandelspraktiken wichtiger Partner (Japan, EG) in Verbindung mit der politisch unabweisbaren Notwendigkeit, eigene Arbeitsplätze zu erhalten bzw. zu schaffen, werden dafür sorgen, dass Außenhandels-, Wirtschafts- und Währungspolitik weiter die besonders kritischen Bereiche der transatlantischen Beziehungen bleiben werden. Hier wird es auf ein Höchstmaß an gegenseitigem Verständnis und wechselseitiger Verständigung ankommen, wenn größere Friktionen vermieden werden sollen. Frühzeitige persönliche Kontaktpflege zu den neuen Entscheidungsträgern erscheint daher dringlich.

[7] Beginn des mit DB Nr. 3182 übermittelten zweiten Teils des Fernschreibens. Vgl. Anm. 1.

5) Auch in den übrigen Bereichen der außenpolitischen Beziehungen wird im Wesentlichen mit Kontinuität zu rechnen sein. Förderung der Demokratie, Wahrung der Menschenrechte und stärkere Rolle der VN werden allerdings einen höheren Stellenwert einnehmen als unter der Vorgänger-Administration, ebenso die neuen globalen Themen wie Umweltgefährdung, Bevölkerungsentwicklung und Waffenproliferation. Gegenüber den Problemen im ehemaligen Jugoslawien und der ehemaligen Sowjetunion wird sich die neue Administration aufgeschlossener zeigen. Insofern dürften auch wichtige Teilbereiche der „klassischen" amerikanischen Außenpolitik „europäischer" werden.

6) In unseren bilateralen Beziehungen werden wir damit zu rechnen haben, dass die neue Administration den bereits begonnenen graduellen Abbau der US-Truppenpräsenz in Europa etwas zügiger vornehmen, gleichwohl einen – zahlenmäßig noch zu definierenden – Restbestand beibehalten wird. Gegenüber den neu entstehenden Sicherheitsstrukturen in Europa wird sich die neue Administration voraussichtlich offener und weniger dogmatisch als die Bush-Administration verhalten. Auch im Abrüstungsbereich (Beispiel: nuklearer Teststopp[8]) kann insgesamt von größerer Nähe zu unseren Positionen gesprochen werden.

[gez.] Stabreit

B 32, ZA-Bd. 179506

356

Gespräch des Bundeskanzlers Kohl mit der polnischen Ministerpräsidentin Suchocka

5. November 1992[1]

Teilnehmer auf polnischer Seite: Ministerpräsidentin Suchocka, Botschafter Reiter.
Teilnehmer auf deutscher Seite: der Herr Bundeskanzler, MD Hartmann als Note-taker.

8 VLR Gottwald vermerkte am 9. Oktober 1992, der amerikanische Kongress habe am 24. September 1992 „ein neunmonatiges Testmoratorium (1.10.92 – 30.6.93), eine Begrenzung der Tests für die folgenden drei Jahre auf fünf Tests pro Jahr sowie einen völligen Teststopp nach dem 30.9.1996 beschlossen. Der völlige Teststopp gilt nur, wenn nach diesem Zeitpunkt kein anderer Staat mehr Nukleartests durchführt." Dies sei als „Einstieg in den nuklearen Teststopp" zu werten: „Russland und Frankreich haben ihre Tests bereits befristet ausgesetzt; GB hat keine eigenen Testmöglichkeiten. China steht damit isoliert da. Offen bleibt, ob sich die US nun zu Verhandlungen über einen umfassenden Teststopp in der Genfer Abrüstungskonferenz bereit zeigen werden." Vgl. B 43, ZA-Bd. 166061.
BR I Stüdemann, Moskau, berichtete am 19. Oktober 1992, der russische Präsident Jelzin habe mit einem Dekret vom selben Tag „das russische Nukleartest-Moratorium bis zum 1.7.1993 verlängert". Vgl. DB Nr. 4515; B 43, ZA-Bd. 166061.

1 Der Gesprächsvermerk wurde von MD Hartmann, Bundeskanzleramt, am 9. November 1992 gefertigt und am folgenden Tag über BM Bohl an BK Kohl geleitet. Dazu vermerkte Hartmann: „Ich gehe davon aus, dass der Vermerk nicht weitergeleitet wird, bitte allerdings um Zustimmung, dass ich Herrn StS Köhler die für ihn einschlägigen Passagen übersende."
Hat Bohl am 10. November 1992 vorgelegen.
Hat Kohl vorgelegen, der den Rücklauf an Hartmann verfügte und zu dessen Vorschlag handschriftlich vermerkte: „Ja." Vgl. den Begleitvermerk; BArch, B 136, Bd. 42637.

Der *Bundeskanzler* heißt MPin Suchocka herzlich willkommen[2] und erklärt, er sei sehr an einem engen und auch persönlichen Kontakt interessiert. Wenn es Probleme gebe, solle man auch zum Telefonhörer greifen.

Er habe mit Präsident Wałęsa einen guten Kontakt entwickelt, und er habe auch ungefähre Vorstellungen von den Schwierigkeiten, denen sich die Ministerpräsidentin in Polen gegenübersehe.

Die deutsch-polnischen Beziehungen seien für Deutschland und Europa von existenzieller Bedeutung. Deshalb sei er auch dafür, dass Polen, sobald es wolle und könne, Teil der Europäischen Gemeinschaft werde. Dies entspreche auch deutschem Interesse. Die deutsche Ost- und die polnische Westgrenze dürfen nicht auf Dauer Grenze der Europäischen Gemeinschaft sein, andernfalls würde dies neue Schwierigkeiten nach sich ziehen.

Was die Lage innerhalb der EG angehe, so werde man auf dem bevorstehenden Rat in Edinburgh[3] wichtige weitergehende Beschlüsse fassen müssen. In Edinburgh werde man vor allem bekräftigen, dass der Maastrichter Vertrag nicht geändert werde. Es sei davon auszugehen, dass bis auf Großbritannien[4] und Dänemark[5] alle Mitgliedstaaten bis Ende des Jahres den Vertrag ratifiziert haben würden. Der Deutsche Bundestag werde Ende November und der Bundesrat im Dezember mit dem Vertrag befasst werden. Der Vertrag sei kein zwischen den Parteien kontroverses Thema.[6]

Er gehe davon aus, dass auch PM Major letztlich eine Mehrheit im Unterhaus für den Vertrag erhalten werde. Schwieriger sei die Lage in Dänemark. Wir seien zwar bereit, Dänemark durch eine Interpretation des Vertrages, nicht aber durch eine Änderung des Vertrages entgegenzukommen.

In Edinburgh werde man auch über die Erweiterung der Gemeinschaft sprechen. Hierbei gehe es zunächst einmal um den Beschluss über die Aufnahme von Verhandlungen mit den EFTA-Staaten.[7] Wenn diese Verhandlungen zum Erfolg führten, könne man um 1995 mit einem Beitritt dieser Staaten rechnen.

2 Die polnische MPin Suchocka hielt sich am 5./6. November 1992 in der Bundesrepublik auf.

3 Zur Tagung des Europäischen Rats am 11./12. Dezember 1992 vgl. Dok. 421.

4 Zur Frage einer Ratifizierung des Vertragswerks von Maastricht in Großbritannien vgl. Dok. 352, Anm. 12. Am 5. November 1992 teilte Botschafter Freiherr von Richthofen, London, mit, der britische PM Major habe in der Fragestunde am selben Tag im Unterhaus erklärt, die dritte Lesung über das Vertragswerk von Maastricht solle erst nach dem für Mai 1993 angekündigten zweiten Referendum in Dänemark abgehalten, jedoch das „Ausschussverfahren noch vor Weihnachten wiederaufgenommen" werden: „Meldung löste einige Schockwellen im Parlament und Medien aus. [...] Verzögerung der dritten Lesung bis nach dän. Referendum wird allgemein, auch von Konservativen, als Preis der Regierung an potenzielle Tory-Rebellen für Unterstützung in gestriger Abstimmung interpretiert. MPs verkünden, Kabinettsmitglieder hätten Versprechen dazu zwischen den zwei Voten gestern Abend gegeben, da andernfalls Abstimmung gegen die Regierung ausgegangen wäre." Vgl. DB Nr. 2173; B 210, ZA-Bd. 162212.
Am 6. November 1992 erläuterte Richthofen, Major habe am Vortag „nicht kausalen, sondern nur zeitlichen Zusammenhang zwischen dritter Lesung im Unterhaus und dän. Referendum hergestellt. [...] Bei dritter Lesung im Mai besteht kleine Chance auf Verabschiedung Maastricht-Gesetzes noch vor Sommerpause im Juli. Wahrscheinlicher ist Abschluss erst im Herbst. Insider aus Oberhaus rechnen nicht mit Schwierigkeiten bei dortiger Verabschiedung des Maastricht-Gesetzentwurfs." Vgl. DB Nr. 2185; B 210, ZA-Bd. 162212.

5 Zum Referendum am 2. Juni 1992 in Dänemark vgl. Dok. 166, Anm. 2.
Zu den dänischen Sonderwünschen für eine Ratifizierung des Vertragswerks von Maastricht vgl. Dok. 352.

6 Zur Ratifizierung des Vertragswerks von Maastricht am 2. Dezember 1992 im Bundestag vgl. Dok. 400.

7 Die EG nahm am 1. Februar 1993 Beitrittsverhandlungen mit Finnland, Österreich und Schweden auf. Die Beitrittsverhandlungen mit Norwegen begannen am 5. April 1993. Vgl. AAPD 1993.

In diesem Zusammenhang werde man aber auch über Polen, die Tschechische Republik, die Slowakei und Ungarn sowie die baltischen Staaten sprechen. Seine Vorstellung sei, dass man für die Übergangszeit ein besonderes Assoziationsverhältnis anstreben sollte. Dies sei nicht nur wichtig für die ökonomischen Beziehungen, sondern auch in politischer Hinsicht. Möglicherweise könne man auch eine Regelung für verstärkte politische Konsultationen finden. Beispielsweise könne er sich vorstellen, dass die genannten Länder einmal im Jahr am Europäischen Rat – getrennt von den übrigen Beratungen – teilnähmen.

Gleichzeitig müsse man auch an eine Art Assoziation ohne Beitrittsoption für die GUS-Staaten sowie für die Türkei denken. Es sei natürlich völlig indiskutabel, dass Russland eines Tages Teil der Europäischen Gemeinschaft werde.

Auch was die Türkei angehe, wolle er deutlich sagen, dass aus unserer Sicht eine Vollmitgliedschaft nicht vorstellbar sei.

Der Bundeskanzler wiederholt, unser Interesse sei es, Polen an die EG heranzuführen. Bei einer Mitgliedschaft Polens in der EG werde sich auch das Problem der Minderheiten[8] in anderem Licht darstellen.

MPin *Suchocka* dankt dem Bundeskanzler für seine Darlegungen und erklärt, dass ihr Standpunkt dem des Bundeskanzlers sehr ähnlich sei. Sie habe in ihren bisherigen Begegnungen mit Vertretern der Europäischen Gemeinschaft zwiespältige Erfahrungen gemacht. Beispielsweise habe sie nach ihrer jüngsten Begegnung bei dem Treffen zwischen den Visegrád-Staaten und der Europäischen Kommission in London[9] den Eindruck gewonnen, dass es in der EG zwei Strömungen gebe: Die einen seien über die Entwicklung in den Ländern der Visegrád-Gruppe besorgt und wollten aus Westeuropa eine Art Festung machen. Die anderen seien mit einer allmählichen Einbeziehung der Visegrád-Gruppe in die EG einverstanden, befürchteten aber, dass dies für diese Länder den wirtschaftlichen Ruin bedeute.

Demgegenüber sei die Haltung des Bundeskanzlers sehr klar und komme den Erwartungen Polens entgegen. Polen sei für eine volle Integration in die Europäische Gemeinschaft und benötige hierzu auch eine breitangelegte Hilfe. Aus diesem Grunde sei wichtig, was der Bundeskanzler gesagt habe, nämlich, dass die genannten Länder eine gewisse Vorzugsposition hätten.

Der *Bundeskanzler* erklärt, natürlich habe niemand bei Gründung der EG an die jetzige Lage gedacht. Länder wie Spanien, Italien, aber auch Großbritannien seien weit weg von Mitteleuropa. Alle müssten daher jetzt umdenken. Man habe sich bisher in der Gemeinschaft bequem eingerichtet. Natürlich wisse er, dass auch der Beitritt Portugals und Griechenlands[10] für die Gemeinschaft zu früh gekommen sei. Hinzu komme, dass einige der südeuropäischen Länder befürchteten, künftig die Finanzmittel mit anderen teilen zu müssen[11].

8 Zur Frage der deutschen Minderheit in Polen vgl. Dok. 411.

9 Der britische PM Major als amtierender EG-Ratspräsident, EG-Kommissionspräsident Delors und der Vizepräsident der EG-Kommission, Christophersen, führten am 28. Oktober 1992 in London ein Gespräch mit MP Antall (Ungarn), MP Klaus (Tschechien), MP Mečiar (Slowakei) und MPin Suchocka (Polen) über eine weitere Annäherung der Visegrád-Staaten an die EG. Vgl. BULLETIN DER EG 10/1992, S. 73.

10 Griechenland trat mit Wirkung vom 1. Januar 1981 den EG bei, Portugal zum 1. Januar 1986.

11 Korrigiert aus: „teilen müssten".

Dazu geselle sich die Sorge, dass sich mit dem Beitritt der mitteleuropäischen Länder die Achse Europas nach Osten verschiebe.

Was man in Brüssel zu diesen Dingen sage, sei ihm gleichgültig. Natürlich sage auch er, dass Polen heute nicht in der Lage sei, der EG beizutreten. Das wisse die Ministerpräsidentin auch. Nur könne nicht das Ziel sein, alles hinauszuschieben.

Unser Interesse sei, dass die Reformpolitik der polnischen Regierung Erfolg habe.

MPin *Suchocka* erklärt, für Polen und die polnische Regierung sei es wichtig, dass ihre Anstrengungen in Richtung EG Unterstützung fänden. Sie sei sich im Klaren darüber, dass es hiergegen noch in einigen Ländern Opposition gebe. Andererseits liege die Annäherung an die EG nicht nur im Interesse der Länder, die dies betrieben, sondern auch im Interesse derjenigen, die schon Mitglieder der Gemeinschaft seien.

Sie habe kürzlich in Lublin einen Vortrag über grundsätzliche Fragen der polnischen Außenpolitik gehalten und dabei den Wunsch zum Ausdruck gebracht, dass die Beziehungen an der deutsch-polnischen Grenze sich so gestalteten wie an der deutsch-französischen Grenze.

Der *Bundeskanzler* wirft ein, dies sei genau auch seine These.

MPin *Suchocka* fährt fort, es sei ein gutes Zeichen, dass sich beispielsweise heute im Deutschen Bundestag die Vertreter des deutschen, französischen und polnischen Auswärtigen Ausschusses träfen.[12]

Sie wolle auch noch einmal die Unterstützung durch die Bundesregierung gegenüber Polen ausdrücklich würdigen. Beispielsweise trage die Bundesregierung 28 % der Kosten des PHARE-Programms[13]. Sie wolle auch an die Stiftung zugunsten der Nazi-Opfer[14] erinnern und an die Unterstützung, die Polen durch Deutschland im Pariser Club erfahren habe.

Polen sei seinerseits bereit, Deutschland bei der Entwicklung seiner Beziehungen zu Russland zu helfen.

Der *Bundeskanzler* wirft ein, dies sei wichtig, zumal man gemeinsame Probleme gegenüber Russland habe. Man dürfe nicht zurück ins 19. Jahrhundert gehen – auch in diesem Punkt nicht.

MPin *Suchocka* fährt fort, Polen habe den Wunsch, dass der Stabilisierungsfonds[15] im Rahmen der Wirtschaftsreformen genutzt werden könne. Man wolle den deutschen Beitrag für die Sanierung des polnischen Bankensystems nutzen. Dies sei für Polen eine sehr wichtige Frage.

Der *Bundeskanzler* wirft ein, er führe heute ein erstes Gespräch. Er schlage vor, dass als sein persönlicher Beauftragter Staatssekretär Köhler nach Warschau komme, um insbesondere auch über diese Frage zu reden. Auf Rückfrage stellt der Bundeskanzler klar, dass Staatssekretär Köhler so bald wie möglich kommen werde, nachdem der von ihm ursprünglich genannte Termin – Januar 1993 – von MPin Suchocka als zu spät empfunden wurde.

Der Bundeskanzler weist darauf hin, dass die Diskussion im G 7-Kreis noch keine einheitliche Meinung erbracht habe. GB und Italien prüften noch, auch Kanada prüfe die

12 Zur gemeinsamen Sitzung der Auswärtigen Ausschüsse des Bundestags und des französischen wie polnischen Parlaments am 5. November 1992 vgl. Dok. 358.

13 Zum PHARE-Programm vgl. AAPD 1990, II, Dok. 207.

14 Zur „Stiftung Deutsch-Polnische Aussöhnung" vgl. Dok. 4, Anm. 12.

15 Zum Stabilisierungsfonds für Polen vgl. Dok. 197, Anm. 19.

Umwidmung, schließe aber die Verwendung für die Bankensanierung aus. Auch Frankreich habe Zweifel.

Wir hätten im G 7-Kreis erklärt, dass wir grundsätzlich bereit seien, uns an der Umwidmung zu beteiligen, aber keine zusätzlichen Haushaltsmittel bereitstellen könnten.

Im Übrigen sei in unserem bilateralen Kreditvertrag bereits vorgesehen, dass die Kreditlinie auch nach Ablauf des Stabilisierungsfonds beibehalten werde. Deshalb solle man das Gespräch hierüber bald aufnehmen. Er schlage aber vor, dass zunächst MPin Suchocka ihm persönlich zu diesen Fragen ein vertrauliches Papier schicke.

Man müsse generell sehen, dass sich auch unsere psychologische Lage durch die jetzt von dem künftigen amerikanischen Präsidenten[16] angekündigte Politik einer stärkeren Orientierung auf innenpolitische Fragen erschwere. Ähnliche Forderungen würden dann auch in der deutschen Öffentlichkeit – bis in seine eigene Partei hinein – laut werden.

Bei den anstehenden Gesprächen könne man dann auch über die Kreditlaufzeiten reden.

MPin *Suchocka* wirft sodann die Frage des Hermes-Plafonds auf.

Der *Bundeskanzler* erklärt, wir seien in der Lage, den Hermes-Plafond zu verlängern, zumal der Plafond noch nicht voll ausgeschöpft sei. In diesem Zusammenhang müsse man allerdings auch die Frage des Transferrubelsaldos sehen, für die man einen Kompromiss finden müsse.[17]

MPin *Suchocka* erwidert, Polen sei bereit, einen Kompromiss in dieser Frage zu finden. Polen habe bisher auf einer Null-Option bestanden. Hiervon sei man bereit abzugehen.

Beispielsweise sei Polen interessiert, die Transferrubel als Anteil für deutsche Firmen im Rahmen der Privatisierung zu verwenden. So hätten auch die Ungarn das Problem gelöst.

Der *Bundeskanzler* erklärt, er wolle hierzu jetzt nicht Stellung nehmen.

MPin *Suchocka* fährt fort, sie wolle noch einmal feststellen, dass Polen bereit sei, von der Null-Option abzugehen.

Sie wolle aber noch ein anderes wichtiges Problem ansprechen. Polen werde derzeit von den Versicherungen in die niedrigste, nämlich die fünfte Gruppe bei den Exportprämien eingestuft. Dies treffe Polen besonders hart, zumal man damit auf die gleiche Stufe wie afrikanische Länder gestellt werde.

Der *Bundeskanzler* schlägt vor, auch diese Problematik noch einmal schriftlich zu unterbreiten.

MPin *Suchocka* sagt dies zu und weist darauf hin, dass auch der IWF der Auffassung sei, dass Polen nicht in die höchste Risikogruppe eingestuft werden solle. Bisher sei es nur Deutschland, das diesen Höchstsatz fordere.

Es gebe aber auch noch positive Themen. Beispielsweise könne Polen jetzt seinen Anteil an den Kosten für den deutsch-polnischen Jugendrat bereitstellen. Auch wolle sie mitteilen, dass die Stadt Warschau gestern entschieden habe, der deutschen Botschaft ein Baugrundstück zur Verfügung zu stellen.

Der *Bundeskanzler* erklärt, er wolle noch einmal kurz das Thema Minderheit ansprechen. Dies sei natürlich eine ungeheuer schwierige Frage. Andererseits sei deutlich, dass man hier beachtliche Fortschritte gemacht habe – ungeachtet fortdauernder Probleme.

16 Am 3. November 1992 fanden in den USA Präsidentschaftswahlen statt, aus denen der Kandidat der Demokratischen Partei, Clinton, als Sieger hervorging. Vgl. Dok. 355.

17 Zu den Verhandlungen über die Regulierung des Transferrubelsaldos vgl. Dok. 228, Anm. 11.

In diesem Zusammenhang sei es wichtig, dass man die regionale Zusammenarbeit voranbringe. Er wisse, was dies für Probleme an der polnischen Grenze schaffe. Er halte Fortschritte in diesem Bereich aber für unerlässlich.

MPin *Suchocka* erklärt, für sie sei es einerseits leicht, sich mit der Minderheitsfrage zu beschäftigen, da sie dieses Problem aus ihrer Studienzeit gut kenne. Sie habe daher auch die Unterstützung der deutschen Minderheit im polnischen Sejm. Andererseits gebe es in Schlesien Gruppen, die sich inhaltlich am Nationalsozialismus orientierten.

Es sei nicht hinnehmbar, dass bei doppelten Ortsschildern nicht die traditionellen Namen verwandt würden, sondern die aus der Nazizeit. Dies könne man nicht akzeptieren.

Was die regionale Zusammenarbeit angehe, so sei es auf polnischer Seite bisher nicht möglich, dass die Regionen eine eigene selbstständige Politik betrieben. Allerdings werde man jetzt die entsprechenden gesetzlichen Voraussetzungen hierfür schaffen.

Das Gespräch wird beim Mittagessen fortgesetzt.

Der *Bundeskanzler* fasst zunächst die Ergebnisse des bisherigen Gespräches zusammen und hebt insbesondere noch einmal die Bedeutung der regionalen Zusammenarbeit hervor.

MPin *Suchocka* greift diesen Punkt auf und erklärt, wenn es in dieser Frage Zögern auf beiden Seiten gegeben habe, so rühre dies nicht zuletzt daher, dass die neuen Bundesländer die Sache an sich gezogen hätten, ohne mit der polnischen Seite eng zu kooperieren. Dies habe natürlich wiederum damit zu tun, dass auf polnischer Seite die rechtlichen Grundlagen nicht gegeben seien.

Der *Bundeskanzler* schlägt vor, dass man über die Entwicklung in Russland spreche.

MPin *Suchocka* erklärt, sie sehe eine Entwicklung, wonach sich in Russland eine Art Reintegration vollziehe, die darauf hinauslaufe, dass die Staaten wieder stärker in den Einflussbereich Russlands gerieten, die zurzeit unabhängig seien. Diese Entwicklung könne man an einer Reihe von Fakten genau beobachten. Beispielsweise sehe es nach den letzten Wahlen in Litauen[18] so aus, dass Russland seine Truppen dort nicht abziehe[19] und stattdessen versuche, Litauen wieder stärker an sich heranzuziehen.

18 In Litauen fanden am 25. Oktober bzw. am 15. November 1992 Parlamentswahlen statt. VLR I Graf Leutrum analysierte am 20. November 1992, die Wahlen hätten „zu einer erdrutschartigen Verschiebung der innenpolitischen Kräfteverhältnisse zugunsten der Demokratischen Arbeiterpartei unter dem letzten Führer der KP Litauens, Brazauskas, geführt. Dieser bislang in MOE einzigartig hohe Sieg einer postkommunistischen Partei und die von niemandem vorhergesehene krasse Niederlage für die Landsbergis stützenden Kräfte (Sąjūdis, Christdemokraten, z. T. Sozialdemokraten) sollte allerdings nicht mit einer Renaissance des Kommunismus gleichgesetzt werden. [...] Insgesamt ordnet sich das litauische Wahlergebnis in einen in MOE zu beobachtenden Trend ein: Enttäuscht über die Beschwernisse und Unsicherheiten des demokratisch-marktwirtschlichen Neuanfanges tendieren nicht wenige Menschen zu jenen Kräften, die etwas von der verlorengegangenen wirtschaftlichen Sicherheit des alten Systems vermitteln, ohne die Rückkehr zum repressiven Kommunismus anzustreben." Vgl. B 31, ZA-Bd. 171325.

19 Zum Abzug der russischen Truppe aus Litauen vgl. Dok. 275, Anm. 14.
BR I Stüdemann, Moskau, teilte am 30. Oktober 1992 mit, der russische Präsident Jelzin habe „mit einem am 29.10. abends unterzeichneten Ukas über die Suspendierung des russischen Truppenabzugs ein Zeichen russischer Stärke gesetzt". Mit dem noch nicht veröffentlichten Erlass unterbreche Jelzin „den Truppenabzug bis zum Abschluss zwischenstaatlicher Abkommen mit den drei baltischen Staaten [...]. In diesen müsse das Verfahren für den russischen Truppenrückzug geregelt und Maßnahmen zum sozialen Schutz der im Baltikum stationierten Armeeangehörigen und ihrer Familien festgelegt werden. Jelzin wies die russische Regierung an, innerhalb von drei Tagen entsprechende vorläufige Abkommen zu entwerfen. Es hieß in den Meldungen, dass Jelzins Entscheidung im Zusammenhang stehe mit seiner tiefen Sorge über zahlreiche Beeinträchtigungen der Rechte der russischen Minderheiten." Vgl. DB Nr. 4750; B 41, ZA-Bd. 221831.

Polen sei an guten Beziehungen zu den unabhängigen Staaten der GUS interessiert. Dies gelte nicht zuletzt für die baltischen Länder. Jetzt müsse man allerdings die Befürchtung haben, dass im Wege der Reintegration ein neuer Eiserner Vorhang entstehe.

Der *Bundeskanzler* erklärt, auch uns lägen Informationen vor, die zu Besorgnissen Anlass gäben. Er sehe noch nicht, wie sich die Dinge in Russland weiterentwickelten. Er habe kürzlich hierüber mit Gorbatschow gesprochen, dessen Urteil allerdings eher einseitig sei.[20]

Wenn sich baltische Staaten wie Litauen wieder stärker an Moskau orientierten, müssten sie wissen, dass sie damit von Brüssel weggingen.

Der Bundeskanzler fragt sodann nach der Lage in der Ukraine.[21]

MPin *Suchocka* erwidert, die Ukraine sei viel stabiler als andere Republiken. Man habe nach dem Regierungswechsel behauptet, dass die Pro-Moskau-Fraktion in Kiew stärker geworden sei. Dies stimme nach ihrem Eindruck nicht. Für Polen sei die Stabilisierung der Ukraine außerordentlich wichtig.

Der *Bundeskanzler* erkundigt sich nach der Lage an der Grenze.

MPin *Suchocka* erwidert, die Lage dort sei normal und es gebe keinerlei Unruhe.

Polen habe im Übrigen eine starke ukrainische Minderheit von rd. 250 000 bis 300 000 Personen. Diese seien allerdings über das ganze Land verteilt. Auch in der Ukraine gebe es eine starke polnische Minderheit, deren Lage allerdings sehr schwierig sei. Sie werde übrigens Ende des Jahres bzw. Anfang 1993 die Ukraine besuchen und hoffe, dass es gelinge, mit der Ukraine in der Minderheitenfrage auf der Grundlage der Helsinki-Dokumente zu einer Einigung zu kommen, wobei man öffentliches Aufsehen vermeiden wolle.

Der *Bundeskanzler* stellt die Frage, ob die polnische Regierung zu einem Minderheitengesetz bereit sei.

MPin *Suchocka* erwidert, man wolle lediglich einen Artikel in der Verfassung als Grundlage für die Minderheitenpolitik schaffen. Dies sei die einhellige Meinung, wobei in der Verfassung der europäische Standard festgelegt werden solle.

MPin Suchocka stellt sodann die Frage, ob in Deutschland über die Zukunft des Art. 116 GG[22] diskutiert werde, der de facto eine doppelte Staatsangehörigkeit ermögliche. Hier gebe es Probleme für Polen. Denn auf dieser Grundlage erhielten die Deutschstämmigen in Polen die deutsche Staatsangehörigkeit und würden sich dem Wehrdienst entziehen.

Der *Bundeskanzler* erklärt, dies sei ein schwieriges Thema, und im Moment werde die Lage bei uns durch das Asylproblem völlig überschattet.

Der Bundeskanzler weist sodann auf die jüngsten Zahlen der Asylbewerber[23] und die Steigerungsraten gegenüber dem Vorjahr hin und erläutert kurz die Vorgeschichte des Art. 16 GG[24].

MPin *Suchocka* erklärt, auch in Polen habe man ein Problem mit Asylanten. Polen sei als erstes betroffen, wenn es um Flüchtlinge aus Osteuropa gehe.

Der *Bundeskanzler* fragt, wie die Diskussion über die Sicherheits- und Militärpolitik in Polen verlaufe.

20 Der ehemalige sowjetische Präsident Gorbatschow hielt sich vom 16. bis 22. September 1992 in der Bundesrepublik auf.

21 Zur Entwicklung in der Ukraine vgl. Dok. 345.

22 Für Artikel 116 GG vom 23. Mai 1949 vgl. BGBl. 1949, S. 15 f.

23 Für die Asylbewerberzahlen von Oktober bzw. November 1992 vgl. BULLETIN 1992, S. 1088 und S. 1196.

24 Für Artikel 16 GG vom 23. Mai 1949 vgl. BGBl. 1949, S. 3.

MPin *Suchocka* erklärt, ihre Regierung habe eine grundlegende Reorganisation des Militärwesens in Angriff genommen: Beispielsweise würden die Truppen im großen Maße von West nach Ost verlegt und im Übrigen die Zahl entsprechend den Rüstungskontrollvereinbarungen reduziert, nämlich von 400 000 auf 250 000.

Sie habe in Brüssel kürzlich Gespräche geführt und dabei den Eindruck gewonnen, dass Polen in der NATO eher willkommen sei als in der EG. Sie rechne in der Tat damit, dass ein Beitritt Polens zur NATO schneller komme als zur Europäischen Gemeinschaft.[25]

Der *Bundeskanzler* erklärt, es sei in der Tat eine absurde Vorstellung, dass Polen möglicherweise in die NATO komme, nicht aber in die EG.

MPin *Suchocka* erklärt, sie stelle sich auch eine andere Reihenfolge vor.

Der *Bundeskanzler* erklärt, es müsse gelingen, beides zu verwirklichen. Dabei sei der zeitliche Aspekt nicht so wichtig. Entscheidend sei die Irreversibilität.

BArch, B 136, Bd. 42637

357

Vorlage des Ministerialdirigenten Schirmer für Staatssekretär Lautenschlager

600-630.03 RUS **5. November 1992**[1]

Herrn Staatssekretär[2]

Betr.: Rückführung von Kulturgütern;
hier: Verhandlungen mit Russland

Bezug: Ihre Weisung vom 26.10.1992 (Anlage 1[3])

Anlg.: 3[4]

Zweck der Vorlage: Zur Billigung des Vorschlages unter Ziffer 2

25 Referat 201 notierte am 15. Oktober 1992: „Am 7.10.1992 bekräftigte die polnische MPin Suchocka anlässlich ihres Besuchs bei der NATO in Brüssel die polnische Politik der vollen Integration in westliche Strukturen. Strategisches Ziel polnischer Außenpolitik sei volle Mitgliedschaft des Landes in NATO und EG. Denkbar sei parallele Integration in EG und NATO (in ca. zehn Jahren). In Anbetracht der unbestreitbar vorhandenen wirtschaftspolitischen Hürden für volle EG-Mitgliedschaft sei jedoch früherer Beitritt zur NATO vorzuziehen. MPin Suchocka hob sich mit diesen Aussagen erkennbar von den zurückhaltenderen Äußerungen von Präsident Wałęsa und AM Skubiszewski ab. Sie betonte Wert des NAKR für Erörterung und Lösung von Sicherheitsfragen zwischen den Kooperationspartnern, sah jedoch die Arbeit dort nur als Zwischenschritt zur Vollmitgliedschaft in der Allianz." Vgl. B 14, ZA-Bd. 161185.

1 Die Vorlage wurde von VLR I Pieck konzipiert.

2 Hat StS Lautenschlager am 9. November 1992 vorgelegen, der den Rücklauf an VLR I Pieck verfügte und handschriftlich vermerkte „wie bespr[ochen]".
Hat Pieck am 9. November 1992 erneut vorgelegen.

3 Dem Vorgang beigefügt. Auf DB Nr. 4618, mit dem BR I Weiß, Moskau, am 26. Oktober 1992 über die Zusammensetzung und „das Statut der russischen Rückführungskommission" informierte, vermerkte StS Lautenschlager am selben Tag handschriftlich für MDg Schirmer: „Unter Bezugnahme auf heutige

1) Der Besuch des Bundeskanzlers in Moskau am 15. und 16.12.1992[5] soll zu dem Versuch genutzt werden, auf höchster politischer Ebene grundsätzliche Fragen der beiderseitigen Rückführung von Kulturgütern zu klären und zur Aufnahme förmlicher Sachverhandlungen den Weg freizumachen.

1.1) Grundlage unserer Forderung nach Aufnahme von Verhandlungen über die beiderseitige Rückführung von Kulturgütern ist Artikel 16, Absatz 2 des deutsch-sowjetischen Vertrages über gute Nachbarschaft, Partnerschaft und Zusammenarbeit vom 9.11.1990. Der Vertrag gilt, durch die von Moskau erklärte rechtliche Identität Russlands mit der früheren Sowjetunion, für Russland fort.

Artikel 16, Absatz 2 des Vertrages bestimmt:

„Sie (die Vertragsparteien) stimmen darin überein, dass verschollene oder unrechtmäßig verbrachte Kunstschätze, die sich auf ihrem Territorium befinden, an den Eigentümer oder seinen Rechtsnachfolger zurückgegeben werden.“[6]

Die Kohl-Jelzin-Erklärung vom 21.11.1991[7] übernimmt Artikel 16, Absatz 2 des Vertrages nahezu wörtlich (ohne „verschollene“ Kunstschätze).

1.2) Die Bundesregierung bemüht sich seit September 1991 um die Aufnahme förmlicher Verhandlungen über die beiderseitige Rückführung von Kulturgütern nach Artikel 16, Absatz 2 des Vertrages. Unsere drei Verbalnoten vom 2.9.1991[8] und 25.10.1991[9] (beide an die Botschaft der Union der Sozialistischen Sowjetrepubliken) sowie vom 18.2.1992[10] (an die Botschaft der Russischen Föderation), in denen wir die Aufnahme von Verhandlungen über die Durchführung des Artikel 16, Absatz 2 des Vertrages vorgeschlagen hatten, blieben bis heute ohne förmliche Antwort. Zahlreiche Gespräche mit Vertretern der Regierung der Russischen Föderation in Bonn und Moskau, auch durch eine Delegation des Unterausschusses für Auswärtige Kulturpolitik des Deutschen Bundestages im September 1992[11],

Fortsetzung Fußnote von Seite 1424

D[irektoren]B[esprechung]. Wir brauchen in der Tat bald konkrete Vorstellungen, wie wir uns weiter ‚organisieren‘ wollen in der Bu[ndes]Reg[ierung]; wie wir in der Perspektive des BK-Besuchs weiter prozedieren wollen. Erbitte Aufz[eichnng] mit Vorschlägen ggf. zur vertiefenden R[ück]spr[ache].“ Vgl. B 90, ZA-Bd. 209177.

4 Vgl. Anm. 3, 12 und 16.

5 Zum Besuch des BK Kohl in Russland vgl. Dok. 419 und Dok. 420.

6 Vgl. BGBl. 1991, II, S. 708.

7 Für die Gemeinsame Erklärung des BK Kohl und des russischen Präsidenten Jelzin vom 21. November 1991 vgl. BULLETIN 1991, S. 1081–1083.

8 Für die Verbalnote vom 2. September 1991, mit der über die Bildung einer Rückführungskommission auf deutscher Seite informiert und Gespräche mit der UdSSR angeregt wurden, deren Themen zunächst „der Austausch über die innerstaatliche Organisation und die vorhandenen Informationen über verlorene Kulturgüter sowie die Klärung des weiteren Verfahrens sein“ sollten, vgl. B 90, ZA-Bd. 209154.

9 Für die Verbalnote vom 25. Oktober 1991, mit der die sowjetische Seite „erneut um Mitteilung ihrer Vorstellungen über die Erfüllung der sich aus Artikel 16 Absatz 2 des Vertrages über gute Nachbarschaft, Partnerschaft und Zusammenarbeit zwischen der Bundesrepublik Deutschland und der Union der Sozialistischen Sowjetrepubliken ergebenden Verpflichtungen“ gebeten wurde, vgl. B 90, ZA-Bd. 209154.

10 Für die Verbalnote vom 18. Februar 1992 vgl. B 90, ZA-Bd. 209154.

11 Der Unterausschuss für Auswärtige Kulturpolitik des Bundestags hielt sich vom 13. bis 17. September 1992 zu Gesprächen in Moskau auf. Vgl. DB Nr. 3983/3984 des BRI Weiß, Moskau, vom 18. September 1992; B 90, ZA-Bd. 209153.

förderten zwar Einsichten auf beiden Seiten, erbrachten jedoch keine wirkliche Klarheit über die Haltung der russischen Regierung.

Immerhin berief Präsident Jelzin mit Dekret vom 23.6.1992 eine „Staatskommission zur Rückführung von kulturellen Werten", die am 30.9.1992 erstmals tagte. Beschlüsse zur Verhandlungsaufnahme mit Deutschland wurden dabei nicht gefasst. Vorsitzender der Kommission ist Kulturminister Sidorow. Mitglieder sind etwa 30 hochrangige Persönlichkeiten (Regierung, Parlament, Experten). Ein Statut klärt Mandat und Organisation der Kommission (Bericht der Botschaft Moskau vom 26.10.1992, s. Anlage 2[12]).

1.3) Die deutsche Seite hatte zur Vorbereitung auf die Aufnahme offizieller Verhandlungen bereits 1991 eine Rückführungskommission gebildet. Ihr gehören Vertreter von AA, BMI und KMK an. Experten können je nach Verhandlungsstand zugezogen werden. Eine vom BMI errichtete Dokumentationsstelle in Berlin sammelt Informationen über kriegsbedingt verlagertes deutsches Kulturgut in Russland wie auch über russisches Kulturgut in Deutschland. Aufgrund ihrer Arbeit sind wir in der Lage, der russischen Seite (z.B. mit Beginn von Verhandlungen) unseren Forderungskatalog vorzulegen.

1.4) Basis unserer Verhandlungsposition ist Artikel 16, Absatz 2 des Umfassenden Vertrages. Nach unserem Verständnis geht es dabei um die beiderseitige Verpflichtung zu einer Gesamtlösung bei der Rückführung kriegsbedingt verlagerter Kulturgüter ohne Kompensation, ohne Reparationen oder gleichartige Gegenleistungen. Parallel zu Verhandlungen über eine Gesamtlösung unterstützt die Bundesregierung Bemühungen um die Rückführung von Kulturgütern in kompensationsneutralen Einzelfällen, wobei die Kosten für projektgebundene Sachhilfen an die aufbewahrenden russischen Institute in begrenztem Umfang übernommen werden.

Die russische Verhandlungsposition wird erstmals aus dem Statut der Rückführungskommission (oben Ziff. 1.2) deutlich. Danach bezieht sich das Mandat der Kommission auf die Rückführung von Kulturwerten im Zusammenhang des Zweiten Weltkriegs auf der Grundlage von für Russland gültigen bilateralen internationalen Vereinbarungen und „Mechanismen für die Kompensation materieller und moralischer Verluste". Bilaterale Rückführungsvereinbarungen sind von Parlament, Präsident und Regierung zu billigen. Wichtige neue Erkenntnis aus dem Statut ist, dass die russische Seite in einem Anhang-Dokument Artikel 16 des Umfassenden Vertrages als Basisreferenz mit einbezieht. Das hebt den Gegensatz zwischen unserem Vertragsverständnis und der von Russland erwarteten Kompensation jedoch nicht auf.

1.5) Vordringliches prozedurales Ziel ist es, mit der russischen Rückführungskommission endlich offiziell ins Gespräch zu kommen. Der Moskau-Besuch des Bundeskanzlers Mitte Dezember 1992 bietet Gelegenheit, die Stagnation im Rückführungsdialog zu überwinden.

Die Botschaft Moskau hat, mit Blick auf den Bundeskanzler-Besuch, folgendes vorbereitendes Szenario vorgeschlagen:

- Sondierender Arbeitsbesuch von RL 600[13] beim Leiter des neu geschaffenen Rückführungsreferats im russischen Kulturministerium,

12 Dem Vorgang beigefügt. Für DB Nr. 4618 bzw. SB Nr. 4996 des BRI Weiß, Moskau, beide vom 26. Oktober 1992, vgl. B 90, ZA-Bd. 209177.

13 Werner Pieck.

- Teilnahme der deutschen Rückführungskommission (AA, BMI und KMK) an der Eröffnung der Ausstellung Bremer Gemäldesammlung in St. Petersburg am 18.11.1992, dort Gespräch mit dem zur Eröffnung erwarteten Kulturminister Sidorow, Weiterreise der Kommission nach Moskau, dort Beginn der offiziellen Gespräche mit russischer Kommission und abschließender Bericht an die parallel tagende Gemischte Kulturkommission (17. bis 19.11.1992),
- Empfang des russischen Kulturministers Sidorow während seines Bonn-Aufenthalts am 3. und 4.12.1992 (auf Einladung der KMK) durch die Leitung des Auswärtigen Amts.

Wir haben dieses Szenario mit dem BMI erörtert. Dieser reagierte auf Arbeitsebene zurückhaltend. Eine von uns angebotene Teilnahme am Arbeitsbesuch von RL 600 lehnte er ab. Für eine Beteiligung des BMI an der Kommissionsreise nach St. Petersburg und Moskau sah er, wegen der kurzen Vorlaufzeit und der ungewissen politischen Lage in Russland, nur geringe Chancen.

1.6) Nach den bisherigen Erfahrungen müssen wir uns auf langwierige Verhandlungen einrichten. An ihrem Ende kann nur eine politische Gesamtlösung stehen. Dennoch müssen wir uns auf die verwickelten rechtlichen Aspekte der Rückführung sorgfältig vorbereiten. Die Botschaft Moskau hat hierzu eine erste Problemskizze geliefert.

2) Ich schlage vor, zur Vorbereitung auf den Besuch des Bundeskanzlers in Moskau am 15./16.12.1992:

2.1) D 6[14] zu ermächtigen, während der Sitzung der Gemischten Kulturkommission in Moskau in einem separaten Gespräch Kulturminister Sidorow vorzuschlagen, auf russischer Seite die Voraussetzungen zu schaffen, dass die beiden Rückführungskommissionen noch vor dem Besuch des Bundeskanzlers zu einem ersten offiziellen Gespräch zusammentreten. (Dies wird auch unsere Haltung gegenüber dem russischen AM Kosyrew sein, wenn er zur Vorbereitung des Bundeskanzlerbesuchs nach Bonn kommen sollte.) Bei entsprechender Vorbereitung würde der Abteilungsleiter Kultur des BMI[15] an diesem Gespräch teilnehmen, um unserer Verhandlungsbereitschaft Nachdruck zu verleihen.

Unsere Rückfallposition wäre der Vorschlag, dass beide Regierungschefs die Aufnahme offizieller Verhandlungen durch beide Rückführungskommissionen mit Terminsetzung (Vorschlag: 3. Januarwoche 1993) verbindlich vereinbaren und die Absprache ins Protokoll aufnehmen.

Die Botschaft Moskau wird Weisung erhalten, den Gesprächstermin von D 6 vorzubereiten.

2.2) Kulturminister Sidorow durch den Bundesminister für zwei Tage (bei Übernahme der Aufenthaltskosten) nach Bonn einzuladen. Zeit: Anfang Dezember 1992. Die Einladung könnte Sidorow durch D 6 (s. Ziff. 2.1) überbracht werden. Vorrangiges Gesprächsthema wäre die beiderseitige Rückführung von Kulturgütern. Die BM-Einladung an Sidorow empfiehlt sich auch, weil die KMK ihre Einladung an Sidorow, an der Plenarkonferenz am 3./4.12.1992 teilzunehmen, unterdessen widerrufen hat (Anl. 3[16]). Die KMK-Absage könnte,

14 Lothar Wittmann.

15 Sieghardt von Köckritz.

16 Dem Vorgang beigefügt. Für das Schreiben des GS der Ständigen Konferenz der Kultusminister der Länder vom 23. Oktober 1992 an die Kulturabteilung der russischen Botschaft vgl. B 90, ZA-Bd. 209177.

nach Form und Inhalt, von Sidorow als brüskierend empfunden werden. Eine BM-Einladung sollte verhindern, dass sich seine Verstimmung vor dem Bundeskanzlerbesuch politisch nachteilig auswirkt. Gesonderte BM-Vorlage folgt.[17]

2.3) zu den verwickelten rechtlichen Aspekten der Rückführung ein Gutachten in Auftrag zu geben. Ausgewiesener Kenner der Materie ist Professor Dr. Wilfried Fiedler, Direktor des Seminars für Völkerrecht der Universität Saarbrücken. Mittel sind aus Kapitel 0504, Titel 686 37 („Forschungsaufträge und Sachverständigengutachten, die für die kulturpolitische Planung und Entscheidungsvorbereitung von Bedeutung sind") auch 1992 noch verfügbar.

D 2[18] und D 5[19] haben mitgezeichnet.

i. V. Schirmer

B 90, ZA-Bd. 209177

358

Vermerk des Vortragenden Legationsrats I. Klasse Gerz

231-383.25/3 JUG **5. November 1992**[1]

Betr.: Auftritt des Sonderberichterstatters (SBE) der VN-Menschenrechtskommission (MRK) für die Menschenrechtssituation im ehemaligen Jugoslawien, Tadeusz Mazowiecki, vor dem Auswärtigen Ausschuss des Deutschen Bundestages am 5.11.92[2]

Anlg.: 1[3]

17 MD Wittmann empfahl BM Kinkel am 12. November 1992, „den russischen Kulturminister Sidorow zu einem Kurzbesuch nach Bonn ein[zu]laden, um mit ihm grundsätzliche Fragen der beiderseitigen Rückführung von Kulturgütern […] zu erörtern. Bei Ihnen wäre nur ein kurzer Termin erforderlich, im Übrigen würde Kulturminister Sidorow durch Staatssekretär Lautenschlager (Einladung zu einem Mittagessen) und mich wahrgenommen." Am 13. November 1992 vermerkte VLR von Schubert handschriftlich auf Wittmanns Vorlage: „D 6 hat nach Rücksprache L 010 und StS Ermächtigung erhalten, S[idorow] mündlich zu Besuch einzuladen. Aufz[eichnung] ist daher gegenstandslos." Vgl. B 90, ZA-Bd. 209177. Sidorow und Kinkel trafen am 8. Dezember 1992 zusammen und vereinbarten, „dass die erste Tagung der gemischten deutsch-russischen Kommission zur Rückführung kriegsbedingt verlagerter Kulturgüter im Januar 1993 in Dresden stattfinden soll". Vgl. die Pressemitteilung Nr. 375/92; B 7, ZA-Bd. 178992.

18 Jürgen Chrobog.

19 Antonius Eitel.

1 Kopie.

2 Botschafter Jelonek, Genf (Internationale Organisationen), resümierte am 10. November 1992: „Auf Einladung des Auswärtigen Ausschusses des Deutschen Bundestages und der Bundesregierung besuchte M[azowiecki] am 5.11.92 Bonn. Er sprach mit den Fraktionsvorsitzenden von CDU[/CSU] und SPD, Schäuble und Klose, und anstelle des kurzfristig verhinderten FDP-Fraktionsvorsitzenden Solms mit MdB Mischnick. MdB Stercken gab M. ein Mittagessen, BM Kinkel empfing M. zu einem einstündigen Gespräch. M traf die BT-Präsidentin Süssmuth bei deren Abendessen zu Ehren der gleichzeitig in Bonn

I. Auf Einladung des Auswärtigen Ausschusses des Deutschen Bundestages trug SBE Mazowiecki auf der gemeinsamen Sitzung der Auswärtigen Ausschüsse des Deutschen Bundestages, der französischen Nationalversammlung und des polnischen Sejm vor, an der auch eine Abordnung ungarischer Abgeordneter teilnahm.

Auf den dringlichen Appell Mazowieckis zur Rettung von 15 000 Menschen, die z. Z. in Lagern im ehem. Jugoslawien festgehalten werden, einigten sich die Parlamentarier auf den Entwurf einer Entschließung, in der die Regierungen ihrer Länder zum sofortigen Handeln aufgefordert werden (Entwurf der Entschließung liegt bei[4]). Die ursprünglich geplante Einbringung im Plenum am 5.11.92 unter TOP Humanitäre Hilfe unterblieb, da es keine Zustimmung des Parlamentarischen Geschäftsführers der CDU/CSU-Fraktion[5] gab. Es ist nunmehr Einbringung auf dem normalen Weg der Beratung in den Ausschüssen vorgesehen.

M. beklagte die bisherige Ineffizienz des internationalen Engagements und kritisierte die ungenügende Koordination zwischen den einzelnen Aktionen.

II. Im Einzelnen und ergänzend halte ich fest:

Mazowiecki unterstrich eingangs die Bedeutung der Presse, die seine beiden Berichte über seine zwei Reisen[6] der Öffentlichkeit bekannt gemacht habe. Seine Erkenntnisse und Folgerungen aus seiner zweiten Reise (vom 12. bis 22. Oktober) fasste M. in vier Punkten zusammen:

1) M. bekräftigte seine frühere Aussage, dass die „ethnische Säuberung" das Ziel des derzeitigen Krieges im ehemaligen Jugoslawien sei. M. räumte ein, dass es Unterdrückung auch in Gebieten unter nicht-serbischer Gewalt gebe. In Kroatien und auf moslemischer Seite handele es sich jedoch nicht um verbrecherische zielgerichtete Methode wie bei den

Fortsetzung Fußnote von Seite 1428

anwesenden polnischen PM Suchocka. Höhepunkt des M.-Besuches war sein Vortrag vor den zu einer gemeinsamen Sitzung im Wasserwerk versammelten Auswärtigen Ausschüssen des BT, der französischen Assemblée nationale und des polnischen Sejm sowie des ungarischen Abgeordneten Horn." Vgl. DB Nr. 2272; B 42, ZA-Bd. 175774.

Zum Gespräch zwischen BM Kinkel und dem Sonderberichterstatter der VN-Menschenrechtskommission, Mazowiecki, am 5. November 1992 vgl. Dok. 361, Anm. 10.

3 Vgl. Anm. 4.

4 Dem Vorgang beigefügt. Für den gemeinsamen Entwurf eines Entschließungsantrags der Auswärtigen Ausschüsse des Bundestags und des französischen wie polnischen Parlaments vom 5. November 1992 vgl. B 42, ZA-Bd. 175774.

Der SPD-Abgeordnete Duve verlas den Entschließungsantrag am selben Tag im Bundestagsplenum. Vgl. BT Stenographische Berichte, 12. WP, 117. Sitzung, S. 9969.

5 Jürgen Rüttgers.

6 Für den Bericht des Sonderberichterstatters der VN-Menschenrechtskommission, Mazowiecki, vom 28. August 1992 (E/CN.4/1992/S-1/9) vgl. https://digitallibrary.un.org/record/149074. Vgl. auch Dok. 274.

Für den am 27. Oktober 1992 veröffentlichten zweiten Bericht Mazowieckis (E/CN.4/1992/S-1/10) vgl. https://digitallibrary.un.org/record/152801.

Botschafter Jelonek, Genf (Internationale Organisationen), informierte am 28. Oktober 1992, Mazowiecki habe am Vortag „über Feststellungen seiner zehntägigen Mission im ehemaligen Jugoslawien" berichtet: „M[azowiecki] befürwortete die Einrichtung humanitärer Korridore und die Errichtung von Schutzzonen, die eine letzte Verbleibenschance für die vom Bürgerkrieg betroffene muslimische Bevölkerung in B-H darstellten." Vgl. DB Nr. 2199; B 42, ZA-Bd. 175774.

Serben. M. erläuterte Letzteres an einzelnen Beispielen seines Berichts (Vukovar, Travnik, Trnopolje). M. warnte vor der Gefahr, dass ähnliche Praktiken und Methoden auf Kosovo, Wojwodina und den Sandžak übergreifen könnten. Vor allem im Kosovo sei die Lage außerordentlich gespannt. M. übte Kritik an der Effizienz westlicher Politik: In den Monaten seit der Londoner Konferenz[7] gehe die „ethnische Säuberung" mit dem Ziel weiter, vollendete Tatsachen zu schaffen.

2) Kriegsverbrechen

M. begrüßte die Schaffung eines Expertenausschusses durch den Sicherheitsrat und brachte seine Hoffnung zum Ausdruck, dass er bald seine Arbeit aufnehme. M. erklärte sich bereit, ihm vorliegendes Material zur Untersuchung und Auswertung an Kommission weiterzureichen. In diesem Zusammenhang erwähnte er insbesondere Erkenntnisse über ein Massengrab in der Gegend von Vukovar, denen sorgfältig nachgegangen werden müsse.

3) Internationale Aktionen

Zu diesem Punkt beklagte Mazowiecki ungenügende Koordination. Er sei einer KSZE-Mission begegnet, die dasselbe Ziel wie er gehabt habe und ebenso wenig Mittel.

Ein weiteres Problem sei die Erweiterung des Mandats von UNPROFOR.[8] Die Menschen seien enttäuscht über die Ineffizienz der internationalen Hilfe („mangelnde Hilfe und Ratlosigkeit"). Dies treffe vor allem auf die Menschen in Sarajevo zu.

Mazowiecki rief dazu auf, die als kleine Gruppen entstehenden demokratischen Kräfte in Serbien zu unterstützen. Das Problem sei, dass es in Serbien eine ungute Mischung von Kommunismus und Nationalismus gebe. Darüber dürften die im Entstehen begriffenen demokratischen Kräfte nicht übersehen werden. Es sei streng zu trennen zwischen dem Volk einerseits und den politisch Handelnden andererseits (diese Ausführungen wurden zweimal durch Applaus unterbrochen).

4) Das Problem der Lager und Flüchtlinge

M. führte hierzu aus, dass anders als das IKRK, das von 5–8000 Menschen in Lagern spreche, er – M. – von ca. 15000 ausgehe. Dies sei die wirkliche Zahl, wenn man die Menschen, die z. B. in dem sog. Flüchtlingszentrum Trnopolje lebten, hinzunehme. Diese Menschen müssten gerettet werden und in andere europäische Länder geholt werden. Aus seiner Einschätzung sei dies möglich, wenn das Mandat von UNPROFOR etwas erweitert werde und wenn die Mittel von UNHCR verstärkt würden und die europäischen Länder gemeinsam solidarisch handeln würden.

Mazowiecki schloss seine Ausführungen mit einem Appell an die Abgeordneten, durch ihre parlamentarische Arbeit Platz für die 15000 Menschen zu finden. Der Zeitfaktor spiele eine wichtige Rolle. M. forderte die Abgeordneten zu einer „trilateralen Initiative" für die 15000 Menschen auf.

Auf Vorschlag des Ausschuss-Vorsitzenden des Deutschen Bundestages[9] berieten die Abgeordneten den Vorschlag Mazowieckis. Als Ergebnis wurde anliegender Entschließungsentwurf erarbeitet.

Gerz

B 42, ZA-Bd. 175774

7 Zur internationalen Jugoslawien-Konferenz am 26./27. August 1992 vgl. Dok. 269.

8 Zur Erweiterung des Mandats von UNPROFOR vgl. Dok. 330, Anm. 5.

9 Hans Stercken.

359

Runderlass des Vortragenden Legationsrats I. Klasse Holl

340-321.11 PAK **5. November 1992**[1]
Fernschreiben Nr. 2973 Plurez **Aufgabe: 17. November 1992**

Betr.: BM-Reise nach PAK (26. – 28.10.1992)[2];
hier: Zusammenfassung der Ergebnisse

Als Anlage folgt eine Zusammenfassung der Ergebnisse des Besuchs von BM Dr. Kinkel in Pakistan.

Holl[3]

Folgt Anlage:

1) Auf Einladung des pak. PM und AM Nawaz Scharif besuchte BM vom 26. – 28.10.1992 PAK. Er traf in Islamabad mit politischer Führung zusammen (Gastgeber, Staatspräs. Ghulam Ishaq Khan, Parlamentspräs. Ayub Khan, StM für Ausw., Kanju, in Lahore mit Oppositionsführerin Benazir Bhutto). Gesonderte Begegnungen mit pak. MR-Kommission und d[eu]tsch[en] sowie pak. Wirtschaftsvertretern. Mehrere Treffen mit pak. und dtscher Presse.

Wichtigste Themen: indisch-pak. Konflikt (vor allem Kaschmirfrage), Nichtverbreitung, Demokratisierungsprozess, MR-Lage, AFG, Rauschgifthandel. Zentrale Botschaft BM war Appell an pak. Regierung, nach außen zur politischen Stabilisierung der Krisenregion, nach innen zur sozialen Befriedung des Landes beizutragen. Pak. Seite zeigte starkes Interesse an Entwicklungen in Europa, insbes. Bosnien, europäische Integration, künftige Rolle der NATO.

Als humanitäre Geste gegenüber den Opfern der jüngsten Überschwemmungskatastrophe hatte BM 1 t Medikamente mitgebracht.[4] Weitere 0,5 t waren für IKRK-Krankenhaus in Kabul bestimmt. BM unterrichtete PM über Entscheidung der Bundesregierung, PAK eine Katastrophenhilfe (FZ) von DM 15 Mio. zum Wiederaufbau der beschädigten Infrastruktur zu gewähren.[5]

1 Der Runderlass wurde in zwei Teilen übermittelt. Vgl. Anm. 19.
Hat laut Vermerk vor Abgang MDg Zeller, MD Schlagintweit und im Ministerbüro vorgelegen.

2 BM Kinkel hielt sich vom 26. Oktober bis 2. November 1992 in Pakistan, auf den Philippinen und in der Volksrepublik China auf.
Zu den Gesprächen mit der philippinischen Regierung vgl. Dok. 346.
Am 29./30. Oktober 1992 nahm er an der Konferenz der Außenminister der EG- und der ASEAN-Mitgliedstaaten in Manila teil. Vgl. Dok. 351.
Zum Besuch in der Volksrepublik China vgl. Dok. 347–349.

3 Paraphe vom 17. November 1992.

4 In der zweiten Septemberwoche 1992 führten starke Regenfälle im Norden und Zentrum Pakistans zu schweren Überflutungen. Das „Office of the United Nations Disaster Relief Coordinator (UNDRO)" in Genf teilte mit, es seien bis zum 9. Oktober 1992 über 1000 Menschen ums Leben gekommen, rund 6,6 Mio. Personen seien geschädigt worden und fast 12 000 Dörfer betroffen. Vgl. FS Nr. 688 vom 9. Oktober 1992; B 45, ZA-Bd. 192020.

5 Das BMZ informierte am 21. Oktober 1992: „Leitung BMZ hat einer Sonderzusage für Pakistan in Höhe von 15 Mio. DM FZ (Kredit zu IDA-Konditionen) zur Beseitigung von durch die Flutkatastrophe verursachten Schäden an der Infrastruktur zugestimmt. Das Vorhaben soll als offenes Programm durchgeführt

BM überbrachte PM Einladung BK zum Besuch der Bundesrepublik Deutschland im kommenden Frühjahr, die PM mit Dank annahm.[6]

2) Themen im Einzelnen

2.1) Gastgeber rückten in allen Gesprächen Kaschmirfrage und Konflikt mit Indien (INI) in den Vordergrund. INI halte Kaschmir seit 1947 widerrechtlich besetzt. Es verweigere seine Zustimmung zur Durchführung des Referendums, das durch VN-SRR von 1948[7] empfohlen wurde. Simla-Abkommen von 1972[8] habe nicht weitergeführt, da INI sich der Diskussion über Kaschmir entziehe. PM erinnerte an fünfmalige Begegnungen mit PM Rao, die „nichts gebracht" hätten. Auch StS-Konsultationen führten nicht weiter.[9] PAK fordere unverzügliche Durchführung der SRR und erbitte unsere Unterstützung.

INI herrsche in Kaschmir „mit harter Hand". Massive MR-Verletzungen gegen Zivilisten seien an der Tagesordnung. INI weigere sich, internationale MR-Organisationen nach Kaschmir einreisen zu lassen. Ind. Argument, Abtrennung Kaschmirs werde Zusammenhalt des Gesamtstaates gefährden, überzeuge nicht. Kaschmir entspreche geographisch und religiös vollkommen den Teilungskriterien von 1947 und gehöre eindeutig nicht zu INI.

PAK sehe sich zum Rüstungswettlauf mit INI gezwungen (Staatspräs.). Um militärisches Gleichgewicht aufrechtzuerhalten, müsse es enorme Mittel in die Rüstung investieren (62,5 % des Gesamthaushalts gehen in den Verteidigungsetat). Die Mittel würden dringend für wirtschaftliche und soziale Entwicklung des Landes benötigt. Daher habe PAK mehrfach Friedensvorschläge gemacht, auf die INI jedoch nicht eingehe.

Besondere Sorge verursache ind. Nuklearrüstung. Für PAK sei evident, dass INI seit „friedlicher" Testexplosion von 1974[10] nuklear aufrüste, während PAK sich auf friedliche Nuklearentwicklung beschränke. Wiederholte pak. Initiativen zur Nuklearkontrolle, zuletzt Vorschlag einer Fünferkonferenz zu regionaler Nuklearkontrolle (US, RUS, CHN, PAK, INI)[11], habe INI abgelehnt.

Fortsetzung Fußnote von Seite 1431

werden. Die Einzelmaßnahmen sollen nicht vorab im üblichen Verfahren geprüft, sondern im Laufe der Projektdurchführung durch die KfW konkretisiert werden." Vgl. FS Nr. 813; B 37, ZA-Bd. 166327.

6 Der pakistanische MP Nawaz Scharif besuchte die Bundesrepublik vom 29. März bis 2. April 1993. Vgl. AAPD 1993.

7 Für die Resolution Nr. 47 des VN-Sicherheitsrats vom 21. April 1948 vgl. UNITED NATIONS RESOLUTIONS, Serie II, Bd. II, S. 13–18.

8 Für das Abkommen vom 2. Juli 1972 zwischen Indien und Pakistan über ihre bilateralen Beziehungen vgl. UNTS, Bd. 858, S. 72–75. Für den deutschen Wortlaut vgl. EUROPA-ARCHIV 1972, D 358–360.

9 BR I Schröder, Islamabad, legte am 6. Oktober 1992 dar, die indisch-pakistanischen Beziehungen hätten sich seit ihrem letzten Tiefpunkt 1990 so weit gebessert, „dass beide Seiten in ihren öffentlichen Erklärungen einen Krieg ausschließen. Dass der Begriff Krieg überhaupt im Vokabular auftaucht, zeigt, wie weit die beiden Nachbarn von Normalität entfernt sind. Wichtigstes Forum für die Behandlung der gegenseitigen Beziehungen sind die pakistanisch-indischen Gespräche auf Staatssekretärsebene. Die sechste Runde dieser Gespräche fand im August statt. Indien hat bei dieser Gelegenheit zum ersten Mal seine Bereitschaft erklärt, mit Pakistan über Kaschmir zu sprechen." Vgl. DB Nr. 992; B 37, ZA-Bd. 166327.

10 Indien zündete am 18. Mai 1974 einen nuklearen Sprengsatz. Vgl. AAPD 1974, II, Dok. 228.

11 Referat 340 vermerkte am 12. Mai 1992, Pakistan habe „im Juni 1991 den Vorschlag einer Fünfer-Konferenz zur Denuklearisierung der Region gemacht, der Indien, Pakistan, China, die USA und die GUS angehören sollen, mit Frankreich und Großbritannien als Beobachtern. Indien hat dies abgelehnt [...]. Die USA unterstützen, ebenso wie GB, den pakistanischen Vorschlag und hoffen, dass Indien letztlich einer Fünfer-Konferenz zustimmen wird, die die USA ausrichten wollen." Vgl. B 37, ZA-Bd. 166346.

Abb. 14: BM Kinkel mit dem pakistanischen MP Nawaz Scharif

2.2) BM äußerte Verständnis für pak. Sorgen in der Kaschmirfrage. Unsere Einwirkungsmöglichkeiten seien gering. Gleichwohl verfolgten wir Entwicklung mit Aufmerksamkeit, da das Destabilisierungspotenzial des Konflikts über den Subkontinent hinaus unsere eigenen Sicherheitsinteressen berühre. Es müsse alles getan werden, um Konfrontation zu vermeiden. BM äußerte Genugtuung, dass PAK bei Abwendung des Grenzmarsches am 24.10.92 hohe Verantwortung bewiesen habe.[12]

Bundesregierung sei der Ansicht, dass Simla ein geeigneter Gesprächsrahmen für eine Friedenslösung sei. Wir begrüßten alle vertrauensbildenden Maßnahmen zwischen beiden Staaten, insbes. StS-Konsultationen, die durchaus konkrete Verbesserungen gebracht hätten (u.a. Erarbeitung pos. Haltung zu CWC[13]). Unbeschadet der Gültigkeit der VN-Beschlüsse von 1947/8 sei seit ihrer Verabschiedung fast ein halbes Jahrhundert vergangen. Neue Lage habe sich „verfestigt". Simla-Abkommen sei geschlossen worden. Auch in der Politik solle man „normative Kraft des Faktischen" berücksichtigen.

Bundesregierung trete für Universalität des NVV ein. Sie appelliere an PAK und INI, dem Vertrag beizutreten. Als ersten Schritt auf dem Weg zur Einbeziehung beider Staaten in weltweite Nuklearkontrolle seien regionale Kontrollsysteme denkbar. Daher unterstütze Deutschland Gedanken einer Fünferkonferenz, wolle sich jedoch in ind.-pak. Dialog nicht einmischen.

12 Gesandter Schatzschneider, Neu Delhi, berichtete am 23. Oktober 1992, „dass die ‚Jammu and Kashmir Democratic Alliance' in Pakistan für den 24.10.1992 einen ‚Friedensmarsch' über die line of control in den indischen Teil Kaschmirs angekündigt hat. Aus diesem Grunde sind die indischen Streitkräfte, darunter die Luftwaffe, in Kaschmir in erhöhte Alarmbereitschaft versetzt, um ein Eindringen in indisches Hoheitsgebiet, einschließlich des Luftraums, zu verhindern." Vgl. DB Nr. 1676; B 37, ZA-Bd. 166327.

13 Zum Abschluss der Genfer CW-Verhandlungen vgl. Dok. 277.

2.3) Schwierige MR-Lage in Kaschmir sei Bundesregierung bewusst. Bundesregierung trete weltweit für Wahrung der MR ein. Wir sprächen über diese Frage auch mit IND. Delhi sei bekannt, und indische sowie internationale MR-Organisationen hätten wiederholt darauf hingewiesen, dass Sicherheitskräfte in Kaschmir MR-Verletzungen an Zivilpersonen begingen. Allerdings müsse auch PAK sich in Kaschmir der MR-Diskussion stellen.

2.4) AFG

StM bekräftigte pak. Eintreten für Unabhängigkeit und territoriale Integrität des Landes. Er versicherte, PAK unterstütze gemäßigte Kräfte des Widerstands und spiele nicht die Karte Hekmatyars. Waffenstillstand ab 29.9.92 sei wesentlich durch pak. Intervention zustande gekommen. BM unterstrich Bereitschaft zu voller Normalisierung der Beziehungen (Öffnung Botschaft, EZ), sobald Voraussetzungen (Sicherheit, funktionierende Administration) gegeben.

2.5) Innere „Werteordnung"

BM sprach ausführlich innere Entwicklung in PAK an. Bundesregierung begrüße mutige Fortentwicklung der Demokratie, die aber auch der Opposition parlamentarischen Spielraum gewähren müsse. Wahrung der Menschen- und Minderheitsrechte sei wichtig, gerade für das Bild PAKs in deutscher Öffentlichkeit. BM berichtete über „Große Anfrage des DBT zur Lage der Frauen, Jugendlichen und Kinder in PAK"[14]. Er sprach mehrfach Schicksal der „Ahmadis" an, die wegen religiöser Verfolgung in Dtschld. Asyl suchten.[15] BM schlug StM vor, Zusammenarbeit bei der Rauschgiftbekämpfung zu verbessern.

Staatspräs. erklärte, Islam garantiere Schutz der MR. „Verbrecher" gebe es überall. StM Kanju bestritt eine systematische Verfolgung der Ahmadis durch den Staat. Parlamentspräs. entwarf das Bild einer funktionierenden parlamentarischen Demokratie, in der Opposition alle Rechte ausüben könne. Pol. Rolle der Frau sei in Asien „weiter entwickelt" als in Europa. Oppositionsführerin Benazir Bhutto beklagte demgegenüber, durch Manipulationen der parlamentar. Gesch[äfts-]O[rdnung] in ihrer Tätigkeit stark behindert zu sein. Dies zwinge sie, sich „auf der Straße" zu artikulieren. Frau Bhutto erinnerte an schwere Übergriffe gegen die Opposition (Massenverhaftungen, öffentliche Schändungen von PPP[16]-Aktivistinnen, die gegen sie selbst und Ehemann[17] eingeleiteten Strafverfahren). Bei letzten Wahlen[18] habe es massive Fälschungen gegeben.

[14] Für die Große Anfrage zahlreicher Abgeordneter des Bundestags vom 24. März 1992 vgl. BT DRUCKSACHEN, Nr. 12/2340.

[15] LR Nicolai, Islamabad, legte am 6. Oktober 1992 dar: „Die große Zahl von pak. Asylbewerbern (1992: 4364, 11. Rang) macht PAK bei Sichtvermerks- und Asylfragen zu einem ‚Problemstaat'. [...] Nach Albanern, Iranern und Afghanen wurden Pakistaner 1991 besonders häufig als Asylberechtigte in D anerkannt (22,63 Prozent der pak. Antragsteller). Zahlreiche Personen berufen sich dabei zu Unrecht darauf, Mitglieder der Sekte der Ahmadis zu sein. Die Ahmadis behaupten von sich selbst, Muslime zu sein, erkennen aber nicht Mohammed, sondern ihren Sektengründer Mirza Ahmed als ihren letzten Propheten an. [...] Nur wenige Ahmadis sind tatsächlich in ihrem ‚religiösen Existenzminimum' eingeschränkt. Dadurch, dass Ahmadis häufig ohne große Mühe Asyl in D erhalten, werden viele Pakistaner angelockt, die – obwohl keine Mitglieder der Gemeinschaft – behaupten, Ahmadis zu sein." Vgl. DB Nr. 991; B 37, ZA-Bd. 166327.

[16] Pakistan People's Party.

[17] Asif Ali Zardari.

[18] Am 24. Oktober 1990 fanden in Pakistan Parlamentswahlen statt, am 6. November wurde Nawaz Scharif vom pakistanischen Parlament zum MP gewählt.

In Gespräch BM mit Mitgliedern der MR-Kommission wiesen diese eindrucksvoll auf Unterdrückung der politisch (Opposition), religiös (Ahmadis, Hindus) oder sozial (Frauen, Kinder) Schwachen in Staat und Gesellschaft hin. BM äußerte hohe Anerkennung für das Wirken der (regierungsunabhängigen) MR-Kommission „in schwierigem Umfeld" und bot ihr Unterstützung an. Er betonte persönliches Engagement in MR-Fragen, nicht zuletzt als ehem. BMJ.

[19]2.6) Wirtschaftsfragen

PM (und StM) unterstrich Bedeutung und Unumkehrbarkeit der Wirtschaftsreformen. Unternehmen des öffentlichen Sektors seien schon zu einem wesentlichen Teil privatisiert und Auslandsinvestitionen liberalisiert. Bei aller Würdigung der Bedeutung Deutschlands als Handelspartner seien deutsche Investitionen noch zu gering. PM (auch Staatspräs.) sprach Problem des WTA[20] an. Deutschland solle dafür eintreten, dass pak. Textilquote nicht beschnitten werde. Beide baten BM, Entstehung einer „Festung Europa" zu verhindern. PM verwies auf regionale Neustrukturierung seit Ende der SU. Alte, seit 1923 verschüttete Handelswege PAKs zu zentralasiatischen Republiken würden wiedereröffnet. PAK sei entschlossen, zusammen mit Türkei, IRN und Republiken in der Economic Cooperation Organisation verstärkt zusammenzuarbeiten.[21] Staatspr. und PM dankten BM für gute, über Jahrzehnte gewachsene wirtschaftliche Zusammenarbeit. BM würdigte Wirtschaftsreform des PM und unterstrich Bedeutung PAKs als Wirtschaftspartner.

In Gesprächen mit deutschen Industrievertretern verwiesen diese auf bedeutendes Wirtschaftspotenzial PAK, das durch den Handel mit den zentralasiat. Republiken noch gesteigert werde. Wirtschaftsvertreter (Großchemie, Siemens, AEG) zeigten sich durchweg mit Engagement in PAK zufrieden, klagten allerdings in Einzelfragen. BM bekräftigte seine Bereitschaft, sich für dtsch. Außenwirtschaft einzusetzen.

3) Gesamtwertung

3.1) BM-Reise hat deutsch-pak. Dialog wesentliche Impulse gegeben. Sie konnte an gutes Gespräch BK mit PM Scharif am Rande des Rio-Gipfels anknüpfen.[22] Dialog wird mit

19 Beginn des mit RE Nr. 2974 übermittelten zweiten Teils des Fernschreibens. Vgl. Anm. 1.

20 Welttextilabkommen.
Am 20. Dezember 1973 wurde in Genf das Übereinkommen über den internationalen Handel mit Textilien geschlossen, das zunächst für vier Jahre gültig war. Vgl. UNTS, Bd. 930, S. 166–214.
Dieses „Multifibre Arrangement" (MFA) wurde mehrfach verlängert, zuletzt in der Sitzung des GATT-Textilausschusses am 31. Juli 1991 in Genf bis Ende 1992. Vgl. DB Nr. 1725 des Gesandten Rosengarten, Genf (Internationale Organisationen), vom 5. August 1991; B 221, ZA-Bd. 166717
Am 9. Dezember 1992 beschloss der GATT-Textilausschuss in Genf erneut die Verlängerung des Abkommens bis 31. Dezember 1993. Vgl. die Pressemitteilung; https://docs.wto.org/gattdocs/q/GG/GATT/1561.PDF.

21 BR I Schröder, Islamabad, informierte am 6. Oktober 1992: „Die ‚Economic Cooperation Organization' (ECO) wurde 1985 von der Türkei, Iran und Pakistan gegründet. [...] Die ECO strebt eine engere Zusammenarbeit auf folgenden Gebieten an: Industrie, Landwirtschaft, Energiegewinnung, Verbesserung der verkehrstechnischen Wissenschaft und Kultur. [...] Das erste Gipfeltreffen der ECO fand in Teheran (16./17.2.1992) statt. Auf dem Gipfel wurden Turkmenistan, Aserbaidschan, Tadschikistan und Usbekistan als neue Mitglieder aufgenommen." Trotz ihres „Wirtschaftsraums mit 265 Mio. Menschen und einer Fläche von 3,21 Mio. qkm" sei die bisherige Bedeutung der Organisation aufgrund der divergierenden Interessenlage der Mitgliedstaaten gering. Vgl. DB Nr. 996; B 37, ZA-Bd. 166327.

22 BK Kohl und der pakistanische MP Scharif führten am 13. Juni 1992 am Rande der VN-Konferenz über Umwelt und Entwicklung (UNCED) vom 3. bis 14. Juni 1992 ein Gespräch, in dessen Zentrum die Bezie-

Deutschlandbesuch von PM Scharif im Frühjahr 1993 fortgesetzt und gewinnt nach einem Jahrzehnt der Stagnation neue Dichte. BM betonte mehrfach, dass ihn erste größere Auslandsreise nach Asien (PAK, EG/ASEAN-AM-Gipfel in Manila, Peking) führe. Dies unterstreiche Bedeutung des Kontinents und der besuchten Länder für unsere Außenpolitik, die bisher stark auf dtsch. Wiedervereinigung „fokussiert" gewesen sei.

Dieses Signal ist von Gastgebern verstanden worden und hat Gesprächen freundschaftlichen Grundton gesichert. Sachbedingte Differenzen in Einzelfragen (Kaschmirkonflikt, MR, NVV) wurden klar, jedoch ohne Schärfe angesprochen. Vereinzelt kritische Berichterstattung der pakistanischen Presse hat positiven Gesamteindruck dieses ersten Besuchs eines deutschen AM seit 1981[23] nicht trüben können.

3.2) Unter den Ergebnissen des BM-Besuchs sind der Hinweis BM auf Simla-Abkommen als geeigneter Weg zur Eindämmung des Kaschmirkonflikts sowie sein Eintreten für regionales nukleares Kontrollsystem (da NVV-Beitritt PAK/INI derzeit nicht erreichbar) hervorzuheben. Sein offenes Engagement für den Schutz von Menschen- und Minderheitsrechten wird, wie wir hoffen, nicht ohne Wirkung bleiben.

3.3) Auch PAK dürfte dem Besuch erhebliche Bedeutung beigemessen haben. BM hat Gewissheit vermittelt, dass PAK auch außerhalb der islamischen Welt Freunde hat. Wie sehr sich pak. Führung mit Fragen der westlichen Staatengemeinschaft befasst, wurde vor allem im Gespräch mit Staatspräs. deutlich, der BM präzise, auch kritische Fragen zur Entwicklung in Bosnien, Asylproblematik und Fremdenfeindlichkeit in Dtschld., europäischen Integration, gewachsener Rolle der Türkei und künftigen Aufgaben der NATO stellte.

BM hat PAK die Überzeugung gegeben, dass wir den Dialog zur wichtigen Regionalmacht und zum bedeutenden Wirtschaftspartner künftig noch intensivieren wollen. Mit unserem Appell an das Verantwortungsbewusstsein beider Staaten, PAK und INI, hoffen wir, zum Abbau eines Konfliktpotenzials beizutragen, das die Sicherheitsinteressen Deutschlands und seiner westlichen Partner unmittelbar berührt.

B 37, ZA-Bd. 166327

Fortsetzung Fußnote von Seite 1435

hungen Pakistans zu Indien und zur Bundesrepublik sowie Umweltfragen standen. Vgl. den Gesprächsvermerk; BArch, B 136, Bd. 43298. Zum Gipfel vgl. Dok. 177.

23 BM Genscher hielt sich vom 15. bis 18. Februar 1981 in Pakistan auf. Vgl. AAPD 1981, I, Dok. 44.

360

Gespräch des Bundesministers Kinkel mit dem mazedonischen Außenminister Maleski

215-321.11 MAK **6. November 1992**[1]

Betr.: Gespräch BM mit mak. AM Malewski am 6.11.1992

BM empfing mak. AM Malewski am 6.11.1992 bei einem Stopover in Bonn auf dem Weg nach Genf zu einem ca. einstündigen Gespräch, in dessen Mittelpunkt die Anerkennungsfrage stand. Weitere Themen waren Ausbau der bilateralen Zusammenarbeit, Eröffnung eines mak. GK in Bonn sowie Aufnahme Makedoniens in UN.

1) Anerkennung

BM zeigte Verständnis für die Schwierigkeiten, in denen sich MAK angesichts der ausstehenden Anerkennung befinde. Er betonte, dass er sich mit BK, der gleichzeitig Gespräch mit GRI PM Mitsotakis führe[2], dafür einsetze, dass man zu einer Lösung komme. In diese Richtung dränge die öffentliche Meinung. Man müsse aber auch die griechischen Empfindlichkeiten berücksichtigen. Unter den EG-Partnern werde die Gefahr gesehen, dass die GRI Regierung über der MAK-Frage stürze.

BM legte drei Elemente zur Lösung der Anerkennungsfrage dar:

- Kompromiss in der Namensfrage,
- Klarstellungen in der Verfassung, um Missdeutungen zu vermeiden. (Keinerlei Hinweis auf mögliche Grenzänderung, bisher Art. 3, Abs. 3, Änderung oder Aufhebung von Art. 49, Abs. 1, der Existenz mak. Minderheiten in anderen Ländern impliziert und das Recht MAKs auf Mitsprache in ihren Angelegenheiten postuliert.)
- GRI-MAK-Grenzvertrag nach dem Vorbild des dt.-polnischen Vertrages[3].

BM unterstrich, dass insb. in der Namensfrage keine Lösung ohne Zustimmung GRIs möglich ist. Man solle z.B. an einen zusammengesetzten Namen denken, der das Wort MAK einschließe.

MAK AM unterstrich die Notwendigkeit der baldigen Anerkennung, um den fragilen Konsens zwischen der MAK und der ALB Bevölkerungsgruppe nicht zu gefährden. Bisher

1 Der Gesprächsvermerk wurde von VLRin Völkel mit dem am 6. November 1992 konzipierten RE Nr. 121 am 8. November 1992 übermittelt. Ferner Vermerk: „Teilnehmer an dem Gespräch: auf dt. Seite: BM, D 2, Bo[tschafter] Ahrens, LMB, stv. RL 215, VLR I Siebourg als Dolmetscherin; auf mak. Seite: AM Malewski, zwei Mitarbeiter."
Hat VLR I Matussek am 6. November 1992 vorgelegen, der die Weiterleitung an BM Kinkel „m[it] d[er] B[itte] um Billigung" verfügte.
Hat Kinkel am 6. November 1992 vorgelegen.
Hat Matussek am 9. November 1992 erneut vorgelegen, der den Rücklauf über das Büro Staatssekretäre an Referat 215 verfügte.
Hat VLR I Schmidt vorgelegen, der handschriftlich vermerkte: „ChBK erhält [Kopie]."
Hat VLRin Völkel am 10. November 1992 erneut vorgelegen.

2 Zum Gespräch des BK Kohl mit dem griechischen MP Mitsotakis vgl. BULLETIN 1992, S. 1120.

3 Für den Vertrag vom 14. November 1990 zwischen der Bundesrepublik und Polen über die Bestätigung der zwischen ihnen bestehenden Grenze vgl. BGBl. 1991, II, S. 1329 f. Vgl. auch AAPD 1990, II, Dok. 384, sowie DIE EINHEIT, Dok. 169.

bestehe Einigkeit, sich nicht in kriegerische Auseinandersetzungen hineinziehen zu lassen. Man müsse aber die Gefahr einer Entwicklung wie in Bosnien sehen, wo der mangelnde Konsens zwischen den Bevölkerungsgruppen zum Krieg geführt habe.

In der Namensfrage verwies MAK AM darauf, dass brit. Vermittler O'Neill in der vergangenen Woche den Gedanken eines zusammengesetzten Namens sondiert habe. MAK AM zeigte sich grundsätzlich aufgeschlossen, diesen Gedanken zu prüfen, wobei man aber den konkreten Vorschlag sehen müsse. Eine Kompromisslösung müsse die Bedeutung, die der Name MAK (z.B. kulturell) habe, berücksichtigen.

Die gri. Haltung betreffe nicht nur die Namen, sondern läge tiefer. Sie sei Ausdruck einer nationalistischen Haltung, der man ähnlich wie dem serb. Nationalismus entgegentreten müsse.

Zur Frage einer Verfassungsänderung räumte MAK AM ein, dass Formulierung „takes care" in Art. 49 Anlass zu Missverständnissen geben könne. (The Republic takes care of the status and rights of the members of the Macedonian people in neighbouring countries.) Es sei eine Frage, wie man „takes care" definiere.

Im Übrigen verwies er zur Frage einer Verfassungsänderung auf die ausführlichen Gespräche mit der Badinter-Kommission zu Beginn des Jahres 1992. Sie habe zwei Forderungen gestellt:
- Versicherung, dass keine Gebietsansprüche bestehen,
- keine Einmischung in die Angelegenheiten anderer Staaten.[4]

MAK habe die erst kurz zuvor angenommene Verfassung geändert und insbes. einen Art. aufgenommen, dass MAK keine Territorialansprüche habe. Die jetzige Fassung der Verfassung entspreche den Forderungen der Badinter-Kommission.

Zum Vorschlag eines Grenzvertrages wies MAK AM darauf hin, dass ein solcher Vorschlag von ihm selbst gegenüber dem portug. Vermittler Pinheiro gemacht worden sei. Er sei aber offenbar nicht weiter geprüft worden.

MAK AM unterstrich die mak. Bereitschaft zur Zusammenarbeit und zur Einhaltung der Prinzipien der KSZE. MAK habe mit der Carrington-Konferenz und der Pinheiro-Vermittlungsgruppe zusammengearbeitet.

Er sehe aber die Gefahr, dass sich auf dem Balkan nicht die Prinzipien der KSZE durchsetzten, sondern dass die alten historischen Konfrontationen wiederauflebten.

2) Bilaterale Zusammenarbeit

MAK GK[5] in Bonn: *BM* bestätigte unsere Zustimmung zu diesem mak. Wunsch. An sich sei üblicherweise der Sitz eines GK in der Landeshauptstadt. Mit unserer Entscheidung wollten wir MAK helfen, in seiner schwierigen Situation seine Interessen in Deutschland zu vertreten.[6]

4 Vgl. das Gutachten Nr. 6 der Schlichtungskommission der EG für Jugoslawien zur Frage der Anerkennung von Mazedonien vom 11. Januar 1992; ILM, Vol. 31 (1992), S. 1507–1512.

5 Zur Frage eines mazedonischen Generalkonsulats vgl. Dok. 317, Anm. 11.

6 VLR I Libal informierte das Generalkonsulat in Skopje am 2. November 1992 über die Zustimmung der Bundesregierung zur Eröffnung eines mazedonischen Generalkonsulats in Bonn: „Bei der Errichtung eines GK muss jedes Bundesland, auf das sich der Amtsbezirk erstrecken soll, zustimmen, im Falle des mak. GK alle 16 Bundesländer. Nachdem das Land NRW der Errichtung des mak. GK zugestimmt hat, kann MAK in Bonn und im größten deutschen Bundesland mit einer großen Zahl mak. Staatsangehöriger seine Tätigkeit aufnehmen." Vgl. DE Nr. 24; B 42, ZA-Bd. 175593.

MAK AM kündigte an, bald einen MAK GK nach Deutschland zu entsenden. Er dankte für die Entsendung von GK Steppan.[7] Diese Dialogmöglichkeit habe in der Situation der Isolation MAKs sehr geholfen.

3) Wirtschaftl. Unterstützung

BM kündigte unsere Absicht an, unsere Zusammenarbeit unterhalb der völkerrechtlichen Anerkennung umfassend auszubauen. Schwerpunkt könne die techn. Hilfe, inbes. Beratung bei der Privatisierung und den wirtschaftl. Reformmaßnahmen sein.

BM und *D2*[8] unterstrichen unsere Bemühungen, im Rahmen der EG wirtschaftl. Unterstützung für MAK zu bewirken. Wir hätten uns insbes. dafür eingesetzt, die PHARE-Mittel zu deblockieren.

MAK AM zeigte sich sehr interessiert an deutscher Techn[ischer] Hilfe. Know-how sei dringend notwendig für die wirtschaftl. Reformen. Er dankte für unsere Unterstützung im Rahmen der EG. Allerdings mahlten die Mühlen der EG sehr langsam.

4) GRI Wirtschaftsblockade[9]

Auf entsprechende Frage von *BM* bestätigte *MAK AM*, dass Warenlieferungen von GRI nach MAK noch nicht wiederaufgenommen seien. Anders als von Kommissar Matutes zugesagt, akzeptiere GRI auf den Importpapieren nicht den mak. Stempel „Republic of Macedonia“. Wie könne man einem Rechtsstaat vertrauen und Vertrauen in einen Rechtsstaat aufbauen, wenn ein amtliches Siegel nicht benutzt werden dürfe?

MAK AM sagte Prüfung zu, Stempel „Chamber of Commerce of Skopje“ zu verwenden.

5) Albaner

BM sprach Situation der Albaner in MAK an. *MAK AM* legte dar, dass Albaner im Parlament und in der Regierung vertreten seien. Maßvolle Albaner sähen ebenso wie mak. Regierung die Kooperation als wichtig an. Er verwies auf die Kooperation der mak. Regierung mit der Jugos.-Konferenz (trilaterale Gespräche mit dem Ziel, Anliegen der Albaner in MAK zu entsprechen). MAK AM unterstrich den Willen der mak. Regierung, mit den Albanern zu kooperieren.

Botschafter *Ahrens* erläuterte den Stand der Überlegungen einer erneuten Volkszählung, auf die die Albaner drängen. Mak. Regierung habe Volkszählung grundsätzlich zugestimmt, allerdings müssten finanzielle Mittel gefunden werden. Bo[tschafter] Ahrens habe Europarat wegen Durchführung und der Frage der finanziellen Mittel konsultiert.

6) Mitgliedschaft MAK in UN

Auf Bitte BMs stellte *MAK AM* Bemühungen um Aufnahme in UN dar. Bisherige Gespräche hätten ergeben, dass MAK grundsätzlich die Voraussetzungen für die Aufnahme in die UN erfülle. Man habe MAK geraten, die Angelegenheiten nach den US-Wahlen[10] wieder aufzunehmen. In der kommenden Woche werde das Thema mit US-AM[11] besprochen. Es komme nun darauf an, ob US bereit sei, MAK gegen Widerstände zu unterstützen.

7 Zur Eröffnung des Generalkonsulats der Bundesrepublik in Skopje vgl. Dok. 317, Anm. 12.

8 Jürgen Chrobog.

9 Zur griechischen Wirtschaftsblockade gegen Makedonien und den Vermittlungsbemühungen der EG-Kommission vgl. Dok. 317, Anm. 14 und 15.

10 In den USA fanden am 3. November 1992 Präsidentschaftswahlen, Wahlen zum Repräsentantenhaus sowie Teilwahlen zum Senat und für die Gouverneursämter statt. Vgl. Dok. 355.

11 Amtierender amerikanischer AM war Lawrence S. Eagleburger.

BM sagte im Rahmen unserer Möglichkeiten grundsätzliche Unterstützung MAKs bei seinen Bemühungen um Aufnahme in internationale Organisationen zu.

B 42, ZA-Bd. 175592

361

Gespräch des Bundesministers Kinkel mit dem Ko-Vorsitzenden der Jugoslawien-Konferenz, Lord Owen

215-350.00/3 VS-NfD **6. November 1992**[1]

Betr.: Genfer Jugoslawien-Konferenz;
hier: Gespräch BM Kinkel mit dem Ko-Vorsitzenden Lord Owen am 6.11.1992 um 13.30 Uhr

Von BM um seine Lageeinschätzung gebeten, sprach Lord *Owen* (O.) zunächst einmal von der Möglichkeit einer Kandidatur des jugoslawischen Bundespräsidenten Ćosić gegen Milošević bei den serbischen Präsidentschaftswahlen[2]. Er selbst und Vance hätten bei einem privaten Treffen am vergangenen Mittwoch[3] in Ćosićs Haus diesen hiervon zu überzeugen versucht. Die Frage der Beziehungen von Ćosić zu Milošević sei schwer zu beantworten. Ćosić sei eine Natur, die die Dinge sehr schwernehme („agonising"). Er begreife langsam, dass er im Interesse der serbischen Nation vor schmerzlichen Entscheidungen stehe. Er wolle den nationalen Traum eines Staates für alle Serben nicht aufgeben, sei aber abgestoßen von den zu diesem Zweck benutzten Methoden. Er sei Anhänger eines freiwilligen Bevölkerungsaustausches und zögere, etwas zu akzeptieren, das dies unmöglich mache. Er sei zweifellos kein Liberaler, andererseits liege in seinem Nationalismus eine gewisse Stärke, die es zu nutzen gelte. Vance habe versucht, Milošević zur Aufgabe seiner Macht zu über-

1 Kopie.
Der Gesprächsvermerk wurde von VLR I Libal am 9. November 1992 gefertigt und an das Ministerbüro geleitet mit der Bitte, „Zustimmung des BM herbeizuführen".
Hat VLR I Matussek am 9. November 1992 vorgelegen, der handschriftlich vermerkte: „Kann mit übl[ichem] Vorbehalt verteilt werden." Ferner verfügte er den Rücklauf über das Büro Staatssekretäre, MD Chrobog und MDg von Studnitz an Referat 215.

2 Am 20. Dezember 1992 fanden in Serbien und Montenegro auf Republik- wie Bundesebene Präsidentschafts- und Parlamentswahlen statt. Referat 215 legte am 24. November 1992 zum Zustandekommen dar: „Am 22.10.1992 hat das Bundesparlament ein Wahlgesetz angenommen, das es Präs[ident] Ćosić ermöglicht hat, das Bundesparlament aufzulösen und vorzeitige Neuwahlen anzusetzen." In Serbien seien „Neuwahlen nur erlaubt gewesen, wenn der Präsident das Parlament aufgelöst hätte und das Mandat der Regierung erloschen wäre. Als das für Neuwahlen notwendige Verfassungsänderungsgesetz durch ein von den Sozialisten dafür inszeniertes Referendum nicht bestätigt wurde, hat das Landesparlament (verfassungswidrig, d.h. durch ein einfaches Gesetz) vorzeitige Wahlen auf allen Ebenen gleichzeitig mit den Bundeswahlen ausgerufen. Damit ist es den Sozialisten gelungen, unter Zeitdruck eine vernünftige Diskussion mit der Opposition über die Wahlbedingungen zu vermeiden und mit den besten Aussichten in den Wahlkampf zu gehen." Vgl. B 42, ZA-Bd. 175642.

3 4. November 1992.

reden. Dieser habe jedoch nur davon gesprochen, dass man genug Treibstoff für zwei Jahre habe und dass die Wirtschaft in guter Verfassung sei. Hierauf habe Ćosić sehr ärgerlich reagiert.

In jenem Falle, so O. weiter, müsse man den Kontakt mit Milošević aufrechterhalten, da man nicht wisse, wie die Wahlen ausgehen würden. Eine Kandidatur von Ćosić sei doch eher unwahrscheinlich. Es sei eher damit zu rechnen, dass Ćosić einen Kandidaten gegen Milošević unterstütze, dessen Erfolgsaussichten dann aber geringer seien als die von Ćosić selbst.

Falls Ćosić kandidiere, werde man sich bemühen müssen, die Albaner im Kosovo zur Stimmabgabe zu bringen. Beim Besuch in Pristina sei ganz deutlich geworden, dass die Serben jeden Fortschritt blockierten, um zu verhindern, dass die Albaner durch Konzessionen Belgrads zur Stimmabgabe in den Wahlen bewogen werden könnten.

Eine schwierige Frage sei die Wahlbeobachtung. Hier müsse man sehr flexibel sein. Falls die Unausgewogenheit in den serbischen Medien, vor allem im Fernsehen, anhalte, sei eine Wahlbeobachtung besonders problematisch. Man riskiere Wahlen zu beobachten, die Milošević gewinnen könnte. Panić werde nicht in der Lage sein, das Votum der Serben zu beeinflussen. Ćosić betrachte Panić eher als Hypothek, wolle ihn aber als Ministerpräsidenten bis zu den Wahlen behalten, vielleicht auch darüber hinaus.

In jedem Falle, so O. weiter, solle man die Wahlen in Montenegro[4] beobachten. Hier gebe es ermutigende Zeichen, auch wenn die Montenegriner gegenüber Milošević nicht allzu tapfer seien.

Der GS im italienischen Außenministerium[5] habe eine recht subtile Variante vorgetragen: Vielleicht könne man sich darauf beschränken, nur die Wahlen im Kosovo nicht zu beobachten.

Zu den Sanktionen[6] sagte O., eine Abschwächung komme keinesfalls infrage. In Belgrad gebe es keine langen Schlangen mehr an den Tankstellen wie noch vor einigen Wochen. Öl komme aus Griechenland über Bulgarien. Dieser Praxis könne man wohl nur dadurch Einhalt gebieten, dass man keine Endabnehmer-Bescheinigung aus Orten in Bosnien-Herzegowina unter serbischer Kontrolle akzeptiere.

Gefragt, ob er einen Nutzen in dem von uns für den 26.11. vorgesehenen Besuch von Panić[7] sehe, sagte O., letztlich ja. Panić führe einen Teil der Belgrader Medien mit sich, sodass auf diesem Wege etwas von unserer Haltung vermittelt würde. Wir sollten gegenüber Panić sehr hart auftreten und ihm ohne Umschweife erklären, dass es keine Aufhebung der Sanktionen geben werde.

4 Referat 215 vermerkte am 24. November 1992 zu den Wahlen in Montenegro: „Am 13.10. hat das Parlament ein Wahlgesetz verabschiedet, das lokale Parlaments- und Präsidentschaftswahlen vorsieht. Grundlage ist das Verhältniswahlrecht mit 3 %-Sperrklausel. Der Wahltermin wurde auf den 20.12.1992 festgelegt, um ihn mit den Bundeswahlen zu harmonisieren. Bei den Wahlen kann man davon ausgehen, dass die demokratischen Sozialisten unter Bulatović, der beginnt, auf Abstand zu den regierenden serbischen Sozialisten zu gehen, schwer abzulösen sein werden." Vgl. B 42, ZA-Bd. 175642.

5 Bruno Bottai.

6 Vgl. die Resolution Nr. 713 des VN-Sicherheitsrats vom 25. September 1991; RESOLUTIONS AND DECISIONS 1991, S. 42 f. Für den deutschen Wortlaut vgl. EUROPA-ARCHIV 1991, D 550–552.
Vgl. auch die Resolution Nr. 757 des VN-Sicherheitsrats vom 30. Mai 1992; Dok. 159, Anm. 12.

7 Zum Besuch des jugoslawischen MP Panić am 26. November 1992 vgl. Dok. 387 und Dok. 389.

BM dankte O. und Vance nachdrücklich für ihre Arbeit in der Konferenz. Leider wüssten nur wir, wieviel getan werde. In der Öffentlichkeit, dies hätten gestrige Äußerungen im Bundestag gezeigt[8], verfestige sich der Eindruck, dass es keine Fortschritte gebe. Ferner habe man große Sorge im Hinblick auf den kommenden Winter.

Nach dem Stand der Kontrolle schwerer Waffen befragt, sagte *Owen*, dies sei sehr schwierig. Man beobachte elf Stützpunkte schwerer Waffen um Sarajevo, es gebe aber weitere serbische und auch moslemische Stellungen. Übrigens schieße man auch aus letzteren in die Stadt hinein.

Auf serbischer Seite scheine General Mladić mehr und mehr die Politik zu bestimmen. Über ihn wisse man jedoch sehr wenig. Er scheine immer weniger von Belgrad aus beeinflussbar. Die Frage der Entmilitarisierung von Sarajevo sei auf dem Tisch; man müsse nunmehr großen Druck auf die Serben ausüben. Das Problem eines Waffenstillstandes zum gegenwärtigen Zeitpunkt sei, dass damit die aktuellen Grenzlinien verfestigt würden. Vance sei aus humanitären Erwägungen dennoch dafür, eine solche Möglichkeit zu nutzen. Er selbst, Owen, sei noch zurückhaltend, vor allem sei er gegen eine Verfestigung der Teilung von Sarajevo.

An diesem Punkt hakte *BM* ein: Es dürfe keinesfalls zur Anerkennung gewaltsam geschaffener Grenzen kommen. Die gestrige Debatte im Bundestag habe gezeigt, dass die Parlamentarier nichts mehr fürchteten als dies, weil es zu einer furchtbaren Reaktion im Lande führen würde. Er bitte Owen und Vance, darauf zu achten, dass dies nicht geschehe.

Owen stimmte dem zu. Deshalb hätte auch ein Waffenstillstand zum gegenwärtigen Zeitpunkt erhebliche Nachteile. Man müsse versuchen, auf die wirtschaftliche Lage im serbisch besetzten Bosnien Einfluss zu gewinnen, und man müsse den Druck auf Belgrad verstärken.

Auf die Frage des *BM*, was man tun könne, um die Kroaten zugunsten des Verfassungsentwurfes für Bosnien-Herzegowina zu beeinflussen[9], antwortete *Owen*, D habe einen starken Einfluss auf die Kroaten und solle einen konstanten Druck aufrechterhalten. Tudjman habe sich klar zugunsten des Entwurfs ausgesprochen, Boban auch, aber mit einigen Vorbehalten. Es sei wichtig, Tudjman in seinem Bemühen um Rückgewinnung von Bosanski Brod zu unterstützen, damit ein zweites kroatisches Gebiet im Norden entstünde, das den serbischen Ost-West-Korridor unterbreche und den Kroaten in Nordbosnien eine

8 Am 5. November 1992 erörterte der Bundestag eine Verstärkung der humanitären Hilfe für die Menschen in und aus Staaten des ehemaligen Jugoslawiens bzw. aus Somalia. Vgl. BT STENOGRAPHISCHE BERICHTE, 12. WP, 117. Sitzung, S. 9961–9976.

9 Vgl. die Beschlüsse der internationalen Jugoslawien-Konferenz am 26./27. August 1992; Dok. 269. Referat 215 vermerkte am 10. November 1992: „Die Vorsitzenden des Lenkungsausschusses der Folgekonferenz über Jugoslawien in Genf, Cyrus Vance und Lord Owen, präsentierten am 27.10.1992 einen Verfassungsentwurf für die staatliche Neuordnung Bosnien-Herzegowinas. Die wichtigsten Aspekte sind: Dezentralisierung des Staates innerhalb der administrativen Grenzen im früheren Jugoslawien vor Ausbruch der Kämpfe; Schaffung von sieben bis zehn autonomen Provinzen, deren Grenzziehung sich nach geographischer Kohärenz unter Berücksichtigung ethnischer, wirtschaftlicher und infrastruktureller Faktoren richtet. Volle Freizügigkeit innerhalb des Staatsgebiets. Stark reduzierte Zuständigkeit der Zentralregierung auf folgende Kernbereiche: Auswärtige Beziehungen (einschließlich Mitgliedschaft in internationalen Organisationen), Außenhandel, Verteidigung und Staatsangehörigkeit. Insbesondere Polizeihoheit und Zuständigkeit für Bildung und Wirtschaft liegen bei den Provinzregierungen." Vgl. B 42, ZA-Bd. 183110.

von den Kroaten in der Herzegowina unabhängige Stimme geben könne. Es sei wichtig, dass die Kroaten nicht eine, sondern mehrere Regionen beanspruchten. Man müsse auch versuchen, das „serbische Hufeisen“ bei Tuzla zu unterbrechen. Er hoffe, die Montenegriner würden die Serben in der Ost-Herzegowina dahingehend beeinflussen, unabhängig von Banja Luka zu werden. Die Unterbrechung des serbischen Korridors werde die schwierigste Sache werden.

Auf Frage des BM nach der Bewaffnung der Moslems antwortete Owen, die Moslems erhielten beträchtliche Lieferungen. Ferner steige der Druck der islamischen Länder zugunsten einer Aufhebung des Waffenembargos. Er und Vance seien strikt dagegen, aber sie seien mit Blick auf die Serben nicht gegen den in dieser Frage ausgeübten Druck. Karadžić begreife inzwischen, dass die Serben den Kampfgeist der moslemischen Stadtbevölkerung unterschätzt hätten.

BM griff das Problem der Diskrepanz in den Zahlen der vom Ausland aufzunehmenden Lagerinsassen auf, das er bereits mit Mazowiecki am Vortage erörtert hatte.[10] Was sei nun richtig: Die Zahl 5000 des Roten Kreuzes oder Mazowieckis Schätzung von 15 000[11]? Hierauf antwortete *Owen*, das IKRK spreche von den registrierten Lagern, Mazowiecki schließe vermutlich die nicht registrierten Lager ein. GB habe ein eher kleinliches Angebot zur Aufnahme gemacht, aber es werde eine kollektive Antwort geben. *BM* warf ein, er traue sich zu, 5000 Menschen in Deutschland unterzubringen, aber man kenne die Zahlen nicht. *Owen* sagte zu, sich um nähere Hinweise zu kümmern.

Abschließend informierte *BM* Owen über das Gespräch mit AM Maleski[12] und die von uns vorgetragenen drei Punkte (Doppelnamen, Vertrag, Verfassungsänderung).[13] *Owen* sagte hierzu, AM Hurd wolle die Sache erst noch einmal in Edinburgh[14] besprechen. Dann solle sie aber schnell an die Vereinten Nationen gebracht werden. Vielleicht könnten die Amerikaner in der Übergangszeit helfen, in der unangenehme Entscheidungen leichter zu treffen seien. Er habe den Eindruck, Mitsotakis wolle, dass man ihm eine Entscheidung auferlege.

B 1, ZA-Bd. 178945

10 BM Kinkel führte am 5. November 1992 ein Gespräch mit dem Sonderberichterstatter der VN-Menschenrechtskommission: „Mazowiecki zeigte sich betroffen, dass die Menschenrechtslage im ehemaligen Jugoslawien sich in den letzten beiden Monaten noch verschlechtert habe. In London seien Verpflichtungen unterschrieben worden, aber statt sie einzuhalten, habe man vollendete Tatsachen geschaffen. M. erklärte sich bereit, einer Einladung des Ministerrats zu folgen und persönlich seine Vorstellungen vor den europäischen AM zu erläutern.“ Vgl. den Gesprächsvermerk; B 42, ZA-Bd. 175774. Zu Mazowieckis Besuch vgl. auch Dok. 358.

11 Vgl. den zweiten Bericht des Sonderberichterstatters der VN-Menschenrechtskommission, Mazowiecki, vom 27. Oktober 1992; Dok. 358, besonders Anm. 6.

12 Für das Gespräch des BM Kinkel mit dem mazedonischen AM Maleski am 6. November 1992 vgl. Dok. 360.

13 Zur Mazedonienpolitik vgl. Dok. 317.

14 Zur Tagung des Europäischen Rats am 11./12. Dezember 1992 vgl. Dok. 421.

362

Vorlage des Ministerialdirektors Elbe für Bundesminister Kinkel

9. November 1992[1]

Über Herrn Staatssekretär[2] Herrn Bundesminister[3]

Betr.: Israel-Reise[4];
hier: Antisemitismus/rechtsradikale Gewalt

I. Die Problemsicht der jüdischen Welt ist u. a. bestimmt durch:

- Antisemitismus in Deutschland wird von Juden besonders sensibel wahrgenommen, obwohl es in allen europäischen Gesellschaften ein relativ konstantes antisemitisches Potenzial gibt. Genaue Feststellungen sind schwierig, da zumindest ein Teil der Betroffenen sich in Interviews nicht zu erkennen gibt. Bei uns werden 2–4 % vermutet. Für Italien wurden letzte Woche sogar 10 % genannt.
- Die antisemitischen Ausschreitungen der Vergangenheit kommen aus diesem relativ kleinen Potenzial. Es handelt sich regelmäßig – nicht nur in Deutschland – um die Schändung jüdischer Friedhöfe, um Hakenkreuz-Schmierereien, um Juden-raus-Parolen und um die Auschwitz-Lüge (Leuchter-Report, David Irving).
- Der gesamte Problembereich war bislang eingekapselt. Er ließ sich trotz intensiver gesellschaftlicher Diskussion und harter rechtlicher Sanktionen (Gesetz gegen die Auschwitz-Lüge[5]) nicht auflösen, aber er breitete sich auch nicht aus.
- Durch den Brandanschlag in Sachsenhausen[6], das offene rechtsradikale Auftreten der Skinheads und den verbalen Angriff gegen Herrn Bubis in Rostock[7] hat das Problem eine neue Dimension bekommen. Der Antisemitismus wird offensiver und die Unterdrückungsmechanismen der Gesellschaft und der Politik beginnen zumindest partiell zu versagen.
- Die verständliche Befürchtung der Juden geht dahin, jetzt könnte auch noch das schlummernde, latente Potenzial des Antisemitismus in unserer Gesellschaft aktiviert werden. Der israelische Botschafter[8] schätzt es auf ein Drittel aller Deutschen, ohne diese unrealistische Einschätzung zu begründen.
- Zu diesem „Aktivierungspotenzial“ gehören auch die Deutschen, die endlich einen „Schlussstrich“ ziehen wollen und die seitens der jüdischen Welt immer eingeforderte

1 Die Vorlage wurde von MR Kindermann konzipiert.

2 Hat StS Kastrup am 12. November 1992 vorgelegen.

3 Hat im Ministerbüro VLR I Gerdts am 13. November 1992 vorgelegen.

4 Zum Besuch des BM Kinkel vom 17. bis 19. November 1992 vgl. Dok. 364 und Dok. 378.

5 Ein spezielles Gesetz, das explizit die Leugnung der Ermordung der europäischen Juden durch das nationalsozialistische Deutschland strafrechtlich ahndete, gab es vor 1994 nicht.

6 In der Gedenkstätte des ehemaligen KZ Sachsenhausen wurde am 26. September 1992 ein Brandanschlag auf ein Gebäude verübt („Baracke 38“). Vgl. den Artikel „Brandspuren hinter Glas“; TAZ vom 7. November 1997, S. 28.

7 Bei einem Besuch am 2. November 1992 in Rostock wurde der Vorsitzende des Zentralrats der Juden, Bubis, von einem Kommunalpolitiker „mit der Bemerkung brüskiert: ‚Ihre Heimat ist doch Israel. Ist das richtig so?‘ “ Vgl. den Artikel „Rostock tut Buße“; TAZ vom 4. November 1992, S. 3.

8 Benjamin Navon.

Sonderbeziehung zwischen Deutschland und den Juden/Israel als Erpressung werten, der die Politiker aus Schwäche nicht genügend standhalten.
- Die Befürchtungen der Betroffenen werden durch den Eindruck gesteigert, der Staat gehe nicht entschieden genug gegen rechtsradikale Gewalt vor.
- Der Antisemitismus spielt bei den neuen Rechten zurzeit noch keine zentrale Rolle. Der Antisemitismus wird aber umso stärker werden, je mehr die Rechtsradikalen an die faschistische Vergangenheit anknüpfen. Dafür werden Anzeichen gesehen. Für den Nazismus war der Antisemitismus konstitutiv.
- Die Juden befürchten zu Recht eine enge Verbindung von Antisemitismus mit der Ausländer- und Asyldiskussion. Obwohl sie selbst zurzeit noch kein allgemeines Aggressionsobjekt sind. Aber sie befürchten, dass in Deutschland ein Hass gegen alles „Fremde" entsteht. Sie müssen erleben, dass die Radikalisierung und Ausgrenzung sie zu erreichen beginnt („Ihre Heimat ist Israel").
- Die Juden sehen nicht nur Deutschland. Sie erleben, dass der Antisemitismus überall in Europa deutlich zunimmt. Neben Westeuropa (Frankreich, Italien) vor allem in Ungarn, Polen, Russland und den baltischen Staaten. Die offiziellen Reaktionen Israels und der Presse sind zurückhaltend und um Objektivität bemüht; man will erkennbar kein Öl ins Feuer gießen.
- Deutschland hat aber eine Schlüsselstellung, die sich zum einen aus seiner geschichtlichen Vergangenheit ergibt, aber auch, weil auf die Bekämpfung des Antisemitismus hier so viel Energie verwandt worden ist. Moshe Zimmermann, Professor an der Hebräischen Universität: Was sich in Deutschland zuträgt, ist ein Versagen der liberalen und pluralistischen Gesellschaft. Wenn es dort passiert, kann es sich überall ereignen.
- Die Bedeutung des jüdischen Gemeindelebens in Deutschland nimmt zu. Zurzeit leben etwa 40 000 Juden in Deutschland. Wenn die Einwanderung aus der ehemaligen Sowjetunion weiter anhält, könnten es im Jahre 2000 ungefähr 100 000 sein. Diese Zuwanderung können wir als Vertrauensbeweis werten.
- Die Singularität des Holocaust. Auch bei den Juden nimmt die Bindungskraft der Religion stark ab. Jüdische Identität wird zunehmend, vor allem in Amerika, von dem Holocaust gestiftet. Deshalb auch die Abwehr gegen unsere Beteiligung an den geplanten Museen[9] und vor allem die Verbindung des faschistischen Unrechts mit dem Unrecht der SED und den gegenwärtigen Ausschreitungen. Der Holocaust ist nach jüdischer Auffassung absolut singulär. Jede Verbindung mit anderen Ereignissen „beleidigt" die Opfer. Die lebendige Auseinandersetzung mit dem Holocaust ist seit den 70er Jahren gewissermaßen zur Raison d'Être geworden.

II. Bei Ihrem Besuch sollten Sie aktiv herausstellen:
- In Ihrem gesamten beruflichen Leben hat die Bekämpfung des Antisemitismus eine große Rolle gespielt. Im Justizministerium haben Sie die Ausstellung „Justiz und Nationalsozialismus"[10] mit initiiert. Sie haben die Deutsch-Israelische Juristenvereinigung bestän-

[9] Zu einer Beteiligung am Holocaust-Museum in Washington vgl. Dok. 249 und Dok. 363.

[10] Die auf Veranlassung des BMJ erarbeitete Ausstellung „Justiz und Nationalsozialismus" wurde am 15. Juni 1989 in Berlin eröffnet. Vgl. den Artikel „Die Justiz hat keine Konsequenzen gezogen"; FRANKFURTER ALLGEMEINE ZEITUNG vom 16. Juni 1989, S. 5.
Vgl. ferner IM NAMEN DES DEUTSCHEN VOLKES. JUSTIZ UND NATIONALSOZIALISMUS, Katalog zur Ausstellung des Bundesministers der Justiz, Köln 1989.

dig gefördert, bei dem Emigranten-Symposium eine vielbeachtete Rede[11] gehalten und auch im Stillen vieles bewegt (Nachmann). Als Außenminister sind Sie nach Auschwitz[12] und Sachsenhausen[13] gefahren, haben an der Demonstration in Berlin[14] und an dem deutsch-jüdischen Dialog teilgenommen. Mit wichtigen Repräsentanten der jüdischen Welt haben Sie sich getroffen.

- Was den Juden widerfahren ist, ist absolut singulär. Dass es ihnen von uns Deutschen widerfahren ist, bedeutet für uns und künftige Generationen eine besondere Verpflichtung.
- Die Erfahrungen von Weimar, wo der Staat auf dem rechten Auge blind war, werden sich nicht wiederholen. Der Rechtsstaat reagiert eindeutig und mit der nötigen Härte.[15] Seinen Prinzipien muss er aber treu bleiben. Sonst wäre indirekt ein Ziel der Gewalttäter erreicht: die Delegitimierung unserer Werteordnung.
- Der Antifaschismus und damit die radikale Ablehnung aller antisemitischen Strömungen ist in unserer Gesellschaft fest verankert. Aus dieser Haltung hat Deutschland nach dem Zweiten Weltkrieg seine neue Identität gewonnen. Die Demonstration in Berlin, an der sich sehr viele junge Leute beteiligt haben, zeigt deutlich: Die ganz überwiegende Mehrheit unserer Bürger nimmt rechtsradikale Gewalt nicht hin und ist bereit, dieser Gewalt persönlich und offensiv entgegenzutreten.
- Die Bundesrepublik ist an einem weiteren Aufblühen des jüdischen Lebens stark interessiert. Vor allem für die Zuwanderung sowjetischer Juden gelten besondere Bestimmungen. Dabei wird es bleiben, auch wenn es ansonsten zur Begrenzung der Zuwanderung zu neuen rechtlichen Regelungen kommt.
- Ich bin überzeugt, dass die Asyldiskussion entgegen jüdischen Befürchtungen den Antisemitismus nicht mobilisieren wird. Es geht hier nicht um Ausländer- oder Fremdenfeindlichkeit. Mit 6,3 Mio. Ausländern leben die Deutschen friedlich und harmonisch zusammen. Die Ablehnung trifft die Asylanten, weil sie angeblich Wohnraum weg-

11 BM Kinkel hielt am 12. September 1991 eine Rede „bei einem Symposion über Emigranten in Bonn". Vgl. den Artikel „Die FDP erwägt offenbar eine Grundgesetz-Änderung"; FRANKFURTER ALLGEMEINE ZEITUNG vom 13. September 1991, S. 2.

12 Im Zuge seiner Reise am 29./30. Juli 1992 nach Polen besuchte BM Kinkel am 30. Juli 1992 das ehemalige Konzentrations- und Vernichtungslager Auschwitz. Vgl. den Artikel „In einer Atmosphäre vorsichtiger Herzlichkeit"; FRANKFURTER ALLGEMEINE ZEITUNG vom 1. August 1992, S. 4. Zur Reise vgl. Dok. 242.

13 BM Kinkel besuchte am 29. September 1992 die Gedenkstätte des ehemaligen KZ Sachsenhausen. Vgl. den Artikel „Kinkel warnt vor einem ausländerfeindlichen ‚Steppenbrand' "; FRANKFURTER ALLGEMEINE ZEITUNG vom 30. September 1992, S. 4.

14 Am 8. November 1992 kam es in Berlin am Rande einer Großdemonstration gegen Fremdenfeindlichkeit zu Krawallen. Das BPA teilte dazu am 11. November 1992 mit, Bundespräsident Freiherr von Weizsäcker, der Schirmherr der Demonstration, sei „während seiner Rede mit Steinen, Eiern und Farbbeuteln beworfen" worden: „Es waren – nach Schätzungen der Polizei – rd. 300 ‚Autonome', die die Demonstration missbrauchten, um sich Publizität zu verschaffen." Darüber sei in den Medien der große Erfolg der Veranstaltung in den Hintergrund geraten: „Statt der erwarteten 100 000 kamen nach Polizeiangaben rd. 350 000 Menschen in die deutsche Hauptstadt, um gemeinsamen mit dem Bundespräsidenten, dem Bundeskanzler, führenden Vertretern der politischen Parteien und fast allen großen gesellschaftlichen Organisationen gegen die jüngsten Überfälle gegen Asylbewerber und gegen die Angriffe auf jüdische Einrichtungen zu protestieren. Motto der Demonstration war der erste Artikel der deutschen Verfassung: ‚Die Würde des Menschen ist unantastbar'." Vgl. die Infofunkmeldung; B 5, ZA-Bd. 170434. Vgl. ferner BULLETIN 1992, S. 1121–1123.

15 An dieser Stelle vermerkte StS Kastrup handschriftlich: „wehrhafte Demokratie".

nehmen, Arbeitsplätze gefährden, aus so fremden, nicht integrationsfähigen Kulturen kommen und vor allem, weil sie den Sozialstaat überstrapazieren. Für die Juden, die zu den Leistungsträgern unserer Gesellschaft zählen, gilt das alles nicht.

III. Zur Vorbereitung von Stellungnahmen/Pressegesprächen ist „Sprache" gesondert beigefügt.[16]

Frank Elbe

B 9, ZA-Bd. 178534

363

Vorlage des Vortragenden Legationsrats Freiherr von Kittlitz für Bundesminister Kinkel

221-320.15/3/1 **9. November 1992**

Über Dg 22[1], D 2[2], Herrn Staatssekretär[3] Herrn Bundesminister[4]

Betr.: Ihr Gespräch mit dem Bundespräsidenten am 13.11.92[5];
hier: Einladungen an den Bundespräsidenten in die USA, u. a. zur Eröffnung des Holocaust-Museums Washington

Bitte um Billigung des Vorschlags unter IV.)

I. Bundespräsident von Weizsäcker ist vom United States Holocaust Memorial Council zur Teilnahme an der Eröffnung des Holocaust Museums am 23. April 1993 in Washington eingeladen worden.

16 Dem Vorgang beigefügt. Für den Vermerk des VLR I Erath vom 10. November 1992 zu „Argumentation zum Problemkreis Gewalt gegen Asylsuchende, Ausländerfeindlichkeit, Antisemitismus" vgl. B 9, ZA-Bd. 178534.

1 Hat MDgin Vollmar-Libal am 9. November 1992 vorgelegen.

2 Hat in Vertretung des MD Chrobog MDg von Studnitz am 9. November 1992 vorgelegen.

3 Hat StS Kastrup am 9. November 1992 vorgelegen, der handschriftlich vermerkte: „Ich empfehle, gegenüber dem Bundespräsidenten noch keine bestimmte Position zu unterstützen. Die äußerst sensible Angelegenheit muss noch weiter überlegt werden."

4 Hat BM Kinkel am 11. November 1992 vorgelegen, der die Bermerkung von StS Kastrup hervorhob. Dazu Häkchen.
Hat Kinkel am 14. November 1992 erneut vorgelegen, der handschriftlich für Kastrup vermerkte: „Der Herr Bu[ndes]Präs[ident] sagte mir, er nehme nicht teil. Nach seiner Meinung sollte Frau BT-Präs[identin] Süss[muth] teilnehmen."
Hat OAR Salzwedel am 14. November 1992 vorgelegen, der den Rücklauf an das Büro Staatssekretäre „zur Vorlage bei Herrn StS Kastrup" verfügte.
Hat Kastrup am 17. November 1992 erneut vorgelegen.
Hat MD Chrobog am 19. November 1992 vorgelegen.
Hat MDgin Vollmar-Libal am 20. November 1992 erneut vorgelegen.
Hat VLR I Wagner vorgelegen.

5 Zum Gespräch des BM Kinkel mit Bundespräsident Freiherr von Weizsäcker vgl. Kinkels Vermerk vom 16. November 1992; B 1, ZA-Bd. 178913.

Auch Bundeskanzler Kohl hat eine Einladung erhalten. Auf Arbeitsebene wird im Bundeskanzleramt gegenwärtig eine Annahme der Einladung durch den BK nicht erwogen.

Bei der Feier wird der Vertreter Deutschlands, neben denen der USA und Israels, im Mittelpunkt der Aufmerksamkeit stehen. Botschaft Washington geht von einer Teilnahme Präsident Clintons sowie des israelischen Präsidenten[6] und/oder Ministerpräsidenten[7] aus.

Eingeladen sind auch die Ex-Präsidenten Bush, Reagan und Carter, ferner zahlreiche hochrangige Persönlichkeiten Europas (European leaders).

Das Museum, das größte seiner Art, wird in einer emotional sehr aufrüttelnden, überaus professionellen Weise an den Holocaust erinnern. An zentraler Stelle in Washington gelegen, ist es auf hohe Besucherzahlen angelegt. Die Organisatoren des Museums – eigentlich eine Erinnerungsstätte – ebenso wie andere Vertreter jüdischer Organisationen in den USA unterstreichen, dass es ihnen ausschließlich um die moralische Aufgabe gehe, die Erinnerung an den Holocaust wachzuhalten.

Die Eröffnung dieser und einer Reihe weiterer Holocaust-Gedenkstätten und -Museen in den USA wird auch mit einer sozialen und psychologischen Entwicklung in der jüdischen Bevölkerung der USA erklärt. Angesichts abnehmender integrativer Kraft des Glaubens und wachsender Tendenzen in der Jugend, sich von jüdischer Kultur und Traditionen abzukehren, wird von einer „Kanonisierung“ des Holocaust unter den amerikanischen Juden eine nachhaltige verbindende, identitätsstiftende Wirkung erwartet. Die Darstellung des Holocaust hat aus dieser Sicht nichts mit dem heutigen deutsch-jüdischen Verhältnis zu tun. Dieses sei, wurde uns erklärt, ein Aliud.

Wir haben gleichwohl mit negativen Auswirkungen auf das Deutschlandbild der Besucher gerechnet, da wir davon ausgehen müssen, dass – besonders von wenig gebildeten Besuchern – eine begriffliche Trennung zwischen dem Holocaust und dem heutigen Deutschland nicht vollzogen wird. Wir haben uns daher seit langem darum bemüht, dass dem Widerstand im Dritten Reich und dem heutigen Deutschland einschließlich der deutsch-israelischen Beziehungen in dem Museum Raum gegeben wird.[8] Unsere Bemühungen blieben ohne Resultat.

Den für das Museum Verantwortlichen war andererseits stets an einer hochrangigen protokollarischen Beteiligung Deutschlands an dem Projekt gelegen. Bei der Grundsteinlegung war der Botschafter in Washington anwesend.[9]

II. Dem Bundespräsidenten liegen ferner folgende Einladungen vor:
- von der liberalen jüdischen Brandeis University in Waltham, Massachusetts, zur Commencement-Feier mit Verleihung der Ehrendoktorwürde am 23. Mai 1993,
- von der Johns Hopkins University, ebenfalls zu Commencement und Ehrendoktorwürde, am 24. Mai 1993,
- von B'nai B'rith International zum 150-jährigen Jubiläum mit Aufnahme in das „Committee of Patrons“. Rede zum Thema: „Learning and Tolerance“.

6 Chaim Herzog.

7 Jitzchak Rabin.

8 Zu einer möglichen Beteiligung an der Ausstellungsgestaltung vgl. Dok. 244.

9 Die Grundsteinlegung des United States Holocaust Memorial Museums durch den amerikanischen Präsidenten Reagan fand am 5. Oktober 1988 statt. Damaliger Botschafter der Bundesrepublik in Washington war Jürgen Ruhfus.

Jede dieser Einladungen kann dem Bundespräsidenten grundsätzlich zur Annahme empfohlen werden. Bei der Besuchsplanung sollte ein Zusammentreffen mit dem neuen amerikanischen Präsidenten[10] berücksichtigt werden. Dies gilt insbesondere bei einem Besuch in Washington oder Nähe (B'nai B'rith, Johns Hopkins).

III. Die Eröffnung des Holocaust-Museums in Washington wird ein herausragendes Datum im deutsch-jüdischen Verhältnis werden. Keine andere Veranstaltung dürfte in ihrer Wirkung auf das öffentliche Bewusstsein in den USA eine vergleichbar nachhaltige Wirkung haben. Eine Teilnahme des Bundespräsidenten wäre eine über jeglichen Zweifel erhabene Form des Ausdrucks unserer fortdauernden Betroffenheit durch den Holocaust. Wir müssen damit rechnen, dass die Entscheidung, wer Deutschland bei dieser Feier vertritt, vor dem Hintergrund von Rechtsradikalismus und Fremdenfeindlichkeit in Deutschland – die in den USA sehr kritisch beobachtet werden[11] – mit besonderer Aufmerksamkeit gesehen wird.

In Kauf zu nehmen wäre, dass für den Vertreter Deutschlands lediglich eine protokollarische Teilnahme, nicht aber Gelegenheit zu einer Rede vorgesehen ist. Präsident Clinton wird ex officio sprechen (der United States Holocaust Memorial Council ist eine staatliche Institution), ferner der Vorsitzende des Council, Meyerhoff. Wir ebenso wie andere eingeladene Regierungen sind zu schriftlichen Stellungnahmen zum Holocaust aufgefordert.

Unserem Interesse, das heutige Deutschland, sein Verhältnis zu seinen Nachbarn und sein gutes Verhältnis zu Israel darzustellen, könnte mit einem grundsätzlich gehaltenen Vortrag vor einem anderen angesehenen Forum anlässlich desselben Besuchs in Washington entsprochen werden, etwa bei B'nai B'rith. Wir sollten allerdings den Eindruck vermeiden, wir wollten der Holocaust-Veranstaltung unsere eigene Sicht entgegensetzen. Ein solcher Eindruck entstünde vor allem bei einer Ad-hoc-Veranstaltung für den deutschen Gast in zeitlicher Nähe zu der Eröffnung.

Die Botschaft Washington hat sich im Sinne einer größeren öffentlichen Wirkung des Bundespräsidentenbesuchs für eine Commencement-Feier im Mai (s. II.) ausgesprochen. Ähnliche Überlegungen werden im Bundespräsidialamt angestellt.

Beide Veranstaltungen – Holocaust-Museum wie Brandeis – lägen in etwa gleicher zeitlicher Nähe zu einer Veranstaltung am 6. Mai, zu der das American Jewish Committee den Bundeskanzler eingeladen hat, wozu das Bundeskanzleramt positiv votiert hat.

IV. Sie könnten bei Ihrem Gespräch mit dem Bundespräsidenten unsere Überlegungen unter III. erläutern.

Die negative Wirkung einer Absage der beiden zur Eröffnungsfeier des Holocaust-Museums eingeladenen deutschen Gäste in der Öffentlichkeit ist schwer abzuschätzen, sie könnte beträchtlich sein. Gleichwohl spricht bei einer Abwägung zwischen Holocaust-Museum und Commencement-Feier einer führenden Universität die Möglichkeit einer Grundsatzrede des Bundespräsidenten für letztere. Es würde sich dann eine Kombination der Commencement-Feier bei Johns Hopkins (Rede über ein Thema mit transatlantischem

10 Am 3. November 1992 fanden in den USA Präsidentschaftswahlen statt, aus denen der Kandidat der Demokratischen Partei, Clinton, als Sieger hervorging. Vgl. Dok. 355.
Die neue Regierung übernahm am 20. Januar 1993 die Amtsgeschäfte.

11 Zur amerikanischen Wahrnehmung der fremdenfeindlichen Ausschreitungen in Deutschland vgl. Dok. 386.

Bezug) mit der Vortragseinladung von B'nai B'rith empfehlen (jeweils ein jüdisches und ein nichtjüdisches Forum).

In diesem Fall wäre zu erwägen, ob die Bundestagspräsidentin[12] gebeten werden sollte, Deutschland bei der Eröffnung des Holocaust-Museums in Washington zu vertreten.[13]

Kittlitz

B 32, ZA-Bd. 179514

364

Vorlage des Ministerialdirigenten Bartels für Bundesminister Kinkel

Dg 31-310-321.11 ISR **10. November 1992[1]**

Über D 3[2], Herrn Staatssekretär[3] Herrn Bundesminister[4]

Betr.: Ihr Besuch in Israel vom 17. – 19. November 1992[5];
hier: Rahmen und Konzeption („Philosophie") des Besuches

Bezug: Zuschrift des Ministerbüros vom 4.11.1992

Anlg.: 1

Zweck der Vorlage: Zur Unterrichtung

In der Anlage werden Rahmen und Konzeption („Philosophie") Ihres Besuches in Israel vom 17. – 19. November 1992 vorgelegt.

Bartels

[Anlage]

Zu Rahmen und Konzeption Ihres Besuchs in Israel („Philosophie")

1) Dies ist Ihr erster Besuch in Israel und zugleich im Nahen Osten. Er steht vor allem unter bilateralen Vorzeichen, hat aber zwangsläufig auch nahost-politischen Charakter.

12 Rita Süssmuth.

13 VLR Freiherr von Kittlitz notierte am 16. November 1992, das Bundespräsidialamt habe am selben Tag mitgeteilt, Bundespräsident Freiherr von Weizsäcker habe BM Kinkel am 13. November 1992 unterrichtet, „dass er die Einladung zum Holocaust-Museum nicht annehmen werde. BuPr habe darauf hingewiesen, dass er ja bereits anlässlich des Staatsbesuchs mit dem Projekt befasst worden sei. BuPr habe gegenüber BM die Möglichkeit angesprochen, dass BT-Präsidentin D vertreten könne." Dem Bundespräsidialamt zufolge habe BK Kohl Weizsäcker am 13. November 1992 unterrichtet, „dass auch er der Einladung nicht Folge leisten werde". Vgl. B 32, ZA-Bd. 179514.
Zur Eröffnung des Holocaust Memorial Museums in Washington am 22. April 1993 vgl. AAPD 1993.

1 Die Vorlage wurde von VLR I von Hoessle und VLR Kaul konzipiert.

2 Hat MD Schlagintweit am 10. November 1992 vorgelegen.

3 Hat StS Kastrup am 12. November 1992 vorgelegen.

4 Hat BM Kinkel am 14. November 1992 vorgelegen.

5 Zum Besuch des BM Kinkel vom 17. bis 19. November 1992 vgl. auch Dok. 378.

Der Zweck des Besuchs in Israel besteht folglich insbesondere in:
- einem persönlichen Bekenntnis zur besonderen Natur der deutsch-israelischen Beziehungen. Dies ist für Israel gerade in der derzeitigen Lage bedeutsam.
- der Bekräftigung unserer Bereitschaft gegenüber der Regierung von MP Rabin, die deutsch-israelischen Beziehungen auf den bewährten Grundlagen in einer gewandelten Welt weiter zu festigen und auszubauen;
- einer deutlichen Bekundung unseres Interesses am und unserer Unterstützung für den Nahost-Friedensprozess, der sich gerade jetzt in einer wichtigen Phase befindet.

Eine zentrale „Botschaft" der deutschen Seite an Israel muss – aufgrund der Ereignisse der letzten Monate – die Bekräftigung unserer Entschlossenheit sein, rechtsextremistische und antisemitische Tendenzen entschieden zu bekämpfen: „Wir werden diese deutsche Demokratie – das freiheitlichste Gemeinwesen, welches es auf deutschem Boden je gab – entschlossen verteidigen!"[6]

Zugleich sollte versucht werden zu vermeiden, dass dieses Thema Ihren Besuch und unser konstantes und aktives Bemühen um gute deutsch-israelische Beziehungen überschattet.

2) Ihre israelischen Gastgeber werden bemüht sein, Sie auf eine möglichst rückhaltlose Unterstützung israelischer Interessen und Anliegen zu verpflichten. Ihre konkrete Interessenlage betrifft im Wesentlichen drei Bereiche:
- Nahost-Friedensprozess:
  israelische Forderung, die deutsche Seite solle sich bei der multilateralen Phase des Nahost-Friedensprozesses stärker zugunsten Israels engagieren.
  Bei den multilateralen Verhandlungen über fünf regionale Themen (Rüstungskontrolle und regionale Sicherheit, regionale wirtschaftliche Entwicklung, Flüchtlinge, Wasser, Umwelt) sind wir in den verschiedenen AG neben der EG (Präsidentschaft und EG-KOM) auch national beteiligt. Das israelische Interesse an der Beteiligung der Europäer und von D geht primär dahin, diese als Financiers für die regionale Zusammenarbeit zu gewinnen. Die obige – auch taktische – israelische Bitte geht an der Realität des Friedensprozesses weithin vorbei: denn die arabische Seite macht Fortschritte weithin von Fortschritten bei den bilateralen Verhandlungen[7] abhängig, welche Israel selbst – durch eigene Kompromissbereitschaft – beeinflussen kann. Darüber hinaus sind wir bereits jetzt zusammen mit unseren europäischen Partnern angemessen aktiv engagiert.

6 Zu diesem Absatz vermerkte MD Schlagintweit handschriftlich: „Ich würde das Thema Rechtsextremismus etc. nicht in den Mittelpunkt des Besuchs stellen, sondern bilaterale Beziehungen u. Nahost-Prozess."

7 Zu den bilateralen Nahost-Verhandlungen vgl. Dok. 338, Anm. 4.
BR Görgens, Washington, berichtete am 9. November 1992, „das Beobachterteam des Ko-Sponsors USA" beurteile das Ergebnis des ersten Teils der Runde „überraschend positiv. Zwar sei es verfrüht, von einem Durchbruch zu sprechen, doch begännen jetzt die Elemente jenes Materials zusammenzutreten, aus dem später ein Durchbruch entstehen könne. […] Am meisten sei im Oktober auf der ISR-JOR-Schiene erreicht worden, am wenigsten auf der ISR-LIA-Schiene." So hätten sich die israelischen und jordanischen Delegationen auf eine Tagesordnung geeinigt. Auf den syrischen Entwurf einer Prinzipienerklärung habe die israelische Seite „mit einem Dokument geantwortet", das „die Meinungsverschiedenheiten in eine übersichtliche, rationale Form" bringe, sodass „nun Absatz für Absatz durchverhandelt werden könne". Vgl. DB Nr. 3229/3230; B 36, ZA-Bd. 196083.

- Verhältnis Israels zu Europa/westlicher Welt

  Israel will D als nachdrücklichsten Fürsprecher gegenüber den EG-Partnern für alle politischen und wirtschaftlichen Anliegen Israels gegenüber der Gemeinschaft (vor allem „Teilhabe Israels am Europäischen Wirtschaftsraum“[8]) gewinnen.

  Israel wünscht deutsche Unterstützung bei der von ihm nachdrücklich angestrebten „Mitgliedschaft in der westlichen Regionalgruppe in den VN (WEOG)“.[9]

  In beiden Fragen können wir der israelischen Seite eine grundsätzlich wohlwollende Haltung signalisieren. Dabei gibt es jedoch erhebliche sachliche Schwierigkeiten:
  - Im Verhältnis Israel – Europa wird der von Israel angestrebte EFTA-ähnliche Status nicht möglich sein (wegen Haltung unserer Partner: fehlende Bereitschaft und Fähigkeit Israels, auch die damit verbundenen Pflichten zu tragen). Wir unterstützen jedoch den Wunsch Israels nach einer Revision des Kooperationsabkommens EG – Israel von 1975[10].
  - Bei der VN-WEOG-Frage ist die Mehrheit der Zwölf primär aus VN-Gesichtspunkten skeptisch.
- Deutsch-israelische Beziehungen – spezifische israelische Wünsche nach weiteren Hilfeleistungen im Wirtschafts- und Finanzbereich.

  Israel wird weitere deutsche Hilfeleistungen anstreben und dabei voraussichtlich an angebliche „Zusagen und Absprachen“ des Bundeskanzlers während des Besuches von MP Rabin im September[11] anknüpfen (zu dieser Ihnen bereits bekannten Problematik siehe Anlage). Die israelische Seite könnte darüber hinaus auch den Wunsch nach einer Wiederaufnahme der früheren deutsch-israelischen Finanzgespräche vorbringen. So hat AM Peres gegenüber RBM Wedemeier kürzlich von der „offenen Entschädigungsfrage DDR“ gesprochen und damit an die frühere israelische These (für uns nicht akzeptabel) angeknüpft, D schulde Israel nach Herstellung deutscher Einheit „das offene Drittel“ von der DDR nicht geleisteter Wiedergutmachungszahlungen.[12] Erfahrungsgemäß nutzt die israelische Seite alle verfügbaren Argumente für die Kernthese: „Deutschland muss helfen“. So etwa:
  - nahost-politisch: Israel verdiene für seine angeblich bereits „weitreichenden Konzessionen“ beim Friedensprozess nunmehr politisches Entgegenkommen von D und der EG; nur ein wirtschaftliches starkes Israel könne Flexibilität im Nahost-Friedensprozess zeigen;
  - wirtschaftlich: eingehende Darlegung der wirtschaftlichen Schwierigkeiten mit Andeutung, D sei „moralisch“ zur Hilfe verpflichtet;
  - innenpolitisch: D solle helfen, damit Regierung Rabin sich durch „sichtbare Erfolge“ innenpolitisch behaupten könne.

8 Zu einer möglichen Mitgliedschaft Israels im EWR vgl. Dok. 303, Anm. 7.

9 Zum israelischen Wunsch nach Aufnahme in die westliche Regionalgruppe WEOG bei den VN vgl. Dok. 303, Anm. 13.

10 Zum Kooperationsabkommen vom 11. Mai 1975 vgl. Dok. 303, Anm. 6.

11 Für das Gespräch zwischen BK Kohl und dem israelischen MP Rabin am 14. September 1992 vgl. Dok. 282.

12 Bei seinem Besuch vom 30. Oktober bis 5. November 1992 in Israel sprach der Präsident des Senats von Bremen, Wedemeier, am 4. November 1992 mit dem israelischen PM Rabin und AM Peres. Vgl. DB Nr. 1165 des BR Blomeyer-Bartenstein, Tel Aviv, vom 5. November 1992; B 5, ZA-Bd. 150363.

Wir streben an, den Besuch von der Gesamtthematik „israelische Wünsche für deutsche Hilfen an Israel“ möglichst frei zu halten: Das Thema sei bilateralen Verhandlungen zu überlassen. Generell stehen wir weder unter Erfüllungs- noch unter Zeitdruck. Wir sollten uns auch nicht unter Druck setzen lassen.

Wegen dieser insoweit notwendigen Auseinandersetzung mit den obigen israelischen Wünschen, die uns teilweise deutlich überfordern, wird der Besuch vermutlich nicht einfach sein.

3) Aus unserer Sicht stehen beim politischen Dialog mit Israel fünf zentrale Gesichtspunkte im Vordergrund:

- unsere Entschlossenheit, die deutsch-israelischen Beziehungen auf den bewährten Grundlagen weiter auszubauen;
- zugleich: Abwehr israelischer Bitten um weitere deutsche Hilfen, die unsere Möglichkeiten übersteigen; aber Verständnis für die Probleme der Integration jüdischer Einwanderer und deutsche Hilfe im Rahmen des Möglichen;
- unsere Bereitschaft, vertiefte Beziehungen EG – Israel zusammen mit EG-Partnern zu fördern (aber keine „deutsche Sonderrolle“);
- unsere volle Unterstützung für den Nahost-Friedensprozess und das Ziel einer gerechten, dauerhaften und umfassenden Nahost-Regelung;[13]
  aber: Wir selbst können bei den – entscheidenden – bilateralen Verhandlungen wenig bewegen. Die Zwölf und wir sind nicht beteiligt. Die israelische Seite ist bei diesen für sie zentralen Fragen gegenüber Einflussnahmen von Dritten (auch der deutschen Seite) nicht zugänglich. Sie sieht für Europa und D bei den bilateralen Verhandlungen „keine Rolle“, will dagegen die EG und D als Financiers bei den multilateralen NO-Verhandlungen.
- die besorgniserregende Menschenrechtssituation in den besetzten Gebieten.

Dabei ist aus deutscher innenpolitischer Sicht bedeutsam, dass die Fragen

- weitere deutscher Hilfe an Israel,
- Menschenrechtslage in den israelisch besetzten Gebieten

sensible Themen sind.

Die öffentliche Meinung steht nicht mehr wie früher hinter großzügiger (Finanz-)Hilfe an Israel. Die verbreitete Zurückweisung der israelischen Forderung nach Kreditgarantien in Milliardenhöhe durch deutsche Medien war deutliches Signal.

Das „zweierlei Maß“ der westlichen Menschenrechtspolitik – gegenüber Israel bei MR-Verletzungen an Palästinensern sehr viel mehr Verständnis und Nachsicht zu üben als gegenüber anderen Dritte-Welt-Staaten – ist weiten Kreisen der deutschen Bevölkerung bewusst geworden und wird von den Medien häufig angesprochen.

4) Die allgemeine Lage in der Region ist gekennzeichnet durch einen stabilen, zunehmend substanziellen und langsam vorankommenden Nahost-Friedensprozess. Israel kontrolliert de facto die wesentliche Verhandlungsmasse (besetzte arabische Gebiete, palästinensische Rechte, Siedlungen, Ressourcen). Bei ausreichender Konzessionsbereitschaft Israels hat das Land die grundsätzliche Möglichkeit, einen friedlichen Modus vivendi mit seinen Nachbarn zu erreichen und sich damit anstelle der bisherigen Isolierung in der Region zu integrieren. Zentrale Frage ist ein akzeptabler Übergangsstatus für die besetzten Gebiete, bei dem die

13 An dieser Stelle wurde von MD Schlagintweit handschriftlich eingefügt: „Anerkennung für den neuen Geist in den Nahostverhandlungen seit Amtsantritt der Regierung Rabin, der das pol[itische] Klima in Region stark verbessert hat.“

Palästinenser durch eine mit hinreichenden Befugnissen ausgestattete Interim-Selbstregierung über ihre eigene Lage und Angelegenheiten selbst bestimmen können. Hierüber wird derzeit in Washington (siebte Verhandlungsrunde) bei den dortigen israelisch-palästinensischen Gesprächen verhandelt.

Die Lage in den israelisch besetzten Gebieten ist nach Auffassung der Zwölf weiterhin besorgniserregend. Sie hat sich seit Amtsübernahme von MP Rabin nicht wesentlich gebessert (trotz des partiellen Siedlungsstopps schleichende Fortführung der Siedlungstätigkeit; menschenrechtswidrige Praktiken der israelischen Besatzungsmacht, darunter besonders gravierend die Verhörmethoden und der Einsatz sog. „Undercover Units“ mit erleichterter Befugnis zum Schusswaffengebrauch).

Politisch-militärisch verhandelt Israel beim Nahost-Friedensprozess aus einer Position der Stärke (einzige Nuklearmacht; überlegene, kampferprobte Streitkräfte; Wegfall der irakischen Bedrohung; Schwächung Syriens durch Wegfall der einstigen sowjetischen Schutzmacht; durch MP Rabin wieder gefestigte Unterstützung der USA für Israel, an der auch die Clinton-Administration festhalten wird).

Die wirtschaftliche Situation Israels ist dagegen weit weniger günstig (verringertes Wirtschaftswachstum von unter 4 %; 12 % Arbeitslosigkeit; seit 1989 sinkende Realeinkommen; hohes Haushalts- und Handelsbilanzdefizit EG – Israel: 2,2 Mrd. US-$ im ersten Halbjahr 1992; Importe aus EG 4,6 Mrd. US-$, Exporte nach EG 2,4 Mrd. US-$). Die nationale Aufgabe der Integration jüdischer Einwanderer aus ehemaliger SU/GUS (bisher insgesamt ca. 400 000) belastet das Land zusätzlich erheblich, dies trotz der im August des Jahres von den USA zugesagten Kreditgarantien über 10 Mrd. US-$ in fünf Jahren[14]. Israel sucht daher intensiv nach Formen engerer Zusammenarbeit mit der EG als dem bei weitem wichtigsten Wirtschaftspartner.

Absolute Prioritäten der Regierung von MP Rabin (seit 13.7.) sind daher der Nahost-Friedensprozess und die weitere wirtschaftliche Entwicklung und Existenzsicherung Israels.

Innenpolitisch ist die Regierung Rabin relativ stabil. Zwar drohen koalitionsinterne Streitigkeiten (besonders zwischen liberaler Bürgerrechtspartei und Bildungsministerin Aloni einerseits, orthodox-sephardischer Schas-Partei andererseits). Auch befindet sich die nationalistische Likud-Opposition mit ihrer Kritik (wegen partiellen Siedlungsstopps, eventuellen Teilrückzugs vom Golan) am Nahost-Verhandlungskurs von MP Rabin anscheinend im Aufwind. Dennoch sind Anzeichen für eine Regierungskrise bisher nicht in Sicht. (Rabin verfügt mit linken Verbündeten zudem über Blockierungsmehrheit von 61 Stimmen in der Knesset.)

Das deutsch-israelische Verhältnis ist derzeit gekennzeichnet von einer Kluft zwischen einerseits guten, substanziellen und dichten deutsch-israelischen Beziehungen und einem durch die jüngsten Entwicklungen (fremdenfeindliche Ausschreitungen) belasteten Deutschlandbild, welches auf die Stimmungslage im Verhältnis zu D drückt (undifferenzierte Ängste, „das neue Deutschland könnte wieder das alte werden“).

5) Ihr nahost-politisch wichtiges Gespräch auch mit führenden Palästinenservertretern – die Palästinenser sind die schwächste Partei des Nahost-Friedensprozesses – trägt dazu bei, die Ausgewogenheit unserer Haltung zu verdeutlichen.[15]

[14] Zu den amerikanischen Kreditbürgschaften für Israel vgl. Dok. 282, Anm. 5.

[15] Ein Gespräch des BM Kinkel mit Vertretern der Palästinenser fand nicht statt. Vgl. Dok. 379, Anm. 6.

Auch von dieser Seite müssen wir mit dem eventuellen Vorwurf angeblich zu geringer deutscher und europäischer Unterstützung bzw. einer angeblich einseitig pro-israelischen Haltung rechnen (ggfs. auch mit Bekenntnissen zur PLO bzw. der Forderung, der PLO stärker entgegenzukommen).

Wir sollten unsererseits die Palästinenser darin bestärken, auf dem eingeschlagenen Verhandlungsweg trotz aller Schwierigkeiten weiter konsequent voranzuschreiten.

Unsere Haltung zur PLO: Für uns ist die PLO eine – wichtige – Kraft im Nahost-Friedensprozess (wir haben den Alleinvertretungsanspruch der PLO nie anerkannt). Wir nehmen zur Kenntnis, dass die PLO nach dem in Madrid[16] gebilligten Verhandlungskonzept als solche nicht offiziell an den Verhandlungen beteiligt ist. Unsere Haltung zur PLO bestimmt sich weitgehend danach, ob und inwieweit die PLO zum Friedensprozess eine konstruktive Haltung einnimmt.

[Anlage]
Von israelischer Seite behauptete „Ergebnisse“ des Rabin-Besuchs in Bonn

Die israelische Seite (Rabin-Schreiben an BK siehe Anlage[17]: Bo[tschafter] Navon gegenüber ChBK[18]) geht seit dem Rabin-Besuch (mit erheblichen Abweichungen von der Sicht ChBK) davon aus, dass die deutsche Seite (BK) Zusagen bzw. mindestens Prüfungszusagen für folgende israelische Wünsche gemacht habe:
- Hilfe bei der Umschulung von jüdischen Rückwanderern aus Russland und den anderen GUS-Staaten,
- Förderung der deutsch-israelischen industriellen Kooperation,
- Einrichtung eines Fonds zur Förderung von deutschen Investitionen in Israel,
- Hermes-Deckung für deutsch-israelische Joint Ventures in Ost-Europa und den GUS-Staaten,
- Aufstockung des Fonds der German-Israeli Foundation (GIF).

Die israelische Seite erweckte den Eindruck, dass sie eine Wiederaufnahme der deutsch-israelischen Finanzgespräche nicht beabsichtigt.

Auf einer Ressortbesprechung im Bundeskanzleramt am 22.10. unter Leitung von MD Hartmann[19] bestand Einvernehmen, Israel in den Bereichen industrielle Kooperation, Hermes-Deckung und Förderung deutscher Investitionen nicht helfen zu können. Angesichts der Zusage des Bundeskanzlers, bei der Umschulung behilflich zu sein und „dazu die Mittel zu verdoppeln” (diese Zusage bedarf noch interner deutscher Klärung), wurde das Auswärtige Amt beauftragt, im Ressortkreis zu prüfen, wie wir den Israelis bei der Umschulung bzw. bei der Aufstockung der Mittel „für die Stiftung“ entgegenkommen können.

Dieser Abstimmungsprozess mit den betroffenen Ressorts ist schwierig (u.a. wegen Diskrepanzen bei „Ergebnissen“ des Rabin-Besuchs; nirgends eigene Zuständigkeit des AA; sehr restriktive Haltung des BMF; schwierige Sachprobleme der israelischen Wünsche; erheblicher Klärungsbedarf nicht nur zwischen den Ressorts, sondern auch mit der ISR-Seite).

16 Zur Friedenskonferenz über den Nahen Osten vom 30. Oktober bis 1. November 1991 vgl. Dok. 15, Anm. 6.

17 Dem Vorgang beigefügt. Für das Schreiben des israelischen MP Rabin vom 24. September 1992 an BK Kohl vgl. B 36, ZA-Bd. 185343.

18 Friedrich Bohl.

19 Für die Ressortbesprechung vgl. Dok. 337.

Um Ihren Besuch in Israel nicht von vornherein mit vielen schwierigen, teilweise kontroversen und technischen Fragen deutscher Hilfe zu belasten, sollten diese bei dem Besuch ausgeklammert werden: Das Thema sei bilateralen Verhandlungen zu überlassen.[20]

Dies sollte vor Ihrem Besuch der israelischen Seite (Bo. Navon) – ggfs. erneut – auf geeignet hoher Ebene (StS) deutlich gemacht werden.

B 36, ZA-Bd. 185343

365

Vorlage des Vortragenden Legationsrats I. Klasse Bertram für Bundesminister Kinkel

201-363.07/1 **10. November 1992**[1]

Über Dg 20[2], D 2[3], Herrn Staatssekretär[4] Herrn Bundesminister[5]

Betr.: Nordatlantischer Kooperationsrat vor den Herbsttagungen der NATO-AM[6] und NATO-VM[7]

Zweck der Vorlage: Zur Unterrichtung

A. Zusammenfassung

Auf den bevorstehenden Herbsttagungen von NATO/Nordatlantischem Kooperationsrat[8] (NAKR) werden u. a. neue Aufgaben und weitere Entwicklung des Kooperationsrates zur Erörterung anstehen.

Bisherige NAKR-Arbeit hat bereits stabile Vertrauensbasis zwischen Allianz und ehemaligen Gegnern geschaffen. Operative Erfolge liegen insbesondere im Beitrag zu Unterzeichnung und Ratifikation des KSE-Vertrages durch SU-Nachfolgestaaten.

Der neue NAKR-Arbeitsplan für 1993 soll beschleunigt von Phase des politischen Dialogs zur intensivierten, operativ angelegten Zusammenarbeit überleiten (wobei die Erwartungen östlicher Partner sehr hochgesteckt, z. T. überzogen sind).

20 Zu den deutsch-israelischen Gesprächen über Finanzhilfe vgl. Dok. 427.

1 Die Vorlage wurde von VLR Ulrich konzipiert.

2 Hat MDg Klaiber am 11. November 1992 vorgelegen.

3 Hat MD Chrobog am 12. November 1992 vorgelegen.

4 Hat StS Kastrup am 12. November 1992 vorgelegen.

5 Hat BM Kinkel am 14. November 1992 vorgelegen.
Hat OAR Salzwedel am 16. November 1992 vorgelegen, der den Rücklauf über das Büro Staatssekretäre, MD Chrobog und MDg Klaiber an Referat 201 verfügte.
Hat Chrobog am 15. November 1992 erneut vorgelegen.
Hat Klaiber am 17. November 1992 erneut vorgelegen.
Hat VLR I Bertram erneut vorgelegen.

6 Zur NATO-Ministerratstagung am 17. Dezember 1992 in Brüssel vgl. Dok. 431.

7 Zur Ministersitzung des DPC der NATO am 10./11. Dezember 1992 in Brüssel vgl. Dok. 415.

8 Zur NAKR-Ministertagung am 18. Dezember 1992 in Brüssel vgl. Dok. 435.

Unterstützung der KSZE soll v.a. über eine sowohl konzeptionelle als auch operative Zusammenarbeit bei Vorbereitung/Durchführung friedenserhaltender Maßnahmen innerhalb des NAKR erfolgen.

Zu erwarten ist darüber hinaus Debatte über langfristige Aspekte, wie
- Ausweitung der NATO (Beitrittswunsch einiger MOE-Staaten),
- Erweiterung des NAKR (um traditionell neutrale Staaten),
- Stellung des NAKR in europäischer Sicherheitsarchitektur.

Hierzu stehen allerdings kurzfristig Entscheidungen nicht an.

B. Langfassung

Auf den bevorstehenden Sitzungen des Nordatlantischen Kooperationsrates (NAKR) sowie den Herbsttagungen der NATO-VM (DPC) und der NATO-AM (Rat) Mitte Dezember d.J. werden – ein Jahr nach seiner Gründung[9] – neue Aufgaben und die weitere Entwicklung des Nordatlantischen Kooperationsrates vor dem Hintergrund seiner bisher geleisteten Arbeit, aber auch erkennbarer Defizite erörtert werden.

I. Erfahrungen bisheriger Arbeit

1) Im Rahmen von drei Treffen der Außenminister[10] und eines – formal gegenüber NAKR gesonderten – Treffens der Verteidigungsminister[11] (ohne F) hat sich der NAKR als Instrument des sicherheitspolitischen Dialoges und der Zusammenarbeit gefestigt und im europäischen Bewusstsein verankert. Der NAKR hat schon jetzt für beachtliche Transparenz und den Aufbau einer stabilen Vertrauensbasis zwischen NATO und früheren Gegnern (inkl. RUS) gesorgt. Die MOE-Partner sehen – trotz höhergesteckter Erwartungen – gewisse sicherheitspolitische Reflexwirkungen zu ihren Gunsten in ihrer NAKR-Mitgliedschaft. Auch in operativer Hinsicht kann der NAKR bereits Erfolge verbuchen:
- Die auf der ersten NAKR-Sitzung ins Leben gerufene „hochrangige Arbeitsgruppe" hat durch Aufrechterhaltung politischen Drucks und intensive Überzeugungsarbeit zur (nahezu) zeitgerechten Unterzeichnung und Ratifikation des KSE-Vertrages durch die europäischen Nachfolgestaaten der SU beigetragen. Es gibt bereits Überlegungen für eine ähnliche „Katalysatorrolle" in Bezug auf den „Open-Skies"-Vertrag[12] und die Zeichnung der neuen CW-Übereinkunft[13].
- Der Abzug der GUS-/RUS-Streitkräfte aus dem Baltikum[14] wurde seitens der baltischen Staaten im NAKR immer wieder thematisiert. Diese Debatten haben mitgeholfen, dass eine baltisch-russische Verständigung über den Truppenabzug (wie im Falle Litauens) heute optimistischer beurteilt werden kann als noch vor einigen Monaten.
- Über den sicherheitspolitischen Dialog hinaus ist besonders auf militärischer Ebene eine vielversprechende Zusammenarbeit angelaufen:
  - Kurse am NATO Defense College in Rom und
  - an der NATO-Schule (SHAPE) in Oberammergau,

9 Zur konstituierenden Tagung des NAKR am 20. Dezember 1991 in Brüssel vgl. AAPD 1991, II, Dok. 439.

10 Zur NAKR-Ministertagung am 10. März 1992 in Brüssel vgl. Dok. 74.
Zur NAKR-Ministertagung am 5. Juni 1992 in Oslo vgl. Dok. 170.

11 Zum NAKR-Treffen auf der Ebene der Verteidigungsminister am 1. April 1992 in Brüssel vgl. Dok. 97.

12 Zum Open-Skies-Vertrag vom 24. März 1992 vgl. Dok. 85.

13 Zum Abschluss der Genfer CW-Verhandlungen vgl. Dok. 277.

14 Zum Abzug der russischen Truppen aus Litauen vgl. Dok. 356, Anm. 19.

- Aufenthalt von Expertendelegationen aus NATO-Stab/NATO-MS in einzelnen Partnerstaaten zur Beratung beim Aufbau neuartiger, demokratisch verantwortlicher Streitkräfte.

2) Kritisch anzumerken ist bisherige Erfahrung, dass die Fülle der Kontakte NATO-Stab wie NATO-MS vor beträchtliche organisatorische Probleme stellt. Hier gilt es, vernünftige Prioritäten zu setzen. Auch ist die Teilnahme der kleinen europäischen und der zentralasiatischen GUS-Republiken an den NAKR-Aktivitäten viel zu gering. Der Stabilisierungsbeitrag des NAKR kann bei nur sporadischer Beteiligung dieser neuen und konfliktanfälligen Republiken dort nicht voll zur Geltung kommen. Andererseits ist nicht zu verkennen, dass diese Staaten nicht über die erforderlichen materiellen und personellen Ressourcen verfügen, um derartig viele Veranstaltungen beschicken zu können. Darüber hinaus sind verständlicherweise die außenpolitischen Prioritäten dieser Staaten eher auf ihre unmittelbare Umgebung als auf die NATO gerichtet.

II. Weiterer Kurs der NAKR-Arbeit für 1993

3) Die Herbsttagungen der NATO-AM und der Verteidigungsminister sowie die Sitzung des Nordatlantischen Kooperationsrates im Dezember d.J. erfordern zunächst konkrete Weichenstellungen für die weitere Arbeit des NAKR im kommenden Jahr.

a) Der NAKR-Arbeitsplan 1993 (in Vorbereitung) soll zu einer Vertiefung des Kooperationsprozesses führen. Gerade die Kooperationspartner, aber auch die USA, fordern (zu Recht) den beschleunigten Übergang von der Phase des politischen Dialogs zur intensivierten, operativer ausgerichteten Zusammenarbeit beim Aufbau neu strukturierter, demokratisch ausgerichteter und politisch kontrollierter Streitkräfte sowie die vertiefte Behandlung zentraler sicherheitspolitischer Problemstellungen. Hierzu gibt es teilweise noch immer französischen Widerstand gegen die Behandlung bestimmter (nach Auffassung FRA über NATO-Zuständigkeit hinausreichender) Themen, aber auch überzogene Wünsche einzelner Kooperationspartner in ihrem Bestreben nach Annäherung an die Allianz und ihre (mil.) Strukturen.

Erwartungen östlicher Partner bis hin zu Sicherheitsgarantien gehen teilweise erheblich über das hinaus, was die NATO leisten kann und will. Die NATO kann politischen Dialog und militärpolitische Beratung vermitteln; sie kann projektorientierte Zusammenarbeit anbieten; die Lieferung von Ausrüstung und Material liegt in der Verantwortung der Mitgliedstaaten. Die Gewährung von Sicherheitsgarantien der Allianz für Nichtmitglieder kann nicht in Betracht kommen.

b) Unterstützung der KSZE durch den NAKR v.a. in den Bereichen Konfliktverhütung und Krisenbewältigung wird ebenfalls auf der Tagesordnung stehen.

Dabei steht politisch derzeit eine sowohl konzeptionelle als auch operativ angelegte Zusammenarbeit des Bündnisses mit den Kooperationspartnern zur Vorbereitung/Durchführung friedenserhaltender Maßnahmen (VN, KSZE) im Vordergrund des Interesses. RUS und andere Kooperationspartner, aber dezidiert auch die USA, sehen hier kurzfristig geeigneten Schwerpunkt für praktische Zusammenarbeit auf einem Gebiet mit „politischer Zukunft". Dieses Thema soll auch auf der für Frühjahr 1993 vorgesehenen zweiten Tagung der NATO-Verteidigungsminister mit Kooperationspartnern[15] erörtert werden.

15 Ein zweites NAKR-Treffen auf der Ebene der Verteidigungsminister fand am 29. März 1993 in Brüssel statt. Vgl. AAPD 1993.

4) Zu erwarten ist darüber hinaus, dass – angestoßen insbesondere von den MOE-Partnern – auf den Herbsttagungen auch konzeptionelle Fragen gestellt und debattiert werden, zu deren Beantwortung eindeutige Positionen bislang nicht vorliegen.

a) Ausweitung des Bündnisses

In den mittel- und osteuropäischen Staaten (v. a. POL, UNG, TSE) wird die Teilnahme am NAKR als Vorstufe zur NATO-Mitgliedschaft gesehen. Sie streben dies nicht nur zur Einbeziehung in die Schutzfunktion der Allianz an, sondern auch mit dem eigenständigen Ziel der vollen Integration in die westliche/transatlantische Staatengemeinschaft. Sie wollen „dazugehören", nicht „dazwischenliegen".

Unter den NATO-MS ist bislang die Auffassung vorherrschend, auf absehbare Zeit eine Ausweitung des Bündnisses nach Osten nicht in Betracht zu ziehen. Es sollen keine neuen sicherheitspolitischen Gräben in Europa ausgehoben werden, auch um in den übrigen Staaten (z. B. RUS, UKR, RUM) nicht die Perzeption der Isolierung und des Ausschlusses von den europäischen Entwicklungen zu fördern.

b) Erweiterung des NAKR

Die traditionell neutralen Staaten Europas verfolgen die Arbeit des Nordatlantischen Kooperationsrates mit besonderer Aufmerksamkeit. (Zulassung Finnlands als Beobachter zu den Ministertagungen hat Staaten wie Österreich, Schweden und Schweiz bereits zu diskreten Fragen veranlasst.)

Wir sollten grundsätzlich offen sein für die Perspektive einer NAKR-Erweiterung im Sinne einer – sicher langfristigen – Tendenz zur kongruenten Mitgliedschaft von NAKR und KSZE, ohne dass dadurch bereits heute das Verhältnis beider Institutionen präjudiziert würde. Der NAKR soll der besonderen Lage der auf Suche nach neuer sicherheitspolitischer Orientierung befindlichen ehemaligen WP-Staaten bzw. ihrer Nachfolgestaaten gerecht werden. Dennoch wird mittel- bis langfristig die euro-atlantische Sicherheitspartnerschaft über diesen Kreis hinausreichen müssen.

c) Einordnung und Abgrenzung des NAKR im Rahmen der europäischen Sicherheitsarchitektur

In einer kürzlich in USA veröffentlichten Studie, aber auch auf der jüngsten Tagung der AM-Planungsstäbe aus den NATO-MS[16], wurde die Idee einer langfristigen Fortentwicklung des Atlantischen Bündnisses zum harten Kern eines kollektiven Sicherheitssystems im KSZE-Raum erörtert. Über die Aktivitäten des Kooperationsrates könnte sich die NATO mittel- bis langfristig von einem Bündnis kollektiver Verteidigung zu einem System kollektiver Sicherheit entwickeln. Voraussetzung wäre, dass die politischen Verhältnisse in Europa es zulassen, aufgrund gestiegenen Vertrauens Sicherheit und Stabilität miteinander anstelle vorbeugender Abgrenzung gegeneinander zu verwirklichen. Derartige Entwicklungen erscheinen nicht ausgeschlossen, sind aber gegenwärtig offensichtlich nicht spruchreif.

16 Die Tagung der Planungsstäbe der Außenministerien der NATO-Mitgliedstaaten (Atlantic Policy Advisory Group, APAG) fand vom 20. bis 24. September 1992 in Beetsterzwaag statt. Vgl. FK Nr. 452 des BR Pohl, Brüssel (NATO), vom 20. Oktober 1992; B 14, ZA-Bd. 161227.
Ein weiteres APAG-Treffen im erweiterten Kreis mit Vertretern der NAKR-Mitgliedstaaten wurde vom 8. bis 10. November 1992 in Pułtusk abgehalten. Vgl. den „Chairman's Report" vom 3. Dezember 1992 (NATO Document NACC-D (92) 3); B 14, ZA-Bd. 161227.

5) Der NAKR versteht sich nicht als Konkurrenz, sondern als Ergänzung zur KSZE. Nicht übersehen werden kann jedoch, dass seine Themen und Zielsetzungen auch und teilweise in zunehmendem Maße in anderen Foren behandelt werden, z.B. KSZE inkl. Forum für Sicherheitskooperation[17] und WEU. Selbst wenn Überschneidungen in gewissem Umfang immer unvermeidlich und in der Philosophie der Komplementarität nützlich sein werden, wird im Interesse einer Optimierung der Ergebnisse auf eine sachgerechte Zuordnung und Arbeitsteilung zu achten sein. Festlegungen hierzu sind in Anbetracht widerstreitender Interessen der betroffenen Organisationen und ihrer Mitgliedstaaten derzeit kaum möglich, jedoch schon mittelfristig unabweisbar erforderlich.

Referat 203 hat mitgezeichnet.

Bertram

B 14, ZA-Bd. 161245

366

Vorlage des Vortragenden Legationsrats Preisinger für Staatssekretär Lautenschlager

431-466.42 VS-NfD **10. November 1992**

Über Dg 43[1], D 4[2] Herrn Staatssekretär[3]

Betr.: Vagabundierendes Nuklearmaterial und Exportkontrollen der NUS; hier: Sachverhalte und Abwehrmaßnahmen

Bezug: StS-Vorlage – Az. w[ie] o[ben] – v. 15.10.1992[4]

Zweck der Vorlage: Zur Unterrichtung und zur Billigung des Vorschlags zu 6)

I. Kurzfassung

Die am 6.11.1992 gemeldete Fundstelle von Nuklearmaterial in Berlin setzt die acht Fälle von illegaler Einfuhr und Handel mit radioaktiven Stoffen fort, die 1992 in Deutschland

17 Für eine erste Bewertung der Tätigkeit des FSK vgl. Dok. vgl. Dok. 434.

1 Hat MDg Graf von Matuschka am 11. November 1992 vorgelegen.

2 Hat MD Dieckmann am 12. November 1992 vorgelegen.

3 Hat StS Lautenschlager am 13. November 1992 vorgelegen, der MD Dieckmann um Rücksprache bat und handschriftlich vermerkte: „Ist der operative Vorschlag mit den in Betracht kommenden Ressorts u. unserer Vertretung in Brüssel besprochen? Was meinen die Ressorts? In welcher Form, auf welcher Ebene, durch wen sollte der Vorschlag ggf. in Brüssel eingeführt werden u. was sind die Erfolgsaussichten?"
Hat Dieckmann am 15. November 1992 erneut vorgelegen, der für VLR I Nocker handschriftlich vermerkte: „Dg 43/[Referat] 431 – bitte Stellungnahme." Vgl. den Begleitvermerk; B 72, ZA-Bd. 164317.
Hat MDg Graf von Matuschka am 17. November 1992 erneut vorgelegen, der für Dieckmann handschriftlich vermerkte: „Zweck der Vorlage war, vor Ressortabstimmung StS zu unterrichten und Vorschlag, mit den Fachressorts ... prüfen' zu dürfen. 431 versuchte, die Defizite bei der Behandlung der Problematik u. a.

festgestellt worden sind. Hierbei handelte es sich ausschließlich um Nuklearmaterial, das keine militärische Relevanz hat. Die Gefährdung, die von den bisher bekannt gewordenen Fällen ausgeht, liegt vor allem im Strahlungsrisiko und in der Umweltgefährdung. Daneben kann jedoch auch die Gefahr von Erpressungsversuchen mit diesem Material nicht ausgeschlossen werden.

Technische Charakteristika, Verpackung und Umstände der Aufdeckung deuten darauf hin, dass die sichergestellten Materialien aus dem Bereich der ehemaligen Sowjetunion stammen (Russland, Ukraine, Kasachstan und Litauen).

Bei den Anbietern handelte es sich nicht um Mitglieder einer zentral organisierten Nuklear-Mafia, sondern um einzelne kriminelle Kleingruppen. Dies schließt jedoch nicht aus, dass in Zukunft eine transnationale Nuklear-Mafia entsteht, die Zugang zu brisantem Material und Sprengköpfen erlangt und die Kontakte zu Kernwaffen-Interessenten in nuklearen Schwellenländern aufbaut.

Die aufgedeckten Schmuggelversuche mit Nuklearmaterialien stellen einen Teilaspekt der im Zuge des Strukturwandels in der ehemaligen UdSSR aufgetretenen neuartigen Proliferationsgefahren dar. Von der internationalen Gemeinschaft ist dieser Problemkomplex gegenüber Russland und den NUS-Staaten bisher schwerpunktmäßig mit der Frage nach der Kontrolle der nuklearen Waffenarsenale und nach dem „Physischen Schutz“ für das zivile Nuklearmaterial angesprochen worden. Für die Staaten der NUS ist kennzeichnend, dass das System der „Spaltmaterial-Überwachung“ nicht oder nur unzureichend vorhanden ist. Am besten dürfte die Lage noch in Russland sein, wo auch der größte Kontrollbedarf besteht. Hier sind bereits erkennbare Anstrengungen zur Gewährleistung der Exportkontrollen feststellbar. Neben der gesetzlichen Grundlage für ein funktionierendes Kontrollsystem ist eine interministerielle Exportkontrollkommission für das Genehmigungsverfahren geschaffen worden. Die Ukraine besitzt den zweitgrößten Park an kerntechnischen Anlagen; ein funktionierendes zentrales Materialbilanz- und Inspektionssystem besteht jedoch noch nicht. Trotz Moskauer Drängens hat noch keine der Republiken ein Exportkontrollsystem aufgebaut.

Fortsetzung Fußnote von Seite 1460

im Ad-hoc-Ausschuss aufzudecken... RL431 ist am Fr[eitag], 20.XI., von EPZ-AG Brüssel (NV) zurück.“ Vgl. den Begleitvermerk; B 72, ZA-Bd. 164317.

Hat Lautenschlager am 1. Dezember 1992 erneut vorgelegen, der zur Bitte um Rücksprache handschriftlich notierte: „Erl[edigt]“. Ferner vermerkte er handschriftlich: „Ich bin einverstanden, wenn diese Überlegungen mit den Ressorts erörtert werden. Dann neue Vorlage.“

Hat Dieckmann am 1. Dezember 1992 erneut vorgelegen, der den Rücklauf an Matuschka und Referat 431 verfügte.

Hat Matuschka am 1. Dezember 1992 erneut vorgelegen.

Hat VLR Ziegler am 2. Dezember 1992 vorgelegen, der für LR I Auer handschriftlich vermerkte: „Bitte weiteres Procedere mit RL besprechen.“

Hat VLR I Nocker am 4. Dezember 1992 vorgelegen, der handschriftlich für Auer vermerkte: „B[itte] R[ücksprache] (Vorschlag!).“

4 VLR Ziegler informierte über die Sicherstellung von „zwei Bleibehältern mit kyrillischer Aufschrift“ für radioaktives Cäsium-137 durch die Polizei am 9. Oktober 1992 in Frankfurt am Main. Dies stehe in einer Reihe mit ähnlichen Vorkommnissen und habe am 10. Oktober 1992 zu einer Demarche „in Warschau, Moskau, Kiew, Minsk, Vilnius, Riga und Tallinn“ geführt, um „auf einen verstärkten Schutz von radioaktivem Material, verschärfte Grenzkontrollen und Aufklärung der Bevölkerung über die Gefahren und fehlende Gewinnaussichten beim illegalen Handel zu drängen“. Vgl. B 72, ZA-Bd. 164316.

Wird von der Zahl kerntechnischer Anlagen als Orientierungsrahmen von Abzweigungsszenarien ausgegangen, muss insbesondere Kasachstan mit seiner Brennelemente-Fabrik und seinem Brutreaktor als proliferationsgefährdet eingestuft werden. Darüber hinaus befinden sich in allen NUS-Staaten Anlagen für Nuklearmaterialien, die mittelbar den Weg zur Kernwaffe verkürzen können.

Für den Aufbau nuklearer Exportkontrollsysteme für sensitive Güter in den NUS-Staaten sind mehrfache nationale und internationale Hilfsmaßnahmen durchgeführt bzw. vereinbart worden. Als deutscher Beitrag läuft derzeit für die Ukraine, Kasachstan, Georgien und Kirgistan ein Stufenplan der Beratungshilfe an. Im Rahmen internationaler Bemühungen haben die G7 plus Australien im Mai d.J. eine gemeinsame Reise in die vier „GUS-Atomwaffenstaaten“ (Russland, Ukraine, Weißrussland, Kasachstan) und nach Aserbaidschan, Armenien, Georgien und Moldau durchgeführt, um das dringende Interesse an einem funktionierenden Exportkontrollsystem deutlich zu bekunden.[5]

Während die laufenden nationalen und internationalen Hilfsmaßnahmen sich an die Zentralbehörden der NUS wenden, ist das technische Expertenpersonal für die Materialüberwachung, das in einigen NUS-Staaten vollkommen fehlt, bisher nicht in die Unterstützungsprogramme einbezogen worden. Als zusätzliche Hilfsmaßnahme wird deshalb vorgeschlagen, dass die Bundesregierung an die EGK herantritt, um einen europäischen Beitrag für den Aufbau wirksamer Exportkontrollsysteme der NUS-Staaten zu erreichen, der diesem Defizit Rechnung trägt.

II. Im Einzelnen

1) Nachdem bereits in den Vorjahren vereinzelte Versuche der illegalen Einfuhr und Handel mit radioaktiven Stoffen in Deutschland festgestellt wurden, sind 1992 bisher folgende neun Fälle aufgedeckt worden:
- 5. März, Augsburg: 1,2 kg auf 2,8 % angereichertes Uran-235 aus der GUS;
- 28. April, Grenzübergang Waidhaus: 15 g Kernbrennstoff-Pellets (Anreicherungsgrad wie oben);
- 7. Juli, Berlin: zwei Cäsiumquellen, 300 Plutonium-haltige Ionisationsquellen für Rauchmelder, 1,78 kg Natururan, österreichische und deutsche Anbieter;
- 14. Juli: zwei Kobaltquellen mit Aktivität von jeweils 48 MBq[6], in Abschirmbehälter verpackt, über oder aus der ČSFR;
- 8. Okt., Freiburg: eine Cäsiumquelle in Abschirmbehälter mit Aktivität von 350 MBq;
- 9. Okt., Frankfurt: eine Cäsiumquelle in Abschirmbehälter, drei Strontium-90-Quellen mit 400 MBq), in Abschirmbehälter, polnischer Anbieter;
- 9. Okt., Würzbach (Nordbayern): 300 g niedrig angereicherte U[ran]-Pellets, rumänischer Anbieter;
- 13. Okt., München: 2,5 bis 3 kg niedrig angereichertes Uran, tschechoslowakische Anbieter;
- 6. Nov., Berlin: Behälter mit radioaktivem Material, BMI-Meldung der Fundstelle laut Hinweis der russischen Regierung.

(Die von BM Töpfer im Kabinett am 2.11.92 erwähnten zwei zusätzlichen Schmuggelfälle haben sich zwischenzeitlich als nicht zutreffend herausgestellt – BMU RS I 3.)

5 Zu der Reise vgl. Dok. 147.

6 Megabecquerel.

2) In allen bisher aufgedeckten Fällen handelt es sich um Nuklearmaterial, das nicht militärisch relevant ist. Natururan und niedrig angereichertes Uran wird in der zivilen Kernenergie verwendet, im Kernwaffenbau dient es jedoch nur als Ausgangsmaterial, das in einem komplizierten Verfahren angereichert werden muss. Die Gefährdung, die von den bisher bekannt gewordenen Fällen ausgeht, ist vor allem das Strahlungsrisiko und die Umweltgefährdung. Auch ist die Menge des in Rauchmeldern enthaltenen Plutoniums zu gering, um militärische Bedeutung zu haben. Allerdings könnte dieses Material durch Androhung einer Umweltverseuchung auch für Erpressungsversuche eingesetzt werden.

Technische Charakteristika, Verpackung und Umstände der Aufdeckung deuten auf die ehemalige Sowjetunion als Ursprungsland, mutmaßlich Russland, Ukraine, Kasachstan und Litauen. Laut EURATOM lässt sich der Augsburg-Fall einer Brennelemente-Fertigungsanlage in Russland zuordnen. Das Cäsium stammt wohl aus Beständen der ehemaligen sowjetischen Armee.

Die Tatsache, dass es sich entgegen in der Presse angestellten Vermutungen bei den Anbietern nicht um Mitglieder einer zentral organisierten Nuklear-Mafia, sondern um einzelne kriminelle Kleingruppen handelt, schließt nicht aus, dass sich in Zukunft eine transnationale Nuklear-Mafia mit Zugang zu brisantem Material und Sprengköpfen organisieren wird, die Kontakte zu Kernwaffen-Interessenten in nuklearen Schwellenländern, wie z. B. Irak und Iran, aufbaut. Wenn auch einige der Geschäfte in Deutschland abgewickelt werden könnten, ist es unwahrscheinlich, dass die sensitiven Transporte dann über deutsches Hoheitsgebiet geleitet werden, da bekannt ist, dass unsere Exportkontrollen in den letzten Jahren wesentlich verschärft worden sind.

3) Die aufgedeckten Schmuggelversuche mit Nuklearmaterialien stellen einen Teilaspekt der im Zuge des Strukturwandels in der ehemaligen UdSSR aufgetretenen neuartigen Proliferationsgefahren dar. Das anhaltend problematische Verhalten von Regierungsstellen (Reaktorprojekt mit Iran, Raketengeschäft mit Indien), aber auch von offiziösen Unternehmen (Angebot sog. friedlicher Kernsprengungen der Firma Chetek) und von Privatpersonen (Technologiesöldner, Nuklearschmuggel) stellt für die internationalen Regime der Nichtverbreitung und des Physischen Schutzes[7] eine neue Herausforderung dar, da ihre Instrumente auf Staaten, nicht Privatpersonen, ausgerichtet sind. Neue Mechanismen mit diesem Adressatenkreis müssen im internationalen Rahmen erst geschaffen werden.

Die internationale Gemeinschaft hat diesen Problemkomplex gegenüber Russland und den NUS-Staaten bisher schwerpunktmäßig mit der Frage nach der Kontrolle der nuklearen Waffenarsenale und nach dem „Physischen Schutz“ für das zivile Nuklearmaterial angesprochen. Das System der „Spaltmaterial-Überwachung“, das nach internationalem Standard die Kontrollfunktionen des Physischen Schutzes, der Buchführung des Spaltstoff-Flusses und der Sicherungsmaßnahmen zusammenfasst, ist in den NUS nicht oder nur unzureichend vorhanden. Als vergleichsweise annehmbar kann die Lage in Russland bewertet werden, wo auch der größte Kontrollbedarf besteht: Dort zirkuliert der überwiegende Teil des Spaltmaterials und dort befinden sich die Produktionsstätten für waffenfähiges Nuklearmaterial sowie die sensitiven Anlagen des Brennstoffkreislaufs (Anreicherung und Wiederaufarbeitung). Die Schwierigkeit der dauerhaften Kontrolle des über ein großes geographisches Gebiet und zahlreiche Anlagen verteilten Materials unter schwierigen

7 Vgl. das Übereinkommen vom 26. Oktober 1979 über den physischen Schutz von Kernmaterial; BGBl. 1990, II, S. 327–341.

Kommunikationsbedingungen ist offensichtlich. Laut Aussagen von russischen Regierungsvertretern kann mit intensiven Schutzmaßnahmen zwar für waffenfähiges Material gerechnet werden; leichtangereichertes Uran dürfte dagegen weniger streng überwacht werden.

4) Erkennbare Anstrengungen zur Gewährleistung der Exportkontrollen in Russland zeigen fünf präsidentielle Verordnungen, mit denen eine interministerielle Exportkontrollkommission eingesetzt wurde. In ihr ist ein breiter Ressortkreis vertreten, der Vorsitz liegt aber bei der für militärische und technische Kooperation zuständigen Kommission (Chischa). Die Problematik ihres exportfördernden Mandates wird teilweise dadurch ausgeglichen, dass die Exportkontrollabteilung des Wirtschaftsministeriums (Semenzow), dem die zügige Ausarbeitung von fünf Exportkontrolllisten (Dual-Use, Rohmaterialien und Technologie, Nukleargüter, Chemiewaffenbereich, Raketentechnik) zu verdanken ist, die Management-Ebene der Kommission bildet. Im Genehmigungsverfahren und anhand definierter Lieferbedingungen (u. a. NV-Verpflichtung, früheres Beschaffungsverhalten des Empfängers) soll die Kommission sicherstellen, dass Ausfuhrgüter nicht zu militärischen Zwecken verwendet werden. Eine Änderung des russischen Strafgesetzes mit Verschärfung der Strafen für Außenwirtschaftskriminalität ist in Vorbereitung. Im Oktober d.J. wurde ein besonderer Auslandsaufklärungsdienst für Rüstungskontrolle und Nichtverbreitung von Massenvernichtungswaffen, der auch mit deutschen Fachstellen zusammenarbeiten soll, geschaffen.

Weniger günstig muss die Bewertung der Exportkontrollen in den NUS-Staaten ausfallen. Z. B. Ukraine: Diese Republik besitzt den zweitgrößten Park an kerntechnischen Anlagen (vierzehn Leistungsreaktoren, zwei Forschungsreaktoren und einen Metallurgie-Chemie-Komplex, der die für Kernwaffenprogramme wichtigen Stoffe Zirkonium, Hafnium und Schwerwasser produziert). Die Atomenergiekommission bemüht sich zwar um den Aufbau eines zentralen Materialbilanz- und Inspektionssystems, ist hierfür aber ausschließlich auf die Mitteilungen der Betreiber angewiesen. Da ein erfahrener Inspektorenstab und die entsprechende Ausrüstung fehlen, können solche Mitteilungen nicht einmal stichprobenweise überprüft werden. Der Physische Schutz des Kernmaterials liegt in der Hand der Betreiber und des Innenministeriums, das wiederum über keine technische Expertise verfügt. Das Exportgenehmigungsverfahren wird ohne die Kommission unter Leitung des „Konversionsministeriums“, ebenfalls ohne die notwendige kerntechnische Expertise, abgewickelt.

In den übrigen nichtrussischen Republiken sieht es noch schlechter aus. Während die Ukraine in ihrer Kommission wenigstens über ein grundlegendes Verständnis für die Aufgabenstellung verfügt, kann dies in den mittelasiatischen Republiken nicht unterstellt werden. Auf russische Vorhaltungen, die Intra-GUS-Wirtschaftsbeziehungen könnten gefährdet werden, haben sich im Juni d.J. zehn Republiken (mit Ausnahme Georgiens und Aserbaidschans) zur Schaffung von Exportkontrollsystemen verpflichtet, mussten dann bei einem Folgetreffen im September aber eingestehen, die erforderlichen Schritte bisher vernachlässigt zu haben: So hat Weißrussland zwar im August d.J. eine entsprechende Verordnung erlassen, die darin vorgesehene interministerielle Kontrollkommission aber noch nicht eingerichtet. Kasachstan will alle Nuklearausfuhren unter IAEA-Safeguards stellen, besitzt aber keine funktionierende und mit Fachwissen ausgestattete Kontrollorganisation.

Lediglich in den drei baltischen Staaten, die dem NVV beigetreten sind[8], haben Sicherungsmaßnahmen der IAEO begonnen. Dies wird demnächst auch in Usbekistan der Fall

8 Litauen trat dem Nichtverbreitungsvertrag vom 1. Juli 1968 am 23. September 1991 bei, Estland bzw. Lettland mit Wirkung vom 7. bzw. 31. Januar 1992.

sein. Die übrigen Republiken sind mangels NVV-Mitgliedschaft internationalen Sicherungsmaßnahmen nicht unterworfen.

Wird von der Zahl kerntechnischer Anlagen als Orientierungsrahmen von Abzweigungsszenarien ausgegangen, muss insbesondere Kasachstan mit seiner Brennelemente-Fabrik und seinem Brutreaktor als proliferationsgefährdet eingestuft werden. Unsicherheit geht auch von der nur gerüchteweise bekannten Existenz von drei stillgelegten Anreicherungsanlagen in mittelasiatischen Republiken aus. Darüber hinaus befinden sich in allen NUS-Staaten Anlagen für Nuklearmaterialien, die zwar nicht unmittelbar für eine Kernwaffe verwendbar sind, aber den Weg dorthin verkürzen können.

5) Für den Aufbau nationaler Exportkontrollsysteme für sensitive Güter in den NUS-Staaten wurden bisher vor allem folgende Hilfsmaßnahmen durchgeführt (BMWi, AA Federführung Ref. 424):

a) Deutsche Beiträge

Auf der Grundlage der Gemeinsamen Erklärungen mit der Ukraine, Kasachstan, Georgien und Kirgistan läuft derzeit ein Stufenplan der Beratungshilfe an (Dokumentationsübergabe – Beratung bei dortiger Gesetzgebung und Behördenaufbau). Nach Weißrussland wurde bereits ein Kurzzeit-Experte für Ausfuhrkontrollrecht entsandt. Russland (RAM) wurde ein exportkontrollpolitisches „Kompakt-Seminar“ in Deutschland angeboten. Beratungsseminare des BMU fanden in den GUS-Staaten zum physischen Schutz von Spaltmaterial statt.

b) Internationale Bemühungen

Regierungsvertreter der G7 und Australiens haben im Mai 1992 eine gemeinsame Reise in die vier „GUS-Atomwaffenstaaten“ (Russland, Ukraine, Weißrussland, Kasachstan) und nach Aserbaidschan, Armenien, Georgien und Moldawien durchgeführt (stv. RL 424[9] nahm teil). Das dringende Interesse der acht Staaten an funktionierenden Exportkontrollsystemen und innerstaatlicher Überwachungsmethoden wurde verdeutlicht und zum Beitritt zu den internationalen Nichtverbreitungsregimen aufgefordert.

In der KSZE sollen auf der Grundlage der vom Prager Außenministerrat (30./31.1.1992[10]) verabschiedeten „Erklärung zur Nichtverbreitung und zum Transfer konventioneller Waffen“[11] nunmehr auch Nichtverbreitungsfragen, inklusive des Transfers von sensitivem Fachwissen, im Rüstungskontrollprozess des Forums für Sicherheitskooperation behandelt werden. Ferner hat COCOM ein informelles Kooperationsforum gegründet, das mit den früheren COCOM-Zielländern Exportkontrollen erörtern soll, wofür derzeit das Mandat erarbeitet wird.

Spürbare bilaterale Unterstützungsaktionen konnten außer uns nur die USA – sie entsandten exportkontrollpolitische „briefing teams“ an die Außenministerien Moskaus und der NUS-Staaten – melden. Während Großbritannien wegen begrenzter Finanzmittel auf die COCOM-Kooperation setzt, ist ein Angebot Frankreichs vom Herbst 1991 nicht weiterverfolgt worden.

6) Vorschlag zusätzlicher Hilfsmaßnahmen

Um die mit der illegalen Einfuhr von Nuklearmaterial für alle Nachbarstaaten der ehem. UdSSR gegebenen Gefahren zu bannen, sollten wir mit den Fachressorts prüfen, ob und wie

9 Johannes Preisinger.

10 Zum KSZE-Außenministerrat vgl. Dok. 34.

11 Für die Erklärung vgl. BULLETIN 1992, S. 88.

von der Bundesregierung ein europäischer Beitrag für den Aufbau wirksamer Exportkontrollsysteme der NUS-Staaten erreicht werden kann. Der auf Vorschlag von BM Töpfer vom EG-Umweltrat am 20.10.1992[12] hierfür eingesetzte Ad-hoc-Ausschuss hat sich nur auf die unzureichende Zielsetzung eines „Informationsaustausches über gemeinschaftsweite Strategien" einigen können.

Ein erneuter deutscher Vorschlag sollte verdeutlichen, dass sich die nationalen und internationalen Hilfsmaßnahmen an Zentralbehörden der NUS richten, während die ausführenden Organe, insbesondere auf der Expertenebene, die die Materialüberwachung tatsächlich durchführen sollen – in einigen NUS-Staaten fehlen solche Experten völlig –, bisher kaum in die Unterstützungsprogramme einbezogen worden sind. Ein entsprechendes EURATOM-Hilfsprogramm – für das wohl die TACIS[13]-Mittel für Nuklearsicherheit infrage kämen – sollte die bereits laufenden nationalen und internationalen Programme ergänzen und könnte schwerpunktmäßig folgende Einzelschritte vorsehen:

- Vermittlung von Trainingsaufenthalten für NUS-Inspektoren in EG-MS;
- Abordnung von EURATOM-Personal in die Republiken, um für den Aufbau von Materialbilanz- und Inspektorensystemen Hilfestellung zu leisten;
- Übergabe von ausgemustertem oder zur Ausmusterung anstehendem technischen Gerät an die Atombehörden der Republiken;
- Bereitstellung einer minimalen Ausrüstung für die elektronische Datenverarbeitung;
- Übernahme der Personalkosten für NUS-Inspektoren für einen begrenzten Zeitraum. (Angesichts der im Vergleich geringen Durchschnittslöhne ließe sich selbst bei einer überdurchschnittlichen Vergütung ein Inspektorenbestand von 100 bis 120 Personen für weniger als 150 000 DM im Jahr sicherstellen.)

Referat 421 und 424 haben mitgezeichnet.[14]

Preisinger

B 72, ZA-Bd. 164317

[12] Die EG-Ratstagung auf der Ebene der für Umweltfragen zuständigen Minister fand in Luxemburg statt. Vgl. BULLETIN DER EG 10/1992, S. 110.

[13] Technical Assistance to the Commonwealth of Independent States.
Zur Technischen Hilfe der EG für die GUS-Staaten vgl. Dok. 350, Anm. 29.

[14] Am 10. Dezember 1992 übermittelte VLR I Nocker diese Vorlage dem BMU. Dazu teilte er mit: „Das Auswärtige Amt wäre wegen der zunehmenden Gefährdung durch vagabundierendes Nuklearmaterial dem für den physischen Schutz zuständigen BMU für baldige Stellungnahme dankbar, ob es dieses Vorhaben mittragen kann." Vgl. B 72, ZA-Bd. 164317.

367

Vermerk des Legationsrats I. Klasse Freiherr Marschall von Bieberstein

410-9-421.07/02 **10. November 1992**[1]

Betr.: 5. Sitzung des Sonderausschusses „Vertrag über die Europäische Union" am 5.11.1992[2];
hier: Gespräch mit dem Bundeskanzler; Art. J EU-Vertrag[3]; Art. G (Institutionen, Landwirtschaft, Bildung und Kultur)[4]

Teilnehmerliste im Anhang[5]

1) Gespräch mit dem Bundeskanzler (TOP 1)

Bundeskanzler leitet ein mit Hinweis auf Wichtigkeit eines baldigen Abschlusses der Beratungen des EU-Vertrages im Bundestag vor dem ER Edinburgh[6] (politisches Gewicht muss deutlich werden) und mit kurzem Bericht zu Ergebnissen des Sonder-ER Birmingham[7]. Vorsitzender[8] bekräftigte Bemühungen um Abschluss der BT-Beratungen noch in diesem Monat.[9] Bericht über Stand der Ratifizierungen in den Mitgliedstaaten; in sieben aufgezählten MS so gut wie abgeschlossen[10]; Ratifizierung in den Niederlanden Ende November/Anfang Dezember '92[11]; ähnlich Portugal[12]; erneutes Referendum in Dänemark erstes Halbjahr '93[13], in GB „paving debate" am 4.11.[14]

1 Kopie.
Hat MDg von Kyaw am 10. November 1992 vorgelegen.
Hat VLR I von Jagow am 11. November 1992 vorgelegen, der die Weiterleitung an MDg Klaiber und MD Chrobog sowie die Wiedervorlage verfügte. Weiterhin vermerkte er handschriftlich: „Nota bene: Sprachenregime war kein Thema."

2 Am 8. Oktober 1992 beschloss der Bundestag die Einsetzung eines Sonderausschusses „Europäische Union (Vertrag von Maastricht)". Vgl. BT Stenographische Berichte, 12. WP, 110. Sitzung, S. 9393.
Dessen Vorsitzender, der SPD-Abgeordnete Verheugen, teilte BM Kinkel mit Schreiben vom 27. Oktober 1992 mit: „Aufgabe des Sonderausschusses ist es, den Vertrag von Maastricht, den eigentlichen Ratifizierungsgesetzentwurf, den Grundgesetzänderungsentwurf sowie weitere mit der Ratifizierung in sachlichem Zusammenhang stehende Vorlagen zu beraten." Vgl. B 220, ZA-Bd. 165238.

3 Für Artikel J des Vertrags vom 7. Februar 1992 über die Europäische Union („Bestimmungen über die Gemeinsame Außen- und Sicherheitspolitik") vgl. BGBl. 1992, II, S. 1291–1293.

4 Für Artikel G des Vertrags vom 7. Februar 1992 über die Europäische Union („Bestimmungen zur Änderung des Vertrags über die Gründung der Europäischen Wirtschaftsgemeinschaft im Hinblick auf die Gründung der Europäischen Gemeinschaft") vgl. BGBl. 1992, II, S. 1255–1282.

5 Dem Vorgang beigefügt. Vgl. B 220, ZA-Bd. 165238.

6 Zur Tagung des Europäischen Rats am 11./12. Dezember 1992 vgl. Dok. 421.

7 Zur Sondertagung des Europäischen Rats am 16. Oktober 1992 vgl. Dok. 334.

8 Günter Verheugen.

9 Zur Ratifizierung des Vertragswerks von Maastricht am 2. Dezember 1992 im Bundestag vgl. Dok. 400.

10 Referat 410-8 vermerkte am 3. November 1992: „Luxemburg hat am 24.8.1992 seine Ratifikationsurkunde in Rom hinterlegt. In Irland und Frankreich ist die Ratifikation durch Volksabstimmung am 18.6. und 20.9. gebilligt worden, in Griechenland hat das Parlament am 31.7. zugestimmt. In Italien passierte der Vertrag am 17.9. den Senat und am 29.10. das Abgeordnetenhaus. Wichtige parlamentarische Hürden sind bereits genommen in Belgien (Abgeordnetenhaus am 17.7.) und Spanien (Abgeordnetenhaus am 29.10.)". Vgl. B 210, ZA-Bd. 162214.

11 Am 13. November 1992 billigte die zweite Kammer des niederländischen Parlaments in Den Haag mit

Die wichtigsten Elemente des Vortrags des Bundeskanzlers bzw. der anschließenden Debatte:

Allgemeine Bewertung des EU-Vertrages

BK: Maastricht beeinflusst auch innerdeutsche Verfassungsstrukturen. Für Bund-Länder-Verhältnis müssen Lösungen gefunden werden, die über den Tag hinaus halten und nicht von Parteienzwist geprägt sind. Vorschlag einer feierlichen gemeinsamen Erklärung, die dem tiefen Einschnitt in deutsches Verfassungsleben gerecht wird. Erklärung könnte eine Reihe von Fragen formell und mit bindender Wirkung für Bundestag und Bundesrat ansprechen (z.B. bezüglich Ratifizierung und Haushaltsfragen). Dies würde eine Verständigung und die Akzeptanz der gefundenen Regelung in der Öffentlichkeit sehr erleichtern. Der Abgeordnete Kittelmann weist darauf hin, dass erste Gespräche zum Thema feierliche Resolutionen bereits geführt worden sind. Die Abgeordnete Wieczorek-Z[eul] bestätigt dies und verweist auf SPD-Antrag für eine Entschließung[15]. Vertritt die Auffassung, dass eine derartige Entschließung möglich sein sollte; sie werde jedoch nicht nur „feierliche Punkte" enthalten. Bundeskanzler fordert, Bundesregierung und Länder müssten zu vernünftigen, machbaren Lösungen kommen, die über die „jetzige Konstellation" hinausreichten.

Hoheitsrechtsübertragung

Die Abgeordnete Wieczorek-Z. wiederholt ihre schon in der vierten Ausschusssitzung am 4.11.1992 vorgetragene Warnung, eine Haltung der Bundesregierung, wie sie der Vertreter BMI in der letzten Ausschusssitzung beim Erfordernis der Zweidrittel-Mehrheit im Zusammenhang mit Art. K.9 EU-Vertrag[16] vorgetragen habe, sei geeignet, den in der Verfassungskommission[17] gefundenen Konsens bezüglich Art. 23 GG (neu)[18] zu zerstören. Hinweis auf Artikel des Abgeordneten Prof. Scholz in NJW 1992, Heft 41, wonach bei Hoheitsrechtsübertragungen Art. 79 Abs. 2 und 3 Grundgesetz[19] zur Anwendung kämen.[20] Hier

Fortsetzung Fußnote von Seite 1467

137 zu 13 Stimmen das Vertragswerk von Maastricht; die erste Kammer sprach sich am 15. Dezember 1992 per Akklamation dafür aus.

12 Nachdem das portugiesische Parlament am 17. November 1992 mit 196 zu 20 Stimmen bei einer Enthaltung die dafür notwendigen Verfassungsänderungen beschlossen hatte, billigte es das Vertragswerk von Maastricht am 10. Dezember 1992 mit 200 zu 21 Stimmen.

13 Ein zweites Referendum in Dänemark über das Vertragswerk von Maastricht fand am 18. Mai 1993 statt.

14 Zur Frage einer Ratifizierung des Vertragswerks von Maastricht in Großbritannien vgl. Dok. 356, Anm. 4.

15 Vgl. den Antrag der SPD-Fraktion „Perspektiven der europäischen Integration" vom 16. Juni 1992; BT Drucksachen, Nr. 12/2813 vom 16. Juni 1992.
Zu dessen Behandlung vgl. „Beschlussempfehlung und Bericht des EG-Ausschusses (24. Ausschuss)" vom 26. November 1992; BT Drucksachen, Nr. 12/3851.

16 Für Artikel K.9 des Vertrags vom 7. Februar 1992 über die Europäische Union vgl. BGBl. 1992, II, S. 1295.

17 Zur Gemeinsamen Verfassungskommission vgl. Dok. 107, Anm. 10.

18 Artikel 23 GG in der Fassung vom 23. Mai 1949 wurde durch Artikel 4 des Vertrags zwischen der Bundesrepublik Deutschland und der DDR über die Herstellung der Einheit Deutschlands – Einigungsvertrag – vom 23. September 1990 aufgehoben. Vgl. BGBl. 1990, II, S. 890.
Ein neuer Artikel 23 GG wurde mit dem Gesetz zur Änderung des Grundgesetzes vom 21. Dezember 1992 eingefügt. Vgl. BGBl. 1992, I, S. 2086.

19 Für Artikel 79 GG vom 23. Mai 1949 vgl. BGBl. 1949, S. 10.

20 Vgl. Rupert Scholz, Grundgesetz und europäische Einigung, in: Neue Juristische Wochenschrift, 45. Jg. (1992), H. 41, S. 2593–2601.

bestehe akuter Klärungsbedarf. BK entgegnet, hierzu sei er überfragt, werde jedoch Klärung bis zur siebten Ausschusssitzung veranlassen. Der Abgeordnete Irmer vertritt die Auffassung, der Bundesrat dürfe im Rahmen des neuen Art. 23 nicht mehr Rechte bekommen, als ihm durch den neuen EU-Vertrag genommen worden sind. Hinweis auf Gefahr einer Behinderung des Vergemeinschaftungsprozesses. LM[21] Gerster warnt vor einem Wiederaufschnüren des Pakets. Selbstverständlich müssten analog der Stärkung der Rechte des Bundesrats auch diejenigen des Bundestags gestärkt werden.

Demokratische Kontrolle der Gemeinschaftsorgane

BK beklagt, dass hier unsere Vorstellungen nicht im gewünschten Umfang im Vertrag von Maastricht Eingang gefunden haben. Im Rückblick sei zu überlegen, wie die schon erfolgte Übertragung von Hoheitsrechten auf die Gemeinschaft nachträglich einer demokratischen Kontrolle unterstellt werden könne. Diskussion in der Öffentlichkeit (unter anderem im Zusammenhang mit Referenden in F[22] und Irland[23] und Dänemark[24]) in diesem Zusammenhang sehr hilfreich. Nunmehr ist klarer Zeitplan für die Umsetzung erforderlich. Nationale Parlamente müssen hier in die Überlegungen einbezogen werden. Vorschläge, deren Arbeit mit dem EP zu verbinden, jedoch noch nicht ausgereift. Hinweis auf technische Probleme im Zusammenhang mit Assisen (enorme Reisetätigkeit, zu viele Teilnehmer).

Parlamentsvorbehalt bei dritter Stufe WWU

Der Abgeordnete Irmer gibt zu bedenken, der Parlamentsvorbehalt dürfe nicht als „opting out"-Klausel interpretiert werden können. Vorbehalt müsse sich auf vorbehaltliche Prüfung des Bundestages beschränken, ob Konvergenzkriterien[25] objektiv vorliegen. Es könne sich hier jedoch nicht um eine neue politische Entscheidung handeln. BK wirft hierzu ein, er könne sich nicht vorstellen, dass sich jemals eine Bundesregierung über einen Parlamentsbeschluss zur Frage des Eintritts in die dritte Stufe WWU hinwegsetzen würde, auch wenn dieser rechtlich nicht bindend sei.

Subsidiarität

BK: Subsidiarität ist „Wortungeheuer"; muss in vernünftigen Begriff übersetzt werden. Anwendung auch auf bereits bestehende Regelungen, die sich gemessen an den Maßstäben des SP[26] als nicht haltbar erweisen. Schuld an vielen überflüssigen Regelungen tragen zumeist Mitgliedstaaten selbst. Auch EuGH, der keiner demokratischen Kontrolle unterliege, habe z. B. mit seinem Urteil in der Sozialpolitik[27] die Subsidiarität gröblich verletzt.

21 Landesminister.

22 Zum Referendum am 20. September 1992 in Frankreich vgl. Dok. 293 und Dok. 300.

23 Zum Referendum am 18. Juni 1992 in Irland vgl. Dok. 201, Anm. 3.

24 Zum Referendum am 2. Juni 1992 in Dänemark vgl. Dok. 166, Anm. 2.

25 Vgl. das Protokoll über die Konvergenzkriterien nach Artikel 109j des Vertrags vom 7. Februar 1992 über die Europäische Union; BGBl. 1992, II, S. 1309f. Vgl. auch AAPD 1991, II, Dok. 425.

26 Subsidiaritätsprinzip.

27 In der Presse hieß es, der EuGH überprüfe die ihm von nationalen Gerichten vorgelegten Rechtsfragen und deren Auslegung auf Vereinbarkeit mit dem übergeordneten Gemeinschaftsrecht und entscheide nicht über Einzelfälle: „Nicht immer wird dies verstanden, auch wenn natürlich der Europäische Gerichtshof ab und zu über das Ziel hinausschießt. Ein Beispiel dafür sind die jüngsten Attacken von Bundesarbeitsminister Norbert Blüm gegen eine Entscheidung von Juni 1992. Da hatten die europäischen Richter entschieden, dass eine in Italien ausgestellte Arbeitsunfähigkeitsbescheinigung eines zugelassenen Arztes

Die Abgeordnete Wieczorek-Z. erklärt zum SP, dieses dürfe nicht als Vorwand für die Aushöhlung der Gemeinschaftsarbeit dienen. SP müsse im Zusammenhang mit einer europäischen Verfassung gesehen werden; nur dann sei es wirklich verwendbar. Der Abgeordnete Poppe fordert Klärung, welches die ausschließlichen Zuständigkeiten der Gemeinschaft sind. BK bestätigt, SP könne nicht Vehikel für Renationalisierung sein. Gewisse Fragen seien auf nationaler Ebene einfach nicht mehr zu lösen (Beispiel Ökologie).

Regionen

BK: Vertiefung dieses Themas bietet gute Chance, Furcht vor Verlust kultureller Identität auszuräumen. Auf D bezogen: Regionen können natürlich auch kleinere Einheiten als die Länder sein. Im neu zu bildenden Regionalausschuss sollen grundsätzlich die Länder vertreten sein, doch sei nachdrücklich zu fordern, dass die Länder die Interessen der Gemeinden („müssen Träger europäischer Idee werden") wahrnehmen (Hinweis auf Dresdner Dokument); die Gemeinden dürften im Regionalausschuss nicht „Untermieter" sein; sie müssten aufgrund einer klaren Verabredung Platz und Stimme im Regionalausschuss bekommen.[28] Frage, ob nicht – über Dresdner Dokument hinaus – BR den drei kommunalen Spitzenverbänden – nicht als „milde Gabe"! – drei Sitze im Regionalausschuss einräumen könne. Hierauf entgegnet LM Gerster (R-P[29]), Lösung der Frage der Vertretung im Regionalausschuss könne nur im Konsens gefunden werden. Es sei zwischen Regionen im politischen und im wirtschaftlichen Sinne zu unterscheiden; Länder müssten darauf bestehen, dass sie die Region im politischen Sinne repräsentieren. Hinweis auf Beirat der Kommission, der – sofern er erhalten bleibt – ein Organ kommunaler Vertretung darstellen könnte.

Bund-Länder-Verhältnis

BK erklärt, von dem von Churchill geprägten Begriff „Vereinigte Staaten von Europa"[30] müsse man Abschied nehmen; zwar sei der Gedanke eines föderalen Europas weiterhin

Fortsetzung Fußnote von Seite 1469

auch in Deutschland Gültigkeit haben muss und vom Arbeitgeber anzuerkennen ist. Innerhalb Europas sollte das eigentlich eine Selbstverständlichkeit sein. Wenn der deutsche Arbeitsminister jetzt kritisiert, dass der Gerichtshof hier einem Missbrauch Vorschub geleistet hätte, so geht das an der Sache vorbei. Die Rechtsfrage war klar, den konkreten Einzelfall muss und kann nur das nationale Gericht überprüfen. Dieses Urteil sollte auch nicht Anlass für die Bestrebungen der Bundesregierung sein, das Vorlagerecht unterer Instanzen an den Europäischen Gerichtshof zu beschneiden." Vgl. den Artikel „Ein Motor der Integration"; Frankfurter Allgemeine Zeitung vom 3. Dezember 1992, S. 15.

28 In dem nach Artikel 198 a des Vertrags vom 7. Februar 1992 über die Gründung der Europäischen Gemeinschaft zu bildenden „Ausschuss der Regionen" sollte Deutschland 24 Sitze erhalten. In der Presse wurde berichtet: „Die Bundesländer behaupten, es sei prinzipiell ihre Sache zu entscheiden, wie der Ausschuss zu besetzen sei und wie die Gemeinden und Kommen einzubeziehen seien. Selbstverständlich stünden die 24 Sitze in erster Linie ihnen, den Ländern, zu." Vertreter der Kommunen würden dies unter Verweis auf das Subsidiaritätsprinzip bestreiten und eigene Sitze fordern. Zwar sei letztlich die Bundesregierung vorschlagsberechtigt, doch müsse diese den Ländern mit Blick auf die Ratifizierung des Maastrichter Vertragswerks im Bundesrat weit entgegenkommen. Vgl. den Artikel „Kommunen klagen über das Alleinvertretungsrecht der Länder"; Frankfurter Allgemeine Zeitung vom 1. Dezember 1992, S. 3.

29 Rheinland-Pfalz.

30 Am 19. September 1946 regte der Vorsitzende der britischen Konservativen Partei, Churchill, in der Universität Zürich die Schaffung „einer Art Vereinigte Staaten von Europa" an. Für die Rede vgl. The Collected Works of Sir Winston Churchill. Centenary Limited Edition, Bd. XXVIII: Post-War Speeches, Bd. 1, Teil 1: The Sinews of Peace, [London] 1975, S. 165 f.

aktuell, doch könne der Begriff dazu verleiten, der regionalen (bzw. in D: Länder-)Ebene nicht ausreichend Rechnung zu tragen.

Revisionskonferenz[31]

Die Abgeordnete Wieczorek-Z. fordert für ihre Fraktion ein Vorziehen der Revisionskonferenz auf einen Zeitpunkt vor 1996. BK stimmt dem zu und äußert Hoffnung, dass vielleicht schon 1994 oder aber 1995 Konferenz abgehalten werden könne, was auch im Zusammenhang mit der EG-Erweiterung naheliegend wäre, nicht zuletzt, um die Chancen bei in den Beitrittsstaaten anstehenden innenpolitischen Entscheidungsprozessen zu verbessern.

Stärkung des Europäischen Parlaments

Die Abgeordnete Wieczorek-Z. richtet an BK Frage, ob Bundesregierung bereit sei, sich einer Entschließung des EP anzuschließen, wonach zwecks Stärkung des EP Rat freiwillig auf Verabschiedung von Rechtssetzungsakten verzichten solle, wenn Mehrheit des EP gegen Rechtssetzungsakt gestimmt hat.[32] (Hierzu keine Erwiderung von BK, was von der Abgeordneten zu späterem Zeitpunkt ausdrücklich bedauert wird – s. auch unten, Ziff. 3, Institutionelle Fragen.)

18 EP-Abgeordnete[33]

BK: Auch hierfür Abschluss der „Ratifizierung" im Bundestag vor Edinburgh wichtig. In Edinburgh selbst muss Entscheidung fallen (letzte realistische Möglichkeit, um Terminplanung zu EP-Wahl 1994[34] einhalten zu können). Einwände aus einigen anderen Mitgliedstaaten, die sich auf angebliche frühere Absprachen gründen, sind nicht so tragfähig, dass sie deutsches Anliegen entkräften können.

Erweiterung

BK vertritt Auffassung, dass bisherige Voraussetzungen für Aufnahme von Erweiterungsverhandlungen modifiziert werden, sodass ab Januar 1993 individuelle Verhandlungen mit Schweden, Österreich und Finnland sowie ggf. Schweiz aufgenommen werden können[35], d.h. noch vor endgültigem Inkrafttreten des Vertrags von Maastricht nach dem zweiten DK-Referendum. Hoffnung, dass auch Norwegen hinzukommen kann. Bis 1995 sollten die Erweiterungsverhandlungen abgeschlossen sein. Auch an Reformstaaten in MOE müsse Signal ausgesandt werden. Er wolle jedoch in diesem Zusammenhang keine Jahreszahl nennen. Schon vor Beitritt der Reformstaaten müsse man daran denken, ob man nicht Länder wie Ungarn, die Tschechoslowakei und Polen als Gäste bei Konsultationen auf Gemeinschaftsebene hinzuziehen könne. Außerdem müsste man ihnen – so schwierig das auch im Einzelnen sei – verbesserten Marktzugang zur Gemeinschaft für ihre Produkte eröffnen. Zu baltischen Staaten wolle er derzeit nichts sagen, da die Entwicklung dort noch nicht so klar ist. Einbeziehung von Russland in die Europäische Union nicht denkbar. Ds Position könne aber auch nicht sein, die Türkei einzubeziehen (aber Plädoyer

31 Zur Überprüfungskonferenz für das Vertragswerk von Maastricht vgl. Dok. 86, Anm. 21.

32 Vgl. die Entschließung des Europäischen Parlaments vom 14. Oktober 1992; BT DRUCKSACHEN, Nr. 12/3602.

33 Zur Frage der Erhöhung der Zahl der Mitglieder des Europäischen Parlaments vgl. Dok. 162, Anm. 36.

34 Die vierten Direktwahlen zum Europäischen Parlament fanden vom 9. bis 12. Juni 1994 statt.

35 Die EG nahm am 1. Februar 1993 Beitrittsverhandlungen mit Finnland, Österreich und Schweden auf. Die Beitrittsverhandlungen mit Norwegen begannen am 5. April 1993. Vgl. AAPD 1993.

für besondere Ausgestaltung der Assoziierungen). Diese Sicht werde auch von anderen Mitgliedstaaten geteilt, die sich aber nicht so offen wie D hierzu bekennen, sich vielmehr hinter D verstecken. Die Abgeordnete Wieczorek-Z. begrüßt Haltung der Bundesregierung bezüglich Modifizierung der Kriterien für die Aufnahme von Beitrittsverhandlungen.

Sonstiges

Weiterhin wurden angesprochen Sitzfrage EZB[36] (keine Zustimmung der Bundesregierung zum Vorschlag einer Aufteilung zwischen Hauptsitz und Bankgeschäften an einem anderen Ort; wenn Sitzfrage in Edinburgh zur Entscheidung komme, werde Bundesregierung auf Frankfurt als einheitlichem Sitz bestehen); soziale Frage (nicht allein Briten hatten Probleme mit diesem Punkt; andere Mitgliedstaaten, die ähnlich wie GB dachten, haben jedoch geschwiegen; auch in D werden einige Aspekte der Sozialen Dimension auf absehbare Zeit nicht zu verwirklichen sein); Transparenz (BK im Prinzip für Abhalten öffentlicher Ratssitzungen, doch dann Wahrscheinlichkeit einer Verlagerung der Besprechung wichtigster Aspekte in andere Gremien); dänisches Problem (Vorschläge, wie im jüngsten dänischen Papier enthalten[37], sind so nicht praktikabel).

2) TOP 2 – Gespräch mit BM Kinkel

a) Einführung

BM Kinkel trägt vor. Berichtet über Gespräch mit dänischem Außenminister Ellemann-Jensen (Gespräch habe sich im Wesentlichen mit Vereinbarkeit dänischer Vorstellungen mit EU-Vertrag befasst; zumindest in einigen Punkten sieht BM Schwierigkeiten. Einwurf BK: Ist im Wesentlichen Auslegungsfrage. BM: Jedenfalls darf es keine Neuverhandlungen geben. DK denkt an Sonderdeklaration, die jedoch nicht auf Neuverhandlung hinauslaufen dürfe. Bis Edinburgh müsse man zu einem Lösungsrahmen gekommen sein. Im Übrigen weist er auf Allg. Rat[38] am 9.11.[39] hin); Reise nach China[40]/Menschenrechte (Thema Menschenrechte sei auf breitester Ebene angesprochen worden, davon allein eine halbe Stunde lang mit chinesischem Parteivorsitzendem[41]; Gespräche hätten an Deutlichkeit nichts zu wünschen übriggelassen. BM ziehe in dieser Frage stille Diplomatie öffentlichkeitswirksamen Maßnahmen vor, wofür er bei den Medien um Verständnis gebeten habe).

36 Zur Kandidatur von Frankfurt am Main als Sitz der Europäischen Zentralbank vgl. Dok. 52.

37 Zu den dänischen Sonderwünschen in Bezug auf das Vertragswerk von Maastricht, die AM Ellemann-Jensen BM Kinkel in einem Gespräch am 4. November 1992 erläuterte, vgl. Dok. 352.

38 Korrigiert aus: „Abg.-Rat“.

39 Beim EG-Ministerrat am 9. November 1992 in Brüssel wurden insbesondere Folgemaßnahmen zur Sondertagung des Europäischen Rats am 16. Oktober 1992 in Birmingham, die GATT-Verhandlungen, der Assoziationsrat mit der Türkei und das „Delors-Paket II“ erörtert. Vgl. BULLETIN DER EG 11/1992, S. 118.
Botschafter Trumpf, Brüssel, teilte am folgenden Tag zu den dabei von EG-Kommissionspräsident Delors eingebrachten Kompromissvorschlägen zum „Delors-Paket II“ mit: „Die Diskussion im Rat brachte nur wenig Fortschritte; sie verdeutlichte erneut die unterschiedlichen Auffassungen der Del[egationen]. Es zeigte sich, dass voraussichtlich erst im Konklave der Außen- und Finanzminister zur Vorbereitung des ER am 27.11.1992 wesentliche Verhandlungsfortschritte im Hinblick auf eine Gesamteinigung erreichbar sein dürften. Die Kompromissüberlegungen von KOM-Präs. Delors wurden von den meisten Del. mit großer Zurückhaltung aufgenommen und praktisch von keiner Del. uneingeschränkt unterstützt.“ Vgl. DB Nr. 3080/3081; B 224, ZA-Bd. 187272.

40 Zum Besuch des BM Kinkel vom 31. Oktober bis 2. November 1992 in der Volksrepublik China vgl. Dok. 347–349.

41 Jiang Zemin.

b) Art. J ff. EU-Vertrag (GASP – s. hierzu auch die Anträge der SPD-Fraktion und der Gruppe Bündnis '90/Die Grünen[42])

BM führt das Thema GASP aufgrund des von 200 vorgelegten Sprechzettels ein.

In der Debatte wurden im Wesentlichen folgende Elemente angesprochen:

- Allgemein

  Nach Auffassung des Abgeordneten Lamers müssen GASP und Verteidigungspolitik einen höheren Stellenwert bekommen, als im Vertrag jetzt vorgesehen. Die Probleme werden der Union von außen her aufgedrängt, z.B. in Gestalt der Asylfrage und anderer Zuwanderung. Ihre Lösung wird wesentlich vom Gelingen der Gemeinsamen Außen- und Sicherheitspolitik abhängen. Die Aufgabe, den europäischen Kontinent zu stabilisieren, überfordere den einzelnen Staat. Wenn Deutschland das Problem seiner Mittellage überwinden wolle, dann müssen POL, ČSFR und UNG Mitglieder der Gemeinschaft werden. Nur wenn unsere Nachbarn im Osten konkrete Perspektiven erhalten, kann es Ruhe im Westen geben. Deshalb müsse man darüber nachdenken, wie diesen Staaten bereits in absehbarer Zeit Möglichkeiten der Mitwirkung gegeben werden könnten.

  Gedanke einer Planungszelle: Es sei wichtig, dass die Union über das bloße Reagieren auf äußere Ereignisse hinauswachse und zu langfristig geplanten Aktionen gelange. Dazu brauche es eine Planungszelle. Das sei im Vertrag zwar nicht vorgesehen, aber auch nicht verboten. Planungsarbeit dieser Art sei nicht nebenher zu leisten. Hier sei Stoff für einen deutschen Vorschlag.

- Gemeinsame Verteidigung

  Hierzu führte Abgeordneter Lamers aus: Eine gemeinsame Verteidigungspolitik werde aus seiner Sicht sehr viel schneller als im Vertrag vorgesehen zu verwirklichen sein (auch im Hinblick auf Entwicklung in MOE). Im Übrigen müsse man das Problem auch unter Kostengesichtspunkten sehen (europ. Armee billiger als viele nationale Armeen). Der Ausgang der Wahlen in den USA[43] werde die Entwicklung in diese Richtung treiben. In diesem Zusammenhang begrüße er auch Petersberger Erklärung zu WEU[44]. Nun müsse jeder Mitgliedstaat seine Nationalposition weiterentwickeln (auch D!).

  Abgeordneter Voigt stellt unter Berufung auf Schreiben von BM Kinkel an Fraktionsvorsitzenden Klose[45] fest, die Maastrichter Erklärungen der Mitgliedstaaten der WEU

42 Vgl. den Entschließungsantrag der SPD-Fraktion „zur Erklärung der Bundesregierung zur aktuellen Entwicklung in der Europapolitik" vom 24. September 1992; BT DRUCKSACHEN, Nr. 12/3311.
Vgl. den Antrag der SPD-Fraktion „Wider den Rückfall in den Nationalismus – Für ein demokratisches Europa mit stabiler Währung" vom 7. Oktober 1992; BT DRUCKSACHEN, Nr. 12/3366.
Vgl. den Entschließungsantrag der Gruppe Bündnis 90/Die Grünen „zur Erklärung der Bundesregierung zur aktuellen Entwicklung in der Europapolitik" vom 24. September 1992; BT DRUCKSACHEN, Nr. 12/3310.
Vgl. den Antrag der Gruppe „Bündnis 90/Die Grünen „Stillstand führt zum Rückschritt – Hin zu einer demokratischen, ökologischen und sozialen Union Europa" vom 7. Oktober 1992; BT DRUCKSACHEN, Nr. 12/3367.

43 Am 3. November 1992 fanden in den USA Präsidentschaftswahlen statt, aus denen der Kandidat der Demokratischen Partei, Clinton, als Sieger hervorging. Vgl. Dok. 355.

44 Für die bei der WEU-Ministerratstagung am 19. Juni 1992 verabschiedete „Petersberg-Erklärung" vgl. BULLETIN 1992, S. 649–653. Zur Tagung vgl. Dok. 162, Anm. 32.

45 BM Kinkel teilte dem Vorsitzenden der SPD-Fraktion, Klose, mit Schreiben vom 8. Oktober 1992 mit, „dass sich die deutsche Zustimmung zum Vertrag über die Europäische Union nur auf die Aussage ‚Die Konferenz nimmt folgende Erklärungen zur Kenntnis:' erstrecken wird. Die beiden Erklärungen der

seien als solche nicht Gegenstand der parlamentarischen Zustimmung. Seine Fraktion sehe weiterhin in Petersberger Erklärung den Versuch, die WEU nicht als Pfeiler der NATO, sondern als Instrument für Interventionen außerhalb Europas zu entwickeln.

- Parlamentarische Kontrolle bei GASP

  Der Abgeordnete Voigt erklärt, auch im Bereich GASP bedeute eine Vergemeinschaftung letztlich, dass für diesen Komplex die demokratische Kontrolle ausgehöhlt werde. Das EP erhalte noch keine ausreichenden Kontrollrechte. Vor Übertragung von Hoheitsrechten für gemeinsame Aktionen müsse daher ggf. der Bundestag zustimmen, zumal bei der Durchführung gemeinsamer Aktionen Mehrheitsbeschlüsse möglich sein werden. Auf entsprechende Frage des Bundeskanzlers: Wenn die Rechte des EP entsprechend ausgeweitet würden, werde es hier kein Problem mehr geben, doch sei die bloße Hoffnung auf Stärkung des EP nicht ausreichend. Auch im Verteidigungsbereich sei die Zustimmung der SPD zum Maastrichter Vertrag fest auf die Annahme gegründet gewesen, dass der Bundestag hier parlamentarische Kontrollrechte ausüben könne (gerade auch im Hinblick auf die besonderen Befugnisse, die in diesem Zusammenhang beispielsweise dem Verteidigungsausschuss zustehen), wobei für die entsprechenden Zustimmungen des BT je nach Fall auch (gemeint ist Art. 87 a GG[46], Bundeswehreinsätze) eine qualifizierte Mehrheit erforderlich sei. Eine Vergemeinschaftung der Verteidigungspolitik ohne entsprechende Kontrollrechte des EP wäre für die SPD nicht machbar. BK erklärt, aus seiner Sicht seien erweiterte Zuständigkeiten des EP im Bereich GASP durchaus akzeptabel, doch müsse der Übergang dazu nahtlos sein. Hier könnten die BT-Abgeordneten unterstützend tätig werden. Der Abgeordnete Schockenhoff stimmt für seine Fraktion im Grundsatz zu.

3) Institutionelle Fragen

Die Abgeordnete Wieczorek-Z. spricht erneut Vorschlag des EP betreffend ein self-restraint des Rates bei Rechtsetzungsakten, die vom EP abgelehnt worden sind, an. Forderungen nach mehr Transparenz durch Vereinheitlichung des gemeinschaftlichen Gesetzgebungsverfahrens (hierauf Einwurf des Abgeordneten Irmer, auch auf nationaler Ebene gebe es unterschiedliche Gesetzgebungsverfahren; EP dürfe jedoch nicht allein Neinsagerrolle spielen). Forderung nach öffentlichen Tagungen des Rats und nach europäischer verfassungsgebender Versammlung (Rechtsstaatlichkeit, Sozialstaatlichkeit, Ökologie müssen in Verfassung aufgenommen werden). Der Abgeordnete Irmer schließt sich der Forderung nach einer europäischen Verfassung mit Grundrechtskatalog an (Art. F EU-Vertrag[47] aber bereits wesentlicher Fortschritt). Stärkung der nationalen Parlamente kann nicht Ersatz sein für die Stärkung des EP.

Der Abgeordnete Holzfuß (FDP) warnt vor zu vielen Befugnissen für EP, die gar nicht wünschenswert wären angesichts der starken Disproportionalität, mit der die einzelnen Mitgliedstaaten im EP vertreten sind. Vorzuziehen sei daher eine Kontrolle des Rates durch die nationalen Parlamente.

Fortsetzung Fußnote von Seite 1473

WEU-Mitgliedstaaten sind als solche nicht Gegenstand der parlamentarischen Zustimmung. Der Vertrag über die Europäische Union schließt ‚Fragen, die verteidigungspolitische Bezüge haben‘, nicht von dem Verfahren der ‚gemeinsamen Aktion‘ ausdrücklich aus (Art. J.4 Abs. 3).“ Vgl. B 1, ZA-Bd. 366027.

46 Für Artikel 87 a GG vom 23. Mai 1949 in der Fassung vom 24. Juni 1968 vgl. BGBl. 1968, I, S. 711.

47 Für Artikel F des Vertrags vom 7. Februar 1992 über die Europäische Union („Demokratiegebot; Menschenrechte und Grundfreiheiten“) vgl. BGBl. 1992, II, S. 1254 f.

4) Landwirtschaft

Hierzu Beiträge der Abgeordneten Seibel und Thalheim als Berichterstatter sowie Irmer und Modrow (Anwendbarkeit des Subsidiaritätsprinzips auch auf Landwirtschaftspolitik, Hinweis auf Widerspruch zwischen Entwicklungspolitik und Exportsubventionen).

5) Bildung und Kultur

Hierzu Beiträge der Abgeordneten Köhler, Schloten und Irmer als Berichterstatter und Fragen des Abgeordneten Poppe (Hinweis auf Annahme des Berichts durch Unterausschuss Kultur am 28.10.; fraglich, ob das Thema Ausbildungszeitverkürzung aufgenommen werden kann; Vorschlag eines Hauses der Europäischen Geschichte (Schloten); Wichtigkeit der Sprachenförderung; Wichtigkeit der Zusammenarbeit auch mit Nicht-EG-Mitgliedstaaten im Bereich von Kultur und Bildung).

Ref. 200 hat mitgewirkt.

Marschall

B 220, ZA-Bd. 165238

368

Gespräch des Bundeskanzlers Kohl mit dem britischen Premierminister Major in Ditchley Park

11. November 1992[1]

Der *Bundeskanzler* schildert eingangs kurz die Lage in Deutschland, insbesondere die wirtschaftliche Entwicklung in den neuen Bundesländern. Er unterstreicht, dass die psychologischen Probleme dort größer seien als die wirtschaftlichen Schwierigkeiten, die man meistern werde. Ein Hauptproblem sei die mangelnde Dynamik in der westdeutschen Gesellschaft. Die Bundesregierung sei dabei, drastische Kürzungen im Haushalt vorzunehmen, dessen Zuwachsrate auf 2,5 % beschränkt werde.

Das schwierigste Problem in Deutschland sei derzeit die Asylfrage. Hier baue sich eine revolutionäre Stimmung auf. Allein bis Ende d.J. rechneten wir mit einem Zustrom von über 500 000 Asylbewerbern, von denen die überwiegende Zahl aus wirtschaftlichen Grün-

1 Kopie.
Der Gesprächsvermerk wurde von MD Hartmann, Bundeskanzleramt, gefertigt und am 13. November über BM Bohl an BK Kohl „mit der Bitte um Billigung" geleitet. Dazu vermerkte Hartmann: „Ich gehe davon aus, dass der Vermerk nicht weitergeleitet wird. Ich habe BM Kinkel auf dessen Bitte im Flugzeug kurz über die wesentlichen Punkte, insbesondere betreffend die Vorbereitung des ER in Edinburgh, unterrichtet."
Hat Bohl am 16. November 1992 vorgelegen.
Hat Kohl vorgelegen, der den Rücklauf an Hartmann verfügte und zu dessen Vermerk handschriftlich vermerkte: „Ja."
Hat Hartmann am 25. November 1992 erneut vorgelegen. Vgl. den Begleitvermerk; BArch, B 136, Bd. 59736.
Zu den deutsch-britischen Regierungskonsultationen in Ditchley Park vgl. auch Dok. 369.

den käme. Demgegenüber sei es falsch, von einem Ausländerproblem in Deutschland zu reden. Das eigentliche Problem seien die Wirtschaftsasylanten, die u.a. auch durch die hohen Zuwendungen aus der deutschen Sozialhilfe angelockt würden. Wir müssten daher unbedingt die Verfassung ändern. Allerdings widersetze sich die SPD seit einem Jahr einer solchen Änderung. Die Stimmen für die rechtsradikalen Parteien bedeuteten nicht, dass die Wähler sich mit ihnen identifizierten, sondern dass diese den politisch Verantwortlichen einen Denkzettel erteilen wollten. Hinzu komme ein Verfall der Staatsautorität. Unter Hinweis auf die Krawalle in Berlin[2] erklärt der Bundeskanzler, dort habe man gesehen, dass der Straßenterror von rechts und links der gleiche sei.

PM *Major* legt seinerseits kurz die Lage in Großbritannien dar. Er sehe sich drei Problemen gleichzeitig gegenüber:
- Die Rezession sei länger und tiefer, als man gedacht habe, und dies sei für ihn das Hauptproblem.
- Hinzu komme, dass der Rückzug Großbritanniens aus dem EWS[3] den Stolz seines Landes zutiefst verletzt habe. Dieser Vorgang habe erhebliche Auswirkungen in den britischen Medien gehabt.
- Der dritte schwierige Punkt für ihn seien die Auseinandersetzungen in der Konservativen Partei über die Europapolitik. Der Widerstand entzünde sich am Maastricht-Vertrag, gehe aber in Wirklichkeit viel weiter.

Wenn die Regierung die Abstimmung letzte Woche verloren hätte, glaube er nicht, dass man hätte weitermachen können.[4] Er habe ungewöhnlich starken Druck auf einige Abgeordnete ausüben müssen. Er habe sich schließlich nur deswegen durchgesetzt, weil 19 Liberale mit der Regierung gestimmt und weil man 17 Abgeordnete der konservativen Fraktion, die eigentlich mit Nein stimmen wollten, bearbeitet habe.

Er glaube nach wie vor, dass er den entsprechenden Gesetzentwurf durchbringen werde. In der Zwischenzeit müsse man allerdings alles tun, um die Temperatur niedrig zu halten. Die Bemerkungen von Präsident Mitterrand hätten großen Ärger ausgelöst, und zwar aus zwei Gründen:
- einmal, weil viele Leute der Meinung seien, dass es nicht zu dem „Schwarzen Mittwoch" gekommen sei, wenn das Referendum in Frankreich[5] nicht gewesen wäre,
- zum anderen, weil die Leute nicht glaubten, dass den Freunden auf dem Kontinent nicht klar sei, wie schwierig die Lage im Unterhaus sei. Jede Kritik von außen werde zudem von der britischen Presse aufgebauscht. Das gelte z.B. auch für die Äußerungen von Bangemann in Berlin, die ihm in der britischen Presse den Vorwurf eingetragen hätten, dass sie im klaren Widerspruch zu seiner Position stünden.

PM Major wiederholt, er sei überzeugt, dass er die Gesetzesvorlage durchbringe. Hierfür brauche er allerdings auch einen erfolgreichen ER in Edinburgh[6]. Gleichzeitig sei er darauf angewiesen, dass ihn die europäischen Freunde nicht weiter in Verlegenheit brächten.

2 Zu den Ausschreitungen am 8. November 1992 vgl. Dok. 362, Anm. 14.

3 Zur Suspendierung der Mitgliedschaft des britischen Pfunds im EWS am 16. September 1992 vgl. Dok. 290.

4 Zur Frage einer Ratifizierung des Vertragswerks von Maastricht in Großbritannien vgl. Dok. 356, Anm. 4.

5 Zum Referendum am 20. September 1992 in Frankreich vgl. Dok. 293 und Dok. 300.

Sein Instinkt sage ihm darüber hinaus, dass Großbritannien allmählich wieder aus der Rezession herauskomme. Der Wendepunkt könne Ende des Jahres sein. Dann werde sich auch die Presse wieder beruhigen.

Der *Bundeskanzler* erklärt, er wolle, dass PM Major Erfolg habe, und sei im Übrigen felsenfest davon überzeugt, dass der Premierminister die Partie gewinne. Wichtig sei nur, dass er den Kurs nicht ändere.

Jeder in Großbritannien müsse doch wissen, dass der Vertrag auch dann, wenn Großbritannien oder Dänemark[7] ausstiegen, in Kraft gesetzt werde. Nur sei es dann ein Vertrag zwischen zehn Mitgliederstaaten. Dies müsse man den Leuten deutlich sagen. Er wolle allerdings hinzufügen, dass wir niemanden herausdrängen wollten. Vielmehr sollten alle dabei sein, selbstverständlich unter vernünftigen Bedingungen, das bedeute insbesondere ohne Änderung des Vertrages.

Er glaube im Übrigen, dass die Lage in Großbritannien weniger kritisch sei als in Dänemark. Schlüter verfolge eine andere Politik und sei auch in einer anderen Lage als der Premierminister.

PM *Major* wirft ein, der Bundeskanzler müsse allerdings sehen, dass kein anderer britischer Premierminister als er selber den Vertrag durchbringen könne. Gleichzeitig sei es wichtig, auch die Dänen mitzuziehen. Dies sei nicht einfach. Einige der dänischen Wünsche könne man sicher erfüllen; ein oder zwei dänische Forderungen bereiteten ziemliche Schwierigkeiten. Sie seien in engem Kontakt mit den Dänen und hofften, entsprechende Vorschläge für die Sitzung der Außenminister Anfang Dezember[8] machen zu können.

Das Hauptproblem scheine zu sein, dass Dänemark eine rechtlich bindende Lösung haben wolle. Demgegenüber wollten wir keine neue Ratifikationsrunde.

Zu den vier dänischen Hauptforderungen wolle er Folgendes anmerken:

- Bei der Frage der Unionsbürgerschaft[9] handele es sich mehr um ein Problem der Darstellung als der Substanz. Dieses Problem lasse sich daher deklaratorisch lösen.
- Auch hinsichtlich des EWS habe man es nicht mit einem juristischen Problem zu tun, wenn Dänemark schon jetzt eine Haltung antizipiere, die der dänischen Protokollerklärung[10] entspreche.
- Auch der Bereich Innen und Justiz scheine lösbar, da es hier um eine eher politische, denn eine rechtliche Frage gehe.

Das eigentliche Problem sei die Verteidigung. Hier gebe es einerseits eine klare vertragliche Verpflichtung zu einer gemeinsamen Verteidigungspolitik und zum anderen die Absicht, zu einem späteren Zeitpunkt eine gemeinsame Verteidigung zu haben. Möglicherweise könne man die Dänen dazu bringen, zwischen beiden Bereichen eine Unterscheidung zu treffen.

Fortsetzung Fußnote von Seite 1476

6 Zur Tagung des Europäischen Rats am 11./12. Dezember 1992 vgl. Dok. 421.

7 Zum Referendum am 2. Juni 1992 in Dänemark vgl. Dok. 166, Anm. 2.
Zu den dänischen Sonderwünschen für eine Ratifizierung des Vertragswerks von Maastricht vgl. Dok. 352.

8 Zum Konklave der Außenminister der EG-Mitgliedstaaten am 8. Dezember 1992 in Brüssel vgl. Dok. 407.

9 Zur Unionsbürgerschaft vgl. Artikel 8 des Vertrags vom 7. Februar 1992 zur Gründung der Europäischen Gemeinschaft; BGBl. 1992, II, S. 1256.

10 Für das zum Vertrag vom 7. Februar 1992 zur Gründung der Europäischen Union gehörende Protokoll betreffend Dänemark" bzw. das „Protokoll über einige Bestimmungen betreffend Dänemark" vgl. BGBl. 1992, II, S. 1311 und S. 1313.

In jedem Fall solle man eine künstliche Auseinandersetzung vermeiden, die Dänemark zwinge, aus dem Vertrag auszusteigen.

Der *Bundeskanzler* erklärt, er wolle Dänemark nicht hinausdrängen, aber gleichzeitig dürfe das langsamste Schiff nicht den Geleitzug bestimmen. Wenn der Vertrag nicht neu verhandelt werde, sondern es lediglich um eine Interpretation des Vertrages gehe, könne er damit leben.

Was die Verteidigung betreffe, so müsse man auch die künftige Erweiterung im Auge haben. Er wolle nicht, dass man durch ein Entgegenkommen gegenüber Dänemark Österreich in dieser Frage ein Schlupfloch biete. Dies sei für uns auch von innenpolitischer Bedeutung. Im Übrigen forderten uns Finnen, Schweden und Norweger ausdrücklich auf, in dieser Frage nicht nachzugeben.[11]

PM *Major* wirft ein, er verstehe dieses Argument.

Der *Bundeskanzler* fährt fort, darüber hinaus müsse man sehen, dass die Dänen im Blick auf den Beitritt von Schweden und Finnland keinen großen Spielraum mehr hätten. Er hoffe nur, dass Schlüter nicht zu kurz springe. Wir müssten alles tun, damit Schlüter mitmache, aber er müsse auch etwas einbringen. Mit Schläue alleine könne man das Referendum[12] nicht gewinnen.

PM *Major* erklärt, die Dänen hätten aus merkwürdigen Gründen negativ abgestimmt. Beispielsweise hätten sozialpolitische Fragen eine große Rolle gespielt. Daher sei es auch wichtig, dass wir eine klare Entscheidung in der Frage der Subsidiarität träfen.

Der *Bundeskanzler* stimmt nachdrücklich zu.

PM *Major* fährt fort, man brauche eine praktische Handhabe in dieser Frage. Die deutschen Vorschläge[13] hierzu seien im Übrigen eine gute Grundlage.

Ein schwieriger Punkt für Edinburgh sei die Frage der Erweiterung. Es gebe eine Übereinkunft, wonach man die Erweiterungsverhandlungen erst aufnehmen wolle, wenn der Maastricht-Vertrag ratifiziert und Delors II[14] beschlossen sei.

Zur Lösung dieses Problems sehe er zwei Optionen:

- Einmal könne man diesen Zusammenhang aufbrechen.
- Wenn das nicht gehe, könne man mit informellen Verhandlungen anfangen und den Prozess nach Abschluss der Ratifikation formalisieren.

Der *Bundeskanzler* erklärt, er sei entschieden für die erste Option. Wenn man jetzt nicht mit Verhandlungen beginne, hinge die weitere Entwicklung davon ab, wie 50 000 Dänen abstimmten. Wenn ein Beschluss zugunsten von Beitrittsverhandlungen nicht zustande komme, werde mit ihm auch ein Gespräch über Delors II nicht laufen.

PM *Major* wirft ein, dies erfordere allerdings ein entsprechendes Einwirken auf Spanien, das in dieser Frage sehr hartnäckig sei.

Der *Bundeskanzler* erklärt, er sei bereit, über diese Frage mit MP González zu sprechen, und werde einen Mitarbeiter nach Spanien schicken.

11 Die EG nahm am 1. Februar 1993 Beitrittsverhandlungen mit Finnland, Österreich und Schweden auf. Die Beitrittsverhandlungen mit Norwegen begannen am 5. April 1993. Vgl. AAPD 1993.

12 Ein zweites Referendum in Dänemark über das Vertragswerk von Maastricht fand am 18. Mai 1993 statt.

13 Für das am 21. September 1992 in Brüssel vorgelegte „Memorandum der Regierung der Bundesrepublik Deutschland zum Subsidiaritätsprinzip“ vgl. B 5, ZA-Bd. 170474.

14 Zum „Delors-Paket II“ vgl. Dok. 313 und Dok. 393.

PM *Major* erklärt, er stelle sich folgende Tagesordnung für Edinburgh vor:
- Bericht über den Stand der Ratifikation,
- Erweiterung,
- künftige Finanzierung,
- Zahl der Mitglieder des EP,
- Sitzfragen.

Außerdem wolle Delors beim Mittagessen über die Wirtschaftslage in Europa sprechen, und ggf. werde man auch GATT diskutieren.

Auf die entsprechende Frage des Bundeskanzlers erklärt PM Major, er werde seinen Sonderbotschafter Braithwaite in die Hauptstädte schicken, um einen Kompromiss über die Sitzfragen auszuloten.[15] Je nach Ergebnis wolle er hierüber Einvernehmen in Edinburgh erzielen. Wenn ein Kompromiss sich nicht abzeichne, werde er die Frage nicht offiziell anhängig machen.

Der *Bundeskanzler* wirft ein, sein Rat sei, Letzteres zu tun.

PM *Major* fährt fort, auch er habe den Eindruck, dass sich die diesbezügliche Einigung in Lissabon[16] schon wieder auflöse. Er lege allerdings Wert darauf, dass man sich über die Zahl der Mitglieder im EP verständige, zumal dieser Punkt für Deutschland wichtig sei.[17]

Der *Bundeskanzler* wirft ein, in der Tat müsse eine Entscheidung wegen der Wahlen zum EP[18] jetzt getroffen werden.

PM *Major* stellt die Frage, ob Deutschland hierüber mit Frankreich gesprochen habe.

Der *Bundeskanzler* erwidert, Präsident Mitterrand berufe sich auf alte Absprachen. Man werde allerdings nochmals mit Frankreich hierüber sprechen.

PM *Major* erklärt, auch Sonderbotschafter Braithwaite werde das Thema mit Frankreich aufnehmen. Der deutsche Wunsch sei gerechtfertigt. Einmal aus demographischen Gründen, zum anderen, weil Deutschland größter Beitragszahler sei.

Der *Bundeskanzler* wirft ein, das letztgenannte Argument solle man nicht benutzen.

PM *Major* erklärt, was Delors II angehe, so schlage der Kommissionspräsident jetzt vor, in den nächsten beiden Jahren (1993/94) keinen Zuwachs vorzusehen und im Übrigen den Zeitraum für die Regelung von fünf auf sieben Jahre auszudehnen.[19]

Mit der Grundstruktur sei er einverstanden. Die offene Frage sei natürlich die Höhe des Zuwachses. Sowohl in Großbritannien als auch in Deutschland nehme man Haushaltskürzungen vor. Auch wenn man die neuen Vorschläge von Delors zugrunde lege, liefe das auf einen durchschnittlichen Zuwachs von real jährlich 4% hinaus. Dies sei immer noch doppelt so hoch wie die Zuwachsrate in Deutschland oder Großbritannien und liege erheblich über den voraussichtlichen Wachstumsraten. Er sehe daher nicht, wie man diese Vorschläge zu Hause verkaufen könne.

Der *Bundeskanzler* wirft ein, diesem Vorschlag könne er auch so nicht folgen. Man brauche vielmehr einen Kompromiss.

15 BM Bohl erörterte am 17. November 1992 mit dem britischen Sonderbotschafter Braithwaite EG-Sitzfragen. Vgl. den Gesprächsvermerk; BArch, B 136, Bd. 59736.

16 Zur Tagung des Europäischen Rats am 26./27. Juni 1992 vgl. Dok. 201.

17 Zur Frage der Erhöhung der Zahl der Mitglieder des Europäischen Parlaments vgl. Dok. 162, Anm. 36.

18 Die vierten Direktwahlen zum Europäischen Parlament fanden vom 9. bis 12. Juni 1994 statt.

19 Zu den vom EG-Kommissionspräsidenten Delors am 9. November 1992 in der EG-Ministerratstagung in Brüssel vorgelegten Kompromissvorschlägen vgl. Dok. 367, Anm. 39.

PM *Major* fährt fort, er arbeite bereits an einem Kompromiss, aber Spanien werde große Schwierigkeiten machen. Daher müssen man den Spaniern klar sagen, dass dies einfach nicht gehe.

Seine Mitarbeiter arbeiteten derzeit die Details einer Kompromisslösung aus und könnten hierüber auch vertraulich mit uns sprechen. In groben Umrissen denke man an folgende Elemente:

- Der Zeitraum für die Regelung solle wie vorgeschlagen sieben Jahre umfassen.
- In den ersten zwei Jahren bleibe es, wie vorgeschlagen, bei 1,2 %.
- Danach strebe man eine Steigerung auf 1,25 % an.

Auf dieser Grundlage komme man zu einem durchschnittlichen jährlichen Zuwachs, der etwa bei der Hälfte dessen liege, was Delors fordere. Er glaube nicht, dass man sich einen größeren Finanzierungsrahmen leisten könne, und er schlage daher noch einmal vor, hierüber vertrauliche Gespräche zwischen den Mitarbeitern zu führen.

Der *Bundeskanzler* wiederholt, was Delors vorgeschlagen habe, gehe nicht. Man müsse vielmehr einen Kompromiss finden. Für ihn sei wichtig, dass der Schwerpunkt der Steigerungsraten nach 1995 liege. Bis dahin brauche man Luft. Im Übrigen hätten nicht nur Großbritannien und Deutschland, sondern auch andere Probleme, z. B. Frankreich.

PM *Major* wirft ein, auch die Niederlande.

PM Major fährt fort, er habe soeben eine Botschaft erhalten, wonach Andriessen und MacSharry von der Kommission den Auftrag erhalten hätten, Anfang nächster Woche die GATT-Gespräche fortzuführen.[20]

Der *Bundeskanzler* erklärt, er sei in dieser Frage inzwischen optimistisch. Clinton habe Bush inzwischen entsprechende Signale gegeben, und sein Eindruck sei, dass auch Mitterrand einem Abschluss nicht im Wege stehen wolle. In diesem Punkt gebe es einen deutlichen Unterschied zwischen dem Präsidenten und PM Bérégovoy. Auch in der GATT-Frage solle man in engem Kontakt bleiben, allerdings könnten die Amerikaner uns auch nicht wie einen Bären am Strick herumführen.

PM *Major* erklärt, das Problem sei, dass sich in den Verhandlungen inzwischen eine Menge Misstrauen aufgebaut habe. Er sei aber sicher, dass die Amerikaner sich weiter bewegen würden, auch weil Clinton wolle, dass Bush die Sache zu Ende bringe. Die Amerikaner seien frustriert, weil sie glaubten, dass Delors in der Frage der Ölsaaten hinter das ursprüngliche Angebot von MacSharry zurückgegangen sei und im Übrigen MacSharry an die Kette zu legen versuche.

Der *Bundeskanzler* erklärt, in Wirklichkeit habe Delors in Washington Vorschläge gemacht, die sehr ähnlich gewesen seien. Leider habe Präsident Bush hierauf nicht reagiert. Folglich sei auch Delors frustriert.

PM *Major* erklärt, die Differenzen seien in Wirklichkeit sehr klein. Das Problem sei nur, dass keine Seite sich auf die andere zubewegen wolle. Wenn es tatsächlich noch einmal zu einer Blockade komme, bestehe noch die Möglichkeit, an den offiziellen Verhandlern vorbei mit Baker Kontakt aufzunehmen.

Der *Bundeskanzler* erklärt, er sei gerne bereit weiterzuhelfen und auch mit Delors und Mitterrand zu reden, wie übrigens auch mit dem Weißen Haus und Baker. Optisch müsse die Sache allerdings bei dem Premierminister liegen.

20 Zu den bilateralen Gesprächen des Vizepräsidenten der EG-Kommission, Andriessen, und des EG-Kommissionsmitglieds MacSharry am 18./19. November 1992 in den USA vgl. Dok. 383.

Der Bundeskanzler greift sodann die Frage des Jäger 90[21] auf. Er wolle hierüber keinen Streit haben, sondern eine Lösung finden, die vernünftig sei. Man brauche ein Flugzeug, das in finanzieller Hinsicht akzeptabel sei, zumal sich die strategische Lage völlig verändert habe. Er könne seinen Hut nehmen, wenn er nächste Woche die Sozialhilfe kürze und gleichzeitig über ein Flugzeug diskutiere, dessen Preis explodiert sei. Die Lage sei in Italien und Spanien nicht anders.

PM *Major* erklärt, man sei vielleicht jetzt auf gutem Wege. Es liege inzwischen eine Studie vor, die eine erhebliche Kostenreduzierung enthalte. Diese liege zwischen 20–30 %, was auf einen Stückpreis von 90 Mio. DM hinauslaufe. Dies entspreche den deutschen Vorstellungen. Man könne die Sache noch flottmachen, wobei es egal sei, ob man von einem neuen europäischen Jagdflugzeug spreche.

Der *Bundeskanzler* erklärt, er wolle eine europäische Produktion, um nicht von den USA abhängig zu sein. Er wolle auch bei der bisherigen Länderkonstellation bleiben, es sei denn, Frankreich wolle dazustoßen. Er wolle vor allem ein Flugzeug, das der jetzigen und künftigen strategischen Lage entspreche. Ferner müsse der Preis stimmen, wobei er hinzufügen wolle, dass er gegenüber den Berechnungen der Rüstungsindustrie voller Skepsis sei. Die Verteidigungsminister sollten über die Sache weitersprechen.[22] Er selber behalte sich allerdings die letzte Entscheidung vor.

BArch, B 136, Bd. 59736

21 Zum europäischen Kampfflugzeug („Jäger 90“) vgl. Dok. 238, Anm. 6.
In der Presse wurde berichtet, der „Jäger 90“ solle in einer verbilligten Version verwirklicht werden: „Die Entscheidung, ob er für die deutsche Luftwaffe gebaut werden soll, wird dagegen erst 1995 fallen. Dies zeichnet sich in den internen Gesprächen ab, die sowohl innerhalb der Bundesregierung als auch zwischen dem Verteidigungsministerium und der Luftfahrtindustrie geführt werden.“ Vgl. den Artikel „Der Jäger 90 soll nun doch gebaut werden“; FRANKFURTER ALLGEMEINE ZEITUNG vom 31. Oktober 1992, S. 1.

22 In der Presse wurde berichtet, BM Rühe und der britische VM Rifkind hätten sich am 13. November 1992 in London darauf verständigt, das europäische Kampfflugzeug („Jäger 90“) zusammen mit Italien und Spanien vollständig zu entwickeln: „Um Rühe, der bereits kurz nach seiner Amtsübernahme angekündigt hatte, er wolle die Entwicklung des Jäger 90 einstellen, entgegenzukommen, beschloss man außerdem, dem Flugzeug in Kürze einen neuen Namen zu geben. Bisher lautet seine offizielle Bezeichnung ‚European Fighter Aircraft‘ (EFA). Als neue Bezeichnung ist der ‚New European Fighter Aircraft‘ (NEFA) im Gespräch.“ Vgl. den Artikel „Jäger 90 soll unter neuem Namen nun doch gebaut werden“; FRANKFURTER ALLGEMEINE ZEITUNG vom 14. November 1992, S. 1.

369

Gespräch des Bundesministers Kinkel mit dem britischen Außenminister Hurd in Ditchley Park

222-321.10 GRO **11. November 1992**[1]

22. deutsch-britische Gipfelkonsultationen in Ditchley Park am 11.11.1992[2];
hier: Gespräch zwischen AM Hurd und Bundesminister

Anlg.: 1[3]

Aus ca. einstündigem, in sehr offener und freundschaftlicher Atmosphäre geführten Meinungsaustausch der beiden Minister sind folgende Schwerpunkte festzuhalten:

1) Zu Jugoslawien-Thema schnitt AM *Hurd* (H.) eingangs die

- Flüchtlingsfrage an und berichtete, dass Vorsitz[4] die EG-Partner sowie die USA und Kanada um rasche Übermittlung von Aufnahmezahlen gebeten habe. GB sei bereit, 150 Internierte plus Familienangehörige, d.h. insgesamt rund 500 Personen, aufzunehmen. *BM* sagte zu, sich beim Bundeskanzler für eine deutsche Aufnahmequote von 1000 Personen einzusetzen (von BK im Plenum[5] bestätigt). Beide Minister waren sich einig, dass die laut Schätzung des Roten Kreuzes ca. 6000 Lagerinsassen auch im Hinblick auf Wintereinbruch rasch im Westen Aufnahme finden müssen.
- AM *Hurd* erbat „burden sharing“ bei UNPROFOR-Kosten. *BM* erwähnte deutsche Leistungen (insbes. 61 Mio. im logistischen Bereich) und anerkannte Notwendigkeit genereller Lastenteilung. Angelegenheit wurde nicht vertieft.
- AM *Hurd* plädierte für Verschärfung der Embargopolitik und erwähnte, dass Owen Fehlschlag bisheriger Sanktionspolitik[6] festgestellt habe; auch AM Kosyrew habe bei gestrigen Gesprächen in London[7] ein Unterbinden der Öl- und Gaslieferungen gefordert. GB wolle zwar keinen Druck auf uns ausüben in Frage der vom Sicherheitsrat vorbereiteten Resolution „stop and search“ in der Adria (Druck mache u.a. Belgien), sei jedoch an deutscher Haltung interessiert.[8]

1 Der Gesprächsvermerk wurde von VLR I Graf Leutrum am 12. November 1992 gefertigt und über MD Chrobog an das Ministerbüro geleitet mit der Bitte, „Billigung des BM herbeizuführen“.
Hat Chrobog am 12. November 1992 vorgelegen.
Hat VLR Brose am 13. November 1992 vorgelegen, der handschriftlich vermerkte: „kann verteilt werden“.

2 Zu den deutsch-britischen Regierungskonsultationen vgl. auch Dok. 368.

3 Vgl. Anm. 32.

4 Großbritannien hatte vom 1. Juli bis 31. Dezember 1992 die EG-Ratspräsidentschaft inne.

5 VLR I Jess vermerkte am 12. November 1992, in der Plenarsitzung der deutsch-britischen Regierungskonsultationen am Vortag in Ditchley Park seien die bevorstehende Tagung des Europäischen Rats am 11./12. Dezember 1992 in Edinburgh, die GATT-Verhandlungen, der Krieg im ehemaligen Jugoslawien, Fragen des EG-Binnenmarkts, Asylfragen, das europäische Kampfflugzeug („Jäger 90“) sowie die Altschulden der ehemaligen UdSSR erörtert worden. Vgl. B 224, ZA-Bd. 168477.

6 Vgl. die Resolution Nr. 713 des VN-Sicherheitsrats vom 25. September 1991; RESOLUTIONS AND DECISIONS 1991, S. 42 f. Für den deutschen Wortlaut vgl. EUROPA-ARCHIV 1991, D 550–552.
Vgl. auch die Resolution Nr. 757 des VN-Sicherheitsrats vom 30. Mai 1992; Dok. 159, Anm. 12.

7 Der russische Präsident Jelzin besuchte am 9./10. November 1992 Großbritannien.

8 Zur Haltung der Bundesregierung zu einer Verschärfung der Überwachungsmaßnahmen zur Embargo-Durchsetzung in der Adria vgl. Dok. 372.

BM führte aus, dass die elf EG-Partner auf uns Rücksicht nehmen sollten, solange nur bloße Vermutungen von Embargoverletzungen vorliegen.

AM *Hurd* bemerkte, dass bei einigen Schiffen Waffen für Kroatien und Öl für Montenegro festgestellt wurden. *BM*: Bei „clear evidence" einer Embargo-Verletzung werden wir keinen Versuch machen, Resolution „stop and search" zu verhindern. Zu Frage Implementierung gibt es für uns drei Optionen:

- Wir beteiligen uns an Aktion (verfassungsrechtlich für ihn und seine Fraktion nicht akzeptabel),
- wir ziehen unsere Flugzeuge/Schiffe ab,
- wir fahren im Verband weiter mit, ohne bei „stop and search" aktiv zu werden, sondern üben wie bisher nur Monitorfunktionen aus. Dieser Ausweg mag aus politischen Gründen erforderlich sein, ist rechtlich für uns schwierig und nicht ohne Risiko.

Auf Frage von AM *Hurd*, ob D bei Resolutionsverabschiedung, was nach seiner Erfahrung in New York sehr rasch eintreten kann, seine Schiffe zurückziehe, erläuterte *BM* unsere verfassungsrechtliche Situation gemäß Art. 87 a GG[9] und nahm Bezug auf beim BVerfG anhängigen Rechtsstreit[10]. Auch wenn wir nur Beobachtungsaufgaben im Verband übernähmen, würden sich damit Prozessaussichten für die SPD verbessern und diese ggf. eine einstweilige Verfügung erwirken können.

- Mazedonienfrage: BM berichtet von Besuch mazed. AM bei ihm in Bonn[11] (u. gleichzeitigem Besuch von Mitsotakis beim Bundeskanzler[12]). Er habe seinem Besucher drei Punkte mitgegeben,
  - man könne ggf. einen Doppelnamen wie Neu-Mazedonien verwenden,
  - notwendig sei ein Amendment zu Art. 49 der mazed. Verfassung,
  - man solle evtl. denken an Abschluss eines mazed.-griech. Freundschaftsvertrages (entsprechend etwa dt.-poln. Freundschaftsvertrag[13]).

  AM *Hurd* bemerkte, dass wir uns in dieser Frage auf eine Entscheidung beim ER in Edinburgh[14] vorbereiten müssen. *BM*: Es ist Sache der Präsidentschaft zu entscheiden, ob nächster ER mit dieser Frage belastet werden soll. D werde Präsidentschaft in jedem Fall unterstützen.
- Einladung an Präsident Ćosić

  AM *Hurd* fragte, was wir von der Idee Lord Owens, Ćosić nach London einzuladen, halten. *BM*: für uns kein Problem.

9 Für Artikel 87 a GG vom 23. Mai 1949 in der Fassung vom 24. Juni 1968 vgl. BGBl. 1968, I, S. 711.

10 Die SPD-Fraktion leitete am 7. August 1992 ein Organstreitverfahren gegen die Bundesregierung vor dem Bundesverfassungsgericht ein (2 BvE 3/92). Für die Antragsschrift vgl. Klaus DAU, Gotthard WÖHRMANN (Hg.), Der Auslandseinsatz deutscher Streitkräfte: Eine Dokumentation des AWACS-, des Somalia- und des Adria-Verfahrens vor dem Bundesverfassungsgericht, Heidelberg 1996, S. 377–404.

11 Für das Gespräch des BM Kinkel mit dem mazedonischen AM Maleski am 6. November 1992 vgl. Dok. 360.

12 BK Kohl führte am 6. November 1992 ein Gespräch mit dem griechischen MP Mitsotakis. Vgl. BULLETIN 1992, S. 1120.

13 Vgl. den deutsch-polnischen Vertrag vom 17. Juni 1991 über gute Nachbarschaft und freundschaftliche Zusammenarbeit; BGBl. 1991, II, S. 1315–1327. Vgl. auch AAPD 1991, I, Dok. 202.

14 Zur Tagung des Europäischen Rats am 11./12. Dezember 1992 vgl. Dok. 421.

2) Migrations- und Asylproblematik

BM fragte nach der britischen Haltung einer gemeinsamen Gipfelerklärung beim ER in Edinburgh, wobei keine vagen Absichtserklärungen, sondern konkrete Beschlüsse zur Aufnahme von Flüchtlingen gefasst werden sollten. Dies werde uns auch in deutscher Innenpolitik von Nutzen sein. AM *Hurd* stimmte zu und bemerkte, dies sei ein „European issue“, und wir sollten eine gemeinsame Erklärung für ER vorbereiten.

3) AM H. sprach kurz den Besuch von Salman Rushdie in Bonn an und war an unseren Eindrücken interessiert.[15] Er erläuterte, dass brit. Regierung bzgl. Entwicklung im Iran nach Wiederwahl Rafsandschanis[16] enttäuscht [sei], wie auch die Saudis, die heute diesem Regime mit ähnlichem Misstrauen wie dem in Irak begegnen. GB könne nicht einen Botschafter nach Teheran schicken, solange Morddrohungen gegen Salman Rushdie aufrechterhalten werden.

BM machte grundsätzliche Ausführungen zu deutsch-iranischen Beziehungen; Iran versuche, sich in Europa an uns politisch und wirtschaftlich anzulehnen. Auch wir seien der Meinung, dass die letzten Wahlen zwar die weltlichen Kräfte gestärkt [hätten], aber nicht in dem von uns erhofften Maße. BM führte auch aus, dass Rushdie in Bonn von D 6[17] empfangen wurde, Debatte im Parlament[18], viel Aufsehen in Öffentlichkeit. StS Kastrup habe die Äußerungen des iranischen Botschafters zum Anlass genommen, um diesem deutsche Haltung unmissverständlich klarzumachen.[19] Bundesregierung habe u.a. beschlossen, Abschluss des deutsch-iranischen Kulturabkommens zunächst nicht weiterzuverfolgen.[20]

15 Zum Besuch des Schriftstellers Salman Rushdie in der Bundesrepublik vgl. Dok. 342.

16 Zu den Parlamentswahlen am 10. April bzw. 8. Mai 1992 im Iran vgl. Dok. 148, Anm. 8.

17 Lothar Wittmann.

18 In einer „Aktuellen Stunde“ erörterte der Bundestag am 5. November 1992 „Schutz und Unterstützung für Salman Rushdie“. Vgl. BT STENOGRAPHISCHE BERICHTE, 12. WP, 117. Sitzung, S. 9976–9987.

19 Aufgrund von Äußerungen zum Fall Rushdie in einem Interview mit dem Saarländischen Rundfunk bestellte StS Kastrup den iranischen Botschafter Mussawian am 29. Oktober 1992 ins Auswärtige Amt ein. Vgl. den Gesprächsvermerk; B 36, ZA-Bd. 170180.

20 Das Kulturabkommen zwischen der Bundesregierung und der iranischen Regierung wurde von BM Genscher und dem iranischen AM Velayati am 29. November 1988 in Teheran unterzeichnet. Für das Abkommen vgl. B 36, ZA-Bd. 154167.
VLR I Truhart vermerkte am 5. November 1992, das im Frühjahr 1989 wegen der iranischen Morddrohungen gegen den Schriftsteller Salman Rushdie ausgesetzte Ratifizierungsverfahren sei im Februar 1991 wiederaufgenommen worden: „Der Empfehlung der Ständigen Vertragskommission der Länder, dem Vertrag zuzustimmen, sind acht Länder gefolgt“, Hessen und Rheinland-Pfalz hätten Vorbehalte artikuliert, die Stellungnahme Bayerns und Bremens stehe aus: „Erstmalig verzögert eine Minderheit unter den Ländern das Inkrafttreten eines Kulturabkommens mit der Begründung, die über das Kooperationsfeld Kultur hinaus reicht und einen allgemeinpolitischen Schwerpunkt hat.“ Zwar spreche das „Lindauer Abkommen“ vom 14. November 1957 nur „allgemein vom ‚Einverständnis‘ der Länder ohne einschränkende Qualifikation. […] Auf der anderen Seite ‚soll‘ der Bund das Einverständnis der Länder herbeiführen, er muss es nicht. Der Bund kann sich also grundsätzlich über das fehlende Einverständnis eines oder mehrerer Länder hinwegsetzen, wenn die Vertragserfüllung auch ohne die Länder erfolgen kann.“ Ein solcher Schritt würde jedoch „die derzeitige Diskussion um eine stärkere verfassungsrechtliche Verankerung der Beteiligungsrechte der Länder im Bereich der auswärtigen Beziehungen belasten.“ Vgl. B 90, ZA-Bd. 209087.

4) Europafragen

Aus Zeitgründen konnten die europapolitischen Punkte nur relativ kurz erörtert werden.

- AM *Hurd* berichtete, dass letzter Botschafter in Moskau, Braithwaite, in Kürze eine Rundreise durch die EG-Hauptstädte antreten werde, um in der Sitzfrage der EG-Institutionen zu sondieren (quiet way).[21] *BM* bemerkte, dass wir bekanntlich dem Sitz der Europäischen Zentralbank in Frankfurt prioritäre Bedeutung beimessen.[22] Wir erhoffen vom nächsten ER einen Beschluss, wobei die Präsidentschaft eine besondere Verantwortung treffe.
- Zahl der deutschen Abgeordneten im EP[23]
  AM *Hurd* fragte nach deutscher Haltung. *BM*: Der Vorschlag des EP gefalle uns am besten, und wir gingen davon aus, dass man sich auf diesen auch einigen könne. Auf Zwischenfrage von *Hurd*, ob Franzosen nicht ihre Haltung geändert hätten, bemerkte *BM*: Er gehe davon aus, dass wir von Franzosen hier unterstützt werden. AM *Hurd*: Britische Regierung unterstütze uns auch und erkenne die Notwendigkeit einer Aufstockung schon mit Rücksicht auf die neuen Bundesländer.
- *BM* erkundigte sich nach britischer Haltung zu Delors II-Paket[24] und entsprechendem Beschluss beim nächsten ER auch unter Berücksichtigung der Verzögerungen bei der Ratifizierung des Maastricht-Vertrages. AM *Hurd:* Der britische Vorsitz wird versuchen, ein Ergebnis zu erzielen, so schwierig dies auch sein mag. Delors II-Paket sei für Deutschland und GB zu teuer. Auch wenn eine Verbindung über den Kohäsionsfonds zur Ratifizierung des EUV[25] bestehe, müsse auch ohne Rücksicht auf Maastricht beim ER eine Entscheidung über die künftige Finanzierung der Gemeinschaft beschlossen werden.
- AM H. fragte nach deutscher Haltung in Bezug auf EG-Erweiterung, insbesondere wolle er wissen, ob wir bereit wären, den EFTA-Beitragskandidaten „some informal discussions in advance“ auch vor Ratifizierung von Maastricht und Verabschiedung von Delors II zu gestatten. *BM*: D sehe dies auch so und sei mit informellen Gesprächen, aber auf der Grundlage von Maastricht, einverstanden.
- AM *Hurd* berichtete, dass aufgrund einer ihm soeben zugegangenen Nachricht EG-Kommission beschlossen habe, mit den Kommissionsmitgliedern Andriessen und MacSharry die unterbrochenen GATT-Verhandlungen wiederaufzunehmen, was von beiden Ministern nachdrücklich begrüßt wurde.[26]

5) Zu Revision Zusatzabkommen NATO-Statut[27] dankte *BM* für konstruktive britische Haltung und sprach Hoffnung aus, dass noch bestehende „minor problems“ bald gelöst werden können.

21 BM Bohl erörterte am 17. November 1992 mit dem britischen Sonderbotschafter Braithwaite EG-Sitzfragen. Vgl. den Gesprächsvermerk; BArch, B 136, Bd. 59736.

22 Zur Kandidatur von Frankfurt am Main als Sitz der Europäischen Zentralbank vgl. Dok. 52.

23 Zur Frage der Erhöhung der Zahl der Mitglieder des Europäischen Parlaments vgl. Dok. 162, Anm. 36.

24 Zum „Delors-Paket II“ vgl. Dok. 313 und Dok. 393.

25 EU-Vertrag.

26 Zu den bilateralen Gesprächen des Vizepräsidenten der EG-Kommission, Andriessen, und des EG-Kommissionsmitglieds MacSharry am 18./19. November 1992 in den USA vgl. Dok. 383.

27 Zu den Überprüfungsverhandlungen zum NATO-Truppenstatut und dessen Zusatzabkommen vgl. Dok. 276.

6) Zur Frage der Stärkung der KSZE-Strukturen, insbesondere Schaffung eines KSZE-Generalsekretärs, stellten beide Minister Einvernehmen fest.

7) *BM* unterrichtete AM Hurd über deutsche Kandidatur, Dr. Bonte-Friedheim, für FAO-GD[28] und warb für Nord-Süd-Zentrum Bonn bei UNDP und UNFPA.[29]

Er dankte brit. AM schließlich ausdrücklich für die Hilfe seiner Regierung bei kürzlicher Evakuierung acht deutscher Staatsbürger aus Angola.[30]

8) Zur Entwicklung in Russland bemerkte BM, britische Einschätzung erscheine ihm zu skeptisch.

AM *Hurd* berichtete, dass Jelzin-Besuch in London von Montag und Dienstag sehr gut gelaufen sei; dieser, ein „remarkable man", habe sehr freimütig gesprochen; politisch schätze er die aktuelle Situation positiv ein, wirtschaftlich jedoch weit weniger positiv (dies habe auch ein kürzliches Gespräch mit finn. Staatspräsident Koivisto bestätigt).

9) Beide Minister stimmten einer gemeinsamen deutsch-britischen Erklärung über die Zusammenarbeit zwischen den Außenministerien und Botschaften ausdrücklich zu[31] (engl. und deutscher Text sind als Anlage beigefügt[32]).

B 31, ZA-Bd. 178054

28 Zur deutschen Kandidatur für den Posten des FAO-GD vgl. Dok. 301, Anm. 19.

29 Zur Frage der Einrichtung eines Nord-Süd-Zentrums vgl. Dok. 129, Anm. 12.

30 VLR I Daerr empfahl am 30. Oktober 1992, folgende Reiseempfehlung herauszugeben: „Angesichts sich zuspitzender innenpolitischen Auseinandersetzungen in Angola empfiehlt das Auswärtige Amt allen deutschen Staatsangehörigen im Lande die Ausreise." Vgl. B 34, ZA-Bd. 155752.
BR I Oetter, London, teilte am 5. November 1992, am Morgen seien „auf dem Londoner Flughafen Gatwick acht deutsche Staatsbürger aus Angola" eingetroffen, die „Luanda am Vortag mit einem von der britischen Regierung organisierten Evakuierungsflug verlassen" hätten. Vgl. DB Nr. 2174; B 34, ZA-Bd. 155752.

31 VLR I Graf Leutrum notierte am 5. November 1992, BM Kinkel und der britische AM Hurd hätten am 20. Oktober 1992 beschlossen, „die gute Substanz der bilateralen deutsch-britischen Beziehungen in einer gemeinsamen Erklärung der beiden Außenminister beim nächsten deutsch-britischen Gipfel" herauszustellen. Nunmehr habe die britische Botschaft am Vortag „einen von AM Hurd bereits gebilligten Text übermittelt, dem wir zustimmen können. [...] Im Mittelpunkt der Erklärung steht das gemeinsame Interesse beider Minister an einer verstärkten Zusammenarbeit der beiden Außenämter sowie ihrer Auslandsvertretungen". Anvisiert würden insbesondere „erweiterter Informationsaustausch (insbes. Botschafterberichte); erweiterte Konsultationen auf allen Ebenen; Verwaltungszusammenarbeit, insbesondere bzgl. gemeinsam genutzter Botschaftsgebäude und anderer logistischer Einrichtungen; erweiterter Beamtenaustausch; gemeinsame internationale Initiativen". Vgl. B 31, ZA-Bd. 178054.

32 Dem Vorgang beigefügt. Für die „Erklärung über die Zusammenarbeit zwischen den Außenministerien und Botschaften" vgl. B 31, ZA-Bd. 178054.

370

Vorlage des Ministerialdirektors Chrobog für Bundesminister Kinkel

213-321.10 RUS **11. November 1992**[1]

Über Herrn Staatssekretär[2] Herrn Bundesminister[3]

Betr.: Verhältnis Deutschland – Russland;
hier: BK-Besuch Moskau (15./16.12.1992)[4]

Zweck der Vorlage: Zur Billigung der Vorschläge unter V

I. Russland und unsere Beziehungen

1) Die Lage im Vorfeld des BK-Besuchs in Moskau ist unter mehreren Gesichtspunkten besorgniserregend und erfordert entschlossenes politisches Handeln, wenn wir erhebliche Schäden im Verhältnis Russlands zu Deutschland und zum Westen und in der innerrussischen Entwicklung vermeiden helfen wollen:

- Jelzin ist entschlossen, die Reformen voranzutreiben, ihre Gegner versuchen, ihn daran zu hindern. Es ist nicht auszuschließen, dass diese Auseinandersetzung dramatische Formen annimmt.
- Deutschland und Russland stehen vor der Chance eines Neuanfangs in ihren Beziehungen, deren Gestaltung von entscheidender Bedeutung nicht nur für beide Staaten, sondern auch für die gedeihliche Entwicklung in ganz Mittel-Ost-Europa in den nächsten Jahrzehnten ist. (Noch haben wir dort keine unumkehrbar verwurzelten Demokratien und blühende Volkswirtschaften!)
- Daneben haben wir bilateral massive wirtschaftlich-finanzielle Probleme, deren Lösung für beide Seiten politisch und wirtschaftlich dringend und unerlässlich ist, die sich aber zurzeit in einer fruchtlosen Diskussion unrealistischer, nicht erfolgversprechender und widersprüchlicher Konzepte und Ressortdifferenzen auf russischer und deutscher Seite festzufahren droht. Hier muss jetzt die „Buchhalterei" beendet und nach politischen Prioritäten entschieden werden (dies auch Überzeugung bei ChBK).

1 Die Vorlage wurde von VLR I Neubert konzipiert.

2 Hat StS Kastrup am 12. November 1992 vorgelegen, der handschriftlich vermerkte: „Eine sehr gute Aufzeichnung! Ich schlage vor, darüber zu sprechen."

3 Hat BM Kinkel am 14. November 1992 vorgelegen, der zum Vorschlag des StS Kastrup handschriftlich vermerkte: „Ja."
Hat OAR Salzwedel am 16. November 1992 vorgelegen, der den Rücklauf an das Büro Staatssekretäre verfügte. Dazu vermerkte er handschriftlich: „Herrn StS Kastrup vorzulegen."
Hat Kastrup am 16. November 1992 erneut vorgelegen, der handschriftlich zu Kinkels Reaktion vermerkte: „Erl[edigt]".
Hat VLR Ney am 26. November 1992 vorgelegen, der den Rücklauf über MD Chrobog und MDg Klaiber an VLR I Neubert verfügte.
Hat in Vertretung von Chrobog MDg Schilling am 26. November 1992 vorgelegen.
Hat in Vertretung von Klaiber VLR I Lambach am 27. November 1992 vorgelegen.
Hat Neubert am 27. November 1992 erneut vorgelegen.

4 Zum Besuch des BK Kohl in Russland vgl. Dok. 419 und Dok. 420.

- Der BK-Besuch ist vereinbart, terminlich festgelegt und öffentlich seit langem (Ende Sommer) bekanntgegeben. Weder die sachlichen bilateralen Probleme noch die zugespitzte Lage in Russland erlauben eine Verschiebung des Besuchs. Eine Desavouierung und Schwächung Jelzins widerspricht unseren (und den westlichen) Interessen und müsste die künftigen Beziehungen belasten.
- Briten und Amerikaner sind äußerst besorgt über die Zukunft Jelzins und der Reformen und stellen weitreichende Überlegungen an, wie der Westen ihn politisch stützen kann (siehe anliegenden DB[5]). Wir sollten unseren Teil dazu beitragen und alles in unserer Macht Stehende tun, um den BK-Besuch auch in diesem Sinne zu einem Erfolg zu machen: für Jelzins Reformpolitik, für unsere bilateralen Beziehungen und für das deutsche und westliche Interesse an einer stabilen Entwicklung in ganz Mittel-Ost-Europa, einschließlich Russlands als dem gewichtigsten Partner dort.
- England hat in London von der Form her ein Beispiel gegeben[6]; zur Substanz haben wir noch keine russische Bewertung. Jelzin hat sich über die Form seines Besuches in Paris[7] zufrieden, über die Substanz enttäuscht geäußert. Wenn Jelzin auch von England und uns enttäuscht würde, wäre dies eine bedenkliche politische Entwicklung.

II. Unsere Interessen

Die politischen Entscheidungen, die für einen erfolgreichen BK-Besuch erforderlich sind, müssen aus der Interessenlage Deutschlands selbst, unserer wichtigsten westlichen Partner und der mittelosteuropäischen Nachbarn zwischen Deutschland und Russland ihre Rechtfertigung finden. Dafür sind zwei Gesichtspunkte maßgeblich:

a) Der Erfolg von Jelzins Reformpolitik entscheidet über die politische Entwicklung in Europa auf lange Sicht. Gelingt die Reform, sind die Chancen gegeben, die Perspektive des KSZE-Gipfels von Paris[8] in den nächsten 10–20 Jahren in die Realität umzusetzen und Rüstungskontrolle, Demokratisierung und wirtschaftlichen Aufschwung zu einer stabilen Entwicklung zusammenzuschweißen. Misslingt die Reform, müssen wir mit von Angst diktierten Reaktionen entlang der gesamten europäischen Grenze Russlands rechnen, einschließlich Rückschlägen bis hin zur Umkehrung der politischen Errungenschaften der letzten Jahre im einen oder anderen Fall.

Dies müsste wirtschaftliche, soziale (Migrationen) und politisch negative Konsequenzen bis hin zu sicherheitspolitischen Risiken nach sich ziehen: zwar nicht den „Durchmarsch" der Roten Armee in drei Wochen bis zur Atlantikküste, wohl aber territorial oder ethnisch bedingte Konflikte im Raum zwischen Ostsee und Schwarzem Meer, die den westlichen Teil Europas und Nordamerika vor Probleme größerer Dimension als die Jugoslawien-Krise stellen würden.

Die Entscheidung über Erfolg oder Misserfolg der Reformen fällt erst später. Heute aber muss eine Entscheidung gegen ihre Fortführung mit aller Kraft verhindert werden.

b) Falls Jelzin scheitert, ist kein neuer Jelzin in Sicht, der so an seine Stelle treten könnte wie Jelzin an die Gorbatschows, mit der Folge, dass die Entwicklung in Russland seit dem

5 Dem Vorgang nicht beigefügt.

6 Der russische Präsident Jelzin besuchte am 9./10. November 1992 Großbritannien.

7 Der russische Präsident Jelzin besuchte Frankreich vom 5. bis 7. Februar 1992.

8 Zur KSZE-Gipfelkonferenz vom 19. bis 21. November 1990 vgl. AAPD 1990, II, Dok. 390.

August-Putsch[9] nicht wie in Jugoslawien verlaufen ist. Heute ist niemand von gleicher Statur in Sicht, jede Alternative zu Jelzin kann nur negativ sein:

- Niemand hat sein Charisma und eine vergleichbare Autorität in der Bevölkerung. Er trägt wesentlich zu dem russischen Gemisch aus Geduld, Hoffnung und Zähigkeit bei. Sein(e) Nachfolger hätte(n) nur die Wahl zwischen Resignation oder Repression.
- Diadochenkämpfe wären die Folge, mit Konsequenzen in einer Bandbreite, die von Stagnation über unterschiedliche Grade von Chaos bis hin zu „roten" oder „braunen" Extremen reichen.

III. Lage Jelzins

Wie im Sommer 1991 sehen die Ewiggestrigen heute, dass ihnen das politische „Aus" droht, wenn es Jelzin gelingt, Verfassungsreform, Neuwahlen und Wirtschaftsreform durchzusetzen. 1991 war es Gorbatschows „Unionsvertrag", den sie fürchteten. Sie haben erst seine Reformen bis zur Unwirksamkeit verwässert und dann – um sicher zu sein – zum Staatsstreich gegriffen, wenn auch ohne Erfolg.

Wie 1991 versuchen Oberster Sowjet und Volksdeputiertenkongress heute – beide im März 1990 noch unter kommunistischen Bedingungen gewählt, Ausdruck dieser Zeit und mehrheitlich Anti-Reform –, Jelzin zu stürzen, bevor er sein Ziel erreicht hat.

Die Lage heute weist jedoch zwei Unterschiede zum August 1991 auf:

1) Jelzin hat beide Anti-Reform-Strategien der „alten Garde" miterlebt: die Verwässerungstaktik und den Staatsstreichversuch. Er hat die Chance, sich nicht überraschen zu lassen.

2) Sowohl Jelzins jüngste Aussagen, seine Politik seit dem Putsch und sein Temperament deuten darauf hin, dass es höchst unwahrscheinlich ist, dass er die Substanz seiner Politik preisgibt. Er wird alles tun, was er im Interesse des Landes – und der Reformen, die es für seine Gesundung braucht – für moralisch, politisch und vor der Geschichte gerechtfertigt hält. Verfassungsrechtliche Feinheiten werden nicht den Ausschlag geben, zumal nicht die der Verfassung von 1978!

3) Nach allen verfügbaren Informationen sind Jelzin, Gajdar etc. zurzeit intensiv im Gespräch mit allen wichtigen Interessensgruppen: Großindustrie, alte und neue Gewerkschaften, die Territorialfürsten, Sicherheitsdienste, Streitkräfte, politische Gruppierungen. Ziel ist offenbar auszuloten, wer in der Auseinandersetzung zwischen Jelzin und seinen Gegnern als Verbündeter infrage kommt und zu welchem „Preis".

Im Wesentlichen müssen wir mit drei Varianten rechnen (mit vielen Zwischenlösungen):

a) Die optimale Variante für Jelzin wäre eine sachlich klar definierte und zeitlich begrenzte „Koalition technokratischer Vernunft" und staatsbürgerlichen Verantwortungsbewusstseins, um Russland gemeinsam aus dem „Gröbsten" herauszuführen. Damit würden die chauvinistischen Extremisten isoliert und daran gehindert, dem Lande noch mehr Schaden zuzufügen. Idealiter würde eine dauerhafte neue Machtverteilung demokratischen (Neu-)Wahlen überlassen.

Während diese Lösung vor zwei Wochen – angesichts lautstarker Polemik aller Seiten – wenig wahrscheinlich erschien, deuten heute eine Reihe russischer Aussagen auf Verständigungsbereitschaft zumindest einiger wichtiger Akteure. Dafür spricht auch, dass Jelzins

9 Vom 19. bis 21. August 1991 kam es in der UdSSR zum Putschversuch durch ein „Staatskomitee für den Ausnahmezustand". Vgl. AAPD 1991, II, Dok. 266–269, Dok. 271, Dok. 272, Dok. 274–276 und Dok. 284.

Gegner (einige) das Risiko der „offenen Feldschlacht“ scheuen könnten: Wenn man sie auslöst, wird das Risiko der definitiven Niederlage real.

Dennoch müssen wir klar auch die anderen Varianten sehen und auf sie gefasst sein:

b) Jelzin gewinnt einige Verbündete, zahlt einen für ihn tragbaren Preis, wettert den Volksdeputiertenkongress schlecht und recht ab – weil sich dieser lediglich einig ist, wogegen er ist, aber nicht wofür – und sucht dann die Flucht nach vorn in Richtung Verfassungsreform per Referendum anzutreten. Schon diese Variante könnte ihn zwingen, seine Gegner mit Methoden zu bekämpfen, die hier im Westen als russisch-robust auffallen. Ein entsprechendes Medienecho würde die westliche Unterstützung seiner Politik erschweren.

c) Falls Jelzin sich keine nennenswerte Unterstützung sichern kann, sei es, weil die Verbündeten untereinander nicht zur Disziplin einer „größeren Koalition“ bereit sind, sei es, weil sie Jelzin unter dem Vorwand der „sozialen Absicherung“ zum Totalverzicht auf seine Politik drängen wollen, müssen wir mit großen inneren Spannungen rechnen. Da vieles dafürspricht, dass Jelzin nicht auf seine Politik verzichten will, wird er kämpfen.

Die Einleitung des Verfahrens für ein Referendum über eine neue Verfassung (1 Mio. Unterschriften), vorbei an den reaktionären Parlamentsmehrheiten, wäre der demokratische und verfassungsmäßige Auftakt. 1 Mio. Stimmen bekommt Jelzin allemal, wenn er sich an „seine Russen“ wendet, auch heute noch und trotz gestiegener Unzufriedenheit.

Aber: Je nach Verhalten seiner Gegner könnte er sich auch gezwungen sehen, den Notstand zu erklären oder das Parlament nicht zusammentreten zu lassen, um das Referendum unbehindert durchzuführen. Eine rechtliche Begründung russischer Machart für solche Schritte würde dann nicht fehlen. Im Ausland würde dies aber auf Kritik stoßen und es Partnerregierungen schwermachen, seine Politik weiter zu stützen.

IV. Der BK-Besuch

- Der BK-Besuch sollte ein starkes Signal der Unterstützung für Jelzins Reformpolitik geben, aus der in II. geschilderten Interessenlage heraus.
- Der BK-Besuch sollte – abgesehen von diesem Motiv – auch um des Neuanfangs in den deutsch-russischen Beziehungen willen und für Europa ein Erfolg werden.
- Dafür gilt grundsätzlich, was zur Konzeption Ihres Besuches[10] bereits ausgeführt wurde:
  - Wir müssen Russland zeigen, wie wichtig es für seine KSZE-Partner ist, um die Ziele der Charta von Paris zu erreichen, und das lebenswichtige deutsche Interesse am Erfolg dieses Prozesses in Zusammenarbeit mit Russland deutlich machen. Die Außenpolitik Jelzins und Kosyrews ist für diesen Brückenschlag eine gute Basis.
  - Wir müssen zügig die Altlasten aus der Zeit der deutschen Teilung und der alten UdSSR beseitigen, insbesondere die wirtschaftlich-finanziellen Fragen lösen, bevor sie zu einer Belastung der Beziehungen ausarten (dazu siehe unten).
  - Wir müssen eine Zukunftsperspektive eines neuen Verhältnisses Deutschland – Russland aufzeigen, die bilateral und für Europa positive Zeichen setzt. Das Verhältnis Russland – Deutschland hat historisch stets entscheidende Bedeutung für das Schicksal der östlichen, kontinental-orientierten Hälfte Europas gehabt, im Guten wie im Bösen, für die beiden Völker ohnehin, aber auch für die anderen Mittelosteuropäer (Teilungen Polens!). Ein gutes Verhältnis Deutschland – Russland ist ein wesentliches

10 Für die Konzeption zum Besuch von BM Kinkel am 6./7. Oktober 1992 in Russland vgl. Dok. 275. Zum Besuch vgl. Dok. 311, Dok. 314 und Dok. 315.

Element für die Genesung des postsowjetischen Mitteleuropa (ein weiteres Element ist ein gesundes Russland, siehe II.a).

- Hier sind deutsche und russische bilaterale und europäische Interessen deckungsgleich. Dies gilt es zu nutzen und zu vermitteln, vor allem an die anderen KSZE-Partner (Stichwort: Rapallo-Ängste), aber auch in beide Völker hinein. Hierfür ist auch das Thema Stalingrad von großer Bedeutung.[11] Diese Lücke in der europäischen Aufarbeitung der Geschichte muss geschlossen werden, zumindest muss ein Anfang gemacht werden.
- Der BK-Besuch muss daher
  - stattfinden und
  - zum Erfolg geführt werden.

  a) Eine Absage wäre nur unter extremen Umständen zu rechtfertigen. Je größer die Notlage Jelzins, desto wichtiger der Besuch. Die (innerrussischen) Begleitumstände (Unruhen in Moskau, Bürgerkrieg) sollten nicht ausschlaggebend sein, solange die politische Auseinandersetzung gewaltlos bleibt.

  b) Es muss zügig ein Konzept erarbeitet und auf politischer Ebene zur Grundlage weiterer Vorbereitungsarbeiten mit der russischen Seite gemacht werden.

V. Vorschläge

Ein Schlüssel zum Erfolg des Besuches ist die Lösung der wirtschaftlichen und finanziellen Fragen, in denen sich die deutsch-russischen Vorgespräche festgefahren haben (siehe Vermerk D 4 – Anlage 2[12]).[13]

Aus politischer Sicht könnte eine Lösung umfassen:

- In der Frage der NS-Opfer[14] hat der BK 1 Mrd. DM angeboten. Darüber hinaus ist kein Spielraum. Wir müssen mit den drei Partnern Russland, Ukraine, Weißrussland zügig die Verhandlungen auf dieser Basis abschließen.
- Zum Komplex WGT-Immobilien, Umweltschäden, Transferrubelsaldo streben beide Seiten eine Paketlösung an, wir 0:0, die Russen 0:0+X (für sich). Eine reine 0:0-Lösung wäre kein positives politisches Ergebnis, wir sollten daher 0:0+X nähertreten. BM Waigel hat einen Betrag genannt (siehe Vermerk). Eine solche Lösung wirft zwei Fragen auf:

  a) Woraus besteht eine russische Gegenleistung, die ein solches Ergebnis in Deutschland politisch rechtfertigt?

  Die sinnvollste Antwort wäre der vorzeitige Abschluss des Abzugs der russischen Truppen z. B. bis Ende 1993: Die Russen wollen die Truppen, um ihre neue Armee zu Hause aufzubauen, die deutsche Öffentlichkeit wäre für eine solche Lösung wohl zu gewinnen; beide Seiten sparen Geld (weshalb der BMF auch bereit ist, über 0+X nachzudenken). Die Lösung wäre für uns bis zu ca. 1 Mrd. DM fast haushaltsneutral. Sie ist militärisch-technisch machbar.[15]

11 Zu den Überlegungen für Gedenkfeiern zum 50. Jahrestag der Beendigung der Schlacht von Stalingrad, die MD Chrobog am 28. Oktober 1992 vorlegte, vgl. Dok. 341.

12 Dem Vorgang beigefügt. Vgl. B 41, ZA-Bd. 221685.
Für den Vermerk des MD Dieckmann vom 4. November 1992 vgl. Dok. 353.

13 Dieser Absatz wurde von BM Kinkel durch Häkchen hervorgehoben.

14 Zu den Entschädigungsforderungen Russlands, der Ukraine und von Belarus vgl. Dok. 212, Anm. 21.

15 VLR I Lambach vermerkte am 17. November 1992, unter Leitung von Botschafter Duisberg habe am selben Tag im Auswärtigen Amt ein „unverbindliches ‚Brainstorming‘ zu den Aspekten eines beschleunigten WGT-Abzugs“ mit Vertretern des Bundeskanzleramts, des BMF und des BMVg stattgefunden: „Von mili-

b) Wo erzielen wir mit unseren Mitteln den politisch positivsten und spürbarsten Effekt? Über dafür lohnende Wirtschaftsbereiche, von der Exportförderung aus den neuen Bundesländern bis hin zur Sanierung der Erdöl- und Erdgas-Industrie, gibt es unterschiedliche Meinungen auf Expertenebene. Aus politischer Sicht erscheint demgegenüber wichtig:

- Bei dem Weg z. B. über staatliche Garantien für kommerzielle Kredite für Wirtschaftsprojekte machten wir uns abhängig davon, ob deutsche Unternehmer und russische Bürokratie sich einigen. Die Erfahrung spricht dagegen, es käme jedenfalls nicht zu einem rechtzeitig wirksamen Gegengeschäft zum Truppenabzug.
- Die Gefahr ist, dass unser guter Wille im Kompetenzgerangel auf russischer Seite untergeht und keine Einigung beim BK-Besuch zustande kommt, ein Misserfolg sowohl für Jelzin wie für den BK.
- Deshalb wäre es politisch wirksamer, die Mittel für zusätzliche Soldatenwohnungen zu verwenden (wozu auch ChBK neigt), weil:
  - die russische und die deutsche Regierung darüber selbst entscheiden können, ohne sich von Dritten abhängig zu machen,
  - der Wohnungsbau einer innenpolitisch für Jelzin besonders wichtigen Gruppe in Russland direkt zugutekäme,
  - die Projektbindung sicherstellt, dass die Mittel sichtbar, nachvollziehbar und wirksam verwendet werden und nicht im „schwarzen Loch" der allgemeinen russischen Finanzprobleme versickern.
- Ich schlage vor, dass Sie den BK für eine solche Lösung zu gewinnen suchen und ihn auf Stalingrad im Sinne der Aufzeichnung vom 28. Oktober ansprechen.

Wenn der BK die notwendigen Entscheidungen in diesen beiden Schlüsselfragen trifft (je eher desto besser), wäre es Sache von AA und BMF, in intensiven Gesprächen mit der russischen Seite die beiden Teile der Lösung, Abzug einerseits, Wohnungsbau andererseits, soweit voranzutreiben, dass der Besuch ein Erfolg wird.[16] Der Aspekt Stalingrad gehört mit dazu.

Chrobog

B 41, ZA-Bd. 221685

Fortsetzung Fußnote von Seite 1491

tärischer Seite wurde die technische Machbarkeit eines beschleunigten Abzugs bestätigt und die Wohnungsfrage als ein Schlüsselproblem der in Russland neu aufzubauenden und zu dislozierenden russischen Streitkräfte für eine Reihe von Jahren bezeichnet. Hierdurch entstehender politischer Unzufriedenheit mit entsprechenden Auswirkungen auf die innere Stabilität Russlands entgegenzuwirken, liegt auch in deutschem Interesse." Vgl. B 41, ZA-Bd. 221685.

16 MD Dieckmann vermerkte am 27. November 1992, MD Haller, Bundeskanzleramt, habe ihn „soeben vertraulich über Ergebnisse der Gespräche von StS Köhler in Moskau vom 26.11.1992" unterrichtet: „1) Russen sind zu ‚doppelter Null-Lösung' (Liegenschaften und Transferrubelsaldo) bereit. 2) Kein Interesse an Aufstockung des Wohnungsbauprogramms. 3) Russen möchten von uns Entgegenkommen bei: 3.1) Russen schulden uns bis 1998 kostenlose Erdgaslieferungen aus Kompensationsgeschäft Jamburg (von DDR übernommen). Russen möchten diese Lieferung in den nächsten beiden Jahren bezahlt bekommen (erste Berechnungen des BMF 600 Mio. DM). 3.2) Russen möchten von uns Regelung für etwa 2 Mrd. DM kommerzieller Schulden gegenüber deutschen Unternehmen, die nicht Hermes-gesichert sind. 4) Russen sind damit abgerückt von ihren völlig unrealistischen Ausgangspositionen. BMF hält Beträge zwar immer noch für überzogen, wird auf dieser Basis die Gespräche in der kommenden Woche aber fortsetzen. Köhler selber hat einen neuen Gesprächstermin für 7./8. Dezember vorgesehen." Vgl. B 63, ZA-Bd. 170622.

371

Vorlage des Ministerialdirigenten Graf von Matuschka für Bundesminister Kinkel

430-464.03/01 **11. November 1992**[1]

Über D 4 i. V.[2], Herrn Staatssekretär[3] Herrn Bundesminister[4]

Betr.: ESA-Ministerkonferenz am 9./10.11.1992 in Granada;
hier: ESA-Langzeitprogramm

Zweck der Vorlage: Zur Unterrichtung

1) Der Rat der Europäischen Weltraumagentur (ESA) hat am 9./10. November 1992 in Granada (Spanien) ein neues Langzeitprogramm beschlossen. Seine Schwerpunkte sind:
- Weiterentwicklung der Raketentechnologie (Ariane 5),
- Intensivierung der Erdbeobachtung vor allem zur Umwelt- und Klimaforschung,
- Bau des europäischen Weltraumlabors (APM[5]) als Teil der weltweiten Kooperation mit der künftigen US-Raumstation Freedom,
- Vorläufiger Verzicht auf den Bau eines bemannten europäischen Transportsystems (Hermes[6]),
- Einleitung einer umfassenden Zusammenarbeit mit Russland vor allem in den Bereichen orbitale Infrastruktur, Raumtransportsysteme und Telekommunikation.

2) Der Erfolg der Ministerkonferenz in Granada beendet ein Jahr schwieriger Verhandlungen, nachdem in der vorangegangenen ESA-Ministerkonferenz im Dezember 1991 in München[7] die wichtigsten Entscheidungen hatten vertagt werden müssen. Die deutschen Verhandlungsziele wurden erreicht:

a) Die ESA-Langzeitplanung – Kostenrahmen ca. 13,09 Mrd. DM – und die hierfür erforderlichen deutschen Beiträge halten sich für die kommenden Jahre exakt an die von unserer mittelfristigen Finanzplanung vorgegebenen Ausgabenbegrenzungen. (Dies ist ein methodi-

1 Die Vorlage wurde von VLR I Fulda konzipiert.

2 Hat in Vertretung des MD Dieckmann MDg von Kyaw am 11. November 1992 vorgelegen.

3 Hat StS Lautenschlager am 12. November 1992 vorgelegen.

4 Hat BM Kinkel am 14. November 1992 vorgelegen.
Hat OAR Salzwedel am 16. November 1992 vorgelegen, der den Rücklauf über das Büro Staatssekretäre und MD Dieckmann an MDg Graf von Matuschka verfügte.
Hat VLR I Schmidt am 16. November 1992 vorgelegen.
Hat Dieckmann am 20. November 1992 vorgelegen.
Hat Matuschka am 22. November 1992 erneut vorgelegen, der den Rücklauf an Referat 430 verfügte und handschriftlich vermerkte: „Vorschlag: Blauer Dienst."

5 Attached Pressurized Module.

6 Auf seiner Tagung am 9./10. November 1987 in Den Haag beschloss der ESA-Ministerrat ein europäisches Weltraumprogramm, in dessen Mittelpunkt die Großprojekte „Hermes" (Raumtransporttechnologieprogramm), „Ariane 5" und „Columbus" standen. Vgl. die Entschließungen und die Schlusserklärung; EUROPA-ARCHIV 1988, D 51–60.

7 Die ESA-Ministerratstagung fand vom 18. bis 20. November 1991 statt.

scher Neuansatz: Bisher waren zunächst Programme beschlossen und dann die Finanzierung gesucht worden – jetzt richten sich die Programme nach dem verfügbaren Finanzvolumen.)

b) Wir haben die aus außenpolitischen Gründen gewollte und aus Finanzierungszwängen unvermeidliche Zusammenarbeit mit Russland gegen anfangs erheblichen Widerstand der anderen ESA-Partner durchgesetzt. Die Öffnung nach Russland erfolgt mit dem Rückhalt einer ungeschmälerten Zusammenarbeit mit den USA. Die Neustrukturierung des ESA-Langzeitprogrammes konnte trotz des für Frankreich besonders schwierigen Verzichts auf den Bau von Hermes ohne größeren Konflikt mit Frankreich durchgesetzt werden.

3) Der Kompromiss von Granada muss in den kommenden Wochen mit der Klärung einiger offener Fragen noch abgesichert werden. Diejenigen ESA-Mitglieder, die vor kurzem eine Abwertung ihrer Währungen hinnehmen mussten[8], können und wollen ihre vorgesehenen Finanzierungsanteile für einzelne Programme nur realisieren, wenn sie nicht gezwungen werden, wegen der Abwertung künftig höhere ESA-Beiträge zu bezahlen. Das scheint vor allem deshalb gerechtfertigt zu sein, weil ca. 80 % dieser Beiträge als industrieller Rückfluss in diesen Ländern selbst ausgegeben wird. Eine Reform des Systems würde Deutschland im kommenden Jahr bis zu 60 Mio. DM Beitragserstattungen kosten, die wir bei Beibehaltung des gegenwärtigen Finanzstatuts hätten erwarten können. Insoweit steht die Zustimmung des BMF aus.

Offen ist auch noch die endgültige Finanzierung von APM, dessen Kosten von 5,17 Mrd. DM bisher nur zu knapp 90 % gezeichnet sind. ESA-Generaldirektor Luton hat sich zu Einsparungen in Höhe von 5 % verpflichtet und hofft, in den nächsten Monaten von einigen Ländern (B, I, SP, vielleicht auch F) eine leichte Erhöhung ihrer Zeichnungsanteile erlangen zu können.

4) Die nächste ESA-Ministerkonferenz ist für Februar 1995 vorgesehen.[9] Sie soll die künftige Zusammenarbeit mit Russland auf der Grundlage der bis dahin erstellten Studien langfristig festschreiben. Darüber hinaus müssen Entscheidungen über den Betrieb und die Betriebskostenaufteilung für die amerikanische Raumstation Freedom getroffen werden. Frankreich hat auf seine ursprüngliche Forderung verzichtet, zu diesem Zeitpunkt erneut grundsätzlich über die Fortsetzung der Zusammenarbeit mit den USA entscheiden zu wollen.

Die ESA hat in Granada trotz erheblicher Unsicherheiten hinsichtlich der Zukunft der bemannten Weltraumaktivitäten einen Gesamtkompromiss gefunden, der der europäischen Industrie in diesem Bereich der Hochtechnologie zwar nicht mehr eine volle Autonomie, aber dennoch eine weltweite Spitzenstellung und Partnerschaftsfähigkeit sichert.

Matuschka

B 73, ZA-Bd. 163026

[8] Zu den Wechselkursanpassungen im EWS vgl. Dok. 283 und Dok. 290.

[9] Die ESA-Ministerratstagung fand vom 18. bis 20. Oktober 1995 in Toulouse statt.

372

Vorlage des Ministerialdirektors Chrobog für Bundesminister Kinkel

201-360.90/SO JUG **12. November 1992**[1]

Über Herrn Staatssekretär[2], Herrn Bundesminister[3]

Betr.: Eventueller Beschluss des VN-Sicherheitsrats zur Durchsetzung des Embargos in der Adria;
hier: Deutsche Haltung im Falle einer Bündnisentscheidung

Bezug: a) Ihre Weisung vom 11.11.1992[4]
b) Vorlagen Referat 201 vom 23.10.1992[5] und 17.9.1992[6], 201-360.90/SO JUG

Zweck der Vorlage: Zustimmung zu Punkt 5

1) Im Kreis der EG- und NATO-Partner bemüht sich GB seit Wochen, ein Momentum für einen Sicherheitsratsbeschluss zur Durchsetzung des von den VN verhängten Embargos[7] in der Adria zu schaffen. Es scheint, dass eine solche SR-Resolution in Kürze gefasst werden könnte. Ein erster Resolutionsentwurf liegt in New York vor.

Drei Stufen der Embargo-Umsetzung werden nach Auffassung GB bei VN-Maßnahmen unterschieden:
- Beobachtung und Überwachung (monitoring and surveillance);
- Anhalten und Durchsuchen (stop and search);
- Gewaltanwendung (use of force).

Nach dem Recht der VN-Charta besteht allerdings zwischen den Stufen 2 und 3 kein Unterschied. Beide müssen als militärische Sanktionsmaßnahmen nach Art. 42[8] angesehen werden.

Sie hatten Weisung erteilt, folgende Fragen zu prüfen:
- Können wir an Embargo-Überwachung weiter teilnehmen?
- Können wir bleiben ohne teilzunehmen?

1 Die Vorlage wurde von VLR Schumacher konzipiert.

2 Hat StS Kastrup am 13. November 1992 vorgelegen.

3 Hat BM Kinkel am 14. November 1992 vorgelegen.
Hat OAR Salzwedel am 16. November 1992 vorgelegen, der den Rücklauf über das Büro Staatssekretäre an MD Chrobog verfügte.
Hat VLR I Schmidt am 16. November 1992 vorgelegen.
Hat Chrobog am 17. November 1992 erneut vorgelegen, der den Rücklauf an VLR I Bertram verfügte.
Hat Bertram vorgelegen.

4 VLR Brose notierte am 11. November 1992: „BM bittet, umgehend in Abstimmung mit Ressorts Vorlage zu der Frage zu erarbeiten, ob deutsches Schiff im Adria-Verband bleiben kann, wenn es zu Entscheidung zum Übergang auf ‚stop and search‘ kommt." Vgl. B 14, ZA-Bd. 161181.

5 Zur Vorlage des VLR I Bertram vgl. Dok. 331, Anm. 11.

6 Für die Vorlage des VLR Schumacher vgl. Dok. 289.

7 Vgl. die Resolution Nr. 713 des VN-Sicherheitsrats vom 25. September 1991; RESOLUTIONS AND DECISIONS 1991, S. 42 f. Für den deutschen Wortlaut vgl. EUROPA-ARCHIV 1991, D 550–552.
Vgl. auch die Resolution Nr. 757 des VN-Sicherheitsrats vom 30. Mai 1992; Dok. 159, Anm. 12.

8 Für Artikel 42 der VN-Charta vom 26. Juni 1945 vgl. BGBl. 1973, II, S. 461.

– Wie ist Befehlsgewalt über deutsches Schiff geregelt (national/NATO)?
– Auswirkungen auf laufendes Verfahren vor Bundesverfassungsgericht[9]?

2) Im Falle einer Verschärfung der vom Bündnis in der Adria durchgeführten Embargo-Maßnahmen – auf der Grundlage eines neuen Beschlusses des Sicherheitsrates – ergeben sich für uns folgende Handlungsoptionen:

a) Zustimmung zu einem Beschluss in der NATO (und in der WEU) über verschärfte Maßnahmen (Anhalten und Durchsuchen) und deutsche Beteiligung hieran.

b) Zustimmung wie vorher, jedoch deutsche Beteiligung nur im bisherigen Umfang, d.h. ausschließlich Überwachung, jedoch kein Anhalten und Durchsuchen durch deutsches Schiff.

c) Zustimmung zum Beschluss und Einstellung jeder weiteren deutschen Beteiligung an Embargo-Maßnahmen.

Am 17. Sept. 1992 hatten Sie mit BK und BM Rühe Einvernehmen hergestellt, dass eine Entscheidung für die Durchsetzung des Embargos durch „stop and search" von Deutschland im Bündnis nicht aufgehalten werden kann und darf. Ein Beschluss über die weitere deutsche Teilnahme blieb damals ausdrücklich offen.

3) Zu Ihren Fragen:

Können wir an Embargo-Überwachung (einschl. „stop and search") weiter teilnehmen?
Antwort: Nein.

Begründung:

Der Sicherheitsrat der Vereinten Nationen hat auf der Grundlage von Artikel 41 der VN-Charta[10] gegen Jugoslawien ein Waffenembargo (SR-Resolution 713) und gegen die „Föderative Republik Jugoslawien" (Serbien und Montenegro) die Unterbrechung der Wirtschaftsbeziehungen und des Luftverkehrs verhängt (SR-Resolution 757). Damit sind die derzeitigen Überwachungsmaßnahmen gedeckt.

Der Einsatz von Seestreitkräften zur Kontrolle, d. h. zum Stoppen und Durchsuchen von Schiffen, bedeutet eine Ausübung von Zwang und damit eine militärische Sanktionsmaßnahme im Sinne des Artikels 42 der VN-Charta („Demonstrationen, Blockaden oder sonstige Einsätze der Luft-, See- oder Landstreitkräfte..."), die einen neuen SR-Beschluss erfordert.

Gegen die Beteiligung deutscher Schiffe und Flugzeuge an derartigen Kontroll- und Zwangsmaßnahmen (die nicht der kollektiven und individuellen Verteidigung dienen würden) bestehen erhebliche verfassungsrechtliche Bedenken. Die deutsche Teilnahme an Überwachungsmaßnahmen haben wir verfassungsrechtlich darauf gestützt, dass weder die Ausübung von Zwang noch die Anwendung von Waffengewalt geplant waren und deswegen kein „Einsatz" im Sinne des Artikels 87 a GG[11] vorliegt.

9 Die SPD-Fraktion leitete am 7. August 1992 ein Organstreitverfahren gegen die Bundesregierung vor dem Bundesverfassungsgericht ein (2 BvE 3/92). Für die Antragsschrift vgl. Klaus DAU, Gotthard WÖHRMANN (Hg.), Der Auslandseinsatz deutscher Streitkräfte: Eine Dokumentation des AWACS-, des Somalia- und des Adria-Verfahrens vor dem Bundesverfassungsgericht, Heidelberg 1996, S. 377–404.

10 Für Artikel 41 der VN-Charta vom 26. Juni 1945 vgl. BGBl. 1973, II, S. 459.

11 Für Artikel 87 a GG vom 23. Mai 1949 in der Fassung vom 24. Juni 1968 vgl. BGBl. 1968, I, S. 711.

Sobald Schiffe gestoppt und durchsucht werden sollen, wird notwendigerweise Zwang ausgeübt, sodass die Schwelle des Einsatzes im Sinne des Artikels 87a GG überschritten wird (Inanspruchnahme von Zwang- und Eingriffsbefugnissen).

Können wir bleiben, ohne teilzunehmen?

Antwort: Eine weitere Mitwirkung, ohne an Zwangsmaßnahmen teilzunehmen, erscheint rechtlich – wenn auch mit Schwierigkeiten – vertretbar. Ob man bereit ist, das erhöhte Prozessrisiko einzugehen, bedarf einer politischen Entscheidung.

Begründung:

Unter rechtlichen Gesichtspunkten könnte eine Teilnahme des Schiffes/der drei Flugzeuge ausschließlich für Überwachungsaufgaben (wie bisher) eine akzeptable Alternative sein, wenn sich die wie bisher zulässige (deutsche) Überwachungsaktion von der mit Zwang verbundenen Gesamtoperation klar trennen ließe. Die Tatsache, dass das deutsche Kriegsschiff in einem Gewalt anwendenden Verband mitfährt, macht deutlich, dass eine derartige Trennung nicht möglich ist. Auch wenn das Schiff keine Gewalt anwendet, bleibt es Teil des Gesamtverbandes. Das Prozessrisiko dürfte damit erheblich höher werden.

Deshalb müsste in einem solchen Fall damit gerechnet werden, dass die SPD eine derartige Entscheidung zum Anlass nimmt, eine einstweilige Anordnung beim BVerfG zu beantragen. Bei einem Erfolg dieses Antrags würde dies innen- wie außenpolitisch erheblichen Schaden anrichten.

Wie ist Befehlsgewalt über deutsches Schiff geregelt (national/NATO)?

Die volle Verfügungsgewalt über die nationalen Elemente des Ständigen Einsatzverbands Mittelmeer liegt bei den teilnehmenden Nationen (full command). Die Befugnisse für die Einsatzplanung obliegen hingegen dem zuständigen NATO-Oberbefehlshaber. Die einzelnen Nationen könnten daher ihre Schiffe und Flugzeuge aus dem Ständigen Einsatzverband Mittelmeer bzw. dem WEU-Verband jederzeit abziehen. Schiffe und Flugzeuge können – nach Abstimmung mit den NATO- bzw. WEU-Stellen – auch den Befehl erhalten, ausschließlich für Überwachung zur Verfügung zu stehen.

Auswirkungen auf laufendes Verfahren vor Bundesverfassungsgericht

Sie haben am 16. Juli 1992 im Auswärtigen Ausschuss[12] erklärt:

„Sowohl die WEU als auch die NATO beschränken sich ausdrücklich auf die Überwachung der Embargobeschlüsse der Vereinten Nationen. Die Marineverbände werden Erkenntnisse über den Schiffsverkehr von und nach dem ehemaligen Jugoslawien sammeln und sie ggf. an den VN-Sicherheitsrat weiterleiten. Weitergehende Maßnahmen, insbesondere zur Durchsetzung des VN-Embargos, sind ausgeschlossen. Sie bedürfen einer neuen Entscheidung des Sicherheitsrates und auch ggf. einer erneuten Beratung und Beschlussfassung in der NATO und WEU."

Bereits die damalige Überwachungsmaßnahme hatte die SPD zur Organklage veranlasst. Eine nunmehrige deutsche Beteiligung an Kontroll- und Zwangsmaßnahmen dürfte die SPD mit Sicherheit dazu veranlassen, unverzüglich eine einstweilige Anordnung in dem derzeit anhängigen Organstreitverfahren vor dem Bundesverfassungsgericht zu beantragen. Darüber hinaus würden sich die Aussichten der Bundesregierung, in dem Verfahren zu

12 Zur gemeinsamen Sitzung des Auswärtigen Ausschusses und des Verteidigungsausschusses am 16. Juli 1992 vgl. Dok. 231.

obsiegen, deutlich verringern. Auch eine Verhärtung der Position der SPD in der Frage einer Grundgesetzänderung im Vorfeld ihres Parteitages[13] wäre nicht auszuschließen.

4) Haltung des BMVg (FüS):

Die Meinungsbildung im BMVg ist noch nicht abgeschlossen. FüS tritt für eine deutsche Präsenz und volle Teilnahme an „stop and search" ein. Dies sei aus bündnis- und militärpolitischer Sicht erforderlich.

Sollte diese Position nicht durchsetzbar sein, so sollte in jedem Fall sichergestellt werden, dass das deutsche Schiff im Verband bleibe. Befehlsregelungen und übertragene Kommandogewalt an NATO-Befehlshaber bzw. Befehlshaber der WEU ließen eine solche Vorgehensweise zu, jedoch mit der Auflage, sich an keiner Zwangsmaßnahme zu beteiligen.

BMVg hält diese Einschränkung zwar für unglücklich, sie würde jedoch zumindest den sichtbarsten und vielleicht gröbsten politischen Schaden verhindern.

In jedem Fall ist BMVg der Ansicht, dass eine Entscheidung über unsere Haltung bei der Implementierung verschärfter SR-Resolutionen in beiden Bündnissen und die Konsequenzen daraus für das deutsche Schiff/die deutschen Flugzeuge einer Kabinettsentscheidung und Befassung des Parlaments[14] bedürfen. Die Parlamentsbefassung sei im Falle einer Veränderung der Lage bei der Überwachung der Embargos durch Parlamentsbeschluss bereits vorgegeben.

Für die deutschen Flugzeuge im WEU-Verband hätte nach Auffassung Arbeitsebene BMVg eine Entscheidung für „stop and search" keine Auswirkungen.

5) Auf Arbeitsebene kann zwischen AA und BMVg in dieser Frage ein Konsens nicht erreicht werden.

Eine Einigung im Rechtlichen erscheint zwar u.U. möglich. Politische Erwägungen sprechen jedoch gegen eine weitere Teilnahme des deutschen Schiffes (auch wenn sie auf reine Überwachungsmaßnahmen beschränkt würde) und der drei Flugzeuge.

Darüber hinaus sind wir der Auffassung, dass der vom BMVg befürchtete außenpolitische Schaden im Falle eines Abzugs unserer Kräfte aus NATO- und WEU-Verband begrenzt ist, da die Bündnispartner bisher für unsere verfassungspolitische Lage viel Verständnis zeigen.

Eine politische Entscheidung ist deshalb erforderlich.[15]

Abteilung 5 hat tel[efonisch] mitgezeichnet. Die Abstimmung mit BMJ und BMI ist noch im Gange.

Chrobog

B 14, ZA-Bd. 161181

[13] Am 16./17. November 1992 fand in Bonn ein außerordentlicher Parteitag der SPD statt. Vgl. VORSTAND DER SPD (Hg.), Protokoll vom außerordentlichen Parteitag, Bonn 1992.

[14] Die Wörter „Kabinettsentscheidung und Befassung des Parlaments" wurden von StS Kastrup hervorgehoben. Dazu vermerkte er handschriftlich: „Ja."

[15] Referat 201 vermerkte am 17. November 1992: „Am 16.11. hat der Sicherheitsrat neue Resolution 787 verabschiedet, die Zwangsmaßnahmen unter Kapitel VII zur Durchsetzung der Sanktionen gegen Serbien/Montenegro mit ‚stop and search' in der Adria autorisiert." Vgl. B 14, ZA-Bd. 116181.

Vgl. RESOLUTIONS AND DECISIONS 1992, S. 29–31. Für den deutschen Wortlaut vgl. EUROPA-ARCHIV 1993, D 148–151.

VLR I Bertram notierte am 18. November 1992, der Ständige NATO-Rat habe am selben Tag „über die weitere Beteiligung des Bündnisses an den Bemühungen zur Umsetzung des von den VN verhängten

373

Vorlage der Vortragenden Legationsräte I. Klasse Ackermann und Holl für Bundesminister Kinkel

424-9-466.22 PAK VS-NfD **12. November 1992**
340-466.00 VS-NfD

Über Dg 42[1], D 4[2]/Dg 34[3], D 3[4] Herrn Staatssekretär[5] Herrn Bundesminister

Betr.: Verlangen nach Abberufung des pakistanischen Gesandten Azmat Ullah wegen unerwünschter Beschaffungsaktivitäten für das pakistanische Nuklearprogramm

Anlg.: 1[6]

Zweck der Vorlage: Zustimmung, dass pakistanische Regierung um Abberufung von Azmat Ullah ersucht wird. (Ziff. 4)

1) Seit 1981 ist an der pakistanischen Botschaft in Bonn der Gesandte Azmat Ullah tätig. Laut Angaben der Botschaft ist er für „Fragen des Einkaufs" verantwortlich.

In jüngster Zeit mehren sich die Hinweise, dass die hiesige pakistanische Botschaft als für Europa zuständiger Koordinator der Beschaffungsbemühungen zum pakistanischen Atomwaffenprogramm[7] auftritt. Zu diesem Zweck hat die pakistanische Regierung ein umfang-

Fortsetzung Fußnote von Seite 1498
Embargos in der Adria beraten und die Grundsatzentscheidung getroffen, dass NATO-Mittel für die Umsetzung dieser Resolution zur Verfügung gestellt werden. Der NATO-Generalsekretär wird dem VN-GS die Bereitschaft des Bündnisses mitteilen. [...] Unser Vertreter im Rat hat dabei allerdings auf unsere Verfassungslage und auf die Erklärung BM in Helsinki hingewiesen sowie mitgeteilt, dass BM Rühe am 17. Nov. unser Schiff bereits angewiesen hat, sich an keiner Ausweitung der bisherigen Überwachungspraxis zu beteiligen. [...] Der WEU-Rat wird am 20. November 1992 voraussichtlich den Beschluss fassen, dass die See- und Luftstreitkräfte unter WEU-Koordinierung künftig ebenfalls die Maßnahmen im Sinne der SR-Resolution 787 verschärfen." Vgl. B 14, ZA-Bd. 161182.

1 Hat MDg Schönfelder am 12. November 1992 vorgelegen.

2 Hat MD Dieckmann am 16. November 1992 vorgelegen.

3 Hat MDg Zeller am 16. November 1992 vorgelegen.

4 Hat MD Schlagintweit am 16. November 1992 vorgelegen.

5 Hat StS Lautenschlager am 17. November 1992 vorgelegen, der die Weiterleitung an BM Kinkel strich und stattdessen die Weiterleitung an StS Kastrup verfügte, für den er handschriftlich vermerkte: „Wir sollten wie vorgeschlagen verfahren."
Hat Kastrup am 17. November 1992 vorgelegen, der handschriftlich vermerkte: „Ja."
Hat VLR Ney am 17. November 1992 vorgelegen, der den Rücklauf über das Büro von StS Lautenschlager an MD Schlagintweit verfügte.
Hat Schlagintweit am 17. November 1992 erneut vorgelegen, der den Rücklauf an MDg Zeller verfügte.

6 Vgl. Anm. 10.

7 Zum Nuklearwaffenpotenzial Pakistans vgl. AAPD 1990, II, Dok. 411.
Botschafter Vestring, Islamabad, berichtete am 7. Juli 1992: „Es besteht unter Fachleuten Übereinstimmung darüber, dass Pakistan Atombomben aus eigener Fertigung besitzt. Die Fabrikationsstätte mit einer Anlage zur Anreicherung von Uran befindet sich in Kahuta, 25 km von Islamabad entfernt. Das Atomprogramm wurde schon 1972 (zwei Jahre vor der indischen Atomexplosion) von dem früheren

reiches Beschaffungsnetz mit zahlreichen Firmen in und außerhalb Pakistans aufgebaut. Ziel der Bemühungen sind insbesondere die westeuropäischen Länder, darunter die Bundesrepublik Deutschland. Die pakistanische Regierung bedient sich dabei zahlreicher kleiner Firmen – auch Einzelpersonen –, häufig Inhaber von Ingenieurbüros.

Als Koordinierungsstellen benutzt die pakistanische Regierung ihre Botschaften. Diese sollen nach Hinweisen, die dem BND vorliegen, auch besonders sensitive Ausrüstungsgegenstände im Diplomatengepäck nach Pakistan geschafft haben. Als verantwortliche Beschaffungsagenten wurden insbesondere ein gewisser Abdul Jamil in London, ein Moukdar Achmat in Paris sowie Azmat Ullah in Bonn ausgemacht. Alle drei genannten Personen arbeiten, wie der BND ermittelt hat, mit konspirativen Methoden. Die angewandten Vorgehensweisen zeigen deutlich, dass sie geheimdienstlich ausgebildet sind und über Fachkenntnisse auf dem Nuklearsektor verfügen.

2) Die britische Regierung hat aus diesen Hinweisen im Jahre 1990 die Konsequenzen gezogen und Abdul Jamil zur „unerwünschten Person“ erklärt. Die Ausweisung stieß auf keinen nennenswerten Widerstand Pakistans. Der pakistanische Versuch, einen anderen pakistanischen „Diplomaten“ als Ersatz für und mit der Funktion von Abdul Jamil als Koordinator des Beschaffungsnetzes in London einzuschleusen, wurde von den Briten abgewehrt.

GB demarchierte in Paris und Bonn, um davor zu warnen, dass die Beschaffungsaktivitäten nunmehr auf die beiden verbleibenden pakistanischen Diplomaten verlagert werden könnten.[8] Auf entsprechende französische Intervention hin (auf eine offizielle Demarche hatte F verzichtet) kehrte Moukdar Achmat im März 1992 von einem Urlaub in Pakistan nicht nach Paris zurück. Der britische Botschafter[9] hat Sie am 28.7.1992 auf den gegen den Gesandten A. Ullah gerichteten Verdacht aufmerksam gemacht.

Am 15.10.1992 demarchierte die amerikanische Botschaft in Bonn und wies darauf hin, dass Azmat Ullah in Beschaffungsaktivitäten nuklearrelevanten Materials verwickelt sei (Anlage 1[10]).

3) Neben einer Ressortbesprechung im Auswärtigen Amt am 12.10.1992 hat der informelle Ressortkreis Außenwirtschaft wiederholt die sich verdichtende Informationslage über das pakistanische Nuklear-Beschaffungsprogramm, die mögliche Verwicklung der hiesigen pakistanischen Botschaft und insbesondere des Gesandten Azmat Ullah erörtert. Solange die Hinweise eher indirekter Natur und wenig substanziiert waren, wurde die Angelegenheit zurückgestellt. Es kam hinzu, dass über diese Vorgänge keine eigenen Informationen,

Fortsetzung Fußnote von Seite 1499

Ministerpräsidenten Bhutto in Angriff genommen. 1979 stellten die USA unter Präs[ident] Carter deshalb ihre Pakistanhilfe ein, nahmen sie aber wenig später unter Präsident Reagan wieder auf, weil die strategische Bedeutung Pakistans nach der sowj. Besetzung Afghanistans erheblich gestiegen war. Nachdem die sowjetischen Truppen 1990 Afghanistan geräumt hatten, wurde die amerikanische Hilfe, die zuletzt mehr als 500 Mio. Dollar jährlich betrug, wieder eingestellt.“ Vgl. DB Nr. 705; B37, ZA-Bd. 166346.

8 MDg Graf von Matuschka vermerkte am 27. Juli 1992, ein Angehöriger der britischen Botschaft habe ihn am 24. Juli 1992 über die illegalen Beschaffungsaktivitäten von Angehörigen der pakistanischen Botschaft unterrichtet und namens der britischen Regierung gebeten, „auf diplomatischem Wege förmlich gegenüber PAK die Rückberufung von A[zmat] U[llah] anhängig zu machen“. Vgl. B37, ZA-Bd. 166346.

9 Christopher Mallaby.

10 Dem Vorgang beigefügt. Für das amerikanische Papier „Procurement attempt to Pakistani nuclear program“ vgl. B37, ZA-Bd. 166346.

sondern nur nachrichtliche Erkenntnisse seitens GB und USA vorlagen. Diese müssen mittlerweile jedoch nach Auskunft BND in letzter (9.11.) Ressortkreissitzung als gesichert gelten. Deshalb waren sich alle beteiligten Ressorts (AA, BMWi, ChBK, BMJ, BMI, BMF, BMFT, BMVg, BND) darin einig, dass die Nachrichtenlage nunmehr so konkret geworden sei, dass weiteres Abwarten nicht vertretbar wäre. Von allen Beteiligten wurde daher das AA gebeten, die notwendigen Schritte zur Abberufung von Azmat Ullah in die Wege zu leiten. Dabei wurde argumentiert, dass eine weitere Duldung eines derartigen „Schlupfloches“ in exportkontrollpolitischer und nichtverbreitungspolitischer Hinsicht nicht hinnehmbar sei. Für das überwiegend nicht IAEO-kontrollierte und mit an Sicherheit grenzender Wahrscheinlichkeit auf A-Waffen gerichtete Nuklearprogramm Pakistans ist – neben verdeckter Hilfe anderer Schwellenländer, insbesondere Chinas – der illegale Technologietransfer aus westlichen Industrieländern offenbar von maßgeblicher Bedeutung.

Diesem Votum des Ressortkreises sollte gefolgt werden. Wir gehen davon aus, dass die pakistanische Regierung – wie bereits bei den Maßnahmen der britischen und französischen Regierung – unserem Wunsch nach Abberufung der Gesandten ohne stärkeren Protest entsprechen wird.

4) Es wird daher vorgeschlagen, den hiesigen pakistanischen Botschafter[11] bei Dg 34 einzubestellen und ihm die Abberufung Azmat Ullahs nahezulegen. Um den für Frühjahr 1993 geplanten Besuch des pakistanischen Ministerpräsidenten in Bonn[12] nicht mit der Angelegenheit zu belasten, sollte die Einbestellung möglichst umgehend nach Billigung der Vorlage erfolgen.[13]

Ackermann Holl

B 37, ZA-Bd. 166346

11 Mujahid Husain.

12 Der pakistanische MP Nawaz Scharif besuchte die Bundesrepublik vom 29. März bis 2. April 1993. Für sein Gespräch mit BK Kohl am 30. März 1993 vgl. AAPD 1993.

13 MDg Zeller notierte am 20. November 1992, er habe den pakistanischen Botschafter Husain weisungsgemäß um die Abberufung des Gesandten Azmat Ullah gebeten und ausgeführt, „dass wir darauf vertrauten, dass auch der pakistanischen Seite daran gelegen sei, die Sache rasch und damit diskret zu erledigen“. Zeller empfahl: „Wir sollten den Vorgang intern halten, bis Azmat Ullah das Land endgültig verlassen hat. Erst danach sollten wir Briten und Amerikaner unterrichten.“ Am 15. Dezember 1992 ergänzte Zeller handschriftlich: „Auf meine Frage sagte mir Botschafter Husain, dass er seiner Regierung vorgeschlagen habe, dass der Gesandte am 31.12.92 Bonn endgültig verlasse. Eine formelle Stellungnahme seiner Regierung habe er nicht, er sehe aber keine Schwierigkeiten hinsichtlich seines Vorschlags. Ich erklärte mich mit diesem Vorgehen einverstanden und bat den Botschafter lediglich, mich gelegentlich anzurufen, dass die Angelegenheit in dem von ihm angedeuteten Sinne erledigt sei. Wenn notwendig, muss ich Anfang Januar noch einmal nachfragen.“ Vgl. B 37, ZA-Bd. 166346.

374

Vorlage des Vortragenden Legationsrats I. Klasse Neubert für Staatssekretär Kastrup

213-320.10/01 ARM-ASE **16. November 1992[1]**

Über Dg 21[2], D 2[3] Herrn Staatssekretär[4]

Betr.: Friedensbemühungen für den Nagorny-Karabach-Konflikt[5];
hier: Unser Beitrag für einen Fortgang der Gespräche

Zweck der Vorlage: Zur Billigung des Vorschlages, nach erfolgter ausführlicher Unterrichtung durch Armenien bilaterale Konsultationen mit den anderen Beteiligten des Konflikts zu unternehmen (Ziff. 4)

Zusammenfassung

Der Berater des armenischen Präsidenten Ter-Petrosjan, Libaridjan, teilte anlässlich eines Besuches bei Dg 21 mit, dass Armenien bereit ist, die territoriale Integrität Aserbaidschans anzuerkennen (Verzicht auf eine Loslösung von Nagorny Karabach aus dem aserischen Staatsverband), wenn im Gegenzug den Armeniern in Nagorny Karabach ein hohes Maß an Selbstverwaltung eingeräumt wird. Libaridjan berichtete auch über eine Annäherung Armeniens an die Türkei (bevorstehende Aufnahme diplomatischer Beziehungen), die ebenfalls zur Überwindung der Blockade der Friedensgespräche beitragen könnte. Es wird vorgeschlagen, dass wir zur eigenen Unterrichtung bilaterale Konsultationen mit der anderen Konfliktpartei und den führenden Teilnehmerstaaten der KSZE-Vorgespräche in Rom[6] (USA, Russland, Türkei) aufnehmen, um dann evtl. einen Diskussionsbeitrag als Paket (detaillierter Autonomieplan im Gegenzug zum Waffenstillstand) in die Römischen Gespräche einzubringen. Der Plan, die Blockade der Gespräche durch ein informelles Treffen zu lösen (Maresca-Plan), ist gescheitert.

1 Die Vorlage wurde von LRI Manig konzipiert.

2 Hat MDg von Studnitz am 17. November 1992 vorgelegen.

3 Hat MD Chrobog am 17. November 1992 vorgelegen.

4 Hat StS Kastrup am 17. November 1992 vorgelegen, der für MD Chrobog handschriftlich vermerkte: „Wir sollten hier weiterhin Zurückhaltung üben. Ich sehe keine Notwendigkeit für die vorgeschlagenen Reisen. In Washington wird es vor Frühjahr ohnehin keinen Gesprächspartner geben."
Hat MD Chrobog am 19. November 1992 erneut vorgelegen, der den Rücklauf über MDg von Studnitz an Referat 213 verfügte.
Hat Studnitz am 19. November 1992 erneut vorgelegen, der handschriftlich notierte: „W[ieder]v[orlage] Dg 21 z[ur] R[ück]spr[ache] m[it] D 2 am 30.11."
Hat VLRI Neubert erneut vorgelegen, der die Weiterleitung an LRI Manig „z[ur] K[enntnisnahme]" verfügte. Dazu vermerkte er handschriftlich: „Ich teile Auffassung Dg 21" und schlug einen erneuten „Anlauf bei StS" vor. Ferner verfügte er die Wiedervorlage bei Studnitz am 30. November 1992.
Hat Manig am 20. November 1992 erneut vorgelegen.

5 Zur geplanten Konferenz über Nagorny Karabach im Rahmen der KSZE in Minsk vgl. Dok. 223, Anm. 28.

6 Ein Treffen militärischer Planer der Minsk-Gruppe fand vom 8. bis 10. September 1992 in Rom unter Leitung des finnischen Vorsitzenden der „CSCE Advance Monitoring Group to Nagorno-Karabakh", Happonen, statt. Vgl. die FK des tschechoslowakischen AHB-Vorsitzenden Kubiš vom 21. September 1992; B 28, ZA-Bd. 158658.

II. Im Einzelnen

1) Der armenische Präsidentenberater Libaridjan kam auf eigenen Wunsch nach Bonn, um hier eine neue Verhandlungslinie der armenischen Regierung bezüglich der Lösung des Konflikts um Nagorny Karabach zu erläutern. Nach der Trennung von Außenminister Hovannisian und den überwiegend von Diaspora-Armeniern unterstützten Nationalisten ist der armenische Präsident Ter-Petrosjan nunmehr bereit, die territoriale Integrität Aserbaidschans anzuerkennen und auf eine Loslösung von Nagorny Karabach aus dem aserischen Staatsverband zu verzichten. Im Gegenzug verlangt Ter-Petrosjan die Gewährung von „Autonomie" für die Armenier in Nagorny Karabach.

2) Mittlerweile sind die Beziehungen zwischen Armenien und der Türkei nachhaltig verbessert worden. Der Aufnahme diplomatischer Beziehungen stehen nunmehr Formulierungsfragen des entsprechenden Dokuments entgegen, keine substanziellen Fragen. Entgegen allen Erwartungen hat die Türkei maßgeblichen Anteil daran, dass die Getreideversorgung in Armenien nicht zusammengebrochen ist (Lieferung von ca. 1000 t Weizen täglich, Ausbau der Straßen- und Eisenbahnverbindungen, Elektrizitätslieferungen). Durch diese Lieferungen sei der Circulus vitiosus in Armenien durchbrochen worden, der kurzfristig zu Unruhen und zum Sturz des Präsidenten hätte führen können. Die Verbesserung des türkisch-armenischen Verhältnisses könnte dazu beitragen, dass in Armenien und in Nagorny Karabach der Konflikt mit Aserbaidschan nicht mehr als türkisch-armenische Auseinandersetzung (in Fortsetzung des Genozids von 1915) begriffen wird, sondern als davon unabhängiger Vorgang zwischen zwei Nachfolgestaaten der ehem. Sowjetunion. Diese Änderung der Perzeption der Auseinandersetzung in Armenien und Nagorny Karabach könnte zu einer Entideologisierung des Konflikts führen, die eine Lösung leichter macht.

Über die neuen Verbindungen zwischen Armenien und der Türkei hat Libaridjan ausloten lassen, ob die angebotene Lösung für Aserbaidschan akzeptabel wäre; wegen der Unbestimmtheit der geforderten „Autonomie" sieht sich die aserbaidschanische Regierung jedoch zurzeit außerstande, einem Waffenstillstand zuzustimmen. Armenien hat den Eindruck, dass die aserbaidschanische Regierung einen unitarischen Staat schaffen möchte, in dem zwar Minderheiten gleichberechtigt, aber ohne spezielle Autonomie leben sollen.

Andererseits sind nach Einschätzung Libaridjans die Armenier in Nagorny Karabach bereit, einer Erklärung des aserbaidschanischen Präsidenten Eltschibäy zugunsten einer friedlichen Lösung Glauben zu schenken, wenn sie mit einer wesentlichen Verringerung der militärischen Aktionen verbunden wird (z. B. Einschränkung des Beschusses mit schwerer Artillerie, Einstellung der Luftangriffe).

3) Die Versuche von US-Botschafter Maresca, informelle Gespräche zwischen Aserbaidschan, Armenien, der Türkei, Russland und den USA zur Überwindung der Blockade bei den Vorgesprächen in Rom zu führen, sind gescheitert, bevor sie begonnen hatten. Armenien hat dem Maresca-Plan unter der Bedingung der Vertraulichkeit und der Formlosigkeit zugestimmt. Beides sei nicht eingehalten worden. Einem „zweiten Rom" sei man nicht gewillt zuzustimmen.

4) Armenien erwartet in dieser Situation eine aktivere Rolle Deutschlands. Wir sollten dieser Erwartung entsprechen, soweit es im Rahmen des von der KSZE initiierten, von Italien geleiteten Vermittlungsprozesses möglich ist.

Nachdem wir die armenischen Ansichten durch den Besuch Libaridjans kennengelernt haben, ist es notwendig[7], auch die Interessen und den Spielraum der anderen Konfliktpartei und die Beurteilung dieser Interessen durch die führenden Teilnehmerstaaten an der Minsker Konferenz (USA, Russland, Türkei) zu erfahren, bevor wir selbst Diskussionsbeiträge für die Römischen Gespräche liefern können. Nach dem Scheitern des Maresca-Planes besteht kein Forum mehr, auf dem den Parteien informell geholfen werden kann, die Blockade ihres Denkens aufzulösen, insbesondere bezüglich Inhalt und Grenzen einer „modernen" Autonomieregelung für Nagorny Karabach.

Es wird daher vorgeschlagen, zu unserer eigenen Unterrichtung in bilaterale Konsultationen mit den USA, der Türkei, Russland und Aserbaidschan über das Thema Nagorny Karabach einzutreten (Reise Dg 21 oder Bo 2 Z-1[8]). In Baku könnte auf diese Weise auch unser Interesse an einer Vertiefung des bilateralen Verhältnisses zu Aserbaidschan deutlich gemacht werden. Die Konsultationen sind keine Vermittlung, die der KSZE vorbehalten bleibt.

In einem späteren Schritt könnten wir in Kenntnis der Interessen und Bewertungen der beteiligten Staaten eine Paketlösung (detaillierter Autonomieplan und Waffenstillstand) in den Diskussionsprozess in Rom einbringen, womit die KSZE-Vorgespräche unter italienischer Leitung wiederbelebt und eventuell einem fruchtbaren Abschluss nähergebracht werden könnten.

Neubert

B 41, ZA-Bd. 171721

7 Dieses Wort wurde von StS Kastrup unterschlängelt.

8 Wilhelm Höynck.

375

Vorlage des Vortragenden Legationsrats I. Klasse Ackermann für Bundesminister Kinkel

424-411.10 VER **16. November 1992**[1]

Über Dg 42[2], D 4[3], Herrn Staatssekretär[4] Herrn Bundesminister[5]

Betr.: Ausfuhr von MTU-Panzermotoren für 390 Kampfpanzer Leclerc über Frankreich in die Vereinigten Arabischen Emirate[6]

Bezug: 1) Ihr Vermerk vom 16. November 1992[7]
2) Vorlage vom 25. September 1992 – 424-411.10[8]
3) Schreiben StS Lautenschlager an BMWi vom 14. Oktober 1992[9]
4) Vorlage vom 10. November 1992 – 424-411.10 VAE[10]
5) Vorlage vom 13. November 1992 – 424-411.10[11]

Anlg.: 5[12]

Zweck der Vorlage: Zur Unterrichtung auf Weisung

Wie Sie in Ihrem Vermerk vom 16. November festgehalten haben, hat BM Rühe Sie am 12. November 1992 nach der Kabinettssitzung auf den beabsichtigten Export von MTU-Panzermotoren für den französischen Kampfpanzer Leclerc mit Endverbleib in den Vereinigten Arabischen Emiraten angesprochen. Sie haben gefragt, ob wir „die bisherige Auffassung halten können“ (Anl. 1[13]).

1 Die Vorlage wurde von LRin I Dettmann konzipiert.

2 Hat MDg Schönfelder am 17. November 1992 vorgelegen.

3 Hat MD Dieckmann am 17. November 1992 vorgelegen.

4 Hat StS Lautenschlager am 17. November 1992 vorgelegen, der handschriftlich für BM Kinkel vermerkte: „Eilt. Ich teile die in dieser Aufzeichnung vorgeschlagene Haltung. Wir sollten für erneute mündliche Behandlung im BSR eintreten. StM Schmidbauer, der mich heute ebenfalls auf die Sache ansprach, habe ich gesagt, dass ich Ihnen dies vorschlagen möchte, was er nach meinem Eindruck auch nicht ungewöhnlich fand. Für die von Ihnen verfügte u. daraufhin von mir erbetene Rücksprache stehe ich zur Verfügung.“

5 Hat BM Kinkel am 21. November 1992 vorgelegen.
Hat OAR Salzwedel am 23. November 1992 vorgelegen, der den Rücklauf über das Büro Staatssekretäre, MD Dieckmann und MDg Schönfelder an Referat 424 verfügte.
Hat StS Lautenschlager am 23. November 1992 erneut vorgelegen, der den Rücklauf an Dieckmann „n[ach] R[ückkehr]“ sowie an Schönfelder und Referat 424 verfügte.

6 Zur Frage des Exports von Motoren für den Kampfpanzer Leclerc vgl. Dok. 246.

7 Vgl. Anm. 13.

8 Vgl. Anm. 14.

9 Vgl. Anm. 15.

10 Vgl. Anm. 17.

11 Vgl. Anm. 16.

12 Vgl. Anm. 13-17.

13 Dem Vorgang beigefügt. BM Kinkel vermerkte: „12.11.1992 nach Kabinett Gespräch mit BM Rühe. a) Austauschmotor Leclerc (VAE); franz. Verteidigungs-Min. drängt. Es geht um einen Motor zunächst. In BSR offengeblieben. BM Rühe drängt. Herrn StS Lautenschlager: n[ach] R[ückkehr]; eilt; können wir die bisherige Auffassung halten?“ Vgl. B 70, ZA-Bd. 341022.

Dazu ist Folgendes anzumerken:

1) Der Bundessicherheitsrat hat in seiner Sitzung am 1. September 1992 eine Entscheidung über den geplanten Export aufgrund Ihres Einspruchs offengehalten. Aufgrund Ihrer Weisung, „wie wir als Auswärtiges Amt endgültig dazu stehen", erfolgte am 25. September 1992 eine neue Vorlage (Anl. 2[14]). Dem nach erneuter sorgfältiger Abwägung entstandenen Votum dieser Vorlage (Mitteilung an BMWi, dass das Auswärtige Amt einer positiven Entscheidung im Umlaufverfahren nicht zustimmen kann) stimmten Sie zu. Die Haltung des Auswärtigen Amts wurde dem BMWi mit Schreiben StS Lautenschlager vom 14. Oktober 1992 mitgeteilt (Anl. 3[15]). Es sind zwischenzeitlich inhaltlich keine neuen Erkenntnisse angefallen, die eine Änderung dieser Auffassung rechtfertigen (Anl. 5[16]).

2) In der Folge hat sich der französische Botschafter im Auswärtigen Amt für das Vorhaben verwandt (Anl. 4[17]), ChBK, BMVg und BMWi treten auf Leitungsebene aktiv für eine Realisierung des Exports ein. Dies deutet darauf hin, dass starke Kräfte hinter dem Ausfuhrvorhaben stehen. Im Endergebnis wird es daher schwierig sein, die Haltung des Auswärtigen Amts in der Bundesregierung durchzusetzen. Es dürfte vielmehr zu befürchten sein, dass das Auswärtige Amt mit seiner ablehnenden Haltung alleine bleibt und dass auch die wohlerwogenen [18]außenpolitischen Gründe für eine Ablehnung nicht reichen, um die anderen Ressorts umzustimmen.

3) Unter diesen Umständen könnte sich die Frage stellen, ob das Auswärtige Amt seine Bedenken zurückstellen und einer positiven Entscheidung des Bundessicherheitsrats zustimmen sollte.

Ein solches Vorgehen hätte aber nicht nur zu Folge, dass die außenpolitischen Argumente völlig unter den Tisch fielen, sondern auch, dass alle übrigen Ressorts die Zustimmung des Auswärtigen Amts als „Absegnung" des Rüstungsexports interpretieren würden. Das würde – von allen Folgen für die politische Verantwortung einmal abgesehen – auch unerwünschte Präzedenzwirkung entfalten.

Das Auswärtige Amt sollte daher nicht darauf verzichten, die Angelegenheit in mündlicher Verhandlung im Bundessicherheitsrat entscheiden zu lassen.[19] Selbst wenn es sich dabei nicht durchsetzen sollte, bestünde doch wenigstens Gelegenheit, die notwendigen

[14] Dem Vorgang nicht beigefügt. Zur Vorlage des VLR I Ackermann vgl. Dok. 246, Anm. 8.

[15] Dem Vorgang nicht beigefügt. Für das Schreiben des StS Lautenschlager an StS von Würzen, BMWi, vgl. B 70, ZA-Bd. 220646.

[16] Korrigiert aus: „4."
Dem Vorgang beigefügt. VLR I Ackermann notierte am 13. November 1992, BM Kinkel sei von StM Schmidbauer, Bundeskanzleramt, am 12. November 1992 auf Einzelfälle des Rüstungsexports angesprochen worden, die in der BSR-Sitzung vom 1. September 1992 offengebliebenen seien. Inzwischen habe der BSR auf Kinkels Vorschlag eine Ausfuhr von Handfeuerwaffen nach Ecuador abgelehnt; die Entscheidung in anderen Fällen stehe noch aus, da das BMWi noch nicht auf die ablehnende Haltung des Auswärtigen Amts, die die Leitung „in mehreren Briefen bestätigt" habe, reagiert habe. Vgl. B 70, ZA-Bd. 341022.

[17] Korrigiert aus „5".
Dem Vorgang beigefügt. VLR I Ackermann unterrichtete BM Kinkel am 10. November 1992 über eine Demarche des französischen Botschafters Dufourcq am 6. November 1992 bei StS Lautenschlager zugunsten einer Exportgenehmigung von Motoren für zum Export in die VAE bestimmte französische Panzer vom Typ Leclerc. Vgl. B 70, ZA-Bd. 341022.

[18] An dieser Stelle wurde von StS Lautenschlager handschriftlich eingefügt: „vor allem".

[19] Dieser Satz wurde von StS Lautenschlager hervorgehoben. Dazu vermerkte er handschriftlich: „r[ichtig]".

außenpolitischen Gesichtspunkte zur Geltung zu bringen. Es könnte klargestellt werden, dass das Auswärtige Amt grundsätzliche Bedenken dagegen hat, mit der Tradition der deutschen Rüstungsexportpolitik für die sensitive Nahost-Region zu brechen und einen wesentlichen Beitrag zu deren Aufrüstung zu leisten.

Falls sich für diese Haltung keine Unterstützung findet, bleibt Ihnen die Möglichkeit, sich unter Zurückstellung von Bedenken überstimmen zu lassen.[20]

Ackermann

B 70, ZA-Bd. 341022

376

Vorlage des Vortragenden Legationsrats I. Klasse Bertram für Bundesminister Kinkel

201-360.92 FRA/EK VS-NfD **17. November 1992**[1]

Über Dg 20[2], D 2[3], Herrn Staatssekretär[4] Herrn Bundesminister[5]

Betr.: Eurokorps;
hier: Abschluss der Verhandlungen über Zuordnung zur NATO

Bezug: Vorlage vom 26. Oktober 1992, 201-360.92 FRA/EK[6]

Anlg.: 1) Entwurf eines gemeinsamen Memorandums an den NATO-Rat[7],
2) deutsch-französischer Vorschlag für Abkommen zwischen SACEUR, Generalinspekteur und französischem Generalstabschef[8],
3) Entwurf eines gemeinsamen Memorandums an den WEU-Rat[9].

Zweck der Vorlage: Zur Unterrichtung und Billigung des Vorschlages unter Ziffer 6

20 Referat 424 notierte am 30. November 1992: „BM hat am 21. November 1992 nochmals bestätigt, dass der Fall erneut im BSR mündlich erörtert werden muss. [...] L[eiter] Pl[anungs]Stab BMVg deutete gegenüber D 4 am 27. November 1992 an, dass französische Seite eventuell anlässlich des dt.-franz. Gipfels den Fall anspricht und mitteilt, dass deutsche Motoren auch in der franz. Version des Kampfpanzers eingesetzt werden. Damit soll möglicherweise Bündnisinteresse an dem Vorhaben dokumentiert werden. Bündnisinteresse ist allerdings nur eines der Prüfungskriterien bei der Beurteilung des Exportvorhabens, es löst keinen Genehmigungsautomatismus aus." Vgl. B 70, ZA-Bd. 341022.
Zum Fortgang vgl. Dok. 401.

1 Die Vorlage wurde von VLR Wenzel konzipiert.

2 Die Weiterleitung an MDg Klaiber wurde von MD Chrobog gestrichen.

3 Hat MD Chrobog am 17. November 1992 vorgelegen.

4 Hat StS Kastrup am 19. November 1992 vorgelegen.

5 Hat BM Kinkel am 27. November 1992 vorgelegen.
Hat OAR Salzwedel am 30. November 1992 vorgelegen, der den Rücklauf über das Büro Staatssekretäre und MD Chrobog an Referat 201 verfügte.
Hat VLR I Schmidt vorgelegen.
Hat Chrobog am 1. Dezember 1992 erneut vorgelegen.
Hat VLR I Bertram erneut vorgelegen.

1) Am 13. November 1992 tagte in Paris der Deutsch-Französische Ausschuss für Verteidigung und Sicherheit unter der Leitung von D 2 und Generalinspekteur Naumann. Die Sitzung befasste sich ausschließlich mit der Beratung und Beschlussfassung zu den Dokumenten, die von der deutsch-französischen interministeriellen Arbeitsgruppe „Eurokorps" seit La Rochelle[10] erarbeitet worden waren. Der Ausschuss nahm sie ad referendum an. Es handelt sich um folgende Dokumente:

- Entwurf eines gemeinsamen Memorandums an den NATO-Rat,
- deutsch-französischer Vorschlag für ein Abkommen zwischen SACEUR, Generalinspekteur und französischem Generalstabschef,
- Entwurf eines gemeinsamen Memorandums an den WEU-Rat.

Die Papiere liegen derzeit dem Élysée noch zur Billigung vor. Sie werden anschließend im BMVg BM Rühe zur Billigung vorgelegt werden. An seiner Billigung ist nicht zu zweifeln.

2) In der Ausschusssitzung gelang es, die auf der Arbeitsebene der interministeriellen Arbeitsgruppe verbliebenen Klammern aufzulösen. Dabei handelte es sich um insbesondere für Frankreich schwierige Sachfragen betreffend die Planungszuständigkeit SACEURs und das NATO-Planungsverfahren.

Hintergrund dieser Schwierigkeiten – ebenso wie der bis zuletzt strittigen Befugnisse von SACEUR gegenüber dem Eurokorps-Kommandeur im Frieden – war das durchgängige Bemühen Frankreichs, mit der Zuordnung des Eurokorps zur NATO Einfluss zu nehmen auf die Herausbildung einer neuen NATO-Struktur (Neuregelung von Kompetenzen, neue Organe). Gleichzeitig mussten Formulierungen gesucht werden, mit denen wir unter Wahrung von Grundsatzpositionen der NATO dennoch der Tatsache Rechnung tragen, dass das Eurokorps für Frankreich nicht Anlass sein konnte, in die militärische Integration[11] zurückgeholt zu werden. Dies wird von Frankreich nach wie vor unzweideutig ausgeschlossen. Darüber hinaus war stets im Auge zu behalten, dass das Ergebnis auch für die NATO akzeptabel sein muss.

3) Die vom Ausschuss verabschiedeten Dokumente stellen aus unserer Sicht einen diese Aspekte zufriedenstellend ausbalancierenden Kompromiss dar, auf dessen Erarbeitung das AA substanziellen Einfluss genommen hat. Das nunmehr vorliegende Verhandlungsergebnis für die NATO-Zuordnung des Eurokorps sieht in wesentlichen Punkten vor:

Fortsetzung Fußnote von Seite 1507

6 VLR I Bertram informierte über Zwischenergebnisse der gemeinsamen deutsch-französischen Arbeitsgruppe beider Außen- und Verteidigungsministerien (Interministerielle Projektgruppe Eurokorps, IPEK). Vgl. B 14, ZA-Bd. 161203.

7 Dem Vorgang beigefügt. Für den „Entwurf eines gemeinsamen deutsch-französischen Briefes an die Mitglieder des Nordatlantik-Rates (Stand: 16. November 1992)" vgl. B 14, ZA-Bd. 161203.

8 Dem Vorgang beigefügt. Für den „Entwurf eines Abkommens über die Bedingungen des Einsatzes des Europäischen Korps im Rahmen der Nordatlantischen Allianz (Stand: 13. November 1992)" vgl. B 14, ZA-Bd. 161203.

9 Dem Vorgang beigefügt. Für den „Entwurf eines gemeinsamen deutsch-französischen Briefes an die Mitglieder des Rates der WEU (Stand: 16. November 1992)" vgl. B 14, ZA-Bd. 161203.

10 Zu den deutsch-französischen Konsultationen am 21./22. Mai 1992 in La Rochelle vgl. Dok. 142 und Dok. 144.

11 Frankreich schied am 1. Juli 1966 aus dem integrierten militärischen Kommando der NATO aus. Vgl. AAPD 1966, I, Dok. 48.

a) Rollen und Aufträge des Eurokorps im Bündnisrahmen

Es gelang, mit Frankreich zu vereinbaren, dass Rollen und Aufträge des Eurokorps den gesamten Umfang dessen abdecken, was im strategischen Konzept der Allianz im November 1991[12] niedergelegt wurde: Hauptverteidigung, Krisenreaktion und andere Aufgaben, unter anderem Peacekeeping-Aktionen. Damit konnte auch den Allianzbeschlüssen von Oslo[13] bezüglich möglicher NATO-Peacekeeping-Aktivitäten voll Rechnung getragen werden.

Der gemeinsame Vorschlag für das SACEUR-Abkommen sieht vor, dass über das Eurokorps französische Truppen erstmals bündnisweit für die Verteidigung der Allianz zur Verfügung stehen sollen, sodass die Einengung französischer Einsätze auf wenige, genau bestimmte Szenarien aufgegeben wird. Für den deutschen Truppenanteil am Eurokorps wurde im Abkommensentwurf ausdrücklich das Weiterbestehen ihrer direkten, nicht durch das Korps vermittelten NATO-Assignierung vereinbart.

b) Verteidigungsplanung im Bündnis

Es gelang zu vereinbaren, dass SACEUR auch für das Eurokorps die ihm nach üblicher NATO-Regelung zustehende volle Planungskompetenz für die Verteidigung des Bündnisses erhält. Dabei musste der Tatsache Rechnung getragen werden, dass Frankreich nicht an der militärischen Integration teilnimmt und damit auch nicht in die NATO-Planungsgremien integriert ist. Um eine drohende Blockade in dieser essenziellen Frage abzuwenden, unterstützten wir trotz anfänglichen Zögerns des BMVg den gefundenen Kompromiss. Er vermeidet die von Frankreich zunächst als unverzichtbar geforderte Einrichtung einer neuen Planungsinstanz für das Eurokorps, die den Bündnisstrukturen noch lose angegliedert gewesen wäre. Die vereinbarte Formulierung anerkennt die Verantwortlichkeit von SACEUR für das Planungsverfahren und fordert lediglich, dass „auf spezifische Weise die frühzeitige und volle Beteiligung der (am Eurokorps) teilnehmenden Nationen gewährleistet" ist.

c) Befehlsbefugnisse für SACEUR

Die Befehlsbefugnisse für SACEUR im Falle eines Einsatzes des Eurokorps konnten weiter gefasst werden, als bisher von Frankreich für seine NATO-Beiträge akzeptiert. Im Einsatzfall werden SACEUR Befehlsbefugnisse im Umfang von „Operational Command" übertragen. Übereinstimmung besteht, dass das Eurokorps von SACEUR nicht aufgeteilt werden kann. Damit soll der multinationale Charakter des Korps mit seiner spezifisch europäischen Zielsetzung gewährleistet werden. SACEUR verfügt damit für das Eurokorps weitgehend über dieselben Befugnisse, die auch allgemein für deutsche NATO-Beiträge gelten.

d) Beziehungen SACEUR – Eurokorps außerhalb des Einsatzfalls

Es gelang, eine Kompromissformulierung zu finden, die den französischen Bedenken Rechnung trägt, auch nicht über die Festlegung von Friedensbefugnissen für SACEUR in

12 Für das bei der NATO-Gipfelkonferenz am 7./8. November 1991 in Rom verabschiedete Strategiekonzept vgl. https://www.nato.int/cps/en/natohq/official_texts_23847.htm?selectedLocale=en. Für den deutschen Wortlaut vgl. BULLETIN 1991, S. 1039–1048. Zur Gipfelkonferenz vgl. AAPD 1991, II, Dok. 375 und Dok. 376.

13 Vgl. das Kommuniqué der NATO-Ministerratstagung vom 4. Juni 1992; NATO FINAL COMMUNIQUÉS 1991–1995, S. 71–76. Für den deutschen Wortlaut vgl. BULLETIN 1992, S. 613–616. Zur Tagung vgl. Dok. 170.

die militärische Integration zurückgeholt zu werden. So erhält SACEUR formell keinen unmittelbaren Zugriff auf französische Truppen, z.B. mit Kontroll- und Inspektionsrechten. Dennoch konnte für das SACEUR-Abkommen ein substanzieller Informationsaustausch zwischen SACEUR und dem Kommandierenden General des Eurokorps vereinbart werden, der in der Sache sicherstellt, dass SACEUR über den Kommandierenden General seine Anforderungen an das Eurokorps vorgeben kann und er umgekehrt die benötigten Meldungen aus dem Eurokorps erhält. Wir befürworteten diesen Kompromiss, der erkennbar auch vom Bundeskanzleramt unterstützt wurde.

4) Herantreten an die WEU

Frankreich drängte auf eine die NATO-Zuordnung des Eurokorps ausbalancierende Befassung der WEU. Dabei bereitete uns Schwierigkeiten, dass die französischen Vorstellungen den Entwicklungen in der WEU in präjudizierender Absicht vorauseilten. Es gelang uns, diese Vorstellungen zurückzuführen auf erstens eine Unterrichtung der WEU über das Vorgehen gegenüber der NATO und zweitens das Angebot, dass bestehende WEU-Gremien auf der Grundlage gegebener Mandate das Eurokorps berücksichtigen können. Ausgeschlossen wurde insbesondere eine von Frankreich gewünschte demonstrative Befassung des WEU-Ministerrats noch vor der Befassung der NATO.

5) Weiteres Vorgehen gegenüber NATO und WEU

Einvernehmlich vereinbart wurde:

Unterrichtung von Bündnispartnern

Unter der Maßgabe, dass das Élysée den Texten noch rechtzeitig zustimmt, wurde eine gemeinsame deutsch-französische Vorabunterrichtung der USA[14] und GBs[15] vorgesehen. Weitere Bündnispartner sollen informell im Rahmen bilateraler Gesprächskontakte informiert werden. Die potenziellen Beitrittskandidaten werden am Rande eines Generalstabschef-Treffens am Vorabend des WEU-Ministerrats vom 20.11.92[16] gemeinsam von Generalinspekteur Naumann und Admiral Lanxade unterrichtet.

Einbringen der Memoranden in NATO und WEU

Am 23.11.92 sollen gleichzeitig die Ständigen Vertreter Frankreichs und Deutschlands bei der NATO in Brüssel[17] und bei der WEU in London[18] die Memoranden mit einem An-

14 Brigadegeneral Dunkel, Washington, teilte am 25. November 1992 mit, eine deutsch-französische Delegation habe die amerikanische Regierung am selben Tag über die Beschlüsse zum Eurokorps unterrichtet: „Die US-Seite hat verstanden, dass D wie FR daran gelegen ist, das Bündnis zu stärken, und dass es darauf ankommt, diesen Punkt zum Leitmotiv für die Allianzberatungen zu machen.“ Vgl. DB Nr. 3435/3436; B 130, VS-Bd. 12183 (201), bzw. B 150, Aktenkopien 1992.

15 Zur Unterrichtung der britischen Regierung über die Beschlüsse zum Eurokorps durch eine deutsch-französische Delegation am 27. November 1992 teilte Kapitän zur See Reichert, London, am selben Tag mit: „Vorgetragenes Ergebnis ging offensichtlich über Erwartungen GB in positivem Sinne hinaus. Angedeutete Absicht, beim Konsultationsprozess hilfreich zu sein, sollte indes nicht als Mangel an Stoff für Fragen auch kritischen Inhalts missverstanden werden. Politische Dimension des Themas, vor allem auch für F-Seite, ist hier bekannt und bewusst.“ Vgl. DB Nr. 2315; B 130, VS-Bd. 12183 (201), bzw. B 150, Aktenkopien 1992.

16 Zur WEU-Ministerratstagung in Rom vgl. Dok. 384.

17 Gabriel Robin und Hans-Friedrich von Ploetz.

18 Bernard Dorin und Hermann Freiherr von Richthofen.

schreiben an den NATO-Generalsekretär[19] und an die italienische WEU-Präsidentschaft übersenden, jeweils nachrichtlich auch an alle Mitgliedstaaten.[20]

Weiterer Verfahrensgang in der NATO

Das NATO-Memorandum soll in den NATO-Rat auf der Ebene Ständiger Vertreter am 25.11.92 eingeführt werden, der SACEUR ein Verhandlungsmandat erteilen soll. Der gemeinsame Textvorschlag für das Abkommen soll nicht in den Rat eingeführt werden, sondern nur als Verhandlungsgrundlage nach Aufnahme der Gespräche mit SACEUR dienen.

6) Vorschlag

Es wird vorgeschlagen, die erzielten Verhandlungsergebnisse und das weitere Vorgehen zu billigen.

Bertram

B 14, ZA-Bd. 161203

377

Vorlage der Vortragenden Legationsräte I. Klasse Nocker und Ackermann für Bundesminister Kinkel

431-381.40 VS-NfD **17. November 1992**[1]
429-9-370.78 VS-NfD

Über Dg 43[2]/Dg 42[3], D 4[4], Herrn Staatssekretär[5] Herrn Bundesminister[6]

Betr.: Deutsche Beteiligung am irakischen Nuklearprogramm;
hier: Erkenntnisse zur Gasultrazentrifuge aus der Zusammenarbeit mit IAEO und UNSCOM

Anl.: 1 (VS-v)[7]

Zweck der Vorlage: Zur Unterrichtung

19 Manfred Wörner.

20 MDg Klaiber wies die Ständige Vertretung bei der NATO in Brüssel am 27. November 1992 an, „mit gemeinsamen D/F-Schreiben am 30.11.1992 bereits dort vorliegendes Memorandum an Generalsekretär und weitere Mitglieder des Rats zu übergeben". Vgl. DE Nr. 141; B 14, ZA-Bd. 161203.
Die entsprechende Weisung erteilte Klaiber der Botschaft in London am selben Tag zur Unterrichtung der WEU. Vgl. DE Nr. 478; B 14, ZA-Bd. 161203.

1 Die Vorlage wurde von LR I Fleischer und LRin I Zimmermann von Siefart konzipiert.

2 Hat MDg Graf von Matuschka am 17. November 1992 vorgelegen.

3 Hat in Vertretung des MDg Schönfelder VLR I Ackermann am 17. November 1992 erneut vorgelegen.

4 Hat in Vertretung des MD Dieckmann MDg von Kyaw am 17. November 1992 vorgelegen.

5 Hat StS Lautenschlager am 19. November 1992 vorgelegen.

6 Hat BM Kinkel am 21. November 1992 vorgelegen.
Hat OAR Salzwedel am 23. November 1992 vorgelegen, der den Rücklauf über das Büro Staatssekretäre an Referat 431 und Referat 424-9 verfügte.
Hat VLR I Schmidt am 23. November 1992 vorgelegen.
Hat VLR I Nocker am 24. November 1992 erneut vorgelegen.

I. Kurzfassung

Die im Rahmen der Implementierung der Waffenstillstandresolution 687[8] von der VN-Sonderkommission zur Abrüstung des Irak (UNSCOM)[9] und der Internationalen Atomenergieorganisation (IAEO) durchgeführten Inspektionen des irakischen Nuklearprogramms liefern zunehmend Aufschluss über die Herkunft der dafür eingesetzten Ausrüstungen und Werkstoffe. Dabei hat sich herausgestellt, dass die irakischen Urananreicherungsversuche mittels Gasultrazentrifuge – die nur einen, aber besonders sensitiven Teil des irakischen Nuklearprogramms darstellten – weitestgehend auf deutschen Zulieferungen beruhten. Die einschlägigen Warenlieferungen lassen sich nunmehr rekonstruieren, was zu einer Reihe von Ermittlungsverfahren geführt hat.

Mindestens ebenso brisant sind Hinweise auf illegalen Transfer von Kenntnissen durch deutsche Staatsangehörige; dieser Verdacht lässt sich jedoch bisher nicht gerichtsverwertbar erhärten.

II. Im Einzelnen

1) Hintergrund

Als Mitglied des Nichtverbreitungsvertrages war Irak von jeher verpflichtet, seine Nuklearanlagen nur zu friedlichen Zwecken zu nutzen und diese ausnahmslos den Sicherungsmaßnahmen der IAEO zu unterwerfen.[10] Gemeldet hatte er jedoch nur drei Forschungsreaktoren und ein Forschungszentrum. Lieferanten waren Frankreich, Italien und die UdSSR. Wir haben niemals kerntechnische Anlagen oder Spaltmaterial geliefert. Die für dieses „offizielle" Programm im Irak vorhandene Menge hochangereicherten Urans hätte nicht zur Bombenherstellung ausgereicht. Besorgnis lösten daher die zum Ende der 80er-Jahre in mehreren Ländern zunehmend beobachteten Versuche des Irak aus, sich Ausrüstung und Kenntnisse zur Urananreicherung mittels Gasultrazentrifugen (GUZ) zu beschaffen. Denn diese – von D, GB und NL auf der Basis eines Regierungsabkommens[11] gemeinsam zur Herstellung von KKW-Brennstoff genutzte – Technologie lässt sich auch zur Hochanreicherung für Waffenzwecke missbrauchen.

Mit Resolution 687 vom 3.4.1991 hatte der VN-Sicherheitsrat beschlossen, dass sämtliche kernwaffenrelevanten Anlagen und Materialien des Irak durch IAEO und UNSCOM unschädlich gemacht werden sollten; diese – inzwischen weitgehend abgeschlossene – „nukleare Demontage" ist ohne Präzedenzfall. Im Juli 1991 musste der Irak erstmals zugeben, mehrere Programme zur Urananreicherung zu betreiben. Die Ergebnisse weiterer Inspektionen ließen bald keinen Zweifel mehr daran, dass die GUZ Teil eines umfassenden

Fortsetzung Fußnote von Seite 1511

7 Dem Vorgang nicht beigefügt. Dazu handschriftliche Vermerke: „Tgb.Nr. 609/92 VS-v" sowie „(ohne Anlage offen)".

8 Durchgehend korrigiert aus: „678".
Für die Resolution Nr. 687 des VN-Sicherheitsrats vom 3. April 1991 vgl. RESOLUTIONS AND DECISIONS 1991, S. 11–15. Für den deutschen Wortlaut vgl. EUROPA-ARCHIV 1991, D 227–233.

9 Zur bisherigen Tätigkeit von UNSCOM vgl. Dok. 133.

10 Irak ratifizierte am 29. Oktober 1969 den Nichtverbreitungsvertrag vom 1. Juli 1968, der für das Land am 5. März 1970 in Kraft trat.

11 Für das Übereinkommen vom 4. März 1970 zwischen der Bundesrepublik, Großbritannien und den Niederlanden über die Zusammenarbeit bei der Entwicklung und Nutzung des Gaszentrifugenverfahrens zur Herstellung angereicherten Urans und die zugehörigen Dokumente vgl. BGBl. 1971, II, S. 930–949.

Atomwaffenprogramms war. Allerdings befand sich die GUZ noch in der Entwicklungsphase; von der zur Produktion waffengrädigen Materials erforderlichen Serienfertigung hunderter Zentrifugen war der Irak nach Einschätzung von Fachleuten noch einige Jahre entfernt.

2) Umfang der deutschen Beteiligung

Obgleich Irak sich beharrlich weigerte, die Lieferanten zu nennen, häuften sich bezüglich der GUZ die Funde von Ausrüstungs- und Einzelteillieferungen aus Deutschland.

Firmen aus anderen Ländern wie Großbritannien, Japan und der Schweiz haben vereinzelt mitgewirkt. Andere Technologien des irakischen Atomwaffenprogramms, etwa die in den USA entwickelte elektromagnetische Urananreicherung (EMIS[12]), stammen eindeutig nicht aus Deutschland. Gleichwohl wurden zu deren Realisierung auch deutsche Waren eingesetzt, die für „harmlose" Industrieprojekte legal geliefert worden waren.

Konkrete Hinweise auf deutsche Zulieferungen werden derzeit von den zuständigen Ermittlungsbehörden verfolgt. Zu einer Anklageerhebung ist es bisher in keinem Fall gekommen; eine solche ist auch nur in Ausnahmefällen (s. VS-v-Anlage) zu erwarten, da die Mehrzahl der Lieferungen seinerzeit genehmigungsfrei gewesen sein dürfte. Sämtliche aus laufenden Inspektionen resultierenden Erkenntnisse werden weiterhin ausgewertet, u.a. in dem vom Ressortkreis Außenwirtschaft eingerichteten „Arbeitskreis GUZ" aus Bundesamt für Ausfuhr (BAFA), Zollkriminalamt (ZKA) und BND.

Im Ergebnis besteht durchaus Aussicht, die illegalen Warenlieferungen zu rekonstruieren und in Einzelfällen zu Klageerhebungen und ggf. Verurteilungen zu gelangen. Aber es ist fraglich, ob der in Expertenkreisen bestehende Verdacht sich erhärtet, ein enger Kreis deutscher Fachleute mit Zugang zur GUZ-Technologie (siehe auch hierzu Anlage) habe dem Irak die erforderlichen Kenntnisse zur Verfügung gestellt und möglicherweise darüber hinaus die irakischen Beschaffungsbemühungen in Deutschland koordiniert.

3) Zusammenarbeit mit IAEO und UNSCOM

Mit der VN-Sonderkommission in New York und der Internationalen Atomenergieorganisation in Wien hat sich eine enge Zusammenarbeit entwickelt: Einerseits werden über förmliche Rechtshilfeersuchen Inspektionsergebnisse in Ermittlungsverfahren verwendet; andererseits werden soweit möglich aus Ermittlungen gewonnene Erkenntnisse wiederum IAEO und UNSCOM zur Identifizierung zusätzlicher Inspektionsziele im Irak zur Verfügung gestellt. Daneben findet ein kontinuierlicher – informeller – Informationsaustausch statt, beispielsweise in Beantwortung von Fragen der IAEO/UNSCOM und durch Erstellung von Materialgutachten bezüglich konkreter Funde im Irak. Diese Rückkopplung hat sich für die – unter Beteiligung deutscher Spezialisten – laufenden Inspektionen im Irak als äußerst wertvoll erwiesen.

Ein zusätzlicher Informationsabgleich erfolgt mit Großbritannien und den Niederlanden im gemeinsamen URENCO-Regierungsausschuss.

4) Bewertung

Die besondere Form der Zusammenarbeit mit IAEO und UNSCOM verstärkt offenbar den Goodwill in beiden Institutionen und im VN-Generalsekretariat über unseren bereits beträchtlichen Beitrag zur UNSCOM-Tätigkeit hinaus (Hubschrauber/Transall im Irak; Mitarbeit im Stab in New York). Hiervon erhoffen wir uns eine Eingrenzung des außen-

12 Electromagnetic isotope separation.

politischen Schadens, der durch das Bekanntwerden umfangreicher deutscher Zulieferungen zum Massenvernichtungs- und Raketenprogramm des Iraks insgesamt entstanden ist.

Ref. 511 hat mitgewirkt, Ref. 250 hat im Entwurf mitgezeichnet.

Nocker Ackermann

B 70, ZA-Bd. 220991

378

Gespräch des Bundesministers Kinkel mit dem israelischen Außenminister Peres in Jerusalem

18. November 1992[1]

Gespräch Bundesminister – AM Peres am 18. November (im IAM[2], Delegationsgespräch)[3]

Anlg.: Gemeinsames deutsch-israelisches Kommuniqué[4]

1) *BM* eröffnete Gespräch mit persönlichem Bekenntnis zu deutsch-israelischen Beziehungen, denen er sich verpflichtet fühle.

Er erläuterte darauf eingehend die Lage in Europa und die Aussichten für die Maastricht-Verträge. Zwar gebe es derzeit besonders im Hinblick auf GB und DK noch Schwierigkeiten; bei GB sei die Verschiebung der Ratifikation wahrscheinlich der Preis, den PM Major für verbesserte Aussichten auf Annahme 1993 habe erbringen müssen.[5] Bei DK versuche man, die dänischen Bedürfnisse in einer „zusätzlichen" Deklaration (jedoch unterhalb der Ebene von Neuverhandlungen von Maastricht) aufzufangen.[6] In D selbst gebe es bei grundsätzlichem Einverständnis der Opposition noch einige offene Fragen (Wünsche der Bundesländer). Die Ratifikation im BT nach 1992 erscheine jedoch sicher.[7] Alles in allem sei er nicht ohne Zuversicht, dass bereits Mitte 1993 Maastricht verabschiedet sei. Insbesondere

1 Der Gesprächsvermerk wurde von VLR Kaul, z. Z. Jerusalem, am 19. November 1992 gefertigt, der maschinenschriftlich vermerkte: „Von Dg 31 und Dg 42 gebilligt." Ferner verfügte Kaul die Weiterleitung an das Ministerbüro „m[it] d[er] B[itte], Zustimmung des BM herbeizuführen".
Hat VLR I Gerdts am 23. November 1992 vorgelegen, der handschriftlich vermerkte: „vorab StS K[astrup], StS L[autenschlager], D 3 n[ach] R[ückkehr]" sowie „von BM noch nicht genehmigt".
Hat MD Schlagintweit vorgelegen, der handschriftlich Referat 310 um eine Kopie bat.
Hat Kaul erneut vorgelegen, der handschriftlich zum Vermerk von Gerdts notierte: „S[iehe] Paraphe BM auf Deckblatt." Vgl. Anm. 26.

2 Israelisches Außenministerium.

3 Zum Besuch des BM Kinkel vom 17. bis 19. November 1992 vgl. auch Dok. 364.

4 Dem Vorgang beigefügt. Für das Gemeinsame Kommuniqué vgl. B 36, ZA-Bd. 185343.

5 Zur Frage einer Ratifizierung des Vertragswerks von Maastricht in Großbritannien vgl. Dok. 356, Anm. 4.

6 Zum Referendum am 2. Juni 1992 in Dänemark vgl. Dok. 166, Anm. 2.
Zu den dänischen Sonderwünschen für eine Ratifizierung des Vertragswerks von Maastricht vgl. Dok. 352.

7 Zur Ratifizierung des Vertragswerks von Maastricht am 2. Dezember 1992 im Bundestag vgl. Dok. 400.

auf Drängen von D und F beginne man die Erweiterungsverhandlungen mit den EFTA-Staaten bereits Anfang 1993 (um Momentum aufrechtzuerhalten).[8] Diese Entwicklung in Europa sei sicher auch bedeutsam für Israel, weswegen er (BM) sie zusammengefasst habe.

Die Lage in D sei vom Zusammentreffen verschiedener schwieriger Aspekte gekennzeichnet (Probleme im Zusammenhang mit deutscher Einheit; Risiko einer leichten Rezession; große Probleme mit dem Ausländerzustrom: Asylsuchende, Flüchtlinge aus ehemaligem Jugoslawien, deutsche Aussiedler aus GUS). In dieser komplexen Lage gebe es nun das schlimme Phänomen der Ausschreitungen gegen Ausländer und gegen jüdische Gedenk- und Grabstätten.[9]

BM erklärte mit großem Ernst und Nachdruck: Wir sind davon tief betroffen; es gibt von uns keine Verharmlosung, keine Versuche der Rechtfertigung. Wir selbst stehen aus unseren eigenen Interessen vor der Aufgabe, mit rechtsstaatlichen Mitteln mit diesen Erscheinungen fertigzuwerden. Die Großdemonstrationen in Berlin[10] und Bonn[11] haben gezeigt, wie die deutsche Bevölkerung dazu steht (auch wenn in Berlin eine kleine Minderheit das Bild der Kundgebung verzerrt habe).

Wir seien uns bewusst, dass wir – zu Recht – besonders aus Israel sehr sorgfältig und mit Sorgen beobachtet würden. Unsere Bitte an Israel sei: bei der Beurteilung dieser Vorgänge möglichst gerecht und fair zu sein und uns das nötige Maß an Vertrauen zu schenken, dass wir diese Probleme rechtsstaatlich und entschlossen angehen würden.

BM dankte für die faire Reaktion der israelischen Seite auf diese Vorgänge und unterstrich, es sei sein persönlicher Wunsch, dass diese Ereignisse die guten und freundschaftlichen Beziehungen (Gesellschaft, Parlament, Regierungen) nicht beinträchtigen dürften.

2) AM *Peres* erklärte, er persönlich sei von der Existenz eines „anderen, neuen Deutschland" (wie bereits Ben-Gurion) überzeugt. Es gehe aus seiner Sicht insgesamt um den Versuch, ohne die Vergangenheit zu vergessen, auf den bereits soliden und umfassenden Grundlagen der deutsch-israelischen Beziehungen weiter aufzubauen.

Im Verhältnis EG – Israel bitte man darum, dass D wie bereits früher „Fürsprecher und Anwalt für Israel in Europa" sein solle. Dies betreffe insbesondere

- den Wunsch Israels nach einer Annäherung an den Europäischen Wirtschaftsraum[12] (Peres: „We know that we cannot have the EFTA-status"),
- die Bitte Israels, D möge dabei helfen, „die drei wesentlichen Hürden" (Ebene der europäischen Regierungen, der EG-KOM, der Unternehmen in den EG-MS) für eine einheitliche europäische Haltung gegenüber dem arabischen Israel-Boykott zu überwinden.

8 Die EG nahm am 1. Februar 1993 Beitrittsverhandlungen mit Finnland, Österreich und Schweden auf. Die Beitrittsverhandlungen mit Norwegen begannen am 5. April 1993. Vgl. AAPD 1993.

9 Zu fremdenfeindlichen und antisemitischen Gewalttaten vgl. Dok. 303, Anm. 14, Dok. 362, besonders Anm. 6 und 7, und Dok. 386.

10 Zur Großdemonstration gegen Fremdenfeindlichkeit am 8. November 1992 vgl. Dok. 362, Anm. 14.

11 Am 14. November 1992 fand eine Demonstration gegen Fremdenfeindlichkeit sowie gegen eine Änderung von Artikel 16 GG statt, an der mindestens 100 000 Menschen teilnahmen. Vgl. den Artikel „Bonn: Über 100 000 für Erhalt des Asylrechts"; BERLINER ZEITUNG vom 16. November 1992, S. 1.

12 Zu einer möglichen Mitgliedschaft Israels im EWR und der Erörterung des Themas beim informellen Treffen der Außenminister der EG-Mitgliedstaaten im Rahmen der EPZ am 12./13. September 1992 in Brocket Hall vgl. Dok. 303, Anm. 7.

Zum Nahost-Friedensprozess[13] übergehend, erläuterte AM Peres (teilweise in großem Detail) das israelische Konzept für die multilateralen NO-Verhandlungen über regionale Fragen. Es gehe darum, der ganzen Region und den arabischen Staaten „das Gesicht des Friedens“ mit Blick auf die Zukunft zu verdeutlichen. Beim Friedensprozess gehe es nicht so sehr um die Territorialfrage, sondern um wirtschaftliche Entwicklung und Sicherheit für die ganze Region (dabei Hinweise auf die vom Iran ausgehenden Gefahren und die fundamentalistische Bedrohung, die er soeben eingehend mit Präsident Mubarak erörtert habe[14]). Wenn man die „Zukunft der Region in sozialer und wirtschaftlicher Hinsicht“ bauen wolle, gebe es das Problem der „arabischen Zurückhaltung“ (shyness). In dieser Situation sei es eine natürliche Aufgabe für die Europäer, bei wirtschaftlicher Zusammenarbeit in der NO-Region eine Führungsrolle zu übernehmen. Man brauche „gute Hirten“, um die arabische Seite an regionale Zusammenarbeit heranzuführen (als Beispiele möglicher Initiativ-Rolle wahrscheinlich JAP im Tourismus-Bereich, F bei Telekommunikation).

Peres bat D, demnächst bei den langsam vorankommenden multilateralen Verhandlungen (demnächst angeblich erstmals Tunesien als Gastgeber einer multilateralen NO-AG-Tagung) vergleichbares Engagement zu entwickeln, besonders in zwei konkreten Bereichen:

- bei der Wasserproblematik („Wasserproduktion“ durch Entsalzung, Aufbereitung von Brauchwasser),
- dem Vorschlag einer Nahost-Entwicklungsbank (Middle East Development Bank; angeblich bereits grundsätzliche Unterstützung durch F und USA).

Zu den bilateralen direkten Verhandlungen der Konfliktparteien in Washington gab Peres einen eingehenden, aktuellen Überblick; im Verhältnis ISR – JOR werden nach „gemeinsamer Agenda“ jetzt konkrete Gespräche zu Wasser-, Energie- und Umweltfragen geführt. Bei ISR-PAL-Verhandlungen Schwierigkeiten durch innerpalästinensische Probleme (nicht nur zwischen Tunis und den Unterhändlern, sondern auch in Tunis und der Verhandlungsdelegation selbst; sehr negative Darstellung der Rolle von Arafat, der u. a. immer wieder bereits jetzt Jerusalem und Siedlungen thematisieren wolle); im Verhältnis SYR – ISR das Problem, dass „die syrische Delegation sich nicht bewegt, weil Präsident Assad sich nicht bewegt“. Daher seien von Israel angestrebte Gespräche auf höchster Ebene erforderlich. Zum Libanon Hinweis auf Schwäche des Landes (d. h. Schlüsselrolle Syriens), welches sich auf Verhandlungen ISR – LIA auswirke.

3) BM *Kinkel* dankte für Unterrichtung und würdigte Weitsicht und politischen Mut, mit dem die Regierung Rabin den Friedensprozess angegangen habe. Er beglückwünschte die israelische Seite hierzu und wünschte ihr Fortschritte und Erfolg bei den weiteren Bemühungen (dazu ein persönliches Wort des Dankes an AM Peres für dessen Teilnahme an dem Staatsakt für BK a. D. Willy Brandt in Berlin[15]).

Zu den verschiedenen israelischen Petita an D äußerte sich BM Kinkel wie folgt:

13 Zu den Nahost-Verhandlungen vgl. Dok. 364 Anm. 7.

14 Bei einem Besuch am 15. November 1992 in Ägypten führte der israelische AM Peres Gespräche mit Präsident Mubarak und AM Moussa.

15 Am 17. Oktober 1992 fand im Berliner Reichstagsgebäude ein Staatsakt für den am 8. Oktober 1992 verstorbenen ehemaligen BK Brandt statt. Vgl. BULLETIN 1992, S. 1049–1056.

a) Israel-Boykott[16]

Zusage, dass wir uns auf europäischer Ebene für eine gemeinsame Anti-Boykott-Regelung einsetzen werden.

b) Deutsch-israelische Wirtschaftszusammenarbeit, deutsche Investitionen in Israel

Der BM werde sich an die deutsche Industrie wenden (wegen verstärkter Investitionen). Der BM schlug vor, die gemischte deutsch-israelische Wirtschaftskommission (von 1975, bisher nur zwei Tagungen) zu „revitalisieren".

c) Verhältnis EG – Israel

Der BM stellte klar, dass bei der gegebenen Lage eine „Verankerung im Europäischen Wirtschaftsraum" (wie EFTA-Staaten) nicht möglich sein werde (auch wegen Widerstand anderer EG-MS; erhebliche Pflichten für Israel mit u.a. der Notwendigkeit, sein wirtschaftliches Rechtssystem weitgehend an EG anzupassen).

d) Annäherung an EG/Verbesserung Kooperationsabkommen von 1975[17] (freier Verkehr von Waren, Dienstleistungen und Kapital; flankierende Maßnahmen, z.B. Zusammenarbeit bei Forschung und Entwicklung, Umwelt, Energie, Tourismus usw.).

BM sagte zu, D werde für israelische Wünsche im EG-Kreis werben. Die meisten dieser Wünsche könnten bereits im Rahmen des bestehenden Abkommens erfüllt werden. Er wies auf grundsätzliche Bereitschaft der EG (Brocket Hall, „updating") zur Revision des Kooperationsabkommens hin.

Im Einzelnen betreffe dies:

- den freien Warenverkehr: Behandlung aller israelischen Wünsche im Rahmen des jetzigen Abkommens möglich, bereits jetzt Zollunion bei gewerblichen Gütern;
- Kapitalverkehr: hier bestehe Problem insbesondere in einschränkenden israelischen Bestimmungen;
- bisher nicht geregelter Dienstleistungsverkehr könnte bei Revision behandelt werden;
- flankierende Maßnahmen: möglich im Rahmen bestehenden Abkommens oder durch updating.

Wir unterstützten israelische Bitte nach vorgezogenem Kooperationsrat EG – Israel.

e) Israelische Bitte um EG-Finanzhilfe

BM wies auf Bereitschaft der EG zu Finanzhilfe hin:

- Viertes Finanzprotokoll (1991 – 1996, 82 Mio. ECU),
- horizontale Kooperation im Mittelmeerraum (2 Mrd. ECU 1992 – 1997); Teilnahme von Israel möglich.

BM unterstrich besonders, dass im Rahmen dieser Kooperation auch Vorhaben finanziert werden können, die bei multilateralen NO-Friedensverhandlungen vereinbart werden.

Israelische Petita im bilateralen Verhältnis (Rabin-Besuch September 1992[18])

f) Hilfe bei Eingliederung jüdischer Einwanderer aus ehemalige SU/Osteuropa, vor allem bei Umschulung

16 Zur Einführung einer nationalen Anti-Boykott-Regelung vgl. Dok. 233 und Dok. 282, Anm. 25-27.

17 Zum Kooperationsabkommen vom 11. Mai 1975 zwischen der EWG und Israel sowie zu den Finanzprotokollen vgl. Dok. 303, Anm. 6.

18 Vgl. das Gespräch zwischen BK Kohl und dem israelischen MP Rabin am 14. September 1992; Dok. 282. Zur Umsetzung der Besuchsergebnisse vgl. Dok. 337.

BM wies auf grundsätzliche Zusage des BK gegenüber Rabin hin. Die Einzelheiten sollten durch StS Kastrup/Bo. Ben-Natan ausgehandelt werden.[19]

g) Verdoppelung des Stiftungskapitals der deutsch-israelischen Stiftung im Bereich der Forschungszusammenarbeit (GIF)[20]

BM: Der BK habe dieses Thema mit MP Rabin besprochen. Beide seien von Zusammenhang mit Umschulung ausgegangen. Stiftung diene jedoch ausschließlich Grundlagen-Forschung. Deshalb müsse in den Gesprächen StS Kastrup/Ben-Natan Klärung erfolgen.

h) Einrichtung eines Fonds für deutsch-israelische industrielle Zusammenarbeit mit dem Ziel marktnaher Forschung

BM: Das sei für Bundesregierung in dieser Form nicht möglich (weiterer Subventionsfall). Wichtig sei ausreichendes Interesse deutscher Industrie (bisher noch gering). Thema solle bei BDI-Workshop im Mai/Juni 1993 weiterverfolgt werden.

i) Fonds zur Förderung deutscher Investitionen in Israel

BM erklärte, dies sei uns nicht möglich. Für uns sei staatliche Beteiligung an Direktinvestitionen nicht möglich.

Deutsche Investitionen in Israel könnten z.B. dadurch gefördert werden, dass bereits ausgehandelter Investitionsförderungsvertrag[21] neu verhandelt, auf neuen Stand gebracht wird.

j) Hermes-Deckung für Joint Ventures deutscher und israelischer Unternehmen in Osteuropa

BM: Hier gebe es möglicherweise ein Missverständnis, denn Hermes-Deckungen seien Ausfuhrbürgschaften der Bundesregierung, also für Lieferung deutscher Exporteure ins Ausland; allerdings könnten diese Zulieferer aus dem Ausland, also auch aus Israel, bis zu 10 % des Wertes erhalten.

Für deutsch-israelische Joint Ventures, d.h. Investitionen, könne dieses Instrument nicht eingesetzt werden. Dafür gebe es das Instrument der Kapitalanlage-Garantien (auch für in D arbeitende israelische Unternehmen nach deutschem Recht).

Auch dieser Fragenbereich könne durch die Gespräche der Beauftragten Kastrup/Ben-Natan weiter aufgeklärt werden.

k) Frage der Mitgliedschaft Israels in westlicher VN-Regionalgruppe (WEOG)[22]

BM würdigte israelische Annäherung an VN und wies auf bisherige nachdrückliche Unterstützung Israels durch D im VN-Bereich hin. BM signalisierte Wohlwollen, wies zugleich auf sachliche Schwierigkeiten (im Zwölfer-Kreis, in WEOG selbst) hin.

l) Abgelehnte Ausfuhren von ABC-Schutzanzügen/von Dekontaminationsausrüstung

BM erklärte, er verstehe, dass Israel Schwierigkeiten mit dieser deutschen Entscheidung habe (vor allem wegen Lieferung von 100 000 ABC-Schutzanzügen im Golfkrieg, da-

19 Für das Gespräch des StS Kastrup mit dem israelischen Sonderbotschafter Ben-Natan am 7. Dezember 1992 vgl. Dok. 427.

20 German Israeli Foundation.

21 Für den Vertrag vom 24. Juni 1976 zwischen der Bundesrepublik und Israel über die Förderung und den gegenseitigen Schutz von Kapitalanlagen nebst Anlagen vgl. BGBl. 1978, II, 210–219.

22 Zum israelischen Wunsch nach Aufnahme in die westliche Regionalgruppe WEOG bei den VN vgl. Dok. 303, Anm. 13.

mals jedoch besondere Ausnahmesituation[23]). BM erklärte sich bereit, diese Frage noch einmal im BSR zu besprechen und sorgfältig überprüfen zu lassen. Dies sei keine Zusage, Ergebnis der Prüfung sei nicht vorhersehbar.[24]

4) Vize-AM *Beilin* erläuterte an dieser Stelle noch einmal eingehend die israelischen Überlegungen, die hinter den ISR-Bitten um Unterstützung bei einer möglichst einheitlichen Anti-Boykott-Regelung der EG und bei der VN-WEOG-Frage stehen. Er bat deutsche Seite, das ihr Mögliche zu tun.

5) AM *Peres* würdigte die präzisen und hilfreichen Ausführungen des Bundesministers. Sein Besuch sei aus israelischer Sicht von so hervorgehobener Bedeutung, dass er ein gemeinsames Kommuniqué anregen wolle.

Peres skizzierte kurz, wie einige der obigen Themenbereiche darin angesprochen werden könnten. Dabei erwähnte er auch den israelischen Wunsch nach evtl. Drittland-Zusammenarbeit im Forschungsbereich in den GUS-/MOE-Staaten und die weitere israelische Bitte, die Frist für Entschädigungsanträge bei der kürzlich zwischen der Claims Conference und der Bundesregierung erfolgreich abgeschlossenen neuen Vereinbarung[25] um „einige Monate" zu verlängern (zu Letzterem signalisierte deutsche Seite – auch wegen Zuständigkeit BMF – sofort Ablehnung; beide Petita wurden nicht in Kommuniqué aufgenommen).

Die Einzelheiten könnten von den Beamten beider Seiten am Nachmittag ausgearbeitet werden.[26]

6) BM stimmte dem Vorschlag einer gemeinsamen Verlautbarung grundsätzlich zu (am Abend ausgearbeiteter Text s. Anlage).

B 36, ZA-Bd. 185343

23 Zur Überlassung von ABC-Schutzausrüstung an Israel vgl. AAPD 1990, II, Dok. 406, und AAPD 1991, I, Dok. 35.

24 In einem Ministergespräch bei BK Kohl am 9. Dezember 1992 erläuterte BM Kinkel den israelischen Wunsch nach ABC-Schutzanzügen und legte dar, „dass seines Erachtens der Export dieser Schutzanzüge nicht unproblematisch sei, weil sie zum Schutz des Personals bei der Herstellung von C-Waffen und zum Schutz auch der Angreifer bei der Anwendung von C-Waffen Anwendung finden könnten." Kohls Frage, „ob wir im Falle einer konkreten Bedrohung Israels, wie sie im Golfkrieg aufgetreten sei, liefern würden", bejahte Kinkel. StM Schmidtbauer, Bundeskanzleramt, und Generalinspekteur Naumann wandten ein, dass die zum Export vorgesehenen ABC-Schutzanzüge „nicht gerade zweckmäßig für den Schutz des zur Produktion von C-Waffen eingesetzten Personals wären". Kohl betonte, „dass die Lieferung an Israel von vornherein unter den Vorbehalt zu stellen sei, dass die Israelis Verständnis auch für die Lieferung an arabische Länder aufbrächten." Vgl. den Gesprächsvermerk; B 1, ZA-Bd. 178913.

25 Zur Vereinbarung mit der Jewish Claims Conference vgl. Dok. 287.

26 Botschafter von der Gablentz, Tel Aviv, resümierte am 20. November 1992 die operativen Folgerungen aus dem Besuch von BM Kinkel vom 17. bis 19. November 1992 in Israel. Sein Vermerk lag BM Kinkel am 28. November 1992 vor, der darauf handschriftlich für StS Kastrup vermerkte: „Bitte das Besprochene aufnehmen." Vgl. B 36, ZA-Bd. 185343. Vgl. Anm. 1.

379

Gespräche des Bundesministers Kinkel in Tunis

311-322.00 IRN **19. November 1992**[1]

BM-Reise nach Israel und Tunesien (17.–20.11.1992);
hier: Gespräche mit dem tunesischen Außenminister Ben Yahia und dem tunesischen Staatspräsidenten Ben Ali, 19.11.92, Tunis

BM traf mit AM Ben Yahia zunächst während eines zweistündigen Mittagessens zusammen (weitere Teilnehmer auf deutscher Seite: Botschafter Kunzmann, Dg 31[2]; auf tunesischer Seite: Botschafter Karboul; UA-Leiter Europa im tunesischen Außenministerium). Das Gespräch wurde dann im selben Kreis im Arbeitszimmer des Ministers im tunesischen Außenministerium fortgesetzt. Das anschließende Delegationsgespräch im größeren Kreis wurde alsbald unterbrochen, um den Termin beim Staatspräsidenten wahrzunehmen. Dg 42[3], RL 311[4] und BR Herz setzten die bilateralen Gespräche fort, die vor allem wirtschaftlichen Themen galten. Am Gespräch mit dem Staatspräsidenten nahmen auf deutscher Seite wiederum BM, Botschafter Kunzmann und Dg 31, auf tunesischer Seite AM Ben Yahia und Botschafter Karboul teil.

I. Unterredung mit AM Ben Yahia während des Mittagessens

BM unterrichtete seinen Gastgeber zunächst über den Inhalt seiner Gespräche in Israel[5]. Er schloss mit einer Schilderung der Umstände, die die geplante Begegnung mit Palästinensern in Jerusalem vereitelten. Es sei eine interne palästinensische Angelegenheit, wenn die PLO, weil er mit ihr in Tunis nicht zusammentreffe, die Palästinenser in Jerusalem anweise, sein – des BM – Angebot zu einem Gespräch auszuschlagen.[6] Er reagiere darauf mit großer Gelassenheit. Er wisse um die Rolle, die die PLO spiele, beabsichtige aber nicht,

1 Kopie.
Der Gesprächsvermerk wurde von MDg Bartels am 25. November 1992 gefertigt und am selben Tag über MD Schlagintweit und StS Kastrup an BM Kinkel „mit der Bitte um Billigung“ geleitet.
Hat in Vertretung von Schlagintweit MDg Sulimma am 26. November 1992 vorgelegen.
Hat StS Kastrup am 26. November 1992 vorgelegen.
Hat BM Kinkel am 28. November 1992 vorgelegen.
Hat VLR I Gerdts am 30. November 1992 vorgelegen, der den Rücklauf an Bartels verfügte.

2 Herwig Bartels.

3 Wilhelm Schönfelder.

4 Peter Dassel.

5 Zum Besuch des BM Kinkel vom 17. bis 19. November 1992 in Israel vgl. Dok. 364 und Dok. 378.

6 Botschafter von der Gablentz, Tel Aviv, informierte am 11. November 1992 über mögliche Gesprächspartner, Termin- und Ortsfestlegungen für ein Gespräch des BM Kinkel mit palästinensischen Vertretern bei dessen Besuch vom 17. bis 19. November 1992 in Israel. Vgl. DB Nr. 1189; B 36, ZA-Bd. 185343.
Am 16. November 1992 wies VLR I von Hoessle die Botschaft in Tel Aviv an, „unverzüglich auf dem bisherigen Gesprächskanal gegenüber der palästinensischen Seite richtigstellend Folgendes mitzuteilen: Es gab und gibt keine ‚Erklärung des AA, wonach Gespräch BM mit Palästinenser-Vertretern aus den israelisch besetzten Gebieten ein Treffen mit PLO-Vertretern in Tunis überflüssig mache‘. Es ist Sache der palästinensischen Seite (Feisal Husseini, Abu Zayyad), zu überlegen, welche Schlussfolgerung sie aus dieser Richtigstellung im Hinblick auf das von BM Dr. Kinkel angebotene Gespräch ziehen will.“ Vgl. den DE; B 36, ZA-Bd. 185343.

Abb. 15: BM Kinkel mit dem tunesischen Präsidenten Ben Ali und AM Ben Yahia

die bisherige offizielle Politik der Bundesregierung in der Frage der Beziehungen zur PLO zu ändern.

BM griff Hinweis *AM* auf, dass er bei der Gestaltung seines Besuchs in Tunesien selbstverständlich souverän sei. Der PLO, so *BM*, sei zu verstehen zu geben, dass ein deutscher AM frei sein müsse, nach Tunesien zu reisen, ohne gleichzeitig die PLO zu sehen. Eine solche Reise könne nicht von der Zustimmung der PLO abhängig gemacht werden. Sollte die PLO über die entstandenen Probleme kein Stillschweigen wahren, werde er die Hintergründe offenlegen und klarstellen, dass die PLO ihr Gastrecht in Tunesien verletze.

AM betonte, es bestehe kein Grund für Beunruhigung. Es sei dies keinesfalls der erste Besuch eines Außenministers in Tunis, der nicht zugleich die PLO sehe (u.a. Baker[7]). Leider mache die PLO, wie auch in diesem Falle, immer wieder Fehler. Hätte die tunesische Regierung von den Schwierigkeiten gewusst, wäre es ihr dank guter Kanäle zur PLO möglich gewesen, auf eine Begegnung BM mit Palästinensern in Jerusalem hinzuwirken.

Tunesien habe im NO-Konflikt immer eine ausgleichende, konstruktive Rolle gespielt. Als erster arabischer Staatsmann habe sich Präsident Bourguiba für einen friedlichen Ausgleich mit Israel eingesetzt: Tunesien sei daraufhin aus der Arabischen Liga ausgeschlossen worden. 1982, nach der israelischen Invasion im Libanon, habe Tunesien erneut vermittelt und der PLO Gastrecht unter der Bedingung angeboten, dass sie sich nicht in die internen Angelegenheiten Tunesiens einmische. Tunesien nehme der PLO gegenüber eine neutrale Haltung ein, während die anderen arabischen Staaten die Palästina-Frage stets für ihre eigenen Zwecke instrumentalisierten.

7 Der amerikanische AM Baker hielt sich am 4. August 1991 in Tunesien auf.

1989 habe sich die Erkenntnis durchgesetzt, dass die Einleitung eines Friedensprozesses unumgänglich sei. Alle Seiten, selbst Assad, seien zu Gefangenen ihrer eigenen Rhetorik geworden. Arafat habe viele Fehler gemacht, doch ihm stehe das historische Verdienst zu, innerhalb der PLO eine breite Strömung für Frieden durchgesetzt zu haben. Es sei Arafat nicht leichtgefallen, die Madrider Teilnahmeformel[8], die die PLO vom Verhandlungsprozess ausschließe, auf amerikanisches Drängen hin zu akzeptieren. Die PLO sei jetzt in einer äußerst schwierigen Lage, und dies aus zwei Gründen:

- Die bilateralen Verhandlungen[9] bewegten sich mit unterschiedlichem Tempo voran: Die PLO befürchte, abgehängt zu werden, weil Israel die Anwendbarkeit von SR 242[10] für die besetzten Gebiete in der Interimsphase nicht akzeptiere.
- Die PLO werde von der fundamentalistischen Rechten und der extremen Linken in die Zange genommen. Iran unterstütze die palästinensischen Fundamentalisten Hamas (Teheran habe kürzlich 22 Mio. $ an Hamas gezahlt, das PLO-Büro geschlossen und stattdessen ein Hamas-Büro zugelassen) und so auch die Golfstaaten aus Rache für die pro-irakische Haltung Arafats im Golfkrieg. Syrien wiederum unterstütze die in Damaskus residierenden linken politischen Splittergruppen, die in Opposition zur Friedenspolitik Arafats ständen. Da Präsident Assad aus Gründen persönlicher Feindschaft Arafat bekämpfe und weder die USA noch die arabischen Hauptparteien einen Wechsel der Spieler im Friedensprozess wollten, werde Arafats Situation prekär. Für ihn seien schnelle Erfolge der einzige entscheidende Ausweg. Insofern sei seine Interessenlage wie die der USA, der Europäer und Israels. Gelinge eine Überwindung dieser Schwierigkeiten nicht, gewinne Hamas die Wahlen in den besetzten Gebieten, was sowohl Iran als auch Schamir und dem Likud in die Hände spiele. Dies würde eine Rückkehr zu Extremismus, Blutvergießen und Hoffnungslosigkeit bedeuten. Europa und Araber seien folglich aufgerufen, den friedensbereiten Kurs der PLO abzustützen.

BM erkundigte sich nach der spezifischen Rolle Tunesiens gegenüber der PLO und im Maghreb.

AM verwies auf die besondere Stellung Tunesiens als nächster Nachbar Europas. Präsident Ben Ali habe ein enges, vertrauensvolles Verhältnis zu Arafat, er sei quasi sein Beichtvater und könne ihn – wenn erforderlich – mäßigen. Jetzt müsse aber vermieden werden, dass der Friedensprozess entgleise. Je länger er dauere, je mehr Gefahren drohten. Gegenwärtig warteten Araber wie Israelis, sich dies gegenseitig vorwerfend, auf die Clinton-Administration[11].

Auch die israelische Regierung bedürfe der Unterstützung Europas und der Araber: Der israelischen Bevölkerung müsse ein Gefühl der Sicherheit gegeben werden. Die tunesische Regierung werde daher, um das Eis zu brechen, zur übernächsten Sitzung der „Arbeitsgruppe Flüchtlinge" im multilateralen Friedensprozess im Frühsommer nach Tunis einladen; die nächste Sitzung in Oslo solle in den Februar vorverlegt werden. Die PLO

[8] Zur Friedenskonferenz über den Nahen Osten vom 30. Oktober bis 1. November 1991 vgl. Dok. 15, Anm. 6.

[9] Zu den bilateralen Nahost-Verhandlungen vgl. Dok. 364, Anm. 7.

[10] Für die Resolution Nr. 242 des VN-Sicherheitsrats vom 22. November 1967 vgl. UNITED NATIONS RESOLUTIONS, Serie II, Bd. VI, S. 42f. Für den deutschen Wortlaut vgl. EUROPA-ARCHIV 1969, D 578f.

[11] Am 3. November 1992 fanden in den USA Präsidentschaftswahlen statt, aus denen der Kandidat der Demokratischen Partei, Clinton, als Sieger hervorging. Vgl. Dok. 355.

habe nach langen Gesprächen zugestimmt. Israelis kämen also nach Tunis, dem Sitz der PLO! Darüber hinaus müsse das gemäßigte arabische Lager (Tunesien, Ägypten) eng mit den USA und Europa zusammenarbeiten, um die Stärkung von Hamas und die Rückkehr des Likud an die Macht zu verhindern. Die ersten Signale aus dem Clinton-Lager stimmten optimistisch. Ein ihm befreundeter enger Berater Lee Hamiltons habe kürzlich in Tunis eingeräumt, Clinton brauche noch Zeit, seine bisherige pro-israelische Haltung zu modifizieren, ohne dabei das Vertrauen der israelischen Bevölkerung erschüttern zu wollen.

BM ergänzte, Rabin habe nur zwei Jahre Zeit, bis er einer neuerlichen Konfrontation mit dem Likud ausgesetzt sei. In dieser Frist wolle er den Friedensprozess unumkehrbar machen.

BM schnitt dann die Frage der Menschenrechte in Tunesien[12] an, die er nur in kleinem Kreis erörtern wolle. Er unterstrich sein persönliches Engagement.

AM betonte, die Entscheidung Präsident Ben Alis für eine offene, demokratische und pluralistische Gesellschaft sei irreversibel. Durch ein neues Wahlgesetz hofften sie, die Oppositionsparteien stärker einbinden zu können. Zur tunesischen Liga für Menschenrechte: Sie sei aus rein gesetzestechnischen Gründen aufgelöst worden, könne aber weiter frei agieren. Die Liga-Mitglieder seien jedoch untereinander gespalten, was eine Neugründung erschwere.

BM übergab AM Unterlagen zur deutschen Kandidatur für den FAO-Vorsitz[13], zur Bewerbung Bonns um den Sitz von VN-Organisationen[14] und zum Siemens-Angebot für ein Kraftwerk in Tunesien.[15]

AM sicherte seine Hilfe zu, wenn Siemens ein wettbewerbsfähiges Finanzierungsangebot vorlege – die technische Qualität der Leistungen von Siemens seien über jeden Zweifel erhaben.

II. Delegationsgespräch im kleinen Kreis im Außenministerium

BM sprach Einladung zum Gegenbesuch aus.

AM hob die Qualität der freundschaftlichen Beziehungen zwischen beiden Ländern hervor. Tunesien sei eine friedliche Insel zwischen dem mit Embargo belasteten Libyen[16]

12 VLR I Dassel legte am 9. November 1992 dar: „Hauptproblem der tunesischen Innenpolitik ist, wie in einer Reihe von anderen arabischen Staaten, die Auseinandersetzung mit dem islamischen Fundamentalismus. [...] So versucht die Regierung energisch, aber mit rechtsstaatlichen Mitteln, den Wirkungskreis der eigenen fundamentalistischen Bewegung ‚Ennahda' (Wiedergeburt) einzudämmen. Im September 1992 wurden ca. 250 Islamisten zu Haftstrafen verurteilt. Die Rechtsstaatlichkeit der Prozesse ließ dabei in einigen Fällen zu wünschen übrig. Die ‚Ennahda-Prozesse' haben in den letzten Monaten zu Klagen von Menschenrechtsorganisationen über Menschenrechtsverletzungen (z. B. durch Amnesty International) geführt. [...] Tunesien steht, was Reformen zu mehr Rechtsstaatlichkeit und die Gewährleistung der Menschenrechte angeht, erst am Anfang eines langwierigen Prozesses. Im Gegensatz zu vielen anderen Ländern der arabischen Welt sind jedoch die Probleme von der Regierung erkannt." Vgl. B 36, ZA-Bd. 170217.

13 Zur deutschen Kandidatur für den Posten des FAO-GD vgl. Dok. 301, Anm. 19.

14 Zur Frage der Einrichtung eines Nord-Süd-Zentrums vgl. Dok. 129, Anm. 12.

15 VLR Blaas übermittelte der BM-Delegation am 17. November 1992 ein Memorandum der Firma Siemens „zu Kraftwerksprojekt Rades (Tunesien) mit der Bitte um Übernahme in BM-Gesprächsmappe". Dazu teilte er mit: „Obwohl Antrag auf Hermes-Deckung bis jetzt nicht von Siemens gestellt wurde, steht nach Einschätzung der Abteilung 4 zu erwarten, dass entsprechender Antrag positiv beschieden wird." Vgl. DE Nr. 2983; B 36, ZA-Bd. 170218.

16 Zu den VN-Sanktionen gegen Libyen vgl. Dok. 95.

und dem von Bürgerkrieg bedrohten Algerien[17]. Die Wachstumsrate der Wirtschaft betrage 8,4% – ohne Öl, nur dank menschlicher Kapazitäten. AM kam auf Vorschlag Staatspräsidenten zurück, die jährlichen KH-Rückflüsse in Höhe von 106,3 Mio. DM (bei Neuzusagen 45 Mio. FZ und 15 Mio. TZ) für Umweltprojekte im Lande einzusetzen[18], zunächst in einer Test-Operation mit ein bis zwei Jahresraten.

BM sagte zu, Frage erneut prüfen zu lassen: Er könne – mit Hinweis auf Problematik – keine Versprechungen machen.

Die Höhe der EG-Hilfe, so der *AM*, entspreche nicht tunesischen Erwartungen. Für ein Strukturanpasungsprogramm zugunsten verstärkter Privatisierung benötigten sie mehr Mittel. Die Kommission, Paris, Rom und Madrid seien dazu bereit, verwiesen jedoch auf den Widerstand der nordeuropäischen EG-Staaten. Diese wiederum setzten auf Liberalisierung des Handels, womit die europäischen Mittelmeer-Anrainer wegen einer ähnlichen Produkt-Palette Schwierigkeiten hätten. Mehr Hilfe führe zu mehr Stabilität, weniger Arbeitslosigkeit und weniger Migration.

III. Gespräch mit Präsident Ben Ali

BM dankte für herzliche Aufnahme bei erstem Besuch in arabischem Land seit Amtsübernahme. AM Ben Yahia und er hätten sich sofort gut verstanden. Er richtete herzliche Grüße des Bundespräsidenten aus, der Gegeneinladung zu Staatsbesuch im Oktober 1993 gern angenommen habe.[19] Er freue sich, in Begleitung des Bundepräsidenten Tunesien im kommenden Jahr wieder besuchen zu können. BM übermittelte ferner Grüße von BM a. D. Genscher. Er unterrichtete Präsident über seine Eindrücke in Israel.

Präsident unterstrich die guten, fruchtbaren und freundschaftlichen Beziehungen zwischen beiden Staaten. Im Friedensprozess sei Tunesien bemüht, unterschiedliche Positionen zu harmonisieren. Auf Bitten der USA wirke er mäßigend auf die PLO ein. Sein persönliches Verhältnis zu Arafat sei ausgezeichnet. Es wäre ihm ein Leichtes gewesen, die Schwierigkeiten bei der Begegnung BM mit Palästinensern in Jerusalem auszuräumen, zumal die PLO D sehr schätze.

BM bemerkte, er wisse um die wichtige Rolle der PLO. Überdies habe zuerst D die Grundsatzposition der Anerkennung des Selbstbestimmungsrechts für Palästinenser vertreten.[20] Die PLO dürfe jedoch ihr Gastrecht in Tunesien nicht missbrauchen und Bedingungen bei offiziellen Besuchen in Tunesien stellen; dieser Frage komme besondere Bedeutung angesichts des bevorstehenden Besuches des Bundespräsidenten zu.

Präsident hob das große Ansehen D im gesamten Maghreb und die exemplarische deutsche E[ntwicklungs]-Hilfe hervor. Keinesfalls sei der Maghreb eine chasse gardée Frankreichs.

BM verwies auf die Brückenfunktion Tunesien als arabisches und islamisches Land zum christlich-abendländischen Europa und zu Afrika.

[17] Zur Lage in Algerien vgl. Dok. 113 und Dok. 433.

[18] Zu dem vom tunesischen Präsidenten Ben Ali bei seinem Besuch vom 16. bis 18. Juli 1990 in der Bundesrepublik vorgetragenen Wunsch nach einem aus dem Kapitalhilfeschuldendienst gespeisten revolvierenden Fonds vgl. AAPD 1990, II, Dok. 223, besonders Anm. 6 und 20.

[19] Bundespräsident Freiherr von Weizsäcker besuchte Tunesien vom 28. April bis 1. Mai 1993.

[20] Vgl. die Erklärung des Botschafters Freiherr von Wechmar, New York (VN), vor der VN-Generalversammlung am 19. November 1974; UN General Assembly, 29th Session, Plenary Meetings, S. 969f. Vgl. ferner AAPD 1974, II, Dok. 339.

Präsident betonte tunesische Entschlossenheit, einjährigen Vorsitz in der UMA[21] aktiv wahrzunehmen.

BM sprach Präsident Anerkennung für persönliches Engagement in Menschenrechtsfragen aus und verwies auf kürzliche afrikanische Vorkonferenz der Wiener MR-Konferenz[22] in Tunis.

Präsident dankte für Verständnis. Tunesien sei eine junge Demokratie. Nach jahrzehntelanger Herrschaft der Einheitspartei seien neue Denkweisen erforderlich. Der politische Wille zur Demokratie sei stark. Demokratie- und Menschenrechtsfragen würden jetzt in den Schulen unterrichtet. Es gebe noch zahlreiche Hindernisse. Konstruktive Kritik aus dem Ausland sei erwünscht, destruktive Kritik könne den Prozess nur gefährden.

BM unterstrich, dass D insoweit anderen Staaten keine Vorschriften mache, sondern nur ermutige.

Präsident dankte für verständnisvolle deutsche Haltung und schilderte Schwierigkeiten mit Änderung Wahlgesetzes, um die alle seine Vorschläge ablehnenden Oppositionsparteien einbinden zu können.

Präsident legte Wert auf Feststellung, dass 5+5-Prozess[23] ohne Teilnahme Ds nicht vorstellbar sei. Er könne nur als Vorstufe eines 5+12-Prozesses, zur Anbahnung wichtiger Entscheidungen im erweiterten Rahmen, dienen.

BM unterrichtete Präsident ausführlich über die Problematik des Maastricht-Vertrages. Um das europäische Momentum zu erhalten, sollten die Beitrittsverhandlungen mit EFTA-Staaten nicht mehr von der weiteren Entwicklung abhängig gemacht werden, sondern bereits am 1.1.93 beginnen.

Präsident versprach emphatisch, als Präsident der UMA 1993 und der OAU 1993 für D zu werben.

BM sprach Präsident auf das Kraftwerks-Angebot von Siemens an.

Präsident sicherte zu, nach Kräften zu helfen, denn auch D helfe so viel. Allerdings müssten die Finanzbedingungen stimmen.

Präsident wiederholte sein Petitum der Verwendung der KH-Rückflüsse für Umwelt-Projekte in Tunesien. Auf die ausführliche Schilderung BMs der innenpolitischen Probleme und der finanziellen Belastungen infolge Wiedervereinigung antwortete Präsident: Das sind die Probleme einer „grande puissance". Er schloss mit Grüßen an Bundespräsident und Bundeskanzler.

B 36, ZA-Bd. 170217

21 Union du Maghreb Arabe.

22 Die Weltkonferenz über Menschenrechte fand vom 14. bis 25. Juni 1993 statt. Vgl. AAPD 1993.

23 Zum „5+5-Prozess" vgl. Dok. 35, Anm. 7.

380

Drahtbericht des Botschafters Schlingensiepen, Damaskus

VS-NfD **Aufgabe: 19. November 1992, 15.00 Uhr**[1]
Fernschreiben Nr. 1568 **Ankunft: 20. November 1992, 08.07 Uhr**
Citissime

Betr.: Aktivitäten der Hisbollah in Bosnien-Herzegowina

Im Zusammenhang mit einer Recherche über das Abflauen der Kampfhandlungen im Süd-Libanon erhielt Verteidigungsattaché[2] aus gewöhnlich gut informierter Quelle folgende Informationen:

I. Sachverhalt

1) Am 17. November fand in Beirut eine „Konferenz für die Unterstützung der muslimischen Brüder in Bosnien-Herzegowina" statt. Den Vorsitz der Konferenz führte Scheik Kassim, der in der Hisbollah-Hierarchie als hochrangig betrachtet wird.

2) Diese Konferenz fand in einer stark emotionalen Atmosphäre statt. Man erklärte, die Muslime fühlten sich durch Europa und USA betrogen u. im Stich gelassen. Es sei nunmehr Gottes Wille, dass den Brüdern in B.-H. sofort geholfen wird. 125 000 Muslime, davon 15 000 Kinder, seien durch die Serben ermordet worden, 30 000 Frauen vergewaltigt und die Hälfte dieser Frauen schwanger. Muslimisches Blut sei unrein geworden.

3) Die bereits in B.-H. stationierten Hisbollah-Spezialisten (ca. 100?) seien unverzüglich durch Kämpfer zu unterstützen.

4) Neben der aktiven Verstärkung wurden zwei Hilfsfonds bei Banken in Beirut eingerichtet. Diese wurden als Fonds zur humanitären/sozialen Unterstützung des muslimischen Brudervolkes getarnt. Als weitere Geldquelle wurde ein verstärkter Drogenschmuggel nach Europa ins Auge gefasst.

5) Ferner wurde bekannt, dass Saudi-Arabien bereits 20 Millionen Dollar und die Vereinigten Emirate 10 Millionen Dollar gespendet haben sollen. Diese Gelder gingen aber direkt nach B.-H.

6) Neben der Entsendung von Hisbollah-Freischärlern soll eine Kampagne zur Anwerbung von schiitischen Kämpfern aus den muslimischen Republiken der ehemaligen Sowjetunion gestartet werden.

7) Die Abhaltung dieser Konferenz wurde am 18.11.1992 anlässlich des Jahresempfangs von Oman durch den iranischen VgAtt gegenüber der Quelle bestätigt.

II. Bewertung

1) Es kann davon ausgegangen werden, dass die auf der Konferenz beschlossenen Maßnahmen mit dem Iran abgestimmt sind. Hisbollah-Kräfte stehen zur Verfügung, denn es scheint, dass der Einfluss des Syrien nahestehenden neuen libanesischen Verteidigungsministers Dalloul (Schiit) den Hisbollah-Kämpfern im Süd-Libanon vermehrt den Boden entzieht.

[1] Der Drahtbericht wurde von OTL i. G. Böhler, Damaskus, konzipiert.

[2] Volker Böhler.

2) Das Hisbollah-Problem könnte in syrischer und libanesischer Sicht künftig besser „kanalisiert“ werden:

- Radikale, schwer kontrollierbare Hisbollah-Kräfte werden im Süd-Libanon abgezogen und kommen in B.-H. zum Einsatz,
- gemäßigtere Hisbollah-Kräfte könnten kontrolliert im Süden verbleiben oder in die Ost-Bekaa zurückgenommen werden,
- etablierte Hisbollah-Kräfte setzen ihre Interessen als Partei im parlamentarischen System fort.

Die Auswirkungen auf den Friedensprozess wären in jedem Falle positiv, und die Begründung für die israelische Besetzung von Teilen des Süd-Libanons würde fragwürdiger. Die Voraussetzungen für ein israelisch-libanesisches Abkommen wären – bei syrischer Zustimmung – günstiger.[3]

3) Die Gefahr des Einsatzes von Hisbollah-Freischärlern in B.-H. muss ernst genommen werden. De facto würde dies bedeuten, dass in Europa ein Hisbollah-Problem entsteht.

4) Es kann davon ausgegangen werden, dass die Gelder der Hilfsfonds in erster Linie für die Beschaffung von Waffen genutzt werden. Nach einer Verschärfung des See-Embargos[4] wäre es gut denkbar, dass diese Waffen über den Iran – asiatisch-muslimische Republiken – Schwarzes Meer – Bulgarien/Rumänien nach Jugoslawien gelangen. Die Seewege über das Schwarze Meer bieten sich jetzt gut an[5].

5) Die Rekrutierung von nicht-arabischen/iranischen Hisbollah-Kämpfern aus dem Bereich der asiatischen Republiken könnte gleichzeitig als Tarnung für den Iran dienen, sprechen doch viele in diesen Völkern russisch und sind aus der Vergangenheit heraus „slawisch“ orientiert (slawische Muslime aus den Republiken kommen slawischen Muslimen in B.-H. zu Hilfe).

6) Die Gefahren eines verstärkten Drogenschmuggels nach Europa zur Finanzierung von Hisbollah-Aktivitäten sind nicht zu unterschätzen. Die ehemaligen Ostblockländer mit ihren vielfältigen arabischen Verbindungen (Ausbildung, Studium, Heirat, Geschäftsbeziehungen usw.) bieten sich als Transitländer geradezu an.

III. Zusammenfassung

Wenn diese Informationen zutreffen, könnte dies neben einer Entspannung der Lage im Süd-Libanon und positiven Auswirkungen auf den Friedensprozess für Europa bedeuten, dass Hisbollah-Aktivitäten für es eine neue Qualität erlangen, die vom direkten Kampfeinsatz über Terrorismus zur Geldwäsche bis hin zum Drogenschmuggel reichen.

Die o. g. Konferenz ist nur ein Steinchen im wachsenden Gebilde des islamischen Fundamentalismus. Europa, das sich bisher nicht in der Lage zeigt, auch nur mit den Problemen in Ex-Jugoslawien fertigzuwerden, wird sich aus Nahost künftig auf so manches gefasst machen müssen, was ganz andere Größenordnungen haben wird.

[gez.] Schlingensiepen

B 36, ZA-Bd. 196119

3 Vgl. die bilateralen Nahost-Verhandlungen; Dok. 364, Anm. 7.

4 Zur Verschärfung der Embargo-Maßnahmen gegen die Bundesrepublik Jugoslawien (Serbien/Montenegro) vgl. Dok. 372, Anm. 15.

5 Korrigiert aus: „gut zu an“.

381

Vermerk des Ministerialdirektors Chrobog

204-321.15-305/92 VS-vertraulich **20. November 1992**

Betr.: Treffen der Politischen Direktoren im kleinen Kreis am 16. November 1992 in London

Die Politischen Direktoren (D 2[1], Dejammet (F), Appleyard (GB), Niles (USA)) trafen sich am 16. November 1992 in London zu Konsultationen.

Die Tagesordnung umfasste folgende Themen:

1) Russland und die anderen Neuen Unabhängigen Staaten,

2) NATO,

3) Früheres Jugoslawien.

Chrobog

1) Russland und die anderen Neuen Unabhängigen Staaten

GB berichtete zunächst über den Jelzin-Besuch in London.[2] Jelzin habe sich wie üblich selbstbewusst, optimistisch und gut vorbereitet gezeigt. Er habe Zuversicht ausgedrückt, der internen Kritik Herr zu werden, und habe sogar gemeint, letztlich könne er auf die Unterstützung der Bürgerunion, Chasbulatows, des Militärs und des KGB bauen. Eine Kabinettsänderung werde er wohl vornehmen müssen; allerdings wolle er an Gajdar festhalten. Für den Volksdeputiertenkongress Anfang Dezember[3] sei vorgesehen, dass er, Jelzin, über die innere Lage, Chasbulatow über Gesetzgebungsfragen und Gajdar über den Fortschritt der Reformen sprechen solle. Auf diese Weise solle breite politische Verantwortung demonstriert werden. Jelzin habe seine Entschlossenheit bekundet, die Verlängerung seiner Sondervollmachten auf dem Kongress durchzusetzen.

Auf Frage D, welche Leistungen Großbritannien Jelzin bei dem offenbar sehr erfolgreich verlaufenen Besuch angeboten habe, erklärte GB, entscheidend für den Erfolg des Besuchs sei die politische Unterstützung für Jelzin gewesen. Mit den Ergebnissen der Gespräche über wirtschaftliche Zusammenarbeit, die außer einem erweiterten Angebot von Exportkrediten keine neue finanzielle Hilfe erbracht hätten, habe sich Jelzin zufrieden gezeigt.

US erklärte, dass dieses Szenario an Jelzins Washington-Besuch im Juni 1992[4] erinnere. Die Voraussetzung für Wirtschafts- und Finanzhilfe an Russland hätten sich im Übrigen seitdem nicht verbessert. Da Russland in diesem Bereich kaum Fortschritte mache, sei sehr schwer auszumachen, wie man Jelzin effizient helfen könne.

Als Einleitung zur Diskussion der Perspektiven für die Entwicklung Russlands im nächsten Jahr stellte GB drei Optionen vor (a): Koalition, b): Alleingang Jelzins, c): Machtübernahme durch die Konservativen). US meinte, dass der Weg zur Lösung a) bereits beschritten

1 Jürgen Chrobog.

2 Der russische Präsident Jelzin besuchte Großbritannien am 9./10. November 1992.

3 Zur Tagung des Kongresses der Volksdeputierten, die für den 1. bis 9. Dezember 1992 angesetzt war, vgl. Dok. 419, besonders Anm. 4.

4 Zum Besuch des russischen Präsidenten Jelzin vom 15. bis 18. Juni 1992 in den USA vgl. Dok. 186.

sei. Die Frage sei allerdings, an welchem Punkt taktische Zugeständnisse Jelzins an die Opposition seine Strategie beeinträchtigen und schließlich zunichtemachen würden. Option b) sei aus amerikanischer Sicht eher als Drohgeste Jelzins zu werten. Option c) sei unwahrscheinlich, weil die Opposition keine zusammenhängende Gruppe darstelle und ihre Chance eher in der Beeinflussung Jelzins als in der Machtübernahme sehe. Die USA stünden in Verbindung mit den Oppositionspolitikern, hüteten sich aber, sie in ihrer Opposition zu bestärken. Der scheidende Botschafter Strauss nutze seine Abschiedsbesuche dazu, Jelzin den Rücken zu stärken.

Auch D bezeichnete die erste Option als die wahrscheinliche Perspektive, wies jedoch darauf hin, dass Chasbulatow bei seinem letzten Gespräch mit Bundesminister Kinkel[5] sich keineswegs koalitionsbereit gezeigt habe, sondern Jelzin und seine Leute in äußerst aggressiver Weise angegriffen habe. Jelzins Plus sei es, dass er das Schicksal Gorbatschows vor Augen habe und davor gewarnt sei, sich mit Leuten zu umgeben, denen er nicht vertrauen könne. Jelzin werde unserer Einschätzung nach nicht stillschweigend darin einwilligen, dass seine politischen Ziele durch taktische Zugeständnisse kompromittiert würden. Er werde vielmehr für seine Politik kämpfen und dabei auch die Verfassung als Mittel einsetzen. Der Westen solle hierfür Verständnis haben. Die Opposition in Russland sei nicht geschlossen und habe keinen wirklichen Führer. Sie würde letztlich vor einer offenen Auseinandersetzung mit Jelzin und der damit verbundenen Gefahr einer wahrscheinlichen Niederlage zurückschrecken. Eine mögliche Perspektive sei, dass Jelzin in den nächsten Monaten mehr „Technokraten“ in sein Kabinett aufnehme.

Zu Beginn der Diskussion kurzfristiger Maßnahmen zur Unterstützung des Reformprozesses berichtete D, dass bei den Vorbereitungen für den für Mitte Dezember vorgesehenen Moskau-Besuch des Bundeskanzlers[6] die finanziellen Wünsche Russlands deutlich im Vordergrund stünden. Ein russischer Ansatzpunkt sei die deutsch-sowjetische Vereinbarung über die gegenseitige Aufrechnung des Wertes der von den sowjetischen Truppen in Ostdeutschland aufgegebenen Liegenschaften und der von diesen Truppen verursachten Umweltschäden. Während wir bereit seien, einer – letztlich die Umweltschäden bei weitem nicht aufwiegenden – „Null-Lösung“ zuzustimmen, gehe Russland von einer deutschen Ausgleichszahlung in Höhe von 5 bis 6 Milliarden DM aus. Hier stünden wir noch vor einem schwierigen Problem. Jede weitere Zahlung an Russland könne unserem Volk nur erklärlich gemacht werden, wenn es eine russische Gegenleistung gebe. Hier biete sich ein vorgezogener russischer Truppenabzug (etwa bis Ende 1993) an. Zugeständnisse auf unserer Seite sähe er nur in einer etwaigen Erhöhung der deutschen Wohnungsbauleistung für rückkehrende russische Soldaten. Für Jelzin hätte dies den politischen Vorteil, dass wir damit seine Position bei den russischen Streitkräften stützen würden.

Hinsichtlich des „Cut-off date“ für die Rückzahlung sowjetischer Schulden[7] erklärte D, dass für uns das vom US-Präsidenten[8] vorgeschlagene Datum 1. Januar 1992 äußerst

5 BM Kinkel führte am 7. Oktober 1992 in Moskau ein Gespräch mit dem russischen Parlamentspräsidenten Chasbulatow. Vgl. den Gesprächsvermerk; B 42, ZA-Bd. 221692.
Zu Kinkels Besuch am 6./7. Oktober 1992 vgl. Dok. 311, Dok. 314 und Dok. 315.

6 BK Kohl hielt sich am 15./16. Dezember 1992 in Russland auf. Vgl. Dok. 419 und Dok. 420.

7 Zur Frage der Altschulden der ehemaligen UdSSR vgl. Dok. 353.
VLR I Runge vermerkte am 30. November 1992, die Verhandlungen im Pariser Club seien am 27. November 1992 unterbrochen worden. Nach entsprechenden Vereinbarungen mit den anderen Nachfolgestaaten

problematisch sei, da dies Deutschland weit mehr als andere Gläubiger Russlands betreffe und bei uns zu einer Belastung von 10 bis 20 Milliarden DM über die nächsten zehn Jahre führen würde. Unsere finanziellen Beziehungen zu Russland seien zudem noch durch die ungelöste Frage der Transferrubelguthaben der früheren DDR erschwert.[9]

Bei der Prüfung von Hilfsleistungen für Russland, bezogen auf konkrete Wirtschaftsprojekte, stieße man immer wieder auf strukturelle Grenzen: Jelzin verweise an die russische Privatwirtschaft als Partner, die jedoch aus unserer Sicht noch nicht in der Lage sei, als Partner zu fungieren.

US bestätigte, dass es hinsichtlich der Zusammenarbeit mit der russischen Wirtschaft vor demselben Problem stehe. Grundsätzlich sei aus amerikanischer Sicht die russische Öl-Industrie nach wie vor ein Ansatzpunkt für Zusammenarbeit. Es [sei] jedoch ungemein schwer, in diesem Bereich geeignete Partner bei der russischen Privatwirtschaft zu finden.

Was das „Cut-off-Datum" angehe, sei zu bedenken, dass ein späteres Datum als der 1. Januar 1992 nur auf dem Papier stehen würde, da die Russen[10] die erforderlichen finanziellen Leistungen faktisch nicht erbringen könnten. Von russischer Seite werden die USA immer wieder auf die vorrangige Bedeutung des Schuldenthemas hingewiesen. So habe Schochin vorgeschlagen, dass die Finanzminister der G7 noch vor dem 1. Dezember nach Moskau kommen sollten. Das US-Finanzministerium habe sich dazu noch nicht geäußert, aus Sicht des State Department sei dies aber zu erwägen. GB fügte hinzu, dass auch an die stellvertretenden Finanzminister gedacht werden könne. D entgegnete, dass es, ganz abgesehen von den inhaltlichen Implikationen eines solchen Besuches, schon zeitlich kaum machbar sei, einen solchen Besuch noch zu organisieren.

US griff Frage der russischen Beziehungen zu den baltischen Staaten auf. Aus amerikanischer Sicht empfehle es sich, Verständnis für die russischen Interessen zu zeigen, ohne aber das von Russland aufgestellte Junktim zwischen der Anwesenheit russischer Truppen und einer Regelung der Minoritätenfragen[11] zu akzeptieren. In diesem Zusammenhang solle die Entsendung von KSZE-Teams nach Lettland und Estland erwogen werden. Was Est-

Fortsetzung Fußnote von Seite 1529

der UdSSR trete Russland inzwischen als alleiniger Verhandlungspartner auf: „Der aktuelle Vorschlag des Pariser Clubs für die Umschuldung sieht ein Umschuldungsvolumen für die Gläubigergruppe in Höhe von US-$ 13,5 Mrd. und Zahlungen der russischen Seite in Höhe von ungefähr US-$ 4,6 Mrd. im kommenden Jahr vor. Regulär umgeschuldet werden sollen nur die Vor-‚cut-off-date'-Fälligkeiten, wobei ein Rückzahlungszeitraum von zehn Jahren bei fünf tilgungsfreien Jahren zur Diskussion steht; die Nach-‚cut-off-date'- sowie die Fälligkeiten aus kurzfristigen Verbindlichkeiten sollen bereits in der tilgungsfreien Periode erledigt werden. Damit würde Russland gegenüber den ursprünglichen Fälligkeiten gegenüber Deutschland aus den Jahren 1992/93 in Höhe von DM 8,86 Mrd. vorerst nur Zahlungen in Höhe von DM 1,75 Mrd. (einschließlich Konsolidierungszinsen) zu leisten haben. [...] Wie der französische Vorsitzende des PC nach Vorlage des Umschuldungsvorschlags berichtete, hat die russische Seite heftig ablehnend reagiert. Man benötige zumindest ein einjähriges vollständiges Zahlungsmoratorium und eine tilgungsfreie Periode von sechs Jahren auf alle Forderungen." Runge bilanzierte: „Wenn die russische Seite weiter auf substanziellen Aufbesserungen des Umschuldungsangebots beharrt und unsererseits unter Abwägung aller Entscheidungsparameter der Abschluss einer Umschuldungsvereinbarung angestrebt wird, so kann dieses Ergebnis nur auf hoher politischer Ebene erzielt werden." Vgl. B 52, ZA-Bd. 173909.

8 George H. W. Bush.

9 Zu den bisherigen Gesprächen über das Transferrubelguthaben vgl. Dok. 250, besonders Anm. 13.

10 Korrigiert aus: „Sowjets".

11 Zum Stopp des Truppenabzugs aus den baltischen Staaten vgl. Dok. 356, Anm. 19.

land angehe, habe sich im übrigen Meri in seiner Haltung zu den Russen als gemäßigter als erwartet erwiesen. Meri habe selbst gegenüber amerikanischen Gesprächspartnern erklärt, dass nach Lage der Dinge Jelzin aus Sicht Estlands der bestmögliche Führer Russlands sei.

D bestätigte die positive Einschätzung Meris. Während es in Estland Fortschritte gebe, sei die Lage in Lettland nach wie vor sehr schwierig.

D griff das japanisch-russische Verhältnis auf, das nach wie vor durch den Streit um die Kurilen und die Absage des Jelzin-Besuches belastet sei.[12] Bei einem kürzlichen Gespräch habe der japanische G7-Sherpa[13] ihm gegenüber erklärt, dass die Frage einer Teilnahme Jelzins am Tokioter Gipfel[14] für Japan nicht aktuell sei, solange Jelzin nicht seinen Tokio-Besuch nachhole. US berichtete aus kürzlichem Gespräch mit dem japanischen Außenministerium (Abteilungsleiter Hyodo), dass Japan die Absage des Jelzin-Besuches noch nicht verwunden habe. Nach japanischer Auffassung könne Jelzin nicht mehr Vertrauen geschenkt werden als Gorbatschow.

GB berichtete aus Gesprächen der EG-Troika mit Japan, dass Japan der europäischen Argumentation für größere Flexibilität gegenüber Russland nicht zugänglich sei.

Hinsichtlich der Einladung Jelzins zum Tokioter Gipfel erklärte US, dass auf Japan sanfter Druck ausgeübt werden sollte, als Vorsitzender der G7 die gemeinsamen Interessen über seine eigenen nationalen Interessen zu stellen.

In diesem Zusammenhang wurde auch die Frage diskutiert, ob die NATO ein Zeichen der Unterstützung für Kosyrew durch Einladung zu dem Herbsttreffen der Außenminister[15] nach Brüssel geben solle. Es bestand Einvernehmen, dass Teilnahme Kosyrews an einem Frühstück der NATO-Außenminister ins Auge gefasst werden sollte.

Grundsätzlich wurde festgestellt, dass Russland an westliche Konsultationsforen herangeführt werden müsse, um seiner Größe und Bedeutung entsprechend weltpolitisch mitzuwirken. Es bestand auch Einvernehmen, dass dies geschehen müsse, ohne die Ukraine vor den Kopf zu stoßen. Gleichwohl bestehe, so US, ein qualitativer Unterschied: Russland sei für den Westen „principal partner", während die Ukraine ein „important partner" sei. Nach einer kurzen Diskussion über geeignete Foren für Konsultationen mit Russland fand D mit seiner Feststellung Zustimmung, dass es auf die Bewahrung – und gegebenenfalls den Ausbau – der Formel „G7+Russland" ankomme und dass in diesem Sinne auch Jelzin zu dem Tokioter Gipfel eingeladen werden müsse.

US warf die Frage nach der westlichen Reaktion auf eine denkbare Alleinherrschaft Jelzins auf. Eine Reformpolitik mit nicht-demokratischen Mitteln stelle den Westen vor ein Dilemma. Es bestand Einvernehmen, dass in einem solchen Fall eine übereilte Reaktion vermieden werden müsse und die westlichen Länder ihre Position sorgfältig abstimmen sollten.

GB wies darauf hin, dass in diesem Fall auf Jelzin eingewirkt werden solle, seine Außenpolitik (z.B. russisches Verhalten im VN-Sicherheitsrat, russische Proliferationspolitik) wie bisher weiterzuführen.

12 Zur Kurilenfrage vgl. Dok. 13, Anm. 43.
Zur Absage des Besuchs des russischen Präsidenten Jelzin in Japan vgl. Dok. 302, Anm. 10.

13 Kōichirō Matsuura.

14 Vom 7. bis 9. Juli 1993 fand in Tokio der Weltwirtschaftsgipfel statt. Vgl. AAPD 1993.

15 Zur NATO-Ministerratstagung am 17. Dezember 1992 vgl. Dok. 431.

US gab zu bedenken, dass sich Jelzin als Übergangsfigur herausstellen könne und dass es deswegen angebracht sei, bereits jetzt darauf zu achten, welche Politiker die nachfolgende Generation bilden könnten.

Bei der Diskussion über Wirtschaftskooperation stand der Energiebereich im Vordergrund. US berichtete über besonderes Interesse der amerikanischen Wirtschaft in diesem Bereich, aber auch über Schwierigkeiten im Umgang mit russischen Partnern. Die Zusammenarbeit mit Kasachstan und Aserbaidschan sei im Vergleich dazu wesentlich einfacher.

D berichtete über zwei deutsche Kooperationen (Deminex und Preussag): Auch hier gebe es Schwierigkeiten mit privaten Partnern, hinzu käme noch unklare regionale Zuständigkeit auf russischer Seite.

GB schlug vor, dass Energieexperten der westlichen Partnerländer Russlands zu einem Gedankenaustausch zusammenkommen sollten.

US warf die Frage des russischen Waffenexports auf, der Sorgen bereite (Lieferung von U-Booten an Iran), räumte jedoch ein, dass Russland nicht einfach seine Rüstungsindustrie schließen könne. Gerade Russland und Ukraine müssten jedoch wegen ihrer technologisch hochentwickelten Rüstungsprodukte beobachtet werden. D wies darauf hin, dass sich die Problematik ähnlich auch hinsichtlich der Slowakei stelle.

Zur Lebensmittelsituation meinte GB, aufgrund der guten Ernte seien deutlich mehr Vorräte vorhanden als vor einem Jahr. US fügte hinzu, dass zwar ausreichend Nahrungsmittel vorhanden seien, wegen der hohen Preise aber gleichwohl Probleme entstehen könnten. Wir müssen darauf vorbereitet sein, Nahrungsmittelhilfe in diesem Sinne gezielt einzusetzen. Ernsthafte und weitverbreitete Lebensmittelknappheit sei für Georgien, Armenien und insbesondere Tadschikistan zu erwarten.

Zur Kooperation im Bereich der Nuklearkraftwerke bemerkte US, dass die amerikanischen Ausbildungsprojekte in der Ukraine und Russland gut liefen. GB zeigte sich besorgt, dass EG-Kommission in diesem Bereich noch wenig Erfolg zu verzeichnen habe.

F, der verspätet eintraf, berichtete über sein kürzliches Gespräch mit dem französischen Botschafter in Moskau[16]. Dieser habe die Lage in Russland relativ positiv beurteilt und die Gefahr einer konservativen Machtübernahme als nicht wahrscheinlich bezeichnet. Kosyrew habe sich dem Botschafter gegenüber zuversichtlich gezeigt und gemeint, im außenpolitischen Bereich könne der Westen Jelzin am besten dadurch unterstützen, dass er Sympathie für nationale Interessen Russlands zeige, zum Beispiel hinsichtlich der Kurilen, der baltischen Staaten und Jugoslawiens.

Der stellvertretende französische Finanzminister, der sich derzeit in Moskau aufhalte, spreche dort über die Möglichkeit, die in den letzten zwei Jahren gegebenen französischen Kredite in Höhe von 20 Milliarden Francs um weitere 3 Milliarden Francs aufzustocken.

F berichtete weiter über russischen Wunsch, bei der Zerstörung der chemischen Waffen vom Westen finanziell unterstützt zu werden. Der russischen Vorstellung, noch vor der Unterzeichnung des CW-Abkommens[17] entsprechende Zusicherungen zu bekommen, habe sich Frankreich aber energisch widersetzt. D berichtete über deutsche Hilfe an Russland in diesem Bereich.[18]

[16] Pierre Morel.

[17] Zum Abschluss der Genfer CW-Verhandlungen vgl. Dok. 277.

[18] Botschafter Holik unterrichtete die Botschaft in Moskau am 23. Oktober 1992, die Bundesregierung gehe davon aus, dass Russland „seine Bereitschaft zur Zeichnung des CW-Übereinkommens nicht von

2) NATO

Die Diskussion wurde von unterschiedlichen Positionen von US und F zur Behandlung der Peacekeeping-Aufgaben durch die NATO bestimmt. US sprach sich für Behandlung der politischen Aspekte im 16er-Rahmen aus, machte jedoch deutlich, dass spezifische Fragen der Nutzung der militärischen Fähigkeiten der NATO im DPC-Rahmen behandelt werden müssten. Die Rolle des DPC, das die integrierte Allianzstruktur repräsentiere, dürfe nicht auf technische Fragen reduziert werden. Zu dem britischen Vorschlag, eine ständige Kommission für Peacekeeping und crisis management einzurichten, meinte US, dies werde von den USA noch geprüft, keinesfalls dürfe es aber zu einer Beschränkung der Zuständigkeit des DPC kommen.

F wies darauf hin, dass es sich hier um eine für Frankreich hochpolitische Frage handele. Aus französischer Sicht sei Verteidigung immer noch die Hauptaufgabe der NATO. Frankreich erkenne aber auch an, dass die Funktion der NATO ausgeweitet werden müsse, um die auch aus französischer Sicht essenzielle militärische Präsenz der USA in Europa zu stützen. Frankreich verstehe, dass die Ausweitung der NATO-Rolle auf Peacekeeping auch dazu diene, substanzielle transatlantische Beziehungen aufrechtzuerhalten. Frankreich habe mit dieser Peacekeeping-Rolle der NATO keine Probleme, sofern die NATO im Auftrag der befugten Organisationen (KSZE unter Kapitel VIII der VN-Charta[19], VN-Sicherheitsrat) handle. Die Behandlung des Peacekeeping-Themas in der NATO sei aus französischer Sicht in erster Linie Aufgabe der Sechzehn. Dieser Rahmen solle so weit wie möglich beibehalten werden, wobei militärischer Sachverstand soweit erforderlich zugezogen werden könnte. Diese Aufgabe könne das DPC übernehmen, möglicherweise aber auch der Militärausschuss oder eine neue, dem NATO-Rat direkt unterstellte Planungszelle.

D stellte fest, dass die NATO seit Oslo[20] deutlich Fortschritte gemacht habe. Er stimme mit Frankreich überein, dass der NATO-Rat grundsätzlich das geeignete Forum für die Behandlung der Peacekeeping-Rolle sei, wobei sicherzustellen sei, dass militärische Aspekte adäquat berücksichtigt würden. Wichtig sei, einen pragmatischen und praktikablen Kompromiss zu finden.

US unterstrich, dass es sich hier um die bei weitem bedeutendste derzeitige Frage für die NATO handle. Für die USA komme es dabei darauf an, die Fähigkeiten der NATO, die auf ihrer integrierten Militärstruktur beruhten, voll zu nutzen. Hieraus ergebe sich die maßgebliche Rolle des DPC.

Fortsetzung Fußnote von Seite 1532

vorherigen finanziellen Absprachen abhängig machen wird". Derzeit würden im Bundestag „die haushaltsmäßigen Voraussetzungen für die Gewährung von deutscher Abrüstungshilfe" beantragt, mit der in Russland die Beseitigung chemischer wie nuklearer Waffensysteme finanziert werden solle, und im Auswärtigen Amt der Entwurf einer entsprechenden Rahmenvereinbarung vorbereitet: „Projektvereinbarungen zur Nuklearwaffenbeseitigung und CW-Vernichtung müssten sich anschließen." Vgl. DE Nr. 1846; B 43, ZA-Bd. 166119.

Am 11./12. November 1992 führte VLR I von Butler in Moskau weitere Gespräche über Hilfen bei der Beseitigung vormals sowjetischer Massenvernichtungswaffen. Dabei führte er aus: „Wir seien nunmehr zu einer langfristigen, möglicherweise auf 10 bis 15 Jahre angelegten Zusammenarbeit bereit und würden diese mit der Zurverfügungstellung von Mitteln beginnen, die zwar – im Vergleich zu der amerikanischen Hilfe – vergleichsweise bescheiden seien, aber eben unsere Bereitschaft zur Mitarbeit markierten." Vgl. DB Nr. 4999 vom 12. November 1992; B 43, ZA-Bd. 166119.

19 Für Kapitel VIII der VN-Charta vom 26. Juni 1945 vgl. BGBl. 1973, II, S. 466–469.

20 Zur NATO-Ministerratstagung am 4. Juni 1992 vgl. Dok. 170.

GB warnte vor einer Überbetonung der institutionellen Fragen und schlug im Übrigen vor, den NATO-Generalsekretär[21] mit der Aufgabe der Liaison mit dem VN-Generalsekretär[22] und der KSZE zu beauftragen.

Auf Frage GB nach dem Stand der deutsch-französischen Beratungen zum Eurokorps wiesen D und F darauf hin, dass Ergebnis der Besprechungen vom 13.11 noch in Paris auf höchster Ebene gebilligt werden müsse.[23] GB erklärte, man wolle das Ergebnis, sobald es vorliege, ohne Zögern, aber auch ohne Hast prüfen.

3) Das frühere Jugoslawien

GB leitete mit Lagebericht ein:

- Serben haben ihre Position in Bosnien konsolidiert.
- Allianz zwischen Moslems und Kroaten zeigt Auflösungserscheinungen.
- Humanitäre Situation verschlechtert sich.
- Izetbegović droht mit Rücktritt.
- Sanktionen[24] werden in immer größerem Umfang gebrochen (insbesondere durch Griechenland).
- Positiv: UN-Peacekeeping-Truppe unter General Morillon etabliert sich; in Genf Fortschritte hinsichtlich Verfassung für Bosnien-Herzegowina[25].

Eingehender wurde die westliche Haltung zu den Wahlen in Serbien[26] diskutiert. US hält Sieg von Milošević für wahrscheinlich, da die Opposition uneins sei und die Zusammenarbeit zwischen Panić und Ćosić zu wünschen übrig lasse. Die USA bereite die Entsendung von Wahlbeobachtern vor.

D gab zu bedenken, dass die Anwesenheit von Wahlbeobachtern einem möglichen Wahlsieger Milošević Legitimität verleihen könnte. Das eigentliche Problem liege darin, dass die wichtigsten Medien in Serbien fest in der Hand von Milošević seien.

Zur Wahl in Kosovo meinte US, man müsse die Albaner dazu bewegen, gegen Milošević zu stimmen. Hierzu könne westliche Erklärung beitragen, dass Kosovo Teil Serbiens bleiben müsse, aber seine Autonomie wiederhergestellt werden müsse.

D zeigte sich skeptisch: Die Albaner seien entschlossen, nicht an der Wahl teilzunehmen. Falls wir auf ihre gemäßigte Führung Druck ausübten, könne dies zu deren Isolierung gegenüber den eigenen Landsleuten führen.

F meinte zur Frage der Medien, dass Frankreich versuche, der Opposition mehr Raum zu verschaffen. So sei die Lieferung von Zeitungspapier an Verlage vorgesehen, die nicht Milošević-hörig seien. Die Anwesenheit von Wahlbeobachtern könne aus französischer Sicht sinnvoll sein; Frankreich habe aber noch keine Entscheidung getroffen.

GB legte sich nicht fest, ließ jedoch erkennen, dass es das deutsche Argument der möglichen Legitimisierung Miloševićs ernst nehme.

[21] Manfred Wörner.

[22] Boutros Boutros-Ghali.

[23] Zum Abschluss der deutsch-französischen Verhandlungen über die Zuordnung des Eurokorps zur NATO vgl. Dok. 376.

[24] Vgl. die Resolution Nr. 713 des VN-Sicherheitsrats vom 25. September 1991; RESOLUTIONS AND DECISIONS 1991, S. 42 f. Für den deutschen Wortlaut vgl. EUROPA-ARCHIV 1991, D 550–552.
Vgl. auch die Resolution Nr. 757 des VN-Sicherheitsrats vom 30. Mai 1992; Dok. 159, Anm. 12.

[25] Zum Verfassungsentwurf für die staatliche Neuordnung Bosnien-Herzegowinas vgl. Dok. 361, Anm. 9.

[26] Zu den Wahlen am 20. Dezember 1992 in Serbien vgl. Dok. 361, Anm. 2.

US bekräftigte Absicht, Wahlbeobachter nach Serbien zu entsenden, und zwar in möglichst großer Zahl und zur Beobachtung des ganzen Wahlkampfes. Auf amerikanischer Seite seien die beiden großen Parteien engagiert. Im multilateralen Bereich seien nach amerikanischer Auffassung KSZE und Europarat aufgerufen, sich mit dieser Frage zu befassen.

D berichtete über Forderungen des bosnischen Außenministers anlässlich seines Besuchs in Bonn[27], das Waffenembargo gegen Bosnien aufzuheben. GB widersetzte sich dem nachdrücklich (we are dead against it). US bekräftigte bekannte Position, wonach dies der falsche Weg sei: Besser sei es, den Serben die Waffen wegzunehmen.

D berichtete, dass Bosnien Botschafter nach Bonn entsenden werde. F erklärte, es habe ebenfalls diplomatische Beziehungen mit Bosnien aufgenommen[28]; GB erklärte, dass London dies vorbereite.

US wies auf zwielichtige Politik Kroatiens hin, die de facto auf die Aufteilung von Bosnien-Herzegowina abziele: GB meinte, dass der Zeitpunkt für eine neue koordinierte Demarche in Zagreb wohl gekommen sei. Darin sollte auch Unzufriedenheit mit dem Stand der Demokratisierung in Kroatien zum Ausdruck kommen.

D erklärte, dass er diese Probleme bei seinem bevorstehenden Besuch in Zagreb ansprechen werde. Die drei anderen Politischen Direktoren zeigten sich an der vorgesehenen Reise von D sehr interessiert und baten um baldige Unterrichtung über die Ergebnisse.[29]

Auf Frage von D, wie die US-Administration zur Anerkennung Makedoniens stehe, berichtete US, dass Eagleburger und Scowcroft vergangene Woche gegenüber Gligorov erklärt hätten, dass zunächst der Europäische Gipfel in Edinburgh[30] abgewartet werden solle.

GB zeigte sich skeptisch, ob in Edinburgh Änderung der EG-Haltung zur Anerkennung Makedoniens erreicht werden könne:

- Hauptthema in Edinburgh werde Maastricht sein. Gerade für die Haltung des britischen Unterhauses sei der Gipfel in dieser Hinsicht von größter Bedeutung.[31]
- GB sei sich nicht sicher, ob eine eventuelle Initiative zur Änderung des Beschlusses von Lissabon[32] die nachhaltige Unterstützung anderer EG-Länder bekommen würde.

27 Bei seinem Besuch am 12./13. November 1992 vollzog der AM von Bosnien-Herzegowina, Silajdžić, durch Notenaustausch mit BM Kinkel am 13. November 1992 die Aufnahme diplomatischer Beziehungen. Vgl. die Pressemitteilung Nr. 354/92; B 7, ZA-Bd. 178992.

28 Frankreich nahm am 15. November 1992 diplomatische Beziehungen mit Bosnien-Herzegowina auf.

29 MD Chrobog besuchte Kroatien am 23. November 1992. Über sein Gespräch mit dem kroatischen Präsidenten Tudjman, den er insbesondere auf drei Punkte – „1) Behandlung der Minderheiten, insbesondere auch in Kroatien; 2) Zukunft von UNPROFOR; 3) der Konflikt in Bosnien-Herzegowina" – angesprochen habe, teilte Chrobog am folgenden Tag mit, Tudjman sei „angespannt und zeitweise gereizt" gewesen, „dennoch aber interessiert, das deutsche Verständnis für seine Position zu erwirken. Bei aller Festlegung auf seine eigenen Standpunkte wirkt er zugänglich für andere Argumente, insbesondere von deutscher Seite. Die Einschätzung, dass Tudjman durchaus beeinflussbar ist, bestätigte sich auch in diesem Gespräch, insbesondere meine Warnung vor Teilungsabsichten bezüglich Bosniens wurde von ihm akzeptiert, und es wurde deutlich, dass sich Tudjman durchaus der Gefahren bewusst ist, die sich für die Reputation seines Landes und seiner Person daraus ergeben." Vgl. DB Nr. 882; B 220, ZA-Bd. 158918.

30 Zur Tagung des Europäischen Rats am 11./12. Dezember 1992 vgl. Dok. 421.

31 Zur Frage einer Ratifizierung des Vertragswerks von Maastricht in Großbritannien vgl. Dok. 356, Anm. 4.

32 Zum Beschluss des Europäischen Rats am 26./27. Juni 1992, Mazedonien nur unter der Voraussetzung eines anderen Namens anzuerkennen, vgl. Dok. 201.

D erklärte, Großbritannien könne jedenfalls mit unserer Unterstützung rechnen.

GB zeigte sich im Übrigen skeptisch, ob Mitsotakis zu Kompromissen bereit sei. F bestätigte dies und wies auf scharfe griechische Reaktion auf französische Absicht, in Skopje ein „Büro" zu eröffnen, hin. Auf Frage D meinte F, die Eröffnung eines Konsulats (statt eines Büros) sei aus französischer Sicht zu kritisch gewesen. Es bestand im Übrigen Einvernehmen, dass auf Griechenland wegen seiner Umgehung der Sanktionen gegen Serbien und Sabotage der Ölversorgung Makedoniens Druck ausgeübt werden müsse.

Zum Verhalten im VN-Sicherheitsrat bei möglicher Abstimmung über Aufnahme Makedoniens in die VN erklärten GB und F, sie würden sich der Stimme enthalten. US meinte, auch Washington würde kein Veto einlegen, es sei aber auch Zustimmung nicht ausgeschlossen. Ein Veto Chinas wurde von GB für unwahrscheinlich gehalten.

Zur Frage der Errichtung von Sicherheitszonen (safe haven) in Bosnien erklärte F, französische VN-Truppen verbreiteten zwar ein Gefühl relativer Sicherheit (Bihać), dies dürfe jedoch nicht mit einer echten Sicherheitszone gleichgesetzt werden. Für die Einrichtung einer solchen Zone wäre

a) eine neue Sicherheitsratsresolution und

b) ein weit stärkeres militärisches Engagement erforderlich.

Dies werde von Frankreich nicht ins Auge gefasst. GB stimmte zu und erklärte, durch die Anwesenheit seiner Truppen (Vitez) werde eine Atmosphäre der Sicherheit geschaffen, insbesondere auch durch den Bau von Wohnungen von britischer Seite. Die britischen Truppen seien jedoch nicht in der Lage, ein bestimmtes Gebiet gegen Angriffe wirksam zu verteidigen.

Frankreich berichtete, dass Montenegro in Paris im Hinblick auf eine Aufhebung der VN-Sanktionen sondiert habe. Frankreich habe Montenegro geraten, selbst zum Sicherheitsrat zu gehen und seinen Fall vorzutragen. GB wies auf Problematik hin: Positiv sei, dass Montenegro zweimal Panić gerettet habe, andererseits müsse gesehen werden, dass der montenegrinische Hafen Bar eine der Schlüsselstellen für die Umgehung der VN-Sanktionen sei.

4) Weitere Treffen

GB schlug vor, dass Außenminister Hurd für den 17.12. zum Frühstück der vier Außenminister[33] am Rande der NATO-Herbsttagung einlädt. Die anderen Politischen Direktoren stimmen zu.

Das nächste Treffen der Politischen Direktoren der Vier soll am 15. Januar 1993 in Bonn stattfinden.

B 130, VS-Bd. 13046 (221)

33 Für das Gespräch des BM Kinkel mit den AM Dumas (Frankreich), Eagleburger (USA) und Hurd (Großbritannien) in Brüssel vgl. Dok. 426.

382

Vorlage des Vortragenden Legationsrats I. Klasse Hilger für Bundesminister Kinkel

500-502.10 **20. November 1992**[1]

Über Dg 50[2], D 5[3], Herrn Staatssekretär[4] Herrn Bundesminister[5]

Betr.: Internationaler Strafgerichtshof;
hier: Mandat an die Völkerrechtskommission zur Ausarbeitung eines Statuts

Bezug: 1) BM-Vorlage 500-500.34/10 vom 5.8.1992[6]
2) BM-Vorlage 500-500.34/10 vom 17.9.1992[7]

Anlg.: 2[8]

Zweck der Vorlage: Zur Unterrichtung

1) Der 6. Ausschuss der GV hat am 16.11.92 im Konsens einen Resolutionsentwurf angenommen, in dem der Völkerrechtskommission (ILC) das Mandat zur Ausarbeitung eines Statuts für einen Internationalen Strafgerichtshof erteilt wird (Anlage 1, Ziff. 6[9]). Die ILC wird aufgefordert, dem Projekt Vorrang einzuräumen und der nächsten GV über die erzielten Arbeitsfortschritte zu berichten. Es ist zu erwarten, dass sich das Plenum der GV[10] dem Votum des 6. Ausschusses anschließen wird.[11]

1 Die Vorlage wurde von VLR Schariorh konzipiert.

2 Hat MDg Schürmann am 20. November 1992 vorgelegen.

3 Hat MD Eitel am 20. November 1992 vorgelegen.

4 Hat StS Lautenschlager am 20. November 1992 vorgelegen.

5 Hat BM Kinkel am 25. November 1992 vorgelegen.
Hat OAR Salzwedel am 26. November 1992 vorgelegen, der den Rücklauf über das Büro Staatssekretäre, MD Eitel und MDg Schürmann an Referat 500 verfügte.
Hat VLR I Schmidt vorgelegen.
Hat Eitel am 30. November 1992 erneut vorgelegen.
Hat Schürmann am 30. November 1992 erneut vorgelegen.

6 Für die Vorlage des VLR I Hilger vgl. Dok. 247.

7 VLR Schariorh legte „ein weitergabefähiges Papier über das Projekt eines Internationalen Strafgerichtshofs“ vor. Vgl. B 80, Bd. 1396.

8 Vgl. Anm. 9 und 12.

9 Dem Vorgang beigefügt. Botschafter Graf zu Rantzau, New York (VN), teilte am 16. November 1992 mit: „Der 6. Ausschuss hat am 16.11.92 einen Resolutionsentwurf zum Bericht der ILC (A/C.6/47/L.14 vom 12.11.92, FK-Anlage) im Konsens angenommen. Die Resolution behandelt in op. Para. 4 bis 6 das Projekt zur Einrichtung eines Internationalen Strafgerichtshofes. In op. Para. 6 wird der ILC das Mandat zur Ausarbeitung eines Status für einen Strafgerichtshof erteilt, das von ihr mit Vorrang ab Beginn ihrer nächsten Sitzung aufgenommen werden soll.“ Vgl. DB Nr. 3417; B 80, Bd. 1396.

10 Die Wörter „Plenum der GV“ wurden von StS Lautenschlager hervorgehoben. Dazu vermerkte er handschriftlich: „Wenn das geschehen ist, sollte über eine geeignete Form öffentl[icher] Darstellung entschieden werden (Presse-Statement des BM?, Namensartikel?).“

11 Vgl. die Resolution Nr. 47/33 der VN-Generalversammlung vom 25. November 1992; RESOLUTIONS AND DECISIONS, GENERAL ASSEMBLY, 47th session, S. 287 f.

2) Der Resolutionsentwurf ist das Ergebnis schwieriger Verhandlungen sowie einer lebhaften Debatte im 6. Ausschuss, bei der wir als einer der Meinungsführer für einen Strafgerichtshof aufgetreten sind (siehe unsere Erklärung, Anlage 2[12]). Vorbehalte äußerten vor allem die USA, China, Israel, Indien, Pakistan, Kuba, Iran und – weniger dezidiert – einige andere afrikanische und asiatische Staaten. Ausschlaggebend für den Erfolg war, dass die Zwölf – infolge der Beschlüsse der Außenminister in Brocket Hall[13] – geschlossen für eine Mandatserteilung eintraten und dabei schließlich von allen Europäern und den meisten Lateinamerikanern unterstützt wurden.

3) Es hat sich damit als richtig erwiesen, unsere abstrakte Forderung nach Schaffung eines Strafgerichtshofs dahingehend zu konkretisieren, jetzt der Völkerrechtskommission das Mandat zur Ausarbeitung eines Statuts zu erteilen (siehe Bezugsvorlagen). Sie hatten bereits am 23.9.92 vor der GV gefordert:

„Die Völkerrechtskommission muss ein Mandat für die Ausarbeitung eines entsprechenden Statuts erhalten."[14]

Dass dieses Mandat trotz erheblichen Widerstands im Konsens erteilt wurde, ist ein bedeutender Erfolg für uns auf dem Weg zur Errichtung eines Internationalen Strafgerichtshofs; zugute kamen uns dabei das hohe Ansehen der ILC (deren Mandatsresolution traditionell im Konsens verabschiedet wird) und deren sehr ausgewogener Bericht über die Realisierbarkeit eines Strafgerichtshofs.

4) Damit ist sichergestellt, dass die Völkerrechtskommission jetzt mit Priorität ein Statut und Vorschläge zur Lösung der damit verbundenen Rechtsprobleme erarbeitet. Wir dürfen allerdings nicht übersehen, dass wichtige Staaten wie China, Indien, Pakistan, Israel, Kuba, Iran und möglicherweise auch die USA sowie einige afrikanische Staaten das Projekt kritisch begleiten werden und noch von der Notwendigkeit eines Internationalen Strafgerichtshofes überzeugt werden müssen.

Die Debatte wird somit innerhalb und außerhalb der ILC fortgeführt werden.

Von Vorteil für uns wird dabei sein, dass Prof. Tomuschat derzeit Vorsitzender der ILC ist und wir dadurch den Fortgang der Arbeiten am Statut entscheidend mitgestalten können.

Hilger

B 80, Bd. 1396

12 Dem Vorgang beigefügt. Für die Erklärung des VLR Scharioth am 29. Oktober 1992 im 6. Ausschuss der VN-Generalversammlung in New York vgl. B 80, Bd. 1396.

13 Zum informellen Treffen der Außenminister der EG-Mitgliedstaaten im Rahmen der EPZ am 12./13. September 1992 vgl. BULLETIN DER EG 9/1992, S. 78.

14 Für die Rede des BM Kinkel am 23. September 1992 vor der VN-Generalversammlung in New York vgl. BULLETIN 1992, S. 949–953.

383

Vermerk des Referats 411

24. November 1992

Betr.: GATT – Uruguay-Runde

Sachstand

1) In bilateralen Verhandlungen zwischen EG-KOM (VP Andriessen, Komm. MacSharry) und USA (USTR[1] Carla Hills, Landwirtschaftsminister Madigan) konnte am 18./19.11.92 Durchbruch bei UR-Agrarkapitel und Ölsaatenstreit erreicht werden.[2] Präs. Bush stimmte Ergebnis am 20.11.92 zu. Die EG-KOM hat dem Ergebnis in einer Sondersitzung vom gleichen Tag ebenfalls zugestimmt.

2) Die Ergebnisse lassen sich wie folgt zusammenfassen:
- Den UR-Verpflichtungen zum Abbau der internen Stützung um 20 % kann die Gemeinschaft aufgrund der Beschlüsse der Reform der GAP[3] (Preissenkungen, Flächenstilllegungen) insgesamt genügen. Besonders bedeutsam ist, dass die USA – anders als GATT-GD Dunkel vorgeschlagen hatte – die Forderung der EG, vor allem von D, akzeptiert haben, die direkten Einkommensbeihilfen „de jure" von der Pflicht zum Subventionsabbau auszunehmen (Einordnung in „Green Box"). Damit ist die im einschlägigen Beschluss des Bundeskabinetts festgelegte Position, die Einkommensbeihilfen müssten „dauerhaft" sein, voll erfüllt.
- Die subventionierten Exportmengen sollen innerhalb von sechs Jahren um 21 % reduziert werden. Die bisherige US-Forderung war eine Reduzierung um 24 % (Dunkel-Vorschlag), dem ein Angebot der EG von 18 % gegenüberstand. F hat wegen seiner Weizenexporte hier eine sehr harte Verhandlungslinie.
- In der Frage des Rebalancing wurde vereinbart, dass für den Fall eines Ansteigens der EG-Importe von Futtermitteln über die Referenzmenge der Jahre 1986 – 90 hinaus und einer damit einhergehenden Beeinträchtigung der GAP-Reform die EG und die USA Konsultationen mit dem Ziel einer beiderseitigen akzeptablen Einigung führen werden.
- In der Frage der „Peace Clause" (Verzicht der USA auf Anwendung handelspolitischer Instrumente, insbes. Art. 6 und 16 GATT[4], um angebliche Verletzungen von UR-Verpflichtungen nachträglich zu rügen) ist ebenfalls eine Einigung erzielt worden. Die GAP ist nach Auffassung der EG-KOM dadurch weitestgehend vor einer Infragestellung im GATT geschützt.
- Entscheidend für den Durchbruch war eine Einigung beim Ölsaatenstreit, der an und für sich nicht zur UR gehört, jedoch aus taktischen Gründen von der EG-KOM mit der

[1] United States Trade Representative.

[2] Vgl. die gemeinsame Presseerklärung der USA und der EG-Kommission vom 20. November 1992; DEPARTMENT OF STATE DISPATCH 1992, S. 857 f.

[3] Zur Reform der GAP vgl. Dok. 135, Anm. 5.

[4] Für Artikel VI und XVI des Allgemeinen Zoll- und Handelsabkommens vom 30. Oktober 1947 in der Fassung vom Juli 1986 vgl. https://www.wto.org/english/docs_e/legal_e/gatt47_e.pdf, S. 10–12 und S. 18–21.

UR verbunden wurde. Die EG verpflichtet sich, höchstens 5,125 Mio. ha Anbaufläche als Grundfläche zu nutzen und diese gemäß der jährlichen allgemeinen Ratsentscheidung für die Hauptprodukte vorgesehenen Set-aside-Flächen, mindestens jedoch um 10 %, zu vermindern.[5] Darüber hinaus wurde den USA als Kompensation ein Kontingent von 500 000 t Weizenexporte nach Portugal eingeräumt.

Auch in der Frage von Beiprodukten von nicht für Nahrungsmittel vorgesehenen Ölsaaten (Ölkuchen) wurde folgende Schutzklausel akzeptiert: Wenn der als Nebenprodukt anfallende Ölkuchen 1 Mio. t überschreitet, muss die EG-KOM im Rahmen der GAP geeignete Maßnahmen ergreifen.

Die Ankündigung der USA am 5.11.92, ab dem 5.12.92 EG-Exporte in die USA in Höhe von 300 Mio. US-$ mit Strafzöllen in Höhe von 200 % zu belegen, hatte die Gefahr eines Handelskrieges heraufbeschworen und eine Einigung umso dringlicher gemacht. Die Verhandlungsposition der EG in dieser Frage war grundsätzlich schwächer als in den zur UR gehörenden Fragen, weil die EG in zwei Streitregelungsverfahren des GATT („Panel") unterlegen ist, da ihre Subventionspraxis ihre völkerrechtlichen Verpflichtungen zur zollfreien Einfuhr amerikanischer Ölsaaten wertlos gemacht hat.

Was die übrigen Verhandlungskapitel der UR betrifft, so hat die US-Administration beachtliche, von F allerdings als nicht ausreichend bezeichnete Schritte getan:

- Im Bereich Dienstleistungen sind die USA bereit, die Finanzdienstleistungen vollständig zu liberalisieren sowie
- im Bereich Marktzugang ihre Hochzölle, vor allem im Textil- und Chemiesektor, fühlbar zu senken.

3) Die bilateralen Ergebnisse der Verhandlungen EG – USA sind jetzt in Genf zu multilateralisieren. Es wird dann mit einem Abschluss der UR insgesamt innerhalb eines Zeitraums von ca. zwei bis drei Monaten gerechnet. Hierdurch könnte dann auch die US-interne Frist für das „Fast-Track"-Verfahren, das im März ausläuft, gewahrt werden.

4) Für uns besteht aus weltwirtschaftlichen, aber auch aus internen Gründen ein großes Interesse an einem erfolgreichen UR-Abschluss. Der Erfolg ist der dringend erwartete Impuls für den Welthandel und das Weltwirtschaftswachstum. Gerade die im UR-Rahmen geplanten Abkommen zur Liberalisierung des internationalen Handels mit Dienstleistungen und zum Schutz des geistigen Eigentums sind für die deutsche Wirtschaft von größter Bedeutung.

5) Die Bundesregierung hat das Verhandlungsergebnis nachhaltig begrüßt und die Erwartung eines schnellen Abschlusses der UR jetzt ausgesprochen, um der Weltwirtschaft die erforderlichen Impulse zu geben.[6] Auch die Mehrheit der übrigen MS (darunter I, E, IRL) hat die Vereinbarung begrüßt.

6) F (PM Bérégovoy) hat dagegen nachdrücklich seine bisherige Haltung bekräftigt, kein Ergebnis zu akzeptieren, das über die GAP-Reform hinausgeht.[7] Eine abschließende Bewertung

[5] So in der Vorlage.

[6] Vgl. die Erklärungen des StS Vogel, BPA, vom 20. November 1992, bzw. des BM Kiechle vom 21. November 1992; BULLETIN 1992, S. 1151 und S. 1160.

[7] Gesandter Junker, Paris, informierte am 22. November 1992, nach der ablehnenden Stellungnahme des französischen Landwirtschaftsministers Soisson vom 19. November 1992 habe am 21. November 1992 auch MP Bérégovoy eine Erklärung abgegeben, die „ein günstiges Urteil über die Einigung im Ölsaatenstreit"

hat sich F vorbehalten, bis die EG-KOM eine zugesagte Analyse zur Vereinbarkeit der Ergebnisse mit der GAP-Reform vorlegt. Die Kommissare Andriessen und MacSharry haben bereits erklärt, dass das Ergebnis von Washington mit der GAP-Reform vereinbar sei. F verlangt jedoch, dass die KOM hierzu dem Rat ausführliche Berechnungen vorlegt. Voraussichtlich wird die KOM darüber am 25.11. entscheiden.[8]

Am gleichen Tag will die F-Regierung über ihr weiteres Vorgehen entscheiden. Teile der Opposition in F versuchen, die Regierung zu bewegen, die Agrarfragen der UR zu einer „vitalen" Frage im Sine des sog. „Luxemburger Kompromisses"[9] zu machen, d.h. zu einer Frage, in der der betroffene MS der EG ein „Veto-Recht" im Rat der EG in Anspruch nehmen könnte. Die F-Regierung scheint gegenwärtig eher eine „Ablehnung" anzustreben, bei der sie sich, unter Verzicht auf ein angebliches Veto-Recht, im Rat der EG überstimmen ließe.

Unserer Rechtsauffassung nach handelt es sich um Fragen der Handels- und Agrarpolitik der EG, über die mit qualifizierter Mehrheit beschlossen werden kann. Ein „Veto-Recht" auf Basis des angeblichen „Luxemburger Kompromisses" (ein Kommuniqué über die Luxemburger Ratstagung von 1966, in deren Ergebnis F seine Politik des „leeren Stuhls" aufgab. Es enthält die Darstellung unterschiedlicher Rechtsauffassungen) haben wir, wie die Mehrzahl der EG-MS, niemals anerkannt. Wir haben aber kein Interesse daran, dass es über diese Grundsatzfrage des EG-Rechtes – oder die Washingtoner Ergebnisse – zu einer Auseinandersetzung im Rat kommt.

Insbesondere ist auch fraglich, wann es zu einer formellen Beschlussfassung im Rat der EG über die Washingtoner Ergebnisse kommen wird. EG-rechtlich erforderlich wird eine solche Entscheidung erst, wenn die EG-KOM das Gesamtergebnis der Verhandlungen über die UR – zu dem diese Agrarfragen gehören werden – dem Rat zur Billigung vorlegen wird. Dies wird voraussichtlich erst 1993 sein. Bis dahin (nach Wahlen in F[10]?) könnte über sämtliche Fragen in Genf weiterverhandelt werden. Allerdings gibt es Meldungen, wonach F verlangt, umgehend eine Sitzung des Rates einzuberufen.

Verschiedene Äußerungen führender frz. Politiker deuten darauf hin, dass F Schwergewicht seiner Politik von einer Bekämpfung des Ergebnisses zwischen EG-KOM und USA auf die Forderung nach innergemeinschaftlichen Kompensationen verlagert. Hier dürfte F sicherlich in erster Linie an Getreide denken, weil es in diesem Bereich durch die mengen-

Fortsetzung Fußnote von Seite 1540

enthalte und „ein kritisches Urteil über die Modalitäten für den Abbau der subventionierten Agrarexporte der Gemeinschaft, das in dem Satz gipfelt: ‚Beim gegenwärtigen Stand meiner Informationen beurteile ich dieses Projekt als unannehmbar, und es wird nicht angenommen werden.'" Vgl. DB Nr. 2827; B 221, ZA-Bd. 166601.

Für die Erklärung von Bérégovoy vgl. LA POLITIQUE ÉTRANGÈRE 1992 (November/Dezember), S. 91 f.

8 In einem Bericht an den EG-Ministerrat vom 23. November 1992 stellte die EG-Kommission die Vereinbarkeit des mit den USA ausgehandelten GATT-Kompromisses mit der Reform der GAP fest. Vgl. BULLETIN DER EG 11/1992, S. 102.

9 In der Folge der EWG-Ministerratstagung vom 28. bis 30. Juni 1965 in Paris lehnte Frankreich das Prinzip der Mehrheitsentscheidungen, das ab 1. Januar 1966 gelten sollte, ab und verfolgte eine „Politik des leeren Stuhls". Die Krise konnte auf der Ministerratstagung am 28./29. Januar 1966 in Luxemburg durch einen Kompromiss beigelegt werden, der vorsah, dass sich die EWG-Mitgliedstaaten zunächst bemühen sollten, Lösungen einvernehmlich zu finden, und erst nach Ablauf einer „angemessenen Frist" Mehrheitsbeschlüsse getroffen werden könnten. Vgl. AAPD 1966, I, Dok. 25.

10 Am 21. und 28. März 1993 fanden Wahlen zur französischen Nationalversammlung statt.

mäßigen Beschränkungen in erster Linie betroffen ist. Es gibt Andeutungen des BML[11], dass er bereit sei, über derartige innergemeinschaftliche Kompensationen in Brüssel zu sprechen. Zurzeit ist jedoch nicht klar, was F letztendlich fordern wird.

B 221, ZA-Bd. 166601

384

Runderlass des Vortragenden Legationsrats I. Klasse Bettzuege

012-9-312.74 VS-NfD **Aufgabe: 24. November 1992**[1]
Fernschreiben Nr. 70 Ortez

Betr.: Ortez zur Ministertagung des Rates der Westeuropäischen Union (WEU) am 20. November 1992 in Rom[2]

I. Bei der diesjährigen Herbsttagung des Ministerrates der WEU, an der BM Kinkel und BM Rühe teilnahmen, standen vor allem die Erweiterung der WEU um ein neues Mitglied (Griechenland), die Assoziierung der NATO-Partner Island, Norwegen und Türkei sowie die engere Anbindung der EG-Partner Dänemark und Irland durch Einräumung eines Beobachterstatus im Mittelpunkt. Ferner fand eine ausführliche Diskussion über eine verstärkte Unterstützung der Vereinten Nationen durch die WEU bei der strikten Durchsetzung des Embargos[3] in der Adria statt. Die Außen- und Verteidigungsminister nahmen außerdem die Fortschritte bei der Umsetzung der Erklärungen der WEU in Maastricht[4] und vom Petersberg[5] zur Kenntnis, insbesondere bei der Festigung des Platzes der WEU in der neuen europäischen Sicherheitsarchitektur, und trafen eine Reihe von operativen Entscheidungen zur Fortführung der Arbeit in den Arbeitsgruppen.

II. Im Einzelnen

1) Die WEU hatte im Dezember letzten Jahres die restlichen Mitglieder der EG sowie die anderen europäischen NATO-Partner zur Mitarbeit als Mitglied oder Beobachter (EG-MS) oder als assoziiertes Mitglied (europäische NATO-MS) eingeladen und die Einzelheiten in der Petersberg-Erklärung vom Juni 1992 präzisiert. In Rom wurden nun die Erweiterungs-Dokumente durch die Außenminister der WEU-MS und Griechenlands[6] (Beitritt) sowie

11 Ignaz Kiechle.

1 Der Runderlass wurde von VLR Buchholz konzipiert.

2 Zur WEU-Ministerratstagung vgl. auch das Kommuniqué und die Erklärung zum ehemaligen Jugoslawien; BULLETIN 1992, S. 1158–1160.

3 Zur Verschärfung der Embargo-Maßnahmen gegen die Bundesrepublik Jugoslawien (Serbien/Montenegro) vgl. Dok. 372, Anm. 15.

4 Für die im Vertragswerk von Maastricht enthaltene Erklärung zur Westeuropäischen Union vgl. BGBl. 1992, II, S. 1324–1326.

5 Für die bei der WEU-Ministerratstagung am 19. Juni 1992 verabschiedete „Petersberg-Erklärung" vgl. BULLETIN 1992, S. 649–653. Zur Tagung vgl. Dok. 162, Anm. 32.

6 Michalis Papakonstantinou.

Islands[7], Norwegens[8] und der Türkei[9] (Assoziierung) unterzeichnet[10]; Dänemark und Irland[11] wurde ein Beobachterstatus zuerkannt[12]. Die Außen- und Verteidigungsminister dieser Staaten nahmen bereits an der zweiten Hälfte des Ministerrates teil. In Zukunft arbeiten alle MS der EG/EU sowie alle europäischen NATO-Partner in der WEU mit. Die WEU wird somit ihren Funktionen als Verteidigungskomponente der künftigen Europäischen Union wie auch als Mittel zur Stärkung des europäischen Pfeilers der NATO gerecht werden können. Die Einladung von Vertretern der EG sowie des NATO-GS[13] bei der Tagung ist Ausdruck dieser Politik.

2) Die Außen- und Verteidigungsminister hatten einen ausführlichen Meinungsaustausch über die Lage im ehemaligen Jugoslawien sowie über die Unterstützungsmaßnahmen der WEU zur Durchsetzung des VN-Embargos. In einer gesonderten Erklärung haben die Minister erneut ihre Abscheu über die fortgesetzte Aggression in Bosnien-Herzegowina, über die inakzeptablen „ethnischen Säuberungen" und über die wiederholten schweren Verletzungen der Menschenrechte bekundet. Sie beschlossen mit unserer Zustimmung, dass die WEU die Sanktionsüberwachung gemäß VN-SR Resolution 787[14] mit den ihr zur Verfügung stehenden Mitteln verschärfen wird (Übergang zu „stop and search"). Diese Entscheidung betrifft nur die Operationen in der Adria; mit der Durchsetzung des Embargos auf der Donau und zu Land ist die WEU bisher nicht befasst.

In der Aussprache forderte BM Kinkel in aller Deutlichkeit, dass die Entscheidungen der Londoner Konferenz[15] endlich umgesetzt werden; er unterstützte die Bemühungen der Vermittler Lord Owen und Vance nachhaltig. Wir fanden Verständnis bei unseren Partnern, dass Deutschland die Verschärfung der Überwachungsaktion mitträgt, jedoch wegen unserer Verfassung eine Beteiligung an den „Stop and search"-Operationen nicht möglich ist.

3) Weitere wichtige Ergebnisse des Ministerrates waren:

3.1) Die Minister begrüßten die Fortschritte beim Ausbau der operationellen Rolle der WEU, wie sie sich insbesondere in dem seit Oktober stattfindenden Aufbau einer Planungszelle in Brüssel, in der beabsichtigten vollständigen oder teilweisen Integration von IEPG und Eurogroup in die WEU sowie in der Errichtung des WEU-Satellitenzentrums in Spanien[16] widerspiegelt.

7 Jón Baldvin Hannibalsson.

8 Thorvald Stoltenberg.

9 Hikmet Çetin.

10 Für das Protokoll vom 20. November 1992 über den Beitritt Griechenlands zur WEU sowie das Dokument vom selben Tag zur assoziierten Mitgliedschaft Islands, Norwegens und der Türkei und die zugehörigen Dokumente vgl. BGBl. 1994, II, S. 783-789.

11 Korrigiert aus: „Island".

12 Vgl. die „Erklärung zu WEU-Beobachtern" vom 20. November 1992; BGBl. 1994, II, S. 790.

13 Manfred Wörner.

14 Für die Resolution Nr. 787 des VN-Sicherheitsrats vom 16. November 1992 vgl. RESOLUTIONS AND DECISIONS 1992, S. 29–31. Für den deutschen Wortlaut vgl. EUROPA-ARCHIV 1993, D 148–151.

15 Zur internationalen Jugoslawien-Konferenz am 26./27. August 1992 vgl. Dok. 269.

16 Zur Einrichtung eines Zentrums für Satellitendaten, die auf der WEU-Ministerratstagung am 18. November 1991 beschlossen wurde, vgl. AAPD 1991, II, Dok. 400.

3.2) Der Umzug von Rat und Generalsekretariat der WEU von London nach Brüssel wurde für den Januar 1993 bestätigt. Am neuen Standort Brüssel werden diese zentralen WEU-Organe die zur Erfüllung der Funktionen der WEU notwendigen engen Arbeitsbeziehungen mit der EG/EU und der NATO umgehend aufbauen.

3.3) Die Bedeutung, die Fragen der Abrüstung und der Rüstungskontrolle ganz im Sinne des Helsinki-Dokuments vom Juli[17] beigemessen werden, wurde vom Rat unterstrichen. Er beschloss, die Zusammenarbeit in der praktischen Umsetzung des Vertrages über den „offenen Himmel“[18] sowie bei der Verifikation fortzusetzen.

3.4) Ein Bericht über die weiteren Beziehungen der WEU zu europäischen Drittstaaten fand die Zustimmung der Minister. Sie stellten fest, dass sich das (auf unser Betreiben im Juni eingerichtete) WEU-Konsultationsforum mit den Ländern Zentraleuropas[19] bewährt. Ohne auf eine Institutionalisierung der Beziehungen zu zielen, sollen die Kontakte zu den EFTA-Ländern, die Interesse zeigen, im Hinblick auf ihren künftigen Beitritt zur EG/EU ausgebaut werden.

3.5) Ferner nahmen die Minister einen Bericht über die Kontaktaufnahme mit Algerien, Marokko und Tunesien zustimmend zur Kenntnis.

III. Auf seiner Herbsttagung konnte der Ministerrat der WEU auf ein Jahr zurückblicken, bei dem die WEU ihren Platz in der neuen europäischen Sicherheitsarchitektur festigen konnte. Sie wurde als eines der zentralen Elemente zur Stärkung der europäischen Sicherheits- und Verteidigungsidentität bestätigt. Die in Rom etablierte künftige Beteiligung aller EG-MS und europäischen NATO-Partner an der Arbeit der WEU verdeutlicht dies. Der Aufbau der Planungszelle sowie die aktive Rolle, die die WEU bei der Überwachung des VN-Embargos in der Adria spielt, zeigen, dass die WEU zunehmend auch über operationelle Mittel verfügt.

Bettzuege[20]

B 5, ZA-Bd. 161325

17 Für das „Helsinki-Dokument 1992“ („Herausforderung des Wandels“), das aus einer 47 Punkte umfassenden Gipfelerklärung sowie aus den zwölf Abschnitten umfassenden „Beschlüssen von Helsinki“ bestand, vgl. BULLETIN 1992, S. 777–804. Vgl. auch Dok. 226.

18 Zum Open-Skies-Vertrag vom 24. März 1992 vgl. Dok. 85.

19 Vgl. Ziffer 7 der „Erklärung der Außerordentlichen Tagung des WEU-Ministerrates und der Staaten Zentraleuropas“ bei ihrem Treffen am 19. Juni 1992 auf dem Petersberg; BULLETIN 1992, S. 655.

20 Paraphe.

385

Drahtbericht des Botschafters Oesterhelt, Ankara

VS-NfD **Aufgabe: 24. November 1992, 09.48 Uhr**[1]
Fernschreiben Nr. 1285 **Ankunft: 24. November 1992, 11.39 Uhr**

Betr.: Deutsch-türkische Beziehungen

Bezug: DB GK Istanbul vom 18.11.1992 Nr. 356 – Pol 321.00/1

Zur Unterrichtung

1) Die Botschaft teilt das Urteil des GK Istanbul über die deutsch-türkischen Beziehungen. Sie möchte den Bericht ergänzen:
- Beim türkischen Militär gibt es zurzeit eine deutliche Zurückhaltung bei Kooperationsprojekten. Die – mit weiterreichenden wirtschaftlichen Folgen verbundene – Entscheidung gegen die von MBB/Eurocopter angebotenen und gut platzierten Transport- und Rettungshubschrauber[2] haben die Militärs mitgetragen mit dem Argument: „D würde uns wieder vorschreiben, wann und wo wir sie einsetzen dürfen." Darüber hinaus wird immer noch die Unsicherheit über die Abwicklung der Materialhilfe[3] angeführt. Ohne dies ausdrücklich zu sagen, wird aus diesen Gründen auch das Fregattenprogramm zunächst lahmgelegt.[4] Bis heute kam es nicht zu der erhofften Unterzeichnung des Vorvertrages. Der Einfluss der Militärs ist auch jenseits strikt militärischer Angelegenheiten nach wie vor sehr groß. Erst gestern hat MP Demirel entschieden, die protokollarische Rangfolge (Präsident, Parlamentspräsident, Ministerpräsident, Generalstabschef, Minister) nicht zu ändern. Dies hat eine politische Bedeutung und beruht nicht nur auf den augenblicklichen Machtverhältnissen, sondern auf der türkischen Geschichte: Die laizistische Demokratie ist das Werk eines Generals. Das mangelnde Verständnis für unsere Haltung ist umso größer, als die amerikanische Demokratie – so bisher jedenfalls – die türkische Politik kaum kritisiert. Zuverlässige, aber noch zu bestätigende Berichte etwa

1 Der Drahtbericht wurde von Gesandtem Zierer, Ankara, konzipiert.
Hat VLR von Mettenheim am 24. November 1992 vorgelegen.

2 Zur möglichen Ausfuhr von Hubschraubern „des Eurocopter-Konsortiums (Aérospatiale und MBB)" in die Türkei notierte VLRI Ackermann am 23. April 1992, die französische Botschaft habe im August 1991 „ein Non-paper zu einer möglichen Abstimmung über Exporte der Firma Eurocopter übergeben". Im Grundsatz sei die „Genehmigung der Ausfuhr im Rahmen deutsch-französischer Kooperationen produzierter Hubschrauber in Länder, die der NATO angehören", kein Problem. Da jedoch „auf Initiative von BM Genscher derzeit alle Entscheidungen über die Ausfuhr von Kriegswaffen und sonstigen Rüstungsgütern in die Türkei zurückgestellt sind, ist es im Augenblick nicht möglich, eine Aussage über die Genehmigungsaussichten deutscher Zulieferer zu den von der Firma Eurocopter geplanten Ausfuhren in die Türkei zu machen." Vgl. B 26, ZA-Bd. 183936.
Gesandter Zierer, Ankara, berichtete am 14. September 1992, dass sich eine türkische Entscheidung zum Erwerb von „40 Hubschraubern BK 117 (MBB), 10 Covgar (Aérospatiale) und 150 Hubschraubern der amerikanischen Gruppe (mit teilweiser Fertigung im Lande)" abzeichne: „Wesentlicher Gesichtspunkt dabei sei, das Risiko – im Hinblick auf ein Embargo – auf die beiden großen Firmengruppen, die Hubschrauber herstellen, zu verteilen." Vgl. DB Nr. 1021; B 26, ZA-Bd. 183936.

3 Zur Materialhilfe für die Türkei vgl. Dok. 223, Anm. 16.

4 Zur Frage der Lieferung von MEKO-Fregatten an die Türkei vgl. Dok. 333, Anm. 7.

besagen, dass die USA der türkischen Polizei 40 gepanzerte Mannschaftswagen Cadillac KG schenken und 70 verkaufen werden.

- Auch im TAM[5] werden die Kräfte stärker, die sich im Zweifel gegen uns wenden, auch wenn man das sorgfältig verbergen will. So erfahren wir von dritter Seite, dass man uns in einer Analyse etwa vorwirft, der BM habe bei seiner China-Reise[6] mehr Verständnis für die Schwierigkeiten dieses Staates gezeigt als BM Rühe bei seinem etwa gleichzeitigen Besuch in Ankara für die schwierige Lage der verbündeten Türkei.[7]
- Über die genannten Kreise hinaus aber geht die Abwendung von D auch auf die „schweigende Mehrheit" über. Die angebliche „Unterstützung" der PKK durch Deutschland ist schon Gemeingut. Nun kommt die angebliche „Unterstützung" des extremistischen türkischen Islams durch D hinzu (hierzu war gesondert berichtet worden). Sollten sich Vorfälle wie am 22.11.1992 in Mölln[8] (drei Türken Opfer eines Brandanschlages auf eine Wohnung) wiederholen, könnte die Entfremdung sogar in offene Ablehnung umschlagen. Diese Entwicklung betrifft uns insofern noch direkter, als sie Auswirkungen auf die Haltung der türkischen Gemeinschaft in Deutschland haben könnte. Während offenbar – aus Ankaraner Sicht – die türkische Elite in D eher die eigene Regierung kritisiert, neigen einfachere Menschen dazu, sich in verletztem Stolz gegen „die Deutschen" zu wenden. Radikalere könnten zu „Gegengewalt" schreiten. (Das abgesehen von der Frage, welche Rolle die nach Mafia-Art funktionierenden extremistischen, türkisch/kurdischen Organisationen, die ja nicht nur Geld für ihre Zwecke in der Türkei beschaffen, sondern auch jedem Mitglied ein mehr als ausreichendes illegales Einkommen ermöglichen, in Zukunft übernehmen werden. Sie könnten auch bei Wegfall ihres „politischen Zweckes" weiter existieren und zu einer Dauerbelastung werden – wie die italienische Mafia nach Wegfall der Prohibition in den USA.)

2)

- Da zurzeit unser Spielraum in einigen sensiblen Bereichen offenbar äußerst gering ist, erscheint es angezeigt, dafür zu sorgen, dass die Optik sich nicht auf die Problembereiche beschränkt. Wir müssen versuchen, unabhängig von diesen Bereichen andere Stränge der Zusammenarbeit zu stärken. Dazu gehören die gut funktionierende wirtschaftliche Zusammenarbeit und die Unterstützung deutscher wirtschaftlicher Projekte in der Türkei (nur weil wir der wichtigste Partner der Türkei sind, hält sich übrigens die uns gegenüber geäußerte Kritik in Grenzen, wenn man auch vorsichtig versuchen dürfte, diese Vorrangstellung abzubauen).
- Im kulturellen Bereich sollten wir die vorhandenen persönlichen Beziehungen nutzen, die wichtige Persönlichkeiten mit deutscher Bildung trotz allem zu uns halten wollen. Die vom GK Istanbul erwähnte Vereinigung ist eine unter mehreren, die sich in jüngerer Zeit gebildet haben. Auf Drängen der Botschaft werden sich alle (mehrere Tausend) zu einem Dachverband zusammenschließen – mit dem Ziel, sich gegen die „amerikanische

5 Türkisches Außenministerium.

6 Zum Besuch des BM Kinkel vom 31. Oktober bis 2. November 1992 in der Volksrepublik China vgl. Dok. 347–349.

7 BM Rühe besuchte die Türkei am 2./3. November 1992. Im Zentrum standen die bilateralen Beziehungen, insbesondere das Ende der NATO-Verteidigungshilfe, sowie der Konflikt mit der kurdischen PKK. Vgl. DB Nr. 1197 des Botschafters Oesterhelt, Ankara, vom 3. November 1992; B 52, ZA-Bd. 174065.

8 Zum fremdenfeindlichen Brandanschlag am 23. November 1992 in Mölln vgl. Dok. 386, Anm. 2.

Lobby“ zu behaupten, aber auch mit dem Ziel, durch nicht-amtliche – also glaubwürdigere – Äußerungen zum gegenseitigen Verständnis beitragen zu können. Sollte die beabsichtigte Gründung gelingen, wäre daran zu denken, die Mitglieder zu einer Veranstaltung beim Besuch des BK[9] zusammenzurufen.

- Ein weiterer Kristallisationspunkt des „deutschen Elementes“ in der Türkei könnte die von einer privaten Stiftung (die jetzt auch Träger des früheren deutschen Krankenhauses ist) geplante deutschsprachige „Stiftungsuniversität“ in Istanbul werden. Die Gründer wollen von uns keine finanzielle Zuwendung, wohl aber politisches Wohlwollen, das ihnen ermöglicht, eine nichtstaatliche Universität zu gründen. Mit gesondertem Bericht wird die Botschaft hierzu Vorschläge machen. Die türkischen Initiatoren streben an, die Vorarbeiten so weit voranzutreiben, dass bei dem für nächstes Jahr geplanten Besuch des Bundeskanzlers ein entsprechender türkischer Gesetzesentwurf vorliegt.

[gez.] Oesterhelt

B 26, ZA-Bd. 181312

386

Drahtbericht des Botschafters Stabreit, Washington

Fernschreiben Nr. 3403 **Aufgabe: 24. November 1992, 17.29 Uhr**[1]
Citissime **Ankunft: 24. November 1992, 23.36 Uhr**

Betr.: Ausländerfeindliche Ausschreitungen in Deutschland;
hier: Auswirkungen auf die Beziehungen zu den Vereinigten Staaten

Die Nachrichten über den Mord der drei türkischen Frauen in Mölln[2] und an einem Deutschen in Wuppertal[3] (Auslösen des Angriffs auf Letzteren durch Behauptung, er sei Jude,

9 BK Kohl besuchte die Türkei vom 19. bis 21. Mai 1993. Vgl. AAPD 1993.

1 Hat VLR Freiherr von Kittlitz am 25. November 1992 vorgelegen.

2 Am 23. November 1992 verübten Neonazis einen Brandanschlag auf zwei von türkischen Familien bewohnte Mehrfamilienhäuser in Mölln. In der Presse hieß es: „Bei den Brandanschlägen von Mölln in Schleswig-Holstein starben zwei türkische Frauen und ein zehnjähriges Mädchen […]. Neun Menschen wurden bei den Anschlägen verletzt, unter ihnen ein Kind, das sich bei einem Sprung aus dem Fenster beide Beine brach. […] Die Bewohner der in Brand gesetzten Häuser lebten schon seit Jahren in Deutschland, das getötete Mädchen ist in Mölln geboren. Die beiden anderen Opfer waren 51 und etwa 20 Jahre alt. Die Staatsanwaltschaft in Lübeck teilte mit, es habe in der Umgebung schon mehrere Brandanschläge gegeben, und es gebe kaum Zweifel daran, dass die Täter Rechtsradikale seien. Anonyme Anrufer hätten sich 30 Minuten nach Mitternacht, also unmittelbar, nachdem die Brände ausgebrochen waren, bei der Polizei gemeldet und gesagt: ‚In der Mühlenstraße/Ratzeburger Straße brennt ein Haus. Heil Hitler!‘ “ Vgl. den Artikel „Nach den Mord-Anschlägen von Mölln ermittelt der Generalbundesanwalt“; FRANKFURTER ALLGEMEINE ZEITUNG vom 24. November 1992, S. 1.

3 In einer Zusammenstellung des Bundesamts für Verfassungsschutz (Abteilung II) „Gesetzesverletzungen mit antisemitischem Charakter 1992 (Stand: 31. Januar 1993)“ hieß es: „Am 14. November [1992] verletzten zwei Skinheads in einer Kneipe in Wuppertal (Nordrhein-Westfalen) einen 53-jährigen Mann durch

so jedenfalls Darstellung in hiesiger Presse) haben hier wie eine Bombe eingeschlagen. Aus einem Gespräch, das ich heute früh mit einem hiesigen, außerordentlich einflussreichen und uns nicht übel gesonnenen Journalisten führte, halte ich die Warnung fest, dass wir jetzt mit einer außerordentlich negativen Presse rechnen müssten. Es sei fünf vor zwölf, um sichtbar gegen die offenbar um sich greifende Gewalttätigkeit in Deutschland etwas zu unternehmen. Insbesondere jüdische Kreise seien zutiefst beunruhigt und aufgewühlt.

Sieht man von einigen wenigen Stimmen, wie Rosenthal in der NYT[4] und dem bekannten Dershowitz in Boston ab, die ihr Urteil über Deutschland seit Auschwitz nicht geändert haben und nun triumphierend „ich habe es schon immer gesagt!" ausrufen (Dershowitz im Boston Globe mit der Behauptung, der große Fehler der Alliierten sei es gewesen, nach dem Kriege den Morgenthau-Plan nicht zu verwirklichen!), hat die US-Presse im Großen und Ganzen bisher nicht überreagiert und versucht, die Wurzeln eines Phänomens zu verstehen, von dessen Breite jedermann, wohl auch in Deutschland, überrascht war. Auch in meinen zahlreichen Gesprächen mit Vertretern der jüdischen Organisationen bin ich dem Bemühen begegnet, zu verstehen, was bei uns vor sich geht, und die Dinge nicht überzubewerten. Besorgnis erregt bei denjenigen, die die Weimarer Republik noch aus eigener Anschauung kennen, dass in letzter Zeit immer häufiger Zusammenstöße zwischen Links- und Rechtsradikalen stattfinden. Es wird jedoch auch für die Botschaft zunehmend schwieriger, die Lage, die sich auch aus hiesiger Sicht unübersichtlich darstellt, zu erläutern. Diejenigen unserer Freunde hier, die uns bisher beigestanden haben, werden, wenn es nicht gelingt, des Phänomens Herr zu werden, leiser werden und sich allmählich zurückhalten. Noch einige Zwischenfälle wie die von Mölln und Wuppertal, und wir werden auch in der neuen Administration[5], in der viele Angehörige von Minderheiten sitzen werden, von recht kühler Luft empfangen werden.

Das Bild verändert sich jetzt insofern, als sich die Brutalität der Übergriffe zunehmend von der Ausländerfrage in ihrer Gesamtheit loslöst und die Neigung zu spüren ist, sie auf eine generelle mentale Disposition zurückzuführen, die sich in Deutschland unter – immer noch – einer geringen, aber doch offenbar wachsenden Minderheit von Jugendlichen ausgebreitet hat. Die Botschaft leidet zurzeit sehr unter dem Mangel ernsthafter soziologischer Untersuchungen, die die psychologischen Hintergründe beleuchten. Es ist ja offensichtlich nicht nur ein Phänomen der neuen Bundesländer. Für Übermittlung evtl. dort vorhandener Kenntnisse wäre ich dankbar.

Die Amerikaner sind mit dem Ausdruck offizieller Betroffenheit und Abscheu nicht mehr zu beruhigen. Auch die Tatsache, dass bei uns Polizei und Justiz Ländersache sind,

Fortsetzung Fußnote von Seite 1547

Fußtritte lebensgefährlich, übergossen ihn mit Schnaps und zündeten ihn an. Der Wirt soll die Skinheads mit den Parolen ‚Auschwitz soll wieder geöffnet werden', ‚Der Jude soll brennen' angestachelt haben. Das sterbende Opfer transportierten die Täter im Wagen des Wirts über die Grenze ins niederländische Venlo, wo die Leiche am nächsten Morgen gefunden wurde. Der Tat soll ein Streit vorausgegangen sein, bei dem das Opfer die Täter als ‚Nazischweine' bezeichnet und sich selbst als ‚Halbjude' ausgegeben habe." Vgl. B 83, Bd. 2071.

Zur Berichterstattung in den USA vgl. den Artikel „3 Turks Killed; Germans Blame A Neo-Nazi Plot"; THE NEW YORK TIMES vom 24. November 1992, S. A 1 bzw. A 7.

4 Vgl. den Artikel von A. M. Rosenthal, „Our German Crisis"; THE NEW YORK TIMES vom 24. November 1992, S. A 15.

5 Am 3. November 1992 fanden in den USA Präsidentschaftswahlen statt, aus denen der Kandidat der Demokratischen Partei, Clinton, als Sieger hervorging. Vgl. Dok. 355.

der Bund nur sehr geringe eigene Einwirkungsmöglichkeiten hat, interessiert sie wenig. Sie wollen „action" sehen: Verhaftung der Täter, angemessene (harte) Gerichtsurteile, Verbot von radikalen Gruppierungen, welcher Couleur auch immer. Zunehmend taucht die Frage auf, ob es Drahtzieher auf dem extremen rechten oder linken Flügel gibt.

Die Botschaft ist sich der Schwierigkeiten, denen sich die Bundesregierung gegenübersieht, wohl bewusst. Sie bittet lediglich, sie mit allem nur denkbaren Material zu versorgen, das es ihr ermöglicht, das Gespräch mit Amerikanern zu führen (auch Statistiken: Aufklärungsquote, Verurteilungen etc.), und muss pflichtgemäß darauf hinweisen, dass deutsche Besucher im kommenden Frühjahr u.U. auf eine stark veränderte Atmosphäre stoßen werden, wenn es bis dahin nicht gelingt, den Eindruck zu erwecken, dass der Trend durch ein Bündel von Maßnahmen umgekehrt wurde. Bei dem Gespräch, das ich vor einigen Tagen anlässlich der Überreichung meines Beglaubigungsschreibens mit Präsident Bush führte, war seine erste Frage „what's going on in Germany?", und um klarzumachen, dass er hierbei nicht eine allgemeine Einleitung zu Smalltalk wünsche, verwies er auf die ausländerfeindlichen Zwischenfälle. Ich habe ihn darauf hingewiesen, dass die Schwierigkeiten der Wiedervereinigung mit all den durch sie geschaffenen Problemen sich jetzt bemerkbar machten, ich aber glaubte, dass die nackte Aggressivität, die bei einer Minderheit von Jugendlichen zutage getreten sei und sich die Schwächsten als Zielscheibe aussuche, keine tiefen Wurzeln habe, sondern wohl eher als ein Ausschlag zu betrachten sei, mit dem eine gute Therapie bald fertigwerden würde. Ich hoffe, dass ich damit recht behalten werde, fand jedoch interessant, dass in der für den Präsidenten gefertigten Vorlage diese Frage offenbar an erster Stelle rangierte.

[gez.] Stabreit

B 32, ZA-Bd. 179508

387

Gespräch des Bundeskanzlers Kohl mit dem jugoslawischen Ministerpräsidenten Panić

26. November 1992[1]

MP *Panić* bedankt sich eingangs für die Bereitschaft des Herrn Bundeskanzlers, ihn zu empfangen.[2]

1 Kopie.
Der Gesprächsvermerk wurde von MD Hartmann, Bundeskanzleramt, am 27. November 1992 gefertigt und am 9. Dezember 1992 an VLR I Matussek „zur persönlichen Kenntnisnahme von Minister Kinkel" übersandt.
Hat VLR Brose am 10. Dezember 1992 vorgelegen, der die Weiterleitung einer Kopie u.a. an Referat 215 verfügte.
Hat BM Kinkel am 12. Dezember 1992 vorgelegen.
Hat OAR Salzwedel am 14. Dezember 1992 vorgelegen, der die Weiterleitung an Referat 215 „zum Verbleib" verfügte.
Hat VLR I Libal am 15. Dezember 1992 vorgelegen. Vgl. das Begleitschreiben; B 42, ZA-Bd. 175642.

2 Zum Besuch des jugoslawischen MP Panić am 26. November 1992 vgl. auch Dok. 389.

Der *Bundeskanzler* erwidert, es werde ein schwieriges Gespräch werden. Man solle sehr offen miteinander reden.

MP *Panić* fährt fort, er sei kein Politiker und auch erst 16[3] Monate im Amt. Er wolle Frieden schaffen und den Bundeskanzler fragen, wie man Frieden schaffen könne.

Der *Bundeskanzler* erklärt, er wolle zunächst klarstellen, dass es in Deutschland keinerlei Ressentiments gegen das serbische Volk gebe. Wir hätten mit den Menschen dort eine komplizierte Geschichte. Deutschland habe auch nicht die Absicht, die Frage der Pariser Vorortverträge[4] aufzurollen. Es gehe uns in keiner Weise darum, Einflusszonen zu schaffen. Schließlich solle man nicht vergessen, dass seit vielen Jahren rund 800000 Bürger aus dem früheren Jugoslawien bei uns lebten.

Die jetzige Lage in Jugoslawien sei äußerst schwierig und vor dem Hintergrund des europäischen Einigungsprozesses besonders schlimm.

Der EG werde der Vorwurf gemacht, dass sie in Jugoslawien nichts tue. Täglich erreichten die Menschen schlimme Nachrichten und Bilder.

Deutschland beanspruche in Bezug auf das frühere Jugoslawien keine Sonderrolle, sondern bewege sich im Rahmen der Politik des Westens und der EG. Wir hätten allerdings große Zweifel, dass die Dinge sich besserten, auch wenn MP Panić behaupte, dass er dies schaffen könne.

Natürlich hoffen wir, dass der Ministerpräsident Erfolg habe, aber er wisse selber, wie viele schwierige Fragen es gebe.

MP *Panić* erwidert, er kenne die Fragen und Probleme – was er brauche, seien Lösungen. Er erhalte allerdings keine Hilfe, um die Probleme lösen zu können. Er sei dafür, den Krieg sofort zu beenden. Hierfür brauche er die Unterstützung des Bundeskanzlers, der nur zu sagen brauche: „Panić hat recht, beendet den Krieg!"

Er habe in London[5] Friedensvorschläge gemacht, aber keine Unterstützung bekommen. Stattdessen laufe die Diskussion über den Krieg weiter, die vor allem von den Medien verstärkt werde, ja, es gebe Medien wie CNN, die lebten geradezu vom Krieg.

Der *Bundeskanzler* erklärt, die Frage sei, welche Bedingungen die serbische Führung erfüllen müsse, damit es zum Frieden komme. Dabei gehe es beispielweise um die Anerkennung von Bosnien-Herzegowina als unabhängigem Staat, aber auch um die Frage, was die serbische Führung tue, um auf die serbischen Kräfte in Bosnien-Herzegowina einzuwirken.

Der Bundeskanzler verweist in diesem Zusammenhang auf die Berichte über die systematischen Vergewaltigungen von Frauen und Mädchen.

MP *Panić* erklärt, man könne den Krieg stoppen. Er sei Amerikaner und wisse, was Demokratie sei. Er habe schon als Partisan gegen die Kommunisten gekämpft. Er wisse auch, was es bedeute, Flüchtling zu sein.[6] Der Bundeskanzler müsse den Deutschen sagen, dass es teuer sei, erfolgreich zu sein.

[3] So in der Vorlage.
Milan Panić wurde am 14. Juli 1992 vom jugoslawischen Parlament zum MP gewählt.

[4] Zu den „Pariser Vorortverträgen" gehören die Verträge der alliierten und assoziierten Mächte mit dem Deutschen Reich vom 28. Juni 1919 (Versailler Vertrag), mit Österreich vom 10. September 1919 (Vertrag von St.-Germain-en-Laye), mit Bulgarien vom 27. November 1919 (Vertrag von Neuilly-sur-Seine), mit Ungarn vom 4. Juni 1920 (Vertrag von Trianon) und mit der Türkei vom 10. August 1920 (Vertrag von Sèvres).

[5] Zur internationalen Jugoslawien-Konferenz am 26./27. August 1992 vgl. Dok. 269.

[6] In den von VLR I Libal am 24. November 1992 für das Gespräch mit dem jugoslawischen MP vorgelegten Gesprächsunterlagen hieß es in einem „Persönlichkeitsbild", Milan Panić habe sich 1956 „als Mitglied

Der *Bundeskanzler* wirft ein, die Fragen, die sich stellten, seien beispielsweise, wann der Vertreibungsfeldzug aufhöre, wann dem Treiben der Tschetniks Einhalt geboten werde und ob man von der Vision eines Groß-Serbiens Abschied nehme.

MP *Panić* wirft ein, er sei gegen ein Groß-Serbien.

Der *Bundeskanzler* stellt die Frage, ob er mit dieser Position Erfolg habe.

MP *Panić* erwidert, er sei erfolgreich. Er habe sich mit Tudjman getroffen und den Austausch von Kriegsgefangenen ausgehandelt.

Der *Bundeskanzler* fragt, wie es um den Vance-Plan[7] stehe und ob dieser verwirklicht werde.

MP *Panić* erwidert, der Vance-Plan werde blockiert. Es gebe in Bosnien-Herzegowina kriegerische und friedliche Kräfte. Deren Ziele ließen sich nicht verwirklichen. Die Grenzen würden verschwinden. Die Flüchtlinge müssten zurück.

Der *Bundeskanzler* erklärt, MP Panić könne Unterstützung erhalten, wenn der Prozess überzeugend sei. Jedermann in Belgrad müsse erkennen, dass es keine westliche und insbesondere auch keine deutsche Hilfe geben werde, wenn die entsprechenden Voraussetzungen nicht klar erfüllt würden.

Dies sei das stärkste Argument, das der Ministerpräsident zu Hause verwenden könne.

MP *Panić* erwidert, erst müsse man Frieden haben. Der Bundeskanzler müsse die Kräfte des Friedens unterstützen. Es gebe solche Kräfte in Belgrad. Daneben gebe es natürlich die Kräfte des Nationalismus, gegen die er täglich ankämpfe.

Dies sei der Grund dafür, dass man zweimal versucht habe, ihn aus dem Amt zu vertreiben. Jedermann wisse, dass er für den Frieden eintrete und gegen eine gewaltsame Änderung der Grenzen sei.

Die „ethnischen Säuberungen" seien eine Schande. Damit aber die Menschen zurückkehrten, brauche man Zusicherungen. Die könne er nicht allein geben. Hierfür brauche er die Unterstützung aller Länder.

Im Übrigen seien die Kriegshandlungen in den letzten 100 Tagen deutlich zurückgegangen. Beispielsweise werde heute nicht mehr in Kroatien gekämpft. Gleichzeitig verhandele er über die Anerkennung Kroatiens. Slowenien habe er bereits anerkannt. Er werde auch Mazedonien die Anerkennung anbieten.

Er habe im Kosovo schwierige Probleme zu lösen. Der Bundeskanzler könne ihm helfen, indem er die Kosovo-Albaner auffordere, sich an den Wahlen[8] zu beteiligen. Wenn sie dies täten, brauche man kein Militär mehr.

Er selber wolle nur im Amt bleiben, bis Frieden und Demokratie herrschten. Er habe große Probleme mit den serbischen Nationalisten im Kosovo. Wenn die Albaner zur Wahl kämen, schwäche das zugleich die Stellung der Nationalisten.

Der *Bundeskanzler* fragt nach der Haltung von Milošević.

Fortsetzung Fußnote von Seite 1550

der jug. Radsportnationalmannschaft bei einem Wettkampf in die Bundesrepublik" abgesetzt: „Kurze Zeit danach kam er im Rahmen eines vom damaligen US-Vizepräsidenten Richard Nixon initiierten Flüchtlingsprogramms in die USA, wo er sein Biochemie-Studium an der ‚University of Southern California' abschloss und die Firma ‚ICN Pharmaceuticals' gründete. 1990 stieg Panić mit 75 % Anteil beim größten jugoslawischen Pharmaziekonzern ‚Galenik' ein." Vgl. B 42, ZA-Bd. 175642.

7 Zum Plan des Sonderbeauftragten des VN-GS für Jugoslawien, Vance, vgl. Dok. 2, Anm. 6.

8 Zu den Wahlen am 20. Dezember 1992 in der Bundesrepublik Jugoslawien (Serbien/Montenegro) auf Bundes- wie Republikebene vgl. Dok. 361, Anm. 2 und 4.

MP *Panić* erklärt, zwischen ihm und Milošević krache es ständig. Er zieht ein Papier mit Umfrageergebnissen heraus und erklärt, diese Ergebnisse zeigten deutlich, dass die Mehrheit gegen Milošević sei.

Der *Bundeskanzler* stellt die Frage, ob Panić in der Auseinandersetzung mit Milošević eine Chance habe.

MP *Panić* erwidert, die Umfrageergebnisse zeigten dies deutlich. Er benötige allerdings mehr Unterstützung des Westens. Er sei es gewesen, der Milošević dazu gebracht habe, vorzeitigen Wahlen zuzustimmen. Dies bereue Milošević jetzt.

MP Panić wiederholt, er brauche Unterstützung, erhalte aber keine.

Ein demokratisches Jugoslawien könne den Frieden im ganzen Balkan sichern. Er sei bereit, alle anzuerkennen.

Der *Bundeskanzler* erklärt, die Fakten sprächen doch dagegen, dass die serbische Führung das mitmache. Würden beispielsweise Milošević und die Militärs ein Wahlergebnis anerkennen, wie es dem von MP Panić erläuterten Umfrageergebnis entspreche?

MP *Panić* erwidert, er sei doch auch Verteidigungsminister. Die meisten Militärs stünden hinter ihm, aber alle wollten den Frieden.

Der *Bundeskanzler* erwidert, wenn das so sei, könne man ja rasch zu positiven Ergebnissen kommen.

MP *Panić* erklärt, es könne allerdings sein, dass er nicht gewinne, weil man ihn nicht unterstütze. Milošević verfüge über die größeren Mittel und insbesondere die Kontrolle über die Medien. Er selber werde von diesen als Spion des Westens bezeichnet.

Der *Bundeskanzler* erklärt, MP Panić habe doch ein starkes Argument auf seiner Seite, nämlich dass bei Erfüllung der entsprechenden Voraussetzungen die Sanktionen gegen Serbien[9] wegfallen würden. Wir könnten uns nicht vorstellen, dass das serbische Volk mit den entsetzlichen Gräueln des Krieges einverstanden sei.

MP *Panić* erklärt, er selber kandidiere wahrscheinlich nicht bei den Wahlen, sondern versuche, über seine Kandidaten die Zusammensetzung des Parlaments zu ändern. Derzeit habe er dort mehrheitlich radikale Nationalisten und Sozialisten gegen sich.

Für ihn würde es eine große Hilfe bedeuten, wenn der Bundeskanzler öffentlich erkläre, dass er zur Unterstützung bereit sei, wenn Panić die Wahlen gewinne.

Der *Bundeskanzler* erklärt, das Thema Jugoslawien werde auf dem bevorstehenden ER in Edinburgh[10] auf der Tagesordnung stehen. Dort könne man noch einmal eine klare Botschaft verabschieden, die die Voraussetzungen für einen Frieden aufzählten. Entscheidend bleibe aber, dass man in Serbien selbst handele.

MP *Panić* erklärt, das serbische Volk mache leider nur die Erfahrung, dass die Sanktionen verschärft würden, was ihm persönlich als Versagen angekreidet werde. Das Gefühl mache sich breit, dass die ganze Welt und auch die Deutschen gegen Serbien seien. Dies schweiße die Menschen zusammen und stärke Milošević.

Milošević behaupte, dass die ganze Welt und insbesondere die Deutschen Krieg wollten und dass er für den Frieden sei.

9 Vgl. die Resolution Nr. 713 des VN-Sicherheitsrats vom 25. September 1991; RESOLUTIONS AND DECISIONS 1991, S. 42 f. Für den deutschen Wortlaut vgl. EUROPA-ARCHIV 1991, D 550–552.
Vgl. auch die Resolution Nr. 757 des VN-Sicherheitsrats vom 30. Mai 1992; Dok. 159, Anm. 12.

10 Zur Tagung des Europäischen Rats am 11./12. Dezember 1992 vgl. Dok. 421.

Er befinde sich in der schwierigen Lage, ohne Hilfe des Westens allein gegen Milošević kämpfen zu müssen.

Der *Bundeskanzler* erklärt, es genüge, wenn MP Panić deutlich mache, dass bei einer Wahl von Milošević keine westliche Unterstützung zu erwarten sei.

MP *Panić* wirft ein, es sei besser, wenn der Bundeskanzler das selber sage.

Der *Bundeskanzler* fährt fort, man könne möglicherweise in einer Erklärung auf dem ER in Edinburgh die Richtung deutlich machen.

MP *Panić* fährt fort, man solle sagen, dass die Demokratie gewinnen müsse. Die Alternative dazu sei ein Krieg in ganz Jugoslawien.

In Jugoslawien gebe es derzeit 500 000 Flüchtlinge. Es wäre daher gut, wenn in der Erklärung auch humanitäre Hilfe zugesagt würde.

Der *Bundeskanzler* weist darauf hin, dass wir bereits in erheblichem Umfang humanitäre Hilfe leisteten.

MP *Panić* erklärt, das wisse er und habe es auch schon öffentlich gesagt.

Im Übrigen schlage er vor, dass der Bundeskanzler mit Vance Kontakt aufnehme, mit dem er gelegentlich zusammentreffe.

Der *Bundeskanzler* zitiert aus dem Brief des Präsidenten des DRK[11], in dem dieser darauf hinweist, dass er bei seinem Besuch im ehemaligen Jugoslawien auf der Reise von Karlovac nach Bihać durch serbische Polizei und paramilitärische Truppen behindert wurde.

MP *Panić* erwidert, dies seien Orte in Bosnien-Herzegowina – der Fehler sei gewesen, diese Staaten anzuerkennen. Er habe mit diesen Dingen als Ministerpräsident von Jugoslawien nichts zu tun. Bei diesen Leuten handele es sich um Serben aus der Krajina und aus Bosnien-Herzegowina. Was die Krajina angehe, so sei dies Sache von Tudjman. Er schlage daher vor, dass der Bundeskanzler dies Tudjman sage.

Der *Bundeskanzler* erklärt, er habe Tudjman seine Auffassung mehrfach klar erläutert. Wenn Tudjman ein Groß-Kroatien wolle, verliere er jede Unterstützung.

MP *Panić* erklärt, er wolle so schnell wie möglich eine Wirtschaftsgemeinschaft auf dem gesamten Balkan errichten.

Im Übrigen werde immer so getan, als seien die Serben schlecht und die Moslems gut.

Der *Bundeskanzler* wirft ein, es sei ja wohl nicht zu bestreiten, wer die Sache begonnen habe.

MP *Panić* fragt, ob dies so wichtig sei. Man solle jetzt Frieden machen. Später werde man die Verantwortlichen bestrafen.

Der *Bundeskanzler* erklärt, es gehe jetzt um die Lage der Menschen und darum, dass es zu immer schlimmeren Zerstörungen komme. Damit würden zugleich die Kosten des Wiederaufbaus immer höher.

MP *Panić* erwidert, dem könne er nur zustimmen. Er verstehe die Position des Bundeskanzlers. Es werde aber zugleich immer deutlicher, dass wichtige europäische Politiker, wie beispielsweise Mitterrand und Felipe González, ihre Position änderten.

Ihm gehe es um eine konstruktive Unterstützung. So sei es beispielsweise erfreulich, dass Deutschland 25 Eisenbahnwaggons für die Flüchtlinge zur Verfügung stelle. Man brauche aber auch Experten, die die Kraftwerke wieder in Gang setzten. Vor allem benötige er internationale Wahlbeobachter, die mindestens einen Monat vor Ort seien. Er brauche schließlich einen Wirtschaftsplan, der die Rückkehr der Flüchtlinge ermögliche.

11 Botho Prinz zu Sayn-Wittgenstein-Hohenstein.

Der *Bundeskanzler* erklärt, er glaube nicht, dass die Flüchtlinge aus Jugoslawien beispielsweise in Deutschland bleiben wollten. Ihr Interesse sei zurückzukehren.

MP *Panić* wirft ein, er brauche vor allem Baumaterial, wie beispielsweise Zement und Nägel.

Der *Bundeskanzler* erklärt, dies sei jetzt nicht das Problem. Das Schießen und der Krieg müssten aufhören. Wenn dies der Fall sei, würden die Leute zurückkehren und auch Unterstützung erhalten.

MP *Panić* erklärt, er habe gestern viele Stunden mit Vance und Owen gesprochen. Das Problem sei, dass die EG und Deutschland nicht bereit seien, sein Land anzuerkennen.[12]

Er fordere den Bundeskanzler auf, Jugoslawien anzuerkennen. Dann werde er selbst gute Muskeln haben.

Der *Bundeskanzler* erklärt, zuerst müsse Jugoslawien die von ihm genannten Voraussetzungen erfüllen.

MP *Panić* erklärt, er frage sich, wie er Frieden machen solle, wenn er nicht anerkannt werde. Der Bundeskanzler helfe ihm nicht.

Der *Bundeskanzler* erklärt, die Dinge lägen genau umgekehrt. Man brauche zunächst eine Lage, die zum Frieden führe.

MP *Panić* erwidert, es gebe bereits 75 % weniger Kämpfe. Hierfür beanspruche er Kredit. Die Straßen nach Goražde und Sarajevo seien jetzt offen. Es gebe keinen Artilleriebeschuss auf Sarajevo mehr. Dies sei das Ergebnis der Bemühungen von Owen, Vance und ihm. Dies müsse man doch anerkennen.

Die Kämpfe seien praktisch auf kleinere Bereiche in Bosnien und Herzegowina beschränkt.

Der *Bundeskanzler* erklärt, die Serben hätten inzwischen weite Teile von Bosnien und Herzegowina erorbert.

MP *Panić* erwidert, die eroberten Gebiete müssten zurückgegeben werden.

Der *Bundeskanzler* erklärt, das glaube nur niemand.

MP *Panić* erklärt, der Bundeskanzler müsse ihm glauben; auch Jesus Christus habe niemand geglaubt. Er sei kein Nationalist und wolle auch kein Politiker werden. Er wolle dem Bundeskanzler helfen, Frieden zu machen.

Der *Bundeskanzler* erwidert, es gehe nicht um den Frieden hier, sondern um den Frieden in Jugoslawien. Man werde sich in Edinburgh mit der Lage befassen. Er sei dann auch gespannt, was Mitterrand dort sage. Er kenne im Augenblick niemanden, der dafür plädiere, die jetzige Politik aufzugeben.

MP *Panić* erklärt, der Bundeskanzler müsse die Politik ändern, sonst komme es zu einem Krieg in ganz Jugoslawien. Er, Panić, sei die einzige Hoffnung für den Frieden. Es gebe niemanden sonst.

Der *Bundeskanzler* erklärt, niemand habe etwas gegen den Ministerpräsidenten. Wir sähen uns allerdings der Politik von Milošević und seinen Leuten gegenüber. Jeder, der für Demokratie, Frieden und Menschenrechte in Jugoslawien eintrete, habe unsere Unterstützung. Aber bis jetzt hätten sich die Dinge nicht verändert. Man werde in Edinburgh noch einmal ganz klar über die Voraussetzungen sprechen, die erfüllt werden müssten. Solange es keine Veränderungen in der Sache gebe, könne man auch die Politik nicht ändern.

12 Zur Staatennachfolge Jugoslawiens vgl. Dok. 65.

Man könne möglicherweise in Edinburgh eine Botschaft verabschieden, die auch auf die bevorstehenden Wahlen Bezug nehme. Zugleich werde er sich auch dafür einsetzen, dass Owen in Edinburgh einen Bericht über die Lage abgebe. Danach könne Owen nach Belgrad fahren und dort die Botschaft des ER erläutern.

MP *Panić* erklärt, damit sei er einverstanden. Noch schöner wäre es, wenn der Bundeskanzler dies heute schon öffentlich erkläre.

Schließlich habe er die Wahlen angesetzt, was doch ein guter Schritt sei.

Der *Bundeskanzler* erklärt, dies sei nicht das Problem, sondern die Tatsache, dass die meisten Voraussagen von einem Sieg Miloševićs ausgingen. Er habe aber nichts dagegen, wenn MP Panić vor der Presse erkläre, dass der Bundeskanzler für den Fall, dass Serbien die genannten Voraussetzungen erfülle, sich für die Aufhebung der Sanktionen einsetzen werde. Zu den Voraussetzungen gehöre u. a. die Anerkennung von Bosnien-Herzegowina als einem unabhängigen Staat und die Normalisierung der Beziehungen zwischen Serbien und Kroatien.

MP *Panić* fährt aufbrausend dazwischen, er könne Bosnien-Herzegowina nicht schaffen.

Der *Bundeskanzler* erwidert, es gehe um die Anerkennung.

MP *Panić* lehnt sich zurück und erklärt, dies werde er tun und auch heute noch sagen.

Der *Bundeskanzler* erklärt, entscheidend sei, dass die Bedingungen erfüllt würden, und wenn Owen in Edinburgh berichten könne, dass die Dinge sich gebessert hätten, werde dies auch seine Wirkung tun. Wir seien nicht an einer katastrophalen Entwicklung interessiert. Das, was sich jetzt in Jugoslawien abspiele, gleiche einem Krebsgeschwür.

MP *Panić* erklärt, er werde – für den Bundeskanzler – den Krebs wegoperieren.

Der *Bundeskanzler* übergibt MP Panić einen Brief der CDU/CSU-Fraktion und bittet darum, denselben zu beantworten.[13]

MP *Panić* erklärt, er sei für den Frieden, aber man müsse ihm helfen. Er wolle noch einmal die Frage nach Wahlbeobachtern stellen.

Der *Bundeskanzler* erklärt, er werde sich um diese Frage kümmern.

MP *Panić* erklärt, es wäre wichtig, wenn die kroatischen Truppen Bosnien-Herzegowina verließen. Dies würde die Lage stabilisieren, und außerdem müssten die Serben die eroberten Gebiete zurückgeben.

B 42, ZA-Bd. 175642

13 Zum Schreiben der Frauengruppe der CDU/CSU-Fraktion vgl. FRANKFURTER ALLGEMEINE ZEITUNG vom 27. November 1992, S. 64.

388

Vermerk des Vortragenden Legationsrats I. Klasse Hauswedell, Bundeskanzleramt

26. November 1992[1]

Betr.: Empfang einer islamischen Parlamentarierdelegation unter Leitung von Prof. Erbakan (Türkei) durch StM Schmidbauer am 24. November im Bundeskanzleramt; hier: Gesprächsvermerk

I. Staatsminister Schmidbauer und AL 6[2] empfingen am 24. November im Bundeskanzleramt eine islamische Parlamentarierdelegation, die von dem stellvertretenden Ministerpräsidenten a.D. und Präsidenten der türkischen Wohlfahrtspartei, Prof. Dr. Necmettin Erbakan, geleitet wurde. Bei den übrigen Mitgliedern der Delegation handelte es sich um pakistanische, jordanische, malaysische, ägyptische und bangladeschische Abgeordnete, die in ihren Heimatstaaten eher dem islamisch-fundamentalistischen Flügel zuzurechnen sind (Delegationsliste in der Anlage[3]).

Das Hauptanliegen der Besucher, die im Bundeskanzleramt auf Betreiben der Konrad-Adenauer-Stiftung und des Vorsitzenden des Unterausschusses „Menschenrechte und humanitäre Hilfe" des Auswärtigen Ausschusses, Herrn MdB Friedrich Vogel (Ennepetal), empfangen wurden, war im Voraus dahingehend angekündigt worden, dass die „Möglichkeiten der Friedensentwicklung und des besseren Verständnisses zwischen dem Islam und dem Westen" erörtert werden sollten. Wie sich bei dem Gespräch zeigte, verfolgte die Delegation – auch unter Anspielung auf die jüngsten ausländerfeindlichen Ausschreitungen in unserem Lande[4] – jedoch sehr viel spezifischere politische Ziele und Vorschläge.

II. Die Hauptanliegen der Delegation, die größtenteils von Prof. Erbakan, aber auch von anderen Abgeordneten, vorgetragen wurden, lauteten wie folgt:

1) Die Delegation brachte das Unbehagen der islamischen Welt gegenüber der nach ihrer Ansicht bestehenden Unfähigkeit bzw. Unwilligkeit des Westens zum Ausdruck, die Moslems in Bosnien-Herzegowina in entsprechender Weise zu schützen und vor der Vernichtung zu bewahren. Die islamische Welt – und dabei gab die Delegation an, dass sie Staaten

1 Der Vermerk wurde von VLR I Hauswedell, Bundeskanzleramt, am 3. Dezember 1992 an VLR I Schmidt „zur dortigen Kenntnisnahme" übermittelt.
Wurde vom Büro Staatssekretäre über MD Schlagintweit an MDg Zeller geleitet „m[it] d[er] B[itte] um Kenntnisnahme und zum weiteren Verbleib".
Hat Schlagintweit am 7. Dezember 1992 vorgelegen.
Hat Zeller am 10. Dezember 1992 vorgelegen, der die Weiterleitung an MDg Bartels und die Referate 310 und 311 verfügte.
Hat Bartels am 14. Dezember 1992 vorgelegen.
Hat VLR Kaul am 13. Dezember 1992 vorgelegen.
Hat VLR I Dassel am 17. Dezember 1992 vorgelegen. Vgl. das Begleitschreiben; B 36, ZA-Bd. 196110.

2 Rudolf Dolzer.

3 Dem Vorgang beigefügt. Für die Delegationsliste vgl. B 36, ZA-Bd. 196110.

4 Zu fremdenfeindlichen und antisemitischen Gewalttaten vgl. Dok. 303, Anm. 14, Dok. 362, besonders Anm. 6 und 7, und Dok. 386.

und Völker vertrete, die immerhin 1,5 Mrd. Moslems repräsentierten – würde die Vernichtung der Moslems auf dem Balkan nicht tatenlos hinnehmen. Sie ließ eine klare Präferenz für militärische Maßnahmen zum Schutz der bedrohten Moslems erkennen. Der Westen unternehme nicht genügend, um die gegenwärtigen anti-moslemischen Propagandaäußerungen und Vorstöße der Serben entschieden zurückzuweisen. Dadurch habe sich in der islamischen Welt der Eindruck eines Religionskrieges verstärkt. Hier, bei diesem Gespräch unter Personen mit internationaler Erfahrung, könne man die Probleme noch rational erfassen und darstellen; auf der Ebene der einfacheren Bevölkerung bzw. in den Moscheen werde diese Problematik bereits sehr viel emotionaler behandelt. Die Situation der Moslems auf dem Balkan könne zu einem neuen Balkankrieg, eventuell zu einem Weltkrieg führen.

Die Delegation führte aus, dass in der Türkei die Überlegungen zunähmen, zusammen mit dem Iran und Pakistan möglicherweise zu einem militärischen Schutz der Moslems zu intervenieren. An Deutschland wurde die Bitte gerichtet, dass wir wenigstens eine militärische Aktion anderer Staaten begrüßen sollten, wenn wir uns schon nicht selbst an militärischen Aktionen beteiligen könnten (was man verstehe).

2) In diesem Zusammenhang beklagte die Delegation auch generell einen westlichen Doppelstandard gegenüber den islamischen Völkern und Staaten im Hinblick auf das Selbstbestimmungsrecht. In Bosnien, in Kaschmir, in Aserbaidschan, überall werde islamischen Völkern ein wirkliches Selbstbestimmungsrecht nicht zugebilligt.

3) Ein drittes Hauptanliegen der Delegation bestand darin, Deutschland – unter Verwendung von sehr viel Schmeichelei und auch mit dem offensichtlichen Hintergedanken, uns von den USA und anderen wichtigen westlichen Alliierten zu entzweien – als Hauptansprechpartner und Wunschpartner der islamischen Völker bei einer engeren Zusammenarbeit darzustellen. Es gab konkrete Aufforderungen, dass wir uns von den Embargo-Maßnahmen der Vereinten Nationen gegenüber Libyen und dem Irak aus der westlichen Allianz herauslösen und zumindestens die humanitären Lieferungen von Arzneimitteln und Dünger in den Irak gestatten sollten.[5]

4) Bezüglich der besseren Ausgestaltung des deutsch-türkischen bzw. des deutsch-islamischen Verhältnisses gab Prof. Erbakan – auch unter Anspielung auf die jüngsten Morde von Mölln – folgende Einschätzungen und Vorschläge ab:

- Fernsehsendungen in Deutschland hätten eine gefährliche Einwirkung auf die Ausländerfeindlichkeit gehabt. Hier sei in Zukunft besondere Vorsicht geboten (keine nähere Erläuterung der beanstandeten Fernsehsendungen).
- In deutschen Schulbüchern und „offiziellen“ Schriften (sic) seien nach wie vor viele Vorurteile gegenüber dem Islam zu finden. Ein Kölner Universitätsinstitut habe in einer achtbändigen Sammlung eine Reihe von Empfehlungen vorgelegt und die bestehenden Vorurteile aufgeführt. Vielleicht sei es an der Zeit, eine Schulbuchkommission einzurichten, die Empfehlungen für die Tilgung von Vorurteilen aus den Schulbüchern machen könnte.
- Die deutschen Gesetze seien nach wie vor zu lasch im Umgang mit extremistischen Gewalttätern. Aus seiner türkischen Erfahrung könne er nur sagen, dass man Terroristen auch mit terroristischen Mitteln bekämpfen müsse.

5 Zu den VN-Sanktionen gegen Libyen vgl. Dok. 95.
Zu den VN-Sanktionen gegen den Irak vgl. Dok. 332.

- Das Auftreten der kurdischen PKK in Deutschland sei rügenswert. Es handele sich eindeutig um eine terroristische Organisation. Obwohl der Bundesinnenminister[6] kürzlich der PKK die Wahlen zu einem kurdischen Nationalparlament in Deutschland untersagt habe, seien in Deutschland überall Aufrufe zu diesen Wahlen zu finden.[7] Damit sei erwiesen, dass Deutschland das Verbot politischer Betätigung nicht strikt überwache.
- Hinsichtlich der Integration der in Deutschland lebenden 1,6 Mio. Türken sei es wichtig, dass die Bundesregierung sich bereit erkläre, zusammen mit den türkischen Organisationen die Integration zu betreiben. Gemeinsame Programme für die Integration, die auch über die Moscheen an die türkische Bevölkerung herangetragen werden könnten, seien der beste Weg zur Integration. Wenn dies nicht geschehe, sei es möglich, dass die Spannungen der türkischen Bevölkerung mit der deutschen Bevölkerung zunehmen.

III. Staatsminister Schmidbauer und Abteilungsleiter 6 legten im Verlauf des Gesprächs unsere Positionen zu den angesprochenen Punkten dar. Sie wandten sich insbesondere gegen den Eindruck, dass es sich bei dem Krieg auf dem Balkan primär um eine religiöse Auseinandersetzung handele und dass der Westen stillschweigend das serbische Vorgehen und seine anti-moslemische Komponente dulde. Im Gegenteil sei das entschlossene Auftreten des Westens gegen Serbien von Anfang an belegbar. Die Bundesrepublik Deutschland habe ihrerseits durch die jüngst erfolgte Aufnahme diplomatischer Beziehungen mit Bosnien-Herzegowina[8] und die Bekräftigung, dass gewaltsam veränderte Grenzen unakzeptabel seien, gerade auch für die bedrohten Moslems ein Zeichen gesetzt. Die von der Delegation angeführte Präferenz für die militärische Lösung – insbesondere in der Form des Einsatzes militärischer Kontingente islamischer Staaten – sei in dieser Form sehr gefährlich, weil sie nur dazu dienen würde, den bestehenden Bürgerkrieg durch die religiöse Komponente weiter anzufachen.

Hinsichtlich der von der Delegation beklagten Ungerechtigkeiten der neuen Weltordnung und der angeblichen Benachteiligung der islamischen Staaten und Völker führte AL 6 aus, dass die bestehende, auf den Vereinten Nationen beruhende Weltordnung mit ihren Prinzipien von Gleichheit, Religionsfreiheit und Menschenrechten nach wie vor die beste Verständnisgrundlage für die unterschiedlichen Religionen und Kulturen darstelle.

Hauswedell

B 36, ZA-Bd. 196110

6 Rudolf Seiters.

7 In der Presse wurde berichtet, am 21./22. November 1992 hätten „in der Bundesrepublik und in zehn anderen europäischen Ländern Vorwahlen zu einem ‚Kurdischen Nationalparlament‘ stattgefunden. Die mehreren hunderttausend in Europa lebenden KurdInnen über 18 Jahren sollten Delegierte für eine für Anfang Dezember geplante ‚Europa-Konferenz‘ wählen, die dann aus ihren Reihen zehn Volksvertreter in ein ‚Nationalparlament‘ entsenden soll. [...] Initiatorin und Organisatorin der ‚Wahlen‘ ist die PKK.“ Vgl. den Artikel „PKK inszeniert ‚Wahlen‘“; TAZ vom 23. November 1992, S. 8.

8 Die Bundesrepublik und Bosnien-Herzegowina nahmen am 13. November 1992 diplomatische Beziehungen auf. Vgl. Dok. 381, Anm. 27.

389

Runderlass des Vortragenden Legationsrats I. Klasse Libal

215-321.10 JUG VS-NfD **27. November 1992**[1]
Fernschreiben Nr. 3418 Plurez **Aufgabe: 28. November 1992**

Betr.: Beziehungen zur BR Jugoslawien;
hier: Gespräch MP Panić mit BM am 26.11.

I. Zusammenfassung

PM Panić wurde am 26.11. auf eigenen Wunsch von BK Kohl[2] und von BM Kinkel zu jeweils etwa einstündigen Gesprächen empfangen. Er wurde von Minister Rakić und den Beratern Olić und Scanlan sowie Beamten des Außenministeriums begleitet. Mit dem Eingehen auf den Gesprächswunsch von Panić hat die Bundesregierung ihre Bereitschaft erkennen lassen, auch in direktem Dialog mit den Verantwortlichen in Belgrad nichts unversucht zu lassen, was zu einer Beilegung des Konflikts im ehemaligen Jugoslawien betragen könnte.

In den sehr offenen und lebhaft geführten Gesprächen hat Panić den Akzent auf folgende Themen gelegt:

- Keine Verantwortung der jug. Regierung für die Geschehnisse in Bosnien-Herzegowina.
- Erhebliche persönliche Leistungen zugunsten des Friedensprozesses.
- Bitte um Unterstützung in der Auseinandersetzung mit Milošević, vor allem durch Aufhebung der Sanktionen[3], Anerkennung und Unterstützung bei den bevorstehenden Wahlen[4]. Deutlich erkennbar war die Tendenz, dem Ausland und insbes. uns die Verantwortung für ein eventuelles politisches Scheitern zuzuschieben.

Diese Linie ist bei den deutschen Gesprächspartnern auf wenig Verständnis gestoßen. BM und BK (dessen Gesprächsführung in der Pressemitteilung des BPA[5] wiedergegeben ist) haben mit Nachdruck unsere Sicht der Dinge vorgetragen:

- Entsetzen über das Vorgehen der serb. Extremisten in Bosnien-Herzegowina.
- Politische Mitverantwortung der jug. Bundesregierung für diese Geschehnisse.
- Zweifel an Durchsetzungsfähigkeit von P.
- Notwendigkeit sichtbarer Erfolge bei den Bemühungen um Einstellung der serb. Aggression (Taten statt Worte).
- Bis dahin keine Möglichkeit einer Unterstützung, schon gar nicht in der Sanktions- und Anerkennungsfrage.

1 Hat VLRI Libal am 28. November 1992 vor Abgang erneut vorgelegen, der handschriftlich vermerkte: „Von BM gebilligt (auf Konz[ept] Europol).“

2 Für das Gespräch vgl. Dok. 387.

3 Vgl. die Resolution Nr. 713 des VN-Sicherheitsrats vom 25. September 1991; RESOLUTIONS AND DECISIONS 1991, S. 42f. Für den deutschen Wortlaut vgl. EUROPA-ARCHIV 1991, D 550–552.
Vgl. auch die Resolution Nr. 757 des VN-Sicherheitsrats vom 30. Mai 1992; Dok. 159, Anm. 12.

4 Zu den Wahlen am 20. Dezember 1992 in der Bundesrepublik Jugoslawien (Serbien/Montenegro) auf Bundes- wie Republikebene vgl. Dok. 361, Anm. 2 und 4.

5 Für die Mitteilung des StS Vogel, BPA, zum Gespräch des BK Kohl mit dem jugoslawischen MP Panić am 26. November 1992 vgl. BULLETIN 1992, S. 1182.

II. Aus dem Gespräch mit BM wird im Einzelnen Folgendes festgehalten:

BM begann das Gespräch mit dem Hinweis auf die täglichen furchtbaren Nachrichten aus Bosnien-Herzegowina. In Deutschland sei die Betroffenheit hierüber außerordentlich groß. Man habe kein Verständnis, dass so etwas im Herzen Europas geschehe. Man habe (P.) auf dessen Wunsch empfangen, weil man glaube, dass er Einfluss auf die Geschehnisse habe, und weil seine Regierung die Mitverantwortung für die Geschehnisse trage. Es sei viel versprochen, aber leider wenig oder gar nichts gehalten worden. Wir hätten nichts gegen das serbische Volk, aber alles gegen die schrecklichen Taten, die schnellstens beendet werden müssten. Hierzu müsse P. beitragen. Die Völkergemeinschaft werde dies alles nicht lange ertragen. Dies gelte vor allem für die ethnischen Säuberungen, die Lager, die Massenvergewaltigungen und das Morden. Nicht P.s Person, aber seine Regierung stehe in der Verantwortung auch hierfür. Deutschland werde keine Anerkennung gewaltsamen Gebietserwerbs vornehmen. Bald werde man in den betroffenen Regionen auf unsere Hilfe angewiesen sein. Diese werde nur gegeben werden, wenn sofort etwas geschehe.

BM äußerte sodann die Bitte um Unterstützung bei der Aufklärung des Mordfalles Scotland (Korrespondent der SZ, der im Juni 1991 bei Glina vermutlich von serbischen Heckenschützen erschossen wurde[6]).

P. reagierte in seiner bekannten emotionalen, völlig egozentrischen und argumentativ etwas sprunghaften Weise. Er leugnete jede persönliche Verantwortung für das Geschehene, für das alle Völker des ehemaligen Jugoslawiens verantwortlich seien. Er bringe die Lösung, und statt ihn zu tadeln, sollte man ihm zuhören. Er akzeptiere weder die ethnischen Säuberungen noch gewaltsame Grenzveränderungen. Er habe einen Plan zur Entmilitarisierung von Sarajevo. Trotz der Sanktionen habe er humanitäre Hilfe geleistet. Er habe die jugoslawische Armee aus Bosnien-Herzegowina und Kroatien abgezogen. Er habe Kroatien anerkannt und die Grenzen aller jug. Republiken. Jugoslawien beherberge eine halbe Million Flüchtlinge, darunter auch viele Kroaten und Moslems. Er habe ein Ministerium für Menschenrechte geschaffen und versucht, das Kosovo wieder in den demokratischen Prozess einzubringen. (Die Albaner sollten wählen, dann werde man Milošević und das alte System beseitigen können.) Er habe einen für ethnische Säuberungen verantwortlichen Bürgermeister ins Gefängnis gebracht und ebenso Angehörige paramilitärischer Gruppen.

Nach dieser (hier nicht erschöpfend wiedergegebenen) Liste seiner angeblichen Leistungen bat P. um Hilfe bei der Demokratisierung. Man benötige Wahlbeobachter, Fernsehausrüstung und Papier. Man müsse anerkennen, was er tue, sonst werde Milošević triumphieren. Erst müsse man mit ausländischer Hilfe das Land demokratisieren. Dann werde man den Krieg in Bosnien-Herzegowina beenden können. Die Anerkennung Jugoslawiens würde ihm, Panić, mehr politische Muskelkraft verleihen. Außerdem müsse man Druck auch auf die anderen Parteien, nicht nur auf die Serben ausüben.

BM billigte P. ausdrücklich gute subjektive Absichten zu. Im Leben zählten nun aber einmal die Resultate. P. müsse sich an den konkreten Ergebnissen messen lassen. Gegen P.s Versuch, die Verantwortung Belgrads für die Ereignisse in Bosnien-Herzegowina zu leugnen, verwies BM auf die langjährige systematische Schürung des serbischen Extremismus und Nationalismus von Belgrad aus, auf seine Ausrüstung mit dem Instrument einer hoch-

6 Der Journalist der Süddeutschen Zeitung, Scotland, wurde am 26. Juli 1991 nahe des Ortes Jukinac in Kroatien von einem Angehörigen einer serbischen Miliz in einem mit „Presse" gekennzeichneten Wagen angeschossen und erlag noch am selben Tag seinen Verletzungen.

gerüsteten Armee und auf die Schaffung und Unterstützung der paramilitärischen Formationen in der Republik Serbien selbst. Wir erwarteten, dass die Ankündigungen von P. Wahrheit würden. Stattdessen habe man den Eindruck, dass die serbische Seite durch militärische Aktionen und ethnische Säuberungen Fakten schaffen wolle, im Vertrauen auf eine spätere Anerkennung der normativen Kraft des Faktischen durch die Staatengemeinschaft. Mit uns werde das aber nicht gehen.

Hierauf reagierte P. mit neuerlichen Beteuerungen, er sei der falsche Adressat für solche Vorwürfe, und er tue alles für den Frieden. Er habe die Kriegsatmosphäre in eine des Friedens verwandelt. Ohne seine Anstrengung wäre alles noch viel schlimmer. Er habe viele Gegner, und sein Leben sei bedroht. Er selbst repräsentiere ja die Auffassungen des BM. Er brauche Hilfe in diesem Kampf und wolle mit der Zusage zurückkehren, dass Deutschland ihm Papier, eine Fernsehstation und weitere intellektuelle Unterstützung gegen den Nationalismus geben werde. Nun müsse Deutschland handeln, nicht er.

Hierauf antwortete BM, er müsse in aller Brutalität sagen, dass Panićs persönlichen Bemühungen die faktische Grundlage fehle: Er übe nicht den geringsten Einfluss auf Milošević aus. Wie sollten wir dann helfen? Wir hofften, dass die Wahlen in die richtige Richtung gehen würden, aber solange Milošević die Macht ausübe, würde Hilfe nur in ein Fass ohne Boden fließen. Für eine Anerkennung Jugoslawiens gebe es klare Bedingungen: Einstellung des serbischen Eroberungskriegs, volle Verwirklichung des Vance-Planes[7], Wiederherstellung der Autonomie des Kosovo[8] und Garantie der Rechte der Ungarn und Moslems in der Wojwodina und im Sandžak. Man wünsche Panić von Herzen Erfolg, aber er müsse die Fähigkeit zeigen, seine Linie durchzusetzen. BM bat Panić, für eine Öffnung der Versorgungslinien nach Bosnien-Herzegowina zu sorgen. Er wies dabei insbesondere auf den Fall der Stadt Goražde hin, die von Lebensmitteln und Medikamenten abgeschnitten sei, was von P. bestritten wurde.

Auf die nochmals mit Nachdruck vorgetragene Bitte von Panić um eine öffentliche Zusage der Unterstützung antwortete BM: Man wolle nach außen keinen falschen Eindruck erwecken. Erst müsse es Taten geben. Besonders die Menschenrechtsverletzungen berührten ihn in hohem Maße persönlich. Bei den Wahlen müsse Milošević von der Macht vertrieben werden, und diese Menschenrechtsverletzungen müssten beendet werden.

Zum Abschluss bekräftigte BM, dass unsere Gefühle sich gegen die politische Führung in Serbien, aber nicht gegen das serbische Volk und schon gar nicht gegen die in Deutschland lebenden Serben richteten. Das deutsche Volk habe nichts gegen das serbische Volk, und unsere Ablehnung der serbischen Politik habe mit den Menschen nichts zu tun. P. bat darum, dies auch in der Öffentlichkeit verwenden zu dürfen, was die Zustimmung des BM fand.

Libal[9]

B 42, ZA-Bd. 175642

7 Zum Plan des Sonderbeauftragten des VN-GS für Jugoslawien, Vance, vgl. Dok. 2, Anm. 6.

8 Zur Frage der Autonomie des Kosovo vgl. AAPD 1989, I, Dok. 79.

9 Paraphe vom 28. November 1992.

390

Drahtbericht des Botschafters Sudhoff, Paris

Fernschreiben Nr. 2895 **Aufgabe: 27. November 1992, 12.53 Uhr**[1]
Ankunft: 27. November 1992, 13.01 Uhr

Betr.: Ausländerfeindliche Ausschreitungen in Deutschland[2];
hier: Bericht der Botschaft Washington Nr. 3266 vom 25.11.1992

Den Bericht des Kollegen Stabreit habe ich mit großer innerer Bewegung gelesen. Er wirkt auf mich wie ein Spiegelbild der Entwicklung in Frankreich. Die Gewalttaten in Deutschland sind in der französischen Presse genau beobachtet und bisher objektiv berichtet und mit dem Bemühen um Verständnis für die besondere Lage Deutschlands kommentiert worden. Unsere laufende Berichterstattung, besonders die Presseberichterstattung, bedarf hier keiner Ergänzung. Auch in den Gesprächen, die meine Mitarbeiter und ich selbst mit französischen Partnern gleich welcher politischer Couleur, gleich welcher Stellung, gleich welcher beruflichen Provenienz führen, wird dieses Bemühen um Objektivität und Abgewogenheit im Urteil deutlich. Bislang hat Frankreich ohne schrille Töne und ohne Häme auf die Schandtaten in Deutschland reagiert. Das gilt auch für die jüdischen Kreise Frankreichs. In meinen vielen Kontakten mit Vertretern jüdischer Organisationen in Frankreich wird immer wieder das Bemühen um Zurückhaltung und Objektivität deutlich. Das heißt nicht, dass man die eigene Angst vor einer ungewissen Entwicklung in Deutschland vor mir verbirgt. Man äußert sie aber mit der Stimme eines Freundes, der hofft, dass doch noch alles sich zum Besseren wenden wird.

Es ist abzusehen, dass sich diese Einstellung in Frankreich ändern wird, wenn Deutschland diese Gewaltexzesse nicht in den Griff bekommt. Das sind sich die Franzosen schon wegen ihrer eigenen Tradition der Toleranz und der Offenheit gegenüber Fremden schuldig. An dieser Feststellung ändert auch nichts die Tatsache, dass Frankreich einen Front National hat. Der Front National steckt keine Häuser an, der Front National lässt seine Anhänger nicht auf Menschen einstechen, die anders aussehen und die anders denken.

Das wichtigste Gut, das wir nach dem Zweiten Weltkrieg erworben haben, die größte Errungenschaft, die die deutsche Nachkriegspolitik aufgebaut hat, ist das Vertrauen in ein demokratisches, friedliches, tolerantes Deutschland. Wenn die Schlägerkolonnen des Rechtsradikalismus in Deutschland dieses Vertrauen im Ausland Stück für Stück einreißen, dann wird uns irgendwann einmal die eiskalte Luft der Ablehnung entgegenschlagen. Das wird jeder zu spüren bekommen, der Politik machen will, jeder deutsche Exporteur, der verkaufen will, jeder Tourist, der im Urlaub sonnige Gestade sucht. Diesem Problem kann eine Botschaft nicht mit Informationsmaterial beikommen. Da nutzen auch keine historischen Erläuterungen und tiefenpsychologischen Analyseversuche, da hilft nur eins: der Hinweis auf entschiedenes Durchgreifen der Polizei, uneingeschränktes Engagement bei der Aufklärung der Straftaten, auf eine Justiz, die das Gesetz in vollem Maße anwendet, und auf

1 Hat VLR Geier am 27. November 1992 vorgelegen, der handschriftlich u.a. vermerkte: „DB ist nach W[ashington] weitergeleitet."

2 Zu fremdenfeindlichen und antisemitischen Gewalttaten vgl. Dok. 303, Anm. 14, Dok. 362, besonders Anm. 6 und 7, und Dok. 386.

eine Politik, die ihre erzieherische Aufgabe wahrnimmt und die notwendigen Rahmenbedingungen schafft, diese Exzesse in den Griff zu kriegen und in Zukunft zu verhindern.

Die Großdemonstration in Berlin[3] war das richtige politische Signal. Gott sei Dank waren die elektronischen Medien Frankreichs in ihrer Berichterstattung über dieses Ereignis objektiver als das deutsche Fernsehen. Hier wurden nicht nur die Eierwürfe gegen das Podium und den Bundespräsidenten, die Schlägereien zwischen Polizisten und Demonstranten und eine johlende und pfeifende Minderheit gezeigt. Hier sah man die Spitzen des deutschen Staates auf ihrem Weg zum Veranstaltungsort, die vielen Tausende, die sich der gleichen Sache verschrieben hatten. Für die Franzosen war die Teilnahme der deutschen Staatsspitze an dieser Veranstaltung eine Selbstverständlichkeit. Als im Mai 1990 der jüdische Friedhof in Carpentras geschändet wurde, fand in Paris unter ungeheurem Zulauf ein Demonstrationszug statt, an dessen Spitze der Staatspräsident persönlich marschierte.[4] Dies war seinerzeit viel mehr als eine Geste der Verbundenheit mit den Juden des Landes. Es war der Ausdruck einer geistigen Haltung, auf die Frankreich zu Recht stolz ist. Wir sollten uns der Tatsache bewusst sein, dass Frankreich auch andere danach bemisst.

[gez.] Sudhoff

B 24, ZA-Bd. 265982

391

Vorlage des Vortragenden Legationsrats I. Klasse Bertram für Bundesminister Kinkel

201-363.03 **30. November 1992**

Über Dg 20[1], D 2[2], Herrn Staatssekretär[3] Herrn Bundesminister[4]

Betr.: Zukunft des Nordatlantischen Bündnisses

Bezug: Ihre Weisung über 010 vom 23.11.1992

Zweck der Vorlage: Zur Unterrichtung

3 Zur Großdemonstration gegen Fremdenfeindlichkeit am 8. November 1992 vgl. Dok. 362, Anm. 14.

4 In der Nacht vom 8. zum 9. Mai 1990 wurden auf dem jüdischen Friedhof von Carpentras 34 Gräber geschändet. In der Folge besuchten eine Reihe hochrangiger französischer Politiker den Friedhof. Staatspräsident Mitterrand nahm an einer von zahlreichen Demonstrationen gegen Rassismus und Antisemitismus teil.

1 Hat MDg Klaiber am 30. November 1992 vorgelegen.

2 Hat MD Chrobog am 30. November 1992 vorgelegen.

3 Hat StS Kastrup am 2. Dezember 1992 vorgelegen.

4 Hat BM Kinkel 5. Dezember 1992 vorgelegen, der handschriftlich vermerkte: „1) Gute Vorlage. 2) Ablichtung an Presse: b[itte] R[ücksprache]."
Hat OAR Salzwedel am 7. Dezember 1992 vorgelegen, der den Rücklauf über das Büro Staatssekretäre, MD Chrobog und MDg Klaiber an Referat 201 verfügte.
Hat VLR I Schmidt vorgelegen.
Hat Klaiber am 7. Dezember 1992 erneut vorgelegen.
Hat VLR I Bertram erneut vorgelegen.

1) Der Zusammenbruch der Sowjetunion und der kommunistischen Zwangsherrschaft in Osteuropa hat zu einem völlig veränderten sicherheitspolitischen Umfeld in Europa, insbesondere auch für die NATO, geführt. Deutschland verzeichnet einen dramatischen Zugewinn an Sicherheit; es ist nicht länger militärischer Frontstaat. Europa ist auf dem Weg zu umfassender Integration und Kooperation. Die Atlantische Allianz sieht sich vor der neuen Herausforderung, dass sie ihre politischen und militärischen Strukturen an die veränderten Rahmenbedingungen anpassen muss.

2) Die NATO war in der Vergangenheit durch die massive politisch-militärische Herausforderung der Sowjetunion fast ausschließlich festgelegt auf die kollektive Verteidigung im Sinne der Artikel 5 und 6 des Washingtoner Vertrags[5]. Diese fortbestehende Aufgabe verliert an Aktualität. Allerdings verbleiben für die Zukunft Risiken und neue Gefahren, die die Sicherheit der Bündnismitglieder bedrohen können. Der Schutz des Bündnisgebietes bleibt deshalb auch weiterhin Kernaufgabe der NATO. Eine freiwillige oder ihr aufgezwungene (Frankreich!) Selbstbeschränkung auf den Kernbereich des Artikel 5 Washingtoner Vertrags (Hauptverteidigung) würde dazu führen, dass die Allianz angesichts der neuen sicherheitspolitischen Herausforderungen ihre Akzeptanz verlieren würde. Dies ist nicht in deutschem Interesse.

3) Der mit dem Gipfel in Rom (1991) eingeleitete Um- und Anpassungsprozess des Bündnisses orientiert sich deshalb an einem erweiterten Sicherheitsbegriff, wie er in der neuen Bündnisstrategie[6] festgelegt wurde: Während der klassische Bündnisfall an Gewicht verliert, wird sich der Schwerpunkt künftiger Sicherheitspolitik auf Krisen und Konflikte verlagern. Diese sind nur noch in Ausnahmefällen direkt gegen das Bündnisgebiet gerichtet, beeinträchtigen aber dennoch mehr oder weniger stark westliche Sicherheitsinteressen.

Ziel der auch und gerade von Deutschland mitgetragenen und maßgeblich beeinflussten Neuorientierung der NATO muss ein Allianzverständnis sein, das über den Extremfall der kollektiven Verteidigung hinausreicht und sich zunehmend auf die gestaltenden Möglichkeiten des Washingtoner Vertrags besinnt. Der erfolgreiche Fortgang des begonnenen Anpassungsprozesses der NATO ist in unserem wohlverstandenen eigenen und europäischen Interesse notwendig und nicht etwa der mehr oder weniger taugliche nostalgische Versuch, den Alterungsprozess der NATO zu verschönen und hinauszuzögern.

4) Wir lassen uns bei unseren Überlegungen über die Zukunft des Nordatlantischen Bündnisses von folgenden Prinzipien und Zielen leiten:

- Die NATO behält ihre zentrale und unverzichtbare Bedeutung als eine der Säulen für Sicherheit und Stabilität in Europa. Sie manifestiert die transatlantische Dimension der europäischen Sicherheit, auf die der Alte Kontinent im Westen wie im Osten auch in Zukunft angewiesen bleibt.
- Wir wollen die militärische und politische Beteiligung der USA in europäischen Sicherheitsfragen. Eine politische NATO-Rolle (die sich u. a. ausdrückt im Nordatlantischen Kooperationsrat) liegt im europäischen Interesse. Für die Schaffung einer dauerhaften

[5] Für Artikel 5 und 6 des NATO-Vertrags vom 4. April 1949 vgl. BGBl. 1955, II, S. 290.

[6] Für das bei der NATO-Gipfelkonferenz am 7./8. November 1991 verabschiedete Strategiekonzept vgl. https://www.nato.int/cps/en/natohq/official_texts_23847.htm?selectedLocale=en. Für den deutschen Wortlaut vgl. BULLETIN 1991, S. 1039–1048. Zur Gipfelkonferenz vgl. AAPD 1991, II, Dok. 375 und Dok. 376.

Friedensordnung in Europa wie auch für die Stabilität in MOE- und GUS-Staaten wird die Mitwirkung der USA auf absehbare Zeit unerlässlich bleiben.

- Die NATO ist die notwendige transatlantische Klammer zur Absicherung des amerikanischen militärischen Engagements in Europa.
- Als Organisation für kollektive Verteidigung/integrierte Militärstruktur integriert die NATO die deutsche Sicherheits- und Verteidigungspolitik und verhindert nationale Alleingänge in Europa.
- Europäische Sicherheit ist mehr als Schutz vor Krieg. Risiken können resultieren u.a. aus wirtschaftlichen Disparitäten, Rohstoffkonflikten, Umweltfragen, Proliferation von modernen militärischen Technologien. In der präventiven Krisen- und Konfliktverhütung bietet sich der Allianz ein weites Feld, wo sie ihre Erfahrung als politisch-militärische Organisation im Interesse von Friedenssicherung und Stabilität einbringen kann.
- Mit ihrer Stabilisierungsfunktion wirkt die NATO weit über den Kreis ihrer Mitglieder hinaus in den mittel- und osteuropäischen Raum hinein. Sie bedient sich dazu des in Bedeutung und Perspektive von ihr abhängigen neu geschaffenen Nordatlantischen Kooperationsrats[7], der für die mittel- und osteuropäischen Staaten das Vehikel ist, sicherheitspolitisch den Anschluss an Europa und den Westen zu gewinnen und sich des sicherheitspolitischen und militärischen Sachverstandes der Allianz zu bedienen. Er bietet auch die Perspektive, die GUS-Republiken einzubinden in den Aufbau einer neuen, übergreifenden Sicherheitsarchitektur für Europa bzw. den KSZE-Raum und damit den Rückfall in die Renationalisierung der Sicherheitspolitik aufzuhalten bzw., wo erforderlich, umzukehren. Deutlich erkennbar sind Versuche aus diesem Kreise in Richtung auf Mitgliedschaft und damit Ausweitung der NATO. Wir halten dies gegenwärtig nicht für angebracht, sollten uns jedoch für die Zukunft bei weiterer Entwicklung des sicherheitspolitischen Umfeldes derartigen Überlegungen nicht verschließen.
- Die kollektive Bewertung und die gemeinsame Reaktion auf Krisen muss noch stärker ins Zentrum der Bündnispolitik treten. Die Bereitstellung der militärischen Ressourcen des Bündnisses für die Teilnahme an friedenserhaltenden Maßnahmen der KSZE (und evtl. auch der VN) würde das Konfliktbewältigungspotenzial der KSZE stärken und damit vorbeugend auch zur erhöhten Sicherheit der NATO-Mitgliedstaaten beitragen. Die ohne die Atlantische Allianz kaum vorstellbare Beteiligung der USA würde derartigen Maßnahmen größeren politischen Respekt verschaffen.

5) Die Anpassung der NATO an die neuen sicherheitspolitischen Gegebenheiten und Erfordernisse wird allerdings nur dann erfolgreich sein, wenn sie sich in Selbstverständnis und Planung verstärkt auf das Zusammenwirken mit anderen Institutionen in Europa (KSZE, EG, WEU) einstellt. Sie muss den spezifischen Bedürfnissen dieser Organisationen – und teilweise mit größerer Bereitschaft als bisher – Rechnung tragen. Dazu muss das von der NATO vertretene und besonders von Deutschland konzeptionell mitentwickelte Konzept der „ineinandergreifenden Institutionen" sowohl gegenüber den Partnerorganisationen als auch nach innen innovativ und offensiv vertreten werden, sei es durch Hinweis auf spezifische Stärken oder Schwächen einzelner Organisationen oder sei es mit der Thematisierung der in Teilen noch spürbaren institutionellen Rivalitäten.

Der im Bündnis in seiner Notwendigkeit nicht bestrittene institutionelle Anpassungsprozess wird allerdings erschwert durch unterschiedliche Rationale der USA und Frank-

7 Zur konstituierenden Tagung des NAKR am 20. Dezember 1991 in Brüssel vgl. AAPD 1991, II, Dok. 439.

reichs. Als Folge ergeben sich Irritationen bis hin zu Blockadeerscheinungen. Diese liegen nicht in unserem Interesse, weshalb wir wie bisher sowohl in der Diskussion im Bündnis als auch in bilateralen Gesprächen mit den USA und Frankreich zur Entkrampfung der Positionen Einfluss nehmen müssen.

Die USA halten am amerikanischen Anspruch als europäische Führungs- und Ordnungsmacht fest, wobei sie ihren Führungsanspruch unter Betonung militärischer Szenarien begründen. Zentrales europäisches Gremium in Fragen militärischer Sicherheit bleibt für sie die NATO mit einer erweiterten Rolle in der gesamteuropäischen Sicherheitsstruktur. Die Problematik einer möglichen Überschneidung oder funktionaler Konkurrenz zur KSZE wird dabei fast völlig und wohl auch bewusst ausgeblendet.

Mit dieser Haltung provozieren die USA den entschiedenen Widerstand Frankreichs. Nach französischer Auffassung soll die NATO als Instrument amerikanischen Einflusses in Europa auf das militärisch unbedingt Notwendige beschränkt bleiben. Ihrer wachsenden politischen Rolle für die Stabilitätszone Vancouver–Wladiwostok (mittels des Nordatlantischen Kooperationsrats) soll durch die Aktivierung der KSZE begegnet werden. Frankreich macht sein zukünftiges Verhältnis zur NATO sowie die Rolle der NATO in Europa u.a. davon abhängig, dass die NATO, und damit die USA, in Europa den Vorrang der europäischen Sicherheits- und Verteidigungsidentität anerkennen, mit den sich daraus notwendigerweise abzuleitenden Rückwirkungen für eine stärkere Rolle der WEU sowie der KSZE.

Wir werden mit unterschiedlichen Schwerpunkten und Nachdruck versuchen müssen, sowohl gegenüber den USA als auch gegenüber Frankreich darauf hinzuwirken, dass

- die USA ihren heute nicht mehr zeitgemäßen sicherheits- und verteidigungspolitischen Führungsanspruch in die europäischen Realitäten einordnen, wo die wesentlichen sicherheitspolitischen Herausforderungen nicht mehr in erster Linie militärischer, sondern politischer und wirtschaftlicher Natur sind.
- Frankreich nicht durch überzogene ideologische (d.h. antiamerikanische) Positionen Anpassung und Beiträge der NATO in Bereichen (besonders: Krisenmanagement und Peacekeeping) verhindert, die aus unserer Sicht notwendig sind für die Gewährleistung von Stabilität und Sicherheit in Europa.

6) Die Auseinandersetzung zwischen Frankreich und den USA über den zukünftigen Standort der NATO im Sicherheitsgeflecht der Institutionen in Europa konzentriert sich damit im Grunde auf die Frage, in welchem Maße die Atlantische Allianz in Europa politische Mitsprache- und Gestaltungsmöglichkeiten haben soll. Eine Sicht der Dinge nur mit der Konzeption des Entweder–Oder wird den sicherheitspolitischen Bedürfnissen Europas nicht gerecht. Wir unterstützen deshalb die Bemühungen der Atlantischen Allianz auf ihrem erfolgreich eingeschlagenen Wege, ein zeitgemäßes neues Selbstverständnis zu finden. Wir treten ein für eine neue Partnerschaft unter Gleichen, in der die USA das neue Europa verantwortlich mitgestalten. Eine vertrauensvolle transatlantische Partnerschaft und die Entwicklung einer europäischen Verteidigungsidentität im Rahmen der WEU sind in der Perspektive kein Gegensatz. Das Bündnis soll durch europäische Handlungsfähigkeit in sich gestärkt und nicht ausgehöhlt werden. Der Aufbau einer europäischen Verteidigung darf nicht als Konkurrenz zur NATO gesehen werden.

Wir müssen den USA aber auch sehr deutlich sagen, dass ihre Möglichkeiten zu verantwortlicher Mitsprache bedingt sind durch ihre Bereitschaft zu einem weiterhin substanziellen Bündnisbeitrag. Der Abbau der amerikanischen Militärpräsenz in Europa sowie die deutlichen Bestrebungen der Administration, auch finanzielle Verpflichtungen zu kürzen, können nicht folgenlos bleiben. Sie werden bereits vorhandene Tendenzen zu einer weitergehenden Europäisierung der NATO stärken und eines Tages möglicherweise zu einer Konstellation führen, in der der europäische Pfeiler des Bündnisses in der Gestalt der WEU die integrierte militärische Struktur des Bündnisses in Europa übernehmen wird. Verstärkt werden könnte eine solche Entwicklung in dem Maße, wie neue EG-/WEU-Mitglieder aus dem Kreis der Neutralen zwangsläufig in eine engere sicherheitspolitische Beziehung zur NATO kommen werden.

Bertram

B 14, ZA-Bd. 161227

392

Runderlass des Vortragenden Legationsrats I. Klasse Bettzuege

012-9-312.74 VS-NfD **Aufgabe: 30. November 1992**[1]
Fernschreiben Nr. 73 Ortez

Betr.: Internationales Wissenschafts- und Technologiezentrum (IWTZ)[2];
hier: Unterzeichnung des Gründungsabkommens am 27.11.92

Vertreter der Europäischen Gemeinschaft, der Vereinigten Staaten, Russlands und Japans haben am 27.11.92 in Moskau das Abkommen für die Gründung des Internationalen Wissenschafts- und Technologiezentrums (IWTZ)[3] unterzeichnet. Damit ist die Initiative von Bundesaußenminister a.D. Genscher, der Gefahr des Nuklearsöldnertums in einer internationalen Anstrengung wirksam zu begegnen, einen wichtigen Schritt vorangekommen. Bei seiner Erklärung anlässlich der Unterzeichnung hob der russische Außenminister Kosyrew ausdrücklich die Urheberschaft BM a.D. Genschers bei der IWTZ-Gründung hervor und sprach von einer „KGB“-(Kosyrew-Genscher-Baker)-Initiative.[4]

1 Der Runderlass wurde von LR I Auer konzipiert.
Hat VLR I Nocker und MD Dieckmann am 30. November 1992 vor Abgang zur Mitzeichnung vorgelegen.

2 Zur Gründung eines internationalen Wissenschafts- und Technologiezentrums in Russland zur Verhinderung der Verbreitung von Nuklearwaffen durch Wissenstransfer vgl. Dok. 182, Anm. 11 und 12.
VLR Preisinger legte am 20. Oktober 1992 Gründe „des schleppenden Verlaufs der IWTZ-Vorbereitungen“ dar: „Unsere mehrfachen und energischen Versuche zur Beschleunigung der IWTZ-Gründung, die wir innerhalb der EG und gegenüber den übrigen IWTZ-Partner durchgeführt haben, haben nicht zum gewünschten Erfolg geführt. [...] Unsere fehlende unmittelbare Beteiligung am IWTZ stellt hierbei eine entscheidende Schwäche dar.“ Vgl. B 72, ZA-Bd. 164376.

3 Für das Übereinkommen zur Gründung eines Internationalen Wissenschafts- und Technologiezentrums vgl. Amtsblatt der Europäischen Gemeinschaften, Nr. L 409 vom 31. Dezember 1992, S. 3–8.

4 Botschafter Blech, Moskau, berichtete am 27. November 1992 über die Unterzeichnungszeremonie am selben Tag: „AM Kosyrew würdigte in einer Ansprache insbesondere auch die deutschen und amerikanischen Mitinitiatoren des IWTZ. Angesichts der Betonung, dass der Abkommensabschluss ein besonders wichtiger Schritt in der ‚post-kommunistischen‘ und ‚Post-Kalter-Kriegs‘-Entwicklung sei, war seine Pointe

Das IWTZ, dessen Zentrale in Moskau liegt, wird Wissenschaftler und Ingenieure aus den Neuen Unabhängigen Staaten (NUS), die über Kenntnisse zur Herstellung von Nuklearwaffen und anderen Massenvernichtungswaffen verfügen, Anreize bieten, ihre Fähigkeiten im eigenen Land für friedliche Zwecke einzusetzen. Es wird Projekte fördern, in denen sich diese Experten wichtigen Problemen widmen, die im Übergang zu Demokratie und Marktwirtschaft zu lösen sind. Dabei wird die angewandte Forschung im Bereich Umweltschutz, Energieproduktion und nukleare Sicherheit im Vordergrund stehen. Ein weiterer Schwerpunkt wird die Integration der Wissenschaftler aus den NUS in die internationale wissenschaftliche Gemeinschaft sein.

Um die Projekte des IWTZ finanzieren zu helfen, haben die Europäische Gemeinschaft 20 Mio. ECU, die USA 25 Mio. US-Dollar und Japan 17 Mio. US-Dollar zugesagt. Die Russische Föderation wird sich am IWTZ durch Personal- und Sachleistungen beteiligen. Das Zentrum soll so schnell wie möglich seine Tätigkeit aufnehmen und wird hierbei durch eine internationale Arbeitsgruppe in Moskau unterstützt, die sich der Personal-, Finanz- und Verwaltungsfragen annimmt.

Die große Vielfalt der möglichen IWTZ-Projekte und Aktivitäten verlangt breite internationale Unterstützung. Die Bundesregierung begrüßt es daher, dass Schweden, die Schweiz und Kanada die Absicht bekundet haben, dem IWTZ beizutreten. Darüber hinaus wird das Zentrum auch die Zusammenarbeit mit internationalen und nichtstaatlichen Organisationen, Stiftungen und dem privaten Sektor suchen.

Mit der Gründung dieses Zentrums allein ist die Gefahr der Verbreitung von Massenvernichtungswaffen nicht gebannt. Es bedarf weiterer Anstrengungen in den Bereichen der Abrüstung und Nichtverbreitung weltweit. Dennoch kann eine solche Anlauf- und Vermittlungsstelle einen wichtigen Beitrag dazu leisten, hochsensitives Wissenschaftspersonal in den NUS-Staaten zu binden, ohne damit den erwünschten internationalen Austausch zu gefährden.

BM Kinkel sagte aus diesem Anlass:

„Das Entstehen eines Atomsöldnertums aus dem Kreis ehemaliger sowjetischer Nuklearexperten stellt eine Gefahr für den Weltfrieden dar. Mit der nun erfolgten Gründung des ‚Internationalen Wissenschafts- und Technologiezentrums' ist ein entscheidender und wirksamer Schritt getan, dieser Gefahr zu begegnen. Es bietet den Wissenschaftlern eine Forschungs- und Arbeitsperspektive im zivilen Bereich. Ich freue mich, dass diese im Wesentlichen auch auf deutsches Betreiben zustande gekommene Initiative nun erfolgreich in Gang gesetzt wird."[5]

Bettzuege[6]

B 5, ZA-Bd. 161325

Fortsetzung Fußnote von Seite 1567

nicht ohne Hintersinn, das Zustandekommen des Abkommens verdanke sich intensiver KGB-Aufmerksamkeit: eben Kosyrew, Genscher, Baker. Ich habe Kosyrew für den Hinweis auf die deutsche Rolle gedankt. Von anderen Rednern kam in dieser Beziehung nichts." Vgl. DB Nr. 5284; B 72, ZA-Bd. 164376.

5 Vgl. die Pressemitteilung Nr. 365/92 vom 28. November 1992; B 7, ZA-Bd. 178992.

6 Paraphe.

393

Drahtbericht des Botschafters Trumpf, Brüssel (EG)

Fernschreiben Nr. 3397 **Aufgabe: 30. November 1992, 16.37 Uhr**[1]
Citissime **Ankunft: 30. November 1992, 17.19 Uhr**

Betr.: Konklave der Außen- und Finanzminister am 27.11.92 zur Vorbereitung des ER von Edinburgh[2];
hier: Delors II-Paket

Zur Unterrichtung

I. Zusammenfassung

1) Minister verhandelten auf der Grundlage des Kompromissvorschlages der Präs. mit Zahlen für die zukünftige Finanzplanung bis 1999 und dem Entwurf von Schlussfolgerungen einschl. Anlagen (Dok 10235/92, Rau 100) folgende Elemente des Delors II-Pakets:
- Struktur der Eigenmittel einschl. UK-Ausgleich;
- Obergrenze für die Eigenmittel (Eigenmittelplafond);
- Landwirtschaft (Agrarleitlinie);
- Strukturmaßnahmen einschl. Kohäsionsfonds;
- interne und externe Politiken sowie Verwaltungsausgaben.

Deutsche Delegation wurde von StS Lautenschlager und StS Köhler geleitet.

Ziel des Vorsitzes (AM Hurd, Schatzkanzler Lamont) war, im Konklave Standpunkte anzunähern, um beim ER in Edinburgh möglichst nur noch über Zahlen zu diskutieren.

Während sechs Del. Kompromissvorschlag der Präs., der einen Anstieg des Eigenmittelplafonds bis 1999 in Höhe von 1,25 Prozent des BSP vorsieht, als Verhandlungsgrundlage akzeptierten, sahen die vier Kohäsionsländer[3] darin keine vernünftige Grundlage für die weiteren Beratungen. Auch B und LUX konnten den Kommissionsvorschlag als Basis akzeptieren. Besonders kritisch äußerte sich E, das den Kompromissvorschlag des Vorsitzes nicht als Verhandlungsgrundlage akzeptierte (kein Kompromiss); damit könnten die in Maastricht[4] eingegangenen Verpflichtungen nicht erfüllt werden, was die Ratifizierung erschweren würde. Kommissionspräsident Delors nannte den Vorsitz-Vorschlag einen „schweren politischen Fehler“ (grave erreur politique).

Dennoch verliefen Verhandlungen konstruktiv. Betont wurde, dass vom ER in Edinburgh positive Signale ausgehen müssten, um einerseits dem „Europessimismus“ zu begegnen und andererseits Impulse für die Weiterentwicklung des europäischen Aufbauwerkes zu geben. Vor dem Hintergrund der veränderten Wirtschaftslage (geringes Wirtschaftswachstum) und der schwierigen Haushaltslage in den MS müssten an den ursprünglichen KOM-Vorschlägen für die künftige Finanzierung der Gemeinschaft Abstriche gemacht werden

1 Das von RD Bettin, Brüssel (EG), konzipierte Fernschreiben wurde in drei Teilen übermittelt. Vgl. Anm. 13 und 16.
Hat VLR Döring am 1. Dezember 1992 vorgelegen.

2 Zur Tagung des Europäischen Rats am 11./12. Dezember 1992 vgl. Dok. 421.

3 Griechenland, Irland, Portugal und Spanien.

4 Zur Tagung des Europäischen Rats am 9./10. Dezember 1991 vgl. AAPD 1991, II, Dok. 425 und Dok. 431.

(UK, F, D, NL, I). Es sei schwer, in dieser Zeit große Ausgabenerhöhungen auf Gemeinschaftsebene zu rechtfertigen. Demgegenüber wurden die „großen Ambitionen von Maastricht“ (Delors, nicht kompatibel mit Maastricht, AM Poos, LUX) und die „Gefahren eines Scheiterns des ganzen europäischen Einigungswerks“ (Mme Guigou) beschworen.

2) Trotz stark unterschiedlicher Auffassungen zur Frage der Verhandlungsgrundlage konnten in Einzelpunkten Fortschritte erzielt werden. Im Hinblick auf die Änderungen der Eigenmittelstruktur scheint der Präs.-Vorschlag ein für Mehrheit der Del. akzeptabler Kompromiss zu sein, auch wenn E diese Änderungen grundsätzlich ablehnt. Außer E hat nur noch I gewisse Probleme, die aber lösbar erscheinen. Diskussion machte auch deutlich, dass große Mehrheit der Del. den UK-Ausgleich[5] als Teil des Gesamtpakets für den ER in Edinburgh ansieht; mehrere Del. appellierten an UK, in diesem Punkt Kompromissbereitschaft zu zeigen, sonst sei eine Einigung beim ER in Edinburgh zum Delors II-Paket in Gefahr (NL). UK vertrat nachdrücklich bekannte Auffassung.

Der Kompromissvorschlag des Vorsitzes zum Eigenmittelplafond (bis 1995 Beibehaltung des bestehenden Eigenmittelplafonds von 1,20 Prozent des BSP, danach bis 1999 Anstieg auf 1,25 Prozent des BSP) stieß, insbes. bei den vier Kohäsionsländern, auf z. T. heftige Kritik (E: nicht als Verhandlungsgrundlage akzeptabel). Es müssten ausreichend Mittel zur Erreichung der Ziele der Gemeinschaft, insbes. im Kohäsionsbereich, zur Verfügung gestellt werden.

Verhandlungen wurden durch die von KOM revidierte Finanzplanung (1,35 Prozent des BSP bis 1999, und zwar, weil die Agrarleitlinie wegen der jüngsten Währungsanpassungen im EWS[6] um 1,5 Mrd. ECU aufgestockt werden müsse) kompliziert. F wies auf Zusammenhang zwischen Höhe des Eigenmittelplafonds und Notwendigkeit der Anhebung der Agrarleitlinie hin (Schreiben KOM-Präs. Delors vom 26.11.92 an Finanzminister liegt in Bonn vor); aktualisierte Finanzplanung von KOM sei allerdings für F nach wie vor nicht akzeptabel. Kompromiss müsse zwischen Vorsitzvorschlag und Kommissionsvorschlag liegen.

Bei der Diskussion der Ausgabenseite des Delors II-Pakets standen insbes. der Agrarbereich (Agrarleitlinie) und die Strukturausgaben einschl. Kohäsionsfonds im Mittelpunkt. KOM-Präsident Delors verwies auf sein Schreiben vom 26.11.92 an die Finanzminister, in dem er die Gründe darlegte, warum ab 1994 die Agrarleitlinie wegen der jüngsten Währungsanpassungen um 1,5 Mrd. ECU angehoben werden müsse; andernfalls könnten die Kosten der reformierten Gemeinsamen Agrarpolitik nicht finanziert werden.

Trotz dieses „neuen Elementes“ sprachen sich vier MS für Beibehaltung der bestehenden Agrarleitlinie aus (NL, UK, LUX, DK). Insbes. F forderte, dieses seit dem ER von Lissabon[7] neu eingetretene Element zu prüfen und bei den weiteren Verhandlungen mitzuberücksichtigen. StS Dr. Köhler sprach sich gegen voreilige Entscheidungen und – wie F – für weitere Prüfung aus. IRL und GR unterstützten KOM-Initiative. Vorsitz betonte abschließend, dass weitere Analysen und ergänzende Arbeiten zum Komplex Agrarleitlinie notwendig seien.

[5] Zum britischen EG-Beitragsrabatt vgl. Dok. 201, Anm. 17.

[6] Am 22. November 1992 beschlossen die Finanzminister und Notenbankpräsidenten der EG-Mitgliedstaaten neue Leitkurse innerhalb des EWS. Dabei wurden die spanische Peseta und der portugiesische Escudo um 6 % abgewertet. Vgl. das Kommuniqué; BULLETIN DER EG 11/1992, S. 15 f.

[7] Zur Tagung des Europäischen Rats am 26./27. Juni 1992 vgl. Dok. 201.

Im Rahmen einer Tischumfrage zur Strukturpolitik bezeichneten die vier Kohäsionsländer – was nicht überraschte – den Kompromissvorschlag des Vorsitzes als nicht annehmbar. Er sei keine geeignete Diskussionsgrundlage (E); Mittel für die Strukturpolitik einschl. Kohäsionsfonds müssten – wie von KOM vorgeschlagen – bis 1997 verdoppelt werden. Mit Ausnahme von B und LUX, die KOM-Vorschlag unterstützen, akzeptierten die übrigen MS Kompromiss der Präs. zur Strukturpolitik als Verhandlungsgrundlage. StS Dr. Köhler sprach sich für Mittelumschichtung vom Kohäsionsfonds (1999 10 Mrd. ECU, nicht 12,25 Mrd. ECU wie britischer Vorsitz) hin zu den Strukturfonds (Ziel 1) aus und betonte, dass die Gleichbehandlung der fünf neuen Bundesländer ab 1994 in die ER-Schlussfolgerungen aufgenommen werden müsste (wichtiges Anliegen für D). Für F (Mme Guigou) ist der Kohäsionsfonds das „privilegierte Instrument“. KOM-Präs. Delors schlug vor, die Anlage E nicht dem ER vorzulegen (Behandlung von Einzelheiten nach ER), und betonte die Wichtigkeit der Ziele 2 bis 5 im Rahmen der Strukturpolitik (Umstellung von Krisenregionen, Ausbildung). Vorsitz fasste zusammen, es müsse ein ausgewogenes Verhältnis zwischen Strukturfonds und Kohäsionsfonds gefunden werden. AStV müsse sich weiter mit den Anlagen D und E befassen, zu denen in Einzelpunkten unterschiedliche Auffassungen vertreten worden seien. Kohäsionsländer sollten sich hinsichtlich der indikativen Aufteilung der Mittel des Kohäsionsfonds mit KOM zusammensetzen, um eine akzeptable Verteilung der Mittel zu finden.

Nur vergleichsweise kurz wurden die restlichen Ausgabenkategorien diskutiert (interne Politiken, Außenpolitik, Verwaltungsausgaben), wobei sich nicht alle MS an der Diskussion beteiligten. F betonte Notwendigkeit eines ausgewogenen Verhältnisses zwischen internen und externen Politiken (verstärkte Forschungsausgaben bzw. -anstrengungen notwendig); auch P, B und LUX trugen Zweifel vor, ob Vorschlag der Präs. für die internen Politiken und die Verwaltungsausgaben ausreichend sei. Die von Präs. vorgesehenen Mittel für den Bereich Außenpolitik halten B, I, F und NL für zu niedrig. Besonders kritisch zum Kompromissvorschlag der Präs. äußerte sich KOM-Präs. Delors, wobei er auf die Folgen einer Annahme des Kompromisses des Vorsitzes aufmerksam machte (Einfrieren der Beamtengehälter für sieben Jahre, kein Geld für Umbau des Berlaymont, kein Geld für die Errichtung und personelle Ausstattung des Regionalfonds, kein Zuwachs für Forschungsmittel).

Vorsitz räumte ein, dass diese Fragen etwas „übereilt“ behandelt worden seien; nochmalige Diskussion hierzu und zu anderen noch offenen Fragen sei im AM-Rat am 7.12.[8] bzw. im Konklave am 8.12.92[9] vorgesehen. Auch AStV werde sich in der Zwischenzeit weiter mit noch offenen Einzelfragen befassen müssen.

3) StS Dr. Köhler berichtete wie folgt über die Diskussion während des Mittagessens:

KOM Schmidhuber habe daran erinnert, dass das EP einer neuen interinstitutionellen Vereinbarung[10] zustimmen müsse; diese Tatsache sei bei einem Gesamtkompromiss

8 Zur EG-Ministerratstagung in Brüssel teilte Botschafter Trump, Brüssel (EG), am 7. Dezember 1992 mit, die Aussprache habe sich „auf die im Konklave am 27.11.1992 nur kurz diskutierten Bereiche interne Politiken und Verwaltungsaufgaben“ konzentriert; einzelne Delegationen seien zudem auf „Anpassung der Agrarleitlinie, Änderungen der Eigenmittelstruktur (I), Strukturpolitik sowie auf Grundsatzfrage der richtigen Verhandlungsgrundlage für ER (Präs.-Kompromiss bzw. KOM-Vorschlag)“ eingegangen, „wobei von MS die im Konklave bereits geäußerten Auffassungen im Wesentlichen wiederholt wurden“. Vgl. DB Nr. 3514; B 224, ZA-Bd. 187272.

9 Zum Konklave der Außenminister der EG-Mitgliedstaaten in Brüssel vgl. Dok. 407.

10 Für die Institutionelle Vereinbarung über die Haushaltsdisziplin und die Verbesserung des Haushaltsverfahrens vom 29. Juni 1988 zwischen dem Europäischen Parlament, dem Europäischen Rat und der

zu berücksichtigen, sonst Gefahr, dass es zu keiner neuen Vereinbarung mit dem EP kommt.

KOM-Präs. Delors halte unter Hinweis auf Abschwächung des Wirtschaftswachstums bzw. der atypischen Rezession es als notwendig, dass der ER von Edinburgh ein positives Signal für Wachtumsinitiative der Gemeinschaft gebe. Dies sei insbesondere von F (Finanzminister Sapin) nachdrücklich unterstützt worden (von F hierzu verteiltes Papier hierzu liegt StS Dr. Köhler vor). Auch Finanzminister Kok (NL) habe sich für eine Wachstumsinitiative der Gemeinschaft ausgesprochen, wobei diese so konkret und instrumentell wie möglich vorbereitet werden solle.

Schatzkanzler Lamont (UK) sehe zwei neue Ursachen für Abschwächung des Wirtschaftswachstums in Gemeinschaft (Auswirkung der Deregulierung im Finanzbereich; verschlechterte Situation in D habe nun auch negative Auswirkungen auf Wachstum in der Gemeinschaft zur Folge). Man müsse Delors II-Verhandlungen auch in diesem Kontext sehen. AM Hurd (UK) sagte auf Anregung des belgischen AM[11] zu, dass nach dem ER eine Del. zwecks Kontaktaufnahme mit der neuen Administration[12] in Sachen Wachstumsinitiative in die USA reisen und politische Gespräche führen werde. Auch StS Dr. Köhler habe sich angesichts der kritischen Wirtschaftslage für eine Befassung des ER mit diesem Themenkomplex ausgesprochen; ER-Signale müssten allerdings zu einer Steigerung des Vertrauens führen und nicht den Eindruck erwecken, dass mittelfristig die finanzpolitische Orientierung aufgegeben werden solle (solide Finanzen). Wichtig sei auch die Umsetzung der GATT-Verhandlungsergebnisse.

Eine lebhafte Diskussion habe es auch über die Bemerkungen von KOM-Präs. Delors zur Rolle der Geldpolitik (Zinssenkungen) gegeben.

[13]II. Im Einzelnen

1) Allgemeine Aussprache

KOM-Präsident Delors zog eine Bilanz der bisherigen Umsetzung der Ergebnisse von Maastricht im Rahmen der Delors II-Verhandlungen, wobei er vier wesentliche Ziele hervorhob:

- Finanzierung der Gemeinsamen Agrarpolitik; bis vor einigen Tagen sei KOM der Auffassung gewesen, dass Reform der Gemeinsamen Agrarpolitik[14] im Rahmen der bestehenden Leitlinie finanzierbar sei. Aufgrund der Auswirkung der jüngsten Währungsveränderungen auf den Agrarbereich (agrimonetäres System) sei von dauerhaften Mehrausgaben in Höhe von 1,5 Mrd. ECU jährlich auszugehen (entsprechende Aufstockung der Agrarleitlinie ab 1994 sei notwendig).
- Wirtschaftliche und soziale Kohäsion; er betonte, dass es ein schwerer politischer Fehler wäre, wenn weniger als die von KOM im Rahmen des Delors II-Pakets vorgesehenen Mittel angenommen würden. Vorgeschlagene Mittel seien notwendig, um den ärmsten

Fortsetzung Fußnote von Seite 1571

EG-Kommission vgl. AMTSBLATT DER EUROPÄISCHEN GEMEINSCHAFTEN, Nr. L 185 vom 15. Juli 1988, S. 33–37. Vgl. auch AAPD 1988, II, Dok. 232.

11 Willy Claes.

12 Am 3. November 1992 fanden in den USA Präsidentschaftswahlen statt, aus denen der Kandidat der Demokratischen Partei, Clinton, als Sieger hervorging. Vgl. Dok. 355.

13 Beginn des mit DB Nr. 3398 übermittelten zweiten Teils des Fernschreibens. Vgl. Anm. 1.

14 Zur Reform der GAP vgl. Dok. 135, Anm. 5.

Regionen der Gemeinschaft bei der Wirtschaftsentwicklung zu helfen und der Entvölkerung ländlicher Gebiete entgegenzuwirken.
- Damit der Binnenmarkt seine volle Wirkung entfalten könne, müssten die transeuropäischen Netze ausgebaut und die Wettbewerbsfähigkeit der europäischen Wirtschaft verbessert werden (zusätzliche Forschungsanstrengungen).
- Im Bereich der Außenpolitik habe die Gemeinschaft neue Aufgaben übertragen bekommen; der von KOM vorgesehene Betrag für die Außenpolitik sei in den neun Monaten der Verhandlungen von einer Delegation bestritten worden. Zusätzliche Mittel seien notwendig u.a. für Jugoslawien, für die mittel- und osteuropäischen Staaten einschl. der GUS und für die Länder im Mittelmeerbereich.

KOM-Vorschlag entspreche dem „Geist von Maastricht“, nicht jedoch der Kompromissvorschlag des Vorsitzes.

KOM-Analyse wurde weitgehend von den Kohäsionsländern geteilt, die den Präsidentschaftskompromiss z.T. heftig kritisierten und ihn als keine vernünftige Arbeitsgrundlage bezeichneten. E kritisierte, dass Präsidentschaftsvorschlag kein Kompromiss sei, weil er es nicht erlaube, die Beschlüsse von Maastricht umzusetzen. KOM-Vorschlag sei geeignete Verhandlungsgrundlage.

Mehrheit der MS äußerte sich positiv zum Kompromissvorschlag der Präsidentschaft. Zahlreiche Delegationen (insbesondere auch F und D) betonten Notwendigkeit, dass der ER in Edinburgh ein Erfolg werden müsse, auch im Hinblick auf die Delors II-Verhandlungen. Staatssekretär Dr. Köhler machte deutlich, dass er die KOM-Analyse nicht teile, weil diese sich an der Linie „business as usual“ orientiere. Wie bereits im letzten ECOFIN-Rat[15] wies er auf die schwierige Haushalts- und Wirtschaftslage in D (reale Einkommensrückgänge, real sinkende Staatsausgaben) und anderen MS hin. Vor diesem Hintergrund sei es national schwer vermittelbar, dass D einen enormen zusätzlichen Ressourcentransfer an die EG leisten müsse; angesichts dieser „Realitäten“ seien keine großen Umverteilungen in Richtung Gemeinschaft möglich. Ähnlich äußerten sich auch UK, NL und I. DK appellierte an den Kompromisswillen aller Beteiligten. Nachdem das Dossier Delors II-Paket fast ein Jahr vertieft technisch geprüft worden sei, sei ein politischer Durchbruch notwendig.

Aus der Diskussion wurde – trotz aller Gegensätze – der Wille aller MS deutlich, konstruktiv an einer Einigung beim zentralen Thema Delors II-Paket mitzuarbeiten, um den ER in Edinburgh zu einem Erfolg werden zu lassen.

2) Eigenmittelstruktur und UK-Ausgleich

Auf der Grundlage des von Präsidentschaft vorgelegten Kompromisses erscheint eine Einigung zum Bereich Änderung der Eigenmittelstruktur möglich; Kompromiss sieht Folgendes vor:
- Verringerung der Mehrwertsteuer-Obergrenze von derzeit 1,4 auf 1 Prozent stufenweise ab 1995 über fünf Jahre,
- Absenkung der Mehrwertsteuer-Bemessungsgrundlage von 55 auf 50 Prozent des BSP ab 1995 für die vier Kohäsionsländer,
- schrittweise Absenkung der Mehrwertsteuer-Bemessungsgrundlage von 55 auf 50 Prozent des BSP für die restlichen acht MS stufenweise ab 1995.

15 Der EG-Rat auf der Ebene der Wirtschafts- und Finanzminister fand am 23. November 1992 in Brüssel statt. Vgl. DB Nr. 3298 des Botschafters Trumpf, Brüssel (EG), vom 25. November 1992; B 224, Bd. 168511. Vgl. auch BULLETIN DER EG 11/1992, S. 121.

Mehrheit der MS signalisierte grundsätzlich Bereitschaft, diesen Kompromissvorschlag zu akzeptieren. Für E geht die Korrektur der regressiven Wirkung des Eigenmittelsystems nicht weit genug; Irland wünscht Einführung der Korrektur der regressiven Elemente bereits ab 1993. NL forderte, die Mehrwertsteuer-Obergrenze schneller und stärker (auf 0,75 Prozent) zu verringern. I sieht engen Zusammenhang zwischen Änderung der Eigenmittelstruktur und Höhe des Eigenmittelplafonds; bestehender Eigenmittelplafond müsse drei Jahre eingehalten werden und danach ggf. neue Diskussion über fünfte Quelle (Gemeinschaftssteuer) geführt werden.

Zum UK-Ausgleich betonte Vorsitz, dass Präsidentschaft sich am Vorgehen früherer Präsidentschaften orientiert habe (PM-Vermerk im Entwurf von Schlussfolgerungen). Trotzdem sei Diskussion möglich. Mit Ausnahme von IRL und DK, die keine Ausführungen zum UK-Ausgleich machten, betonten alle anderen Delegationen, dass dieser Teil des Gesamtpakets sei und beim ER in Edinburgh mit dem Ziel einer Änderung verhandelt werden müsse. StS Dr. Köhler betonte, dass in der jetzigen Verhandlungsrunde ein Einstieg in den Abbau des UK-Ausgleichs erzielt werden müsse. Ausklammerung des Kohäsionsfonds und der Verwaltungsausgaben von der Anspruchsgrundlage – wie von KOM vorgesehen – könne nur ein erster Schritt sein. UK wiederholte bekannte Position; aufgrund der wirtschaftlichen Situation und der politischen Gegebenheiten seien keine Abstriche an der gegenwärtigen Regelung akzeptabel.

Vorsitz (AM Hurd) hob hervor, dass zum Bereich der Eigenmittelstruktur die Meinungsunterschiede praktisch beseitigt seien, wobei außer I, das einen Gesamtzusammenhang zum Eigenmittelplafond herstellte, keine Delegation dieser Zusammenfassung widersprach. Vorsitz habe Verständnis für Stellungnahmen zum UK-Ausgleich.

3) Obergrenze für die Eigenmittel (Eigenmittelplafond)

Die Diskussion über den Präsidentschaftskompromiss für die Obergrenze der Eigenmittel in 1999 (1,25 Prozent des BSP) machte deutlich, dass große Meinungsunterschiede bestehen und die Positionen der MS noch weit auseinanderliegen.

Die Beratungen wurden auch dadurch erschwert, dass KOM-Präsident Delors eine überarbeitete Finanzplanung vorlegte, die wegen der Anhebung der Agrarleitlinie im Zusammenhang mit den jüngsten Währungsanpassungen für 1999 einen Eigenmittelplafond von 1,35 (bisher 1,32) Prozent des BSP erfordert.

Die vier Kohäsionsländer und auch B und LUX halten KOM-Vorschlag als geeignete Verhandlungsgrundlage, auch weil er kompatibel sei mit den in Maastricht eingegangenen Verpflichtungen. Die anderen Delegationen betrachten den von KOM-Präsident Delors überarbeiteten Vorschlag für die Finanzplanung nach wie vor als überhöht und nicht akzeptabel; für sie bildet der Präsidentschaftskompromiss eine gute Verhandlungsgrundlage. Präsidentschaftskompromiss lasse ausreichend Spielraum für die Weiterentwicklung der Gemeinschaft und berücksichtige die veränderte Wirtschaftslage und die Haushaltslage in den MS. F und I signalisierten allerdings schon jetzt gewisse Bereitschaft, unter gewissen Bedingungen über Präsidentschaftskompromiss hinauszugehen. F betonte einerseits Notwendigkeit der Haushaltsdisziplin und andererseits Notwendigkeit, die Kosten der reformierten Gemeinsamen Agrarpolitik zu finanzieren, was Auswirkungen auf den Eigenmittelplafond haben könnte (weitere Diskussion notwendig). I sieht engen Zusammenhang zu Frage der Beibehaltung des geltenden Eigenmittelplafonds (bis einschließlich 1995) und Frage der Einführung einer Gemeinschaftssteuer.

Wie I betonten auch UK und NL Wichtigkeit des Punktes Beibehaltung des bestehenden Eigenmittelplafonds für drei Jahre im Rahmen eines Gesamtkompromisses, wie von Präsidentschaft vorgeschlagen.

Angesichts der z.T. sehr unterschiedlichen Standpunkte hob Vorsitz in seiner Zusammenfassung lediglich hervor, dass er diese bei der weiteren Kompromisssuche berücksichtigen werde.

[16]4) Agrarausgaben (Agrarleitlinie)

Vorsitz verwies auf Schlussfolgerung des ER von Edinburgh, die die Grundlage des vorliegenden Kompromissvorschlages bilden würden (Aufrechterhaltung der bestehenden Agrarleitlinie; Überprüfung der Agrarleitlinie in 1996; Verringerung der Währungsreserve auf 500 Mio. ECU ab 1994).

KOM-Präsident Delors hob neue Entwicklungen hervor, die seit dem letzten ER eingetreten seien; die jüngsten Währungsanpassungen und deren Auswirkungen auf die Agrarleitlinie hätten ihn veranlasst, die Finanzminister kurzfristig auf die veränderte Situation aufmerksam zu machen. Bis vor den jüngsten Währungsanpassungen hätten die Kosten der reformierten Agrarpolitik innerhalb der bestehenden Agrarleitlinie finanziert werden können; aufgrund der Verringerung des Wertes des ECU ergäben sich wegen des bestehenden Switch-over-Systems (Vermeidung eines Rückgangs der nationalen Preise) dauerhaft Mehrausgaben in 1993 in Höhe von 1 Mrd. ECU (acht Monate) und danach für die Folgejahre in Höhe von 1,5 Mrd. ECU. In 1993 seien diese Mehrausgaben zwar noch innerhalb der bestehenden Agrarleitlinie finanzierbar, nicht jedoch für die Jahre 1994 bis 1996. Im Übrigen würde es sich um obligatorische Ausgaben handeln. Wenn die Agrarleitlinie nicht entsprechend ab 1994 um 1,5 Mrd. ECU angehoben würde, sei die Reform der Gemeinsamen Agrarpolitik nicht finanzierbar.

NL, DK, UK und LUX sprachen sich gegen Erhöhung der Agrarleitlinie aus; Mehrausgaben müssten durch Umschichtungen innerhalb der bestehenden Agrarleitlinie aufgefangen werden (NL). UK forderte verstärkte Anwendung der Stabilisatoren und verwies darauf, dass in der Vergangenheit die tatsächlichen Ausgaben zum Teil erheblich unter der Agrarleitlinie gelegen hätten. Die Agrarleitlinie sei jedes Jahr einschließlich der finanziellen Auswirkung von Wechselkursveränderungen einzuhalten.

Griechenland und Irland äußerten sich positiv zum KOM-Vorschlag. F betonte, dass man dieses „neue“ Element bei den Verhandlungen berücksichtigen müsse; man könne nicht das Risiko eingehen, die reformierte Agrarpolitik nicht finanzieren zu können. Vor diesem Hintergrund stelle sich auch die Frage, warum die Agrarleitlinie bereits in 1996 überprüft werden müsse. Auch andere Delegationen äußerten Verständnis für die neue Situation; P betonte allerdings, dass für sein Land die strukturbezogenen Maßnahmen (Kategorie 2 der Finanzvorausschau) hohe Priorität besäßen und man dieses Problem nicht zulasten anderer Prioritäten lösen dürfe. StS Dr. Köhler betonte, dass D zu dieser Frage noch keine abschließende Meinung habe; die von KOM vorgelegten Zahlen müssten im Einzelnen noch geprüft werden. Er erklärte allerdings, dass die Agrarreform nicht durch Finanzierungsfragen gefährdet werden dürfte; es müsse auch über Umschichtungen nachgedacht werden.

Vorsitz betonte, dass vor einer Einigung weitere vertiefte Analysen und Arbeiten notwendig seien.

16 Beginn des mit DB Nr. 3399 übermittelten dritten Teils des Fernschreibens. Vgl. Anm. 1.

5) Strukturfonds/Kohäsionsfonds

Vorsitz erläuterte Kompromissvorschlag der Präsidentschaft, der für die Strukturmaßnahmen in 1999 einen Betrag von 26,3 Mrd. ECU vorsieht. Er betonte, dass Kompromissvorschlag im Vergleich zur alten Laufzeit der Finanzplanung einen erheblichen Mittelanstieg bedeuten würde. Für den Zeitraum bis 1999 seien für den Kohäsionsfonds insgesamt 12,25 Mrd. ECU vorgesehen.

Diskussion wurde in Form einer Tischumfrage geführt, wobei die bekannten Meinungsunterschiede deutlich sichtbar wurden. Insbesondere E, aber auch andere drei Kohäsionsländer halten Kompromiss des Vorsitzes nicht für akzeptabel; ursprüngliche KOM-Vorschläge sollten die Grundlage für Diskussion sein, weil sie den in Maastricht und beim ER in Lissabon eingegangenen Verpflichtungen entsprächen. Betont wurde von den Kohäsionsländern auch, dass der Kohäsionsfonds Anfang 1993 wirksam werden müsse; ER in Edinburgh müsse entsprechende Beschlüsse treffen. Kohäsionsländer wurden von LUX und B unterstützt, wobei B die Einbeziehung der Region Hennegau in die Ziel-1-Gebiete forderte.

Die anderen sechs Delegationen bezeichneten Vorschlag des Vorsitzes als sehr gute Grundlage für einen Kompromiss; für NL waren diese Überlegungen sogar zu weitgehend. Im Hinblick auf Prioritätensetzung für Strukturfonds bzw. Kohäsionsfonds können – bis auf D – alle fünf anderen Delegationen den Vorschlag der Präsidentschaft akzeptieren, wobei F im Hinblick auf den Kohäsionsfonds sogar KOM-Vorschlag (15 Mrd. ECU für gesamte Laufzeit) akzeptieren kann. NL wünscht ab 1995 bis 1999 feste Beträge für Kohäsionsfonds (2 Mrd. ECU jährlich). Staatssekretär Dr. Köhler forderte, die Kohäsionsfondsmittel für die gesamte Laufzeit auf insgesamt 10 Mrd. ECU zu beschränken; entsprechende Mittel sollten auf Strukturfonds (Ziel-1-Gebiete) „umgeschichtet" werden. Im Rahmen der Strukturfonds sollten Ziel-1-Gebiete prioritär sein; die Mittel für die übrigen Ziele sollten reduziert werden. Staatssekretär Dr. Köhler betonte Notwendigkeit, die Mittelverteilung bei den Strukturfonds auf der Grundlage objektiver und transparenter Kriterien auch für die fünf neuen Bundesländer vorzunehmen; Gleichbehandlung der fünf neuen Bundesländer ab 1994 müsse in Anlage E der ER-Schlussfolgerungen (Punkt 7)) aufgenommen werden.

Anlagen D (Strukturfonds) und E (Kohäsionsfonds) wurden nicht im Detail diskutiert; mehrere Delegationen verwiesen allerdings auf Einzelpunkte, bei denen Änderungen am vorliegenden Text vorgenommen werden müssten. Zu Anlage D forderten Kohäsionsländer, dass beim Kohäsionsfonds der Mitfinanzierungssatz der Gemeinschaft über 80 Prozent liegen müsse (GR und E bis 90 Prozent), wobei die Gesamtverschuldung der MS berücksichtigt werden müsse (GR). Zur Frage der indikativen Aufteilung der Kohäsionsfondsmittel auf die MS trugen begünstigte MS zu den Kriterien bekannte Standpunkte vor; Vorsitz regte an, dass sich die vier begünstigten MS mit KOM zusammensetzen und sich auf eine indikative Mittelaufteilung (bzw. Kriterien) verständigen sollten. Kohäsionsländer kritisierten auch die Passage in Anlage D zur makroökonomischen Konditionalität (Zweijahresfrist für mögliche Mittelaussetzungen bei Verstoß gegen Konvergenzprogramme). Zu Anlage E (Strukturfonds) schlug KOM-Präsident Delors vor, diese nicht dem ER vorzulegen, sondern die Detail-Punkte später zu entscheiden. Vorsitz legte sich in diesem Punkt nicht fest. Es ist davon auszugehen, dass sich der AStV am 1.12.1992 dieser Frage und mit den noch offenen Punkten zu Anlage D und Anlage E des Entwurfs von Schlussfolgerungen für den ER befassen wird.

6) Interne Politiken, Außenpolitik, Verwaltungsausgaben

Nur vergleichsweise kurz wurden die Mittelansätze für die internen Politikbereiche und die Verwaltung diskutiert, bei denen Vorsitz gegenüber KOM-Vorschlag stärkere Kürzungen vorgenommen hatte (Mittelanstieg nur entsprechend des BSP-Wachstums). Auch zum Kompromissvorschlag des Vorsitzes für die externen Politiken (Mittelanstieg bis 1999 auf 5,9 Mrd. ECU) wurde nicht vertieft behandelt. Kompromissvorschlag des Vorsitzes zu den internen Politiken wurde nur von F, B und P kritisiert. F forderte unter Hinweis auf notwendiges Gleichgewicht zwischen internen und externen Politiken eine Aufstockung der internen Politiken und insb. der Forschungsausgaben; auch P forderte höhere Mittel zur Verbesserung der Wettbewerbsfähigkeit der europäischen Wirtschaft.

Zu den vorgeschlagenen Beträgen für die Verwaltungsausgaben äußerten B und LUX Zweifel, ob vorgesehene Mittel ausreichen, um z.B. die Pensionen und Ausgaben im Zusammenhang mit den Verwaltungsgebäuden zu finanzieren.

Die von Präsidentschaft vorgesehene Mittelaufstockung für den Bereich der Außenpolitik halten insbesondere B, I, F und NL angesichts der außenpolitischen Verpflichtungen der Gemeinschaft für zu niedrig. NL kann ursprünglichen KOM-Vorschlag akzeptieren (Aufstockung auf 6,1 Mrd. ECU in 1999 (ohne Reserven)), während F sich für eine „mittlere Linie" zwischen KOM und Präsidentschaftsvorschlag aussprach.

Besonders kritisch zum Kompromissvorschlag der Präsidentschaft äußerte sich KOM-Präsident Delors, wobei er anhand von Beispielen die Konsequenzen der Annahme des Kompromissvorschlages verdeutlichte:

- Verwaltungsausgaben (keine reale Erhöhung der Gehälter für sieben Jahre, keine Mittel z.B. für neuen Regionalausschuss),
- im Bereich der internen Politiken praktisch totale Ablehnung der KOM-Überlegungen (möglicher Widerstand des EP, da es [sich] im Wesentlichen um nicht-obligatorische Ausgaben handele),
- vorgeschlagene Mittelkürzungen im Bereich der Außenpolitik seien angesichts der bisherigen Haltungen der MS und der Verpflichtungen der Gemeinschaft „überraschend".

In Reaktion auf diese Kritik von KOM-Präsident Delors teilte Vorsitz mit, dass es zu diesen Fragen eine nochmalige Diskussion im AM-Rat am 7.12.1992 bzw. ggf. im Konklave am 8.12.1992 geben werde.

[gez.] Trumpf

B 224, ZA-Bd. 187272

394

Vorlage des Vortragenden Legationsrats I. Klasse Ackermann für Bundesminister Kinkel

424-410.70/4 **1. Dezember 1992**

Über Dg 42[1], D 4[2], Herrn Staatssekretär[3] Herrn Bundesminister[4]

Betr.: Sitzung des COCOM Cooperation Forum[5] in Paris am 23./24.11.1992

Bezug: Drahtbericht Botschaft Paris Nr. 2855 vom 24.11.[6]

Anlg.: 1[7]

Zweck der Vorlage: Zur Unterrichtung

1) Am 23./24.11.1992 fand in Paris die erste Sitzung des COCOM Cooperation Forum (CCF) statt. Teilnehmer waren die 17 Mitgliedstaaten von COCOM, die 19 Staaten des früheren Warschauer Pakts einschließlich der Nachfolgestaaten der Sowjetunion sowie als Beobachter fünf sog. kooperierende Staaten (Neutrale) und Ungarn.

Den Vorsitz des Forums übernahm, da der dafür vorgesehene Generaldirektor im französischen Außenministerium, de Boissieu, im letzten Augenblick krankheitshalber ausfiel, der niederländische Generaldirektor Engering. Die deutsche Delegation stand am ersten Tag unter Leitung von Ministerialdirektor Dr. Dieckmann.

2) Das CCF war in langwierigen Verhandlungen von den COCOM-Mitgliedstaaten vorbereitet worden. Dabei ging es sachlich vor allem um das Angebot von[8] Liberalisierung und Kooperation, das COCOM seinen Gästen unterbreiten wollte. Während alle Mitgliedstaaten einig waren, dass Hilfe zum Aufbau von Exportkontrolle geleistet werden müsse, war der Umfang der anzubietenden Liberalisierung streitig. Insbesondere die deutsche Delegation hatte sich stets für ein relativ weitgehendes Angebot eingesetzt, konnte sich aber

1 Hat MDg Schönfelder am 1. Dezember 1992 vorgelegen.

2 Hat MD Dieckmann am 1. Dezember 1992 vorgelegen.

3 Hat StS Lautenschlager am 2. Dezember 1992 vorgelegen.

4 Hat BM Kinkel am 4. Dezember 1992 vorgelegen.
Hat OAR Salzwedel am 4. Dezember 1992 vorgelegen, der den Rücklauf über das Büro Staatssekretäre, MD Dieckmann und MDg Schönfelder an Referat 424 verfügte.
Hat VLR I Schmidt vorgelegen.
Hat Dieckmann und Schönfelder am 7. Dezember 1992 erneut vorgelegen.
Hat VLR Stanchina am 8. Dezember 1992 vorgelegen, der die Weiterleitung an VRL I Ackermann „n[ach] R[ückkehr]“ verfügte.
Hat Ackermann am 11. Dezember 1992 erneut vorgelegen.

5 Zur Einrichtung des COCOM Cooperation Forum (CCF) vgl. Dok. 203.

6 VLR I Ackermann, z. Z. Paris, unterrichtete über „das erste Treffen der COCOM-Länder mit den Staaten des ehemaligen Warschauer Pakts (sowie als Beobachter der Staaten, die mit COCOM kooperieren)“ am 23./24. November 1992 in Paris. Vgl. B 70, ZA-Bd. 220758.

7 Dem Vorgang beigefügt. Vgl. Anm. 6.

8 Korrigiert aus: „auf“.

gegen die restriktive US-Haltung nur teilweise durchsetzen. Einigung wurde schließlich auf ein Kompromissangebot erzielt, wonach die Liberalisierungen an den Aufbau effektiver Exportkontrolle gebunden werden sollen. Dabei soll in drei Schritten vorgegangen werden:

- Einräumung des sog. „favorable consideration“-Verfahrens (Vermutung der Billigung, wenn kein Einspruch), sobald sich die betroffenen Staaten zur Einführung effektiver Exportkontrollen sowie von Endverbleibsregelungen schriftlich verpflichtet haben.
- Übergang zum „national discretion“-Verfahren (Entscheidung über Ausfuhranträge in nationaler Zuständigkeit ohne vorherige Befassung von COCOM), sobald ein effektives Exportkontrollsystem aufgebaut ist.
- Streichung von der COCOM-Liste als Endziel.

Als Follow-up des Forums bot COCOM Expertengespräche an und stellte eine weitere Sitzung des CCF Ende 1993 in Aussicht.

3) Das CCF selbst fand in erfreulich harmonischer Atmosphäre statt. Das Angebot von COCOM wurde von den Gästen einhellig begrüßt. Alle eingeladenen Delegationen unterstrichen, dass sie die Proliferationssorgen von COCOM teilen, dass sie bereit sind, ein effektives Exportkontrollsystem aufzubauen, und dass sie die angebotene Hilfestellung von COCOM annehmen. Das Angebot auf Liberalisierung fand kaum Kritik. Allerdings bemerkten einige der weiter fortgeschrittenen MOE-Staaten, dass sie bereits die Bedingungen für das „favorable consideration“-Verfahren erfüllen und dass sie, wenn nicht eine volle Streichung von der Liste möglich ist, so bald wie möglich den Übergang zum „national discretion“-Verfahren erwarten. Diesen Erwartungen wurde durch eine Erklärung des Vorsitzenden Rechnung getragen, dass noch in diesem Jahr die Entscheidung über die Einführung des „favorable consideration“-Verfahrens getroffen werden solle, wenn die entsprechenden Verpflichtungsbriefe eingegangen seien.

4) Die USA nutzten das Forum zu einem großangelegten Hilfsangebot zum Aufbau eines Exportkontrollsystems und der Mitteilung, dass die USA 11 Mio. $ dafür zur Verfügung stellten. Die übrigen Mitgliedstaaten – auch wir – hatten diesem Angebot[9] nichts Gleichwertiges an die Seite zu stellen, erklärten sich aber ebenfalls grundsätzlich zur Hilfeleistung bereit, die allerdings noch im Einzelnen zu konkretisieren ist.

Die deutsche Delegation wurde von verschiedener Seite besonders um Hilfe gebeten. So kamen der usbekische[10], der lettische[11], der bulgarische[12], der albanische[13] und der rumänische[14] Delegierte auf die deutsche Delegation zu. Was hier im Einzelnen getan werden kann, wird noch mit den zuständigen Ressorts zu erörtern sein.

5) Als Ergebnis ist festzuhalten, dass das COCOM mit dem CCF einen ersten Schritt getan hat, um sich von der traditionellen Konfrontationshaltung zu lösen und sich in Richtung auf Kooperation zu bewegen. COCOM hat damit den neuen politischen Verhältnissen vor-

9 An dieser Stelle wurde von MD Dieckmann handschriftlich eingefügt: „finanziell“.

10 Ulugbek Eshtaev.

11 Evars Millers.

12 Kiril Velev.

13 Eqerem Mete.

14 Marin Buhoara.

sichtig Rechnung getragen. Es wird unsere Aufgabe bleiben, weiterhin darauf zu drängen, dass diesem ersten Schritt rasch weitere Maßnahmen folgen.

6) Die Einzelheiten ergeben sich aus dem beigefügten Bezugsdrahtbericht.

Ackermann

B 70, ZA-Bd. 220758

395

Drahterlass des Vortragenden Legationsrats Mülmenstädt

213-552.00/1 **1. Dezember 1992**[1]
Fernschreiben Nr. 3535 Plurez **Aufgabe: 2. Dezember 1992**

Betr.: Ausgleichsregelung wegen nationalsozialistischen Unrechts[2];
hier: Gespräch StS Dr. Kastrup mit Botschafter Terechow am 1.12.1992

Nachstehend wird zur internen Unterrichtung Vermerk über o.g. Gespräch übermittelt, das auf Bitten Bo. Terechows zustande kam. Bo. Terechow erklärt, er trage eine zwischen Russland, Weißrussland und der Ukraine abgestimmte Weisung vor.

Mülmenstädt[3]

Folgt Anlage:

I. Zusammenfassung

1) Terechows wichtigste Punkte:

- T. unterbreitete Vorschläge einer „etappenmäßigen Lösung", d.h. Akzeptanz der Summe von 1 Mrd. DM verbunden mit einer Vereinbarung, die Verhandlungen mit dem Ziel fortzusetzen, eine weitere Summe festzulegen.
- Eine derartige „Kompromissvariante" sei von BM und AM Kosyrew bei den Gesprächen in Moskau[4] „in Erwägung gezogen" worden.
- T. schlug des Weiteren Expertengespräche in Deutschland der vier Staaten vor dem Besuch des Bundeskanzlers[5] vor, um ein entsprechendes Abkommen oder Protokoll fertigzustellen.
- Dieses Protokoll soll von den Außenministern der vier beteiligten Staaten[6] unterzeichnet werden; die von den Experten erzielte Vereinbarung solle während des Bundeskanzlerbesuches der Öffentlichkeit bekannt gegeben werden.

1 Drahterlass an die Botschaften in Kiew, Minsk und Moskau.
Wurde laut handschriftlichem Vermerk des VLR Mülmenstädt von Botschafter Höynck im Entwurf gezeichnet.

2 Zu den Entschädigungsforderungen Russland, der Ukraine und von Belarus vgl. Dok. 212, Anm. 21.

3 Paraphe.

4 Zum Besuch des BM Kinkel am 6./7. Oktober 1992 in Russland vgl. Dok. 311, Dok. 314 und Dok. 315.

5 Zum Besuch des BK Kohl am 15./16. Dezember 1992 in Russland vgl. Dok. 419 und Dok. 420.

6 Klaus Kinkel (Bundesrepublik), Andrej Kosyrew (Russland), Pjotr Krawtschenko (Belarus) und Anatolij Slenko (Ukraine).

2) Die wichtigsten Punkte des Staatssekretärs:
- Der deutschen Seite seien Verzögerungen in den Verhandlungen nicht zuzurechnen, da bereits D 2[7] bei seinen Konsultationen in Moskau Mitte September d.J.[8] zwei Terminvorschläge für Expertengespräche angeboten habe, die nicht beantwortet seien.
- Er kenne die Inhalte der Gespräche von BM Kinkel. Eine Grundlage für die „Kompromissvariante" sei diesen Gesprächen nicht zu entnehmen.
- Den Ausführungen Terechows sei zu entnehmen, dass die russische Seite von der fünffachen Höhe des von uns genannten Betrags ausgehe; ein derartiger Ausgangspunkt sei absolut unrealistisch; es sei den bilateralen Beziehungen nicht dienlich, wenn mit falschen Hoffnungen gearbeitet werde.
- Der deutsche Verhandlungsführer, Botschafter Dr. Höynck, führe die Gespräche aufgrund einer Weisung des Bundeskanzlers; an der Weisungslage, auf der Grundlage des Angebots von 1 Mrd. DM die Verhandlungen abzuschließen, habe sich nichts geändert.
- Wir seien im Prinzip zu einem weiteren Expertengespräch bereit; aber wir könnten[9] angesichts der auf russischer Seite gehegten Erwartungen nicht sehen, wie eine Einigung bis zum Besuch des Bundeskanzlers erzielt werden könne.
- Wir würden uns nach interner Abstimmung erneut äußern.

II. Ergänzend und im Einzelnen

Nachdem T. den mit FK übermittelten Sprechzettel[10] vorgetragen und StS die unter I. 2 genannten Punkte dargelegt hatte, erwiderte T., die russische Seite wolle keine Schuldzuweisung konstruieren. Nach den D 2-Konsultationen seien die Gespräche in der Angelegenheit auf Ministerebene fortgeführt worden, sodass keine Verzögerung eingetreten sei. Die russische Seite habe nach den Ministergesprächen in Moskau den Eindruck gewonnen, dass Bereitschaft bestehe, ein etappenweises Vorgehen in Erwägung zu ziehen. Wenn dieses Verständnis von deutscher Seite nicht geteilt werde, dann „ist es eben so". StS erklärte, er werde den Bundeskanzler und den Bundesaußenminister über die Darlegungen des russischen Botschafters unterrichten; die deutsche Seite werde die Vorschläge prüfen. Er sei aber verpflichtet, vor zu hohen Erwartungen zu warnen.

Zur Summe führte T. Folgendes aus: Wenn von der Zahl der Geschädigten ausgegangen werde, die fünf Mal höher sei als in Polen oder Frankreich, die 600 Mio. DM erhalten hätten[11], so müsse diese Summe mit fünf multipliziert werden. StS entgegnete, es gehe aus deutscher Sicht um eine einmalige Zahlung der Bundesregierung aus humanitären Gründen, nicht um die Erfüllung rechtlicher Verpflichtungen.

Bo. 2-Z 1[12] ergänzte, dass das Problem in der Festlegung der Kriterien bestehe. Es gehe nicht um alle, die im Rahmen des Krieges geschädigt worden sind, sondern um Opfer spezifisch nationalsozialistischen Unrechts. Ein Vergleich dieser Kategorien ergebe, dass die der russischen Seite genannte Höhe der Stiftung eine Summe darstelle, die durchaus ver-

7 Jürgen Chrobog.

8 Zu den deutsch-russischen Direktorenkonsultationen am 14./15. September 1992 vgl. Dok. 275, Anm. 13.

9 Korrigiert aus: „sähen".

10 Für den Sprechzettel des russischen Botschafters Terechow vgl. B 86, Bd. 2174.

11 Zur Entschädigung von polnischen bzw. französischen Opfern des Nationalsozialismus vgl. Dok. 264, Anm. 9 und 10.

12 Wilhelm Höynck.

gleichbar sei mit der, die für Ausgleichsregelungen für Opfer nationalsozialistischen Unrechts in Frankreich und Polen bezahlt worden sei.

T. antwortete, dass auch in deutschen Presseveröffentlichungen sehr hohe Zahlen genannt würden. Es sei eine große Leistung des deutschen Volkes, bis zum heutigen Tag 87,5 Mrd. DM gezahlt zu haben, darunter 35 Mrd. DM an Israel. Diese Zahlen seien auch in der RF, in Weißrussland und in der Ukraine bekannt. Wenn die Menschen in diesen Ländern diese Zahlen verglichen, würde eine nicht besonders günstige Reaktion erfolgen. Er, T., möchte nicht, dass die bilateralen Beziehungen mit einer negativen Meinung in der Öffentlichkeit belastet würden. Die Angelegenheit werde aufmerksam verfolgt und sei Gegenstand emotionaler Diskussionen. Dies könne die russische Regierung nicht außer Acht lassen. Deshalb wolle er wiederholen, dass das etappenweise Vorgehen – zunächst 1 Mrd. DM für aktuelle Fälle und Weiterführung der Diskussion – zu annehmbaren Lösungen führen könne.

StS betonte, wir hätten von Anfang an klargemacht, dass wir nicht über Kriegsschäden, Kriegsfolgeschäden und Reparationen sprechen, sondern über eine Härtefallregelung für typisch nationalsozialistisches Unrecht. Wir hätten klargemacht, dass über Vergleichszahlen nicht gesprochen werden sollte, da dies zu einer Diskussion über den Kreis der Anspruchsberechtigten führe. Nach unserer Auffassung seien die Zwangsarbeiter nicht erfasst. Es stehe jedoch in einem gewissen Ermessen der russischen und der anderen Regierungen, zu entscheiden, wie die Härtefälle genau eingegrenzt werden sollen.

StS betonte, auch die russische Seite müsse falsche Erwartungen der Öffentlichkeit dämpfen. Er verstehe die Gefühle des russischen Volkes, Schreckliches sei geschehen. Aber nicht jeder, der Schaden an Leib und Leben oder Hab und Gut genommen habe, gehöre in den Kreis der Anspruchsberechtigten. Dieser umfasse unserer Auffassung nach KZ-Häftlinge und Opfer medizinischer Menschenversuche.

T. erwiderte hierauf, er wolle zu den beiderseitigen Rechtspositionen nicht Stellung nehmen. Der russischen Seite gehe es darum, dass die Expertengespräche zu Endergebnissen für die Geschädigten führten, die, ob dies gewollt wird oder nicht, mit den Leistungen für Polen und Frankreich verglichen würden. Angesichts der gegenwärtigen Härten würde eine zu geringe Summe zu Vorwürfen der einfachen Menschen an die russische Regierung führen, dass diese die Interessen der russischen Menschen nicht genügend berücksichtige. Es gehe letztlich nicht um Rechtspositionen, sondern um politische Realitäten.

StS erklärte abschließend, dass er die politisch Verantwortlichen über die Darlegungen des russischen Botschafters unterrichten werde.[13]

B 41, ZA-Bd. 158782

[13] Botschafter z. b. V. Höynck vermerkte am 3. Dezember 1992, StS Kastrup habe dem russischen Botschafter Terechow am selben Tag mitgeteilt, er, Kastrup, habe Terechows Vorschlag vom 1. Dezember 1992 BK Kohl vorgetragen. Dieser habe StS Köhler, BMF, gebeten, „bei seinen Gesprächen in Moskau am 7.12.1992 auch dieses Thema zu behandeln“. Auf Terechows Frage, ob dies bedeute, „dass die von russischer Seite angeregten Gespräche auf Expertenebene vor dem Besuch des Bundeskanzlers nicht mehr stattfinden könnten“, habe Kastrup erwidert, dies lasse sich erst nach Köhlers Gesprächen beantworten. Vgl. B 86, Bd. 2174.

396

Drahtbericht des Botschafters Stabreit, Washington

VS-NfD **Aufgabe: 1. Dezember 1992, 18.47 Uhr**[1]
Fernschreiben Nr. 3481 **Ankunft: 2. Dezember 1992, 02.08 Uhr**

Betr.: Reform des Sicherheitsrats

Bezug: DB Nr. 2022 vom 7.7.1992 – Pol 381.42[2]

I. Aus Gesprächen von LPol[3] im State Department (u.a. mit Abteilungsleiter Internationale Organisationen, John Bolton, und dem Politischen Gesandten der japanischen Botschaft in Washington, Oshima) zeichnet sich folgendes Bild ab:

1) Die USA unterstützen im Prinzip den Anspruch Japans und Deutschlands auf einen permanenten Sitz im Sicherheitsrat bzw. auf eine angemessene Berücksichtigung der beiden Länder bei einer Sicherheitsratsreform (s. auch Bezugsbericht). Diese grundsätzliche Haltung dürfte sich voraussichtlich auch in der Administration Clintons[4] nicht ändern, der sich bereits im Wahlkampf öffentlich für einen ständigen Sicherheitsratssitz Deutschlands ausgesprochen hat.

2) Diese positive Einstellung fällt den Amerikanern einmal deshalb leicht, weil sie auch bei einer Sicherheitsratsreform ihre eigene Position in den VN nicht wesentlich beeinträchtigt sehen. Aufgrund der Größe und Bedeutung der USA als einzig verbliebene Supermacht haben die USA nicht um ihren Einfluss in den VN zu fürchten. Zum anderen sind sich die USA der Schwierigkeiten bei der Umsetzung einer Sicherheitsratsreform bewusst und überlassen es anderen, insbesondere den Briten und Franzosen, im Bremserhäuschen zu sitzen. Nach amerikanischer Einschätzung sind die Briten noch mehr Bremser als die Franzosen. Auf britische Bemühungen im Rahmen der Fünf sei insbesondere die Dialogverweigerung der Perm[anent] 5 in der kürzlichen VN-Debatte über den indischen Resolutionsentwurf zurückzuführen gewesen.[5] Auch Russen und Chinesen hätten kein sonder-

1 Das von Gesandtem Pleuger, Washington, konzipierte Fernschreiben wurde in zwei Teilen übermittelt. Vgl. Anm. 11.
Hat VLR Freiherr von Stackelberg am 2. Dezember 1992 vorgelegen, der die Weiterleitung an VLRI Altenburg „n[ach] R[ückkehr]" verfügte.
Hat Altenburg vorgelegen.

2 Botschafter Ruhfus, Washington, berichtete, der japanische MP Miyazawa habe am 1. Juli 1992 in Camp David mit dem amerikanischen Präsidenten Bush die japanischen Wünsche nach einer Reform des VN-Sicherheitsrats erörtert. Dabei hätten die Japaner deutlich gemacht, „dass sie auf jeden Fall einen ständigen Sicherheitsratssitz beanspruchen und dies nun mit aller Kraft betreiben werden". Vgl. B30, ZA-Bd. 167349.

3 Korrigiert aus: „GPol".
Leiter der Politischen Abteilung der Botschaft in Washington war Gunter Pleuger.

4 Am 3. November 1992 fanden in den USA Präsidentschaftswahlen statt, aus denen der Kandidat der Demokratischen Partei, Clinton, als Sieger hervorging. Vgl. Dok. 355.

5 VLRI Altenburg notierte am 30. November 1992, Indien habe vor der Debatte am 23. November 1992 in der VN-Generalversammlung in New York „zum TOP 40 ‚Fragen der gerechten Vertretung und Erhöhung der Mitgliedschaft des Sicherheitsrats'" einen Resolutionsentwurf zirkulieren lassen, über den die Bundes-

liches Interesse an einer Charta-Reform[6]. Von ihnen seien aber Initiativen weder in die eine noch die andere Richtung zu erwarten. Die Russen würden sich auf absehbare Zeit im Zweifel an der Haltung der USA orientieren, die Chinesen würden sich aus Sorge um ihren Einfluss in der Dritten Welt schwertun, sich dem Wunsch einer Reihe großer Entwicklungsländer nach stärkerer Repräsentation im Sicherheitsrat zu widersetzen.

3) In der Sache schwebt den Amerikanern bei einer Reform des Sicherheitsrats eine kleinstmögliche Vergrößerung dieses Gremiums vor. Bolton nannte ohne nähere Begründung die Zahl 19 als die Grenze der Mitgliederzahl, bis zu der der Sicherheitsrat noch operabel sei. Das würde bedeuten, dass neben Deutschland und Japan nur noch zwei weitere[7] Mitglieder zusätzlich in den Sicherheitsrat aufgenommen würden. Dabei ist den Amerikanern natürlich bewusst, dass die dazu notwendige Charta-Änderung nicht nur von den fünf ständigen Sicherheitsratsmitgliedern ratifiziert, sondern auch von einer Zweidrittelmehrheit in den Vereinten Nationen angenommen werden müsste. Das Dilemma dabei ist, dass einerseits eine Reform des Sicherheitsrats, die die Erwartungen der Länder der Dritten Welt befriedigen würde, vermutlich von den fünf ständigen Sicherheitsratsmitgliedern nicht ratifiziert werden würde. Die USA verweisen genüsslich darauf, dass neben den regionalen Großmächten wie Indien, Nigeria und Brasilien auch regionale Konkurrenten wie Pakistan, Ägypten (möglicherweise auch Südafrika), Mexiko und Argentinien Ansprüche auf Repräsentation im Sicherheitsrat erheben. Ein Beispiel dafür sei auch das neuerdings von Italien geäußerte Interesse an einem ständigen Sicherheitsratssitz. Andererseits würde eine nur unwesentliche Vergrößerung des Sicherheitsrats, die das Machtgefüge zugunsten der bisherigen fünf ständigen nicht wesentlich beeinträchtigen würde, dem Beteiligungsbedürfnis der Dritten Welt aber nicht Rechnung trüge, vermutlich keine Zweidrittelmehrheit in der Vollversammlung finden, die ohne die Zustimmung weiter Teile der Dritten Welt nicht zu erreichen ist.

Im Endeffekt sehen die USA daher einen langwierigen Reformprozess voraus, der nach ihrer Ansicht keineswegs – wie von Japan erhofft – schon zum 50-jährigen Jubiläum der Vereinten Nationen im Jahre 1995 abgeschlossen sein könnte.

4) Nach dem von der japanischen Botschaft in Washington vermittelten Eindruck verfügt Japan bisher nicht über eine Strategie, um mit den von den Amerikanern geschilderten Schwierigkeiten bei der Charta-Reform fertigzuwerden. Die Japaner sehen diese Schwierigkeiten ebenso. Sie sind aber hauptsächlich besorgt um die Zustimmung der fünf ständigen Mitglieder zur Charta-Reform und hoffen, durch die Entwicklung von Kriterien für diese Reform zu einer Lösung zu kommen, die Deutschland und Japan einschließt, die Dritte-Welt-Länder und die damit verbundene Problematik aber ausschließt. Die Kriterien für die Erweiterung des Kreises der ständigen Sicherheitsratsmitglieder sollten nach japanischer

Fortsetzung Fußnote von Seite 1583

republik zusammen „mit Japan, Italien und Schweden sowie zehn Staaten der Dritten Welt zur informellen Vorberatung“ eingeladen worden sei: „Der von den fünf ständigen Mitgliedern des SR abgelehnte und zum Gegenstand von F- und GB-Demarchen in Bonn, Rom, Tokio und Stockholm gemachte indische Resolutionsentwurf wird voraussichtlich mit großer Mehrheit von der GV angenommen werden und zu einem Bericht des VN-Generalsekretärs über die Reform des Sicherheitsrats auf der Grundlage schriftlicher Stellungnahmen der VN-Mitglieder führen.“ Vgl. B 30, ZA-Bd. 244885.

6 Für die VN-Charta vom 26. Juni 1945 vgl. BGBl. 1973, II, S. 432–503.

7 Der Passus „In der Sache ... noch zwei weitere“ sowie die Wörter „Zahl 19“ wurden von VLR Freiherr von Stackelberg hervorgehoben. Dazu vermerkte er handschriftlich: „Geht sowieso nicht.“

Ansicht so formuliert sein, dass sie lediglich regionale Vormächte ausschließen und nur solche größeren Mächte einbegreifen, die wie Deutschland und Japan zwar auch nur regionale Mächte sind, zugleich aber weltweite Verantwortung tragen.

Auf die Frage, wie man solche Kriterien in den VN zweidrittelmehrheitsfähig machen könnte, haben die Japaner keine Antwort. Dennoch könnte die Entwicklung von Kriterien für die Besetzung eines ständigen Sitzes nützlich sein sowohl zum Erhalt der Stellung UKs und Fs wie auch zur Lösung der mit Sicherheit auftretenden regionalen Konkurrenzkonflikte. Wir müssen dabei allerdings aufpassen, dass wir angesichts unserer Verfassungsprobleme dabei nicht mangels ausreichender Handlungsfähigkeit unberücksichtigt bleiben.

II. Vor diesem Hintergrund ergeben sich für eine längerfristige Strategie zur Reform des Sicherheitsrates folgende Überlegungen:

1) Die Reform des Sicherheitsrates wird, wenn überhaupt, nur längerfristig zu verwirklichen sein. In der Zwischenzeit müssen Wege und Mittel gefunden werden, wie diejenigen Mächte, die bei einer Reform berücksichtigt werden wollen, bereits in der Übergangsphase größere Verantwortung übernehmen und größeres Mitspracherecht erhalten. Ein Weg dazu wäre für Japan und Deutschland, in der Übergangszeit bis zur Reform die Wahl in den Sicherheitsrat auf einen der nichtständigen Plätze zu suchen. Eine Quasi-Permanenz könnte dadurch erreicht werden, dass nach Ablauf des zweijährigen Wahlmandats, das nach Art. 23, Abs. 2 unmittelbare Wiederwahl ausschließt, D und Japan mit Zustimmung des Sicherheitsrats nach Art. 31 an den Sitzungen des Sicherheitsrats auch weiterhin teilnehmen mit der Begründung, dass die Interessen dieser beiden weltweite Verantwortung tragenden Mitgliedstaaten betroffen sind. Alsdann könnten D und J bei nächster Gelegenheit die Wiederwahl in den Sicherheitsrat anstreben, notfalls auch durch Kandidatur im Plenum, falls eine Nominierung durch die Regionalgruppe nicht zu erreichen ist. Dies ist auch eine der Optionen, die die Japaner erwägen, wobei sie sich allerdings nicht sicher sind, ob sie entweder die notwendige Zustimmung ihrer Regionalgruppe oder aber bei einer streitigen Kandidatur im Plenum eine Mehrheit erhalten würden.

2) Um eine enge sachliche Beteiligung an der Arbeit des Sicherheitsrats für Deutschland und Japan zu jeder Zeit sicherzustellen, sollte erwogen werden, die G7 auch zu einem politischen Forum in der VN zu machen. Die G7, die nach den Vorstellungen der Amerikaner (Kimmitt) ohnehin[8] stärker ein politisches Forum der großen Industriemächte werden sollte, könnte in New York, aber auch in den Hauptstädten genutzt werden, um eine gemeinsame Politik für den Sicherheitsrat zu erarbeiten. Dies schwebt auch den Japanern vor.

3) In der Substanz der Sicherheitsratsreform müsste eine Lösung angestrebt werden, die sowohl für die fünf ständigen Mitglieder erträglich ist, wie auch den berechtigten Wünschen der Dritten Welt nach stärkerer Mitwirkung in diesem Gremium entgegenkommt. Das in den Vereinten Nationen weithin anerkannte Prinzip der regionalen Verteilung, das ja auch bei der Verteilung der nichtständigen Sicherheitsratssitze praktiziert wird, könnte auch hier zum Zuge kommen. Jede Region sollte mindestens mit einem ständigen Sitz vertreten sein, der mit Vetorecht ausgestattet ist, das aber nicht aus nationalen Eigeninteressen, sondern im Interesse der vertretenen Region auszuüben wäre.

8 Der Passus „Um eine enge … Amerikaner (Kimmitt) ohnehin" wurde von VLR I Altenburg hervorgehoben. Dazu vermerkte er handschriftlich: „Bloß nicht: Da ist KAN + ITA sowie Kommission dabei."

Angesichts der in den Regionen bestehenden Konkurrenzen (z.B. Indien/Pakistan, Brasilien/Argentinien/Mexiko) würden sich die Charta-Reform-Bemühungen selbst blockieren, wenn die Benennung der regionalen Mächte für einen ständigen Sicherheitsratssitz zum Bestandteil der Charta-Reform gemacht würde. Die Frage, welcher Staat die jeweilige Region als permanentes Mitglied im Sicherheitsrat vertritt, sollte daher aus den Reformbemühungen in den Vereinten Nationen ausgeklammert und in die Regionen verlagert werden. Die Neustrukturierung des Sicherheitsrats sollte daher nur die Anzahl der permanenten und nicht-permanenten Sitze und das Prinzip der regionalen Verteilung festlegen. Die Benennung der ständigen Mitglieder sollte dann durch die Regionen, notfalls durch streitige Abstimmung in der Generalversammlung erfolgen.

Anzustreben wäre eine Neuregelung, die das Prinzip der „angemessenen regionalen Repräsentation" unter den ständigen Mitgliedern des Sicherheitsrats festschreibt. Das Element der Angemessenheit würde zugleich auch eine stärkere Repräsentation Europas unter den ständigen Sicherheitsratsmitgliedern ermöglichen und zumindest die Diskussion der Reform mit England und Frankreich erleichtern.[9]

4) Das Anstreben eines europäischen ständigen Sicherheitsratssitzes sehen Amerikaner gegenwärtig als einen „Non-Starter", da England und Frankreich damit alle Privilegien verlieren würden und einer solchen Reform nicht zustimmen würden. Ein europäischer Sicherheitsratssitz wäre wohl eher nach Vollendung der Politischen Union, ggf. auch nach Einzug Ds in den Sicherheitsrat zu erreichen, da dann auch D einen F und UK entsprechenden Status-Verlust hinnehmen müsste. Gegenwärtig geben Amerikaner daher dem Konzept eines ständigen europäischen SR-Sitzes keine Chance. Dies könne allenfalls als Druckmittel gegenüber Frankreich und England genutzt werden, um in der Übergangszeit beide Staaten zu einer engeren Kooperation, z.B. im Rahmen eines beim Sicherheitsrat angesiedelten G7-Forums, zu veranlassen.[10]

5) Die indische Resolution gibt die Chance, in der Staaten-Stellungnahme an den Generalsekretär ein Konzept für die Sicherheitsratsreform zu entwickeln, das sowohl dem Mitwirkungsbedürfnis Deutschlands und Japans im Sicherheitsrat[11] (auch in der Übergangszeit) wie auch den unterschiedlichen Interessenlagen der gegenwärtigen ständigen Sicherheitsratsmitglieder und der bisher unzureichend repräsentierten Dritten Welt Rechnung trägt. Nur ein solches Konzept dürfte langfristig Aussicht auf Verwirklichung haben.[12]

[gez.] Stabreit

B 30, ZA-Bd. 248885

9 Dieser Absatz sowie der Passus „würde zugleich auch ... und zumindest die" wurden von VLR Freiherr von Stackelberg hervorgehoben. Dazu vermerkte er handschriftlich: „Wieso?"

10 Dieser Satz wurde von VLR Freiherr von Stackelberg hervorgehoben. Dazu vermerkte er handschriftlich: „Das fehlte gerade noch!"

11 Beginn des mit DB Nr. 3482 übermittelten zweiten Teils des Fernschreibens. Vgl. Anm. 1.

12 Am 11. Dezember 1992 ersuchte die VN-Generalversammlung mit Resolution Nr. 47/62 VN-GS Boutros-Ghali, die Mitgliedstaaten zu bitten, bis 30. Juni 1993 schriftliche Stellungnahmen zu einer möglichen Überprüfung der Zusammensetzung des Sicherheitsrats vorzulegen. Vgl. Resolutions and Decisions, General Assembly, 47th session, S. 25. Für den deutschen Wortlaut vgl. Europa-Archiv 1993, D 381.

397

Vorlage des Vortragenden Legationsrats I. Klasse Bertram für Bundesminister Kinkel

201-360.90/SO JUG VS-NfD **2. Dezember 1992[1]**

Über Dg 20[2], D 2[3], Herrn Staatssekretär[4] Herrn Bundesminister[5]

Betr.: VN-SR-Resolution 787[6] (Zwangsmaßnahmen zur Durchsetzung der Sanktionen gegen Serbien/Montenegro mit „stop and search" in der Adria);
hier: I. Antrag des BMVg auf Freigabe bestimmter Verhaltensregeln für deutsches Schiff/Flugzeuge
II. Nutzung albanischer Territorialgewässer durch deutschen Zerstörer im NATO-Verband

Bezug: Ihre Weisung vom 1. Dezember 1992
Vorlage Referat 201 vom 18. November 1992, 201-360.90/SO JUG[7]

Anlg.: 1 (WEU-Beschluss 20.11.1992)[8]

Zweck der Vorlage: Bitte um Zustimmung zu Punkt I. 5) und II. 5)

I. 1) Das Bundeskabinett hatte in seiner Sitzung am 19. November 1992 Folgendes beschlossen:

„Das deutsche Schiff bleibt auch künftig im Rahmen seines bisherigen Auftrags im NATO-Verband in der Adria präsent. Eine Teilnahme an Zwangsmaßnahmen (stop and search) kommt nicht in Betracht.

1 Die Vorlage wurde von VLR Schumacher konzipiert.

2 Hat MDg Klaiber am 2. Dezember 1992 vorgelegen.

3 Hat MD Chrobog am 2. Dezember 1992 vorgelegen.

4 Hat StS Kastrup am 2. Dezember 1992 vorgelegen, der handschriftlich vermerkte: „Ich verweise auf die Aussage, die BM Rühe selbst in der gemeinsamen Sitzung gemacht hat."

5 Hat BM Kinkel am 6. Dezember 1992 vorgelegen, der handschriftlich vermerkte: „1) Ich bitte, die rechtliche Bewertung noch vorzunehmen. 2) Ich hebe ausdrücklich hervor, dass AA sich bisher nicht zustimmend oder sonst geäußert hat. Das behalte ich mir vor."
Hat VLR Brose am 7. Dezember 1992 vorgelegen, der die Weiterleitung über das Büro Staatssekretäre an MD Eitel verfügte. Dazu vermerkte er handschriftlich: „Eilt! Wie besprochen m[it] d[er] B[itte] um BM-Vorlage." Vgl. Anm. 15.
Hat VLR I Schmidt vorgelegen.
Hat Eitel am 7. Dezember 1992 vorgelegen, der die Weiterleitung über MDg Schürmann an Referat 500 verfügte und dazu handschriftlich vermerkte: „B[itte] nochmals gesondert Rechtsauffassung zusammenfassen."
Hat Schürmann und VLR I Hilger am 7. Dezember 1992 vorgelegen.

6 Für die Resolution Nr. 787 des VN-Sicherheitsrats vom 16. November 1992 vgl. RESOLUTIONS AND DECISIONS 1992, S. 29–31. Für den deutschen Wortlaut vgl. EUROPA-ARCHIV 1993, D 148–151.

7 Zur Vorlage des VLR I Bertram vgl. Dok. 372, Anm. 15.

8 Dem Vorgang nicht beigefügt.
Für die „Erklärung zum ehemaligen Jugoslawien" der WEU-Ministerratstagung vom 20. November 1992 vgl. BULLETIN 1992, S. 1159 f. Zur Tagung vgl. Dok. 384.

Die im Rahmen der WEU durchgeführten Aufklärungsflüge durch deutsche Flugzeuge werden zwecks Embargoüberwachung ebenfalls im bisherigen Umfang fortgesetzt."

2) Am 20. November haben NATO und WEU beschlossen, für die an „stop and search"-Maßnahmen beteiligten Nationen ausgewählte Verhaltensregeln („Rules of Engagement") freizugeben.

Bei den „Rules of Engagement" (RoE) handelt es sich um Verhaltensregeln für Verbände in Krisengebieten,
- die die politische Kontrolle von Maßnahmen garantieren und
- die das Überleben des Verbandes und seiner Besatzung in kritischen Situationen sicherstellen.

Für Marinekräfte der NATO sind solche Verhaltensregeln im Dokument MC 192/2 (rules of engagement of forces operating in a maritime environment) niedergelegt, das nach Billigung durch die Staaten der Allianz – deutscherseits vom BMVg im Einvernehmen mit AA – seit 1988 in Kraft ist. Die „rules of engagement" werden jeweils einzelfallbezogen aktiviert.

3) In Absprache mit der WEU sind am 20. November neun Verhaltensregeln für die an „stop and search"-Operationen teilnehmenden Nationen freigegeben worden. Am 24. November hat der Führungsstab der Marine (FüMIII3) des BMVg Freigabe der RoE 30 und 33 für unsere in der WEU eingesetzten drei Seeraumüberwachungsflugzeuge und für die in der NATO eingesetzte Schiffseinheit beantragt.

Bei den RoEs 30 und 33 handelt es sich um folgende Maßgaben:
- 30: „Approaching the territorial waters of the former Yugoslavia closer than one mile is permitted."
- 33: „Approaching merchant vessels closer than 1000 yards by ship and/or closer than 200 yards by aircraft is permitted."

(Die übrigen RoE betreffen An-Bord-Gehen, Durchsuchung, Abgabe von Warnschüssen, Erzwingung von Kursänderung usw.)

Begründung: Die Freigabe dieser RoEs sei erforderlich, um im Bereich der Überwachungs- und Meldetätigkeit im Einklang mit unseren NATO- und WEU-Partnern handeln zu können. Das Gebot der Nicht-Führung von „stop and search"-Maßnahmen bleibe hierdurch beachtet.

Bei den genannten RoEs handele es sich um Verhaltensregeln, die wegen ihrer nicht-eskalatorischen Natur politisch nicht signifikant seien.

BMVg bittet um Zustimmung.

4) Die Entscheidung des Bundeskabinetts vom 19.11.1992 besagt eindeutig, dass es bei dem bisherigen Auftrag für den Zerstörer „Hamburg" bleibt. Die „Rules of Engagement" inklusive der Abstandsflächen sind ein wesentlicher Anteil der Argumentation in der Schlussfassung der Antragserwiderung im Organstreitverfahren vor dem Bundesverfassungsgericht[9] zur Begründung der Verfassungsmäßigkeit der Aktion. In der Erwiderungs-

[9] Die SPD-Fraktion leitete am 7. August 1992 ein Organstreitverfahren gegen die Bundesregierung vor dem Bundesverfassungsgericht ein (2 BvE 3/92). Für die Antragsschrift vgl. Klaus DAU, Gotthard WÖHRMANN (Hg.), Der Auslandseinsatz deutscher Streitkräfte: Eine Dokumentation des AWACS-, des Somalia- und des Adria-Verfahrens vor dem Bundesverfassungsgericht, Heidelberg 1996, S. 377–404.
MD Eitel unterrichtete BM Kinkel am 30. November 1992, er habe im Ressortkreis das Vorgehen erörtert, wie beim Bundesverfassungsgericht eine Verlängerung der am 1. Dezember 1992 auslaufenden Frist für

schrift wird unter Hinweis auf die Mindestabstände bei der Überwachung des Schiffsverkehrs (500 yard Abstand von fremden Schiffen, 1 Seemeile Abstand von fremden Hoheitsgewässern) dargelegt, dass das Argument der Opposition, schon die bisherige Adria-Beteiligung laufe auf die Ausübung physischen Zwangs hinaus, abwegig ist.

Werden diese Mindestabstände für den Zerstörer „Hamburg" jetzt aufgegeben, müsste dies unsere Argumentation vor dem BVerfG schwächen.

Im Übrigen wird in Ziffer 4 der WEU-Ministerratsentscheidung hervorgehoben:

„4. These rules of engagement will be implemented by those nations taking part in stop and search operations."

5) Es ist nicht ersichtlich, weshalb die Überwachungs- und Meldetätigkeit des deutschen Schiffes, die bis zum 20. November offenbar ohne Schwierigkeiten gemeinsam mit den Einheiten der NATO- bzw. WEU-Partner vorgenommen werden konnte, nunmehr – nach Freigabe bestimmter Verfahrensregeln für die an „stop and search" teilnehmenden Nationen – erschwert wäre und die Freigabe zusätzlicher RoEs für deutsche Einheiten in NATO und WEU erforderlich machen würde.

Es wird daher vorgeschlagen, den Antrag des BMVg abzulehnen.

II. 1) Am 18. November hatten US im NATO-Rat beantragt, schon vor Vorliegen konkreter Verdachtsfälle auf Embargoverletzung bei albanischer Regierung Genehmigung zur Nutzung albanischer Territorialgewässer zu erwirken. US wiesen damals und erneut in Ratssitzung am 20.11. auf erhebliche Anzeichen für Embargoverletzungen durch Transitschiffsbewegungen hin. In den letzten Wochen seien zahlreiche Schiffsbewegungen zum Hafen Bar/Montenegro erst spät, d.h. nicht beim Ein-, sondern erst beim Auslaufen erkannt worden.

2) Sondierungen des Stellvertretenden NATO-GS[10] bei albanischem Botschafter in Brüssel[11] und der italienischen WEU-Präsidentschaft in Tirana haben ergeben, dass albanische Regierung grundsätzlich bereit ist, mit NATO- und WEU-Seestreitkräften bei der Durchsetzung des Embargos in der Adria zu kooperieren und ihnen zu erlauben, zur Durchsetzung des Embargos in albanische Hoheitsgewässer einzulaufen.

Für Zustimmung zur Aufnahme von Gesprächen auf militärischer Ebene mit ALB zwecks Regelung der Modalitäten für Nutzung albanischer Territorialgewässer hatte GS Wörner Verschweigefrist bis 30. November 12.00 Uhr gesetzt. Diese Frist wurde von Frankreich gebrochen. Nach einer informellen Ratssitzung am 30. November nachmittags, in der F seine eher formalen Gründe für die Unterbrechung der Frist darlegte (Begrenzung des Mandats für GS und Militärs bei Gesprächen mit ALB, Einbeziehung WEU), wurde die Frist bis zum 1. Dezember Dienstschluss verlängert. Die zweite Frist ist ohne Unterbrechung abgelaufen.

Fortsetzung Fußnote von Seite 1588

die Stellungnahme der Bundesregierung zum Organstreitverfahren wegen des Adria-Einsatzes der Bundeswehr erbeten werden solle. Das BMJ empfehle, „dass ich als zuständiger Abteilungsleiter (nicht etwa der Staatssekretär) des feder-geschäftsführenden Ressorts den Berichterstatter, Herrn Mahrenholz, telefonisch um eine Fristverlängerung bitten sollte." Vgl. B 80, Bd. 1413.

Für die Gegenäußerung der Bundesregierung vom 14. Januar 1993 vgl. Klaus Dau, Gotthard Wöhrmann (Hg.), Der Auslandseinsatz deutscher Streitkräfte: Eine Dokumentation des AWACS-, des Somalia- und des Adria-Verfahrens vor dem Bundesverfassungsgericht, Heidelberg 1996, S. 463–523.

10 Amedeo De Franchis.

11 Agron Agalliu.

3) Für die Durchsetzung der Seeblockade ist es sinnvoll, Blockadebrechern den Weg durch die albanischen Küstengewässer zu versperren. Falls es zum Beschluss von NATO und WEU mit albanischer Regierung kommt, auch albanische Territorialgewässer für die Durchsetzung der SR-Resolution 787 zu nutzen, sollten wir diesen Beschluss mittragen. Während Kriegsschiffe in fremden Hoheitsgewässern regelmäßig nur das Recht auf „friedliche Durchfahrt" besitzen, könnten Schiffseinheiten der NATO und WEU künftig mit Zustimmung der albanischen Regierung in albanischen Küstengewässern operieren.

4) Es stellt sich damit die Frage, ob eine Ausweitung des Operationsgebiets auch für das deutsche Schiff in Betracht kommt.

Das Operationsgebiet für die Überwachungsaktion waren die Straße von Otranto und internationale Gewässer vor der ehemals jugoslawischen Küste (außerhalb des Küstenmeeres). Sie haben in der Kabinettssitzung vom 15. Juli 1992[12] besonders hervorgehoben, dass die Überwachungsmaßnahmen in internationalen Gewässern erfolgen. Auch daraus, dass keine Territorialgewässer berührt wurden, wurde geschlossen, dass es sich nicht um einen Einsatz im Sinne des Art. 87 a Abs. 2 GG[13] handele.

Zu berücksichtigen ist auch, dass eine Ausweitung des Operationsgebiets für das deutsche Schiff in der Öffentlichkeit wiederum zu Debatten über den politisch und psychologisch besetzten Begriff „out of area" führen wird. Dieser war auch bei unserer Entscheidung maßgeblich, deutsches Personal nicht bei den AWACS-Überwachungsflügen im österreichischen und ungarischen Luftraum einzusetzen.[14] Schließlich ist auch hier daran zu erinnern, dass es sich im Organstreitverfahren nachteilig auswirken könnte, wenn der geographische Bereich für die Überwachungsmaßnahmen des deutschen Schiffes jetzt verändert würde.

Aus den genannten Gründen bedarf es für eine Ausweitung des Operationsgebiets des deutschen Schiffes auf albanische Territorialgewässer eines erneuten Beschlusses der Bundesregierung.

5) Nach unserer Auffassung ist nicht ersichtlich, warum das deutsche Schiff, dessen Auftrag sich laut Kabinettsbeschluss vom 19. November 1992 auf die Fortführung der Überwachung beschränkt, in albanischen Hoheitsgewässern operieren muss. Das BMVg teilt diese Auffassung offenbar nicht und will BM Rühe vorschlagen, eine solche Ausweitung gegenüber AA und BK zu befürworten.

Es wird vorgeschlagen, das Operationsgebiet des deutschen Schiffes auch nach einer Genehmigung der albanischen Regierung für die Nutzung ihrer Gewässer nicht zu verändern.

Referat 500 hat mitgewirkt und gemeinsam mit 202 mitgezeichnet.[15]

Bertram

B 80, Bd. 1413

12 Zur Kabinettssitzung vgl. Dok. 231, Anm. 5.

13 Für Artikel 87 a GG vom 23. Mai 1949 in der Fassung vom 24. Juni 1968 vgl. BGBl. 1968, I, S. 711.

14 Zur Frage der Beteiligung der Bundesrepublik am Einsatz von AWACS-Flugzeugen zur Überwachung des Flugverbots über Bosnien-Herzegowina vgl. Dok. 327 und Dok. 344.

15 VLR I Hilger nahm am 9. Dezember 1992 Stellung zum handschriftlichen Vermerk des BM Kinkel vom 6. Dezember 1992: „Verfahrensrechtliche, aber auch verfassungs- und völkerrechtliche Bedenken bestehen sowohl im Hinblick auf die Veränderung der Rules of Engagement als auch die Nutzung des albanischen Küstenmeeres. In beiden Fällen würden hiesigen Erachtens die Aussichten, im Organstreitverfahren zu obsiegen, beeinträchtigt; jedenfalls würde damit die bisherige Haltung der Bundesregierung zu

398

Gespräch des Bundesministers Kinkel mit den Außenministern Dumas (Frankreich) und Solana (Spanien)

3. Dezember 1992[1]

Gespräch BM mit französischem AM Dumas und spanischem AM Solana am 3.12.92, 13.30 Uhr – 15.30 Uhr, in Bonn

Teilnehmer: BM, AM Dumas, AM Solana, StS L[2], Herr Defas, Herr Elorza, VLR Wittig, Herr Casa, Herr Spottorno.

Edinburgh[3] und dänisches Problem[4]

BM leitet ein, dass nach seinem Eindruck Ratifizierung in GB[5] etwas leichter sein werde als in DK. StS *Lautenschlager* gibt erste Bewertung des am 3.12.92 übermittelten britischen Papiers für das DK-Problem[6]: Papier sehr lang und nahe an Vertragsform (BM: gefährlich!). Form und Substanz wichtig. Wenn Substanz hinnehmbar sei, könne man über Form reden. *BM* äußert Präferenz für eine „Gesamtdeklaration" Edinburgh, in die „dänische Lösung" inkorporiert sei. AM *Dumas* sieht in formeller Hinsicht ebenfalls Problem in der Vertragsähnlichkeit des britischen Entwurfs. In der Substanz nennt er nach erster Lektüre folgende Probleme: keine zeitliche Begrenzung der dänischen Ausnahmeregelung; Verzicht auf turnusmäßige dänische Präsidentschaft im Rahmen von GASP; Vertragskonformität der dänischen Vorbehalte zur gemeinsamen Verteidigung. Indes ließen sich diese Einwände u.U. akkommodieren. StS *Lautenschlager* weist auf Bedeutung der Evolutiv-Klausel (keine Behinderung einer Weiterentwicklung in vier Problembereichen durch DK) hin. AM *Solana* plädiert für klares Zieldatum für Inkrafttreten des Maastrichter Vertrags – spätestens Mitte 1993 – in Edinburgh. *BM* äußert Erwartung, dass nordische Beitrittskandidaten[7] DK zum Einlenken bewegen könnten.

Fortsetzung Fußnote von Seite 1590

Art. 87 a II GG aufgegeben. Es erscheint hier, dass der jetzige Antrag des BMVg nur ein erster in einer Reihe von Versuchen sein wird, trotz des laufenden Verfahrens vor dem Bundesverfassungsgericht vollendete Tatsachen zu schaffen. Referat 500 schließt sich der Auffassung von 201 an, dass das AA sich einer Veränderung der Einsatzbedingungen widersetzen sollte. Den Wünschen des BMVg sind wir (auch aus rechtlicher Sicht) schon entgegengekommen, indem das deutsche Schiff nach Verabschiedung der SR-Resolution 787 im Verband belassen wurde." Vgl. B 80, Bd. 1413. Vgl. Anm. 5.

1 Der Gesprächsvermerk wurde von VLR Wittig gefertigt.
Hat BM Kinkel am 3. Dezember 1992 vorgelegen.

2 Hans-Werner Lautenschlager.

3 Zur Tagung des Europäischen Rats am 11./12. Dezember 1992 vgl. Dok. 421.

4 Zu den dänischen Sonderwünschen für eine Ratifizierung des Vertragswerks von Maastricht vgl. Dok. 352.

5 Zur Frage einer Ratifizierung des Vertragswerks von Maastricht in Großbritannien vgl. Dok. 356, Anm. 4.

6 Für das Papier der britischen EG-Ratspräsidentschaft „Denmark and the Maastricht Treaty" vgl. B 210, ZA-Bd. 162214.

7 Schweden stellte am 1. Juli 1991 einen Antrag auf EG-Beitritt.
Zum finnischen Antrag auf EG-Beitritt vom 18. März 1992 vgl. Dok. 84, besonders Anm. 3.
Die norwegische Regierung übermittelte am 25. November 1992 einen Antrag auf EG-Mitgliedschaft.

Delors II-Paket[8]

- Finanzierungsplafond:
  BM umreißt Konstellation der Positionen im Zwölfer-Kreis und schildert geringen deutschen Bewegungsspielraum. AM *Solana* spricht von einer „unmöglichen Situation" für Spanien im Hinblick auf das Paket der Präsidentschaft. Bei dem jüngsten Besuch von MP Major in Spanien[9] habe es keinerlei Fortschritte gegeben. SPA drohe trotz Gemeinschaftsfreundlichkeit Isolation, die es nicht verdiene. Es appelliert an die Solidarität von F und D als Motoren der Gemeinschaft. AM *Dumas* betont Bedeutung der Agrarleitlinie und beziffert franz. Position mit 1,27 % Steigerung BSP-Anteil bis 1999. Er deutet an, dass ein Kompromiss beim Plafond möglicherweise andere Probleme des Delors-Paketes lösen helfen könne.
- GB-Ausgleich[10]:
  Einigkeit, dass Einstieg in Abbau erreicht werden muss, dies indes in Edinburgh schwer zu erreichen sei.
- Kohäsionsfonds:
  BM nennt deutschen Vorschlag von 10 Mrd. ECU. StS *Lautenschlager* unterstreicht Zusammenhang von Kohäsionsfonds und Strukturfonds im Hinblick auf das für uns wichtige Problem der Gleichbehandlung der NBL. Strukturfonds müsse gewisse Dotierung erreichen, um Herausfallen von bestimmten Entwicklungsgebieten aufgrund Berücksichtigung von NBL zu verhindern. AM *Solana* plädiert für separate Betrachtung von Kohäsions- und Strukturfonds. Bei befriedigender Steigerung des Kohäsionsfonds seien auch die anderen Probleme lösbar.
- Externe Politiken:
  Einigkeit über Bedeutung der Mittelausstattung für Außenpolitik.

Erweiterung

BM plädiert für Verhandlungsbeginn bereits Anfang 1993 vor Abschluss der Ratifizierung in GB und DK.[11]

Fazit für Edinburgh

BM stellt verbleibende Unterschiede der Drei bei Finanzierungsplafond und Kohäsionsfonds fest und deutet Lösung im Wege eines Gesamtpaketes unter Einschluss anderer Dossiers an. Alle Minister sind sich über die Schwierigkeit der Lage kurz vor Edinburgh einig. AM *Dumas* plädiert für gemeinsames Vorangehen von D, F und SPA, sodass die Briten nachziehen müssten. Im Übrigen kritisiert er die brit. Einladung an Finanzminister zur Teilnahme in Edinburgh. AM *Solana* erklärt auf Frage von BM, dass spanischer Spielraum bei Delors II sehr klein sei. Abschließend wirft Herr *Elorza* (SPA) den Vorschlag einer deutsch-französischen Initiative für Edinburgh in die Diskussion, da britische Bemühungen wenig Erfolg versprächen.

8 Zum „Delors-Paket II" vgl. Dok. 393.

9 Als amtierender EG-Ratspräsident führte der britische PM Major am 1. Dezember 1992 in Madrid ein Gespräch mit dem spanischen MP González.

10 Zum britischen EG-Beitragsrabatt vgl. Dok. 201, Anm. 17.

11 Die EG nahm am 1. Februar 1993 Beitrittsverhandlungen mit Finnland, Österreich und Schweden auf. Die Beitrittsverhandlungen mit Norwegen begannen am 5. April 1993. Vgl. AAPD 1993.

GATT[12]

AM *Dumas* weist auf die ernste innenpolitische Situation in F hin. Auch F wolle den Erfolg von GATT, könne sich aber nicht überstürzt in einen Einigungszwang hineintreiben lassen, wie das jetzt die Kommission tue. F habe bisher davon abgesehen, von einem Veto Gebrauch zu machen, es wolle vielmehr das Agrardossier vom Ergebnis der GATT-Verhandlungen insgesamt abhängig machen. Die Zwölf sollten F in dem Bestreben helfen, den Blick auf die globale GATT-Situation zu richten. F werde deshalb dem Allgemeinen Rat am 7.12.[13] folgenden Text zur Annahme vorschlagen:

„Le Conseil réaffirme l'importance capitale des sujets autres qu'agricoles pour un succès de l'Uruguay-Round. Le Conseil considère que les discussions techniques à Génève sur les questions agricoles et en particulier l'examen d'engagements chiffrés, ne sauraient se poursuivre tant que des résultats significatifs n'auront pas été réalisés sur les sujets autres qu'agricoles."

StS *Lautenschlager* plädiert für eine Formulierung, die nicht zu einem Stopp der Agrargespräche aufruft. AM *Dumas* stellt in Aussicht, dies zu bedenken.

Massenvergewaltigungen im ehem. Jugoslawien

BM schildert seine Briefaktion[14], hebt Bedeutung des Themas für BK und ihn selbst für Edinburgh hervor und bittet um Unterstützung von F und SPA. AM *Dumas* sagt diese zu und erinnert an seine Initiative einer AM-Konferenz zu B-H[15]. *BM* äußert Skepsis gegenüber

12 Vgl. die Gespräche des Vizepräsidenten der EG-Kommission, Andriessen, und des EG-Kommissionsmitglieds MacSharry am 18./19. November 1992 in Washington; Dok. 383.

13 Über die EG-Ministerratstagung in Brüssel teilte Botschafter Trumpf, Brüssel (EG), am 8. Dezember 1992 mit: „Rat, an dem neben den AM auch Handels- und Landwirtschaftsminister teilnahmen, diskutierte im engeren Rahmen Wert der Vereinbarungen der KOM mit den USA im Agrarbereich (Uruguay-Runde, Ölsaatenstreit). Die Forderung von F, im GATT weitere Agrarverhandlungen zurückzustellen, bis zunächst Fortschritte in anderen Bereichen erzielt würden, wurde nur von B, P und – nuanciert – von IRL unterstützt. Andere Del[egationen] – so v. a. D, vertreten durch die Minister Möllemann und Kiechle,– sprachen sich dagegen für eine Fortsetzung der Genfer Verhandlungen in allen Bereichen aus. Diese Linie setzte sich im Ergebnis durch." Ferner übermittelte Trumpf die Schlussfolgerungen des EG-Ministerrats. Vgl. DB Nr. 3523; B 221, ZA-Bd. 166601.
Weiterhin wurden insbesondere Fragen des „Delors-Pakets II" erörtert. Vgl. Dok. 393, Anm. 8.

14 Das Pressereferat des Auswärtigen Amts teilte am 2. Dezember 1992 mit, nach den jüngsten Medienberichten über Massenvergewaltigungen vor allem muslimischer Frauen in Bosnien-Herzegowina habe BM Kinkel „das Büro für humanitäre Hilfe der Bundesrepublik Deutschland in Sarajevo angewiesen, vor Ort sofort alle bestehenden Möglichkeiten auszunutzen, um den betroffenen Frauen zu helfen." Ein Arzt des AA-Gesundheitsdienstes werde dafür am 3. Dezember 1992 nach Zagreb reisen. Zudem habe Kinkel zwei in weiten Teilen wortgleiche Schreiben an den britischen AM Hurd als amtierenden EG-Ratspräsidenten sowie an den Sonderberichterstatter der VN-Menschenrechtskommission, Mazowiecki, gesandt, in denen er die „systematischen Massenvergewaltigungen" scharf verurteilte. Im Schreiben an Hurd hieß es: „Ich halte es für dringlich, den misshandelten Mädchen und Frauen nicht nur im nationalen, sondern auch im Rahmen der Europäischen Gemeinschaft wirksam und schnell zu helfen. Ich wäre dankbar, wenn die britische Präsidentschaft in diesem Sinne gegenüber den Partnern aktiv werden könnte." Vgl. die Pressemitteilung Nr. 369/92; B 7, ZA-Bd. 178992.

15 MD Chrobog, z. Z. Brüssel, teilte am 2. Dezember mit, das Politische Komitee im Rahmen der EPZ habe sich am Vortag intensiv mit der Lage im ehemaligen Jugoslawien befasst: „Die von I und F entwickelte Idee einer Neuauflage der Londoner Konferenz wurde noch einmal diskutiert, z. Zt. jedoch von zahlreichen Partnern mangels eines konkret erreichbaren Ergebnisses nicht für opportun gehalten (so insbes. NL, D, DK und GB). In Genf soll entschieden werden, ob eine derartige Konferenz für das Frühjahr vorgesehen werden soll." Vgl. DB Nr. 344; B 42, ZA-Bd. 183647.

einer weiteren Konferenz ohne greifbaren Erfolg. AM *Dumas* hält Konferenzerfolg bei entsprechender Vorbereitung und Verabschiedung eines klaren Programms für möglich.

Mazedonien

BM erläutert Drei-Punkte-Vorschlag (Namensfrage, Verfassungsänderung, griechisch-mazedonischer Vertrag) und Reaktion von griech. und mazedon. AM[16]. Er warnt vor den verhängnisvollen Folgen einer Zuspitzung in Mazedonien und den Rückwirkungen für das Bild der Zwölf. AM *Dumas* betont Dringlichkeit der Anerkennung der Republik Mazedonien durch die Zwölf, die von der Namensfrage u. U. getrennt werden könne. Er kündigt Eröffnung eines „Büros" in Skopje (gleichzeitig mit der Eröffnung eines GK in Thessaloniki) an.

Somalia

AM *Dumas* schildert wachsenden öffentlichen Druck in F zum Tätigwerden in Somalia, auch um nicht USA allein das Feld überlassen zu müssen.[17] Er unterbreitet Vorschlag einer gemeinsamen deutsch-französisch-spanischen Operation, um europ. Flagge zu zeigen, beispielsweise den Aufbau einer gemeinsamen Luftbrücke. Die französische Militärpräsenz in Dschibuti könne als Basis dienen. Die bekannten deutschen Verfassungsprobleme müssten dem nicht entgegenstehen. Unterschiedliche Aufgabenaufteilungen seien denkbar. Die militärische Begleitung der Luftbrücke bzw. Verteilung der Güter könne durch VN-Soldaten ohne deutsche Beteiligung geschehen. AM *Solana* begrüßt die französische Idee nachdrücklich. *BM* weist auf bekannte deutsche Einschränkungen hin, sagt aber Prüfung einer gemeinsamen Aktion zu.

B 1, ZA-Bd. 178945

16 Für das Gespräch des BM Kinkel mit dem mazedonischen AM Maleski am 6. November 1992 vgl. Dok. 360.
Zum Gespräch des BM Kinkel mit dem griechischen AM Papakonstantinou am 26. November 1992 teilte das Pressereferat am selben Tag mit, im Zentrum hätten die Vorbereitung des Europäischen Rats in Edinburgh am 11./12. Dezember 1992 und die Entwicklung im ehemaligen Jugoslawien gestanden. Einen besonderen Schwerpunkt habe die Frage der Anerkennung Mazedoniens gebildet: „Beide Minister stimmten darin überein, dass eine Lösung dieser Frage – wenn irgend möglich – bald und einvernehmlich und gemeinsam mit den Zwölf gefunden werden könne." Vgl. die Pressemitteilung Nr. 362/92; B 7, ZA-Bd. 178992.

17 Zur Entwicklung in Somalia vgl. Dok. 409, besonders Anm. 4.

399

Gespräch des Bundesministers Kinkel mit dem französischen Außenminister Dumas

220-321.90/1 FRA **3. Dezember 1992[1]**

60. Deutsch-französischer Gipfel in Bonn[2];
hier: Außenministerkonsultationen am 3. Dezember 1992

Ehemaliges Jugoslawien

AM *Dumas* unterstrich den französischen Wunsch, dass die AM-Konferenz am 16. Dezember in Genf[3] ein gutes Treffen werde. Er betonte die Bedeutung eines Internationalen Strafgerichtshofes.[4] Bei seinen Reisen an den Golf und in den Nahen Osten[5] hätten ihn die Sorgen der arabischen Länder beeindruckt. Diese Staaten überlegten, bosnische Muslime zu bewaffnen und Freiwillige in die Region zu schicken.[6] Mit dem Beginn des Winters kämen immer hässlichere Bilder aus der Region. Es sei deshalb dringend, Initiativen zu ergreifen.

BM unterstrich sein Einverständnis mit Konferenz und der von beiden Außenministerien erarbeiteten Erklärung für den Bundeskanzler und den französischen Präsidenten.[7] Die Konferenz werde in der Öffentlichkeit an ihren Ergebnissen gemessen. Auch er habe den Eindruck zunehmender Besorgnis in den arabischen Ländern gewonnen. Diesem Druck müsse die Konferenz Rechnung tragen. Die Konferenz müsse anstreben, angemessene Antworten auf die Vergewaltigungen muslimischer Frauen, die Lagerprobleme und andere humanitäre Fragen zu geben. Man erwarte von ihr konkrete Maßnahmen. Dazu gehöre auch die Aufgabe, die konkreten Ergebnisse der Londoner Konferenz[8] aufzuarbeiten: den Adria-Einsatz der Marine, die Sperrzonen für militärische Zonen[9], usw. Der BM drückte sein Bedauern aus, dass er an der Konferenz nicht teilnehmen könne, weil er den Bundes-

1 Der Gesprächsvermerk wurde von VLR Geier gefertigt und über VLRI Nestroy und MD Chrobog an das Ministerbüro geleitet „mit der Bitte um Freigabe zur Verteilung".
Hat Nestroy am 4. Dezember 1992 vorgelegen.
Hat Chrobog am 4. Dezember 1992 vorgelegen, der die Weiterleitung an das Ministerbüro strich und handschriftlich vermerkte: „Kann verteilt werden."

2 Zu den deutsch-französischen Konsultationen am 3./4. Dezember 1992 vgl. ferner Dok. 401. Vgl. auch BULLETIN 1992, S. 1217–1219.

3 Zur Sitzung des Lenkungsausschusses der Jugoslawien-Konferenz auf Ministerebene vgl. Dok. 430.

4 Zur Erteilung des Mandats zur Ausarbeitung eines Statuts des Internationalen Strafgerichtshofs vgl. Dok. 382.

5 Der französische AM Dumas besuchte im Zuge einer Nahost-Reise am 14. November 1992 Katar, am 15. November Bahrain, am 15./16. November Kuwait und am 16. November 1992 Saudi-Arabien.

6 Zur möglichen Hilfe aus arabischen Staaten für die Muslime in Bosnien-Herzegowina vgl. Dok. 380.

7 Vgl. die von BK Kohl und dem französischen Staatspräsidenten Mitterrand am 4. Dezember 1992 veröffentlichte „deutsch-französische Erklärung zum ehemaligen Jugoslawien"; BULLETIN 1992, S. 1219 f.

8 Zur internationalen Jugoslawien-Konferenz am 26./27. August 1992 vgl. Dok. 269.

9 Vgl. die Resolution Nr. 781 des VN-Sicherheitsrats vom 9. Oktober 1992; RESOLUTIONS AND DECISIONS 1992, S. 27. Für den deutschen Wortlaut vgl. EUROPA-ARCHIV 1993, D 147 f.

kanzler nach Moskau begleiten müsse.[10] Er plädierte dafür, auch den Beauftragten der VN – Sonderberichterstatter Mazowiecki – einzuladen.

USA nach den Wahlen[11]

BM erklärte, er erwarte von Clinton und seiner Mannschaft Kontinuität in der Außenpolitik. Finanzmittel würden zukünftig zuerst im Rahmen der amerikanischen Innenpolitik eingesetzt. Er erwarte, dass die USA als einzig verbliebene Weltmacht ihre politische Linie Europa gegenüber fortsetzen, auch wenn das eine oder andere verändert werde. Auch im Nahost-Friedensprozess erwarte er von der US-Regierung im Wesentlichen Kontinuität.

AM *Dumas* teilte die Analyse des BM. Er erkenne in der Mannschaft des designierten Präsidenten Clinton Kontinuität, aber auch Anzeichen für mehr Flexibilität. Wie der BM habe er bemerkt, dass die NO-Staaten den Abgang Bushs eher bedauerten. Auch er erwarte, dass sich das amerikanische Engagement in der Region fortsetzen, wenn auch vielleicht etwas verlangsamen werde.

Beide Minister tauschten Eindrücke über die Führungsmannschaft des zukünftigen amerikanischen Präsidenten aus und äußerten ihre Befriedigung, dass in der Frage des Eurokorps in Amerika Beruhigung eingetreten sei.

KSZE-AM-Rat Stockholm 14./15.12.[12]

BM drückte Befriedigung darüber aus, dass die deutsch-französische Initiative zum Vergleichs- und Schiedsverfahren[13] so schnell zum Erfolg geführt habe. Vorbehaltlich letzter Ressortabstimmungen beabsichtige er, die Konvention am 15. Dezember zu zeichnen. Den auf französischen haushaltsrechtlichen Gründen beruhenden Vorschlag eines KSZE-Vertrages werde Deutschland natürlich unterstützen.

AM *Dumas* dankte für die deutsche Unterstützung. Er wies darauf hin, dass die KSZE nach wie vor unter einem schwerfälligen Apparat leide. Gewisse Prozeduren seien zwar erleichtert worden. Man müsse jedoch weiter über diese Fragen sprechen.

BM stimmte dem zu: Die KSZE habe Probleme und noch keine geeigneten Instrumente. Deshalb unterstütze D auch den Vorschlag der Einsetzung eines KSZE-Generalsekretärs. Man dürfe die Erwartungen jedoch bei einer Organisation von 51 Staaten nicht zu hochschrauben.

Nahost-Friedensprozess

AM *Dumas* zog das Fazit seiner Golf- und seiner Nahost-Reise: Auf beiden Seiten des Friedensprozesses, in den arabischen Ländern wie in Israel, existiere der Wunsch, dass sich Europa mehr einbringt. Erstmals habe er auch auf israelischer Seite wirklichen Willen zum Frieden festgestellt. Er sei jedoch davon überzeugt, dass nichts passiere, bevor die Parteien Kenntnis von den Absichten der neuen US-Administration hätten. Kleine Schritte könne man jedoch auch jetzt schon unternehmen. Die Abschaffung des israelischen PLO-Kontaktsperrengesetzes sei dafür ein Beispiel. Die israelische Seite sei nicht bereit, sofort direkt mit der PLO zu sprechen. Sie sei jetzt jedoch offener für indirekte Kontakte über

10 Zum Besuch des BK Kohl am 15./16. Dezember 1992 in Russland vgl. Dok. 419 und Dok. 420.

11 Am 3. November 1992 fanden in den USA Präsidentschaftswahlen statt, aus denen der Kandidat der Demokratischen Partei, Clinton, als Sieger hervorging. Vgl. Dok. 355.

12 Zum KSZE-Außenministerrat vgl. Dok. 418 und Dok. 423.

13 Zur Initiative für eine gesamteuropäische Schiedsinstanz (Badinter-Initiative) vgl. Dok. 105, Anm. 27.

Mittelsmänner, Journalisten, usw. Auch die multilateralen Gespräche[14] würden beiden Seiten viele Möglichkeiten zum Gedankenaustausch eröffnen. Zusammenfassend plädierte AM Dumas dafür, dass sich Europa mehr für die Regionalentwicklung im Nahen Osten engagieren solle und die Chance nutzen müsse, sich in den Nahost-Friedensprozess einzubringen.

BM bestätigte die Eindrücke von AM Dumas, die auch er in Tel Aviv drei Tage vor Eintreffen des französischen Präsidenten gewonnen habe.[15] Israel habe ihn gebeten zu helfen, es näher an die EG heranführen. Europa solle sich auch stärker in den multilateralen Gesprächen engagieren. Wichtigster Faktor in der gegenwärtigen Phase des NO-Friedensprozesses sei die Haltung Syriens. PM Rabin habe mit der Ankündigung eines möglichen israelischen Rückzuges von den Golan-Höhen einen Protestzug von 20 000 Personen ausgelöst. Israel sei jedoch bereit, über die Formel „Friedensvertrag gegen Rückzug" nachzudenken. Vor allem AM Peres denke auch über den Friedensvertrag hinaus, nämlich welche konzeptionellen und wirtschaftlichen Möglichkeiten sich für die Region ergeben könnten. Der Friedensprozess werde für Israel unumkehrbar. BM berichtete, dass sein Angebot, Palästinensersprecher in Jerusalem zu treffen, von palästinensischer Seite nicht akzeptiert worden sei unter Hinweis auf seine Weigerung, PLO-Chef Arafat in Tunis zu treffen. Er habe den tunesischen Präsidenten auf diesen Vorfall hingewiesen.[16]

AM *Dumas* erklärte, dass es sich um ein innerpalästinensisches Problem handele: Die PLO müsse immer wieder beweisen, dass Gespräche von Palästinensern in Israel von den Exil-Palästinensern gedeckt seien.

Vorbereitung ER Edinburgh[17]

BM erklärte, die deutsche Seite setze sich dafür ein, dass die Erweiterungsverhandlungen unabhängig von einer Einigung über die zukünftige EG-Finanzierung bereits im Januar begännen. AM *Dumas*, der darauf hinwies, dass F in der Finanzierungsfrage eine Mittelposition zwischen D und Spanien einnehme, sprach unter Hinweis auf ER Lissabon[18] dagegen nur von einer „offiziösen Eröffnung" der Gespräche.

Somalia

AM *Dumas* unterstrich die französische Besorgnis über die Situation in Somalia. Die französische Regierung habe noch keine endgültige Haltung zu dem von den USA im SR eingebrachten Vorschlag des militärischen Schutzes der Hilfslieferungen festgelegt.[19] Er würde es jedoch begrüßen, wenn sich D und F auf eine gemeinsame Initiative verständigen könnten, damit nicht der Eindruck entstehe, dass nur dann alle mitmarschierten, wenn sich die USA vorher bewegen.

BM wies auf die deutschen verfassungsrechtlichen Probleme (out of area) hin. Man könne aber zum Beispiel über zivile Begleitung von Hilfstransporten [nach]denken. Bei einer Luft-

14 Zu den multilateralen Nahost-Verhandlungen vgl. Dok. 301, Anm. 12.

15 Zum Besuch des BM Kinkel vom 17. bis 19. November 1992 in Israel vgl. Dok. 364 und Dok. 378. Der französische Staatspräsident Mitterrand besuchte Israel vom 25. bis 27. November 1992.

16 Zum Gespräch des BM Kinkel mit dem tunesischen Präsidenten Ben Ali am 19. November 1992 in Tunis vgl. Dok. 379.

17 Zur Tagung des Europäischen Rats am 11./12. Dezember 1992 vgl. Dok. 421.

18 Zur Tagung des Europäischen Rats am 26./27. Juni 1992 vgl. Dok. 201.

19 Zur Resolution Nr. 794 des VN-Sicherheitsrats vom 3. Dezember 1992 vgl. Dok. 409, Anm. 4.

brücke Europa – Somalia würde D selbstverständlich mitmachen, wobei aber noch die Finanzierungsfrage zu lösen sei. D und F sollten ihre humanitäre Hilfe für Somalia bündeln.

30 Jahre Élysée-Vertrag[20]

Beide AM nahmen mit Befriedigung den Stand der Vorbereitungen zur Kenntnis. *BM* lud AM Dumas zu einer Veranstaltung der beiden AM am Nachmittag des 21. Januar nach Ludwigsburg ein (Deutsch-Französisches Institut, Empfang der Landesregierung), was von AM *Dumas* mit Dank angenommen wurde.

B 24, ZA-Bd. 174766

400

Runderlass des Vortragenden Legationsrats I. Klasse Bettzuege

012-9-312.74 VS-NfD **3. Dezember 1992**[1]
Fernschreiben Nr. 74 Ortez **Aufgabe: 8. Dezember 1992**

Betr.: Sondersitzung des Deutschen Bundestages zum Vertrag von Maastricht und den damit verbundenen Verfassungsänderungen und Ausführungsgesetzen am 2. Dezember 1992[2]

1) Der Deutsche Bundestag hat in seiner Sondersitzung am 2.12.1992 das Ratifikationsgesetz zum Vertrag über die Europäische Union[3] in zweiter Lesung mit überwältigender Mehrheit verabschiedet (568 abgegebene Stimmen, davon 543 Ja, 17 Nein, acht Enthaltungen).

2) Für die Billigung des Ratifikationsgesetzes war Zweidrittel-Mehrheit aufgrund der zugleich mit ebenfalls großer Mehrheit verabschiedeten Verfassungsänderungen[4] erforderlich geworden, die u. a. eine neue Staatszielbestimmung zur europäischen Einigung in Art. 23 GG (neu) vorsehen. Demnach ist „für die Begründung der Europäischen Union sowie für Änderungen ihrer vertraglichen Grundlagen und vergleichbarer Regelungen, durch die dieses Grundgesetz seinem Inhalt nach geändert oder ergänzt wird oder solche Änderungen oder Ergänzungen ermöglicht werden,“[5] Art. 79 Abs. 2 und 3 GG[6] anzuwenden.

3) Entgegen anderslautender Pressemeldungen bedeutet diese neue Verfassungsbestimmung nicht, dass künftig alle Hoheitsrechtsübertragungen der Zweidrittel-Mehrheit unterliegen.

20 Für den deutsch-französischen Vertrag vom 22. Januar 1963 vgl. BGBl. 1963, II, S. 706–710. Vgl. auch AAPD 1963, I, Dok. 44.

1 Der Runderlass wurde von VLR Cuntz konzipiert.

2 Vgl. BT Stenographische Berichte, 12. WP, 126. Sitzung, S. 10809–10890.

3 Vgl. das Gesetz vom 28. Dezember 1992 zum Vertrag vom 7. Februar 1992 über die Europäische Union; BGBl. 1992, II, S. 1251–1326.

4 Für das Gesetz vom 21. Dezember 1992 zur Änderung des Grundgesetzes vgl. BGBl. 1992, I, S. 2086 f.

5 Vgl. Artikel 23, Absatz 1 GG in der Fassung vom 21. Dezember 1992; BGBl. 1992, I, S. 2086.

6 Für Artikel 79 GG vom 23. Mai 1949 vgl. BGBl. 1949, S. 10.

Vielmehr kann der Bund Hoheitsrechtsübertragungen auf die Europäische Union, d.h. die nicht unter o.g. Voraussetzungen fallen, nach wie vor durch einfaches Gesetz vornehmen. Neu ist insoweit das Erfordernis der Zustimmung des Bundesrates.

4) Die Verfassungsänderungen werden nach Zustimmung durch den Bundesrat (Sitzung am 18.12.[7]) am Tag nach ihrer Verkündung voraussichtlich noch vor Weihnachten in Kraft treten können. Auf dieser Grundlage und nach Zustimmung des Bundesrates wird dann der Bundespräsident auch das Ratifikationsgesetz vor Jahresende unterzeichnen können.[8]

Die Verfassungsänderungen und die Ausführungsgesetze zu Art. 23 GG – ein Bundestagsbeteiligungsgesetz[9] und ein Länderbeteiligungsgesetz[10] – werden mit wenigen Ausnahmen erst dann anwendbar sein, wenn die „Europäische Union“ gegründet ist. Hierüber besteht Einigkeit zwischen Bundesregierung, Bundestag und Ländern.

5) Neben dem Ratifikationsgesetz, den Verfassungsänderungen und den beiden Ausführungsgesetzen hat der Bundestag ebenfalls mit großer Mehrheit eine feierliche Entschließung zum Vertrag von Maastricht mit europäischen Grundaussagen[11] sowie eine Entschließung zum Übergang zur dritten Stufe der Wirtschafts- und Währungsunion[12] verabschiedet, die auch vom Bundesrat übernommen werden sollen. In der Entschließung zur Wirtschafts- und Währungsunion wird festgehalten, dass die Bundesregierung bei der Bewertung der Konvergenzkriterien[13], deren Vorliegen die Voraussetzung für den Übergang in die dritten Stufe der WWU bildet, auch eines zustimmenden Votums des Deutschen Bundestages bedarf. Es geht hier um ein rein innerstaatliches Verfahren. Dieses Vorgehen bedeutet keine „zweite Ratifikation“ und kein „opting-out“ der Bundesrepublik Deutschland. Vielmehr bekräftigt der Deutsche Bundestag auch in dieser Entschließung seine Vertragstreue.

Bettzuege[14]

B 5, ZA-Bd. 161325

7 Der Bundesrat stimmte am 18. Dezember 1992 den für das Vertragswerk von Maastricht notwendigen Änderungen des Grundgesetzes sowie dem Vertrag vom 7. Februar 1992 über die Europäische Union zu, verwies aber das Gesetz über die Zusammenarbeit von Bund und Ländern in Angelegenheiten der Europäischen Union sowie das Gesetz über die Zusammenarbeit von Bundesregierung und Deutschem Bundestag in Angelegenheiten der Europäischen Union in den Vermittlungsausschuss von Bundestag und Bundesrat. Vgl. BR Stenographische Berichte, 650. Sitzung, S. 653 f.

8 Bundespräsident Freiherr von Weizsäcker unterzeichnete die Ratifizierungsurkunde am 12. Oktober 1993 nach der Entscheidung des Bundesverfassungsgerichts vom selben Tag über fünf Verfassungsbeschwerden gegen das Ratifikationsgesetz zum Vertragswerk von Maastricht.

9 Für das Gesetz vom 12. März 1993 über die Zusammenarbeit von Bundesregierung und Deutschem Bundestag in Angelegenheit der Europäischen Union vgl. BGBl. 1993, I, S. 311 f.

10 Für das Gesetz vom 12. März 1993 über die Zusammenarbeit von Bund und Ländern in Angelegenheiten der Europäischen Union vgl. BGBl. 1993, I, S. 313–315.

11 Für den Entschließungsantrag der Fraktionen der CDU/CSU, SPD und FDP vom 2. Dezember 1992 „Für ein bürgernahes, starkes und handlungsfähiges Europa“ vgl. BT Drucksachen, Nr. 12/3905 vom selben Tag.

12 Für den Entschließungsantrag der Fraktionen der CDU/CSU, SPD und FDP vom 2. Dezember 1992 vgl. BT Drucksachen, Nr. 12/3906 vom selben Tag.

13 Vgl. das Protokoll über die Konvergenzkriterien nach Artikel 109 j des Vertrags über die Europäische Union vom 7. Februar 1992; BGBl. 1992, II, S. 1309 f. Vgl. auch AAPD 1991, II, Dok. 425.

14 Paraphe vom 8. Dezember 1992.

401

Sitzung des Ratskomitees des Deutsch-Französischen Rats für Verteidigung und Sicherheit

201-360.92 FRA **4. Dezember 1992**[1]

Ratskomitee des D/F Verteidigungs- und Sicherheitsrats (jeweils Außen- und Verteidigungsminister) tagte am 4.12.92.[2] Sitzungsprotokoll wird erstellt durch deutsch-französisches Ratssekretariat.[3] Aus der Sitzung wird vorab festgehalten:

1) Billigung des Ausschussberichts

BM würdigte Bericht und Vorschläge des Sekretariats zur Begehung des 30. Jahrestags des Élysée-Vertrags[4] als gelungene Darstellung erfolgreicher Tätigkeit der bilateralen Gremien. Außenminister *Dumas* ergänzte durch Hinweis auf gemeinsam unterschriebene Weisung der Außenminister an Botschaften.[5] Bericht wurde ohne Aussprache gebilligt und an Rat weitergeleitet.

2) Eurokorps

BM und Verteidigungsminister *Rühe* würdigten Ergebnis bisheriger Arbeit. BM Rühe verwies zu Beschluss des NATO-Rats vom 2.12.92 in Brüssel darauf, dass Beschluss nach unserer Auffassung klare Unterscheidung mache zwischen den Prinzipien aus dem gemeinsamen deutsch-französischen Memorandum und den Redebeiträgen, d.h. Interventionen der übrigen Mitgliedstaaten, die damit auf einer völlig unterschiedlichen Ebene lägen.[6]

1 Das Sitzungsprotokoll wurde von VLR I Bertram gefertigt und an MD Chrobog „m[it] d[er] B[itte] um Billigung" geleitet.
Hat Chrobog am 4. Dezember 1992 vorgelegen.

2 Zu den deutsch-französischen Konsultationen am 3./4. Dezember 1992 vgl. auch Dok. 399.

3 Für das Sitzungsprotokoll vgl. B 14, ZA-Bd. 161200.

4 Für den deutsch-französischen Vertrag vom 22. Januar 1963 vgl. BGBl. 1963, II, S. 706–710. Vgl. auch AAPD 1963, I, Dok. 44.

5 VLR I Nestroy übermittelte am 3. Dezember 1992 die am selben Tag von BM Kinkel und dem französischen AM Dumas mit Blick auf den 30. Jahrestag des deutsch-französischen Vertrags vom 22. Januar 1963 unterzeichnete „gemeinsame Weisung in deutscher und französischer Fassung". Darin wurden die Auslandsvertretungen gebeten, „gemeinsam im Rahmen der örtlichen Möglichkeiten gegenüber der Regierung und Bevölkerung des Gastlandes durch entsprechende Veranstaltungen auf dieses bedeutende Jubiläum und seinen politischen Stellenwert hinzuweisen. Es wäre wichtig, dass auch die Kulturinstitute beider Länder Beiträge zu diesem Festtag erbringen." Vgl. RE Nr. 53; B 24, ZA-Bd. 345617.

6 Zum deutsch-französischen Memorandum an die übrigen NATO-Mitgliedstaaten zum Eurokorps vgl. Dok. 376.
Botschafter von Ploetz, Brüssel (NATO), berichtete am 2. Dezember 1992: „Rat beschloss das angestrebte Verhandlungsmandat, Frankreich stellte Beschluss jedoch unter Zustimmungsfrist (durch Verschweigen) bis 7.12.1992 Dienstschluss. Es muss deshalb am Rande Deutsch-Französischen Gipfels versucht werden, sich der französischen Zustimmung zu versichern, diese so nach Brüssel zu übermitteln, dass erstes Treffen SACEUR mit D- und F-Generalstabschefs am 7.12.1992 stattfinden kann. [...]. Gemeinsame Einführung des D/F-Memorandums mit Petitum, nunmehr SACEUR als Vertreter der Allianz mit Verhandlungen mit D-/F-Generalstabschefs zu beauftragen, wurde allgemein begrüßt und unterstützt. Gegen die im gemeinsamen D/F-Memorandum enthaltenen Prinzipien gab es keinen Widerspruch. Mehrere Partner, vor allem US und GB, stellten aber zusätzliche Kriterien [...] auf mit der Forderung, dass SACEUR diese

Er schlug vor, auf dieser Unterscheidung einen Ausweg aus der von F beantragten silence procedure zu finden.

Verteidigungsminister *Joxe* wies ergänzend darauf hin, dass es sich bei Auslegung des Ratsbeschlusses nicht nur um Formfrage handele. Er unterstrich den Wunsch, Gespräche mit SACEUR[7] möglichst schon am Montag, 7.12., aufzunehmen, und äußerte Hoffnung auf eine Übergangsformulierung, die dies ermögliche. Sowohl er wie Außenminister Dumas wiesen darauf hin, dass im NATO-Rat von Mitgliedstaaten – insbesondere UK und US – geäußerte Meinungen teilweise im Widerspruch zu unseren Prinzipien aus dem Memorandum ständen. Er schlug vor, einen gemeinsamen Text zu verfassen, in dem D und F Wunsch zum Ausdruck brächten, dass die Verhandlungen am Montag aufgenommen würden, ohne im Brief auf weitere Fragen einzugehen. Brief solle außerdem daran erinnern, was unser Konzept für das Europäische Korps sei. Politische Direktoren erarbeiteten Entwurf für gemeinsamen Brief, der am Ende der Sitzung gebilligt wurde[8].

3) Vorschau NATO-Konferenzen[9]

BM führte in Diskussion ein. Peacekeeping sei Schwerpunktthema des NATO-AM-Rats. Er unterstützte Notwendigkeit von Peacekeeping-Maßnahmen im NATO-Rahmen. Funktion der NATO müsse hierfür ausgeweitet werden. Dabei müsse – mit Hinweis auf frz. Schwierigkeiten zu diesem Thema – in NATO-Beratungen vermieden werden, dass wichtige Diskussionen sich in gegensätzlichen Grundsatzpositionen festführen. Erforderlich sei pragmatischer Ansatz, der gewährleiste, dass die militärischen Fähigkeiten und Strukturen der NATO für Peacekeeping-Operationen genützt würden.

Außenminister *Dumas* erwiderte mit Hinweis auf drei allgemeine Gesichtspunkte, die es festzuhalten gelte:

- F habe seit dem Gipfel in Rom[10] zugestimmt, Überlegungen über Rolle der NATO zu Peacekeeping in Europa anzustellen.
- F habe auch sein Einverständnis erklärt, dass das Bündnis an Peacekeeping-Operationen teilnehmen könne, soweit diese Maßnahme von den VN oder der KSZE beschlossen werde. Er bedauerte in diesem Zusammenhang die „Langsamkeit" der KSZE.
- Bei der Durchführung vorstehend genannter Grundsätze bitte F darum, dass über Peacekeeping-Operationen im NATO-Rat gesprochen werden müsse. Man sei reserviert gegenüber Vorstellung, dies in den rein militärischen Gremien zu tun. Frankreich werde sich bei der weiteren Diskussion dieser Fragen in Brüssel aktiv beteiligen.

Verteidigungsminister *Rühe* wies darauf hin, dass Verteidigungsminister, falls Diskussion nur im Rat erfolge, hiervon ausgeschlossen seien. Dies sei nicht möglich.

Fortsetzung Fußnote von Seite 1600

ebenso wie D/F-Prinzipien bei den Verhandlungen berücksichtigen solle." Vgl. DB Nr. 1847; B 14, ZA-Bd. 161203.

7 John M. D. Shalikashvili.

8 Für das von MD Chrobog und dem Abteilungsleiter im französischen Außenministerium, Dejammet, ausgearbeitete Schreiben von BM Kinkel und AM Dumas vom 4. Dezember 1992 an NATO-GS Wörner vgl. Anlage 3 des Sitzungsprotokolls des Sekretariats des Deutsch-Französischen Verteidigungs- und Sicherheitsrats; B 14, ZA-Bd. 161200.

9 Zur Ministersitzung des DPC der NATO am 10./11. Dezember 1992 in Brüssel vgl. Dok. 415.
Zur NATO-Ministerratstagung am 17. Dezember 1992 in Brüssel vgl. Dok. 431.
Zur NAKR-Ministertagung am 18. Dezember 1992 in Brüssel vgl. Dok. 435.

10 Zur NATO-Gipfelkonferenz am 7./8. November 1991 vgl. AAPD 1991, II, Dok. 375 und Dok. 376.

BM würdigte Arbeit des Nordatlantischen Kooperationsrates (NAKR), dessen Kontakte zu Kooperationspartnern mit neuem Arbeitsplan ausgeweitet werden sollten. Auch sollte das Interesse unserer Kooperationspartner, insb. aus GUS, an gemeinsamen Maßnahmen im Bereich von Peacekeeping genutzt werden.

Dumas griff Thema Nordatlantischer Kooperationsrat auf. Er unterstrich seine Bedeutung und betonte frz. Interesse an der Aufrechterhaltung der Struktur des NAKR. *BM* ergänzte mit Hinweis auf unser sowie auf das Interesse von Russland und GUS-Staaten an vertiefter Diskussion über Peacekeeping im Rahmen des NAKR.

4) Somalia

Dumas führte Thema ein: Er berichtete über den Beschluss des VN-Sicherheitsrats aus der vergangenen Nacht.[11] In Öffentlichkeit könne möglicherweise – bedenklicher – Eindruck entstehen, dass Entscheidung durch amerikanischen Druck erst möglich geworden sei. F sei in Region sehr engagiert. Es gelte zu überlegen, ob D, E und F ihre Kapazitäten zusammentun sollten, um dadurch der europäischen Komponente eine stärkere Aktualität und Mitwirkungsmöglichkeit einzuräumen. *BM* stimmte zu, begrüßte Idee und erklärte D-Bereitschaft im Rahmen der durch die Verfassung vorgegebenen Möglichkeiten. BM stellte Frage, ob F gemeinsames Vorgehen mit E abstimmen wolle? Wir überlegten als eigene Leistungen Transport und andere Art von Logistik.

Dumas erläuterte weitere Einzelheiten zu VN-SR-Beschluss: VN würden als Grund zum Eingreifen einer Koalition von Staaten das Mandat erteilen unter Rubrum: humanitäre Hilfe. Generalsekretär[12] habe sich um Zustimmung anderer Länder bemüht (z.B. Nigeria). F habe Zustimmung erklärt. USA übernähmen militärisches Kommando, da sie stärksten Truppenanteil stellten. Wunsch der USA, ihr Kommando in der Resolution zum Ausdruck zu bringen, sei nicht entsprochen worden. Operation werde in zwei Phasen verlaufen:

a) Rein militärische Operation. Hier gehe es darum, das Land zu befrieden von allen Banden und marodierenden Soldaten. Es sei offen, wie lange diese Phase dauern werde.

b) Reine Blauhelmphase der UNO mit Beteiligung von Ländern, die mitmachen wollten. Es handele sich um friedenserhaltende Maßnahmen.

Der Aufruf der VN an Staaten beziehe sich auf beide Aspekte. Dumas erläuterte zu den humanitären Hilfsmaßnahmen, dass man sich mit Spanien darauf geeinigt habe, den Akzent auf humanitäre Maßnahmen zu legen. Dies solle der Öffentlichkeit auch deutlich werden. Europa habe in diesem Bereich bereits viel geleistet. Es könnte deshalb für humanitäre Hilfsmaßnahmen eine Art europäisches Konsortium geben aus E, D, F (unter Umständen I). Damit könne eine europäische Präsenz demonstriert werden. Dumas wies darauf hin, dass diese Vorstellungen noch nicht von Präsident Mitterrand gebilligt seien, er mit seiner Billigung jedoch rechne. Man überlege, noch heute anzukündigen, dass D und F zu entsprechenden Leistungen (z.B. Luftbrücke) bereit seien. Verteidigungsminister *Joxe* erläuterte in allgemeinem Statement den zunehmenden Druck auch aus der Öffentlichkeit, insb. auf die größeren und wohlhabenden Staaten in Europa, UK, F und D, zu friedenserhaltenden Maßnahmen.

Er konstatierte dabei, dass Deutschland im Moment nicht in der Lage sei, über humanitäre Hilfe hinauszugehen. Zu denken sei auch an das europäische Image. Vielleicht stelle

[11] Zur Resolution Nr. 794 des VN-Sicherheitsrats vom 3. Dezember 1992 vgl. Dok. 409, Anm. 4.

[12] Boutros Boutros-Ghali.

sich hier später eine Aufgabe für die WEU. F werde sich in Somalia zunächst mit zwei kleineren Bataillonen (500 bis 600 Mann) beteiligen und Versorgungs- und Stabsbataillon, insgesamt ca. 15 000 bis 17 000 Mann, die aus Dschibuti abgezogen würden. Er regte an, dass D und F gemeinsam untersuchen könnten, in welchen Bereichen humanitärer Hilfsleistungen D und F gemeinsam handeln könnten.

BM *Rühe* verwies auf noch vorhandene rechtliche Probleme, die man versuche zu klären. Er begrüßte die Idee, Hilfsmaßnahmen nach Somalia für die zweite Phase zu poolen.

5) Rüstungsexport von MTU-Motoren für Leclerc-Kampfpanzer über F in die Vereinigten Arabischen Emirate[13]

VM *Joxe* bat um Behandlung dieses Themas. Er plädierte sehr nachdrücklich dafür, dass D seinen Widerstand gegen die Zulieferung der MTU-Panzermotoren in die Vereinigten Arabischen Emirate aufgebe. Er verwies auf amerikanische Konkurrenz und nicht konsistentes deutsches Verhalten. D sei hier mit Lieferung von Panzerkanone durch USA einverstanden, obwohl sie mit deutscher Lizenz gebaut werde.[14]

BM verwies auf grundsätzliche Bedenken, mit der Tradition der deutschen Rüstungsexportpolitik für die sensitive Nahost-Region zu brechen. Er verwies auf ablehnende Beschlüsse im BSR. Auswärtiges Amt habe deshalb Vorhaben bislang nicht zugestimmt. Allerdings sei kein Beschluss irreversibel. Er stellte aufgrund des Vortrags von VM Joxe eine neue Lage fest und stellte schnelle Entscheidung noch rechtzeitig bis 15.12. (Ausschreibungsfrist) in Aussicht.[15]

6) Presseerklärung[16] wurde ohne Aussprache gebilligt.

B 14, ZA-Bd. 161200

13 Zur Frage einer Exportgenehmigung für MTU-Motoren für zum Export in die VAE bestimmte französische Panzer des Typs „Leclerc" vgl. Dok. 375.

14 VLR Stanchina legte am 8. Dezember 1992 dar: „Der US-Kampfpanzer Abrams, der u. a. von Saudi-Arabien und den Vereinigten Arabischen Emiraten beschafft wurde, ist mit der nach Rheinmetall-Lizenz gefertigten 120 mm-Kanone (‚Leo-Kanone') ausgestattet." Diese Lizenzvergabe beruhe „auf einer Regierungsvereinbarung D–USA über die Harmonisierung des US-Kampfpanzers und des deutschen Leopard II vom 11. Dezember 1974. Nach der Lizenzvereinbarung haben die USA das Recht, die Waffenanlage für Verteidigungszwecke der USA zu verwenden und sie zur Verwendung im Kampfpanzer Abrams in alle Staaten mit Ausnahme Deutschlands zu exportieren. Die Kanone und die dazugehörige Munition werden in den USA gefertigt und sind als US-Produkte kenntlich gemacht (‚Made in USA'). Es erfolgen keine deutschen Zulieferungen für die US-Produktion. Eine Zustimmung zu US-Exporten in die Nahost-Region ist nicht erforderlich und hat es nicht gegeben. Dieser Fall ist mit den MTU-Zulieferungen daher nicht vergleichbar." Vgl. B 70, ZA-Bd. 341022.

15 Zur Erörterung einer Exportgenehmigung für MTU-Motoren für französische Panzer des Typs „Leclerc" bei BK Kohl „vor der Kabinettsitzung in kleiner Runde" am 9. Dezember 1992 legte VLR Stanchina für BM Kinkel am 8. Dezember 1992 erneut die Gründe für die ablehnende Haltung des Auswärtigen Amts dar: „Die Bundesregierung hat Lieferungen von Kampfpanzern in die sensitive NMO-Region noch nie zugestimmt." Am 24. Januar 1990 habe der BSR festgelegt, „dass wesentliche Komponenten eines Panzers ausfuhrrechtlich nicht anders zu behandeln sind als die Panzer selbst. [...] Dass die Ausfuhr über Frankreich erfolgt, ändert nichts am Endergebnis. Eine positive Entscheidung wäre ein Bruch mit unserer restriktiven Genehmigungspraxis" mit Präzendenzwirkung. StS Lautenschlager bekräftigte in einem Begleitvermerk vom selben Tag: „Frankreich möchte die MTU-Motoren (Herzstück des Leo II) nicht für seine Armee, sondern um den Leclerc-Panzer exportieren zu können. Das deckt sich mit v. a. deutschen Firmeninteressen. Ohne den deutschen Motor ist der Panzer unstreitig nicht konkurrenz- und damit

402

Gespräch des Bundesministers Kinkel mit dem slowenischen Außenminister Rupel in Straßburg

4. Dezember 1992[1]

Nachdem Rupel in den Vortagen BM nicht hatte telefonisch erreichen können, kam er nach Straßburg, um mit BM am Rande der Bundesvorstandssitzung[2] zu sprechen. (Weitere Teilnehmer: der Leiter der Westeuropa-Abteilung im slow. AM, die beiden Botschafter in Straßburg, RL 011[3].)

1) Embargo[4]

Rupel: Derzeitige Situation sei höchst ungerecht und unmoralisch: Bosnier müssten sich mit Jagdgewehren gegen modernste Schnellfeuergewehre, Artillerie und Raketen wehren. Wenn man ihnen militärisch schon nicht helfen könne, müsse man sie wenigstens in die Lage versetzen, sich selbst zu verteidigen; er habe natürlich auch Verständnis für die westlichen Vorbehalte einer Embargo-Aufhebung, er sei deshalb zu 70% für Aufhebung, zu 30% für Beibehaltung.

BM: Er empfinde Scham über aktuelle Situation und westliche Unfähigkeit, B. und H. effektiv zu helfen. Er selbst habe sich zusammen mit dem holländischen AM[5] am mas-

Fortsetzung Fußnote von Seite 1603

auch nicht exportfähig. Unsere Genehmigung schafft also die Voraussetzung für den Export und damit für eine massive Aufrüstung nicht nur der VAE, sondern natürlich später auch anderer Länder des Nahen Ostens. (Letzteres ist das exportstrategische Ziel.) [...] Aus diesen Gründen bin ich mit der Vorlage für die Beibehaltung des negativen Votums (das ja im BSR ggf. ein ‚Minderheitenvotum' bleiben könnte)." Vgl. B 70, ZA-Bd. 341022.

MD Dieckmann vermerkte am 11. Dezember 1992 für Kinkel: „Der Chef des Bundeskanzleramts leitete am 9. Dezember 1992 auf Bitte des BMWi ein Umlaufverfahren des BSR ein, um eine positive Entscheidung über das Projekt herbeizuführen. [...] Sie haben in einer Sitzung beim Bundeskanzler am 9. Dezember 1992 in Aussicht gestellt, einem positiven Beschluss des Bundessicherheitsrats im Umlaufverfahren nicht zu widersprechen." Vgl. B 70, ZA-Bd. 341022.

16 Für die Erklärung vgl. BULLETIN 1992, S. 1218.

1 Der Gesprächsvermerk wurde von VLR I Schlegel am 7. Dezember 1992 gefertigt und an das Ministerbüro „m[it] d[er] B[itte] um Billigung" geleitet.
Hat VLR Brose am 10. Dezember 1992 vorgelegen.
Zum Gespräch vgl. ferner den von BM Kinkel am 7. Dezember 1992 gefertigten Gesprächsvermerk; B 1, ZA-Bd. 178945.

2 Am 5. Dezember 1992 tagte der FDP-Bundeshauptausschuss („kleiner Parteitag") in Straßburg. Am Vorabend tagte dort bereits der FDP-Bundesvorstand. Vgl. den Artikel „FDP will Schutz der Wohnung einschränken"; FRANKFURTER ALLGEMEINE ZEITUNG vom 7. Dezember 1992, S. 5.

3 Volker Schlegel.

4 Vgl. die Resolution Nr. 713 des VN-Sicherheitsrats vom 25. September 1991; RESOLUTIONS AND DECISIONS 1991, S. 42 f. Für den deutschen Wortlaut vgl. EUROPA-ARCHIV 1991, D 550–552.
Vgl. auch die Resolution Nr. 757 des VN-Sicherheitsrats vom 30. Mai 1992; Dok. 159, Anm. 12.

5 Hans van den Broek.

sivsten für weitere Maßnahmen eingesetzt. Eine Aufhebung des Embargos sei nicht möglich, wirke kontraproduktiv für alle Beteiligten; er könne solche Vorschläge schon gar nicht machen, wenn er im gleichen Moment eingestehen müsse, an den Konsequenzen nicht teilnehmen zu dürfen. Unter den gegebenen Umständen müsse D seine Unterstützung auf humanitäre Hilfe u. ä. (z. B. Beteiligung bei der Luftbrücke[6]) beschränken.

Rupel betonte nochmals, das Embargo werde laufend – vor allem von Rumänien und Griechenland – gebrochen; davon profitiere leider nicht die Zivilbevölkerung, sie leide weiter, man solle deshalb auch nicht zwischen „guten und schlechten Serben" unterscheiden. Was die Embargo-Verstöße angehe, sei bezeichnend, dass das erste Schiff, das erwischt wurde, ein griechischer Tanker gewesen sei, dies sei auch vom griechischen AM[7] zugegeben worden (Einvernehmen mit BM).

Abgesehen von Embargo-Verstößen, werde auch gegen SR-Beschluss zum Flugverbot[8] laufend verstoßen, ob man denn nicht mal serbische Flugzeuge abschießen könne? *BM* erläuterte in diesem Zusammenhang noch einmal die bisherigen Schritte und bemerkte, Adria-Einsatz sei nur ein erster Schritt, dem weitere folgen könnten; das „grounden" von Flugzeugen habe aber jedenfalls dann keine durchschlagende Wirkung, solange nicht Bodentruppen nachrücken könnten – was nicht möglich sei.

Rupel bestätigte Gerüchte, dass Kroatien an Hilfssendungen mitverdiene; Kroatien kaschiere sein Verhalten damit, dass es sog. „war-taxes" erhebe. *BM* verurteilte nachdrücklich dieses Abkassieren.

Rupel bat nachdrücklich, dass D. seinen großen Einfluss auf Tudjman geltend mache, um ihn zu kooperativem Handeln zu zwingen und kroatische Übergriffe auszuschließen. *BM* sagte entsprechende Kontaktaufnahme zu („T. kein Engel").

Zur weiteren Perspektive in Jugoslawien: Einvernehmen, dass die US-Bemühungen, Einfluss auf das serbische Militär zu gewinnen und diese Kreise zum Einlenken zu bewegen, gescheitert seien.

2) Jugoslawien-Konferenz am 16.12.92 in Genf[9]

BM: Hauptfigur sei Owen, der Vorschläge machen müsse, welche Maßnahmen jetzt ergriffen werden sollen, die endlich durchgreifen. Zu Panić berichtete BM über sein kürzliches Treffen[10]; seine Vorbehalte gegen Panić (schon seit Brocket Hall[11]) hätten sich bestätigt. Einvernehmen über positive Haltung gegenüber Ćosić – aber wenig Erfolg wahrscheinlich.

Frage von *Rupel* nach den Aussichten der Konferenz („bisher suche jeder nur Ausreden und Alibis"), Scheitern hätte „global consequences". *BM* bestätigte mit Nachdruck, dass jetzt etwas geschehen müsse.

6 Zur internationalen Luftbrücke nach Sarajevo vgl. Dok. 176.

7 Michalis Papakonstantinou.

8 Für die Resolution Nr. 781 des VN-Sicherheitsrats vom 9. Oktober 1992 vgl. Resolutions and Decisions 1992, S. 27. Für den deutschen Wortlaut vgl. Europa-Archiv 1993, D 147 f.

9 Zur Sitzung des Lenkungsausschusses der Jugoslawien-Konferenz auf Ministerebene vgl. Dok. 430.

10 Zum Gespräch des BM Kinkel mit dem jugoslawischen MP Panić am 26. November 1992 vgl. Dok. 389.

11 Zum informellen Treffen der Außenminister der EG-Mitgliedstaaten im Rahmen der EPZ am 12./13. September 1992 vgl. Bulletin der EG 9/1992, S. 78.

3) Türkei/Islamische Bemühungen/Dschidda[12]

Im Rahmen dieser Aussprache berichtete *BM* über seine Türkei-Reise.[13]

4) BM-Reise nach Slowenien

Auf nachhaltiges und mehrfaches Insistieren von *Rupel* sagte *BM* zu, im Januar oder Februar 1993 für einen Tag nach Slowenien zu kommen (Hinflug morgens, Rückflug abends).[14]

5) Kürzung für slowenische Kriegsrenten

Rupel: In Slowenien gebe es ca. 3000 Kriegsinvaliden, denen Leistungen nach dem Bundesversorgungsgesetz[15] zustehen würden (diese Leute waren von deutscher Armee eingezogen worden). Im Gegensatz zu Luxemburg und Frankreich habe Deutschland die Leistungen für diese Kriegsinvaliden gekürzt (jetzt ca. ein Drittel der franz. Leistungen); angeblich gäbe es hierzu eine deutsch-französische Vereinbarung. R. bat um Überprüfung dieser Ungleichbehandlung; nachdem Jugoslawien nicht mehr existiere, solle dieser Problemkreis neu geregelt werden.

BM sagte Prüfung zu.

6) Mazedonien/Kosovo

Ausführlicher Gedankenaustausch; *BM* berichtete über seine Aktion gegenüber griechischem[16] und mazedonischem AM[17] (Vorschlag mehrerer Doppelnamen, Änderung der mazedonischen Verfassung, bilateraler Freundschaftsvertrag). Mazedonien habe – was sicher nicht einfach war – zugestimmt, Griechenland leider nicht. Erörterung, in welch extrem schwieriger innenpolitischer Lage sich griechische Regierung befinde.

7) ČSFR

Rupel sprach Spannungen zwischen Slowakei und Ungarn (Kraftwerk[18]) an. *BM* berichtete über sein Gespräch mit Mečiar[19] und seine dabei gezeigte harte Haltung; er habe Mečiar („nichts gelernt") gesagt, wenn Slowakei hier neuen Konflikt entstehen lasse, werde er dafür sorgen, dass der neue Staat keine Wirtschaftshilfe bekomme.

B 1, ZA-Bd. 178945

12 Zum außerordentlichen Treffen der Außenminister der OIC-Mitgliedstaaten am 1./2. Dezember 1992 vgl. Dok. 413, Anm. 9.

13 BM Kinkel besuchte die Türkei am 12./13. Juli 1992. Vgl. Dok. 223.

14 BM Kinkel besuchte Slowenien am 18. Juni 1993. Vgl. AAPD 1993.

15 Für das Gesetz vom 20. Dezember 1950 über die Versorgung der Opfer des Krieges (Bundesversorgungsgesetz) vgl. BGBl. 1950, I, S. 791–806.

16 Zum Gespräch des BM Kinkel mit dem griechischen AM Papakonstantinou am 26. November 1992 vgl. Dok. 398, Anm. 16.

17 Für das Gespräch des BM Kinkel mit dem mazedonischen AM Maleski am 6. November 1992 vgl. Dok. 360.

18 Zu den Auseinandersetzungen über den Bau eines Kraftwerks in Gabčíkovo vgl. Dok. 325, Anm. 9.

19 Für das Gespräch des BM Kinkel mit dem slowakischen MP Mečiar am 14. Oktober 1992 vgl. Dok. 325.

403

Vorlage des Vortragenden Legationsrats I. Klasse Erck für Staatssekretär Kastrup

202-360.33/3 **7. Dezember 1992**[1]

Über Dg 20[2], D 2[3] Herrn Staatssekretär[4]

Betr.: Elfte Konferenz der Verteidigungsminister der Unabhängigen Europäischen Programm-Gruppe (IEPG) am 3./4.12.1992 in Bonn

Anlage: 1[5]

Zweck der Vorlage: Zur Unterrichtung

I. Zusammenfassung

Die Unabhängige Europäische Programm-Gruppe (IEPG) hat am 3./4.12.1992 in Bonn ihre elfte und voraussichtlich letzte Konferenz der Verteidigungsminister abgehalten. Ihre wichtigste Entscheidung betraf die Überführung der IEPG in die WEU.

Außerdem überprüften die Verteidigungsminister die Grundsätze für den „Europäischen Markt für Verteidigungsgüter“ und nahmen den Stand der Bemühungen zur Liberalisierung des NATO-Rüstungshandels zur Kenntnis.

Das Kommuniqué des Treffens ist beigefügt.[6]

II. Im Einzelnen

1) Die Unabhängige Europäische Programm-Gruppe (IEPG) wurde 1976 mit dem Ziel der Koordinierung und Förderung europäischer Rüstungsaktivitäten gegründet. Sie wurde insbesondere geschaffen, um Frankreich in die verstärkten europäischen Aktivitäten auf dem Gebiet der Rüstung einzubeziehen, die im Rahmen der Eurogroup, in der Frankreich nicht Mitglied ist, nicht möglich war.

Oberstes Gremium der 13-Nationen-Gruppe (alle europäischen NATO-MS außer Island) war bis 1983 die Konferenz der Staatssekretäre. Seit 1984 treffen sich die IEPG-Verteidigungsminister in etwa jährlichen Abständen.

2) Auf ihrer elften Konferenz befassten sich die Verteidigungsminister vorrangig mit folgenden Themen (neben der routinemäßigen Berichterstattung zur Sacharbeit der Arbeitsgruppen):

2.1) Zukünftige Rolle der IEPG

In der Folge der Erklärung der WEU am Rande des Europäischen Rates in Maastricht[7]

[1] Die Vorlage wurde von VLR Buchholz konzipiert.

[2] Hat MDg Klaiber am 7. Dezember 1992 vorgelegen.

[3] Hat MD Chrobog am 8. Dezember 1992 vorgelegen.

[4] Hat StS Kastrup am 9. Dezember 1992 vorgelegen.
Hat VLR Ney am 9. Dezember 1992 vorgelegen, der den Rücklauf an VLR I Erck verfügte.
Hat Erck am 9. Dezember 1992 erneut vorgelegen.

[5] Vgl. Anm. 6.

[6] Dem Vorgang beigefügt. Für das „Bonn Communiqué“ vom 4. Dezember 1992 vgl. B 29, ZA-Bd. 213033.

[7] Für die im Vertragswerk von Maastricht enthaltene Erklärung zur Westeuropäischen Union vgl. BGBl. 1992, II, S. 1324–1326.
Zur Tagung des Europäischen Rats am 9./10. Dezember 1991 vgl. AAPD 1991, II, Dok. 425 und Dok. 431.

(Ausbau der operationellen Rolle einschließlich der Prüfung der Schaffung einer Europäischen Rüstungsagentur) besteht aufseiten der IEPG seit der zehnten Konferenz ihrer Verteidigungsminister in Oslo im März 1992[8] die Bereitschaft, die IEPG in die WEU zu überführen.

Die IEPG-Minister stimmten nun der Überführung auf der Grundlage von sechs Prinzipien zu, die die Mitwirkungsmöglichkeit aller IEPG-Partner mit gleichen Rechten und Pflichten wie bisher und die Beibehaltung der bewährten Organisationsstrukturen und Arbeitsverfahren der IEPG gewährleisten sollen (siehe Anhang zum Kommuniqué[9]).

Im Vorgriff hatte der WEU-Ministerrat bereits am 20.11.1992[10] den Ständigen Rat beauftragt, im Lichte der Ergebnisse des IEPG-Ministertreffens alle erforderlichen Schritte zur Überführung der IEPG zu unternehmen.

Damit ist der Weg frei, um in einer gemischten IEPG/WEU-Arbeitsgruppe die Einzelheiten der Überführung zu regeln.

2.2) Europäischer Markt für Verteidigungsgüter (EDEM[11])

Auf ihrem Treffen hatten die Verteidigungsminister 1990 in Kopenhagen Grundsätze für den Europäischen Markt für Verteidigungsgüter definiert.[12] Untersuchungen der Rüstungsdirektoren, die diese auf Anregung der Minister durchgeführt haben, kamen zum Schluss, dass eine Änderung dieser Grundsätze zum jetzigen Zeitpunkt nicht opportun ist. Die Minister vermieden daher eine zu erwartende Auseinandersetzung unter den IEPG-Ländern und stimmten der Schlussfolgerung der Rüstungsdirektoren zu.

(Die deutsche Haltung, dass eine Überprüfung der Marktprinzipien auf eine Einschränkung und auf ein baldiges Auslaufen der Regelungen zu „juste retour“ und zur Unterstützung der DDI (Developing Defence Industries)-Länder hinauslaufen sollte, wird nicht von allen IEPG-Partnern geteilt.)

2.3) Zusammenarbeit in Forschung und Technologie; insbesondere EUCLID[13]

Die Minister begrüßten, dass nach Überwindung von Anlaufschwierigkeiten über zwei Jahre hin erste Verträge im Rahmen des Forschungs- und Technologieprogramms EUCLID abgeschlossen werden konnten. Insbesondere der französische Verteidigungsminister[14] forderte ein stärkeres Engagement der Partnerländer in diesem von französischer Seite initiierten Kooperationsprogramm.

2.4) NATO-Rüstungshandel

Unter dem Begriff „NATO-Defence-Trade“ steht das Bemühen der Bündnispartner, die transatlantischen Rüstungshandelsbeziehungen zu liberalisieren. Seit 1991 hat eine Arbeitsgruppe den Versuch unternommen, einen Verhaltenskodex für den Rüstungshandel zwischen NATO-Mitgliedern zu entwickeln. Dabei geht es darum, einerseits die USA mit For-

8 Zur IEPG-Ministerkonferenz am 5./6. März 1992 vgl. die Vorlage des VLRI Erck vom 9. März 1992; B 29, ZA-Bd. 213033.

9 Dem Vorgang beigefügt. Für die „Basic principles which have guided the discussion on the incorporation of the IEPG into the WEU“ vgl. B 29, ZA-Bd. 213033.

10 Zur WEU-Ministerratstagung in Rom vgl. Dok. 384.

11 European Defence Equipment Market.

12 Zur IEPG-Ministerkonferenz am 15./16. November 1990 vgl. die Vorlage des VLRI Erck vom 19. November 1990; B 29, ZA-Bd. 148781.

13 European Cooperation for the Long Term in Defense.

14 Pierre Joxe.

derungen hinsichtlich der Reduzierung ihres Protektionismus nicht zu überfordern, andererseits die Prinzipien des Europäischen Marktes für Verteidigungsgüter gegenüber den transatlantischen Partnern zu wahren.

Die Minister begrüßten, dass der Verhaltenskodex im Wesentlichen ausgehandelt werden konnte. Sie sprachen die Hoffnung aus, dass die noch offenen Fragen bald geklärt werden können.

2.5) Da die Strukturen der IEPG vorläufig beibehalten werden, wird im Januar 1993 der Vorsitz des Verteidigungsministertreffens von Belgien auf Dänemark übergehen, das in der WEU nur Beobachter ist.

III. Bewertung

1) Das letzte Treffen der Verteidigungsminister in der IEPG hat deutlich gemacht, dass mit der beschlossenen Überführung in die WEU Hoffnungen auf eine effizientere Zusammenarbeit im neuen Rahmen verbunden sind. Andererseits ist die Zusammenarbeit angesichts der Verschärfung des Wettbewerbs aufgrund schrumpfender Rüstungsmärkte und der beträchtlichen Überkapazitäten in verschiedenen europäischen NATO-Ländern sowie in den Vereinigten Staaten schwieriger geworden.

2) In der europäischen Rüstungszusammenarbeit zeichnen sich für die nächste Zeit zwei Schwerpunkte ab:

- Die rasche Umsetzung des Beschlusses zum Überführen der IEPG in die WEU. Schwierigkeiten sind nur hinsichtlich der Kompetenzen des neu einzuführenden separaten Treffens der Verteidigungsminister zu Rüstungsfragen im WEU-Rahmen zu erwarten: Nach dem Brüsseler Vertrag[15] ist der WEU-Rat (Außen- und Verteidigungsminister) das höchste Organ der WEU, dem allein Entscheidungsbefugnis zukommt. Die Frage sollte gelöst werden können, indem der WEU-Rat Entscheidungen in Rüstungsangelegenheiten ausschließlich auf der Grundlage eines Berichts der Verteidigungsminister fällt.
  Innerhalb der WEU fehlen noch die Strukturen zur Zusammenarbeit auf dem Rüstungsgebiet; daher sollte mit Nachdruck die Errichtung der in Maastricht ins Auge gefassten Europäischen Rüstungsagentur betrieben werden.
- Die noch offenen Fragen hinsichtlich des Verhaltenskodex im Rüstungshandel sollten einer Lösung zugeführt werden. Dies gilt auch hinsichtlich des vom AA aufgeworfenen Problems der Intra-NATO-Verwendungsfreiheit von exportierten Rüstungsgütern und -technologien („Türkei-Problem“[16]). Allerdings sind in der letzten Zeit zunehmend Zweifel an der amerikanischen Haltung zum Verhaltenskodex aufgetaucht, sodass es nicht sicher ist, ob mit seiner baldigen Verabschiedung gerechnet [werden] kann.

Erck

B 29, ZA-Bd. 213033

15 Für den WEU-Vertrag vom 23. Oktober 1954 vgl. BGBl. 1955, II, S. 283–288.

16 Zur Unterbrechung des Rüstungsexports in die Türkei vgl. Dok. 92 und Dok. 153.

404

Drahtbericht des Botschafters Graf von der Schulenburg, Bern

Fernschreiben Nr. 658 **Aufgabe: 7. Dezember 1992, 10.31 Uhr**[1]
Citissime **Ankunft: 7. Dezember 1992, 11.52 Uhr**

Betr.: Volksentscheid gegen den Beitritt der Schweiz zum EWR

Bezug: DB Nr. 652 vom 3.12.92 – Az.: w.o.[2]

Zur Unterrichtung

1) Nach monatelanger, z.T. stark emotionalisierter Auseinandersetzung haben die Schweizer Stimmbürger den Beitritt der Schweiz zum EWR in einem Volksentscheid am 6.12.1992 abgelehnt. Die Entscheidung erfolgte bei hoher Wahlbeteiligung von 78,3 Prozent mit knapper Mehrheit von 23 185 der abgegebenen Stimmen (Volksmehr), einer jedoch überwiegenden Mehrheit der Kantone im Verhältnis 18 zu 8, dem sog. „Ständemehr". Alle deutschsprachigen Kantone mit Ausnahme von Basel-Stadt und Basel-Land sowie das Tessin stimmten mit Mehrheiten bis 73 Prozent (Kanton Schwyz) gegen das Abkommen, während die französischsprachigen Kantone und die beiden Basel mit Mehrheiten bis zu 80 Prozent (Kanton Neuenburg) dem EWR-Beitritt zustimmten.

Bundespräsident Felber brachte in erster Reaktion sein Bedauern über den sich damit ergebenden Bruch der Schweiz mit ihrer politischen Tradition der Annäherung an Europa zum Ausdruck, und Wirtschaftsminister Delamuraz sprach von einem schwarzen Tag für die schweizerische Wirtschaft und für die Jugend. Justizminister Koller bezeichnete nach dieser Niederlage der Europapolitik des Bundesrates Gespräche mit Parlament, Kantonsregierungen, Wirtschaft und Gewerkschaften als dringlich, bevor über sich aus diesem Votum ergebende Schritte entschieden werden könne. Das Abstimmungsergebnis sei kein Mandat gegen eine Zusammenarbeit der Schweiz mit Europa. Vieles hänge jetzt aber von den europäischen Partnern ab. Der innerschweizerische Reformprozess – Eurolex, Gleichberechtigung von Mann und Frau, Kartellrecht – müsse auf jeden Fall weitergehen.

2) Das Ergebnis des Volksentscheids bedeutet nicht nur eine politische Niederlage der Schweizer Bundesregierung und der sie[3] tragenden breiten Parteienmehrheit, es ist auch eine Niederlage für sämtliche Kantonsregierungen, für die maßgeblichen Wirtschaftsverbände und für die Gewerkschaften, die sich alle nachdrücklich für den Beitritt der Schweiz zum EWR ausgesprochen hatten. Es ist auch eine Niederlage für den französischsprachigen Teil der Schweiz gegenüber der Deutschschweiz, der in dieser Frage einen anderen Weg gegangen wäre.

Der Volksentscheid ist von vielen Schweizern als eine Jahrhundertentscheidung verstanden worden, deren Fragestellung auch das in der Geschichte gewachsene Selbstver-

1 Der Drahtbericht wurde von BR I Calebow und BRin Friedrich, beide Bern, konzipiert.
Hat VLR I von Arnim am 7. Dezember 1992 vorgelegen.

2 Botschafter Graf von der Schulenburg, Bern, teilte mit, der Ausgang des Volksentscheids in der Schweiz zum EWR-Abkommen sei offen, obwohl die Vertragsbefürworter in letzter Zeit Boden gut gemacht hätten. Vgl. B 221, ZA-Bd. 160622.

3 Korrigiert aus: „sich".

ständnis der Schweizer berührt hat. Dieses bot breiten Raum für eine vor allem vonseiten der Gegner des EWR-Beitritts betriebene starke Emotionalisierung der politischen Auseinandersetzung über diese Frage. Wie das Abstimmungsergebnis zeigt, haben vor allem die an die Gefühle der Schweizer gerichteten Appelle des Wortführers der Gegner des EWR-Beitritts, Blocher, für die Mehrzahl der Schweizer Stimmbürger mehr Gewicht gehabt als die vonseiten der politischen und wirtschaftlichen Führung der Schweiz so wie in allen großen Zeitungen in dieser Frage fast geschlossen vorgebrachten Sachargumente zugunsten des Beitritts. Nicht diese, sondern die Sorge um die Bewahrung der Schweizer Lebensart und um den Erhalt der politischen Freiheit, die Angst vor dem Verlust von Arbeitsplätzen und vor der Überfremdung durch nach einem EG-Beitritt[4] in die Schweiz befürchtetes Einströmen ausländischer Arbeitskräfte haben schließlich den Ausschlag gegeben. Nachdem die Gegner des EWR-Beitritts in der der Entscheidung vorausgegangenen Auseinandersetzung für lange Zeit die Oberhand zu behalten schienen, konnten dessen Befürworter nach schließlich doch noch deutlich verstärktem Engagement während der letzten Phase zwar wieder an Boden gewinnen, was auch einen Entscheid zugunsten des EWR wieder in den Bereich des Möglichen zu rücken schien, für die dafür erforderliche Trendwende hat das aber nicht mehr ausgereicht.

3) Die Konsequenzen des Volksentscheids sind vielgestaltig. Einerseits stellt dessen Ergebnis nicht den Bestand des Bundesrates infrage, da der Volksentscheid nicht als Vertrauensfrage für die Regierung verstanden wurde. Das entspräche weder dem Schweizer Regierungssystem noch dem derzeitigen Wunsch der Schweizer Stimmbürger, die sich nach einer kurz vor dem Volksentscheid durchgeführten Umfrage auch für den Fall eines ablehnenden Ergebnisses mit großer Mehrheit für den Fortbestand der gegenwärtigen Regierung ausgesprochen haben. Andererseits hat der Volksentscheid aber nicht nur eine tiefe Kluft zwischen Regierung und Volk, im weiteren Sinne sogar zwischen der „classe politique" und dem Volk vor allem in der Deutsch-Schweiz aufgerissen; er hat auch die Kluft zwischen den den EWR-Beitritt mit großer Mehrheit befürwortenden französischsprachigen Schweizern und dem deutschsprachigen Teil der Schweiz, den sog. „Röstigraben", auf dramatische Weise weiter vertieft. Die tiefe Enttäuschung, ja Verbitterung der Welsch-Schweizer kam gestern in den Fernsehsendungen immer wieder zum Ausdruck.

Welche Folgen sich daraus ergeben werden, bleibt abzuwarten. Vieles wird nicht nur davon abhängen, wie sich die innerschweizerische Diskussion danach entwickeln wird, von großer Bedeutung wird dafür auch die Art der Entwicklung des Verhältnisses der Schweiz zu ihren[5] europäischen Nachbarn sein.

4) Der Bundesrat steht nun vor der schwierigen Aufgabe, neue Perspektiven für seine Europapolitik zu finden. Angesichts der drohenden Konsequenzen eines Alleingangs der Schweiz bleibt ihm langfristig keine andere Wahl, als zu gegebener Zeit einen erneuten Anlauf zum EWR-Beitritt zu versuchen oder einen direkten EG-Beitritt ohne Umweg über den EWR zu verfolgen. Möglicherweise bestehen auch Chancen, dies der Bevölkerung zu vermitteln, wenn der Weg zu Europa hin behutsam eingeschlagen wird und die Stimmbürger genug Zeit haben, sich damit auseinanderzusetzen. Die wirtschaftlichen Folgen des Fernbleibens der Schweiz vom EWR dürften in absehbarer Zeit auch für die derzeitigen

4 Die Schweiz stellte am 20. Mai 1992 einen Antrag auf EG-Beitritt.

5 Korrigiert aus: „seinen".

EWR-Gegner spürbar werden. Das Interesse für den EWR ist durch die Volksabstimmung bei der Bevölkerung geweckt worden. Wenn es dem Bundesrat im Hinblick auf die EWR-Gegner in der Schweiz gelingt, eine Rücknahme des EG-Beitrittsantrages zu vermeiden und wenn ihn auch die EG nicht dazu veranlasst, ist es durchaus denkbar, dass die Schweizer Bevölkerung sich in einigen Jahren zu Europa positiver äußern wird, als dies gestern der Fall war. Der 6. Dezember 1992 dürfte insofern nicht das Ende, sondern den eigentlichen Beginn der Europadiskussion in der Schweiz markieren.

5) Erste Hinweise darauf, wie es jetzt weitergehen soll, könnten sich bereits heute Nachmittag ergeben, wenn Bundespräsident Felber und die Parteien zum Beginn der Nationalratssitzung Erklärungen zum Ausgang des Volksentscheids abgeben werden. Die Botschaft wird darüber erneut berichten.[6]

[gez.] Schulenburg

B 221, ZA-Bd. 160622

[6] Botschafter Graf von der Schulenburg, Bern, berichtete am 8. Dezember 1992 über die Sitzung des schweizerischen Nationalrats am 6. Dezember 1992: „Die Rede von Bundespräsident Felber brachte ebenso wie die Ausführungen der Fraktionssprecher vor allem die Tatsache zum Ausdruck, dass die politische Führung der Schweiz weitgehend unvorbereitet in die durch den negativen Ausgang des Volksentscheids entstandene neue Lage geht. Auch vonseiten der EWR-Gegner gab es keine Hinweise auf über ihren Abstimmungserfolg hinausführende Konzeptionen. Es ist zu erwarten, dass die nächsten Wochen vor allem durch eine Art ‚Denkpause' für die Schweizer Politik gekennzeichnet sein werden. Langfristig dürfte die Annäherung der Schweiz an die Europäische Gemeinschaft vorrangiges außenpolitisches Ziel bleiben bzw. wieder werden, zumindest unter der Voraussetzung, dass der europäische Einigungsprozess seine Dynamik behält. Für die künftige Entwicklung des Verhältnisses der Schweiz zur EG wird es auch wichtig sein, dass deren europäische Partner verstehen, dass die Schweiz sich schon in der Vergangenheit mit der Durchführung einschneidender Neuerungen schwergetan hat, für die es z. T. mehrfacher Anläufe bedurfte, die dann aber schließlich doch zum Tragen kamen." Vgl. DB Nr. 661; B 221, ZA-Bd. 160622.

405

Vorlage des Ministerialdirektors Elbe für Bundesminister Kinkel

8. Dezember 1992[1]

Über Herrn Staatssekretär[2] Herrn Bundesminister[3]

Zweck der Vorlage: Zur Unterrichtung im Hinblick auf Ihre bevorstehende Moskaureise[4]

Betr.: Elemente einer Konzeption für das deutsch-russische Verhältnis

Bezug: Ihre mündliche Weisung vom 9.10.1992 und Ihre Randbemerkung auf der Vorlage des Planungsstabes vom 27.11.1992[5]

1) Russland ringt derzeit um eine neue Identität. In den politischen Eliten, aber auch in der breiten öffentlichen Meinung sind umstritten:
- das Verhältnis Russlands zu den restlichen ehemaligen Sowjetrepubliken (Respektierung genuiner Unabhängigkeit/hegemoniale Sonderbeziehungen/Streben nach Wiederbelebung einer politischen Union unter anderem Vorzeichen),
- das Verhältnis zu den westlichen Industrieländern (Einbindung Russlands in bestehende globale Strukturen und damit Anpassung an westliche Muster oder Beharren auf slawophil inspiriertem russischem Sonderweg),
- die Austarierung des Verhältnisses zu den drei globalen Gravitationspolen: Nordamerika, Europa, Asien. Die SU hat sich als Supermacht und damit primär als Partner der USA verstanden. Dieses Orientierungsmuster wirkt in Russland fort. Mit dem Verlust des Imperiums und der westlichen Unionsrepubliken ist Russland zu Europa in eine Randlage geraten.
  Der asiatische Teil (Sibirien) gewinnt in Russland größeres Gewicht. Ökonomische und strategische Interessen binden Russland nach Fernost (Japan, Korea und Taiwan als Kapital- und Technologielieferanten, China als Handelspartner, Koreanische Halbinsel und mögliche Territorialkonflikte Chinas als destabilisierende Gefahren im asiatischen Umfeld).

1 Die Vorlage wurde von VLR Adam konzipiert.

2 Hat StS Kastrup am 9. Dezember 1992 vorgelegen.

3 Hat BM Kinkel am 13. Dezember 1992 vorgelegen, der handschriftlich vermerkte: „Gute, interessante Aufzeichnung!"
Hat VLR Brose am 16. Dezember 1992 vorgelegen, der den Rücklauf über das Büro Staatssekretäre an den Planungsstab verfügte.
Hat VLR I Schmidt vorgelegen.

4 BM Kinkel begleitete BK Kohl bei dessen Besuch am 15./16. Dezember 1992 in Russland. Vgl. Dok. 419 und Dok. 420.

5 MD Elbe informierte, der stellvertretende Leiter des Planungsstabs im russischen Außenministerium, Kusmin, habe ihm am 24. November 1992 „ein im russischen Planungsstab (wohl primär aus seiner eigenen Feder) entstandenes Papier zur Konzeption einer neuen russischen Außenpolitik" übergeben: „Es handelt sich um eine einflussreiche Stimme aus dem RAM. In der Konsequenz, mit der sie eine pro-westliche Orientierung für Russland und vorbehaltlose Akzeptanz für das Acquis des KSZE-Prozesses signalisiert, kommt ihr eine besondere Bedeutung zu." BM Kinkel vermerkte dazu am selben Tag handschriftlich: „Und was bedeutet das für uns? Erb[itte] Stellungn[ahme]." Vgl. B 9, ZA-Bd. 178534.

Russland muss sich zunächst selbst definieren. Dann erst kann es seinen Beziehungen zu Europa ein langfristiges Grundkonzept zugrundelegen. Von Russlands Beziehungen zu Europa hängen seine Beziehungen zu Deutschland ab.

2) Wir haben großes Interesse, auf diesen Selbstfindungsprozess einzuwirken. Eine wesentliche Aufgabe unserer Russlandpolitik besteht darin, neben der reibungslosen Abwicklung des Sowjeterbes die Suche nach einer neuen post-kommunistischen Identität im Sinne des Wertekanons der Pariser Charta[6], der europäischen Traditionen von Liberalismus, Toleranz und Weltoffenheit zu beeinflussen.

3) Das bedeutet: Wir müssen versuchen, in der laufenden innerrussischen Debatte die Stellung der „Westler" gegenüber aggressiv-nationalistischen und isolationistischen („russophilen") Tendenzen zu stärken. Wir müssen Russland klarmachen, dass sein Verhältnis zur restlichen Welt entscheidend von seinem Verhältnis zu seinen Nachbarländern abhängt. Die KSZE-Prinzipien müssen uneingeschränkt auch im Verhältnis zwischen Russland und den anderen ehemaligen Sowjetrepubliken gelten. Wer hier auf hegemoniale Sonderbeziehungen spekuliert, zerstört die Grundlagen für eine gesamteuropäische Friedensordnung. Minderheiten dürfen nicht zur Geisel für den Zustand bilateraler Beziehungen werden. Wir sollten deshalb aktiv für die volle Geltung der Pariser Charta im gesamten östlichen Europa werben.

Die in der Bezugsvorlage wiedergegebene Konzeption zu einer neuen russischen Aussenpolitik entspricht diesen Prinzipien voll und verdient deshalb Beachtung als möglicher Ansatzpunkt, auf den unsere Politik Bezug nehmen kann.

Das kann nur gelingen, wenn wir den politischen Dialog mit allen politischen Kräften innerhalb Russlands ausweiten. Unsere Russlandpolitik ist, wie bereits unsere SU-Politik, in Gefahr, zu stark zu personalisieren. Sowohl Gorbatschow wie auch Jelzin können nur in einem engen, von anderen vorgegebenen manövrieren.[7] Wir müssen die sich formierenden gesellschaftlichen Kräfte in Russland nicht nur analysieren, sondern auch gezielt auf sie einwirken (Parlamentarierkontakte, Kontakte zu Regionen, Kommunen, gesellschaftlichen Interessengruppen). Nicht Personen gilt es vorrangig zu unterstützen, sondern Entwicklungen.[8]

4) Russland ist mehr als Moskau und St. Petersburg. Das, was außerhalb dieser beiden Metropolen geschieht, gewinnt an Gewicht. Die Mehrheit bei künftigen Wahlen liegt in der Provinz. Je stärker demokratische Grundsätze in der russischen Gesellschaft Fuß fassen, umso stärker ist unsere Präsenz in der Breite dieses immensen und widersprüchlichen Landes gefordert. Es genügt nicht mehr, nur um die politischen Eliten zu werben. Entscheidend wird, die öffentliche Meinung an der Basis zu erreichen.

5) Innenpolitisch muss Russland dringend einen neuen tragfähigen Verfassungsrahmen finden. Ohne klare Rechtsgrundlagen wird sich weder außenpolitisch noch wirtschafts- oder sozialpolitisch viel bewegen lassen. Auf zwei Ebenen wird gekämpft:
- zwischen Moskauer Zentrale und den Gebietskörperschaften,
- zwischen Regierung und Parlament.

[6] Für die beim KSZE-Gipfeltreffen vom 19. bis 21. November 1990 verabschiedete Charta von Paris für ein neues Europa vgl. BULLETIN 1990, S. 1409–1421. Vgl. ferner AAPD 1990, II, Dok. 390.

[7] Unvollständiger Satz in der Vorlage.

[8] Dieser Satz wurde von BM Kinkel hervorgehoben. Dazu Häkchen.

Beide Ebenen sind eng miteinander verknüpft. Ohne starke Föderalisierung wird Russland die Modernisierung nicht schaffen. Zentrifugale Tendenzen gewinnen an Gewicht, ein Zerbrechen Russlands in einzelne Territorialeinheiten ist zwar als Eventualfall nicht auszuschließen, erscheint aber gegenwärtig als extrem unwahrscheinlich.

Wahrscheinlicher wird hingegen eine Phase autoritärer Herrschaftsausübung in Russland: Es scheint zweifelhaft, ob mit den gegenwärtigen Volksvertretungen eine Transformationspolitik des langen Atems überhaupt möglich ist. Ohne kalkulierbare Mehrheitsverhältnisse, ohne Fraktionsdisziplin, ohne programmatische Vorstellungen, ohne funktionierende Parteien und ohne wirksame Rückbindungen an die Wählerbasis wird jede Abstimmung im Volkskongress bzw. Obersten Sowjet zum Vabanque-Spiel. Jelzins Suche nach einem breiten Konsens ist richtig. Wenn dieser aber nur über eine Verwässerung jeglicher Programmatik zu haben ist, dürfte die Alternative einer Notstandsgesetzgebung bzw. eines Ausnahmezustandes näher rücken.

6) Die GUS-Strukturen verlieren immer mehr an Bedeutung. Militärisch läuft alles darauf hinaus, dass Russland exklusiv das Erbe der SU als Nuklearmacht antritt. Wirtschaftlich stehen einer objektiven Verflechtung von Lieferbeziehungen immer prononciertere Gegensätze in der Reformkonzeption gegenüber. Die Rubelzone löst sich auf und findet selbst in Moskau immer weniger Rückhalt. Richtung und Tempo der Reformansätze divergieren zwischen den ehemaligen SU-Republiken. Das gemeinsame GUS-Korsett dient nur der Abwicklung von bestehenden Strukturen. Der Erhalt der noch gegebenen Wirtschaftsverflechtungen würde den Erhalt der von Stalin primär aus politischen Gründen der Herrschaftssicherung geschaffenen, irrationalen und ineffizienten Produktionsstrukturen bedeuten.

Interdependenz hat für die ehemaligen SU-Republiken einen überwiegend negativen Klang. Die Furcht vor einer ökonomisch begründeten neuen Hegemonie Russlands ist ausgeprägt und vielfach auch nicht unbegründet. Das Wiederaufleben der ehemaligen SU in einer neuen wirtschaftlichen oder politischen Union zwischen Russland und einigen seiner Nachbarn scheint auf absehbare Zeit praktisch ausgeschlossen (Sie fragten kürzlich hiernach). Allein die Furcht vor weiterem ökonomischem Verfall wird nicht ausreichen, die noch größere Furcht, erneut in politische Abhängigkeit zu geraten, zu überwinden. Solange nicht einer dieser Staaten aufgrund erfolgreicher Reformen eine positive Anziehungskraft ausübt (– und das wird kaum innerhalb der nächsten fünf Jahre der Fall sein –), ist mit einer Umkehr des jetzt wirksamen Trends zur ökonomischen Entwicklungsdivergenz unter den GUS-Republiken nicht zu rechnen.

7) Die ideologische und nukleare Supermacht-Konfrontation mit den USA hat verdeckt, dass Russland ein europäischer Staat ist. Geistes- und kulturgeschichtlich ist Russland engstens mit Europa verbunden. Unter den drei Orientierungspolen Nordamerika, Asien und Europa hat der letzte am meisten Gewicht. Russland darf nicht in eine Lage gebracht werden, die Beziehungen zu einem dieser Pole auf Kosten der anderen auszubauen. Wir sollten Russland nicht in eine Alternative zwischen Europa oder Amerika treiben. Die anderen Beziehungen werden auf Dauer allerdings kaum mit der europäischen Schiene gleichwertig sein können.

8) Russlands Beziehungen zu Europa laufen primär über Deutschland. Die Hypothek von zwei Weltkriegen ist zwar noch präsent und bedingt besondere Empfindlichkeiten, ist aber

kein Hindernis für enge und normale Kooperation.[9] Deutsch ist immer noch eine geachtete und gepflegte Fremdsprache in Russland, den Deutschen wird eine Mischung aus Bewunderung, Neid und Furcht entgegengebracht. Aus Bewunderung kann Freunschaft, aus Neid positiver Wettbewerb, aus Furcht Respekt werden. Deutsche Erfahrungen in Sozialpolitik, Föderalismus und ökonomischer Aufgabenteilung zwischen Staat und Privatwirtschaft werden zunehmend als relevanter empfunden als die individualistische Ellbogenmentalität einer Marktwirtschaft nordamerikanischer Prägung.[9]

9) Russland ist keine Weltmacht mehr, selbst wenn der Fortbestand von Nuklearwaffen noch den Anspruch, Supermacht zu sein, rechtfertigt. Russland wird aber eine starke Regionalmacht bleiben mit ausgeprägten Interessen jenseits seiner Grenzen. Dies ist bedingt durch große russische Minderheiten außerhalb Russlands und die enge wirtschaftspolitische Verflechtung mit den Nachbarstaaten, die aus sowjetischer Zeit fortbesteht. Sicherheit unter diesen Gegebenheiten kooperativ und umfassend zu organisieren, ist eine vordringliche Aufgabe. Wenn dies misslingt, besteht die Gefahr, dass sich in Russland ein irredentistisch gefärbter Nationalismus durchsetzt, der sich u. U. sogar bewusst an ein serbisches Vorbild anlehnt. Dies würde zu einem neuen weltpolitischen Gegensatz zwischen Russland und dem übrigen KSZE-Europa führen. Damit wäre der Ansatz, die Konfrontation des Kalten Krieges durch kooperative Sicherheitsstrukturen zu überwinden, vorerst gescheitert. Für die Sicherheit und Unabhängigkeit der baltischen Staaten, Weißrusslands und der Ukraine müssten völlig neue Ansätze gefunden werden.

10) Die Teilung der Welt in zwei Blöcke hat Westeuropa gegen die Spannungen und Sicherheitsprobleme Osteuropas abgeschottet. Wir können Sicherheit und Stabilität in dem KSZE-Europa nicht mehr teilen. Die neue Situation ist komplexer und schwieriger, aber besser als die vorhergehende. Die Probleme Osteuropas oder gar Zentralasiens lassen sich ohne die aktive Mitwirkung Russlands nicht lösen. In Russland mehr als nur nominal-taktische Unterstützung für den KSZE-Prozess zu mobilisieren, wird von entscheidender Bedeutung für die künftigen Sicherheitsprinzipien in Europa sein. Russland braucht die KSZE als legitimitätsstiftenden Rahmen für eine kooperative Neuordnung seiner Beziehungen zu seinem Umfeld. Aber auch die KSZE braucht Russland, um Glaubwürdigkeit, Akzeptanz und Wirkungsmöglichkeiten in ihrem östlichen Bereich und bestehende Sicherheitsstrukturen im Westen gegen neue Risiken zu sichern.

11) Deutschland hat als östlichster Staat Westeuropas an einer Heranführung Russlands an Europa besonderes Interesse. Auf die Dauer brauchen wir Russlands Kooperation, um eine mögliche Destabilisierung zuverlässig zu verhindern. Dies gilt insbesondere für die langfristigen Krisenpunkte:
- Baltikum,
- Königsberg,
- Moldau,
- Ukraine (Krim- und Schwarzmeerflottenkonflikt[10] schwelen weiter, Zukunft der Nuklearwaffen könnte erheblichen neuen Konfliktstoff schaffen!).

[9] Der Passus „Russlands Beziehungen ... Kooperation" wurde von BM Kinkel mit zwei Pfeilen hervorgehoben.

[10] Zum Status der Krim vgl. Dok. 151 sowie Dok. 257, Anm. 10.
Zur Vereinbarung vom 3. August 1992 über die Schwarzmeerflotte vgl. Dok. 257, Anm. 11.

Alle unsere wichtigen Partner haben gegen einen Ausbau unserer Beziehungen zu Russland keine Einwände, setzen sie eigentlich sogar als natürlich voraus. Eine deutsche Politik gegenüber Russland wird dann leichter international Akzeptanz finden, wenn sie glaubhaft und stringent als integraler Teil eines an gesamteuropäischen Stabilitäts- und Sicherheitskriterien ausgerichteten politischen Gesamtkonzepts dargestellt werden kann. Auf diese Weise können wir am ehesten dem latenten Verdacht begegnen, unser Verhältnis zu Russland für irgendeinen Führungsanspruch in Europa zu instrumentalisieren.

Wirtschaftlich dürfen wir über den mittelfristigen Schwierigkeiten das langfristige Potenzial Russlands nicht übersehen.

Die Gemeinsame Erklärung vom 13. Juni 1989[11], damals mit der noch bestehenden SU abgegeben, sollte zur Grundlage unserer Agenda mit Russland werden. Russland wird ein schwieriger Partner sein. Seine innere Unsicherheit wird langfristige außenpolitische Orientierungen erschweren. Vom Rang unserer Beziehungen zu Frankreich, USA und zu Polen werden die Beziehungen mit Russland noch lange entfernt bleiben. Gerade deshalb aber ist es wichtig, heute schon unsere Politik so anzulegen, dass sich langfristig die deutsch-russischen Beziehungen diesem Niveau annähern könnten.

12) Größte Gefahr derzeit: Unsicherheit im Betrieb der etwa 56 KKW auf dem Territorium der früheren SU.[12] Neben strukturellen Sicherheitsmängeln kommt erschwerend hinzu: Zerfall der SU bedeutet Zerfall zentraler Sicherheitsnormen und -inspektionen. Ausbildung von Fachpersonal ist infrage gestellt. Brennstoffkreislauf ist nicht mehr geschlossen. Wo sollen Litauen, Weißrussland und Ukraine mit abgebrannten Brennstäben hin? (Zwischenlagerung, Wiederaufbereitung, Endlagerung?)

13) Langfristig stellt sich für den Westen die Frage, ob er Russland als neuen, potenziell leistungsfähigen Partner am Weltmarkt begrüßt oder ob Russland als potenzieller Konkurrent eher zurückgedrängt und schwach gehalten werden soll. Die Frage des Marktzugangs für russische Güter wird in den nächsten Jahren an Schärfe gewinnen.[13]

14) Die Beziehungen zu den anderen früheren Sowjetrepubliken dürfen nicht zur Belastung der Beziehungen zu Russland werden. Umgekehrt dürfen aber auch die Beziehungen zu den Nachbarn Russlands nicht bloß als Funktion unserer Beziehungen zu Russland selbst gesehen werden. Es liegt in unserem Interesse, dass Reformimpulse in diesen neuen Staaten sich gegenseitig verstärken und es zu einem Wettlauf unterschiedlicher Reformstrategien kommt. Es liegt nicht weniger in unserem Interesse, dass gravierende Fehlschläge in einem Land möglichst wenig auf Nachbarländer durchschlagen und dort eskalierende Wirkung entfalten. Langfristig setzen gute Beziehungen zwischen Deutschland und Russland gute und vertrauensvolle Beziehungen jedes dieser beiden Partner zu den Staaten des Zwischenbereiches (Baltikum, Weißrussland, Ukraine, Moldau, Polen, Slowakei) voraus. Dieser darf weder als „Pufferzone“ noch als „cordon sanitaire“ gesehen werden. Er muss vielmehr aktiv in eine übergreifende Wirtschafts- und Sicherheitsordnung einbezogen werden.

11 Für die Gemeinsame Erklärung, die beim Besuch des GS des ZK der KPdSU, Gorbatschow, und des sowjetischen AM Schewardnadse vom 12. bis 15. Juni 1989 in der Bundesrepublik verabschiedet wurde, vgl. BULLETIN 1989, S. 542–544. Zum Besuch vgl. DEUTSCHE EINHEIT, Dok. 2–4, GORBATSCHOW UND DIE DEUTSCHE FRAGE, Dok. 33–44, und AAPD 1989, I, Dok. 178, Dok. 179 und Dok. 182.

12 Zur Frage der Sicherheit von Kernkraftwerken in den Nachfolgestaaten der UdSSR vgl. Dok. 350.

13 Dieser Absatz wurde von BM Kinkel durch Fragezeichen hervorgehoben.

15) 1994, 50 Jahre nach Jalta[14], wird der letzte russische Soldat deutschen Boden verlassen. Bis dahin wird auch der Abzug aus dem Baltikum voraussichtlich vertraglich geregelt sein[15], der Institutionalisierungsprozess der KSZE wird weiter ausgebildet sein. Es böte sich an, zu diesem Anlass grundsätzlich über das deutsch-russische Verhältnis und seine Bedeutung für eine neue Sicherheitsordnung in ganz Europa nachzudenken und durch eine hervorgehobene diplomatisch-politische Veranstaltung die Bedeutung dieses Datums zu betonen.

Frank Elbe

B 9, ZA-Bd. 178534

406

Vorlage des Ministerialdirigenten Bauch für Bundesminister Kinkel

250/251/252-376.32 **8. Dezember 1992**[1]

Über Herrn Staatssekretär[2] Herrn Bundesminister[3]

Betr.: Implementierung des KSE-Vertrages;
hier: Bewertung der ersten Durchführungsphase

Bezug: BM-Vorlage 250-376.32/5 Tgb.-Nr.: 437/92 VS-vertr. vom 14.[4] Oktober 1992[5]

Anlg.: 1 (Langfassung)[6]

Zweck der Vorlage: Zur Unterrichtung

14 In Jalta berieten vom 4. bis 11. Februar 1945 der britische PM Churchill, der amerikanische Präsident Roosevelt und der Vorsitzende des Rates der Volkskommissare der UdSSR, Stalin, über die Nachkriegsordnung. Für das Kommuniqué, das Protokoll über die Tätigkeit der Konferenz und die weiteren Dokumente vgl. FRUS, Malta and Yalta 1945, S. 968–987 (Dok. 500–504). Für den deutschen Wortlaut vgl. TEHERAN – JALTA – POTSDAM, S. 183–196.

15 Zum Stopp des Truppenabzugs aus den baltischen Staaten vgl. Dok. 356, Anm. 19.

1 Die Vorlage wurde von OTL i. G. Nemeyer sowie VLR Röhr und VLR Daerr konzipiert.

2 Hat StS Kastrup am 9. Dezember 1992 vorgelegen.

3 Hat BM Kinkel am 10. Dezember 1992 vorgelegen.
Hat OAR Salzwedel am 10. Dezember 1992 vorgelegen, der den Rücklauf über das Büro Staatssekretäre an Botschafter Holik verfügte.
Hat VLR Ney am 10. Dezember 1992 vorgelegen.
Hat Holik am 10. Dezember vorgelegen.
Hat VLR I Frick 17. Dezember 1992 vorgelegen, der handschriftlich vermerkte: „Dg 25 (hat K[opie])."

4 Korrigiert aus: „12."

5 Für die Vorlage des VLR Johannes vgl. B 130, VS-Bd. 12300.
In der Langfassung dieser Vorlage hieß es dazu, aus der Auswertung des Informationsaustausches ergebe sich „erhebliche Inkonsistenz der Daten der SU-Nachfolgestaaten, hohes Fehl an russischen Kampfpanzern, Notifikation einer zu geringen Reduzierungsverpflichtung der RF. Hierzu wurde mit Bezug gesonderte Aufzeichnung vorgelegt." Vgl. B 43, ZA-Bd. 160819.

6 Dem Vorgang beigefügt. Vgl. B 43, ZA-Bd. 160819.

1) Die erste Phase der Implementierung des KSE-Vertrages (gegenseitige Kontrolle der gemeldeten Waffenbestände, Beginn der Reduzierung) ist abgeschlossen. Das Abkommen hat seine Bewährungsprobe im Wesentlichen bestanden. Die weitere Umsetzung des Vertragsregimes ist jedoch kein Selbstläufer. Sie bedarf umfassender politischer Begleitung.

2) Das äußerst komplexe Regelwerk wird zurzeit nur von einem Teil der Vertragsstaaten voll beherrscht und angewendet.

3) Insbesondere die kleinen SU-Nachfolgestaaten (Armenien, Aserbaidschan, Georgien, Moldau) sind in Ermangelung von Expertise und Implementierungsstrukturen als Folge ihrer Abkopplung von Moskau, vor allem aber durch alles überdeckende innenpolitische Probleme bis auf Weiteres völlig überfordert. Einem „Ausfransen“ der Vertragsdisziplin müssen wir durch ein Angebot von Abrüstungs- und Implementierungshilfe einerseits und die Forderung nach vollständiger Erfüllung andererseits konsequent entgegenwirken. Eine Übergangsphase bleibt unvermeidlich.

4) Gezielte Versuche Moskaus, durch unzulässige Vertragsinterpretationen und Vorlage inkonsistenter Streitkräftedaten den Transparenzgedanken zu unterlaufen, zeugen immer noch von altem Denken in militärischen Angelegenheiten.

5) Von den MOE-Staaten bemühen sich insbesondere Polen und Ungarn um Überwindung des überholten Block-zu-Block-Ansatzes durch regelmäßiges Zusammengehen bei der Implementierung (multinationale Inspektionsteams). Wir begrüßen dies. Die Vertragspraxis wird sich in diese Richtung entwickeln.

6) Der Westen hat seine Inspektionsquote zu fast 100 % ausgeschöpft, die östliche Staatengruppe nur zu 40 %. Außer der Russischen Föderation hat kein einziger SU-Nachfolgestaat eine Inspektion im Ausland durchgeführt. Diese ungleichgewichtige Nutzung der Kontrollrechte führt zu einer vertragspolitischen Schieflage und darf kein Dauerzustand werden.

7) Das Instrument des militärischen Informationsaustausches erweist sich bislang als die zentrale Vertragssäule für die Schaffung europaweiter Transparenz in Streitkräfteangelegenheiten. Erste, militärisch bedeutsame Unregelmäßigkeiten haben wir bislang nicht durch Inspektionen, sondern durch sorgfältige Auswertung des ausgetauschten Datenmaterials aufgedeckt. Dennoch bleiben Unberechenbarkeit und Reichweite des komplementären Instruments der Inspektion, mit dem Vertragsverletzungen unter das permanente Risiko der Entdeckung (und Bloßstellung des Vertragspartners) gestellt sind, auf Dauer ein mindest ebenso wirksames Werkzeug zur Sicherstellung einer umfassenden Vertragserfüllung. Dies ändert nichts an der zugleich vertrauensbildenden Zielsetzung von Inspektionen.

8) Deutschland hat als erster Vertragsstaat mit der Zerstörung vertragsbegrenzter Waffensysteme begonnen. Sie hatten dazu am 3.8.1992 in Rockensußra – gemeinsam mit BM Rühe – den öffentlichkeitswirksamen Startschuss gegeben.

9) Eine Langfassung dieser Bewertung ist in der Anlage beigefügt.

i. V. Bauch

B 43, ZA-Bd. 160819

407

Drahtbericht des Botschafters Trumpf, Brüssel (EG)

Fernschreiben Nr. 3527 **Aufgabe: 8. Dezember 1992, 18.59 Uhr**[1]
Citissime **Ankunft: 8. Dezember 1992, 19.27 Uhr**

Betr.: Ratifizierung/Dänemark[2];
hier: Minister-Konklave am 8.12.1992

Zur Unterrichtung

I. Zusammenfassung

1) Rat befasste sich den ganzen Vormittag mit dem Dok. der Präs. (SN/5043/92 restreint), das Texte für einen „Beschluss" aller zwölf MS, für eine Erklärung des ER[3] sowie für zwei einseitige DK-Erklärungen enthält. Zusätzlich hierzu verteilte Präs. heute Text für den DK betreffenden Abschnitt in den Schlussfolgerungen des ER Edinburgh (wurde bereits nach Bonn gefaxt[4]).

DK (Minister Ellemann-Jensen) legte erst am Ende der Beratungen Textänderungsvorschläge vor (wurden ebenfalls per Fax übersandt), die aber weder erläutert noch beraten werden konnten.

Min. Ellemann-Jensen fand heute wenig hilfreiche Worte, um auf die Del.-Befürchtungen einzugehen. Die MS müssten sich klarmachen, dass der Vertrag[5] ohne DK nicht in Kraft treten könne. Man habe es nicht mit einem dänischen, sondern mit einem gemeinschaftlichen Problem zu tun. Und wenn einige Minister den Wunsch geäußert hätten, DK solle im Kreis der Zwölf bleiben, so könne er nur sagen: DK sei bereits in diesem Kreis. Beim M[ittag]E[ssen] der Minister verwahrte sich Europa-Min. Guigou freundlich, aber entschieden gegen den von Ellemann-Jensen angeschlagenen Ton, der für den Gipfel nichts Gutes verhieße. Man wolle DK soweit irgend möglich helfen, DK müsse aber respektieren, dass die anderen MS den Vertrag realisieren wollten.

Der Rat ist einer Einigung leider nicht wesentlich nähergekommen. Präs. legt morgen früh überarbeitetes Papier vor, das im ER beraten wird.[6]

2) Tischumfrage ergab zwei Schwerpunkte der Diskussion, nämlich die Frage der Rechtsverbindlichkeit und (damit) der Ratifizierungsbedürftigkeit des „Beschlusses" einerseits und die DK-Verpflichtung, die anderen MS in den vier betroffenen Bereichen auf dem Wege zur weiteren Integration nicht zu behindern.

1 Der Drahtbericht wurde von Oberregierungsrätin Ehmke-Gendron, Brüssel (EG), konzipiert.

2 Zum Referendum am 2. Juni 1992 in Dänemark vgl. Dok. 166, Anm. 2.
Zu den dänischen Sonderwünschen für eine Ratifizierung des Vertragswerks von Maastricht vgl. Dok. 352.

3 Zur Tagung des Europäischen Rats am 11./12. Dezember 1992 in Edinburgh vgl. Dok. 421.

4 Für das vom Generalsekretariat des EG-Rats in Brüssel übermittelte Papier der britischen EG-Ratspräsidentschaft „Denmark and the Maastricht Treaty" vgl. B 210, ZA-Bd. 162214.

5 Zum Vertragswerk von Maastricht vgl. Dok. 3, Anm. 8.

6 Das Generalsekretariat des EG-Rats in Brüssel übermittelte am 9. Dezember 1992 das überarbeitete Papier der britischen EG-Ratspräsidentschaft „Maastricht Ratification and Denmark. Note by the Presidency" (SN/5072/92). Vgl. B 210, ZA-Bd. 162214.

Der Jur[istische] Dienst des Rates (Piris[7]) erklärte zur ersten Frage, weder Völkerrecht noch Gem[einschafts]-Recht verlangten eine Ratifizierung, daran ändere auch die Rechtsverbindlichkeit des Beschlusses nichts.

Eine Mehrheit der Del. verlangte, dass die Verpflichtung für DK, sich dem Voranschreiten der anderen MS nicht in den Weg zu stellen, nicht nur für den Bereich der WWU (wie jetzt vorgesehen), sondern möglichst auch für die anderen Bereiche (F, EG-Min. Guigou: zumind. bei der Verteidigung) sichergestellt werden solle. D-Texte für Erklärungen[8] zu diesem Problem wurden von einigen Del., insbes. F, begrüßt und sollen berücksichtigt werden.

3) BM Kinkel machte deutlich, dass die jetzt gefundene Lösung den MS ein Maximum an Entgegenkommen abverlangt habe, und warnte DK nachdrücklich davor, über das Dok. hinausgehende Forderungen aufzustellen. Die MS dürften nicht überfordert werden, wenn man eine Einigung in Edinburgh erzielen wolle. Er wies in diesem Zusammenhang auf die für den 18.12.1992 zu erwartenden Schwierigkeiten bei der Bundesratsbefassung hin.[9]

BM Kinkel lehnte die Form des „Beschlusses" für das Übereinkommen unter den zwölf MS (Anl. a) ab, D könne nur einer „Erklärung" zustimmen. Art. e sei ebenfalls viel zu rechtsförmlich und müsse umformuliert und in die Präambel übernommen werden. Er plädierte zudem dafür, die DK-Verpflichtung, weitere Integrationsschritte der anderen MS nicht zu behindern, auch auf die Bereiche Unionsbürgerschaft, Verteidigung und Innen- und Justizpolitik zu übernehmen.

Zu Art. c (Verteidigung) machte er darauf aufmerksam, dass der DK-Beobachterstatus bei der WEU noch nicht rechtsgültig sei, und plädierte wie F, E, P und I für die Einfügung des Wortes „demzufolge" am Beginn des dritten Satzes.

II. Im Einzelnen

1) Erläuterungen des Jur. Dienstes des Rates

Der Vertreter des Jur. Dienstes des Rates (Piris) erläuterte das Dok., das die wesentlichen Forderungen von DK und den MS erfülle: Vereinbarkeit mit dem EU-V, ausschließliche Verbindlichkeit nur für DK (keine Schaffung von Präzedenzfällen), keine zeitlich unbegrenzte Ausnahmeregelung für DK.

Der Beschluss habe intergouvernementalen Charakter und sei kein Rechtsinstrument im Sinne des Art. 189 EWG-V. Die Bezeichnung spiele für die Frage der Rechtsverbindlichkeit auch keine Rolle. Im Übrigen erlaube Art. 11 des Wiener Übereinkommens über das Vertragsrecht[10] rechtsverbindliche Abkommen auch ohne Ratifizierung durch die Vertragsparteien. Er nannte Beispiele für Vertragsbestimmungen, die eine Ratifizierung vorsähen (Art. 8 e, K.9, 138 Abs. 3, 236, 237), und Beispiele für Artikel, die zwischenstaatliche Abkommen ohne Ratifizierung vorsähen (Art. 158, 167, 168 a und 216).

7 Jean-Claude Piris war GD des Juristischen Dienstes des Europäischen Rats.

8 VLR Cuntz übermittelte der Ständigen Vertretung bei der EG in Brüssel am 7. Dezember 1992 die „engl[ische] Übersetzung der deutschen Textvorschläge". Vgl. die FK; B 210, ZA-Bd. 162214.

9 Zur Ratifizierung des Vertragswerks von Maastricht durch den Bundesrat am 18. Dezember 1992 vgl. Dok. 400, Anm. 7.

10 Für Artikel 11 des Wiener Übereinkommens vom 23. Mai 1969 über das Recht der Verträge vgl. BGBl. 1985, II, S. 931.

Zur Forderung der meisten Del., die Verpflichtung DKs zur Nicht-Behinderung der anderen MS nicht nur auf den Bereich der WWU, sondern auch die drei anderen Bereiche auszudehnen, hielt Piris jedenfalls für den Verteidigungsbereich ohne Weiteres für möglich. Probleme könne es bei der Unionsbürgerschaft geben (interne jurist. Implikationen). In der Innen- und Justizpolitik könne man etwa bei Überschreitung der Außengrenzen ohne DK nicht vorankommen (widerspräche EEA[11]). Diese Probleme ließen sich evtl. dadurch lösen, dass weitere Integrationsschritte der MS ohne DK bzw. die DK-Verpflichtung zur Nicht-Behinderung auf solche Maßnahmen und Aktionen beschränkt würden, die vertragskonform sind. Dies könne man schon in der Präambel festschreiben, was eine gesonderte Erwähnung in den Beschlussartikeln fällig machte.

2) Aus den Äußerungen der anderen Minister zum Beschlusstext ist insbes. festzuhalten:
- kein Beschluss, sondern feierliche Erklärung (E und P). Lieber „Beschluss" des ER (I).
- keine Artikel, sondern lediglich Absätze in den Beschlusstext aufnehmen (Piris: gut möglich).
- Ausschließlichkeit der Ausnahmeregelung für DK im Beschluss selbst festlegen, ebenso das Datum für das DK-Referendum[12] und das Inkrafttreten des Maastrichter Vertrages (F).
- Art. A (Unionsbürgerschaft): weitgehend einverstanden.
- Art. B (WWU): in Abs. 2 Satz 2 die Formulierung aus dem Vertragsprotokoll übernehmen (F, E, I, GR).
- Art. C (Verteidigung): dritten Satz mit dem Wort „demzufolge" einleiten, um Verknüpfung mit WEU-Nicht-Mitgliedschaft zu verdeutlichen.
- Art. D (Innen- und Justizpolitik): weitgehend Einverständnis.
- Art. E („Inkrafttreten"): Formulierung viel zu rechtsförmlich (F, E, I)

Es blieb unklar, inwieweit die Präs. die Änd[erungs]-Wünsche der Minister für das überarbeitete Papier berücksichtigen wird.

[gez.] Trumpf

B 210, ZA-Bd. 162214

[11] Für die Einheitliche Europäische Akte und die Schlussakte vom 17. bzw. 28. Februar 1986 vgl. BGBl. 1986, II, S. 1104–1115. Vgl. ferner AAPD 1986, II, Dok. 189 und Dok. 278.

[12] Ein zweites Referendum in Dänemark über das Vertragswerk von Maastricht fand am 18. Mai 1993 statt.

408

Gespräch des Bundesministers Kinkel mit BDI-Präsident Necker und BDI-Hauptgeschäftsführer von Wartenberg

9. Dezember 1992[1]

BDI-Präsident Necker sprach folgende Themen an:

1) China

Necker verwies zunächst auf schwierige Wirtschaftslage und die Notwendigkeit, die Kräfte der Wirtschaft und des AA in Unterstützung deutscher Exportbemühungen zu bündeln. Er bedankte sich für die Bemühungen des BM anlässlich seines Aufenthaltes in Peking[2], den deutschen Wi-Interessen an dem großen chinesischen Raum Rechnung zu tragen. Bei einer kürzlichen Konferenz des BDI mit führenden amerikanischen Unternehmen hätten auch diese die Ansicht vertreten, man dürfe China nicht isolieren. China sei im Übrigen auch für die Unternehmen aus den NBL wohl ein interessanterer Markt als die GUS.

BM erwiderte, dass er gerade eben in der Personalversammlung des AA auf die Notwendigkeit enger Zusammenarbeit mit der deutschen Wirtschaft hingewiesen habe.[3] Ferner habe er sich heute im Auswärtigen Ausschuss dafür eingesetzt, dass die China-Sanktionen endgültig aufgehoben würden.[4] Bei seinem Besuch in Peking sei ihm klar geworden, dass die Chinesen mit uns zusammenarbeiten wollten. Wenn er sich insoweit mit der deutschen Wirtschaft einig sei, so hoffe er auf deren Verständnis, dass es dann eine Rüstungszusammenarbeit mit Taiwan (U-Boote[5]) nicht geben könne. Insoweit sei er festgelegt. Ansonsten

1 Kopie.
Der Gesprächsvermerk wurde von MD Dieckmann am 9. Dezember 1992 gefertigt und an BM Kinkel „mit der Bitte um Zustimmung" geleitet.
Hat VLR Wittig am 10. Dezember 1992 vorgelegen, der den Rücklauf an Dieckmann verfügte und handschriftlich vermerkte: „Kann mit Vermerk ‚Von BM noch nicht gebilligt' verteilt werden." Vgl. den Begleitvermerk; B 1, ZA-Bd. 178913.

2 Zum Besuch des BM Kinkel vom 31. Oktober bis 2. November 1992 in der Volksrepublik China vgl. Dok. 347–349.

3 VLR I Pakowski vermerkte am 10. Dezember 1992, BM Kinkel habe in der Personalversammlung am Vortag an alle Angehörigen des Auswärtigen Dienstes appelliert, „die deutsche Wirtschaft zu unterstützen und die Interessen der Wirtschaft mit allen Mitteln zu fördern". Vgl. B 110, Bd. 299035.

4 VLR Zimmermann vermerkte am 14. Dezember 1992, BM Kinkel habe in der Sitzung des Auswärtigen Ausschusses am 9. Dezember 1992 erklärt, „er habe in allen Gesprächen in China Menschenrechtsprobleme angesprochen." Zudem habe er sich „für Chinas Beitritt zum GATT eingesetzt, aber auch für den Taiwans. Hinsichtlich Taiwans bleibe es bei unserer Ein-China-Politik. Er habe aber auch erklärt, dass wir uns nicht vorschreiben lassen, wie unsere Wirtschaftskontakte zu Taiwan zu gestalten sind. Im gleichen Zusammenhang habe er sich für die Interessen der Lufthansa, Taiwan anzufliegen, eingesetzt. […] Zum Bundestagsbeschluss: Er habe in China erklärt, dies sei Sache des Bundestags; er werde sich aber in Bonn für eine Aufhebung des Beschlusses verwenden. Als wesentliches Gesprächsergebnis sei festzuhalten: beiderseitiges Interesse an politisch-wirtschaftlichen Beziehungen und Interesse, den Dialog miteinander zu führen. Man müsse auch sehen, dass in China eine andere Eigendynamik und ein anderes Zeitmaß gelten als bei uns." Vgl. B 1, ZA-Bd. 178913.

5 Zur Voranfrage für einen Export von U-Booten an die Republik China (Taiwan) vgl. Dok. 73, Anm. 12.

stünde er der wirtschaftlichen Zusammenarbeit mit Taiwan aufgeschlossen gegenüber, auch einer etwaigen Reise des BDI, auf die Herr v. Wartenberg hingewiesen hatte.

2) Deutschland-Bild

Herr *Necker* zeigte sich sehr besorgt über die Verschlechterung des Deutschland-Bildes im Ausland. Die deutsche Wirtschaft engagiere sich in der Öffentlichkeitsarbeit gegen Ausländerfeindlichkeit (z. B. Edzard Reuter). Man sei daran interessiert, sich über das Material mit dem AA enger abzustimmen. Herr Necker fragte nach der Möglichkeit, Zugang zu Berichten der Botschaften zu erhalten, soweit diese in diesem Zusammenhang für die Wirtschaft relevant seien. Als ein besonderes Barometer für Stimmungen erweise sich immer der Tourismus. Ob die Botschaften in wichtigen Ländern über die Nachfrage nach Reisen nach Deutschland berichten könnten?

BM benannte RL 012[6] für Kontakte zur Öffentlichkeitsarbeit Ausland. Sicher könne der BDI auch Zugang zu konkreten, für ihn interessanten Informationen erhalten. Wichtige Botschaften würden angewiesen, zur Entwicklung des Tourismus zu berichten.

3) GATT

Herr *Necker* unterstrich das große Interesse der deutschen Industrie an einem erfolgreichen Abschluss der GATT-Verhandlungen. Er warnte im Übrigen vor protektionistischen Tendenzen in der EG. Die EG dürfe sich nicht abschließen.

BM bestätigte insoweit volles Einvernehmen mit Herrn Necker.

4) Exportkontrollen

Herr *Necker* beklagte die Härte der deutschen Gesetze im Vergleich zur Gesetzgebung anderer Länder. Die deutsche Wirtschaft werde stark belastet, die Kooperationsfähigkeit im Rüstungsbereich leide. Es gehe darum, Exportkontrollen vor allem im Rahmen der EG zu koordinieren. Das Hauptproblem sei der „dual use“-Bereich.

BM sprach von Notwendigkeit einer vernünftigen Politik. Die deutsche Wirtschaft habe nicht immer das beste Bild geboten. Wir seien dabei, uns im Kreise der Gemeinschaft und der G 7 abzustimmen. Auch er – der BM – werde sich von äußerster Zurückhaltung bei Rüstungsexporten leiten lassen. Die bestehenden Konzeptionen müsse man sich ansehen, worum er das Haus gebeten habe.

5) Zusammenarbeit mit USA

Herr *Necker* bezeichnete Zusammenarbeit mit den USA als im besonderen deutschen Interesse liegend. Die Gemeinschaft müsse dieses nutzen, wobei er auf die bestehenden Spannungen zwischen USA und Japan hinwies.

Herr Necker unterrichtete BM von Problemen im Zusammenhang mit dem „Marshall-Home-Fund“. Das Geburtshaus von G[eorge] Marshall sei bedroht durch eine Supermarkt-Kette. Es gebe Druck auf den BDI, sich am Erhalt des Hauses und der Einrichtung einer Gedenkstätte mit US-$ 3 Mio. zu beteiligen. Dabei spiele auch die Witwe Harrimans, die eine „Ziehmutter“ von Präs. Clinton sei, eine Rolle. Der BDI bäte um Rat. So viel Geld sei gegenwärtig nicht zu mobilisieren.

BM regte an, diese Frage mit dem Leiter des Amerika-Referates[7] aufzugreifen.

6 Reinhard Bettzuege.

7 Gerd Wagner.

6) Israel-Boykott

Necker zeigte Verständnis für eine gegen Boykott-Erklärungen gerichtete Politik.[8] Es wäre aber besser gewesen, entsprechende Anti-Boykott-Maßnahmen im größeren Rahmen (EG) abzustimmen. Die durch die Verschiebung des Inkrafttretens der Verordnung gewonnene Zeit müsse genutzt werden, um Schaden von deutschen Wi-Interessen in den arabischen Ländern abzuwehren.

BM erklärte, dass eine weitere Verschiebung des Inkrafttretens ausgeschlossen sei. Im Übrigen erläuterte er unsere Bemühungen um eine abgestimmte EG-Politik. Die deutschen Botschaften in den arabischen Ländern seien angewiesen, bei den dortigen Regierungen um Verständnis zu werben und der deutschen Wirtschaft insoweit zu helfen.

7) NUS

Herr *Necker* verwies auf das große Potenzial russischer Forscher, deren Wissen bislang nicht in Produkte umgesetzt sei. Die USA hätten insoweit einen Vorsprung. Necker stellte die Frage, ob man in die Botschaften nicht Fachleute entsenden könne, um dieses Potenzial besser zu erfassen. (Necker sprach von Botschaft Moskau, GK Petersburg und evtl. von Botschaft Kiew.)

BM zeigte sich gegenüber diesem Gedanken aufgeschlossen, auch gegenüber einer etwaigen Entsendung von BDI-Fachleuten an die Botschaften.

B 1, ZA-Bd. 178913

409

Ministergespräch im Bundeskanzleramt

9. Dezember 1992[1]

Ergebnisprotokoll des Ministergesprächs bei Chef BK am 9. Dezember 1992 (18.15 – 19.30 Uhr)

Teilnehmer: AA: BM Kinkel (ab 18.35 – 19.25 Uhr), StS Kastrup, MDg Dr. Sulimma, VLR I Dr. Hilger; BMVg: BM Rühe, General Naumann; BMI (ab 18.35 Uhr): BM Seiters,

8 Zur Einführung einer nationalen Anti-Boykott-Regelung vgl. Dok. 233.
Zur Verschiebung ihres Inkrafttretens vgl. Dok. 282, Anm. 25–27.

1 Der Gesprächsvermerk wurde von Oberst i. G. Schuster, Bundeskanzleramt, am 10. Dezember 1992 gefertigt und am 11. Dezember 1992 an die Leiter des jeweiligen Ministerbüros im Auswärtigen Amt sowie im BMI, BMJ und BMVg sowie an den Adjutanten des Generalinspekteurs der Bundeswehr „im Auftrag von Herrn Bundesminister Bohl“ übersandt. Dazu teilte Schuster mit: „Zu Seite 5, vorletzter Satz (Besprechung am 17. Dezember 1992 nur bei evtl. noch bestehendem Abstimmungsbedarf) ist ergänzend zu vermerken: Chef BK hat inzwischen unabhängig davon, ob sich aus dem von BMVg wie vereinbart übersandten Papier noch Abstimmungsbedarf ergibt, zur Fortsetzung der Gespräche eingeladen für Donnerstag, 17. Dezember 1992, 8.00 – 9.30 Uhr (Bundeskanzleramt, Kleiner Kabinettsaal).“ Vgl. Anm. 10.
Hat VLR I Gerdts am 14. Dezember 1992 vorgelegen.
Hat BM Kinkel am 14. Dezember 1992 vorgelegen. Vgl. das Begleitschreiben; B 1, ZA-Bd. 178913.

MD Dr. Schnapauff; BMJ: BMin Leutheusser-Schnarrenberger, MD Dr. Heyde; Chef BK: AL 2[2], GL 22[3] (Protokollführer).

Nach Eröffnung durch BM Bohl berichtet StS *Kastrup* von der am 8. Dezember 1992 im AA durchgeführten Ressortbesprechung zur Prüfung des deutschen Beitrags im Rahmen der Durchführung der VN-Sicherheits[rats]resolution 794[4] (Somalia). Von den bei dieser Besprechung ins Auge gefassten Maßnahmen seien die in den Zuständigkeitsbereich des BMI (u.a. Hilfe beim Wiederaufbau lokaler Polizeikräfte) und des BMZ (u.a. Wiederaufnahme der landwirtschaftlichen Produktion, Wasserversorgung, Veterinärwesen, Wiederaufbau kommunaler Strukturen) fallenden Vorhaben problemlos. Schwieriger zu bewerten seien die Überlegungen des Verteidigungsministers.[5]

BM *Bohl* stellt Einvernehmen darüber fest, dass für die in den Zuständigkeitsbereich des BMI und BMZ fallenden Maßnahmen eine Kabinettbefassung nicht erforderlich sei, bittet aber darum, die in diesem Rahmen vorgesehenen Leistungen zur Verdeutlichung des deutschen Beitrages in der Öffentlichkeit deutlich herauszustellen.

BM *Rühe* erläutert den geplanten Beitrag des BMVg. Derzeit würden mit zwei Transportflugzeugen in ausschließlich nationaler Verantwortung Hilfsflüge durchgeführt. Durch das Anlaufen der Operation „Restore Hope" müssten diese Flüge in die VN-Aktionen eingebunden werden, weil wegen des völlig veränderten Szenarios (Koordinierung von See-, Luft- und Landoperationen) nur auf diese Weise die Sicherheit unserer Besatzungen gewährleistet werden könne. Er plane, in einer ersten Phase im Rahmen der Gesamtoperation „Restore Hope" möglichst unverzüglich die Zahl der die Hilfsflüge durchführenden Transportflugzeuge von derzeit zwei auf acht zu erhöhen und diese Kräfte zum Zwecke der Koordinierung der die Operation „Restore Hope" durchführenden VN-Taskforce mit dem Status „operational control" zu unterstellen. Nach erfolgreichem Abschluss dieser Phase

2 Peter Hartmann.

3 Dieter Schuster.

4 Referat 322 notierte am 21. Dezember 1992, der VN-Sicherheitsrat habe mit Resolution Nr. 794 vom 3. Dezember 1992 „einstimmig einen multinationalen Militäreinsatz gegen Somalia" nach Kapitel VII der VN-Charta vom 26. Juni 1945 beschlossen, der „unter amerikanischer Führung (ca. 28000 Mann) die Versorgung der notleidenden Bevölkerung notfalls mit Waffengewalt sicherstellen soll". Die insgesamt 48 Staaten umfassende Operation „Restore Hope" habe am 9. Dezember 1992 begonnen und gliedere sich in vier Phasen: „Sicherung der Städte Mogadischu und Baidoa; Sicherung von Ortschaften nördlich der beiden Städte; Sicherung des südlichen Landesteils bis zur kenianischen Grenze; Übergang von US-geführten Streitkräften auf VN-Truppen der UNOSOM, anschließend Rückzug der US-Truppen." Vgl. B 30, ZA-Bd. 167313.
Für die Resolution Nr. 794 vgl. RESOLUTIONS AND DECISIONS 1992, S. 63–65. Für den deutschen Wortlaut vgl. EUROPA-ARCHIV 1993, D 185–188.

5 VLRin I Gräfin Strachwitz vermerkte am 8. Dezember 1992 über die Ressortbesprechung am selben Tag, aus dem Zuständigkeitsbereich des BMVg würden folgende Maßnahmen erwogen: „Lieferung eines Feldlazaretts einschließlich Personal (bisher nur vorgesehen Feldlazarett ohne Personal für UNOSOM). Personalentsendung erst nach Klärung der Verfassungslage bzw. nach Herstellung der Sicherheit; Lufttransport von Truppenkontingenten aus finanzschwachen Ländern einschließlich Transports von Gerät, Material sowie Versorgungsflüge, vorzugsweise aus Ägypten oder Nigeria; Verstärkung der Bundeswehr-Hilfsflüge von Mombasa nach Somalia um zwei Transalls. Dadurch Entlastung der US-Transportkapazitäten; Entsendung von Pionieren der deutschen Bundeswehr zur Ausbildung somalischen Personals für den Wiederaufbau der Infrastruktur (Straßenbau/Behelfsbrückenbau u.ä.); Unterstützung beim Aufbau von Fernmeldeverbindungen." Vgl. B 34, ZA-Bd. 153666.

wolle er, soweit dann noch erforderlich, eine Fortsetzung der Hilfsflüge und zusätzlich die Beteiligung an den UNOSOM-Folgeoperationen durch einen der UNOSOM hierzu unterstellten gemischten Verband aus Pionieren, Transport- und Fernmeldekräften sowie Feldjägern (insgesamt etwa Bataillonsstärke) sowie eine – kapazitätsbedingt begrenzte – sanitätsdienstliche Unterstützung. Die diesen Kräften zuzuweisende Aufgabe lasse sich wie folgt umreißen: Lufttransport, Aufbau/Unterstützung der Verteilerorganisation, Wahrnehmung von Ordnungsfunktionen durch Feldjägerkräfte, Aufrechterhaltung/Wiederherstellung der infrastrukturellen Grundversorgung, Brunnen- und Verteilernetze, Verkehrsinfrastruktur und Aufbau von Notunterkünften. Der Einsatz unserer Soldaten im Rahmen der angesprochenen Maßnahmen könne nur unter voller Einbindung in die Aktionen der Vereinten Nationen erfolgen. Nur so könnten unsere eingesetzten Mittel voll zur Wirkung kommen. Nur so sei auch der Schutz unserer Soldaten zu gewährleisten.

Staatssekretär *Kastrup* wirft ein, dass zwischen der reinen VN-Operation UNOSOM[6] und der jetzt angelaufenen Operation „Restore Hope" streng unterschieden werden müsse. Letztere sei keine direkte VN-Operation, sondern beruhe lediglich auf der Grundlage eines VN-Beschlusses, der in nationaler Verantwortung und unter einem nationalen Oberkommando durchgeführt werde.

In der sich daran anschließenden Diskussion wird Einverständnis darüber erzielt, dass „Restore Hope" von der Art der militärischen Kommandostruktur zwar Ähnlichkeiten zu der Allianz im Golfkrieg aufweise, sich aber bezüglich der Zielsetzung und des Gesamtszenarios davon erheblich unterscheide. General *Naumann* stellt heraus, dass es einen Einsatz wie jetzt in Somalia noch nie gegeben habe. Bezüglich der von BM Rühe für die Durchführung der Hilfsflüge vorgesehenen Unterstellungsregelung (operational control) wird Einvernehmen wie folgt hergestellt: Über die mit „operational control" verbundene reine Koordinierungsbefugnis hinausgehende Eingriffsmöglichkeiten der VN-Taskforce seien ausgeschlossen, der Charakter der bisher in nationaler Verantwortung durchgeführten Hilfsflüge werde durch diese Unterstellung nicht geändert, weiterhin würden nur Hilfsgüter für humanitäre Zwecke transportiert.

BM *Kinkel* macht klar, dass die FDP eine weitergehende Unterstellungsregelung („operational command") und den Transport von militärischen Gütern in das Operationsgebiet nicht mittragen könnte. General *Naumann* informiert darüber, dass mit der Unterstellung nach „operational control" die Eingliederung eines deutschen Verbindungsorgans in das Hauptquartier der VN-Taskforce verbunden sei.

BM *Kinkel* zeigt sich besorgt, dass in dem neuen Somalia-Szenario unsere Flugzeuge, wenn auch ungewollt, in kriegerische Handlungen hineingezogen werden könnten, die die Einsatzschwelle des Artikels 87 Absatz 2 GG[7] überschreiten. BM *Bohl* stellt fest, dass für die CDU/CSU die von BM Rühe beabsichtigte Auftragserteilung ohne Wenn und Aber durch Artikel 24 GG[8] gedeckt sei und sich die Frage des Artikels 87 nicht nur in der Adria, sondern auch in diesem Falle nicht stelle. Er wisse aber, dass die FDP dies anders sehe. BM *Kinkel* erwidert, dass die Opposition der Argumentation der CDU/CSU wohl nicht folgen und nach Karlsruhe gehen werde, um eine einstweilige Verfügung zu erwirken. BM *Bohl* legt nochmals ausdrücklich dar, dass sich für die CDU/CSU die Frage des Artikels 87a bezüglich

6 Zur Einrichtung von UNOSOM vgl. Dok. 248, besonders Anm. 10.
7 Für Artikel 87a Abs. 2 GG vom 23. Mai 1949 in der Fassung vom 24. Juni 1968 vgl. BGBl. 1968, I, S. 711.
8 Für Artikel 24 GG vom 23. Mai 1949 vgl. BGBl. 1949, S. 4.

eines möglichen Einsatzes der Bundeswehr in Somalia nicht stelle, sondern gegebenenfalls ausschließlich auf den Artikel 24 GG abzuheben sei. BM *Kinkel* wirft ein, dass durch die Einbindung in die Gesamtoperation „Restore Hope" die Einsatzschwelle des Artikels 87 Abs 2 GG überschritten werden könnte und damit die Gefahr der „Mittäterschaft" bestehe. StS *Kastrup* weist auf zahlreiche seit langem bestehende Präzedenzfälle des Einsatzes von Soldaten der Bundeswehr in nicht zum Bündnis gehörenden Ländern, z.B. auch in einzelnen afrikanischen Staaten, hin. Die Praxis sei also schon sehr viel weiter als die Theoriediskussion. Auf Nachfrage der Justizministerin erläutert der *Generalinspekteur* nochmals die zwei Phasen der VN-Gesamtoperation. In einer ersten Phase (Restore Hope) gehe es darum, ein sicheres Umfeld für Nahrungsmittelhilfe in den am härtesten betroffenen Landesteilen zu schaffen, um so nach Öffnung der Nachschubwege die Voraussetzungen für die humanitären Maßnahmen der UNOSOM-Folgeoperation zu schaffen. Die Bundeswehr werde sich nur an den humanitären Maßnahmen beteiligen.

BM *Kinkel* stellt fest, dass er die Beteiligung im Sinne der Vorschläge des Verteidigungsministers politisch will, sich aber die Frage der rechtlichen Verantwortbarkeit stelle. Er möchte in diesem Zusammenhang nochmals auf die Gefahr der Mittäterschaft durch ein Überschreiten der Einsatzschwelle des Artikels 87a GG ansprechen. Er könne nur zustimmen, wenn dies definitiv auszuschließen sei. BM *Bohl* verweist nochmals auf Artikel 24 GG als der aus seiner Sicht entscheidenden Verfassungsbestimmung.

General *Naumann* erläutert die theoretisch möglichen Unterstellungsregelungen „full command" (Unterstellung in jeder Hinsicht), „operational command" (Übertragung der Befehlsbefugnis ohne feste Zweckbindung) und „operational control" (deutlich eingeschränkte Einsatzbefugnis für einen präzise vorgegebenen und eingegrenzten Zweck). Vorgesehen sei nur „operational control". Dieser Status sei für ein Mindestmaß an Koordinierung der Einsätze erforderlich: Die Befehls- und Kommandogewalt bleibe beim Verteidigungsminister.

Der *Außenminister* betont nochmals, dass er politisch die Beteiligung der Bundeswehr in diesem Sinne wolle, aber die Opposition gefragt werden müsse.[9] MD *Dr. Heyde* (BMJ) weist darauf hin, dass die Hilfsflüge selbst kein Problem darstellten, die mit „operational control" verbundene Abstellung eines deutschen Verbindungskommandos in das Hauptquartier der VN-Taskforce aber Fragen aufwerfe. General *Naumann* hält dem entgegen, dass dies unverzichtbar sei. Im Übrigen sei damit keinerlei über „operational control" hinausgehende Befehlsbefugnis verbunden. Auf Nachfrage von BM Kinkel erklären VLRI *Dr. Hilger* (AA), MD *Dr. Heyde* (BMJ) und MD *Dr. Schnapauff* (BMI), dass die vom Verteidigungsminister vorgesehenen Maßnahmen unter den dargestellten Voraussetzungen rechtlich zu akzeptieren seien. Für MD Dr. Schnapauff liegt allerdings ein Grenzfall vor.

[10]Minister *Seiters* rät davon ab, die unterschiedlichen Rechtspositionen von FDP und CDU/CSU vor der Opposition auszutragen. Die *Justizministerin* stellt fest, dass die Absicht des BMVg für sie nur dann keine Probleme aufwerfe, wenn die Grenze des Einsatzes im

9 Das Pressereferat des Auswärtigen Amts teilte am 9. Dezember 1992 mit, BM Kinkel habe am selben Tag „die Fraktionsvorsitzenden der Regierungskoalition und der SPD, den Vorsitzenden des Auswärtigen und des Verteidigungsausschusses des Deutschen Bundestages sowie die Bundesminister der Verteidigung, des Innern und der Justiz zu Anfang Januar [1993] eingeladen, ein gemeinsames Gespräch zu führen, um Klarheit über die künftigen Bedingungen von Auslandseinsätzen der Bundeswehr zu schaffen." Vgl. die Pressemitteilung Nr. 376/92; B 7, ZA-Bd. 178992.

10 Beginn der Seite 5 der Vorlage. Vgl. Anm. 1.

Sinne des Artikel 87a nicht überschritten werde. BM *Bohl* verweist nochmals auf die Bedeutung des Artikels 24 GG. Der *Außenminister* fordert, dass eine Formulierung der den Soldaten zu erteilenden Aufträge gefunden werden müsse, die von allen Fraktionen rechtlich vertreten werden könne. General *Naumann* erinnert an den Einsatz unserer Sanitätssoldaten in Kambodscha.[11] Minister *Kinkel* wirft ein, dass die SPD hier ein zweites Mal nicht zustimmen würde. Im Übrigen wolle er ja im Sinne der Vorschläge des Verteidigungsministers helfen, müsse aber in seine Überlegungen auch die rechtlichen Bedenken seiner Fraktion einbeziehen.

BM *Kinkel*, BMin *Leutheusser-Schnarrenberger* und StS *Kastrup* stellen fest, dass sie sich das Gesamtszenario des Einsatzes des gemischten Bataillons im Rahmen der UNOSOM-Folgeoperation noch nicht vorstellen können. Die Entscheidung wäre sicher leichter, wenn BMVg die Zusammenhänge noch einmal im Detail schriftlich darstellen könnte. Einvernehmlich wird BMVg gebeten, den an der Besprechung teilnehmenden Ressorts und Chef BK bis Freitag, 11. Dezember 1992, eine detaillierte Beschreibung des vorgesehenen Auftrags und der sich aus dessen UNOSOM-Unterstellung ergebenden Konsequenzen für die Befehls- und Kommandogewalt zur Verfügung zu stellen. Die Ressorts werden bis Montag, 14. Dezember 1992, BM Rühe mitteilen, ob sie aufgrund dieser Erläuterungen zustimmen können. Sollte aber dann immer noch Abstimmungsbedarf bestehen, müsste unter Leitung Chef BK spätestens am Donnerstag, dem 17. Dezember 1992, morgens eine weitere Besprechung stattfinden. Die Frage einer Befassung im BSR wird einvernehmlich verneint. Minister *Bohl* verweist auf die Kabinettsitzung am 17. Dezember 1992[12] und schließt die Besprechung.

B 1, ZA-Bd. 178913

11 Zum Verlauf des Friedensprozesses in Kambodscha und zur Beteiligung der Bundesrepublik an UNTAC vgl. Dok. 305.

12 Am 17. Dezember 1992 beschloss das Kabinett, die humanitären Maßnahmen der VN durch eine Verstärkung der Hilfsflüge zu unterstützen und die Zahl der Flugzeuge zu erhöhen: „Zum Zweck der Koordinierung und Flugsicherung wird eine Verbindungsstelle zum Hauptquartier der task force ‚restore hope‘ eingerichtet; insoweit erhält der task force commander ‚operational control‘. [...] Die Bundesrepublik Deutschland unterbreitet den Vereinten Nationen das Angebot, zur Unterstützung von UNOSOM innerhalb befriedeter Regionen (secure invironment) Somalias ein verstärktes Nachschub-/Transportbataillon (bis zu 1500 Mann) für humanitäre Aufgabe einzusetzen, insbesondere auch zur Mitwirkung bei Aufbau/Unterstützung/Sicherstellung der Verteilerorganisation für Hilfsgüter, soweit die Leistungen nicht von nationalen oder internationalen Hilfsorganisationen erbracht werden. Der Verband soll in Abstimmung mit den VN anteilig auch aus Pionieren und Fernmeldern sowie einer Unterstützungs- und Selbstschutzkomponente bestehen. [...] Zum Zweck der Koordinierung wird ein Verbindungskommando zu UNOSOM eingerichtet; der Kommandeur von UNOSOM erhält hierzu ‚operational control‘ über das verstärkte Bataillon.“ Die Bundesregierung beschloss ferner Leistungen im Gesamtwert von 63 Mio. DM für die Fortsetzung humanitärer Hilfe, Nahrungsmittelhilfe, Trinkwasser- und Stromversorgung, Unterstützung beim Aufbau einer Polizei sowie Technische Zusammenarbeit. Vgl. die Erklärung von StS Vogel, BPA; BULLETIN 1992, S. 1315.

410

Vorlage des Vortragenden Legationsrats I. Klasse von Arnim für Bundesminister Kinkel

411-420.00 **9. Dezember 1992**[1]

Über Dg 41[2], D 4[3], Herrn Staatssekretär[4] Herrn Bundesminister

Betr.: EWR;

hier: Folgen des negativen Ausgangs der Schweizer Volksabstimmung[5]

Zweck der Vorlage: Zur Unterrichtung

1) Am 6. Dezember hat sich die Schweiz in einer Volksabstimmung gegen die Schweizer Teilnahme am Europäischen Wirtschaftsraum (EWR-Vertrag[6]) zwischen der EG, den EG-MS und den Mitgliedstaaten der EFTA entschieden.

2) Der EWR-Vertrag kann in seiner vorliegenden Form nach Artikel 129 Absatz 3 nur in Kraft treten, wenn alle Vertragsparteien ratifizieren.

3) Wir haben aber, gemeinsam mit der Mehrzahl der MS der EG sowie mit den übrigen EFTA-Staaten, ein erhebliches Interesse an einem raschen Inkrafttreten der im EWR-Vertrag enthaltenen Regelungen, da durch sie die mit unserer Wirtschaft besonders eng verflochtenen EFTA-Nachbarn an die im europäischen Binnenmarkt ab 1.1.1993 entstehende Rechtslage angeschlossen werden. Notwendig wäre eine wiederum von allen Vertragsparteien ratifikationsbedürftige Vereinbarung unter den verbleibenden 17 oder 18 Staaten und der EG (in Liechtenstein findet die Volksabstimmung zum EWR am 13.12. statt; ob Liechtenstein nach dem Schweizer Ergebnis positiv abstimmen wird, ist zweifelhaft).[7]

1 Die Vorlage wurde von VLRin Lässing konzipiert.

2 Hat MDg von Kyaw am 9. Dezember 1992 vorgelegen.

3 Hat MD Dieckmann am 9. Dezember 1992 vorgelegen.

4 Hat StS Lautenschlager am 10. Dezember 1992 vorgelegen, der die Weiterleitung an BM Kinkel strich. Ferner vermerkte er handschriftlich: „Ziffer 1–8 ist dem BM bekannt; stelle Unterrichtung bzgl. Ziffer 9 anheim."
Das Büro Staatssekretäre verfügte den Rücklauf über MD Dieckmann und MDg von Kyaw an Referat 411 „z[ur] w[eiteren] V[eranlassung]".
Hat Dieckmann am 11. Dezember 1992 erneut vorgelegen.
Hat Kyaw am 14. Dezember 1992 erneut vorgelegen.
Hat VLR I von Arnim am 15. Dezember 1992 erneut vorgelegen, der handschriftlich vermerkte: „Frau Lässing, b[itte] R[ücksprache]."
Hat VLRin Lässing erneut vorgelegen.

5 Zum Volksentscheid in der Schweiz vom 6. Dezember 1992 zum EWR-Abkommen vgl. Dok. 404.

6 Für das Abkommen vom 2. Mai 1992 über den Europäischen Wirtschaftsraum (EWR-Abkommen) einschließlich aller zugehörigen Dokumente vgl. BGBl. 1993, II, S. 267–690.
Zur Unterzeichnung am 2. Mai 1992 in Porto vgl. Dok. 126.

7 In Liechtenstein sprachen sich am 13. Dezember 1992 55,8 % der abgegebenen Stimmen für den Beitritt zum EWR aus. Vgl. DB Nr. 675 des Botschafters Graf von der Schulenburg, Bern, vom 14. Dezember 1992; B 221, ZA-Bd. 166793.

4) Dieser Interessenlage entsprechend haben die Außenminister beim AM-Rat am 7.12.92[8] festgehalten[9],

- dass der Rat das Ergebnis des Schweizer Referendums respektiere,
- dass das Abkommen Regelungen enthalte, um im Fall einer Nichtratifikation durch eine Partei die Lage zu prüfen,
- ohne die Schweiz müsse das Abkommen verändert werden, worüber man sich einigen müsse,
- dass der Rat hoffe, dass, vorbehaltlich einer solchen Einigung, der EWR schnell verwirklicht werde,
- dass die KOM beauftragt sei, mit den EFTA-Staaten umgehend in Kontakt zu treten, um jetzt erforderliche Schritte abzustimmen,
- dass die KOM dem AM-Rat am 21.12.92[10] berichten solle.

Es bestand Einvernehmen, dass der Schweiz weiterhin der Weg nach Europa offengehalten werden soll. Initiative müsse jedoch von Schweiz ausgehen.

5) Sinn dieser Beschlüsse ist auch, den Europäischen Rat von Edinburgh[11] von einer Diskussion über die Zukunft des EWR freizuhalten. Die GB-Präsidentschaft befürchtete im Falle einer solchen Diskussion negative Auswirkungen auf die britische Ratifikationsdebatte zum Vertrag über die EU[12] (die Maastricht-Gegner könnten die Absicht, den EWR nun ohne die Schweiz zu verwirklichen, zu der Forderung verwenden, im Falle des Vertrages über die EU ebenfalls ohne die Staaten voranzuschreiten, die Ratifikationsprobleme hätten).

6) Das Hauptproblem für die Neuredaktion des EWR-Vertrages auf der diplomatischen Konferenz der EG-MS und der EFTA-MS minus Schweiz und voraussichtlich Liechtenstein (Volksabstimmung am 13.12.), deren Einberufung die KOM aller Voraussicht nach dem Rat am 21.12. vorschlagen wird, könnte sich allerdings daraus ergeben, dass der Schweizer Anteil am EWR-Kohäsionsfonds (27% von 1,5 Mrd. ECU) zunächst entfiele. Die für die Südeuropäer bestimmten Förderungsmittel aus den EFTA-MS würden dementsprechend geringer, da es angesichts der Haushaltslage in den übrigen EFTA-Staaten nicht zu erwarten ist, dass sie die Finanzierung des entfallenden Schweizer Anteils übernehmen werden. Spanien hat jedoch bereits wissen lassen, dass der Kohäsionsfonds unverändert erhalten bleiben müsse.

7) Der Schweizer Botschafter[13] unterrichtete D4 am 8.12. – auf persönlicher Basis, da er noch ohne Weisung sei – davon, dass seine Regierung wohl davon ausgehe, dass die EG und die EFTA-MS den EWR-Vertrag nunmehr rasch ohne die Schweiz und wohl Liechtenstein abschließen würden. Die europäische Dynamik müsse ungeachtet der Schweizer Entwicklungen weiter voranschreiten. Je schneller die Gemeinschaft fortschreite, umso eher werde sich die Schweiz dem Gedanken des Beitritts nähern. Er persönlich vermute, dass auch der Schweizer Beitrittsantrag[14] wohl für einige Jahre „auf Eis" gelegt werden müsse.

8 Zur EG-Ministerratstagung in Brüssel vgl. Dok. 398, Anm. 13.

9 An dieser Stelle vermerkte StS Lautenschlager handschriftlich: „BM hat teilgenommen."

10 Zur EG-Ministerratstagung in Brüssel vgl. Dok. 436.

11 Zur Tagung des Europäischen Rats am 11./12. Dezember 1992 vgl. Dok. 421.

12 Zur Frage einer Ratifizierung des Vertragswerks von Maastricht in Großbritannien vgl. Dok. 356, Anm. 4.

13 Dieter Chenaux-Repond.

14 Die Schweiz stellte am 20. Mai 1992 einen Antrag auf EG-Beitritt.

Nach dem Beitritt der anderen EFTA-MS, wenn die Gemeinschaft sich, auch nach Abschluss des Maastricht-Prozesses, in neuer, konsolidierter Form zeige, werde die Schweiz wohl wieder auf die Gemeinschaft zukommen. Er bat darum, die Schweiz wegen ihres Votums nicht zu tadeln. Dies könne bei der schwierigen Wiedergewinnung des Anschlusses an die europäische Dynamik schaden.[15]

8) Parallel dazu wird in der Schweiz derzeit geprüft, einen größtmöglichen Teil der Regelungen des EWR-Vertrages in der Schweiz autonom als Schweizer Recht in Kraft zu setzen.

Transitabkommen EG – Schweiz[16] war politisch eng mit dem EWR-Abkommen verbunden, rechtlich ist es unabhängig vom Zustandekommen des EWR. Sowohl unsererseits als auch seitens der Schweiz besteht ein Interesse am Erhalt dieses Abkommens inkl. des zugehörigen Verwaltungsabkommens.

9) Neben den außenpolitischen Konsequenzen des negativen Schweizer Votums ergeben sich auch Folgen für das derzeit laufende deutsche Ratifikationsverfahren. Am 2.12. hat der Deutsche Bundestag in zweiter und dritter Lesung das Zustimmungsgesetz zum EWR-Vertrag sowie das Ausführungsgesetz dazu verabschiedet.[17] Die abschließende Zustimmung des Bundesrates war für den 18.12. vorgesehen. ChBK hat mitgeteilt, dass der BK die Präsidenten der beiden Häuser des Parlaments[18] in einem Schreiben davon unterrichten will, dass der EWR-Vertrag aufgrund des Schweizer Votums in seiner vorliegenden Form nicht mehr in Kraft treten kann. Ein konkretes Petitum, das deutsche Ratifikationsverfahren entweder zu beenden oder aber fortzusetzen, soll in das Schreiben nicht aufgenommen werden. Diese Entscheidung soll dem Parlament überlassen bleiben.

In NL, I und B, wo die Ratifikationsverfahren ebenfalls noch nicht abgeschlossen sind, wird erwogen, sie nach negativem Schweizer Votum anzuhalten.

10) Bei einer Ressortbesprechung am 8.12. im AA haben die Ressorts festgestellt, dass im Prinzip eine Verabschiedung des Zustimmungsgesetzes zum EWR-Abkommen wegen seiner Signalwirkung wünschenswert sei. Rechtlich gesehen sei eine solche Verabschiedung durchaus sinnvoll, da dann die Inkraftsetzung des zukünftigen EWR-Vertrags ohne die Schweiz lediglich durch ein Zusatzprotokoll erfolgen könne, das darauf hinweist, dass die Schweiz als Vertragspartner und damit einzelne Bestimmungen, die nur die Schweiz betreffen, entfallen.

Das BMJ rät aber von einer Verabschiedung des Ausführungsgesetzes, mit dem die deutsche Rechtslage an den EWR-Vertrag angepasst wird, ab, da die innerdeutsche Rechtslage

15 An dieser Stelle wurde von MD Dieckmann handschriftlich eingefügt: „(Hierzu folgt gesonderter Gesprächsvermerk.)“
Für das Gespräch des MD Dieckmann mit dem schweizerischen Botschafter Chenaux-Repond vgl. B 221, ZA-Bd. 166793.

16 Referat 411 vermerkte am 14. Dezember 1992, das von der EG-Kommission ausgehandelte Transitabkommen EG – Schweiz sei „vom EG-Rat (Verkehr) am 2.5.1992 unterzeichnet und am 30.11.1992 ratifiziert worden. Die Ratifizierung durch CH (Nationalrat hat zugestimmt, Ständerat wird Abkommen noch behandeln) soll nach Angaben der Schweizer Botschaft im März [1993] erfolgen. Schweiz wird eine Neue Eisenbahn Alpentransversale (NEAT) ausbauen. Dies hat die CH-Bevölkerung im Referendum am 27.9.92 gebilligt. Lkw-Transporte bis 28 t sollen künftig ohne Kontingentierung CH durchfahren.“ Vgl. B 221, ZA-Bd. 166793.

17 Vgl. BT STENOGRAPHISCHE BERICHTE, 12. WP, 126. Sitzung, S. 10887.

18 Rita Süssmuth (Bundestag) und Oskar Lafontaine (Bundesrat).

sich bis zum Inkraftsetzen des angepassten EWR-Vertrags ihrerseits noch verändern könnte. Das Ausführungsgesetz solle dann zusammen mit dem o.a. Zusatzprotokoll ratifiziert werden.[19]

Die Referate 220 und 501 haben mitgezeichnet.

v. Arnim

B 221, ZA-Bd. 166793

411

Vorlage des Vortragenden Legationsrats Elfenkämper für Bundesminister Kinkel

214-321.39 POL **9. Dezember 1992**

Über Herrn Dg 21[1], Herrn D 2[2], Herrn Staatssekretär[3] Herrn Bundesminister[4]

Betr.: Deutsche Minderheit in Polen;
hier: Künftiges Verhalten der Bundesregierung gegenüber der Minderheit und der polnischen Regierung

Bezug: StS-Vorlage vom 23.10.1992 (als Kopie erneut beigefügt)[5]

Anlg.: 1[6]

Zweck der Vorlage: Billigung der in Ziffer II. 3, 4 und 5 enthaltenen Vorschläge

19 VLR I von Arnim notierte am 22. Dezember 1992: „Der Bundesrat hat am 18.12.92 in zweiter Lesung den EWR-Vertrag verabschiedet. Damit ist das Verfahren der parlamentarischen Zustimmung abgeschlossen. [...] Nach derzeitiger Sachlage und Beschluss des AM-Rates vom 21.12.92 zeichnet sich ab, dass der EWR-V durch ein Protokoll ergänzt wird, in dem festgehalten ist, dass Schweiz als Vertragspartei und nur Schweiz betreffende Regelungen suspendiert werden oder nicht mehr Vertragsbestandteil sind. Es stellt sich die Frage, ob dieses Vorgehen voraussetzt, dass der EWR-V in ursprünglicher Form ratifiziert ist oder ob nach Abschluss des parlamentarischen Zustimmungsverfahrens zum Änderungsprotokoll eine Urkunde bezüglich beider Instrumente, des ursprünglichen EWR-V und des Änderungsprotokolls, zu hinterlegen wäre." Vgl. B 221, ZA-Bd. 166793.

1 Hat in Vertretung des MDg von Studnitz VLR I Lambach am 10. Dezember 1992 vorgelegen.

2 Hat MD Chrobog am 10. Dezember 1992 vorgelegen.

3 Hat StS Kastrup am 11. Dezember 1992 vorgelegen, der handschriftlich vermerkte: „Eine leider notwendige und wichtige Initiative!"

4 Hat BM Kinkel am 19. Dezember 1992 vorgelegen, der handschriftlich für StS Kastrup vermerkte: „Bitte übernehmen Sie das."
Hat OAR Salzwedel am 21. Dezember 1992 vorgelegen, der den Rücklauf an das Büro Staatssekretäre bzw. das Büro StS Kastrup verfügte und handschriftlich vermerkte: „BM bittet Herrn StS K[astrup] um Übernahme."
Hat VLR Ney am 21. Dezember 1992 vorgelegen, der die Weiterleitung an Kastrup verfügte.
Hat Kastrup am 21. Dezember 1992 erneut vorgelegen.
Hat Ney am 21. Dezember 1992 erneut vorgelegen, der die Weiterleitung an MD Chrobog verfügte.
Hat Chrobog am 22. Dezember 1992 erneut vorgelegen, der die Weiterleitung an MDg von Studnitz und Referat 214 verfügte.
Hat in Vertretung von Studnitz VLR I Lambach am 22. Dezember 1992 erneut vorgelegen.

I. Kurzfassung

Die sehr kritischen Äußerungen von Präsident Wałęsa an die Adresse der deutschen Minderheit werfen ein Schlaglicht auf die um die deutsche Minderheit in PL entstandene Stimmungslage.

Wir haben ein Interesse, in offener Zusammenarbeit mit der polnischen Regierung und durch ein direktes Einwirken auf die Minderheit zur Beruhigung der Lage beizutragen.

Hierzu sollte das Gespräch mit der polnischen Regierung auf hoher Ebene aktiv gesucht werden.

Die durch die Äußerungen des polnischen Staatspräsidenten entstandene Situation sollte gleichzeitig genutzt werden, um auch innerhalb der Bundesregierung, nämlich gegenüber dem BMI, einen erneuten Versuch zur Bereinigung der Aspekte unserer Politik gegenüber der deutschen Minderheit zu machen, die bisher zu Glaubwürdigkeitsproblemen in PL geführt haben (bestimmte Förderungsmaßnahmen, Einfluss von aus Bundesmitteln finanzierten Medien auf die deutsche Minderheit).

Ein solcher Versuch kann mit Aussicht auf Erfolg nur auf der politischen Ebene unternommen werden.

II. Einzelaspekte

1) Präsident Wałęsa hat nach Berichten der polnischen Presse vom 5.12.1992 im Gespräch mit Journalisten massive Kritik an der deutschen Minderheit in Polen geübt. Kernsätze einer im Anschluss an dieses Gespräch veröffentlichten Erklärung seines Sprechers sind u. a., dass alle Aktionen, die die Grundlagen des Zusammenlebens stören, von „nationalem Chauvinismus“ geprägt sind und das polnische Recht verletzen, „bekämpft“ werden sollten.

Ferner heißt es, dass „im Namen der neuen Beziehungen zwischen Polen und Deutschland die unverantwortlichen Handlungen jener Kräfte, die diesen Prozess störten, nicht erlaubt würden. Wir lassen nicht zu, dass die Dämonen der Vergangenheit den gemeinsamen Aufbau der Zukunft stören. Polen und das polnische Schlesien wollen in Europa sein, in dem Deutschland schon ist. Die Grenzen wurden endgültig anerkannt[7], was die Führer der Bundesrepublik mehrfach bestätigt haben. Jene, die an ihnen rütteln wollen, werden am europäischen Frieden rütteln.“ Der Präsident hat ferner an die staatlichen und lokalen Behörden appelliert, „das polnische Recht entschieden und resolut durchzusetzen“. Der Präsident droht den „Initiatoren und Tätern“, die „nationalen Zwist“ verbreiteten, mit strafrechtlichen Konsequenzen.

Gegenüber dem Pressereferenten unserer Botschaft in Warschau[8] hat der Sprecher des Präsidenten erläutert, dass sich die Äußerungen des Präsidenten vor allem auf die Wieder-

5 Dem Vorgang beigefügt. VLR I Brümmer fasste die Ergebnisse einer Ressortbesprechung am 22. Oktober 1992 zusammen, bei der Vorschläge zum künftigen Verhalten der Bundesregierung gegenüber der deutschen Minderheit in Polen und der polnischen Regierung unterbreitet wurden. Vgl. B 42, ZA-Bd. 176790. Für einen Auszug vgl. Anm. 12.

6 Vgl. Anm. 5.

7 Die Bundesrepublik und Polen schlossen am 14. November 1990 einen Vertrag über die Bestätigung der zwischen ihnen bestehenden Grenze. Vgl. BGBl. 1991, II, S. 1329 f. Vgl. auch AAPD 1990, II, Dok. 384, sowie DIE EINHEIT, Dok. 169.

8 Matthias Fischer.

bzw. Neuerrichtung von Kriegerdenkmälern in Oberschlesien beziehen. Nach weiteren Pressemeldungen (vom 8.12.1992) hat inzwischen der Vorsitzende der Abgeordneten der deutschen Minderheit im Sejm, Kroll, die unrechtmäßige Errichtung der Kriegerdenkmäler „verurteilt" und sich gleichzeitig dagegen verwahrt, dass zwischen der deutschen Minderheit und rechtsradikalen Elementen eine Verbindung hergestellt werde. Er hat damit dem vielbeachteten Umstand Rechnung getragen, dass aus D eingereiste Rechtsradikale sich in einem Dorf in Schlesien niedergelassen hatten. Diese Rechtsradikalen sind nach uns vorliegenden Informationen inzwischen wieder aus Polen ausgereist.

2) Die Äußerungen Präsident Wałęsas sind angesichts der Anlässe nach Form (massive Kritik von höchster staatlicher Stelle) und Inhalt (Forderung nach polizeilichen Maßnahmen ohne Nennung konkreter Vorwürfe) ungewöhnlich und scheinen überzogen. Es ist auch nicht auszuschließen, dass bewusst ein Zeitpunkt für diese Äußerungen gewählt wurde, zu dem man in D größere Empfänglichkeit für Aufrufe zur Mäßigung vermutet. In jedem Falle ist zu hoffen, dass sie nicht den Anstoß zu einer schwer zu kontrollierenden Eskalation öffentlicher Äußerungen geben. Es ist zu hoffen, dass diese Gefahr mit der Distanzierung Krolls fürs Erste gebannt ist.

In keinem Falle darf die Bundesregierung in eine öffentliche Auseinandersetzung mit PL über die Rolle der deutschen Minderheit in PL hineingezogen werden. Eine solche Auseinandersetzung würde der Minderheit eher schaden als nutzen.

Darüber hinaus hätten wir aus verschiedenen Gründen in einer solchen Auseinandersetzung schlechte Karten. In Polen würde man uns voraussichtlich den Vorwurf machen,

- wir täten nicht genug, um ein Übergreifen der bei uns grassierenden Rechtsradikalen-Aktivität auf PL zu unterbinden (Anmerkung: Die in den letzten Monaten verstärkt zu beobachtende Gewaltbereitschaft von Polen gegenüber Deutschen oder deutschen Einrichtungen in PL wird dort fast ausnahmslos als Reaktion auf entsprechende Entwicklungen gegenüber Polen und polnischen Einrichtungen in D perzipiert);
- die Bundesregierung fördere nach wie vor Institutionen (BdV[9], AGMO[10]), die einer Versöhnung mit Polen entgegenwirkten und die durch den Grenz- und Nachbarschaftsvertrag[11] geschaffenen Realitäten nicht zur Kenntnis nehmen wollten, und räume ihnen aus Bundesmitteln große Möglichkeiten zur Beeinflussung der Meinung der deutschen Minderheit ein;
- unsere Ambivalenz in der Staatsangehörigkeitsfrage[12] verhindere die Ausbildung einer Loyalität der Minderheit zum polnischen Staat.

9 Bund der Vertriebenen.

10 Arbeitsgemeinschaft Menschenrechtsverletzungen in Ostdeutschland.

11 Für den Vertrag vom 17. Juni 1991 zwischen der Bundesrepublik und Polen über gute Nachbarschaft und freundschaftliche Zusammenarbeit vgl. BGBl. 1991, II, S. 1315–1327. Vgl. ferner AAPD 1991, I, Dok. 202.

12 VLR I Brümmer vermerkte am 23. Oktober 1992: „Die Forderung der polnischen Regierung nach Abschaffung/Veränderung von Art. 116 GG und entsprechende Sorge der Minderheit gehen an der Sache vorbei, da Angehörige der deutschen Minderheit in Polen zum weit überwiegenden Teil Deutsche sind. Das formale Feststellungsverfahren ist nur aus Gründen der Überlastung des B[undes]v[erwaltungs]a[mts] z. Zt. langwierig. Angehörige der deutschen Minderheit sind allerdings in erster Linie polnische Staatsangehörige (Sitzland) und Polen verpflichtet. Ihr deutscher Pass wird in Polen zu Recht nicht akzeptiert und nützt dort nichts. Polen könnte die auch bei uns geltende Wehrüberwachung einführen. Vorstellun-

Im Übrigen dürfte infrage gestellt werden, ob unsere Förderungsmaßnahmen – entgegen ihrer erklärten Zielsetzung, dem ganzen Umfeld der deutschen Minderheit zugute zu kommen – nicht objektiv einer Integration der deutschen Minderheit in den neuen polnischen Staat entgegenlaufen.

3) Die Probleme im Zusammenhang mit der deutschen Minderheit haben bisher die gute bilaterale Zusammenarbeit auf Regierungsebene nicht ernsthaft strapaziert. Wir müssen aber davon ausgehen, dass die Minderheitenfrage weiterhin im bilateralen Verhältnis ein besonders wenig belastbares Thema darstellt. Bei jedweder Eskalation in dieser Frage dürfte PL im internationalen Raum weitaus eher als wir die Sympathien auf seiner Seite haben.

Wir sollten daher das beim Besuch von PMin Suchocka[13] ins Auge gefasste Angebot eines Gesprächs auf hoher Ebene (hoher Beamter des AA) zur Minderheitenfrage mit der polnischen Regierung erneuern. Dieses Angebot wurde auch in das Protokoll der Sitzung der Gemeinsamen Kulturkommission[14] aufgenommen. Wir haben indessen bisher keinen konkreten Vorschlag hinsichtlich Person und Termin gemacht.

Dieses Gespräch sollte in großer Offenheit geführt werden und auch gegenüber der Öffentlichkeit, vor allem in PL, Publizität erlangen.

Gegenstand dieses Gesprächs sollte sein:

- Herstellung von Transparenz hinsichtlich unserer Förderung der deutschen Minderheit (Abbau überzogener Vorstellungen auf polnischer Seite über den Umfang der Förderung, ggf. Klarstellungen, wenn von polnischer Seite angebliche Regelverstöße bei Zoll, Steuern usw. moniert werden sollten).
- Einigung über abgestimmtes Einwirken auf die deutsche Minderheit mit dem Ziel einer Beruhigung der Lage. Zu diesem Zweck könnten konkrete Schritte vorab vereinbart werden: gemeinsame Pressekonferenz, u.U. gemeinsame Bereisung ausgewählter Orte in Oberschlesien. In einem weiteren Schritt erscheint Ihr persönlicher Besuch bei der deutschen Minderheit unerlässlich, der bei Ihrem nächsten Polen-Besuch[15] eingeplant werden sollte.
  Bei dieser Gelegenheit sollte auch ein Angebot zur konkreten Zusammenarbeit mit den zuständigen polnischen Stellen bei der Bekämpfung grenzüberschreitender Aktivitäten von Rechtsradikalen gemacht werden.

4) Ein solches Gespräch kann mit Aussicht auf Erfolg nur geführt werden, wenn wir vorher in einer internen Abstimmung mit dem BMI zumindest den Versuch machen, einige Ursachen für ein anhaltendes Glaubwürdigkeitsdefizit unserer Politik gegenüber der deutschen Minderheit in PL zu beseitigen.

Fortsetzung Fußnote von Seite 1635

gen zur Novellierung des Staatsangehörigkeitsgesetzes (BMI) sind noch im Anfangsstadium. Man denkt über eine Begrenzung des Anspruchs auf Feststellung der deutschen Staatsangehörigkeit in der Generationenfolge nach (etwa ab dritter im Ausland lebender Generation kein Anspruch mehr)." Vgl. B 42, ZA-Bd. 176790.

13 Die polnische MPin Suchocka besuchte die Bundesrepublik am 5./6. November 1992. Vgl. Dok. 356.

14 Am 11. November 1992 fand in Bonn die zweite Sitzung der Gemischten Kommission der Bundesrepublik und Polens gemäß Artikel 14 des Abkommens vom 11. Juni 1976 über kulturelle Zusammenarbeit statt. Für das Protokoll vgl. B 42, ZA-Bd. 171252.

15 BM Kinkel besuchte Polen am 30. Juni und 1. Juli 1993.

Dies bedeutet eine stärkere Einbindung des BMI in diese Politik. Dem BMI sollte klargemacht werden, dass, wenn sich schon eine Übernahme der bisher bei ihm liegenden Zuständigkeit für die deutsche Minderheit in PL durch das Auswärtige Amt nicht erreichen lässt, wir eine von Widersprüchen freie Darstellung der Bundesregierung in Polen gewährleistet sehen wollen.

Die (oben bereits grundsätzlich genannten) Störfaktoren liegen vor allem in folgenden Bereichen:

- Zu großer Einfluss des BdV auf Förderungsmaßnahmen und auf die Meinungsbildung innerhalb der deutschen Minderheit. Dem BdV ist es insbesondere gelungen, den Dachverband der Minderheit – VdG[16] – mit Vertrauensleuten zu steuern, die nicht demokratisch gewählt wurden (Vorsitzender Brylka, Geschäftsführer Niemann). Der VdG hat kürzlich gegenüber den gewählten Abgeordneten der Minderheit, die in manchen Fragen eher mäßigend auftreten, einen Alleinvertretungsanspruch nach außen angemeldet. Die institutionelle Förderung des VdG durch den BMI ist erheblich.
- Angreifbarkeit des Förderungskonzepts des BMI im Bereich der Infrastrukturmaßnahmen (z.B. offene Bevorzugung von Gemeinden mit deutscher Mehrheitsbevölkerung mit dem erkennbaren Ziel, die Wiederwahl der Bürgermeister dieser Gemeinden bei den Kommunalwahlen 1993 sicherzustellen).
- Staatsangehörigkeitsfrage. Die polnische Seite erwartet hier von uns die Eröffnung einer zeitlichen Perspektive zur Lösung dieser Frage.

Beim BMI sind Ansätze erkennbar, die Teilhabe des BdV bei der Vermittlung von Förderungsmaßnahmen abzubauen.

Hinsichtlich der Wirkung der vom BMI finanzierten Infrastrukturmaßnahmen auf die Stellung der Minderheit in ihrem polnischen Umfeld dürfte der BMI für eine Diskussion grundsätzlich offen sein.

Ein schwieriges Problem stellen die von BdV, schlesischer Landsmannschaft und AGMO publizierten Pressematerialien (u.a. Deutscher Ostdienst, Schlesische Nachrichten) dar. Diese werden seit jeher vom BMI für die Inlandsarbeit dieser Verbände bezuschusst, seit Öffnung der Grenzen aber in großer Auflage in Polen verteilt. Ob eine „Verbesserung" dieser Dienste im Sinne einer objektiveren Information über die Politik der Bundesregierung ein Weg ist, der mit Aussicht auf Erfolg betrieben werden kann, ist fraglich. Es sollte zumindest auch in Richtung auf eine Einschränkung der Verbreitungsmöglichkeiten (Kürzung der dafür zur Verfügung stehenden Mittel) auf den BMI eingewirkt werden.

Was die spezifischen Petita der deutschen Minderheit an die Adresse der Bundesregierung und ihre Behandlung durch die zuständigen Ressorts angeht (insbesondere sozialrechtliche Fragen), so wurde in vorbereitenden Ressortbesprechungen grundsätzliches Einvernehmen darüber erzielt, dass wir der polnischen Seite unsere Regeln und Praxis erläutern (vgl. Bezugsvorlage).

5) Es wird vorgeschlagen,

- [17]ein Gespräch auf politischer oder StS-Ebene mit dem BMI zur Klärung der oben angesprochenen Fragen zu führen;

[16] Verband der deutschen sozial-kulturellen Gesellschaften in Polen.

[17] An dieser Stelle wurde von MD Chrobog handschriftlich eingefügt: „zunächst".

– [18]der polnischen Regierung ein konkretes Angebot für den Besuch eines hohen Beamten des Auswärtigen Amts unter Beteiligung des BMI in Warschau zu machen, bei dem alle mit der deutschen Minderheit in Polen zusammenhängenden Fragen besprochen werden sollten.[19]

Referat 605 hat mitgezeichnet.

i. V. Elfenkämper

B 42, ZA-Bd. 176790

412

Runderlass des Vortragenden Legationsrats I. Klasse Bettzuege

012-9-312.74 VS-NfD **Aufgabe: 9. Dezember 1992**[1]
Fernschreiben Nr. 76 Ortez

Betr.: Staatsbesuch des Bundespräsidenten in Mexiko, 22. – 28.11.1992

1) Der Staatsbesuch von BPräs v. Weizsäcker in Mexiko hat den qualitativ neuen Stand der deutsch-mexikanischen Beziehungen sichtbar gemacht und ein Zeichen gesetzt für deren weitere Entwicklung. Die erfolgreiche Öffnungspolitik der Regierung Salinas hat in den Beziehungen mit Deutschland in den letzten Jahren zu einem Aufschwung von Wirtschaftsaustausch und hochrangigen Besuchen geführt (seit 1990 zwei Arbeitsbesuche Präs. Salinas in Bonn[2], vier Besuche AM Solana[3]). Mexiko gilt – insbesondere nach Abschluss des allerdings noch zu ratifizierenden Nordamerikanischen Freihandelsabkommens mit USA und Kanada (NAFTA) im Okt. 92[4] – für die deutsche Industrie als wichtiger Markt und zu-

18 An dieser Stelle wurde MD Chrobog handschriftlich eingefügt: „anschl[ießend]".

19 VLR Elfenkämper vermerkte am 29. Dezember 1992: „BM hat angeordnet, dass StS Kastrup sich der Angelegenheit annimmt. VLR Dr. Ney/014 hat am 23.12.1992 telefonisch mitgeteilt, dass StS Kastrup Mitte Januar telefonisch mit dem BMI wegen eines Termins Kontakt aufnehmen wird." Vgl. B 42, ZA-Bd. 176790.

1 Der Runderlass wurde von VLR Krier konzipiert.

2 Der mexikanische Präsident Salinas hielt sich am 30. Januar 1990 in der Bundesrepublik auf. Vgl. AAPD 1990, I, Dok. 19.
Ferner besuchte Salinas die Bundesrepublik vom 29. Juni bis 2. Juli 1991. Vgl. AAPD 1991, II, Dok. 215.

3 Referat 331 vermerkte am 7. Mai 1992, der mexikanische AM Solana habe sich im Januar 1990, April 1991 und, zusammen mit Präsident Salinas, im Juli 1991 in der Bundesrepublik aufgehalten. Am 2. Juli 1991 sei eine Vereinbarung über regelmäßige außenpolitische Konsultationen unterzeichnet worden. Vgl. B 33, ZA-Bd. 161423.
Am 12./13. Mai 1992 besuchte Solana die Bundesrepublik erneut. Anlass war die erste Runde der 1991 vereinbarten Konsultationen. Zum Gespräch des BM Genscher mit Solana am 12. Mai 1992 vgl. Dok. 140, Anm. 11.

4 Zu den NAFTA-Verhandlungen vgl. Dok. 145, Anm. 5.
Botschafter Dingens, Mexiko-Stadt, berichtete am 7. September 1992: „Am 12.8.1992 haben die USA, Mexiko und Kanada ihre Verhandlungen über die Errichtung einer trilateralen Freihandelszone (North American

kunftsträchtiger Standort für Investitionen. Umgekehrt hat Mexiko im Zuge der Diversifizierung seiner Außenaktivitäten gerade Deutschland als wichtigsten Kooperationspartner in Europa im Visier. Dieses wachsende gegenseitige Interesse, das auch politische Kontakte und Kulturaustausch einschließt, wurde während des Staatsbesuchs immer wieder deutlich.

2) Der Besuch stand zu Beginn unter dem frischen Eindruck der Morde von Mölln.[5] Es gab einen erheblichen Erklärungs- und Informationsbedarf zu Fragen von Ausländerfeindlichkeit und Rassismus in Deutschland, ebenso zu den Problemen des Vollzugs der deutschen Vereinigung und den Aussichten des Maastricht-Vertrages. Die Pressekonferenz am 24.11. 1992 wurde vom Thema Rechtsextremismus dominiert. BPräs und BM erläuterten immer wieder die Hintergründe der rechtsradikalen Ausschreitungen und die feste Verankerung der deutschen Demokratie. Die Pressestimmen waren kritisch, die Äußerungen der offiziellen Gesprächspartner verständnisvoll.

3) In den Gesprächen von BPräs und BM mit Staatspräsident Salinas und AM Solana herrschte weitgehend Gleichklang in allen wichtigen politischen und vor allem wirtschaftlichen Fragen. Im Vordergrund standen die Perspektiven der zukünftigen Zusammenarbeit, die beide Seiten angesichts der besonderen Rolle Mexikos in der Region und des deutschen Engagements in Mexiko auf gutem Wege sehen. BPräs brachte seine Anerkennung für den erfolgreichen Reformkurs und die mutige Öffnungspolitik von Präs. Salinas zum Ausdruck sowie seine Hoffnung, dass Mexiko sich auch als Mitglied von NAFTA weiterhin für den freien Welthandel einsetzen werde. Er war sich mit Präs. Salinas einig, dass protektionistischen Bestrebungen entgegenzuwirken ist. AM Solana versicherte, deutsche Investitionen sowie unser Handelsaustausch mit Mexiko würden durch NAFTA nicht beeinträchtigt. BM drängte auf Abschluss eines bilat. Investitionsförderungsvertrages. Die mexikanische Seite sagte zu, sich um eine Regelung des Schutzes von Auslandsinvestitionen zu bemühen. Sie verknüpfte dies mit dem Wunsch, Deutschland möge sich im Gegenzug für eine stärkere Annäherung EG – Mexiko und eine Verbesserung des mex. Zugangs zum EG-Markt einsetzen.

4) BM traf mit AM Solana zur zweiten Runde der (1991 vereinbarten) außenpolitischen Konsultationen zusammen. Der Gedankenaustausch der Minister war besonders dicht und ergiebig, deckte alle wichtigen bilateralen und internationalen Themen ab und brachte eine weitgehende Übereinstimmung gerade bei multilateralen Fragen. GATT, OECD, NAFTA und die Zukunft des bilat. Wirtschaftsaustauschs, die Lage in Lateinamerika, Reform des

Fortsetzung Fußnote von Seite 1638

Free Trade Agreement, NAFTA) erfolgreich abgeschlossen. [...] Der Vertrag, der zum 1.1.1994 in Kraft treten soll, hat die Voraussetzungen für die mit 360 Mio. Menschen größte Freihandelszone der Welt geschaffen. Das NAFTA-Abkommen umfasst nahezu sämtliche Wirtschaftssektoren und erfasst zunächst 80 % der Handelspositionen. Dieser Prozentsatz wird sich innerhalb der nächsten 15 Jahre auf fast 100 % erhöhen." Vgl. SB Nr. 780; B 33, ZA-Bd. 159033.

Botschafter Ellerkmann, Ottawa, teilte am 18. Dezember 1992 mit, der kanadische MP Mulroney habe das NAFTA-Abkommen am 17. Dezember 1992 unterzeichnet. Entsprechende Unterzeichnungszeremonien seien in Washington und Mexiko-Stadt erfolgt. Nationalistische Gruppen, Gewerkschaften und Umweltschutzorganisationen hätten Kritik geübt. Vgl. DB Nr. 797; B 221, ZA-Bd. 166724.

Für das Abkommen vom 17. Dezember 1992 vgl. https://can-mex-usa-sec.org/secretariat/agreement-accord-acuerdo/nafta-alena-tlcan/index.aspx?lang=eng.

5 Zum fremdenfeindlichen Brandanschlag am 23. November 1992 vgl. Dok. 386, Anm. 2.

VN-Systems, Situation in GUS/Russland/MOE sowie Nahost (Israel-Reise BM[6]) waren neben einer eingehenden Erörterung deutscher Probleme (Einigung, Rechtsextremismus, Asyl) die wichtigsten Themen in zwei ausführlichen Gesprächen der beiden Minister. BM lud Solana zur nächsten Runde der Konsultationen für 1993 nach Bonn ein.[7]

BM hatte auch zum Thema Achtung der Menschenrechte in Mexiko ein offenes Gespräch mit seinem Amtskollegen. Er würdigte die erhebliche Verbesserung der Menschenrechtslage seit Salinas' Amtsantritt (auch: Situation der Indios), machte aber auf anhaltend kritische Stimmen in der deutschen Öffentlichkeit aufmerksam. Ferner sprach er konkret die Fälle von zwei in Mexiko inhaftierten deutschen Staatsangehörigen an.[8]

5) Aufschlussreich und wichtig war ein Meinungsaustausch mit führenden Vertretern der in Mexiko ansässigen deutschen Industrie im Rahmen eines Mittagessens der Deutsch-Mexikanischen Handelskammer. Die deutsche Wirtschaft vor Ort bewertete den Staatsbesuch als wichtigen Beitrag zur politischen Absicherung ihrer Investitions- und Handelsinteressen. Ein bilaterales Investitionsschutzabkommen ist nach ihrer Ansicht vor allem auch als psychologische Hilfe für kleinere und mittlere Firmen von großer Bedeutung. BM unterstrich bei dieser Gelegenheit nachdrücklich die Bereitschaft der deutschen Diplomatie zur konkreten Unterstützung der Wirtschaft.

6) Ein Besuch des BPräs bei VW in Puebla, das – auch vor dem Hintergrund von NAFTA – erhebliche Investitionen plant, rundete den wirtschaftlich dominierenden Teil der Reise ab.

7) Besonderes Gewicht legte der BPräs, der auf seiner Reise u.a. von Hans Magnus Enzensberger als Sondergast begleitet wurde, auf die Bedeutung des kulturellen Austauschs zwischen Deutschland und Mexiko. In einem ausführlichen Gespräch mit Octavio Paz nahm der BPräs Gesprächsfäden früherer Begegnungen mit dem mex. Literaturnobelpreisträger wieder auf. Das Konzert der Bamberger Symphoniker im Jugendstil-Gebäude „Palacio de Bellas Artes" war ein großer Erfolg. Im Rahmen des inoffiziellen Teils seiner Mexiko-Reise besuchte der BPräs die Maya-Stätten Uxmal und Chichén Itzá.

8) Parallel zum Staatsbesuch tagte die deutsch-mexikanische Beratergruppe in zweiter Sitzung. Dieses regierungsunabhängige Gremium führender Köpfe aus Wirtschaft und Kultur arbeitet in ca. 18 Monaten Empfehlungen für die Gestaltung der künftigen deutsch-mexikanischen Beziehungen aus. Höhepunkt war die gemeinsame Unterrichtung von BPräs und Präs. Salinas durch die Sprecher der Gruppe.

9) Während des Staatsbesuchs wurde deutlich, dass Mexiko in den letzten Jahren erheblich selbstbewusster geworden ist. Aufgrund seines beachtlichen Wirtschaftswachstums sieht sich das Land inzwischen als Nr. 1 in Lateinamerika und außerdem als wichtigen Mittler zwischen Nord und Süd auf dem amerikanischen Kontinent. Mit dieser Überzeugung stehen die Mexikaner nicht allein da. Die deutsche Wirtschaft lenkt ihre Interessen zunehmend auf

6 Zum Besuch des BM Kinkel vom 17. bis 19. November 1992 in Israel vgl. Dok. 364 und Dok. 378.

7 Der mexikanische AM Solana hielt sich am 28./29. April 1993 in der Bundesrepublik auf. Vgl. AAPD 1993.

8 Referat 331 vermerkte am 11. November 1992, eine deutsche Staatsangehörige befinde sich wegen Besitzes von 300 Gramm Marihuana und Hehlerei seit mehr als drei Jahren in Haft: „Prozess befindet sich erst im Anfangsstadium. Länge der U-Haft dürfte auch mit mex[ikanischen] Gesetzen nicht in Einklang stehen." Ein weiterer deutscher Staatsangehöriger sei wegen Besitzes von 140 Gramm Kokain zu elf Jahren Gefängnis verurteilt worden: „Strafe ist für unsere Vorstellungen sehr hart. [...] Bereits dreieinhalb Jahre Haft verbüßt. Gute Führung." Vgl. B 33, ZA-Bd. 161438.

Mexiko. Mexiko ist heute der größte Abnehmer deutscher Produkte in Lateinamerika und steht bei unseren Investitionen in LA an zweiter Stelle. Die Technogerma wird 1994 in Mexiko stattfinden. In der Außenpolitik gibt es mehr Übereinstimmung, auf kulturellem und wissenschaftlichem Sektor ist der Zuwachs an Zusammenarbeit und Austausch nicht zu übersehen. Der Staatsbesuch des BPräs hat diese Tendenz verdeutlicht und verstärkt.

Bettzuege[9]

B 5, ZA-Bd. 161325

413

Vermerk des Referats 215

10. Dezember 1992[1]

Die Lage in Jugoslawien und der Stand der Friedensbemühungen

1) Seit der Londoner Konferenz[2] hat sich die Lage in den Konfliktgebieten des ehemaligen Jugoslawien weiter verschlechtert. Was Bosnien-Herzegowina betrifft, so sind die von serbischer Seite in London eingegangenen Verpflichtungen nicht eingehalten worden, sodass viele der damaligen Beschlüsse nicht haben verwirklicht werden können. Dies gilt insbesondere für folgende Punkte:

(1) Verzicht auf den Einsatz schwerer Waffen: Die Beschießung moslemisch gehaltener Städte wurde fortgesetzt und ist in letzter Zeit noch intensiver geworden.

(2) Deblockierung und Demilitarisierung der großen Städte: Gerade strategisch bedeutsame Städte sind zum Objekt serbischer Offensiven geworden (Eroberung von Jajce, verstärkter Druck auf Travnik und Sarajevo).

(3) Zusammenarbeit bei der Lieferung von humanitären Hilfsgütern in alle Regionen: Die Behinderung humanitärer Konvois durch die Serben weckt den Verdacht, dass die Serben den Winter als willkommenen Verbündeten bei der Zerstörung der Moslems betrachten.

(4) Ende der Vertreibungen: Während die offenen und brutalen Vertreibungen nachgelassen haben, wird Moslems und Kroaten in den serbisch kontrollierten Gebieten weiterhin das Leben so schwergemacht, dass sie „freiwillig“ abziehen. Von einer Rückkehr der Vertriebenen kann ohnehin keine Rede sein.

(5) Verhandlungen ohne Vorbedingungen über die Neuordnung von Bosnien-Herzegowina: Die serbische Seite setzt immer noch auf die faktische Zerschlagung dieses Staates im Namen des Selbstbestimmungsrechts des serbischen Volkes.

(6) Rückzug der Serben aus „substanziellen“ Teilen der eroberten Gebiete: Die Serben setzen ihren Vormarsch auf Kosten der Moslems fort.

9 Paraphe.

1 Kopie.
2 Zur internationalen Jugoslawien-Konferenz am 26./27. August 1992 vgl. Dok. 269.

2) Auch die Regierung in Belgrad ist – ganz abgesehen von ihrer grundsätzlichen Mitverantwortung für die Geschehnisse in Bosnien-Herzegowina – ihren Verpflichtungen nicht nachgekommen:

(1) Sie hat noch immer nicht den Staat Bosnien-Herzegowina förmlich anerkannt.

(2) Die militärischen Operationen in Bosnien-Herzegowina werden noch immer von Belgrad aus mitgesteuert (dies ist die Auffassung unserer Militärs).

(3) Die materielle und moralische Unterstützung für die Serben in BuH ist ungebrochen; von einer energischen Einwirkung auf die bosnischen Serben im Sinne der Beschlüsse von London kann keine Rede sein.

(4) Verbale Distanzierungen von den Menschenrechtsverletzungen und Kriegsverbrechen seitens „aufgeklärter" Politiker in Belgrad ändern nichts an der Tatsache, dass die serbische Öffentlichkeit das Ausmaß der von serbischer Seite begangenen Untaten nicht zur Kenntnis nehmen will und – angesichts der weitgehenden Kontrolle der Medien durch die nationalistischen Kräfte – dies auch nur in geringem Maße tun könnte. Von einer Verfolgung der Täter kann ohnehin keine Rede sein.

3) Auch in den anderen Konfliktbereichen ist die Lage durch konsequente serbische Verweigerung gekennzeichnet:

(1) Der Vance-Plan für die VN-Friedensoperation in Kroatien[3] wird, unter Bruch bereits eingegangener Verpflichtungen, sabotiert (keine Entwaffnung paramilitärischer Einheiten, keine ethnisch gemischten Polizeieinheiten, keine Rückkehr der Flüchtlinge, sondern Fortsetzung des Terrors gegen Nicht-Serben).

(2) Die serbischen Führer in den von ihnen kontrollierten Gebieten Kroatiens weigern sich – mit stillschweigender Unterstützung aus Belgrad –, über die im Carrington-Plan vom November 1991[4] vorgesehene regionale Autonomie zu verhandeln.

(3) In der Wojwodina hält der Druck auf die nicht-serbischen Nationalitäten an. Es gibt keine ernsthaften Bemühungen, den Ungarn Autonomie einzuräumen oder die alte Autonomie der Provinz wiederherzustellen.

(4) Im Sandžak haben die Spannungen zwischen Serben und Moslems zugenommen. Es gibt Hinweise auf eine „stille" ethnische Säuberung, indem man die Moslems durch Erschwerung ihrer Lebensumstände zur Auswanderung bewegt.

(5) Die Kosovo-Frage befindet sich in einer völligen Sackgasse. Ein Ausbruch von Gewalt kann jederzeit erfolgen. Die serbische Seite ist derzeit weder zu konkreten Verbesserungen der Lage der Albaner noch zu politischen Verhandlungen über den künftigen Status der Provinz bereit.

4)[5] Dies bedeutet, dass die Prämissen der Genfer Friedenskonferenz[6] sich als falsch erwiesen haben: nämlich alles zu unterlassen, was zu einer Verschärfung des Konfliktes hätte

3 Zum Plan des Sonderbeauftragten des VN-GS für Jugoslawien, Vance, vgl. Dok. 2, Anm. 6.

4 Für das Dokument „Treaty Provisions for the Convention" vom 4. November 1991 („Carrington-Plan") vgl. B 42, ZA-Bd. 175713.

5 Korrigiert aus: „3)".
Die folgende Nummerierung wurde durchgehend korrigiert.

6 Vgl. die Sitzung des Lenkungsausschusses der Jugoslawien-Konferenz auf Ministerebene am 16. Dezember 1992; Dok. 430.

beitragen können (z. B. Aufhebung des Waffenembargos[7] oder sogar militärische Schläge), und stattdessen alle Bemühungen auf eine Lösung zusammen mit den Serben zu konzentrieren. Als zunehmend brüchig erweist sich auch die Hoffnung, im Einvernehmen mit den Serben wenigstens die notwendige humanitäre Hilfe leisten zu können, eine Hoffnung, die die Raison d'être der VN-Präsenz in BuH darstellt.

5) Die fortgesetzte Düpierung der mit dem Konflikt befassten internationalen Instanzen untergräbt immer nachhaltiger deren Glaubwürdigkeit, eine Entwicklung, die auf Dauer zu nachhaltig negativen Konsequenzen für die allgemeine Akzeptanz und Durchsetzungsfähigkeit dieser Institutionen (VN, EG, KSZE) führen muss. Es gibt Anzeichen dafür, dass diese Erkenntnis sich immer stärker verbreitet. Hinzu kommt, dass in Berichten und Resolutionen (z. B. der Menschenrechtskommission in Genf[8]) die überwiegende Verantwortung der serbischen Seite für Menschenrechtsverletzungen festgehalten und damit die bisherige Linie einer eher gleichwertigen Betrachtung aller Kriegsparteien zunehmend verlassen wird.

6) Die gesamte Entwicklung läuft nunmehr konsequent auf eine Frage zu: Wie lässt sich der faktischen serbischen Doppelstrategie begegnen (Intransigenz und Gewaltpolitik der Serben außerhalb Serbiens, Friedensrhetorik oder zumindest Ableugnen jeglicher Verantwortung in Belgrad), nicht zuletzt auch im Interesse der Wiederherstellung der Glaubwürdigkeit der westlichen Jugoslawien-Politik? Haben wir nicht den Punkt erreicht, an dem, wenn überhaupt, Beschlüsse nur noch mit einer glaubhaften Gewaltandrohung oder sogar mittels Gewalt durchgesetzt werden können? Die fast ultimativen Beschlüsse der islamischen Länder in Dschidda am 2. Dezember[9] und die Intensivierung der serbischen Kriegsführung in den letzten Tagen haben dieses Problem zugespitzt. Eine Antwort muss bald, spätestens in den ersten Monaten des kommenden Jahres, gegeben werden.

7) Im Falle einer Entscheidung, die Konfrontation mit den Serben nicht mehr zu scheuen, könnte die Staatengemeinschaft folgende Maßnahmen allein oder in Verbindung miteinander in Betracht ziehen:

(1) Abbruch jeglicher Beziehungen zu Serbien und Blockade dieses Staates und aller unter serbischer Kontrolle befindlicher Territorien.

7 Vgl. die Resolution Nr. 713 des VN-Sicherheitsrats vom 25. September 1991; RESOLUTIONS AND DECISIONS 1991, S. 42 f. Für den deutschen Wortlaut vgl. EUROPA-ARCHIV 1991, D 550–552.

8 Vgl. die Sondersitzung der VN-Menschenrechtskommission am 30. November und 1. Dezember 1992 in Genf; Dok. 430, Anm. 5.

9 In Dschidda fand am 1./2. Dezember 1992 ein außerordentliches Treffen der Außenminister der OIC-Mitgliedstaaten statt. VLR I Libal vermerkte am 10. Dezember 1992, die Schlusserklärung weise auf eine „entschiedene Verhärtung" der Positionen hin: „Aufforderung an den VN-SR, sofort Maßnahmen gegen Serbien/Montenegro zu ergreifen, einschließlich die Anwendung von Gewalt nach Kap. VII der VN-Charta; Recht BuHs auf individuelle oder kollektive Selbstverteidigung; die Mitgliedstaaten der OIC werden zur Unterstützung von BuH bei der Selbstverteidigung gemäß Kap. VII der Charta aufgerufen; der VN-SR wird zwar nicht zur Aufhebung des Waffenembargos aufgerufen, aber doch zu einer ‚Klarstellung', dass das Embargo BuH ausschließt […]; eine Frist bis zum 15. Januar ist für die Überprüfung der Implementierung der Beschlüsse von SR und der ICFY durch den SR gesetzt worden." Vgl. B 42, ZA-Bd. 183162.
Die Erklärung vom 2. Dezember 1992 wurde mit FK Nr. 1176 des BR I Daum, Genf (Internationale Organisationen), vom 3. Dezember 1992 übermittelt. Vgl. B 42, ZA-Bd. 183162.

(2) Gewaltmaßnahmen nach Kapitel VII der VN-Charta[10], z.B. zur Durchsetzung des Verbots für militärische Flüge. Dies würde allerdings die VN-Truppen einer erhöhten Gefährdung aussetzen und möglicherweise ihren Abzug notwendig machen. Angesichts der Schwierigkeiten bei der humanitären Hilfe ist es jedoch zweifelhaft, ob die weitere VN-Präsenz unter allen Umständen Priorität zu genießen hat. (Das Scheitern der VN-Mission in Bosnien-Herzegowina wird bereits von führenden Vertretern der VN zugegeben; das Gleiche gilt für Kroatien.)

(3) Einsatz von Gewalt zu humanitären Zwecken, d.h. zur Schaffung von Sicherheitszonen und zur Freikämpfung von Konvoi-Routen. Derartige Einsätze sind bislang von den mit Truppen vertretenen Staaten, aber auch von den humanitären Organisationen selbst abgelehnt worden. Sie würden einen massiven Einsatz von Bodentruppen erforderlich machen.

(4) Aussetzung des Waffenembargos für die bosnische Regierung durch Lieferung von Defensivwaffen (Forderung der Konferenz Islamischer Staaten).

(5) Eventuell in Ergänzung von (4): die Freigabe militärischer Unterstützung der Regierung in Sarajevo durch Staaten, die zu einem solchen Einsatz bereit wären (Türkei?) unter Berufung auf das Recht zur kollektiven Selbstverteidigung.

8) Die Entscheidungen über diese Optionen liegen letzten Endes in der Hand der ständigen Sicherheitsratsmitglieder und jener Staaten, die Truppen im ehemaligen Jugoslawien unterhalten. Wir können nur indirekt auf Meinungsbildung einwirken. Voraussichtlich werden in Genf noch keine definitiven Entscheidungen getroffen. Mehr als die vieler anderer Staaten ruht unsere eigene Außenpolitik auf dem Vertrauen in die Glaubwürdigkeit und Effizienz internationaler Institutionen. Wir sollten daher alle Schritte ermutigen, die darauf hinauslaufen, den Respekt vor diesen Institutionen wiederherzustellen.

B 42, ZA-Bd. 183683

414

Schreiben des Bundeskanzlers Kohl, z.Z. Edinburgh, an den russischen Präsidenten Jelzin

11. Dezember 1992[1]

Sehr geehrter Herr Präsident,

ich bin heute durch ein Schreiben des geschäftsführenden Vorsitzenden der Regierung der Russischen Föderation, J. Gajdar[2], sowie über die deutsche Botschaft in Moskau davon

10 Für Kapitel VII der VN-Charta vom 26. Juni 1945 vgl. BGBl. 1973, II, S. 458–465.

1 Kopie.
Das Schreiben wurde von MD Hartmann, Bundeskanzleramt, am 12. Dezember 1992 an das Auswärtige Amt für die Reise des StS Kastrup nach Russland am selben Tag übermittelt. Dazu vermerkte er: „Es folgt Brief des BK, den StS Kastrup übergeben wird und für den bis zur Ankunft 12:45 OZ Moskau Übersetzung vorliegen sollte." Vgl. die FK; B 41, ZA-Bd. 221687.

2 Mit Schreiben vom 11. Dezember 1992 an BK Kohl teilte der geschäftsführende russische MP Gajdar

unterrichtet worden, dass Ihre Regierung von dem in den Verhandlungen zwischen meinem persönlichen Beauftragten, Staatssekretär Dr. Köhler, mit dem stellvertretenden Ministerpräsidenten Schochin erzielten Ergebnis[3] abgerückt ist und damit das Gesamtpaket wieder öffnet.

Diese Tatsache überrascht mich; beide Verhandlungsführer hatten nach Abschluss der Verhandlungen diese ausdrücklich als abgeschlossen erklärt, und es war doch unser beiderseitiger Wunsch, bei Gelegenheit meines Besuches in Moskau[4] durch die Unterzeichnung einer entsprechenden Erklärung einen für alle erkennbaren Schlussstrich unter diese Fragen zu ziehen.

Ich würde es bedauern, wenn durch die jetzt eingetretene Entwicklung der von uns beiden angestrebte politische Abschluss dieser schwierigen Verhandlungen nicht zustande käme und sich damit auch der Charakter meines Besuches verändern würde.

Ich möchte Ihnen ausdrücklich versichern, dass ich unverändert daran interessiert bin, diese Fragen auf der Grundlage des erzielten Ergebnisses endgültig zu bereinigen, um damit nicht zuletzt den Weg für eine zukunftsgewandte Gestaltung der deutsch-russischen Beziehungen zu ebnen.

Um die Bedeutung zu unterstreichen, die ich diesen Fragen beimesse, habe ich den Staatssekretär des Auswärtigen Amtes, Dr. Kastrup, beauftragt, dieses Schreiben persönlich dem geschäftsführenden Vorsitzenden der Regierung der Russischen Föderation, Herrn J. Gajdar, zu überbringen und für weitere Erläuterungen zur Verfügung zu stehen.[5]

Mit freundlichen Grüßen
Ihr Helmut Kohl

B 41, ZA-Bd. 221687

Fortsetzung Fußnote von Seite 1644
mit, „dass die von deutscher Seite vorgeschlagene Lösung in der Frage des Transferrubelsaldos die Möglichkeit finanzieller Belastungen für die russische Seite nicht völlig beseitigt. Somit kann sie von uns nicht als vollwertige Null-Variante angesehen werden, die der vorgeschlagenen Variante in der Frage des Immobilienvermögens der Westgruppe der Truppen entspräche". Zudem verwies Gajdar auf die Verhandlungen im Pariser Club zur Regelung der Altschulden der ehemaligen UdSSR: „Der zum gegenwärtigen Zeitpunkt erzielte Fortschritt bei diesen Verhandlungen erlaubt es bislang nicht, zu für Russland realistischen Zahlungen zur Schuldenbedienung im Jahr 1993 zu kommen." Vgl. B 63, ZA-Bd. 170615.

3 MD Dieckmann notierte am 8. Dezember 1992, MD Haller, BMF, habe ihn telefonisch vorab über die wesentlichen Ergebnisse der Gespräche des StS Köhler, BMF, mit dem stellvertretenden russischen MP Schochin am Vortag in Moskau informiert: „Null-Lösung bei den Liegenschaften. Faktische Null-Lösung beim Transferrubelsaldo (Anspruch wird grundsätzlich aufrechterhalten, in den nächsten fünf Jahren aber nicht geltend gemacht. Nach fünf Jahren redet man weiter.). Entgegenkommen bei den Umschuldungsverhandlungen im Pariser Club. Abzug der russischen Truppen aus den NBL bereits bis zum 30.6.1994 bei vorzeitiger Auszahlung der im Überleitungsvertrag für das ganze Jahr 1994 vorgesehenen Zahlungen für Aufenthalt (DM 250 Mio.) und Transport (50 Mio.). Einmalige Zahlung von DM 500 Mio. für aus den Streitkräften ausscheidende Offiziere zur Reintegration in das zivile Leben". Vgl. B 52, ZA-Bd. 173909.
Mit Schreiben vom 8. Dezember 1992 an BK Kohl übermittelte Köhler eine Zusammenfassung der Gesprächsergebnisse. Vgl. B 52, ZA-Bd. 173909.

4 BK Kohl hielt sich am 15./16. Dezember 1992 in Russland auf. Vgl. Dok. 419 und Dok. 420.

5 Zur Übergabe des Schreibens vgl. Dok. 417.

415

Drahtbericht des Botschafters von Ploetz, Brüssel (NATO)

VS-NfD **Aufgabe: 11. Dezember 1992, 17.55 Uhr**[1]
Fernschreiben Nr. 1912 **Ankunft: 11. Dezember 1992, 18.20 Uhr**
Citissime

Betr.: Verteidigungsplanungsausschuss (DPC) Ministerkonferenz am 10.12.1992; hier: Bericht geschlossener Sitzungsteil

Bezug: DBs Nr. 1897[2] und 1898 vom 10.12.1992 – B-363.13

Zur Unterrichtung

I. Bewertende Zusammenfassung

Das Herbsttreffen der Verteidigungsminister im Verteidigungsplanungsausschuss stand im Zeichen schwieriger sicherheitspolitischer Herausforderungen und Fragen, auf die sie – jedenfalls im operativen Sinn – viele Antworten schuldig bleiben mussten, weil auch ihre Regierungen vielfach noch keine abschließenden Positionen haben. US-Übergangssituation schlug insoweit besonders zu Buche:

a) Im Jugoslawien-Konflikt und Friedenswahrung

Militärische Reaktionen im VN-Rahmen auf Verletzung von Sicherheitsratsresolutionen (z. B. Verbot militärischer Flüge über B-H[3]), fortgesetzte massive und systematische Verletzung von Menschenrechten oder zur Verhinderung einer Konfliktausweitung wurden intensiv erörtert, teils mit Zeichen der Frustration über Lage. Öffentliche Äußerungen zu operativen Planungen, etwa des Vorsitzenden des Militärausschusses[4], fielen wesentlich konkreter aus als Ministeräußerungen. Europäische Minister blieben auf derselben Linie wie beim Eurodinner (vgl. Bezugs-DB).

Scheidender US-VM Cheney blieb dabei, dass ein Einsatz von US-Bodentruppen nicht in Betracht komme. Er musste sich aber der Frage stellen, warum USA sich in Somalia massiv engagierten, beim Jugoslawien-Konflikt aber ambivalent reagierten. In einer Art Vermächtnis definierte Cheney sechs Kernaufgaben der Allianz, deren Nichterfüllung auch künftiges Verbleiben in Europa gefährden könnte (s. Bericht zu TOP III Ziffer 6).

Äußerungen machten insgesamt deutlich, dass die Minister unter wachsendem politischen Druck der eigenen wie auch der internationalen Öffentlichkeit stehen. Vielen war bewusst, dass sie dem in der letzten Zeit noch massiveren Druck auf Kürzung der Verteidigungshaushalte nur dann entgegentreten können, wenn sie die teuren militärischen Instrumente auch zur Beendigung eines Krieges mitten in Europa oder wenigstens zur

1 Das von Kapitän zur See Feist, BMVg, z. Z. Brüssel, konzipierte Fernschreiben wurde in zwei Teilen übermittelt. Vgl. Anm. 18.
Hat VLR Schumacher vorgelegen.

2 Die Ständige Vertretung bei der NATO in Brüssel berichtete über das „Eurodinner" am Vorabend. Vgl. B 29, ZA-Bd. 213060.

3 Vgl. die Resolution Nr. 781 des VN-Sicherheitsrats vom 9. Oktober 1992; Resolutions and Decisions 1992, S. 27. Für den deutschen Wortlaut vgl. Europa-Archiv 1993, D 147 f.

4 Vigleik Eide.

Verhinderung seiner Ausweitung einsetzen. GB hielt sich, auch mit Rücksicht auf USA, zurück, sodass NL und NWG eine Art Meinungsführerschaft zuwuchs.

Klaren Widerspruch aber ernteten Länder wie NL und B, die aus den Haushaltszwängen eine strategische Tugend machen wollten, indem sie massive, im Bündnis bisher nicht konsultierte Streitkräftereduzierungen und Optimierung der Reststreitkräfte auf Friedenswahrung und Krisenmanagement (dies kombiniert mit einem bemerkenswerten Engagement bei allen friedenswahrenden und humanitären Einsätzen) als situationsgebotene strategische Neuorientierung anboten. Anerkennung für den Einsatz war gepaart mit der Warnung, die auch für Friedenswahrung und Krisenmanagement unverzichtbare solide Basis an Verteidigungskräften nicht zu vernachlässigen.

b) Kompetenzabgrenzung Rat/DPC

Die Verteidigungsminister mussten sich mit operativen Antworten zu Friedenswahrung und Krisenmanagement angesichts des der Allianz von Frankreich aufgezwungenen sog. „Verfassungsstreits" zurückhalten.[5] Dem waren Mahnungen zahlreicher Verteidigungsminister vorausgegangen, unter Respektierung der Ratszuständigkeit als Beschlussgremium mit der kollektiven Vorbereitung der Fähigkeit zu friedenswahrenden Maßnahmen unverzüglich zu beginnen. Minister folgerten daher, dass „Unterstützung von VN- und KSZE-Friedenswahrung in die Aufträge der NATO-Streitkräfte und -Hauptquartiere aufgenommen werden soll" (Ziffer 4 Kommuniqué[6]).

Um NATO-Rat am 17.12.[7] nicht zu präjudizieren, aber dennoch unverzüglich die notwendigen Vorbereitungen einzuleiten, beauftragten Minister das DPC auf Ebene der Ständigen Vertreter mit Vorlage eines operativen Berichts beim Frühjahrstreffen im Mai 1993[8] (Ziffer 4 des Kommuniqués). Er solle bestimmte Maßnahmen identifizieren in spezifischen Bereichen wie operative Führung (command and control), Logistik, Infrastruktur, Ausbildung und Übungen.

c) NAKR-Partner und Friedenswahrung

Minister waren besorgt, dass Partner über bisher rhetorischen Charakter der Zusammenarbeit massiv enttäuscht sein könnten. Ihre Bereitschaft, etwa bei Planung und Übung in konkrete Zusammenarbeit einzutreten, war unterschiedlich ausgeprägt. USA drängten am intensivsten. Wichtige Weichenstellungen stehen am 18.12.92 im NAKR[9] an, wo sich

5 Das BMVg vermerkte am 7. Dezember 1992: „Es ist zu erwarten, dass während des geschlossenen Sitzungsteils das Thema Peacekeeping auch vor dem Hintergrund der von F initiierten ‚Verfassungsdebatte' erörtert wird. Im Kern geht es dabei um die Zuständigkeiten des Rats (zu 16) und des DPC (zu 15) – also der VM – bei der Wahrnehmung dieser Zukunftsaufgabe der Allianz. [...] Für den Fall, dass die Verfassungsdebatte breiteren Raum einnimmt, werden sich vermutlich insbesondere UK und US, wie auch bisher, als Wortführer erweisen. Ihre Zielsetzung ist es, im Grundsatzkonflikt mit F in dessen Abwesenheit Positionen zu 15 zu verabschieden, die zu 16 (im Rat) derzeit noch strittig sind. Darüber hinaus sollen möglichst viele Kompetenzen für Peacekeeping beim DPC (bzw. zu 15) angesiedelt werden." Vgl. B 14, ZA-Bd. 161250.

6 Für Ziffer 4 des Kommuniqués der Ministersitzung des DPC der NATO am 10./11. Dezember 1992 in Brüssel vgl. NATO FINAL COMMUNIQUÉS 1991–1995, S. 84 f. Für den deutschen Wortlaut vgl. BULLETIN 1992, S. 1255.

7 Zur NATO-Ministerratstagung in Brüssel vgl. Dok. 431.

8 Die gemeinsame Ministersitzung von DPC und NPG fand am 25./26. Mai 1993 in Brüssel statt.

9 Zur NAKR-Ministertagung in Brüssel vgl. Dok. 435.

bisher F querlegt. VMs wiesen vorsorglich GDM[10] an, für VM-Treffen mit Kooperationspartnern im Frühjahr[11] Beschlüsse vorzubereiten.

d) Kosten- und Lastenteilung bei Friedenswahrung

Auch in anderen Bündnisländern scheinen im Augenblick die Verteidigungshaushalte stark strapaziert zu sein. Daher ein massives Drängen der Verteidigungsminister auf faire internationale Lastenteilung, sonst werde Bereitschaft zu friedenswahrendem Einsatz rapide sinken. Kein Partner wollte jedoch Klärung im NATO-Rahmen. Säumige VN-Beitragszahler wurden deutlich gemahnt.

e) Eurokorps

Einlassungen fielen insgesamt im Ton freundlicher und in der Sache konstruktiver aus als am 27.5. in Rat und DPC[12], auch wenn der – aus unserer Sicht akzeptable – Vorbehalt wiederholt wurde, ein abschließendes Urteil erst nach Vorlage des SACEUR-Abkommens abzugeben. Immerhin gingen die Partner – nach schwierigen Auseinandersetzungen hinter den Kulissen – erstmals so weit, die deutsch-französische Initiative zur Schaffung eines europäischen Korps ohne jede Qualifizierung zu begrüßen (Ziffer 7[13]).

f) Europäische Sicherheitsarchitektur

Allgemeine Fragen spielten keine Rolle. Konkret wurde kritisiert, dass NATO und WEU aus institutioneller Eifersucht nicht einmal vor ressourcenverschwendender Duplizierung bei Durchführung von Militäroperationen (etwa in der Adria[14]) zurückschrecken. Vor Wiederholung wurde auch im Hinblick auf öffentliche Kritik gewarnt. Vorschlag von GS Wörner, zu einem Konzept der Arbeitsteilung zu kommen, wurde insbesondere von angelsächsischen Ministern nicht aufgegriffen. Vor allem GB und USA haben sich schon bisher derartigen Ansätzen verschlossen. Soweit es um USA geht, war von dem nur noch wenige Wochen amtierenden Verteidigungsminister nichts anderes zu erwarten. Er musste sich darauf beschränken, der Administration Clinton ein möglichst breites Optionsspektrum offenzuhalten.

g) Haushaltszwänge und Allianz

Beratungen und Beschlüsse zu Verteidigungsplanung, Kommandostruktur und Infrastrukturprogramm der Allianz machten deutlich, wie massiv die Haushaltszwänge in allen Bündnisländern inzwischen durchschlagen. Die in den ersten beiden Jahren nach Ende des Kalten Krieges von vielen Partnern fast halsstarrig verfolgte Politik des „business as usual" ist endgültig zu Ende. Die praktischen Schlussfolgerungen werden schwierig sein und das Bündnis immer wieder auf Belastungsproben stellen.

h) Deutschland und Friedenswahrung

Im derzeitigen Stadium wurde BM Rühes Feststellung ohne Kommentar akzeptiert, dass Bemühungen der Regierungen entschlossen fortgesetzt werden. In dem Maße, wie Nach-

[10] Group on Defense Matters.

[11] Das nächste NAKR-Treffen auf der Ebene der Verteidigungsminister fand am 29. März 1993 in Brüssel statt. Vgl. AAPD 1993.

[12] Am 27. Mai 1992 fand in Brüssel die gemeinsame Ministersitzung von DPC und NPG statt. Vgl. Dok. 155. Die NATO-Ministerratstagung fand am 4. Juni 1992 in Oslo statt. Vgl. Dok. 170.

[13] Für Ziffer 7 des Kommuniqués der Ministersitzung des DPC der NATO am 10./11. Dezember 1992 in Brüssel vgl. NATO Final Communiqués 1991–1995, S. 86. Für den deutschen Wortlaut vgl. Bulletin 1992, S. 1255.

[14] Zu den Überwachungsmaßnahmen von NATO und WEU in der Adria vgl. Dok. 220.

frage nach Allianzbeiträgen zur VN- und KSZE-Friedenswahrung steigt und integrierte Strukturen die Allianzfähigkeiten systematisch entwickeln und Einzelmaßnahmen operationell vorbereiten, erschwert ungeklärte Verfassungssituation, dass wir mit vollem Gewicht aktiv und gestaltend mitwirken.

i) Europäisches Jagdflugzeug

Am Rande verständigten sich die vier beteiligten Verteidigungsminister auf die Kondition zur Fortsetzung des Projekts.[15]

II. Ergänzend und im Einzelnen

1) NATO-GS gab in eindringlich formulierter Eröffnungserklärung, die Analyse der derzeitigen Situation des Bündnisses gewidmet war, den Rahmen der folgenden Aussprache vor:

Noch vor Monaten habe man die Lage des Bündnisses nach dem politischen Umbruch und der Verabschiedung des strategischen Konzeptes[16], der Perspektive einer neuen Streitkräfte- und Kommandostruktur sowie der Aufnahme kooperativer Beziehungen zu unseren Partnern im NAKR optimistisch einschätzen können. Dagegen sei die Lage heute sehr viel nüchterner zu beurteilen. Dies betreffe teilweise zögernde Fortschritte in Zentral- und Osteuropa, gewaltsame Auseinandersetzungen in ehem. SU, krisenhafte Beziehungen zwischen den baltischen Staaten und RUS sowie den Krieg im ehem. JUG.

Die Allianz müsse sich den Herausforderungen und ihrer Verantwortung für Frieden und Stabilität stellen. Friedenserhaltende Maßnahmen seien ein wichtiges Instrument. Die Auswirkungen neuer Entwicklungen auf die Verteidigungsplanung und ebenso auf Beziehungen zwischen beteiligten Organisationen (NATO/WEU) seien angemessen zu berücksichtigen. Die technische Koordinierung in der Adria funktioniere zwar, jedoch sei vernünftige Arbeitsteilung derzeitiger Duplizierung vorzuziehen. Die Öffentlichkeit habe Duplizierung negativ registriert. Das Bündnis müsse darüber hinaus in Rechnung stellen, dass die Grenzen zwischen friedenserhaltenden und -wiederherstellenden Maßnahmen fließend seien.

Eine weitere Sorge ergebe sich aus den nationalen Verteidigungsplanungen. Ohne den gerade abgeschlossenen Zyklus der jährlichen Verteidigungserhebung anzusprechen, bedauerte er, dass einige Nationen in erheblichem Umfang und über bisherige Planungsvorgaben hinaus Kürzungen und Streichungen in den Streitkräfteumfängen und Verteidigungshaushalten erwägen. Damit zusammenhängend bereiteten ihm auch Kürzungen der gemeinsam finanzierten Programme Sorgen; dies werfe wesentliche Frage für die Kohäsion im Bündnis auf.

Gleichwohl schloss GS seine Ausführungen mit Genugtuung über den vor kurzem noch undenkbaren Fortschritt, den die Allianz erzielt habe (er nannte beispielhaft den Einsatz der AWACS über Ungarn[17]). Die Allianz bleibe eine Säule der Stabilität, die durch nichts zu ersetzen sei.

15 Zum europäischen Kampfflugzeug („Jäger 90") vgl. Dok. 368, besonders Anm. 21 und 22.

16 Für das bei der NATO-Gipfelkonferenz am 7./8. November 1991 in Rom verabschiedete Strategiekonzept vgl. https://www.nato.int/cps/en/natohq/official_texts_23847.htm?selectedLocale=en. Für den deutschen Wortlaut vgl. BULLETIN 1991, S. 1039–1048. Zur Gipfelkonferenz vgl. AAPD 1991, II, Dok. 375 und Dok. 376.

17 Zur Frage der Beteiligung der Bundesrepublik am Einsatz von AWACS-Flugzeugen zur Überwachung des Flugverbots über Bosnien-Herzegowina vgl. Dok. 344.

[18]2) Vorsitzender des Militärausschusses, General Eide, verwies auf Zunahme europäischer Krisenherde und davon ausgehende Destabilisierung.

Er befürchte, dass sich Allianz in der Implementierung neuer Streitkräftestrukturen auf Krisenreaktionskräfte konzentriere und die Hauptverteidigungskräfte als Rückgrat der Verteidigungsplanung vernachlässige. Kürzungen der Bodentruppen geben zu Sorgen über strategisches Gleichgewicht Anlass. In diesem Zusammenhang wandte er sich gegen Überlegungen, Spezialverbände für friedenserhaltende Maßnahmen aufzustellen.

3) Aus Stellungnahme US-VM Cheney ist festzuhalten:

a) Effektive Streitkräftestärken müssten erhalten bleiben. Es müsse sichergestellt werden, dass Hauptverteidigungskräfte nicht ausgehöhlt würden. Gleichzeitige Kürzungen bei Streitkräfteumfängen und in Verteidigungshaushalten werfe Frage nach Erhalt bisheriger qualitativer Fähigkeiten auf.

b) Für Jugoslawien habe Staatengemeinschaft leider keine Lösungsformel („no winning formula"). In der Adria leiste Bündnis zwar wichtigen Beitrag. Allianz müsse jedoch weitergehende Planungen treffen, die der Implementierung von Sanktionen und der Konflikteindämmung zu gelten hätten.

c) In Somalia sei Auftrag amerikanischer Truppen[19] gemeinsam mit denen anderer Staaten klar umgrenzt: Ziel ist, stabile Bedingungen für humanitäre Hilfe zu schaffen. Dafür müssen Häfen und Flugplätze gesichert werden. US suchen keinen Konflikt, sind jedoch darauf vorbereitet. Verhaltensvorschriften (RoE[20]) sind auf Selbstverteidigung und vorbeugende Maßnahmen ausgerichtet. US-Kräfte werden vor Ort bleiben, bis Auftrag erfüllt und VN wirksam helfen können.

4) Aus Beitrag des KAN-VM[21], der sich auf finanzielle Probleme bei friedenserhaltenden Maßnahmen konzentrierte, ist die Ankündigung hervorzuheben, dass eine fortgesetzte „selektive Finanzierung" die zukünftige KAN-Beteiligung infrage stelle.

5) Auch VM Rühe griff in seinem Beitrag zu friedenserhaltenden Maßnahmen die Beschlüsse von Rom und Oslo sowie Gleneagles[22] auf und kam zu folgenden Schlussfolgerungen:
- NATO muss vorbereitet sein für friedenserhaltende Maßnahmen.
- Da für solche Einsätze weder die Bedingungen, noch der Zeitrahmen, noch spezifische Anforderungen vorausplanbar sind, seien die Beschlüsse von Oslo richtig: Solche Operationen sind von Fall zu Fall festzulegen.

18 Beginn des mit DB Nr. 1913 übermittelten zweiten Teils des Fernschreibens. Vgl. Anm. 1.

19 Zur Operation „Restore Hope" vgl. Dok. 409, Anm. 4.

20 Rules of Engagement.

21 Marcel Masse.

22 Vgl. die Erklärung über Frieden und Kooperation der NATO-Gipfelkonferenz am 7./8. November 1991 in Rom; NATO FINAL COMMUNIQUÉS 1991–1995, S. 33–39. Für den deutschen Wortlaut vgl. BULLETIN 1991, S. 1033–1037. Zur Gipfelkonferenz vgl. AAPD 1991, II, Dok. 375 und Dok. 376.
Vgl. auch Ziffer 11 des Kommuniqués der NATO-Ministerratstagung am 4. Juni 1992 in Oslo; NATO FINAL COMMUNIQUÉS 1991–1995, S. 73 f. Für den deutschen Wortlaut vgl. BULLETIN 1992, S. 615. Zur Tagung vgl. Dok. 170.
Vgl. ferner Ziffer 2 des Kommuniqués der NPG-Ministersitzung am 20./21. Oktober 1992 in Gleneagles; NATO FINAL COMMUNIQUÉS 1991–1995, S. 82. Für den deutschen Wortlaut vgl. BULLETIN 1992, S. 1078. Zur Sitzung vgl. Dok. 343.

Man solle nicht vergessen, dass friedenserhaltende Maßnahmen eine neue Aufgabe darstellen. Daneben bleibt es Kernaufgabe des Bündnisses, die gemeinsame Verteidigung und Sicherheit zu gewährleisten. Deshalb sollte sich das Bündnis darauf konzentrieren, bestehende Strukturen und Ressourcen zur Verfügung zu stellen. Es wäre deshalb ein Fehler, von der Bereitschaft zu friedenserhaltenden Maßnahmen die Forderung eines spezifischen Streitkräfteplanungssystems, Streitkräfteziele oder gemeinsame Finanzierung (common funding) abzuleiten.

- Angesichts finanzieller Engpässe in nahezu allen Bereichen sollten keine zusätzlichen Anforderungen etabliert werden.
- Die Einrichtung spezifischer Streitkräfte für friedenserhaltende Maßnahmen und Konzentration auf Krisenmanagement dürfen nicht dazu führen, die Notwendigkeit der Hauptverteidigungs- und Verstärkungskräfte zu verdecken. Es sei deshalb dringend anzuraten, auf eine angemessene Implementierung der NATO-Streitkräftestruktur zu drängen.

6) Die Beiträge der übrigen europäischen VM bewegten sich auf der Linie ihrer Ausführungen beim Eurogroup-Dinner am 9.12.92 (s. DB Nr. 1897 u. 1898 vom 10.12.92).

[gez.] von Ploetz

B 14, ZA-Bd. 161250

416

Gespräch des Bundeskanzlers Kohl mit dem französischen Staatspräsidenten Mitterrand in Edinburgh

12. Dezember 1992[1]

Gespräch des Herrn Bundeskanzlers mit dem französischen Staatspräsidenten Mitterrand am Rande des Europäischen Rats in Edinburgh[2] am Samstag, den 12. Dezember 1992

Präsident *Mitterrand* weist darauf hin, dass es seit einigen Tagen eine neue Währungsoffensive gebe.[3] Hiervon seien nicht nur die dänische Krone, sondern auch der französische

1 Kopie.
Der Gesprächsvermerk wurde von MD Hartmann, Bundeskanzleramt, am 21. Dezember 1992 gefertigt und über BM Bohl an BK Kohl „mit der Bitte um Billigung" geleitet. Dazu vermerkte er: „Ich gehe davon aus, dass der Vermerk nicht weitergeleitet wird."
Hat in Vertretung von Bohl MD Ackermann, Bundeskanzleramt, am 23. Dezember 1992 vorgelegen.
Hat Kohl vorgelegen, der handschriftlich für Hartmann vermerkte: „erl[edigen]."
Hat MDg Kaestner, Bundeskanzleramt, am 29. Dezember 1992 vorgelegen. Vgl. den Begleitvermerk; BArch, B 136, Bd. 59736.

2 Zur Tagung des Europäischen Rats am 11./12. Dezember 1992 vgl. Dok. 421.

3 In der Presse wurde berichtet: „An den Finanzmärkten Frankreichs, Großbritanniens und Belgiens verdichteten sich am Freitagnachmittag Gerüchte und Spekulationen, dass der französische Franc noch am Freitag freigegeben oder abgewertet werden soll. Es heißt auch, neben der Franc-Korrektur könne es

Franc betroffen. Deutschland habe Frankreich bei der letzten Krise[4] unterstützt, wofür er dankbar sei.

Er frage sich, welches die Ursachen dieser Währungskrise seien. Nach seiner Einschätzung gebe es eine angelsächsische Offensive gegen das EWS. Ihn mache stutzig, dass der amerikanische Unterhändler bei den Gesprächen über das Eurokorps davon gesprochen habe, dass „Maastricht[5] tot sei".

Hierüber werde er auch mit Clinton sprechen. Offenbar fürchteten die Amerikaner die wirtschaftliche Kraft Europas.

Er habe die Sorge, dass das EWS zerbreche. Die Lage sei kritisch. Frankreich wolle das EWS nicht verlassen. Aber er frage sich, was man machen könne, wenn das EWS „uns" verlasse.

Der *Bundeskanzler* erklärt, möglicherweise könne sich eine kleine Gruppe zusammensetzen und mit dem Problem befassen. Es würde ihn aber interessieren, welchen Hinweis der Präsident dafür habe, dass es eine angelsächsische „Offensive" gebe.

Präsident *Mitterrand* erwidert, es lägen ihm entsprechende Hinweise vor. Im Übrigen lasse er sich in diesem Punkt auch von seinem Gefühl leiten. Er sei damit einverstanden, dass eine Gruppe sich mit dem Thema beschäftige.

Er wäre im Übrigen nicht überrascht, wenn wir eine schwierige Woche vor uns hätten. Man solle daher sehr engen Kontakt halten.

Der *Bundeskanzler* erklärt, er glaube nicht, dass die Amerikaner den europäischen Integrationsprozess wirklich hemmen wollten. Für ihn sei es sehr wichtig gewesen, dass bei dem gestrigen ER deutlich geworden ist, dass man notfalls auch zu zehnt weitermachen werde.

Präsident *Mitterrand* erklärt abschließend, er frage sich, ob es nicht klug sei, die Frist für die monetäre Einheit schon früher zu setzen.

Der *Bundeskanzler* erklärt, auch diese Frage könne man in der AG klären.

BArch, B 136, Bd. 59736

Fortsetzung Fußnote von Seite 1651

mit einer Neufestsetzung der Paritäten des irischen Pfund und der Dänenkrone zu einem umfassenden Realignment im Europäischen Währungssystem (EWS) kommen." Vgl. den Artikel „Gerüchte über Franc-Abwertung"; FRANKFURTER ALLGEMEINE ZEITUNG vom 12. Dezember 1992, S. 11.

4 Zur Krise im EWS vgl. Dok. 283 und Dok. 290.

5 Zum Vertragswerk von Maastricht vgl. Dok. 3, Anm. 8.

417

Drahtbericht des Botschafters Blech, Moskau

Fernschreiben Nr. 5588 **Aufgabe: 12. Dezember 1992, 23.58 Uhr**
Citissime nachts **Ankunft: 12. Dezember 1992, 22.40 Uhr**

Betr.: Gespräch StS Kastrup mit amtierendem Ministerpräsidenten Gajdar, 12.12.92

1) Obwohl bereits seit letzter Nacht grundsätzliche Zusage vorlag, dass Gajdar StS Kastrup sehen werde, bedurfte es vor und nach dessen Eintreffen ständigen Drängens, um zu konkretem Termin zu kommen. Dies hatte offenkundig nichts damit zu tun, dass man sich uns gegenüber sperren wollte, sondern damit, dass Gajdar mit Jelzin und anderen seit dem heutigen Vormittag durch Verhandlungen über die seit den letzten Tagen äußerst zugespitzte innenpolitische Krise – Konflikt Präsident/Volksdeputiertenkongress[1] – absorbiert waren. So kam es zunächst um 17.30 Uhr zu einem Gespräch mit Schochin in der Perspektive einer für den späteren Abend vorgesehenen Begegnung mit Gajdar, bei der dann schon eine russische Reaktion hätte gegeben werden können. Schon nach wenigen Minuten mit Schochin zeigte sich, dass Gajdar doch sofort selbst zur Verfügung stehen konnte. Das Gespräch zwischen ihm und StS K., in Anwesenheit Schochins, dauerte dann eine knappe Stunde.

2) Die wesentlichen Punkte aus den Ausführungen von StS K.:
– Bundeskanzler sei über den gestrigen Brief Gajdars[2] und die Ausführungen Schochins mir gegenüber[3] sofort informiert worden. Ungeachtet der schwierigen Gespräche in

1 VLR Mülmenstädt vermerkte am 10. Dezember 1992: „Der VII. russische Volksdeputiertenkongress, ursprünglich für den 1. bis 9.12.1992 anberaumt, tagt noch immer; seine Ergebnisse werden die innenpolitische Entwicklung Russlands zumindest für die nächsten Monate nachhaltig prägen. [...] Hauptergebnis des Kongresses ist eine schwere Niederlage für Jelzin, Gajdar und ihren Reformkurs. Der Versuch Jelzins, durch eine Kombination aus harter Verhandlungsführung und plötzlichen, erheblichen Zugeständnissen mit Oberstem Sowjet und Volksdeputiertenkongress zu einem Modus Vivendi zu kommen und Gajdar durch den Kongress zum Ministerpräsidenten wählen zu lassen, ist gescheitert.“ Die verfassungsrechtliche Stellung des Präsidenten sei geschwächt worden: „Eine Verlängerung seiner bis zum 1.12.1992 befristeten Sondervollmachten (Ernennung des PM und der Leiter der Gebietsverwaltungen, Wirtschaftsgesetzgebung auf dem Verordnungsweg) wurde erst gar nicht diskutiert. Das überraschende Zugeständnis Jelzins, dem Parlament über die heutige Verfassung hinaus ein Mitwirkungsrecht bei der Ernennung der Minister für Äußeres, Inneres, Verteidigung und Sicherheit (ehem. Innenabteilungen des KGB) einzuräumen, wurde angenommen, noch bevor es zur Abstimmung über Gajdar kam.“ Jelzin habe mit seiner „Wendung zur Konzilianz“ eine „politische Blamage“ erlitten. Vgl. B 41, ZA-Bd. 221580.

2 Zum Schreiben des geschäftsführenden russischen MP Gajdar vom 11. Dezember 1992 an BK Kohl vgl. Dok. 414, Anm. 2.

3 Botschafter Blech, Moskau, berichtete am 11. Dezember 1992, der stellvertretende russische MP Schochin habe ihr Gespräch am selben Tag mit der Information eröffnet, „dass vorgestern eine Beratung zu Fragen der deutsch-russischen Wirtschafts- und Finanzbeziehungen bei Präsident Jelzin stattgefunden habe. Als Ergebnis dieser Besprechung führte er mehrere neue Bedingungen und Änderungen ein. [...] Die Null-Lösung müsse sich auch auf das Thema Transferrubel beziehen. Eine Verschiebung um fünf Jahre sei nicht akzeptabel. [...] Für die Lösung im Pariser Club laufen die deutschen Vorschläge auf russ[ische] Zahlungsverpflichtungen von 5,4 Mrd. Dollar im Jahr 1993 hinaus. Hier müsse man unbedingt auf 3 Mrd. Dollar gehen.“ Vgl. DB Nr. 5570; B 52, ZA-Bd. 173909.

Edinburgh[4] habe er es auf sich genommen, sofort durch einen Brief an Jelzin[5] zu reagieren. StS sei beauftragt, diesen nicht nur zu übermitteln, sondern auch unsere Einschätzung der eingetretenen Lage persönlich vorzutragen und die Antwort darauf sofort entgegenzunehmen, worauf BK größten Wert lege.

- StS K. äußerte dezidiert Bedauern, dass russische Seite mit dem Brief Gajdars und den Ausführungen Schochins vom 11.12. von dem in mehreren Verhandlungsrunden erzielten Ergebnis[6] abrücke. Gajdar spreche in seinem Brief von deutschen Vorschlägen; nach unserer Auffassung handele es sich eben nicht um solche, sondern eben um das Ergebnis gemeinsamer Verhandlungen. Durch neue russische Vorstellung werde ein sorgsam geschnürtes Paket wieder geöffnet, jenes Ergebnis wieder infrage gestellt. StS bat dringend und ernst, die ausgehandelte Vereinbarung nicht infrage zu stellen.
- Er übergab das Schreiben des BK mit der Bitte, es unverzüglich an Jelzin weiterzuleiten, unter nochmaliger Betonung der Erwartung des BKs, hierauf durch StS sofort eine Reaktion zu erhalten.

3) Auf Betonung StS (unter Bezug auf überreichtes Schreiben), dass Zweck seines bevorstehenden Besuches[7] von Bundeskanzler ganz wesentlich darin gesehen werde, Schlussstrich unter bestimmte Fragen zu ziehen, dass deutsches Interesse nach wie vor dahin gehe, bilaterales Verhältnis auf der Grundlage des Verhandlungsergebnisses vom 7.12. zu bereinigen, und dass, sollte dies nicht gelingen, BK-Besuch einen anderen Charakter annehmen werde, antwortete Gajdar, dass man sich in der Zielsetzung einig sei.

4) Gajdar sagte sofortige Weitergabe des Schreibens an Jelzin zu. Zunächst ließ er erkennen, dass man ja noch heute und morgen Zeit habe, dass insbesondere eine Reaktion von Jelzin erst morgen erfolgen könnte. Nach nochmaligem Drängen StS, noch heute eine solche herbeizuführen, fand er sich dazu bereit.

5) In der Sache selbst richtete StS seine Bemerkungen ganz ausdrücklich an den zwei im Schreiben Gajdars genannten Punkten aus, die der russischen Seite anscheinend (unausgesprochen: allein) Schwierigkeiten bereiteten: Schuldenregelung[8] und Transferrubelfrage[9]. Gajdar nahm dies auf, ohne die anderen, von Schochin mir gegenüber gestern angesprochenen Probleme anzusprechen. Auch Schochin tat dies nicht, insbesondere der gestern von Schochin vage angesprochene Aspekt des Art. 23 Stationierungs- und Abzugsabkommen[10] blieb unerwähnt.

StS machte klar, was unsere im vorliegenden Text mit aller Klarheit zum Ausdruck kommende Position für Deutschland an Belastungen bedeutete; dafür, dass der Pariser Club sich auf diese Linie festlege, könnten wir bei allen unseren eigenen Festlegungen auf unsere Bemühungen, dass dies geschehe, naturgemäß keine Garantie übernehmen.

4 Zur Tagung des Europäischen Rats am 11./12. Dezember 1992 vgl. Dok. 421.

5 Für das Schreiben des BK Kohl vom 11. Dezember 1992 an den russischen Präsidenten Jelzin vgl. Dok. 414.

6 Zu den Ergebnissen der Gespräche des StS Köhler, BMF, mit dem stellvertretenden russischen MP Schochin vgl. Dok. 414, Anm. 3.

7 BK Kohl hielt sich am 15./16. Dezember 1992 in Russland auf. Vgl. Dok. 419 und Dok. 420.

8 Zur Frage der Altschulden der ehemaligen UdSSR vgl. Dok. 381, Anm. 7.

9 Zu den bisherigen Gesprächen über das Transferrubelguthaben vgl. Dok. 250, besonders Anm. 13.

10 Für Artikel 23 des Aufenthalts- und Abzugsvertrags vom 12. Oktober 1990 zwischen der Bundesrepublik und der UdSSR vgl. BGBl. 1991, II, S. 275.

Hier sei allerdings unser Gewicht im Pariser Club als Hauptgläubiger in Rechnung zu stellen.

Bezüglich des Transferrubelproblems und seines Verhältnisses zur Frage der Ansprüche nach Artikel 7 Überleitungsabkommen[11] ginge es um den Unterschied der russischen und deutschen Sichtweise, was eine Null-Lösung sei. StS betonte, dass nach unserer gut begründeten Auffassung der Saldo zwischen russischen Ansprüchen und den unsrigen nach Artikel 7 eher zu unseren Gunsten ausfalle, dasselbe gelte beim Transferrubel. Gerade weil zu Beginn der Verhandlungen die beiderseitigen Positionen so weit auseinander gewesen seien, müsste das in den Texten vom 7.12. reflektierte Ergebnis als optimaler Kompromiss gelten. StS appellierte gerade auch an diesem Punkt, am Erreichten festzuhalten.

Gajdars Argument, dass die im Text fixierte Verschiebung des Transferrubelthemas nur um einige Jahre für die russische Seite, weil innenpolitisch nicht vertretbar, eigentlich nicht akzeptabel sei, begegnete StS mit dem Argument, dass unsere Seite hier den Präzedenzgesichtspunkt im Auge zu halten habe; immerhin gebe es das gleiche Problem im Verhältnis zu anderen Ländern. Man habe aber auf russischer Seite zu sehen, dass wir damit eine de facto Null-Variante für diese Jahre anböten. Mit einem einzigen Satz werde dann gesagt, dass nach Ablauf dieser Frist Verhandlungen wiederaufgenommen würden, ohne dass ein Wort über das Ziel dieser Verhandlungen fiele. Mehr könne er dazu nicht sagen.

Von beiden Seiten wurden innenpolitische Argumente – Vertretbarkeit vor der Öffentlichkeit – ins Feld geführt. Gajdar sagte, dass dies in Russland in der augenblicklichen Situation besonders schwierig sei. StS verwies mit aller Deutlichkeit darauf, dass auch die Bundesregierung in gegenwärtiger, besonders belasteter Lage Deutschlands größte Aufmerksamkeit der kritischen Öffentlichkeit zu gewärtigen habe.

6) In dieser Diskussion vertrat Gajdar die vertrauten russischen Positionen prinzipiell, aber ohne kompromisslose Härte. Insgesamt argumentierte er eher defensiv, wie auch das Gespräch sachlich-freundlich verlief, von Gajdar mit einiger Nachdenklichkeit geführt. An einer Stelle honorierte er die Höflichkeit, mit der die deutschen Auffassungen vorgetragen wurden, offenbar eben deshalb, weil ihm dadurch die entschiedene Klarheit, mit der dies geschah, leichter gemacht wurde. Er vermied es ausdrücklich, dass man sich in überwundener Grundsatzdiskussion erneut festbiss.

7) Am Ende kam von Gajdar, im Ton eher beiläufig, die für die russische Seite offenkundig entscheidende Frage, ob es zu einer Absage des BK-Besuches führe, wenn man sich nicht sofort einige. StS verneinte dies, unter Hinweis auf die Wortwahl des Schreibens des BKs („anderer Charakter").

Bemerkenswert war ferner die Andeutung Gajdars, dass er die Annahme der Substanz der Einigung vom 7.12. empfohlen habe, dass er aber in der gegenwärtigen innenpolitischen Situation Jelzin die Annahme der Texte vom 7.12. nicht empfehlen könne.

8) Dass die russische Seite die Dinge nicht auf die Spitze treiben möchte, ließ sich an anderer Stelle erkennen. Eine eingeschobene Bemerkung Schochins, es hätte bemerkbar sein

11 Für Artikel 7 des Abkommens vom 9. Oktober 1990 zwischen der Bundesrepublik und der UdSSR über einige überleitende Maßnahmen (Überleitungsabkommen) vgl. BGBl 1990, II, S. 1658 f.

müssen, dass seine Verhandlungsführung am 7.12. unter dem Vorbehalt der Zustimmung des Allerobersten stehen würde, wurde unpolemisch vorgebracht.

(Bemerkung: Das ist in der Tat so. Wie die Dinge hier liegen – und es sind eben noch nicht die Dinge eines wohlgeordneten Verfassungs-, Regierungs- und Verwaltungssystems –, gibt es nicht die autorisierte Delegation; jeder, auch ein agierender oder stv. Ministerpräsident, kann jederzeit vom Obersten desavouiert werden, weil ihm, in eben diesem System, von vornherein nicht die Ermächtigung zu einer endgültigen Festlegung gegeben ist.)

9) Gajdar sagte am Schluss, dass er die Position Jelzins jedenfalls insoweit zu kennen glaube, als dieser meine, die wirklichen Probleme im Vier-Augen-Gespräch mit BK lösen zu können.

10) Kurz nach der Begegnung von Gajdar mit StS wurde von Botschafter Terechow (der, schon in Moskau im Vorgriff auf den Besuch des BKs, dabei anwesend gewesen war und sich für das Zustandekommen der Termine eingesetzt hatte) durchgegeben:

- Gajdar habe den Brief in der Tat unverzüglich Jelzin in die Hand gegeben und dem Präsidenten das Gespräch mit StS vorgetragen;
- dieser wolle BK wissen lassen, dass Kompromisse möglich seien und sie im persönlichen Gespräch gefunden werden sollen.

11) Aus der Sicht der Botschaft füge ich vorsorglich hinzu:

- Falls BK sich dazu bereitfinden will, müssten ihm begründete Formulierungsalternativen zur Verfügung gestellt werden;
- muss man sich Gedanken über das Prozedere machen:
  - Entweder findet die Diskussion mit neuen Textformulierungen am Vormittag des 15.12. statt, wenn Gehilfen zwar nicht anwesend sind, aber in nächster Nähe zur Verfügung stehen,
  - oder das geschieht ohne Experten in Sawidowo.
- Wann und wie soll dann das Ergebnis finalisiert werden? Ob das bei der gleichen Gelegenheit möglich ist, bei der einige Abkommen unterschrieben werden (nämlich am Ende der Vormittagsrunde 15.12.), ist dann keineswegs ausgemacht.

[gez.] Blech

B 41, ZA-Bd. 221687

418

Drahtbericht des Ministerialdirektors Chrobog, z.Z. Stockholm

Fernschreiben Nr. 392 **Aufgabe: 14. Dezember 1992, 17.10 Uhr**[1]
Citissime nachts **Ankunft: 14. Dezember 1992, 19.38 Uhr**

Delegationsbericht Nr. 3/92

Betr.: Drittes Ratstreffen der KSZE in Stockholm, 14./15.12.1992[2];
hier: Redebeiträge RF-AM Kosyrew[3]

Russ. AM Kosyrew, der als einer von mehreren „Keynote-Speakers“ zu TOP 4 (Europe in transition: The role of the CSCE) das Wort ergriff, löste zunächst mit einem nachträglich zum „rhetorischen Kunstgriff“ erklärten Redebeitrag erhebliche Bestürzung und Spekulationen über einen radikalen Kurswechsel in Moskau aus. Nach einer knappen Stunde meldete er sich erneut und erläuterte, sein erster Beitrag gebe wieder, was Kräfte der Opposition in Russland dächten. An Kontinuität der russ. Politik und ihrer weiteren Orientierung an KSZE-Prinzipien bestünden jedoch keine Zweifel. Reaktionen auf zweiten Beitrag (AM Eagleburger, BM) zeigten Erleichterung und Bewusstsein für Gefahren, die von chauvinistischen Kreisen in Russland ausgehen.

Im Einzelnen:

1) Erster, „fiktiver“ Beitrag Kosyrews kündigte radikalen Kurswechsel der russ. Außenpolitik an. Russ. Traditionen seien wesentlich in Asien begründet; dies setze Annäherung an Westeuropa Grenzen. NATO und WEU wollten militärische Präsenz auf Territorium der früheren Sowjetunion verstärken (sic). Sie mischten sich auch in innere Angelegenheiten Jugoslawiens ein. Russland fordere Abschaffung der Sanktionen gegen Serbien/ Montenegro[4] und unterstütze in vollem Umfang jetzige serbische Regierung. Frühere SU sei ein „post-imperialer Raum“, in dem KSZE-Normen nur bedingte Geltung hätten und Russland seine Interessen mit allen Mitteln verteidigen werde. Frühere Republiken der UdSSR müssten Föderation oder Konföderation eingehen. Russland werde weiter in KSZE mitwirken, lehne aber Einmischung in innere Angelegenheiten ab.

2) Nachfolgende Sprecher beschränkten sich trotz wachsender Unruhe im Saal auf vorbereitete Redebeiträge (USA, I, CH, SF, Vatikan, EGK, JAN). Nur UK-Vertreter (StM Hogg) machte in Eingangssatz Beunruhigung deutlich, und estnischer AM[5] wandte sich scharf gegen neues russ. Hegemoniestreben. Vorsitz (schwed. AM[6]) appellierte in kurzem Beitrag, kein Land solle von KSZE-Standards abweichen.

1 Der Drahtbericht wurde von VLR Brandenburg, z. Z. Stockholm, konzipiert.
Hat im Lagezentrum vorgelegen. Dazu handschriftlicher Vermerk: „RL i. V. vorab telefonisch informiert.“
Hat VLR Beuth vorgelegen.

2 Zur dritten Sitzung des KSZE-Außenministerrats vgl. auch Dok. 423.

3 Für die Reden des russischen AM Kosyrew am 14. Dezember 1992 in Stockholm vgl. EUROPA-ARCHIV 1993, D 82f.

4 Vgl. die Resolution Nr. 713 des VN-Sicherheitsrats vom 25. September 1991; RESOLUTIONS AND DECISIONS 1991, S. 42f. Für den deutschen Wortlaut vgl. EUROPA-ARCHIV 1991, D 550–552.
Vgl. auch die Resolution Nr. 757 des VN-Sicherheitsrats vom 30. Mai 1992; Dok. 159, Anm. 12.

5 Trivimi Velliste.

6 Märta Margaretha af Ugglas.

3) Kurz darauf ergriff K. erneut das Wort und erklärte, dass weder Präsident Jelzin – der Führer und Garant der russ. Außenpolitik bleibe – noch er selbst jemals einem Text dieser Art zugestimmt hätten. Er habe einen rhetorischen Kunstgriff genutzt, dies aber mit allem Ernst, um die wirkliche Bedrohung auf dem Wege zu einem post-kommunistischen Europa deutlich zu machen. Der von ihm verlesene Text sei eine recht genaue Zusammenfassung von Forderungen bei weitem nicht der extremsten Opposition in Russland.

Anschließend ging K. zu seinem vorbereiteten Redetext über: Russische Führung sehe keine Alternativen zu den Prinzipien von Helsinki. Dies gelte für den gesamten Raum der früheren Sowjetunion. Präsident Jelzin, der hierfür Verantwortung trage, stütze sich auf demokratisches Potenzial, das seine Lebendigkeit im August 1991[7] bewiesen habe.

Russland nutze alle Möglichkeiten der KSZE, um Menschenrechten Geltung zu verschaffen. Es bestehe Sorge, dass in neuen Republiken der früheren SU Intoleranz um sich greife. Beunruhigung rufe die Lage der russischsprachigen Bevölkerung in Estland hervor. Gewährleistung von Minderheitenrechten sei Schlüssel zu Lösung der Nationalitätenprobleme in früherer SU. Ähnliches gelte für die Völker des früheren Jugoslawiens. Serbien stehe vor der Wahl, entweder zur Demokratie zurückzukehren oder eine weitere Isolierung und Verschärfung der Sanktionen in Kauf zu nehmen.

Russland sei bereit zu engem Kontakt mit der KSZE in der Frage des Truppenabzugs aus dem Baltikum.[8] KSZE müsse ihre Wirksamkeit im Sinne sich verstärkender Institutionen durch engere Zusammenarbeit mit NATO, WEU und GUS steigern. Russland begrüße Rolle der KSZE im Konflikt um Nagorny Karabach.[9] Es sei bereit zu einer Verstärkung des russ. Beitrags zur Friedenstruppe in Südossetien.[10] RF habe vorgeschlagen, den Einsatz von Kampfflugzeugen und Artillerie in inneren Konflikten zu ächten. Ihre Nichtanwendung müsse strikt überwacht und ggf. vom Sicherheitsrat durch Zwangsmaßnahmen

7 Vom 19. bis 21. August 1991 kam es in der UdSSR zum Putschversuch durch ein „Staatskomitee für den Ausnahmezustand". Vgl. AAPD 1991, II, Dok. 266–269, Dok. 271, Dok. 272, Dok. 274–276 und Dok. 284.

8 Zum Abzug vormals sowjetischer Truppen aus den baltischen Staaten vgl. Dok. 356, Anm. 19.
Referat 222 notierte am 9. November 1992, der russische Truppenabzug aus den baltischen Staaten habe sich seit dem Ende der Sommerpause deutlich beschleunigt. Über 50 % der noch vor einem Jahr dort stationierten Truppen seien mittlerweile abgezogen worden: „Nach Abschluss russisch-litauischen Abkommens vom 8.9.1992 ist RUS bereit, auch mit EST und LET über Abkommen zu verhandeln (Jelzin in PK am 5.11.1992). Russische Regierung und Jelzin selbst haben Dekret vom 29.10.1992 (Aussetzung des Truppenabzugs bis zum Abschluss entsprechender Übereinkommen mit EST und LET) erheblich relativiert. [...] Dekret Jelzins vom 29.10.1992 steht weniger für außenpolitischen Kurswechsel, sondern ist vor dem Hintergrund wachsenden innenpolitischen Drucks seitens national-konservativer Kreise im Vorfeld des Volksdeputiertenkongresses zu sehen." Vgl. B 31, ZA-Bd. 171310.

9 Zur KSZE-Mission nach Nagorny Karabach vgl. Dok. 223, Anm. 28.
VLR Brandenburg vermerkte am 18. Dezember 1992, bei den Beratungen der Minsk-Gruppe beim Rat der KSZE in Stockholm habe der italienische Vorsitz am 12. Dezember den Text eines Mandats für die geplante „Advance Monitoring Group" vorgestellt, der bereits wichtige Elemente einer politischen Lösung des Konflikts enthalte: „Nachfolgende Beratungen im Plenum der Minsk-Gruppe gestalteten sich ebenso zeitaufwendig wie unproduktiv. ARM und ASE tauschten bekannte Vorwürfe aus. TUR war sichtlich bemüht, jeden Eindruck eines zuvor erzielten Einverständnisses mit Armenien aus der Welt zu schaffen [...]. Letzten Endes gelang weder eine Einigung auf den vorliegenden Text eines Mandats [...] noch auf die Entsendung einer Erkundungsmission." Vgl. B 28, ZA-Bd. 158663.

10 Zur KSZE-Mission nach Südossetien vgl. Dok. 205, Anm. 8.
OTL Kriesel, z. Z. Tiflis, informierte am 5. Dezember 1992, die KSZE-Mission unter Leitung des ungarischen Sonderbotschafters Gyarmati sei am 3. Dezember 1992, aus Moskau kommend, planmäßig in Tiflis

durchgesetzt werden. Auch der Einsatz anderer schwerer Waffen in inneren Konflikten müsse verboten werden. Russland bereite eine Initiative zur Weiterentwicklung der Haager Landkriegsordnung[11] vor. Weiter müsse Einsatz und Anwerbung von Söldnern strafrechtlich verfolgt werden.

Neue russ. Strategie sei auf Partnerschaft gegründet. Zu wichtigen Zukunftsaufgaben gehöre marktwirtschaftliche Transformation in den früher kommunistischen Staaten. Russland benötige Platz auf dem Markt für sensitive Technologie, weiter rechne es auf westliche Unterstützung bei Konversion und Zugang zu Märkten.

KSZE müsse ihre Rolle als regionale Abmachung nach Kap. VIII der VN-Charta[12] mit Leben ausfüllen. Neben die bisherigen Institutionen der KSZE müsse ein Gremium ständiger Vertreter (früherer russ. Vorschlag) treten. K. hob Bedeutung der beim Genfer Expertentreffen[13] erzielten Vereinbarungen über friedliche Streitbeilegung hervor und wünschte dem künftigen Hochkommissar für nationale Minderheiten[14] Erfolg. KSZE müsse ferner durch Einführung des Amts eines Generalsekretärs gestärkt werden.

Den von ihm verlesenen Text mit Aussagen zur KSZE schloss Kosyrew mit der Bekräftigung, das demokratische Russland werde ein verlässlicher Partner bleiben.

4) AM Eagleburger kommentierte unmittelbar anschließend, Kosyrews erster Beitrag sei für seine Gesundheit ebenso gefährlich gewesen wie das Zigarettenrauchen. BM ging in anschließendem Redebeitrag eingangs ebenfalls auf rhetorischen Kunstgriff K.s ein: Er sei wie andere auch über den ersten Beitrag außerordentlich überrascht gewesen. Jetzt sei er beruhigt, dass K. nur eine vorhandene Stimmung habe zum Ausdruck bringen wollen, diese Positionen jedoch weder von ihm selbst noch der russ. Führung geteilt würden. Besondere Überraschung habe der Beitrag ausgelöst, weil er selbst (wie Eagleburger) Kosyrew gut kenne. Er wolle jedoch einige Worte an die Seite richten, die die von Kosyrew zunächst vorgetragene Auffassung vertrete. Nach dem Ende der Ost-West-Auseinandersetzung und dem „Wegschmelzen der kommunistischen Eisdecke" liege eine gewisse Tragik darin, dass an vielen Stellen neue Konflikte entstünden und Nationalismus hochkomme. BM ging anschließend auf Situation im früheren Jugoslawien ein (gesonderte Berichterstattung[15]). Hier verbreitete Redetexte Kosyrews werden mit FK übermittelt.[16]

[gez.] Chrobog

B 28, ZA-Bd. 173644

Fortsetzung Fußnote von Seite 1658

eingetroffen. Als Beobachter der russischen Regierung sei ein Beamter mitgereist, der im Außenministerium für Georgien zuständig sei. Vgl. DB Nr. 434; B 28, ZA-Bd. 158721.

Am 6. Dezember 1992 berichtete die Botschaft in Tiflis, am Vortag seien erste Gespräche mit „Vertretern von Ministerrat und Parlament Südossetiens" zustande gekommen. Bei ihnen hätten nur „vage Vorstellungen über Ablauf und Ziel der Mission" bestanden. Sie seien „etwas verschreckt über das vorgelegte Tempo". Vgl. DB Nr. 436; B 28, ZA-Bd. 158721.

11 Für das Abkommen vom 18. Oktober 1907 betreffend die Gesetze und Gebräuche des Landkriegs (Haager Landkriegsordnung) vgl. REICHSGESETZBLATT 1910, S. 107–151.

12 Für Kapitel VIII der VN-Charta vom 26. Juni 1945 vgl. BGBl. 1973, II, S. 466–469.

13 Zum KSZE-Expertentreffen über friedliche Streitbeilegung vom 12. bis 23. Oktober 1992 vgl. Dok. 340.

14 Max van der Stoel.

15 Botschafter z. b. V. Höynck, z. Z. Stockholm, berichtete am 14. Dezember 1992, der Jugoslawien-Konflikt sei in der Vormittagssitzung am selben Tag behandelt worden. BM Kinkel habe ihn als „gravierendstes

419

Gespräch des Bundeskanzlers Kohl mit dem russischen Präsidenten Jelzin in Moskau

15. Dezember 1992[1]

Gespräch des Herrn Bundeskanzlers mit dem russischen Präsidenten Jelzin am Dienstag, 15. Dezember 1992[2], in Moskau

Präsident *Jelzin* heißt den Bundeskanzler im Kreml herzlich willkommen.[3] Er sei sehr erfreut darüber, dass der Bundeskanzler auch als Vorsitzender der G7 Russland einen Besuch abstatte.

Er habe eine dramatische Sitzung des Volksdeputiertenkongresses[4] hinter sich, dessen Ergebnisse er wie folgt zusammenfassen wolle:

Fortsetzung Fußnote von Seite 1659

Beispiel" dafür angeführt, „dass sich Hoffnung auf allgemeinen Frieden in Europa nach Beendigung des Ost-West-Gegensatzes nicht erfüllt habe. BM unterstrich in aller Deutlichkeit die Hauptverantwortung der serbischen Kräfte für Konflikt. BM schloss Ausführungen [...] mit Feststellung ab, es sei nicht gelungen, Konflikt auch nur einigermaßen in Griff zu bekommen." Vgl. DB Nr. 419; B 28, ZA-Bd. 173644.
Die Erörterungen zu Jugoslawien wurden am 14. Dezember 1992 in der Nachmittagssitzung fortgesetzt. Vgl. DB Nr. 425 von Höynck vom 15. Dezember 1992; B 28, ZA-Bd. 173644.

16 Für die FK des VLR Brandenburg, z. Z. Stockholm, vom 14. Dezember 1992 vgl. B 28, ZA-Bd. 173644.

1 Kopie.
Der Gesprächsvermerk wurde von MD Hartmann, Bundeskanzleramt, am 17. Dezember 1992 gefertigt und am 22. Dezember 1992 an VLR I Matussek „zur persönlichen Kenntnisnahme von Herrn Bundesminister Kinkel" übersandt.
Hat VLR I Gerdts am 23. Dezember 1992 vorgelegen, der die Weiterleitung an BM Kinkel verfügte.
Hat Kinkel am 24. Dezember 1992 vorgelegen, der die Weiterleitung an StS Kastrup und StS Lautenschlager verfügte.
Hat OAR Salzwedel am 28. Dezember 1992 vorgelegen, der die Weiterleitung an VLR Brose sowie die Weiterleitung von Kopien an die Büros der Staatssekretäre Kastrup und Lautenschlager verfügte.
Hat Brose vorgelegen, der die Weiterleitung an MD Chrobog, MDg von Studnitz und Referat 213 „z[ur] K[enntnisnahme]" verfügte.
Hat in Vertretung von Chrobog MDg Schilling am 29. Dezember 1992 vorgelegen.
Hat Studnitz am 4. Januar 1993 vorgelegen.
Hat VLR I Neubert am 4. Januar 1993 vorgelegen. Vgl. das Begleitschreiben; B 41, ZA-Bd. 221687.

2 Korrigiert aus: „Mittwoch, 16. Dezember 1992".

3 BK Kohl, BM Kinkel und BM Waigel besuchten Russland am 15./16. Dezember 1992. Vgl. auch Dok. 420 und Dok. 422.

4 Zum Kongreß der Volksdeputierten vgl. Dok. 417, Anm. 1.
VLR Mülmenstädt vermerkte am 28. Dezember 1992 als Ergebnis des Kongresses: „Die Stellung Jelzins ist geschwächt. Er verfügt heute nicht nur über erheblich geringere verfassungsrechtliche Vollmachten, sondern hat auch in den politischen Kreisen Moskaus wie in der Öffentlichkeit sein Ansehen als die dominierende politische Figur Russlands zu einem Teil eingebüßt: Vor der – zunächst selbst gewählten – Konfrontation mit der obstruktiven Kongressmehrheit ist er zweimal zurückgeschreckt, das erste Mal durch den nach seiner Kampfansage an den Kongress vereinbarten Verfassungskompromiss mit Chasbulatow, danach durch seinen – ankündigungswidrigen – Verzicht auf Gajdar als Ministerpräsidenten. [...]

Es sei gelungen, den Reformkurs zu behaupten, obschon die konservativen Kräfte auf dem Volksdeputiertenkongress stark vertreten seien.

Dies gelte auch für den weiteren Kurs der Demokratie; dies bedeute, dass der strategische Kurs unverändert bleibe.

Ferner sei ein wichtiger Punkt, dass die Zusammenarbeit der Exekutive und der Legislative erhalten bleibe.

Allerdings habe er einige Kompromisse eingehen müssen. So habe er in dem abgelaufenen Machtkampf MP Gajdar opfern müssen.

Was den neuen Ministerpräsidenten Tschernomyrdin angehe, sei er zuversichtlich, dass er seinen – des Präsidenten – Kurs halten werde. Er sei überzeugt, dass es keine größeren Veränderungen in der Zusammensetzung der Regierung geben werde und der Kern der bisherigen Mannschaft erhalten bleibe.

Der Besuch des Bundeskanzlers falle in eine historische Zeit. Die ideologische Spaltung in Europa sei überwunden. Man könne zwar noch nicht sagen, dass Europa wirklich ein einheitlicher Kontinent sei, aber der Bundeskanzler und er könnten vielleicht dazu beitragen, dass es dahin komme.

Russland sei hierzu bereit. Es habe sich immer Europa zugehörig gefühlt und wolle an allen europäischen Institutionen teilhaben.

Der Kongress habe gezeigt, dass Russland an eine Wegscheide gelangt und dass es immer noch möglich sei, dass konservative Kräfte eine Wende um 180 Grad herbeiführen könnten. Die Konservativen wollten Revanche nehmen.

Deshalb sei gerade in dieser Zeit die Unterstützung des Reformkurses besonders wichtig. Es sei bei der Diskussion über Wirtschaftsfragen geboten, die Lage, wie sie sich derzeit darstelle, zu berücksichtigen.

Der *Bundeskanzler* erklärt, zunächst wolle er dem Präsidenten zum Ergebnis des Volksdeputiertenkongresses gratulieren. Natürlich habe der Präsident Kompromisse eingehen müssen. Allerdings habe er selbst Sorge gehabt, ob der Präsident den Kongress gut überstehe.

Viele hätten ihm geraten, jetzt nicht nach Moskau zu fahren – und zwar nicht nur die Zeitungen, sondern auch einige Kollegen auf dem jüngsten ER in Edinburgh[5]. Er habe demgegenüber erklärt, dass er fahren wolle, auch um eine Demonstration zu machen.

Präsident *Jelzin* erklärt, er betrachte dies als eine große Unterstützung und wolle, dass der Besuch ein Erfolg werde.

Der *Bundeskanzler* wiederholt, er sei sehr froh darüber, dass der Präsident auf dem Volksdeputiertenkongress Erfolg gehabt habe, zumal die ihm zugegangenen Berichte nicht gut geklungen hätten.

Der Bundeskanzler stellt sodann die Frage, wann der Kongress wieder einberufen werde.

Präsident *Jelzin* erwidert, zunächst sei für April ein Referendum zur künftigen Verfassung vorgesehen.[6] Dabei werde eine der Fragen lauten, ob man künftig den Volksdeputier-

Fortsetzung Fußnote von Seite 1660

Für den 11.4.1992 ist laut dem Verfassungskompromiss zwischen Jelzin und Chasbulatow ein Referendum über die Grundlinien der künftigen Verfassung anzuberaumen, bei dem auch alternative Formulierungen zur Wahl gestellt werden können." Vgl. B 41, ZA-Bd. 221580.

5 Zur Tagung des Europäischen Rats am 11./12. Dezember 1992 vgl. Dok. 421.

6 In Russland fand am 25. April 1993 ein Referendum statt, bei dem über das Vertrauen gegenüber Präsident Jelzin, die Sozial- und Wirtschaftspolitik der Regierung, vorgezogene Präsidentschaftswahlen sowie vorgezogene Wahlen zum Kongress der Volksdeputierten abgestimmt wurde. Vgl. AAPD 1993.

tenkongress überhaupt noch brauche. Er sei sicher, dass das Volk den Volksdeputiertenkongress nicht mehr wolle.

Der *Bundeskanzler* stellt die Frage, welches die Alternative sei.

Präsident *Jelzin* erwidert, er denke an ein Zwei-Kammer-System.

Auf die Zusatzfrage des Bundeskanzlers, ob der Präsident eine Präsidialverfassung anstrebe, erklärt dieser, auch dies werde eine der Fragen sein, die durch das Referendum geklärt würden. Die Frage sei, ob man eine präsidiale Republik oder eine Parlamentsrepublik wolle.

Der *Bundeskanzler* stellt die Frage, wann das künftige Parlament gewählt werde.

Präsident *Jelzin* erklärt, zunächst brauche man eine neue Verfassung. Dann könne man 1994 allgemeine Wahlen zum Obersten Sowjet durchführen. 1996 seien dann Präsidentschaftswahlen fällig.

Auf die entsprechende Frage des Bundeskanzlers erklärt Präsident Jelzin, bis dahin bleibe der jetzige Oberste Sowjet im Amt.

Für ihn sei der entscheidende Punkt, wie man die Fragen für das Referendum formuliere und insbesondere, in welcher Form der Volksdeputiertenkongress erwähnt werde.

Über die entsprechenden Fragen müsse eine Einigung zwischen ihm und dem Obersten Sowjet herbeigeführt werden.

Der *Bundeskanzler* stellt die Frage, ob es für den Präsidenten günstiger sei, wenn es künftig nur noch den Obersten Sowjet gebe.

Präsident *Jelzin* bejaht diese Frage und fügt hinzu, den Volksdeputiertenkongress habe bekanntlich Gorbatschow erfunden.[7] Allerdings wähle der Kongress seinerseits die Mitglieder des Obersten Sowjet.

Der *Bundeskanzler* erklärt, auf jeden Fall sei wichtig, dass Präsident Jelzin die jetzige Runde überstanden habe.

Präsident *Jelzin* stimmt zu und erwidert, dies sei in der Tat die schwierigste Etappe für ihn gewesen. Es sei um einige Millimeter gegangen. Deshalb habe er sich zunächst entschlossen, das Referendum auf Januar zu legen. Dies habe aber den Kongress aufgebracht. Die Kommunisten hätten eben Revanche nehmen wollen.

Der *Bundeskanzler* wirft ein, die Kommunisten dürften bei Wahlen keine Chancen haben.

Präsident *Jelzin* stimmt zu und erklärt, die Kommunisten würden allenfalls 3% der Stimmen erhalten. Obwohl die Bevölkerung leide, unterstütze sie den Präsidenten.

Der *Bundeskanzler* erkundigt sich nach der Rolle der Streitkräfte.

Präsident *Jelzin* erwidert, dies seien jetzt seine Streitkräfte. Er habe überdies eine Reihe sozialer Maßnahmen eingeleitet. Es habe bekanntlich Schwierigkeiten im Baltikum gegeben. Die baltischen Staaten hätten auf einen frühzeitigen Abzug gedrängt. Es gebe aber keine Wohnungen für die Soldaten. Daher komme es jetzt darauf an, zunächst Wohnungen zu bauen.

Der *Bundeskanzler* erklärt, es habe gestern in Stockholm große Aufregung über zwei Reden des Außenministers gegeben.[8] Ihn würde interessieren, was dahinterstecke.

Präsident *Jelzin* erwidert, er habe heute Morgen mit Außenminister Kosyrew gesprochen. Dieser habe in Stockholm nur deutlich machen wollen, dass Russland kein einfaches Land sei, und ihm im Übrigen versichert, dass er nichts getrunken habe.

7 Vgl. die Wahlen zum Kongress der Volksdeputierten am 26. März 1989; AAPD 1989, I, Dok. 78.

8 Zu den Reden des russischen AM Kosyrew bei der dritten Sitzung des KSZE-Außenministerrats am 14. Dezember 1992 vgl. Dok. 418. Zur Sitzung am 14./15. Dezember 1992 vgl. auch Dok. 423.

Der *Bundeskanzler* erklärt, dieser Vorgang sei psychologisch ganz schlecht gewesen. Was die Serben trieben, sei absurd. Es gebe täglich schreckliche Bilder und Nachrichten wie beispielsweise jüngst die Berichte über Vergewaltigungslager.

Präsident *Jelzin* wirft ein, dies habe die russische Regierung nachdrücklich verurteilt.

Der *Bundeskanzler* erklärt, er habe die Bitte, dass Präsident Jelzin dieses Thema morgen in der Pressekonferenz[9] anspreche. Dies sei wichtig für sein Image. Er sei spontan davon ausgegangen, dass dies nicht die Position des Präsidenten sei, und es sei daher wichtig, wenn dies auch öffentlich gesagt werde.

Präsident *Jelzin* erklärt sich einverstanden.

Der *Bundeskanzler* schlägt vor, dass man über die allgemeine Lage spreche.

Präsident *Jelzin* erklärt, er wolle zuvor noch folgendes Problem ansprechen. Er wisse, dass Deutschland ein föderales System habe. In Russland gebe es 19 Republiken. Im Augenblick sei es so, dass es in diesen Republiken teilweise nationalistische Umtriebe gebe. Sein Ziel müsse es sein, die Föderation zusammenzuhalten, damit es nicht zum Konflikt komme.

Besondere Probleme gebe es in Tatarstan, Jakutsien, Baschkirien und bei den Tschetschenen.

Er würde es begrüßen, wenn die deutschen Bundesländer sich bei Kontakten mit diesen Republiken zurückhielten, denen es vor allem darum gehe, internationale Anerkennung zu finden.

Der *Bundeskanzler* erklärt sich einverstanden und fügt hinzu, wenn dem Präsidenten diesbezüglich Informationen vorlägen, solle er sich direkt an ihn wenden oder den Unterzeichner auf geeignete Weise unterrichten.

Andererseits seien Partnerschaften zwischen den Republiken der Föderation und den deutschen Bundesländern eine gute Sache. Wenn der Präsident ihm eine entsprechende Republik benenne, werde er sich darum kümmern, ein geeignetes Bundesland als Partner zu suchen.

Präsident *Jelzin* erklärt, er wolle kurz über den Zustand der GUS berichten.

Es sei vielfach zu hören, dass die GUS auseinanderfalle. Dies geschehe leider Gottes[10] nicht. Man treffe sich einmal im Monat. Die nächste Sitzung werde am 25. Dezember in Moskau stattfinden. Er stelle fest, dass es einen allgemeinen Trend gebe in Richtung Koordination.

Der *Bundeskanzler* stellt die Frage, ob dies auch für die Ukraine gelte.

Präsident *Jelzin* bejaht dies und fügt hinzu, die Beziehungen zur Ukraine hätten sich merklich gebessert. Er habe persönlich ein gutes Verhältnis zu Krawtschuk und mit diesem viele Probleme ausgeräumt. Dies betreffe insbesondere Fragen wie die Grenze, den Abzug der WGT und die Währung.

Der *Bundeskanzler* stellt die Frage nach der Schwarzmeerflotte.[11]

Präsident *Jelzin* erklärt, man habe erst einmal ein Moratorium für drei Jahre vereinbart, um die Marine ruhig zu halten. Es sei gelungen, auch andere Krisenpunkte wie beispielsweise Moldawien, Georgien und Südossetien ruhigzustellen.[12]

9 Für die Pressekonferenz des BK Kohl und des russischen Präsidenten Jelzin am 16. Dezember 1992 in Moskau vgl. das unkorrigierte Manuskript; B 41, ZA-Bd. 221687.

10 Die Wörter „leider Gottes" wurden von VLR I Neubert hervorgehoben. Dazu Fragezeichen.

11 Zur Vereinbarung vom 3. August 1992 über die Schwarzmeerflotte vgl. Dok. 257, Anm. 11.

12 Zum Transnistrien-Konflikt in Moldau vgl. Dok. 225, Anm. 38.
Zum Konflikt in Südossetien vgl. Dok. 205, besonders Anm. 8.

Schwierig sei die Lage in Tadschikistan, wo man es mit Stammesfehden zu tun habe. Dort sei eine russische Division stationiert, um die Grenze zu sichern.

Es gebe Tadschiken, die um Aufnahme in die Russische Föderation gebeten hätten. Dies könne er allerdings nicht machen. Tadschikistan sei ein ganz armes Land, das von der früheren Sowjetunion voll subventioniert worden sei. Auch jetzt dränge Tadschikistan auf Gewährung von Krediten.

Der *Bundeskanzler* stellt die Frage, welches die Problemgebiete auf dem Territorium der Russischen Föderation seien.

Präsident *Jelzin* erwidert, dies seien eindeutig Tatarstan[13] und der nördliche Kaukasus. Ökonomisch sei die Lage in Sibirien am schwierigsten, vor allem wegen der großen Entfernungen. Dort gebe es allerdings riesige Kupfervorkommen. Wenn man diese mit Hilfe der deutschen Wirtschaft erschließe, könne man 30% des Weltbedarfs an Kupfer decken.

Der *Bundeskanzler* erklärt, auch aus diesem Grund sei es wichtig, wenn Präsident Jelzin mit den deutschen Unternehmern in seiner Delegation spreche.

Der Bundeskanzler fährt fort, auch in Deutschland hätten wir riesige Probleme. Es gebe eine weltweite Rezession, die sich vor allem in den USA, Frankreich, Großbritannien und Italien auswirke. Bei uns sei die Lage zwar vergleichsweise günstiger, aber auch nicht gut. Wir hätten vor allem große Probleme in den neuen Bundesländern. Die dortigen Betriebe seien völlig auf die frühere Sowjetunion orientiert gewesen. Die Stimmung sei jetzt abwartend, weil es Zweifel gebe, was aus Russland werde.

Er vertrete das Gegenteil und werde deswegen angegriffen. Seine These sei: Deutschland und Russland seien Nachbarn. Sie stünden geographisch und kulturell einander nah. Er wolle daher die deutsche Wirtschaft stärker motivieren. Dies setze allerdings voraus, dass sich die Überzeugung durchsetze, dass die Reformen in Russland gelängen. Es sei daher psychologisch wichtig, wenn der Präsident dies gegenüber den mitreisenden Unternehmern deutlich zum Ausdruck bringe.

Die gemeinsame Botschaft auf der morgigen Pressekonferenz müsse lauten: Deutschland und Russland seien Nachbarn; sie sollten Freunde sein und sich bei der Überwindung der Schwierigkeiten gegenseitig helfen.

Präsident *Jelzin* erklärt, damit sei er völlig einverstanden. Deutschland und Russland seien große Mächte in Europa. Russland wolle auch die Wirtschaftsbeziehungen mit der alten DDR erhalten.

Er sei auch bereit, Partnerschaften zwischen den russischen Republiken und den Bundesländern aufzubauen. Er halte dies für eine gute Idee.

Der *Bundeskanzler* stellt noch einmal die Frage, warum die Lage in Sibirien besonders schwierig sei.

Präsident *Jelzin* erwidert, es gebe dort, wie gesagt, besonders schwierige Verhältnisse. Die Arbeiter in Sibirien lebten nach wie vor in Baracken. Man dürfe nicht vergessen, dass der Weg von Moskau zum Eismeer 12 000 km betrage. Menschen über 50 Jahre könnten dort im Grunde genommen nicht mehr leben. Man müsse daher Hunderttausende zurückbringen. Es sei im Übrigen falsch gewesen, Produktionsstätten in Sibirien zu errichten, weil das zu teuer sei.[14] Die Regierung arbeite jetzt an einem Programm, das die Schließung von Betrieben und die Übersiedlung der Arbeiter vorsehe.

13 Korrigiert aus: „Tatarnistan“.

14 Dieser Satz wurde von VLR I Neubert durch Ausrufezeichen hervorgehoben.

Der *Bundeskanzler* erkundigt sich nach der Lage der Landwirtschaft.

Präsident *Jelzin* erklärt, die Ernte 1992 sei besser als in den Vorjahren gewesen. In diesem Jahr habe man 112 Mio. Tonnen Getreide geerntet und daher nur 8 Mio. Tonnen einführen müssen. Im Vorjahr habe die Ernte 88 Mio. Tonnen Getreide erbracht. Man habe daher 25 Mio. Tonnen einführen müssen.

Der *Bundeskanzler* stellt die Frage, wie es mit der Privatisierung stehe.

Präsident *Jelzin* erwidert, die Privatisierung sei gut angelaufen, obschon die Bevölkerung dies zunächst nicht begriffen habe. Die Regierung habe Vouchers verteilt, und es gebe jetzt eine Art Wertpapiermarkt. Die Menschen begännen zu verstehen, was Eigentum sei. Der große Durchbruch sei allerdings noch nicht erzielt. Vor allem die Menschen auf dem Lande wüssten noch nichts mit dem Programm anzufangen.

Bisher seien 30 % von Handel und Dienstleistungen privatisiert. 1993 wolle man auf 60 % und 1994 auf 70 – 75 % kommen. Natürlich müsse ein Rest, vor allem der Rüstungsindustrie, beim Staat bleiben.

Zurzeit sei man dabei, die nuklearen und chemischen Waffen zu beseitigen, und er wolle sich ausdrücklich für die Hilfe der Bundesrepublik Deutschland hierbei bedanken.[15]

Er habe mit Bush ein weiteres Abkommen über Abrüstung vereinbart[16], und sein Wunsch sei, dass Clinton hierbei mitmache, der dies aber aus formalen Gründen nicht wolle. Jetzt sei vorgesehen, dass er sich zunächst in Alaska mit Bush und einen Tag später mit Clinton in Seattle treffe.[17]

B 41, ZA-Bd. 221687

15 Am 16. Dezember 1992 unterzeichneten Botschafter Blech, Moskau, und der russische Minister für Atomenergie, Michailow, ein Abkommen über Hilfeleistung für Russland bei der Eliminierung der zu reduzierenden russischen nuklearen und chemischen Waffen. Für das Abkommen vgl. BGBl. 2003, II, S. 815 f.

16 Zu den Abrüstungsvereinbarungen der Präsidenten Bush (USA) und Jelzin (Russland) vom 16./17. Juni 1992 vgl. Dok. 186.
Zur Fertigstellung des START II-Vertrags vgl. Dok. 438.

17 Am 2./3. Januar 1993 besuchte der amerikanische Präsident Bush Russland. Am 3. Januar 1993 wurde in Moskau der START II-Vertrag unterzeichnet. Für den Vertrag vgl. https://2009-2017.state.gov/t/avc/trty/102887.htm. Vgl. ferner AAPD 1993.
Die Präsidenten Clinton (USA) und Jelzin (Russland) trafen erstmals am 3./4. April 1993 in Vancouver zusammen.

420

Gespräch des Bundeskanzlers Kohl mit dem russischen Präsidenten Jelzin in Sawidowo

15. Dezember 1992[1]

Abschließendes Gespräch des Herrn Bundeskanzlers mit Präsident Jelzin zu Wirtschafts- und Finanzfragen am Dienstag, 15. Dezember 1992, in Sawidowo[2]

Teilnehmer:

Auf russischer Seite: Stv. MP Schochin, AM Kosyrew, Wirtschaftsminister Netschajew; auf deutscher Seite: der Herr Bundeskanzler, BM Kinkel, BM Waigel, StS Köhler, MD Hartmann als Note-taker.

Der *Bundeskanzler* eröffnet das Gespräch und erklärt, man sei sich in den vorhergehenden Fachgesprächen weitgehend einig geworden. Es gehe jetzt nur noch darum, die offenen Fragen zu klären.

Die erste Frage betreffe den Transferrubelsaldo.[3] Die deutsche Seite schlage fünf Jahre vor; die russische Seite habe von zehn Jahren gesprochen.

Präsident *Jelzin* wirft ein, besser seien null Jahre.

StS *Köhler* erklärt, de facto laufe es auf null hinaus, aber man brauche eine gesichtswahrende Lösung.

Der *Bundeskanzler* erklärt, die zweite Frage betreffe den Abzug der WGT. Hier stünden zwei Daten, der 30.6. oder der 31.8.1994, zur Debatte. Er sei mit dem 31.8. einverstanden.

Präsident *Jelzin* erklärt, dann müsse aber auch die Finanzregelung entsprechend aussehen. Bei einem Abzug im Juni bedeute dies 1 Mrd. DM; bei einem Abzug im August 870 Mio. DM.

StS *Köhler* wirft ein, Schochin habe von 750 Mio. als Maximalforderung gesprochen.

Präsident *Jelzin* erklärt, bei einem Abzug bis Ende August brauche man 870 Mio. DM. Diese Summe trage sowohl der Teuerungsrate wie auch den erhöhten Transport- und Baukosten Rechnung.

1 Der Gesprächsvermerk wurde von MD Hartmann, Bundeskanzleramt, am 19. Dezember 1992 gefertigt und am 21. Dezember 1992 über BM Bohl an BK Kohl „mit der Bitte um Billigung“ übermittelt. Dazu vermerkte er: „Ich rate von einer Weitergabe wegen der darin enthaltenen Äußerungen zur Transferrubelproblematik ab, zumal AA und BMF bei dem Gespräch hochrangig vertreten waren.“
Hat Kohl vorgelegen, der für Hartmann handschriftlich vermerkte: „Ja.“ Ferner vermerkte er: „erl[edigen].“
Hat Hartmann am 21. Dezember 1992 erneut vorgelegen, der handschriftlich vermerkte: „W[ieder]v[or]l[age] 1.3. (S. 7).“ Vgl. Anm. 17.
Hat Hartmann am 24. März 1993 erneut vorgelegen, der handschriftlich für VLRI Schäfers, Bundeskanzleramt, vermerkte: „Letzte S[eite].“
Hat Schäfers am 15. April 1993 vorgelegen, der handschriftlich vermerkte: „1) Prot[okoll] (s. letzte Seite) seit 30.3. in Kraft. 2) Desh[alb]: z[u] d[en] A[kten].“ Vgl. den Begleitvermerk; BArch, B 136, Bd. 42613.

2 Korrigiert aus: „Sawedow“.
Zum Besuch des BK Kohl, des BM Kinkel und des BM Waigel am 15./16. Dezember 1992 in Russland vgl. auch Dok. 419 und Dok. 422.

3 Zur Transferrubelproblematik vgl. Dok. 417.

Abb. 16: BK Kohl und der russische Präsident Jelzin in Sawidowo

StS *Köhler* weist darauf hin, dass die deutsche Seite zugesagt habe, auch evtl. Entschädigungsansprüche von Privatpersonen zu übernehmen, die Liegenschaften verpachtet bzw. vermietet hätten. Dabei handele es sich immerhin um eine Größenordnung von mehreren hundert Millionen DM.

Der *Bundeskanzler* empfiehlt Präsident Jelzin, dieses Angebot anzunehmen und es hinsichtlich der zusätzlichen Leistungen für den beschleunigten Abzug bei 500 Mio. DM zu belassen.

BM *Waigel* weist darauf hin, dass die russische Seite darüber hinaus noch 50 % aus dem bisherigen Erlös der verkauften Liegenschaften in Höhe von 8 bzw. 14 Mio. DM erhalte.

StS *Köhler* macht darauf aufmerksam, dass die deutsche Seite zu weiterem Entgegenkommen in der Schuldenfrage[4] bereit sei. Einmal werde der Bundeskanzler eine Initiative gegenüber den G 7 ergreifen, in der er sich dafür einsetzen wolle, dass der Stand-by-Kredit des IWF von Russland auch zur Schuldenbedienung verwandt werden könne. Zum anderen habe er mit den deutschen Banken über die privaten Bankschulden gesprochen. Der Vertreter der Deutschen Bank habe zugesagt, sich im Londoner Club für eine großzügige Regelung einzusetzen.

Schließlich wolle er noch einmal daran erinnern, dass Deutschland bei der vorgeschlagenen Umschuldung im Pariser Club rund 8 Mrd. DM zahlen müsse. Dies sei eine Summe, die sich unmittelbar im Haushalt niederschlage.

Stv. MP *Schochin* erklärt, es sei ein Riesenfortschritt, wenn im Londoner Club eine Regelung erreicht werde, die darauf hinauslaufe, dass Russland statt 2 Mrd. DM 1/2 Mrd. DM zahlen müsse.

Der *Bundeskanzler* sagt zu, über diese Frage mit dem Vertreter der Deutschen Bank noch einmal auf dem Rückflug zu sprechen, und weist nachdrücklich auf die 8 Mrd. DM hin, die die Bundesregierung im Zusammenhang mit der Umschuldung trage.

Stv. MP *Schochin* erklärt, wenn es gelinge, den Stand-by-Kredit für die Schuldenbedienung zu verwenden, wäre dies in der Tat ein wichtiger Schritt.

Der *Bundeskanzler* erklärt, er sei bereit, in diesem Sinne an die G 7 zu schreiben. Er werde Präsident Jelzin Durchdruck dieses Schreibens schicken.

Präsident *Jelzin* erklärt sich einverstanden und wirft die Frage der Liegenschaften auf.

StS *Köhler* wirft ein, diese Frage sei erledigt. Man habe sich auf eine Null-Lösung geeinigt, wobei Deutschland, wie erwähnt, auch bereit sei, mögliche Entschädigungsforderungen gegenüber den russischen Mietern zu übernehmen.

BM *Waigel* fügt hinzu, auch die ökologischen Schäden fielen auf die deutsche Seite zurück.

4 Zur Frage der Altschulden der ehemaligen UdSSR vgl. Dok. 381, Anm. 7.
VLR I Runge vermerkte am 18. Dezember 1992: „Die für den 17. und 18. Dezember des Jahres im Pariser Club (PC) vorgesehenen Umschuldungsverhandlungen mit Russland über die Altschulden der UdSSR fanden nicht statt. Die russische Delegation unter dem noch amtierenden Außenwirtschaftsminister Awen war zwar angereist, lehnte aber jegliches Auftreten vor dem Plenum des PC ab, nachdem die Vorgespräche mit den G 7-Vertretern am 16. Dezember in der Schuldenfrage keinen für die russische Seite akzeptablen Verhandlungsansatz erbracht hatten. [...] Der Stand der Schuldenverhandlungen hat hiermit einen Tiefpunkt erreicht. Abgesehen von den weiter ‚routinemäßig' auflaufenden Rückständen wären zu Jahresanfang 1993 damit auch die Anfang 1992 aufgeschobenen Fälligkeiten in Höhe von US-Dollar 3,2 Mrd. zuzüglich Zinsen von Russland zu zahlen; ein weiterer Zahlungsaufschub wurde nicht vereinbart". Vgl. B 52, ZA-Bd. 173909.

Präsident *Jelzin* erklärt, in der Frage der Liegenschaften sei man sich also einig. Er wolle noch einmal auf den Transferrubel zu sprechen kommen.

StS *Köhler* wiederholt, die deutsche Seite brauche eine gesichtswahrende Formulierung, die besage, dass die Gespräche wiederaufgenommen würden.

Der *Bundeskanzler* erklärt, jeder wisse, dass das Geld weg sei.

BM *Waigel* weist darauf hin, dass die deutsche Öffentlichkeit aufgrund des Berichts des „Spiegel" glaube, der Bundeskanzler verschenke 15 Mrd. DM.[5]

Der *Bundeskanzler* schlägt vor, sich auf acht Jahre zu einigen, danach werde man erneut sprechen, und jedermann wisse, wie dies ausgehe.

Präsident *Jelzin* erklärt, er habe verstanden.

Stv. MP *Schochin* wirft ein, es gebe ein psychologisches Problem. Die russische Seite habe Erlöse aus den Liegenschaften erwartet.

Präsident *Jelzin* wiederholt ärgerlich, er habe die deutsche Seite verstanden. Er mache jetzt keinen Kuhhandel. Er wolle aber noch die Frage der Kompensation für die Nazi-Opfer ansprechen.

AM *Kinkel* erklärt, er habe 1 Mrd. DM angeboten.[6]

Präsident *Jelzin* erklärt, er frage sich, ob es nicht aus psychologischen Gründen möglich sei, zumindest die Absicht zu formulieren, dass man auch über diese Frage nach acht Jahren oder später wieder spreche, obschon jeder wisse, dass die Nutznießer nach acht Jahren tot seien.

Der *Bundeskanzler* erklärt, dies könne er nicht machen. Dies sei nicht nur ein Problem gegenüber Russland. Hier sei daher beim besten Willen nichts zu machen, weil dann noch zehn weitere Länder mit ähnlichen Forderungen kämen.

Stv. MP *Schochin* wirft ein, er wisse nicht, was man machen werde, wenn die 1 Mrd. DM ausgeschöpft sei und es immer noch Anspruchsberechtigte gebe.

Der *Bundeskanzler* erklärt, man treffe eine Regelung über einen Betrag X. Wenn dieser ausgeschöpft sei, sei die Angelegenheit abgeschlossen.

AM *Kosyrew* erklärt, bei der genannten Summe stimme die Proportion nicht. Beispielsweise sei in Polen und der ČSFR die Zahl der Opfer viel niedriger, wobei noch hinzukomme, dass auch Weißrussland und die Ukraine Ansprüche hätten. 1 Mrd. DM seien daher für die russische Öffentlichkeit zu niedrig.

Der *Bundeskanzler* erklärt, die Bundesregierung sehe sich ständig neuen Forderungen gegenüber. Eine Erhöhung der Summe sei daher ausgeschlossen.

Eine andere Möglichkeit sei, dass man in ein paar Jahren etwas Ähnliches mache wie seinerzeit in Luxemburg, wo wir ein Sanatorium unterstützt hätten.[7] Über einen solchen Vorschlag könne man in zwei bis drei Jahren reden.

5 Vgl. den Artikel „Wertlose Guthaben"; DER SPIEGEL, Nr. 51 vom 14. Dezember 1992, S. 102f.

6 Vgl. das Schreiben des BM Kinkel vom 1. August 1992 an die AM Kosyrew (Russland), Krawtschenko (Belarus) und Slenko (Ukraine); Dok. 212, Anm. 21. Vgl. ferner Dok. 395.

7 Nach der Besetzung Luxemburgs durch deutsche Truppen am 10. Mai 1940 wurden circa 12000 luxemburgische Staatsangehörige zwangsweise zum Dienst in der Wehrmacht verpflichtet. Zu den vom luxemburgischen Verband der Zwangsrekrutierten erhobenen Entschädigungsforderungen vertrat die Bundesregierung den Standpunkt, das Abkommen vom 27. Februar 1953 über deutsche Auslandsschulden (Londoner Schuldenabkommen) sehe vor, dass eine Erfüllung erst bei einer endgültigen Regelung der Reparationsfrage möglich sei. Mit Vertrag vom 11. Juli 1959 verpflichtete sich die

Präsident *Jelzin* stellt die Frage, ob man das nicht zumindest öffentlich andeuten könne.

Der *Bundeskanzler* erklärt, er finde dies nicht gut, weil dann die Ukraine und Weißrussland etwas Ähnliches fordern würden. Er habe keine Probleme damit, einen Brief zu schreiben, in dem er diesen Vorschlag mitteile; eine öffentliche Bekanntmachung könne er aber nicht mitmachen.

Präsident *Jelzin* erklärt, man solle jetzt einen Schlussstrich ziehen. Es bestehe daher Einvernehmen über 1 Mrd. DM und das angekündigte Schreiben des Bundeskanzlers.[8]

Er wolle noch einmal auf den beschleunigten Abzug der WGT zu sprechen kommen und die Frage stellen, ob man sich auf 550 Mio. DM einigen könne.

Der *Bundeskanzler* stimmt zu.

Präsident *Jelzin* fasst zusammen, bei den Liegenschaften habe man sich also auf eine komplette Null-Lösung geeinigt, beim Transferrubelsaldo auf eine Stundung für acht Jahre.

Was die Nazi-Opfer betreffe, so wolle man den Betrag von 1 Mrd. DM in die morgige Vereinbarung übernehmen. Ferner erwarte er den zugesagten Brief des Bundeskanzlers.

Der *Bundeskanzler* erklärt, bei der Zusage für die Nazi-Opfer solle man auf die seinerzeitigen Gespräche im Kaukasus[9] Bezug nehmen.

Präsident *Jelzin* kommt erneut auf die Verhandlungen im Pariser Club zu sprechen und erklärt, er gehe davon aus, dass es bei dem Betrag von unter 3 Mrd. DM bleibe.

Der *Bundeskanzler* wirft ein, dies solle man aber nicht öffentlich sagen, weil es sich um eine multilaterale Frage handele, die noch verhandelt werden müsse.

StS *Köhler* bestätigt, dass es eine deutsche Zusage gebe, wonach Deutschland bis zu 8 Mrd. DM belastet und Russland unter 3 Mrd. DM Schuldendienst entlastet werde.

Dies dürfe man allerdings mit Rücksicht auf die G7-Partner nicht in einem öffentlichen Dokument festhalten.

AM *Kosyrew* wirft die Frage der Ratifikation der vorliegenden Vereinbarung auf. Er frage sich, ob der Präsident selber unterzeichnen solle. Dies könne Probleme mit dem russischen Parlament aufwerfen.

Präsident *Jelzin* erklärt nachdrücklich, er werde unterschreiben.[10]

Der *Bundeskanzler* erklärt, man werde morgen auch ein Kulturabkommen unterzeichnen.[11] Aus seiner Sicht wäre es eine gute Geste, wenn man sich auf den Austausch der

Fortsetzung Fußnote von Seite 1669

Bundesrepublik aber, für Anspruchsberechtigte individuelle Entschädigungen zu leisten. Vgl. BGBl. 1960, II, S. 2079–2108.

BK Kohl und der luxemburgische MP Santer trafen am 19. November 1985 eine weitere Vereinbarung zugunsten der zur Wehrmacht zwangsrekrutierten Luxemburger. Vgl. AAPD 1985, I, Dok. 6, und AAPD 1985, II, Dok. 313.

Am 3. Dezember 1987 unterrichtete der luxemburgische Botschafter Meisch das Auswärtige Amt über die Errichtung der „Stiftung Altenhilfe". Vgl. den Vermerk des VLR I Buerstedde vom selben Tag; B 86, Bd. 2037.

8 Für das Schreiben des BK Kohl vom 21. Januar 1993 an den russischen Präsidenten Jelzin vgl. B 86, Bd. 2174.

9 BK Kohl, BM Genscher und BM Waigel hielten sich vom 14. bis 16. Juli 1990 in Moskau und Archys (Bezirk Stawropol) auf. Vgl. AAPD 1990, II, Dok. 217–219 und Dok. 221.

10 Für die Gemeinsame Erklärung des BK Kohl und des russischen Präsidenten Jelzin vom 16. Dezember 1992, in der die Ergebnisse ihres Gesprächs vom Vortag zusammengefasst wurden, vgl. BULLETIN 1992, S. 1265 f.

11 Für das Regierungsabkommen vom 16. Dezember 1992 zwischen der Bundesrepublik und Russland über kulturelle Zusammenarbeit einschließlich der Anlage vgl. BGBl. 1993, II, S. 1256–1260.

Gutenberg-Bibel und der vier Gemälde aus der früheren sowjetischen Botschaft in Berlin einigen könne.

Präsident *Jelzin* weist darauf hin, dass es eine gemeinsame Kommission über die Rückführung von Kulturgütern[12] gebe. Er schlage vor, anzukündigen, dass die Kommission einen entsprechenden Auftrag erhalte, wobei beide Seiten davon ausgingen, dass die Kommission dies positiv entscheide.

Der *Bundeskanzler* erklärt, es wäre gut, wenn Präsident Jelzin dies morgen öffentlich sagen würde.

Der *Bundeskanzler* spricht abschließend noch die Frage der Russlanddeutschen an.

Präsident *Jelzin* erklärt, im Haushalt der Regierung seien 10 Mrd. Rubel für deutsche Einrichtungen an der Wolga vorgesehen. Dieser Betrag werde 1993/94 weiter erhöht. Man bilde zunächst deutsche Rayons. Als nächster Schritt sei eine deutsche Autonomie vorgesehen.

Der *Bundeskanzler* stellt die Frage, wann das deutsch-russische Protokoll[13] in Kraft trete.

Präsident *Jelzin* erwidert, diese Frage werde demnächst gelöst. Das Protokoll werde derzeit in dem zuständigen Parlamentsausschuss beraten und bald entschieden.

AM *Kinkel* weist darauf hin, dass das Thema Rehabilitierung in Deutschland eine große Rolle spiele. Er habe hierüber mit AM Kosyrew gesprochen und bitte um Unterstützung.[14]

Präsident *Jelzin* stimmt zu.[15]

Nach dem Gespräch des Herrn Bundeskanzlers mit den Vertretern der Deutschen[16] gibt der Bundeskanzler dem Unterzeichneten den Auftrag, ein entsprechendes Schreiben an Präsident Jelzin zu fertigen, falls die russische Seite das Protokoll über die Wolga-Republik nicht bis Mitte März in Kraft gesetzt habe.[17]

BArch, B 136, Bd. 42613

12 Zur Rückführung von Kulturgütern vgl. Dok. 357.

13 Zum deutsch-russischen Protokoll über die stufenweise Wiederherstellung der Wolga-Republik, das am 10. Juli 1992 in Moskau unterzeichnet wurde, vgl. Dok. 117.

14 Vgl. das Gespräch des BM Kinkel mit dem russischen AM Kosyrew am 6. Oktober 1992 in Moskau; Dok. 311, besonders Anm. 16 und 17.

15 Vgl. die Gemeinsame Erklärung des BK Kohl und des russischen Präsidenten Jelzin über die Rehabilitierung unschuldig Verfolgter; BULLETIN 1992, S. 1276.

16 BK Kohl führte am 16. Dezember 1992 ein Gespräch mit Vertretern der Russlanddeutschen in Moskau. Vgl. DB Nr. 5647 des BRI Weiß, Moskau, vom 17. Dezember 1992; B 41, ZA-Bd. 221687.

17 Dieser Satz wurde von MD Hartmann, Bundeskanzleramt, durch Kreuz hervorgehoben. Vgl. Anm. 1.

421

Runderlass des Vortragenden Legationsrats I. Klasse Bettzuege

012-9-312.74 VS-NfD **Aufgabe: 15. Dezember 1992**[1]
Fernschreiben Nr. 77 Ortez

Ortez zum ER Edinburgh am 11./12.12.1992[2]

Der ER Edinburgh hat nach langen und schwierigen Verhandlungen, die sich bis spät in die Nacht des zweiten Tages hinzogen und immer wieder unterbrochen wurden, um der Präsidentschaft[3] Gelegenheit zu bilateraler Vermittlung im Beichtstuhlverfahren zu geben, Einigung über die anstehenden großen Problemkreise erzielt. Hauptthemen waren die Rahmenlösung für Dänemark[4] und das Delors-Paket II über die künftige Finanzierung der Gemeinschaft für den Zeitraum bis 1999, einschließlich einer fairen Beteiligung der NBL an dem Strukturfonds. Die Einigung über die beiden zentralen Themen war instrumental für den Erfolg in den hiermit verbundenen Fragen, namentlich

- Erhöhung der Zahl der deutschen Abgeordneten um 18 zur Vertretung der NBL mit vollem Stimmrecht im EP für die nächste Wahlperiode ab 1994[5];
- Festlegung der bisher vorläufigen Sitze der Organe der Gemeinschaft in Luxemburg, Brüssel und Straßburg;
- Einigung über konkrete Leitlinien und Kriterien zur Anwendung des Subsidiaritätsprinzips, zu mehr Bürgernähe und größerer Transparenz der Gemeinschaftstätigkeiten;
- Einigung auf eine europäische Wachstumsinitiative durch Schaffung einer neuen, befristeten Finanzierungsfazilität von 5 Mrd. ECU bei der EIB, insbesondere für Infrastrukturvorhaben im Rahmen transeuropäischer Netze unter Einbeziehung mittel- und osteuropäischer Länder, sowie zusätzlich Errichtung eines Europäischen Investitionsfonds in Höhe von 2 Mrd. ECU, um Garantien zu ermöglichen; mit beiden Maßnahmen trägt die Gemeinschaft zur Belebung der Wirtschaft in den MS bei;
- Festlegung des Beginns der Beitrittsverhandlungen mit Österreich, Finnland und Schweden auf Anfang 1993[6];
- außenpolitische Erklärungen zu Jugoslawien und Russland und den NUS, ferner zu Nahost, Afrika, Somalia und El Salvador;
- Aussagen hinsichtlich der Außenbeziehungen der EG zur Assoziierung von Malta, Zypern und der Türkei, Arbeitsauftrag an den Rat zu den Beziehungen zu den MOE-Ländern und Text zur Sicherheit der Kernkraftwerke in Osteuropa.

Die Gemeinschaft hat mit dem Ergebnis von Edinburgh in einer Phase wirtschaftlicher Schwierigkeiten und drohenden Vertrauensverlustes Handlungsfähigkeit und Kompromiss-

[1] Das Fernschreiben wurde in zwei Teilen übermittelt. Vgl. Anm. 17.

[2] Vgl. die Schlussfolgerungen des Vorsitzes der Tagung des Europäischen Rats einschließlich der Erklärungen; BULLETIN 1992, S. 1277–1302.

[3] Vom 1. Juli bis 31. Dezember 1992 hatte Großbritannien die EG-Ratspräsidentschaft inne.

[4] Vgl. das Referendum am 2. Juni 1992 in Dänemark; Dok. 166, Anm. 2.

[5] Zur Frage der Erhöhung der Zahl der Mitglieder des Europäischen Parlaments vgl. Dok. 162, Anm. 36.

[6] Die EG nahm am 1. Februar 1993 Beitrittsverhandlungen mit Finnland, Österreich und Schweden auf. Die Beitrittsverhandlungen mit Norwegen begannen am 5. April 1993. Vgl. AAPD 1993.

fähigkeit bewiesen und ein klares Signal für die Fortsetzung des Integrationsprozesses gesetzt. Wohl kaum zuvor sind auf einem Gipfel derart viele schwierige und für die Zukunft der Gemeinschaft wichtige Fragen gelöst worden. Das Ergebnis ist Ausdruck der Entschlossenheit der Partner, das Werk der europäischen Einigung zu zwölft fortzusetzen. Durch die Beitrittsverhandlungen wird die europäische Einigung neue Impulse erhalten. Grundlage wird der Vertrag von Maastricht sein. In zehn Mitgliedstaaten wird der innerstaatliche Prozess zur Ratifikation bis Jahresende abgeschlossen sein. Großbritannien[7] und Dänemark haben sich ihrerseits auf einen baldigen Abschluss der Ratifikation festgelegt. Die dänische Regierung beabsichtigt, im April oder Mai auf der Grundlage der in Edinburgh erzielten Verständigung ein zweites Referendum durchzuführen.[8] In Großbritannien, das die parlamentarischen Beratungen zur Ratifikation vor dem ER wieder aufgenommen hatte, kann mit einem Abschluss des Verfahrens im Sommer, spätestens im Herbst gerechnet werden, auch wenn sich das von uns gewünschte Zieldatum des 1.7. 1993 nicht durchsetzen ließ.

Die britische Präsidentschaft hat in Edinburgh die wesentlichen anstehenden Aufgaben erfüllt. Sie kann nunmehr der häufig erhobenen Kritik an ihrer Amtsführung mit Erfolg entgegentreten. Es bleibt die Regelung der noch offenen Sitzfragen, einschließlich der EZB, deren Lösung für Ende 1993 ins Auge gefasst wurde. DK wird seine Präsidentschaft am 1.1.1993 unter günstigeren Vorzeichen antreten können.

Wegen der Einzelheiten der dieses Mal besonders umfangreichen Texte wird auf die übliche Veröffentlichung der Schlussfolgerungen im Bulletin verwiesen. Die Texte gliedern sich in vier Teile, nämlich Teil A zu den allgemeinen Fragen, zum Beitritt, Binnenmarkt, einer Erklärung zur Bekämpfung von Rassismus und Fremdenfeindlichkeit und zur Zahl der Mitglieder des EP. Dem Teil A sind Anlagen zur Subsidiarität, zur Transparenz, der europäischen Wachstumsinitiative, der Zuwanderungsproblematik und zur endgültigen Festlegung der Sitze der Organe beigefügt. Teil B der Schlussfolgerungen befasst sich mit Dänemark, Teil C mit der künftigen Finanzierung und Teil D mit den Außenbeziehungen. Im Einzelnen ist noch hervorzuheben:

1) Dänemark

Zum dänischen Problem wurde die in Birmingham[9] in Auftrag gegebene Rahmenlösung entwickelt, die bereits auf dem AM-Konklave vom 8.12.[10] in wesentlichen Teilen vorformuliert worden war. Die Lösung erlaubt der dänischen Regierung die Durchführung eines zweiten Referendums. Sie erfordert in den übrigen MS keine erneute Ratifizierung, da die getroffene Vereinbarung inhaltlich keine Änderung des Vertrages darstellt, sondern als einvernehmliche Interpretation und Klarstellung voll mit diesem vereinbar ist. Daher war für uns letztlich die Form des Beschlusses (decision) akzeptabel, zumal für Dänemark eine rechtsverbindliche und rechtsförmliche Lösung unerlässlich war.

Die Ausnahmen, die Dänemark in vier Bereichen hervorgehoben wissen wollte, nämlich bei der WWU, der Verteidigung, der Unionsbürgerschaft und der Zusammenarbeit in der Innen- und Justizpolitik, sind im Vertrag angelegt.

7 Zur Frage einer Ratifizierung des Vertragswerks von Maastricht in Großbritannien vgl. Dok. 356, Anm. 4.

8 Ein zweites Referendum in Dänemark über das Vertragswerk von Maastricht fand am 18. Mai 1993 statt.

9 Zur Sondertagung des Europäischen Rats am 16. Oktober 1992 vgl. Dok. 334.

10 Zum Konklave der Außenminister der EG-Mitgliedstaaten in Brüssel vgl. Dok. 407.

Zum Eintritt in die dritte Stufe der WWU hatte DK – ähnlich wie GB – bereits in Maastricht ein Ausnahmeprotokoll erhalten. Von dieser Ausnahme hat DK im ersten Referendum bereits Gebrauch gemacht.

Zum Eintritt in die WEU ist DK nicht verpflichtet. Der von ihm kürzlich gewählte Status des WEU-Beobachters[11] ist vertragskonform.

In den beiden restlichen Bereichen stellt DK den mit Maastricht erzielten Konsens nicht infrage. Die für DK problematischen Fortentwicklungen in diesen Bereichen über den Vertrag hinaus sind nur einvernehmlich und unter Zustimmung der jeweiligen Parlamente nach den verfassungsrechtlichen Bestimmungen der Mitgliedstaaten möglich. Dies gilt für alle Partner, wird aber für DK besonders hervorgehoben.

DK bleibt voll verpflichtet, den Verpflichtungen aus dem Vertrag von Maastricht nachzukommen. Es ist auch herausgestellt, dass DK die Ziele des Vertrags nicht infrage stellt und ein rascheres Vorangehen der übrigen Partner nicht blockieren wird. Spätestens bei der Revisionskonferenz 1996[12] stellt sich die Frage der Fortgeltung der jetzt getroffenen Abreden.

Klargestellt ist auch, dass die Ausnahmen ausschließlich für DK gelten und weder von den jetzigen noch von künftigen Mitgliedstaaten beansprucht werden können. Die Regelungen für Dänemark sind auch nicht dem Sozialprotokoll des Vertrags von Maastricht[13] vergleichbar, da DK – anders als GB – institutionell voll an den Gremien der Gemeinschaft beteiligt bleibt, insbesondere auch im Rat. DK wird das Recht gewährt, jederzeit zu entscheiden, den Beschluss bzw. Teile von ihm nicht mehr in Anspruch zu nehmen, d.h. insoweit sich wieder voll zu beteiligen.

2) Zahl der deutschen Abgeordneten im EP/Sitzfragen

Die Erhöhung der Zahl der deutschen EP-Abgeordneten um 18 zählte zu den noch offenen Folgearbeiten des Vertrags von Maastricht. Der Europäische Rat verständigte sich darauf, die notwendigen Vertragsänderungen auf der Grundlage des vom EP entwickelten Modells einzuleiten. Dabei sollen maßgebliche Erwägungen die Berücksichtigung der deutschen Einigung und die Perspektive der EG-Erweiterung sein. Der EP-Vorschlag bedeutet auch für die übrigen größeren Mitgliedstaaten und für die meisten kleineren und mittleren Mitgliedstaaten eine Anhebung der Abgeordnetenzahl, ausgenommen Luxemburg, Dänemark und Irland, die bereits relativ stark berücksichtigt sind. Der Kompromiss wurde möglich, weil F nicht länger auf Gleichbehandlung bestand, sondern sich wie I und GB mit einem Zuwachs von je sechs Abgeordneten einverstanden zeigte. Die Zustimmung von F wurde ferner dadurch möglich, dass in Edinburgh auch die endgültige Festlegung des Sitzes des EP in Straßburg getroffen werden konnte. Die bisher nur auf vorläufiger Grundlage[14]

11 Vgl. die „Erklärung zu WEU-Beobachtern“ vom 20. November 1992; BGBl. 1994, II, S. 790. Vgl. ferner Dok. 384.

12 Zur Überprüfungskonferenz für das Vertragswerk von Maastricht vgl. Dok. 86, Anm. 21.

13 Für das Protokoll über die Sozialpolitik sowie das Abkommen zwischen den Mitgliedstaaten der Europäischen Gemeinschaft mit Ausnahme des Vereinigten Königreichs Großbritannien und Nordirland über die Sozialpolitik des Vertrags vom 7. Februar 1992 über die Europäische Union vgl. BGBl. 1992, II, S. 1313–1315.

14 Für den Beschluss der Vertreter der Regierungen der Mitgliedstaaten über die vorläufige Unterbringung der Organe vom 8. April 1965 vgl. AMTSBLATT DER EUROPÄISCHEN GEMEINSCHAFTEN, Nr. 152 vom 13. Juli 1967, S. 18–20.

bestehende Praxis der Abhaltung der ordentlichen EP-Tagungen in Straßburg und außerordentlicher Tagungen in Brüssel ist nunmehr endgültig festgelegt worden, ebenso der Sitz von Rat, Kommission, EuGH, EuRH und EIB in Brüssel bzw. Luxemburg. Damit ist ein seit über 35 Jahren offener Auftrag des EWG-Vertrages[15] endlich erfüllt worden, und die Ungewissheit über die Sitzfrage, die die Gemeinschaft belastet hatte, ist ausgeräumt.

Zum Vollzug der Regelung, die ab sofort gilt, traten die Außenminister kurzfristig zu einer Regierungskonferenz zusammen und unterzeichneten die entsprechende Regierungsvereinbarung, die einer Ratifizierung nicht bedarf.[16]

Die Festlegung der Sitze neuer EG-Einrichtungen blieb offen. In dem Beschluss ist aber festgelegt, dass diejenigen MS bevorzugt berücksichtigt werden sollen, die bisher noch über keine EG-Einrichtung verfügen. Damit ist für den Sitz der EZB zwar noch keine Vorentscheidung gefallen, es dürfte aber die Kandidatur von Lyon ausscheiden. Wir halten an der Kandidatur von Frankfurt a.M. fest und gehen davon aus, dass der ER in unserem Sinne entscheiden wird.

[17]3) Delors-Paket II

Durch den Kompromiss zum Delors-Paket II wurde die Finanzierung der wachsenden Aufgaben der EG einschließlich der Verpflichtungen aufgrund des Vertrages von Maastricht für die Jahre bis 1999 sichergestellt. Die schwierige Haushaltslage der MS konnte dabei ebenso berücksichtigt werden wie die notwendige Solidarität mit unseren Partnern, namentlich den vier ärmeren MS (SP, P, GR, IRL), und die Finanzierung der Agrarreform.

Der allgemeine Finanzplafond bleibt 1993 und 94 auf dem bisherigen Stand eines BSP-Anteils von 1,20% und wird im Zeitraum 94–99 schrittweise auf bis 1,27% ansteigen können. Das Ergebnis bleibt damit erheblich unter dem Vorschlag der KOM (zuletzt 1,35%) und entspricht unserer auf Haushaltsdisziplin und Konsolidierung gerichteten Politik, ohne die weitere angemessene Finanzierung der Gemeinschaftspolitiken infrage zu stellen. Die Erhöhung war vor allem erforderlich, um den in Maastricht beschlossenen Kohäsionsfonds für die vier ärmeren MS zu ermöglichen. Mit dem jetzt vereinbarten Umfang des Fonds, der bis 1999 auf einen Jahresbetrag von 2,6 Mrd. ECU anwachsen wird, konnte wirksam verhindert werden, dass insbes. Spanien hinsichtlich seiner finanziellen Stellung in der Gemeinschaft zu einem neuen Problemfall wird.

Für die NBL und Ost-Berlin wird mit der schrittweisen Erhöhung der Mittel für die Strukturfonds von 18 Mrd. ECU im Jahre 1992 auf 27,4 Mrd. ECU bis 1999 die Möglichkeit geschaffen, diese Gebiete mit anderen Entwicklungsgebieten der EG grundsätzlich gleichzustellen und die ihnen aus diesen Fonds zufließenden Mittel zu verdoppeln.

Die Erhöhung der Mittel für die internen Politikbereiche bis auf 5,1 Mrd. ECU 1999 bleibt, wie von uns nicht zuletzt zur Abwehr gewisser industriepolitischer Ambitionen angestrebt, hinter den Erwartungen der EGK wesentlich zurück, wird der Gemeinschaft aber dennoch die Erfüllung prioritärer Aufgaben ermöglichen. Bei den externen Politikbereichen wird mit einer Anhebung auf 6,2 Mrd. ECU (einschließlich zweier Reservebeträge)

15 In Artikel 216 des EWG-Vertrags vom 25. März 1957 hieß es: „Der Sitz der Organe der Gemeinschaft wird im Einvernehmen zwischen den Regierungen der Mitgliedstaaten bestimmt." Vgl. BGBl. 1957, II, S. 890.

16 Für den im gegenseitigen Einvernehmen gefassten Beschluss der Vertreter der Regierungen der Mitgliedstaaten über die Festlegung der Sitze der Organe und bestimmter Einrichtungen und Dienststellen der Europäischen Gemeinschaften vgl. BULLETIN DER EG 12/1992, S. 24f.

17 Beginn des mit RE Nr. 78 übermittelten zweiten Teils des Fernschreibens. Vgl. Anm. 1.

dem Interesse der BReg an der Schaffung finanzieller Grundlagen zu wirkungsvoller EG-Unterstützung der Reformprozesse vor allem in MOE und den NUS Rechnung getragen.

Angesichts der innenpolitischen Probleme in GB war es in Edinburgh nicht möglich, den angestrebten Einstieg in einen Abbau des britischen Beitragsrabatts[18] zu erreichen. Diese Frage wird Gegenstand der vorgesehenen Überprüfung des Eigenmittelsystems zu gegebener Zeit sein.

4) EPZ-Themen

Außenpolitisches Schwerpunktthema war das ehem. Jugoslawien. Die JUG-Erklärung bekräftigt die bisherige Politik der EG-MS, stellt noch deutlicher als bisher die serbische Hauptverantwortung für die brutale Kriegsführung klar und erhöht den Druck auf Umsetzung der Beschlüsse der Konferenz von London[19], insbesondere durch weitere Verschärfung und Ausweitung der Sanktionen mit der Androhung einer schließlich totalen Isolierung Serbiens. BM wies in der Pressekonferenz darauf hin, dass noch weitergehende Forderungen nach Einsatz militärischer Zwangsmaßnahmen bei den Partnern, die dazu in der Lage wären, bisher auf Zurückhaltung stießen. Wir selbst seien aus den bekannten Gründen gehindert und können deshalb nicht drängen.

Auf deutschen Vorschlag verabschiedete der ER eine gesonderte Erklärung zu den systematischen Gewalttaten gegen muslimische Frauen. Der ER verurteilt diese Gräuel, verlangt die Auflösung der Lager und sagt Hilfe für die Opfer zu. Der ER beschloss Entsendung einer Untersuchungsmission unter Leitung der ehem. brit. Botschafterin Anne Warburton (früher Genf und Kopenhagen).

Das Thema der Anerkennung Mazedoniens war Gegenstand einer ausführlichen Debatte der AM. Angesichts erbitterten GRI Widerstands gelang es nicht, den Beschluss von Lissabon[20] aufzuheben und die Republik mit dem Namenselement „Mazedonien" anzuerkennen. Der Lis[ssabon]-Beschluss wurde aber auch nicht bekräftigt. Die Anerkennungspolitik wurde im Licht von Lis[ssabon] und des Berichts des brit. Vermittlers O'Neill überprüft und den AM zur weiteren Befassung zugewiesen. Mazedonien wird im Übrigen das Interesse am Zugang zu internationalen Finanzinstitutionen und an der Ölversorgung zugestanden und ihm humanitäre und technische Hilfe der EG (50 Mio. ECU) und der MS in Aussicht gestellt. Der ER unterstützte den VN-SR-Beschluss (Res. 795[21]) zur Herstellung einer UNPROFOR-Präsenz in Mazedonien. Auf Vorschlag von D sprach sich der ER in der Jugo[slawien]-Erklärung für eine gleiche präventive Präsenz der UN auch im Kosovo aus.

In einer Erklärung zu RUS und GUS bekräftigt der ER die Unterstützung des Reformkurses unter ausdrücklicher Nennung Präsident Jelzins.

In einer Erklärung zum Nahost-Friedensprozess wird die Absicht bestätigt, die aktive und konstruktive Mitwirkung der EG-MS fortzusetzen.

Bettzuege[22]

B 5, ZA-Bd. 161325

18 Zum britischen EG-Beitragsrabatt vgl. Dok. 201, Anm. 17.

19 Zur internationalen Jugoslawien-Konferenz am 26./27. August 1992 vgl. Dok. 269.

20 Zum Beschluss des Europäischen Rats am 26./27. Juni 1992, Mazedonien nur unter der Voraussetzung eines anderen Namens anzuerkennen, vgl. Dok. 201.

21 Für die Resolution Nr. 795 des VN-Sicherheitsrats vom 11. Dezember 1992 vgl. RESOLUTIONS AND DECISIONS 1992, S. 37f. Für den deutschen Wortlaut vgl. EUROPA-ARCHIV 1993, D 153f.

22 Paraphe.

422

Drahtbericht des Gesandten Heyken, Moskau

Fernschreiben Nr. 5623 **Aufgabe: 15. Dezember 1992, 18.24 Uhr**[1]
Citissime **Ankunft: 15. Dezember 1992, 17.14 Uhr**

Betr.: Bundeskanzler-Besuch in Moskau[2];
hier: Gespräch BM Waigel mit dem neuen russischen Ministerpräsidenten Tschernomyrdin

1) Während des Vier-Augen-Gesprächs Bundeskanzler/Jelzin fand heute, 15. Dezember, Beginn 10.20 h, ein etwa dreiviertelstündiges Gespräch zwischen Waigel und dem am Vortage ernannten russischen MP Tschernomyrdin statt. Teilnehmer waren auf russischer Seite die stellvertretenden Ministerpräsidenten Schochin, Chischa und Saltykow, Wirtschaftsminister Netschajew, Finanzminister Bartschuk und Erster stv. Verteidigungsminister Kokoschin (Gratschow ist krank), auf deutscher Seite StS Köhler, BMF-Mitarbeiter und ich.

Tschernomyrdin betonte in dem Gespräch:

- Festhalten am Reformkurs, den er schon bisher mitgestaltet habe; allerdings werde es einen „neuen Klang" geben.
- Interesse an und Bereitschaft zum Ausbau der Zusammenarbeit mit Deutschland in der Wirtschaft.
- Wunsch nach Gründung einer gemeinsamen Organisation zwischen der Treuhand und dem Staatskomitee für die Verwaltung des russischen Staatsvermögens.

2) Im Einzelnen

Nach der Begrüßung unterstrich BM Waigel die große Bedeutung des Gesprächs, da es am ersten Tag nach der Amtseinführung von MP Tschernomyrdin stattfinde; man kenne Tschernomyrdin in Deutschland seit langem als erfahrenen Fachmann auf dem Energiesektor. BM bat um Erläuterung des Kurses der von ihm geführten Regierung.

Tschernomyrdin antwortete, er sei schon lange Mitglied der Regierung. Er sei nicht nur Anhänger des Reformkurses, sondern unmittelbarer Beteiligter. Deshalb wolle er seinen Willen zur Fortsetzung der von der Regierung angenommenen Reformpolitik bestätigen. Die Zeiten seien nicht einfach, man habe noch nicht die erwünschten Ergebnisse, er hoffe aber, dass sie kommen würden. Tschernomyrdin wiederholte, er glaube, dass man den Kurs der Regierung weiterhin einhalten werde, denn seine Kollegen, die mit ihm zusammenarbeiteten, seien alle Beteiligte dieser Politik, und deshalb, so meine er, eben auch alle einer Meinung.

Auf die Frage, wie es auf dem Energiesektor weitergehe, wo man viele Devisen erwirtschaften könne, entgegnete Tschernomyrdin: Hier werde einer der Schwerpunkte liegen. Er betonte die Absicht, das mit den Deutschen ausgearbeitete Programm zu vertiefen. Die erste Aufgabe sei bereits erfüllt, das Gemeinschaftsunternehmen „Wolgodeminoil" sei registriert. Weitere Fragen gemeinsamen Interesses stellten die Erschließung von Erdgas

1 Hat VLR Mülmenstädt vorgelegen.

2 BK Kohl, BM Kinkel und BM Waigel besuchten Russland am 15./16. Dezember 1992. Vgl. auch Dok. 419 und Dok. 420.

in Westsibirien und begleitende Projekte dar. Die russische Seite erörtere diese Vorhaben mit den deutschen Firmen und Bankenvertretern. Die russischen Ressourcen seien im Allgemeinen bekannt, außer den bekannten Vorkommen gebe es weitere, die vermutet würden. Man spreche über die gemeinsame Zusammenarbeit, vor allem von Großprojekten, die sowohl die Projektierung als auch den Bau solcher Vorhaben beinhalte.

BM Waigel begrüßte diese Absicht und wies darauf hin, dass eine große Zahl von Spitzenmanagern der deutschen Wirtschaft den Bundeskanzler nach Moskau begleitet hätte, sie wollten ihre Vorhaben in Russland fortsetzen. Deshalb freue er sich besonders über die Bereitschaft des Ministerpräsidenten hierzu. Je schneller Fortschritte gemacht würden, umso größer seien die Wirkung und die Resonanz sowohl in Deutschland als auch in Europa.

BM Waigel fragte sodann nach der internationalen Ausrichtung der neuen Regierung; wie stehe es mit der Haltung zu den G7, zum Internationalen Währungsfonds usw., werde die bisherige Linie fortgesetzt? Werde stv. MP Schochin mit dieser Aufgabe betraut bleiben? Bezüglich G7 habe sich Deutschland stets für russische Belange eingesetzt. Alle diese Fragen seien wichtig für ihn als Finanzminister und für StS Köhler, dem „Sherpa" bei den G7.

Tschernomyrdin erklärte, man werde von den bisherigen Grundsätzen nicht abgehen, und fügte scherzhaft hinzu: Wer die Suppe eingebrockt habe, müsse sie auch auslöffeln, d.h. Schochin werde in der Tat weitermachen.

Schochin ergriff an dieser Stelle das Wort und führte aus: Das wichtigste Ereignis im Jahre 1992 hinsichtlich der Zusammenarbeit mit dem Westen sei das erfolgreiche Treffen von München[3] gewesen. Was die besonders wichtige Frage der Umschuldung anbelange, sei man einem Beschluss im Rahmen des Pariser Clubs schon nahe.[4] Aber der Beschluss entspreche noch nicht ganz den russischen Vorstellungen. Soweit man wisse, hätten in Edinburgh[5] einige Regierungschefs eine Russland wohlwollende Haltung an den Tag gelegt. Falls morgen in Paris eine Entscheidung über zweieinhalb bis drei Mrd. Dollar getroffen würde, könne man sagen, dies sei die Verwirklichung von München. Im Finanzhaushalt von Finanzminister Bartschuk seien zweieinhalb Mrd. Dollar an Zahlungen für 1993 veranschlagt. Eine Regelung im Pariser Club setze eine vorherige Vereinbarung mit dem IWF über einen Stand-by-Kredit voraus, wobei diese Vereinbarung an die Bedingung der Fortsetzung der Wirtschaftsreform geknüpft sei. Die russische Seite wünsche aber auch die Benutzung des Stand-by-Kredites für die Abdeckung der Außenverschuldung. Eine Bewertung der Vorschläge von StS Köhler bedeute, dass man ca. 5,5 Mrd. Dollar würde zahlen müssen, nämlich 3 Mrd. im Rahmen des Pariser Clubs, 2 Mrd. im Rahmen des Londoner Clubs und 0,50 Mrd. sonstige Kredite. Dies wäre also ein Defizit von rund 3 Mrd. Dollar. Wenn der IWF-Kredit für die Abdeckung dieser Außenschulden genutzt werden könnte, wäre dies die Lösung. Allerdings stünden dann keine Mittel mehr für den Rubelstabilisierungsfonds zur Verfügung.

BM Waigel erklärte, dies seien interessante Ausführungen. Man sei auf gutem Wege, um ein Ergebnis zu erreichen. Unsere Fachleute arbeiteten daran.

Er fragte, wie es im Inneren weitergehe: Haushaltspolitik, Privatisierung usw.

3 Der russische Präsident Jelzin traf am 8. Juli 1992 am Rande des Weltwirtschaftsgipfels mit den Staats- und Regierungschefs der G7-Staaten sowie EG-Kommissionspräsident Delors zusammen. Vgl. Dok. 225.

4 Zur Frage der Altschulden der ehemaligen UdSSR vgl. Dok. 420, Anm. 4.

5 Zur Tagung des Europäischen Rats am 11./12. Dezember 1992 vgl. Dok. 421.

Tschernomyrdin erläuterte, das Programm der Vergesellschaftung habe praktisch alle Industriezweige erreicht. Bekanntlich sei die Umsetzung nicht einfach, weil fast 100 Prozent der Betriebe in staatlicher Hand gewesen seien. Das brauche also Zeit, aber man wolle die Privatisierung fortsetzen. Schochin fügte hinzu, MP Tschernomyrdin habe gestern Attali brieflich um einen Privatisierungskredit gebeten.

Chischa meldete sich zu Wort: Vor einigen Tagen sei ihm eine interessante Idee mitgeteilt worden, nämlich die Gründung einer gemeinsamen Organisation der deutschen Treuhand und des Staatskomitees für die Verwaltung des russischen Staatsvermögens. Dies könne eine Einrichtung sein, die sich mit der Privatisierung sowohl des Eigentums der Westgruppe der russischen Streitkräfte in Deutschland als auch mit Eigentumsfragen in Russland befassen könne. BM Waigel wies darauf hin, dass die Treuhand eine Gesellschaft mit Ausrichtung auf Osteuropa ins Leben gerufen habe und infolgedessen über ein großes Potenzial erfahrener Leute verfüge.

Tschernomyrdin griff den Gedanken von Chischa auf und bezeichnete ihn als für die russische Seite sehr wichtig. Man verfolge aufmerksam, was in Ostdeutschland passiere, man begreife die Schwierigkeiten dort. Hier liege die Grundlage für ein gemeinsames Verständnis. Wenn also eine gemeinsame Organisation eingerichtet würde mit Außenstellen, wäre das vorteilhaft. Er stellte die Frage, ob noch heute eine solche Vereinbarung erzielt werden könne.

BM Waigel begrüßte grundsätzlich die Anregung. Warum solle nicht heute ein erstes Gespräch mit der Präsidentin der Treuhand, Frau Breuel, stattfinden? Der ganze Ostmarkt sei weggebrochen, und man dürfe in dieser Durststrecke die frühere Zusammenarbeit nicht vergessen. Er wolle auch an einen Gedanken erinnern, den StS Köhler gegenüber Schochin geäußert habe. Schochin wies darauf hin, dass die russische Seite Wirtschaftsminister Möllemann bei dessen letztem Moskau-Besuch[6] eine Liste von 170 Unternehmen übergeben habe, damit Partner in Ostdeutschland gefunden werden könnten.

Auf die Frage nach den Vorstellungen der russischen Haushaltsentwicklung ging Finanzminister Bartschuk nicht ein. Er sagte stattdessen, er habe heute den Text zur Zusammenarbeit mit Haushaltsfragen erhalten, in der Praxis werde dieses noch nicht unterschriebene Abkommen bereits verwirklicht. Russische Finanzbeamte hielten sich z. Zt. in Deutschland auf. Grundsätzlich sei der Text abgestimmt. Den Text zum Zollabkommen habe er allerdings noch nicht gesehen.

Gegen Abschluss des Gesprächs machte Schochin die Bemerkung, dass von der Regierung nur ein Mann arbeite, während Tschernomyrdin dies bestritt und meinte, das Gegenteil sei der Fall, es habe schon immer eine Regierung gegeben, aber bislang noch keinen Ministerpräsidenten. Mit freundlichem Unterton fasste er zusammen: Es gebe viele interessante Ansatzpunkte für die Zusammenarbeit. Die russische Seite stelle ihren Markt vor, sie kenne die deutschen Möglichkeiten. Es seien alle Voraussetzungen für eine Ausweitung der Kooperation gegeben, und die russische Seite arbeite auf dieses Ziel hin. Seine Regierung werde die Reformen nicht preisgeben, allerdings bekämen sie wahrscheinlich einen „neuen Klang".

BM Waigel dankte und erklärte seinerseits die Bereitschaft zur Fortsetzung der guten Beziehungen zwischen Deutschland und Russland.

6 Zum Besuch des BM Möllemann am 29./30. September 1992 in Russland vgl. Dok. 295, Anm. 2.

3) Der neue Ministerpräsident führte das Gespräch sparsam in Geste und Ausdruck, aber keineswegs unsicher; er vermittelte den Eindruck einer in sich ruhenden Persönlichkeit und wirkte wie jemand, der auf Praxis und Erfahrung zurückblickt und offensichtlich gute Verbindungen zur russischen Industrie unterhält, der er selbst entstammt. Selbst kein Theoretiker wie Gajdar zumindest am Anfang und durchaus kein Neuerer, schien er doch zumindest mit dem kompetenten und eindeutig reformorientierten Schochin einen guten Rapport zu haben. Wie sich das Verhältnis zu den übrigen Vertretern der Reformmannschaft Gajdars entwickeln wird, steht dahin. (Netschajew sagte mir gestern Abend auf direkte Frage, er wisse nicht, ob er bleibe, die Politik werde sich ändern, leider, und wenn dies so sei, würden neue Leute diese neue Politik machen.)

Auffällig war, wie Tschernomyrdin das Verhältnis zu Deutschland hervorhob und den Wunsch nach vertiefter Zusammenarbeit betonte – werbend, aber auch nüchtern, damit im Ganzen glaubwürdig. Es scheint, dass hier der Beginn einer Orientierung der russischen Außenwirtschaftspolitik sichtbar wird, die unserer Wirtschaft und Industrie ein aktives Betätigungsfeld eröffnen könnte.

4) Vermerk hat BM Waigel nicht vorgelegen, da er mit dem Bundeskanzler in Sawidowo weilt.

In Vertretung
[gez.] Heyken

B 41, ZA-Bd. 221687

423

Drahtbericht des Botschafters z. b. V. Höynck, z. Z. Stockholm

Fernschreiben Nr. 428 **Aufgabe: 15. Dezember 1992, 19.44 Uhr**[1]
Citissime **Ankunft: 15. Dezember 1992, 21.11 Uhr**

Delegationsbericht Nr. 10/92

Betr.: Drittes KSZE-Ratstreffen Stockholm, 14./15.12.1992;
hier: Schlussbericht zur Unterrichtung

I. Zusammenfassung und Wertung

1) AM-Rat stand unter Motto „Europa im Übergang". Die Unsicherheit über die künftige Entwicklung ist durch die gestrige erste Erklärung Kosyrews[2], mit der Europa auf einen Schlag in die Zeit der Ost-West-Konfrontation zurückzufallen schien, erheblich gewachsen.

1 Der Drahtbericht wurde von VLR I Honsowitz, z. Z. Stockholm, konzipiert.
Hat VLR Beuth vorgelegen, der handschriftlich vermerkte: „1) B[itte] großer Verteiler. 2) Umlauf. 3) Z[u] d[en] A[kten]."
Hat VLR Brandenburg am 18. Dezember 1992 vorgelegen.

2 Zu den Reden des russischen AM Kosyrew vgl. Dok. 418.

Insbesondere die baltischen Staaten und die mittel- und osteuropäischen Länder sind noch misstrauischer bezüglich künftiger Absichten Russlands geworden.

Schon vor Kosyrews Paukenschlag hatten beim vorausgegangenen AHB manche Äußerungen zur Lage in Bosnien-Herzegowina und die Verschärfung des Konfliktes zwischen Armenien und Aserbaidschan für eine pessimistischere Note gesorgt.

2) Umso größere Einigkeit bestand darin, dass die KSZE ihre besonderen Fähigkeiten zur Früherkennung und Vorbeugung von Konflikten ausbauen müsse. Es wurden die Einrichtung einer neuen Mission nach Estland und der Ausbau der bestehenden Langzeitmission nach Kosovo, Wojwodina und Sandžak[3] beschlossen. Die KSZE-Vorsitzende, die schwed. Außenministerin af Ugglas, wird noch vor den Wahlen in Serbien und Montenegro[4] in Belgrad eine ernste Warnung übermitteln.[5] Die stärker operative Ausrichtung der KSZE setzt den Ausbau ihrer eigenen Operationsfähigkeit voraus. Die Schaffung des Amtes eines Generalsekretärs und einer kontinuierlichen Konsultationsmöglichkeit in Wien trug dieser Notwendigkeit Rechnung. BM hat sich energisch für die Kandidatur von Bo 2-Z 1[6] für das Amt des Generalsekretärs eingesetzt. Er ist auf Vorschlag des KSZE-Vorsitzenden vom Rat im Konsens zu bestimmen.

Mit der Ernennung von Max van der Stoel zum ersten Hochkommissar für nationale Minderheiten und der Aufnahme der neuen Instrumente zur friedlichen Streitbeilegung (darunter auch einem Vergleichs- und Schiedsgerichtshof – entsprechende Konvention wurde von 29 Staaten gezeichnet[7]) hat die KSZE neue Möglichkeiten für die Konfliktprävention eröffnet.

AM Hurd und VN-USG Petrowskij unterstrichen die Notwendigkeit enger Kooperation und Koordination zwischen den VN und der KSZE. Erste konkrete Schritte von beiden Seiten zu diesem Zwecke stehen bevor.

II. Regionalkonflikte

1) Jugoslawien

Wie zu erwarten, machte JUG-Teil bei Verabschiedung der Schlussfolgerungen[8] am meisten Probleme. Er geriet auch etwas zu umfangreich. Dennoch bedeutet er einen beachtlichen Fortschritt, die im KSZE-Rahmen derzeit möglichen Maßnahmen wurden ergriffen. Die Langzeitmissionen, insbesondere im Kosovo, sollen personell verstärkt werden. Hierbei bestand Übereinstimmung, dass an mehr als eine Verdoppelung gedacht sei. Das Mandat der Sanktionsunterstützungsmissionen wurde verlängert. Die schwed. Vorsitzende soll

3 Zur KSZE-Langzeitmission für den Kosovo, den Sandžak und die Wojwodina vgl. Dok. 310, Anm. 3.

4 Zu den Wahlen am 20. Dezember 1992 in der Bundesrepublik Jugoslawien (Serbien/Montenegro) auf Bundes- wie Republikebene vgl. Dok. 361, Anm. 2 und 4.

5 Eine KSZE-Delegation unter Leitung der schwedischen AMin af Ugglas hielt sich am 17. Dezember 1992 in Belgrad auf.

6 Wilhelm Höynck.

7 Für den Beschluss der dritten Sitzung des KSZE-Außenministerrats am 14./15. Dezember 1992 in Stockholm über friedliche Beilegung von Streitigkeiten bzw. das Übereinkommen über Vergleichs- und Schiedsverfahren innerhalb der KSZE (Anhang 2 des Beschlusses) vgl. BULLETIN 1993, S. 5–14.
Für das Übereinkommen einschließlich des zugehörigen Finanzprotokolls vgl. auch BGBl. 1994, II, S. 1327–1349.

8 Für die Schlussfolgerungen und Beschlüsse der dritten Sitzung des KSZE-Außenministerrats am 14./15. Dezember 1992 in Stockholm vgl. BULLETIN 1992, S. 1257–1264.

noch vor den Wahlen nach Belgrad reisen und dort eine unmissverständliche Botschaft über die Alternativen, die sich den Serben stellen, übermitteln. Wichtigster Schritt ist die Annahme unseres Vorschlages, die Vorbereitungen für einen internationalen Gerichtshof für Menschenrechtsverletzungen voranzubringen. Der Vorschlag von Corell, die Vorbereitungen für ein Ad-hoc-Tribunal voranzutreiben, wurde indossiert.

Die umstrittenste Passage spricht das Waffenembargo für BuH[9] an (Nr. 8). Die Bedeutung liegt darin, dass erstmals die Möglichkeit seiner Aufhebung in eine JUG-Erklärung aufgenommen wurde. Der Beschluss empfiehlt weitere Behandlung im VN-SR. Darüber hinausgehende operative Bedeutung hat der Absatz nicht.[10]

Die Annahme des Textes stand bis zum Ende des AM-Rates auf Messers Schneide. Die „Freunde Bosniens", allen voran OST, stellten die anderen vor die Alternative, entweder einen Text zum Waffenembargo zu akzeptieren oder überhaupt keinen Text zu erhalten. Dies führte teilweise zu falschen und damit schädlichen Frontstellungen. Erst ganz zum Schluss gelang es, die Zustimmung von RUS zu erreichen. Um Konsens zu erhalten und Verabschiedung des JUG-Textes zu ermöglichen, sah sich CDN zu Erklärung veranlasst, dass es sich einer Aufhebung des Embargos weiterhin widersetzen werde.

2) Nagorny Karabach

Mehrtägige Verhandlungen resultierten in dem knappen Satz, dass der Vorsitzende der Minsk-Gruppe[11] seine Bemühungen fortsetzen solle. Mehr war wegen der Zuspitzung vor Ort nicht zu erreichen.

3) Georgien

Dank des erfolgreichen Beginns der KSZE-Mission[12] und der guten Vorarbeit ihres Vorsitzenden Gyarmati (Ungarn) konnte rasch Einvernehmen über die Passage in der Schlusserklärung erzielt werden.

4) Baltische Staaten

Zwar hatten sich balt. Staaten und RUS schon vor dem AM-Rat auf einen gemeinsamen Wortlaut zum Thema Truppenabzug[13] geeinigt, doch schien diese Verständigung bei der dem Rat vorausgehenden AHB-Tagung bis zuletzt labil. Die rasche und scharfe Reaktion des estn. AM[14], der als erster auf die erste Kosyrew-Erklärung antwortete, warf ein bezeichnendes Licht auf die Lage.

5) Tadschikistan

AM Kasachstan[15] führte in letzter Stunde einen sorgfältig und gut formulierten Vorschlag ein, wonach sich der AHB prioritär mit der Lage im Lande befassen soll. Der Vorschlag wurde von RUS und USA unterstützt und daher ohne Schwierigkeiten angenommen,

[9] Vgl. die Resolution Nr. 713 des VN-Sicherheitsrats vom 25. September 1991; RESOLUTIONS AND DECISIONS 1991, S. 42 f. Für den deutschen Wortlaut vgl. EUROPA-ARCHIV 1991, D 550–552.
Vgl. auch die Resolution Nr. 757 des VN-Sicherheitsrats vom 30. Mai 1992; Dok. 159, Anm. 12.

[10] Dieser Satz wurde von VLR Brandenburg hervorgehoben. Dazu vermerkte er handschriftlich: „Nicht nur der!"

[11] Mario Raffaelli.

[12] Zur KSZE-Mission nach Südossetien vgl. Dok. 418, Anm. 10.

[13] Zum Abzug vormals sowjetischer Truppen aus den baltischen Staaten vgl. Dok. 418, Anm. 8.

[14] Trivimi Velliste.

[15] Töleutai Ysqaquly Süleimenow.

obwohl die künftige Befassung mit diesem schweren und problematischen Konflikt vielen TNS sichtlich Unbehagen bereitet. Tadschikistan selbst war als einziger TNS auf dem AM-Rat nicht vertreten.

[gez.] Höynck

B 28, ZA-Bd. 173644

424

Drahtbericht des Botschafters von Bredow, Athen

16226/92 VS-vertraulich **Aufgabe: 15. Dezember 1992, 12.36 Uhr**[1]
Fernschreiben Nr. 1174 **Ankunft: 17. Dezember 1992, 07.57 Uhr**

Betr.: Mazedonienfrage;
hier: Griechische Demarche wegen deutscher Haltung in Edinburgh[2]

Zur Unterrichtung

1) Am 14.12. bestellte mich die für Balkanfragen im GAM[3] zuständige Vize-Ministerin (Parlament. Staatssekretärin) Virginia Tsouderou ins GAM, um mir in massiver Weise Vorwürfe wegen des Verhaltens des Herrn Ministers bei der Behandlung der Mazedonienfrage in Edinburgh zu machen.

Ich habe diese Vorwürfe als unangemessen und unzutreffend zurückgewiesen und in einem teilweise hart verlaufenen, über eineinhalbstündigen Gespräch unsere Haltung in der Mazedonienfrage verdeutlicht. Zusätzlich habe ich Frau Tsouderou auf einen Pressebericht angesprochen (Eleftherotypia vom 10.12.92), dem zufolge sie in einer vertraulichen Sitzung des außenpolitischen Ausschusses des griechischen Parlaments gesagt habe: „Die Deutschen verfolgen eine Vorkriegspolitik und sind die einzigen Europäer, die eine andere Politik auf dem Balkan verfolgen." Ich habe ihr gesagt, dass derartige Parallelen, die Gedanken an Hitler und Ribbentrop erwecken müssten, für uns ebenso unannehmbar seien wie

1 Hat VLRI Schmidt am 17. Dezember 1992 vorgelegen, der die Weiterleitung an StS Kastrup verfügte und handschriftlich vermerkte: „Herrn D 2 zur Übernahme." Ferner vermerkte er: „Doppel an StS L[autenschlager]."
Hat Kastrup am 17. Dezember 1992 vorgelegen.
Hat MD Chrobog vorgelegen, der die Weiterleitung an Referat 215 verfügte.
Hat VLRI Libal am 20. Dezember 1992 vorgelegen, der die Weiterleitung an VLRin Völkel verfügte und handschriftlich vermerkte: „Über Dg 22 an Ref[erat] 223 z[ur] Übernahme."
Hat MDgin Vollmar-Libal vorgelegen.
Hat VLRI Huber am 22. Dezember 1992 vorgelegen, der die Weiterleitung an VLR von Mettenheim verfügte.
Hat Mettenheim am 22. Dezember 1992 vorgelegen.

2 Zur Tagung des Europäischen Rats am 11./12. Dezember 1992 vgl. Dok. 421.

3 Griechisches Außenministerium.

der Kommentar der Tageszeitung „Kathimerini“, der dem Bundeskanzler wegen seines Briefes an Präsident Karamanlis vom 9.12.[4] „arischen Hochmut“ unterstelle.

Frau Tsouderou bedauerte die Darstellung ihrer Ausführungen in der Presse. Es habe sich um eine vertrauliche Sitzung gehandelt. Sie hätte die deutsche Politik lediglich in eine Kontinuität des besonderen Verständnisses für Kroatien und Slowenien stellen wollen, die sich aus deren Zugehörigkeit zur Doppelmonarchie erkläre.

Ich entgegnete, auch dies träfe nicht zu. Die deutsche Seite habe keine besondere Vorliebe für Kroaten oder Slowenen oder gar eine Antipathie gegen das serbische Volk als solches: Uns gehe es um den Frieden in der Region und die Beendigung des Mordens.

Das Gespräch, das sehr hart begonnen hatte, versachlichte sich zunehmend.

2) Im Einzelnen

a) Frau Tsouderou eröffnete das Gespräch damit, dass sie mir sagte, das Auftreten des Herrn Ministers in Edinburgh sei von der griechischen Delegation als „impossible“ empfunden worden. BM habe keinerlei Verständnis für griechische Anliegen gezeigt und habe den Argumenten Gligorovs mehr Gewicht gegeben als den berechtigten Sorgen des einzigen Bündnispartners Deutschlands in der Region. Die Desinformationen eines kommunistischen Diktators[5] hätten für BM offensichtlich größeres Gewicht als die berechtigten Sorgen des demokratischen Alliierten. Griechische Seite habe den Eindruck einer antigriechischen Einstellung erhalten, mit der BM zwar widerwillig den Beschluss von Lissabon[6] gerade noch respektiere, aber alles daransetze, ihn zur leeren Hülse zu machen. Was von Gligorov zu halten sei, zeige sich jeden Tag von neuem: Nicht nur habe er wahrheitswidrig vor Edinburgh verbreitet, das Parlament in Skopje habe den Staatsnamen „Republik von Mazedonien-Skopje“ angenommen, er habe der deutschen Seite auch wahrheitswidrig zugesagt, er werde mit der Einführung des Sterns von Vergina als nationalem Emblem noch warten. In Wirklichkeit habe er an der Grenze zu Griechenland Grenzpfähle mit diesem Stern aufrichten lassen.

Das deutsch-griechische Verhältnis sei in langen Jahren der Zusammenarbeit und Freundschaft zum gegenseitigen Nutzen aufgebaut worden. Durch die Haltung von BM würde es nun gefährdet.[7]

4 BK Kohl teilte zur Frage einer Anerkennung Mazedoniens mit, er sei der Meinung, ein „Hinausschieben“ würde die „Gefahr einer weiteren Destabilisierung sowohl der politischen wie der wirtschaftlichen Lage in der gesamten Region bergen. [...] Ich bin deshalb der Auffassung, dass wir beim Europäischen Rat in Edinburgh gemeinsam über eine baldige Lösung der ‚Mazedonien-Frage‘ beraten sollten. Selbstverständlich werden wir dabei den griechischen Sorgen ebenso Rechnung tragen müssen wie dem Ziel, weitere kriegerische Auseinandersetzungen in der Region zu verhindern.“ Vgl. B 42, ZA-Bd. 175595.
Botschafter von Bredow, Athen, berichtete am 17. Dezember 1992, der Leiter des griechischen Präsidialamts habe ihn am Vortag zu sich gebeten. Moliviatis habe dargelegt, Präsident Karamanlis habe das Schreiben Kohls als Antwort auf sein Schreiben vom 17. November 1992 „nicht als freundschaftlich empfunden“. Karamanlis habe an die Solidarität der Bündnispartner appelliert, worauf Kohl nicht eingegangen sei. Auch werde der Beschluss, Mazedonien nur unter der Voraussetzung eines anderen Namens anzuerkennen, mit keinem Wort erwähnt. Vgl. DB Nr. 1188; B 42, ZA-Bd. 175595.

5 Die Wörter „kommunistischen Diktators“ wurden von VLR I Libal hervorgehoben. Dazu Ausrufezeichen.

6 Zum Beschluss des Europäischen Rats am 26./27. Juni 1992, Mazedonien nur unter der Voraussetzung eines anderen Namens anzuerkennen, vgl. Dok. 201.

7 Dieser Satz wurde von VLR I Libal durch Ausrufezeichen hervorgehoben.

b) Ich habe Frau Tsouderou entgegnet, ich müsse die Kritik an Herrn Minister auf das Entschiedenste zurückweisen. Sie erstaune mich umso mehr, als Ministerpräsident Mitsotakis und Außenminister Papakonstantinou in ihren öffentlichen Stellungnahmen ihre volle Zufriedenheit mit dem Ergebnis von Edinburgh bezüglich der Mazedonienfrage hervorgehoben hätten. Eins müsse ganz klar sein: Deutschland verfolge keine isolierte deutsche Politik gegenüber dem ehemaligen Jugoslawien, sondern eine gemeinsame Außenpolitik der Zwölf. Dies sei besonders hervorzuheben, da es das erste Mal sei, dass die EG-Staaten zu gemeinsamen politischen Aktionen während einer Krise gelangt seien. Allen Beschlüssen der EG habe Griechenland ebenso wie Deutschland zugestimmt. Sicherlich gebe es Bewertungsunterschiede bezüglich einzelner Punkte in der Entwicklung der Krise. Die Ratssitzungen dienten gerade dazu, gemeinsam hier eine Lösung zu finden. Griechenland könne nicht erwarten, dass die anderen Partner die griechische Position einfach übernähmen. Die deutsche Seite bemühe sich dabei um eine ernsthafte und offene Diskussion. Ich müsse jedoch wiederholen, was BM AM Papakonstantinou gesagt habe: „Die Mazedonienfrage wird Griechenland nicht von Deutschland trennen!" Es sei für mich nicht nachvollziehbar, eine antigriechische Einstellung des BM zu vermuten. Jeder, der ihn kenne, wisse, dass dies nicht zutreffe. So habe AM Papakonstantinou mir bei einem kleinen Abendessen bei Bekannten am Vorabend seiner Abreise nach Edinburgh versichert, dass er mit BM Kinkel ein gutes und vertrauensvolles Verhältnis hergestellt habe. Nicht Deutschland sei bei der Beurteilung der Mazedonienfrage isoliert, sondern Griechenland sähe sich den elf anderen gegenüber. Dazu hätten folgende Punkte beigetragen:
- die Abschnürung des Handelsverkehrs nach Skopje von Thessaloniki während einer Zeit von mehr als einem Monat[8];
- die Fortdauer der Behinderungen des Handels durch Griechenland trotz wiederaufgenommener Öllieferungen;
- die Schwierigkeit, der Öffentlichkeit in den westeuropäischen Ländern klarzumachen, warum Menschen, die im westlichen Teil des geographischen Mazedoniens leben und sich unbeanstandet während mehr als 40 Jahren als Mazedonen bezeichnet hätten, dies nun nicht mehr tun dürften;
- die ständigen Versuche Griechenlands, die Verbrechen von Milošević und die serbischen Gräueltaten zu verharmlosen. Griechenland dürfe sich daher über sein schlechtes Image in den deutschen Medien nicht wundern.

c) Frau Tsouderou entgegnete, die Unterbrechung des Handels mit Skopje habe nur vier Wochen gedauert. Ministerpräsident Mitsotakis habe sich in der Namensfrage außerordentlich flexibel gezeigt, indem er „die Doppelbenennung" vorgeschlagen habe. Jeder Mensch wisse, dass die Doppelbenennung damit enden werde, dass man allgemein von Vardar-Mazedonien und dann teilweise nur von Mazedonien sprechen werde, falls Gligorov dies annähme. Unter dem Siegel der Verschwiegenheit könne sie mir zusichern, die griechische Regierung sei bereit, das direkte Gespräch mit Skopje aufzunehmen: zunächst allerdings auf Ebene höherer Beamter, um zu vermeiden, dass dies vor allem auch von der griechischen Opposition als De-facto-Anerkennung ausgelegt werde. Dabei könnten Deutschland und die anderen Verbündeten helfen, um der Welt klarzumachen, dass diese Gespräche keine De-facto-Anerkennung bedeuteten.

8 Vgl. das Schreiben des mazedonischen Präsidenten Gligorov vom 30. September 1992 an BK Kohl; Dok. 317, Anm. 14.

Was die Gräueltaten der Serben anginge, so habe Griechenland den Vorschlag BMs unterstützt, einen internationalen Gerichtshof einzusetzen.[9] Falls ihr die deutschen Erkenntnisse über die systematischen Vergewaltigungen bosnischer Frauen zugänglich gemacht würden, wäre sie persönlich bereit, dies mit serbischer Seite aufzunehmen: Solche Ungeheuerlichkeiten müssten zur Verurteilung Miloševićs als Kriegsverbrecher führen. Bezüglich des Griechenlandbildes in Deutschland sei sie außerordentlich besorgt. Sie schlug vor, vier bis fünf deutsche Chefredakteure nach Griechenland einzuladen, und regte an, die deutsche Seite könnte einige griechische Chefredakteure nach Deutschland einladen. Ich begrüßte diese Initiative und verwies darauf, dass die Botschaft ihrerseits regelmäßig griechische Journalisten einlädt.

d) Das Gespräch nahm insofern am Ende eine positivere Wendung. Es wurde in Gegenwart des Deutschlandreferenten Rallis des GAM geführt.

3) Wertung

Da ich zuvor im GAM nach dem Wortlaut der Äußerungen von Frau Tsouderou zur deutschen Balkanpolitik hatte fragen lassen, kann ich nicht ausschließen, dass Frau Tsouderou mich als amtierende AM in Abwesenheit des in Stockholm weilenden AM Papakonstantinou ohne Abstimmung mit diesem einbestellt hat. Sicher ist, dass man im GAM über die deutsche Haltung beim Rat in Edinburgh enttäuscht war: Man hatte offensichtlich erwartet, mit französischer Unterstützung eine glatte Bestätigung des Beschlusses von Lissabon durchsetzen zu können. Die unannehmbare Schärfe der Äußerungen von Frau Tsouderou entspricht ihrem eigenen und hier üblichen Diskussionsstil als Politikerin und sollte nicht überbewertet werden. Andererseits zeigt es eine hier weitverbreitete Schwierigkeit mit einem Dialog, der dem Partner auch eine eigene Meinung zubilligt. Die Äußerungen lassen andererseits erkennen, dass es gut wäre, wenn das Gespräch über die Balkan- und Mazedonienfrage mit Griechenland auf höherer Ebene intensiviert werden könnte. Falls der Erstbesuch von BM in Athen in den nächsten Monaten noch nicht stattfinden kann, wäre ein Besuch von D 2[10] in Athen nützlich, weil er zeigen würde, dass wir die griechischen Anliegen, soweit sie gerechtfertigt sind, durchaus berücksichtigen.[11] Zugleich könnte ein solcher Meinungsaustausch dazu beitragen, die griechische Seite zu drängen, ihre Ankündigung direkter Gespräche mit Mazedonien wahrzumachen und die Schikanen abzustellen.

[gez.] von Bredow

B 130, VS-Bd. 15552 (223)

[9] Zur Einrichtung eines Internationalen Strafgerichtshofs vgl. Dok. 382.

[10] Jürgen Chrobog.

[11] BM Kinkel hielt sich am 11. Februar 1993 in Griechenland auf. Vgl. AAPD 1993.

425

Vermerk des Referats 515

16. Dezember 1992

Betr.: Gemeinsame Besprechung mit den Regierungschefs der Länder beim Bundeskanzler (17.12.1992)[1];
hier: TOP 3 „Extremistische Ausschreitungen“

Aus Sicht des Auswärtigen Amtes ist zu TOP 3 anzumerken:

1) Imageverlust in der Weltöffentlichkeit

In den ausländischen Medien ist das Bild des vereinigten Deutschland geprägt von ausländerfeindlichen Ausbrüchen, dem Rückfall einzelner Gruppen in den Neonazismus und Furcht vor nationalistischen Eruptionen. Ausführliche Schilderungen und Bilder von Scheußlichkeiten der Gewalttäter und von Manifestationen neonazistischer Gruppen und ihrer Führer. Ausländerfeindlicher und rechtsextremer „Flächenbrand“. Lange Periode der Untätigkeit deutscher Politiker und Behörden.

Allerdings wird auch gewürdigt, dass an Ausschreitungen bisher nur eine statistisch verschwindend kleine Minderheit beteiligt ist. Vereinigungsbedingte wirtschaftliche, gesellschaftliche und psychologische Probleme und Ausländerflut werden als verständliche Ursachen anerkannt. Jüngste energische Maßnahmen der Bundesregierung, Polizei und Justiz (nach Mölln[2]) werden mit Erleichterung und zunehmender Tendenz zu realistischer Betrachtungsweise registriert.

In kritischer Analyse ausländischer Medien wiederholen sich u. a. folgende Elemente:

- Motiv für jetzt energischere deutsche Reaktion sei weniger Scham und mitmenschliche Betroffenheit als Sorge vor politischen und wirtschaftlichen Auswirkungen des Imageverlustes.
- Ursache für Exzesse sei deutscher Sozialdarwinismus (Kampf der Schwachen gegen die Allerschwächsten). Kausalzusammenhang mit dem (nicht verkannten) Asylantenproblem sei von deutschen Politikern fälschlich hergestellt worden; allerdings sei damit den Gewalttätern fahrlässig ein willkommener, sozial nahezu akzeptabler Anlass gegeben worden.
- Fortdauernde Gleichsetzung linker und rechter Gefahren durch deutsche Politiker verkenne verharmlosend, dass Linksextremismus im Gegensatz zum Rechtsextremismus keinen Nährboden in der deutschen Gesellschaft habe.
- Deutsche Nation definiere sich durch Blut und Abstammung, nicht durch Geburts- oder Wohnort.
- Deutschland habe die (nicht zu verhindernde und längst bestehende) multikulturelle Gesellschaft noch nicht akzeptiert.

2) Einige Beispiele außenpolitischer Auswirkungen

- Offizielle Vertreter Deutschlands müssen sich in bilateralen und multilateralen internationalen Begegnungen wegen der Ausschreitungen rechtfertigen. Allgemeine Schwächung internationaler Position Deutschlands.

1 Zu den Ergebnissen des Gesprächs vgl. BULLETIN 1992, S. 1316.
Für das Ergebnisprotokoll vom 4. Januar 1993 vgl. B 46, ZA-Bd. 229581.

2 Zum fremdenfeindlichen Brandanschlag am 23. November 1992 vgl. Dok. 386, Anm. 2.

- Ernste Belastungen bilateraler Beziehungen zu mehreren Staaten (Israel, Türkei). Auftreten deutscher Rechtsradikaler in Polen („Kulturarbeit", revisionistische Propaganda) gefährdet auch Verhältnis zu Warschau und Stellung deutscher Minderheit in Polen.
- Gefährdung ausländischer Investitionen etc., vor allem in den neuen Bundesländern.
- Anfragen bei deutschen Vertretungen, vor allem außerhalb Europas, nach Sicherheitsrisiken bei Reisen nach Deutschland.
- Regelmäßige Durchsuchung ankommender Flugzeuge der Deutschen Lufthansa durch italienische Polizei.
- Drastischer Rückgang der Einschreibungen bei den Goethe-Instituten.

3) Aus auslandsbezogener Sicht des Auswärtigen Amtes ist kurzfristig wichtig, dass verschärfte Maßnahmen den Exzessen ein möglichst rasches Ende bereiten. Bereits eingeleitet oder geplant sind:
- Verstärkung der Polizei, Sonderkommandos, neue Unterabteilung im BKA, zentrale Erfassung und Auswertung rechtsextremistischer Straftaten bei BfV und BKA.
- Übernahme exemplarischer Strafverfahren (z.B. Mölln) durch GBA[3] (bei Verdacht der Bildung terroristischer und krimineller Vereinigungen).
- Anweisungen der Generalstaatsanwälte zu „nachdrücklichen Strafanträgen", d.h. Ausschöpfung des Strafrahmens; Anklage bei Brandstiftung auch wegen (versuchten) Mordes; bei Jugendlichen Betonung der Abschreckung neben dem Erziehungsaspekt; Beschleunigung der Strafverfahren.
- Ausschöpfung der rechtlichen Möglichkeiten zu vorläufiger Festnahme und U-Haft (diskutiert wird Verschärfung des U-Haftgrundes der Wiederholungsgefahr; bisher nur bei einschlägiger rechtskräftiger Vorverurteilung möglich).
- Anstrengungen zu verbessertem Schutz gefährdeter Personen und Objekte (z.B. Asylantenheime).
- Verbot rechtsradikaler Vereinigungen (bisher „Nationalistische Front" und „Deutsche Alternative") mit der Konsequenz von Versammlungsverboten und Vermögensbeschlagnahme und -einziehung.
- Verwirkung von Grundrechten gem. Art. 18 GG.[4]
- Beobachtung der Republikaner durch Bundesverfassungsschutz (bisher schon NPD und DVU).

Zusätzlich müsste aber auch bei gesellschaftlichen Ursachen des Extremismus angesetzt werden (klare neue Prioritäten für politische Bildung, Erziehung, Jugendarbeit, Einfluss des Fernsehens etc.).

4) Auslandsbezogene Aspekte für geplante Maßnahmen

Auswärtiges Amt sollte politische Bereitschaft in Bund und Ländern zu energischer Bekämpfung rechts- und linksextremistischer Ausschreitungen zum Anlass nehmen, auf gewalttätige Aktionen türkisch-kurdischer und iranischer Dissidenten gegen die Botschaften[5], Generalkonsulate, Banken, Airline-Büros etc. oder gegen hier anwesende Vertreter dieser Länder hinzuweisen. Polizei und Justiz haben bisher nur unbefriedigenden, teilweise auch bewusst zögerlichen Schutz gewährt. Auch solche – im Jahre 1992 bestürzend häu-

[3] Generalbundesanwalt.

[4] Für Artikel 18 GG vom 23. Mai 1949 vgl. BGBl. 1949, S. 3.

[5] Zu den Ausschreitungen gegen iranische Vertretungen am 5. April 1992 vgl. Dok. 103.

fige – Gewalttaten auf deutschem Boden sind inakzeptabel, zumal wir völkerrechtliche Verpflichtungen aus WÜD[6] und WÜK[7] haben.

Auf diese Gruppen sollten die gleichen Maßstäbe und Maßnahmen wie gegen deutsche Extremisten angewendet werden.

B 46, ZA-Bd. 229581

426

Gespräch des Bundesministers Kinkel mit den Außenministern Dumas (Frankreich), Eagleburger (USA) und Hurd (Großbritannien) in Brüssel

221-321.15-329/92 VS-vertraulich **17. Dezember 1992**[1]

Betr.: Frühstück im kleinen Kreis am 17.12.1992 in Brüssel[2]

1) Treffen fand statt mit Teilnahmeformel 1 + 2. Anwesend waren Außenminister Kinkel, Eagleburger, Hurd, Dumas. Auf deutscher Seite außerdem: D 2[3]; RL 201[4] und Dolmetscher.

BM unterrichtete ausführlich über seine Gespräche in Moskau.[5] Er bewertete die Gespräche mit Jelzin und russischen Politikern als erfolgreich. Das angestrebte Ziel sei erreicht worden. Er erläuterte im Einzelnen die getroffenen finanziellen Vereinbarungen und wies insbesondere auf den vereinbarten vorzeitigen Abzug der russischen Streitkräfte aus Deutschland bereits bis Ende August 1994 hin. Nachfragen hierzu wegen Konsequenzen für eigene Streitkräfte in Berlin wurden nicht gestellt.

6 Für das Wiener Übereinkommen vom 18. April 1961 über diplomatische Beziehungen vgl. BGBl. 1964, II, S. 958–1005.

7 Für das Wiener Übereinkommen vom 24. April 1963 über konsularische Beziehungen vgl. BGBl. 1969, II, S. 1585–1703.

1 Der Gesprächsvermerk wurde von VLR I Bertram, z. Z. Brüssel, gefertigt und an MD Chrobog mit der Bitte um „Billigung und Festlegung von Verteiler“ geleitet.
Hat Chrobog am 18. Dezember 1992 vorgelegen.
Hat VLR I Wagner am 18. Dezember 1992 vorgelegen, der die Weiterleitung an das Ministerbüro verfügte mit der Bitte, „Genehmigung BM herbeizuführen“. Dazu notierte er, der Gesprächsvermerk sei von Chrobog genehmigt.
Hat BM Kinkel am 19. Dezember 1992 vorgelegen.
Hat VLR Brose am 21. Dezember 1992 vorgelegen, der den Rücklauf an Referat 221 „z[ur] w[eiteren] V[erwendung]“ verfügte.
Hat LSin Schmitz am 22. Dezember 1992 vorgelegen. Vgl. den Begleitvermerk; B 130, VS-Bd. 13046 (221), bzw. B 150, Aktenkopien 1992.

2 BM Kinkel hielt sich am 16./17. Dezember 1992 anlässlich der NATO-Ministerratstagung in Belgien auf. Vgl. Dok. 431.

3 Jürgen Chrobog.

4 Hans-Bodo Bertram.

5 BK Kohl, BM Kinkel und BM Waigel besuchten Russland am 15./16. Dezember 1992. Vgl. Dok. 419, Dok. 420 und Dok. 422.

BM bewertete die politische Situation in Russland als insgesamt schwierig. Man müsse politisch mit einer leichten Welle zurück rechnen. Entscheidend abzustellen sei auf die wirtschaftliche Entwicklung. Jelzin sei leicht angeschlagen, wackele aber nicht.

Außenminister zeigten großes Interesse an Unterrichtung durch BM und stimmten Bewertung zu. *Eagleburger* ergänzte aus eigenen Gesprächen mit russischer Führung, insbesondere zu START-Vertrag. Er bewertete Aussichten, START-Vertrag noch unter der Bush-Administration abzuschließen, mit 60:40%.[6] Umstritten seien insbesondere noch drei Aspekte: Zerstörung der SS18-Silos; De-MIRVung auf einen Gefechtskopf; Unterscheidung nuklearer Rolle bei Bombern. Insbesondere Zerstörung der Silos sei für US-Seite unverzichtbar. Falls Abkommen nicht mehr rechtzeitig unter Bush-Administration abgeschlossen werden könne, werde es voraussichtlich schwierig werden. Insbesondere Republikaner im Senat könnten Schwierigkeiten bereiten.

Unsicherheit bestand über den weiteren Verbleib von Außenminister Kosyrew im Amte. Während *BM* aufgrund der Moskauer Gespräche sich eher optimistisch äußerte, zeigte *Eagleburger* Zweifel. Als möglicher Nachfolger werde Lukin genannt, der eher in die konservative Richtung einzuordnen sei.

Übereinstimmung bestand über die Aufforderung von *BM*, dass Russland im Interesse einer reformorientierten Fortsetzung seiner – insbesondere auch wirtschaftlichen – Entwicklung geholfen werden müsse. Finanzielle Hilfe sei bedeutsam. Mindestens genauso wichtig sei jedoch für Jelzin und Reformpolitiker die Möglichkeit zu hochrangigen Treffen mit westlichen Politikern.

2) Gespräch konzentrierte sich dann bis zum Ende des Frühstücks auf Jugoslawien. AM *Hurd* regte ein strategisches Gespräch an, das über Einzelentscheidungen jetzt und später hinausgehen solle. Das theoretische Handlungsspektrum reiche von schwachen, politischen Reaktionen bis hin zu militärischem Eingreifen.

Die lebhafte Aussprache zeigte einen deutlichen Gegensatz zwischen UK und F auf der einen Seite und USA auf der anderen. *Eagleburger* äußerte in starken Worten seine Überzeugung, dass der Konflikt im ehemaligen Jugoslawien in Kürze auf Kosovo übergreifen werde. Den Serben müsse ein klares Signal gesetzt werden, dass dies nicht mehr toleriert werde. Ein militärisches Eingreifen sei deshalb unausweichlich. Er stellte klar, dass für USA insoweit nur Lufteinsätze denkbar seien, die er stark befürwortete. Er warf den Europäern mit ihrem Zögern für deutliche, abschreckende Maßnahmen, besonders auch in der Anfangsphase des Konflikts, Fehleinschätzung vor. Deutlich verwahrte er sich gegen Schuldzuweisungen an US-Seite wegen mangelnder Bereitschaft zu Engagement. Es sei Aufgabe der Europäer, selbst zunächst eine klare Plattform zu definieren, aufgrund derer USA dann ihre Entscheidung treffen könnten. Für Bush-Administration sei der Handlungsrahmen eindeutig begrenzt. Bodeneinsätze seien nicht denkbar. Er wollte nicht ausschließen, dass unter zunehmendem öffentlichen Druck aufgrund der erschütternden Menschenrechtsverletzungen die neue Clinton-Administration in ihrer Handlungsbereitschaft ggf. weiter gehen könnte.

UK und *F* schlossen nach wie vor Bodeneinsätze kategorisch aus und äußerten (insbesondere UK) auch große Reserve gegenüber Lufteinsätzen, die *BM* bei weiterer Fortsetzung der serbischen Aggression und Menschenrechtsverletzungen nicht ausschließen wollte. AM *Dumas* warnte vor häufiger Fehlinterpretation der Handlungsmotivation von Milošević

6 Zur Fertigstellung des START II-Vertrags vgl. Dok. 438.

nur als Altkommunist. In Wahrheit sei die bestimmende Motivationslage bei ihm und den Serben Nationalismus. Militärisches Eingreifen, das bereits durch die örtlichen Verhältnisse nahezu aussichtslos sei, würde nur Milošević und nationalistische Kräfte stärken. AM *Hurd* zog Schlussfolgerung, dass letztlich nur friedliche Sanktionsmaßnahmen verblieben. Da zwei Länder (USA und D) aus unterschiedlichen Gründen nicht bereit seien, eigene Soldaten einzusetzen, scheide diese Möglichkeit auch für UK und F aus. *BM* zeigte Verständnis, wenngleich mit Bedauern, wobei er auf die Bemühungen der deutschen Regierung hinwies, die verfassungsrechtlichen Beschränkungen für den Einsatz deutscher Soldaten zu überwinden. Er stellte Frage nach den Erfolgsaussichten einer totalen Isolierung Rest-Jugoslawiens. Während *UK* und *F* – wenn auch zweifelhaften – Nutzen nicht grundsätzlich ausschließen wollten, zeigte sich *Eagleburger* skeptisch und hielt Sanktionsmaßnahmen über kurz oder lang aus den zuvor dargelegten Gründen für erfolglos.

B 130, VS-Bd. 13046 (221)

427

Gespräch des Staatsekretärs Kastrup mit dem israelischen Sonderbotschafter Ben-Natan

VS-NfD **17. Dezember 1992**[1]

Erstes Gespräch Botschafter Ben-Natan – Staatssekretär Dr. Kastrup am 17.12.92 in Bonn (bei Essen im „Weinhaus Muffendorf")

1) Weitere Teilnehmer: Botschafter Navon; Gesandtin Frau Shomrat; VLR Dr. Ney; VLR Kaul. Dauer ca. 1 Stunde und 40 Minuten.

2) Staatssekretär *Dr. Kastrup* (StS) begrüßt Botschafter Ben-Natan (B-N) und erklärt seine Bereitschaft, bereits bei diesem ersten Gespräch über Substanzfragen zu sprechen. Er bittet B-N, seine Vorstellungen darzulegen.

Ben-Natan: Er wolle – wie gegenüber Bo. von der Gablentz angekündigt – „zuerst ausräumen, dann einräumen".

Er sei einer der wenigen Sachverständigen auf israelischer Seite, welcher alle Details, alle Akten der Wiedergutmachungsverhandlungen der Fünfzigerjahre kenne. Wiedergutmachung sei nicht das Thema der Gespräche mit StS. Dennoch wolle er an die Vorgänge von damals erinnern: Bei den WGM-Verhandlungen habe die deutsche Seite geltend gemacht, sie könne von der israelischen Forderung für Eingliederungshilfen in Höhe von damals 4,5 Milliarden DM nur zwei Drittel, d.h. 3 Mrd. DM tragen. Der „dritte Teil" werde dem zweiten Deutschland (DDR) zugerechnet. Herr Abs habe damals sogar versucht, zu einer 50 zu 50- oder 60 zu 40-Aufteilung zu gelangen. Schließlich habe die deutsche Seite

1 Der Gesprächsvermerk wurde von VLR Kaul am 18. Dezember 1992 gefertigt und an VLR Ney mit der Bitte übermittelt, „die Zustimmung des Herrn StS [her]beizuführen".
Hat Ney am 18. Dezember 1992 vorgelegen, der die Weiterleitung an StS Kastrup mit der Bitte um Billigung verfügte.

zu dem fraglichen Drittel einen Briefwechsel vorgeschlagen. Leider habe die israelische Seite damals den schweren Fehler begangen, hierauf nicht einzugehen. Sonst hätte man eine verbindliche Abmachung über das „offene Drittel" gehabt.[2]

1954 habe es (anscheinend über die damalige israelische Botschaft) in Moskau Gespräche Israels mit der DDR zu Wiedergutmachungsfragen gegeben. Die Gespräche seien aber abgebrochen worden, als der sowjetische AM Gromyko hierzu „njet" gesagt habe.

1989/1990 seien WGM-Gespräche zwischen Israel und der DDR wiederaufgenommen worden (Botschafter Shilo/DDR-Botschafter Neumann in Kopenhagen).[3] Nach der Entschließung der DDR-Volkskammer vom April 1990[4] (mit Bekenntnis zur historischen, moralischen und materiellen Mitverantwortung der ostdeutschen Seite für die nationalsozialistischen Verbrechen an den Juden) habe die israelische Seite geglaubt, mit der DDR bald diplomatische Beziehungen aufzunehmen. So habe es einen ISR-Entwurf für einen Notenwechsel hierzu gegeben, der auch eine offizielle Bekundung der DDR-Bereitschaft zu WGM-Leistungen enthalten habe. Bei dem nächsten Gespräch mit dem damaligen MP de Maizière im Juli 1990 habe dieser aber sinngemäß erklärt, er habe aus Bonn eine „Anweisung, nichts zu zahlen und keine Verpflichtungen einzugehen".

Bekanntlich sei es daraufhin später, nach dem Besuch von AM Levy in Bonn im März 1991[5], zu den früheren Finanzgesprächen gekommen[6]. Der Bundeskanzler habe in seinem Schreiben vom 14. April 1992[7] die deutsche Position zusammengefasst.

StS bemerkt: Brief habe nichts zum „offenen Drittel" enthalten. Das „offene Drittel" stehe nicht auf der Tagesordnung. Als *Ben-Natan* darauf beharrt, auch hierüber sprechen zu müssen, erklärt *StS*, er wolle als Prinzip vorschlagen, dass man sich offen die Meinung sage. „Sie bringen mich in Verlegenheit, wenn Sie von einem ‚offenen Drittel' als Anspruch sprechen."

Darauf *Ben-Natan* (einlenkend): Die Verlegenheit werde sicher geringer, wenn er das „Ausräumen" abschließen könne. Wie in den Fünfzigerjahren gehe es auch heute um deutsche Hilfestellung bei der Eingliederung von Neueinwanderern. Das Ziel sei also das Gleiche. Zugleich wisse die israelische Seite, dass die Kassen des deutschen Finanzministers[8] leer seien. Die deutsche Einheit habe viel Geld gekostet und werde weitere Kosten verursachen. Im Zuge der deutschen Einheit habe die deutsche Seite auch viele Verpflichtungen übernehmen müssen, insb. gegenüber der ehemaligen SU/den GUS-Staaten. Die einzige Verpflichtung, die nicht eingehalten worden sei, sei das „berühmte Drittel" gewesen. Die deutsche Seite solle dies berücksichtigen, auch wenn die deutsche Einheit D schwere

2 Zu den israelischen Wiedergutmachungsforderungen und den diesbezüglichen Verhandlungen vgl. AAPD 1990, I, Dok. 160.

3 Vgl. die Gespräche zwischen Israel und der DDR über die Aufnahme diplomatischer Beziehungen; AAPD 1990, I, Dok. 43.

4 Für die Gemeinsame Erklärung der Fraktionen der Volkskammer der DDR vom 12. April 1990 vgl. EUROPA-ARCHIV 1990, D 242 f.

5 Der israelische AM Levy besuchte die Bundesrepublik vom 13. bis 15. März 1991. Vgl. AAPD 1991, I, Dok. 92 und Dok. 93.

6 Vgl. die deutsch-israelischen Gespräche über Finanzhilfe am 2. Oktober 1991; AAPD 1991, II, Dok. 331.

7 Korrigiert aus: „1991".
Für das Schreiben des BK Kohl vom 14. April 1992 an den israelischen AM Levy vgl. Dok. 108.

8 Theodor Waigel.

Lasten auferlege. Er (B-N) wolle auch erwähnen, „ich hätte gern bei diesen Gesprächen den Platz mit Ihnen getauscht".

Deutsche Hilfe für Israel sei aus einem weiteren Punkt essenziell: Sie sei auch ein Beitrag und Schlüssel für den Nahost-Friedensprozess.[9] Denn: Sollte die Regierung von MP Rabin bei der Bewältigung der wirtschaftlichen und sozialen Probleme Israels versagen, werde sie und mit ihr der Friedensprozess scheitern. Die Schamir-Regierung habe zwar in Madrid[10] den Friedensprozess formal miteingeleitet. In der Sache habe es bei der „vorigen Regierung" jedoch kaum Flexibilität gegeben. Die neue Regierung habe dagegen klar unter Beweis gestellt, dass dies bei ihr anders sei. Auch die früheren Bedenken gegen Eingliederungshilfen an Israel (wegen Ansiedlung in den besetzten Gebieten) seien unter der neuen Regierung jetzt gegenstandslos geworden. Hilfeleistungen an Israel seien jetzt friedensfördernd.

B-N (nachdrücklich): Worum gehe es jetzt für Israel, auch bei diesen Gesprächen? Um die Schaffung von mehr und qualifizierten Arbeitsplätzen, die Steigerung der israelischen Exportmöglichkeiten, um verstärkte wirtschaftliche Zusammenarbeit, Investitionen.

Entscheidend sei, das Defizit in der Handels- und Leistungsbilanz zu verringern. Er persönlich (B-N) habe für sich eine kleine „Bilanz" aufgestellt, die so aussehe: Auf der einen Seite gebe es die israelischen Exporte nach D, dazu die 140 Mio. DM jährlich FZ und die Überweisung von Renten aus D nach ISR, welche er durchaus hinzuzählen wolle, obwohl sie an private Empfänger gingen. Wenn man diese Leistungen den deutschen Exporten nach Israel gegenüberstelle, ergebe sich für die deutsche Seite ein Plus von ca. 1,2 Milliarden USD. Die US-Wirtschaftshilfe für Israel betrage jährlich ca. 1,2 Milliarden USD. Wenn man die Rechnung so aufmache, könne man – überspitzt – sagen, die US-Wirtschaftshilfe für Israel ströme nach Deutschland ...! Er sage dies, um das Problem des Handelsbilanzdefizites zu unterstreichen. Hier müsse man ansetzen.

StS: Er glaube, dass einige – klärende – Bemerkungen notwendig seien. Wichtig: Das Wort des Bundeskanzlers habe volle Gültigkeit. Das Gleiche gelte für das Wort von BM Kinkel. Die Bundesregierung stehe zu ihrer erklärten Bereitschaft, Israel im Rahmen unserer Möglichkeiten zu helfen.

Er wolle aber klarstellen: „Sie bringen mich in große Schwierigkeiten, wenn Sie von einer rechtlichen Verpflichtung (zu Hilfe) für Israel ausgehen. Wenn dies geschehen sollte, müsste ich Ihnen förmlich widersprechen." Wenn die Gespräche in diese Richtung gingen, werde man nicht weiterkommen. Er wolle stattdessen vorschlagen, dass man pragmatisch

9 Zu den Nahost-Verhandlungen vgl. Dok. 364, Anm. 7.
Gesandter von Nordenskjöld, Washington, berichtete am 18. Dezember 1992, er sei am selben Tag im amerikanischen Außenministerium über die bilateralen Verhandlungen informiert worden: „Schon zu Anfang der achten Runde sei klar gewesen, dass in dieser Runde kein Durchbruch zu erwarten gewesen sei. [...] Im DoS habe man die Hoffnung gehegt, dass es bei den ISR-SYR- und ISR-PAL-Gesprächen zu ähnlichen Fortschritten wie bei den ISR-JOR-Unterredungen hinsichtlich einer De-facto-Einigung auf eine Agenda kommen könnte. Man habe dieses Ziel nicht erreicht". Das Hauptproblem zwischen ISR und SYR bleibe „der Dualschritt ‚totaler Rückzug gegen totalen Frieden'. Zwischen ISR und PAL seien Selbstverwaltungskompetenzen, Siedlungen und Genfer Konvention Hauptstreitpunkte. PAL habe große Angst vor der Festschreibung auch nur des kleinsten Status-quo-Aspekts, was als eine Legitimierung isr[aelischer] Ansprüche in den IBG ausgelegt werden könnte." Vgl. DB Nr. 3692; B 36, ZA-Bd. 196083.

10 Zur Friedenskonferenz über den Nahen Osten vom 30. Oktober bis 1. November 1991 vgl. Dok. 15, Anm. 6.

an die bei diesen Gesprächen zu erörternden Fragen herangehe. Er (StS) habe auch die Bitte an B-N, dies bei der öffentlichen Präsentation dieser Gespräche gebührend zu berücksichtigen. (Mit Nachdruck:) Jeder Versuch, eine rechtliche Basis für diese Gespräche zu konstruieren, führe in die Irre. Das Gleiche gelte für alle Versuche, rechtliche Grundlagen für deutsche Leistungen konstruieren zu wollen.

Darauf *Ben-Natan*: Er könne beim „Ausräumen" nicht die Vergangenheit ausklammern. Er habe Vorgänge geschildert, die Vorgeschichte darstellten. Dies sei ein wesentlicher Sinn des „Ausräumens". Den Ansatz von „erst ausräumen, dann einräumen" habe er vor kurzem auch Bo. von der Gablentz geschildert. Am Ende habe ihn der deutsche Botschafter gefragt: „Was erwarten Sie eigentlich?" Er habe geantwortet, er habe einen „großen Speisezettel, mit vielen Ideen".

3) (An dieser Stelle trat das Gespräch erkennbar in einen neuen Abschnitt, in dem B-N seine Vorstellungen zu den Gesprächsthemen für die Verhandlungen und die damit verbundenen israelischen Petita darlegte.)

B-N: Er wolle mit der GIF[11]-Verdoppelung anfangen:

Die Stiftung habe sich sehr bewährt. Sie habe bisher über 240 Forschungsvorhaben mit ihren Zinserträgen (ca. 12 Mio. DM jährlich) unterstützt. Von insgesamt 1500 Vorschlägen hätten wegen knapper Mittel viele abgelehnt werden müssen, obwohl sie wissenschaftlich als bedeutsam bewertet worden seien. Eine Verdoppelung des GIF-Stiftungskapitals werde vor allem Folgendes erlauben:

- verstärkte Forschungszusammenarbeit zwischen wissenschaftlichen Institutionen in Israel und deutscher Industrie (Patente fließen auch der deutschen Seite zu);
- also jetzt auch Förderung von angewandter, industrienaher Forschung (während bisher nur Grundlagenforschung gefördert worden sei);
- verstärkte Nutzung des großen Potenzials von eingewanderten russischen Wissenschaftlern bei der Forschungskooperation mit D; diese könnten primär mit Wissenschaftlern aus der ehemaligen DDR zusammenarbeiten. Hier gebe es wegen des früher übereinstimmenden Systems, der früheren Kontakte und auch im Hinblick auf die Sprachkenntnisse viele lohnende Ansatzpunkte.

StS fragt nach Finanzierung der Aufstockung und stellt zugleich klar, dass das Prinzip der hälftigen Finanzierung voll gewahrt bleiben müsse.

Ben-Natan stimmt dem sofort zu (wie auch Botschafter Navon). Man wisse, dass der Bundeshaushalt 1993 bereits beschlossen sei. Um die Verdoppelung so bald wie möglich wirksam werden zu lassen, könne man vielleicht so verfahren, dass D und ISR der GIF bereits 1993 den fiktiven Mehrbetrag an Zinserlös (ca. 12 Mio. DM je zur Hälfte von D und ISR getragen) zur Verfügung stellen. Die eigentliche Erhöhung des Stiftungskapitals von je 75 Mio. DM könne man dann erst danach durchführen, dann möglicherweise nicht in einem einzigen Jahr, sondern schrittweise verteilt über drei Jahre (z. B. 1994 – 1997). Die GIF-Verdoppelung könne man sehr schnell beschließen. Dies solle der Einstieg in Verhandlungen sein.

Ben-Natan: Bei den anderen Themen des „Speisezettels" stehe insb. die Verringerung des Handelsdefizits im Vordergrund. Während die Lage bei den offiziellen Beziehungen gut sei, bei den offiziösen Beziehungen (Städtepartnerschaften, Zusammenarbeit mit Bundes-

11 German-Israeli Foundation.

ländern, mit deutschen Universitäten, anderen deutschen Institutionen usw.) „am besten", gebe es bei der wirtschaftlichen Zusammenarbeit Defizite. Obwohl Israel seinerseits große Firmen habe, die deutsche Seite in erheblichem Umfang nach Israel exportiere, gebe es bisher kein einziges deutsches Unternehmen, das in Israel eine Vertretung oder Zweigniederlassung errichtet habe. Hieran sei auch der arabische Israel-Boykott mitschuldig, dem D nun mit einer Anti-Boykott-Regelung entgegengetreten sei[12] („wir hoffen, dass diese auch praktiziert und nicht umgangen wird"). Für die notwendige Schaffung von Arbeitsplätzen, die Nutzung des israelischen Potenzials („ich kenne selbst einen Fall, wo ein Professor als Nachtwächter arbeitet") sei als Frage entscheidend: Wie kann man Großunternehmen zu verstärktem Engagement, zu Investitionen in Israel bewegen?

Die israelische Seite habe verschiedene große Infrastrukturvorhaben und die Aufträge hierfür zu vergeben (Aufzählung von Projekten im Verkehrsbereich, z.B. Eisenbahnverbindungen). Es gebe Kontakte mit Daimler-Benz. Das Problem sei jeweils die Ausgestaltung der Finanzierung, die Darlehen und Zinssätze. Hier solle man an Zinserleichterungen für deutsche Unternehmen, z.B. durch 100 Mio. DM Zinssubventionen, denken. Mit einem solchen Ansatz könne man mehrere Ziele erreichen: einerseits Infrastruktur-Ausbau in Israel und Arbeitsplätze, Arbeit und Einkommen für deutsche Unternehmen. Als Beispiel: Engagement von Daimler-Benz bei israelischen Projekten im Verkehrsbereich.

StS bezweifelt Zulässigkeit von Zinssubventionierung nach EG-Recht (Wettbewerbsverzerrung). Darauf macht *Ben-Natan* deutlich, dass ihm diese Problematik bewusst sei. Dafür solle man eine Lösung finden. Ein Ausweg sei z.B., eine solche Zins-Subventionshilfe als „deutsche Verpflichtung" auszugestalten.

B-N nutzt Erörterung dieses EG-Aspekts, um klarzustellen: Die Fragen betreffend das Verhältnis EG – ISR und die damit verbundenen Petita an die deutsche Seite sind auch nach seiner (B-N) Auffassung nicht Gegenstand der Gespräche mit StS. Das Gleiche (keine Behandlung) gilt für die mit den multilateralen Verhandlungen des Nahost-Friedensprozesses über regionale Zusammenarbeit verbundenen Fragen und Themen (z.B. Nahost-Entwicklungsbank).

B-N erklärt zur israelischen Bitte um Umschulungshilfe für Einwanderer aus ehemaliger SU, er wisse bisher nicht recht, was das bedeute. Man könne an die Erweiterung von Programmen von ORT[13] (in Israel tätige jüdische Organisation mit den Schwerpunkten: Berufsausbildung, fachliche Ausbildung und Weiterbildung) denken. Als Zielgruppe kämen in Betracht: qualifizierte Kräfte, über Akademiker wie z.B. Ärzte, Bergwerksingenieure bis hin zu Facharbeitern. Ziel solle sein, sie in moderne westliche und marktwirtschaftliche Arbeitsmethoden zu unterweisen.

B-N stellt generelle Frage, was die Bundesregierung tun könne, um verstärkte deutsche Investitionen in Israel zu fördern. Er weist auf die Möglichkeit von Garantien für deutsche Investoren hin. Bei den im Januar beginnenden Verhandlungen über einen neuen Investitionsförderungsvertrag werde eine wichtige Frage sein, ob man Darlehensgarantien für industrielle Investitionen in diesem Vertrag regeln könne. Auch in diesem Zusammenhang gebe es die Möglichkeit, Investitionen durch subventionierte Zinssätze zu fördern.

12 Zur Einführung einer nationalen Anti-Boykott-Regelung vgl. Dok. 233.
Zur Verschiebung ihres Inkrafttretens vgl. Dok. 282, Anm. 25–27.

13 Obschtschestwo Remeslennogo Truda.

B-N spricht Hermes-Kredite für die israelische Seite in der GUS, den MOE-Staaten an. MP Rabin habe dies in seinem Gespräch mit dem Bundeskanzler erwähnt.[14] Botschafter *Navon* präzisiert Bitte von MP Rabin: Hermes-Deckung für deutsch-israelische Joint Ventures und auch israelische Unternehmen allein im ehemaligen Ostblock. *Ben-Natan*: Es gehe darum, wie man in diesen Ländern zusammenarbeiten und dabei auch die wirtschaftlichen Aktivitäten Israels in der ehemaligen SU fördern könne. In diesen Bereich gehöre auch die Frage deutsch-israelischer Zusammenarbeit im Landwirtschaftsbereich in den Ostblock-Staaten. Hier könne man eine Drittland-Zusammenarbeit ins Auge fassen. (Botschafter *Navon* weist zur Erläuterung auf die bereits seit Jahren bestehende sog. Drittland-Zusammenarbeit in EL im Agrarbereich, besonders bei der Agrarforschung, hin.)

Ben-Natan spricht die Frage des evtl. Einsatzes von FZ-Rückflüssen, vor allem des sog. Netto-Transfers an: „Inwieweit können wir die jährlichen FZ-Rückflüsse sinnvoll für diese Zwecke (d.h. genannte Gesprächsthemen und Petita) verwenden?“ Der israelischen Seite gehe es nicht um Moratorien. Israel erbitte grundsätzlich keine Moratorien, da diese die eigene Kreditfähigkeit beeinträchtigten. Vielmehr solle man „sich etwas einfallen lassen“ für die Frage, wie man die Rückflüsse bei den verschiedenen Themen sinnvoll verwenden könne. So könne man z.B. aus dem derzeit ca. 230 Mio. DM betragenden FZ-Rückfluss 75 Mio. DM nehmen, um die GIF zu verdoppeln. Damit sei dieses Problem bereits gelöst!

B-N bekräftigt erneut: Es geht um engere wirtschaftliche Verknüpfungen, mehr Arbeitsplätze, mehr Industriekooperation, mehr Investitionen. Er spricht den israelischen Vorschlag einer Deutsch-Israelischen Stiftung zur Förderung der Zusammenarbeit in industrieller Forschung und Entwicklung (GIIRDF[15]) an, ähnlich der israelisch-amerikanischen BIRD[16]-Stiftung. Er erklärt selbst (eher zweifelnd): „Die Frage ist möglicherweise zum Teil durch evtl. GIF-Verdoppelung beantwortet.“ Sie komme eventuell in Bereichen industrienaher Forschung in Betracht, bei denen die deutsche Forschung weiter ist als die israelische. Auch hier bestehe das Ziel in der Schaffung von Arbeitsplätzen.

B-N übergibt an dieser Stelle Unterlagen zu GIF (liegen vor[17]). Er weist darauf hin, dass es erhebliche Defizite vor allem bei Forschungszusammenarbeit mit den NBL gebe. Darauf Frage *StS*: Sind Sie bereit, in der öffentlichen Diskussion mitzutragen, dass die Zusammenarbeit vorrangig den neuen Ländern dient? Botschafter *Navon* (spontan): Kein Problem. Zur Untermauerung zitiert *Ben-Natan* aus der übergebenen GIF-Unterlage, in der verstärkte Kontakte mit Wissenschaftlern aus ehemaliger DDR als Ziel genannt werden. Botschafter *Navon*: Er wolle generell darauf hinweisen, dass die in dem Gespräch von MP Rabin mit dem Bundeskanzler erörterten Themenbereiche überwiegend solche seien, welche die wirtschaftliche Zusammenarbeit vertiefen sollten (d.h. keine einseitigen deutschen Leistungen).

StS dankt B-N für seine Ausführungen. Er habe die Vorstellungen von B-N dahingehend verstanden, dass sie Grundlage der ersten förmlichen Gesprächsrunde sein sollten.[18] Ob

14 Für das Gespräch des BK Kohl mit dem israelischen MP Rabin am 14. September 1992 vgl. Dok. 282.

15 Zur Frage der Einrichtung einer German-Israel Industrial Research and Development Foundation vgl. Dok. 337.

16 Binational Industrial Research and Development.

17 Für das Papier „German-Israeli Foundation for Scientific Research and Development (GIF). Past and Future. December 92“ vgl. B 36, ZA-Bd. 185346.

18 StS Kastrup hielt sich vom 24. bis 26. Januar 1993 in Israel auf.

er (StS) dazu bereits im Januar mit „einem vollen Programm“ sprechen könne, sei ungewiss. Es sei eine Abstimmung mit den Ressorts notwendig, vor allem brauche man den BMF. Notwendig seien auch Gespräche mit der Industrie.

Botschafter *Navon* und *Ben-Natan* erneuern Bitte an Bundesregierung, mit deutscher Industrie über verstärktes Israel-Engagement zu sprechen. Botschafter *Navon* erinnert an die Zusage des Bundeskanzlers, mit der Industrie zu reden, und an die Idee (angeblich des BK), ein hochrangiges „Israel-Gremium“ von Wirtschaftsführern unter der Ägide von Edzard Reuter zu schaffen.

StS schlägt vor, dass die erste förmliche Gesprächsrunde mit B-N am 25., 26. Januar 1993 in Jerusalem (mit Anreise StS am 24.1.) stattfinden solle. *Ben-Natan* stimmt zu. Es werden drei Sitzungen (am 25.1. vormittags und nachmittags, am 26.1. vormittags; am Nachmittag Abreise) ins Auge gefasst. *Ben-Natan*: Im israelischen Außenministerium. Wir werden Experten hinzuziehen.

StS warnt vor überzogenen Erwartungen. Der israelische Ansatz, mit uns vor allem über verstärkte wirtschaftliche und WTZ mit Vorteilen für beide Seiten sprechen zu wollen, sei grundsätzlich vernünftig. StS erwähnt israelische Anfrage nach einem Besuch von AM Peres in Bonn „möglichst im März“.[19] Besuch solle bei Gesprächen im Auge behalten werden. Es sei wünschenswert, bis dahin möglichst ein vorzeigbares Ergebnis zu haben. Die zweite förmliche Gesprächsrunde solle möglichst vorher (im Februar) in Bonn stattfinden. Man solle versuchen, vor dem Besuch von AM Peres Fortschritte, wenn möglich den Abschluss der Gespräche zu erreichen.

Ben-Natan stimmt zu und glaubt, auch bei der Beteiligung deutscher Unternehmen bei Infrastruktur-Vorhaben in Israel (gefördert durch Zinssubventionen evtl. aus FZ-Rückflüssen) könne man schnell Beschlüsse erreichen. Bei den israelischen Vorhaben gebe es bereits überall Ausschreibungen. Eine Zusammenarbeit in diesem Bereich sei in der Öffentlichkeit besonders gut vertretbar.

B-N zu vorgesehener „Revitalisierung“ der gemischten deutsch-israelischen Wirtschaftskommission: Ihr Nutzen hänge ganz entscheidend davon ab, dass ihr wirklich einflussreiche und hochrangige Wirtschaftsnehmer angehören (bloße Beamtengespräche wenig ergiebig). Er (B-N) bitte die deutsche Seite, in diese Richtung zu wirken. Botschafter *Navon* äußert (anscheinend ad hoc, auf persönlicher Basis) die Idee: Die Verhandlungen Ben-Natan – StS sollten die Grundlagen schaffen. Die gemischte deutsch-israelische Wirtschaftskommission könne später „implementieren“.

StS bittet abschließend nachdrücklich darum, die israelische Seite möge im eigenen Interesse wie im Interesse der Gespräche die notwendige Diskretion wahren, dies auch im Hinblick auf die Medien. *Ben-Natan* sichert dies im Sinne einer Absprache zu („von mir wird niemand etwas erfahren“).

B 36, ZA-Bd. 185346

19 Der israelische AM Peres besuchte die Bundesrepublik am 10./11. März 1993. Vgl. AAPD 1993.

428

Vorlage des Ministerialdirektors Schlagintweit für Bundesminister Kinkel

311-321.21 IRN VS-NfD **17. Dezember 1992**

Über Herrn Staatssekretär[1] Herrn Bundesminister[2]

Betr.: Involvierung der iranischen Botschaft in den Mord an Kurdenführer in Berlin[3]

Am 8.12. fand im Bundesjustizministerium ein Gespräch darüber statt, welche Konsequenzen aus einer Involvierung der iranischen Botschaft in Bonn an den Kurdenmorden zu ziehen sei.

An dem Gespräch nahmen Vertreter vom AA, ChBK, BMI und BMJ teil. Wir erhalten noch einen Gesprächsvermerk.[4]

Vorab möchte ich Sie von Folgendem unterrichten:

1) Die Hinweise, dass ein oder auch zwei Vertreter der iranischen Botschaft in den Mord an den Kurden in Berlin involviert waren, sind so stark, dass sie Aufnahme in die Anklageschrift finden. Sie sind aber nicht so klar belegbar, dass sich eine zwingende Kausalität ergibt und zu rechtlichen Konsequenzen führen kann (die entsprechende Aufzeichnung wurde Ihnen vorgelegt).

2) Im Mittelpunkt des Gesprächs stand die Erörterung, welche Folgen hieraus gezogen werden sollten. Zur Diskussion stand eine stille Ausweisung der betroffenen Botschaftsangehörigen oder ihre offene Erklärung zur Persona non grata. Eine Ausweisung des Botschafters[5] stand nicht zur Diskussion.

Ich äußerte die Ansicht, dass der Charakter unserer Reaktion auch davon abhängen solle, ob sich in der Zwischenzeit der Verdacht einer Mitwirkung weiter konkretisiert.

Die Mehrheit der Anwesenden war der Meinung, dass ein Protest beim Botschafter und die Aufforderung, die beiden betroffenen Personen in einer bestimmten Frist diskret abzuziehen, wohl der richtige Weg wäre.

1 Hat StS Kastrup am 18. Dezember 1992 vorgelegen.

2 Hat BM Kinkel am 19. Dezember 1992 vorgelegen.
Hat OAR Salzwedel am 21. Dezember 1992 vorgelegen, der den Rücklauf über das Büro Staatssekretäre an MD Schlagintweit verfügte.
Hat VLR I Schmidt vorgelegen.
Hat in Vertretung von Schlagintweit MDg Sulimma am 21. Dezember 1992 vorgelegen, der die Weiterleitung an Schlagintweit „n[ach] R[ückkehr]", „Dg 31 i. V." und VLR I Dassel verfügte.
Hat VLR Blaas am 4. Januar 1993 vorgelegen.
Hat Schlagintweit am 7. Januar 1993 erneut vorgelegen.
Hat Blaas am 20. Januar 1993 erneut vorgelegen.

3 Zum Attentat im Restaurant „Mykonos" am 17. September 1992 vgl. Dok. 291.

4 MD Bendel, BMJ, übermittelte den Gesprächsvermerk am 21. Dezember 1992 an das Auswärtige Amt, das Bundeskanzleramt und das BMI. Vgl. B 83, Bd. 2096.

5 Seyed Hossein Mussawian.

3) Die Anklageschrift wird erst Ende Februar/Anfang März vorliegen. Erst dann ist eine Reaktion erforderlich. Das BMJ wird aber vorher nochmals zu einem Gespräch im gleichen Kreise einladen, um das weitere Vorgehen abzustimmen.

Schlagintweit

B 36, ZA-Bd. 170183

429

Vorlage des Ministerialdirigenten Henze für Bundesminister Kinkel

Dg 33-321.00 LA **17. Dezember 1992**

Über D 3[1], Herrn Staatssekretär[2] Herrn Bundesminister[3]

Betr.: Deutsche Lateinamerika-Politik

Bezug: Ihre Weisung vom 23.11.1992[4];
Vorlage vom 20.7.1992 – Dg 33-321.00 LA[5]

Zweck der Vorlage: Zur Unterrichtung

I. 1 a) Die wirtschaftliche und zunehmend auch politische Entwicklung in Lateinamerika (LA) wird differenzierter. Chile und Mexiko nähern sich dem politischen und wirtschaftlichen „take off" mit dem Anspruch, Teil der „Ersten Welt" zu werden. Argentinien bemüht sich ebenfalls nachdrücklich darum. Kolumbien ist bei gutem wirtschaftlichen Wachstum und Öffnung seines Marktes nach außen fast ausschließlich auf seine schweren eigenen

1 Hat MD Schlagintweit am 17. Dezember 1992 vorgelegen.

2 Hat StS Kastrup am 18. Dezember 1992 vorgelegen.

3 Hat BM Kinkel am 24. Dezember 1992 vorgelegen, der handschriftlich vermerkte: „War Pl[anungs-]Stab beteiligt oder kommt von dort eigene Vorlage?"
Hat OAR Salzwedel am 28. Dezember 1992 vorgelegen, der den Rücklauf über das Büro Staatssekretäre und MD Schlagintweit an MDg Henze verfügte. Für Henze vermerkte er handschriftlich: „Vgl. Weisung BM."
Hat VLR Ney am 28. Dezember 1992 vorgelegen.
Hat in Vertretung von Schlagintweit MDg Sulimma am 29. Dezember 1992 vorgelegen.
Hat Henze am 18. Januar 1993 erneut vorgelegen, der die Weiterleitung an die Referate 330 und 331 verfügte.
Am 29. Dezember 1992 vermerkte Henze in einer Vorlage für Kinkel: „Ich habe mit dem Planungsstab ein Gespräch vor allem über die Darstellung der Lage in der Aufzeichnung geführt. Zu einer weiteren Mitwirkung sah sich der Planungsstab wegen der kurzen Frist zur Abgabe der Aufzeichnung nicht in der Lage." Vgl. B 33, ZA-Bd. 158992.

4 BM Kinkel bat Botschafter Elbe und MD Schlagintweit, „mir eine Aufzeichnung darüber zu machen, wie unsere Politik gegenüber Lateinamerika aussehen sollte". Vgl. die handschriftliche Weisung; B 33, ZA-Bd. 158992.

5 Mit Vorlage vom 20. Juli 1992 für BM Kinkel beschrieb MDg Henze die Entwicklung in Lateinamerika, die Beziehungen der Bundesrepublik zu den lateinamerikanischen Staaten sowie ihre Interessen in der Region. Vgl. B 33, ZA-Bd. 158992.

Probleme (Drogenhandel, Guerilla) konzentriert. Brasilien und Venezuela könnten noch einmal in eine überholte Strukturpolitik zurückfallen. Peru und Kuba befinden sich in einer schweren politischen und wirtschaftlichen Krise.

Zentralamerika (ZA) hat mit Ausnahme von Guatemala einen Weg aus den Konflikten gefunden und sucht nach einer eigenen Rolle. Es sieht sich aber durch große wirtschaftliche Probleme in Nicaragua, Ablehnung der Integration in Costa Rica und unklarer Politik in Panama bisher gehemmt im Bemühen um einen Zusammenschluss nach innen und gemeinsamer Haltung nach außen.

b) Die marktwirtschaftlich orientierte Politik beginnt makroökonomische Früchte zu tragen. Die Masse der Bevölkerung hat bisher jedoch nicht davon profitiert. In einigen Ländern öffnet sich die Schere zwischen Arm und Reich weiter.

Die Schuldenkrise ist weitgehend überwunden oder zumindest beherrschbar geworden. Für einige Länder (Peru, Nicaragua, später Kuba) muss jedoch noch eine Lösung gefunden werden, die ihrer besonderen Lage gerecht wird. Nicht überwunden sind bisher [in einer] Reihe von Ländern die tiefen Spuren, die die Verschuldungskrise hinterlassen hat.

Die materielle und soziale (Erziehung, Ausbildung, Gesundheit) Infrastruktur hat erheblich gelitten; der Produktionsapparat ist veraltet und muss grundlegend erneuert werden. Die Abwanderung gerade wirtschaftlich aktiver Kräfte (Braindrain) muss ausgeglichen werden.

Trotz zögernder Banken strömt neues Kapital nach Lateinamerika, zu einem nicht unerheblichen Teil aber in spekulativer Form (Börsen); die neuen Investitionen konzentrieren sich bisher auf Mexiko und Chile.

c) Für die große Mehrheit der Länder gilt, dass sie zwar noch stark auf ihre eigenen Probleme konzentriert sind, aber doch beginnen, eine politisch eigenständige Rolle in der Welt zu sehen, und ihre Stimme zu Gehör bringen wollen. Die Rio-Gruppe hat eine wichtige Aufgabe zur Abstimmung der Haltung und als Sprachrohr nach außen. Die wirtschaftliche Integration wird auf einer realistischeren Basis (subregionale Freihandelszonen) als in der Vergangenheit vorangetrieben.

2 a) Große und zum Teil noch wachsende soziale Ungleichgewichte, eine immer noch mangelhafte politische Kultur, Korruption und in vielen Ländern das Fehlen einer effizienten Justiz zur Wahrung des inneren Friedens bedrohen in einer Reihe von Ländern weiterhin die innere Stabilität.

b) Klare Alternativen zu Demokratie und marktwirtschaftlich orientierter Politik zeichnen sich bisher nicht ab. Die sozialistische Ideologie ist diskreditiert. Das Militär hat weitgehend abgewirtschaftet, ist aber noch nicht überall der politischen Führung eindeutig untergeordnet. Denkbar ist ein „linker" Nationalismus oder der Übergang zu autoritäreren Formen, die in einigen Verfassungen durch das Präsidialsystem ohnehin angelegt sind.

c) Auch die Menschenrechtslage ist oft trotz Verbesserungen noch unbefriedigend. Ihre Bedeutung für die innere Stabilität und die internationalen Beziehungen wird zunehmend anerkannt.

Eine besondere Gefährdung der Stabilität bilden Drogenproduktion und -handel (Korrumpierung und Aushöhlung staatlicher Institutionen, Terrorismus).

Bei der Regelung von regionalem Konfliktpotenzial (Grenzprobleme vornehmlich in Südamerika) haben die Länder beachtliche Reife gezeigt. Ethnische Konflikte drohen trotz Potenzials (hoher Anteil der Indio-Bevölkerung in einigen Ländern) nicht.

3 a) In den außenpolitischen Beziehungen haben die USA weiterhin großes Gewicht. Der erneuten Hinwendung der USA zu Lateinamerika (Bush-Initiative[6], NAFTA[7], internationales Hilfsprogramm für ZA (PDD[8])) steht eine größere Emanzipation Lateinamerikas von den USA bei gleichzeitiger Bereitschaft zum Ausbau der Kooperation gegenüber. Neben die OAS als gemeinsames Forum für politische Diskussion und Bemühen um ein abgestimmtes Verhalten (Haiti, Peru) tritt der Dialog der Rio-Gruppe mit den USA.

Die USA sind weiter der stärkste Handelspartner, gefolgt von Europa, haben aber Anteile gegenüber Japan und dem langsam wachsenden intraregionalen Handel verloren.

b) Die EG gewinnt als zweiter Partner bei dem Bemühen LAs um Diversifizierung wachsende Bedeutung. Der Dialog über politische, aber auch wirtschaftliche Fragen zwischen EG und Rio-Gruppe wird substanzieller und konkreter. Im San-José-Prozess mit ZA[9] baut die EG die Zusammenarbeit über den rein wirtschaftlichen Bereich hinaus aus (Menschenrechtsfragen).

Belastungen drohen immer wieder im Handelsbereich. Die bisher von der EG in den GATT-Verhandlungen eingenommene Haltung und der Kommissions-Vorschlag für eine Quotenregelung bei Bananen[10] (für ZA, Kolumbien und Ecuador besonders wichtig) nähren die Sorge vor einer „Festung Europa". Dem wirken das Netz der Kooperationsabkommen der EG mit LA-Ländern sowie die Unterstützung für Integrationsvorhaben nur begrenzt entgegen.

c) Zur dritten wichtigen Region vor allem für pazifische LA-Länder, aber auch für Brasilien wird der Ferne Osten mit Japan als Kernland. Die Rio-Gruppe will auch den Dialog mit Japan aufnehmen. Einige Länder bemühen sich um die Mitgliedschaft in der APEC. Japan steigert weiter seine Exporte; bei Investitionen hält es sich bisher zurück. China ist nicht präsent. Von den „vier Tigern" bemüht sich Taiwan vor allem um ZA und die Karibik (auch aus politischen Gründen), Korea um Steigerung seiner Exporte.

II. 1) Deutschland hat traditionell enge Bindungen zu LA in Wirtschaft, Kultur und durch Auswanderung. Unsere wirtschaftliche Stärke und wachsende politische Rolle machen uns für viele lateinamerikanische Staaten bei ihrem Bemühen um eine Diversifizierung ihrer Außenbeziehungen zum begehrten Partner.

D ist wichtigster europäischer Handelspartner (Anteil am EG-Handel mit LA bei Einfuhren 25 %, bei Ausfuhren 35 %); in LA droht Japan uns vom zweiten Platz nach USA zu verdrängen.

D ist größter europäischer Investor, in Brasilien und Mexiko an zweiter Stelle nach den USA.

39 deutsche Schulen mit über 400 entsandten deutschen Lehrern; 23 Goethe-Institute.

Eine große Zahl von Universitätspartnerschaften, vor allem in Brasilien und Mexiko.

Etwa 4000 LA-Studenten in Deutschland, 137 Jahresstipendien des DAAD (höchste Zahl nach Nordamerika und MOE).

6 Zur „Enterprise for the Americas"-Initiative vgl. Dok. 145, Anm. 6.

7 Zum NAFTA-Abkommen vgl. Dok. 412, Anm. 4.

8 Partnership for Democracy and Development in Central America.

9 In San José fand am 28./29. September 1984 die erste Konferenz der Außenminister der EG-Mitgliedstaaten sowie Spaniens und Portugals mit den Außenministern zentralamerikanischer Staaten sowie der Staaten der Contadora-Gruppe statt. Vgl. AAPD 1984, II, Dok. 260.

10 Zur geplanten EG-Bananenmarktregelung vgl. Dok. 208, Anm. 11.

Schwergewicht der deutschen Kolonie in Brasilien und Chile, aber auch große deutsche Gemeinschaften in Argentinien und Guatemala.

Zahlreiche Kontakte zwischen Parlament und Parteien; intensive Arbeit der politischen Stiftungen in LA.

a) Der politische Dialog mit LA vollzieht sich zunehmend im EG-Rahmen (AM-Treffen mit Rio-Gruppe, San-José-Treffen, EG – ZA). Bilateral war er bisher am stärksten mit Mexiko und Brasilien. Im EG-Rahmen stand zunächst der Friedensprozess in ZA im Vordergrund. Heute gehören Demokratie und Menschenrechte, die Entwicklung in Europa und internationale Fragen im VN-Rahmen zu den wichtigen Themen.

b) Wirtschaftliche Beziehungen sind weiter ein wesentliches Element unserer Beziehungen. Fast zwei Drittel aller deutschen Investitionen in Entwicklungsländern befinden sich in LA. Dabei steht Brasilien an der Spitze, gefolgt von Mexiko (NAFTA ließ deutsche Investitionen stark wachsen) und Argentinien. Im Handel ist der Anteil Lateinamerikas als Folge der Verschuldungskrise bei unseren Einfuhren auf 2,46 % und bei den Ausfuhren auf 2,02 % gesunken mit wieder steigender Tendenz. Mexiko hat mit 30 % unserer Ausfuhren nach LA Brasilien (22,5 %) vom ersten Platz verdrängt. Unser Anteil an den Einfuhren in LA nimmt ab.

Mit weiterer wirtschaftlicher Erholung dürfte LA für die deutsche Wirtschaft wieder an Bedeutung gewinnen, für die LA traditionell vertrauter war als Asien.

c) Die Entwicklungshilfe (LA-Anteil etwa 14 %) konzentriert sich auf TZ (Ausnahme Bolivien und ZA) mit Schwerpunkten in ländlicher Infrastruktur, Berufsausbildung und Umwelt.

d) Die Kulturbeziehungen sind eng auf breiter Grundlage. LA hat die größte Zahl deutscher Schulen und erhält mit 17,6 % des Kultur-, Schul- und Baufonds den höchsten Anteil aller Regionen. 56 % der Mittel werden für Schulen ausgegeben.

Ein großer Teil des Kulturaustausches und -Dialogs vollzieht sich auf privater Ebene, teils mit, teils ohne finanzielle Unterstützung durch die öffentliche Hand. Buchproduktion, Musikaustausch, Bildende Kunst, Universitätspartnerschaften.

2) Unsere Interessen

Trotz bestehender Unsicherheiten können wir davon ausgehen, dass Lateinamerika eine dynamische Entwicklung nehmen wird. Es steht uns kulturell und in seiner politischen Grundauffassung (Demokratie, Menschenrechte) näher als andere Regionen. Es verfügt über große natürliche Ressourcen in wichtigen Sektoren (Energie, Erze, Ernährung). Eine Reihe von Ländern (Argentinien, Chile, Süden Brasiliens, im wachsenden Maß Mexiko, Uruguay) hat ein an europäischen/nordamerikanischen Vorstellungen orientiertes Humankapital (Unternehmer, Wissenschaftler, Arbeitnehmer), das Träger der Entwicklung ist. Das Bewusstsein für die Notwendigkeit einer Sozialpolitik wächst.

Damit sind die Voraussetzungen für eine Partnerschaft gegeben, an der wir aus politischen und wirtschaftlichen Gründen erhebliches Interesse haben.

Gleichzeitig gibt es Bedrohungen, die auch uns treffen können. Drogenproduktion und -handel können dank der gewaltigen Mittel ganze Staaten korrumpieren und ihre demokratischen Institutionen aushöhlen. Europa ist bereits heute eines der wichtigsten Zielgebiete der internationalen Kriminalität, die uns weit über den Drogenkonsum hinaus trifft.

Lateinamerika verfügt weltweit über die größten zusammenhängenden Waldgebiete. Ihre Vernichtung kann unabsehbare Folgen für das Weltklima haben.

Lateinamerika ist daher eine Region beträchtlichen politischen und wirtschaftlichen Interesses positiver und negativer Art:

a) Politisch
- Politische, wirtschaftliche und soziale Stabilität in Lateinamerika; bei einer zusammenwachsenden Welt werden auch wir stärker von Konflikten berührt werden, zumindest mittelbar über die USA;
- Stärkung von Demokratie und Menschenrechten als wichtige Elemente der inneren und äußeren Stabilität und Förderung des Entwicklungspotenzials;
- Nutzung der Bereitschaft LAs, weltweit stärkere Rolle zu übernehmen und dabei mit den westlichen Industrieländern zusammenzuarbeiten,
  - vor allem bei Friedenswahrung im Rahmen des VN-Systems,
  - im Nord-Süd-Dialog; LA nimmt hier eine gemäßigtere Haltung als andere Regionen ein, bemüht sich um Konsensus.

b) Wirtschaftlich
- Ausbau des Handels im Rahmen einer stabilen Partnerschaft und angemessener Arbeitsteilung, um auch das wirtschaftliche Potenzial LAs zu nutzen;
- Ausbau und gleichzeitig Schutz deutscher Investitionen;
- Beitrag zum wirtschaftlichen Wachstum als wichtiges Element politischer Stabilität.

c) Kulturell
- Förderung des Kulturaustausches als traditionell wichtiger Teil unserer Beziehungen zu LA und als Bestätigung der Eigenständigkeit der LA-Kulturen;
- Förderung der deutschen Sprache einschl. der Deutschen Schulen, um die Grundlage der Beziehungen zu verbreitern und zusätzlich zu festigen;
- Beiträge zur Stärkung der lateinamerikanischen Identität (LA-Präsenz in Deutschland, Beiträge zum Kulturerhalt);
- Zusammenarbeit mit der deutschen Wirtschaft im Kulturprogramm.

III. Folgerungen für unsere Politik

Vorbemerkung: Der LA-Hang zu Verbalismus darf nicht übersehen lassen, dass gut gemeinten Erklärungen nicht immer Taten folgen und die Umsetzung auch unter den ungünstigen Bedingungen der Regierungs- und Verwaltungsarbeit in LA leiden.

1)[11] Der politische Dialog mit Lateinamerika sollte bilateral und im EG-Rahmen ausgebaut werden mit dem Ziel,
- die demokratisch gewählten Institutionen zu unterstützen,
- die Länder stärker in die internationale politische Verantwortung und Zusammenarbeit einzubeziehen, vor allem im VN-Rahmen.

a) Dazu gehört die Bereitschaft zu Kontakten in Bonn und politischer Präsenz in LA auf angemessener Ebene. Sie kann und muss je nach der politischen Bedeutung des betreffenden Landes und dem Grad seines echten Interesses abgestuft werden. Dabei sollten Mexiko, Argentinien, Chile und Brasilien Vorrang haben.

11 Korrigiert aus: „a)“.

Alle LA-Länder legen großes Gewicht auf den Dialog EG – Rio-Gruppe und den San-José-Prozess. Zumindest sollten Sie daher an den Treffen EG – Rio-Gruppe in Europa möglichst teilnehmen. Bei den San-José-Treffen sollte der Rhythmus ihrer Bedeutung angepasst werden (18 statt 12 Monate Abstand mit dem Ziel der Beteiligung europäischer AM zumindest bei Treffen in Europa).

Vor allem der Rio-Gruppe sollten auch politische Gespräche und Abstimmungen auf Arbeitsebene, z.B. im VN-Bereich oder bei internationalen Konferenzen, angeboten werden.

b) Zu den Themen des Dialogs sollten vor allem die Zusammenarbeit im VN-Bereich, aber auch Demokratie und Menschenrechte (einschl. Minderheiten) gehören. Wir sollten den Dialog nutzen, um unsere Auffassungen über die Grundsätze internationaler Zusammenarbeit darzulegen, vor allem gegenüber Mexiko und Brasilien, die am stärksten Souveränität und Nichteinmischung als alles überragende Prinzipien sehen.

c) Die Themen des Dialogs EG – Rio-Gruppe sind weitgehend in den Erklärungen von Rom (Dezember 1990[12]) und Luxemburg (April 1991[13]) festgelegt. Unsere Bemühungen um Behandlung konkreter Fragen und echte Diskussion (statt Abgabe von Erklärungen) beginnen Erfolg zu zeigen. Wir sollten uns noch offener für die Erörterung von Wirtschaftsfragen zeigen und für die Zusammenarbeit auch auf Arbeitsebene werben.

d) Im Bereich Demokratie und Menschenrechte sollten wir die praktische Zusammenarbeit anbieten (z.B. Wahlhilfe) und im EG-Rahmen fördern (Projekte zur Verbesserung der Menschenrechtslage in ZA).

e) Die politischen Kräfte außerhalb der Regierung, vor allem Parlamente und Parteien, sollten in den Dialog einbezogen werden, die Zusammenarbeit mit den politischen Stiftungen bei der Förderung gemeinsamer Ziele (u.a. Aufbau demokratischer Parteistrukturen, Förderung einer sozialen Partnerschaft) weiterentwickelt werden.

f) Bemühungen, die Streit- und Sicherheitskräfte in das demokratische System ein- und unterzuordnen sowie auf die Wahrung der Menschenrechte zu verpflichten, sollten unterstützt werden. Dazu gehören Kontakte mit der Bundeswehr und Ausbildung auch in Deutschland. Der Inhalt der Ausbildung sollte sich am Wandel der Aufgaben der Streitkräfte orientieren.

(Statt militärische Strategie und Taktik Mit- und Zusammenarbeit bei FEM[14], Beitrag der Streitkräfte zum Ausbau der Infrastruktur in ihren Ländern, Wahrung von Menschenrechten und Demokratie.)

2) Wirtschaft

Wir sollten erläutern, dass wir die Wirtschaftsbeziehungen als Teil des Gesamtgeflechts unserer Beziehungen sehen. Dazu gehört auch die politische Präsenz, z.B. in den bilateralen Wirtschaftskommissionen, die Bereitschaft zu Gesprächen mit Besuchern in Bonn, Einladungen von Vertretern der Wirtschaft zu Mitreisen bei LA-Besuchen, Gespräche mit

12 Für die Erklärung der Konferenz der Außenminister der EG-Mitgliedstaaten und der Staaten der Rio-Gruppe am 20. Dezember 1990 vgl. BULLETIN DER EG 12/1990, S. 205–210. Zur Konferenz vgl. AAPD 1990, II, Dok. 432.

13 Für die Erklärung der Konferenz der Außenminister der EG-Mitgliedstaaten und der Staaten der Rio-Gruppe am 26./27. April 1991 vgl. EUROPA-ARCHIV 1991, D 376–383. Zur Konferenz vgl. AAPD 1991, I, Dok. 155.

14 Friedenserhaltende Maßnahmen.

den Vertretern der deutschen Wirtschaft in den besuchten Ländern. Gerade bei den immer noch stark auf die USA ausgerichteten LA-Ländern könnten wir mit wirtschaftspolitischen Gesprächen nicht nur Goodwill schaffen, sondern auch mit Hinweis auf eigene Erfahrungen Anregungen z. B. in der Sozialpolitik geben.

a) In den politischen Kontakten sollten wir auch unsere wirtschaftlichen Interessen deutlich machen. Dies überzeugt jedoch nur, wenn wir auch bereit sind, unsere Märkte zu öffnen und Verzerrungen (Agrarhandel) zu beseitigen. Der wesentliche Beitrag für die Entwicklung LAs und die Überwindung der früheren Krise liegt im Handel.

1991:	LA-Überschuss im Handel mit uns	2367 Mio.
	Nettoauszahlungen der EZ	639 Mio.

Konkret gehören dazu u. a. Ablehnung einer Quote für Bananen-Einfuhren, Unterstützung für neues Kaffee-Abkommen[15].

b) Die Förderung von LA-Ausfuhren sollte, soweit möglich, erweitert werden (Hilfe bei Messebeteiligungen, integrierter Beratungsdienst, Unterstützung bei Kontaktsuche in Deutschland).

c) Bei der finanziellen Förderung unserer Ausfuhren (Hermes, Mischfinanzierung) haben wir nicht viel Spielraum. Umso wichtiger ist die Bereitschaft unserer Botschaften, Wünschen deutscher Unternehmer nach Unterstützung nachzukommen.

Bei Ausfuhrgenehmigungen im Nichtrüstungsbereich sollten wir die auf Unterstützung der Rüstungskontrollpolitik gerichtete Haltung von LA-Ländern honorieren, ihren Interessen an Mitarbeit in internationalen Kontrollgruppen entsprechen (argentinisches Interesse an MTCR).

(Teile der Wirtschaft sehen auch in unserer sehr restriktiven Rüstungsexportpolitik gegenüber LA eine Beeinträchtigung ihrer Exportchancen.)

Reisen deutscher Wirtschaftsdelegationen nach LA sollten wir weiter ebenso fördern wie Kontakte von politischen Gästen aus LA mit der deutschen Wirtschaft (z. B. im Rahmen von BDI und DIHT).

d) Deutsche Investitionen sollten weiter geschützt und gefördert werden durch
- Investitionsförderungsverträge,
- Doppelbesteuerungsabkommen,
- Unterstützung bei Schaffung geeigneter Rahmenbedingungen (Schutz geistigen Eigentums, Abbau von Investitionshemmnissen).

e) In der Verschuldungsfrage sollten wir uns (auch unter den Ressorts) weiter für Lösungen einsetzen, die der besonderen Notlage einzelner Länder (Nicaragua, Peru, später Kuba) Rechnung tragen.

f) In der EZ sollte Lateinamerika seinen Anteil von etwa 14 % an der bilateralen Hilfe halten. Dabei sollten Armutsbekämpfung und Abbau sozialer Disparitäten sowie Förderung der privaten Initiative besonderes Gewicht haben. Die Kriterien (Demokratie, Menschenrechte, marktwirtschaftliche Ordnung) sollten mit einer gewissen Flexibilität angewendet werden.

3) In der Drogenfrage und im Umweltschutz sollten wir unsere Prioritäten weniger in den Vordergrund stellen. Wir erwecken sonst den Eindruck, dass es mehr um unsere als um

15 Für das Internationale Kaffee-Übereinkommen von 1983 vom 16. September 1982 einschließlich der zugehörigen Anlagen vgl. BGBl. 1984, II, S. 354–408. Vgl. ferner AAPD 1990, I, Dok. 110.

gemeinsame Interessen geht. Wir müssen gerade das Bewusstsein für die Probleme, die sich auch für die Partnerländer stellen, stärken.

In der EZ sollten die unmittelbar die Bevölkerung betreffenden Umweltschäden (Luft- und Wasserverschmutzung) angemessen berücksichtigt werden.

In der Drogenbekämpfung ist ohne Reduzierung der Nachfrage ein Erfolg der Maßnahmen in den Produzentenländern nicht zu erwarten. Das Angebot lässt sich weder durch Repression noch durch Hilfe zum alternativen Anbau, zumindest im bisher gewährten Umfang, wesentlich vermindern. Die Folgen der Bekämpfung des Drogenhandels treffen die Produzentenländer ungleich schwerer als die Konsumentenländer. Trotz begrenzter Wirksamkeit sollten die Projekte im alternativen Anbau und die Ausrüstungshilfe fortgesetzt werden als sichtbares Zeichen der Unterstützung der betroffenen Länder.

4) Kultur

Hier ist vor allem wichtig, dass hinreichende Mittel zur Verfügung stehen, zumindest LAs Anteil am Kulturhaushalt nicht vermindert wird. Auch hier sollte durch politische Präsenz deutlich gemacht werden, dass Kulturaustausch ein wichtiger Teil unserer Beziehungen ist, ohne ihm jedoch einen politischen Stempel aufzudrücken.

a) Deutsche Schulen sollten als Begegnungsschulen mit einem stark deutschen Element fortgeführt werden, gerade weil sie in der Mehrheit von einheimischen Schülern besucht werden. Sie genießen in der Regel hohes Ansehen und prägen in besonderer Weise.

b) Die Goethe-Institute sollten der wachsenden Nachfrage nach Deutsch-Kenntnissen Rechnung tragen.

c) Wir sollten weiter Beiträge zur Stärkung der kulturellen Identität der LA-Länder leisten
- durch Unterstützung bei Erhaltung nationalen Kulturguts, vor allem bei Projekten mit großer Öffentlichkeitswirkung,
- Hilfe bei der kulturellen Präsenz der LA-Länder in Deutschland (darstellende und bildende Kunst; Problem: abnehmender finanzieller Beitrag der Partnerländer).

5) In der Öffentlichkeitsarbeit sollten wir grundsätzlich den Druckmedien in LA Vorrang geben, weil sie die Führungsschicht erreichen, aber in den großen Ländern eine den besonderen Bedingungen jeweils angepasste Öffentlichkeitsarbeit betreiben.

Kontakte zu den sich in LA entwickelnden Medienkonzernen sollten trotz der Schwierigkeiten (z. T. geringes Interesse) möglichst ausgebaut werden (z. B. Hintergrundgespräche bei Reisen, Einladung zu Besuch nach Deutschland).

Henze

B 33, ZA-Bd. 158992

430

Drahtbericht des Botschafters Jelonek, Genf (Internationale Organisationen)

Fernschreiben Nr. 2546 **Aufgabe: 17. Dezember 1992, 00.12 Uhr**[1]
Citissime **Ankunft: 17. Dezember 1992, 00.43 Uhr**

Betr.: Sitzung des Lenkungsausschusses der Jugoslawien-Konferenz (ICFY) auf Ministerebene, Genf, 16.12.1992

Zur Unterrichtung und mit der Bitte um Weisung zu Ziffer 13

I. Zusammenfassung

Die Tagung des Lenkungsausschusses der ICFY am 16.12. (29 Länder, die meisten durch AM vertreten) ist Teil einer Neubesinnung der Weltmeinung gegenüber dem Konflikt in BuH und im Kosovo. Angesichts der Tatsache, dass die Grenzen des bisherigen Konferenzmechanismus der ICFY mehr und mehr deutlich geworden sind, erscheint die Beschleunigung des Konferenzgeschehens (KSZE-Stockholm[2], Edinburgh[3], NATO-Tagung[4], Sondersitzung der MRK[5], Sondersitzung der OIC[6]) als klarer Ausdruck rasch wachsender Besorgnis der Weltgemeinschaft und Teil einer sich anbahnenden entschiedeneren Gangart.

Bei der Sitzung des Lenkungsausschusses wurden im Wesentlichen vier Meinungsströmungen deutlich: Die Ko-Vorsitzenden der ICFY, Vance und Owen, aber auch der VN-GS in seinem Grußwort und die Generäle Nambiar und Morillon setzen sich zwar für verstärkte und deutlichere Aktionen im Einzelfall ein, sehen aber zu einer grundsätzlichen Fortführung des bisherigen Verhandlungsprozesses keine Alternative. Neue Gedanken sind aus ihrer Sicht die Verstärkung der Sanktionen, die Einrichtung eines Internationalen Strafgerichtshofs (IStGH) und die Forderung nach entschiedenem Druck auf die bosnisch-

1 Das von BRI Daum, Genf (Internationale Organisationen), konzipierte Fernschreiben wurde in vier Teilen übermittelt. Vgl. Anm. 12, 13 und 19.
Hat StS Kastrup am 17. Dezember 1992 vorgelegen, der handschriftlich für „D 2 i. V." vermerkte: „Siehe am Ende: bitte noch vor Weihnachten!" Vgl. Anm. 21.
Hat MDg Schilling am 17. Dezember 1992 vorgelegen, der die Weiterleitung an MDg von Studnitz verfügte.
Hat Studnitz am 18. Dezember 1992 vorgelegen, der handschriftlich vermerkte: „S[iehe] Anm[erkung] am Ende." Vgl. Anm. 21.

2 Zur dritten Sitzung des KSZE-Außenministerrats am 14./15. Dezember 1992 vgl. Dok. 418 und Dok. 423.

3 Zur Tagung des Europäischen Rats am 11./12. Dezember 1992 vgl. Dok. 421.

4 Zur NATO-Ministerratstagung am 17. Dezember 1992 in Brüssel vgl. Dok. 431.

5 Botschafter Jelonek, Genf (Internationale Organisationen), berichtete am 2. Dezember 1992: „Die MRK hat sich am 30.11./1.12.1992 zum zweiten Mal in einer Sondersitzung mit der MR-Situation im ehemaligen Jugoslawien, besonders in BuH, befasst. Die Resolution stellt zwar einen Kompromiss dar, bringt aber in mehrfacher Hinsicht eine neue, deutliche Sprache: Die Serben werden als die Hauptverantwortlichen bezeichnet, die Muslims als Opfer, praktisch von Ausrottung bedroht. Die Verantwortlichkeit Belgrads für die nach wie vor stattfindenden ethnischen Säuberungen wird ausdrücklich festgeschrieben. Vergewaltigung wird als systematische Praxis bezeichnet." Vgl. DB Nr. 2418; B 42, ZA-Bd. 175774.

6 Zum außerordentlichen Treffen der Außenminister der OIC-Mitgliedstaaten am 1./2. Dezember 1992 in Dschidda vgl. Dok. 413, Anm. 9.

muslimische Seite, endlich Direktverhandlungen (d.h. auch mit den bosnischen Serben) zuzustimmen. Die Ko-Vorsitzenden sprechen sich gegen eine Aufhebung des Waffenembargos[7] und gegen die Einrichtung von Sicherheitszonen aus. Hinsichtlich des Kosovo gebrauchte Owen Formulierungen, die nahe an Zwangsmaßnahmen des SR (gemäß Kapitel VII[8]) heranreichen. Die ICFY plant für den 2. Januar in Genf ein Zusammentreffen von Izetbegović, Karadžić und Boban.[9]

CHN lehnte strikt jegliche Anwendung von Gewalt, etwa zur Durchsetzung des No-Fly[10], ab, wandte sich auch gegen die Einrichtung eines IStGH. Nicht ganz so entschieden, aber doch in ähnlicher Richtung, äußerte sich Russland. Die Kampfhandlungen seien zurückgegangen. Das Waffenembargo dürfe nicht gelockert werden. Es müsse weiter nach einer politischen Lösung gesucht werden.

Am anderen Ende des Meinungsspektrums stehen erwartungsgemäß die islamischen Staaten. OIC forderte die Durchsetzung der in London[11] eingegangenen Verpflichtungen oder die Anwendung von Gewalt (Bereitschaft zur Truppenstellung seitens OIC) und die Aufhebung des Waffenembargos gegenüber der bosnischen Regierung.

Eine vierte Meinungsströmung wurde besonders prägnant und pointiert von Eagleburger und BM vorgetragen:

Eagleburger warf in schonungsloser Weise den Serben die Missachtung aller Verpflichtungen und ein zynisches Spiel vor. USA würden im SR die Durchsetzung von No-Fly und eine Überprüfung des Waffenembargos diskutieren. Ein Übergreifen des Krieges auf den Kosovo würden die USA nicht tolerieren. Die serbischen Verantwortlichen für die ethnischen Säuberungen und ihre Vorgesetzten, bis hin zur politischen Führung (Milošević), erwarte ein zweites Nürnberg, dem serbischen Volk drohe die Ächtung der Völkergemeinschaft. Die USA würden auf der Erhaltung und Wiederherstellung eines ungeteilten Staates BuH bestehen und auf der Rückkehr aller Flüchtlinge.

Entschieden äußerte sich auch BM: Die fünf in London vereinbarten Maßnahmen seien von den Serben nicht eingehalten worden. Während die Serben in BuH die schmutzige Arbeit vor Ort leisteten, leugneten die Politiker in Belgrad ihre Verantwortung. Man habe den bosnischen Muslims die Waffen zur Selbstverteidigung vorenthalten, deshalb habe man jetzt auch eine besondere Verantwortung ihnen gegenüber. Den Serben müsse klargemacht werden, dass eine Fortsetzung ihrer Politik zu einer Überprüfung des Waffen-

7 Vgl. die Resolution Nr. 713 des VN-Sicherheitsrats vom 25. September 1991; RESOLUTIONS AND DECISIONS 1991, S. 42f. Für den deutschen Wortlaut vgl. EUROPA-ARCHIV 1991, D 550–552.
Vgl. auch die Resolution Nr. 757 des VN-Sicherheitsrats vom 30. Mai 1992; Dok. 159, Anm. 12.

8 Für Kapitel VII der VN-Charta vom 26. Juni 1945 vgl. BGBl. 1973, II, S. 458–465.

9 Botschafter Jelonek, Genf (Internationale Organisationen), berichtete am 30. Dezember 1992: „Intensive Gespräche zwischen bosnischem Präsidenten Izetbegović und kroatischem Präsidenten Tudjman am 27./28. Dezember 1992 in Genf mit dem Ziel einer Harmonisierung der bosnischen und kroatischen Verhandlungspositionen für Fünfertreffen am 2./3. Januar 1993 haben zu keiner Einigung geführt." An den Gesprächen habe auch der bosnische „Kroatenführer" Boban teilgenommen. Es sei klar geworden, dass Boban „zu einer ethnisch geprägten Verfassungsstruktur für B-H neige, was bosnischen Serben entgegenkomme, aber dem Vance-Owen-Vorschlag und der Konzeption der bosnischen Regierung widerspreche". Vgl. DB Nr. 2610; B 42, ZA-Bd. 183683.

10 Vgl. die Resolution Nr. 781 des VN-Sicherheitsrats vom 9. Oktober 1992; RESOLUTIONS AND DECISIONS 1992, S. 27. Für den deutschen Wortlaut vgl. EUROPA-ARCHIV 1993, D 147f.

11 Zur internationalen Jugoslawien-Konferenz am 26./27. August 1992 vgl. Dok. 269.

embargos führen müsse, wobei die Abwägung des Für und Wider noch völlig offen sei. Man müsse noch einmal den Verhandlungen eine Chance geben (Paketlösung), aber klarmachen, dass es sich dabei um die letzte Chance handele. BM zeigte sich sehr befriedigt über die starke Unterstützung des Gedankens der Einrichtung eines Internationalen Strafgerichtshofes, vor den die Verantwortlichen für die MR-Verletzungen gestellt werden müssten, besonders auch die Verantwortlichen für die entsetzlichen Massenvergewaltigungen.

[12]II. Im Einzelnen

1) Teilnehmer

An der Sitzung nahmen 29 Länder, mit wenigen Ausnahmen durch die Außenminister vertreten, sowie EGK, OIC und IKRK teil. Außer den zwölf EG-Staaten waren es USA, Russland und China, die Balkanstaaten sowie Saudi-Arabien, Senegal, Schweden, Norwegen, Schweiz und Österreich.

2) Erklärung Boutros-Ghali

In seiner von Vance verlesenen Eingangserklärung gab der VN-GS in gewisser Weise den Ton für die Auffassungen der Konferenzleitung vor. Er warnte vor „understandable emotion" und sprach sich nachdrücklich für Verhandlungen als den Weg zur Lösung der Krise aus.

3) Erklärung Vance

Die ausführliche Erklärung des Ko-Vorsitzenden Vance lag ebenfalls auf dieser Linie. Vance zog eine detaillierte, positive Bilanz des bisher von der ICFY Erreichten. Dabei hob er insbesondere die Verbesserung des Verhältnisses zwischen Kroatien und der BRJ hervor, die Stabilisierung der Lage in den UNPAs und den Abzug der JUG-Armee von der Halbinsel Prevlaka. Er betonte, dass es keine ernsthafte Alternative zu einer politischen Verhandlungslösung gebe. Die Ergebnisse der Arbeit der gemischten militärischen Arbeitsgruppe in Sarajevo seien als positiv einzuschätzen, insgesamt sei das Maß an Gewalt zurückgegangen.

Zu den vier aktuellen Hauptproblemen Kosovo, No-Fly-Zone, Aufhebung des Waffenembargos gegenüber BuH, Einrichtung von Sicherheitszonen und Einrichtung eines Internationalen Strafgerichtshofes (IStGH) äußerte sich Vance wie folgt: Es sei zwar wünschenswert, UNPROFOR-Truppen auch im Kosovo zu stationieren, doch dürfte die serbische Zustimmung wohl nicht erteilt werden. Im Kosovo könne ein Konflikt jederzeit ausbrechen, „as much by misadventure as by design". Er begrüßte die bisherige praktische Arbeit der ICFY-Sondergruppe zu Kosovo (Botschafter Ahrens) und forderte, wenn auch eher auf längere Sicht, die Wiederherstellung echter Autonomie.

No-Fly:

Vance unterstrich mehrfach, dass die zahlreichen beobachteten Verletzungen des Flugverbots (überwiegend durch serbische Flugzeuge, teils durch kroatische) keine Kampfeinsätze betrafen. Dies müsse der Sicherheitsrat (SR) bei der anstehenden Diskussion der Möglichkeit evtl. gewaltsamer Durchsetzung des No-Fly berücksichtigen, ebenso die bei gewaltsamer Durchsetzung entstehende Gefährdung für UNPROFOR-Soldaten und ausländisches humanitäres Hilfspersonal. Insgesamt sprach sich Vance damit klar gegen eine militärische Durchsetzung des No-Fly aus.

12 Beginn des mit DB Nr. 2547 übermittelten zweiten Teils des Fernschreibens. Vgl. Anm. 1.

Eine evtl. Aufhebung des Waffenembargos lehnte er ausdrücklich ab. Bewaffnung von BuH würde zur Lieferung von Waffen auch an die beiden anderen Parteien führen und die Gefahr einer Ausweitung des Krieges auf den gesamten Balkan mit sich bringen.

Einrichtung von „security zones“ oder „safe havens“ lehnte Vance ebenfalls nachdrücklich ab. Seiner Meinung nach würde dies nur zu verstärkten ethnischen Säuberungen führen. Vance sprach sich, wenn auch ohne sichtbaren Enthusiasmus, für die Einrichtung eines IStGH zur Verurteilung von Personen, die „Kriegsverbrechen“ begangen haben, aus.

4) Berichte von General Nambiar und General Morillon

Die Kommandeure von UNPROFOR I und II zeichneten ein im Wesentlichen positives Bild des bisherigen Einsatzes von UNPROFOR. Zwar seien die Zustände in den UNPAs in Kroatien keineswegs befriedigend, doch seien der Krieg beendet und die schweren Waffen unter Kontrolle gebracht worden. Es gelte jetzt, den Serben in den UNPAs deutlich zu machen, dass eine Abtrennung von Kroatien nicht möglich sei, und den Kroaten, dass ernsthafte Verhandlungen über Autonomie erforderlich seien. In BuH wurde die Öffnung des Flughafens Sarajevo für Hilfsgüter und die Begleitung von Hilfskonvois zu Lande als Haupterfolg herausgestellt. Die Generäle machten allerdings auch klar, dass die Serben noch immer die Positionierung von UNPROFOR in Banja Luka verhindern und dass UNPROFOR bisher noch nicht in Ostbosnien und einem Teil der Bihać-Gegend stationiert werden konnte.

General Nambiar schilderte ausführlich die beobachteten Einsätze von Flugzeugen (193 durch Serben, 18 durch Kroaten), betonte aber, dass keine Kampfeinsätze beobachtet worden seien. Insgesamt hätten die Serben und Kroaten ihre Ziele erreicht, die Kämpfe seien im Großen und Ganzen stark zurückgegangen. Deshalb gelte es jetzt, prioritär die folgenden drei Ziele zu erreichen:

- wirkliche Einstellung der Feindseligkeiten,
- Entmilitarisierung von Sarajevo und, durch Druckausübung auf bosnische Regierung,
- eine Verfassungslösung für das Land zu finden.

General Morillon ging in seiner Kritik an der BuH-Regierung insofern noch weiter, als er die jüngsten Kämpfe (Anfang Dezember) als „brutalen Bruch der relativen Waffenruhe“ seitens der Bosnier bezeichnete. Die radikalsten Berater Izetbegovićs wollten nach wie vor eine ausländische Intervention provozieren. Die fortschreitende Beruhigung und Normalisierung im Lande passe ihnen deshalb nicht. Sie wünschten beispielsweise eine militärische Durchsetzung des No-Fly, weigerten sich aber, mit den Serben zu verhandeln, die sie als Kriegsverbrecher ansähen. Freilich dürfe auch UNPROFOR sich nicht „in die Falle“ der Normalisierung locken lassen. Zwang zu dreiseitigen Verhandlungen müsse insbesondere gegen die bosnischen Muslims ausgeübt werden.

5) UNHCR – Frau Ogata

Die Flüchtlingshochkommissarin bezeichnete die humanitäre Krise in Jugoslawien als die größte Herausforderung des UNHCR. Vor einem Jahr habe es dreihunderttausend Displaced Persons gegeben, heute seien es über 3 Mio. Ethnische Säuberungen und Terror gingen nach wie vor weiter. Alle Seiten seien davon betroffen, doch die Muslims litten am meisten.

Frau Ogata wandte sich entschieden gegen die Einrichtung von „protected zones“. Ohne starke militärische Absicherung seien solche Zonen nicht sinnvoll. Sie wies insbesondere auf die schwere Notlage von über 800 000 Menschen in Ostbosnien hin und forderte „decisive political action“.

1710

[13]6) IKRK-Präsident Sommaruga

Ähnlich wie Frau Ogata, doch noch deutlicher und in klarem Gegensatz zu den Generälen und zu Vance/Owen äußerte sich Sommaruga zur Situation. Der Schutz der Zivilbevölkerung müsse verstärkt werden. Es bestehe eine dringende Notwendigkeit zu verstärkter ausländischer Präsenz. Das Ethnic Cleansing müsse sofort beendet werden. Es bestehe die unmittelbare Gefahr, dass Tausende von Menschen sterben müssten, wenn die Engagements von London und der ICFY nicht endlich verwirklicht würden. Sommaruga bat die anwesenden Staaten, entschiedener zu reagieren, um die Schrecken des Krieges zu beenden. Er sprach sich ausdrücklich für die Einrichtung von Schutzzonen aus. Seit Juli seien 4945 Gefangene aus Lagern freigelassen worden (am heutigen 16. Dezember 1006 Gefangene aus Manjaca). Allerdings hätten die Muslims ihre 1027 Gefangenen und die Kroaten ihre 537 Gefangenen noch nicht freigelassen.

7) Arbeitsgruppe BuH

Ahtisaari berichtete über den Stand der Verfassungsdiskussion zur Einteilung von BuH in Provinzen.[14] Obwohl die Muslims eine im Wesentlichen seinen Vorstellungen entsprechende Karte vorgelegt haben, wies A. ihnen verbal den Hauptttadel zu. Die bosnischen Serben und wohl auch die Kroaten seien zu Verhandlungen und Konzessionen bereit, die Muslims aber immer noch nicht.

8) Lord Owen

Auch Owen betonte mehrfach, dass die muslimische Seite sich jetzt endlich zu Verhandlungen mit den beiden anderen Parteien bereitfinden müsse. Wenn Izetbegović zu einem Kompromiss bereit sei, dann werde die ICFY für einen Rollback der Frontlinien sorgen und für die Rückkehr der Minderheiten.

Lord Owen erklärte weiter (diese Passagen waren nicht im verteilten Redetext enthalten), dass die bosnischen Serben unmittelbar von Belgrad abhingen. Dies besonders auch für Versorgung und Nachschub. Karadžić erhalte seine Weisungen aus Belgrad, und der Oberkommandierende, General Mladić, sei unmittelbar Milošević unterstellt. Owen forderte deshalb eine Verstärkung der Sanktionen, insbesondere Stop and Search auf der Donau.

Für den 2. Januar hätten die Ko-Vorsitzenden Izetbegović, Karadžić und Boban nach Genf eingeladen. Sie erwarteten, dass Izetbegović sich endlich zu Dreierverhandlungen auch mit Karadžić bereitfinde. Dabei sollen Einstellung der Feindseligkeiten, Rückzug der Frontlinien und freier Zugang von Hilfslieferungen erreicht werden.

Zwischen Weihnachten und Neujahr werde VN-GS in Genf sein. Die Ko-Vorsitzenden würden aus diesem Anlass Ćosić und Tudjman nach Genf einladen.

Owen ging dann allerdings deutlich über seine früheren sehr zurückhaltenden Vorschläge hinaus. Er forderte vier Maßnahmen:

- Einrichtung eines IStGH durch den Sicherheitsrat.
- Ermöglichung der Durchsetzung des No-Fly, falls die Verletzungen weiter anhalten.
- Bessere Durchsetzung und Erweiterung der Sanktionen gegen Rest-Jugoslawien.
- Eine SR-Resolution zu Kosovo müsse aussprechen, dass zusätzliche Unterdrückungsmaßnahmen als „Bedrohung des Friedens“ anzusehen wären. Aus Sicht der Ständigen

13 Beginn des mit DB Nr. 2548 übermittelten dritten Teils des Fernschreibens. Vgl. Anm. 1.

14 Zum Verfassungsentwurf für Bosnien-Herzegowina vgl. Dok. 361, Anm. 9.

Vertretung ist anzunehmen, dass eine derart weitgehende Formulierung vorher informell mit den anwesenden Außenministern von USA und GB abgestimmt war.

Sehr ausführlich und entschieden sprach sich Owen gegen die Aufhebung des Waffenembargos gegenüber BuH aus.

9) GB-Präsidentschaft[15]

AM Hurd trug Positionen gemäß Coreu London, Nr. 2046 vom 15.12.[16] vor, besonders betonte er dabei die Notwendigkeit der Verstärkung der Sanktionen (einschließlich Notwendigkeit wirtschaftlicher Hilfe für die betroffenen Nachbarstaaten) und die Einrichtung eines Koordinators für die Sanktionen. Er wandte sich aber auch entschieden gegen die Einrichtung von Schutzzonen oder die Aufhebung des Waffenembargos. Er sprach sich für die Einrichtung eines auf den Jugoslawien-Konflikt bezogenen IStGH aus, der sich auch der Vergewaltigungen annehmen müsse.

10) Weitere Stellungnahmen

Die Einrichtung eines IStGH und die Verstärkung der Sanktionen wurde auch von anderen AM gefordert, sehr deutlich etwa von AM Colombo, von Schweden, Ungarn. Eher beschwichtigend äußerte sich der stellvertretende russische AM Tschurkin. Die Serben hätten inzwischen die meisten Gefangenen entlassen, die Intensität des Konflikts sei zurückgegangen. Man müsse jetzt verstärkt nach einer politischen Lösung suchen und das Waffenembargo strikt einhalten. Noch viel weiter ging CHN. Es gebe keinerlei Alternative zur Fortsetzung politischer Lösungsversuche. CHN werde Maßnahmen, die „die Gewalt verstärken würden", nicht zustimmen. Eine gewaltsame Durchsetzung des No-Fly komme nicht in Betracht. Für einen IStGH gebe es keine Notwendigkeit, da ja bereits die „Kriegsverbrechenskommission" in Genf eingerichtet sei. Ungarn wies auf die Bedrohung der ungarischen Minderheit hin, Kanada kündigte besondere Hilfen für die missbrauchten Frauen an, Österreich forderte nachdrücklich die Einrichtung von Schutzzonen, Griechenland sprach sich gegen jegliche militärische Maßnahme aus (allerdings für die Einrichtung eines IStGH), einige Nachbarstaaten (Bulgarien, Rumänien, Ungarn) wiesen auf ihre Belastungen durch die Sanktionen hin.

Ungarn (verglich die bisherige Politik mit „München"[17]), besonders aber der türkische Außenminister[18] und der Vertreter der OIC kritisierten die ihrer Auffassung nach bisherige Erfolglosigkeit der ICFY. Der OIC-Vertreter stellte auf die OIC-Erklärung von Dschidda ab, wonach zum 15. Januar der Sicherheitsrat klarstellen müsse, dass Waffenlieferungen an BuH möglich seien. Es gehe nicht an, dass die Weltgemeinschaft nichts gegen die serbische Aggression unternehme, gleichzeitig aber den Muslims die Waffen und damit das Recht auf Selbstverteidigung vorenthalte. Die OIC sei bereit, mit dem SR finanziell und mit Menschen (gemeint war wohl: Truppen) zu kooperieren. OIC-Vertreter forderte die sofortige Einrichtung eines IStGH nach dem Nürnberger Modell.

15 Großbritannien hatte vom 1. Juli bis 31. Dezember 1992 die EG-Ratspräsidentschaft inne.

16 Für FS Nr. 2046 aus London (Coreu) vom 15. Dezember 1992 vgl. B 220, ZA-Bd. 155726.

17 Vgl. das Münchener Abkommen vom 29. September 1938; ADAP, D, II, Dok. 675.

18 Hikmet Çetin.

[19]11) Erklärung Eagleburger

In ihrer Härte und Deutlichkeit schlug die Erklärung Eagleburgers (Text als Fernkopie[20]) völlig neue Töne an. Eingangs erklärte Eagleburger, dass USA den GB-Vorschlag eines Sanktions-Koordinators unterstützen und 25 zusätzliche Beobachter für Flugfelder stellen wollten.

Anlass der heutigen Konferenz sei, dass die meisten der in London eingegangenen Verpflichtungen nicht eingehalten worden seien, und zwar von den Serben. Die Serben seien es, die humanitäre Hilfe behinderten, Städte belagerten, mit den ethnischen Säuberungen fortführen. Milošević und Karadžić spielten ein zynisches Spiel, sie hätten systematisch die von ihnen unterschriebenen Verpflichtungen nicht honoriert. Deshalb gelte es, die Sanktionen zu verstärken, im SR eine Durchsetzung von No-Fly zu erreichen und das Waffenembargo zu überprüfen. Zu Kosovo brauchte Eagleburger eine völlig neue Formulierung: Ein Übergreifen des Krieges würden USA nicht tolerieren. Der eindrucksvolle Hauptteil seiner Rede beschäftigte sich jedoch mit der Verletzung der Menschenrechte und der Bestrafung der Täter. Eagleburger zählte schreckliche Einzelfälle auf, nannte nicht nur die Namen der unmittelbaren Täter, sondern auch der militärischen Führer, und erklärte, dass sich auch Milošević, Karadžić und General Mladić verantworten müssten (was sie zur Verhinderung – nicht – getan hätten). Die Verantwortlichen für die ethnischen Säuberungen erwarte ein zweites Nürnberg, und das serbische Volk, in dessen Namen diese Taten verübt wurden, werde auf lange Zeit als Ausgestoßener aus der Weltgemeinschaft gelten. Eagleburger machte ohne jede Einschränkung deutlich, dass die USA auf der Wiederherstellung eines unabhängigen und ungeteilten Staates BuH bestehen werden und auf der Rückkehr aller Flüchtlinge in ihre Heimat.

12) Erklärung BM

Die zusammen mit den Ausführungen Eagleburgers am meisten aufsehenerregende Erklärung gab BM ab. Er stellte eingangs fest, dass in London fünf Maßnahmen vereinbart worden seien:

- Aufhebung der Belagerung der Städte in BuH,
- Überwachung der schweren Waffen,
- Verbot militärischer Flüge,
- Rückkehr der Flüchtlinge in ihre Heimatorte,
- freier Zugang für humanitäre Hilfe.

BM stellte sodann fest, dass keine dieser Vereinbarungen eingehalten, sondern im Gegenteil sogar noch zusätzlich jetzt die Schreckensmeldungen über systematische Massenvergewaltigungen vor allem muslimischer Frauen bekannt geworden seien. Im Sandžak und in der Wojwodina gehe eine stille ethnische Säuberung vor sich. Auch im Kosovo verweigere Serbien die Wiederherstellung der rechtswidrig entzogenen Autonomie. Schlussfolgerung: Für die Serben in Belgrad, BuH und in Kroatien seien die Londoner Verpflichtungen (bloßes) Papier. Serben führten Doppelstrategie: Die Serben in BuH täten die schmutzige

19 Beginn des mit DB Nr. 2549 übermittelten vierten Teils des Fernschreibens. Vgl. Anm. 1.

20 Die Erklärung des amerikanischen AM Eagleburger bei der Sitzung des Lenkungsausschusses der Jugoslawien-Konferenz auf Ministerebene am 16. Dezember 1992 in Genf wurde mit FK Nr. 1219 des BRI Daum, Genf (Internationale Organisationen), vom selben Tag übermittelt. Vgl. B 42, ZA-Bd. 183683.
Für die Erklärung vgl. DEPARTMENT OF STATE DISPATCH 1992, S. 923–925.

Arbeit vor Ort. Die Politiker in Belgrad leugneten ihre Verantwortung und beteuerten guten Willen. Die bosnischen Muslims seien von Ausrottung bedroht. Man habe ihnen die Waffen zur Selbstverteidigung vorenthalten, deshalb habe man jetzt auch eine besondere Verantwortung ihnen gegenüber. Er betonte, dass er beim Gesamtkomplex militärischer Maßnahmen angesichts unserer Verfassungslage als deutscher Außenminister besonders vorsichtig argumentieren müsse. Man müsse noch einmal den Verhandlungen und der politischen Lösung eine letzte Chance geben. Dazu sei ein Paket mit folgenden Maßnahmen zu schnüren:

- Schweigen der Waffen mit Datum,
- Freizügigkeit für UNPROFOR-Truppen in ganz BuH,
- Beendigung der ethnischen Säuberungen, Auflösung der Lager, Beendigung der Verbrechen an Frauen,
- völlige Freizügigkeit für humanitäre Hilfe,
- Truppenentflechtung und Zugang zur Zivilbevölkerung,
- Truppen an die bosnisch-serbische Grenze.

BM erklärte ausdrücklich, dass den Serben klargemacht werden müsse, dass eine Fortsetzung ihrer Politik zur Überprüfung des Waffenembargos führen müsse. Dabei müsse aber diese außerordentlich schwierige Frage nach beiden Seiten abgewogen werden. Eine Aufhebung des Waffenembargos zugunsten der bosnischen Regierung könne eine positive Wirkung haben, sie könne aber auch kontraproduktiv wirken. BM wollte sich deshalb jetzt (ähnlich auch bei Nachfragen der Journalisten während der Pressekonferenz) nicht zu dem Ergebnis einer solchen Überprüfung des Waffenembargos festlegen.

BM äußerte sich sehr befriedigt über die breite Unterstützung für den Gedanken der Einrichtung eines IStGH. In diesem Zusammenhang unterstrich er besonders sein Entsetzen und die Erschütterung in der deutschen Öffentlichkeit über die Massenvergewaltigungen.

13) Weitere Mitgliedschaft im Steering Committee

Da wir jetzt aus der KSZE-Troika ausscheiden, würden wir ab Januar formell nicht mehr im Lenkungsausschuss der ICFY vertreten sein. BM sprach gegenüber Lord Owen unser Interesse an weiterer Mitgliedschaft im Lenkungsausschuss an und übergab Owen dazu auch eine kurze schriftliche Notiz. Zur weiteren Verfolgung dieses Punktes wird um Weisung gebeten.[21]

[gez.] Jelonek

B 42, ZA-Bd. 183683

21 MDg von Studnitz vermerkte dazu am 18. Dezember 1992 handschriftlich für MD Chrobog: „Vorschlag: BM schreibt an Owen vor der nächsten Sitzung des Steering Committee und benennt unter Bezugnahme auf ihr Gespräch in Genf am 16.12. den deutschen Vertreter im St[eering] Com[mittee]. Dann sind wir nicht Demandeur. Vertr[etung] Genf müsste jetzt nur unterrichtet werden, dass Schreiben folgt + sie jetzt nur rechtzeitig über nächste Sitzung St. Com. berichten soll."
Weiter notierte Studnitz am 18. Dezember 1992: „D 2 stimmt zu, bitte so verfahren."
Mit Schreiben vom 23. Dezember 1992 an BM Kinkel teilte der Ko-Vorsitzende der Jugoslawien-Konferenz, Lord Owen, mit: „Thank you for your letter of December 16th. I have discussed this with Cy Vance and we have agreed that the restricted Steering Committee is no longer representative and we will meet in future in plenary with all the countries represented at the December 16th meeting plus Iran and Finland who will be expected to contribute financially." Vgl. B 42, ZA-Bd. 183683.

431

Drahtbericht des Botschafters von Ploetz, Brüssel (NATO)

VS-NfD **Aufgabe: 17. Dezember 1992, 21.01 Uhr**[1]
Fernschreiben Nr. 1946 **Ankunft: 17. Dezember 1992, 21.25 Uhr**
Citissime

Betr.: Treffen des NATO-Rats auf Außenminister-Ebene am 17.12.1992[2];
hier: Geschlossener Sitzungsteil am Vormittag

Zur Unterrichtung

I. Hauptthema: Jugoslawien-Konflikt und Haltung des Bündnisses

1) Zentrales Thema aller Äußerungen der Minister, von denen die Mehrzahl im Laufe der Woche bereits an Konferenzen in Stockholm[3] und Genf[4] teilgenommen hatte, war naturgemäß der Jugoslawien-Konflikt. Sie betonten übereinstimmend und eindringlich das Risiko seiner Ausweitung bis hin zu einem internationalen Balkan-Krieg.

Vor diesem Hintergrund und angesichts zunehmender Ungeduld in allen Bündnisländern wie auch in der internationalen Öffentlichkeit wurden im NATO-Rat mögliche militärische Optionen erörtert. Das Ob eines Allianzbeitrages im Rahmen von und zur Unterstützung der VN war dabei nicht fraglich, die Frage nach dem Was, Wie und Wann hingegen noch weit von gemeinsamen Antworten insbesondere der Partner entfernt, von denen eine Führung in der Allianz ausgehen könnte:
- Die USA erklärten – im Allianzrahmen erstmals – die Bereitschaft, zur Durchsetzung des VN-Verbots militärischer Flüge[5] durch „air assets“ beizutragen, einen neuen VN-Beschluss vorausgesetzt. (Auch NL[6] äußerte entsprechende Bereitschaft.)
- GB und F beschränkten sich hingegen darauf, auf die Beschlussfassung von Edinburgh[7] zu verweisen und die militärische Allianzplanung für die Durchsetzung des Flugverbots als nützlich zu bezeichnen.
- D hat unverändert das Verfassungsproblem.

Angesichts dieser Lage tat sich das Bündnis sogar schwer, einen von den USA vorgeschlagenen Erklärungstext zu Jugoslawien zu akzeptieren, der – in den Begrenzungen der Bush-Politik – den möglichen militärischen Handlungsrahmen zu verdeutlichen suchte, um vor

1 Das von Gesandtem Pöhlmann, Brüssel (NATO), konzipierte Fernschreiben wurde in zwei Teilen übermittelt. Vgl. Anm. 13.
Hat VLR Schumacher vorgelegen.

2 Für das Kommuniqué der NATO-Ministerratstagung in Brüssel vgl. NATO FINAL COMMUNIQUÉS 1991–1995, S. 88–93. Für den deutschen Wortlaut vgl. BULLETIN 1992, S. 1305–1308.
Für die Erklärung zur Lage im ehemaligen Jugoslawien vgl. BULLETIN 1992, S. 1308 f.

3 Zur dritten Sitzung des KSZE-Außenministerrats am 14./15. Dezember 1992 vgl. Dok. 418 und Dok. 423.

4 Zur Sitzung des Lenkungsausschusses der Jugoslawien-Konferenz auf Ministerebene am 16. Dezember 1992 vgl. Dok. 430.

5 Vgl. die Resolution Nr. 781 des VN-Sicherheitsrats vom 9. Oktober 1992; RESOLUTIONS AND DECISIONS 1992, S. 27. Für den deutschen Wortlaut vgl. EUROPA-ARCHIV 1993, D 147 f.

6 Hans van den Broek.

7 Zur Tagung des Europäischen Rats am 11./12. Dezember 1992 vgl. Dok. 421.

allem Serbien vor den Wahlen[8] ein klares Signal zu geben. Der Text konnte erst in einer Ministerrunde finalisiert werden und hat insbesondere folgende Schwerpunkte:

a) Ausweitungsgefahr: Ein Ausbruch der Gewalt im Kosovo würde „geeignete Reaktionen" der internationalen Gemeinschaft erforderlich machen.

b) Unterstützung der VN: Bereitschaft der Allianzmitglieder zu „weiteren Schritten", um die VN bei der Implementierung ihrer Entscheidungen zur Erhaltung des internationalen Friedens und der Sicherheit zu unterstützen.

c) Durchsetzung des Verbots militärischer Flüge:
- Bereitschaft, die VN bei der Implementierung der in Kürze erwarteten SR-Resolution zur Durchsetzung des Flugverbots zu unterstützen.

d) Gefährdung von UNPROFOR oder VN-Personal:
- Bereitschaft der Allianz, auf VN-Aufforderung „angemessene Maßnahmen" zu ergreifen.

Diese Aussagen bleiben hinter dem zurück, was GS und USA sowie einige Partner fordern. Andererseits ist die Allianz – mit Zustimmung von F – weiter gegangen als je zuvor.

Allen Ministern war klar, dass die Allianz auch im Interesse ihrer Glaubwürdigkeit gegenüber der eigenen Bevölkerung wie als internationaler Akteur der Sicherheit in Europa gefordert war.

Angesichts möglicherweise schnell auf die Allianz zukommenden Handlungszwangs war man sich im Übrigen einig, den eher philosophischen Streit 16/15, d.h. Rat/DPC[9], nicht auszutragen, sondern pragmatisch zu handeln. Alle betonten ihr Interesse, Frankreich bei friedenserhaltenden Maßnahmen der Allianz „an Bord zu haben".

Tief beeindruckt nicht zuletzt durch die Gespräche in Genf über das unerträgliche Vorgehen serbischer Kräfte und die dadurch entstandene Gesamtsituation überwog die Auffassung, dass zwar die politischen Lösungsanstrengungen und humanitären Hilfsmaßnahmen intensiv fortgesetzt werden müssen, zugleich aber Skepsis, dass sie zum Erfolg (Beendigung der Gewalt, Rückgabe gewaltsam erworbenen Gebiets, Verhinderung der Konfliktausweitung) führen. NWG: Es fehlt am Verhandlungswillen der Serben, aber auch der Kroaten und Bosnier.

Die jüngste Konferenzserie von Edinburgh bis Genf wurde als nützlich bezeichnet, dies jedoch jetzt mit der Forderung verbunden, nur vom Bündnis könne die dringend notwendige klare Botschaft an Milošević ausgehen, dass die zivilisierte Welt nicht weiter passiv bleiben werde.

Mit zu klaren Festlegungen für Durchsetzung des Flugverbots zögerten vor allem die Staaten, die vor Ort Streitkräfte haben. Die Sorge über die damit verbundenen Risiken für UNPROFOR und humanitäre Hilfstransporte erläuterte belgischer AM[10]: Er wies auf gut gerüsteten Gegner hin, der auf Luftschläge mit Boden-Luft-Raketen reagieren könne (er habe bereits humanitäres Lufttransportflugzeug abgeschossen[11]), ferner müsse die Sicherheit der Blauhelme geschützt werden, vielleicht sogar Rückzug für ein bis zwei Monate vorgesehen werden, was dann jedoch die Suspendierung von Hilfstransporten – mitten

[8] Zu den Wahlen am 20. Dezember 1992 in der Bundesrepublik Jugoslawien (Serbien/Montenegro) auf Bundes- wie Republikebene vgl. Dok. 361, Anm. 2 und 4.

[9] Zur „Verfassungsdebatte" in der NATO vgl. Dok. 415, Anm. 5.

[10] Willy Claes.

[11] Zum Abschuss eines italienischen Flugzeugs am 3. September 1992 vgl. Dok. 310, Anm. 4.

im Winter – bedeuten würde. Da dies undenkbar sei, müsse das Mandat von UNPROFOR geändert werden mit dem sicheren Ergebnis einer Eskalation des Bodenkrieges. Dennoch müssten VN-Resolutionen durchgesetzt werden.

NL warnte vor diesem Hintergrund vor einer Paralysierung durch mögliche Risiken. Nichthandeln würde schlimmere Folgen haben als Inkaufnahme von Risiken beim Handeln. Am weitesten ging NWG: Stoltenberg forderte, sich jetzt auf eine „militärische" Intervention vorzubereiten. Begrenzte militärische Schläge würden Serben nicht zum Einlenken bringen (er sah die Folge, dann selbst Partei am Konflikt zu sein, was die neutrale Aufgabe humanitärer Versorgung wohl aufhöbe).

Vor allem Eagleburger hielt eine Explosion im Kosovo spätestens in einigen Monaten für nahezu unausweichlich, was zur Internationalisierung des Konflikts führen müsse. NWG hielt im Falle des Überspringens des Konflikts auf Kosovo auch dort eine Intervention für notwendig.

TUR-AM[12] kritisierte bisherigen Mangel an politischem Willen des Westens und (gerichtet auf USA) dass wiederholt und öffentlich erklärt worden sei, militärischer Einsatz sei keine Option.

GS machte zum Schluss der Erörterung kein Hehl aus seiner persönlichen Meinung: Absehbare Zuspitzung der Situation erfordere Erhöhung des politischen Drucks auf die serbische Führung, verbunden mit einer klaren Warnung, notfalls Gewalt „mit den Mitteln unserer Wahl" anzuwenden. GS unterstrich, dass dies nicht eine Intervention mit Bodentruppen bedeute, in jedem Falle eine Legitimationsgrundlage der VN voraussetze.

2) BM nahm ebenfalls Bezug auf Genf und die dort gegebenen Unterrichtungen über die katastrophalen Verletzungen der Menschenrechte. Er forderte Druck auf serbische Seite und begrüßte gleichzeitig die von Lord Owen angekündigte neue Initiative. Dies sei noch einmal ein Versuch, die Glaubwürdigkeit der internationalen Institutionen dürfe jedoch nicht leiden. Viele Konferenzen und Erklärungen hätten letztlich wenig erreicht. Wenn die serbische Seite nun nicht endlich einlenke, müsse dies Konsequenzen haben. Ziel müsse es sein, die Waffen zum Schweigen zu bringen und einen ungehinderten Zugang für humanitäre Hilfslieferungen durchzusetzen. Der Konflikt habe Eskalationsdynamik, insbesondere mit Blick auf Kosovo und Mazedonien. Auf die NATO werde unweigerlich größere Verantwortung zukommen, ein höheres Engagement der Europäer sei notwendig. BM wies darauf hin, dass es für uns allerdings das allen bekannte verfassungsrechtliche Problem gebe.

3) Eindrücke aus der Debatte

Wenn die Erörterung auch in erster Linie auf den Jugoslawien-Konflikt konzentriert war, so wurden jedoch einzelne Aspekte allianzinterner Befindlichkeit spürbar:

- Entgegen bisheriger Tradition sprach US-AM nicht als erster, sondern ließ den drei europäischen Hauptakteuren GB, F und D den Vortritt. Grund hierfür dürfte weniger die Tatsache der ausgehenden US-Administration sein, sondern vielmehr, dass die USA im neuen politischen Umfeld, vor allem mit Blick auf den Jugoslawien-Konflikt, darauf Wert legten, die Führungsrolle gemeinsam mit den wichtigsten europäischen Mächten auszuüben.
- Auffallend war, dass Partner wie NWG und TUR, die sich auch in der neuen Lage (nach dem Ende des Kalten Krieges) als „Frontstaaten" sehen, eine klare und harte Linie verfolgen.

12 Hikmet Çetin.

- Obwohl Erörterung dem Jugoslawien-Konflikt galt, wurde immer wieder deutlich, dass zahlreiche denkbare Konfliktsituationen in MOE und auf dem Gebiet der früheren Sowjetunion das Denken maßgeblich beeinflussten (Sorge vor der falschen Lehre, dass internationale Gemeinschaft letztlich doch gewaltsame Gebietsveränderungen dulde).
- Was den sog. Verfassungsstreit NATO-Rat/DPC in der Frage friedenserhaltender Maßnahmen angeht, fühlen wir uns durch die Dumas-Erklärung bestätigt. Er sprach der Allianz angesichts ihrer Kompetenz und Fähigkeiten für eine Durchsetzung des Flugverbots ohne Wenn und Aber eine Rolle zu.
- Das Thema Rüstungskontrolle und Abrüstung, das manche Ratssitzung der vergangenen Jahre zu einem guten Teil geprägt hatte und – zu Recht – im Kommuniqué eine wichtige Rolle spielt, fand praktisch keine Erwähnung.

[13]II. Sonstige Themen

1) Rolle der NATO, insbesondere Unterstützung bei friedenserhaltenden Maßnahmen

Die essenzielle Rolle der NATO, Grundlage der transatlantischen Partnerschaft, als Garant der Sicherheit in Europa wurde von allen unterstrichen (so auch von BM), dies jedoch mit der Forderung nach weiterer Anpassung an die neuen Realitäten (Jugoslawien-Konflikt, 25 Konflikte in der früheren Sowjetunion – so AM Hurd (UNHCR-Hochkommissar[14] zitierend)) verbunden. Als wichtigste neue Aufgabe der NATO wurde allgemein ihr Beitrag zu friedenserhaltenden Maßnahmen definiert. Alle Partner unterstrichen ihre Politik, dass diese neue Aufgabe Sache der 16 sei. BM verdeutlichte unsere Position: Politische Gesamtverantwortung für friedenserhaltende Maßnahmen liegt beim Rat, dort muss sie bleiben. Gleichwohl ist eine angemessene Beteiligung der militärischen Gremien in ihrem Verantwortungsbereich sinnvoll. In dieser für die Zukunft der NATO wichtigen Frage ist es erforderlich, organisatorische Flexibilität zu zeigen. Diese Auffassung fand überwiegende Aufnahme. Dumas unterstrich bekannte Position, dass F in Sachen Beitrag der NATO zu friedenserhaltenden Maßnahmen seine volle Rolle entsprechend der Entscheidung in Oslo[15] spielen wolle. Diese neue Aufgabe (außerhalb Art. V Washingtoner Vertrag[16]) erfordere neue Lösungen zu 16, diese könnten nicht durch die 15 getroffen werden. Er kritisierte, dass andere (gemeint insbesondere USA) dies anders sähen. Auch wenn es beim „Peacekeeping" um den Einsatz von Mitteln der integrierten militärischen Struktur geht, sei dies im Rat zu erörtern. Mehrere Partner wiesen darauf hin, dass dieser theoretische Streit Rat/DPC bereits jetzt von den Realitäten überholt sei, da man in praxi zu 16 in mehreren Operationen (AWACS, maritime Durchsetzung des Embargos[17]) positiv und konstruktiv zusammenarbeite. Im Übrigen könne weiterer Streit auch dadurch verhindert werden, künftig gemeinsame Sitzungen der Außen- und Verteidigungsminister oder besondere Ad-hoc-Treffen aller 16 Verteidigungsminister (so insbesondere DK, B und NWG) vorzusehen.

[13] Beginn des mit DB Nr. 1950 übermittelten zweiten Teils des Fernschreibens. Vgl. Anm. 1.

[14] Sadako Ogata.

[15] Vgl. Ziffer 11 des Kommuniqués der NATO-Ministerratstagung am 4. Juni 1992 in Oslo; NATO FINAL COMMUNIQUÉS 1991–1995, S. 73f. Für den deutschen Wortlaut vgl. BULLETIN 1992, S. 615. Zur Tagung vgl. Dok. 170.

[16] Für Artikel 5 des NATO-Vertrags vom 4. April 1949 vgl. BGBl. 1955, II, S. 290.

[17] Zu den Überwachungsmaßnahmen von NATO und WEU in der Adria vgl. Dok. 220.

2) Verhältnis NATO/WEU

Erstmals nahm WEU-GS van Eekelen an einer NATO-Ratssitzung auf AM-Ebene teil. Er sprach sich für volle Transparenz und Komplementarität der beiden Organisationen aus. Die WEU werde eine klare europäische Stimme zu allen Bereichen entwickeln. Er sei überzeugt, dass dies zur Stärkung der NATO beitragen werde. Nach den institutionellen Fragen müssten nun beide Organisationen zur Substanz ihrer Zusammenarbeit kommen und sehen, wie die militärischen Fähigkeiten in der neuen Situation am besten zu nutzen seien: Jugoslawien sei ein Testfall. Während van Eekelen bisherige Duplizierungen der Arbeit beider Organisationen nicht ansprach, kam GS Wörner auf seine Forderung nach Arbeitsteilung zurück, was bei einzelnen Ministern Unterstützung fand. Alle Bündnispartner begrüßten das örtliche Heranrücken der WEU an die NATO und sprachen sich für ein Höchstmaß an gegenseitiger Information und konstruktiver Zusammenarbeit aus.

3) Eurokorps

GB sprach das Thema gleich als erster Sprecher an und gab dem Unternehmen eine große Zukunft. Dumas und BM gaben der Hoffnung Ausdruck, das mit SACEUR[18] erarbeitete Abkommen werde noch von dieser Ratssitzung gebilligt. Vorsitzender des Militärausschusses[19] würdigte das Abkommen positiv, das am 16.12. im Militärausschuss eingegangen sei. Da Generalstabschefs um ein paar Tage Prüfungszeit gebeten hatten, werde Thema am 18.12. im Militärausschuss behandelt und könne so am 22.12. im Rat gebilligt werden. Diesen Zeitplan bestätigte GS.[20]

4) Nordatlantischer Kooperationsrat (NAKR)

BM sowie alle anderen Partner sprachen sich für möglichst breite und konkrete Nutzung des Kooperationsrahmens aus und sahen in dem Arbeitsplan 1993[21] eine gute Grundlage hierfür. BM wies besonders auf „Peacekeeping" als künftigen Bereich vertiefter Kooperation hin und wurde hier allgemein (außer F, das hierzu nichts sagte und entsprechende Aussagen im Arbeitsplan unter Vorbehalt gestellt hat) unterstützt.

Mehrere Sprecher wiesen auf die Notwendigkeit hin, insbesondere RUS in die Kooperation einzubeziehen, um dort Vertrauen zu bilden und die (so Hurd) „antiwestliche Paranoia" der russischen Streitkräfte abzubauen.

18 John M. Shalikashvili.

19 Vigleik Eide.

20 Das BMVg vermerkte am 16. Dezember 1992: „Am 14. Dezember haben SACEUR, Generalinspekteur und französischer Generalstabschef in Brunssum das ‚Besondere Abkommen über die Bedingungen des Einsatzes des Europäischen Korps im Rahmen der Nordatlantischen Allianz' paraphiert. Grundlage war der zwischen D und F am 13.12.1992 in Bonn verhandelte neue Entwurf für ein Abkommen, in den wesentliche Forderungen des SACEUR eingearbeitet waren [...]. Es ist uns daran gelegen, über Militärausschuss und DPC die abschließende Behandlung im NATO-Rat und Unterzeichnung des Dokumentes noch in diesem Jahr zu erreichen, um eine extensive Behandlung des Themas als weiter offene Frage in der internationalen Presse während der Weihnachts-/Neujahrspause zu vermeiden." Vgl. B 14, ZA-Bd. 161203.
Botschafter von Ploetz, Brüssel (NATO), informierte am 22. Dezember 1992, das DPC und der Ständige NATO-Rat hätten, „dem Votum des Militärausschusses folgend", dem Abkommen am 22. Dezember 1992 zugestimmt. SACEUR sei zur Unterzeichnung autorisiert worden. Änderungen oder Ergänzungen zum Text des Abkommens seien nicht gefordert worden. Es seien nur „einige Anmerkungen" gemacht worden. Vgl. DB Nr. 1970; B 14, ZA-Bd. 161203.

21 Für den auf der NAKR-Ministertagung am 18. Dezember 1992 in Brüssel verabschiedeten Arbeitsplan vgl. NATO FINAL COMMUNIQUÉS 1991–1995, S. 99–103. Für den deutschen Wortlaut vgl. BULLETIN 1992, S. 1312–1314. Zur Tagung vgl. Dok. 435.

5) Verhältnis zu Russland

BM nutzte Gelegenheit, Partner über seine Eindrücke aus soeben abgeschlossenem Moskau-Besuch[22] zu unterrichten: Dieser Besuch zusammen mit dem Bundeskanzler sei gerade deshalb wichtig gewesen, weil er in einer besonders schwierigen Phase der Auseinandersetzung zwischen Reformern und konservativen Kräften stattgefunden habe. Neuer MP[23] habe zwar zugesagt, Reformkurs fortzusetzen, doch sei Skepsis angebracht. Jelzin sei politisch leicht geschwächt. Sicherlich müsse eine Reihe weiterer Reformer abtreten, wohl auch Kosyrew, der nach eigener Aussage in Stockholm „ein dramatisches Zeichen nach innen und außen setzen wollte". Die wirtschaftliche Situation sei miserabel, was Anlass zu größter Sorge sei. Wenn die Dinge schiefgingen, sei das Desaster größer als das in der früheren DDR. Das System schaffe es nicht, die an sich großen Ressourcen vernünftig zu nutzen und das Land zu organisieren. BM zog als Fazit: Reformprozess sei noch nicht unumkehrbar. Hilfe für RUS sei notwendig, aber nicht nur wirtschaftlich, sondern auch im psychologischen Bereich. BM verknüpfte dies mit dem Appell an alle Partner zu helfen. Es bestehe die Gefahr, dass Jelzin oder wer auch sonst immer die Zügel schärfer anziehen werde. Man sei noch nicht über den Berg.

AM Colombo teilte diese Einschätzung, sie decke sich mit seinen Reiseeindrücken vor einiger Zeit.[24] Er unterstützte den Appell, RUS zu helfen, und rief im Übrigen dazu auf, die Implementierung der Rüstungskontrollabkommen durch RUS sorgfältig zu beobachten. Er mahnte, über die neuen Aktivitäten der NATO im Bereich friedenserhaltender Maßnahmen nicht zu vergessen, dass die russischen Streitkräfte nach wie vor von gewaltiger Größenordnung seien.

[gez.] Ploetz

B 14, ZA-Bd. 161215

22 BK Kohl, BM Kinkel und BM Waigel besuchten Russland am 15./16. Dezember 1992. Vgl. Dok. 419, Dok. 420 und Dok. 422.

23 Wiktor Stepanowitsch Tschernomyrdin.

24 Der italienische AM Colombo besuchte Russland am 25./26. November 1992.

432

Gespräch des Bundesministers Kinkel mit Botschafter Stabreit, z.Z. Bonn

18. Dezember 1992[1]

Gespräch BM mit Botschafter Stabreit, 18.12.92, 12.15 – 13.00 Uhr

Stabreit sieht drei Hauptprobleme im derzeitigen deutsch-amerikanischen Verhältnis: hohe deutsche Zinsen, Rechtsradikalismus in D, GATT.

1) Was die Zinsen betreffe, so argumentiere er stets, dass dies für die amerikanische Wirtschaft nicht so schädlich sein könne, da US-Unternehmer angesichts niedriger US-Zinsen sich auf amerikanischem Kapitalmarkt finanzieren könnten. Außerdem sorgten die hohen deutschen Zinsen mit für einen schwachen Dollar, der wiederum der amerikan. Exportwirtschaft nütze. Die Amerikaner sähen dies jedoch anders: Die hohen deutschen Zinsen seien mit ursächlich für die schlechte Konjunktur in Europa, auf die wiederum die amerikanische Wirtschaft angewiesen sei. Dies bewege sie mehr als die Frage des hohen oder niedrigen Dollarkurses.

2) Was den Rechtsradikalismus[2] betreffe, so führe Stabreit viele Gespräche mit Medienvertretern und halte auch Vorträge. Er fühle sich vom BPA schlecht mit Material versorgt. Man bekomme zwar die einschlägigen Äußerungen deutscher Politiker, jedoch relativ wenig an Hintergrundinformationen, soziologischen Studien etc. (Einwurf BM: Weil es eben auch nicht sehr viele gibt).

3) Das deutsche Verhalten im GATT-Streit habe zu einer tiefen Enttäuschung über D, besonders bei Bush persönlich, auch über das Verhalten des Bundeskanzlers, geführt. Mit der Bitte um vertrauliche Behandlung ergänzte Stabreit, wichtige amerikan. Gesprächspartner in und außerhalb der Administration sähen den Bundeskanzler zu stark im franz. Schlepptau. Dieser Eindruck werde auch uns in Zukunft noch zu schaffen machen. Wie Clinton persönlich dazu stehe, wisse man noch nicht. Man müsse aber immer im Hinterkopf behalten, dass D für die USA der Vorzugspartner in Europa sei. F sei wegen seiner komplizierten Seelenlage für die Amerikaner weniger interessant. GB sei im amerikan. Kalkül wegen seiner wirtschaftl. und polit. Schwäche zurückgefallen.

Wenn es zu einer GATT-Lösung nicht mehr unter der Bush-Administration kommen sollte, werde die Sache für uns mit den Clinton-Leuten erheblich schwieriger. Dies sei auch ein Eindruck, den Graf Lambsdorff in seinen Washingtoner Gesprächen gewonnen habe.

1 Kopie.
Der Gesprächsvermerk wurde von VLR I Matussek gefertigt, der am 21. Dezember 1992 die Weiterleitung an das Büro Staatssekretäre, MD Chrobog, MDg Klaiber und Referat 204 verfügte.
Hat VLR I Schmidt am 21. Dezember 1992 vorgelegen, der die Weiterleitung an StS Lautenschlager verfügte.
Hat Lautenschlager am 21. Dezember 1992 vorgelegen, der die Weiterleitung an MD Dieckmann verfügte.
Hat Dieckmann am 22. Dezember 1992 vorgelegen.
Hat VLR I von Arnim am 28. Dezember 1992 vorgelegen.

2 Zu fremdenfeindlichen Gewalttaten in der Bundesrepublik vgl. Dok. 386 und Dok. 425.

BM bestätigte, dass er die Dinge wie Lambsdorff, von dem er einen Brief erhalten habe[3], sehe: Wir hätten auf die Franzosen zu drücken versucht. Dumas habe nun den Auftrag, das Problem GATT auf franz. Seite zu lösen. Man müsse klar sehen, dass die derzeitige Regierung unter dem massiven Druck der franz. Landwirtschaft stehe und glaube, sich Kompromisse bei GATT nicht leisten zu können. Dumas habe ihm gestern[4] bestätigt, dass die Meinungsumfragen für die Regierung sehr schlecht aussehen. Eine neue[5] Regierung stünde zwar auch unter dem Druck der Bauern, könne und müsse aber u.U. Kompromisse machen.

4) Auf Frage von BM, was er sich von Clinton erwarte, erläuterte *Stabreit*, Clinton wünsche sich zwar, sich hauptsächlich auf die Innenpolitik konzentrieren zu können. Es sei jedoch noch nicht ausgemachte Sache, dass die weltpolitische Entwicklung dies zulasse. Was seine Wirtschaftsmannschaft betreffe, sei diese so heterogen, dass eine klare Linie sich im Augenblick noch nicht abzeichne. Von Bentsen halte er persönlich nicht allzu viel. Er vertrete „vested interests". In jedem Falle würden die Demokraten eine staatliche Industriepolitik machen müssen. Dies sei vor allem im Hinblick auf die katastrophale Lage der Rüstungsindustrie, die in früheren Jahren vom Pentagon gelebt habe und jetzt unter hohem Auftragsmangel leide, wichtig. Clinton werde sich auch für eine Stärkung des Dollars einsetzen.

Im Übrigen sei es interessant, dass von den wichtigsten Beratern aus Clintons Umgebung 40–50% jüdischer Herkunft seien, daher mit einer nicht ganz unkomplizierten Einstellung zu D.

Auf dem Gebiet der Außen- und Sicherheitspolitik werde Clinton eine NATO-freundliche Politik fortsetzen. Dabei werde er über mäßige Truppenreduktionen bis auf ca. 80000 nicht hinausgehen. Seine Europapolitik sei noch völlig offen. Clinton selber habe ein positives Deutschlandbild. Insbesondere habe er einen guten Eindruck vom deutschen Sozial- und Gesundheitswesen, von der deutschen Berufsausbildung etc. Jetzt sei es wichtig, mit Einladungen wichtiger Meinungsmacher nach D nachzusetzen.

Auf die Somalia-Krise übergehend, schilderte Stabreit seinen Eindruck, dass das starke amerikan. Engagement in Somalia[6] als Ablenkungsmanöver zu Serbien gedacht sei. *BM* hielt dies für etwas übertrieben. Eagleburger, der nun „lame duck" sei, habe allerdings in Sachen JUG ihm gegenüber sehr deutlich gemacht, dass die jetzige Administration nicht mit Bodentruppen nach JUG hereingehen werde. Aus der Luft sei aus amerikan. Sicht alles machbar. Schmerzgrenze sei für die USA die Entwicklung im Kosovo. Im Übrigen hätten sich in Brüssel die Amerikaner für eine Aufhebung des Embargos[7], für eine Kontrolle der

3 Mit Schreiben vom 15. Dezember 1992 an BM Kinkel und BM Möllemann bat der FDP-Vorsitzende Graf Lambsdorff darum, „zu versuchen, den Bundeskanzler dazu zu bewegen, auf den französischen Staatspräsidenten einzuwirken, um noch vor dem Ende der Amtszeit von Präsident Bush am 19. Januar die politischen Eckwerte in allen Verhandlungsbereichen der Uruguay-Runde festlegen zu können". Vgl. DB Nr. 3622 des Botschafters Stabreit, Washington, vom selben Tag; B221, ZA-Bd. 166601.

4 BM Kinkel und der französische AM Dumas trafen am 17. Dezember 1992 in Brüssel zum Frühstück mit den AM Eagleburger (USA) und Hurd (Großbritannien) zusammen, ferner bei der NATO-Ministerratstagung. Vgl. Dok. 426 und Dok. 431.

5 Dieses Wort wurde von VLRI von Arnim hervorgehoben. Dazu Ausrufezeichen.

6 Zur Operation „Restore Hope" vgl. Dok. 409, Anm. 4.

7 Vgl. die Resolution Nr. 713 des VN-Sicherheitsrats vom 25. September 1991; RESOLUTIONS AND DECISIONS 1991, S. 42f. Für den deutschen Wortlaut vgl. EUROPA-ARCHIV 1991, D 550–552.

No-Flying-Zones[8] und für eine Absicherung humanitärer Transporte am Boden stark gemacht. Es sehe ja wohl so aus, als wenn Clinton Powell als Generalstabschef behalte. Dieser werde in Sachen militärischer Intervention sehr vorsichtig sein. Beim gestrigen Vierer-Frühstück in Brüssel hätten F und GB sehr deutlich gemacht, dass man ohne deutsches militärisches Engagement und ohne US-Bodentruppen nicht an eine militärische Intervention dächte.

BM bat Stabreit, die amerikan. Überlegungen, insbesondere auch innerhalb des Clinton-Teams, genau zu beobachten, damit wir nicht überrascht werden. Dies sei aus europapolitischen, aber auch aus innenpolitischen Gründen für uns besonders wichtig.

Stabreit berichtete, dass Eagleburger sich von einem großen Serbien-Freund zu einem Realisten gewandelt habe. Im State Department habe man auf Arbeitsebene gesagt, dass man über dieselben grauenvollen Dokumente verfüge wie wir, aber den Eindruck erweckt, aus politischen Gründen die Sache aus den Medien herauszuhalten. *BM* bestätigte, dass er Dokumente und Fotos kannte. Er verwies auf Rede von MdB Schwarz vor einer Woche im Bundestag.[9]

Stabreit berichtete von einem Treffen mit dem Editorial Board der „Washington Post", bei dem er die Parallele zwischen dem Ethnic Cleansing durch die Serben und der Säuberungspolitik der Gestapo gezogen habe, was die Gesprächsteilnehmer sehr nachdenklich gestimmt habe.

Abschließend bat *BM* Botschafter Stabreit, folgende Punkte genau im Auge zu behalten:
- Dreiecksverhältnis D/F/USA nach Erledigung des Streites um das Eurokorps;
- JUG: wichtige innen- und europapolitische Komponenten für uns;
- GATT: mit Clinton-Team schwieriger;
- Bundeskanzler: Er werde mit BK über dessen im Verhältnis zu Amerika zu starke Frankreich-Affinität reden. Hinweis auf Gespräch mit AMin McDougall[10] und Kritik an deutschem Euro-Zentrismus.
- Kontaktaufnahme mit wahrscheinlichem AM Christopher und Tony Lake (persönliche Grüße von BM).

Botschafter Stabreit wurde gebeten, seine persönliche Einschätzung der Lage in Amerika und zum deutsch-amerikanischen Verhältnis in einem Vermerk für BM zu Papier zu bringen.

B 221, ZA-Bd. 166601

[8] Vgl. die Resolution Nr. 781 des VN-Sicherheitsrats vom 9. Oktober 1992; RESOLUTIONS AND DECISIONS 1992, S. 27. Für den deutschen Wortlaut vgl. EUROPA-ARCHIV 1993, D 147 f.

[9] Für die Rede des CDU-Abgeordneten Schwarz am 10. Dezember 1992 vgl. BT STENOGRAPHISCHE BERICHTE, 12. WP, 128. Sitzung, S. 11107–11109.

[10] BM Kinkel und die kanadische AMin McDougall trafen am 17. Dezember 1992 am Rande der NATO-Ministerratstagung in Brüssel zusammen.

433

Vorlage des Ministerialdirektors Schlagintweit für Bundesminister Kinkel

311-321.32 ALG **18. Dezember 1992**

Über Herrn Staatssekretär[1] Herrn Bundesminister[2]

Betr.: Deutsch-algerische Konsultationen;
hier: Unsere Politik gegenüber Algerien

1) Entsprechend Ihrer Absprache mit dem algerischen Außenminister in New York[3] führte ich am 15.12. Konsultationen in Algerien durch. Ich sprach dreieinhalb Stunden mit dem Generalsekretär des algerischen Außenministeriums (neben zwei Arbeitsessen) und wurde vom Mitglied des Hohen Staatsrats, Ali Haroun (Exil in Deutschland[4]), und Außenminister Brahimi empfangen.

2) Die algerischen Gesprächspartner gaben sich große Mühe, uns davon zu überzeugen,

a) dass das ganze Volk hinter dem Kampf gegen die islamische Reaktion stehe, weil es wisse, dass die Hinnahme ihres Wahlsieges im Jahre 1992 eine iranische Mullah-Herrschaft gebracht und das Land ins Mittelalter zurückgeworfen hätte.[5] Ein fundamentalistischer Sieg in Algier hätte zwangsläufig Domino-Wirkungen auf Tunesien, Ägypten und Länder südlich der Sahara.

Der Tod von fünf Polizisten am Vorabend färbte die Ausführung des Außenministers, der sich engagiert gegen Aufnahme und politische Betätigung von Mitgliedern der Islamischen Heilsfront (FIS) in Deutschland aussprach. In der folgenden Nacht hörte man Maschi-

1 Hat StS Kastrup am 18. Dezember 1992 vorgelegen.

2 Hat BM Kinkel am 22. Dezember 1992 vorgelegen.
Hat OAR Salzwedel vorgelegen, der den Rücklauf über das Büro Staatssekretäre an MD Schlagintweit verfügte.
Hat VLR I Schmidt am 23. Dezember 1992 vorgelegen.
Hat MDg Sulimma am 23. Dezember 1992 vorgelegen, der die Weiterleitung an Schlagintweit „n[ach] R[ückkehr]" und an VLR I Dassel verfügte.
Hat Dassel am 28. Dezember 1992 vorgelegen.
Hat Schlagintweit am 2. Januar 1993 erneut vorgelegen.
Hat Schlagintweit am 7. Januar 1993 erneut vorgelegen, der den Rücklauf an MDg Bartels und Referat 311 „z[ur] w[eiteren] Ver[anlassung]" verfügte.
Hat Bartels am 8. Januar 1993 vorgelegen.

3 BM Kinkel und der algerische AM Brahimi trafen am 23. September 1992 zusammen. Themen des Gesprächs waren die Entwicklung in Algerien, die algerische Haltung zu einer CW-Verbotskonvention, die Frage der Einbeziehung des israelischen Nuklearpotenzials in Abrüstungsbemühungen sowie eine Erweiterung des VN-Sicherheitsrats. Ferner vereinbarten sie den Besuch hoher Beamter des Auswärtigen Amts und des BMWi in Algier, um die bilateralen Beziehungen wieder zu verbessern. Vgl. den mit DB Nr. 8 des MD Schlagintweit, z. Z. BM-Delegation, vom selben Tag übermittelten Gesprächsvermerk; B 36, ZA-Bd. 170164.

4 Zum Aufenthalt von Ali Haroun in der Bundesrepublik vgl. Dok. 113, Anm. 6.

5 Zur Entwicklung in Algerien vgl. Dok. 113.

nengewehr und Mörserfeuer; diesen Auseinandersetzungen fielen 13 Anhänger der FIS zum Opfer;

b) dass Algerien fest entschlossen sei, die Menschenrechte zu beachten und in übersehbarer Zeit einen zweiten Anlauf zur Demokratie zu unternehmen, allerdings in angepasster Form. Als Fristen nannte Ali Haroun Ende 1993, den Ablauf der Amtszeit des gewählten und abgesetzten Präsidenten Chadli Bendjedid. Der Generalsekretär zitierte den Ministerpräsidenten[6], der vor kurzem sagte, er brauche zur Sanierung der Wirtschaft drei bis fünf Jahre, und deutete an, dass vorher eine Demokratie nicht möglich sei: „Wenn wir in den nächsten Monaten Wahlen abhalten, haben wir eine FIS-Regierung";

c) dass die algerische Wirtschaft den Weg zur Liberalisierung und Marktwirtschaft konsequent weiterverfolge und sich in den nächsten Jahren wirtschaftlich erhole. Nach etwa drei Jahren würde der Schuldendienst, der bis dahin 75 % der Deviseneinnahmen aufzehrt, sinken und würden die Einnahmen aus Erdgasverkäufen beträchtlich steigen, da bis dahin eine neue Gasleitung nach Europa gebaut, eine weitere im Volumen verdoppelt sein würde.

3) Die Algerier sprachen nachhaltig den Wunsch aus, Deutschland möge Algerien in dieser schwierigen Übergangsphase kräftig unterstützen: „Wir wissen, dass materielle Hilfe nicht zu erwarten ist, aber wir brauchen Verständnis und politische Hilfe." Dies gelte auch für Hermes-Bürgschaften und für Investitionen.

Ich erwiderte, dass wir trotz der starken Absorbierung durch EG-Probleme und Südost- und Osteuropa lebhaft am Schicksal Algeriens, an den bilateralen Beziehungen und an einer engen und dauerhaften Verbindung zwischen EG und Maghreb interessiert seien. 27 % der umfangreichen EG-Hilfe kämen von uns. Der Ausbau der politischen Beziehungen könne nicht unabhängig von den politischen Entwicklungen in Algerien erfolgen. Wir sähen die schwierige wirtschaftliche und politische Krise, in der das Land stecke. Die Algerien-Erklärung des Europäischen Rates von Lissabon (Juni 1992)[7] kennzeichnet die europäischen Erwartungen. In Deutschland wünsche man sich die Einhaltung der Menschenrechte, Gespräche der Regierung mit den Parteien und politischen Kräften zur Erweiterung der politischen Basis und klare, über das Verbale hinausgehende Signale für einen Weg zurück zu demokratischen Verhältnissen.

4) Aus zahlreichen Gesprächen mit Deutschen in Algerien, mit Sachverständigen in Deutschland und aus Berichten unserer Auslandsvertretungen ergibt sich, dass der algerische Optimismus nur von wenigen geteilt wird:

a) Die schlechte wirtschaftliche Lage der Bevölkerung und das Fehlen von anerkannten Parteien und politischen Strukturen machen eine demokratische Lösung der politischen Krise, möglicherweise überhaupt eine Lösung, nur schwer vorstellbar. 6 von 26 Millionen haben Sozialhilfe beantragt; sie entspricht monatlich etwa dem Wert eines Kilogramm Fleisches. Die Bevölkerung wächst jährlich um 3 %, Wohnungsnot und Arbeitslosigkeit werden selbst von amtlichen Gesprächspartnern als bedrückend, ja explosiv bezeichnet.

6 Belaid Abdessalam.

7 Vgl. die Erklärung zu den europäisch-maghrebinischen Beziehungen, die bei der Tagung des Europäischen Rats am 26./27. Juni 1992 abgegeben wurde; BULLETIN 1992, S. 684. Zur Tagung vgl. Dok. 201.
Vgl. auch die Erklärung der EG-Ratspräsidentschaft zur Ermordung des Vorsitzenden des algerischen Hohen Staatsrats, Boudiaf, am 29. Juni 1992, die am selben Tag in Lissabon und Brüssel veröffentlicht wurde; BULLETIN 1992, S. 703.

b) Zwar ist mit einem Ansteigen der Erdgaseinnahmen nach einigen Jahren zu rechnen, die Auslandsschulden bleiben aber auf lange Zeit eine erdrückende Last. Daher ist schwer zu sehen, wie die Kosten einer wirtschaftlichen Umstrukturierung – immer noch kommen 70 % der industriellen und nichtindustriellen Produkte aus Staatsbetrieben – und die zur Arbeitsbeschaffung notwendigen Investitionen aufgebracht und ob sich die Mentalität von Bürokratie und Produzenten in notwendigem Umfang ändern werden.

c) Die Internierungslager, die im Februar 1992 im Süden des Landes eingerichtet wurden, sind nur teilweise aufgelöst. Folter soll im regional üblichen Maß eingesetzt werden. Jedoch gibt es eine unabhängige Menschenrechtskommission.

Die Regierung hat – mit der Einsetzung von Militärbrigaden und Sondergerichten – den Kampf gegen den Terror erheblich verschärft. Mit der Verhängung der nächtlichen Ausgangssperre hat sich die Regierung aber selbst unter erheblichen Druck gesetzt, im Kampf gegen die Terroristen Erfolge zu erzielen. Sollten diese, trotz der verhängten Maßnahmen, nicht eintreten, wird die Glaubwürdigkeitskrise des Staates noch größer.

5) Die möglichen Szenarien für die nächsten Jahre reichen von einer gewaltsamen Machtübernahme der FIS aufgrund sozialer Unruhen über einen Putsch FIS-freundlicher Offiziere bis zu einem härteren Direktregiment des Militärs, das heute schon die bestimmende Kraft hinter der Regierung ist.

In meinen Augen besteht die politische Malaise Algeriens vor allem darin, dass die alte Führungsschicht das Vertrauen der Bevölkerung verloren hat. Dies trat in den blutig niedergeschlagenen Unruhen vom Herbst 1988[8] zutage. Diese Schicht schafft es aber weder, zukunftsweisende politische und wirtschaftliche Reformen durchzuführen, noch die eigene politische Basis zu erweitern. Der Versuch Präsident Chadli Bendjedids, dies nach den Wahlen vom Januar 1992 durch eine Kohabitation mit der FIS zu tun, wurde durch die Absetzung des Präsidenten beendet. Von der echten politischen Alternative des Landes, den islamistischen Kräften, fühlt sich nicht nur die europäisch geprägte Oberschicht in ihrer ganzen Lebensform bedroht. Sie bedroht auch Privilegien und Pfründe einer kleinen Zahl von Offizieren und einer größeren Zahl alter Kämpfer und ihrer Familien. Dies erklärt auch die schrillen Töne, mit der die fundamentalistische Gefahr dargestellt wird.

Auf jeden Fall muss damit gerechnet werden, dass die blutige Konfrontation zwischen dem Militär und der von ihm gestützten Regierung auf der einen Seite, der FIS, den sie tragenden unterprivilegierten Stadtbevölkerung und arbeitslosen Hochschulabsolventen auf der anderen noch lange Zeit andauern [wird], dass dabei Menschenrechte zunehmend verletzt werden, dass die Wirtschaft allenfalls langsam vorwärtskommt und dass mit einer echten Demokratisierung nicht gerechnet werden kann. Eine wirkliche Demokratie gibt es übrigens auch in keinem der Nachbarländer.

6) Trotzdem bleibt Algerien ein außerordentlich wichtiges Land. Seine Entwicklung wird sich auch bei den beschriebenen Szenarien in das Bild, das die Region und die arabische Welt bieten, einfügen.

8 VLR Eickhoff legte am 20. Oktober 1988 dar, dass die algerische Regierung zwischen dem 6. und 12. Oktober 1988 „den Belagerungszustand über Stadt und Provinz Algier" verhängt habe und nach offiziellen algerischen Angaben 180 Menschen getötet worden seien: „Die Gründe für das vehemente Aufbegehren der Bevölkerung liegen in den seit Jahren immer schlechter werdenden Lebensbedingungen, hervorgerufen durch verfehlte Wirtschaftspolitik (Monokultur) und Landwirtschaftspolitik; Bevölkerungsexplosion; jahrelange Miss- und Privilegienwirtschaft; Devisenknappheit wegen des Ölpreisverfalls." Vgl. B 36, ZA-Bd. 154102.

Für uns ist Algerien mittelfristig ein interessanter Markt mit großer Absorbierungskraft und erheblicher Zahlungsfähigkeit. Seine Zahlungsmoral war bisher trotz aller Probleme vorbildlich. Andere europäische Staaten tragen diesen Umständen durch eine großzügige Haltung in Fragen von Kreditgarantien und Investitionshilfen Rechnung.

Im Falle einer fundamentalistischen Regierungsübernahme würde eine Massenauswanderung nach Frankreich und Südeuropa stattfinden und darüber hinaus zu einer Radikalisierung der arabischen Gruppen in Europa führen.

Daher können wir Algerien nicht die kalte Schulter zeigen. Richtig ist eine Politik stärkeren Interesses und wohldosierter politischer Kontakte. Gespräche sollten genutzt werden, um unsere Beziehungen zu pflegen, gleichzeitig aber auch in einer den Möglichkeiten und Fähigkeiten des Landes entsprechenden Weise zugunsten einer Liberalisierung von Demokratie und Menschenrechten einzuwirken. Wir sollten diese Politik stärker als bisher mit Frankreich und anderen westlichen Partnern erörtern.

7) Praktisch empfehle ich,

a) dass StS Kastrup den Generalsekretär des algerischen Außenministeriums, Hocine Djoudi, einen aufgeschlossenen intelligenten Mann, zur Fortsetzung der Konsultationen nach Bonn einlädt;

b) vor deutlichen politischen Schritten der algerischen Regierung vorerst keine Reise des BM nach Algier vorzusehen;

c) aber AM Brahimi zu einem Arbeitsbesuch nach Bonn einzuladen. Brahimi ist daran lebhaft interessiert;

d) BM Spranger, der im Rahmen einer Nordafrika-Reise auch Algerien besuchen will, zu raten, einen solchen Besuch allenfalls kürzer durchzuführen als Besuche in Marokko und Tunesien;

e) angesichts der guten algerischen Zahlungsmoral uns um eine Verbesserung der Hermes-Bedingungen in Anpassung an die Regelung anderer europäischer Staaten zu bemühen;

f) nach Möglichkeit auf die Unterbindung der politischen Betätigung algerischer Oppositioneller in Deutschland hinzuwirken.[9]

Schlagintweit

B 36, ZA-Bd. 170164

[9] Die Absätze 7a), b), c) und f) wurden von BM Kinkel hervorgehoben. Dazu jeweils Häkchen.

434

Drahtbericht des Botschafters Joetze, Wien (FSK-Delegation)

VS-NfD **Aufgabe: 18. Dezember 1992, 16.20 Uhr**[1]
Fernschreiben Nr. 1377 **Ankunft: 18. Dezember 1992, 17.00 Uhr**
Cito

Delegationsbericht Nr. 79/92

Betr.: Forum für Sicherheitskooperation (FSK);
hier: Allgemeine Bewertung nach den ersten 100 Tagen

Zur Unterrichtung

Am Ende dieses Jahres wird das KSZE-Forum für Sicherheitskooperation (FSK) 100 Tage alt sein – Grund für eine erste ausführlichere kritische Würdigung.

1) Grundlage für die Arbeit des Forums seit 22. September ist die Entscheidung der Staats- und Regierungschefs der KSZE vom Juli 92[2], künftig Konfliktverhütung, Sicherheitskooperation, Rüstungskontrolle, Abrüstung und Vertrauens- und Sicherheitsbildung kohärent und komplementär zu gestalten. Dies ist Antwort auf das veränderte sicherheitspolitische Umfeld: Es geht nach Ende der Blockkonfrontation nunmehr um die Sicherung von Frieden und Stabilität in einem multipolaren Umfeld auf der Grundlage eines breiten sicherheitspolitischen Ansatzes.

2) Für diesen Ansatz bietet das FSK den Rahmen. Es verbindet Sicherheitsdialog, Konfliktverhütung und Krisenbewältigung mit konkreten Rüstungskontrollmaßnahmen. Politische Leitvorstellung ist die Schaffung eines „gemeinsamen Sicherheitsraums“, in dem alle KSZE-Staaten über gleiche Rechte und Pflichten verfügen. Alle anwesenden TNS haben diesen Rahmen akzeptiert. Voll ausgefüllt wird er allerdings noch nicht. Gleichwohl entwickelt die politische Dynamik hinter den Verhandlungen eine Sogwirkung, die Zauderer mitbewegt (vgl. Verhaltenskodex[3]).

3) Mit dem Forum hat sich die KSZE darüber hinaus erstmals ein permanent tagendes Dialog- und Verhandlungsorgan gegeben. Aus diesen Verknüpfungen – und insbesondere aus

1 Das von BR I Hennig, Wien (FSK-Delegation), konzipierte Fernschreiben wurde in zwei Teilen übermittelt. Vgl. Anm. 9.
Hat VLR I Frick am 21. Dezember 1992 vorgelegen.

2 Zur KSZE-Gipfelkonferenz am 9./10. Juli 1992 vgl. Dok. 226.

3 Botschafter Joetze, Wien (FSK-Delegation), informierte am 21. Dezember 1992 über den Verhaltenskodex: „Ziel ist es, in einem politisch verbindlichen Dokument die grundlegenden Verhaltensregeln niederzulegen, die die Politik und Beziehungen der KSZE-TNS in Fragen der politisch-militärischen Sicherheit leiten sollen. Neben der Bekräftigung bestehender KSZE-Normen und deren Weiterentwicklung – zentraler Anknüpfungspunkt ist das Gewaltverbot – wird es dabei auch darum gehen, Regelungen zur Anwendung von Gewalt in bürgerkriegsähnlichen Konflikten und zur Stellung von Streitkräften in demokratischen Staaten zu treffen. […] Mit dem Verhaltenskodex, ursprünglich eine Initiative von F und D, sollen alle, insbesondere die neuen KSZE-Staaten, in einen Mindeststandard politisch-militärischen Verhaltens eingebunden werden. Er würde darüber hinaus eine gemeinsame sicherheitspolitische Ausgangsbasis und Berufungsgrundlage schaffen und damit ein wichtiges Gerüst für die neuen kooperativen Sicherheitsstrukturen bilden.“ Vgl. DB Nr. 1381; B 43, ZA-Bd. 162145.

der Tatsache der Permanenz des Forums – ergibt sich unabhängig von formellen Regelungen der Zuständigkeiten de facto, dass sich das Forum rasch zu einem Ort entwickelt hat, an dem sich ein wichtiger Teil der Meinungsbildung der KSZE vollzieht. Diese Tendenz wird durch die Schaffung einer kontinuierlichen Konsultationsmöglichkeit in Wien zu allen KSZE-relevanten Themen durch den Stockholmer KSZE-AM-Rat[4] verstärkt werden.

4) Obwohl der Beginn der Arbeiten des Forums von den Ereignissen auf dem Balkan und den Regionalkonflikten auf dem Gebiet der ehemaligen SU überschattet wird, hatte es einen überraschend guten Start: Die Einigung auf Arbeitsstrukturen und -modalitäten gelang – trotz der Schwierigkeiten bei der Konsensbildung aufgrund der großen Zahl der Verhandlungsteilnehmer und eines sich verstärkenden Interessenpluralismus – verhältnismäßig schnell. Hierzu zählt auch der Beschluss, Japan zum Forum zuzulassen (allerdings ohne japanische Teilnahme an den beiden Arbeitsgruppen).

Das konstruktive, kooperative und erfolgsorientierte Herangehen fast aller Delegationen an die durch das Mandat des FSK[5] vorgegebenen Sachthemen konnte in dieser Form nicht von vornherein erwartet werden. Es kann daher nach 100 Tagen gesagt werden, dass der – politisch entscheidende – Prozess begonnen hat, dass die KSZE in Fragen der Sicherheit zusammenwächst und der Versuch nicht aussichtslos erscheint, die Teilnehmerstaaten schrittweise in ein Sicherheitssystem einzubinden, das auf gemeinsamen Wertvorstellungen beruht, wie sie im Verhaltenskodex ausgedrückt werden, und auf annähernd gleichen Rechten und Pflichten, wie sie die Harmonisierung schaffen soll. Grenzen findet dieses Unternehmen der Einbindung an den zentralasiatischen GUS-Republiken (mit Kasachstan, Armenien, Aserbaidschan und Georgien als umworbenen Seelen, den slawischen und baltischen Nachfolgern (Ausnahme: Litauen) als gefestigten Mitwirkenden).

5) Seit Arbeitsaufnahme wurden im Bereich Rüstungskontrolle und der Stärkung der Sicherheit und Zusammenarbeit insgesamt neun Vorschläge von Teilnehmerstaaten oder Staatengruppen zu insgesamt vier Themenbereichen des Sofortprogramms eingebracht, die in zwei Arbeitsgruppen behandelt und weiterentwickelt werden (Harmonisierung, Streitkräfteplanung, Nichtverbreitung und Waffentransfer, Verhaltenskodex). (Zu den inhaltlichen Schwerpunkten folgt gesonderter Bericht.[6])

Im Bereich der Konfliktverhütung und des Krisenmanagements erarbeiteten das KVZ sowie „Ad-hoc-Arbeitsgruppen“ im Auftrag des Ausschusses Hoher Beamter Modalitäten für KSZE-Missionen in Krisengebiete (Terms of Reference, Memoranda of Understanding, finanzielle Implikationen etc.). Zugleich unterstützen sie den amtierenden Vorsitzenden der KSZE[7] bei der operativen Führung der Missionen, deren Aufgabe die Verhinderung der Ausbreitung (ehemaliges Jugoslawien) oder des Wiederaufflammens (ehemalige SU) von Konflikten ist.

Die Auslastung durch die Arbeit an den KSZE-Missionen hat die andere Aufgabe des KVZ in den Hintergrund treten lassen, die vorhandenen Mechanismen der KSZE zur Konfliktverhütung zu verbessern (z. B. Ausarbeitung eines Maßnahmenkatalogs, der in Krisen-

4 Zur dritten Sitzung des KSZE-Außenministerrats am 14./15. Dezember 1992 vgl. Dok. 418 und Dok. 423.

5 Zum Mandat für das KSZE-Forum für Sicherheitskooperation vgl. Dok. 209.

6 Botschafter Joetze, Wien (FSK-Delegation), berichtete am 21. Dezember 1992 über die inhaltlichen Schwerpunkte der Arbeit im FSK in den ersten 100 Tagen. Vgl. DB Nr. 1381; B 43, ZA-Bd. 162145. Für einen Auszug vgl. Anm. 3.

7 Märta Margaretha af Ugglas.

fällen anwendbar wäre und stabilisierend und deeskalierend wirken [könnte] und mittels dessen die Staaten auf eine friedliche Streitbeilegung festgelegt werden könnten).

6) Die innerwestliche Zusammenarbeit hat in der Anfangsphase des Forums nicht immer reibungslos funktioniert. Ursächlich ist in erster Linie der Wegfall der sowjetischen Bedrohung, mit dem sich die unterschiedlichen konzeptionellen Zielsetzungen der Partner freier zeigen können. Vielleicht kann sich AM Kosyrews erste Stockholmer Intervention integrierend auswirken.

Politisch und klimatisch bedauerlich ist insbesondere das beständige latente Misstrauen zwischen F und USA, das sich gelegentlich in westlichen Koordinierungssitzungen auch verbal entlädt und Problemlösungen erschwert. Dabei sind beide Seiten nicht bereit, sich auf eine wirkliche Diskussion eines gemeinsamen westlichen Konzepts über die Nutzung des Forums einzulassen. USA und UK wollen – im Gegensatz zu F und uns – politisch kein Profil zeigen. US-Haltung war vielmehr anfangs ausschließlich mit „Schadensbegrenzung“ (so stv. US-DL Presel) zu umschreiben. Allerdings konnte Washington, z. B. beim Verhaltenskodex, diese Haltung nicht durchsetzen. Es bleibt abzuwarten, ob die neue Administration[8] das Forum auch initiativ nutzt. Der Vorteil läge in einem zusätzlichen sicherheitspolitischen Standbein für die USA. Für ein solches politisch ambitiöses und inhaltlich substanzielles Engagement könnte allerdings auch die neue Administration während der KSE-Implementierungsphase keinen Bedarf sehen – dann jedenfalls, wenn ihr Sicherheitsdenken weiter in alten Gleisen verläuft. Dann wäre die US-Haltung auch in Zukunft vorsichtig. Im Rahmen des europäischen Forums wird jedenfalls jede US-Regierung vor Abmachungen zurückscheuen, die dem globalen amerikanischen Machtanspruch im Wege stehen könnten.

7) Auch RUS und die an der Schnittstelle lokaler/regionaler Instabilitäten gelegenen MOEs, insbesondere POL und UNG, beteiligen sich aktiv an den Arbeiten des Forums. Gleiches gilt auch für klassische NuN wie Österreich und Finnland. Dies zeigt die Bedeutung des Forums gerade auch für den großen Kreis der – im Gegensatz zu den westlichen Staaten – sicherheitspolitisch nicht saturierten TNS und ihr Bemühen, die Gefahren zu verringern, die sich aus den politischen/sicherheitspolitischen Instabilitäten in Ost- und Südosteuropa ergeben können. Neben der Harmonisierung wird von ihnen in diesem Zusammenhang insbesondere der Verhaltenskodex im Bereich der Sicherheit als instrumentell begriffen. Die Schweiz allerdings wird auch hier der Rolle des zögernden Zweiflers am kooperativen Grundansatz gerecht.

[9]8) Der Anteil, den das Forum hat, um den MOEs und den neuen KSZE-TNS einen Teil der Sorge vor einem sicherheitspolitischen Vakuum zu nehmen, sollte nicht unterschätzt werden. Die Teilnahme an seinen Arbeiten hat für diesen Staatenkreis eine gewisse politische Garantiewirkung allein schon dadurch, dass es die Grundlage für einen ständigen sicherheitspolitischen Dialog zwischen den Beteiligten bildet. Auch RUS wird durch das Forum in eine kooperative Sicherheitsbeziehung eingebunden. Auf diese Weise wird das Forum selbst als Kooperationsplattform zu einem Element der Stabilität.

9) Ein gravierendes Problem besteht vorläufig weiter: die Abwesenheit etlicher der neuen KSZE-TNS. Deren Präsenz ist wichtig, um unserem Anspruch gerecht zu werden, auf Ko-

8 Am 3. November 1992 fanden in den USA Präsidentschaftswahlen statt, aus denen der Kandidat der Demokratischen Partei, Clinton, als Sieger hervorging. Vgl. Dok. 355.

9 Beginn des mit DB Nr. 1378 übermittelten zweiten Teils des Fernschreibens. Vgl. Anm. 1.

operation ausgerichtete Sicherheitsbeziehungen im gesamten KSZE-Raum zu schaffen. Auch sind jedenfalls Kasachstan und die Transkaukasier ein wichtiger Teil der Sicherheitsgleichung für Europa. Ergebnisorientiertes Herangehen an inhaltliche Fragen im Forum hängt daher mit der aktiven Beteiligung dieser Staaten zusammen. Tendenzen bei einigen Delegationen, insbesondere USA, die Aufnahme von Verhandlungen in den Arbeitsgruppen unter Hinweis auf die fehlenden TNS zu blockieren, treten wir jedoch entgegen. Die bisher vorliegenden Vorschläge haben Signifikanz auch für die am Forum Teilnehmenden. Im Übrigen gibt es eine etablierte Praxis, auch bei Abwesenheit einiger TNS das zu verhandeln, was die Mehrheit für nötig befindet. Eine Weichenstellung für eine intensivere Beteiligung der neuen Staaten an der Arbeit des Forums ist darüber hinaus durch das Seminar zur Unterstützung der neuen KSZE-TNS bei der Implementierung des WD 92[10] und durch das jährliche Implementierungstreffen nach dem WD 92 zu vertrauens- und sicherheitsbildenden Maßnahmen in der ersten November-Hälfte erfolgt. Die politische Einfluss- und Überzeugungsarbeit gegenüber den neuen TNS, dass eine Teilnahme in ihrem ureigensten Interesse liegt, weil das politische Kosten-Nutzen-Verhältnis für sie hoch ist, wenn sie kontinuierlich an den Beratungen des Forums teilnehmen, muss fortgesetzt werden. Sie dürfte auf die Dauer zur Einbindung der Kasachen und Kaukasier führen, während wir die Zentralasiaten möglicherweise mit dem Sicherheitsraum nicht erreichen werden.

10) Ein – bisher noch kaum thematisiertes – institutionelles Problem besteht in den zumindest sektoralen Überlappungen mit anderen Foren, in erster Linie dem NATO-Kooperationsrat (NAKR). Wahrscheinlich sind Überschneidungen in der Philosophie der Komplementarität wohl auch gewollt. Dennoch ist eine sachgerechte Arbeitsteilung anzustreben. Insbesondere einige NuN sind besorgt über Tendenzen, auch im Rahmen des NAKR, an dem sie nicht teilnehmen, einen thematisch breiten sicherheitspolitischen Dialog auch in Brüssel geführt zu sehen. Zurzeit hat die Konkretisierung der Zusammenarbeit mit der NATO im NAKR für RUS und die MOEs natürlich noch eine besondere politisch-psychologische Qualität. Auf Dauer aber sollte der sicherheitspolitische Dialog, ein Kernstück der gemeinsamen Konzeption für das FSK, nicht durch einen weitgehend themengleichen Dialog in Brüssel überlagert werden. Letztlich stellt das KSZE-Forum in Wien die ausgewogenere Grundlage für diesen Dialog dar. Zu warnen ist vor einer Konsensbildung im NAKR-Rahmen für die Verhandlungen im Forum. Dies würde die Ausgrenzung der NuN und eine Wiederbelebung des überwunden geglaubten selektiven Ansatzes bedeuten.

Eine Diskussion über die wechselseitige Beziehung des FSK mit dem Genfer CD als selbstständigem, quasi permanentem Gremium für die Ausarbeitung multilateraler Rüstungskontrollvereinbarungen sowie den Abrüstungsaktivitäten im Rahmen der VN (Erster Ausschuss, VN-Abrüstungskommission) hat noch nicht stattgefunden.

11) Das FSK soll und kann – das wurde in den ersten 100 Tagen deutlich – durch Aushandlung neuer Rüstungskontrollvereinbarungen, durch Dialog und präventive Konfliktverhütung seinen Teil zur Stärkung der Friedensfähigkeit Europas beitragen. Für den Erfolg der künftigen Arbeiten des FSK wird der politische Wille aller TNS entscheidend sein, den Erfolg zu wollen. Mit anderen Worten: Es wird letztlich darauf ankommen, inwieweit die TNS das neue Forum nutzen werden, um kooperative Sicherheitsbeziehungen unter allen KSZE-Staaten auf- und auszubauen und einen Beitrag zur Bewältigung der neuen

10 Zum „Wiener Dokument 1992“ vom 4. März 1992 vgl. Dok. 70.

sicherheitspolitischen Herausforderungen zu leisten. Dies wird umso eher gelingen, je mehr das Forum – als Teil der KSZE-Strukturen – auch in Zukunft als politisches Instrument genutzt wird und sich nicht auf die Rolle eines reinen Expertengremiums beschränkt. Ein Anfang in dieser Richtung wurde gemacht.

[gez.] Joetze

B 43, ZA-Bd. 160842

435

Drahtbericht des Botschafters von Ploetz, Brüssel (NATO)

Fernschreiben Nr. 1955 **Aufgabe: 18. Dezember 1992, 18.50 Uhr**[1]
Citissime **Ankunft: 18. Dezember 1992, 20.49 Uhr**

Betr.: Sitzung des Nordatlantischen Kooperationsrats in Brüssel am 18. Dezember 1992

Zur Unterrichtung

I. Zusammenfassung

1) Viertes Treffen des Nordatlantischen Kooperationsrats (NAKR)[2] markierte den ersten Jahrestag seines Bestehens. Die Erörterungen fanden in sachlicher Atmosphäre statt, konzentrierten sich fast ausschließlich auf das frühere Jugoslawien und das Thema friedenserhaltende Maßnahmen und brachten als Ergebnis einen überraschend substanzreichen Arbeitsplan, wobei sich F zum Thema friedenserhaltende Maßnahmen sichtbar bewegte. Der erste Jahrestag wurde von zahlreichen Sprechern zum Anlass genommen, Bilanz bisheriger Zusammenarbeit positiv zu würdigen, gleichzeitig jedoch den Blick in die Zukunft zu werfen. Hierbei wurde deutlich, dass dem NAKR im Geflecht der sich gegenseitig verstärkenden Institutionen in Europa wichtige Rolle zugemessen wird, gleichzeitig aber sein Potenzial weiterentwickelt werden muss. Gerade angesichts des von fast allen Delegationen angesprochenen Kriegs im ehemaligen Jugoslawien, aber auch der zahlreichen Konflikte auf dem Gebiet der ehemaligen Sowjetunion, die zusammen eine skeptische Note über die Beratungen legten, wurde verdeutlicht, dass die Anstrengungen zur Erhöhung von Stabilität und Sicherheit in Europa und zur Lösung der Regionalkonflikte verstärkt werden müssen. Hierzu könne NAKR wesentlichen Beitrag leisten. Besonders kraftvoll brachte dies US-AM Eagleburger zum Ausdruck, der es als besonders glücklichen Umstand empfand, sich in einem Gremium von der internationalen Konferenzbühne zu verabschie-

1 Der Drahtbericht wurde von BR Burkart, Brüssel (NATO), konzipiert.
Hat VLR Weil am 21. Dezember 1992 vorgelegen.
Hat VLR I Bertram vorgelegen.

2 Zur NAKR-Ministertagung am 20. Dezember 1991 in Brüssel vgl. AAPD 1991, II, Dok. 439.
Zur außerordentlichen NAKR-Ministertagung am 10. März 1992 in Brüssel vgl. Dok. 74.
Zur NAKR-Ministertagung am 5. Juni 1992 in Oslo vgl. Dok. 170.

den[3], das als erstes nach dem Ende des Kalten Krieges gemeinsam mit den ehemaligen Gegnern gegründet worden sei; der aber gleichzeitig dazu aufrief, die Zusammenarbeit so zu verstärken, dass der NAKR für die europäische Sicherheitsarchitektur langfristig das Gleiche leisten könne wie das Nordatlantische Bündnis für seine Mitgliedstaaten, nämlich Krieg zwischen ihnen undenkbar zu machen. In diesem Zusammenhang von RUM-AM[4] unterbreiteter Vorschlag, Zusammenarbeit im NAKR durch eine förmliche, bindende Vereinbarung über Partnerschaft und Zusammenarbeit auf qualitativ höhere Ebene zu bringen, wurde jedoch von keinem Partner aufgenommen.

Hieraus abgeleitet wurde die Forderung nach konkreterer Zusammenarbeit, insbesondere im Bereich friedenswahrender Maßnahmen. Diese stellten hauptsächliches Instrumentarium der Zukunft zur Bewältigung der neuen Herausforderungen dar, folgerichtig müsse die Zusammenarbeit gerade auf diesem Gebiet vertieft werden. Dabei wurden auch die Erfahrungen aus dem Jugoslawien-Konflikt hervorgehoben, die gezeigt hätten, dass eine Zusammenarbeit im praktischen Anwendungsfall nur dann effektiv funktionieren könne, wenn hierfür zuvor entsprechende Vorbereitungen getroffen seien. Entsprechend unterstützten fast alle Delegationen Aufnahme dieses Bereichs in den Arbeitsplan 1993.

Weiterer Schwerpunkt der Diskussion neben den Regionalkonflikten waren Rüstungskontrolle und Abrüstung.

2) Bedauerlicherweise bestätigte das Treffen die Tendenz der Nichtteilnahme der zentralasiatischen Republiken (es fehlten Usbekistan, Turkmenistan, Tadschikistan, Kasachstan – Kirgistan war durch RUS-Botschafter in LUX[5], dessen Intervention von RUS-Vize-AM[6] mit großmütig-freundlichem Lächeln quittiert wurde, vertreten), auch Belarus fehlte. Dies wird ebenso weitere Überlegungen erfordern wie die Frage der zukünftigen Strukturierung der Arbeiten aufgrund des nunmehr erreichten großen Teilnehmerkreises, um zu über die einseitige Darlegung der Positionen hinausgehenden, echten Konsultationen zu kommen (so auch RUS, das ferner Verzicht auf Kommuniqués anregte). GS[7] kündigte an, letzteren Punkt vor nächstem NAKR-Treffen[8] auf Botschafterebene zu besprechen.

Finnland nahm als Beobachter teil. ČSFR war zwar de jure, nicht jedoch de facto vertreten, da hinter dem Schild „Tschechoslowakei“ der slowakische AM[9] und der stellv. tschechische AM[10] saßen. Beide brachten Wunsch zum Ausdruck, ab 1.1.93 in den NAKR aufgenommen zu werden, und versicherten volle Übernahme des „NAKR-Acquis“. Stellv. AM ČR (als einziger Kooperationspartner) brachte darüber hinaus als langfristiges Ziel Wunsch nach NATO-Mitgliedschaft zum Ausdruck. Beide neuen Staaten wurden nachfolgend zum 1.1.93 formell in den NAKR aufgenommen.

Tatsache, dass mehrere Bündnis- und Kooperationspartner (ALB, BUL, F, D, I, KIG, LIT, POL, RUS, UKR und GB) nicht auf AM-Ebene vertreten waren, kann nicht als Aus-

3 Am 3. November 1992 fanden in den USA Präsidentschaftswahlen statt, aus denen der Kandidat der Demokratischen Partei, Clinton, als Sieger hervorging. Vgl. Dok. 355.

4 Teodor Viorel Meleşcanu.

5 Tschingis Torekulowitsch Aitmatow.

6 Witali Iwanowitsch Tschurkin.

7 Manfred Wörner.

8 Die nächste NAKR-Ministertagung fand am 11. Juni 1993 in Athen statt.

9 Milan Kňažko.

10 Alexandr Vondra.

druck mangelnden Interesses am NAKR gewertet werden. Abwesenheit ist vielmehr durch dringende Verpflichtungen nach dichter Konferenzabfolge (Edinburgh[11], Stockholm[12], Genf[13], NATO-AM-Treffen[14]) zu erklären.

3) Die Minister verabschiedeten die Erklärung des Nordatlantischen Kooperationsrates vom 18. Dezember 1992 (wird mit gesondertem DB vorgelegt[15]) und den Arbeitsplan für das Jahr 1993 (wird mit BN übermittelt[16]).

Ort und Zeitpunkt des nächsten NAKR-Treffens wurden nicht festgelegt, hierüber soll auf Botschafterebene entschieden werden. RUM-Initiative, eines der nächsten Treffen des NAKR in Bukarest zu veranstalten, wurde nicht aufgegriffen.

II. Im Einzelnen und ergänzend

1) Arbeitsplan 1993

Fast alle Redner gingen in Debattenbeiträgen auf den Arbeitsplan 1993 ein und brachten die Erwartung zum Ausdruck, dass dieser von der Phase des Dialogs und der Konsultation sowie der prozeduralen Fragen in die Phase der konkreten, projektbezogenen Zusammenarbeit überleiten werde. Dabei wurde insbesondere die Notwendigkeit operativer Zusammenarbeit bei der Vorbereitung von Beiträgen zu friedenswahrenden Maßnahmen der VN oder KSZE betont. Evtl. Einsätze von Streitkräften sowohl der Allianz-MS als auch der Kooperationspartner bei friedenswahrenden Maßnahmen erforderten Vorbereitung insbesondere auf den Gebieten der Ausbildung, der Planung und Übungen. GB – das ebenfalls Aufnahme dieser Zusammenarbeit in den Arbeitsplan befürwortete – stellte dabei klar, dass nicht an Peacekeeping-Aktivitäten des NAKR als solchen gedacht sei. UNG und POL unterbreiteten Angebot, geeignete militärische Einrichtungen für Training und Ausbildung zur Verfügung zu stellen. POL-AM[17], der hierfür eine von den russischen Streitkräften geräumte Militärbasis identifizierte, erklärte darüber hinaus Bereitschaft, der NATO/dem NAKR eine Streitkräfteeinheit für friedenswahrende Maßnahmen unter der Ägide der UN oder KSZE zur Verfügung zu stellen. NWG[18] verwies auf bereits erfolgte Kontakte mit den VN, in denen NWG ähnliches Angebot unterbreitet habe.

StV F[19], der im Übrigen als Einziger Frage der Abgrenzung des NAKR zur KSZE ansprach (diese müsste auf den Prinzipien der Komplementarität und schrittweiser Entwicklung

11 Zur Tagung des Europäischen Rats am 11./12. Dezember 1992 vgl. Dok. 421.

12 Zur dritten Sitzung des KSZE-Außenministerrats am 14./15. Dezember 1992 vgl. Dok. 418 und Dok. 423.

13 Zur Sitzung des Lenkungsausschusses der Jugoslawien-Konferenz auf Ministerebene am 16. Dezember 1992 vgl. Dok. 430.

14 Zur NATO-Ministerratstagung am 17. Dezember 1992 in Brüssel vgl. Dok. 431.

15 Botschafter von Ploetz, Brüssel (NATO), übermittelte die Erklärung der NAKR-Ministertagung am 18. Dezember 1992 mit DB Nr. 1960/1961. Vgl. B 14, ZA-Bd. 161245.
Für die Erklärung vgl. auch NATO FINAL COMMUNIQUÉS 1991–1995, S. 94–98. Für den deutschen Wortlaut vgl. BULLETIN 1992, S. 1309–1312.

16 Der Arbeitsplan für Dialog, Partnerschaft und Zusammenarbeit im Jahre 1993 wurde mit Büronote (BN) bzw. Bericht Nr. 2675 des BR Pohl, Brüssel (NATO), vom 21. Dezember 1992 übermittelt. Vgl. B 14, ZA-Bd. 161245.
Für den Arbeitsplan vgl. auch NATO FINAL COMMUNIQUÉS 1991–1995, S. 99–103. Für den deutschen Wortlaut vgl. BULLETIN 1992, S. 1312–1314.

17 Krzysztof Skubiszewski.

18 Thorvald Stoltenberg.

19 Gabriel Robin.

(„progressivité") beruhen, KSZE komme primäre Rolle und Verantwortung für die Sicherheit des europäischen Kontinents zu), erklärte sich bereit, alle Vorschläge zum Arbeitsplan im Bereich friedenswahrender Maßnahmen sorgfältig zu prüfen. F sei jedoch nicht zu Substanzentscheidungen bereit, deren sachliche und finanzielle Konsequenzen nicht abzuschätzen seien. Schließlich verwies er auf das Interesse auch der Neutralen am Peacekeeping. Im Gegensatz zu dieser eher vorsichtig formulierten Intervention bewegte F sich sowohl bei den Formulierungen zum Arbeitsplan und im Kommuniqué zum Thema friedenserhaltende Maßnahmen beträchtlich.

Zahlreiche Partner brachten darüber hinaus Wunsch zum Ausdruck, Zusammenarbeit im Rahmen des Arbeitsplans auch für zivile Notstandsplanung zu öffnen. Hierzu war F jedoch nicht bereit. Als weitere Schwerpunkte der künftigen Arbeit wurden daneben insbesondere genannt:

- militärische Kontakte und zivile Kontrolle über die Streitkräfte (wir haben als Einzige konkret Erwartung nach Erörterung der Verteidigungsdoktrinen, der Streitkräftestrukturen und Verteidigungsplanung der Kooperationspartner genannt);
- Konversion von Rüstungsindustrien;
- Zusammenarbeit bei Wissenschaft und Umwelt (besondere Betonung bei NWG, aber auch EST mit konkreten Hilfeerwartungen) sowie
- Zusammenarbeit auf dem Gebiet der Rüstungskontrolle und Abrüstung.

Im Ergebnis wurde nach langer Diskussion zwischen StV US[20] und F zum Thema „Peacekeeping" im Arbeitsplan Übereinstimmung erzielt, dass die vorgesehenen Konsultationen auf Botschafterebene zur Zusammenarbeit unter interessierten NAKR-Partnern führen sollen, u. a. zur Planung gemeinsamer Einsätze, zu gemeinsamer Ausbildung und gemeinsamen Übungen. Der Grundsatz, dass die Konsultationen „zur Zusammenarbeit führen", ist auch im Kommuniqué (Ziff. 7, 2. Absatz) festgehalten.

Der Abschnitt des Arbeitsplans über „civil emergency planning" war nicht konsensfähig, da F mit bekannter Begründung (Ablehnung einer Erweiterung des Aufgabenbereichs der Allianz) den vorliegenden Text ablehnte.

2) Regionalkonflikte

a) Jugoslawien

Krieg in Jugoslawien wurde zwar von fast allen Rednern angesprochen, jedoch ohne – was nur zwei Tage nach der Genfer Konferenz verständlich war – auf Einzelheiten einzugehen. Allgemein wurde große Besorgnis über die Entwicklung in Bosnien und Herzegowina sowie über mögliches Übergreifen des Konflikts auf Mazedonien und Kosovo zum Ausdruck gebracht. Hierzu Begrüßung der Entsendung von VN-Blauhelmen, NL-AM[21] verwies auf Notwendigkeit gleicher Maßnahme bezüglich Kosovo. Daneben wurde Notwendigkeit weiterer Bemühungen um friedliche Verhandlungslösung betont (so auch stellv. AM RUS, der im Übrigen Bereitschaft erklärte, in dieser Frage weiter mit der internationalen Gemeinschaft zusammenzuarbeiten). In diesem Zusammenhang auch Unterstreichen der Notwendigkeit der Stärkung der Ko-Vorsitzenden Vance und Owen. Mehrere Kooperationspartner nahmen Bezug auf die gesonderte Erklärung des NATO-AM-Treffens vom

20 Reginald Stanley Bartholomew.

21 Hans van den Broek.

Vortage zum ehem. Jugoslawien[22] und identifizierten sich ausdrücklich mit ihr. Festhaltenswert schließlich Ausführung des NWG-AM, der bei kürzlichen Kontakten in Serbien den Eindruck gewann, dass außerhalb Belgrads praktisch keine Information über die Lage in B-H vorläge und viele dem Westen aggressive Absichten unterstellten. Es sei daher wichtig, die „Botschaften" der dortigen Bevölkerung zu vermitteln; in diesem Zusammenhang Begrüßung der Entsendung der AM von SWE[23] nach Belgrad.

b) Baltikum

Frage des Abzugs der russischen Streitkräfte aus dem Baltikum[24] wurde von den baltischen Staaten zwar nachdrücklich, aber in undramatischer Weise angesprochen. Auch mehrere Bündnispartner brachten Erwartung nach baldigem Abschluss von Zeitplänen für einen frühen, geregelten und vollständigen Abzug der Truppen zwischen RUS und LET und EST zum Ausdruck. Dabei wurde auch Verständnis für RUS-Probleme geäußert, evtl. „linkage" jedoch zurückgewiesen. NWG und DK verwiesen auf geleistete Unterstützung für den Bau von Wohnungen für abziehende Truppen und warben wie LET und EST sowie RUS, das ausführliche Wunschliste zirkulierte (folgt per BN), für Unterstützung. GS griff diesen Punkt auf und regte gegenüber betroffenen Partnern an, hierzu für die weitere Behandlung im NAKR konkrete Vorschläge vorzulegen.

c) Regionalkonflikte auf dem Gebiet der ehem. SU

Betroffene Staaten stellten ihre Sicht der Dinge dar, ohne dass neue Erkenntnisse gewonnen wurden. AM MOL[25] legte Schwerpunkt auf Forderung nach Rückzug der russischen Streitkräfte und Abschluss entsprechenden Vertrages sowie vertraglicher Regelungen für die Übergangszeit. ARM und ASE äußerten sich nicht.

3) Rüstungskontrolle und Abrüstung

Während UKR um Verständnis für Wunsch nach Sicherheitsgarantien warb (Verpflichtung auf Verzicht auf Nuklearwaffen sei freiwillig und im Parlament fast einstimmig erfolgt – veränderte Sicherheitslage habe aber bei einigen Politikern und Parlamentariern zu Zweifeln geführt), drängten insbesondere wir, aber auch RUS und GB (das als einziger Nuklearwaffenstaat Bereitschaft zur Wiederholung der Sicherheitsgarantien vom November 1978 erklärte[26]), auf baldiges Inkrafttreten des START-Vertrags einschl. der im Lissaboner Protokoll[27] vereinbarten Maßnahmen sowie auf den baldigen Beitritt – insbesondere der Unterzeichnerstaaten des Lissaboner Protokolls – zum Nichtverbreitungsvertrag als Nichtkernwaffenstaaten. Wir haben darüber hinaus die Bedeutung der schnellen und sicheren Beseitigung der früheren sowjetischen Nuklearwaffen unterstrichen und auf das diese

22 Für die Erklärung der NATO-Ministerratstagung am 17. Dezember 1992 in Brüssel zur Lage im ehemaligen Jugoslawien vgl. BULLETIN 1992, S. 1308 f.

23 Eine KSZE-Delegation unter Leitung der schwedischen AMin af Ugglas hielt sich am 17. Dezember 1992 in Belgrad auf.

24 Zum Abzug vormals sowjetischer Truppen aus den baltischen Staaten vgl. Dok. 418, Anm. 8.

25 Nicolae Ţâu.

26 Zur Frage des Einsatzes von Atomwaffen gegenüber Nicht-Nuklearwaffenstaaten gaben Vertreter Frankreichs, Großbritanniens, der UdSSR, der USA und der Volksrepublik China bei der VN-Sondergeneralversammlung über Abrüstung vom 23. Mai bis 30. Juni 1978 in New York Erklärungen ab. Vgl. UN DISARMAMENT YEARBOOK 1978, S. 221 f. Vgl. ferner AAPD 1978, II, Dok. 212.

27 Zum Zusatzprotokoll zum START-Vertrag vgl. Dok. 257, Anm. 8.

Woche in Moskau unterzeichnete Abkommen hingewiesen.[28] Ferner haben wir an alle Partner appelliert, das CW-Abkommen in Paris zu zeichnen und sich auf baldige Ratifikation zu verpflichten.[29]

Im konventionellen Bereich wurden mehrfach die Bedeutung des KSE-Vertrags und der Beitrag der HLWG zu seiner Inkraftsetzung gewürdigt. Wir haben darüber hinaus die baldige Mitteilung der noch ausstehenden Personalbegrenzungszahlen gem. dem KSE Ia-Vertrag durch drei Kooperationspartner angesprochen. Vertreter der Tschechei und der Slowakei teilten mit, dass in den nächsten Tagen ein Abkommen zur Verteilung der Verpflichtungen aus dem KSE-Vertrag abgeschlossen werde.[30]

[gez.] Ploetz

B 14, ZA-Bd. 161245

436

Drahtbericht des Botschafters Trumpf, Brüssel (EG)

Fernschreiben Nr. 3710 | **Aufgabe: 21. Dezember 1992, 19.54 Uhr**[1]
Citissime | **Ankunft: 21. Dezember 1992, 20.18 Uhr**

Betr.: 1636. Tagung des Rates für Allgemeine Angelegenheiten am 21.12.92;
hier: TOP 9 – Sonstiges: GATT/Uruguay-Runde

Zur Unterrichtung

I. Zusammenfassung

F-AM Dumas nutzte Behandlung des Themas, das auf sein Verlangen in TO aufgenommen war, zu harter Kritik an KOM. Anlass waren die in Genf vorgelegten Gem[einschafts]-Angebote für Dienstleistungsverhandlungen und Listen im Agrarbereich. Frz. Kritik erhielt von einigen Del. zwar gewisse Unterstützung, von anderer Seite, vor allem KOM, Vors. und dt. Del., jedoch ausdrücklich Widerspruch.

Rat hatte keine Beschlüsse zu fassen, es ist jedoch davon auszugehen, dass AM-Rat sich in Zukunft regelmäßig mit Verlauf der Uruguay-Runde befassen wird.

Beim Mittagessen berichtete Präs. Delors über seine Reise in die USA[2] und hob besonders hervor, dass sich US-Position zur Uruguay-Runde verhärtet habe. Amerikanische Seite setze

28 Am 16. Dezember 1992 unterzeichneten Botschafter Blech, Moskau, und der russische Minister für Atomenergie, Michailow, ein Abkommen über Hilfeleistung für Russland bei der Eliminierung der zu reduzierenden russischen nuklearen und chemischen Waffen. Für das Abkommen vgl. BGBl. 2003, II, S. 815 f.

29 Zum Abschluss der Genfer CW-Verhandlungen vgl. Dok. 277.
Die Zeichnungskonferenz fand vom 13. bis 15. Januar 1993 in Paris statt. Vgl. AAPD 1993.

30 Für das Abkommen vom 12. Januar 1993 vgl. VERTRAG ÜBER KONVENTIONELLE STREITKRÄFTE, S. 542–552.

1 Der Drahtbericht wurde von RD Peruzzo, Brüssel (EG), konzipiert.

2 EG-Kommissionspräsident Delors und der britische PM Major in seiner Eigenschaft als EG-Ratspräsident trafen am 18. Dezember 1992 in Washington mit Präsident Bush und der Handelsbeauftragten Hills zusammen. Vgl. DB Nr. 3698 des Gesandten Nordenskjöld, Washington, vom 21. Dezember 1992; B 221, ZA-Bd. 160626. Vgl. ferner BULLETIN DER EG 12/1992, S. 137.

verstärkt auf unilaterale Maßnahmen anstelle einer Stärkung der multilateralen Handlungsbilanz und sei beim Nicht-Agrarteil der Uruguay-Runde sogar hinter bisherige Positionen zurückgegangen. Präs. Delors äußerte sich besorgt über diese Entwicklung und betonte, dass ohne eine flexiblere amerikanische Position ein Erfolg der GATT-Runde sehr schwierig sei.

II. Im Einzelnen ist aus der Diskussion im Rat zu berichten:

1) F-AM Dumas nahm Verhalten der KOM in Genf zum Anlass, ihr als Verhandlungsführer Überschreiten des Mandats vorzuwerfen. F könne das Unterbreiten von Verhandlungsangeboten nicht akzeptieren, das in ausdrückl. Widerspruch zu F-Interessen erfolgt sei. Besonders die Agrarlisten hätten in Genf nicht präsentiert werden dürfen. Zunächst hätte Vereinbarkeit des mit USA erzielten Ergebnisses im Agrarbereich[3] von Agrar-Rat auf seine Vereinbarkeit mit GAP-Reform[4] geprüft werden müssen. Da diese Prüfung intensiv am besten auf hoher Beamtenebene fortgesetzt werden müsste, hätte KOM Agrarangebot nicht unterbreiten dürfen. Dumas bezeichnete Vorgehen der KOM ausdrückl. als Überschreiten des Mandates. Er habe dies auch GATT-GD Dunkel bei seinem Besuch in Genf so geschildert.[5] Er erinnerte weiterhin an die Schlussfolgerungen des AM-Rates vom 7.12.92 in Bezug auf den Nicht-Agrarbereich.[6] Rat habe die essenzielle Bedeutung auch dieses Teils der GATT-Verhandlungen für einen globalen ausgewogenen Abschluss hervorgehoben. Unter Hinweis auf Briefwechsel Andriessen/Hills würde jedoch deutlich, dass USA im Nicht-Agrarbereich auf ganzer Linie zurückgewichen seien. Hierdurch würde Gem. Schaden zugefügt.

Um einem derartigen, für F nicht akzeptablen Verhalten der Verhandlungsführer zu begegnen, verlangte Dumas, dass KOM in allen zukünftigen AM-Räten Bericht über jeweiligen Verhandlungsstand erstatten sollte. Hierdurch würde erforderl. Transparenz geschaffen und KOM im Rahmen der Verhandlungen der Rücken hauptsächl. gegenüber USA gestärkt.

2) Auch I-AM Colombo, GR-AM Papakonstantinou und P-StS Martins drückten Sorge ihrer Regierungen über gegenwärtiges Verfahren und Stand der Verhandlungen aus. Colombo erinnerte daran, dass Schlussfolgerungen des AM-Rates vom 7.12.92 umgesetzt werden müssten. Er wurde in seiner Forderung nach Ausgewogenheit eines Gesamtpaketes von Martins und Papakonstantinou unterstützt. Dieser betonte dabei ausdrücklich GR-Interessen im Dienstleistungsbereich an ungehinderten Aktivitäten der GR-Handelsflotte. Auch IRL-StS Kitt sprach sich dafür aus, Vereinbarkeit des Agrarergebnisses mit der GAP-Reform weiter zu prüfen. Er teilte F-Sorgen zur Vorlage der Agrarlisten und forderte, Vereinbarkeit mit GAP-Reform durch Gruppe auf hoher Ebene überprüfen zu lassen.

3 Vgl. die Gespräche des Vizepräsidenten der EG-Kommission, Andriessen, und des EG-Kommissionsmitglieds MacSharry am 18./19. November 1992 in Washington; Dok. 383.

4 Zur Reform der GAP vgl. Dok. 135, Anm. 5.

5 BR Graf von Waldersee, Genf (GATT-Delegation), berichtete am 16. Dezember 1992: „AM Dumas hat in seiner Eigenschaft als Koordinator der französischen Haltung in den Verhandlungen der Uruguay-Runde am 16.12.92 den Vorsitzenden des UR-Hauptverhandlungsausschusses (TNC), GATT-GD Dunkel, zu einem einstündigen Gespräch aufgesucht." Bei einer anschließenden Pressekonferenz habe Dumas die Vorlage von „Agrarzugeständnislisten" durch die EG-Kommission im GATT kritisiert: „Auf Fragen im Hinblick auf die Haltung der beiden betroffenen EG-Kommissare erklärte Dumas, diese Personen seien ohne jede Bedeutung". Vgl. DB Nr. 9999; B 221, ZA-Bd. 166601.

6 Zur EG-Ministerratstagung in Brüssel und den Schlussfolgerungen vgl. Dok. 398, Anm. 13.

3) Ledigl. BM Kinkel unterstützte KOM vorbehaltlos. Ihre Vorgehensweise habe sich im Rahmen des Verhandlungsmandats gehalten. Dieses sei von Europ. Räten in Birmingham[7] und Edinburgh[8] bestätigt worden. KOM befinde sich auch im Einklang mit Schlussfolgerungen des AM-Rates vom 7.12.92. Kinkel forderte KOM erneut mit Nachdruck auf, alles zu unternehmen, um erfolgreichen Abschluss der Uruguay-Runde innerhalb der kurzen verbleibenden Zeit zu erreichen.

4) VP Andriessen wies F-Vorwurf des Überschreitens des Mandats zurück. Nach Schlussfolgerungen des Rates vom 7.12.92 hätte KOM in Genf keine Agrarlisten vorlegen dürfen, solange Agrar-Rat sich hiermit nicht befasst hätte. Dieses hätte KOM jedoch abgewartet.[9] Ergebnis über Vereinbarkeit mit GAP-Reform sei nicht Voraussetzung für Weiterverhandlung in Genf gewesen. KOM habe damit ihr Mandat nicht überschritten. Unter Hinweis auf Globalität der Verhandlungen versicherte Andriessen, dass KOM nur ein Gesamtergebnis akzeptieren würde, das in allen Bereichen angemessen und ausgewogen sei. Ansonsten würde sie als Verhandlungsführer einem Abk. nicht zustimmen. VP Andriessen ging auf F-Anregung ein, dem AM-Rat jeweils Bericht über Verhandlungssituation zu erstatten. Er versicherte, dass KOM erfolgreichen Abschluss der Verhandlungen so schnell wie möglich anstrebe.

5) Rats-Vors. AM Hurd bestätigte abschließend, dass auch aus Sicht des Vors. KOM ihr Mandat nicht überschritten hätte. In Schlussfolgerungen des letzten AM-Rates sei festgehalten, dass die erforderliche Analyse aktiv in den zuständ. Gremien unternommen werden sollte, den Agrar-Rat eingeschlossen, und dass die Verhandlungen in Genf diesem Rechnung tragen sollten. Ratsvors. nahm zu Protokoll, dass KOM dem AM-Rat jeweils über Stand der Verhandlungen berichten wird, wie AM Dumas dies verlangt hatte.

[gez.] Trumpf

B 221, ZA-Bd. 166601

7 Zur Sondertagung des Europäischen Rats am 16. Oktober 1992 vgl. Dok. 334.

8 Zur Tagung des Europäischen Rats am 11./12. Dezember 1992 vgl. Dok. 421.

9 Die EG-Ratstagung auf der Ebene der Landwirtschaftsminister fand vom 14. bis 17. Dezember 1992 in Brüssel statt. Vgl. BULLETIN DER EG 12/1992, S. 175 f.

437

Drahtbericht des Botschafters Winkelmann, Addis Abeba

VS-NfD **Aufgabe: 25. Dezember 1992, 10.51 Uhr**[1]
Fernschreiben Nr. 1218 **Ankunft: 25. Dezember 1992, 09.25 Uhr**
Citissime nachts

Betr.: Beziehungen Deutschland – Somalia;
hier: Gespräch mit General Aidid am 24.12.1992

Bezug: Telefongespräch Winkelmann/Gräfin Strachwitz

Zur Unterrichtung

In einem anderthalbstündigen Gespräch hat mir General Aidid seine Wünsche für stärkere deutsche Präsenz in Somalia, insbesondere durch Entsendung einer hochrangigen Persönlichkeit, Polizeihilfe und Beteiligung am Wiederaufbau des Landes erläutert. Misstrauen äußerte er gegenüber den UN, insbesondere Generalsekretär Boutros-Ghali und den in Somalia tätigen UN-Organisationen. Sie handelten über die Köpfe des somalischen Volkes hinweg.

Im Einzelnen halte ich fest:

Das Gespräch fand auf Aidids Wunsch statt. Soviel ich erfahren konnte, hielt sich Aidid seit Montag[2] in Äthiopien auf. Während dieses Aufenthalts soll er auch in Eritrea gewesen sein.

1) Aidid beklagte, anders als andere Länder hätte Deutschland keine hochrangigen Persönlichkeiten nach Somalia entsandt. Ich widersprach und wies auf den Besuch von Staatsminister Schäfer hin.[3] Aidid würde den möglichst baldigen Besuch einer hochrangigen deutschen Persönlichkeit begrüßen, die vor allem mit ihm und den seiner Allianz zugehörigen Gruppierungen spricht.

2) Unterstützung beim Aufbau der Polizei

Somalia benötige dringendst umfassende Unterstützung beim Aufbau der Polizei. Dazu ich: Deutschland sei bereit, zusammen mit Amerikanern und Briten Ausbildungshilfe zu leisten. 3 Millionen DM würden dafür zur Verfügung gestellt werden. Auf meine Frage, wem diese Polizeikräfte unterstellt werden sollten: der „local administration“. Deutschland solle aber zusammen mit USA und GB darüber wachen, dass Polizeikräfte nicht zweckfremd eingesetzt würden. Angebot MDg Sulimmas, während Konferenz am 4. Januar[4] über Polizeihilfe im Rahmen des Gesprächs Kittanis mit somalischer Seite zu sprechen, wurde gerne angenommen.

1 Hat VLRin I Gräfin Strachwitz am 28. Dezember 1992 vorgelegen, die die Weiterleitung an VLR Bolewski „n[ach] R[ückkehr]“ verfügte.
Hat Bolewski am 29. Dezember 1992 vorgelegen.

2 21. Dezember 1992.

3 StM Schäfer besuchte Somalia am 8./9. September 1992. Vgl. Dok. 279.

4 Vom 4. bis 15. Januar 1993 fand in Addis Abeba eine Konferenz somalischer Bürgerkriegsparteien statt, bei der über die Einberufung einer nationalen Versöhnungskonferenz beraten wurde.

Aidid äußerte allerdings: Mit Ausbildungshilfe allein sei es nicht getan. Man benötige: Uniformen, Kommunikationsmittel, Fahrzeuge und andere Ausrüstungsgegenstände. Keine Waffen, die habe man genügend.

3) Entwicklungshilfe

Er bitte Deutschland um Hilfe beim Wiederaufbau des Landes. Dazu ich, etwas breiter antwortend:

(1) Deutschland sei bereit, bei humanitärer Hilfe Luftbrücke auf bis zu acht Maschinen zu erweitern.

(2) Hinweis auf 1992 geleistete humanitäre Hilfe in Höhe von 96 Millionen.[5]

(3) Wiederaufnahme Entwicklungshilfe 1993 in Höhe von 35 Millionen DM. Leistung im Rahmen von UNOSOM (Hilfe bei Wiederherstellung der Verwaltung, Lieferung landwirtschaftlicher Geräte).

(4) Entsendung THW. Leistungen in Höhe von 10 Millionen DM für Notstrom und Wasserversorgung.

Aidid nahm von allem mit großer Befriedigung Kenntnis.

4) Wiederaufbau eines Rundfunksystems.

Ich versprach Weiterleitung nach Bonn.

5) Hilfe bei Wiedereingliederung der „technicals“. Dies sei dringend. Ich versprach ebenfalls Weiterleitung.

6) Deutscher Militäreinsatz in Somalia[6]

Aidid: Werde Deutschland Truppen nach Somalia entsenden?

Antwort: Wir hätten Generalsekretär UN-Entsendung eines verstärkten Bataillons nicht zu militärischem, sondern zu technischem Einsatz angeboten.[7]

Reaktion Aidid: hocherfreut.

7) Gedankenaustausch über allgemeine Lage

- Hinweis auf unsere Dankbarkeit gegenüber Somalia[8], unser großes Interesse und unsere Bereitschaft zum Engagement nahm Aidid mit Würde und Freude entgegen.

5 Zur humanitären Hilfe der Bundesrepublik für Somalia vgl. Dok. 248.

6 Zur Frage der Beteiligung der Bundesrepublik an der militärischen Operation „Restore Hope“ in Somalia vgl. Dok. 409.

7 VLR I Altenburg vermerkte am 21. Dezember 1992: „Das im Kabinettsbeschluss vom 17.12. enthaltene Angebot an die Vereinten Nationen zur Unterstützung von UNOSOM durch die Bundeswehr wurde am 18.12. in New York durch Schreiben unserer Ständigen Vertretung an den VN-GS übermittelt. Eine Reaktion des Sekretariats steht noch aus.“ Die Annahme des Angebots werde dem VN-Sekretariat dadurch erschwert, „dass die an die Bundesregierung gerichteten Anfragen zur Unterstützung von UNOSOM in bestimmten Bereichen (Entsendung eines Feldlazaretts mit Personal, Hilfe im Fernmeldesektor) vom BMVg als derzeit nicht erfüllbar (jedenfalls wie von den VN ursprünglich gewünscht) beschieden wurden“. Der Absicht des BMVg, ein Voraus- und Erkundungskommando für unbestimmte Zeit nach Somalia zu entsenden, sei zu widersprechen. Jede Art von „Missverständnis und Verwechslung mit der zurzeit laufenden Operation Restore Hope“ müsse vermieden werden. Vgl. B 34, ZA-Bd. 153668.

8 Am 13. Oktober 1977 wurde die Lufthansa-Maschine „Landshut“ auf dem Weg von Palma de Mallorca nach Frankfurt am Main von palästinensischen Terroristen entführt, um in Stuttgart-Stammheim einsitzende RAF-Mitglieder sowie zwei in der Türkei einsitzende Mitglieder der PFLP freizupressen. Nach

- „Restore Hope“
  Die Aktion begrüße er, Aidid, rückhaltlos. Sie bringe jetzt eine Beruhigung der Lage. Er hoffe, die US und andere Truppen würden eine längere Zeit im Lande bleiben.[9]
  Auf meine Frage zur Entwaffnung: Alle Personen und Gruppen, die nicht von den politischen Bewegungen kontrolliert würden, müssten entwaffnet werden.
- SNA[10] versuche, den Weg zu einer in Somalia (!) abzuhaltenden Nationalkonferenz zu ebnen. Er hoffe, dass eine Versöhnung mit den verschiedenen rivalisierenden Gruppen, z. B. mit USC[11], möglich sei.
- Einheit des Landes
  Der Norden sei immer diskriminiert worden. Sein Wunsch nach Sezession verständlich. Er hoffe dennoch, dass Wahrung der Einheit des Landes möglich sei. Er habe gute Kontakte dorthin und sei zur Entsendung einer Delegation bereit.
- Rolle der UN
  Sehr lange und kritisch sprach Aidid über die Rolle der UN. Man brauche zwar den Schirm der UN, aber die Geberländer USA, CAN, GB und vor allem Deutschland müssten eine größere Rolle spielen.

Die UN hätten sich zu spät und nicht effektiv genug in Somalia engagiert. Es habe überhaupt keine Koordinierung stattgefunden, weder zwischen den einzelnen UN-Organisationen noch zwischen den UN und den NGOs. Die wirklichen politischen Ziele der UN in Somalia seien nebulös geblieben. Die Tätigkeit der UN habe bisher aber „divisive“ gewirkt. Die UN hätten vor allem den entscheidenden Fehler gemacht, nur mit Einzelpersonen und Clans statt mit der immer noch vorhanden „local administration“ zu sprechen. Die UN sprächen nicht mit den wirklichen Führern des Landes. Das Treffen im Oktober auf den Seychellen[12] sei ein Beispiel dafür, ein anderes die Somalia-Konferenz in Addis Abeba Anfang Dezember[13]: Sie, die SNA, sei im letzten Moment eingeladen, eine Tagesordnung sei nicht mitgeteilt worden. Sie seien deshalb nicht gefahren.

Jetzt seien sie wieder vollkommen im Unklaren über die Konferenz am 4. Januar 1993 in Addis Abeba. Sie wüssten nichts, weder über die Teilnehmer noch über den Zweck der Konferenz.

Sein tiefes Misstrauen gegenüber UN-Generalsekretär Boutros-Ghali gab Aidid unverhüllt zu erkennen: Ghali habe seine eigenen Absichten. Werte und Taten klafften auseinander. Sie hätten bereits 1990 seiner Vermittlerrolle misstraut. Ihr Misstrauen habe sich bestätigt. Kittani sei lediglich ein getreues Abbild seines Herrn.

Fortsetzung Fußnote von Seite 1741

mehreren Zwischenstationen landete die Maschine am 17. Oktober 1977 in Mogadischu. In den frühen Morgenstunden des 18. Oktober 1977 wurde die Maschine durch Angehörige der Sondereinheit GSG 9 des Bundesgrenzschutzes gestürmt. Während drei von vier Terroristen bei dem Einsatz getötet wurden, gelang die Befreiung aller Geiseln. Vgl. AAPD 1977, II, Dok. 284, Dok. 288–295 und Dok. 299.

9 Dieser Satz wurde von VLR Bolewski hervorgehoben. Dazu Ausrufezeichen.

10 Somali National Alliance.

11 United Somali Congress.

12 Vom 22. bis 25. Oktober 1992 fand in Victoria auf den Seychellen ein Treffen zwischen VN-Vertretern und 18 somalischen Repräsentanten statt.

13 Vom 3. bis 5. Dezember 1992 fand in Addis Abeba ein Koordinierungstreffen über humanitäre Hilfe für Somalia statt.

Das gesamte Gespräch durchzog wie ein roter Faden die Mahnung: „Bedenken Sie, dass wir keine bloßen Objekte sind. Wir sind ein Volk, lassen sie uns nicht beiseite, reden sie mit uns, reden sie nicht über uns hinweg."

[gez.] Winkelmann

B 34, ZA-Bd. 153668

438

Vorlage des Vortragenden Legationsrats I. Klasse Boden für Staatssekretär Kastrup

240-371.81 **30. Dezember 1992**

Über D 2 A[1] Herrn Staatssekretär[2]

Betr.: Fertigstellung des START II-Vertrages

Zweck der Vorlage: Zur Unterrichtung

I. Am 29.12.1992 einigten sich die Außenminister der USA und Russlands, Eagleburger und Kosyrew, in Genf auf die Grundzüge für einen START II-Vertrag. Wie beide Außenminister in einer anschließenden Pressekonferenz mitteilten, muss der Text nun noch von den Präsidenten gebilligt werden. Damit ist in Kürze zu rechnen. Nach einer russischen Verlautbarung, die von US-Seite bisher nicht ausdrücklich bestätigt ist, soll das Abkommen bei einem russisch-amerikanischen Gipfel Anfang 1993 – wahrscheinlich am 2./3. Januar in Sotschi – unterzeichnet werden.[3]

Inhaltlich stellt START II die vertragliche Form jener Absprachen dar, die von Bush und Jelzin bei ihrem Washingtoner Gipfel am 17. Juni 1992 getroffen worden sind.[4] Demnach werden die nuklearen Arsenale beider Mächte im Zeitraum bis 2003 von gegenwärtig insgesamt 23 000 auf zukünftig 3000 bis 3500 Gefechtsköpfe je Seite reduziert. Von Bedeutung ist dabei der Verzicht Russlands auf landgestützte strategische Interkontinentalraketen mit [...][5] Mehrfachsprengköpfen (SS-18), die wegen ihrer Erstschlagsfähigkeit als besonders destabilisierend gelten.

1 Hat Botschafter Holik am 30. Dezember 1992 vorgelegen.

2 Hat in Vertretung des StS Kastrup StS Lautenschlager am 4. Januar 1993 vorgelegen.
Hat Botschafter Holik am 4. Januar 1993 erneut vorgelegen, der die Weiterleitung an MDg von Butler und Referat 240 verfügte.
Hat Butler am 5. Januar 1993 vorgelegen.
Hat VLR I Boden am 6. Januar 1993 erneut vorgelegen.

3 Der amerikanische Präsident Bush besuchte Russland am 2./3. Januar 1993. Der START II-Vertrag wurde am 3. Januar 1993 in Moskau unterzeichnet. Für den Vertrag vgl. https://2009-2017.state.gov/t/avc/trty/102887.htm. Vgl. ferner AAPD 1993.

4 Zu den Abrüstungsvereinbarungen der Präsidenten Bush (USA) und Jelzin (Russland) vgl. Dok. 186.

5 An dieser Stelle durch Textverarbeitungsfehler doppelt geschriebenen Text gestrichen.

Bei den jetzt abgeschlossenen Genfer Verhandlungen ging es vor allem noch um drei Einzelfragen, die Russland vorwiegend aus wirtschaftlichen Gründen aufgeworfen hatte: die Beibehaltung der SS-18-Silos, die Adaptierung der mit sechs Sprengköpfen versehenen SS-19-Raketen für Raketen mit einem Sprengkopf (sog. downloading) sowie die Modalitäten für die Umwandlung der US-strategischen Bomber für konventionelle Zwecke. Wie diese Fragen im Detail gelöst worden sind, ist z. Zt. noch unklar; aus Presseäußerungen Kosyrews und des russischen Verteidigungsministers Gratschow ist jedoch auf weitgehendes Entgegenkommen der USA zu schließen.

II. Wertung

Für Präsident Bush ist START II der erstrebte außenpolitische Erfolg vor Übergabe der Amtsgeschäfte an Clinton. Auch für das Prestige Jelzins bei der weiteren schwierigen Auseinandersetzung mit seinen innenpolitischen Gegnern könnte sich der Vertragsabschluss positiv auswirken, wenngleich auch der mögliche Widerstand von Konservativen und Militärs einkalkuliert werden muss.

Bei einer ersten Bewertung sind weiterhin folgende Punkte hervorzuheben:

- Mit seinen beispiellos tiefgreifenden Einschnitten in die strategischen Arsenale der beiden dominierenden Nuklearwaffenmächte setzt START II ein neues Maß für nukleare Abrüstung. Damit wird ein Signal gegeben, dass auch unter den gewandelten politischen Verhältnissen seit 1989 die Fortsetzung dieses Abrüstungsprozesses von Gewicht bleibt.
- Mehr noch als der Vorgängervertrag[6] hat START II eine über das bilaterale amerikanisch-russische Verhältnis hinausgehende Bedeutung. Im Vordergrund steht nun nicht mehr die strategische Korrelation zwischen beiden Mächten, sondern der Blick auf die sich in Zukunft weltweit stellende Aufgabe der Nichtverbreitung. START II kann die 1995 bevorstehende unbegrenzte Verlängerung des NV-Vertrages[7] erleichtern, da der Vertrag die fortdauernde Verpflichtung der Nuklearwaffenmächte zu weiteren Abrüstungsschritten deutlich macht.
- Zugleich dürfte START II die allgemeine Aufmerksamkeit noch mehr auf Probleme der Implementierung bei Beseitigung von Nuklearwaffen lenken. Die allein auf russischer Seite unter Verträgen oder einseitigen Ankündigungen eingegangenen Abrüstungsverpflichtungen laufen auf Beseitigung von mindestens 25 000 nuklearen Sprengköpfen innerhalb eines Jahrzehnts hinaus. Nach übereinstimmender westlicher Analyse ist dies von Russland weder finanziell noch technologisch ohne Unterstützung zu schaffen. Die Fortsetzung und möglichst Erhöhung der von uns 1993 erstmals vorgesehenen Abrüstungshilfe für Russland[8] (Höhe: 10 Mio. DM) erhält damit zusätzliches Gewicht.
- Welche Auswirkungen START II auf das Innenverhältnis der GUS-Staaten mit Nuklearwaffen und insbesondere auf das russisch-ukrainische Verhältnis haben wird, ist gegen-

6 Für den START-Vertrag vom 31. Juli 1991 vgl. DEPARTMENT OF STATE DISPATCH, Supplement Nr. 5 vom Oktober 1991. Vgl. auch AAPD 1991, II, Dok. 256.

7 Artikel X, Absatz 2 des Nichtverbreitungsvertrags vom 1. Juli 1968 sah die Einberufung einer Konferenz 25 Jahre nach Inkrafttreten vor, die beschließen sollte, ob der Vertrag auf unbegrenzte Zeit in Kraft bleibt oder um eine bestimmte Frist oder mehrere Fristen verlängert wird. Vgl. BGBl. 1974, II, S. 792. Vgl. ferner AAPD 1974, I, Dok. 143.

8 Vgl. das Abkommen vom 16. Dezember 1992 zwischen der Bundesrepublik und Russland über Hilfeleistung für Russland bei der Eliminierung der zu reduzierenden russischen nuklearen und chemischen Waffen; BGBl. 2003, II, S. 815 f.

wärtig noch nicht zuverlässig abzuschätzen. Der Druck auf die Ukraine auf Mitvollzug der Abrüstungsverpflichtungen, einschließlich Beitritt zum Nichtverbreitungsvertrag, dürfte vorerst zunehmen. Jedoch könnten sich verstärkt auch jene ukrainischen Politiker wieder zu Wort melden, die eine Beteiligung an möglichen Profiten aus der Verwertung abgerüsteter Nuklearwaffen (insbesondere von Plutonium und hochangereicherten Uran) fordern und dies zur Vorbedingung eines Einlenkens machen.

Boden

B 43, ZA-Bd. 228436

439

Drahtbericht des Gesandten Heyken, Moskau

Fernschreiben Nr. 5790 **Aufgabe: 30. Dezember 1992, 18.46 Uhr**[1]
Citissime **Ankunft: 30. Dezember 1992, 17.22 Uhr**

Betr.: EPZ-Lunch mit AM Kosyrew

Zur Unterrichtung

Heute (30.12.) kam AM Kosyrew zu einem Mittagessen mit den Zwölf in die britische Botschaft. Kosyrew, gerade aus Genf zurückgekehrt, war freundlich, gelassen und schien seiner Sache sicher. Die Atmosphäre in der historischen Residenz von Botschafter Fall gegenüber dem Kreml und bei klassischem Winterwetter war ausgezeichnet. Russischer Außenminister war von VAM Tschurkin und dem neuen Abteilungsleiter für Sicherheit und Zusammenarbeit in Europa, Uschakow, begleitet. Er machte zusammengefasst folgende Ausführungen:

1) START II[2]

Kosyrew erklärte, man habe es in Genf wohl geschafft. Für 17.00 Uhr Moskauer Ortszeit sei ein Telefonat zwischen Jelzin und Bush geplant.[3] Anschließend werde mit 99-prozentiger Wahrscheinlichkeit das Treffen von Sotschi angekündigt (ist inzwischen geschehen).[4] Alle Einzelheiten seien geregelt, der Text sei finalisiert. Viele finanzielle Sorgen der russischen Seite seien berücksichtigt worden. Die Verhandlungen seien von einer neuen Qualität gewesen, kein Kampf zwischen verschiedenen Lagern. Das Abkommen sei fair, mit ihm finde ein Übergang statt von einem Waffenmix, der seinen Schwerpunkt russischerseits auf land-

1 Hat VLR I Boden am 4. Januar 1993 vorgelegen.

2 Zur Fertigstellung des START II-Vertrags vgl. Dok. 438.

3 Zum Telefongespräch der Präsidenten Bush (USA) und Jelzin (Russland) vgl. PUBLIC PAPERS, BUSH 1992-93, S. 2215 f.

4 Gesandter von Nordenskjöld, Washington, berichtete am 30. Dezember 1992: „Präsident Bush hat soeben bei Pressekonferenz im Rosengarten bestätigt, dass das Gipfeltreffen mit Präsident Jelzin zur Unterzeichnung des START II-Vertrages am 2. bis 3. Januar 1993 in Sotschi stattfinden wird." Vgl. DB Nr. 3760; B 43, ZA-Bd. 228436.
Das Treffen der Präsidenten Bush (USA) und Jelzin (Russland) fand am 2./3. Januar 1993 in Moskau statt. Vgl. AAPD 1993.

gestützten schweren Kontinentalraketen und amerikanischerseits u.a. auf Langstreckenbombern gehabt habe, auf eine neue Konfiguration. Man gehe von destabilisierenden Verhältnissen zu Beziehungen größerer Stabilität über. Das wirtschaftliche Überleben bzw. die wirtschaftliche Wettbewerbsfähigkeit sei für Russland genauso wichtig wie die strategische Gleichung. Auch der Oberste Sowjet werde dies erkennen; er werde berücksichtigen, dass die Fortsetzung des Rüstungswettlaufs Russland sehr teuer zu stehen kommen würde.

2) Jugoslawien

In Genf habe er mit UN-Generalsekretär Boutros-Ghali, Eagleburger und Dumas u.a. über Jugoslawien gesprochen. Panić und seine Leute würden sich jetzt nach neuen Aufgaben umsehen müssen. Ćosić wolle den Kampf gegen Milošević fortsetzen, aber ob er die Macht dazu habe, wisse er nicht. Im Übrigen meinte Kosyrew, man könne Maßnahmen zur Implementierung der Resolution betreffend das Flugverbot[5] zustimmen. Voraussetzung sei aber, dass das Verbot auf das Territorium von Bosnien-Herzegowina beschränkt bleibe und sehr gut vorbereitet werde. Unter der Voraussetzung strikter Konditionalität wolle er die Beteiligung russischer Flugzeuge nicht ausschließen, aber es müsse sich um eine gemeinsame Unternehmung handeln, z.B. mehrerer Sicherheitsratsmitglieder. Eine derartige Entscheidung müsse sorgfältig abgestimmt werden, Russland dürfe nicht auf eine Ja- oder Nein-Entscheidung beschränkt werden. Maßnahmen müssten auf alle verletzenden Parteien (z.B. Kroatien) gleichzeitig angewandt werden. Alles, was über das Territorium Bosnien-Herzegowinas hinausgehe, würde gefährlich sein. Abschließend bemerkte Kosyrew, man müsse alle betroffenen Parteien zur Teilnahme an der Konferenz ab 2. Januar[6] ermutigen, der Vance-Owen-Plan[7] sei eine sehr gute Ausgangsbasis für die weiteren Überlegungen.

3) Verhandlungen Russland/EG

Tschurkin, der russische Unterhändler, führte aus, die Atmosphäre in der kurz vor Weihnachten in Brüssel abgehaltenen zweiten Verhandlungsrunde[8] sei sehr gut gewesen. Dennoch gebe es z.Z. noch „dramatische Unterschiede“ in den Auffassungen beider Seiten. Es bleibe noch viel zu tun, wenn man in einigen Monaten zu Ende kommen wolle. In politischer Hinsicht sehe er keine besonderen Probleme, wohl aber im wirtschaftlichen Bereich, vor allem was den russischen Zugang zu den Märkten anbelange. Ausgehandelt werde nicht ein Hilfsprogramm, sondern ein Abkommen zwischen zwei gleichberechtigten Partnern. Unmittelbar nach Neujahr werde das RAM eine umfangreiche Stellungnahme zur zweiten Verhandlungsrunde abgeben, in welcher Form, ließ Tschurkin offen. Die dritte Verhandlungsrunde werde voraussichtlich Anfang Februar in Moskau stattfinden. Tschurkin bat sehr darum, dass die zwölf Hauptstädte noch einmal Überlegungen zu ihren Positionen anstellten.

4) Europarat

Kosyrew nahm in positiver Weise Bezug auf seine Gespräche mit der Generaldirektorin, Madame Lalumière.

5 Vgl. die Resolution Nr. 781 des VN-Sicherheitsrats vom 9. Oktober 1992; RESOLUTIONS AND DECISIONS 1992, S. 27. Für den deutschen Wortlaut vgl. EUROPA-ARCHIV 1993, D 147f.

6 Am 2. Januar 1993 wurde in Genf die internationale Jugoslawien-Konferenz fortgesetzt.

7 Zum Verfassungsentwurf für Bosnien-Herzegowina vgl. Dok. 361, Anm. 9.

8 Die zweite Runde der Verhandlungen zwischen der EG und Russland über ein Partnerschafts- und Kooperationsabkommen fand am 22./23. Dezember 1992 statt.

Tschurkin unterstrich das starke Interesse der russischen Regierung an der baldigen Vollmitgliedschaft Russlands im Europarat.[9] Er sagte, viele Kreise und Organisationen wünschten sie. Man solle sie nicht entmutigen, indem man die Vollmitgliedschaft auf die lange Bank schiebe oder an zu strenge Bedingungen und Auflagen knüpfe.

5) G7

Auf Frage, wie Kosyrew sich das nächste G7-Treffen[10] vorstelle, antwortete dieser: Es gebe politische Unterstützung, die durchaus fühlbar sei. Man erlebe humanitäre Hilfe und von einigen Ländern beachtliche Kreditzusagen. Dennoch müsse er darauf hinweisen, dass diese Unterstützung nicht ganz der großen Komplexität der Probleme gerecht werde. Deshalb stelle er sich eine Passage in einem Dokument des nächsten G7-Gipfels dergestalt vor, dass eine konzentrierte Anstrengung unternommen werde, um die Probleme langfristig zu lösen. Kosyrew stimmte dem Gedanken zu, dass die Konditionalität erhalten bleiben müsse. Er teile diese Auffassung, je schneller eine solche Unterstützungszusage gegeben werde, umso unwahrscheinlicher sei das Entstehen einer neuen Regierung in Russland. Die Bedingungen sollten nicht aggressiv formuliert werden, sondern in Form eines gemeinsamen Aktionsplanes. Er sei für Bedingungen, aber solche, die positiv formuliert würden.

6) Russische Innenpolitik

Kosyrew wies darauf hin, dass das für den 11. April vorgesehene Referendum[11] von Jelzin als ein herausragendes politisches Ereignis angesehen werde, das allerdings viele Kongressleute zu verwässern trachteten. Auf Frage stimmte er zu, dass die Ernennung Poltoranins zur neugeschaffenen „Bundeszentrale für Information" als Beginn der Kampagne zugunsten des Referendums betrachtet werden könne. Kosyrew unterstrich, dass Poltoranin zu den ältesten Gefolgsleuten Jelzins gehöre. Jelzin wolle keinen Wechsel in der Reformpolitik und auch keine personellen Wechsel vollziehen. Alles solle getan werden – damit appellierte er auch an die westlichen Hauptstädte –, dass derartige Wechsel nicht notwendig würden.

Vorher beim Aperitif hatte Tschurkin dezidiert die Auffassung vertreten, dass eine Bestätigung Kosyrews (und der drei anderen Minister) durch den Obersten Sowjet nicht erforderlich sei. Kosyrew äußerte sich später zu diesem Punkt nicht, machte aber den Eindruck, dass er sich bis auf Weiteres seines Amtes sicher fühlt.

7) Zum Schluss dankte Kosyrew für die Unterstützung, die die Regierungen der Europäischen Gemeinschaft und ihre Botschaften im vergangenen Jahr der russischen Regierung hätten zuteilwerden lassen. Die Unterstützung sei fühlbar und sehr wichtig. Er übermittelte allen Anwesenden die besten Wünsche für das Jahr 1993.

8) Heute Abend gibt Außenminister Kosyrew einen Neujahrsempfang für das Diplomatische Korps.

[gez.] Heyken

B 43, ZA-Bd. 228436

9 Zum russischen Antrag auf Beitritt zum Europarat vgl. Dok. 111, Anm. 12.

10 Zum Weltwirtschaftsgipfel vom 7. bis 9. Juli 1993 in Tokio vgl. AAPD 1993.

11 In Russland fand am 25. April 1993 ein Referendum statt, bei dem über das Vertrauen gegenüber Präsident Jelzin, die Sozial- und Wirtschaftspolitik der Regierung, vorgezogene Präsidentschaftswahlen sowie vorgezogene Wahlen zum Kongress der Volksdeputierten abgestimmt wurde. Vgl. AAPD 1993.

Verzeichnis der Personen im Geschäftsbereich des Auswärtigen Amts

Bei der Benutzung des Verzeichnisses sind folgende Hinweise zu beachten:

- Aufgenommen wurden neben Angehörigen des diplomatischen Dienstes auch Angehörige anderer Ministerien und Behörden, die in den Geschäftsbereich des Auswärtigen Amts abgeordnet waren, z. B. als Militärattachés an deutschen Auslandsvertretungen.
- Aufgeführt wird ausschließlich die Funktion einer Person zum Zeitpunkt ihrer Erwähnung im Dokument. Dies gilt auch für die Bezeichnung der Arbeitseinheiten.
- Nähere zeitliche Angaben erfolgen, wenn im Zusammenhang andere Funktionen relevant sind.

Achenbach, Klaus Vortragender Legationsrat und Vertreter des Leiters im Referat 216 „Außenpolitische Fragen der Durchführung der Abschließenden Regelung in Bezug auf Deutschland“

Ackermann, Klaus Hellmuth Vortragender Legationsrat I. Klasse und Leiter des Referats 424 „Exportkontrollfragen: Grundsatzfragen; Rüstungsexporte; COCOM“

Adam, Rudolf Vortragender Legationsrat im Referat 02 „Planungsstab“

Ahrens, Geert-Hinrich Vortragender Legationsrat I. Klasse, im Verkehr mit dem Ausland Amtsbezeichnung Botschafter, mit „Sonderaufgaben Krise Jugoslawien“ betraut

Altenburg, Günther Vortragender Legationsrat I. Klasse und seit 7. September 1992 Leiter des Referats 230 „Vereinte Nationen: Grundsatzfragen, Generalversammlung, Sicherheitsrat“

Althauser, Christine Legationsrätin I. Klasse im Referat 213 „Russland, Weißrussland, Ukraine, Moldau, Kaukasus, Zentralasien, GUS“

Arnim, Joachim von Vortragender Legationsrat I. Klasse und Leiter des Referats 411 „Europäische Gemeinschaften: Außenbeziehungen: West, EFTA, Ost, Gemeinsame Handelspolitik, GATT, bilaterale Wirtschaftsbeziehungen zu westlichen Industriestaaten (außer EG-Mitgliedstaaten); Europäische Zusammenarbeit in der Luftfahrtindustrie (Airbus)“

Arnot, Alexander Botschafter in Budapest

Auer, Claus Legationsrat I. Klasse im Referat 431 „Internationale Zusammenarbeit bei der friedlichen Nutzung der Kernenergie, der Nichtverbreitung und der nuklearen Forschung; EURATOM, IAEO, OECD-NEA, Internationales Trägertechnologie-Regime“

Baas, Norbert Botschaftsrat an der Botschaft in Moskau

Bächmann, Horst Gesandter und Vertreter des Leiters der Ständigen Vertretung bei der NATO in Brüssel

Bald, Klaus Vortragender Legationsrat I. Klasse und Leiter des Referats 601 „Goethe-Institut, deutsch-ausländische Kulturgesellschaften im Ausland; ausländische Kulturinstitute im Inland“

Bartels, Herwig Ministerialdirigent und als Beauftragter für Nah- und Mittelostpolitik Leiter der Unterabteilung 31 in der Abteilung 3 „Politische Abteilung“

Barth, Klaus Vortragender Legationsrat I. Klasse und Leiter des Referats 412 „Europäische Gemeinschaften: Wirtschafts-, Finanz- und Währungspolitik; Nationale und internationale Wirtschafts- und Währungsfragen; Wirtschaftsgipfel, IWF, OECD, EBWE“

Bassewitz, Hennecke Graf von Generalkonsul bzw. seit 7. Februar 1992 Botschafter in Kiew

Bauch, Johannes Ministerialdirigent und Leiter der Unterabteilung 25 in der Abteilung 2 A

Bauer, Peter Botschaftsrat an der Botschaft in Paris

Bazing, Hans Peter Botschafter in Helsinki

Bengs, Wolf-Rüdiger Bundesbankoberrat an der Botschaft in London

Bente, Wolfgang Botschafter in Riad

Berg, Axel Vortragender Legationsrat im Referat 02 „Planungsstab"

Berg, Detlof von Generalkonsul in Detroit, von April bis Juli 1992 Leiter des Referats 420 „Wirtschaftsbeziehungen zu den baltischen Staaten, ČSFR, Polen, Ungarn und Südosteuropa; Gruppe der 24"

Bertele, Franz Josef Botschafter und Beauftragter für den deutsch-sowjetischen Aufenthalts- und Abzugsvertrag in Berlin, seit 9. Juni 1992 Botschafter in Warschau

Bertram, Hans-Bodo Vortragender Legationsrat I. Klasse und Leiter des Referats 201 „Atlantisches Bündnis und Verteidigung"

Bettin, Franco Regierungsdirektor an der Ständigen Vertretung bei den Europäischen Gemeinschaften in Brüssel

Bettzuege, Reinhard Vortragender Legationsrat I. Klasse und Leiter des Referats 012 „Öffentlichkeitsarbeit, politische Kontakte"

Beuth, Heinrich-Wilhelm Vortragender Legationsrat und Vertreter des Leiters im Referat 212 „Fragen der allgemeinen West-Ost-Beziehungen (u. a. Konferenz über Sicherheit und Zusammenarbeit in Europa und KSZE-Prozess)"

Beyer, Herbert Vortragender Legationsrat I. Klasse und Leiter des Referats 112 „Haushalt und Finanzen"

Blaas, Dietmar Vortragender Legationsrat und Vertreter des Leiters im Referat 311 „Mittlerer Osten, Maghreb"

Blech, Klaus Botschafter in Moskau

Blomeyer-Bartenstein, Hans-Henning Vortragender Legationsrat und Vertreter des Leiters im Referat 011 „Parlaments- und Kabinettsreferat", seit 10. Juli 1992 Botschaftsrat und Vertreter des Botschafters in Tel Aviv, seit 7. Dezember 1992 Botschaftsrat I. Klasse

Bock, Dietmar Legationsrat an der Botschaft in Damaskus

Boden, Dieter Vortragender Legationsrat I. Klasse und Leiter des Referats 240 „Abrüstung und Rüstungskontrolle (weltweit), insbesondere Rüstungskontrollverhandlungen USA – GUS in Genf"

Böhler, Volker Oberstleutnant i. G. und Militärattaché an der Botschaft in Damaskus

Bolewski, Wilfried Vortragender Legationsrat und Vertreter der Leiterin im Referat 322 „Ostafrika, Zaire"

Boomgaarden, Georg Botschaftsrat I. Klasse an der Botschaft in Moskau

Brandenburg, Ulrich Vortragender Legationsrat in der Arbeitseinheit 212-9 „Gesamteuropäische Stabilitätspolitik"

Brandt, Willy 1966–1969 Bundesminister des Auswärtigen; 1969–1974 Bundeskanzler

Bredow, Leopold Bill von Botschafter in Athen

Brose, Ekkehard Vortragender Legationsrat im Referat 010 „Ministerbüro"

Brümmer, Christoph Vortragender Legationsrat I. Klasse und Leiter des Referats 214 „Polen, ČSFR, Ungarn, Estland, Lettland, Litauen" seit 13. Juli 1992

Bruss, Joachim Dolmetscher im Referat 105 „Sprachendienst"

Buchholz, Ferdinand Vortragender Legationsrat und Vertreter des Leiters im Referat 202 „WEU, Verteidigungs- und Ausbildungshilfe, Rüstungskooperation, Übungen“

Buerstedde, Sigismund Gesandter und Vertreter des Botschafters in Brüssel; 1986–1989 Vortragender Legationsrat I. Klasse und Leiter des Referats 503 „Kriegsfolgen: Aus Krieg und Besatzung entstandene Fragen, Truppenstationierung, Auslandsvermögen, Auslandsschulden, Wiedergutmachung, Grenzen der Bundesrepublik Deutschland“

Büntjen, Jens Legationsrat I. Klasse an der Botschaft in Peking

Burkart, Werner Botschaftsrat an der Ständigen Vertretung bei der NATO in Brüssel

Busch, Franz-Bernhard Legationsrat I. Klasse im Referat 214 „Polen, ČSFR, Ungarn, Estland, Lettland, Litauen“

Bußmann, Hans-Werner Vortragender Legationsrat und Vertreter des Leiters im Referat 200 „Europäische Einigung und Politische Zusammenarbeit (EPZ); Europarat; nichtstaatliche europäische Organisationen“

Butler, Peter von Vortragender Legationsrat I. Klasse und Leiter des Referats 242 „Genfer Abrüstungskonferenz, insbesondere nuklearer Teststopp, B- und C-Waffen; Nichtverbreitung; regionale Abrüstung außerhalb Europas; Jahresabrüstungsbericht“, seit 12. Oktober 1992 Ministerialdirigent und Leiter der Unterabteilung 24 in der Abteilung 2 A

Calebow, Wolf Botschaftsrat I. Klasse an der Botschaft in Washington bzw. seit 2. August 1992 an der Botschaft in Bern und dort Vertreter des Botschafters

Cappell, Conrad Botschaftsrat an der Botschaft in Manila

Chrobog, Jürgen Ministerialdirektor und Leiter der Abteilung 2 „Politische Abteilung“

Cuntz, Eckart Vortragender Legationsrat und Leiter der Arbeitseinheit 410-8 „Regierungskonferenz zur Politischen Union“

Cyrus, Lieselore Vortragende Legationsrätin im Referat 202 „WEU, Verteidigungs- und Ausbildungshilfe, Rüstungskooperation, Übungen“

Daerr, Hans-Joachim Vortragender Legationsrat I. Klasse und Leiter des Referats 320 „Südliches Afrika“

Daerr, Wolf Vortragender Legationsrat und Vertreter des Leiters im Referat 252 „Implementierung und Verifikation Inland“

Dahlhoff, Günther Vortragender Legationsrat I. Klasse und Leiter des Referats 420 „Wirtschaftsbeziehungen zu den baltischen Staaten, ČSFR, Polen, Ungarn und Südosteuropa; Gruppe der 24“, seit 19. April 1992 Botschafter in Tiflis

Dannenbring, Fredo 1986–1991 Botschafter und Leiter der Ständigen Vertretung bei dem Büro der Vereinten Nationen und bei den anderen internationalen Organisationen in Genf

Dassel, Peter Vortragender Legationsrat I. Klasse und Leiter des Referats 311 „Mittlerer Osten, Maghreb“

Däuble, Friedrich Legationsrat I. Klasse im Referat 215 „Südosteuropa“

Daum, Werner Botschaftsrat I. Klasse an der Ständigen Vertretung bei dem Büro der Vereinten Nationen und bei den anderen internationalen Organisationen in Genf

Dequin, Raymond Legationssekretär an der Botschaft in Teheran

Derix, Christoph Vortragender Legationsrat I. Klasse und Leiter des Referats 214 „Polen, ČSFR, Ungarn, Estland, Lettland, Litauen“ bis 12. Juli 1992

Dettmann, Heike Legationsrätin I. Klasse im Referat 424 „Exportkontrollfragen: Grundsatzfragen; Rüstungsexporte; COCOM“

Dieckmann, Heinrich-Dietrich Ministerialdirektor und Leiter der Abteilung 4 „Wirtschaftsabteilung“

Dingens, Peter Botschafter in Mexiko-Stadt

Domke, Dagmar Legationsrätin im Referat 105 „Sprachendienst“

Döring, Bernhard 1977–1980 Legationsrat I. Klasse und Vertreter des Botschafters an der Botschaft in Dhaka

Döring, Ernst-Joachim Vortragender Legationsrat und Vertreter des Leiters im Referat 412 „Europäische Gemeinschaften: Wirtschafts-, Finanz- und Währungspolitik; Nationale und internationale Wirtschafts- und Währungsfragen; Wirtschaftsgipfel, IWF, OECD, EBWE“

Drautz, Wolfgang Vortragender Legationsrat und Vertreter des Leiters im Referat 240 „Abrüstung und Rüstungskontrolle (weltweit), insbesondere Rüstungskontrollverhandlungen USA – GUS in Genf“

Duckwitz, Edmund Vortragender Legationsrat und Vertreter des Leiters im Referat 410 „Europäische Gemeinschaften: Grundsatz- und Rechtsfragen, Institutionen, Beitritte, EG-Haushalt“

Duisberg, Claus-Jürgen Beauftragter für den deutsch-sowjetischen Aufenthalts- und Abzugsvertrag in Berlin seit 1. Juni 1992, seit 3. Juni 1992 Botschafter

Dunkel, Winfried Brigadegeneral und Militärattaché an der Botschaft in Washington

Dunkl, Hildegard Vortragende Legationsrätin im Referat 02 „Planungsstab“

Ebel, Michael Amtsrat im Referat 341 „Ostasien: China, Japan, Korea, Mongolei“

Eberts, Martin Legationsrat I. Klasse im Referat 214 „Polen, ČSFR, Ungarn, Estland, Lettland, Litauen“

van Edig, Helmut Vortragender Legationsrat I. Klasse und Leiter des Referats 413 „Europäische Gemeinschaften: Außenbeziehungen: Dritte Welt und Südafrika; Assoziations- und Kooperationspolitik; Beteiligung der EG an internationalen Verträgen, Konferenzen und Organisationen; Bilaterale Wirtschaftsbeziehungen zu europäischen Staaten des Mittelmeerraums“

Ehmke-Gendron, Sabine Oberregierungsrätin an der Ständigen Vertretung bei den Europäischen Gemeinschaften in Brüssel

Eichhorn, Christoph Legationsrat I. Klasse im Referat 011 „Parlaments- und Kabinettsreferat“

Eickhoff, Ekkehard Botschafter in Ankara

Eickhoff, Walter 1985–1989 Vortragender Legationsrat und Vertreter des Leiters im Referat 311 „Mittlerer Osten, Maghreb“

Eiff, Hansjörg Botschafter in Belgrad, seit 30. September 1992 Beauftragter für humanitäre Hilfe

Eitel, Antonius Ministerialdirigent und Leiter der Unterabteilung 50 in der Abteilung 5 „Rechtsabteilung“, seit 26. Juni 1992 Leiter der Abteilung 5 und Völkerrechtsberater, seit 1. Juli 1992 Ministerialdirektor

Elbe, Frank Botschafter und Leiter der Unterabteilung 01 „Leitungsstab“ sowie des Referats 010 „Ministerbüro“, seit 1. März 1992 Ministerialdirektor und Leiter des Referats 02 „Planungsstab“

Elbling, Viktor Legationsrat I. Klasse an der Botschaft in Seoul

Elfenkämper, Helmut Vortragender Legationsrat und Vertreter des Leiters im Referat 214 „Polen, ČSFR, Ungarn, Estland, Lettland, Litauen“

Elias, Jürgen Botschafter in Hanoi

Ellerkmann, Richard Botschafter in Ottawa

Erath, Hermann Vortragender Legationsrat I. Klasse und Leiter der Arbeitseinheit 010-9 „Kommunikation“

Erck, Wolfgang Vortragender Legationsrat I. Klasse und Leiter des Referats 202 „WEU, Verteidigungs- und Ausbildungshilfe, Rüstungskooperation, Übungen“

Evertz, Gottfried Botschaftsrat I. Klasse an der Botschaft in Lagos

Fiedler, Heinz Botschafter in Kairo; 1987–1990 Ministerialdirigent und als Beauftragter für Nah- und Mittelostpolitik Leiter der Unterabteilung 31

Fischer, Matthias Legationsrat an der Botschaft in Warschau

Fitschen, Thomas Legationsrat im Referat 500 „Allgemeines Völkerrecht“

Fleischer, Martin Legationsrat I. Klasse im Referat 431 „Internationale Zusammenarbeit bei der friedlichen Nutzung der Kernenergie, der Nichtverbreitung und der nuklearen Forschung; EURATOM, IAEO, OECD-NEA, Internationales Trägertechnologie-Regime“

Foth, Rolf-Barnim Legationsrat I. Klasse im Referat 213 „Russland, Weißrussland, Ukraine, Moldau, Kaukasus, Zentralasien, GUS“

Freitag, Armin Botschafter in Teheran, seit 1. September 1992 Botschafter in Peking

Freytag von Loringhoven, Arndt Freiherr Legationsrat I. Klasse an der Botschaft in Moskau

Frick, Helmut Vortragender Legationsrat I. Klasse und Leiter des Referats 250 „Grundsatzfragen und Bewertung der Implementierung; Daten- und Informationsaustausch“

Friedrich, Heidi Botschaftsrätin an der Botschaft in Bern

Friedrich, Jan Vortragender Legationsrat im Referat 424 „Exportkontrollfragen: Grundsatzfragen; Rüstungsexporte; COCOM“

Fulda, Gerhard Vortragender Legationsrat I. Klasse und Leiter des Referats 430 „Internationale Zusammenarbeit bei der technologischen Entwicklung und naturwissenschaftlichen Forschung; Weltraumforschung und -erschließung; ESA“

von der Gablentz, Otto Martin Botschafter in Tel Aviv

Gaerte, Wolfgang Vortragender Legationsrat und Vertreter des Leiters im Referat 515 „Internationale Zusammenarbeit in Sicherheitsfragen und internationale polizeiliche Zusammenarbeit“

Ganter, Bernd Legationsrat I. Klasse im Referat 412 „Europäische Gemeinschaften: Wirtschafts-, Finanz- und Währungspolitik; Nationale und internationale Wirtschafts- und Währungsfragen; Wirtschaftsgipfel, IWF, OECD, EBWE“

Garbe, Otfried Vortragender Legationsrat und Vertreter des Leiters im Referat 320 „Südliches Afrika“

Garbers, Friedrich Vortragender Legationsrat I. Klasse und Leiter des Referats 423 „Internationale Verkehrspolitik; internationale Tourismuspolitik“

Geier, Michael Vortragender Legationsrat und Vertreter des Leiters im Referat 203 „Frankreich, Andorra, Monaco, Belgien, Niederlande, Luxemburg, Österreich, Schweiz, Liechtenstein“

Geißler-Kuß, Christiane Gesandtin und Vertreterin des Botschafters in Bukarest

Genscher, Hans-Dietrich Bundesminister des Auswärtigen bis 18. Mai 1992

Gerdts, Michael Vortragender Legationsrat im Referat 010 „Ministerbüro“ und Persönlicher Referent der Bundesminister Genscher und Kinkel, seit 2. März 1992 Vertreter des Referatsleiters und seit 2. Juni 1992 Vortragender Legationsrat I. Klasse

Gerz, Wolfgang Vortragender Legationsrat I. Klasse und Leiter des Referats 231 „Politische Fragen des Wirtschafts- und Sozialbereichs der Vereinten Nationen; Menschenrechtsfragen; VN-Hilfswerke (UNICEF, UNHCR, UNRWA)“

Gescher, Valentin Legationsrat I. Klasse im Referat 412 „Europäische Gemeinschaften: Wirtschafts-, Finanz- und Währungspolitik; Nationale und internationale Wirtschafts- und Währungsfragen; Wirtschaftsgipfel, IWF, OECD, EBWE“

Gnodtke, Hans-Günter Vortragender Legationsrat und Vertreter des Leiters im Referat 011 „Parlaments- und Kabinettsreferat“ seit Juli 1992

Göbel, Stefan Botschaftsrat bzw. seit 22. Juli 1992 Botschaftsrat I. Klasse an der Botschaft in Paris

Göckel, Helmut Vortragender Legationsrat I. Klasse und Leiter des Referats 421 „Wirtschaftsbeziehungen zu Russland, Weißrussland, Ukraine, Moldau, Kaukasus, Asiatische Republiken der GUS“

Goetz, Hans-Joachim Vortragender Legationsrat und Vertreter des Leiters im Referat 503 „Stationierungsrecht für die verbündeten Streitkräfte; Vermögensrechtliche Fragen, die aus den beiden Weltkriegen und NS-Unrecht herrühren; Grenzen der Bundesrepublik Deutschland“

Görgens, Lutz-Hermann Botschaftsrat an der Botschaft in Washington

Gottwald, Klaus-Peter Vortragender Legationsrat und Vertreter des Leiters im Referat 242 „Genfer Abrüstungskonferenz, insbesondere nuklearer Teststopp, B- und C-Waffen; Nichtverbreitung; regionale Abrüstung außerhalb Europas; Jahresabrüstungsbericht“

Graevenitz, Hanno von 1987–1992 Botschaftsrat an der Botschaft in Den Haag

Graf, Albert Vortragender Legationsrat im Referat 02 „Planungsstab“

Gruber, Wilfried Vortragender Legationsrat I. Klasse und Leiter des Referats 241 „Sicherheit, Abrüstung und Rüstungskontrolle, Vertrauensbildung in Europa“

Grüber, Isa-Gabriele Dolmetscherin im Referat 105 „Sprachendienst“

Gründel, Hermann Botschafter in Kopenhagen

Grünhage, Jochen Ministerialdirigent und Vertreter des Leiters der Ständigen Vertretung bei den Europäischen Gemeinschaften in Brüssel

Haak, Volker Vortragender Legationsrat I. Klasse und Leiter des Referats 212 „Fragen der allgemeinen West-Ost-Beziehungen (u. a. Konferenz über Sicherheit und Zusammenarbeit in Europa und KSZE-Prozess)" bis 28. Oktober 1992

Haber, Emily Legationsrätin I. Klasse im Referat 213 „Russland, Weißrussland, Ukraine, Moldau, Kaukasus, Zentralasien, GUS"

Hach, Carl Dieter Botschafter in Tripolis

Hacker, Joachim Vortragender Legationsrat und Vertreter des Leiters im Referat 422 „Grundsatzfragen der Außenwirtschaftspolitik; Außenwirtschaftsförderung; Gewährleistungen für Ausfuhren und Auslandsinvestitionen; Grundsatzfragen der internationalen Verschuldung, Umschuldung staatlich versicherter Handelsforderungen; Messewesen"

von dem Hagen, Wolf-Eberhard Vortragender Legationsrat I. Klasse und Vertreter des Leiters im Referat 02 „Planungsstab"

Haßmann, Walter Legationsrat I. Klasse im Referat 600 „Grundsatzfragen, Gesamtplanung, kulturpolitische Öffentlichkeitsarbeit; Rechts-, Status- und Sicherheitsfragen; Institut für Auslandsbeziehungen; deutsch-ausländische Kulturgesellschaften im Inland; Gästeprogramm der Bundesrepublik Deutschland"

Hausmann, Christian Vortragender Legationsrat und Vertreter des Leiters im Referat 420 „Wirtschaftsbeziehungen zu den baltischen Staaten, ČSFR, Polen, Ungarn und Südosteuropa; Gruppe der 24"

Hauswedell, Peter Christian Vortragender Legationsrat bzw. seit 25. Februar 1992 Vortragender Legationsrat I. Klasse im Referat 02 „Planungsstab", mit Wirkung vom 1. September 1992 in das Bundeskanzleramt versetzt

Hecker, Joachim Legationsrat I. Klasse an der Botschaft in Peking

Hector, Pascal Legationssekretär im Referat 212 „Fragen der allgemeinen West-Ost-Beziehungen (u. a. Konferenz über Sicherheit und Zusammenarbeit in Europa und KSZE-Prozess)"

Heide, Winfried Vortragender Legationsrat I. Klasse und Leiter des Referats 616 „Planung und Koordinierung der regionalen und bilateralen kulturpolitischen Zusammenarbeit mit den Staaten Mittel-, Ost- und Südosteuropas, im Transkaukasus und in Zentralasien; Kulturabkommen; gemischte Kulturkommissionen und Konsultationen auf Direktorenebene; Kulturwochen; Kulturreferententagungen"

Heinichen, Otto-Raban Gesandter und Vertreter des Botschafters in Paris

Heinsberg, Volker Botschafter in Port-au-Prince, vom 1. Juni bis 27. Oktober 1992 an das Referat 421 „Wirtschaftsbeziehungen zu Russland, Weißrussland, Ukraine, Moldau, Kaukasus, Asiatische Republiken der GUS" abgeordnet

Hellbeck, Hannspeter Botschafter in Peking bis 31. August 1992

Hennig, Ortwin Botschaftsrat I. Klasse und Vertreter des Leiters der Delegation beim KSZE-Forum für Sicherheitskooperation (FSK) in Wien

Henze, Gerhard Ministerialdirigent und als Beauftragter für Lateinamerikapolitik Leiter der Unterabteilung 33 in der Abteilung 3 „Politische Abteilung“

Hermes, Peter 1975–1979 Staatssekretär

Hertrampf, Doris Botschaftsrätin an der Botschaft in Moskau

Herwarth von Bittenfeld, Hans Heinrich 1965–1969 Botschafter in Rom

Herz, Guido Botschaftsrat und Vertreter des Botschafters in Tunis

von der Heyden, Albrecht Botschaftsrat I. Klasse und Vertreter des Botschafters in Jakarta

Heyken, Eberhard Gesandter und Vertreter des Botschafters in Moskau

Heymer, Guido Vortragender Legationsrat I. Klasse und Leiter des Referats 331 „Zentralamerika, Karibik, Kolumbien, Mexiko, Panama, Venezuela“

Hildner, Guido Legationsrat im Referat 600 „Grundsatzfragen, Gesamtplanung, kulturpolitische Öffentlichkeitsarbeit; Rechts-, Status- und Sicherheitsfragen; Institut für Auslandsbeziehungen; deutsch-ausländische Kulturgesellschaften im Inland; Gästeprogramm der Bundesrepublik Deutschland“

Hilger, Reinhard Vortragender Legationsrat I. Klasse und Leiter des Referats 500 „Allgemeines Völkerrecht“

Hille, Gunnar Legationsrat im Referat 105 „Sprachendienst“

Hiller, Armin Botschaftsrat I. Klasse und Vertreter des Botschafters in Prag

Hillgenberg, Hartmut Ministerialdirigent und Leiter der Unterabteilung 51 in der Abteilung 5 „Rechtsabteilung“

Hoelscher-Obermaier, Wolfgang Legationssekretär und Vertreter des Botschafters in Hanoi

Hoessle, Andreas von Vortragender Legationsrat I. Klasse und Leiter des Referats 310 „Naher Osten“

Höfer-Wissing, Neithart Legationsrat I. Klasse an der Botschaft in Belgrad

Hofstetter, Rolf Ministerialdirigent und Leiter der Unterabteilung 20 in der Abteilung 2 „Politische Abteilung“, seit 1. September 1992 Botschafter in Prag

Holderbaum, Klaus Vortragender Legationsrat I. Klasse und Leiter des Referats 301 „Humanitäre Sofort-, Katastrophen- und Flüchtlingshilfe im Ausland“

Holik, Josef Botschafter und als Beauftragter der Bundesregierung für Fragen der Abrüstung und Rüstungskontrolle Leiter der Abteilung 2 A

Holl, Norbert-Heinrich Vortragender Legationsrat I. Klasse und Leiter des Referats 340 „Südasien: Vorderindien, Afghanistan“

Holzheuer, Helmut Amtsrat im Referat 422 „Grundsatzfragen der Außenwirtschaftspolitik; Außenwirtschaftsförderung; Gewährleistungen für Ausfuhren und Auslandsinvestitionen; Grundsatzfragen der internationalen Verschuldung, Umschuldung staatlich versicherter Handelsforderungen; Messewesen“

Honsowitz, Herbert Vortragender Legationsrat I. Klasse und Leiter des Referats 212 „Gesamteuropäische politische Strukturen, KSZE“ seit Ende Oktober 1992

Horsten, Heinrich Vortragender Legationsrat, Vorsitzender des Personalrats

Höynck, Wilhelm Botschafter z. b. V. (2-Z 1), am 7. Februar 1992 abgeordnet als Leiter der Delegation bei der KSZE-Folgekonferenz vom 24. März bis 8. Juli 1992 in Helsinki

Huber, Hermann Botschafter in Prag bis 1. September 1992

Huber, Reinhold Botschaftsrat I. Klasse an der Botschaft in London, seit 25. Mai 1992 Vortragender Legationsrat I. Klasse und Leiter des Referats 206 „Mittelmeerfragen; Portugal, Spanien, Italien, San Marino, Heiliger Stuhl, Griechenland, Türkei, Zypern, Malta, Malteser-Ritter-Orden"

Hutter, Thorsten Legationssekretär im Referat 204 „Vereinigte Staaten von Amerika mit den Außengebieten in der Karibik; Koordinierung der deutsch-amerikanischen zwischengesellschaftlichen, kultur- und informationspolitischen Zusammenarbeit"

Ischinger, Wolfgang Gesandter an der Botschaft in Paris

Jacobs, Christoph Vortragender Legationsrat und Vertreter des Leiters im Referat 400 „Außenpolitische Grundsätze der Entwicklungspolitik, Grundsätze der Finanziellen Zusammenarbeit; Entwicklungspolitik der Europäischen Gemeinschaften; Multilaterale Entwicklungsbanken (Weltbank); Entwicklungsausschuss der OECD (DAC); DEG; KfW; DIE"

Jagow, Peter von Vortragender Legationsrat I. Klasse und Leiter des Referats 200 „Europäische Einigung und Politische Zusammenarbeit (EPZ); Europarat; nichtstaatliche europäische Organisationen"

Jelonek, Alois Botschafter und Leiter der Ständigen Vertretung bei dem Büro der Vereinten Nationen und bei den anderen internationalen Organisationen in Genf

Jess, Herbert Vortragender Legationsrat I. Klasse und Leiter des Referats 416 „Europäische Gemeinschaften: Binnenmarkt, Soziale Dimension des Binnenmarktes, Gemeinsame Agrar-, Fischerei-, Struktur-, Industrie-, Wettbewerbs-, Verkehrs-, Sozial-, Verbraucher- und Bildungspolitik, Rechtsangleichung; bilaterale Wirtschaftsbeziehungen zu den EG-Mitgliedstaaten" seit 15. Juli 1992

Jessen, Christoph Vortragender Legationsrat und Vertreter des Leiters im Referat 402 „Grundsätze des Nord-Süd-Dialogs; Multilaterale wirtschaftliche Zusammenarbeit im Rahmen der VN, insbesondere UNCTAD und ECOSOC; Internationale Rohstoffpolitik einschließlich Internationale Tropenholzorganisation und Tiefseebergbau; Welternährungsfragen, insbesondere FAO" bis 1. Juli 1992

Joetze, Günter Botschafter und Leiter der VVSBM-Delegation in Wien bzw. seit Mitte September 1992 Leiter der Delegation beim KSZE-Forum für Sicherheitskooperation (FSK) in Wien

Johannes, Berthold Vortragender Legationsrat und Vertreter des Leiters im Referat 250 „Grundsatzfragen und Bewertung der Implementierung; Daten- und Informationsaustausch"

Junker, Ulrich Gesandter an der Botschaft in Paris

Kaiser, Maximilian Oberst i. G. und Militärattaché an der Botschaft in Ankara

Kaltenbach, Dorothee Legationsrätin im Referat 105 „Sprachendienst"

Kastrup, Dieter Staatssekretär

Kaufmann-Bühler, Werner Vortragender Legationsrat I. Klasse und Leiter des Referats 410 „Europäische Gemeinschaften: Grundsatz- und Rechtsfragen, Institutionen, Beitritte, EG-Haushalt“

Kaul, Hans-Peter Vortragender Legationsrat und Vertreter des Leiters im Referat 310 „Naher Osten“

Kemmerling, Guido Legationsrat I. Klasse im Referat 421 „Wirtschaftsbeziehungen zu Russland, Weißrussland, Ukraine, Moldau, Kaukasus, Asiatische Republiken der GUS“

Kern, Wiltrud Legationssekretärin im Referat 340 „Südasien: Vorderindien, Afghanistan“

Keßler, Wolfgang Oberregierungsrat am Generalkonsulat in Schanghai

Kiewitt, Peter Botschafter in Beirut

Kindermann, Harald Ministerialrat im Referat 02 „Planungsstab“

Kinkel, Klaus Bundesminister der Justiz, seit 18. Mai 1992 Bundesminister des Auswärtigen; 1974–1977 Ministerialdirigent bzw. seit 1976 Ministerialdirektor sowie Leiter des Leitungsstabs und des Referats 010 „Ministerbüro“; 1977–1979 Leiter des Referats 02 „Planungsstab“

Kittlitz, Arne Freiherr von Vortragender Legationsrat und Vertreter des Leiters im Referat 204 „Vereinigte Staaten von Amerika mit den Außengebieten in der Karibik; Koordinierung der deutsch-amerikanischen zwischengesellschaftlichen, kultur- und informationspolitischen Zusammenarbeit“

Klaiber, Klaus-Peter Botschafter z. b. V. (2-Z 2), seit 1. September 1992 Ministerialdirigent und Leiter der Unterabteilung 20 in der Abteilung 2 „Politische Abteilung“

Kleiner, Jürgen Botschafter in Seoul bis 14. Februar 1992

Kliesow, Roland Botschaftsrat I. Klasse und Vertreter des Botschafters in Santiago de Chile

Klinger, Markus Legationssekretär im Referat 503 „Stationierungsrecht für die verbündeten Streitkräfte; Vermögensrechtliche Fragen, die aus den beiden Weltkriegen und NS-Unrecht herrühren; Grenzen der Bundesrepublik Deutschland“

Klöckner, Ulrich Legationsrat I. Klasse im Referat 411 „Europäische Gemeinschaften: Außenbeziehungen: West, EFTA, Ost, Gemeinsame Handelspolitik, GATT, bilaterale Wirtschaftsbeziehungen zu westlichen Industriestaaten (außer EG-Mitgliedstaaten); Europäische Zusammenarbeit in der Luftfahrtindustrie (Airbus)“

Knackstedt, Günter Botschafter in Warschau

Knieß, Günter Vortragender Legationsrat und Vertreter des Leiters im Referat 342 „Südostasien, Australien, Neuseeland, Pazifik“

Knirsch, Hubert Legationsrat an der Botschaft in Warschau

Knoop, Claas Vortragender Legationsrat und Vertreter des Leiters im Referat 413 „Europäische Gemeinschaften: Außenbeziehungen: Dritte Welt und Südafrika; Assoziations- und Kooperationspolitik; Beteiligung der EG an internationalen Verträgen, Konferenzen und Organisationen; Bilaterale Wirtschaftsbeziehungen zu europäischen Staaten des Mittelmeerraums“

Knotz, Ulrike Vortragende Legationsrätin im Referat 413 „Europäische Gemeinschaften: Außenbeziehungen: Dritte Welt und Südafrika; Assoziations- und Kooperationspolitik; Beteiligung der EG an internationalen Verträgen, Konferenzen und Organisationen; Bilaterale Wirtschaftsbeziehungen zu europäischen Staaten des Mittelmeerraums“

Koebel, Gregor Vortragender Legationsrat und Leiter der Arbeitseinheit 410-9 „Europäisches Parlament“

Koenig, Günther Vortragender Legationsrat und Vertreter des Leiters im Referat 012 „Öffentlichkeitsarbeit, politische Kontakte“

König, Karl-Otto Legationsrat I. Klasse im Referat 206 „Mittelmeerfragen; Portugal, Spanien, Italien, San Marino, Heiliger Stuhl, Griechenland, Türkei, Zypern, Malta, Malteser-Ritter-Orden“

Kraemer, Klaus-Christian Vortragender Legationsrat und Vertreter des Leiters im Referat 014 „Büro Staatssekretäre“ sowie Persönlicher Referent des Staatssekretärs Lautenschlager

Kraus, Reinhart Botschafter in Minsk

Kraus-Massé, Jens Legationssekretär im Referat 511 „Strafrecht, Fragen des internationalen Steuerrechts und des Zollrechts“

Krebs, Werner Botschaftsrat I. Klasse und Vertreter des Botschafters in Wien

Krier, Stefan Vortragender Legationsrat und Vertreter des Leiters im Referat 331 „Zentralamerika, Karibik, Kolumbien, Mexiko, Panama, Venezuela“

Krumrei, Claus Legationsrat I. Klasse in der Arbeitseinheit 110-8 „Lagezentrum“

Kuhna, Karl-Heinz Vortragender Legationsrat I. Klasse und Leiter des Referats 206 „Mittelmeerfragen; Portugal, Spanien, Italien, San Marino, Heiliger Stuhl, Griechenland, Türkei, Zypern, Malta, Malteser-Ritter-Orden“ bis 11. Mai 1992

Kunz, Gerhard Gesandter an der Botschaft in London

Kunzmann, Karl Heinz Botschafter in Tunis

Küster, Detlef Oberamtsrat im Referat 416 „Europäische Gemeinschaften: Binnenmarkt, Soziale Dimension des Binnenmarktes, Gemeinsame Agrar-, Fischerei-, Struktur-, Industrie-, Wettbewerbs-, Verkehrs-, Sozial-, Verbraucher- und Bildungspolitik, Rechtsangleichung; bilaterale Wirtschaftsbeziehungen zu den EG-Mitgliedstaaten“

Kyaw, Dietrich von Ministerialdirigent und Leiter der Unterabteilung 41 in der Abteilung 4 „Wirtschaftsabteilung“

Lambach, Frank Vortragender Legationsrat I. Klasse und Leiter des Referats 216 „Außenpolitische Fragen der Durchführung der Abschließenden Regelung in Bezug auf Deutschland“

Lässing, Rose Vortragende Legationsrätin im Referat 411 „Europäische Gemeinschaften: Außenbeziehungen: West, EFTA, Ost, Gemeinsame Handelspolitik, GATT, bilaterale Wirtschaftsbeziehungen zu westlichen Industriestaaten (außer EG-Mitgliedstaaten); Europäische Zusammenarbeit in der Luftfahrtindustrie (Airbus)“

Lautenschlager, Hans Werner Staatssekretär

Leonberger, Kurt Botschaftsrat I. Klasse an der Ständigen Vertretung bei den Vereinten Nationen in New York

Lerke, Wolfgang Legationsrat I. Klasse und Leiter der Vertretung in Phnom Penh

Leutrum von Ertingen, Norwin Graf Vortragender Legationsrat I. Klasse und Leiter des Referats 205 „Vereinigtes Königreich, Gemeinsame Fragen des Commonwealth, Kanada, Irland, Nordische Staaten"

Libal, Michael Vortragender Legationsrat I. Klasse und Leiter des Referats 215 „Südosteuropa"

Lincke, Dietrich Vortragender Legationsrat I. Klasse und Leiter des Referats 503 „Stationierungsrecht für die verbündeten Streitkräfte; Vermögensrechtliche Fragen, die aus den beiden Weltkriegen und NS-Unrecht herrühren; Grenzen der Bundesrepublik Deutschland"

Linden, Ludwig Vortragender Legationsrat und Leiter der Arbeitseinheit 310-9 „Europäisch-Arabischer Dialog"

Loria, Loretta Vortragende Legationsrätin im Referat 215 „Südosteuropa"

Loschelder, Doretta Maria Vortragende Legationsrätin und Leiterin des Referats 108 „Familien- und Frauenfragen" sowie Frauenbeauftragte

Löschner, Harald Botschaftsrat I. Klasse und Vertreter des Botschafters in Teheran

Lucas, Hans-Dieter Legationsrat I. Klasse im Referat 214 „Polen, ČSFR, Ungarn, Estland, Lettland, Litauen"

Lüdeking, Rüdiger Vortragender Legationsrat und Vertreter des Leiters im Referat 241 „Sicherheit, Abrüstung und Rüstungskontrolle, Vertrauensbildung in Europa"

Lutz, Martin Botschaftsrat I. Klasse und Vertreter des Botschafters in Belgrad, seit 20. Juli 1992 Vortragender Legationsrat I. Klasse und Leiter des Referats 420 „Wirtschaftsbeziehungen zu den baltischen Staaten, ČSFR, Polen, Ungarn und Südosteuropa; Gruppe der 24"

Mahnicke, Holger Legationsrat im Referat 212 „Fragen der allgemeinen West-Ost-Beziehungen (u. a. Konferenz über Sicherheit und Zusammenarbeit in Europa und KSZE-Prozess)"

Maltzahn, Paul Freiherr von Vortragender Legationsrat I. Klasse und Leiter des Referats 110 „Organisation"

Manig, Wolfgang Legationsrat I. Klasse in der Arbeitseinheit 421-9 „Arbeitsstab Hilfe an die Staaten der GUS"

Mann, Marcus Vortragender Legationsrat und Vertreter des Leiters im Referat 433 „Internationale Umweltpolitik"

Marschall von Bieberstein, Joachim Freiherr Legationsrat I. Klasse in der Arbeitseinheit 410-9 „Europäisches Parlament"

Mattes, Arnulf Vortragender Legationsrat I. Klasse und Leiter des Referats 514 „Ausländerrecht einschließlich Asylrecht; Sichtvermerkswesen; Ausländerpolitik; Ausländisches Passrecht"

Matuschka, Mario Graf von Ministerialdirigent und Leiter der Unterabteilung 43 in der Abteilung 4 „Wirtschaftsabteilung“

Matussek, Thomas Vortragender Legationsrat I. Klasse und Vertreter des Leiters im Referat 010 „Ministerbüro“, seit 2. März 1992 Leiter des Referats

Meier-Klodt, Cord Legationsrat I. Klasse im Referat 214 „Polen, ČSFR, Ungarn, Estland, Lettland, Litauen“

Mertens, Jürgen Vortragender Legationsrat im Referat 421 „Wirtschaftsbeziehungen zu Russland, Weißrussland, Ukraine, Moldau, Kaukasus, Asiatische Republiken der GUS“

Mettenheim, Andreas von Vortragender Legationsrat und Vertreter des Leiters im Referat 206 „Mittelmeerfragen; Portugal, Spanien, Italien, San Marino, Heiliger Stuhl, Griechenland, Türkei, Zypern, Malta, Malteser-Ritter-Orden“

Metternich, Cornelius Generalkonsul in Los Angeles

Meyer, Matthias Botschaftsrat und Vertreter des Botschafters in Amman

Meyke, Frank Vortragender Legationsrat und Vertreter des Leiters im Referat 423 „Internationale Verkehrspolitik; internationale Tourismuspolitik“

Michael, Holger Botschaftsrat und Vertreter des Botschafters in Seoul

Mohrmann, Ulrich Regierungsdirektor an der Ständigen Vertretung bei den Europäischen Gemeinschaften in Brüssel

Mondorf, Hans Vortragender Legationsrat im Referat 330 „Argentinien, Bolivien, Brasilien, Chile, Ecuador, Paraguay, Peru, Uruguay“

Mulack, Gunter Botschafter in Kuwait-Stadt

Müller, Rainer Vortragender Legationsrat und Vertreter des Leiters im Referat 013 „Pressereferat“

Müller-Holtkemper, Carola Legationsrätin I. Klasse in der Arbeitseinheit 424-9 „Exportkontrolle zur Verhinderung der Verbreitung nichtkonventioneller Waffen einschließlich Trägerwaffen“

Mülmenstädt, Matthias Vortragender Legationsrat und Vertreter des Leiters im Referat 213 „Russland, Weißrussland, Ukraine, Moldau, Kaukasus, Zentralasien, GUS“

Münch, Wolfgang Regierungsdirektor an der Ständigen Vertretung bei den Vereinten Nationen in New York

Münzel, Rainer Legationsrat I. Klasse im Referat 216 „Außenpolitische Fragen der Durchführung der Abschließenden Regelung in Bezug auf Deutschland“

Nemeyer, Uwe Oberstleutnant i. G. und Mitarbeiter im Referat 250 „Grundsatzfragen und Bewertung der Implementierung; Daten- und Informationsaustausch“

Nestroy, Harald-Norbert Vortragender Legationsrat I. Klasse und Leiter des Referats 203 „Frankreich, Andorra, Monaco, Belgien, Niederlande, Luxemburg, Österreich, Schweiz, Liechtenstein“

Neubert, Klaus Vortragender Legationsrat I. Klasse und Leiter des Referats 213 „Russland, Weißrussland, Ukraine, Moldau, Kaukasus, Zentralasien, GUS“

Neubronner, Georg von Vortragender Legationsrat I. Klasse und Leiter des Referats 615 „Kulturelle Zusammenarbeit in internationalen und supranationalen Organisationen (UNESCO, EG, Europarat, KSZE, OECD, NATO)"

Ney, Martin Vortragender Legationsrat im Referat 014 „Büro Staatssekretäre" und Persönlicher Referent des Staatssekretärs Kastrup

Nicolai, Hermann Legationsrat im Referat 311 „Mittlerer Osten, Maghreb" bzw. seit 26. April 1992 an der Botschaft in Islamabad

Nitzschke, Ulrich Botschaftsrat an der Botschaft in Washington

Nocker, Walter Vortragender Legationsrat I. Klasse und Leiter des Referats 431 „Internationale Zusammenarbeit bei der friedlichen Nutzung der Kernenergie, der Nichtverbreitung und der nuklearen Forschung; EURATOM, IAEO, OECD-NEA, Internationales Trägertechnologie-Regime"

Nordenskjöld, Fritjof von Gesandter und Vertreter des Botschafters in Washington

Notbohm-Ruh, Perry Legationsrätin zur Anstellung, Dolmetscherin im Referat 105 „Sprachendienst"

Oesterhelt, Jürgen Ministerialdirektor und Leiter der Abteilung 5 „Rechtsabteilung" sowie Völkerrechtsberater, seit 1. Juli 1992 Botschafter in Ankara

Oetter, Bernd Botschaftsrat I. Klasse an der Botschaft in London

Ott, Michael Legationsrat im Referat 422 „Grundsatzfragen der Außenwirtschaftspolitik; Außenwirtschaftsförderung; Gewährleistungen für Ausfuhren und Auslandsinvestitionen; Grundsatzfragen der internationalen Verschuldung, Umschuldung staatlich versicherter Handelsforderungen; Messewesen"

Pabsch, Wiegand Botschafter in Santiago de Chile

Pakowski, Horst Vortragender Legationsrat I. Klasse und Leiter des Referats 100 „Allgemeine Personalangelegenheiten"

Paschke, Karl-Theodor Ministerialdirektor und Leiter der Abteilung 1 „Zentralabteilung"

Pauls, Christian Vortragender Legationsrat und Leiter der Arbeitseinheit 212-9 „Gesamteuropäische Stabilitätspolitik"

Peruzzo, Guido Regierungsdirektor an der Ständigen Vertretung bei den Europäischen Gemeinschaften in Brüssel

Petri, Alexander Vortragender Legationsrat und Leiter der Arbeitseinheit 424-9 „Exportkontrolle zur Verhinderung der Verbreitung nichtkonventioneller Waffen einschließlich Trägerwaffen"

Pfeifer, Jürgen Legationsrat I. Klasse im Referat 013 „Pressereferat"

Pieck, Werner Vortragender Legationsrat I. Klasse und Leiter des Referats 600 „Grundsatzfragen, Gesamtplanung, kulturpolitische Öffentlichkeitsarbeit; Rechts-, Status- und Sicherheitsfragen; Institut für Auslandsbeziehungen; deutsch-ausländische Kulturgesellschaften im Inland; Gästeprogramm der Bundesrepublik Deutschland"

Pleuger, Gunter Gesandter an der Botschaft in Washington; 1985–1988 Vortragender Legationsrat I. Klasse und Leiter des Referats 012 „Öffentlichkeitsarbeit"

Ploetz, Hans-Friedrich von Botschafter und Leiter der Ständigen Vertretung bei der NATO in Brüssel

Pohl, Eberhard Botschaftsrat an der Ständigen Vertretung bei der NATO in Brüssel

Pöhlmann, Jürgen Gesandter an der Ständigen Vertretung bei der NATO in Brüssel

Preisinger, Johannes Vortragender Legationsrat und Vertreter des Leiters im Referat 431 „Internationale Zusammenarbeit bei der friedlichen Nutzung der Kernenergie, der Nichtverbreitung und der nuklearen Forschung; EURATOM, IAEO, OECD-NEA, Internationales Trägertechnologie-Regime"

Prinz, Anna-Elisabeth Legationsrätin I. Klasse im Referat 402 „Grundsätze des Nord-Süd-Dialogs; Multilaterale wirtschaftliche Zusammenarbeit im Rahmen der VN, insbesondere UNCTAD und ECOSOC; Internationale Rohstoffpolitik einschließlich Internationale Tropenholzorganisation und Tiefseebergbau; Welternährungsfragen, insbesondere FAO"

Prügel, Peter Legationssekretär im Referat 216 „Außenpolitische Fragen der Durchführung der Abschließenden Regelung in Bezug auf Deutschland"

Pulch, Michael Legationsrat I. Klasse an der Botschaft in Washington

Ranner, Klaus Botschaftsrat an der Botschaft in Teheran

Rantzau, Detlev Graf zu Botschafter und Leiter der Ständigen Vertretung bei den Vereinten Nationen in New York

Rau, Helmut Botschaftsrat I. Klasse und Vertreter des Botschafters in Algier

Regenbrecht, Johannes Legationsrat I. Klasse und Vertreter des Botschafters in Minsk

Rehlen, Hermann Oberamtsrat im Referat 010 „Ministerbüro"

Reiche, Friedrich Vortragender Legationsrat I. Klasse und Leiter des Referats 014 „Büro Staatssekretäre" bis 28. September 1992

Reichenbaum, Werner Botschafter und als Beauftragter für Nord-Süd-Verhandlungen Leiter der Unterabteilung 40 in der Abteilung 4 „Wirtschaftsabteilung"

Reichert, Karlheinz Kapitän z. S. und Militärattaché an der Botschaft in London

Resch, Paul Vortragender Legationsrat und Vertreter des Leiters im Referat 402 „Grundsätze des Nord-Süd-Dialogs; Multilaterale wirtschaftliche Zusammenarbeit im Rahmen der VN, insbesondere UNCTAD und ECOSOC; Internationale Rohstoffpolitik einschließlich Internationale Tropenholzorganisation und Tiefseebergbau; Welternährungsfragen, insbesondere FAO" seit 1. Juli 1992

Richthofen, Hermann Freiherr von Botschafter in London

Richtsteig, Michael Vortragender Legationsrat im Referat 502 „Recht der diplomatischen und konsularischen Beziehungen und der Beziehungen zu internationalen Organisationen"

Riedel, Norbert Legationssekretär bzw. seit 27. Oktober 1992 Legationsrat im Referat 424 „Exportkontrollfragen: Grundsatzfragen; Rüstungsexporte; COCOM"

Ring, Franz Vortragender Legationsrat und Vertreter des Leiters im Referat 416 „Europäische Gemeinschaften: Binnenmarkt, Soziale Dimension des Binnenmarktes, Gemeinsame Agrar-, Fischerei-, Struktur-, Industrie-, Wettbewerbs-, Verkehrs-, Sozial-, Verbraucher- und Bildungspolitik, Rechtsangleichung; bilaterale Wirtschaftsbeziehungen zu den EG-Mitgliedstaaten"

Rode, Karl-Heinz Vortragender Legationsrat in der Arbeitseinheit 012-9 „Öffentlichkeitsarbeit Ausland"

Roesch, Rainald Generalkonsul in Stettin

Rohde, Jens-Martin Oberst i. G. und Militârattaché an der Botschaft in Moskau

Röhr, Wolfgang Vortragender Legationsrat und Vertreter des Leiters im Referat 251 „Implementierung und Verifikation Ausland"

Rosengarten, Ulrich Gesandter und Vertreter des Leiters der Ständigen Vertretung bei dem Büro der Vereinten Nationen und bei den anderen internationalen Organisationen in Genf

Roßbach, Anton Ministerialdirigent und Leiter der Unterabteilung 24 in der Abteilung 2 A bis 21. September 1992

Ruhfus, Jürgen Botschafter in Washington bis 31. August 1992

Runge, Wolfgang Vortragender Legationsrat I. Klasse und Leiter des Referats 422 „Grundsatzfragen der Außenwirtschaftspolitik; Außenwirtschaftsförderung; Gewährleistungen für Ausfuhren und Auslandsinvestitionen; Grundsatzfragen der internationalen Verschuldung, Umschuldung staatlich versicherter Handelsforderungen; Messewesen"

Rupprecht, Klaus Botschaftsrat I. Klasse an der Botschaft in Peking

Sailer-Schuster, Adelheid Bundesbankdirektorin an der Botschaft in Rom

Salzwedel, Eberhard Oberamtsrat im Referat 010 „Ministerbüro"

Sander, Christoph Vortragender Legationsrat im Referat 411 „Europäische Gemeinschaften: Außenbeziehungen: West, EFTA, Ost, Gemeinsame Handelspolitik, GATT, bilaterale Wirtschaftsbeziehungen zu westlichen Industriestaaten (außer EG-Mitgliedstaaten); Europäische Zusammenarbeit in der Luftfahrtindustrie (Airbus)"

Sawroch, Horst Amtsrat im Fernmeldezentrum

Schaad, Dieter Botschafter und Leiter der Ständigen Vertretung bei dem Büro der Vereinten Nationen und bei den anderen internationalen Organisationen in Wien

Schäfer, Helmut Staatsminister

Schäfer, Roland Legationsrat I. Klasse an der Ständigen Vertretung bei den Vereinten Nationen in New York

Schaller, Peter Botschaftsrat und Leiter der Schutzmachtvertretung in Pjöngjang

Scharinger, Konrad Botschaftsrat an der Ständigen Vertretung bei der NATO in Brüssel

Scharioth, Klaus Vortragender Legationsrat und Vertreter des Leiters im Referat 500 „Allgemeines Völkerrecht"

Schatzschneider, Hellmut Gesandter und Vertreter des Botschafters in Neu Delhi

Scheel, Hermann Vortragender Legationsrat im Referat 105 „Sprachendienst"

Scheffer, Wilfried-Otto Brigadegeneral und Militärattaché an der Botschaft in Moskau

Schilling, Wolf-Dietrich Ministerialdirigent und Leiter der Unterabteilung 23 in der Abteilung 2 „Politische Abteilung“ sowie Koordinator für Menschenrechtsfragen

Schirmer, Horst Ministerialdirigent und Leiter der Unterabteilung 60 in der Abteilung 6 „Kulturabteilung“

Schlageter, Rainer Vortragender Legationsrat und Vertreter des Leiters im Referat 411 „Europäische Gemeinschaften: Außenbeziehungen: West, EFTA, Ost, Gemeinsame Handelspolitik, GATT, bilaterale Wirtschaftsbeziehungen zu westlichen Industriestaaten (außer EG-Mitgliedstaaten); Europäische Zusammenarbeit in der Luftfahrtindustrie (Airbus)“

Schlagintweit, Reinhard Ministerialdirektor und Leiter der Abteilung 3 „Politische Abteilung“

Schlegel, Volker Vortragender Legationsrat I. Klasse und Leiter des Referats 011 „Parlaments- und Kabinettsreferat“

Schlingensiepen, Georg-Hermann Botschafter in Damaskus

Schlote, Winfried Vortragender Legationsrat und Vertreter des Leiters im Referat 421 „Wirtschaftsbeziehungen zu Russland, Weißrussland, Ukraine, Moldau, Kaukasus, Asiatische Republiken der GUS“

Schlüter, Stefan Vortragender Legationsrat im Referat 311 „Mittlerer Osten, Maghreb“

Schmaus, Bernd Oberamtsrat im Referat 111 „Liegenschaften und Sachverwaltung der Vertretungen im Ausland“

Schmidt, Hans-Jochen Vortragender Legationsrat im Referat 411 „Europäische Gemeinschaften: Außenbeziehungen: West, EFTA, Ost, Gemeinsame Handelspolitik, GATT, bilaterale Wirtschaftsbeziehungen zu westlichen Industriestaaten (außer EG-Mitgliedstaaten); Europäische Zusammenarbeit in der Luftfahrtindustrie (Airbus)“

Schmidt, Rudolf Vortragender Legationsrat I. Klasse und Leiter des Referats 230 „Vereinte Nationen: Grundsatzfragen, Generalversammlung, Sicherheitsrat“, seit 28. September 1992 Leiter des Referats 014 „Büro Staatssekretäre“

Schmitz, Claudia Legationssekretärin in Referat 204 „Vereinigte Staaten von Amerika mit den Außengebieten in der Karibik; Koordinierung der deutsch-amerikanischen zwischengesellschaftlichen, kultur- und informationspolitischen Zusammenarbeit“

Schnakenberg, Oliver Legationssekretär im Referat 241 „Sicherheit, Abrüstung und Rüstungskontrolle, Vertrauensbildung in Europa“

Scholtyssek, Karl-Heinz Botschafter in Dhaka

Scholz, Peter Botschafter in Manila

Schönfelder, Wilhelm Ministerialdirigent und Leiter der Unterabteilung 42 in der Abteilung 4 „Wirtschaftsabteilung“

Schöning, Ulrich Botschaftsrat I. Klasse an der Botschaft in Moskau

Schregle, Klaus Oberamtsrat im Referat 511 „Strafrecht, Fragen des internationalen Steuerrechts und des Zollrechts“

Schröder, Helmuth Botschaftsrat I. Klasse und Vertreter des Botschafters in Islamabad

Schubert, Eberhard von Vortragender Legationsrat und Vertreter des Leiters im Referat 600 „Grundsatzfragen, Gesamtplanung, kulturpolitische Öffentlichkeitsarbeit; Rechts-,

Status- und Sicherheitsfragen; Institut für Auslandsbeziehungen; deutsch-ausländische Kulturgesellschaften im Inland; Gästeprogramm der Bundesrepublik Deutschland“

Schulenburg, Werner Graf von der Botschafter in Bern

Schulze, Rolf Vortragender Legationsrat im Referat 200 „Europäische Einigung und Politische Zusammenarbeit (EPZ); Europarat; nichtstaatliche europäische Organisationen“

Schumacher, Hanns Heinrich Vortragender Legationsrat I. Klasse und Leiter des Referats 013 „Pressereferat“

Schumacher, Rolf Vortragender Legationsrat und Vertreter des Leiters im Referat 201 „Atlantisches Bündnis und Verteidigung“

Schürmann, Wilhelm Vortragender Legationsrat I. Klasse und Leiter des Referats 416 „Europäische Gemeinschaften: Binnenmarkt, Soziale Dimension des Binnenmarktes, Gemeinsame Agrar-, Fischerei-, Struktur-, Industrie-, Wettbewerbs-, Verkehrs-, Sozial-, Verbraucher- und Bildungspolitik, Rechtsangleichung; bilaterale Wirtschaftsbeziehungen zu den EG-Mitgliedstaaten“, seit 29. Juni 1992 Leiter der Unterabteilung 50 in der Abteilung 5 „Rechtsabteilung“, seit 1. Juli 1992 Ministerialdirigent

Schütte, Rolf Botschaftsrat an der Ständigen Vertretung bei den Vereinten Nationen in New York

Seebode, Christian Vortragender Legationsrat in der Arbeitseinheit 012-9 „Öffentlichkeitsarbeit Ausland“

Seiler-Albring, Ursula Staatsministerin

Seitz, Konrad Ministerialdirektor und Leiter des Referats 02 „Planungsstab“, seit 5. März 1992 Botschafter in Rom

Siebourg, Gisela Vortragende Legationsrätin I. Klasse und Vertreterin des Leiters im Referat 105 „Sprachendienst“, seit 2. Januar 1992 Leiterin des Referats

Siemes, Dieter Botschafter in Seoul

Sommer, Cornelius Vortragender Legationsrat I. Klasse und Leiter des Referats 341 „Ostasien: China, Japan, Korea, Mongolei“

Sparwasser-Speller, Sabine Legationsrätin I. Klasse an der Botschaft in London

Speidel, Hans Oberst i. G. und Militärattaché an der Botschaft in Paris

Spohn, Ulrich Vortragender Legationsrat I. Klasse und Leiter des Referats 330 „Argentinien, Bolivien, Brasilien, Chile, Ecuador, Paraguay, Peru, Uruguay“

Sräga-König, Gudrun Legationsrätin I. Klasse im Referat 204 „Vereinigte Staaten von Amerika mit den Außengebieten in der Karibik; Koordinierung der deutsch-amerikanischen zwischengesellschaftlichen, kultur- und informationspolitischen Zusammenarbeit“

Stabreit, Immo Botschafter in Pretoria, seit 2. September 1992 Botschafter in Washington

Stackelberg, Hans Heinrich Freiherr von Vortragender Legationsrat und Vertreter des Leiters im Referat 230 „Vereinte Nationen: Grundsatzfragen, Generalversammlung, Sicherheitsrat“

Staks, Jürgen Vortragender Legationsrat I. Klasse und Leiter des Referats 342 „Südostasien, Australien, Neuseeland, Pazifik“

Stanchina, Christopher Vortragender Legationsrat und Vertreter des Leiters im Referat 424 „Exportkontrollfragen: Grundsatzfragen; Rüstungsexporte; COCOM"

Stanzel, Volker Botschaftsrat an der Botschaft in Peking

Steffler, Christel Botschafterin in Sofia

Steiner, Michael Vortragender Legationsrat und Leiter der Arbeitseinheit 215-9 „Koordinierung multilateraler Friedensbemühungen"

Stenglin, Karl Freiherr von Vortragender Legationsrat und Vertreter des Leiters im Referat 301 „Humanitäre Sofort-, Katastrophen- und Flüchtlingshilfe im Ausland"

Steppan, Hans-Lothar Generalkonsul in Skopje

Stier, Norbert Oberstleutnant i. G. und Mitarbeiter im Referat 241 „Sicherheit, Abrüstung und Rüstungskontrolle, Vertrauensbildung in Europa"

Strachwitz, Helga Gräfin Vortragende Legationsrätin I. Klasse und Leiterin des Referats 322 „Ostafrika, Zaire"

Stüdemann, Dietmar Botschaftsrat I. Klasse an der Botschaft in Moskau; 1988–1991 Vortragender Legationsrat und Vertreter des Leiters im Referat 213 „Sowjetunion"

Studnitz, Ernst-Jörg von Ministerialdirigent und Leiter der Unterabteilung 21 in der Abteilung 2 „Politische Abteilung"

Sudhoff, Jürgen Botschafter in Paris

Sulimma, Hans-Günter Ministerialdirigent und als Beauftragter für Afrikapolitik Leiter der Unterabteilung 32 in der Abteilung 3 „Politische Abteilung"

Taufmann, Sabine Attachée

Terfloth, Klaus Botschafter in Bukarest

Tiedt, Elke Legationsrätin I. Klasse in der Arbeitseinheit 012-9 „Öffentlichkeitsarbeit Ausland"

Traumann, Stefan Attaché im Referat 600 „Grundsatzfragen, Gesamtplanung, kulturpolitische Öffentlichkeitsarbeit; Rechts-, Status- und Sicherheitsfragen; Institut für Auslandsbeziehungen; deutsch-ausländische Kulturgesellschaften im Inland; Gästeprogramm der Bundesrepublik Deutschland"

Trautwein, Wolfgang Vortragender Legationsrat und Leiter der Arbeitseinheit 012-9 „Öffentlichkeitsarbeit Ausland"

Truhart, Peter Vortragender Legationsrat I. Klasse und Leiter des Referats 611 „Regionale und bilaterale kulturpolitische Zusammenarbeit mit Staaten Asiens, Afrikas, Mittel- und Südamerikas sowie Australien, Neuseeland, Pazifik; Kulturabkommen und -kommissionen; Kulturerhalt; Sonderprogramm Südliches Afrika"

Trumpf, Jürgen Botschafter und Leiter der Ständigen Vertretung bei den Europäischen Gemeinschaften in Brüssel

Ulrich, Rolf Vortragender Legationsrat im Referat 201 „Atlantisches Bündnis und Verteidigung"

Vergau, Hans-Joachim Botschafter und Vertreter des Leiters der Ständigen Vertretung bei den Vereinten Nationen in New York

Vestring, Alfred Botschafter in Islamabad

Viets, Angelika Legationsrätin I. Klasse im Referat 400 „Außenpolitische Grundsätze der Entwicklungspolitik, Grundsätze der Finanziellen Zusammenarbeit; Entwicklungspolitik der Europäischen Gemeinschaften; Multilaterale Entwicklungsbanken (Weltbank); Entwicklungsausschuss der OECD (DAC); DEG; KfW; DIE“

Vogel, Wolfdietrich Gesandter und Vertreter des Botschafters in Warschau

Völkel, Angelika Vortragende Legationsrätin und Vertreterin des Leiters im Referat 215 „Südosteuropa“

Vollmar-Libal, Sabine Ministerialdirigentin und Leiterin der Unterabteilung 22 in der Abteilung 2 „Politische Abteilung“

Vorwerk, Wolfgang Botschaftsrat I. Klasse und Vertreter des Botschafters in Tirana

Wagner, Adolf Ritter von Botschafter und Leiter der Delegation bei der Abrüstungskonferenz (CD) in Genf

Wagner, Gerd Vortragender Legationsrat I. Klasse und Leiter des Referats 204 „Vereinigte Staaten von Amerika mit den Außengebieten in der Karibik; Koordinierung der deutsch-amerikanischen zwischengesellschaftlichen, kultur- und informationspolitischen Zusammenarbeit“

Waldersee, Bernhard Graf von Botschaftsrat und Vertreter des Leiters der Delegation bei den GATT-Verhandlungen in Genf

Wallau, Theodor Botschafter in Brasilia

Wasum-Rainer, Susanne Legationsrätin I. Klasse im Referat 230 „Vereinte Nationen: Grundsatzfragen, Generalversammlung, Sicherheitsrat“

Wechmar, Rüdiger Freiherr von 1974–1981 Botschafter und Leiter der Ständigen Vertretung bei den Vereinten Nationen in New York

Wegner, Helmut Gesandter und Vertreter des Botschafters in London

Weidenfeld, Werner Koordinator für die deutsch-amerikanische zwischengesellschaftliche, kultur- und informationspolitische Zusammenarbeit

Weil, Christine Legationsrätin I. Klasse im Referat 241 „Sicherheit, Abrüstung und Rüstungskontrolle, Vertrauensbildung in Europa“

Weil, Christof Legationsrat I. Klasse bzw. seit 13. August 1992 Vortragender Legationsrat im Referat 201 „Atlantisches Bündnis und Verteidigung“

Weisel, Horst Vortragender Legationsrat I. Klasse und Leiter des Referats 614 „Internationale Beziehungen in Bereichen Sport, Jugend (u. a. Deutsch-Französisches Jugendwerk, bilaterale Räte für Jugendaustausch), Religionsgemeinschaften“, seit 30. Januar 1992 Botschafter in Zagreb

Weishaupt, Axel Raimund Botschaftsrat und Geschäftsträger ad interim an der Botschaft in Alma Ata; 1988–1990 Botschafter in N'Djamena

Weiß, Andreas Vortragender Legationsrat und Vertreter des Leiters im Referat 105 „Sprachendienst“

Weiß, Gebhardt Botschaftsrat I. Klasse an der Botschaft in Moskau

Welberts, Rolf Legationsrat I. Klasse bzw. seit 10. August 1992 Vortragender Legationsrat im Referat 213 „Russland, Weißrussland, Ukraine, Moldau, Kaukasus, Zentralasien, GUS“

van Well, Günther 1977–1981 Staatssekretär

Wendler, Hans-Jürgen Botschaftsrat I. Klasse an der Botschaft in Rom

Wenzel, Volkmar Legationsrat I. Klasse bzw. seit 10. Februar 1992 Vortragender Legationsrat im Referat 201 „Atlantisches Bündnis und Verteidigung“

Westphal, Bernd Botschaftsrat I. Klasse an der Botschaft in London

Wiesner, Wolfgang Gesandter und Vertreter des Botschafters in Peking

Winkelmann, Horst Botschafter in Addis Abeba

Wistinghausen, Henning von Botschafter in Tallinn

Witt, Peter Ministerialrat und Leiter der Delegation bei den GATT-Verhandlungen in Genf

Wittek, Karl-Heinz Oberamtsrat im Referat 111 „Liegenschaften und Sachverwaltung der Vertretungen im Ausland“

Wittig, Peter Vortragender Legationsrat im Referat 010 „Ministerbüro“

Wittmann, Lothar Ministerialdirektor und Leiter der Abteilung 6 „Kulturabteilung“

Wnendt, Werner Botschaftsrat an der Ständigen Vertretung bei den Europäischen Gemeinschaften in Brüssel

Wokalek, Karl-Albrecht Vortragender Legationsrat und Vertreter des Leiters im Referat 300 „Grundsatz- und Koordinierungsfragen, Ausstattungshilfe, Blockfreienbewegung, Islamische Konferenz, Deutsches Übersee-Institut“

Wolf, Barbara Legationsrätin im Referat 202 „WEU, Verteidigungs- und Ausbildungshilfe, Rüstungskooperation, Übungen“

Wolff, Peter Hermann Legationsrat I. Klasse im Referat 341 „Ostasien: China, Japan, Korea, Mongolei“

Wothe, Siegfried Referent im Referat 422 „Grundsatzfragen der Außenwirtschaftspolitik; Außenwirtschaftsförderung; Gewährleistungen für Ausfuhren und Auslandsinvestitionen; Grundsatzfragen der internationalen Verschuldung, Umschuldung staatlich versicherter Handelsforderungen; Messewesen“

Wrede, Hans-Heinrich Vortragender Legationsrat im Referat 215 „Südosteuropa“ und Vertreter des Leiters des Krisenstabs Jugoslawien

Zeller, Klaus Ministerialdirigent und als Beauftragter für Asienpolitik Leiter der Unterabteilung 34 in der Abteilung 3 „Politische Abteilung“

Zenker, Heike Vortragende Legationsrätin I. Klasse und Leiterin des Referats 701 „Fremde Missionen und Konsulate (einschließlich Veranstaltungen für das Diplomatische Korps), Zeremoniell, Orden“

Zenner, Michael Vortragender Legationsrat im Referat 411 „Europäische Gemeinschaften: Außenbeziehungen: West, EFTA, Ost, Gemeinsame Handelspolitik, GATT, bilaterale

Wirtschaftsbeziehungen zu westlichen Industriestaaten (außer EG-Mitgliedstaaten); Europäische Zusammenarbeit in der Luftfahrtindustrie (Airbus)"

Ziegler, Hubert Vortragender Legationsrat im Referat 431 „Internationale Zusammenarbeit bei der friedlichen Nutzung der Kernenergie, der Nichtverbreitung und der nuklearen Forschung; EURATOM, IAEO, OECD-NEA, Internationales Trägertechnologie-Regime"

Zierer, Wolfgang Gesandter und Vertreter des Botschafters in Ankara

Zimmer, Andreas Legationsrat im Referat 503 „Stationierungsrecht für die verbündeten Streitkräfte; Vermögensrechtliche Fragen, die aus den beiden Weltkriegen und NS-Unrecht herrühren; Grenzen der Bundesrepublik Deutschland"

Zimmermann, Bernhard Botschaftsrat I. Klasse und Vertreter des Botschafters in Dublin

Zimmermann, Jörg Vortragender Legationsrat und Vertreter des Leiters im Referat 341 „Ostasien: China, Japan, Korea, Mongolei"

Zimmermann von Siefart, Victoria Legationsrätin I. Klasse in der Arbeitseinheit 424-9 „Exportkontrolle zur Verhinderung der Verbreitung nichtkonventioneller Waffen einschließlich Trägerwaffen"

Zimprich, Werner Vortragender Legationsrat I. Klasse und Leiter des Referats 400 „Außenpolitische Grundsätze der Entwicklungspolitik, Grundsätze der Finanziellen Zusammenarbeit; Entwicklungspolitik der Europäischen Gemeinschaften; Multilaterale Entwicklungsbanken (Weltbank); Entwicklungsausschuss der OECD (DAC); DEG; KfW; DIE"

Zobel, Andreas Legationsrat I. Klasse im Referat 240 „Abrüstung und Rüstungskontrolle (weltweit), insbesondere Rüstungskontrollverhandlungen USA – GUS in Genf"

Personenregister

Bei der Benutzung des Personenregisters sind folgende Hinweise zu beachten:

- Steht ein Dokument in seiner Gesamtheit in Beziehung zu einer Person, ist die Dokumentennummer angegeben.
- Beim Nachweis einzelner Seiten beziehen sich hochgestellte Ziffern auf Fußnoten.
- **Band I** reicht von Dokument 1 bis 201 bzw. von Seite 3 bis Seite 813, **Band II** von Dokument 202 bis 439 bzw. von Seite 815 bis 1747.

Sachregister

Bei der Benutzung des Sachregisters sind folgende Hinweise zu beachten:

- Das Sachregister erfasst Staaten, Organisationen und Institutionen sowie weitere Sachbegriffe.
- Die Einträge zu den Schlagworten „Abkommen und Verträge“ sowie „Konferenzen und Verhandlungen“ folgen der Chronologie.
- Kursiv gedruckte Querverweise erschließen die zwischen den Schlagworten bestehenden Verbindungen.
- Bezieht sich ein Schlagwort auf ein Dokument als Ganzes, so ist die Dokumentennummer angegeben.
- Beim Nachweis einzelner Seiten beziehen sich hochgestellte Ziffern auf Fußnoten.
- Verweise über die Beziehungen zweier Staaten zueinander finden sich bei dem in der Schlagwortfolge alphabetisch zuerst aufgeführten Staat. So werden beispielsweise die Fundstellen zu den ägyptisch-israelischen Beziehungen unter „Ägypten“ und dort beim Unterschlagwort „Israel“ genannt. Ebenso werden die Beziehungen übernationaler Organisationen zueinander alphabetisch verschlagwortet.
- Die bilateralen Beziehungen der Bundesrepublik Deutschland werden allerdings stets unter dem Schlagwort des jeweils fremden Staates erfasst. Entsprechendes gilt für das Verhältnis der Bundesrepublik Deutschland zu internationalen Organisationen, wie etwa den Vereinten Nationen.
- In einigen Fällen wird unmittelbar hinter dem Schlagwort zu einem Staat ein eigenes Schlagwort wie „Frankreich–Bundesrepublik Deutschland“ oder „UdSSR–Bundesrepublik Deutschland“ gebildet, um eine zusätzliche Untergliederung möglich zu machen.
- Die Beziehungen eines Staates zu einer internationalen Organisation bzw. zu internationalen Verhandlungen werden unter dem Schlagwort der Organisation bzw. der Verhandlungen erfasst. Ist ein Staat nicht Mitglied einer Organisation bzw. Teilnehmer der Verhandlungen, ist die Fundstelle unter dem Schlagwort des Staates ausgewiesen.
- Wirtschaftsunternehmen werden unter einem eigenen Schlagwort aufgeführt, Medienorgane stehen unter dem Lemma „Presse und Nachrichtenagenturen“.
- **Band I** reicht von Dokument 1 bis 201 bzw. von Seite 3 bis 813, **Band II** von Dokument 202 bis 439 bzw. von Seite 815 bis 1747.